Institutions juridictionnelles

31-35, rue Froidevaux 75685 Paris CEDEX 14

ISBN : 978-2-247-08450-0
978-2-247-08593-4

SOMMAIRE

(Une table des matières détaillée figure à la fin de l'ouvrage)

TABLEAUX ET SCHÉMAS

(Les chiffres renvoient aux pages)

PRINCIPALES ABRÉVIATIONS

AJDA	*Actualité juridique-Droit administratif*
ALD	*Actualité législative Dalloz*
BICC	*Bulletin d'information de la Cour de cassation*
CA	Cour d'appel
CAA	Cour administrative d'appel
C. adm.	Code administratif
C. civ.	Code civil
C. proc. civ.	Ancien Code de procédure civile
CE	Conseil d'État
CGI	Code général des impôts
CJA	Code de justice administrative
CJF	Code des juridictions financières
CJFI	Le courrier juridique des Finances et de l'Industrie
CJM	Code de justice militaire
COJ	Code de l'organisation judiciaire
Cour. Chanc.	*Courrier de la Chancellerie*
CPC	Code de procédure civile
C. pén.	Code pénal
CPI	Code de la propriété intellectuelle
CPP	Code de procédure pénale
CSS	Code de la Sécurité sociale
C. trav.	Code du travail
D.	*Recueil Dalloz*
Doc. fr.	La Documentation française
Dr. et patr.	*Droit et patrimoine*
Dr. et proc.	*Droit et procédures* (Revue des huissiers de justice)
Droits	*Droits* (Revue française de théorie juridique)
EDCE	*Études et documents du Conseil d'État*
GAJA	*Les grands arrêts de la jurisprudence administrative* (Dalloz)
Grandes décisions	*Les grandes décisions du Conseil constitutionnel* (Dalloz)
IR	Informations rapides du *Recueil Dalloz*
Justices	*Revue Justices*
Lebon	*Recueil des décisions du Conseil d'État* (Dalloz)
Let. Chanc.	*Lettre de la Chancellerie*
LPA	*Les Petites affiches*
LPF	Livre des procédures fiscales

RCA	*Responsabilité civile et assurances*
RD pén. crim.	*Revue de droit pénal et de criminologie*
RD publ.	*Revue du droit public*
Rép. civ.	*Répertoire de droit civil Dalloz*
Rép. pén.	*Répertoire de droit pénal et de procédure pénale Dalloz*
Rép. pr. civ.	*Répertoire de procédure civile Dalloz*
RFAP	*Revue française d'administration publique*
RFDA	*Revue française de droit administratif*
RFFP	*Revue française de finances publiques*
RGDP	*Revue générale des procédures*
RID comp.	*Revue internationale de droit comparé*
RPDP	*Revue pénitentiaire et de droit pénal*
RRJ	*Revue de la recherche juridique — Droit prospectif*
RSC	*Revue de science criminelle et de droit pénal comparé*
Rev. Trésor	*Revue du trésor*
RTD civ.	*Revue trimestrielle de droit civil*
RTD eur.	*Revue trimestrielle de droit européen*

AVERTISSEMENT à la 10e édition

Le Précis d'institutions juridictionnelles est né il y aura bientôt 30 ans (en 1980). Il a dépassé l'âge de raison pour entrer dans celui de la maturité, non sans subir des changements substantiels quant à son contenu (le plan, les thèmes traités), changements qui ont eux-mêmes induit de nouvelles appellations : la *Justice et ses institutions*, titre d'origine, a laissé la place aux *Institutions judiciaires*, puis aux *Institutions juridictionnelles*.

L'heure est maintenant celle d'une évolution de la composition de l'équipe de rédaction. Les signataires de ces lignes ont demandé au Professeur Thierry DEBARD de mettre à jour les parties de droit public, de droit international et européen jusqu'ici rédigées par Gabriel MONTAGNIER. Nous nous réjouissons de son acceptation et nous sommes certains que sa grande expertise en ce domaine est le gage tout à la fois d'un renouvellement de l'approche des sujets traités et du maintien de l'esprit qui avait présidé à la création de ce Précis. Un esprit d'équilibre entre la clarté pédagogique indispensable aux étudiants de première année et l'approfondissement scientifique de certaines notions non moins nécessaires aux autres lecteurs, tous ceux qui souhaitent comprendre les enjeux et les transformations de la Justice et de ses institutions.

Chamonix et Lyon, le 15 juin 2009
Serge GUINCHARD
Gabriel MONTAGNIER
André VARINARD

INTRODUCTION

Site Internet du ministère de la Justice : www.justice.gouv.fr

1 ***Droit, Justice et Procédure*** ◊ **a)** On identifie volontiers Droit et Justice : la fonction même du droit n'est-elle pas de réaliser la justice ? À l'inverse, la justice n'est-elle pas le pouvoir de faire régner le droit ? C'est le sens de l'expression *« rendre la justice »*. À toutes les époques, même les plus archaïques, la notion de justice a occupé une place centrale dans les relations juridiques et morales tissées entre les hommes. Il est peu de philosophes qui n'en aient disserté, peu de moralistes qui n'aient aiguisé leurs traits à son sujet [1], tant il est vrai que la justice, dans un sens premier, c'est tout à la fois la juste appréciation des mérites de chacun (synonyme alors de droiture, d'intégrité, de probité) et un principe moral de conformité au droit positif ou au droit naturel (d'où les expressions *« faire régner la justice », « en bonne justice »*) [2]. On comprend mieux alors pourquoi la soif de justice est, pour chaque personne, une revendication profonde, passionnée, de tout son être et que, trop souvent, dans les périodes de grands bouleversements, la justice est oubliée, défigurée, parfois même délibérément violée. Notre propos n'est pas de discuter de la justice en soi, de sa nature ; notre démarche est plus modeste et plus technique. On souhaite avant tout faire comprendre au lecteur le rôle que joue, dans notre société française actuelle, l'ensemble complexe des institutions destinées à promouvoir la justice.

b) *Précisément, le mot Justice* est également employé pour désigner l'ensemble des institutions permettant de rendre la justice, c'est-à-dire de juger les litiges [3] opposant, par exemple, de simples particuliers entre eux, ou des particuliers et l'État. Même si, par rapport au nombre immense des relations qui se nouent et se dénouent journellement dans un pays, le procès demeure l'exception, il est important de poser le principe suivant lequel toute *situation juridique* doit pouvoir faire l'objet d'une *vérification de sa régularité* par un tiers qui a la qualité de juge (sur le rôle de ce tiers, v. *infra*, n° 2, a). Ce contrôle éventuel, potentiel, constitue une garantie essentielle du respect des libertés

1. En dernier lieu, les écrits de John Rawls ou de Jürgen Habermas.

2. Ainsi entendue, la justice sociale tend à réduire les inégalités entre les hommes en assurant la juste répartition des richesses ; la justice individuelle procure à chacun ce qui lui est dû (v. *infra*, n° 32).

3. A. Jeammaud, « Conflit, Différend, Litige », *Droits* 2001-34, p. 15 ; G. Cornu et J. Foyer, *Procédure civile*, PUF, 3e éd., 1996, p. 41 : « réduit à l'essentiel, le litige se définit comme un désaccord de volonté relativement à un objet... ; de même que le contrat est concours de volontés, le litige est conflit de volontés ».

publiques et privées, des droits fondamentaux des citoyens. Frédéric II de Prusse, dont le respect du droit ne fut sans doute pas la préoccupation première, avait dit que « *si l'injustice a trouvé un moyen d'embrouiller les affaires, il faut que la justice ait un art de les débrouiller* » [1].

c) Ce contrôle peut être exercé de bien des façons ; il n'est pas le même pour vérifier la régularité de l'élection d'un membre du Parlement ou celle d'un délégué du personnel, la validité ou la nullité d'un mariage, d'un contrat, ou pour juger un délinquant. Mais, quelle que soit la manière d'opérer, il sera, dans tous les cas, nécessaire de se soumettre à un processus fixé à l'avance, à une *procédure* qui sera menée devant un organisme spécialisé (normalement un juge) dont la décision sera un jugement.

2 ***Le caractère indispensable dans toute société d'un droit du procès mis en œuvre par un juge*** ◊ L'évolution du Droit au cours des siècles, a tendu à donner une importance de plus en plus grande au recours à un tiers, à un organisme judiciaire, dans la mesure où l'ordre public serait gravement troublé si chacun pouvait *se faire justice à lui-même*. Une étape importante a été franchie le jour où la justice privée a été remplacée par une justice dispensée par des organismes spécialisés, par un tiers étranger au litige (v. *infra*, n° 34) [2].

a) Le débat judiciaire canalise, apaise et souvent dédramatise un affrontement qui, sans cela, risquerait d'entraîner des violences. S'il faut déplorer que, trop souvent, la loi soit utilisée par ceux qui disposent d'une certaine force (politique, économique ou financière) [3], le recours à un juge permet de protéger les plus défavorisés, en leur accordant un libre accès aux tribunaux, et en les aidant à faire face aux frais d'une instance. Ajoutons que les lois ne sont jamais parfaites, jamais tout à fait bien adaptées à leur objectif, du fait qu'elles sont des règles générales, alors que se posent journellement pour les justiciables des problèmes concrets et singuliers. Cette *adaptation de la règle à la vie* peut être obtenue par des voies différentes, ainsi grâce à un règlement ou à une décision administrative. Mais, outre que ces divers facteurs de concrétisation du droit restent eux-mêmes susceptibles d'une vérification judiciaire, le recours à un juge reste une voie privilégiée pour interpréter la règle de droit, pour l'adapter sans cesse, quand ce n'est pas pour la laisser s'étioler ou la remplacer. Pendant trop longtemps, on n'a vu dans la jurisprudence (qui est formée par l'ensemble des décisions rendues par les tribunaux), qu'une source lointaine, dérivée

1. Préface au Code Frédéric, *Exposition abrégée du plan du roi pour la réformation de la justice*, § XV.

2. S. Dauchy, V. Demars-Sion, A. Deperchin et T. Lemarc'Hadour, *La résolution des conflits. Justice publique et justice privée : une frontière mouvante*, Centre d'histoire judiciaire, Université de Lille 2 et CNRS, 2008.

3. L'abus de la norme ne condamne pas la norme et, en ce sens, il est erroné de parler de « la force injuste de la loi ».

et fragile du droit. La doctrine moderne reconnaît sans difficulté à la jurisprudence un rôle créateur. On ne peut vraiment pas connaître la portée d'une règle légale nouvelle tant qu'elle n'a pas été explicitée, explorée et interprétée par les décisions judiciaires relatives à son application. En ce sens et selon l'heureuse expression d'un auteur, le juge est un *« changeur »* entre l'hermétisme de la loi et le justiciable, puisqu'il traduit en termes clairs ce qui est compliqué [1]. À l'inverse, le juge est aussi agent de complexité, de complexification, lorsqu'il interprète des instruments proclamatifs des droits de l'homme rédigés en termes accessibles à tous (Déclaration des droits de l'homme de 1789, Convention européenne des droits de l'homme) [2].

b) On peut mesurer l'importance du droit du procès par la place que le procès occupe dans toute civilisation (en Égypte, Anubis pesait les âmes) [3] et notamment dans la civilisation chrétienne. Dans la chrétienté, tout commence et tout se termine par un procès : au début de l'histoire de l'homme, la sanction divine frappe le comportement d'Adam et Ève expulsés du paradis terrestre. À la fin de l'histoire humaine, la phase du Jugement dernier verra juger les vivants et les morts.

c) Il existe ainsi des voies très diversifiées pour parvenir à ce contrôle d'une situation juridique par un juge ; mais, leur description et leur analyse relèvent d'une discipline autonome du Droit, celle qui étudie le procès dans ses différentes phases, dans ses diverses modalités. Il n'est pas facile de trouver dans la langue juridique française une expression correspondant à cet ensemble d'institutions et de règles. Le mot *procédure* que nous a légué la tradition est trop étroit, car il ne correspond qu'à une fraction assez étroite de la branche du droit concernée ; dans son sens propre, la procédure se ramène à la description des formes du procès, de son introduction à son dénouement (en principe un jugement) en passant par toutes les phases de son déroulement. L'expression *droit judiciaire* est certes meilleure, mais elle reste *équivoque*, dans la mesure où existent parallèlement en France deux ordres de juridictions, celles de *l'ordre judiciaire* (civiles et pénales) et celle de *l'ordre administratif*, sans parler du Conseil constitutionnel, des autorités administratives indépendantes qui peuvent exercer des fonctions juridictionnelles et des juridictions européennes. L'expression droit judiciaire ne recouvre donc pas l'organisation et les conditions de fonctionnement de ces autres juridictions. Pourrait-on parler d'ailleurs de *droit judiciaire administratif* sans risque fort d'ambiguïté,

1. F. Rigaux, *La loi des juges*, O. Jacob, 1997, p. 7.

2. *Ibid.*, p. 7 et 8. V. aussi F. Hourquebie, *Sur l'émergence du contre-pouvoir juridictionnel pour la Ve République*, Bruylant, 2004, préf. Slobodan Milacic, spéc. p. 243-270, *« le juge comme interface »* (entre les normes et entre les acteurs).

3. Dès l'Antiquité, la Justice est une divinité ; ainsi, en Egypte, Maât est la déesse de la justice et de la vérité ; à Babylone, le dieu-soleil Shamash est également celui de la justice et, sur la stèle qui porte le Code d'Hammourabi, ce roi est représenté debout devant ce dieu (Musée du Louvre).

d'hermétisme et, pour tout dire, d'antinomie [1] ? C'est la raison pour laquelle nous pensons qu'il vaut mieux donner la préférence à d'autres expressions.

3 ***Justice et droit du procès : droit processuel et théorie générale du procès*** ◊ Est apparue en premier l'expression *droit processuel* ; encore faut-il s'entendre sur le sens à lui donner.

a) Suggérée par le doyen Vizioz, au début des années 1960 elle fut académiquement consacrée lorsque fut créé, dans les Instituts d'Études judiciaires, à la fin de ces mêmes années, un cours de procédure comparée, dans le cadre du droit français interne ; il s'agissait alors de comparer les trois grands contentieux (procédures administrative, civile et pénale) dans un cours qui formait l'essentiel du Certificat de droit processuel, admis en dispense de la seconde partie de la licence en droit (alors en quatre ans). Cette appellation avait l'avantage, grâce à sa neutralité, d'englober l'*activité juridictionnelle des tribunaux civils, répressifs et de l'ordre administratif*, ainsi que celle de toutes les autorités administratives qui rendent des décisions juridictionnelles, sans pour autant constituer des juridictions. En regroupant les diverses branches d'une même discipline, le *droit processuel* ainsi entendu incitait à les comparer, à mettre en relief leurs points communs et leurs différences. À vrai dire, il s'agissait d'essayer de construire une théorie générale du droit du procès, qui transcende les contentieux par matière. Henri Motulsky fut le plus illustre des auteurs s'intéressant à cette théorie générale, dont le cours de *Droit processuel*, publié *post-mortem* (en 1973), marque l'apogée [2].

b) Mais le droit processuel a changé, sans doute parce que ces comparaisons de contentieux, fort différents dans leur esprit, n'ont pas conduit à révolutionner l'approche du droit du procès, à mieux comprendre la Justice et ses institutions, et les exigences procédurales propres à chaque contentieux. Sans doute aussi et plus vraisemblablement, parce que les évolutions auxquelles nous assistons à l'époque contemporaine, notamment quant aux sources du droit du procès et quant à son attraction par (et à) la garantie des droits fondamentaux [3], ont considérablement changé le sens et la nature du droit processuel ;

1. Sur cette terminologie, v. S. Guinchard, F. Ferrand et C. Chainais, *Procédure civile*, Dalloz, 29e éd., 2008, no 15 ; S. Guinchard *et alii*, *Droit processuel. Droit commun et droit comparé du procès équitable*, Dalloz, 5e éd., 2009, nos 1 à 11.

2. Dans cette tradition, se situent encore quelques auteurs. Ainsi E. Jeuland, *Droit processuel*, LGDJ, 2007, qui rejette l'idée d'un droit commun du procès (équitable) né de l'Europe, alors même qu'il voit dans le droit processuel une « *science pour la reconstruction des liens de droit* » entre les citoyens, et que l'Europe, grâce notamment à sa Cour européenne des droits de l'homme, est seule à même de tisser ces liens entre environ 800 millions de citoyens européens.

3. Sur la conceptualisation de cette importante évolution, vingt-cinq ans après la publication du cours de Motulsky, S. Guinchard, « Les métamorphoses de la procédure à l'aube du IIIe millénaire », in *Clefs pour le siècle*, Paris 2, Dalloz, 2000 ; « Vers une démocratie procédurale », *Justices* 1999-1 (nouvelle série), Dalloz.

il s'agit davantage aujourd'hui d'un fonds commun (processuel) qui se crée progressivement sous l'influence des engagements internationaux et européens de la France [1] ; la mondialisation du droit du procès se traduit par sa modélisation et l'apparition d'un modèle universel : le procès équitable (v. *infra*, n° 68). Des principes communs à toute l'Europe se dégagent, quel que soit le pays (47 États au titre du Conseil de l'Europe, 27 au titre de l'Union européenne), quel que soit le type de contentieux (la Convention européenne des droits de l'homme ne connaît que la matière civile et la matière pénale), quelle que soit la technique utilisée dans le cadre d'un procès (elle peut varier d'un État à un autre), parce qu'une juridiction unique qui siège à Strasbourg, peut être saisie par chacun des quelque 800 millions d'Européens qui en bénéficient et que la nécessité, dans toute société, d'un droit du procès conforme aux exigences d'une société démocratique et d'un État de droit impose des principes structurants (dialogue, loyauté et célérité qui répondent, respectivement, aux besoins d'écoute, de confiance et de proximité des sociétés démocratiques modernes), communs à tous les contentieux et à tous les pays, au-delà des principes directeurs propres à chaque contentieux (et qui peuvent diverger, ainsi de la disponibilité du litige qui n'existe pas en procédure pénale). Ainsi entendu, le droit processuel lui-même se situe à un autre niveau qu'une simple comparaison des trois grands contentieux internes, du droit national : il structure l'ensemble de la société européenne (et non pas seulement la société française) en transcendant les légitimes divergences nationales (légitimes parce qu'elles viennent de leur histoire, de leur culture) ; et la Cour européenne des droits de l'homme n'ignore pas ces divergences ; elle les intègre dans son raisonnement et ces droits, étrangers les uns aux autres, s'enrichissent mutuellement par les bienfaits de la comparaison. Le droit processuel ne peut être qu'européen aujourd'hui, parce que lui seul transcende les particularismes nationaux et disciplinaires pour tisser, entre tous les citoyens de l'Europe des 47, des relations processuelles de confiance (d'où la loyauté), d'écoute (d'où le dialogue) et de proximité (d'où la célérité). On est ainsi passé du simple légalisme procédural à l'humanisme processuel.

c) Dans un autre ordre d'idées, des formations à la Justice et au droit du procès, longtemps négligées par les universitaires, se mettent en place dans les études doctorales. Ainsi, la création à Paris 2, dès 1995, d'un DEA Justice et droit du procès, en collaboration avec l'Institut des Hautes Études de la Justice, l'Ordre des avocats au Conseil d'État et à la Cour de cassation, la Cour d'appel de Paris et l'École normale supérieure de Paris. Il a été, depuis, largement cloné par d'autres universités ! Cette initiative a permis l'éclosion de thèses consacrées au droit du procès.

1. *Ibid.*

4 ***Le contenu du droit du procès*** ◊ Le droit processuel ainsi entendu au sens de droit commun du procès, notamment équitable, se diversifie avec un droit processuel fondamental, d'inspiration, et des droits processuels spécifiques, d'application, tels que le droit processuel économique [1].

a) Le droit processuel recouvre un domaine très vaste, dans la mesure où il constitue, pour toutes les branches du *droit privé* et du *droit public* (qu'il soit interne ou international), un profil spécial, celui du procès, forme inéluctable pour résoudre un certain nombre de conflits à caractère individuel ou collectif. C'est le droit processuel *fondamental* (et horizontal car il couvre tout l'horizon du procès) qui se nourrit de règles communes, d'un fonds commun international, européen et constitutionnel, notamment au regard des garanties fondamentales d'une bonne justice.

b) Et chaque branche du droit, droit civil, droit commercial, droit social, droit professionnel, droit pénal, droit constitutionnel, droit administratif, doit être envisagée dans son expression processuelle, à travers les formes de procédure qui permettent d'assurer le respect des *droits substantiels* [2], *des libertés publiques* ou *privées*, reconnus par cette branche du droit. De là des droits processuels spécifiques. C'est le droit processuel d'application, vertical [3].

c) Ce vaste domaine comprend des ensembles complexes dont on peut tenter de faire le recensement, en essayant de tracer leurs contours en trois groupes :

I. — Un premier groupe de règles est relatif au service public de la justice, aux diverses catégories de juridictions, à leur composition, au statut de leurs membres ainsi qu'à celui des auxiliaires des juges et des justiciables. Il s'agit, en somme, de l'*organisation de la Justice, des juridictions et de l'étude des gens de justice*. C'est l'objet de ce Précis.

II. — Une deuxième catégorie de règles concerne plusieurs théories regroupées dans l'étude de la procédure spécifique à chaque discipline, à chaque type de contentieux :

- Il y a d'abord la théorie de l'*action*. Il s'agit de déterminer dans quelles conditions il est possible à une personne physique ou morale, publique ou privée, de s'adresser à un tribunal pour obtenir le respect de ses droits, la sanction des manquements dont elle se plaint, le respect de la légalité.

1. S. Guinchard, F. Ferrand et C. Chainais, *Procédure civile, op. cit.*, n° 11 ; S. Guinchard *et alii, Droit processuel. Droit commun et droit comparé du procès équitable, op. cit.*, n° 11. W. Baranès, M.-A. Frison-Roche et J.-H. Robert, « Pour le droit processuel », *D.* 1993. Chron. 9, mais les auteurs n'envisagent pas ses fondements européens et constitutionnels.

2. Le *droit substantiel* notamment en procédure civile ou administrative, c'est le droit qui constitue la *matière* même du litige (ainsi un droit de propriété ou d'usufruit, un droit de créance né d'un contrat ou d'un délit). Le droit substantiel est distinct du *droit processuel*, prérogative permettant de le mettre en œuvre devant une juridiction. V. ces expressions *in* S. Guinchard et G. Montagnier (dir.), *Lexique des termes juridiques*, Dalloz, 17e éd., 2009. V. aussi les qualificatifs *formel* (qui touche aux formes à la procédure) et matériel (qui touche au contenu et à la nature des prérogatives juridiques).

3. Sur ce double contenu, v. S. Guinchard *et alii, Droit processuel. Droit commun et droit comparé du procès équitable, op. cit.*, nos 8 à 10.

– Il y a ensuite la théorie de la *juridiction*, qui a pour objet d'analyser les différentes activités du juge, dans le cadre des compétences qui lui sont reconnues.

– Il y a enfin la théorie de l'*instance*, qui décrit les règles présidant à la saisine du tribunal, à l'instruction de l'affaire, à son jugement, aux voies de recours qui peuvent être formées contre la décision rendue.

Ces trois théories et les règles qui s'y rattachent forment la procédure proprement dite et sont étudiées tout au long des années du cursus universitaire des Facultés de droit (procédure pénale, procédure civile, contentieux administratif, mais aussi contentieux international, européen et constitutionnel, procédures suivies devant les autorités de régulation (Conseil de la concurrence, etc.).

III. — La théorie de *l'exécution des décisions de justice* permet enfin de préciser dans quelles conditions peut être obtenue l'exécution forcée des actes et des jugements et aussi comment sont réparties les sommes obtenues à la suite d'une vente judiciaire, réalisée par autorité de justice. Elle correspond à l'enseignement traditionnel des voies d'exécution, qui devient progressivement celui du droit de l'exécution.

5 ***Relations existant entre les trois principales procédures*** ◊ Même si elles se sont développées dans des directions différentes, en raison de leurs objectifs propres, les procédures civile, pénale et administrative n'ont pas été sans exercer entre elles des influences réciproques.

Le fait que la justice *civile* et *pénale* soit rendue par un corps unique de magistrats a favorisé le rapprochement de certaines règles. Quant à la procédure *administrative*, ses origines très anciennes n'ont pas empêché qu'elle n'ait atteint son plein développement que par paliers. Aussi, le législateur lui-même a-t-il sollicité parfois, pour la compléter, le recours à certaines dispositions de l'ancien Code de procédure civile, pour suppléer à l'absence de règles propres.

C'est pour cette raison que l'on a admis, pendant longtemps, que la procédure civile constituait une sorte de droit commun de la procédure, auquel il convenait de se référer en cas de lacunes de la procédure pénale ou administrative. Mais cette virtualité que possédait la procédure civile n'est plus actuellement acceptée, sauf dans des cas très exceptionnels. La rédaction, en 1959, du Code de procédure pénale, en 1973, du Code des tribunaux administratifs en 2000, devenu Code de justice administrative a rendu de plus en plus rares les emprunts faits à la procédure civile. Surtout, la procédure civile relevant pour l'essentiel, du domaine réglementaire, il n'est pas possible d'étendre ses solutions textuelles à la procédure pénale qui relève, elle, pour l'essentiel, du domaine législatif [1].

1. S. Guinchard, F. Ferrand et C. Chainais, *Procédure civile*, n°s 55 et 56 ; S. Guinchard et J. Buisson, *Procédure pénale*, Litec, 5e éd., 2009. H. Lalou, « Le Code de procédure civile et la procédure pénale », *D.* 1951. Chron. 31 ; A. Vitu, « Les rapports de la procédure pénale et de la procédure civile », in *Mélanges P. Voirin*, p. 812.

Il n'en reste pas moins que la procédure civile a exercé [1] une certaine influence sur l'évolution des diverses procédures, si bien qu'il existe un certain nombre de principes généraux qui se retrouvent dans toutes les procédures et qui se révèlent être les éléments constitutifs de ce droit processuel que nous allons essayer de présenter.

Il n'est pas sans intérêt à cet égard de rappeler brièvement, comment se sont mises en place les institutions contemporaines investies du pouvoir de juger. On examinera successivement : l'origine historique de l'organisation contemporaine des juridictions (§ 1), les règles relatives à la justice et à ses institutions, leur hiérarchie (§ 2), l'application des lois dans le temps (§ 3).

§ 1. Origine historique de l'organisation contemporaine des juridictions [2]

6 ***Les juridictions de l'ancien régime*** ◊ On a souvent reproché aux rédacteurs du Code de procédure civile de 1807 de s'être trop fortement inspirés, pour le déroulement du procès civil, de la vieille Ordonnance royale de 1667. En revanche, l'organisation des juridictions, telle que nous la connaissons encore aujourd'hui, ne remonte pas à l'ancien droit. Elle constitue une création originale de la période révolutionnaire, en ce qui concerne tant les tribunaux de l'ordre judiciaire que ceux de l'ordre administratif.

Les imperfections du système en vigueur sous l'ancien régime sont trop connues pour qu'on les rappelle longuement : multiplication et enchevêtrement des juridictions, avec un abus singulier des voies de recours, privilèges de juridiction, vénalité des charges de magistrats [3]. Les cahiers de doléances

1. Ainsi, l'art. 700, CPC ne s'applique pas devant les tribunaux administratifs (CE 11 mai 1983, *D.* 1984. 411, note de Font-Réault ; *JCP* 1984. I. 20164, concl. comm. gouv. Robineau). Mais un texte en a introduit l'équivalent devant ces juridictions (v. *infra*, n° 175).

2. F. Olivier-Martin, *Histoire du droit français des origines à la Révolution,* CNRS, 2005 (rééd. de 1948) ; Association française d'histoire de la Justice (AFHJ), 13 place Vendôme, 75042 Paris cedex 01. - J.-P. Royer, *Histoire de la Justice en France,* PUF, 3e éd., 2001. - J. Foyer, *Histoire de la Justice,* coll. « Que sais-je ? », PUF, 1996. — B. Lemesle, *Conflits et justice au Moyen Âge,* coll. « Le nœud Gordien », PUF, 2008. — V. aussi R. Jacob (dir.), *Le juge et le jugement dans les traditions juridiques européennes,* coll. « Droit et société », LGDJ, 1996, compte-rendu par L. Cadiet in *RID comp.* 1997. 1002. - J.-M. Carbasse et L. Depambou-Tarride (dir.), *La conscience du juge dans la tradition juridique européenne,* coll. « Droit et Justice », PUF, 1999 - B. Sur, *Histoire des 1000 ans de la Justice française,* Litec, 2003. A. Vauchez et L. Willemez, *La justice face à ses réformateurs (1978-2006),* coll. « Droit et Justice », PUF, févr. 2007.

3. On avait assez vite observé une distinction entre deux sortes de litiges : ceux opposant deux personnes privées et ceux intéressant le souverain et l'État. Dès le XIIIe et le XIVe siècle se développe un contentieux spécial en la matière de domaine et de finances publiques, d'eaux et forêts, de pêche et de chasse (plus tard apparaîtront les Tables de Marbre). En matière de comptes, une chambre du Parlement de Paris deviendra autonome. Le contentieux fiscal tendra à l'autonomie, à partir du XVIe siècle (Cour des Aides). Mais, ces diverses juridictions étaient assez impopulaires et leur existence provoquait des conflits de compétence avec le Parlement, jaloux de ses prérogatives. La relative autonomie des juridictions administratives avait tendance à s'affaiblir à la fin de l'ancien régime.

rédigés à l'occasion de la tenue des États généraux, insistaient sur les défauts de l'organisation judiciaire.

Au cours de sa fameuse séance de la nuit du 4 août 1789, l'Assemblée nationale décréta l'abolition des privilèges, de la vénalité des offices, la suppression des tribunaux seigneuriaux et de tous les privilèges de juridictions. Les Parlements furent congédiés.

7 ***La loi des 16 et 24 août 1790*** ◊ C'est la loi des 16 et 24 août 1790 [1] qui a mis en place, pour les juridictions de l'ordre judiciaire, une carte qui, dans ses grandes lignes, a été maintenue jusqu'à maintenant. On a d'ailleurs un peu perdu de vue aujourd'hui qu'elle privilégiait *« dans tous les cas et en toutes matières sans exception »* (Titre 1er, art. 2), l'arbitrage des conflits par des arbitres privés. Elle créait des tribunaux de districts (Titre IV) et, en dessous d'eux, des justices de paix. (Titre III) ; les premiers étaient à la fois juges de première instance (au-delà de la compétence des juges de paix) et juges d'appel des seconds (Titre IV). Quant à l'appel des jugements rendus par les tribunaux de district, il était porté devant un autre tribunal de district, au choix des parties, entre tous les tribunaux de district du royaume ; à défaut d'accord, selon un système assez complexe. Au-delà des aspects institutionnels, elle a introduit dans notre droit un certain nombre de principes d'une importance capitale et toujours en vigueur : *séparation des pouvoirs* (v. *infra*, nos 77 s.), *égalité* de tous les citoyens devant la justice (v. *infra*, nos 163 s.), *double degré* de juridiction (un appel possible, mais un seul ; v. *infra*, no 138) [2].

La loi des 27 novembre et 1er décembre 1790 instituait un *tribunal de cassation* qui allait devenir la Cour de cassation [3] (v. *infra*, no 678).

8 ***Le Consulat et l'Empire*** ◊ Ce régime fut maintenu dans ses grandes lignes pendant le Consulat et l'Empire ; mais au cours de cette période d'organisation autoritaire, il fit l'objet de retouches et surtout de compléments qui allaient contribuer à lui donner la configuration générale qui a subsisté jusqu'à la fin de la Seconde Guerre mondiale [4].

1. Consultation possible sur Internet, site Legifrance (www.legifrance.gouv.fr).

2. J.-L. Halpérin, « 1789-1815 : un quart de siècle décisif pour les relations entre la Justice et le Pouvoir en France », *Justices* 1996-3, p. 13.

3. Le mauvais souvenir que l'on avait des anciens Parlements avait conduit à écarter tout ce qui pouvait les rappeler. Les expressions telles que *Cour* ou Arrêts ont été bannies jusqu'à la période napoléonienne. L'appel se faisait d'un tribunal de district à un tribunal de district voisin (appel circulaire). Les juges étaient élus par la Nation. Une place importante était réservée à *l'arbitrage*, les plaideurs confiant le soin de trancher leur litige à un simple particulier choisi par eux (*infra*, no 61). Dès cette époque, ce sont les mêmes juridictions de l'ordre judiciaire qui connaissaient des affaires *civiles* et des affaires *pénales*. Ce principe de l'*unité* des juridictions civiles et pénales a toujours été maintenu, depuis la Révolution, sauf en ce qui concerne la cour d'assises et lorsqu'il s'agit de juridictions civiles ou pénales d'exception.

4. Les juges ne seront plus élus, mais nommés par le pouvoir. L'ordre des avocats est rétabli par un décret du 14 décembre 1810 (v. *infra*, no 992). La vénalité des charges pour les officiers ministériels ressuscite spontanément avec l'accord tacite des autorités. Elle sera consacrée par une loi de finances du 28 avril 1816 (v. *infra*, no 1077).

Il convient cependant de relever quelques étapes importantes :

- la création du *Conseil d'État* (art. 52, Constit. du 22 frimaire an VIII), investi de fonctions d'avis et de conseil, car c'est le ministre qui exerce la justice administrative ;
- l'institution de véritables *tribunaux d'appel* (loi du 22 ventôse an VIII) (v. *infra*, n° 394) [1] ;
- l'apparition des *conseils de préfecture* (auxquels succéderont, en 1953, les tribunaux administratifs) remonte à la loi du 28 pluviôse an VIII (v. *infra*, n° 704) ;
- la création, par une loi du 18 mai 1806, des *conseils de prud'hommes*, pour la conciliation et éventuellement le jugement des litiges individuels du travail entre patrons et salariés, texte qui s'inspirait d'une ancienne institution lyonnaise (v. *infra*, n° 466).

Enfin, une loi du 20 avril 1819 intitulée « Loi sur l'organisation de l'ordre judiciaire et l'administration de la justice » va être, pendant plus d'un siècle et demi, la charte des juridictions de l'ordre judiciaire, civiles et pénales.

9 ***Période allant de 1810 à la Constitution du 4 octobre 1958*** ◊ Au cours de cette longue période, d'un siècle et demi, le cadre institutionnel de la justice, en France, changera relativement peu. Le quadrillage, la hiérarchie des tribunaux seront, dans l'ensemble, maintenus. Son réseau va cependant s'alourdir et se compliquer du fait de l'apparition de nouveaux tribunaux d'exception.

a) Ainsi, *en matière civile*, ces innovations ont correspondu au désir d'isoler un certain contentieux (juge des loyers, par exemple), ou de faire juger certaines affaires, non par des magistrats de carrière, mais par des juges représentant certaines catégories sociales, professionnelles ou économiques (tribunaux paritaires des baux ruraux, juridictions de la sécurité sociale, par exemple).

b) Le même phénomène s'observe en *procédure pénale* (juridictions pour mineurs, juridictions militaires, par exemple, sans compter les juridictions nées dans les périodes de troubles, de grève, de révolution, pendant l'occupation allemande de la France en 1940-1944, à la Libération, lors de la fin de la guerre d'Algérie), et en procédure administrative (juridictions déjà anciennes ou récentes, telles que juridictions professionnelles ou juridiction de discipline budgétaire par exemple).

c) C'est sans doute dans le domaine *du droit administratif* que les innovations les plus profondes sont intervenues :

• On citera d'abord la création du Tribunal des conflits, au lendemain de la Révolution de 1848 (décr. 25 oct. 1849) qui, après une brève éclipse, fut confirmée par une loi du 24 mai 1872.

• Le développement sans cesse accru et affiné du contentieux administratif a conféré un relief nouveau à l'activité juridictionnelle du Conseil d'État et des conseils de préfecture :

- Une loi du 24 mai 1872 a consacré le caractère de juridiction autonome du Conseil d'État en substituant le système de la justice *déléguée* à celui de la justice *retenue* (v. *infra*, n° 80).
- Au cours de la même période, les attributions des conseils de préfecture ont été élargies. Le décret n° 53-934 du 30 septembre 1953 a remplacé ces

1. Bientôt, l'appellation de cour sera reprise pour le tribunal d'appel et pour le tribunal de cassation (*Senatus consulte* du 28 floréal an XII).

conseils par des *tribunaux administratifs* qui sont désormais investis de la qualité de juridiction de droit commun (v. *infra*, n° 727).

10 ***L'évolution depuis la Constitution du 4 octobre 1958*** ◊ La Constitution du 4 octobre 1958 apparaît comme un événement d'une particulière importance, pour la Justice et ses institutions. En effet, elle marque le début d'une période au cours de laquelle de profondes transformations ont été amorcées ou réalisées dans le domaine de la Justice, facilitées par le fait que la Constitution nouvelle a profondément modifié le rôle respectif de la loi et du règlement (v. *infra*, n°s 17 et s.). Depuis 1958 sont intervenues des réformes d'une grande portée. On se bornera à relever les plus importantes (v. *infra*, n°s 11 à 16). Si elles concernent principalement les juridictions de l'ordre judiciaire, elles témoignent de la volonté d'améliorer dans leur ensemble les institutions françaises concernant la Justice, au sens large de ce mot.

11 ***1) Réorganisation des juridictions de l'ordre judiciaire*** ◊ La réorganisation des juridictions de l'ordre judiciaire dépendant de la Cour de cassation par la possibilité d'un pourvoi contre leurs décisions, a été réalisée par plusieurs ordonnances et décrets portant tous la date du 22 décembre 1958. Ainsi ont été modifiées l'implantation, l'organisation et la compétence des tribunaux de droit commun et d'exception :

- Le tribunal civil de première instance qui avait pour ressort l'arrondissement a été remplacé par un *tribunal de grande instance* siégeant au chef-lieu du département et compétent tant en matière civile qu'en matière pénale.
- La justice de paix était installée dans le cadre du canton. Elle a été remplacée par un *tribunal d'instance*, dans le cadre de l'arrondissement.
- Le rôle de la *cour d'appel* a été singulièrement élargi, tant en matière civile que pénale. Elle connaît désormais de l'appel des décisions rendues par toutes les juridictions civiles et pénales, de droit commun ou d'exception (réserve faite des cours d'assises et des juridictions militaires lorsqu'elles ont été maintenues).

Quarante ans plus tard, la loi du 9 septembre 2002 crée les juridictions de proximité (v. *infra*, n°s 436 et s.) qui viennent modifier la carte des juridictions de première instance. La refonte de la carte judiciaire est au programme de la majorité présidentielle issue des élections de 2007.

12 ***2) Refonte du statut des magistrats de l'ordre judiciaire*** ◊ La Constitution de 1958 a modifié assez profondément le statut des magistrats professionnels (v. *infra*, n°s 805 et 834 pour leur avancement, n°s 815 et 835 pour la discipline) ainsi que la composition et les attributions du Conseil supérieur de la magistrature (v. *infra*, n° 122). La création, la même année, du Centre national d'études judiciaires (CNEJ), devenu l'École nationale de la magistrature (ENM) (v. *infra*, n°s 780 et s.) a favorisé le recrutement des magistrats dont le statut a été refondu et amélioré. Malgré les améliorations constantes

depuis plus de 45 ans et notamment ces dernières années (v. *infra*, n° 124, b, en note), la magistrature a connu une grave crise d'identité et de confiance (v. *infra* n°s 127 et s.), après avoir traversé une crise du recrutement dont les causes n'étaient pas uniquement statutaires. Cette double crise s'éloigne, malgré quelques soubresauts sporadiques, avec des revendications essentiellement corporatistes mais qui traduisent le malaise de juges débordés de travail, en butte aux critiques (pas toujours justifiées) des hommes politiques, en mal de reconnaissance sociale malgré l'amélioration considérable de leur situation financière. L'affaire d'Outreau (v. *infra*, n° 95) qui a bouleversé la France, a conduit le législateur à revoir les modes de recrutement et de formation des magistrats professionnels (v. *infra*, n° 775 et s.).

13 ***3) Réorganisation des professions juridiques et judiciaires*** ◊ Des textes remontant à 1945 avaient déjà rajeuni les structures des professions juridiques et judiciaires traditionnelles. Mais, depuis 1958, des innovations d'une autre ampleur ont été réalisées. On citera :

a) La *fonctionnarisation des greffes* des juridictions de l'ordre judiciaire, à l'exception de ceux des tribunaux de commerce. On notera que, contrairement à ce qui se passait pour les greffes des tribunaux judiciaires, ceux des juridictions administratives ont toujours été tenus par des fonctionnaires.

b) La *fusion des professions* d'avocat, d'avoué de grande instance et d'agréé, en 1971. À partir de cette date, un personnage unique, l'*avocat* a exercé les fonctions naguère réparties entre l'avocat (assister le client et plaider pour lui) et l'avoué (représenter le client, postuler et conclure). À compter du 1er janvier 1992, la profession d'avocat a absorbé l'ancienne profession de conseil juridique. La fusion des professions d'avocat et de conseil en propriété industrielle est contenue dans une proposition de loi débattue au Parlement depuis octobre 2008. Au 1er janvier 2011, devrait se réaliser la fusion des professions d'avocats et d'avoués d'appel.

c) Des textes importants concernent également les *officiers ministériels*, les *experts* et les conseils juridiques ; cette dernière profession a disparu le 1er janvier 1992 par absorption par la profession d'avocat (loi du 31 déc. 1990) ; d'importantes réformes ont touché les commissaires-priseurs en juillet 2000 (devenus commissaires-priseurs judiciaires, ils ont perdu le monopole de la vente volontaire de meubles à laquelle peuvent procéder les sociétés de vente volontaire de meubles aux enchères publiques), les administrateurs judiciaires et les mandataires-liquidateurs en janvier 2003 (devenus administrateurs et mandataires judiciaires), les experts en février 2004. Une nouvelle profession pour l'exercice des mandats non familiaux de la protection judiciaire des majeurs a été créée par la loi n° 2007-308 du 5 mars 2007, les « mandataires judiciaires de protection des majeurs ».

14 ***4) Réforme de la juridiction administrative et de ses pouvoirs*** ◊ La profonde réforme de la juridiction administrative engagée par la création en 1953 des tribunaux administratifs, désormais juges de droit commun du contentieux administratif, a été poursuivie et élargie après 1958. Le système des juridictions administratives a été profondément remodelé avec la création en 1987 des cours administratives d'appel ; le transfert de la plus grande partie de la compétence d'appel du Conseil d'État a été opéré progressivement ; il s'est achevé le 1er octobre 1995, date à laquelle ces cours sont devenues les juges d'appel de l'essentiel des jugements rendus par les tribunaux administratifs. De son côté, la juridiction administrative Outre-mer est depuis 2003 complètement intégrée dans l'organisation de droit commun. Quant à la juridiction financière, qui se confondait jusqu'en 1982 avec la Cour des comptes (accessoirement, avec la Cour de discipline budgétaire et financière), elle a été entièrement réformée avec la création en 1982 des Chambres régionales des comptes, motivée par la volonté de rapprocher le contrôle financier des collectivités locales, dont les pouvoirs avaient été très largement accrus par la loi de décentralisation du 2 mars 1982 et par ses textes complémentaires, et d'en élargir le domaine pour équilibrer la disparition de la tutelle administrative.

Les pouvoirs du juge administratif ont été également élargis, améliorant de façon significative la situation des justiciables. On citera notamment, à titre d'exemples, la possibilité pour ce juge d'accorder le paiement des frais du procès dits « irrépétibles », d'accorder une provision par voie de référé et, surtout, la faculté pour lui de prononcer désormais des injonctions à l'égard de l'État, des collectivités locales et des autres personnes publiques. Les procédures d'urgence ont été entièrement refondues en juin 2000.

15 ***5) L'allégement pour le plaideur des charges financières du procès*** ◊ En dépit du principe théorique, édicté par la loi des 16 et 24 août 1789, de la *gratuité* de la justice, le procès, sauf devant certaines juridictions, a toujours été la source, pour le plaideur, de frais et de débours élevés : coût des actes judiciaires, taxe des officiers ministériels, honoraires des avocats, droits de greffe, de timbre et d'enregistrement. Afin d'éviter qu'un particulier renonce à demander la reconnaissance judiciaire de ses droits, par crainte du poids financier du recours aux tribunaux, deux améliorations sensibles du système traditionnel ont été opérées :

a) L'**aide juridique**. Dans l'ancien droit devant les juridictions ecclésiastiques et, surtout, depuis la Révolution, il a toujours existé un régime d'assistance pour les plaideurs qui n'avaient pas les moyens de faire face aux frais d'un procès. Une loi du 22 janvier 1851, à plusieurs reprises remaniée, avait institué une assistance judiciaire, accordée dans certaines conditions. Une loi nº 72-11 du 3 janvier 1972 avait donné à l'institution une nouvelle ampleur et un esprit nouveau. Une *aide judiciaire* pouvait être accordée à un plaideur pour tout ou partie des frais du litige, en raison de l'importance de ses ressources. Le succès de la loi a été très rapide, d'où des difficultés avec la profession d'avocat qui demanda une réforme complète de ce système et une revalorisation de la rémunération versée aux avocats assistant des plaideurs bénéficiant de cette aide. Une loi sur l'*aide juridique* a été promulguée le 10 juillet 1991 (v. *infra*, n° 93) [1].

b) La gratuité de la justice. C'est une réforme d'une autre envergure qu'a réalisée la loi n° 77-1468 du 30 décembre 1977 (v. *infra*, n° 92). Celle-ci a instauré la gratuité de la justice devant les juridictions civiles et administratives, faisant disparaître droits de timbre et d'enregistrement, redevances de greffes, ainsi que d'autres taxes [2], avec cependant quelques retours en arrière par des lois de finances qui ont rétabli le droit d'enregistrement sur les actes d'huissiers de justice.

Une étape importante a ainsi été franchie pour rendre l'accès du prétoire possible à ceux qui ne sont pas favorisés par la fortune et dont les ressources sont modestes ou même inexistantes.

16 ***6) L'effort de codification*** ◊ Au cours de la même période, s'est manifesté un très grand effort de *codification*. Les textes relatifs à l'organisation des juridictions, au statut des juges et des auxiliaires de justice, se présentaient comme une réunion de dispositions disparates, d'ancienneté très variable, difficiles à concilier et qui n'avaient jamais pris place dans des codes officiels, Code de procédure civile ou Code d'instruction criminelle. Afin de mettre de l'ordre dans ces textes, de les rajeunir, de les mettre en harmonie avec les réformes relatives à la procédure proprement dite, des commissions furent constituées dès 1946.

Avant 1958, on peut donner déjà un exemple de réalisation : l'Ordonnance du 31 juillet 1945 modifiée par le décret du 30 septembre 1953 relatif à la procédure administrative et à la création des tribunaux administratifs.

Depuis 1958, sont intervenues de nombreuses codifications. Elles réunissent des textes relatifs à l'organisation des juridictions ou mettent les nouvelles procédures en harmonie avec les réformes relatives à la structure et à l'articulation rénovées des juridictions.

a) Le Code de procédure pénale (CPP). La refonte du Code d'instruction criminelle avait été envisagée avant 1958 ; une commission avait été instituée déjà dans ce but en 1953. Ses travaux étaient pratiquement terminés en 1958 ; mais, une loi du 31 décembre 1957 avait différé l'application des nouveaux textes. Après diverses retouches, ce code a été mis en application par une ordonnance n° 58-1298 du 23 décembre 1958. Sa date d'entrée en vigueur a été fixée au 2 mars 1959, la même que pour la réforme des juridictions judiciaires.

b) Le Code de justice militaire (CJM) a fait l'objet d'une recodification, avec l'ordonnance n° 2006-637 du 1er juin 2006 (validée par la loi n° 2007-

1. S. Guinchard, F. Ferrand et C. Chainais, *Procédure civile*, nos 1894 s.

2. Dans le domaine pénal, la gratuité de la justice n'avait pas été étendue au délinquant. Celui-ci peut cependant bénéficier de l'assistance d'un avocat commis d'office par le bâtonnier et qu'il n'aura pas à rémunérer. Depuis une loi du 4 janvier 1993, le condamné ne supporte plus les dépens, mais un droit fixe de procédure est exigé (v. *infra* n° 173).

289 du 5 mars 2007), qui est entré en vigueur à la date de la promulgation de sa partie réglementaire à savoir le 11 mai 2007 (décret n° 2007-759 du 10 mai 2007).

c) Le Code de justice administrative (CJA). Succédant au Code des tribunaux administratifs et des cours administratives d'appel, le Code de justice administrative a été créé par l'ordonnance n° 2000-387 du 4 mai 2000 pour sa partie législative et par les décrets n° 2000-388 et 389 de la même date pour sa partie réglementaire. Il permet, pour la première fois, de disposer d'un texte rassemblant toutes les règles applicables au Conseil d'État, aux cours administratives d'appel et aux tribunaux administratifs [1].

d) Le Code des juridictions financières. Créé par la loi n° 94-1040 du 2 décembre 1994, pour sa partie législative et par les décrets n°s 2000-337 et 338 du 14 avril 2000 pour sa partie réglementaire, et complété par la loi n° 95-851 du 24 juillet 1995, il fixe l'organisation et le fonctionnement de la Cour des Comptes, des Chambres régionales des comptes et de la Cour de discipline budgétaire et financière.

e) Le nouveau Code de procédure civile (NCPC) ainsi appelé du fait que le Code de procédure civile de 1806 (CPC) continuait à s'appliquer dans certaines de ses dispositions a été préparé par une Commission instituée en 1969. Il a réuni et refondu des décrets intervenus en 1971, 1972 et 1973 et a été porté par le décret n° 75-1123 du 5 décembre 1975 ; il est entré en vigueur le 1er janvier 1976 et a fait l'objet de plusieurs modifications, en moyenne une par an, parfois deux et, surtout, a été complété par des dispositions concernant la procédure devant la Cour de cassation, les procédures spéciales sur l'arbitrage et l'Outre-Mer. Ce Code a le grand mérite de s'appliquer aux juridictions d'Alsace et Moselle, qui ont conservé pourtant certaines particularités de procédure [2]. Depuis la loi n° 2007-1787 du 20 décembre 2007 (art. 26), il est devenu le **Code de procédure civile**, du fait de l'abrogation totale de l'ancien code de 1806.

f) Une loi concernant les procédures d'exécution en matière civile et mobilière a été promulguée le 9 juillet 1991 (décret d'application du 31 juill. 1992). L'ensemble formera peut-être un nouveau Code (avec une partie législative et une partie réglementaire), le Code de l'exécution, auquel pourront s'incorporer la réforme de la saisie immobilière et celle des procédures de distribution, réforme instaurée par l'ordonnance n° 2006-461 du 21 avril 2006 et le décret n° 2006-936 du 27 juillet 2006.

g) Le Code de l'organisation judiciaire (COJ) a d'abord été publié par deux décrets (décr. n° 78-329 et 330 en date du 16 mars 1978). Dans cette version initiale, maintes fois modifiée en trente ans, il reprenait, simplifiait et adaptait des textes très anciens, dont certains remontaient même au Consulat et à l'Empire. Trente ans après, par une ordonnance n° 2006-673 du 8 juin 2006, la partie législative de ce code a été entièrement refondue, avec, notamment, une nouvelle numérotation, l'énoncé de principes directeurs en tête du code et la « sortie », vers les codes de droit substantiel concernés, des dispositions propres à chaque juridiction spécialisée (par exemple, dans le Code de commerce pour les tribunaux de commerce et dans le Code du travail pour les conseils de prud'hommes), à tel point que l'harmonie et les bienfaits d'un véritable Code

1. V. J. Arrighi de Casanova, « Le Code de justice administrative », *AJDA* 2000. 639 ; R. Chapus, « Lecture du Code de justice administrative », *RFDA* 2000. 929.

2. S. Guinchard, F. Ferrand et C. Chainais, *Procédure civile,* n°s 44 et 60.

de l'organisation judiciaire s'en trouvent considérablement amoindris ; ordonnance validée par la loi n° 2009-526, 12 mai 2009 (art. 138-I-20°). La partie réglementaire a été publiée par le décret n° 2008-522 du 2 juin 2008.

h) Le Livre des procédures fiscales est contenu dans les décrets n°s 81-859 et 81-860 du 15 septembre 1981.

§ 2. La hiérarchie des règles relatives à la justice et à ses institutions

17 ***Évolution*** ◊ Traditionnellement, les règles relatives à l'organisation des juridictions relevaient, en France, du domaine de la loi, ainsi que celles concernant la compétence et le déroulement du procès. Les tribunaux civils et répressifs étant les garants de l'intégrité physique et morale de la personne, de son honneur, de sa liberté, étant aussi les défenseurs de la propriété et des patrimoines privés, cette exigence a paru, pendant longtemps, tout à fait normale. Il existe entre les règles substantielles et leur expression processuelle une nécessaire cohérence que garantissait l'intervention obligatoire de la loi.

C'est ainsi que jusqu'à une époque récente, c'était dans des textes émanant du Parlement que l'on trouvait [1] :

- les règles relatives à la création, à la constitution, à la composition et au fonctionnement des diverses juridictions ;
- les règles précisant leur compétence, la manière de mener devant elles une procédure et de mettre à exécution, s'il le fallait, par la force, leurs décisions ;
- les règles fixant le statut des juges et des auxiliaires de justice (avocats, officiers ministériels) [2].

Si des règlements et des décrets intervenaient, ce n'était que pour fournir des précisions techniques sur des points ne mettant pas en cause les principes ; le plus souvent une indication expresse du législateur les annonçait.

Il convient de relever que les règles semblaient moins rigoureuses en droit administratif. Si la création du Conseil d'État, de la Cour des comptes, des conseils de préfecture ont été l'œuvre de textes législatifs, le domaine réglementaire a toujours été très important.

18 ***« Constitutionnalisation » de l'organisation et de la procédure juridictionnelles. Le droit processuel constitutionnel*** ◊ Des modifications sensibles ont été introduites dans ce système traditionnel avec l'avènement de la Ve République. La Constitution du 4 octobre 1958, en redistribuant les compétences entre le Parlement et le Gouverne-

1. Il est vrai que la loi a été, trop souvent, pour des raisons de rapidité et d'efficacité, remplacée par des décrets-lois et par des ordonnances.

2. V. par exemple les ordonnances du 2 novembre 1945 relatives aux différents officiers ministériels et les décrets d'application (v. *infra*, n°s 1082 et s.).

ment, a restreint *dans son texte* le domaine législatif au profit du domaine réglementaire. Mais il est essentiel d'observer que la lecture des quelques articles, laconiques, de la Constitution consacrés à l'organisation et à la procédure de l'ensemble des juridictions ne donne qu'une vue parcellaire du contenu de ce que l'on pourrait appeler « le droit processuel constitutionnel ». Ce droit a connu en effet une évolution analogue à celle qui a marqué d'autres branches du droit, que l'on désigne souvent du terme de « constitutionnalisation ». Le développement intense de l'activité du Conseil constitutionnel – qui a rendu à ce jour plus d'un millier de décisions – a fait apparaître tout un corps de règles, évolutif, relevant du « bloc de constitutionnalité » qu'a dégagé le Conseil au fil de ses décisions audacieuses et courageuses. Si son contenu s'était cantonné à l'interprétation des quelques articles consacrés par la Constitution à l'organisation juridictionnelle et au statut des magistrats, son intérêt aurait été essentiellement limité à une clarification des compétences respectives du Législatif et de l'Exécutif dans l'édiction des textes. Mais, ici comme dans d'autres matières, le Conseil constitutionnel a reconnu valeur de droit positif, et force constitutionnelle, non seulement au préambule de la Constitution de 1946 et au contenu de la Déclaration des droits de l'homme de 1789, mais aussi à des principes généraux comme les « principes généraux reconnus par les lois de la République », l'ensemble de ces normes lui permettant d'ailleurs de dégager des règles de droit substantiel s'imposant au législateur dans l'exercice de ses compétences.

Ainsi le statut constitutionnel du droit processuel comporte-t-il deux domaines : il est à la fois *source de compétences*, en répartissant les compétences normatives entre le Parlement et le Gouvernement (selon une interprétation souvent plus favorable au législatif que la première lecture des textes conduirait à le penser) (A) et *source de droit matériel*, en énonçant des exigences que le Parlement doit respecter dans l'exercice de ses compétences (et qui sont en général autant de garanties pour les droits des justiciables) (B). On se limitera ici à donner quelques exemples du contenu de l'un et de l'autre de ces domaines [1].

A. Répartition des compétences législative et réglementaire

19 ***1) Création et organisation des diverses juridictions*** ◊ L'article 34 de la Constitution du 4 octobre 1958 a maintenu expressément dans le domaine de la loi « les règles concernant la création de nouveaux ordres de juridiction ». Prise à la lettre l'expression est assez réductrice et aurait restreint à de rares

1. Pour des développements importants en procédure civile, V. G. Drago et S. Guinchard, « Droit constitutionnel et procédure civile », *Rép. pr. civ.*, déc. 2004 ; S. Guinchard, F. Ferrand et C. Chainais, *Procédure civile,* n°s 27 s. V. aussi, pour l'ensemble du droit du procès, S. Guinchard *et alii, Droit processuel. Droit commun et droit comparé du procès équitable,* n° 155-182 sur les sources constitutionnelles du droit processuel. T. Renoux (dir.), « La justice dans la Constitution », *Cahiers Cons. const.* 2003-14, p. 74.

hypothèses l'intervention du législateur [1]. On soulignera d'ailleurs qu'elle ne résulte pas, semble-t-il, de la volonté du gouvernement de l'époque (l'avant-projet de constitution visait « le statut de la magistrature et l'*établissement* des juridictions », ce qui est plus large que « la *création* de nouveaux *ordres* »). Mais un amendement de M. Waline étendant le domaine de la loi à « la *compétence* des juridictions » fut repoussé pour arriver à la formule actuelle. Le contexte ne se prêtait guère à une interprétation au bénéfice du domaine de la loi dans la matière de l'organisation de nos juridictions. Pourtant, le Conseil constitutionnel et le Conseil d'État ont construit chacun pour ce qui le concerne mais de concert, une jurisprudence audacieuse, entendant très largement la notion « d'ordre » et la notion de « règles concernant la création », qui comprennent les caractères essentiels de la (ou des) juridiction(s) composant cet ordre ; les autres règles d'organisation relèvent, en principe, du domaine réglementaire [2].

a) Le Conseil constitutionnel, dès sa décision du 18 juillet 1961 qui a été à l'origine d'une jurisprudence homogène, a interprété le premier terme comme désignant toute juridiction, même isolée, qui se distinguerait des juridictions existantes par sa compétence matérielle [3] ou par les caractères différents de sa composition. Le Conseil d'État a fait application de cette interprétation dans son arrêt du 2 mars 1962, *Rubin de Servens et autres* [4], en jugeant que l'institution d'un Tribunal militaire à compétence spéciale tend à créer un ordre de juridiction et correspond ainsi à l'exercice d'une compétence législative. Relèverait de la compétence réglementaire la création d'un tribunal supplémentaire s'ajoutant à ceux déjà existants [5], ou l'aménagement interne tel que la création de chambres supplémentaires ou de « sections » [6], alors que, au cours de ces dernières années, la création d'un juge des enfants, d'un juge de l'exécution (JEX), d'un juge de l'application des peines (JAP), d'un juge délégué aux affaires matrimoniales (JAM) puis familiales (JAF), des juges de proximité, d'un tribunal de l'application des peines a été réalisée par un texte législatif, de même que l'institution des Chambres régionales des comptes et des Cours administratives d'appel [7]. Développant cette idée, la décision du 20 juillet 1977 précisait que, la Cour de cassation représentant à elle seule un ordre de juridiction, « *par suite ses règles constitutives relèvent également de la compétence du*

1. V. J. Moreau, « Le caractère réglementaire ou législatif des règles de procédure administrative contentieuse en droit français positif », in *Mélanges M. Waline,* t. II, p. 635.
2. Cons. const. décision n° 72-752, 21 déc. 1972.
3. Relative à la création de tribunaux d'instance à compétence exclusivement pénale à Paris, Lyon et Marseille : *D.* 1961. 541, note L. Hamon ; *Grandes décisions,* 15e éd., 2009, n° 7. Il en sera de même, plus tard, pour la Cour de cassation (décision du 20 juill. 1977, *Rec.* p. 63) et pour la Cour de discipline budgétaire et financière (décision n° 2005-198 L. du 3 mars 2005) qui constituent à elles seules un ordre de juridiction. Sur les limites du pouvoir réglementaire pour étendre les compétences du juge unique - mais non pour le généraliser - V. J. Arrighi de Casanova, « Le juge unique en contentieux administratif », *AJDA* 2006. 1689.
4. *D.* 1962. 109. Chron. Morange.
5. V. la même décision du 18 juill. 1961 : « La détermination du nombre, du siège et du ressort de chacune des juridictions créées dans le cadre des principes définis par la loi est de la compétence réglementaire ». V. p. ex. le décret du 14 août 1986, créant un Tribunal de commerce à Bobigny.
6. Pour la création de sections fiscales dans les tribunaux administratifs, V. la décision n° 71-68, 1er avr. 1971.
7. Respectivement L. n° 82-213, 2 mars 1982 et n° 82-594, 10 juill. 1982 ; L. n° 87-1127, 31 déc. 1987.

législateur ». C'est également une loi qui a permis au tribunal de grande instance de siéger, dans certains cas, à juge unique, en matière civile et en matière correctionnelle. Le cadre général de l'arbitrage a été également fixé par un texte de loi (L. n° 72-626 du 5 juill. 1972 abrogeant certains articles de l'ancien Code de procédure civile et les remplaçant par les articles 2059, 2060 et 2061, C. civ.).

b) La jurisprudence du Conseil constitutionnel a d'ailleurs élargi à un autre point de vue la compétence législative du Parlement. La décision du 18 juillet 1961, en admettant la compétence du Gouvernement pour déterminer le nombre, le siège et le ressort des juridictions — même pénales — ajoutait qu'elle devait s'exercer en ces domaines « dans le cadre des *principes définis par la loi pour la création de ces juridictions* ». C'était, par le biais d'une conception extensive de la notion de « règles de création » réintroduire la compétence législative la plus large possible. Il importe alors de connaître quelles sont ces règles constitutives ou ces principes selon la jurisprudence constitutionnelle ; des décisions postérieures ont explicité ces notions en les appliquant notamment à la composition des juridictions ou de certaines de leurs formations, voire au mode de désignation et à la durée des fonctions de certains de leurs membres et à leur compétence matérielle.

20 ***2) Compétence et procédure*** ◊ En ce qui concerne les règles de compétence des diverses juridictions et la procédure à diligenter devant elles, la Constitution de 1958 a provoqué une nette distorsion entre les divers contentieux, que la pratique constitutionnelle a d'ailleurs atténuée :

a) Ainsi est-ce au législateur que revient le soin de fixer les limites respectives de la compétence judiciaire et de la compétence administrative [1].

b) La procédure pénale reste *totalement* dans le domaine réservé à la loi, pour des raisons évidentes à comprendre, le respect des libertés individuelles. Certes, le Code de l'organisation judiciaire comporte une partie Règlement et une partie Décret, relatifs à la procédure pénale, mais ces règlements et décrets ne peuvent modifier les règles contenues dans la partie législative. La distinction de la frontière entre la loi et le règlement est d'ailleurs particulièrement délicate en matière pénale.

c) En revanche, tout ce qui a trait à la procédure *non pénale* suivie devant les juridictions, qu'il s'agisse des règlements des incidents de compétence, des personnes aptes à saisir une juridiction etc. relève, en principe, de la compétence réglementaire [2] :

- Ainsi, toutes les réformes de la *procédure civile* et des incidents de compétence intervenues en 1958, 1965, 1971, 1972, 1973 ont-elles pris place dans les décrets. Le nouveau Code de procédure civile, ainsi que ses récents compléments ont été l'œuvre de simples décrets.
- Il en va de même pour la *procédure administrative*. On citera, comme exemple, le décret du 25 juillet 1960 sur la saisine obligatoire ou facultative du Tribunal des conflits, le décret du 22 février 1972 facilitant le règlement

1. Cons. const., décision n° 87-149 L, 20 févr. 1987, *Rec.* p. 22 ; T. confl., 7 déc. 1970, *Act. jur.*, 1971.171, *RTD civ.* 1971.418, obs. Hébraud CE 27 juin 1990, *Commune des Eaux-Bonnes, Rev. jur. fisc.*, n° 10/1990.

2. La compétence de principe du pouvoir réglementaire en matière de procédure civile et administrative a été rappelée par le Conseil constitutionnel dans une décision du 14 mai 1980 (*JO*, 16 et 17 mai 1980).

rapide des conflits de compétence entre tribunaux administratifs. Une jurisprudence hardie du Conseil d'État a même admis que, sans texte, une voie procédurale nouvelle d'accès au juge administratif soit mise en place par sa propre décision [1].

d) Néanmoins, la compétence législative peut réapparaître en procédure civile et administrative de deux façons :

- Tout d'abord pour les règles ayant trait à la structure et à la composition des juridictions [2] et, surtout, celles concernant la compétence *ratione materiae*, parce qu'elles sont considérées comme des règles constitutives d'une juridiction [3], à l'exclusion des règles concernant la compétence *ratione loci*.

- Ensuite, l'intervention du Parlement peut réapparaître dès lors que les règles de compétence ou de procédure en cause concernent des matières qui, en raison de leur nature, relèvent de la compétence législative à un titre particulier. Par exemple, si l'audition (ou non) du ministère public devant le Tribunal de grande instance est normalement réglementée par décret, elle relève de la loi dans les procès qui intéressent les personnes présumées absentes, le ministère public étant chargé de veiller à leurs intérêts son intervention constitue en effet une garantie essentielle du droit de propriété (décision 73-76, L. du 20 févr. 1973). De même relèvent de la loi parce que sont en cause des « garanties fondamentales accordées aux citoyens pour l'exercice des libertés publiques » un texte attribuant compétence aux juges judiciaires en matière (fiscale) de revendications d'objets saisis (décision 80-113, L. du 14 mai 1980), et une disposition énonçant que certains jugements rendus en matière fiscale par le Tribunal de grande instance ne pourraient être attaqués que par la voie de la cassation, cette voie de recours constituant pour les justiciables une garantie fondamentale (même décision).

On constate par ces exemples que la jurisprudence du Conseil constitutionnel parvient, en matière de compétence et de procédure, à maintenir la prédominance de la loi en la rattachant à des titres particuliers d'intervention du Parlement sur un certain nombre de points jugés importants pour les garanties des justiciables.

21 ***3) Statut des personnels liés à l'exercice de la justice*** ◊ On examinera le problème des statuts, successivement pour les juges, pour les greffiers puis pour les auxiliaires de justice.

a) Statut des juges

Il convient de distinguer soigneusement la situation des juges exerçant leurs fonctions dans le cadre des juridictions de l'ordre judiciaire (magistrats) et celles des juges qui se trouvent dans les juridictions de l'ordre administratif.

1. V. CE, Ass., 6 déc. 2002, *AJDA* 2003. 280, chron. gén. jur. par F. Donnat et D. Casas (homologation par le juge administratif d'une transaction hors de tout litige). Pour d'autres exemples, v. la même chron., *AJDA* 2004, spéc. p. 441.

2. Déc. 65-331 L, 9 févr. 1965 pour la composition des Chambres d'expropriation ; *D.* 1967. 405, note L. Hamon ; 20 juill. 1977 pour la composition de la Chambre mixte et de l'assemblée plénière de la Cour de cassation ; 21 déc. 1964 pour la mode de désignation et la durée des fonctions des assesseurs des tribunaux pour enfants, *D.* 1965. 641, note L. Hamon.

3. Déc. 64-6 FNR, 22 mai 1964 et 65-331 L, 9 févr. 1965 préc. Pour les juges de proximité, Décision 2002-461 DC, 29 août 2002, *Loi d'orientation et de programmation pour la Justice*, *LPA*, 5 sept. 2002, obs. J. E. Schoettl ; *Cahiers Cons. const.*, Dalloz, 2002-13, p. 12 et 36.

– ***Statut des magistrats de l'ordre judiciaire.*** Le statut des magistrats est garanti par la Constitution du 4 octobre 1958. Son article 34 indique que ce statut relève de la *loi ;* l'article 64 précise qu'« une *loi organique* porte statut des magistrats [1]. Ainsi, il ne peut être porté atteinte à la situation, aux conditions de nomination, d'avancement, de déplacement des magistrats que par la voie de lois organiques. Ces conditions concernent, en raison de l'unité de la justice civile et de la justice pénale, tous les magistrats de carrière, qu'ils siègent dans une formation civile ou pénale.

Les règles sont moins strictes pour les simples particuliers qui siègent dans certaines juridictions d'exception, magistrats consulaires, conseillers prud'-hommes ou jurés par exemple. Leurs conditions de désignation ou d'élection sont contenues dans un texte législatif ordinaire (v. *infra*, n° 364). Toutefois, pour les juges de proximité, c'est par une loi organique et non pas par une loi ordinaire que leur statut a été fixé ; en effet, le Conseil d'État avait émis l'avis que ces juges soient intégrés au corps judiciaire [2] et le gouvernement a donc eu recours à une loi organique. Mais le Conseil constitutionnel, dans sa décision n° 2003-466 DC du 20 février 2003, remet les choses en ordre et considère successivement : que l'article 64, al. 3 de la Constitution aux termes duquel « une loi organique porte statut des magistrats », *« ne vise que les magistrats de carrière de l'ordre judiciaire »* (consid. 3) ; qu'en revanche, dans la mesure où les juges de proximité vont exercer des compétences normalement dévolues aux juges de carrière, *« il appartenait au législateur organique de soumettre ces juges aux mêmes droits et obligations que ceux des magistrats de carrière »* (consid. 5) ; mais que *« pour autant, l'insertion des conditions de désignation et des règles statutaires régissant les juges de proximité dans l'ordonnance du 22 décembre 1958 n'a ni pour objet, ni pour effet, d'intégrer ces juges dans le corps judiciaire »* (consid. 7) (v. *infra*, n° 768) [3]. C'est le même principe qui inspire la décision n° 2006-545 DC du 28 décembre 2006 qui, à propos des conseillers prud'hommes, considère, pour la première fois, que si ces juges ne relèvent pas de l'ordonnance statutaire de décembre 1958, ils sont des « magistrats » au sens de l'article 34, al. 4 de la Constitution et, à ce titre, leur statut relève du domaine législatif [4].

– ***Statut des juges des juridictions administratives.*** Dans la doctrine traditionnelle des pouvoirs publics, confortée par la jurisprudence du Conseil d'État, les membres des juridictions administratives ne sont pas des « magistrats », au sens des dispositions rappelées ci-dessus. Ainsi en a jugé le Conseil d'État dans l'arrêt d'Assemblée du 2 février 1962 (*Beausse, Lebon* p. 82). Lors de la discussion de la loi du 31 décembre 1987 qui a créé les Cours administratives d'appel, le ministre de l'Intérieur déclarait : « Il n'est pas concevable de parler de « magistrats de l'ordre administratif », les membres des tribunaux administra-

1. Les conditions dans lesquelles doit être prise par le Parlement une loi organique sont précisées par l'article 46 de la Constitution. Faute d'accord entre les deux assemblées du Parlement, une loi organique ne peut être adoptée par l'Assemblée nationale en dernière lecture qu'à la majorité absolue de ses membres. Elle ne peut être promulguée qu'après déclaration par le Conseil constitutionnel de sa conformité à la Constitution.
2. *Le Monde*, 13 juill. 2002.
3. *LPA*, 13 mars 2003, p. 7, note J. E. Schoettl ; *Cahiers C. const.* 2003-14, p. 24.
4. *LPA*, 2 avr. 2007, n° 66, p. 15, obs. Laetitia Janicot.

tifs « n'étant pas des magistrats, mais des fonctionnaires » [1]. Selon la formule de l'article 1 de la loi du 6 janvier 1986 garantissant l'indépendance des membres des Tribunaux administratifs et Cours administratives d'appel [2], ces membres exercent des « fonctions de magistrats » [3] — expression aujourd'hui reprise à l'article L. 231-3 CJA.

Le statut des juges des juridictions administratives ne paraît donc pas relever, au premier examen, de la compétence législative. Cependant, il convient de tenir compte de la jurisprudence du Conseil constitutionnel, qui fait entrer l'indépendance de la juridiction administrative dans la catégorie constitutionnelle des « principes fondamentaux reconnus par les lois de la République » [4], et qui, par ailleurs, range parmi les mêmes principes la compétence de cette juridiction pour annuler ou réformer les décisions prises, dans l'exercice des prérogatives de puissance publique, par les autorités exerçant le pouvoir exécutif, leurs agents et les collectivités territoriales [5]. On est ainsi fondé à considérer que si la généralité des règles régissant les membres des juridictions administratives relèvent du pouvoir réglementaire, celles qui établissent l'indépendance de ces juges relèvent du pouvoir législatif, ne serait-ce (art. 34 Constitution) qu'au titre des « garanties fondamentales accordées à une catégorie de fonctionnaires de l'État et qui ont pour objet de protéger l'indépendance des membres de ce corps » [6]. De fait, on constate que si les règles portant statut particulier du corps des membres des Tribunaux administratifs et des Cours administratives d'appel sont contenues dans un décret (du 28 sept. 1988), les dispositions garantissant l'indépendance des membres de ces mêmes juridictions a fait l'objet d'une loi (du 6 janv. 1986) ; de même, l'essentiel du statut des présidents et des membres des Chambres régionales des comptes — qui sont d'ailleurs des magistrats inamovibles [7] — est fixé par la loi du 10 juillet 1982, intégrée aujourd'hui dans le CJF.

b) Statut des greffiers des juridictions

Les greffiers des juridictions de l'ordre judiciaire font partie de la juridiction à laquelle ils sont attachés. Leur statut est fixé par une loi dont les dispositions figurent dans la partie législative du Code de l'organisation judiciaire.

Les fonctionnaires des greffes des tribunaux administratifs sont soumis à un régime réglementaire.

1. *JO. Déb.* Sénat, séance du 10 nov. 1987, p. 3801. Art. L. 231-1 CJA : « sous réserve des dispositions du présent titre, les dispositions statutaires de la fonction publique de l'État s'appliquent aux membres du corps des tribunaux administratifs et des cours administratives d'appel ». Rappr., pour les magistrats des chambres régionales des comptes, art. L. 220-1 CJF V. n°s 552 s.
2. Reprise de l'article 1er du décret du 28 sept. 1988 portant statut particulier de ce corps unique.
3. Le ministre de l'Intérieur admettait lui-même, à la même occasion : « Ils disposent dès à présent d'un statut proche de celui des magistrats qui leur assure une très large indépendance et leur confère notamment la même inamovibilité que celle dont bénéficient les juges judiciaires (*ibid.*, p. 3779).
4. Décision 119 DC du 22 juill. 1980, qui rappelle en outre que l'indépendance des tribunaux judiciaires résulte des dispositions de l'article 64 de la Constitution.
5. Décision 86-224 DC du 23 janv. 1987 ; décision 89-261 DC du 28 juill. 1989.
6. CE 5 nov. 2003, *Syndicat de la juridiction administrative, Mme Balbin, AJDA* 2004. 827, concl. R. Rémy Schwartz (compétence réglementaire pour fixer les modalités d'un concours de recrutement, alors que les règles générales du recrutement, comme le principe même d'un concours, relèvent du législateur).
7. Loi de décentralisation du 2 mars 1982, art. 84.

c) Statut des auxiliaires de justice

- *En ce qui concerne les auxiliaires de justice qui sont à la disposition des parties,* avocats, officiers ministériels, administrateurs judiciaires, mandataires-liquidateurs, experts, le texte de base a toujours un caractère légal (par ex., loi n° 71-1130, 31 déc. 1971 portant réforme de certaines professions judiciaires et juridiques), les textes d'application étant des décrets.

- *Police.* D'une manière assez générale, tout ce qui concerne la police, au moins dans son activité de police judiciaire, relève de la loi. Voir la loi du 9 juillet 1966 (création de la police nationale) et les lois du 28 juillet 1978, 15 avril 1999, 23 janvier 2006 et 5 mars 2007 augmentant le nombre des personnes ayant des attributions de police judiciaire.

Cette brève analyse révèle que, depuis la Constitution du 4 octobre 1958, le cadre de l'activité réglementaire du gouvernement s'est singulièrement accru. Sont restés dans le domaine de la loi essentiellement le *statut des magistrats judiciaires* la *procédure pénale* et la détermination des règles de compétence des juridictions.

B. Principes constitutionnels d'organisation et de procédure

22 ***Respect des principes*** ◊ Dans l'exercice des compétences qui leur sont respectivement reconnues, le Parlement et le Gouvernement doivent respecter — sous le contrôle du Conseil constitutionnel pour le premier et du Conseil d'État pour le second — une série évolutive de principes affirmés par la jurisprudence du Conseil constitutionnel, les uns tirés de la lettre même des textes à valeur constitutionnelle, les autres affirmés en tant que « principes fondamentaux reconnus par les lois de la République » [1]. On retrouvera plus loin, au fil des développements, le plus grand nombre d'entre eux. À titre illustratif, on retiendra ici seulement quelques uns des principes constitutionnels que doit respecter le Parlement au moment d'adopter des lois d'organisation juridictionnelle et de procédure :

• **Principes d'organisation déclarés comme ayant valeur constitutionnelle :**

- l'indépendance des juridictions, aussi bien administratives que judiciaires, ce qui interdit au législateur de censurer leurs décisions (respect de l'autorité de la chose jugée), directement ou indirectement par des lois de validation, de leur adresser des injonctions, et de se substituer à elles dans le jugement de litiges pendant devant elles (décision 119 DC du 22 juill. 1980), ce qui postule évidemment l'indépendance de leurs membres, même s'ils sont juges administratifs ;

- la compétence de principe - et donc l'existence - de la juridiction administrative pour l'annulation ou la réformation des décisions prises, dans l'exercice des prérogatives de puissance publique, par les

1. On verra plus loin qu'à cet encadrement national de la compétence législative et réglementaire s'ajoute un encadrement européen (v. *infra* n°s 68 à 75).

autorités publiques (décision 86-224 DC du 23 janv. 1987) [1]. En même temps, se trouve ainsi consacrée constitutionnellement la dualité des ordres de juridictions, de même que la nécessité d'une possibilité de demander à un juge administratif d'annuler ou de réformer toute décision administrative.

• **Principes de procédure ayant valeur constitutionnelle** [2] :

– le principe constitutionnel de la liberté individuelle, dont la garde est confiée à l'autorité judiciaire (art. 66 Constitution), implique qu'en cas de détention d'un individu par une autorité administrative, un juge judiciaire intervienne dans le plus court délai possible ; il en est de même pour autoriser la prorogation d'une garde à vue (décision 79-109 DC du 9 janv. 1980, et 80-127 DC des 19-20 janv. 1981) ;

– l'égalité devant la justice (sur laquelle v. *infra* n° 164) ne permet pas de prévoir un système dans lequel des infractions de même nature seraient, selon la décision d'un président de juridiction, jugées les unes en formation collégiale, les autres par un juge unique (décision 75-36 DC du 23 juill. 1975) ; mais le juge unique n'est pas lui-même inconstitutionnel (v. *infra* n° 159) ;

– les droits de la défense ne permettent pas d'écarter du prétoire un avocat qui, sans qu'il ait manqué à ses obligations déontologiques, compromettrait la sérénité des débats (décision 80-127 DC, préc.). Le principe du respect des droits de la défense constitue un des « principes fondamentaux reconnus par les lois de la République » ; il implique « l'existence d'une procédure juste et équitable garantissant l'équilibre des droits des parties », notamment en matière pénale (décision 95-360 DC, du 2 févr. 1995) ; il impose le droit de la personne gardée à vue de s'entretenir avec un avocat [3], et il fonde l'exigence d'un sursis à exécution des décisions administratives ;

– plus généralement est affirmé ce que le droit communautaire et le droit de la Convention européenne des droits de l'homme appellent « le droit au juge », c'est-à-dire le droit des intéressés d'exercer des recours devant une juridiction (décision 93-335 DC du 21 janv. 1994) [4].

§ 3. Application des lois dans le temps

23 ***Principes*** ◊ On peut être bref sur le problème de l'application dans le temps des textes législatifs ou réglementaires relatifs à l'organisation

1. V. obs. B. Genevois, *RFDA*, mars-avr. 1987.
2. J. Pradel et A. Varinard, *Les Grands arrêts du droit pénal général*, Dalloz, 6e éd., 2007, n° 1.
3. Décision 11 août 1993, *JCP* 1993. III. 66355.
4. *Revue française de droit constitutionnel*, 1994, p. 364, note F. Melin-Soucramanien.

des juridictions, en prenant ce terme, dans un sens extensif et très général [1].

Ces textes s'appliquent immédiatement, dès leur promulgation (lois), dès leur publication (décrets). Sauf exception formelle, toute règle nouvelle s'applique immédiatement, provoquant, par exemple, le dessaisissement d'une juridiction au profit d'une autre, même pour un procès déjà entamé, dans la mesure où la juridiction saisie n'aurait pas encore rendu une décision sur le fond, auquel cas, elle conserverait le dossier de l'affaire [2].

Cette solution s'applique également à l'organisation de nouvelles juridictions pénales, y compris lorsqu'il s'agit de juridictions d'exception extraordinaires, ce qui paraît assez contestable, car on ne peut guère considérer qu'il s'agit d'une amélioration du fonctionnement de la justice [3].

24 ***Contenu du Précis*** ◊ Le Précis a pour prétention première de permettre de connaître les grands cadres de la Justice et de ses institutions dans notre Droit. C'est pourquoi on s'est attaché, avant tout, à exposer le réseau parfois assez complexe de notre organisation judiciaire, ses points de connexion, ses conflits. Il s'agit principalement d'une description, la compétence de chaque juridiction étant seulement précisée dans ses caractéristiques essentielles, de manière à permettre au lecteur de comprendre le rôle spécifique de chacune des juridictions présentées.

Mais il ne faudrait pas que le lecteur ait l'impression qu'on se borne à la pure description, immobile et statique, d'une savante machinerie judiciaire. Nous avons aussi voulu, sans anticiper sur les études ultérieures spécialisées, initier l'étudiant à un *vocabulaire* lui permettant de mieux comprendre les décisions judiciaires commentées, les allusions faites, dans les Traités et Manuels, ainsi que dans les articles de doctrine, à des juridictions et aux procédures poursuivies devant elles.

Surtout, on s'est efforcé de présenter les problèmes fondamentaux que posent, dans tout système de droit positif et en particulier dans le nôtre, l'organisation et le fonctionnement de la Justice. L'ouvrage se veut une réflexion critique sur la Justice dans notre pays.

25 ***Plan de l'ouvrage*** ◊ Les développements relatifs à la Justice et à ses institutions seront présentés dans le cadre général suivant :

Dans une première approche, on essayera de présenter une réflexion générale sur *le service public de la Justice* (1re Partie).

1. *Rép. pr. civ.*, v° « Application dans le temps ».
2. Les lois nouvelles intervenues au cours de ces dernières années, contiennent le plus souvent des dispositions précises en ce qui concerne leur date d'application.
3. V. G. Levasseur, « Réflexions sur la compétence : un aspect négligé du principe de la légalité », in *Mélanges L. Hugueney*, Sirey, 1964, p. 13 et s.

On procédera ensuite à une description de *l'organisation des juridictions* tant internationales que nationales, de l'ordre judiciaire (civiles et pénales) et de l'ordre administratif (2e Partie).

Il conviendra alors de présenter ceux qui interviennent au cours du procès : les *juges* et les *auxiliaires de la justice,* c'est-à-dire *les gens de justice* (3e Partie).

BIBLIOGRAPHIE

Sites Internet

Assemblée nationale : www.assemblee-nationale.fr
Circulaires : www.circulaires.gouv.fr
Conseil d'État et juridictions administratives : www.conseil-etat.fr
Conseil de l'Europe : www.coe.fr
Conseil constitutionnel : www.conseil-constitutionnel.fr
Cour de cassation : www.courdecassation.fr
Cour européenne des droits de l'homme : www.echr.coe.int
Cour de justice des Communautés européennes : www.curia.europa.eu
GIP-Justice : www.gip-recherche-justice.fr
Légifrance (Codes, textes, etc.) : www.legifrance.gouv.fr
Ministère de la Justice : www.justice.gouv.fr
Sénat : www.senat.fr
Système universitaire de documentation : www.sudoc.abes.fr
Unesco (conventions internationales) : www.unesco.org

26 ***I. Ouvrages généraux traitant de la justice et de ses institutions et du droit du procès*** ◊

A. Manuels et précis

S. Guinchard, C. Chainais, C. et I. Delicostopoulos, M. Douchy-Oudot, F. Ferrand, X. Lagarde, V. Magnier, H. Ruiz Fabri, L. Sinopoli et J. M. Sorel, *Droit processuel. Droit commun et droit comparé du procès équitable,* Dalloz, 5e éd., 2009.
E. Jeuland, *Droit processuel,* LGDJ, 2007.
F. Kernaleguen, *Institutions judiciaires,* Litec, 4e éd., 2008.
R. Perrot, *Institutions judiciaires,* Précis Domat, Montchrétien, 13e éd., 2008.
D. Del Preste et E. Fischer, *Institutions juridictionnelles,* Hachette supérieur, 2006.
M.-L. Rassat et J.M. et P. Lemoine de Forges, *Institutions administratives et juridictionnelles,* Ellipses, sept. 2005.
J.-P. Scarano, *Institutions juridictionnelles,* Ellipses, 10e éd., 2007.

B. Revues spécialisées

1) *Justices,* créée et dirigée par Loïc Cadiet et Serge Guinchard (Dalloz éd.). Semestrielle, puis trimestrielle à partir de 1997. Un thème par numéro. A cessé de paraître en 2001.
n° 1 « Justice et économie » (1995-1)
n° 2 « Justice et ville » (1995-2)
n° 3 « Justice et pouvoirs » (1996-3)
n° 4 « Le double degré de juridiction » (1996-4)
n° 5 « La responsabilité des gens de justice » (1997-5)
n° 6 « Justice d'Europe, facteurs d'unité » (1997-6)

n° 7 « Justice d'Europe, facteurs de diversité » (1997-7)
n° 8 « Justice et travail » (1997-8)
n° 9 « Justice et éthique du juge » (1998-9)
n° 10 « Justice pénale » (1998-10)

À partir de 1999, la revue *Justices* s'est transformée pour redevenir semestrielle, avec des contributions moins académiques, un comité de rédaction élargi, sous la direction de Serge GUINCHARD jusqu'en juin 2001, de Lucien KARPIK ensuite :

- 1999-1, « Ce qui a changé dans la Justice ».
- 2000-2, « L'État devant le juge pénal ».

À partir de mai 2001, *Justices* devient un cahier du Recueil Dalloz avec une parution bi-annuelle, réunis en un numéro annuel vendu séparément. Le numéro du 24 mai 2001 est consacré au corps humain saisi par la justice. Le numéro de décembre 2001 est relatif à la Défense.

La revue a cessé de paraître.

2) *Culture droit.* - Numéro 1 en février-mars 2005 (bimestriel). *Lexthema*, Presse éditeur (vendu en kiosque et en librairie).

3) *Justice et cassation,* Revue des avocats au Conseil d'État et à la Cour de cassation, un numéro par an depuis 2005, Dalloz éd.

4) *Les cahiers de la Justice,* La nouvelle revue de l'ENM, Dalloz éd.

C. Ouvrages spécialisés

B. DELAFAYE, *Le petit Retz de la Justice,* Retz éd., 1989.

Mélanges J.-P. ROYER, *Figures de justice,* Centre d'histoire judiciaire/Faculté de droit de Lille éd., 2005.

« Questions judiciaires », collection dirigée par F. DEBOVE, PUF.

Rapport annuel du CSM, La Documentation française et sur le site du CSM.

1. Histoire de la justice

J. Cl. FARCY, *L'Histoire de la justice française de la Révolution à nos jours,* coll. « Droit et Justice, PUF, 2001.

J. FOYER, *Histoire de la Justice,* coll. « Que sais-je ? », PUF, 1996, n° 137.

B. LEMESLE, *Conflits et justice au Moyen Âge,* coll. « Le nœud Gordien », PUF, 2008.

J.-P. ROYER (dir.), *La justice d'un siècle à l'autre,* PUF, 2003.

J.-P. ROYER, *La société judiciaire depuis le XVIIIe siècle,* PUF, 1979.

J.-P. ROYER, *Histoire de la justice en France,* PUF, 3e éd., 2001.

R. MARTIN, « Le cheminement des pouvoirs judiciaires depuis 1789 », *RTD civ.* 2004, p. 251.

Collectif, *La justice des années sombres,* 1940-1944, Actes colloque Lyon, La Documentation française, 2001, préface P. Truche.

S. THENAULT, *Une drôle de justice : les magistrats pendant la guerre d'Algérie,* éd. La Découverte, L'espace de l'histoire, 2001, préf. J. J. Becker, postface P. Vidal-Naquet.

Collectif, *L'épuration de la magistrature, de la Révolution à la Libération,* Ass. fr. pour l'histoire de la Justice, éd. Loysel, 1994.

Collectif, *L'épuration judiciaire à la fin de la seconde guerre mondiale,* colloque Ass. fr. pour l'histoire de la Justice, Grenoble, 6 et 7 déc. 2002.

Collectif, *Justice et République(s),* L'espace juridique, 1993.

2. Droit comparé

H. MICHEL, M. MANGENOT et N. PARIS, *Une Europe de la Justice,* GIP Justice, juin 2005, coll. « Arrêt sur recherche », n° 5.

Traité d'organisation judiciaire comparée, t. 1 : « Modes de désignation et de formation des juges », édition de l'Union internationale des magistrats, Schulthess, Nomos et Bruylant, 1999, 380 p.

D. Thèmes particuliers

1. Justice, pouvoirs et démocratie

G. BOLARD et S. GUINCHARD, « Le juge dans la cité », *JCP* 2002. I. 137.

J.-F. BURGELIN et P. LOMBARD, *Le procès de la justice,* Plon, 2003.

L. CADIET et L. RICHER (dir.), *Réforme de la Justice, Réforme de l'État,* coll. « Droit et Justice », PUF, 2003.

M. CAPPELLETTI, *Le pouvoir des juges,* Économica, 1990.

J.-M. CARBASSE et L. DEPAMBOUR-TARRIDE (dir.), *La conscience du juge dans la tradition juridique européenne,* coll. « Droit et Justice », PUF, 1999.

O. CAYLA et M.-F. RENOUX-ZAGAME, *L'office du juge : part de souveraineté ou puissance nulle ?,* LGDJ, 2003.

J.-M. COULON et D. SOULEZ-LARIVIÈRE, *La Justice à l'épreuve,* O. Jacob, 2002.

A. GARAPON :

- *Le gardien des promesses. Justice et démocratie,* O. Jacob, 1996.
- « La démocratie à l'épreuve de la justice », *Justices* 1999-1, p. 40.

L. GREISALMER et D. SCHNEIDERMANN, *Les juges parlent,* Fayard, 1992 (série d'entretiens avec des juges). Avec une suite, *Où vont les juges,* Fayard, 2002.

C. GUARNIERI et P. PEDERZOLI, *La puissance de juger,* Michalon, 1995, préface A. Garapon.

S. GUINCHARD :

- « La justice, objet de consommation courante ou la banalisation d'une justice médiatique », *Mélanges Jean Calais-Auloy,* Dalloz, 2003.
- « Menaces sur la Justice des droits de l'homme et les droits fondamentaux de procédure », *Mélanges Jacques Normand,* Litec, 2003.
- « Ô Kress où est ta victoire ? Ou la difficile réception en France d'une (demie) leçon de démocratie procédurale », *Mélanges Gérard Cohen-Jonathan,* Bruylant, 2004.
- « Les prémices d'une démocratie procédurale », Cahier de l'actualité du *Répertoire Dalloz de procédure civile,* 2007-1

R. JACOB (dir.), *Le juge et le jugement dans les traditions juridiques européennes,* coll. « Droit et société », LGDJ, 1996.

B. KRIEGEL, *Réflexions sur la Justice,* Plon, 2001.

J. KRYNEN et J. RAIBAU (dir.), *La légitimité des juges,* Presses Univ. sc. sociales, Toulouse, 2004.

J.-F. LACAN, *Ces magistrats qui tuent la justice,* Albin Michel, 2003.

C. MATRAY, *Le chagrin des juges* [en Belgique], éd. Complexe, 1991, préface A. Garapon.

Fr. OST, *Dire le droit, faire justice,* Bruylant, 2007.

P. ROBERT et A. COTTINO (dir.), *Les mutations de la Justice : comparaisons européennes,* L'Harmattan, 2001.

T. RENOUX, *Le Conseil constitutionnel et l'autorité judiciaire,* Économica, 1984.

D. Salas, *Le tiers pouvoir. Vers une autre justice*, Hachette Littératures, 1998, 2e éd., 2000.
D. Soulez-Larivière :
- *Les juges dans la balance*, Seuil, coll. « Points », n° 137, 1987.
- *Justice pour la justice*, Seuil, 1990.
- *Notre Justice*, R. Laffont, 2002 (dir. - et H. Dalle).
M. Troper, « Le pouvoir judiciaire et la démocratie », *Mélanges G. Cohen-Jonathan*, Bruylant, 2004, vol. 2, p. 1571.
Collectif :
- Revue *Droits* « La fonction de juger », 1989.
- *Justice sinistrée, démocratie en danger*, Rapport de la commission sénatoriale présidée par H. Haehnel et J. Arthuis, Économica, 1991, préf. J.-D. Bredin.
- *La crise du juge*, préface P. Drai, LGDJ et Story Scientia (Bruxelles), 1991.
- *La justice, l'obligation impossible*, coll. « Autrement », série Morales, 1994.
- *Revue Pouvoirs*, PUF, n° 16, (« La justice »), 1981 et n° 74 (« Les juges »), 1995.
- *Revue des Deux Mondes*, nov. 1995, *La Justice* mise en examen.
- *Le juge : une figure d'autorité*, colloque Ass. fr. d'anthropologie du droit, Paris, 24-26 nov. 1994, L'Harmattan éd., 1996.
- Revue *Médias et pouvoir*, 1997-1, Justice et médias.
- *« Rapport de la Commission de réflexion sur la Justice »*, instituée par le président de la République en janvier 1997, *Doc. fr.* 1997 [ss. la présidence de P. Truche], 2 vol.
- *Revue juridique des Barreaux*, févr.-juin 1999, nos 55/56 Dalloz, « Magistrature : l'indépendance en question, Droit comparé, France-Italie ».
- *Les juges : de l'irresponsabilité à la responsabilité ?* Colloque Aix-en-Provence, 5 et 6 mai 2000, PUAM, 2000.
- *L'éthique des gens de Justice*, Entretiens d'Aguesseau, 19 et 20 oct. 2000, PU Limoges, nov. 2001.
- *« Les entretiens de Saintes »* 6 févr. 1999, Au nom du peuple français, Lire et écrire. - 1er févr. 2003, Qui t'a fait juge ?
- *Pour la Justice*, Institut Montaigne, sept. 2004.
- *Justice et droits de l'homme*, 28e congrès de l'IDEF, paris, 2003, travaux publiés en 2006 sous la direction d'E. Decaux.
- V. aussi les numéros, 3 (1996), 5 (1997) et 1999-1, de la revue *Justices* précitée.

2. Le procès

A. Garapon, *Bien juger, Essai sur le rituel judiciaire*, O. Jacob, 1997, préface J. Carbonnier.
S. Guinchard :
- « Les procès hors les murs », *Mélanges G. Cornu*, PUF, 1994 ;
- « Les moralistes au prétoire », *Mélanges Foyer*, PUF, 1997 ;
- « Le procès équitable, droit fondamental ? », *AJDA*, n° spécial sur les droits fondamentaux, juill.-août 1998, p. 191 ;
- « Le procès équitable, garantie formelle ou droit substantiel ? », *Mélanges Farjat*, éd. Frison-Roche, 1999, p. 139.
- « L'application de la Convention européenne des droits de l'homme par le juge judiciaire », *in* colloque de l'Institut Poher, Sénat, 3 mai 1999 (Le

XXVe anniversaire de la ratification de la Conv. EDH par la France), *Europe*, oct. 1999, n° HS, p. 15.

– « L'application du Pacte international relatif aux droits civils et politiques du 19 décembre 1966 par le juge judiciaire », colloque de l'Institut des Hautes études européennes de Strasbourg, 4 juin 1999, Petites affiches, 25 mai 2000.

– « Le droit a-t-il encore un avenir à la Cour de cassation ? », *Mélanges F. Terré*, Dalloz/éd. Tech./PUF, 1999.

– « Les métamorphoses de la procédure à l'aube du IIIe millénaire », *Clefs pour le siècle*, Paris 2, Dalloz, mai 2000 ; *Justices* 1999, 1, p. 91, « Vers une démocratie procédurale ».

DIVERS :

– *Archives de philosophie du droit*, 1995, t. 39, « Le procès ».

– *Les nouveaux développements du procès équitable au regard de la CEDH*, colloque Université R. Schuman de Strasbourg et Cour de cassation, 22 mars 1996, Bruylant, 1996.

– *Le procès équitable en droit processuel comparé*, séminaire 2000-2001 et journée de restitution le 28 mai 2001, École doctorale de droit comparé de Paris 1, Variations autour d'un droit commun, 2002.

3. Justice et temps

S. AMRANI-MEKKI, *Le temps et le procès civil*, Dalloz, 2002, préface L. Cadiet.

G. CANIVET, « Du principe d'efficience en droit judiciaire privé », *Mélanges Pierre Drai*, Dalloz, 2000.

Colloque des Instituts d'études judiciaires, Clermont-Ferrand, oct. 1983, *Annales Fac. droit* (rapport en procédure civile de Serge Guinchard ; rapport de synthèse de Georges Bolard).

Colloque organisé par *l'Association française de philosophie du droit* et le TGI de Nanterre, 5 déc. 1995, Dalloz, collection « Thèmes et commentaires », 1996 (rapport Serge Guinchard sur les solutions d'organisation procédurale ; rapport de synthèse de F. Terré).

Colloque du MEDEL, *Pour une nouvelle justice civile. La crise d'efficacité de la justice en Europe*, Paris, 29-30 janv. 1999, édition des Annonces de la Seine, 2000.

H. LEHMAN, *Justice, une lenteur coupable*, PUF, 2002.

G. WIEDERKEHR, « L'accélération des procédures et les mesures provisoires », *RID comp.* 1998, p. 449.

4. Justice et économie

B. DEFFAINS, « L'analyse économique du règlement des litiges : approche théorique, empirique et comparative », site Internet du GIP-Justice.

E. DOUAT (dir.), *Les budgets de la justice en Europe*, La Documentation française, juillet 2001 (présentation *in JCP* 2001, Actualité, p. 2129).

S. GUINCHARD :

– « L'influence de la crise économique sur la Justice », rapport aux Journées René Savatier, Poitiers, 5 et 6 octobre 1995, *Publications de la Faculté de droit de Poitiers*, PUF, 1997, t. 31, p. 183.

– « Droit et économie de la procédure civile : l'accès à la Justice », cycle de l'Institut d'études politiques de Paris et de la Cour de cassation, Paris, 12 févr. 2007.

D. MILLET, « 40 ans de budget de la Justice », *Justices*, 1999-1, p. 131.

Revue Justices, 1995-1 (Dalloz).
Annuaire Statistique de la justice.
Infostat, ministère de la justice.

5. Justice et qualité du service public

Commission d'enquête de l'Assemblée nationale sur les dysfonctionnements de la Justice dans l'affaire d'Outreau, rapport publié en juin 2006, sur le site de l'Assemblée nationale.
E. Breen, *Évaluer la justice*, PUF, 2002.
M. L. Cavrois, H. Dalle et J.-P. Jean (dir.), *La qualité de la Justice*, La Documentation française, 2002.
M. Fabri, J.-P. Jean, Ph. Langbroek et H. Pauliat, *L'administration de la Justice en Europe et l'évolution de sa qualité*, Monchrestien, 2005.
A. Garapon et D. Salas, *Les nouvelles sorcières de Salem. Leçons d'Outreau*, Le Seuil, 2006.
S. Guinchard, *L'ambition raisonnée d'une justice apaisée*, Doc. fr., 2008.
J.-Cl. Magendie :
– « L'exigence de qualité de la justice civile dans le respect des principes directeurs de l'euro-procès, l'expérience parisienne », *Mélanges J. Buffet*, Petites affiches éd., 2004, p. 319
– *Célérité et qualité de la Justice*, rapport au Ministre de la Justice, La Documentation française, 2004
– *La simplification des procédures d'appel*, rapport au Ministre de la Justice, 25 juin 2008
– *Célérité et qualité de la justice-La médiation : une autre voie*, rapport au Ministre de la Justice (dit Magndie II), 15 oct. 2008.

E. Textes

J. Robert et H. Oberdorff, *Libertés fondamentales et droits de l'homme* [Recueil de textes], Montchrestien, 7e éd., 2007.
V. aussi, *infra*, v° Justices civile, pénale, administrative et financière, constitutionnelle et européenne.

27 *II. Justice civile* ◊

A. Traités, ouvrages généraux et mélanges

S. Guinchard (dir.), *Droit et pratique de la procédure civile*, Dalloz-Action, 6e éd., 2009.
S. Guinchard et T. moussa (dir.), *Droit et pratique des voies d'exécution*, Dalloz-Action, 5e éd., 2009.
H. Solus et R. Perrot, *Droit judiciaire privé*, Sirey, 3 vol. : t. I, « Introduction, Notions fondamentales, Organisation judiciaire », 1961 ; t. II, « La Compétence », 1973 ; t. III, « Instance », 1991.
H. Motulsky :
– *Écrits I, Études et notes de procédures civile*, Dalloz, 1973, préface G. Cornu et J. Foyer.
– *Écrits II, Études et notes sur l'arbitrage*, Dalloz, 1974, préface B. Goldman et P. Fouchard.

Encyclopédie Dalloz, *Répertoire de procédure civile*, 2e éd., cinq volumes sous la direction de Serge GUINCHARD (mise à jour permanente).

Jurisclasseur de procédure civile, Traité et formulaire (mise à jour permanente).

Mélanges : Pierre Bellet (Litec, 1991), Jacques Boré, (Dalloz, 2006), Jean Buffet (Petites affiches, 2004), Jean-François Burgelin (Dalloz, 2008), Pierre Catala (Litec, 2001), Gérard Cohen-Jonathan (Bruylant, 2004), Gérard Cornu (PUF, 1994), Henri Cosnard (Économica, 1990), Pierre Drai (Dalloz, 2000), Jacques Foyer (Economica, 2007), Jean Foyer (PUF, 1996), Bruno Genevois (Dalloz, 2008), Pierre Hébraud (Toulouse, 1981), Serge Guinchard (Dalloz, 2010), Jacques Héron (LGDJ, 2008), Pierre Julien (Edilaix, 2003), Raymond Martin (Bruylant/LGDJ, 2004), Jacques Normand (Litec, 2003), Pierre Pactet (Dalloz, 2003), Roger Perrot (Dalloz, 1995), L. Ed. Pettiti (Bruylant, 1998), Pierre Raynaud (Sirey, 1985), Jean-Pierre Royer, (Centre d'histoire judiciaire/Faculté de droit de Lille éd., 2005). François Terré (Dalloz/Éd. Tech./PUF, 1999), Giuseppe Tarzia (Giuffrè, Milan), Jean Vincent (Dalloz, 1981), Jacques Van Compernolle (Bruylant, 2004), Henri Visioz (Études de procédure, 1956), Jean Waline (Dalloz, 2002), Georges Wiederkehr (Dalloz, 2009).

B. Manuels, précis

L. CADIET et E. JEULAND, *Droit judiciaire privé*, Litec, 5e éd., 2006.

G. CORNU et J. FOYER, *Procédure civile*, PUF, 3e éd., 1996.

G. COUCHEZ, *Procédure civile*, coll. « Sirey U », Sirey, 15e éd., 2008.

H. CROZE et C. LAPORTE, *Guide pratique de la procédure civile*, Litec, 3e éd., 2006.

H. CROZE, C. MOREL et O. FRADIN, *Procédure civile : manuel pédagogique et pratique*, coll. « Objectif droit », Litec, 4e éd., 2008.

M. DOUCHY-OUDOT, *Procédure civile*, Gualino, 3e éd., 2008.

C. LEFORT *Procédure civile*, coll. « Cours », Dalloz, 3e éd., 2009.

S. GUINCHARD, F. FERRAND et C. CHAINAIS, *Procédure civile. Droit interne et droit communautaire*, coll. « Précis », Dalloz, 29e éd., 2008.

J. HERON, *Droit judiciaire privé*, coll. « Domat droit privé », Montchrestien, 1991, 3e éd. par Th. LE BARS, 2006.

P. JULIEN et N. FRICERO, *Droit judiciaire privé*, LGDJ, 3e éd., 2009.

C. ROBIN, *Droit judiciaire privé*, Vuibert, 2005.

B. ROLLAND, *Procédure civile*, coll. « Panorama du droit », Studyrama éd., 2e éd., 2007.

O. STAES, *Droit judiciaire privé*, Ellipses, 2006.

Y. STRICKLER, *Procédure civile*, Paradigme, 2e éd., 2008.

E. VERGÈS, *Procédure civile*, PUG, 2007.

C. Jurisprudence

La *Revue trimestrielle de droit civil* contient une chronique de jurisprudence relative à l'organisation judiciaire et à la procédure civile confiée actuellement à MM. R. PERROT et Ph. THÉRY, présentée à l'origine par R. JAPIOT, puis par le doyen VIVIOZ et P. RAYNAUD (de 1939 à 1948), par P. HÉBRAUD et P. RAYNAUD (de 1949 à 1973), par J. NORMAND (de 1974 à 2004). V. aussi la chronique sur les sources internationales de J.-P. MARGUENAUD et P. REMY-CORLAY.

Le *Recueil Dalloz Sirey* publie depuis 1977 dans le cadre des informations rapides (IR) puis des sommaires annotés, une chronique de jurisprudence

en matière de procédure civile et de voies d'exécution due à M. P. JULIEN et à Mme FRICERO.
La *Semaine juridique* publie dans sa partie I (depuis 1989) une chronique de droit judiciaire privé par L. CADIET, puis par divers auteurs sous sa direction.
Procédures, Revue du Jurisclasseur de procédure civile.
Justices, v. *supra*, I, A.
H. CAPITANT, F. TERRÉ, Y. LEQUETTE, *Les grands arrêts de la jurisprudence civile,* Dalloz, 12e éd., T. 1 « Introduction-Personnes-Famille-Biens-Régimes matrimoniaux-Succession » 2007, T. 2, « Obligations, contrat » 2008.

D. Formulaire

Répertoire de procédure civile, 2 volumes, formulaire, mise à jour permanente (Dalloz), sous la direction de B. LISSARAGUE.
Jurisclasseur analytique, Formulaire, sous la direction d'H. CROZE.

E. Codes

Code de procédure civile, Dalloz, édition annuelle.
Code Litec, édition annuelle, 11 premières éditions par Serge GUINCHARD (de 1986 à 1997), puis par L. Cadiet depuis 1998.
Mégacode de procédure civile, commenté article par article par S. GUINCHARD, Dalloz, 2e éd. mai 2001.

28 *III. Justice pénale* ◊

A. Ouvrages généraux et Mélanges

A. LAINGUI et A. LEBIGRE, *Histoire du Droit pénal*, II, « La procédure criminelle », Cujas, 1979.
R. MERLE et A. VITU, *Traité de droit criminel*, t. II « Procédure pénale », 5e éd., Cujas, 2001.
Mélanges : Marc Ancel (Pédone, 2 vol., 1975), Bernard Bouloc (Dalloz, 2006), Pierre Bouzat (Pédone, 1980), André Braunschweig, (AFHI et Litec, 1997), Jean-François Burgelin (Dalloz, 2008), Albert Chavanne (Litec, 1990), Pierre Couvrat, (PUF, 2001), André Decocq (Litec, 2004), Raymond Gassin (PUAM, 2007), Louis Hugueney (Sirey, 1964), Georges Levasseur (Gazette du Palais et Litec, 1992), Roger Merle (Cujas, 1993), Reynald Ottenhoff, (Dalloz, 2006), Maurice Patin (Cujas, 1965), Jean Pradel (Cujas, 2006), Jean-Claude Soyer (LGDJ-Montchrestien, 2001), André Vitu (Cujas, 1989).
Encyclopédie Dalloz, *Répertoire de droit pénal et de procédure pénale*, 2e éd. 7 vol., Conseiller scientifique Y. Mayaud.
Jurisclasseur Procédure pénale, 5 vol.

B. Manuels, Précis et Mémentos

C. AMBROISE-CASTÉROT, *Procédure pénale*, Gualino, 2007.
B. BOULOC, *Procédure pénale,* Dalloz, 21e éd., 2008.
P. CONTE et P. MAISTRE DU CHAMBON, *Procédure pénale*, Armand Colin, 4e éd., 2002.

F. DEBOVE et F. FALLETTI, *Précis de droit pénal et de procédure pénale*, PUF, coll. « Major », 2e éd., 2006.
Fr. DESPORTES et L. LAZERGES-COUSQUER, *Traité de procédure pénale,* Economica, 2009.
F. FOURMENT, *Procédure pénale*, Paradigme, 9e éd., 2009.
T. GARE et C. GINESTET, *Droit pénal et procédure pénale*, Dalloz, coll. « Hypercours », 5e éd. 2008.
S. GUINCHARD et J. BUISSON, *Procédure pénale*, Litec, 5 éd. sept. 2009
J. LEROY, *Procédure pénale*, LGDJ, 2009.
B. BOULOC et H. MATSOPOULOU, *Droit pénal et procédure pénale*, Sirey, 17e éd., 2009.
J. PRADEL, *Procédure pénale*, coll. « Manuels », Cujas, 14e éd., 2008/2009.
M.-L. RASSAT, *Traité de procédure pénale*, PUF, 2e éd., 2006.
J.-Cl. SOYER, *Droit pénal et procédure pénale*, LGDJ, 20e éd., 2008.
E. VERGÈS, *Procédure pénale,* Litec, 2e éd., 2007.

C. Jurisprudence

Actualité juridique pénal, Dalloz
Le *Recueil Dalloz-Sirey* publie dans le cadre des sommaires annotés une chronique de procédure pénale confiée à M. J. PRADEL.
La *Gazette du palais* publie une rubrique de procédure pénale confiée d'abord à M. DOUCET, puis à M. Jean MONNET (mai 2001).
La *Revue droit pénal* (depuis 1989), Éditions techniques.
La *Revue pénitentiaire et de droit pénal*, éditions. Cujas avec une rubrique de procédure pénale coordonnée par P. Maîstre du Chambon.
La revue *Procédures*, Éditions techniques.
La *Revue de science criminelle et de droit pénal comparé* contient une chronique de jurisprudence relative à la procédure pénale actuellement confiée à R. FILNIEZ.
La *Semaine juridique* publie une rubrique de A. MARON.
J. PRADEL et A. VARINARD, *Les grands arrêts du droit pénal général*, Dalloz, 7e éd. 2009 et *Les grands arrêts de la procédure pénale*, Dalloz, 6e éd., 2009.

D. Codes

Code de procédure pénale, *Code de justice militaire*, Dalloz, édition annuelle avec le concours de J. F. RENUCCI.
Code de procédure pénale, Litec, par G. AZIBERT.
Code pénal, Dalloz, édition annuelle par Y. MAYAUD.
Code pénal, Litec, édition annuelle, par H. PELLETIER et J. PERFETTI.

29 *IV. Justice administrative et financière* ◊

A. Ouvrages spécialisés

Pratique du contentieux administratif, Dalloz.
Encyclopédie Dalloz : *Répertoire de droit public et administratif*.
Jurisclasseur administratif, t. V et VI.
Études et Documents du Conseil d'État (Imprimerie nationale).
J.-M. AUBY et R. DRAGO, *Traité des recours en matière administrative*, Litec, 1992.
D. CHABANOL, *La pratique du contentieux administratif*, Litec, 7e éd., 2007.

D. Chabanol, *Le juge administratif*, LGDJ, 1993.
R. Chapus, *Droit du contentieux administratif*, LGDJ, Montchrestien, 13e éd., 2008.
S. daël, *Contentieux administratif*, PUF, coll. « Thémis », 2009.
G. Darcy, et M. Paillet, *Contentieux administratif*, Dalloz, 2000.
C. Debbasch et J.-Cl. Ricci, *Contentieux administratif*, coll. « Précis », Dalloz, 8e éd., 2001.
C. Descheemaeker, *La Cour des comptes*, Doc. fr. 3e éd., 2005.
C. Gabolde, *Procédure des TA et des CAA*, Dalloz, 1999.
F. Gazier et R. Drago (dir.), *Répertoire Dalloz de contentieux administratif*, 2 vol.
O. Gohin, *Contentieux administratif*, Litec, 5e éd., 2007.
R. d'Haëm, *Conseil d'État, la justice administrative en pratique*, La Documentation française, 2001.
R. Odent, *Contentieux administratif*, 6 fasc., 1981, Les Cours de Droit, réédité en 2 tomes, Dalloz, 2007.
B. Odent et D. Truchet, *La justice administrative*, coll. « Que sais-je ? », PUF, 2e éd., 2008.
B. Pacteau, *Manuel de contentieux administratif*, PUF, 8e éd., 2006.
B. pacteau, *Traité de contentieux administratif*, PUF, 2008.
G. Peiser, *Contentieux administratif*, Dalloz, 14e éd., 2006.
J.-Cl. Ricci, *Contentieux administratif*, Hachette éd., juin 2007.
M. C. Rouault, *Contentieux administratif*, Gualino, 3e éd., 2006.
D. Turpin, *Contentieux administratif*, Hachette, 3e éd., 2005.
Collectif, *La Cour des comptes* etc., Berger-Levrault, 2001.

B. Jurisprudence

Recueil des décisions du Conseil d'État, statuant au contentieux, du Tribunal des conflits, des arrêts des cours administratives d'appel et des jugements des tribunaux administratifs, dit *Recueil Lebon*, Dalloz.
La jurisprudence administrative fait l'objet de comptes rendus dans les revues juridiques générales citées précédemment, ainsi que dans la *Revue du droit public et de la science politique en France et à l'étranger*, dans l'*Actualité juridique Droit administratif*, dans le *Recueil Dalloz, Contentieux administratif* et dans la *Revue française de droit administratif*.
M. Long, P. Weil, G. Braibant P. Delvolvé, B. Genevois, *Les grands arrêts de la jurisprudence administrative*, Dalloz, 17e éd., 2009.
J.-C. bonichot, P. cassia, B. poujade, *Les grands arrêts du contentieux administratif*, Dalloz, 2e éd., 2009.
F. Fabre, A. Froment-Meurice, N. Groper, J.-Y. Bertucci, *Les grands arrêts de la jurisprudence financière*, Dalloz, 5e éd., 2007.
Jurisprudence de la Cour des comptes, 1895-1974, 6 tomes, CNRS.
CD-ROM Cour des comptes 1895 à nos jours, avec mise à jour cumulative annuelle, éditions du *JO* (jurisprudence de la Cour des comptes, de la Cour de discipline budgétaire et financière et des Chambres régionales des comptes).
Justices, v. *supra* I, A.

C. Codes

Code administratif, Dalloz, 32e éd., 2009 (inclut le Code de justice administrative et le Code des juridictions financières).
Code de justice administrative, par D. CHABANOL, éditions du Moniteur, 3e éd., 2007.
Code de justice administrative, par C. HUGLO et C. LEPAGE-JESSUA, Litec, 2005.
Code des juridictions financières, par M. CONAN, A. DOYELLE, B. POUJADE et J.-P. VACHIA, éd. du Moniteur, 2e éd. 2007.
Code de procédure fiscale, par J. LAMARQUE, Dalloz, 15e éd., 2008.

D. Divers

Y. GAUDEMET, B. STIRN, Th. DAL FARRA, F. ROLIN, *Les grands avis du Conseil d'État*, Dalloz, 3e éd., 2008.

30 *V. Justice constitutionnelle* ◊

P. BON et D. MAUS, *Les grandes décisions des cours constitutionnelles européennes*, Dalloz, 2008
G. DRAGO, *Contentieux constitutionnel français*, PUF, 2e éd., 2006.
L. FAVOREU et L. PHILIP, *Les grandes décisions du Conseil constitutionnel*, Dalloz, 15e éd., 2009.
L. FAVOREU *et alii.*, *Droit constitutionnel*, coll. « Précis », Dalloz, 12e éd. 2009.
L. FAVOREU, *Recueil de jurisprudence constitutionnelle,* Litec, t. 1, 1959-1993, t. 2, 1994-1999 et 2000.
F. LUCHAIRE, *Le Conseil constitutionnel, jurisprudence*, Économica, 2e éd., 2006.
B. MATHIEU et M. VERPEAUX, *Contentieux constitutionnel des droits fondamentaux*, LGDJ, 2e éd., 2009.
O. JOUANJAN, C. GREWE, E. MAULIN, P. WACHSMANN, *La notion de justice constitutionnelle,* coll. « Thèmes et commentaires », Dalloz, 2005.
Th. RENOUX et M. DE VILLIERS, *Code constitutionnel annoté,* coll. « Juriscode », Litec, 4e éd., nov. 2008.
D. ROUSSEAU, *Droit du contentieux constitutionnel,* Montchrestien, 8e éd., 2008.
D. TURPIN, *Contentieux constitutionnel,* 5e éd., 1999 ; coll. « Quadrige », PUF, 2003.
E. ZOLLER, *Droit constitutionnel*, PUF, 2e éd., 1999.

31 *VI. Justice européenne* ◊

A. Justice communautaire

Revue *Pouvoirs*, n° 96, *Les cours européennes : Luxembourg et Strasbourg,* Le Seuil, 2001.
J. BOULOUIS M. DARMON et J.-G. HUGLO, *Contentieux communautaire,* Dalloz, 2e éd., 2001.
J. MOLINIER et J. LOTARSKI, *Droit du contentieux européen*, LGDJ, 2e éd., 2009.
J. RIDEAU et F. PICOD, *Code des procédures juridictionnelles de l'Union européenne,* (commenté et annoté), Litec, 2e éd., 2002.
J.-C. SAURON, G. VANDERSANDEN, *Droit et pratique du contentieux communautaire,* La Documentation française, 3e éd., 2006.

D. SIMON, *Le système juridique communautaire*, PUF, 3e éd., 2001.
R. TINIERE, *L'office du juge communautaire des droits fondamentaux*, Bruylant, 2009.

B. Justice des droits de l'homme

V. BERGER, *Jurisprudence de la cour européenne des droits de l'homme*, Dalloz-Sirey, 11e éd., 2009.
J.-L. CHARRIER, *Code de la Convention européenne des droits de l'homme (commenté et annoté)*, Litec, 2005.
L. FAVOREU *et alii*, *Droit des libertés fondamentales*, Dalloz, 5e éd., 2009.
E. PETTITI, E. DECAUX et P. IMBERT (dir.), *La convention européenne des droits de l'homme, commentaire article par article*, Économica 1995, nouveau tirage de la 1re édition, 1999.
J.-F. RENUCCI, *Traité de droit européen des droits de l'homme*, LGDJ, 1re éd., 2007.
J. ROBERT, H. OBERDORFF, *Libertés fondamentales et droits de l'homme*, Montchrestien, 7e éd., 2007.
F. SUDRE, J. P. MARGUÉNAUD, J. ANDRIANTSIMBAZOVINA, A. GOUTTENOIRE et M. LEVINET, *Les grands arrêts de la Cour européenne des droits de l'homme*, PUF, 5e éd., 2009.
F. SUDRE, *Droit international et européen des droits de l'homme*, PUF, 9e éd., 2008.
V. aussi *supra*, I.

PREMIÈRE PARTIE

LE SERVICE PUBLIC DE LA JUSTICE

32 ***La Justice est un service public. – La mission justice dans le cadre de la LOLF*** ◊ On ne reviendra pas ici sur les analyses classiques auxquelles donne lieu en droit constitutionnel la justice en tant que fonction de l'État, et sur la différence de nature qui peut la séparer de la fonction exécutive et, en tout cas, de la fonction législative. La question de l'identification de chacune de ces fonctions à autant de « pouvoirs » qui seraient des éléments de la souveraineté de l'État a fait l'objet de débats, parfois assez obscurs, au centre desquels se trouve la théorie de la séparation des pouvoirs présentée par Montesquieu dans le célèbre chapitre VI de l'*Esprit des lois*, que développent les ouvrages de droit constitutionnel [1].

a) Sans prendre parti, pour le moment (v. *infra*, n°s 127 s.), sur le problème de savoir si la fonction de juger est un véritable « pouvoir », on constate que pour être à même de s'exercer elle nécessite des moyens, de nature très diverse ; elle a besoin de moyens humains, aux attributions diversifiées, de moyens financiers et matériels, de règles de fonctionnement. Dans cette approche la justice correspond à une organisation, financée, réglée et assurée par l'État – en termes de droit administratif, elle représente dans ses structures l'un des services publics de l'État [2]. Le Conseil constitutionnel la consacre expressément

1. « Il n'y a point de liberté si la puissance de juger n'est pas séparée de la puissance législative et de l'exécutrice », Montesquieu, *Esprit...*, chap. VI.

2. V. « L'administration de la justice » n° janv.-mars 1991 de la *Revue française d'administration publique.*

comme un service public [1]. Et ce n'est pas parce que « *le magistrat travaille dans l'ordre symbolique* » [2], que la Justice n'est pas un service public et que le juge n'est pas un fonctionnaire ; il n'y a rien de péjoratif à être un fonctionnaire de la justice et les mots ne changent rien à cette réalité [3].

En revanche, le régime juridique de ce service public ne peut, en raison de son objet, qu'être largement différent de celui applicable à la police ou à l'Administration fiscale. Il doit assurer à la fois la protection des justiciables et celle des juges, notamment en garantissant – par opposition au principe de l'autorité hiérarchique qui prévaut dans les services publics – l'indépendance des magistrats [4].

b) Au regard du financement de ce service public, l'entrée en vigueur, le 1er janvier 2006, de la loi n° 2001-692 du 1er août 2001, dite LOLF (pour « loi organique sur les lois de finances »), apporte des bouleversements importants dans la conduite de l'action publique [5]. Ce système, d'origine anglo-saxonne, vise à satisfaire au moins deux objectifs : réformer la gestion publique en l'orientant vers une culture de la performance et de l'évaluation ; renforcer la transparence et le contrôle démocratique du budget de l'État. Désormais, ce budget est divisé en une trentaine de « Missions » et non plus en budgets par ministère. Chaque mission comprend des programmes (130 environ), qui se déclinent eux-mêmes en objectifs [6]. Des indicateurs précis permettent de contrôler et d'évaluer les objectifs. Ainsi, chaque administration centrale ou déconcentrée établit un budget prévisionnel qui doit répondre aux objectifs de chaque programme dont elle dépend. Les services judiciaires y étant soumis, cela n'ira pas sans conséquences sur la gestion budgétaire des juridictions (v. *infra*, n° 158) et l'évaluation de la qualité de la justice (v. *infra*, n° 197). Pour des raisons extra-juridiques, la Mission Justice n'inclut pas les juridictions administrati-

1. Décision 98-396 DC, 19 févr. 1998. Expression reprise par le Conseil d'État, par exemple, dans l'arrêt de Section du 25 févr. 2005 n° 265482, *Syndicat de la Magistrature AJDA* 2005. 995. V. M. Douchy-Oudot, « Garanties procédurales et encadrement du service public de la justice », *in* D. Chagnollaud et G. Drago (dir.), *Dictionnaire des droits fondamentaux*, Dalloz, 2006.

2. Ch. Jamin, « Les petits et les grands juges », *La vie judiciaire*, 20-26 avr. 1987. Sur la notion de service public, *AJDA* n° spéc., juin 1997.

3. *Contra*, B. Vatier, in *Mélanges P. Drai*, Dalloz, 2000. M. L. Rassat, J.M. et P. Lemoyne de Forges, *Institutions administratives et juridictionnelles*, Ellipses, 2005, n° 187, p. 129, qui protestent vivement contre la conception de la justice service public au motif que lorsque le justiciable s'adresse à la justice, « il n'attend pas qu'elle lui rende un service comme la délivrance d'un paquet » ; le problème c'est qu'il y a longtemps que la délivrance des paquets peut être le fait d'entreprises privées, alors que la justice n'est rendue (hors l'arbitrage) que par l'État. V. aussi, A. Garapon, « La Justice, point aveugle de la théorie politique française », in *Mélanges P. Drai*.

4. Le contenu de l'organisation de ce service public mais non celui de son activité de jugement relève d'ailleurs de la juridiction administrative : T. confl., 27 nov. 1952, Officiers ministériels de Cayenne, *JCP* 1953. II. 7598, note G. Vedel (l'arrêt est couramment dénommé « Préfet de la Guyane » dans les manuels).

5. « La LOLF et la ve République », *RFFP*, LGDJ, mars 2007.

6. Par ex., la loi de finances initiale 2009 comporte 32 missions et 130 programmes.

ves [1] (v. *infra*, n° 82) et la mission justice comprend donc cinq programmes : justice judiciaire, administration pénitentiaire, protection judiciaire de la jeunesse, accès au droit et à la justice, conduite et pilotage de la politique de la justice (y compris expérimentations chorus) [2].

33 ***Place de la Justice en France*** ◊ L'objet de cette première partie est d'exposer les questions et les principes essentiels qui dominent l'aménagement du service public de la justice. On voudrait avant tout repérer, situer et circonscrire le phénomène juridique du litige, du procès de la justice en France ; notre démarche s'inscrira dans un mouvement en trois temps :

– On essayera de montrer, tout d'abord, que les litiges qui éclatent dans notre société ne relèvent pas nécessairement du procès ; il existe, en effet, d'autres moyens de les prévenir, de les apaiser et de les régler. Ce sont en quelque sorte les frontières de la justice, les limites du service public par rapport à d'autres modes de règlement des conflits (Titre 1).

– Mais le procès est parfois inévitable (ainsi en procédure pénale). Or, l'exercice de la justice est confié à l'autorité publique. Il est alors indispensable de présenter le service public de la justice, tel qu'en lui-même, dans son environnement européen, dans la conception française de la séparation des pouvoirs et dans la notion « à la française » de service public (Titre 2).

– Il nous faudra ensuite, pour terminer, aller au-delà du service public de la justice et exposer les garanties générales offertes aux citoyens dans la réglementation de l'exercice du droit (Titre 3).

C'est pourquoi nous envisagerons successivement :

Titre 1 : La justice et les autres modes de règlement des conflits.

Titre 2 : La justice dans son environnement européen et institutionnel français.

Titre 3 : Au-delà de la justice : la protection des usagers du droit par la réglementation de l'exercice du droit.

1. Celles-ci relèvent de la mission « Conseil et contrôle de l'État ».
2. V. l'excellent dossier de la revue *Culture droit*, janv.-févr. 2006, « Les tribunaux sont-ils solubles dans la LOLF ? », p. 44 à 59.

TITRE 1

LA JUSTICE ET LES AUTRES MODES DE RÈGLEMENT DES CONFLITS

34 ***De la justice privée aux modes modernes et alternatifs de règlement des conflits*** ◊ La vocation normale de la règle de droit, qu'elle soit représentée par un texte normatif ou par la convention des parties, est d'être respectée spontanément. L'expérience montre qu'elle l'est généralement, mais qu'elle subit parfois des transgressions, volontaires ou non.

a) *Le règlement de ces conflits a d'abord donné lieu à une justice privée,* dont la forme la plus primitive était représentée par l'exécution par la partie lésée de ce qui lui semblait être son droit. En raison de ses excès inévitables, dès que des formes d'État se sont imposées dans les sociétés humaines, les gouvernants ont institué pour *dire le droit* des juges, auxquels les parties en présence devaient confier les règlements de leurs litiges [1].

b) *Ce principe, universellement admis, s'exprime dans l'adage : « Nul ne se fait justice à soi-même ».* À défaut d'un accord spontané des intéressés, toute violation d'une règle juridique ne peut normalement [2] trouver son issue que dans l'intervention d'une juridiction. Quiconque se prétend, par exemple, créancier d'un tiers doit s'adresser à un juge

1. A. Jeammaud, « Conflit, Différend, Litige », *Droits* 2001-34, 15. V. aussi, *supra,* n° 2, en note.

2. Il existe quelques exceptions, comme le droit de rétention du créancier gagiste en droit civil ou la légitime défense en droit pénal. Ou encore, dans les relations internationales, les mesures de rétorsion d'un État contre un autre, admises par l'Organe de règlement des différends de l'Organisation mondiale du commerce.

pour obtenir un jugement qui lui servira de titre exécutoire ; il ne peut se délivrer ce titre à lui-même, ni à plus forte raison tenter d'arracher par la force ou par intimidation la somme qu'il prétend lui être due.

La mise en œuvre unilatérale d'une prétention ne survit, sous une forme atténuée, que dans la possibilité pour l'État et les autres collectivités publiques de prendre des décisions exécutoires, notamment sous la forme d'états exécutoires en matière pécuniaire. Mais dès lors que l'on est en présence d'une personne privée, la règle *« Nul ne se fait justice à soi-même »* retrouve toute sa force.

c) Il convient pourtant d'observer que les conflits peuvent connaître d'autres modes de règlement qu'une instance (un « procès ») portée devant un tribunal public (tribunal de grande instance, tribunal administratif par ex.).

À côté des modes *juridictionnels* de règlement des conflits, on trouve des modes *non juridictionnels*, encore appelés modes alternatifs de règlement des conflits [1] (ou MARC) ou des litiges (MARL), que certains voudraient favoriser [2] et qui s'inscrivent dans un mouvement plus général de contractualisation de la justice [3] ; pour la première fois, semble-t-il, une loi (nº 98-1163, du 18 déc. 1998) tend expressément dans son intitulé *« à la résolution amiable des conflits »* (v. *infra*, nºs 39

1. De l'expression anglo-saxonne ADR (*Alternative dispute résolution*). Parmi d'innombrables articles et par ordre alphabétique : P. Ancel et M. Cl. Rivier (dir.), *Le conventionnel et le juridictionnel dans le règlement des différends*, Économica, coll. « Études jur. » 2001 ; L. Cadiet, « Solutions judiciaires et règlement amiable des litiges : de la contradiction à la conciliation », in *Mélanges Cl. Champaud*, Dalloz, 1997, p. 123 ; « Les jeux du contrat et du procès : esquisse », in *Mélanges G. Farjat*, éd. Frison-Roche, 1999, p. 23 ; P. Chevalier, Y. Desdevise et Ph. Milburn (dir.), *MARL : les voies nouvelles d'une autre justice*, Doc. fr. 2003. S. Guinchard, « L'évitement du juge civil », colloque CREDECO, Nice, 30-31 oct. 1996, in *Les transformations de la régulation juridique*, LGDJ, coll. « Droit et société », Recherches et travaux, vol. 5, 1998, p. 221 ; Peter E. Herzog, « Tendances actuelles concernant les méthodes alternatives de résolution de controverses aux USA », *RGDP* 1999, *774* ; J. Joly-Hurard, *Conciliation et médiation judiciaires*, thèse Paris 2, PUAM, 2003, préf. S. Guinchard ; I. Kitamura, « L'avenir de la justice conciliationnelle », in *Mélanges F. Terré*, Dalloz/Litec/PUF,1999, 801 ; A. Le Gallou, *Essai sur une théorie générale des règlements amiables en droit privé*, thèse Rennes I, janv. 1998 ; P. Level, « L'avocat ou le juriste d'entreprise et les procédures dites alternatives » *JCP* 1999. I. 136 ; B. Oppetit, « Les MARC en matière économique », *Justices*, 1995-1,53 ; J. B. Racine (dir.), *Pluralisme des modes alternatifs de résolution des conflits, pluralisme du droit*, GIP Justice, éd. l'Hermès, 2002 ; F. Ruellan, « Les MARC : pour une justice plurielle dans le respect du droit », *JCP* 1999. I. 135. Collectif, Rapport du Conseil d'État, *Régler autrement les conflits*, Doc. fr., 1993 ; « Justice, médiation, équité », *Doc. fr.*, 1992 ; Colloque de Damas, « Les MARC », 5-8 oct. 1996, rapport de synthèse G. Cornu, *RID comp.* 1997, 313 ; présentation générale par C. Jarrosson, *ibid.* p. 325 Colloque 15 avr. 1999 (Vie des affaires), *LPA*, 13 juill. 1999. « Médiation et conciliation dans différents systèmes judiciaires européens », colloque, Grenoble, 2 juin 2005, *LPA*, 9 déc. 2005, nº 245. L'université Paris II et le Barreau de Paris ont créé un centre de recherche et d'études des modes alternatifs de règlement des conflits (le CEMARC).

2. Rapport J. M. Coulon sur la réforme de la procédure civile, Doc. fr. 1997 ; « États généraux de la profession d'avocat sur cette réforme », avr. 1997, in *Rev. jur. Ile-de-France* et coll. « Thèmes et commentaires », Dalloz,1997, rapport L. Cadiet, p. 168, Livre Vert de la Communauté européenne, sur le site de la Communauté.

3. J. L. Gillet, in *Les évolutions du droit*, Université d'été du Barreau de Rouen, 2001 et 2002, Publication Univ. Rouen, 2004, p. 83 (dir. Ch. Pigache).

à 43 sur les raisons d'être de ces institutions). Pourtant, un éminent auteur s'est interrogé sur cette fascination qui renvoie aux temps primitifs, cette « *sorte d'acharnement non pas thérapeutique mais conciliatoire, réconciliatoire, unanimiste qui voit le fin mot de la justice civile non plus dans un échange d'argumentations rationnelles et une pesée de ces argumentations, mais dans un échange de baisers de paix à tout prix* » [1]. Et le droit d'agir en justice est si important que constitue une clause abusive celle qui impose au consommateur de passer exclusivement par un mode alternatif [2]. Il ne faut pas confondre ces modes alternatifs avec les procès hors les murs, c'est-à-dire médiatiques [3], ni avec les simili-tribunaux, comme le tribunal Russel pour la paix qui prétendait juger les USA lors de la guerre du Vietnam [4].

35 ***Notion sommaire d'acte juridictionnel*** ◊ Il est nécessaire, pour comprendre cette distinction, d'esquisser la notion d'acte juridictionnel (v. aussi *infra*, n° 64). Pour analyser ce type d'acte on peut, comme pour tout acte juridique, se placer d'un point de vue matériel ou d'un point de vue formel.

• **D'un point de vue matériel**, qui consiste à analyser le contenu de l'acte, on peut définir l'acte juridictionnel, dans une première approche, comme une démarche intellectuelle consistant à s'interroger sur la violation alléguée d'une règle juridique (loi, décret, contrat, etc.) en confrontant ce qui *est* effectivement et ce qui, d'après le droit existant, *devrait* être — ceci, pour tirer de cette constatation des conséquences très diverses selon les hypothèses : condamnation à une peine, allocation de dommages-intérêts, annulation d'un texte administratif, pour ne citer que quelques exemples. On peut illustrer ceci par l'exemple suivant :

- Règle juridique : le Code de la route interdit de rouler à plus de 50 km/h en agglomération.
- Ce qui est : tel conducteur a été contrôlé roulant à 90 km/h en ville ;
- D'après le Code de la route, il aurait dû rouler à 50 km/h ; il y a violation de la règle de droit ;
- Conséquence : condamnation à une amende.

• **D'un point de vue formel**, qui consiste à s'attacher à l'organe dont émane l'acte et aux formes et procédures selon lesquelles il a été pris, un acte est juridictionnel s'il émane d'une juridiction [5], c'est-à-

1. J. Carbonnier, « Regard d'ensemble sur la codification de la procédure civile », in *Le NCPC, vingt ans après*, Doc. fr. 1998, p. 15.

2. Art. L. 132-1, Annexe, C. consom., réd. L. n° 2005-67, 28 janv. 2005 ; commentaire : S. Bollée, *Rev. arb.* 2005. 225.

3. S. Guinchard, « Les procès hors les murs », in *Mélanges G. Cornu*, PUF, 1994.

4. J. Carbonnier, « La justice saisie par son ombre, le phénomène des simili-tribunaux », in *Mélanges G. Michaelides-Nouaros*, 1987.

5. On soulignera ici seulement que les critères permettant de qualifier une situation de juridiction diffèrent quelque peu selon les auteurs V. par ex., R. Chapus « Qu'est-ce qu'une

dire d'un organe indépendant, statuant suivant certaines règles de forme destinées à assurer un examen juridique impartial du litige. Par exemple, cet organe devra présenter des garanties d'impartialité en étant composé de personnes indépendantes des parties en cause, il devra respecter les droits de la défense (principe du débat contradictoire). Des autorités administratives indépendantes qui présentent de telles garanties d'indépendance et d'impartialité peuvent exercer la fonction juridictionnelle, sans pour autant constituer des juridictions (v. *infra*, n° 65).

36 ***Plan*** ◊ Sous le bénéfice de ces observations préalables, il convient de souligner qu'existent, et même se développent aujourd'hui, des modes non juridictionnels de règlement des litiges (Section 1), dont on suggérera la diversité avant de présenter les modes juridictionnels (Section 2).

SECTION 1. MODES NON JURIDICTIONNELS

37 ***Caractéristiques*** ◊ Leur trait commun est représenté par le fait que l'on ne cherche pas à régler le litige par un acte juridictionnel ; d'un point de vue formel on ne fait pas intervenir une juridiction ; d'un point de vue matériel on ne se propose pas de déduire une solution de la stricte application du droit existant. *On cherche plus à éteindre le conflit qu'à le trancher.*

Une donnée caractéristique de la période contemporaine est la diminution du rôle joué par les juridictions proprement dites dans le règlement des conflits [1]. Certains de ces modes non juridictionnels sont d'application générale (ce qui ne signifie pas universelle), d'autres sont propres au droit administratif. On n'évoquera pas ici les émissions radiophoniques ou de télévision visant à une médiation par l'intermédiaire d'un journaliste ou d'un animateur de l'émission. En revanche nous évoquerons dans un dernier point, l'activité non juridictionnelle des tribunaux.

juridiction ? », in *Mélanges Ch. Eisenmann,* Cujas, 1975, p. 265 ; O. Gohin, « Qu'est-ce qu'une juridiction pour le juge français ? », *Droits* 1989-9, p. 93. Les repères traditionnels sont aujourd'hui brouillés par le fait que la notion de « tribunal » au sens de la Convention EDH est une notion autonome qui est plus large que le concept de juridiction en droit interne.

1. Cf. le colloque de Pau de 1981 de l'Association internationale des sciences juridiques, compte-rendu de J. Vérin, « Le règlement extra-judiciaire des litiges », *RSC* 1982, n° 1, p. 171.

SOUS-SECTION 1. Modes non juridictionnels généraux

38 ***Plan*** ◊ Ces formes de réalisation de ce que l'on pourrait appeler une « justice douce » suscitent aujourd'hui un intérêt accru, car elles se situent dans la ligne de l'aspiration contemporaine à une société plus conviviale, à une justice plus contractuelle qu'imposée [1]. Cette aspiration connaît une grande faveur aujourd'hui en France (v. *supra*, n° 34, c, texte et note), ainsi qu'en témoignent deux rapports remis au ministre de la Justice en 2008 [2], même si elle a tendance à se procéduraliser [3]. Nous envisagerons successivement leurs raisons d'être et les principaux modes de règlement non juridictionnels.

§ 1. Leurs raisons d'être

Il est des situations conflictuelles qui peuvent rendre souhaitable un mode non juridictionnel de règlement, soit parce que le différend ne se pose pas en termes véritablement juridiques, soit parce que, tout en étant de nature juridique, il appelle une solution qui ne soit pas rigidement dictée par des textes [4].

39 ***Différends non juridiques*** ◊ Il existe tout d'abord des différends non *juridiques*. Ce peut être le cas par exemple si, sans pouvoir se référer à une règle précise, un individu subit les conséquences d'une situation préjudiciable à ses intérêts et cherche à en faire cesser les effets.

La multiplication contemporaine des textes législatifs et réglementaires aboutit parfois à des *conflits de normes* [5] acculant des particuliers à des impasses dont on ne peut trouver d'issue qu'en équité — alors que la mission du juge, en tant que tel, est de dire le droit. C'est le cas surtout pour les différends que l'on pourrait qualifier de « politiques », c'est-à-dire ceux dans lesquels l'une des parties demande la modification du droit existant, et dont deux disciplines : le droit du travail et le droit international public fournissent de nombreux exemples. Lorsque des salariés s'opposent à leurs employeurs pour obtenir une révision de la durée hebdomadaire du travail ou une augmentation

1. X. Pin, *Le consentement en matière pénale*, LGDJ, 2002 ; J. P. Ekeu, *Consensualisme et poursuite en droit pénal comparé*, Cujas 1993, préf. J. Pradel. W. Exposito, *La justice pénale et les interférences consensuelles*, thèse, Lyon 3, 2005.

2. Rapport dit « Guinchard » sur la réorganisation des contentieux, *L'ambition raisonnée d'une justice apaisée*, 30 juin 2008, Doc. fr. 2008. Rapport dit « Magendie II », *Célérité et qualité de la justice - La médiation : une autre voie*, 15 oct. 2008.

3. S. Guinchard, « L'évitement du juge civil », colloque CREDECO, Nice, 30-31 oct. 1996, in *Les transformations de la régulation juridique*, coll. « Droit et société », Recherches et travaux, LGDJ, vol. 5, 1998, p. 221.

4. A. Jeammaud, « Conflit, Différend et Litige », *Droits* 2001-34, 15.

5. A. Jeammaud, *Les oppositions de normes en droit privé interne*, thèse Lyon III, 1975, dactyl.

de leur rémunération, et qu'ils se mettent en grève pour l'obtenir, ces revendications ne peuvent être traduites en termes de droit positif susceptibles d'être soumises à un juge. Ou encore les protestations des usagers contre les grévistes. De même, si un État réclame à l'encontre d'un autre une rectification de ses frontières, le problème se posera en termes d'opportunité et de rapports de forces ; la doctrine a développé à ce propos, en droit international public, la notion de « justiciabilité des conflits » : certains conflits ne sont pas « justiciables », autrement dit ne sont pas susceptibles d'être soumis à un juge, en raison de leur nature.

Il sera nécessaire de trouver d'autres modes de solution, notamment en essayant de concilier les parties en présence.

40 ***Différends juridiques*** ◊ Certains différends juridiques, c'est-à-dire portant sur l'application du droit existant, peuvent être écartés du règlement juridictionnel par la volonté des parties, pour des raisons diverses.

Par exemple, il se peut que la recherche d'une solution purement juridique apparaisse inopportune, car tout jugement fait apparaître un vainqueur et un vaincu, et cette situation laisse généralement des traces dans les relations ultérieures entre les parties au procès. Parfois, il semble souhaitable de tempérer la rigueur de la conclusion qui serait déduite de textes ou de conventions qui se révèlent partiellement inadaptés, en statuant en équité, ou en amenant les parties à composer entre leurs prétentions et à accepter un arrangement. C'est le cas dans nombre d'affaires simples, surtout si elles mettent en cause des relations de voisinage, ou au contraire des différends entre États, quand les opinions publiques nationales se sont enflammées pour l'affaire. Dans toutes ces hypothèses, il convient de se souvenir que la justice est faite pour éteindre les conflits et non pour les envenimer, qu'elle doit être un facteur de paix, et non de troubles. Aussi la pratique a-t-elle fait naître des modes de règlement des litiges n'impliquant pas l'intervention d'un juge ; il convient d'ailleurs d'observer qu'en raison de leur intérêt, le législateur les a parfois rendus applicables par les tribunaux eux-mêmes, de sorte que la qualification de modes non juridictionnels traduit plus une dominante qu'il ne recouvre la généralité des hypothèses.

§ 2. **Principaux modes de règlement non juridictionnels**

41 ***Distinction et points communs*** ◊ Ces modes de solution des litiges, parfois qualifiés d'alternatifs, qui ne font pas appel aux tribunaux sont représentés essentiellement par la *conciliation*, la *médiation* et la *transaction* [1], auxquels il faudra ajouter prochainement la *procédure participative de négociation assistée par avocat*. Pour les deux premiers cités, le

1. R. Guillien, « Saint Nicolas du Chardonnet, Bons offices, conciliations, médiation », in *Mélanges R. Pelloux*, L'Hermès, 1980, p. 169 ; A. Baudoin, *Conciliation et médiation : deux modes de règlement des différends commerciaux*, thèse (dactyl.) Paris 2, 1992 ; E.S De La Manierre, « Prévention, conciliation, transaction ou solution judiciaire du litige », *Gaz. Pal.* 23 févr. 1993, Doct.

vocabulaire est un peu hésitant, y compris dans la loi du 8 février 1995 [1] ; mais l'évolution de la pratique à partir du décret d'application du 22 juillet 1996 tend à préciser les choses : la conciliation est davantage le fait du juge lui-même ou d'un conciliateur de justice, la médiation le fait d'un tiers ; surtout, la première est gratuite, la seconde est payante. Il y a sans doute plus une différence de degré que de nature [2] (v. *infra* n° 47) et, pour les deux premiers au moins, le modèle universel du procès équitable s'exporte dans certaines de ses règles [3]. La loi n° 2008-561 du 17 juin 2008 donne une nouvelle impulsion à la conciliation et à la médiation en prévoyant que leur tentative suspend le cours de la prescription (C. civ., art. 2238) ; la recherche d'une solution amiable ne peut plus se retourner contre celui qui l'initie ; c'est toute une philosophie du procès civil qui se met en place ; le rapport Guinchard sur *L'ambition raisonnée d'une justice apaisée* préconise la même solution pour la nouvelle *procédure participative de négociation assistée par avocat* (v. *infra* n° 53-1).

42 ***Les lieux de solutions amiables : les Maisons de justice et du droit. Renvoi*** ◊ La loi n° 98-1163 du 18 décembre 1998 avait introduit dans le Code de l'organisation judiciaire les articles L. 7-12-1-1 à L. 7-12-1-3 relatifs aux Maisons de justice et du droit ; ces articles législatifs ont été déclassifiés par l'ordonnance du 8 juin 2006 portant refonte du Code de l'organisation judiciaire et sont devenus les articles R. 131-1 à R. 131-11 de ce Code. Instituées à titre facultatif dans le ressort de chaque TGI, elles ont pour fonction générale d'assurer « *une présence judiciaire de proximité* » et de concourir à la prévention de la délinquance, à l'aide aux victimes et à l'accès au droit. En outre, elles ont vocation à accueillir les mesures alternatives de traitement pénal (v. *infra* n° 948) et les actions tendant à la résolution amiable de petits litiges d'ordre civil : consommation, voisinage, logement ; elles permettent de mettre en œuvre des solutions amiables et rapides. Elles sont aussi des lieux d'écoute, d'accueil, d'orientation et d'information sur les droits et obligations de chacun.

1. Sur cette loi, P. Kayser, « La recherche en France de la diminution des contentieux judiciaire et administratif, par le développement des règlements amiables », *Justices* 1996-3, 203.

2. Sur un essai de clarification : Ch. Jarrosson, *Gaz. Pal.* 22 août 1996, Doct. - *Dr. et patr.* déc. 1999. - Rapport de la commission dite « Guinchard » sur la réorganisation des contentieux, *L'ambition raisonnée d'une justice apaisée,* Doc. fr. 2008, p. 155-156. Selon J. Carbonnier, « la médiation est plus dynamique ; elle ne se contente pas de suggérer aux parties des concessions sur leurs prétentions réciproques : elle négocie avec elles un projet qui transcende les prétentions », *Droit et passion du droit sous la Ve République*, Flammarion, 1996, p. 81.

3. V. X. Lagarde, *in* S. Guinchard *et alii*, *Droit processuel. Droit commun et droit comparé du procès équitable*, *op. cit.*, n° 582 et s. ; « Droit processuel et MARC », *Rev. arb.* 2001, 423. — N. Fricero, « Les MARC et le procès équitable », in *Mélanges G. Cohen-Jonathan*, Bruylant, 2004.

I. La conciliation

43 ***Notion*** ◊ La conciliation est un mode de règlement des différends grâce auquel les parties en présence s'entendent directement pour mettre fin à leur litige, au besoin avec l'aide d'un tiers (conciliateur). Elles vont s'efforcer de rapprocher leurs points de vue, parfois en abandonnant une partie de leurs prétentions originaires (v. *infra*, n° 50, la transaction) jusqu'à ce qu'un accord dont les termes seront constatés dans un document appelé « procès-verbal de conciliation » (ou de « non-conciliation » en cas d'échec) soit possible.

Cette procédure présente l'avantage psychologique d'éteindre un conflit sans désigner ostensiblement un vainqueur et un vaincu puisque, au moins en apparence, la solution retenue procède d'un accord de volontés [1]. Aussi ses applications sont-elles très variées, et ne peut-on ici qu'en suggérer, à travers quelques exemples, la profonde diversité. V. *supra*, n° 41, sur l'interruption de la prescription.

A. En droit privé

44 ***Conciliation judiciaire, para-judiciaire et extra-judiciaire*** ◊ Le développement croissant des hypothèses de conciliation conduit à opérer une clarification, au moins provisoire et partielle, tant le flou domine encore la matière (v. *supra*, n° 41).

a) *La conciliation peut d'abord être le fait du juge lui-même ;* c'est même l'une des prérogatives qu'en matière civile, le Code de procédure civile lui reconnaît (art. 21 et 127 à 131) [2].

Le législateur révolutionnaire avait vu dans l'institution d'un préliminaire obligatoire de conciliation devant les juges de première instance le moyen de prévenir un grand nombre de procès (loi des 16-24 août 1790). L'ancien Code de procédure civile (celui de 1806) confiait aux juges de paix (v. *infra* n° 434) le pouvoir de concilier les parties non seulement pour les procès entrant dans leur compétence (la petite conciliation), mais aussi pour ceux relevant de la compétence des tribunaux civils (la grande conciliation). Les résultats n'ont pas correspondu aux espérances et après avoir essayé de rendre plus intéressante la grande conciliation pour les plaideurs, elle fut supprimée en 1949 pour les procès portés devant les tribunaux civils.

Aujourd'hui, et exceptionnellement, elle reste un préliminaire obligatoire (par ex. dans la procédure de divorce, art. 1108 et s. CPC ; à rapprocher avec la médiation imposée en matière d'exercice de l'autorité parentale, v. *infra*, n° 947, c.). Le décret n° 96-652 du 22 juillet 1996 (pris en application de la loi n° 95-125, 8 févr. 1995) a essayé de la revivifier devant le tribunal d'instance où elle reste facultative (art. 830 à 835, CPC, v. *infra*, n°s 434 et s.) [3]. La loi n° 2002-1138 du 9 septembre 2002 permet à tout juge qui n'a pas réussi à recueillir l'accord des parties pour procéder à une tentative de conciliation, de

1. Y. Desdevises, « Equité et conciliation », in *Mélanges G. Wiederkehr*, Dalloz, 2009, p. 209.
2. S. Guinchard, F. Ferrand et C. Chainais, *Procédure civile*, n° 890.
3. S. Guinchard, F. Ferrand et C. Chainais, *op. cit.*, n° 1063.

leur enjoindre de rencontrer une personne qu'il désigne, mais choisie parmi les conciliateurs de justice (art. 8, *in* art. 21, dernier alinéa, L. n° 95-125, 8 févr. 1995) [1]. La même loi exigeait du juge de proximité qu'il ne se prononce qu'après avoir recherché à concilier les parties par lui-même ou, le cas échéant et avec l'accord de celles-ci, par un tiers remplissant les conditions fixées par décret (COJ, ancien art. L. 331-3) ; mais la disposition a été abrogée par l'ordonnance du 8 juin 2006, sans être reprise dans un autre texte et sans que cette disposition ne soit reprise dans la partie réglementaire du code ; on doit donc considérer que l'obligation a disparu pour le juge de proximité, auquel restent cependant applicables les dispositions communes avec le tribunal d'instance sur la tentative préalable de conciliation, facultative (art. 830 à 835, CPC), et celle précitée de l'article 21 de la loi du 8 février 1995.

À cette forme de conciliation judiciaire, on rattachera la possibilité offerte à l'Autorité des marchés financiers, bien qu'elle ne soit pas une juridiction, de proposer une conciliation (ou une médiation) pour résoudre les différends portés à sa connaissance (C. mon. et fin., art. L. 621-19) [2].

b) *La conciliation sera para-judiciaire* lorsque, d'une façon ou d'une autre, un lien est établi avec le juge, avec les autorités judiciaires : lien organique de nomination ou lien fonctionnel d'activité ou encore lien hiérarchique de recours devant le juge. Ces hypothèses seront étudiées avec les auxiliaires du juge (v. *infra*, n°s 937 et s.), ou avec le tribunal d'instance et la juridiction de proximité lorsque la tentative de conciliation des articles 830 à 835, CPC, en vigueur devant ces deux juridictions, est confiée à un conciliateur de justice (v. *infra*, n°s 435 et s.). Le rapport dit « Guinchard », sur *L'ambition raisonnée d'une justice apaisée,* propose de consolider l'institution des conciliateurs de justice au sein de l'organisation judiciaire [3].

c) *Il reste les conciliateurs extra-judiciaires* sans autre lien avec le juge qu'un échec de la conciliation menée devant eux qui conduira, peut-être, les parties à agir en justice. On prendra quelques exemples significatifs.

1) Le droit du travail en fournit plusieurs illustrations. Ainsi, de la procédure de conciliation prévue aux articles L. 2552-1 à 13, C. trav. pour les conflits collectifs du travail. Ou encore, l*e conseiller du salarié* que l'on peut, semble-t-il, placer parmi les personnages investis d'une mission de conciliation ; il a fait son apparition dans le droit du travail, à la faveur d'une loi n° 91-72 du 18 janvier 1991 [4], aujourd'hui articles L. 1232-7 et s., C. trav. Le législateur s'est préoccupé de venir en aide aux salariés travaillant dans une entreprise, et engagés ou susceptibles d'être engagés dans une instance contre leur employeur devant le conseil de prud'hommes. Lorsqu'une entreprise ne possède pas d'institution de représentation du personnel, le salarié peut désormais

1. Commentaire : J. Joly-Hurard, *Rép. pr. civ.*, Cahiers de l'actualité, 2002-4.
2. CE 18 oct. 2006, *Gaz. Pal.* 27 mars 2007, note B. du Marais (la décision de refus de donner suite à une demande de conciliation ou de médiation n'est pas susceptible de recours pour excès de pouvoir).
3. Doc. fr. 2008, p. 157-160.
4. B. Mathieu, « Le conseiller du salarié », *D.* 1991. Chron. 119. C. et P. Maynial et L. Roche, *Dr. social*, 1994, p. 3 et 10. Sur les MARC en droit du travail, v. J. Desmarais, « Les MARC en droit du travail », *RID comp.*, 1997. 409.

se faire assister par un conseiller de son choix pour se rendre à l'entretien préalable à un licenciement.

2) *Les commissions de règlement des litiges de la consommation* (arrêté du 25 mars 2005, ss. art. D. 512-1, C. consom.), qui siègent au sein des comités départementaux de la consommation. Les consommateurs en conflit avec un vendeur ou un prestataire de service peuvent s'adresser à elles directement et gratuitement ; elles devront s'efforcer de parvenir à un accord dans les 2 mois de leur saisine.

3) *Les commissions départementales de conciliation en matière de baux commerciaux :* une loi du 5 juillet 1988 (aujourd'hui art. L. 145-35, C. com.) a institué ces commissions composées de bailleurs et de locataires en nombre égal et de personnes qualifiées (sur sa composition et son fonctionnement, v. C. com. art. D. 145-12 à 19, après art. R. 145-11) [1]. Cette commission est compétente pour les litiges de principe sur l'existence même du déplafonnement et, lorsque celui-ci n'est pas contesté, pour les litiges de quantum et de valeur locative. La mission de la commission est de tenter de concilier les parties ou, à défaut d'y parvenir de rendre un avis. Un délai de trois mois lui est imparti au-delà duquel elle se trouve dessaisie. Mais si, à la date des débats devant le juge, aucune partie n'a saisi la commission, le juge n'est pas tenu de surseoir à statuer [2]. La saisine de la commission est donc facultative.

4) *Les commissions départementales de conciliation en matière de baux d'habitation.* La loi n° 89-462 du 6 juillet 1989 instaure, dans son article 20, ce type de commission qui doit s'efforcer de concilier les parties à un contrat de location qu'il soit initial ou renouvelé, mais uniquement, à l'époque, pour la question du loyer. La loi du 13 décembre 2000 relative à la solidarité et au renouvellement urbain (loi SRU) et la loi du 13 juillet 2006 relative à l'engagement national pour le logement (loi ENL) ont progressivement étendu la compétence de ces commissions. Désormais, elles sont compétentes, non seulement pour les litiges concernant la révision du loyer (art. 20, al. 1er, loi 1989), mais aussi, pour les « petits litiges », c'est-à-dire ceux relatifs à l'état des lieux, au dépôt de garantie, aux charges locatives et aux réparations, ainsi que pour des difficultés énumérées à l'article 20, al. 3 et 4 de la loi de 1989, issu de la loi SRU ; elles sont aussi compétentes pour ceux ayant trait à la décence du logement (art. 20-1, loi de 1989, issu de la loi ENL).

5) *Les commissions de conciliation dans les établissements de santé, publics ou privés.* L'article L. 1112-3, al. 2, C. santé publique, crée une « commission des relations avec les usagers et de la qualité de la prise en charge » dans chaque établissement de santé public ou privé ainsi que dans les syndicats interhospitaliers et les groupements de coopération sanitaire autorisés à assurer les missions d'un établissement de santé. Cette commission veille au respect des droits des usagers, contribue à l'amélioration de la qualité de l'accueil des personnes malades et de leurs proches et de la prise en charge, facilite les démarches de ces personnes et veille à ce qu'elles puissent, le cas échéant, exprimer leurs griefs auprès des responsables de l'établissement, entendre les explications de ceux-ci et être informées des suites de leurs demandes.

Par ailleurs, la loi n° 2002-303 du 4 mars 2002 relative aux droits des malades et à la qualité du système de santé impose, pour les accidents médicaux, les affections iatrogènes et les infections nosocomiales, une procédure

1. B. Boccara, *JCP* 1988. I. 3332 ; J.-J. Taisne, *Rép. pr. civ.*, v° « Baux », n°s 50 s.
2. Civ. 3e, 3 févr. 1993, *D.* 1993. IR 58.

de règlement amiable des dommages qui en résultent, préalablement à toute action en justice (art. L. 1142-1 à 8, C. santé publique) ; la procédure se déroule devant une commission régionale de conciliation et d'indemnisation (CRCI), dont les compétences peuvent être déléguées à un ou plusieurs médiateurs indépendants [1]. Ces commissions ne sont pas des juridictions et sont dépourvues de la personnalité juridique ; dès lors, leurs décisions et les avis rendus le sont pour le compte de l'Office national d'indemnisation des accidents médicaux et ne constituent pas des décisions juridictionnelles, mais des décisions administratives [2].

B. En droit administratif

45 ***Essor et faveur*** ◊ La conciliation existe depuis longtemps en matière de marchés publics, notamment pour les différends portant sur les révisions de prix, et sous la forme de l'institution de comités consultatifs de règlement amiable des marchés [3]. On la rencontre également en matière de rapports entre l'État et les établissements d'enseignement privé, où les litiges portant sur les contrats définissant leurs obligations réciproques sont soumis à un préliminaire obligatoire de conciliation.

De même peut-on rattacher à cet effort de trouver un règlement amiable aux litiges surgissant entre les administrés et l'Administration, l'institution de comités consultatifs de règlement des dommages engageant la responsabilité de l'État et de ses établissements publics administratifs [4]. Sur les CRCI, v. *supra*, n° 44.

L'administration semble vouloir favoriser ce type de règlement des litiges [5].

Comme en droit privé, il existe également auprès de la juridiction administrative une conciliation juridictionnelle (art. L. 211-4 CJA) ; elle est prévue pour les tribunaux administratifs, qui ne mettent que rarement en œuvre cette possibilité de régler les litiges dont ils ont à connaître [6].

1. Commentaire, P. Desideri, *LPA*, 19 juin 2002, p. 67. — G. Memeteau (dir.), *Manuel des commissions de conciliation et d'indemnisation des accidents médicaux etc...*, Études Hospitalières, 2003. - L. Helminger, « Les commissions régionales de conciliation et d'indemnisation des accidents médicaux : ni excès d'honneur, ni indignité », *AJDA* 2005. 1875. - P. Mistretta, « Les CRCI ou les désillusions du règlement amiable des litiges médicaux », *JCP* 2006. I. 198.

2. TA Bastia, 12 sept. 2005, *JCP* 2006. II. 10047, note F. Viala.

3. V. Code des marchés publics, art. 127 ; outre le Comité consultatif national de règlement amiable des différends ou litiges, il a été créé en 1992 cinq comités consultatifs interrégionaux (arrêté du 13 févr. 1992) ; Y. Gaudemet, « Le précontentieux : le règlement non juridictionnel des conflits dans les marchés publics », *AJDA* 1994. 84. J. Joly, *Mémoire DESS contentieux et arbitrage*, Paris 2, 1995.

4. Décr. n° 80-974 du 4 déc. 1980, et arrêté d'application du 22 janv. 1981. En matière de coopération intercommunale, v. le décret n° 88-189 du 28 mars 1988 relatif à la commission de conciliation.

5. Rapport du Conseil d'État, Doc. fr. 1993, « Régler autrement les litiges : conciliation transaction et arbitrage ». Circulaire du 8 févr. 1995, comm. C. Jarrosson, *Rev. arb.* 1995.435. La conciliation joue un rôle important dans certains domaines ; v. un exemple dans J. Cl. Bonichot, « La conciliation devant le Comité national olympique et sportif français — Un essai à transformer ? », in *Mélanges F. Moderne*, 2004.

6. Cette conciliation rencontre d'ailleurs une série d'obstacles, de droit ou de fait ; v. M. Heers, « La conciliation par le juge administratif et ses déboires », *LPA*, 12 juill. 1995, p. 13. Le refus par un tribunal administratif d'exercer une mission de conciliation est insusceptible de recours : CE Ass., *Vériter*, 23 juin 1989, *Lebon*, p. 146.

L'insuffisance également de la conciliation pour éteindre à leur naissance les litiges entre l'administration et les administrés est notoire. Le développement d'un règlement amiable des différends serait pourtant de nature, à la fois, à freiner l'expansion du contentieux devant les juridictions administratives et à améliorer les relations entre l'État et les citoyens (v. *infra*, n° 222). Aussi convient-il de souligner l'intérêt — si elles sont suivies d'effet — des circulaires du 6 février 1995 « relative au développement du recours à la transaction pour régler amiablement les conflits » et du 9 février 1995 « relative au traitement des réclamations adressées à l'administration » [1]. Il est clair qu'aujourd'hui les MARC envahissent le droit administratif [2].

C. En droit international public

46 ***Faveur pour la conciliation*** ◊ La conciliation représente un mode de règlement privilégié des différends entre États. La société internationale repose, aujourd'hui encore, sur l'indépendance souveraine des États, ce qui rend malaisé le fonctionnement des juridictions internationales ; de plus, la grande majorité des litiges entre États ne sont pas « justiciables » car ils sont de nature politique. Aussi leur mode de règlement le plus souvent adopté est-il l'accord de volontés entre les parties en cause. La conciliation revêt ici la forme fréquente de conférences internationales ou, quand il s'agit de régler des différends entre États membres d'une même organisation internationale, celle de la procédure de consultation, comme il en existe une dans le cadre du Traité de l'Atlantique Nord ou de l'Union panaméricaine.

Quel que soit le domaine où elle intervient, la conciliation suppose souvent, pour aboutir, que les parties en présence soient assistées par un tiers dont l'intercession favorisera leur accord en tentant de rapprocher leurs positions. C'est notamment la raison d'être des conciliateurs en matière civile. En droit international, ce rôle auxiliateur d'un tiers correspond à la procédure dite de « bons offices » ; elle se caractérise par le rôle volontairement effacé que joue l'État, ou la personnalité, qui la remplit, et dont il est seulement requis d'être extérieur au conflit à apaiser. Elle ne tend pas à dégager une solution qui serait proposée aux parties, mais seulement à les aider à parvenir à une conciliation. Procédure très ancienne, elle est encore assez souvent utilisée aujourd'hui en vue de tenter de trouver une solution aux conflits, avec des succès inégaux (Liban, ex-Yougoslavie, problème israélo-palestinien) ; elle inspire le système de règlement des différends dans le cadre de l'Organisation mondiale du commerce [3]. Elle est également à la base de la création en 1992, à l'initiative de M. R. Badinter, de la Cour européenne de conciliation et d'arbitrage, en vue

1. *JO* 15 févr. 1995, p. 2518 et 2522.
2. *AJDA* 1997, p. 3 à 63. G. Keromnes, « Les MARC en droit administratif », *Gaz. Pal.* 28 févr. 1997, Doct. A. Lyon-Caen, « Les MARC en droit administratif », *RID comp.* 1997, 421 (rapport au colloque de Damas, 5-8 oct. 1996). J. Caillosse, « Sur les modes de règlement non juridictionnels des conflits internes à l'Administration. Ébauche d'une problématique », *AJDA* 2003. 880.
3. V. le Memorandum d'accord sur les règles et procédures régissant le règlement des différends, dans le cadre de l'Organisation mondiale du commerce instituée par l'Accord de Marrakech du 15 avr. 1994, *JO* n° 275 du 26 nov. 1995, Annexe, p. 40136. S. Guinchard *et alii*, *Droit processuel. Droit commun et droit comparé du procès équitable*, n° 516.

de prévenir et de régler les conflits éventuels qui pourraient naître — surtout entre les États d'Europe centrale et orientale, et qui fonctionne dans le cadre de l'Organisation de sécurité et de coopération européenne (OSCE).

En matière de justice internationale, la Convention européenne des droits de l'homme a toujours réservé une place éminente au règlement amiable des différends auxquels son application peut donner lieu. Dans le système actuel [1], l'article 38 de la Convention, tel qu'il résulte du Protocole n° 11, stipule que « Si la Cour déclare une requête recevable, elle (...) se met à la disposition des intéressés en vue de parvenir à un règlement amiable ». Ce n'est qu'en cas d'insuccès de cette possibilité que la procédure se poursuit.

On constate ainsi que la conciliation appelle souvent l'intervention d'un tiers, dont l'intercession favorisera l'accord des parties en les aidant à rapprocher leurs points de vue. Parfois, le rôle qu'il joue est suffisamment actif pour que l'on ne voie plus en lui un simple conciliateur ; on est alors en présence d'une médiation [2].

II. La médiation [3]

47 ***Médiation et conciliation*** ◊ **a)** *Traditionnellement*, on disait que le médiateur se rapproche du conciliateur en ce qu'il n'a pas non plus à trancher lui-même le litige, mais qu'il s'en distingue par son rôle plus actif qui s'exprime par la recherche des éléments d'une entente qu'il propose aux parties, sans d'ailleurs pouvoir la leur imposer. Ainsi entendue, la médiation posséderait un champ d'application plus vaste qu'il ne semble être officiellement : entre la fonction du médiateur et celle du conciliateur, la différence serait plus de degré que de nature ; si dans une affaire civile les parties acceptent ou appellent la proposition d'un règlement de la part du conciliateur, celui-ci malgré son nom se comportera davantage, en réalité, comme un authentique médiateur. On peut du reste considérer que cette institution est en rapport étroit avec la conciliation, qu'elle a pour but de faciliter : la médiation est le moyen qui doit conduire à un règlement du conflit par une entente entre les parties, c'est-à-dire à une conciliation. Pour autant, comme il l'a déjà été indiqué (v. *supra*, n° 41), le décret du 22 juillet

1. Dans le système originaire mis en place par la Convention, voir l'article 28 originaire.
2. Le passage progressif d'un mode de règlement à un autre est illustré par l'article 5 du Mémorandum cité ci-dessus, intitulé d'ailleurs « Bons offices, conciliation et médiation ».
3. J.-P. Bonafe-Schmitt, *La médiation : une justice douce*, Syros-Alternatives, 1996. M. Guillaume-Hoffnung, *La médiation*, coll. « Que sais-je ? », PUF, 1995 (n° 2930) ; *AJDA* 1997, n° spéc. p. 30 ; « Le rôle de la volonté dans la médiation », in *Mélanges A. Rieg*, Bruylant 2000, p. 427. M. Darmon, *JCP* 1996. II. 3976. G. Flecheux et Ph. Lafarge, « La médiation », in *Mélanges P. Drai*, Dalloz, 2000 ; D. Pollet, « La médiation et le juge dans l'ordre administratif », *LPA*, 1999, n° 81 p. 4, n° 82 p. 5 ; *LPA* n° 138 de 1999. F. Moneger (dir.), « La médiation en débat », *LPA*, 26 août 2002 ; Travaux de l'association internationale de droit judiciaire privé, Paris et Dijon, 21-24 sept. 2004, Litec, 2005 ; G. Deharo, « Médiation : une justice équitable et durable ? », *Gaz. Pal.* 22 août 2006 ; *BICC* numéro spécial, Hors série, n° 4.

1996 opère une distinction entre la conciliation gratuite et conduite par le juge lui-même ou par le conciliateur de justice et la médiation, payante, menée par un tiers désigné par le juge (v. *infra* n° 947, b, 1).

b) En 2008, deux rapports remis au ministre de la Justice ont préconisé de développer la médiation, dont les potentialités apparaissent encore sous-exploitées, particulièrement en matière familiale [1]. V. aussi, *supra,* n° 41, à propos de l'interruption de la prescription par une tentative de médiation. En reconnaissant qu'une clause de médiation peut avoir un effet obligatoire avant d'intenter une action en justice, la Cour de cassation lui donne une force nouvelle [2].

48 ***Historique*** ◊ *Historiquement, la médiation est apparue comme un mode de solution des différends entre États.* Elle a connu un épanouissement remarquable dans ce que l'on a appelé le « pacigérat », c'est-à-dire la prévention de la guerre. C'est sur elle que l'article 15 du Pacte de la Société des Nations (SDN) faisait reposer le règlement politique des conflits entre États, le Conseil de la SDN assurant l'office de médiateur. Aujourd'hui la Charte des Nations unies fait une place centrale, pour mettre fin aux différends ou aux situations pouvant menacer la paix et la sécurité internationales, à une procédure de médiation. Dans le cadre des Nations unies, c'est normalement le Conseil de Sécurité qui joue le rôle de médiateur ou qui recommande le recours à un autre organe de médiation, encore que la résolution « Union pour le maintien de la Paix » (résolution Acheson) adoptée le 3 novembre 1950 à l'occasion de la guerre de Corée confère à l'Assemblée une compétence subsidiaire. Comme celles de la SDN, les recommandations éventuelles du Conseil aux parties en cause n'ont qu'un caractère facultatif [3].

49 ***Formes actuelles. Exemples*** ◊ En droit du travail le législateur semblait avoir beaucoup attendu de la médiation, assurée par des personnalités indépendantes, acceptées par les parties en présence, pour aider à dénouer les conflits collectifs du travail [4]. En fait elle n'a plus occupé, après un début assez prometteur, lors de son institution par un décret du 5 mai 1955, qu'une place limitée dans le règlement de ces conflits. Sur la médiation en droit du travail, v. les articles L. 2523-1 à 10, C. trav. V. aussi, art. L. 6222-39 du même code sur le « médiateur consulaire » pour résoudre les différends entre employeurs et apprentis ou leur famille au sujet de l'exécution ou de la rupture du contrat d'apprentissage, dans les entreprises ressortissant des chambres consulaires.

1. Rapport dit « Guinchard » sur la réorganisation des contentieux, *L'ambition raisonnée d'une justice apaisée*, 30 juin 2008, Doc. fr. 2008, p. 160 à 168. Rapport dit « Magendie II », *Célérité et qualité de la justice - La médiation : une autre voie*, 15 oct. 2008.
2. Civ. 1re, 8 avr. 2009, *D.* 2009, 1284, obs. X. Delpech ; *JCP* 2009, n° 26, 43, p. 20, note O. Cuperlier (une partie à cette clause ne peut refuser la procédure de médiation prévue).
3. Pour un exemple européen, voir, durant l'été 1991, la tentative de la CEE (« troïka ») pour aider à dénouer la crise yougoslave.
4. B. Blohorn-Brenneur, *Justice et médiation. Un juge du travail témoigne*, Le Cherche-Midi éd., 2006.

a) Du Médiateur de la République [1] au Défenseur des droits

(Site Internet : www.mediateur-republique.fr)

Le droit administratif n'a pas connu pendant longtemps de procédure générale de médiation ; la garantie des administrés, en cas de conflits avec l'Administration, n'était conçue que sous la forme des recours juridictionnels ou administratifs. L'évolution a été provoquée par le succès qu'a connu, dans les années 1930, une institution née en Suède et qu'avaient adoptée ou transposée de nombreux États anglo-saxons : *l'Ombudsman*, personnalité pouvant être saisie par les particuliers qui avaient à se plaindre d'un mauvais fonctionnement de l'Administration, en vue de le faire redresser en lui présentant des recommandations.

Cette nouvelle forme de régulation non contentieuse des relations entre les Administrations et les citoyens a été introduite en France par la loi du 3 janvier 1973 créant un médiateur, modifiée en dernier lieu par la loi n° 2000-32 du 12 janvier 2000. Celui-ci, nommé pour six ans par décret, bénéficie d'un statut lui assurant une totale indépendance. Sa compétence est très vaste puisqu'elle s'étend, au-delà de l'État et des collectivités locales, à tous les organismes investis d'une mission de service public. Il peut être saisi, à propos de toute affaire concernant le demandeur, lorsque celui-ci pense avoir à se plaindre du fonctionnement de l'Administration avec laquelle il a été amené à entrer en relations ; si la réclamation lui paraît justifiée, il peut faire toutes *recommandations*, y compris en équité, de nature à régler la difficulté [2].

Mis à même par les demandes qui lui sont adressées, de connaître les dysfonctionnements les plus répétitifs ou les plus graves de l'administration, ou les imperfections les plus marquées du droit positif existant, il peut également — et il le fait — en saisir les pouvoirs publics en vue de provoquer la disparition des uns [3] et la réforme des autres.

Le Médiateur de la République ne peut — évidemment — intervenir dans une procédure en cours, ni remettre en cause le bien-fondé d'une décision juridictionnelle [4] ; mais — et ceci se rattache à son intervention d'équité — il peut faire des recommandations à la personne publique en cause, si celle-ci l'a emporté. Si elle a perdu, et si elle n'exécute pas la décision, il peut lui enjoindre de s'y conformer, ce qui n'a d'ailleurs qu'une portée comminatoire [5].

1. B. Delaunay, *Le médiateur de la République*, coll. « Que sais-je ? », PUF, 1999 ; D. Jean-Pierre, « Les pouvoirs méconnus du médiateur de la République - Pour un usage nouveau de pouvoirs anciens », *JCP* 2007. I. 104.

2. V. D. Latournerie, « Médiation et justice », *EDCE*, n° 35, p. 79. Commentaires : D. Amson, *JCP* 1973. I. 2547 ; A. Legrand, *AJDA* 1973. 229 ; J. Rideau et P. Tedeschi, *Rev. adm.* 1973. 22 ; P. Verrier, *RD publ.* 1973. 941. Décrets d'application du 9 mars 1973.

3. V., par ex., la circulaire du Premier ministre du 9 févr. 1995 (*JO* du 15, p. 2522) appelant l'Administration à renoncer à une pratique trop souvent abusive de l'appel.

4. Ainsi, le Conseil constitutionnel, pour garantir l'indépendance de l'autorité judiciaire et le principe de la séparation des pouvoirs, a censuré l'article 21 de la loi organique n° 2007-587 du 5 mars 2007 relative au recrutement et à la formation et à la responsabilité des magistrats, qui faisait intervenir le Médiateur dans la mise en œuvre de la responsabilité des magistrats, Déc. n° 2007-551 DC, 1er mars 2007.

5. Pour la Cour européenne des droits de l'homme, un recours devant un médiateur public ne pouvant accorder lui-même une réparation n'est pas un « recours effectif » au sens de la CEDH (aff. *Silver c/ R.U.*, 25 mars 1983).

Afin d'éviter l'engorgement de l'institution, une double barrière a été prévue :

- il a été prévu une sorte de règle d'« épuisement des voies administratives normales » : avant de saisir le Médiateur de la République, il faut préalablement avoir procédé aux « démarches nécessaires auprès des administrations intéressées » ;
- surtout, un filtrage des réclamations manifestement infondées ou abusives a été institué ; le Médiateur ne peut être saisi que par un parlementaire, qui sera en mesure d'apprécier si la réclamation mérite qu'il lui soit donné suite [1] ou par le médiateur européen (*infra*, d) ou par un homologue étranger (art. 6, al. 2). En fait, la transmission s'avère quasiment automatique de la part des parlementaires, qui peuvent en outre le saisir en leur propre nom. Les interventions du Médiateur, qui donnent lieu à un rapport public annuel, se révèlent à la fois nombreuses et efficaces. Il peut proposer les modifications législatives qui lui sont apparues opportunes.

Le succès de l'institution se traduit par le nombre des réclamations, de l'ordre de 47 000 en 2002. Son efficacité a été renforcée par la mise en place, depuis 1978, de correspondants dans les départements. Ceux-ci jouent en outre un rôle propre en acceptant de recevoir les visites ou les lettres d'administrés peu au fait des procédures administratives, et de les conseiller, voire de les mettre en contact avec le fonctionnaire compétent pour les aider. La création de ces correspondants auprès des préfectures pourrait ainsi contribuer efficacement à humaniser les relations entre l'Administration et les administrés. En outre, la loi du 12 avril 2000 a institué des délégués du médiateur, nommés par lui, qui assistent les personnes chargées de présenter les réclamations, qui instruisent celles-ci et qui participent au règlement des difficultés dans leur ressort géographique (art. 6-1). Le parlementaire peut remettre la réclamation directement au délégué qui doit transmettre.

Ce succès a entraîné la mise en place d'autres médiateurs spécialisés dans des domaines particuliers [2] (v. *infra*, c), puis la refonte de l'institution.

En effet, la loi constitutionnelle du 23 juillet 2008 relative à la modernisation des institutions de la Ve République crée un *Défenseur des droits* (Titre XI bis et art. 71-1), appelé à remplacer le médiateur. Cette innovation résulte de la proposition n° 76 présentée par le « Comité Balladur », chargé de préparer la révision constitutionnelle. Il s'agissait d'abord de renforcer le statut juridique, jusqu'alors législatif, de l'institution, mais aussi de réorganiser, si possible sous l'autorité de la nouvelle instance, un agencement institutionnel devenu complexe (médiateur, Défenseur des enfants, CN Informatique et Libertés, Haute autorité de lutte contre les discriminations et pour l'égalité...) et source de dilution des responsabilités et de perplexité des administrés quant à l'instance à saisir de leurs problèmes. Contrairement à ce qu'avait préconisé le Comité, qui avait envisagé une élection par l'Assemblée nationale, le Défenseur des droits est nommé comme son prédécesseur par le président de la République, pour un mandat de six ans, non-renouvelable. Il veille au respect des

1. L'article 23 du projet de loi n° 1461 (en discussion) prévoit une faculté d'auto-saisine du Médiateur, ainsi que la possibilité pour le Médiateur européen et pour les homologues étrangers du Médiateur de la République de saisir celui-ci directement.

2. Par ex. les médiateurs de l'éducation nationale, Décr. n° 98-1082 du 1er déc. 1998, *JO*, 2 déc., p. 18163. Le Défenseur des enfants (Loi n° 2000-196 du 6 mars 2000) a une fonction de médiation, de proposition (de modification d'un règlement inéquitable...) et de promotion des droits de l'enfant ; v. M. J. Guedon, *AJDA* 2000. 424.

droits et libertés par les administrations de l'État, des collectivités territoriales et des établissements publics, et de tout organisme investi d'une mission de service public ou à l'égard duquel la loi organique lui attribue compétence. Cette même loi établit les conditions dans lesquelles il peut être saisi par les personnes qui s'estiment lésées ; il peut s'auto-saisir. Il rend compte de son action au président de la République ainsi qu'au Parlement. Conformément à l'article 46 de la loi constitutionnelle précitée, la loi organique détermine les conditions d'entrée en vigueur de ces dispositions.

b) Le médiateur du cinéma

L'article 92 de la loi n° 82-652 du 29 juillet 1982 (mod. par ord. n° 2008-1161, 13 nov. 2008) a créé un médiateur du cinéma, chargé, sans préjudice de l'action publique, et à l'exception des conflits relevant des procédures de conciliation et d'arbitrage professionnelles, de mettre en œuvre une conciliation préalable pour les litiges relatifs à la diffusion en salle des œuvres cinématographiques et qui ont pour origine une situation de monopole de fait, une position dominante ou toute autre situation ayant pour objet ou pouvant avoir pour effet de restreindre ou de fausser le jeu de la concurrence et révélant l'existence d'obstacles à la plus large diffusion des œuvres cinématographiques conforme à l'intérêt général. Il peut être saisi par toute personne physique ou morale concernée, par toute organisation professionnelle ou syndicale intéressée ou par le directeur du Centre national de la cinématographie. Il peut également se saisir d'office. Sous réserve du droit pour l'autorité judiciaire de saisir l'Autorité de la concurrence aux fins d'avis, l'engagement de la procédure de conciliation entraîne, à l'égard de l'affaire et des parties concernées, suspension de toute procédure devant l'Autorité de la concurrence pendant une période maximale de trois mois. Le médiateur du cinéma favorise ou suscite toute solution de conciliation. Le procès-verbal de conciliation qu'il dresse a force exécutoire du seul fait de son dépôt au greffe du tribunal d'instance. Il peut rendre public ce procès-verbal. À défaut de conciliation, le médiateur du cinéma émet, dans un délai maximum de deux mois à compter de sa saisine, une injonction qui peut être rendue publique. En cas d'échec de la conciliation, le médiateur du cinéma pourra décider de saisir l'Autorité de la concurrence si le litige relève de la compétence de celui-ci et informer le ministère public si les faits sont susceptibles de recevoir une qualification pénale. Le décret n° 83-86 du 9 février 1983 (mod. par décr. n° 91-1129, 25 oct. 1991) précise les modalités de sa nomination, de la procédure qu'il doit suivre et de ses pouvoirs [1].

c) La médiation en droit privé [2] et en droit public

Là encore, comme pour la conciliation, il faut en distinguer deux catégories : certaines formes relèvent des auxiliaires du juge, parce que c'est ce dernier qui désigne les médiateurs, coordonne et contrôle leur activité ; elles seront étu-

1. Y. Robineau, « Le médiateur du cinéma », in *Mélanges G. Braibant*, Dalloz, 1996 (M. Robineau occupe ce poste). Pour des applications, V. Com. 20 mars 1990, *D.* 1990. 278, concl. Jéol ; T. com. Paris (réf.) 26 sept. 1989, *D.* 1990. Somm. 283, obs. Hassler.

2. P. Drai, « Libres propres sur la médiation judiciaire », in *Mélanges P. Bellet*, Litec, 1991, p. 123 ; A. Lorieux, « Place de la médiation dans le procès civil », *Gaz. Pal.* 1991, Doct. 66 ; S. Braudo, « Propos sur la médiation en matière civile », *Gaz. Pal.* 15 avr. 1995, *Revue nationale des barreaux*, janv.-juin 2002, n° 66/67, Dalloz, p. 6 à 63. — E. Serverin, « Le médiateur civil et le service public de la justice », *RTD civ.* 2003, 229. — B. Gorchs, « La médiation dans le procès civil : sens et contresens », *RTD civ.* 2003, 409. « La médiation », *BICC*, hors série, 2006.

diées avec les autres auxiliaires de justice (v. *infra*, n°s 946 et s.). Dans cette catégorie il faut citer la médiation pénale (v. *infra* n°s 848 et 949).

D'autres au contraire sont totalement autonomes par rapport à la Justice. On peut citer, sans être exhaustif, le système de médiateur mis en place, à compter du 1er janvier 1993 par les sociétés et mutuelles d'assurance [1] ou celui de la Poste (Décr. n° 2001-1335, 28 déc. 2001), des établissements de crédit, celui de la SNCF, de la RATP du ministère des Finances (Décr. n° 2002-612, 26 avr. 2002) etc.

En raison de son intérêt, la médiation en matière civile et communautaire a fait l'objet en 2004 d'une proposition de directive communautaire [COM (2004) 718], qui a été définitivement adoptée le 21 mai 2008 [2]. Ce texte encourage le recours à la médiation, dans les litiges transfrontaliers, en prévoyant que puisse être reconnue à l'accord issu d'une telle médiation la même force exécutoire que celle d'un jugement. Les États membres disposent d'un délai de trois ans pour assurer la transposition de la directive.

d) La médiation en droit européen

1) Dans l'Union européenne, un médiateur est désigné, au début de chaque mandature, par le Parlement européen. Il est compétent pour recevoir les plaintes émanant des citoyens de l'Union européenne et de toute personne physique ou morale résidant ou ayant son siège statutaire dans un État membre. Le médiateur traite « tout cas de mauvaise administration dans l'action des institutions ou organes communautaires » ; il dispose à cet effet de pouvoirs d'investigation et de contrôle. Il peut coopérer avec les médiateurs nationaux. Mais il n'a qu'un pouvoir de recommandation à l'institution ou organe communautaire concerné [3]. En outre, au sein des juridictions communautaires, la médiation entre les parties est encouragée par le juge pour aboutir à une transaction [4]. Enfin, il convient de rappeler la directive précitée sur la médiation civile et commerciale pour résoudre les différends transfrontaliers autrement que par le recours à un tribunal.

2) Le Conseil de l'Europe a produit plusieurs instruments concernant les MARL et notamment la médiation : recommandations du Comité des ministres concernant la médiation familiale [5], la médiation en matière pénale [6], les MARL entre les autorités administratives et les personnes privées [7], la médiation familiale [8]. Le Comité consultatif des juges européens (CCJE) a également évoqué les MARL comme processus qui mérite d'être développé et encouragé, non seulement pour désengorger les juridictions, mais aussi pour tenir compte du désir des justiciables de s'affranchir de la justice imposée [9].

1. Y. Lambert-Faivre, L. Leveneur, *Droit des assurances*, Dalloz, 12e éd., 2005, n°s 156 s. ; L. Cadiet, *JCP* 1993. I. 3727, p. 3.
2. Dir. 2008/52/ CE du Parlement européen et du Conseil du 21 mai 2008 sur certains aspects de la médiation en matière civile et commerciale.
3. *Rép. droit communautaire*, Dalloz, v° « Médiation », par R. Gosalbo Bono, 1995.
4. S. Schonberg et N. Stockwell, « Juges, médiateurs ou négociateurs, Le rôle des règlements amiables des conflits au sein des juridictions communautaires », *RTD eur.* 2003, p. 415.
5. R (98)1.
6. R (99)1.
7. Rec (2001) 9.
8. Rec (2002)10.
9. Avis n° 6, nov. 2004, *BICC* 1er nov. 2005.

III. La transaction

50 ***Présentation*** ◊ Dans son principe, la transaction suppose que deux personnes puissent chacune faire valoir des prétentions à l'égard de l'autre. Le litige sera éteint ou prévenu au prix d'un abandon mutuel d'une partie de ces prétentions, formalisé dans un acte signé par les intéressés. L'article 2044 du Code civil la définit comme une « convention par laquelle les parties, au moyen de concessions réciproques, terminent une contestation née ou préviennent une contestation à naître ». Cette formule met en évidence que la transaction peut intervenir aussi bien lorsqu'une instance est déjà engagée devant un juge que pour éviter la naissance d'un procès. Dans les deux cas, l'article 2052 du Code civil lui confère entre les signataires l'autorité de la chose jugée en dernier ressort : l'affaire est ainsi réglée définitivement et ne peut plus être soumise à un tribunal [1]. Au prix « d'une cote mal taillée », on a évité les désagréments et les frais souvent importants d'un procès [2].

51 ***Domaine*** ◊ Ces caractères expliquent que la transaction soit admise aussi bien pour les personnes publiques que pour les personnes privées.

a) En droit public [3], le contentieux fiscal fait une large place à la transaction, dans des conditions particulières. Les amendes fiscales et les majorations d'impôts dues en cas de fraudes fiscales ou douanières sont fixées par les textes à un montant particulièrement élevé dans un but de dissuasion. Il n'est pas forcément opportun, pour des raisons économiques et sociales, d'en exiger le paiement intégral par le redevable ; aussi l'Administration dispose-t-elle du pouvoir de les réduire par une transaction conclue avec celui-ci. Dans ces hypothèses, la différence s'atténue entre la transaction et le désistement, qui est la renonciation unilatérale à une prétention. La réciprocité des concessions disparaît presque totalement, le seul droit dont le redevable pourrait se prévaloir vis-à-vis du fisc n'étant guère que celui d'engager un recours devant le juge, si le redressement fiscal était irrégulier, ce qui n'est même pas toujours allégué. Il s'agit plutôt d'une remise partielle de dette.

Le champ de la transaction a connu un développement marqué dans d'autres domaines, tels que les marchés publics et les délégations de service public. Créant de façon prétorienne une procédure nouvelle, le Conseil d'État a admis — dans des conditions limitées — que l'on

1. Ch. Boillot, *La transaction et le juge*, PU Clermont-Ferrand, LGDJ, 2003, préf. Le Cannu.
2. En procédure civile, v. G. Bolard, « La négociation préalable au procès », *Gaz. Pal.*, 16 sept. 1997.
3. A. Lyon-Caen, *AJDA* 1997. 48. G. Chavrier, « Réflexions sur la transaction administrative », *RFDA*, 2000 p. 548.

puisse demander au juge administratif d'homologuer une transaction hors de tout litige [1].

b) En droit privé, la transaction connaît une application importante en droit des assurances, avec d'une part les clauses de transaction dans les polices et, d'autre part et surtout, l'offre obligatoire d'indemnisation de la victime d'un accident de la circulation par l'assureur, offre devant normalement conduire à une transaction, l'objectif étant d'éviter un procès.

c) En droit pénal le principe est que la transaction n'a aucune efficacité sur l'action publique, le ministère public ne pouvant disposer de cette action.

Néanmoins certaines administrations (douanes, eaux et forêts, concurrence et consommation par exemple) ont la possibilité, sous le contrôle du parquet, de proposer l'abandon des poursuites en contrepartie de la reconnaissance des faits et du paiement d'une somme d'argent [2]. Cette possibilité a été attribuée à l'exploitant d'une entreprise de transports ferroviaires et de transports publics de personnes pour les contraventions des quatre premières classes à la police des services publics en ce domaine (art. 529-3, CPP). Une loi du 31 mars 2006 a également attribué le pouvoir de transiger au maire pour les contraventions que les agents de police municipale sont habilités à constater (art. 441-CPP) et à la HALDE [3] pour les infractions en matière de discrimination précisément énumérées ; cette transaction doit être homologuée par le parquet.

L'instauration du système de la composition pénale par la loi du 23 juillet 1999, introduit dans notre procédure pénale un système qui n'est pas une véritable transaction au sens juridique du terme mais dont le mécanisme est assez proche. En effet l'acceptation de la proposition du ministère public, sans doute validée par un juge du siège entraînera l'extinction de l'action publique [4].

52 ***Dispositions favorables à la transaction*** ◊ Fin 1998, deux textes ont apporté des éléments favorables au développement de la transaction :

– *En premier lieu*, la loi n° 98-1163 du 18 déc. 1998 qui permet d'accorder l'aide juridique « *en vue de parvenir à une transaction avant l'introduction de l'instance* » (L. 10 juill. 1991, art. 10) et de rétribuer l'avocat qui y a participé même en cas d'échec de ces pourparlers (L. 10 juill. 1991, 39), sous réserve d'une justification de ses diligences et d'une imputation de cette rétribution sur celle due au titre de l'aide juridictionnelle si une instance est engagée après cet échec. La même loi du 18 déc. 1998 permet de créer une Maison de justice et du droit dans le ressort de chaque TGI, dont l'une des fonctions est d'accueillir « les mesures alternatives de traitement pénal et les actions tendant à la résolution amiable des litiges » (art. 21 qui crée les art. L. 7-12-1-1 à 3 COJ). V. *supra* n° 42.

1. CE, avis rendu en Assemblée, 6 déc. 2002, *AJDA* 2003. 280 ; commenté par H. Kenfack, « Vent de faveur sur la transaction ? », *ibid.*, 2004, p. 242.
2. V. par. ex. : R. Merle et A. Vitu, *Traité de droit criminel*, t. II, Cujas, 5e éd., 2000, n° 69, S. Guinchard et J. Buisson, *Procédure pénale,* n° 1277. M. Dobkine, « La transaction en matière pénale », *D.* 1994. Chron. p. 137.
3. Haute Autorité de lutte contre les discriminations et pour l'égalité.
4. V. *infra* n° 850 sur la comparution sur reconnaissance préalable de culpabilité.

– *En second lieu,* le décret n° 98-1231 du 28 déc. 1998 qui, par petites touches procédurales, favorise la transaction [1]. Ainsi, la radiation conventionnelle, déjà autorisée par la Cour de cassation [2] et que le décret consacre sous le nom de « *retrait du rôle* », pour mieux la distinguer de la radiation-sanction et s'assurer qu'elle correspond bien à la volonté des parties d'engager des pourparlers transactionnels. Le même décret améliore la conciliation par le juge d'instance. Enfin, comme on va le constater, il facilite l'octroi de la force exécutoire à l'acte transactionnel.

53 ***Force exécutoire*** ◊ Le décret n° 98-1231 du 28 décembre 1998 a introduit dans le Code de procédure civile un art. 1441-4 qui permet à l'une des parties à une transaction de demander au président du TGI, sur simple requête, d'entériner l'accord afin de lui donner force exécutoire. C'est typiquement un acte judiciaire non juridictionnel (v. *infra*, n° 58). Le juge n'exprimant pas de volonté propre, distincte de celle des parties, il « confère » à l'acte sa force exécutoire, comme le ferait un notaire ou un greffier.

IV. La procédure participative de négociation assistée par avocat

53-1 ***Proposition de créer un nouveau mode alternatif de règlement des litiges*** ◊ S'inspirant du droit collaboratif nord-américain, la commission dite « Guinchard » sur la réorganisation des contentieux, propose de créer en France un nouveau mode de règlement des litiges : les parties à la procédure participative, assistées de leurs avocats, s'engagent volontairement avant toute procédure contentieuse, par une convention de participation, à œuvrer conjointement et de bonne foi à la résolution négociée de leur différend. L'objet, les modalités et les éléments déterminant la solution du litige sont inscrits dans la convention, ainsi que les questions qu'implique la résolution du litige, les éléments d'information nécessaires à l'élaboration des solutions et les modalités de leur échange et les règles qui encadreront l'éventuelle intervention d'un technicien et sa rémunération. Plus précise que les clauses de conciliation, cette procédure devrait éviter de nourrir indirectement un contentieux judiciaire autour de sa mise en œuvre. Les parties s'engagent à ne pas saisir le juge et la prescription est suspendue pendant tout le cours du contrat participatif. Pour la rendre attractive et en sécuriser l'issue, la commission a proposé de l'articuler avec la procédure judiciaire : homologation de l'accord par la procédure gracieuse, afin de lui conférer la force exécutoire ; en cas de désaccord ou d'accord partiel, une passerelle est mise en place avec une procédure judiciaire, pour éviter de tout remettre en cause : le seul fait de remettre au greffe le procès-verbal vaut saisine de la juridiction, sans que l'affaire soit renvoyée à la mise en état, compte tenu de l'avancement des échanges entre les parties ; on y verra une mise en état externalisée [3]. Une proposition de loi en

1. V. S. Guinchard, commentaire, *D.* 1999. Chron. 63.
2. Ass. plén., 20 nov. 1989.
3. *L'ambition raisonnée d'une justice apaisée,* Doc. fr., 2008, p. 168-171.

discussion au Parlement reprend cette proposition, qui nécessitera aussi des dispositions à insérer dans le Code de procédure civile.

SOUS-SECTION 2. Modes non juridictionnels propres au droit administratif : les recours administratifs

54 ***Présentation*** ◊ Les litiges survenant entre une personne publique et un particulier peuvent parfois être réglés selon les modalités précédemment exposées, ou selon un mode juridictionnel. Mais ils donnent souvent lieu à une autre forme de règlement, interne à l'Administration – et qui dans cette mesure n'est pas sans rappeler, parfois, la conciliation – représentée par l'existence de recours administratifs [1]. En cas de contestation sur la légalité d'un acte administratif –, voire sur son opportunité, il est possible et parfois obligatoire de présenter une réclamation à l'Administration. Si celle-ci en reconnaît le bien-fondé, elle prononcera l'abrogation de l'acte (annulation pour l'avenir) ou son retrait (annulation remontant rétroactivement à son entrée en vigueur) [2].

55 ***Différentes formes*** ◊ On distingue deux catégories de recours administratifs :

- **Le recours gracieux** est porté devant l'autorité dont émane l'acte incriminé, que l'on tente de persuader du caractère illégal ou inopportun de sa décision. Suivant une formule traditionnelle qui fait image, le requérant va de l'administrateur mal informé à l'administrateur mieux informé.
- **Le recours hiérarchique** est porté devant le supérieur de l'autorité auteur de l'acte critiqué, à qui l'on demande de l'annuler en usant de son pouvoir hiérarchique.

56 ***Fonctionnement*** ◊

• **Recours administratifs ordinaires** : on considère généralement que le recours administratif n'est qu'une forme particulière du droit de pétition reconnu aux citoyens auprès des pouvoirs publics. Il n'a pas à être prévu par un texte, et il ne peut être interdit que par un texte. Il joue ainsi indépendam-

1. J.-M. Auby, *AJDA* 1997. 10.
2. V. B. Pacteau, *Contentieux administratif*, PUF, 3e éd., spéc. Partie annexe, *Le règlement des litiges administratifs en dehors de la juridiction administrative*, p. 369 et s. En raison de l'intérêt d'un règlement amiable des différends pour la prévention du contentieux juridictionnel, une circulaire du 9 févr. 1995 a été consacrée, sous la signature du Premier ministre, « au traitement des réclamations adressées à l'Administration » (*JO* du 15, p. 2522). V. aussi, en date du 6 févr. (même *JO*, p. 2518), une autre circulaire « relative au développement de la transaction pour régler amiablement les conflits » ; J.-F. Brisson, *Les recours administratifs en droit public français*, coll. « Bibl. dr. publ. », LGDJ, 1996.

ment de l'existence des recours juridictionnels. Son caractère informel lui confère une grande souplesse, car il n'est soumis à aucune condition particulière, fût-ce de délai.

• **Recours administratifs réglementés :** un certain nombre de recours administratifs ont été soumis à des conditions particulières par des textes [1]. En outre une liaison est parfois établie entre recours juridictionnel et recours administratif, celui-ci étant un préalable obligatoire à l'exercice de celui-là. L'hypothèse la plus importante est celle des recours fiscaux, où il n'est pas possible de saisir directement le juge ; sous peine d'irrecevabilité de la demande, le contentieux de l'assiette et du recouvrement de l'impôt doit faire préalablement l'objet d'un recours administratif (art. L. 281, L. 283, R. 190-1, LPF). La raison est d'ordre pratique, et tient dans le souci de désencombrer les juridictions en éteignant le plus grand nombre possible de litiges dès leur naissance, par une procédure rapide et gratuite — ce qui se vérifie largement dans la réalité. Les quatre cinquièmes des réclamations fiscales sont réglées au stade du recours préalable. Ce succès explique la création en 2001 d'un recours semblable pour le contentieux des militaires [2] et le projet d'une extension au contentieux de la fonction publique, projet bloqué en raison de l'opposition des syndicats. Cependant, à la demande du premier Ministre, le Conseil d'État a réalisé en 2008 une étude sur les recours administratifs préalables obligatoires (RAPO). Présidé par O. Schrameck, le groupe de travail a dressé un état des lieux avant de proposer, comme l'y invitait la lettre de mission, l'introduction de telles procédures dans de nouveaux domaines (invalidations de permis de conduire pour perte de tous les points par leur détenteur ; fonction publique civile ; certains types de décisions en matière de droit des étrangers), en précisant dans chaque cas les conditions de réussite de ces innovations éventuelles [3].

Quel que soit l'intérêt des modes non juridictionnels de règlement des différends qui viennent d'être exposés, ils ne peuvent permettre de régler tous les litiges, soit que les parties ne les aient pas mis en œuvre, soit qu'ils n'aient pu conduire à une solution.

Il n'est plus possible alors d'éviter le recours aux modes juridictionnels de règlement des différends.

SOUS-SECTION 3. Activités non juridictionnelles des tribunaux

57 ***Les actes non juridictionnels des tribunaux*** ◊ En admettant ici dans une présentation simplifiée que l'acte juridictionnel se caractérise par la constatation faite, pour trancher une contestation, qu'un acte ou un fait juridique est contraire à une règle de droit, en vue d'en tirer des conséquences, on doit constater que, parfois, l'intervention d'un tribunal ne vise pas à trancher un litige. On convient d'appeler cette

1. Par exemple, en matière de marchés publics.
2. J.L. Pissaloux, « Une expérience réussie : le recours administratif préalable des militaires », *AJDA* 2005. 1042.
3. *Les recours administratifs préalables obligatoires*, Doc. fr. nov. 2008. V. B. Belda, « Faut-il généraliser le recours administratif préalable obligatoire ? », *RD publ.* 2008. 1483.

activité non juridictionnelle des tribunaux une activité administrative ; les règles qui lui sont applicables sont particulières [1].

Cette activité a été souvent étudiée auprès des tribunaux judiciaires (A) où elle a donné lieu à une abondante littérature juridique ; elle est pourtant plus importante encore en droit public (B).

58 ***A) Tribunaux judiciaires*** ◊ Les actes administratifs de ces tribunaux sont habituellement divisés en deux catégories [2] :

– Les mesures d'administration judiciaire, qui correspondent à la gestion du tribunal (inscrire par exemple des affaires au rôle des audiences).

– Les actes non juridictionnels ayant trait à la solution du litige : jugements de donné acte, jugements en amiable composition ; ou encore, dans l'hypothèse de l'art. 1441-4 (v. *supra*, n° 53), l'ordonnance par laquelle le juge confère la force exécutoire à une transaction.

Il convient d'ajouter que les tribunaux répressifs peuvent également intervenir dans un domaine non contentieux. Pour se limiter ici à un exemple, on peut retenir le rôle de la chambre de l'instruction, véritable « juridiction à tout faire » en matière pénale. C'est ainsi qu'elle donne un avis en matière d'extradition (art. 696-17 CPP), qu'elle statue sur la réhabilitation judiciaire (art. 783, CPP), et qu'elle contrôle la police judiciaire (art. 13 et 224, CPP). V. *infra*, n° 564.

59 ***B) Juridictions administratives et internationales*** ◊ Sans s'attarder sur les mesures d'administration judiciaire qu'imposent ici comme là les besoins du fonctionnement de ces juridictions, il convient surtout de souligner que le problème des actes administratifs des juridictions administratives se présente dans un contexte très particulier. *Le juge administratif est beaucoup moins isolé de la vie administrative que le juge judiciaire ne l'est de la vie des affaires ou des particuliers, sa fonction de juger est beaucoup moins exclusive*. Cette situation, on le verra plus loin, s'explique aussi bien par l'histoire que par les besoins de la pratique : la volonté est manifeste de ne pas couper le juge administratif, qui juge l'Administration, de la vie courante de celle-ci, afin qu'il connaisse ses besoins et leurs limites et qu'il puisse en tenir compte dans ses jugements.

L'activité administrative des juridictions administratives est ainsi très importante.

– Parfois elle se manifeste dans des conditions assez semblables à ce que l'on a appelé précédemment la juridiction gracieuse. Par exemple,

1. Ce particularisme se retrouve même au plan communautaire : la Cour de Justice des Communautés, par exemple, ne peut être saisie de questions préjudicielles (art. 234, ex. 177, traité, CEE) par des tribunaux que dans l'exercice de leurs fonctions juridictionnelles. V. par ex. l'affaire *Borker* 138/ 80, CJCE, *Rec.* 1980, p. 1975 (à propos du Conseil de l'Ordre des Avocats de Paris, n'exerçant pas en l'espèce une compétence juridictionnelle).
2. S. Guinchard, F. Ferrand et C. Chainais, *Procédure civile*, n° 245.

si un contribuable de la commune estime que celle-ci a négligé d'intenter une action en justice devant les juridictions judiciaires ou administratives, il peut l'exercer à sa place, à ses propres risques, mais à condition d'y avoir été autorisé par le tribunal administratif (art. L. 2132-5, CGCT, ex-art. L. 316-5 et 6, Code des communes).

– Les juridictions administratives disposent surtout d'une très large compétence consultative au profit de l'Administration : Gouvernement pour le Conseil d'État, Préfet pour le Tribunal administratif (encore que ce dernier soit — toutes proportions gardées — beaucoup moins sollicité en ce domaine) [1]. Ce rôle est un des traits particulièrement originaux de leur statut. Il est même si ample au Conseil d'État que l'on pourrait y voir un organe autant administratif que juridictionnel. En fait, il existe en son sein une division entre les sections (sortes de chambres) administratives et la Section du contentieux qui est l'organe de jugement, ce qui permet de conférer à cette dernière une individualité réelle par rapport aux formations consultatives ; mais il est institué un brassage entre les membres du Conseil d'État appartenant aux deux sortes de sections, qui assure la réalité de l'unité de cette juridiction. On doit souligner qu'un rôle consultatif se retrouve également dans les grandes juridictions internationales ; il a existé, et il existe encore de manière très effective pour la Cour permanente de justice internationale et pour la Cour internationale de justice qui lui a succédé. Il se retrouve également, par exemple, dans le statut de la Cour de justice des Communautés (art. 300, Traité CE, art. 95 du Traité CECA).

Dans une présentation plus approfondie, il conviendrait de faire une place à part aux attributions non juridictionnelles particulièrement importantes de la Cour des comptes (v. *infra*, n°s 748 et s.), qui joue un rôle de *contrôle financier* et de gestion, notamment sur les entreprises publiques, la Sécurité sociale et, au-delà, sur tous les gestionnaires de services publics [2] (ordonnateurs), et surtout des Chambres régionales des comptes. Celles-ci sont intimement associées au fonctionnement du *contrôle budgétaire* des collectivités territoriales, qui permet à l'État de les contraindre à redresser des comportements irréguliers au regard des textes financiers les concernant. Jamais, à l'époque contemporaine, des juridictions n'avaient été aussi largement associées au fonctionnement de l'Administration (v. *infra*, n° 757).

On peut ajouter que, en droit administratif, beaucoup d'organismes corporatifs offrent un double visage ; suivant la nature des activités qu'ils exercent, leurs décisions ont un caractère administratif ou juridictionnel. Par exemple, lorsque la section disciplinaire du Conseil national de l'Ordre des médecins statue sur une demande d'inscription au tableau en vue de l'exercice de la médecine, son activité est adminis-

1. Mais il pourrait l'être davantage dans un proche avenir avec la décentralisation et le besoin que ressentent les collectivités locales d'être conseillées sur la gestion de leurs grands dossiers d'urbanisme et d'équipements.

2. V. loi n° 67-483 du 22 juin 1967, et décr. n° 85-199 du 11 févr. 1985.

trative [1]. Mais quand elle statue sur une affaire disciplinaire elle rend une décision juridictionnelle [2].

Cette liaison qui existe entre des juridictions et ce que l'on appelle l'Administration active amène à s'interroger sur la situation de la Justice – en tant qu'ensemble des tribunaux – à l'intérieur de l'appareil des institutions de l'État, après avoir présenté les autorités administratives indépendantes.

SECTION 2. MODES JURIDICTIONNELS

60 ***Caractéristiques*** ◊ Les modes juridictionnels de règlement des litiges sont caractérisés par le fait que la solution de ceux-ci est cherchée dans un acte juridictionnel, au sens *matériel* du terme (v. *supra*, n° 34). On attend de l'organe qui tranchera le différend qu'il se prononce en droit, c'est-à-dire en recherchant si la situation, objet du litige, respecte ou transgresse les règles juridiques qui lui sont applicables, et en tirant les conséquences juridiques de leur violation éventuelle [3].

D'un point de vue *formel*, ces organes chargés de trancher les litiges en droit présentent un caractère juridictionnel : ils sont organisés de manière à être indépendants des parties, ce qui contribue à assurer leur impartialité ; ils sont astreints à respecter des règles de forme et de procédure. Des recours sont d'ailleurs organisés, en règle générale, contre leurs sentences, si elles ne respectent pas les textes ou les conventions qui s'imposent à eux.

Cependant, au-delà de ces caractères communs, ces organes juridictionnels doivent, par leur forme, être divisés en deux grandes catégories. Il peut s'agir soit de juridictions privées, on parle alors *d'arbitrage* (§ 1), soit de juridictions publiques officielles, que l'on conviendra de réunir sous le nom de *tribunaux* (§ 2) [4]. On y ajoutera les autorités administratives indépendantes (§ 3).

1. CE, Sect., 9 mars 1962, *Doux, Lebon*, p. 160. On observera même que l'intervention des Chambres régionales des comptes dans le contrôle budgétaire des collectivités locales est une activité administrative, susceptible de recours pour excès de pouvoir devant les tribunaux administratifs : CE 23 mars 1984, *AJDA* 1984. 390.
2. CE 23 avr. 1958, *Tussau, Lebon*, p. 192.
3. Sur l'ensemble des questions qui vont être évoquées, V. « La Fonction de juger », n° 9, 1989, de la revue *Droits* (Revue française de théorie juridique, PUF), et « La justice », n° 9, 1981, de la revue *Pouvoirs* (PUF). V. not. O. Gohin, « Qu'est-ce qu'une juridiction pour le juge français ? », *Droits*, préc., p. 93.
4. B. Oppetit, « Justice étatique et justice arbitrale », in *Mélanges P. Bellet*, p. 415. M. Cl. Rivier, « L'arbitrage au sein des modes de règlement des différends », *RGDP* 1999. 405.

§ 1. L'arbitrage

61 ***Présentation : une justice contractuelle*** ◊ L'arbitrage est une forme de règlement des différends susceptible de plusieurs modalités de mise en œuvre, mais qui, dans son principe, se différencie nettement des formes exposées précédemment par la fonction conférée à l'arbitre, qui est de trancher lui-même le litige et de statuer en droit [1] ; cette fonction de dire le droit (*jurisdictio*) rapproche l'arbitrage des tribunaux. Cependant, il est possible de permettre aux arbitres de statuer comme « amiables compositeurs », c'est-à-dire de se prononcer en équité (art. 12, al. 4, CPC) [2].

En ce sens, l'arbitre est un véritable juge privé [3], et l'arbitrage une justice privée. Ce caractère explique que, à la différence des juridictions officielles, la justice arbitrale nécessite pour s'exercer l'accord préalable des parties, nul ne pouvant imposer unilatéralement à des particuliers une solution à leur litige. Cet accord fait l'objet d'une convention, qui désigne le ou les arbitres et fixe les règles qu'ils suivront ; elle est appelée *compromis* si la contestation est déjà née, et *clause compromissoire* si elle vise le règlement d'un litige éventuel futur portant sur l'exécution d'un contrat, dans le corps duquel elle est insérée par avance.

L'arbitrage étant une sorte de succédané privé de la justice étatique, la sentence arbitrale ne trouve sa force obligatoire que dans l'accord des parties — qui sont convenues de s'en remettre à des personnes en qui elles ont confiance. En cas d'inexécution, l'État détenant le monopole de la contrainte, on doit demander à un juge de rendre la sentence arbitrale exécutoire en délivrant une « ordonnance d'exequatur ». Pas plus que les jugements véritables, cette sentence arbitrale n'échappe aux voies de recours : un appel est toujours possible en cas d'atteinte à l'ordre public, même si les parties ont renoncé à tout recours, ce qui leur assure une garantie minimale.

62 ***Caractères. Avantages et inconvénients*** ◊ Ainsi organisé, l'arbitrage présente des avantages qui en expliquent le développement, encore qu'il ne soit pas exempt d'inconvénients.

a) *En général, la justice arbitrale fonctionne avec plus de célérité que la justice d'État.* L'arbitrage est alors un palliatif de l'encombrement des juridictions, ce qui explique le développement qu'il connaît actuellement dans le monde des

1. *Cf.* la définition donnée de l'arbitrage en droit international public par l'article 37 de la Convention I de La Haye du 18 octobre 1907 : « l'arbitrage international a pour objet le règlement des litiges entre les États par des juges de leur choix et sur la base du respect du droit ».

2. J. Béguin, « L'étonnante liberté de l'arbitre amiable compositeur », in *Mélanges G. Wiederkehr*, Dalloz, 2009, p. 1.

3. La Cour de justice des Communautés refuse de voir dans une juridiction arbitrale *privée* « une juridiction d'un État membre », au sens de l'ancien article 177 du Traité CE (devenu art. 234) : aff. 102-81, *Nordsee*, *Rec.* 1982, p. 1095. V. C. Jarrosson, « Arbitrage et juridiction », *Droits*, n° 9, 1989, p. 107.

affaires. Cependant, l'avantage est parfois plus apparent que réel : la négociation du compromis d'arbitrage peut être laborieuse, parfois il est mis en place un système à deux degrés pour ménager une première possibilité de recours dans le cadre de l'arbitrage lui-même, et si l'une des parties n'accepte pas la sentence et forme un appel, le gain de temps attendu risque de s'évanouir.

b) *Il en est de même du caractère réputé moins coûteux de cette procédure :* si le litige est complexe, les arbitres choisis sont des experts, juristes ou techniciens, et leur rémunération est élevée.

c) *Il peut même arriver, dans des cas limites, que des arbitrages de complaisance soient rendus*, l'une des parties étant abusée par une pseudo-juridiction arbitrale n'offrant aucune des garanties qu'aurait présentées un tribunal public [1].

d) *Il demeure que l'arbitrage est une justice discrète ;* l'absence de publicité évite d'ébruiter certains litiges, de faire apparaître certaines difficultés dont la connaissance pourrait être préjudiciable aux parties, notamment dans les affaires ; cette discrétion permet aussi de régler certains litiges portant sur des sommes élevées sans attirer l'attention de l'Administration fiscale [2]. En outre, procédure marquée d'une certaine courtoisie, puisqu'elle repose sur une entente des deux parties, elle facilite après son issue le maintien des relations d'affaires entre les entreprises qui ont eu un différend.

63 ***Domaine*** ◊ Ces caractères de l'arbitrage expliquent son champ d'application. Celui-ci ne s'étend pas, normalement, aux personnes publiques, qui en principe ne peuvent y recourir en vertu d'une jurisprudence constante aussi bien judiciaire qu'administrative [3]. Seules existent quelques exceptions législatives, comme en matière de liquidation de dépenses dans les marchés de travaux et de fournitures [4] ou dans les contrats de partenariat public-privé [5]. Cependant, une

1. V. par ex., *in Le Monde,* 5 juill. 1988, l'affaire d'un soi-disant « Centre national d'arbitrage » qui, à l'occasion d'un différend commercial entre une société française et une société canadienne, avait rendu un arbitrage condamnant la seconde à payer 91 millions de francs à la première, moyennant des honoraires s'élevant à 2 millions de francs.

2. Cependant, « L'autorité judiciaire doit communiquer à l'administration des impôts toute indication qu'elle peut recueillir, de nature à faire présumer une fraude commise en matière fiscale ou une manœuvre quelconque ayant eu pour objet ou ayant eu pour résultat de frauder ou de compromettre un impôt... », art. L. 101, *Livre des procédures fiscales*, V. aussi art. L. 100. Aux termes de l'art. R. 101-1 *ibid.*, les pièces restent déposées pendant un certain délai après le jugement au greffe, « où elles sont à la disposition de l'administration des finances ». À titre anecdotique on peut relever que, au premier semestre 1996, la presse a rapporté le cas d'un homme qui, ayant rompu avec sa maîtresse, avait engagé une instance (qu'il avait perdue) pour tenter d'obtenir le remboursement de cadeaux de 2,2 millions de francs qu'il lui avait offerts durant leur liaison. Le fisc, informé par le procès, avait alors réclamé les droits et les pénalités correspondant à ces dons non déclarés — et dans lesquels il s'était refusé à voir des « présents d'usage » non imposables.

3. Cass. req., 25 janv. 1956, *DH*, 1926, p. 99 ; CE 8 mars 1961, *Soc. Air Couzinet, Lebon*, p. 162. Le rapport Haenel (Sénat, 1992) proposait de lever cette interdiction.

4. Art. 69, loi du 17 avr. 1906, et décr., 25 juill. 1960. Pour une application, v. TA Strasbourg, *M. Harry Lapp c/Communauté urbaine de Strasbourg, LPA* 19 mars 1997, p. 16. Y. Gaudemet, « L'avenir de l'arbitrage en droit administratif français », in *Mélanges J. Moreau*, p. 165, Économica, 2002. V. art. L. 311-6 CJA.. *Courrier jur. fin. industr.* 2005, n° 36, V° *Personnes publiques et arbitrage.*

5. Ordonnance du 17 juin 2004, art. 11.

réflexion a été engagée, à partir de 2006, sur un développement possible de cette technique alternative de règlement des litiges [1].

C'est surtout en droit commercial notamment international, que l'arbitrage s'est développé, pour les raisons évoquées précédemment.

Dans certains domaines, le recours à l'arbitrage s'explique par l'absence ou les imperfections des juridictions publiques.

C'est le cas en *droit du travail* pour le règlement des conflits collectifs du travail ; on a même voulu, à une certaine époque (après 1935), rendre l'arbitrage obligatoire en ce domaine ; la loi du 11 février 1950 lui a restitué son caractère facultatif (v. C. trav. art. L. 2524-1 à 11). Il aurait pu jouer un rôle intéressant, la loi décidant que l'arbitre statue ici en droit sur les litiges juridiques, c'est-à-dire ceux qui portent sur l'interprétation ou l'application d'une règle de droit — et en équité sur les litiges économiques, c'est-à-dire ceux relatifs par exemple à la modification des conventions collectives ou des salaires. En fait l'institution n'a pas correspondu aux espoirs mis en elle. Mais la loi n° 2001-420 du 15 mai 2001 valide la clause compromissoire « dans les contrats conclus à raison d'une activité professionnelle » (nouvel article 2061 C. civ.), ce qui permet aux associés d'une société civile de recourir à l'arbitrage pour les litiges survenant dans leurs relations.

Le règlement arbitral des différends a présenté en revanche une importance particulière en *droit international public*, en raison de l'inexistence d'une juridiction internationale permanente jusqu'en 1922, date d'entrée en fonction de la Cour permanente de justice internationale de La Haye. En outre, le droit international repose essentiellement sur l'accord des États, indépendants et souverains, qu'on pouvait penser plus facile à recueillir dans le cadre d'un arbitrage librement accepté [2]. Le développement des grandes juridictions internationales a réduit la place de l'arbitrage. Dans le système de l'Acte général d'arbitrage de 1928, de la Société des Nations, et dans la Charte des Nations unies, les traits particuliers de l'arbitrage l'ont fait privilégier pour régler les différends « politiques », les litiges « juridiques » relevant de la juridiction internationale.

Cependant, même pour ces derniers la souplesse de l'arbitrage le fait assez souvent préférer à la saisine de la Cour internationale de justice, qui connaît une certaine défaveur.

L'arbitrage joue un rôle important en matière de règlement des différends en matière d'investissements internationaux [3], les grands investisseurs étrangers privilégiant cette forme de règlement par rapport à l'intervention de juridic-

1. V. le rapport du Groupe de travail sur l'arbitrage des litiges intéressant les personnes publiques, présidé par M. Labetoulle, ancien président de la Section du contentieux du Conseil d'État, en date du 13 mars 2007, accompagné du texte d'un projet de loi. « Rapports thématiques » du ministère de la Justice (www.justice.gouv.fr). V. S. Lemaire, C. Jarrosson et L. Richer, « Pour un projet viable de réforme de l'arbitrage en droit administratif », *AJDA* 2008. 617, et P. Terneyre et C. Verot, « Le projet de réforme de l'arbitrage des litiges intéressant les personnes publiques est tout à fait viable », *AJDA* 2008.905.

2. P. ex., dans l'affaire de la destruction par les services secrets français du bateau Rainbow warrior, de l'Organisation Greenpeace, dans un port néo-zélandais, des réparations ont été accordées à la Nouvelle-Zélande par un Tribunal d'arbitrage constitué par accord entre les deux États intéressés. La sentence a été rendue en janvier 1990. En juin 1992, un tribunal arbitral a ainsi accordé à la France une zone économique exclusive sur des eaux disputées entre le Canada et la France au large de St-Pierre-et-Miquelon.

3. G. Teboul, « Arbitrage international et personnes morales de droit public », *AJDA* 1997. 25. *Courrier jur. fin. et industr.* 2005, n° 36, *V° Personnes publiques et arbitrage.*

tions internes à l'égard desquelles ils nourrissent certaines préventions – faute parfois de suffisamment les connaître – ou qui, en tout état de cause, ne pourraient statuer qu'en droit alors qu'ils attendent la prise en compte de considérations commerciales ou financières en vue d'éteindre le litige plutôt que de le trancher [1]. Le souci de régler sous cette forme les différends entre les investisseurs et les États d'accueil des investissements a motivé la création sous l'égide de la Banque mondiale d'un tribunal arbitral spécialisé [2], le Centre international pour le règlement des différends relatifs aux investissements (CIRDI), dont l'activité est d'ailleurs faible.

§ 2. **Le recours aux tribunaux publics : l'activité juridictionnelle des tribunaux**

Les tribunaux siègent dans des locaux matériellement identifiés, en un lieu « réel », mais le développement des nouvelles technologies de l'information et de la communication conduit à envisager une justice « en ligne » avec, déjà, des expériences de téléprocédure [3].

64 ***Principe*** ◊ **a)** Quelle que puisse être l'importance pratique de tel ou tel des modes de règlement des litiges précédemment exposés, tout différend n'en a pas moins vocation à connaître un règlement proprement juridictionnel, élaboré par l'une des juridictions relevant du service public de la justice.

Leur existence est d'ailleurs imposée par l'article 6-1 de la Convention européenne des droits de l'homme, selon lequel « Toute personne a droit à ce que sa cause soit entendue... par un tribunal *établi par la loi...* ». Outre une garantie générale de compétence et d'impartialité dans le raisonnement juridique, les parties trouvent auprès des tribunaux un avantage essentiel, inhérent à leur caractère étatique.

Seul un organisme investi de l'autorité de l'État [4] peut donner force exécutoire à ses actes. Or il ne suffit pas au gagnant d'un procès de savoir qu'il a raison : il désire obtenir la réalisation du droit qui lui a été reconnu, au besoin en faisant mettre en mouvement la force publique – ce qui n'est pas possible en dehors de l'intervention d'un juge [5].

1. À titre d'exemple on peut relever que la société Eurodisney avait exigé que ses différends éventuels avec l'État et les collectivités locales soient soustraits à la juridiction administrative et portés devant un tribunal arbitral lors de la signature des actes fixant les modalités du parc Eurodisney dans la région parisienne. Une loi avait d'ailleurs été nécessaire pour permettre ce recours à l'arbitrage, en raison de l'interdiction de principe – signalée précédemment – de ce mode de règlement des litiges pour l'Administration.
2. Convention de Washington, 18 mars 1965. Ce texte stipule que les États en cause s'engagent à recourir à ce type d'arbitrage, quand ils sont partie à la Convention. Le Journal de droit international (Clunet) publie régulièrement une analyse de l'activité du CIRDI.
3. V. Justice en ligne, Dossier de *Droit et Patrimoine,* avr. 2002, p. 63 s.
4. Ce qui ne signifie pas forcément une juridiction : c'est le cas également du notaire.
5. Sauf possession d'un titre notarié exécutoire.

Dans le règlement d'un litige, deux éléments très différents sont en effet traditionnellement distingués :

- le pouvoir de *dire le droit (jurisdictio)* qui est au centre de la définition de l'acte juridictionnel, et qui consiste, en rapprochant ce qui est (la situation juridique ayant donné naissance au litige) de ce qui, selon le droit en vigueur, doit être, à déclarer laquelle des prétentions en conflit est conforme à ce dernier. Cette démarche intellectuelle n'est pas le monopole des tribunaux publics, un arbitre (qui est un juge privé) peut valablement s'y livrer ;
- le pouvoir d'*ordonner (imperium)* qui consiste à tirer la conséquence du résultat auquel on a abouti à l'issue de la phase précédente en prononçant une décision pourvue de la force exécutoire, qui permettra éventuellement de provoquer la mise en mouvement de la force publique.

Par exemple, si l'on a constaté qu'un local est occupé irrégulièrement, il faut pouvoir ordonner à l'occupant sans titre de vider les lieux, ou si l'on constate l'existence d'un préjudice, pouvoir ordonner à celui qui l'a provoqué de verser une réparation (dommages-intérêts). Or, il est essentiel d'observer que seul un tribunal peut donner force exécutoire à sa décision ; dans le cadre de la justice privée, l'exécution de la sentence arbitrale ne repose que sur la bonne volonté du perdant. En cas de refus de sa part, il est ainsi nécessaire, comme on l'a dit, de demander à un juge public de rendre cette sentence exécutoire par « une ordonnance d'exequatur ». Au contraire, les jugements rendus par un tribunal véritable sont toujours pourvus de cette force exécutoire.

b) *Sont aussi des actes juridictionnels, les actes de juridiction gracieuse*, qui correspondent à des hypothèses où le juge est saisi d'une demande dont la loi exige qu'elle soit soumise à son contrôle, souvent dans le but d'assurer des garanties de compétence et d'impartialité aux justiciables mais en l'absence de tout litige [1] par exemple, le juge autorise ou homologue un acte dont le contenu a été préalablement décidé entre les intéressés eux-mêmes (autorisation du changement de régime matrimonial entre époux par exemple).

§ 3. **Les autorités administratives indépendantes exerçant une activité juridictionnelle**

65 ***Domaine – Valeur et nature juridique – Originalité*** ◊ Encore que l'on puisse ranger le Médiateur de la République (v. *supra*, n° 49, a) parmi les autorités administratives indépendantes [2], il paraît préférable de présenter à part celles qui ont une activité juridictionnelle en raison de leurs caractères particuliers, représentés notamment par le fait qu'elles sont des organismes collégiaux et que, si leurs pouvoirs sont souvent étendus, leur compétence est spécialisée [3].

1. S. Guinchard, F. Ferrand et C. Chainais, *Procédure civile*, n°s 210 et s.
2. On peut relever que dans l'étude de F. Gazier et Y. Cannac, « Les autorités administratives indépendantes », *EDCE*, n° 35, p. 13, le Médiateur figure dans la liste que les auteurs dressent de celles-ci. De même, *in* J.-J. Israël, *Droit des libertés fondamentales*, LGDJ, 1998, p. 285.
3. La dénomination générique d'autorité administrative indépendante a été consacrée législativement pour la CNIL par l'emploi qu'en a fait la loi « informatique et libertés » du

Assurées par leur statut d'une grande indépendance vis-à-vis de l'État [1], éventuellement pourvues de pouvoirs d'injonction, voire de sanction, elles exercent des rôles qui diffèrent par leur ampleur de l'une à l'autre, mais qui les amènent, dans une mesure variée, à recevoir les réclamations des particuliers ou des entreprises de leur secteur en vue d'assurer l'effectivité des droits et libertés dans leur domaine de compétence [2].

a) Exemples

Dans une liste étoffée, on peut citer :

– *dans le domaine des relations des administrés avec l'administration* : la Commission d'accès aux documents administratifs (la CADA) ;

– *dans le domaine de la communication :* la Commission informatique et libertés, (la fameuse CNIL, qui fut la première créée en 1978) la Commission des sondages, le Conseil supérieur de l'audiovisuel ;

– *dans le domaine économique, les autorités de marché* : l'Autorité de la concurrence qui se substitue au Conseil de la concurrence, l'Autorité des marchés financiers (qui se substitue à la COB, au Conseil des marchés financiers et au Conseil de discipline de la gestion financière), l'Autorité de régulation des communications électroniques et des postes (v. art. L. 36-5 à L. 36-13 et R. 11-3 CPCE) [3], la Commission de régulation de l'électricité (L. 2000-108, 10 févr. 2000, art. 38).

– *dans le domaine sociétal :* la Haute Autorité de Lutte contre les Discriminations et pour l'Égalité (HALDE), créée par la loi n° 2004-1489 du 30 décembre 2004.

Certaines n'ont pas d'activité juridictionnelle, comme le Comité national d'évaluation des universités. D'autres ont des fonctions en partie juridictionnelles et cette ambivalence pose le problème de leur valeur en droit européen et de leur nature juridique [4].

b) Valeur en droit européen et nature juridique

1) La Cour européenne des droits de l'homme a admis leur validité de principe, au motif que, pour des infractions nombreuses et légères « *un État peut avoir de bons motifs de décharger ses juridictions du soin de*

6 janvier 1978 (art. 8) : J. Chevallier, *JCP* 1986. I. 325 ; P. Sabourin, *AJDA* 1983. 275. La COB a été qualifiée officiellement d'autorité administrative indépendante par la loi n° 96-597 du 2 juill. 1996 (*in* art. 89, ord. 28 sept. 1967) : L. Idot, *Justices*, 1997. 6, 250.

1. Certaines sont d'ailleurs dotées de la personnalité morale (comme l'Autorité des marchés financiers, art. L. 621-1 C. mon. et fin.) ; v. M. Degoffe, « Les autorités publiques indépendantes », *AJDA* 2008. 622.

2. Sur ce phénomène : Rapport du Conseil d'État 2001, Doc. fr., mars 2001. « Les autorités administratives indépendantes » *Regards sur l'actualité,* Doc. fr. 2007. Pour une réflexion générale sur la signification de la technique de l'autorité administrative indépendante, sur ses avantages et sur ses limites, voir l'étude précitée de F. Gazier et Y. Cannac ; J. Chevallier, « Les AAI et la régulation des marchés », *Justices*, 1995-1, 81. Sur une synthèse de leurs pouvoirs d'acte administratif et de sanction, Y. Gaudemet, *Courrier jur. finances*, juin 1997. C. Delicostopoulos, *L'encadrement processuel des autorités de marché en droit français et communautaire*, thèse Paris 2, LGDJ, coll. Biblio. dr. privé, t. 364, 2002, préf. S. Guinchard. I. Delicostopoulos, *Le procès civil à l'épreuve du droit processuel européen*, thèse Paris 2, LGDJ, coll. Biblio. dr. privé, t. 401, 2003, préf. S. Guinchard.

3. Commentaires : L. Idot, *Justices,* 1997-6, 252 ; J. Chevalier. *RFDA* 1997. 1115.

4. Le site Légifrance en recense plus de quarante.

les poursuivre et de les réprimer. Confier cette tâche pour de telles infractions à des autorités administratives ne se heurte pas à la convention pour autant que l'intéressé puisse saisir de toute décision ainsi prise à son encontre un tribunal offrant les garanties de l'article 6 » [1].

2) Leur nature juridique pose des problèmes. Dans leur principe, ceux-ci ne sont pas nouveaux. La multiplication des autorités indépendantes dotées de fonctions juridictionnelles ne doit pas occulter l'ancienneté d'un phénomène bien connu des juristes de droit public [2], classiquement représenté à l'origine par les pouvoirs juridictionnels attribués à des ordres professionnels. L'incertitude quant aux critères déterminant le champ d'activité à l'intérieur duquel ces derniers agissaient en tant que juridictions avait été largement dissipée par l'arrêt de principe *de Bayo* [3].

Le débat a été relancé avec la multiplication contemporaine des autorités indépendantes de régulation de diverses activités économiques.

Le Conseil constitutionnel a nié ce caractère juridictionnel *aux organes* eux-mêmes, à propos du Conseil de la concurrence [4], puis de la Commission des opérations de bourse [5] et — à l'époque — du Conseil supérieur de l'audiovisuel [6]. En revanche, le Conseil d'État, tirant les conséquences de l'évolution des attributions confiées à la CNIL, considère désormais que cette autorité constitue un tribunal au sens de l'article 6-1 de la Convention EDH [7].

Mais cette position de refus du caractère juridictionnel de ces organes, outre qu'elle a été critiquée [8], est critiquable en ce sens qu'elle ne recouvre pas la réalité de l'*activité* de ces organes ; leur refuser le caractère juridictionnel en tant qu'organe de régulation ne résout pas la question de la nature juridictionnelle ou non de leur activité [9]. Pour certaines d'entre elles, qui, en droit positif, ne sont pas des

1. CEDH 21 févr. 1984, arrêt *Özturk c/ Allemagne*, série A, vol. 73 ; *Clunet* 1986, 1052, obs. P. Rolland et P. Tavernier (à propos d'infractions au Code de la route).

2. V. P. Arnaud, *Les commissions administratives à caractère juridictionnel*, thèse Paris, 1938. J. Mabileau, *De la distinction des actes d'administration active et des actes administratifs juridictionnels*, thèse Paris, 1943. V. aussi S. Guinchard *et alii*, *Droit processuel. Droit commun et droit comparé du procès équitable*, n° 280, a-3.

3. CE, Ass., 12 déc. 1953, *AJDA* 1954, p. 138 note de Soto ; *RPDA* 1954, p. 3, concl. Chardeau.

4. Déc. 86-224 DC, 23 janv. 1987, *D.* 1988. 117, note Luchaire ; *JCP* 1988. II. 20854, note Sestier ; *RJC* I, 303. V. aussi, Paris, 8 sept. 1998, *D.* 1998. IR. 228 : *La décision du Conseil de la concurrence, même si elle a le caractère d'une punition, est une décision administrative non juridictionnelle.*

5. Déc. 89-260 DC, 28 juill. 1989, *RJC* I, 365 ; *RFDA* 1989. 671 n° 3, chron. B. Genevois.

6. Déc. 89-248 DC, point 36 ; commentaires B. Genevois, *RFDA* 1989 p. 215 et R. C. Rouault, *JCP* 1994. II. 22350.

7. CE, ord. 19 févr. 2008, n° 311974.

8. A. Lamassoure, *rapport Ass. Nat.* n° 573, Annexe, 18 déc. 1986 ; J. Thyraud, *rapport Sénat*, séance 19 déc. 1986, Annexe ; C. Gavalda et C. Lucas De Leyssac, *D.* 1986. Chron. 187 ; R. Martin, *JCP* 1990. I. 3469 ; G. Bolard, *JCP* E 1993, suppl. n° 5, p. 42.

9. La qualification de leur activité a des conséquences juridiques importantes, ainsi en matière de responsabilité lorsque ces autorités ont la personnalité morale, V. CE, avis, 8 sept. 2005 : leur personnalité implique qu'elles supportent les conséquences des actions ou indemnités dirigées contre elles et les missions qui leur sont confiées ne relèvent pas juridictions au regard du droit interne [1], les décisions qu'elles prennent qu'on voie en elles des actes juridictionnels [2] ou des actes administratifs [3] entrent dans le champ d'application de l'article 6-1 Conv. EDH. La raison en est l'autonomie de la notion d'« accusation en matière pénale » au sens de la Convention européenne des droits de l'homme retenue par la Cour de Strasbourg [4], de façon indépendante par rapport à la qualification, en droit interne, de décision administrative ou juridictionnelle de la sanction prononcée. La jurisprudence du Conseil d'État a rejoint celle de la Cour de cassation pour suivre la position de la Cour européenne des droits de l'homme avec l'arrêt du Conseil d'État, *Didier* [5] de 1999. Ce rapprochement des autorités de régulation et des juridictions est manifeste, notamment pour l'Autorité des marchés financiers et l'ex-Conseil de la concurrence, qui se juridictionnalisent, disent le droit et créent une véritable jurisprudence de droit processuel économique [6].

c) Ces autorités sont singulières à plus d'un titre

1) Les plus importantes d'entre elles, Conseil de la concurrence et Autorité des marchés financiers, sont l'illustration parfaite d'une atteinte à la séparation des pouvoirs telle que la concevait Montesquieu [7] :

- *elles « légifèrent »* par les règlements qu'elles édictent dans leur domaine de compétence ; l'État leur a, en quelque sorte, délégué pouvoir de créer la norme, avec l'accord du Conseil constitutionnel [8].

de l'exercice d'une fonction juridictionnelle (cf. *infra*, n° 66, note : la jurisprudence *Popin*, qui met la responsabilité à la charge de l'État, lorsqu'il y a activité juridictionnelle, la justice étant « rendue de façon indivisible au nom de l'État »).

1. V., pour la Commission de contrôle des assurances, CE 12 avr. 1995, *Sté PME Assurances*, *D.* 1996. Somm. 188, obs. J.-Cl. Berr ; CE 28 oct. 2002, M. Laurent *AJDA* 2002. 1494, note D. Costa. Pour l'Autorité des marchés financiers (Commission des sanctions), CE 4 févr. 2005, *D.* 2005. AJ. 717, obs. A. Lienhard.

2. S. Guinchard, F. Ferrand et C. Chainais, *Procédure civile*, n°s 200 s. ; I. Delicostopoulos, *Le procès civil à l'épreuve du droit processuel européen*, thèse Paris 2, LGDJ, coll. « Biblio. dr. privé », t. 401, 2003, préf. S. Guinchard. E. Putman, *Contentieux économique*, PUF, 1998, p. 167 et 173. — R. Poesy, *Aspects procéduraux du droit français des pratiques anticoncurrentielles : étude des rapports entre le juge judiciaire et le Conseil de la concurrence*, thèse (dactyl.) Nice, janv. 2000, spéc. n°s 69 s.

3. V., pour le Conseil de la concurrence, la décision du Conseil constitutionnel n° 86-224 DC, 23 janv. 1987, considérant 21, in *Grandes décisions*, 15e éd., 2009, n° 32. P. Quilichini, « Réguler n'est pas juger », *AJDA* 2004. 1060.

4. V. l'arrêt *Engel et autres c/ Pays-Bas*, 8 juin 1976.

5. CE, Sect., 3 déc. 1999, chron. gén. jur. *in AJDA* 2000. 120, arrêt rendu à propos de l'ex-Conseil des marchés financiers auquel a succédé l'Autorité des marchés financiers ; à propos de l'AMF précisément, le CE a jugé (27 oct. 2006, *AJDA* 2006. 2037) que son conseil de discipline et sa commission des sanctions doivent être regardés comme décidant du bien-fondé d'accusations en matière pénale, lorsqu'ils sont saisis d'agissements pouvant donner lieu à sanction, bien qu'ils ne soient pas des juridictions du point de vue du droit interne.

6. M.-A. Frison-Roche, *Justices*, 1995-1, 91, C. Delicostopoulos, *L'encadrement processuel des autorités de marché en droit français et communautaire*, thèse Paris 2, *op. cit.*, LGDJ, coll. Biblio. dr. privé, t. 364, 2002, préf. S. Guinchard.

7. F. Terré, « La COB, la confusion des pouvoirs », *La vie judiciaire*, 7 août 1989. Des critiques commencent à apparaître dans la presse générale, *Le Monde*, 1er févr. 2005, p. 19 ; 8 févr. 2005, p. 18 (à propos de la procédure suivie). D. Chagnollaud, « La sanction administrative et le juge constitutionnel : Montesquieu malgré tout ? », *in Justice et cassation*, revue des avocats aux Conseils, Dalloz, 2005, p. 26.

8. C. Teitgen-Colly, « Les instances de régulation et la Constitution », *RD publ.* 1990, 153.

- *elles assurent la « police » de leur secteur de compétence*, se conduisant comme le gendarme des opérateurs de leur champ d'activité ;
- *Elles jugent*, sur la base des règlements qu'elles ont elles-mêmes édictés, et qu'elles vont donc interpréter, ce qui n'est pas le moindre de leur paradoxe ; et dans cette fonction de juger, nouvelle confusion des pouvoirs : elles enquêtent, poursuivent et jugent [1].
- *Enfin, elles font œuvre de doctrine* par les avis et recommandations qu'elles émettent, par les rapports qu'elles rédigent.

2) Leur juridictionnalisation va entraîner une conséquence sans doute non envisagée par les autorités qui les ont mises en place : leur attraction par la Convention européenne des droits de l'homme par le biais de la notion de « matière pénale » [2]. La dépénalisation voulue par le législateur français conduit à une repénalisation par la jurisprudence de la Cour européenne, sur le seul fondement de l'article 6, § 1. Le droit processuel économique qui se crée est un droit processuel européen [3] !

3) Au fond, ces autorités illustrent un phénomène venu des USA, celui d'agences de régulation des grands secteurs économiques, agences qui traduisent la séparation du pouvoir économique et du pouvoir politique ; ce dernier intervient dans les relations économiques, mais avec la libéralisation des échanges et la mondialisation de l'économie de marché, l'État a confié à d'autres que les traditionnelles administrations rattachées à un ministère, le soin de réguler un secteur : ce sont ces autorités qui ont une mission de régulation économique et élaborent une politique « publique » (par ex. dans le secteur des télécommunications), mais sont indépendantes des pouvoirs publics (par le statut de leurs membres) [4].

1. Numéro spéc. *AJDA* oct. 2001, « Les sanctions administratives ». J. Lefebvre, « Le pouvoir de sanction, le maillage répressif », in *Le désordre des autorités administratives indépendantes*, PUF, 2002, p. 111.

2. Cette interprétation extensive, protectrice des droits des citoyens, de la notion de matière pénale est également, il convient de le souligner, celle du Conseil constitutionnel, qui a développé toute une jurisprudence à partir de sa décision 82-155, DC du 30 décembre 1982 selon laquelle une règle en l'espèce de non-rétroactivité applicable à la matière des peines « s'étend nécessairement à toute sanction ayant le caractère d'une punition, même si le législateur a cru devoir laisser le soin de la prononcer à une autorité de nature non judiciaire ».

3. Sur ce phénomène et le partage du pouvoir de répression entre le juge judiciaire et ces autorités, A. Guinchard, *Les enjeux du pouvoir de répression en matière pénale - Du modèle judiciaire à l'attraction d'un système unitaire,* thèse Lyon III, LGDJ, coll. Biblio. sc. crim., t. 38, 2003, préf. Y. Mayaud. S. Guinchard *et alii*, *Droit processuel. Droit commun et droit comparé du procès équitable*, n° 101.

4. Sur cette indépendance à l'égard du pouvoir exécutif et des intérêts privés, v. J. et O. Douvreleur, in *Mélanges J. Robert*, LGDJ, 1998, p. 323.

§ 4. Conclusion

66 ***La justice, manifestation de la souveraineté indivisible de l'État*** ◊ Les développements ultérieurs (Partie 2) feront apparaître la très grande diversité des composants de l'ensemble que l'on a qualifié de « tribunaux publics » dans ce qui précède. À côté des grandes catégories de juridictions étatiques qui représentent en quelque sorte l'ossature de notre système de justice comme les tribunaux d'instance ou de grande instance, les tribunaux administratifs, les cours d'appel judiciaires et administratives, la Cour de cassation, le Conseil d'État, existe une grande variété de juridictions spécialisées fonctionnant dans un cadre juridique qui n'est pas celui de l'État. Tel est le cas, par exemple, des juridictions dites « ordinales », c'est-à-dire exerçant leurs attributions dans le cadre d'une profession réglementée afin d'en assurer la discipline en prononçant éventuellement des sanctions, comme le Conseil de l'Ordre des avocats pour les membres du barreau, ou des juridictions universitaires représentées par le Conseil d'administration d'une Université siégeant en formation disciplinaire pour sanctionner un enseignant ; dans les deux cas, ces tribunaux spécialisés sont composés de membres de ces professions, siégeant pour la circonstance comme juridictions. Et l'on vient d'évoquer le cas des autorités administratives de régulation, dont la nature des décisions prête, on l'a vu, à controverse.

Bien que la fonction de rendre la justice ait été de tout temps considérée comme l'une des fonctions régaliennes par excellence de l'État [1], on peut ainsi se demander si cette fonction ne lui a pas en partie échappé pour se diluer dans le réseau extrêmement ramifié de toutes ces juridictions qui, pour publiques qu'elles soient qualifiées, n'en fonctionnent pas moins dans une sphère juridique autre que celle de l'État, auquel elles ne sont pas organiquement rattachées [2]. Par exemple, quand la formation disciplinaire d'une Université qui est une personne morale distincte de l'État prend une décision de sanction, s'agit-il encore de la justice de l'État, ou est-ce la justice de l'Université ? La question n'a pas qu'une importance de principe, elle emporte aussi (cf. *infra* La réparation de l'erreur : la responsabilité du juge et de l'État) des conséquences pratiques : si la décision est fautive, la responsabilité engagée est-elle celle de l'État, ou celle de l'Université ?

La question s'est trouvée posée, après l'arrêt *Darmont* (v. *infra*, n° 240), devant le Conseil d'État à propos d'une sanction disciplinaire prononcée par la section disciplinaire d'un Conseil d'Université [3] et

1. Cf. Jean Bodin, *Les six livres de la République*, 1576.

2. Elles demeurent toutes *fonctionnellement* rattachées à l'État, par les voies de recours ouvertes contre leurs décisions qui conduisent finalement soit à la Cour de cassation, soit au Conseil d'État.

3. CE, Sect., 27 févr. 2004, *Mme Popin*, *AJDA* 2004, chron. gén. jur., F. Donnat et D. Casas, p. 653. On pourrait s'étonner de la formule de l'arrêt selon laquelle la justice est rendue « au nom de l'État » alors que, appliquant le principe selon lequel « La souveraineté

considérée comme fautive par son destinataire ; la Haute Juridiction a appliqué le principe selon lequel la responsabilité engagée par une décision de toute nature dépend non de l'identité de son auteur, mais de la qualité en laquelle il agit, jurisprudence classique par exemple pour le maire, qui agit tantôt au nom de la commune, tantôt au nom de l'État. Dans un considérant de principe le Conseil d'État a énoncé que « la justice est rendue de façon indivisible au nom de l'État », dont la responsabilité est ainsi engagée « alors même que la loi a conféré à des instances relevant d'autres personnes morales compétence pour connaître, en premier ressort ou en appel, de certains litiges » [1].

Le principe est ainsi fermement affirmé que l'État, même quand il délègue à des institutions relevant d'autres personnes morales l'exercice d'une fraction de son pouvoir de rendre la justice, en conserve la substance ainsi que la possibilité de contrôler cet exercice.

appartient au peuple français » (Constitution, art. 3), et pour ne citer qu'eux, l'article 454 CPC dispose que « le jugement est rendu au nom du peuple français », de même que l'article L. 2 CJA énonce que « Les jugements sont rendus au nom du peuple français », principe applicable aux décisions du Conseil d'État, des cours administratives d'appel et des tribunaux administratifs (art. L. 1 *ibid.*). L'explication tient sans doute au fait que le Conseil d'État devait trancher une question concrète et non de théorie juridique : à quelle personne publique (État ou Université) imputer l'éventuelle responsabilité ? Pour répondre, il devait décider au nom de laquelle de ces deux personnes la décision avait été rendue.

1. Formule qui rappelle implicitement, mais énergiquement par sa précision, que fut-ce seulement par la voie du recours en cassation toutes décisions rendues par des juridictions publiques non organiquement rattachées à l'État ont vocation à être contrôlées par des juridictions de celui-ci, qui conserve ainsi sur la justice publique une sorte de « domaine éminent ». Cette jurisprudence - dont le jugement du TA de Basse Terre, 24 avr. 2005 (*AJDA* 2005. 1641, concl. D. Taoumi) donne une illustration - est corroborée, *a contrario*, par l'avis du CE 8 sept. 2005 (v. *supra*, n° 65).

TITRE 2

LA JUSTICE DANS SON ENVIRONNEMENT EUROPÉEN ET INSTITUTIONNEL FRANÇAIS

67 ***Plan*** ◊ Le service public de la justice a longtemps été organisé, en France, de façon à peu près discrétionnaire par l'État.

Actuellement, il n'en est plus de même en raison des engagements internationaux contraignants souscrits par la France en Europe, comme on le constatera en examinant l'encadrement européen du service public de la justice (Chapitre 1).

Il n'en demeure pas moins qu'aujourd'hui encore la place de ce dernier est déterminée essentiellement par référence au principe fondamental de la séparation des pouvoirs (Chapitre 2).

On est ainsi logiquement conduit à exposer ensuite, les principes généraux qui président au fonctionnement du service public de la justice y compris par un développement consacré à l'analyse de la situation du justiciable en présence de son juge (Chapitre 3).

Nous verrons donc successivement :

Chapitre 1 : La justice dans son environnement européen.

Chapitre 2 : La justice dans la conception française de la séparation des pouvoirs.

Chapitre 3 : La justice dans la conception française du service public.

CHAPITRE 1
LA JUSTICE DANS SON ENVIRONNEMENT EUROPÉEN

68 ***Importance de cet environnement*** ◊ Pendant très longtemps, le système juridictionnel français, comme celui de tous les autres États, a été un système clos. Le principe de souveraineté permettait aux Pouvoirs publics d'aménager à leur gré, dans le cadre constitutionnel, l'organisation des juridictions, d'en régler les compétences et les procédures, de les doter de plus ou moins de moyens en personnel et en équipements. Sans doute un mauvais fonctionnement du service public de la justice était-il, au plan des principes, de nature à engager la responsabilité de l'État, mais l'application qu'en faisaient les juridictions n'avait rien de dissuasif pour celui-ci.

La situation, dans la décennie 1950-1960, a commencé d'évoluer sous l'influence de deux séries de traités internationaux signés et ratifiés par la France, les traités des Communautés européennes, et surtout, la Convention européenne de sauvegarde des droits de l'homme et des libertés fondamentales [1], qui fonctionne dans le cadre d'une autre grande Organisation européenne qui est le Conseil de l'Europe. Ces deux catégories de Traités ont en commun l'existence, pour chacune, d'une juridiction internationale dotée de pouvoirs effectifs, destinée à assurer le respect de leurs dispositions qui, il faut le rappeler, ont un effet direct (*i.e.* peuvent être invoquées devant les tribunaux par les justiciables) et ont une force supralégislative. Le développement de leur jurisprudence, qui non seulement a concrétisé la force obligatoire des textes signés par les pays membres mais qui a étendu le champ des obligations de ceux-ci en développant toutes les virtualités des dispositions applicables, a conduit à l'existence aujourd'hui d'une série de contraintes qui pèsent sur la France et sur les autres États membres. Elles représentent actuellement, pour ces États de droit, autant de « standards » juridiques européens qui constituent le fonds commun de leurs systèmes juridictionnels par-delà leurs diversités nationales. Même si l'opinion en a encore peu conscience, la liberté du Parlement dans l'aménagement de la structure et du fonctionnement des juridic-

1. Communément dénommée : Convention européenne des droits de l'homme (Conv. EDH).

tions est limitée par le respect de ces règles communes que les États ont accepté d'observer en signant les traités qui les contiennent [1].

L'ampleur, et l'importance pour les justiciables, des garanties que la Convention européenne des droits de l'homme et le Traité de la Communauté européenne énoncent ou induisent en matière d'organisation et de fonctionnement des juridictions sont unanimement reconnues. La notion de procès équitable a accédé au rang de modèle universel du procès [2]. Deux observations doivent cependant être formulées :

– Les apports du droit européen de la Convention EDH et de la jurisprudence de la cour du même nom, ainsi que du droit communautaire quand le procès entre dans son domaine, ne doivent pas conduire à penser qu'avant leur développement le système français de la justice ignorait les exigences d'un procès équitable avec ses principes, par exemple, d'indépendance et d'impartialité des juridictions. Le Conseil constitutionnel (v. *supra*, n° 21), la Cour de cassation et le Conseil d'État ont toujours veillé, dans la limite de leurs pouvoirs, à ce qu'ils soient respectés. Le Conseil d'État, en particulier, avait admis par une interprétation si hardie d'un texte qu'elle allait contre sa lettre la possibilité d'un recours en cassation contre la décision d'un « jury d'honneur » créé après la Libération par une loi disposant pourtant que cette décision n'était « susceptible d'aucun recours » [3] ; de même, et toujours pour garantir les droits des justiciables, il avait admis la recevabilité du recours pour excès de pouvoir dans une hypothèse où la loi elle-même décidait que la mesure administrative en cause ne pouvait « faire l'objet d'aucun recours administratif ou judiciaire » [4], et ceci, avant que l'article 13 de la Convention ne vienne proclamer le droit à un recours effectif pour toute personne dont les droits et libertés reconnus par elle ont été violés. On pourrait ajouter que la nécessaire impartialité de la juridiction administrative a été affirmée par le Conseil d'État en tant que principe de droit national [5] avant qu'il ne se réfère à la Conv. EDH, qui a joué un rôle important à la fois en amenant les juridictions françaises à aller bien au-delà de leur jurisprudence antérieure pour s'aligner sur les prises de position de la Cour de Strasbourg mais aussi, du point de vue de la technique juridique, en leur permettant d'écarter des textes législatifs grâce au contrôle de conventionnalité de la loi. Les mêmes principes se retrouvant souvent dans le droit de la Conv. EDH et dans le droit interne spontanément apparu [6], le juge peut ainsi choisir ses armes en fonction des besoins [7].

1. Cela peut aussi provoquer quelques incertitudes, A. Decocq, « Le désordre juridique français », in *Mélanges J. Foyer*, PUF, 1997, p. 147.
2. V. S. Guinchard *et alii*, *Droit processuel. Droit commun et droit comparé du procès équitable*, 5e éd., Dalloz, 2009.
3. CE, Ass., 7 févr. 1947, *d'Aillières*, *GAJA*, 17e éd., 2009, n° 69.
4. CE, Ass., 17 févr. 1950, *Ministre de l'Agriculture c/ dame Lamotte*, v. *GAJA*, 17e éd., 2009, n° 62.
5. CE, Sect., 2 mars 1973, *Delle Arbousset*, *RD publ.* 1973. 1066, concl. Braibant.
6. V. un exemple très net en matière de délai raisonnable de jugement dans les arrêts du Conseil d'État du 28 juin 2002, Ass., *M. Magiera*, *AJDA* 2002. 596, chron. F. Donnat et D. Casas, qui se fonde à la fois sur la Convention européenne des droits de l'homme et sur « les principes généraux qui gouvernent le fonctionnement des juridictions administratives », et du 22 janvier 2007, *M. Forzy*, *AJDA* 2007. 1036, concl. R. Keller, qui ne vise que ces principes généraux.
7. Par exemple, le juge administratif voulant appliquer le principe d'impartialité contre les dispositions d'une loi se réfèrera à l'article 6-1 Conv. EDH (contrôle de conventionnalité).

– La seconde remarque a trait à la difficulté, parfois, de tirer sur le champ en droit interne les conséquences de règles européennes, quand une juridiction nationale se trouve disqualifiée pour juger au regard de la Conv. EDH, et qu'elle est, en droit, la seule à être compétente pour connaître de l'affaire en cause [1].

L'ensemble des règles européennes (Conv. EDH) et communautaires affectant le droit processuel français ne peut être exposé ici dans son détail. Mais pour en suggérer la diversité, on présentera succinctement les principales obligations résultant, en matière d'organisation et de fonctionnement des juridictions, de l'existence du Droit communautaire (Section 1), de la Charte des droits fondamentaux de l'Union européenne (Section 2) et de la Convention européenne des droits de l'homme (Section 3). En pratique, cette jurisprudence européenne détermine et consolide l'effectivité de la protection juridictionnelle des particuliers [2].

SECTION 1. LES CONSÉQUENCES DU TRAITÉ INSTITUANT LA COMMUNAUTÉ EUROPÉENNE

Le Traité CE, bien que son objet soit principalement économique, emporte des effets contraignants dans le domaine de la justice, dans les cas où le juge français est appelé à mettre en œuvre le droit communautaire. Les principes d'effectivité et d'unité inhérents à ce droit exigent, selon une jurisprudence constante de la Cour de justice des Communautés européennes, qui s'impose à toutes les juridictions des États membres, que celles-ci respectent un certain nombre de règles communes qui l'emportent sur les règles de droit nationales et permettent ainsi d'assurer au droit communautaire « l'effet utile » consacré par la Cour de justice [3]. Le domaine des garanties qui vont être schéma-

Mais le moyen d'inconventionnalité ne pouvant être invoqué d'office (CE, Sect., 11 janv. 1991, *Sté Morgane, RFDA* 1991. 652, concl. Hagelsteen), si le requérant a omis de l'invoquer et si le texte national n'a pas valeur législative, le juge invoquera le principe (national) d'impartialité, moyen pouvant être relevé d'office ; v. CE 30 juill. 2003, *Mme Chatin-Tsai, AJDA* 2003. 2045. V. J. Normand, « La subsidiarité de la CEDH devant la Cour de cassation », in *Mélanges J. Buffet*, Petites affiches éd., 2004, p. 359.

1. Sur la difficulté à échapper à cette espèce d'aporie processuelle v. CE, Sect., 17 oct. 2003, *M. Dugoin*, chron. gén. jur., *AJDA* 2003. 2031. L'affaire concerne la Cour des comptes. Pour la Cour de discipline budgétaire et financière, v. CE 4 févr. 2005, *Procureur général près la Cour des comptes, ministère public près la Cour de discipline budgétaire et financière, AJDA* 2005. 1070, concl. N. Guyomar.

2. H. Labaye, *RFDA* 1992. 619 s.

3. Pour une présentation plus détaillée, v. G. Montagnier, « Droit communautaire et procédure civile », *Répertoire Dalloz de procédure civile* ; F. Grevisse et J.-C. Bonichot, « Les incidences du droit communautaire sur l'organisation et l'exercice de la fonction juridictionnelle dans les États membres », in *Mélanges J. Boulouis*, Dalloz, 1991, p. 297 ; A. Perrin, « Que reste-t-il de l'autonomie procédurale des États membres ? À propos de la décision de la CJCE du 18 juill. 2007, *Com. c. Allemagne* », *RD publ.* 2008. 1661.

tisées est, logiquement, circonscrit : encore faut-il, pour que les principes et les règles procéduraux du droit communautaire puissent être invoqués par le justiciable, que le litige comporte des éléments de droit communautaire [1]. Les procédures nationales ne relèvent ainsi du droit communautaire que de manière contingente et incidente.

69 ***Contenu*** ◊ Les juges nationaux représentent en quelque sorte « le bras séculier » du droit communautaire dans leurs États, dans la mesure où la Communauté n'ayant pas de juridictions propres dans ceux-ci le droit communautaire est appliqué dans le cadre d'un système d'administration indirecte [2]. Pour la Cour de justice des Communautés, « le soin d'assurer la protection juridique découlant, pour les justiciables, de l'effet direct des dispositions du droit communautaire » [3] est attribué au juge national, ce qui permet de parler d'un *office communautaire* du juge national, trouvant sa source générale dans l'article 10 du Traité de Communauté européenne qui pose un principe de coopération des États avec celle-ci. En l'absence de dispositions *ad hoc* dans le Traité, c'est la Cour de justice qui en détermine le contenu par sa jurisprudence ; deux principes majeurs se dégagent de celle-ci : le droit au juge et l'autonomie procédurale « conditionnée » [4].

1) Droit à un recours juridictionnel effectif

Ce principe, souvent dénommé « droit au juge » [5], est affirmé avec force par une jurisprudence constante de la Cour de justice. Inhérent à l'État de droit, principe qui postule que les droits et libertés reconnus - ici - par le Traité et par les actes des institutions communautaires requièrent, pour être effectifs, d'être garantis par un aménagement adéquat de l'organisation et du fonctionnement des tribunaux, il signifie que les États de la Communauté ont l'obliga-

On doit souligner que le principe général d'un « droit au juge » est inscrit depuis longtemps dans la jurisprudence du Conseil d'État. Dans l'arrêt *Bouguen* (CE, Ass., 2 avr. 1943, *D.* 1944.52, concl. Lagrange, note J. Donnedieu de Vabres) le commissaire du gouvernement affirmait le principe selon lequel « toute règle de droit doit être assortie d'une sanction et sa violation permettre à la victime de trouver un juge ». V. R. Vandermeeren, « Permanence et actualité du droit au juge », *AJDA* 2005. 1102.

1. CJCE, *Demirel*, aff. 12/86, *Rec.* 1987, p. 3719. CE 2 oct. 2006, *Krikérian, AJDA* 2007. 645, note A.-L. Debono.

2. O. Dubos, *Les juridictions nationales, juge communautaire - Contribution à l'étude des transformations de la fonction juridictionnelle dans les États membres de l'Union européenne*, Dalloz, 2001, préf. J.-Cl. Gautron.

3. CJCE, *Rewe*, affaire 33/76, *Rec.* 1976, p. 1989.

4. Une présentation plus large de l'incidence de la jurisprudence communautaire sur le juge national aurait à souligner son influence sur l'évolution d'autres principes procéduraux. Par exemple, l'admission par le Conseil d'État de la possibilité de limiter dans le temps la rétroactivité de ses arrêts d'annulation (CE, Ass., 11 mai 2004, *Association AC !*, chron. gén. jur., Cl. Landais et F. Lenica, *AJDA* 2004. 1183) a été encouragée par l'usage fait par le Cour de Luxembourg de son pouvoir de limiter la rétroactivité de ses arrêts d'annulation des règlements (Traité CE, art. 231).

5. J. Rideau (dir.), *Le droit au juge dans l'Union européenne*, Actes du Colloque de la CEDECE, Nice, 1997, LGDJ, 1999. R. Vandermeeren, « Permanence et actualité du droit au juge », préc. Dans la Charte des droits fondamentaux de l'Union européenne, à laquelle renvoie le traité de Lisbonne en cours de ratification, v. l'art. 47 (Droit à un recours effectif et à accéder à un tribunal impartial).

tion d'assurer la protection juridictionnelle, notamment, des droits et libertés économiques reconnus aux salariés et aux entreprises par le droit communautaire. Si l'exercice ne leur en est pas autorisé correctement par les autorités publiques, ou par des agents économiques privés, ils doivent pouvoir faire reconnaître et respecter leurs droits en justice. Dès lors que des droits sont conférés à des justiciables par un texte communautaire, les États doivent organiser une voie de droit juridictionnelle pour assurer la sauvegarde des droits qu'elle confère [1]. On retrouve ici, au plan du droit communautaire un principe fondamental énoncé à l'article 6-1 de la Convention européenne des droits de l'homme (v. *infra*).

2) Autonomie procédurale « conditionnée »

En l'absence d'une réglementation communautaire, la Cour de justice a consacré le principe de l'autonomie des États membres en matière :

- d'organisation du système juridictionnel et, corrélativement, de répartition des compétences entre les différents tribunaux [2] ;
- de réglementation des procédures (au sens large de ce terme) suivies devant chacun de ceux-ci, le droit communautaire n'ayant pas entendu créer, pour la mise en œuvre de ses dispositions, des voies de droit autres que celles établies par le droit national [3]. Relèvent par exemple de celui-ci les problèmes de délais de procédure, de charge de la preuve.

Cependant, pour que soit assurée l'effectivité du droit au juge, dans le respect des obligations nées du droit communautaire, cette autonomie est limitée par un certain nombre de conditions posées par la jurisprudence de la Cour :

- la législation ne pourrait pas, évidemment, opérer une discrimination dans l'accès au juge entre justiciables nationaux et justiciables d'autres États membres, par exemple en subordonnant pour ceux-ci l'accès au juge au dépôt d'une caution garantissant l'exécution du jugement (ex. : caution *judicatum solvi*, d'ailleurs supprimée depuis longtemps : CJCE, S. *Austin Saldanta,* aff. 122/96, R. 1998) ;
- elle doit assurer l'égalité avec les procédures de droit interne similaires : l'application du droit communautaire ne peut se réaliser dans des conditions plus désavantageuses que celles prévues pour le droit national dans un litige analogue. Par exemple, en matière de remboursement de taxes ou impôts illégaux, le délai de prescription ne pourrait être abrégé en cas d'invalidité par rapport au droit communautaire [4] ;
- elle ne pourrait - même si un traitement aussi rigoureux était infligé aux justiciables nationaux - rendre pratiquement impossible, ou excessivement difficile, l'exercice des droits conférés par le droit communautaire [5] ; en particulier, il ne serait pas possible, après un arrêt de la Cour de justice constatant l'invalidité d'un impôt au regard du droit communautaire, de modifier les règles de prescription de l'action en répétition pour empêcher des contribuables d'en demander le remboursement [6] ;
- elle doit enfin - pour ne pas multiplier les exemples - assurer aux justiciables invoquant le droit communautaire pour protéger leurs droits une « pro-

1. V., par exemple, CJCE, *Ariete*, aff. 811/79, *Rec.* 1980, p. 2545 ; *Oleificio Borelli SPA*, aff. 97/91, *Rec.* 1992, p. 6313.
2. CJCE, *Soc. Salgoil*, aff. 13/68, *Rec.* 1968, p. 661.
3. *Ibid.*, *Rewe*, aff. 18/80, *Rec.* 1981, p. 1805.
4. *Ibid.*, *Deville*, aff. 240/87, *Rec.* 1988, p. 3513.
5. *Ibid.*, *Rewe*, aff. 33/76, préc. ; *Comet*, aff. 45/76, *Rec.* 1976, p. 2043.
6. *Ibid.*, *Deville*, préc.

tection juridictionnelle provisoire », ce qui signifie pour la Cour de justice qu'une juridiction nationale doit user de la primauté de ce droit pour accorder au plaideur, pendant la durée de l'instance, le sursis à exécution d'un texte national contraire, même lorsque le droit national ne permettrait pas de l'accorder [1]. Le principe est d'ailleurs de mise en œuvre difficile lorsque le droit national ne comporte pas de texte que le juge pourrait écarter, mais présente un état de vacuité, c'est-à-dire n'a pas prévu l'existence même d'un sursis à exécution, ce qui obligerait le juge à accorder sans texte celui-ci.

70 ***Sources juridiques*** ◊ Le fondement du droit au juge réside, d'après les arrêts, dans plusieurs sources [2] :

1) Textes particuliers

Par exemple, l'article 6 de la directive 76/207 sur l'égalité du traitement des hommes et des femmes en matière d'emploi dispose que « Les États membres introduisent dans leur ordre juridique interne les mesures nécessaires pour permettre à toute personne qui s'estime lésée par la non-application (de l'égalité du traitement) de faire valoir ses droits par la voie juridictionnelle... ». La Cour de Justice des Communautés a déduit de cette disposition que, non seulement chaque État de la Communauté devait ménager la possibilité de saisir une juridiction à tout travailleur prétendant avoir été privé de cette égalité de traitement, mais qu'il devait « faire en sorte que les droits ainsi conférés *puissent être effectivement invoqués* devant les tribunaux nationaux par les personnes concernées ». Or, en l'espèce, la législation britannique prévoyait qu'un certificat délivré par un ministre valait, devant les tribunaux, preuve irréfragable que tel salarié se trouvait dans l'une des situations exceptionnelles où la directive pouvait être écartée. Dans ces conditions, le juge saisi ne disposait d'aucune possibilité de s'assurer qu'il en était bien ainsi. La Cour de Justice des Communautés, à laquelle ce juge avait posé une *question préjudicielle d'interprétation* du droit communautaire [3], a considéré que ce système, qui paralysait le contrôle du juge, était incompatible avec le principe d'un contrôle juridictionnel effectif [4] ; dès lors, le juge national n'avait pas à se considérer comme lié par ce certificat ministériel – ce qui ne pouvait que conduire à sa disparition.

De même, la directive « recours », n° 89-665, 21 décembre 1989, oblige les États, en matière de passation de certains marchés publics, à mettre en place des recours efficaces et rapides, ménageant la possibilité de saisir une juridiction. Un autre exemple, important par ses conséquences potentielles sur les juridictions ordinales françaises, est donné par l'arrêt relatif à l'application de la directive n° 98/5, du 16 février 1998, tendant à faciliter l'exercice permanent de la profession d'avocat dans un État membre autre que celui où l'on a acquis la qualification juridique. Son article 9, relatif au contentieux des refus d'inscription et aux sanctions disciplinaires, dispose que *« ces décisions sont susceptibles d'un recours juridictionnel de droit interne ». Dans un arrêt du 19 sep-*

1. *Ibid.*, *Factortame*, aff. 218/89, *Rec.* 1990, p. 2433.
2. V. S. Guinchard *et alii*, *Droit processuel. Droit commun et droit comparé du procès équitable*, n°s 231 et s.
3. Sur cette procédure essentielle du droit communautaire, v. nos 159-4.
4. CJCE, affaire 222/84, *Marguerite Johnston*, *Rec.* 1986, p. 1651 ; Arrêt reproduit *in* L. Dubouis et Cl. Gueydan, *Les grands textes du droit de l'Union européenne*, t. 1, Dalloz, 7e éd., 2005, p. 517.

tembre 2006, la Cour de justice a jugé que, pour garantir « une protection effective » des droits des avocats en cause, les instances nationales connaissant des recours en cause devaient correspondre à la notion communautaire de juridiction, et respecter notamment la condition d'impartialité, condition non remplie si la juridiction de premier degré est « un organe composé exclusivement d'avocats exerçant sous le titre professionnel de l'État membre d'accueil et, en appel, (...) un organe composé majoritairement de tels avocats, alors que le pourvoi en cassation (...) ne permet un contrôle juridictionnel qu'en droit et non en fait ». [1]

Ainsi, les autorités nationales doivent veiller, dans des situations semblables, à ce que les règles de saisine des tribunaux, mais aussi les règles de preuve, soient compatibles avec les obligations communautaires dont l'État est tenu.

2) Dispositions générales du Traité CE

L'article 10 du Traité CE (ex-art. 5) énonce ce que la doctrine juridique a dénommé le « principe de coopération communautaire » en disposant que « les États membres prennent toutes mesures générales ou particulières propres à assurer l'exécution des obligations découlant du présent traité ou résultant des actes des institutions de la Communauté (...) [2]. La généralité de ses dispositions a pu faire penser à l'origine qu'il ne s'agissait là que d'un article introductif sans portée juridique précise, mais la jurisprudence de la Cour de Justice a vu en lui une disposition ayant pleine portée juridique, dont elle tire des conséquences étendues. Il lui a permis, dans les cas (les plus nombreux), où des textes communautaires ne comportent pas d'obligations semblables à celle posée par l'article 6 de la directive précitée, de disposer d'un fondement textuel pour asseoir de façon générale l'obligation pour les États membres d'assurer aux justiciables le droit à un recours juridictionnel effectif pour faire respecter les droits qu'ils tiennent des règles communautaires. Pour la Cour de justice, l'article 10 CE emporte notamment comme conséquence qu'il appartient à chaque État membre d'assurer, dans son droit interne, la protection juridictionnelle découlant pour les justiciables de l'effet direct du droit communautaire [3] – c'est-à-dire de la possibilité de l'invoquer devant les juges nationaux comme on le ferait du droit interne.

3) Principes généraux du droit communautaire

Encore que la motivation de l'arrêt *Johnston*, précité, ait mis en avant le fondement textuel du droit au juge que permettait l'article 6 de la directive invoquée, la Cour de justice marquait avec netteté que le recours juridictionnel effectif reposait, plus profondément, sur une autre assise juridique [4].

L'arrêt *Heylens* (*Rec.*, 1987, p. 4097), postérieur, a permis à la Cour de Justice de l'expliciter dans les termes les plus nets. Elle a jugé que l'article 39, ex-48 du Traité CEE, relatif à la libre circulation des salariés entre États membres, crée un droit fondamental : le libre accès à l'emploi ; l'exigence de l'ouverture par les États d'un recours juridictionnel assurant aux intéressés l'effectivité de ce droit « constitue un principe général de droit communautaire » qui, selon la Cour, « découle des traditions constitutionnelles communes aux États mem-

1. CJCE 19 sept. 2006, *Wilson*, affaire C-506/04.
2. V. par ex. les affaires 71/76, *Thieffy*, *Rec.* 1977, p. 765, et 222/86, dite affaire *Heylens*, *Rec.* 1987, p. 4097 ; L. Dubouis et Cl. Gueydan, *op. cit.*, p. 519.
3. Sur cette notion, v. n° 287.
4. V. par ex. les formules utilisées à dessein par la Cour : ce contrôle « est *l'expression d'un principe* général de droit » (point 18 de l'arrêt) ; « le *principe* d'un contrôle juridictionnel effectif *consacré* par l'article 6 de la directive ».

bres » et qui, ainsi qu'on va le voir ci-après, « a trouvé sa consécration dans les articles 6 et 13 de la Convention européenne des droits de l'homme ».

Souhaitant consolider l'œuvre jurisprudentielle de la Cour, les rédacteurs des traités ont prévu, depuis celui de Maastricht, que l'Union respecte les droits fondamentaux, tels qu'ils sont garantis par la Convention européenne des droits de l'homme et tels qu'ils résultent des traditions constitutionnelles communes aux États membres, en tant que principes généraux du droit communautaire [1].

71 ***Sanction des obligations étatiques*** ◊ Compte tenu de la primauté du droit communautaire sur le droit national, les deux principes du droit au juge et de l'absence de discrimination par rapport aux justiciables d'autres États membres lient le législateur national. Comme les autres règles du droit communautaire, leur sanction est double :

– *au plan individuel,* chaque justiciable peut, devant la juridiction connaissant d'une affaire où il est partie, mettre en œuvre la primauté du droit communautaire en faisant écarter la règle de procédure nationale contraire à celui-ci, au besoin après que le juge français aura fait préciser par la Cour de justice des Communautés la portée exacte de la règle communautaire [2] et ses implications (CJCE, 19 juin 1990, *Factortame*, aff. 213/89, *Rec.* p. 2433) [3].

En outre, la violation manifeste du droit communautaire par une juridiction de dernier ressort (Cour, Conseil d'État) engagerait la responsabilité de l'État (CJCE, 30 sept. 2003, *Köbler*, aff. 224/01, *Rec.* p. 10239).

– *au plan des institutions communautaires*, la Commission pourrait saisir la Cour de justice d'un recours en constatation du manquement [4] de la France à ses obligations communautaires (CJCE, 9 déc. 2003, *Commission c/Italie*, aff. 129/00, *Rec.* p. 14637). La force obligatoire de l'arrêt obligerait les Pouvoirs publics à opérer une mise en conformité des règles de procédure avec le droit communautaire.

SECTION 2. LA CHARTE DES DROITS FONDAMENTAUX DE L'UNION EUROPÉENNE

72 ***Dispositions sur la Justice*** ◊ Adoptée à Nice lors du sommet des 15 États membres de l'Union européenne, la Charte des droits fondamen-

1. Actuel art. 6-2 TUE. En vertu du traité de Lisbonne, l'art. 6-2 TUE nouveau prévoit l'adhésion de l'Union à la Convention ; l'art. 6-3 maintient la référence à la garantie des droits fondamentaux précités « en tant que principes généraux ».

Dans son arrêt *Conseil national des barreaux*, 10 avril 2008, le Conseil d'État (Section) rappelle l'article 6-2 TUE et estime qu'il lui appartient de rechercher si une directive communautaire est compatible avec les principes fondamentaux ainsi garantis et, le cas échéant, de saisir la Cour de justice des Communautés européennes d'une question préjudicielle. V. J. Boucher et B. Bourgeois-Machureau, « Chronique générale de jurisprudence administrative française », *AJDA* 2008. 1085.

2. V. le mécanisme procédural, *infra*, n° 295.

3. V. arrêt et note P. Le Mire, *AJDA* 1990. 832.

4. V. *infra*, n° 294.

taux de cette Union a été proclamée le 18 décembre 2000 [1], sans que lui soit reconnue une valeur juridique. Légèrement modifiée, elle a été intégrée, sous la forme d'une Partie II, dans le Traité établissant une Constitution pour l'Europe, rejeté par référendum en France et aux Pays-Bas en 2005, et conséquemment abandonné. À nouveau retouchée, elle n'apparaît plus dans la version du Traité sur l'Union européenne résultant du traité de Lisbonne en cours de ratification que sous la forme d'un renvoi, à l'article 6-1 TUE, qui stipule cependant qu'elle « a la même valeur juridique que les traités ».

Elle comprend un Titre 6 consacré à la Justice. L'article 47 consacre « le droit à un recours effectif et à accéder à un tribunal impartial » pour « toute personne dont les droits et libertés garantis par le droit de l'Union ont été violés ». L'alinéa 2 du même article reprend la garantie d'un procès équitable énoncée à l'article 6 § 1 de la Convention européenne des droits de l'homme (v. *infra*, Section 3) : droit à un tribunal indépendant et impartial, cause entendue équitablement, publiquement et dans un délai raisonnable. La Charte y ajoute le droit « de se faire conseiller, défendre et représenter » (al. 2 *in fine*) et le droit à l'aide juridictionnelle pour ceux dont les ressources seraient insuffisantes pour « assurer l'effectivité de l'accès à la justice » (al. 3).

Les articles suivants déclinent les garanties traditionnelles en matière pénale : présomption d'innocence et droits de la défense (art. 48) ; principes de légalité et de proportionnalité des délits et des peines (art. 49) ; droit à ne pas être jugé ou puni pénalement deux fois pour une même infraction (art. 50).

Norme de référence, elle bénéficiera quand elle sera en vigueur du dialogue entre le juge de Luxembourg et les juges nationaux, par le jeu du renvoi préjudiciel de l'article 234 du Traité CE, dialogue dont ne bénéficie pas la Convention européenne des droits de l'homme [2].

SECTION 3. LES CONSÉQUENCES DE LA CONVENTION EUROPÉENNE DES DROITS DE L'HOMME

73 ***Champ d'application*** ◊ L'aménagement et le fonctionnement du système juridictionnel national subissent, beaucoup plus largement que

1. N° 2000/C 634/01, 18 déc. 2000, *D.* 2001. 183. *Commentaires* : G. Braibant, *Dr. soc.*, janv. 2001, 69 ; Fl. Benoît-Rohmer, *D.* 2001. Chron. 1483. Texte actuel in *JOUE*, 2007/C 303/01. Il est à souligner que les dispositions de la Charte ont une portée limitée par son article 51 : elles ne s'imposent qu'aux institutions de l'Union européenne, et qu'aux États membres mettant en œuvre le droit de l'Union. V. n° 73.

2. Le risque de conflits « frictionnels » pouvant naître de l'application à une même espèce de normes contenues à la fois dans la Conv. EDH et dans la Charte est prévenu par l'article 52 de celle-ci, qui dispose que lorsque la Charte contient des droits correspondant à ceux déjà garantis par la Conv. EDH, ce qui sera le cas général, « leur sens et leur portée sont les mêmes que ceux que leur confère ladite convention ».

celle du droit communautaire, l'emprise des dispositions de la Convention européenne des droits de l'homme tout au moins jusqu'à l'adoption de la Charte des droits fondamentaux de l'Union européenne qui reprend la substance de la Convention. Plusieurs raisons expliquent cette situation :

- *Le champ d'application des prescriptions de la Convention est tout d'abord* beaucoup plus large que celui des impératifs communautaires qui viennent d'être exposés ; alors que ces derniers ne limitent la liberté d'aménagement des juridictions et des procédures que dans les cas où des règles de droit communautaire sont applicables au litige [1], les impératifs posés par la Convention sont d'application générale dès lors que des juridictions des deux ordres, administratif ou judiciaire, ont à statuer, selon son article 6 interprété extensivement par la Cour européenne des droits de l'homme, sur toute contestation relative à des droits et obligations de caractère civil ou sur toute accusation en matière pénale [2].

- *Par ailleurs,* les obligations posées par la Convention sont plus nombreuses [3], et leur contenu a été largement développé par la jurisprudence « constructive » (entendez extensive) - de la Cour européenne au-delà de leur sens obvie [4].

- *Enfin,* les occasions pour les justiciables de faire constater par cette Cour l'incompatibilité de certaines règles procédurales françaises avec les obligations édictées par la Convention ont été multipliées avec la reconnaissance par la France, en octobre 1981, du droit pour les justiciables, en application de l'article 2 du texte, de saisir eux-mêmes la Commission européenne des droits de l'homme, alors organe de filtrage des recours, et d'engager ainsi personnellement la procédure pouvant conduire à la saisine de la Cour ou du Comité des ministres du

1. Cette limitation du champ des garanties apportées par le droit communautaire résulte de la jurisprudence de la Cour de justice (CJCE 30 sept. 1987, *Demirel*, aff. 12/86, *Rec. CJCE*, p. 3719). Elle est explicitement affirmée par l'article 51 de la Charte des droits fondamentaux. Ainsi, quand un litige ne met pas en cause le droit communautaire, seule la Conv. EDH peut être invoquée.

2. V. S. Guinchard, « Le procès équitable, droit fondamental ? », *AJDA* n° spéc. juill.-août 1998, p. 191 ; « Le procès équitable, garantie formelle ou droit substantiel ? », in *Mélanges G. Farjat*, éd. Frison-Roche, 1999, p. 139 ; « L'influence de la Convention européenne des droits de l'homme et de la jurisprudence européenne sur la procédure civile », *LPA* 12 avr. 1999 ; *Gaz. Pal.* 31 août 1999 ; *L'application de la Convention européenne par le juge judiciaire*, colloque de l'Institut Alain Poher sur le XXVe anniversaire de la ratification de la Convention européenne par la France, 3 mai 1999, Sénat ; *Europe*, oct. 1999, no H. S., p. 15 ; « *Les métamorphoses de la procédure à l'aube du III*e millénaire », Clefs pour le siècle, Paris 2, Dalloz, mai 2000 et, version abrégée, *Revue Justices*, 1999-1, p. 91 *(Vers une démocratie procédurale)*.

3. Encore que certaines obligations, nées de la Convention, recouvrent des obligations de droit communautaire, comme le droit à un recours juridictionnel effectif et qu'avec l'entrée en vigueur du Traité de Lisbonne, les différences puissent s'estomper.

4. J.-Cl. Soyer, « La loi nationale et la CEDH », in *Mélanges J. Foyer*, PUF, 1997, p. 125, spéc. p. 137.

Conseil de l'Europe [1]. Le droit de saisine directe concerne aujourd'hui la Cour elle-même.

Sans entrer dans le détail des nombreuses exigences de la Convention [2], on en schématisera le contenu et la sanction, à travers quelques exemples tirés de la jurisprudence de la Cour.

74 ***Contenu*** ◊ La liste des contraintes pesant sur les Pouvoirs publics du fait de la Convention est d'autant plus étoffée que la Cour européenne des droits de l'homme, pour étendre les garanties bénéficiant aux justiciables des États signataires de la Convention, a considéré très tôt que les droits que la Convention a pour but de protéger ne sont pas « théoriques ou illusoires, mais concrets et effectifs », et qu'elle est ainsi en droit de dégager à la charge des États des *obligations positives* inhérentes selon la Cour aux droits abstraitement proclamés [3]. Sur certains de ces points, comme sur l'obligation de publicité [4] (en l'espèce devant les juges financiers et les juridictions disciplinaires) ou sur la notion de « droits et obligations de caractère civil » (art. 6-1, Convention) qui détermine le champ d'application de ces obligations, la France a été exposée à la censure de la Cour européenne [5].

1) Principes d'organisation juridictionnelle

Ils sont contenus dans les articles 5 et 6 de la Convention qui ont donné lieu à une jurisprudence abondante, européenne et nationale ; la jurisprudence de la Cour européenne vivifie celle du Conseil d'État, ce qui conduit à un véritable « dialogue des juges » [6] dans le cadre duquel le contrôle du juge français « s'est enrichi au contact de la jurisprudence de la Cour européenne des droits de l'homme ».

a) Droit au juge [7]. Tout différend doit pouvoir être porté, en cas de contestation sur des « droits et obligations de caractère civil » [8], devant un « tribunal

1. V. le mécanisme procédural de sanction de la Convention, *infra*, n° 285.

2. Pour une présentation détaillée, v. S. Guinchard *et alii, Droit processuel. Droit commun et droit comparé du procès équitable*, Dalloz, 5ᵉ éd., 2009.

3. Affaire *Airey*, 9 oct. 1979, point 24.

4. Affaire *Serre c/France*, 14 sept. 1999 (vétérinaire condamné par la Chambre régionale du Conseil de l'ordre et par l'instance d'appel, l'une et l'autre siégeant à huis clos ; pourvoi en cassation non admis par le Conseil d'État).

5. V. la bibliographie citée en note, *supra*, n° 72. Sur la large inclusion des juridictions financières dans la jurisprudence sur l'art. 6, Conv. EDH, v. M. Lascombe et X. Vandendriesche, *Rev. Trésor*, mai 2004, 307. *Adde, Les nouveaux développements du procès équitable au regard de la CEDH,* colloque université R. Schuman de Strasbourg et Cour de cassation, 22 mars 1996, Bruylant, 1996. *MégaCode de procédure civile*, commenté par S. Guinchard, ss. art. 6, Conv. EDH. V. des exemples *infra*, no 285.

6. Selon la formule de F. Donnat et D. Casas, « Chronique à propos des arrêts du Conseil d'État du 6 décembre 2002 », *AJDA* 2003. 492 dont est extraite la citation. L'expression, très utilisée, comporte souvent une dimension euphémique, lorsque le « dialogue » est à sens unique et passe au-dessus des juges. Ainsi en est-il quand la Cour déclare, le 10 juillet 2008, que le procureur de la République français n'est pas une autorité judiciaire, faute d'indépendance (aff. *Medvedyev c. France*) ; v. ci-après.

7. L. Milano, *Le droit à un tribunal au sens de la Convention EDH,* Dalloz, 2006, préf. F. Sudre.

8. Ce caractère étant très largement entendu par la Cour. Cependant, tenant peut-être compte de certaines réserves émises à l'encontre d'un élargissement excessif de la notion, qui

indépendant et impartial »[1] « établi par la loi ». Il doit en aller ainsi même pour un détenu[2]. Selon une jurisprudence bien assise de la Cour européenne, « seul mérite l'appellation de « tribunal » au sens de l'article 6 paragraphe 1, un organe jouissant de la plénitude de juridiction[3] et répondant à une série d'exigences telles que l'indépendance à l'égard de l'exécutif comme des parties en cause »[4]. Cette exigence d'une « plénitude de juridiction » se réfère à l'étendue des pouvoirs du juge, qui ne doivent pas être limités à l'examen de certains aspects de l'affaire ou au prononcé de certaines décisions (par ex. : seulement annuler l'acte ou rejeter le recours) ; elle n'est pas sans retentir, en contentieux administratif, sur la place respective à réserver au recours pour excès de pouvoir et au recours de pleine juridiction.

Il est à souligner que, dans la jurisprudence de la Cour, le « droit au juge » n'implique pas seulement le droit d'accès effectif[5] à celui-ci, mais aussi le droit d'obtenir l'exécution de la décision qui sera rendue (v. *infra*, n° 244).

Cette obligation née de l'article 6-1 de la Convention est à rapprocher de celle énoncée à l'article 5 en vue de garantir les libertés individuelles, selon laquelle toute personne arrêtée « doit être *aussitôt* traduite devant un juge », qui s'assurera de la régularité de son arrestation et de sa détention. En matière pénale, il appartient à ce tribunal de juger du bien-fondé de toute accusation.

Ce droit au juge en matière de droits et obligations de caractère civil, et en matière pénale, posé par la Convention complète ainsi le « droit au recours » à l'encontre des actes de l'administration affirmé au plan interne par la jurisprudence du Conseil constitutionnel[6].

b) L'impartialité du tribunal peut notamment être mise en doute si, dans sa composition, un même magistrat peut, par exemple, en droit national, ordonner le maintien en détention provisoire, puis le renvoi en jugement, et ensuite présider le tribunal correctionnel qui jugera l'inculpé[7]. La Cour a jugé que

aurait vidé de sa portée la limitation de compétence de la Cour européenne déterminée par cette qualification, la Cour souligne que, « un contentieux n'acquiert pas une nature « civile » du seul fait qu'il soulève aussi une question d'ordre économique » : affaire J.-P. *Pierre-Bloch c/France*, 21 oct. 1997, *RFDA* 1998. 1005, obs. P. Jan (à propos d'un ordre de versement d'une somme lié à un dépassement des frais de campagne d'un candidat lors d'une élection législative).

1. V. pour le cas (en Suède) du refus de délivrance de licences de taxi n'ouvrant aucune possibilité de recours, l'affaire *Axelsson et autres c/Suède, Comité des ministres*, Résolution DH (90) 16 du 11 juin 1990 ; pour le même État, pour l'absence de recours devant un tribunal pour contester des restrictions du droit de visite d'un parent à son enfant placé dans un foyer d'accueil, v. l'affaire *Eriksson*, 22 juin 1989 et la résolution du même comité, DH (91) 14 du 6 juin 1991.

2. Affaire *Golder*, arrêt du 21 févr. 1975.

3. Affaire *Albert et Le Compte c/Belgique*, arrêt du 10 févr. 1983.

4. Affaire *Beaumartin c/France*, 24 nov. 1994, point 38. Rappr. aff. *Pudas*, 27 oct. 1987.

5. Pour le CE, il existe un lien entre aide juridictionnelle et droit à un recours effectif, CE 6 avr. 2006, *AJDA* 2006. 1463, position qui rejoint celle de la CEDH (15 févr. 2005, *H. Steel et D. Morris*).

6. V. not. Cons. const. 13 août 1993, 19 nov. 1993, 25 janv. 1994. R. Vandermeeren, « Permanence et actualité du droit à un juge », *AJDA* 2005. 1102

7. Affaire *Ben Yaacoub c/Belgique*, arrêt du 27 nov. 1987 ; la violation de la Convention peut être moins évidente : affaire *Hauschildt*, arrêt du 29 avr. 1989. V. aussi l'affaire *De Cubber*, arrêt du 26 oct. 1984, dans laquelle un même magistrat belge avait successivement exercé dans la même affaire les fonctions de juge d'instruction et de juge de premier ressort. Viole pour le même motif l'art. 6-1 Conv. EDH la composition d'une Cour d'appel ayant rejeté une demande de réduction de pension alimentaire et dans laquelle siégeait un magistrat ayant,

violait l'exigence d'impartialité objective du tribunal le fait que, en raison de la coexistence dans une même juridiction de fonctions consultatives et juridictionnelles, quatre des cinq membres d'une formation de jugement aient auparavant siégé dans la formation consultative ayant rédigé, à la demande du Gouvernement, un projet de loi validant en cours d'instance le décret qui était attaqué [1]. Il en va de même si un procureur suisse de district a exercé dans la même affaire des fonctions d'instruction et de poursuite [2], ou si la Cour des Comptes a pris parti, dans son rapport public annuel, sur une irrégularité dont elle a eu à connaître ensuite dans son activité juridictionnelle [3]. Le droit d'auto-saisine d'une juridiction pose également des problèmes délicats, dans la mesure où cette auto-saisine peut donner à croire au justiciable que le tribunal est déjà influencé dans un sens défavorable à son égard [4].

Il en va de même, au regard du principe d'impartialité objective, de la présence dans certaines conditions de fonctionnaires dans des juridictions spécialisées [5]. V. aussi *infra* n° 515 et n° 745 en note et n° 754 sur le cumul de fonctions administratives et juridictionnelles. Il y existe ainsi une impartialité structurelle de la juridiction, à côté de l'impartialité personnelle du juge. Une partie au procès ne doit pas avoir de doute raisonnable sur l'impartialité de son juge ; selon la formule du Lord Chief Justice Hewart, *« justice must not only be done, but should manifestly and undoubtedbly be seen to be done »* [6].

c) L'indépendance du tribunal n'est pas suffisamment garantie, en cas de tribunal comprenant des membres de l'Administration jugeant à propos de droits et obligations à caractère civil, si l'un de ses membres jouant un rôle important (en l'espèce, celui du rapporteur) est un subordonné de l'agent public qui à la fois avait saisi le tribunal et représentait devant celui-ci le gouvernement du Land autrichien intéressé [7]. De même, une juridiction ne serait pas « indépendante » au sens de la Convention EDH si, dans certaines affaires, elle avait à demander au Gouvernement la réponse à une question se posant

au pénal, porté la même appréciation sur le comportement du défendeur : Civ. 1re, 29 sept. 2004, *Juris-Data* n° 2004-024852.

1. Affaire Procola, 28 sept. 1995, concernant le Comité du contentieux du Conseil d'État belge.

2. Affaire *Huber*, arrêt du 23 oct. 1990 ; affaire *Pauwels*, 26 mai 1988 (Belgique). Dans son appréciation, la Cour prend en compte la possibilité effective d'une récusation : Affaire *H. c/Belgique*, arrêt du 30 nov. 1987.

3. CE, Ass., 23 févr. 2000, *Labor Métal, AJDA* 2000. 404, chron. R. Guyomar et P. Collin.

4. CE, Sect., 20 oct. 2000, *Soc. Habib Bank Limited, AJDA* 2000. 1071, chron. R. Guyomar et P. Collin, *ibid.* p. 1001.

5. V. CE, Ass., 6 déc. 2002, *M. Trognon* ; Sect., 6 déc. 2002, *M. Aïn-Lhout, AJDA* 2003. 492, chron. F. Donnat et D. Casas. Pour la Cour de Strasbourg, la présence de fonctionnaires dans la composition d'une juridiction n'est pas en soi constitutive d'un défaut d'« impartialité objective » de celle-ci : cf. affaire *Sramek*, ci-dessous ; mais le même arrêt exige que leur indépendance soit effective et apparente pour le justiciable. Principes appliqués par le Conseil d'État dans l'affaire *Bournigal*, 13 janv. 2003, *AJDA* 2003. 1012, avec la note M. Ghebailii-Bailly. En droit du travail, la Cour recherche si l'« équilibre des intérêts que reflète la composition du tribunal du travail a été rompu au point de compromettre l'impartialité de cette juridiction » : arrêt du 26 oct. 2004, *Kurt Kellermann AB c/Suède* ; comparer : 22 juin 1989, *Langborger c/Suède*. La distinction entre impartialité subjective et objective est bien marquée dans CEDH, 29 juill. 2004, *San Leonard Band Club c/ Italie.*

6. R.V. Sussex Justice, ex parte Mac Carthy, 1924.

7. Affaire *Sramek*, arrêt du 22 oct. 1984. Ce tribunal devait apprécier si l'acquisition d'un terrain au Tyrol par l'intéressée, américaine, faisait courir un risque de domination foncière étrangère dans la commune.

dans un litige tout en étant liée par la réponse que celui-ci lui donnerait [1]. Mais on aborde là le fonctionnement de la juridiction.

2) Principes de fonctionnement des juridictions

Pour se limiter à ses aspects principaux en ce domaine, on retiendra que la Convention édicte à la charge des États, qui doivent en assurer le respect dans leur législation, trois catégories d'obligations minimales (articles 5 et 6) :

a) Respect des droits de la défense : l'accès à un tribunal doit s'entendre au sens d'un *accès efficace* au prétoire du juge, c'est-à-dire dans des conditions permettant au justiciable de défendre utilement sa cause. Dans l'affaire *Airey*, précitée, la Cour européenne des droits de l'homme a considéré que si la loi irlandaise permet de saisir la High Court sans avocat, les chances de gagner le procès sont dans ces conditions pratiquement nulles : l'absence d'un système d'aide juridique ne permet pas de considérer que le droit au juge ait été reconnu effectivement à l'intéressé. Toute personne arrêtée doit être « aussitôt traduite devant un juge » : un délai (légal en droit interne) de quinze jours ne répondrait pas à cette exigence [2]. En matière pénale, le justiciable étranger doit pouvoir suivre les débats dans une langue qu'il comprend (article 6-3-c), ce qui ouvre droit éventuellement à l'assistance gratuite d'un interprète ; si la législation interne prévoit que l'intervention de celui-ci est mise à la charge du condamné, il y a violation de la Convention [3].

Une série de conséquences importantes est attachée à l'exigence d'une *procédure équitable* (« toute personne a droit à ce que sa cause soit entendue équitablement, publiquement et dans un délai raisonnable »... : art. 6-1 Convention) [4]. La Cour attache notamment une importance particulière au respect du caractère contradictoire de la procédure ; celui-ci ne serait pas respecté si, par exemple, le ministère public pouvait transmettre, avant jugement,

1. Selon une jurisprudence remontant à 1823 (CE 23 juill. 1823, *Comtesse Murat, Rec.* p. 545), le Conseil d'État considérait qu'il ne pouvait interpréter lui-même les conventions internationales, mais qu'il devait demander l'interprétation du ministre des Affaires étrangères et qu'il était lié par les termes de celle-ci. Dans l'*affaire Beaumartin c/France*, 24 nov. 1994, la Cour européenne a considéré que cette pratique ne permettait pas, dans une telle hypothèse, de voir dans la juridiction administrative en cause un tribunal répondant à l'exigence d'« indépendance à l'égard de l'exécutif comme des parties en cause », et qu'ainsi la France avait méconnu l'article 6-1 de la Convention. Entre la saisine de la Commission européenne des droits de l'homme et l'arrêt de la Cour, le Conseil d'État avait d'ailleurs procédé de lui-même à un revirement de sa jurisprudence et affirmé qu'il lui appartenait d'interpréter les conventions internationales (CE, Ass., 29 juin 1990, *GISTI, AJDA* 1990. 621, concl. R. Abraham). Dans le même sens la Cour a jugé contraire à l'art. 6-1 Conv. EDH la jurisprudence par laquelle le Conseil d'État s'obligeait à suivre l'avis du ministre des affaires étrangères sur la réalisation de la condition de réciprocité exigée par l'article 55 de la Constitution pour l'application en France des traités internationaux : affaire *Chevrol c/ France*, 13 févr. 2003 *RDJA* 2003, p. 1984, note T. Rambaud. Sur cette affaire v. H. Moutouh, « Le "référé diplomatique" sur la sellette », *D.* 2003 p. 931. Pour l'absence de publicité de la séance d'une juridiction disciplinaire, v. l'affaire *Diennet c/France*, 26 sept. 1995.

2. Affaire *Mc Goff*, arrêt du 26 oct. 1984.

3. Affaires (nées en Allemagne) *Luedicke, Belkacem, Koç*, arrêt de la Cour du 28 nov. 1978, et *öztürk*, arrêt du 21 févr. 1984.

4. V., à propos du champ d'application du procès équitable, les aff. récentes *Vilho Eskelinen c/Finlande*, 19 avr. 2007, *RFDA* 2007. 1031 (en matière de fonction publique), et *O'Halloran c./Royaume Uni*, 29 juin 2007 (en matière de poursuites pour excès de vitesse contre des requérants refusant de révéler l'identité du conducteur).

V. aussi CE 12 déc. 2007, *M. S.*, *AJDA* 2008. 932, note E. Tsalpatouros (en matière de sanctions disciplinaires à l'encontre d'un magistrat).

à la juridiction, des observations non communiquées à la défense et à laquelle celle-ci ne pourrait ainsi répondre [1], si les conclusions qu'il présente à l'audience ne pouvaient pas faire l'objet de réponse de la part du justiciable [2], ou s'il pouvait participer au délibéré, ce qui lui donnerait « fut-ce en apparence, une occasion supplémentaire d'appuyer ses conclusions en chambre du conseil, à l'abri de la contradiction » [3]. La Cour développe même une conception mathématique du contradictoire, fondée sur un équilibre « apparent » des armes entre les justiciables [4].

b) Respect d'un « délai raisonnable » pour le jugement des affaires (article 5-3 en matière pénale, article 6-1 en matière de droits civils). Cette obligation a été à l'origine d'un contentieux abondant devant la Cour, en raison de l'encombrement, et parfois de l'inertie, de beaucoup de juridictions nationales. En l'absence d'une complexité particulière des affaires et de retards imputables principalement aux justiciables, n'ont pas respecté l'obligation du délai raisonnable des procédures durant :

- en matière pénale, douze ans [5], neuf ans et demi [6], huit ans et se terminant par un non-lieu devant le même juge [7], voire six ans [8] ;
- en matière de droits civils, vingt-sept ans - dont dix-sept seulement ont été retenus pour des raisons liées à la prise d'effet de la Convention en Italie [9] - six ans devant un tribunal administratif en premier ressort, devant lequel la procédure était encore pendante [10], plus de dix ans mais avec un appel [11], plus de six ans devant un juge administratif pour seulement constater que la créance était prescrite [12], onze ans et demi pour une procédure civile devant la Cour des comptes italienne [13]. La Cour peut évidemment conclure à l'absence

1. Affaire *Bulut c/Autriche*, 22 févr. 1996. Affaire *JJ c/Pays-Bas*, 27 mars 1998, *Rev. jur. fisc.* 10/1998 p. 813 ; devant les juridictions administratives les parties peuvent répondre aux conclusions du commissaire du Gouvernement (v. depuis 2005 l'art. 731-5 CJA), position approuvée par la Cour EDH (v. arrêt *Kress*, ci-dessous).

2. Affaire *Vermeulen c/Belgique*, 20 févr. 1996 ; aff. *Lobo Machado c/Portugal*, même date.

3. Affaire *Vermeulen et Lobo Machado*, préc. Le Conseil d'État admet la participation du rapporteur au délibéré : CE, Sect., 3 déc. 1999 (2 arrêts), *Didier*, *AJDA* 2000. 172, *Leriche*, *ibidem* p. 174. La France a été condamnée de ce chef, CEDH, 7 juin 2001, *Kress c/ France*, *JCP* 2001. II. 10578, note Sudre ; *AJDA* 2001. 675, note Rolin ; *Mme et Mr Theraube c/ France*, 10 oct. 2002, *Rev. dr. fisc.*, 2003, no 5, p. 211. V. L. Sermet, *Convention européenne des droits de l'homme et contentieux administratif français*, Économica, 1996 ; Colloque « La contradiction en droit public français et l'article 6-1 de la Convention européenne des droits de l'homme », Lyon, IEA, 19 mai 2000, *RFDA* 2001, nos 1 et 2. P. Cassia et E. Saulnier, « Le Conseil d'État et la Convention européenne des droits de l'homme », *AJDA* 1997, spéc. p. 418 et s. Sur ce que l'on peut considérer comme « une conception absolutiste du principe de l'égalité des armes », v. les observations de J.-F. Flauss, *AJDA* 1996, spéc. p. 1013 et s. Un contentieux nourri en a résulté avec la France, à propos de la position du commissaire du gouvernement dans le contentieux administratif, v. *infra*, n° 872 et s.

4. V. G. Gonzalez, « Chronique de jurisprudence de la Cour européenne des droits de l'homme », *RD publ.* 2008. 952 (à propos notamment de l'aff. *Asnar c./France*, 18 oct. 2007).

5. Affaire *Triggiani*, arrêt du 19 févr. 1991.

6. Affaire *Ficara*, arrêt du 19 févr. 1991.

7. Affaire *Angelucci*, arrêt du 19 févr. 1991.

8. Affaire *Mori*, arrêt du 19 févr. 1991.

9. Affaire *Brigandi*, arrêt du 19 févr. 1991. Rappr. *Silva Pontes c/Portugal* (onze ans), arrêt du 23 mars 1994.

10. Affaire *Baraona*, arrêt du 8 juill. 1987.

11. Affaire *Capuano*, arrêt du 25 juin 1987.

12. Affaire *Neves e Silva*, arrêt du 27 avr. 1989.

13. Affaire *Francesco Lombardo c/Italie*, arrêt du 26 nov. 1992.

de violation de la Convention si la durée excessive de la procédure (quinze ans en l'espèce) s'explique par les procédés dilatoires des plaideurs eux-mêmes [1].

Toutes ces affaires concernent des juridictions étrangères ; mais le fonctionnement du service public français de la justice a lui aussi été jugé par la Cour comme violant l'exigence d'un « délai raisonnable ». Notamment, en matière pénale, dans deux décisions du 26 avril 1990 et du 30 novembre 1990 [2] – dans cette dernière affaire, une procédure pénale comportant un appel et deux pourvois en cassation avait duré huit ans et sept mois. La juridiction administrative a donné lieu de son côté à la constatation d'une violation du délai raisonnable en mettant sept ans pour rejeter définitivement une demande d'indemnité [3]. Le fait que dans une affaire des juridictions de l'ordre judiciaire et de l'ordre administratif aient à intervenir, ralentissant ainsi la procédure, correspond à un aménagement du système juridictionnel décidé par l'État et ne peut exonérer celui-ci de la constatation d'une violation de la Convention dans le cas d'une procédure qui s'est étendue sur onze ans et huit mois – dont huit années ne peuvent être imputées au comportement du justiciable [4]. La Cour européenne apprécie d'ailleurs la durée de l'instance *in concreto*, en tenant compte non seulement du comportement du requérant qui a pu user de manœuvres dilatoires, mais aussi de son état de santé qui peut imposer à la justice et à l'administration une célérité particulière, pouvant aller jusqu'à l'examen prioritaire du dossier [5].

c) Droit à obtenir l'exécution d'un jugement dans un délai raisonnable. Pour la Cour EDH, l'exécution des jugements dans un délai raisonnable fait partie du droit à un procès équitable et au recours effectif [6].

75 ***Sanction*** ◊ Il convient d'observer que, logiquement, le problème de la sanction par la Cour européenne des droits de l'homme d'une violation de la Convention ne devrait se poser que de façon exceptionnelle, dans la mesure où, primant les droits nationaux, la Convention devrait conduire le législateur à mettre spontanément son droit national en conformité avec elle, et où cette Convention ayant (notamment) en France un effet direct les justiciables peuvent l'invoquer devant les tribunaux pour faire écarter par ceux-ci les normes réglementaires et législatives qui lui seraient contraires. L'expérience montre que la réa-

1. Affaire *Ciricostz et Viola c/Italie*, arrêt du 4 déc. 1995.

2. Dans cette dernière affaire, le Comité des ministres est intervenu sans que la Cour soit saisie.

3. Arrêt du 24 oct. 1989, commenté par O. Dugrip et F. Sudre, *RFDA*, 1990, p. 204. On relève à la fois que les instances de la Convention européenne des droits de l'homme ont mis à peu près autant de temps pour aboutir à l'arrêt à partir de leur saisine, et que si les quatre ans mis par le Tribunal administratif de Strasbourg ont été jugés excessifs, les trois ans requis par le Conseil d'État n'ont pas été considérés comme abusifs. Rappr. l'affaire *Beaumartin*, préc. (procédure ayant dépassé huit ans).

4. Affaire *Allenet de Ribemont c/France*, arrêt du 10 févr. 1995 (affaire de l'assassinat, en 1976, de l'ancien ministre de l'Intérieur M. Jean de Broglie ; M. de Ribemont avait finalement bénéficié d'un non-lieu).

5. Cette position de la Cour européenne a été très nette dans les arrêts qu'elle a rendus contre la France dans les affaires dites du sang contaminé, l'espérance de vie des requérants, atteints du Sida, apparaissant très limitée. V. par ex., les affaires *B. c/France*, 25 mars 1992, et *Vallée c/France*, 26 av. 1994.

6. CEDH, 19 mars 1997, *Hornsby c/Grèce*.

lité est encore assez éloignée de cette vue idéale, ce qui pose le problème de la sanction de la Conv. EDH par la Cour européenne des droits de l'homme.

a) Les injonctions de la Cour. En droit strict, l'arrêt constatant la violation d'un principe consacré par la Convention des droits de l'homme n'a qu'une autorité relative de chose jugée, restreinte à l'espèce. [1] Le Comité des ministres du Conseil de l'Europe est informé des arrêts et il en surveille l'exécution (art. 46-2 Conv. EDH) ; il a d'ailleurs adopté, le 10 janvier 2001, un ensemble de règles en vue de l'application de cette disposition. L'État est tenu, quand faire se peut, de supprimer les effets de la violation constatée. La Cour n'hésite pas, aujourd'hui, à adresser dans certains cas des injonctions directes ou indirectes aux États [2]. Souvent, ce ne sera pas possible directement, notamment quand la transgression consiste dans la durée excessive d'une instance : le temps écoulé ne peut pas être effacé ; il en va de même si la Cour constate qu'une décision, par exemple, a été rendue en violation des règles de la procédure équitable : l'arrêt étant définitif ne peut plus faire l'objet d'une voie de recours en droit interne [3].

b) La satisfaction équitable. Dans le cas où le droit interne « ne permet qu'imparfaitement d'effacer les conséquences de cette décision ou de cette mesure, la décision de la Cour accorde, s'il y a lieu, à la partie lésée une satisfaction équitable » (art. 50, Convention). Cette satisfaction peut être représentée par la seule constatation de la violation ; mais le plus souvent elle prend la forme de l'octroi d'une indemnité, parfois importante [4], à la charge de l'État.

1. « Les Hautes Parties contractantes s'engagent à se conformer aux arrêts définitifs de la Cour dans les litiges auxquelles elles sont parties » : art. 46-1 Conv. EDH. E. Lambert, *Les effets des arrêts de la Cour EDH - Contribution à une approche pluraliste du droit européen des droits de l'homme*, Bruylant, 1999. - J.-P. Marguénaud (dir.), *CEDH et Droit privé*, Doc. fr., janv. 2001, spéc. p. 11-73 (L'autorité interprétative des arrêts de la CEDH).

2. V. des exemples dans la chronique d'actualité de la Convention européenne des droits de l'homme (févr.-juill. 2004), J.-F. Flauss, *AJDA* 2004, spéc. p. 1812-1813. Injonction indirecte résultant de la jurisprudence de la Cour selon laquelle il y aurait violation de l'art. 6 si les juges nationaux allouaient des indemnités nettement inférieures à celles accordées par la Cour dans des affaires similaires, CEDH, 19 oct. 2006, *Tomasir c/ Croatie*,v. *infra*, n° 285.

3. Dans l'*affaire Fahrat-Saïdi* - dossier pénal où la France avait été jugée n'avoir pas respecté les règles du procès équitable - les juges européens avaient dû reconnaître, dans leur arrêt du 20 septembre 1993, que « la Cour constate que la Convention ne lui donne pas compétence pour exiger de l'État français l'ouverture d'un nouveau procès ». En matière pénale, depuis 2000, l'article 626-1 CPP a rompu avec cette situation : v. ci-après. Dans un considérant de principe le Conseil d'État a souligné dans l'arrêt *Chevrol* du 11 févr. 2004 qu'il ne résulte ni des stipulations de la Conv. EDH ni du droit interne « que la décision par laquelle la Cour européenne des droits de l'homme a condamné la France puisse avoir pour effet de rouvrir la procédure juridictionnelle qui a été close par la décision du Conseil d'État du 9 avril 1999 » — à l'issue de laquelle la requérante avait saisi la Cour de Strasbourg ; v. l'arrêt et la chronique de F. Donnat et D. Cases, *AJDA* 2004. 439 ; en l'espèce, comme le remarquent les annotateurs, la requérante pouvait d'ailleurs se contenter de présenter une nouvelle demande à l'Administration pour tenter d'obtenir l'inscription à l'Ordre des médecins.

4. Par ex., dans l'*affaire Vallée c/France*, préc., le requérant a obtenu 200 000 F (étant observé que le Fonds d'indemnisation des transfusés contaminés lui avait déjà versé 1,3 million F) ; dans une *affaire Bellet c/France*, de même nature, la Cour a alloué une indemnité de 1 million F, s'ajoutant à une somme équivalente versée par ce Fonds. V. F. Rolin, « Le coût du retard à juger devant les juridictions administratives. L'arrêt qui valait un milliard d'euros », *AJDA* 2004. 2145.

c) La modification des législations nationales. Mais en fait – et c'est là, d'un point de vue général, la plus grande utilité des arrêts de la Cour – l'État choisit, pour ne pas risquer des mises en cause répétées, de s'attaquer aux causes de la violation qui lui a été reprochée. Ici se manifeste l'influence de la Convention européenne des droits de l'homme sur le législateur national. Soit celui-ci modifie ponctuellement sa législation contraire à la Convention ; il en existe de multiples exemples [1] ; la France, notamment, a introduit spontanément la publicité des audiences des juridictions financières, au moins dans les cas correspondant aux stipulations de la Convention [2]. Après la condamnation par la Cour de la présence du commissaire du gouvernement au délibéré, elle a modifié le Code de justice administrative (décr. n° 2006-964, 1er août 2006). En Italie, le nouveau Code pénal de 1989 a introduit une série de réformes de procédure destinées à mettre le droit italien en conformité avec la Convention et son interprétation par la Cour européenne [3]. De même, à la suite de l'arrêt *Eriksson* du 22 juin 1989, précité, la Suède a adopté en 1990 une loi ouvrant un recours contre les interdictions de visite (et d'autres mesures) devant un tribunal administratif. De leur côté, les juges nationaux adaptent leur jurisprudence à celle de la Cour européenne [4]. Soit l'État décide même de réviser l'ensemble de son organisation juridictionnelle, voire d'accroître sensiblement son effort budgétaire. Exemplaire est à cet égard la suite donnée par l'Espagne à l'arrêt de la Cour du 7 juillet 1989 dans l'affaire *Union Alimentaria Sanders SA*, qui avait conclu à la durée excessive d'une procédure civile que cette firme avait engagée. Avant même que l'arrêt ne fût rendu, et pour réduire les délais de jugement, une nouvelle loi d'organisation territoriale du système judiciaire avait réorganisé la compétence territoriale des juridictions, et décidé la création, entre 1989 et 1992, de 1 570 nouveaux postes dans celles-ci [5]. Après l'arrêt *Procola*, précité, la Belgique a révisé sa Constitution en juillet 1996 et elle a remplacé à compter du 1er janvier 1997 le Comité du Contentieux par deux juridictions nouvelles, le Tribunal administratif et la Cour administrative. Surtout, la condamnation de la France pour non-respect des droits de la défense dans l'affaire *Hakkar* (1997) a été à l'origine de l'innovation contenue dans l'article 626-1 CPP permettant de rouvrir une affaire clôturée par une

1. V. par ex. la loi belge du 13 mars 1985 instituant la publicité des audiences devant les Conseils de l'ordre des médecins et de l'ordre des pharmaciens, dont a pris acte le Comité des ministres du Conseil de l'Europe dans l'*affaire Houart c/Belgique* (Résolution DH (87) 10, du 25 sept. 1987). La pratique des juridictions peut anticiper les réformes législatives : après l'arrêt *Kress* condamnant la présence au délibéré, dans les juridictions administratives, du commissaire du gouvernement, celui-ci n'y a plus participé ; v. A. Bonnet, « La nouvelle partition (à écrire) du commissaire du gouvernement », *AJDA* 2003. 323.

2. V. l'affaire *Guisset c/France*, 9 mars 1998, et le rapport de G. Fiallon, « La procédure contradictoire et le juge financier », *in* Colloque *La contradiction en droit public français et l'article 6-1 de la Convention européenne des* droits *de l'homme*, préc. Rappr. les observations de J. Flauss, *AJDA* 1998, spéc. p. 991 et s. V. *infra*, n° 514. Pour un inventaire de toutes les réformes apportées aux juridictions financières du fait de la Conv. EDH, v. L. Sermet, « Juge des comptes et article 6 de la Convention européenne des droits de l'homme : vers une juridictionnalisation accrue ? », *RFDA*, 2003, p. 109. En fait, la pratique des juridictions financières va au-delà des exigences des textes.

3. V. le communiqué de presse de la Direction des droits de l'homme du Conseil de l'Europe DIR (92) 3.

4. V. par ex., *supra*, le revirement de jurisprudence du Conseil d'État dans son arrêt *GISTI*.

5. V. la Résolution du Comité des Ministres DH (90) 40 du 13 déc. 1990, mentionnant ces informations, ainsi que différents chiffres de progression des crédits en termes réels de 1982 à 1990.

décision pénale définitive de condamnation, lorsque la Cour a constaté une violation de la Convention ou de ses protocoles additionnels qui, par sa nature et sa gravité, entraîne pour le condamné un dommage auquel une indemnité ne pourrait mettre un terme [1] (v. *infra* n° 696). En fait, la portée pratique des arrêts de la Cour européenne dépasse l'espèce et l'État en cause. Ils représentent en effet une interprétation de la Convention européenne des droits de l'homme, qui est un traité international directement applicable dans les États signataires. De plus, pour prévenir une future condamnation par la Cour, les États ont intérêt, par avance, à mettre d'eux-mêmes leur droit national en conformité avec l'interprétation qu'en donne la Cour.

Ainsi se constitue, peu à peu, sous la pression conjuguée de la Convention et de la jurisprudence de la Cour, un fonds commun européen de règles d'organisation et de procédure juridictionnelles.

1. Disposition introduite par la loi n° 2000-516 du 15 juin 2000, art. 89. V. les ouvrages de Procédure pénale, spéc. S. Guinchard et J. Buisson, (Litec, 4e éd., oct. 2007). V. aussi S. Guinchard *et alii*, *Droit processuel. Droit commun et droit comparé du procès équitable*, n° 125. Un bilan d'activité de la Commission de réexamen d'une décision en suite d'un arrêt de la Cour européenne des droits de l'homme est dressé chaque année par la Cour de cassation dans son rapport annuel. – Fl. Massias, *RSC* 2001. 123. Une série d'autres exemples est donnée *infra*, n° 285, b.

CHAPITRE 2

LA JUSTICE DANS LA CONCEPTION FRANÇAISE DE LA SÉPARATION DES POUVOIRS

76 ***Plan*** ◊ Parmi les activités de l'État, la fonction de juger [1] pose des problèmes particuliers qui ne permettent pas de la réduire aux autres tâches exercées par la puissance publique. Les conséquences d'un jugement peuvent être extrêmement graves :

– pour les particuliers, qui peuvent en subir des atteintes étendues à leurs intérêts moraux ou patrimoniaux, voire irréversibles, sur leur honneur, leur liberté ou leur vie lorsqu'un État connaît encore la peine de mort ;

– pour l'Administration, dont le fonctionnement est inévitablement perturbé, fût-ce légitimement, quand certains de ses actes sont annulés en justice.

Surtout, depuis les XVIIe et XVIIIe siècles les penseurs politiques se sont attachés à définir la place que devraient occuper dans les institutions publiques les organes investis de la fonction juridictionnelle (Section 1). Depuis la Constitution de 1958 l'idée d'un pouvoir judiciaire – si tant est que celui-ci ait jamais réellement existé en tant que tel – s'est d'ailleurs atténuée dans celle d'une simple *autorité judiciaire* (Section 2) [2]. Mais des revendications récentes et des évolutions en

1. R. Colson, *La fonction de juger-Etude historique et positive*, PU Clermont-Ferrand/LGDJ/Fondation Varenne, vol. 29, 2006, avant-propos G. Canivet, préf. L. Cadiet.

2. ***Pour éclairer un sujet toujours d'actualité*** (v. *infra*, n°s 127 à 129, les idées émises pour alimenter le débat) on s'en tiendra ici aux articles (en renvoyant à la bibliographie générale en tête de ce précis pour les ouvrages et *infra*, n° 90 en note) : « La justice et l'État », *RPP*, juill. 1991, n° 954 ; « Justice et pouvoirs », *Justices*, 1996-3, présentation du thème par L. Cadiet et S. Guinchard, p. 1 à 12 ; B. Barret-Kriegel, « La République et le pouvoir judiciaire », *Rev. jur. des Barreaux*, févr.-juin 1999, Dalloz, p. 157 ; « Le principe de légitimité », in *Mélanges F. Terré*, 1999, p. 47 ; L. Karpik, « L'avancée de la justice menace-t-elle la République ? », Le Débat, mai-août 2000, p. 238 ; A. Decocq, « Savoir s'il est permis d'écrire, d'après Saint Simon, sur le pouvoir judiciaire ou soi-disant », in *Mélanges J.-Cl. Soyer*, LGDJ, 2000, p. 101.

Sur l'évolution de la justice depuis 20 ans, v. *Revue Justices,* 1999-1, nouvelle série, « Ce qui a changé dans la justice depuis 20 ans », et, en réponse à certaines idées émises, dans ce numéro, sur la place nouvelle du juge dans la société contemporaine, L. Cadiet, « L'hypothèse de l'américanisation de la justice française – Mythe et réalité », in « L'américanisation du droit », *Archives de philosophie du droit,* Dalloz, 2001, t. 45, spéc. II, B.

Sur la crainte (et la peur ?) de l'activisme judiciaire dans la mise en œuvre du concept de procès équitable, v. G. Timsit, « Une réflexion théorique sur le concept de procès équitable », *in* « Le procès équitable en droit processuel comparé », séminaire de l'École doctorale de droit comparé de Paris 1 et colloque de restitution, 28 mai 2001, édité en 2002, *Variations autour d'un droit commun*. – D. Salas, « La Justice entre les deux corps de la démocratie », *in* L'éthique cours conduisent à s'interroger sur l'affirmation d'un pouvoir judiciaire véritable au sein de l'organisation des pouvoirs en France (Section 3). C'est donc en trois mouvements, largement chronologiques, que nous décrirons le passage de la fonction juridictionnelle au pouvoir judiciaire, puis de celui-ci à une simple autorité, avant de revenir, peut-être, à un véritable pouvoir judiciaire.

SECTION 1. DE LA FONCTION JURIDICTIONNELLE AU POUVOIR JUDICIAIRE

77 ***Le principe de la séparation des pouvoirs*** ◊ Dans la doctrine libérale, la réflexion sur la place de la fonction juridictionnelle dans les institutions publiques a été conduite dans le cadre conceptuel de la *séparation des pouvoirs*. Dans la tradition constitutionnelle française, née de la Révolution de 1789, cette théorie s'est traduite par l'idée de l'existence d'un *pouvoir judiciaire* (§ 1). Mais, dans cette tradition, « pouvoir judiciaire » ne s'identifie pas au pouvoir de juger dans sa généralité, car ce dernier va être scindé entre deux catégories d'organes nettement distincts : la séparation des pouvoirs va déboucher sur la *dualité des ordres juridictionnels* (§ 2).

§ 1. La fonction juridictionnelle dans le cadre conceptuel de la séparation des pouvoirs

78 ***Évolution historique*** ◊ **a)** *Historiquement*, l'affirmation de la spécificité de la fonction de juger, face aux autres tâches de l'État, liée à celle qu'elle doit être confiée à un « pouvoir » particulier représenté par un corps de magistrats, se rattache à la réaction des penseurs politiques du XVIIe et du XVIIIe siècles contre l'absolutisme royal. Afin de limiter rationnellement celui-ci, ils ont entrepris de démontrer qu'il existe dans l'État un certain nombre de fonctions fondamentales, pour des raisons de principe et, surtout, pour une raison pratique : éviter que le souverain ne puisse abuser de ses pouvoirs au détriment des libertés de ses sujets. Pour cela, toutes les fonctions de l'État ne doivent pas

des juges, Entretiens d'Aguesseau, Limoges, 19-20 oct. 2000, PU Limoges, nov. 2001, p. 165. – E. Zoller, « La justice comme contre-pouvoir : regards croisés sur les pratiques américaine et française », *RID comp.* 2001-3, p. 559. – B. Mercadal, « La légitimité du juge », *RID comp.* 2002, 277. – A. Vauchez, « Justice et politique, quelques leçons tirées de la "parabole judiciaire" italienne », *Pouvoirs*, 2002-103, p. 93. – J. Krynen et J. Raibau (dir.), *La légitimité des juges*, Presses univ. Sc. sociales, Toulouse, 2004. – M. Troper, « Le pouvoir judiciaire et la démocratie », in *Mélanges G. Cohen-Jonathan*, Bruylant, 2004, vol. 2, p. 1571. – F. Hourquebie, *Sur l'émergence du contre-pouvoir juridictionnel sous la Ve République*, Bruylant, 2004, préf. Slobodan Milacic. – J. Cl. Soyer, « Justice nationale : d'une légitimité conquise à la souveraineté perdue », in *Mélanges J. Foyer*, Économica, 2007, p. 943. – G. Wiederkehr, « De la légitimité de la Justice », in *Mélanges J. Héron*, LGDJ, 2008, p. 485.

être concentrées auprès d'un seul organe : le roi, mais être réparties, distribuées entre des organes séparés.

1) Sans doute, *John Locke*, dans son *Essai sur le gouvernement civil* (1690) avait déjà jeté les fondements de la théorie de la séparation des pouvoirs, mais sa distinction tripartite entre des pouvoirs législatif, exécutif et « fédératif » [1] ne faisait pas de place particulière à la fonction juridictionnelle.

2) Celle-ci n'apparaît sous forme autonome qu'avec *Montesquieu* et son *Esprit des lois* (1748) dont le chapitre VI du livre XI contient le principe de la séparation des pouvoirs sous sa forme moderne. Ici encore, le point de départ n'est pas une analyse purement scientifique dégagée des contingences, mais une « recette » politique appelée par le souci de l'auteur d'apporter une limitation au pouvoir royal : « c'est une expérience éternelle que tout homme qui a du pouvoir est porté à en abuser ; il va jusqu'à ce qu'il trouve des limites ». Pour Montesquieu, celles-ci sont à rechercher dans la distribution des grandes fonctions de l'État entre plusieurs organes, alors que la théorie de l'absolutisme royal les concentrait entre les mains du souverain [2] ; selon la formule bien connue, il faut que « par la disposition des choses, le pouvoir arrête le pouvoir ». L'auteur de *l'Esprit des lois* - qui n'emploie pas expressément les termes de séparation des pouvoirs - écrit : « Il y a dans chaque État trois sortes de pouvoirs : la puissance législative, la puissance exécutrice des choses qui dépendent du droit des gens [3] et la puissance exécutrice de celles qui dépendent du droit civil » - cette dernière étant celle « qui punit les crimes ou juge les différends entre les particuliers ». Pour assurer la sûreté des sujets - des citoyens dirait-on aujourd'hui - chacune de ces fonctions, pour des raisons que développe ensuite Montesquieu, doit être confiée à un organe distinct [4]. Mais il fixait au législateur le programme de réduire à néant le pouvoir des juges, ce qui explique, peut-être, pourquoi notre État s'est appuyé sur l'administration plus que sur sa justice, en raison de sa prévention contre la justice [5].

b) Sans entrer dans des développements qui relèvent du Droit constitutionnel, on peut ajouter qu'à cette *conception empirique* de la séparation des pouvoirs, correspondant à une division des tâches entre plusieurs organes, les esprits quelque peu dogmatiques des Constituants de 1791 ont substitué ce que l'on a pu appeler une *conception métaphysique* (G. Burdeau) de cette séparation. Les « pouvoirs » sont devenus dans la Constitution de 1791 des élé-

1. Pouvoir de faire la guerre et de conduire des négociations internationales.

2. Alors que pour J.-J. Rousseau, l'homme est libre dans la mesure où il participe à l'élaboration de la loi, la liberté se confondant avec la démocratie, il suffit que la Constitution soit démocratique pour que la liberté soit assurée.

3. La définition qu'il en donne montre que Montesquieu réunit en elle les pouvoirs « exécutif » et « fédératif » de Locke.

4. Montesquieu, *De l'esprit des lois*, L. XI, ch. 6 : « Lorsque dans la même personne ou dans le même corps de magistrature, la puissance législative est réunie à la puissance exécutrice, il n'y a point de liberté ; parce qu'on peut craindre que le même Monarque ou le même Sénat ne fasse des lois tyranniques pour les exécuter tyranniquement. Il n'y a point encore de Liberté si la puissance de juger n'est pas séparée de la puissance législative et de l'exécutrice. Si elle était jointe à la puissance législative, le pouvoir sur la vie et la liberté des citoyens serait arbitraire ; car le juge serait législateur. Si elle était jointe à la puissance exécutrice, le juge pourrait avoir la force d'un oppresseur. Tout serait perdu si le même homme ou le même Corps des Principaux, ou des Nobles, ou du Peuple, exerçaient ces trois pouvoirs, celui de faire des Lois, celui d'exécuter les résolutions publiques, et celui de juger les crimes ou les différends des particuliers ».

5. En ce sens, B. Kriegel, *Réflexions sur la justice,* Plon, 2002.

ments de la souveraineté, délégués à autant d'organes appelés eux aussi « pouvoirs » : au sens *matériel*, le pouvoir est une fonction de l'État, au sens *formel* il est l'organe de l'État auquel cette fonction est confiée [1].

1) Considéré comme un démembrement de la souveraineté, le pouvoir juridictionnel ne peut qu'être autonome vis-à-vis des deux autres, et il est constitutionnellement délégué à un corps de juges élus par le peuple - ce qui assure la garantie de son indépendance. Terminologiquement, la Constitution de 1791 emploie l'expression « pouvoir judiciaire » et non : pouvoir juridictionnel, pour désigner ce qu'elle appelle « la fonction de juger » ; la formule venait tout naturellement sous la plume des constituants puisqu'il n'existait pas alors de véritables juridictions administratives (cf. *infra*, n° 80). Elle continue d'être employée, malgré son caractère inadapté aujourd'hui en raison de l'exercice concurrent de la fonction de juger par des juridictions administratives et judiciaires. Cependant, cette notion de pouvoir judiciaire a subi une dégradation continue jusqu'à l'époque contemporaine : du « pouvoir judiciaire », on est passé, en 1958, à l'« autorité judiciaire ».

2) Celle-ci ne correspond pas à l'ensemble des juridictions, puisque les juridictions administratives n'en font pas partie - même, comme c'est le cas pour le Conseil d'État, les Cours administratives d'appel et les Tribunaux administratifs, lorsqu'elles sont rattachées au Ministère de la justice ; dans la pratique française, la séparation des pouvoirs a débouché en effet sur la dualité des ordres de juridictions. En d'autres termes, l'ensemble des juridictions françaises est divisé en deux sous-ensembles, dont l'identité est fortement accusée par certains traits, et notamment par le fait que certaines matières sont dévolues exclusivement à l'un ou à l'autre, que leurs personnels sont complètement distincts, et qu'ils relèvent chacun d'une juridiction de cassation (c'est-à-dire d'une juridiction suprême) particulière : la Cour de cassation pour l'ordre judiciaire, le Conseil d'État pour l'ordre administratif.

Pour être complet il faut ajouter à ces deux ordres de juridiction, les autorités administratives exerçant une fonction juridictionnelle, souvent de nature répressive (v. *supra* n° 65 sur les autorités de régulation ; ou encore les autorités administratives disciplinaires et les autorités de répression de certaines infractions au Code de la route). Mais ces autorités sont reliées, par l'exercice de voies de recours, soit à la Cour de cassation, soit au Conseil d'État.

c) Pour terminer, on signalera que le Conseil constitutionnel fonde la séparation du pouvoir juridictionnel et du pouvoir exécutif sur l'article 16 de la Déclaration des droits de l'homme de 1789 (depuis une décision du 29 juillet 1998) [2], article qui affirme, en droit français, les exigences relatives à l'État de droit (« Toute société dans laquelle la garantie des droits n'est pas assurée, ni la séparation des pouvoirs déterminés n'a point de Constitution ») ; jusqu'à cette décision, le Conseil se fondait sur l'article 64 de la Constitution et sur la

1. Sur ces points, v. M. Troper, *La séparation des pouvoirs et l'histoire constitutionnelle française*, LGDJ 1973 ; « La notion de pouvoir judiciaire au début de la Révolution française », in *Mélanges J. Velu*, Bruylant, 1992, p. 829 et *in* Actes du colloque : *1791 - La première Révolution française*, Dijon, sept. 1991, Économica, 1993, p. 355. J.-L. Halpérin, *Justices*, 1996-3, p. 13 et s. (*1789-1815 : un quart de siècle décisif pour les relations entre la justice et le pouvoir en France*). V. S. Guinchard et G. Montagnier (dir.), *Lexique de termes juridiques*, Dalloz, 17ᵉ éd., 2009, V° « Formel, matériel ».

2. Décision n° 98-404 DC, 29 juill. 1998, « Lutte contre l'exclusion », *RD publ.* 1999, p. 79-80, chron. D. Rousseau ; *JCP* 1999. I. 141, n° 12, chron. B. Mathieu et M. Verpeaux.

notion de principe fondamental reconnu par les lois de la République (n° 80-119 DC) [1].

§ 2. La dualité des ordres juridictionnels dans le cadre fonctionnel de la séparation des pouvoirs

79 ***Summa divisio*** ◊ L'interprétation française de la séparation des pouvoirs a entraîné, à la suite d'une évolution qui s'est étendue sur près d'un siècle et sans qu'on le préméditât au départ, l'apparition de deux pyramides nettement distinctes de juridictions, dites *ordres de juridictions*. Les tribunaux sont ainsi partagés entre un *ordre judiciaire* et un *ordre administratif*, qui représentent deux ensembles hiérarchisés de tribunaux relevant chacun d'une juridiction suprême qui lui est propre et qui peut annuler leurs décisions : la Cour de cassation pour l'ordre judiciaire [2] et le Conseil d'État pour l'ordre administratif [3].

Cette dualité d'ordres juridictionnels, qui distingue dans la terminologie reçue les juridictions judiciaires et les juridictions administratives, est un caractère fondamental de l'organisation juridictionnelle française [4]. On en présentera ici sommairement l'apparition historique (I), la portée (II), les conséquences (III) et les principaux palliatifs de ses inconvénients (IV).

I. Apparition historique de la dualité des ordres

80 ***Une application contingente du principe de séparation des pouvoirs*** ◊ La dualité des ordres de juridictions se voit classiquement assigner comme fondement juridique un couple de textes de la période révolutionnaire :

- la loi des 16 et 24 août 1790 [5], dont l'article 13 du titre 1er dispose : « Les fonctions judiciaires sont distinctes et demeureront toujours séparées des fonctions administratives. Les juges ne pourront, à peine de forfaiture, troubler, de quelque manière que ce soit, les opérations des corps administratifs, ni citer devant eux les administrateurs pour raison de leurs fonctions » ;

1. B. Drobenko, « De la pérennité du principe de séparation des autorités administratives et judiciaires », *LPA*, 7 sept. 2006, n° 179, p. 3.
2. L'ordre judiciaire comprend lui-même deux grands réseaux de tribunaux, les juridictions civiles et les juridictions pénales.
3. Alors que les juridictions judiciaires relèvent de la Cour de cassation par la voie du recours en cassation, les juridictions administratives peuvent relever du Conseil d'État soit par la voie de l'appel soit par celle de la cassation (v. *infra*, n° 724).
4. Mais pas à l'étranger. Pour comparer v. *Justices* 1995-2, p. 353 (Pays-Bas, par M. Freudenthal) ; 357 (Allemagne, par F. Ferrand) ; 362 (Angleterre, par O. Moreteau). *Contra* : Y. Aguila, « La justice administrative, un modèle majoritaire en Europe. Le mythe de l'exception française à l'épreuve des faits », *AJDA* 2007. 290.
5. V. *RFDA* 1990 (bicentenaire de la loi), et not. G. Vedel, « La loi des 16-24 août 1790 : Texte ? Prétexte ? Contexte ? », p. 698.

- le décret du 16 fructidor an III, (2 septembre 1795), selon lequel « Défenses itératives [1] sont faites aux tribunaux de connaître des actes d'administration, de quelque espèce qu'ils soient, aux peines de droit ». On constate que ce texte, qui ne prétend que renouveler l'interdiction du texte de principe de 1790 - ne pas perturber le fonctionnement de l'Administration, ne pas appeler au prétoire des tribunaux judiciaires les autorités administratives - va en réalité au-delà par une formule beaucoup plus extensive, en interdisant aux tribunaux judiciaires « de connaître des actes d'administration ».

À partir de ces prémisses, et pour que l'Administration ait un juge, toute la tradition française depuis la Révolution était de tirer de cette situation la conséquence que la compétence juridictionnelle à l'égard de l'Administration était celle de la juridiction administrative, qu'il s'agisse d'apprécier sa responsabilité ou d'annuler ses décisions. On en était arrivé à penser que le principe d'organisation politique de la séparation des pouvoirs s'exprimait au plan de l'organisation juridictionnelle par le principe de la dualité des ordres ; de même que le principe de la séparation des pouvoirs présentait un versant constitutionnel, l'existence d'un législatif et d'un exécutif, il présentait un versant juridictionnel, la dualité des ordres - qui en découlait, pensait-on, par nécessité de raison et qui n'en était qu'un aspect particulier.

Les travaux de la doctrine contemporaine [2] ont établi l'irréalité de cette vision : la séparation des pouvoirs ne fonde pas *nécessairement* la dualité des ordres, celle-ci n'en est qu'une application contingente, qui n'avait même pas été envisagée au départ [3].

Les débats de la Constituante en matière d'organisation du système de juridictions à établir ont essentiellement procédé, à l'origine, du souvenir des abus de la pratique des Parlements sous l'Ancien Régime, qui n'étaient pas seulement des tribunaux, mais de véritables corps politiques qui avaient conquis de fait le pouvoir de s'opposer aux ordonnances royales, voire d'édicter de véritables règlements [4]. Quant aux relations à établir entre les juridictions et l'Administration, elles ne font pas alors l'objet d'une prise de position de principe,

1. Renouvelées.

2. V. notamment J. Chevallier, *L'élaboration historique du principe de séparation de la juridiction administrative et de l'administration active*, LGDJ, 1970 ; « Du principe de séparation au principe de dualité », *RFDA*, 1990, n° 5, p. 26. P. Sandevoir, *Études sur le recours de pleine juridiction, l'apport de l'histoire à la théorie de la justice administrative*, LGDJ, 1964. M. Troper, *La séparation des pouvoirs et l'histoire constitutionnelle française*, LGDJ, rééd. 1980. Sur la loi des 16 et 24 août 1790, v. spéc. F.-P. Benoît, « Juridiction judiciaire et juridiction administrative », *JCP* 1964, n° 1838. D. Cohen, thèse (dacty.), 1984, Paris. G. Bigot, *L'autorité judiciaire et le contentieux de l'Administration : vicissitude d'une ambition (1800-1872)*, coll. « Biblio. sc. adm. », LGDJ, 1999.

3. Sur la dualité des ordres, V. le numéro du bicentenaire de la loi des 16 et 24 août 1790 de la *RFDA*, La dualité de juridictions en France et à l'étranger, n° 5 de 1990, et le dossier de l'*AJDA* « Juridictions administrative et judiciaire 200 ans après la loi de 1790 », n° 9, 1990. Pour deux conceptions opposées, B. Stirn (*pour*) et D. Truchet (*contre*), *Justices* 1996-3, respectivement p. 41 et s., et p. 53 et s. ; R. Martin, « Sur l'unité des ordres de juridiction », *RTD civ.* 1996.109.

4. Cette préoccupation majeure se retrouve dans la loi des 16 et 24 août 1790, dont l'article 10 dispose que « Les tribunaux ne pourront prendre directement ou indirectement aucune part à l'exercice du pouvoir législatif, ni empêcher ou suspendre l'exécution des décrets du Corps législatif, sanctionnés par le Roi, à peine de forfaiture », et dont l'article 11 ajoute qu'« Ils ne pourront point faire de règlements, mais ils s'adresseront au Corps législatif toutes les fois qu'ils croiront nécessaires, soit d'interpréter une loi, soit d'en faire une nouvelle ».

on se préoccupe seulement, par expérience du passé, de mettre celle-ci à l'abri des empiètements de celles-là (cf. la formulation qui sera donnée à l'article 13 de la loi de 1790). Les débats parlementaires établissent qu'aucun député ne songe à déduire du principe de séparation des pouvoirs que le contentieux des activités de l'Administration devrait échapper aux tribunaux judiciaires ; même, certains d'entre eux, partisans d'une unité de juridictions, demandent que ceux-ci en connaissent [1], et Thouret propose de créer un « Tribunal d'Administration » départemental, chargé du contentieux de l'impôt et, plus généralement, du contentieux né du fonctionnement de l'Administration. Malgré son nom - équivoque aujourd'hui - il se serait agi d'un tribunal judiciaire, qui aurait été juge d'attribution du contentieux de l'Administration. Si le projet - qui devait d'ailleurs demeurer en l'état - reçut des critiques, elles furent essentiellement d'ordre pratique, représentées par l'argument des frais qu'occasionneraient des juridictions supplémentaires et des difficultés de délimitation des compétences qu'elles risqueraient de susciter. Lorsque la loi des 16 et 24 août sur l'organisation judiciaire est adoptée, faute d'un accord sur ce point la solution à donner au problème du contentieux administratif n'y figure pas, même si les débats montrent que nombre de députés avaient conscience de la spécificité des questions qu'il représente.

Lorsque la discussion reprend, en septembre 1790 - sans que l'on invoque non plus à ce moment quelque lien à établir avec le principe constitutionnel de séparation des pouvoirs - l'idée se développe, et prévaudra, que le règlement de ce contentieux spécifique doit être confié à l'Administration elle-même [2], en l'espèce les directoires de district et de département, et pour beaucoup de matières le Roi, en tant que « chef de l'Administration générale ».

Ainsi, le législateur révolutionnaire n'a pas créé une juridiction administrative. Il fut seulement prévu que les contestations relatives à l'action de l'Administration seraient portées devant celle-ci, pour que l'auteur de l'acte incriminé, ou son supérieur hiérarchique, l'annule ou accorde une indemnité. Cette situation était assez bien acceptée, l'opinion ayant conservé une mémoire favorable de l'ancienne juridiction administrative des intendants de la Monarchie.

Ce système de « l'administration-juge » où l'Administration était juge et partie, a duré jusqu'en 1800. Elle commença de s'améliorer en l'an VIII, quand le Consulat créa les Conseils de préfecture et le Conseil d'État. Les premiers n'étaient d'ailleurs que des juges d'attribution, leur compétence était limitée à certaines catégories de litiges ; en outre, leur composition ne les distinguait pas suffisamment de l'Administration active, puisqu'ils étaient alors présidés par le préfet lui-même. Quant au second, il n'était pas une véritable juridiction :

1. Sur tous ces points, V. l'éclairante synthèse de J. Chevallier, préc., *RFDA*, n° 5 de 1990.
2. Sauf quelques matières qui sont dévolues aux juges judiciaires, comme le contentieux des impôts indirects, qui avaient été en partie à l'origine de la Révolution, qui les avait supprimés. La Constituante, ayant dû les rétablir pour des raisons budgétaires, avait voulu accorder au moins des garanties aux redevables en confiant le contentieux aux seuls juges véritables qui existaient alors, et qui étaient les tribunaux judiciaires. La solution a perduré jusqu'à l'époque actuelle, où elle trouve une justification différente, d'ordre pratique : le contentieux de ces impôts, le plus souvent, soit naît de constatations faites par des procès-verbaux qui amènent le fraudeur devant un juge pénal (contributions indirectes classiques, comme les droits sur les alcools), soit se rattache étroitement à des contestations portant sur des questions de droit privé du ressort des tribunaux judiciaires (droits d'enregistrement). Confier ce contentieux aux juges administratifs risquerait de multiplier les difficultés dues à la connexité de litiges pendants devant les deux ordres, ou à la nécessité de renvois préjudiciels devant le juge judiciaire.

il n'avait été créé en matière contentieuse que sous la forme d'une sorte de Conseil juridique collégial, chargé de proposer la solution juridique à donner aux litiges dont était saisi le Chef de l'État, qui demeurait le juge de droit commun du contentieux administratif et qui était aussi le juge d'appel des décisions rendues par les Conseils de préfecture pour les affaires de leur compétence. Contrairement à une opinion parfois émise, le Conseil d'État n'avait pas alors de compétence de « droit commun ». La vocation du juge administratif, fidèle aux souhaits de Bonaparte, était de servir l'État et ses démembrements, pas de défendre les droits individuels, cette dernière fonction revenant à l'autorité judiciaire [1].

Ce système de la « justice retenue » (sous-entendu : par le Chef de l'État) n'a disparu qu'avec la loi du 24 mai 1872 déléguant au Conseil d'État un véritable pouvoir juridictionnel propre ; la réforme n'a d'ailleurs porté son plein effet qu'avec l'arrêt *Cadot* de 1889 [2].

81 ***Raison d'être de la dualité des ordres*** ◊ L'évolution historique a abouti, en quelque sorte, à une substitution de motifs.

La défiance du pouvoir d'État à l'égard des juridictions judiciaires, héritée du souvenir des abus des Parlements de l'Ancien régime, a disparu depuis longtemps. Au plan des principes, l'interprétation dogmatique de la séparation des pouvoirs qui avait marqué, on l'a vu plus haut, la période révolutionnaire, a fait place à une conception moins rigide, partagée aujourd'hui par le Conseil constitutionnel (v. *infra*, n° 83), dans laquelle la dualité des ordres juridictionnels n'en est plus un simple prolongement à un plan particulier - ce qui aura l'avantage pratique d'introduire de la flexibilité dans la répartition des compétences entre les deux ordres (v. *infra* n° 84).

La dualité des deux ordres se justifie essentiellement aujourd'hui par des considérations pragmatiques. L'arrêt *Blanco* du Tribunal des conflits [3] a représenté une décision fondatrice : en jugeant que la responsabilité de l'État « ne peut être régie par les principes qui sont établis dans le Code civil, pour les rapports de particulier à particulier » et que, partant, elle échappait à la compétence des juges judiciaires, elle invitait implicitement mais nécessairement la juridiction administrative (à naître, à l'époque) à élaborer ces règles spéciales et, au-delà, l'ensemble du droit administratif, conjointement avec l'œuvre du législateur. Ainsi est né un droit particulier, qui sans doute pourrait être théoriquement appliqué et développé par les juges judiciaires, mais qu'il est apparu préférable de maintenir, pour des raisons de spécialisation, auprès de juges qui le mettent en œuvre en permanence et qui forment l'ordre administratif de juridiction - sans que d'ailleurs aucun

1. G. Bigot, thèse préc., LGDJ 1999.
2. CE 13 déc. 1889, *Cadot, Lebon*, p. 1148, concl. Jagerschmidt ; *GAJA*, 17e éd., 2009, n° 5.
3. 8 févr. 1873, *D.* 1873. 111. 17, concl. David ; *GAJA*, 17e éd., 2009, n° 1.

des deux ordres n'ait le monopole de l'application du droit privé ou du droit administratif [1].

La dualité des ordres juridictionnels repose ainsi aujourd'hui pour l'essentiel sur sa valeur opératoire ; en produisant du droit administratif le juge administratif s'est auto-légitimé. La raison pratique de l'existence de ce juge fondée sur des considérations de spécialisation fonctionnelle [2] explique que des juridictions administratives soient apparues et se développent dans des États qui n'ont pas connu – ou pas au même degré – notre interprétation rigide de la séparation des pouvoirs [3], et même dans des pays de *common law* comme le Royaume-Uni [4].

En France, la dualité de juridictions est ancrée dans ce que l'on pourrait appeler la « culture juridique » nationale [5], au point que les rares essais théoriques portant sur sa remise en cause adoptent une formulation seulement interrogative [6].

Il est essentiel de souligner, en raison des conditions dans lesquelles est apparue la justice administrative, que les juridictions qui la composent ne représentent nullement, aujourd'hui, une protection pour l'Administration. Bien que, juridiquement, les membres du Conseil d'État ne soient pas, dans la rigueur de cette qualification, des magistrats, de même que les conseillers des tribunaux administratifs et des cours administratives d'appel, ces juridictions sont totalement indépendantes de l'administration [7] ; on verra ultérieurement qu'à la différence des tribunaux judiciaires, il n'y existe même pas de parquet, c'est-à-dire de corps soumis à l'autorité du ministre et représentant de l'État,

1. Pour l'application par le juge judiciaire des principes du droit administratif jurisprudentiel de la responsabilité, V. la jurisprudence *Trésor public c/Giry*, Civ. 23 nov. 1956, *D.* 195734, concl. Lemoine, *RD publ.* 1958.298, note Waline.

2. V. F. Julien-Laferrière, « La dualité de juridiction, un principe fonctionnel ? », in *Mélanges R. Drago*, Économica, 1996.

3. Par ex. en Allemagne, en Italie, en Suède, en Suisse, en Finlande, en Grèce… J.-Cl. Escarras, *Les expériences belge et italienne d'unité de juridiction*, thèse Aix, 1972, LGDJ, Bibl. dr. publ., préf. J. Boulouis. Outre le n° 5/1990 de la *RFDA*, préc., v. M. Fromont, « La justice administrative en Europe, convergences », in *Mélanges R. Chapus*, Montchrestien, 1992, p. 197. Y. Aguila, « La justice administrative, un modèle majoritaire en Europe », AJDA 2007, 290.

4. J. Bell, « Unité ou dualité de juridiction en matière administrative au Royaume-Uni », *RFDA* n° 5/1990, p. 207.

5. L'avenir du dualisme juridictionnel, Débat organisé par la revue *AJDA* 2005. 1760 s. A. Van Lang (dir.), *Le dualisme juridictionnel, Limites et mérites*, colloque, La Rochelle, coll. « Thèmes et commentaires », Dalloz, 2007.

6. D. Truchet, « Fusionner les juridictions administratives et judiciaires ? », in *Mélanges J.-M. Auby*, Dalloz, 1992, p. 111. Ph. Léger, « Le dualisme juridictionnel a-t-il encore une raison d'être ? », in *Mélanges J.-F. Burgelin*, Dalloz, 2008, p. 233.

7. Cette caractéristique fondamentale de leur situation, déjà mal perçue par une partie de l'opinion publique française, est très difficile à admettre de la part de nombreux juristes étrangers à notre système juridictionnel. À titre d'illustration, et de façon anecdotique, on peut par exemple relever que lors des discussions sur les aspects juridiques du parc d'attractions Disneyland de la région parisienne, les négociateurs américains, qui ne pouvaient admettre qu'une juridiction administrative pût être autre chose qu'un défenseur des intérêts de l'administration, exigèrent que les différends qui pourraient surgir soient portés devant un tribunal arbitral (v. *supra*, n° 63, *in fine*, en note).

et que si l'administration veut prendre la parole devant ces juridictions, elle se trouve dans la situation de n'importe quel justiciable (v. *infra*, n° 872). L'indépendance du Conseil d'État a d'ailleurs été explicitement reconnue, après une analyse détaillée de son statut et de celui de ses membres, par la Cour européenne des droits de l'homme [1].

Les juges administratifs ont d'ailleurs profité de leur plus grande proximité de l'administration, qu'assurent leur recrutement et pour certains le déroulement de leur carrière [2], pour imposer à celle-ci des règles qu'elle eût malaisément acceptées des tribunaux judiciaires. Ce contrôle étroit de l'administration par le juge administratif est une réalité unanimement reconnue [3].

II. Portée et limites de la dualité des ordres

82 ***Portée quant aux crédits affectés aux juridictions dans la loi de finances de l'État*** ◊ Alors que la LOLF (loi organique sur les lois de finances, v. *supra*, n° 32) tendait à une présentation simplifiée et par mission des différentes attributions de l'État, on s'attendait à ce que la mission Justice regroupe en son sein un programme pour les juridictions administratives et un autre pour les juridictions judiciaires ; mais le Premier président de la Cour des comptes ayant souhaité que les juridictions financières quittent le giron du Ministère de l'Économie et des Finances, c'est finalement une mission « conseil et contrôle de l'État », distincte de la mission Justice, qui a été retenue et qui regroupe trois programmes : Cour des comptes et autres juridictions financières, Conseil d'État et autres juridictions administratives, Conseil économique et social. Consécration, par le budgétaire, du dualisme juridictionnel !

83 ***Portée quant à la valeur constitutionnelle de la dualité des juridictions*** ◊ Le Conseil constitutionnel, dans une décision « Conseil de la concurrence » n° 86-224 DC du 23 janvier 1987 [4], confirmée et préci-

1. CEDH, 9 nov. 2006, Sacilor-Lormines c/ France, point 66 : « *la Cour note que la position originale du Conseil d'État dans les institutions françaises le rapproche organiquement des pouvoirs publics. Toutefois, elle est d'avis que cette situation ne suffit pas à établir un manque d'indépendance du Conseil d'État* ».

2. Au Conseil d'État, affectation conjointe ou successive aux sections administratives et à la Section du contentieux.

3. En voir des exemples dans les réactions provoquées par l'arrêt *Canal* (CE 19 oct. 1962, *JCP* 1963. II. 13068, note Debbasch) qui avait annulé l'ordonnance du président de la République créant la Cour militaire de Justice, et dans le contenu du rapport de M. Mayet au Colloque des tribunaux administratifs de mars 1974, et dans la décision du Conseil constitutionnel du 28 juill. 1989 sur la loi Joxe (v. *infra*, n° 83) sur les conditions d'entrée et de séjour des étrangers en France, qui a estimé que l'exigence de garantie effective de leurs droits peut être « satisfaite aussi bien par la juridiction judiciaire que par la juridiction administrative ». P. Pacteau, *Le Conseil d'État et la fondation de la juridiction administrative française*, PUF, 2003.

4. *AJDA* 1987. 315, note J. Chevallier ; *RFDA* 1987, notes B. Genevois, p. 287, et L. Favoreu, et L. Philip, p. 708.

sée par une décision « Conditions d'entrée et de séjour des étrangers en France », dite « Loi Joxe », n° 89-261 DC du 28 juillet 1989, a déterminé le rang qu'occupe, en droit positif [1], le principe de la dualité des juridictions dans la hiérarchie des normes nationales. Alors que le Conseil avait antérieurement consacré la valeur constitutionnelle de la séparation des pouvoirs dans sa décision du 23 mai 1979, n° 79-104 DC, il affirme, dans la décision n° 86-224 du 23 janvier 1987, que la loi des 16 et 24 août 1790, et le décret du 16 fructidor an III, n'ont pas valeur constitutionnelle. Par nécessité logique, il en résulte que le principe de la dualité des juridictions n'est pas un prolongement du principe de la séparation des pouvoirs à un plan particulier, sans quoi il participerait de la valeur constitutionnelle de celui-ci.

Pour autant, le principe de dualité des ordres de juridictions a valeur constitutionnelle, mais pour une autre raison : « *néanmoins, conformément à la tradition française de la séparation des pouvoirs, figure au nombre des principes fondamentaux reconnus par les lois de la République celui selon lequel, à l'exception des matières réservées par nature à l'autorité judiciaire, relève en dernier ressort de la compétence de la juridiction administrative l'annulation ou la réformation des décisions prises, dans l'exercice des prérogatives de puissance publique, par les autorités exerçant le pouvoir exécutif, leurs agents, les collectivités locales de la République ou les organismes placés sous leur autorité ou leur contrôle* ».

Ainsi, la dualité des ordres a valeur constitutionnelle non par emprunt au principe de séparation des pouvoirs, duquel elle se trouve déconnectée par la décision 86-224, mais en tant que principe fondamental reconnu par les lois de la République.

Cette décision présente une importance fondamentale à un double point de vue :

– elle consacre directement la valeur constitutionnelle de l'existence d'un ordre de juridictions administratif [2], que le Conseil constitutionnel n'avait jusqu'alors affirmée qu'indirectement, en proclamant la valeur constitutionnelle de l'indépendance de ces juridictions dans sa décision 119 DC du 22 juillet 1980 (reconnue elle aussi en tant que principe fondamental reconnu par les lois de la République, alors que dans la même décision l'indépendance des juridictions judiciaires était fondée directement sur l'article 64 de la Constitution : « Le président de la République est garant de l'indépendance de l'autorité judiciaire ») ;

1. Puisque ces décisions s'imposent aux pouvoirs publics et à toutes les autorités administratives et juridictionnelles (art. 62, *Constitution*).

2. Lors de l'élaboration de la Constitution de 1958, l'ancrage constitutionnel de l'existence de la juridiction administrative se situait dans le texte même de l'article 66 qui disposait (avant sa rédaction définitive que l'on trouve dans la Constitution adoptée) : « l'autorité judiciaire est gardienne de la liberté individuelle. Nul ne peut être arbitrairement détenu. Les juridictions judiciaires et les juridictions administratives assurent, chacune en ce qui les concerne, le respect de ce principe dans les conditions prévues par la loi ». Cité par T. Renoux, *L'écriture de la République, l'autorité judiciaire*, colloque du XXXe anniversaire de la Constitution du 4 oct. 1958, p. 48.

– elle consacre également, avec une valeur constitutionnelle, une *compétence minimale* de la juridiction administrative, ce « noyau dur » – comme on l'a souvent dénommé – représentant en quelque sorte la raison d'être de celle-ci, qui justifie son existence. Pour le Conseil constitutionnel, il s'agit de l'annulation, ou de la réformation, des seuls actes de puissance publique pris par les autorités administratives ; pour le reste, le législateur est libre, pour des considérations d'opportunité, d'attribuer aux juridictions judiciaires la connaissance des autres éléments du contentieux des services publics [1].

On est loin de la conception d'une compétence générale de l'ordre administratif pour connaître de l'ensemble des litiges auxquels peut donner naissance le fonctionnement de l'Administration. Le contentieux de la responsabilité, notamment, est en dehors de cette réserve de compétence opérée au profit de l'ordre administratif [2].

Cette réserve de compétence peut d'ailleurs faire l'objet, ajoute la décision 86-224, de restrictions particulières.

84 ***Atténuations au dualisme juridictionnel*** ◊ Il est important de relever que la décision n° 86-224 ouvre à la juridiction judiciaire une double compétence à l'égard du fonctionnement de l'Administration.

– Certaines matières (cf. *supra* n° 83) sont « réservées *par nature* à l'autorité judiciaire » ; comme la juridiction administrative, le juge judiciaire dispose d'une compétence réservée – avec valeur constitutionnelle – qui s'étend jusque dans le champ de l'action de l'Administration. Il s'agit notamment de ce qui touche à la liberté individuelle (art. 66 Constitution), ou à la propriété privée immobilière (décision n° 89-256 DC du 25 juillet 1989) ;

– en outre, *par exception* à la réserve de compétence du juge administratif, des considérations d'opportunité peuvent justifier que l'annulation ou la réformation d'actes de puissance publique, soient, dans certains cas, autorisées au juge judiciaire par le législateur. En effet, après avoir énoncé le principe de la compétence réservée au juge administratif, le Conseil constitutionnel poursuit : « Cependant, dans la mise en œuvre de ce principe, lorsque l'application d'une législation ou d'une réglementation spécifique pourrait engendrer des contestations contentieuses diverses qui se répartiraient, selon les règles habituelles de compétence, entre la juridiction administrative et la juridiction judiciaire, il est loisible au législateur, dans l'intérêt d'une bonne administration de la justice, d'unifier les règles de compétence juridictionnelle au sein de l'ordre juridictionnel principalement compétent ».

En d'autres termes, la conception des « compétences réservées » du Conseil constitutionnel n'est pas dogmatique, l'intérêt d'une bonne

1. Un exemple en est donné par la loi du 31 déc. 1957, qui attribue compétence aux juges judiciaires pour l'indemnisation des dommages causés par tous les véhicules, même de l'administration.

2. De même, en interprétant strictement la décision, que le contentieux de l'appréciation de légalité d'un acte administratif, individuel ou réglementaire, dont un tribunal est appelé à faire application.

administration de la justice permet de constituer, pour des raisons de commodité suffisamment impérieuses, des *blocs de compétence* au profit de l'ordre juridictionnel le plus souvent saisi, qui exerce ainsi une force d'attraction à l'égard des autres questions connexes qui, par leur nature, relèveraient de l'autre ordre [1].

Cependant, la décision n° 86-224 est à lire à la lumière de la décision n° 89-261 (« Loi Joxe »), précitée, qui montre que de telles exceptions à la répartition normale des compétences doivent être objectivement justifiées, c'est-à-dire répondre à des besoins suffisamment pressants, dont le Conseil constitutionnel se réserve le droit de contrôler la réalité. En l'espèce, la loi votée disposait que l'annulation des arrêtés de reconduite à la frontière des étrangers en situation irrégulière pouvait être demandée au président du Tribunal de grande instance ; le Conseil a décidé que les litiges liés à ces situations ne sont pas d'une nature ou d'une fréquence telles qu'ils puissent entraîner une dérogation aux règles normales de compétence, qui attribuent au juge administratif l'annulation des actes de la puissance publique [2].

85 ***La question de la conformité du dualisme juridictionnel aux exigences processuelles internationales et européennes*** ◊ Aucune disposition du Pacte international relatif aux droits civils et politiques, ni de la Convention européenne des droits de l'homme, ne consacre le dualisme juridictionnel, pas plus d'ailleurs qu'elle ne l'interdit. Cette question est indifférente aux instruments internationaux de protection des droits de l'homme. Il faut donc rechercher dans la jurisprudence des organes de contrôle si le dualisme juridictionnel est conforme aux exigences des instruments internationaux en matière de conduite des procès et de déroulement des procédures, sous l'angle des garanties d'une bonne justice. Trois remarques s'imposent.

a) La première remarque, c'est que le principe même de deux ordres est loin d'être condamné par la Cour européenne des droits de l'homme, si l'on veut bien considérer qu'elle accepte, pour des raisons d'efficacité, que les États confient, sous certaines conditions, la résolution de certains litiges à des instances disciplinaires ou administratives, tant en matière civile qu'en matière pénale ; le dualisme, qui n'est pas alors juridictionnel, est admis au profit d'instances administratives ; *a fortiori*, n'est-il pas légitime qu'il existe un dualisme de juridictions, au sens exact du terme, c'est-à-dire disposant chacune du pouvoir de juger en pleine juridiction ?

b) La deuxième remarque concerne les effets induits par le dualisme juridictionnel sur la qualité de la justice rendue. En d'autres termes, le dualisme juridictionnel n'est-il pas un obstacle à la mise en œuvre de ces garanties d'une bonne justice que résume à elle seule l'expression « procès équitable » ? Plus précisément, la complexité processuelle liée à la dualité des ordres de juridic-

1. En l'espèce, le Conseil constitutionnel a reconnu valable l'attribution à la juridiction judiciaire des recours contre les décisions d'injonction et de sanction prises par le Conseil de la concurrence, autorité administrative (indépendante). À l'inverse, pour unifier la compétence en matière de marchés passés en application du Code des marchés publics, le législateur est intervenu en faveur du juge administratif pour couper court à la jurisprudence du Tribunal des conflits du 5 juill. 1999, *Commune de Sauve* (Loi MURCEF du 11 déc. 2001, art. 2).
2. V. la décision à l'*AJDA* 1989. 619, avec la note J. Chevallier.

tion peut conduire à une durée des procès excédant le délai raisonnable visé à l'article 6, § 1 de la Convention européenne. D'ailleurs, à l'occasion de requêtes portant sur la violation de la condition du délai raisonnable, la Cour européenne a émis certaines critiques sur les excès de complication du dualisme juridictionnel, critiques qui portaient à la fois sur les effets procéduraux néfastes du dualisme et sur les risques de contrariété de solutions au fond [1]. En effet, le dualisme juridictionnel, en raison des divergences d'application des garanties de la Convention EDH par les deux ordres de juridiction, est *« préjudiciable à la sauvegarde de l'unité de l'ordre juridictionnel français »* [2]. En outre, la France a été condamnée, sur le grief du non-respect du délai raisonnable, parce que le requérant n'avait pu, sur ce terrain, obtenir satisfaction devant les juridictions françaises, dans un contentieux de droit du travail éclaté entre les deux ordres de juridiction, celles-ci ne vérifiant la longueur de la procédure que devant l'ordre juridictionnel auquel elles appartiennent [3] ; le Tribunal des conflits a précisé que l'action en réparation du préjudice allégué du fait de la durée totale de la procédure devant des juridictions des deux ordres, doit être portée devant l'ordre de juridiction compétent pour connaître du fond du litige, objet des dites instances [4].

Cette idée que le dualisme juridictionnel constitue l'une des causes des lenteurs de la Justice a conduit un club de réflexion à suggérer sa suppression [5].

c) La troisième remarque est plus prospective. Dans la mesure où les instruments internationaux de protection des droits de l'homme ne connaissent que deux matières, civile et pénale, y a-t-il place pour une troisième, distincte des deux autres ? De plus, le raisonnement des organes de contrôle porte sur la matière, jamais sur la nature des juridictions ; la distinction de l'ordre judiciaire et de l'ordre administratif est inconnue sous cet angle et le dualisme des organes juridictionnels est transcendé par le dualisme matériel du champ d'application des articles 14 du Pacte international et 6 de la Convention européenne. Dans cette perspective, on a fait observer *« qu'il est difficile de conclure à la compétence de la juridiction administrative au motif que le droit applicable à l'action est dérogatoire au droit commun, alors que simultanément le fond du litige est considéré comme ayant un caractère civil au sens de l'article 6, § 1 de la Convention EDH »* (à propos de la responsabilité de la personne publique) [6].

Le débat est loin d'être tranché [7], mais qui peut sérieusement envisager aujourd'hui, en France, la disparition de la juridiction administra-

1. CEDH 21 févr. 1997, *Guillemin c/ France, AJDA* 1997. 399, note R. Hostiou, et 985, obs. J.-F. Flauss. 2 août 2000, *Santonnet c/ France.*

2. J.-F. Flauss, « Dualité des ordres de juridiction et Convention EDH », in *Mélanges J. Waline*, Dalloz, 2002, p. 523, spéc. p. 536-546. CEDH, 10 févr. 1995, *Allenet de Ribemont c/ France.* On peut ajouter que le dualisme se justifie en partie par le statut du Conseil d'État, qui fait de lui un organe investi à la fois d'une fonction consultative et d'une fonction contentieuse (J. Caillosse, « Les justifications du maintien actuel du dualisme juridictionnel », *AJDA* 2005. 1781).

3. CEDH, 4 oct. 2007, *Vallar c/ France, RDT* 2008, p. 16, obs. Marguénaud et Mouly.

4. T. confl., 30 juin 2008, *Epx Bernardet, JCP* 2008. II. 10153, note D. Cholet ; *RFDA* 2008/6, p. 1165, concl. I. De Silva, note B. Seiller.

5. *Pour la Justice,* Institut Montaigne, sept. 2004, p. 11.

6. J.-F. Flauss, *loc. cit.*, in *Mélanges J. Waline*, Dalloz, spéc. p. 528. V. aussi, P. Tavernier, « La CEDH et la distinction droit public-droit privé », in *Mélanges M.-A. Eissen*, Bruylant/LGDJ, 1995, p. 408.

7. V. le débat dans *AJDA* 2005. 1760 s. – M. Jorat, « Supprimer la juridiction administrative ? Deux siècles de débat », *RFDA* 2008/3, p. 456.

tive, alors qu'elle a su, de tout temps, protéger les libertés et que le seul inconvénient réel du dualisme juridictionnel est celui d'éventuels conflits de compétence et un retard dans le traitement des affaires ?

III. Conséquences de la dualité des ordres

86 ***Conséquences*** ◊ **a)** L'existence de juridictions administratives autonomes par rapport à l'ordre judiciaire entraîne des conséquences quant au fond du droit applicable et en matière procédurale :

- *Le dualisme a permis le développement d'un droit administratif autonome par rapport au droit privé et au droit pénal.* Pratiquement, la compétence et le droit applicable sont liés, chaque ordre de juridiction appliquant les règles de fond qui lui sont propres. Cette liaison de la compétence et du fond a été affirmée, à l'origine même de la jurisprudence administrative moderne, par l'arrêt *Blanco* du Tribunal des conflits du 8 février 1873 [1] : estimant que le litige ne devait pas être réglé selon les règles du droit privé, le Tribunal des conflits a dénié la compétence des juges judiciaires pour en connaître. On peut dire, au moins de manière générale, qu'attribuer compétence au juge administratif équivaut à décider que le litige sera réglé sur le fondement du droit administratif [2].

- *Au plan procédural*, la dualité des ordres de juridictions, étant fondée à l'origine sur le principe de la séparation des pouvoirs, conduisait à des conséquences radicales : il ne pouvait y avoir autorité de la chose jugée par un tribunal d'un ordre sur les juridictions de l'autre ordre. L'éventuelle contradiction des décisions, apparaissant si les deux ordres étaient compétents à l'égard d'une même question, était considérée comme étant dans la nature des choses.

b) Actuellement, la portée de la dualité des ordres juridictionnels comporte des conséquences moins radicales :

- *En ce qui concerne le fond du droit*, le Conseil d'État applique les règles du droit privé, lorsque la spécificité de la situation des personnes publiques ou des activités de service public en cause n'exige pas l'application de règles particulières [3]. Inversement, les tribunaux judiciaires appliquent parfois le droit administratif [4]. Il se peut que des lois parti-

1. *GAJA*, 17e éd., 2009, n° 1. V. aussi les conclusions de M. Lasry sous T. confl., 8 juill. 1963, *RD publ.* 1963, p. 786.

2. L'inverse est généralement vrai ; c'est ce qui explique que la loi du 31 décembre 1957 ait attribué aux tribunaux judiciaires l'ensemble du contentieux des dommages causés par des véhicules pour faire bénéficier les victimes d'accidents causés par des véhicules de l'administration des modalités d'indemnisation plus favorables retenues par les juges judiciaires. Cependant, le juge judiciaire peut estimer rationnellement plus approprié d'appliquer à une affaire le droit administratif : v. la jurisprudence *Trésor public c/Giry*, citée plus loin en note.

3. J. Lamarque, *Recherches sur l'application du droit privé aux services publics administratifs*, coll. « Bibl. de droit public », t. 25, LGDJ, 1960 ; J. Waline, *Recherches sur l'application du droit privé par le juge administratif*, thèse Paris, 1962.

4. Dans le cadre d'une jurisprudence bien connue en droit administratif, dite « jurisprudence Giry » : Civ. 23 nov. 1956, *Trésor public c/Giry*, *D.* 1987. 34 concl. Lemoine ; *RD publ.*

culières à des matières de droit public prévoient, elles-mêmes, que le contentieux qu'elles pourront provoquer sera tranché par l'un ou l'autre ordre de juridictions (v. *supra*, n° 84). Surtout, on constate que les juges judiciaires décident parfois d'eux-mêmes, quand ils ont à juger d'affaires mettant exceptionnellement en cause des situations de droit public, d'appliquer les règles dégagées par la jurisprudence administrative, parce qu'elles leur apparaissent les mieux adaptées pour résoudre le problème.

- *En matière procédurale*, le juge administratif admet une certaine autorité de la chose jugée par le juge judiciaire, notamment lorsque celui-ci est un juge pénal [1] : en outre, lorsque cela paraît possible et conforme aux intérêts des administrés, le Conseil d'État accepte parfois d'harmoniser sa jurisprudence avec celle des juridictions judiciaires [2].

Cependant, il est inévitable que l'existence de deux ordres de juridictions laisse subsister pour les justiciables des difficultés inhérentes à cette dualité, notamment parce qu'un même litige peut présenter des difficultés qui relèvent de la compétence de chacun des deux ordres, ou parce qu'aucun des deux ordres ne se reconnaît compétent, ce qui risque d'empêcher les plaideurs de trouver un juge, ou bien parce que chacun des deux ordres, tout en se reconnaissant compétent, a rendu une décision contraire à celle rendue par l'autre.

Dans tous les cas, il a fallu trouver des palliatifs.

IV. Palliatifs de la dualité des ordres

On retiendra seulement ici, à titre d'exemples, un mécanisme procédural et une juridiction qui permettent d'aplanir les obstacles que l'on vient de présenter.

87 ***Renvoi préjudiciel*** ◊ Le premier est représenté par une collaboration entre les deux ordres sous forme de *renvoi préjudiciel*. Une juridiction d'un ordre étant saisie d'un litige, il se peut que se greffe sur celui-ci un problème accessoire dont la solution influence ou détermine celle à donner au litige principal, mais qui relève de la compétence exclusive de l'autre ordre de juridictions. Le tribunal saisi au fond (c'est-à-dire du problème principal) rend alors un jugement renvoyant le litige

1958. 298, note Waline. V. le commentaire, in *GAJA*, 17e éd., 2009, n° 74. Cl. Goyard, *La compétence des tribunaux judiciaires en matière administrative*, thèse Montpellier, 1962 (dact.).

1. V. Gabolde, « L'autorité de la chose jugée par les tribunaux judiciaires devant les juridictions administratives », *D.* 1953. Chron. 43 ; C. Durand, *Les rapports entre les juridictions administrative et judiciaire*, Bibl. droit public, t. 2 ; E. Langavant, *La collaboration entre les deux ordres de juridictions*, thèse Lille, 1954.

2. V. les exemples cités in R. Odent, *op. cit.*, fasc. 1, p. 56-57. Cependant, des prises de position quelque peu contradictoire du CE et de la C. cass. ne sont pas à exclure, par ex. à propos de l'interpellation en préfecture d'un étranger en situation irrégulière qui y a été convoqué, C. Cass. 6 févr. 2007 (interprétation illégale) et CE 7 févr. 2007 (interprétation légale), *AJDA* 2007-7. 334 ; v. note O. Lecucq, *AJDA* 2007. 814.

annexe devant le tribunal compétent de l'autre ordre ; en attendant sa décision, il surseoit à statuer. Quand ce tribunal s'est prononcé, la première procédure reprend son cours sur la base de la décision qui vient d'être rendue [1].

88 ***Tribunal des conflits*** ◊ La seconde est constituée par l'existence d'une juridiction coiffant les deux ordres : *le Tribunal des conflits*, dont l'une des attributions est de régler les conflits de compétence, ainsi que la contrariété de décisions naissant de jugements contradictoires rendus à propos d'une même affaire par des tribunaux des deux ordres. Dans la seconde hypothèse, pour éviter un déni de justice, le plaideur intéressé peut saisir le Tribunal des conflits, qui jugera lui-même l'affaire [2].

SECTION 2. DU POUVOIR JUDICIAIRE À L'AUTORITÉ JUDICIAIRE

89 ***Plan*** ◊ Depuis la Constitution de 1958, il n'y a plus, en France, de véritable pouvoir judiciaire, mais une « autorité » en charge du pouvoir de juger (§ 1). Cette autorité entretient avec le pouvoir législatif (§ 3) et le pouvoir exécutif (§ 4) (pour simplifier le gouvernement) des relations croisées, en ce sens que chacun se protège de l'autre [3] ! Mais préalablement, il convient de préciser (§ 2) les relations entre l'autorité judiciaire et les partis politiques, ne serait-ce que pour la raison qu'en démocratie ils concourent à l'expression du suffrage donc à l'élection du pouvoir législatif et à la composition du gouvernement. Le Code de l'organisation judiciaire rappelle, en ouverture de sa partie législative, pour les juridictions de cet ordre, qu'elles « *rendent leurs*

1. V. par ex. CE, Ass., 4 févr. 1966, *Godek*, *Lebon*, p. 79, concl. Fournier. Selon le Tribunal des conflits (*Septfonds*, 16 juin 1923), l'appréciation de la légalité des actes administratifs n'est pas de la compétence du juge civil, sauf en cas d'atteinte grave au droit de propriété ou à la liberté individuelle (T. confl., *Barinstein*, 30 oct. 1947). Cette jurisprudence est dans l'ensemble maintenue de nos jours : v. M. Long, P. Weil, G. Braibant, P. Delvolvé et B. Genevois, *Grands arrêts de la jurisprudence administrative*, Dalloz 17e éd. 2009, commentaires sous *Septfonds*, n°39. Par contre, alors que le Tribunal avait décidé (T. confl. *Avranches et Desmarets*, 5 juill. 1951) que le juge répressif n'était pas compétent pour apprécier la légalité des actes administratifs non réglementaires, cette restriction de compétence a disparu en 1994 avec l'art. 111-5 du nouveau Code pénal.

Pour le Conseil constitutionnel, « *aucun principe ou règle de valeur constitutionnelle n'impose que le juge du principal soit, dans tous les cas, juge de l'exception* » (Déc. 2004-490 DC, 12 févr. 2004, consid. 112).

2. Un exemple très clair de la contrariété possible des décisions rendues à partir d'un même fait (ici, un accident de la circulation), par des juges judiciaires et des juges administratifs, est donné par l'affaire *Rosay*, qui a provoqué l'intervention du législateur pour conférer au Tribunal des conflits cette nouvelle compétence : T. confl., 8 mai 1933, *Rosay*, *S.*, 1933. III.117. Sur le Tribunal des conflits, v. *infra*, n° 339 et s.

3. J. Meunier, « La rhétorique du gouvernement des juges et la répartition des compétences normatives dans les travaux préparatoires à la Constitution de 1958 », in *Mélanges P. Gelard*, Montchrestien, 2000, p. 117.

décisions au nom du peuple français » (art. L. 111-1). Au-delà des juridictions de l'ordre judiciaire, la plupart de ces questions intéressent aussi les juridictions administratives, c'est pourquoi nous utiliserons le terme générique de « juge ».

§ 1. Pouvoir judiciaire et pouvoir de juger confié à un juge

90 ***Évolution historique*** ◊ La conception radicale de la séparation des pouvoirs, qui a été l'une des causes du caractère éphémère de la Constitution de 1791, ne lui a pas survécu [1]. Pourtant, traditionnellement, les termes de *pouvoir judiciaire* ont été utilisés jusqu'à la Constitution du 27 octobre 1946. Il n'en demeurait pas moins que l'on ne pouvait plus voir dans le corps des juges un « pouvoir », comparable, même à un moindre degré, au Parlement et au Gouvernement, sans doute parce qu'aucune élection ne vient légitimer cette institution, à la différence des deux autres [2] ; les magistrats ont le *pouvoir de juger*, mais la justice ne constitue pas un pouvoir au sens où il existe un pouvoir législatif et un pouvoir exécutif [3]. On remarquera cependant que la Convention européenne des droits de l'homme parle de garantie de l'autorité et de l'impartialité du *pouvoir judiciaire* (art. 10, § 2), ce qui consacre bien l'existence de ce pouvoir, en tout cas son indépendance [4] (sur une vision renouvelée, v. *infra* n°s 127 s.).

Dans la représentation généralement admise, le problème ne se pose plus que dans des termes pratiques, très proches des préoccupations de Montesquieu : comment organiser le système judiciaire pour assurer la nécessaire *indé-*

1. R. Martin, « Le cheminement des pouvoirs judiciaires depuis 1789 », *RTD civ.* 2004, 251. – F. Hourquebie, *Sur l'émergence du contre-pouvoir juridictionnel sous la Ve République*, Bruylant, 2004, préf. Slobodan Milacic.

2. A. Damien, *Dr. et patr.*, oct. 1993, p. 15. Sur cette controverse (*pouvoir-autorité*), outre les références déjà citées en bibliographie générale au début de l'ouvrage et *supra*, n°s 76 (notamment sur la légitimité du juge) et 78 en note, v. : J.-D. Bredin, « La Justice, de l'autorité au pouvoir », *Cahiers dr. entr.* 1995/4 ; *Justices*, 1996-3, 161 s. ; *Rev. des Deux mondes*, 1995, nov., p. 126. A. Demichel, « Le droit pénal en marche arrière », *D.* 1995. Chron. 213, spéc. p. 216-2°. Ch. Atias, « Pouvoir et autorité judiciaire », *D.* 1992. Chron. 180 ; A. Marsaud, « Le juge : le déracinement », *Gaz. Pal.* 11 juill. 1995, Doct. Étude collective, *Le juge, une figure d'autorité : étude d'anthropologie du droit*, (*AFAD*, 1994), L'Harmattan, 1997. A. Garapon (dir.), *Les juges : un pouvoir irresponsable ?*, coll. « Justement », éd. N. Philippe, 2003.

3. La théorie de la justice comme troisième pouvoir a été défendue par Carré de Malberg (*Contribution à la théorie générale de l'État*) ; elle a été critiquée par Duguit (*Traité de droit constitutionnel*), et par le doyen Hauriou (*Précis de droit constitutionnel*) ; J. Foyer, « La Justice : histoire d'un pouvoir refusé » et M. Troper, « Fonction juridictionnelle ou pouvoir judiciaire », *in* « La Justice », *Pouvoirs*, n° 16, 1981. Ch. Cézar-Bru parlait « d'autorité judiciaire » et la faisait « *dépendre* » du pouvoir exécutif, en 1927, v. *Précis élémentaire de procédure civile*, Sirey, 1927, p. 6. Elle sera reprise aujourd'hui par T. Renoux, *Le Conseil constitutionnel et l'autorité judiciaire*, Économica, 1984 (préf. L. Favoreu) ; *D.* 1991. Chron. 169.

4. R. de Gouttes, *Gaz. Pal.* 5 janv. 1993, Doct., « Sur les liens entre le Parquet et le pouvoir exécutif » ; P. Mazeaud, M. Jeol, M. Delmas-Marty, « Trois points de vue », *Justices*, 1996-3, p. 65 s., 69 s. et 75 s ; F. Terré, *Le Figaro*, 25 mars 1996, p. 2. V. *infra*, n° 127.

pendance des juges dans l'exercice de leurs fonctions ? D'ailleurs, la tradition française, marquée par l'autoritarisme napoléonien, plus habituée à la nomination et à la gestion administrative des juges par le Gouvernement, est restée longtemps moins sensible à leur autonomie que l'opinion publique anglo-saxonne.

Aussi bien, la Constitution du 4 octobre 1958 emploie-t-elle de manière caractéristique une formule nouvelle dans son Titre VIII, qui a pour intitulé : « De l'autorité judiciaire ». Il figurait déjà dans la loi constitutionnelle du 3 juin 1958, dont l'article 4 disposait que « l'autorité judiciaire » doit demeurer indépendante pour pouvoir assurer les libertés essentielles. Mais c'est le Conseil d'État qui, dans ses séances des 27 et 28 août 1958, a remplacé les mots « *de la Justice* » qui figurait dans le projet gouvernemental, par ceux d'« *autorité judiciaire* » [1].

L'ensemble des juridictions ne constitue donc plus, au moins textuellement, un *pouvoir* au sens constitutionnel du terme, mais un *service public* [2] ; il est symbolique de relever que les crédits de la Justice ne figurent pas dans le titre II au budget de l'État : Pouvoirs publics, mais essentiellement parmi les crédits du ministère de la Justice.

On peut d'ailleurs penser que la situation actuelle de l'autorité judiciaire n'est que l'aboutissement d'une dégradation, ou d'une évolution, qui était déjà contenue en germe dans les textes de la période révolutionnaire. Alors que la conception théorique de la séparation des pouvoirs [3] était présentée comme celle de l'autonomie de chacun d'eux à l'intérieur de sa fonction, s'agissant du judiciaire, elle apparaît bien plutôt comme celle d'un *cantonnement* de celui-ci dans son domaine : la rédaction des grands textes de l'époque relatifs aux juridictions est purement négative, elle se borne à leur *interdire de s'ingérer* dans le fonctionnement du législatif et de l'exécutif. Ainsi l'article 7 d'un décret du 22 décembre 1789 dispose-t-il que les administrations locales « ne pourront être troublées dans l'exercice de leurs fonctions administratives par aucun acte du pouvoir judiciaire ». Cette conception trouve son expression de principe dans la grande loi des 16 et 24 août 1790 sur l'organisation judiciaire : « Les tribunaux ne pourront prendre directement ou indirectement aucune part à l'exercice du pouvoir législatif, ni empêcher ou suspendre l'exécution des décrets du corps législatif... » (art. 10), « les fonctions judiciaires sont distinctes et demeureront toujours séparées des fonctions administratives. Les juges ne pourront, à peine de forfaiture, troubler, de quelque manière que ce soit, les opérations des corps administratifs... » (art. 13) – et cette dernière règle est encore rappelée par le décret du 16 fructidor an III : « défenses itératives sont faites aux tribunaux de connaître des actes d'administration, de quelque espèce qu'ils soient, aux peines de droit ».

Cette formulation à sens unique de la séparation des pouvoirs s'explique par l'Histoire. Si les législateurs révolutionnaires semblent s'être surtout souciés de cantonner le judiciaire dans la fonction de juger, c'est qu'ils étaient nourris de souvenirs des empiètements commis par les Parlements de l'Ancien régime sur le pouvoir royal. Favorisées par l'étendue, sous la royauté, de la notion de « justice », qui dépassait le règlement des litiges pour s'étendre à la prise de

1. T. Renoux, « L'autorité judiciaire », colloque Aix, 8-10 sept. 1988, *in L'écriture de la constitution*, Économica, 1992, p. 703.

2. Ce qui justifie l'intitulé de ce chapitre « Le service public de la justice » ; P. Gaudemet, « La séparation des pouvoirs, Mythe et réalité », *D.* 1961. Chron. 121.

3. Au sens d'organes de l'État.

mesures générales ou particulières [1], les cours souveraines faisaient œuvre de législation par leurs arrêts de règlement et, surtout, en visant des prérogatives attachées à la formalité de l'enregistrement, elles avaient pu se livrer à l'égard du pouvoir royal à une véritable opposition, devenue systématique après 1750 [2].

La mise en œuvre de la théorie de la séparation des pouvoirs tendait à protéger chacun d'eux contre les empiètements des deux autres. Pour apprécier l'étendue actuelle de cette protection, il convient de présenter les relations de l'autorité judiciaire successivement avec le Parlement et avec le Gouvernement et avec ceux qui concourent à l'expression des suffrages, les partis politiques.

§ 2. Le juge et les partis politiques

91 ***Problématique et distinctions*** ◊ Les partis politiques entretiennent nécessairement des relations avec les juges puisque, dans notre système démocratique, ce sont eux qui, pour une large part, présentent des candidats aux élections législatives ou sénatoriales, donc constituent le Parlement, et participent, par le jeu subtil des équilibres politiques au sein d'une majorité de gouvernement, à la composition de celui-ci.

a) *Dès lors, présents au Parlement*, avec les groupes parlementaires qui en sont l'émanation (même si, en droit, ils ne se confondent pas avec eux), ils participent à l'élaboration des lois concernant directement les magistrats, à savoir celles qui touchent à leur statut et celles qui accordent à la Justice les moyens de fonctionner dans les lois de finances ; sur ce point au moins, les juges ne peuvent pas ne pas tenir compte de ces partis, mais cela n'enlève rien à leur indépendance, tant il est vrai que c'est le corps tout entier qui est concerné par ces lois et non pas les juges pris individuellement dans leur carrière, par des mesures nominatives. De plus, toutes les lois qui modifient le statut des magistrats (principalement contenu dans l'ordonnance du 22 déc. 1958) doivent être prises sous la forme de lois organiques, ce qui assure, entre autres garanties procédurales, la protection du Conseil constitutionnel, ces lois devant obligatoirement être soumises à son contrôle.

b) *Présents au gouvernement*, via les ministres qui sont issus de leurs rangs, les partis politiques sont sans doute plus tentés d'influer sur les décisions des magistrats : distinctions honorifiques et décorations [3], nominations à des postes de choix en France ou dans les juridictions internationales, activités juridictionnelles complémentaires donnant lieu à des vacations rétribuées en plus du traitement de base etc., sans

1. Aussi l'article 5 de la Constitution de 1791 prend-il soin de définir le « pouvoir judiciaire » comme « fonction de juger », ce qui peut apparaître aujourd'hui comme une tautologie.

2. Sur tous ces points, v. F. Olivier-Martin, *Précis d'histoire du droit français*, Dalloz, 1945 ; et P. C. Timbal et A. Castaldo, *Histoire des institutions publiques et des faits sociaux*, Dalloz, 11e éd., 2004.

3. D'où notre proposition de les supprimer pour les magistrats à raison de l'exercice de leurs fonctions professionnelles (v. *infra* n° 125).

compter la tentation d'influer sur le cours de l'action publique, dans un sens ou dans un autre, de classement pour un ami politique ou d'accélération pour un adversaire. Le droit français et, d'une manière plus générale la société française, connaissent des mécanismes de régulation de ces phénomènes, soit par un affaiblissement du pouvoir exécutif dans le déroulement de la carrière des magistrats, soit par l'engagement des Gardes des Sceaux qui se succèdent, et sous l'influence de la pression médiatique, de ne pas intervenir dans l'exercice de l'action publique et de faire figurer au dossier les instructions écrites (v. *infra* n°s 112 et s., les trois réponses du droit français à ces questions de relations entre les magistrats et le gouvernement, qui ne concernent qu'indirectement les partis politiques, la même crainte d'intervention pouvant être le fait d'un gouvernement qui ne serait issu d'aucun parti politique).

À vrai dire, la question serait plus simple si les magistrats eux-mêmes ne participaient pas à la confusion des genres en acceptant de participer à des cabinets ministériels et pas seulement à la Chancellerie, ce qui, à la limite et sous réserve de certaines garanties, peut se comprendre (les magistrats connaissent mieux que d'autres leur profession et leur intervention technique dans l'administration de ce grand et noble ministère est indispensable). C'est plus un problème d'aménagement technique de garanties, de garde-fou, que de principe.

c) *À l'inverse, il faut protéger les justiciables du militantisme politique d'un juge*, question plus vaste de la neutralité des magistrats qui sera étudiée plus loin (v. *infra*, n°s 187 s.) et pour laquelle il n'existe pas de réponse juridique vraiment satisfaisante, en dehors des actions disciplinaires contre les juges qui se rendraient coupables de tels actes, sauf à faire prospérer l'idée d'une éthique plus forte chez nos magistrats (v. *infra*, n° 189).

En revanche, par des dispositions éparses, le législateur a protégé les partis politiques contre l'action des juges ; il faut y voir une conséquence indirecte de la séparation des pouvoirs, les partis politiques appartenant bien aux deux autres pouvoirs, comme nous venons de l'indiquer (*supra*, a et b) ; en les protégeant contre l'interventionnisme judiciaire, on protège le Parlement et le Gouvernement. Il faut y voir aussi, et d'une manière bien plus fondamentale, les conséquences beaucoup plus directes de l'idée que notre Constitution se fait de la place et du rôle des partis politiques dans la vie politique française et l'organisation des pouvoirs. Il ne faut pas oublier en effet, que selon l'article 4 de la Constitution les partis et groupements politiques concourent à l'expression du suffrage et s'administrent librement ; toute une législation a mis en place dans les années 1990 un système de protection contre les empiètements de juges sur l'activité des partis politiques, même si les uns (les partis) et les autres (les juges) n'en ont pas encore vraiment pris conscience. C'est de cette législation dont nous voudrions dire quelques mots.

92 ***La protection des partis et groupements politiques contre l'excès de pouvoir des juges*** ◊ **a)** *Elle est assurée par des dispositions législatives éparses*, dont nous donnerons un aperçu, toutes étant la conséquence directe de la Constitution et de la jurisprudence du Conseil constitutionnel [1] :

1) *L'article 4 de la Constitution éclaire la question en termes de liberté*, liberté de formation, liberté de fonctionnement des partis et groupements politiques (ceux-ci étant composés de personnes adhérant à un parti politique mais aussi de personnes sans adhésion partisane, ce qui étend d'autant la protection constitutionnelle aux groupes parlementaires et aux groupes d'élus locaux) [2]. Une illustration de cette liberté totale de fonctionnement est donnée par l'autonomie du droit d'agir en justice : « la preuve de la désignation du représentant d'un parti politique en vue d'agir en justice ne relève pas des règles du mandat et la vérification de cette qualité de représentant se fait par tous moyens, selon les règles propres au fonctionnement du parti politique » [3] ; on ne saurait mieux souligner la protection des partis et groupements politiques qui échappent au droit commun des associations et du droit civil. La seule restriction est « de respecter les principes de la souveraineté nationale et de la démocratie », ce qui, de l'avis de la doctrine la plus autorisée [4], signifie que l'organisation interne des partis et groupements politiques ne peut être contrôlée au nom de cette formule, qui doit se comprendre « comme s'appliquant plus à la finalité de l'action des partis et non à leur structure interne » [5] ; en clair, c'est le parti communiste qui était visé [6]. Eu égard à cette liberté constitutionnelle, on ne peut qu'être réservé devant l'attitude de certains juges d'instruction à saisir les fichiers des partis politiques sur lesquels pèse un soupçon d'infraction à leur mode de financement, alors qu'il existe une commission *ad hoc* de contrôle des comptes des partis politiques.

2) *Le Code pénal, dans son article. 131-39*, dispose qu'en cas de responsabilité pénale de la personne morale qui incarne le parti ou le groupement politique, le juge pénal ne peut ni prononcer la dissolution de ceux-ci, ni interdire son activité, alors que c'est une sanction prévue pour les autres personnes morales (à l'exception aussi des syndicats). De la même façon, le juge d'instruction qui impose un contrôle judiciaire à un élu ne peut prendre des mesures qui empêcheraient cet élu d'exercer ses fonctions électives [7] (article 138-12°, CPP). C'est une manifestation concrète de la séparation des pouvoirs.

3) *Le juge financier* lui-même voit ses prérogatives amputées en matière de contrôle des comptes des partis et groupements politiques aidés financièrement par des fonds publics : la loi 88-227 du 11 mars 1988 exclut (dans son

1. Sur l'ensemble de cette question, J.-Cl. Colliard, « Les partis politiques oubliés des libertés publiques », in *Mélanges Cl. Albert Colliard,* Pedone, 1984, p. 655 ; « La liberté des partis politiques », in *Mélanges J. Robert*, LGDJ, 1998, p. 81.

2. J.-P. Camby, « L'article 4 de la Constitution : d'une reconnaissance de la liberté des partis politiques à des exigences de droit », *RD publ.* 1998. 321.

3. Crim. 3 janv. 2006, *LCR c/ CRIF, LPA,* 10 mai 2006, n° 93, p. 9, note J.-F. Barbièri ; *Gaz. Pal.* 8 août 2006, note Y. Monnet.

4. F. Luchaire, *Le Conseil constitutionnel*, Économica, 2e éd. en 3 vol., 1997-1998. G. Vedel, *Pages de doctrine*, LGDJ, 1980, p. 191.

5. J.-J. Israël, in *La constitution de la République française* (ouvrage collectif), Économica, 1987, p. 221.

6. F. Luchaire, in *L'écriture de la constitution*, Économica 1992, p.721.

7. Printemps 2001, Affaire du RPF de Charles Pasqua.

article 10) tout contrôle de la Cour des comptes sur ces organismes et les met hors du champ d'application du décret du 30 octobre 1935 sur le contrôle des associations subventionnées par des fonds publics [1]. Il en résulte que les Chambres régionales des comptes, soumises par la voie de l'appel à la censure de la Cour des comptes ne peuvent pas non plus contrôler les comptes des groupements politiques locaux aidés par une collectivité publique ; d'ailleurs, la loi n° 95-65 du 19 janvier 1995, qui organise une aide en moyens humains et matériels au profit de ces groupements (art. 32 *bis* de la loi n° 92-125 du 6 février 1992) n'a prévu aucun contrôle du juge financier sur l'utilisation de la dotation.

4) *Le juge des référés* lui-même ne peut intervenir dans les opérations électorales, les querelles de partis politiques lors de ces campagnes, dès lors que ce contentieux est soumis au juge constitutionnel [2].

b) *La sanction de l'immixtion d'un juge dans le fonctionnement d'un parti ou groupement politique* serait mise en œuvre par un moyen de nullité d'ordre public pour excès de pouvoir, celui-ci étant « de la part d'un juge ou d'un tribunal, l'acte par lequel il sort du cercle de ses attributions et fait ce dont la loi ne lui permet de s'occuper » [3]. Par exemple, le juge qui se permettrait d'apprécier l'utilisation d'une subvention de fonctionnement attribuée à un groupe politique d'élus locaux, non pas par rapport à la collectivité qui l'a accordée (ce qu'il ne pouvait faire en raison du transfert de propriété opéré par l'acte de subvention, sauf requalification, par la Chambre régionale des comptes des deniers privés en deniers publics par la théorie de la gestion de fait) mais par rapport au mode de fonctionnement choisi par ce groupement, en régie directe ou en adossement à un parti politique ; en portant une telle appréciation, le juge s'immiscerait dans le fonctionnement d'un groupement politique, puisqu'il déciderait, à la place de ce dernier, ce qui est bien (le recrutement direct des salariés) ou mal (la mise à disposition de salariés par un parti politique, moyennant participation aux frais) pour lui ! Pourquoi ne pas, aussi, contrôler la taille des stylos achetés par ce groupe d'élus ?

§ 3. **Le juge et le Parlement**

93 ***Conception française et conception anglo-saxonne de la fabrication du droit*** ◊ Les relations entre les juges et le législateur ne sont pas conçues de la même manière en droit français et dans les droits de *common law*. Alors que le juge français - sous réserve d'une évolution récente liée à l'application de la Convention européenne des droits de l'homme - est encore, largement, « la bouche de la loi », le juge de *common law « est le régulateur naturel des relations sociales, bien avant le législateur »* [4] ; la *common law* définie par le juge *« est le droit authentique, le véritable droit par rapport auquel la loi votée par le législateur est*

1. H. Faupin, *RFFP*, 1999, n° 66, p. 115.
2. Ass. plén., 8 mars 1996, *JCP* 1996. II. 22621.
3. E. Faye, *La Cour de cassation*, 1903, rééd. 1970, n° 456, p. 454 ; F. Kernaleguen, « L'excès de pouvoir du juge », *Justices*, 1996-3.151 ; N. Fricero, L'excès de pouvoir en procédure civile, *R. G. proc.* 1998, 17.
4. E. Zoller, *Le droit des USA*, coll. « Que sais-je ? », PUF, 2001, p. 89.

presque une intruse, un élément rapporté qui ne peut que la contrarier » [1]. Bref, en pays de *common law, « il n'y a de droit véritable que dit par un juge »* [2].

L'examen des relations réciproques du juge et du Parlement conduit à constater, en France, leur inégalité.

I. Protection limitée de l'activité du juge

94 ***Empiètements du législatif. Limites*** ◊ Une fois l'instance engagée, aussi bien les exigences d'une bonne administration de la justice que celles de la sécurité juridique des plaideurs impliquent que les données textuelles du procès ne soient plus modifiées, et que, *a fortiori*, la décision rendue par le juge ne soit pas susceptible d'être privée d'effet par le législateur. Il y va aussi bien de la considération due aux tribunaux que des intérêts du demandeur, qui a fondé son action sur un état donné du droit existant.

La simple observation de la réalité montre pourtant que, depuis longtemps, l'ingérence du Parlement est étendue dans les litiges dont les tribunaux ont à connaître – tout spécialement ceux portés devant les juridictions administratives, qui sont saisies des recours tendant à l'annulation d'actes réglementaires illégaux ou des mesures individuelles qui en sont l'application. Quatre types de lois sont concernés [3], qu'il faut distinguer : les lois de validation (c) qui sont des lois rétroactives ; mais il existe des lois rétroactives qui ne sont pas des lois de validation, ainsi des lois interprétatives (a) ou « simplement » rétroactives (b). Pour mieux les distinguer, on dira que les lois de validation ne sont pas seulement rétroactives : leur rétroactivité vise à rompre l'égalité des armes, en dénouant des litiges en cours au profit direct ou indirect de l'État (ou en prévenant de nouveaux litiges), par la technique consistant à redonner la vie juridique à des actes qui ne l'avaient plus ou qui allaient la perdre ; les lois « simplement » rétroactives visent seulement *« la recherche d'un compromis entre la vérité qui se révèle et la résistance au temps »* [4] ; les lois interprétatives tendent à fixer le sens ambigu ou obscur d'une loi antérieure et font corps avec celle-ci, d'où leur légitimité. On terminera par les lois d'amnistie (d).

1. *Ibid.*
2. E. Zoller, *Droit constitutionnel*, PUF, 2e éd., 1999, no 57. Pour approfondir cette réflexion, v. E. Zoller, *Grands arrêts de la Cour Suprême des États-Unis*, PUF, 2000 et *infra*, no 101 en note. V. aussi, A. Levasseur, « De *Marbury* v. *Madison* à *Bush* v. *Gore*, ou de la légitimité du juge aux USA », in *Mélanges X. Blanc-Jouvan*, Soc. lég. comp. éd., 2005, p.755.
3. On peut aussi voir une problématique proche dans les lois de ratification des ordonnances prises sur l'article 38 de la Constitution, v. CE 8 déc. 2000 (arrêt *Hoffer*), *AJDA* 2000. 985, chron. M. Guyomar et P. Collin ; *RFDA* 2001. 454, concl. C. Maugué. 23 oct. 2002, *AJDA* 2003. 27, note D. Costa (« l'intervention de la loi ratifiant une ordonnance lui donne rétroactivement valeur législative. La requête en annulation de l'ordonnance devient donc sans objet »).
4. P. Hébraud, cité par F. Pollaud-Dullian, « À propos de la sécurité juridique », *RTD civ.* 2001, p. 487, note 36.

a) Les lois interprétatives

L'empiètement du pouvoir législatif sur la justice se manifeste, tout d'abord, par l'adoption éventuelle d'une *loi interprétative*. Venant s'agréger au texte qu'elle interprète pour lui donner un sens déterminé et différent de celui que le juge va vraisemblablement lui reconnaître, ou lui a déjà reconnu, cette loi a un effet rétroactif. Si elle intervient en cours d'instance, elle fausse totalement le débat dont elle renverse la solution prévisible. Par exemple, un arrêt du Conseil d'État du 29 mai 1970 ayant jugé en matière fiscale que la provision pour congés payés pratiquée par les entreprises était déductible des résultats, le Parlement - à la demande du Gouvernement - a inséré, dans une loi n° 70-601 du 9 juillet 1970, un article 25 modifiant de manière appropriée le droit appliqué par cette juridiction, et dont le second alinéa conférait à ses dispositions un caractère interprétatif. L'explication était prosaïque : l'arrêt du Conseil d'État aurait entraîné pour le budget de 1970 une perte de recettes fiscales de trois milliards de francs. En réalité, ce sont surtout des administrations qui ne tiennent pas compte des décisions de justice, y compris des arrêts de la Cour de cassation. Ainsi, en matière d'impôt sur les grandes fortunes et à propos d'une interprétation de la loi du 30 décembre 1981 (instaurant cet impôt), quant à l'usufruit du conjoint survivant, la Chambre commerciale avait rendu une décision favorable à l'usufruitier le 18 avril 1989 ; l'administration fiscale répliquait immédiatement par une note indiquant à ses agents qu'ils ne devaient pas tenir compte de cette décision (mépris de l'autorité judiciaire) et qu'elle se faisait fort d'obtenir le vote d'une loi interprétative (donc rétroactive), ce qui fut fait avec la loi de finances du 29 décembre 1989 (mépris du parlement, dont on annonce par avance la soumission) ; mais le plaideur de 1989 a contesté le caractère interprétatif de cette loi et a obtenu gain de cause le 7 avril 1992 en Cour de cassation [1]. Le cas n'est pas isolé [2] et le Conseil constitutionnel a, sur ce point, une position ambiguë [3]. La première chambre civile de la Cour de cassation refuse d'appliquer aux lois interprétatives le contrôle de conventionalité des lois rétroactives mis en place par la Cour EDH (et sur lequel, v. *infra* b et c) [4].

b) Les lois « simplement » rétroactives [5]

De vieille jurisprudence, une loi nouvelle promulguée après que le jugement est passé en force de chose jugée ne peut remettre en cause cette décision [6], sauf si la loi nouvelle crée un droit nouveau au profit de l'une des parties [7], ou si la loi nouvelle s'applique rétroactivement, de par dispositions expresses, à toutes les situations antérieures, le principe de non-rétroactivité des lois

1. Com. 7 avr. 1992, *JCP* 1992. II. 21939, note C. David.
2. V. La circulaire du directeur de la CNAM (no 86-137, 31 déc. 1986) qui refuse de se soumettre à l'arrêt de Soc. 23 oct. 1985, confirmé le 6 févr. 1992, B. Ghelber, *Gaz. Pal.* 1992, doctr. 485.
3. X. Prétot, « Le législateur peut-il encore conférer un effet rétroactif à la loi non répressive ? Libres propos sur une jurisprudence constitutionnelle ambiguë », in *Mélanges P. Pactet*, Dalloz, 2003, p. 817.
4. Civ. 1re, 18 oct. 2005, *D.* 2006. 689, obs. J. Penneau et 705, obs. O. Smallwood et F. Vialla ; *LPA* 3 oct. 2007, n° 155, p. 12, note C. Lazarus.
5. L. Milano, « Les lois rétroactives, illustration de l'effectivité du dialogue des juges », *RFDA* 2006-3, 447.
6. Req. 20 janv. 1920, *DP* 1921. 1. 129, note Rouast. Soc. 14 mars 1967, *Bull. civ.* V, n° 254. TGI Nanterre, 19 sept. 1975 : *Gaz. Pal.* 1975. 853.
7. T. civ. Versailles, 29 nov. 1951, *Gaz. Pal.* 1952. 1. 96. Chambéry, 15 juill. 1952, *D.* 1952. 622 ; *RTD com.* 1953. 93, obs. Jauffret. Civ. 1re, 25 janv. 1960, *Bull. civ.* I, n° 52.

n'ayant valeur supra-législative qu'en matière pénale (par ex. loi n° 76-1036 du 15 novembre 1976 qui modifie les dispositions transitoires de la loi du 3 janv. 1972 sur la filiation, à propos des droits des enfants adultérins) [1]. La Cour de cassation a même admis, en assemblée plénière, que les juges du fond pouvaient, sans violer l'art. 6 de la Convention européenne des droits de l'homme, en matière fiscale il est vrai, faire application d'une loi nouvelle rétroactive entrée en vigueur au cours de l'instance, dès lors que cette loi n'avait pour objet que de valider une réglementation antérieure conforme au droit communautaire [2]. En revanche, la même assemblée plénière semble désormais veiller scrupuleusement à la justification de la loi rétroactive par l'existence d'un « impérieux motif d'intérêt général », ce qui n'est pas le cas d'une loi qui corrige l'interprétation juridictionnelle de l'article L. 145-38, C. com., pour influer sur le dénouement des litiges en cours [3] ; la Cour de Paris est elle-même divisée sur l'application aux contrats en cours d'une loi du 1er août 2003 étendant le domaine du principe de proportionnalité dans le droit du cautionnement (C. consom., art. L. 341-4) [4]. La Cour européenne censure les lois rétroactives, ainsi la fameuse loi « anti-Perruche », n° 2002-303 du 4 mars 2002 [5]. Souvent, les lois rétroactives sont des lois de validation, parfois selon un mécanisme qui masque la validation.

c) Les lois (rétroactives) de validation

1) Raisons d'être. L'immixtion du législatif dans le fonctionnement des juridictions se manifeste surtout par la pratique fréquente des lois de validation [6] qui affecte essentiellement le contentieux administratif. Pour éviter l'annulation d'un texte réglementaire, ou d'un acte administratif, ou beaucoup plus souvent encore pour priver d'effet l'annulation prononcée, le Gouvernement

1. H. Mazeaud, *D.* 1977. Chron. 1. – D. Huet-Weiller, *D.* 1977. Chron. 7.
2. *Courrier jur. Finances*, déc. 1996, p. 6.
3. Ass. plénière, 23 janv. 2004, *Le Bas Noyer c/ Castorama* (à ne pas confondre avec l'arrêt de la même formation plénière, rendu le 24 janvier 2003, en matière de loi de validation rétroactive, v. *infra*, ce numéro, c-5), *Bull.* Ass. plén. n° 2, p. 2 ; *BICC* 15 mars 2004, rapport Mme Favre et avis R. de Gouttes ; *Procédures,* mars 2004, n° 49, obs. Perrot et n° 56, obs. Croze ; *D.* 2004. 1108, note P.Y. Gautier ; *ibid.*, 2004, 1171, *Point de vue* de M. Voxeur et T. Ngo Ky ; *JCP* 2004. II. 10030, note Marc Billiau ; *RTD civ.* 2004, 341, obs. Ph. Théry ; *ibid.*, p. 371, obs. J. Raynard ; *ibid.* 598 et 603, obs. P. Deumier ; chron. B. Mathieu, *RFDA* 2004. 224 ; G. Mecarelli, *LPA,* 28 avr. 2005, p. 8 (« Requiem pour les lois interprétatives ») Sandrine Chassagnaud, *LPA,* 22 juill. 2005 ; G. Canivet, « L'apport de l'article 6 de la Conv. EDH à la théorie des conflits d'application de la loi dans le temps », *in Justice et cassation,* revue des avocats aux Conseils, Dalloz, 2005, 290. Et, pour le même texte, solution conforme, Civ. 3e, 7 avr. 2004, n° 02-20.401, *D.* 2004.1310, obs. Y. Rouquet ; *LPA* 2005, n° 145, p. 12, note S. Chassagnard.
4. Contre la rétroactivité, en reprenant les motifs de l'Assemblée plénière, Paris, 22 oct. 2004, *Gaz. Pal.* 3 mars 2005, note B. de Grandvilliers ; *RTD civ.* 2006, 366, obs. Ph. Théry. Pour la rétroactivité, Paris, 2 déc. 2005, *D.* 2005. 295 ; *RTD civ.* 2006, 366, obs. Ph. Théry.
5. CEDH, 6 oct. 2005, *Draon et Maurice c/ France, JCP* 2006. I. 109, n° 16, obs. Sudre et II, 10061, note Zollinger ; *JDI* 2006-3, 1165, note Isabelle Moulier. Solution adoptée ensuite par la Cour de cassation et le Conseil d'État : Civ. 1re, 24 janv. 2006 (3 arrêts) et CE 24 févr. 2006, *JCP* 2006. II. 10062, note A. Gouttenoire et Stéphanie Porchy-Simon. Sur le fond de cette loi, v. S. Guinchard, F. Ferrand et C. Chainais, *Procédure civile,* n° 78.
6. S. Guinchard *et alii*, *Droit processuel. Droit commun et droit comparé du procès équitable,* n° 131, b-1 et 303, auxquels on renvoie pour la bibliographie générale. B. Mathieu, *Les validations législatives*, Économica, 1985.

demande au Parlement de les valider par une loi [1]. Si le procédé encourt des objections de principe, cette intrusion du législatif est parfois le seul moyen d'éviter que la sanction d'une irrégularité administrative n'entraîne pour des tiers des conséquences choquantes. Des exemples classiques en sont donnés par le contentieux de la fonction publique. Périodiquement, le Conseil d'État prononce ou confirme l'annulation, souvent pour de simples raisons de forme, de concours de recrutement ou de tableaux d'avancement. Des années après, il faudrait que les candidats reçus passent un nouveau concours, ou que la carrière des fonctionnaires promus soit révisée - ce qui est parfois impossible pour de simples raisons pratiques.

2) Conditions de validité selon la Cour européenne des droits de l'homme. Après avoir semblé condamner toute validation législative, par deux fois contre la Grèce [2], elle a considéré que l'article 6 § 1, ne pouvait « *s'interpréter comme empêchant toute ingérence des pouvoirs publics dans une procédure judiciaire pendante, à laquelle ils sont parties* », et elle a admis que l'État, en l'espèce partie à une procédure fiscale, ait pu valider rétroactivement les dispositions fiscales litigieuses, objet des procédures pendantes [3]. Mais avec l'avis donné par la Commission dans l'affaire *Zielinski et Pradel c/France,* la jurisprudence européenne est revenue à une certaine sévérité, qui plus est, dans une affaire où le Conseil constitutionnel avait donné son aval à une loi de validation et où la Cour de cassation l'avait déclarée conforme à la Convention européenne. « *Le fait que le Conseil constitutionnel prenne en compte un certain nombre de principes généraux (...) ne permet pas de décerner à sa décision un certificat de conformité avec les dispositions de la Convention susceptible de lier les organes de Strasbourg* » [4]. Cette affaire a fait apparaître la possibilité de contrariétés de jurisprudence entre le Conseil constitutionnel et la Cour européenne des droits de l'homme, le premier ayant approuvé la loi de validation dans la mesure où il l'avait jugée conforme à la Constitution (seule norme de référence aux yeux de ses membres : v. *infra* : Conseil constitutionnel), le second l'ayant jugée contraire à l'article 6-1 de la Convention européenne des droits de l'homme [5].

1. Un résultat analogue peut être parfois obtenu de manière indirecte : v. la loi du 15 janv. 1963 conférant valeur législative à un acte réglementaire annulé par le Conseil d'État dans son arrêt *Canal*, 19 oct. 1962, *Lebon*, p. 552.
2. CEDH, 9 déc. 1994, *Raffineries grecques c/Grèce* (loi qui annulait une sentence arbitrale qui avait condamné l'État grec au paiement de plus de 600 000 F), *JCP* 1995. I. 3827, n° 17, obs. Sudre ; *Justices*, 1995-1, 167, obs. Flauss ; *Gaz. Pal.* 28 sept. 1995, note D. Worms ; *Clunet* 1995, 796, obs. Tavernier ; *Rev. arb.* 1996, 181, chron. Ali Bencheneb ; *RGDP* 1998, 241, obs. Flauss. CEDH, 22 oct. 1997, *Papageourgiou c/Grèce, Bull. greffier,* p. 16 (loi annulant toutes les procédures judiciaires en cours quant au remboursement de cotisations versées à un organisme pour l'emploi, à la veille d'un arrêt de la Cour de cassation qui allait condamner l'État grec à rembourser).
3. CEDH, 23 oct. 1997, *National et Provincial Buildings Society et alii c/R. Uni* (§ 112), *JCP* 1998. I. 107, n° 25, obs. (crit.) Sudre ; *RGDP* 1998, 241, obs. Flauss.
4. Avis du 9 sept. 1997, § 98, *AJDA* 1998. 990, obs. Flauss (loi de validation intervenue pendant l'instance en cassation, alors que les cours d'appel avaient donné raison aux requérants et tort à l'État).
5. CEDH, 28 oct. 1999, affaire *Zielinski, Pradal et autres c/France, RFDA,* 2000, p. 289, avec l'article de B. Mathieu, « Les validations législatives devant le juge de Strasbourg : une réaction rapide du juge constitutionnel mais une décision lourde de menaces pour l'avenir de la juridiction constitutionnelle » ; *JCP* 2000. I. 203, obs. F. Sudre ; *D.* 2000. Somm. 184, obs. N. Fricero ; *RTD civ.* 2000. 436, obs. Marguénaud ; *JDI* 2000, 129, obs. P. Tavernier ; *AJDA* 2000. 533, obs. Flauss ; *RD publ.* 2000-3, 716, note G. Gonzalès ; *RTD civ.* 2000. 689, obs. Perrot ; *RTDH* 2000-44, 787, note E. Mella ; *RFDA,* 2000. 1254, chron. S. Bolle.

Cette jurisprudence européenne qui proclame « le principe de la prééminence du droit et la notion de procès équitable », principe et notion qui « s'opposent à toute ingérence du pouvoir législatif dans l'administration de la justice dans le but d'influer sur le déroulement judiciaire d'un litige auquel l'État est partie », a été réaffirmée le 14 décembre 1999 [1] et confirmée le 7 novembre 2000 [2]. Si, en 2004, la Cour européenne a vu « d'impérieux motifs d'intérêt général » dans les obligations de l'État à rembourser aux organismes d'enseignement catholique une cotisation sociale et a validé la loi de validation [3], l'esprit de sa jurisprudence de 1999 demeure et a été réaffirmé en 2006 [4] et 2007 [5], avec les enseignements suivants :

- une loi déclarée conforme à la Constitution n'est pas pour autant compatible avec la Convention européenne (arrêt *Zielinski et alii* du 28 oct. 1999) ;
- la base juridique sur laquelle se fonde le juge européen pour effectuer son contrôle au regard de l'article 6 est celle de l'égalité des armes ; lorsque l'État donne raison à l'une des parties en faisant voter la loi litigieuse, il rompt l'égalité des armes (arrêts *Cabourdin* du 11 avr. 2006 [6] et *Vezon* du 18 avr. 2006) ; en revanche, si la loi de validation ne rompt pas cette égalité, la Cour EDH ne la déclarera pas non conforme au droit à un procès équitable ; ce sera le cas d'une loi qui intervient avant le commencement d'un procès ou après celui-ci, sous réserve dans ce cas, qu'elle ne fasse pas obstacle à l'exécution de la décision (jurisprudence *Hornsby c/Grèce,* 19 mars 1997) ; en d'autres termes, l'article 6, § 1, ne protège pas contre les lois de validation préventives ; il n'y a pas de droit à un procès éventuel : *« la jurisprudence des organes de la Convention n'a jamais admis que la rupture de l'égalité des armes pût résulter des mesures anticipant en quelque sorte sur un procès non encore né »* [7] ;
- la loi de validation qui rompt l'égalité des armes ne peut être déclarée conforme à la Convention européenne que si elle répond à « un impérieux motif d'intérêt général » et non pas seulement à un « simple intérêt général », et un motif financier ne permet pas à lui seul de justifier une telle loi (arrêts *Lecarpentier,* 14 févr. 2006, *Arnolin* et 24 autres affaires, 9 janv. 2007, *Aubert* et 8 autres affaires, 9 janv. 2007, *Chiesi,* 16 janv. 2007) ;
- le contrôle de la Cour se fait indifféremment par rapport à l'article 6 et le droit à un procès équitable (arrêts *Cabourdin,* 11 avr. 2006 et *Vezon,* 18 avr.

1. CEDH, 14 déc. 1999, *Antonakopoulos et alii c/Grèce,* req. n° 7098/97, site Internet de la Cour.
2. CEDH, 7 nov. 2000, *Anagnostopoulos et alii c/ Grèce.*
3. CEDH, 27 mai 2004, *Institut Stanilas c/ France, BICC* 1er juill. 2004, n° 983. 29 juill. 2004, *Scordino c/Italie, D.* 2004. 2540, obs. N. Fricero.
4. Deux arrêts ont été rendus dans l'affaire dite du tableau d'amortissement pour invalider la loi du 12 avril 1996 et contrer la position de la Cour de cassation française (v. *infra,* ce n° sur la position des juridictions françaises) : CEDH, 14 févr. 2006, *Lecarpentier c/ France* (sur le fondement du Protocole I), *LPA,* 3 mai 2006, n° 88, p. 12, note E. Giraud ; *JCP* 2006. II. 10171, note Moussa Thioye et I, 164, n° 4, obs. Sudre ; *RTD civ.* 2006. 261, obs. J.-P. Marguénaud. 18 avr. 2006, *Vezon c/ France* (sur le fondement de l'article 6 et de la rupture de l'égalité des armes). Voir aussi la note suivante.
5. CEDH, 9 janv. 2007, *Arnolin* et 24 autres affaires contre la France ; 9 janv. 2007, *Aubert,* et huit autres affaires contre la France ;16 janv. 2007, *Chiesi c/ France, Dr. et proc ; cahier de droit international,* 2007-2, obs. N. Fricero. Et, toujours à propos du tableau d'amortissement, censure de la loi du 12 avril 1996 par CEDH, 12 juin 2007.
6. CEDH, 11 avr. 2006, *Cabourtin c/ France, RD publ.* 2007-3, p. 879, obs. Gonzalès.
7. Commission EDH, 29 août 2000, décision d'irrecevabilité *Organisation nationale des syndicats d'infirmiers libéraux de France c/ France.*

2006), ou sur le fondement de l'article 1er du Protocole I (ingérence dans les biens des citoyens) (arrêts *Lecarpentier,* 14 févr. 2006, *Draon* et *Maurice,* 6 oct. 2006, *Aubert et alii,* 9 janv. 2007) ;

– le contrôle de conventionnalité d'une loi de validation joue même dans les procédures dans lesquelles l'État n'est pas partie, pour les litiges de droit privé opposant des particuliers entre eux (arrêts *Lecarpentier,* 14 janv. 2006, *Cabourdin,* 11 avr. 2006, *Arnolin et 24 autres affaires,* 9 janv. 2007).

3) Position du Conseil constitutionnel. Il convient de souligner préalablement que la jurisprudence du Conseil constitutionnel interdit aussi bien au législateur qu'au Gouvernement d'intervenir directement dans l'activité juridictionnelle des tribunaux des deux ordres. Selon la formule vigoureuse (et fondatrice) de la décision 119 DC du 22 juillet 1980 [1], *« il n'appartient ni au législateur ni au Gouvernement de censurer les décisions des juridictions, d'adresser à celles-ci des injonctions et de se substituer à elles dans le jugement des litiges relevant de leur compétence »* [2].

• Dans le domaine des validations législatives de textes ou d'actes divers, l'intervention du Conseil constitutionnel manifeste son souci d'encadrer dans des limites strictes les validations législatives, sans les frapper d'une condamnation de principe, en vue d'assurer un équilibre entre les nécessités de la pratique et de l'indépendance des juridictions. Les lois de validation s'avèrent en effet inévitables, quand il s'agit par exemple de l'annulation de résultats de concours passés parfois plusieurs années auparavant : les candidats reçus, étrangers aux irrégularités qui ont justifié l'annulation, méritent que leur sécurité juridique soit respectée. Il n'est pas surprenant que la jurisprudence du Conseil constitutionnel, contrainte de tenir compte de considérations antagonistes, soit quelque peu sinueuse dans son détail. Pour n'en présenter que les aspects majeurs, elle peut être résumée ainsi, à partir de la décision précitée n° 119 DC du 22 juillet 1980, rendue à propos d'une loi du 25 juillet 1980 portant validation d'actes réglementaires (et de décisions individuelles et collectives), décision qui pose les principes en la matière, c'est-à-dire *quand il s'agit de valider un texte ayant donné lieu à des recours pendants devant une juridiction :*

– Le Conseil commence par affirmer que « l'indépendance des juridictions est garantie ainsi que le caractère spécifique de leurs fonctions sur lesquelles ne peuvent empiéter ni le législateur ni le Gouvernement ». Cette indépendance a d'ailleurs valeur constitutionnelle, puisqu'elle résulte de l'article 66 de la constitution pour les juridictions judiciaires, et des principes fondamentaux reconnus par les lois de la République pour les juridictions administratives. Puis il en énonce les conséquences : « ainsi, il n'appartient ni au législateur ni au Gouvernement de censurer les décisions des juridictions, d'adresser à celles-ci des injonctions et de se substituer à elles dans le jugement des litiges relevant de leur compétence ».

– Mais le Conseil constitutionnel précise ensuite que « ces principes à valeur constitutionnelle » ne s'opposent pas à ce que, même dans des matières ayant

1. *Rec.* p. 46 ; v. *Grandes décisions,* 15e éd., 2009, n° 21.
2. Ainsi le législateur ne pourrait-il plus voter aujourd'hui une loi comme la loi du 31 décembre 1948 qui autorisait l'administration à passer outre à des décisions de justice même ayant force de chose jugée (à l'époque, pour s'opposer à l'administration qui abusait de la pratique des réquisitions de logements, dans des conditions souvent irrégulières, les juges judiciaires avaient excessivement élargi la théorie de la voie de fait, en qualifiant de la sorte presque toutes les irrégularités ainsi commises par l'administration).

donné lieu à des procès pendants, le législateur modifie rétroactivement les règles que le juge devra appliquer - sauf en matière pénale.

- Par deux décisions du 14 décembre 2006, le Conseil constitutionnel a clairement réorganisé ce contrôle des lois de validation en l'ordonnant tout entier autour de l'article 16 de la Déclaration des droits de l'homme et du citoyen, en tant qu'il consacre le principe de la séparation des pouvoirs et la garantie des droits, alors qu'auparavant cet article n'était qu'évoqué, en lien avec l'obligation qui pèse sur le législateur de préciser la portée des validations auxquelles il procède [1]. Cet article 16 est devenu, depuis une dizaine d'années, le texte de référence des décisions du Conseil constitutionnel (lui sont rattachés, les droits de la défense, le droit à un recours juridictionnel effectif, le droit à un procès équitable, l'indépendance et l'impartialité des juridictions).

• Il résulte donc de la jurisprudence du Conseil constitutionnel que les validations ne sont possibles que sous des limites qui tiennent à trois considérations :

- à leur objet ; le législateur ne pourrait valider directement (« censurer les décisions des juridictions ») l'acte même annulé par une juridiction, ni priver d'effet une décision de justice [2]. Sous ces réserves, la nature de l'acte pouvant être validé n'est pas limitée ; le plus souvent, il s'agira en fait d'un texte réglementaire (*i.e.* de portée générale), mais une décision n° 85-192 DC du 24 juillet 1985 a montré que le législateur pouvait directement valider des décisions individuelles (nulles pour avoir été prises sur le fondement d'un texte réglementaire annulé). Il pourrait s'agir également (décision n° 93-335 DC du 21 janv. 1994) de contrats - en l'espèce de contrats de vente de terrains d'une collectivité locale à une personne privée ;

- à leur cause ; la mesure exorbitante que représente la validation législative d'un texte ou d'un acte annulé conduit le Conseil constitutionnel, quand il est saisi d'une loi de validation, à rechercher dans chaque cas la raison d'intérêt général qui peut, à son jugement, justifier l'intervention du législateur (mais il se refuse à analyser le caractère « suffisant » du but d'intérêt général si la gravité de l'atteinte portée à la séparation des pouvoirs est telle que le dispositif législatif en cause ne saurait être justifié par une quelconque considération [3]). L'intérêt budgétaire en est un, mais pas nécessairement, la validation étant admise parfois pour que la collectivité ayant bénéficié des perceptions annulées ne soit pas exposée à des remboursements élevés [4]. Exerçant un contrôle de proportionnalité sur la validation entre l'intérêt général poursuivi et l'atteinte portée au principe de séparation des pouvoirs, le Conseil constitutionnel a pour la première fois déclarée inconstitutionnelle une loi de validation dans sa décision n° 95-369 DC du 28 décembre 1995 [5], en considérant que, si un intérêt financier peut constituer un motif d'intérêt général, en l'espèce, le

1. Déc. n° 2006-544 DC et 545 DC, 28 déc. 2006, *LPA*, 2 avr. 2007, n° 66, p. 12, obs. Anne-Laure Cassard-Valembois ; *JCP* 2007, Actu./Aper. Rap., p. 3, par B. Mathieu.

2. Déc. n° 2005-531 DC, 29 déc. 2005, Loi de finances rectificative pour 2005, *Courrier jur. fin. et ind.*, janv.-févr. 2006 : « l'article 111 de la loi ayant pour principal objet de priver d'effet un arrêt de la CJCE et un autre du CE, il porte atteinte à la séparation des pouvoirs et à la garantie des droits » (à propos du remboursement de la TVA sur les péages aux transporteurs routiers).

3. Déc. n° 2005-531 DC, 29 déc. 2005 préc.

4. V., par ex., les décisions n°s 86-223 DC du 29 déc. 1986, 88-250 DC du 29 déc. 1988 et 93-332 DC du 13 janv. 1994, 2002-458 DC du 7 févr. 2002.

5. Décision n° 95-369 DC, 28 déc. 1995 : *JCP* 1996. I. 3933, n° 11, obs. Mathieu et Verpeaux ; *RD publ.* 1996.323, J.-P. Camby.

montant limité des sommes en jeu au regard du budget annexe de l'aviation civile ne permettait pas de voir en elles « un motif d'intérêt général autorisant le législateur à faire obstacle aux effets d'une décision de justice intervenue et, le cas échéant, d'autres à intervenir ». On retrouve cette appréciation de l'intérêt général dans les décisions ultérieures et la jurisprudence du Conseil constitutionnel est désormais fixée en ce sens qu'un « intérêt financier » peut constituer un « motif d'intérêt général », qu'un objectif « purement financier » ne constitue pas un motif d'intérêt général [1], mais sans qu'il soit exigé « d'impérieux motifs d'intérêt général ». Cette jurisprudence témoigne de la prise en compte des critères du juge européen par le juge constitutionnel ; elle trouve un terrain propice en matière fiscale pour encadrer les initiatives du législateur fiscal qui n'est plus libre d'agir à sa guise et de porter atteinte au principe de sécurité juridique et au droit d'accès à un juge [2]. Le Conseil constitutionnel veille à ce qu'un juste équilibre soit respecté entre les exigences de l'intérêt général et celles de la garantie des droits des justiciables, notamment leur droit d'accès à un tribunal [3] ; pour s'aligner sur la position de la Cour européenne, le Conseil constitutionnel, depuis sa décision du 21 décembre 1999 [4] (confirmée par celle du 29 décembre 1999 [5]), analyse le caractère « suffisant » du motif d'intérêt général, alors que la Cour européenne parle « d'impérieux motifs d'intérêt général ». Ces deux décisions, illustrent bien le retour à plus de rigueur de la part du Conseil constitutionnel, sans doute en raison du rappel à l'ordre effectué par la Cour européenne des droits de l'homme le 28 octobre 1999. La décision précitée du 7 février 2002 et les décisions ultérieures confirment cette tendance à plus de rigueur [6] ;

1. Décisions : n° 96-375 DC, 9 avr. 1996, *JO* 13 avr. 1996, p. 5730 ; *RFD const.* 1996, 600-604, obs. P. Gaïa ; n°s 97-390 DC, 19 nov. 1997 et 97-393 DC, 18 déc 1997 : *RFDA*, 1998, 148, note B. Mathieu ; *RFD const.* 1998-33, 169 ; *LPA*, 17 févr. 1999, note Entiope ; *RD publ.* 1998, 23, chron. F. Luchaire ; n° 2002-458 DC, 7 févr. 2002, *Impôt foncier en Polynésie française, LPA,* 19 févr. 2002, obs. J.E. Scheottl ; *D.* 2002. 1439, chron. B. Mathieu ; *D.* 2003. 1069, obs. L. Gay ; n° 2003-486 DC, 11 déc. 2003, Loi de financement de la sécurité sociale pour 2004, *AJDA* 2003. 2347 ; *LPA* 2003, n° 256, p. 10, concl. Schoettl ; *RFD const.* 2004-58, obs. D. Rides ; *D.* 2004. 1270, obs. D. Ribes.

2. B. Mathieu, « Rétroactivité des lois fiscales et sécurité juridique », *D.* 1998. Chron. 739 ; *RFDA* 1999. 89.

3. Décision n° 98-404 DC, 18 déc. 1998, *RFDA* 1999. 89, chron. B. Mathieu : « *si le législateur a la faculté d'adopter des dispositions fiscales rétroactives, il ne peut le faire qu'en considération d'un motif général suffisant et sous réserve de ne pas priver de garanties légales des exigences constitutionnelles* ».

4. Décision 99-422 DC, 21 déc. 1999, précitée : « *si le législateur peut, dans un but d'intérêt général suffisant, valider un acte dont le juge administratif est saisi, afin de prévenir les difficultés qui pourraient naître de cette annulation, c'est à la condition de définir strictement la portée de cette validation, eu égard à ses effets sur le contrôle de la juridiction saisie ; une telle validation ne saurait avoir pour effet, sous peine de méconnaître le principe de la séparation des pouvoirs et le droit à un recours juridictionnel effectif, qui découlent de l'article 16 de la DDHC, d'interdire tout contrôle juridictionnel de l'acte validé quelle que soit l'illégalité invoquée par les requérants* ».

5. Décision 99-425 DC, 29 déc. 1999, *Rec.* p. 168 ; *RD publ.* 2001-1, 65, chron. D. Rousseau : « *si le législateur peut valider un acte administratif dans un but d'intérêt général suffisant, c'est sous réserve du respect des décisions de justice ayant force de chose jugée et du principe de non-rétroactivité des peines et des sanctions ; que l'acte validé ne doit méconnaître aucune règle, ni aucun principe de valeur constitutionnelle, sauf à ce que le but d'intérêt général visé par la validation soit lui-même de valeur constitutionnelle ; qu'en outre, la portée de la validation doit être strictement définie, sous peine de méconnaître l'article 16 de la Déclaration de 1978* ».

6. Jurisprudence constante, par ex., Déc. n° 2004-509 DC, 13 janv. 2005, Loi de programmation pour la cohésion sociale, *Procédures,* mars 2005, n° 78, obs. S. Deygas ; *RFDA* 2005-

– à leur portée ; selon une jurisprudence constante, qui rattache le respect de la force jugée « au principe constitutionnel de l'indépendance des juridictions », si un texte est validé, cette validation n'affectera pas la situation des justiciables dont l'affaire est passée en force de chose jugée [1] ;

– mais elle retentira sur les autres, et en premier lieu sur ceux dont les dossiers sont encore en instance de jugement. En outre, le législateur doit préciser la portée de la loi de validation, par exemple, le motif précis d'illégalité dont il entend purger un arrêté contesté devant les tribunaux ; la validation d'actes pris en application de cet arrêté « en tant que leur légalité serait contestée pour un motif tiré de l'illégalité de cet arrêté » est trop générale et encourt la censure du Conseil constitutionnel [2].

4) Position des juridictions administratives. Le Conseil d'État a d'abord jugé, le même jour, par un avis et par un arrêt en Assemblée du contentieux, qu'il appartient au juge administratif de contrôler la compatibilité d'une loi de validation avec les dispositions de l'article 6 de la Convention européenne sur le procès équitable [3] ; puis, le 28 juillet 2000, le Conseil d'État a estimé que *« l'État ne peut, sans méconnaître les stipulations de l'article 6 § 1 CEDH, porter atteinte au droit de toute personne à un procès équitable en prenant, au cours d'un procès, des mesures législatives à portée rétroactive dont la conséquence est la validation de la disposition réglementaire objet du procès, sauf lorsque l'intervention de ces mesures est justifiée par des motifs d'intérêt général suffisants »* [4]. C'était certes se placer clairement sur le terrain du droit européen et de la garantie d'un procès équitable, mais avec une exigence moindre, l'intérêt général n'étant pas assorti de « motifs impérieux ». Et dans un avis du 16 février 2001, le Conseil d'État avait admis la validation, dès lors qu'elle respecte les décisions passées en force de chose jugée et poursuit un but d'intérêt général [5]. Jurisprudence identique des juridictions administratives du fond [6]. Mais par un arrêt du 23 juin 2004 [7], suivi d'un avis du 27 mai 2005 [8] et, surtout, par son arrêt

2, 289, note R. Hostiou (à propos de la validation d'actes administratifs pris sur le fondement d'une déclaration d'utilité publique pour l'extension du tramway de Strasbourg).

1. Décision n° 223 DC du 29 déc. 1986 ; v. aussi décision n° 250 DC du 29 déc. 1988.

2. Décision 99-422 DC, 21 déc. 1999, *Loi de financement de la sécurité sociale, D.* 2000. Somm. 426, obs. D. Ribes ; *RFD const.*, 2000-41, p. 130-132, obs. D. Ribes ; *AJDA* 2000. 48 ; *RFDA* 2000. 289, chron. B. Mathieu ; *RD publ.* 2001-1, 66, chron. D. Rousseau.

3. CE 5 déc. 1997, *AJDA* 1998, chron. Girardot et F. Raynaud, p. 97, arrêt p. 149 (avec les conclusions Bergéal) et p. 167 (avis) ; *RGDP* 1998. 242, obs. Flauss ; *LPA*, 15 juin 1998, note Le Gras.

4. CE 28 juill. 2000, *AJDA* 2000. 854, chron. Guyomar et Collin, p. 796. Il résulte de cette position que le juge administratif, qui ne peut exercer de contrôle de constitutionnalité de la loi, mais seulement un contrôle de conventionnalité, ne pourrait écarter les effets d'une loi de validation que dans la mesure où elle rentre dans le champ d'application de l'article 6 de la Convention EDH ; dans une même affaire, il peut ainsi être conduit à admettre la recevabilité du moyen pour une partie seulement du recours, par ex. *in* CE 12 févr. 2004, *AGE-UNEF Sc. Po et M. Slama, AJDA* 2004. 679.

5. Intérêt qui peut être budgétaire, CE Avis, 16 févr. 2001, *Syndicat des compagnies aériennes autonomes, AJDA* 2002. 341, note D. Sabourault. V. aussi, CE 11 juill. 2001, *M. Préaud, AJDA* 2001. 841, chron. Guyomar et Collin ; *RFDA* 2001. 1047, concl. Bergéal. 12 févr. 2004, préc.

6. CAA Lyon, 14 mars 2002, *Procédures*, avr. 2002, obs. S. Deygas.

7. CE 23 juin 2004, *Soc. Laboratoire Génévrier.*

8. CE 27 mai 2005, avis d'Assemblée, *Provin,* chron. Ph. Collière, *LPA,* 18 nov. 2006, n° 230, p. 8.

du 8 février 2007 [1], le Conseil d'État a adopté la notion « d'impérieux motifs d'intérêt général », se conformant ainsi à la jurisprudence européenne. Les juridictions administratives du fond suivent cette jurisprudence [2] et la notion d'intérêt général leur laisse une large marge d'appréciation [3].

5) Position des juridictions judiciaires. Dans une première série d'affaires (dites du tableau d'amortissement de la loi du 12 avril 1996), le tribunal de grande instance de Saintes, par une décision audacieuse du 21 février 1997 (confirmée en appel par la Cour de Limoges), avait écarté une loi de validation [4] au motif qu'ayant été prise *« sous la pression du lobby bancaire »*, elle n'était pas conforme à la Convention EDH en contraignant le juge à adopter une solution favorable aux banques dans des instances nouvelles, alors que la jurisprudence l'avait antérieurement condamnée dans d'autres affaires similaires [5]. Mais la Cour de cassation a systématiquement cassé les décisions qui avaient refusé d'appliquer cette loi de validation, au motif, soit que *« l'intervention du législateur, dans l'exercice de sa fonction normative, n'a eu pour objet que de limiter, pour l'avenir, la portée dune interprétation jurisprudentielle et non de trancher un litige dans lequel l'État aurait été partie »* [6], soit que, *« obéit à d'impérieux motifs d'intérêt général, l'intervention du législateur destinée à aménager les effets d'une jurisprudence nouvelle de nature à compromettre, par son ampleur et ses répercussions sur le système bancaire, l'équilibre financier de l'ensemble des établissements de crédit »* [7]. Malheureusement pour la France et heureusement pour les justiciables victimes de cette loi, cette position a été condamnée par la Cour européenne qui a jugé que la loi de validation intervenue dans cette

1. CE, Ass., 8 févr. 2007, *Gardedieu*, *JCP* 2007. II. 10045, note M. Ch. Rouault ; *Europe*, mars 2007, étude n° 3, D. Simon, p. 5 ; *AJDA* 2007. 585, chron. F. Lenica et J. Boucher ; *Procédures*, avr. 2007, n° 98, obs. S. Deygas ; *D.* 2007. 1214, chron. G. Clamour ; *RTD civ.* 2007-2, p. 297, obs. J.-P. Marguénaud ; *LPA* 7 août 2007, n° 157, p. 11, note M. Canedo-Paris. Le même arrêt retient la responsabilité de l'État pour réparer le préjudice né de l'application d'une loi contraire à la Convention européenne, v. *infra*, n° 240. Confirmé par CE 25 avr. 2007, *Ministère des transports*, n° 296 661.

2. CAA Nantes, 30 déc. 1999, *AJDA*, 20 juill.-20 août 2000, p. 646, concl. E. Coënt-Bochard.

3. CAA Nancy, 5 déc. 2000, *CRAM Metz*, *Dr. adm.* mars 2001, n° 70 ; *AJDA* 2001. 278, note P. Rouselle ; *Gaz. Pal.* 2 déc. 2001 (absence de motifs d'intérêt général). - CAA Lyon, 14 mars 2002, Procédures, avr. 2002, n° 80, obs. S. Deygas (motif suffisant dans la validation d'un P.O.S. pour effacer un simple vice de procédure).

4. L. 12 avr. 1996, article 87-I (*RTD civ. 1996, 725), pourtant reconnue conforme à la Constitution par le Conseil constitutionnel,* Déc. 96-375 DC, 9 avr. 1996 : *JO* 13 avr. 1996, p. 5731.

5. TGI Saintes, 21 févr. 1997. : *Gaz. Pal.* 1997, 1482, note M. Peisse ; *RTD civ.* 1998, 521, obs. Marguénaud ; *D.* 1999. Somm. 23, obs. M. L. Niboyet. - Limoges, 19 nov. 1998 : *Gaz. Pal.* 11 mars 1999 et doctr. (contraire) M. Besserve. - Dans le même sens, Lyon, 11 sept. 1997, inédit.- Dijon, 28 mai 1998 : *D. affaires* 1998, 1436 (arrêt cassé par Civ. 1re, 20 juin 2000). - *Contra* :TGI Créteil, 3 juin 1997, inédit. - TGI Bordeaux, 28 mai 1998, inédit. - Orléans, 14 mai 1998,inédit. - Montpellier, 27 janv. 1999 : *Gaz. Pal.* 11 mars 1999, som. des Cours et Tribunaux, V°Contrats et obligations. Sur l'ensemble de la question N. Molfessis : *RTD civ.* 1999, 236.

6. Civ. 1re, 20 juin 2000, arrêt *Epx Lecarpentier c/ SA Royal* (sur Paris, 25e ch. A, 27 juin 1997) et arrêts. A. *Crédit Lyonnais c/ Epx Saint Adam,* (sur Dijon, 28 mai 1998), *Bull.* I, n° 191 ; *D. affaires*, 2000, 699, note M.L. Niboyet ; *RTD civ.* 2000, 670, obs. N. Molfessis, 676, obs. Rémi Libchaber et 933, obs. Marguénaud ; *RFDA* 2000. 1189, concl. Jerry Sainte Rose et 1201, chron. (crit.) B. Mathieu ; *Banque*, oct. 2000, 1199, obs. J. L. Guillot. 29 avr. 2003, *Société Entenial c/ Epx Chrétien*, Bull. I, n° 100.

7. Civ. 1re, 9 juill. 2003, *JCP* 2004. II. 10016, note X. Prétot.

affaire du tableau d'amortissement méconnaît le droit au respect des biens [1]ou le respect de l'égalité des armes [2], sans être justifiée par d'impérieux motifs d'intérêt général, peu important que l'État qui l'avait fait voter ne soit pas partie au procès en question. La Chambre commerciale a aussi jugé qu'une loi de validation mettant fin à l'expectation d'un remboursement pour les contribuables, ne les prive pas du droit de faire décider par un tribunal indépendant et impartial si un droit leur est acquis [3]. D'autres décisions de juges (judiciaires) du fond sont intervenues sur une autre loi de validation (article 34 de la loi n° 96-1160 du 27 décembre 1996 relative au financement de la sécurité sociale, loi déclarée conforme à la constitution par le Conseil constitutionnel), soit pour écarter la loi, soit pour rejeter la demande : pour la cour de Limoges, qui s'appuie directement sur l'arrêt du 28 octobre 1999 de la Cour européenne, ce texte « *porte atteinte au droit à un procès équitable garanti par l'article 6, dès lors qu'il a pour objet de maintenir les effets d'un acte réglementaire annulé par la juridiction administrative et de priver de base juridique toute action en justice régulièrement engagée sur le fondement de cette annulation avant l'entrée en vigueur de la loi* » [4]. Sur la même loi, la Cour de Nancy a invoqué, de surcroît, l'article 2, § 3, du Pacte international relatif aux droits civils et politiques de 1966, article qui consacre le droit à un recours juridictionnel [5] ; d'autres Cours d'appel, en revanche, ont rejeté les demandes tendant à écarter cette loi [6]. La Cour de cassation a finalement tranché en faveur de la non-conformité de la loi à l'article 6, § 1 de la Convention européenne [7]. La Chambre sociale a confirmé cette jurisprudence le 24 avril 2001, à propos de l'article 29 de la loi de validation n° 2000-37 du 19 janvier 2000 (loi Aubry II) qui favorisait, au détriment des salariés, une association chargée d'une mission de service public et placée sous le contrôle d'une autorité publique qui en assurait le financement, au motif que « *le principe de prééminence du droit et la notion de procès équitable, résultant de l'article 6, § 1, CEDH, s'opposent, sauf pour d'impérieux motifs d'intérêt général, à l'ingérence du pouvoir législatif dans l'administration de la justice afin d'influer sur le dénouement judiciaire d'un litige* » [8]. C'est donc la notion d'intérêt général qui est au cœur de la conventionnalité des lois de validation, notion qui peut être envisagée plus ou moins rigoureusement et qui a permis à l'Assemblée plénière de la Cour de cassation d'infirmer l'arrêt de la chambre sociale, l'affaire étant revenue à la Cour de cassation par résistance de la cour de renvoi : « *obéit à d'impérieux motifs d'intérêt général l'intervention du législateur destinée à aménager les effets d'une jurisprudence nouvelle de nature à compromettre la pérennité du service public de la santé et de la protection*

1. CEDH, 14 févr. 2006, *Lecarpentier c/ France, LPA* 3 mai 2006, n° 88, p. 12, note Eric Garaud ; *JCP* 2006. I. 164, n° 4, obs. Sudre et *JCP* 2006. II. 10171, note M. Thioye ; *RTD civ.* 2006. 261, obs. Marguénaud.

2. CEDH, 11 avr. 2006, *Cabourdin c/ France, JCP* 2006. I. 164, n° 4, obs. Sudre. 18 avr. 2006, *Vezon c/ France.*

3. Com. 16 mai 1995 (1er arrêt), *Bull.* IV, n° 142.

4. Limoges, 13 et 20 mars 2000, *RTD civ.* 2000, 436, obs. Marguénaud ; *D.* 2000. IR. 127 et *RTD civ.* 2000, 629, obs. Perrot, pour Limoges 13 mars 2000.

5. Nancy, 15 févr. 2000, *RTD civ.* 2000, 436, obs.. Marguénaud.

6. Montpellier, 4 mars 1999, Douai, 28 mai 1999, cités par. Marguénaud, *RTD civ.* 2000, 436.

7. Soc. 8 juin 2000, deux arrêts, *D.* 2000. IR. 212.

8. Soc. 24 avr. 2001, *D.* 2001. 2445, note J.. Kibalo Adam et somm. 3012, obs. P. Fadeuilhe ; *Dr. social*,juin 2001, 589, concl. Stalislas Kehrig ; *RFDA* 2001. 1055 (daté par erreur du 25) note J.Y. Frouin et B. Mathieu.

sociale auquel participent les établissements pour personnes inadaptées et handicapées» [1]. La chambre sociale s'était finalement inclinée [2], avant que la Cour EDH ne condamne la France [3], ce qui l'obligea à un nouveau revirement pour revenir à sa solution (prémonitoire) de 2001 [4]. La deuxième chambre civile a aussi jugé, à propos de la loi n° 2003-1199 du 18 décembre 2003 (art. 73-I) validant des mises en demeure effectuées irrégulièrement par des agents de l'Urssaf de Paris (ils n'étaient pas agréés à cet effet, contrairement aux exigences légales), que « *la sauvegarde du régime général de Sécurité sociale constitue un impérieux motif d'intérêt général* » et que « *le développement de ce contentieux était de nature à mettre en péril le recouvrement des cotisations de sécurité sociale et, par suite, la pérennité du système de protection sociale* » [5]. Mais cette jurisprudence ne vaut que pour les instances judiciaires pendantes et non pas pour les recours gracieux introduits devant une commission dépourvue de tout caractère juridictionnel, de sorte que le tribunal justifiait sa position de ne pas écarter une loi de validation, en observant que sa saisine était postérieure à l'adoption de la loi [6].

d) Les lois d'amnistie

Si l'on admet qu'une loi de validation affecte l'indépendance du juge administratif en l'empêchant de prononcer l'annulation de l'acte administratif dont il est saisi, ne doit-on pas considérer que des *lois d'amnistie* représentent une atteinte à l'indépendance du juge pénal quand elles surviennent dans des procédures en cours ? Le juge pénal se trouve dessaisi des poursuites, qui sont éteintes désormais faute de base légale ; le Parlement, dans une certaine mesure, se substitue aux juridictions dans le jugement de litiges relevant de leurs compétences.

Pour autant, le Conseil constitutionnel valide les lois d'amnistie [7]. Saisi d'une telle loi au motif qu'elle ne permet pas aux personnes soupçonnées d'une infraction de faire la preuve de leur innocence, puisqu'elles sont amnistiées avant le jugement au fond, il a répondu que, tout au contraire « *dans la mesure où l'amnistie a pour effet d'interdire les poursuites pénales, elle ne méconnaît en rien le principe proclamé par l'article 9 de la déclaration de 1789* » [8]. Cette loi établit une présomption législative d'innocence. Mais pour le Comité des droits de l'homme de l'ONU, s'agissant des crimes les plus graves, les lois d'amnistie sont contraires aux articles 2 et 3 du Pacte international de New

1. Ass. plénière, 24 janv. 2003, *Mme Anger c/ ADPEP Loiret* (à ne pas confondre avec l'arrêt du 23 janvier 2004 de la même formation plénière, *Le Bas Noyer c/ Castorama*, rendu en matière fiscale à propos d'une loi rétroactive qui n'était pas de validation, mais plutôt interprétative, v. *supra*, ce numéro, *b*), *BICC* 1er avr. 2003, avis Burgelin et rapport J. Merlin ; *D.* 2003. 1648, note S. Paricard-Pioux ; *RFDA* 2003. 470, obs. B. Mathieu ; *Dr. soc.* 2003, 373, rapport J. Merlin et 470, note X. Prétot. V. aussi Civ. 1re, 29 avr. 2003, *D.* 2003. AJ. 1435, obs. V. Avena-Robardet ; *RTD com.*, 2003, 554, obs. D. Legeais.
2. Soc. 18 mars 2003.
3. CEDH, 9 janv. 2007, *Arnolin c/ France, D.* 2007. 580, obs. Cortot.
4. Soc. 13 juin 2007, n° 05-45.694, *RTD civ.* 2007/3, p. 537, obs. P. Deumier.
5. Civ. 2e, 8 nov. 2006, trois arrêts, *Bull.* II, n° 302 ; *D.* 2007. 877, étude M. Voxeur et Thibault Ngo Ky ; *Gaz. Pal.* 13 mars 2007, chron. O. Barrat.
6. Civ. 2e, 6 avr. 2004, *D.* 2004. 1640.
7. B. Neel, « Pour une défense des lois d'amnistie », in *Mélanges P. Gélard*, Montchrestien, 2000, p. 75.
8. Décision 89-258, 8 juill. 1989, *Dix de Renault, JCP* 1990. II. 21409, note C. Frank ; *D.* 1990. Somm. 138, obs. D. Chelle et X. Prétot.

York de 1966 et à son article 7, car « *les États ne peuvent pas priver les particuliers du droit à un recours utile quand leurs droits ont été violés* ».

e) Conclusion : le principe de sécurité juridique [1]

1) Le principe de sécurité juridique a été consacré par la Cour de justice des communautés européennes dès 1961 [2], et par la Cour européenne des droits de l'homme dès 1979 [3].

2) En revanche, ce principe ne figure pas dans notre Constitution de 1958, ni dans le Préambule de 1946, ni dans la Déclaration des droits de l'homme et du citoyen de 1789 (mais on trouve dans ce dernier texte des notions proches, celle de sûreté à l'article 2 et celle de garantie des droits à l'article 16). Quant au Conseil constitutionnel, sans en faire, pour l'instant et expressément, un principe constitutionnel, il utilise la notion de sécurité juridique comme une référence implicite majeure de son contrôle de constitutionnalité des lois et cela de deux façons [4] :

- d'abord, on vient de le constater, il utilise l'exigence de sécurité juridique pour limiter les possibilités de rétroactivité des lois ; lorsqu'il refusait, jusqu'à une époque récente, d'invalider les lois de validation, il refusait, par là même, d'entériner un principe de sécurité juridique ; aucune norme de valeur constitutionnelle, affirmait-il, ne garantit un principe de « confiance légitime » [5], sauf en matière répressive. Mais, depuis 1980, on vient de le voir, le Conseil constitutionnel accepte le principe de ce contrôle et, depuis sa décision du 21 décembre 1999, il s'aligne sur la jurisprudence de la Cour européenne quant à l'exigence d'un motif suffisant d'intérêt général ; dès lors, on peut considérer que le principe de sécurité juridique se « constitutionnalise » [6]. On a ainsi pu se demander, avec cette jurisprudence constitutionnelle, si le législateur pouvait encore conférer un effet rétroactif à des lois non répressives [7].

- Ensuite, il l'utilise pour sauvegarder la qualité de la loi, d'abord sa clarté, dès 1985 [8], puis par les deux fameuses décisions du 16 décembre 1999, par lesquelles le Conseil dégage (à propos de la loi habilitant le gouvernement à procéder par ordonnances pour codifier certaines matières), en se fondant sur l'article 16 de la Déclaration des droits de l'homme et du citoyen, un objectif, de valeur constitutionnelle, d'accessibilité et d'intelligibilité de la loi, traduction implicite d'un principe de sécurité juridique, à travers les notions de qualité de la loi et de prévisibilité du droit : « l'égalité devant la loi, énoncée par

1. E. Ben Merzouk, *La sécurité juridique en droit positif,* thèse Paris 2, juin 2003, (dir. S. Guinchard).

2. CJCE 22 mars 1961, *SNUPAT, Rec. CJCE,* p. 103. 13 juill. 1961, *Méroni, Rec. CJCE,* p. 319.

3. CEDH, 13 juin 1979, *Marckx c/ Belgique.*

4. O. Dutheillet de Lamothe, « Le point de vue du juge constitutionnel : l'expérience du Conseil constitutionnel », in *Regards croisés sur la sécurité juridique,* Séminaire franco-brésilien, Paris, Cour de cassation, 19 sept. 2005, *LPA,* 21 déc. 2006, n° 254, p. 10.

5. Décision 97-391 DC, 7 nov. 1997, *RJC,* I, 719 ; *RFD const.*, 1998, 157, obs. L. Philip ; *AJDA* 1997. 969, note Schoettl ; *D.* 1999. Somm. 235, obs. F. Melin-Soucramanien. – Et déjà, décision 95-369, DC, 28 déc. 1995, *RJC,* I, 646 ; *D.* 1996. 328 et chron. J.-P. Lay, 193 ; *D.* 1997. Somm. 140, obs. F. Melin-Soucramanien.

6. A.-L. Valembois, *La constitutionnalisation de l'exigence de sécurité juridique en droit français,* LGDJ, Biblio. const. et sc. pol., t. 122, 2005. B. Mathieu, « La sécurité juridique : un principe constitutionnel clandestin mais efficient », in *Mélanges P. Gélard,* Montchrestien, 2000, p. 301 ; *Cahier du Conseil constitutionnel,* Dalloz, 2001-11, p. 66-116.

7. X. Prétot, in *Mélanges P. Pactet,* Dalloz, 2003, p. 817.

8. Déc. n° 85-191 DC, 10 juill. 1985.

l'article 6 de la DDHC et la garantie des droits énoncée par son article 16, pourraient ne pas être effectives si les citoyens ne disposaient pas d'une connaissance suffisante des normes qui leur sont applicables » [1]. Se développe ainsi, au fil des contrôles de constitutionnalité des lois [2], une exigence renforcée de clarté des lois. Cette exigence se prolonge dans celle de normativité de la loi ; après avoir considéré que les rapports annexés aux lois étaient certes dépourvus de toute normativité, mais que leurs dispositions n'étaient pas pour autant inconstitutionnelles [3], le Conseil constitutionnel a jugé que les dispositions dépourvues de valeur normative étaient inconstitutionnelles [4], sauf s'il s'agit de lois de programme à caractère économique et social définies par l'article 34 de la Constitution, lesquelles sont soumises à des conditions de fond et de procédure spécifiques : *« aux termes de l'article 6 de la déclaration des droits de l'homme et du citoyen, la loi est l'expression de la volonté générale ; il en résulte que la loi a pour vocation d'énoncer des règles de droit et doit, par la suite, être revêtue d'une portée normative ».*

3) La jurisprudence judiciaire ne relaye pas cette jurisprudence supranationale et cette évolution du Conseil constitutionnel. Mis à part quelques rares arrêts de sa Chambre sociale [5] et de sa Chambre commerciale [6], la Cour de cassation ne fait pas de la sécurité juridique un principe « nommé », même si elle la tient pour une exigence qu'elle fait respecter au travers d'autres règles [7]. On le voit bien dans la jurisprudence de la Cour qui refuse de consacrer la non-rétroactivité de la jurisprudence [8], même en matière pénale [9]. En revanche, la Cour de cassation consacre le « revirement prospectif », en s'abstenant de censurer un arrêt qui avait soumis une action civile fondée sur une atteinte à la présomption d'innocence à une règle de prescription inédite, « parce que l'application immédiate de cette règle de prescription dans l'instance en cours aboutirait à priver la victime d'un procès équitable au sens de l'article 6 de la Convention EDH, en lui interdisant l'accès au juge » [10].

1. Décisions 99-421 et 99-422 DC, 16 déc. 1999, *D.* 2000 (27 janv.), Point de vue, p. VII ; *RFD const.* 2000-41, p. 120, obs. D. Ribes ; chron. M.-A. Frison-Roche et W. Baranès, *D.* 2000. 361. Jurisprudence confirmée par les décisions n° 2003-475 DC, 24 juill. 2003, n° 2004-500 DC, 29 juill. 2004 (§ 13 qui résume la position du Conseil sur ce point).

2. Par ex., Déc. n° 2000-435 DC, 7 déc. 2000. Déc. n° 2006-544 DC, 14 déc. 2006, préc. ; B. Mathieu, « Le Conseil constitutionnel renforce les exigences relatives à la qualité du travail législatif et à la sécurité juridique », *JCP* 2007, Actu./Aper. Rap., p. 3.

3. Déc. n° 2002-460 DC, 22 août 2002 (loi d'orientation et de programmation pour la sécurité intérieure) et n° 2002-461 DC, 29 août 2002 (loi d'orientation et de programmation pour la justice).

4. Déc. n° 2004-500 DC, 29 juill. 2004 (loi organique relative à l'autonomie financière) et n° 2005-512 DC, 21 avr. 2005 (loi d'orientation et de programmation pour l'avenir de l'école).

5. Soc. 2 mai 2000, *Bull.* V, n° 162.

6. Com. 6 déc. 2005, n° 04-19.541.

7. G. Canivet, « Le point de vue du juge judiciaire et du juge administratif : l'expérience de la Cour de cassation française », *in Regards croisés sur la sécurité juridique,* Séminaire franco-brésilien, Paris, Cour de cassation, 19 sept. 2005, *LPA,* 21 déc. 2006, n° 254, p. 23. P. Brunet, « La sécurité juridique, nouvel opium des juges », in *Mélanges D. Lorchak,* LGDJ, p. 247.

8. Civ. 1re, 21 mars 2000, *D.* 2000. 593 ; *RTD civ.* 2000. 666, obs. N. Molfessis. 9 oct. 2001, *D.* 2001. 3470 ; *JCP* 2002. II. 10045.

9. Crim. 30 janv. 2002, *Bull.* n° 16 ; *D.* 2003. Somm. 173, obs. B. de Lamy, « Le principe de non-rétroactvité de s'applique pas à une simple interprétation jurisprudentielle ».

10. Ass. plén. 21 déc. 2006, *D.* 2007. 836, note P. Morvan, qui confirme Civ. 2e, 8 juill. 2004, *D.* 2004. 2956.

4) Quant au Conseil d'État, il a reconnu au juge administratif le pouvoir de moduler les effets dans le temps de l'annulation d'un acte administratif lorsque celle-ci est de nature à entraîner des *« conséquences manifestement excessives »* pour les divers intérêts publics et privés en présence [1], tout en refusant de limiter la rétroactivité d'un revirement de jurisprudence [2]. Par ailleurs, il a limité l'application du principe de protection de la confiance légitime aux actes par lesquels le gouvernement assure la mise en œuvre du droit communautaire [3]. Cependant, peu après avoir laissé entrevoir une évolution dans son rapport public 2006 (*« Sécurité juridique et complexité du droit »* [4]), le Conseil d'État a décidé une inflexion importante de sa jurisprudence en reconnaissant la sécurité juridique en tant que principe général du droit dans son arrêt d'assemblée rendu dans l'affaire *Sté KPMG* [5]. En l'espèce, le Conseil estime que l'autorité investie du pouvoir réglementaire se doit d'édicter les mesures transitoires que peut impliquer une réglementation nouvelle susceptible de porter une atteinte excessive à des situations contractuelles en cours [6]. Même s'il appelle des précisions, cet arrêt permet de rendre plus cohérente la garantie des droits des justiciables, sur un fondement national, mais en harmonie avec le droit européen.

95 ***Interdiction au Parlement de donner des ordres aux juges. Les suites parlementaires de l'affaire d'Outreau*** ◊ Le législateur ne pourrait adresser des ordres aux juridictions, que ce soit pour leur ordonner ou pour leur interdire un certain comportement [7]. Mais c'est la triste affaire d'Outreau qui a quelque peu malmené le principe de la séparation des pouvoirs. Alors que cette affaire avait secoué la France par le nombre de personnes finalement acquittées en décembre 2005, après plusieurs mois, voire plusieurs années de détention provisoire, l'Assemblée nationale décida de constituer une Commission d'enquête

1. CE, Ass., 11 mai 2004, *Assoc. AC !*, *D.* 2004. Pan. 1499, obs. Frier et Pan. 2187, obs. Willmann, Labouz, Gamet et Antoine-Lemaire ; *AJDA* 2004, note Landais et Lenica ; *RFDA* 2004. 454, concl. Devys, note Stahl et Courrèges. 25 févr. 2005, *France Télécom*, *AJDA* 2005. 997, obs. Landais et Lenica. 11 janv. 2006, *Assoc. Familles victimes du saturnisme*, *AJDA* 2006. 116. V. F. Dieu, cité *infra*, note suivante.

2. CE 14 juin 2004, *Dr. adm.* 2004, comm. 166. F. Dieu, « La modulation des effets des annulations contentieuses ou comment concilier principe de légalité et principe de sécurité juridique », *AJDA* 2006. 2435.

3. CE Ass., 5 mars 1999, *Rouquette*, *AJDA* 1999. 462.

4. *EDCE* n° 57, 2006.

5. CE Ass., 24 mars 2006, *Sté KPMG*, concl. Aguila, *RFDA* 2006. 463 ; *AJDA* 2006. 1028. V. aussi CE 27 oct. 2006, *SA Techna* ; 13 déc. 2006, *Mme Lacroix*.

6. Sur la distinction entre confiance légitime et sécurité juridique, v. F. Melleray, « L'arrêt KPMG consacre-t-il vraiment le principe de sécurité juridique ? », *AJDA* 2006. 897 ; J. M. Woerhling, « L'obligation d'édicter des mesures transitoires comme instrument de protection des situations constituées », *RD publ.* 2007. 285.

7. À titre d'exemple, on peut considérer que se serait heurtée à cette prohibition la rédaction donnée à l'amendement par lequel les sénateurs avaient voulu (avant l'arrêt *Nicolo* du Conseil d'État) assurer la primauté du droit communautaire sur la loi postérieure, lors de la discussion de la loi du 31 décembre 1987 : « Il appartient au Conseil d'État et aux juridictions administratives qui relèvent du Conseil d'État (...) d'assurer l'application du droit communautaire, nonobstant toute disposition nationale contraire, fût-elle postérieure ». Cet amendement a été retiré sans être discuté ; v. *JO Déb.* Sénat, séance du 10 nov. 1987, p. 3799.

parlementaire sur les dysfonctionnements de la Justice à propos de cette affaire ; le juge d'instruction et les principaux magistrats qui avaient eu à en connaître durent comparaître devant cette Commission. Au final, le principe de l'autorité de la chose jugée ne fut pas remis en cause, même si les magistrats ont été interrogés sur l'élaboration de leurs décisions juridictionnelles [1]. La transmission publique des auditions a accru l'impact de cette mesure.

II. Protection étendue du législatif contre le juge

96 ***Application du principe de la séparation des pouvoirs*** ◊ Le Parlement est mis à l'abri d'éventuels empiètements des juges dans son fonctionnement par les conséquences attachées en France au principe de la séparation des pouvoirs [2], sur lequel on ne reviendra pas.

Mais il convient de souligner que sa fonction législative bénéficie au plan de la technique juridique de la protection particulière que lui apportent deux principes qui s'imposent à tous les tribunaux, aussi bien judiciaires qu'administratifs : celui de la subordination du droit jurisprudentiel au droit d'origine législative, notamment par l'interdiction des arrêts de règlement (C. civ., art. 5) (A) et celui de l'obligation qui est faite au juge d'appliquer la loi (C. civ., art. 4) (B).

On signalera ici un arrêt de la Cour de cassation belge susceptible de remettre en cause ce principe de la séparation des pouvoirs. Cette Haute juridiction a en effet estimé qu'un juge du fond pouvait apprécier le caractère fautif du comportement dommageable du pouvoir législatif, sans empiéter sur les attributions dudit pouvoir, mais en se conformant au contraire à sa mission de protection des droits civils ; dans cette affaire, il était reproché à l'État (au législateur belge), par un justiciable se plaignant de la longueur anormale d'une procédure judiciaire, de n'avoir pas pris les mesures adéquates (augmentation des cadres et des budgets, modification éventuelle de la loi sur l'emploi des langues en matière judiciaire, dont les exigences de bilinguisme entraînent une insuffisance du nombre de magistrats francophones à Bruxelles) ; l'État belge s'était défendu en soutenant qu'il n'appartient pas au juge judiciaire de s'immiscer dans la fonction législative et dans le processus politique d'élaboration des lois, en portant des jugements sur l'efficacité des normes prises par le législateur ou en décrétant les mesures qu'il aurait dû prendre, à son estime, pour remédier à une situation erronée ; ces arguments n'ont pas été entendus et le justiciable a bénéficié d'un euro provisionnel [3]. V. cet arrêt aussi, *infra*,

1. V. Y. Benhamou, « La Commission d'Outreau et la séparation des pouvoirs », *D.* 2007. 589.

2. V. Civ. 1re, 25 juin 1996, *Belhomme c/ Président de l'Assemblée nationale* (le requérant avait assigné le Président à raison d'une décision prise par la Commission des lois ; la Cour a cassé l'arrêt d'appel qui avait débouté le requérant au fond au lieu de se déclarer incompétente). Cette immunité contentieuse procède du même respect du principe de séparation des pouvoirs qui inspire la théorie des actes de gouvernement dégagée par le Conseil d'État (v. *infra*, n° 105).

3. Cass. belge, 28 sept. 2006, *BICC* 15 mars 2007, n° 536 ; Reflets n° 1/2007 sur le site *Curia* de la CJCE. Et déjà, 30 juin 2006, n° C. 02.0570.F, arrêt *État belge c/ Maria Letizia Ferrara Jung*.

n° 197, sous l'angle de la gestion budgétaire des juridictions. Comp. avec le régime de responsabilité de l'État pour dysfonctionnement du service public de la justice, *infra*, n° 227 et s.

A. Subordination du droit jurisprudentiel

97 ***Principe*** ◊ **1) Le législateur** s'est soucié de protéger sa compétence législative contre une éventuelle concurrence des tribunaux.

Malgré leur nombre, l'ensemble des lois et des règlements ne suffisent pas à donner par avance la solution de toutes les difficultés que les plaideurs peuvent exposer aux juges. Aussi bien en droit privé que - surtout - en droit administratif, les juges - fût-ce sous couvert d'une interprétation des textes - sont éventuellement amenés à créer tout ou partie du droit qu'ils vont appliquer à l'espèce qui leur est soumise [1].

Ce rôle normatif du juge est d'ailleurs inévitable, ne serait-ce que pour une raison technique ; tout jugement se présente comme un syllogisme, le juge ne peut juger que par référence à une norme générale (sinon sa décision ne sera pas motivée et encourra l'appel ou la cassation) ; s'il ne trouve pas cette norme dans un texte, il devra la découvrir ailleurs, l'« inventer » - dans les deux sens, juridique et commun, du terme [2].

Le législateur s'est soucié de se garantir contre cette sorte d'empiètement possible des tribunaux sur son domaine. Outre le texte de principe que représente la loi des 16 et 24 août 1970 en son article 12 [3], il a édicté postérieurement des règles spécifiques qui en représentent la mise en œuvre à des plans particuliers :

a) *L'interdiction des arrêts de règlement* par l'article 5 du Code civil, selon lequel « il est défendu aux juges de prononcer par voie de disposition générale et réglementaire sur les causes qui leur sont soumises », en est l'expression la plus caractéristique. Sous l'Ancien régime, les cours souveraines, c'est-à-dire les Parlements, pouvaient, soit à l'occasion d'un procès, soit de manière autonome, poser des règles générales qui feraient loi dans les cas analogues - sauf au roi à les casser. La prohibition de renouer avec cette pratique, énoncée par l'article 5 du Code civil, est mise en œuvre techniquement par l'article 1351 du

1. V. S. Belaïd, *Essai sur le pouvoir créateur et normatif du juge*, LGDJ, 1974. F. Ost, « Juge pacificateur, juge arbitre, juge entraîneur, trois modèles de Justice »,in *Fonction de juger et pouvoir judiciaire*, Facultés universitaires St-Louis, Bruxelles, 1983, p. 1. « La jurisprudence », *Archives de philosophie du droit*, Sirey, 1985, t. 30, (dir. F. Terré). F. Zenati, *La jurisprudence*, Dalloz, 1990.

2. Sur ce point, v. les développements classiques de Kelsen, *Théorie pure du droit*, éd. Einsenmann, p. 338.

3. « Ils (*les tribunaux*) ne pourront point faire de règlements, mais ils s'adresseront au corps législatif toutes les fois qu'ils croiront nécessaire, soit d'interpréter une loi, soit d'en faire une nouvelle ».

Code civil qui pose le *principe de l'autorité relative de la chose jugée* [1], selon lequel la solution retenue par le juge dans la décision qu'il rend n'a pas, juridiquement, d'autorité au-delà du cadre du litige qui lui était soumis. Cependant, dans le but d'éviter de trop fréquents pourvois en cassation, le législateur a créé la saisine pour avis, tant en matière administrative (v. *infra*, n° 724-II) qu'en matière civile (v. *infra*, n° 680) et pénale (v. *infra*, n° 681), lorsqu'une question de droit nouvelle présente une difficulté sérieuse et se pose dans de nombreux litiges. En outre, – et ceci est assez fréquent en contentieux administratif – quand le juge, en l'absence d'un texte, est amené à poser d'abord la règle dont il va faire application à l'affaire qui lui est déférée, on est très près de la pratique des arrêts de règlement [2]. Caractéristique est l'exemple donné par un arrêt rendu par le Conseil d'État le 26 octobre 2001 [3], qui a posé, *ex nihilo*, la règle suivante en matière de retrait des actes administratifs individuels illégaux créateurs de droits : « Sous réserve de dispositions législatives ou réglementaires contraires, et hors le cas où il est satisfait à une demande des bénéficiaires, l'Administration ne peut retirer une décision individuelle créatrice de droits, si elle est illégale, que dans le délai de quatre mois suivant cette décision ».

***b)** Les tribunaux ne peuvent pas saisir le Parlement de projets législatifs.* Cependant, ils se sont vu reconnaître un droit indirect d'initiative. Le rapport annuel de la Cour de cassation est ainsi devenu un « outil de collaboration avec le législateur » [4] ; à partir des recours portés devant elle la Cour – comme le Conseil d'État – peut constater l'imperfection des textes à travers l'application qui en est faite. Son rapport, et le discours d'ouverture de l'année judiciaire, lui permettent de porter à la connaissance des pouvoirs publics l'opportunité de certaines réformes. Il en va de même pour le Conseil d'État, dont l'article 3 du décret du 30 juillet 1963 relatif à l'établissement d'un rapport annuel [5]

1. H. Sinay, « La résurgence des arrêts de règlement », *D.* 1958. Chron. 85 ; A. Audinet, « Faut-il ressusciter les arrêts de règlement ? », in *Mélanges J. Brethe de la Gressaye*, Brière éd., 1967, p. 99 ; Ass. pén., 13 mai 1966, *JCP* 1966. II. 14786, note J. A. ; *RTD civ.* 1966. 841, obs. Hébraud ; Crim. 24 juill. 1967, *JCP* 1968. II. 15339 ; Com., 13 févr. 1971, *JCP* 1971. II. 16932, note C. Hauser ; Commission Sec. soc., Bas-Rhin, 21 avr. 1971, *JCP* 1972. II. 17025 ; *RTD civ.* 1972. 176, obs. Raynaud ; B. Beignier, « Les arrêts de règlement », *Droits*, n° 9, 1989, p. 45. Sous une forme très atténuée, la possibilité donnée au Conseil d'État, et à la Cour de cassation de rendre des avis, à la demande des juges du fond, sur des questions de droit nouvelles et intéressant de nombreux litiges, se rattache dans une certaine mesure au système des arrêts de règlement ; v. *infra* les développements consacrés à ces deux juridictions.

2. Y. Gaudemet, « L'arrêt de règlement dans le contentieux administratif », in *Mélanges D. Labetoulle*, Dalloz, 2007, p. 387.

3. CE, Ass., 26 oct. 2001, *Ternon*, *AJDA* 2001. 1034, avec la chronique M. Guyomar et P. Collin ; Y. Gaudemet, « Faut-il retirer l'arrêt Ternon ? », *ibid.* 2002, n° 10, p. 738.

4. Selon la formule de Ch. Choucroy, in *À propos du XXe anniversaire du rapport annuel de la Cour de cassation.* Séparation et décloisonnement des pouvoirs ; Rapport de la Cour de cassation 1989, spéc. p. 32 et s. Selon l'auteur, en vingt ans la Cour de cassation a proposé près de cent cinquante modifications législatives et réglementaires.

5. Publié dans *EDCE*, Doc. fr. (comme le précédent). V. aujourd'hui l'art. R. 123-5 CJA.

dispose : « Ce rapport énonce les réformes d'ordre législatif, réglementaire ou administratif sur lesquelles le Conseil d'État entend appeler l'attention du Gouvernement ».

2) L'exécutif se trouve vis-à-vis des juridictions administratives, on peut le noter au passage, dans une situation très différente de celle du législateur, en raison du contenu actuel du principe de légalité qui s'impose au Gouvernement. L'action de celui-ci doit respecter, outre l'ensemble des lois ordinaires et constitutionnelles, les principes généraux du droit, dont la source pour la majorité des auteurs reste purement jurisprudentielle. La règle générale dégagée sous cette qualification par le juge, en pratique par le juge administratif, s'impose ainsi à l'exécutif.

B. Obligation pour le juge d'appliquer la loi

98 ***Principe*** ◊ Le juge, qui ne peut empiéter positivement sur le législatif en posant lui-même des règles de droit - sous la réserve, on l'a vu, du rôle créateur de la jurisprudence - ne peut non plus empiéter négativement sur lui en privant d'effet les lois qu'il a adoptées [1]. Il ne saurait tirer prétexte des lacunes ou des imperfections de la loi pour refuser de statuer [2], à peine de déni de justice (art. 4, C. civ. et 437-1, C. pén.). Au plan des principes, il y a convergence totale du juge judiciaire et du juge administratif : selon la formule du commissaire du Gouvernement dans l'affaire dite « des semoules » [3], le juge administratif « ne peut ni censurer ni méconnaître la loi », et il est ainsi amené à appliquer une disposition législative même s'il la trouve (ici en matière fiscale) « effrayante » [4].

Cependant, outre le droit pour le juge d'écarter une loi pour inconventionnalité (v. *supra*, n° 103), celui-ci peut aussi, *en fait*, s'éloigner de la loi dans deux séries d'hypothèses :

- indirectement, lorsqu'il donne à un texte une interprétation manifestement contraire à la volonté du législateur [5],

1. V. la formulation révolutionnaire de ce principe dans l'article 10 de la loi des 16 et 24 août 1790, *supra*, n° 80.

2. V. pour une affaire mettant en cause la Cour des comptes, CE, Sect., 17 oct. 2003, *M. Dugoin*, *AJDA* 2003. 2031, chron. F. Donnat et D. Casa. En l'espèce, le juge des comptes, appliquant strictement la jurisprudence *Labor Metal* (CE 23 févr. 2000, *AJDA* 2000. 404, chron. Guyomar et Collin) et constatant qu'il était structurellement disqualifié pour manque d'impartialité, s'était déclaré incompétent pour connaître de plusieurs affaires ; son arrêt a été annulé par le Conseil d'État.

3. CE, Sect., 1er mars 1968, *Syndicat général des Fabricants de semoule de France*, *AJDA* 1968. 235, avec les conclusions de Mme Questiaux.

4. Concl. B. Martin-Laprade sur CE, Plén. fisc., 21 nov. 1979 (à propos de l'art. 180 CGI, abrogé en 1986), *Dr. fisc.* n° 11/1981, comm. 604.

5. V. p. ex. l'arrêt *Pelletier* du Tribunal des conflits, 30 juill. 1873, *D.* 1874. III.5 ; l'arrêt *Clément*, du même, 16 nov. 1964, *D.* 1965. 668, note A. Demichel, et l'arrêt *Alexis* et *Wolff*, du Conseil d'État, *D.* 1948. 472, note Ch. Eisenmann (méconnaissant la loi du 7 févr. 1933 interdisant d'élever le conflit en matière d'atteintes arbitraires à la liberté individuelle) ; l'arrêt *Dame Schuler* du Tribunal des conflits, 21 janv. 1985 qui, en matière de prescription qua-

– directement, lorsque l'absence de voies de recours contre une décision permet en pratique au juge de statuer en équité [1], en s'affranchissant du texte normalement applicable (cf. certains jugements de relaxe rendus au siècle dernier par le juge Magnaud, « le bon juge », président du Tribunal de Château-Thierry [2] et certains arrêts d'acquittement des cours d'assises).

Cependant, le principe est constant ; il se traduit notamment, dans l'interprétation des textes obscurs, par la recherche de la volonté du législateur à travers l'analyse des débats parlementaires.

Mais il convient de souligner qu'il est à la source de deux problèmes majeurs, celui du contrôle juridictionnel de la constitutionnalité des lois, et celui des relations de la loi avec le droit international.

1. Le contrôle juridictionnel de la constitutionnalité des lois

99 ***Problématique*** ◊ En soi, le contrôle de la conformité des lois à la Constitution de l'État est de nature juridictionnelle, puisqu'il s'agit de rechercher l'existence éventuelle d'une transgression d'une règle de droit pour en tirer les conséquences qu'elle commande [3].

Ce contrôle peut intervenir par voie d'action ; on demande au juge, à titre principal, de constater l'inconstitutionnalité de la loi pour la mettre à néant. Mais le problème de la conformité de la loi à la Constitution peut être posé plus souvent encore, dans la pratique, sous forme incidente : dans un litige, l'une des parties prétend que la loi qui lui est opposée est contraire à une disposition constitutionnelle et qu'elle doit ainsi être écartée par le juge ; c'est l'exception d'inconstitutionnalité.

Techniquement, le contrôle juridictionnel de la constitutionnalité des lois peut être organisé selon deux grands systèmes :

– Il peut n'être qu'un des éléments du contrôle du juge sur la licéité des situations juridiques qui lui sont soumises ; le juge, avant d'appliquer un texte, se demandera s'il a respecté la hiérarchie des normes juridiques. En l'espèce, avant d'appliquer une loi il s'assurera qu'elle a respecté la Constitution. Ce contrôle par voie d'*exception* d'inconstitutionnalité, soulevée par le plaideur devant tout tribunal, garantit au mieux les droits des citoyens, mais il présente l'inconvénient de faire peser longtemps sur les lois une incertitude redoutable quant à leur validité au regard de la Constitution.

driennale des dettes des personnes publiques, méconnaît l'intention du législateur et la lettre de l'article 8 de la loi du 31 déc. 1968 : v. l'arrêt et les obs. L. Richer, *AJDA* 1985. 228.

1. V. F. Zenati, *Le juge et l'équité*, Annales faculté de droit de Lyon, éd. L'Hermès, 1985, p. 89. En raison de l'art. 12 NCPC, la Cour de cassation considère constamment que le juge ne peut se fonder en équité : v. la jurisprudence citée ss. art. 12 NCPC, *in* MégaCode commenté de procédure civile, par S. Guinchard, Dalloz, 2e éd., mai 2001.

2. V. L. Casamayor, *Les juges*, Le Seuil, 1957 et 1973, p. 160.

3. V. R. Guillien, *L'acte juridictionnel et l'autorité de la chose jugée*, thèse Bordeaux, 1931.

– Si l'on désire privilégier des considérations de sécurité juridique, on peut dissocier le contrôle de la constitutionnalité des lois du reste du contentieux, et l'ériger en un domaine particulier soumis à une juridiction unique, qui peut soit être la juridiction existante la plus élevée, soit être une juridiction spéciale. Pour éviter que le doute ne pèse indéfiniment sur la constitutionnalité des lois, on prévoit alors un contrôle exercé par voie d'*action* enfermée dans un délai.

100 ***En France*** ◊ Certains grands juristes de droit public, comme Léon Duguit et Maurice Hauriou, ont affirmé avec force dans leur œuvre qu'il entrait en quelque sorte naturellement dans la mission du juge, au moment d'appliquer un texte législatif, d'en contrôler la validité au regard de la Constitution et qu'il n'avait pas besoin d'y être spécialement habilité par un texte. Leurs théories sont cependant demeurées en l'état [1] ; tout au plus peut-on considérer que l'introduction de l'exception d'inconstitutionnalité par la réforme constitutionnelle de juillet 2008 leur rend un lointain et partiel hommage (v. *infra*, n° 102).

a) *Traditionnellement,* le droit positif a toujours été hostile au contrôle de la constitutionnalité des lois par les tribunaux, pour des raisons historiques et théoriques. L'hostilité du législateur révolutionnaire, que traduit la loi des 16 et 24 août 1970, était alimentée par le souvenir de l'opposition des Parlements d'Ancien Régime et de l'usage qu'ils avaient fait de leur pouvoir de remontrances. Au plan théorique, la conception française de la loi, profondément marquée par les idées de Rousseau, lui a conféré, jusqu'en 1958, une valeur quasi mystique, qui en écartait toute velléité de contrôle. Ainsi que le proclame l'article 6 de la Déclaration des droits de l'homme et du citoyen du 26 août 1789, « la loi est l'expression de la volonté générale ». Dans la pensée déduite du *Contrat Social*, la volonté générale n'est autre que la souveraineté elle-même [2], or un pouvoir souverain ne le serait plus s'il pouvait subir le contrôle d'un autre pouvoir.

La jurisprudence des deux ordres est constante dans son refus d'examiner si un texte *de valeur législative* serait contraire à la constitution ;

1. La Cour de cassation et le Conseil d'État refusent de mettre en cause, au regard de la Constitution, la validité des lois adoptées par le Parlement. V. Cass., 20 déc. 1956, *Bull. cass.*, II, n° 714 ; 3 févr. 1960, *Bull.* II, n° 55 ; Civ., 26 févr. 1974, *D.* 1974. 273, concl. Touffait, note Vouin ; CE, Ass., 6 nov. 1936, *Arrighi*, *D.* 1938. III.1, concl. Latournerie, note Eisenmann ; Ass., 22 oct. 1979, *AJDA* 1980. 40, note B. G. De même la Haute Cour chargée de juger le maréchal Pétain avait rejeté comme irrecevables les conclusions de ses avocats l'invitant à apprécier la constitutionnalité du texte de nature législative qui l'avait créée ; M. Mignon, « Le contrôle juridictionnel de la constitutionnalité des lois », *D.* 1952. Chron. 45 ; CE 22 mars 1944, *D.* 1945. 62, S. 1945.3.53 ; Dijon, 11 mai 1950, *Gaz Pal.* 1950.2.125 ; Cons. const. 28 nov. 1973, *D.* 1974.269 ; Crim. 26 févr. 1974, concl. A. Touffait, *D.* 1974.273, note R. Vouin suivie de l'avis du Conseil d'État du 17 janv. 1974, L. Hamon, « Contrôle de constitutionnalité et protection des droits individuels. À propos de trois décisions récentes du Conseil constitutionnel », *D.* 1974. Chron. 83 ; *Contra*, M. Duverger, article dans *Le Monde* du 7 août 1971.

2. V. J.-J. Chevallier, *Les grandes œuvres politiques*, A. Colin, 1962, p. 145 et s.

dans la terminologie du juge administratif, le moyen tiré de l'inconstitutionnalité d'une disposition législative serait irrecevable [1]. La réforme constitutionnelle du 23 juillet 2008 ne confère d'ailleurs pas aux juridictions du fond un contrôle de constitutionnalité des lois, mais le pouvoir de saisir le Conseil constitutionnel, *via* la Cour de cassation ou le Conseil d'État, d'une exception de constitutionnalité (v. *infra*, n° 102).

b) Cette position traditionnelle est battue en brèche par le contrôle de conformité de nos lois à la Convention européenne des droits auquel se livrent nos tribunaux ; dans ce contrôle sont inclus de larges aspects du bloc de constitutionnalité, dans la mesure où nombre de garanties fondamentales sont énoncées avec des contenus analogues dans celui-ci et dans la Convention. V. par exemple, *supra*, n° 94 sur les lois rétroactives et de validation.

101 ***À l'étranger et notamment aux USA*** ◊ À l'étranger, au contraire, de nombreux États ont mis en place, sous des formes diverses, un contrôle de constitutionnalité des lois, qui a connu son développement le plus étendu aux États-Unis [2]. Si le rôle de la Cour suprême est le plus connu, il ne doit pas éclipser le fait que le contrôle de constitutionnalité des lois entre dans la compétence de tous les tribunaux. Ce mécanisme fait partie intégrante du système judiciaire américain ; aux États-Unis, toute loi est sous condition d'application par le juge, qui peut en vérifier la régularité au regard de la lettre de la Constitution, et même de son esprit ; de là sont nées dans l'entre-deux-guerres des difficultés qui, lorsqu'elles ont été révélées en France, où longtemps elles étaient demeurées inaperçues [3], n'ont pu que renforcer encore les craintes d'origine historique du

1. CE, Sect., 6 nov. 1936, *Dame Coudert, Arrighi*, S. 1937. III.33, note A. Mestre et concl. R. Latournière. CE, Sect., 10 juill. 1954, *Fédération des conseils de parents d'élèves, Lebon*, p. 449 ; Ass., 20 oct. 1989, *Roujansky* ; CE 5 janv. 2005, *Mme Desprez, M. Baillard, AJDA* 2005, n° 15, note L. Burgorgue-Larsen. V. J.-L. Mestre, *La Cour de cassation et le contrôle de la constitutionnalité - Données historiques* ; M. Jeol, *La Cour de cassation et le contrôle de la constitutionnalité - Techniques de substitution - Actes du colloque*, La Cour de cassation et la constitution de la République, Cour de cassation, 9-10 déc. 1994, Doc. fr.,1995. B. Genevois, « Le Conseil d'État n'est pas le censeur des lois au regard de la Constitution », *RFDA* 2000. 715. L'inconstitutionnalité éventuelle d'une loi ne pouvant être discutée devant le juge, il ne serait pas possible de critiquer la validité d'un décret qui ne ferait qu'appliquer cette loi (théorie de la « loi-écran ») ; par ex., CE 8 juill. 2002, *commune de Porta, AJDA* 2002. 1005, chron. F. Donnat et D. Casas, appliquant la jurisprudence de principe *Arrighi*, CE, Sect., 6 nov. 1936, *D.* 1938. III. 1, concl. Latournerie, note Eisenmann. 30 juill. 2003, *M. Djaoui, AJDA* 2003. 1416.

2. Une présentation concrète de ce contrôle est donnée par J.-P. Lassale, *La démocratie américaine - Anatomie d'un marché politique*, A. Colin, 1991 spéc. p. 304 et s. et aussi par E. Zoller, *Droit constitutionnel*, PUF, 2e éd., 1999, p. 103-149 (présentation complète et très pédagogique).

3. V. E. Lambert, *Le Gouvernement des juges et la lutte contre la législation sociale aux États-Unis - L'expérience américaine du contrôle judiciaire de la constitutionnalité des lois*, Paris, Giard et Brière éd., 1921, réédition Dalloz, 2005, avec une préf. F. Moderne et compte-rendu de L. Heuschling in *RID comp.* 2007/4, p. 958 ; J. Lambert, *Du contrôle de la constitutionnalité des lois au gouvernement des juges*, Sirey 1937.

législateur français. Développant à partir de la fin du XIXe siècle un contrôle d'autant plus remarquable qu'il était d'origine purement prétorienne [1], et se fondant sur la philosophie politique qu'elle croyait pouvoir dégager de la lecture de la Constitution, la Cour suprême en était arrivée à priver d'effet de nombreuses lois de réforme sociale et économique de la politique de *New Deal* du président Roosevelt. Le juge faisait prévaloir ses propres options sur celles du législateur.

Les exemples étrangers d'un contrôle de constitutionnalité des lois, au moins sous forme d'une juridiction spécialisée, comme en Allemagne et en Italie, ne pouvaient manquer d'infléchir un jour la position du constituant français. Ce revirement, annoncé par la timide apparition dans la Constitution du 27 octobre 1946 d'un Comité constitutionnel dont la compétence était réduite à un contrôle assez formel, et qui pratiquement n'a pas fonctionné [2], s'est manifesté par l'institution d'un Conseil constitutionnel dans la Constitution de 1958, qui lui consacre son titre VII.

102 ***Le Conseil constitutionnel, juge exclusif de la constitutionnalité des lois*** ◊ L'élaboration des institutions de la Ve République a posé en termes nouveaux le problème du contrôle de la constitutionnalité des lois en France. Par réaction contre l'ultraparlementarisme de la IVe République, le Parlement subit une très nette *capitis deminutio* ; dans le cadre d'un système de « parlementarisme rationalisé », ses attributions législatives sont désormais limitées aux matières énumérées par la Constitution (art. 34 et art. « satellites »). Le déclin de la majesté de la loi a facilité l'introduction du contrôle de sa constitutionnalité, techniquement nécessaire pour éviter au Gouvernement d'éventuels débordements de compétence du Parlement, et pour prévenir la méconnaissance des prérogatives qui demeurent au Parlement si le Gouvernement met en doute l'étendue de celles-ci [3]. L'expérience étrangère des Cours suprêmes n'a pas été suivie. La Constitution du 4 octobre 1958 a créé un organe spécial, le Conseil constitutionnel, qui n'est pas seulement une juridiction constitutionnelle, mais aussi, de manière plus générale, un organe régulateur du fonctionnement des pouvoirs publics, comme en témoignent ses autres attributions (v. *infra*, n° 333).

1. Arrêt *Marbury versus Madison* 1803, rendu sous l'impulsion du Chief Justice (Président) John Marshall, refusant d'appliquer comme inconstitutionnelle une loi qui pourtant accroissait la compétence de la Cour suprême, ce qui a augmenté la rayonnement de l'arrêt. On trouvera une analyse complète de cet arrêt et de sa portée *in* E. Zoller, *Droit constitutionnel*, 2e éd. PUF, févr. 1999, n° 57-60 ; le texte en anglais et en français figure dans les *Grands arrêts de la Cour suprême des États-Unis*, publiés par le même auteur en 2000, PUF. V. aussi, A. Levasseur, « De *Marbury v. Madison* à *Bush v. Gore*, ou de la légitimité du juge aux USA », in *Mélanges X. Blanc-Jouvan*, Soc. lég. comp. éd., 2005, p. 755.

2. V. A. Soulier, « La délibération du Comité Constitutionnel du 18 juin 1948 », *RD publ.* 1949, p. 195 et s.

3. Ce contrôle préventif est complété par un contrôle *a posteriori* du domaine du pouvoir réglementaire par les juridictions administratives. Ce second contrôle s'exerce essentiellement par le recours pour excès de pouvoir.

Mais il ne pouvait être saisi, par des autorités énumérées et par un nombre minimal de parlementaires, que des lois votées et non encore promulguées ; dès la promulgation effectuée, la constitutionnalité de la loi ne pouvait plus être contestée qu'à l'occasion de l'examen par le Conseil d'une loi qui la modifierait. La réforme constitutionnelle du 23 juillet 2008 (L. n° 2008-724, Constitution, nouvel art. 61-1) a amélioré de façon significative la protection de la constitution et des droits fondamentaux des citoyens en créant la possibilité pour une juridiction, lorsqu'il est soutenu devant elle qu'une disposition législative porte atteinte aux droits et libertés garantis par la constitution, de saisir le Conseil constitutionnel par la voie préjudicielle sur renvoi du Conseil d'État ou de la Cour de Cassation [1]. Par contre n'a pas été retenue l'hypothèse souvent évoquée d'une saisine directe du Conseil constitutionnel par les citoyens.

2. Le juge devant la primauté du droit international

103 ***Supériorité du droit international*** ◊ L'obligation pour le juge d'appliquer la loi ne peut ainsi disparaître si cette loi est arguée d'inconstitutionnalité, le contrôle de celle-ci n'appartenant (et encore seulement depuis 1958) qu'au Conseil constitutionnel. Pourrait-elle céder devant la non-conformité d'une loi avec un traité international signé par la France et entré en vigueur ?

1) L'article 55 de la Constitution pose le principe de la supériorité du traité sur la loi interne, sous condition de réciprocité de la part de l'autre État signataire. Cette disposition s'adresse, en premier lieu, au législateur : celui-ci se trouve invité à mettre – ou à maintenir – la législation française en conformité avec les règles du droit international. Cependant, cette obligation est dépourvue de sanction *en droit interne* [2], le Conseil constitutionnel ayant jugé qu'il n'était pas compétent pour apprécier la conformité d'une loi avec un traité international [3].

L'existence d'une loi contraire à des dispositions du droit international, pourtant déclarées de valeur supérieure par l'article 55 de la Constitution, est ainsi concevable – et la pratique en confirme l'existence. Que doivent faire alors les tribunaux ?

1. Sur cette exception, R. Badinter, *Mélanges B. Genevois*, Dalloz, 2008 ; Y. Gaudemet, *D.* 2008. 1703 ; C. Lepage, *LPA*, 19 sept. 2008, n° 189, p. 3 ; P. Mbongo, *D.* 2008. 2089 ; F. Melin-Soucramanien et M. Stasi, *D.* 2008. 1701 ; G. Drago, *JCP* 2008. I. 217. S. Macaire ; *LPA*, 31 déc. 2008, n° 262, p. 8 ; O. Pfersmann, *LPA*, 19 déc. 2008, n° 254, p. 103.

2. En droit international classique, la violation d'une obligation internationale engage la responsabilité internationale de l'État ; en droit communautaire, elle est sanctionnée par la procédure du recours en constatation du manquement des États-membres (de la Communauté) : art. 226 Traité CE.

3. Cons. const. 15 janv. 1975 et 18 janv. 1978 (Convention européenne de sauvegarde des droits de l'homme), 20 juill. 1977 (Convention n° 95 de l'Organisation internationale du travail). V. L. Favoreu, « Le Conseil constitutionnel et le droit international », *AFDI* 1977, p. 95.

2) La mise en œuvre de la Communauté européenne, dont les institutions adoptent de très nombreux textes, a accru ces hypothèses de contrariétés.

Dans ce domaine, la Cour de Justice des Communautés a jugé, dès 1964, à la fois que les normes communautaires l'emportent sur tout texte du droit des États membres [1], et, plus tard, que tout juge national a, en conséquence, « l'obligation d'assurer le plein effet de ces normes en laissant au besoin inappliquée, de sa propre autorité, toute disposition contraire de sa législation nationale, même postérieure, sans qu'il ait à demander ou à attendre l'élimination de celle-ci par voie législative ou par tout autre procédé constitutionnel » [2].

Cependant, les juridictions administratives ont eu jusqu'en 1989 une jurisprudence qui divergeait de celle des juridictions judiciaires sur un point particulier, mais essentiel dans la pratique.

Alors que l'ordre judiciaire admettait la supériorité générale des traités internationaux et des actes pris par les organisations internationales en application de ceux-ci, même à l'encontre des lois nationales postérieures, qu'il s'agisse de droit international « classique » [3] ou de droit communautaire [4], le Conseil d'État demeurait fermement attaché au principe de la primauté de la loi nationale postérieure [5].

Cette jurisprudence a été abandonnée par le Conseil d'État dans son arrêt *Nicolo* du 20 octobre 1989 [6]. Cet arrêt, bien que rendu dans une affaire de droit communautaire, ne repose pas sur une motivation tirée des principes spécifiques à ce dernier mais - en simplifiant - sur une interprétation nouvelle de l'article 55 de la Constitution, selon laquelle cette disposition habilite spécialement les juridictions à faire prévaloir elles-mêmes les dispositions du droit international sur les lois qui ne seraient pas compatibles avec lui. Par sa généralité, cette motivation étend la solution à toutes les dispositions du droit international, « classique » ou communautaire.

Cependant, encore faut-il que le justiciable invoque, devant le juge administratif, l'inconventionnalité de la loi, car celui-ci se refuse à la relever d'office [7].

1. V. CJCE, aff. n° 6-64, *Costa c/ Enel, Rec.*, arr. CJCE, 1964, p. 1141.
2. V. CJCE, aff n° 106-77, *Simmenthal, ibid.*, 1978, p. 629.
3. CA Lyon, 16 févr. 1952, *D.* 1952.801, note Chavrier ; Com. 19 nov. 1957, *Bull.* III. 271 ; Cass. ch. réun., 16 nov. 1966, *Bull.* p. 5 ; Civ. 1re, 15 févr. 1977, *D.* 1977. IR. 350.
4. Cass., Ch. mixte, 24 mai 1975, aff. dite des « *Cafés Jacques Vabres* », *D.* 1975. 297, concl. Touffait. Dans le même sens : Cour de sûreté de l'État, 6 mai 1976 ; *RGDIP,* 1977, p. 893, note Rousseau.
5. CE, Sect., 1er mars 1968 (arrêt dit « des semoules »), *AJDA* 1968. 235, avec les conclusions de Mme Questiaux.
6. *RFDA*, n° 51, 1989, p. 813 avec les concl. P. Frydman et la note B. Genevois ; *ibid.*, p. 993, L. Favoreu, « L'interprétation de l'article 55 de la Constitution », *AJDA* 1989. 756, chron. E. Baptiste et E. Honorat ; *ibid.*, p. 788, note D. Simon.
7. CE, Sect., 11 janv. 1991, *Soc. Morgane, RFDA,* 1991, 652, concl. Hagelsteen ; CE, Ass., 6 déc. 2002, *Maciolak, AJDA* 2003. 492, chron. F. Donnat et D. Casas.

Ainsi le juge peut et doit, aujourd'hui, écarter tout texte national incompatible avec une disposition internationale, et appliquer celle-ci [1]. Il n'en irait autrement que si le texte national était de nature constitutionnelle, le juge administratif [2] s'accordant avec le juge judiciaire pour considérer que « *la suprématie des engagements internationaux ne s'applique pas, dans l'ordre interne, à l'encontre des dispositions de valeur constitutionnelle* » [3].

S'il n'existe pas de contrôle par les juridictions de la constitutionnalité des lois, il existe ainsi un contrôle de leur conventionnalité [4].

§ 4. Le juge et le Gouvernement

Les relations du juge et du Gouvernement s'analysent, dans le système français, comme la mise en place de règles destinées à assurer leur indépendance réciproque, ce qui n'exclut pas une évolution contemporaine vers des actions en commun, sur le terrain, dans le cadre de la politique de la ville ou des contrats de sécurité, mécanismes qui font des procureurs des acteurs locaux d'une politique de prévention de la délinquance et de sécurité, aux côtés des préfets, ce qui les

1. Cette attitude pose d'autant moins de problème juridique de principe que le Conseil constitutionnel a décidé – cf. *supra* – que la loi des 16 et 24 août 1790, dont l'article 10 interdisait aux juges (judiciaires) de suspendre l'application des lois, n'a pas valeur constitutionnelle.

2. CE, Ass., 30 oct. 1998, *Sarran et autres*, *RFDA* 1998. 1089, avec les concl. de Chr. Maugüé et la note D. Alland ; *AJDA* 1998. 962, chron. Raynaud et Fombeur ; *Europe*, mars 1999, p. 6, obs. D. Simon. *RTD civ.* 1999, 232, obs. N. Molfessis, *RD publ.* 1999, 919, note Flauss ; *GAJA*, 17e éd., 2009, no 102.

3. En l'occurrence, une loi organique que la requérante prétendait faire écarter comme contraire à deux traités internationaux et qui reprenait les termes de l'accord de Nouméa qui avait lui-même valeur constitutionnelle en vertu de l'article 77 de la Constitution, Ass. plén., 2 juin 2000, *Mlle Fraisse*, *Europe*, août-sept. 2000, chron. A. Rigaux et D. Simon, p. 3, chron. 8 ; *RTD civ.* 2000, 672, obs. Libchaber ; B. Beignier et Stéphane Mouton, *D.* 2001. Chron. 1636. V. aussi, A. Ondoua, *RDGIP* 2000, p. 185. S'agissant de textes communautaires, cette jurisprudence s'oppose frontalement à la position de la Cour de Justice des Communautés (V. aff. 11/70, *Internationale Handelsgesellschaft*, *Rec.* 1970 p. 1125) encore que la formulation de l'arrêt de la Cour de cassation laisse ouverte une autre interprétation ; en effet, la Cour de cassation a pris soin de relever qu'en l'espèce, le texte de « *valeur constitutionnelle* » (en réalité une loi organique qui, de toute évidence est de valeur *infra-constitutionnelle*) « *n'entrait pas dans le champ d'application du droit communautaire* » ; ce qui pourrait signifier, *a contrario*, que si ce texte était entré dans ce champ d'application du droit communautaire, la solution aurait été différente ; il y aurait ainsi un découplage entre le droit international non communautaire et le droit communautaire, le second ayant une autorité supérieure au premier puisque le juge français serait autorisé, dans ce cas, à écarter une norme de valeur constitutionnelle contraire à une norme communautaire, ce qu'il ne peut pas faire pour une norme de valeur constitutionnelle qui serait contraire à une norme internationale non communautaire. (V. en ce sens A. Rigaux et S. Simon, *Europe*, août-sept. 2000, p. 3).

4. Sur ses modalités, v. J.-P. Markus, « Le contrôle de conventionnalité des lois par le Conseil d'État », *AJDA* 1999. 99.

éloigne davantage des magistrats du siège (v. *infra*, n° 129, b, 3 et n° 158 sur la gestion budgétaire des juridictions) [1].

Autorité judiciaire et Gouvernement ne peuvent d'ailleurs pas constitutionnellement s'ignorer dans la mesure où, selon l'article 20 de la Constitution, *« le Gouvernement détermine et conduit la politique de la Nation »*. Le Conseil constitutionnel a ainsi considéré, dans sa décision n° 2004-492 DC du 2 mars 2004, que le domaine de l'action publique, en matière pénale, entrait dans le champ de cette politique, et que la loi du 9 mars 2004 avait pu régulièrement introduire dans le Code de procédure pénale un article 30 disposant que *« le ministre de la Justice conduit la politique d'action publique déterminée par le Gouvernement »* et peut, à cette fin, adresser aux magistrats du ministère public des instructions générales d'action publique et enjoindre au procureur général, par instructions écrites, de faire engager des poursuites ou de saisir le tribunal compétent des réquisitions écrites que le ministre juge opportunes [2].

I. La protection du Gouvernement face au juge

A. Principe

104 ***Non-ingérence du juge dans l'Administration*** ◊ Comme on l'a rappelé précédemment, le législateur révolutionnaire a été inspiré autant par les vues théoriques de Montesquieu que par la volonté d'éviter que ne se renouvellent les tentatives d'empiètement des tribunaux sur l'action de l'Administration. Selon la loi des 16 et 24 août 1790 sur l'organisation judiciaire [3], « les juges ne pourront, à peine de forfaiture, troubler, de quelque manière que ce soit, les opérations des corps administratifs ». Et ce principe avait été rappelé par le décret du 16 fructidor an III. La juridiction administrative a considéré qu'il s'agissait là de l'énoncé d'un principe général, qui est le corollaire de la séparation des pouvoirs, et dont elle tire un certain nombre de conséquences importantes.

1. Sur cette évolution, v. H. Dalle, *in Justices*, 1999-1, nouvelle série, *Ce qui a changé dans la justice depuis 20 ans*, p. 55, *juges et procureurs, une évolution divergente*. En réponse, L. Cadiet, in « L'américanisation du droit », *Archives de philosophie du droit*, Dalloz, 2001, t. 45, spéc. II, B de l'article. – Henri Desclaux, « L'évolution de l'exercice de l'action publique et l'éthique des magistrats du Parquet », in *L'éthique des gens de justice*, Entretiens d'Aguesseau, oct. 2001, PU Limoges, nov. 2001, 55. V. aussi les déclarations du garde des Sceaux devant l'Association des maires de France, congrès des 19-21 nov. 2002, *Annonces de la Seine*, 5 déc. 2002, p. 4 (relations entre la justice et les élus locaux).

2. De même, le Conseil d'État a jugé que ni le principe de séparation des pouvoirs, ni celui de la séparation des autorités administratives et judiciaires, n'interdisent au Premier ministre de constituer une commission consultative chargée de l'éclairer sur des anomalies ayant pu affecter le fonctionnement d'une juridiction judiciaire (TGI de Nanterre) : CE, Sect., 25 févr. 2005, *Syndicat de la magistrature*, *AJDA* 2005. 995, chron. gén. jur. Cl. Landais et F. Lenica.

3. Seules avaient été créées alors des juridictions judiciaires.

Il convient d'ailleurs d'observer que la règle ne prohibe que l'ingérence proprement dite – et non la participation, organisée par la loi, des juridictions à l'action administrative. Cette participation – motivée par le souci de faire bénéficier celle-ci de l'expertise juridique, l'indépendance et de l'impartialité des magistrats – est même parfois très étendue, comme en témoigne le rôle essentiel joué par les Chambres régionales des comptes dans le « contrôle budgétaire » des collectivités locales (v. *infra*, n° 752).

B. Principales applications

105 ***1) La théorie des actes de gouvernement*** ◊ L'action de l'Administration, et du Gouvernement, est dominée par le *principe fondamental de la légalité*, qui les oblige à respecter non seulement les lois au sens étroit du terme, mais au-delà, toutes les règles de droit applicables à la situation en cause. Ce principe est une garantie essentielle pour les administrés, et sa sanction est assurée par l'existence de recours en annulation et en indemnité contre les mesures illégales prises par l'exécutif. Pourtant certains actes, dits « actes de gouvernement », ne peuvent selon la jurisprudence judiciaire et administrative faire l'objet d'aucun recours. Ils bénéficient d'une véritable immunité juridictionnelle. L'évolution de la jurisprudence s'est faite dans un sens restrictif. Alors qu'à l'origine le Conseil d'État considérait comme tel tout acte administratif inspiré par un mobile politique [1], sa jurisprudence est passée d'une tentative de définition rationnelle à une conception pragmatique et restrictive [2]. Aujourd'hui, il n'existe plus qu'un nombre limité de cas dans lesquels le Conseil d'État, estimant sans doute inopportun de prétendre exercer un contrôle sur des *actes chargés d'un trop fort potentiel politique*, les qualifie d'*actes de gouvernement* [3]. Ce nombre ne pourra que se réduire à mesure que seront de mieux en mieux prises en compte les implications de la Convention européenne des droits de l'homme, dont l'article 6-1 pose le principe fondamental du « droit au juge » [4] pour permettre la réalisation des droits et obligations de caractère civil – et notamment pécuniaires.

Actuellement, le domaine des actes de gouvernement est essentiellement constitué :

1. CE 9 mai 1867, *Duc d'Aumale, Lebon*, p. 472, concl. Aucoc.
2. V. L. Baghestani-Perrey et M. Verpeaux, « Un nouvel abandon partiel de la notion d'acte de gouvernement », *RFDA*, 1999, p. 345 (commentaire de CE, Sect., 25 sept. 1998, M. Mégret) ; sur le même arrêt, note F. Lemaire, *AJDA* 1999. 240. L. Favoreu, « Pour en finir avec la théorie des actes de gouvernement », in *Mélanges P. Pactet*, Dalloz, 2003, p. 607.
3. En fait, ces termes sont beaucoup plus souvent employés par les commissaires du Gouvernement dans leurs conclusions (et surtout par la doctrine) que par les arrêts eux-mêmes.
4. « Toute personne a droit à ce que sa cause soit entendue... ». V. M. Vonsy, « Actes de gouvernement et droit au juge » *RFDA* 2008. 728, à propos de l'arrêt CEDH *Markovic c./Italie*, 14 déc. 2006.

– d'actes relatifs aux relations du Gouvernement avec le Parlement : carence d'un ministre à provoquer l'ouverture de crédits budgétaires par le Parlement [1] ;

– décision du président de la République de mettre en œuvre l'article 16 de la Constitution [2] ou de procéder à des essais nucléaires [3] ;

– d'actes relatifs aux relations internationales : brouillage de l'émetteur de Radio-Andorre [4], exercice de la fonction diplomatique [5] ; vote du représentant de la France au sein du Conseil de la Communauté européenne [6] ;

– de la désignation des membres du Conseil constitutionnel [7] et des actes qui se rattachent à l'exercice de sa mission [8].

106 ***2) L'interdiction pour les juges de faire acte d'administration*** ◊ On entend par cette formule la prohibition pour les juges d'empiéter sur le rôle de l'Administration en se substituant à elle, en accomplissant à sa place des actes d'administration, ou en lui ordonnant de prendre une mesure juridique ou matérielle – ce que l'on a longtemps dénommé, en Droit administratif, l'*interdiction des injonctions*.

Classiquement, le juge ne pouvait ainsi reclasser un fonctionnaire [9], ordonner la remise d'un véhicule identique à une voiture réquisitionnée [10], la démolition d'un ouvrage public édifié illégalement [11] ou contraindre un Préfet à prendre un arrêté [12].

Comme on le soulignera plus loin, cette interdiction d'adresser des injonctions et de prononcer des astreintes à l'encontre de l'Administration aboutissait à subordonner à son bon vouloir l'exécution de nombreuses décisions rendues contre elle. La loi du 16 juillet 1980 a marqué le début d'une évolution qui a conduit en 1995 à une situation où les intérêts du justiciable bénéficiaire d'un jugement contre l'administration sont désormais largement protégés (v. *infra*, n° 246). Aujourd'hui, le juge administratif, usant astucieusement de son pouvoir d'injonction, n'hésite pas à ordonner au Gouvernement de

1. CE 19 mars 1947, *Panaget, Lebon*, p. 114.
2. CE 2 mars 1962, *Rubin de Servens, Lebon*, p. 143.
3. CE 29 sept. 1995, *D.* 1996. 205, note S. Braconnier ; *AJDA* 1995. 749 ; chron. Chauvaux et Stahl, p. 684.
4. T. confl., 2 févr. 1950, *Lebon*, p. 652.
5. CE 22 avr. 1953, *Dlle Buttner, Lebon*, p. 184.
6. CE 23 nov. 1984, *Lebon*, 382.
7. CE, Ass., 9 avr. 1999, *Mme Ba, RFDA* 1999. 566 ; avec les concl. F. Salat-Baroux.
8. CE 9 nov. 2005, *M. Moitry, AJDA* 2006. 147 (commentaire, par le Conseil constitutionnel, sur son site Internet, d'une décision qu'il aurait rendue).
9. CE 23 déc. 1954, *Pinsan, Lebon*, p. 694.
10. CE 30 avr. 1947, *Mus. Lebon*, p. 674.
11. CE 10 mars 1905, *Berry, S.*, 1907. III.65, note Hauriou. Cette interdiction s'appuyait également (et surtout) sur une règle de fond : le principe d'intangibilité de l'ouvrage public (« Ouvrage public mal planté ne se détruit pas »), qui a été remis en cause dans l'arrêt *Époux Denard, Époux Martin*, CE, Sect., 19 avr. 1991, *AJDA* 1991. 563, note G. Teboul.
12. CE 15 nov. 1901, *Gasc, Lebon*, p. 806.

prendre un décret, par exemple si la décision d'annulation d'un décret qu'il rend, implique nécessairement qu'un autre décret soit pris [1].

Cette interdiction faite au juge de se substituer à l'Administration explique la limitation des pouvoirs du juge administratif en matière de « pouvoirs discrétionnaire » de celle-ci. Au contraire des hypothèses dites de « pouvoir lié », dans lesquelles l'Administration doit adopter un certain comportement quand sont réunies certaines conditions de fait ou de droit, les cas de compétence discrétionnaire correspondent aux situations - nombreuses - dans lesquelles l'Administration peut apprécier l'opportunité de prendre telle mesure plutôt que telle autre (par exemple, choix du tracé d'une nouvelle route). Le juge ne pourrait que substituer son appréciation à celle de l'Administration s'il prétendait contrôler au fond de pareilles décisions - ce qui ne lui interdit cependant pas d'exercer tout contrôle [2].

II. La protection du juge face au Gouvernement

Nous envisagerons successivement la problématique de l'indépendance du juge (A) puis les réponses que le droit français apporte à ce problème (B), avant de terminer par quelques pistes de réflexion et de réforme, en guise de prospective (C).

A. Problématique de l'indépendance du juge par rapport au Gouvernement

107 ***Le problème : juge et fonctionnaire*** ◊ Le justiciable attend de ses juges l'indépendance (qui est un statut) et l'impartialité [3] (qui est une vertu). Sans doute celles-ci reposent-elles avant tout sur des qualités d'esprit personnelles : celui qui a choisi cette fonction entend par là même faire preuve d'indépendance (et donc d'impartialité) par rapport au réseau des relations diverses : philosophiques, politiques, sociales dans lesquelles il est impliqué [4]. Mais il nécessaire que son

1. Par ex., CE 28 avr. 2006, *Dellas, AJDA* 2006. 1462.
2. V. J. Rivero et J. Waline, *Droit administratif,* Dalloz, 21e éd., 2006.
3. P. Hébraud, *Les garanties d'indépendance des juges,* Travaux de l'institut de droit comparé de Paris, 1959 ; *Justice* 1959-I, *L'autorité judiciaire, D.* 1959 Chron. 77 ; J. Robert, « De l'indépendance des juges », *RD publ.* 1988 ; J. Georgel, « La dépendance de la magistrature en France », in *Mélanges J. Velu,* Bruylant, 1992, p. 845 ; J.-D. Bredin, « Qu'est-ce-que l'indépendance du juge ? », *Justices,* 1996-3, 161 ; P. Crocq, « Le droit à un tribunal impartial », in *Droits et libertés fondamentaux,* Dalloz, 13e éd., 2007 ; E. Zoller, *Droit constitutionnel,* PUF, 2e éd., 1999, nos 176-177 ; V. Roussel, « L'indépendance des magistrats comme ressource et comme enjeu », *Rev. jur. Barreaux,* Dalloz, 1999, p. 127. Sur l'indépendance des membres du Parquet, v. *infra,* nos 826 et 827.
4. Dans l'affaire *Salaman c/ Royaume-Uni,* la Cour européenne des droits de l'homme a jugé (15 juin 2000) que l'appartenance d'un juge et d'une partie à la franc-maçonnerie n'était pas, en soi et en l'absence d'éléments particuliers internes à l'objet du procès, de nature à faire douter de l'impartialité du tribunal, car il n'y a pas de raison de douter qu'un juge ne fasse prévaloir son serment de remplir ses fonctions en toute indépendance sur toute autre contrainte ou obligation sociale. S. Guinchard, « Peut-on être bouddhiste ou chrétien

statut lui assure son indépendance et concoure, par là même à le conforter dans la vertu d'impartialité en le préservant du risque de pressions de la part de l'État. Cette liaison entre indépendance et impartialité est marquée dans la rédaction de l'article 6-1 de la Convention européenne des droits de l'homme, article qui dispose : « Toute personne a droit à ce que sa cause soit entendue équitablement, publiquement et dans un délai raisonnable, par un tribunal indépendant et impartial, établi par la loi... » (v. *supra*, n°s 74 et s.).

Un moyen radical de garantir l'indépendance consisterait à assurer une séparation organique du juge et du gouvernement. Seulement voilà : le juge professionnel français est aussi un fonctionnaire, et donc, un agent dépendant du Gouvernement, à l'égard duquel sa liberté de jugement doit être assurée. Cette dépendance *organique* vis-à-vis de l'exécutif avait été marquée avec force par le Général de Gaulle dans une conférence de presse le 31 janvier 1964 : *« il doit être évidemment entendu que l'autorité indivisible de l'État est confiée tout entière au Président par le peuple qui l'a élu, qu'il n'en existe aucune autre, ni ministérielle, ni civile, ni militaire, ni judiciaire, qui ne soit conférée et maintenue par lui »*.

Face à cette dépendance organique, l'indépendance *fonctionnelle* du juge doit être assurée par un aménagement particulier de son statut, mais avant d'étudier celui-ci, au moins dans ses grandes lignes, il convient de préciser la problématique de l'indépendance du juge dans ses trois composantes : recrutement, avancement et inamovibilité, étant précisé qu'il ne s'agit ici que des juges professionnels, à l'exclusion des juges élus de certaines juridictions ou des juges aux fonctions limitées dans le temps que sont les juges des juridictions de proximité créées par la loi du 9 septembre 2002 et qui relèvent tous d'une autre problématique, même si les exigences d'indépendance et de capacité professionnelle sont les mêmes [1].

1. Problématique d'un recrutement impartial des magistrats

108 ***Des magistrats compétents et indépendants*** ◊ Le recrutement des magistrats doit répondre à un seul impératif, permettre que le pays dispose d'une justice composée de juges compétents et indépendants [2]. En effet, un magistrat doit être à même de résoudre des questions qui sont souvent aujourd'hui d'une grande complexité technique, sans pour autant perdre de vue l'aspect humain des procès, par exemple en

ou juif ou libre penseur ou franc-maçon et juge ? », in *Mélanges P. Julien,* Edilaix, 2003, p. 203.

1. Ch. Pigache, rapport au colloque de Rouen sur les juges non professionnels, *Gaz. Pal.* 20 oct. 2001.

2. H. Dalle, « Le recrutement et la formation des magistrats, une question de légitimité », *Rev. fr. adm. publique*, janv. 1991. 5. Sur la critique de l'ENM, Crim. 23 mars 1978, *Bull.* 115. G. Gouzes, « Le recrutement et la formation des magistrats », *LPA*, 25 oct. 2000, p. 23.

matière familiale et en matière pénale. Il doit, en outre, être capable de maintenir sa compétence tout au long de sa carrière, donc de s'adapter. Quant à son indépendance, ce n'est pas seulement une question de statut une fois recruté, mais aussi un état d'esprit chez le juge et une culture chez ses interlocuteurs ; et l'on rejoint ici le recrutement qui doit permettre de s'assurer des composantes d'une personnalité vouée ou non à la servilité ; car, si un bon statut est un statut offrant des garanties contre certaines pressions, il n'est rien si l'homme qui en bénéficie est par nature servile et enclin à sacrifier certains principes sur l'autel de ses intérêts personnels [1]. C'est dire la complexité du problème, puisqu'il faut mixer les deux aspects de la compétence et de l'indépendance.

Un bon système de recrutement serait celui qui, d'une part, permettrait de s'assurer que ces deux qualités sont réunies sur la personne candidate à la fonction de juge et, d'autre part permettrait de garantir la pérennité de ces qualités tout au long de la carrière pour les juges professionnels ou de l'exercice de leurs fonctions pour les juges non professionnels.

109 ***Les divers modes de recrutement possibles*** ◊ Les précédents historiques et les expériences étrangères [2] nous enseignent que trois modes de recrutement sont envisageables pour répondre aux exigences de compétence et d'indépendance :

1) Le tirage au sort : quelque peu mythique (le « doigt de Dieu »), de tradition en Grèce antique, il présente l'inconvénient majeur d'opérer un choix aveugle, sans aucun discernement, parmi les citoyens. Sa seule « qualité » (mais en est-ce bien une ?) est de placer tous les citoyens sur le même pied pour accéder à la fonction de juger. Son inconvénient c'est qu'il ne transformera jamais un incompétent en compétent, un pervers en un juge apte à écouter les autres, un servile en un homme indépendant. Il n'existe en France, que pour la Cour d'assises, avec le tirage au sort des jurés (cf. *infra*, 2e partie) (et sous réserve d'une brève apparition dans les instances universitaires dans les années 1980).

2) L'élection [3] *: a priori*, elle garantit la confiance des citoyens en leurs juges. À l'inverse elle ne garantit ni leur compétence, ni leur capacité à résister aux éventuelles pressions de ceux qui les ont élus, encore que sur ce point, l'indépendance soit plus une question d'état d'esprit et de personnalité que de mode

1. V. sur ce point les remarques d'A. Garapon dans sa préface à *La puissance de juger*, de C. Guarnieri et P. Pederzoli, éd. Michalon, 1998.

2. Le lecteur intéressé par les solutions étrangères trouvera des éléments de réponse dans le rapport du Service juridique du Sénat, n° 164, 2005-2006, juin 2006 (avec un aperçu au *JCP* 5 juill. 2006, Actu., p. 1323). V. aussi, *Traité d'organisation judiciaire comparée*, t. 1, *Modes de désignation et de formation des juges*, Union Internationale des magistrats, Schulthess, Nomos et Bruylant éd., 1999, 380 pages (compte-rendu *in RID comp.* 2000, 1015).

3. J. Poumarède, « Les tribulations d'un principe républicain, l'élection des juges », in *Justice et République*, éd. L'espace juridique, 1993, p. 91. Et déjà, in *Mélanges P. Hébraud*, 1981, « Le débat sur l'élection des juges en 1982 », p. 665 ; P. Crocq, « Le droit à un tribunal impartial », *op. et loc. cit.*, Dalloz, n° 617 (La remise en question de l'indépendance des juges du fait de leur élection) ; J. Krynen (dir.), *L'élection des juges*, coll. « Droit et Justice », PUF, 1999.

de recrutement. On peut être élu et indépendant, on peut être fonctionnaire et servile. Largement répandu aux USA à tous les niveaux de la hiérarchie judiciaire, elle est pratiquée en France pour les juges consulaires, les conseillers prud'homaux et ceux des tribunaux paritaires des baux ruraux (cf. *infra*, 2e partie), alors que la Révolution l'avait généralisée entre 1791 et l'an VIII [1]. Le risque le plus grand est celui d'une politisation des élections des juges, donc à terme, celui d'une justice partiale. De même que le risque de l'absentéisme des électeurs.

3) La nomination : c'est de loin le système le plus répandu en France et à l'étranger. L'État ayant compétence en matière judiciaire, nomme ses juges. Mais alors, la question, se déplace : selon quels critères ?

Bien sûr il y a la nomination arbitraire, sans condition de compétence. Elle n'est pas inconnue en France, d'abord avec les nominations au « tour extérieur » en matière administrative ; ce qui est critiqué ici, c'est davantage la possibilité des abus (avec des nominations entièrement politiques) que le principe qui peut permettre d'aérer un corps sans difficulté. Elle existe aussi pour certains juges non professionnels : c'est ainsi que les assesseurs des tribunaux des affaires de sécurité sociale et ceux des tribunaux pour enfants sont nommés, les premiers par les premiers présidents de cour d'appel (sur proposition des organisations professionnelles représentatives qui dressent une liste de candidats), les seconds par le garde des Sceaux (sur proposition du premier président de la cour d'appel). On le voit, la nomination est ici tempérée par un choix préalable, une sorte de présélection.

Dans le passé, la nomination s'est accommodée de la vénalité des charges : le Roi nommait ceux qui achetaient une charge de judicature, partie intégrante du patrimoine de l'acquéreur et transmise à ses héritiers. Elle assurait une forme d'indépendance financière à l'égard du pouvoir, mais introduisait un esprit de caste et faisait fi de la compétence au profit de la fortune. S'il n'est pas envisageable de revenir à ce système, il faut souligner qu'il subsiste pour les notaires et les huissiers par exemple, avec une amélioration par rapport à l'Ancien droit : certes il faut être fortuné mais si cette condition est nécessaire (encore qu'atténuée par les formules d'association au sein de sociétés civiles professionnelles et par les prêts bancaires), elle n'est pas suffisante, des conditions de compétence étant exigées, des candidats à l'acquisition d'une charge.

La nomination sur réussite à un concours : ce système du concours, sur lequel repose toute la tradition de l'administration en France, assure sans doute mieux que d'autres, le contrôle de la compétence, puisqu'on peut moduler les épreuves, donc les exigences techniques. Mais il présente deux défauts : il ne garantit pas la pérennité de cette compétence actée à un moment donné (et selon quels critères ?), parce que la personne recrutée peut ensuite se laisser aller à ne pas actualiser ses connaissances. En outre, il ne garantit pas l'existence de ces qualités humaines, non techniques, qui font que quelqu'un est un bon juge. Face à la complexité de la nature humaine et à la fragilité des justiciables (inhérente à la relation de l'homme avec la Justice), le recrutement sur concours, à 25 ans, voire 22 ou 23 ans garantit-il, pour 40 ans, la présence et la permanence de ses qualités extra-techniciennes ? Il est permis d'en douter, même s'il ne faut pas systématiser la remarque à tous les juges aujourd'hui en fonction.

1. Constitution du 3 sept. 1791 ; art. 2 : « juges *élus à temps* par le peuple ».

Un auteur, fort de son expérience professionnelle, a même pu écrire, avec beaucoup de clairvoyance et de pertinence que « le mode actuel de recrutement des magistrats [le concours] est certainement la principale cause de la faillite du système... Les fonctions de magistrat sont probablement les seules auxquelles ne peut destiner une école, fût-elle prestigieuse, ce que n'est pas ou n'est plus l'ENM. Il est d'ailleurs permis de s'interroger : est-il bien « normal » à 25 ans de se sentir une vocation de juge ou même de se croire capable d'en exercer les fonctions ? » [1].

Les réformes engagées à partir de 1998 pour accroître le recrutement par concours « exceptionnels », devenus « complémentaires » en 2001 (v. *infra*) vont en ce sens.

2. Problématique de l'avancement des magistrats

110 ***Carrière et indépendance*** ◊ Du fait du mode de recrutement dominant pour les magistrats judiciaires professionnels, sur concours et très jeunes, les magistrats sont soumis à un besoin d'avancement, sauf à les rémunérer tous au même niveau tout au long de leur carrière ! Faire carrière dans une hiérarchie, c'est avancer dans cette hiérarchie [2]. On conçoit alors que l'indépendance risque d'être menacée si l'avancement dépend de la servilité.

Il est fort rare – et il serait politiquement risqué face aux réactions prévisibles d'au moins une partie des hommes politiques et de la presse – que le gouvernement intervienne directement auprès d'une juridiction (au surplus collégiale) pour infléchir dans un certain sens la décision qu'elle devra rendre dans une affaire. La pratique a montré depuis longtemps que d'autres procédés peuvent être plus discrets en demeurant tout aussi efficaces. Si l'inamovibilité met le pouvoir exécutif dans l'impossibilité de porter atteinte à la situation et à l'indépendance des magistrats par des disgrâces imméritées, il lui reste toujours l'attrait des récompenses, s'il ne peut plus compter sur la crainte du châtiment. Si l'Exécutif peut peser sur la rapidité d'avancement des juges, et sur leur nomination à des postes recherchés, l'indépendance des magistrats, à moins qu'ils ne soient d'une force de caractère et d'un désintéressement hors du commun, en sera tout autant menacée. Mais alors, comment éviter l'arbitraire et le favoritisme ?

On pourrait être tenté de chercher une garantie dans une promotion automatique à l'ancienneté : si cette méthode joue un large rôle en matière de rémunération, elle rencontre certaines limites naturelles, notamment dans l'existence d'une organisation pyramidale des juridictions. Ne serait-ce que pour permettre l'accès à des fonctions qui deviennent de moins en moins nombreuses à mesure que l'on s'élève

1. J. Lamarque, « Le procès du procès », in *Mélanges J.-M. Auby*, Dalloz, 1992, p. 152. Rappr. G. de La Pradelle, H. Leclerc, D. Soulez-Larivière et M. Troper, *Le Monde*, 4 juill. 2001.

2. Ch. Jamin, *La vie judiciaire*, 20-26 avr. 1987 : « Napoléon calquant le statut des magistrats sur celui des militaires, crée une hiérarchie rigide. Or, cette hiérarchie postule la notion de carrière... La carrière entraîne la dépendance, la fonction l'indépendance ».

dans leur hiérarchie, il est nécessaire de faire une place à l'avancement au choix.

3. Problématique de la mobilité du corps

111 ***Mobilité et indépendance*** ◊ Un corps de magistrats n'est pas figé. Pour les besoins du service public de la Justice, pour ceux des justiciables, il n'est pas mauvais que les magistrats ne restent pas trop longtemps en fonction dans la même juridiction. Mais il y a là un moyen supplémentaire à la disposition du gouvernement pour exercer certaines pressions, pour porter atteinte à l'indépendance des juges. Comment concilier ces exigences contradictoires ? La réponse peut être recherchée dans un principe d'inamovibilité, c'est-à-dire de l'exigence du consentement de l'intéressé pour toute mutation, mais tempérée par la notion d'inamovibilité *temporaire*, dont les conditions seraient fixées par statut, dans la loi organique régissant le corps des magistrats. Si un juge, même du siège, sait, dès son entrée dans une fonction, que celle-ci ne peut pas dépasser une certaine durée, il n'y a pas atteinte à son indépendance. C'est en ce sens que s'oriente la loi organique du 25 juin 2001 (v. *infra*, n° 801), conformément à certaines de nos propositions (v. *infra*, n° 124 et s.).

L'inamovibilité existait sous l'Ancien régime comme conséquence de la vénalité des offices. Aujourd'hui, l'inamovibilité existe pour des causes différentes. Elle correspond au besoin d'assurer aux magistrats l'indépendance et la dignité de leur vie et constitue surtout une garantie de bonne justice pour les justiciables. L'inamovibilité n'est pas tant, en effet, une faveur pour les magistrats qu'une sauvegarde pour les justiciables ; c'est ainsi que nous devons l'envisager. Cela nous conduit à préciser les solutions françaises à l'indépendance du juge.

B. **Les trois réponses du droit français à la question de l'indépendance du juge par rapport au Gouvernement**

112 ***Plan*** ◊ Le droit français [1] apporte une triple réponse à cette question de l'indépendance du juge envers le gouvernement : il lui accorde une protection de valeur constitutionnelle (1), il a élaboré progressivement un statut protecteur de cette indépendance (2), qu'il a placé sous le contrôle d'organes, de Conseils, eux-mêmes indépendants (3).

1. Sur les réponses du droit comparé, v. *Traité d'organisation judiciaire comparée*, t. 1, *Modes de désignation et de formation des juges*, Union Internationale des magistrats, Schulthess, Nomos et Bruylant éd., 1999, 380 pages (compte-rendu *in RID comp.* 2000, 1015). Rapport du Service juridique du Sénat, n° 164, 2005-2006, juin 2006 (avec un aperçu au *JCP* 5 juill. 2006, Actu., p. 1323).

1. Une protection de valeur constitutionnelle

113 ***Constitution et jurisprudence du Conseil constitutionnel*** ◊ L'indépendance des magistrats est doublement protégée par le droit constitutionnel :

• *d'une part*, et pour les magistrats de l'ordre judiciaire, l'article 64 de la Constitution dispose que « le Président de la République est garant de l'indépendance de l'autorité judiciaire » [1] ; on en déduit que l'indépendance du juge a valeur constitutionnelle.

• *d'autre part*, le Conseil constitutionnel a élaboré, au fil des ans, toute une jurisprudence protectrice de cette indépendance, chaque fois qu'il était saisi de lois modifiant le statut des magistrats [2] :

– *pour les magistrats de l'ordre administratif*, l'indépendance a aussi une valeur constitutionnelle mais sans le fondement de l'article 64 de la constitution. C'est une décision du 22 juillet 1980 (n° 119 DC) [3] qui l'a reconnue en ces termes : « Il résulte des dispositions de l'article 64 de la Constitution en ce qui concerne l'autorité judiciaire *et des principes fondamentaux reconnus par les lois de la République en ce qui concerne, depuis la loi du 24 mai 1872*, la juridiction administrative, que l'indépendance des juridictions est garantie... » ; décisions confirmées par d'autres, 12 septembre 1984 [4] et 22 décembre 1986 [5].

– *pour les magistrats de l'ordre judiciaire*, à chaque fois qu'une loi organique a modifié leur statut, le Conseil constitutionnel a été conduit à envisager la conformité de ses dispositions aux principes de valeur constitutionnelle, élaborant ainsi, au fil des lois qui lui étaient soumises, une doctrine sur les garanties dont doivent bénéficier les juges judiciaires [6]. Ces principes seront indiqués, chemin faisant, à l'occasion de la présentation des lois en question (*infra*, 3e partie, statut des magistrats notamment nos 789 et 791 pour les exigences de recrutement) ; il nous suffira, ici, de souligner que selon une formule de principe que l'on trouve dans les décisions des 21 février 1992 (n° 92-305 DC), 10 janvier 1995 (n° 95-355) et 19 juin 2001 (n° 2001-445) [7], le Conseil constitutionnel remarque « qu'en spécifiant que ressortit au domaine d'intervention d'une loi organique une matière que l'ar-

1. T. Renoux, *Justices*, 1996.3, 97 s ; F. Luchaire, *Le Conseil constitutionnel*, t. 2, 1re partie, « L'individu », Économica, 2e éd., 1998, n° 215, p. 154. Sur une critique de cette garantie, N. Merley, « Le chef de l'État et l'autorité judiciaire sous la Ve République », *RD publ.* 1997, 701.

2. Sur cette jurisprudence, V. T. Renoux, *loc. cit.*, *Justices*, 1996.3, spéc. p. 107-108 ; dossier des *Cahiers Cons. const.* 2003-14, Dalloz. Et Code constitutionnel, Litec.

3. *RD publ.* 1980, 1658.

4. *D.* 1985. 661.

5. *RD publ.* 1989, 399.

6. T. Graffin, « Le statut des magistrats devant le Conseil constitutionnel : une défense discutable de l'unité du corps judiciaire au profit d'une exigence forte d'indépendance des magistrats », *RD publ.* 2001, 831. – G. Canivet, « Le juge judiciaire dans la jurisprudence du Conseil constitutionnel », *Cahiers du Conseil constitutionnel*, 2004-16, p. 123.

7. Décision 2001-445 DC, 19 juin 2001, *LPA*, 28 déc. 2001, obs. L. Baghestani-Perre ; *D.* 2002. 1947, obs. V. Lanisson.

ticle 34 range par ailleurs au nombre de celles relevant de la compétence du législateur, le constituant a entendu accroître les garanties d'ordre statutaire accordées aux magistrats de l'ordre judiciaire » ; l'intérêt d'une loi organique est, en outre, que le Conseil constitutionnel est obligatoirement saisi de ces lois. Sur le fond des trois projets de lois dont il était saisi, il confirme que le législateur organique doit respecter en particulier le principe d'indépendance des magistrats du siège et le principe d'égalité de traitement des magistrats dans le déroulement de leurs carrières ; il ajoute que si les fonctions de magistrat de l'ordre judiciaire doivent, en principe, être exercées par des personnes qui entendent consacrer leur vie professionnelle à la carrière judiciaire, la Constitution ne fait pas obstacle à ce que, pour une part limitée, ces fonctions puissent être exercées à titre temporaire par des personnes qui n'entendent pas pour autant embrasser la carrière judiciaire. Jurisprudence identique dans la décision du 29 août 2002 à propos des juridictions de proximité, dont le Conseil constitutionnel accepte le principe de leur création sous la réserve de pouvoir apprécier l'indépendance et la capacité de ceux qui seront appelés à exercer de telles fonctions selon la loi statutaire relative à ces nouveaux juges [1]. Pour l'essentiel, le Conseil constitutionnel garantit à tous les membres du corps judiciaire une protection uniforme applicable à tous, tout en formulant des garanties particulières et renforcées pour ceux qui exercent une fonction de jugement. Ainsi se profilent les contours d'un juge idéal, techniquement compétent, moralement indépendant (v. *infra*, n° 789 et 791).

Parfois, c'est *indirectement* qu'est rappelée l'indépendance de l'autorité judiciaire, non plus à propos du statut des magistrats, mais de leurs fonctions ; ainsi, un élève de l'ENM ne peut pas siéger, avec voix délibérative, parce qu'il est sous l'autorité du directeur de l'École [2] ; ou encore, c'est à l'autorité judiciaire qu'il revient, en raison de son indépendance, de désigner un administrateur provisoire, lorsqu'un administrateur judiciaire est empêché et non pas à la Commission nationale d'inscription [3]. V. aussi la décision n° 98-386 DC du 19 févr. 1998 sur le recrutement exceptionnel de magistrats (v. *infra*, n° 789).

2. Un statut protecteur, mais à géométrie variable

114 ***Distinctions et évolution*** ◊ Le statut des magistrats de l'ordre judiciaire et celui des magistrats administratifs sont issus de traditions historiques différentes, qui expliquent largement les différences actuelles encore qu'il faille les relativiser, sous l'influence d'évolutions récentes. Les premiers, tout au moins ceux du siège, ont toujours été considérés

1. Décision 2002-461, DC 29 août 2002, *LPA*, 5 sept. 2002, obs. J.E. Schoettl ; *Cahiers Conseil constitutionnel*, 2002-13, 12.
2. Décision n° 78-40 DC, 9 juill. 1970.
3. Décision n° 84-182 DC, 18 janv. 1985.

comme de véritables juges, chargés de dire le droit, à part entière de leur activité et en pleine indépendance institutionnelle. Les seconds, au contraire, ont longtemps été considérés comme des fonctionnaires qui, entre autres tâches de l'administration dont ils font partie, sont parfois conduits à juger, à exercer exceptionnellement cette fonction. Il suffit de se souvenir qu'à l'origine des tribunaux administratifs, il y avait les *Conseil de préfecture*, dont le nom même évoquait une fonction d'assistance aux administrateurs, aux préfets, en symétrie (presque) parfaite avec le *Conseil général*, organe délibérant du département. La culture des deux corps n'est donc pas la même et si cette distinction s'atténue (on le constatera ici, dans l'exposé de ses grandes lignes et, plus tard, dans l'exposé des règles techniques de leur statut, *infra*, 3e partie), elle reste fondamentale et constituera la ligne directrice de notre plan.

À cette première distinction s'en ajoute une autre : à l'intérieur du corps judiciaire, les membres du Parquet ont un statut particulier, encore que, là aussi, l'évolution contemporaine les rapproche, au niveau des garanties, des magistrats du siège.

a. La protection statutaire des magistrats du siège de l'ordre judiciaire

115 ***Historique*** ◊ La condition des magistrats a toujours fait l'objet d'un *régime juridique propre*. Le législateur a pris conscience depuis longtemps de la nécessité de protéger le magistrat contre les abus des gouvernants, contre les menaces, l'arbitraire du pouvoir, qu'il s'agisse des faveurs imméritées ou de mesures telles qu'un déplacement, une révocation, un retard dans l'avancement. Dans ce but, il avait déclaré inamovible les magistrats du siège, prévu certaines incompatibilités et incapacités. Puis des garanties avaient été exigées lors de l'entrée dans la carrière et tout au long de celle-ci. Mais une refonte de ces dispositions, réparties dans des textes disparates, était demandée depuis longtemps [1].

1. ***Sur l'histoire de la Justice en général :*** P. Rousselet, *Histoire de la magistrature française*, 2 vol. 1967. J.-P. Royer, *La société judiciaire depuis le XVIIIe* siècle, PUF, 1979. J.-P. Royer, R. Martinage, P. Lecocq, *Juges et notables au XIXe* siècle, PUF, 1982. J. P. Royer, *Histoire de la Justice*, PUF, 3e éd., oct. 2001. J.-Cl. Farcy, *L'histoire de la justice française de la révolution à nos jours*, PUF, coll. « Dr. et Justice », 2001.

Sur la Justice en République : J.-P. Machelon, « La magistrature sous la troisième République, à travers le Journal officiel », *Ann. Fac. dr. Clermont-Ferrand*, fasc. 21, 1984. *Justice et République(s)*, éd. L'Espace juridique, 1993.

Sur la Justice sous l'occupation et à la Libération : *L'épuration de la magistrature, de la Révolution à la Libération*, Ass. fr. hist. justice, 1994, éd. Loysel .*Les juges sous Vichy*, colloque ENM, 1er déc. 1993, *Le Monde*, 31 déc. 1993. A. Bancaud, « La haute magistrature sous Vichy, XXe siècle », *Rev. d'Histoire*, janv.-mars 1996. N. Dobkine, « Quelles leçons peut-on tirer de l'expérience judiciaire de Vichy ? », *D.* 2000. Chron. 438. Comp. pour le Conseil d'État et le régime de Vichy, J. Massot, *Rev. XXe siècle*, Presses Sc. po., n° 58, avr.-juin 1998 ; *La justice des années sombres, 1940-1944*, Actes du colloque de Lyon, Doc. fr., nov. 2001, préf. P. Truche. *L'épuration judiciaire à la fin de la seconde guerre mondiale,* colloque de l'Association fr. d'his-

On pouvait penser que l'élaboration d'un nouveau statut permettrait de freiner la désaffection qui semblait se manifester depuis la fin de la Seconde Guerre mondiale à l'égard des carrières judiciaires. Par ailleurs, l'élaboration, en 1946, d'un statut général des fonctionnaires de la fonction publique incitait à en investir les magistrats, dans la mesure où ses règles étaient compatibles avec l'indépendance de l'autorité judiciaire. Le moment semblait venu également de fondre en un seul statut les régimes distincts qui, dans notre droit, s'appliquaient aux magistrats des cours et tribunaux, aux juges de paix, enfin aux magistrats de la France d'outre-mer.

La Constitution de 1946, en créant le Conseil supérieur de la magistrature, laissait pressentir la préparation d'un statut ; mais celui-ci ne vit pas le jour. On se borna, par une loi du 20 mars 1951, à étendre aux magistrats un certain nombre de dispositions de la loi du 19 mars 1946 relative aux fonctionnaires. Les textes concernant la hiérarchie et l'avancement, constamment remaniés depuis 1927, avaient subi des retouches notables en 1953 et en 1955. Mais il était nécessaire de procéder à une refonte totale.

La réforme a été réalisée en 1958, par des textes constitutionnels, une ordonnance et plusieurs décrets : le Gouvernement s'est largement inspiré d'un projet de 1950, d'études complémentaires, mais, sur plus d'un point, il a fait œuvre originale :- L'article 64 de la Constitution du 4 octobre 1958, toujours en vigueur dans sa rédaction initiale [1], dispose que *« Le Président de la République est garant de l'indépendance de l'autorité judiciaire (al. 1er). Il est assisté par le Conseil Supérieur de la Magistrature (al. 2). Une loi organique porte statut des magistrats (al. 3). Les magistrats du siège sont inamovibles (al. 4) »*.

- L'article 65 énonce les prérogatives du *Conseil supérieur de la magistrature* en ce qui concerne la nomination des juges et le régime disciplinaire qui leur est applicable (v. *infra*, n° 122).

- C'est l'ordonnance n° 58-1270 du 22 décembre 1958, qui constitue la *loi organique* annoncée ; elle est complétée par le décret n° 58-1277, de la même date, portant règlement d'administration publique ; tous les deux ont été à de très nombreuses reprises modifiés.

Ce statut forme l'un des éléments les plus remarquables de la réforme judiciaire. Sans doute, sur plusieurs points, ne fait-il que coordonner et regrouper des dispositions anciennes. Mais, sur d'autres, il innove. On s'est efforcé en outre de soumettre les magistrats au droit commun de la fonction publique, sans sacrifier pour autant les règles

toire de la justice, Grenoble, 6-7 déc. 2002. L. Israël, *Robes noires, années sombres. Avocats et magistrats en résistance pendant la seconde guerre mondiale*, Fayard, 2005. *La Justice de l'épuration - À la fin de la seconde guerre mondiale,* Ass. fr. hist. Justice, Doc. fr., coll. « Histoire de la Justice », 2008.

Sur la Justice de la France d'Outre-Mer : S. Thenault, *Une drôle de justice : les magistrats pendant la guerre d'Algérie*, éd. La découverte, coll. « L'espace de l'histoire », préf. J.J. Becker, postface P. Vidal-Naquet. B. Durand et M. Fabre, *Le juge et l'Outre-Mer,* Centre d'histoire judiciaire de Lille, t. 4, 2008.

1. Th. Renoux, « La Constitution et le pouvoir juridictionnel - De l'article 64 de la Constitution et l'indépendance de l'autorité judiciaire à l'article 16 de la Déclaration des droits de l'homme et l'indépendance de la justice », in *50e anniversaire de la Constitution française* [dir. B. Mathieu], Dalloz, 2008, p. 293.

qui, traditionnellement, assurent dans notre droit l'indépendance du juge. On doit se féliciter enfin de ce que le nouveau régime réalise l'unité du statut pour l'ensemble du corps judiciaire.

Désormais, les règles sur le recrutement, la hiérarchie, l'avancement, le régime disciplinaire sont les mêmes pour *tous les magistrats*, réserve faite de certaines particularités pour les membres du parquet, et pour les magistrats affectés à la chancellerie. Sur les textes de base actuels, après les modifications de 1992, 1993, 1994, 1995 et 2001 (v. *infra*, n° 796). Sans exposer ici le détail du statut des magistrats du siège (v. *infra*, n°s 773 et s. pour le recrutement, n° 795 et s. pour l'avancement et l'inamovibilité), on en soulignera les lignes de force, celles qui permettent d'évaluer la marge réelle d'indépendance des juges (et... de compétence), par rapport au pouvoir politique.

116 ***Réponse du droit positif français à la problématique du recrutement des magistrats du siège*** ◊ La France a adopté un système de panachage des solutions évoquées en matière de recrutement (v. *supra*, n° 109), à l'exception de la vénalité des charges de judicature : les magistrats professionnels, de carrière sont nommés, en principe sur concours, parfois au tour extérieur dans des conditions qui seront précisées ultérieurement et qui ont été modifiées, au bénéfice de ce tour extérieur, par la loi du 5 mars 2007 votée à la suite de l'affaire d'Outreau (v. *infra*, nos 776 et s.) ; cela vaut pour 6 500 magistrats judiciaires et quelques centaines de magistrats de l'ordre administratif. En revanche, les juges non professionnels sont soit élus (conseils de prud'hommes, tribunaux de commerce, tribunaux paritaires des baux ruraux), soit nommés sans concours mais avec certaines garanties de contrôle de ce mode de recrutement (tribunaux des affaires de sécurité sociale, assesseurs des tribunaux pour enfants, de nombreuses juridictions administratives à compétence spéciale, juges de proximité), soit tirés au sort (cours d'assises seulement).

Deux remarques s'imposent :

– *d'une part*, en quantité, les magistrats de carrière ne l'emportent pas, en raison des 15 000 conseillers prud'homaux et des 3 300 juges consulaires qui, à eux seuls, représentent un peu plus de deux fois le nombre des magistrats professionnels de l'ordre judiciaire, sans compter les membres des tribunaux paritaires des baux ruraux, les assesseurs des tribunaux pour enfants, les membres des tribunaux des affaires de sécurité sociale, les jurés d'assises, les participants aux multiples commissions administratives (du surendettement à la prestigieuse Autorité de la concurrence) et les nouveaux juges de proximité de la loi du 9 septembre 2002 etc. Cette donnée est essentielle à qui veut comprendre les problèmes actuels de la Justice. Parler de la crise de celle-ci, c'est en fait parler de la crise... des magistrats professionnels, minoritaires au sein de l'institution judiciaire (v. schéma sur la composition des juridictions, *infra*, n° 355) ;

– *d'autre part*, les modes de recrutement déjà panachés, voient leurs inconvénients supposés disparaître en partie, avec d'un côté la pratique de l'échevinage, assez répandue (tribunaux pour enfants, tribunaux paritaires des baux ruraux, tribunaux des affaires de sécurité sociale, juridictions administratives spécialisées, cours d'assises, juridictions commerciales d'Alsace-Moselle) ou celle, assez proche, du juge départiteur (conseils de prud'hommes) et d'un autre côté, l'aération du corps des magistrats professionnels par les recrutements latéraux à titre définitif ou temporaire (cf. *infra*, 3e partie). Ce mixage peut modifier le fonctionnement de nos juridictions et atténuer bien des critiques.

117 ***Réponse du droit positif français à la problématique de l'avancement des magistrats du siège*** ◊ Jusqu'au début du xxe siècle, aucun effort n'avait été fait pour limiter l'action du favoritisme dans la magistrature et donner à ses membres des garanties d'avancement régulier. Pour la première fois, le décret du 18 août 1906 a imposé au ministre de la Justice la confection d'un tableau d'avancement.

Des garanties de carrière ont été cherchées dans deux directions :

- pour atténuer les préoccupations de promotion, le nombre des grades de la hiérarchie judiciaire a été restreint, régressant de dix avant 1953 à deux depuis l'ordonnance n° 58-1270 du 22 décembre 1958 ;
- les promotions ne sont pas décidées par l'Exécutif seul ; elles donnent lieu à l'intervention plus ou moins large d'organismes consultatifs, dans lesquels sont représentés les magistrats, à voix consultative parfois, délibérative le plus souvent ; la transparence est sans doute la caractéristique la plus forte de ce système (v. *infra*, nos 802 et s.).

118 ***Réponse du droit français à la problématique des mutations des magistrats du siège*** ◊ L'élection des magistrats révolutionnaires leur assurait, pendant la durée de leur mandat, une protection contre l'arbitraire du pouvoir exécutif. Mais l'inamovibilité avait été suspendue une première fois par le premier Empire de 1807. Cette atteinte à l'indépendance des magistrats permit de débarrasser les juridictions du personnel incapable et indigne issu de l'élection. On nomma de nouveaux magistrats qui devaient recevoir une lettre d'institution à vie, c'est-à-dire l'inamovibilité après cinq ans d'exercice, mais ces lettres ne furent jamais octroyées. Avec la Restauration réapparaît le principe de l'inamovibilité, mais le nouveau gouvernement n'accorda celle-ci que pour l'avenir aux magistrats qu'il nomma. Quant au Gouvernement de Juillet, il se montra exceptionnellement respectueux de l'inamovibilité. Dès le début du second Empire, a été établie la limite d'âge des magistrats, par décret du 1er mars 1852. La Constitution de 1852 a consacré expressément l'inamovibilité de la magistrature. Celle-ci ne fut pas garantie, en revanche, par les lois constitutionnelles de 1875, mais demeura un principe incontesté de notre droit public. Elle a rapidement été formulée par une loi ordinaire, celle du 30 août 1883. Elle a rapidement été formulée par une loi ordinaire, celle du 30 août 1883. Mais ce texte lui portant en même temps une grave entorse, en suspendant son application pendant trois mois : le motif avoué était de procéder à des réductions de personnel ; on voulait en fait éliminer tous les magistrats soupçonnés d'être hostiles au nouveau régime.

La période d'instabilité traversée par notre pays entre juin 1940 et la Libération a provoqué des atteintes nouvelles à la règle de l'inamovibilité. Celle-ci fut écartée temporairement par des lois du 17 juillet 1940 et du 21 septembre

1942. Ces textes ont été abrogés par le Gouvernement provisoire de la République (Ord., 18 avr. 1943). Le retour à l'inamovibilité a cependant été différé encore pour l'application des dispositions relatives à l'épuration (Ord., 27 juin 1944). C'est le 13 avril 1945 seulement qu'une ordonnance relative à la discipline judiciaire et à l'avancement des magistrats a rétabli l'inamovibilité [1].

La Constitution de 1946 avait affirmé solennellement dans son article 84 ; « Les magistrats du siège sont inamovibles ». La formule a été reprise dans le texte constitutionnel du 4 octobre 1958 (art. 64, al. 4), ainsi que dans l'ordonnance n° 58-1270 du 22 décembre 1958 (art. 4).

Les magistrats du siège bénéficient désormais et constitutionnellement de la garantie de l'inamovibilité. Cette garantie d'administration d'une bonne justice met les juges à l'abri de toute pression prenant la forme d'un déplacement d'office : le magistrat du siège ne peut sans son consentement recevoir une affectation nouvelle, même en avancement (v. *infra*, n° 799).

Il ne peut être déplacé du poste dans lequel il a été installé qu'à l'issue d'une procédure disciplinaire qui relève, on l'a vu, du Conseil supérieur de la magistrature. Ce terme d'affectation est d'ailleurs entendu dans le sens étroit d'affectation géographique, ce qui ne s'oppose pas en droit à ce que, par des artifices, des affaires soient confiées à d'autres magistrats, par exemple au moyen de changements d'affectation à l'intérieur d'une même juridiction.

b. La protection statutaire des magistrats du parquet

119 ***Spécificité*** ◊ Il convient de s'arrêter un instant sur une distinction qui demeure fondamentale dans notre droit procédural, celle des magis-

1. Sur cette période, v. *supra* n° 115, en note. V. ce qu'écrit J. Foyer, « Un pouvoir refusé », *in Pouvoirs*, 1981.16, p. 17 et s., spéc. p. 23 : « Les lois de l'organisation judiciaire sont d'une admirable stabilité. Rien ne sera changé dans cette organisation avant 1919. Mais dans ce cadre immuable, les changements de régime, si fréquents au XIXe siècle, entraînent des renouvellements surtout du personnel, selon un schéma qui se renouvelle trop souvent. Le régime nouveau qui s'installe suspend l'inamovibilité des juges, élimine les amis du régime précédent, il les remplace en nommant ou en promouvant ses propres amis. Ces derniers connaîtront, à leur tour, le tragique de l'épuration au plus prochain changement de régime, à moins que d'avoir, par une trahison réussie, rallié à temps le pouvoir nouveau. Le Premier Empire avait éliminé en 1807 les révolutionnaires attardés. La Monarchie restaurée élimine le personnel impérial. Plus hypocrite, le régime de Juillet se débarrasse des légitimistes trop voyants en leur imposant un serment que 153 d'entre eux refusent de prêter. La IIe République conservera un renom de modération en n'écartant que 24 monarchistes. Le second Empire établit une limite d'âge qui le soulage de 132 magistrats hérités des régimes passés. Si l'Assemblée nationale de 1871 avait été singulièrement respectueuse de l'inamovibilité, les républicains entrés dans les places seront, directement ou indirectement, les plus grands épurateurs du siècle : ils chasseront ou dégoûteront 614 magistrats conservateurs en 1883. Au lendemain de la Libération, le nombre de sanctions ne sera guère supérieur à la moitié de ce total... L'épuration sévère opérée par les Gouvernements de la Libération a exercé des conséquences et emporté des suites que n'avaient pas eues les épurations du XIXe siècle. Elle a détruit le loyalisme d'une part importante du corps judiciaire ».

trats du siège et du parquet. Les premiers ont la charge de rendre la justice, de juger. Comme ils exercent leurs fonctions en siégeant dans la salle d'audience, on les appelle *magistrats du siège ;* on parle de magistrature assise. Les seconds qui requièrent la justice et qui se tiennent debout aux audiences pour s'adresser au tribunal, forment le *ministère public, le parquet*, la magistrature débout (v. *infra*, n°s 820 et s.) [1]. Ils défendent les intérêts de la collectivité, l'intérêt général : en matière civile ils présentent des observations au tribunal pour requérir ce qui leur paraît être la bonne application de la loi ; au pénal, ils enclenchent les poursuites et requièrent les sanctions. Ils ne jugent pas et peuvent, en droit positif, recevoir des instructions du garde des Sceaux, même si la pratique s'en est infléchie entre 1997 et 2002, le Conseil supérieur de la magistrature et certains partis politiques recommandant de revenir à la pratique des instructions au Parquet [2]. Certes, ces magistrats sont issus d'un tronc commun avec ceux du siège et sont recrutés par les mêmes voies ; certes, il y a osmose entre les deux corps en ce sens qu'ils peuvent passer de l'un à l'autre, au cours de leur carrière. Mais ce sont avant tout, *des agents du pouvoir exécutif*, aux termes de l'article 5 de l'ordonnance de 1958 : ils « *sont placés sous la direction et le contrôle de leurs chefs hiérarchiques et sous l'autorité du garde des Sceaux*, ministre de la Justice ». D'où certaines conséquences quant à leur statut [3]. On précisera auparavant que le Conseil de l'Europe s'est attaché à préciser le rôle du ministère public dans la justice pénale et à fixer, sans valeur contraignante pour les États, les principes qui doivent inspirer les législateurs nationaux, que les procureurs appartiennent au même corps judiciaire que les juges du siège ou qu'ils forment un corps distinct de fonctionnaires [4]. Mais la Cour européenne des droits de l'homme considère, au regard de l'article 5, § 3 de la Convention (impartialité exigée du magistrat chargé du contrôle d'une arrestation ou d'une détention) que les membres du Parquet n'ont pas la qualité de membre de l'autorité judiciaire [5], en raison de leur manque d'indépendance à l'égard de l'exécu-

1. *Sur le Parquet dans la République*, colloque ENM, 29-30 mai 1995, « Vers un nouveau Ministère public », Publications ENM, 1996-1. P. Truche, « Quelle indépendance pour quel Parquet ? », *LPA*, 25 oct. 2000, 10. - J.-P. Sudre, « Le statut du ministère public en France ou le bel avenir d'une exception culturelle », *in* « Le nouveau pouvoir judiciaire » *(Revue de l'USM)*, sept. 2000, p. 6. - J.-P. Jean, « Justice - Quels modes d'administration et d'évaluation pour un service public complexe qui doit rendre des décisions en toute indépendance ? » *in* Marco Fabri et Philip M. Langbroek, *The Challenge of charge for judicial systems*, éd., IOS Press, 2000, Bologne et Utrecht, p. 47. V. aussi *supra*, ce qui est dit en tête du § 4, avant le n°104, texte et note et *infra*, n° 126, b,1, texte et note et n° 129, b, 3.

2. Sur le CSM, *Le Figaro*, 22, p. 9 et 2 3 mai 2002 ; sur les partis politiques, *Le Monde*, 14 déc. 2001, p. 8.

3. Notamment disciplinaires, art. 43 de l'ord. de 1958.

4. Recommandation du Conseil des ministres du Conseil de l'Europe du 6 octobre 2000, site Internet du Conseil et *in* rapport du CSM pour 2001, Doc. fr. 2002, p. 31.

5. CEDH, 10 juill. 2008, *Medvedyev et alii c/ France*, *D.* 2009, chron. 600, obs Renucci ; *Procédures*, 2008, n° 343, obs. Buisson. On peut signaler que dans une réponse ministérielle (n° 34204 *JOAN* Q du 10 mars 2009), le garde des Sceaux a estimé que cette décision n'en-

tif ; si l'arrêt a été rendu au regard de l'article 5 de la Convention européenne, sa portée dépasse celle de cette disposition, car il est rédigé en termes très généraux ; la lecture du nouvel article 65 de la Constitution (v. *infra*, n° 122) ne peut que renforcer la Cour européenne dans sa conviction : quel est ce « magistrat », nommé par l'exécutif après avis simple du CSM et dont les sanctions disciplinaires sont prises par l'exécutif, dans les mêmes conditions d'avis simple ? Où est son indépendance ?

120 ***Protection atténuée*** ◊ Si les règles de recrutement sont identiques à celles des magistrats du siège, les membres du Parquet ne bénéficient que d'une protection amoindrie quant aux deux autres aspects du statut :

– *quant aux conditions de l'avancement*, on se contentera d'indiquer ici que, d'une part, toute promotion n'est soumise qu'à *l'avis* du Conseil supérieur de la magistrature, avis qui ne lie pas le gouvernement (art. 65, Constitution) et que d'autre part, pour les postes hors hiérarchie, ils sont pourvus en Conseil des ministres, sans consultation préalable du CSM (v. *infra*, n°s 834 s.) ;

– *quant aux mutations*, la protection est inexistante : soumis au principe de la subordination hiérarchique, les magistrats du Parquet ne sont pas inamovibles ; tout au contraire, ils peuvent être déplacés d'office, d'un poste à un autre, sous réserve, en cas de mutation pour faute disciplinaire, du respect de leur régime disciplinaire (sur lequel, v. *infra*, n° 835). La loi du 25 juin 2001 accentue ce décrochage des magistrats du Parquet de ceux du siège, avec la nouvelle règle, reconnue au bénéfice des premiers présidents de cour d'appel, d'être des magistrats du siège de la Cour de cassation : aucune symétrie n'est prévue pour les procureurs généraux (v. *infra*, n° 823). De même, les procureurs généraux ne bénéficient pas de la possibilité offerte aux premiers présidents de cour d'appel d'intégrer, à l'expiration de leurs fonctions, le corps des inspecteurs généraux adjoints des services judiciaires (v. *infra*, n° 823). L'actualité de l'année 2001 a bien montré les limites de l'indépendance du Parquet, un Premier ministre s'étant permis de déclarer, à la télévision, qu'il avait demandé le retrait de l'ordre du jour du Conseil des ministres du nom d'un magistrat qui devait être nommé procureur général, au motif que ce magistrat aurait signé une décision de justice (collégiale) sujette à polémique ; et ce, sans aucune garantie disciplinaire [1] !

traînait aucune conséquence sur le système pénal français, le ministère public pouvant conserver ses missions de gardien des libertés individuelles. Appel a été formé par la France devant la Grande chambre, v. H. Dalle et D. Soulez-Larivière, « Les procureurs français sont-ils vraiment des magistrats ? », *Le Monde* 21 mai 2009.

1. Déclaration du 5 déc. 2001, *Le Monde*, 8-9 déc. 2001.

c. La protection statutaire des magistrats de l'ordre administratif

121 ***Le droit et la coutume*** ◊ On verra plus loin que la juridiction administrative ne s'est que lentement dégagée de l'Administration active. Les garanties de carrière sont pourtant protectrices de l'indépendance de ses membres [1].

– *Leurs conditions de recrutement* sont similaires à celles des magistrats judiciaires, concours et voies parallèles (v. *infra*, n°s 865 et s.) ;

– *Leur carrière, leur avancement*, longtemps non réglementés, ont toujours été soumis à des garanties de fait, d'usage, comme par exemple la règle coutumière de l'avancement à l'ancienneté. Aujourd'hui, les magistrats des chambres régionales des comptes sont protégés par le Conseil supérieur de ces chambres qui établit leur tableau d'avancement et propose les nominations aux postes de premier président. Les magistrats des tribunaux administratifs et des Cours administratives d'appel bénéficient d'une totale transparence dans leur promotion depuis la loi n° 86-14 du 6 janvier 1986 : ce conseil dresse leur tableau d'avancement et propose les nominations aux postes de présidence de ces juridictions. Quant au Conseil d'État, ses membres sont promus à l'ancienneté, en raison de l'usage (sur tous ces points, v. *infra*, n° 871), de même pour ceux de la Cour des comptes (v. *infra*, n° 871).

– Qu'en est-il alors de l'inamovibilité ? Sans reprendre ici ce qui sera développé plus loin (v. *infra*, n° 871) on peut dire deux choses : d'abord le Conseil constitutionnel admet comme un principe fondamental reconnu par les lois de la République (en l'occurrence celle du 24 mai 1872), l'indépendance des *juridictions* administratives (v. *supra*, n° 113). Si ces juridictions sont indépendantes, leurs membres doivent être protégés contre l'arbitraire du pouvoir politique. Comment ?

• *En droit*, seuls les magistrats des comptes sont expressément « inamovibles » (art. L. 120-1 CJF, pour ceux de la Cour des comptes ; art. L. 212-8 CJF, pour ceux des Chambres régionales des comptes). Mais les magistrats des tribunaux administratifs et ceux des Cours administratives d'appel, bénéficient implicitement du principe d'inamovibilité, même si le mot ne figure pas dans la loi du 6 janvier 1986. On le trouve inscrit aujourd'hui à l'article L. 231-3 CJA dans la formule « lorsqu'ils exercent leurs fonctions de magistrats dans une juridiction administrative, ils ne peuvent recevoir, sans leur consentement, une affectation nouvelle, même en avancement » (v. *infra*, n° 871).

• *En fait*, les membres du Conseil d'État bénéficient de la même inamovibilité, même si aucun texte ne le prévoit. Cette coutume séculaire les protège autant qu'un texte (v. *infra*, n° 871), ce qui ne rend pas pour autant superflu de l'inscrire dans la loi.

1. On emploie ici le terme de « magistrats » par commodité de rédaction. Sur la qualification exacte des membres des diverses juridictions administratives, v. n°s 552 s.

3. Les organes de garantie de l'indépendance des magistrats

122 ***L'observatoire des carrières de la justice. – Plan*** ◊ Selon leur corps, les magistrats sont placés sous la protection d'un « Conseil » qui joue un rôle non négligeable dans leurs promotions et leur protection disciplinaire. On se contentera ici de les indiquer, en précisant leur composition et en renvoyant à l'étude du statut des magistrats, les conditions d'intervention de ces Conseils. On se contentera de signaler ici la création, en 2003, d'un observatoire des carrières de la justice qui a pour mission d'étudier l'évolution des carrières au sein du ministère de la justice et de formuler des propositions pour anticiper ces évolutions, de suivre plus particulièrement le développement des possibilités de carrière des femmes, de favoriser une réflexion sur la gestion prévisionnelle des emplois, des effectifs et des compétences, de mieux faire connaître les métiers de la justice et d'améliorer leur attractivité [1].

1. Les Conseils supérieurs des Chambres régionales des comptes et de la Cour des comptes

Ce conseil supérieur a été créé par la loi du 2 mars 1982 (art. 2), loi de décentralisation. Présidé par le Premier président de la Cour des comptes, il comporte une forte majorité de magistrats de cette cour et des chambres régionales (v. *infra*, n° 871, pour son rôle). Les magistrats de la Cour des comptes ne bénéficiaient pas d'un organisme équivalent, mais d'une simple Commission consultative (L. n° 2001-2148, 21 déc. 2001), jusqu'à la création du Conseil supérieur de la Cour des comptes par la loi n° 2006-769 du 1er juillet 2006 [2].

2. Le Conseil supérieur des tribunaux administratifs et des cours administratives d'appel

Créé pour les tribunaux administratifs par la loi n° 86-14 du 6 janvier 1986, cet organisme a été étendu aux cours administratives d'appel lors de la création de celles-ci, par la loi n° 87-1127 du 31 décembre 1987. Les membres du Conseil d'État ne sont pas concernés. Il est présidé par le vice-président du Conseil d'État et comprend 12 membres (loi 6 janv. 1986, art. 14) : 4 membres de droit, 5 juges élus par leurs collègues, 3 personnalités désignées par le président de la République, par le président de l'Assemblée nationale et par le président du Sénat. Sur son rôle v. *infra*, n° 871. Il est réglementé par les articles L. 232-1 et s. et R. 234-1 et s. CJA.

3. Le Conseil supérieur de la magistrature (CSM)

Voir le site Internet du CSM sur lequel on trouvera notamment les rapports annuels du CSM sur son activité : www.conseil-superieur-magistrature.fr

1. Arrêté du 21 août 2003, *JO*, 24 sept. 2003, p. 16278.
2. Art. L. 112-8, L. 123-1 s., CJF.

Il ne concerne, bien sûr, que les magistrats judiciaires, mais sa composition a varié au gré des vicissitudes de nos constitutions [1].

a) *Sous la IIIe République*, c'est la Cour de cassation elle-même qui constituait le CSM, en se réunissant en assemblée générale pour statuer en formation disciplinaire ; il ne comprenait donc que des juges, mais avait une fonction limitée, qui ne concernait pas la nomination et l'avancement des juges ; ce précédent n'est pas sans intérêt dans les controverses actuelles sur l'indépendance des magistrats ;

b) *Sous la IVe République*, le CSM devint un organe distinct mais à dominante politique, sans doute parce qu'à la Libération les esprits se souvenaient, d'une part, du serment au maréchal Pétain qu'un seul magistrat avait refusé de prêter, malgré l'épuration menée dès 1940 (ce qui ne manifeste guère un esprit, sinon de résistance, en tout cas d'indépendance..., v. *infra*, n° 158) et, d'autre part, des sections spéciales [2]. Ne fallait-il pas, dans ces conditions, mettre en tutelle un pouvoir qui n'avait pas su manifester son indépendance en période où la Nation était en danger mortel et qui le revendiquait lorsque ses membres étaient à l'abri de toute coercition personnelle ? Sur quatorze membres, le CSM de 1946 ne comprenait que quatre magistrats et le Conseil d'État, dans plusieurs arrêts, avait considéré le CSM comme un simple organe administratif dont les décisions étaient soumises à un contrôle de sa part. C'est dire que la tutelle sur la justice judiciaire était forte.

c) *Sous la Ve République*, l'autorité judiciaire fait l'objet de deux articles dans la Constitution : l'article 64 qui la place sous la protection du président de la République (v. *supra* n° 113) et l'article 65 qui assiste celui-ci d'un Conseil supérieur de la magistrature [3].

1) La réforme constitutionnelle du 23 juillet 2008 (L. n° 2008-724), qui sera suivie d'une loi organique, revoit la composition et le mode de fonctionnement du Conseil supérieur de la magistrature [4]. Désormais (article 65 de la Constitution), dès l'entrée en vigueur de la loi organique attendue sur ce sujet, le CSM ne sera plus présidé par le Président de la République, qui demeure néanmoins le « garant de l'indépendance de l'autorité judiciaire », et le ministre de la justice n'en sera plus le vice-président (mais il pourra participer aux séances des deux formations du CSM, sauf en matière disciplinaire). Il comprend une formation compétente à l'égard des magistrats du siège et une autre à l'égard des magistrats du parquet, ainsi qu'une formation plénière.

1. J. Gicquel, « Le CSM, une création continue de la République », in *Mélanges Ph. Ardant*, LGDJ, 1999, p. 289. R. Beauvois, « Le CSM », in *Justice et cassation*, Revue des avocats aux Conseils, Dalloz, 2006, p. 133.

2. Les listes des magistrats épurés avaient été dressées par les chefs de cour eux-mêmes... ; cf., « Les juges sous Vichy », colloque, ENM, 1er déc. 1993, *Le Monde*, 31 déc. 1993, par Anne Chemin ; 200 magistrats furent exclus (soit 5 % du corps), dont 61 en vertu du statut des juifs, 40 par l'effet des lois anti-maçonniques, 99 par une loi du 17 juillet 1940 qui supprimait de fait l'inamovibilité des magistrats du siège. *L'épuration de la magistrature, de la Révolution à la Libération*, Ass. fr. pour l'histoire de la Justice, éd. Loysel, 1994 ; *Justice et République(s)*, L'espace juridique, 1993. V. *supra*, n° 115, en note, sur l'histoire de la magistrature.

3. P. Hébraud, « L'autorité judiciaire », *D.* 1959. Chron. 77. A. Besson, « Le CSM », *D.* 1960. Chron. 1. M. Karsenty, *Le CSM*, thèse Aix, 1961 ; A. Martin, « Le CSM et l'indépendance des juges », *RD publ.* 1997, 741 ; I. Boucobza, « Le CSM en France et en Italie », *Rev. jur. des Barreaux*, févr.-juin 1999, n° 55/56, p. 27.

4. J. Gicquel, « Le nouveau CSM », *JCP* 2008, I, 176. D. Ludet, « CSM : une liberté... surveillée ? », *LPA* 19 déc. 2008, n° 254, p. 111.

Chaque formation sera composée de 15 membres (sauf en matière disciplinaire, cf. *infra*), présidée par le Premier président de la Cour de cassation ou le Procureur général près ladite cour, selon la formation en cause, membres de droit ; le nouveau CSM sera à majorité de non-magistrats (huit, dont un avocat et un conseiller d'État nommé par son institution et six désignés à raison de deux chacun par le Président de la République et les Présidents de l'Assemblée nationale et du Sénat) ; six magistrats compléteront chaque formation (cinq du siège et un du Parquet ou cinq du Parquet et un du siège). La formation plénière comprendra les six personnalités qualifiées, l'avocat et le conseiller d'État, trois des cinq magistrats du siège et trois des cinq magistrats du Parquet, le Premier président de la Cour de cassation qui la préside de droit, le Procureur général n'étant que son suppléant. Cette formation répond aux demandes d'avis formulées par le Président de la République au titre de l'article 64 de la Constitution, se prononce sur les questions de déontologie des magistrats et sur toute question relative au fonctionnement de la justice dont le saisit le ministre de la justice.

- La formation compétente à l'égard des magistrats du siège fait des propositions pour les nominations à la Cour de cassation, pour celles de premier président de cour d'appel et de présidents de tribunaux de grande instance ; les autres magistrats du siège sont nommés sur son avis conforme. Elle statue aussi comme conseil de discipline de ces magistrats et se renforce alors du magistrat du siège qui appartient à la formation compétente à l'égard des membres du Parquet.
- Par parallélisme, la formation compétente à l'égard des magistrats du Parquet se renforce du membre du Parquet appartenant à la formation du siège, lorsqu'elle donne son avis sur les sanctions disciplinaires qui concernent les magistrats du Parquet ; en revanche, pour les nominations de ces magistrats, la formation compétente ne donne que son avis sur leurs nominations, à quelque hauteur de la hiérarchie que ce soit (mais aussi pour les procureurs généraux nommés en Conseil des ministres, jusqu'ici sans avis du CSM). On voit bien ici, ce que l'expression de « magistrats du Parquet » utilisée à l'article 65 a d'incongru, surtout après l'arrêt *Medvedyev et alii c/France* de la Cour européenne des droits de l'homme (10 juillet 2008), qui dénie aux membres du Parquet en France leur appartenance à « l'autorité judiciaire » (v. *supra*, n° 119).

La compétence du CSM sera étudiée avec le statut des magistrats : en matière de promotion et de mobilité, v. *infra*, n° 804 et 805 pour les magistrats du siège et n° 524 pour ceux du Parquet ; en matière disciplinaire, v. *infra*, n° 815 pour le siège et 835 pour le Parquet. Mais on notera le nouveau droit de saisine des justiciables « dans les conditions qui seront fixées par une loi organique ».

Il faut souligner ici, qu'à l'avenir, le CSM pourrait devenir « l'organe tutélaire de la justice », suppléant en cela le Conseil constitutionnel, pour accéder au statut de « Conseil du pouvoir juridictionnel », devant lequel les juges répondraient de leurs fautes professionnelles et dont la compétence serait élargie aux juges non professionnels [1]. Certains États

1. T. Renoux, *loc. cit.*, *Justices*, 1996.3, p. 109 à 112.

connaissent des Conseils supérieurs de justice, organes indépendants qui visent à mieux garantir l'indépendance de la justice [1].

2) En outre, l'article 14 de la « Charte européenne sur le statut des juges », élaborée par le Conseil de l'Europe en juillet 1998, dispose que tout juge a le droit de saisir cette instance s'il s'estime menacé dans ses droits statutaires, son indépendance ou celle de la justice. La même Charte prévoit que les magistrats doivent être majoritaires dans cet organisme (art. 1-3).

3) Dans le grand débat sur la justice qui a agité le petit monde politique parisien en 1999-2000 (suite aux affaires de financement illégal de certaines formations politiques), une Haute autorité judiciaire a proposé l'élection du CSM au suffrage universel [2] afin d'asseoir, indirectement, la légitimité des juges du siège ; pour le Parquet, une haute personnalité indépendante en assurerait la protection.

C. Appréciation critique et prospective : propositions pour un nouveau corps de magistrats réellement indépendants du Gouvernement [3]

123 ***Observation préliminaire*** ◊ Le passage qui suit (n°s 85 à 86-2) n'a pas pour objectif de blesser quiconque, même si les opinions émises sont exprimées avec vivacité, sur un ton parfois provocateur, pour alimenter un débat que l'auteur de ces lignes [4] souhaite largement ouvert à toutes les écoles de pensée, fracassant *et constructif*. Car c'est bien de la Justice dans notre pays dont il s'agit ici : revendiquer des qualités de recrutement et de formation des magistrats les plus exigeantes possibles, souhaiter des juges indépendants mais responsables, inamovibles mais pas sclérosés, c'est croire, *viscéralement,* au droit à un juge. Il n'est de juge que de bon juge. C'est en raison de cette foi inébranlable dans la Justice de son pays et parce qu'il n'oublie pas qu'un jour il a trouvé sur son chemin trois fois trois juges de grande qualité, véritables tiers objectifs, jugeant en toute indépendance et impartialité, en leur âme et conscience, pour, les premiers, proclamer solennellement au titre de la vérité judiciaire, le mensonge et la diffamation de l'un [5], pour les deuxièmes, réparer le préjudice moral causé par l'insouciance (pour le

1. J.-F. Kriegk, « Les Conseils supérieurs de justice, clef de voûte de l'indépendance judiciaire ? », *D.* 2004. 2166.

2. J.-F. Burgelin, *Le Figaro*, 16 janv. 2000, p. 14 ; discours du 9 oct. 2000 à l'Académie des sciences morales et politiques, *Le Monde*, 10 oct. 2000.

3. Ce passage (n°s 123 à 129) n'engage que S. Guinchard, auteur des propositions émises.

4. V. par ex. nos articles *in AJDA* août 1998, n° spécial sur les droits fondamentaux, in *Mélanges G. Farjat*, 1999 et notre contribution au Précis Dalloz de *Droit processuel. Droit commun et droit comparé du procès équitable, op. cit.*. V. aussi S. Guinchard, « L'avenir du juge », in *Mélanges P. Catala*, Litec, juin 2001.

5. Affaire dite des « trois de Lyon », T. corr. Lyon, 5 juill. 1994 : *Gaz. Pal.* 25 mai 1994 (relaxe d'un journaliste pour bonne foi dans la diffamation, les éléments jugés diffamatoires par le tribunal provenant de la meilleure source, celle d'un rapport signé du procureur général de Lyon).

moins) d'un autre [1], pour les derniers enfin, rectifier les analyses erronées d'un juge d'instruction et d'un procureur [2], que l'auteur de ces lignes s'est autorisé à les écrire. En la personne de ces neuf juges qui se reconnaîtront ici, n'est-ce pas le plus bel hommage que l'on puisse donner à la Justice ? On ne peut enseigner le droit à un juge, écrire sur ce sujet [3], sans croire, avec toute la force de ses convictions républicaines, à cette exigence aujourd'hui consacrée par les engagements internationaux de la France.

C'est avec satisfaction que l'auteur de ces lignes prend acte que nombre de ses propositions (depuis la 4e éd. de ce Précis en 1996) ont été reprises, notamment dans les lois du 25 juin 2001 et du 5 mars 2007 : extension des recrutements hors concours étudiants, formation initiale plus ouverte vers le monde extérieur et recentrée sur les bases fondamentales du droit et de la procédure, limitation de la durée d'exercice de certaines fonctions, mobilité accrue des juges du siège, revalorisation financière et matérielle de la fonction, suppression des fonctions et des échelons à l'intérieur des grades, etc. Elles inspirent aussi largement certaines propositions d'un club de réflexion [4] ou de la Commission parlementaire d'enquête sur les dysfonctionnements de la Justice dans l'affaire d'Outreau (v. *supra*, n° 95) [5], ou encore de la Commission des lois du Sénat [6]. Chemin faisant, nous indiquerons les pistes suggérées par d'autres personnes ou institutions et largement suscitées par cette lamentable affaire [7].

Après l'exposé des propositions concernant le corps des magistrats (nos 124 à 126), le lecteur trouvera dans la section suivante une réflexion plus générale sur l'autorité judiciaire retrouvée (nos 127 à 129).

1. Dans la même affaire, la suite, inéluctable, de la reconnaissance de la diffamation dans la condamnation de l'État pour faute lourde du service de la justice, TGI Paris, 3 avr. 1996 : *Gaz. Pal.* 1996. 584 et doctr. 1806, chron. J. Cl. Woog. Mais à quel prix !

2. Cf. la relaxe des trois de Lyon dans la même affaire pour absence totale d'infraction, T. corr. Lyon, 10 mai 1996, inédit, v. *infra*, n° 230.

3. V. le rapport sur la formation des magistrats (dir. F. Terré), Doc. fr., 1987. Sur un analyse comparative, v. T. Renoux, *RD publ.* 1999. 965.

4. *Pour la Justice*, opuscule publié en sept. 2004 par l'Institut Montaigne, 38, rue Jean Mermoz, 75008 Paris.

5. L'auteur de ces lignes invite le lecteur à lire ces propositions qui datent de 1996, à la lumière des dysfonctionnements et des enseignements de cette affaire de janvier à juin 2006, suite aux travaux de la Commission parlementaire d'enquête....

6. Rapport d'information de la Commission des lois du Sénat sur le recrutement et la formation des magistrats de carrière (Rapport Fauchon/Gautier), juin. 2007.

7. Outre les auteurs ou clubs de réflexion dont les propositions seront présentées au cours des développements qui suivent, v. T. Clay, « La réforme de la Justice doit être abordée sans tabou », *LPA,* 14 juin 2006, n° 118, p. 4 ; « Après Outreau, rebâtir la Justice », *Libération,* 13 déc. 2006 ; avec Mathieu Boissavy et dans le cadre d'un projet politique, *Reconstruire la Justice*, O. Jacob, 2006. X. Lagarde, « Justice : éviter la tour d'ivoire », *Gaz. Pal.* 11 mai 2006. Plus politique : Pascal Clément, « Ministre de l'utopie » et Nicolas Sarkozy, « Redonner confiance en la Justice », *Les Annonces de la Seine,* 11 mai 2006, p. 2 et 4. Sans oublier les propositions de la Commission d'enquête sur Outreau, rapport de l'Assemblée nationale, n° 3125, juin 2006 (sur le site de l'Assemblée nationale).

124 ***Recrutement, formation, compétence et responsabilité*** ◊ **a) Critique** : c'est sans doute le recrutement traditionnel et quasiment unique des magistrats professionnels par concours ouvert aux étudiants qui a longtemps posé problème, à la fois dans ce qu'il ne permet pas de juger d'autres qualités que celles, purement intellectuelles (universitaires), d'un niveau de formation acquis, une fois pour toutes à 23 ou 25 ans et dans ce qu'il induit quant à la qualité de la justice rendue et les dérapages plus ou moins contrôlés constatés ici ou là. Plus que l'indépendance, c'est la compétence de nos juges et son corollaire, leur responsabilité, qui a commencé de retenir l'attention des observateurs des choses de la justice. Il semble que l'on prenne enfin conscience de ces exigences [1]. Le Conseil constitutionnel, dans sa décision du 19 février 1998, à propos du recrutement exceptionnel de magistrats, a expressément insisté sur la nécessité de contrôler la qualification juridique des candidats et leur aptitude à juger (v. *infra*, n° 789) ; même exigence à propos des concours dits complémentaires instaurés par la loi du 25 juin 2001 (décision du 19 juin) et de la création des juges de proximité (décision du 29 août 2002).

1) Même en restant sur le seul terrain de la formation exigée des candidats, de leur qualification juridique, on s'étonnera que les épreuves écrites du concours étudiant ne comportaient aucun contrôle de procédure civile et de procédure pénale (sans même parler du droit du procès dans le sens de droit commun du procès équitable), jusqu'aux concours de 2009, ce qui conduisait les candidats, tout naturellement, à négliger ces matières et l'école de la magistrature à introduire des enseignements de procédure pour compenser ce déficit ! Un comble si l'on veut bien songer un seul instant que la formation initiale doit précéder l'entrée à l'école, que le concours doit permettre de s'assurer des compétences techniques des candidats et que le jeune magistrat accomplira des actes de procédure, tant au civil qu'au pénal, tout au long de sa carrière et souvent, malheureusement, dès le début de sa carrière comme juge d'instruction (cf. l'affaire d'Outreau [2]). La faveur, la prime donnée aux candidats publicistes ou issus d'une formation de sciences politiques, par le jeu des coefficients, aggravait la situation et augurait mal de la compétence technique des futurs juges [3].

2) Au-delà de la compétence juridique, il faut encore observer que pour près de 8 000 magistrats de l'ordre judiciaire (v. les chiffres *infra*, n° 771) tout s'est joué à 25 ans (parfois moins) et pour 40 ans. Est-ce bien raisonnable ? La Nation n'est-elle pas en droit d'exiger plus (c'est-à-dire, d'autres qualités que la compétence juridique) et mieux (entendez par là une meilleure compétence

1. V. par exemple, P. Fauchon et Ch. Gautier, « Recrutement et formation des magistrats de carrière - Le souci d'une plus grande diversité de carrière », *Annonces de la Seine,* 4 févr. 2008, p. 10 (présentation des 20 recommandations d'une mission d'information du Sénat, dans la suite de la loi du 5 mars 2007).

2. V. *le Point*, 2 févr. 2006, n° 1742, p. 36, qui recense les difficultés rencontrées par le juge d'instruction dans cette affaire, du fait de sa formation initiale (un IEP), de son isolement, par rapport à sa hiérarchie, de son manque d'expérience. V. aussi, *Le Monde,* 8 févr. 2006, « Le juge X pensait détenir la vérité.

3. S. Guinchard, « L'avenir du juge », in *Mélanges P. Catala*, Litec, 2001.

juridique) [1] de ceux qui sont les sentinelles exposées des guerres judiciaires de nos concitoyens, qui doivent tout à la fois être le reflet de notre société et les arbitres respectés de nos conflits ? [2] Le magistrat n'est pas un fonctionnaire comme les autres, dit-on souvent pour mieux revendiquer un statut (des avantages ?) spécifique ; ne faut-il pas voir les choses différemment, sous l'angle des intérêts des justiciables [3], et sous cet angle seulement, et poser en principe qu'il n'est pas un professionnel du droit comme les autres ; en sortant de l'ENM, il ne s'installe pas pour créer et faire fructifier une clientèle. Il intervient dans la vie des affaires, mais aussi dans celle de ses concitoyens ; ses décisions seront lourdes de conséquences pour ceux-ci qui n'ont pas le choix de leur juge, de s'adresser à un autre s'il est incompétent, vulgaire, inhumain etc., défauts qui, dans un système libéral absolu, permettraient d'en changer (d'où le succès de l'arbitrage, notamment international, dans les relations commerciales). On ne répétera jamais assez que l'on ne choisit pas son juge, alors que l'on choisit son avocat et que la revendication, légitime, d'un statut de réelle indépendance, de carrière sans interférences politiques, passe d'abord par une compétence absolue, incontestable, associée à une responsabilité réelle, non éludée parce qu'à la charge de l'État, bref par une meilleure justice rendue. La reconnaissance passe par la connaissance et la connaissance par sa sanction naturelle pour tout professionnel, à savoir la responsabilité de celui-ci : les deux choses sont liées (v. *infra*, n°s 127 et s.). « L'éminence de la fonction implique de s'assurer de l'éminence de la personnalité ; rien ne permet à 24 ans de faire ce genre de preuve et aucune école ne peut enseigner les autres qualités requises » [4]. Et si ce qu'a écrit un auteur, très au fait du procès, avec beaucoup de pertinence, est vrai [5], alors il est temps de réfléchir à la seule question qui vaille : faut-il maintenir le concours de l'ENM ? Si la réponse est négative, que proposer d'autre ?

b) Prospective : pour construire un nouveau système de recrutement des magistrats de carrière, il faut partir d'une double exigence : des juges compé-

1. En 1998, trente places supplémentaires ont été mises au concours externe de recrutement (la voie étudiante) ; il se trouve que les trente derniers du classement n'avaient pas la moyenne de dix sur vingt. On en tirera la conclusion que ces trente places auraient dû être reportées sur d'autres années (pour éviter les injustices entre les générations) ou sur des concours exceptionnels ou sur des recrutements par intégration directe. Au concours 2000, sur 164 candidats admis, 45 n'avaient pas la moyenne.

2. J. Robert « La Nation et ses juges », *RD publ.* 2006-3, p. 547.

3. Cet axe de pensée semble aujourd'hui, enfin, inspirer les discours politiques des Gardes des Sceaux qui n'hésitent plus à se référer à cette notion (notamment depuis 1997) et impulser certaines réformes.

4. S. Guinchard, *La vie judiciaire*, 5-9 oct. 1994.

5. J. Lamarque, in *Mélanges J.-M. Auby*, Dalloz, 1992. 153 : « ce qui frappe d'emblée, c'est le caractère superficiel de la décision juridictionnelle, sa platitude, sa médiocrité, les erreurs qu'elle peut comporter sur des points pourtant élémentaires et, surtout, surtout, sa motivation très légère. Ne parlons pas de la rédaction embarrassée qui permet parfois de mettre en cause autant son contenu intellectuel que sa valeur juridique. On n'évoquera pas non plus les erreurs sur l'appréciation ou la qualification des faits qui peut confiner à un véritable mensonge judiciaire, indécelables à la simple lecture et qui ne sont connues que des parties et de leurs conseils. Bref, la rédaction sent la facilité et, au-delà de l'insuffisante motivation de la décision, l'absence de motivation du juge lui-même. Ce n'est pas un « magistrat » qui l'a conçue, mais un fonctionnaire comme un autre, qui n'est probablement pas passionné de justice, qui n'est pas non plus un juriste dans l'âme, qui a peut-être été rebuté par le caractère banal et ennuyeux de l'affaire ».

tents, des juges humanistes [1]. Et comme ce n'est pas à 25 ans que l'on peut juger une fois pour toutes de cette compétence et des qualités humaines des aspirants à la fonction de juger, il faut donc poser en principe que nombre des juges doivent être recrutés parmi des juristes, mais des juristes confirmés tant en droit qu'en humanisme. L'âge de la sérénité doit être intégré dans les conditions d'accession à la fonction non pas comme un maximum, mais comme un minimum [2]. C'est une question qui a longtemps été taboue que celle du mode de recrutement dominant aujourd'hui (220 élèves recrutés au concours étudiant en 2002, à peine une vingtaine chaque année au concours fonctionnaire et de 10 à 20 intégrations directes chaque année) et que peu d'auteurs abordent en langage clair, c'est-à-dire en termes de « faillite » potentielle du système actuel dont les responsables politiques n'ont pas encore perçu la gravité, si ce n'est à travers quelques grandes affaires criminelles médiatisées [3], ou par des initiatives individuelles telles qu'une instruction révélée sur Internet, parce que celui qui la subit est mécontent de la manière dont elle est conduite et se fait en outre aider par une page entière d'un grand quotidien du soir [4] ; ou encore, par les « bourdes » commises par un juge d'instruction [5] qui, depuis, a quitté la magistrature pour la politique (en 2002), avant d'y revenir [6] ; autre signe révélateur de cette « faillite », l'action des syndicats de police qui organisent un « réseau d'alerte » pour surveiller les décisions de justice ! [7]. Un auteur a pu souligner, à juste titre, que « dans une société normalement constituée, les fonctions judiciaires devraient être confiées à des hommes d'expérience qui se sont signalés depuis longtemps par la droiture de leur esprit et dont les compétences ont été unanimement appréciées au cours d'une vie professionnelle de plusieurs dizaines d'années [8] ». À partir de là, tout est possible et il suffit d'élaborer une procédure de sélection souple, mais offrant toutes les garanties d'un recrutement impartial. Ce système existe en Angleterre [9]. Et si les magistrats, dit-on, ne sont pas des fonctionnaires comme les autres, alors tirons en toutes les conséquences : pas de concours pour étudiants (ou alors dans une proportion limitée au maximum des recrutements annuels), mais une sélection sévère, entourée de nombreuses garanties ; pas de rémunération non plus calculée sur la base de la grille de la fonction publique, avec toutes

1. Comp. Pour le système belge, P. Orianne, « La méthodologie de la sélection et de la formation des magistrats », *Annales de droit de Louvain*, 1992.105, spéc. p. 109 sur les critères d'évaluation « clairement indiqués dans la loi : il s'agit d'apprécier la maturité des candidats et leur capacité intellectuelle à exercer la fonction » [de magistrat]. (Rapp. Potocki, « La formation des magistrats », in *Mélanges P. Bellet*, Litec, 1991, p. 459.).

2. T. Klein, « La fonction de juge », in *Mélanges L. E. Pettiti*, Bruylant, 1998, p. 507.

3. L'affaire *Grégory* dans la vallée de la Vologne, au milieu des années quatre-vingt ; l'affaire de la petite *Céline*, au début des années quatre-vingt-dix et une instruction, à chaque fois, massacrée. À quel prix pour les acteurs involontaires de ces grossières erreurs ? Et combien d'autres ? (ce médecin accusé de meurtre à Marseille et qui sort acquitté des assises après deux ans de détention provisoire).

4. *Le Monde*, 13 avr. 1996.

5. V. ce qu'en disent G. Bolard et S. Guinchard *in* « Le juge dans la cité », *JCP* 2002. I. 137.

6. Départ largement médiatisé et avec occultations desdites « bourdes », v. *Le Figaro*, 15 janv. 2002, p. 9 et *Le Monde*, 16 janv. 2002, p. 10. En 2006, ledit juge a repris son poste de magistrat, en médiatisant son affectation qui ne lui plaît pas ! Le courage aurait été de démissionner, ainsi que le suggère un ancien magistrat, à propos de l'affaire d'Outreau, L. Leguevaque, « Faîtes comme moi, démissionnez ! », *Le Monde*, 2 mars 2006, p. 20.

7. *Le Monde*, 10 déc. 2001, p. 10.

8. J. Lamarque, *Mélanges J.-M. Auby*, *op. cit.*, p. 152.

9. John Bell, « Justice et politique : le cas du Royaume-Uni », *Justices*, 1996.3, p. 25.

ses hypocrisies. Magistrats, au sens qu'ils exerceraient un magistère [1], et non plus fonctionnaires, nos juges pourront revendiquer non seulement l'indépendance, mais une rémunération plus adaptée à la nature éminente de leurs fonctions [2]. Plus compétents car sélectionnés parmi des juristes avertis (plus de 40 ans), avec tests de personnalité, ceux-là même utilisés dans les cabinets de recrutement pour le secteur privé, ils ne craindront plus les attaques dont ils font l'objet [3]. Et si la justice est le miroir de la vie [4], ses juges doivent être le reflet de ses meilleurs citoyens. Déjà Cézar-Bru écrivait « qu'il faut des juristes et des juristes mûris par l'expérience [5] ». La pertinence de cette remarque n'a rien perdu de son actualité [6]. Il faut aller vers un système mixte, mi-concours étudiants, mi-modes de recrutement de candidats expérimentés. L'humanisme des juges doit être un critère du recrutement, écrivons-nous depuis longtemps (1996) ; la prise de conscience de cette obligation civique semble maintenant évidente aux yeux de la presse et de ceux qui ont découvert les choses de la justice avec l'affaire d'Outreau [7].

c) Début de prise en considération de ces propositions en législation et dans les esprits : les recrutements exceptionnels ouverts en 1998 et 1999 (deux fois cent magistrats) vont en ce sens : ouverture vers des candidats plus âgés, avec vérification de leurs compétences juridiques, ainsi que l'a imposé le

1. *Le juge : une figure d'autorité*, colloque de l'Association française d'anthropologie du droit, Paris, 24-26 nov. 1994, l'Harmattan, 1996.

2. D'où un éventuel slogan « 40 ans, 40 000 F (6 000 euros), 50 ans, 50 000 F (7 500 euros) etc. ». Soulignons que, dès aujourd'hui, les magistrats ne sont pas si malheureux que cela, financièrement parlant. À titre d'information on relèvera que la moyenne mensuelle des primes des magistrats est passé à 41 % de leur traitement de base en 2003 pour un objectif de 47,5 % correspondant aux primes perçues par les magistrats des chambres régionales des comptes (source : déclaration du Garde des sceaux au congrès de l'USM, Reims, le 18 oct. 2002, *Les Annonces de la Seine,* 21 oct. 2002, p. 6), que le tiers de ce corps est situé aux échelles lettres de la fonction publique, que nombreux sont ceux qui bénéficient de bonification d'indices, que les vacations judiciaires (période des vacances) permettent à chacun de prendre aux moins six semaines de vacances par an (sans obligation de recherche) et que la rémunération de début de carrière d'un jeune magistrat est quasiment égale à celle, *en fin* de carrière, d'un instituteur avant qu'il ne devienne professeur des écoles. S'ajoute à cela, depuis décembre 2003 (décr. 26 déc. 2003), la prime au mérite, attribuée en fonction de la contribution du juge au bon fonctionnement de l'institution judiciaire, modulable et qui représente de 0 à 15 % du salaire brut d'un magistrat ; le Conseil d'État a jugé que ce système ne porte pas atteinte au principe de l'indépendance de l'autorité judiciaire, 4 févr. 2005, *Gaz. Pal.* 26 févr. 2005, concl. Matthias Guyomar. Le slogan du juge mal payé est un mythe. Source : Deuxième rapport de la Cour des comptes sur la fonction publique, *Le Monde,* 25 avr. 2001, p. 6 ; v. aussi *infra*, n° 223, a, sur le temps de travail des magistrats.

3. *Témoignage* : « Si une chose peut être utile avant d'entrer dans la magistrature, ce serait, comme dans certaines entreprises, une batterie de tests psychologiques ; cela éliminerait un certain nombre de caractériels », Thierry Jean-Pierre, *in* L. Greisalmer et D. Schneidermann, *Les juges parlent*, Fayard, 1992, p. 261.

4. Rappr. P. Drai, « L'institution judiciaire doit être un miroir fidèle de notre société », *Discours de rentrée de la Cour de cassation*, 12 janv. 1996, Doc. fr. 1996, p. 1.

5. *Mélanges J. Magnol*, Sirey, 1948, p. 87.

6. Dans son rapport sur la formation des magistrats, F. Terré préconisait, dès 1987, le rapatriement de l'ENM à Paris et la création de centres régionaux rattachés à l'Université.

7. Parmi un foisonnement d'articles, de contributions, v. « Un bon juriste fait-il un bon juge ? », *Le Point,* 2 févr. 2006, n° 1742, p. 41 ; J. Coignard, « A l'école des magistrats, la technique règne en maître », *Libération,* 12 févr. 2006, p. 16. L. Greilsammer, « Le facteur humain », *Le Monde,* 14 févr. 2006, p. 2. Michela Marzano, « Outreau, notre oubli de ce qu'est l'humanité », *Libération,* 20 févr. 2006, p. 40.

Conseil constitutionnel (v. *infra*, n° 789). La loi du 25 juin 2001 aussi, puisqu'elle prévoit la pérennisation de ces concours qui deviennent « *complémentaires* » et le « repyramidage » du corps destiné à compenser les retards de déroulement de carrières (v. *infra*, n° 783). La loi du 5 mars 2007 passe le « tour extérieur » à un tiers des autres recrutements au lieu de un cinquième. La réforme des programmes des concours à compter de 2009, répond à nos critiques, par l'introduction d'épreuves en procédures civile et pénale et par le jeu nouveau des coefficients qui privilégient les matières juridiques.

Nos idées font aussi leur chemin dans les esprits, puisqu'un club de réflexion a proposé, en septembre 2004, de repousser l'âge maximal d'entrée à l'ENM de 27 à 40 ans, avec, soit un âge minimal de 30 ans et l'exercice préalable d'une profession pendant au moins 3 à 6 ans, soit le recrutement actuel avec un allongement de la scolarité à 4 ans ; il est aussi proposé d'apprécier, à travers le concours de l'ENM, le professionnalisme des candidats à la magistrature d'un point de vue théorique mais également pratique (aptitude à juger), d'ouvrir plus largement et de rendre plus attractif le recrutement parallèle. Quant à la formation donnée à l'ENM, il est suggéré de l'ouvrir davantage au monde extérieur, notamment en faisant dispenser les enseignements par les meilleurs magistrats (et non pas par un corps trop spécialisé) et par des intervenants extérieurs, en ouvrant les enseignements sur les réalités économiques et sociales et en augmentant la durée des stages extérieurs en dehors de l'administration [1].

Dans le même ordre d'idée de faire prévaloir l'excellence, celui qui fut le plus haut magistrat de France préconisait de confier la justice de base aux « *magistrats qui ont déjà de l'expérience* », les plus jeunes sortant de l'École devant d'abord exercer des fonctions collégiales, au sein des cours d'appel : « *il ne faut plus construire son expérience professionnelle comme juge unique dans un TGI ou comme juge d'instruction* » [2].

Suite à l'affaire d'Outreau, deux auteurs ont proposé de « passer du corporatisme à l'ouverture » ; « afin de prévenir une vision trop homogène, la meilleure des garanties consiste à introduire un regard extérieur... à tous les niveaux » ; il faut recruter « tout au long de la carrière, des juristes, voire des non-juristes » [ajout que nous estimons dangereux], sans passer par le moule de l'ENM, « parce qu'elle prédispose par son existence même à la pensée unique, à une sensibilité trop commune » [3]. Les mêmes auteurs notent que « l'acte de juger ne se résume pas à l'application de la loi, mais exige une compétence qui excède la qualification délivrée par l'ENM ; il ne suffit pas d'être bon juriste pour être bon juge : il faut y ajouter des qualités de cœur, d'efficacité et aussi de l'expérience » ; ils préconisent un inventaire des métiers de la justice et des qualités qui y sont attachées [4]. Le directeur de l'ENM a lui aussi proposé une réforme de la formation des juges [5]. Pour les hauts magistrats, notamment les chefs de cour, le Premier président de la Cour de cassa-

1. *Pour la Justice,* préc., Institut Montaigne, sept. 2004, p. 13.
2. G. Canivet, Interview au *Figaro Magazine,* 5 nov. 2004.
3. A. Garapon et D. Salas, *Les nouvelles sorcières de Salem - Leçons d'Outreau,* Le Seuil, 2006, p. 144 s.
4. *Ibid.*, p. 143.
5. M. Dobkine, in *Le Monde de l'éducation,* mars 2006, p. 56. Audition par l'Académie des sciences morales et politiques le 26 juin 2006, *Les Annonces de la Seine,* 1er mars 2007.

tion a proposé de les former au « management », à la gestion des ressources humaines, à la gestion budgétaire [1].

La commission des lois du Sénat (dans son rapport précité, de juin 2007) préconise que la diversification du recrutement amorcée par la loi du 5 mars 2007, soit accompagnée de mesures concrètes permettant d'attirer des candidats plus expérimentés qu'aujourd'hui, en créant un statut plus attractif pour ces candidats ; elle propose aussi de promouvoir l'apprentissage et l'évaluation du « discernement » des élèves-magistrats en jugeant de l'adéquation de leur profil psychologique au métier de juge.

125 ***Avancement et exercice des fonctions de chef de juridiction. Décorations*** ◊ **a)** *L'avancement* est légitime dans la mesure où il récompense les meilleurs, donc motive ceux qui accepteraient d'exercer des fonctions plus lourdes, mais on en connaît les dangers, l'appât d'une récompense pouvant être un levier tout aussi fort que la crainte d'une sanction. Ceci étant, il faut bien reconnaître qu'aujourd'hui tout le corps judiciaire est préoccupé par la question de l'avancement ; celui-ci est devenu le centre de la carrière d'un magistrat, chacun aspirant à exercer des fonctions non seulement différentes mais mieux payées, qui à un poste plus élevé dans la hiérarchie, qui dans un tribunal mieux classé etc. Pour limiter les effets de ce phénomène, on a déjà, depuis la Libération, supprimer des échelons [2], mais ne faut-il pas aller plus loin et supprimer tout classement des tribunaux et toute promotion, tout au moins ne maintenir les promotions au choix, à l'instar de la carrière des universitaires, que pour deux classes (le passage en 1re classe [3] et celui en classe exceptionnelle [4]) et sans prise en considération des fonctions exercées, ni du lieu d'exercice, lieu à la fois géographique et de classement des juridictions ? Mais au vu de quoi ? Les professeurs d'Université (dont le statut a lui aussi une valeur constitutionnelle, ce qui n'est pas sans intérêt pour la comparaison) sont promus par leurs pairs deux fois dans leur carrière et deux seulement (sous réserve du second échelon de la classe exceptionnelle), au vu essentiellement de leurs publications et, dans une moindre mesure, de leurs activités pédagogiques et administratives (pour lesquelles il existe des voies spécifiques de promotion, afin de tenir compte des surcharges d'enseignement et d'encadrement des étudiants et des postes de responsabilités administratives). Et comme le passage en classe exceptionnelle devient de plus en plus difficile et que tous n'y accéderont pas, c'est d'une seule promotion au choix dont on parle pour les universitaires pour toute une carrière ; est-ce l'explication de leur indépendance ? Quel est

1. Rapport remis au ministre de la Justice en févr. 2007, *Le Figaro,* 18 févr. 2007 ; *Les Annonces de la Seine,* 15 févr. 2007 ; *Gaz. Pal.* 20 févr. 2007.
2. C'est ce que fait la loi du 25 juin 2001, avec la suppression des groupes à l'intérieur des trois grades (v. *infra,* n° 802).
3. Qui permet le passage à l'échelle-lettre A et, automatiquement, à l'ancienneté, à B, puis C.
4. Passage à l'échelle-lettre D puis, au choix, à E.

l'équivalent pour les magistrats, comme critère d'évaluation, puisqu'il s'agit bien de cela au final dont il faut parler ? Pour l'immense majorité, il n'y en a qu'un : la qualité des décisions rendues, c'est-à-dire bien rédigées, motivées, pertinentes, bref le reflet d'une compétence acquise et maintenue à un haut niveau. Serait-ce trop difficile à évaluer ? Pas plus que les écrits des professeurs. Cette évaluation est sans doute liée à une responsabilité plus facilement mise en cause par les usagers de ce service public qui, au final, sont les mieux placés pour juger leurs juges (v. *infra*, Chapitre 3). Et dans ce pays où tout le monde se connaît à qui fera-t-on croire que l'on ne sait pas qui est un bon juge dans sa juridiction ? Est-ce si difficile que cela de déterminer parmi tous les juges de l'exécution désignés pour exercer cette fonction après la réforme de 1991, quels sont ceux qui ont le plus rapidement et le mieux compris, assimilé, cette nouvelle législation des voies d'exécution mobilière ? Il suffit de lire leurs décisions et les spécialistes de procédure civile sont capables de répondre à cette question, alors pourquoi pas leurs pairs ou les usagers ? La même remarque vaut pour le référé, l'instruction pénale, la mise en état civil etc.

b) *Quant aux fonctions de chef de juridiction*, elles seraient exercées bénévolement, comme le sont, dans les Universités, les fonctions décanales ou présidentielles ou autres (président de section, responsable de Master 2, etc.). Au besoin, une prime temporaire ou une décharge partielle de service compenserait le surcroît de travail ou, pourquoi pas, un système de promotion spécifique, à l'instar du système en vigueur pour les universitaires ; mais on aura remarqué qu'il faudrait d'abord être appelé à exercer des fonctions de responsabilité administrative pour prétendre à une promotion spécifique, selon une procédure de sélection, par exemple par des pairs élus. Les candidats à ces postes ne se bousculeraient peut-être pas, mais serait-ce une mauvaise chose ? Pour le surplus, l'avancement se ferait à l'ancienneté. On observera que chacun s'accorde à considérer que les conseillers d'État et les magistrats de la Cour des comptes sont indépendants, alors qu'ils ne bénéficient pas des mêmes garanties formelles que les autres magistrats (inamovibilité expressément stipulée ; protection par un organe du type du Conseil supérieur de la magistrature) ; n'est-ce pas parce qu'ils ne sont « promouvables » qu'à l'ancienneté ? Le système proposé n'est-il pas le moyen de concilier indépendance, carrière et service de qualité rendu aux citoyens, car il ne faudrait pas non plus que chaque magistrat s'installe dans un confort douillet, sans esprit d'initiative, au motif que tous sont soumis au même cursus, quelles que soient la réalité et la qualité du travail accompli ? Il vient d'être proposé, dans la ligne de nos réflexions, que les chefs de juridiction et les responsables de services ne soient nommés que pour une durée limitée avec des objectifs précis [1].

c) *Au passage, on supprimera la possibilité pour ce nouveau corps de magistrats de recevoir des distinctions de l'État*, légion d'honneur et autres ordres, tout au moins à l'occasion de l'exercice de leurs fonctions car comment peut-on prétendre être indépendant dans l'exercice de ses fonctions si l'on dépend du pouvoir (que l'on rejette par ailleurs pour son avancement), pour se distinguer de ses collègues ? Parmi tous les serviteurs de l'État, réservons les distinctions

1. *Pour la Justice*, préc., Institut Montaigne, sept. 2004, p. 11.

aux fonctionnaires d'autorité ; ils ont pour mission d'obéir au pouvoir en place, qu'ils en aient la contrepartie honorifique ! [1]. Cette proposition formulée dès 1996, a été reprise, en mars 2005, par un syndicat de magistrats [2].

126 ***Inamovibilité*** ◊ Dans une démarche critique et de prospection, nécessairement limitée dans le cadre de ce précis, on se contentera de poser quelques jalons, de suggérer quelques pistes de réflexion dont certaines ont été prises en considération par la loi du 25 juin 2001.

a) *En premier lieu*, qu'il n'est pas question de revenir, même d'une manière indirecte, sur les avantages de l'inamovibilité des juges, avantages pour les justiciables s'entend et non pas source d'irresponsabilité pour les intéressés. Le système proposé pour l'avancement devrait déjà participer de cette garantie (v. *supra*, n° 125).

b) *En deuxième lieu*, qu'il faut aller plus loin et s'interroger sur le maintien dans le statut des magistrats, des membres du Parquet et des juges d'instruction : ne faut-il pas abattre cet autre tabou, briser une fois pour toutes cette fiction de l'unité du corps, alors que l'esprit de l'exercice de ces deux dernières fonctions est différent, par rapport à celle du siège [3] ?

1) Comment un esprit habitué à obéir aux ordres de sa hiérarchie et du pouvoir politique, à travers la conduite de l'action publique [4] (et cela n'a rien

1. Témoignage de P. Lyon-Caen : « La décoration comme l'un des moyens de tenir le magistrat. Et donc sur l'intérêt qu'il y aurait à rendre incompatible l'état de magistrat et l'état de décoré, sauf circonstances très exceptionnelles : acte de courage, actions héroïques à la guerre. J'ai demandé à plusieurs reprises que le magistrat ne puisse recevoir de décorations dans l'exercice de ses fonctions et que cette incompatibilité légale soit inscrite dans le statut de la magistrature », *in* L. Greisalmer et D. Schneidermann, *Les juges parlent*, Fayard, 1992, p. 321-322. *Note des auteurs* : quelques lignes plus loin, l'intéressé reconnaît avoir accepté la Légion d'honneur, sans l'avoir demandée.

2. L'Union syndicale des magistrats a préparé une proposition de loi en ce sens, qu'elle a envoyée aux parlementaires, en soulignant que les parlementaires ne peuvent pas bénéficier de décorations pendant l'exercice de leur mandat (ord. 18 nov. 1958), *Le Figaro*, 25 mars 2005, p. 8 ; *Le Monde*, 25 mars 2005, p. 10 ; *Les Annonces de la Seine*, 7 avr. 2005, p. 6.

3. V. la position des Premiers présidents de Cours d'appel exprimée à Saclay, hors de leur réunion nationale, 27-29 mai 1998 ; ils proposent de séparer le siège du Parquet au motif que « l'équilibre qui s'était perpétré entre les deux fonctions, s'est progressivement rompu du fait d'évolution dans l'exercice de celles-ci et la confusion qui en résulte quant à l'image de la justice n'est plus acceptable ». Surtout les Premiers présidents constatent que si « les juges tendent à se recentrer sur leur *jurisdictio*, le ministère public suit un mouvement inverse d'engagement dans des structures extérieures où il est à la fois acteur et porte-parole des politiques pénales gouvernementales et locales », *Le Figaro*, 17 juill. 1998 (sur cette tendance, v. *supra*, le passage du § 4, avant le n° 104). *Contra :* la position des procureurs généraux en novembre 2001 (*Gaz. Pal.* 20 nov. 2001) et celle du procureur général de la Cour de cassation (*Le Figaro*, 8 oct. 2001, p. 14).

4. V. P. Mazeaud, « L'action publique dans la tradition républicaine », *Justices*, 1996.3, 65 : « je ne suis pourtant pas loin de penser que la confirmation des prérogatives du pouvoir exécutif dans la mise en mouvement de l'action publique – en clair, le maintien du pouvoir hiérarchique du Garde des sceaux sur les magistrats du parquet en charge des poursuites pénales – est le seul choix véritablement conforme à nos traditions constitutionnelles vivantes, et le plus approprié aux attentes de l'opinion dans une société démocratique... Si la justice est rendue au nom du peuple français, si le propre de l'action publique est d'assurer la poursuite des infractions au nom de l'intérêt général, qui mieux que le Garde des sceaux, membre d'un gouvernement responsable devant l'Assemblée nationale et politiquement devant le corps électoral tout entier, peut exercer cette fonction ? ». Pour une vision, somme toute assez proche, M. Jeol, « Le parquet entre le glaive et la balance », *Justices*, 1996.3, 69 :

de péjoratif dans l'exercice des fonctions de parquetier), pourrait-il ensuite passer, sans hésitation, sans état d'âme, à une fonction dont l'exercice requiert tous les jours un esprit d'indépendance à l'égard de tous et de tous les pouvoirs ? [1] Certes, nous n'ignorons pas qu'une telle approche rencontre un obstacle constitutionnel dans la mesure où le Conseil constitutionnel a jugé que « l'autorité judiciaire qui, en vertu de l'article 66 de la Constitution, assure le respect de la liberté individuelle, comprend à la fois les magistrats du siège et du parquet » [2], mais « cette décision ne signifie pas que les magistrats du parquet sont désormais assimilés pleinement aux magistrats du siège et que leur intervention serait considérée comme équivalente du point de vue des garanties apportées à la liberté individuelle... » [3] ; d'ailleurs, le Conseil constitutionnel lui-même a précisé la portée de cette assimilation qui ne concerne que la qualité de gardien de la liberté individuelle, pour en marquer les limites à propos de l'injonction pénale, dans sa décision du 2 février 1995 [4] et dans celle du 22 avril 1997 [5] ; au surplus, rien n'interdirait de procéder, sur ce point, à une révision de notre constitution, l'habitude en ayant été prise depuis les réformes des années 1990. Cette idée fait son chemin, puisque le plus haut magistrat de France a suggéré que les fonctions de chacun soient plus clairement définies et *« qu'après un certain temps et certaines orientations de carrière, il faudrait qu'elles ne puissent pas être interchangeables, que les fonctions de poursuite soient clairement distinctes de celles de jugement »*, notamment parce que *« la tâche des parquets s'est orientée vers la mise en œuvre de la politique pénale et que l'action publique est devenue une politique pénale active »* [6], ce que nous avons déjà indiqué (v. *supra*, le passage au début du § 4, au-dessus du n° 104 et *infra*, n° 129, b, 3). L'idée fait d'autant plus son chemin après l'affaire d'Outreau, un magistrat n'ayant pas hésité à dénoncer « la collusion entre Parquet et siège », lors de son audition par la Commission d'enquête [7]. Surtout, la France

« le pouvoir hiérarchique du garde des sceaux est républicain dans son principe, il permet à l'exécutif - dont c'est la mission - de veiller à l'application de la loi, il évite à la justice d'être isolée, sans nuire pour autant à son indépendance. Le seul problème est d'empêcher le dévoiement de ce pouvoir » (p. 72-73) ; et déjà, *in Les juges parlent, op. cit.*, p. 285. V. aussi, pour une mise en perspective historique et comparatiste, dans une approche à la fois constitutionnelle et européenne, M. Delmas-Marty, « Évolution du Ministère public et principes directeurs du procès pénal dans les démocraties européennes », *Justices*, 1996.3, 75 s. V. aussi les références citées *supra* n° 119, en note.

1. P. Mbongo, « Justice et politique : nouvelles réflexions sur le statut du parquet », *Gaz. Pal.* 21 déc. 2004, Doctr. - H. Dalle et D. Soulez-Larivière, « Juges et procureurs ne doivent plus être interchangeables », *Le Figaro*, 29 sept. 2006, p. 14.

2. Décision 93-326 DC du 11 août 1993, *RSC* 1994. 675, chron. L. Favoreu ; P. Wachsmann, *AJDA* 1993. 819. Formulation reprise dans la décision du 22 avr. 1997, *JO* 25 avr. *RGDP* 1998, 291, obs. N. Molfessis.

3. P. Wachsmann, *loc. cit.*

4. Certaines des mesures susceptibles de faire l'objet d'une injonction pénale, étant de nature à porter atteinte à la liberté individuelle, ne peuvent intervenir à la seule diligence d'une autorité chargée de l'action publique mais requièrent la décision d'une autorité de jugement.

5. Décision n° 97-389 du 22 avr. 1997, *Certificats d'hébergement*, *RJC*, I, 707 ; *JCP* 1997. II. 22890, note Zarka ; *AJDA* 1997. 524, note F. Julien-Laferriére ; *RD publ.* 1997, 931 chron. F. Luchaire ; *LPA*, 1997, n° 77, p. 4, note G. Pellissier ; *RFDC* 1997-31, 571, note O. Lecucq. Le Conseil relève que c'est un magistrat du siège qui décide du caractère suspensif de l'appel d'un étranger en situation irrégulière et non pas le procureur.

6. G. Canivet, Interview, *Figaro Magazine*, 5 nov. 2004.

7. *Libération*, 2 mars 2006.

devra se préoccuper du statut des parquetiers suite à l'arrêt de la Cour EDH du 10 juillet 2008, qui ne les reconnaît pas comme des membres de l'autorité judiciaire (v. *supra*, n° 119).

2) La même remarque vaut pour le juge d'instruction dont l'exercice quotidien des fonctions l'apparente plus à un policier, en tout cas au chef des OPJ, qu'à un juge du siège [1] ; il y a dans cette fonction quelque chose qui le rapproche d'un chasseur dans ses investigations [2], alors qu'il doit aussi juger, c'est-à-dire rendre des décisions juridictionnelles, impartiales et loyales ; comment peut-il être ainsi juge et partie ? Son statut ne devrait-il pas prendre en compte cette dualité et ne lui accorder le bénéfice du statut de magistrat du siège que dans ses fonctions purement juridictionnelles ? La loi du 15 juin 2000 va en ce sens en lui retirant la mise en détention provisoire. Et comme on s'apercevra vite qu'il n'est pas possible de ventiler ainsi son statut selon la nature des actes accomplis, on devra bien un jour ou l'autre se poser la question du maintien ou non du juge d'instruction dans le corps des magistrats du siège, avec à la clef une redéfinition de ses fonctions, sans doute en l'amputant de ses attributions juridictionnelles [3] ; celles-ci pourraient être confiées à un autre organe, pourquoi pas, comme autrefois (en 1808), la Chambre du conseil du tribunal correctionnel (pour les délits) ou la Chambre de l'instruction de la cour d'appel pour les crimes, devant lesquelles le juge d'instruction *rapporterait* le résultat de ses investigations, au sens anglais de *reporting* et du « rapportage », si l'on pardonne ce barbarisme, dans les fonctions d'auditeur, c'est-à-dire de celui qui est chargé d'une mission d'audit ? Mais ceci nous entraînerait trop loin, car c'est toute la conception et la pratique de notre procédure pénale qui est en cause et non plus seulement le statut des magistrats [4]. On ajoutera simplement que là encore comment passer sereinement et sans risque pour le justiciable, de la fonction de juge d'instruction à une fonction de jugement (par exemple dans une formation de jugement au pénal) avec un esprit qui pendant des années a été habitué à investiguer, c'est-à-dire à chasser les criminels et autres délinquants et non pas à peser le pour et le

1. Sur cette dualité et la complexité de cette situation, v. M. Delmas-Marty, *loc. cit.*, *Justices*, 1996.3, p. 80.

2. Cet aspect est pratiquement relevé par la plupart des juges interrogés par L. Greisalmer et D. Schneidermann dans leur série d'entretiens, *Les juges parlent*, Fayard, 1992 ; ainsi le juge F. Guichard, p. 184 : « On ne peut pas à la fois être juge et chargé d'une fonction d'enquête de type policier, qui s'apparente vraiment à la chasse ».

3. Une évolution semble se dessiner au sein du Conseil constitutionnel avec la décision n° 96-377 DC du 16 juill. 1996, *Perquisitions de nuit*, *JO*, 23 juill. ; *RJC*, I, 671 ; *D.* 1997. 69, note B. Mercuzot ; *JCP* 1996. II. 22709, note Nguyen Van Tuong ; *RD publ.* 1996, 1245, chron. F. Luchaire ; *AJDA* 1996. 693, note O. Schrameck ; *ibid.* 1997, 86, note Teitgen-Colly et F. Julien-Laferrière ; *RFD const.* 1996-28, 806, note T. Renoux ; *D.* 1998. Somm. obs. Renoux, qui laisse entendre que les magistrats instructeurs ne sont pas les meilleurs garants des libertés ; la possibilité de permettre « *des perquisitions et visites de nuit pendant une période qui n'est pas déterminée par la loi, dans tout lieu, y compris dans les locaux servant exclusivement à l'habitation... alors que, dans l'instruction préparatoire, l'autorité déjà investie de celle-ci se voit en outre attribuer les pouvoirs d'autoriser, de diriger et de contrôler les opérations en cause, est de nature à entraîner des atteintes excessives à la liberté individuelle* ».

4. V. sur ce point M. Delmas-Marty, *loc. cit.*, *Justices*, 1996.3, p. 80, qui relève soit la disparition du juge d'instruction (Allemagne et Italie), soit sa marginalisation (Belgique, France et Portugal). V. aussi A. Decocq, Communication présentée le 3 avril 1995 à l'Académie des sciences morales et politiques qui retient « l'idée d'une séparation de la fonction d'instruction et de la fonction de la juridiction de l'instruction », la première étant confiée au Parquet et aux OPJ.

contre d'une situation humaine complexe ? Là où l'esprit a côtoyé le pire de l'homme pendant des années, comment peut-on s'attendre, sinon à un attendrissement de mauvais aloi, en tout cas à un esprit d'écoute et d'ouverture ? Là où la procédure pénale a été perçue par le juge d'instruction comme un obstacle à son action, obstacle qu'il doit s'efforcer de contourner, comment lui demander ensuite, sauf schizophrénie, de l'appliquer comme source de liberté et garantie de protection des libertés et droits fondamentaux ? La loi du 25 juin 2001 pallie cette difficulté en limitant l'exercice des fonctions de juge d'instruction à 10 ans dans le même tribunal (v. *infra* n° 801, c). Le président de la République a posé publiquement la question du maintien du juge d'instruction dans notre procédure pénale (janvier 2009).

3) Le rapprochement entre les parquetiers et les juges d'instruction n'est pas le fruit du hasard ; quotidiennement ils travaillent de concert et la dualité de principe de ces deux fonctions est une illusion en pratique ; il n'est qu'à faire le tour de France des nouveaux palais de justice pour savoir comment on a perçu leurs relations lorsqu'il s'est agi d'installer leurs bureaux respectifs, sans être tenu de prendre en compte le poids des habitudes du passé : ils sont au même étage, côte à côte, voisins immédiats. Et, à Paris, la Chancellerie a même créé un pôle financier réunissant en un même lieu, le Parquet financier et les juges d'instruction. N'y a-t-il pas atteinte, *de fait*, à la séparation des fonctions de poursuite et d'instruction ? Quelle est la part réservée à la défense ? [1] (v. *infra* n° 132). Il est des symboles spatiaux plus forts que toutes les théories sur le siège d'un côté, dont feraient partie les juges d'instruction, et le Parquet de l'autre !

Pour nous en tenir à l'essentiel, disons que la grande idée actuelle de recentrage de la justice sur le juridictionnel [2], induit, au niveau du statut des magistrats, de réserver celui-ci, en ce qu'il a de dérogateur et de protecteur, aux seuls magistrats du siège, procureurs et juges d'instruction exclus.

c) *En troisième lieu*, ne faut-il pas revoir la conception de l'inamovibilité qui consiste à promouvoir sur place les magistrats, y compris au choix, au prétexte qu'ayant refusé toute mobilité au titre d'une promotion à l'ancienneté, on ne peut leur refuser éternellement toute promotion au choix, y compris sur place. Il faut revenir à une réelle mobilité, mais entourée de garanties objectives pour ne pas remettre en cause le principe de l'inamovibilité, plus exactement de l'indépendance des juges ; il suffirait dans ce nouveau statut qui se dessine au fil de nos propositions, d'institutionnaliser dans la carrière des magistrats, la règle de la mobilité (entendons par là la mutation hors du ressort de la cour d'appel d'affectation) automatique et pour tous, à une périodicité à définir (cinq ans ?) [3] et si possible en brassant, en croisant les mutations, afin que tout un tribunal ne se retrouve pas muter en même temps au même endroit. L'idée est simple : éviter les connivences avec tous les pouvoirs locaux et nationaux déconcentrés mais aussi avec les collègues, évacuer le sentiment que l'on

1. Protestation du Barreau de Paris, *Bulletin du Bâtonnier*, 1998-9 ; J. G. Moore, « Libres propos », *Gaz. Pal.* 16 juin 1998 ; S. Guinchard, intervention au colloque du Barreau de Paris, 14 nov. 1998, *Incertitude du droit pénal financier*, commission n° 12.

2. C'est en 1995 que nous avons émis cette idée, S. Guinchard, « Le temps et les solutions d'organisation procédurale », colloque Ass. Fr. Ph. Dr. et TGI de Nanterre, Paris, 5 déc. 1995, coll. « Thèmes et Commentaires », Dalloz, 1996. Idée reprise par l'Institut Montaigne en sept. 2004, *in Pour la Justice*, p. 11.

3. L'idée d'un mandat de cinq ans avait été avancée par le rapport Terré, mais uniquement pour les chefs de juridiction.

peut voir que le double degré de juridiction n'existe que sur le papier, parce qu'un magistrat qui connaît personnellement celui dont il est amené à juger les décisions, n'osera pas le désavouer (cela est particulièrement vrai en matière pénale dans la relation d'appel entre la chambre de l'instruction et les juges d'instructions du ressort). Si tout le monde change de poste à périodicité prédéterminée, la mutation n'est pas une sanction mais une étape normale et préétablie dans le déroulement d'une carrière. La loi organique du 25 juin 2001 va en ce sens, avec la disposition qui interdit une promotion au premier grade d'un magistrat dans une juridiction où il aura été affecté depuis plus de 5 ans ; ou encore avec la disposition qui conditionne l'accès aux fonctions de président de TGI ou de procureur de la République, à un changement de juridiction (v. *infra* n° 805) ; ou enfin celle qui interdit aux chefs de juridiction (présidents et procureurs de TGI, Premiers présidents et procureurs généraux de Cour d'appel) d'exercer pendant plus de 7 ans cette fonction auprès du même tribunal ou de la même Cour (v. *infra* n° 801, c). Un club de réflexion a proposé, dans la ligne de nos suggestions, que les magistrats ne soient nommés à un poste donné que pour un délai déterminé [1].

Nous sommes conscients du caractère révolutionnaire de ces diverses propositions, mais elles prennent appui sur une connaissance de terrain de l'institution judiciaire, pas seulement livresque et ne visent qu'à rappeler aux uns et aux autres que les grandes théories, les grands principes, doivent prendre appui sur le concret, sur le détail de nos institutions, en l'occurrence du statut des magistrats ; c'est dans le détail et le vécu de l'institution judiciaire qu'il faut aller chercher les améliorations à apporter à notre système judiciaire, dans l'intérêt des justiciables, quand bien même cela bousculerait les habitudes du corps judiciaire. Cette réflexion est d'autant plus nécessaire que ce corps revendique (et d'autres avec lui) le retour à un véritable pouvoir judiciaire. Or, les deux choses sont liées, pas de pouvoir sans un statut de professionnel responsable.

SECTION 3. DE L'AUTORITÉ JUDICIAIRE À UN NOUVEAU POUVOIR JUDICIAIRE ?

127 *Controverse autour des notions d'autorité et de pouvoir judiciaires*

◊ L'indépendance de la magistrature fait l'objet depuis longtemps d'un examen critique, qui est actuellement l'un des aspects de la remise en cause contemporaine de la justice dans son ensemble et de la société elle-même. Des magistrats de toute tendance considèrent aujourd'hui que l'indépendance de la magistrature par rapport au Gouvernement mérite d'être renforcée et, à l'inverse, des hommes politiques de toute tendance eux aussi, ministres et parlementaires, considèrent que les juges se trompent en « s'acharnant » sur eux, qu'ils s'immiscent dans l'exercice du pouvoir exécutif. Des deux côtés la suspicion d'une ingérence dans le pouvoir de l'autre est réelle. La question est donc posée, non plus de l'indépendance des juges comme elle le fut au début de la

1. *Pour la Justice*, préc., Institut Montaigne, sept. 2004, p. 12.

Ve République [1] ou un peu plus tard [2], mais de la renaissance d'un véritable pouvoir judiciaire, qui traiterait à égalité avec les deux autres et ne dépendrait pas d'eux, qui prendrait toute sa place dans l'organisation institutionnelle des pouvoirs en France [3]. La crise du juge et de la justice dans l'organisation des pouvoirs en France (n° 128) conduit à envisager la question du pouvoir judiciaire sous l'angle d'une autorité judiciaire autrement définie (n° 129) [4].

128 ***Crises d'identité et de légitimité de la justice et du juge dans l'organisation des pouvoirs en France*** ◊ **a)** La crise actuelle du juge est d'abord une crise d'identité, avec deux conceptions possibles de cette crise : on peut considérer que cette crise naît d'une cassure entre la conception de sa fonction au moment de la Révolution et ce que le public, le justiciable attend de lui, 200 ans plus tard ; il y aurait, d'un côté, « une justice de sécurité à base de raison » et, de l'autre, l'attente « d'une justice d'équité à base de sentiment » [5] ; or, le juge (judiciaire civil) ne peut pas, et il le sait, « s'abandonner aux mirages d'une sentimentalité changeante et arbitraire » alors que, « le justiciable, confronté à ses problèmes concrets, ne comprend pas toujours la nuance » [6] ; de cet écartèlement entre le devoir du juge (dire le droit) et son souci de révéler le juste, naît la crise d'identité. Mais cette crise peut aussi être envisagée comme une crise d'existence au sein de nos institutions : ainsi du Conseil constitutionnel dont la nature de cour constitutionnelle est parfois contestée et doit pourtant être affirmée [7], ou des juges administratifs qui se trouvent concurrencés par d'autres

1. P. Hébraud, *Les garanties d'indépendance des juges*, Travaux de l'Institut de droit comparé de Paris, 1958.
2. N. Questiaux, « Statut, carrière et indépendance du magistrat français », rapport au colloque IEP de Strasbourg, *in Justice et Politique*, Presses universitaires d'Alsace, 1974. F. Sarda, « L'intervention du pouvoir dans les instances judiciaires », *Pouvoirs*, 1981.16.
3. Outre les références citées *supra* n° 90, en note, v. A. Garapon, *Le gardien des promesses*, O. Jacob, 1996 ; C. Guarnieri et P. Pederzoli, *La puissance de juger, op. cit.* in Introduction générale ; J.-D. Bredin, « Un nouveau pouvoir ? », *Rev. des deux mondes*, nov. 1995, 126 ; D. Salas, *Le tiers pouvoir, vers une autre justice*, Hachette Littératures, 2e éd., 2000 ; M. Dobkine, « La question judiciaire : un enjeu pour la justice ou pour la politique ? », *D.* 16 avr. 1998, *V°* « Dernière actualité » ; T. Renoux, « Justice et politique, pouvoir et contre-pouvoir ? », *JCP* 1999. I. 161 ; « La réforme de la Justice en France : le juge et la démocratie », *Gaz. Pal.* 22 janv. 2000, Doctr. ; D. de Bechillon, « Le gouvernement des juges : une question à dissoudre », *D.* 2002. Chron. 973 ; J. Van Compernolle, « Vers un gouvernement des juges ? », in *Le rôle du juge dans la cité*, colloque Bruxelles, 12 oct. 2001, Bruylant, 2002, 151 ; J. Gicquel, « La Justice : un enjeu politique de la cohabitation de législature (1997-2002) », in *Mélanges P. Pactet*, Dalloz, 2003, p. 649. F. Hourquebie, *Sur l'émergence du contre-pouvoir juridictionnel sous la Ve République*, Bruylant, 2004, préf. Slobodan Milacic.Y. Benhamou, « Plaidoyer pour le retour en grâce des juges », *D.* 2009. 1040.
4. Sur la distinction entre autorité, fonction et pouvoir, v. Ch. Atias, in *Les juges : de l'irresponsabilité à la responsabilité ?*, Colloque Aix 3, 5-6 mai 2000, PUAM, 2000. 9.
5. R. Perrot, *in La crise du juge*, ouvrage collectif, Story Scientia et LGDJ, 1991, p. 37.
6. *Ibid.* 37.
7. L. Favoreu, *ibid.* 69.

instances dans leur élaboration d'un droit jurisprudentiel [1]. C'est aussi une question de confiance en la Justice : son efficacité étant mise en doute, les justiciables ont d'elle une vision négative

b) Cette crise se double d'une crise de légitimité [2] :

- du juge constitutionnel, qui est remis en cause dans son existence pour des raisons de changements politiques (entre 1981 et 1986) [3] ;
- du juge administratif, qui perd sa crédibilité auprès du public (en raison de l'ineffectivité de nombreuses décisions à l'encontre des personnes morales de droit public) ou doute du soutien des pouvoirs publics qui imposent des solutions alternatives ou concurrentes [4] ;
- du juge judiciaire, qui s'interroge sur les raisons qui ont pu pousser un gouvernement de la République à publier un décret sur les préséances dans les cérémonies officielles, duquel il résultait que les magistrats judiciaires passaient systématiquement après ceux de l'ordre administratif etc. [5]. Le premier magistrat de France ne relevait-il pas lors de la rentrée solennelle de la Cour de cassation en janvier 2004, que « *le magistrat de l'ordre judiciaire craint de voir, au fil des interprétations évolutives de la Constitution, sa compétence se réduire à la garantie contre la détention arbitraire... Le juge vérifie chaque jour la concurrence qu'il subit et lui fait partager avec d'autres le pouvoir de juger... Comment voit-il son reflet dans le regard d'autrui ? Pour s'apprécier, il ne faut pas se sentir rejeté* ». Bref, les magistrats continuent de se sentir les mal-aimés de la République.

c) Il est clair en tout cas, que la crise du juge doit être replacée dans une perspective plus générale [6]. Elle est « l'indice d'un mouvement qui s'amorce et qui constitue un moment privilégié pour redessiner le rôle du droit dans une démocratie » [7]. Notre démocratie moderne qui se caractérise par une redéfinition du rôle du juge, revalorisé comme gardien, à l'encontre du pouvoir, des valeurs de liberté et d'égalité, ne correspond-elle pas à une période de notre histoire contemporaine où le juge s'affirme par rapport aux autres pouvoirs, afin d'évaluer la fidélité aux valeurs démocratiques de base des finalités concrètes de l'action sociale qui appartiennent aux pouvoirs législatif et exécutif [8] ? L'autorité judiciaire contrôlerait l'action du pouvoir exécutif (v. *infra*,

1. Y. Gaudemet, *ibid.* 98.
2. Sur laquelle, v. la bibliographie citée *supra*, n° 76 en note et D. Salas, « Le juge dans la cité : nouveaux rôles, nouvelle légitimité », *Justices*, 1995.2, 177. A. Garapon, *Justices* 1999-1, nouvelle série, p. 40 et, en réponse, L. Cadiet, in *Archives de philosophie du droit*, Dalloz, 2001, t. 45. Rappr. P. Rosanvallon, cité *infra*, ce numéro, c.
3. L. Favoreu, *La crise du juge*, colloque préc. p. 67.
4. Y. Gaudemet, *ibid.* 90-97.
5. D. 13 sept. 1989 (*JO* 15 sept. 1993), mod. par Décr. n° 95-1037, 21 sept. 1995. CE 20 mars 1992, *D.* 1992. IR. 139 qui en confirme la légalité.
6. Sur la crise *d'efficacité* de la justice en Europe, v. *Pour une nouvelle justice civile*, colloque du MEDEL, Paris, 29-30 janv. 1999, éd. des Annonces de la Seine.
7. J. Lenoble, *op. cit.* 142. A. Garapon, « La démocratie à l'épreuve de la justice », *Revue Justices* 1999-1, nouvelle série, p. 40.
8. *Ibid.* 154. S. Guinchard, in *Mélanges G. Farjat*, éd. Frison-Roche, 1999, p. 139, spéc. III.

n° 129, b, 2), lui redonnant ainsi une « légitimité démocratique » [1], tout pouvoir *« n'étant désormais considéré comme pleinement démocratique que s'il est soumis à des épreuves de contrôle et de validation à la fois concurrentes et complémentaires de l'expression majoritaire »* [2]. Si cette hypothèse se vérifiait, nous aurions eu successivement une période d'affirmation du pouvoir législatif, fondé sur le concept démocratique de volonté générale (fin du XVIIIe siècle), puis une période de valorisation du pouvoir exécutif en vue d'une meilleure prise en compte des exigences de l'égalité (fin du XIXe siècle) ; aujourd'hui nous vivrions la troisième période, celle du juge, qui doit s'affirmer par rapport aux autres pouvoirs et qui suppose une meilleure conception du rapport du juge à la règle [3] (v. *infra*, n° 187, pour les expériences étrangères du *New Deal* et, à l'opposé, de certains pays qui se disaient socialistes). Mais alors, il faudra s'interroger sur les limites à l'immixtion du juge dans le contrôle du respect des valeurs démocratiques de base par ceux (pouvoirs législatif et exécutif) qui déterminent les finalités concrètes de l'action sociale : le danger d'un véritable gouvernement des juges est fort, d'autant plus que des associations à but altruiste, qui défendent des intérêts purement moraux de portée générale, cherchent à obtenir en justice la satisfaction de leur objet social, par exemple, l'interdiction de ventes d'armes à des pays dénoncés par les instances internationales comme coupables de crimes de guerre [4]. Si l'on devait céder à ces tentatives de défense en justice des grandes causes [5], il conviendrait pour le moins, qu'une loi habilite certaines associations à agir et de ne pas laisser aux juges, à l'initiative d'associations de toutes sortes, le soin de se faire le champion d'une certaine conception de la morale, conception qui, à terme, serait dangereuse pour l'exercice des libertés individuelles. Que Dieu nous protège des héros purificateurs et autres Savonarole ! Les agitations politico-médiatiques autour de la question de la Justice tout au long de l'année 2000, avec le report, *sine die*, en janvier 2000, du projet de la loi constitutionnelle sur la réforme du CSM (v. *supra* n° 122) témoignent, en tout cas, d'un manque de maturité de la classe politique, dès qu'elle s'intéresse à la Justice [6].

d) *Un pouvoir parmi d'autres ou plus de pouvoirs ?* La montée en puissance du pouvoir économique, du pouvoir des médias, ne pouvait laisser indifférent le pouvoir judiciaire, le laisser sur le bord de la route.

1. P. Rosanvallon, *La légitimité démocratique*, Seuil, 2008.
2. Interview de P. Rosanvallon, *Nouvel observateur*, 4-10 sept. 2008, p. 90.
3. J. Lenoble, *op. cit.* 140 à 143.
4. TI Paris, 1er juill. 1988 et 12 oct. 1989 ; Versailles, 22 mars 1990 ; Paris, 15 nov. 1991, *JCP* 1992. II. 21954, note Viney.
5. S. Guinchard, « L'action de groupe en droit français », *RID comp.* 1990. 599 ; « La morale au prétoire », in *Mélanges J. Foyer*, PUF, 1997. S. Guinchard, F. Ferrand et C. Chainais, *Procédure civile*, n° 32, b.
6. A. Garapon et T. Pech, « L'impossible réforme de la justice – Bilan d'un échec politique », *Revue Esprit*, juin 2000, p. 22.

Mais ne faut-il pas insister davantage sur les pouvoirs donnés aux juges par le Parlement et le Gouvernement que sur le pouvoir judiciaire ? L'optique, on en conviendra aisément, est différente. Aux pouvoirs répondent des devoirs et une responsabilité accrue [1]. Au pouvoir répondent seulement le principe de la séparation cher à Montesquieu et la question de sa légitimité [2]. Certains n'hésitent pas à aller très loin dans la voie de l'affirmation d'un véritable pouvoir judiciaire, en préconisant la suppression du ministère de la justice, afin de faire disparaître l'exécutif dans la procédure de nomination de tous les juges, qu'ils soient du siège ou du Parquet (« *il faut reconnaître que l'autorité judiciaire est un pouvoir et imposer que le gouvernement ne s'occupe pas de justice* ») [3]. Ce ministère serait remplacé par un « Conseil supérieur de la justice », où les magistrats seraient minoritaires et les membres non-magistrats nommés par le Parlement à la majorité des trois cinquièmes ; son président serait élu par les membres du Conseil et ne serait pas juge. Ses compétences comprendraient la nomination de tous les magistrats et il aurait la responsabilité de la direction des services judiciaires et de l'ENM ; il aurait l'appui de l'inspection des services judiciaires. Les justiciables pourraient le saisir directement. Sans aller jusqu'à ce bouleversement, séduisant dans l'optique d'une véritable coexistence de trois pouvoirs, mais inquiétant par la confiance totale en une poignée d'hommes, certes élus à une majorité qualifiée par le Parlement (mais qui évitera les marchandages entre courants politiques pour parvenir à cette majorité ?), mais contrôlés ensuite par qui ? Une autre voie est possible, celle d'une autorité judiciaire maintenue, mais autrement.

129 ***Pour une autorité judiciaire... mais autrement*** ◊ **a)** La crise de la justice et la crise du juge ont toujours été envisagées sous l'angle des relations avec les autres pouvoirs et notamment le pouvoir exécutif : l'idée d'indépendance à conforter, voire à accroître, le serait toujours par rapport à ce pouvoir. C'est ainsi que le malaise des juges, malaise rarement observé par des manifestations, mais qui est réel depuis 1968, a conduit certains d'entre eux à manifester publiquement contre le gouvernement en 1990, manifestation de « petits juges » autour du Palais de justice de Paris, à l'occasion de l'accueil du président de la République, en ce palais, par les plus hauts magistrats de France ; trois grèves de magistrats marquèrent cette même année, sans doute « l'année horrible de la justice ». Un autre mouvement de protestation de grande ampleur a eu lieu au début de l'année 2001, avec des grèves accompagnées de manifestations dans la rue, place Vendôme, les

1. V. P. Truche, « Discours de rentrée du 13 janv. 1999 », in *Rapport annuel de la Cour de cassation pour 1998*, Doc. fr., 1999, p. 27.
2. Sur cette question de la légitimité, v. les références citées *supra* n° 90, en note.
3. Dominique Rousseau, interview au journal *Le Monde*, 14 avr. 2007, p. 12.

19 janvier et 9 mars 2001 [1]. Si l'on y ajoute les affaires politico-financières de tous bords, qui ont conduit les deux camps (le politique et le judiciaire) à des excès de toute sorte (en parole, en actions hasardeuses, voire illégales) [2], c'est bien d'un combat (à mort ?) [3] que se livrent ces deux pouvoirs ; l'histoire a montré que dans ces conditions c'est toujours le politique qui l'a emporté en France, sans doute parce qu'il a le double avantage de faire les lois et de tirer sa légitimité de l'élection [4].

b) C'est pourquoi, il faut envisager autrement la question de la place de l'autorité judiciaire dans l'organisation institutionnelle des pouvoirs en France et, plutôt que de s'attarder sur le combat des juges contre le gouvernement [5], réfléchir à une autre conception de l'autorité pour voir ensuite si elle ne pourrait pas être transposée au corps judiciaire et à son institution :

1) *Première remarque*, le choix entre pouvoir judiciaire et autorité judiciaire est, pour partie, lié au choix entre procédure accusatoire et procédure inquisitoire : à une procédure de type inquisitoire ne peut correspondre un véritable pouvoir judiciaire, puisque dans ce système l'État est maître du procès, donc de ses juges, à défaut de l'être des parties ; au contraire, une procédure de type accusatoire favorise davantage l'émergence d'un pouvoir judiciaire ; la remarque en a été faite pour le juge pénal [6], mais elle vaut pour d'autres justices, ainsi de la justice constitutionnelle : lorsqu'en 1995, le Conseil constitutionnel a obtenu que l'État fasse connaître ses arguments en réponse à un recours parlementaire en inconstitutionnalité, il a beaucoup progressé dans l'affirmation de sa *jurisdictio*, devenant un élément extérieur à deux parties qui s'affrontent dans un système de type accusatoire.

1. Mouvements motivés par la revendication « *d'une justice de qualité, rendue dans un délai raisonnable* », d'un budget pour une justice « *digne de ce nom* », avec la remise à plat du système judiciaire et la redéfinition des missions essentielles de la justice.

2. V. par ex. Crim. 6 févr. 1996 : *D.* 1996.198, note Pradel ; *Procédures*, mars 1996. 94, obs. J. Buisson ; *Justices*, 1996.3 (juge d'instruction qui instruit au-delà de sa saisine). TGI Paris (1re Ch. A), 3 avr. 1996, *Gaz. Pal.* 584 et chron. Woog, *ibid.* p. 1406 (qui retient la faute lourde de l'État pour transmission à la presse d'un rapport du procureur général de Lyon, par ailleurs jugé mensonger et diffamatoire par un jugement du tribunal correctionnel de Lyon, 5 juill. 1994, *Gaz. Pal.* 25 mai 1995), v. *infra*, n° 235.

3. D. Soulez-Lariviere, « Le juge et la politique, un opéra sans fin ? », in *Commentaire*, 1994, n° 65, Plon, p. 5. X. Puel, « Le mirage à la Française : le gouvernement des juges », *Gaz. Pal.* 27 avr. 1996.

4. Sur l'exemple anglais des relations entre justice et politique, John Bell, *Justices*, 1996.3, 25. Aux États-Unis, C. Vroom, *RSC* 1988.487 s.

5. Encore illustrée par la prise de position *politique* de l'association des juges d'instruction contre un projet de réforme de la prescription de l'abus de biens sociaux, en janvier 1996 ou contre le vote de la loi conduisant à la création d'un juge des libertés et de la détention (loi du 15 juin 2000) ; or, les juges, et les juges d'instruction peut-être plus que les autres (parce qu'ils ont prise sur les libertés individuelles), sont nommés pour appliquer les lois, pas pour contester, *ès qualités de magistrat*, les projets de loi ; s'ils veulent le faire qu'ils démissionnent et se présentent au suffrage de leurs concitoyens ! Il faut éviter la confusion des genres et des pouvoirs si l'on veut être respecté.

6. D. Salas, *Du procès pénal*, coll. « Les voies du droit », PUF, 1995.

2) Deuxième remarque, une autorité c'est d'abord quelqu'un (ou une institution) qui est respecté en raison de ses qualités propres, de ses mérites reconnus par tous, qui tire sa légitimité [1] de sa force intérieure, du respect qu'il inspire naturellement parce qu'on a confiance en lui. Ainsi, la doctrine n'est une autorité que lorsqu'elle ne faillit pas à sa mission qui est de transmettre le savoir en critiquant et en apportant sa réflexion, ses idées, au débat démocratique, soit par des publications de qualité, soit par des directions de thèses qui marqueront leur époque, soit par des enseignements qui ne reproduisent pas servilement les ouvrages des autres. Ces deux idées de « confiance » et de « légitimité » sont essentielles pour qui veut comprendre la crise de la Justice aujourd'hui ; on les retrouve d'ailleurs en introduction d'un auteur à son propos sur « l'émergence du contre-pouvoir juridictionnel sous la Ve République » [2] ; il note que l'on est passé *« d'une culture de méfiance au principe démocratique de confiance envers le juge »* [3], puis développe l'idée que *« le processus de légitimation du juridictionnel comme contre-pouvoir »* passe par *« la stature du juge »* (légitimité lors de son recrutement et dans sa carrière) et par *« son activité »* (légitimité par l'impact de la jurisprudence et par « la responsabilisation du juge ») [4].

Il ne faut pas confondre, à cet égard, l'*auctoritas* et la *potestas* comme autrefois on distinguait l'*auctoritas* du Pape, par opposition à la *potestas* des rois. Et la seconde était soumise à la première. Ainsi entendue, l'autorité des juges, l'autorité judiciaire aurait une tout autre portée : l'exécutif lui serait soumis ! En tout cas, elle la contrôlerait dans l'accomplissement des finalités sociales (v. *supra* n° 128) [5].

3) Troisième remarque, les fonctions des juges et des membres du Parquet ont considérablement évolué : les premiers comme les seconds sont devenus des chefs de juridictions, au sens gestionnaire du terme ; ils gèrent des hommes et des budgets, accomplissent de lourdes tâches administratives, fort éloignées des traditionnelles activités juridictionnelles. Les premiers (les présidents de TGI) mettent en place les Conseils départementaux d'accès au droit ; à ce titre, ils définissent une véritable politique locale d'accès au droit. Les seconds naviguent entre l'exercice de la traditionnelle action publique et la mise en œuvre des *politiques* de la ville (des banlieues en fait) qui sont des *politiques*

1. Sur cette notion, v. la bibliographie citée *supra*, n° 76 en note.
2. F. Hourquebie, *Sur l'émergence du contre-pouvoir juridictionnel pour la Ve République*, Bruylant, 2004, préf. Slobodan Milacic.
3. *Ibid.*, p. 1 et s.
4. *Ibid.*, seconde partie, p. 347 et s.
5. S. Guinchard, « Le procès équitable, garantie formelle ou droit substantiel ? », in *Mélanges G. Farjat*, éd. Frison-Roche, 1999, p. 139, spéc. III. Dans le même sens que notre pensée exprimée dès l'édition de 1996, A. Garapon, *Le Gardien des promesses, op. cit.* 1995 ; *Le nouvel âge de l'autorité*, rapport aux Entretiens d'Aguesseau, Limoges 19-20 oct. 2000, PU Limoges, 2001, 13 ; J. Danet, *in* Encyclopedia Universalis, supplément *Universalia*, 1998, avr. 1999, p. 120, spéc. p. 121.

publiques offrant des choix de *politique* pénale [1] ; à ce titre, ils sont plus proches du préfet que du juge [2]. V. *supra*, le passage au début du § 4, au-dessus du n° 104 et n° 126, b, 1 (interrogations sur le maintien des membres du Parquet dans le même corps que les magistrats du siège) et *infra*, n° 158 (influence de la LOLF sur la gestion des juridictions, côté Parquet et côté juges du siège) n° 515, *in fine* (les procureurs « préfets de justice ») et n° 542 (rôle de surveillance et de contrôle du Parquet).

4) C'est donc en elle-même que la justice trouvera sa propre légitimité, puisqu'on conçoit mal qu'un jour, en France, elle puisse procéder de l'élection généralisée. La légitimité de la justice viendra du charisme qu'inspireront un jour les juges et ce charisme viendra de leur haute compétence, non sujette à contestation et cette compétence sera elle-même issue de leur formation initiale et continue, donc de leur mode de recrutement. Tout est lié et ce que nous avons dit du recrutement et de l'avancement des magistrats éclaire mieux la question (v. *supra*, n°s 124 à 126). Ce n'est pas en ferraillant avec le politique que la justice sera plus forte, ou alors la victoire sera, pour les raisons qui viennent d'être indiquées, de courte durée et, à terme, replongera la magistrature dans un état de dépendance indigne de cette institution. Il faut transcender le clivage actuel *politique-justice*, pour trouver une meilleure harmonie institutionnelle, qui s'établira d'autant mieux et sera d'autant plus acceptée, qu'elle sera issue de la pratique et non pas imposée par l'un des deux camps en présence. La rénovation du Conseil supérieur de la magistrature de juillet 2008 (v. *supra*, n° 122) donnera peut-être plus de légitimité aux juges ?

Déjà, des voix s'élèvent pour le dire et pour affirmer que l'indépendance des juges ne passe pas forcément par une rupture brutale avec le politique. Deux universitaires italiens ont fait observer que si l'Italie a vécu une véritable révolution judiciaire dans les années 1980, « cette évolution a abouti à un curieux paradoxe : la coupure de presque tout lien institutionnel avec le système politique d'un côté et le démantèlement des contraintes hiérarchiques de l'autre, tout en assurant des garanties d'indépendance, interne et externe, singulièrement élevées, semblent encourager la mise en place d'un réseau de connexions, le plus souvent peu visibles, susceptibles de menacer à terme l'autonomie

1. Sur le rôle du Parquet dans les politiques pénales, G. Clément, « Les métamorphoses du ministère public en matière pénale », in *Mélanges J. Pradel,* Cujas, 2006, p. 271 s., spéc. 286 s.
2. Sur ces évolutions, voir H. Dalle, « Juges et procureurs : une évolution divergente », *Revue Justices*, 1999-1, nouvelle série, p. 55 ; avec D. Soulez-Larivière, « Juges et procureurs ne doivent plus être interchangeables », *Le Figaro,* 29 sept. 2006, p. 14. – B. Brunet, « L'office du juge entre les choix de politique pénale et les politiques publiques », *Gaz. Pal.* 22 mai 2001, Doctr. J. Reiller, « Les juges peuvent-ils conduire des politiques publiques ? », *in* A. Garapon (dir.), *Les juges : un pouvoir irresponsable ?*, coll. « Justement », éd. N. Philippe, 2003. *Contra* : L. Cadiet, *Archives de philosophie du droit*, Dalloz, 2001, t. 45. Plus hésitant, D. Charvet, « Une ou deux magistratures ? », *D.* 2007. 459.

de la magistrature »[1]. L'expérience italienne montre très clairement que plus on s'efforce de rendre les juges plus indépendants, plus ils recherchent des appuis extérieurs, aliènent leur liberté sitôt acquise. Elle nous invite « à reconsidérer l'idéal de la séparation radicale des pouvoirs... et donc au deuil de certaines de nos certitudes »[2].

c) *C'est donc ailleurs qu'il faut chercher l'indépendance des juges et la légitimité retrouvée de la justice*, qui peut rester sans peine une autorité, nouvellement définie, sans se livrer à un combat stérile et voué à l'échec pour devenir un « pouvoir ». Un auteur éminent, universitaire, avocat et académicien (au carrefour donc du savoir, de la pratique et de la culture humaniste), souligne combien *« les remous de notre histoire ont constamment confondu l'indépendance du juge avec son indépendance à l'égard du pouvoir politique »*[3] et que s'il est devenu « libre et fort », *« en mesure de faire trembler les pouvoirs légitimes »*, *« ne risque-t-il pas de découvrir d'autres dépendances, non moins redoutables, celles que notre vieux débat avait le plus souvent ignorées, celles aussi que peuvent porter des temps nouveaux »*[4] ; le juge doit *« prendre garde de ne jamais substituer une dépendance à une autre »* ; *« indépendant du pouvoir politique, est-il pour autant capable de refuser toutes les soumissions que propose notre société ? Ne risque-t-il pas, gonflé d'indépendance, de se soumettre à ses préjugés, à ses passions, à l'exaltation de son rôle et de son image, à sa carrière, bref à soi ? »*[5]. On rejoint par là le problème de la neutralité sociale et politique du juge, dans le cadre du service public de la justice, qui prolonge et complète la réflexion que l'on peut porter sur l'indépendance des juges à l'égard du pouvoir politique (et sur laquelle, v. *infra*, n° 187).

Pour conclure, on se contentera de citer Loïc Cadiet et Serge Guinchard dans leur présentation du numéro de la revue *Justices* consacré à *Justice et pouvoirs* (1996-3) : « là est sans doute le *summum* du pouvoir : le contrôle de soi. On pourrait l'appeler l'autorité qui, à proprement parler, n'a rien de péjoratif ou de réducteur par rapport à la notion de pouvoir[6]. C'est cette autorité que le juge s'impose à lui-même qui légitime fondamentalement celle qu'il a mission d'exercer sur autrui, simple particulier ou détenteur d'une puissance de vouloir pour autrui. Mais cette autorité a un prix, celui de la responsabilité qui est l'expression achevée de la liberté. D'où cette question finale posée par Jean-Denis Bredin : « le juge indépendant peut-il être irresponsable ? ». Certes, « ne sont pas simples à rechercher les règles qui pourraient mettre en œuvre la responsabilité du juge sans porter aucune atteinte à son indépendance ». Mais si l'on veut éviter au juge la tenta-

1. C. Guarnieri et P. Pederzoli, *op. cit.* in « Introduction générale ».
2. A. Garapon, préface ouvrage préc., p. 12.
3. J.-D. Bredin, « Qu'est-ce que l'indépendance du juge » ?, *Justices*, 1996.3, p. 164.
4. *Ibid.*
5. *Ibid.*
6. Rappr. A. Garapon, *Le gardien des promesses – Justice et démocratie*, O. Jacob, 1996, préf. P. Ricœur, p. 171-187.

tion de l'exaltation, le fantasme du « héros purificateur » qui finirait par se placer au-dessus du Droit, il ne sera pas possible de faire longtemps l'économie de ce débat » [1]. La question de la responsabilité du juge sera envisagée dans le prochain chapitre avec les principes du service public de la justice et ses relations avec les justiciables : c'est une question capitale, au cœur des réflexions sur l'avenir du service public de la justice, sur le statut des juges et dont tout dépend, la carrière des magistrats comme la confiance des justiciables en leur justice (v. *infra*, Chapitre 3), confiance grandement altérée chez nos concitoyens, à en croire un sondage réalisé en 1995, qui révélait que le service public de la justice venait en dernière position des bonnes opinions des Français, pour la confiance qu'il inspirait, bien après l'enseignement supérieur, ce qui est un comble et un désastre quand on pense à toutes les crises graves subies par ce dernier et qu'il n'est pas considéré par les Français comme ayant démérité [2]. Opinion confirmée par deux sondages réalisés en 1997 : 79 % des Français (dans le premier sondage), 82 % dans le second, pensent que la Justice est soumise au pouvoir politique [3] (v. *infra* n° 196) et par un autre, réalisé au début de l'année 2000, qui établit que la Justice et la politique sont accablées du même opprobre (56 % des Français n'ont pas confiance dans la Justice, ce qui classe la France avant dernière des 15 États de l'Union européenne, juste devant la Belgique) [4]. V. aussi, *infra*, n° 196, d'autres sondages sur l'image de la Justice.

1. Sur ce débat, XXIIe colloque des IEJ, *La responsabilité des gens de justice*, Nantes, 8 et 9 nov. 1996, rapport de synthèse par S. Guinchard. V. aussi, G. Canivet, « Discours de rentrée solennelle de la Cour de cassation, 6 janvier 2006 », *Le Monde*, 7 janv. 2006, p. 21.

2. Ce sondage de 1995 ne fait que confirmer celui de la Sofrès de 1991 (publié par *L'Express* du 13 juin 1991) et qui révélait que 78 % des Français estimaient que la justice ne remplissait pas bien son rôle, 82 % qu'elle était trop soumise au pouvoir politique (sondage réalisé à la demande du président et du rapporteur de la commission sénatoriale sur le fonctionnement de la justice).

3. Sondage Sofrès/*Le Monde*/RTL, 24-25 janv. 1997, *Le Monde*, 31 janv. 1997. Sondage du GIP Justice par l'Institut CSA : 64 % des Français pensent que la Justice fonctionne assez mal ou très mal ; la Justice vient en 4e position des institutions dans lesquelles les Français n'ont pas confiance (55 %) mais après les médias (75 %), le gouvernement (72 %) et le président de la République (63 %).

4. *Le Monde* 1er févr. 2000, p. 16.

CHAPITRE 3
LA JUSTICE DANS LA CONCEPTION FRANÇAISE DU SERVICE PUBLIC

130 ***Plan*** ◊ Le service public est une institution très enracinée en France, très caractéristique de ce pays, à tel point qu'on a même songé, en décembre 1995, à en constitutionnaliser le principe au lendemain d'un important mouvement de grèves qui en avait d'ailleurs montré tous... les inconvénients ! La Justice étant elle-même un service public (v. *supra*, n° 32), il convient d'en préciser les contours, la spécificité, dans ses principes d'organisation (Section 1), puis de fonctionnement (Section 2), avant d'envisager les relations du justiciable avec ce dernier (Section 3). Nous terminerons par quelques considérations sur l'influence de l'économie et de la crise économique sur le service public de la Justice (Section 4).

SECTION 1. LES PRINCIPES D'ORGANISATION DU SERVICE PUBLIC DE LA JUSTICE

131 ***Plan*** ◊ La Justice répond à de multiples besoins et demandes ; elle épouse les grandes distinctions du droit. Elle ne saurait donc être uniforme : plusieurs ordres ou organes à l'intérieur de chaque ordre ont été spécialisés pour répondre à ces situations ; c'est le *principe de séparation* ou de spécialisation (§ 1). En outre, la Justice fonctionne un peu comme un corps d'armée, avec *une hiérarchie des juridictions et des organes* (§ 2). Enfin, chaque juridiction doit être organisée de telle façon que son *indépendance* et son *impartialité* soient assurées (§ 3). En revanche, *le principe de collégialité* n'a pas une portée absolue (§ 4).

§ 1. Le principe de séparation

132 ***Séparation des ordres et des juridictions. — Séparation des corps et des magistrats*** ◊ **a)** Le principe de séparation concerne d'abord les ordres de juridictions, à la fois, par la distinction des ordres administratif et judiciaire (v. *supra*, n°s 79 et s. sur le dualisme juridictionnel) et, à l'intérieur de l'ordre judiciaire, par la séparation des juridictions

civiles (au sens large, englobant les tribunaux compétents en matière prud'homale, rurale, sociale et commerciale, v. *infra*, n°s 355 et s.) et des juridictions répressives (v. *infra*, n°s 523 et s.).

b) *Le principe de séparation concerne aussi le statut de ceux qui exercent des fonctions juridictionnelles.* Il y a ceux qui appartiennent à un corps et les autres. Dans l'ordre administratif, il y a ainsi quatre corps, celui des magistrats des tribunaux administratifs et des cours administratives d'appel, celui des membres du Conseil d'État, celui de la Cour des comptes et celui des Chambres régionales des comptes (v. *infra*, n° 864) ; de la même façon, dans l'ordre judiciaire, le corps (unique) des magistrats professionnels est régi par une ordonnance statutaire du 22 décembre 1958 (v. *infra*, n° 768 et s.). Mais ces magistrats professionnels ont en commun, au-delà de la diversité de leurs statuts par corps, de former une catégorie différente de celle qui réunit tous ceux qui exercent des fonctions juridictionnelles sans avoir la qualité juridique de magistrats, sans bénéficier de leur(s) statut(s) ; ces derniers sont nombreux dans l'ordre judiciaire, ne serait-ce qu'en effectif qui dépasse largement celui des magistrats de carrière (v. *infra*, n° 355, le tableau par type de juridiction), mais l'article L. 121-1, COJ, rappelle que, « *sauf dispositions particulières, à la Cour de cassation, dans les cours d'appel, dans les TGI et les tribunaux d'instance, les fonctions juridictionnelles de jugement sont exercées par des magistrats appartenant au corps judiciaire* ».

c) *Ce principe de séparation s'applique enfin aux organes qui fonctionnent à l'intérieur de chaque juridiction*, quel que soit le type de juridiction : c'est ainsi qu'en matière civile comme en matière pénale il y a lieu de distinguer les magistrats du siège de ceux du Parquet (pour le rôle de celui-ci en matière civile, v. *infra*, n° 836 ; en matière pénale, v. *infra*, n°s 848 et s.). Pour les juridictions répressives, il faut encore faire une place à part à une triple séparation des fonctions judiciaires : séparation des autorités de poursuite et d'instruction, des autorités d'instruction et de jugement [1], des autorités de poursuite et de jugement (v. *infra*, n°s 524 à 526, pour l'exposé du droit positif et *supra*, n° 127 pour les évolutions en cours et les controverses sur le rôle respectif des uns et des autres dans le procès pénal [2]). Ce principe vaut aussi pour les procédures suivies devant les autorités administratives indépendantes en *matière* pénale, au sens de la Convention européenne des droits de l'homme, c'est-à-dire dans une *matière* adminis-

1. Ce principe n'existait pas dans l'ancien Droit, le juge instructeur participant à la formation de jugement et étant rapporteur en appel. Non consacré par le Code d'instruction criminelle, il existait implicitement et c'est la loi Ernest Constant de 1897 qui en a consacré l'existence.

2. M. Delmas-Marty, « Évolution du ministère public et principes directeurs du procès pénal dans les démocraties européennes », *Justices*, 1996-3, p. 75 et s.

trative répressive [1]. Sur les pôles financiers, v. *supra*, n° 126, b, 3). En matière administrative, on retrouve aussi une distinction entre les juges du siège et les anciens Commissaires du Gouvernement, mais cette distinction n'avait pas et n'a toujours pas la même portée que dans l'ordre judiciaire, puisque l'ex-Commissaire du Gouvernement ne représente pas ce dernier ; c'est pour cette raison, d'ailleurs, que depuis le 1er février 2009, on l'appelle « rapporteur public » : pour le Conseil d'État, les Cours administratives d'appel et les tribunaux administratifs, ce *« membre de la juridiction expose publiquement, et en toute indépendance, son opinion sur les questions que présentent à juger les requêtes et sur les solutions qu'elles appellent »* (CJA, art. L. 7). Il n'y a que devant les juridictions financières que l'on retrouve l'esprit de la distinction judiciaire, avec les ex-Commissaires du Gouvernement des Chambres régionales des comptes (qui représentaient le ministère public et que la loi n° 2008-1091 du 28 octobre 2008 préfère désormais appeler, pour cette raison, « représentants du ministère public ») et le procureur général près la Cour des comptes (v. *infra*, n° 872).

§ 2. Le principe de hiérarchie

133 ***Importance de ce principe*** ◊ Le principe de hiérarchie est omniprésent dans l'institution judiciaire, tant au sein de l'ordre judiciaire que de l'ordre administratif. Il ne faut pas oublier que Napoléon avait créé les corps à l'image des corps de l'armée ! Il en reste, par exemple, que le Code de l'organisation judiciaire, dans son article L. 121-3 énonce que, chaque année, les chefs de juridiction (premier président de la Cour de cassation, premiers présidents des cours d'appel, présidents des TGI et juges-directeurs des tribunaux d'instance), « répartissent les juges dans les différents services de la juridiction ». Mais le principe de hiérarchie, au-delà des corps, s'exprime surtout entre les juridictions (I) et entre les membres du Parquet (II).

I. Hiérarchie des juridictions

134 ***Hiérarchie dans l'existence de voies de recours*** ◊ **a)** *Appel et pourvoi en cassation.* Dans chacun des ordres des relations hiérarchiques ont été établies entre les diverses juridictions, pour des raisons liées soit à la nécessité de permettre aux justiciables de bénéficier d'un second examen de leur affaire par un tribunal (c'est le droit de faire appel devant une juridiction supérieure), soit au besoin d'uniformiser la jurisprudence, de réguler les solutions éventuellement divergentes don-

1. Ass. plén., 5 févr. 1999, *JCP* 1999. II. 10060, note H. Matsopoulou ; *Bull. inf. C. cass.* 15 avr. 1999, concl. M. Lafortune et rapport Metivet (extraits). On renvoie au Précis Dalloz, *Droit processuel. Droit commun et droit comparé du procès équitable, op. cit.*

nées à la même question par les tribunaux répartis sur tout le territoire (c'est le pourvoi en cassation).

La hiérarchie des juridictions n'est pas sans incidence sur la protection de leur indépendance ; ainsi que l'a fait remarquer un auteur « *plus on s'élève dans la hiérarchie judiciaire, plus le domaine de la loi apparaît étendu* » [1]. Mais il existe d'autres voies de recours que l'appel ou le pourvoi en cassation qui ne manifestent pas nécessairement l'idée de hiérarchie.

b) L'une des caractéristiques de l'organisation d'un contentieux, en effet, est de prévoir, contre les décisions d'un juge unique ou d'un collège de juges, des recours. Ces recours sont susceptibles de poursuivre des objectifs divers en fonction d'une certaine politique processuelle. Ils auront pour objectif :

- soit de discuter de la *régularité de la procédure* qui a été suivie (compétence, nullité d'un acte...),
- soit de remettre en cause la *qualité de la décision* rendue (mauvaise appréciation des faits, mauvaise interprétation du droit applicable),
- soit de critiquer à la fois la *procédure* et la *décision au fond.*

Or, les pouvoirs des magistrats composant ces instances dérivées que provoquent les recours, peuvent être très différents. Dans la plupart des recours, on peut soumettre au tribunal les *questions de fait* et *de droit* qui ont fait l'objet des débats devant les premiers juges (opposition, appel, révision, tierce opposition). Mais, pour certains (cassation), il se produit comme une décomposition, ou mieux une décantation du problème. Seule sera examinée la régularité de la décision sur le plan du *droit* (qu'il s'agisse de la procédure suivie ou de la solution au fond). Tout moyen qui serait mélangé de fait et de droit est irrecevable.

135 ***Classifications des voies de recours*** ◊ On a coutume de répartir les recours selon deux classifications principales [2] :

– **Voies de rétractation, voies de réformation**. Un recours est une voie de *rétractation* lorsqu'il ramène le procès devant la juridiction qui avait déjà statué (opposition, recours en révision, tierce opposition dans certains cas). En revanche, c'est toujours une juridiction hiérarchiquement supérieure (cour d'appel, Conseil d'État) qui connaît de la *réformation* éventuelle d'un jugement, encore que la loi du 15 juin 2000 ait instauré un appel des arrêts d'assises devant une autre Cour d'assises, certes autrement composée, mais qui n'en reste pas moins de degré égal.

– **Voies ordinaires, voies extraordinaires**. Les voies de recours *ordinaires* sont en principe ouvertes contre toutes décisions rendues par

1. Cité par L. Favoreu et L. Philip, in *Les grandes décisions du Conseil constitutionnel*, Dalloz, 15e éd., 2009.
2. K. Salhi, *Contribution à une théorie générale des voies de recours en droit judiciaire privé*, thèse (dacty.), Caen, mars 2004.

une juridiction. Elles ne peuvent être écartées que si un texte formel le prévoit. Elles sont le plus souvent suspensives de l'exécution : ce sont l'opposition et l'appel [1] – sauf en contentieux administratif.

Les voies de recours *extraordinaires* ne sont, en revanche, ouvertes que dans les cas expressément prévus. Ce sont le pourvoi en cassation, la tierce opposition, le recours en révision. Elles ne sont généralement pas suspensives d'exécution du jugement attaqué [2]. Normalement une voie extraordinaire ne peut être exercée que si les voies ordinaires sont fermées, ou si, étant ouvertes, elles ont déjà été exercées.

A. Les voies de recours devant les juridictions civiles et pénales

1. Les voies de recours ordinaires

136 ***Distinction*** ◊ Les voies de recours ordinaires sont l'*opposition* et l'*appel*. Mais tandis que la seconde s'est beaucoup développée, la première a vu son domaine se réduire dans plusieurs contentieux.

137 ***L'opposition*** ◊ L'opposition est une voie de rétractation qui, lorsqu'un jugement a été rendu *par défaut*, le défendeur n'ayant pas comparu, permet à ce défendeur de revenir devant la juridiction qui avait statué, en lui demandant de reprendre l'affaire en fait et en droit, après un débat contradictoire.

a) L'opposition (délai d'un mois) est devenue très rare *en procédure civile*, la catégorie des jugements par défaut ayant été restreinte au bénéfice de celle des jugements dits et réputés contradictoires par le Code de procédure civile.

b) *Elle existe en revanche en matière pénale* contre les décisions des tribunaux correctionnels ou de police et les arrêts des chambres des appels correctionnels. Elle est possible contre les jugements rendus par défaut. Le défaut s'entend du seul cas où le prévenu n'ayant pas été cité à personne et dont il n'est pas prouvé qu'il a eu connaissance de la citation ne se présente pas (art. 412 CPP). Dès lors sera réputée

1. Un jugement civil peut bénéficier, de droit, ou avec l'autorisation du juge, de l'exécution provisoire, nonobstant opposition ou appel. Il en est parfois de même en matière pénale par exemple pour les peines de substitution (art. 131-6 à 131-11, C. pén.) qui sont exécutoires par provision (art. 471 CPP) ou pour les sanctions concernant les mineurs (art. 22 al. 1er.ord. du 2 févr. 1945).

2. Le pourvoi n'est pas suspensif en matière civile, sauf exception (divorce). En matière *administrative* les voies de recours n'ont pas normalement d'effet suspensif, mais on peut demander le sursis à exécution de la décision attaquée, même en cas de recours en cassation. Le pourvoi est suspensif en matière *criminelle* mais on connaît néanmoins quelques dérogations à cette règle (mesures de sûreté contre les mineurs, art. 24, al. 5, Ord. 2 févr. 1945 ; décision d'exécution provisoire d'une suspension de permis de conduire, art. L. 224-13, Code de la route). Même solution pour la peine d'emprisonnement si les juges du fond décident de maintenir le mandat de dépôt (art. 569 al. 1er, CPP).

contradictoire, donc non susceptible d'opposition, la décision rendue lorsqu'un prévenu informé ne comparaît pas sans justifier d'une excuse reconnue valable ou lorsque le prévenu cité a demandé à être jugé en son absence et que le tribunal n'a pas estimé sa comparution nécessaire (art. 411 CPP). Si un avocat se présente à l'audience, il doit être entendu et le jugement sera contradictoire. De plus si un prévenu est présent au début de l'audience, il ne peut pas y avoir défaut (art. 413 CPP). Comme on peut le constater les cas d'opposition sont assez rares d'autant qu'il faudra encore constater que la décision fait grief à l'intéressé, ce qui ne sera pas le cas d'une décision de relaxe et que la partie défaillante n'a pas choisi la voie de l'appel. Le délai normal de l'opposition est de 10 jours à compter de la signification du jugement de défaut ou du jour où l'individu aura eu connaissance de la citation. Dans le cas où la décision par défaut reste totalement ignorée de celui qui entend faire opposition, le délai est celui de la prescription de la peine (3 ans ou 5 ans selon les infractions). L'opposition est ouverte au prévenu et sous certaines conditions à la partie civile et au civilement responsable qui n'ont pas été cités régulièrement.

L'acte d'opposition a un effet extinctif total, le premier jugement disparaît. La juridiction qui avait statué une première fois est à nouveau saisie. Elle est entièrement libre de sa décision et pourrait notamment aggraver la peine initialement prononcée [1].

138 ***L'appel – Notion*** ◊ L'appel est la voie de recours ordinaire la plus importante. On la trouve dans tous les contentieux avec des domaines d'application variés.

a) En matière civile, son délai est d'un mois pour la matière contentieuse ; (15 jours en matière gracieuse) ; il est ouvert lorsque la valeur de l'affaire est indéterminée ou lorsque le taux du ressort le permet. C'est un droit protégé par le Conseil constitutionnel, sans acquérir

1. En matière criminelle l'opposition n'existe pas. Jusqu'à la loi du 9 mars 2004 les accusés absents étaient jugés par contumace. La procédure contre le contumax était très particulière (art. 627 et s., CPP). Aucun défenseur n'était admis, aucune circonstance atténuante n'était possible, mais la condamnation était sans conséquences graves, sinon sur les biens du délinquant qui pouvaient être confisqués. En effet, si l'individu condamné se présentait volontairement devant la justice ou était arrêté, la condamnation était anéantie. Il y avait purge de la contumace et une nouvelle procédure normale avait lieu devant la cour d'assises. Néanmoins cette procédure ayant été condamnée, dans la même affaire, à la fois par la Cour de Justice des communautés européennes (28 mars 2000) et par la Cour européenne des droits de l'homme (13 févr. 2001) une réforme s'imposait. La loi Perben II a organisé une procédure de défaut criminel dont les dispositions ont été insérées aux articles 270 ; 320-1 et 379-2 et s., CPP. Lorsqu'un accusé est absent, la cour d'assises qui décide de ne pas renvoyer à une audience ultérieure peut examiner l'affaire. Elle se prononce sur l'accusation hors la présence des jurés mais un avocat peut désormais assister l'accusé absent. Une peine peut alors être décidée et un mandat d'arrêt décerné. L'arrestation de l'accusé condamné ou le fait qu'il se constitue prisonnier, feront que l'arrêt d'assises sera non avenu et qu'un nouvel examen de l'affaire sera obligatoire selon la procédure ordinaire. Le rejugement ne résulte donc pas de l'exercice d'une voie de recours. Il n'y a ni opposition ni appel possible, mais ce que l'on pourrait appeler une « purge » du défaut criminel.

pour autant, en matière civile, une valeur constitutionnelle pleine et entière [1].

b) En matière pénale, l'appel est désormais possible contre les arrêts rendus par les cours d'assises y compris d'acquittement. Cette voie de recours est largement ouverte en matière de délits correctionnels ; mais elle est partiellement écartée pour les contraventions de police. Le délai est normalement de 10 jours. L'appel est également possible, depuis une loi du 5 mars 2007, contre les décisions rendues par les juridictions militaires en matière criminelle en temps de guerre. La Convention européenne (Protocole n° 7, art. 2) exige un contrôle des décisions de première instance, sans se prononcer pour l'appel ou le pourvoi en cassation.

139 ***L'appel – Effet*** ◊ **a)** L'appel a, en principe, un *effet suspensif* de l'exécution (le délai est lui-même suspensif) sauf certaines dérogations tant en matière civile qu'en matière pénale [2].

b) L'appel a aussi un *effet dévolutif*, dans la mesure où, sur la voie de recours, l'affaire est à nouveau examinée *en fait et en droit*.

En matière pénale la règle de l'effet *dévolutif* est non seulement limitée par les termes mêmes de l'acte d'appel qui peut ne porter que sur une partie de la décision (comme en matière civile), mais encore par la qualité de l'appelant. La partie civile ne peut faire appel que sur l'action civile et le ministère public seulement sur l'action publique. Mais, surtout, la cour d'appel ne peut pas réformer la décision qui est soumise dans un sens défavorable aux intérêts de l'appelant. C'est la règle dite de l'interdiction de la *reformatio in pejus :*

- si le prévenu est seul appelant, la cour d'appel ne peut aggraver ni la condamnation pénale ni la condamnation civile (augmentation des dommages-intérêts par exemple) ;
- si la partie civile fait seule appel, on ne peut pas diminuer le montant des réparations civiles.

Cette règle est cependant limitée dans la mesure ou elle ne joue plus lorsque toutes les parties font appel. Le ministère public en faisant appel donne à la cour toute latitude pour réformer la sanction pénale.

c) Dans les deux contentieux, il faut enfin noter que la cour d'appel peut décider d'évoquer. L'*évocation* est possible lorsque la juridiction du second degré annule une décision pour violation de règles de formes prévues à peine de nullité et décide de statuer sur le fond plutôt que

1. S. Guinchard, F. Ferrand et C. Chainais, *Procédure civile,* n° 1626. N. Molfessis, *in Justices*, 1997-4, p. 17.

2. Mais il est excessif d'opposer radicalement, comme on le fait parfois, les effets de l'appel dans les deux procédures, civile et administrative. Dans la première, l'effet suspensif du délai d'appel et de l'appel lui-même peut être tempéré par une mesure d'exécution provisoire, qui peut être de droit ; dans la seconde, l'absence d'effet suspensif peut être compensée par une requête de sursis d'exécution.

de renvoyer devant le tribunal. L'évocation supprime un degré de juridiction. En matière pénale l'évocation est obligatoire (art. 520, CPP).

2. Les voies de recours extraordinaires

140 ***Utilité*** ◊ Les voies de recours extraordinaires, en dépit de l'allongement de la durée du procès qu'elles provoquent, sont précieuses dans la mesure où elles permettent un contrôle de la régularité des procédures et la correction des jugements en droit (*cassation*), le redressement d'erreurs graves qu'on ne pouvait soupçonner lors du jugement (*recours et pourvoi en révision*), la défense légitime de ceux qui subissent les conséquences dommageables d'une décision à laquelle ils n'étaient ni parties ni représentés (*tierce opposition*).

141 ***Fonction du pourvoi en cassation*** ◊ La possibilité de soumettre une décision de justice au contrôle d'une juridiction suprême (Cour de cassation, Conseil d'État) constitue pour les plaideurs une importante garantie d'application correcte du droit. Elle est prévue à l'article 2 du Protocole n° 7 de la Convention européenne des droits de l'homme.

Le pourvoi en cassation, tout en protégeant les citoyens et les administrations publiques contre des décisions arbitraires, ou mal justifiées en droit, offre en outre l'avantage de favoriser une unité d'interprétation des règles légales, réglementaires ou simplement prétoriennes [1]. Mais, si le pourvoi répond à des objectifs similaires pour les juridictions de l'ordre judiciaire et de l'ordre administratif, il n'est pas conçu de la même manière devant la Cour de cassation et devant le Conseil d'État (qui est déjà juge d'appel pour les décisions en premier et dernier ressort).

En tout cas, le pourvoi suppose toujours que l'on attaque une décision rendue en premier et dernier ressort (juridiction de premier degré) ou en dernier ressort (arrêt de cour d'appel). Il n'est *ni voie de rétractation, ni voie de réformation* et *ne produit pas d'effet dévolutif* [2]. Si le pourvoi est rejeté, la décision attaquée devient irrévocable. S'il est admis, la décision est cassée et l'affaire est renvoyée à une juridiction du fond pour être à nouveau jugée (v. *infra* nos 701 et s. sur le mécanisme du pourvoi en cassation).

Les cas d'ouverture à cassation sont assez semblables dans les trois contentieux, excès de pouvoir, violation de la loi, incompétence, violation des formes, perte de fondement juridique, contrariété de jugements (v. les ouvrages spécialisés).

1. Le pourvoi est certes aménagé dans l'intérêt des plaideurs ; mais il existe aussi en matière civile et en matière pénale un pourvoi dans l'*intérêt de la loi* et un pourvoi pour *excès de pouvoir* formés par le procureur général près la Cour de cassation devant celle-ci. Ils visent à un respect objectif de la loi et du principe de la séparation des pouvoirs (S. Guinchard, F. Ferrand et C. Chainais, *Procédure civile*, n° 1197).

2. C'est la thèse soutenue en procédure civile, parce que la Cour de cassation ne peut connaître que du droit. En procédure pénale, les auteurs parlent d'effet dévolutif du pourvoi.

142 ***Particularités du pourvoi en matière criminelle*** ◊ L'*effet suspensif* est assez généralisé mais il existe des dérogations textuelles assez semblables à celles qui fonctionnent pour l'appel.

L'effet dévolutif est limité par les termes du pourvoi et par la qualité du demandeur. Le principe de l'interdiction de la *reformatio in pejus* a été étendu au pourvoi par la jurisprudence (v. *supra*, n° 139).

Si la chambre criminelle dispose des mêmes solutions que les autres chambres civiles (irrecevabilité, rejet, cassation sans renvoi – avec renvoi), on doit citer une possibilité supplémentaire assez originale : le *renvoi sans cassation*. Cette solution joue par exemple lorsque la chambre criminelle veut faire appliquer une loi plus douce promulguée après qu'une condamnation ait été prononcée en dernier ressort. Elle ne peut casser une décision régulière, mais elle renvoie sans casser pour que la juridiction de jugement applique la loi nouvelle plus douce.

143 ***La révision – Notion*** ◊ La possibilité d'obtenir, dans des éventualités nettement déterminées, la *révision* d'une décision de justice a été depuis très longtemps admise. Mais on s'était efforcé de cantonner le recours dans un cadre très étroit pour éviter des abus. On retrouve, avec des modalités différentes cette garantie dans les trois contentieux. Mais il existe en réalité en dépit d'appellations voisines, deux recours très différents.

a) En procédure civile, la révision a connu jusqu'à une époque récente une procédure dite de requête civile ouverte dans 11 cas, longue et coûteuse, lourde et majestueuse, rarement sollicitée. Elle a été remplacée (art. 513 et 603, CPC) par un *recours en révision*. Celui-ci tend à faire rétracter un jugement passé en force de chose jugée [1] pour qu'il soit à nouveau statué en fait et en droit, dans quatre cas : fraude, découverte de pièces nouvelles ou découverte du caractère faux de celles étayant le jugement, attestations, témoignages ou serments judiciairement déclarés faux depuis le jugement. Le délai est de deux mois ; il court de la découverte de l'erreur ou de la fraude. Le recours n'a pas d'effet suspensif.

b) En procédure pénale, l'objectif du pourvoi en révision est tout différent, puisque la chambre criminelle devient juge du fond. Il s'agit ici de réparer une *erreur de fait*, autrement dit ce que l'on nomme une *erreur judiciaire* [2]. Seule l'erreur qui a entraîné condamnation ouvre droit au recours (art. 622, CPP).

La révision peut concerner aussi bien les décisions des juridictions de droit commun que d'exception. La demande est portée devant une commission de révision composée de cinq magistrats de la Cour de cassation qui va instruire la demande en révision et saisir la chambre criminelle si elle estime que la demande peut être admise. La chambre criminelle, statuant comme cour de

1. C'est-à-dire qui n'est pas ou qui n'est plus susceptible de voies de recours ordinaires.
2. La révision pour erreur judiciaire (droits allemand, anglais, belge, canadien, espagnol, français, italien et japonais), *RPDP* 2001-667.

révision, peut soit juger elle-même, ce qui la rend juge du fond lorsque de nouveaux débats apparaissent inutiles (inexistence de l'infraction, innocence certaine du condamné), soit renvoyer devant une juridiction du fond de même nature que celle qui avait jugé après cassation. V. *infra* n° 696 sur la révision suite à un arrêt de la Cour européenne des droits de l'homme.

144 ***La tierce-opposition – Notion*** ◊ La tierce opposition est une voie de recours ouverte au profit d'un *tiers* qui, en dépit de la relativité, à son égard, de la chose jugée prétend que telle ou telle décision lui porte préjudice.

– Elle n'existe pas en procédure *pénale*. Cette absence paraît d'autant plus surprenante que le droit d'intervention qui est largement ouvert en matière civile (art. 325, CPC), est très limité en matière pénale, même en ce qui concerne l'action civile. Seules les caisses de Sécurité sociale et le Fonds de garantie automobile se sont vu reconnaître un tel droit, ainsi que l'assureur depuis la loi du 10 juillet 1983.

– Elle existe en revanche en procédure *civile* et en procédure *administrative*.

B. Les voies de recours du contentieux administratif

145 ***Distinction*** ◊ Comme en procédure civile, la distinction fondamentale est celle des voies de *réformation* (*a*), qui permettent de saisir une juridiction supérieure à celle ayant rendu la décision critiquée et des voies de *rétractation* (*b*), qui font revenir l'affaire devant la même juridiction. On se limitera ici à présenter succinctement les unes et les autres.

1. Les voies de réformation du contentieux administratif

Le contentieux administratif connaît les deux voies de recours classiques que constituent l'appel et la cassation, mais celle-ci présente certains traits qui la distinguent de son homologue judiciaire.

a. L'appel en matière administrative

En contentieux administratif, la règle de principe est également celle du double degré de juridiction.

146 ***Juridictions d'appel – Délai*** ◊ L'appel est possible contre tout jugement rendu en premier ressort. Il est porté, suivant le cas, soit devant le Conseil d'État ou certaines juridictions spécialisées pour des contentieux énumérés par des textes, soit devant les Cours administratives d'appel pour la quasi-totalité des jugements rendus par les tribunaux administratifs. On n'insistera pas ici sur la présentation de ce partage des compétences d'appel (v. *infra* n° 445), sinon pour formuler trois observations :

– l'appel formé contre les décisions rendues par les juridictions administratives autres que les tribunaux administratifs ne relève pas des Cours administratives d'appel, mais en général d'organes d'appel particuliers au contentieux spécialisé en cause (par exemple, le Conseil supérieur de l'Éducation nationale est juge d'appel des décisions disciplinaires prises par les Conseils de discipline de chaque Université), ou exceptionnellement du Conseil d'État (décisions rendues par le Conseil des Prises). La Cour des comptes est juge d'appel des jugements rendus par les Chambres régionales des comptes.

– le règlement des difficultés de compétence pouvant surgir en matière d'appel est réglé dans le cadre d'une procédure interne à l'ordre juridictionnel administratif, faisant du Conseil d'État le régulateur suprême de la répartition des dossiers entre les juges compétents.

– afin de désencombrer les cours administratives d'appel, le décret 2003-543 du 24 juin 2003 a supprimé l'appel pour une série de jugements des tribunaux administratifs rendus dans des affaires considérées comme de moindre importance [1]. Le recours en cassation demeure ouvert, mais, comme en matière civile, la régularité de la décision au plan du droit pourra être critiquée (v. *supra*, n° 134).

Le délai est de deux mois à compter de la notification ou de la signification du jugement sauf texte contraire [2].

147 ***Effets de l'appel*** ◊ En contentieux administratif, l'appel – à plus forte raison le délai d'appel – n'a pas d'effet suspensif, sauf texte contraire.

Cependant, il est possible de demander au Conseil d'État, aux Cours administratives d'appel et à la Cour des comptes le sursis à exécution des jugements qui leur sont déférés en appel [3]. Ce palliatif de l'absence d'effet suspensif de l'appel n'est d'ailleurs pas un droit pour celui qui le demande.

La situation est ainsi l'inverse de celle que connaît la procédure civile : dans celle-ci, l'appel – et même le délai d'appel – ont un effet suspensif sauf si l'exécution provisoire a été prononcée ; en procédure administrative, même l'appel n'a pas d'effet suspensif, sauf si un sursis à exécution a été accordé [4].

1. V. art. R. 811-1 CJA. S. Boissard, « Vers un désencombrement des cours administratives d'appel ? », *AJDA* 2003. 1375. Les affaires pour lesquelles l'appel a été supprimé correspondent à une large partie des affaires jugées par le tribunal administratif statuant à juge unique.
Sous la Constitution de 1946, le Conseil d'État avait jugé que le double degré de juridiction était un principe général du droit, ne pouvant être écarté que par une loi : CE, Ass., 4 janv. 1957, *Lambarot, AJDA* 1957. II. 108, concl. Chardeau (invalidation d'un décret supprimant l'appel dans certaines affaires). Sous la Ve République, la solution inverse prévaut (CE 17 déc. 2003, *Meyet* ; Cons. const., 23 janv. 1987, *Conseil de la concurrence*). L'existence du double degré de juridiction n'est pas non plus exigée par la Cour européenne des droits de l'homme.

2. V. par ex., pour le sursis à exécution le délai d'appel est de quinze jours.

3. Ce sursis à exécution d'un jugement ne doit pas être confondu avec le sursis à exécution d'un acte administratif faisant l'objet d'un recours contentieux.

4. Pour l'explication de cette situation, v. O. Dugrip, « L'urgence contentieuse », *op. cit.*, p. 220 et s.

L'appel va saisir le juge d'appel *du jugement* rendu par le juge de première instance, *et du dossier de l'affaire*. Le juge d'appel va de nouveau examiner et juger au fond l'affaire, mais - ce qui peut être très important en pratique - en fonction du droit existant lors de l'instance d'appel ; si entre celle-ci et la date où a été rendu le jugement de première instance l'état du droit a évolué, le jugement de première instance pourra être infirmé [1].

Le déroulement et l'issue de l'instance d'appel dépendent d'une distinction liée à la régularité, ou à l'irrégularité, de la procédure qui a été suivie en première instance (appréciée indépendamment de la valeur, ou de l'absence de valeur, de la solution qui a été donnée au fond même du litige).

- *Le jugement a été rendu selon une procédure régulière*

Le juge d'appel doit d'abord s'assurer que la procédure suivie par les premiers juges a été régulière [2], soit que l'appelant ait soulevé son irrégularité, soit qu'il s'agisse de la violation d'une règle d'ordre public soulevée d'office par la juridiction d'appel. L'office du juge d'appel va être ensuite de juger une seconde fois l'affaire, en tenant compte comme les premiers juges de l'ensemble des éléments de fait et de droit, qui se trouve dévolu au juge d'appel : le litige dont a connu la juridiction de premier ressort est porté (« dévolu ») devant celle d'appel - on parle alors d'« effet dévolutif de l'appel ». Le juge d'appel va rendre un arrêt qui tranchera le litige définitivement sauf pourvoi en cassation, mais le juge de cassation ne peut que contrôler l'absence de violation des règles de procédure ou de fond du droit applicables, mais non pas juger une troisième fois le litige [3].

- *Le jugement a été rendu selon une procédure irrégulière*

On assimile à cette hypothèse les cas où le juge de première instance a refusé à tort de statuer, en estimant faussement qu'il était incompétent ou que la requête était irrecevable. Après avoir annulé pour ces raisons le jugement entrepris, le juge d'appel devrait alors, dans une conception rigoureuse des exigences du principe du double degré de juridiction, renvoyer devant le premier juge pour qu'il connaisse de l'affaire régulièrement [4], puisqu'il n'y a pas eu, en quelque sorte, de premier jugement (régulier) ; si le dossier n'est pas en état d'être jugé, l'instruction n'ayant pas été poussée jusqu'à un stade suffisant, le juge d'appel s'en tient à cette attitude passive.

1. V. un exemple dans CE, Ass., 28 févr. 1992, « Société Arizona Tobacco Products et SA Philip Morris France », *AJDA* 1992. 210, concl. M. Laroque (entre le jugement du tribunal administratif de Paris et l'arrêt du Conseil d'État, celui-ci avait rendu - le 20 oct. 1989 - son arrêt d'Assemblée Nicolo admettant la supériorité du droit communautaire sur une loi postérieure).
2. Le juge d'appel exerce, ce faisant, un contrôle analogue à celui qu'effectuerait un juge de cassation si le recours n'était pas un appel mais un pourvoi en cassation.
3. Sauf exception : v. *infra* : le Conseil d'État, juge de cassation.
4. Ou pour la première fois si sa première décision était un jugement d'incompétence ou d'irrecevabilité. Le Conseil d'État considère que le principe d'impartialité ne s'oppose pas à ce que le tribunal administratif auquel la Cour administrative a renvoyé une affaire après annulation du premier jugement pour irrégularité de procédure statue à nouveau dans la même formation que celle ayant rendu le jugement annulé : CE 11 févr. 2005, *commune de Meudon*, *AJDA* 2005. 60, chron. jur. gén. de Cl. Landais et F. Lenica (faisant le point de la jurisprudence). Cette jurisprudence est conforme à celle de la Cour européenne des droits de l'homme : v. affaire *Thomann c/ Suisse*, 10 juin 1996, *D.* 1997. Somm. 207.

Mais si les parties ont manifesté leur accord en ne se bornant pas à demander l'annulation du premier jugement mais en concluant au fond [1], et si le dossier est en état d'être jugé, le juge d'appel a la *faculté*, après avoir annulé ce jugement, de poursuivre en statuant ensuite sur le fond même de l'affaire. C'est ce que l'on appelle « l'évocation ». Il est évident qu'en évoquant [2] un litige dont elle n'était pas saisie par l'effet dévolutif de l'appel, la juridiction d'appel prive les parties d'une seconde chance de gagner – mais l'évocation évite d'avoir à attendre un second jugement de première instance, puis éventuellement une autre attente devant le juge d'appel, et elle a été largement utilisée par le Conseil d'État. Les Cours administratives d'appel se sont inspirées de cet exemple.

b. Le recours en cassation en matière administrative

148 ***Notion*** ◊ Alors qu'en procédure civile le recours en cassation est qualifié de voie de recours extraordinaire, en ce sens qu'il n'est ouvert que dans les cas spécifiés par la loi, il est en contentieux administratif un *recours de droit commun*. Cela signifie qu'il est ouvert, non seulement sans texte, mais même alors qu'un texte se bornerait à disposer que les décisions d'une juridiction sont rendues sans recours – sauf si ce texte législatif signifiait clairement, par sa rédaction, qu'il entend exclure jusqu'au recours en cassation [3].

Cette particularité remonte aux origines du recours en cassation devant le Conseil d'État, sous la Restauration, au moment où ne se distinguaient guère recours en cassation et recours pour excès de pouvoir [4].

Il se distingue aussi du pourvoi en cassation judiciaire par l'étendue du contrôle du Conseil d'État, qui exerce à l'égard des décisions des juridictions administratives *non composées de juges administratifs professionnels* un contrôle dont le contenu fait penser plus à celui d'un juge d'appel qu'à celui d'un juge de cassation habituel [5].

149 ***Conditions de recevabilité*** ◊ Le recours en cassation est ouvert devant le Conseil d'État [6] contre toutes les décisions juridictionnelles insus-

1. Par ex., en matière fiscale, le contribuable appelant demande à la fois l'annulation du jugement du Tribunal administratif ayant déclaré sa réclamation irrecevable, et le dégrèvement de l'impôt qui lui est demandé. Les deux conditions énoncées sont en pratique appliquées très souplement.
2. Au sens de : en se réservant la connaissance d'une cause qui aurait dû être jugée par une juridiction inférieure.
3. V. CE 7 févr. 1947, *d'Aillières, RD publ.* 1947.68, concl. Odent, note Waline.
4. Celui-ci est également ouvert, contre les actes administratifs (et non pas juridictionnels), même si une loi écarte tout recours, tant qu'il n'apparaît pas clairement qu'elle a voulu supprimer également le recours pour excès de pouvoir ; cf. CE 17 févr. 1950, *Dame Lamotte, RD publ.* 1951.478, concl. Delvolvé, note Waline.
5. V. *infra*, n° 724.
6. Cf. L. 821-1 CJA. Toutefois, avant la loi du 17 janvier 2002 l'ayant supprimée, il existait une Commission spéciale de cassation des pensions (compétence pour les pensions militaires d'invalidité), composée d'ailleurs en partie de membres du Conseil d'État, présidée par le président de la Section du contentieux de celui-ci, et qui pouvait renvoyer les dossiers les

ceptibles d'une autre voie de recours - ce qui en écarte normalement les jugements des tribunaux administratifs [1].

Il peut être formé par toute personne ayant eu la qualité de partie dans l'instance ayant donné lieu à la décision attaquée, et ayant intérêt à obtenir la cassation de la décision [2]. Pour l'État, seul le ministre intéressé a qualité, et non le préfet. Il ne peut, sauf quelques rares exceptions, être présenté que par un avocat aux Conseils - sauf s'il est présenté au nom de l'État [3]. Le délai est de deux mois à compter de la notification ou de la signification de la décision attaquée.

Les moyens présentés à l'appui du recours, exclusivement juridiques puisqu'il s'agit d'un pourvoi en cassation, ne sont recevables que s'ils ont été soumis à la juridiction dont la décision est attaquée - sauf s'il s'agit de moyens d'ordre public.

150 ***Cas d'ouverture et procédure du recours en cassation*** ◊ Le recours peut être formé en cas de *violation de la loi* (c'est-à-dire si la décision attaquée a transgressé une règle juridique, même non législative, applicable au fond de l'affaire), d'*incompétence* de la juridiction ayant rendu la décision, ou de *violation des formes* et règles de procédure [4]. Sur le mécanisme de filtrage des pourvois, v. *infra* n° 724-II.

151 ***Effets du recours en cassation*** ◊ Pas plus qu'en procédure civile, le pourvoi en cassation administratif n'a d'effet suspensif, mais il est possible de demander au Conseil d'État le sursis à exécution de la décision juridictionnelle attaquée [5].

Depuis la loi du 31 décembre 1987, les suites que peut donner le Conseil d'État aux recours dont il est saisi sont de deux sortes :

- *normalement*, il est dans l'office d'un juge de cassation de ne pas représenter un troisième degré de juridiction. S'il reconnaît le bien-fondé d'un des moyens de cassation invoqués devant lui, le Conseil d'État casse l'arrêt, c'est-à-dire qu'il se borne à l'annuler. Sauf dans les cas assez rares où la simple cassation de l'arrêt met un terme définitif au litige [6], le Conseil d'État renvoie l'affaire, pour être jugée à nouveau au fond, *devant la juridiction même* qui a

plus délicats devant le Conseil d'État ; v. par ex. CE, Ass., 4 mars 1955, *Vve Sticcotti, RD publ.* 1955, p. 733, concl. Jacomet.

1. Sauf quand ceux-ci statuent comme juges d'appel en matière de référé fiscal (art. L. 279 Liv. proc. fisc.) ou quand ils statuent en premier et dernier ressort : art. R 811-1 CJA ; v. *infra* n° 734.

2. Ainsi, le bénéficiaire d'un permis de construire qui, contrairement à la commune, n'avait pas fait appel du jugement par lequel le tribunal avait annulé ce permis, ne peut se pourvoir en cassation contre l'arrêt de la Cour administrative d'appel, n'ayant pas été partie à cette instance (CE, Sect., 3 oct. 2008, *M. B.*).

3. Cf. R 821-3 CJA. En cas d'omission, le greffe du Conseil d'État doit inviter le requérant à régulariser son pourvoi.

4. Le détournement de pouvoir, qui est un cas d'ouverture du recours pour excès de pouvoir contre les actes administratifs, n'est pas un moyen recevable dans le recours en cassation contre les décisions juridictionnelles.

5. V. par ex., CE 13 mai 1949, *Rousset, Lebon*, p. 221.

6. V. CE 16 déc. 1955, *Ardiot, Lebon.*, p. 594.

rendu la décision cassée [1], juridiction qui est saisie de plein droit – alors qu'en procédure civile le renvoi est opéré devant une autre juridiction du même degré et de même nature, qui doit être saisie à la diligence des parties.

– « Si l'intérêt d'une bonne administration de la justice le justifie » [2], le Conseil d'État a la *faculté* de régler l'affaire au fond. La lecture des travaux préparatoires montre que le législateur a semblé souhaiter que cette possibilité soit largement exploitée.

c. Le recours dans l'intérêt de la loi en matière administrative

152 ***Absence d'effets entre les parties à l'instance*** ◊ Il s'agit d'une sorte de pourvoi en cassation destiné à faire censurer par le Conseil d'État, sans conséquence pour les parties, une décision devenue irrévocable, rendue par une juridiction administrative, et dont un ministre redoute qu'elle ne fasse jurisprudence [3]. Le Conseil d'État, saisi par un ministre casse éventuellement cette décision, mais la portée de son arrêt ne se manifeste qu'au plan des principes, car il ne porte pas d'effet à l'égard des parties en présence dans la décision cassée [4].

2. Les voies de rétractation du contentieux administratif

D'utilisation peu fréquente, elles ne feront ici l'objet que d'une brève présentation.

Comme en procédure civile, les unes sont ouvertes aux personnes ou collectivités publiques non présentes ou représentées à l'instance, les autres à celles qui étaient présentes ou représentées.

a. Recours ouverts aux personnes ni présentes ni représentées à l'instance

153 ***Opposition*** ◊ Ouverte seulement contre les décisions rendues par défaut, elle suppose qu'une personne mise en cause dans l'instance [5] par la Cour administrative d'appel ou le Conseil d'État n'aurait produit

1. Mais statuant – sauf impossibilité tenant à sa nature (ce qui sera souvent le cas par exemple des juridictions corporatives) dans une autre formation : art. L. 821-2 CJA.

2. Le Conseil d'État semble avoir tendance à renvoyer quand il y a encore matière à discussion sur les faits, et à régler lui-même le litige au fond quand la solution s'impose au vu du dossier tel qu'il est, et que la juridiction de renvoi n'aurait plus, en pratique, qu'à tirer en quelque sorte mécaniquement les conséquences de l'arrêt de cassation ; v. deux exemples avec les affaires *Di Fazio et Goiot*, jugées par le Conseil d'État, 10 avr. 1991, *Dr. fiscal*, n° 39, 1991, com. 1727.

3. V. CE 12 juin 1959, *Filaire*, *AJDA* 1959. II.191, concl. Mayras. 10 janv. 2007, *AJDA* 2007. 377, note C. Mattei.

4. Il existe aussi, mais demeurant depuis longtemps inusité, un recours dans l'intérêt de la loi ouvert aux ministres contre les actes administratifs.

5. Art. R. 831-1 CJA. Les personnes demeurées étrangères à l'instance disposent d'une autre voie de recours pour défendre leurs intérêts : la tierce-opposition : art. R. 832-1 CJA.

ni mémoires ni observations orales [1]. Par hypothèse, le requérant lui-même ne dispose pas de l'opposition, puisque la décision ne peut pas être rendue par défaut contre lui.

Elle doit être formée dans un délai de deux mois à compter de la notification ou de la signification de la décision. L'affaire revient alors devant la juridiction qui avait statué pour être jugée à nouveau.

Son champ d'application est limité, car elle a été supprimée devant les tribunaux administratifs [2]. Elle n'est pas suspensive, à moins qu'il n'en soit autrement ordonné par la juridiction saisie à la demande de l'opposant.

154 ***Tierce-opposition*** ◊ Cette voie de recours permet de sauvegarder les droits de ceux qui sont demeurés en dehors de l'instance, parce qu'ils n'y étaient pas présents ou représentés et qu'ils n'y sont pas intervenus, mais qui sont intéressés à la solution à rendre sur le litige. Il est d'ailleurs nécessaire de pouvoir invoquer un droit auquel la décision rendue aurait préjudicié. Par exemple, si un arrêt annule un texte administratif accordant à des marchands le droit de vendre leurs produits sur un marché réservé par une loi aux cultivateurs récoltants, à la requête de l'un de ceux-ci et alors que certains marchands n'avaient pas figuré à l'instance, l'un de ces derniers sera recevable à former tierce-opposition pour que la juridiction juge à nouveau l'affaire en tenant compte des moyens juridiques qu'il développera pour défendre son droit à exercer son commerce [3] sur ce marché.

La tierce-opposition est recevable sans condition de délai, sauf si un texte en impose un [4]. L'affaire revient devant la juridiction qui avait statué.

b. Recours ouverts aux personnes présentes ou représentées

155 ***Recours en révision*** ◊ Il représente une voie de recours extraordinaire, en ce sens qu'il n'existe que devant les juridictions où un texte le prévoit. Pratiquement, il n'existe que devant le Conseil d'État et les juridictions financières : Cour des comptes, Cour de discipline budgétaire et financière, Chambres régionales des comptes.

Devant le Conseil d'État, il n'était possible (avec ministère d'avocat) que dans trois cas jusqu'à la réforme du pourvoi en cassation de 1987 ;

1. Ou les aurait produits dans des formes irrégulières (absence d'avocat dans un cas où il n'y a pas dispense d'avocat).

2. La partie n'ayant pas produit de défense contre laquelle a été rendu un jugement par défaut voit ses intérêts sauvegardés par la possibilité de former un appel (art. R. 811-1 CJA).

3. C'est l'affaire *Boussuge*, CE 29 nov. 1912, *D.* 1976. II.49, concl. Blum, célèbre pour avoir admis pour la première fois la tierce-opposition dans un recours pour excès de pouvoir contre un acte réglementaire.

4. C'est le cas devant les tribunaux administratifs, où elle est enfermée dans un délai de deux mois si le jugement a été notifié au tiers-opposant (art. R. 832-2, CJA). V. P. Dubouchet, « La tierce-opposition en droit administratif », *RD publ.* 1990, p. 709.

l'hypothèse la moins théorique étant celle d'une procédure entachée de vices particulièrement graves [1]. Aujourd'hui, un champ nouveau lui est ouvert en cas de refus d'admission d'un pourvoi en cassation, cette décision juridictionnelle étant susceptible d'un recours en révision – et d'un recours en rectification d'erreur matérielle (art. R 822-3 CJA).

Le recours en révision doit être formé dans les deux mois de la notification. S'il est reconnu recevable, l'affaire est jugée à nouveau [2].

156 ***Recours en rectification d'erreur matérielle*** ◊ Ce recours suppose que le juge ait commis une erreur autre qu'une erreur de raisonnement juridique, qui aurait influencé le sens de la décision, par exemple une erreur arithmétique dans le calcul d'une somme.

Il est ouvert devant le Conseil d'État et la Cour administrative d'appel (art. R. 833-1 CJA) dans un délai de deux mois ; il nécessite le ministère d'un avocat si la décision critiquée concernait un litige exigeant le ministère d'avocat. Les jugements rendus par le tribunal administratif peuvent faire l'objet, dans le délai d'un mois, d'une rectification d'erreur matérielle par le président ; il ne s'agit pas d'un véritable recours, la rectification étant opérée par le président soit de sa propre initiative, soit sur demande non contentieuse (v. art. R. 741-11) d'une partie. La révision pour cause d'erreur des jugements des chambres régionales des comptes est possible soit d'office, soit par réquisition du ministère public (art. R. 243-13 CJF).

II. Hiérarchie des membres du Parquet

157 ***Renvois*** ◊ En raison de la nature des fonctions exercées, à savoir agir au nom de la société, de l'intérêt général, que seul un Gouvernement démocratiquement élu peut incarner (v. *supra*, n° 127) [3], les membres des différents Parquets sont soumis au principe de subordination hiérarchique ; cela vaut pour les juridictions judiciaires (v. *infra*, n° 828), en vertu d'une part, des textes régissant le statut des magistrats (ord. 22 déc. 1958, art. 5 et 43) et, d'autre part, en matière pénale, de l'article 30, CPP. On observera dès à présent que le parquet de la Cour de cassation n'a pas autorité sur les procureurs généraux des cours d'appel ; son procureur général n'a autorité que sur les avocats généraux de la Haute juridiction.

Les juridictions financières (v. *infra*, n° 744 pour la Cour des comptes et *infra*, n° 873, pour les Chambres régionales des comptes) comportent également un ministère public hiérarchisé, mais non les autres juridictions administratives. Auprès de ces dernières, il n'y a pas

1. Les deux autres sont la décision rendue sur pièce fausse ou sur pièce décisive retenue par l'adversaire.
2. V. par ex. CE, Sect. 16 janv. 1931, *Lanoë, Lebon.*, p. 72.
3. M. Jeol, « Le parquet entre le glaive et la balance », *Justices*, 1996.3, p. 67, spéc. p. 69. V. la décision du Conseil constitutionnel n° 2004-492 DC, du 2 mars 2004.

de césure du siège et du parquet, les anciens commissaires du gouvernement, devenus « rapporteurs publics », sont des membres des formations de jugement chargés d'occuper temporairement cette fonction (v. *supra*, n° 132, c et *infra*, n° 872).

§ 3. Le principe d'indépendance et d'impartialité

158 ***Renvois. – Acte de juger et administration de la justice*** ◊ La Convention européenne de sauvegarde des droits de l'homme et des libertés fondamentales a posé en principe dans son article 6 que chacun a droit à ce que sa cause soit jugée par un tribunal « indépendant et impartial », ce qui a conforté et largement développé le principe d'impartialité et d'indépendance nécessaires des juridictions que le juge national avait lui-même posé (v. *supra* n° 68).

a) Cette norme donne lieu à une jurisprudence de plus en plus contraignante, tant de la Cour européenne qui siège à Strasbourg, que des juridictions nationales et, notamment, de la Cour de cassation pour la matière pénale (v. *supra*, n°s 74, § 1 et 75) [1]. On ajoutera simplement ici que l'indépendance du tribunal ce n'est pas seulement l'indépendance du juge à l'égard du pouvoir politique (v. *supra*, n° 127) [2], mais aussi à l'égard des pouvoirs des experts (v. *infra*, n° 184) et à l'égard de lui-même (v. *infra*, n° 187). Il existe des garanties procédurales de l'impartialité du juge (v. *infra*, n° 188), impartialité qui concerne aussi le fonctionnement des juridictions. Pour les conseils de prud'hommes, v. *infra*, n° 467.

b) Très proches dans leur mise en œuvre, ces deux notions ne se confondent pas sur le plan conceptuel : l'indépendance est une condition préalable à l'impartialité ; on ne peut être impartial si, déjà, on n'est pas indépendant ; mais, à l'inverse, un juge indépendant de tout pouvoir peut devenir partial dans un dossier particulier. Pour simplifier, on dira que la première est un statut, alors que la seconde est une vertu.

c) Au nom de l'indépendance du juge on a pu se demander si les juges doivent administrer eux-mêmes leurs juridictions : est-il concevable qu'un juge prépare son budget ? Dans les pays de *common law*, cette gestion par le corps n'est pas envisageable ; ainsi, au Canada et notamment au Québec, la séparation entre l'administration de la justice et la fonction juridictionnelle est complète, mais est actuellement remise en cause par les juges québécois, car la Cour suprême considère que la maîtrise des moyens nécessaires à l'activité

1. V. S. Guinchard *et alii*, *Droit processuel. Droit commun et droit comparé du procès équitable*, Dalloz, 5e éd., 2009.

2. V. ce qu'écrit F. Rigaux, *La loi des juges*, O. Jacob, 1997, p. 95 s., à propos de juges allemands et de certains professeurs de droit tels que Carl Schmitt qui ont approuvé et appliqué la loi du 3 janvier 1934 qui « couvrait » les meurtres accomplis avant le 1er janvier 1934 si leur « perpétration répondait à un besoin politique impérieux » (p. 100). Comp. *supra*, n° 122, à propos du serment prêté par les juges français au Maréchal Pétain.

juridictionnelle conditionne l'exercice des fonctions juridictionnelles [1]. En France, on assiste à « l'émergence d'une administration de la justice » [2] et certains préconisent l'autonomie budgétaire des juridictions avec un contrôle annuel *a posteriori* [3], ce qui correspond tout à fait à l'esprit de gestion des finances publiques de la loi dite LOLF [4], esprit fondé sur l'attribution de missions et l'évaluation des résultats (sur laquelle v. *supra*, n° 32) [5] et qui ne va pas sans conséquences sur le fonctionnement des juridictions [6]. Une difficulté a surgi avec le souhait des premiers présidents de cour d'appel de créer, dans le cadre de la mission justice, non pas un seul programme « justice judiciaire », mais deux programmes distincts, l'un pour les moyens alloués aux missions du Parquet (action publique, enquêtes préliminaires, mesures alternatives, exécution des peines, participation aux politiques publique, etc..), sous la responsabilité des procureurs généraux, l'autre pour les moyens des juridictions judiciaires, affectés à l'activité de jugement des cours et tribunaux proprement dits et confiés aux Premiers présidents [7]. On retrouve la question, centrale, de l'unité ou non des corps qui composent la magistrature (v. *supra*, n°s 126, b, et 129, b, 3), mais les Premiers présidents n'ont pas obtenu satisfaction. Le Conseil consultatif des juges européens, créé au niveau du Conseil de l'Europe, préconise que le vote du budget de la Justice par le Parlement comporte, dans chaque État, une procédure qui tienne compte de l'avis des autorités judiciaires, par exemple, en confiant à la Cour suprême de l'État ou à l'organe indépendant que le Comité préconise pour la gestion du corps judiciaire, un rôle de coordination dans la préparation des demandes financières et un statut d'interlocuteur direct du Parlement pour l'appréciation des besoins des juridictions [8]. À cet égard, il est intéressant de noter un arrêt de la Cour de cassation belge qui estime que l'État peut être condamné par la justice judiciaire *« pour n'avoir pas pris les dispositions législatives de nature à palier l'arriéré judiciaire »*, d'où la longueur anormale d'une procédure au détriment d'un justiciable (qui s'est vu attribuer un euro provisionnel à titre de réparation de son préjudice) [9] ; cet arrêt pose aussi la question, au-delà de la responsabilité de l'État, de la séparation des pouvoirs et de la protection des pouvoirs du Parlement (v. *supra*, n° 96). Mais attention à ne pas confondre gestion managériale et évaluation administrative des résultats par un tiers au corps judiciaire qui risquerait de remettre en cause la nécessaire indépendance des juges ; il n'y a rien de choquant à ce que les juges soient contraints d'améliorer les parcours judiciaires

1. V. Hubert Dalle, *Administration de la justice et acte juridictionnel, in* L'éthique des gens de justice, Entretiens d'Aguesseau, Limoges, 19-20 oct. 2000, PU Limoges nov. 2001, p. 93.
2. V. le numéro 125 de la *Revue française d'administration publique,* 2008, entièrement consacré à cette question, *Une administration pour la justice.*
3. *Pour la Justice, op. cit.*, Institut Montaigne, p. 13.
4. Pour « Loi Organique sur les Lois de Finances » (la loi est du 1er août 2001, n° 2001-692).
5. V. le dossier de *Culture Droit,* janv.-févr. 2006, « Les tribunaux sont-ils solubles dans la LOLF ? », p. 44 à 59.
6. D. Marshall, « L'impact de la LOLF sur les juridictions », *RFAP* 2008, n° 125, p. 121.
7. Délibération du 2 juin 2005.
8. V. ces propositions, *in BICC,* 1er nov. 2005.
9. Cass. belge, 28 sept. 2006, *BICC,* 15 mars 2007, n° 536 ; site *Curia* de la CJCE, Reflets n° 1/2007.

et leurs performances individuelles, mais la voie est étroite entre ces améliorations et l'intervention d'un tiers qui réduirait leur autonomie [1].

§ 4. Le principe de collégialité ?

159 ***Problématique*** ◊ Le point de savoir si une affaire doit être jugée par un seul juge ou par plusieurs siégeant en collégialité fait toujours l'objet de controverses et cela d'autant plus que les contingences bassement matérielles ne sont pas absentes du débat en ces temps de pénurie budgétaire [2]. Un ministre du budget peut toujours rêver d'une justice amputée de sa collégialité, afin de multiplier par trois, comme par enchantement, les effectifs des magistrats ! Il n'en demeure pas moins que le débat ne peut se réduire à ces aspects financiers. Ce qui compte, comme chaque fois que l'on s'intéresse aux choses de la justice (et que malheureusement on perd souvent de vue, v. *supra*, n°s 124 et s.), c'est l'intérêt du justiciable (et de lui seul) dans la qualité de la justice rendue. Le Code de l'organisation judiciaire ne contient pas de dispositions générales, valables pour l'ensemble des juridictions de cet ordre ; c'est à propos de chaque type de juridiction, qu'il indique si elle statue à juge unique ou en collégialité. Par exemple les articles L. 212-1 et L. 312-1 pour le TGI et la cour d'appel qui statuent en la forme collégiale, sauf exceptions, et, à l'inverse, les articles L. 222-1 et L. 232-1 qui, pour le tribunal d'instance et la juridiction de proximité, disposent qu'ils statuent à juge unique. En revanche, l'article L. 121-2 COJ dispose que « sauf dispositions particulières, les juges statuent en nombre impair ». À vrai dire, le problème est double : celui des avantages supposés de la collégialité en opportunité et, en droit, et préalablement, celui de la constitutionnalité du juge unique.

a) *En droit, la réponse a été donnée par le Conseil constitutionnel :* la collégialité des juridictions n'est pas un principe d'organisation juridictionnelle ayant valeur constitutionnelle ; l'argument avait été invoqué en 1975 devant le Conseil mais celui-ci avait annulé la disposition en cause sur le fondement d'un autre chef d'inconstitutionnalité, sans examiner la question de la collégialité [3]. Vingt ans plus tard, le Conseil constitutionnel a confirmé cette position, le 2 février 1995, en acceptant le principe du juge unique, dès lors que son institution dépend du législateur et non pas des juges et que soit respecté le principe d'égalité des citoyens devant la justice, principe qui est la mesure du recours au juge unique [4].

1. A. Hatchuel, « Des indicateurs de performance pour la Justice ? », *Le Monde de l'économie*, 2 sept. 2008.
2. C. Dost, *Collégialité et juge unique dans le droit judiciaire français*, thèse (dactyl.) Bordeaux, déc. 1999. M.A. Cohendet, « La collégialité des juridictions : un principe en voie de disparition », *RFD const.* 2006/68, p. 713.
3. Décision 75-56 DC du 23 juill. 1975, *D.* 1977. 677, note Hamon et Levasseur (et *infra*, n° 164, texte et note) ; *AJDA* 1976. 44, note Rivero ; *RD publ.* 1975, 1313, obs. Favoreu et Philip ; *JCP* 1975. II. 18200, note Franck.
4. T. Renoux, *Le Conseil constitutionnel et la collégialité*, XXIe colloque des IEJ, Toulon, mai 1995, *op. cit.*, p. 113.

b) *Reste le problème de l'opportunité.* Beaucoup d'arguments ont été avancés par ceux qui se sont penchés sur la question [1]. En faveur de la collégialité on a fait valoir essentiellement des arguments de qualité de la justice rendue : la décision discutée en collégialité serait plus réfléchie, plus mûrie, nourrie des réflexions des uns et des autres ; elle serait aussi un gage de l'indépendance du tribunal, chacun ne craignant pas d'être mis en cause personnellement, à l'occasion d'une décision qui déplairait [2] ; enfin, elle serait une garantie de justice plus impartiale, les juges travaillant sous le contrôle des autres. Ces arguments sont de valeur inégale : si la concertation nourrit la réflexion de chacun, on ne peut sérieusement s'en remettre à la concertation pour espérer que de bonnes décisions seront retenues ; il y a d'abord un problème de compétence personnelle et de formation de nos juges. Quant à l'indépendance et l'impartialité ce sont aussi des questions de caractère, de tempérament ; il est vrai cependant, que dans certaines circonstances un juge unique peut craindre des « représailles » de la part des justiciables, essentiellement en matière pénale ; c'est alors davantage une question de respect et de protection de nos juges qu'une question d'indépendance. Il est vrai aussi que la collégialité peut éviter les risques de dérapage pour non-respect de la règle de la neutralité du juge, neutralité sociale et politique (sur laquelle v. *infra*, n° 187), un juge unique pouvant se laisser aller à faire prévaloir ses préjugés personnels plus facilement qu'une collégialité ; là encore, la solution n'est-elle pas dans le recrutement de magistrats mieux formés et plus âgés, plus patinés par l'expérience de la vie, plus modérés dans leurs réactions car enrichis d'une expérience humaine plus forte ? (v. *supra*, n°s 124 et s.).

160 ***Option proposée*** ◊ À vrai dire, il n'y a guère d'arguments valables en faveur de la collégialité, si ce n'est à distinguer selon la nature de la juridiction et son degré : on peut, par exemple retenir le juge unique en matière civile et l'écarter en matière pénale ; on peut aussi, en matière civile, le retenir en première instance et exiger un examen collégial en appel [3]. On reste assez stupéfait de constater que ceux qui critiquent la généralisation du juge unique en matière civile occultent complètement le fait que la France connaît un juge unique en matière pénale, le juge d'instruction, que celui-ci, jusqu'à la loi 15 juin 2000 disposait de la liberté des gens, seul. Les avantages du juge unique ne sont pas négligeables et, si l'on élimine « la loi du rendement » [4], déjà évoquée, il reste l'idée qu'au moins en matière non répressive, un juge

1. J. Vincent, in *Mélanges L. Falletti*, Dalloz, 1971, p. 561 ; *Mélanges J. Lambert*, Cujas,1975, p. 581 ; R. Perrot, *RID. comp.* 1977. 659. Colloques des IEJ, Nice, 1974 et Toulon, 1995, publié Dalloz, coll. « Thèmes et commentaires », 1996 ; J. Villaceque, *D.* 1995. Chron. 317 ; P. Bailly, « La collégialité est-elle morte ? », *Gaz. Pal.* 5 mars 1996 ; Sur une interrogation quant aux bienfaits de la collégialité à partir d'une expérience tentée à l'ENM : J.-M. Baudouin, *RTD. civ.* 1992. 532. En dernier lieu, P. Crocq, « Le droit à un tribunal impartial », in *Droits et libertés fondamentaux*, Dalloz, 13e éd., 2007.
2. Encore qu'en Italie le sens du vote de chacun soit consigné dans un coffre...
3. En ce sens, Ch. Cézar-Bru, *Mélanges J. Magnol*, Sirey, 1948. – S. Guinchard, « Rapport de synthèse aux états généraux de la profession d'avocat sur la réforme de la procédure civile », *Rev. jur. Ile-de-France*, oct.-déc. 1997, Dalloz, p. 83 et *ibid.*, coll. « Thèmes et commentaires ».
4. M. Gobert, *RTD civ.* 1996. 284.

unique est un juge responsable et comme la question de la responsabilité du juge est au cœur de nos débats actuels sur la qualité de notre justice (v. *supra*, n° 124 s.), sur l'avenir de notre justice (avec des remises en cause sans doute douloureuses), si le prix à payer d'une justice incontestée parce qu'incontestable en raison de la qualité des jugements rendus, est le juge unique, alors il ne faut pas hésiter à l'instaurer en principe. Mais alors, il faut revoir le mode de recrutement, car le juge unique ne pourra pas bénéficier d'un complément de formation « sur le tas », au contact de ses collègues plus âgés.

161 ***Solutions françaises*** ◊ La tradition est en faveur de la collégialité, mais la tendance contemporaine est au juge unique, en France comme en Europe [1], tout au moins pour le jugement des affaires.

a) En matière civile, le mouvement a commencé avec la spécialisation de juges uniques, pour certains types de litiges, ainsi du juge aux affaires familiales, du juge de la mise en état, du juge de l'exécution, sans parler du tribunal d'instance, du juge de proximité et du juge de référés. Parfois c'est un contentieux entier qui est confié, de plein droit, à un juge unique, mais celui-ci n'a pas d'existence institutionnelle propre (v. *infra*, n° 379 et s. pour le TGI). Il y a aussi des façons plus insidieuses d'instituer le juge unique ; ainsi pour pallier les difficultés de fonctionnement de certaines juridictions d'attribution, faute de trouver des personnes acceptant d'être nommés assesseurs, il est prévu que, sous certaines conditions, le président de la juridiction puisse statuer seul (v. *infra*, n° 512 pour les tribunaux des affaires de sécurité sociale, art. L. 142-7, CSS ; n° 267-1, pour les tribunaux de l'incapacité, art. L. 143-2-2, CSS ; n° 270, pour les tribunaux paritaires des baux ruraux, art. L. 492-6, C. rur.).

b) En matière pénale. Au niveau de l'instruction et depuis 1856 le juge d'instruction est, traditionnellement, un juge unique, ce qui ne manque pas de surprendre (v. *supra*, n° 139) lorsqu'on entend des voix s'élever contre la généralisation du juge unique en matière civile ; mais la loi n° 2007-291 du 5 mars 2007 a posé le principe de la collégialité de l'instruction, même si elle en a repoussé l'application dans le temps. Au niveau du jugement, le tribunal de police et le juge de proximité jugent les contraventions à juge unique et, depuis les lois du 29 décembre 1972, du 8 février 1995 et du 9 septembre 2002, le tribunal correctionnel connaît à juge unique, non seulement d'infractions mineures (délits de chasse, de pêche), mais encore d'infractions plus « lourdes », telles que le vol sans violence, les violences volontaires etc., toutes infractions énumérées à l'article 398-1, CPP. Avec la loi du 9 mars 2004 l'intervention du juge unique se situe pour la première fois au niveau de la juridiction du second degré pour l'appel des jugements de police et de certaines décisions du juge de l'application des peines (v. *infra*. n°s 615 et 669).

c) En matière administrative, le principe [2] est également que « les jugements sont rendus en formation collégiale, sauf s'il en est autrement disposé par la loi » (art. L. 3, CJA). Cependant, les cas de juge unique sont nombreux ; ils correspondent principalement - outre les référés : art. L. 511-2, CJA - à un

1. Cl. Parisi, « L'extension du juge unique en Europe », *RID comp.* 2007/3, p. 647.
2. M.-A. Cohendet, « Vers une généralisation du juge unique ? », *AJDA* 2006. 1465. J. Arrighi de Casanova, « A propos de la compétence pour généraliser le juge unique en contentieux administratif », *AJDA* 2006. 1689.

certain nombre de litiges (énumérés aux art. R. 222-13 et R. 776-2, CJA) relevant du tribunal administratif et réputés, à tort ou à raison, comme présentant généralement des problèmes juridiques peu complexes (ces affaires pouvant d'ailleurs être renvoyées devant une formation ordinaire de jugement en vertu de l'article. R. 222-19, CJA), ou encore au règlement de certains incidents de procédure (art. R. 222-1, CJA). De même, au Conseil d'État, le président de la Section du contentieux joue un rôle très important en matière de référé (art. L. 511-2, CJA), de règlement des problèmes de compétence entre les juridictions administratives (art. R. 341-2 et s., art. 351-1 et s., CJA), voire de juridiction d'appel (contentieux des arrêtés de reconduite à la frontière : art. 776-6, CJA). Le recours à un juge unique en contentieux administratif est souvent un moyen de prévenir l'encombrement des tribunaux administratifs par les « contentieux de masse ». Il est pourtant clair que le souci d'une bonne administration de la justice est contrarié par le lien établi entre jugement par un juge unique et impossibilité de faire appel [1].

SECTION 2. LES PRINCIPES DE FONCTIONNEMENT DU SERVICE PUBLIC DE LA JUSTICE

162 ***Plan*** ◊ Rendre la justice étant une activité de service public au sens du droit administratif, c'est-à-dire une activité destinée à satisfaire à un besoin d'intérêt général et qui, en tant que telle doit être assurée ou contrôlée par la puissance publique, cette activité a vocation à être régie par les principes fondamentaux du service public, qui sont ici l'égalité (Sous-section 1), la gratuité (Sous-section 2), la neutralité du juge (Sous-section 3) et la continuité du service (Sous-section 4). On y ajoutera une spécificité propre à la justice, la publicité de son activité (Sous-section 5). Une bonne justice étant un élément essentiel de la paix sociale, il importe d'examiner au moins sommairement dans quelle mesure ces principes sont effectivement mis en œuvre dans ce domaine [2].

1. V. le renvoi effectué par l'art. R. 811-1 à l'art. R. 222-13. Sur les requêtes dont le montant excède 10 000 euros, v. CE, Sect., 5 mai 2006, *Bisson*.

2. Sur les difficultés de fonctionnement de ce service public, v. « L'administration de la justice », *Rev. fr. adm. publ.*, janv. 1991. Hélène Pauliat, *L'administration de la justice dans les institutions françaises, in* L'éthique des gens de justice, Entretiens d'Aguesseau, Limoges, 19-20 oct. 2000, PU Limoges, nov. 2001, p. 75. « Une administration de la justice » », *Rev. fr. adm. publ.* 2008, n° 125.

SOUS-SECTION 1. L'égalité devant la justice

§ 1. La règle de l'égalité [1]

163 ***Droit processuel international et européen*** ◊ **a)** *Le Pacte international de New York* du 19 décembre 1966, relatif aux droits civils et politiques met en avant l'idée d'égalité des hommes devant la justice, avant même celle d'équité du procès ; son article 14 § 1 énonce en effet : « tous sont *égaux* devant les tribunaux et les cours de justice » [2].

b) *Dans le droit issu de la Convention européenne des droits de l'homme,* c'est à l'occasion d'un litige opposant le *Sunday Times* au Royaume-Uni, que la Cour européenne des droits de l'homme de Strasbourg a précisé que « compte tenu de la place centrale occupée par l'article 6 de la Convention (par le droit au procès équitable) qui consacre le principe fondamental de la prééminence du droit..., l'expression « autorité ou pouvoir judiciaire » (art. 10 § 2) reflète notamment l'idée que *les tribunaux constituent les organes appropriés pour apprécier les droits et obligations juridiques et pour statuer sur les différends y relatifs* » [3]. Reconnaître ainsi la légitimité pour tout justiciable de voir ses différends portés devant les tribunaux d'un État, c'est admettre l'idée que tous les justiciables ont un droit égal à être jugé, naturellement, par ces juridictions puisqu'elles sont les mêmes pour tous. Cette idée d'égalité apparaît plus nettement en droit processuel constitutionnel.

164 ***Droit processuel constitutionnel et Conseil d'État*** ◊ On connaît la valeur quasi mythique de l'idée d'égalité chez les Français [4], mais aussi en droit positif.

a) Acquis de la période révolutionnaire, composante de notre devise, ce principe est maintes fois évoqué par le Conseil constitutionnel dans des domaines très divers et fort éloignés de la procédure [5]. Ce principe est aujourd'hui dégagé pour tous les contentieux :

1. J.-M. Coulon et T. Grumbach, « L'égalité devant la justice », *Justices*, 1999, 83.
2. V. S. Guinchard *et alii, Droit processuel. Droit commun et droit comparé du procès équitable, op. cit.*, n° 53, b.
3. CEDH, 26 avr. 1979, série A, n° 30, § 55 ; *CDE* 1980.481, obs. Cohen-Jonathan ; V. Berger, *Jurisprudence de la Cour européenne des droits de l'homme*, Dalloz-Sirey, 10e éd., 2007, n° 195.
4. Montesquieu écrivait dans l'*Esprit des lois* que l'« amour de la démocratie est l'amour de l'égalité » (1re partie, livre 5, chap. 3). Alors que d'autres systèmes juridiques sont plus axés sur l'idée de liberté, tel le système américain : C. Vroom, *RSC* 1988.487 ; A. Guinchard, *Les droits de la défense lors de l'instruction*, Mémoire DEA Sciences criminelles, Lyon 3, 1994-1995, nos 495 et s., p. 223 ; « La notion de partie à l'instruction en droit français et en droit fédéral américain », *RSC* 1997, 611.
5. V. les décisions du 20 juill. 1993 à propos de la loi sur la nationalité et du 13 janv. 1994 sur le projet de loi abrogeant la loi Falloux : l'égalité va limiter la liberté des collectivités locales. Sur l'ensemble de la question, F. Mélin-Soucramanien, *Le principe d'égalité dans la jurisprudence du Conseil constitutionnel*, Économica - PUAM, 1997.

1) On le trouve exprimé pour la première fois dans une décision du 27 décembre 1973 [1] pour ne pas priver les gros contribuables du droit d'agir en justice contre des mesures fiscales, alors que les autres contribuables auraient disposé de cette faculté.

2) Surtout, on le retrouve dans la décision du 23 juillet 1975 : « le principe d'égalité devant la justice est inclus dans le principe d'égalité devant la loi proclamée par la Déclaration des droits de l'homme de 1789 » [2] ; par application de ce principe, le président du TGI ne pouvait se voir reconnaître le pouvoir de renvoyer le jugement de certains délits soit à un juge unique, soit à une juridiction collégiale, car « le principe d'égalité fait obstacle à ce que des citoyens se trouvant dans des conditions semblables et poursuivis pour les mêmes infractions soient jugés par des juridictions composées selon des règles différentes ».

3) Ce principe fut réaffirmé en 1981, lors de l'examen de la loi « Sécurité et liberté » pour en censurer deux articles qui, par les possibilités qu'ils offraient à la partie civile, faisaient que les prévenus dépendaient du choix de celle-ci pour bénéficier ou non du double degré de juridiction *sur leurs intérêts civils* [3].

4) Le Conseil constitutionnel a encore jugé en 1985 qu'il y a atteinte au principe d'égalité devant la justice si une loi reconnaît l'autorité de la chose jugée à une décision de première instance lorsque la juridiction d'appel n'a pas statué au fond dans un certain délai ; en effet, la situation des plaideurs ne peut dépendre de la diligence d'une juridiction, sans porter atteinte au principe d'égalité devant la justice [4].

5) On le retrouve encore dans la décision du 2 février 1995 *Injonction pénale* à propos du juge unique en matière pénale, dont le Conseil constitutionnel accepte le principe, dès lors que le recours au juge unique est laissé à la seule initiative du législateur et non pas aux juges ; le principe d'égalité s'impose ainsi, en droit processuel, comme la mesure du recours au juge unique par le législateur.

6) La décision du 29 août 2002 [5] sur la loi du 9 septembre instaurant des juridictions de proximité, le consacre en estimant que le nouvel article L. 331-4, COJ (devenu art. L. 231-5) qui offre au juge de proximité lorsque celui-ci se heurte, *en matière civile*, « à une difficulté juridique sérieuse portant sur l'application d'une règle de droit ou l'interprétation du contrat liant les parties », la faculté de renvoyer l'affaire devant le tribunal d'instance, à la demande des parties ou d'office, « *ne porte pas atteinte, en l'espèce, à l'égalité devant la justice* », cette procédure constituant même « *une garantie supplémentaire pour le justiciable* » (§ 24).

b) Le principe d'égalité est aussi consacré par le Conseil d'État au titre des principes généraux du droit, par exemple si une disposition autorise la Cour de cassation à ne provoquer les observations des par-

1. Décision n° 73-51, DC, v. *Grandes décisions*, 15e éd., 2009, n° 15.
2. Décision n° 75-56, DC, Rec. p. 22 ; *RD publ.* 1975.1313, obs. Favoreu et Philip ; *AJDA* 1976. 44, note Rivero ; *D.* 1975.629, note L. Hamon et G. Levasseur ; *JCP* 1975. II. 18200, note Franck.
3. Décision n° 80-127, DC 19 et 20 janv. 1981, v. *Grandes décisions*, n° 30 (Dalloz, 12e éd., 2003) ; *JCP* 1981. II. 19701, note C. Franck ; *D.* 1982. 441, note Dekeuwer ; v. S. Guinchard, F. Ferrand et C. Chainais, *Procédure civile,* n° 1015. V. aussi décision n° 88-165, DC du 20 janv. 1984 (point 25).
4. Décision du 18 janv. 1985, *D.* 1986. 426.
5. Décision n° 2002-461 DC.

ties que lorsqu'elle se propose de relever d'office des moyens *de cassation* et non dans le cas où elle relèverait des moyens de rejet, car il y a alors faveur pour le défendeur [1].

165 ***Le droit au juge naturel*** ◊ Tous les justiciables se trouvant dans la même situation doivent être jugés par les mêmes tribunaux, selon les mêmes règles de procédure et de fond. Ce principe qui semble aujourd'hui aller de soi, n'existait pas sous la Monarchie, où les justiciables ne relevaient pas des mêmes juridictions selon qu'ils appartenaient au tiers état, à la noblesse ou au clergé. Ces discriminations ont été supprimées par la loi des 16 et 24 août 1790. L'égalité ne bénéficie d'ailleurs pas aux seuls ressortissants français, c'est une règle d'application territoriale s'étendant à tous les justiciables plaidant en demande ou en défense devant toutes les juridictions nationales.

La qualification de *droit fondamental* pour ce droit au juge naturel, a été avancée et défendue avec talent par un publiciste dans les colonnes d'une revue... de droit civil [2]. Cela n'allait pas de soi car le droit pour tous d'être jugés de manière égale, devant les mêmes juridictions, statuant selon les mêmes règles de procédure et appliquant les mêmes règles de droit, n'est exprimé ni dans la Constitution de 1958, ni dans les codes de procédure (civile ou pénale) ou d'organisation judiciaire [3], alors qu'il l'était dans d'autres de nos constitutions. Mais il existe deux textes, les articles 16 et 17 de la loi des 16-24 août 1790, encore visés par nos tribunaux qui fondent, sur l'idée d'égalité, ce droit au juge naturel [4].

a) Le Conseil constitutionnel se réfère en effet au principe d'égalité devant la justice (v. *supra*, n° 164), lui-même expression du principe plus général d'égalité devant la loi, pour fonder le droit au juge naturel [5].

- La tradition révolutionnaire est ici très forte, avec l'abolition de tout privilège de juridiction, même si l'histoire a démontré que la proclamation du principe n'empêchait pas la création de juridictions d'exception.
- « L'égalité en droit ou égalité devant la loi suppose [...] une égalité devant les juridictions chargées de dire ce droit (*jurisdictio*) » [6].

1. CE 5 juill. 1985, *Gaz. Pal.* 1985. 742, note S. Guinchard et T. Moussa ; *JCP* 1985. II. 20487, concl. Jeannenay ; *RTD civ.* 1986. 169, obs. J. Normand. S. Guinchard, F. Ferrand et C. Chainais, *Procédure civile,* n° 1832, en note.
2. T. Renoux, « Le droit au juge naturel, droit fondamental », *RTD civ.* 1993.33.
3. E. Jeuland « Le droit au juge naturel et l'organisation judiciaire », *RFAP* 2008, n° 125, p. 33.
4. Art. 16 : « *Tout privilège en matière de juridiction est aboli, tous les citoyens sans distinction plaident dans la même forme, devant les mêmes juges, dans les mêmes cas* ». Art. 17 : « *L'ordre constitutionnel des juridictions ne pourra être troublé, ni les justiciables distraits de leurs juges naturels par aucune commission, ni par d'autres attributions ou évocations que celles qui seront déterminées par la loi* ».
5. Décision de principe n° 75-56 DC, 23 juill. 1975, V. *supra*, n° 164.
6. T. Renoux, *loc. cit.* p. 37.

- Il faut ajouter que le silence de la Déclaration des droits de l'homme de 1789 et de la Constitution de 1958 a facilité le rattachement au principe d'égalité du droit au juge naturel. La loi des 16-24 août 1790 n'ayant pas valeur constitutionnelle et ne pouvant pas figurer au rang des lois de la *République* [1], c'est un principe supérieur, contenu lui dans un texte ayant valeur constitutionnelle, qui va fonder le droit du juge naturel : l'article 6 de la Déclaration des droits de l'homme posant le principe d'égalité des citoyens devant la loi, son corollaire normal est le principe d'égalité devant la Justice et dans l'accès aux tribunaux.

b) *Ainsi fondé, le droit au juge naturel entraîne toute une série de conséquences* :

- Nul ne peut être jugé par une juridiction créée spécialement, ce qui n'interdit pas la diversité, en fonction notamment de la nature des litiges (d'où la constitutionnalité des tribunaux de commerce car leur compétence n'est pas seulement *ratione personae* mais aussi *ratione materiae* [2] ; ou des Conseils de prud'hommes etc.). C'est d'ailleurs la loi de 1790 qui crée les juges de paix pour assurer l'effectivité du droit au juge naturel.

- *D'autre part*, tous les justiciables doivent être soumis aux mêmes formes, afin de garantir l'égalité des chances par l'égalité des armes et il ne peut revenir aux magistrats de choisir qu'une affaire sera jugée en formation collégiale ou à juge unique, tout au moins si leur pouvoir est discrétionnaire, sans critères objectifs et sans recours de la part des justiciables (v. *supra* n° 164).

- *Enfin*, les justiciables devant être soumis par les tribunaux au même droit, ce principe implique l'existence d'une juridiction souveraine au sommet de la pyramide judiciaire, à laquelle tous puissent accéder [3], afin d'assurer l'unité du droit. *La Cour de cassation* trouve ainsi une justification de valeur constitutionnelle. Elle constitue d'ailleurs, à elle seule, un ordre de juridiction [4].

§ 2. Les limites de l'égalité

L'égalité devant la justice rencontre des limites de droit et de fait, les premières ayant d'ailleurs tendance à se restreindre [5].

1. Elle fut approuvée par Louis XVI le 24 août 1790.
2. Des époux commerçants ne peuvent divorcer devant ce tribunal.
3. Décision 77-99 L, 20 juill. 1977, *RJC*, I, 77 ; *RD publ.* 1979, 1663, obs. Favoreu ; *D.* 1978. 701 note L. Hamon : « la Cour de cassation a seule mission de juger les pourvois contre les décisions rendues en dernier ressort ».
4. G. Canivet, *L'égalité d'accès à la Cour de cassation*, *in* Rapport de la Cour pour 2003, Doc. fr., 2004, p. 45.
5. V. par ex. *D.* n° 80-367 du 19 mai 1980 qui supprime l'effet suspensif du pourvoi devant la Cour de cassation formé par l'État contre une décision de justice le condamnant à payer une somme d'argent, alors que de droit commun le pourvoi en cassation n'a pas d'effet suspensif à l'égard de la décision attaquée.

166 ***Limites de droit*** ◊ Les privilèges de juridiction [1] ont disparu pour l'essentiel - encore que les mineurs relèvent au pénal de tribunaux particuliers. La loi du 9 juillet 1975 a abrogé l'article 16 du Code civil, qui permettait d'obliger éventuellement le demandeur au procès, de nationalité étrangère, à déposer une caution - dite *cautio judicatum solvi* - destinée à garantir sa solvabilité vis-à-vis de son adversaire au cas où ce dernier l'emporterait. Par ailleurs, on verra plus loin que l'interdiction traditionnelle d'assortir d'*astreintes* un jugement condamnant l'Administration pour en assurer une plus grande efficacité a été supprimée par la loi du 16 juillet 1980.

Cependant, l'égalité juridique entre les particuliers et l'Administration n'est pas totale. Par exemple, alors que le particulier, faisant appel devant la Cour administrative d'appel d'un jugement de tribunal administratif rejetant son recours, ne peut obtenir le sursis à l'exécution de la décision attaquée qu'en justifiant que son exécution entraînerait pour lui « des conséquences difficilement réparables » [2], cette condition disparaît si c'est l'Administration qui fait appel d'un jugement annulant pour excès de pouvoir l'une de ses décisions [3]. En outre, certains actes de l'Administration, rassemblés sous l'appellation d'« actes de gouvernement », bénéficient d'une véritable immunité juridictionnelle, les préservant aussi bien des recours en indemnité qu'en annulation [4] (v. *supra* n° 105). Le délai pour former appel est parfois plus long pour l'État que pour les particuliers en contentieux administratif : en matière fiscale, les redevables ont deux mois pour faire appel devant le Conseil d'État, alors que le fisc dispose, en pratique, de quatre mois (cf. art. R. 200-18, LPF).

Enfin, pendant longtemps, les effets des jugements rendus contre les personnes publiques ont été beaucoup plus limités que ceux rendus contre les particuliers, dans la mesure où elles ne pouvaient pas être condamnées à une obligation de faire, en raison de l'interdiction de prononcer contre elles des « injonctions », qui n'a disparu qu'avec la loi du 8 février 1995 (v. *infra* n° 246).

167 ***Limites de fait*** ◊ Ces limites à l'égalité des justiciables sont plus difficiles à réduire, n'étant pas représentées par des textes que l'on pourrait réformer, mais par des inégalités économiques ou sociales. Quand il s'agit d'inégalité économique, le législateur peut, dans une certaine mesure, en réduire les conséquences, par exemple par des dispositions

1. C'est-à-dire le droit d'être jugé par une juridiction particulière.
2. Art. R. 811-17, CJA.
3. V. les art. de MM. Etchegaray, de Saint-Marc et Lepage-Jessua, publiés sous l'intitulé général : « La procédure de sursis à l'exécution », *Gaz. Pal.*, 27-28 févr. 1985 et s. V. art. R. 811-15, CJA.
4. V. Montane De La Roque, *Les actes de gouvernement*, Annales fac. dr. Toulouse, 1960, p. 71.

tendant à réaliser la gratuité d'accès au service public de la justice, notamment grâce à l'aide juridictionnelle (v. *infra*, n° 169).

Il n'en demeure pas moins que la capacité effective de résister aux manœuvres dilatoires éventuelles de l'adversaire dépend largement des ressources financières des parties en présence.

Dans certains secteurs du droit, un palliatif extérieur à la procédure existe avec l'aide apportée par des groupements, qui, prenant fait et cause pour l'une des parties, lui apporteront une aide financière parfois étendue, tout en intervenant éventuellement eux-mêmes à l'instance avec leurs propres avocats. C'est notamment le cas des syndicats professionnels et de certaines associations ; au conflit initial entre deux individus se superpose, et pratiquement se substitue, un conflit entre deux forces socio-professionnelles [1].

Plus difficiles encore à éliminer sont dans la pratique les inégalités de fait entre l'Administration et les particuliers. Par exemple, alors qu'en contentieux administratif l'appel n'a pas d'effet suspensif, l'Administration s'abstient souvent d'exécuter les jugements des tribunaux administratifs lui donnant tort quand elle en fait appel ; jusqu'ici les administrés ont été faiblement protégés, en pratique, contre de tels comportements.

SOUS-SECTION 2. **La gratuité de la justice**

168 ***Contenu*** ◊ Si la Constitution du 3 septembre 1791 garantissait la gratuité de la justice (article 2), il n'existe pas de principe général de gratuité des services publics qui s'imposerait au législateur. Ce que confirme le Code de l'organisation judiciaire qui dispose, à l'article L. 111-2, que *« la gratuité de la justice est assurée selon les modalités fixées par la loi et les règlements »* ; le législateur est donc libre d'aménager la gratuité de principe. La notion de gratuité est d'ailleurs relative et ne peut avoir de réalité qu'à l'égard d'un groupe déterminé : tout service public a un coût en personnel et en matériel ; ce qu'on appelle un service public gratuit est un service dont le coût est pris en charge par la collectivité nationale sous la forme de l'impôt, au lieu d'être réparti entre les usagers totalement ou partiellement [2]. Le choix du mode de financement est ainsi un problème politique ; de sa solution dépend la plus ou moins grande effectivité de l'égalité devant la justice. Daumier l'avait bien observé, la relation du justiciable à la justice est toujours placée sous le signe de l'argent [3].

1. S. Guinchard, « L'action de groupe », *RID comp.* 1990.599.
2. D. Cohen, « La gratuité de la justice », *in La gratuité et le droit*, Journée Henri Souleau, 24 oct. 1996, *Gaz. Pal.* 26 janv. 1999, Doct.
3. V. Planches : n° 1 *in Le Charivari*, 21 mars 1845 ; n° 3, *ibid.* 24-25 mars 1845 ; n° 4, *ibid.*, 11 avr. 1845 ; n° 7, *ibid.*, 24 avr. 1845 ; n° 20, *ibid.*, 6 août 1846 et n° 23, *ibid.*, 29 sept. 1846.

La gratuité de la justice doit être envisagée à deux points de vue ; pour mettre la justice à la portée du plus grand nombre dans des conditions d'égalité, il faut d'abord que le service public soit gratuit, mais il faut que le concours des auxiliaires de justice le soit aussi [1].

§ 1. La gratuité du service public de la justice

I. Les frais du procès en matière civile [2]

169 ***La gratuité de l'accès aux tribunaux. Sa remise en cause au 15 janvier 1992*** ◊ **a)** *Dans le principe*, la gratuité dépend du statut des juges. Sous la Monarchie, la vénalité des charges judiciaires avait pour corollaire la rémunération des juges par les plaideurs [3]. La Révolution a mis fin aux abus de toutes sortes de ce système. Aujourd'hui, les juges étant des fonctionnaires ne sauraient d'ailleurs recevoir de sommes des plaideurs sans se rendre coupables du délit de concussion (art. 432-10, C. pén.).

b) *Mais jusqu'à une date récente*, une partie du coût budgétaire de fonctionnement de la justice était mise à la charge des justiciables sous des formes diverses : droit de timbre, d'enregistrement, de greffe et de frais de procédure. Afin de réaliser plus complètement l'égalité des justiciables devant l'accès aux tribunaux, la loi n° 77-1168 du 30 décembre 1977, a instauré la gratuité des actes de justice devant les juridictions civiles et administratives en supprimant tous ces débours. Mais la loi de finances du 30 décembre 1991 est revenue partiellement sur cette gratuité en soumettant au droit d'enregistrement de 9,15 euros, les actes des huissiers de justice relatifs aux actes de procédure d'une instance et à l'exécution d'une décision de justice, sauf dans certains cas énumérés à l'article 302 bis Y, CGI : au profit de la partie qui bénéficie de l'aide juridique totale ou partielle ; au profit de l'État, de la Sécurité sociale et des groupements mutualistes régis par le Code de la mutualité.

Il existe aussi ce que l'on appelle les droits de plaidoirie [4], dont le produit est affecté au financement du régime d'assurance vieillesse de base de la Caisse nationale des barreaux français, et doit couvrir le tiers des charges de ce régime (art. L. 723-3, al. 4, CSS). Lorsque l'avocat est désigné au titre de l'aide judiciaire ou est commis d'office, ces droits sont à la charge de l'État (art. L. 723-4). Certains frais annexes, désignés sous le nom de *dépens*, sont mis à la charge entière - normalement - de la partie perdante.

1. Sur un ensemble de problèmes liés au coût ou à la gratuité de la justice (et malgré le titre, pas seulement administrative), v. Le prix de la justice administrative, *Actes du Colloque à l'Assemblée Nationale le 27 janv. 1989*, éd. LCF, Bordeaux, 1989.
2. S. Guinchard, F. Ferrand et C. Chainais, *Procédure civile*, n° 1862 s.
3. Cette rémunération, d'abord en nature, avait gardé ensuite son nom originaire d'« épices ».
4. Art. L. 723-3 et s., art. D. 723-2, CSS. Décret d'application n° 95-161 du 15 févr. 1995.

170 ***Les dépens en matière civile*** ◊ **a) Notion.** Dans un procès devant une juridiction de caractère civil, les dépens correspondent aux frais provoqués par le procès. Le gagnant, sauf si la juridiction en décide autrement, peut, en principe, se les faire rembourser par le perdant (art. 696, CPC).

b) Frais entrant dans les dépens. Les dépens comprennent les frais de procédure taxés, dus aux avocats et aux officiers ministériels (huissier, avoué à la cour d'appel, par exemple) les débours (frais de correspondance, par exemple), les indemnités dues aux témoins, la rémunération du technicien (expert).

c) Frais n'entrant pas dans les dépens. On peut citer comme n'entrant pas dans les dépens les honoraires de plaidoirie de l'avocat, les honoraires de consultation d'un juriste. Une disposition particulière du CPC, article 700, permet de mettre à la charge du perdant, une partie des frais laissés à la charge du gagnant. La loi n° 91-647 du 10 juillet 1991 sur l'aide juridique va plus loin en disposant que « dans toutes les instances, le juge condamne la partie tenue aux dépens ou, à défaut, la partie perdante, à payer à l'autre partie la somme qu'il détermine, au titre des frais exposés et non compris dans les dépens. Le juge tient compte de l'équité ou de la situation économique de la partie condamnée. Il peut, même d'office, pour des raisons tirées des mêmes considérations, dire qu'il n'y a pas lieu à cette condamnation » (art. 75-I). On est donc passé d'une simple possibilité à un *impératif* (l'indicatif « *condamne* » valant impératif). Disposition intégrée dans chacun des contentieux.

d) Qui paie les dépens du procès. Bien que le tribunal dispose d'une assez large faculté de répartir entre les adversaires le montant des dépens, la règle (art. 696, CPC) est que c'est la partie perdante qui est condamnée aux dépens. Elle a donc à supporter, non seulement ses propres frais, mais encore ceux de son adversaire qui a triomphé.

e) Le règlement des dépens. Théoriquement, le gagnant devrait se faire rembourser directement par le perdant les frais qu'il a exposés. En pratique, on procède différemment. L'avocat du gagnant demande ce que l'on appelle la *distraction des dépens*, c'est-à-dire que le montant des avances faites pour son client lui soit versé directement par le perdant ; il a ainsi la garantie d'être remboursé, sans être obligé d'attendre que le perdant s'acquitte entre les mains du gagnant et que celui-ci le paie à son tour. Si un différend s'élève sur le montant des dépens, sur leur liquidation, on met en œuvre une procédure de *vérification* par le secrétariat-greffe, suivie éventuellement d'une *ordonnance de taxe*, permettant à un magistrat de trancher les points litigieux (art. 708 à 718, CPC).

II. Les frais du procès pénal

171 ***Distinction*** ◊ Il importe de distinguer les frais généraux et les frais spéciaux. Les premiers qui correspondent au coût de fonctionnement de la justice (paiement des magistrats par exemple) sont supportés par l'État sur qui pèse l'obligation de rendre la justice.

Les seconds souvent appelés *dépens* se subdivisent en *frais de poursuite et frais de défense*. Les premiers sont engagés par les autorités de poursuite pour contribuer à la manifestation de la vérité (frais de citation, commissions rogatoires, indemnités aux témoins, opérations de police technique). Les frais de défense sont ceux qui sont engagés par les parties pour se faire assister ou représenter et pour produire leurs preuves. Seuls évidemment les frais de poursuite posaient un véritable problème ; les frais de défense restant en principe à la charge des parties.

En effet, la loi du 30 décembre 1977 instituant la gratuité des actes de justice en matière civile et administrative n'avait pas été étendue à la justice pénale.

Les frais étaient avancés par l'État et selon les résultats du procès ils étaient ensuite récupérés sur la partie qui avait succombé. La loi du 4 janvier 1993 est venue modifier cette règle en posant le principe de la prise en charge des dépens par l'État. Il subsiste néanmoins un droit fixe de procédure. Nous dirons enfin quelques mots des frais de défense engagés par les parties privées.

172 ***La prise en charge des frais de justice par l'État*** [1] ◊ Jusqu'à la loi du 4 janvier 1993 les frais de justice étaient avancés, soit par l'État, soit par la partie civile lorsqu'il y en avait une, et supportés, en définitive, par le délinquant en cas de condamnation. Aujourd'hui, l'article 800-1 CPP décide que « nonobstant toutes dispositions contraires les frais de justice criminelle, correctionnelle et de police sont à la charge de l'État et sans recours contre les condamnés ». L'État assume désormais définitivement tous les dépens (liste *in* R. 92, CPP). On peut évidemment s'interroger sur les raisons d'une telle réforme. On a avancé les difficultés de recouvrement ou encore l'exemple du droit comparé. Il reste qu'on peut discuter d'un principe, sans doute général, mais qui fait supporter aux honnêtes gens le coût de la délinquance. Peut-être fallait-il simplifier un système trop complexe qui surchargeait les greffes des juridictions mais on aurait pu garder le principe selon lequel le condamné doit contribuer à assumer, au moins symboliquement, le coût du procès [2].

173 ***Le droit fixe de procédure*** ◊ **a) Principe**. La législation, sans doute à titre de compensation, a laissé subsister le droit fixe de procédure. Aux termes de l'article 141 de la loi du 4 janvier 1993 les nouveaux taux, d'ailleurs en nette augmentation, sont prévus à l'article 1018 A CGI. Ils sont de 22 euros pour les ordonnances pénales ; 22 euros pour les autres décisions des tribunaux de police et les décisions des juridictions qui ne statuent pas au fond ; 90 euros pour les décisions des tribunaux correctionnels ; 120 euros pour les décisions des cours d'appel statuant en matière correctionnelle ou de police ; 375 euros pour les décisions des cours d'assises ; 150 euros pour les décisions de la Cour de cassation statuant en matière pénale. On notera que les mineurs ne sont pas astreints au paiement de ce droit qui, en revanche, sera exigé de la partie civile ayant mis en mouvement l'action publique en cas de non-lieu ou de relaxe, au taux criminel ou correctionnel (art. 1818 A, al. 7). Et depuis une

1. Pour une critique de cette solution, M. L. Rassat, *Traité de procédure pénale*, n° 480.
2. Sur la notion de frais de justice au sens de l'art. 800-1, CPP, S. Guinchard et J. Buisson, *Procédure pénale*, n°s 259 et s.

loi n° 2008-644 du 1er juillet 2008, ce droit fixe est majoré lorsque le prévenu n'est pas comparant à l'audience.

b) Recouvrement. Le droit fixe est recouvré comme en matière d'amende, sur chaque condamné par les comptables du Trésor (art. 1018 A, al. 6, CGI). Dans l'hypothèse où il y a plusieurs personnes condamnées pour une même infraction elles sont tenues solidairement au paiement des droits fixes de procédure (al. 6). Le paiement est garanti tout à la fois, par le privilège légal sur les meubles du condamné et par une hypothèque légale (al. 8). La loi du 1er juillet 2008 (art. 11) a étendu au droit fixe de procédure la diminution jusqu'alors prévue pour les amendes, en cas de paiement par le condamné dans le délai d'un mois. L'abattement est de 20 %, sans pouvoir excéder 1 500 euros (art. 707-2 CPP)

174 ***Le sort des frais de défense des parties privées*** ◊ Le principe est simple : les frais engagés par les parties privées (délinquant, civilement responsable ou partie civile) restent à leur charge.

On sait cependant que la personne poursuivie peut se faire désigner un avocat d'office.

S'agissant de la partie civile, lorsqu'elle met l'action publique en mouvement il faut rappeler qu'elle doit effectuer une consignation. Aujourd'hui cette somme n'est plus destinée à faire l'avance des frais du procès qui ne sont plus supportés par les parties mais à garantir le paiement d'une amende civile si l'action était « abusive ou dilatoire ».

La victime peut évidemment demander l'aide juridictionnelle dans les conditions du droit commun (v. *infra* n° 176). On notera que dans une telle hypothèse le jugement met à la charge du condamné le remboursement de la contribution de l'État versée à l'avocat de la partie civile (art. 48, L. 10 juill. 1991). L'équité ou la situation du condamné peuvent néanmoins conduire le juge à dispenser totalement ou partiellement le délinquant de ce remboursement.

La victime qui n'a pas obtenu l'aide juridictionnelle (ou pour les frais non payés par l'État) dispose également de la possibilité de demander à la juridiction que la personne condamnée supporte tout ou partie des frais qu'elle a été obligée d'engager. Cette solution concerne toutes les juridictions : Cour de cassation (depuis la loi du 15 juin 2000, art. 618-1, CPP) ; chambre de l'instruction (art. 216 CPP), Cour d'assises (art. 375 CPP) ; le tribunal correctionnel (art. 475-1 CPP) ; le tribunal de police (art. 543 CPP par renvoi à 475-1). Il faut néanmoins observer que le juge doit tenir compte de l'équité et de la situation économique de la personne condamnée et peut aller jusqu'à exclure tout remboursement. Ce pouvoir « modérateur » du juge paraît logique. Sur l'indemnité versée à la personne qui a bénéficié d'un non-lieu, d'une relaxe ou d'un acquittement, v. *infra*, n° 233.

III. Les frais du procès en matière administrative

175 ***Régime juridique*** ◊ D'une manière générale, le procès devant les juridictions administratives entraîne moins de frais pour les parties que le procès devant une juridiction de l'ordre judiciaire, en raison de la dis-

pense fréquente de ministère d'avocat et de la conduite de la procédure sous forme de mémoires adressés au greffe.

a) L'obligation de timbrer les requêtes enregistrées auprès des juridictions administratives, qui avait été rétablie par la loi n° 93-1352 du 30 décembre 1993 a été supprimée par l'ordonnance n° 2003-1245 du 22 décembre 2003 [1].

b) Les *dépens* comprennent essentiellement les frais provoqués par les mesures d'instruction (R. 761-1, CJA). Dans certaines matières, comme le contentieux de l'expropriation ou des élections, il y a dispense de dépens. En principe, ils sont mis à la charge de la partie qui succombe ; cependant, il peut y avoir partage, voire mise à la charge de la partie qui a gagné si celle-ci, par son comportement, a été à l'origine de frais inutiles [2].

c) Certains autres frais importants de l'instance, notamment les honoraires des avocats, ne sont pas compris dans les dépens et demeureraient ainsi à la charge de la partie qui les a exposés, ce qui explique la dénomination de « frais irrépétibles » qui leur a été donnée dans la jurisprudence judiciaire. Aussi l'article 700 CPC permettait-il au juge judiciaire de condamner la partie tenue aux dépens à payer à l'autre tout ou partie de ces sommes que celle-ci avait exposées, lorsqu'il paraissait inéquitable de les laisser à sa charge. Mais le juge administratif considérait que cet article ne pouvait être invoqué devant lui [3]. Sur la suggestion faite en 1987 par le Médiateur de la République, un décret n° 88-907 du 2 septembre 1988 avait introduit pour les juridictions administratives une disposition calquée sur l'article 700 CPC, leur donnant la *faculté* de condamner l'autre partie à payer tout ou partie de ces frais irrépétibles. Aujourd'hui, l'article L. 761-1 CJA prévoit – comme l'art. 700 CPC dans sa rédaction modifiée – que le juge administratif a lui aussi *l'obligation* de condamner la partie tenue aux dépens (ou à défaut la partie perdante) à payer à l'autre, compte tenu de l'équité ou de la situation économique de la partie condamnée, tout ou partie des frais irrépétibles ; il peut cependant, pour les mêmes raisons, la dispenser de cette condamnation [4].

Sans qu'il s'agisse ici véritablement de « frais du procès » au sens précis de l'expression, on peut ajouter que l'auteur d'une requête jugée abusive peut être condamné à une amende pouvant aller jusqu'à 3 000 euros [5].

§ 2. L'aide au concours des auxiliaires de justice

176 ***La gratuité du concours des auxiliaires de justice : de l'aide judiciaire à l'aide juridique*** ◊ Le recours aux tribunaux suppose très large-

1. *Commentaire* : S. Deygas, *Procédures*, févr. 2004, n° 39.
2. V., pour une expertise rendue inutile par l'invocation tardive d'une fin de non-recevoir par l'autre partie, CE 24 avr. 1974, Jaubert, *Lebon* p. 247.
3. V. par ex. CE., Sect., 7 mars 1980, Assoc. de défense des étudiants de l'Université Paris XIII, *Lebon*, p. 128.
4. Mais ces frais ne peuvent être mis à la charge de la partie non perdante : CE 20 janv. 1992, *AJDA* 1992. 461. En outre, l'État ne peut demander le remboursement du travail effectué par ses propres agents pour défendre à l'instance, CE 27 juill. 2006, *AJDA* 2005. 2076, concl. Y. Aguila.
5. Art. R. 741-12 CJA.

ment la possibilité de faire appel notamment à des avocats et à des huissiers de justice, dont l'intervention est à la charge du plaideur [1].

a) La possibilité pour celui-ci de bénéficier du concours d'un avocat, quelles que soient ses ressources, avait été apportée par l'institution, en 1851, de l'*assistance judiciaire* qui supposait que son bénéficiaire fût dépourvu de ressources, et qui faisait intervenir l'avocat désigné à titre purement bénévole : la collectivité faisait reposer le devoir d'assistance sur un seul, au lieu de la répartir entre tous par la voie budgétaire.

b) *Ce système a été transformé en aide judiciaire* par la loi n° 72-11 du 3 janvier 1972, qui marqua le passage de l'idée d'assistance à celle de mise en œuvre d'une solidarité sociale. Il aura vécu 20 ans puisqu'au 1er janvier 1992, il a été remplacé par *l'aide juridique* de la loi n° 91-647 du 10 juillet 1991 et dont l'objet est plus ambitieux, puisqu'il vise à assurer l'*accès au droit* (consultations par ex.) au-delà de l'aide en matière juridictionnelle.

c) *L'aide juridique.* L'esprit de la loi de 1991 est le même que celui de la loi de 1972 : permettre aux plaideurs dont les revenus ne dépassent pas une certaine somme, de bénéficier du concours gratuit des avocats et des officiers ministériels, de l'avance par l'État des frais occasionnés par les mesures d'instruction. Mais son objet est plus ambitieux : au-delà de l'aide juridictionnelle (art. 2 à 52), aider l'accès au droit (art. 53 à 64) dans ses aspects d'aide à la consultation et d'assistance au cours de procédures non juridictionnelles [2]. S'agissant de la première elle peut être accordée en totalité ou en partie, selon l'importance des ressources du plaideur qui la sollicite, pour les instances contentieuses ou gracieuses portées devant toutes les juridictions et pour les procédures d'exécution, en demande comme en défense (art. 10). Décret d'application du 19 décembre 1991. L'accès au droit c'est aussi la création d'un service public d'accès au droit à compter du 15 septembre 2002 sur un site Internet du gouvernement avec accès aux textes juridiques, à la jurisprudence et aux conventions collectives [3].

Le nouveau système repose financièrement sur une dotation annuelle de l'État à chaque barreau, calculée selon un coefficient et une unité de valeur de référence (art. 27). L'unité de valeur sera fixée annuellement par la loi de finances. Les bénéficiaires qui pourront être des étrangers (art. 2 al. 2 à 4) ne doivent pas percevoir des ressources mensuelles égales ou supérieures à un certain montant réévalué par la loi de finances annuelle.

1. S. Guinchard, F. Ferrand et C. Chainais, *Procédure civile,* n° 1894 s.

2. G. Flecheux, « L'accès au droit », in *50e anniversaire de la Convention EDH*, Bruylant 2002, p. 177.

3. Site <www.legifrance.gouv.>.

Frais de justice civile, commerciale et pénale [1] et aide juridictionnelle en 2007 (derniers chiffres publiés)

	Montant (MoEuros) 2007	Évolution (%) 2007/2006
Frais de justice*	388,61	+2,4
Frais de justice criminelle, correctionnelle et de police (frais d'expertise, indemnités payées aux huissiers, aux jurés, aux témoins, frais postaux...).	260,70	0,6
Frais de justice civile et commerciale (enquêtes sociales, frais en matière de procédures de tutelle, de procédures collectives de redressement et de liquidation judiciaires des entreprises en difficulté, frais postaux...).	48, 26	+4,4
Autres frais de justice	79,65	+12.5
Aide juridictionnelle*	324,13	+7.9
(dotation annuelle des CARPA, rétribution des avoués, huissiers, experts, enquêteurs...).		
* Dépense réelle constatée par l'Agence comptable centrale du Trésor dans son récapitulatif annuel. Frais de justice et aide juridictionnelle constituent une partie des dépenses ordinaires.		

Source : Les chiffres-clés de la Justice, octobre 2008, sur le site du Ministère de la Justice.

d) *Les évolutions postérieures.*

1) *Une meilleure maîtrise des dépenses d'aide juridique :* la loi n° 98-1163 du 18 décembre 1998 a réformé la loi du 10 juillet 1991 avec l'objectif avoué de mieux maîtriser les dépenses d'aide juridique, dont le montant de l'aide juridictionnelle a atteint la somme de 300 millions d'euros en 2006 [2]. Elle tendait aussi à favoriser le règlement amiable des conflits en permettant d'accorder le bénéfice de l'aide « *en vue d'une transaction* », avant tout procès, avec des précautions de paiement des honoraires des auxiliaires de justice lorsque la transaction n'aboutit pas [3]. La même loi poursuit aussi l'objectif de mieux définir l'accès au droit, de réorganiser les conseils départementaux d'aide à l'accès au droit et d'implanter, dans le ressort de chaque TGI, sous l'autorité conjointe du président de ce TGI et du procureur de la République des Maisons de justice et du droit (122 au 31 déc. 2007 et sur lesquelles, v. *infra*, n° 948). La loi est aussi une loi sur « *la résolution amiable des conflits* » (v. *infra*, n° 250).

1. Depuis l'entrée en vigueur de la LOLF et la sortie de la justice administrative de la Mission Justice de l'État (v. *supra*, n° 82), les frais de la justice administrative ne sont plus publiés dans ce tableau établi par le ministère de la Justice.

2. À titre de comparaison, le budget de l'aide juridique était, en 1998, de 2 milliards de francs en Allemagne, de 2,5 milliards aux USA, de 6,5 milliards en Grande-Bretagne et seulement de 26 millions au Japon (*Source :* Enquête du MITI japonais (ministère du Commerce International et de l'Industrie) en décembre 1998, « *Judicial reform of European countries and the U.S.* »).

3. S. Guinchard, F. Ferrand et C. Chainais, *Procédure civile,* n°s 1894 s. ; S. Guinchard, *D.* 1999. Chron. 65.

2) Une articulation de l'aide juridique avec l'assurance de protection juridique : la loi n° 2007-210 du 19 février 2007 sur l'assurance de protection juridique contient aussi des dispositions relatives à l'aide juridictionnelle, dont l'extension de son bénéfice aux litiges transfrontaliers (L. 91-647, art. 3-1). Surtout, elle établit un lien entre l'aide juridictionnelle et l'assurance de protection juridique, en ce sens que l'aide de l'État ne sera pas accordée si les frais sont pris en charge au titre d'un tel contrat d'assurance ou d'un système de protection (art. 2 de la loi du 19 février 2007. Décret d'application n° 2008-1324, 15 déc. 2008) [1].

Il n'en demeure pas moins que l'inégalité économique des plaideurs est seulement atténuée par les mécanismes existants ; le justiciable qui en a les moyens financiers peut s'entourer de plusieurs conseils, demander des consultations à des juristes de renom. Le juge peut être tenté de compenser cette inégalité en venant lui-même au secours d'un plaideur, ce qui pose le problème de sa neutralité (*infra*, Sous-section 3). L'obligation de recourir au ministère d'un auxiliaire de justice ne constitue pas une atteinte au droit (constitutionnel) à un recours effectif, dans la mesure où le législateur a institué un dispositif d'aide juridictionnelle [2].

e) Suite à un vaste mouvement de revendication des avocats accompagné de grèves, en novembre et décembre 2000, le Gouvernement avait mis en place une commission [3] pour réfléchir à une réforme de l'aide juridictionnelle. La Commission a fait connaître ses propositions en mai 2001 [4]. Elles n'ont pas fait l'objet d'une loi nouvelle, malgré un projet de février 2002 [5] et les protestations des Barreaux ; les unités de valeur de l'aide juridictionnelle ont été revalorisées de 8 % au 1er janvier 2007 et, surtout, l'assurance de protection juridique a été entièrement revue. La commission dite « Darrois », du nom de son président, installée en juillet 2008 par le Président de la République, propose d'instaurer une taxe sur tous les actes juridiques, sur la base du chiffre d'affaires des professionnels du droit (avril 2009).

§ 3. La technique de l'assurance

177 ***L'assurance de protection juridique. Proposition de financement*** ◊ Suite à une directive européenne du 22 juin 1987, la loi du 31 décembre 1989 a adapté le Code des assurances à l'ouverture du marché européen ; les articles L. 127-1 et s. et L. 321-6 de ce code réglementent l'assurance de protection juridique qui se définit comme *« toute opération consistant, moyennant le paiement d'une prime ou d'une cotisation préalablement convenue, à prendre en charge les frais de procédure ou à fournir des services découlant de la couverture d'assurance, en cas de différend ou de litige opposant l'assuré à un tiers en vue notamment de défendre ou représenter en demande l'assuré dans une procédure civile,*

1. Commentaire : B. Cevreau, *Gaz. Pal.* 5 mai 2007, Doctr.
2. CE 6 avr. 2006, *CGT, AJDA* 2006. 1463 (à propos du décret élargissant la représentation obligatoire en matière prud'homale, devant la Cour de cassation).
3. Présidée par M. Paul Bouchet.
4. *Annonces de la Seine*, 10 mai 2001. Ce précis, 7e éd. p. 194.
5. Sur lequel, v. F. Rolin, *D.* 2002. 2890.

pénale, administrative ou autre ou contre une réclamation dont il est l'objet ou d'obtenir réparation à l'amiable du dommage subi » (art. L. 127-1, C. assur.). La loi n° 2007-210 du 19 février 2007 ne remet pas en cause le dispositif mis en place en 1989, mais apporte des précisions quant à la technique de l'assurance et quant à la contribution à l'accès au droit [1] :

L'article L. 127-2-1, C. assur. crée une définition assez large du sinistre envisagé comme « *le refus qui est opposé à une réclamation dont l'assuré est l'auteur ou le destinataire* », ce qui englobe les demandes hors contentieux. L'article L. 127-2-2 met fin à une pratique préjudiciable aux intérêts des assurés, en interdisant la clause de déchéance de garantie qui frappait l'assuré qui, avant de saisir l'assureur, avait demandé une consultation ou réalisé des actes de procédure, clause que la jurisprudence validait, mais que la Commission des clauses abusives avait condamnée ; néanmoins, ces actes et consultations ne sont pas à la charge des assureurs, sauf s'ils sont justifiés par l'urgence. Le principe du libre choix de l'avocat par l'assuré est posé et un nouvel alinéa de l'article L. 127-3 précise que « *l'assureur ne peut proposer le nom d'un avocat à l'assuré sans demande écrite de sa part* ». Au titre des prestations dues en cas de sinistre, la désignation d'un avocat au bénéfice de l'assuré devient obligatoire pour l'assureur lorsque l'assureur ou l'assuré « *est informé de ce que la partie adverse est défendue dans les mêmes conditions* » (art. L. 127-2-3). Quant aux honoraires, le nouvel article L. 127-5-1 précise qu'ils sont fixés librement entre l'avocat et son client, « *sans pouvoir faire l'objet d'un accord avec l'assureur de protection juridique* » ; cela ne signifie nullement que les plafonds de garantie ne s'appliquent pas en la matière, mais qu'ils sont inopposables à l'avocat ; en clair, l'assuré supportera la différence entre l'éventuel plafond et la somme réellement payée à l'avocat ; en revanche, les sociétés d'assurances ne pourront plus négocier des conventions d'honoraires avec certains cabinets d'avocats, ceux avec lesquels ils travaillent régulièrement. L'article L. 127-8 impose que le contrat rappelle que les sommes obtenues en remboursement des frais et honoraires exposés pour le règlement du litige bénéficient à l'assuré pour les dépenses restant à sa charge.

Ce système d'assurance, encore peu développé en France, mais qui croît de 8 % par an, pour atteindre un chiffre d'affaires de 1 milliard d'euros en 2006 (soit plus de trois fois le montant de l'aide juridictionnelle accordée par l'État) pourrait, à l'avenir, connaître un essor important, d'une part, si son mode de financement était assuré par une mutualisation des primes, par l'affectation d'une taxe (à créer) sur les jugements rendus (des millions par an) [2] et, d'autre part, si les conclusions de la commission Paul Bouchet, mise en place en janvier 2001, étaient toutes suivies d'effet.

1. Commentaires : D. Krajeski, *JCP* 2007. 103, p. 6 ; Ch. Jamin, *D.* 2007. 565.

2. Sur la base de 15 millions de décisions rendues, toutes juridictions confondues, y compris les amendes forfaitaires majorées, on couvre totalement le montant de l'aide juridictionnelle accordée en 2003 (270 millions d'euros) si l'on perçoit 18 euros par décision.

SOUS-SECTION 3. La neutralité du juge

178 ***Nécessité*** ◊ Garantie fondamentale du plaideur, la neutralité nécessaire du juge appelé à trancher entre les prétentions opposées des parties est soulignée fortement par l'article 6-1 de la Convention européenne des droits de l'homme, ratifiée par la France : « Toute personne a droit à ce que sa cause soit entendue *équitablement*, publiquement dans un délai raisonnable, par un tribunal indépendant et *impartial*... » [1]. Si l'indépendance relève d'un statut du juge (v. *supra*, n°s 107 s. et n° 158), son impartialité est une vertu qui se manifeste par sa neutralité. Mais cette neutralité peut être envisagée à deux points de vue, l'un *technique*, l'autre *social et politique*. Seule cette dernière forme correspond au devoir d'impartialité et est garantie au profit des plaideurs par des procédures particulières.

§ 1. La neutralité technique du juge dans son rôle au cours de l'instance

179 ***Distinction*** ◊ Pour faire apparaître les caractéristiques principales des procédures suivies devant les diverses juridictions, on se placera à deux points de vue différents et complémentaires (I et II). On s'apercevra d'ailleurs que les oppositions sont moins tranchées sur le plan de la réalité que sur celui des principes (III).

I. Le principe d'impulsion et le caractère accusatoire ou inquisitoire de la procédure

180 ***Le principe d'impulsion*** ◊ On peut envisager les procédures en fonction de la *liberté des plaideurs* quant à la direction du procès.

Les procédures civiles sont soumises au *principe d'impulsion* par les plaideurs qui ont ainsi la maîtrise de la direction du procès [2]. L'expression signifie que les plaideurs restent, tout au long de l'instance, les maîtres de la marche du procès. Ils gardent la liberté de le déclencher, de déterminer son rythme de déroulement, de le suspendre ou de l'arrêter (conciliation, désistement, transaction etc.). La procédure pénale en revanche n'est pas entre les mains des plaideurs, ni quant à son

1. La même exigence d'un procès équitable est formulée par l'art. 14 du Pacte international relatif aux droits civils et politiques de 1996, publié en France par le décret n° 81-76 du 29 janv. 1981. Sur tous ces aspects de la garantie d'un procès équitable, V. S. Guinchard *et alii*, *Droit processuel. Droit commun et droit comparé du procès équitable*, *op. cit.*

2. S. Guinchard, F. Ferrand et C. Chainais, *Procédure civile*, n°s 657 et s. ; J. Normand, « Le juge et le fond du litige », in *Mélanges P. Hébraud*, 1981, p. 595 ; J. Miguet, « Réflexions sur le pouvoir des parties de lier le juge par les qualifications et points de droit », in *Mélanges P. Hébraud*, 1981, p. 567.

déclenchement (hors la constitution de partie civile de la victime), ni quant à son déroulement.

181 ***L'opposition classique*** ◊ **a)** *Une procédure est accusatoire* lorsqu'elle réserve aux parties un rôle prépondérant dans le déclenchement et dans la conduite du procès, dans la recherche des preuves. Le rôle du juge est alors d'arbitrer, de veiller à ce que les règles du jeu judiciaire soient correctement respectées. Par ses origines historiques, la procédure accusatoire est très ancienne, et remonte aux sociétés primitives. Une telle procédure est *orale, publique* et *contradictoire* ; elle fait confiance, le plus souvent, à un système de *preuves légales* qui interdit au juge de statuer suivant son intime conviction. Le procès est la chose des parties ; c'est à elles qu'il appartient de constituer pour le juge leur dossier au mieux de leurs intérêts, en veillant à éviter toutes les irrégularités et à produire tous les moyens de droit les plus aptes à soutenir leur cause. Le juge a un rôle passif, il se borne à trancher entre deux prétentions opposées en fonction des éléments que chacun des plaideurs veut, ou peut, lui apporter. À l'origine purement accusatoire, la procédure civile (mais non pénale) a sensiblement perdu ce caractère, notamment avec l'apparition d'un « juge de la mise en état » (sous-entendu : des causes, c'est-à-dire des affaires). Dans un système accusatoire, la possibilité pour le juge de secourir un plaideur mal avisé est évidemment plus réduite.

b) *Une procédure est inquisitoire* lorsque c'est le juge qui exerce un rôle actif et une influence prépondérante dans la conduite de l'instruction et dans la recherche des preuves. Une telle procédure est relativement tardive historiquement, car elle suppose l'institution de magistrats professionnels, le recours à des auxiliaires qualifiés (secrétariat). Elle est, par une pente naturelle, *écrite, secrète* et *non contradictoire*, mais le juge apprécie les preuves selon son *intime conviction.* Le juge une fois saisi par le plaideur dispose de larges pouvoirs pour mettre l'affaire en état d'être jugée dans les meilleures conditions. Il peut ainsi pallier les conséquences de la passivité ou de l'inexpérience éventuelle de l'un ou l'autre des justiciables et de son avocat. S'il lui apparaît par exemple que la procédure a été mal engagée en raison d'un vice de forme, il peut inviter le requérant à régulariser cette procédure au lieu de prononcer d'emblée l'irrecevabilité de la demande – et parfois il a même l'obligation de le faire ; si une mesure d'instruction lui paraît s'imposer et que la partie qui aurait intérêt à la provoquer omette de le faire, il peut l'ordonner lui-même. Devant les juridictions administratives, la procédure est traditionnellement de type inquisitoire, cela veut dire qu'elle est dirigée par le juge [1]. Celui-ci peut ainsi – et il le fait largement – venir en aide à un requérant mal avisé, pour le mettre

1. V. R. Chapus, « L'inquisitorialité de la procédure », *Droit du contentieux administratif*, n° 516.

à même de présenter correctement son affaire [1], ce qui contribue à atténuer l'inégalité des particuliers par rapport à l'Administration. Encore faut-il que le juge sache garder son indépendance par rapport au pouvoir des experts [2].

II. Le principe dispositif et le caractère disponible ou non de la procédure

182 ***Le principe dispositif en matière civile*** ◊ Souvent confondu avec le principe précédent, il ne concerne pourtant pas la direction du procès [3], mais la maîtrise de son contenu, de la matière litigieuse : en matière civile, le juge est lié par le cadre du procès tel que les parties l'ont tracé ; il ne peut exercer aucune influence sur le champ du litige, sa cause ou son objet. Le qualificatif dispositif veut dire que les *parties disposent absolument de l'expression processuelle de leurs droits et de leurs intérêts légitimes.*

183 ***Le principe d'indisponibilité du procès pénal*** ◊ Mais on peut concevoir autrement la stratégie procédurale, notamment sur le plan pénal où non seulement l'initiative des poursuites est confiée au ministère public (principe d'impulsion), mais aussi le choix de la nature de la poursuite (quelle infraction). En revanche, le principe dispositif est résolument écarté devant les juridictions pénales, non seulement pour les parties privées (le mis en cause et la victime), mais aussi pour le Parquet : si l'initiative de l'instance appartient bien au Parquet, dès qu'une poursuite a été déclenchée, l'instance doit se poursuivre, le ministère public ne disposant pas, comme un plaideur civil, de l'instance. Il ne peut ni transiger [4], ni renoncer à l'avance à une voie de recours, ni acquiescer à un jugement. On parle ici du *principe d'indisponibilité* du procès pénal.

On peut se demander s'il y a des correspondances entre les deux groupes de principes qui viennent d'être rappelés. Il est certain que la procédure accusatoire correspond assez bien au principe dispositif, alors que l'indisponibilité des poursuites est dans la ligne d'une procédure inquisitoire.

1. V. par ex. CE, Sect., 11 févr. 1966, *Denis, Lebon.*, p. 104, en matière fiscale ; CE 21 juin 1978, *Dr. fiscal*, 1979, nos 32-38, c. 1737.

2. V. par ex. face à la montée du pouvoir des experts médicaux et biologiques, C. Labrusse-Riou, *Justices* 1996-3, p. 133 (*pouvoirs scientifiques sur la vie et justice*).

3. S. Guinchard, F. Ferrand et C. Chainais, *Procédure civile,* nos 666 et s.

4. Le droit de transiger est exceptionnellement accordé à certaines administrations (fiscale notamment) lorsqu'elles exercent les attributions du ministère public pour la poursuite de certaines infractions, J.-F. Dupré, *La transaction en matière pénale,* Libr. Technique, 1977, préf. E. Faure. V. *supra*, n° 51, c.

III. Combinaison de ces deux principes dans leur application aux procédures civile, pénale et administrative

La réalité ne se laisse pas facilement emprisonner dans des cadres préétablis. Les procédures contemporaines sont l'aboutissement de longues évolutions, si bien qu'il existe entre elles des similitudes et des oppositions qui sont explicables, même si elles ne sont pas toujours logiques.

184 ***Procédure civile : procédure accusatoire soumise aux principes d'impulsion et dispositif*** ◊ La procédure *civile* résulte historiquement d'un compromis entre la procédure romano-canonique inquisitoire et la procédure germanique accusatoire. C'est un régime mixte qui a été adopté par le Code de 1806, avec cependant une affirmation du *principe* d'impulsion par les parties et du principe dispositif quant à la maîtrise de la matière litigieuse : une prédominance du caractère accusatoire (en dépit du régime de *preuves légales* que connaît encore, dans une certaine mesure, le droit civil). Cependant les tendances apparues depuis 1965 et consacrées par le Code de procédure civile, visent à donner à l'office du juge une dimension nouvelle. L'institution du magistrat de la mise en état a une coloration inquisitoriale certaine. Si, en vertu du principe d'impulsion et du principe dispositif, les plaideurs sont maîtres de l'expression judiciaire de leurs droits (saisine du juge, désistement, acquiescement, transaction), la *conduite de l'instruction* est désormais contrôlée, rythmée en quelque sorte par le magistrat de la mise en état. Il accorde des délais, réclame les conclusions, clôt l'instruction. Ainsi se réalise une combinaison du principe dispositif avec une procédure accusatoire par tradition, sauf au niveau de l'instruction proprement dite.

185 ***Procédure administrative : procédure inquisitoire soumise aux principes d'impulsion et dispositif*** ◊ Le procès *administratif*, en dépit de la présence d'un plaideur public, l'Administration, est soumis au *principe d'impulsion par les parties et au principe dispositif*. Le requérant est libre d'engager le procès, d'en tracer le cadre ; il peut se désister, acquiescer, transiger, dans les cas limités où l'Administration en a le droit.

Mais le principe dispositif se combine avec une procédure de type *inquisitoire* qui reconnaît au juge un rôle prédominant, notamment en ce qui concerne les preuves ; il a le pouvoir d'exiger de l'Administration qu'elle fournisse la preuve de ses allégations, les motifs de ses décisions, ce que ne pourrait obtenir avec la même efficacité le demandeur dans une procédure accusatoire. Le caractère inquisitoire assure au justiciable une protection efficace, notamment dans la mesure où il conduit le juge à inviter le requérant, au lieu de lui opposer d'emblée des irrégularités de procédure qu'il aurait commises, à procéder à leur régularisation. Il n'est pas incompatible avec le principe dispositif.

186 ***Procédure pénale : procédure inquisitoire et accusatoire, mais indisponible*** ◊ La procédure *pénale* a, elle aussi, un caractère composite. Le principe de l'indisponibilité des poursuites s'accommode des deux traits successifs de la procédure. En effet, au cours de la phase d'instruction, la procédure pénale est plutôt de type *inquisitoire* comme la procédure administrative, en ce sens que le juge d'instruction recherche très librement les preuves et que la procédure est écrite et secrète.

On sait cependant que le respect des droits du mis en examen a conduit à atténuer considérablement le principe de l'absence de contradiction. Mais l'aspect *accusatoire* reparaît avec tout son relief pendant l'audience des plaidoiries au cours de laquelle toutes les preuves doivent être soumises aux juges et aux jurés (en cour d'assises) et contradictoirement débattues. L'oralité, la contradiction et la publicité apparaissent comme des principes essentiels lors de la phase de jugement. Le juge pénal statue, lui aussi, selon son *intime conviction*.

Certaines réformes récentes (loi du 15 juin 2000 sur la présomption d'innocence, par exemple), distillent dans la procédure d'instruction des modifications qui atténuent très sensiblement son caractère inquisitoire, notamment en réintroduisant la publicité de la procédure à la demande de la personne mise en examen devant la Chambre de l'instruction ou en permettant aux parties de participer beaucoup plus activement à l'instruction ; possibilité développée de manière importante par la loi du 5 mars 2007 sur le renforcement de l'équilibre de la procédure pénale. Il est donc de plus en plus évident que la philosophie générale de notre procédure pénale est celle d'une mixité, y compris pendant la phase de l'instruction [1].

§ 2. **La neutralité sociale et politique du juge dans son impartialité personnelle**

187 ***La protection du justiciable contre les convictions personnelles du juge*** ◊ Elle représente la résurgence actuelle d'un problème qui s'était déjà posé au début du siècle [2]. Réduite à l'essentiel, cette neutralité se confond avec la nécessaire impartialité du juge, qui s'oppose à ce que celui-ci, dans la décision qu'il va rendre, tienne compte des justiciables

1. Sur l'évolution de notre système procédural, V. S. Guinchard et J. Buisson, *Procédure pénale*, n°s 50 et s. S. Guinchard *et alii*, *Droit processuel. Droit commun et droit comparé du procès équitable*, n°s 580-581 (émergence de nouveaux types de procès).

2. Quand certains magistrats s'étaient proposés, par une interprétation des textes, d'introduire une sorte de socialisme juridique : v. M. Miaille, *Une introduction critique au droit*, Maspero, 1976, p. 88. — J. Libmann, « La "politisation" des juges : une vieille histoire ? » *in* « La Justice », *Pouvoirs*, n° 16, 1981. — H. Lévy-Bruhl, « L'arbitraire du juge » in *Sociologie du droit*, coll. « Que sais-je ? », PUF (n° 951). — R. Charvin et G. Quiot, *Mutations de l'appareil judiciaire et lutte des classes*, éd. Sociales, 1976. Crim. 27 mars 1978, *Bull. civ.*, n° 115. — J.-M. Carbasse et L. Depambour-Tarride (dir.), *La conscience du juge dans la tradition juridique européenne*, coll. « Droit et Justice », PUF, 1999.

en présence et de l'inclination ou de la réserve qu'il éprouve à l'égard de leur personne, ou de la catégorie sociale à laquelle ils appartiennent. L'indépendance du juge doit exister aussi à l'égard des contraintes plus ou moins diffuses de son milieu social, et même de ses engagements personnels. C'est là davantage une affaire de caractère que de droit, même si l'article L. 111-5, COJ énonce que « *l'impartialité des juridictions judiciaires est garantie par les dispositions du présent code et celles prévues par les dispositions particulières à certaines juridictions, ainsi que par les règles d'incompatibilité fixées par le statut de la magistrature* ». Mais aujourd'hui, certains remettent en cause cette attitude et, par là même, mettent en danger la démocratie.

a) *Dans sa forme la plus atténuée, la critique avance que la justice ne peut ignorer l'équité*, et qu'il convient de tempérer éventuellement la rigueur des solutions auxquelles pourrait conduire l'application purement abstraite des textes, en prenant en considération l'inégalité des parties en présence. Sous cette forme, cette invitation ne fait que correspondre à une attitude assez générale des juges, qui dans les limites permises – et parfois suggérées [1] – par les textes eux-mêmes, s'efforcent de tenir compte de la situation relative des parties en présence ; pour être acceptée, il ne suffit pas qu'une sentence soit légale, il lui faut encore apparaître comme juste. Or, le juge ne peut d'ailleurs oublier que son objectivité stricte est la seule garantie du justiciable, qui engage souvent dans le procès et ses intérêts les plus personnels, et ses biens. La sécurité juridique des justiciables suppose le caractère prévisible de la solution qui sera donnée au litige dans l'état actuel du droit. L'équité, elle-même – ou son invocation – peut être en réalité source d'abus, comme l'avait montré sous l'Ancien Régime la revendication populaire : « Dieu nous préserve de l'équité des Parlements ! » [2].

b) Mais certains veulent aller plus loin et revendiquent pour le juge le droit, voire la mission, d'aller au-delà et de faire de la justice un instrument de transformation de la forme actuelle de la société, en anticipant d'éventuelles transformations législatives de celle-ci. Dans son expression la plus radicale, cette théorie invite le juge à « ébranler les colonnes du temple », à contribuer lui-même à réformer la société, en ayant un préjugé favorable pour certaines catégories de justiciables vis-à-vis d'autres, dans les litiges qui les opposent.

1) Cette conception selon laquelle les juges devraient avoir à peser sur l'orientation de la société, à la limite en rendant des jugements politiquement engagés, présente des analogies avec des expériences étrangères, au demeurant diamétralement opposées :

– *Aux USA*, lors du lancement de l'expérience du « *New Deal* » par le président Roosevelt, la majorité conservatrice de la Cour suprême s'était opposée à une politique économique et sociale qu'elle jugeait trop avancée et qui étendait les compétences du gouvernement fédéral, en déclarant inconstitutionnelle

1. V. par ex. les règles d'interprétation des contrats tracées par le Code civil. À titre de curiosité, on peut relever que le Conseil des prises (juridiction administrative particulière) peut statuer non seulement en droit mais en équité (art. 4 actuel du décret du 27 nov. 1939). V. aussi à ce sujet, CE 10 juin 1972, *Preiswerk*, *Lebon*, p. 781, et art. 700, NCPC.

2. Sur l'équité, v. l'excellente thèse de Vincent Bolard, *L'équité dans la réalisation méthodique du droit privé*, Paris 1 (dir. P. Mayer), 2006.

une série de lois portant notamment sur le droit syndical et sur les conditions et la durée du travail [1] (V. *supra*, n° 101).

- *Inversement*, dans nombre d'États dits « socialistes », le juge s'était vu naguère assigner la mission de préserver les acquis révolutionnaires. On sait à quels excès cette mission a conduit la justice dans ces États, avant l'effondrement des dictatures communistes.

2) Ces conceptions du rôle du juge - tendant à justifier le fait que les magistrats puissent déborder de la stricte application objective du droit existant - supposeraient l'une ou l'autre, pour être introduites dans la société française actuelle, une remise en cause d'ensemble des principes sur lesquels elle repose. Le fondement constitutionnel de nos institutions est que les choix essentiels de société relèvent des organes *politiques* issus du suffrage universel, devant lequel ils sont seuls *responsables*. Même s'il ne les approuve pas, un corps d'agents publics ne peut valablement prétendre substituer ses options à celles du Parlement. Ce principe découle de la Déclaration des droits de l'homme et du citoyen du 26 août 1789, selon laquelle (art. 3) : « Le principe de toute souveraineté réside essentiellement dans la Nation. Nul corps, nul individu ne peut exercer d'autorité qui n'en émane expressément ». V. *supra*, n° 128 pour les relations de la Justice avec le pouvoir politique.

c) Ce n'est donc plus tant l'indépendance du juge à l'égard du pouvoir politique qui pose problème, celle-ci étant largement acquise de par l'évolution récente du statut des magistrats (réformes successives depuis 1992, v. *supra*, n°s 113 et s.) et de par la pression syndicale qui vient en renfort des résistances individuelles, que l'indépendance du juge envers... lui-même ! Il faut entendre par là, au-delà de la volonté militante de transformer la société que nous venons de dénoncer, la tentation (totalitaire) de devenir ce « héros purificateur » que dénoncent M. J.-D. Bredin [2] (v. *supra*, n° 129) et M. le Bâtonnier Farthouat [3]. Une illustration en est donnée, malheureusement, avec la tentation de certains juges à devenir des moralisateurs, à appliquer leur morale davantage que les textes [4], quitte à les dénaturer, à triturer à cette fin les lois, notamment en matière pénale, avec la prescription de l'abus de biens sociaux [5] et de son recel [6], la définition du viol [7], celle du faux, qui a donné lieu à un arrêt proprement ahurissant [8] etc. À tel point qu'un garde des Sceaux avait jugé

1. V. t. II, *Mélanges E. Lambert*, 1938. E. Zoller, *Grands arrêts de la Cour Suprême aux USA*, PUF, 2000, spéc. n° 25, p. 42 et les arrêts nos 22, 23 et 25 (textes anglais et français).

2. « Qu'est-ce que l'indépendance du juge », *Justices*, 1996-3.161.

3. J.-R. Farthouat, *Le Monde*, 28 juill. 1994.

4. G. Bolard et S. Guinchard, « Le juge dans la cité », *JCP* 2002. I. 137. S. Guinchard, « Menaces sur la justice des droits de l'homme et les droits fondamentaux de procédure », in *Mélanges J. Normand*, Litec, 2003.

5. E. Zemmour, *Le coup d'État des juges*, Grasset, 1997, p. 41 à 47 qui écrit, à propos d'un juge d'instruction (français) dans des affaires célèbres : « *de la morale plutôt que du droit* ».

6. S. Guinchard, « Le droit a-t-il encore un avenir à la Cour de cassation ? (qui cassera les arrêts de la Cour de cassation) » in *Mélanges F. Terré*, PUF/Dalloz/Litec, 1999.

7. Crim. 16 déc. 1997, *D.* 1998, note (très crit.) Y. Mayaud ; *Dr. pénal*, mars 1998, chron. (crit.) H. Angevin ; *ibid.*, avr. 1998, chron. (approb.) Nivôse. Depuis, la chambre criminelle est revenue à une notion conforme au texte de loi.

8. Nancy, 18 nov. 2004, *JCP* 2005. II. 10158, note (accablante) Y. Mayaud ; *ibid.*, I, 190, chron. (offusquée) G. Bolard.

nécessaire d'opérer un rappel à l'ordre devant la promotion 1997 de l'ENM [1]. La tentation est grande de devenir un justicier [2].

Être indépendant aujourd'hui pour un juge c'est savoir résister à ses inclinations politiques (au sens de la vie de la Cité), personnelles dans les affaires qu'il doit juger. La justice a plus besoin de la sérénité de ses juges que de leur éventuelle conception d'une société différente. « *Ce juge, libre et fort, est-il indépendant des autres juges, des hiérarchies même symboliques, des organisations professionnelles, des syndicats... ? Est-il indépendant du pouvoir des médias et de leur séduction, est-il indépendant de son image, de la satisfaction d'être vu, connu, reconnu... ? Est-il indépendant de son pouvoir* [3] *?* ». Est-il indépendant aussi des pouvoirs des experts [4], des idées reçues qu'elles soient révolutionnaires ou conservatrices, de la pensée unique [5] ? Est-il indépendant des syndicats quand on sait que, du fait du mode de scrutin aux élections pour former le CSM, un seul syndicat est représenté dans cet organisme qui est tout de même l'organe d'avancement et de mobilité des juges ? Est-il indépendant de tout corporatisme ? [6]

188 ***Garanties procédurales de l'impartialité du juge*** ◊ Elles sont nombreuses [7]. Certaines ne sont pas spécifiques à ce problème ; il s'agit des voies de recours (appel, cassation) qui permettent de critiquer le fond de la décision supposée viciée par les effets de la partialité. Mais en plus de ces mesures « orthopédiques », permettant de redresser [8] après coup le jugement, il existe des règles particulières, intervenant à titre préventif. On verra plus loin qu'un juge n'a pas le droit de siéger s'il existe un lien de parenté ou d'alliance entre lui-même et un autre magistrat de la juridiction ou l'avocat (ou l'avoué) de l'une des parties. En outre, si un magistrat estime en conscience que pour telle raison son indépendance de jugement pourrait être suspectée, il peut s'abstenir de siéger et se faire remplacer [9]. *Les plaideurs* de leur côté, peuvent,

1. J. Toubon : « *Le bon magistrat devra donc avoir toujours à l'esprit, et pour rester en cohérence avec la règle démocratique de la laïcité, que la justice est une autorité juridique et non pas morale, une autorité technique et non pas éthique.* », *La Vie judiciaire,* 9 févr. 1997.
2. P. De Fontbressin, *La démocratie – dépassement*, Bruylant, 1997, p. 34.
3. J.-D. Bredin, *loc. cit.*, *Justices*, 1996-3, p. 164. V. aussi D. N. Commaret, « Une juste distance ou réflexions sur l'impartialité du magistrat », *D.* 1998. Chron. 262. S. Guinchard, « Peut-on être bouddhiste, chrétien, franc-maçon, juif ou libre-penseur et juge ? », in *Mélanges P. Julien*, Edilaix, 2003.
4. Sur ce problème, v. C. Labrousse-Riou, *Justices*, 1996-3, 133 ; P. Guigue, *Gaz. Pal.* 16 juill. 1996, p. 31 ; F. Lesage, *ibid.* 20 août 1996 (« *Assurance – construction : les magistrats sous-traitent aux experts* »).
5. A. Damien, « Pouvoir judiciaire et vertu », in « L'argent et le droit », *Archives de philosophie du droit*, Sirey, 1998, t. 42.
6. Ch. Debbasch, « Le corporatisme judiciaire, Mythe ou réalité », in *Mélanges A. Decocq*, Litec, 2004, p. 169.
7. P. Crocq, « Le droit à un tribunal impartial », *in Droits et libertés fondamentaux*, Dalloz, 13e éd., 2007. M.-A. Frison-Roche, « L'impartialité du juge », *D.* 1999. Chron. 53.
8. V. CE 24 oct. 1997, *M. El Alj*, annulant un jugement de tribunal administratif dont le Commissaire du gouvernement avait auparavant siégé dans la commission d'expulsion du requérant ; *LPA* 1998, n° 19, p. 2.
9. Dans le langage du palais, on dit qu'il se *déporte*. C'est là une règle générale de procédure, et une juridiction administrative peut même inviter un de ses membres, intéressé à la solution de l'affaire, à se retirer : CE 11 févr. 1953, *Lebon*, p. 62. D'où l'étonnement que l'on ressent en lisant l'arrêt du 29 avril 1996 rendu par la Chambre criminelle : le président d'une

dans des cas limitativement énumérés, faire écarter un ou plusieurs juges (*récusation*), voire rejeter la compétence de la juridiction compétente au profit d'une autre du même ordre et du même degré (*renvoi*) ; cette garantie est reconnue aux parties dans les deux ordres de juridictions sous le nom de « demande en renvoi pour cause de suspicion légitime ». L'impartialité du juge est, en effet, garantie par la Convention européenne des droits de l'homme dont l'organe de contrôle, la Cour européenne du même nom, a fait application en matière de neutralité « politique » du juge, en condamnant la France à payer 200 000 F (un peu plus de 30 000 euros) à un homme condamné pour meurtre par une cour d'assises, au motif que l'un des jurés avait déclaré « être raciste » [1] (v. *supra*, n°s 74, 75).

– Dans l'ordre judiciaire, les articles L. 111-6 à L. 111-9, COJ, réglementent la technique de la récusation des juges, en reprenant les dispositions du Code de procédure civile (art. 341, v. *infra*, n° 810, b). Et la procédure de récusation est un bon révélateur de l'éthique du juge, tout au moins de la manière dont les justiciables la perçoivent et la reçoivent [2].

– Dans l'ordre administratif, la récusation n'était pas prévue par les textes concernant ces juridictions jusqu'au nouveau Code de justice administrative, mais le Conseil d'État l'avait admise de façon générale – quand la structure des juridictions en cause s'y prête – en tant que règle générale de procédure ne pouvant être écartée que par un texte [3]. Depuis l'entrée en vigueur du Code de justice administrative (promulgué par ordonnance du 4 mai 2000), les articles R. 721-1 à R. 721-9 de ce code réglementent l'abstention et la récusation devant l'ensemble des juridictions administratives. Surtout, il convient de souligner que les articles R. 312-5 et R. 322-3, dans leur rédaction issue du décret du 19 avril 2002, disposent spécialement que lorsqu'un membre de la juridiction est en cause, ou lorsqu'il existe une autre raison objective de mettre en cause l'impartialité de la juridiction, son président transmet le dossier au président de la Section du contentieux du Conseil d'État qui désigne la juridiction qui connaîtra du litige.

chambre d'accusation avait statué sur ses propres nullités (premier étonnement) et la Cour de cassation rejette le pourvoi (second étonnement), *JCP* 1996. II. 22 700, note (réservée) P. Chambon ; S. Guinchard, « Le droit a-t-il encore un avenir à la Cour de cassation ? », in *Mélanges F. Terré*, *op. cit.*

1. CEDH, 23 avr. 1996, *Remli c/ France*, *RSC* 1996, 930, obs., Pettiti ; *JCP* 1997. I. 4000, n° 26, obs. Sudre.

2. N. Fricero, « L'impartialité des juges à travers la jurisprudence de la Cour de cassation sur la récusation », in *Mélanges J. Boré*, Dalloz, 2006, p. 181.

3. CE 8 juill. 1959, *D.* 1960. 42, note Debbasch. Pour une application demandée à la Cour des Comptes, contre une Chambre régionale des Comptes que le maire d'une commune déclaré comptable de fait par celle-ci souhaitait voir dessaisie au profit d'une autre Chambre régionale, v. Cour des Comptes, 11 oct. 1990, Médecin et autre, *Revue du Trésor*, 1991, p. 124. V. pour une demande de renvoi pour suspicion légitime (rejetée) fondée sur l'article 6 CEDH, CAA Bordeaux (Plén.), 11 déc. 2001, *AJDA* 2002. 251, note J.-L. Rey (renvoi par le CE d'une affaire devant le même tribunal administratif que celui qui avait refusé au requérant l'autorisation de plaider pour le compte de la commune au motif que l'action n'aurait eu aucune chance de succès, avec la précision que les trois conseillers ayant siégé en première instance ne doivent pas siéger dans la formation statuant sur renvoi).

189 ***L'éthique du juge* ◊ a) Un constat et une exigence forte.** Parce qu'il vit dans la cité [1], parce qu'il est soumis à des contraintes plus fortes qu'autrefois, à des pressions qui ne sont plus tellement le fait du gouvernement mais des médias et de certains courants idéologiques, parce qu'il est recruté jeune et qu'il n'est pas toujours armé pour résister à la tentation totalitaire du héros purificateur que nous dénoncions (v. *supra*, n° 187), le juge a besoin d'une éthique [2] forte, d'une déontologie, si l'on préfère cette expression plus traditionnelle dans les professions libérales [3]. Or, les études récentes manquent en France sur ce sujet [4], à la différence de la Belgique [5] ou du Canada. Si la déontologie c'est la science (*logos*) de ce qui convient (*deon*) et l'éthique l'art de diriger la conduite, la science de la morale (*ethos* = mœurs), ni l'une ni l'autre ne sont toutes entières contenues dans le droit. Après un effort de réflexion au XIXe siècle sur l'éthique des juges d'instruction (sept manuels furent publiés entre 1808 et 1862 à leur intention), la matière a connu un déclin conduisant à un déficit déontologique, au moins au niveau des études, dont notre pays souffre beaucoup. Exceptées quelques règles issues de l'ordonnance du 22 décembre 1958, d'articles du Code pénal et de celui de procédure pénale ou de la

1. R. Savatier, « Le juge dans la cité française », *D.* 1967. Chron. 195 ; D. Salas, « Le juge dans la cité : nouveaux rôles, nouvelle légitimité », *Justices*, 1996.2.181 ; E. Michelet, « Nouveau Code [pénal], nouveau juge, nouvelle éthique », in *Mélanges R. Perrot*, 1996, p. 277 ; S. Rozes, « Un profil nouveau pour les juges », *ibid.*, p. 435. G. Bolard et S. Guinchard, « Le juge dans la cité », *JCP* 2002. I. 137.

2. J.-D. Bredin, « L'éthique du juge », *Rev. des deux mondes*, nov. 1995 ; Journée d'études de l'ENM, Bordeaux, 15 déc. 1992, table ronde S. Guinchard et D. Soulez-Larivière, rapport de synthèse J.-D. Bredin ; rapport sur les travaux de l'IHEJ A. Garapon ; Cycle de conférences de l'IHEJ 1996. J.-M. Carbasse et L. Depambour-Tarride (dir.), *La conscience du juge dans la tradition juridique européenne*, coll. « Droit et Justice », PUF, 1999. *L'éthique des gens de justice*, Entretiens d'Aguesseau, Limoges, 19-20 oct. 2000, PU Limoges, nov. 2001. D. Salas et H. Epineuse (dir.), *L'éthique du juge : une approche européenne et internationale*, coll. « Thèmes et commentaires », Dalloz 2003. — N. Fricero, « La Convention EDH, un nouvel instrument de régulation de l'éthique du juge judiciaire », in *Mélanges J. Buffet*, Petites affiches éd., 2004, p. 229 ; (dir.), *Éthique et professions judiciaires*, Actes du colloque de la revue *Droit et procédures*, Nice, 16-17 avr. 2004, coll. « Dr. et proc. », EJT éd. 2004. Le CSM et l'éthique du juge, *Annonces de la Seine*, 26 mai 2005, p. 5. Conférence de consensus sur l'éthique judiciaire, Réunion des Premiers présidents de cour d'appel, 28 juin 2005, BICC 15 oct. 2005.

3. R. Exertier, *Contribution à la déontologie du magistrat, Le devoir de loyauté*, 1987 ; Sur une réflexion sur la déontologie des juges, V. une étude du Conseil canadien de la magistrature, *Propos sur la conduite des juges*, traduit de l'anglais par E. Didier, Y. Blais éd., 1991. Sur la déontologie des professions juridiques et judiciaires, V. enquête du commissariat général au plan, 1993 ; T. Koopmans, « Judicial activism and procedural law », *Rev. eur. dr. pr.* 1993.67. — G. Canivet et J. Joly-Hurard, *La déontologie des magistrats*, Dalloz 2004. — G. Canivet, « La conception française de la déontologie des magistrats », *Revue Esprit*, nov. 2003, p. 5. Sur la déontologie envisagée à la fois comme support et comme reflet d'une culture judiciaire articulée autour des finalités de l'acte de juger, dans le contexte social de son intervention, J.-F. Kriegk, « La culture judiciaire : une contribution au débat démocratique », *D.* 2005. 1592.

4. V. cependant le Rapport de la Commission de réflexion sur l'éthique de la magistrature, présidée par le Prés. J. Cabannes, 2003.

5. P. Martens, « Sur les loyautés démocratique du juge », in *Mélanges E. Cerexhe*, Larcier éd., 1997, p. 249.

jurisprudence, c'est dans une circulaire du président Vincent Auriol, signée le 29 décembre 1952, ès qualités de président du Conseil supérieur de la magistrature, que l'on trouve exposée une doctrine officielle du devoir de réserve du juge. On peut aussi en avoir une idée à travers la jurisprudence disciplinaire des magistrats, mais celle-ci est difficilement accessible, si ce n'est de manière indirecte à travers un rapport de synthèse de la Chancellerie resté secret et dont une organisation syndicale de magistrats a publié quelques extraits [1] ; depuis l'instauration de la publicité des audiences disciplinaires devant le CSM, cette connaissance s'accroît. On en retiendra que depuis 1958, la commission de discipline du parquet (supprimée avec la réforme de juillet 1993) a été saisie une trentaine de fois, alors que le CSM siégeant en matière disciplinaire s'est prononcé une soixantaine de fois, ce qui, compte tenu des effectifs respectifs des deux corps met en avant les membres du parquet pour les manquements aux obligations de leur état. Il semble par ailleurs, toujours selon ce rapport, que des comportements qui autrefois n'auraient pas donné lieu à des poursuites entraînent la saisine de l'instance disciplinaire. Trois types de manquements donnent lieu à des actions, les atteintes à l'honneur, à la délicatesse ou à la dignité, les manquements du magistrat aux devoirs de son état et l'obligation de réserve.

b) Pourquoi une éthique du juge ? Est-ce que cette exigence a un sens pour l'acte de juger ? On constate d'abord que l'émergence de préoccupations déontologiques fortes est un signe de renouveau de notre époque, ainsi pour les journalistes et pour les avocats (dont l'enseignement de la déontologie est un point fort de la formation de l'élève-avocat). Pour le magistrat du siège, l'éthique dans l'acte de juger est d'autant plus important qu'il n'est pas un fonctionnaire comme les autres, en ce sens qu'il n'a pas de supérieur hiérarchique, qu'il n'obéit pas à des ordres, ni pour délibérer, ni pour motiver son jugement. Ses deux contraintes sont le respect du droit (avec l'art. 12 du nouveau Code de procédure civile et le principe de la légalité des délits et des peines en matière pénale), les exigences de son statut (par ex. l'art. 6 de l'ordonnance du 22 déc. 1958 pour les juges judiciaires : obligation de se conduire en tout comme un digne et loyal magistrat).

c) Comment élaborer une éthique du juge ? Il y a tout d'abord une élaboration empirique de tous les instants, celle que donne l'éducation, que complète la formation professionnelle, et celle que révèlent les comportements de chacun dans sa vie privée (par ex. la profession du conjoint ou du compagnon, les relations amicales et professionnelles, la vie sociale etc.), ou dans sa vie professionnelle (les relations avec les avocats et autres auxiliaires de justice, avec les justiciables, avec les deux autres pouvoirs, avec la presse etc.). Faut-il pour autant rédiger un code de déontologie ? D'autres professions en ont : les médecins,

1. *Justice*, revue du Syndicat de la magistrature, mars 1995, p. 5.

le code européen des avocats, la charte des policiers etc. ; d'autres s'en préoccupent : les collectivités locales pour leurs fonctionnaires et leurs élus, les universités pour les cumuls d'emploi etc. Pourquoi les magistrats seraient-ils les derniers à avoir un code de déontologie, alors que les justiciables sont en droit d'attendre beaucoup de leurs juges ? Si le CSM s'est déclaré opposé à la rédaction d'un code de déontologie [1], c'est plus par peur de la commission d'éthique instituée par le Garde des sceaux en mai 2003 que par un raisonnement convaincant ; on ne peut sérieusement prétendre que les demandes d'avis des juges dans l'embarras, au CSM suppléent la rédaction d'un tel code. La dite commission préconisait, parmi d'autres propositions, l'élaboration d'un recueil des principes déontologiques [2]

d) Quelle déontologie ? Cette exigence, toujours renouvelée, pourrait partir des exigences du statut propre à chaque catégorie de magistrats, afin d'aller au-delà des obligations textuelles actuelles et de tenir compte de la jurisprudence disciplinaire ; à cette fin, on saluera positivement l'obligation désormais faite au CSM d'élaborer et de rendre public, chaque année, un recueil des obligations déontologiques des magistrats (L.O. n° 94-100, 5 févr. 1994, art. 20, al. 2, aj. L.O. n° 2007-287, 5 mars 2007). Elle serait complétée par les deux grandes obligations de réserve et, surtout, dans une optique de relations juge-justiciable, de loyauté. Dans le débat actuel sur la place respective du juge, du citoyen et du politique dans notre société, dans le grand mouvement continu d'exigence d'une justice de qualité et impartiale, peu suspecte d'acharnement, pas plus que de complaisance, c'est sans doute la loyauté qui constitue le cœur du débat [3] : loyauté au pénal, dans le déclenchement des poursuites, loyauté dans la recherche des preuves (et on pense à certaines pratiques de l'instruction peu dignes de notre pays), loyauté dans le respect des droits d'autrui (secret, interrogatoires, etc.), loyauté dans l'application de la loi, ne pas la dénaturer pour les besoins de la cause, c'est-à-dire de la répression (au pénal) ou de l'une des parties, loyauté dans la motivation. Bref, tout ce qui fait une bonne justice ! Pourquoi ce principe de loyauté, qu'un rapport sur la qualité et la célérité de la Justice veut instaurer en principe direc-

1. Avis du 2 oct. 2003, *Le Monde*, 10 oct. 2003.

2. *Le Figaro*, 27 nov. 2003, p. 8 et le *Figaro Magazine*, 29 nov. 2003, p. 20.

3. V. S. Guinchard, qui y voit un nouveau principe directeur du procès (avec le dialogue et la célérité, ces trois principes répondant aux besoins et aux exigences, respectivement, de confiance, d'écoute et de proximité) : « Les prémices d'une démocratie procédurale », *Cahiers de l'actualité du Répertoire de procédure civile*, Dalloz, 2007-1 ; « Vers une démocratie procédurale », *Justices*, 1999-1, nouvelle série, p. 91 et s. ; « Les métamorphoses de la procédure à l'aube du IIIe millénaire », in *Clefs pour le siècle*, Paris 2, Dalloz, mai 2001 ; et aussi in *Droit processuel. Droit commun et droit comparé du procès équitable*, *op. cit.*, n°s 542-545. A. Leborgne, « L'impact de la loyauté sur la manifestation de la vérité ou le double visage d'un grand principe », *RTD civ.* 1996, 537. M. E. Boursier, *Le principe de loyauté en droit processuel*, thèse Paris 2, Dalloz 2003, préf. S. Guinchard.

teur du procès civil [1], à l'instar de ce que nous avions préconisé dès 1999, ne s'imposerait-il pas aussi aux juges ?

SOUS-SECTION 4. La continuité du service public

§ 1. Notion

190 ***Contenu*** ◊ L'État érigeant certaines activités en services publics à raison de leur importance pour les administrés, le service public doit fonctionner sans interruption. Dans certains pays (Grande-Bretagne, par ex.), les tribunaux ne s'ouvrent aux justiciables qu'à certains moments de l'année. En France, au contraire, le principe est que le service public de la justice fonctionne en permanence ; d'ailleurs, l'article L. 111-4, COJ, énonce que *« la permanence et la continuité du service de la justice demeurent toujours assurées »*. Ce principe avait déjà reçu une formulation technique et pratique avec le décret n° 74-163 du 27 février 1974, qui, supprimant officiellement les vacances judiciaires, dispose que « l'année judiciaire commence le 1er janvier et se termine le 31 décembre » (art. R. 111-1, COJ), sauf aux magistrats à prendre, par roulement arrêté par chaque chef de juridiction, leurs vacances normales (en quelque sorte, les *« vacations judiciaires »* ont remplacé les vacances judiciaires). Il est d'ailleurs possible de saisir le juge des référés même les jours fériés, en raison de l'urgence.

§ 2. Atténuations

191 ***Juridictions non permanentes*** ◊ Certaines juridictions fonctionnent de manière intermittente. C'est le cas, notamment, des tribunaux paritaires des baux ruraux, des cours d'assises, de la Cour de discipline budgétaire et financière, du Conseil des prises.

192 ***Le problème de la grève*** ◊ Selon le préambule de la Constitution de 1946, « le droit de grève s'exerce dans le cadre des lois qui le réglementent ». En ce qui concerne les fonctionnaires, aucun texte *d'ensemble* n'a légiféré sur cette question, pas même la loi n° 83-634 du 13 juillet 1983 portant droits et obligations des fonctionnaires – et qui ne s'applique d'ailleurs pas aux « magistrats de l'ordre judiciaire » (v. art. 2 et 10). Seules ont été prises quelques lois particulières ; en dehors de leur champ d'application, le droit applicable résulte encore de la jurisprudence de l'arrêt *Dehaene* [2] qui a reconnu la licéité de la grève des

1. Doc. fr. sept. 2004 ; commentaire critique, S. Guinchard, Cahiers de l'actualité du *Répertoire Dalloz de procédure civile*, 2005-1.
2. CE 7 juill. 1950, *GAJA*, 17e éd., 2009, n° 63.

fonctionnaires, en même temps que le droit pour le Gouvernement de lui apporter les limitations indispensables au bon fonctionnement des services publics.

a) Cela conduit à distinguer deux catégories de magistrats :

– *Les magistrats de l'ordre judiciaire* se sont vu interdire la grève par l'article 10 de l'ordonnance n° 58-1270 du 22 décembre 1958 qui, allant même plus loin que la prohibition de la grève proprement dite, interdit de manière générale aux magistrats judiciaires « toute action concertée de nature à arrêter ou entraver le fonctionnement des juridictions ». Cependant, comme pour les autres catégories d'agents publics n'ayant pas le droit de grève [1], le respect de cette interdiction dépend en fait du rapport de forces existant entre les magistrats et le ministre de la Justice, ce qui explique que les magistrats aient plusieurs fois déclenché une grève plus ou moins étendue quant aux personnels qui y avaient pris part [2].

– *Les juges administratifs*, n'ayant fait l'objet d'aucune loi d'exclusion du droit de grève, et l'ordonnance précitée de 1958 ne s'appliquant qu'aux magistrats de l'ordre judiciaire, relèvent logiquement de la jurisprudence *Dehaene*, le droit de grève ayant été reconnu par le Conseil d'État comme un principe, auquel seule une loi expresse peut faire échec – qui n'est pas intervenue à leur encontre [3].

b) Cette mobilisation des juges judiciaires et administratifs est liée au développement du fait syndical dans la magistrature, mais aussi, au-delà, à une autre conception d'exercice de la fonction de juger avec le droit (et la revendication légitime) d'horaires décents : *quid* des audiences pénales jusqu'à 1 heure du matin jusqu'à ce que le garde des Sceaux annonce, le 22 mai 2001, la parution d'une circulaire limitant à 6 heures par demie journée la durée des audiences, et à 8 heures

1. Personnels de l'administration pénitentiaire, contrôleurs de la navigation aérienne, policiers et CRS.

2. La première grève réunissant les trois organisations syndicales de magistrats a eu lieu le 21 juin 1990 ; elle portait sur un ensemble de revendications, notamment le manque de moyens de la justice en personnels et en équipements, le niveau des rémunérations, l'indépendance de la magistrature ; v. B. Le Gendre, « Une grève de la magistrature sans précédent », *Le Monde*, 19 juin 1990, qui rappelle les précédents mouvements de grève des magistrats. Elle fut prolongée par un vaste mouvement de contestation en novembre 1990 et au printemps 1991 ; sans doute faut-il y voir un signe du malaise de la Justice (v. *supra* n°s 12 et 127). Nouveaux mouvements de grève avec manifestation spectaculaire place Vendôme, les 19 janvier et 9 mars 2001. Le Syndicat de la magistrature a appelé à une grève le 19 janvier 2005, avec rassemblement devant l'Assemblée nationale. Sur le fond du problème, v. A. Tunc, « La grève et la justice », *Rev. adm.*, 1951, p. 530 ; J.-L. Quermonne, « Le droit public prétorien de la grève », *D.* 1959. Chron. 13.

3. En décembre 1979, une grève de membres des tribunaux administratifs avait été prévue mais le préavis de grève fut retiré. En mars 1985, une grève d'une heure a été décidée, et largement suivie, par le syndicat des magistrats administratifs (tribunaux administratifs) pour protester contre les modalités prévues de la création de « chambres adjointes » au Conseil d'État. En 1990, le Syndicat de la juridiction administrative a décidé de ne pas assurer les audiences des Tribunaux administratifs et des Cours administratives d'appel du 5 au 7 juin. En juin 2006, une grève de magistrats administratifs avait été organisée pour dénoncer le projet (demeuré en l'état) d'extension du système du juge unique.

lorsque l'audience est organisée sur une journée entière (y compris le temps du délibéré des affaires évoquées le même jour) [1] ?

– Pendant longtemps le corps judiciaire n'a connu qu'un seul groupement, l'Union fédérale des magistrats, qui était d'ailleurs une association et non un véritable syndicat. Le syndicalisme proprement dit est apparu en 1968 avec le syndicat de la magistrature (orientation de gauche) ; il s'est développé avec la transformation de l'Union fédérale des magistrats en Union syndicale des magistrats (USM) en 1974, et avec la création en 1981 de l'Association professionnelle des magistrats (APM) ; ces deux dernières organisations, qui s'affirment politiquement neutres, sont néanmoins, en fait, de tendance modérée ou de droite [2]. Pour la première fois de son existence, l'USM a déposé un préavis de grève en janvier 2001. L'APM s'est effondrée aux élections de 2001.

– Le corps unique des membres des Tribunaux administratifs et Cours administratives d'appel – beaucoup moins nombreux que les magistrats judiciaires – comporte un syndicat majoritaire, le Syndicat de la juridiction administrative, et l'Union syndicale des magistrats administratifs. Les membres des Chambres régionales des comptes ont un Syndicat des juridictions financières [3].

SOUS-SECTION 5. La publicité de la justice

193 ***Publicité des débats*** ◊ Une garantie supplémentaire réside pour les plaideurs dans le fait que les débats et les plaidoiries devant le tribunal doivent avoir lieu dans une salle où le public est admis [4]. Publicité prévue à l'article 6, § 1, de la Convention européenne des droits de l'homme, avec des exceptions limitativement énumérées [5], mais avec une jurisprudence libérale de la Cour européenne des droits de l'homme [6].

a) Une disposition commune aux procédures civile et pénale prévoit qu'en cas de vidéotransmission, les salles d'audience reliées entre elles par un moyen de télécommunication audiovisuelle garantissant la confidentialité de la transmission, doivent néanmoins être ouvertes au public (art. L. 111-12, COJ).

1. Note du 6 juin 2001, SJ-01-134, Cab. Dir., *in* « Le Nouveau pouvoir judiciaire » (Rev. de l'USM), sept. 2001, p. 13.
2. Lors des élections professionnelles de 2001, l'USM a obtenu 58,6 % des voix, le Syndicat de la magistrature 30,29 % des voix, FO, 14,17 % des voix et l'APM, 2,11 % des voix.
3. Par exemple, le SJF a organisé le 10 mars 2009 une journée d'action contre les projets du Président Séguin, visant à rassembler la Cour des comptes et les Chambres régionales en une seule instance, ne comportant qu'un nombre limité d'antennes interrégionales.
4. S. Roure, « L'éloignement du principe de publicité des débats judiciaires : une judiciarisation du débat public », *RFD. const.*, 2006/68, p. 737.
5. S. Guinchard *et alii*, *Droit processuel. Droit commun et droit comparé du procès équitable*, n°s 409-420. Travaux VIe Colloque des Inst. éd. jud., Toulouse, mai 1968, *Ann. fasc. dr. Toulouse*, t. XVI, fasc. 1, rapport J.-M. Auby (proc. adm.), R. Perrot (proc. civ.), A. Vitu (proc. pén.), M. Dagot (diffamation et secrets) ; S. Guinchard, F. Ferrand et C. Chainais, *Procédure civile*, n° 653 ; P. Kayser, « Le principe de la publicité de la justice dans la procédure civile », in *Mélanges P. Hébraud*, 1981, p. 501 ; R. Lindon, « La télévision à l'audience », *D.* 1985. Chron. 81.
6. La Cour européenne admet, au-delà de l'énumération de la Convention, que la publicité puisse n'avoir lieu qu'au premier *ou* au deuxième degré du procès.

b) Cette exigence est respectée en *procédure civile*, elle est affirmée par l'article 22 du Code de procédure civile : « les débats sont publics sauf les cas où la loi exige ou permet qu'ils aient lieu en chambre du conseil, à huis clos. Les parties, si elles sont d'accord peuvent demander que leur affaire ne soit pas débattue publiquement ».

c) La *procédure pénale* est plus complexe dans la mesure où la phase d'instruction pour les crimes et délits ne se déroule pas publiquement, mais dans le cabinet du juge d'instruction.

1) Il faut rappeler ici une règle qui a fait l'objet de nombreuses controverses, celle du *secret de l'instruction* [1]. Ce principe, qui est aujourd'hui consacré par l'article 11 du CPP, doit être bien compris car le secret peut concerner différentes catégories de personnes : les parties (la personne mise en examen notamment) et les tiers.

À l'égard de la personne mise en examen le principe est aujourd'hui très sérieusement battu en brèche, puisque le dossier de l'instruction est assez librement accessible à son avocat.

En revanche à l'égard de toute autre personne, le dossier de l'instruction doit demeurer secret. Toute personne qui concourt à l'instruction est donc tenue de ne rien divulguer de ce qu'elle a pu apprendre durant l'information, sous peine des sanctions des articles 226-13 et 226-14 C. pén. (violation du secret professionnel). L'avocat, la partie civile, la personne mise en examen ne sont pas des personnes qui concourent à l'instruction et ne sont donc pas soumises à l'article 11 du CPP, mais l'avocat est tenu par son statut au secret professionnel.

La conduite de l'instruction ou la protection des droits de la défense peuvent justifier que des renseignements concernant le dossier soient diffusés dans la presse. Faut-il aller plus loin comme le réclament certains juges et certains avocats, dans le but, disent-ils de mieux protéger les droits de la défense ?

On peut en douter dans la mesure où le secret n'est pas seulement imposé dans l'intérêt de la poursuite, mais aussi dans celui du suspect qui peut, il ne faut pas l'oublier, être un innocent injustement mis en examen. [2] Une publicité

1. Sur cette question : P. Naut, « Le juge d'instruction et son secret », *D.* 1977. Chron. 161 ; R. Dupuy, « Un irritant problème, le secret de l'instruction », *Gaz. Pal.*, 1978. 2. 379 et bibl. citée *in* R. Merle et A. Vitu, *Traité de droit criminel*, t. II, n°s 400 et s. ; M. L. Rassat, *Traité de procédure pénale*, n°s 370 et s. S. Guinchard et J. Buisson, *Procédure pénale*, n°s 1696 et s. En droit comparé, J. Pradel, *Droit pénal comparé*, Dalloz, 3 ^e^ éd., 2008, n°s 181 s. – J. Dematteis et N. Poulet-Gibot-Leclerc, « Peut-on supprimer l'article 11, CPP », *JCP* 2002. I. 170.

2. Plusieurs dispositions pénales protègent le secret de l'instruction, par ex. art. 321-1, C. pén. [recel par le journaliste qui obtient des informations par violation de ce secret, Crim. 19 juin 2001, *Bull.* n° 149 ; *D.* 2002. Somm. 1463, obs. J. Pradel ; mais on peut se demander si ce texte est conforme à l'art. 10 de la Convention EDH relatif à la liberté d'expression en raison de la condamnation de la France à propos de la loi du 2 juillet 1931 (aujourd'hui abrogée) qui interdisait de publier, avant décision judiciaire, des informations relatives à des constitutions de partie civile, CEDH, 3 oct. 2000, *Du Rory et alii c/ France* ; Crim. 16 janv. 2001, *Bull.* n° 8 ; néanmoins, la chambre criminelle a plusieurs fois confirmé la condamnation de journalistes pour recel de violation du secret de l'instruction (par ex. Crim. 25 oct. 2005, *Bull.* n° 268 ; *Dr. pénal*, 2006, n° 18, obs. A. Maron) ; Crim., 12 juin 2007, *JCP* 2007. II. 10159, note F. Fourment, C. Michalski, Ph. Piot), sauf lorsqu'elle accepte une justification tirée de la nécessité d'exercice des droits de la défense (Crim. 11 janv. 2002, *Bull.* n° 132, *JCP* 2003. II. 10061, note E. Dreyer).

On peut noter que le rapport d'étape du comité de réflexion sur la justice pénale, présidé par l'avocat général, Philippe Léger, publié le 6 mars 2009, comporte une 7e proposition qui trop large donnée aux mises en examen risquerait de rendre un non-lieu bien impuissant à en effacer l'effet psychologique, même si le Code de procédure pénale permet d'organiser une certaine publicité des décisions de non-lieu (art. 177-1 et 212-1, CPP). Les violations actuelles du secret ne paraissent pas de nature à justifier la levée totale de celui-ci. En revanche, le système permettant à ceux qui concourent à l'instruction, de faire des communiqués, paraissait une bonne solution. Il a été institutionnalisé par la loi sur la présomption d'innocence du 15 juin 2000 qui ajoute un 3e alinéa à l'article 11, CPP. Aux termes de ce texte le procureur de la République peut, d'office ou à la demande de la juridiction d'instruction ou des parties, rendre publics des éléments objectifs tirés de la procédure et ne comportant aucune appréciation sur les charges retenues contre les personnes mises en cause. L'objet de cette communication est, soit d'éviter la propagation d'informations parcellaires, soit de mettre fin à un trouble à l'ordre public.

La procédure devant la chambre de l'instruction est également secrète à l'égard des tiers (art. 199, al. 1er CPP), l'arrêt lui-même étant rendu en chambre du conseil. On notera cependant que si la personne mise en examen le demande au début de l'audience, les débats et le prononcé de l'arrêt se déroulent en séance publique ; la loi du 5 mars 2007 tendant à renforcer l'équilibre de la procédure pénale inverse ce principe pour certaines audiences de la chambre de l'instruction, notamment lorsqu'elle statue en matière de détention provisoire (art. 199, al. 2, CPP).

2) En revanche, sauf décision de huis clos, devant toutes les juridictions pénales, l'instruction à l'audience, le réquisitoire et les plaidoiries ont lieu en audience publique. On s'est même demandé pour contrer les procès hors les murs [1] s'il ne fallait pas filmer les audiences [2]. La loi du 5 mars 2007, avec un objectif très différent, a prévu un enregistrement audiovisuel des interrogatoires du juge d'instruction en matière criminelle (art. 116-1, CPP).

Le huis clos, lorsqu'il est ordonné a essentiellement pour but de protéger les prévenus ou accusés. Il en est ainsi pour les affaires mettant en cause des mineurs (v. *infra*, nos 637 et s pour lesquels une publicité restreinte est appliquée devant toutes les juridictions spécialisées.) [3].

d) La *procédure administrative* a pendant longtemps ignoré la publicité des débats. Héritière de son passé (v. *infra*, n° 704), la juridiction administrative ne considérait pas la publicité comme un principe général de sa procédure contentieuse. À plusieurs reprises le Conseil d'État avait posé que la publicité des audiences n'était exigée devant les juridictions administratives que si un texte législatif ou réglementaire l'imposait [4].

prévoit la suppression du secret de l'enquête et de l'instruction tout en maintenant le secret professionnel et les sanctions qui s'y attachent à l'égard des personnes qui concourent à la procédure.

1. S. Guinchard, in *Mélanges G. Cornu*, PUF, 1994.

2. A. Garapon, *Justices*, 1996.3.127.

3. Sur le problème particulier de l'enregistrement et de la diffusion sonore ou visuel dans les salles d'audience et le principe de l'interdiction, C. patr.,art. L. 222-1, ex-art. 8, L. n° 85-699, 11 juill. 1985. (commentaires : R. Lindon, « La télévision à l'audience », *D.* 1985. Chron. 81 ; J. Pradel, *D.* 1986. Chron. 113 ; F. Zenati, *RTD civ.* 1985. 808 ; S. Guinchard et J. Buisson, *Procédure pénale*, nos 1326 et s.). Pour une application à la diffusion audiovisuelle d'un procès enregistré pour une raison d'intérêt historique et qui a pris fin par une décision définitive, v. TGI Paris (réf.), 18 oct. 2004 (affaire *Papon*), *Gaz. Pal.* 23 oct. 2004.

4. CE 25 juin 1948, *Brillaud*, *Lebon*, n° 292. La publicité des audiences du Conseil d'État est cependant apparue dès 1831.

Actuellement, la règle de publicité est respectée devant le Conseil d'État, les cours administratives d'appel et les tribunaux administratifs en vertu des articles CJA L. 6 pour les débats en audience publique et L. 10 pour le prononcé des jugements.

Devant les juridictions financières, elle n'existait qu'en matière de prononcé d'amendes ou de gestion de fait (ex art. R. 141-9 et R. 245-1, CJF). En réalité, le problème de la publicité s'est surtout posé dans les années 2000-2006, en raison de la jurisprudence de la Cour EDH, relative aux juridictions financières ; il avait été réglé par celles-ci elles-mêmes qui, tirant des conséquences étendues de l'arrêt de la Cour du 12 avril 2006 [1], avaient adopté une pratique libérale allant au-delà des exigences des textes [2]. En définitive, c'est la loi du 28 octobre 2008 relative à la Cour des comptes et aux Chambres régionales des comptes qui établit la publicité des audiences, sauf si l'exigent la sauvegarde de l'ordre public ou le respect de l'intimité des personnes ou de secrets protégés par la loi [3].

194 ***Publicité du jugement*** ◊ L'audience peut être secrète et le jugement rendu publiquement. Il est rare que le jugement soit prononcé en Chambre du conseil (c'est la règle devant la Chambre de l'instruction, sauf lorsque les débats ont eu lieu publiquement, dans les cas qui viennent d'être indiqués, *supra*, n° 193, auxquels cas l'arrêt est aussi rendu publiquement). La jurisprudence européenne admet que le dépôt au greffe de la juridiction, du jugement rendu avec consultation possible par les tiers, vaut publicité et le décret n° 2004-836 du 20 août 2004 institue cette pratique en matière civile (art. 450, al. 2, CPC). La question de l'anonymisation des décisions de justice pour respecter la vie privée est aussi posée [4].

SECTION 3. LE JUSTICIABLE DEVANT LA JUSTICE

195 ***Plan*** ◊ Prétendre examiner sous tous leurs aspects les relations du justiciable avec le service public de la Justice reviendrait à placer sous cet intitulé l'essentiel des développements de cet ouvrage ; qu'il s'agisse d'organisation juridictionnelle, du rôle des auxiliaires de justice ou de l'instance, le justiciable est – ou devrait être – toujours au centre des problèmes à régler et de leurs solutions (v. *supra*, n° 124, pour le recru-

1. *Martinie c/ France.*
2. G. Miller, « Les chambres régionales et territoriales des comptes depuis l'arrêt Martinie c/ France », *AJDA* 2007. 467.
3. Art. L. 142-1, III. Voir aussi l'art. R. 141-15, issu du décret n° 2008-1397 du 19 déc. 2008.
4. E. Lesueur de Givry, *La question de l'anonymisation des décisions de justice*, Rapport C. cass. 2000, Doc. fr. 2001, p. 93. R. de Bellescize, « Faut-il légiférer sur l'anonymisation des décisions de justice ? », *LPA* 20 sept. 2006, n° 188, p. 3.

tement des magistrats) [1]. De manière plus limitée, on se proposera seulement ici d'essayer de réunir un certain nombre de questions pratiques qui se posent au justiciable au moment de s'adresser à la justice, en tant que « consommateur » de ce bien public. [2]

Ces problèmes seront abordés dans l'ordre chronologique naturel où ils se posent généralement au plaideur : pour lui, les tribunaux devraient être *d'accès commode* (Sous-section 1) ; ensuite, au niveau de l'instance (Sous-section 2), les débats devraient s'y dérouler et les décisions y être rendues dans un *langage accessible* et dans un délai raisonnable ; après le jugement, *l'erreur du juge* devrait pouvoir être réparée et *l'exécution du jugement* rendu à son profit devrait pouvoir être obtenue (Sous-section 3).

196 ***L'image de la justice*** [3] ◊ Au-delà des palais de justice et de leur architecture [4], on peut en avoir une première idée par Daumier, mais aussi par la littérature, le théâtre et le cinéma et par les sondages.

a) *Le premier* a consacré, entre 1845 et 1848 des planches célèbres aux gens de justice ; de l'analyse de ses planches, il ressort quatre aspects des relations du justiciable avec la justice : l'argent (v. *supra*, n° 168), l'hermétisme du langage judiciaire (v. *infra*, n° 213), le rôle des avocats (v. *infra*, n° 992) et les relations difficiles avec les huissiers de justice (v. *infra*, n° 1096).

b) *La littérature* révèle aussi une certaine perception de la justice chez les écrivains, André Gide, par exemple, ayant fait part de son expérience de juré de Cour d'assises [5]. La bande dessinée elle-même traduit une certaine conception de la justice d'Astérix à Lucky Luke [6]. Le théâtre est aussi un lieu de perception des problématiques contemporaines de la justice (cf. *Les plaideurs* de Racine) [7]. Le cinéma et les séries TV nous montrent des perceptions particulières, souvent américanisées, de la Justice, à tel point que, pour les justiciables d'abord et traditionnellement, la justice n'évoque pas les libertés individuelles et la réalisation aisée de ses droits mais la chicane, le temps perdu à obtenir satisfaction, une course d'obstacles plus ou moins justifiés et, au final, pour celui qui perd le procès, un sentiment de profonde injustice ou de frustration, pour celui qui le gagne le sentiment que la victoire lui a coûté cher en temps,

1. Ph. Blondel, « Le justiciable à ne pas oublier », in *Mélanges J. Buffet*, Petites affiches éd., 2004.
2. Chr. Hugon « Le consommateur de justice », in *Mélanges J. Calais-Auloy*, Dalloz, 2003, p. 517. S. Guinchard, « La Justice bien de consommation courante », *ibid.*, p. 461. Pour une critique de cette conception de l'usager du service public de la justice et, même, de l'idée que la justice puisse être un service public, v. les auteurs cités *supra*, n° 32, *in fine*, en note.
3. M. Cl. Calot, « L'image de la justice », *RRJ*, 1996/2, 637. Fr. Terré, « L'image de la justice », in *Mélanges P. Drai*, Dalloz, 2000. V. Mikalef-Toudic, « L'image du procès », *Commerce électr.* févr. 2003, chron. 5.
4. L.-E. Moulin, *L'architecture judiciaire en France sous la Ve République*, thèse Paris 1, déc. 2006.
5. D. Salas, « Hugo, Gide, Camus, le procès pénal dans le miroir de la littérature », in *Mélanges R. Ottenhof*, Dalloz, 2006. B. Breen, *Dostoïveski, Dire la faute*, Michalon éd., Le bien commun, 2004.
6. C. Ribot (dir.), *Droit et bande dessinée, L'univers juridique et politique de la bande dessinée*, PU Grenoble, 1998, spéc. p. 8 à 12 (« une vision critique de la Justice »).
7. V. « Le théâtre : l'autre médiation ? », *Culture Droit*, janv.-févr. 2006, p. 64.

en énergie et en argent ! [1] L'annonce médiatisée à l'extrême d'erreurs judiciaires, voire de « bavures » n'arrange rien, bien au contraire puisqu'à côté de cette rubrique (française) des faits divers judiciaires (au pénal surtout) sources supposées d'injustice et d'erreurs [2], un autre système, anglo-saxon, nous est très astucieusement montré à l'écran, petit [3] ou grand [4].

c) *Tous les sondages* réalisés sur l'image de la justice montrent que les Français ont une mauvaise opinion de cette institution. Ainsi en 1991, déjà, [5], 97 % d'entre eux jugeaient la justice trop lente, 84 % trop coûteuse, 85 % trop difficile d'accès, 83 % trop inégalitaire etc. Un autre sondage, réalisé en 1995, à l'initiative de la Chancellerie, place la justice derrière tous les autres services publics, notamment l'enseignement supérieur, dans l'opinion qu'en ont les Français. Opinion confirmée dans deux sondages de 1997 et un autre réalisé en janvier 2000 (v. *supra*, n° 129, c). Pour autant, une évolution semble se dessiner, au vu d'un sondage réalisé en 1998, à la demande du Barreau de Paris, mais les justiciables furent interrogés par le canal de leurs associations ou syndicats, ce qui a, peut-être, modifié leur perception de la Justice ; 59, 1 % des Français avaient confiance en leur Justice, mais leur adressaient trois critiques : lenteur (95 %), complexité (86,2 %) et coût (70 %) [6]. C'est à la demande de la Chancellerie qu'une enquête de satisfaction a été réalisée auprès de 1 201 personnes représentatives des justiciables. Selon les résultats de ce sondage rendus public le 22 mai 2001, une majorité de justiciables (55 %) fait confiance à la justice mais sur une autre question 57 % estiment qu'elle fonctionne mal. Les sondés saluent la qualité des locaux et des professionnels de l'institution judiciaire, mais se plaignent de la longueur des procédures et de leur complexité. Le rôle de l'avocat est plébiscité, 91 % estimant que son action a été déterminante dans le résultat du procès. Enfin, 63 % souhaitent que les citoyens puissent participer, aux côtés des juges, au jugement des

1. Ce sentiment fut largement partagé du XVIe au XVIIIe siècle chez Molière (*Le Misanthrope*, acte V, scène 1), Boileau (*Satires* XII, V-125), Beaumarchais (*Le Mariage de Figaro*, acte III, section 13), Montesquieu (*Lettres persanes*, Lettre C), avant de revenir à une conception plus sereine de la justice (*De l'esprit des lois*, livre XXIX, chap. 13 où Montesquieu reconnaît que « les formalités de justice sont nécessaires à la liberté »). Le magazine *Culture droit* (vendu en kiosque) organise des rencontres avec des troupes de théâtre sur le thème des relations « Théâtre et Justice » ; v. par ex. J. Pillet, « Le théâtre : l'autre médiation ? Comment Camus et Faulkner se retrouvent derrière une même idée de la justice », *Culture droit*, n° janv.-févr. 2006, p. 64.

2. V. déjà le film d'Henri Decoin, *Les inconnus dans la Maison* (1942) avec Raimu, sur un dialogue de H.-G. Clouzot et d'après un roman de G. Simenon.

3. V. par ex., le feuilleton télévisé américain *The law of Los Angeles*. Sur une analyse du succès, en France, des séries judiciaires américaines, V. *Le Monde*, supplément télévision au numéro du 2 août 1993, p. 18 ; *Culture droit*, nov. 2005, p. 60. Barbara Villez, *Séries TV : visions de la justice*, PUF, 2005, qui montre l'évolution des séries américaines vers la faillibilité des hommes dans le fonctionnement des institutions, sans remise en cause de leur autorité.

4. Sur les raisons de ce succès des films américains, v. *Culture droit*, juin-août 2005, p. 74, par Ch. Guéry (« Justice à l'écran, pourquoi l'Amérique ? »). Parmi une filmographie abondante, v. : *Music Box, Le mystère von Bülow, Absence of negligence, Class action, Des hommes d'honneur* pour la justice militaire, *La firme* (1993) pour la déontologie (ou son absence...) des avocats, etc., *Amistad* (1997) pour l'influence du pouvoir politique sur la procédure américaine en 1830-1850, *L'Idéaliste*, sur les modes de preuve ; *Peur primale* (1995) et *Chicago* (2002) pour le technique de la *cross examination*, c'est-à-dire des interrogatoires croisés).

5. Sondage de la Sofres, *L'Express* du 13 juin 1991.

6. *Bulletin du Bâtonnier de Paris*, oct. 1998, n° 34 ; *Annonces de la Seine*, 31 déc. 1998, p. 5.

affaires correctionnelles [1]. En novembre 2004, 70 % des Français estiment que la Justice fonctionne mal et 50 % que les choses empirent, lui reprochant sa lenteur et son risque d'erreurs [2]. Début 2007, 47 % seulement des Français étaient satisfaits du fonctionnement de la justice [3]. Elle suscite aussi la peur : en juillet 2004, 57 % des Français avaient approuvé cette phrase, « j'aurais peur de la justice si je devais avoir affaire à elle » ; en janvier 2006, après l'affaire d'Outreau, le pourcentage monte à 65 % [4]. En octobre 2008, le CSM publie son rapport annuel 2007 en abordant la crise de confiance entre les Français et leur Justice et avec un sondage faisant apparaître que 69 % d'entre eux voient mal la différence entre juges du siège et procureurs, incertitude qui persiste chez 60 % des personnes ayant eu affaire à la justice ; et 51 % des Français considèrent que les juges ne sont pas indépendants du pouvoir politique, ce qui révèle, pour le moins, une déplorable image de la justice.

197 ***La qualité de la justice*** ◊ La qualité du service rendu aux justiciables par le service public de la justice est à l'honneur depuis le début des années 2000, en liaison, notamment, avec les questions d'administration de la justice et d'indépendance des juges (v. *supra,* n° 158, c) ; des études [5], nombreuses, ont été menées, des colloques [6], fort savants, se sont tenus. Par ailleurs, une démarche qualitative a été entreprise au sein de certaines juridictions et on commence à se préoccuper de la performance de nos juridictions [7]. Des mesures concrètes sont prises pour faciliter le travail quotidien des magistrats [8], parallèlement à la

1. Sondage Louis-Harris, pour le compte de la Mission de Recherche Droit et Justice, *Le Monde*, 23 mai 2001, La tribune, 23 mai 2001.
2. Sondage TNS Sofres, *Le Figaro Magazine*, 6 nov. 2004.
3. Enquête BVA-Institut Delouvrier, *AJDA* 2007. 504.
4. Sondage Le Parisien/Aujourd'hui en France/I-Télé, 25 et 26 janv. 2006.
5. E. Breen, *Évaluer la justice*, PUF, 2002. J.-Cl. Magendie, « L'exigence de qualité de la Justice civile dans le respect des principes directeurs de l'euro-procès, L'expérience parisienne », in *Mélanges J. Buffet,* Petites affiches éd., 2004, p.319 ; Rapport au Garde des sceaux, *Célérité et qualité de la Justice*, Doc. fr., sept. 2004. — M. Fabri, J. P. Jean, Ph. Langbhoeck et H. Pauliat, *L'administration de la Justice en Europe et l'évaluation de sa qualité*, Montchrestien, 2005 ; et *D.* 2005. 598. — J. P. Sudre, « Évaluer la Justice », *Annonces de la Seine,* 1er déc. 2005, p. 4. - Y. Desdevises, « La qualité de la décision de justice », *in* J. Foyer et C. Puigelier (dir.), *Le NCPC (1975-2005)*, Économica 2006, p. 213. *Une administration pour la Justice,* n° 125 de la *RFAP* 2008 ; Sur le thème, plus général du service public et de l'exigence de qualité, v. L. Cluzel, thèse Paris 2, sept. 2004, compte-rendu par F. Rolin, *RFDA* 2006-1, p. 155.
6. Limoges, 19-20 oct. 2000, Entretiens d'Aguesseau, *L'éthique des gens de justice,* spéc. le rapport J. P. Jean, « La qualité de la justice face aux attentes du justiciable », PU Limoges 2001, p. 149. — Paris, 21-22 mai 2001, ENM/Mission de Recherche Droit et Justice, spéc. le rapport de H. Dalle sur la définition d'une problématique de la qualité de la Justice, *in* M. L. Cavrois, H. Dalle et J. P. Jean (dir.) Doc. fr. 2002. - Paris, 26-27 mai 2003, ENM/GIP Justice, L'administration de la justice et l'évaluation de sa qualité en Europe. - Faculté de droit de Poitiers, 8 et 9 mars 2007, *La qualité des décisions de justice,* (thèmes : critères et standards de qualité des décisions de justice/les pré-requis de la qualité des décisions de justice/l'exemplarité des juridictions supérieures).
7. Y. Laurin, « La mesure des performances de nos juridictions », *D.* 2006. 2412.
8. Depuis 2002, chaque élève-magistrat dispose d'un ordinateur portable qu'il conservera lors de son affectation en juridiction. On ne peut que se réjouir de cette mesure que nous avions réclamée, sans succès, au sein du Conseil d'administration de l'ENM dès 1996/1997. L'équipement doit aussi concerner, dès 2002, tous les magistrats.

tenue des « *Entretiens de Vendôme* » pour une justice de qualité [1]. Une commission d'amélioration de la justice civile avait été instituée par le Garde des sceaux le 28 novembre 2002 et a conduit à modifier certaines pratiques de procédure civile, ainsi que la formation des juges consulaires et de proximité [2]. La mise en place de la loi organique sur les lois de finances (LOLF) au 1er janvier 2006 (sur laquelle v. *supra*, nos 32 et 82) devrait accentuer ce phénomène de prise en compte de la qualité de la justice rendue, puisque l'un des objectifs du programme de la justice judiciaire, dans le cadre de la Mission justice, est de « rendre des décisions de qualité dans des délais raisonnables en matière pénale » ; les indicateurs d'évaluation sont, par exemple, « le délai moyen de réponse pénale » ou « le nombre d'affaires pénales traitées par magistrat du siège ». Enfin, la Commission européenne pour l'efficacité de la Justice (CEPEJ), organe dépendant du Conseil de l'Europe, créé le 18 juillet 2002 [3], publié régulièrement des études sur les différents systèmes judiciaires européens [4] ; sa mission est d'étudier et de comparer 45 systèmes, grâce à la mise en place d'indicateurs précis (on retrouve l'esprit de la LOLF). La conclusion pour la France est mitigée (en gros, « peut mieux faire ») : en avance dans certains domaines (par ex., l'accès à la justice, le niveau d'informatisation des juridictions), elle est en retard sur la question du budget, du délai de traitement des affaires, etc. Des analyses thématiques approfondies sont prévues. V. aussi *supra*, n° 124, c, sur le recrutement de juges de qualité, n° 158, c, sur la conciliation entre gestion moderne de la justice et indépendance du juge et *infra*, nos 220 et 223, f, sur les lenteurs de la justice et n° 247, sur le lien avec l'économie de la Justice.

1. Sont envisagées les questions du champ d'intervention du magistrat (commissions administratives, attributions du parquet, etc...), l'organisation des juridictions et les méthodes de travail, la participation des citoyens au fonctionnement de la justice, la simplification des procédures et les services judiciaires de proximité.

2. Présidée par les professeurs Bolard et Guinchard, elle s'est divisée en 2 groupes, l'un sur la mise en état, la compétence et les procédures collectives (Prof. Bolard et Beauchard), l'autre sur la formation des juges de proximité et des juges consulaires (Prof. Guinchard et Fricero) ; tous les groupes ont travaillé en collégialité et ont associé des professionnels du monde judiciaire (avocats, avoués et magistrats) aux universitaires indiqués, en liaison étroite avec la Direction des affaires civiles et celle des services judiciaires ; le décret d'août 2004 consacre les travaux du premier groupe ; les conclusions du second ont été reprises par la Chancellerie.

3. E. Desch, « La CEPEJ : un modèle de coopération avec les professionnels et un laboratoire de recherches pour l'Union européenne », rapport au colloque international de l'Union internationale des huissiers de justice, Reims, 3-4 nov. 2005, coll. « Passerelle », EJT éd., 2006, p. 85.

4. Octobre 2006 sur les données 2004 ; oct. 2008 sur les données 2006 : sur le site du Conseil de l'Europe : *www.coe.int/dg/legalcooperation/cepe/evaluation*. Analyses : *BICC*, 1er nov. 2005 ; Colloque C. cass., 13 déc. 2006 ; *Le Monde*, 6 oct. 2006, p. 22.

SOUS-SECTION 1. La commodité d'accès à la justice

Thème récurrent des discours politiques sur l'accès au droit et à la justice, au-delà du volet financier [1] (v. *supra*, n° 168 et s.), cette commodité d'accès est prise en compte au niveau européen par toute une série de textes [2] et se décline en trois dimensions : information, carte judiciaire et compétence des juridictions ; l'opinion d'inclure la compétence dans un paragraphe consacré à « la commodité d'accès à la justice » a été critiquée, au motif que *« le critère déterminant de fixation des règles de compétence des juridictions est celui de l'efficacité de la justice et de la garantie de l'ordre public, non celui de l'intérêt privé des plaideurs »* [3] ; à vrai dire, nous ne comprenons pas bien en quoi ces deux catégories d'intérêt pourraient s'opposer, sauf à considérer que la justice est la chose des gouvernants, sans prise en compte des intérêts des justiciables potentiels que sont tous les citoyens ; c'est toute une conception de la démocratie procédurale qui se révèle dans ce débat : aux besoins d'écoute, de confiance et de proximité qu'expriment des citoyens responsables, doivent répondre des règles d'implantation des juridictions basées à la fois sur la qualité du service rendu et sur la facilité d'accès au juge, composantes pleines et entières du droit (effectif) à un juge.

§ 1. L'information des justiciables

198 ***Les obstacles de fait : du guichet unique au guichet universel de greffe*** ◊ « Obtenir justice » est la revendication spontanée de quiconque s'estime lésé dans ce qu'il considère être ses droits [4]. Pour réussir dans son ambition légitime, encore faut-il que, sur le *fond du droit*, celui-ci lui donne raison, et que, *procéduralement*, il mette en œuvre de manière adéquate les mécanismes juridictionnels. Or, l'enseignement – même élémentaire – des institutions de la justice est quasiment absent de

1. D'un point de vue sociologique, v. J.-M. Baudel, « L'accès à la justice : la situation en France », rapport au 17ème congrès international de droit comparé, Utrecht, 16-22 juill. 2006, publié par le Centre français de droit comparé, Études de droit contemporain, *RID Comp.* 2006-2, p. 477.

2. Directives sur les droits des consommateurs. Convention d'Aarhus sur l'accès à la justice en matière d'environnement, 25 juin 1998 (publiée par décr. 02-1187, 12 sept. 2002).

3. M.L. Rassat, J.M. et P. Lemoyne de Forges, *Institutions administratives et juridictionnelles*, Ellipses, 2005, n° 259, p. 185.

4. Ainsi qu'on l'a indiqué précédemment, le Conseil de l'Europe a formulé, par une recommandation du 15 mai 1981, une série de mesures à mettre en œuvre par les États-membres pour faciliter l'accès à la justice (recommandation R. 81.7).

l'enseignement secondaire [1] : pas plus que le futur citoyen n'est instruit - sauf rarissimes exceptions - des rouages fondamentaux des institutions politiques de son pays, le futur justiciable ne possède en général, à la sortie des lycées et collèges, la moindre notion du système des juridictions et de la manière de s'adresser à elles. Aussi faut-il se féliciter du développement, depuis les années 1970, d'initiatives publiques ou privées qui se proposent d'accueillir les justiciables - souvent les plus démunis - de les orienter, et de leur donner parfois des conseils élémentaires, au besoin de les dissuader d'engager des actions vouées à l'échec [2]. La diffusion de la jurisprudence pose aussi problème [3].

L'idée d'un « *guichet unique* » d'accès à la Justice a été lancée par un groupe de travail réuni à l'initiative du garde des Sceaux, en novembre 1996 (rapports remis en février et mars 1997). Elle est reprise, dix ans plus tard, dans le programme annoncé, en juin 2007, de réforme de la carte judiciaire : les lieux de justice consacrés à l'accès au droit comprendraient un guichet unique de greffe, de la conciliation/médiation et des consultations juridiques ; devant le succès des expériences tentées ici ou là, en juin 2008, la commission dite Guinchard (du nom de son président) sur la réorganisation des contentieux, estime nécessaire de généraliser cette institution et demande avec insistance qu'un guichet universel de greffe (le GUG) soit rapidement mis en place pour pallier les effets négatifs de la réforme de la carte judiciaire quant à l'accès à la justice (proposition n° 24) [4].

1. Il existe un protocole Éducation-justice pour informer les élèves du fonctionnement de la Justice et l'éducation à la citoyenneté dans le cadre du collège peut intégrer cette dimension.

2. Mise en place dans les juridictions de bureaux d'accueil (v. C. Balle, B. Bastard, D. Emsellem, G. Garioud, *Le changement dans l'institution judiciaire, les nouvelles juridictions de la région parisienne,* Ministère de la Justice, 1981) ; organisation par les barreaux d'avocats de permanences d'orientation, création de « boutiques de droit » par diverses associations. Le ministère de la Justice co-publie, avec les éditions Gallimard, des « Guides pratiques » : *Guide des droits des victimes* ; *Guide pratique de la justice* ; *Petit dictionnaire de la justice* ; en outre, le service de la communication du ministère (13 place Vendôme, 75042 Paris Cedex 01), diffuse toute une série de fiches pratiques et de brochures consacrées à des questions juridiques courantes. Des initiatives locales facilitent également l'information des justiciables, grâce au recours à Internet (par ex., le TA de Lyon diffuse sur son site la Charte Marianne, ainsi que divers renseignements.

3. E. Lesueur de Givry, « La diffusion de la jurisprudence, mission de service public », in *Rapport de la Cour de cassation pour 2003*, Doc. fr., 2004, p. 269.

4. *L'ambition raisonnée d'une justice apaisée,* Doc. fr. 2008, p. 249 s. ***Proposition 24 : création d'un guichet universel de greffe,*** pour permettre aux justiciables et aux auxiliaires de justice d'introduire une instance judiciaire ou d'obtenir des informations concernant une procédure depuis n'importe quel site judiciaire du ressort de la cour d'appel. Cela suppose une certaine mutualisation des greffes d'un ressort, tout en préservant l'autonomie de chacun et sans créer un service de centralisation et de répartition des compétences. Chaque guichet assurerait les missions déjà assurées aux guichets uniques de greffe :

- information de qualité : renseignements pratiques et information de la personne qui vient au guichet, sur ses droits ;
- orientation du justiciable, en liaison avec les juridictions et aussi avec les conciliateurs de justice et les services de médiation ; des permanences seraient assurées dans ces guichets par ces conciliateurs et médiateurs ;
- orientation vers d'autres lieux si nécessaire (consultations juridiques données par les avocats, points d'accès au droit, associations tournées vers les personnes en grandes difficultés, etc.).

§ 2. La carte judiciaire

199 ***Justice de proximité. Justice et Ville. Justice redéployée*** ◊ La localisation des juridictions sur l'ensemble du territoire national est une question qui soulève toujours des difficultés et des débats passionnels. Héritée de l'histoire, empreinte de considérations d'aménagement du territoire, la rationalisation de la carte judiciaire n'est pas la règle en la matière, des juridictions étant surchargées par l'arrivée progressive mais constante d'habitants dans leur ressort, d'autres au contraire perdant leurs justiciables... sans trop s'en plaindre [1].

a) De nombreux rapports ont été produits sur la question : d'abord, celui de M. Géronimi en 1991, puis celui de M. Carrez en 1993 ; ce dernier révéla essentiellement les incohérences de la carte judiciaire, provoquées au fil des années, par la concentration urbaine [2].

Deux groupes de travail ont été constitués sur cette question en 1993 : l'un composé de députés, sur « *Justice et Ville* », dont le rapport constate, d'une part, que les juges des enfants sont surchargés, d'autre part, que l'action des structures administratives de protection sociale doit être renforcée ; des solutions sont avancées : développer la coordination entre les différentes collectivités publiques, les responsables des structures sociales et les juridictions pour désengorger les tribunaux pour enfants ; dans le même but, améliorer les procédures de signalement des cas de mineurs en danger par les départements aux juridictions [3], faire intervenir systématiquement les parquets des mineurs avant toute saisine du juge, même en matière civile ; développer une justice et une police de proximité innovantes (nouvelles maisons de justice à créer, réparation en nature au profit des victimes, commissariats dans les quartiers en difficulté) ; multiplier les mesures éducatives, en particulier l'éloignement éducatif.

L'autre rapport était sénatorial et fut rédigé par la commission Haenel/Arthuis, du nom de son président et de son rapporteur. Il eut plus de retentissement et de succès ; il faut dire qu'il était résolument « pragmatique » et n'avan-

Chaque guichet universel pourrait également :

– recevoir les demandes faites aux juridictions : les guichets universels constituent, pour les justiciables, un point d'entrée de proximité dans le système judiciaire : saisine de l'une quelconque des juridictions du ressort (cour d'appel au moins dans un premier temps) lorsque la procédure est sans représentation obligatoire ; enregistrement de cette demande, directement dans la « chaîne métier » de la juridiction compétente (cela suppose une harmonie avec les autres dispositifs de saisine des juridictions par voie électronique) ;

– délivrer une information précise sur le déroulement d'une procédure concernant le justiciable ;

– recevoir et enregistrer un appel, même lorsque le guichet n'est pas situé dans les mêmes locaux que la cour d'appel.

1. Sur la justice de proximité en matière administrative et civile et la carte judiciaire, v. les articles de B. Pacteau, J. Beauchard et J. Comaille, *Justices*, 1995. 2. J. Commailles, *Territoires de justice – Une sociologie politique de la carte judiciaire*, PUF, coll. « Droit et Justice », 2000. V. aussi, D. Peyrat, « La politique judiciaire de la ville », *Gaz. Pal.* 28 mars 2000.

2. Par ex. entres les 10 TGI les plus accablés de travail (hors Paris, Bobigny, Créteil, Versailles et Nanterre) et les 10 moins chargés, l'écart est de 1 à 3. Pour les TI l'écart est pire : 37 ont moins de 250 affaires par an sans aucune adéquation en nombre de magistrats et de greffiers avec ceux qui en traitent 1 000 !

3. V. sur cette question, la loi du 5 mars 2007 réformant la protection de l'enfance, qui instaure un principe de subsidiarité de l'intervention judiciaire au profit de l'action sociale des conseils généraux (commentaire : A. Gouttenoire, *D.* 2007. 1090).

çait que des propositions « concrètes et faciles à mettre en œuvre, *avec des coûts réduits* », ce qui ne pouvait manquer de séduire un gouvernement... Remis en février 1994, ses principaux axes de réflexion étaient de recréer une justice de proximité en développant une logique de partenariat, de recentrer les missions du juge en transférant une partie de ses compétences vers d'autres acteurs du monde judiciaire, de réorganiser l'institution judiciaire en consacrant l'arrondissement comme l'échelon géographique adapté pour les contentieux de proximité. Ses conclusions ont été en partie reprises dans la loi du 8 février 1995 qui généralise le juge unique (v. *infra*, l'organisation judiciaire), instaure des juges non professionnels (v. *infra*, les magistrats) et réorganise l'implantation des maisons de justice (v. *infra*, les auxiliaires de justice). Par ailleurs, une loi de programmation sur la justice fut votée en janvier 1995 (v. *infra*, n° 248), qui reprend les orientations du rapport Haenel/Arthuis. Un autre rapport avait été confié à M. Casorla en 1997, mais en raison du changement de majorité politique en mars 1997, il ne fut pas officiellement remis et le 28 novembre 2001, le garde des Sceaux annonçait l'abandon de toute réforme de la carte judiciaire. La création des juridictions de proximité par la loi du 9 septembre 2002 aurait dû permettre de revoir, à terme, la répartition géographique des tribunaux par le biais de leur articulation avec les tribunaux d'instance et la création des pôles de l'instruction par la loi du 5 mars 2007 a obligé le gouvernement à revoir la question de la répartition des moyens entre les juridictions.

b) Il faut beaucoup de courage politique pour imposer une réforme de la carte judiciaire et vaincre le localisme, le corporatisme et le clientélisme politique [1]. Inscrite dans le programme sur la justice du nouveau président de la République (mai 2007), la question de la carte judiciaire a agité le monde judiciaire de juillet 2007 à février 2008 [2], avec la contestation de la méthode suivie et des résultats concrets auxquels elle a conduit, plus que le principe même d'une telle réforme. Il est vrai que la concertation lancée en juillet 2007 par la création d'un « comité consultatif de la carte judiciaire » a fait long feu, puisque ladite commission ne fut réunie... qu'une fois ! Les manifestations de rues l'ont alors emporté sur la raison et la concertation. Mais il faut être honnête et reconnaître que sans un passage en force, jamais la réforme n'aurait vu le jour, car elle heurtait de front l'addition de tous les corporatismes et de toutes les démagogies, chacun voulant bien de la réforme, mais pour son voisin. Combien d'avocats la contestaient par solidarité avec les confrères des tribunaux supprimés, mais se réjouissaient secrètement de la centralisation, au siège des tribunaux où ils étaient installés, des contentieux dont connaissaient jusqu'alors leurs « malheureux » confrères ; combien de députés et de sénateurs défendaient jusqu'au bout, le maintien d'une juridiction dans leur circonscription ou leur département au nom « de la proximité et de l'intérêt des justiciables », voire de « l'aménagement du territoire », mais reconnaissaient officieusement qu'il fallait « rationaliser » la gestion de nos juridictions !

1) Les décrets du 15 février (n° 2008-145 et 146), du 29 mai (n° 2008-514) et du 30 octobre 2008 (ce dernier pour parer à l'éventualité d'une annulation par le Conseil d'État des décrets de février) réforment la carte, sans vrai critère de cohérence dans l'espace (pourquoi la Bretagne a-t-elle été frappée plus que

1. V. sur cette proposition, S. Guinchard, in *Le temps en procédure, les solutions d'organisation procédurale,* colloque TGI Nanterre et Ass. fr. philo. dr., 5 déc. 1995, Dalloz, coll. « Thèmes et commentaires », 1996.
2. Sur l'état des débats voir le site : www.carte-judiciaire.justice.gouv.fr.

d'autres régions, avec la suppression de 3 TGI et de 12 TI ?), mais avec une réelle volonté de différé dans le temps, ne serait-ce que pour des questions d'intendance (reloger les juridictions supprimées), selon le calendrier suivant :

– en 2008, à la date du 3 décembre, 62 conseils de prud'hommes ont été supprimés sur 271 et un créé ; il reste donc un solde net de 210 ; de même, 30 greffes détachés et un greffe permanent ont été supprimés par le décret n° 2008-145, 15 février 2008, à sa date d'entrée en vigueur ;

– au 1er janvier 2009, 55 tribunaux de commerce sur 185 sont supprimés (D. n° 2008-146, 15 février 2008), mais 5 sont créés, (ainsi qu'un tribunal mixte de commerce à Saint-Pierre-de-la-Réunion), soit un solde de 135 pour les tribunaux de commerce proprement dits (soit 27 % de moins) ; s'y ajoute le transfert de la compétence commerciale de 23 tribunaux de grande instance aux tribunaux de commerce ;

– au 1er janvier 2010 (D. n° 2008-145, 15 février 2008), 178 tribunaux d'instance sur 473 seront supprimés, ainsi que les juridictions de proximité qui sont situées au siège de ces tribunaux et un greffe permanent. Par ailleurs, 7 tribunaux d'instance seront créés (ainsi que 7 juridictions de proximité au siège de ces nouveaux tribunaux), ce qui donne un solde net de 302 tribunaux d'instance au 1er janvier 2010, contre 473 avant cette date (soit moins 36 %) ;

– au 1er janvier 2011, 21 tribunaux de grande instance seront supprimés sur 181 (D. n° 2008-145, 15 février 2008), soit moins 16 %, alors que deux autres le sont par anticipation au 1er octobre 2009 (Belley et Millau).

Au final, avant le 1er janvier 2011, la France comptait 1110 juridictions du premier degré (sans les juridictions de proximité, ni les 431 tribunaux paritaires de baux ruraux, ni les 116 tribunaux des affaires de sécurité sociale) ; elle n'en comptera plus que 805 à compter de cette date, soit une chute de 305 (27,5 %). Les cours d'appel n'ont pas été touchées par la réforme.

2) L'accompagnement de cette refonte a concerné, à titre principal, les avocats (D. n° 2008-741, 29 juillet 2008), qui pourront percevoir une sorte de prime à la suppression du tribunal près duquel ils étaient établis, sous la forme d'une « aide à l'adaptation de son exercice professionnel aux conditions nouvelles résultant de la suppression de ce tribunal ». Pour les greffiers des tribunaux de commerce, les passerelles vers d'autres professions judiciaires sont assouplies (D. n° 2008-786, 18 août 2008).

§ 3. La compétence juridictionnelle

200 ***Notion*** ◊ Déterminer quel tribunal est compétent pour être saisi d'une affaire, c'est rechercher quel est celui qui possède le pouvoir juridique d'instruire le litige – c'est-à-dire de réunir tous les éléments de fait et de droit nécessaires pour rendre la décision – et de le juger.

Ce problème de compétence, souvent complexe à résoudre et qui donne lieu à des développements étendus dans les ouvrages de Procédure civile, pénale, et administrative, doit être envisagé sous trois aspects :

I. Détermination des règles de compétence

A. Compétence internationale

201 ***Conflits de lois et de juridictions*** ◊ En raison de l'objet du litige, des tribunaux de plusieurs États peuvent avoir vocation à en connaître ; il sera nécessaire de rechercher préalablement à quel système national de juridictions sera dévolue la compétence. Ce serait le cas, par exemple, si un accident d'automobile survenait en France entre un conducteur belge et un conducteur italien. Le développement du tourisme, et celui des relations commerciales internationales, ont accru la fréquence des litiges où se posent, selon la terminologie du droit international privé, des questions de *conflits de lois* et des questions de *conflits de juridictions* qui engagent parfois le fond même du droit : bien qu'un tribunal n'applique pas seulement son droit national, la saisine d'un tribunal étranger peut avoir pour conséquence que le litige sera réglé selon la législation de cet État. L'importance pratique de ce genre de problème dans le cadre du Marché commun a provoqué la signature entre les membres de la CEE, dès le 27 septembre 1968, de la Convention de Bruxelles sur la compétence judiciaire et l'exécution des décisions en matière civile et commerciale, et élargie depuis (Convention de Lugano) aux relations entre les États membres de l'Union européenne et ceux de l'AELE [1]. Avec la « communautarisation » de cette question, sous la pression des difficultés à faire adopter les modifications de la Convention de Bruxelles, nécessitées par l'entrée de nouveaux États membres, l'Union européenne s'est orientée vers la méthode des Règlements, qui offrent plus de souplesse. Ainsi, la Convention de Bruxelles est devenue, avec quelques modifications, un règlement communautaire, applicable au 1er mars 2002 [2].

La compétence internationale éventuellement réglée, il reste à trouver quelle est, parmi les juridictions françaises, celle devant laquelle le litige pourra être porté, qui sera déterminée par le jeu combiné des règles de compétence matérielle et de compétence territoriale.

B. Compétence des juridictions internes

La compétence des juridictions nationales doit être examinée à trois points de vue : *matériel, territorial et personnel.*

202 ***Compétence matérielle (ou ratione materiae)*** ◊ Il convient d'abord de rechercher quel type de juridiction doit être saisi : par exemple, parmi les juridictions administratives est-ce le Conseil d'État ou un tribunal administratif ; parmi les juridictions pénales, le tribunal correctionnel ou la cour d'assises ; parmi les juridictions civiles, le tribunal de commerce ou le tribunal de grande instance.

1. À ce jour, pour l'AELE, Islande, Liechtenstein et Norvège. Sur ces deux conventions, v. H. Gaudemet-Tallon, *Compétence et exécution des jugements en Europe. Règlement n° 44/2001, Conventions de Bruxelles et de Lugano*, LGDJ, 3e éd., 2002.

2. Sur l'état des règlements en matière civile, v. S. Guinchard, F. Ferrand et C. Chainais, *Procédure civile,* n° 21, c.

Pratiquement, en raison de la dualité des ordres, on est amené à rechercher en premier lieu l'ordre de juridictions compétent – la réponse étant souvent immédiate. Dans le second temps, on détermine à l'intérieur de l'ordre compétent la juridiction légalement désignée pour être saisie de l'instance. On la repère sur une sorte de tableau à double entrée :

– « *horizontalement* », on recherche la *nature* de la juridiction parmi l'ensemble des juridictions de droit commun ou d'exception [1], compte tenu de la nature et de l'importance du litige,

– « *verticalement* », on détermine le *degré* de juridiction compétent ; par exemple, est-ce une juridiction de première instance ou d'appel ?

203 ***Compétence territoriale (ou ratione loci)*** ◊ Ce problème ne se pose évidemment pas si la juridiction matériellement compétente est unique, ce qui se rencontre principalement en contentieux administratif : il n'existe qu'un Conseil d'État, qu'une Cour des comptes, qu'une Cour de discipline budgétaire et financière. Ce n'est généralement pas le cas, et il faut rechercher, parmi les juridictions de la catégorie désignée par les règles de compétence matérielle et personnelle, quelle est celle qui devra connaître de l'affaire en cause. On s'attache ici à des considérations géographiques. Chaque juridiction n'est compétente que pour une certaine étendue du territoire, que l'on appelle son *ressort*. Les critères de rattachement territorial sont variés ; suivant les hypothèses, un tribunal peut être compétent, par exemple, parce que dans son ressort se situe l'emplacement d'un immeuble en litige, le domicile du défendeur ou celui du demandeur.

Les règles de compétence territoriale sont complexes, car elles tiennent compte d'une série de préoccupations parfois difficiles à concilier. La commodité des justiciables y tient une large place, mais le législateur ne pouvait négliger des considérations d'intérêt général, comme le souci d'éviter l'encombrement de certaines juridictions que pourraient préférer les plaideurs [2], ou la plus ou moins grande facilité pour le juge de pouvoir rassembler les éléments de fait devant forger sa conviction. Ces considérations n'apparaissent pas toutes également contraignantes. Cela explique que si les règles de compétence matérielles ou territoriales sont garanties par une série de mécanismes juridiques, certaines d'entre elles puissent faire l'objet d'assouplissements.

204 ***Compétence personnelle (ou ratione personae)*** ◊ Nonobstant le principe selon lequel la loi doit être la même pour tous (art. 6, DDHC) le principe d'une compétence personnelle a été retenu en matière répressive. Cette solution qui n'est pas exempte de dangers, car elle conduit à l'existence de juridictions d'exception, est fondée sur des impératifs pratiques, techniques ou politiques.

Notre droit positif connaît trois sortes de juridictions dont l'existence est, au moins en partie, justifiée par des considérations personnelles : les juridictions de

1. En procédure administrative, on parle plus volontiers de juridictions *d'attribution*.
2. C'est la raison pour laquelle il existe une carte judiciaire, comme il existe une carte scolaire.

mineurs, la Cour de justice de la République et les tribunaux militaires. Ainsi, les tribunaux pour mineurs sont justifiés par l'idée d'accorder une protection spéciale à ce type de délinquants, qu'il s'agit de protéger et d'amender plus que de punir.

II. Sanctions des règles de compétence

A. Considérations dominantes

205 ***Difficultés du problème*** ◊ Tout litige doit trouver un juge. Mais à moins d'imaginer quelque micro-État où une seule juridiction connaîtrait de tous les procès, le justiciable est en présence d'un grand nombre de tribunaux, entre lesquels il doit déterminer celui qui a compétence pour connaître de l'affaire. Force est de constater qu'il est pour les plaideurs particulièrement irritant d'avoir - comme la jurisprudence en offre des exemples - perdu des années pour savoir simplement quel juge est compétent pour connaître de leur litige.

Le service public de la justice doit être régi par les principes fondamentaux applicables à tous les services publics. Créé pour les usagers qui sont les justiciables, son organisation doit assurer la commodité de son accès. Sa division en deux ordres, et à l'intérieur de chacun sa ramification en un grand nombre de juridictions, sont censées répondre à une meilleure administration de la justice, qui ne saurait être réalisée si elles contribuent à égarer les justiciables. On peut d'ailleurs considérer que ce service public, malgré sa fragmentation fonctionnelle, n'en demeure pas moins une entité unique, et qu'à partir du moment où un plaideur s'est adressé à lui, il lui revient d'aiguiller son affaire vers l'organe qui devra en connaître.

Tel est d'ailleurs, au moins partiellement, le sens de l'évolution qu'a connue la procédure dans la période 1960-1972. En matière de règlement des problèmes de détermination de la compétence entre les deux ordres, ainsi qu'au sein de l'ordre administratif, on s'est orienté vers une accélération de la détermination du tribunal compétent en faisant de cette question, en cas de difficultés, une question interne au service public, à l'intérieur duquel la demande sera aiguillée vers la juridiction compétente sans que les parties aient à intervenir elles-mêmes. On peut schématiser de la façon suivante les règles du droit positif.

B. Répartition des compétences entre les deux ordres

206 ***Intervention du Tribunal des conflits*** ◊ La détermination de l'ordre de juridictions compétent pour connaître du litige est opérée par une juridiction composée paritairement de membres issus du Conseil d'État et de la Cour de cassation et coiffant les deux ordres : le Tribunal des conflits [1].

Originairement, l'intervention du Tribunal des conflits avait été conçue pour *résoudre des conflits déjà nés*. Si un plaideur ne pouvait trouver un juge parce

1. Les problèmes de répartition des compétences entre les deux ordres sont dénommés *conflits d'attribution*.

qu'une juridiction de chaque ordre, successivement saisie, considérait que le litige relevait de l'autre ordre, il pouvait saisir le Tribunal des conflits qui tranchait le problème de compétence. Ce mode de résolution du problème n'allait pas sans perte de temps et d'argent pour les plaideurs, avant même que l'on pût débattre du fond de l'affaire. Aussi s'est-on orienté en 1960 vers la *prévention des conflits d'attribution*. Dans ce but, si une juridiction d'un ordre a décliné sa compétence au motif que l'affaire relève de l'autre ordre, toute juridiction de celui-ci, saisie du même litige, ne pourra juger que l'ordre primitivement saisi était compétent, et elle devra, dans ce cas, renvoyer la difficulté de compétence devant le Tribunal des conflits qui tranchera [1] (v. *infra*, nos 345 et s.).

C. Répartition des compétences à l'intérieur de chaque ordre

Qu'il s'agisse de problèmes de compétence matérielle (faut-il saisir le tribunal d'instance ou le tribunal de grande instance, le tribunal administratif ou le Conseil d'État ?) ou de compétence territoriale (quel tribunal d'instance, ou quel tribunal administratif doit être saisi ?) la difficulté est réglée à l'intérieur de chaque ordre, selon des procédures d'ailleurs différentes.

207 ***Ordre judiciaire*** ◊ Le plaideur qui estime qu'une juridiction autre que celle saisie est compétente peut demander à celle-ci de décliner sa compétence [2], par une décision susceptible de voies de recours. La difficulté surgie sur la compétence du tribunal est ainsi réglée selon les mécanismes procéduraux classiques.

208 ***Ordre administratif*** ◊ La procédure ordinaire du règlement de juges, pour lequel le Conseil d'État s'était affirmé compétent [3], ne présente plus aujourd'hui qu'un intérêt réduit en raison d'innovations introduites en 1972 (décret n° 72-143) et en 2002 (décret n° 2002-547), et actuellement codifiées sous les articles R. 351-1 et s. CJA [4].

Dans un premier temps (1972), la solution retenue avait consisté à faire du Conseil d'État le pivot de la redistribution des dossiers (mal aiguillés) vers la juridiction administrative compétente. Pour désencombrer le Conseil d'État d'une partie (importante) des dossiers qui lui étaient adressés par des tribunaux administratifs irrégulièrement saisis, la réforme de 2002 a accéléré la redistribution des affaires en instituant la possibilité d'une liaison directe entre les juridictions concernées, sans passer par le Conseil d'État.

Le schéma du système de redistribution des dossiers est le suivant :

- si le Conseil d'État est saisi à tort, le président de la Section du contentieux attribue le dossier à la juridiction qu'il estime compétente ;
- si un tribunal administratif ou une cour administrative d'appel est saisi d'un dossier qu'il estime relever du Conseil d'État, il le transmet à ce dernier (sauf à

1. On verra plus loin qu'une procédure encore plus rapide a été organisée si un problème de compétence se pose originairement devant la Cour de cassation ou le Conseil d'État ; v. n° 345.
2. L'acte de procédure est d'ailleurs appelé *déclinatoire de compétence*.
3. CE 15 janv. 1932, *Mme veuve Reynes*, *D.* 1932. III.11, concl. Rouchon-Mazerat.
4. Ce mécanisme est inspiré de la procédure introduite pour prévenir les conflits d'attribution.

celui-ci, s'il considère que l'affaire relève d'une autre juridiction, à la lui transmettre) ;

– si un tribunal administratif ou une cour administrative d'appel est saisi d'un dossier qu'il estime relever d'une autre juridiction administrative que le Conseil d'État, il le transmet directement à celle-ci [1] ; si le problème de détermination de cette autre juridiction présente des difficultés particulières, il demeure possible de transmettre le dossier au président de la Section du contentieux du Conseil d'État, qui attribuera lui-même l'affaire à la juridiction qu'il estimera compétente. [2]

Par ailleurs, il est à souligner que la réforme apportée par le décret du 19 avril 2002 a introduit dans le CJA un article R. 351-8 qui facilitera la résolution des problèmes d'impartialité des juridictions notamment au regard de l'article 6 Conv. EDH aux termes duquel le président de la Section du contentieux du Conseil d'État peut « Lorsque des considérations de bonne administration de la justice l'imposent » attribuer le jugement d'une affaire à la juridiction qu'il désigne.

Tirant la conséquence de sa position de juridiction suprême de l'ordre administratif, le Conseil d'État considère en outre, qu'il détient des « pouvoirs généraux de régulation de l'ordre juridictionnel administratif », lui permettant de déterminer la juridiction compétente dans des hypothèses non explicitement réglées par les textes, voire pour éviter un déni de justice, de statuer au fond lui-même [3].

Ce système d'« aiguillage interne » fonctionne de façon très satisfaisante, et les jugements d'incompétence deviennent exceptionnels. D'un point de vue pratique – on pourrait même dire : utilitaire – cette situation ôte une partie de son intérêt, pour les justiciables, à une étude approfondie des règles de compétence – matérielle ou territoriale au sein de l'ensemble Conseil d'État/tribunaux administratifs. Il suffit au justiciable d'adresser dans les délais son recours au plus proche tribunal administratif pour que son dossier aboutisse au juge compétent – constatation purement juridique qui ne saurait être interprétée comme un encouragement à s'abandonner à pareille désinvolture procédurale (v. *infra*, n° 720)...

1. Si la juridiction administrative (TA, CAA, ou autre) à laquelle le dossier est ainsi directement transmis estime n'être pas compétente, elle le transmet au président de la section du contentieux du Conseil d'État qui attribue lui-même l'affaire. Il est à souligner que, dans toutes les hypothèses où une affaire est attribuée par le Conseil d'État à une juridiction administrative sur le fondement des articles 351-3 s.CJA, la juridiction ainsi saisie ne peut pas décliner sa compétence : CE 10 juill. 1996, *Dody, Lebon*, p. 282. En outre, la légalité de la décision de renvoi d'une juridiction à une autre ne peut faire l'objet d'un contentieux spécifique ; elle ne peut être discutée qu'à l'appui d'un éventuel recours contre la décision de la juridiction ayant statué au fond, CE 2 févr. 2005, *AJDA* 2005. 511. Les articles R. 351-6 et R. 351-9 CJA « verrouillent » le dispositif d'attribution des dossiers pour prévenir des contentieux ultérieurs, qui en ruineraient l'efficacité.

2. Pour un commentaire de la réforme v. R. d'Haëm, « La réforme de la procédure de règlement des questions de compétence à l'intérieur de la juridiction administrative », *RFDA* 2003. 497. L'allégement de la tâche du Conseil d'État a été considérable : le nombre de dossiers transitant par lui est tombé de 2500 en 2001 à 311 en 2003 (Rapport public du Conseil d'État, 2004, p. 17).

3. CE 4 févr. 2005, *AJDA* 2005. 1070, concl. R. Guyomar.

III. Assouplissement des règles de compétence

209 ***Flexibilité*** ◊ Les règles de compétence matérielle ou territoriale ne sont pas toutes inflexibles. Certaines dévolutions de compétence sont fixées pour des motifs de bonne administration de la justice, et les plaideurs ne peuvent y déroger ; on traduit cette situation en disant qu'elles sont d'*ordre public*. D'autres ont été posées essentiellement dans l'*intérêt privé* des parties, qui sont admises à les modifier et à étendre la compétence d'une autre juridiction à leur litige : cette extension de compétence d'un tribunal autre que celui normalement compétent est appelée *prorogation de juridiction*. Au-delà de cette technique, d'autres possibilités permettent d'assouplir les règles normales de compétence.

210 ***La prorogation de juridiction*** ◊ Elle est, logiquement, plus largement ouverte au profit du juge judiciaire que du juge administratif, en raison de la différence de nature des intérêts en cause.

En matière civile, les règles de compétence d'attribution sont généralement plus contraignantes que celles de compétence territoriale : les premières sont aménagées dans un souci de bon fonctionnement de la justice, les secondes dans un désir de faciliter les intérêts du défendeur et l'administration de la preuve (domicile du défendeur, lieu de situation de l'immeuble par exemple). Aussi est-il plus difficile de proroger la juridiction d'un tribunal et de l'étendre à des domaines qui ne sont pas les siens, que de le laisser statuer alors qu'il n'est pas territorialement compétent [1].

On peut cependant accepter qu'une juridiction de droit commun, c'est le cas du tribunal de grande instance, puisse bénéficier d'un élargissement de compétence (cas du tribunal de grande instance saisi d'une affaire commerciale) ; cette extension de compétence est encore mieux admise si la juridiction possède la plénitude de juridiction ; cela n'est le cas que de la cour d'appel parmi les juridictions civiles.

Les parties à un contrat sont souvent tentées de désigner un tribunal qui n'est pas celui prévu par la loi, ainsi on prévoira que, en cas de litige, seul le tribunal de Paris sera compétent.

De telles clauses ont provoqué de si graves abus que les rédacteurs du nouveau Code de procédure civile les ont déclarées non écrites, sauf entre commerçants (art. 48, CPC).

En matière administrative, les règles de compétence matérielles sont d'ordre public - de même que celles relatives à la compétence territoriale, encore que les parties aux contrats et marchés publics puissent déroger à ces dernières.

211 ***La règle « Le juge de l'action est le juge de l'exception »*** ◊ Elle se traduit par une extension de la compétence du tribunal saisi du litige principal, qui peut connaître du problème accessoire qui vient se greffer sur celui-ci, sauf si ce litige annexe relève de la compétence exclusive d'une autre juridiction - ce qui est

1. Proroger la juridiction d'un tribunal, c'est lui permettre de connaître d'une affaire ne rentrant pas normalement dans sa compétence. La prorogation peut venir de la loi (ainsi renvoi après cassation). Elle peut aussi découler de la volonté des plaideurs. La tendance du législateur moderne est de restreindre dans ce domaine la liberté des parties, dans le souci de protection de l'éventuel défendeur qui, sans cela, peut être amené à plaider loin de son domicile, parce qu'il a signé, sans y prendre garde, une clause attributive de juridiction.

notamment le cas, si cette dernière relève de l'autre ordre de juridictions. Par exemple, si devant un tribunal d'instance se pose, au cours d'un procès, le problème de la propriété d'un immeuble, cette question pourra être tranchée par lui bien qu'elle relève de la compétence normale du tribunal de grande instance. Ou encore, si devant un tribunal administratif est soulevée lors d'un litige porté devant lui la légalité d'un décret, bien que les recours (en excès de pouvoirs) contre les décrets soient de la compétence du Conseil d'État, le tribunal administratif pourra, avant de poursuivre l'instance, apprécier lui-même cette légalité. On dit dans ces cas que l'on est en présence d'une *question préalable*.

De la même façon, le juge pénal est compétent pour apprécier la légalité de tous les actes administratifs tant individuels que réglementaires.

En revanche, une juridiction civile ne pourrait apprécier la légalité d'un règlement administratif, si l'un des plaideurs prétendait qu'il est illégal ; elle devrait surseoir à statuer jusqu'à ce que la juridiction administrative, seule compétente, saisie de cet incident, en ait donné la solution. De même, un problème d'état civil d'une personne surgissant dans une instance devant un juge administratif ne pourrait être tranché que par un juge judiciaire. On dit dans ces cas que l'on est en présence d'une *question préjudicielle*.

212 ***Techniques diverses*** ◊ Certaines techniques peuvent être parfois employées pour modifier indirectement la compétence des juridictions. Par exemple, en matière pénale, où toutes les règles de compétence sont d'ordre public, il est possible par un artifice de qualification de rendre le tribunal correctionnel compétent à l'égard d'une infraction relevant normalement de la cour d'assises (« correctionnalisation » des crimes) ; il suffit par exemple pour cela de ne pas retenir dans le réquisitoire une circonstance aggravante transformant ainsi un délit en crime.

SOUS-SECTION 2. Les droits du justiciable pendant l'instance

§ 1. Une justice compréhensible : le langage judiciaire

213 ***Hermétisme*** ◊ Si les termes de « langage judiciaire » [1] sont entrés dans le vocabulaire courant, il convient de souligner qu'ils sont doublement insuffisants : ils le sont d'abord quant aux juridictions auxquelles ils s'appliquent, car le problème de la formulation des actes de procédure et des décisions de justice se pose aussi pour les juridictions administrati-

1. P. Zemor, « Un enjeu pour la justice : être rendue communication comprise », *Justices*, 1996-4, 175. V. aussi J.-L. Bergel, *Théorie générale du droit*, Dalloz, 4e éd., 2003, nos 208 s. (le langage judiciaire). C. Robin, *La langue du procès*, Presse univ. Clermont-Ferrand/LGDJ, préf. J.-P. Delmas-Saint-Hilaire, 2000 ; S. Guinchard *et alii*, *Droit processuel. Droit commun et droit comparé du procès équitable*, nos 402-407. « Les mots de la justice », *Droits*, 2001, no 34.

ves [1] ; ils le sont ensuite quant à la réalité qu'ils recouvrent, car le langage des juges ne fait qu'un avec celui du droit lui-même. L'intelligibilité du langage judiciaire s'impose d'autant plus que, dans le domaine proche de la règle juridique elle-même, le Conseil constitutionnel voit dans l'intelligibilité de la loi un principe de valeur constitutionnelle [2]. Dans son état actuel, le langage dit judiciaire est généralement l'objet de critiques, parfois sévères [3].

Il lui est reproché son hermétisme, qui le rendrait difficilement intelligible aux justiciables, et qui résulte de son vocabulaire et de sa syntaxe. Ce problème n'est malheureusement pas nouveau puisque déjà Daumier dénonçait dans certains de ses dessins, l'hermétisme du langage judiciaire, comme l'une des principales caractéristiques des relations entre le justiciable et la justice [4].

214 ***Le vocabulaire judiciaire*** ◊ Ce vocabulaire, qu'il vaudrait mieux appeler juridique, s'éloigne en effet du langage courant [5]. Le droit, et la procédure qui est la forme de sa mise en œuvre, représentent avant tout des techniques, et toute technique a sa langue propre. Cette situation correspond à une exigence de précision ; à des concepts particuliers correspondent les termes spécifiques qui les désignent. Tantôt ceux-ci sont propres au langage judiciaire : litispendance, connexité, cassation par exemple ; tantôt il s'agit de mots de la langue courante, mais dotés ici d'un sens particulier, comme les termes d'exploit, de distraction, d'exception. Pour des raisons historiques, liées à la formation de notre droit et de notre procédure, les expressions juridiques sont assez souvent des formules latines, utilisées d'ailleurs de manière fréquemment elliptique. La justice étant, comme toute technique, affaire avant tout de techniciens (les praticiens du droit : magistrats, avocats, avoués, huissiers) le particularisme de son vocabulaire est dans l'ensemble une difficulté moins gênante que ne le serait la banalisation de son langage, si elle devait se réaliser au prix de son imprécision [6]. Le justiciable désirant connaître le sens exact des termes juridiques peut d'ailleurs utiliser les lexiques spécialisés [7], qui remplissent à l'égard du droit la même fonction que

1. Les mots de « langage administratif » feraient penser au style non des juges administratifs, mais de l'Administration. L'expression « langage juridictionnel » résoudrait la difficulté, mais elle n'est pas usitée.
2. Décision 2000-437 DC du 19 déc. 2000.
3. V. A.-J. Arnaud, *Clefs pour la justice*, Seghers, 1977, p. 120 et s.
4. V. Planches n° 4 in *Le Charivari*, 11 avr. 1845 (« La Cour, vidant le délibéré ») et n° 10, in *Le Charivari*, 29 juill. 1845 (« et parlant à sa portière, ainsi déclarée... »).
5. M.-A. Frison Roche, « Étranger et langage judiciaire, approche sociologique ou l'étrangeté du langage judiciaire », *Gaz. Pal.* 4 févr. 1993, Doct.
6. En voir une dénonciation humoristique et acérée par le conseiller d'État C. Chabanol, « TKITOI. Du principe de lisibilité aux SMS », *AJDA* 2005, n° 35, p. 1921.
7. V. S. Guinchard et G. Montagnier (dir.), *Lexique de termes juridiques*, Dalloz. H. Roland et L. Boyer, *Locutions latines et adages du droit français contemporain*, Litec. Il existe d'autres lexiques plus spécialisés.

d'autres remplissent en matière d'informatique ou de management des entreprises.

Il convient cependant de reconnaître qu'un attachement excessif aux traditions aboutit à la survivance dans le vocabulaire judiciaire de termes tombés en désuétude dans la langue courante, qui compliquent inutilement la lecture des actes judiciaires. Un effort de modernisation s'impose, pour mettre fin à des archaïsmes qui se retrouvent également dans le style judiciaire.

215 *La syntaxe judiciaire* ◊ Elle s'éloigne assez largement, malgré une évolution déjà sensible, du style de la langue écrite courante. Il existe un « style du Palais », qui déconcerte souvent le justiciable, et qui est lié en partie au raisonnement judiciaire – ou plus exactement, juridictionnel. Le principe est que le juge ne peut qu'appliquer le droit [1], ce qui confère au raisonnement du juge la démarche intellectuelle d'un syllogisme, dont la prémisse est représentée par les textes ou autres règles de droit applicables à l'affaire [2], la majeure par le rattachement des faits de la cause à ces règles (« motifs » du jugement), la tierce par la décision qui en découle (« dispositif »). Par exemple :

– tel texte subordonne tel type d'activité à une autorisation administrative,

– or l'activité en cause relève pour telles raisons de ce type d'activité,

– donc l'activité en cause, exercée sans autorisation, est illégale (d'où : condamnation à une amende pénale, ou à des dommages-intérêts, ou à la destruction de son résultat matériel).

216 *La structure du jugement* ◊ Dans les décisions de justice, la majeure (« les motifs ») est rédigée sous forme *d'attendus* chez les juges judiciaires (attendu que l'activité en cause, etc.), et de *considérants* chez les juges administratifs [3] (considérant que l'activité en cause...), ce qui confère à la rédaction des jugements un style particulier, caractéristique pour l'opinion de la syntaxe des tribunaux. Ce style de rédaction tend à donner une netteté particulière au raisonnement, en scindant en autant de propositions distinctes chaque élément de ce dernier. Ce mode de rédaction n'est pas en soi un obstacle à l'intelligibilité du jugement, qu'il articule au contraire en autant d'alinéas distincts. Mais la France ne

1. Encore que l'interprétation qu'il en fait aboutisse parfois à le créer ; ce rôle créateur de droit de la jurisprudence est particulièrement net en contentieux administratif où les « principes généraux du droit » qu'appliquent les juges ont souvent été dégagés par eux-mêmes (création dite « prétorienne » du droit). Sur ce pouvoir créateur de droit du juge, v. *supra*, n° 98 et les ouvrages d'Introduction au droit.

2. Qui figurent en tête de la décision dans les « visas », encore que l'on s'y réfère parfois en renvoyant seulement aux « conclusions » des avocats, qui les mentionnent.

3. L'usage des considérants se retrouve également dans les arrêts des cours d'appel judiciaires. Inversement, la Cour des comptes et les chambres régionales des comptes privilégient l'usage des attendus.

connaît pas le système de l'opinion dissidente, le jugement exprimant la pensée collégiale des membres de la juridiction [1].

L'obscurité de trop de décisions pour les justiciables, auxquels elles sont pourtant destinées, tient surtout à des facteurs extérieurs à la pensée juridique : lourdeur fréquente des propositions, composées de subordonnées dont l'enchaînement rend la phrase trop longue et sa compréhension difficile, utilisation de constructions archaïques ou abusivement elliptiques.

Cet ésotérisme – au moins relatif – de fond et de forme de nombreuses décisions de justice se manifeste dans des conditions différentes dans les deux ordres. Les juridictions judiciaires, héritières, à la Révolution, des traditions de celles qui les avaient précédées (et d'une partie de leur personnel) ont eu une tendance plus accentuée à maintenir jusqu'à ces dernières années un vocabulaire et un style quelque peu vieillis ; leurs magistrats n'étaient pas seuls en cause ; la langue employée par les juges judiciaires a été largement influencée par celle des avocats, des avoués, des notaires, utilisant parfois des formulaires sclérosant le langage. Pour le jeune praticien, reprendre des expressions utilisées depuis des décennies – et souvent plus – était tout à la fois un moyen de montrer que l'on connaissait les usages de la profession, et une garantie contre les vices de forme. S'ajoutait chez certains une confusion entre l'obscurité du style et le respect qu'ils voulaient garantir à l'œuvre de justice, un texte compréhensible seulement aux initiés leur paraissant devoir susciter une crainte révérencielle.

Il convient d'ajouter qu'un mouvement assez net de rajeunissement du style judiciaire se manifeste actuellement [2].

217 ***Le style des juridictions administratives*** ◊ Créations du XIXe siècle et plus proches de la vie active que les juges judiciaires, par les modalités de leur recrutement, ces juridictions rendent des jugements dans une langue généralement plus accessible ; on peut déplorer, cependant, que le Conseil d'État statue trop souvent selon des formules exagérément ramassées ; cette concision, qui frôle parfois le procédé, contribue à donner à ses arrêts une densité de style caractéristique (*l'imperatoria brevitas* du Conseil d'État), mais qui n'en facilite pas la lecture pour le non-spécialiste [3]. Bien qu'il s'agisse de documents internes, on peut aujourd'hui encore relever que le style de beaucoup de conclusions présentées par le

1. E. Zoller, « La pratique de l'opinion dissidente aux USA », in *Mélanges P. Avril*, Montchrestien, 2001, p. 609.
2. Une circulaire du 15 sept. 1977 sur la modernisation du vocabulaire judiciaire appelait déjà l'attention des tribunaux sur ces points.
3. V. B. Ducamin, « Le style des décisions du Conseil d'État – Les réactions d'un public cultivé, commentaires sur un questionnaire », *EDCE* n° 36 (1984-1985), p. 129 ; le questionnaire portait sur le degré d'intelligibilité de plusieurs arrêts du Conseil d'État, reproduits en annexe. L. Fougère, « La modernisation du langage juridique », *ibid.* p. 121 ; A. De Laubadère, « Le Conseil d'État et l'incommunicabilité », *ibid.*, n° 31 (1979-1980), p. 17.

Parquet de la Cour des Comptes est très éloigné de la syntaxe contemporaine voire quelque peu déroutant pour le lecteur non spécialiste...

218 ***L'action du ministère de la Justice*** ◊ Quelles que soient les juridictions en cause, l'inconvénient majeur de l'obscurité d'une langue de procédure réside dans le fait que la justice est un service public, donc une activité exercée par l'État au profit des usagers, qui sont les justiciables. Si l'on peut, à la rigueur, s'accommoder d'une technicité assez poussée des actes de procédure, qui pratiquement ne font intervenir et ainsi n'intéressent que les praticiens du droit, il est nécessaire que la réponse donnée par le service public à l'usager, c'est-à-dire le jugement, soit rédigée avec une clarté suffisante pour que le justiciable comprenne la réponse à la question posée et les raisons pour lesquelles il lui a été donné tort ou raison [1]. Depuis quelques années, la Chancellerie (c'est-à-dire le ministère de la Justice) œuvre dans ce sens par des circulaires qu'elle adresse aux juridictions judiciaires, et il convient de reconnaître que la langue du Palais a déjà bénéficié d'un très sensible renouvellement en vue de la rendre intelligible au plus grand nombre [2].

§ 2. Une justice diligente : temps et justice

On dit souvent que la justice est lente à être rendue. On en dressera le constat (I), avant d'en déterminer les causes (II) et de rechercher des solutions (III). Il convient de noter que l'article L. 111-3 du Code de l'organisation judiciaire pose en principe que *« les décisions de justice sont rendus dans un délai raisonnable »*.

I. Le constat et le contexte européen

219 ***Les lenteurs de la justice*** ◊ Souhaiter que la justice soit « bien » rendue implique non seulement que la décision du juge soit juridiquement correcte, mais aussi qu'elle intervienne dans un délai utile. Il suffit pourtant de lire certains arrêts émanant de juridictions des deux ordres pour constater que les faits de la cause sont intervenus une dizaine d'années

1. La Recommandation R. 81.7, préc., du Conseil de l'Europe appelle à la simplification de tous les documents juridiques, qui doivent être rédigés dans un langage facilement compréhensible.

2. Sur ces problèmes, V. J.-L. Sourioux et P. Lerat, *Le langage du droit*, PUF, 1975 ; P. Mimin, *Le style des jugements*, Litec, 1978 ; F.-M. Schrœder, *Le nouveau style judiciaire*, Dalloz, 1978 ; « Le langage du droit », *Archives de philosophie du droit*, Sirey, 1974, t. 19, ; H. Battifol, « Observations sur la spécificité du vocabulaire juridique », in *Mélanges G. Marty*, 1978, p. 35 ; H. A. Schwarz-Liebermann, « Langage et Droit », in *Mélanges J. Vincent*, Dalloz, 1981, p. 399. Ph. Malaurie, « Le droit français et la diversité des langues », *Clunet* 1965. 565. L. 75-1349 du 31 déc. 1975 sur l'emploi de la langue française (Commentaire Ph. Jestaz, *RTD civ.* 1976. 429) et circulaires des 14 mars et 15 sept. 1977, la seconde sur le vocabulaire judiciaire ; J. Verin, « Recherches sur les problèmes de communication entre les justiciables et la justice », *RSC* 1976. 190.

auparavant, parfois plus loin encore dans le passé. Face à cette situation, la revendication d'une accélération du fonctionnement du service public de la justice est devenue générale, et son besoin est admis aussi bien par les plus hautes autorités de l'État [1], que par la Convention européenne des droits de l'homme, dont l'article 6-1 dispose que : « Toute personne a droit à ce que sa cause soit entendue... dans un *délai raisonnable...* ». En matière pénale, cette exigence est soulignée spécialement par son article 5-3, selon laquelle toute personne faisant l'objet d'une détention préventive « a le droit d'être jugée dans un délai raisonnable » [2] (v. *supra*, n° 74). Et si le non-respect de l'obligation de statuer dans un délai raisonnable « est sans incidence sur la validité de la décision juridictionnelle » [3], elle est cependant de nature à engager la responsabilité de l'État (v. *infra*, n° 240).

1. Le président de la République s'adressant au Conseil d'État le 14 nov. 1979 (v. ce Précis, 3 éd., 1991, n° 120, en note) et... 16 ans plus tard, le garde des Sceaux confiant une mission sur ce sujet à J.-M. Coulon, Président TGI Nanterre, rapport publié en 1997, *Doc. fr.* Nouvelle mission confiée, en 2004, au Président du TGI de Paris, « *Célérité et qualité de la justice* », Doc. fr. 2004, mission prolongée en 2008 par une nouvelle mission sur la procédure d'appel. V. Raynaud, *Le principe de célérité en droit judiciaire privé, mythe ou réalité ?* (conférence prononcée en mai 1984, Ass. fr. dr. jud. pr.). Rapport S. Guinchard sur la procédure civile *Travaux du XVe Colloque des IEJ*, Clermont-Ferrand, 1983, *Le temps dans la procédure*, Ann. Fac. dr. Clermont-Ferrand, 1983 ; rapport sur *Les solutions d'organisation procédurale* au Colloque organisé par le TGI Nanterre et Ass. phil. de droit, 5 déc. 1995 (rapport de synthèse F. Terré et rapport sur les aspects européens, M. A. Frison-Roche) Dalloz, coll. « Thèmes et commentaires », 1996. V. aussi Journées études des avoués, Besançon, sept. 1995. J. Héron, « Le temps et la procédure, rapport aux États généraux de la profession d'avocat sur la réforme de la procédure civile », *Rev. jur. Ile-de-France*, oct.-déc. 1997, Dalloz. Y. Strickler, « *Les lenteurs de la justice, le procès* », Annales Toulouse, 1998, p. 33 ; J. Foyer, « La judiciarisation en délire ou de l'abus du droit en un nouveau sens », in *Mélanges F. Terré*, Dalloz/éd. Technique/PUF, 1999, p. 749 ; G. Canivet « Du principe d'efficience en droit judiciaire privé », in *Mélanges P. Drai*, Dalloz, 2000. J. Normand, « Les facteurs d'accélération de la justice civile », *ibid* ; Ph. Thery, « La justice entre l'exigence de la durée et la contrainte de l'urgence », *Droits* 2000-30, p. 89. S. Amrani-Mekki, *Le temps et le procès civil*, Dalloz 2002, préf. L. Cadiet ; « Le principe de célérité », *RFAP* 2008, n° 125, p. 43. – Ch. Gavalda, « Le temps et le droit », in *Mélanges B. Mercadal*, éd. F. Lefèbvre, 2002. Les Entretiens de Saintes, 4 févr. 2006, *La Justice à l'épreuve du temps*. « Le temps et le droit », dossier de la revue *Justice et cassation*, Dalloz, 2007. B. Bestard et Ch. Mouhanna, *Une justice dans l'urgence*, PUF, coll. « Droit et Justice », 2007.

2. Dans l'affaire *Ringeisen*, la Cour européenne des droits de l'homme ayant reconnu la violation de cette disposition à l'égard de ce prévenu lui a accordé une indemnité de 20 000 DM. V. le commentaire R. Pelloux sur les trois arrêts rendus dans cette affaire, *Ann. dr. internat.*, 1974, p. 334 ; v. aussi sur l'application de l'article 5-3, l'affaire *Neumeister*, arrêt du 27 juin 1968, *ibid*, 1969, p. 276. Dans l'affaire *Vallon*, portée devant la Cour, celle-ci a rayé l'affaire de son rôle par un arrêt du 28 mai 1985 constatant le versement amiable par le Gouvernement italien d'une indemnité de 6 millions de lires (environ 4 500 euros) à l'intéressé, condamné à 14 ans de prison pour meurtre, en raison de la durée reconnue excessive de la détention provisoire et de la procédure (cinq ans). Le développement du droit de recours individuel a multiplié les arrêts de la Cour ou les résolutions du Comité des ministres du Conseil de l'Europe – accordant des indemnités en raison des lenteurs excessives du fonctionnement des tribunaux. Le fait que quelques États sont plus souvent en cause que d'autres montre à la fois que cette lenteur n'est pas limitée à un seul pays, mais aussi que le phénomène est plus préoccupant dans certains États que dans d'autres. Sur l'ensemble de la question en droit européen, v. S. Guinchard *et alii*, *Droit processuel. Droit commun et droit comparé du procès équitable*, n°s 421 à 434.

3. CE 25 janv. 2006, *AJDA* 2006. 589, chron. Cl. Landais et F. Lenica.

On peut illustrer cette lenteur par le chiffre du délai moyen nécessaire pour obtenir un jugement en 2007 (derniers chiffres publiés), que publie le ministère de la justice :

Durée moyenne * de règlement des affaires en 2007

	Unité : mois
	2007
Cours d'appel	13,3
Tribunaux de grande instance	6,9
Tribunaux d'instance et juridictions de proximité	4,9
Conseils de prud'hommes	
Tribunaux de commerce	10,2
Pour les juridictions administratives, délai d'écoulement du stock :	5,510
Conseil d'État	9,9
Cours administratives d'appel	13,1
Tribunaux administratifs	14,2

Source : Les chiffres clés de la Justice, octobre 2008.

* Pour chaque affaire civile terminée dans l'année, la durée est l'intervalle entre la date de saisine et la date du jugement. Pour une juridiction, ou pour un ensemble de juridictions, « La durée moyenne » est la moyenne arithmétique des durées de toutes les affaires terminées cette année-là.

Par ailleurs, on observe que le nombre de procès n'est pas le même dans les diverses parties de la France ; il varie évidemment en fonction de la population, mais aussi d'autres facteurs (mentalité plus ou moins processive, situation économique ou sociale, nombre des auxiliaires de justice, etc.) [1]. Il ne faut pas confondre vitesse et précipitation et faire de la rapidité un objectif en soi. Une justice hâtive peut, au final, retarder l'issue du procès [2].

II. Les causes de lenteur

220 ***Causes matérielles : la lenteur subie*** ◊ La rapidité de tout service public dépend des moyens qui sont mis à sa disposition, en personnel et en équipements [3]. Comme tout autre, le service public de la justice fonctionne dans le cadre des crédits budgétaires qui lui sont affectés. Et si le budget de la justice est passé de 0,65 % du budget de l'État en 1965, à 2,40 % en 2008 (v. *infra,* n° 247), cet effort est resté long-

1. Sur cette disparité, v. les chiffres clefs de la Justice qui donnent désormais la répartition des juridictions selon la durée de traitement des affaires.
2. G. Bolard et P. Drai, « Justice hâtive, justice rapide », *JCP* 1997. I. 4061.
3. En dernier lieu, après tant d'autres rapports, *Sénat,* n° 49, 1996-1997, *Quels moyens pour quelle justice ?*

temps insuffisant face à l'accroissement des contentieux [1], ce que le CEPEJ ne manque pas de souligner (v. *supra*, n° 197). Mais la revendication de toujours plus de moyens pour la Justice, à la limite parfois de la démagogie [2], comporte en elle-même ses limites dans l'idée, désormais avancée par certains, d'une meilleure productivité des juges, celle-ci ayant diminué [3], puisque le contentieux civil est en diminution constante depuis 1996 [4].

221 ***Causes juridiques : la lenteur acceptée*** ◊ La justice ne peut se fixer pour objet primordial d'être rapide ; à côté de la lenteur *subie*, il existe ici une lenteur *acceptée*, liée à la nécessité fondamentale de protection du justiciable. Celle-ci est particulièrement manifeste dans le cas du procès pénal : la justice expéditive est celle du « justicier », non celle du juge. C'est pourquoi nous avons parlé de « justice diligente ».

Bien qu'elle ait mauvaise réputation et que son formalisme apparaisse irritant au demandeur pressé d'obtenir le jugement, la *procédure* est avant tout une garantie pour le justiciable. Selon la formule classique de Ihering « La forme est la sœur jumelle de la liberté ». La succession minutieusement réglementée des phases de l'instance, l'exigence de voies de recours sont autant de conditions nécessaires au respect fondamental des droits de la défense. Si l'on doit s'efforcer de concilier leur garantie avec le besoin d'un délai raisonnable de solution des litiges, et avec la prévention du recours à des procédés purement dilatoires par le plaideur de mauvaise foi, on ne pourrait, sans des inconvénients plus graves encore, abréger ce délai en sacrifiant les droits du défendeur [5].

1. La « condamnation » d'un État pour délais excessifs des jugements peut être à l'origine, pour en éviter la répétition, d'un effort particulier des États ; v. *supra*, n° 75, les conséquences budgétaires de l'arrêt du 7 juillet 1989 dans l'affaire *Union Alimentaria Sanders SA*. On ajoutera que la lenteur de la justice peut être due, exceptionnellement, à une cause purement accidentelle : dans l'affaire *Société Cabinet Revert et Badelon*, du 30 octobre 1996, qui a marqué une avancée importante de la jurisprudence communautaire du Conseil d'État, l'appel avait été enregistré en 1982 ; mais le dossier avait été égaré. V. concl. M.-G. Goulard, *Bull. concl. fisc., F. Lefebvre*, 6/96, spéc. p. 72.

2. Par ex. déclaration du secrétaire général de l'USM, *L'Express* 27 juin 2002. Ou encore les déclarations de l'ensemble des organisations syndicales de magistrats, lors de l'affaire d'Outreau et de la mise en cause de la Justice, notamment le 4 avril 2006 lorsqu'elles ont été auditionnées (avec des magistrats pris ès qualité et un professeur de droit à Paris 2, signataire de ces lignes) par la Commission d'enquête parlementaire.

3. H. Lehman, *Justice, une lenteur coupable*, PUF, 2002 (interview de l'auteur, *Le Figaro*, 18 oct. 2002 ; compte-rendu par l'auteur *in Le Figaro Magazine*, 23 nov. 2002). *Contra* : *Le Nouveau pouvoir judiciaire*, sept. 2001, p. 42.

4. A. Saglio, *BICC* 1er mai 2003.

5. Des exemples il est vrai exceptionnels montrent que la lenteur de la justice tient beaucoup plus à l'encombrement des juridictions qu'à l'inadéquation des règles de procédure. En 1962, dans la période de crise de la fin de la guerre d'Algérie, un tribunal spécial créé par une ordonnance du président de la République avait condamné à mort trois accusés le 17 septembre 1962 ; leur exécution devait, selon la presse, intervenir le 20 octobre ; l'arrêt du Conseil d'État annulant l'ordonnance créant cette Cour militaire sur recours des condamnés intervient le 19 octobre ; V. CE, Ass., 19 oct. 1962, *Canal, Robin, Godot*, v. *GAJA*, 17e éd., 2009, n° 81. De même, dans l'affaire particulièrement complexe

Quels que soient les aménagements qui seraient apportés à la procédure, l'accélération du jugement des affaires trouverait d'ailleurs une limite de fait dans l'accroissement de leur nombre. Il existe une sorte de « loi de Wagner » de l'augmentation des litiges. L'exemple du contentieux administratif est éclairant ; par elle-même, l'ampleur de l'intervention réglementaire de l'État dans un grand nombre de domaines est génératrice d'un contentieux potentiel abondant ; mais en outre, dans le souci louable de garantir les droits des administrés, les textes se sont multipliés qui facilitent l'introduction des instances, souvent d'ailleurs dispensées de ministère d'avocat. Par exemple, en cas de demande adressée à l'État ou à ses établissements publics, le récépissé qui doit être délivré doit notamment mentionner le délai au terme duquel interviendra la décision implicite de rejet éventuelle, ainsi que les délais et voies de recours contre celle-ci [1]. En outre, l'aide juridictionnelle, pour indispensable qu'elle soit, ne peut qu'encourager à saisir le juge. De telles améliorations des relations entre l'Administration et ses usagers, pour bénéfiques qu'elles soient au plan des garanties individuelles, ne peuvent évidemment que pousser au contentieux. Et l'on retrouve la même tendance et les mêmes solutions en procédure civile (par ex. art. 680, CPC).

III. Les palliatifs

En attendant que le problème des moyens de la justice soit abordé au fond, différentes mesures contribuent à lui apporter des palliatifs – même si certains ne sont pas directement inspirés par cette préoccupation. On peut citer, à titre d'exemples, trois axes de réflexions et de réformes potentielles :

222 ***Diminution du nombre des instances*** ◊ **a)** Pour diminuer l'encombrement des rôles d'audience, il est possible, à défaut d'augmenter le nombre des magistrats, de restreindre le nombre des plaideurs. L'intérêt de la mesure n'est pas seulement budgétaire : il est préférable pour la paix sociale de prévenir les procès plutôt que de les résoudre. Tout ce qui contribue à éteindre les litiges avant qu'ils n'aboutissent à une instance allège d'autant la charge des juges [2]. C'est le cas du développement de la conciliation. En matière de contentieux administratif de

de la *Fusion du Crédit Agricole et du Crédit Lyonnais*, où diverses raisons appelaient une décision rapide du Conseil d'État celui-ci, saisi le 27 mars 2003, a rendu son arrêt le 16 mai, six heures seulement après la présentation de ses conclusions par le commissaire du Gouvernement ; v. CE, Ass., 16 mai 2003, *Fédération des employés et cadres* [CGT-FO] et autres, *ADJA* 2003, p. 2003, chron. gén. jur. F. Donnat et D. Casas.

1. Décret n° 83-1025 du 28 nov. 1983, art. 5 à 8, V. *EDCE*, 1985-1986, p. 159.

2. Ceci contribue à expliquer l'encouragement apporté par les pouvoirs publics au développement des formes amiables de règlement des litiges. Caractéristique est à cet égard l'introduction de la circulaire précitée du 4 septembre 1981 (v. *supra* n° 45, note) : « la nouvelle procédure de règlement amiable des litiges concernant les marchés publics répond en premier lieu (...) à la préoccupation des pouvoirs publics de remédier à l'encombrement des juridictions administratives et d'éviter les inconvénients inhérents aux actions en justice, en développant la conciliation au niveau du recours gracieux ». V., à propos de la publication du Rapport d'activité 2005 du Conseil d'État, l'entretien avec le Vice-président du Conseil d'État, *AJDA* 2005. 628.

masse, la pratique du recours obligatoire préalable devant l'Administration évite, dans de bonnes conditions que les juridictions soient submergées par des requêtes dont la solution est souvent relativement simple ; l'exemple type en est donné, traditionnellement, par le contentieux de l'assiette et du recouvrement de l'impôt [1] ; en 2001, un recours préalable obligatoire a été introduit en matière de litiges relatifs à la situation individuelle des militaires [2]. V. *supra* n°s 43 et s., sur ces modes alternatifs de règlement des conflits.

Dans cette perspective, la loi du 6 janvier 1986 a introduit devant le tribunal administratif une procédure de conciliation, codifiée sous l'article L. 211-4 CJA. Dans la ligne de ces efforts pour diminuer la masse des litiges portés devant le juge, l'article 13 de la loi du 31 décembre 1987 créant les Cours administratives d'appel prévoit que « des décrets en Conseil d'État déterminent dans quelles conditions les litiges contractuels concernant l'État, les collectivités territoriales et leurs établissements publics, ainsi que les actions mettant en jeu leur responsabilité extra-contractuelle sont soumis, avant toute instance arbitrale ou contentieuse, à une procédure préalable soit de recours administratif, soit de conciliation » [3] (v. *supra* n° 45).

b) *On peut aboutir au même résultat en « déjuridictionnalisant » certaines catégories d'affaires !* Les exemples ne manquent pas : du système d'amendes en matière de contraventions de circulation ou de toutes les procédures alternatives en matière pénale : composition pénale ou comparution sur reconnaissance préalable de culpabilité ; du règlement du partage des responsabilités en matière d'accidents matériels de voitures par des conventions entre les compagnies d'assurance ; exemple également de la réforme réalisée en matière de responsabilité civile, en cas d'accidents entre un automobiliste et un piéton, loi n° 85-677 du 5 juillet 1985, ou encore de la dépénalisation des émissions de chèques sans provision. En matière civile, la loi du 8 février 1995 qui confie au greffier du TGI des compétences autrefois dévolues au juge des affaires familiales. La légitimité du juge y gagnerait, sans doute parce que la banalisation du recours au juge pour des activités très éloignées de la fonction de juge le décrédibilise [4], sans compter que dans le domaine familial et du droit des personnes, l'intrusion du juge dans la vie privée des Français, en l'absence de tout contentieux, peut

1. Dans les années 1990, environ 4 millions de réclamations fiscales étaient adressées annuellement à l'Administration fiscale ; grâce au mécanisme du mémoire (c'est-à-dire, de la réclamation) adressé au fisc, plus des 4/5 des litiges étaient réglés à ce stade.

2. Décr. n° 2001-407, 7 mai 2001. V. J.-L. Pissaloux, « Une expérience réussie : le recours administratif préalable des militaires », *AJDA* 2005. 1042.

3. Aucun texte d'application n'a encore été pris mais des circulaires encouragent le recours à la transaction par l'administration (v. *supra*, n° 45). Le Conseil d'État souligne l'intérêt que présente la technique des recours préalables devant l'Administration pour alléger la tâche du juge administratif (si celle-ci « joue le jeu » en examinant impartialement les recours dont elle est saisie ...). V. notamment la loi 2000-597 du 30 juin 2000, posant l'exigence d'un tel recours pour la fonction publique civile et militaire (sauf en matière disciplinaire et de recrutement).

4. G. Wiederkehr, « Qu'est-ce-qu'un juge ? », in *Mélanges R. Perrot*, Dalloz, 1996, spéc. p. 583.

irriter ceux qui y sont soumis et leur donner une mauvaise image du juge et de la justice [1].

Peut-on aller plus loin et, par exemple, transférer toute *la juridiction gracieuse à d'autres qu'aux tribunaux* puisque dans ce cas, l'organe chargé de dire le droit, le fait *en l'absence* de litige ? Le législateur a commencé à réaliser ce transfert, en l'occurrence vers les notaires ; ainsi, une loi du 23 juin 2006 a supprimé le caractère obligatoire de l'homologation d'un changement de régime matrimonial par le président du TGI, tout au moins s'il n'y a pas d'opposition de la part des enfants majeurs ou des créanciers (C. civ., art. 1397) ; ce sont les notaires qui réalisent et valident l'acte. C'est sans doute cet exemple qui a incité le ministre du Budget à proposer, en décembre 2007, sur la suggestion de la *Révision générale des politiques publiques*, de transférer le divorce par consentement mutuel aux notaires ; outre que l'idée a mis le feu à la profession d'avocat, elle n'a pas été validée par la commission dite Guinchard (du nom de son président) sur la réorganisation des contentieux et la déjudiciarisation, au motif essentiel que le gracieux c'est aussi une manière de dire le droit et que cette fonction ne peut pas être déléguée à d'autres qu'à des juges, sans risque fort de déstabilisation sociale. La commission a montré les limites de l'exercice consistant à chercher dans les transferts de contentieux ou du gracieux à d'autres qu'aux juges, les moyens de réduire le nombre de magistrats, donc de faire des économies budgétaires en termes de postes de fonctionnaires (v. *infra*, n° 251 b). Dans le même ordre d'idée, mais avec moins de problème de principe (encore que le juge a souvent un rôle de forte implication sociale, au-delà du strict juridique), on peut songer à décharger les magistrats des tâches purement administratives, celles pour lesquelles ils sont plus des greffiers que des juges : ainsi, on a confié aux notaires la possibilité de recevoir (en concurrence avec le président du TGI), la déclaration des époux ou concubins, qui veulent recourir à une procréation médicalement assistée, avec intervention d'un tiers donneur (art. 115-7-2, C. civ.). Ce transfert de compétence pourrait être généralisé, la justice retrouvant ainsi des « magistrats » [2]. Cette idée de favoriser la déjudiciarisation a été reprise par certains avec d'autres propositions [3]. La commission Guinchard a présenté de très nombreuses propositions de transferts de tâches, mais en insistant sur la dimension humaine de la justice, qui ne permet pas de faire n'importe quoi en ce domaine (v. *infra*, n° 251 b) [4].

c) *On peut aussi traiter préventivement les difficultés d'ordre juridique*, en donnant par avance des solutions aux questions de droit nouvelles se posant dans de nombreux litiges et qui risqueraient d'aboutir à de nombreux pourvois en cassation ; c'est la saisine pour avis de la Cour

1. P. Murat, *Justices*, 1997-6, 214-218.
2. S. Guinchard, *in Le temps en procédure civile, les solutions d'organisation procédurale*, colloque TGI Nanterre et Ass. fr. philo. droit, 5 déc. 1995, coll. « Thèmes et commentaires », Dalloz, 1996.
3. *Pour la Justice*, Institut Montaigne, sept. 2004, p. 11, qui préconise la simplification des structures (suppression des juridictions administratives, unification des juridictions existantes, mise en place de un ou deux tribunaux de pleine compétence par département, développement de l'échevinage), la simplification des procédures (alignement des délais de procédure sur les plus courts) et des flux contentieux (transfert des contentieux de masse à des organismes distincts des juridictions étatiques, promotion des modes alternatifs, déjudiciarisation).
4. *L'ambition raisonnée d'une justice apaisée*, Doc. fr., 2008.

de cassation (v. *infra* n° 680) ou du Conseil d'État (v. *infra*, n° 724-II).

223 ***Accélération des jugements*** ◊ **a)** *Techniquement, on pourrait y parvenir en supprimant la collégialité de certaines juridictions*, soit directement en créant des juridictions à juge unique (c'est le cas du tribunal d'instance successeur du juge de paix, de la juridiction de proximité), soit indirectement en confiant certaines questions se rattachant à un procès à un juge unique spécialisé, comme c'est le cas par exemple pour le juge délégué aux affaires familiales ou le juge de l'exécution [1] ou encore, auprès du tribunal administratif, pour certaines affaires énumérées (art. R. 222-13, CJA). Sur ce problème, v. *supra* n° 138.

b) Le même résultat peut être atteint en divisant les juridictions en plusieurs formations de jugement, généralement appelées « chambres », et « sous-sections » au Conseil d'État. Juridiquement, on demeure en présence d'un seul et même tribunal, mais en le divisant en plusieurs chambres, on a l'équivalent pratique d'un nombre égal de juridictions distinctes, tout en maintenant l'unité des moyens.

Ce système permet néanmoins de garantir l'unité de la jurisprudence, lorsqu'il est possible de renvoyer les affaires particulièrement délicates au jugement d'une formation regroupant plusieurs chambres, voire toutes, et dont les décisions feront autorité. C'est notamment le cas de la Cour de cassation, dont le premier président peut réunir plusieurs chambres en Chambre mixte, ou toutes les chambres en Assemblée plénière. De même le Conseil d'État, qui juge d'ordinaire par les dix sous-sections de la Section du contentieux, peut juger en formation de Section, ou en Assemblée plénière.

c) *De façon plus radicale, on peut alléger la tâche d'une juridiction particulièrement encombrée en transférant une partie de ses compétences à d'autres juridictions :*

– *existantes*, comme cela fut le cas pour les tribunaux administratifs qui en 1953 ont reçu, à la place désormais du Conseil d'État, la qualité de juridictions administratives de droit commun en matière de contentieux administratif ;

– *créées à cet effet*, méthode à laquelle il a été recouru en 1982 avec la création des chambres régionales des comptes (qui a également permis de rapprocher le contrôle des collectivités locales de celles-ci, au moment où la loi du 2 mars 1982 accroissait considérablement la décentralisation), qui a déchargé la Cour des comptes d'une quantité importante de ses dossiers, en 1987 avec la création des Cours administratives d'appel, auxquelles a été transféré l'appel des jugements rendus par les tribunaux administratifs, qui relevait jusque-là

1. L'exemple du Conseil d'État montre (v. plus loin) que pour désencombrer le prétoire d'une juridiction, on peut faire l'économie de l'examen en formation collégiale de certaines questions plus simples, comme le règlement des difficultés de compétence entre les juridictions administratives, en en confiant la décision à un juge unique – en l'espèce le Président de la Section du Contentieux. Mais dans cette voie il convient de veiller à l'égalité des justiciables se trouvant dans des situations comparables, cette égalité ayant valeur constitutionnelle comme l'a décidé le Conseil constitutionnel dans l'affaire dite du juge unique correctionnel : v. la décision 75-76 DC, 23 juill. 1975 (*supra*, n° 138).

du Conseil d'État [1], et en 2002 avec la loi du 9 septembre qui crée les juridictions de proximité composées de juges non professionnels pour décharger les tribunaux d'instance du contentieux civil (jusqu'à une valeur de 4 500 euros) et les tribunaux de police du jugement de certaines contraventions celles des quatre premières classes.

La difficulté est, dans ces hypothèses, de faciliter l'insertion de ces nouvelles juridictions dans le tissu des tribunaux existants – et notamment de les faire accepter par les juridictions qui leur abandonnent une partie de leurs compétences – et dans la mentalité des justiciables. La solution adoptée pour les chambres régionales et pour les Cours administratives a été de les faire présider par des membres de la Cour des comptes pour les unes, par des membres du Conseil d'État pour les autres, et de prévoir des contacts suivis entre les « juridictions mères » et leurs épigones. Ainsi ont été assurées à la fois leur assise locale, par l'autorité accrue tirée du fait qu'elles apparaissent placées sous l'égide de juridictions prestigieuses, et la stabilité de la jurisprudence antérieure, renforcée d'ailleurs par les voies de recours qui les rattachent à la Cour des comptes et au Conseil d'État.

d) Pour accélérer le règlement des affaires, on peut limiter l'accès aux voies de recours ; la possibilité de faire appel d'une série de jugements rendue par le tribunal administratif a été supprimée en 2003 (art. R. 811-1, CJA) ; il s'agit, pratiquement, d'affaires jugées par le tribunal statuant à juge unique (v. ci-dessus, a). Ses jugements sont en outre insusceptibles d'opposition (art. R. 831-6 CJA). Exiger, en matière civile, que l'arrêt attaqué en cassation, voire le jugement de première instance frappé d'appel, soit préalablement exécuté pour que le recours soit examiné par la juridiction supérieure, est un moyen radical de freiner la croissance des contentieux de cassation et de réformation, même si c'est parfois au prix d'un déni de justice et au détriment des justiciables.

e) *Mesures d'appui indirectes à l'accélération des procédures.* Diverses mesures, procédurales, administratives, budgétaires, tendent à accélérer le jugement des affaires. À titre d'exemples :

– En matière procédurale, le décret n° 2005-1586 du 19 décembre 2005 destiné (entre autres) « à la prévention de la durée excessive de la procédure devant les juridictions administratives », a introduit dans le Code de justice administrative, deux dispositions conférant des pouvoirs nouveaux au chef de la mission permanente d'inspection des juridictions administratives ; celui-ci, saisi par une partie faisant état de la durée excessive d'une procédure, a la faculté de faire à la juridiction en cause « des recommandations visant à remédier à cette situation » (art. R. 112-2, CJA). V. aussi l'article R. 112-3, CJA, qui lui permet de saisir l'autorité compétente (notamment le ministre) de toute proposition propre à remédier à la situation [2] lorsqu'une décision a alloué une

1. Au plan communautaire, les mêmes causes produisant les mêmes effets, le remède à l'encombrement de la Cour de justice des Communautés a été cherché dans la création en 1988 d'un tribunal de première instance, chargé de juger des catégories de litiges gros consommateurs de temps en raison de la complexité des questions de fait qu'on y trouve, puis en 2005 d'un tribunal de la fonction publique européenne.

2. Redéploiement ou accroissement des moyens, redistribution des compétences, mise en place de procédures alternatives de règlement des litiges.

indemnité en réparation du préjudice causé par une juridiction administrative pour lenteur excessive de la procédure. Par ailleurs, les textes de la procédure peuvent préciser le délai dans lequel le juge doit statuer dans certaines catégories d'affaires prioritaires (comme en matière de droit au logement opposable, art. 441-2-3, C. constr. hab.). En fait, sans moyens humains suffisants, la fixation de délais ne peut avoir qu'un caractère normatif, la décision de justice, tardive, n'étant pas irrégulière de ce fait, sauf si la loi le prévoyait.

- En matière administrative, des incitations diverses peuvent être mises en place pour accroître l'efficience - on n'ose dire « le rendement » — des magistrats. Ainsi, dans les juridictions administratives, la prime versée à leurs membres (pouvant atteindre 20 % de leur traitement) est modulée en fonction de « l'importance et de la valeur des services » ; des « contrats d'objectif » peuvent être conclus avec l'autorité compétente, allouant des moyens déterminés en contrepartie de résultats définis. Cependant, les limites de tels procédés sont vite atteintes.

- En matière budgétaire, la mise en œuvre de la LOLF, a introduit une présentation des crédits par missions, divisées en programmes privilégiant la « performance publique ». Les juridictions administratives constituent (avec le Conseil économique et social) la mission « contrôle et conseil de l'État », divisée en programmes comportant des objectifs de performance et des indicateurs (chiffrés) de performance. Les juridictions financières forment un programme, le Conseil d'État et les autres juridictions administratives en forment un autre. A titre d'exemples, l'objectif « réduire les délais de jugement » de ce dernier comporte parmi ses indicateurs le délai prévisible de jugement des affaires en stock ; l'objectif « améliorer l'efficience des juridictions » est assorti - notamment - d'un indicateur « nombre d'affaires réglées par membre du Conseil d'État ou par magistrat des TA et des CAA ». L'accélération des délais de jugement ne devant pas être recherchée aux dépens de la qualité des décisions, le programme inclut également un objectif, « maintenir la qualité des décisions juridictionnelles », dont les indicateurs chiffrés sont représentés par le taux d'annulation, par les juridictions supérieures, des décisions rendues par les juges de premier degré et de second degré.

f) *En réalité, la véritable accélération des jugements passe par une augmentation des moyens affectés à la justice* [1], non seulement en magistrats mais aussi en personnel administratif et en moyens matériels et notamment par l'informatisation des greffes. Le CEPEJ montre du doigt l'insuffisance du budget de la justice en France en rapport avec le délai excessif des procédures (v. *supra*, n° 197).

Mais beaucoup a déjà été fait, et il ne faut pas exagérer la pénurie budgétaire de la justice [2], surtout dans un contexte général de « faillite » des finances publiques, qui est plus à la limitation de la dépense publique, qu'à son accroissement (v. *infra*, n°s 247 et s.). Il est vrai cependant, que lorsqu'une situation est bloquée, comme l'est aujourd'hui la justice en France, il faut avoir le courage de porter le regard ailleurs, de se remettre en cause. Il faut « sortir du

1. La Recommandation R. 81-7 du Conseil de l'Europe invite les États-membres à doter les tribunaux d'un personnel suffisamment nombreux.

2. Cf. H. Lehman, *Justice, une lenteur coupable*, PUF, oct. 2002, préc. *supra*, n° 220. Le corps des TA et des CAA est passé de quelques 600 magistrats en 1995 à 850 en 2005. Des TA ont été créés à Cergy-Pontoise, Melun, Toulon et Nîmes (2006), une CAA à Versailles.

cadre institutionnel actuel », comme un auteur l'a proposé dès 1995 [1], en indexant les moyens de la justice sur l'évolution des contentieux [2], mais à la double condition de réaliser préalablement un *audit de la justice*, afin de savoir qui fait quoi dans les juridictions, et de déterminer clairement la part de la déjuridictionnalisation et de la déjudiciarisation, déjà évoquée avec le transfert du gracieux aux notaires et de tâches administratives à d'autres acteurs de l'administration (v. *supra*, n° 222, b). Ensuite, mais ensuite seulement, il sera possible de revoir la carte judiciaire, peut-être de créer un corps d'administrateurs judiciaires pour soulager les magistrats des tâches administratives internes et qui les détournent de leurs fonctions juridictionnelles [3]. V. *infra*, n° 247, à propos de l'idée d'audit de la justice. Cette idée d'un « audit » de la justice, se retrouve dans les rapports que la Cour des comptes consacre à l'activité de la fonction publique. Dans son deuxième rapport (avril 2001), elle passe « au crible » le temps de travail des magistrats, très disparate selon les juridictions et les hommes [4]. V. aussi *supra*, n° 124, b, en note sur la rémunération des magistrats. Un audit des pôles financiers a été lancé par le ministre de la Justice en février 2003. Malheureusement, le pouvoir politique a fait le choix, en 2007-2008, d'inverser l'ordre des réformes : la refonte de la carte d'abord, l'expertise des hypothèses de déjudiciarisation ensuite.

En procédure civile, un décret n° 98-1265 du 28 décembre 1998 a concrétisé quelques-unes des suggestions du rapport remis par M. le Président Coulon au garde des Sceaux en janvier 1997 [5] : plusieurs dispositions tendent à faciliter le travail du juge (assignation qualificative, conclusions récapitulatives, rédaction allégée des jugements) et à créer une véritable justice de l'urgence [6]. Le décret du 28 décembre 2005 va dans le même sens, accroître les pouvoirs du juge, notamment de la mise en état, pour accélérer le cours des instances.

224 *Adaptations de la procédure* ◊

1) Modernisation des méthodes

a) Sans que l'on puisse entrer ici dans leur présentation concrète, on peut signaler au passage, en raison de leur intérêt pratique, l'utilisation dans les juridictions de nouvelles méthodes de traitement et de suivi des dossiers. Permises par le recours à l'informatique – et donc tributaires de son développement dans les tribunaux – elles visent notamment à réguler le calendrier du procès pour éliminer au maximum la cause de lenteur représentée par exemple par les reports d'audience. Ce résultat est atteint par le système des « contrats de

1. S. Guinchard, colloque TGI Nanterre, 5 déc. 1995, préc.
2. On se heurte parfois, parmi d'autres obstacles à la réticence de leurs membres de voir trop augmenter leur nombre ; ce réflexe est particulièrement marqué au Conseil d'État et à la Cour des comptes, dont les membres font partie des « grands corps » de l'État, dont le prestige est en partie lié à la relative faiblesse de leur effectif qui assure une sélection poussée.
3. S. Guinchard, rapport préc.
4. *Le Monde*, 25 avr. 2001, p. 6.
5. Doc. fr., 1997.
6. Commentaire : S. Guinchard, *D.* 1999. Chron. 65.

procédure »[1], ou la signature de protocoles entre une juridiction et l'organisation représentative des avocats ou des avoués[2].

b) L'utilisation des moyens modernes de transmission, aujourd'hui la télécopie, demain le courrier électronique (ou *E-mail*) et Internet, provoqueront sans doute des bouleversements inimaginables il y a seulement quelques années, mais ne vont pas sans poser dès maintenant des problèmes juridiques[3]. On signalera également l'utilisation de moyens de télécommunications au cours de la procédure d'enquête ou d'instruction qui entraînera nécessairement des modifications importantes en procédure pénale (art. 706-71 CPP)[4].

2) Adaptation à l'urgence

Les délais inhérents aux développements de l'instance peuvent, dans certains cas, créer pour le demandeur le risque d'un préjudice grave, voire irréparable : une saisie-attribution a été pratiquée pour une somme excessive bloquant le compte bancaire de l'intéressé, un accident s'est produit dont il faudrait établir un constat avant que l'état des lieux ne soit modifié, une autorisation de construire un immeuble sur l'emplacement d'un site de jardins publics protégés a été donnée. Dans de semblables hypothèses, il apparaît nécessaire de prendre des mesures d'urgence, indépendamment du résultat de l'instance qui tranchera du bien-fondé de la prétention du demandeur. Aussi existe-t-il, devant les juridictions des deux ordres, des procédures permettant de prendre les mesures nécessaires appelées par l'urgence, dont on ne peut donner ici que des exemples.

a) Le juge judiciaire civil connaît depuis la Monarchie une procédure exceptionnelle : le *référé*, institué pour parer aux cas d'urgence, ou de difficultés d'exécution des jugements ou autres titres exécutoires (actes notariés par ex.), auxquels a été ajoutée en 1973 la possibilité d'accorder au créancier une provision à valoir sur la créance qu'il invoque. Il est ainsi possible à une personne, mise abusivement en cause dans un livre à scandales sur le point de paraître, de faire différer la sortie de l'ouvrage jusqu'à ce qu'il ait été statué sur la réalité des faits. Par ailleurs, et alors que le délai d'appel ou d'opposition contre un jugement suspend l'exécution de celui-ci, il est possible au gagnant de demander au tribunal l'*exécution provisoire* de sa décision, c'est-à-dire son exécution immédiate, en justifiant des raisons de cette demande.

b) Le référé a même été étendu au droit pénal, il est vrai dans le domaine des libertés avec la loi du 4 janvier 1993 qui a instauré cette procédure pour

1. P. Estoup, « Le contrat de procédure en appel », *D.* 1985. Chron. XXXIV.

2. Par exemple, le protocole de procédure signé le 14 mai 2001 entre la Cour d'appel de Paris et la chambre des avoués près cette cour.

3. La saisine d'une juridiction par télécopie semble admise, devant la Cour de cassation (Soc. 22 janv. 1992) si la représentation par avocat n'est pas obligatoire ; de même devant le Conseil d'État (25 sept. 1991, *Desort* ; T. confl., 22 oct. 1992, *Lebon*, 492). V. le compte-rendu de la conférence organisée en septembre 2001 à Paris par l'Association des juristes franco-britanniques sur l'apport possible des nouvelles technologies, publié sous le titre : Justice en ligne, justice de demain ?, *LPA*, 5 déc. 2001, p. 7.

4. V. Rapport de la commission sur l'enregistrement et la diffusion des débats judiciaires sur le site Internet www.justice.gouv.fr — V. par ex : Lavric, « La visio-conférence : le procès de demain » — AJ Pénal, 2007, n° 11

juger très rapidement des contestations de mise en liberté provisoire. Aujourd'hui, au référé-liberté (art. 187-1 CPP) dont l'objet est d'éviter les détentions provisoires injustifiées il faut opposer le référé-détention (art. 148-1-1 CPP ajouté par la loi du 9 sept. 2002) qui permet au représentant du ministère public de s'opposer à une remise en liberté rendue contrairement à ses réquisitions. On citera encore, le référé permettant au débiteur contre qui étaient prises des réquisitions d'incarcération, de saisir le président du TGI, en référé, avant même son arrestation, pour qu'il soit sursis provisoirement à l'exécution de la contrainte par corps, sauf à ce juge à renvoyer la cause au fond devant la juridiction qui a prononcé la sentence [1]. La transformation de la contrainte par corps en contrainte judiciaire mise en œuvre par le juge de l'application des peines a fait disparaître ce référé prévu par l'article 756 CPP abrogé par la loi du 9 mars 2004.

La loi du 15 juin 2000 sur la présomption d'innocence a organisé tout un système permettant de faire respecter un véritable « *délai raisonnable* » tout au long de la procédure (phase de l'enquête, art. 77-2 et 77-3, CPP ; phase de l'instruction, art. 116, al. 6, CPP, 175-1 al. 1er etc.) [2].

c) Le juge administratif a connu une extension progressive de ses pouvoirs en cas d'urgence, qui les rapproche de ceux du juge judiciaire. Les actes administratifs sont exécutoires par eux-mêmes jusqu'à leur annulation par l'Administration elle-même ou par le juge administratif. Antérieurement au 1er janvier 2001, il n'existait qu'une procédure limitée de référé [3], permettant seulement d'ordonner des mesures d'instruction, généralement des expertises, ou des mesures provisoires mais qui ne pouvait aboutir à suspendre l'exécution d'une décision administrative ou à accorder une provision (ex. art. 129 CTA). Pour pallier les inconvénients de cette situation, il existait une procédure de *sursis à exécution*, permettant au demandeur de faire provisoirement suspendre l'exécution de la décision qu'il attaque. Le problème de l'exécution provisoire des jugements des tribunaux administratifs ne se pose pas, l'appel (et donc le délai d'appel) n'ayant pas d'effet suspensif en contentieux administratif. C'est au contraire le perdant qui peut être exposé à subir des conséquences difficilement réparables si le jugement est immédiatement exécuté ; aussi a-t-on étendu la procédure de sursis à exécution aux décisions juridictionnelles, ce qui permet de conférer exceptionnellement un effet suspensif aux appels.

La loi n° 2000-597 du 30 juin 2000 relative au référé devant les juridictions administratives, entrée en vigueur le 1er janvier 2001 après la publication du décret d'application n° 2000-1115 du 22 novembre 2000, a créé au profit des juridictions administratives un authentique référé, depuis longtemps appelé (v. art. L. 521-1 et s., R. 541-1 s., CJA).

1. Ass. plén., 5 avr. 1996, *D.* 1996, « Flash », 18 avr.

2. B. Bouloc, « La durée des procédures : un délai enfin raisonnable », *RSC* 2001, p. 55. Pour une critique, J. Pradel, *D.* 2000. 1039 et 1114. On notera que la loi du 9 septembre 2002 est revenue, sur le contrôle de la durée des enquêtes (abrogation des 3 derniers alinéas de l'art. 77-2, CPP).

3. O. Dugrip, *L'urgence contentieuse devant les juridictions administratives*, PUF, 1991. M. Levy, « Urgence, délai à juger et libertés sur les contradictions de l'office du juge administratifs », *LPA*, 16 févr. 1994. En matière fiscale, il existait déjà une procédure de référé fiscal permettant de surseoir au paiement d'un impôt faisant l'objet d'une réclamation, lorsque le sursis légal de paiement de cet impôt est refusé par le comptable public qui rejette les garanties proposées par le contribuable (art. L. 279 et s. Livre proc. fisc.).

SOUS-SECTION 3. Les droits du justiciable après le jugement

§ 1. L'erreur du juge

I. La prévention de l'erreur

225 ***Différentes techniques*** ◊ La meilleure manière de garantir les parties contre les erreurs éventuelles des juges [1] serait d'éviter que ceux-ci n'en commettent. Il n'est pas possible de recenser ici toutes les mesures qui tendent à ce résultat, car ce serait recenser pratiquement la majeure partie des règles de *recrutement* et de *formation* des magistrats, telles que le passage des futurs juges judiciaires par l'École nationale de la magistrature, complété par des stages auprès des juridictions ou dans un cabinet d'avocat et des sessions de formation permanente [2] (v. *supra* n° 108 et *infra* n°s 776 et s.), ou le recrutement des juges administratifs par la voie de l'École nationale d'Administration suivi d'un stage auprès du Conseil d'État (v. *infra* n°s 865 et s.) ; d'*organisation* et de *fonctionnement* des juridictions, comme le principe de collégialité qui permet la confrontation des points de vue, la possibilité de recourir à toute une gamme de mesures d'instruction (par exemple la faculté de se faire assister par des experts, d'entendre des témoins, de se rendre sur les lieux), la faculté généralement utilisée de se donner un temps de réflexion en mettant l'affaire en délibéré. La plupart des règles de procédure garantissant les droits de la défense concourent à cette fin. L'éthique du juge devrait aussi jouer un très grand rôle (v. *supra* n°s 91 et 189). Cependant, comme toute œuvre humaine, la justice est faillible, et il a été nécessaire de mettre en place des procédés de rectification et de réparation.

II. La rectification de l'erreur : les voies de recours

Elle est recherchée dans l'institution de voies de recours.

226 ***Sanction naturelle des erreurs des juges*** ◊ Les voies de recours représentent les moyens procéduraux d'obtenir l'annulation, totale ou partielle, d'un jugement. Alors que les actes juridiques passés entre les particuliers, ou émanant de l'Administration, peuvent donner lieu à des actions en nullité, les actes juridictionnels ne peuvent être attaqués

1. M. A. Frison-Roche, « L'erreur du juge », *RTD civ.* 2001. 819. – 30e journées des avoués, Poitiers, oct. 2001. D. Salas, « Le nouvel âge de l'erreur judiciaire », *RFAP* 2008, n° 125, p. 169.
2. Sur la nécessité de maintenir une forte compétence du juge tout au long de l'exercice de ses fonctions, V. S. Guinchard, « L'avenir du juge », in *Mélanges P. Catala*, Litec, 2001.

que sous la forme de voies de recours, réglementées par des textes spécifiques à chaque contentieux dans leurs modalités d'exercice. Cette règle fondamentale est exprimée par l'adage « *Voies de nullité n'ont lieu contre les jugements* ».

Les voies de recours sont exercées parfois devant la même juridiction que celle qui a statué - on parle alors de voies de rétractation - *mais le plus souvent devant une juridiction supérieure dans la hiérarchie des tribunaux - on parle alors de voies de réformation* (v. *supra*, n°s 134 et s.). On considère en effet qu'une garantie importante des plaideurs contre l'erreur du juge est représentée par la possibilité de s'adresser à une juridiction supérieure, présumée plus compétente, pour faire juger une seconde fois le litige, si la première décision leur paraît infondée en droit ou en fait, ou encore avoir été entachée d'un vice de procédure [1]. Ceci se traduit par le principe d'organisation juridictionnelle du *double degré de juridiction*, qui techniquement correspond à l'existence d'un *appel* possible contre la première décision. La juridiction d'appel, à la différence de la juridiction de cassation, connaît du litige en cause dans les mêmes conditions et avec les mêmes pouvoirs que la juridiction de première instance. Ce principe n'a d'ailleurs qu'une portée toute relative, et il existe de nombreuses exceptions, dans lesquelles l'appel n'est pas ouvert contre la sentence rendue ; on dit alors de cette juridiction qu'elle statue *en premier et dernier ressort* [2].

La voie de recours est parfois insuffisante pour satisfaire la victime d'une erreur du juge ; de plus, certains dysfonctionnements ne sont pas imputables à un juge, mais au service public de la justice, donc à l'État. D'où un système de responsabilité.

III. La réparation de l'erreur : la responsabilité du juge et de l'État [3]

227 ***Problématique de la responsabilité du juge et de l'État*** ◊ À en juger par l'augmentation du contentieux de la responsabilité de l'État pour fonctionnement défectueux du service public de la Justice, c'est un problème de plus en plus d'actualité que celui de la responsabilité des juges, sans doute parce que ceux-ci n'hésitent plus à mettre en cause la responsabilité civile et pénale des citoyens et notamment des dirigeants, politiques ou autres, et non pas parce qu'ils seraient subitement devenus de mauvais juges. Sauf à identifier une dégradation de la qualité de nos juges, ce qui serait somme toute surprenant, au-delà de quelques errements personnels, la montée en puissance des actions en responsabilité, en indemnisation, correspond au besoin exprimé par les justiciables de ne plus subir passivement les conséquences des actes dommageables du service public de la justice.

1. Civ. 1re, 6 mai 2003, *Bull.* I, n° 105. — 11 janv. 2005, pourvoi n° 02-15.444.
2. La décision demeure susceptible d'un pourvoi en cassation, mais l'examen auquel procède le juge de cassation est beaucoup plus limité.
3. Pour une bibliographie complète, v. S. Guinchard, *Rép. pr. civ.*, v° « Responsabilités encourues pour fonctionnement défectueux du service public de la Justice », sept. 2007.

Dans ses principes généraux, la responsabilité pouvant être engagée à raison des erreurs commises par les juridictions et, au-delà, par un fonctionnement défectueux du service public de la justice, correspond au problème classique de la responsabilité des services publics, tout en tenant compte des données qui lui sont propres et qui influencent tant la responsabilité de l'État que la responsabilité personnelle des juges. Comment en effet, ne pas admettre que l'action des juges ne doit pas être soumise à la vindicte des justiciables, que les juges ne doivent pas être exposés à une action en responsabilité trop aisément exercée par un plaideur simplement mécontent, au risque, dans le cas contraire, de compromettre leur indépendance ? Mais comment aussi, et à l'inverse, se satisfaire de l'irresponsabilité [1] ? Pour défendre celle-ci, on invoque d'abord la collégialité, mais si la collégialité rend plus difficile l'exercice d'une action en responsabilité, elle ne peut constituer un alibi commode au refus de toute mise en cause de l'activité du service public de la justice (l'Italie a d'ailleurs résolu la question en consignant le vote des juges dans un coffre). On invoque aussi l'exercice des voies de recours qui constituerait le remède au mécontentement des plaideurs ; certes, mais il ne peut suppléer une action en indemnisation. On ne peut se contenter de ce type de solution pour régler définitivement la question, puisque les recours ne font que rectifier l'erreur du juge, sans indemniser le justiciable ; lorsque l'exercice d'une voie de recours laisse subsister un préjudice, et seulement dans ce cas [2], une action en indemnisation doit être ouverte.

Dans l'ancien droit, la responsabilité des juges était retenue pour erreur judiciaire ou violation du droit, ce qui est beaucoup plus rigoureux qu'aujourd'hui [3]. En 1806, l'ancien Code de procédure civile prévoyait une procédure, la prise à partie, dirigée directement contre le magistrat ; trop lourde à mettre en œuvre cette procédure avait fait l'objet de tentative de réformes pour la rendre plus efficace. Finalement elle a été abandonnée pour les magistrats professionnels, mais reste en vigueur pour les juges non professionnels.

228 ***Distinction de deux grands régimes de responsabilité (avec ou sans faute à prouver) selon la qualité de la victime du dommage*** ◊ Un premier régime de responsabilité pour faute, permet à l'usager du ser-

1. V. A. Minc, « Peut-on espérer un pouvoir sans recourir à la responsabilité individuelle ? », *in* « Les Entretiens de Saintes », 6 févr. 1999, *Au nom du peuple français*, p. 8, éditions Lire et écrire.

2. Exclusion de toute action en responsabilité si l'exercice des voies de recours est possible, Civ. 1re, 11 janv. 2005, *Bull.* I, n° 20 ; *D.* 2005. 317. TGI Paris, 18 janv. 1996 : *BICC* 15 mai 1996, n° 573 « *la Cour de cassation, en indiquant qu'une partie ne s'était pas prévalue devant la cour d'appel de l'application des conditions générales d'une police d'assurances, alors qu'elle avait soulevé ce moyen dans ses conclusions régulièrement déposées devant la cour d'appel, a commis une erreur susceptible de constituer une faute lourde du service de la justice ; mais cette erreur, purement procédurale et matérielle, qui a incontestablement influé sur la décision de la Cour de cassation et à laquelle le demandeur est resté étranger, peut faire l'objet d'une procédure en rabat d'arrêt qui lui est toujours ouverte* ».

3. R. Jacob, *Images de la justice*, Léopard d'or éd., 1994, 75.

vice public de la justice de s'adresser à l'État pour être indemnisé du préjudice subi, tant pour la justice judiciaire que pour la justice administrative, mais selon des fondements différents (A). Pour les collaborateurs du service public de la justice (B) et pour les tiers à ce service (C), il existe un régime spécial de responsabilité sans faute.

A. Les responsabilités encourues à l'égard des usagers du service public de la justice

Nous examinerons successivement l'ordre judiciaire (1), l'ordre administratif (2) et le recours à la Cour européenne des droits de l'homme (3), dont la jurisprudence a, comme dans d'autres domaines, provoqué une remise en cause des positions classiques restrictives des juridictions françaises [1]. Sur la responsabilité de l'État du fait de la durée d'une procédure devant des juridictions des deux ordres, v. *supra*, n° 85, b.

1. Dans l'ordre judiciaire

229 ***Le double système (sans ou avec faute personnelle du juge) – Les textes*** ◊ Le siège de la matière, pour les juridictions de l'ordre judiciaire, se trouve dans les articles L. 141-1 et L. 141-2, COJ (ex-art. L. 781-1), qui invitent à une distinction entre deux régimes de responsabilité liée au fonctionnement du service public de la justice et que la Cour de cassation n'applique qu'aux seuls usagers de ce service public [2], mais y compris aux victimes par ricochet [3] :

– Dans l'article L. 141-1, COJ, on trouve d'abord la responsabilité de l'État, en qualité de « maître » du service public de la justice, pour fonctionnement défectueux de ce service et cela uniquement pour faute lourde ou pour déni de justice, mais indépendamment de toute faute personnelle du juge (ou de tout autre membre du service) (a). C'est ce texte qui assure le mieux l'indemnisation des usagers, car détaché de toute considération liée à la personne d'un juge.

– Dans l'article L. 141-2, COJ, le législateur a entendu régler la question des actions en responsabilité pour faute personnelle des juges dans leur activité de juge ; la finalité de cette action qui vise le juge personnellement est, bien évidemment, d'obtenir une indemnisation, mais, en réalité, elle remplit une autre fonction, de moralisation des comportements des juges et de canalisation

1. V. J. Courtial, « La responsabilité du fait de l'activité des juridictions administratives : un droit sous influence européenne ? » *AJDA* 2004. 425. La responsabilité de l'État pour faute du fait de fonctionnement défectueux du service public de la justice judiciaire et administrative, Rapport de la Cour de cassation 2002, Doc. fr.

2. La personne à l'encontre de qui une information judiciaire est ouverte n'est pas un tiers, mais un usager du service public de la justice, Paris, 8 oct. 2002 (deux arrêts) ; *Les Annonces de la Seine*, 19 déc. 2002, p. 12 et 13. Même solution pour un commerçant relié à la police par un système d'alarme, Civ. 1re, 25 janv. 2005, *D.* 2005. 389 ; *Gaz. Pal.* 2005, avis Jerry Sainte Rose.

3. Civ. 1ère, 16 avr. 2008 (deux arrêts), *Gaz. Pal.* 22 avr. 2008, *D.* 2008, 2366, obs. P. Chauvin et Cl. Creton.

de la vindicte des justiciables, en raison des modalités de sa mise en œuvre ; en effet, dans le cas des juges professionnels (b), l'action doit être dirigée contre l'État, garant de l'activité de ses juges et ce n'est donc que si l'État entend exercer une action récursoire contre le juge (jamais en pratique), que ce denier indemnisera personnellement l'usager ; dans le cas des juges non professionnels (c), c'est la procédure de prise à partie qui est censée répondre à l'indemnisation des usagers ; mais, là encore, la complexité de sa mise en œuvre ne lui permet pas de remplir efficacement cet office. Nous terminerons par une vue critique et prospective sur une meilleure articulation des deux systèmes (d).

a. L'indemnisation des usagers dans la responsabilité de l'État pour fonctionnement défectueux du service public de la justice

À côté du régime de droit commun de l'article L. 141-1, COJ, qui tend à absorber le régime de responsabilité pour faute personnelle, il existe des régimes spéciaux, en matière pénale et en matière civile.

1) Le régime général de l'article L. 141-1, COJ

L'État, nous dit l'article L. 141-1, COJ, dans un premier alinéa à la formulation affirmative, « *est tenu de réparer le dommage causé par le fonctionnement défectueux du service de la justice* » ; mais le texte ajoute aussitôt, dans son second alinéa à la formulation restrictive, que cette responsabilité « *n'est engagée que par une faute lourde ou par un déni de justice* ». Nous reprendrons cette distinction.

230 ***La responsabilité de l'État pour faute lourde du service de la Justice*** ◊ **a) La faute lourde de qui ?**

1) *C'est la défaillance du service en général qui est ici visée.* Certes, derrière le service il y a les hommes qui le font fonctionner, car le service de la justice est une abstraction et la défaillance du service est bien évidemment imputable à un être humain ; la faute lourde est donc bien celle d'un juge, d'un parquetier ou, plus généralement, de toute personne qui est membre du service de la justice, le greffier par exemple [1], un officier de police judiciaire agissant sous les ordres d'un magistrat [2] ; pour les auxiliaires de justice, v. *infra,* ce numéro. *L'alinéa 1er* prend soin de ne pas distinguer selon les hommes et de viser plus généralement « *le service de la justice* ». Cela présente deux avantages, l'un pour les juges, l'autre pour les usagers :

– le premier avantage est donc de protéger les membres du service de la justice, puisque leurs fautes individuelles sont absorbées par le service et ne

1. Mais l'organisation du greffe relève de la compétence administrative, CE 9 févr. 1983, avis n° 35496, *Bertin et Lamyline.*
2. Civ., 1re, 9 mars 1999, *JCP* 1999. II. 10 069, rapport Sargos ; *Procédures*, sept. 1999, n° 213, obs. J. Buisson ; *D.* 2000. 398, note H. Matsopoulou.

peuvent donner lieu à une action récursoire de l'État contre leurs auteurs ; pour que l'action récursoire apparaisse il faudrait que la faute soit qualifiée de « *personnelle* » au sens de l'article L. 141-2, COJ, c'est-à-dire soit intentionnelle ou quasi intentionnelle, on le verra (v. *infra*, n° 816).

– Le second avantage est pour l'usager du service de la justice, puisqu'il pourra obtenir réparation sans avoir à individualiser l'auteur de la faute lourde. Ce qui est ici en cause c'est le service public de la justice, dans son ensemble ; il est défaillant ou défectueux [1].

2) Ce régime de responsabilité a été étendu aux autorités administratives indépendantes [2] et à la réparation du préjudice causé par une circulaire contraire au droit communautaire [3].

V. aussi, *supra*, n° 94, c, la position du Conseil d'État (8 février 2007) qui retient la responsabilité de l'État en réparation du dommage causé à un justiciable par une loi de validation contraire à la Convention européenne des droits de l'homme ; et *supra*, n° 96 et 158, la jurisprudence belge qui retient la responsabilité de l'État pour n'avoir pas donné aux juridictions les moyens suffisants pour rendre la justice dans un délai raisonnable.

3) Peut-on l'appliquer à l'activité des auxiliaires de justice ? La réponse semble bien être négative en droit français, avec la position de la Cour de cassation qui refuse d'étendre ce régime de responsabilité à celle d'un collaborateur occasionnel du service public de la justice, tel qu'un médecin légiste qui ne s'est pas conformé aux ordres du juge d'instruction, car cet expert ne relève pas de l'institution judiciaire [4], (comp. *infra*, n° 242, lorsque l'expert est victime et non plus auteur des faits). Mais une évolution se dessine, à Strasbourg, devant la Cour européenne des droits de l'homme, évolution qui pourrait, à terme, ne pas être sans incidence sur le régime français de responsabilité de l'État. En effet, dans deux arrêts du 11 janvier 2001, la Cour européenne a condamné deux États, pour violation de la garantie du procès équitable, du fait qu'un huissier de justice avait, soit omis de recourir à la force publique, alors qu'il y avait été autorisé (c/Italie), soit laissé passer le délai de signification d'un acte, privant le justiciable de son droit d'accès à un tribunal (c/Grèce) [5]. Jurispru-

1. TGI Paris, 1re ch., 3 avr. 1996, *Gaz. Pal.* 1996, 1, 584 et 2, 1406, chron. J.-Cl. Woog, (fuite "médiatique" d'un document interne à un Parquet ; l'auteur de la fuite n'avait pu être identifié, mais le document avait été jugé mensonger et diffamatoire, T. corr. Lyon, 5 juill. 1994, *Gaz. Pal.* 1995, 287). V. G. Bolard et S. Guinchard, « Le juge dans la cité », *JCP* 2002. I. 137, n° 7). — S. Guinchard, « La Justice, bien de consommation courante », in *Mélanges J. Calais-Auloy*, Dalloz, 2003, p. 461.

2. Com. 26 oct. 1993 : *Bull. civ.*, IV, n° 352 ; *D.* 1994. 237, note N. Decoopman ; *RD bancaire* 1993, 253, obs. Germain et Frison-Roche ; *D.* 1995. Somm. 195, obs. I. Bon-Garcin), la cour de Paris a réparé le préjudice qui en est résulté sur le fondement de la faute lourde, Paris, 6 avr. 1994 : *D.* 1994. 513, note Decoopman ; *D.* 1995. Somm. 196, obs. I. Bon-Garcin et, sur pourvoi, rejeté, Com. 9 juill. 1996 : *D.* 1998. Somm. 67, obs. I. Bon-Garcin (avec Paris, 28 févr. 1997).

3. Com. 21 févr. 1995 : *Bull.* IV, n° 52 ; *Gaz. Pal.* 12 déc. 1995 ; *Justices* 1995, 2, 200, obs. Simon et Mehdi ; *Gaz. Pal.* 6 juin 1996, note Fourgoux. – V. J. Dutheil De La Rochère, *Le principe de responsabilité de l'État pour violation du droit communautaire : une garantie nouvelle des justiciables : JCP* E 1996. I. 604.

4. TGI Paris, 20 nov. 2002 (aff. *Villemin*), *Les Annonces de la Seine*, 19 déc. 2002, p. 8 et note S. Petit, p. 16 (faute des médecins légistes) ; *Gaz. Pal.* 11 janv. 2003, note J.G.M.

5. CEDH, 11 janv. 2001, *P. M. c/Italie, Droit et procédures*, mai 2001, p. 170 obs. Marguénaud ; *ibid. Platakou c/Grèce, Droit et procédures*, juill. 2001, 233, obs. Marguénaud ;

dence confirmée en 2005 [1]. N'y a-t-il pas en germe l'idée que la responsabilité de l'État français pourrait être engagée pour faute d'un huissier de justice et, plus généralement, de tout auxiliaire qui concourt au service public de la justice, puisqu'ils sont *« un organe public de l'État »* ? Ce n'est pas cette voie qui est suivie pour l'instant, puisque la réparation sera obtenue selon le droit commun de la responsabilité directement engagée contre l'huissier pour faute, préjudice et lien de causalité entre les deux [2].

b) La notion de faute lourde

1) La jurisprudence a toujours entendu la faute lourde d'une manière très extensive : il s'agissait de la faute « qui a été commise sous l'influence d'une erreur tellement grossière qu'un magistrat ou un fonctionnaire de justice, normalement soucieux de ses devoirs, n'y eut pas été entraîné » [3] ; ou encore celle qui révèle une intention de nuire de celui dont le justiciable critique les actes (on tombe alors dans la faute personnelle de l'alinéa 2, avec action récursoire possible contre son auteur) ; ou enfin celle qui révèle un comportement anormalement déficient [4]. Les exemples ne manquent pas [5]. Des négligences successives, constitutives en elles-mêmes d'aucune faute lourde, peuvent, envisagées globalement, constituer une telle faute [6].

2) Mais dans un important arrêt de son Assemblée plénière rendu le 23 février 2001, la Cour de cassation a nettement infléchi, dans un sens libéral, sa notion de la faute lourde ; sans aller jusqu'à retenir une faute simple (ce que seul le législateur pourrait faire) elle retient une notion assez voisine de celle que nous avions préconisée à propos du déni de justice envisagé comme le manquement de l'État à son devoir de protection juridictionnelle des citoyens [7]. En effet, *« constitue une faute lourde, toute déficience caractérisée par un fait ou une série de faits traduisant l'inaptitude du service public de la justice à remplir la mission dont il est investi »* [8]. Encore faut-il qu'il y ait « déficience caractéri-

JCP 2001. I. 342, n° 10, obs. Sudre. – Ch. Hugon, *Droit et procédures* 2002-6, p. 340, chron. « La Cour EDH et les huissiers de justice ».

1. CEDH, 19 mai 2005, *Pini c/Italie, Dr. et proc.* 2005-5, cahier Dr. et proc. intern., p. 12, obs. N. Fricero.

2. Civ. 1re, 16 janv. 2007, n° 06-10.120.

3. Civ. 1re, 13 oct. 1953 : *Bull. civ.*, I, n° 224. – 20 févr. 1996 : *JCP* 1996. I. 393, n° 1, obs. Cadiet ; *Gaz. Pal.* 8 juill. 1997 (qui ne retient pas la faute d'un greffe du TGI qui enrôle inconsidérément une assignation délivrée devant le tribunal de commerce, ni du TGI qui statue sans vérifier sa saisine). – Paris, 6 sept. 1996, *arrêt Lebrun c/Agent judiciaire du Trésor : inédit.* – TGI Rennes, 27 nov. 2000, *Le Monde*, 29 nov. 2000.

4. Paris, 1er avr. 1994 : *D.* 1994. IR. 125 ; *JCP* 1994. I. 3805, n° 2, obs. Cadiet. – 25 nov. 2002 : *Gaz. Pal.* 11 janv. 2003, note J.G.M.

5. V. notre étude préc. au *Rép. pr. civ.*

6. Paris, 25 oct. 2000, *D.* 2001. 580, note C. Lienhard.

7. S. Guinchard, ce *Précis*, 5e éd., 1999, n° 128-4, *in fine* ; *MégaCode commenté de procédure civile*, ss. art. L. 781-1, COJ, n° 012, etc.

8. Ass. plén. 23 févr. 2001, *BICC* 1er avr. 2001 concl. R. de Gouttes et note Mme Collomp ; *ibid. Gaz. Pal.* 28 juill. 2001 ; *D.* 2001. 1752, note Ch. Debbasch ; *JCP* 2001. I. n° 26, obs. G. Viney ; *ibid.* 2001, II, 10583, note Menuret ; *AJDA* 2001. 788, note S. Petit. Pour une application, TGI Paris, 11 juill. 2001 : *Gaz. Pal.* 11 sept. 2001, note S. Petit. La même formulation revient dans Civ. 1re, 16 janv. 2004.

sée » ; tel n'est pas le cas lorsque tous les moyens nécessaires à la recherche de la vérité dans une affaire criminelle ont été mis en œuvre sans aboutir, le service public de la justice n'étant pas tenu à une obligation de résultat dans cette recherche, quand bien même quelques irrégularités auraient été sanctionnées par la justice elle-même dans le cadre de l'exercice des voies de recours [1] ; ainsi, l'annulation d'actes accomplis dans le cadre d'une procédure pénale ne constitue pas un dysfonctionnement du service de la justice [2].

Cette jurisprudence nouvelle s'applique à l'activité non juridictionnelle des juges [3] et devrait pouvoir s'appliquer, à l'avenir, à leur activité juridictionnelle [4] suite à deux importants arrêts de la Cour de justice des Communautés européennes et de la Cour européenne des droits de l'homme, malgré les réticences de la jurisprudence et l'idée, émise par certains, de sanctuariser l'acte juridictionnel.

3) Le 30 septembre 2003 en effet, la CJCE a rendu un arrêt (*Köbler c/Autriche*) consacrant le principe que la violation manifeste du droit communautaire par une juridiction suprême est de nature à engager la responsabilité de l'État à l'égard des particuliers [5]. Ainsi est consacrée la réparation du préjudice causé par la décision juridictionnelle elle-même, déjà amorcée en droit français par quelques décisions isolées [6] et par les droits belge et luxembourgeois. Jurisprudence confirmée en 2006 [7] et consacrée par le Conseil d'État qui admet la responsabilité de l'État, sur le fondement de la faute lourde, pour « violation manifeste du droit communautaire conférant des droits aux particuliers » [8].

1. TGI Paris, 20 nov. 2002 (aff. Villemin) : *Les Annoncés de la Seine*, 19 déc. 2002, p. 8 et note S. Petit, p. 16 ; *Gaz. Pal.* 11 janv. 2003, note J.G.M.

2. *Ibid.*

3. Pour des exemples, v. *Rép. pr. civ.*, rubrique préc. n°s 16-17.

4. D. Cholet, « Responsabilité de l'État du fait de la fonction juridictionnelle : la réforme nécessaire », *D.* 2005. 2540.

5. CJCE 30 sept. 2003, aff. C-224/01, *Rec.* 2003, p. I.10 239 ; *JCP* A 2003. 1943, note O. Dubos ; *Procédures*, nov. 2003, n° 240, obs. Cyril Nourissat ; *Europe*, nov. 2003, chron. D. Simon, p. 3 ; *AJDA* 2003. 2 146, chron. J. M. Belorgey, S. Gervasoni et C. Lambert ; *Gaz. Pal.* 4 mars 2004, chron. I. Pingel.

L'arrêt *Köbler* s'inscrit dans le sillage de l'arrêt *Francovich et Bonifaci*, aff. C-6 et 9/91, 19 nov. 1991, dans lequel la CJCE avait posé le principe selon lequel la responsabilité des Etats membres devait pouvoir être recherchée devant les juridictions nationales pour violation du droit communautaire.

6. Paris, 21 juin 1989, *Gaz. Pal.* 1989, 944, concl. Lupi ; 29 janv. 1997, *Gaz. Pal.* 15 mai 1997 ; 23 oct. 1998, inédit ; 25 janv. 2002, *Gaz. Pal.* 26 févr. 2002. – Angers, 11 sept. 2002, *Le Figaro*, 12 sept. (erreur dans le jugement). – Paris, 25 oct. 2002, *D.* 2003. 580, note C. Lienhard.

7. CJCE 13 juin 2006, grande chambre, aff. C-173/03, *Traghetti Del Mediterraneo SPA c/Italie*, *Rec.* I, p. 5177 ; *Europe*, août-sept. 2006, n° 232, obs. D. Simon ; *AJDA* 2006. 2275 ; *RTD civ.* 2006. 728, obs. P. Rémy-Corlay ; *Procédures*, juin 2007, n° 139, obs. C. Nourissat.

8. CE 18 juin 2008, *Gestas*, n° 295831 ; concl. C. de Salins à la *RFDA*, 2008. 755. *Procédures*, août-sept. 2008, n° 253, obs. S. Deygas. J. Moreau, « Responsabilité du fait du fonctionnement défectueux de la justice », note au *JCP* 2008. II. 10141. D. Pouyaud, « La responsabilité du fait du contenu d'une décision juridictionnelle », note à la *RFDA* 2008, 1178.

Pour autant, les limites de la jurisprudence *Köbler* ne doivent pas être perdues de vue :

– cette jurisprudence ne concerne que des hypothèses où le droit communautaire est en cause ; à cela on peut objecter que si un justiciable peut être indemnisé pour violation du droit communautaire par un juge, pourquoi ne pourrait-il pas l'être pour violation du droit national par le même juge ? Il ne s'agit pas ici de sanctionner le juge à titre personnel, mais d'indemniser la victime.

– Ensuite, pour des raisons de politique juridictionnelle (éviter la multiplication des contentieux), la Cour de justice n'établit une obligation de réparation que dans « le cas exceptionnel où le juge a méconnu de manière manifeste le droit applicable », ce caractère manifeste devant résulter de l'examen de tous les éléments de la situation (comme la précision ou non de la règle de droit violée, le caractère délibéré et inexcusable de la transgression) ; et le droit national peut prévoir des conditions plus restrictives.

4) L'arrêt *Köbler* s'inscrit dans la ligne jurisprudentielle de la Cour EDH : celle-ci, saisie par une justiciable dont le pourvoi en cassation avait été rejeté par la Cour de cassation française, a jugé que l'irrecevabilité opposée par elle au moyen unique de cassation avancé par la requérante « était le résultat d'une erreur manifeste d'appréciation » et que l'arrêt engageait la responsabilité de l'État [1].

c) La preuve de la faute lourde

La faute lourde doit être prouvée par le requérant [2]. À l'inverse, si l'information était ouverte contre X, la preuve de la faute lourde résultera automatiquement de la divulgation du document [3].

231 ***La responsabilité de l'État pour déni de justice*** ◊ C'est une notion qui a été en pleine expansion dans les années quatre-vingt-dix avec la responsabilité de l'État pour délai déraisonnable d'une procédure et qui aurait pu se substituer à la faute lourde si celle-ci n'avait pas été considérablement assouplie par la Cour de cassation (v. *supra* n° 230), au point que l'inactivité d'un juge d'instruction constitue désormais une faute lourde et non pas un déni de justice [4]. Le déni de justice constitue par ailleurs un délit pénal (art. L. 443-7-1 et 434-44, C. pén.).

– Dans un sens premier, le déni de justice s'entend (des termes mêmes qui étaient utilisés dans l'article 505, ACPC et que l'on trouve aujourd'hui dans l'article L. 141-3, 2°, COJ) du refus de répondre aux requêtes ou du fait de

1. CEDH, 21 mars 2000, *Dulaurans c/ France*.

2. Paris, 21 juin 1989 : *Gaz. Pal.* 1989, 944, concl. Lupi. – Civ. 1re, 7 janv. 1992 : *JCP* 1992. IV. n° 713 et L. Cadiet *in JCP* 1992. I. 3587, 250. – Com. 19 oct. 1993 : *JCP* 1994. 3755, n° 3, obs. Cadiet (avec Paris, 21 janv. 1994). – TGI Paris, 21 sept. 1994 : *Gaz. Pal.* 10 juin et 5 sept. 1995 et Paris, 14 juin 2001 : *D.* 2001. 2562 (information judiciaire ouverte contre personne dénommée, la preuve d'une violation du secret de l'instruction par le juge d'instruction procédant à une perquisition doit être rapportée).

3. TGI Paris, 3 avr. 1996, *préc.*, ce numéro, a-1. Sur toutes ces questions, voir un état de la pratique en 2000-2001 *in* CJFI, n° 19, 2003.

4. Civ. 1re, 13 mars 2007, *D.* 2008. 1929, note J. Pradel.

négliger de juger les affaires en l'état de l'être [1]. C'est la paresse du juge qui est ici sanctionnée, la seule visée par l'ancien code. Le déni de justice est notamment le cas où le juge (d'instruction) refuse de répondre aux requêtes ou ne procède à aucune diligence pour instruire ou faire juger les affaires en temps utile ; le maintien en détention étant manifestement injustifié et le juge d'instruction ayant agi avec une légèreté qu'un juge normalement avisé et conscient de ses responsabilités n'aurait pas eue ; ce comportement déficient engage la responsabilité de l'État [2] ; ainsi qu'il vient d'être dit, la jurisprudence voit désormais dans ces carences une faute lourde.

– Dans un second sens, totalement exponentiel, le déni de justice c'est le manquement de l'État à son devoir de protection juridictionnelle. L'idée et l'expression sont de Louis Favoreu [3]. Ce manquement c'est, par exemple, un délai anormal d'audiencement [4], l'absence de diligences d'un juge d'instruction [5]. L'apport de ce second sens, c'est la conception qu'il introduit de la relation du citoyen avec la Justice ; la notion de « devoir de protection juridictionnelle de l'État », pour n'être pas entièrement nouvelle dans une décision de justice est ici affirmée avec éclat. La protection juridictionnelle a un bel avenir devant elle, car le concept pourrait être appliqué à d'autres situations. La Cour de cassation va dans cette direction, mais par le biais de la notion de faute lourde (V. *supra* n° 230, b, Ass. plén., 23 févr. 2001).

232 ***Compétence*** ◊ L'action sera portée devant les tribunaux judiciaires, dès lors qu'il s'agit d'une question liée au fonctionnement de la juridiction [6] et non pas à son organisation, auquel cas la juridiction administrative retrouverait sa compétence ; juge de proximité, tribunal d'instance ou tribunal de grande instance selon le taux de compétence. On prendra garde à ce que, souvent, dans ce type d'affaires, c'est l'euro symbolique qui est demandé à l'État ; le tribunal compétent est alors

1. Com. 11 mai 1999, *Gaz. Pal.* 21 déc. 1999, somm. obs. Perdriau. – Paris, 29 mars 2001, *JDI* 2002-2, 498, note critique D. Cohen.
2. Paris, 1re ch. B,. 6 sept. 1996, *Gaz. Pal.* 8 oct. 1996.
3. La phrase, reprise par de nombreux jugements, est tirée de la thèse de cet auteur publiée, il faut le souligner, en 1964 (*Du déni de justice en droit public français*, LGDJ, 1964, p. 534).
4. TGI Paris, 1re ch. 6 juill. 1994, *Gaz. Pal.* 1994, p. 37, obs. Petit ; *JCP* 1994. I. 3805, n° 2, obs. Cadiet ; *Dr. et patr.* janv. 1995, p. 9, obs. F. de la Vaissière. – 5 nov. 1997, *Gaz. Pal.* 8 nov. 1998 ; *D.* 1998. 9, note Frison-Roche ; *Synthèse annuelle du répertoire de procédure civile*, année 1997, commentaire S. Guinchard. Décision confirmée en appel, Paris, 20 janv. 1999, *Gaz. Pal.* 2 févr. 1999. Comp. Paris, 23 févr. 1993, inédit (*Bolle c/ Agent judiciaire*) qui ne retient pas un délai d'audiencement de plus de cinq ans (aux assises) comme constitutif d'un déni de justice. V. aussi TGI Nice, 17 sept. 2001, *JCP* 2002. I. 132, n° 9.
5. TGI Paris, 22 janv. 2003, *Gaz. Pal.* 10 mai 2003. — Paris, 28 avr. 2003, *Gaz. Pal.* 24 juin 2003, p. 17 (*affaire Princesse Diana*).
6. Civ. 1re, 13 déc. 2005, *Gaz. Pal.* 23 févr. 2006 ; *Contrats-conc.-consom.*, mars 2006, n° 59, obs. M. Malaurie-Vignal (fonctionnement d'une commission de surendettement, compétence judiciaire). *V.* aussi, TA Rennes, 10 févr. 2005, N.H., *AJDA* 2005. 1022, qui refuse sa compétence. La Cour de cassation est même allée jusqu'à refuser d'appliquer l'article L. 781-1, COJ (aujourd'hui L. 141-1) dans le cas où la complexité du litige, dont il était allégué de la durée déraisonnable pour le résoudre, mêlait procédures administratives, civiles et pénales, Civ. 1re, 22 mars 2005, *Gaz. Pal.* 6 oct. 2005, note G. Gonzales ; *Dr. et proc.* 2005-5, p. 288, obs. A. Bugada.

le juge de proximité (art. L. 331-4, COJ), sauf accord entre les parties (avec l'agent judiciaire du trésor) pour porter l'affaire devant le TGI si elle soulève une question de principe.

2) Les régimes spéciaux de responsabilité de l'État

233 ***En matière pénale*** ◊ **1)** En cas de détention provisoire injustifiée, une loi du 17 juillet 1970 avait organisé un système d'indemnisation qui a été profondément modifié par la loi n° 2000-516 du 15 juin 2000 (art. 149 à 149-4, CPP).

Désormais, celui qui a été acquitté ou relaxé ou qui a bénéficié d'un non-lieu, alors qu'il avait été placé en détention provisoire, sera indemnisé automatiquement, sans avoir à prouver un préjudice, puisque, désormais, celui-ci résulte du fait même de la détention ; c'est le premier président de la Cour d'appel, saisi par requête de l'intéressé qui procédera à la fixation du montant de la réparation (la loi n° 2000-1354, 30 déc. 2000 a remplacé les mots *« indemnité »* et *« indemnisation »* par celui de *« réparation »*), au lieu et place de l'ancienne Commission nationale d'indemnisation de la détention provisoire ; le décret n° 2000-1204 du 12 déc. 2000 en décrit la procédure aux articles R. 26 à R. 40-3, CPP. Un recours, non qualifié par la loi, est prévu devant la nouvelle *« Commission nationale de réparation des détentions »* qui se substitue à l'ancienne Commission [1] (V. *infra* n° 694). Cette commission a reçu 102 recours en 2007 contre 26 en 2001 et 86 en 2006 ; elle a rendu 91 décisions, dont 26 de rejet et attribué 2,4 millions d'euros contre 1,81 en 2006 [2].

2) De la même façon, celui qui a bénéficié d'un non-lieu ou a été relaxé ou acquitté peut obtenir de la juridiction qui se prononce en ce sens, une indemnité pour les frais qu'il a exposés pour sa défense, qu'il ait été incarcéré ou non, dès lors que ces frais n'ont pas été payés par l'État (art. 800-2, CPP). C'est l'État qui paye cette indemnité, sauf si la juridiction ordonne qu'elle soit mise à la charge de la partie civile lorsque celle-ci a mis en mouvement l'action publique (al. 2). V. aussi art. R. 249-2 à 249-8, CPP.

3) Enfin, en cas de révision par la Cour de cassation d'une décision pénale pour erreur judiciaire révélée par un fait nouveau (v. *infra*, le tableau de son activité en ce domaine), la victime de cette erreur obtiendra « réparation intégrale » (loi n° 2000-1354, 30 déc. 2000) du « préjudice matériel et moral » (réd. L. 99-515, 23 juin 1999) que lui a causé la condamnation (art. 626, CPP) ; cette réparation est désormais allouée par le premier président de la Cour d'appel dans le ressort de laquelle réside l'intéressé (al. 4, réd. L. 30 déc. 2000), ou par la juridiction qui a reconnu l'innocence si la personne en fait la demande, qui se substituent ainsi à la Commission de révision des condamnations pénales. La procédure est celle prévue aux articles 149-1 et 149-2, CPP, pour la détention provisoire injustifiée ; une expertise contradictoire peut être ordonnée, à la demande de l'intéressé, pour évaluer le préjudice (al. 3, réd. L. 30 déc. 2000). Un appel devant la nouvelle *« Commission nationale de répara-*

1. Fiche méthodologique de la Cour de cassation *in BICC* 15 sept. 2007. D. Commaret, « L'indemnisation de la détention provisoire », *RSC* 2001, 118. D. Karsenty, « La réparation des détentions », *JCP* 2003. I. 108 ; « La jurisprudence de la Commission nationale », *BICC* 1er mai 2003. — E. Tois, « Le contentieux de la réparation des détentions provisoires », *BICC*, mai 2004, p. 12.
2. Source : Rapport de la Cour de cassation pour 2007, Doc. fr. 2008, p. 541.

tion des détentions » (art. 149, CPP) est possible (v. *infra*, n° 694). On ajoutera deux choses. La première, c'est que l'indemnisation est à la charge de l'État, mais ce dernier peut réclamer le remboursement contre celui qui serait à l'origine de l'erreur judiciaire (partie civile, faux témoin-dénonciateur). La seconde, c'est que la personne innocentée peut aussi obtenir une réparation morale par l'affichage de la décision de révision et par une insertion au journal officiel, ces frais de publicité étant à la charge du Trésor (art. 626 al. 6 et 7 CPP) [1].

Activité de la Chambre criminelle statuant comme Cour de révision

Année	Saisine	Annulation	Rejet
2000	3	1	4
2001	6	1	2
2002	3	2	1
2003	0	2	1
2004	2	0	0
2005	3	2	0
2006	8	3	3
2007	2	2	-

Source : Rapport de la Cour de cassation pour 2007, Doc. fr., 2008.

L'indemnisation en matière de détention provisoire

	2007	**Évolution 2007/2006 (%)**
Activité des premiers Présidents de cour d'appel*Nombre de requêtes reçues*	639	-0.2
Nombre de décisions rendues :	665	+3.3
- décisions d'indemnisation	562	+2.7
- décisions de rejet, irrecevabilité et autres	103	+6.2
Nombre d'affaires restant à juger	585	-4.9
Indemnisation *Taux d'indemnisation*	85 %	
Montants versés	10.2 millions d'euros	+22.2

Source : ministère de la Justice, DACG, Les chiffres clés de la Justice, octobre 2008.

1. S. Guinchard et J. Buisson, *Procédure pénale*, n° 1441. V. Protocole n° 7 Conv. EDH, art. 3.

234 ***En matière civile*** ◊ **a)** Il existe un régime spécial de responsabilité de l'État en matière de tutelle, des mineurs et de mesures de protection judiciaire des majeurs.

– ***S'agissant tout d'abord de la tutelle des mineurs,*** l'article 412 du Code civil, issu de la loi n° 2007-308 du 5 mars 2007, reprend, dans une rédaction légèrement différente, les termes de l'ancien article 473 ; le système prévu dans ce texte écarte le régime de l'article L. 141-1, COJ : après que l'alinéa 1er ait disposé que « tous les organes de la tutelle sont responsables du dommage résultant d'une « faute quelconque » qu'ils commettent dans l'exercice de leurs fonctions », l'alinéa 2 précise que lorsque cette faute a été commise dans l'organisation et le fonctionnement de la tutelle par le juge des tutelles, le greffier en chef du tribunal d'instance ou le greffier, l'action en responsabilité est dirigée contre l'État qui dispose d'une action récursoire ; le nouveau texte ne dispose plus que l'action sera portée « dans tous les cas devant le tribunal de grande instance » ; on s'en tiendra donc aux règles normales de compétence, selon le montant de la demande. Cette action se prescrit par cinq ans à compter de la majorité de l'intéressé, alors même que la gestion aurait continué au-delà, ou de la fin de la mesure si elle cesse avant (C. civ., art. 413).

– ***S'agissant des majeurs,*** il faut désormais envisager l'ensemble des « mesures de protection judiciaire » qui peuvent être prises à leur bénéfice et non pas seulement le système de la tutelle [1] ; en effet, la loi n° 2007-308 du 5 mars 2007 crée un régime de responsabilité de l'État pour l'ensemble de ces mesures de protection judiciaire, dans les articles 421 à 423 du Code civil ; cela concerne tous les organes de l'une de ces mesures (les trois traditionnelles, sauvegarde de justice, curatelle, tutelle, que la nouvelle loi regroupe dans l'expression « mesures de protection juridique » mais aussi la nouvelle « mesure d'accompagnement judiciaire prévue aux articles 495 et s. et confiée à un « mandataire judiciaire à la protection des majeurs ») ; aux termes de l'article 421, C. civ., les organes de ces mesures sont responsables du dommage résultant d'une « faute quelconque » qu'ils commettent dans l'exercice de leur fonction, mais le curateur et le subrogé curateur n'engagent leur responsabilité, du fait des actes accomplis avec leur assistance, qu'en cas de dol ou de faute lourde, sauf cas de curatelle renforcée, où l'on revient à la faute quelconque ; le défendeur à l'action est différent selon l'organe qui a commis la faute : si la faute à l'origine du dommage a été commise dans l'organisation et le fonctionnement de la mesure de protection par le juge des tutelles, le greffier en chef du tribunal d'instance ou le greffier, l'action en responsabilité est obligatoirement dirigée contre l'État qui dispose d'une action récursoire (art. 422, al. 1er, C. civ.) ; en revanche, si la faute a été commise par un mandataire judiciaire à la protection des majeurs, dans le cadre d'une mesure d'accompagnement judiciaire, l'action est dirigée, au choix du demandeur, soit contre ce mandataire, soit contre l'État, qui dispose alors d'une action récursoire (art. 422, al. 2, C. civ.) ; dans les deux cas, l'action se prescrit par cinq ans à comp-

1. Sur l'ancien texte (art. 473, C. civ.) : T. Fossier, « La responsabilité civile dans la protection de l'enfance : le cas du juge des enfants », *Gaz. Pal.* 1992. 1, doctr. 143, *ibid.* 2002. 1, doctr. 196. Dans un important arrêt du 4 juillet 2006 (*JCP* 2006. II. 10118, note T. Fossier ; *LPA*, 20 nov. 2006, n° 231, p. 15 ; note J. Massip), la Cour de cassation avait étendu le champ d'application de ce texte en jugeant que « *la faute dans le fonctionnement de la tutelle au sens de ce texte doit également être appréciée au regard de l'adéquation des contrôles exercés en fonction de la mesure choisie pour la protection de l'incapable* ».

ter de la fin de la mesure de protection, alors même que la gestion aurait continué au-delà, avec la précision que si une curatelle cesse par suite de l'ouverture d'une tutelle, le délai ne court qu'à compter de l'expiration de cette dernière (art. 423, C. civ.). Pour être complet, signalons que la responsabilité d'un « mandataire de protection future », ne relève pas de ce système, puisque, par hypothèse, l'État n'est pas engagé dans sa désignation et l'exercice de ses fonctions : désigné par mandat par la personne elle-même pour le cas où elle ne pourrait plus pourvoir seule à ses intérêts (art. 477, C. civ.), sa responsabilité, ainsi que le prévoit l'article 424, C. civ., sera engagée, pour l'exercice de son mandat, dans les conditions prévues à l'article 1992, C. civ.

b) La responsabilité sans faute de l'État est aussi engagée du fait de la décision du juge judiciaire de confier la garde d'un mineur délinquant à ses grands-parents, au titre des « personnes dignes de confiance » visées à l'article 10 de l'ordonnance du 2 février 1945 ; en effet, lorsque ce mineur, ainsi placé sous leur garde commet, un délit qui engage leur responsabilité civile, même sans faute, pour les dommages causés aux tiers, cette responsabilité n'est pas exclusive de celle de l'État « en raison du risque spécial créé pour les tiers du fait de la mise en œuvre d'une des mesures de liberté surveillée prévues par cette ordonnance » [1].

b. La responsabilité des juges judiciaires professionnels pour faute personnelle se rattachant au service public de la justice

235 ***Textes*** ◊ L'article L. 141-2, COJ, renvoie, pour les magistrats du corps judiciaire, aux règles du statut de la magistrature ; il faut aller à l'article 11-1 de l'ordonnance n° 58-1270 du 22 déc. 1958 pour trouver ces règles, à vrai dire très succinctes. L'article 11-1 se contente, pour l'essentiel, de reprendre les deux principes énoncés à l'article L. 141-2, COJ, mais dans une formulation négative, donc plus restrictive, à savoir :

- que la responsabilité des magistrats professionnels *ne* peut être engagée *que* pour une faute personnelle ;
- et uniquement sur l'action récursoire de l'État, puisque celui-ci garantit cette responsabilité envers les victimes.

Le texte apporte cependant deux précisions : l'une que la faute personnelle doit se rattacher au service *public* de la justice, l'autre que l'action récursoire est exercée devant une chambre civile de la Cour de cassation.

Sur ce régime, v. *infra* n° 817.

1. CE 26 juill. 2007, *LPA* 6 mai 2008, n° 91 p. 6, note A. Desrameaux.

c. La responsabilité des juges judiciaires non professionnels pour faute personnelle

236 ***La prise à partie des juges non professionnels des juridictions d'attribution*** ◊ Aux termes de l'article L. 141-2, COJ, on doit leur appliquer les lois spéciales prévues pour eux ou, à défaut, la prise à partie, à savoir celle qui est décrite à l'article L. 141-3, COJ (ex-article 505 de l'ancien Code de procédure civile, aujourd'hui abrogé). V. *infra*, n° 818. Cette catégorie s'entend non seulement des juges des conseils de prud'hommes, des tribunaux de commerce et des juridictions de ce type, mais aussi des juges de proximité qui ne sont pas des magistrats au sens d'appartenance au corps judiciaire dont le statut est défini par l'ordonnance n° 58-1270 du 22 décembre 1958.

237 ***La responsabilité contractuelle des arbitres*** ◊ Le lien de nature contractuelle qui unit l'arbitre aux parties, justifie que sa responsabilité soit appréciée dans les conditions de droit commun sur le fondement de l'art. 1142, C. civ. En effet, n'étant investi d'aucune fonction publique, un arbitre ne peut en aucun cas voir ses fautes personnelles garanties par l'État dans les termes de l'article L. 141-1, COJ pour les magistrats professionnels ou de l'article L. 141-3, COJ qui n'est applicable qu'aux seules juridictions d'attribution non professionnelles. Engage dès lors sa responsabilité, l'arbitre qui dissimule à l'une des parties l'existence de liens d'intérêts l'unissant à l'autre alors qu'il était tenu de les en informer, leur accord étant requis pour la poursuite de sa mission [1].

d. Vers une meilleure articulation de tous les régimes de responsabilité

238 **Critique** ◊ **a)** *Ainsi exposé, ce régime dualiste de responsabilité à l'égard des usagers laisse perplexe* [2], car il ne répond plus aux évolutions de notre société où ce qui est exigé des uns (les justiciables potentiels que nous sommes tous) ne l'est pas des autres (les juges) [3]. Certes la jurisprudence interprète largement la notion de faute lourde ou de déni de justice et la menace d'une condamnation de la France par la Cour européenne de Strasbourg peut jouer un rôle révélateur de nos déficiences, non négligeables ; mais cette jurisprudence est limitée à des cas où aucun magistrat n'était clairement identifié : la conception extensive de la faute lourde ou du déni de justice ne vaut vraiment que lorsque c'est le service en lui-même qui est concerné (exemples du retard dans la délivrance des copies, de la transmission d'un document à la presse etc.) ; à chaque

1. TGI Paris, 12 mai 1993, *BICC*, 1er oct. 1993, n° 1110. – Ph. Fouchard, *Rev. arb.* 1996. 325.
2. D. Ludet, *Pouvoirs*, 1995, n° 74, p. 119.
3. V par ex. Crim. 11 oct. 1995, qui n'accepte pas que l'erreur de droit d'un avoué exonère de sa responsabilité pénale le client, au titre de l'erreur de droit de l'art. 122-3 C. pén.

fois que l'on touche à un juge identifié on constate un raidissement, surtout si c'est son activité juridictionnelle qui est en cause, en clair son incompétence. Et c'est là que la nouvelle jurisprudence de Strasbourg du 31 janvier 1996 (affaire *Fouquet*) doit nous faire réfléchir : la faute en question n'était pas purement matérielle, la Cour de cassation elle-même avait commis une erreur dans l'examen du moyen soulevé par le justiciable, certes une erreur de fait, mais une erreur tout de même ! La France a été condamnée (*dans l'affaire Higghings*) pour défaut de motivation d'un arrêt de la Cour de cassation et (dans l'affaire *Dulaurans*, v. *supra*, n° 230) pour erreur manifeste d'appréciation dans la décision d'irrecevabilité d'un pourvoi.

b) *Et la question doit être franchement posée*, sans acrimonie, sans exagération, mais avec lucidité : est-il encore normal de considérer que les juges sont intouchables dans leur activité juridictionnelle au moins pour la jurisprudence administrative (hors application du droit communautaire, v. *supra,* n° 230, b-3) et pour la Cour de cassation ? On ne peut se contenter de répondre que les voies de recours suffisent à réparer les erreurs des juges et que la sacralité de la fonction exercée justifie ce régime d'immunité [1]. D'abord, parce qu'il est des préjudices que l'exercice d'une voie de recours ne réparera jamais (exemples des affaires soumises à la Cour européenne) ; ensuite, parce qu'admettre une certaine forme, une certaine dose de responsabilité personnelle dans l'activité juridictionnelle des juges, c'est aussi faire du préventif, c'est attirer l'attention de tous sur le fait que l'éminence des fonctions exercées débouche sur une vigilance plus grande à l'égard des décisions rendues, depuis l'examen attentif et objectif des faits sans occultations, à une motivation sérieuse, en passant par le respect de toutes les règles de procédure et de fond. On ne peut non plus se contenter de relever que chacun s'accorderait « selon un assez large consensus » « à estimer que l'intérêt général, la sérénité de la justice nécessaire à la sécurité juridique et à la paix sociale justifiaient les conditions restrictives visant à rendre moins fréquentes les actions en responsabilité » [2] face à des attitudes, à des négligences, telles que nous venons de les décrire, peut-on encore se contenter d'affirmer que « le régime de responsabilité du fait du service public de la justice ne peut être qu'un régime spécifique » [3] ? Non, car régime spécifique (dont nous reconnaissons volontiers la légitimité) ne signifie pas irresponsabilité, alors que d'autres professionnels de la santé par exemple (et singulièrement les chirurgiens), voient leur responsabilité mise en cause et les actions des victimes favorablement accueillies par les tribunaux, sans que l'intérêt général soit moindre (celui de garantir un réel accès aux soins et aux opérations chirurgicales, accès qui ne sera plus garanti si l'on décourage les chirurgiens), sans que la sérénité de l'activité des hôpitaux soit moins importante que celle de l'activité des juges (il est plus courant d'avoir besoin d'un médecin et d'un chirurgien que d'un juge), sans que la paix sociale ne soit pas, là aussi, menacée (quelle paix dans un pays où les chirurgiens refuseraient de pratiquer certaines opérations ?). Déjà, des voix autorisées s'élèvent pour poser la question de savoir qui nous protégera de ceux qui nous

1. P. Drai, « Discours de rentrée, Audience solennelle de la Cour de cassation », 12 janv. 1996, *Doc. fr.*, p. 16 ; *Le Figaro*, 2 mai 1996, p. 10.
2. G. Canivet, « La responsabilité des juges en France », *Revue Commentaires* 2003-103, p. 64 s.
3. *Ibid.*

protègent [1], pour demander un réexamen de cette question [2], sous l'angle d'une responsabilité accrue, car « il n'est pas souhaitable que la paresse obstinée d'un juge, son incapacité professionnelle, ses fautes grossières demeurent sans effet et que le magistrat compétent, sérieux et qui travaille sans relâche, ce que beaucoup font, poursuive la même carrière qu'un autre qui ne fait rien ou qui accumule les manquements aux obligations de son statut, de la loi, de la déontologie » [3]. Déjà la Cour de justice de Luxembourg ouvre la brèche avec ses arrêts qui consacrent la responsabilité de l'État pour violation du droit communautaire par une cour suprême (v. *supra* n° 230, b). Et l'affaire d'Outreau (v. *supra*, n° 95) ne peut laisser indifférent, et des voix se sont élevées pour dénoncer la situation actuelle [4], même si d'autres, généralement des magistrats, plaident contre les évolutions envisagées.

239 ***Prospective*** ◊ **a) Meilleure articulation des régimes de responsabilité, civile et disciplinaire.** Le système actuel, il faut bien le dire, n'est pas satisfaisant, même si la jurisprudence en a atténué les inconvénients les plus manifestes par une appréciation bienveillante de la notion de faute lourde ; il semble bien en effet que la notion de faute lourde n'ait pas, en jurisprudence, la même portée selon qu'on peut l'imputer ou non à une personne clairement identifiée ; en ce sens, la jurisprudence tend à rectifier, dans son appréciation de la faute lourde, une mauvaise appréhension du problème par le législateur. En effet, en exigeant une faute lourde pour mettre en jeu la responsabilité de l'État et une faute personnelle du juge pour ouvrir contre le juge fautif l'action récursoire de l'État, le législateur entretient la confusion entre la réparation légitimement due à toute victime d'un dommage, y compris d'un préjudice né de l'activité du service de la justice, et la sanction, pécuniaire ou disciplinaire, de l'auteur de ce dommage, ici un juge. Si l'on veut canaliser la vindicte des victimes, il faut arriver à dissocier deux fonctions de la responsabilité, *une fonction d'indemnisation et une fonction de moralisation* [5] :

1) *Au titre de la réparation*, on devrait admettre au profit des usagers de la justice une réparation pour rupture de l'égalité des citoyens devant les charges publiques, de la même façon qu'elle existe aujourd'hui pour les collaborateurs de ce service et pour les tiers (v. *infra*, 2 et 3). Point n'est besoin de recourir ici à l'exigence d'une faute lourde. La réparation ne saurait s'accommoder de ce type d'exigence qui, en revanche, doit protéger le juge fautif à titre personnel. L'État devrait répondre, en dehors de toute faute lourde, des dommages

1. M. Cappeletti, in *Le pouvoir de juger*, Économica, 1990. 115.

2. J. Lamarque, « Le procès du procès », in *Mélanges J.-M. Auby*, Dalloz, 1992, p.178 ; J.-D. Bredin, « Qu'est-ce que l'indépendance du juge », *Justices* 1996-3.161, spéc. p. 165-166. V. aussi, D. Soulez-Larivière, « De l'impunité des juges » *Libération*, 26 janv. 1994.

3. J.-D. Bredin, *loc. cit.*

4. Rapport du CEPEJ, octobre 2008, qui relève que la France connaît l'un des plus faibles taux de sanctions disciplinaires en Europe (1,5 sanction pour 1000 magistrats) et que la sanction la plus prononcée est ... la réprimande, ce qui laisse songeur.

5. Sur cette distinction v. rapport S. Guinchard au XXe colloque des IEJ, *Justices*, 1997-5, p. 109 ; *Gaz. Pal.* 8 avr. 2006, transcription de notre audition par la Commission d'enquête parlementaire sur les dysfonctionnements de la justice dans l'affaire d'Outreau.

causés par le service de la justice si ces dommages excèdent, par leur gravité, les charges que supportent normalement les particuliers (en ce sens aussi, G. Cornu et J. Foyer, *Procédure civile*, 3e éd., 1996, p. 106) ; ainsi, on appliquerait ici le principe de l'égalité des citoyens devant les charges publiques.

2) En revanche, au titre de la sanction de la faute personnelle du juge (ou plus généralement du membre du service de la justice), *de la moralisation de l'activité des juges*, il faut abandonner l'hypocrisie actuelle du système fondé sur l'action récursoire de l'État contre le juge fautif, alors que celle-ci n'est jamais exercée. Mieux vaut chercher une autre forme de moralisation, en allant du côté du disciplinaire. Il faut coordonner les deux types de responsabilité, pour canaliser la vindicte de la victime d'un juge. On pourrait déjà admettre largement la passerelle entre les dossiers ayant donné lieu à une condamnation de l'État (soit sur L. 141-1, COJ pour dysfonctionnement du service de la justice, soit sur l'article 149, CPP, pour détention provisoire injustifiée) et la procédure disciplinaire par transmission du dossier au Conseil supérieur de la magistrature en vue éventuellement, d'une poursuite disciplinaire contre le magistrat fautif. Il n'est pas normal que le juge d'instruction à l'encontre duquel il est relevé (cas réel) « un manque de diligence dans la conduite de l'information, des insuffisances graves dans la recherche de la vérité, insuffisances qui avaient contraint la chambre d'accusation à ordonner un supplément d'information qui était indispensable mais qui aurait pu être évité si ce juge d'instruction n'avait pas négligé la piste ouverte par les incohérences des récits de X et les contradictions de ces déclarations » [1], ne soit pas sanctionné disciplinairement. Son maintien en fonction d'instruction est une provocation à l'égard de celui qui a subi 22 mois de détention injustifiée, pour ne percevoir, au final, que quelques milliers d'euros. En outre, le maintien ou le renouvellement en fonction n'est-il pas constitutif d'une faute lourde de la part de l'État, pour l'avenir, puisqu'il prend le risque d'un renouvellement de telles défaillances, de la part d'un juge qui a montré son incapacité à instruire correctement et loyalement ? Est-ce que l'État ne manque pas ainsi à son devoir de protection juridictionnelle qu'il doit aux citoyens ? [2] La technique de la passerelle, proposée par un groupe de travail réuni à l'ENM en 1998-1999, aurait permis, dans ce cas, d'éclairer les organes compétents sur l'activité de ce juge [3]. Cette pratique aurait été institutionnalisée au sein du TGI de Paris [4]. Et lorsque la loi organique du 5 mars 2007 impose au Garde des sceaux de communiquer aux chefs de cour d'appel intéressés, ainsi qu'aux magistrats concernés, toute décision définitive d'une juridiction nationale ou internationale condamnant l'État pour fonctionnement défectueux du service de la justice, c'est bien pour que puissent être engagées des poursuites disciplinaires (art. 48-1, ord. 1958) (sur le régime disciplinaire, v. *infra*, n° 812 et s.). Dans le même ordre d'idées, le Gouvernement doit remettre au Parlement, chaque année, avant le 30 juin, pour l'année civile écoulée, un rapport faisant état des actions en responsabilité engagées contre l'État du fait du fonctionnement défectueux du service de la justice, des décisions définitives condamnant l'État à ce titre et du versement des indemnités qui en découlent, *ainsi que des suites*

1. Révélé par l'hebdomadaire *VSD* du 27 oct. 1994, non démenti par l'intéressé ; repris par l'hebdomadaire *Le Point* 8 mars 2007, p. 67.

2. Pour une suite au cas qui vient d'être exposé, v. MégaCode de procédure civile, commenté par S. Guinchard, ss. art. L. 781-1, COJ, n° 015, b, *in fine*.

3. Rapport de synthèse de Mme Commaret, p. 23.

4. Discours de rentrée de J.-Cl. Magendie, 15 janv. 2003, *Gaz. Pal.* 11 janv. 2003.

réservées à ces décisions (art. 22 de la L.O. n° 2007-287, 5 mars 2007). La loi constitutionnelle n° 2008-724 du 23 juillet 2008 permet aux justiciables de saisir directement le Conseil supérieur de la magistrature pour se plaindre d'un juge ou de dysfonctionnements lors de sa procédure (art. 65 de la Constitution), mais une loi organique doit en régler les modalités (v. *infra*, n° 813).

b) Indemnisation de la victime par l'État pour faute du juge dans son activité juridictionnelle. Il ne s'agit pas de permettre la remise en cause, par une action en indemnisation, de l'autorité de la chose déjà jugée, mais d'accorder aux victimes d'une faute du juge, dans le processus juridictionnel, une juste indemnisation. Plusieurs remarques s'imposent ici :

– La première, c'est que l'ancienne prise à partie, celle antérieure à la loi de 1933, constituait à la fois une voie de recours et une demande d'indemnisation ; l'argument, parfois avancé aujourd'hui, qu'il ne faut pas remettre en cause l'autorité de la chose jugée n'est donc pas pertinent. Et la Cour de cassation avait admis la prise à partie pour déni de justice, nonobstant la collégialité, retenant une responsabilité solidaire, le jugement étant réputé être l'œuvre collective des juges qui composent la juridiction [1]. Et quelle autorité reconnaître à une décision reposant sur une faute lourde ? Et la révision de l'affaire Dreyfus n'aurait jamais eu lieu si l'autorité de la chose jugée avait été conçue de manière trop absolue.

– La deuxième, c'est que la chose jugée, comme l'acte médical ou chirurgical, n'est que l'aboutissement d'un processus qui comporte plusieurs étapes et dont chacune peut être envisagée isolément pour discerner la faute du juge. Comme le cheminement d'une opération chirurgicale ou d'un acte médical, l'acte de juger peut être décomposé en plusieurs phases. Ainsi, serait-il anormal d'indemniser la victime d'une violation, par le juge, du principe du contradictoire ? Ce juge n'a-t-il pas l'obligation procédurale et déontologique de respecter ce principe ? La sanction de la violation de la règle de procédure sera à la fois la remise en cause (éventuellement) de la décision, l'indemnisation de la victime (pour préjudice prouvé) et l'instruction disciplinaire du dossier du juge fautif, dans le cas notamment où ce juge violerait systématiquement le contradictoire, ou, pour sortir de cet exemple, les règles essentielles de procédure (par exemple, le fait de ne pas établir de double d'un dossier d'instruction, contrairement aux prescriptions légales, cas non fantaisiste [2]). La violation d'une norme procédurale établie pourrait, à l'avenir, fonder une action en indemnisation et éventuellement, dans les cas les plus graves, une action disciplinaire. On ne peut que regretter, à cet égard, que le Conseil constitutionnel ait cru devoir censurer la partie de la loi du 5 mars 2007 qui permettait à un justiciable de saisir le CSM pour « violation grave et délibérée d'une ou plusieurs règles de procédure... » (v. *infra*, n° 813, a) et espérer que la loi organique qui mettra en œuvre la nouvelle saisine directe du CSM par les justiciables (instituée par la loi constitutionnelle du 23 juillet 2008), saura mieux présenter les choses pour échapper à la censure du Conseil (v. *infra*, n° 813, b). De la même façon, lorsqu'un médecin commet une erreur de diagnostic et prescrit une mauvaise ordonnance, il engage sa responsabilité ; le juge qui commet une erreur de raisonnement juridique (l'équivalent du diagnostic) et rédige un mauvais jugement (l'équivalent de l'ordonnance) est dans la même situation et la protection liée à la nature juridictionnelle de son activité

1. Civ. 13 janv. 1914, *D.* 1916. 1. 94.
2. TGI Paris, 5 janv. 2000, *D.* 2000. IR. 45.

n'a plus de raison d'être. Quel principe supérieur supposerait que l'on traite différemment les uns et les autres ?

– La troisième, c'est que la nouvelle définition de la faute lourde donnée par la Cour de cassation le 23 février 2001, en visant la « mission » du service de juge, ne distingue pas selon que cette mission est juridictionnelle ou non. Même remarque pour le CJCE dans son arrêt du 30 septembre 2003.

– La quatrième, c'est qu'il faudrait exclure cette responsabilité lorsque, la loi étant obscure ou complexe, le juge est obligé de l'interpréter ; l'interprétation serait exclusive de toute faute dans l'activité juridictionnelle, de la même façon que la dénaturation d'une convention ne peut exister, pour la Cour de cassation, que si la clause interprétée par le juge du fond était claire et précise ; l'ambiguïté est exclusive de toute dénaturation ; elle pourrait l'être de toute faute du juge.

2. Dans l'ordre administratif

240 ***Responsabilité de la puissance publique*** ◊ Rompant avec une jurisprudence traditionnelle [1], le Conseil d'État admet depuis l'arrêt *Darmont* de 1978 le principe d'une responsabilité de l'État à raison de l'exercice de la fonction juridictionnelle par une juridiction administrative [2]. Cette responsabilité ne trouve pas sa source dans l'article L. 141-1, COJ (ex-art L. 781-1) [3], dont le champ d'application est limité à la seule activité des tribunaux judiciaires, mais dans « *les principes généraux régissant la responsabilité de la puissance publique* ». Sa mise en œuvre comporte ainsi une marge de liberté beaucoup plus grande ; pourtant, elle n'a longtemps assuré qu'une protection limitée aux justiciables, car il fallait à la fois que la décision critiquée ne fût pas, ou plus, assortie de l'autorité de la chose jugée et que l'on pût invoquer une *faute lourde ne résultant pas du contenu même de la décision*, mais, par exemple, d'un retard injustifiable à statuer [4].

D'ailleurs, cette jurisprudence *Darmont* n'avait donné lieu, en 25 ans, à aucun arrêt favorable à un requérant, de telle sorte qu'il était difficile de voir en elle un « recours effectif » au sens de l'article 13 de la Convention EDH [5]. C'est sans doute pour cette raison [6] que le Conseil d'État, dans son arrêt *Magiera*, a posé une exception à l'exigence de la faute lourde dans le domaine particulier du dépassement du délai raisonnable de jugement, s'alignant ainsi sur la jurisprudence de la Cour EDH, pour prévenir le renouvellement de condamnations

1. CE 27 avr. 1917, *Hoffmann, Lebon*, p. 334 ; CE, Ass., 4 janv. 1952, *Pourcelet, D.* 1952. 304, concl. Delvové. – 12 juill. 1969, *L'Étang, Lebon*, p. 386.

2. CE, Ass., 29 déc. 1978, *Darmont, Lebon*, p. 542, concl. Rougevin-Baville. *D.* 1979. 278, note Vasseur ; *AJDA* 1979, n° 11, p. 45, note Lombard ; *RD publ.* 1979. 1742.

3. Échappe également à ce texte le contentieux administratif de la chambre nationale des commissaires aux comptes en matière disciplinaire : Paris, 14 juin 1994, *D.* 1994. IR. 2000 ; *JCP* 1994. I. 3805, n° 2, obs. Cadiet.

4. J. Moreau, *Justices*, 1997-5, 39.

5. CEDH 26 mars 2002, *Klutz c/France*.

6. S. Hubac, « La responsabilité du fait du fonctionnement de la justice administrative : l'illustration d'un droit fruit du dialogue des juges », in *Mélanges B. Genevois*, Dalloz, 2008.

de la France [1] ; la motivation de l'arrêt montre d'ailleurs que le principe n'est pas limité aux affaires entrant dans la sphère d'application de la Convention EDH.

Compte tenu, en matière de litiges entrant dans la sphère d'application du droit communautaire, de la jurisprudence *Köbler* précitée de la Cour de justice des Communautés et de ses prolongements, la responsabilité de l'État du fait du fonctionnement de la justice administrative peut être ainsi schématisée :

- si la décision rendue n'entre pas dans le champ d'application du droit communautaire, la responsabilité de l'État s'articule en trois volets. Le dépassement du délai raisonnable de jugement engage cette responsabilité pour faute simple (*Magiera*) ; si le préjudice résulte de la décision juridictionnelle elle-même, passée en force de chose jugée, aucune action en responsabilité n'est admise [2] (*Darmont*) ; dans tous les autres cas, la jurisprudence *Darmont* exigeant une faute lourde continue de s'appliquer, étant d'ailleurs observé - quand l'affaire entre dans le champ d'application de la Convention EDH - qu'il n'est pas certain que la Cour de Strasbourg voie dans une procédure aussi restrictivement ouverte un « recours effectif » au sens européen des termes, sauf à ce que le Conseil d'État accepte de donner à la formule de « faute lourde » un sens analogue à celui que donne la Cour de cassation depuis l'arrêt *Bolle-Laroche* (v. *supra*, n° 230, b, 2).

- Si la décision en cause a été rendue dans une affaire entrant dans le champ d'application du droit communautaire, l'arrêt *Köbler* précité (v. *supra*, n° 230, b, 3) et ses prolongements apportent une atténuation substantielle aux principes qui viennent d'être exposés, *lorsque la décision émane d'une juridiction statuant en dernier ressort*, ce qui correspond en pratique, ici, au Conseil d'État. En effet, appliquant à la matière juridictionnelle les principes généraux de la responsabilité de l'État dégagés dans ses arrêts fondateurs *Francovich* et *Bonifaci* (aff. C — 6/90 et 9/90, *Rec.* 1991, p. 5403) et *Brasserie du pêcheur* et *Factortame* (C — 46/93 et 48/93, *Rec.* 1996, p. 1029), la Cour de justice des Communautés a d'abord souligné que la réparation du préjudice causé par une décision de justice violant le droit communautaire n'avait ni

1. CE, Ass., 28 juin 2002, *Magiera*, *AJDA* 2002. 596, chron. F. Donnat et D. Casas ; *RFDA* 2002-4, 756, concl. Lamy ; *LPA*, 2 oct. 2002, p. 15, concl. Lamy ; *D.* 2003. 23, note V. Holderbach-Martin ; *JCP* 2003. II. 10151, note J.-J. Menuret ; chron. J. Andriantzimbazovina, *RFDA* 2003. 85. Dans un arrêt ultérieur, la jurisprudence *Magiera* a été étendue aux préjudices causés par le délai excessif de jugement d'affaires encore pendantes, CE 25 janv. 2006, *AJDA* 2006-11, 589, chron. Ch. Landais et F. Lenica.

2. Ce qui est, en soi critiquable, car l'exigence d'un recours effectif au sens de l'article 13 n'est pas satisfaite et parce qu'en opportunité, si la force de chose jugée ne permet plus de remettre en cause le dispositif du jugement, on voit mal pourquoi elle interdirait de rechercher la responsabilité de l'État pour mauvais fonctionnement de la justice, quand il est prouvé que la procédure a été bâclée, comme dans l'affaire des époux Esnault, transposable à la justice administrative, *Le Monde*, 29 nov. 2000 (l'un des juges avait reconnu que le tribunal avait commis une erreur). L'arrêt *Köbler* de la CJCE remet en cause cette solution dans son domaine d'application.

pour objet ni pour effet de remettre en cause l'autorité de chose jugée de cette décision, qui continue de porter ses effets. Sur le fond, et pour « tenir compte des spécificités de la fonction juridictionnelle ainsi que des exigences légitimes de sécurité juridique », la Cour a jugé que l'État est responsable des violations du droit communautaire commises par ses juridictions statuant en dernier ressort, lorsque la violation alléguée présente un caractère manifeste - notion éclairée aux points 53 et s. de l'arrêt. La jurisprudence *Köbler* a été complétée en 2006 par l'arrêt *Traghetti del Mediterraneo* (dit : « TDM ») [1] qui, tout en précisant que le droit national peut poser des conditions d'engagement de la responsabilité étatique plus libérales que celles posées par l'arrêt *Köbler*, ajoute que le droit national (italien en l'espèce) ne saurait en revanche l'exclure lorsque la violation alléguée résulte du fond même de la décision [2]. La Cour précise en outre que si l'État peut limiter sa responsabilité - comme c'était le cas en l'espèce - aux hypothèses de dol ou de faute grave, cette limitation ne saurait s'entendre comme pouvant exclure sa responsabilité dans le cas où la juridiction suprême a commis une méconnaissance manifeste du droit communautaire applicable, telle que cette notion a été déterminée dans l'arrêt *Köbler* - ce qui condamne implicitement la jurisprudence *Darmont* quand le droit communautaire est en jeu. C'est d'ailleurs la raison pour laquelle le Conseil d'État, tout en confirmant globalement sa jurisprudence *Magiera* sur les délais et *Darmont* sur le fond des décisions juridictionnelles, lui a apporté sur ce dernier point, dans l'arrêt *Gestas* précité [3], une importante atténuation, en décidant que la responsabilité de l'État peut être engagée « dans le cas où le contenu de la décision juridictionnelle est entachée d'une violation manifeste du droit communautaire ayant pour objet de conférer des droits aux particuliers ».

On ajoutera que si cette jurisprudence est, juridiquement, limitée aux décisions intervenant dans le champ du droit communautaire, on peut penser qu'elle pourrait déboucher, à terme, sur l'admission d'une responsabilité plus large de l'État. Il apparaît en effet peu cohérent, au plan logique, d'admettre ou de rejeter la responsabilité de l'État selon que la décision de justice se rattache, ou non, au droit communautaire [4].

1. CJCE 13 juin 2006, aff. C-173/03 ; v. D. Simon, « Consolidation de la responsabilité des États du fait des violations imputables aux juridictions nationales », Europe, 2006, comm. 232. et Fl. Chaltiel, « Nouvelles précisions sur la responsabilité de l'État en droit communautaire », *Rev. MC et de l'UE*, oct.-nov. 2006, p. 609.

2. La loi italienne excluait toute responsabilité de l'État si étaient en cause l'interprétation du texte applicable ou l'appréciation des faits ou des preuves.

3. V. *supra*, n° 230.

4. Au-delà de la logique, ou de l'équité, le Conseil d'Etat pourrait être mis en cause, en dehors du champ du droit communautaire, par exemple parce qu'il aurait fait application d'une loi que le Conseil constitutionnel, saisi par la Cour de cassation en vertu de la révision constitutionnelle du 23 juillet 2008 autorisant la saisine par voie d'exception, aurait ensuite déclarée inconstitutionnelle.

La règle de l'autorité de la chose jugée est un simple principe de paix et de stabilité sociales : au-delà d'un certain nombre d'examens et de réexamens une affaire doit être considérée comme définitivement tranchée, pour mettre un point final aux litiges et pour assurer une sécurité juridique. Mais cette considération de bonne organisation sociale ne saurait fonder un principe d'infaillibilité des tribunaux. L'existence du pourvoi en cassation dans l'intérêt de la loi (v. *supra*, n° 152) confirme que des conséquences peuvent être attachées à une décision de justice erronée devenue définitive, sans créer un désordre juridique ; les jurisprudences de la Cour de justice et de la Cour EDH poussent à admettre que, si l'erreur juridictionnelle devenue définitive ne peut plus être rectifiée, le préjudice qu'elle fait naître doit être indemnisé.

Au sein même du Conseil d'État l'idée d'un abandon de l'exigence d'une faute lourde de la juridiction n'apparaît par ailleurs plus inconcevable [1].

3. Le recours à la Cour européenne des droits de l'homme

241 ***Le procès équitable*** ◊ L'État français peut encore être condamné par la Cour européenne des droits de l'homme si, du fait du fonctionnement défectueux du service de la justice, les garanties du procès équitable visées à l'article 6 de la convention n'ont pas été respectées. En matière pénale, un recours en révision est prévu dans ce cas pour tirer les conséquences de l'arrêt européen (v. *infra* n° 696). C'est sur ce fondement que l'État a d'abord été condamné à Strasbourg pour non-respect d'un délai raisonnable, avant que les tribunaux français ne retiennent cette responsabilité [2]. Mais ce type de condamnation devrait s'estomper, la Cour européenne renvoyant aux juridictions nationales le soin de condamner l'État pour non-respect du délai raisonnable d'une procédure [3]. La jurisprudence *Dulaurans c/France* (v. *supra*, n° 230) apporte – dans le champ d'application de la Convention EDH – une garantie subsidiaire aux justiciables victimes d'un préjudice causé par

1. V. chron. gén. De F. Donnat et D. Casas, *AJDA* 2004, spéc. p. 654, à propos de CE, Sect., 27 févr. 2004, *Mme Popin*. J. Courtial, « La responsabilité du fait de l'activité des juridictions de l'ordre administratif : un droit sous influence européenne ? », *AJDA* 2004. 423.

2. CEDH, 31 janv. 1996, *aff. Fouquet c/ France* : *Rec.* 1996-I, p. 19, *Justices*, 1997-5, obs. Cohen-Jonathan et Flaus ; *JCP* 1997. I. 4000, n° 5, obs. Sudre, qui donne acte à la France de son acceptation de payer au requérant la somme (150 000 F) proposée par la Commission pour réparer le préjudice né d'une erreur de fait dans l'examen, par une chambre civile, d'un moyen soulevé par le demandeur à un pourvoi en cassation. V. l'avis de la commission qui relevait que la Cour de cassation avait considéré que le demandeur au pourvoi avait reconnu une part de responsabilité dans un accident, alors que, tout au contraire, une lecture attentive de ses écritures faisait clairement apparaître qu'il la contestait absolument. Rappr. S. Guinchard, « Le droit a-t-il encore un avenir à la Cour de cassation ? », in *Mélanges F. Terré*, Dalloz/Éd. Technique/PUF, 1999.

3. CEDH, 26 oct. 2000, *Kudla c/ Pologne*.

une décision juridictionnelle reposant sur une « erreur manifeste » du tribunal. Si, en droit interne, le justiciable se heurte à l'argument d'immunité de la chose jugée, il peut s'adresser à la Cour EDH pour lui demander, éventuellement, la condamnation de l'État à lui accorder une « satisfaction équitable ». Ainsi, l'administration fiscale et le juge de l'impôt ayant écarté les dispositions d'une directive européenne, la France a été condamnée à Strasbourg pour violation de l'article 1er du premier protocole additionnel à la Convention EDH [1].

B. La responsabilité à l'égard des collaborateurs du service public de la justice

242 ***Responsabilité sans faute, pour préjudice anormal, spécial et d'une certaine gravité*** ◊ **1)** Les collaborateurs du service de la justice bénéficient, comme tous les collaborateurs des services publics, d'un régime de responsabilité sans faute, dès lors que le préjudice qu'ils subissent *« est anormal, spécial et d'une certaine gravité »*.

– Ce régime de responsabilité est acquis depuis la fin du XIXe siècle pour les collaborateurs permanents de l'Administration [2]. Depuis le milieu du XXe siècle pour les collaborateurs occasionnels [3]. C'est la théorie du risque professionnel, selon l'expression du commissaire du gouvernement Romieu : l'État doit garantir les collaborateurs des services publics contre les risques que leur fait courir leur participation à l'exécution du service.

– La Cour de cassation a appliqué cette théorie du risque professionnel (responsabilité sans faute) à un collaborateur occasionnel du service de la justice, un médecin requis par le commissaire de police pour faire un rapport sur les causes d'un décès et qui fut gravement blessé par une explosion de gaz. C'est le fameux arrêt *Giry* [4]. En revanche, lorsque ce collaborateur, (un expert) est auteur des faits reprochés au service de la justice, sa victime ne peut agir contre l'État sur le fondement de l'article L. 141-1, COJ (v. *supra* n° 230).

2) C'est cette théorie que l'on va appliquer aux auxiliaires de justice :

– Le Conseil d'État a appliqué la théorie du risque professionnel aux experts désignés par un tribunal administratif et dont la rémunération n'a pas été assurée par la partie condamnée aux dépens du fait de son insolvabilité [5].

– La Cour de cassation va aussi appliquer cette jurisprudence aux auxiliaires de justice, mais avec des nuances :

Elle va d'abord dire que l'ancien article L. 781-1, COJ (devenu L. 141-1), ne concerne que les usagers du service de la justice et qu'il n'est donc pas

1. CEDH, 25 janv. 2007, *Procédures,* avr. 2007, n° 101, obs. J.- L. Pierre.

2. CE 21 juin 1895 *Cames, Lebon*, p. 509, concl. Romieu ; *D.* 1896. 3. 65, concl. Romieu ; S. 1897, 3, 33, concl. Romieu et note M. Hauriou.

3. CE 22 nov. 1946, *Commune de Saint-Priest, Lebon* p. 279 ; *D.* 1947. 375, note Blaevoet ; S. 1947, 3, 105, note F.P.B.

4. Civ., 2e, 23 nov. 1956 : *Bull. civ.*, II, p. 407 ; *D.* 1957. 34, concl. Lemoine ; *JCP* 1956. II. 9681, note P. Esmein ; *RD publ.* 1958, 298,note M. Waline ; *AJDA* 1957. II. 91, chron. Fournier et Braibant (la réquisition du médecin par l'autorité compétente l'a transformé en collaborateur du service de la justice et l'a fait bénéficier, *ipso facto*, du régime de responsabilité sans faute).

5. CE 26 févr. 1971 : *Lebon* p. 172 ; *AJDA* 1971. 156, chron. Labetoulle et Cabanes.

applicable aux experts désignés par une juridiction de l'ordre judiciaire et dont la rémunération n'a pas été assurée par la partie condamnée aux dépens, en raison de l'insolvabilité de celle-ci ; pour autant, dans ce type d'affaires, la Cour de cassation ne va pas retenir la responsabilité dite du risque professionnel, puisqu'elle va exiger que l'expert prouve la faute du service de la justice [1].

La Cour de cassation va aller plus loin en réaffirmant, pour un collaborateur potentiel du service de la justice que les dispositions de l'ancien article L. 781-1, COJ (devenu L. 141-1), *« ne concernent que les usagers du service public et ne sont pas applicables aux collaborateurs de ce service, dont les dommages, dont ils peuvent être la victime en cette qualité, sont soumis aux principes de responsabilité sans faute de l'État, dès lors que le préjudice est anormal, spécial et d'une certaine gravité »* [2].

En revanche, l'avocat assistant ou représentant une partie au litige n'est pas un collaborateur du service de la justice et ne peut donc bénéficier de la théorie dite du risque professionnel ; il doit recourir à l'article L. 141-1, COJ et prouver la faute lourde ou le déni de justice [3].

C. La responsabilité à l'égard des tiers au service public de la justice

243 ***Responsabilité sans faute*** ◊ Celui qui n'est ni un usager du service de la justice, ni l'un de ses collaborateurs, peut bénéficier d'un régime de responsabilité sans faute à base de risque anormal, de préjudice excédant par sa gravité les charges qui doivent être normalement supportées par les particuliers. Cette jurisprudence a été inaugurée à propos des dommages survenus à un tel tiers à l'occasion d'une opération de police judiciaire ; la victime n'était pas concernée par cette opération et avait été blessée par balles, dommage qui, par sa gravité, excédait les charges qui doivent normalement être supportées par les citoyens, en contrepartie des avantages résultant de l'intervention de la police judiciaire [4]. En revanche, si la victime était la personne visée par l'opération de police, on devrait appliquer le régime de l'article L. 141-1, COJ [5].

1. Civ., 1re, 21 déc. 1987 : *Bull. civ.*, I, n° 347, *D.* 1988. 578, note Moussa ; *Gaz. Pal.* 1988, 578, note Sellon et note Caratini – Civ., 2e, 14 déc. 1988 : *Gaz. Pal.* 1989, 394, note Sellon et Rousseau ; *ibid.* 1990, somm. ann. 4, obs. Guinchard et Moussa. En revanche, la cour de Paris, retient une responsabilité sans faute au bénéfice de l'expert impayé, mais parce qu'en l'espèce aucune ordonnance de taxation n'avait été prise, Paris, 9 mai 2007, *Gaz. Pal.* 13 sept. 2007.

2. Civ., 1re, 30 janv. 1996 : *Bull. civ.*, I, n° 51 ; *Gaz. Pal.* 1996, 177, note M. Olivier ; *JCP* 1996. II. 22608, rapport Sargos ; *D.* 1997. 83, note A. Legrand ; *Gaz. Pal.* 24 avr. 1997, concl. Sainte-Rose ; *RD publ.* 1997, 235, note Auby ; *RFDA* 1997. 1301, note P. Bon ; sur renvoi, Paris, 3 déc. 1997 : *D.* 1998. IR. 23 ; *RFDA* 1999. 399, chron. P. Bon.

3. Civ., 1re, 13 oct. 1998 : *Gaz. Pal.* 21 nov. 1998, concl. Sainte-Rose ; *D.* 2000. 576, note F. Lemaire.

4. Civ., 1re, 10 juin 1986 : *Bull. civ.*, I, n° 160 ; *JCP* 1986. II. 20683, *rapport Sargos* ; *RFDA* 1987. 92, note J. Buisson. – TGI Paris, 31 janv. 1984 (balle perdue) : *inédit*, cité par G. Wiederkehr, *Justices*, 1997-5, 20. V. aussi, Angers, 9 oct. 1989 : *Gaz. Pal.* 1991, 287, note M. Renard (dommage subi par le propriétaire de biens saisis).

5. Civ. 1re, 9 mars 1999 : *D.* 2000. 398, note H. Matsopoulou ; *JCP* 1999. II. 10069, rapport Sargos.

§ 2. L'exécution des jugements

I. Valeur européenne du droit à l'exécution des jugements

244 ***L'arrêt Hornsby*** ◊ Le justiciable qui saisit une juridiction n'attend pas seulement du jugement qu'il dise le droit, mais aussi qu'il soit appliqué. La Cour européenne des droits de l'homme souligne dans sa jurisprudence que le droit au juge, garanti par l'article 6, § 1 Conv. EDH en matière de droits et obligations à caractère civil, serait illusoire si l'ordre juridique interne d'un État membre permettait à une décision juridictionnelle de demeurer inexécutée, créant ainsi une situation incompatible avec le principe de prééminence du droit que les États signataires de la Convention se sont engagés à respecter en ratifiant celle-ci. En conséquence, la Cour considère que l'exécution des décisions de toutes les juridictions est un élément de la notion de « procès équitable » au sens de l'article 6, § 1 Conv. EDH, au même titre que le droit à un juge et le droit à une bonne justice (qui forment les deux autres volets du triptyque) ; la Cour insiste, en particulier, sur l'importance de l'exécution des décisions des juridictions administratives, l'objectif du requérant étant non seulement d'obtenir l'annulation de l'acte déféré aux juges, mais aussi et surtout la levée de ses effets [1].

II. Jugement rendu contre un particulier

245 ***Astreintes et exécution forcée*** ◊ Dans de nombreuses hypothèses, le but recherché par le demandeur est obtenu par l'existence même du jugement ; tel est le cas si l'on a demandé en justice l'annulation d'une convention qui n'a pas encore reçu de commencement d'exécution. Mais il arrive fréquemment que l'objet de la demande soit d'obliger l'adversaire à faire ou à ne pas faire un acte : payer une indemnité, quitter un local commercial ou d'habitation, ou cesser une activité causant illégalement un préjudice au demandeur (concurrence déloyale, par ex.).

a) Si le débiteur n'exécute pas le jugement, des voies de droit permettent au créancier de triompher de cette résistance :

1. CEDH, 19 mars 1997, *Hornsby c/Grèce*, *JCP* 1997. II. 22 949, note Dugrip et Sudre ; *D.* 1998. 74, note N. Fricéro *RGDP* 1998, 230, obs. Flauss ; *AJDA* 1997. 986, obs. Flauss ; *RTD civ.* 1997, 1009 obs. Marguénaud ; *Clunet* 1998, 185, obs. H. Ascensio. « *On ne comprendrait pas en effet, que l'article 6§ 1 décrive en détail les garanties de procédure (équité, publicité et célérité) accordées aux parties et qu'il ne protège pas la mise en œuvre des décisions judiciaires ; cet article ne peut pas passer pour concerner exclusivement l'accès au juge et le déroulement de l'instance* ». CEDH, 11 janv. 2001, *Lunari c/Italie* (refus d'octroi de la force publique pendant quatre ans pour expulser une locataire en vertu d'une décision de justice). V. encore CEDH, 31 mars 2005, *Matheus c/France*.

– ***L'astreinte.*** Il est possible, en premier lieu, de chercher à l'intimider par une mesure comminatoire, c'est-à-dire par une menace, représentée par le système des *astreintes*. On entend par là une somme d'argent, fixée par jour de retard dans l'exécution du jugement, que le tribunal peut mettre à la charge du perdant pour l'inciter à procéder rapidement à celle-ci. Cependant, assorti ou non d'une astreinte, le jugement peut se heurter à la carence persistante du perdant.

– ***L'exécution forcée.*** Il est alors nécessaire d'en obtenir *l'exécution forcée* [1]. Le gagnant ne peut y procéder lui-même ; pour prévenir les risques de troubles de toutes sortes, et garantir le respect des conditions légales de l'exécution, il est légalement tenu de procéder par l'entremise d'un *huissier* de justice. Le jugement étant revêtu de la force exécutoire [2], cet officier ministériel peut ainsi se rendre auprès du perdant pour exiger l'exécution de la décision. Cependant, si celui-ci résiste, par exemple s'il refuse de laisser l'huissier pénétrer dans son domicile pour procéder à la saisie de ses meubles, l'huissier ne peut pas user de la force pour surmonter cette résistance. Dans tous les États modernes, l'État dispose du monopole de la contrainte. L'huissier devra ainsi, muni de la grosse du jugement, demander à l'autorité publique, en la personne du commissaire de police, de lui faire prêter main-forte pour obtenir l'exécution de la décision de justice [3].

b) Le recours à la force publique. De vieille jurisprudence du Conseil d'État, « le justiciable nanti d'une sentence judiciaire dûment revêtue de la formule exécutoire est en droit de compter sur la force publique pour l'exécution du titre qui lui a été délivré » [4].

Cependant, l'exécution de certains jugements risque de provoquer des troubles graves ; il suffit de penser, en certaines périodes, à l'expulsion de locataires, ou de grévistes occupant une usine. Aussi arrive-t-il que l'autorité publique, pour des raisons d'opportunité, se refuse durablement à assurer l'exécution forcée de ces jugements. Le Conseil d'État considère qu'un tel refus fondé sur des motifs d'ordre public est légal ; mais comme l'on ne peut équitablement faire peser sur un individu – le gagnant du procès – la charge d'une mesure prise dans l'intérêt général, le Conseil d'État décide que la non-exécu-

1. L'astreinte ne peut assortir que des jugements tendant à une prestation autre que le paiement d'une somme d'argent. L'existence d'intérêts moratoires (c'est-à-dire destinés à compenser le préjudice né du retard à payer) dans le cas de jugements allouant des sommes d'argent tend en partie au même résultat.

2. La formule exécutoire est apposée sur la première expédition (c'est-à-dire copie) du jugement, appelée *grosse* et délivrée au gagnant du procès.

3. La formule exécutoire des jugements judiciaires est ainsi libellée : « La République française mande et ordonne à tous huissiers, sur ce requis, de mettre le présent jugement à exécution ; aux procureurs généraux et aux procureurs de la République près les tribunaux de grande instance d'y tenir la main ; à tous commandants et officiers de la force publique de prêter main-forte lorsqu'ils en seront légalement requis ». Celle qui termine les décisions des juges administratifs illustre l'absence de voies d'exécution contre les collectivités publiques (cf. art. 70, Ord. 31 juill. 1945, et art. R. 209, CJA) : « La République mande et ordonne au ministre (au préfet), en ce qui le concerne et à tous huissiers à ce requis, en ce qui concerne les voies de droit commun contre les parties privées, de pourvoir à l'exécution de la présente décision ».

4. CE 30 nov. 1923, *Couiteas*, *D.* 1923. III. 59, concl. Rivet ; *GAJA*, 17e éd., 2009, no 40.

tion du jugement lui ouvre droit à une indemnisation [1], par application du principe général du droit de l'égalité des administrés devant les charges publiques. La loi n° 91-650 du 9 juillet 1991 sur les voies d'exécution mobilière, en matière civile, consacre cette obligation de l'État et sa responsabilité (art. 16) et le Conseil constitutionnel a admis la possibilité de déroger au principe d'exécution dans les cas de « circonstances exceptionnelles tenant à la sauvegarde de l'ordre public » [2].

III. Jugement rendu contre une collectivité publique

246 *Difficultés d'exécution* ◊ En règle très générale, l'Administration respecte les décisions rendues contre elle. Dans les cas, qui ne sont cependant pas isolés, où elle s'abstient temporairement ou durablement d'exécuter ces décisions, l'application de celles-ci est plus difficile à faire assurer par le gagnant que s'il s'agissait d'un litige entre particuliers. Non seulement parce qu'elle dispose seule des moyens matériels de contrainte, qu'elle ne retournera pas volontiers contre ses propres services, mais aussi et surtout parce que, longtemps, les juridictions même administratives n'ont pu prononcer contre une personne publique des *injonctions*, c'est-à-dire des obligations de faire (comme réintégrer un fonctionnaire illégalement licencié, ou démolir un ouvrage public irrégulièrement édifié [3]), ce qui a rendu longtemps impossible le système des astreintes.

a) Parfois le refus d'exécution prend une forme radicale : c'est le cas si le Gouvernement demande au Parlement la validation par voie législative du texte réglementaire annulé par le juge (v. *supra*, n° 93).

b) À l'inverse certaines résistances peuvent être assez facilement surmontées ; si l'on est en présence d'une décision condamnant une personne publique autre que l'État au paiement d'une somme d'argent, le représentant de l'État (le préfet, pour les collectivités territoriales) peut inscrire d'office la dépense au budget de la collectivité et prendre au besoin les mesures nécessaires pour la faire mettre en paiement en respectant les procédures fixées par les textes [4].

c) En revanche, en présence d'un refus de l'État d'exécuter un jugement rendu contre lui, il a longtemps été impossible de l'y contraindre efficacement. Sans doute le refus d'exécuter une décision de justice engage-t-il la responsabi-

1. Cf. l'arrêt de principe Couiteas, ci-dessus, qui a été à l'origine de toute une jurisprudence ; v. not. CE 3 juin 1938, *Société « cartonnerie et imprimerie St-Charles »*, *ibid.*, n° 61 ; CE 22 janv. 1943, *Braut*, *Lebon*, p. 19.
2. Déc. 98-403, 29 juill. 1998, *AJDA* 1998. 705.
3. Dans les pays de tradition juridique anglo-saxonne, les juges peuvent au contraire prononcer des injonctions (Writs) contre les personnes publiques, qui sont considérées comme étant placées devant le juge dans la même situation que les autres justiciables. Sur les difficultés d'assurer l'exécution des décisions rendues contre l'Administration, avant les réformes de 1980 et de 1995, v. J. Rivero, « Le Huron au Palais Royal, ou Réflexions naïves sur le recours pour excès de pouvoir », *D.* 1962. Chron. 37 ; G. Braibant, « Remarques sur l'efficacité des annulations pour excès de pouvoir », *EDCE*, 1961, p. 53.
4. V. par ex. CE, Sect., 18 nov. 2005, *Sté fermière de Campoloro*.

lité de l'Administration, qui peut être condamnée à une indemnité ; mais encore fallait-il qu'elle accepte de la payer, car il n'existe pas en pratique de voies d'exécution contre son patrimoine [1], et cette nouvelle instance ne faisait que retarder l'issue de la procédure. On pouvait alors aboutir à des hypothèses - limites, comme celle dont l'affaire *Caucheteux et Desmonts* [2] donne l'exemple, dans laquelle le Conseil d'État avait souligné l'inexécution d'une « décision du Conseil d'État remontant à 18 ans, en raison de faits remontant à 25 ans ».

Jusqu'en 1980, la solution du problème posé par le refus d'exécution des jugements par les personnes publiques ne pouvait être trouvée que dans des procédés indirects reposant sur l'information de l'opinion publique à l'égard de ces refus abusifs, dans l'espoir que sa réprobation serait de nature à faire fléchir le refus ou l'inertie de l'Administration, exposés au grand jour dans des rapports officiels - voués en fait par leur nature à une audience confidentielle. Une évolution législative engagée avec la loi n° 80-539 du 16 juillet 1980, relative aux astreintes en matière administrative et à l'exécution des jugements par les personnes publiques, a très largement fait disparaître une inégalité choquante devant la justice entre la condition des administrés et celle de l'Administration [3]. Surtout, la loi du 8 février 1995 a permis aux tribunaux administratifs et aux Cours administratives d'appel d'enjoindre à l'Administration de prendre les mesures qu'implique une annulation [4] pour excès de pouvoir (art. L. 911-1 et 2, CJA), de faire exécuter eux-mêmes les jugements et arrêts (art. L. 911-4, CJA) en assortissant éventuellement ces prescriptions d'une astreinte (art. L. 911-3, CJA). Le Conseil d'État voit ses pouvoirs renforcés par la loi de 1995. La création d'un véritable référé (v. *supra*, n° 224, 2., c), le développement de l'astreinte et la dévolution d'un pouvoir d'injonction à l'égard de l'administration ont doté le juge administratif d'un arsenal procédural efficace dont il n'hésite pas à faire usage.

SECTION 4. L'INFLUENCE DE L'ÉCONOMIE ET DE LA CRISE ÉCONOMIQUE SUR LE SERVICE PUBLIC DE LA JUSTICE

247 ***Crise économique et justice*** ◊ La justice, dit-on, est en crise, crise de confiance dans l'État, crise de légitimité dans la Nation (v. *supra*, n° 128), du moins le répète-t-on à longueur de colloques, de discours et de rapports parlementaires ; l'affaire d'Outreau en a été le révélateur le plus important de ces dernières années (v. *supra*, n° 95). À n'en pas douter il faut y ajouter une crise économique liée aux difficultés

1. S. Clamens, « Vers la remise en cause du principe d'insaisissabilité des biens des personnes publiques », *AJDA* 2000. 767.
2. CE 2 mai 1962, *AJDA* 1962. 421, chron. Galabert et Gentot.
3. V. Les décisions de justice rendues au profit de l'État ou contre l'État et leur exécution, *Les dossiers juridiques de l'agence judiciaire du Trésor*, n° 29. N. Nahmias, « L'exécution des décisions des juridictions administratives par les personnes morales de droit public », *LPA*, 3 nov. 1999, p. 4.
4. V., pr ex., l'arrêt du Conseil d'État du 5 mars 2003, *Titran*, dans lequel le juge administratif énumère en détail ce que l'Administration devra faire pour faire produire à sa décision tous les effets qu'elle emporte ; *AJDA* 2003. 1008, note S. Damarey.

budgétaires actuelles de la France, qui est devenu un État pauvre. La tension est permanente entre les objectifs et les ressources. Chacun se plaint d'un manque de moyens ou d'une Justice trop chère pour le justiciable qui oublie qu'il est aussi un contribuable. Crise que l'on peut repérer par l'instauration du RMI, puis du RSA, et par le nombre croissant de leurs bénéficiaires, ou encore par l'augmentation considérable de la dette publique et du déficit cumulé, c'est-à-dire de l'encours de l'État [1]. Or, on l'a déjà souligné à propos de la lenteur de la justice (v. *supra,* n° 220 sur les causes et 222, b et 223, f, sur les remèdes), la justice est d'abord un service public qui dépend du budget de la France pour accomplir sa mission et nécessairement elle n'a pas pu et ne pourra pas ne pas souffrir des difficultés économiques de l'État : même s'il ne faut pas tout ramener à une dimension budgétaire (v. *supra,* n° 222, b et 223, f et *infra,* n° 251, b), elle a dû adapter ses réponses aux demandes des justiciables, par exemple par le recours très large au juge unique. De la même façon, les justiciables ont modifié leur demande de justice, sous l'influence de la crise économique [2].

Un audit de la Justice serait nécessaire pour savoir qui fait quoi dans le monde de la Justice, avant de distribuer de nouveaux moyens [3] (v. *supra,* n° 223, f, à propos de cette idée d'un audit de la justice et du rapport de la Cour des comptes sur la fonction publique). On ne peut se contenter d'approximations, alors que l'explosion du nombre de magistrats en vingt ans et, à l'inverse, le faible recrutement de greffiers sont des faits incontestables [4].

a) Une demande de justice transformée par la crise. La demande de justice a été modifiée dans sa structure, d'abord par un accroissement de plaideurs appauvris, puisqu'en 1990, le revenu moyen men-

1. En 1991, le stock de la dette était de 1 622 milliards de francs et de 3 600 milliards en 1996, (soit deux fois le budget de la France), pour atteindre 1000 milliards d'euros en 2003 et 1200 en 2006. En 2008, la dette atteint 50 000 euros par actif et le service de ses seuls intérêts se monte à 50 milliards d'euros, ce qui en fait le deuxième poste budgétaire derrière l'Education nationale ; elle représente 64 % du PIB (rapport annuel de la Cour des comptes, janv. 2009).

2. Pour un exposé plus complet de ces questions, V. S. Guinchard, « Crise économique et justice » *in L'influence de la crise économique sur l'évolution du système juridique,* rapport aux Journées R. Savatier, Poitiers, 5 et 6 oct. 1995, *Publications Fac. dr. Poitiers,* 1997, t. 31, p. 183. Pour des études sur l'économie de la justice, assez rares, v. la bibliographie générale en tête de l'ouvrage, à la fin de l'introduction, *V° Ouvrages généraux, Thèmes particuliers, Justice et économie.* - D. Millet, « Quarante ans de budget de la Justice », *Justices,* 1999-1. E. Douat (dir.), *Les budgets de la Justice en Europe,* Doc. fr., 2001 (présentation *in JCP* 2001, Actu., p. 2129). X. Badin, « Les professionnels de justice face aux budgets de la Justice en Europe », *Gaz. Pal.* 15 déc. 2001. J.-P. Jean, « Trente ans de réforme de la justice, entre intentions politiques et choix budgétaires », in *Ce qui a changé dans la justice depuis 20 ans,* éd. Nicolas Phillippe, 2003. Présentation du n° 125 de la *RFAP* 2008, entièrement consacré à ces questions d'administration de la justice et de budget.

3. En ce sens, S. Guinchard, rapport au colloque TGI Nanterre d'Ass. fr. philo dr., 5 déc. 1995, *Le temps dans la procédure, Les solutions d'organisation procédurale,* Dalloz, coll. « Thèmes et commentaires », 1996, p. 53.

4. J.-P. Jean, Présentation du n° 125 de la *RFAP* 2008, entièrement consacré à ces questions d'administration de la justice et de budget.

suel des bénéficiaires de l'aide judiciaire était inférieur au seuil de pauvreté et que 82 % bénéficiaient de l'aide totale ; ensuite, par l'accroissement des contentieux directement liés aux effets de la crise économique (les procédures collectives, le contentieux de l'impayé, la répression du travail clandestin).

b) Une offre de justice altérée par la crise. Rendre la justice, c'est, en terme de marché, offrir une prestation de service, mais pas n'importe quel service ! La Justice n'est pas un service public comme les autres. À la suite du constat d'une « justice sinistrée » dressé par une commission sénatoriale [1], des solutions ont été proposées, qui toutes supposent des moyens considérables. Sous la pression de l'accélération des procédures pour respecter le délai raisonnable de la Convention EDH (sur cet aspect lié aux moyens de la justice, v. *supra,* n° 220 pour le constat et 222, b et 223, f, pour les remèdes en termes de budget), un rattrapage est intervenu à partir de 1995. Concrètement, on relèvera, d'une part, l'accroissement considérable du budget de la Justice qui est passé de 0,65 % du budget de l'État en 1965 à 1,89 % en 2006, puis à 2,40 % en 2008 (soit 6,519 milliards d'euros en crédits de paiement (hors justice administrative), dont 41,87 % pour la justice judiciaire et 36,55 % pour l'administration pénitentiaire) ; d'autre part, le vote d'une loi de programmation le 6 janvier 1995 dont on dira quelques mots. Les emplois budgétaires ont explosé en vingt ans : progression de 25 % pour les services judiciaires, de 102 % pour l'administration pénitentiaire, de 43 % pour la protection judiciaire de la jeunesse de 1981 à 2002 [2]. Avec la sortie de la Mission justice des juridictions administratives (v. *supra,* n° 82), la lecture du budget de l'ensemble de la justice (civile et administrative) est moins aisée, puisqu'il faut aller chercher dans deux missions différentes les chiffres qui la concernent.

Pour autant, la France se situe dans l'échelle basse des pays européens comparables, pour les moyens attribués à ses juridictions, ainsi que le note la CEPEJ dans ses rapports annuels [3]. À titre de comparaison, le budget allemand de la Justice est trois fois plus important pour trois fois plus de magistrats, mais seulement 25 % de population en plus ; en outre, 75 % de ce budget provient de recettes des tribunaux car la justice allemande n'est pas gratuite. On remarquera aussi qu'on a pu évaluer à près de 12 milliards de francs, en 1997, le montant de

1. Rapport Haenel/Artuis, *Doc. fr.* 1991.
2. V. J.-P. Jean, « Trente ans de réforme de la justice, entre intentions politiques et choix budgétaires », in *Ce qui a changé dans la justice depuis 20 ans,* éd. Nicolas Phillippe, 2003. Présentation du n° 125 de la *RFAP* 2008, entièrement consacré à ces questions d'administration de la justice et de budget.
3. Commission européenne pour l'efficacité de la justice, site : www.coe.int/CEPEJ. Sur cette commission, v. *supra,* n° 197.

la TVA collectée par les professionnels de la Justice, soit la moitié du budget de ce ministère [1].

Le budget de la justice en 2008

Budget 2008 (crédits de paiement)

Mission justice (hors justice administrative) : 6,519 milliards d'euros
Mission contrôle de l'État :
- justice administrative : 265 millions d'euros
- juridictions financières : 194 millions d'euros

Effectifs budgétaires 2008

Mission justice hors justice administrative : 72 993 agentsDont :
- Magistrats : 8 140
- Fonctionnaires en juridictions : 22 215, dont 10 335 greffiers et greffiers en chefs
- Personnels protection judiciaire de la jeunesse : 9 017
- Personnels de l'administration pénitentiaire : 32 437
- Administration centrale : 1 184

Source : Site du ministère du Budget.

248 ***La loi de programmation n° 95-9 du 6 janvier 1995*** ◊ Elle avait pour objectif « d'améliorer le fonctionnement de la justice par l'attribution de moyens supplémentaires de 1995 à 1999 : ouverture de 8,1 milliards de francs d'autorisations de programme et augmentation des effectifs autorisés de 6 100. Cette même loi jette les bases des orientations d'une réflexion sur la politique pénale et les mineurs en difficulté et, dans un rapport annexé, trace un certain nombre d'orientations approuvées par le Parlement, au nombre desquelles on trouve les grandes lignes de l'évolution souhaitable de l'organisation judiciaire. Cette loi fait en effet partie d'un triptyque qui comprend la loi organique n° 95-64 du 19 janvier 1995 relative au statut de la magistrature qui sera évoquée avec le recrutement des magistrats, et la loi n° 95-125 du 8 février 1995 relative à l'organisation des juridictions et à la procédure civile, pénale et administrative (notamment le développement du juge unique et la promotion des solutions de médiation). Ses objectifs n'ont été tenus que la première année.

249 ***La loi du rendement et les lois des 19 janvier et 8 février 1995 : vers une privatisation de la Justice*** ◊ Avec les lois du 19 janvier et du 8 février 1995, on assiste à la mise en place de la logique du rendement, (volets économiques du triptyque précité). Les dispositions particulières de ces lois seront étudiées à leur place (juge unique, recrutements latéraux, etc.), mais nous en donnerons ici une vision d'ensemble pour mieux appréhender globalement les conséquences

1. Cf. discours de B. Lissarague, Président Chambre nationale des avoués, Lyon, 17 sept. 1999.

que la crise économique et les moyens choisis par le gouvernement pour y répondre entraînent sur le service public de la justice. Il n'est pas exagéré de dire que celui-ci en ressort malmené, voire altéré et en voie de privatisation [1] :

• **Service public malmené, par une offre de justice soumise à la logique du rendement,** à savoir réduire les délais pour rendre les décisions de justice, sans moyens réellement accrus car les dispositions de la loi de programmation suffiront à peine à colmater une partie de l'augmentation des contentieux, au besoin en recourant au télétravail. Déjà, dans certaines juridictions les décisions sont rendues mais non dactylographiées, faute de secrétaire ! D'où :

– des abandons de compétence : aux commissions de surendettement (dont les missions sont considérablement accrues par la loi du 8 février 1995), aux greffiers en chefs (art. 7 à 18 de la loi du 8 février) ;

– des abandons de principes, par le développement du juge unique, avec le juge de l'exécution crée en 1991 (loi du 9 juillet) et surtout, l'extension considérable de son champ d'application en matière pénale (loi du 8 févr. 1995) et en matière administrative (art. 64 et 65, loi du 8 févr. 1995), ou encore le recours systématique aux supplétifs (loi organique du 19 janv. 1995). Progressivement, c'est une magistrature de métier qui, comme dans l'enseignement supérieur (avec peu de titulaires et une armée de vacataires) entourée de supplétifs, se met en place ; ce n'est peut-être pas une mauvaise chose pour une meilleure intégration de la justice dans notre société, mais il est utile d'en prendre la dimension.

• **Service public malmené encore par une offre de justice payante** : rétablissement des droits d'enregistrement des actes des huissiers de justice en 1992 ; paiement par les parties du médiateur qu'elles auront accepté de voir désigner par le juge (art. 21 et 22, loi du 8 févr. 1995) ; paiement du notaire qui recevra la déclaration des époux ou concubins souhaitant recourir à une procréation médicalement assistée avec intervention d'un tiers.

• **Service public altéré par une justice en voie de privatisation** [2] **:**

– possibilité reconnue aux juges d'être arbitres à titre d'activité privée complémentaire ce qui est une façon de reconnaître l'insuffisance de leurs traitements et alors que l'on pouvait penser qu'ils étaient débordés de travail et que cette activité pose des problèmes de principe (art. 37, décr. 7 janv. 1993, réd. décr. 20 avr. 1994) ; heureusement et conformément à nos vœux, la loi du 25 juin 2001 revient sur ce cumul et l'interdit (v. *infra*, n° 807).

– extension du champ de l'arbitrage à la SNCF (loi du 30 déc. 1982), aux collectivités territoriales et établissements publics pour les contrats conclus avec des sociétés étrangères pour la réalisation d'opérations d'intérêts nationaux (loi du 19 août 1986, pour Eurodisney), aux postes et télécommunications (loi du 2 juill. 1990) ;

– financement de l'aide juridictionnelle, certes par l'État, mais avec possibilité pour les barreaux d'accorder aux avocats une rémunération supérieure, ce qui est une façon de reconnaître que les chiffres de l'aide légale sont insuffisants ;

1. Pour un exposé plus complet, V. S. Guinchard, rapport préc.

2. Sur la privatisation de la justice, V. B. Lemennicier, *Justices*, 1995.1.135. Y. Benhamou, « Vers une inexorable privatisation de la Justice ? » *D.* 2003. 2 771. Sur la question d'une éventuelle privatisation des greffes civils : pour, Draillard et Fleuriot, *Gaz. Pal.* 1994, Doct. 1336 ; contre, P. Roussy, *GP* 11 juill. 1995 (non repris au recueil).

– privatisation des prisons concédées à des entreprises privées.
– gardiennage et nettoyage des locaux de justice confiés à des sociétés privées.

250 ***La loi n° 98-1163 du 18 décembre 1998*** ◊ Déjà rencontrée dans son volet *« résolution amiable des conflits »* (v. *supra*, n°s 42) et *« accès au droit »* (v. *supra*, n° 176), cette loi tend aussi à mieux maîtriser la dépense publique d'aide juridique, d'une part, en recherchant des partenaires extérieurs en les associant mieux aux comités départementaux d'accès au droit et, d'autre part, à faciliter la procédure de retrait de l'aide accordée en accroissant les pouvoirs du président du Bureau d'aide juridictionnelle et en réorganisant les motifs de retrait (procédure dilatoire, retour à meilleure fortune, fraude) [1].

251 ***La loi n° 2002-1138 du 9 septembre 2002 – Le rapport de la commission « Guinchard » du 30 juin 2008*** ◊ **a)** L'annexe à la loi du 9 septembre 2002, approuvée par l'article 1er, mais sans valeur normative selon le Conseil constitutionnel [2], fixe des orientations qui devront être reprises par des textes législatifs ou réglementaires ; par exemple : extension des missions des greffiers [3], retrait des magistrats de certaines commissions, généralisation des guichets uniques de greffe, mutualisation des moyens avec la création d'un « tribunal de première instance » assurant la cohérence des actuels TGI et TI et des nouveaux juges de proximité, recrutement d'assistants de justice, etc. [4].

b) Installée le 18 janvier 2008 par la garde des Sceaux, pour expertiser la question de la réorganisation des contentieux et les pistes d'éventuelles déjudiciarisations, la commission Guinchard (du nom de son président) a montré les limites de l'exercice consistant à faire des économies dans le budget de la justice en transférant à d'autres administrations ou acteurs du monde judiciaire des tâches, des missions traditionnellement imparties aux juges (v. *supra,* n° 222, b et 223, f). Les enjeux de justice ne sont pas réductibles à une équation budgétaire : moins de missions, moins de magistrats ; la dimension humaine, pour ne pas dire humaniste, est omniprésente en matière de justice et suppose des moyens, une vision qui ne soit pas purement comptable. Le rapport énonce clairement, dans une introduction générale, ces contraintes, mais aussi la noblesse du métier de juge au regard des demandes et des besoins des justiciables [5].

1. S. Guinchard, F. Ferrand et C. Chainais, *Procédure civile,* n°s 1894 s.
2. Déc. 2002-461 DC, 29 août 2002.
3. Dans la mise en état des dossiers et dans la rédaction de projets de décisions ou de réquisitoires.
4. Pour un bilan, en 2004, dans la Justice administrative, v. P. Frydman, *in La lettre de la Justice administrative.*
5. *L'ambition raisonnée d'une justice apaisée,* Doc. fr. 2008.

TITRE 3

AU-DELÀ DE LA JUSTICE : LA PROTECTION DES USAGERS DU DROIT PAR LA RÉGLEMENTATION DE L'EXERCICE DU DROIT

252 ***D'une réglementation parcellaire au délit d'exercice illégal du droit***
◊ Alors que la loi du 31 décembre 1971 sur la (première) fusion des professions d'avocat, d'avoué et d'agréé n'avait pas osé déterminer les seules personnes autorisées à consulter et à rédiger des actes pour autrui en matière juridique, la loi n° 90-1259 du 31 décembre 1990 (qui sera présentée globalement avec les réformes touchant les auxiliaires de justice, *infra*, n° 984) a, au contraire, réglementé l'exercice du droit, à l'instar de la plupart des États membres de l'Union européenne et des États-Unis d'Amérique [1]. Bien que le Garde des sceaux ait affirmé qu'il ne s'agissait nullement de créer un monopole du droit au profit de quelques professions, mais de protéger le consommateur en mettant fin à des situations génératrices d'abus, il faut bien reconnaître que ce monopole a été créé, même s'il est partagé entre plusieurs personnes ou organismes et s'il ne concerne que l'activité habituelle et onéreuse ; à preuve des sanctions pénales pour consulta-

1. A. Bénabent, *JCP* 1991. I. 3490.

tion ou rédaction d'actes en dehors des conditions introduites par cette loi de 1990 dans les articles 54 à 66-6 de la loi du 31 décembre 1971, dont ils forment le nouveau Titre 2. On précisera le champ d'application de la réglementation de la consultation et de la rédaction d'actes sous seing privé en matière juridique (§ 1) puis les modalités d'exercice de cette double activité (§ 2) et ses sanctions (§ 3).

§ 1. Champ d'application de la réglementation de l'exercice du droit

253 ***Exercice du droit à titre habituel et rémunéré par des personnes qualifiées*** ◊ La réglementation introduite dans la loi de 1971 concerne bien sûr le droit, plus exactement sa pratique, mais uniquement les prestations habituelles et onéreuses, l'idée générale étant de réserver cette pratique à des personnes qualifiées par leur statut professionnel ou leurs fonctions et par leurs diplômes et répondant à des exigences de moralité. Il faut donc préciser quelles sont les activités réglementées (I) et les personnes pouvant les exercer (II).

I. Activités réglementées

254 ***La pratique du droit pour autrui*** ◊ La loi ne vise pas « la pratique du droit » mais dresse une liste des activités concernées ; pourtant l'expression est assez significative et avait beaucoup été utilisée au cours des débats parlementaires [1]. Deux activités sont concernées si elles sont données pour autrui :

– *D'une part la consultation* en matière juridique (L. 1971, art. 54) c'est-à-dire l'avis donné sur une question déterminée, même verbalement (comp. art. 257, CPC). Ne constitue pas une consultation réglementée au sens de ce texte, la diffusion en matière juridique de renseignements et informations à caractère documentaire (L. 1971, art. 66-1), de même que l'activité de recouvrement de créances [2]. La commission Darrois propose (8 avril 2009) de subordonner la pratique de la consultation juridique à titre accessoire au respect de règles de concurrence loyale avec les professions juridiques et, en particulier, à l'interdiction de calculer le coût de la prestation juridique exclusivement sur le résultat.

– *D'autre part, la rédaction d'actes sous seing privé*, les contrats bien sûr, mais aussi les actes unilatéraux (déclaration fiscale, etc.).

1. Le périmètre du droit englobe le diagnostic et l'audit juridique, l'information et la veille juridique, le Conseil, la rédaction d'actes, la stratégie et la défense, l'assistance et la représentation des parties (cf. *Document commun à toutes les organisations d'avocats*, 2 avr. 1996).

2. Paris, 15 mars 1996, *D.* 1996. IR. 105.

255 ***La pratique habituelle*** ◊ L'article 54 ne vise que l'activité exercée « à titre habituel », ce qui pose la question de savoir quand commence l'habitude. Par analogie avec l'exercice illégal de la médecine dont le délit est constitué dès le deuxième acte, on pourra situer l'habitude dès la deuxième consultation ou rédaction d'acte pour autrui et onéreuse. En revanche, un acte isolé, même rémunéré, reste en dehors de la réglementation.

256 ***La pratique rémunérée*** ◊ La liberté de consulter et de rédiger des actes pour autrui demeure si l'activité est exercée gratuitement, même à titre habituel.

257 ***Activités ne répondant pas à ces trois critères*** ◊ Normalement les activités de consultation et de rédaction d'actes, gratuites (même habituelles) ou rémunérées, mais occasionnelles, échappent à toutes les contraintes introduites par la loi de 1990. Pourtant, à lire attentivement le texte législatif on relève trois articles qui s'appliqueront à ces activités hors champ d'application : l'article 55 al. 4 sur le secret professionnel et la confusion d'intérêt ; l'article 62 sur les conditions de rédaction d'un acte ; l'article 66-4 sur l'interdiction du démarchage et la réglementation de la publicité.

II. Les personnes autorisées à exercer ces activités

258 ***Conditions cumulatives*** ◊ Ne peuvent exercer l'activité de consultation et de rédaction d'acte pour autrui d'une manière habituelle et onéreuse que les personnes qui, tout à la fois, ont qualité pour ce faire en raison de la nature de leur statut professionnel et de leur diplôme ou qualification (A) et répondent à des exigences de diplôme et de moralité (B). Mais la loi n° 97-308 du 7 avril 1997 a profondément modifié ces conditions.

A. La qualité à exercer ces activités

259 ***Distinction*** ◊ Le législateur qualifie quatre catégories de personnes ou d'organismes pour exercer l'activité de consultation et de rédaction, mais la qualité à consulter et à rédiger des actes sous seing privé, soit est acquise de plein droit (a), soit résulte de la reconnaissance d'une compétence juridique appropriée (b).

a) Qualité acquise de plein droit

Elle concerne, dans des conditions légèrement différentes, mais qui aboutissent aux mêmes résultats :

1) Les personnes bénéficiant d'une présomption irréfragable de compétence juridique (art. 54, al. 3).

Il s'agit des personnes mentionnées aux articles 56, 57 et 58 de la loi, à savoir :

– article 56 : les avocats aux Conseils, avocats, avoués, notaires, huissiers de justice, commissaires priseurs (devenus judiciaires), administrateurs judiciaires et mandataires-liquidateurs. Ils peuvent à la fois consulter et rédiger des actes sous seing privé pour autrui « dans le cadre des activités définies par leurs statuts respectifs » ;

– article 57 : les personnes visées au décret du 29 octobre 1936, c'est-à-dire les fonctionnaires et enseignants qui ne sont cependant habilités qu'à consulter [1] ;

– article 58 : les juristes d'entreprise, au profit de leur employeur [2].

2) Les personnes qualifiées de plein droit par l'exercice d'une profession réglementée : mentionnées à l'article 59 de la loi, ces personnes bénéficient désormais d'une compétence juridique de plein droit puisqu'elle « résulte des textes les régissant » (L. 1971, art. 54, al. 4, réd. L. 7 avr. 1997). Il s'agit de toute personne qui exerce une profession réglementée dont l'activité se prolonge par une prestation juridique de consultation ou de rédaction d'acte, à condition que la première « relève de leur activité principale » et la seconde constitue « l'accessoire direct de la prestation fournie » (art. 59, *in fine*). Cela vise, par exemple, les architectes, les agents immobiliers et les experts-comptables. Ces derniers sont d'autant plus concernés que l'ordonnance du 19 septembre 1945 (art. 22, al. 7) les autorise à « donner des consultations, effectuer toutes études et tous travaux d'ordre statistique, économique, administratif, juridique ou fiscal, sans toutefois pouvoir en faire l'objet principal de leur activité et seulement s'il s'agit d'entreprises dans lesquelles ils assurent des missions d'ordre comptable de caractère permanent ou habituel, ou dans la mesure où lesdites consultations, études, travaux ou avis sont directement liés aux travaux comptables dont ils sont chargés ». Certains experts-comptables ayant tenté de déborder ce cadre, les ordres d'avocat ont vivement réagi en référé [3] et au pénal sur le fondement de l'article 66-2 de la loi du 31 décembre 1971 ; ils semblent avoir obtenu une première victoire devant la Chambre criminelle [4], qui exige que les juges du fond recherchent le lien de causalité entre les travaux juridiques contestés et les travaux comptables ; mais les juges du fond retiennent, en général, que les activités des experts-comptables telles que la publication d'actes de constitution ou de transformation de société, de contrats de location-gérance, d'apports de fonds de commerce, « ne caractérisent pas, à elles seules, une activité juridique principale » et ne contreviennent donc pas au monopole des avocats [5] ; la Cour de cassation a censuré cette manière de voir considérant que de tels actes sont créateurs de droit, ne peuvent dériver des seuls travaux comptables et, en conséquence, ne peuvent s'analyser comme des accessoires directs des prestations comptables [6] ; mais par un arrêt plus récent, la première chambre civile estime qu'il appartient au Barreau qui agit contre un expert-comptable pour exercice illicite du droit de

1. V. Renaux-Personic, *La consultation juridique donnée par les enseignants-chercheurs de l'enseignement supérieur*, PUAM, Aix 1994, préf. D. Berra.

2. B. Caillau et P. Le Cannu, « Théoriciens et praticiens. Réflexions sur l'interdépendance des juristes d'affaires », in *Mélanges J. Derruppé*, Litec 1991.19.

3. TGI Niort, 3 févr. 1993. *JCP* 1993. II. 22021 ; TGI Strasbourg, 22 avr. 1993, *Gaz. Pal* 24 juill. 1993, note A. Damien.

4. Crim. 15 mars 1996, *Gaz. Pal.* 20 avr. 1996, note A. Damien ; 23 mars 1999, *Gaz. Pal.* 10 avr. 1999, Flash. et, déjà, Crim. 13 déc. 1995, *JCP* 1996, II, 22681, note R. Martin.

5. Dans le même sens, TGI Bonneville, 23 avr. 1997 (confirmé par Chambéry, 3 avr. 2000, *D.* 2001. 1907, note A. Audran), TGI Nice, 30 avr. 1997, *D.* 1997. 390, note F. Terré. *Contra* : Versailles, 7 sept. 2000, *D.* 2001. 1907, note A. Audran.

6. Crim. 11 avr. 2002, *JCP* 2003, II, 10011, note Audran. – Civ. 1re, 4 févr. 2003, *D.* 2003. 529,

rapporter la preuve du caractère illicite de l'activité juridique de l'expert-comptable [1]. On notera que l'ordonnance n° 2004-279 du 25 mars 2004 ajoute un alinéa 5 à l'article 2 de l'ordonnance du 19 septembre 1945 et permet ainsi à l'expert-comptable « d'accompagner la création d'entreprises sous tous ses aspects comptables ou à finalité économique et financière », ce qui est assez large pour faire craindre une extension de compétence sur le terrain juridique [2]. Les sociétés de recouvrement amiable des créances pour le compte d'autrui, dont l'activité est aujourd'hui réglementée par la loi n° 91-650 du 9 juillet 1991 (article 32) et par le décret n° 96-1112 du 18 décembre 1996, ne peuvent pas représenter, ni même assister, des plaideurs devant le tribunal de commerce pour engager et suivre des actions tendant au recouvrement judiciaire de créances d'autrui [3] ; l'activité de consultation et de rédaction d'actes sous seing privé de ces mêmes sociétés est soumise aux conditions de l'article 59 [4], mais pas l'activité elle-même de recouvrement amiable de créances.

b) Qualité acquise par un agrément donné par un arrêté

Cela concerne deux catégories de situations.

1) Les personnes visées à l'article 60 de la loi et qui exercent une activité professionnelle non réglementée et qui souhaitent donner des consultations juridiques relevant directement de leur activité principale et rédiger des actes sous seing privé qui constituent l'accessoire nécessaire de cette activité.

Si ces personnes exercent leur profession en vertu d'une qualification reconnue par l'État ou attestée par un organisme public ou un organisme professionnel agréé [5], elles ne pourront consulter et rédiger des actes, dans les limites de cette qualification, que si elles ont obtenu au 1er avril 1998 un agrément à pratiquer le droit à titre accessoire (L. 1971, art. 54, al. 5, réd. L. 7 avr. 1997). Cet agrément sera donné par arrêté, après avis d'une commission [6], en fixant, le cas échéant, les conditions de qualification ou d'expérience juridique exigées de ces personnes [7]. La commission Darrois propose (8 avril 2009) d'élargir la

1. Civ. 1re, 1er mars 2005, *D.* 2006. Pan. 270, obs. B. Blanchard (la publication d'un acte dans un journal d'annonces légales sous le timbre de l'expert-comptable, ne fait pas présumer qu'il en est l'auteur, qu'il l'a rédigé).

2. Qui casse Chambéry, 3 avr. 2002, préc. ; A. Bernard, *D.* 2004. 1586.

3. Civ. 1re, 7 avr. 1999 et Crim. 1er févr. 2000 ; Paris, 21 mai 2001, *Gaz. Pal.* 9 juin 2001, observations orales de B. Gizardin ; Civ. 1re, 21 janv. 2003, qui rejette le pourvoi contre Paris, *D.* 2003. 600.

4. TGI Pontoise, 21 janv. 1997 ayant donné lieu à l'arrêt de Paris, 21 mai 2001, préc.

5. Ce texte pose un problème car, à terme, il pourrait permettre la naissance d'une nouvelle profession de conseil juridique, alors que celle-ci a fusionné avec l'ancienne profession d'avocat. Il suffit en effet pour pouvoir consulter et rédiger des actes de justifier d'une qualification soit reconnue par l'État, soit ce qui est beaucoup plus évasif et dangereux, « attestée par un organisme public ou professionnel agrée (à quoi et par qui ?), la personne qui viendra bénéficier de l'article 60 n'aura qu'à produire une attestation ; le ministère de l'industrie agréé un OPQCM qui délivre des attestations à des « généralistes de PME » et « gestionnaires de ressources humaines ».

6. Sur la composition de la commission, Décr. 97-875, 24 sept. 1997 (*JO*, 26/9).

7. *Quatre arrêtés du 19 déc. 2000* (mod. par A. 1er déc. 2003) : consultants ou ingénieurs-conseils en « conseil en systèmes informatiques », « réalisation de logiciels », « traitement de données », « activités de banque de données », « études de marché et sondages », « ingénierie et études techniques », « analyse, essais et inspections techniques » ; généalogistes ; conseils en gestion de patrimoine. – *Arrêté du 27 déc. 2000* : experts immobiliers. – *Arrêtés (deux) 6 févr. 2001* (mod. 1er déc. 2003) : auditeurs et consultants en assurance ; experts en assurance.

compétence de cette commission pour lui permettre de suivre en permanence les conditions d'exercice des professions non réglementées.

2) Les organismes chargés d'une mission de service public (art. 61), les associations et fondations reconnues d'utilité publique, les associations agréées de consommateurs [1] et, plus généralement toutes les associations visées à l'article 63 de la loi [2], les groupements mutualistes (art. 63), les syndicats et associations professionnels (art. 64), les organismes professionnels visés à l'art. 65 peuvent, dans les limites fixées pour chaque catégorie par le texte indiqué, donner des consultations et rédiger des actes sous seing privé, s'ils ont obtenu l'agrément par arrêté, dans les mêmes conditions que les membres des professions non-réglementées (L. 1971, art. 54, al. 6). La loi du 7 avril 1997 a, par ailleurs, supprimé de la liste de l'article 63, les centres et associations de gestion agréés.

c) Enfin, les organes de presse ou de communication au public par voie électronique (art. 66) sont autorisés à donner des consultations à leurs auditeurs ou lecteurs, si l'auteur de celles-ci appartient lui-même à une profession juridique réglementée, ce qui devrait en exclure (sauf interprétation large mais logique de la notion d'appartenance à une profession juridique réglementée) le professeur de droit !

B. Exigences de moralité

260 ***Notion*** ◊ Sont exclus de l'exercice autorisé du droit à titre habituel et rémunéré tous ceux qui auraient été auteurs de faits ayant donné lieu à condamnation pénale pour agissements contraires à l'honneur, à la probité et aux bonnes mœurs (L. 1971, art. 54-2°) ou de faits de même nature ayant donné lieu à une sanction disciplinaire ou administrative de destitution, de radiation, révocation, de retrait d'agrément ou d'autorisation (L. 1971, art. 54-3°) ; enfin il ne faut pas avoir été frappé de faillite personnelle ou d'une sanction relative aux procédures collectives de redressement et liquidations judiciaires ou, autrefois de règlement judiciaire et de liquidation des biens (L. 1971, art. 54-4°).

Pour les personnes morales, si l'un de ses dirigeants de droit – ou de fait – a fait l'objet de l'une de ces trois séries de sanctions, le tribunal de grande instance de son siège social peut, à la requête du Parquet, la frapper d'une incapacité d'exercice de ces activités (L. 1971, art. 54, al. 7).

1. E. Bazin, « De l'exercice du droit par les associations de consommateurs », *D.* 2001. 2395.

2. Mais une association d'aide aux victimes d'accidents corporels qui ne remplit pas les conditions posées à l'article 63 ne peut donner des consultations juridiques relatives aux questions se rapportant directement à son objet, Toulouse (réf.), 5 avr. 2002, *Gaz. Pal.* 25 mai 2002.

§ 2. Modalités d'exercice de la consultation et de la rédaction d'actes sous seing privé

La loi du 7 avril 1997 a supprimé l'article 62 de la loi de 1971 (mention de l'identité du rédacteur de l'acte lorsque celui-ci n'était pas assuré).

261 ***L'obligation d'assurance*** ◊ Toute personne autorisée à exercer une activité juridique habituelle et rémunérée doit justifier d'une *assurance individuelle ou collective* la garantissant contre les conséquences pécuniaires de sa responsabilité professionnelle (L. 1971, art. 55, al. 1). Cette nouvelle obligation, sanctionnée par les peines de l'exercice illégal du droit (L. 1971, art. 66-2 et 72) est particulièrement importante pour les personnes qualifiées à *titre accessoire* à pratiquer cette activité car elles devront veiller à bien garantir la responsabilité née de cette activité.

262 ***La garantie financière*** ◊ Ces mêmes personnes devront justifier d'une garantie financière qui ne peut résulter que d'un engagement de caution pris par une entreprise d'assurance ou un établissement de crédit ; cette garantie sera spécialement affectée au remboursement des fonds, effets ou valeurs reçus à ces occasions ; pour cette raison et malgré la rédaction très longue du texte (L. 1971, art. 55, al. 2) qui vise et la consultation et la rédaction d'actes, nous ne pensons pas que cette obligation de garantie financière puisse être imposée aux personnes qui ne sont autorisées qu'à consulter. La sanction sera là encore celle du délit d'exercice illicite du droit (art. 66-2 et 72).

263 ***Le secret professionnel*** ◊ Y sont astreints, dans les conditions de l'article 226-13 du Code pénal non seulement ceux qui exercent le droit à titre habituel et rémunéré, mais toute personne qui donne des consultations ou rédige des actes, à titre habituel mais gratuit (art. 55, al. 3 et 4). Il nous semble que la référence à l'article 226-13 du Code pénal vaut aussi pour les sanctions, à l'exclusion de celle prévue à l'article 72 par renvoi de l'article 66-2.

264 ***L'opposition d'intérêt*** ◊ Toute personne qui aurait un intérêt direct ou indirect à l'objet de la prestation fournie doit s'interdire d'intervenir, même si l'activité était habituelle mais gratuite (L. 1971, art. 55, al. 3 et 4). La sanction sera là encore celle du délit d'exercice illicite du droit (art. 66-2 et 72).

265 ***Publicité et démarchage*** ◊ Le démarchage en vue de donner des consultations ou de rédiger des actes est interdit, sous peine des sanc-

tions de l'article 72, c'est-à-dire celles prévues pour le délit d'exercice illégal de la profession d'avocat (L. 1971, art. 66-4) [1].

Le décret n° 72-785 du 25 août 1972 a été maintenu en vigueur ; son article 1er prohibe le démarchage consistant à « offrir ses services en vue de donner des consultations ou de rédiger des actes ou de provoquer la souscription de contrat aux mêmes fins, notamment en se rendant personnellement ou en envoyant un mandataire, soit au domicile ou à la résidence d'une personne, soit sur les lieux de travail, de repos, de traitement ou dans un lieu public » [2]. De même, la publicité est interdite (art. 2).

Sont exclus de la prohibition : les administrations et services publics, les associations, syndicats et groupements à but non lucratif et les entreprises qui fournissent des renseignements, informations ou prestations de service commercial, portant à titre accessoire ou incident des renseignements d'ordre juridique (art. 3). Des sanctions pénales sont prévues (art. 5). Des dispositions spéciales existent en matière de droit de la propriété industrielle (CPI, art. L. 423-1, réd. L. 92-597, 1er juill. 1992).

§ 3. Sanctions pénales

266 ***Délit d'exercice illicite du droit*** ◊ Toutes les conditions mises à l'exercice de la pratique du droit soit à titre habituel et rémunéré, soit à titre gratuit (dans ce dernier cas pour les seules obligations visées aux articles 55, al. 3 et 62) sont édictées sous la sanction des peines prévues à l'article 72 de la même loi pour le délit d'exercice illicite du droit (L. 1971, art. 66-2) : amende de 540 à 4 500 euros et/ou emprisonnement de six jours à 6 mois ; si récidive, amende de 2 700 à 9 000 euros. Rappelons que ces peines sanctionnent aussi l'interdiction du démarchage.

267 ***Mise en mouvement de l'action publique*** ◊ Pour toutes les infractions qui sanctionnent les conditions d'exercice du droit (art. 66-2) peuvent exercer les droits reconnus à la partie civile : les organismes chargés de représenter les professions visées à l'article 56 (avocats au Conseil, avocats, notaires, etc.) et les organisations professionnelles représentatives de ces mêmes professions (L. 1971, art. 66-3). Cette possibilité

1. TGI Paris, 6 déc. 2005, *CCC*, févr. 2006, n° 38, obs. Guy Raymond (une société qui offre par Internet une inscription à une action collective donne de ce fait mandat à un avocat qui sera amené à rédiger des actes juridiques pour le compte d'autrui ; cette offre constitue un démarchage prohibé).

2. Définition non limitative et un encart publié dans la presse est un fait de démarchage, Paris, 25 juin 1997, *D.* 1998. 93, note Fortin.

reconnue à ces organismes et organisations n'est pas exclusive de celles qui pourraient être reconnues par d'autres textes à d'autres groupements, par exemple les associations de consommateurs agréées (L. n° 88-14, 5 janv. 1988).

DEUXIÈME PARTIE

LES JURIDICTIONS

268 ***Champ d'investigation*** ◊ **a)** Ainsi qu'on l'a relevé précédemment, l'organisation actuelle des juridictions, en France est à la fois le reflet d'une mentalité et le fruit d'une évolution historique. Deux facteurs la dominent :

– le désir de confier aux mêmes personnes, les magistrats de l'ordre judiciaire, les affaires civiles et pénales ;

– la volonté d'institutionnaliser une séparation aussi nette que possible entre le contentieux judiciaire et le contentieux administratif.

Unité des juridictions civiles et pénales, *séparation* des contentieux constituent deux principes fondamentaux qui ont toujours été maintenus, sous réserve de la création de certaines juridictions d'exception dont la composition est particulière, afin de répondre à certains besoins.

En conséquence, toutes les juridictions de l'ordre judiciaire, civiles et pénales relèvent, par la voie d'un recours, de la Cour de cassation et toutes les juridictions de l'ordre administratif relèvent, par un recours, du Conseil d'État sauf exceptions que nous allons signaler.

b) Cette séparation est aujourd'hui brouillée par ce que certains auteurs ont appelé *un « nouveau croisement des contentieux »* [1], avec notamment un recours contre les décisions de certaines autorités administratives indépendantes porté devant les juridictions judiciaires (Autorité de la concurrence ou Autorité des marchés financiers par exemple). Ou encore, et à l'inverse, la possibilité pour ces autorités de prononcer de lourdes sanctions pécuniaires, qui ressortent de la matière pénale, en tout cas au sens de la Convention européenne des droits de l'homme. Il existe aussi un contentieux administratif de

1. S. Guinchard, F. Ferrand et C. Chainais, *Procédure civile*, n° 57.

matières privées, celui de la nationalité par exemple. Quant aux contentieux de la passation de certains contrats de travaux il est régi par les articles 1441-1 à 5 du nouveau Code de procédure civile !

c) Cependant, avec la présentation des juridictions de l'ordre judiciaire et de l'ordre administratif, on n'a pas épuisé la liste de tous les organismes susceptibles d'intervenir pour régler des situations litigieuses intéressant notre pays, ses nationaux ou les personnes exerçant leur activité sur notre territoire. Si l'on veut essayer de présenter un tableau fidèle de la Justice et de ses institutions, il est indispensable de compléter la présentation des juridictions françaises dans deux directions :

Il n'est pas possible, tout d'abord, de limiter la description des juridictions aux seuls tribunaux *internes* fonctionnant dans l'Hexagone. Les relations qui unissent la France et les autres États, en particulier dans le cadre de l'Union européenne, font surgir des problèmes contentieux qui ne peuvent être résolus par les seules juridictions nationales.

Il existe, donc, un certain nombre de juridictions à caractère *international* destinées à régler les problèmes politiques, économiques ou sociaux intéressant notre pays et ses habitants (hommes d'affaires, agriculteurs, artisans, salariés, etc.). Nous leur consacrerons un bref développement.

Il existe, en outre, dans le cadre interne français, des juridictions qui ne sont rattachées ni à l'ordre judiciaire, ni à l'ordre administratif. Tel est le cas pour le Conseil constitutionnel, la Haute Cour de Justice et le Tribunal des conflits, ce dernier étant spécialement chargé de régler les conflits de compétence surgissant entre juridictions des deux ordres.

269 ***Plan*** ◊ C'est pour tenir compte de ces divers éléments que cette Partie sera divisée de la manière suivante :

Titre 1 : Les juridictions internationales.

Titre 2 : Les juridictions nationales qui ne sont rattachées à aucun ordre.

Titre 3 : Les juridictions de l'ordre judiciaire.

Titre 4 : Les juridictions de l'ordre administratif.

TITRE 1

LES JURIDICTIONS INTERNATIONALES

270 ***Spécificité*** ◊ L'étude de la justice internationale relève d'ouvrages spécialisés [1]. Il apparaît cependant utile, dans un Précis consacré à l'organisation juridictionnelle française, de donner au moins un aperçu sommaire des problèmes de principe qu'elle pose et des grandes lignes des solutions qui leur ont été apportées. Par contraste avec l'exposé ultérieur d'un système national de règlement des différends affiné par deux siècles de progrès, il permet de mieux percevoir, au-delà des différences de technique juridique, les différences conceptuelles qui régissent l'organisation de la justice dans le cadre de la société internationale et de la société nationale.

Dans cette perspective, on se limitera à présenter la problématique de la justice internationale, et les juridictions permanentes les plus importantes.

1. J. Combacau et S. Sur, *Droit international public*, Montchrestien, 8e éd., 2008 ; Cl. A. Colliard et L. Dubouis, *Institutions internationales*, coll. « Précis », Dalloz, 10e éd., 1995 ; E. Decaux et O. de Frouville, *Droit international public*, Dalloz-Sirey, 5e éd., 2006 ; P.-M. Dupuy, *Droit international public*, coll. « Précis », Dalloz, 9 e éd., 2009. J.-P. Jacqué, *Droit institutionnel de l'Union européenne*, Dalloz, coll. « Cours », 4° éd., 2006. J. M. Clergerie, A. Gruber et P. Rambaud, L. Cartou, *L'Union européenne*, coll. « Précis », Dalloz, 7e éd. 2008. D. Ruzie, *Droit international public*, coll. « Mémento », Dalloz, 19e éd., 2008. J.-Cl. Gautron, *Droit européen*, coll. « Mémento », Dalloz, 12e éd., 2006.

CHAPITRE 1

PROBLÉMATIQUE

La structure et le fonctionnement des juridictions internationales sont dominés par un certain nombre de données fondamentales qu'il convient préalablement de mettre en relief, avant de schématiser l'évolution des solutions du droit positif.

§ 1. Données fondamentales du droit international public

271 ***Conséquences de la souveraineté des États*** ◊ Les modalités de règlement des différends entre États ne peuvent qu'être très différentes de celles retenues en matière de litiges entre particuliers, ou entre l'État et les particuliers, dans le cadre de la société étatique. Dans le cadre d'un État, la souveraineté de celui-ci à l'intérieur de ses frontières, même si elle est éventuellement limitée par ses obligations internationales ou par les règles qu'il s'est fixées à lui-même dans sa Constitution, confère à ses organes (Parlement, exécutif) un pouvoir de commandement, un *imperium*, qui s'impose à tous ceux qui résident sur son territoire : l'État, pour reprendre la pensée de Ihering, est à l'intérieur de ses frontières la seule entité qui ait suprêmement le pouvoir de commander et la puissance d'être obéie [1].

L'État peut ainsi créer des juridictions, en régler la composition et le fonctionnement, en imposer la compétence à ses justiciables, et, en vertu de son pouvoir de contraindre, organiser un système d'exécution forcée des jugements auquel il prêtera, si besoin en est, le concours de la force publique.

Les caractères de la société internationale ne permettent pas de transposer à son niveau les mêmes principes. Au moins à deux égards, le problème du règlement des différends entre États se pose en des termes particuliers :

1) La société internationale est encore largement dans un état rudimentaire d'organisation. Le principe de souveraineté de l'État se traduit, dans l'ordre international, par l'indépendance originaire des États les uns par rapport aux autres : il n'existe pas d'autorité qui leur serait extérieure et dont le pouvoir s'imposerait à eux, puisqu'un État ne serait plus souverain s'il était subordonné à une autre volonté que la

1. Sur la notion de souveraineté v. les développements de Carré De Malberg, *Contribution à la théorie générale de l'État*, réédition CNRS, t. I, n°s 25 et s.

sienne. Sans doute peut-il consentir à limiter de lui-même le contenu de sa souveraineté, notamment pour permettre la mise en place d'une organisation de la société internationale. Mais il apprécie souverainement les limites qu'il juge politiquement opportun d'apporter à son indépendance. Ainsi, cette organisation éventuelle de la société internationale ne peut être faite que *d'ententes conclues entre les États* - elle ne peut leur être imposée de l'extérieur. Alors que le droit interne est un droit de *subordination*, le droit international public est un droit essentiellement *volontariste* [1] - ou, selon une formule reçue, un droit de coordination.

En conséquence, à la différence de ce qui existe dans l'ordre national entre les particuliers [2], dans l'ordre international aucun État ne peut être contraint de voir régler par une juridiction internationale un litige qui l'oppose à un autre État [3], à moins d'y avoir préalablement consenti.

2) Tous les litiges où est impliqué l'État dans l'ordre international ne sont d'ailleurs pas susceptibles d'être réglés selon un mode juridictionnel.

Traditionnellement, on distingue en effet les différends politiques et les différends juridiques, seuls ces derniers relevant d'un mode de règlement juridictionnel (différends dits : « justiciables »).

Les différends politiques sont « ceux dans lesquels une partie demande la modification du droit existant » - par exemple, une modification du tracé existant d'une frontière. Puisqu'il ne s'agit pas d'appliquer une règle de droit, mais au contraire de la modifier, l'intervention d'un juge serait inopérante [4]. La seule issue possible d'un différend de cette nature est à chercher dans l'un des modes de règlement *politiques* des conflits du droit international, tels que les procédures de bons offices ou de médiation, ou l'intervention d'une organisation internationale dont les deux États sont parties (comme l'ONU, ou l'OTAN), en vue d'essayer de provoquer le rapprochement des deux points de vue en présence (v. *supra*, n° 46).

1. En réservant la place de la coutume, dont le fondement conceptuel est controversé. Le souci de respecter dans la mesure du possible la souveraineté des États transparaît dans la place donnée, aussi bien dans la procédure devant la Cour internationale de Justice que dans celle devant la Cour européenne des droits de l'homme, à la possibilité d'un « règlement amiable » accepté par le ou les États en cause et qui met fin à l'instance.

2. Et même en pratique entre les particuliers et l'État, l'État moderne ne pouvant se considérer comme affranchi des lois - *solutus a legibus*.

3. Ou qui amènerait ses ressortissants à comparaître obligatoirement devant une juridiction internationale. Ex. : l'opposition des USA à admettre la compétence de la Cour pénale internationale (CPI), dans les années 2005, repose sur leur refus d'admettre que des militaires américains éventuellement accusés d'infractions relevant de ce tribunal puissent être jugés par celui-ci.

4. Elle le serait d'autant plus que, en raison des principes du droit international public, l'État qui affirmerait le caractère politique du différend pourrait se soustraire à la sentence, voir bloquer parfois le fonctionnement de la juridiction (affaire dite des « optants hongrois après la guerre de 1914-1918 », la Roumanie ayant retiré son juge du tribunal arbitral).

Les *différends juridiques* sont « ceux dans lesquels les parties sont en désaccord sur l'application ou l'interprétation du droit existant ». Ils sont justiciables par nature, et peuvent être soumis à un règlement juridictionnel si les États qui s'opposent ne décident pas de les en exclure [1].

272 ***Jurisprudence internationale et souveraineté de l'État*** ◊ Par son caractère obligatoire, toute décision de justice lie son destinataire, qu'il s'agisse de l'État ou d'une autre personne publique ou privée, que la juridiction relève de l'ordre juridique interne ou international ; elle participe par là à la réalisation de « l'État de droit ». Ses conséquences sur la réalisation des objectifs poursuivis par l'État sont cependant largement différentes dans l'un ou l'autre cas. Dans l'ordre interne, la volonté nationale du législateur ou du constituant peut toujours, si une juridiction a constaté l'incompatibilité entre l'action envisagée et l'état présent des textes, modifier le contenu de ceux-ci, qu'il s'agisse d'une loi ou de la Constitution. Il n'en va pas de même, en pratique, dans l'ordre international, où les traités - surtout s'ils sont multilatéraux - sont difficiles à modifier ; aussi les États discutent-ils souvent longuement leurs stipulations, qui représentent autant de limitations qu'ils consentent à l'exercice de leur souveraineté.

Les réticences manifestées par nombre d'entre eux trouvent leur source, en partie, dans le pouvoir d'interprétation souverain des juridictions internationales dans la mise en œuvre du droit qu'elles ont à appliquer dans les affaires qui leur sont soumises, d'autant plus large que, à la différence des lois nationales, les textes internationaux ne peuvent être interprétés à la lumière des travaux préparatoires, en général inexistants ou indisponibles. Les juridictions internationales sont alors d'autant plus libres d'imposer aux États leur propre conception de la règle à appliquer, en faisant preuve parfois d'une grande hardiesse interprétative même en présence de termes qui pourraient sembler relativement clairs [2]. Cette hardiesse est favorisée par le principe, affirmé aussi bien par la Cour de justice des Communautés que par la Cour européenne des droits de l'homme, selon lequel les termes et concepts employés par les traités internationaux (et par les actes des institutions communautaires dans le droit de l'Union européenne) ne doivent pas être interprétés, sauf renvoi explicite au droit interne, au sens (souvent différent d'un État à l'autre) que leur donne celui-ci, mais selon une interprétation autonome spécifique au traité en cause.

1. Comme c'est le cas de façon frappante, pour des raisons d'opportunité politique, à l'article 46 du Traité sur l'Union européenne, qui soustrait certains litiges à la compétence de la Cour de justice des Communautés.

2. Cf. pour la jurisprudence de la Cour de justice des Communautés, l'estompage de la distinction opérée entre les directives et les règlements à l'art. 249 Traité CE par les arrêts reconnaissant, sous certaines conditions, un « effet direct » aux directives. V. les commentaires sur l'arrêt *Sté SACE* (affaire 33/70), *in* J. Boulouis et R. M. Chevalier, *Les Grands arrêts de la Cour de justice des Communautés européennes*, Dalloz, 6e éd., 1994, t. 1, n° 11.

Comme celle-ci ne peut apparaître que progressivement, et au fil de l'évolution de la jurisprudence de la juridiction internationale souveraine, il est explicable que des États puissent avoir le sentiment d'être liés non par leur consentement antérieur exprès, mais par des juges internationaux leur imposant leurs propres vues - faute pour les États de pouvoir amender en pratique, à l'unanimité, des traités internationaux parfois laborieusement élaborés [1].

La liberté d'interprétation du juge international est devenue plus large encore avec l'apparition de conventions internationales destinées à affirmer et à garantir des grands principes, comme la Convention européenne des droits de l'homme et ses Protocoles annexes, inévitablement rédigées en termes souvent aussi généraux que généreux et correspondant à des obligations juridiques assez imprécises, sur le contenu desquelles il existe parfois peu d'unité de vues précises entre les États signataires lors de l'adoption du texte. Par exemple, et par un revirement de sa jurisprudence antérieure [2], la Cour européenne des droits de l'homme a interprété la formule « droit au respect de la vie privée » figurant à l'article 8 de la Convention européenne comme obligeant les États membres à rectifier l'état civil des transsexuels [3] - avec les problèmes juridiques extrêmement complexes en droit de la famille qu'entraîne cette modification d'état civil [4].

Les États sont ainsi exposés à voir leur souveraineté entamée dans une mesure, ou dans des conditions, qu'ils n'avaient pas véritablement consenties, faute de les avoir même envisagées, et par des instances échappant en fait très largement à leur emprise. Ces juridictions étant souveraines pourraient même, à la limite, se livrer à une véritable dénaturation du sens qu'avaient voulu donner les États signataires à un traité international sans encourir le risque de voir leur décision censurée. La réaction face à ce qu'ils tendent à considérer comme une insécurité juridique menaçant leur souveraineté a notamment consisté soit à restreindre étroitement la compétence d'interprétation directe de la juridiction internationale [5], soit à exclure de la compétence conten-

1. Un exemple caractéristique de cette interprétation autonome est donné par la jurisprudence de la Cour européenne des droits de l'homme relative à la notion de « droits et obligations *de caractère civil* » utilisée à l'article 6-1 de la Convention européenne des droits de l'homme. V., à propos de l'introduction de l'obligation de publicité des débats dans les audiences de la Commission centrale d'aide sociale, l'arrêt de section du Conseil d'État du 29 janv. 1994, *Départ. de l'Indre*, *AJDA* 1994. 750, et les observations étendues à la « Chronique de jurisprudence » de L. Touvet et J.-P. Sthal, *ibid.*, p. 691.

2. 6 nov. 1980, *Van Oosterwijck*, 17 oct. 1986, *Mark Rees*.

3. Arrêt du 25 mars 1992, *B. c/ France*, *JCP* 1992. II. 21955, note Garé. À la suite de cet arrêt, la Cour de cassation a procédé à un revirement de sa propre jurisprudence, par une décision rendue en Assemblée plénière du 11 décembre 1992, *JCP* 1993. II.21991, concl. Jéol et note Mémeteau ; *RTD civ.* 1993.97, obs. Hauser.

4. V. une critique - vigoureuse - de l'arrêt *in* J.-P. Gridel, « Un abus interprétatif », *La Vie judiciaire*, n° du 1er au 7 févr. 1993, p. 2.

5. V. le Protocole n° 2 additionnel à la Convention européenne des droits de l'homme, réglementant la compétence de la Cour européenne des droits de l'homme de donner des avis consultatifs.

tieuse de cette juridiction les matières politiquement les plus sensibles [1], soit plus radicalement encore à confier le règlement des litiges nés du traité international à un organe issu des États signataires eux-mêmes [2].

§ 2. Évolution des solutions

273 ***Juridictionnalisation progressive du règlement des litiges*** [3] ◊ Les premières formes d'organisation de la société internationale, qui sont aujourd'hui encore très largement majoritaires, se sont manifestées par la création d'organisations internationales interétatiques de simple coopération. La société internationale se caractérise par la « carence des solidarités » [4] : chaque État ne consent qu'aux limitations de sa souveraineté indispensables pour la réalisation des buts de l'organisation mise en place ; en matière de règlement des différends qui peuvent l'opposer à un autre État, il n'entend pas se laisser attraire devant un tribunal dont les décisions s'imposeraient à lui sans qu'il ait, à l'avance, accepté sa compétence, en pesant les considérations d'opportunité pouvant jouer pour et contre cette acceptation.

Les modes non pleinement juridictionnels de règlement des conflits ont ainsi été les seuls qu'a pratiquement connus la société internationale jusqu'au XIXe siècle. Il n'était guère possible que de pousser les États en désaccord à parvenir à une entente, en mettant en œuvre des procédures de *bons offices*, de *médiation*, de *conciliation*. Un progrès décisif fut accompli au XIXe siècle quand les États acceptèrent de soumettre leurs différends, pour qu'ils soient réglés en droit, à une procédure d'*arbitrage*, celui-ci étant progressivement confié à des personnalités suffisamment indépendantes pour représenter un véritable tribunal [5] qui donnait des garanties aux États en cause, puisqu'ils devaient s'accorder sur le choix des arbitres.

1. V. par ex. l'art. 46 du Traité sur l'Union européenne qui exclut de la compétence de la Cour de justice des Communautés la politique étrangère et de sécurité commune.
2. C'est le cas par exemple de l'Organisation mondiale du commerce (Traité de Marrakech, 1994) dont le Conseil général se réunit en organe de règlement des différends pour constituer des groupes spéciaux. Un exemple extrême était représenté par l'un des modes de règlement des différends entre États dans le système originaire mis en place par la Convention européenne des droits de l'homme, dans lequel le mode de règlement juridictionnel (la Cour européenne des droits de l'homme) pouvait être écarté au profit d'un mode de règlement politique (l'intervention du Comité des ministres du Conseil de l'Europe) ; v. *infra* n° 282.
3. V. D. Bowett, *Contemporary developments in legal techniques in the settlement of disputes*, Rec. cours Acad. dr. internat. de La Haye, 1983. II.169 (spéc. chap. V).
4. Selon l'expression de Charles De Visscher.
5. Le premier exemple d'un conflit international important réglé entre deux États par un tribunal arbitral fut l'affaire fameuse de *l'Alabama* (1872), navire construit pendant la guerre américaine de Sécession par la Grande-Bretagne, demeurée neutre, et qui livré aux Confédérés avait capturé 70 navires du Nord – ce dont les États-Unis demandèrent réparation à la Grande-Bretagne.

Le développement de l'arbitrage ne pouvait que favoriser le développement du règlement juridictionnel des conflits interétatiques, la seule différence, en droit international, entre un tribunal arbitral et une véritable juridiction étant d'ordre formel : le tribunal arbitral est formé de membres choisis par les parties à l'occasion du litige à régler – mais qui statuent sur le fondement du droit existant [1].

Longtemps, les modes de règlement non juridictionnels ont été les seuls pratiqués, sous la forme de discussions entre les États intéressés ou de décisions prises par des collèges de personnalités choisies pour leur indépendance, dans le cadre d'accords économiques conclus entre États désireux de sauvegarder leur souveraineté. C'était le cas de l'Association européenne de libre-échange (AELE) et du General Agreement on Tariffs and Trade (GATT) ; c'est encore largement le cas aujourd'hui de l'Organisation mondiale du commerce (OMC), qui a succédé au GATT [2].

Les modes véritablement juridictionnels [3] de résolution des conflits sont apparus au XXe siècle, dans le cadre de la société des Nations. L'article 14 du Pacte de la SDN prévoyait la création d'une Cour permanente de justice internationale (CPJI) qui fut effectivement mise en place en 1922.

Les conditions politiques dans lesquelles fut fondée l'Organisation des Nations unies [4] nécessitèrent de créer, après la Seconde Guerre mondiale une nouvelle juridiction, au lieu de se limiter à modifier la précédente ; elle reçut le nom de Cour internationale de justice (CIJ).

Cependant, la qualité de l'œuvre de la CPJI explique que la CIJ se présente en fait comme le prolongement de son prédécesseur [5].

Parmi les traits communs des juridictions internationales classiques, dont la CIJ, et avant elle la CPJI, sont des exemples types, deux méritent d'être mis en relief.

1. « L'arbitrage international a pour objet le règlement de litiges entre les États par des juges de leur choix et sur la base du respect du droit » : art. 37, Convention I de La Haye, 18 oct. 1907.

2. Accord de Marrakech, 15 avr. 1994. V. Le règlement des différends de l'OMC, *Notes Bleues de Bercy*, 2000, n° 175, p. 1, et le n° 186 résumant le colloque « L'OMC et son tribunal ». H. Ruiz Fabri, « Le règlement des différends de l'OMC : naissance d'une juridiction, consolidation d'un droit », in *Mélanges Ph. Kahn*, Litec, 2001.

3. En droit international public, la terminologie qui s'imposerait serait différente : on parle de *mode judiciaire* de règlement des conflits pour désigner l'intervention d'une véritable juridiction internationale permanente ; la formule « mode juridictionnel » de règlement recouvre l'arbitrage et ce règlement judiciaire. On a écarté ici ce dernier terme pour éviter des confusions avec le reste de l'ouvrage.

4. Certains membres originaires de l'ONU n'étaient pas membres de la SDN ; en outre, l'Allemagne, l'Italie, le Japon, signataires du statut de la CPJI, n'étaient évidemment pas membres de l'ONU naissante.

5. Symboliquement, les rédacteurs du statut de la CIJ ce sont attachés à donner à ses articles la même numérotation que les articles du statut de la CPJI qui avaient le même objet.

D'abord, les parties qui peuvent se présenter devant elles sont seulement les États [1] ; cette restriction dans la saisine des juridictions internationales ne connaît que très peu d'exceptions, comme les tribunaux arbitraux mixtes créés par le Traité de Versailles de 1919, et qui ont fonctionné jusqu'en 1932. S'ils le jugent opportun, les États dont des particuliers lésés par l'action d'un autre État sont les ressortissants peuvent pallier les conséquences de cette règle en faisant jouer à leur profit la protection diplomatique, en se présentant à leur place devant le juge international [2].

Ensuite, la compétence de la juridiction internationale n'est pas imposée de l'extérieur aux États, ce qui serait impossible en raison de leur souveraineté. Il ne peut s'agir que d'une compétence acceptée par eux, pratiquement selon deux modalités. Ou bien des États, en présence d'un litige déjà né, s'entendent pour le soumettre à cette juridiction au moyen d'une convention dénommée compromis [3] ; ou bien par avance, ils usent de la faculté qu'ils ont de s'obliger à accepter sa compétence, au moyen d'une clause insérée dans le texte régissant cette juridiction qui est dénommée clause facultative de juridiction obligatoire ou d'une clause compromissoire dans un traité. Mais s'agissant, même dans ce dernier cas, d'une manifestation de volonté de l'État, il est admis qu'il puisse ultérieurement la dénoncer.

Ainsi, dans l'un et l'autre cas, et à la différence de la situation qui existe en droit interne, la compétence des juridictions internationales classiques demeure purement facultative.

Cette absence de sanction juridictionnelle des règles de droit international public, en dehors du consentement des États, conduit parfois l'étudiant qui aborde cette matière après avoir commencé l'étude du droit interne, dont les mécanismes de sanction s'imposent aux justiciables, à considérer que ses règles ne forment pas un véritable droit – celui-ci semblant s'identifier à des règles susceptibles d'être ramenées à exécution par l'intervention d'un tribunal.

L'erreur est manifeste : toute règle juridique n'est pas obligatoire seulement par la nature juridictionnelle de sa sanction. Dans l'état rudimentaire de la société internationale, la place faite à d'autres modes de sanction de ses règles est beaucoup plus large qu'en droit interne, qui est un droit perfectionné : rupture des relations diplomatiques, représailles économiques, voire armées, jouent souvent le rôle de succédanés d'une intervention juridictionnelle. La fréquente inexistence de celle-ci ne permet pas plus de conclure à la non-juridicité des règles internationales que l'absence, en France, d'une juridiction constitu-

1. La CIJ a admis qu'une Organisation internationale puisse se présenter devant elle ; en l'espèce, l'ONU dans l'affaire du *Colonel Sérot* : avis du 11 avr. 1949.

2. Ce fut le cas, devant la CIJ, dans les affaires de la *Barcelona Traction*.

3. Il peut arriver qu'un État saisisse la juridiction hors de tout compromis, et que l'autre État accepte tacitement sa compétence en se défendant au fond. Cette extension de compétence (*forum prorogatum*) n'en repose pas moins sur un accord de volontés – ici implicite.

tionnelle jusqu'en 1958 n'a permis jusque-là de dire que les règles constitutionnelles n'étaient pas des règles de droit.

274 ***Progrès de l'organisation de la société internationale*** ◊ Les années qui ont suivi la fin de la Seconde Guerre mondiale ont vu apparaître une nouvelle forme d'organisations internationales, qui n'existe encore qu'à l'échelle régionale - typiquement, à l'échelle européenne [1] - car elle suppose pour fonctionner une communauté de conceptions assez approfondie pour qu'on ne puisse guère la rencontrer que chez des États dont l'histoire a été nourrie par des idées ou par des événements communs.

Ces organisations, communément qualifiées d'organisations d'*intégration* pour les distinguer des classiques organisations de *coopération*, se caractérisent par des limitations beaucoup plus étendues de leur souveraineté consenties par les États. Pour des raisons de principe et d'opportunité, ces États créent entre eux une organisation où sont établies des règles de droit qui les engagent beaucoup plus largement, et dont la sanction est assurée par l'intervention éventuelle d'une juridiction dont la compétence s'impose aux États et qui peut même, parfois, être saisie par les particuliers, ce qui la rapproche très largement d'une juridiction de droit interne.

La pratique le montre en outre : il arrive qu'à l'intérieur d'organisations de simple coopération, les États membres acceptent, dans certains domaines, d'aller plus loin et, pour le contentieux des règles qu'ils ont établies, de conférer une compétence obligatoire à un tribunal international. Cette situation se rencontre, de façon caractéristique, dans le cadre du Conseil de l'Europe : pour garantir l'effectivité de la Convention européenne des droits de l'homme qu'ils ont mise en place, les États membres ont confié le règlement des différends pouvant surgir quant à son application à une Cour européenne des droits de l'homme, dont ils ont accepté par avance la compétence, et l'autorité des décisions. La matière des droits de l'homme représente ainsi, à l'intérieur de cette organisation de simple coopération interétatique, une sorte de « tête de pont » pour l'idée d'intégration.

Celle-ci ne porte pourtant ses pleins effets que dans certaines formes particulièrement poussées d'organisation de la société internationale, dont les Communautés européennes offrent l'exemple le plus avancé. Dans celles-ci, l'intégration juridictionnelle des États va jusqu'à l'établissement de relations procédurales entre la juridiction internationale - la Cour de justice des Communautés - et les tribunaux nationaux. Cette particularité est à rapprocher d'autres éléments caractéristiques du droit communautaire : les règles de droit posées par les organes des Communautés s'incorporent très largement dans les droits nationaux,

1. L'expérience européenne a inspiré en Afrique des réalisations analogues, comme la Cour de justice de l'UEMOA (Union économique et monétaire ouest africaine).

où elles peuvent être invoquées par les justiciables [1] ; si la partie à laquelle elles sont opposées soulève une exception touchant à leur validité ou à leur portée, le juge national saisi peut - et parfois doit - porter cette difficulté devant la Cour de justice des Communautés. Si l'on ajoute que des juridictions communautaires peuvent être saisies par les particuliers ou entreprises eux-mêmes, et non pas seulement par les États, et que par ailleurs ceux-ci ne peuvent se soustraire à sa juridiction dans les matières où ils lui ont confié compétence, on peut constater que l'on est près de la situation existant en droit interne.

En s'organisant, la société internationale s'est ainsi de plus en plus « juridictionnalisée », ce qui s'est traduit par la multiplication des juridictions internationales, notamment avec le développement contemporain des tribunaux pénaux internationaux. Parallèlement s'est développée la possibilité pour les particuliers de saisir directement des juridictions internationales [2], alors qu'à l'origine seuls les États pouvaient accéder au prétoire de la Cour Permanente de Justice Internationale.

Ce progrès de la société internationale - qui doit être salué - n'a pourtant pas que des effets positifs : le président de la Cour internationale de Justice a eu l'occasion de souligner, en octobre 2000, les problèmes posés par la multiplication des tribunaux internationaux, et son impact sur le droit international [3].

Afin d'illustrer cet aperçu sommaire sur la juridiction [4] en droit international public, on présentera rapidement :

1. On dit de ces textes qu'ils sont directement applicables.

2. Caractéristique est, à cet égard, la généralisation du droit pour les particuliers de saisir la Cour européenne des droits de l'homme (« droit de recours individuel »), alors qu'à l'origine ce droit pouvait ne pas être reconnu par un État, ou ne l'être que pour un temps seulement.

3. Notamment, le risque d'apparition de contrariétés de jurisprudences, dont le Président a donné des exemples concernant des divergences entre la Cour internationale et la Cour européenne des droits de l'homme d'une part, le Tribunal pénal international pour l'ex-Yougoslavie d'autre part. V. le discours du Président Gilbert Guillaume devant la Sixième Commission de l'Assemblée Générale des Nations unies, 27 octobre 2000, à consulter sur le site www.icj-cij.org. Voir, pour prévenir d'éventuels risques d'interprétations divergentes de la Charte des droits fondamentaux de l'Union européenne et de la Convention européenne des droits de l'homme, la règle posée à l'article 52 de la Charte.

4. Ainsi qu'on l'a précisé *supra*, n° 270, on ne s'attachera ici qu'aux juridictions internationales *permanentes*. Par ailleurs, dans le cadre de l'apparition puis, aujourd'hui, du développement d'un droit international pénal, des juridictions pénales *ad hoc* (c'est-à-dire à compétence spéciale) sont apparues pour réprimer des violations particulièrement graves du droit international humanitaire (génocide, crimes contre l'humanité) et des lois de la guerre, commises dans le cadre de conflits internationaux ou internes déterminés. V. *infra*, chap. 5. On peut rapprocher des juridictions permanentes la Convention instituant - à l'initiative de M. R. Badinter - une Cour européenne de conciliation et d'arbitrage, signée à Stockholm par 33 pays le 15 décembre 1992, en vue « de parvenir par la conciliation à résoudre sur la base des principes du droit international les différends de tous ordres qui peuvent s'élever entre États membres » ; v. la conférence de présentation de M. R. Badinter, *Rev. des cours de l'Acad. de dr. europ.*, 1992, vol. III, Book 1, Martins Nijhoff Publishers. V. Soc. fr. pour le Dr. internat., *La juridiction internationale permanente*, Colloque de Lyon 1986, Pedone, 1987.

La Cour internationale de justice (La Haye) (Chapitre 2),
La Cour européenne des droits de l'homme (Strasbourg) (Chapitre 3),
La Cour de Justice des Communautés, le tribunal de première instance, le tribunal de la fonction publique européenne et la Cour AELE (Luxembourg) (Chapitre 4),
Les juridictions pénales internationales (Chapitre 5).

CHAPITRE 2
LA COUR INTERNATIONALE DE JUSTICE

Site Internet de la Cour : www.icj-cij.org

§ 1. Organisation [1]

275 *Recrutement des juges* ◊ La Cour, qui a succédé en 1945 à la Cour permanente de justice internationale, est composée de 15 juges dont on s'est efforcé de garantir la compétence et l'indépendance par l'incompatibilité de leur mandat avec toute autre fonction, par l'octroi de privilèges et immunités diplomatiques et par le bénéfice de l'inamovibilité. Elle « constitue l'organe judiciaire principal des Nations unies » (art. 92 Charte Nations unies).

Les juges sont élus par tiers tous les trois ans, afin d'assurer une certaine continuité de la jurisprudence ; ce mandat de 9 ans est renouvelable. Ils sont choisis à la majorité absolue par l'Assemblée générale et le Conseil de Sécurité de l'ONU parmi les candidats présentés, dans chaque pays membre au statut de la Cour, par des personnalités indépendantes. Ce choix doit s'efforcer d'assurer la représentation des grandes formes de civilisation et des principaux systèmes juridiques du monde [2]. La Cour, qui siège à La Haye, élit son président pour 3 ans. « Tous les membres des Nations unies sont *ipso facto* parties au statut de la Cour internationale de justice » (Charte des Nations unies, art. 93). Survivance de l'organisation des juridictions arbitrales, il est permis à tout État qui ne compte pas l'un de ses nationaux parmi les magistrats de la Cour de désigner une personne de son choix, dite juge *ad hoc* [3].

La Cour statue habituellement en séance plénière, avec un quorum à neuf, mais sur demande des parties elle peut constituer des chambres spéciales (ou chambres *ad hoc* ; 6 applications seulement entre 1982 – première création – et 2002 ; aucune ultérieurement). Il est également

1. V. le statut de la Cour *in* P.-M. Dupuy, *Grands textes de droit international public*, Dalloz, 6e éd., 2008. G. Guillaume, *La Cour internationale de justice à l'aube du XXIe siècle*, Pedone, 2003 ; « La Cour internationale de justice : situation présente et perspectives d'avenir », in *Justice et cassation*, revue des avocats aux Conseils, Dalloz, 2006, p. 139.

2. Le nombre des juges européens va en déclinant : sur 15, 10 étaient européens en 1921, 9 en 1939, 7 en 1946, 5 en 1979, 6 en 2003, 4 en 2007 (en comptant le juge de la Fédération de Russie).

3. Qui n'est pas forcément l'un de ses ressortissants.

prévu une chambre de procédure sommaire [1]. Les langues officielles de la Cour sont l'anglais et le français.

Entre 1947 et fin 2008, la Cour a été saisie de 142 affaires.

§ 2. Compétence

I. Compétence consultative

Sous le nom d'*avis*, la Cour prend en réalité des délibérations dont l'objet peut être différent ; tantôt il s'agit d'une pure consultation juridique sur un point de droit, tantôt on est en présence d'une sorte de succédané de voie de recours contre des décisions rendues par une autre juridiction internationale.

276 ***A) Avis consultatifs*** [2] ◊ La Cour peut être saisie « sur toute question juridique » (art. 65 statut) par l'Assemblée générale ou le Conseil de Sécurité, ou d'autres organes ou institutions de l'ONU autorisés par l'Assemblée générale. La tendance, qui a commencé à se dessiner du temps de la CPJI, est au rapprochement entre les avis et les arrêts. Sans doute les avis n'ont-ils pas force obligatoire, mais leur délibération peut donner lieu à la désignation d'un juge *ad hoc*, et leur autorité est grande [3].

277 ***B) Avis succédanés de voies de recours*** ◊ En droit international public classique il n'existe pas, généralement, de hiérarchie de juridictions, mais des juridictions isolées les unes des autres, formant chacune en quelque sorte un système juridictionnel mono-nucléaire. Cette situation limite le contenu des voies de recours éventuelles aux voies de rétractation, comme le recours en révision, qui conduisent à revenir devant le même juge, sans permettre d'organiser ce qui est la véritable garantie du justiciable : des voies de réformation permettant de porter le litige devant une autre juridiction qui s'assurera de la correction juridique de la première décision. En outre, le principe classique selon lequel la Cour ne peut, dans son activité contentieuse, être saisie que par un État (art. 34 statut) était un obstacle procédural dont il fallait tenir compte.

1. Art. 26 et 29 du Statut. Elle peut être saisie à la demande des parties, si elles souhaitent que l'affaire soit jugée rapidement. La Cour peut aussi créer des chambres spécialisées par nature de litiges ; une chambre pour les questions d'environnement avait été créée en 1993 ; n'ayant jamais été saisie, en 2006 elle n'a pas été renouvelée.
2. Entre 1946 et 2008, la Cour a rendu 25 avis consultatifs.
3. On peut retenir comme exemple l'avis du 16 octobre 1975 dans l'affaire du *Sahara occidental* opposant le Maroc et l'Espagne, et qui a donné lieu à la désignation d'un juge *ad hoc* marocain. Leur retentissement dans l'opinion internationale est parfois très large, comme dans le cas de l'avis du 9 juillet 2004 qui a déclaré contraire au droit international la construction en Israël d'un « Mur de sécurité » décidée par le Gouvernement.

Il était pourtant apparu que le principe d'autonomie pouvait être atténué à l'égard de juridictions fonctionnant dans le cadre d'organisations ayant le statut d'institutions spécialisées de l'ONU, et donc rattachées à cette dernière, dont la Cour de justice a au surplus la qualité d'« *organe judiciaire principal* » (art. 92, Charte des NU).

Cette considération a conduit à instituer une quasi-voie de recours contre les décisions rendues par une juridiction internationale compétente pour connaître des litiges relatifs à des fonctionnaires internationaux : le *tribunal administratif* de l'*organisation internationale du travail* [1].

Pour permettre de faire apprécier la rectitude juridique de ses décisions par la Cour de justice, les difficultés exposées ci-dessus ont été tournées par un artifice qui peut être ainsi schématisé : ces décisions peuvent être portées pour avis devant la Cour, dont la délibération consultative a, dans ce cas, force obligatoire – ce qui revient à la mise en place indirecte d'une véritable voie de réformation de ces décisions (v. par ex. l'avis du 27 mai 1987, *Rec. CIJ*, p. 16).

II. Compétence contentieuse [2]

Dans l'exercice de cette compétence la mission de la Cour est de régler conformément au droit international les différends qui lui sont soumis. Elle applique comme sources du droit, et de façon non hiérarchisée, les traités internationaux, la coutume internationale, les principes généraux du droit et, en pratique de façon subsidiaire, les décisions juridictionnelles et la doctrine des auteurs les plus qualifiés ; avec l'accord des parties elle peut également statuer *ex æquo et bono* – c'est-à-dire en équité (Statut de la Cour, art. 38).

278 ***A) Compétence matérielle*** ◊ Elle s'étend « à toutes les affaires que les parties lui soumettront » (art. 36 statut), pratiquement aux différends juridiques, dont l'article 36-2 du statut de la Cour donne l'énumération.

Cependant, la compétence de la Cour ne pouvant résulter que de l'accord des États, ceux-ci peuvent formuler des réserves de compétence nationale qui, multipliées à l'excès, restreignent très sensiblement les questions dont elle peut connaître.

1. En réalité, sa compétence s'étend aux fonctionnaires d'autres institutions spécialisées de l'ONU ayant leur siège en Europe, comme l'Unesco. V. D. Bowett, *The Law of international institutions*, Stevens and sons, London, 1975, p. 283. Le pouvoir de révision à l'égard du Tribunal administratif des Nations unies a disparu en 1995 avec l'abrogation de l'article 11 du statut de celui-ci. On peut ajouter que la Cour internationale de justice est la cour d'appel des décisions du Conseil de l'Organisation de l'aviation civile internationale (art. 84 de la Convention de Chicago de 1944) s'il n'est pas recouru à la procédure d'arbitrage de l'art. 85 *ibid.* (v., par ex., l'arrêt du 18 août 1972, affaire Inde c/ Pakistan).

2. CH. Apostolidis, *Les arrêts de la Cour internationale de justice*, Ed. Université de Dijon, 2005. Entre 1947 et fin 2008, la Cour a rendu 86 arrêts.

279 ***B) Compétence personnelle*** ◊ Seuls les États ont qualité pour se présenter devant la Cour, d'après l'article 34 du statut, qui confirme un principe classique des juridictions internationales [1] ; cependant la Cour a admis, dans son avis du 11 avril 1949, qu'une organisation internationale - en l'espèce, l'ONU - ait qualité pour agir devant elle.

Il convient toutefois de remarquer que la compétence d'une juridiction internationale ne peut s'imposer de l'extérieur à des États souverains, qui doivent l'accepter.

Cette compétence facultative peut être reconnue de trois façons.

- *Clause facultative de juridiction obligatoire*. Tout État partie au statut de la Cour - automatiquement, les membres des Nations unies auxquels d'autres États peuvent s'ajouter [2] - peut souscrire cette clause et accepter par avance la juridiction de la Cour sur tous différends d'ordre juridique l'opposant à un État ayant souscrit la même obligation (art. 36-2 statut). Il peut d'ailleurs exclure certains différends de cette acceptation [3].
- *Clause compromissoire*. Les États signant un traité international peuvent y inclure une clause prévoyant que les différends éventuels relatifs à son application ou à son interprétation seront soumis à la Cour. C'est le cas, actuellement, de plusieurs centaines de traités divers.
- *Compromis*. En présence d'un litige déjà né, deux États n'ayant pas accepté par avance la compétence de la Cour en la matière par la clause compromissoire facultative peuvent l'accepter par une convention spéciale appelée compromis.

Le caractère volontaire de l'acceptation de la compétence de la Cour, sous une forme ou sous une autre, explique que les États puissent choisir d'autres modes de règlement de leurs différends : l'arbitrage, ou l'attribution de compétence à une autre juridiction ; par exemple, bien que la Cour de justice des Communautés ne soit pas *a priori* compétente pour connaître des différends de droit international entre les États membres des communautés, l'article 239 du Traité CE leur permettrait de porter devant elle, par un compromis, tout différend « en connexité avec le présent traité ».

1. On sait que les États peuvent cependant prendre fait et cause pour le compte (en fait, sinon en droit strict) de leurs nationaux pour demander réparation, à raison de préjudices causés à ceux-ci par les agissements d'un État étranger, dans le cadre de la « protection diplomatique » quand les conditions de celle-ci sont réunies. V. par ex. l'arrêt de la CIJ du 24 mai 2007 sur les exceptions préliminaires dans l'affaire *Ahmadou Sadio Diallo* (*République de Guinée c/ République démocratique du Congo*), disponible sur le site de la Cour.
2. C'est le cas de la Suisse.
3. Fin 2008, 66 États seulement membres de l'ONU avaient souscrit cette clause. La France a retiré son acceptation depuis 1974, à la suite de l'affaire des *Essais nucléaires français dans le Pacifique* (ordonnances de la Cour du 22 juin 1973), après avoir accepté depuis 1924 les compétences successives de la CPJI puis de la CIJ ; les États-Unis, la Chine, la Russie n'ont pas souscrit non plus la clause de juridiction obligatoire. Par contre, l'Allemagne, l'Espagne, la Pologne ou le Royaume Uni l'ont fait.

280 ***C) Force des arrêts*** ◊ Alors qu'en droit interne les jugements sont non seulement obligatoires pour les parties, mais exécutoires - c'est-à-dire qu'à défaut pour elles de s'y conformer d'elles-mêmes, elles peuvent y être contraintes - le principe traditionnel du droit international public était l'absence de caractère exécutoire [1]. L'évolution des idées, amorcée au début du siècle, a abouti à l'article 94 de la Charte des Nations unies selon lequel, en cas d'inexécution d'un arrêt par une partie, l'autre peut saisir le Conseil de sécurité qui, s'il le juge nécessaire, peut faire des recommandations ou décider des mesures à prendre pour faire exécuter l'arrêt. [2]

La division du monde en blocs politiques hostiles jusque dans les années 1990 n'a fait qu'accroître la difficulté de mise en œuvre d'une telle exécution forcée, qui n'a pas reçu jusqu'ici d'application pratique.

1. V. A. De La Pradelle, « De l'exécution des décisions de justice internationale », *Rev. dr. internat.*, 1934, p. 222.
2. A. Azar, *L'exécution des arrêts de la Cour internationale de justice*, Bruylant, 2003.

CHAPITRE 3
LA COUR EUROPÉENNE DES DROITS DE L'HOMME

Site Internet : www.echr.coe.int

§ 1. La Convention européenne des droits de l'homme [1]

281 ***Dualité des mécanismes de sanction*** ◊ La protection internationale des droits de l'homme a fait l'objet, dans le cadre des Nations unies, de la Déclaration universelle des Droits de l'homme, adoptée par l'Assemblée générale des Nations unies sous la forme d'une résolution le 10 décembre 1948, et de plusieurs autres résolutions relatives aux droits de l'homme qu'elle a adoptées le 16 décembre 1966 [2].

Au plan régional, l'Organisation des États américains a adopté le 22 novembre 1969 la Convention interaméricaine des Droits de l'homme, qui institue une Cour américaine des Droits de l'homme destinée à en assurer la sanction.

Cependant, ces dispositifs n'ont qu'une efficacité platonique, faute pour la Déclaration universelle de représenter des dispositions à force obligatoire, et pour la Convention américaine d'être efficacement appliquée [3].

1. V. G. Cohen-Jonathan, *La Convention européenne des droits de l'homme*, Économica, 1989 ; in *Protection des droits de l'homme : la dimension européenne. Mélanges en l'honneur de G. J. Wiarda*, Carl Heymanns Verlag, Köln, 2e éd., 1990 ; in *Protection des droits de l'homme : la perspective européenne. Mélanges à la mémoire de R. Ryssdal*, P. Mahoney éd., C. Heymans éd., 2000. *Aspects européens des droits fondamentaux*, Montchrestien, 3e éd., 2002. Ministère de la Justice, *La France face aux exigences de la Convention européenne des droits de l'homme*, Documentation Française, 2001. « La France et la Convention européenne des droits de l'homme », Europe, n° hors-série 10 bis, oct. 1999. Collectif, *Aux sources de la Convention et de la Cour européenne des droits de l'homme*, Confluences, 2000. J.-P. Marguénaud, *La Cour européenne des droits de l'homme*, Dalloz, 4e éd., 2008. L. Pubert, *V° Cour EDH, in* D. Chagnolaud et G. Drago, *Dictionnaire des droits fondamentaux*, Dalloz, 2006.

V. Berger , *Jurisprudence de la Cour européenne des droits de l'homme*, Dalloz-Sirey, 11e éd., 2009. F. Sudre , J.-P. Marguénaud, J. Andriantsimbazovina, A. Gouttenoire, M. Levinet, *Les grands arrêts de la Cour européenne des droits de l'homme*, PUF, 5e éd., 2009.

2. Pacte international relatif aux droits économiques sociaux et culturels : Pacte international relatif aux droits civils et politiques ; Protocole facultatif se rapportant au Pacte premier nommé.

3. V. cependant, par ex., H. Tigroudja et I. Panouissis, *La Cour interaméricaine des droits de l'homme. Analyse de la jurisprudence consultative et contentieuse*, Nemesis-Bruylant, 2003.

Dans le cadre du Conseil de l'Europe qui groupait, en 1990, vingt-trois États européens avant que des États de l'Europe de l'Est ne fassent acte d'adhésion, et qui en compte actuellement [1] quarante-sept, dont la Russie, une Convention européenne des Droits de l'homme a été signée le 4 novembre 1950 et est entrée en vigueur le 3 septembre 1953 [2]. Cette convention multilatérale est moins ambitieuse que la Déclaration universelle des Droits de l'homme [3], mais elle a le mérite de comporter, à l'égard des États qui l'ont acceptée, un mécanisme de sanction des droits qu'elle énumère. En réalité, les garanties qu'elle apporte se situent à deux niveaux :

- *Sanction nationale des droits énoncés par la Convention ;* il appartient en tout premier lieu aux États ayant ratifié la Convention, qui s'impose à eux en tant que traité international, d'en assurer l'application effective. Législativement en adaptant au besoin leurs textes antérieurs, judiciairement par l'application qu'en feront éventuellement leurs tribunaux [4]. L'article 13 de la Convention impose que toute personne dont des droits garantis ont été transgressés par un État ayant ratifié la Convention ait droit à l'octroi d'un recours effectif devant une instance nationale. En outre, conformément à une règle traditionnelle en droit international, l'article 35 du Protocole n° 11 pose la règle de l'épuisement des recours internes : pour pouvoir saisir la Cour européenne des droits de l'homme, il faut avoir préalablement invoqué ceux-ci sans succès devant les juges nationaux des différents degrés de juridictions, et l'avoir fait utilement [5].

Cette règle est un corollaire du *caractère subsidiaire de la sanction internationale des droits :* tant qu'il subsiste une chance réelle que l'État

1. Début 2009.

2. La ratification française n'est intervenue qu'en mai 1974. Actuellement, les textes en vigueur rendent difficile l'adhésion de l'Union européenne en tant que telle à la Convention. Pour permettre cette adhésion, le protocole 14 (dont l'entrée en vigueur est actuellement bloquée par le refus de la Russie de le ratifier) amendant la Convention prévoit explicitement la possibilité de cette adhésion (v. par. 2 nouveau de l'art. 59 de la Convention) ; par ailleurs, l'article 6-2 du Traité de Lisbonne sur l'Union européenne, en cours de ratification, dispose que « L'Union adhère à la Convention européenne de sauvegarde des droits de l'homme et des libertés fondamentales ».

3. Encore qu'elle ait été complétée ultérieurement par des protocoles additionnels ; les États membres du Conseil de l'Europe ont par ailleurs adopté une Charte sociale européenne – qui ne comporte pas de mécanismes de sanction de cette convention. V. une comparaison entre les textes des Nations unies et la Convention européenne dans le rapport du Comité d'experts en matière de droits de l'homme au Comité des ministres, Conseil de l'Europe, sept. 1970. V. F. Sudre, *La Convention européenne des droits de l'homme*, coll. « Que sais-je ? », PUF (n° 2513).

4. En France, les droits garantis par la Convention et ses protocoles annexes peuvent être invoqués devant les tribunaux internes et priment les dispositions nationales même législatives (en raison de l'article 55 de la Constitution) qui doivent être laissées inappliquées par le juge en cas de contrariété avec les stipulations de la Convention. V. un exemple dans CE, Sect., 30 oct. 1998, D. Lorenzi, *AJDA* 1998. 1047.

5. C'est-à-dire en respectant les règles de délai, de compétence, de forme qui leur sont applicables ; v. un exemple dans l'affaire *Yahiaoui c/ France*, 14 janv. 2000. La procédure devant les instances européennes doit être engagée dans les six mois de la date à laquelle la décision nationale est devenue définitive.

intéressé, à travers l'une de ses institutions, respecte de lui-même les obligations qu'il a acceptées, il n'a pas à répondre d'une violation qui n'est pas encore définitive ; cf. l'arrêt *Kudla,* 26 oct. 2000, point 152.

– *Sanction internationale des droits ;* il a fallu prévoir la défaillance des États à respecter la Convention, ce qui explique la création d'un appareil européen de sanction des règles de la Convention, qui se présente comme une « garantie de secours », jouant comme un mécanisme subsidiaire par rapport aux systèmes nationaux de garantie des droits de l'homme (cf. les arrêts *affaire linguistique belge* du 23 juill. 1968 et *Handyside* du 7 déc. 1976). L'inspiration du système mis en place est de constater officiellement la violation par l'État en cause de l'un des droits garantis, l'État en cause devant alors en effacer les conséquences ; si le droit interne « ne permet qu'imparfaitement d'effacer [ces] conséquences », « une satisfaction équitable » – c'est-à-dire en général une indemnité – est accordée à la partie lésée.

Il existe ainsi une relation mécanique entre l'application spontanée des droits reconnus par la Convention et l'allégement de la charge de travail de la Cour de Strasbourg qui est saisie de leurs violations. La Cour met elle-même en avant le rôle que peut jouer en ce domaine l'application de l'article 13 de la Convention relatif au droit à un « recours effectif devant une juridiction nationale » [1].

Si le mécanisme international permet d'assurer, dans une large mesure, l'unité d'application de la Convention et des protocoles additionnels sur le territoire des États membres du Conseil de l'Europe, il oblige en même temps ces États à respecter la jurisprudence de la Cour, certes fondée sur ces textes, mais qui est surtout le produit d'un intense activisme judiciaire [2].

282 ***Complexité du mécanisme originaire de sanction*** ◊ La structure trinitaire du système originaire de sanction des droits énoncés dans la Convention européenne des droits de l'homme s'expliquait par les difficultés qu'avaient rencontrées les États membres du Conseil de l'Europe, dans les années 1950, pour résoudre deux problèmes importants et délicats :

– un problème technique : pour éviter que les instances de décision (Cour, Comité des ministres) ne soient encombrées de réclamations futiles ou abusives, un organe de filtrage des requêtes avait été mis en place, sous la forme d'une Commission composée de personnalités indépendantes ;

1. CEDH, 26 oct. 2000, *Kudla c/ Pologne.*

2. V. par ex. R. Toma, *La réalité judiciaire de la Cour européenne des droits de l'homme. Activisme et retenue judiciaire,* Nomos Verlagsgesellschaft, Baden-Baden 2003 ; B. Delzangles, *Activisme et autolimitation de la Cour européenne des droits de l'homme. Analyse des excès jurisprudentiels européens,* thèse Paris X, 2007 (cités par J.-F. Flauss, « Actualité de la Convention européenne des droits de l'homme », *AJDA* 2008. 979). V. aussi B. Edelman, « La CEDH : une juridiction tyrannique ? », *D.* 2008. 1946.

– un problème politique : alors que certains États avaient défendu, lors de l'élaboration de la Convention, un mécanisme purement juridictionnel de sanction des droits énoncés par celle-ci – sous la forme d'une Cour internationale – une majorité d'autres avaient penché pour un règlement politique des violations alléguées de la Convention par les États. La solution de compromis finalement adoptée consistait en la transmission des requêtes jugées recevables au Comité des ministres du Conseil de l'Europe ; si dans les trois mois la Cour n'était pas saisie [1], le Comité décidait s'il y avait eu, ou non, violation de la Convention ; comme la Cour, il pouvait accorder une réparation à la partie lésée [2]. La préoccupation des États de limiter le nombre d'accusations portées contre eux dans une matière sensible explique également que le droit pour les particuliers de saisir la Commission (droit de requête individuel) d'une violation de leurs droits n'ait été prévu que de façon facultative par l'article 25 de la Convention, les États étant libres de l'accorder ou non [3].

La cause majeure de la réforme du système originaire de sanction des droits énumérés par la Convention a été l'augmentation très importante des affaires, due à la fois à l'amélioration de la connaissance du mécanisme lui-même et à l'accroissement du nombre d'États membres du Conseil de l'Europe [4]. Après de nombreux débats, la restructuration du mécanisme de contrôle du respect des droits figurant dans la

1. Les États signataires de la Convention pouvaient d'ailleurs ne pas accepter l'intervention de la Cour, dont la compétence n'était que facultative.

2. Par exemple, dans deux résolutions du 13 févr. 1991 constatant la violation par la France de l'art. 6-1 de la Convention (durée excessive de procédures, administrative pour la première, pénale pour l'autre), le comité a décidé – affaire *Godard et Egron* – que le constat de violation constituait en l'espèce une satisfaction équitable, et a recommandé à la France – affaire *Barany* – le versement de 20 000 F pour le préjudice moral, 1 F symbolique pour le préjudice matériel et 22 562,50 F au titre des frais de procédure devant la commission.

3. La France n'a accepté ce droit de requête individuelle qu'en octobre 1981 (décret nº 81-917 du 9 oct. 1981) et pour 5 ans à l'origine.

4. 23 États en 1990, 47 en 2009. La Commission a été saisie de 404 requêtes en 1981, de 4 750 en 1997 ; jusqu'en 1988, 25 affaires au plus étaient déférées à la Cour (qui n'était pas alors une juridiction siégeant en permanence), contre 119 en 1997. À la veille de la réforme, la durée d'une procédure (de la saisine de la Commission à l'arrêt de la Cour) était en moyenne de 5 ans. Une cause majeure de l'inflation du nombre des affaires est, malheureusement, la tendance de certains conseils, en cas d'échec devant les juges nationaux de la cause qu'ils défendent, de la porter devant la Cour de Strasbourg au-delà de tout espoir raisonnable de succès – ce qui se traduit à la fois par l'engorgement de la Cour et par un nombre très élevé de décisions d'irrecevabilité (plus de 90 %).

La réforme introduite en 1998 semble ne pouvoir être qu'un remède temporaire à l'encombrement de la Cour de Strasbourg ; en effet, la « nouvelle » Cour a rendu en deux ans (nov. 1998 – déc. 2000) plus d'arrêts (838) que sa devancière en 39 ans (837), grâce notamment à son fonctionnement permanent ; mais le nombre des requêtes a prodigieusement augmenté (13 858 en 2001 ; 41 700 en 2007 !) ; de sorte qu'une nouvelle réforme de la procédure est devenue indispensable, à défaut que puisse, pour des raisons politiques, être donnée une suite favorable à l'idée, émise dès juin 2000 par M. Badinter, ancien président du Conseil constitutionnel, de créer des Cours régionales des droits de l'homme, sous le contrôle de celle de Strasbourg.

Convention des droits de l'homme et dans ses protocoles annexes a fait l'objet du Protocole n° 11 à la Convention, adopté le 20 avril 1994 par le Comité des ministres du Conseil de l'Europe. Après ratification par les États, le Protocole n° 11 est entré en vigueur le 1er novembre 1998, date d'entrée en fonction de la nouvelle Cour européenne des droits de l'homme et de disparition concomitante du système originaire de sanction de la Convention [1].

Le système actuel se caractérise par la juridictionnalisation complète de la procédure de sanction, la Commission disparaissant et le Comité des ministres du Conseil de l'Europe perdant toute compétence pour régler les litiges, mais conservant sa fonction de surveiller l'exécution des arrêts de la Cour.

§ 2. **Composition, compétence et pouvoirs de la Cour**

283 ***Composition*** ◊ La Cour européenne des droits de l'homme, qui fonctionne de façon permanente, a son siège à Strasbourg ; elle comporte autant de juges que d'États membres du Conseil de l'Europe (47 au début 2009 ; la Cour ne comptait alors, en fait, que 45 juges en raison de la vacance de certains sièges). Ils sont élus, sur une liste de trois personnes présentée par chaque État membre, par l'Assemblée consultative du Conseil de l'Europe, elle-même composée de délégations des Parlements nationaux [2]. Élus pour six ans, ils sont renouvelables par moitié tous les trois ans, et rééligibles ; leur mandat s'achève lorsqu'ils atteignent 70 ans. La Cour élit son président [3], pour une durée de trois ans, ainsi que deux vice-présidents et les présidents de section.

L'anglais et le français sont les langues officielles de la Cour [4]. Les opinions dissidentes des juges sont autorisées.

La structuration de la Cour reflète une quadruple préoccupation : filtrer les requêtes manifestement irrecevables ou infondées, démultiplier la juridiction en plusieurs formations de jugement, assurer l'unité de la jurisprudence et permettre exceptionnellement la révision d'ar-

1. V. Protocole n° 11 à la Convention européenne des droits de l'homme et rapport explicatif, Conseil de l'Europe, document H (94) 5 mai 1994. V. le titre II, Cour européenne des droits de l'homme (art. 19 et s.), de la Convention de sauvegarde des droits de l'homme, renuméroté conformément au Protocole n° 11.

2. Les Cours européennes, Luxembourg et Strasbourg, *Revue Pouvoirs*, 2001-96. V. un exposé critique de la procédure, à propos de la mise en place de la nouvelle Cour en 1998, *in* J.-F. Flauss, Radioscopie de l'élection de la nouvelle Cour européenne des droits de l'homme, *RTDH*, 1998, n° 35, p. 435. Le règlement de procédure actuel de la Cour, adopté en octobre 2002, est disponible sur son site Internet.

3. Il s'agit du juge français, M. J-P Costa, depuis janv. 2007.

4. Cependant, les requêtes peuvent être adressées dans la langue d'un autre Etat, et le président de la formation de jugement peut autoriser la poursuite de la procédure dans cette langue.

rêts des formations de jugement – ce qui conduit à distinguer les formations ordinaires de jugement et la Grande Chambre.

a) Formations ordinaires de jugement

• La Cour est divisée en cinq sections [1], chacune étant équilibrée du point de vue du sexe de ses membres et de leur origine géographique et devant tenir compte des différents systèmes juridiques des États membres.

• Au sein de chaque section sont constitués :

– des comités de trois juges (pour une période de douze mois), qui n'ont qu'un rôle (très important) de filtrage des requêtes individuelles [2], quand l'irrecevabilité peut être prononcée sans examen complémentaire.

– des chambres de sept juges, qui sont à la fois des organes de filtrage des requêtes individuelles qui leur sont éventuellement transmises, et des organes de jugement des requêtes individuelles déclarées recevables ainsi que des requêtes interétatiques (celles-ci n'étant pas soumises à filtrage) – sauf renvoi par elles à la Grande Chambre.

b) La Grande Chambre

Elle est composée de dix-sept juges, dans une composition renouvelée tous les trois ans et qui permet en fait à tous les juges de la Cour d'y siéger. Y siègent de droit le président de la Cour, les deux vice-présidents ainsi que les présidents des sections. Tous les autres juges sont répartis en deux groupes [3], qui siègent alternativement par périodes de neuf mois. Elle est à la fois une formation solennelle de jugement (cf. ci-dessus) et une formation de révision des arrêts des Chambres, toute partie au litige pouvant dans les trois mois de l'arrêt demander le renvoi de l'arrêt rendu devant elle, « dans des cas exceptionnels » – un filtrage préalable étant d'ailleurs opéré par un collège de cinq membres de la Grande Chambre avant qu'elle n'examine le dossier au fond ; elle statue alors définitivement sur l'affaire [4].

Elle est seule compétente pour rendre des avis consultatifs.

284 ***Compétence*** ◊ Ainsi qu'on l'a observé précédemment, le Protocole n° 11 a rénové le système de sanction des droits garantis par la Convention et ses protocoles « satellites », en juridictionnalisant

1. Art. 25 du règlement de procédure, qui a introduit ce terme pour éviter le risque de confusion résultant du terme identique (« Chambre » et « chambre ») employé aux articles 26-b et 27-1 de la Convention européenne des droits de l'homme pour désigner deux réalités différentes.

2. C'est-à-dire présentées par des particuliers ou par des organisations non gouvernementales. Les requêtes présentées par les États sont appelées « interétatiques » (art. 33 et 34 Convention).

3. « Formation 1 » et « Formation 2 » de la Grande Chambre.

4. Dans la période récente, la Grande Chambre semble éprouver quelques difficultés à préserver la cohérence de la jurisprudence de la Cour. Selon J.-F. Flauss (*AJDA* 2008. 978, préc.), elle déjuge fréquemment les chambres ; les divergences entre les chambres sont nombreuses, y compris sur la portée des arrêts de la Grande Chambre ; les juges mettent souvent en évidence ces contradictions dans leurs opinions dissidentes.

complètement ce système (élimination de la Commission, et du Comité des ministres du Conseil de l'Europe), en conférant un caractère obligatoire (et non plus facultatif) à la compétence de la Cour à l'égard des États, et en généralisant le droit de recours des individus (qui n'est plus subordonné à l'acceptation discrétionnaire de chaque État membre).

a) Compétence matérielle

La Cour peut connaître des violations alléguées de la Convention et des Protocoles additionnels qui lui ont ajouté la garantie de droits supplémentaires. Elle n'est pas, en revanche, compétente pour connaître des transgressions de la Charte sociale européenne de 1961, qui confère aux individus des droits économiques et sociaux, qui relèvent d'un mécanisme de sanction de nature politique, dénué en pratique de toute portée juridiquement contraignante.

Reprenant une disposition existante, l'article 47 de la Convention ouvre en outre à la Cour une compétence, purement nominale, pour donner des avis consultatifs sur l'interprétation de la Convention et de ses protocoles. Mais elle ne peut être saisie que par le Comité des ministres et les avis ne peuvent porter ni sur des questions relatives aux droits et libertés énoncés dans ces textes, ni sur les autres questions dont la Cour ou le Comité des ministres pourrait avoir à connaître par suite de l'introduction d'un recours. Ainsi réglementée, la fonction consultative de la Cour est « une fonction totalement inutile et inutilisée car conçue en des termes restrictifs jusqu'à l'absurde » [1].

b) Compétence personnelle

1) *Le défendeur* doit être un État ; la violation des droits doit pouvoir être imputée à une action, ou à une inaction (affaire *X et Y c/Pays-Bas*, 26 mars 1985) de l'État, entendu au sens globalisant que donne à ce terme le droit international public.

2) *Le demandeur* peut être tout État signataire de la Convention européenne des droits de l'homme, qui peut saisir la Cour de tout manquement imputable à un autre État signataire (« affaires interétatiques »), ou toute personne [2] physique ou organisation non gouverne-

1. G. Cohen-Jonathan, « Le protocole n° 11 et la réforme du mécanisme international de contrôle de la Convention européenne des droits de l'homme », *Europe*, nov. 1994, p. 1. On ne relève qu'une seule demande d'avis constitutif, qui a d'ailleurs abouti à une décision d'incompétence de la Cour, la question posée portant sur un point de droit dont elle pourrait avoir à connaître dans le cadre de sa compétence juridictionnelle. V. J.-F. Flauss, Actualité de la Convention (...), *AJDA* 2004. 1811.

2. La protection des individus est d'autant mieux assurée qu'il n'est pas nécessaire qu'ils aient la capacité juridique, ou qu'ils possèdent la nationalité d'un État signataire de la Convention.

Dans l'affaire *Ely Ould Dada c./France*, 30 mars 2009, la Cour a considéré irrecevable le recours d'un mauritanien condamné pénalement en France, au titre de la compétence universelle, pour des faits de torture commis en Mauritanie, couverts dans ce pays par une loi d'amnistie. Par la reconnaissance du principe de compétence universelle, elle contribue, partout dans le monde, à la mise en échec de lois d'amnistie protectrices des tortionnaires.

mentale se prétendant victime d'une violation des droits garantis (« requêtes individuelles ») par l'un des États membres.

285 ***Pouvoirs*** ◊

a) Issues possibles de la procédure devant la Cour

– *Règlement amiable.* Si la Chambre saisie de l'affaire admet la recevabilité de la requête, elle instruit le dossier, tout en se mettant à la disposition du demandeur et du défendeur en vue de tenter une conciliation aboutissant à un règlement amiable du dossier [1].

– *Arrêt déclaratoire.* S'il apparaît à la Cour que l'un des droits garantis a été violé, elle « déclare qu'il y a eu violation de la Convention ou de ses protocoles » ; si le droit interne de l'État en cause « ne permet d'effacer qu'imparfaitement les conséquences de cette violation », elle accorde à la partie lésée « une satisfaction équitable » [2]. Celle-ci est le plus souvent une somme d'argent (que l'État ne saurait se dispenser de payer durablement en invoquant l'absence de crédits : CEDH, 15 févr. 2005, *Poznakhirina c/Russie*) ; elle peut consister également dans le simple constat public de la violation que constitue l'arrêt.

Depuis 2004 [3], la Cour adresse de véritables injonctions aux États, y compris tendant à des modifications de leur législation [4].

b) Conséquences en droit interne des arrêts de la Cour [5]

Comme déjà dans le système originaire, les États « s'engagent à se conformer aux arrêts définitifs de la Cour dans les litiges auxquels [ils] sont parties » [6] ; les arrêts sont d'ailleurs transmis au Comité des ministres du Conseil de l'Europe qui en surveille l'exécution [7]. Ainsi, l'État incriminé doit prendre les mesures permettant d'effacer les conséquences, pour la partie lésée, de la mesure contraire à la Convention – ce qui n'est pas toujours possible pour des raisons de fait (exem-

1. L'affaire est alors rayée du rôle par une décision exposant la solution adoptée.

2. Art. 41 Convention.

3. *Assanidzé c./Géorgie*, 8 avr., *Broniowski c./Pologne*, 22 juin, et *Ilascu c./Moldavie*, 8 juill.

4. V. « Chronique de jurisprudence de la Cour européenne des droits de l'homme », *RD publ.* 2008, 941 : F. Sudre donne entre autres l'exemple de l'arrêt rendu dans l'aff. *Ramadhi c/Albanie*, 13 nov. 2007, qui impartit à l'Etat d'adopter des mesures législatives d'urgence.

5. Ces développements sont à rapprocher, pour d'autres exemples, de ceux figurant *supra*, n° 75. V. F. Lazaud, *L'exécution par la France des arrêts de la Cour européenne des droits de l'homme*, P. U. Aix-Marseille, 2 vol., 2006. E. Lambert-Abdelgawad, *L'exécution des arrêts de la Cour européenne des droits de l'homme*, Ed. du Conseil de l'Europe, Strasbourg, 2003. F. Sudre, « L'effectivité des arrêts de la Cour européenne des droits de l'homme », *RTDH* 2008, 917. V ; aussi J.-F. Flauss, « Actualité de la Convention européenne des droits de l'homme (sept. 2007-févr. 2008) », *AJDA* 2008, spéc. p. 981.

6. Ses arrêts n'ont ainsi qu'une autorité relative de chose jugée, comme elle l'a d'ailleurs jugé dès le début de son fonctionnement (affaire *Lawless*, 14 nov. 1960). Pour la France, la justification de la position (conforme) du Conseil d'État est exposée, avec ses conséquences négatives pour les justiciables, dans les conclusions de M. Bachelier sur l'affaire *Soc. Amibu Inc.*, 24 nov. 1997, *BDCF F. Lefebvre* 1/98, p. 51.

7. Art. 46 Convention. Il peut arriver que la Cour s'immisce dans cette exécution, comme dans l'aff. *Verein Gegen Tierfabriken Schweiz*, 4 oct. 2007, suite à un premier arrêt du 28 juin 2001 (cité par F. Sudre, *op.cit.* note 72).

ple d'une procédure jugée excessivement longue) ou de droit (ce qui explique l'octroi d'indemnités). Aussi les États sont-ils éventuellement conduits à modifier leur législation pour ne pas s'exposer à de nouvelles procédures [1]. Quand une décision de justice nationale a été jugée contraire à une disposition de la Convention, la réparation la plus adéquate serait que l'affaire puisse être rejugée ; mais la Cour de Strasbourg n'a pas le pouvoir d'adresser des injonctions aux États pour qu'ils anéantissent une décision de justice, ou un acte administratif, contraire à la Convention (Cour européenne des droits de l'homme, 23 mai 1991, *Oberschlick c/Autriche*). La recommandation n° R (2000)2 du Comité des ministres du Conseil de l'Europe encourage les États membres à adopter rapidement des mesures législatives permettant la réouverture des procédures nationales ayant fait l'objet d'une constatation de violation de la Conv. EDH. Par ailleurs, la Cour a inauguré en 2004 une jurisprudence par laquelle elle peut enjoindre à des États des mesures individuelles d'exécution de ses arrêts [2].

1. Ainsi, et bien que les arrêts de la Cour européenne des droits de l'homme aient juridiquement une autorité limitée à l'espèce qui lui est soumise, et qu'il n'existe pas de procédure correspondant au recours en constatation du manquement d'un État membre du droit communautaire, on aboutit *en fait* à un résultat analogue à celui auquel conduit ce recours, les États dont la législation n'est pas compatible avec la position adoptée par la Cour modifiant d'eux-mêmes leur législation pour éviter d'éventuelles requêtes dirigées contre eux.

Dans le cas de la France, pour mettre le droit national en conformité avec la jurisprudence de la Cour européenne en matière de publicité des audiences relatives à certaines catégories de litiges, des décrets ont institué la publicité de certaines audiences des Chambres régionales des comptes (décr. n° 95-945 du 23 août 1995) et de la Cour des comptes (décr. n° 96-334 du 18 avr. 1996). L'absence persistante de publicité de toutes les audiences de la Cour de discipline budgétaire et financière (art. L. 314-15 CJF) opposait cette juridiction et la Cour européenne des droits de l'homme (v. l'affaire *Guisset c/ France*, 9 mars 1998, obs. J.-F. Flauss, *AJDA* 1998. 988) jusqu'à l'arrêt de Section du Conseil d'État du 30 oct. 1998, *M. Lorenzi*, qui a jugé que la Cour de discipline aurait dû écarter d'elle-même l'article 314-15 précité comme contraire à l'article 6 de la Convention (*AJDA* 1998. 1047 ; *RFFP*, juin 1999, p. 189, note Ch. Pierucci). A la suite de l'arrêt Martinie c/ France, rendu par la Cour le 12 avril 2006, des conséquences étendues ont été tirées en matière de procédure devant les juridictions financières ; v. G. Miller, Les chambres régionales et territoriales des comptes depuis l'arrêt Martinie de la CEDH, *AJDA* 2007, n° 9, p. 467.

Sur le problème controversé de la compatibilité de la situation (et de la dénomination même) du Commissaire du Gouvernement (près le Conseil d'État, les cours administratives d'appel et les Tribunaux administratifs) avec les exigences déduites du principe du « procès équitable », v. J.-Cl. Bonichot et R. Abraham, « Le commissaire du gouvernement dans la juridiction administrative et la Convention européenne des droits de l'homme », *JCP* 1998. I. 176, et CE 29 juill. 1998, *Mme Esclatine, AJDA* 1999. 69, note F. Rolin. La jurisprudence de la Cour a été à l'origine des décrets n°2006-964 du 1er août 2006 et n° 2009-14 du 7 janv. 2009 modifiant le Code de justice administrative ; sur cette question, v. *infra* n° 872.

La Cour publie sur son site Internet (www.echr. coe.int/Fr) la liste des incidences des arrêts rendus depuis 1959.

2. Arrêts enjoignant à la Géorgie, à la Moldavie et à la Russie la libération de requérants arbitrairement détenus. V. Chron. précitée de J.-F. Flauss, *AJDA* 2004. 1810. Cette position est à rapprocher de celle adoptée par la Cour dans l'affaire *Broniowski c/ Pologne*. V. *infra* n° 286, en note), dans laquelle elle a enjoint à la Pologne de modifier sa législation, afin d'éviter la multiplication de requêtes adressées à la Cour.

Certaines législations nationales permettent déjà dans ce cas une procédure de révision de l'affaire dont la décision originaire a donné lieu à un constat de violation par la Cour [1]. La France a commencé à s'engager dans cette voie en 2000, en matière pénale exclusivement, avec l'adoption de l'article 626-1 CPP qui permet dans ce cas de demander le réexamen d'une décision pénale définitive « dès lors que, par sa nature et sa gravité, la violation entraîne pour le condamné des conséquences dommageables auxquelles la « satisfaction équitable » allouée sur le fondement de l'article 41 de la convention ne pourrait mettre un terme ». [2]

286 ***Réformes en cours*** ◊ La réforme du système de protection des droits de l'homme introduite par le Protocole n° 11 s'est déjà révélée insuffisante pour éviter l'engorgement de la Cour de Strasbourg ; par ailleurs, l'arrivée massive de nouveaux États de l'Est dont la culture historique en matière de respect de ces droits présentait un fort décalage par rapport à celle des États de l'Ouest européen fondateurs de la Convention a renforcé le besoin d'améliorer le mécanisme de sanction de la convention européenne et de la force obligatoire des arrêts de la Cour. À partir de 2000, un processus de réflexion a été engagé, qui a abouti à l'adoption par le Comité des ministres du Conseil de l'Europe, le 12 mai 2004, d'un Protocole n° 14 amendant la Convention de sauvegarde des droits de l'homme et des libertés fondamentales. Non encore entré en vigueur faute d'avoir été ratifié par tous les États, la Douma de Russie ayant émis un vote négatif en décembre 2006, il innove principalement [3] dans deux domaines.

Pour accélérer le jugement des affaires [4], des réformes structurelles sont introduites ; il est créé, pour le filtrage des requêtes irrecevables, un système de juge unique. Celui-ci transmet les requêtes ainsi provisoirement acceptées à l'un des Comités ou à l'une des Chambres [5] ; désormais, chaque Comité devient compétent pour statuer au fond sur les affaires faisant l'objet d'une jurisprudence bien établie de la Cour,

1. A. Drzemczewski, « Un État en violation de la Convention européenne des droits de l'homme : l'exécution interne des décisions des institutions de Strasbourg », in *Mélanges G. J. Wiarda*, préc., p. 149, avec en annexe la reproduction des lois luxembourgeoise et helvétique. La solution française est contraire ; v. l'explication dans les conclusions précitées de M. Bachelier sur CE 24 nov. 1997, *Soc. Amibu Inc.*, *BDCF F. Lefebvre* 1/98, p. 51 ; sauf en matière pénale : v. note suivante.

2. Article inséré dans le CPP par la loi n° 2000-516 du 15 juin 2000, art. 89, à la suite de l'affaire *Hakkar c/France* de 1997 ; l'art. 626-3 crée la Commission de réexamen d'une décision pénale consécutif au prononcé d'un arrêt de la Cour EDH.

3. Pour une présentation d'ensemble v. J.-F. Flauss, « Actualité de la Convention européenne des droits de l'Homme » (févr.-juill. 2004), *AJDA* 2004. 1809 ; J.-F. Flauss et G. Cohen-Jonathan, *La réforme du système de contrôle contentieux de la Convention européenne des droits de l'homme. Le Protocole n° 14 et les Recommandations et Résolutions du Comité des ministres*, Bruylant, 2005.

4. Fin 2007, le « stock » d'affaires à juger s'élevait à 79 000 requêtes.

5. Dont le nombre des membres pourra être réduit, temporairement, à cinq juges.

pour éviter que celle-ci ait à siéger en Chambre, sur les affaires répétitives, de plus en plus nombreuses.

Ceci s'ajoutera à la technique procédurale des « arrêts pilotes » développée par la Cour *proprio motu* en 2004 [1] pour tenter de prévenir l'engorgement de son prétoire en cas de violation « structurelle » de la Convention - c'est-à-dire d'existence d'une législation nationale contraire à un droit protégé par la Convention (par exemple, le droit de propriété).

En outre, pour tenter de prévenir l'engorgement de la Cour par l'afflux des requêtes individuelles - la Cour est le tribunal européen unique pour 800 millions de personnes - le Protocole n° 14 permet d'écarter les requêtes individuelles dont la Cour aura estimé que l'auteur « n'a subi aucun préjudice important », avec cependant des exceptions qui paraissent devoir rendre symbolique cette irrecevabilité.

Par ailleurs, le Protocole n° 14 vise à améliorer l'effectivité des arrêts rendus par la Cour. Celle-ci, on l'a vu, n'a pas hésité à adresser dans des arrêts récents des injonctions aux États afin d'en assurer l'exécution. En cas de refus d'exécution d'un arrêt, le Comité des ministres du Conseil de l'Europe pourra saisir la Cour, qui pourra seulement, si elle constate que l'État a manqué à son obligation d'exécution, renvoyer l'affaire au Comité des ministres « afin qu'il examine les mesures à prendre » - ce qui n'ajoute rien à ses pouvoirs existants.

Au total, il est permis de considérer que les réformes ponctuelles apportées par le Protocole n° 14 laissent subsister le problème d'une réforme plus vaste du rôle futur de la Cour européenne des droits de l'homme dans un ensemble constitué par 800 millions de requérants potentiels [2].

1. Affaire *Broniowski c/ Pologne*, préc. Il s'agissait d'un manquement allégué à l'obligation de fournir des biens immobiliers pour compenser l'abandon forcé à la fin de la seconde guerre mondiale, par le requérant, de biens lui appartenant. La même revendication était potentiellement possible de la part de quelque 80 000 anciens propriétaires fonciers (160 avaient déjà saisi la Cour). Pour prévenir un afflux de saisines provoqué par une défaillance du système législatif national, la Cour a innové en indiquant quel type de mesures la Pologne devait prendre, sous le contrôle du Conseil des ministres, pour éviter qu'un grand nombre d'autres demandes semblables soient portées devant elle.

2. Sur une telle réforme voir, par ex., J.-F. Flauss, « Faut-il transformer la Cour européenne des droits de l'homme en juridiction constitutionnelle ? », *D.* 2003. Chron. 1638.

CHAPITRE 4

LA COUR DE JUSTICE DES COMMUNAUTÉS EUROPÉENNES, LE TRIBUNAL DE PREMIÈRE INSTANCE, LE TRIBUNAL DE LA FONCTION PUBLIQUE EUROPÉENNE, LA COUR AELE

§ 1. **Originalité**

287 ***Caractères fondamentaux du droit communautaire*** ◊ La Cour de justice des Communautés européennes [1] présente, par la diversité de ses attributions, par son mode de saisine, par l'effet de ses décisions des traits originaux qui la rapprochent plus des juridictions telles qu'on les connaît en droit interne que des juridictions internationales qui viennent d'être présentées [2].

1. Communauté européenne du charbon et de l'acier (CECA : traité de Paris du 18 avr. 1951 ; a expiré le 23 juill. 2002), Communauté économique européenne (CEE, souvent dénommée « Marché commun », devenue Communauté européenne, CE, en 1993 : traité de Rome du 25 mars 1957), Communauté européenne de l'énergie atomique (Euratom, traité de Rome du 25 mars 1957). Ces traités ont été plusieurs fois modifiés. La dernière révision (traité de Nice) est entrée en vigueur le 1er févr. 2003. Le projet de traité établissant une Constitution européenne, qui intègre une Charte des droits fondamentaux, bloqué en raison de son rejet par les votes intervenus en France et aux Pays-Bas, a été abandonné en juillet 2007 ; le traité de Lisbonne, dit simplifié, a été signé le 13 décembre 2007 et est en cours de ratification.

Sur la Cour de justice : J. Boulouis et R.-M. Chevalier, *Les Grands arrêts de la Cour de justice des Communautés européennes* (t. 1), Dalloz, 1994, et *Les Grands arrêts de la jurisprudence communautaire* (t. 2), Dalloz, 2002 ; L. Dubouis et Cl. Gueydan, *Les Grands textes du droit de l'Union européenne*, Dalloz, 7e éd., 2005. C. Philip, *La Cour de justice des Communautés européennes*, coll. « Que sais-je ? », PUF (no 2012). « Les Cours européennes », *Revue Pouvoirs*, 2001. 96. O. Dubos, *Vo CJCE, in* D. Chagnollaud et G. Drago, *Dictionnaire des droits fondamentaux*, Dalloz, 2006. J. Molinier et J. Lotarski, *Droit du contentieux européen*, LGDJ, 2e éd., 2009. J.-L. Sauron, *Droit du contentieux communautaire*, Doc. fr., 2004. D. Simon, *Le système juridique communautaire*, PUF, 3e éd., 2001.

2. A. Potocki, « L'organisation des juridictions communautaires est-elle porteuse d'enseignement pour les juridictions nationales ? », in *Mélanges P. Drai*, Dalloz, 2000.

Cette situation se relie directement à la spécificité du droit communautaire. Alors que les traités et conventions que l'on a présentés précédemment se limitaient à mettre en place entre les États un droit interétatique de type classique, les organisations internationales que sont encore aujourd'hui les Communautés rassemblées dans l'Union européenne ont institué un *ordre juridique structuré*, alimenté en textes par les organes des Communautés et non par des conventions entre États, et qui vit en symbiose avec les droits nationaux.

Ramené à l'essentiel, le droit communautaire [1] se caractérise par trois traits :

- **L'unité :** les Communautés - et surtout l'ex-CECA et la CE - ont été créées, au plan économique [2], pour faire de l'ensemble des territoires des États membres un espace économique présentant les caractères d'un marché intérieur, défini par l'article 14 CE comme « un espace sans frontières intérieures dans lequel la libre circulation des marchandises, des personnes, des services et des capitaux est assurée selon les dispositions du présent traité », cette dernière disposition signifiant essentiellement : dans des conditions de concurrence égale pour les produits importés des autres États membres et pour les produits nationaux. Cette égalité nécessaire dans les conditions de concurrence nécessite l'uniformité d'application dans tous les États membres des textes adoptés par les autorités communautaires [3]. Cette unité, sur laquelle insiste la Cour de justice, est garantie par des procédures organisées devant elle sous forme d'action (art. 226 et s., CE) ou d'exception (art. 234, *ibid.*).
- **L'applicabilité directe**. Le plus grand nombre des textes communautaires peut être invoqué par les justiciables des États membres, devant les juridictions nationales, au même titre que le droit interne [4]. Il s'agit non seulement d'articles des traités, ce qui ne serait pas une

1. V. Traités de Paris, Rome, Maastricht, Amsterdam, in J.-L. Clergerie, A. Gruber, P. Rambaud, *L'Union européenne*, Dalloz, 7e éd., 2008 ; J. Rideau (dir.), *Union européenne, Commentaire des traités modifiés par le Traité de Nice du 26 février 2001*, LGDJ, 2001 ; G. Isaac et M. Blanquet, *Droit général de l'Union européenne*, Dalloz, 9e éd., 2006 ; J. Rideau, *Droit institutionnel de l'Union et des Communautés européennes*, LGDJ, 5e éd., 2006 ; J.-P. Jacqué, *Droit institutionnel de l'Union européenne*, Dalloz, 4e éd., 2006. ; Th. Debard, A. Le Baut-Ferrarese, C. Nourissat, *Dictionnaire du droit de l'Union européenne*, Ellipses, 2e éd., 2007 ; R. Mehdi, *Institutions européennes*, Hachette, 2007 ; H. Oberdorff, *L'Union européenne*, PUG, 2007 ; J. Ziller, *Les nouveaux traités européens : Lisbonne et après*, Montchrestien, 2008.
2. Si la démarche est économique, la finalité est politique. Cet objectif, qui s'explique par les circonstances de leur création, est affirmée dans les traités institutifs : renforcer l'union entre les peuples européens ; cette volonté politique a été réaffirmée dès le programme d'Union européenne lancé en 1972.
3. Représentées en l'espèce par le Conseil, composé de représentants des États, par la Commission, composée de personnalités indépendantes nommées par les États avec l'accord du Parlement européen, et par ce dernier. Le Conseil européen n'a pas de compétence « législative ».
4. Le juge national est ainsi de loin - les compétences de la Cour de justice et du Tribunal de première instance des Communautés étant limitativement énumérées - le premier juge d'application du droit communautaire. V. A. Barav, « La plénitude de compétence du juge national en sa qualité de juge communautaire », in *Mélanges J. Boulouis*, Dalloz, 1992, p. 1.

véritable innovation [1], mais aussi et surtout d'actes adoptés par les institutions communautaires : ce qui est une exception en droit international classique [2] est, en pratique, le cas général en droit communautaire. Ce caractère directement applicable de la plupart des textes communautaires résulte pour partie de l'article 249 CE et pour l'essentiel de la jurisprudence de la Cour, dont la décision de principe est l'arrêt n° 26-62, *Van Gend en Loos* (*Recueil des arrêts*, 1963, p. 1).

– **La supériorité sur les droits nationaux.** Le droit communautaire l'emporte sur le droit national en cas de conflit entre les deux. Ce principe fondamental, qui n'est inscrit explicitement dans aucun article des traités [3], a été déduit par la Cour de justice de leur inspiration générale et de leurs objectifs, les Communautés ne pouvant fonctionner si chaque État peut unilatéralement priver d'effet les textes qu'elles ont pour fonction d'édicter (arrêt n° 6-64, *Costa c/ENEL, Rec.*, 1964, p. 1141). En conséquence, « le juge national chargé d'appliquer, dans le cadre de sa compétence, les dispositions du droit communautaire, a l'obligation d'assurer le plein effet de ces normes en laissant au besoin inappliquée, de sa propre autorité, toute disposition contraire de la législation nationale, même postérieure, sans qu'il ait à demander ou à attendre l'élimination préalable de celle-ci par voie législative ou par tout autre procédé constitutionnel » [4] (arrêt n° 106-77, *Simmenthal, Rec.*, 1978, p. 629).

Ce cadre particulier que représente le droit communautaire, qui le différencie profondément du droit international public classique, explique la situation originale faite par les auteurs des Traités de Paris et de Rome à la Cour de justice des Communautés, dont le rôle et les pouvoirs contrastent par leur étendue avec ceux conférés d'ordinaire aux juridictions internationales. Ce particularisme par rapport à cellesci se manifeste notamment dans la règle selon laquelle – à la différence de la pratique de la Cour internationale de Justice et de la Cour européenne des droits de l'homme – les arrêts de la Cour de Justice des Communautés ne donnent pas lieu à la publication d'opinions dissi-

1. Nombre d'États – dont la France – acceptant que les traités internationaux puissent être invoqués par les justiciables en droit interne.

2. On trouve quelques hypothèses dans des domaines très techniques : règlements sanitaires de l'Organisation mondiale de la santé, « standards internationaux » de l'Organisation de l'Aviation civile internationale, règlements techniques de l'Organisation météorologique mondiale.

3. Mais qui était explicitement énoncé par l'article I-6 du traité établissant une Constitution pour l'Europe, qui disposait que « La Constitution et le droit adopté par les institutions de l'Union (...) priment le droit des États membres ».

4. En fait, si la Cour de cassation accepte depuis longtemps que les tribunaux judiciaires fassent primer le droit communautaire sur tous les textes législatifs et réglementaires nationaux (v. l'arrêt de principe de la chambre mixte du 24 mai 1975, *Sté des cafés Jacques Vabre*, *AJDA* 1975. 567, note J. Boulouis), il a fallu attendre l'arrêt d'Assemblée du Conseil d'État du 20 octobre 1989, *Nicolo*, *AJDA* 1989. 756 et 788, note D. Simon et chron. jurisp. E. Baptiste et E. Honorat, pour que les juridictions administratives adoptent la même attitude (jusque-là, le Conseil d'État faisait prévaloir sur les textes communautaires les lois *postérieures*).

dentes ou séparées et sont signés par tous les juges ayant pris part au délibéré, ce qui rapproche le fonctionnement de la juridiction communautaire de celui des juridictions internes. La contrepartie de l'étendue des compétences conférées à la Cour a été, avec l'accroissement du nombre des États membres (27 actuellement) et surtout le développement du contenu du droit communautaire et de sa connaissance par les justiciables, un encombrement tel de son rôle qu'il a été nécessaire, en 1988, de lui adjoindre un Tribunal de première instance complété à partir de 2005 par un Tribunal de la fonction publique européenne.

Il est à souligner que l'originalité du droit communautaire se retrouve au plan de l'organisation juridictionnelle de l'Union européenne. Celle-ci comporte actuellement, comme il va être exposé, trois juridictions distinctes : la Cour de Justice, le Tribunal de première instance, le Tribunal de la Fonction publique européenne. Cependant, malgré leur indépendance manifestée d'ailleurs par la disposition de magistrats et de compétences qui leur sont propres, les deux derniers, apparus tardivement (1988, 2004), ont été ou sont encore présentés dans la rédaction des textes comme des sortes de prolongements de la Cour de Justice, seule créée en 1951. Le TPI était « adjoint » à la Cour (art. 225 Tr.) jusqu'au traité de Nice, et le TFPE est « adjoint » au TPI (art. 1er, décision du Conseil du 2 novembre 2004). De façon caractéristique, le paragraphe (3) des considérants de cette décision énonce que ces deux juridictions sont « une partie intégrante de l'institution Cour de justice ». Il apparaît ainsi clairement que, pour les États membres auteurs des traités et de la décision de 2004, l'appareil juridictionnel de l'Union européenne est conçu au plan théorique comme une seule institution : la Cour de justice, ensemble unique mais trinitaire [1].

§ 2. Composition et compétences de la Cour de Justice des communautés européennes [2]

Site Internet de la Cour : www.curia.europa.eu

1. Cette situation se manifeste matériellement par le rattachement administratif, et même matériel, du TPI et du TFPE à la Cour de justice (v. *infra*). Cette configuration évoque quelque peu celle d'une poupée russe : en « ouvrant » la Cour de justice on découvre le TPI, et en « ouvrant » celui-ci on trouve le TFPE. L'art. 9 F du traité sur l'Union européenne, tel qu'il résulte du traité de Lisbonne, stipule d'ailleurs : « La Cour de justice de l'Union européenne comprend la Cour de justice, le Tribunal et des tribunaux spécialisés. »

2. Il est rappelé que la présentation détaillée de la Cour de justice des Communautés européennes, et du Tribunal de première instance, relève des ouvrages spécialisés de droit communautaire cités *supra*, et M.-C. Bergerès, *Contentieux communautaire*, PUF, 3e éd., 1998 ; J. Boulouis, M. Darmon, J. Huglo, *Contentieux communautaire*, Dalloz, 2e éd., 2001. L'exposé *sommaire* qui en est donné ici pour suggérer la densité du système juridictionnel communautaire ne concerne que la Communauté européenne (et non les autres dispositions des traités, relatives aux 2e et 3e piliers).

I. Composition

288 ***Recrutement et organisation*** ◊ La Cour de justice des Communautés, unique pour la CE et l'Euratom, ainsi que pour la CECA quand elle existait, a son siège à Luxembourg [1]. Elle comprend vingt-sept juges, un par État membre (art. 221 CE.), désignés d'un commun accord pour six ans renouvelables par les États membres, et huit avocats généraux [2], nommés dans les mêmes conditions, qui malgré leur nom qui évoque le ministère public devant les juridictions civiles et pénales ont les mêmes fonctions que les rapporteurs publics (ex commissaires du gouvernement) devant les formations contentieuses du Conseil d'État français : proposer en toute indépendance la solution juridique que leur semble appeler l'affaire en cause. Afin d'éviter des ruptures de jurisprudence principalement liées aux renouvellements, juges et avocats généraux sont renouvelés tous les trois ans par moitié [3]. À l'occasion de ces renouvellements, les juges élisent pour trois ans un président qui est rééligible.

Une fois nommés, les uns et les autres bénéficient d'un statut qui leur assure une totale indépendance. De manière caractéristique, il n'a pas été prévu de juge *ad hoc* comme pour la Cour internationale de justice.

La Cour peut siéger en assemblée plénière, en chambres (huit) de trois ou cinq, ou en grande chambre de treize juges [4]. Chaque chambre constitue un organe d'instruction, mais en outre chacune est elle-même un organe de jugement, auquel la Cour peut renvoyer toutes les questions préjudicielles (v. *infra*) et toutes les affaires dont elle est saisie. La formation en grande chambre peut être saisie quand un État ou une institution communautaire le demande ou quand une affaire revêt une importance exceptionnelle.

1. Traité UE, art. 35 ; traité CE, art. 220 et s. ; traité Euratom, art. 136 et s. ; traité CECA, expiré le 23 juill. 2002, art. 31 et s. – Un protocole sur le statut de la Cour (et du TPI) est annexé aux traités.

2. Chaque juge et avocat général est assisté de « référendaires », juristes de haut niveau en général de sa nationalité, recrutés *intuitu personae*, qui lui apportent un concours essentiel pour le bon fonctionnement de la Cour.

3. En raison de l'imparité du nombre des juges, leur renouvellement porte alternativement sur 14 et 13 juges. Sur la fonction d'avocat général à la CJCE, M. Darmon, *Mélanges R. Perrot*, Dalloz, 1996, p. 75.

4. La procédure devant la Cour (et devant le Tribunal de première instance) est réglée par un ensemble de textes, comprenant notamment, outre le Statut, pour chaque juridiction, un Règlement de procédure et des Instructions au greffier. V. J. Rideau et F. Picod, *Code de procédures communautaires*, commenté et annoté, Litec, 2e éd., 2002. Du point de vue linguistique, les procédures peuvent se dérouler dans chacune des 23 langues officielles de l'Union.

II. Compétence personnelle

289 ***A) Le défendeur*** ◊ Selon l'objet des recours (v. *infra*), le défendeur peut être l'une des institutions des Communautés, la Banque centrale européenne (BCE) ou un État membre. Il est important d'observer que la compétence de la Cour s'impose aux États, à la différence de la situation qui est celle des autres juridictions internationales. Sans doute peut-on découvrir, à la base, une acceptation des États ; mais celle-ci est intervenue dans des conditions très particulières, caractéristiques de l'institution d'intégration que représentent les Communautés, au profit desquelles les États ont consenti de larges limitations de leur souveraineté. La compétence de la Cour vis-à-vis des États membres ne résulte pas d'une manifestation de volonté individuelle et révocable des États membres, mais d'une attribution irréversible de compétence effectuée par la signature et la ratification de chacun des traités. Ceux-ci n'étant pas, à la différence des traités internationaux classiques, susceptibles de réserves, la compétence de la Cour est obligatoire et uniforme à l'égard de tous les États.

290 ***B) Le demandeur*** ◊ Le demandeur devant la Cour peut être selon les recours soit une institution communautaire ou la BCE, soit un État (article 51 du statut de la Cour), soit encore un requérant ordinaire en cas de pourvoi contre une décision du Tribunal de première instance. Devant celui-ci, le demandeur est le plus souvent un particulier (en général une entreprise, en raison du caractère économique du droit communautaire) de même que devant le Tribunal de la fonction publique européenne. Dans le cadre des Communautés, l'individu accède ainsi largement à la qualité de sujet du droit international [1].

Tout avocat inscrit au barreau d'un État membre peut représenter les parties [2], en demande ou en défense ; il existe en outre, comme en droit interne, une aide juridictionnelle.

III. Principales attributions de la Cour

On n'envisagera ici que le cas du traité de Communauté européenne (« Marché commun »), en précisant que les règles sont identiques pour l'Euratom. Elles étaient parfois substantiellement différentes dans le traité CECA.

1. Ou au moins du droit supraétatique. L'approfondissement de l'Union européenne, à caractère politique, appellerait une extension des cas dans lesquels les particuliers peuvent saisir la juridiction communautaire. Les particuliers peuvent cependant provoquer indirectement la saisine de la Cour par un tribunal national quand une question d'interprétation ou de légalité d'un texte communautaire se pose dans le cadre d'un litige porté devant ce tribunal, qui peut renvoyer à la Cour cette question (renvoi préjudiciel).

2. La représentation des États et des institutions communautaires obéit cependant à des règles particulières.

Aux termes de l'article 220 CE, la Cour de justice - et dans le cadre de ses compétences, le Tribunal de première instance [1] - assurent le respect du droit dans l'interprétation et l'application du traité, fonction qui se traduit par quelques attributions administratives et consultatives, et surtout par des attributions juridictionnelles très diversifiées [2].

A. Attributions administratives et consultatives

291 ***Liste*** ◊ La Commission européenne étant composée de personnalités bénéficiant d'un statut d'indépendance, la démission d'office pour cause grave de l'un de ses membres ne peut être prononcée que par la Cour. Celle-ci peut être appelée à rendre en outre à titre facultatif et sur demande du Conseil, de la Commission ou d'un État membre, un avis sur la compatibilité avec le traité de tout projet d'accord à conclure entre la Communauté et un État ou une autre organisation internationale. En cas d'avis négatif, l'accord ne peut entrer en vigueur avant la modification du traité (art. 300 §6 CE).

B. Attributions juridictionnelles

292 ***Dualité*** ◊ Depuis la création du Tribunal de première instance (TPI) en 1988 la Cour cumule, à l'instar du Conseil d'État en France, une fonction de juge de premier (et évidemment de dernier) ressort (1), et une fonction de juridiction de recours à l'égard des jugements du Tribunal (2) [3].

1. La Cour, juge de premier et dernier ressort

293 ***Compétence*** ◊ Elle est compétente à ce titre pour connaître de deux grandes catégories d'affaires bien distinctes. Les unes (« recours directs ») correspondent à des actions portées devant la Cour, par exemple pour que celle-ci annule un acte d'une institution communautaire, ou constate le manquement d'un État à une obligation imposée par le droit communautaire. Les autres affaires sont représentées par les questions préjudicielles (« recours préjudiciels » dans les statistiques de la Cour) [4] portées devant la Cour par des juridictions nationales qui l'interrogent ainsi pour qu'elle les fixe, par des arrêts qui s'imposeront à elles, sur le sens et la portée, ou sur la validité, de la

1. Le même article ajoute dans son second alinéa que des « chambres juridictionnelles » - terme générique désignant d'autres juridictions spécialisées, telles que le Tribunal de la fonction publique européenne - peuvent être adjointes au TPI.

2. Des statistiques détaillées sur les affaires jugées par la Cour et par le Tribunal de première instance sont données dans le rapport d'activité annuel de la Cour, disponible sur le Site Internet de la Cour : www.curia.europea.eu.

3. En 2008, la Cour a rendu 567 arrêts, dont 69 sur pourvoi contre les décisions du TPI (respectivement 570 et 88 en 2007).

4. Système dit de renvoi de juge à juge.

norme communautaire qu'elles ont à appliquer pour régler le litige dont elles sont saisies [1].

Il est à souligner que la compétence de la Cour de justice est essentiellement cantonnée aux affaires relatives au « premier pilier » de l'Union européenne, c'est-à-dire au contenu du droit relevant de la Communauté européenne (et de l'Euratom). Le traité de Maastricht, en introduisant dans l'Union qu'il créée, les deuxième et troisième « piliers » (politique étrangère et de sécurité commune, coopération en matière de justice et d'affaires intérieures), a prévu que ces matières - politiquement sensibles - échapperaient largement à la compétence du juge communautaire, un peu accrue par les traités d'Amsterdam et de Nice en matière de coopération pour la justice et les affaires intérieures.

a. Les recours directs

294 Dans ce compartiment de son activité, la Cour exerce deux fonctions. Elle assure le respect du droit communautaire tant par les États que par les institutions.

1) Le respect du droit par les États membres. À ce titre, elle peut connaître, de plein droit, de litiges mettant en cause un État membre. À la demande de la Commission (cas général) ou d'un autre État membre, la Cour peut constater qu'un État a violé l'une de ses obligations nées du droit communautaire, dans le cadre d'une procédure originale, appelée recours en constatation du manquement d'État (art. 226 CE) [2]. Depuis le traité de Maastricht, la Cour peut, en cas d'inexécution de l'arrêt de manquement, et à la demande de la Commission, condamner l'État à une amende (pudiquement dénommée « somme forfaitaire ») ou à une astreinte [3] (art. 228), ou les deux cumulativement. Les condamnations sont déterminées par la Cour à partir d'un barème de calcul complexe résultant en dernier lieu d'une communication de la Commission du 13 décembre 2005.

1. En 2008, la Cour a jugé 301 renvois préjudiciels et 181 recours directs (respectivement 235 et 241 en 2007).

2. En 2008, la Cour a rendu 103 arrêts à ce titre, dont 94 constatations de manquement. Il ne faut pas confondre cette procédure avec la procédure de constatation politique, par le Conseil européen, de certains manquements aux principes fondamentaux de l'Union, introduite par le traité d'Amsterdam (art. 7 TUE). V. P.-Y. Monjal, « Le traité d'Amsterdam et la procédure en constatation politique de manquement aux principes de l'Union », *LPA*, 10 juin 1998, p. 8.

3. La première application en a été faite à l'égard de la Grèce, condamnée à payer une astreinte pour une atteinte à l'environnement (C-397/97, *Com. c/ Grèce*, 4 juillet 2000, R.I-5092) ; le 12 juillet 2005, la France - en infraction depuis 1991 aux textes communautaires relatifs à la taille minimum des poissons pêchés - a été condamnée à la fois à une amende de 20 millions d'euros (la plus forte prononcée jusqu'alors) et à une astreinte de 57,8 millions d'euros par période d'infraction de six mois supplémentaire (CJCE, aff. C-304/02, *Com. c/ République française*).

En outre, en vertu d'un compromis - car on n'est plus véritablement dans le cadre du droit communautaire - si des États membres ont un différend en connexité avec l'objet du traité de Communauté européenne (art. 239 CE), ils peuvent, au lieu de saisir de ce litige interétatique la Cour internationale de justice, le soumettre à la Cour de justice des Communautés. Cette compétence n'a encore jamais joué.

2) Le respect du droit par les institutions. La Cour de justice a été créée, entre autres références, à l'image d'un tribunal administratif : elle était donc chargée à l'origine de statuer à la fois sur la légalité des actes communautaires et sur la responsabilité des institutions. Cependant, afin d'alléger son office, sa compétence a été restreinte en la matière du fait de la création du Tribunal de première instance, et surtout depuis l'élargissement en 1993 des attributions de celui-ci : elle restait compétente, en première instance, pour connaître des recours intentés dans le cadre du contentieux de la légalité par les requérants privilégiés (États et institutions communautaires). Mais le traité de Nice a renforcé encore la compétence du Tribunal, au point que, en vertu de l'article 51 du Statut, les recours formés par les États contre un acte ou une omission de statuer de la Commission ne relèvent plus qu'exceptionnellement de la compétence de la Cour [1]. Cependant, restent également de la compétence de la Cour les recours en annulation ou en carence introduits par la Commission, le Parlement, le Conseil ou la BCE contre leurs actes ou abstentions respectifs.

b. Les questions préjudicielles d'interprétation et de validité des textes communautaires (art. 234 CE)

295 La Cour de justice se présente ici comme une Cour de renvoi pour les juridictions nationales. Cette fonction essentielle - la seule qui ne pouvait être transférée au TPI jusqu'au traité de Nice (art. 225 CE) [2] - en fait l'instrument et le garant de l'unité d'interprétation, et ainsi d'application, du droit communautaire malgré la décentralisation de sa mise en œuvre entre l'ensemble des juridictions des vingt-sept États membres, qui l'appliquent au même titre que leur droit national dans les litiges où il peut être invoqué et qui sont ainsi, selon une formule classique, les juges communautaires de droit commun.

1. Encore la compétence de la Cour fait-elle l'objet de diverses exceptions en ce qui concerne les recours des Etats contre les actes du Conseil et du Parlement (qui augmentent par conséquent celle du Tribunal) ; mais elle englobe notamment les hypothèses dans lesquelles le Conseil et le Parlement agissent en colégislateurs.

2. En raison de l'afflux de questions préjudicielles (qui ont représenté en 1998 plus de la moitié des affaires introduites), le traité de Nice prévoit la possibilité d'accorder compétence au Tribunal de première instance pour connaître de questions préjudicielles dans des matières spécifiques, sauf renvoi par celui-ci à la Cour, sous réserve d'un réexamen possible par la Cour de justice en cas de risque sérieux, causé par la décision du Tribunal, d'atteinte à l'unité ou à la cohérence du droit communautaire (art. 220 et 225-3 TCE). Cependant, cette possibilité n'a pour le moment pas été mise en œuvre, le Statut de la Cour, auquel se réfère l'art. 225-3, n'ayant pas été modifié en conséquence.

Cette liaison entre juridictions nationales et juridictions internationales représente une innovation qui illustre de manière caractéristique l'état de symbiose dans lequel se trouvent droit communautaire et droits nationaux. Cette attribution de compétence est un palliatif de l'absence d'une organisation judiciaire « intégrée » regroupant les juridictions nationales et la Cour de justice ; chaque hiérarchie nationale de juridictions s'arrête à la Cour suprême qui la couronne. Ainsi, il n'existe pas de Cour de cassation européenne qui pourrait réformer les décisions d'une juridiction nationale ayant mal interprété un texte de droit communautaire. Pour sauvegarder l'unité nécessaire de ce droit (cf. *supra*) et puisque l'on ne pourrait plus corriger une décision rendue incorrectement, on s'est efforcé d'en prévenir la survenance, afin d'éviter que le droit communautaire, unifié dans son édiction par les seules autorités de Bruxelles, ne s'émiette dans des interprétations juridictionnelles divergentes ; il apparaissait ainsi indispensable d'assurer une *interprétation centralisée* de ce droit par la juridiction communautaire.

Dans ce but, on a usé de la technique procédurale classique de la *question préjudicielle d'interprétation*, qui permet d'établir une relation temporaire et purement procédurale entre les juridictions nationales et la Cour de justice. Pour cela, le traité prévoit qu'en présence d'une difficulté d'interprétation les juridictions nationales peuvent, et parfois doivent surseoir à statuer et renvoyer ce problème devant la Cour avant de rendre leur décision au fond [1].

De même, et malgré sur ce point une rédaction imprécise de l'article 225 CE, la Cour de justice a jugé qu'elle était seule compétente, en cas de doute sur la validité d'un texte communautaire, pour en constater l'invalidité. Une juridiction nationale ne peut donc pas constater elle-même son irrégularité, et quel que soit son rang dans la hiérarchie des tribunaux elle doit renvoyer le problème à la Cour de justice par une question préjudicielle de validité [2].

Il est à souligner que la conception extensive que s'est forgée la Cour de cette notion d'interprétation, a fait rapidement de la question préjudicielle un instrument majeur de l'intégration juridique des États membres.

1. L'obligation de renvoi concerne les juridictions dont les décisions sont insusceptibles de recours (en France : Cour de cassation et Conseil d'État). Il est à souligner que le Conseil constitutionnel considère qu'il ne peut saisir la Cour de justice d'une question préjudicielle de l'article 234 Traité CE, du fait qu'il doit statuer dans le délai de promulgation de la loi prévu à l'article 61 de la Constitution (un mois ; huit jours en cas d'urgence) : Cons. const. 30 nov. 2006, décision n° 2006-543 DC, *AJDA* 2007. 473, note G. Marcou.

2. CJCE, *Foto-Frost,* affaire 314/85, *Rec.* 1987, p. 4199. Reproduit *in* L. Dubouis et Cl. Gueydan, préc., p. 271. En revanche, si le juge national considère que le texte communautaire est valide, il peut l'appliquer sans avoir à faire confirmer cette validité par la Cour (même arrêt).

Cette intégration juridique dans l'ensemble communautaire se marque également dans le fait que les arrêts de la Cour ont éventuellement force exécutoire dans les États membres (art. 244 CE).

2. La Cour de justice, juge de réformation

296 ***Problématique*** ◊ L'institution d'un Tribunal de première instance des Communautés en 1988 a nécessité la dévolution à la Cour de justice, pour assurer l'unité d'application du droit communautaire, d'une compétence de juridiction de recours à l'égard des jugements de ce tribunal. La création en 2004 du tribunal de la Fonction publique européenne a posé un problème semblable. Mais il fallait éviter que l'existence d'une voie de recours n'allonge systématiquement le délai d'attente d'une décision définitive pour les justiciables, ce qui explique le système retenu. Un pourvoi devant la Cour est seulement possible contre les décisions du TPI.

Le délai du pourvoi devant la Cour est de deux mois depuis la notification du jugement [1]. Il ne s'agit pas de faire rejuger l'ensemble du litige par la Cour, comme le ferait un juge d'appel : le pourvoi est *limité aux questions de droit*, ce qui l'apparente à un pourvoi en cassation [2]. Seules deux catégories de moyens peuvent d'ailleurs être invoquées : des moyens de légalité externe de la décision attaquée, tirés de l'incompétence du tribunal ou d'irrégularités de procédure devant celui-ci ayant préjudicié aux intérêts du requérant, et des moyens de fond du droit tirés de la violation du droit communautaire par le tribunal.

En cas d'annulation du jugement, et pour accélérer la solution du litige, la Cour dispose de deux possibilités. Elle peut renvoyer l'affaire devant le tribunal, qui sera lié par les points de droit tranchés par le Cour, ou statuer elle-même définitivement sur le litige, lorsque celui-ci est en état d'être jugé [3].

297 ***Importance de la Cour de justice dans le système communautaire*** ◊ La Cour de justice joue depuis les origines de la Communauté européenne un rôle particulièrement important dans le développement non seulement du droit mais de l'ensemble du système communautaire, en raison de la hardiesse de sa jurisprudence, inspirée par une interpréta-

1. Le pourvoi n'a pas d'effet suspensif, mais on peut demander à la Cour le sursis à l'exécution du jugement entrepris. Le « pourvoi » mentionné ici concerne les jugements du tribunal rendus sur les *recours directs* portés devant lui. Les décisions qu'il rendra éventuellement dans l'avenir en matière de questions préjudicielles pourront donner lieu à un « réexamen » devant la Cour obéissant à un régime particulier (art. 225-3 CE, art. 62 Statut), ; il en va de même des décisions du tribunal statuant comme juge de réformation des décisions des chambres juridictionnelles (v. *infra*).

2. Ou, en droit allemand, au pourvoi en révision ; v. F. Ferrand, *Droit privé allemand*, Dalloz, 1997, n° 92.

3. Elle est contrainte de renvoyer l'affaire au Tribunal lorsqu'elle estime que c'est à tort que celui-ci a déclaré irrecevable le recours dont il était saisi.

tion finaliste (« téléologique ») des traités et des autres textes communautaires [1]. En schématisant, elle a toujours considéré que les États membres s'étaient engagés dans un processus d'intégration, au moins économique, tendant à la réalisation d'un vaste marché intérieur présentant des traits analogues à ceux d'un marché national, et qu'il lui appartenait, dans le cadre de ses compétences, d'apporter sa contribution à la réalisation de ce programme dans le domaine du droit. Sans que l'on puisse insister ici sur des questions qui relèvent du droit communautaire, on peut relever à titre d'exemples de jurisprudences ayant joué un rôle décisif pour l'efficacité du droit communautaire à l'intérieur des États, la jurisprudence de l'arrêt *Van Gend en Loos* sur l'applicabilité directe du droit communautaire et celle de l'arrêt *Costa c/ENEL* sur la primauté de celui-ci sur tous les textes nationaux [2]. Les solutions de ces deux arrêts représentent une contribution fondamentale de la Cour au fonctionnement et au développement du Marché intérieur ainsi qu'à la protection juridique des justiciables des États membres - particuliers ou entreprises.

§ 3. **Le Tribunal de première instance**

298 ***Statut*** ◊ Le développement de l'activité de la Cour de justice, lié tout à la fois à l'accroissement du nombre des États membres, à la multiplication des textes communautaires et à l'amélioration de la connaissance du droit communautaire qui pousse les justiciables à l'invoquer de plus en plus souvent, avait provoqué un engorgement de la Cour de justice [3]. Pour la décharger de catégories de litiges [4] qui ne se rattachaient pas à son rôle essentiel d'unification de l'interprétation du droit communautaire et de régulation du fonctionnement des pouvoirs publics communautaires ainsi que du respect du droit communautaire par les États membres, et après de longs atermoiements [5], un Tribunal de première instance a été créé par une décision du Conseil du 24 octobre 1988 [6].

1. Cf, de façon caractéristique, les attendus de l'arrêt *Costa c/ ENE*, précité.
2. V. le contenu de ces notions et les références des arrêts *supra*, n° 287.
3. Entre 1975 et 1987, le délai moyen de jugement des questions préjudicielles était passé de 6 à 18 mois, ce qui ralentissait d'autant le jugement du litige par les juridictions nationales qui les avaient posées ; pour les recours directs, ce délai était passé de 9 à 22 mois et demi.
4. Et non pas pour créer un double degré de juridiction ; le pourvoi éventuel devant la Cour de justice ne pouvant d'ailleurs porter que sur des points de droit, on ne peut parler ici d'effet dévolutif de cette voie de recours (sur cette notion, v. *Lexique des termes juridiques*, Dalloz, 17e éd., 2009).
5. Une proposition de création d'un tel tribunal avait été présentée au Conseil dès août 1978 (v. *Bull. des CE*, n° 7-8/1978, point 2-32). Il a fallu attendre l'Acte unique européen de février 1986 pour que la situation soit débloquée (v. art. 4, 11 et 26).
6. V. le texte au *JCP* G 1988, n° 62137. Y. Galmot, « Le tribunal de première instance des Communautés européennes », *RFDA* 1989. 567 ; R. Joliet et W. Vogel, même titre, *Rev. MC* 1989, p. 423 ; J. Biancarelli, « La création du tribunal de première instance des Communautés européennes : un luxe ou une nécessité ? », *RTD eur.* 1990, p. 1.

Le statut de cette juridiction est original [1], car cette nouvelle juridiction se présentait à l'origine (v. art. 225, CE rédaction Tr. Amsterdam) comme une juridiction *adjointe à la Cour de justice*. Ce rattachement se manifeste au plan administratif et matériel [2], mais il est à peine besoin d'ajouter qu'au plan de son activité juridictionnelle le tribunal est pleinement indépendant vis-à-vis de la Cour, à laquelle il n'est rattaché que par l'existence d'un pourvoi possible contre ses jugements. Il est d'ailleurs caractéristique que la décision du Conseil de 2004 créant le Tribunal de la Fonction publique européenne énonce explicitement qu'il est « partie intégrante de l'*institution Cour de justice* » (v. *supra* n° 287).

Le Tribunal est composé de 27 juges, dont certains peuvent être appelés à exercer devant lui les fonctions d'avocat général (avec le même rôle que devant la Cour de justice) ; cette possibilité n'a été que rarement utilisée. Des référendaires assistent les magistrats. Les membres, nommés d'un commun accord par les États pour 6 ans, sont renouvelables par moitié tous les 3 ans ; à cette occasion, ils élisent leur président. Bien qu'il existe une formation plénière et une grande chambre de 13 juges pour les questions les plus importantes, le Tribunal siège normalement en huit chambres, ce qui augmente le nombre d'affaires jugées. Depuis le 17 mai 1999, il est autorisé à siéger à juge unique ; il peut siéger en grande chambre dans des cas déterminés (v. art. 49 Statut).

Cependant, et en raison de l'extension de ses compétences, le TPI connaît un encombrement préoccupant de son prétoire : en 2008, il a résolu 605 affaires, mais a été saisi 629 fois, le nombre des affaires pendantes s'élevant à 1178.

299 ***Compétences*** ◊ Originairement juge de premier degré, le Tribunal est devenu également, avec la création du Tribunal de la Fonction publique européenne, une juridiction de réformation.

• **Le Tribunal, juge de premier ressort**. Depuis le mois de mars 1994, le TPI est compétent principalement [3] pour connaître de l'ensemble des recours directs – tels qu'ils ont été exposés plus haut dans la présentation de la Cour de justice – formés par des personnes physiques ou morales contre les actes qui les concernent directement

1. Mais pas inconnu en droit interne ; la Cour de cassation des pensions militaires d'invalidité, supprimée en 2002, était « adjointe » au Conseil d'État (en réalité, elle n'en était même qu'une émanation).

2. Communauté de services administratifs, de bibliothèque, de budget – et d'implantation sur le site même de la Cour. Ce caractère de « juridiction adjointe » se manifeste également au plan procédural : l'art. 54 du statut de la Cour permet à l'une ou à l'autre juridiction, en cas de connexité d'affaires, dont chacune serait saisie, de suspendre la procédure jusqu'à ce que l'autre se soit prononcée. Sauf disposition contraire du statut de la Cour, celui-ci s'applique également au tribunal.

3. Il a d'autres compétences énumérées, comme les recours des États contre les actes de la Commission.

et individuellement, ou contre la carence des institutions à prendre de tels actes. Pratiquement, il s'agit de requérants autres que des États, la Banque centrale européenne ou des institutions de la Communauté [1] à l'exception, depuis 2005, des litiges relatifs à la fonction publique européenne, dévolus à une juridiction spécialisée (v. *infra*).

Cette compétence correspond pour l'essentiel aux litiges suivants :

- recours en annulation et en carence ; concurrence ;
- recours en responsabilité (contentieux de l'indemnité).
- contentieux de la marque communautaire [2], des obtentions végétales [3]
- questions préjudicielles : l'article 225 CE permet d'attribuer dans l'avenir au Tribunal la compétence pour connaître des questions préjudicielles dans certaines matières sauf au Tribunal à renvoyer l'affaire à la Cour si elle « appelle une décision de principe susceptible d'affecter l'unité ou la cohérence du droit communautaire ». En raison de l'encombrement du prétoire du Tribunal, on ne voit pas comment il pourrait être donné une suite à cette éventualité avant la création d'autres juridictions spécialisées, par exemple en matière de propriété intellectuelle (198 affaires introduites en 2008).

• **Le Tribunal, juridiction de réformation.** Aux termes de l'article 225 *bis* Tr. CE, les décisions des chambres juridictionnelles adjointes au TPI (v. *infra*) peuvent donner lieu devant celui-ci à un « pourvoi », limité aux questions de droit ; cependant, la décision du Conseil créant une telle chambre peut aller plus loin et, au lieu de créer un pourvoi ainsi limité, créer un appel - qui, comme son homologue en droit interne, peut porter également sur les questions de fait. La seule chambre juridictionnelle existant actuellement est représentée par le Tribunal de la Fonction publique européenne, dont les décisions ne peuvent faire l'objet que d'un pourvoi fondé sur des moyens de droit (identiques à ceux énumérés *supra* n° 296). Si le pourvoi est fondé le TPI annule la décision du TFPE et statue lui-même sur le litige ; toutefois, si l'affaire n'est pas en état d'être jugée, il renvoie devant le TFPE, qui est lié par les points de droit tranchés par le TPI. Les décisions prises par le TPI agissant comme juridiction de réformation sont ordinairement définitives ; cependant, un réexamen par la Cour de justice est possible « exceptionnellement », « en cas de risque sérieux d'atteinte à l'unité ou à la cohérence du droit communautaire » (art. 225-2 TCE) [4].

1. En cas d'erreurs de compétence entre la Cour et le tribunal commises par les plaideurs, l'institution saisie à tort transmet le dossier à l'autre juridiction.
2. Règlement n° 40/94 du 20 déc. 1993 (*JOL* n° 11 du 14 janv. 1994).
3. Règlement n° 2100/94 (*JOL* n° 227 du 1er sept. 1994).
4. V. l'annexe au protocole sur le statut de la Cour jointe à la décision du Conseil du 2 nov. 2004. En 2007, le TPI a rendu, dans sept affaires, ses premières décisions sur pourvoi.

300 ***Recours contre les décisions du Tribunal*** ◊ Les décisions [1] rendues par le TPI en matière de recours directs sont notifiées à toutes les parties, ainsi qu'à tous les États membres et aux institutions de la Communauté même s'ils ne sont pas intervenus au litige devant le Tribunal. Dans les deux mois de cette notification, la partie qui a succombé, mais aussi les États membres et les institutions communautaires [2], peuvent former un recours devant la Cour de justice [3]. Ce pourvoi, qui ne peut porter que sur des questions de droit et qui ne correspond donc pas à un véritable second degré de juridiction [4] mais qui s'apparente plus à notre pourvoi en cassation, est jugé dans les conditions qui ont été exposées plus haut (v. n° 296).

Les décisions qu'il rendra éventuellement dans l'avenir sur des questions préjudicielles, ou qu'il rend actuellement comme juge de réformation du Tribunal de la Fonction publique européenne peuvent donner lieu « exceptionnellement » à un « réexamen » par la Cour, comme on vient de le relever.

§ 4. Le Tribunal de la fonction publique de l'Union européenne

301 ***Origine*** ◊ Face à un nombre d'affaires sans cesse croissant, la Cour avait elle-même présenté au Conseil un document de réflexion [5] détaillant les difficultés rencontrées et les solutions qu'elle suggérait. Pour faire face à l'afflux du contentieux, il apparaissait opportun de décharger le Tribunal de première instance de certaines matières spécialisées, comme le contentieux de la fonction publique communautaire ou, plus tard, les litiges concernant la propriété industrielle (« marque communautaire »), en créant de nouvelles juridictions. Pour permettre la réalisation de cette réforme le traité de Nice [6], par la modification des articles 220 et 225 et la création d'un article 225 bis TCE, a prévu l'institution de « chambres juridictionnelles » adjointes au TPI et qui, malgré l'ambiguïté de leur nom, ne sont pas de simples formations de jugement au

1. Bien que le TPI soit un juge de premier ressort, ses décisions ont porté jusqu'ici le nom d'arrêts. Le statut annexé au traité de Nice emploie ce terme pour les seules décisions de la Cour.

2. On constate qu'il n'est pas exigé des États et des institutions communautaires (dits : requérants privilégiés) qu'ils aient figuré à l'instance en une quelconque qualité ; cependant, cette particularité est écartée à l'égard des litiges relatifs aux fonctionnaires communautaires.

3. V. M. Gros, « Le pourvoi devant la Cour de justice des Communautés européennes », *AJDA* 1995. 859 ; J. Rideau et F. Picod, « Le pourvoi sur les questions de droit », *Rev. MC et de l'UE*, 1995, p. 584. En 2006, la Cour a jugé 63 pourvois.

4. Sauf dans le cas où la Cour, après avoir constaté que l'affaire est en état d'être jugée au fond, décide de statuer elle-même définitivement sur le litige pour ne pas ralentir l'issue du litige et ne pas encombrer inutilement le rôle du TPI.

5. « L'avenir du système juridictionnel de l'Union européenne. »

6. Signé le 26 février 2001, entré en vigueur le 1er février 2003.

sein de celui-ci mais de véritables juridictions spécialisées ayant une existence propre [1]. À ce jour il n'a encore été créé qu'une seule chambre juridictionnelle, représentée par le Tribunal de la Fonction publique européenne, institué par la décision du Conseil 2004/752/CE, Euratom du 2 novembre 2004 [2] et entré en fonction en 2005.

302 ***Composition, compétences, fonctionnement*** ◊ Formé actuellement de 7 juges, nommés à l'unanimité par le Conseil pour une période de 6 ans et qui élisent leur président tous les 3 ans, le Tribunal siège normalement en chambres de trois juges. Dans les cas déterminés par son règlement de procédure il peut statuer en assemblée plénière, en chambre de 5 juges, ou à juge unique.

Le Tribunal est compétent pour statuer sur les litiges entre les Communautés (CE, Euratom) et leurs agents [3]. Sa procédure est caractérisée par l'importance donnée, à tout stade de son déroulement, à la possibilité d'un règlement amiable du litige, qu'il peut essayer de faciliter [4].

Structurellement et fonctionnellement le Tribunal apparaît bien, comme le souligne le considérant 3 de la décision du Conseil du 2 novembre 2004, comme « une partie intégrante de l'institution Cour de justice ». Il est « adjoint au Tribunal de première instance » (art. 1er de la décision), qui est lui-même à l'origine un organe adjoint à la Cour de justice (v. *supra* n° 298). Il siège auprès du TPI [5], il « s'appuie sur les services de la Cour et du tribunal de première instance », la procédure suivie devant lui est régie par le titre III du Statut de la Cour de Justice - complétée, « en tant que de besoin », par son propre règlement [6].

Il est bien, cependant, une juridiction distincte du TPI. Comme pour celui-ci, les requêtes adressées au TFPE et qui relèveraient de la compétence de la Cour ou du TPI leur sont directement renvoyées ; une procédure analogue est prévue dans le cas inverse. Un pourvoi peut être formé dans les deux mois contre les décisions du TFPE devant le TPI ; il est limité exclusivement aux questions de droit. Comme on l'a vu précédemment (v. *supra* n° 298), si le pourvoi est reconnu fondé, le TPI, après avoir annulé la décision critiquée, statue lui-même sur le

1. Pour résorber cette ambigüité, le traité de Lisbonne remplace l'expression « chambre juridictionnelle » par celle de « tribunal spécialisé ».
2. *JOCE*, éd. L, n° 333, du 9 nov. 2004, p. 7. Les dispositions relatives à son organisation et à sa procédure font l'objet d'une annexe au statut de la Cour de justice, reproduite après le texte de la décision.
3. À la veille de la création du TFPE, le contentieux de la Fonction publique européenne et celui de la marque communautaire représentaient près de 50 % des requêtes portées devant le TPI. En 2007, le TFPE a été saisi de 157 affaires et en a clôturé 150 ; en 2008, il y a eu 111 saisines pour 129 affaires clôturées, les affaires pendantes étant ramenées à 217.
4. Article 7-4 de l'annexe au statut de la Cour, visée en note 3.
5. Décision du Conseil du 2 nov. 2004, art. 1er.
6. Annexe jointe à la décision précitée.

litige - sauf si celui-ci n'est pas en état d'être jugé, cas dans lequel il renvoie devant le TFPE, qui est alors lié par les points de droit tranchés par l'arrêt du TPI [1].

§ 5. La Cour de l'Association européenne de libre-échange

Site Internet : www.efta.int

303 *La Cour AELE* ◊ Créée en 1994, cette cour siège à Luxembourg depuis 1996. Sa compétence est relative à l'interprétation du droit né de l'accord [2] sur l'Espace économique européen (EEE), aux litiges entre les parties contractantes et l'AELE [3], aux litiges entre ces parties et l'Autorité de surveillance qu'elles ont créée, aux litiges entre cette Autorité de surveillance et le destinataire d'une décision de l'Autorité ou une personne concernée directement et individuellement par cette décision.

Une personne morale ou physique ne peut former un recours que :

- si elle est destinataire d'une décision de l'Autorité de surveillance de l'AELE ;
- si elle est concernée directement et individuellement par cette décision.

Par ailleurs, les citoyens de l'AELE ont un accès indirect à la Cour AELE par la voie du renvoi pour avis consultatif (« advisory opinion ») : les juges nationaux peuvent en effet adresser des questions à la Cour AELE dans le cadre d'une affaire en cours de traitement.

Composée de trois juges (un juge par État de l'AELE membre également de l'Espace économique européen) nommés à l'unanimité pour six ans par les Gouvernements des trois États de l'AELE membres de l'EEE, la Cour AELE travaille en anglais et, pour les renvois pour avis consultatif, dans la langue de la juridiction nationale auteur du renvoi.

On relèvera que si le droit de l'EEE qui a été adopté dans les États de l'AELE s'applique directement dans ces États, les avis consultatifs — à la différence des questions préjudicielles devant la Cour de justice des Communautés européennes — n'ont pas force obligatoire et ne lient pas les juges nationaux. En revanche, les jugements rendus dans les actions directes ont force obligatoire [4].

1. Pour la possibilité d'un pourvoi devant la Cour de justice contre la décision du TPI statuant comme juge de réformation, v. n° 298.
2. Accord du 2 mai 1992, entré en vigueur le 1er janv. 1994.
3. Islande, Liechtenstein, Norvège et Suisse ; celle-ci a refusé en 1992 d'adhérer à l'Espace économique européen, qui compte ainsi 30 membres (les 27 États membres de l'Union européenne et 3 États membres de l'AELE).
4. Depuis sa création, la Cour a été saisie de plus de 90 affaires, et a rendu 10 décisions en 2008, dont 5 avis consultatifs.

CHAPITRE 5
LES JURIDICTIONS PÉNALES INTERNATIONALES

Site Internet des Nations unies pour l'ensemble de ces juridictions : www.un.org.

304 Des juridictions pénales internationales *non permanentes* sont apparues à la fin de la Seconde Guerre mondiale avec les tribunaux de Nüremberg et de Tokyo [1] ; de telles juridictions ont été créées de nouveau à une époque plus récente avec l'institution par le Conseil de sécurité de l'ONU d'un Tribunal pénal international pour l'ex-Yougoslavie et un autre pour le génocide commis au Rwanda. À côté de ces tribunaux pénaux *ad hoc* (Section 1), apparaît, en 1998-1999 une cour permanente, la Cour pénale internationale (Section 2) [2].

SECTION 1. LES TRIBUNAUX PÉNAUX INTERNATIONAUX

305 ***Création de tribunaux ad hoc*** ◊ Les violations flagrantes et généralisées du droit humanitaire international (tueries massives, détentions et viols massifs organisés et systématiques des femmes, poursuite de la pratique du « nettoyage ethnique ») sur le territoire de l'ex-Yougoslavie ont conduit le conseil de sécurité des Nations unies à créer un tribunal international compétent pour juger les personnes présumées responsables de ces faits. Ce tribunal, annoncé dans la résolution n° 808, a

1. Sur ces tribunaux, Genton, *RDPC* 1947-1948, p. 481. – F. Desportes et F. Le Gunehec, *Droit pénal général*, coll. « Corpus », Économica, n°s 415 et s. – H. Ascencio, E. Decaux et A. Bellet, *Droit international pénal*, Pédone, 2000, p. 635.

2. Précisons qu'il existe d'autres juridictions créées par des résolutions de l'ONU qui ne peuvent être considérées comme internationales dès lors qu'il s'agit d'appliquer le droit du pays concerné même si des magistrats internationaux siègent au côté des juges nationaux. On peut citer en ce sens le « Tribunal spécial pour la Sierra Leone », « les chambres extraordinaires » pour juger les responsables des crimes contre l'humanité commis au Cambodge par les responsables du Kampuchéa démocratique, la « chambre spéciale » pour le Timor oriental, ou encore le Tribunal spécial pour les crimes terroristes commis au Liban. Sur cette question, v. Ph. Pazartzis, « Tribunaux pénaux internationalisés : une nouvelle approche de la justice internationale », *AFDI* 2003. 641 et s. ; A. Huet et R. Koering, *Droit pénal international*, PUF, n° 14 ; O. Beauvalet, *Dr. pénal* 2008, Focus 27 ; H. Ascencio, E. Lambert Abdelgawad, J.-M. Sorel (dir.), Les juridictions pénales internationalisées, Cédim (univ. Paris 1), Société de législation comparée, 2006 ; A. Ch. Martino, *Les juridictions pénales internationalisées*, Pédone, 2007.

été effectivement créé par la résolution n° 827 en date du 25 mai 1993 [1]. Une autre résolution de novembre 1994 (n° 955) a créé le même type de tribunal pour le génocide commis au Rwanda [2]. Nous ne décrirons que le premier cité, la description étant valable pour les deux [3].

Dans un premier temps nous donnerons quelques indications sur le statut de ce tribunal international (§ 1) pour, dans un deuxième, préciser comment notre droit a dû être adapté pour apporter « sa pleine coopération » à cette juridiction internationale nouvelle (§ 2).

§ 1. Statut du tribunal international [4]

I. Compétence

306 ***Compétence matérielle*** ◊ Aux termes de l'article 1er du statut, le tribunal est compétent pour juger les violations graves du droit international humanitaire. Le texte énumère ensuite dans les articles 2 à 5 une série d'infractions : infractions graves aux conventions de Genève de 1949 (homicide intentionnel, torture ou traitements inhumains, prise de civils en otages, etc.) ; violations des lois ou coutumes de la guerre (emploi d'armes toxiques, pillages, destructions des villes, etc.) ; génocide entendu comme l'infraction commise avec l'intention de détruire un groupe national, ethnique racial ou religieux ; crimes contre l'humanité (assassinat, extermination, torture, viol, etc.) commis contre les populations civiles.

1. Pour le texte de la résolution. V. *JO*, 25 févr. 1995, p. 2459. V. S. Guinchard *et alii, Droit processuel. Droit commun et droit comparé du procès équitable*, Dalloz, 5e éd., 2009, nos 528 et s.

2. Crimes commis sur le territoire du Rwanda et les États voisins entre le 1er janvier et le 31 décembre 1994. On estime à plus de 500 000 le nombre des membres de la communauté Tutsie exterminés par les membres de la communauté Hutu. Par sa résolution n° 955, en date du 8 novembre 1994, le Conseil de sécurité a décidé de la création d'un deuxième tribunal (loi n° 96-432, 22 mai 1996 et circulaire du 22 juill. 1996, *JO* 31 août, annexe n° 203). Bien que cette seconde juridiction ait son siège à La Haye, elle a également une implantation à Arusha en Tanzanie.

3. L'accusation était initialement assurée par le même procureur pour les deux tribunaux. Par une résolution des Nations unies n° 1503 du 28 août 2003 un procureur a été désigné pour le TPI Rwanda.

4. V. statut du tribunal international et le règlement de procédure et de preuve de ce tribunal. *JO*, 21 févr. 1995, p. 2759 et s. C. Hollweg, « Le nouveau Tribunal international de l'ONU et le conflit en ex-Yougoslavie : un défi pour le droit humanitaire dans le nouvel ordre mondial », *RD publ.* 1994, n° 5 ; M. Castillo, *La compétence du Tribunal pénal pour la Yougoslavie, ibid.*, 1/1994. D. Fontanaud, *La justice pénale internationale,* Doc. fr., 1999, n° 826. Pour une bibliographie très complète sur les juridictions pénales internationales v. S. Guinchard et J. Buisson, *Procédure pénale*, n° 144. E. Fronza et S. Manacorda, *La justice pénale internationale dans les décisions des tribunaux ad hoc*, coll. « Thèmes et commentaires », Dalloz, 2005. Bellemont Aviche, *Contribution au bilan des tribunaux internationaux pour l'ex-Yougoslavie*, thèse Montpellier 2008. *L'actualité de la justice pénale internationale,* Acte du colloque organisé par le Centre de recherche en matière pénale, (ex 12 mai 2007), PUAM, 2008.

307 ***Compétence personnelle*** ◊ Il est d'abord indiqué que le tribunal est compétent à l'égard des personnes physiques uniquement (art. 6). Il est par ailleurs précisé que l'auteur moral est assimilé à l'auteur et que la qualité de responsable politique ou de haut fonctionnaire n'est nullement exonératoire [1].

Il est évidemment important de noter que la compétence du tribunal international est concurrente de celle des juridictions nationales même si la première a la primauté sur les secondes. Le principe *non bis in idem* s'applique évidemment, mais avec certaines réserves lorsque c'est une juridiction nationale qui s'est prononcée en premier lieu.

308 ***Compétence territoriale*** ◊ Elle est limitée au seul territoire de l'ancienne République fédérative de Yougoslavie en incluant l'espace aérien et les eaux territoriales. On ajoutera enfin que la compétence est également limitée dans le temps puisqu'elle concerne les faits réalisés après le 1er janvier 1991 [2].

II. Organisation

309 ***Composition*** ◊ Le tribunal international a son siège à La Haye. Il est composé de trois chambres, deux de première instance et une d'appel.

Le tribunal comprend 11 juges ressortissants d'États différents. Chaque chambre de 1re instance fonctionne avec 3 juges, la chambre d'appel en compte cinq.

Le tribunal dispose par ailleurs d'un procureur qui est tout à la fois responsable de l'instruction et de la poursuite. Organe distinct du tribunal il agit en toute indépendance et ne reçoit d'instructions de quiconque. Il est nommé par le Conseil de sécurité pour quatre ans sur proposition du secrétaire général. Un procureur-adjoint est désigné sur présentation du procureur.

Le tribunal comprend par ailleurs un greffe qui sert également pour le procureur. Le greffier est désigné par le secrétaire général pour 4 ans, renouvelables. Il est assisté du personnel nécessaire.

310 ***Désignation des juges*** ◊ Personnes de haute moralité et intégrité, ils doivent avoir dans leurs pays respectifs les qualifications pour accéder aux plus hautes fonctions judiciaires. Les juges sont élus par l'assemblée générale, sur une liste présentée par le conseil de sécurité, pour une durée de quatre ans. Ils sont rééligibles. Les juges sont présentés par les États membres du Conseil de sécurité qui arrête une liste comprenant 22 noms au moins et 33 au plus. Sont élus ceux qui obtiennent la majorité absolue des voix des États membres. On notera

1. On peut d'ailleurs noter que le Tribunal siégeant à Arusha a condamné à la prison à vie l'ancien Premier ministre du Rwanda.
2. Pour le Rwanda, la compétence concerne les États voisins.

que le tribunal actuel comprend un juge français. Le président du tribunal est élu par les onze juges qui composent cette juridiction. Le président nomme les juges dans chaque chambre. Chacune d'elle élit son président.

III. Fonctionnement

311 ***Règles essentielles de procédure*** [1] ◊ Le procureur, qui détient des pouvoirs d'investigation étendus, à l'image de ceux d'un juge d'instruction, a seul la possibilité de saisir le tribunal. Sur la base des renseignements qu'il a obtenus, il se prononce sur l'opportunité ou non d'engager des poursuites. S'il se prononce positivement, il établit un acte d'accusation dans lequel il expose sommairement les faits. Cet acte est transmis à un juge d'une chambre de 1re instance qui, après examen, confirmera ou rejettera l'acte d'accusation.

Si l'acte d'accusation est confirmé le procès va se dérouler devant la chambre de 1re instance. L'individu concerné est nécessairement arrêté. Il sera donné lecture de l'acte d'accusation. Un juge de la chambre s'assurera que les droits de l'accusé sont respectés et fixera la date du procès. Les droits de l'accusé sont précisément énumérés par l'article 22 de la Charte. La procédure, sauf disposition contraire, est publique. Les règles d'administration des preuves et de déroulement de la procédure sont exposées dans les articles 74 à 106 du règlement de procédure du tribunal.

La chambre, à l'issue des débats, prononce des sentences motivées, prises à la majorité des juges. La seule peine prévue est l'emprisonnement. Le tribunal, pour la déterminer, doit tenir compte de la gravité de l'infraction et de la situation du condamné [2].

La décision peut faire l'objet d'un appel, soit par le condamné, soit par le procureur sur la base d'une erreur de droit ou de fait. La chambre d'appel peut confirmer, annuler ou réviser la décision de première instance. Un recours en révision, pour survenance d'un fait nouveau, est également prévu.

On ajoutera enfin que l'emprisonnement est subi dans un État désigné par le tribunal sur la liste des États qui ont fait connaître qu'ils étaient disposés à recevoir des condamnés [3]. Cette coopération des

1. Sur la procédure devant ces juridictions qui utilisent une procédure mixte, mi-accusatoire, mi-inquisitoire, V. S. Guinchard et J. Buisson, *Procédure pénale*, nos 130 et 141 et, surtout, H. Ruiz Fabri et J. M. Sorel *in* S. Guinchard *et alii*, *Droit processuel. Droit commun et droit comparé du procès équitable*, pour une description précise et critique de cette procédure.

2. V. par ex., arrêt du 29 nov. 1996, *LPA*, 28 févr. 1997, note P. M. Martin. Sur l'activité de ces tribunaux : D. Mayer, Leçons à tirer des quelques rares expériences de fonctionnement des tribunaux pénaux internationaux, *D.* 1999. Chron. 215. De lourdes peines ont été prononcées contre certains condamnés, 40 ans contre Jelisic (arrêt du 5 juill. 2001), 35 ans contre Krstic (arrêt du 19 avr. 2004), 25 ans contre Kordic (arrêt du 17 déc. 2004).

3. Une loi du 26 février 2002 a complété la loi du 2 janvier 1995 pour permettre l'exécution des peines d'emprisonnement sur le territoire français.

États est indispensable dans bien d'autres domaines et elle a nécessité une intervention législative en France, réalisée par une loi du 2 janvier 1995 [1].

Au final, le TPI - ex Y. joue un rôle important malgré quelques problèmes [2]. Il a déjà prononcé de nombreuses condamnations pour crimes contre l'humanité et a jugé pendant de nombreux mois l'ancien président de Serbie Slobodan Milosevic qui est décédé avant que le procès ne soit terminé [3].

§ 2. Les règles d'adaptation de la législation française [4]

La résolution 827 du Conseil de sécurité, dans son article 4, décide que les États apporteront leur pleine coopération au tribunal et prendront les mesures nécessaires pour mettre en application cette résolution. Une loi du 2 janvier 1995 a eu pour objectif d'adapter la loi française afin de permettre à la France de participer activement à la répression des infractions et de coopérer avec le tribunal international. Ce principe est posé dans l'article 1er qui rappelle ensuite le champ d'application de la loi, autrement dit les infractions concernées.

312 ***Compétence des juridictions françaises*** ◊ La loi pose tout d'abord le principe de la compétence des juridictions françaises pour ces infractions dès lors que le délinquant est trouvé en France. Selon le principe de la compétence universelle la loi française est donc applicable à tout criminel se réfugiant sur notre territoire. Il est ensuite précisé que le tribunal international, qui dispose d'une compétence prioritaire, doit être informé [5].

313 ***Dessaisissement des juridictions françaises*** ◊ Les articles 3 à 6 de la loi organisent le régime du dessaisissement des juridictions nationales au profit du tribunal international. C'est la chambre criminelle de la Cour de cassation qui est compétente. Elle est saisie par le procureur

1. Loi n° 95-1 du 2 janv. 1995, *JO*, 3 janv. 1995, p. 71 et la circulaire d'application du 10 févr. 1995, *JO*, 21 févr. 1995, p. 2757.
2. J. J. Heintz et H. Lahiouel, « TPI - ex-Yougoslavie : des problèmes... une réussite », *Pouvoirs*, janv. 2000, n° 92, p. 133.
3. Sur l'achèvement du mandat du TPI, v. O. Beauvalet, « La perspective d'achèvement du mandat du tribunal pénal international pour l'ex-Yougoslavie », *Dr. pénal* 2003, chron. 32 (avant 2010 selon une résolution no 1503 du Conseil de sécurité).
4. V. sur cette question, « Le tribunal pénal international », *Le Courrier de la Chancellerie*, oct. 1994. On notera qu'une loi n° 96-432 du 22 mai 1996 a également adapté les dispositions de la législation française pour permettre l'application de la résolution n° 955, du Conseil de sécurité concernant les crimes commis au Rwanda.
5. Pour une application, Crim. 6 janv. 1998, *Bull. crim.* n° 2 ; *Dr. pénal* 1998, n° 70 ; *JCP* 1998. II. 10198, note Roulot.

général mais la procédure est réalisée par l'intermédiaire du ministère de la justice. Si l'individu est détenu dans le cadre de la procédure, la décision de dessaisissement vaut également décision de remise de l'individu au tribunal international. Il est à préciser que le dessaisissement n'interdit pas aux victimes d'exercer leur action devant les juridictions civiles.

314 *Coopération judiciaire* ◊ Les articles 7 et 8 de la loi traitent de l'entraide judiciaire sollicitée par le tribunal international. Cette entraide est centralisée à Paris, le procureur de la République et un juge d'instruction de ce tribunal ayant compétence sur tout le territoire. Les articles 9 à 16 déterminent ensuite avec précision les règles de l'arrestation et de la remise lorsque le tribunal international sollicite la livraison d'un délinquant.

La procédure est entièrement judiciaire, la chambre de l'instruction de la cour d'appel de Paris étant seule compétente. Elle doit statuer dans des délais assez brefs mais on observe que les droits de la défense sont totalement assurés. Ainsi un pourvoi devant la Cour de cassation est possible.

Comme on peut le remarquer, tout a été prévu afin d'assurer efficacement la répression des graves infractions réalisées dans l'ex-Yougoslavie. Il restait à s'interroger sur l'opportunité de pérenniser une telle juridiction afin d'assurer la répression de tous les crimes contre l'humanité qui se commettent de par le monde. La réponse a été apportée par la Convention de Rome du 17 juillet 1998, résultat des travaux de l'Assemblée générale des Nations unies, portant création d'une Cour pénale internationale dont nous allons dire quelques mots.

SECTION 2. **LA COUR PÉNALE INTERNATIONALE (CPI)**

Site Internet : www.icc-cpi.int.

315 *Création* ◊ Le projet de créer une juridiction internationale permanente en matière pénale, de nombreuses fois discuté dans le cadre des Nations unies, paraissait ne jamais devoir aboutir tant les résistances étaient grandes de la part de certains États et les difficultés de tous ordres impossibles à surmonter [1]. La nécessité de mettre en place deux juridictions *ad hoc*, une certaine détente, voire quelquefois une forme

1. Sur cette question V. A. Huet et R. Koering-Joulin, *Droit pénal international*, PUF, n° 27. M. Massé, « La place du droit pénal dans les relations internationales », *RSC* 2000. 123. – R. Badinter, *De Nüremberg à la CPI*, Pouvoirs, janv. 2000, p. 155. R. Ottenhof, « L'association internationale de droit pénal et la création de la cour pénale internationale. De l'utopie à la réalité » ; *Rev. int. dr. pén.* 2002-1-2.

de consensus au plan des relations internationales devait relancer assez récemment ce grand dessein. En 1993, une commission fut chargée d'élaborer un projet. Au vu des résultats de ces travaux une résolution de l'Assemblée générale des Nations unies décida d'inscrire à l'ordre du jour de sa cinquantième session le projet de création d'une Cour criminelle internationale. Après des discussions dont on sait qu'elles furent particulièrement difficiles, l'Assemblée générale devait adopter, le 17 juillet 1998, à Rome, une convention aux termes de laquelle serait créée une Cour pénale internationale. Il est à remarquer que certains grands pays comme les États-Unis, la Chine ou l'Inde se sont opposés à cette création qui a néanmoins été approuvée par 139 États et ratifiée par 108 États (au 1er juin 2008). L'entrée en fonction de la juridiction internationale impliquait la ratification de 60 États et, pour certains comme la France, une modification constitutionnelle [1]. La mise en place de cette juridiction a été plus rapide que l'on ne le prévoyait généralement, nonobstant une hostilité des États-Unis d'Amérique qui entendent soustraire leurs citoyens à cette juridiction (par des accords bilatéraux avec le maximum d'États). Le traité est entré en vigueur le 1er juillet 2002.

La première assemblée des États parties s'est tenue du 3 au 10 septembre 2002 pour adopter le règlement de procédure et de preuves, arrêter un premier budget et fixer les règles de désignation des juges et du procureur. Les juges ont été élus (onze hommes et sept femmes) et l'inauguration officielle de la Cour a eu lieu le 11 mars 2003 à La Haye. Le président élu est un juge canadien [2]. Les enquêtes de la Cour ont donc pu commencer. Le règlement de la Cour a été adopté le 26 mai 2004. La décision portant constitution des trois chambres préliminaires a été publiée le 23 juin 2004. Plusieurs affaires concernant la République démocratique du Congo, l'Ouganda et la République Centrafricaine, trois États partie ont fait l'objet d'un renvoi par le procureur devant les chambres préliminaires. Le Conseil de sécurité a déféré à la Cour les événements du Darfour, le Soudan étant un État non-partie. Par ailleurs des centaines de plaintes ont été adressées à la Cour. Il est intéressant de signaler qu'une première personne poursuivie est actuellement jugée pour crime de guerre, notamment pour avoir enrôlé des enfants de moins de quinze ans dans les forces armées. Ce militaire ougandais a comparu devant la chambre préliminaire en août 2006 qui, le 29 janvier 2007, l'a renvoyé en jugement devant la chambre de

1. Dans une décision n° 98-408 D.C. du 22 janv. 1999 le conseil constitutionnel a estimé que la ratification de la Convention de Rome impliquait une réforme constitutionnelle. Le Parlement, réuni en congrès à Versailles, a adopté cette modification en ajoutant un article 53-2 à la Constitution autorisant la République à reconnaître la Cour pénale internationale (LC n° 99-568 du 8 juill. 1999, *JO* 9 juill. 1999, p. 10175). V. sur cette question : S. Guinchard et J. Buisson, *Procédure pénale*, n° 144 et la bibl. citée note 37. Droit pénal international préc. Bennouna : La cour pénale internationale, chap. 59, p. 735.

2. Le procureur, élu le 21 avril 2003, est un Argentin. Le greffier actuel, élu par les juges, est une italienne.

1re instance [1]. Par ailleurs, un mandat d'arrêt a été délivré contre le président du Soudan Omar Hassane Admad Al Baschir. On peut espérer que la mise en place de la Cour pénale constituera un élément de dissuasion dans de nombreux conflits armés où pourraient se commettre des crimes de masse [2].

Nous nous limiterons donc à cette place à donner quelques indications sur l'organisation de cette cour (§ 1), sa compétence (§ 2) avant de donner quelques éléments sur les principes de fonctionnement (§ 3) et de coopération avec les autorités judiciaires françaises (§ 4).

§ 1. Organisation

La Cour pénale internationale siège à La Haye et comprend quatre organes essentiels, la présidence, les sections, le bureau des procureurs et le greffe.

316 *La Présidence* ◊ C'est l'organe chargé de l'administration de la cour. Elle comprend un président et deux vice-présidents élus par les juges, à la majorité absolue, pour trois ans.

317 *Les sections* ◊ La cour est composée de 18 juges élus pour neuf ans par l'Assemblée des États parties dont le mandat n'est pas renouvelable. Le système mis en place doit permettre d'assurer une représentation équilibrée tant du point de vue de la compétence des juges (pénale ou internationale) que de la représentation des grands systèmes juridiques. On veillera également à une représentation géographique équitable ainsi qu'à une répartition hommes femmes [3]. La Cour comprend trois sections dans lesquelles les juges sont répartis. La section préliminaire, la section de première instance et la section d'appel.

Les deux premières formations comportent au moins six juges et un président, la section d'appel quatre juges et un président. La chambre préliminaire peut statuer avec un ou trois juges, la chambre de première instance avec trois juges alors que la formation d'appel ne peut siéger qu'avec tous ses membres soit cinq magistrats.

318 *Le bureau du procureur* ◊ Le procureur élément essentiel de cette procédure est élu au scrutin secret à la majorité absolue des membres de l'Assemblée des États parties. Il est secondé par un ou plusieurs procureurs adjoints. Ce bureau des procureurs est totalement distinct de la

1. O. Beauvalet, « Premier renvoi devant la formation de jugement de la Cour pénale internationale », *Dr. pénal* 2007-2.

2. V. *Le Monde*, 13 févr. 2003. V. Malabat, « La cour pénale internationale », *JCP* 2002, Actu., p. 377. V. égal., « La CPI cinq ans après sa création », par Fatoumata Diarra, première vice présidente de la Cour, *in* Actes du colloque d'Aix Marseille (préc.)

3. Rappelons qu'il y a 7 femmes parmi les 18 premiers juges.

Cour elle-même. C'est lui qui reçoit toutes les informations sur les infractions de la compétence de la cour. Il conduit les enquêtes et soutient l'accusation dans la plus totale indépendance [1].

319 ***Le greffe*** ◊ Cet organe exerce toutes les attributions non judiciaires de la cour. Le greffier est élu par les juges pour cinq ans. Il est rééligible une fois. Il est aussi chargé d'organiser sur un plan matériel une protection des victimes et des témoins.

§ 2. Compétence

La détermination de la compétence de cette juridiction a conduit à de très nombreuses discussions et l'accord entre les États est le fruit d'un compromis entre ceux qui souhaitaient la compétence la plus large et ceux qui, au contraire, s'appuyant sur le principe de souveraineté des États, souhaitaient la limiter aux seuls crimes contre l'humanité.

320 ***Compétence matérielle*** ◊ Elle est limitée à quatre catégories d'infractions : le génocide, tel qu'il est défini par la convention de 1948, les crimes contre l'humanité, les crimes de guerre et le crime d'agression.

Les crimes contre l'humanité sont définis par l'article 7 du statut. On ajoutera que pour les crimes de guerre dont la définition a été infiniment plus délicate il est à remarquer qu'ils peuvent être réalisés non seulement dans le cadre de conflits internationaux mais également de conflits internes. On notera que les États qui le souhaitent peuvent exclure cette compétence de la Cour pénale pendant une période de sept ans à compter de l'entrée en vigueur du statut [2]. Précisons enfin que l'infraction d'agression n'ayant pas pu être définie la cour n'exercera pas sa compétence sur ce point avant un délai minimum de sept ans.

321 ***Compétence territoriale et personnelle*** ◊ Le principe de la compétence est posé par l'article 12 du statut. La cour ne peut être compétente que si l'infraction a été réalisée sur le territoire d'un État partie à la convention ou si la personne accusée du crime est un ressortissant d'un État partie. Un État non partie pourra cependant reconnaître la compétence de la Cour à l'égard d'un crime particulier. Cette limitation de la

1. O. Beauvalet, « Les premières investigations du procureur près la Cour pénale internationale » *Dr. pénal* 2004, Étude 15 et « La nouvelle stratégie des poursuites au Bureau du Procureur de la CPI », *Procédures*, avr. 2007, Focus n° 12.

2. La France avait fait une déclaration en ce sens dans sa décision de ratification du 9 juin 2006. Elle a renoncé à cette réserve depuis le 15 juin 2008, rendant ainsi la CPI compétente pour les crimes de guerre à l'égard de la France. Rép. min. n° 3604, *JO* Sénat Q 8 janv. 2009, p. 74.

compétence aux États parties montre bien la difficulté de mettre en place une juridiction permanente. En l'absence de ratification, un État qui ne respecte pas les principes humanitaires sera à l'abri de tout jugement sauf si le conseil de sécurité de l'ONU décide, dans une telle hypothèse, de donner compétence à la cour [1]. Il importe d'ajouter que la Cour n'est compétente que pour les crimes commis après l'entrée en vigueur du statut c'est-à-dire depuis le 1er juillet 2002.

§ 3. Les principes de fonctionnement [2]

322 ***Saisine et procédure*** ◊ La Cour pénale internationale peut être saisie de trois manières différentes. En premier lieu par un État qui déférera certains faits au procureur. En deuxième lieu, le procureur peut se saisir d'office mais il doit obtenir l'accord de la chambre préliminaire. En troisième lieu enfin, le conseil de sécurité des Nations unies peut déférer certains faits au procureur. Le Conseil peut par ailleurs, ce qui est pour le moins surprenant, empêcher toute poursuite ou enquête pendant un délai de 12 mois, renouvelable.

La Cour étant saisie, la décision d'ouvrir une enquête est prise par le procureur sous le contrôle de la section préliminaire qui d'ailleurs prendra les principales décisions au cours de l'enquête, notamment délivrer les autorisations nécessaires, par exemple pour agir sur le territoire d'un État partie en cas d'absence de coopération de cet État. Précisons que le procureur enquête tant à charge qu'à décharge.

Lorsqu'une personne est poursuivie il faut que, dans un délai raisonnable, la chambre préliminaire confirme les charges qui sont retenues contre l'individu par le procureur (art. 61 de la convention). Cette confirmation des charges permettra la continuation du procès devant la chambre de première instance. Les seules peines applicables sont la détention à vie ou pour une durée qui ne peut excéder 30 ans [3]. Pour en terminer on peut ajouter deux remarques. La première est relative au principe de complémentarité (on dit encore subsidiarité). Selon cette règle la cour n'est compétente que dans la mesure où il est établi que le criminel ne peut pas être jugé par son pays ou que ce dernier n'a pas la volonté de procéder à ce jugement. Dans le cas contraire, l'affaire sera jugée irrecevable. Il n'y a donc aucune primauté de la juridiction internationale. La deuxième remarque est relative à l'obligation de coopération des États (art. 86 du statut). La Cour peut adresser des demandes de coopération et d'assistance qui ne peuvent être rejetées par les États que

1. F. Desportes et F. Le Gunehec, *Droit pénal général*, *op. cit.*, n° 421. P. M. Martin, « La Cour pénale internationale : quel avenir pour une illusion ? », *D.* 1998. Chron. 337. C. Girault et B. Gravelet, « La Cour pénale internationale, illusion ou réalité », *RSC* 1999. 410. On notera que par une résolution 1593 (2005) le Conseil de sécurité a décidé de déférer au procureur de la Cour pénale internationale la situation au Darfour depuis le 1er juillet 2002. O. Beauvalet, « La saisine de la CPI par le Conseil de Sécurité ou un état non membre », *Dr. pénal* 2005, p. 4.

2. V. Colloque des jeunes pénalistes européens. La Cour internationale, compte-rendu *RSC* 1999-179 par C. Girault et B. Gravelet.

3. Sur le rôle de la défense : v. D. Patry, « La défense au cœur de la Cour pénale internationale », *Gaz. Pal.* 2006 no 48.

dans la mesure où il y aurait divulgation d'éléments de preuve touchant à la sécurité nationale de cet État. Ajoutons d'ailleurs que selon l'article 99 du statut, le procureur peut procéder à certains actes d'enquête sur le territoire d'un État partie. Les mesures qu'il peut prendre sont exclusives de toute contrainte. [1]

Comme on peut le constater la création de cette juridiction internationale constitue un remarquable progrès dans le domaine du droit international pénal. Il reste cependant que les États demeurent les premiers compétents pour réprimer les auteurs de crimes relevant de leur juridiction. [2] C'est donc dans la seule hypothèse où ces États sont passifs par volonté ou par impossibilité de poursuivre que la cour pénale internationale prendra le relais pour éviter que les violations les plus intolérables des droits de l'homme demeurent impunies [3].

§ 4. Les règles de coopération avec la Cour pénale internationale

323 *Arrestation – Remise – Exécution des sanctions* ◊ Une loi du 26 février 2002 a enrichi le livre IV du Code de procédure pénale (de quelques procédures particulières) d'un titre consacré à la coopération de la France avec la CPI (art. 627 à 627-20 du CPP). Après avoir posé le principe d'une coopération, tant s'agissant des personnes poursuivies que des personnes condamnées, dans l'article 627 les textes traitent dans un premier chapitre de la coopération judiciaire et dans un chapitre 2 des mesures d'exécution des peines et des mesures de réparation prononcées par la CPI

S'agissant de la coopération elle est pour l'essentiel centralisée à Paris. L'objectif de cette procédure est évidemment de permettre l'arrestation sur le sol français de personnes poursuivies devant la CPI afin qu'elles soient remises à cette juridiction. La juridiction compétente pour ordonner cette remise est la chambre de l'instruction de la cour d'appel de Paris qui aura simplement à vérifier s'il n'y a pas une erreur évidente. La procédure suivie, décrite dans les articles 627-6 à 627-11 CCP, s'apparente à celle concernant les demandes d'extradition. Un pourvoi contre la décision de remise est possible. La remise est effectuée dans un délai d'un mois à compter du moment ou la décision est devenue définitive.

S'agissant de l'exécution des sanctions prononcées par la CPI il faut distinguer l'emprisonnement des autres peines ou réparations prononcées. Pour la

1. Sur le type de procédure : S. Guinchard et J. Buisson, *Procédure pénale*, n° 126 ; S. Guinchard *et alii*, *Droit processuel. Droit commun et droit comparé du procès équitable*, n°s 531 et s. par H. Ruiz Fabri et J.-M. Sorel ; M. Delmas-Marty, « La Cour pénale internationale et les interactions entre droit interne et droit international », *RSC* 2003, p. 1, et sur le même thème, à la phase d'ouverture du procès pénal, « La CPI et les interactions entre droit international pénal et droit pénal interne à la phase d'ouverture du procès pénal », *RSC* 2005. 473.

2. G. della Morte : Les frontières de la compétence de la Cour pénale internationale, obs. critiques *Rev. int. dr. pén.* 2002-1.

3. Sur le droit des victimes v. La lettre de la CPI, oct. 2004. G. De Beco, « La participation des victimes à la procédure devant la CPI », *RD pén. crim.* 2007, n° 9/10 p. 787.

première peine elle est immédiatement exécutoire dès le transfert du condamné sur le sol national dans les conditions du droit commun et sous réserve d'un interrogatoire d'identité par le procureur de la République. Toute évolution du système de détention relèvera de la CPI elle-même [1].

Pour les secondes sanctions (amendes, confiscations, réparations) l'exécution sera autorisée par le tribunal correctionnel de Paris qui est lié par la décision de la CPI (art. 627-16 CPP).

On constate ainsi que la France qui, initialement n'était guère favorable à la création de la CPI est désormais prête à faciliter au maximum le fonctionnement de cette juridiction internationale [2]. Il reste cependant nécessaire d'adapter le droit pénal français pour tenir compte de l'existence de cette juridiction pénale internationale. Un projet de loi en ce sens, portant adaptation du droit pénal à l'institution de la CPI (Sénat n° 308-2006/2007), a été adopté par le Sénat le 10 juin 2008 mais n'a pas encore été inscrit à l'ordre du jour de l'Assemblée nationale.

1. La loi du 26 février 2002 dans son article 3 permet l'exécution en France des peines prononcées par le Tribunal pénal pour l'ex-Yougoslavie.
2. V. J. Cedras, *RPDP* 2002-824.

TITRE 2

LES JURIDICTIONS NATIONALES QUI NE SONT RATTACHÉES À AUCUN ORDRE

324 ***Plan*** ◊ Dans le cadre national, toutes les juridictions sont en principe rattachées soit à l'ordre judiciaire, avec à sa tête la Cour de cassation soit à l'ordre administratif, avec à sa tête le Conseil d'État. Cependant, trois juridictions se situent à l'extérieur de cette double organisation pyramidale. L'une – le Conseil constitutionnel – en raison de la nature des questions dont elle a à connaître ; l'autre – le Tribunal des conflits – en raison de l'objet de ses attributions ; la troisième enfin, en raison du caractère politique de sa compétence, c'est la Haute Cour dont il est vrai on peut discuter du caractère réellement juridictionnel.

CHAPITRE 1
LE CONSEIL CONSTITUTIONNEL [1]

Site du Conseil constitutionnel : www.conseil-constitutionnel.fr

325 ***Rôle déterminant mais récent*** ◊ La tradition politique française a longtemps nourri une position hostile au contrôle de constitutionnalité des lois, c'est-à-dire au contrôle du respect de la Constitution par la loi votée par le Parlement [2], aussi bien pour des raisons théoriques que par des réminiscences historiques [3]. Doctrinalement, parce que les esprits étaient encore largement imprégnés de la conception – exprimée par Rousseau dans le Contrat social – selon laquelle la loi, expres-

1. P. Avril, G. Gicquel, *Le Conseil constitutionnel*, Montchrestien, 5ᵉ éd., 2005. L. Favoreu, L. Philip et A. Roux, *Le Conseil constitutionnel*, coll. « Que sais-je ? », PUF (nº 1724) ; L. Favoreu, *Les Cours constitutionnelles*, coll. « Que sais-je ? », PUF (nº 2293) ; H. Roussillon, *Le Conseil constitutionnel*, Dalloz, Sirey, 6ᵉ éd., 2008 ; *Pouvoirs*, « Le Conseil constitutionnel », 2003, nº 105 ; D. Turpin, *Le Conseil constitutionnel, son rôle, sa jurisprudence*, Hachette, 2ᵉ éd., 2000 ; M. Verpeaux, M. Bonnard, *Le Conseil constitutionnel*, Doc. fr., 2007 ; P. Mazeaud (Questions à), *AJDA* 2007. 500 ; F. Goguel, « Le Conseil constitutionnel est-il une juridiction ? », *RD publ.* 1979, p. 27 ; *Revue française de droit constitutionnel*, not. les nᵒˢ 4 (L'exception d'inconstitutionnalité : le projet de réforme de la saisine du Conseil constitutionnel) et 21 (L'interprétation de la Constitution).

Les principales décisions sont reproduites et commentées, outre la publication de toutes les décisions au Recueil officiel, dans : L. Favoreu et L. Philip et *alii*, *Les grandes décisions du Conseil constitutionnel*, Dalloz, 15ᵉ éd., 2009 ; L. Favoreu, *Recueil de jurisprudence constitutionnelle*, Litec, 1994 et 2000.

V. aussi, T. Renoux, *Le Conseil constitutionnel et l'autorité judiciaire, l'élaboration d'un droit constitutionnel juridictionnel*, Économica, 1984 ; « Le Conseil constitutionnel et le pouvoir judiciaire en France », *RID comp.* 1994. 3. 891. D. Rousseau, *Droit du contentieux constitutionnel*, Montchrestien, 8ᵉ éd., 2008. G. Drago, *Contentieux constitutionnel français*, 2ᵉ éd., PUF, 2006. *L'exécution des décisions du Conseil constitutionnel*, PU Aix-Marseille, 1999. G. Drago, B. François, N. Molfessis (dir.), *La légitimité de la jurisprudence du Conseil constitutionnel*, Économica, 1999. F. Luchaire, *Le Conseil constitutionnel, jurisprudence*, Économica, 1999 (mise à jour 2002). M. Fromont, « La justice constitutionnelle en France ou l'exception française », in *Mélanges G. Conac*, Économica, 2001, p. 167. J. Pascal, « Le Conseil constitutionnel », *Pouvoirs*, 2001, p. 71. F. Luchaire, *Le juge constitutionnel en France et aux États-Unis*, Économica, 2002. A. Derrien, *Les juges français de la constitutionnalité. Étude sur la construction d'un système contentieux, Conseil constitutionnel, Conseil d'État, Cour de cassation : trois juges pour une norme*. Bruylant, Sakkoulas, 2003. *Cahiers du Conseil constitutionnel*, Dalloz. M. de Villiers, *Vº* Conseil constitutionnel, *in* D. Chagnollaud et G. Drago, *Dictionnaire des droits fondamentaux*, Dalloz, 2006. M. Verpeaux et M. Bonnard (dir.), *Le Conseil constitutionnel*, Doc. fr., 2007.

2. L'appréciation de la validité des textes réglementaires – décrets, par exemple – vis-à-vis des dispositions à valeur constitutionnelle entre en revanche dans la compétence ordinaire des juridictions administratives.

3. V. *supra*, nᵒˢ 99 s.

sion de la volonté générale, ne pourrait connaître d'autres limites que la volonté du législateur, ce qui devait lui conférer une souveraineté absolue. Historiquement, parce que Gouvernement et Parlement puisaient dans l'histoire de l'Ancien Régime le souvenir des affrontements du pouvoir royal avec les corps de juges qu'étaient les Parlements de la monarchie. La conséquence pratique de cette conception de la loi était que les règles posées par la Constitution ne s'imposaient au Parlement que par leur majesté politique ; elles étaient dénuées à son égard de véritable force juridique, faute d'être assorties d'un mécanisme de sanction ; la suprématie de la Constitution était une affirmation de principe, éloignée de la pratique des institutions.

Pourtant, les critiques de la majeure partie de la doctrine juridique [1] et le développement après la Seconde Guerre mondiale de cours constitutionnelles en Europe, qui venaient conforter sur le continent l'exemple américain de soumission de la loi à la Constitution que représentait depuis longtemps la Cour Suprême américaine, avaient ébranlé la position négative du constituant. La Constitution du 27 octobre 1946, dans ses articles 91 et s., avait rompu avec le passé en créant un Comité constitutionnel ; ses pouvoirs et son rôle demeurèrent symboliques [2], mais le tabou étant brisé, la voie était désormais ouverte pour l'introduction dans nos institutions d'une véritable juridiction constitutionnelle.

L'adoption de la Constitution du 4 octobre 1958 a marqué la mise en place d'un véritable contrôle juridictionnel de la constitutionnalité des lois, confié à un Conseil constitutionnel auquel sont consacrés les articles 56 à 63, regroupés dans un Titre VII intitulé : le Conseil constitutionnel, et développés dans une ordonnance organique n° 58-1067 du 7 novembre 1958. Ces textes, modifiés en 1974 par une réforme dont la portée devait s'avérer déterminante, fixent l'organisation, les compétences et le fonctionnement de la nouvelle institution. À l'époque, le Conseil constitutionnel avait été conçu par les rédacteurs de la Constitution comme une institution relevant de la seule sphère du fonctionnement des Pouvoirs publics – en pratique, comme un régulateur des relations entre le Législatif et l'Exécutif, essentiellement chargé de veiller au respect par le Parlement des règles contraignantes auxquelles l'avait soumis le texte de la Constitution [3]. Se dégageant progressivement de cette seule fonction d'arbitre du jeu des Pouvoirs

1. Confortées par les théories de Kelsen sur la formation du droit par degrés, qui postule nécessairement que toute norme soit assujettie au respect de la norme supérieure dont elle procède.

2. En cas de conflit, la promulgation de la loi était suspendue jusqu'à une – éventuelle – révision de la Constitution. Lors de son unique saisine, en 1948, un compromis fut d'ailleurs trouvé.

3. V. L. Favoreu, « Le Conseil constitutionnel, régulateur de l'activité normative des pouvoirs publics », *RD publ.* 1967, p. 7. J. Meunier, « La rhétorique du gouvernement des juges et la répartition des compétences normatives dans les travaux préparatoires à la Constitution de 1958 », in *Mélanges P. Gélard*, Montchrestien, 2000, p. 117.

publics, il a connu une « étonnante aventure institutionnelle » [1] à la faveur conjuguée de la réforme de 1974 et de la hardiesse – raisonnée – de ses membres. Conforté par la continuité de sa politique jurisprudentielle sous des majorités politiques différentes (aussi bien en son sein que dans les Assemblées dont il avait à contrôler les lois), le Conseil constitutionnel occupe aujourd'hui une place essentielle dans les institutions en raison du développement de sa jurisprudence, qui intéresse aujourd'hui au premier chef les droits et les libertés des citoyens [2], et en raison de la force de ses décisions qui – selon l'article 62 de la Constitution – « ne sont susceptibles d'aucun recours » et qui « s'imposent aux pouvoirs publics et à toutes les autorités administratives et juridictionnelles ».

L'importante révision constitutionnelle du 23 juillet 2008, voulue par le président Sarkozy, préparée par le « Comité Balladur » [3] et adoptée par la voie du Congrès, s'est attachée, entre autres objets, à renforcer encore la position du Conseil constitutionnel, principalement du fait de la création d'une saisine par voie d'exception.

SECTION 1. ORGANISATION

326 ***Contraintes juridiques et politiques*** ◊ L'organisation d'une juridiction constitutionnelle, dotée des attributions diverses qui sont celles du Conseil, pose des problèmes délicats à résoudre du fait que si l'exercice de la quasi-totalité de ses attributions (aussi bien consultatives que juridictionnelles) sont de caractère juridique, elles s'exercent dans des matières à très forte charge politique ; encore fallait-il aussi que cette nouvelle institution fût acceptée par le milieu dans lequel elle devait s'insérer. Ces considérations expliquent la composition et le statut des membres du Conseil.

– *Composition*. Il va de soi qu'un tel corps doit posséder la maîtrise des concepts juridiques ; mais celle-ci ne saurait suffire : le Conseil concourt au fonctionnement des pouvoirs publics, et il doit avoir une certaine familiarité avec la vie politique, ce qui a conduit à faire intervenir les Pouvoirs publics dans la désignation de ses membres. Pour

1. J. Rivero, « Fin d'un absolutisme », *Pouvoirs*, n° 13, 1980, p. 5.

2. J. Rivero, *Le Conseil constitutionnel et les libertés*, Économica, 2e éd., 1987 ; F. Moderne, *Sanctions administratives et justice constitutionnelle*, Économica, 1993. Pour connaître cette jurisprudence, v. les chroniques régulières de G. Drago et N. Molfessis, *Justices* ; D. Rousseau, *RD publ.* ; B. Mathieu et M. Verpeaux, *JCP* ; divers auteurs, *RFD const.* ; V. le Code constitutionnel annoté par T. Renoux et M. de Villiers, Jurisclasseur, 3e éd., 2005. *Cahiers du Conseil Constitutionnel*, Dalloz (depuis 1996). G. Drago, « Éthique et déontologie du juge constitutionnel français », *D.* 1999. Chron. 263. V. Goesel-Le Bihan, « Le contrôle exercé par le Conseil constitutionnel : défense et illustration d'une théorie générale », *RFD const.* 2001, p. 67.

3. Comité de réflexion et de proposition sur la modernisation et le rééquilibrage des institutions de la Ve République, créé par un décret du 18 juillet 2007, et placé sous la présidence de M. E. Balladur, ancien Premier ministre.

autant, il n'a pas été démontré jusqu'ici de prise de position partisane du Conseil.

L'article 56 de la Constitution, développé par l'ordonnance organique n° 58-1067 du 7 novembre 1958, prévoit deux catégories de membres :

- *les membres de droit* sont représentés par les anciens présidents de la République, qui n'ont d'ailleurs pas l'obligation de siéger [1]. Il est à noter que le Congrès réuni en 2008 n'a pas suivi la proposition n° 75 du rapport Balladur qui préconisait leur suppression.

- *les membres nommés*, au nombre de neuf, sont désignés pour neuf ans, à raison de trois par le président de la République, trois par le président de l'Assemblée nationale et trois par le président du Sénat. Ces membres sont renouvelés par tiers tous les trois ans - chacune de ces autorités choisit alors une personnalité - afin d'éviter des fluctuations contingentes trop marquées dans la jurisprudence du Conseil [2]. Alors que la procédure de nomination était depuis l'origine discrétionnaire [3], la révision constitutionnelle de 2008 a apporté une garantie politique significative, sous la forme d'une consultation préalable des Commissions parlementaires compétentes, pouvant déboucher sur un veto (aux 3/5e des suffrages exprimés).

Le président du Conseil est nommé par le président de la République ; il a voix prépondérante en cas de partage.

Dans l'ensemble, la composition du Conseil constitutionnel tranche avec celle des juridictions constitutionnelles d'autres États et reste donc critiquée (existence des membres de droit, absence d'exigence de compétence juridique, dépendance politique à l'égard des autorités de nomination, absence de limite d'âge) [4].

327 ***Statut*** ◊ Afin de préserver l'indépendance de jugement des membres nommés, leur mandat n'est pas renouvelable (ils peuvent cependant être reconduits s'ils ont d'abord été nommés dans le dernier tiers du mandat de leur prédécesseur décédé ou démissionnaire) et il est irrévocable. Les fonctions de membres du Conseil sont incompatibles, pour

1. MM. V. Auriol et R. Coty ont siégé, mais non le Général de Gaulle ni F. Mitterrand. Le président Pompidou est décédé en fonctions. M. Giscard d'Estaing n'a pas siégé au lendemain de la fin de son mandat, mais en avril 2004 il a fait connaître au Conseil constitutionnel que, ne détenant plus aucun mandat électoral, il occuperait désormais son siège de membre de droit. M. Chirac est devenu membre de droit en 2007 et a effectivement intégré le Conseil.

2. V. R. Chiroux, « Faut-il réformer le Conseil ? », *Pouvoirs*, préc., p. 101.

3. On peut constater néanmoins que la très grande majorité des conseillers ont une formation juridique. Certains ont été professeurs de droit ; pour le passé, v. le tableau présenté par *Pouvoirs*, préc., p. 169 et s. (établi par G. Saccone).

4. Ainsi, en 2009, le Conseil comporte 11 membres, dont M. Chirac membre de droit. Mais c'est M. Chirac qui a nommé en 2007 M. Debré président du Conseil, et qui en avait désigné deux autres membres auparavant (MM. Dutheillet de Lamothe et Steinmetz). De son côté, en tant que président de l'Assemblée nationale de 2002 à 2007, M. Debré a nommé deux autres membres du Conseil (MM. Pezant et Canivet)...

la même raison, avec celles de membres du Gouvernement, du Parlement ou du Conseil économique et social. Un certain nombre de règles restrictives sont posées par l'ordonnance du 7 novembre 1958 pour éviter que des pressions puissent être exercées sur les membres du Conseil. La sanction de ces règles est confiée au Conseil lui-même.

Dans la fixation de ses règles de fonctionnement administratif, le Conseil bénéficie d'une « autonomie normative », en ce sens que le Conseil d'État se refuse à en connaître [1].

SECTION 2. COMPÉTENCES

Bien que l'opinion publique identifie souvent le Conseil constitutionnel à une juridiction constitutionnelle, cette fonction - pour essentielle qu'elle soit - n'épuise pas ses compétences, comme en témoignent ses autres attributions [2].

§ 1. Le Conseil constitutionnel, juge de la constitutionnalité

La compétence du Conseil constitutionnel pour apprécier la constitutionnalité ne s'exerce que dans le cadre précis des attributions qui lui sont conférées par la Constitution. Comme le rappelle sa décision n° 2003-69 DC du 26 mars 2003, « la compétence du Conseil constitutionnel est strictement délimitée par la Constitution » qui, en l'espèce, ne lui donne pas « le pouvoir de statuer sur une révision constitutionnelle » [3]. Il s'est également déclaré incompétent pour connaître d'une loi adoptée par le peuple (déc. n° 62-20 du 6 novembre 1962, *Élection du Président de la République*, et n° 92-313 du 23 septembre 1992, *Maastricht III*).

328 ***Absence de Cour suprême*** ◊ Ainsi qu'on l'a observé précédemment (n°s 76 et s.), la Constitution de 1958, en introduisant pour la pre-

1. Par ex., le Conseil d'État s'est déclaré incompétent pour connaître d'un litige relatif à la décision du Conseil constitutionnel réglementant l'accès à ses archives : CE, Ass., 25 oct. 2002, *Brouaut* ; cette décision a fait l'objet d'un dossier in *RFDA*, janv.-févr. 2003. Il a adopté la même position à l'égard du commentaire d'une de ses décisions, que le Conseil avait mise en ligne sur son site Internet : CE 9 nov. 2005, *M. Moitry*, *AJDA* 2006. 147, concl. F. Donnat.

2. Les délibérations du Conseil autres que les simples avis sont dénommées décisions. Elles sont publiées au *Journal officiel* et dans un *Recueil*. Les décisions du Conseil ne sont susceptibles d'aucun recours.

3. Le principe selon lequel le Conseil constitutionnel ne dispose que d'une compétence d'attribution « strictement délimitée » par la Constitution a été affirmé par le Conseil dans sa décision du 14 septembre 1961 rendue sur une demande d'avis (v. *Grandes décisions*, 15e éd., 2009, n° 7). Rappr. Décision 2004-506 DC du 2 déc. 2004, par laquelle le Conseil rejette, comme n'entrant pas dans le champ du contrôle de constitutionnalité, le moyen

mière fois dans nos institutions un contrôle effectif de la constitutionnalité des lois, ne l'a pas confié à une juridiction du type Cour suprême, représentée par un tribunal possédant les autres compétences d'un juge mais placé au sommet de la hiérarchie et pouvant être saisi par les particuliers, directement ou indirectement par la voie d'une exception d'inconstitutionnalité opposée à un texte législatif au cours d'une instance ordinaire entre deux parties en litige, exception soumise au jugement de la Cour Suprême [1].

Dans le système français, il n'existe pas, du moins jusqu'à la révision constitutionnelle du 23 juillet 2008, de contrôle de constitutionnalité des lois au stade de leur application ; seul le Conseil constitutionnel peut exercer un contrôle, *préventif*, de leur constitutionnalité, en général entre le moment de leur adoption par le Parlement et leur promulgation. [2]

Le contentieux de la constitutionnalité des lois [3] a été dissocié des autres contentieux pour être confié à l'organe spécial [4] qu'est le Conseil constitutionnel, dont le rôle essentiel devait être, dans l'esprit de ses créateurs, d'assurer le respect de la frontière que le constituant de 1958 avait pris soin d'établir - en réaction contre les pratiques de 1875 et de 1946 - entre les rôles respectifs du Gouvernement et du Parlement en matière d'édiction des textes, mais aussi en matière de relations parlementaires.

I. Contrôle par voie d'action

Dans ce cadre, la saisine est parfois obligatoire, le plus souvent facultative.

selon lequel une ordonnance ratifiée par le Parlement excéderait les termes de l'habilitation donnée au Gouvernement.

1. Pour la Cour Suprême des États-Unis, V. J.-P. Lassale, *La démocratie américaine, anatomie d'un marché politique*, A. Colin, 1991, spéc. p. 310 et s. - E. Zoller, *Grands arrêts de la Cour suprême des États-Unis*, PUF, 2000 ; La justice comme contre-pouvoir : regards croisés sur les pratiques américaine et française, *RID comp.* 2001, p. 559.

2. Sauf, exceptionnellement, à l'occasion de l'examen d'une loi postérieure modifiant ou affectant une loi antérieure : décision n° 85-187 DC du 25 janv. 1985, note F. Luchaire, *D.* 1985. 361. L'impossibilité pour les juges d'exercer un contrôle de constitutionnalité au stade de l'application de la loi est périodiquement rappelée par le Conseil d'État ; v. CE 5 janv. 2005, *Mme Desprez*, M. Baillard, *AJDA* 2005. 845, note L. Burgorgue-Larsen.

3. L'appréciation de la validité des textes réglementaires - décrets par exemple - vis-à-vis des dispositions à valeur constitutionnelle entre en revanche dans la compétence ordinaire des juridictions administratives (cf. *supra*).

4. Sur les controverses nées autour de la nature juridictionnelle ou non du Conseil, v. l'article précité de F. Goguel, *RD publ.* 1979, p. 27 ; T. Renoux, *loc. cit.*, *RID comp.* 1994-6.891. Sur l'influence des réformes de 1994-1995 quant à la place du Conseil dans le système judiciaire français, v. D. Rousseau, *RD publ.* 1996.14. Encore que cette qualification soit discutée par certains, la nature de juridiction du Conseil est étayée par un ensemble d'arguments synthétisés dans la préface de M. Waline à l'ouvrage de L. Favoreu et L. Philip, *Les grandes décisions du conseil constitutionnel*, (Dalloz, 15e éd., 2009). V. aussi, F. Goguel, « Le Conseil constitutionnel est-il une Juridiction ? », *RD publ.* 1979, p. 27.

A. Saisine d'office

329 ***Principe*** ◊ Les lois organiques, avant leur promulgation, et les règlements des assemblées parlementaires, avant leur mise en application, sont soumis obligatoirement au Conseil constitutionnel, qui se prononce sur leur conformité à la Constitution (art. 61, 1er al., Const.). Le constituant a ainsi souhaité éviter que sous couvert de préciser certaines dispositions de la Constitution, le Parlement n'en vienne à les violer. Aussi cette exigence de contrôle vaut-elle pour toute modification de ces textes.

Dans les deux cas, les textes en cause doivent être présentés au Conseil constitutionnel dont l'intervention est une étape obligée de la procédure d'adoption ou de modification. Il ne faut d'ailleurs pas confondre saisine obligatoire et auto saisine : comme toute juridiction de jugement, le Conseil ne peut pas se saisir lui-même d'une affaire.

B. Saisine sur recours

330 ***a) Intervention avant l'adoption des lois*** ◊ Selon l'article 39 de la constitution, dans sa rédaction issue de la révision du 23 juillet 2008, la présentation des projets de loi répond aux conditions fixées par une loi organique. S'ils sont en désaccord avec l'opinion de la Conférence des présidents selon laquelle ces conditions ne sont pas respectées, le Premier ministre ou le président de l'assemblée concernée peut saisir le Conseil constitutionnel qui statue dans le délai de huit jours.

Par ailleurs, en vertu de l'article 41, en cas de contestation portant sur la compétence du Parlement pour adopter un texte, le Gouvernement (le plus souvent) prétendant que l'on est en présence d'une matière réglementaire, le Conseil, saisi par le Gouvernement ou par le président de l'assemblée en cause [1], tranche dans le même délai.

330-1 ***b) Intervention après l'adoption des lois parlementaires*** ◊ Pour éviter que le doute ne plane sur la régularité des lois adoptées et mises en vigueur, l'article 61 de la Constitution ne prévoit la possibilité d'une saisine par voie d'action que pendant le délai de promulgation de la loi, qui se trouve suspendu. Ainsi, dès lors qu'une loi est publiée au *Journal officiel* - ce qui suppose qu'elle ait été promulguée - sa constitutionnalité ne peut plus être juridiquement discutée dans ce cadre procédural [2].

Il est à souligner que le Conseil constitutionnel, lorsqu'il est saisi de la constitutionnalité d'une loi votée par le Parlement, se considère

1. Assemblée nationale ou Sénat.
2. Sauf à l'occasion de l'examen d'une loi postérieure qui la modifierait ou qui affecterait son domaine : décision 85-187 du 25 janv. 1985, à propos de la loi relative à l'état d'urgence en Nouvelle-Calédonie ; V. le commentaire in *Grandes décisions*, 15e éd., 2009, n° 29.

comme saisi de l'ensemble du texte, et non des seules dispositions critiquées par les auteurs de la saisine [1], ce qui élargit le champ de son contrôle.

Originairement, l'article 61 n'ouvrait la saisine du Conseil constitutionnel qu'au président de la République, au Premier ministre et aux présidents de chaque assemblée parlementaire. Pratiquement, ceci revenait à en écarter les députés et les sénateurs de l'opposition ; cet inconvénient a été supprimé par la réforme de l'article 61 introduite en 1974 à l'initiative de M. Giscard d'Estaing après son élection, qui permet également la saisine du Conseil soit par soixante députés, soit par soixante sénateurs. Cette modification a très sensiblement augmenté le nombre des recours [2] — et leur intérêt, puisque désormais la saisine du Conseil se trouvait ouverte à l'opposition parlementaire.

Cependant, l'intérêt de déférer au Conseil des lois votées par le Parlement [3] voit sa portée étroitement liée à la nature des dispositions auxquelles il accepte de rechercher si cette loi est conforme. L'article 61 se réfère sobrement à la « conformité à la *Constitution* ». Si le Conseil avait eu de ce mot une interprétation stricte, son intervention aurait essentiellement intéressé les relations entre le Gouvernement et le Parlement, mais très peu les citoyens, car la Constitution proprement dite comporte peu de dispositions de droit matériel, celles-ci - sous la forme d'affirmations de droits et de libertés - se trouvant surtout contenues dans la Déclaration des Droits de 1789 et dans le Préambule de la Constitution de 1946, auquel renvoie celui de la Constitution de 1958. Aussi convient-il de souligner l'importance essentielle de la jurisprudence, amorcée par la décision fondatrice du 16 juillet 1971 sur la liberté d'association [4], dans laquelle le Conseil constitutionnel a accepté d'inclure ces textes dans la notion de « Constitution » qu'il a retenue dans ses décisions. Au fil de celles-ci (v. *infra*), et en s'affranchissant souvent de référence à des dispositions textuelles précises, ce que lui permet son statut de juridiction souveraine, le Conseil a dégagé de formules parfois vagues un corps de « principes généraux du droit » - à l'image de ce qu'avait fait dans son champ de compétence le Conseil d'État - qui forment aujourd'hui avec les textes « un bloc de

1. Cons. const., déc. n° 96-386 DC du 30 déc. 1996 ; n° 92-307 DC du 25 févr. 1992 ; n° 2006-543 DC du 30 nov. 2006 (loi relative au secteur de l'énergie), décision par laquelle il a validé les dispositions critiquées, et invalidé des dispositions non visées par la saisine des parlementaires.

2. De 1959 à 1974, le Conseil constitutionnel n'avait été saisi que 9 fois sur le fondement de l'article 61 ; de 1974 à 1994, il a été saisi 211 fois.

3. V. déc. préc. 62-20 du 6 novembre 1962, v. *Grandes décisions*, 15e éd., 2009, n° 9 ; v. J.-F. Flauss, « Le contrôle de constitutionnalité des lois référendaires », *LPA*, 23 juin 1997, p. 7.

4. V. le texte de cette décision, avec son commentaire et une bibliographie, in *Grandes décisions*, 15e éd., 2009, n° 13. J. Rivero, « La garantie, par le Conseil constitutionnel, à l'occasion du contrôle de la constitutionnalité des lois, des libertés proclamées par le Préambule de la Constitution », *AJDA* 1971. 537. L. Favoreu, « Destin d'une décision fondatrice », in *La liberté d'association et le droit*, p. 27, Conseil constitutionnel, 2001.

constitutionnalité » dont il veille au respect par le législateur dans la mesure où il en est saisi. Cet ensemble comporte des éléments divers ; outre les textes précités, on y trouve un certain nombre de principes généraux de valeur constitutionnelle, dont le nombre s'accroît à mesure que le Conseil en dégage l'existence à l'occasion des affaires dont il a à connaître [1]. Il a ainsi affirmé l'existence des *principes fondamentaux reconnus par les lois de la République* (comme la liberté d'association), des *principes particulièrement nécessaires à notre temps* (énoncés par le Préambule de la Constitution de 1946, comme le droit de grève), des *principes à valeur constitutionnelle* (comme le droit de propriété), et – derniers apparus – des *objectifs à valeur constitutionnelle* (comme la lisibilité de la loi, le respect de la liberté d'autrui, la préservation du caractère pluraliste des courants d'expression socio-culturels). La portée de la Charte de l'environnement [2], à laquelle renvoie également le Préambule de la constitution, semble différer selon ses dispositions [3].

Il convient de souligner que dans l'exercice de son contrôle, et pour éviter d'encourir le grief de « gouvernement des juges » [4] auquel est exposée toute juridiction constitutionnelle, le Conseil agit avec mesure, considérant que l'article 61 de la Constitution ne lui confère pas « un pouvoir général d'appréciation et de décision identique à celui du Parlement » [5], mais seulement la compétence pour se prononcer sur la conformité de la loi à la Constitution

En outre, le Conseil a interprété restrictivement [6] l'article 55 de la Constitution qui pose le principe de la supériorité des traités internationaux sur la loi en refusant, par une jurisprudence inaugurée avec la décision n° 74-54 du 15 janvier 1975 (à propos de la « loi Veil » sur l'interruption volontaire de grossesse), de se reconnaître compétent pour contrôler la compatibilité d'une loi avec une convention interna-

1. Ce « monde constitutionnel en expansion » attire périodiquement les critiques des hommes politiques dont les initiatives législatives sont censurées par le Conseil constitutionnel, qui souhaiteraient cantonner celui-ci au texte de la Constitution au sens étroit du terme (art. 1 et s.).

2. Loi constitutionnelle n° 2005-205 du 1er mars 2005.

3. V. B. Mathieu, « La portée de la Charte pour le juge constitutionnel », *AJDA* 2005. 1170. Cependant, le Conseil d'État a reconnu pleine valeur juridique à l'ensemble des droits et devoirs qu'elle contient (3 oct. 2008, *Cne d'Annecy*).

4. Cette expression devenue classique trouve son origine directe dans l'arrêt *Lochner v. New York* (1905), par lequel la Cour suprême des USA invalida une loi de l'État de New York qui limitait à 60 heures par semaine le travail dans les boulangeries ; c'est au nom du *« due process »* (XIVe amendement) que la Cour invalidait toutes les lois sociales des États et du gouvernement fédéral. Par la suite, Édouard Lambert a emprunté aux Américains l'expression *« gouvernement des juges »*, pour qualifier la jurisprudence de la Cour suprême (cf. Boucher, *Government by judiciary*, 1905). Nous remercions notre collègue E. Zoller pour cette précision. – V. aussi M. Troper, « Le bon usage des spectres. Du gouvernement des juges au gouvernement par les juges », in *Mélanges G. Conac*, Économica, 2001, p. 49.

5. Cons. const., décisions 74-54 DC du 15 janv. 1975 (« loi Veil »), 80 et 127-DC des 19 et 20 janv. 1981 (loi « Sécurité et liberté »).

6. Ou, à tout le moins, très strictement.

tionale signée par la France. Créé par la Constitution pour être le juge de la *constitutionnalité* de la loi, il n'a pas voulu s'ériger en juge de sa « *conventionnalité* » dont il abandonne le contrôle aux juridictions judiciaires et administratives qui l'exercent d'ailleurs effectivement (v. *supra*, n° 103). En droit positif une loi interne contraire à un traité international (ou plus généralement à un texte de droit international) ne relève pas de la censure du juge constitutionnel ; il appartient aux juridictions judiciaires ou administratives, lors d'un litige éventuel né à propos de son application, de faire prévaloir la supériorité du droit international sur la loi française en laissant celle-ci inappliquée. La position du Conseil constitutionnel divise la doctrine [1].

Par ailleurs, il convient de souligner que le contrôle de constitutionnalité s'exerce dans des conditions très particulières et limitées introduites par une série de décisions rendues en 2004 et 2006 [2], à propos – au moins jusqu'ici – des seules *lois de transposition de directives* communautaires. S'agissant de ces lois, le Conseil situe la question de leur contrôle non dans le cadre général de l'article 55 de la Constitution, mais dans le cadre particulier de son article 88-1, qui consacre la participation de la France aux Communautés européennes et à l'Union européenne. La décision 2006-540 expose de façon détaillée (points 16 et s.), presque didactique, le contenu particulier, et limité, du contrôle de constitutionnalité qu'exerce le Conseil sur de telles lois. Son point de départ est qu'il résulte de l'article 88-1 que la transposition des directives (obligatoire dans l'ordre juridique communautaire en raison de l'article 249 Tr. CE) est, dans l'ordre juridique français, « une exigence constitutionnelle ». L'office du juge constitutionnel est ainsi de « veiller au respect de cette exigence » — c'est-à-dire concrètement de s'assurer seulement que la loi de transposition respecte bien les dispositions inconditionnelles et précises de la directive en cause – et non

1. V. le numéro 7 des *Cahiers du Conseil constitutionnel* (Dalloz, avec les deux articles « Faut-il maintenir la jurisprudence issue de la décision n° 74-54 DC du 15 janvier 1975 ? » de G. Carcassonne [non] et de B. Genevois [oui]). On peut d'ailleurs observer que si le Conseil constitutionnel ne contrôle pas la conventionnalité des lois, il peut cependant interpréter celles-ci à la lumière, par exemple, de la jurisprudence de la Cour européenne des droits de l'homme : en ce sens, v. B. Genevois, « Le Conseil d'État n'est pas le censeur des lois au regard de la Constitution », *RFDA* 2000. 715.

2. Décisions n° 2004-496 du 10juin 2004, n° 2004-497 du 1er juillet 2004, n° 2004-498 et 2004-499 du 29 juillet, 2006-540 du 27 juillet 2006, n° 2006-543 du 30 novembre 2006. Dans la décision initiale n° 2004-496, le Conseil s'est déclaré incompétent pour connaître de la conformité à la Constitution des dispositions d'une loi qui se bornent à tirer les conséquences nécessaires d'une directive communautaire. Simple application de la théorie de la « norme écran » pour les uns (M. Gautier, F. Melleray, *AJDA* 2004. 1537 ; P. Cassia, « Le véritable sens de la décision n° 2004-496 du Conseil constitutionnel », *ibid.* p. 1385, Chr. Maugüe, CJFI juill.-août 2004, jurisprudence), première affirmation de la primauté du droit communautaire sur la Constitution pour d'autres (J. Arrighi de Casanova, *ibid.* p. 1534), elle restreint sensiblement le champ du contrôle de constitutionnalité *stricto sensu* du Conseil, en raison du nombre de lois qui ne font que transposer une directive. Sur la décision n° 2006-543 v. la note G. Marcou, *AJDA* 2007. 473, et sur la décision n° 2006-540 les observations critiques de D. Simon, *Europe*, oct. 2006, p. 2.

de procéder au contrôle de sa conformité avec le contenu du « bloc de constitutionnalité » comme il le fait à l'égard des autres lois.

Ce contrôle particulier, précise le Conseil, s'exerce sous une double limite :

- sauf permission du constituant, cette transposition ne saurait aller à l'encontre d'une règle ou d'un principe « inhérent à l'identité constitutionnelle de la France » — concept au contenu flou qui laisse au Conseil une grande marge d'appréciation souveraine pour l'avenir [1]. Cette formulation s'adosse à l'article 6-1 du traité sur l'Union européenne, selon lequel celle-ci respecte « l'identité nationale » des États membres. En pratique, le Conseil est ainsi amené à examiner d'abord si la directive à transposer respecte cette condition ;

- le Conseil, tenu d'appliquer l'article 88-1, ne peut exercer sur la loi de transposition qu'un contrôle de constitutionnalité limité au respect de celui-ci, c'est-à-dire, en pratique, se limitant à confronter le contenu de la loi aux dispositions inconditionnelles et précises de la directive. En outre, le Conseil déclarant qu'il ne peut saisir la Cour de justice des Communautés d'une question préjudicielle d'interprétation en raison de la brièveté du délai dans lequel il doit statuer [2] en tire comme conséquence qu'il ne pourrait censurer « qu'une disposition législative manifestement incompatible avec la directive qu'elle a pour objet de transposer ». Il ajoute d'ailleurs que son intervention - en quelque sorte minimale - n'exclut pas la possibilité pour les justiciables, *au stade de l'application de la loi*, d'invoquer d'autres contradictions entre celle-ci et le contenu de la directive devant les juridictions nationales, auxquelles « il revient (...) le cas échéant, de saisir la Cour de justice des communautés européennes à titre préjudiciel ». Ainsi se trouve ménagée, au plan des principes, l'intervention (préventive) du Conseil et celle, traditionnelle, du juge judiciaire ou administratif au stade de la mise en œuvre de la loi.

En ce qui concerne les effets des décisions du Conseil, si celui-ci juge qu'une disposition d'une loi n'est pas conforme à une disposition à valeur constitutionnelle, elle ne peut être ni promulguée ni mise en application (art. 62 de la Constitution) ; pratiquement, si la disposition peut être disjointe du reste du texte, celui-ci est conservé dans sa partie non amputée ; dans le cas contraire, l'ensemble est paralysé par la déclaration d'inconstitutionnalité.

Le Conseil a d'ailleurs profité de sa position de juridiction souveraine pour sortir de cette alternative fruste - valider ou invalider - seule

1. Cette formule apparaît avec la décision n° 2006-503 ; la décision n° 2004-496 se référait, plus restrictivement, à « une disposition expresse de la Constitution ». Cette condition implique que, pour le Conseil, la Constitution soit la norme de rang le plus élevé dans l'ordre juridique interne ; mais telle est bien sa position, réaffirmée explicitement dans la décision n° 2004-505 du 19 novembre 2004 (Traité établissant une Constitution pour l'Europe), qui la place « au sommet de l'ordre juridique interne ».

2. Un mois depuis sa saisine, huit jours en cas d'urgence déclarée (Const., art. 61).

prévue par la Constitution, et donner plus de souplesse et d'extension à son intervention, à deux égards :

– dans un premier temps, le Conseil constitutionnel a introduit, dans des cas où la régularité de la loi qui lui était déférée lui apparaissait douteuse, une modalité particulière d'approbation : l'approbation sous réserves, qui lui a permis d'exercer un contrôle à la fois plus souple et plus affiné. Lorsque des dispositions d'une loi qu'il examine lui paraissent, par la diversité des interprétations qui pourraient en être faites ou par leur imprécision, laisser la voie ouverte à des pratiques contraires au contenu du bloc de constitutionnalité, le Conseil, à l'instar de certaines juridictions constitutionnelles étrangères, ne déclare ces dispositions conformes à la Constitution que sous certaines réserves qu'il énonce. Sa décision précise alors la seule interprétation admissible de la disposition en cause ; parfois, il n'hésite pas à procéder à une véritable réfection de la loi, en ajoutant au texte des précisions qui n'y figurent pas et sans lesquelles il ne lui paraîtrait pas conforme à la Constitution [1], ce qui lui permet de « sauver » la loi qui lui est déférée ;

– dans un second temps, il s'est reconnu en 2005 le droit de moduler dans le temps l'effet de ses décisions, en même temps qu'il invite le législateur à mettre à profit le délai qu'il lui laisse pour procéder à la réfection de la loi [2] en quelque sorte en sursis. Il lui est également arrivé de valider une loi à condition qu'elle n'ait pas de portée rétroactive [3].

330-2 ***c) Contrôle exceptionnel après la promulgation des lois*** ◊ Les lois adoptées après 1958 et comportant des dispositions de nature réglementaire peuvent être modifiées par décret si le Conseil, saisi par le

1. V. la décision caractéristique n° 80-127, des 19-20 janv. 1981, à propos de la loi (politiquement controversée) dite « Sécurité et Liberté », *Grandes décisions*, n° 30 (Dalloz, 12e éd., 2003). V. aussi la décision n° 96-387 du 21 janv. 1997, obs. J.-Cl. Zarka, *LPA*, 12 févr. 1997, p. 9. R. Viala, *Les réserves d'interprétation dans la jurisprudence du Conseil constitutionnel*, LGDJ, 1999. La réserve d'interprétation est revêtue de l'autorité conférée aux décisions du Conseil constitutionnel par l'article 62 de la Constitution, qui ne se limite pas à la chose jugée mais s'étend à la chose interprétée : déc. 2004-506, du 2 décembre 2004.

2. Déc. n° 2005-528 du 15 décembre 2005, Loi de financement de la S S pour 2006. Dans cette décision, le Conseil a relevé d'office qu'une disposition relative à un moyen de financement d'une action de lutte contre une pandémie éventuelle était inconstitutionnelle (comme contraire à la LOLF), mais que « l'intérêt général de valeur constitutionnelle qui s'attache à la protection sanitaire de la population » ne conduisait pas à la déclarer, en l'état, contraire à la Constitution ; cependant, la mise en conformité avec la LOLF devrait intervenir, précise-t-il, à compter de l'année 2007. Cette jurisprudence constitutionnelle se situe dans la ligne de la jurisprudence du Conseil d'État *Association AC !* (CE, Ass., 11 mai 2004, *AJDA* 2004. 1183, chron. C. Landais et F. Lenica) par laquelle celui-ci a inauguré la modulation des effets de ses arrêts dans le temps, en s'inspirant de la jurisprudence de la Cour de justice des Communautés.

3. Par ex., déc. n° 2008-562 du 21 févr. 2008, *Rétention de sûreté*.

Premier ministre, a préalablement constaté la nature réglementaire de ces dispositions (procédure dite de déclassement) [1].

330-3 ***d) Contrôle préalable des traités*** ◊ Les engagements internationaux peuvent certes donner lieu à un contrôle de leur conformité à la Constitution à travers la loi qui autorise leur ratification ou leur approbation (art. 61). Mais, en vertu de l'article 54, ils peuvent également faire l'objet d'un examen avant même le début du débat parlementaire, de façon à purger celui-ci de toute question de constitutionnalité et à donner toute sa place à l'examen de l'opportunité politique du texte. Ainsi, le président de la République, le Premier ministre, les présidents du Sénat et de l'Assemblée nationale et, depuis 1992 [2], au moins soixante députés ou soixante sénateurs peuvent saisir le Conseil dans le but de faire établir des points de contradiction entre la Constitution et un traité, auquel cas le traité ne pourra en tout état de cause entrer en vigueur sans une révision constitutionnelle préalable.

Cette voie de droit a été principalement utilisée dans le cadre de la construction européenne [3]. Elle montre que l'ordre juridique français n'accepte pas la primauté du droit communautaire sur la Constitution nationale puisque si, pour des raisons politiques, une révision constitutionnelle résorbant les difficultés ne pouvait pas être adoptée, la

1. Pour des raisons d'opportunité, le Gouvernement laisse souvent le Parlement empiéter sur le domaine.

réglementaire. À partir de sa déc. n° 82-143 du 30 juillet 1982, *Blocage des prix*, le Conseil a considéré que la présence dans une loi de dispositions de nature réglementaire ne suffisait pas à la vicier ; dans la période récente, il a cependant incité le législateur à veiller davantage au contenu normatif des lois (à partir de sa déc. n° 2005-512 du 21 avr. 2005, *Avenir de l'école*).

2. Révision constitutionnelle préalable à la ratification du traité de Maastricht (25 juin).

3. Par ex., cette procédure a été mise en œuvre lors de la ratification du Traité d'Union européenne (traité de Maastricht). Le Conseil, saisi par le président de la République, ayant jugé que sa ratification ne pouvait intervenir qu'après révision de la Constitution (décision 92-308 du 9 avr. 1992), celle-ci a été modifiée par la loi constitutionnelle n° 92-554 du 25 juin 1992 qui lui a ajouté un Titre XIV « Des communautés européennes et de l'Union européenne ». À ce moment un groupe de sénateurs a saisi le Conseil (en utilisant pour la première fois le droit de saisine introduit dans l'article 54 au profit des parlementaires par la même loi du 25 juin 1992), en prétendant que le traité demeurait contraire à la Constitution révisée. Leur recours ayant été rejeté par la décision 92-312 du 2 septembre 1992, la loi de ratification a pu être adoptée par référendum, le 20 sept. 1992 ; v. B. Genevois, « Le Traité sur l'Union européenne et la Constitution », *RFDA*, 1992, p. 373 ; « Le Traité sur l'Union européenne et la Constitution révisée », *ibid.*, 1992, p. 937 ; F. Luchaire, « L'Union européenne et la Constitution », *RD publ.* 1992, p. 589 (la décision du Conseil constitutionnel) et 933 (la révision constitutionnelle). V. *supra*, n° 375, en note.

De même, préalablement au référendum de ratification du Traité établissant une Constitution pour l'Europe, qui a eu lieu le 29 mai 2005 et qui a donné lieu au rejet du traité, le président de la République a saisi le Conseil constitutionnel qui a jugé nécessaire une révision de la Constitution (déc. 2004-505 DC, du 19 nov. 2004) ; celle-ci a été réalisée par la loi constitutionnelle 2005-204, du 1er mars 2005.

Enfin, le traité de Lisbonne n'a pu être ratifié par la France qu'après l'adoption de la loi constitutionnelle du 4 février 2008, elle-même consécutive à la décision du Conseil du 20 décembre 2007.

Constitution ferait obstacle à l'entrée en vigueur du traité non compatible avec ses dispositions. Par ailleurs, elle associe indirectement le Conseil constitutionnel à l'exercice du pouvoir constituant dérivé, puisque la loi de révision doit nécessairement prendre en compte sa décision.

330-4 ***e) Nouvelle-Calédonie et collectivités d'outre-mer*** ◊ La loi organique nº 99-209 du 19 mars 1999 relative à la Nouvelle-Calédonie a créé, en ses articles 104 et 105, un contrôle de constitutionnalité des « lois du pays » votées par le congrès de celle-ci, qui s'exerce devant le Conseil constitutionnel selon des modalités inspirées de l'article 61. La première décision rendue par le Conseil dans le cadre de cette compétence (déc. 2000-1 LP, du 27 janvier 2000) n'éclaire d'ailleurs pas sur la nature juridique de ces textes, dont le principe est fondé sur l'article 77 de la Constitution, qui se réfère seulement à « certaines catégories d'actes de l'assemblée délibérante ».

Par ailleurs, l'article 74 de la Constitution prévoit que les collectivités régies par cet article bénéficient d'un statut propre à chacune d'elles et adopté sous la forme d'une loi organique. Celle-ci peut déterminer les conditions dans lesquelles l'assemblée délibérante de la collectivité peut modifier une loi postérieure au statut si le Conseil constitutionnel, saisi par la collectivité, a constaté que la loi était intervenue dans le domaine de compétence de ladite collectivité.

II. Réforme de 2008 : l'introduction du contrôle par voie d'exception

331 ***Tentatives de réforme*** ◊ L'incomplétude des garanties des particuliers face aux lois votées par le Parlement explique les tentatives d'accroître les possibilités de saisine du Conseil constitutionnel.

Jusqu'à 2008, la sanction du respect des normes constitutionnelles est mise en œuvre dans les conditions suivantes : – *pour les textes réglementaires*, ce contrôle est exercé classiquement, *a posteriori*, par les juridictions ordinaires, soit par les juges administratifs en cas de recours pour excès de pouvoir ou sur question préjudicielle de légalité posée par des juges judiciaires civils, soit par les juges judiciaires répressifs qui auraient à les appliquer ; *pour les textes législatifs*, il est exercé *a priori*, avant leur promulgation, par le Conseil constitutionnel. Il n'existe sauf exception pas de contrôle *a posteriori*, après leur publication, car ni le Conseil d'État ni la Cour de cassation n'acceptent d'écarter l'application d'une loi prétendue inconstitutionnelle par l'un des plaideurs [1]. La lacune est importante du point de vue du respect des droits fondamentaux des citoyens, inscrits pour la plupart dans la

1. Alors que, on l'a vu, l'un et l'autre acceptent, sur le fondement de l'article 55 de la Constitution d'écarter une loi pour « non-conventionnalité ».

déclaration de 1789 ou dans le Préambule de 1946, et le contrôle *a priori* du Conseil n'étant pas général (toutes les lois ne lui sont pas déférées, et son examen approfondi porte essentiellement sur les dispositions critiquées par les autorités qui l'ont saisi).

Pour que les droits des citoyens soient aussi bien garantis que dans d'autres pays, il a été estimé opportun de leur accorder, sinon peut-être une action en inconstitutionnalité [1], à tout le moins une exception d'inconstitutionnalité qui permette aux juridictions saisies du litige au fond (ou seulement à certaines d'entre elles), de saisir le Conseil constitutionnel par une question préjudicielle pour qu'il se prononce sur la constitutionnalité de la loi en cause.

Cette extension de la saisine du Conseil, suggérée de temps à autre depuis longtemps par certains juristes et hommes politiques, et qui avait fait l'objet d'une déclaration positive de M. Mitterrand en 1989 [2], a effectivement donné lieu en mars 1990 à la proposition d'un projet de loi de révision constitutionnelle [3]. Présenté au Parlement, ce projet n'a pu être mené jusqu'à son terme, en raison d'oppositions qui s'éloignaient parfois assez largement de considérations purement juridiques [4].

La possibilité de permettre aux justiciables, lors d'une instance devant une juridiction judiciaire ou administrative, d'opposer par voie d'exception procédurale l'inconstitutionnalité de la loi qui leur est opposée, exception qui serait portée devant le Conseil constitutionnel pour être jugée, a de nouveau été examinée dans le rapport du Comité consultatif pour la révision de la Constitution (« Comité Vedel ») institué en décembre 1992. Ce Comité avait accueilli favorablement l'idée, qui fut incorporée dans le projet de loi constitutionnelle déposé par le Gouvernement de M. Balladur. Pour diverses raisons [5], le domaine de recevabilité de l'exception d'inconstitutionnalité avait été restreint aux lois fondamentales concernant les libertés publiques. Lors de la discussion de ce texte, le Sénat ayant rejeté cette partie de la réforme (sans d'ailleurs que le Gouvernement s'y opposât), la loi fut adoptée dans ses seules dispositions relatives au Conseil supérieur de

1. Dont l'exemple allemand a montré les limites.
2. À l'occasion de la commémoration du bicentenaire de la Révolution de 1789.
3. V. le compte-rendu du Conseil des ministres du 28 mars 1990, et le numéro de la *Revue du droit public et de la science politique* de mars-avril 1990 (textes des deux projets déposés).
4. Il en est resté dans la presse, entre septembre 1989 et octobre 1990, une série d'articles représentant un tableau d'ensemble des opinions pour et contre une telle réforme. V. F. Luchaire, « Une réforme constitutionnelle différée : le contrôle de la loi promulguée sur renvoi des juridictions », *RD publ.* 1990, p. 1625.
5. V. notamment l'entretien accordé par l'un de ses membres, le Président J. Robert, au journal *La vie judiciaire* (n° du 13 au 19 juill. 1992), L'insécurité juridique que ferait peser sur les lois un constat d'inconstitutionnalité serait plus grande qu'en matière d'illégalité des décrets, car le législateur ne pourrait valider une loi inconstitutionnelle. Pour prendre une vue concrète des conséquences dans certains domaines d'un constat d'inconstitutionnalité d'une loi, il suffit de penser aux conséquences budgétaires d'un tel constat vis-à-vis d'une loi fiscale appliquée depuis plusieurs années.

la Magistrature et à la Cour de justice de la République [1]. Ce second échec en quelques années du projet d'extension du contrôle de constitutionnalité a écarté assez durablement les velléités d'une reprise de l'idée, bien que des membres du Conseil constitutionnel aient continué un temps de lui apporter leur appui [2].

332 ***Aboutissement de la réforme*** [3] ◊ C'est logiquement dans son chapitre consacré aux droits nouveaux des citoyens que le rapport Balladur aborde la question du contrôle de constitutionnalité par voie d'exception (proposition n° 74) [4]. Il s'agit pour lui d'instaurer une voie complémentaire, permettant de tester la constitutionnalité de lois adoptées avant 1958, ou de lois postérieures, issues de la Ve République, mais qui n'auraient pas fait l'objet, parfois de façon concertée, d'une saisine par voie d'action. Il s'agit donc de donner aux citoyens la « faculté de faire valoir la plénitude de leurs droits ». Par contre, le rapport rejette l'idée de confier au Conseil constitutionnel la compétence de réguler, par voie d'exception, le contrôle de conformité des lois aux conventions internationales (« contrôle de conventionnalité ») [5].

Ce sont les solutions que retient, bien qu'en des termes différents de ceux préconisés par le rapport, la loi constitutionnelle du 23 juillet 2008. L'article 61-1 de la Constitution dispose que le Conseil constitutionnel peut être saisi sur renvoi du Conseil d'État ou de la Cour de cassation lorsqu'il est allégué, au cours d'une instance devant une juridiction, qu'une disposition législative porte atteinte aux droits et libertés garantis par la Constitution. Le justiciable ne peut donc pas invoquer tout motif d'inconstitutionnalité, n'étant pas considéré comme ayant vocation à faire respecter la procédure législative. Les modalités sont établies par une loi organique, non encore promulguée au 1er juillet 2009.

L'article 62 alinéa 2 ajoute qu'une disposition déclarée inconstitutionnelle dans ce cadre est abrogée à compter de la publication de la décision du Conseil, ou de la date qu'elle prévoit, et que le Conseil

1. Loi constitutionnelle n° 93-952 du 27 juill. 1993, *JO* du 28 juill., p. 10600.
2. M. le Président R. Badinter, *La vie judiciaire*, 21 au 27 mars 1994 ; J. Robert, *ibid.*, 13 au 19 juill. 1992. V. dans le même sens, D. Rousseau et E. Spitz, « Le crépuscule du Conseil constitutionnel », *Le Monde*, 7 déc. 2001, p. 19. Lors de la campagne pour l'élection présidentielle de 2007, des candidats ont avancé certaines propositions de réforme, qui pour la plupart n'étaient pas inédites.
3. P. Cassia, « Le renvoi préjudiciel en appréciation de constitutionnalité, une « question » d'actualité », *RFDA* 2008. 877 ; F.-X. Millet, « L'exception d'inconstitutionnalité en France ou l'impossibilité du souhaitable ? », *RD publ.* 2008. 1305 ; F. Mélin-Soucramanien et M. Stasi, « Révision de la constitution : bientôt l'exception pour tous ? », *D.* 2008. 1701 ; A.Roux, « Le nouveau Conseil constitutionnel. Vers la fin de l'exception française », *JCP* G 2008. I. 175.
4. E. Balladur, *Une Ve République plus démocratique*, Doc. fr., 2008.
5. V. pourtant G. Alberton, « Peut-on encore dissocier exception d'inconstitutionnalité et exception d'inconventionnalité ? », *AJDA* 2008. 967.

détermine les conditions dans lesquelles les effets de cette disposition abrogée sont remis en cause.

Ainsi, avec cette réforme, un pas important est effectué en vue d'améliorer les garanties de l'État de droit, et de rapprocher la France du « modèle européen de contrôle de constitutionnalité » existant dans de nombreux États voisins (entre autres en Allemagne, Italie ou Espagne) [1].

§ 2. Autres attributions du Conseil constitutionnel

333 *Diversité de ces attributions* ◊ L'innovation essentielle apportée par la création en 1958 du Conseil constitutionnel était représentée par l'introduction dans notre droit public d'un contrôle de constitutionnalité. Mais l'existence de cet organe indépendant, bien que placé auprès des pouvoirs publics, a permis de lui confier d'autres fonctions ; l'une présente également un caractère juridictionnel, le Conseil étant juge du contentieux des élections aux pouvoirs publics ; les autres en font un organe de constat de certaines situations, et de consultation ; ce dernier compartiment de compétences a conduit certains analystes à douter de la nature de juridiction du Conseil : cependant, bien que ces sortes d'attributions soient peu courantes chez les juridictions internes (sauf certaines d'entre elles au Conseil d'État), on en retrouve des équivalences par exemple dans le statut de la Cour de justice des Communautés européennes, elle aussi chargée de rendre des avis ou de s'assurer de la conformité au droit de certaines situations.

A. Le Conseil constitutionnel, juridiction électorale et référendaire

334 *Élections* ◊

• **Élection présidentielle.** Le déroulement de l'élection du président de la République, en raison de l'importance de la fonction dans les institutions de la Ve République, donne lieu à une large intervention du Conseil en vue de garantir la régularité des opérations électorales. Non seulement le Conseil est juge du contentieux de l'élection, mais il est associé à différentes phases de celle-ci, et son intervention a été élargie en 1976 (v. l'art. 7 de la Constitution et la loi organique n° 62-1292 du 6 nov. 1962).

• **Élections législatives et sénatoriales.** Traditionnellement, le contentieux des élections des députés et des sénateurs était réglé en France, avant 1958, par les assemblées elles-mêmes (système dit de la vérification des pouvoirs). Ni la procédure retenue, ni l'esprit dans

1. Par opposition au « modèle américain », ou de contrôle diffus, c'est-à-dire confié au juge ordinaire, sous la surveillance de la Cour suprême.

lequel les formations majoritaires appréciaient après les élections leur régularité - selon que les contestations portaient sur des élus de la majorité ou de la minorité –, n'assuraient l'impartialité nécessaire à ce contrôle. Désormais, le contentieux de ces élections relève du Conseil constitutionnel [1] ; et les parties peuvent être entendues, ce qui introduit l'oralité des débats [2].

335 ***Référendum*** ◊ Comme en matière d'élections présidentielles, le Conseil non seulement est chargé de juger le contentieux des référendums, mais il intervient dans le déroulement de ces opérations afin d'en assurer la régularité (v. art. 46 et s. de l'ordonnance organique sur le Conseil). La loi votée par référendum échappe cependant à son contrôle (décision DC 6 nov. 1962).

À l'occasion du référendum de septembre 2000 modifiant la Constitution (quinquennat présidentiel) le Conseil constitutionnel a accepté de connaître, exceptionnellement, de la régularité de décrets d'organisation d'un référendum avant le déroulement de celui-ci [3].

B. Le Conseil constitutionnel, organe de constat et de consultation

336 La création d'une haute juridiction constitutionnelle a permis de lui confier l'appréciation juridique de certaines situations, afin que dans certaines hypothèses particulièrement importantes la qualification de ces situations, dont dépendra l'engagement d'un processus constitutionnel, fasse intervenir un organe considéré comme indépendant du pouvoir politique.

Cette intervention du Conseil a une portée plus ou moins grande selon les cas ; tantôt il lui est demandé de porter lui-même un *constat*, qui lie le pouvoir politique ; tantôt il n'est consulté que pour émettre un *avis*, qui n'a pas de force obligatoire [4].

336-1 *Les constats* ◊

• **Empêchement du président de la République (art. 7 de la Constitution).** Seul le Conseil peut constater que le président est empêché, soit provisoirement, soit définitivement, d'exercer ses fonc-

1. Relèvent en revanche du Conseil d'État le contentieux des désignations au Conseil économique, social et environnemental (ex CES), ainsi que le contentieux des élections au Parlement européen (pour l'application des dispositions françaises, le contentieux des dispositions de droit communautaire étant tranché par le Parlement européen lui-même). J.-P. Camby, *Le Conseil constitutionnel, juge électoral*, Dalloz, Sirey, 3e éd., 2004.

2. Déc. 28 juin 1995, *JO* 29 juin ; *RD publ.* 1996.15, note D. Rousseau.

3. Déc. 25 juill. 2000, *LPA*, 11 janv. 2001, p. 13, note P. Jan.

4. À la différence par exemple du Conseil d'État, qui est investi par les textes d'une compétence consultative générale en matière administrative, le Conseil constitutionnel considère qu'il ne dispose d'une compétence consultative que dans les cas précis délimités par la Constitution (cf. décision du 14 sept. 1961).

tions [1], ce qui provoque l'ouverture de son intérim dans le premier cas, et de nouvelles élections dans le second.

Le Conseil constate de même la vacance éventuelle de la Présidence [2].

• **Référendum d'initiative populaire (art. 11 al. 4 de la Constitution).** La révision constitutionnelle du 23 juillet 2008 instaure sous diverses conditions la possibilité de référendums d'initiative populaire, et c'est le Conseil qui est chargé de contrôler, avant la votation, le respect de ces dispositions.

336-2 *Les avis* ◊ L'article 16 de la Constitution, qui confère au président de la République des pouvoirs exceptionnels en cas d'événements constitutifs de crise grave, oblige le président, préalablement à sa mise en œuvre, à procéder à la consultation du Premier ministre et des présidents des assemblées, ainsi qu'à celle du Conseil constitutionnel. Celui-ci est appelé à émettre un avis sur la réunion des conditions exigées ; cet avis est publié. En outre, pendant la durée d'application de l'article 16, le Conseil doit être consulté par le président sur les mesures que celui-ci prend à ce titre. Ce chef de compétence a joué à l'occasion de la rébellion d'officiers généraux en Algérie en 1961 (v. l'avis du 23 juillet 1961).

La révision constitutionnelle du 23 juillet 2008 complète ce dispositif en prévoyant qu'après trente jours d'application des pouvoirs exceptionnels le Conseil peut être saisi afin de se prononcer, par un avis public, sur le point de savoir si les conditions de déclenchement de cette procédure sont toujours réunies ; il procède de plein droit à cet examen après soixante jours, et à tout moment au-delà.

§ 3. Importance actuelle de la jurisprudence constitutionnelle

337 *Indépendance du Conseil et garanties fondamentales des citoyens* ◊ Innovant par rapport à une tradition d'absence de contrôle de constitutionnalité remontant aux origines de notre droit public moderne, le Conseil constitutionnel a été très critiqué lors de sa création [3]. Il a aujourd'hui conforté sa position, encore qu'il soit contesté par des partis politiques (longtemps, par le Parti communiste) et par certains

1. Ce pourrait être le cas, par exemple, pour raisons de maladie grave.

2. Ce fut le cas lors de la démission du général de Gaulle (déc. Cons. const. 28 avr. 1969) et après le décès du Président Pompidou (déc. Cons. const. 3 avr. 1974).

3. V. R. Chiroux, « Faut-il réformer le Conseil ? », *Pouvoirs*, n° 13, 1980, p. 101. G. Drago, « Réformer le conseil ? », *Pouvoirs*, 2003-105, p. 73. En 1978, F. Mitterrand portait sur lui ce jugement : « Le Conseil constitutionnel est une institution à la Napoléon III, qui ne devrait pas avoir cours dans la vie démocratique d'aujourd'hui... Il s'agit d'une institution dont il faudra se défaire » ; cité par B. Chantebout, *Droit constitutionnel*, 19e éd., A. Colin, 2002, p. 530, note 1.

juristes [1]. Il doit cette consolidation de la place qu'il occupe au sein des institutions politiques et juridictionnelles notamment à deux caractères qui marquent sa politique juridictionnelle :

- il a affirmé, au fil de ses décisions, son indépendance à l'égard de l'exécutif dont il avait été présenté à l'origine comme le défenseur. Les textes qu'il censure sont très généralement d'origine gouvernementale [2] ; en outre, il veille à assurer l'entier développement de la compétence législative, en ne cantonnant pas les sources de celle-ci aux articles 34 et suivants de la Constitution, mais en les recherchant éventuellement dans d'autres textes ayant valeur constitutionnelle (cf. la décision 73-801 du 28 novembre 1973, sur les peines contraventionnelles privatives de liberté - solution *a contrario*). Créé à l'origine par méfiance à l'égard de la compétence législative du Parlement, il l'a en réalité confortée ;
- surtout il a développé, en leur reconnaissant force juridique constitutionnelle, tout un corps de règles qui sont autant de garanties pour les citoyens. Il a ainsi incorporé au « bloc de constitutionnalité » dont il assure le respect le Préambule de la Constitution de 1946 [3] et la Déclaration des droits de l'homme de 1789, en donnant beaucoup d'extension à des principes généraux formulés sous des formes assez vagues par ces textes, voire en déduisant l'existence d'autres principes d'un raisonnement qui rejoint parfois la théorie de « l'effet utile » mise en œuvre par les juridictions internationales, pour lesquelles les normes juridiques explicitement énoncées par des textes en impliquent d'autres (même si elles ne sont pas formulées) sans lesquelles les premières ne formeraient pas un système complet de normes cohérentes. Ainsi en va-t-il lorsque le Conseil, s'affranchissant ici de toute interprétation d'un texte, se réfère à des « principes généraux du droit », qu'il est maître de consacrer ou non, ce qui donne à sa jurisprudence une grande souplesse d'évolution.

Cependant, pour faciliter l'acceptation de son intervention, le Conseil constitutionnel pratique une politique jurisprudentielle d'une hardiesse raisonnée [4].

1. V., par ex., les articles des Pr. J.-J. Dupeyroux, « Le Conseil constitutionnel est-il infaillible ? », *Le Monde*, 18 juill. 1989, et R. De Lacharriere, « Opinion dissidente », *Pouvoirs, préc.*, p. 133. Pour une vue d'ensemble : G. Drago, « Éthique et déontologie du juge constitutionnel français », *D.* 1999. Chron. 263. R. Pinto, « Les excès du Conseil constitutionnel », *Le Monde*, 25 janv. 2001, p. 16.

2. On peut ajouter qu'il n'hésite pas, à l'occasion, à censurer des amendements introduits par des personnalités politiques comptant potentiellement parmi ses membres (v. la décision 86-209 DC du 3 juill. 1986, censurant l'« amendement Giscard d'Estaing » qui réduisait d'un an le délai de reprise du fisc pour les contribuables ne disposant que de salaires ou de pensions, *Dr. fiscal*, n° 30, 1986, p. 976). M. Giscard d'Estaing, ancien président de la République, alors député, était membre de droit du Conseil - où il ne siégeait cependant pas.

3. V. L. Philip, « La valeur juridique du Préambule de la Constitution du 27 octobre 1946, selon la jurisprudence du Conseil constitutionnel », in *Mélanges R. Pelloux*, L'Hermès, 1980, p. 265.

4. M. Cappelletti, *Le pouvoir des juges*, Économica, 1990 : le contrôle juridictionnel des lois (p. 177) ; développement et légitimité de la justice constitutionnelle (p. 249).

338 *Conséquences de cette jurisprudence* ◊ L'extension du droit de saisine du Conseil aux parlementaires, d'abord en matière de contrôle de la constitutionnalité des lois (art. 61 Constitution) puis en matière de déclaration de conformité des traités à ratifier à la Constitution (art. 54, *ibid*) a porté notamment trois grandes conséquences :

– **Juridictionnalisation et extension du droit constitutionnel.** Avant le développement de la jurisprudence du Conseil constitutionnel, « le constitutionnaliste était un juriste incomplet, puisqu'il était un juriste sans contentieux ». Au-delà du caractère plaisant de la formule [1], la remarque souligne que, désormais, la supériorité de la norme constitutionnelle n'appartient plus seulement au monde des Idées, mais s'incorpore dans la réalité juridique. La hiérarchie des normes – la Constitution, la loi, le règlement – est sanctionnée. Sans doute sa mise en œuvre demeure-t-elle perfectible (cf. *infra*), mais elle est devenue possible. En même temps, grâce au caractère créateur de la jurisprudence, le droit constitutionnel s'enrichit de nouvelles normes représentées par les divers principes généraux dégagés progressivement par le Conseil constitutionnel. Ces alluvions jurisprudentielles lui ont permis de gagner de nouvelles terres, dont le constitutionnaliste s'empare, en quelque sorte, par accession ; son champ d'étude s'est en outre élargi à de nouveaux domaines.

– **Implication croissante dans la confection de la loi.** Bien que, dans la présentation courante, le processus législatif soit réduit à ces deux acteurs majeurs que sont le Gouvernement – par ses projets de lois – et le Parlement – par ses propositions de lois et par ses votes [2] –, une vue plus exacte de la réalité conduit à prendre en compte le rôle consultatif joué par le Conseil d'État (v. *infra* n° 710) en amont du dépôt des projets de lois, et le rôle joué par le Conseil constitutionnel aussi bien, suivant les cas, avant, pendant et après les débats parlementaires, (rôle qui a été exposé dans les développements qui précèdent). Il peut ainsi bloquer préalablement la discussion d'un texte, s'il décide que son adoption nécessiterait une révision de la Constitution (exemple : loi de ratification d'un traité), amener à disjoindre d'une loi en discussion des dispositions ayant un caractère réglementaire, déclarer contraires à la Constitution et ne pouvant ainsi être promulguées d'autres dispositions adoptées par le Parlement. Plus encore, au-delà de ces interventions de blocage, la pratique des réserves d'interprétation, et des invitations à agir adressées au législateur lui permet d'intervenir dans le contenu même de la loi, en ajoutant (ou en retranchant) à la portée que le Parlement lui avait donnée consciemment ou non.

1. Du doyen G. Vedel, « Rapport de synthèse du colloque La Cour de cassation et la Constitution de la République », 9 et 10 déc. 1994, Cour de cassation, Doc. fr., 1995.

2. Sans évoquer ici les amendements émanant de l'un et de l'autre, ni l'intervention (très) éventuelle du Conseil économique et social.

On a pu ainsi qualifier le Conseil constitutionnel de « co-auteur » de la loi [1].

– **« Constitutionnalisation » des autres branches du droit**. L'extension jurisprudentielle des règles de valeur constitutionnelle, dont le Conseil doit s'assurer du respect par le législateur, aux dispositions du Préambule de la Constitution de 1946, et de la Déclaration des droits de l'homme de 1789, ainsi qu'aux principes généraux dégagés par sa jurisprudence, a conduit à la multiplication des règles libérales dont le législateur doit tenir compte, quel que soit l'objet de la loi en discussion. Tant que le droit constitutionnel était essentiellement un ensemble de règles de procédures régissant les rapports entre les Pouvoirs publics, et leur organisation, il demeurait confiné dans la sphère particulière du droit public, et sa connaissance était affaire de spécialistes. En revanche, les nouvelles normes que le Conseil constitutionnel a incorporées, à côté du texte même de la Constitution, dans le « bloc de constitutionnalité » ont par leur contenu vocation à diffuser largement dans les autres branches du droit. Ce droit constitutionnel « de la deuxième génération » irrigue de plus en plus ces autres matières, dont il représente le statut fondamental mais encore parfois mal connu de certains juristes. Ce phénomène est dénommé la constitutionnalisation du droit ; on parle ainsi de droit fiscal constitutionnel [2], de droit financier constitutionnel [3], de droit processuel constitutionnel [4] ou de droit pénal constitutionnel. Par là est reconstituée l'unité profonde du droit, en même temps que s'estompe un peu plus encore pour le praticien la distinction du droit public et du droit privé.

1. Sur cette intervention du Conseil dans le processus législatif, V. G. Drago, *in* R. Drago (dir.), *La confection de la loi, étude pour l'Académie des sciences morales et politiques*, PUF, 2005.

2. V. L. Philip, *Droit fiscal constitutionnel*, Économica, 1990.

3. V. L. Philip, *Les fondements constitutionnels des finances publiques*, Économica, 1995 ; « Constitutionnalisation du droit budgétaire français », in *Mélanges P.-M. Gaudemet* (Études de finances publiques), Économica, 1984, p. 49.

4. S. Guinchard, F. Ferrand et C. Chainais, *Procédure civile*, n° 27 s. S. Guinchard *et alii*, *Droit processuel. Droit commun et droit comparé du procès équitable*, Dalloz, 5e éd., 2009, n° 155 s. Pour des exemples de constitutionnalisation de l'organisation judiciaire et de la procédure, V. *supra*, n° 18.

CHAPITRE 2
LE TRIBUNAL DES CONFLITS

§ 1. Généralités

339 ***Différentes sortes de conflits d'attribution*** ◊ On a indiqué précédemment (v. *supra*, n° 202) qu'au moment de porter un litige devant une juridiction, le premier problème de compétence à résoudre est représenté par la détermination de l'ordre de juridictions compétent. Les difficultés qui peuvent surgir à ce sujet sont dénommées *conflits d'attribution ;* c'est pour les régler qu'a été créé le Tribunal des conflits [1].

Les conflits d'attributions ne peuvent pas, logiquement, être réglés par une juridiction appartenant à l'un ou à l'autre ordre. Il est rationnellement souhaitable que la solution en soit confiée à une juridiction couronnant les deux ordres, et composée de représentants de ces deux ordres, qui auront ainsi une connaissance personnelle du type de difficulté à résoudre, et des implications de la solution qui sera retenue. Telle est la solution qui a été adoptée, sous la forme d'une haute juridiction composée paritairement de membres appartenant à la juridiction suprême de chacun des deux ordres, mais qui n'est rattachée ni à l'un ni à l'autre [2]

En matière de compétence [3], les conflits dont le Tribunal des conflits a à connaître peuvent se présenter sous deux formes qui, pour des raisons historiques, ne correspondent pas à la représentation abstraite que l'on pourrait s'en faire *a priori*.

Dans une vue purement logique du problème général de la répartition des compétences entre les deux ordres, les conflits d'attribution

1. S. Petit, *Le tribunal des conflits*, coll. « Que sais-je ? », PUF (n° 2866) ; P. Gonod et L. Cadiet (dir.), *Le Tribunal des conflits : Bilan et perspectives*, coll. « Thèmes et commenataires », Dalloz, 2008. Les textes fondamentaux, datant la plupart du XIXe siècle, sont toujours en vigueur. V. les articles 25 à 27 de la loi du 24 mai 1872 sur l'organisation du Conseil d'État, ainsi que la loi du 4 février 1850 et le règlement du 28 octobre 1849 (remis en vigueur par la loi du 24 mai 1872). Textes reproduits dans le Code administratif Dalloz, 32e éd., 2009 (V. Conflits).

2. B. Bachelier, « Le Tribunal des conflits, juridiction administrative ou juridiction judiciaire ? », considère que « Il n'est ni l'un ni l'autre. Il est un juge à part qui règle des conflits d'attribution (...) » *in* rapport 2005 du Tribunal des conflits, Doc. fr., 2006 (consultable sur le site Internet de la Cour de cassation ou du Conseil d'État). Ce rapport contient également un rapport sur l'histoire de l'institution, établi par P. Pacteau.

3. Précision tenant au fait que, pour des raisons pratiques, il lui a été confié également le pouvoir de juger *au fond* une catégorie particulière d'affaires.

sembleraient devoir se présenter selon l'opposition d'hypothèses suivante :

- soit une double affirmation d'incompétence (conflit négatif) : des juridictions de chacun des deux ordres s'affirmeraient incompétentes en considérant que le litige relève, pour les juges judiciaires de l'ordre administratif, pour les juges administratifs de l'ordre judiciaire. Pour éviter un déni de justice, une procédure doit permettre de désigner l'ordre compétent ;
- soit une double revendication de compétence : chacun des deux ordres considérerait que le litige relève de l'une des juridictions qui le compose. Dans cette situation - qui serait moins grave pour le plaideur, puisque seules des considérations de principe touchant à une bonne administration de la justice seraient en cause - une procédure devrait permettre aux juridictions judiciaires de revendiquer la connaissance d'un litige porté selon elles à tort devant un juge administratif, ou l'inverse si c'était le juge judiciaire qui était saisi par le justiciable.

Il est liminairement essentiel de souligner que cette symétrie ne correspond pas à la réalité. Si la première hypothèse (conflit négatif) se retrouve en droit positif, pour des raisons historiques ce que l'on appelle conflit positif ne correspond nullement à cette double revendication de compétence : on verra que dans cette seconde hypothèse l'opposition ne se manifeste pas entre un juge judiciaire et un juge administratif qui s'arc-bouteraient chacun sur l'affirmation de sa compétence (en pratique aucun juge administratif n'est encore saisi lorsque naît un conflit positif), mais entre un juge judiciaire et *l'Administration*, qui récuse la compétence de ce dernier en affirmant le plus souvent que l'on est dans un des cas (nombreux) où la compétence appartient à l'ordre administratif. On s'éloigne de l'idée purement rationnelle d'une sanction *équilibrée* de la répartition des compétences entre les deux ordres pour se rapprocher à la fois d'une idée de protection de la compétence de la juridiction administrative - la procédure fonctionnant à sens unique pour faire déposséder un juge judiciaire - et, d'un souci, *à la période d'apparition des textes* (1849, 1850, 1872), de protéger l'action de l'Administration, celle-ci étant historiquement censée être plus menacée par l'intervention du juge judiciaire, et la procédure du conflit positif pouvant théoriquement [1] permettre à l'Administration de dessaisir même un juge administratif dans le cas - aujourd'hui exceptionnel - où un acte de l'exécutif ne peut être porté devant aucun juge.

À la période contemporaine cette vision d'un Tribunal des conflits protecteur de l'Administration ou de la compétence administrative ne correspond plus à aucune réalité [2]

1. Cette possibilité n'a jamais été mise en œuvre.

2. A titre d'exemple, en 2005, les quatre cinquièmes de ses décisions ont été rendues en faveur de la compétence des juridictions judiciaires. Comme le constate P. Pacteau, in

§ 2. **Organisation**

L'aménagement de l'institution est inspiré par l'idée de confier le règlement des conflits d'attribution à une solution dégagée en commun par une délégation de membres de chacun des deux ordres. Ceci a conduit à une composition paritaire du Tribunal des conflits, que celui-ci respecte également dans son fonctionnement [1] ; il a cependant fallu prévoir le cas d'un partage des voix, qui est alors vidé par l'intervention d'un représentant de l'exécutif qui en est le président en titre.

340 ***Composition*** ◊ Le Tribunal des conflits est composé, sous la présidence du ministre de la Justice – qui normalement ne prend pas part à ses audiences – de trois conseillers d'État en service ordinaire et de trois conseillers à la Cour de cassation, élus par leurs collègues ; ces sept membres en élisent deux autres, en pratique un autre conseiller d'État et un autre conseiller à la Cour de cassation. Ces neuf membres titulaires élisent deux suppléants, choisis en pratique l'un au Conseil d'État et l'autre à la Cour de cassation.

Les élections ont lieu tous les trois ans. À leur occasion, le Tribunal des conflits élit un vice-président, alternativement choisi parmi les membres de chaque ordre, et qui en dirige effectivement les travaux.

Le ministère public est représenté par quatre « rapporteurs publics » [2], nommés chaque année par décret et choisis paritairement au Conseil d'État et à la Cour de cassation. Ces rapporteurs publics correspondent exactement à leurs homologues du Conseil d'État, et ils présentent leurs conclusions en toute indépendance.

341 ***Fonctionnement*** ◊ Le Tribunal des conflits – qui siège au Palais Royal dans les locaux du Conseil d'État [3] – suit une procédure inspirée de celle du Conseil d'État [4] et dominée dans son aménagement par le souci de respecter au mieux son caractère paritaire : les affaires sont

rapport 2005, précité, « Le mécanisme des conflits mérite de moins en moins son nom ; il fait plutôt penser à un système de conciliation entre nos deux justices après avoir servi leur réconciliation historique ».

1. Cependant, la validité des délibérations n'est pas subordonnée à la présence en séance d'un nombre égal de membres de chaque ordre. Le quorum exigé de cinq membres peut être réuni de manière quelconque.

2. Deux titulaires, deux suppléants. Un décret du 7 janvier 2009 a remplacé l'appellation traditionnelle mais ambiguë de « commissaire du Gouvernement » par celle de « rapporteur public ».

3. Le Tribunal des conflits n'a pas, en effet, de moyens propres, et notamment il ne dispose pas d'un budget ; une conséquence en est, notamment, qu'il ne peut disposer d'un site Internet et que les informations qui le concernent (jurisprudence, rapports) sont hébergées – et disponibles – sur les sites du Conseil d'État (www.conseil-etat.fr) ou de la Cour de cassation (www.courde cassation.fr).

4. Ses arrêts sont publiés, comme ceux du Conseil d'État, au *Recueil Lebon*. V. décret du 26 octobre 1849, réglant les formes de procéder du Tribunal des conflits.

alternativement confiées [1] à un rapporteur de l'ordre judiciaire ou administratif, le rapporteur public étant choisi parmi les membres de l'autre ordre.

Il établit et publie depuis 2005 un rapport annuel de ses activités. [2]

Il se peut, lorsque le Tribunal des conflits siège en nombre pair, que ses membres s'opposent en nombre égal sur la décision à prendre ; l'affaire est alors renvoyée à une autre séance, que le garde des Sceaux vient présider pour – selon la formule – *vider le partage* [3]. À supposer que le litige entre dans le champ d'application de la Convention européenne des droits de l'homme, dans un cas où le Tribunal statuerait comme juge du fond, cette intervention du Ministre semble incompatible avec l'exigence d'un « tribunal impartial » telle que l'interprète la Cour européenne des droits de l'homme – même si, dans les faits, le garde des Sceaux adopte une position équilibrée. Une réforme apparaît donc inéluctable sur ce point [4].

§ 3. Attributions

Originairement, le Tribunal des conflits a été créé par la loi du 24 mai 1872 pour régler des conflits de compétence. Ses attributions ont été élargies par une loi du 20 avril 1932, pour permettre de régler au fond des contrariétés de décisions, jusque-là insurmontables, pouvant surgir entre des juridictions des deux ordres. Dans tous les cas, ses décisions sont sans recours.

I. Conflits de compétence

Il peut s'agir, comme on l'a indiqué précédemment, de conflits positifs ou négatifs d'attribution.

A. Conflits positifs

342 ***1) Notion*** ◊ **a)** La période révolutionnaire, nourrie du souvenir de l'opposition au roi des anciens Parlements, s'était minutieusement préoccupée de soustraire l'Administration à la compétence des tribunaux judiciaires (v. *supra*, n°s 80 et s.). La volonté de protéger l'indé-

1. D'après leur numéro d'enregistrement ; les dossiers portant un numéro pair sont confiés à un membre de la Cour de cassation.
2. Édité par La documentation française, également consultable sur les sites Internet du Conseil d'État et de la Cour de cassation (mentionnés ci-dessus).
3. Ces hypothèses sont rares, la pratique des délibérations montrant qu'il n'existe pas de préoccupation des représentants de chacun des deux ordres d'attirer la connaissance d'un maximum d'affaires vers l'ordre judiciaire ou administratif. De 1872 à 1978, il y a eu 13 cas de partage, correspondant à des questions juridiques particulièrement délicates, dans lesquels le garde des Sceaux a appuyé 7 fois la compétence judiciaire.
4. Cf. l'exposé introductif de M. J.-M. Sauvé, vice-président du Conseil d'État, lors de la *Journée d'étude sur le Tribunal des conflits*, Conseil d'État, 1er oct. 2008.

pendance d'action de l'Administration avait été poussée jusqu'à ses dernières conséquences en matière contentieuse, puisque l'exécutif se jugeait lui-même (système de la justice retenue). Si un tribunal judiciaire était saisi par un justiciable d'une affaire mettant en cause l'Administration alors que le plaideur aurait dû en saisir le ministre - juge, il y avait conflit positif d'attribution. À l'origine, ce conflit était tranché par le chef de l'État, statuant en Conseil d'État [1] ; la part faite aux considérations extrajuridiques conduisit à créer une juridiction indépendante, mais sans rien changer aux principes de fonctionnement du conflit positif.

La procédure du conflit positif d'attribution a pour objet de dessaisir une juridiction judiciaire que l'Administration prétend avoir été saisie à tort [2], en arguant de son incompétence au regard des règles de répartition des compétences entre les deux ordres.

Historiquement, la procédure du conflit positif d'attribution a été moins réglée, en 1872, dans le souci de protéger la compétence de la juridiction administrative naissante - encore qu'elle profitât par contrecoup de cette procédure - que par la préoccupation de protéger l'Administration elle-même : seule cette dernière peut la déclencher, les justiciables ne peuvent pas eux-mêmes saisir le tribunal des conflits. Cependant, il serait excessif de l'interpréter ainsi de nos jours ; la juridiction administrative ne fait pas preuve, loin de là, d'une bienveillance particulière à l'égard de l'Administration [3] ; dans certains cas, l'Administration n'est même pas en cause dans le procès, par exemple lorsqu'un particulier met en jeu la responsabilité d'un fonctionnaire devant un juge judiciaire et que l'Administration *élève le conflit* en vue de faire constater par une juridiction administrative que ce n'est pas son agent qui est responsable, mais elle-même [4] ;

b) Théoriquement - car cette disposition n'a jamais joué - l'exécutif pourrait, en vertu de l'article 26 de la loi du 24 mai 1872, « revendiquer devant le Tribunal des conflits les affaires portées à la Section du contentieux [5] et qui n'appartiendraient pas au contentieux administratif ». Ici, seule la préoccupation de protéger l'Administration a été retenue par le législateur, car le sens de ce texte est de permettre le dessaisissement du juge administratif si celui-ci persévérait à vouloir

1. V. un exemple du Conseil d'État statuant comme juge de conflit dans l'arrêt du 16 mai 1839, *Reversat*, *Lebon*, p. 284.

2. De manière caractéristique, la rédaction de l'article 25 de la loi du 24 mai 1872 vise « les conflits d'attribution entre *l'autorité administrative* et l'autorité judiciaire » ; J.-F. Flauss, « La pratique administrative du conflit positif d'attribution de 1962 à 1979 », *RD publ.* 1979, p. 1591.

3. Cf. les doléances émises par elle lors du colloque de Grenoble sur les tribunaux administratifs en mars 1974.

4. Dans ce cas, l'Administration est aujourd'hui pratiquement poussée à élever le conflit : v. l'art. 11 de la loi n° 83-634 du 13 juill. 1983 (droits et obligations des fonctionnaires).

5. Du Conseil d'État.

connaître d'un *acte de Gouvernement* alors que cette catégorie d'actes est soustraite à tout contentieux, aussi bien judiciaire qu'administratif.

La procédure applicable serait une procédure spéciale, réglementée par les articles 28 à 33 du décret du 26 octobre 1849.

343 ***2) La procédure*** ◊ Le conflit ne peut être élevé que par le Préfet, et dans les matières qui ne sont pas exclues par des textes [1] ; il peut l'être devant toutes les juridictions judiciaires – sauf devant la Cour de cassation [2].

Le tribunal est d'abord invité à se dessaisir de l'affaire par un *déclinatoire de compétence.*

S'il rejette le déclinatoire, le Préfet peut prendre un *arrêté de conflit*, qui à la fois oblige le tribunal à surseoir à statuer sur le fond de l'affaire et qui permet de saisir le Tribunal des conflits, auquel le dossier est transmis. Le Tribunal des conflits doit statuer dans les trois mois ; un mois après l'expiration de ce délai, la juridiction qui avait été saisie du litige est en droit de rendre son jugement.

Si l'arrêté de conflit est annulé, aussi bien pour des raisons de forme que de fond, l'affaire reprend son cours devant le juge judiciaire [3] ; s'il est confirmé, l'incompétence du juge judiciaire est établie, et il faudra saisir le juge administratif.

B. Conflits négatifs

344 ***1) Évolution des solutions*** ◊ Il y a conflit négatif d'attribution si deux juridictions relevant, l'une de l'ordre judiciaire, l'autre de l'ordre administratif, ont décliné la compétence de l'ordre auquel elles appartiennent pour connaître d'un même litige [4].

Il apparaît ainsi que dans cette catégorie de conflits l'Administration ne court guère le risque d'être troublée dans son fonctionnement, puisqu'aucun juge ne se reconnaît compétent. La préoccupation essentielle est ici de *protéger les justiciables*, tout litige devant trouver un juge pour que la paix sociale soit garantie.

1. Par exemple, il ne peut pas l'être sur l'action publique en matière criminelle ou correctionnelle, de même que dans tous les cas d'atteinte à la liberté individuelle (art. 136 CPP), et dans toute instance civile fondée sur une atteinte à la liberté individuelle ou à l'inviolabilité du domicile. V. l'interprétation de l'art. 136 CPP par le Tribunal des conflits, 12 mai 1997, *Préfet de police de Paris c/ TGI de Paris*, *AJDA* 1997. 635, chron. D. Chauvaux et Th. X. Girardot (pour le Tribunal des conflits, ces dispositions qui dérogent au principe de séparation des autorités administratives et judiciaires ne viseraient que les cas de voie de fait). L'arrêt a été rendu, en raison du partage des voix, sous la présidence du garde des Sceaux.

2. L'exception est traditionnellement justifiée par le fait que la Cour de cassation ne connaît pas du fond des litiges – ce qui n'est plus entièrement vrai aujourd'hui : cf. art. 627 CPC.

3. Sauf à l'Administration, en cas d'annulation de l'arrêté pour simple vice de forme, à élever de nouveau le conflit en appel.

4. Le justiciable auquel la compétence judiciaire a été par exemple opposée par le tribunal administratif ayant alors porté son affaire devant une juridiction judiciaire.

Jusqu'en 1960, le droit positif ne comportait qu'une procédure, qui tendait à régler les conflits *déjà nés*. Elle présentait le grave inconvénient d'exposer les plaideurs à des délais et à des frais considérables, pour la seule détermination de l'ordre de juridictions compétent pour connaître du litige. Aussi un décret du 25 juillet 1960 s'est-il proposé d'accélérer cette détermination, en instituant une procédure de renvoi *préventif* devant le tribunal des conflits.

Cette dernière procédure, bien que ne faisant juridiquement que s'ajouter à la précédente, l'a - heureusement - vidée de la majeure partie de son intérêt, ce qui en justifie la présentation préalable.

345 ***2) Renvoi préventif devant le Tribunal des conflits*** ◊ *Renvoi obligatoire :* aux termes du décret du 25 juillet 1960 [1], lorsqu'une juridiction de l'ordre judiciaire ou de l'ordre administratif a, par une décision qui n'est plus susceptible de recours, décliné la compétence de l'ordre de juridictions à laquelle elle appartient au motif que le litige ne ressortit pas à cet ordre, toute juridiction de l'autre ordre, saisie du même litige, si elle estime que ledit litige ressortit à l'ordre de juridictions primitivement saisi, *doit* par un jugement insusceptible de recours, surseoir à statuer et renvoyer la question de compétence au Tribunal des conflits.

- *Renvoi facultatif :* selon le même texte, toute juridiction statuant souverainement (pratiquement, la Cour de cassation ou le Conseil d'État) *peut*, si le litige fait apparaître à titre principal ou incident une question de compétence délicate, surseoir à statuer et renvoyer au Tribunal des conflits la détermination de l'ordre de juridictions compétent.

Ici, le but de la procédure, en l'absence de toute opposition entre les deux ordres - puisqu'un seul se trouve par hypothèse déjà saisi - est de prévenir l'apparition ultérieure de divergences de points de vue entre les deux ordres, en soumettant *par avance* au Tribunal des conflits une difficulté particulière de détermination des compétences susceptible, si elle n'était pas aplanie, de faire naître plus tard un cas de renvoi obligatoire. [2]

1. Les dispositions de ce décret sont incorporées dans le corps du décret du 26 octobre 1849, art. 34 et s.

2. Aussi sophistiquées qu'elles soient, les procédures de renvoi ne permettent pas toujours d'apporter rapidement une solution aux problèmes des justiciables. Ainsi, dans l'affaire *Epx Bernardet*, les requérants contestaient une décision prise en janvier 1989 à l'égard de leur enfant par la Commission départementale de l'éducation spéciale. Le TA se déclara incompétent, estimant que le litige relevait du contentieux de la Sécurité sociale. Saisie, la Commission régionale d'invalidité annula en décembre 1991 la décision contestée mais s'estima incompétente pour statuer sur la demande d'indemnisation. En 1995, le TA se reconnut compétent sur ce point mais rejeta la demande sur le fond ; la Cour administrative d'appel, estimant que le litige relevait entièrement de la juridiction judiciaire, saisit le TC, qui trancha en effet en ce sens en 1999.

Cependant, les requérants demandèrent à l'État une indemnité pour durée excessive de la procédure ; le TA saisi renvoya conformément aux textes l'affaire au CE, qui soumit alors au TC la délicate question de savoir quel juge était compétent pour apprécier la durée d'une procédure où étaient intervenus tour à tour juge administratif, juge judiciaire et Tribunal des conflits lui-même. Le 30 juin 2008, le TC considéra qu'il s'agissait du juge

346 ***3) Règlement des conflits négatifs par le Tribunal des conflits*** ◊ L'hypothèse de deux juridictions, de chacun des ordres, se déclarant incompétentes pour connaître d'un litige au motif que celui-ci relève de l'autre ordre se trouve pratiquement exclue désormais par l'institution des procédures de renvoi [1].

Si elle se rencontrait néanmoins, la procédure de règlement des conflits négatifs réglementée par le décret du 26 octobre 1849 trouverait à s'appliquer. Le Tribunal des conflits, saisi par l'un des plaideurs, déterminerait l'ordre de juridictions compétent.

II. Contrariétés de jugements

347 ***Le tribunal des conflits, juge du fond*** ◊ À la différence des hypothèses précédentes, où le Tribunal des conflits réglait des problèmes de répartition des compétences entre les deux ordres (conflits d'attribution), il intervient ici pour juger au fond certains litiges.

La pratique peut en effet faire apparaître des litiges présentant plusieurs aspects, dont les uns relèvent du juge judiciaire et les autres du juge administratif ; mais il peut arriver exceptionnellement que, dans le cadre de sa compétence, chaque ordre de juridiction rende sur le fond de l'affaire une décision contraire à celle rendue par l'autre, et que de cette contrariété de jugements résulte un véritable déni de justice pour le plaideur.

Un exemple toujours cité est celui-là même qui a provoqué l'intervention du législateur. Une personne avait été blessée dans une collision survenue entre deux véhicules, l'un appartenant à l'Administration et l'autre à un particulier. Ce tiers ayant assigné le propriétaire privé devant le juge judiciaire, celui-ci l'avait débouté au motif que la responsabilité incombait au conducteur de l'Administration. La victime ayant alors demandé réparation à celle-ci devant le juge administratif [2], celui-ci avait rejeté sa requête, en considérant que le conducteur privé était seul responsable.

Pour régler cette contrariété de jugements, une loi du 20 avril 1932 a permis de déférer au Tribunal des conflits, lorsqu'elles présentent une contrariété conduisant à un déni de justice, les décisions devenues définitives rendues par des juridictions administratives et judiciaires

compétent sur le fond, en l'espèce le juge judiciaire...V. *RFDA* 2008, concl. I. de Silva, p. 1165, et note B. Seiler, p. 1172.

1. Elle pourrait se présenter si les plaideurs et la seconde juridiction saisie méconnaissaient le décret de 1960 (qui a semblé peu connu des juges judiciaires de première instance pendant une dizaine d'années), ou si la seconde juridiction rendait son jugement alors que le jugement d'incompétence de la première n'était pas encore devenu irrévocable (le renvoi obligatoire ne pouvant pas alors jouer).

2. Cette espèce ne pourrait plus se reproduire aujourd'hui, la loi du 31 décembre 1957 ayant conféré compétence exclusive aux tribunaux judiciaires pour statuer sur les actions en responsabilité tendant à la réparation des dommages causés par un véhicule quelconque.

appelées à statuer sur des litiges portant sur le même objet. Il est saisi par le particulier victime de la contrariété de jugements, dans les deux mois du jour où la dernière en date des deux décisions est devenue définitive [1].

Dans ces hypothèses le législateur a voulu éviter de faire subir de nouveaux frais et de nouveaux délais aux justiciables, et le Tribunal des conflits statue lui-même au fond [2].

348 *Informations statistiques* ◊

	2000	2001	2002	2003	2004	2005	2006
Affaires jugées	**62**	**52**	**56**	**47**	**48**	**58**	**94**
Conflits positifs	24	8	9	9	15	8	33
Conflits négatifs	2	5	4	0	5	2	1
Conflits sur renvoi du Conseil d'État	3	3	0	0	2	18	4
Conflits sur renvoi de la Cour de Cassation	1	3	0	3	2	0	0
Conflits sur renvoi des juridictions subordonnées	32	31	43	35	24	27	55
Conflits de la loi de 1932	0	2	0	0	0	2	1
autres	0	0	0	0	0	1	0

Source : Rapport annuel sur l'année 2006.

1. V. par exemple l'affaire *Rosay*, qui avait été à l'origine de la loi de 1932 ; TC, 8 mai 1933, *S.*, 1933. III.117. Les cas de contrariété de décisions sont rares ; V. TBC, 17 déc. 2001, *Départ. de l'Isère c/ Mme Lucand*, *LPA* 2003, n° 40, p. 16, note.

2. En fait, lorsqu'il intervient sur des questions de pure compétence, le Tribunal des conflits est souvent amené à s'interroger indirectement sur le fond de l'affaire pour régler le problème de compétence. V. les ouvrages de droit administratif et R. Odent, *Contentieux administratif*, Les cours de Droit, p. 702.

CHAPITRE 3

LA HAUTE COUR « JURIDICTION POLITIQUE » ?

349 ***Généralités*** ◊ Nonobstant l'indépendance des magistrats judiciaires, on a toujours craint qu'un tribunal judiciaire soit impuissant à juger des infractions commises par les représentants du pouvoir politique les plus hauts placés et tout particulièrement le président de la République. Ce constat a été à l'origine de la création des juridictions politiques autrement dit de juridictions dont les juges sont le plus souvent eux-mêmes des représentants du pouvoir politique [1]. La tradition d'une Haute Cour remonte à la Constitution du 4 novembre 1848 (art. 9) et on la retrouve ensuite dans la loi constitutionnelle du 16 juillet 1975 (art. 9) dans la Constitution du 27 octobre 1946 (art. 58) et bien évidemment dans la Constitution du 4 octobre 1958 (art. 67 et 68).

Si ces juridictions jugeaient également les ministres, une réforme constitutionnelle du 27 juillet 1993 (loi constitutionnelle n° 93-952) a confié le jugement de ces derniers à une nouvelle juridiction, la Cour de justice de la République (art. 68-1 de la Constitution) dont la compétence est limitée aux infractions commises dans l'exercice des fonctions. Les décisions de cette juridiction pouvant faire l'objet d'un recours devant la Cour de cassation elle sera étudiée avec les juridictions répressives d'exception (v. *infra* n° 660). La Haute Cour de justice, depuis cette réforme, n'était donc compétente que pour le seul chef de l'État et encore cette compétence était-elle limitée à la seule haute trahison, notion nullement définie par les textes. La mise en cause du président de la République en exercice pour des faits antérieurs à son élection devait révéler l'inadaptation des règles constitutionnelles, s'agissant de la mise en cause du chef de l'État pendant son mandat. Elle est à l'origine de la modification réalisée par la loi constitutionnelle n° 2007-238 du 23 février 2007 (*JO* du 24 février 2007 p. 3354) créant la Haute Cour.

1. J. Larrieu, « De quelques constantes de la justice politique française depuis la Révolution », *RSC* 1987, p. 801. O. Hoffe, *La justice politique*, coll. « Leviathan », PUF, 1991 ; G. Giudicelli-Delage, « La justice du politique », *Justices* 1996.3.113 ; J.-J. Clère, « La problématique des hautes cours de justice dans les constitutions républicaines françaises »,. in J. Lorgnier, R. Martigne, J.-P. Royer, *Justice et République(s)*, Publications de l'Espace juridique, 1993, p. 337 ; J. P. Pastorel, « Droit comparé et réforme des mécanismes de jugement des ministres », *RD publ.* 1996. 1347. V. aussi, le no 92 de la revue *Pouvoirs*, janv. 2000 : « La responsabilité des gouvernants ». L. Gondre, « De la Haute Cour de justice à la Cour de justice de la République », *RPDP*, 2000-74.

Pour mieux appréhender la situation actuelle il importe de rappeler le système jusqu'alors en vigueur avant de présenter les nouvelles solutions retenues pour mettre en cause la responsabilité du chef de l'État. On pourra alors constater, qu'au-delà du changement de terminologie, il y a une modification plus fondamentale puisque la Haute Cour n'est plus véritablement une juridiction au sens habituel de ce terme.

§ 1. La situation antérieure à la loi du 23 février 2007 : la Haute Cour de Justice

350 Selon l'article 68 de la Constitution dans son ancienne rédaction, le président de la République ne pouvait voir sa responsabilité engagée que devant la Haute Cour de Justice en cas de haute trahison. Cette juridiction était une émanation du Parlement puisqu'elle était composée de 24 juges titulaires et de 12 suppléants appartenant pour une moitié à l'Assemblée nationale et pour l'autre au Sénat. Ces juges étaient élus par chaque assemblée à la majorité des suffrages exprimés. Le président et les deux vice-présidents étaient élus par le Cour en son sein.

La haute trahison, seul chef de compétence possible n'étant nulle part définie, les contours de cette qualification étaient nécessairement vagues. Même si elle pouvait évoquer, *a priori*, une intelligence avec un pays ennemi plus globalement, elle se rapportait à toutes les violations des institutions constitutionnelles, autrement dit le non-respect des obligations qui incombent au chef de l'État. Dès lors aucune réponse n'était apportée pour les actes accomplis dans le cadre de la fonction qui ne constituaient pas une haute trahison ou pour des actes n'ayant aucun lien avec la fonction.

Quelle pouvait être la situation du chef de l'État dans une telle hypothèse ? [1]

Cette question a fait l'objet d'une importante polémique. En effet un ancien président de la République avait été mis en cause pour des faits antérieurs à son élection alors qu'il était maire de Paris. La question était alors de savoir si le privilège de juridiction, dont bénéficiait le chef de l'État, pouvait jouer dans une telle hypothèse, dès lors que la procédure se déroulait pendant l'exercice des fonctions présidentielles. Le Conseil constitutionnel dans sa décision concernant la Cour pénale internationale l'avait admis. Il avait, en effet, estimé que, selon l'article 68 de la Constitution le président de la République bénéficiait,

1. Dans l'abondante bibliographie sur cette question on citera R. Badinter, « La responsabilité pénale du Président de la République » in *Mélanges P. Gelard*, Montchrestien, 2000, p.151, S. Guinchard et J. Buisson, *Procédure pénale*, n° 199 et la bibl. très importante, citée. V. égal. « Le statut pénal du chef de l'État », interview de Louis Favoreu, *D.* 2003. 430. P. Avril, *Le statut pénal du président de la République, rapport de la commission de réflexion sur le statut pénal du président de la République*, Doc fr., 2003.

pour les actes accomplis dans l'exercice de ses fonctions hors le cas de haute trahison, d'une immunité et que sa responsabilité pénale ne pouvait être mise en cause que devant la Haute Cour de justice (Déc. 98-408, DC, 22 janv. 1999). Cette position avait surpris la plupart des auteurs qui, jusqu'alors, estimaient, qu'en tant que personne privée, le chef de l'État ne bénéficiait d'aucune immunité et pouvait être poursuivi devant une juridiction ordinaire. La solution retenue par le Conseil constitutionnel avait cependant été confirmée, d'une certaine manière, par la Cour de cassation siégeant en assemblée plénière bien que cette juridiction ait retenu une toute autre analyse. La haute juridiction, après avoir relevé que la Haute Cour de justice n'était compétente que pour la haute trahison, admettait que pour les autres infractions, seules les juridictions de droit commun pouvaient être saisies. Néanmoins le président de la République devant assurer le fonctionnement des pouvoirs publics et la continuité de l'État, il ne pouvait, pendant la durée de son mandat, être mis en cause devant une juridiction répressive (c'est-à-dire être convoqué comme témoin assisté, mis en examen ou renvoyé devant une juridiction de jugement). La durée de la prescription était donc nécessairement suspendue pendant toute la durée du mandat, les poursuites pouvant reprendre lorsque le chef de l'État redevient un citoyen ordinaire. La Cour de cassation consacrait ainsi une véritable inviolabilité du président de la République, à l'exception du cas de haute trahison, pendant l'exercice de son mandat [1].

Après sa réélection en 2002, le Président Chirac avait réuni une commission chargée de mener une réflexion sur le statut du président de la République. Cette commission devait rendre rapidement un rapport [2] qui a servi de base à la réforme constitutionnelle réalisée près de cinq ans plus tard qui propose un nouveau système de responsabilité pénale du chef de l'État que nous allons présenter.

§ 2. Le système de responsabilité pénale du chef de l'État. La Haute Cour

Le titre IX de la Constitution s'intitule désormais « La Haute Cour ». Il comporte deux articles, le premier, l'article 67, reprend le principe traditionnel de l'irresponsabilité pénale du chef de l'État pour les faits

1. Ass. plén., 10 oct. 2001, *Bull. crim.* no 206, concl. De Gouttes et rapp. Roman ; *D.* 2001. 3021 et 3365, chron. Favoreu ; *D.* 2002. 237, note Debbasch ; *JCP* 2002. II. 10024, note Franck ; v. S. Guinchard et J. Buisson, *Procédure pénale*, n° 190 note 45 citant de nombreuses autres références commentant cette décision. V. égal., F. Haumon, « A propos du statut pénal du chef de l'État ; Convergences et divergences entre le Conseil constitutionnel et la Cour de cassation », *RSC* 2002.59 ; G. Carcassonne, « Le statut pénal du chef de l'État. Le point de vue du constitutionnaliste », *RPDP* 2004.139. J.-H. Robert, « Le chef de l'État. Point de vue du pénaliste », *RPDP* 2004. 147.

2. *Le statut pénal du président de la République*, Doc. fr. rapport préc.

accomplis en cette qualité, mais il organise également, en s'inspirant de la solution proposée par la Cour de cassation, un système plus global d'inviolabilité du président [1] pendant l'exercice de son mandat. L'article 68 introduit ensuite une exception à l'irresponsabilité du chef de l'État, en cas de manquement à ses devoirs manifestement incompatibles avec l'exercice de son mandat en confiant alors à une Haute Cour le soin de destituer le président.

I. Le principe d'irresponsabilité

351 Ce principe d'irresponsabilité qui ne se discute guère lorsqu'il concerne des actes accomplis dans le cadre des fonctions cède cependant, selon l'alinéa 1er de l'article 67, non seulement dans l'hypothèse de destitution mais encore dans celle de l'article 53-2 de la Constitution réservant la possibilité d'engager la responsabilité pénale du président devant la Cour pénale internationale.

Au-delà, pendant l'exercice de son mandat, la mission du président de la République, qui représente la France, et est chargé d'assurer le fonctionnement des services de l'État, implique qu'il ne puisse pas être mis en cause devant une juridiction ou une autorité administrative française « ni être requis de témoigner non plus que faire l'objet d'une action, d'un acte d'information, d'instruction ou de poursuite ». Si un acte de participation volontaire à une procédure est possible en revanche toute mesure de contrainte parait exclue.

Ainsi une perquisition à l'Élysée, résidence du président de la République, paraît-elle difficilement envisageable [2]. Il ne s'agit pas pour autant de rendre le chef de l'État irresponsable pour les infractions étrangères à sa mission. Aussi la possibilité de reprendre les instances et procédures après cessation des fonctions est expressément prévue à l'al 3 de l'art 67 qui exige cependant l'écoulement d'un délai d'un mois. Aucun obstacle juridique découlant de l'écoulement du temps ne pourra être opposé puisque les délais de prescription ou de forclusion sont suspendus pendant la durée du mandat. Ainsi le président redevenu un simple citoyen redevient justiciable des juridictions de droit commun dans les conditions du droit commun, ce qui pourrait aussi résulter d'une destitution.

1. M. Verpeaux, « Le faux impeachment à la française ou la nouvelle combinaison du pénal et du politique. A propos de la révision du titre IX de la Constitution », *JCP* 2007. I. 141. P. Auvret, « La réforme de la responsabilité du président de la République », *RD publ.* 2007-2, p. 409 ; J. Cl. Zarka, « La réforme du statut pénal du chef de l'Etat », *LPA* 22 févr. 2007, n° 39 ; M. L. Rassat, « Du statut dit "pénal" du président de la République », *Dr. pénal* 2007, étude 7 (article très critique).

2. V. pour une tentative de réaliser cette mesure menée par le juge d'instruction dans le cadre de l'affaire *Borrel* (mai 2007) et le refus opposé par l'Élysée au titre de l'article 67 de la Constitution.

II. La destitution par la Haute Cour

352 La Haute Cour, il importe de le préciser immédiatement, n'est pas à proprement parler une juridiction au sens habituel de ce terme puisqu'elle n'implique l'intervention d'aucun magistrat. La Haute Cour n'est composée que de parlementaires. Selon l'article 68, il s'agit du Parlement constitué en Haute Cour. À l'image de ce qui se passe lorsque le Parlement se réunit en Congrès elle est présidée par le président de l'Assemblée nationale. Aucune autre précision n'est fournie mais on peut penser que la loi organique prévue par le dernier alinéa de l'article 68 apportera quelques précisions, sur d'éventuels vice-présidents par exemple, ou encore la possibilité d'une éventuelle instruction initiale avant que la Haute Cour ne statue. L'initiative de réunir la Haute Cour peut être prise par l'une ou l'autre des deux assemblées parlementaires. Lorsque la décision de réunir la Haute Cour est adoptée par une première assemblée elle est transmise à l'autre qui doit obligatoirement se prononcer dans les quinze jours (art. 68 al. 2). Si la seconde assemblée se prononce dans le même sens la Haute Cour doit statuer dans le délai d'un mois sur la destitution, à bulletin secret est-il précisé ? Tous les votes, Assemblées et Haute Cour doivent être obtenus à la majorité des deux tiers des membres composant l'assemblée ou la Haute Cour, toute délégation de vote étant interdite et seuls les votes favorables à la proposition de réunion ou à la destitution étant recensés (art. 68 al. 4).

Quant aux motifs pouvant justifier la destitution l'article 68 a abandonné la Haute trahison pour retenir « le manquement à ses devoirs manifestement incompatibles avec l'exercice de son mandat ». Il est bien évident que cette formule peut concerner des faits de nature pénale mais on peut aussi imaginer une destitution prononcée pour des raisons plus politiques traduisant ainsi indirectement une évolution de notre système constitutionnel [1].

On notera enfin que la Haute Cour ne dispose que d'une alternative voter la destitution ou au contraire son refus c'est-à-dire la poursuite du mandat du président de la République. Si la réponse est positive, il est précisé que la destitution est d'effet immédiat (art. 68 al. 3 in fine).

Sans doute la réforme constitutionnelle du 23 février 2007 n'a-t-elle pas réglé tous les problèmes mais elle a incontestablement apporté des solutions assez précises pour s'assurer que le président de la République puisse bénéficier d'une inviolabilité pendant l'exercice de son mandat sans pour autant qu'une immunité pénale ne soit instaurée.

1. En ce sens v. Verpeaux art. préc.

TITRE 3

LES JURIDICTIONS DE L'ORDRE JUDICIAIRE

353 ***Unité de la Justice civile et de la Justice pénale. Plan*** ◊ Le principe de l'unité de la justice civile et de la justice pénale conduit à ce que, en dépit de la spécialisation de certains magistrats au cours de leur carrière, les tribunaux qui forment l'armature essentielle des juridictions de l'ordre judiciaire (juridictions de proximité, tribunal d'instance, tribunal de grande instance, cour d'appel) possèdent des formations à la fois civiles et pénales. Dans les petites juridictions, ce sont souvent les mêmes magistrats qui tiennent, tantôt l'audience civile, tantôt l'audience pénale.

C'est la raison pour laquelle, en exposant l'organisation des juridictions civiles, on fournira un certain nombre de précisions qui ne seront pas reprises, lorsqu'on décrira le rôle de ces mêmes juridictions au point de vue pénal.

Un autre trait commun à toutes ces juridictions, on le sait, c'est qu'elles sont toutes, sans exception, rattachées à la Cour de cassation par l'intermédiaire du pourvoi ; cela nous incline à réserver une place spéciale à la Cour de cassation.

Le plan de ce Titre sera fonction de ces observations. Il comprendra trois parties :

Sous-titre 1 : Les juridictions civiles.
Sous-titre 2 : Les juridictions pénales.
Sous-titre 3 : La Cour de cassation.

354 ***La carte judiciaire, incohérences et propositions – La question du TPI*** ◊ La refonte de la carte judiciaire est une question récurrente et,

pour tout dire, politiquement sensible ; derrière les grands discours et les belles déclarations sur l'indispensable réorganisation de nos juridictions, la qualification et la spécialisation des juges qui en sont chargés, les nécessaires échanges que le travail en commun permet, se cachent les réalités du terrain, c'est-à-dire le souhait de ne pas mécontenter les électeurs, aux prochaines échéances électorales et les élections, la France n'en manque pas. C'est sans doute pour cette raison que les propositions se sont succédé depuis des décennies, sans véritablement aboutir (v. *supra,* n° 199), jusqu'à ce jour de juin 2007 où la nouvelle garde des Sceaux a annoncé sa volonté de progresser rapidement, suivant en cela très fidèlement le programme du Président élu en mai 2007, tellement rapidement que les décrets furent publiés le 15 février 2008, après une contestation radicale des avocats et de certains magistrats (sur cette réforme, v. *supra,* n° 199).

Sans cette réforme hâtive qui a confondu vitesse et précipitation, il aurait peut-être été possible d'instaurer ce mythe que constitue le tribunal unique de première instance (TPI, avec un siège central et des antennes), encore que le rapport de la commission Guinchard (du nom de son président) a démontré qu'à force de le préconiser dans tous les rapports officiels depuis trente ans, sans jamais le mettre en œuvre (dès le lendemain du dépôt du rapport, l'idée était enterrée) la première question à se poser est celle de sa faisabilité (c'est pourquoi nous le qualifions de mythe) [1] ; la deuxième est celle des raisons d'une traçabilité historique de deux juridictions de première instance en France, depuis la Révolution française, l'une de spécialisation avec représentation obligatoire par avocat (c'est le TGI), l'autre de proximité sans représentation obligatoire et pour des contentieux de faible importance économique ou à forte implication sociale (l'ancienne justice de paix, aujourd'hui le tribunal d'instance) ; la troisième est celle des conditions constitutionnelles d'un détachement juridictionnel dans les antennes d'un éventuel TPI (on conçoit mal un TPI sans antennes autour du siège central), au regard de la répartition des contentieux et de l'affectation des juges ; sur ce dernier point, sachant que l'affectation actuelle des juges « au service de l'instance » n'interdit pas l'exercice de fonctions juridictionnelles au TGI auquel ils sont rattachés (cf. art. R. 212-6, al. 4, COJ, v. *infra,* n° 416, c), qu'apporte alors le TPI en terme de plus-value de gestion par rapport à l'existant ? Quant à la question de la répartition des contentieux, sachant que le détachement juridictionnel dans une antenne suppose, selon les conditions imposées par le Conseil d'État à l'institution du TPI de Nouméa en Nouvelle-Calédonie, que l'antenne connaisse de tout ou partie du contentieux attribué au siège central [2] (ce qui est un tout autre schéma que celui connu aujourd'hui où TGI et TI ont chacun des contentieux que l'autre n'a pas [3]), quel intérêt y a-t-il à ventiler les contentieux selon le schéma « tout ou partie » ? En revanche, la dite commission a souhaité revenir à deux juridictions de première instance de droit commun (hors juridictions spécialisées) en supprimant la juridiction de proximité (tout en maintenant les juges du même nom) [4]. Elle a aussi préconisé par diverses

1. On le trouve en objectif de l'Annexe à la loi du 9 sept. 2002.
2. Avis du Conseil d'Etat non rendu public.
3. V. l'argumentaire complet *in L'ambition raisonnée d'une justice apaisée,* Doc. fr. 2008.
4. *L'ambition raisonnée d'une justice apaisée,* Doc. fr. 2008, proposition n° 1.

mesures de renforcer les pouvoirs des présidents de TGI, notamment au niveau de la répartition des tâches entre tous les juges de sa juridiction. À l'avenir, si la réflexion devait être reprise sur ce point, il faudra intégrer le développement considérable des moyens modernes de transmission et la création de guichets universels de greffe (v. *infra,* n° 880 et s.).

Juridictions de l'ordre judiciaire au 1er janvier 2009

1 Cour de cassation.
35 Cours d'appel (30 en métropole, 3 dans les DOM : Guadeloupe, La Réunion et Martinique, 1 en Nouvelle-Calédonie, 1 en Polynésie).
2 Tribunaux supérieurs d'appel (1 à Mamoudzou pour Mayotte et 1 à Saint-Pierre-et-Miquelon).
181 Tribunaux de grande instance (dont 37 à compétence commerciale).
5 Tribunaux de 1re instance (Nouvelle-Calédonie, 2, Tahiti, 1, Mamoudzou à Mayotte, 1 et Saint-Pierre-et-Miquelon, 1), dont 3 à compétence commerciale.
156 Tribunaux pour enfants
116 Tribunaux des affaires de sécurité sociale
475 Tribunaux d'instance et de police
431 Tribunaux paritaires des baux ruraux
210 Conseils de prud'hommes
6 Tribunaux du travail (2 en Nouvelle-Calédonie, 3 en Polynésie, 1 à Mayotte).
135 Tribunaux de commerce

Organisation générale des juridictions en France

Juridictions de l'ordre judiciaire **Juridictions de l'ordre administratif**

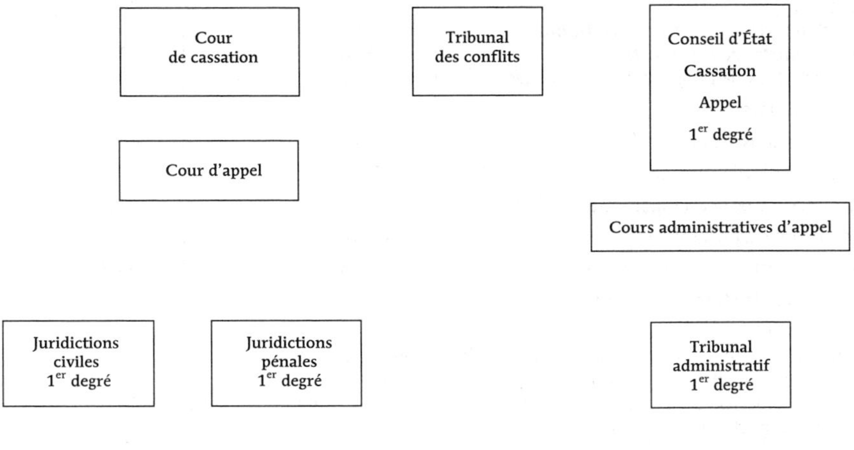

Nombre de décisions rendues en 2007
par les juridictions de l'ordre judiciaire

a) Juridictions civiles et commerciales	Toutes affaires	Dont référés	Évolution (%) 2007/06
Toutes affaires terminées	**556 328**	**258 772**	– 2,3
Cour de cassation	20 354	Non concerné	– 9,4
Cours d'appel	205 902	nd	– 5,8
Tribunaux de grande instance (hors compétence commerciale) *dont ordonnance sur requête*	893 141 *149 152*	111 929 ––	– 3,7 *– 6,1*
Tribunaux d'instance *dont juridictions de proximité*	603 259 *104 291*	*76 661* ––	– 0,2 *+11,0*
Juges des enfants (assistance éducative)	325 900	––	– 1,1
Juridictions commerciales *Tribunaux de commerce* *TGI à compétence commerciale*	*196 378* *24 433*	*26 052* *2 853*	*– 9,1* *+ 12,8*
Tribunaux des affaires de sécurité sociale	92 910	––	– 4,5
Conseils de prud'hommes	194 051	41 277	– 3,4
b) Matière pénale			
a) Juridictions pénales	1 203 370		**+ 5,8**
Cour de cassation	8 468		– 6,4
Cours d'appel *Dont chambres des appels correctionnels* *Dont chambres de l'instruction* *Dont chambres de l'application des peines*	100 377 *48 047* *39 820* *12 510*		+11,9 *-1,7* *-2,5* +14,2
Cours d'assises	2 877		- 3,1
Dont cours d'assises d'appel	*430*		*– 5,1*
Tribunaux correctionnels	57 7196		+ 0,2
Tribunaux de police (jugements seulement)	75 889		- 0,7
Juridictions de proximité	360 865		+17,2
Juges et tribunaux pour enfants	*77 698*		+3,1
b) Amendes forfaitaires majorées	11 461 540		+17,8

Données provisoires
* *Mesures individuelles nouvelles et renouvelées (cf. page 20)*
** *Arrêts rendus par la chambre des appels correctionnels*
Sources : Répertoire général civil, tableaux de bord des affaires civiles, cadres du parquet, rapport annuel de la Cour de cassation, tableaux de bord des TE

Source : Les chiffres clés de la Justice, octobre 2008 (publiés en avril 2009).

SOUS-TITRE 1

Les juridictions civiles

355 ***Diversité*** ◊ L'expression *juridictions civiles* est très compréhensible, dans la mesure où elle englobe tous les tribunaux qui reçoivent compétence pour examiner et régler les différents intéressant une personne privée (personne physique ou morale), qu'il s'agisse de la défense de son statut familial, de son patrimoine ou de ses droits moraux ou patrimoniaux : on peut donner comme exemples les procès relatifs à la séparation de corps ou au divorce, à la vente ou au bail d'un immeuble, au règlement d'une succession, aux difficultés résultant d'un contrat de travail. *Ce sont les juridictions de la société civile* qui reçoivent des attributions en matière de droit privé, le droit public relevant des juridictions de l'ordre administratif.

Mais à l'intérieur de cette catégorie existent des juridictions assez variées que l'article 749 du Code de procédure civile désigne par l'expression générique suivante : « juridictions de l'ordre judiciaire statuant en matière civile, commerciale, sociale, rurale ou prud'homale ».

Cette énumération englobe en réalité le tribunal de grande instance, le tribunal d'instance et la juridiction de proximité pour les matières civiles proprement dites, le tribunal de commerce pour la matière commerciale, les tribunaux des affaires de sécurité sociale pour le droit de la sécurité sociale, les tribunaux paritaires des baux ruraux pour le droit rural et les conseils de prud'hommes pour le droit du travail. On regrettera que le Code de l'organisation judiciaire ne comprenne plus, depuis sa refonte par l'ordonnance du 8 juin 2006, les dispositions relatives aux juridictions compétentes pour une matière substantielle autre que le droit civil ; le choix (politique) a été fait de rapatrier vers les codes concernés la réglementation de ces juridictions ; c'est ainsi que l'article L. 261-1, COJ, renvoie au Code de commerce pour les tribunaux de commerce, au Code de l'expropriation pour le juge de l'expropriation, au Code rural pour les tribunaux paritaires des baux ruraux, au Code de la sécurité sociale pour les tribunaux des affaires de sécurité sociale, les tribunaux du contentieux de l'incapacité et la Cour nationale de l'incapacité et de la tarification de l'assurance des accidents du travail, au Code du travail enfin pour les conseils de prud'hommes. Choix critiquable, car il vide de sa substance, dénature, un code qui ne mérite plus de s'intituler « de l'organisation judiciaire », puisqu'il est amputé de la moitié des juridictions judiciaires ! C'est bien regrettable, alors que par ailleurs, dans sa rédaction de 2006, ce code contient des dispositions communes à toutes les juridictions, sous forme de principes généraux qui forment un *corpus* de règles inspirées du droit fondamental, protectrices des justiciables ; on aurait aimé les voir s'appliquer aux juridictions d'attribution autrement que par le renvoi de l'article L. 261-1.

Il faut ajouter naturellement la cour d'appel dont la compétence embrasse, sur le plan de l'appel, toutes les juridictions de l'ordre judiciaire à caractère civil, au sens large du mot.

Carte judiciaire de la France
(compétence territoriale des juridictions de l'ordre judiciaire)

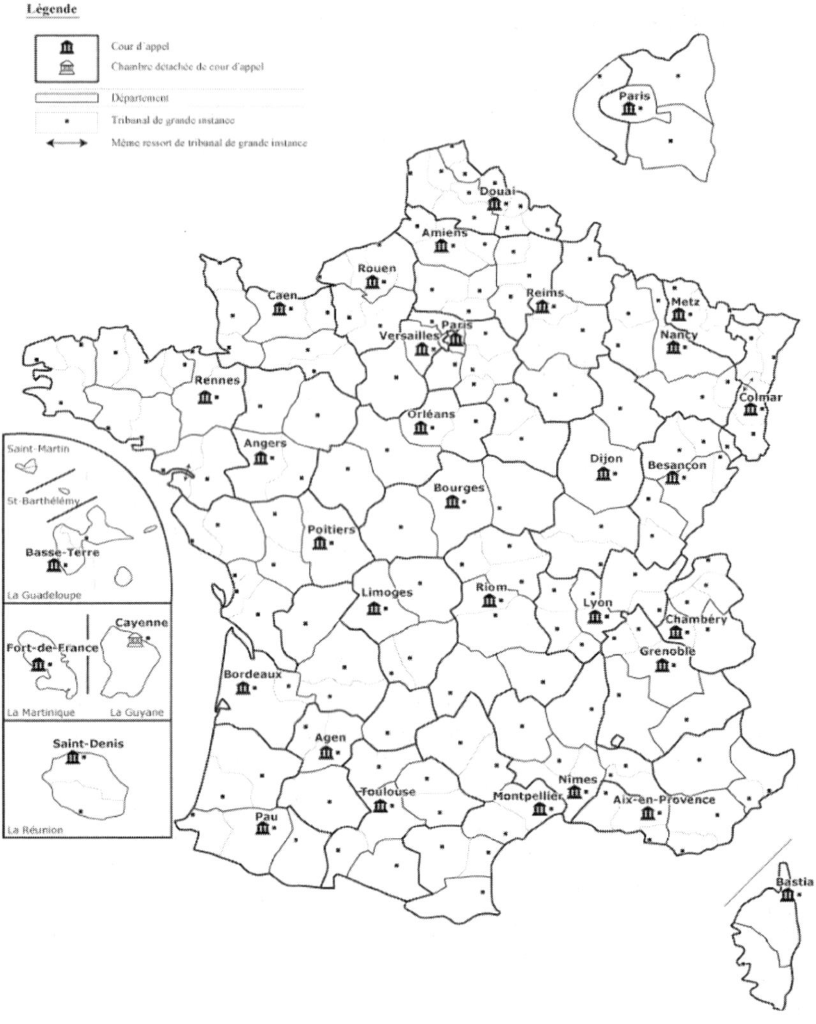

Source : Les chiffres clés de la Justice, octobre 2008.

356 ***Plan*** ◊ Pour la description de l'organisation judiciaire civile, nous respecterons une division fondamentale en procédure civile, celle des *juridictions de droit commun* (Chapitre 1) et celle des *juridictions d'exception* (Chapitre 2) [1]. Les règles de leur compétence d'attribution et territoriale telles qu'elles résultent du Code de l'organisation judiciaire, des autres codes ou de textes particuliers seront précisées, mais les règles générales de compétence qui figurent dans le Code de procédure civile seront étudiées dans le Précis de procédure civile (par ex. l'évaluation du litige, les dispositions communes à la compétence territoriale, le référé) ; de même que les dérogations aux règles de compétence et le règlement des incidents de compétence.

Organisation des juridictions civiles selon qu'elles sont composées de magistrats de carrière ou non

Juridictions composées exclusivement de magistrats de carrière (1)	**Juridictions composées exclusivement de magistrats exerçant une autre activité professionnelle à titre principal**	**Juridictions mixtes (échevinage)**	
		À titre permanent	À titre occasionnel (juge départiteur)
- Tribunaux de grande instance (V. n° 358) - Tribunaux d'instance (V. n° 416) - Cours d'appel (V. n° 395) Total : près de 7 000 magistrats en juridiction	- Tribunaux de commerce (V. n° 446) (3 000 juges consulaires élus) - Juridictions de proximité (V. n° 436) (582 juges en janvier 2007)	- Tribunaux paritaires des baux ruraux (V. n° 519) (environ 2 000 assesseurs, titulaires élus) - Tribunaux des affaires de sécurité sociale (V. n° 512) (environ 700 assesseurs, titulaires, désignés) - Tribunaux du contentieux de l'incapacité (v. n° 515) (environ 300 assesseurs désignés)	- Conseils de prud'hommes (V. n° 484-489) (15 000 juges prud'homaux élus)

(1) Sous réserve de juges « supplétifs », V. *infra* n° 791 s.

1. B. Pacteau, *Tribunaux spécialisés et tribunaux généraux en France*, rapport aux 9ᵉ journées franco-nordiques, sept. 1993, Société de législation comparée, vol. 15, p. 275.

CHAPITRE 1
LES JURIDICTIONS DE DROIT COMMUN

On consacrera une section à chacune des deux juridictions de droit commun, tribunal de grande instance et cour d'appel.

SECTION 1. LES TRIBUNAUX DE GRANDE INSTANCE

Nous dirons quelques mots de l'organisation des TGI, dans leurs formations tant juridictionnelles qu'administratives (§ 1), avant de préciser la compétence d'attribution du TGI (§ 2), puis sa compétence territoriale (§ 3) et, plus succinctement, les attributions propres au président du TGI (§ 4).

§ 1. Organisation

357 ***Historique*** ◊ Le *tribunal de grande instance* dérive du tribunal de district créé, en 1790, par la Constituante. Composé de juges élus, ce tribunal connaissait des affaires mobilières de 10 à 1 000 livres, en premier et dernier ressort, à charge d'appel au-delà de 1 000 livres ; en matière immobilière, il statuait en premier ressort jusqu'à 50 livres de revenu. La Convention bouleversa le système en supprimant les garanties de recrutement du régime antérieur. Pour relever le faible prestige de ces juridictions, on leur substitua des tribunaux de département, avec la même compétence. Le Consulat devait revenir au tribunal d'arrondissement (au sens de la circonscription intradépartementale correspondant à une sous-préfecture), plus près du justiciable et supprimer le régime de l'élection des juges (Constitution du 22 frimaire an VIII, loi du 27 ventôse an VIII, titre 2 et 5). Pendant plus d'un siècle, l'organisation de nos tribunaux civils resta telle que la fit le Consulat. Une tentative de supprimer les tribunaux d'arrondissement au profit d'un grand tribunal départemental, par un décret du 3 septembre 1926, se heurta à une forte résistance, si bien qu'il fallut revenir en arrière (lois du 22 août 1929 et du 16 juill. 1930). Cependant, comme certains tribunaux étaient trop peu occupés, on les avait maintenus avec un effectif réduit. Il fallait qu'ils fussent complétés, pour siéger, par des magistrats du tribunal voisin. Certains ne possédaient qu'un juge résident ; celui-ci était investi des attributions que le président exerce seul et remplissait toutes les missions qui ne requéraient l'intervention que d'un seul magistrat. Les tribunaux civils de première instance étaient répartis en trois classes, en fonction de la population existant dans la circonscription. Un décret du 16 octobre

1953 n'avait maintenu que deux classes, mais avait conservé un certain nombre de tribunaux à effectif incomplet. On comptait alors 351 tribunaux civils d'arrondissement. Ce système suscitait de sévères critiques. Les tribunaux des grandes villes étaient accablés de besogne et ne possédaient pas le personnel nécessaire ; en revanche, certains tribunaux fantômes ne jugeaient par an qu'un nombre dérisoire d'affaires. La structure traditionnelle comprenant un tribunal civil dans chaque arrondissement, un juge de paix dans chaque canton, ne correspondait plus aux nécessités de l'heure. Les facilités actuelles de communication permettaient un regroupement de nos juridictions traditionnelles. Tout en maintenant une correspondance entre l'implantation des tribunaux et les circonscriptions administratives, la réforme de décembre 1958 a procédé à une élévation d'un degré. À la place d'un tribunal civil dans l'arrondissement, on a créé un tribunal de grande instance par département. À la place d'un juge de paix par canton, on a institué un tribunal d'instance par arrondissement. En procédant ainsi, on a nécessairement éloigné le justiciable, spatialement parlant, de son juge ; mais, cinquante après, il faut bien reconnaître que le développement des modes de transport moderne, notamment de l'automobile (ou des transports en commun dans les grandes agglomérations) ont considérablement réduit les effets secondaires de la réforme, au profit de tribunaux plus performants. Sur la question de la carte judiciaire et d'un tribunal unique de première instance, v. *supra*, n° 199 et 354.

358 ***Organisation actuelle*** ◊ L'ordonnance n° 58-1273 du 22 décembre 1958 a substitué le tribunal de grande instance au tribunal de première instance [1]. Les textes figurent actuellement dans les articles L. 211-1 à L. 215-2 et R. 211-1 à R. 215-2, COJ.

a) Il doit exister au moins *un tribunal de grande instance* dans le ressort de chaque cour d'appel (art. L. 211-1, COJ). En pratique, il y a souvent un TGI par département, donc plus d'un par ressort de cour d'appel ; de plus, dans les départements importants, on a maintenu plusieurs tribunaux. En fait, trente-deux départements seulement sont réduits à n'avoir qu'un seul tribunal de grande instance. Si, au 1er janvier 2009 il existait encore 175 tribunaux en métropole et 6 dans les départements d'outre-mer [2] (contre 351 avant 1958), il n'en restera que 179 au 1er octobre 2009 [3] et 158 au 1er janvier 2011. Leur siège et leur ressort sont fixés par décret pris en Conseil d'État (COJ, art. D. 211-1 et tableau annexé).

b) Lorsqu'un tribunal compte plus de cinq juges, il peut former *plusieurs chambres ;* à la tête de chacune se trouve un vice-président, sauf une qui est présidée par le président du tribunal. Dans tous les tribunaux qui se composent de plusieurs chambres, le président du TGI procède, chaque année, par une ordonnance dite de roulement prise dans la première quinzaine de décembre et après avis de l'assemblée générale des magistrats du siège (naguère on sollicitait l'avis du procureur de la République) à une répartition des juges dans les chambres, y compris, si besoin, pour les juges d'instance du ressort (COJ, art.

1. P. Hébraud, *Justice* 1959, *op. cit.* ; J. Martin De La Moutte, « La réforme des juridictions civiles du 22 décembre 1958 », in *Mélanges J. Maury*, t. I, Dalloz, 1960, p. 242.
2. Deux en Guadeloupe, deux en Martinique et deux à l'Île de La Réunion. Il existe en outre deux tribunaux de première instance en Nouvelle-Calédonie, un en Polynésie, un à Mamoudzou (Mayotte) et un à Saint-Pierre-et-Miquelon.
3. À cette date seront supprimés par anticipation, Belley et Millau.

R. 212-6) ; d'après une tradition qui se perd, on procédait à un *roulement* des magistrats d'une chambre à une autre (d'où le nom donné à cet ordonnance), pour éviter la spécialisation et empêcher qu'un magistrat ne puisse acquérir sur ses collègues un ascendant nuisible à leur liberté de décision. Les chambres peuvent être divisées en deux ou trois sections. Mais c'est toujours le tribunal qui est censé rendre la décision. Sur les chambres détachées, V. *infra*, n° 361.

Le tribunal de grande instance, pour exercer ses fonctions, peut prendre plusieurs formations. On distinguera ses attributions proprement juridictionnelles (I) de ses attributions administratives (II) (v. *infra*, n°s 594 et s. les fonctions pénales des tribunaux).

I. Formations juridictionnelles

Les attributions juridictionnelles du tribunal de grande instance sont exercées de diverses manières. Normalement, le tribunal siège en *audience publique*, mais il peut aussi siéger en chambre du conseil et en d'autres lieux qu'au siège du TGI.

359 ***Audience publique*** ◊ C'est la formation *normale* ou *ordinaire* des tribunaux de grande instance [1]. Les juges d'un tribunal de grande instance siègent en principe en *formation collégiale*, sous réserve des exceptions à juge unique (v. *infra*, n° 378 et s.) tenant à l'objet du litige ou à la nature des questions à juger (art. L. 212-1, COJ). La règle générale posée à l'article L. 121-2, COJ, qu'ils jugent en nombre impair est applicable, afin de faciliter la formation de la majorité ; ils doivent donc être au moins trois pour juger (art. L. 212-3, « un président et deux assesseurs » et R. 212-7, COJ). L'article L. 212-4 permet de compléter le TGI en nombre insuffisant de juges le jour de l'audience, par l'assistance d'un avocat (ou plusieurs) ; bien que le texte ne le prévoit pas, on exigera que cet avocat n'ait pas à plaider ce jour-là dans l'affaire à juger ; ils seront appelés dans l'ordre du tableau, mais en matière pénale la formation de jugement ne peut comprendre une majorité de juges non professionnels (al. 2) [2].

360 ***Chambre du conseil*** ◊ La chambre du conseil est une formation particulière du tribunal qui siège à huis clos, dans la salle habituelle de délibération de ses audiences publiques. Elle exerce en principe une juridiction *gracieuse* et, exceptionnellement, une juridiction contentieuse. Jouant un rôle très réduit dans l'ancien droit, la chambre du conseil n'avait fait l'objet dans le Code de procédure de 1806 que de dispositions exceptionnelles ; il régnait donc une grande incertitude sur sa compétence, la procédure à suivre devant elle, les

1. Des chambres des urgences ont été créées dans plusieurs tribunaux de grande instance.

2. La Cour de cassation se montre très stricte sur les conditions dans lesquelles on doit admettre qu'un tribunal se complète, Com. 29 mai 1967, *JCP* 1967. II. 15205, note A. Jack-Mayer ; M. Blondet, « De la composition des cours et des tribunaux. Du remplacement des magistrats empêchés, » *JCP* 1963. I. 1779. Un avocat ne peut compléter une juridiction que s'il appartient au Barreau de cette juridiction : Crim. 5 févr. 1979, *D.* 1970. 267. Il doit être le plus ancien à l'audience et non celui désigné par le bâtonnier : Civ. 1re, 10 févr. 1972, *D.* 1972. Somm. 121 ; *JCP* 1972. II. 17227, note E. Blanc.

recours possibles contre ses décisions. Une loi du 15 juillet 1944 avait tenté pour la première fois de poser des règles générales. Elle précisait que toutes les chambres d'un tribunal, quand il en comptait plusieurs, pouvaient siéger en chambre du conseil. Elle a été abrogée partiellement, puis en bloc, et remplacée par des dispositions générales et par des dispositions propres au tribunal de grande instance qui ont pris place dans le [nouveau] Code (art. 60 à 62, art. 797 à 800) ; on parle actuellement de procédure gracieuse ; lorsque celle-ci est prescrite, les débats ont lieu devant le tribunal statuant à huis clos, en chambre du conseil. L'erreur commise entre les deux manières de procéder se traduirait seulement par une irrégularité de forme et non par une incompétence.

a) *La chambre du conseil a pour rôle essentiel de connaître des affaires gracieuses* ; elle constitue en cette matière la juridiction de droit commun ; elle a une aptitude à être saisie de toute affaire gracieuse. C'est elle qui est saisie chaque fois qu'un texte n'a pas désigné un autre juge, président du tribunal de grande instance ou tribunal d'instance. Une définition de la matière gracieuse avait été donnée par la loi de 1944 aujourd'hui abrogée. Les textes de 1971 et 1972 ainsi que le [nouveau] Code qui les a remplacés emploient des formules plus brèves et plus laconiques. D'après l'article 25, CPC, le juge statue en matière gracieuse *lorsqu'en l'absence de litige il est saisi d'une demande dont la loi exige, en raison de la nature de l'affaire ou de la qualité du requérant, qu'elle soit soumise à son contrôle*. Cette définition est très large et dépasse le domaine des affaires relevant de la chambre du conseil ; elle permet cependant de déterminer les cas dans lesquels l'affaire doit être portée non pas à l'audience publique, mais devant la chambre du conseil. Nous relevons à cet égard deux dispositions intéressantes dans le Code de procédure civile : l'article 22 qui prescrit que *les débats sont publics, sauf au cas où la loi exige ou permet qu'ils aient lieu en chambre du conseil* ; et l'article 434 qui pose qu'en matière gracieuse, *la demande est examinée en chambre du conseil*, étant entendu que dans cette formation (art. 436, CPC) il est *procédé hors de la présence du public*. L'affaire relève de cette formation du tribunal, par ex., en matière d'adoption (art. 1170, CPC), pour les affaires portées devant le juge aux affaires familiales (art. 1074, al. 1er, CPC), etc.

b) *Exceptionnellement, la chambre du conseil statue en matière contentieuse*. Des textes assez nombreux édictent que telle affaire sera instruite en chambre du conseil ; exemples : les débats relatifs à la filiation et aux subsides (art. 1149 CPC), à la déclaration d'abandon (art. 1161 CPC), à la révocation de l'*adoption* simple (art. 1177 CPC), à l'*assistance éducative* (art. 1189 CPC). Il y a là des questions délicates pour la discussion desquelles la publicité peut présenter des inconvénients.

c) Pour le divorce et la séparation de corps, l'article 248, C. civ. précise que *les débats sur la cause, les conséquences du divorce et les mesures provisoires ne sont pas publics*. Cette disposition est intéressante, car elle met davantage l'accent sur le caractère non public des débats que sur la compétence d'une juridiction spéciale, la chambre du conseil. Certes, le contentieux du divorce et de la séparation de corps est bien porté devant la chambre du conseil. Mais il convient de remarquer que celle-ci règle à la fois des problèmes contentieux (divorce pour faute par exemple) et des problèmes gracieux (mesures provisoires, divorce par consentement mutuel).

361 ***Chambres détachées, audiences foraines et audiences de proximité*** ◊ **a)** Depuis la loi n° 95-125 du 8 février 1995 (aujourd'hui, COJ, art. R. 212-18, un TGI peut comprendre des chambres détachées, c'est-à-dire des sortes de succursales, à proximité des justiciables. Destinées à faciliter le rapprochement de ceux-ci avec leur juge naturel, ces chambres échappent à toute spécialisation par matière, avec un ressort territorial propre (siège et ressort fixés par décret, COJ, art. D. 212-18 et tableau annexé). Leur présidence et leur service sont précisés par les articles R. 212-20 et R. 212-21, COJ.

b) Les audiences foraines participent d'une autre philosophie : assurer la présence de la justice, sans structure permanente, par le déplacement des juges et du greffe d'une juridiction (toute les juridictions peuvent en instaurer) en des communes autres que celle où est fixé le siège de la juridiction, mais dans son ressort ; la décision est prise « en fonction des nécessités locales » par le premier président de la cour d'appel après avis du procureur général, qui en fixe par ordonnance le lieu, le jour et la nature (COJ, art. R. 124-2).

c) Partant du constat de l'échec des chambres détachées et des audiences foraines, la commission dite Guinchard (du nom de son président) a proposé, de manière limitée à la matière familiale que chaque année, le président du TGI devrait fixer, après avis de l'assemblée générale des magistrats du siège — sauf pour lui à caractériser des contraintes locales contraires — des audiences de proximité, dans les tribunaux d'instance, pour le contentieux familial sans représentation obligatoire ; le principe est donc inversé par rapport aux actuelles audiences foraines, puisqu'il faut justifier de « contraintes locales contraires » pour refuser d'instituer des audiences de proximité qui sont de droit ; la commission a voulu que les justiciables qui le souhaiteraient puissent obtenir la révision d'une pension alimentaire, la modification d'une garde après le divorce, sans avoir à se déplacer au siège du TGI [1].

d) Il y a aussi les cas de recours contre les décisions de refoulement des étrangers en situation irrégulière dans les zones d'attente des aéroports et ports maritimes, l'audience du président du TGI pouvant se tenir dans une salle spécialement aménagée à cet effet dans l'enceinte portuaire ou maritime (Ord. n° 45-2658, 2 nov. 1945, art. 35 quater-III).

II. Formations administratives

362 ***Raison d'être*** ◊ Il était de tradition, dans les juridictions, de réunir tous les magistrats qui les composaient, dans une formation dépourvue de pouvoirs juridictionnels : l'assemblée générale. Mais, depuis plusieurs années, une évolution s'est produite tendant à associer davantage que par le passé tous les membres d'un organisme, d'une institution, à la réalisation de ses objectifs. On souhaite favoriser une meilleure information, une collaboration plus étroite de tous. Ce phénomène s'est déjà manifesté dans l'entreprise, dans l'université, dans les services publics. Il se retrouve avec des formes particulières dans l'organisation et le fonctionnement des juridictions, spécialement dans celles qui sont composées de magistrats de carrière et de fonctionnaires dépendant de la direction des services judiciaires (cour d'appel, tribunal de grande instance, tribunal d'instance). En ce qui concerne les cours d'appel, des expériences avaient été menées, depuis 1981, à la demande des organisations

1. *L'ambition raisonnée d'une justice apaisée,* Doc. fr., 2008, proposition n° 26.

syndicales de magistrats et de fonctionnaires, dans des juridictions pilotes. Une importante réforme a été réalisée par le décret n° 83-1162 du 23 décembre 1983. Le système mis en place prévoit la tenue dans chaque cour d'appel et dans chaque tribunal de grande instance (un régime allégé existe pour les tribunaux d'instance) de cinq sortes d'assemblées générales dont chacune est dotée d'attributions propres (COJ, art. R. 212-22 à R. 212-57).

363 ***Conditions générales d'organisation et de fonctionnement des assemblées générales*** ◊ Il existe désormais, dans les cours d'appel et dans les tribunaux de grande instance, cinq assemblées générales distinctes. Trois concernent les *magistrats :* l'assemblée générale des magistrats du siège, celle des magistrats du parquet et celle des magistrats du siège et du parquet. Une quatrième rassemble les fonctionnaires du greffe et du secrétariat de parquet autonome. Une dernière regroupe tous les membres de la juridiction : c'est l'assemblée plénière des magistrats et des fonctionnaires. Le président de la juridiction préside l'assemblée plénière, celle des magistrats du siège et du parquet et celle des magistrats du siège. Le chef du parquet préside l'assemblée des magistrats du parquet, le greffier en chef celle des fonctionnaires. Ces diverses assemblées sont dotées d'attributions assez importantes. On se bornera à relever quelques exemples : ainsi l'assemblée générale des magistrats du siège et du parquet habilite les enquêteurs de personnalité. Celle des magistrats du siège désigne, en cas d'empêchement d'un juge d'instruction ou d'un juge de l'application des peines, un remplaçant. Elle donne un avis en ce qui concerne la répartition des magistrats et des dossiers entre les chambres du tribunal et entre les magistrats spécialisés.

§ 2. **Compétence d'attribution du tribunal de grande instance en matière civile**

Nous préciserons en premier lieu le *principe* que le TGI est le juge de droit commun de la matière civile (I) avant de relever qu'il est aussi le juge naturel (de droit commun) de la matière personnelle ou mobilière (II), puis ses *compétences exclusives* dans certains domaines (III), en indiquant celle réservée au juge unique (IV), avant de terminer par la compétence d'une formation spécialisée, la CIVI (V) et la compétence du tribunal de grande instance comme *juge d'appel* (VI).

La commission Guinchard (du nom de son président) tout en rejetant la solution du tribunal unique de première instance (v. *supra,* n° 354), a souhaité concentrer le TGI sur trois grands blocs de compétences : le bloc familial, avec la compétence renforcée du JAF (v. *infra,* n° 381) ; le bloc pénal (qui réunirait correctionnel et police) ; le bloc des affaires civiles complexes ou portant sur des enjeux importants, notamment : la matière immobilière, y compris l'ensemble de la matière possessoire (sauf les actions en bornage), avec maintien de la compétence du TGI en matière de copropriété (sauf paiement des charges qui relève du TI dans la limite de 10 000 euros), les saisies immobilières et quasi-immobilières (navires, aéronefs et bateaux de 20 tonnes et plus), la matière successorale, y compris les demandes relatives au salaire différé et aux biens de famille insaisissables, qui relèvent encore des TI, la matière fiscale et para-fiscale (avec le contentieux douanier qui relève de la compétence des TI), la matière des baux commerciaux et professionnels, avec le regroupement au TGI, de la connaissance de ces deux contentieux, aujourd'hui éclatés entre TGI pour les baux commerciaux et TI pour les baux professionnels. En outre, la commission suggère d'étendre, pour ce bloc civil, la procédure d'injonction de payer devant le tribunal de grande instance [1].

I. Le TGI, juge de droit commun de la matière civile

364 ***Le tribunal de grande instance est juge de droit commun*** ◊ Le tribunal de grande instance est juge de *droit commun*, ce qui lui confère une compétence très étendue.

a) Dès l'instant qu'un texte particulier n'a pas confié la connaissance d'une certaine catégorie de litiges à un tribunal d'exception, le tribunal de grande instance est compétent. Cette solution traditionnelle est affirmée par les articles L. 211-3 et R. 211-3, COJ : « Le tribunal de grande instance connaît de toutes les affaires civiles et commerciales pour lesquelles compétence n'est pas attribuée, en raison de la nature de l'affaire ou du montant de la demande à une autre juridiction » (L. 211-3) [2] et il statue alors « à charge d'appel » (R. 211-3), sous réserve de ce qui sera dit *infra* (n° 365) des actions personnelles ou mobilières ou des cas de compétence exclusive (n° 377). Rappr. *infra*, n° 389, a, sur la compétence subsidiaire du président du TGI en référé.

b) Cette juridiction occupe donc une place prééminente puisqu'elle a une sorte de *compétence virtuelle* s'étendant à tout le contentieux privé, qui a vocation à se concrétiser pour toutes les situations juridiques nouvelles (ainsi des conflits sur le pacte civil de solidarité qui est un contrat et dont la loi ne détermine pas la compétence) [3] et qui ne trouve ses limitations que dans l'existence de dispositions légales précises.

1) La compétence du TGI sera tout d'abord écartée parce que le *montant de la demande* est trop faible, ainsi en matière personnelle ou mobilière au profit de la juridiction de proximité ou du tribunal d'instance (v. *infra*, n°s 365 et 418).

2) Elle le sera encore lorsqu'une certaine catégorie d'affaires a été confiée à une juridiction spéciale. Ainsi, de la compétence du tribunal de commerce déterminée par la *nature de l'action*, qui écarte la compétence du tribunal de droit commun ; mais la virtualité reste en arrière plan, puisqu'au cas où une partie du territoire ne serait pas comprise dans le ressort d'un tribunal de commerce, le TGI serait compétent en cette matière. De manière plus générale, toute création de tribunaux d'exception à compétence *exclusive* porte atteinte à la compétence virtuelle du TGI.

c) *En cas d'indivisibilité*, il semble que l'on puisse faire jouer cette notion de plénitude de juridiction pour donner compétence pour le tout au tribunal de

1. *L'ambition raisonnée d'une justice apaisée*, Doc. fr., 2008, proposition n° 2.
2. C'est en raison de ce texte que le tribunal de grande instance est compétent pour le bail à construction, TGI Arras, 20 avr. 1988, *Gaz. Pal.* 4 févr. 1989, note Lachaud ; *JCP* 1989. II. 21269, obs. Cadiet.
3. Douai, 27 févr. 2003, *D.* 2004. 2969, obs. J.J. Lemouland (TGI, pas le JAF).

grande instance [1]. On renvoie au précis de procédure civile pour la question plus complexe de la connexité [2].

II. Le TGI, juge de droit commun de la matière personnelle ou mobilière

365 ***Articulation de la compétence du TGI avec celles du tribunal d'instance et de la juridiction de proximité*** ◊ La compétence du TGI définie aux articles L. 211-3 et R. 211-3, COJ, que nous venons de rappeler, est donc une compétence générale, de droit commun, qui vaut pour toutes les actions personnelles (c'est-à-dire relatives à un rapport d'obligation, un droit de créance, que l'objet du droit soit mobilier ou immobilier) ou mobilières (c'est-à-dire relatives à un meuble, que l'action soit réelle, personnelle ou mixte) ; mais la réserve des textes quant à la valeur du litige (« *le montant de la demande* ») lui fait partager sa compétence, pour ce type d'actions, avec la juridiction de proximité et le tribunal d'instance (sous la réserve de leurs compétences exclusives respectives qui transcendent cette question de valeur du litige) : le TGI ne peut donc connaître des actions personnelles ou mobilières qu'au-delà de 10 000 euros et toujours en premier ressort seulement, c'est-à-dire à charge d'appel (art. R. 211-3, al. 1) ; en deçà de ce montant on trouve la compétence de la juridiction de proximité (de 1 à 4 000 euros et en dernier ressort uniquement) et celle du tribunal d'instance (de 4 001 euros à 10 000 euros et à charge d'appel, v. *infra*, n° 419).

III. Les compétences exclusives du TGI

A. Principaux cas de compétence exclusive

366 ***Taux du ressort et classification*** ◊ **a)** Lorsqu'il est saisi d'affaires relevant de sa compétence exclusive, le TGI, sauf disposition contraire, statue *en premier et dernier ressort* jusqu'à 4 000 euros ; au-delà, il statue *à charge d'appel* (art. R. 211-3, al. 3, COJ), de même lorsque la demande est indéterminée (art. 40, CPC), sauf à ce qu'une disposition spéciale interdise l'appel.

b) L'article L. 211-4, COJ, énonce que « *le TGI a compétence exclusive dans les matières déterminées par les lois et règlements* » et l'article R. 211-4 en énumère toute une liste. Nous essayerons de présenter ces matières d'une manière claire et rationnelle. Il arrive que, la rédaction du texte, par l'utilisation de l'indicatif présent valant impératif laisse entendre que la compétence du TGI est exclusive ; en réalité, il faut

1. Paris, 2 mai 1983, *D.* 1984.347, note Julien. – Versailles, 22 juin 2000, *D.* 2001. Somm. 1232, obs. S. Robinne. Soc. 5 déc. 2006, *Procédures*, mars 2007, n° 59, obs. Perrot.
2. S. Guinchard, F. Ferrand et C. Chainais, *Procédure civile*, n° 336, c.

que la compétence exclusive soit clairement identifiée (par exemple par l'expression *« est seul compétent »*, v. *infra*, n° 376-1). Précisons que la compétence exclusive peut être néanmoins partagée avec des juridictions de l'ordre judiciaire (tribunal d'instance ou juridiction de proximité) lorsque le législateur a entendu exclure la compétence des juridictions administratives ou commerciales, par exemple (v. *infra*, n° 371, en matière de responsabilité civile).

367 ***Droit familial*** ◊ **a)** Les TGI ont traditionnellement une compétence *exclusive* en matière *d'état des personnes* (*mariage, divorce, séparation de corps, filiation* [1], adoption, déclaration d'absence), de rectification des actes de l'état civil, de régimes matrimoniaux et de successions (art. R. 211-4, 1° à 4°, COJ) et toujours sous réserve des compétences particulières du JAF, mais aussi de *nationalité* (art. 29, C. civ. qui parle de « la juridiction civile de droit commun », art. 1038, CPC qui, lui, vise le TGI).

b) D'une manière générale, le TGI est le protecteur naturel (ainsi que son président en référé) des atteintes portées à la personne, à son intimité, à sa liberté d'expression ; ce qui ne signifie nullement que, territorialement, ils soient tous compétents ; ainsi, l'article L. 211-12, COJ réserve à certains TGI « spécialement désignés », le contentieux né « sur le fondement des dispositions des instruments internationaux et communautaires relatives au déplacement illicite international d'enfants » (COJ, art. D. 211-9 et tableau annexé pour la liste) ; même règle pour les demandes d'adoption présentant un caractère international (art. L. 211-13, COJ, réd. L. n° 2009-256, 12 mai 2009, compétence reprise d'une proposition de la commission Guinchard). De même, l'article D. 211-10, COJ, fixe les TGI spécialisés dans les actions en contestation sur la nationalité des personnes physiques et la commission Guinchard propose de réduire à une dizaine le nombre de TGI spécialisés dans le contentieux de la nationalité [2]. Seul le TGI de Nantes est compétent pour connaître des actions en identification du demandeur de visa par ses empreintes génétiques (COJ, art. D. 211-8).

368 ***Droit des biens*** ◊ Le TGI a une compétence *exclusive* pour les litiges concernant la propriété immobilière.

a) Actions *immobilières pétitoires* (par ex. l'action en revendication d'un immeuble) ou possessoires (art. R. 211-4, 6°) [3] et actions *personnelles immobilières* (par ex., l'action relative au droit de créance du propriétaire d'une mine

1. Il ne faut pas oublier les compétences propres du juge des enfants (v. *infra*, n° 382), et du juge des tutelles (v. *infra*, n° 418) qui peuvent l'un et l'autre, ce qui est très remarquable, se saisir d'office.

2. *L'ambition raisonnée d'une justice apaisée*, Doc. fr., 2008, proposition n° 16.

3. Cette compétence n'est d'ailleurs pas sans limites : si le TGI demeure bien le gardien de la propriété privée depuis la Révolution, pour tout ce qui touche à l'existence, la valeur et le transfert des titres de propriété, le juge administratif redevient compétent pour les biens domaniaux publics (survivance du domaine éminent) mais aussi pour les propriétés privées riveraines d'un bien domanial public et pour apprécier les titres ou mutations de propriété lorsqu'ils ont une origine publique, voire, plus exceptionnellement, privée. V. C. Lavialle, « Le juge administratif et l'exception de propriété », *RFDA* 2004-3, 497. Enfin, la compétence du tribunal d'instance demeure en matière immobilière possessoire et pétitoire en Alsace-Moselle.

sur le cessionnaire de cette mine [1]). Exceptionnellement, le tribunal d'instance peut statuer, à charge d'appel, sur une question immobilière pétitoire ou possessoire soulevée devant lui à titre de moyen de défense (art. R. 221-40, al. 2, COJ) [2].

b) Le nouvel article R. 211-4, 7°, COJ (réd. 2 juin 2008) vise aussi les saisies immobilières ; il faut entendre par là la compétence du JEX, c'est-à-dire du président du TGI (v. *infra*, n° 393). La commission Guinchard (du nom de son président) propose que les saisies quasi-immobilières (de navires, aéronefs et bateaux de 20 tonnes et plus) relèvent aussi de la compétence exclusive du TGI [3].

c) Relèvent encore de cette compétence exclusive les actions en matière de copropriété des immeubles bâtis, sauf lorsqu'un texte en attribue compétence au tribunal d'instance ou au président du tribunal de grande instance. Des textes spéciaux ont encore étendu cette compétence [4].

369 ***Droit d'usage en cas de réquisition*** ◊ L'article L. 642-19 du Code de la construction et de l'habitation dispose que « le juge judiciaire connaît du contentieux des relations entre le titulaire du droit d'usage des locaux et l'attributaire de la réquisition ».

370 ***Droits de propriété intellectuelle*** ◊ On observe également une tendance à donner au tribunal de grande instance une compétence exclusive pour les procès intéressant les droits de propriété intellectuelle les plus importants : *brevets d'invention* (CPI, art. L. 615-17 et COJ, art. D. 211-6), *marques de fabrique et de concurrence* (CPI, art. L. 716-3 et COJ, art. R. 211-4, 8°), *obtentions végétales* (CPI, art. L. 623-31), appellations d'origine (C. consom. art. L. 115-10 et COJ, art. R. 211-4, 10°), récompenses industrielles (COJ, art. R. 211-4, 9°). Cette compétence exclusive se double d'une compétence réservée à certains TGI seulement, dont la liste est fixée par décret (le principe en est posé à l'article L. 211-10, COJ, qui dispose que « *des TGI spécialement désignés connaissent des actions en matière de propriété littéraire et artistique, de dessins et modèles, de brevets d'invention, de certificats d'utilité, de certificats complémentaires de protection, de topographie de produits semi-conducteurs, d'obtention végétales et de marques dans les conditions fixées par le code de la propriété intellectuelle* ». V. art. D. 211-6, COJ, pour le renvoi au tableau annexé à ce code) ; des textes particuliers en fixent les limites, par exemple au moins dix en matière d'obtentions végétales (COJ, art. D. 211-5 et tableau annexé). Et seuls les TGI spécialisés à cet effet sont compétents en matière d'action civile en contrefaçon, y compris pour les questions connexes en concurrence déloyale : CPI, art. L. 331-3 pour les droits de propriété littéraire et artistique, art. L. 521-3-1, pour les dessins et modèles, L. 716-3 pour les marques et L. 722-8 pour les indications géographiques. Selon un règlement européen, des tribunaux des marques communautaires sont désignés dans chaque État

1. Appelé redevance tréfoncière.
2. Disposition qui ne vaut pas pour le juge de proximité qui, à l'inverse, *doit* se déclarer incompétent (art. R. 231-5, al. 2, COJ).
3. *L'ambition raisonnée d'une justice apaisée*, Doc. fr., 2008, proposition n° 8.
4. Par ex. le tribunal de grande instance a reçu compétence pour les problèmes causés par l'exercice du droit de préemption conféré aux SAFER, sociétés d'aménagement foncier et d'exploitation rurale, art. L. 143-8, al. 2, C. rur.

membre parmi les juridictions existantes, pour connaître des actions relatives à ces marques, *« en nombre aussi limité que possible »* [1] ; l'article L. 211-11, COJ, en prévoit un seul pour toute la France et les articles R. 717-11 CPI et R. 211-7, COJ, désignent le TGI de Paris. Même solution en matière de dessin et modèle communautaire (COJ, art. L. 211-1-1, pour le principe d'une juridiction spécialisée, CPI, art. R. 522-1 et COJ, art. R. 211-7 pour la désignation du TGI de Paris). La commission dite Guinchard (du nom de son président) propose d'une part une juridiction unique, à Paris (TGI et cour d'appel), pour le contentieux des brevets d'invention et des obtentions végétales [2] et, d'autre part, un TGI par ressort de cour d'appel pour connaître des contentieux en matière de marques nationales, propriété littéraire, dessins et modèles, indications géographiques et contentieux connexes, notamment de droit de la concurrence [3].

371 ***Cas particuliers de responsabilité civile*** ◊ **a)** En principe, les actions en responsabilité civile relèvent du droit commun des actions personnelles ou mobilières et sont donc partagées, selon la valeur du litige entre trois juridictions (TGI/TI et juridictions de proximité, v. *supra,* n° 365) ; mais l'ancien article R. 311-4, COJ, qui réservait aux TGI et aux tribunaux d'instance, la connaissance des actions en responsabilité tendant à la réparation des dommages de toute nature causés par un véhicule quelconque, a été abrogé sans être repris dans un texte issu de la recodification du Code de l'organisation judiciaire (v. *infra,* n° 455, c, pour la compétence retrouvée du tribunal de commerce en ce domaine) [4]. La loi n° 57-1424 du 31 décembre 1957 (art. 1er) attribue compétence exclusive « aux tribunaux de l'ordre judiciaire » (donc compétence partagée avec le tribunal d'instance et la juridiction de proximité, selon la valeur du litige) « pour statuer sur toute action en responsabilité tendant à la réparation des dommages de toute nature causés par un véhicule quelconque », lorsque cette action est dirigée contre une personne morale de droit public. De même, l'article L. 911-4 du Code de l'éducation, réserve aux « tribunaux de l'ordre judiciaire » (donc compétence à partager avec le juge d'instance ou de proximité, selon le montant de la demande), les actions en responsabilité intentées contre l'État en tant que garant des membres de l'enseignement public, en raison des faits dommageables commis par des élèves ou étudiants qui leur sont confiés ou au détriment de ceux-ci.

b) Mais des lois particulières attribuent compétence exclusive aux TGI, voire à un seul d'entre eux. Ainsi, la loi n° 68-943 du 30 octobre 1968 (art. 17) sur la *responsabilité civile* dans le domaine de l'*énergie nucléaire* donne compétence au seul TGI de Paris pour toutes les actions intentées sur son fondement (l'action civile ne pouvant être portée devant les juridictions répressives). De même, les TGI sont seuls compétents pour statuer sur toute action en indemnisation des dommages résultant d'une recherche biomédicale (C. santé publique, art. 1126-7.

1. Art. 91, Règl. Conseil CEE, n° 40-94, 20 déc. 1993.
2. *L'ambition raisonnée d'une justice apaisée,* Doc. fr., 2008, proposition n° 10.
3. *L'ambition raisonnée d'une justice apaisée,* Doc. fr., 2008, proposition n° 11.
4. Et on ne peut pas considérer que l'article R-212-8, COJ, maintient cette compétence, ce texte ne réglant que la question de la formation qui, au sein du TGI, connaît de ce contentieux, en l'occurrence à juge unique, sans évoquer une compétence exclusive du TGI.

372 ***Actions concernant les officiers publics et ministériels, les auxiliaires de justice et les officiers d'état civil*** ◊ Les textes relatifs à la compétence pour les actions intentées contre les officiers publics et ministériels ou par eux ont été pendant longtemps imprécis ; la jurisprudence était hésitante et la distinction n'était pas toujours parfaite entre compétence d'attribution et compétence territoriale. Trois points sont actuellement bien fixés par le Code de l'organisation judiciaire :

a) D'abord, article L. 211-6, COJ, le tribunal de grande instance est compétent pour les demandes relatives aux *frais, émoluments* et *débours* formés par les auxiliaires de la justice ainsi que par les officiers publics et ministériels ou à leur encontre. Mais cette compétence est subordonnée à une condition précise : il faut que ces frais ne soient pas afférents à une instance (art. 52, al. 2, CPC). En revanche, lorsque les frais sont afférents à une instance, la demande est portée (art. 52, al. 1, CPC) devant la juridiction où les frais ont été exposés. Le texte réserve les dispositions particulières aux honoraires d'avocats, en renvoyant à l'article L. 311-7, COJ et à l'article 179 du décret du 27 novembre 1991 (compétence du premier président de la cour d'appel en appel des décisions du bâtonnier) ; même réserve pour les honoraires des avoués (renvoi à l'article 5 de la loi n° 57-1420, 31 déc. 1957). Bien que cela ne relève pas d'une compétence juridictionnelle, on signalera que c'est le TGI qui remplit les fonctions du conseil de l'ordre des avocats lorsque les barreaux dont les effectifs sont inférieurs à huit ne se sont pas regroupés (L. n° 71-1130, 31 déc. 1971, art. 16, auquel renvoie l'article L. 211-7, COJ).

b) Ensuite, article L. 211-8, COJ, le tribunal de grande instance « est la juridiction disciplinaire des avoués, commissaires-priseurs judiciaires, huissiers de justice et notaires, dans les cas et conditions prévus par l'ordonnance du n° 45-1418 du 28 juin 1945 [art. 5]... » ; mais, bien évidemment, cette compétence est partagée avec les chambres de discipline concernées selon les distinctions des articles 6 à 11 de l'ordonnance du 28 juin 1945.

c) On rapprochera de ces hypothèses, la compétence exclusive du TGI pour connaître des amendes civiles encourues par les officiers d'état civil (COJ, art. R. 211-4, 5°).

373 ***Preuve*** ◊ Les difficultés provoquées par certains modes de preuve les ont fait réserver aux juridictions de droit commun : ainsi en va-t-il pour les instances en *en inscription de faux* (art. 285, CPC et art. R. 211-4, 16°, COJ) et en *vérification d'écriture principale* (CPC, art. 286). Pour l'inscription de faux, la cour d'appel peut en connaître si elle est incidemment formée devant elle ; seul le tribunal de grande instance est compétent, en revanche, pour une inscription de faux principale et pour l'incident surgi incidemment devant une juridiction d'exception (art. 313, CPC).

374 ***Baux commerciaux*** ◊ En matière de baux d'immeubles commerciaux, la compétence est partagée entre le tribunal de grande instance et son président : ce dernier ne connaît que des contestations relatives à la fixation du prix du bail révisé ou renouvelé (COJ, art. R. 213-2, 1°), alors que le tribunal connaît des « autres contestations » et, « accessoirement », du prix du bail (C. com. art. R. 145-23 et COJ, art. R. 211-4, 15°). La compétence résiduelle du TI en la matière a été supprimée (art. L. 145-1 et 2, C. com.). Néanmoins, cette compétence éclatée entre deux juridictions et leurs présidents respectifs laisse

encore la place à celle du juge des référés [1]. La commission Guinchard (du nom de son président) propose que le contentieux des baux professionnels passe du TI au TGI [2], avec extension de la représentation obligatoire par avocat [3].

375 ***Procédures du mandat ad hoc, de conciliation, de sauvegarde, de redressement et de liquidation judiciaires*** ◊ Avec la loi n° 2005-845 du 26 juillet 2005 les procédures applicables aux entreprises en difficultés ont été profondément réformées au fond et étendues à des activités non commerciales, dans des conditions qui ont donné lieu à quelques « ajustements » par l'ordonnance n° 2008-1345 du 18 décembre 2008 et le décret n° 2009-160 du 12 février 2009. En effet, alors que les textes directement issus de la loi de 2005, pour déterminer la compétence du tribunal de commerce, visaient ceux qui exercent une activité commerciale ou qui sont inscrits au répertoire des métiers (sauf pour la procédure de conciliation pour laquelle l'art. L. 611-3, C. com. parlait déjà « d'activité artisanale », sans exiger l'immatriculation à ce registre), les deux textes plus récents visent les personnes exerçant une activité commerciale ou « une activité artisanale », ce qui n'a pas la même portée que l'exigence d'une immatriculation au répertoire des métiers ; désormais formulé aux articles L. 611-3, al. 2 (mandat *ad hoc*), L. 621-2 (procédure de sauvegarde), L. 631-2 (redressement judiciaire) et L. 641-2 (liquidation judiciaire) du Code de commerce, ce critère de compétence signifie, *a contrario,* que le TGI ne reste compétent pour connaître de ces procédures que si l'activité n'est ni commerciale, ni artisanale, peu important que l'artisan soit ou non inscrit au répertoire des métiers ; avec la réforme de 2008-2009, l'artisan de fait ne relève plus du TGI, mais du tribunal de commerce (ce qui rend caduc l'article R. 211-4, 12°, COJ qui s'en tient à l'ancien critère de l'immatriculation au répertoire des métiers pour exclure la compétence du TGI). Le TGI est donc compétent, pour la procédure de conciliation, « pour les personnes morales de droit privé ou les personnes physiques exerçant une activité professionnelle indépendante, y compris une profession libérale soumise à un statut législatif ou réglementaire ou dont le titre est protégé » (par ex., les avocats) (art. L. 611-5) ; en revanche, les agriculteurs restent soumis à la procédure amiable prévue pour eux aux articles L. 351-1, C. rural. Mais attention, si la profession libérale est exercée au sein d'une structure libérale commerciale par sa forme, le tribunal de commerce retrouve sa compétence ; si la profession libérale est exercée individuellement ou au sein d'une structure de nature civile, le TGI est compétent. En cas d'extension de la procédure à une ou plusieurs personnes, le tribunal initialement saisi reste compétent (art. L. 621-5, al. 1er, C. com.). Ce tribunal est également compétent pour les procédures de prévention des difficultés de certaines entreprises (procédures d'alerte et règlement amiable). Art L. 611-6, C. com. Sur la compétence territoriale, v. art. L. 610-1, C. com. qui renvoie à la partie réglementaire du code.

376 ***Enregistrement et contributions indirectes*** ◊ Il convient de citer encore les instances en matière de droits d'enregistrement, de taxe de publicité fon-

1. Civ. 3e, 15 févr. 1983, *RTD civ.* 1983.586, obs. Normand.
2. *L'ambition raisonnée d'une justice apaisée,* Doc. fr. 2008, proposition n° 2.
3. *L'ambition raisonnée d'une justice apaisée,* Doc. fr. 2008, proposition n° 30.

cière, de droits de timbre et de contributions indirectes et de taxes assimilées à ces droits, taxes ou contributions (COJ, art. R. 211-4, 14° ; LPF, art. L. 199). La commission Guinchard (du nom de son président) propose que le contentieux douanier passe du TI au TGI, avec maintien pour l'administration de la possibilité de se faire représenter par l'un de ses agents [1].

376-1 ***Diverses compétences exclusives*** ◊ L'article R. 211-4, COJ, énumère d'autres cas de compétences exclusives : au 11°, les actions en dissolution des associations ; au 13°, en matière d'assurance contre les accidents et maladies professionnelles des personnes non salariées en agriculture. D'autres textes l'instituent aussi : par exemple, en matière d'exequatur des sentences arbitrales françaises (art. 1477, CPC) ; on prendra garde à ce que l'article R. 212-8, COJ, ne fixe pas une compétence exclusive du TGI pour les matières dont il doit connaître à juge unique, mais fixe seulement la composition de la formation appelée à en connaître (v. *supra*, n° 366).

B. Conséquences du caractère exclusif de la compétence

377 ***Incompétence des autres juridictions*** ◊ L'intérêt de poser que, dans certains cas, le tribunal de grande instance a une compétence *exclusive* c'est que les autres juridictions sont, dans ces domaines, radicalement incompétentes. Non seulement, on ne peut pas les saisir à titre principal d'une question relative à l'une de ces matières exclusives, mais si un tribunal d'exception, à l'occasion d'un procès pour lequel il est compétent, était saisi d'une question relative à l'une de ces matières, il devrait surseoir à statuer sur le fond jusqu'à ce que cette question dite « préjudicielle » ait été tranchée par un tribunal de grande instance.

IV. Compétence du TGI à juge unique

378 ***Extension des éventualités dans lesquelles un juge unique est ou peut être compétent*** ◊ La compétence exclusive qui vient d'être décrite concerne le tribunal de grande instance siégeant dans sa formation collégiale qui est traditionnelle. Mais, il convient de relever une tendance, dans la procédure civile contemporaine, à confier de plus en plus souvent des tâches particulières à un *juge unique, indépendamment des pouvoirs reconnus au président de la juridiction ou à son délégué*. On insistera particulièrement sur cette distinction : nous ne sommes pas ici dans le cadre de la compétence du président du TGI (ou de son délégué) (V. *infra*, § 4), mais dans le cadre du TGI lui-même. C'est pourquoi nous reportons l'étude du juge de l'exécution avec celle du président du TGI, car le JEX constitue une véritable juridiction nouvelle

1. *L'ambition raisonnée d'une justice apaisée,* Doc. fr. 2008, proposition n° 2.

en la personne de son président et non pas le TGI statuant à juge unique. Il reste que le juge unique constitue une exception au principe de la collégialité, même si certains ont souhaité que la règle soit inversée et que la tendance contemporaine est au déclin de la collégialité [1] (V. *supra*, nos 193 et s.). Ceci étant, la possibilité du TGI de siéger à juge unique se dédouble :

– tantôt c'est le TGI lui-même qui est autorisé à statuer à juge unique, sans dénomination particulière, à titre institutionnel (A) ;

– tantôt le législateur a créé des juges uniques *ad hoc*, dans le cadre de compétences *ratione materiae* bien délimitées, mais avec une dénomination particulière (B), telle que le juge aux affaires familiales, le juge des enfants et, plus traditionnel, le juge de l'expropriation.

A. Le TGI, juge unique institutionnel

Il faut distinguer deux cas.

379 ***Le TGI, juge unique sur décision préalable de son président ou du délégué de celui-ci*** ◊ Malgré l'affirmation du principe de la collégialité à l'article L. 212-1, COJ (v. *supra*, n° 161, a), ce même texte autorise des exceptions « tenant à l'objet du litige ou à la nature de l'affaire » ; ces exceptions sont de nature réglementaire et de deux types : soit de plein droit, lorsqu'un texte exprès le précise (v. *infra*, n° 380), soit sur décision du président du tribunal de grande instance. En effet, le code permet au président du TGI ou à son délégué, « en toute matière », de décider qu'une affaire sera jugée à juge unique (art. R. 212-9, al. 1er, COJ) ; et le Code de procédure civile ajoute que cette attribution d'une affaire au juge unique peut être décidée à tout moment (art. 801) ; dans cette hypothèse, le retour à la formation collégiale peut toujours être décidé par le président ou son délégué, soit à la demande du juge saisi de l'affaire soit d'office, selon les termes de l'alinéa 2 de l'article R. 212-9, COJ et de l'article 804, al. 2, CPC, qui précise que cette décision peut être prise « à tout moment ». Les parties peuvent aussi demander ce renvoi à la collégialité et il suffit que l'une d'entre elles le demande, sans avoir à le motiver (et dans les conditions de forme et de délai prévues à l'article 804, al. 1er, CPC), pour qu'il soit de droit (art. L. 212-2, al. 1er, COJ). Toutefois, ces dispositions ne sont pas applicables en matières disciplinaire ou d'état des personnes et sous réserve, dans ce dernier cas, des dispositions particulières aux matières de la compétence du JAF (art. L. 212-2, al. 2, COJ).

380 ***Le TGI, juge unique de plein droit*** ◊ C'est une toute autre hypothèse qu'envisagent divers textes, qui attribuent de plein droit certaines affaires à un juge unique du TGI, en raison de l'objet du litige ou de la nature des questions à trancher. Ainsi, en matière d'accidents de la circulation terrestre, de

1. Ch. Cézar-Bru, *Mélanges J. Magnol*, Sirey, 1948, p. 84 ; S. Guinchard, colloque TGI Nanterre et Ass. philo. du 5 déc. 1995, Dalloz, coll. « Thèmes et commentaires », 1996 ; « Rapport de synthèse aux états généraux de la profession d'avocat sur la réforme de la procédure civile », *Rev. jur. Ile-de-France*, oct.-déc. 1997, Dalloz, p. 83 ; *ibid.* in coll. « Thèmes et commentaires », Dalloz.

demandes en reconnaissance et en *exequatur* des décisions judiciaires et actes publics étrangers, ainsi que des sentences arbitrales françaises et étrangères, ou encore pour les ventes de biens de mineurs et celles qui leur sont assimilées (art. R. 212-8, COJ). Mais, dans ces mêmes hypothèses, le juge peut toujours renvoyer à la formation collégiale, par une mesure d'administration judiciaire, donc sans recours des parties (art. R. 212-8, dernier alinéa, COJ). Il faut aussi tenir compte des dispositions précitées de l'article L. 212-2, COJ sur le renvoi de droit à la demande de l'une des parties (v. *supra*, n° 379).

B. Les juges uniques *ad hoc*

381 ***Le juge aux affaires familiales*** ◊ Dès 1963 à Bordeaux et 1965 à Lille [1] des expériences furent tentées pour confier à une chambre unique dite « chambre de la famille » les procès intéressant la vie des époux et des enfants (en respectant naturellement la compétence propre du juge des enfants) tant sur le plan civil que sur le plan pénal. L'expérience a été poursuivie dans plusieurs juridictions. Elle a permis d'apporter aux familles et à leurs membres une aide meilleure et mieux adaptée, tant sur le plan civil que sur le plan pénal (délit au détriment d'un conjoint ou d'un enfant mineur). La formation acquise par les magistrats ayant exercé des responsabilités en qualité de président d'une chambre de la famille a permis d'envisager le recours à un *juge aux affaires matrimoniales* (JAM) dans le cadre des nouveaux textes sur le divorce et la séparation de corps. Il est devenu le juge aux affaires familiales par la loi n° 93-22 du 8 janvier 1993 [2]. Sa compétence, qui s'est élargie au fil des ans, est aujourd'hui fixée par les articles L. 213-3 et L. 213-3-1, COJ (réd. L. n° 2009-526, 12 mai 2009) [3] ; il exerce les fonctions de juge des tutelles des mineurs (proposition de la commission Guinchard reprise par la loi du 12 mai 2009) et, à ce titre, connaît de l'émancipation, de l'administration légale et de la tutelle des mineurs et de la tutelle des pupilles de la nation (art. L. 213-1) ; il connaît en outre (art. L. 213-3-1) : de l'homologation judiciaire du changement de régime matrimonial, des demandes relatives au fonctionnement des régimes matrimoniaux et des indivisions entre personnes liées par un PACS ou entre concubins, de la séparation de biens judiciaire sous réserve des compétences du président du TGI et du juge des tutelles des majeurs ; du divorce, de la séparation de corps et de leurs conséquences, de la liquidation et du partage des intérêts patrimoniaux des époux, des personnes liées par un PACS et des concubins, sauf en cas de décès ou de déclaration d'absence (compétence reprise des propositions de la commission Guinchard) ; des actions liées à la

1. V. Travaux 4e Colloque des Instituts d'Études Judiciaires (Rennes, mai 1966) édités en 1969, *Les juridictions familiales au service de l'enfant*, rapports Allaer et Martaguet. Sur l'expérience de Lille, C. Allaer, *JCP* 1968. I. 2204.

2. L. Cadiet, « Les métamorphoses de la juridiction familiale », in *Mélanges H. Blaise*, Économica, 1995, p. 33 ; C. Watine-Drouin, « Du JAM au JAF », in *Mélanges R. Perrot*, Dalloz, 1996, p. 557. « A la recherche du juge de la famille », *in Familles et justice*, Actes du congrès international du centre de droit de la famille de Louvain, Bruxelles, 5-8 juill. 1994, Bruylant et LGDJ, 1997, 235. – J. P. Gridel, XXe colloque des IEJ, Toulon, mai 1995, Dalloz coll. « Thèmes et commentaires », 1996 ; « Regard sur le JAF », in *Mélanges P. Catala*, Litec, 2001, p. 207.

3. I. Despres, « La compétence du JAF : quelques problèmes de technique législative », in *Mélanges Ph. Simler*, Dalloz/Litec, 2006, p.85 (article antérieur à l'ordonnance de juin 2006).

fixation de l'obligation alimentaire, de la contribution aux charges du mariage ou du PACS et de la contribution à l'entretien et à l'éducation des enfants ; à l'exercice de l'autorité parentale ; à la révision de la prestation compensatoire ou de ses modalités de paiement ; au changement de prénom. Il peut toujours renvoyer l'affaire à la formation collégiale du TGI, qui statue alors comme JAF, cette formation comprenant alors le juge qui a demandé le renvoi (art. L. 213-4, COJ) [1]. La loi organique du 25 juin 2001 avait limité à 10 ans l'exercice des fonctions de JAF dans un même tribunal, mais la loi du 26 février 2003 sur les juges de proximité supprime cette limitation. Une tendance doit être soulignée, celle de confier certaines de ses tâches, purement administratives, au greffier (ex., enregistrement d'une déclaration en matière d'autorité parentale, cf. lois du 8 février 1995 et du 4 mars 2002).

382 ***Le juge des enfants*** ◊ Créé par l'Ordonnance du 2 février 1945, le juge des enfants a reçu compétence pénale de principe pour l'instruction et le jugement des contraventions et des délits commis par des enfants et adolescents [2]. Mais il ne faut pas oublier que ce magistrat dont la compétence territoriale correspond en principe au département [3] est aussi un juge civil. Il joue un rôle de premier plan en matière de prévention et de rééducation car c'est lui qui a reçu compétence en matière d'*assistance éducative* (art. L. 252-1, COJ, art. 375-1, C. civ. et art. 1181, CPC). Celle-ci suppose que la santé, la sécurité ou la moralité du mineur non émancipé sont en danger ou que les conditions de son éducation ou de son développement physique, affectif, intellectuel et social sont gravement compromises. Il est aussi compétent en matière d'organisation ou de prolongation d'une action de protection judiciaire à l'égard des mineurs émancipés ou des majeurs âgés de vingt et un ans ou moins (art. L. 252-3, COJ). Il connaît de la tutelle aux prestations sociales (art. L. 252-4, COJ, la réserve de la compétence concurrente du juge des tutelles ayant disparu avec la loi n° 2007-308 du 5 mars 2007, art. 29-II).

383 ***La juridiction de l'expropriation*** ◊ Un *juge de l'expropriation* (art. L. 13-1, C. expr.) est désigné, pour chaque département, par le premier président de la cour d'appel, parmi les magistrats du siège appartenant au tribunal de grande instance près duquel siège la juridiction de l'expropriation ; il constitue à lui tout seul (ou avec d'autres, si le Garde des sceaux décide d'en accroître le nombre) la juridiction de l'expropriation dont le siège est toujours, sauf décision contraire du Garde des sceaux, au siège du TGI du chef-lieu du département (art. R. 13-1, C. expr.) [4]. Son greffe est assuré par le greffier en chef du

1. On prendra garde au fait que la collégialité n'est pas celle du TGI-juridiction de droit commun, mais la collégialité du JAF-juridiction autonome (COJ, art. L. 312-1 § 3) ; il en résulte que le JAF collégial n'a pas les pouvoirs du TGI, par exemple en matière de prorogation de compétence.

2. Cette double fonction de juge d'instruction et de juridiction de jugement n'empêche pas ce juge d'être impartial au sens de l'article 6-1 Conv. EDH, Crim. 7 avr. 1993, *BICC* 15 mai 1993, n° 615. Les fonctions de juge des enfants sont désormais limitées à 10 ans au sein du même tribunal (loi 25 juin 2001).

3. Art. L. 252-1, COJ : « il y a au moins un juge des enfants au siège de chaque tribunal pour enfants » ; et art. L. 251-2, COJ, « il y a au moins un tribunal pour enfants dans le ressort de chaque cour d'appel ».

4. Ainsi, dans le Rhône qui connaît deux TGI, à Lyon et à Villefranche sur Saône, la juridiction de l'expropriation siège à Lyon.

tribunal de grande instance auprès duquel ladite juridiction a son siège (art. R. 13-10, C. expr.) [1]. Au niveau de la cour d'appel, le greffe de la chambre d'appel est assuré, dans les mêmes conditions, par le greffier en chef de la cour (art. R. 13-11, C. expr.).

V. Compétence de la CIVI, juridiction autonome au sein du TGI

384 ***La commission d'indemnisation des victimes de certains dommages résultant d'une infraction pénale ou d'actes de terrorisme (CIVI)*** ◊
Une loi n° 75-5 du 3 janvier 1977 et un décret n° 77-194 du 3 mars 1977 (aujourd'hui, *in* CPP, art. 706-3 à 706-15, art. R. 50-1 à 50-28) avaient organisé une procédure permettant d'indemniser, dans certaines conditions, les victimes d'infractions pénales dont l'auteur était inconnu ou se révélait insolvable. À l'origine, ce recours était porté devant une commission instituée dans chaque Cour d'appel. Aujourd'hui le recours est porté devant une « commission d'indemnisation de certaines victimes d'infractions » (la CIVI) instituée dans le ressort de chaque tribunal de grande instance et « qui revêt le caractère d'une juridiction civile » (art. L. 214-1, COJ) ; elle exerce donc une activité juridictionnelle. Elle est composée de deux magistrats du siège (deux titulaires et deux suppléants), désignés pour 3 ans par l'assemblée générale des magistrats du siège et d'une ou plusieurs personnes majeures, de nationalité française, jouissant de leurs droits civiques et s'étant signalées par l'intérêt qu'elles portent aux problèmes des victimes d'infractions (art. 706-4, CPP, L. 214-2 et R. 214-2 et 3, COJ) [2] ; elle est présidée par le juge délégué aux victimes (art. D. 47-6-2, CPP). Les fonctions du ministère public sont exercées par le procureur de la République ou par l'un de ses substituts (art. L. 214-2, al. 3, COJ). Ses décisions peuvent être attaquées par un pourvoi en cassation [3]. L'indemnisation constitue un recours accordé dans un but de solidarité. Le président de la commission peut accorder, dans certaines limites, une provision. Le recours est précédé d'une offre d'indemnisation présentée à la victime par le Fonds de garantie des victimes des actes de terrorisme et autres infractions (art 706-5-1, CPP ; art. R. 50-12-1 et 50-12-2, CPP). Alors que ce recours était, à l'origine, soumis à des restrictions importantes, quant à la nationalité du demandeur, aux conditions de l'infraction, au plafonnement de l'indemnité versée par l'État, la loi n° 90-589 du 6 juillet 1990 a profondément modifié le régime primitif :

– Ce texte pose le principe de l'indemnisation *intégrale* des dommages corporels découlant d'une infraction pénale ou d'un acte de terrorisme (art. 706-3 à 706-15 CPP).

– Il faut supposer une atteinte à la personne de la victime. Elle sera réparée intégralement ou partiellement par le Fonds de garantie, quel que soit le montant des ressources du demandeur (art. 706-9, dernier al., CPP).

1. Chaque juge est assisté d'un greffier fonctionnaire ou d'un commis greffier assermenté, désigné par le greffier en chef et qui ne peut être suppléé dans l'exercice de ses fonctions qu'en cas d'empêchement. Si cet empêchement dure plus de deux mois, le greffier en chef désigne un remplaçant.
2. Sur cet échevinage, v. Civ. 2e, 15 avr. 1991, *RCA* juill. 1991, n° 245.
3. Sur le problème de l'inexistence de l'appel, Ph. Melin, *JCP* 1999. I. 127.

- Ce régime est étendu à la personne victime d'un vol, d'une escroquerie, d'un abus de confiance, d'une extorsion de fonds ou d'une destruction, d'une dégradation ou d'une détérioration des biens lui appartenant, lorsqu'elle se trouve dans une situation matérielle ou « psychologique » grave (CPP, art. 706-14).
- Si la victime ne possède pas la nationalité française elle peut bénéficier de ce régime à certaines conditions (membre de l'Union européenne ou national d'un pays ayant passé avec la France un accord de réciprocité).
- Le recours peut être intenté dans un délai qui est passé d'un an à 3 ans (art. 706-5).

VI. Compétence du TGI comme juridiction du second degré

385 ***Compétence actuelle comme juge d'appel*** ◊ Le TGI est juge d'appel des décisions du tribunal d'instance en matière de titres perdus dans les conditions prévues à l'article 11 du décret n° 56-27 du 11 janvier 1956 relatif à la procédure à suivre en cas de dépossession de titres au porteur (art. L. 211-5-2°, COJ). En revanche, il a perdu sa compétence de juge d'appel des décisions des juges des tutelles tant des mineurs (JAF) que des majeurs (abrogation du 1° de l'article L. 211-5 COJ par la loi précitée du 12 mai 2009 ; c'était l'une des propositions de la commission Guinchard).

386 ***Le TGI, juge d'appel ?*** ◊ Le tribunal civil d'arrondissement, dans le régime ancien, était juge d'appel des décisions en premier ressort rendues par les juges de paix et par les conseillers prud'hommes. Ces attributions n'ont pas été maintenues au profit du tribunal de grande instance. Les jugements des tribunaux d'instance et des conseils de prud'hommes sont désormais examinés par les cours d'appel. Cependant, une possibilité de retour partiel au régime antérieur avait été réservée dans l'ancien article R. 211-2, COJ, qui disposait qu'un décret en Conseil d'État, pris sur avis du Conseil de l'organisation judiciaire, pourrait déterminer les matières ressortissant à la compétence du tribunal d'instance dont le tribunal de grande instance connaîtra en appel. La disposition a été abrogée par le décret de codification du 2 juin 2008, sans être reprise dans un autre texte ; néanmoins, rien n'interdit, à l'avenir, d'établir, ponctuellement, une telle compétence, même si la tendance est plutôt inverse (v. *supra*, n° 385 pour l'appel des décisions du juge des tutelles).

§ 3. Compétence territoriale du tribunal de grande instance en matière civile

387 ***Renvoi aux textes généraux*** ◊ La partie législative du Code de l'organisation judiciaire ne contient aucune disposition de compétence territoriale, mais l'article R. 211-11, COJ, renvoie expressément, pour cette compétence au Code de procédure civile (art. 42 à 52). L'affaire est portée, en principe, devant le tribunal de grande instance *du lieu où*

demeure le défendeur (art. 42 et 43, CPC) ; cette formule traduit une règle traditionnelle, remontant au droit romain (« *actor sequitur forum rei* »). Tant que le procès n'est pas tranché, celui qui est défendeur à une action bénéficie d'une sorte de présomption qu'il ne doit rien au demandeur, que sa situation de propriétaire par exemple, est conforme aux apparences. Celui qui prend l'initiative du procès doit en supporter la gêne, les inconvénients éventuels, notamment lorsqu'il n'habite pas dans la même localité que son adversaire. Le mot *demeure* est, à dessein, plus vague et moins juridique que le mot *domicile*, employé naguère. Il faut l'entendre de la manière suivante (art. 43, CPC) : quand le défendeur est une personne physique, celle-ci demeure là où elle à son domicile, ou à défaut sa résidence ; quand le défendeur est une personne morale (société ou association), elle demeure dans le lieu où elle est établie, où elle a son siège social.

Si ce principe est maintenu, il comporte de très nombreuses dérogations [1]. Parfois les textes désignent impérativement une *autre juridiction ;* ainsi en matière réelle immobilière, le tribunal compétent est celui de la situation de l'immeuble. Dans d'autres éventualités, une *option* est ouverte au demandeur : ainsi en matière de délits, il peut saisir soit le tribunal du défendeur, soit celui du lieu où s'est produit le fait dommageable (un accident par exemple), soit celui dans le ressort duquel le dommage a été subi par la victime ; en matière de contrat, il peut saisir, outre le tribunal du lieu où demeure le défendeur, la juridiction du lieu de la livraison effective de la chose ou celle du lieu de l'exécution de la prestation de services, lorsque tel est l'objet de la convention (art. 45, CPC) ; la loi n° 2009-526, 12 mai 2009, ajoute à ce dernier choix, au profit des consommateurs, le choix de la juridiction du lieu où il demeurait au moment de la conclusion du contrat ou de la survenance du fait dommageable (art. L. 141-5, C. consom.). Des règles particulières existent pour de nombreuses matières : la matière familiale, la propriété industrielle, etc., l'habitude ayant été prise de spécialiser certains TGI dans des contentieux jugés très spécifiques et supposant des connaissances techniques que tous les juges ne peuvent acquérir s'ils n'ont à connaître que de quelques affaires par an, voire une seule (v. *supra*, n° 367 et 370).

§ 4. Attributions du président du tribunal de grande instance

388 ***Évolution. Textes*** ◊ Le président du tribunal a reçu des attributions nombreuses et variées, qui n'appartiennent qu'à lui ou à un juge délégué.

a) Cette compétence en matière de référé ou de requête, avait connu un développement si considérable qu'elle avait été réglementée successivement pour la juridiction commerciale (1924), pour la juridiction paritaire des baux ruraux (1944) et pour la juridiction prud'homale (1974). Le décret du 9 septembre 1971 avait eu le mérite de poser des

1. S. Guinchard, F. Ferrand et C. Chainais, *Procédure civile*, n°s 309 et s.

règles ayant un caractère général. Le Code de procédure civile les reprend dans ses articles 484 à 498 qui sont applicables à toutes les juridictions. Ces textes donnent des définitions, décrivent les règles procédurales. Ils sont complétés par des règles particulières à chacune des juridictions ; celles-ci reprennent le schéma général et l'adaptent aux différents types de tribunaux. Il faut donc combiner deux catégories de textes. En ce qui concerne les tribunaux de grande instance, ce sont les articles 808 à 813, CPC, qui doivent être consultés, outre des dispositions particulières. Dans ces hypothèses de référé ou de requête, le président est sollicité de rendre une décision *provisoire* qui ne touche pas le fond du droit : il s'agit des ordonnances rendues sur une assignation en référé ou sur simple requête (I).

b) *Dans d'autres hypothèses,* le président statue également seul, mais il rend une décision qui est *définitive* en ce qui concerne le fond (II).

c) *Enfin,* à côté de cette distinction selon la nature des pouvoirs conférés au président du TGI, il faut mettre à part une compétence *ratione materiae* de ce président, ses pouvoirs relevant alors de l'une ou l'autre des branches de la distinction précédente, selon la manière dont il sera saisi : il s'agit des fonctions de juge de l'exécution (III).

I. Juridiction contentieuse et provisoire

Le Code de l'organisation judiciaire se contente d'indiquer qu'en toutes matières, le président du TGI statue en référé ou sur requête (art. L. 213-2) ; de fait, cette double compétence est traitée dans le Code de procédure civile. Suivant l'ordre de ce Code, nous présenterons successivement les *ordonnances de référé* (A) puis les *ordonnances sur requête* (B), en nous contentant de notions très sommaires, renvoyant le lecteur au *Précis de procédure civile,* où ces questions ont mieux leur place. Le référé se distingue des ordonnances sur requête en ce sens qu'il suppose une procédure *contradictoire* tandis qu'une ordonnance sur requête est généralement obtenue à l'insu de l'adversaire. Le juge des référés ne peut intervenir en tout cas que pour prendre des *décisions provisoires.*

A. Les ordonnances de référé

389 ***Le développement moderne du recours au référé*** ◊ La procédure des *référés* est une procédure exceptionnelle qui avait été instituée dans les cas d'urgence et pour les difficultés d'exécution. C'est même à raison de l'intervention fréquente de la juridiction des référés en matière de difficultés d'exécution que les textes réglementant les référés avaient été placés à la fin du livre V de l'ancien Code de procédure civile : « De l'exécution des jugements. » D'origine parisienne, elle a pris naissance dans les usages du lieutenant civil du Châtelet

de Paris [1] ; l'édit royal de janvier 1685 l'avait réglementée. L'ancien Code de procédure ne lui avait consacré que quelques brèves dispositions (art. 806 à 812, C. pr. civ.), car ses rédacteurs ne se doutaient pas de l'importance qu'allait prendre l'institution dans le droit moderne.

a) Le référé permet en effet d'obtenir, le plus souvent, mais non obligatoirement (selon le type de référé), lorsqu'il y a une urgence, par une procédure simple et rapide, du président du tribunal, des décisions, sans doute provisoires, mais d'une importance parfois considérable [2]. Il est devenu le recours miracle de beaucoup de plaideurs qui en attendent sans doute trop et qui le détournent de sa fonction traditionnelle. La procédure se déroule très rapidement : on assigne à la prochaine audience de référé que tient le président. On peut même, dans les cas d'urgence particulière, assigner *d'heure à heure*. L'exécution de la décision pourra être poursuivie immédiatement et ne sera pas suspendue par l'appel qui serait formé ; elle peut être parfois obtenue avec la minute même de l'ordonnance (sans son dépôt préalable au greffe). On parle *d'exécution sur minute.*

De nombreuses dispositions légales, dispersées dans d'innombrables textes, prévoient le recours au président du TGI statuant en référé [3] ; elles rentrent d'ordinaire, mais pas toujours, dans le cadre des directives générales posées par les articles 484 à 492, 808 à 810, CPC. Cette procédure est pratiquée devant toutes les juridictions civiles ; mais la place qu'occupe le tribunal de grande instance fait que cette attribution présente une particulière importance pour son président ; ainsi, il a même un pouvoir d'agir en référé en toutes matières, dès lors qu'il n'existe pas de procédure particulière de référé (art. 810, CPC), conformément à la vocation du TGI de connaître de tout contentieux non attribué à une autre juridiction (v. *supra*, n° 364).

b) L'article 484 propose une définition : « l'ordonnance de référé est une décision provisoire rendue à la demande d'une partie, l'autre présente ou appelée, dans les cas où la loi confère à un juge qui n'est pas saisi du principal le pouvoir d'ordonner immédiatement les mesures nécessaires ». Dans la mesure où la procédure vise à régler une situation temporaire et ne tend donc pas à une décision sur des droits et obligations de caractère civil, la Cour européenne refuse de les soumettre aux exigences de l'article 6 de la Convention sur le procès équitable [4].

1. E. M. Meijers, « Le développement des ordonnances sur référé en France », *Rev. hist. de dr. franç. et étranger*, 1948, p. 259. – Ph. Ballu, « Les référés du lieutenant civil du Châtelet », *Bull. avoués* 1997, 1 et 2, p. 3 et s. et 47 et s.
2. Y. Strickler, *Le juge des référés, juge du provisoire*, thèse Strasbourg, 1993. A. Lacabarats, in *Le NCPC, vingt ans après*, Doc. fr., 1998, p. 213.
3. B. Gorchs, « Référés spéciaux et droit commun », *Rev. recherche juridique, Droit prospectif*, 2003, n° spécial, *Les procédures d'urgence en matière judiciaire et administrative*, p. 2933.
4. CEDH, 28 juin 2001, *D.* 2002. Somm. 686, obs. Fricero.

c) Mais c'est aux articles 808 et 810, CPC, qu'il faut recourir pour déterminer avec plus de précision l'ampleur de la compétence du juge en matière de référé devant le tribunal de grande instance [1]. Ainsi, le juge des référés peut-il, dans tous les d'urgence, ordonner toutes les mesures qui ne se heurtent à aucune contestation sérieuse ou que justifie l'existence d'un différend (art. 808, CPC). Il peut aussi, même en présence d'une contestation sérieuse, autoriser le demandeur à prendre des *mesures conservatoires* ou à procéder à des *remises en état*, lorsqu'il importe d'empêcher un dommage imminent ou de faire cesser un trouble manifestement illicite (art. 809, al. 1er, CPC). Indépendamment de toute condition d'urgence, il pourra aussi accorder une *provision* au créancier, lorsque l'obligation n'est pas sérieusement contestable, en attendant la future évaluation définitive du préjudice par le juge du fond ou ordonner l'exécution de l'obligation même s'il s'agit d'une obligation de faire (art. 809, al. 2, CPC).

B. Les ordonnances présidentielles sur requête

390 ***Importance pratique des ordonnances sur requête*** ◊ Il s'agit d'éventualités où le demandeur, *sans prévenir son adversaire*, sollicite du président, par une requête, qu'il rende une ordonnance l'autorisant, par exemple à procéder à une saisie conservatoire. Si l'adversaire était prévenu, la mesure perdrait toute efficacité. Mais une fois que l'acte autorisé a été accompli (la saisie par exemple), celui à qui l'ordonnance fait grief peut user d'une voie de recours (v. art. 493 à 498, 812 à 813, CPC).

II. Juridiction contentieuse et définitive

391 ***Accroissement de la juridiction présidentielle*** ◊ Dans les deux catégories d'hypothèses précédentes, la décision prise par le président n'a qu'un caractère provisoire et ne touche pas le fond du droit. Dans un certain nombre de cas au contraire, le président du TGI a reçu le pouvoir de trancher le fond du droit et de statuer définitivement.

On en donnera quelques exemples : il connaît des contestations relatives à la fixation du prix du bail commercial révisé ou renouvelé (COJ, art. R. 213-2, 1°, qui renvoie à l'article R. 145-23, C. com. ; v. *supra*, n° 374 pour l'articulation avec la compétence du TGI) ; il est encore compétent pour les baux à construction (art. R. 213-2, 2°, COJ, qui renvoie à l'article L. 251-5, al. 4, C. construct. et habit.), pour les procédures de règlement amiable, de redressement et de liquidation judiciaires des exploitations agricoles (COJ, art. R. 213-3), pour les contestations des honoraires des bâtonniers, l'appel étant porté devant le premier président de la Cour (COJ, art. R. 213-4 qui renvoie à l'article 179, Décr. 27 nov. 1991). V. aussi l'article R. 213-5 en matière de fichiers informatiques. Compétence encore pour statuer sur les recours contre les déci-

1. J. Normand, « Les fonctions des référés », in *Les mesures provisoires en droit belge, français et italien*, Bruylant, 1999, 73.

sions de refoulement des étrangers en situation irrégulière aux frontières (ord. n° 45-2658, 2 nov. 1945, art. 35 *bis* et 35 *quater* III).

392 ***Cas dans lesquels le président statue « en la forme des référés »*** ◊ Dans un certain nombre d'éventualités, le président est invité à statuer « en la forme des référés » ou « comme en matière de référé ». Dans toutes ces hypothèses le président statue *en la forme* des référés, sans être pour autant juge des référés ; il est juge du fond. Cette dualité n'est pas sans conséquences et soulève quelques difficultés. L'ordonnance prise en cette forme l'est au principal et non pas au provisoire ; elle a donc autorité de la chose jugée, ne bénéficie pas de l'exécution provisoire de droit, sauf disposition contraire et ne peut être modifiée que selon les voies de recours ouvertes à son encontre, le régime des recours n'étant pas nécessairement celui des référés ; assez souvent la décision est rendue sans recours.

III. Le président du TGI, juge de l'exécution

393 ***Compétence d'attribution exclusive*** ◊ Instauré par la loi n° 91-650 du 9 juill. 1991, dans une fonction confiée au président du tribunal de grande instance (ou à son délégué, art. L. 213-5 sur le principe et R. 213-10 et 11, COJ, sur les modalités de la délégation), le juge de l'exécution (ci-après JEX) [1] n'est pas vraiment une nouveauté, puisque la loi n° 72-626 du 5 juill. 1972 avait déjà spécialisé un juge du TGI dans les fonctions de juge de l'exécution, mais le décret d'application n'avait jamais été pris. Le but poursuivi par le législateur est clairement la simplification des règles de compétence en centralisant sur un seul juge le maximum de litiges relatifs à l'exécution forcée et en assortissant cette centralisation d'une exclusivité. Cet objectif n'est pas totalement atteint (v. *infra*, ce numéro, b).

a) Pour la détermination de la compétence de ce juge, le siège de la matière est aujourd'hui dans l'article L. 213-6, COJ, mais pas exclusivement, d'autres textes attribuant compétence au JEX.

1) Pour l'essentiel, et au titre de ce texte, le JEX connaît « de manière exclusive, des difficultés relatives aux titres exécutoires et des contestations qui s'élèvent à l'occasion de l'exécution forcée, même si elles portent sur le fond du droit, à moins qu'elles n'échappent à la compétence des juridictions judiciaires (al. 1er) ; dans les mêmes conditions, il autorise les mesures conservatoires et connaît des contestations qui s'élèveraient à l'occasion de leur mise en œuvre (al. 2) ; il connaît, sous la même réserve, des demandes en réparation fondées sur l'exécution ou l'inexécution dommageables des mesures d'exécution forcée ou des mesures conservatoires (al. 3) ; il connaît des mesures de traitement des situations de surendettement des particuliers et de la procédure de rétablissement personnel » (al. 4).

2) *Quid en matière de saisie immobilière ?* L'ordonnance n° 2006-461 du 21 avril 2006 attribue compétence au JEX pour connaître de la procédure de

1. *Rép. pr. civ.*, v° « JEX », par S. Guinchard.

saisie immobilière (art. 12) et le décret d'application n° 2006-936 du 27 juillet 2006 (article 2) en fixe la compétence territoriale. Le texte avait été introduit dans l'ancien article L. 311-12-1, COJ, mais à une date d'application (au 1er janvier 2007) qui n'a pas permis à l'ordonnance de codification du 8 juin 2006 de l'intégrer formellement dans le nouvel article L. 213-6 ; pour autant, on doit considérer qu'il est intégré dans ce texte.

b) Cette compétence est exclusive. L'article L. 213-6, COJ, le dit expressément, mais, surtout, « tout juge autre que le JEX doit relever d'office son incompétence » (ancien art. L. 311-12-1, COJ, avant-dernier alinéa, disposition non reprise dans le nouveau COJ, mais que l'on retrouve dans l'article 8, al. 1er, D. n° 92-755, 31 juill. 1992, réd. D. n° 2008-522, 2 juin 2008). Pour autant, l'objectif d'un JEX connaissant de toute l'exécution forcée n'est pas totalement atteint : il a fallu composer avec certaines réalités pratiques (par exemple en matière d'astreinte [1] et d'octroi d'un délai de grâce [2]) ou traditions (la matière commerciale, la saisie des rémunérations [3]) pour accepter que d'autres juges connaissent de litiges relatifs à l'exécution. Dans un souci de simplification, la commission Guinchard (du nom de son président) propose de réunir sur le JEX ces compétences éclatées, notamment, pour l'exécution mobilière, la saisie des rémunérations et le paiement direct des pensions alimentaires et, pour l'exécution immobilière, la concentration sur ce juge des contentieux de la saisie des navires, aéronefs et bateaux de 20 tonnes ou plus [4] ; elle propose aussi que l'exécution mobilière soit confiée, dans chaque tribunal d'instance à un juge de ce tribunal désigné par le président du TGI [5] et que les fonctions de juge de l'exécution immobilière soient exercées par un juge de l'exécution mobilière du tribunal d'instance dans le ressort duquel est situé le tribunal de grande instance. Une proposition de loi en cours d'examen au Parlement reprend l'idée du JEX mobilier dans chaque tribunal d'instance et du JEX immobilier dans chaque TGI, mais en maintenant, pour ce dernier, la compétence de principe du président de cette juridiction (avec pouvoir de délégation).

c) Le JEX peut renvoyer à la formation collégiale du TGI qui statue alors comme juge de l'exécution ; il doit y siéger (art. L. 213-7, COJ) et sa décision de renvoi est une mesure d'administration judiciaire (COJ, art. R. 213-12). Ses décisions autres que les mesures d'administration judiciaire, sont susceptibles d'appel (art. 28, D. n° 92-755, 31 juill. 1992).

SECTION 2. **LES COURS D'APPEL**

394 ***Origine. L'appel circulaire*** ◊ Les *cours d'appel* n'ont pas succédé directement aux Parlements de l'Ancien régime. La loi des 16-24 août 1790, ne voulant pas créer de tribunaux supérieurs aux juridictions nouvelles instituées dans les districts, imagina un système, maintenu par le Directoire, celui de *l'appel circulaire*. L'appel était porté d'un tribunal

1. L. 9 juill. 1991, art. 33 et 35.
2. CPC, art. 510, al. 3.
3. Compétence du juge d'instance, art. R. 3252-7, C. trav.
4. *L'ambition raisonnée d'une justice apaisée,* Doc. fr. 2008, proposition n° 8.
5. Une disposition particulière pourrait être prévue pour Paris, avec une seule juridiction JEX pour le ressort de son TGI.

de district à un autre tribunal de district. Ce régime déplorable ne fut pas maintenu par le Consulat. Celui-ci établit des tribunaux d'appel auxquels le nom de cour fut conféré par un sénatus-consulte du 28 floréal an XII, en même temps que leurs décisions étaient appelées arrêts ; le terme de jugement était désormais réservé aux décisions des tribunaux civils.

§ 1. Organisation des cours d'appel [1]

395 ***Organisation actuelle*** ◊ **a) Organisation territoriale.** Il existe actuellement sur le territoire métropolitain trente cours d'appel [2] qui toutes comprennent dans leur ressort deux à quatre départements ; trois cours sont situées dans les départements d'Outre-Mer [3], une à Nouméa et une autre à Papeete ; deux tribunaux supérieurs d'appel siègent à St-Pierre pour la collectivité de Saint-Pierre-et-Miquelon et à Mamoudzou pour la collectivité de Mayotte. Il n'existe pas de catégories ni de classes pour les cours. Le Code de l'organisation judiciaire, prescrit que le siège et le ressort, des cours d'appel sont fixés « conformément au tableau annexé au présent code » (art. D. 311-1, COJ.

b) Organisation interne. Chaque cour comprend un premier président, placé à sa tête, des présidents de chambre et des magistrats que l'on appelle conseillers. « La cour d'appel comprend plusieurs chambres » (art. R. 312-1, COJ), mais le nombre de chambres varie selon l'importance de la cour et ses effectifs (chambres civile, commerciale, sociale). Lorsque la cour est composée de deux chambres seulement, la première est ordinairement une *chambre civile*, la seconde une *chambre des appels correctionnels*. Lorsqu'il y a plusieurs chambres civiles, la première est toujours considérée comme la chambre « noble », par la nature des affaires qui lui sont attribuées, par sa compétence spécifique (cf. par ex. art. R. 312-12, COJ, pour les recours formés contre les décisions prises par les autorités chargées de l'établissement des listes des experts judiciaires [4]), par le fait que c'est généralement la chambre que le premier président préside (v. *infra*, n° 401). Une liste de rang des magistrats du siège est tenue dans chaque cour d'appel, d'abord le premier président, puis les présidents de chambre dans l'ordre de leur nomination comme présidents dans cette cour, puis les conseillers du premier grade dans l'ordre de leur nomination

1. *Rép. pr. civ.*, 2e éd., v° « Cour d'appel », par E. Putman. « Justice et double degré de juridiction », *Justices*, 1996-4, présentation du thème par L. Cadiet et S. Guinchard.

2. Agen, Aix-en-Provence, Amiens, Angers, Bastia, Besançon, Bordeaux, Bourges, Caen, Chambéry, Colmar, Dijon, Douai, Grenoble, Limoges, Lyon, Metz, Montpellier, Nancy, Nîmes, Orléans, Paris, Pau, Poitiers, Reims, Rennes, Riom, Rouen, Toulouse, Versailles.

3. Basse Terre (Guadeloupe), Fort de France (Martinique), Saint-Denis (Réunion).

4. Le renvoi de ce texte « aux article 29 et 31 du décret n° 2004-1464, du 23 décembre 2004 » est doublement faux : il s'agit en réalité du décret n° 2004-1463 et l'article 29 n'est plus en vigueur depuis le 31 octobre 2006...

à la cour, puis ceux du second grade, dans les mêmes conditions (art. R. 312-8, COJ). En cas d'empêchement d'un conseiller, il est remplacé par un autre conseiller de la cour ; en revanche, le premier président et les présidents de chambre ont des suppléants désignés par avance dans les conditions fixées aux articles R. 312-2 et 3 (v. *infra*, n° 405).

En raison du rôle nouveau confié à la cour, le Code prévoit que, dans chaque cour, une chambre au moins se constitue en *chambre sociale* pour juger les affaires relatives à la Sécurité sociale, au contrat de travail et à l'application des lois sociales (art. R. 311-6, COJ), ainsi qu'à la matière ressortissant de la compétence des tribunaux paritaires des baux ruraux. Les règles organisant la chambre de l'expropriation sont désormais fixées dans le Code de l'expropriation pour cause d'utilité publique (art. R. 13-5 et 6) par renvoi de l'article L. 312-5, COJ ; elle est composée de son président et de deux assesseurs choisis, par le président de la chambre, parmi les juges de l'expropriation du ressort et non pas parmi les conseillers à la cour (sauf en cas d'impossibilité auquel cas il appartient au premier président de désigner des magistrats de la cour). Le procureur général représente en personne ou par ses substituts, le ministère public près la cour d'appel, v. *infra*, n° 823.

396 ***Différentes formations*** ◊ Comme nous l'avons fait pour le tribunal de grande instance, nous distinguerons les attributions juridictionnelles de la cour d'appel (I), avant de présenter ses attributions administratives telles qu'elles ont été aménagées en 1983 (II).

I. Formations juridictionnelles

Pour exercer ses attributions juridictionnelles, la cour d'appel peut siéger dans plusieurs formations : audience ordinaire d'une ou de plusieurs chambres réunies, audience solennelle, chambre du conseil, assemblée des chambres (v. *infra*, n°s 614 et s. pour les formations pénales). Le chef de la juridiction, le premier président a reçu également des pouvoirs accrus depuis les textes récents.

397 ***Audience ordinaire d'une ou de plusieurs chambres réunies*** ◊ **a)** *L'audience ordinaire* : en matière civile, c'est la formation la plus fréquente ; la cour statue en formation collégiale et chaque chambre comporte trois magistrats, président compris (art. L. 312-1, L. 312-2, al. 1er et R. 312-7, COJ) ; avant 1934, il fallait cinq magistrats pour la tenue régulière d'une audience, et même sept avant 1883. Les conseillers doivent toujours être en nombre impair (art. L. 121-2, COJ, disposition commune à toutes les juridictions). Le premier président préside l'une des chambres de la cour, généralement la première chambre civile ; dans ce cas, le président de cette chambre siège comme assesseur (art. R. 312-1, al. 2, COJ). Si, au moment de la tenue de l'audience, la cour constate qu'elle n'est pas en nombre, elle se complète au moyen d'un

avocat dans l'ordre du tableau et, après lui, d'un avoué à la cour, selon la date de sa réception (art. L. 312-3, COJ) ; toutefois, en matière pénale, la formation de jugement ne peut comprendre une majorité de juges non professionnels (al. 2) (v. *supra*, n° 359, en note). Les règles d'organisation et de fonctionnement des chambres statuant en matière pénale (chambre de l'instruction, chambre des appels correctionnels et chambre de l'application des peines) sont désormais intégrées dans le Code de procédure pénale (v. *infra*, respectivement, n° 560, n° 615 et n° 668 et s.).

b) Les arrêts peuvent aussi être rendus en chambres réunies, dans les cas et conditions prévues par les lois et règlements ; elles sont alors présidées par le premier président (art. R. 312-11, COJ).

398 ***Audience solennelle*** ◊ *L'audience solennelle* est présidée par le premier président et comprend en outre quatre conseillers appartenant à deux chambres (art. L. 312-2, al. 2 et art. R. 312-9, al. 1, COJ) Pour alléger la lourdeur de cette procédure et gagner en moyens humains, depuis le décret n° 2005-1678 du 28 décembre 2005, après cassation d'un arrêt en matière civile, le premier président, d'office ou à la demande des parties, ne renvoie l'affaire à l'audience solennelle que si la nature de l'affaire ou sa complexité le justifie, et cette décision est une mesure d'administration judiciaire, donc non susceptible de recours (art. R. 312-9, al. 2). Est aussi porté en audience solennelle le contentieux des élections au Conseil national des barreaux [1] et aux conseils de l'Ordre, des élections des bâtonniers, ainsi que les recours dirigés contre les décisions ou délibérations de ces conseils (al. 3).En pratique, elle se tient dans le local de la première chambre, les conseillers portant la robe rouge.

399 ***Chambre du conseil*** ◊ Il existe dans les cours d'appel, comme dans les tribunaux de grande instance, une *chambre du conseil*. Cette chambre du conseil est saisie de l'appel dirigé contre les jugements rendus par la chambre du conseil du tribunal. Son rôle était en somme assez peu important jusqu'à la loi du 15 juillet 1944, actuellement abrogée et remplacée par des dispositions éparpillées dans le Code de procédure civile, qui permettait de faire appel de toutes les décisions rendues par la chambre du conseil, qu'elles fussent contentieuses ou gracieuses. Ce régime, maintenu en 1972, a été repris par l'article 543, CPC. Mais on ne trouve aucun texte, dans le Code de l'organisation judiciaire, qui détermine et organise la chambre du conseil de la cour.

400 ***Le premier président de la cour d'appel*** ◊ C'est nécessairement un magistrat hors hiérarchie du siège de la Cour de cassation (mais avec possibilité de nommer quelqu'un en surnombre à la Cour de cassation pour lui permettre d'être premier président) ; la durée maximale

1. Seule la cour d'appel de Paris est compétente, v. *infra*, n° 409.

d'exercice de ces fonctions est de 7 ans dans la même Cour (art. 37, ord. statutaire du 22 déc. 1958, réd. L. 25 juin 2001) ; six mois avant l'expiration de ses fonctions, le premier président peut solliciter une nomination comme inspecteur général adjoint des services judiciaires, nomination qui est de droit à l'expiration des fonctions (les procureurs généraux ne bénéficient pas de cette possibilité et ne sont pas nécessairement des magistrats du Parquet de la Cour de cassation, ce qui porte atteinte au principe constitutionnel de l'unité du corps judiciaire, v. *infra*, n° 823) [1].

D'un point de vue juridictionnel, le premier président préside l'une des chambres de la cour, généralement la première chambre civile et doit présider les chambres réunies (v. *supra*, n° 397) et les assemblées de chambres (v. *infra*, n° 402).

II. Les formations et organismes administratifs

401 ***L'assemblée des chambres à compétence administrative*** ◊ L'assemblée des chambres réunit les deux premières chambres de la cour d'appel sous la présidence du premier président. À Paris, cette formation réunit les trois premières chambres de la Cour. Elle est importante sur le plan de la légalité et des symboles, puisque c'est cette assemblée qui reçoit le serment des magistrats et procède à l'installation des membres de la cour et du parquet général, ainsi que du greffier en chef (art. R. 312-10, al. 1 et 2, COJ).

402 ***L'assemblée de toutes les chambres*** ◊ Pour marquer le poids de la hiérarchie et le symbole des prérogatives des chefs de cour, l'installation du premier président et du procureur général a lieu « dans tous les cas devant l'ensemble des chambres » (art. R. 312-10, al. 3).

403 ***Les assemblées générales*** ◊ Les dispositions relatives aux assemblées générales qui ont été exposées avec l'organisation du tribunal de grande instance (v. *supra*, n°s 363) se retrouvent pour la cour d'appel (art. R. 312-27 à R. 312-64, COJ) : diverses assemblées de magistrats, l'assemblée des fonctionnaires du greffe, assemblée plénière des magistrats et des fonctionnaires (qui comprend une commission permanente). Certaines de ces assemblées (magistrats du siège, magistrats du siège et parquet, fonctionnaires du greffe) comportent une commission restreinte.

404 ***Pouvoirs administratifs du premier président et du procureur général*** ◊ Le premier président de la cour d'appel est investi, comme le procureur général, d'attributions administratives très importantes en ce qui concerne la *notation* et l'*avancement* des magistrats du siège de son ressort (les magistrats des parquets dépendant du procureur général). Sa prééminence hiérarchique

1. A. Gariazzo, « Le statut des premiers présidents de cour d'appel après la loi du 25 juin 2001 », *BICC* 1er mai 2003.

est d'ailleurs parfaitement compatible avec l'indépendance des magistrats qui, dans les cours et tribunaux, conservent intactes leur responsabilité et leur liberté de jugement. Avec le procureur général, il inspecte les juridictions de son ressort et s'assure de la bonne administration des services judiciaires et de l'expédition normale des affaires ; il en rend compte au Garde des sceaux, chaque année (art. R. 312-68, COJ). Quant au fonctionnement de la cour, il prend par ordonnance les mesures d'administration judiciaire certaines étant d'ailleurs « encadrées » par un avis donné par l'assemblée générale des magistrats du siège ; parmi ces ordonnances, figure celle énumérée à l'article R. 312-2, COJ, quant à la désignation d'un suppléant aux fonctions qui lui sont spécialement attribuées, en tant que de besoin ou à l'article R. 312-3, COJ, quant aux suppléants, pour le service de l'audience, de lui-même et des présidents de chambre. Sur le plan budgétaire, il est, avec le procureur général et conjointement, ordonnateur secondaire des dépenses et des recettes des juridictions du ressort, à l'exception de ce qui a trait aux investissements immobiliers au-delà d'un seuil fixé par arrêté (art. R. 312-66, COJ) ; cette responsabilité peut être déléguée à un magistrat ou à un fonctionnaire de catégorie A de la cour d'appel (al. 5). Dans cette gestion, ces deux magistrats sont aidés par le Service administratif régional.

405 ***Le service administratif régional (le SAR)*** ◊ Ce service assiste le premier président et le procureur général dans l'exercice de leurs attributions en matière d'administration des services judiciaires dans les domaines de la gestion administrative du personnel, de la formation du personnel non magistrat, de la préparation et de l'exécution des budgets opérationnels de programme, ainsi que de la passation de marchés, de la gestion du patrimoine immobilier et le suivi des opérations d'investissement dans le ressort (art. R. 312-70, COJ). Son organisation et son fonctionnement sont réglementés aux articles R. 312-71 à 76, COJ et les membres du SAR se réunissent au moins par an en assemblée générale (art. R. 312-77 à 82).

§ 2. Compétence de la cour d'appel en matière civile

406 ***Compétence comme juge de droit commun de second degré*** ◊ **a)** Les cours d'appel sont d'abord les juridictions d'appel des décisions des juridictions du premier degré, rendues en premier ressort (art. L. 311-1, al. 1er, COJ), avec une évolution historique dans le sens d'une extension de cette compétence : traditionnellement en effet, les cours d'appel ne connaissaient en appel que des décisions rendues en premier ressort par les tribunaux civils et par les tribunaux de commerce. Mais le législateur de 1958 a entendu faire d'elles les seules juridictions du second degré [1]. Dans cette fonction, la cour « statue souverainement sur le fond des affaires » (art. L. 311-1, al. 2, COJ)

1. S. Guinchard, rapport de synthèse, colloque, CA Versailles, 22 mai 1996, *Gaz. Pal.* 10 sept. 1996. *Justices* 1996-4, « Le double degré de juridiction ».

b) Ce rôle de juridiction du second degré va même au-delà de l'appel des décisions des tribunaux de première instance, puisque des dispositions particulières lui attribuent compétence pour connaître des recours dirigés contre d'autres types de décisions de première instance (de nature juridictionnelle). Ainsi, des recours contre l'arbitrage du bâtonnier pour les litiges nés à l'occasion d'un contrat de travail d'un avocat salarié (art. L. 311-3, 4° et L. 31 déc. 1971, art. 7, dernier al.) ; en matière disciplinaire, elle est le juge naturel des recours dirigés contre les décisions de chambres de discipline des avoués, des commissaires-priseurs judiciaires, des huissiers de justice et des notaires (art. L. 311-5, COJ).

c) Les cours d'appel ont enfin reçu des attributions particulières destinées à mettre fin aux conflits trop fréquents de compétence [1].

407 ***Compétence comme juge de premier degré*** ◊ Certaines affaires sont portées directement devant la Cour d'appel qui statue alors comme juge de premier et dernier ressort.

Il y a d'abord d'importants contentieux, notamment électoraux, intéressant des institutions judiciaires ou des organismes professionnels des professions judiciaires : contestations relatives à l'élection du président du tribunal de commerce (nouvel art. L. 311-2, COJ) ; contestations relatives aux élections aux conseils de l'Ordre des avocats et à l'élection du bâtonnier, ainsi que les recours dirigés contre les décisions ou délibérations de ces conseils (art. L. 311-3, 1° et 2°, COJ ; l'affaire est alors portée en audience solennelle, art. R. 312-9, COJ, v. *supra*, n° 398) ; recours formés contre les décisions des centres de formation professionnelle (article L. 311-3, 3°, COJ), notamment ceux qui concernent les centres régionaux de formation des avocats, lorsque leurs décisions concernent la formation professionnelle (L. 31 déc. 1971, art. 14) ; tous les contentieux relatifs aux stages organisés par les professions d'avoués, d'huissiers de justice et de notaires pour leurs élèves (recours dirigés contre les décisions de la chambre compétente, art. L. 311-4, COJ) ; contestations relatives à la régularité des élections des membres des organismes professionnels des avoués, des commissaires-priseurs judiciaires, des huissiers de justice et des notaires (art. L. 311-6, COJ) ; contestations relatives à l'élection des membres du Conseil national des barreaux et des membres du bureau de ce conseil, ainsi que les recours contre les décisions individuelles prises par ce conseil (article L. 311-14, 1° et 2°, COJ ; il s'agit d'ailleurs d'une compétence réservée à la cour de Paris, v. *infra*, n° 409) ; recours contre les décisions prises par les commissions nationales en matière d'inscription, de retrait ou de discipline des administrateurs judiciaires, des mandataires judiciaires au redressement et à la liquidation des entreprises et aux experts en diagnostic (art. L. 311-6, 3°, COJ et textes d'application aujourd'hui intégrés à la partie réglementaire du Code de commerce ; c'est d'ailleurs une compétence propre à la cour de Paris).

De même, en cas de *renvoi* pour l'une des causes prévues par la loi, articles 358, 359, 364, CPC et, hypothèse infiniment plus pratique, lorsque la cour use du droit d'*évocation* (art. 79 et 89, CPC, en matière de compétence et art. 568, CPC, en matière d'appel) [2].

1. S. Guinchard, F. Ferrand et C. Chainais, *Procédure civile*, n°s 361 et s.
2. S. Guinchard, F. Ferrand et C. Chainais, *op. cit.*, n° 1723

§ 3. Compétence territoriale de la cour d'appel

408 ***La compétence territoriale est fonction du ressort de la cour*** ◊ Il y a peu de difficultés à préciser la compétence territoriale de la cour d'appel. Celle-ci connaît de tous les appels formés contre des décisions rendues par les juridictions de droit commun ou d'exception situées dans son ressort territorial. Cette exigence se manifeste notamment dans certains cas où la cour est saisie d'un appel en matière de compétence (art. 78, CPC) ou d'un contredit (art. 83, CPC) et dans les autres hypothèses d'évocation [1]. Signalons simplement qu'en cas de litispendance ou de connexité provoquant des recours multiples, c'est la cour saisie la première qui doit régler le conflit (art. 104, al. 2, CPC). Certains contentieux sont réservés à des cours d'appel spécialisées, ainsi en matière de recours contre les décisions du directeur de l'INPI (art. L. 311-10, COJ). Le plus souvent, dans ce genre d'hypothèses à contentieux très spécifiques, c'est la cour de Paris qui est seule compétente, mais on trouve aussi une disposition au profit d'une cour d'appel « spécialement désignée » pour les recours contre les décisions du tribunal de la navigation du Rhin (art. L. 313-1, COJ) et pour ceux contre les décisions du tribunal de première instance pour la navigation de la Moselle (art. L. L. 313-2, COJ).

409 ***Compétence de la Cour d'appel de Paris*** ◊ **a)** De nombreuses dispositions, dérogatoires au droit commun, attribuent compétence exclusive à la Cour d'appel de Paris pour des recours exercés contre les décisions d'organismes non judiciaires, ce que l'on appelle des autorités administratives indépendantes (et sur lesquelles, v. *supra*, n° 65 : *Conseil de la concurrence, Autorité des marchés financiers, Autorité de régulation des communications électroniques et des postes, Comité de la protection des obtentions végétales, Autorité de régulation des communications électroniques et des postes* (principe posé, sans désignation expresse de la cour de Paris, aux articles L. 311-11 et 13, COJ). On a pu voir dans la Cour d'appel de Paris, une véritable juridiction... administrative [2].

b) Mais la cour de Paris est seule compétente dans bien d'autres cas, parfois même comme juridiction siégeant en premier et dernier ressort :

– pour les contestations des élections au Conseil national des barreaux, décr. 27 nov. 1991, art. 33 et art. L. 311-14, 1°, COJ ; contestations des élections des membres du bureau de ce conseil, décr. 27 nov. 1991, art. 34, al. 3 ;

– en matière d'indemnisation des transfusés et hémophiles victimes du Sida, recours contre l'Office national d'indemnisation des accidents médicaux, des affections iatrogènes et des infections nosocomiales (art. L. 311-12, COJ et Code de la santé publique) ;

– Lorsque le recours exercé contre les décisions du directeur de l'INPI en matière de propriété industrielle est formé par une personne demeurant à l'étranger (R. 411-19, CPI).

1. S. Guinchard, F. Ferrand et C. Chainais, *op. cit.*, n° 1723.
2. P. Delvolvé, in *Mélanges J.-M. Auby*, Dalloz 1992, p. 47.

c) La commission Guinchard (du nom de son président) retient une juridiction unique, à Paris, pour le contentieux des brevets d'invention et des obtentions végétales, avec la constitution d'un pôle national, confié au tribunal de grande instance de Paris et, en appel, à la Cour d'appel de Paris [1].

§ 4. Les attributions du premier président

410 ***Évolution*** ◊ Le premier président a toujours eu des attributions propres, mais qui n'avaient pas la même ampleur que celles du président du tribunal de grande instance. Il ne rendait pas, en particulier, d'ordonnances de référé. La réforme de la procédure d'appel, le désir d'accélérer des instances qui sont souvent plus complexes au second degré qu'au premier, a conduit le législateur à adopter pour le premier président de la cour d'appel ou pour son délégué, des attributions sensiblement analogues à celles du président du tribunal de grande instance en matière contentieuse et provisoire, dont le principe est posé aux articles L. 311-7-1 (aj. L. n° 2009-526, 12 mai 2009) et R. 311-4, COJ et dont les modalités sont fixées aux articles 956 à 959, CPC. À côté de cette juridiction provisoire, on trouve quelques cas de juridiction définitive au fond.

411 ***Les ordonnances sur requête*** ◊ La compétence du premier président s'inscrit naturellement dans le cadre d'une procédure d'appel (art. 958, CPC). Le magistrat peut ordonner sur requête toutes mesures urgentes relatives à la sauvegarde des droits d'une partie ou d'un tiers lorsque les circonstances exigent qu'elles ne soient pas prises contradictoirement. À la différence des ordonnances sur requête rendues en matière gracieuse et qui, elles, sont définitives, les ordonnances sur requête de l'article 958 se rattachent au régime général de l'article 493 et sont provisoires, bien que contentieuses.

412 ***Les ordonnances de référé*** ◊ Depuis longtemps, il était demandé que le pouvoir de tenir une audience de référé fût reconnu au premier président ; c'est chose faite (art. 956 et 957, CPC) et ce type de référé connaît un essor important.

a) Cette procédure est prévue dans tous les cas d'urgence, en cas d'appel (art. 956), et spécialement pour régler les problèmes de l'exécution provisoire de la décision des premiers juges (V. art. 524 à 526 et 957, CPC).

b) Ces ordonnances sont provisoires, sont susceptibles de rétractation ; elles n'ont donc pas, au principal, autorité de la chose jugée (art. 488, CPC) ; elles peuvent s'accompagner de la condamnation à une astreinte (art. 491, CPC).

413 ***Juridiction contentieuse et définitive*** ◊ Le législateur n'a pas confié au premier président de la Cour d'appel une juridiction au fond aussi importante que celle du président du TGI qui, à lui seul, absorbe pratiquement tout le contentieux définitif. Le Code de l'organisation judi-

1. *L'ambition raisonnée d'une justice apaisée*, Doc. fr. 2008, proposition n° 10.

ciaire a rassemblé ces hypothèses dans l'article L. 311-7, en prenant soin d'ajouter « sans préjudice des autres compétences qui lui sont attribuées par la loi ou le règlement ». On trouve dans ce texte de principe : l'arrêt ou l'octroi de l'exécution provisoire en cas d'appel ; le recours contre la décision du bâtonnier prise sur contestation des honoraires d'avocat (v. aussi, art. 174 à 178, Décr. 27 nov. 1991 ; s'il s'agit des honoraires du bâtonnier lui-même ; on retrouve, au premier degré, la compétence du président du TGI (art. 179) avec appel possible devant le premier président) ; compétence aussi pour connaître des actions en indemnisation du préjudice causé par une détention provisoire injustifiée (v. aussi art. 149-1, CPP) ou à la suite de la révision d'une condamnation pénale (art. 626, CPP).

CHAPITRE 2
LES JURIDICTIONS D'EXCEPTION

414 ***Plan*** ◊ Parmi les nombreuses juridictions d'exception à caractère civil qui appartiennent à l'ordre judiciaire, six méritent de retenir l'attention par suite de leur importance pratique. Ce sont : les tribunaux d'instance, les tribunaux de commerce, les conseils de prud'hommes, les juridictions en matière de sécurité sociale, les tribunaux paritaires des baux ruraux [1], auxquelles il faut ajouter les juridictions de proximité créées par la loi n° 2002-1138 du 9 septembre 2002 et dont la dénomination crée un trouble dans la présentation traditionnelle des juridictions d'exception. En effet, alors que les tribunaux d'instance constituent des juridictions de proximité au sens générique et fonctionnel du terme, il faut désormais leur adjoindre les « juridictions de proximité » proprement dites de la loi du 9 septembre 2002 et au sens organique de l'expression pour avoir un tableau complet de cette catégorie de juridictions (Section 1) [2] ; les quatre autres constituent des juridictions de spécialité (Section 2).

SECTION 1. LES JURIDICTIONS DE PROXIMITÉ

Conformément à ce qui vient d'être dit, on distinguera les tribunaux d'instance (Sous-section 1) des juridictions de proximité proprement dites issues de la loi du 9 septembre 2002 (Sous-section 2), les deux types de juridictions étant d'ailleurs imbriqués, soit par la compétence éventuelle du juge d'instance comme juge de proximité (v. *infra*, n° 419), soit par l'appel aux compétences juridiques du juge d'instance par le juge de proximité en cas de difficultés (v. *infra*, n° 437), soit pour le règlement des incidents de compétence (v. *infra*, n° 438), sans même parler ici de la procédure suivie devant le juge de proximité qui n'est autre que celle suivie devant le tribunal d'instance.

1. B. Lesnodorski, « Juges professionnels et élément populaires », *RID comp.*, 1968.287 ; *Journées soc. lég. comp.* 1990, t. 12, p. 175 et s.
2. J. Beauchard, « La justice judiciaire de proximité », *Justices*, 1995.2.35 ; rapport de synthèse au colloque de l'Union européenne, ENM, 2-3 oct. 1997, p. 161. D. Peyrat, « La justice de proximité », *Rev. Problèmes politiques et sociaux*, 25 janv. 2002, n° 869, Doc. fr.

SOUS-SECTION 1. Les tribunaux d'instance

§ 1. Création et organisation des tribunaux d'instance

415 ***Du juge de paix cantonal au tribunal d'instance, juridiction d'attribution*** ◊ Les *tribunaux d'instance* [1] institués par l'ordonnance n° 58-1273, en date du 22 décembre 1958, ont succédé aux justices de paix dont la création remontait aux Assemblées révolutionnaires [2].

a) *Le juge de paix avait été créé par la Constituante (loi des 16 et 24 août 1790)* pour juger les petits procès et procurer aux justiciables une justice prompte et économique [3]. Ce magistrat, élu primitivement au suffrage universel, était non seulement un juge, mais un conciliateur, assisté à l'origine d'assesseurs élus, remplacés ensuite par des suppléants. Le juge de paix était donc un juge unique. Aucun diplôme n'était exigé, pas même une licence en droit.

Il avait pour ressort territorial le canton. Mais si l'on n'avait pas touché apparemment à l'organisation du tribunal cantonal, en fait l'institution s'était profondément transformée [4].

b) *Des textes intervenus entre 1919 et 1953* avaient autorisé la réunion de deux, puis de trois, puis de cinq, enfin de *plusieurs* (le nombre n'étant plus limité à cinq) justices de paix sous l'autorité d'un même magistrat, ce qui favorisait une justice ambulatoire. Par ailleurs, les attributions du juge de paix s'étaient considérablement accrues, surtout depuis une importante loi du 12 juillet 1905. En dépit de sa qualification de juge d'exception, le juge de paix faisait de plus en plus figure de juge de droit commun du premier degré. Il avait fallu, en conséquence, poser des règles de recrutement plus strictes, si bien qu'il apparaissait de plus en plus anormal d'avoir deux corps distincts de magistrats, les juges de paix d'une part, les magistrats des cours et tribunaux civils d'autre part. En 1926 on exigea la licence en droit.

c) *La réforme de décembre 1958* a consisté essentiellement à donner aux anciennes justices de paix cantonales, avec l'appellation de *tribunal d'instance*, un ressort plus vaste, l'arrondissement. En même temps, on unifiait le statut des magistrats. Mais le tribunal d'instance reste une juridiction d'attribution spécifique, ce que souligne la formule utilisée par l'article L. 221-1, COJ : « *le tribunal d'instance connaît en première instance des affaires civiles et pénales qui*

1. D. Pronier, *Le juge d'instance dans la société française*, Économica, 1993, préc. ; P. Drai, P. Barrère, « Essor et repliement du TI », in *Mélanges L. Boyer*, PU Toulouse, 1996, p. 39.
2. C. Tenraa, « Les origines de la justice de paix et la République », in *Justice et République(s)*, éd. L'Espace juridique, 1993.137. J. G. Petit (dir.), *Une justice de proximité : la justice de paix (1790-1958)*, recherche pour le GIP Justice, nov. 2002, PUF, 2003, coll. Droit et Justice. Sur les juges de paix en Grande-Bretagne et en Italie, V. O. Moreteau et Pisani, *Justices* 1995.1.292 et 296.
3. Cette institution n'était pas sans rapport avec les juges pacificateurs existant en Hollande, non plus qu'avec la pratique suivie depuis 1302 au Châtelet de Paris et consistant à mettre quatre fois par semaine un juge auditeur à la disposition des justiciables pour les petits litiges ne dépassant pas 50 livres, pratique généralisée en 1769. Le nom donné aux nouveaux juges de la Constituante est sans doute emprunté à l'institution anglaise de « justice of the peace ».
4. G. Metairie, *Le monde des juges de paix de Paris* (1790-1838), éd. Loysel, 1993.

lui sont attribuées par la loi ou le règlement en raison de leur nature ou du montant de la demande », alors que pour le TGI la formule est *« le TGI statue en première instance, en matière civile et pénale »* (art. L. 211-1, COJ) sans aucune restriction d'une attribution spécifique.

Le tribunal d'instance n'a donc pas perdu le caractère de *juridiction d'exception* qui était attaché aux justices de paix [1], même si sa traçabilité historique et la nature des contentieux qui lui sont désormais attribués le transforment peu à peu en une seconde juridiction de première instance de droit commun (v. *infra*, n° 417).

416 ***Organisation et fonctionnement des tribunaux d'instance*** ◊ **a) Organisation territoriale**. Il existait naguère 2 092 justices de paix, étant entendu que l'effectif des juges de paix ne comportait qu'un tiers environ de ce chiffre. On leur a substitué 473 tribunaux d'instance au 1er janvier 2009 et 302 au 1er janvier 2010, avec la réforme de la carte judiciaire. Sur le plan théorique, le législateur a été prudent, ne s'engageant que pour *« au moins un tribunal d'instance dans le ressort de chaque cour d'appel »* (art. L. 221-2, COJ), ce qui permet d'en restreindre leur nombre par décret, jusqu'à ce seuil. Leur siège et leur ressort sont fixés par un décret (art. D. 221-1, al. 1er et tableau annexé, COJ. Pour autant, tous ne connaissent pas de toutes les attributions de cette juridiction ; en effet, pour des raisons de spécialisation technique, cet article D. 221-1, al. 2, prévoit que seuls certains TI, désignés dans un tableau annexé au code sont habilités à recevoir et à enregistrer les déclarations de nationalités françaises et à délivrer les certificats de nationalité [2] et la commission Guinchard (du nom de son président) propose un seul TI par ressort de TGI, spécialisé dans le contentieux électoral et un (ou plusieurs) juges départiteurs des affaires prud'homales par ressort de TGI [3].

b) Organisation interne. Ces tribunaux qui forment une classe unique comprennent un ou plusieurs juges ; mais, comme naguère, les jugements sont rendus par un *seul magistrat* (art. L. 221-1, COJ), ce qui paraît moins remarquable actuellement que naguère, depuis que la loi du 10 juillet 1970 a institué le juge unique dans le cadre du tribunal de grande instance (v. pour les attributions pénales, *infra*, n° 606). Des dispositions spéciales ont été prévues en ce qui concerne l'extension au tribunal d'instance des règles sur les assemblées générales (v. art. R. 222-10 à 38, COJ, et *supra*, n° 363).

c) Fonctionnement en liaison organique avec le TGI. Il avait été question, dans les années 1960, de faire disparaître les tribunaux d'instance et la concrétisation de l'idée d'un tribunal unique de première instance aurait cet effet (v. *supra*, n° 354). De fait, ces tribunaux n'ont pas été supprimés, mais ils n'ont plus un personnel directement affecté, le pouvoir ayant opéré d'une autre manière qu'une fusion pure et simple, mais qui aboutit au même résultat ; en effet, aux termes de l'article 28-3 de l'ordonnance n° 58-1270 du 22 décembre 1958, « les fonctions de juge d'un TGI chargé du service d'un TI sont exercées par un magistrat du siège de ce TGI, désigné à cet effet dans les formes prévues à l'article 28 », c'est-à-dire par décret du Président de la République (art. 28, al. 2) ; ce sont des magistrats du second grade nommés « juges d'un TGI ou

1. *Contra :* H. Solus, « Le tribunal d'instance, juridiction de droit commun », *D.* 1964. Chron. 133.
2. 225 au 1er janvier 2009 et 218 au 1er janvier 2010.
3. *L'ambition raisonnée d'une justice apaisée,* Doc. fr. 2008, propositions n° 14 et 15.

d'un TPI (pour l'outre-mer) chargé du service d'un tribunal d'instance » (décret statutaire n° 93-21, 7 janv. 1993, art. 3, 1°) ; il n'y a donc pas de nomination autonome dans un TI, mais par le biais d'un TGI, ce qui explique que sur seule décision du président du TGI au sein duquel ils sont en poste, ils puissent, d'une part, être appelés à siéger au TGI dont ils sont membres (art. R. 212-6, al. 4, COJ, v. *supra,* n° 358, b), être chargés du service de l'instance de TI limitrophes ayant leur siège dans le même TGI (art. L. 222-2, al. 2, COJ) et, d'autre part, en cas de vacance de leur emploi, d'absence ou d'empêchement, être suppléés ou remplacés provisoirement par des magistrats du siège du TGI. En d'autres termes, le président du TGI, malgré leur nomination par décret « au service de l'instance » peut les affecter à des fonctions de TGI ou dans un TI limitrophe. Cette question de la nomination par décret du Président de la République, avec affectation spéciale au service de l'instance, mais sous l'autorité du président du TGI n'est pas neutre dans le débat sur l'instauration d'un tribunal de première instance au regard de la plus value qu'apporterait cette structure en terme de gestion de personnel par rapport à l'existant (v. *supra,* n° 354). Depuis la loi du 25 juin 2001, les fonctions de juge d'un TGI chargé du service d'un tribunal d'instance ne pourront être exercées plus de 10 ans dans le même TGI (art. 28-3, al. 3, ord. statutaire du 22 déc. 1958).

En revanche, l'administration du tribunal d'instance est autonomisée et confiée à un magistrat affecté dans ce tribunal : si le service est assuré par un seul, il lui revient la tâche de diriger et d'administrer le tribunal (art. R. 222-1, COJ, al. 1er) ; lorsque les magistrats d'un tribunal d'instance sont au moins deux, celui qui a le grade le plus élevé dirige et administre la juridiction (art. R. 222-1, al. 2, COJ, dont la seconde phrase règle aussi la question de l'égalité de grade, auquel cas le président du TGI choisit l'un d'entre eux ; à défaut celui dont le rang est le plus élevé dirige et administre). L'ordonnance de roulement des services est prise, dans la première quinzaine de décembre, par ce juge directeur, après avis du président du TGI et du procureur près ce tribunal (art. R 222-3, COJ).

417 ***Quel avenir pour les tribunaux d'instance ? Les propositions de la commission Guinchard*** ◊ Il semble que l'époque contemporaine soit propice à un retour aux sources d'inspiration du juge de paix, avec la notion de justice de conciliation (de consensus ?) et de proximité. Même si, au plan de l'organisation, le tribunal d'instance a été rapproché du TGI (v. *supra,* n° 416), le besoin d'un juge proche des justiciables en esprit autant qu'en géographie, pourrait redonner une nouvelle jeunesse au tribunal d'instance, avec la volonté de régler les litiges en conciliateur [1]. La loi n° 95-64 du 19 janvier 1995 va en ce sens, en autorisant le recrutement, à titre temporaire, de juges d'instance, pour 7 ans et en autorisant le cumul de cette fonction avec une profession (V. *infra,* Statut des magistrats). L'instauration des juridictions de proximité a contredit ce mouvement, puisque ces nouvelles juridictions « mordent » sur la compétence des tribunaux d'instance, on le voit bien en comparant les chiffres des affaires portées devant

1. Rapport Haehnel-Artuis, *JCP* 1994. I. 3755, obs. Cadiet ; J.-P. Gridel, *D.* 1994. Chron. 29.

les tribunaux d'instance avant et après la mise en place des juges de proximité.

C'est pourquoi, la commission Guinchard (du nom de son président) a proposé de rejeter la structure du tribunal unique de première instance (v. *supra*, n° 354), mais de fusionner la juridiction de proximité avec le tribunal d'instance (tout en conservant les juges de proximité) [1] et de clarifier la lisibilité de cette juridiction, en la déchargeant de certaines missions non juridictionnelles (sur lesquelles v. *infra*, n° 418, a) [2] et en la confortant dans les contentieux à faible enjeu financier ou à forte immersion sociale, sans représentation obligatoire [3], bref de la pérenniser en raison de sa traçabilité historique d'au moins deux cents ans, histoire qui signifie sans doute que l'idée de tout unifier n'est pas conforme à notre culture judiciaire, à notre tradition ; sans être attachée au passé pour la nostalgie du passé, la commission a souhaité tenir compte des raisons profondes qui, au travers des siècles et des régimes politiques qui se sont succédé, ont ancré dans le paysage judiciaire français une culture de deux juridictions de première instance (de droit commun).

§ 2. Compétence civile du tribunal d'instance

418 ***Le tribunal d'instance, successeur du juge de paix*** ◊ Le Code de l'organisation judiciaire distingue très nettement, en deux articles successifs, une compétence générale en matière personnelle ou mobilière (art. L. 221-4) et des compétences « particulières » qui sont fixées par voie réglementaire (art. L. 221-5). Si le tribunal d'instance se présente

1. *L'ambition raisonnée d'une justice apaisée,* Doc. fr. 2008, proposition n° 1.
2. *L'ambition raisonnée d'une justice apaisée,* Doc. fr. 2008, propositions n° 36, 39 et 40 à 43.
3. *L'ambition raisonnée d'une justice apaisée,* Doc. fr. 2008, proposition n° 9 : l*e tribunal d'instance est la juridiction des affaires de proximité (à faible enjeu financier ou à forte immersion dans le tissu social)* ; la compétence du TI demeure fondée sur l'idée d'une juridiction aux attributions spécifiques, avec des blocs de compétences cohérents, sur le double critère de la proximité matérielle et d'accès aisé, sans représentation obligatoire. Quatre pôles d'intervention :

- Les litiges patrimoniaux portant sur des enjeux financiers limités : la commission maintient le critère fondé sur la valeur pour les actions mobilières ou personnelles (égal ou inférieur à 10 000 euros) ; critère qui demeure très lisible pour le justiciable ;
- Les difficultés économiques ou sociales des particuliers : le crédit à la consommation (à l'exclusion du crédit immobilier, rattaché au pôle immobilier du TGI), étendu aux contentieux liés à l'inscription ou à la radiation du Fichier national des incidents de remboursement des crédits aux particuliers (le FICP) ; le logement, ce qui comprend les baux d'immeubles à usage d'habitation, les conventions relatives à l'occupation d'un logement et les actions aux fins d'expulsion, y compris celles relatives à des immeubles « squattés » pour l'habitation, alors qu'ils ne sont pas à usage d'habitation ; le contentieux mobilier de l'exécution, ce qui comprend : procédure de surendettement (pour laquelle une déjudiciarisation est par ailleurs proposée) et les procédures civiles d'exécution mobilière (voir proposition n° 8) ; les mesures de protection des majeurs.
- Le contentieux électoral, qu'il soit politique, judiciaire ou professionnel ; mais dans ce dernier cas, il est aussi proposé un regroupement (un seul TI par TGI, v. proposition n° 14).
- Les litiges ruraux, de voisinage ou de grande proximité : bornage, distance des plantations, élagage des arbres ou haies, curage des fossés et canaux, actions en lien avec les servitudes de voisinage, dommages causés aux exploitations et terrains agricoles, etc.

bien comme le successeur du juge de paix qui n'était qu'un juge d'exception, l'idée qui a présidé à la remise en ordre de 1958 (elle-même inspirée de la loi de 1905) a été, évidemment, de donner au tribunal d'instance un rôle plus important que celui occupé naguère par le juge de paix.

a) Ainsi, les tribunaux d'instance (juges ou greffiers) exercent des fonctions *administratives* et *extrajudiciaires* qui incombaient naguère aux juges de paix et que le législateur contemporain a tendance à transférer à d'autres acteurs qu'aux juridictions ou, au sein des juridictions, à d'autres qu'aux juges : les greffiers en chef procèdent à l'apposition et à la levée des scellés, tâches que la commission Guinchard propose de transférer aux huissiers de justice [1] (suggestion reprise par une proposition de loi en cours d'examen au Parlement) ; le juge d'instance recevait les déclarations de nationalité des articles 26 et s. C. civ. ; la loi n° 2009-526, 12 mai 2009 les transfère au greffier en chef de cette juridiction ou au consul, à l'exception des déclarations souscrites en raison du mariage avec un conjoint français, qui sont désormais reçues par la préfecture ou le consul (art. 26, c'était une suggestion de la commission Guinchard mais qui proposait aussi les mairies) ; l'enregistrement des déclarations de nationalité ne sera plus fait par le juge d'instance ou le ministre de la Justice (selon qu'elles étaient souscrites en France ou à l'étranger), mais par le greffier en chef du Tribunal d'instance ou le ministre de la Justice (selon la même distinction), à l'exception de celles souscrites en raison du mariage avec un conjoint français, qui relèvent désormais du ministre chargé des naturalisations ; il établit certains actes de notoriété (C. civ., art. 71, pour suppléer un acte de naissance en vue du mariage) [2] ; il préside les conseils de famille organisés pour la tutelle des majeurs (art. 456, al. 4, C. civ.) ; leurs attributions, dans des domaines variés, sont extrêmement nombreuses et avaient été encore accrues par des lois récentes jusqu'à l'institution du JAF et du JEX qui leur ont pris certaines de leurs compétences ; celles-ci ont parfois été transférées du juge d'instance lui-même au greffier en chef (ainsi, de l'établissement des certificats de nationalité, art. 31, C. civ. ; du consentement à une adoption plénière donné par acte authentique, art. 348-3, C. civ.). Ce sont les tribunaux d'instance qui sont habilités à recevoir « le serment de tous experts non assermentés, commis par les juridictions de l'ordre judiciaire et résidant dans le ressort du tribunal d'instance, lorsque la loi l'exige » (art. R. 221-43, COJ), ainsi que le serment des personnes visées à l'article R. 221-44, COJ, mais cette fois en compétence partagée avec le TGI (personnels des eaux et forêts, gardes champêtres, gardes-pêche, vérificateurs des poids et mesures, agents de surveillance et gardes chargés de la police des chemins de fer et, plus généralement « de toutes autres personnes dans les cas prévus par des textes particuliers ». Pour le paraphe de certains livres ou registres, v. art. R. 221-45, COJ. On remarquera que l'article R. 222-4, COJ, permet de décharger les juges d'instance de fonctions administratives ou de la présidence de commissions administratives, en les confiant, sur ordonnance du premier président de la cour d'appel, après avis du procureur général, à des auxiliaires de justice ou à des personnalités locales, non pourvues d'un mandat électif et réunissant des garanties de compétence et d'impartialité.

1. *L'ambition raisonnée d'une justice apaisée,* Doc. fr. 2008, proposition n° 41.
2. La commission Guinchard propose de transférer cette tâche aux notaires, proposition n° 36.

b) On veut insister surtout ici sur la *compétence judiciaire* du tribunal d'instance. Traditionnellement, le tribunal d'instance c'est tout à la fois le « *juge de la famille, du voisinage et de l'économie* » [1] ; c'est le juge du familier, de la naissance à la mort, de l'école à la maison, le juge de la vie quotidienne, le juge des relations entre les consommateurs et les professionnels (le contentieux de l'impayé représente 80 % de l'activité des tribunaux d'instance, les demandes en paiement des loyers plus du tiers des actions en paiement introduites au fond devant ces tribunaux). C'est sans doute le juge d'un renouveau de la justice de proximité [2] dont on parle tant et qui semblait déboucher sur une redéfinition des compétences du tribunal d'instance (avec un bloc de compétence autonome par rapport à celui du TGI, sans tenir compte de la valeur du litige) et le recrutement de juges non professionnels au sein de ces juridictions [3]. La création des juridictions de proximité par la loi du 9 septembre 2002, composées de juges non professionnels, ne remet pas fondamentalement en cause cette évolution, car ces nouvelles juridictions tirent leur compétence par retranchement à celle des tribunaux d'instance en deçà d'un certain seuil (4 000 euros) et leurs juges sont placés sous l'autorité des juges d'instance. Mais, ainsi qu'il a été dit (v. *supra,* n° 417), la commission Guinchard (du nom de son président) redonne au tribunal d'instance toute sa place comme juridiction de première instance de proximité pour les contentieux de faible importance économique ou à forte immersion sociale.

On distinguera, suivant l'usage et ainsi que nous y invitent les articles L. 221-4 et L. 221-5, COJ, entre la compétence générale (I) et les compétences spéciales (II) du tribunal lui-même, en précisant ensuite quelques attributions propres au juge de ce tribunal, notamment en tant que juge des référés, des tutelles ou de l'exécution (III) et sa compétence territoriale (IV).

I. La compétence générale du tribunal d'instance en matière contentieuse

419 ***Compétence générale en matière personnelle ou mobilière toujours à charge d'appel, mais en articulation avec le TGI et la juridiction de proximité*** ◊ La compétence normale du tribunal d'instance est définie par l'article L. 221-4, COJ : « Sous réserve des dispositions législatives ou réglementaires fixant la compétence particulière des autres juridictions, le tribunal d'instance connaît, en matière civile, de toutes actions personnelles ou mobilières jusqu'à la valeur de 10 000 euros. Il connaît aussi des demandes indéterminées qui ont pour origine l'exécution d'une obligation dont le montant n'excède pas 10 000 euros ». En réalité, malgré la généralité des termes de cet article, cette compétence doit s'articuler avec celles du TGI et de la juridiction de proximité.

1. Colloque du XXe anniversaire de l'IEJ de Poitiers, 22 et 23 oct. 1987, notamment G. Cornu, et J. Normand, p. 9 et 53.
2. J.-P. Gridel, « À propos d'un éventuel retour de la justice de paix », *D.* 1994. Chron. 29.
3. Rapport de la commission Arthuis-Haenel, Doc. fr., 1991.

a) Le législateur s'est attaché à deux éléments pour déterminer cette compétence : la *nature* de la demande et sa *valeur*.

1) *La nature* : Sans contestation aucune, la matière civile ne comprend pas ici la matière commerciale ou prud'homale, ou rurale ou de sécurité sociale, non pas parce que ces matières ne seraient pas des matières « civiles », mais parce que des textes spécifiques attribuent compétence à d'autres juridictions. Quant à la formule légale « *actions personnelles ou mobilières* » on commencera par remarquer que, littéralement, elle est très large, car la conjonction « ou » semble donner compétence au TI tant pour les actions personnelles [1], que pour les actions mobilières [2] ; en réalité, pour ce qui concerne les actions personnelles, outre que ces actions sont très rares lorsqu'elles sont immobilières, il faut rappeler que c'est le TGI qui est exclusivement compétent pour les actions immobilières pétitoires et possessoires (art. R. 211-4, COJ, v. *supra*, n° 368). Pour les actions mobilières, le juge d'instance peut en connaître, quel que soit leur *caractère* (personnel ou réel) ou leur *source* (contrat, délit, loi, etc.), mais on observera que les actions mobilières qui sont aussi réelles (action en revendication d'un meuble par ex.) sont très rares en raison de la protection que l'article 2276 (ex-art. 2279), C. civ. accorde au possesseur mobilier de bonne foi. En définitive, le « ou » de l'article L. 221-4, COJ n'apporte pas grand-chose de significatif en termes de contentieux soumis au tribunal d'instance ; celui-ci est essentiellement personnel et mobilier pour les raisons qui viennent d'être indiquées (rareté des cas d'actions personnelles immobilières et des actions réelles mobilières).

2) *La valeur* : La création des juridictions de proximité oblige à articuler cette compétence générale du tribunal d'instance avec celle de ces nouvelles juridictions et non plus seulement avec celle du TGI ; le tribunal d'instance ne connaît des actions personnelles ou mobilières, toujours à charge d'appel, que si le montant de la demande dépasse 4 000 euros (en deçà, compétence de la juridiction de proximité, art. L. 231-3, COJ) sans excéder 10 000 euros, seuil au-delà duquel la compétence passe au TGI (art. L. 221-4, COJ).

Quant aux demandes indéterminées qui ont pour origine l'exécution d'une obligation dont le montant n'excède pas 10 000 euros [3], c'est une compétence partagée avec le juge de proximité qui en connaît, en dernier ressort, jusqu'à la valeur de 4 000 euros (V. *infra*, n° 438, a) ; au-delà, on retrouve la compétence du TGI, à charge d'appel.

b) Dans les limites de ces chiffres (au-dessus de 4 000 euros et jusqu'à 10 000 euros compris) et pour les deux types d'actions qui viennent d'être indiquées (actions personnelles ou mobilières et actions portant sur une demande indéterminée trouvant son origine dans l'exécution d'une obligation dont le montant est compris dans cette fourchette), le tribunal d'instance statue toujours à charge d'appel (art. R. 221-3 et 4, al. 1er, COJ). Mais au cas où le tribunal d'instance serait amené à connaître, en matière civile, d'une action personnelle ou mobilière portant sur une demande dont le montant serait

1. Action par laquelle s'exerce un droit relatif à un rapport d'obligation, tel qu'un droit de créance, que l'objet du droit soit mobilier ou immobilier. V. S. Guinchard, F. Ferrand et C. Chainais, *Procédure civile*, n° 96.

2. Action relative à un meuble, qu'elle soit réelle, personnelle ou mixte. V. S. Guinchard, F. Ferrand et C. Chainais, *Procédure civile*, n° 96.

3. Cette expression qui ne brille pas par sa clarté, vise, notamment, des actions en résolution ou en nullité d'une vente (par ex. une voiture affectée d'un vice cachée) dont le prix n'est pas supérieur à 10 000 euros.

inférieur ou égal à 4 000 euros, ou sur une demande indéterminée qui aurait pour origine l'exécution d'une obligation dont le montant est inférieur ou égal à cet somme, l'article R. 221-4, al. 2, COJ, prend soin de préciser que le TI statue alors en dernier ressort, sans appel ; cette restriction vise à la fois les actions personnelles ou mobilières visées de manière générale aux articles L. 221-4 et R. 221-4, al. 1er, COJ, [1], mais aussi les actions de ce type spécialement visées dans les articles qui suivent l'article R. 221-4 et dont nous allons parler maintenant.

c) Enfin, le tribunal d'instance peut lui-même statuer comme juge de proximité dans trois cas : absence ou empêchement du juge de proximité, ou encore lorsque le nombre de juges de proximité se révèle insuffisant ; dans ces hypothèses, le juge d'instance qui exerce les fonctions de juge de proximité est désigné par une ordonnance du président du TGI ; lorsqu'aucun juge de proximité n'a encore été affecté dans la juridiction de proximité créée par décret, ses attributions sont exercées de plein droit et ès qualités par le juge d'instance (art. L. 232-2, COJ).

II. Les compétences spéciales du tribunal d'instance

420 ***La grande variété des situations. – Articulation avec la compétence de la juridiction de proximité*** ◊ Les dispositions qui viennent d'être analysées ne fournissent que le cadre général de la compétence du tribunal d'instance. La nouvelle partie réglementaire du Code de l'organisation judiciaire classe ces hypothèses en trois catégories (art. R. 221-5 à 39), que nous présenterons dans un ordre différent et progressif, en partant des hypothèses où le TI statue en dernier ressort (art. R. 221-23 à 36) (A), pour suivre avec celles où il est dit qu'il statue, « selon le montant de la demande », à charge d'appel ou en dernier ressort (art. R. 221-37 à 39) (B) et pour terminer avec celles où, selon le code, il juge « à charge d'appel » (art. R. 221-5 à 22), mais où, en réalité, il peut être amené à statuer en dernier ressort seulement lorsque l'action est de nature personnelle ou mobilière et ne dépasse pas la somme de 4 000 euros (ou porte sur une demande indéterminée qui a pour origine l'exécution d'une obligation dont le montant est inférieur ou égal à cette somme) [2], ce qui sera précisé chemin faisant (C). On terminera par la compétence en matière d'injonction de payer ou de faire (D). On prendra garde que certaines compétences sont à articuler avec la

1. Ce peut être le cas lorsque les parties s'entendent pour saisir le TI au lieu de la juridiction de proximité, la compétence de celle-ci n'étant pas d'ordre public.

2. En fonction de cette remarque, les cas visés aux articles R. 221-37 à 39, sous l'intitulé « à charge d'appel ou en dernier ressort, selon le montant de la demande » (§ 3), auraient pu être intégrés dans le § 1er (« à charge d'appel »), ce qui n'aurait pas signifié qu'ils sont toujours à charge d'appel, puisque l'article R. 221-4, al. 2, COJ, énonce que lorsque des actions personnelles ou mobilières sont portées devant le TI alors que leur valeur n'excède pas 4 000 euros, il statue en dernier ressort (v. *infra*, n° 426). En d'autres termes, le § 3 reprend le principe énoncé par ce texte et appliqué au § 1er.

compétence de la juridiction de proximité, alors que d'autres sont exclusives au TI ; on les précisera le moment venu.

A. Compétence spéciale, toujours en dernier ressort et visée aux articles R. 221-23 à 36, COJ

421 ***Avec ou sans partage avec la juridiction de proximité*** ◊ L'article R. 221-23, COJ, ouvre une série de compétences du TI, toujours en dernier ressort, mais que l'on peut classer en trois catégories.

a) Dans une première série d'hypothèses qui ont en commun de concerner un contentieux électoral, judiciaire, professionnel et assimilé ou politique, le TI est exclusivement compétent, la juridiction de proximité ou le TGI ne pouvant pas en connaître (v. art. R. 221-24 à 34). En renvoyant à la lecture de ces articles pour plus de détails, on fera observer que la commission Guinchard (du nom de son président) propose, d'une part, qu'un seul tribunal d'instance soit spécialisé, par ressort de TGI, dans le contentieux électoral professionnel [1], d'autre part, que l'appel soit ouvert dans ce contentieux précisément [2] et, enfin, que l'intervention du juge en matière de contentieux électoral politique soit limitée aux seuls cas où une contestation devrait être tranchée [3].

b) Dans une autre hypothèse, la compétence du TI est à partager avec la juridiction de proximité ; il s'agit des contestations relatives d'une part, à l'exercice de la servitude de débroussaillement en bordure des voies ferrées prévue à l'article L. 322-8 du Code forestier, et, d'autre part, au règlement des indemnités (art. R. 221-35, COJ).

c) Enfin, le TI du 1er arrondissement de Paris est seul compétent pour connaître des contentieux relatifs aux listes consulaires et au vote des Français établis à l'étranger pour 'élection du Président de la République (art. R. 221-36, COJ).

B. Compétence spéciale visée aux articles R. 221-37 à 39, COJ, en dernier ressort jusqu'à 4 000 euros, à charge d'appel au-dessus ou lorsque la demande est indéterminée

422 ***Compétence non partagée avec la juridiction de proximité*** ◊ Affirmée dans son principe à l'article R. 221-37, COJ, la compétence spéciale du tribunal d'instance se développe vers les litiges relatifs au louage d'immeubles et vers ceux du droit de la consommation. V. *supra*, n° 420, en note, la remarque sur la place de ces hypothèses dans le code au regard du principe général posé à l'article R. 221-4, al. 2, COJ.

1. *L'ambition raisonnée d'une justice apaisée,* Doc. fr. 2008, proposition n° 14.
2. *L'ambition raisonnée d'une justice apaisée,* Doc. fr. 2008, proposition n° 29.
3. *L'ambition raisonnée d'une justice apaisée,* Doc. fr. 2008, proposition n° 46. Cela concerne la procédure spécifique d'inscription hors période de révision des listes électorales, pour les personnes mutées ou admises à la retraite, ayant acquis la nationalité française ou recouvré l'exercice du droit de vote après la clôture des listes (art. L. 30 C. élect.). La commission compétente siègerait sans le juge et ne le saisirait qu'en cas de contestation.

423 ***Louage d'immeubles (art. R. 221-38, COJ)*** ◊ En matière de *louage d'immeubles*, le siège de la matière est désormais l'article R. 221-38, COJ, qui institue le tribunal d'instance juge de *droit commun* pour *« les actions dont un contrat de louage d'immeubles ou un contrat portant sur l'occupation d'un logement est l'objet, la cause ou l'occasion, ainsi que pour les actions relatives à l'application de la loi n° 48-1360 du 1er septembre 1948 »*, puisqu'il est alors compétent *in infinitum*, même si la valeur de la demande est supérieure à 10 000 euros et, par conséquent, aussi lorsque la demande est indéterminée.

1) Quant aux contrats entrant dans la compétence du juge d'instance :

- *Cette compétence concerne les baux civils* (à usage d'habitation, y compris ceux de la loi du 1er sept. 1948, ou professionnels), ceux des immeubles du domaine privé des collectivités publiques et du domaine public s'ils ne contiennent pas de clauses exorbitantes du droit commun.
- *Elle concerne enfin les baux ruraux* pour tout ce qui ne relève pas du statut particulier de ces baux, défini par les articles L. 411-1 à L. 463-1 et R. 411-1 à R. 464-1 du Code rural (v. *infra*, n° 518).
- *En revanche*, échappent à cette compétence, au profit du TGI, les baux d'immeubles qui confèrent un droit réel au preneur (bail emphytéotique, bail à construction...), ainsi que ce qui, dans le bail commercial ou rural, ressortit du statut particulier de ces baux et toutes les contestations en matière de baux commerciaux, quelle que soit l'origine de ces contestations (art. L. 145-1 et L. 145-2, C. com., V. *supra*, n° 374).

Cette compétence s'étend aux sous-locations [1]et elle est *exclusive* [2], à l'exception des actions en restitution du dépôt de garantie qui, jusqu'à la somme de 4 000 euros, relèvent de la compétence de la juridiction de proximité (art. R. 221-38, COJ, qui réserve cette compétence, *in limine,* en renvoyant à l'article R. 231-4).

2) Quant aux actions, le tribunal d'instance connaît de celles « dont le contrat de *louage d'immeubles* ou *portant sur l'occupation d'un logement* est l'*objet*, la *cause* ou l'*occasion*... ainsi que de celles relatives à l'application de la loi n° 48-11360 du 1er septembre 1948 ». Ces actions peuvent porter sur des problèmes très divers, ainsi action en nullité ou en validité de congé, action en paiement, en résiliation, en expulsion ; demandes concernant des réparations des lieux loués ou des dégradations ; mais les actions relatives au dépôt de garantie sont de la compétence de la juridiction de proximité jusqu'à la valeur de 4 000 euros (v. *infra*, n° 438, d).

424 ***Protection des consommateurs (art. R. 221-39, COJ)*** ◊ Il convient de ranger dans la même catégorie de compétence exclusive, les contentieux visés à l'article R. 221-39, COJ : *« le tribunal d'instance connaît en dernier ressort jusqu'à la valeur de 4 000 euros* [3] *et à charge d'appel lorsque la demande excède cette somme ou est indéterminée, des actions relatives à l'application du chapitre 1er du titre 1er du livre III du code de la consomma-*

1. TGI Paris, 9 août 1976, *Gaz. Pal.* 1976. somm. 312.
2. Cass. avis, 10 oct. 2005, *Bull.* avis n° 7 ; *D.* 2005. IR. 2704, obs. Rouquet.
3. Ce seuil devra être porté à 75 000 euros, en application de la directive (CE) n° 2008/48, 23 avr. 2008 concernant les contrats de crédit aux consommateurs et qui doit être transposée avant le 12 mai 2010.

tion » ; il s'agit des « litiges » nés de l'application de la loi n° 78-22 du 10 janv. 1978 relative à la *protection des consommateurs* en matière de crédit, dans la mesure où l'action est exercée dans un délai de deux ans (art. 27, devenu art. L. 311-37, C. consom.). Après de nombreuses discussions en doctrine et jurisprudence, la Cour de cassation a tranché : le tribunal d'instance connaît de *tous* les litiges concernant les opérations de crédit soumises aux dispositions de cette loi et de ses décrets d'application ; il suffit donc que la situation litigieuse concerne l'opération de crédit pour que le tribunal d'instance soit compétent ; peu importe qu'elle porte sur la formation du contrat de crédit ou sur son exécution et cela quel que soit le taux de la demande [1] et quelle que soit la loi applicable au contrat [2]. À l'inverse, nous semble-t-il, se trouvent écartés de cette compétence, les litiges portant sur le contrat principal dont l'opération de crédit n'est que l'accessoire (sauf s'ils ne dépassent pas le taux normal de compétence du tribunal d'instance) [3].

C. Compétence spéciale sans limitation, mais à charge d'appel (art. R. 221-5 à 22, COJ)

D'une liste foisonnante, on peut extraire deux grande séries d'hypothèses, selon que la compétence du TI est exclusive ou en articulation avec celle de la juridiction de proximité. Il faut prendre garde à ce que ces hypothèses, malgré la généralité de l'intitulé du § 1 dans lequel elles sont regroupées (« compétence à charge d'appel »), concernent à la fois des actions personnelles ou mobilières dont la valeur peut être fixée (auquel cas, si cette valeur n'excède pas 4 000 euros, le TI statue en dernier ressort) et d'autres non (auquel cas l'appel est toujours possible). On le précisera le moment venu.

425 ***Compétence partagée avec la juridiction de proximité jusqu'à 4 000 euros et infinitum au-delà, mais à charge d'appel (art. R. 221-11 et R. 221-13 à 22, COJ)*** ◊ Dans tout une série d'hypothèses, le TI connaît d'actions qui, lorsqu'elles sont personnelles ou mobilières pour une valeur qui n'excède pas 4 000 euros, ou portent sur une demande indéterminée qui a pour origine l'exécution d'une obligation dont le montant est inférieur ou égal à cette somme, sont partagées avec la juridiction de proximité, ce qui signifie qu'il n'en connaît qu'au-delà de 4 000 euros, mais alors sans plafond (exclusion de la compétence du TGI) et toujours à charge d'appel. Pour être complet, on ajoutera que si, dans le domaine de compétence de la

1. Civ. 1re, 11 juin 1985, *Gaz. Pal.* 1985.746, note Guinchard et Moussa ; *D.* 1986.138, note F. Warembourg-Auque et IR. 224, obs. Julien ; *RTD civ.* 1986.406, obs. Normand. Y compris pour statuer sur le caractère abusif ou illicite de clauses contenues dans les contrats de crédit à la consommation, Civ. 2e, 12 oct. 2006, *Dr. et Proc.* 2007-3, 154, obs. E. Bazin.
2. Civ. 1re, 23 mai 2006, *Rev. crit. DIP* 2007-1, 87, note Delphine Cocteau-Senn.
3. Paris, 24 janv. 1986, *Gaz. Pal.* 13 mai 1986, note Bey (qui donne un autre sens à l'arrêt) ; J. Normand, *RTD civ.* 1986, spéc. p. 407 et 408 ; Guinchard et Moussa, préc.

juridiction de proximité pour les actions personnelles ou mobilières dont la valeur est inférieure ou égale à 4 000 euros ou qui portent sur une demande indéterminée qui a pour origine l'exécution d'une obligation dont le montant est inférieur ou égal à cette somme, les parties conviennent de porter l'action devant le TI, celui-ci ne peut refuser sa compétence, mais il statue alors en dernier ressort (art. R. 221-4, al. 4, COJ). Ainsi en est-il de toutes les actions visées aux articles : R. 221-11 (demandes relatives aux frais, émoluments et débours des auxiliaires de justice et des officiers publics ou ministériels) ; R. 221-13 (contestations relatives au contrat de salaire différé [1], à des frais de scolarité ou d'internat, lorsque la demande est formée par tout établissement d'enseignement public ou privé [2], ou aux contrats d'engagement entre armateurs et marins [3] (on observera que pour ces trois dernières hypothèses, la compétence prud'homale est écartée, v. infra, n° 499) ; R. 221-14 (dans le 1°, dommages causés aux champs et cultures, aux fruits et récoltes, aux arbres, aux clôtures et aux bâtiments agricoles, quelle que soit l'origine du dommage [4] ; plus généralement, dans les 2° au 6°, tout un contentieux relatif au monde rural ou forestier [5]) ; R. 221-15 (hypothèses éparses allant des litiges relatifs à la vente des objets abandonnés chez les hôteliers, logeurs etc. [6], aux contestations en matière de transport ou postale [7], en passant par les actions civiles en diffamation ou injures publiques ou non [8] et bien d'autres cas) ; R. 221-16 (contentieux sur la distance, les plantations, l'élagage, le curage des fossés, etc..) ; R. 221-17 (indemnités diverses en matière de cours d'eau, de servitudes aéronautiques ou voirie routiè-

1. La commission Guinchard propose que ce contentieux relève désormais du TGI, avec la matière successorale (proposition n° 2).

2. On remarquera qu'on aurait pu faire l'économie de ce visa spécifique, ce type d'action n'étant pas, par nature, un contentieux de proximité, relevant de la matière « personnelle ou mobilière » et entrant, de ce chef, dans la compétence de principe du TI, sous réserve de la compétence de la juridiction de proximité, si la valeur du litige ne dépasse pas 4 000 euros, ou de celle du TGI au-delà de 10 000 euros.

3. Il s'agit d'un contrat de travail, confié, à l'origine, aux TI pour leur proximité géographique avec les ports, mais qu'il serait plus logique de confier aujourd'hui aux conseils de prud'hommes, ce qui supposerait la création d'une section professionnelle spéciale.

4. Cette compétence n'est pas directement en lien avec le monde agricole et la commission Guinchard n'a pas souhaité la garder aux TI/juridiction de proximité, mais la rapatrier dans le droit commun des actions personnelles ou mobilière, à ventiler selon la valeur du litige (cf. proposition n° 9, *a contrario* des hypothèses visées aux 2° à 6° qui, elles, seraient maintenues au TI).

5. Que la commission Guinchard (n° 9) souhaite conserver aux TI/juridictions de proximité.

6. Les demandes visées au 1° du texte pourraient relever de la compétence classique Juridiction de proximité/TI/TGI, selon la valeur du litige (cf. proposition n° 9 de la commission Guinchard).

7. T. confl., 12 juin 1978, *D.* 1978. 493, note P. Delvolvé. Ces demandes visées aux 3° et 4° du texte pourraient relever de la compétence classique Juridiction de proximité/-TI/TGI, selon la valeur du litige (cf. proposition n° 9 de la commission Guinchard).

8. La commission Guinchard propose la suppression de la compétence résiduelle du tribunal d'instance en la matière, par transfert au TGI (diffamation et injures non publiques, proposition n° 12).

re) ; R. 221-18 (contentieux douanier [1], droits de place et de stationnement [2]) ; R. 221-19 (bien de famille insaisissable) [3] ; R. 221-20 (contrats de fournitures de produits si la demande est présentée par une organisation professionnelle agricole [4]) ; R. 221-21 (demandes d'indemnité pour classement d'objets mobiliers [5]) ; R. 221-22 (taxe de séjour dans les stations classées [6]).

426 ***Compétence exclusive, sans partage avec la juridiction de proximité, en dernier ressort jusqu'à 4 000 euros et, au-delà et infinitum, à charge d'appel (art. R. 221-5 à 10 et R. 221-12, COJ)*** ◊ Dans une seconde série d'hypothèses, on retrouve l'idée d'une compétence exclusive du TI quelle que soit la valeur de la demande, sans plafond, mais aussi sans plancher, c'est à dire sans aucune interférence avec la compétence de la juridiction de proximité, les textes ne réservant pas ici, cette compétence, quand bien même l'action serait personnelle ou mobilière d'une valeur inférieure ou égale à 4 000 euros ou porterait sur une demande indéterminée qui a pour origine l'exécution d'une obligation dont le montant est inférieur ou égal à cette somme. Il faut prendre garde que, dans ces hypothèses, si le TI retrouve une compétence qui, normalement aurait dû échoir, par la valeur de la demande, à la juridiction de proximité, il statue alors en dernier ressort et non pas à charge d'appel, conformément au principe posé à l'article R. 221-4, al. 2 COJ. Au-delà de 4 000 euros et infinitum, la compétence du TGI est exclue, mais le TI statue à charge d'appel. Pêle-mêle : les actions aux fins d'expulsion des occupants sans droit ni titre des immeubles à usage d'habitation (art. R. 221-5) [7], les demandes de mainlevée de l'opposition frappant les titres perdus ou volés (art.

1. La commission Guinchard propose que ce contentieux relève désormais du TGI (proposition n° 2). T. confl., 26 avr. 2004, *Bull. civ.* n° 13 ; 22 sept. 2003, *Bull. civ.* n° 9 ; *RTD civ.* 2004. 772, obs. Ph. Théry.

2. Les demandes visées au 2° du texte pourraient relever de la compétence classique Juridiction de proximité/TI/TGI, selon la valeur du litige (cf. proposition n° 9 de la commission Guinchard).

3. La commission Guinchard propose que ce contentieux relève désormais du TGI, avec la matière successorale (proposition n° 2).

4. La commission Guinchard n'a pas souhaité modifier cette règle, car ce contentieux est attribué au TI parce que le juge d'instance est président du tribunal paritaire des baux ruraux et que le contentieux de nature agricole, mais qui ne peut relever de cette juridiction en raison de son objet et de sa composition, est confié au TI, juge naturel de la ruralité.

5. Les demandes visées par ce texte pourraient relever de la compétence classique Juridiction de proximité/TI/TGI, selon la valeur du litige (cf. proposition n° 9 de la commission Guinchard).

6. Les demandes visées par ce texte pourraient relever de la compétence classique Juridiction de proximité/TI/TGI, selon la valeur du litige (cf. proposition n° 9 de la commission Guinchard).

7. La commission Guinchard propose (proposition n° 2) que cette compétence exclusive du TI soit fixée par référence, non pas à l'affectation de l'immeuble occupé (aujourd'hui, il faut qu'il soit « à usage d'habitation »), mais en fonction de la nature de l'occupation : si elle « à usage d'habitation », le TI serait compétent qu'elle que soit l'affectation de l'immeuble.

R. 221-6 [1]), les contestations sur les conditions des funérailles (art. R. 221-7), celles relatives à la procédure de paiement direct des pensions alimentaires (art. R. 221-8 [2]), ou la révision des rentes viagères (art. R. 221-9 [3]), les litiges portant sur la propriété ou la possession des chemins ruraux (art. R. 221-10 [4]) et les actions en bornage (art. R. 221-12).

D. Compétence en matière d'injonction de payer et de faire

427 *Compétence partagée avec la juridiction de proximité* ◊ Les articles 1406 et 1425-1, CPC donnent compétence au tribunal d'instance, en matière d'injonction de payer et de faire [5]. Pour l'articulation avec la compétence de la juridiction de proximité, v. *infra*, n° 438, e.

– **Pour l'injonction de payer**, la compétence d'attribution du tribunal d'instance ne connaît pas de limitation quant au montant de la créance (cf. article L. 221-7, COJ : « à quelque valeur que la demande puisse s'élever »), parce que cette procédure est inconnue devant le TGI ; la commission Guinchard (du nom de son président) propose de l'étendre à cette juridiction au-delà de 10 000 euros et de confier l'examen des requêtes en injonction de payer, soit aux greffiers juridictionnels dont la commission préconise par ailleurs la création, soit aux juges de proximité, sur délégation du juge de professionnel [6].

– **Pour l'injonction de faire**, le tribunal d'instance ne peut être saisi que si la valeur de la prestation dont l'exécution est demandée n'excède pas son taux de compétence (art. 1425-1, CPC).

III. Attributions particulières du juge d'instance : juridiction présidentielle et juridiction spécialisée

428 *Distinction et juridiction spécialisée* ◊ Le juge d'instance étant un juge unique n'exerçait pas, antérieurement au Code de procédure civile (de 1975) et à proprement parler, une juridiction comparable à la juridiction présidentielle. Mais, l'existence d'un contentieux à la fois

1. Il est souvent difficile de fixer la valeur de ces titres, ce qui explique la compétence exclusive du TI.

2. La commission Guinchard propose (proposition n° 8) que ce contentieux soit confié au JEX mobilier du TI et non plus au TI lui-même.

3. On remarquera qu'en revanche, les contentieux relatifs à la constitution, à la validité, à la rescision et à la résolution des contrats de rente viagère sont de la compétence du TGI ; c'est pourquoi, ce contentieux de la révision pourrait être regroupé au TGI avec ceux qui viennent d'être cités, quelle que soit la valeur du litige ou, pour le moins être ventilé entre le TI et le TGI, selon ce critère, solution finalement retenue par la commission Guinchard (n° 9).

4. La commission Guinchard propose (n° 2) que tout le contentieux immobilier, qu'il soit pétitoire ou possessoire, soit de la compétence exclusive du TGI, les actions en bornage restant toutefois au TI, par leur nature de contentieux de proximité, à fort potentiel de conciliation.

5. S. Guinchard, F. Ferrand et C. Chainais, *Procédure civile*, n° 1071.

6. *L'ambition raisonnée d'une justice apaisée*, Doc. fr. 2008, propositions n° 2 et 32.

important et très diversifié, faisait désirer que le juge d'instance pût être saisi en référé pour le règlement d'affaires urgentes. Le Code de procédure répond à cette attente en instituant dans ses articles 848 à 850 une procédure de référé dans un cadre de compétence très proche de celui aménagé pour le président du tribunal de grande instance. On est ainsi conduit à insister sur quatre aspects importants de la compétence du juge d'instance [1], les deux premiers étant toujours l'exercice d'une juridiction provisoire (A), à côté d'une compétence en tant que juridiction spécialisée, soit comme juge des tutelles (B), soit comme juge de l'exécution (C).

A. Juridiction provisoire

1. Les ordonnances de référé

429 ***Le Code de procédure civile*** ◊ Les articles 848 et 849, CPC, accordent au juge d'instance de très larges pouvoirs de décision en référé, dans le cadre de sa compétence (urgence, absence de contestation sérieuse, différend virtuel, mesures conservatoires et de remise en état (même en présence d'une contestation sérieuse), octroi d'une provision lorsque l'existence de l'obligation n'est pas sérieusement contestable), exécution de l'obligation, même s'il s'agit d'une obligation de faire.

Ce référé peut être très utile en matière d'expulsion. Lorsqu'il statue en référé, le tribunal d'instance connaît, en dernier ressort jusqu'à la valeur de 4 000 euros et à charge d'appel jusqu'à 10 000 euros, des demandes visées à l'article L. 221-4, COJ, c'est-à-dire des actions personnelles ou mobilières ou des demandes indéterminées qui ont pour origine l'exécution d'une obligation dont le montant n'excède pas 10 000 euros [2] (art. R. 221-41, COJ).

On ajoutera que l'art. 850, CPC, vise spécialement la compétence du tribunal d'instance, en référé, avec les mêmes pouvoirs que sur les articles 848 et 849, pour les contestations nées du contrat de travail, lorsqu'elles relèvent de sa compétence ; en effet, si depuis la loi n° 79-44 du 18 janvier 1979 (art. 4), les tribunaux d'instance ont perdu leurs attributions en matière prud'homale, ils les ont conservés pour le contentieux électoral dans l'entreprise (art. L. 2314-25 [délégués du personnel] et L. 2324-23 [comités d'entreprise], C. trav.), pour le contentieux de la désignation des délégués syndicaux (art. art. L. 2143-8, C. trav.), et pour les nombreuses hypothèses énumérées aux art. R. 221-24, R. 221-27, 28 et 29, COJ.

2. Les ordonnances sur requête

430 ***Les nombreux cas d'ordonnance sur requête*** ◊ Le juge du tribunal d'instance est appelé, dans certains cas, à rendre des ordonnances sur requête. Le principe de cette compétence est posé en termes généraux par l'article 851, CPC (dans les cas spécifiés par la loi ou en cas d'ur-

1. P. Estoup, *La pratique des procédures rapides*, Litec, 1990.
2. Sur le sens de cette expression, v. *supra*, n° 419, a-2).

gence) en liaison avec les articles 493 et 17. Cette compétence du juge des requêtes est dépendante de la compétence du tribunal d'instance au fond (cf. art. L. 221-6, COJ qui renvoie expressément aux demandes visées à l'article L. 221-4) Le décret n° 2005-460 du 13 mai 2005 fixe cette compétence en dernier ressort ou à charge d'appel, dans les mêmes conditions que pour le référé (v. *supra*, n° 429).

B. Le juge d'instance, juge des tutelles des majeurs

431 ***Exclusion de la compétence de la tutelle des mineurs*** ◊ Il convient d'ajouter le rôle fondamental que joue sur le plan familial le juge d'instance, en qualité de juge des tutelles des majeurs (art. L. 221-9, COJ, réd. L. n° 2009-526, 12 mai 2009), désigné pour exercer ces fonctions par le président du TGI, après avis du juge directeur du TI (art. R. 222-2, COJ) : sauvegarde de justice, curatelle, tutelle et mesure d'accompagnement judiciaire ; le même juge connaît des actions relatives à l'exercice du mandat de protection future des demandes formées par un époux lorsque son conjoint est hors de manifester sa volonté aux fins d'être autorisé à passer seul un acte pour lequel le concours ou le consentement de ce dernier serait nécessaire, ou aux fins d'être habilité à le représenter, de la constatation de la présomption d'absence (article L. 221-9, 2° à 4°). Suite à une proposition de la commission Guinchard (du nom de son président) il ne connaît plus de la tutelle des mineurs confiée au JAF (v. *supra*, n° 381).

C. Le juge d'instance, juge de l'exécution

432 ***Délégation du président du TGI*** ◊ L'article L. 213-5, al. 2, COJ permet au président du TGI de déléguer ses pouvoirs de JEX à un ou plusieurs juges de ce tribunal ; les juges d'instance faisant partie du TGI (v. *supra*, n° 416, c) ils peuvent recevoir cette délégation. Le juge d'instance aura, en tant que JEX, les mêmes pouvoirs que le président du TGI (v. *supra*, n° 393), sans limitation quant à la valeur du litige. Mais la commission Guinchard (du nom de son président) propose de confier l'exécution mobilière de plein droit à un juge d'instance, suggestion reprise par une proposition de loi en cours d'examen au Parlement (v. *supra*, n° 393).

IV. Compétence territoriale

433 ***Principe et exceptions*** ◊ L'article R. 221-46, COJ, renvoie expressément au Code de procédure civile (articles 42 à 52), mais des règles particulières figurent dans les articles R. 221-47 à 52, COJ. Par exemple, le juge du lieu du décès pour les contestations sur les conditions des funérailles (art. R. 221-47, COJ). Dans de nombreuses éventualités, le juge compétent est ainsi celui de la *situation* de l'objet litigieux, par exemple lorsqu'il s'agit des actions pour dommages aux champs,

fruits et récoltes, des déplacements de bornes, des usurpations de terres, arbres, haies, fossés et autres clôtures, des entreprises sur les cours d'eau ou des actions relatives au contrat de louage d'immeuble ou en matière d'expulsion (art. R. 221-48, COJ). Toutes ces exceptions s'expliquent par des raisons d'utilité pratique, le juge de la situation des lieux étant celui qui peut le plus commodément instruire de tels procès. V. aussi *supra*, n° 416, a, pour la compétence restreinte à certains TI.

§ 3. La conciliation devant le tribunal d'instance

434 ***Le rôle du juge de paix, puis du juge d'instance*** ◊ On avait fondé de grands espoirs, au moment de la Révolution, sur la place que devait tenir une tentative de conciliation, avant l'ouverture d'un procès. On avait donc institué un préliminaire de conciliation obligatoire pour les affaires relevant au fond du juge de paix et du tribunal civil ; dans les deux cas, c'était le juge de paix qui avait reçu la mission de concilier les plaideurs.

L'expérience se révéla décevante au point qu'une loi du 9 février 1949 supprima la tentative obligatoire de conciliation devant le tribunal civil ; elle est, depuis le nouveau code, devenue facultative devant le tribunal d'instance qui a succédé au juge de paix (art. 830, CPC).

Surtout, depuis un décret du 22 juillet 1996, elle peut être confiée à un tiers, le conciliateur du décret du 20 mars 1978, devenu, par la grâce d'un décret du 13 décembre 1996, conciliateur « *de justice* ».

435 ***Le recours aux conciliateurs de justice*** ◊ On s'est assez vite aperçu que la disparition d'un magistrat cantonal, proche des justiciables, capable de les concilier, avait de sérieux inconvénients.

Aussi, a-t-on créé, d'abord à titre expérimental, puis d'une manière institutionnelle, une catégorie nouvelle d'auxiliaires du juge qui ne possèdent pas la qualité de magistrat, dont l'activité reste bénévole, et qui sont particulièrement chargés de concilier, lorsque cela paraît possible, les parties en dehors de toute procédure judiciaire. Bien que rattachés au tribunal d'instance, les conciliateurs (de justice) du décret du 20 mars 1978 (v. *infra*, n°s 939 et s.) n'ont d'abord reçu mission de concilier qu'en dehors de toute procédure judiciaire (art. 1, al. 1er, D. 20 mars 1978). Mais, successivement, deux décrets ont modifié, en 1996, le rôle de ces conciliateurs :

– D'abord, le décret du 22 juillet 1996 qui, en réorganisant les conditions et la procédure de tentative de conciliation devant le TI a permis de confier cette mission aux conciliateurs du décret du 20 mars 1978 (art. 831, CPC). Ce recours est-il exclusif ou bien les tribunaux d'instance peuvent-ils recourir à d'autres personnes ? Il semble que le texte ait créé une exclusivité en faveur des conciliateurs de justice [1], puisque l'article 21 de la loi du 8 février 1995, qui pose le principe d'une conciliation ordonnée par un juge et confiée à un

1. En ce sens, avec regrets, C. Jarrosson, *RGDP* 1998, 168 ; G. Pluyette, *Rev. arb.* 1997, vol. 4.

tiers, précise que ce tiers doit remplir les conditions fixées par décret et, qu'en dehors du décret du 20 mars 1978, aucun autre texte n'habilite des conciliateurs ; en outre, l'article 831, CPC, ne vise expressément que les conciliateurs de justice du décret de 1978.

- Ensuite, le décret du 13 décembre 1996 qui, tout en les qualifiant de conciliateurs de « justice » (v. *infra*, n°s 939 et s.), leur permet de procéder aux tentatives préalables de conciliation « prescrites par la loi », sauf en matière de divorce et de séparation de corps, « dans les conditions et selon la procédure prévues par les articles 831 à 835 CPC » (art. 1er, al. 2, D. 20 mars 1978) ; ce second nouveau rôle va donc au-delà de la participation des conciliateurs de justice à la tentative préalable de conciliation, facultative, devant le tribunal d'instance ; tout juge peut faire appel à eux (v. *infra*, n° 941, b).

- Enfin, la loi n° 2002-1138 du 9 septembre 2002 permet à tout juge, donc au juge d'instance, qui n'aurait pas recueilli l'accord des parties pour procéder aux tentatives de conciliation prévues à l'article 21 de la loi n° 95-125 du 8 février 1995, de leur enjoindre de rencontrer une personne qu'il désigne à cet effet et remplissant les conditions fixées par ce texte (en fait les conciliateurs de justice) ; le conciliateur informe les parties sur l'objet et le déroulement de la mesure de conciliation (v. *infra*, n° 941, b).

- La commission Guinchard (du nom de son président) a entendu favoriser les modes alternatifs de règlement des litiges, notamment la conciliation [1].

SOUS-SECTION 2. **Les juridictions de proximité de la loi du 9 septembre 2002**

436 ***Origine. Bilan. Propositions de la commission Guinchard*** ◊ a) C'est la campagne de l'élection présidentielle d'avril et mai 2002 qui est à l'origine des juridictions de proximité de la loi n° 2002-1138 du 9 septembre 2002 ; deux des principaux candidats avaient en effet prévu de créer de telles juridic-

1. *L'ambition raisonnée d'une justice apaisée,* Doc. fr., 2008. Dans la proposition n° 48, la Commission recommande la consécration de la place des conciliateurs de justice dans le procès civil et l'organisation judiciaire, avec : la généralisation à toutes les juridictions de la délégation de la conciliation au conciliateur de justice (d'où sa place, formellement, dans le code de procédure civile, partie générale) ; la désignation, par le premier président de la cour d'appel, d'un magistrat coordonnateur ; la possibilité pour un conciliateur de demander à ce qu'un autre conciliateur de la cour soit présent au cours d'une réunion de conciliation (traitement des dossiers les plus lourds et apprentissage de la pratique de la conciliation) ; la faculté ouverte au conciliateur de justice, de constater dans un PV un accord des parties résultant d'un échange de courriers annexés (très utile en droit de la consommation où les entreprises ne se déplacent pas, mais écrivent) ; la transmission au tribunal par le conciliateur de justice, en cas d'échec d'une tentative de conciliation extrajudiciaire, de la requête conjointe des parties aux fins de jugement et la création d'une passerelle entre la tentative préalable de conciliation et la saisine du tribunal aux fins de jugement ; la simplification du formalisme du renvoi vers un conciliateur de justice ; en cas de saisine d'un tribunal d'instance non précédée d'une tentative de conciliation, la consécration de la pratique de la « double convocation » : renvoi des parties devant un conciliateur, dès saisine de la juridiction, sans recueil formel de leur accord, tout en leur donnant une date d'audience, soit aux fins d'homologation de leur accord, soit aux fins de jugement (aucune conséquence ne pourrait être tirée par le juge d'un défaut de passage devant le conciliateur).

tions, plus exactement d'instituer des juges non professionnels pour juger les petits litiges civils ou certaines contraventions de police. Le candidat élu a en fait l'une des priorités du début de son mandat et c'est ainsi que la loi du 9 septembre 2002 institue « dans le ressort de chaque cour d'appel », des juridictions de proximité (art. L. 231-2, COJ), qui statuent « en première instance, en matière civile et pénale » (art. L. 231-1, COJ) [1]. La juridiction de proximité est très proche du tribunal d'instance et, au fur et à mesure des travaux parlementaires sur la loi du 9 septembre 2002 qui la crée et la loi organique n° 2003-153 du 26 février 2003 portant statut de ces juges, cette tendance s'est renforcée. Il est vrai que des incompréhensions, pour ne pas dire une profonde hostilité, se sont manifestées, venant essentiellement du corps judiciaire et notamment des juges d'instance qui, à en croire certains juges de proximité, font tout pour les pousser à la démission (participation imposée à des commissions non rétribuées, calcul mesquin des vacations, pas d'association à la vie de la juridiction de proximité, v. *infra*, n° 437, fixation des audiences sans aucune concertation et sans tenir compte des contraintes professionnelles des juges de proximité [2] etc..), comme si le corps judiciaire était incapable d'accepter l'idée d'une participation de simples citoyens à l'œuvre de justice, alors que d'autres pays en ont généralisé le principe, que la France l'a connue au moment de la Révolution et l'a conservée dans certaines juridictions (cours d'assises, tribunaux pour enfants, conseils de prud'hommes, tribunaux de commerce, tribunaux paritaires de baux ruraux, tribunaux des affaires de sécurité sociale) ; une véritable polémique s'est instaurée en février 2005 au lendemain du vote de la loi étendant les compétences des juges de proximité tant en matière civile qu'en matière pénale, certaines organisations de magistrats et des associations de consommateurs réclamant une pause

1. Commentaires : H. Moutouh, *D.* 2002. 3218. R. Martin, *Annales des loyers* 2002, 1728. Cl. Ph. Barrière, *Gaz. Pal.* 26 nov. 2002. J. Rochfeld, *RTD civ.* 2002. 848. Y. Desdevises, *Dr. et proc.* 2003-2, 68. M. Vericel, *JCP* 2003. I. 114. C. Coleno et J. J. Barbieri, « *De minimis curat praetor* », *LPA* 22 et 23 juill. 2003. M. Lernout, *Gaz. Pal.* 30 oct. 2003. En Angleterre, D. Clark, *Le nouveau pouvoir judiciaire,* avr. 2003, n° 362, p. 30. Pour un premier bilan : critique, F. Ruel, *Gaz. Pal.* 16 oct. 2004 ; pessimiste, M. Ch. Lebreton, *D.* 2004. 2808 ; ces deux auteurs soulignent une formation insuffisante (mais en oubliant les conditions de prérecrutement fondées en grande partie sur une expérience professionnelle préalable) et une rémunération « peu motivante » eu égard au travail accompli en préparation de dossiers, en trajets domicile-tribunal, en durée des audiences, en rédaction des jugements ; le choix (contestable) a été fait (par le Sénat, sous l'impulsion de Robert Badinter) de ne pas permettre à un juge de proximité de gagner plus qu'un juge professionnel sortant de l'ENM, mais le législateur a oublié que ce dernier fait carrière et progresse rapidement, bénéficie de primes substantielles et que le juge de proximité peut faire état de ses services antérieurs pour justifier une rémunération plus élevée, qu'il n'est payé qu'à la vacation dont le nombre est plafonné ; sans compter que certains sont affectés très loin de leur domicile (150 km), sans indemnité de trajet. Comble de l'humiliation : le décret n° 93-21, 7 janv. 1993 sur le statut des magistrats dispose que les juges de proximité ne seront payés « que dans la limite des crédits disponibles » (art. 35-14), ce qui est contraire à la règle du service fait si l'hypothèse devrait se concrétiser ; et si elle devait rester une hypothèse d'école, pourquoi l'avoir introduite ? (mesquinerie de la Chancellerie contre des juges concurrents ?). La doctrine s'y intéresse peu, v. cependant : Y. Desdevises, « Représentations sociales et juges de proximité », *in* J. Rochfeld et E. Jeuland (dir.), *Le droit des consommateurs et les procédures spécifiques en Europe,* EJT, coll. « Dr. et proc. », 2005, p. 105. R. Perrot, « La justice de proximité », in *Mélanges G. Tarzia*, Giuffrè éd., Milan, 2005, t. 1, p. 163. M. L. Rassat (qui est aussi juge de proximité), « Juridiction et juges de proximité – Principe et choses vues », in *Mélanges B. Bouloc,* Dalloz, 2006, p. 961.

2. V. ce qu'en dit M. Ch. Lebreton, *loc. cit.*, *D.* 2004, spéc. p. 2809-2810, en II, A.

de la réforme pour en dresser un bilan, arguant de la mauvaise formation de ces juges [1] ; en réalité, ce n'est pas tant leur formation qui est en cause (puisque ces juges sont, à défaut d'être des juges professionnels, des juristes de formation), que le fait de leur confier, au civil, un contentieux difficile que la faiblesse (relative) du montant du litige n'atténue en rien et sans recours autre que le pourvoi en cassation ; intermittent de la justice, mais professionnel du droit et citoyen dévoué à la cause publique, le juge de proximité mérite mieux que cette indignité et cette cabale lancées contre lui par quelques professionnels de la justice à ce point coupés du monde extérieur et repliés sur leur *ego* corporatiste, qu'ils n'arrivent même pas à concevoir que la justice puisse être rendue sans eux ; ce qui reste vrai, c'est que la technicité du contentieux civil aurait dû conduire à plus de prudence dans la répartition des compétences et le mythe naïf du juge de paix jugeant en équité est dépassé ; or, c'est bien ce mythe qui a inspiré l'institution de ces juges, le même mythe qui laisse croire que des juristes peuvent être correctement formés en dehors des facultés de droit, avec un vernis de formation ; en fait, les deux juridictions apparaissent plus complémentaires que concurrentes et le juge de proximité est étroitement lié au juge d'instance, tant dans son organisation, sa compétence que la procédure qu'il doit suivre. On peut cependant regretter que les textes aient été rédigés trop rapidement en juin-juillet 2002 et au cours de l'année 2003, sans recul par rapport à l'existant (coordination avec les conciliateurs de justice) et avec une compétence civile pas très claire (que la loi du 26 janvier 2005 améliore nettement) ; en outre, l'hypothèse de créer des assesseurs non professionnels des juges d'instance, dans le cadre d'une vaste réforme de toutes les juridictions de première instance, aurait mérité d'être creusée (l'un des objectifs de la loi du 9 septembre 2002 est d'envisager, à terme, un tribunal unique de première instance) [2]. Il était prévu de recruter, à terme, 3 300 juges de proximité (pour plus de 8 000 juges professionnels) ; 582 seulement ont pris leurs fonctions à la date de janvier 2007, essentiellement des avocats, policiers, notaires, quelques universitaires [3]. Un groupe de travail a remis au Garde des sceaux un rapport en novembre 2005 [4], qui inspire certaines des modifications quant à la formation reçue par ces juges (décret du 4 janvier 2007). En tout cas, malgré les critiques, leur activité a fait chuter celle des tribunaux d'instance.

b) La commission Guinchard (du nom de son président) a beaucoup réfléchi à cette question du maintien on non de la juridiction de proximité et a orienté ses propositions dans deux directions : suppression de la juridiction elle-même, dont la compétence réintègre le TI (proposition n° 2, *supra,* n° 199 et 354), mais maintien des juges de proximité, qui sont loin d'avoir démérité [5],

1. V. l'enquête de N. Guibert et Manuel Armand, *Le Monde,* 16 févr. 2005, p. 6. V. aussi, Gracieuse Lacoste et Agnés Martinel, *Le Monde,* 15 févr. 2005.
2. Annexe à la loi.
3. Rép. min. Justice n° 14436, *JO* Sénat Q, 274 févr. 2005, p. 554.
4. Rapport Charvet, commentaire de R. Piastra, *Gaz. Pal.* 7 févr. 2006.
5. Pour une autre approche, à partir d'un constat identique, Rapport du CERCRID (univ. Saint-Etienne) à la Mission Droit et Justice, 2008, compte-rendu *JCP* 2009, I, 106. V. aussi, *Les juges de proximité. Une sociologie pragmative et comparative,* Rapport pour la Mission Droit et justice, Ecole nationale des ponts et chaussées, 2008.

en leur confiant des tâches essentiellement pénales et en les plaçant désormais sous l'autorité du président du TGI [1].

On traitera ici de leur organisation et de leur compétence, renvoyant au *Précis de procédure civile* pour la question de la procédure à suivre (n° 938) ; le recrutement et le statut de ces juges seront vus *infra*, n° 792 pour les modalités de recrutement et 797 pour le statut pendant l'exercice des fonctions.

437 ***Organisation*** ◊ **a)** Le siège et le ressort des juridictions de proximité sont fixés par décret pris en Conseil d'État (art. D. 231-1, COJ, qui renvoie à un tableau annexé au code).

b) La loi organique portant statut des juges de proximité (n° 2003-153, 26 février 2003) précise que c'est le magistrat du TGI chargé de l'administration du tribunal d'instance qui *« organise l'activité et les services de la juridiction de proximité »* (art. 41-18, al. 1er, ord. n° 58-1270, 22 déc. 1958) ; c'est lui qui, par une ordonnance annuelle prise dans la première quinzaine de décembre, fixe la répartition des juges de proximité dans les différents services de la juridiction, après avoir recueilli l'avis des chefs des TGI (art. 41-18, al. 2, ord. 22 déc. 1958 et art. R. 232-3, COJ). Destinée à calmer l'opposition des juges d'instance à l'instauration de ces juridictions, la disposition s'est révélée être une arme redoutable entre les mains de juges directeurs soucieux de conserver leur pouvoir (ou l'illusion de celui-ci), sans remettre en cause le fonctionnement traditionnel de leur juridiction [2]. Chaque juge de proximité ne peut accomplir qu'un maximum de 200 vacations par an (D. n° 93-21, 7 janv. 1993, art. 35-14). Les insignes et costumes sont prévus au tableau annexé au code et prévu par l'article R. 111-6, COJ. Les juges de proximité sont inspectés par le président et le procureur du TGI (ou leurs délégués, art. R. 212-58, COJ). V. *infra*, n° 797 sur leur statut. Lorsque la juridiction comprend au moins trois juges, deux types d'assemblées générales sont prévus, toutes deux présidées par le juge directeur de l'instance : celle des magistrats du siège seulement (juge directeur et juges de proximité, avec assistance des auditeurs de justice en stage au TI, art. R. 232-7, COJ) ; celle des magistrats du siège et du parquet (art. R. 232-9, COJ) qui réunit les juges de proximité, le juge directeur de l'instance et le représentant du parquet (avec aussi l'assistance des auditeurs de justice en stage au TI) ; la première rend un avis sur la répartition des juges de proximité dans les différents services de la juridiction (R. 232-8, COJ) ; rien n'est dit des conditions de majorité. La seconde émet des avis sur le nombre, le jour et la nature des audiences, sur le fonctionnement interne de la juridiction et procède à des discussions, notamment sur l'activité de la juridiction et l'évolution de la jurisprudence et toute question concernant l'ensemble des juges et

1. Proposition n° 22 : possibilité d'être assesseurs des chambres correctionnelles (déjà le cas) et civiles, sur décision du président du TGI, après avis de l'assemblée générale des magistrats du siège et selon leurs expériences dans les matières concernées ; examen des requêtes en injonction de payer (avant opposition du défendeur), à défaut de l'institution du « greffier juridictionnel », mais sur délégation des juges de carrière ; possibilité d'être délégués, par les magistrats professionnels, y compris dans les tribunaux d'instance, dans certaines activités, telles que la vérification des comptes de tutelles et les mesures d'instruction civiles (transport sur les lieux, audition des parties ou de témoins), avec dans ce cas possibilité d'une mission de conciliation ; compétence maintenue en matière de jugement des contraventions des quatre premières classes ; compétence maintenue dans les attributions qui sont actuellement les leurs en matière de validation des compositions pénales.

2. V. ce qu'en dit M. Ch. Lebreton, *loc. cit.*, *D.* 2004, spéc. p. 2810.

magistrats ; pour ce type d'assemblée, le code précise que les délibérations sont prises à la majorité des membres présents ou représentés (art. R. 232-10, COJ). Pour les deux types d'assemblée, les procès-verbaux des réunions sont transmis au premier président de la cour d'appel par le juge directeur (art. R. 232-6, COJ).

c) La juridiction de proximité est à juge unique (art. L. 232-1, COJ) et peut tenir des audiences foraines dans les communes de son ressort autres que celle de son siège, sur décision du juge directeur du TI (art. R. 232-3, al. 2, COJ. Le siège du Parquet est occupé par le procureur de la République ou par le commissaire de police (art. L. 232-3, COJ). Le greffe est assuré par le greffier du tribunal d'instance (art. R. 232-4, COJ).

d) En outre, autre lien avec le juge d'instance, il est prévu qu'en cas d'absence ou d'empêchement du juge de proximité ou lorsque le nombre de juges de proximité se révèle insuffisant, les fonctions de ce juge sont exercées par un juge du tribunal d'instance désigné à cet effet par une ordonnance du président du TGI (art. L. 232-2, al. 1er, COJ), après avis de l'assemblée des magistrats du siège du TGI (art. R. 212-37, 7°, COJ). C'est en quelque sorte attribuer au juge d'instance la qualité de juge de proximité à titre subsidiaire. Dans l'hypothèse où aucun juge de proximité n'aurait encore été affecté dans une juridiction de proximité créée par décret, le juge d'instance est compétent de plein droit et ès qualités comme juge de proximité (art. L. 232-2, al. 2, COJ).

e) Enfin, la collaboration des deux juridictions est envisagée, puisque le juge de proximité saisi d'une affaire pour laquelle il estime qu'elle se heurte à une difficulté juridique sérieuse, portant soit sur l'application d'une règle de droit, soit sur l'interprétation du contrat liant les parties, pourra, à la demande des parties ou d'office, et après avoir recueilli l'avis des parties, renvoyer l'affaire au juge d'instance, qui statuera alors en tant que juge de proximité (art. L. 231-5, COJ) ; de même, le règlement des incidents de compétence est renvoyé au juge d'instance (CPC, art. 847-5) ; ces dispositions qui ont fait dire à un auteur que la juridiction de proximité était une « juridiction-humilité » [1] ; c'est en tout cas l'idée du « droit à un bon juge » qui est ici consacrée. On voit bien apparaître l'idée que le juge de proximité n'est pas un concurrent du juge d'instance, mais que les deux juridictions se complètent. On retrouve cette idée au niveau de la compétence.

438 ***Compétence*** ◊ La compétence civile des juridictions de proximité avait été fixée initialement par la loi d'instauration du 9 septembre 2002, essentiellement par rapport à la compétence du juge d'instance dont elles apparaissaient comme des compléments [2]. Quant à la loi organique du 26 février 2003 elle avait fixé d'entrée de jeu les termes du débat en proclamant que les juges de proximité sont nommés *« pour exercer une part limitée des fonctions des magistrats des juridictions judiciaires de première instance »* (art. 41-17, ord. statutaire n° 58-1270, 22 déc. 1958), pour tenir compte des réserves émises par le Conseil

1. J. Rochfeld, *op. et loc. cit.* Mais le Conseil constitutionnel a jugé qu'elle ne portait pas atteinte à l'égalité devant la justice, Déc. n° 2002-461 DC, 29 août 2002.

2. C. Blery, *D.* 2003. 566. En janvier 2005, l'activité de ces juridictions représentaient 5 à 8 % de l'activité du tribunal d'instance (Rép. min. Justice n° 14436, *JO* Sénat Q, 274 févr. 2005, p. 554).

constitutionnel [1]. Mais les dispositions de la loi du 9 septembre 2002 se sont vite avérées mal rédigées, donc confuses et sources de difficultés d'interprétation et d'application, ce qui était d'autant plus gênant qu'elles étaient entre les mains de juges non professionnels ; le décret précité du 23 juin 2003 s'était efforcé de réduire ces difficultés, mais avait plutôt compliqué les choses [2] ; finalement, profitant d'une volonté politique d'étendre la compétence des juges de proximité, notamment en matière pénale, la loi n° 2005-47 du 26 janvier 2005, validée par le Conseil constitutionnel [3], clarifie en les simplifiant les règles de compétence de ces juridictions, par un double mouvement inversé d'extension de leur compétence civile quant à la valeur du litige et de réduction de cette même compétence quant aux matières qui peuvent leur être soumises [4]. Le décret n° 2005-460 du 13 mai 2005 vient préciser l'articulation de cette compétence avec celle du juge d'instance (art. R. 331-1, COJ). On soulignera qu'avec la loi du 26 janvier 2005, cette juridiction ne statue plus toujours en dernier ressort. Sur la compétence pénale, v. *infra*, n° 613.

a) La juridiction de proximité connaît d'abord, en dernier ressort, des affaires de nature personnelle [5] ***ou*** mobilière [6] jusqu'à la valeur de 4 000 euros et sous la réserve générale « des dispositions législatives ou réglementaires fixant la compétence particulière des autres juridictions » (art. L. 231-3, al. 1er, COJ et art. R. 231-3, al. 1er). L'articulation avec les compétences du tribunal d'instance et du TGI est simple : ces deux tribunaux prendront le relais de ces actions, à charge d'appel, de 4 001 à 10 000 euros pour le tribunal d'instance, au-delà de 10 000 euros pour le TGI. Mais on prendra garde à tenir compte de toutes les dispositions particulières qui réservent la compétence exclusive d'une autre juridiction, par exemple pour le tribunal d'instance (v. *supra*, n° 421 à 424 et 426).

b) La juridiction de proximité connaît aussi, mais cette fois à charge d'appel, des demandes indéterminées qui trouvent leur origine dans l'exécution d'une obligation dont le montant n'excède pas 4 000 euros (art. L. 231-3, al. 2 et art. R. 231-3, al. 2, COJ) ; par exemple, une action en garantie des vices cachés peut être portée devant le juge de proximité si le prix de vente de la chose vendue ne dépasse pas 4 000 euros ; plus généralement, toute action en nullité ou en résolution d'un contrat dont l'obligation (on dira le prix pour une vente) n'excède pas 4 000 euros.

c) Toujours sous les mêmes conditions de nature de l'action (personnelle ou mobilière) et de montant de la demande (maximum 4 000 euros), le juge de proximité reçoit compétence pour connaître des demandes d'homologation

1. Décision n° 2003-466, 20 févr. 2003, *LPA* 18 sept. 2003, note B. Mathieu et M. Verpeaux ; *D.* 2004. 1271, obs. S. Nicot.
2. *Commentaires :* P. Chevallier et T. Moussa, *Procédures,* oct. 2003, chron. 12 et *JCP* 2003. I. 181. P. Calle, *D.* 2004. 1027.
3. Décision n° 2004-510 DC, 20 janv. 2005, *JO* 27 janv. 2005 ; *D.* 2005. 449 Tribune B. Mathieu, Une tempête dans un verre d'eau ; *LPA,* 2 févr. 2005, p. 7, note J. E. Schoettl.
4. *Commentaires :* C. Bléry, *D.* 2005. 462 ; F. Ruel, *JCP* 2005, Actu., p. 417.
5. Action par laquelle s'exerce un droit relatif à un rapport d'obligation, tel qu'un droit de créance, que l'objet du droit soit mobilier ou immobilier.
6. Action relative à un meuble, qu'elle soit réelle, personnelle ou mixte.

des constats d'accord formées par les parties à la suite d'une tentative préalable de conciliation menée sur le fondement de l'article 21 de la loi du 8 février 1995, en vue de donner force exécutoire à l'accord (art. L. 231-3, al. 3, COJ) ; il s'agit des tentatives qu'il aura ordonnées lui-même (v. *infra*, n° 941, b).

d) La loi du 26 janvier 2005 accorde désormais compétence expresse à la juridiction de proximité pour connaître, en dernier ressort, des actions relatives à l'application de l'article 22 de la loi n° 89-462 du 6 juillet 1989 sur l'amélioration des rapports locatifs, c'est-à-dire des demandes concernant le dépôt de garantie par le locataire et, notamment, sa restitution, mais seulement dans la limite de 4 000 euros (art. R. 231-4, COJ) [1]. Au-delà de ce seuil, on retrouvera la compétence du tribunal d'instance, *supra*, n° 419 et 423, *in fine*.

e) L'article L. 231-4, COJ, dispose que *« les compétences particulières des juridictions de proximité en matière civile sont fixées par décret en Conseil d'État »* ; ainsi, la compétence, en matière d'injonction de payer et de faire, à partager ou non avec le tribunal d'instance, relève du règlement et on la trouve aux articles 1406 et 1425-1, al. 2, CPC, qui prévoient expressément la compétence du juge de proximité pour les injonctions de payer et de faire. La commission Guinchard (du nom de son président), du fait qu'elle propose la suppression des juridictions de proximité, mais non des juges eux-mêmes (v. *supra*, n° 436, b), rapatrie cette compétence au TI, mais la possibilité de la confier aux juges de proximité, sur délégation du juge d'instance et uniquement pour la première phase de la procédure (avant opposition) [2].

f) Dans le champ de sa compétence, la juridiction de proximité connaît des demandes incidentes ou des moyens de défense qui ne soulèvent pas une question relevant de la compétence exclusive d'une autre juridiction, mais si le moyen de défense implique l'examen d'une question de nature immobilière pétitoire ou possessoire, elle doit relever son incompétence au profit du TGI (art. R. 231-5, COJ).

SECTION 2. **LES JURIDICTIONS DE SPÉCIALITÉ** [3]

SOUS-SECTION 1. **Les tribunaux de commerce**

439 ***Origine*** ◊ Autrefois, les commerces de terre et de mer étaient justiciables de deux juridictions différentes : pour le commerce de terre, c'étaient les tribunaux *consulaires*, dont les premiers furent établis à l'occasion des foires ; pour le commerce de mer, c'étaient les *amirautés* et, dans quelques endroits, les prud'hommes ou jurés de la mer. Lors de la Révolution, les commerçants réclamèrent énergiquement le

1. En cas de demande reconventionnelle relevant de la compétence du tribunal d'instance, formée sur une demande de restitution du dépôt de garantie inférieure à 4000 euros formée devant le juge de proximité, ce dernier reste compétent pour en connaître, Cass. avis, 10 oct. 2005, *JCP* 2006. I. 133, n° 3, obs. E. Jeuland.

2. *L'ambition raisonnée d'une justice apaisée,* Doc. fr. 2008, proposition n° 32.

3. O. Lacamp-Leplae, *Le juge spécialisé en droit judiciaire privé,* thèse (dacty.) Toulouse, déc. 2000.

maintien de leurs juridictions spéciales et la loi des 16-24 août 1790 leur donna satisfaction. Les juridictions commerciales sont les seules qui aient traversé la tourmente révolutionnaire sans sombrer. La suppression des amirautés devait même rendre le commerce de mer justiciable des tribunaux consulaires. Il n'y avait plus, dès lors, qu'une catégorie de juridictions commerciales [1].

440 ***Raison d'être des tribunaux de commerce. L'abandon des projets de réforme. Recodification des textes*** ◊ Si les tribunaux de commerce ont traversé sans dommage la tourmente révolutionnaire, c'est que leur organisation était conforme au nouvel idéal démocratique. Leur existence se justifie par le fait qu'il existe des usages du commerce qu'un magistrat de profession ne peut connaître aussi bien qu'un commerçant. Il est digne de remarque qu'ils ont été maintenus sans changements notables par la réforme judiciaire de décembre 1958. À plusieurs reprises depuis quelques années des projets de réformes ont été esquissés ; on en trouvera un exposé complet dans la 6e édition de ce Précis (2001) ; il est remarquable de souligner que, pour des raisons diverses, tous ont été abandonnés, le dernier en date étant celui qui avait donné lieu au dépôt de trois projets de lois en juillet 2000 ; il a été enterré par le nouveau garde des Sceaux en novembre 2002.

En revanche, les textes qui régissent la matière ne sont plus contenus dans le Code de l'organisation judiciaire (où ils étaient entre 2001 et 2006), mais uniquement dans le Code de commerce, comme avant 2001 ! L'opération révèle le choix politique de « rapatrier » les articles d'organisation judiciaire commerciale, y compris ceux concernant les greffes, vers le Code de commerce (art. L. 721-1 et s. et R. 721-1 et s.). Toutes les dispositions sur les tribunaux de commerce sont désormais contenues dans le Code de commerce. Il y a là une simplification certaine, avec le risque de perdre de vue que les dispositions du livre premier du COJ contiennent « des principes généraux » et « des règles générales d'organisation et de fonctionnement » (art. L. 111-1 à L. 123-2) applicables à toutes les juridictions de l'ordre judiciaire, donc aux tribunaux de commerce, même si l'article L. 721-1, al. 2, C. com. prend soin de rappeler cette « filiation ». Ce transfert constitue des retrouvailles car, à l'origine, les dispositions qui fondent la compétence des tribunaux de commerce étaient dans le Code de commerce (art. 631 et s. de l'ancien code) ; abrogées par mégarde par l'ordonnance du 18 septembre 2000 qui instituait la partie législative du Code de commerce, elles avaient été rétablies par la loi sur les nou-

1. R. Ithurbide, *Histoire critique des tribunaux de commerce*, 1970. J. Hilaire, « La Révolution et les juridictions consulaires », *in* R. Badinter (dir.), *Une autre justice*, Fayard, 1989 ; *Le droit, les affaires et l'histoire*, Économica, 1995, p. 253 ; « Grandeur ou servitude de la justice consulaire : la controverse de l'équité », *Rev. Hist. de la Justice*, 1998, 11, p. 61. R. Szramkiewicz, « Les tribunaux de commerce, une longue histoire dans la justice économique », *Justices* 1995.1, p. 7. P. Bezard, « Réflexions sur le fonctionnement de la justice économique et financière », in *Mélanges Cl. Champaud*, Dalloz, 1997, p. 60. E. Regnard (dir.), *Les tribunaux de commerce et l'évolution du droit commercial*, Arprint éd., 2007, Avant-propos P. Rey, préface J. Hilaire et postface D. Tricot. *Les tribunaux de commerce, genèse et enjeux d'une institution, Rev. Hist. Justice*, n° 17, Doc. fr., coll. « Histoire de la justice », 2007.

velles régulations économiques du 15 mai 2001 dans les articles L. 411-4 et suivants, COJ ! Retour au point de départ.

441 ***Plan*** ◊ On examinera successivement : l'institution des tribunaux de commerce (§ 1), l'élection des juges des tribunaux de commerce (§ 2), l'organisation des tribunaux de commerce (§ 3), les formations du tribunal de commerce (§ 4), la cessation des fonctions de juge consulaire (§ 5), le régime disciplinaire des juges consulaires (§ 6), la compétence d'attribution des tribunaux de commerce (§ 7), leur compétence territoriale (§ 8) et la compétence du président de ce tribunal (§ 9).

§ 1. L'institution des tribunaux de commerce

442 ***Règles d'institution. Le Conseil national des tribunaux de commerce*** ◊ **a)** Les tribunaux de commerce sont des juridictions du premier degré, composées de juges élus et d'un greffier (art. L. 721-1, al. 1er, C. com.). Il est créé un tribunal de commerce dans les villes où le besoin se fait sentir d'une juridiction spécialisée soit 135 au 1er janvier 2009 [1]. C'est un décret en Conseil d'État qui fixe le nombre et le siège de ces tribunaux et précise le nombre de magistrats que doit posséder tel ou tel tribunal, ainsi que le nombre de ses chambres (art. R. 721-1 et R. 721-2 C. com.). On dénombre environ 3 000 magistrats consulaires. Le ressort d'un tribunal de commerce est assez variable, en raison des besoins locaux et n'est pas toujours fonction de telle ou telle circonscription administrative. Il peut y avoir plusieurs tribunaux de commerce dans le ressort d'un tribunal de grande instance. Dans certains cas, il n'existe pas de juridiction consulaire (v. *infra*, n° 448). L'activité des tribunaux de commerce se caractérise à la fois par une augmentation du nombre d'affaires introduites devant eux et par une baisse de celui des affaires terminées [2].

b) À l'initiative du groupe de travail réuni à la chancellerie au cours de l'année 2004 un organe consultatif, le Conseil national des tribunaux de commerce, a été créé (art. R. 721-7 à R. 721-18, C. com.). Présidé par le Garde des sceaux, qui pourra le consulter, cet organisme a pour mission : de s'exprimer sur les besoins et les modalités de la formation des juges consulaires en liaison avec l'ENM ; de participer à la définition d'un ensemble de principes d'éthique et de déontologie, avec la diffusion d'un guide des bonnes pratiques ; de veiller à l'efficacité du fonctionnement des tribunaux de commerce (pouvoir d'alerte sur les dysfonctionnements de la justice consulaire, pouvoir général de recommandation sur l'organisation, le fonctionnement et les moyens des juridictions consulaires, faculté de réflexion sur la réforme de la carte judiciaire) ; il peut, à la demande des chefs de cour d'appel ou avec leur accord, procéder à des visites d'information dans les tribunaux de commerce. Il rend

1. Plus 1 tribunal mixte de commerce à Saint-Pierre et Miquelon.
2. Pour une étude de l'activité en 2002, v. Ch. Poutet, *Infostat Justice*, oct. 2003.

compte de son activité au Garde par un rapport annuel [1]. Il se compose de vingt membres titulaires et suppléants, soit de droit, soit nommés (il faut faire acte de candidature) ; la moitié est composée de juges consulaires.

§ 2. Élection des juges des tribunaux de commerce [2]

443 ***Textes et plan*** ◊ Les dispositions relatives à l'élection des tribunaux de commerce figurent désormais dans les deux parties du Code de commerce (art. L. 723-1 à L. 723-14 et art. R. 723-1 à R. 723-31, C. com.).

Au cours du siècle dernier, les conditions d'élection avaient beaucoup changé, allant du suffrage universel à la désignation par les seuls notables de la profession. Un système plus démocratique a été adopté, mais avec, depuis quelques années, une élection à deux degrés. Actuellement, une première opération est nécessaire : l'élection de *délégués consulaires* pour composer, avec d'autres, le collège électoral des juges consulaires. On examinera successivement la composition du collège électoral habilité à élire les juges consulaires (I), puis celle des juges au tribunal de commerce (II).

I. Le collège électoral qui élit les juges consulaires

444 Le but des dernières interventions législatives et réglementaires a été de lutter contre l'indifférence des milieux d'affaires à l'égard des élections des juges des tribunaux de commerce. C'est la raison pour laquelle on a organisé des élections à deux degrés pour chaque juridiction consulaire (il n'y a pas d'élection nationale). Désormais, les magistrats consulaires ne sont plus élus directement. Il faut d'abord procéder à la constitution d'un collège électoral spécial, dans le ressort de la juridiction. Les membres de celui-ci réunissent trois catégories de personnes dont la première justifie seule des précisions (art. L. 723-1, C. com.) :

– La première comprend ce que l'on appelle les *délégués consulaires* qui ont eux-mêmes été élus dans le ressort de la juridiction et dont le nombre varie en fonction de l'importance de la circonscription. Ils sont élus dans les conditions prévues aux articles L. 713-6 à L. 713-10, C. com. auxquels s'ajoutent des dispositions communes avec l'élection des membres des chambres de commerce et d'industrie (art. L. 713-11 à L. 713-18, C. com.) : élection pour cinq ans dans la circonscription de chaque chambre de commerce et d'industrie, art. L. 713-6, C. com. ; deux catégories d'électeurs, art. L. 713-7, C. com. : ceux qui exercent à titre personnel une profession commerciale ou assimilée et ceux qui représentent une société commerciale, un établissement public à caractère commercial, y compris certains cadres de direction.

1. Commentaire : A. Bernard, *Rép. droit communautaire,* Dalloz, Cahiers de l'actualité, nov. 2005. Le rapport du groupe de travail a été publié le 10 novembre 2004 sur le site Internet du ministère de la Justice. V. P. Rey, La main tendue, *Annonces de la Seine,* 2004, n° 75, p. 2.

2. J. Poumarède, « Les tribulations d'un principe républicain : l'élection des juges », in *Justice et République(s)*, éd. L'Espace juridique, 1993, p. 91.

- Les membres en exercice des tribunaux de commerce ;
- Les anciens membres des tribunaux de commerce.

II. L'élection des juges des tribunaux de commerce

445 ***Conditions d'éligibilité. Durée du mandat. Serment*** ◊ Pour pouvoir être inscrit sur la liste des candidats à cette élection, il faut (art. L. 723-4, C. com.) : avoir au moins trente ans et être inscrit sur la liste électorale dressée en application de l'article L. 713-7, C. com. ; remplir la condition de nationalité prévue à l'article 2 du Code électoral ; justifier d'une activité commerciale depuis au moins cinq ans. En outre, il ne faut pas avoir fait l'objet d'une mesure de déchéance de la qualité de membre d'un tribunal de commerce (inéligibilité de 10 ans) ou être l'objet d'une procédure de redressement ou de liquidation judiciaires (art. L. 723-5, C. com.) ; enfin, peut être déclaré inéligible pour 10 ans par la commission nationale de discipline, toute personne ayant présenté sa démission de juge consulaire au cours de la procédure disciplinaire diligenté à son encontre (art. L. 723-6, C. com.).

Les juges commerciaux sont élus pour deux ans, lors de leur première élection et pour quatre ans lors des élections ultérieures, dans le même tribunal ou dans tout autre (art. L. 722-6 C. com.), mais après quatre mandats successifs (donc au bout de quatorze ans), ils devront, s'ils désirent se représenter, attendre une année (art. L. 723-7, al. 1er, C. com.). En revanche, le président sortant à l'issue de quatre mandats successifs de membre ou de président peut être réélu pour un nouveau mandat de quatre ans, en qualité de membre du même tribunal de commerce, mais à la fin de ce mandat, il n'est plus éligible à aucun mandat pendant un an (art. L. 723-7, al. 2, C. com.).

Après leur élection, les magistrats consulaires prêtent serment devant la cour d'appel (devant le tribunal de grande instance, lorsque la juridiction n'est pas située au siège de la cour d'appel) (art. L. 722-7, C. com.). Ils sont installés à l'audience solennelle de rentrée du tribunal.

§ 3. Organisation des tribunaux de commerce

I. Régime général

446 ***Conditions d'exercice de certaines fonctions*** ◊ Un tribunal de commerce comprend nécessairement un président, un vice-président, un président de chambre, des juges. Les magistrats sont assistés par un greffier qui est encore officier ministériel (v. *infra*, nos 1087 et s.). Lorsque le tribunal est important, il est composé de plusieurs chambres dont chacune a, à sa tête, un président de chambre. On précise que les fonctions de magistrat consulaire sont exercées gratuitement, ce qui représente, pour l'État, un intérêt budgétaire considérable (art. L. 722-16, C. com.), sur lequel a buté toute tentative de les supprimer (notamment en 1981-1983).

a) Le président du tribunal

Celui-ci n'est plus, comme auparavant, élu directement par les délégués consulaires. Il l'est par les magistrats du tribunal réunis en *assemblée générale* [1] et doit avoir exercé des fonctions dans le tribunal depuis six ans (art. L. 722-11, C. com.).

Le président est responsable de la marche, du bon fonctionnement de la juridiction ; il préside l'Assemblée générale, rend les décisions administratives, prononce les ordonnances sur requête, tient l'audience des référés.

b) Le vice-président du tribunal

Le président est assisté par un vice-président. C'est lui qui le choisit, après avoir pris l'avis de l'assemblée générale. Il doit avoir une ancienneté de trois années (art. L. 722-12, al. 2, C. com.). Ce magistrat pourra être changé, en cours d'année par le président, en suivant la procédure rappelée.

c) Le président de chambre

Lorsque le tribunal comporte plusieurs chambres spécialisées ou non, chacune a, à sa tête, un président de chambre. Celui-ci est désigné chaque année par le président du tribunal, après avis de l'assemblée générale. Un président de chambre doit avoir trois années d'ancienneté [2].

d) La fonction de juge commissaire dans les procédures collectives de redressement et de liquidation judiciaires. On exige que cette fonction ne soit confiée qu'à un juge ayant une ancienneté de deux ans (art. L. 722-2, C. com.).

447 ***Absence de représentant spécifique du ministère public*** ◊ Il n'existe pas auprès de cette juridiction de représentant spécifique du ministère public et c'est le procureur de la République près le tribunal de grande instance dans le ressort duquel se trouve le tribunal de commerce qui exerce le ministère public devant cette juridiction. On verra (v. *infra*, n° 823) que le procureur de la République peut, depuis une loi du 10 juillet 1970, intervenir devant toutes les juridictions du premier degré établies dans son ressort et qu'une loi n° 81-927 du 15 octobre 1981 donne au ministère public le droit d'agir dans les procédures d'apurement du passif des entreprises, dispositions reprises par les lois récentes (v. *infra*, n° 840) [3].

II. Dérogations au régime général

448 ***Trois situations spécifiques*** ◊ En dépit de l'importance du régime qui a été décrit, il existe un certain nombre de situations pour lesquelles le règlement des litiges commerciaux est soumis à des dispositions particulières, on en distinguera trois.

1. Cette assemblée a un caractère purement administratif, comme celle du tribunal de grande instance, ou de la cour d'appel. Elle joue cependant un rôle très important pour les désignations internes. Un bureau est constitué, il assure le fonctionnement régulier de l'assemblée. V. art. L.. 722-12 et 13, C. com., pour le cas où aucun candidat ne remplit les conditions légales, celui où le président cesse ses fonctions avant leur terme normal.

2. V. art. L.. 722-12 à L. 722-15, C. com., pour les éventualités où ces règles d'ancienneté ne peuvent être respectées.

3. Les magistrats consulaires ne sont pas investis des pouvoirs juridictionnels avant d'avoir été installés (Com. 16 oct. 1961, *D.* 1962.273, *JCP* 1961. II. 12262, note J. A., *RTD civ.* 1962.165, obs. Hébraud ; *contra* Bastia, 30 juin 1958, *D.* 1958. Somm. 152).

1) Il n'existe pas, dans la circonscription, de tribunal de commerce. C'est alors le tribunal de grande instance qui est compétent pour le contentieux commercial (art. L. 721-2, C. com.). Cette situation concerne 37 tribunaux de grande instance en métropole (au 1er janvier 2007).

2) Régime spécial pour les départements du Bas-Rhin, du Haut-Rhin et de la Moselle. Dans ces départements, la tradition a été conservée après la guerre de 1914-1918, de maintenir le régime d'échevinage qui existait auparavant. Il n'y a pas de tribunal de commerce ; les affaires sont portées devant la chambre commerciale du tribunal de grande instance, présidée par un magistrat de ce tribunal. Mais il siège avec deux assesseurs commerçants qui sont élus. Il y a sept tribunaux qui fonctionnent selon ce régime d'échevinage (4 pour la Cour de Colmar, 3 pour celle de Metz). Voir articles L. 731-1 à L. 731-4 et R. 731-1 à R. 731-5 Code de commerce.

3) Le jugement des affaires commerciales dans les départements d'Outre-Mer (Guyane, Guadeloupe, Martinique et Réunion). Il existe 6 tribunaux mixtes de commerce [1] composés chacun d'un magistrat du tribunal de grande instance, président, et de trois juges élus ou désignés dans les conditions fixées par l'article L. 732-7, C. com. (V. art. L. 732-1 à L. 732-7 et R. 732-1 à R. 732-6, C. com.). Régime particulier aussi à Nouméa et à Papeete (cf. le régime d'adaptation au Livre IX, C. com., Titre 3 pour la Nouvelle-Calédonie et Titre 4 pour la Polynésie française).

§ 4. Les formations du tribunal de commerce

449 Le tribunal de commerce, pour exécuter sa mission, siège en principe en formation collégiale (art. L. 722-1, C. com.) et *audience publique ;* il peut siéger aussi en *chambre du conseil.* Certaines décisions peuvent être prises par un *juge unique.*

Les magistrats doivent siéger et délibérer en *nombre impair* (principe général exposé à l'art. L. 121-2, COJ), normalement un président et deux assesseurs ; rien n'empêche qu'ils soient plus nombreux (5 par exemple), pourvu que, dans les votes, une majorité puisse être obtenue. Cette règle de l'imparité n'était pas, naguère, exigée. Lorsque le tribunal statue dans les procédures de sauvegarde, de redressement ou de liquidation judiciaires (voire encore dans les anciennes procédures de règlement judiciaire ou de liquidation de biens), le Code de commerce exige que la formation de jugement comprenne une majorité de juges ayant exercé des fonctions judiciaires depuis plus de deux ans (art. L. 722-2) ; au cas où cette condition ne pourrait être remplie, le premier président de la cour d'appel, saisi par le procureur général, peut décider que l'ancienneté requise n'est pas exigée (art. L. 722-15, C. com.).

§ 5. Cessation des fonctions de juge consulaire

450 L'article L. 722-8, C. com., précise que les fonctions de magistrat consulaire cessent dans quatre éventualités.

1) L'**expiration du mandat électoral** (V. art. L. 722-6 C. com., *supra*, n° 445).

1. A. Roger, *JCP* 1996. I. 3905.

2) La suppression du tribunal (l'activité du tribunal est alors poursuivie par le tribunal de grande instance).

3) La démission. À cet égard, est démissionnaire d'office, le magistrat contre lequel est ouverte une procédure de redressement ou de liquidation judiciaires ou lorsqu'une telle procédure est engagée contre la société ou l'établissement public auquel il appartient (art. L. 722-9, C. com.).

4) La déchéance. Il s'agit du cas où l'intéressé relève d'une procédure disciplinaire. Il s'agit là d'une question qui a été réglée spécialement par la loi du 16 juillet 1987 (art. L. 724-1 à L. 724-7, C. com). Celui qui démissionne pendant l'instance disciplinaire peut être déclaré inéligible pour 10 ans par la Commission nationale de discipline (art. L. 723-6, C. com., v. *supra*, n° 445).

§ 6. Le régime disciplinaire des juges consulaires

451 ***Droit positif*** ◊ Un régime disciplinaire a été institué par la loi n° 87-750 du 16 juillet 1987 et le décret n° 88-48 du 13 janvier 1988 (art. L. 724-1 à L. 724-7 et art. R. 724-1 à R. 724-21, C. com.). Jusqu'à cette loi, il n'existait pas, pour les juges des tribunaux de commerce, d'organisme chargé spécialement de sanctionner les fautes graves commises par un magistrat consulaire, comme cela existe pour les magistrats professionnels.

L'article L. 724-1, C. com., pose que tout manquement de la part d'un membre du tribunal de commerce à l'honneur, à la probité, à la dignité et aux devoirs de sa charge, constitue une *faute disciplinaire.*

L'exercice du pouvoir disciplinaire est confié à une *Commission nationale de discipline*, dont la présidence est confiée à un magistrat de la Cour de cassation [1]. Après une audition de l'intéressé par le président du tribunal auquel il appartient, la saisine de la Commission est provoquée par le garde des Sceaux. À la demande du garde des Sceaux, le président de la Commission peut, au cours de l'instruction, suspendre le juge consulaire de ses fonctions pour une durée qui ne peut excéder six mois, lorsqu'il existe contre l'intéressé des faits de nature à entraîner une sanction disciplinaire. Cette suspension ne peut être renouvelée que pour une nouvelle durée de six mois, la décision étant alors prise par la Commission elle-même ; si une poursuite pénale était engagée, la suspension serait maintenue jusqu'au prononcé de la décision pénale définitive (art. L. 724-4, C. com.).

La Commission peut prononcer soit un blâme, soit la déchéance du magistrat. Ses décisions doivent être motivées. Le seul recours contre elles est le pourvoi en cassation (art. L. 724-6, C. com.).

Ajoutons que si, après son élection, un juge consulaire encourt, avant ou après son installation, une des condamnations, déchéances ou incapacités mentionnées à l'article L. 723-2, C. com., il est déchu, de plein droit, de ses fonctions.

§ 7. Compétence du tribunal de commerce

452 ***Textes. Plan*** ◊ L'autonomie relative du droit commercial qui a provoqué la création des tribunaux de commerce, permet de déceler aisé-

1. Pour les conditions de désignation des membres de la Commission, on renvoie à la lecture de l'article L. 724-2, C. com.

ment les traits saillants du contentieux réservé aux juges consulaires, tel qu'il est déterminé aujourd'hui par les articles L. 721-3 à L. 721-6 et R. 721-1 et s. du Code de commerce. C'est la *nature* des litiges, leur *caractère*, qui délimitent la compétence du tribunal de commerce [1]. La valeur des intérêts en cause ne doit pas être retenue. Le droit français ayant adopté plutôt une *conception objective* du droit commercial [2], la compétence des tribunaux consulaires est directement influencée par la théorie générale des actes de commerce. Traditionnellement fixée par les articles 631 à 641 de l'ancien Code de commerce, cette compétence a été reprise, après quelques perturbations dues à une bourde législative d'abrogation de l'article 631 par inadvertance [3], par la loi n° 2001-420 du 15 mai 2001 sur les nouvelles régulations économiques. L'article 127 de cette loi créait quatre nouveaux articles dans le Code de l'organisation judiciaire (L. 411-4 à L. 411-7) qui, pour l'essentiel, reprennent les dispositions de l'ancien Code de commerce en les modernisant ; on retrouve le contenu de ces quatre textes dans les articles L. 721-3 à L. 721-6, C. com., avec le vocabulaire de l'ancien Code de commerce ! Une étude a montré que plus de 8 affaires sur 10 relevant du contentieux général des tribunaux de commerce sont des demandes en paiement et qu'elles sont traitées comme devant les tribunaux civils selon trois caractéristiques : forte proportion d'acceptation, faible exercice de la défense, courte durée de la procédure [4].

453 ***Taux du ressort*** ◊ L'article 639 de l'ancien Code de commerce fixait à 13 000 F (dernier taux en date du 4 mars 1988) le taux du premier et dernier ressort du tribunal de commerce ; ni le nouveau Code de commerce du 18 septembre 2000, ni le Code de l'organisation judiciaire dans sa rédaction de la loi précitée du 15 mai 2001 n'avaient repris la teneur de ce texte ; il en résultait que le tribunal de commerce statuait toujours à charge d'appel [5], sans doute parce que le gouvernement n'avait pas voulu que certaines de ses décisions soient sans appel à une époque de contestation du rôle des tribunaux de commerce et dans l'attente du vote du projet de réforme de leur organisation et de leur compétence. La réforme a été abandonnée en novembre 2002, mais le taux du dernier ressort est aujourd'hui fixé à l'article R. 721-6, C. com. et il est de 4 000 euros (alignement sur le taux de la juridiction de proximité) ; au-delà, l'affaire sera jugée à charge d'appel.

1. J. Dupichot, « De quelques observations sur la compétence commerciale au regard du concept de droit commercial (... de sa gestation comme de son avenir) », in *Mélanges Y. Guyon*, Dalloz, 2003, p. 365. S. Schiller, « Tribunaux de commerce et droit commercial », *Procédures*, oct. 2007, étude n° 23.
2. Pour autant, v. Cl. Giverdon, « Le droit commercial, droit des commerçants », *JCP* 1949. I. 770.
3. Par la loi n° 91-1258 du 17 déc. 1991.
4. *Infostat* nov. 2006, site Internet du ministère.
5. Paris, 9 oct. 2001, *Dr. et proc.* 2003-2, p. 100, obs. Douchy.

454 ***Premiers cas : litiges entre commerçants*** ◊ L'article L. 721-3, 1°, C. com., parle « *des contestations entre commerçants, entre établissements de crédit ou entre eux* » [1]. Il n'est pas toujours facile de savoir si telle ou telle personne possède ou non la qualité de commerçant ; c'est une question que le tribunal tranche en fonction des circonstances, notamment dans les cas où une personne, par son activité, se comporte comme un commerçant à l'égard des tiers et apparaît comme tel ; il devient alors justiciable de la juridiction consulaire [2]. La qualité de commerçant ne suffit pas. La compétence commerciale suppose que le commerçant a passé l'acte, origine du litige, pour les besoins de son commerce et non pour ses besoins personnels ou ceux de sa famille (art. L. 721-6, al. 1, *in fine*, C. com.). Mais, l'article L. 721-6, al. 2, C. com., présume que les billets souscrits par un commerçant sont censés l'être pour son commerce [3].

Cette compétence concerne les actions ayant leur fondement dans une relation contractuelle, mais aussi celles qui trouvent leur source dans un délit ou un quasi-délit.

455 ***Deuxième cas : contestations relatives aux actes de commerce entre toutes personnes*** ◊ Cette éventualité est visée par l'article L. 721-3, 3° du Code de commerce. Cette seconde catégorie se subdivise à son tour ; en effet, tandis que certains actes sont commerciaux par leur *nature*, d'autres le sont en raison de leur *forme* ; d'autres enfin le sont en vertu de la théorie de l'*accessoire*.

a) Actes de commerce par nature. La liste de ces actes est évidemment fonction du critère sollicité pour déterminer si un acte juridique est par sa nature, commercial ou civil : notion de spéculation ou de circulation, notion d'entreprise. Les difficultés ne font que croître à une époque où le concept général et imprécis de « droit des affaires » recouvre des secteurs de plus en plus vastes, qu'il s'agisse d'entreprises de production ou de services [4]. Il convient de signaler une évolution législative préparée par la jurisprudence en ce qui concerne les immeubles [5]. Les opérations relatives aux immeubles relèvent traditionnellement du droit civil ; mais depuis la loi du 13 juillet 1967, est réputé acte de commerce « tout achat de biens immeubles aux fins de les

1. Cl. Giverdon, « Le droit commercial, droit des commerçants », *JCP* 1949. I. 770. Le fait que l'affaire soit d'ordre public et communiquable n'empêche pas le tribunal de commerce d'être compétent, Orléans, 19 févr. 1957, *JCP* 1957. II. 10119, note Motulsky.

2. Relèvent du tribunal de commerce les litiges concernant un établissement à caractère industriel et commercial lorsque sa personnalité est indépendante de celle de l'État et que son activité est analogue à celle d'un commerçant. Solution inverse pour les litiges relatifs aux opérations de banque accomplies par les chèques postaux, Paris, 12 nov. 1979, *RTD com.* 1980.766, obs. Dubarry. – Pour les associations gérant un club de football professionnel : Reims, 19 févr. 1980, *JCP* 1981. II. 19496, note Guyon ; *RTD com.* 1981.520, obs. Dubarry.

3. Com. 29 oct. 1979, *JCP* 1981. II. 19591, note Vincens (compétence civile pour la résiliation d'un mandat d'agent commercial étranger à son activité commerciale).

4. P. Didier, « Remarques pour servir à une définition du droit commercial », *D.* 1962. Chron. 221 ; « La compétence législative en droit commercial », *RTD com.* 1965.535 ; J. Calais-Auloy, « Grandeur et décadence de l'article 632, C. com. » in *Études H. Cabrillac*, Librairies techniques, 1968, p. 37.

5. J. Frossard, « L'immeuble et le droit commercial », *RTD com.* 1966. 535.

revendre »[1] ainsi que « toutes opérations d'intermédiaires pour l'achat, la souscription ou la vente d'immeubles, de fonds de commerce, d'actions ou de parts de sociétés immobilières » (art. L. 110-1, 2° et 3°, C. com.).

b) Actes de commerce par la forme. On songe évidemment, exemple classique, à la *lettre de change*. Mais il faut ajouter les *sociétés*. En vertu de l'article L. 210-1, C. com. sont commerciales à raison de leur forme, même si leur objet est civil, la société en nom collectif, la société en commandite simple, la société à responsabilité limitée et les sociétés par actions[2]. En revanche, les SARL et sociétés par actions constituées conformément à la loi n° 90-1258 du 31 décembre 1990, pour l'exercice de professions libérales soumises à un statut législatif ou réglementaire ou dont le titre est protégé, échappent à la compétence des tribunaux de commerce, puisque dès lors qu'une société de ce type est partie à l'action en justice, la contestation relève de la compétence exclusive des tribunaux civils (art. L. 721-5, C. com., v. *supra*, n°s 379 et 419 *in fine*).

c) Actes de commerce en vertu de la théorie de l'accessoire. Il s'agit des actes que le commerçant individu ou la société accomplit pour les besoins de son entreprise (c'est le cas pour les opérations immobilières) et qui sont qualifiés actes de commerce, même lorsque leur objet est civil. Cette compétence joue en matière de contrats et de délits. Cependant, depuis le décret n° 58-1285, du 22 décembre 1958 (art. 1er, aujourd'hui abrogé), repris en 1978 dans le Code de l'organisation judiciaire à l'article R. 311-4, les tribunaux de grande instance et d'instance étaient seuls compétents pour connaître de toute action en responsabilité délictuelle ou quasi délictuelle tendant à la réparation des dommages de toute nature causés par un véhicule quelconque ; mais la recodification de la partie réglementaire du code par l'ordonnance du 2 juin 2008 n'a pas repris ce texte et, sauf erreur, on ne trouve aucun texte qui en fait état ; il conviendrait que cette erreur soit réparée (v. *supra*, n° 371).

d) Actes mixtes. Pour les actes dits mixtes, qui sont passés entre un commerçant et un non-commerçant[3], les tribunaux ont fait dépendre la compétence de la personnalité du défendeur : si le défendeur est celle des parties qui n'a pas la qualité de commerçant, seul le tribunal de grande instance (ou le tribunal d'instance) peut être saisi[4], sauf au défendeur à renoncer à se prévaloir de l'incompétence du tribunal de commerce[5] ; en revanche, lorsque c'est le commerçant qui occupe la position de défendeur, son adversaire a le choix entre le tribunal de grande instance, juge de droit commun, et le tribunal de commerce, juge naturel du plaideur commerçant. Enfin, après en avoir

1. Une loi déclarée interprétative (L. 19 juill. 1970) s'appliquant donc aux opérations en cours a fait une exception ; l'acte n'est pas commercial lorsque « l'acquéreur a agi en vue d'édifier un ou plusieurs bâtiments et de les vendre en bloc ou par locaux » (art. L. 110-1, 2° *in fine*).

2. W. Jeandidier, « L'imparfaite commercialité des sociétés à objet civil et forme commerciale », *D.* 1979. Chron. 7.

3. Plus exactement, l'acte sera mixte s'il est commercial pour l'une des parties, quel qu'en soit son fondement (par ex. un acte de commerce par nature pour une banque non commerçante) et civil pour l'autre (H. Solus et R. Perrot, *Droit judiciaire privé*, Sirey, n° 97, p. 132).

4. Poitiers, 8 janv. 1981, *Gaz. Pal.* 20 juin 1981, note Rozier ; *RTD com.* 1981.521, obs. Dubarry.

5. Civ. 2e, 17 mai 1982, *Gaz. Pal.* 1982. Pan. 282, obs. Dupichot ; *RTD com.* 1982.540, obs. Bénabent et Dubarry. Paris, 28 mars 1990, *D.* 1990. IR. 112.

décidé autrement [1], la Cour de cassation juge désormais que la clause attributive de compétence en faveur du tribunal de commerce insérée dans un acte mixte est inopposable au défendeur non-commerçant [2].

Pour les billets à ordre, portant en même temps des signatures de commerçants et de non-commerçants, le tribunal de commerce reste compétent (art. L. 721-4, C. com.).

456 ***Troisième cas : contestations relatives aux sociétés commerciales*** ◊ Elles sont prévues par l'article L. 721-3, 2°, C. com. [3], dans une formulation plus large que celle de l'ancien article 631-2°, C. com. qui ne visait que les « *contestations entre associés d'une société de commerce* ». Cette formule englobait les actions de la société contre un associé, d'un associé contre la société. Désormais, les tribunaux de commerce connaissent des contestations « relatives aux sociétés commerciales », ce qui est beaucoup plus large [4]. En revanche, les contestations entre associés d'une société de professions libérales soumises à un statut législatif ou réglementaire ou dont le titre est protégé relèvent de la compétence exclusive des tribunaux civils (art. L. 721-5, C. com., v. *supra*, n°s 379 et 419 *in fine*), réserve faite d'une clause compromissoire dans les statuts.

457 ***Quatrième cas : procédures de mandat ad hoc, de conciliation, de sauvegarde, de règlement et de liquidation judiciaires*** ◊ Les tribunaux de commerce sont compétents pour connaître de ces procédures, chaque fois que le débiteur exerce une activité commerciale ou artisanale ; on renvoie à ce qui a été dit de la réforme des 18 décembre 2008 et 12 février 2009, à propos de la compétence du TGI (v. *supra*, n° 375). Lorsqu'il y a extension de la procédure à d'autres personnes, le tribunal de commerce initialement compétent reste saisi (art. L. 621-2, al. 2, C. com.).

1. Civ. 3 oct. 1958 (2 arrêts), *Gaz. Pal.* 1958.2.281, *RTD civ.* 1959.150, obs. Hébraud. Com. 10 févr. 1981, *Gaz. Pal.* 1981.475, note Dupichot ; *RTD com.* 1981.522, obs. Dubarry ; *D.* 1982. IR. 156, obs. Julien.

2. Com. 10 juin 1997, *D.* 1998. 2, note Labarthe et Jault-Seseka.

3. Ce texte remplace lui-même l'ancien article L. 411-4 COJ, qui avait été substitué à l'article 631-2° du C. com., par la loi du 15 mai 2001. Colloque Droit et commerce, Deauville 31 mars- 1er avril 2007, *Gaz. Pal.* 28 juin 2007.

4. La Cour de cassation en a très vite tiré la conséquence que relèvent de la compétence des tribunaux de commerce, les litiges relatifs à toute cession de titre d'une société commerciale, quelle que soit la nature civile ou commerciale de la cession. Com. 10 juill. 2007, *Gaz. Pal.* 28 juill. 2007 ; *D.* 2007. 2768, note R. Salomon et 2008, p. 518, note D. Thevenet-Montfrond ; *JCP* 2007. II. 10198, note J.P. Legros ; *LPA*, 27 déc. 2007, n° 259, p. 18, J.L. Navarro ; *Procédures*, oct. 2007, n° 223, obs. H. Croze ; en revanche, « les cessions d'actions qui n'emportent pas contrôle de la société restent soustraites au régime dérogatoire des *obligations* commerciales, même si elles relèvent désormais de la compétence commerciale » (communiqué de la Cour de cassation). Com. 12 févr. 2008, *JCP* 2008. II. 10129, note Ch. Lebel.

§ 8. Compétence du président du tribunal de commerce

458 ***Développement relativement récent des attributions du président*** ◊ Le président du tribunal de commerce n'avait pas été primitivement investi de fonctions aussi nombreuses et importantes que le président du tribunal civil ; c'est ainsi que pendant longtemps, il n'a pas existé de référé au commerce ; mais celui-ci avait été introduit par une loi du 11 mars 1924 qui avait complété l'article 417, anc. Code de procédure civile. On peut donc, actuellement, distinguer, pour ce magistrat, des attributions comparables à celles du président du tribunal de grande instance [1], attributions qui ont été précisées par le [nouveau] Code de procédure civile.

I. Décisions provisoires

A. Ordonnances de référé

459 ***Renforcement des pouvoirs du président en référé*** ◊ C'est seulement par une loi du 11 mars 1924 que le président avait reçu le pouvoir de statuer en *référé*, mais sa compétence était plus restreinte que celle du président du tribunal de grande instance ; en effet, le référé commercial n'était ouvert aux parties que dans un seul des deux cas prévus par l'article 806 de l'ancien Code, actuellement abrogé : *l'urgence*, car, étant tribunal d'exception, ce tribunal et son président ne pouvaient connaître d'une difficulté d'exécution [2]. Désormais, les articles 872 et 873, CPC, étendent considérablement les pouvoirs du président statuant en référé [3], utilisant des formules semblables à celles fixant les pouvoirs du président du tribunal de grande instance.

– *Ainsi, selon l'article 872*, le président du tribunal de commerce peut, en cas d'urgence et dans les limites de la compétence du tribunal de commerce (art. 877, v. *supra*, n°s 452 et s.), ordonner toutes les mesures qui ne se heurtent à aucune contestation sérieuse [4] ou que justifie l'existence d'un différend ; mais le juge de l'exécution a, depuis le 1er janvier 1993, compétence exclusive pour l'exécution des titres exécutoires.

1. P. Estoup, *La pratique des procédures rapides*, Litec, 1990. Com. 14 juin 1971, *D.* 1971. Somm. 198.
2. Paris, 22 mai 1965, *D.* 1968.147, note Contin, *JCP* 1965. II. 14274 *bis* ; concl. Nepveu ; Com. 31 mai 1967, *D.* 1967. 633 ; T. com. Seine, 20 juill. 1965, *JCP* 1965. II. 14361, note Tubiana ; Civ. 2e, 8 juin 1977, *D.* 1978. IR. 156, obs. Julien.
3. M. Arnand-Prevost, « Le référé-commercial », in *Le NCPC, vingt ans après, Doc. fr.* 1998, p. 225. J.-J. Bourdillat, *Le référé dans le contentieux du droit des affaires, Étude processuelle*, thèse Montpellier, 1996, Litec 2000, préf. J. Normand.
4. Com. 6 mars 1985, *Gaz. Pal.* 1985. Pan. 206, obs. Guinchard et Moussa.

– *Sur l'article* 873, CPC, le président peut statuer sur des mesures conservatoires [1] ou de remise en état [2] (même en présence d'une contestation sérieuse) [3], accorder une provision au créancier lorsque l'existence de l'obligation n'est pas sérieusement contestable [4], ordonner, sous la même condition, l'exécution de l'obligation, même de faire. Cette compétence du juge des référés ne peut être étendue hors de ces cas légaux par la convention des parties.

B. Ordonnances sur requête

460 ***Généralisation des pouvoirs du président*** ◊ Traditionnellement, le président rend des *ordonnances sur requête* dans un certain nombre de cas qui sont spécifiés par la loi (art. L. 133-4 et L. 521-3, C. com., par exemple), et que la pratique s'applique à élargir [5]. Les articles 874 et 875, CPC posent que la faculté de présenter requête au président existe, soit dans les cas spécifiés par la loi (art. 874), soit dans le cadre de la compétence du tribunal, dans tous les cas où il y a urgence et où il convient de ne pas prévenir l'adversaire (art. 875). Cette double possibilité fait écho aux articles 812, al. 1er et 2, CPC, pour le président du TGI et 851, al. 1er et 2 pour le tribunal d'instance ; elle renvoie au régime général des articles 493 et s. ainsi qu'à l'article 17, pour le respect, *a posteriori*, du principe du contradictoire.

II. Injonction de payer

461 ***Développement de cette procédure*** ◊ C'est au président que s'adresse un créancier en matière commerciale pour mettre en œuvre la procédure d'*injonction de payer* (art. 1405 à 1425, CPC) [6].

§ 9. Compétence territoriale du tribunal de commerce

462 ***Application au tribunal de commerce des nouvelles règles de compétence territoriale*** ◊ La compétence territoriale des tribunaux de commerce est désormais réglementée par les articles 42 à 48, CPC. La compétence de principe reste donc celle du tribunal du lieu où *demeure*

1. Com. 24 mars 1981, *RTD com.* 1981.727, obs. Bénabent et Dubarry ; T. com. Nanterre, 5 févr. 1985, *Gaz. Pal.* 12 mars 1985. Nancy, 27 nov. 1987, *Gaz. Pal.* 9 avr. 1988, note Kirry et Winckler.
2. Civ. 1re, 24 févr. 1981, *D.* 1981.345, note Honorat ; T. com. Boulogne, 24 sept. 1982, *D.* 1983. IR. 467, obs. (crit.) Vasseur.
3. J. Normand, *RTD civ.* 1988.167 ; TGI Annecy, 12 janv. 1989, *JCP* 1989. II. 21237, note Heidsieck (cessation de soldes « hors saison »).
4. T. com. Paris, 25 nov. 1983, *Gaz. Pal.* 1984.112, note Bey. Paris, 9 juin 1988, *D.* 1989. Somm. 281, obs. Julien ; Com. 11 mai 1993, *JCP* 1994. II. 22275, note Lévy.
5. Paris, 5 mars 1958, *JCP* 1958. II. 10507, concl. Combaldieu, *RTD com.* 1958. 534, obs. Boitard. V. en ce qui concerne l'harmonisation des statuts de sociétés : Com. 12 déc. 1972, *D.* 1973. 513, note Bouloc.
6. S. Guinchard, F. Ferrand et C. Chainais, *Procédure civile,* n° 1071.

le défendeur (art. 42 et 43, CPC), domicile, résidence de la personne physique, siège social de la personne morale.

463 ***Conditions de validité d'une clause attributive de juridiction insérée dans un contrat commercial*** ◊ Le Code de procédure civile prohibe en principe les clauses attributives de juridiction (art. 48). Elles sont cependant licites en droit commercial lorsque les personnes qui les ont signées ont toutes contracté en qualité de commerçant, et que celui à qui on les oppose en a eu connaissance de façon très apparente dans son titre d'engagement [1].

464 ***Extension aux tribunaux consulaires de règles de compétence territoriale particulières*** ◊ Les règles dérogatoires à la compétence du tribunal du domicile du défendeur et relatives aux actions en matière d'*assurance*, de redressement et de liquidation judiciaires, de garantie incidente, de délits, de brevets, de référé, *etc.*, sont applicables devant les tribunaux de commerce. Une attention particulière doit être accordée à l'article 46, alinéa 2 qui concerne les contrats.

SOUS-SECTION 2. **Les conseils de prud'hommes**

465 ***Notion. Recodification. Plan*** ◊ Les conseils de prud'hommes constituent par leur origine et leur organisation une juridiction paritaire investie de la fonction de concilier et, en cas d'échec, de juger les conflits individuels du travail [2]. La nouvelle écriture du Code du travail (ord. 12 mars 2007) conduit à envisager séparément leur fonction (art. 1411-1) et leur nature (art. 1421-1, al. 1er). Après avoir rappelé les origines de cette juridiction et les défauts qu'elle comportait (§ 1) on exposera les conditions d'institution des conseils (§ 2), la manière dont sont élus les magistrats qui les composent (§ 3) et leur statut (§ 4) ; on décrira ensuite le fonctionnement des conseils (§ 5), avant de préciser leur compétence (§ 6).

§ 1. **Origine des conseils. Les raisons d'une réforme**

466 ***Origine*** ◊ Les conseils de prud'hommes sont issus d'une juridiction du travail existant à Lyon sous l'Ancien régime. Ils tirent leur origine, non des anciennes jurandes, mais d'une juridiction d'arts et métiers relevant du consulat, ayant

1. S. Guinchard, F. Ferrand et C. Chainais, *op. cit.*, n° 340.
2. Sur la justice du travail, v. *Justices*, 1997-8, rapport introductif par G. Lyon-Caen, p. 1 ; présentation du thème par L. Cadiet et S. Guinchard.

une composition mixte, et chargée de concilier ou à défaut de juger [1]. Supprimée au moment de la Révolution, la juridiction fut rétablie par Napoléon en 1806, à Lyon, puis étendue en 1809 [2]. Composée d'abord en majorité de patrons, puisqu'il fallait être patenté pour être électeur ou éligible, cette juridiction a pris peu à peu les traits qui la caractérisent actuellement. Des réformes réalisées en 1848, 1853, et par des lois plus récentes avaient aménagé un régime relativement satisfaisant de représentation des intérêts patronaux et salariés. La réglementation des conseils de prud'hommes figurait dans le Code du travail, depuis 1924. Le bénéfice de l'institution, primitivement réservé aux professions industrielles et commerciales avait été étendu à l'agriculture, en 1932, plus récemment encore aux concierges et gens de maison. La réforme judiciaire de 1958 avait tendu à donner à cette juridiction la connaissance de tous les différends en matière de contrat de travail, quelle que fût la profession de l'employeur [3]. Cependant, ces juridictions n'étaient chargées que d'un contentieux très précis, comme on le verra en étudiant leur compétence. Elles ne pouvaient connaître ni des différends collectifs du travail, ni des contestations en matière de Sécurité sociale. Leur compétence se limitait essentiellement aux conflits individuels du travail.

467 ***Les imperfections de la juridiction prud'homale traditionnelle. Polémiques sur son impartialité*** ◊ **a)** Jusqu'aux réformes de 1979 et de 1980, l'organisation prud'homale encourait nombre de critiques. Cette juridiction n'était implantée que dans un cinquième du territoire. Sa compétence était limitée, à la fois dans le cadre du conseil et dans celui de ses sections. En effet, pour qu'une affaire relevât du conseil des prud'hommes, il fallait que soient remplies un certain nombre de conditions assez difficiles à réunir. Ainsi, jusqu'aux réformes récentes, les salariés employés par des associations privées ne relevaient pas de la juridiction prud'homale. La compétence de chaque conseil était donc fonction de son décret d'institution et des activités regroupées dans les catégories électorales prévues pour sa composition. Il n'y avait pas non plus de représentation spécifique pour les cadres. On déplorait aussi l'absence d'une juridiction de référés. Lorsqu'il n'y avait pas de conseil ou de conseil compétent, l'affaire était portée devant le tribunal d'instance.

Ajoutons que les dépenses de fonctionnement des conseils (ainsi celles de secrétariat) étaient supportées par les communes. Aussi avait-on envisagé, depuis plusieurs années, de généraliser l'institution en créant des conseils dans tous les départements et en rendant la juridiction prud'homale compétente pour toutes les professions. Ce manque d'homogénéité avait des conséquences fâcheuses. Environ 40 % du contentieux relatif au contrat individuel de travail échappait aux conseils de prud'hommes. Cette situation favorisait une absten-

1. A. Cottereau, « Les prud'hommes au XIXe s. : une expérience originale de pratique du droit », *Justices*, 1997-8, p. 9 s.

2. B. Blohorn-Brenneur, « Bicentenaire de la création des conseils de prud'hommes : bilan et perspectives », *D.* 2006. 1324.

3. F. Fortunet, « D'une République à l'autre : les conseils de prud'hommes ou l'institution d'une justice de paix de l'industrie », in *Justice et République*(s), éd. L'Espace juridique, 1993, p. 325.

tion massive des électeurs au moment des élections (300 000 votants sur un chiffre de 8 000 000 d'électeurs susceptibles de voter).

b) Un premier projet de loi fut, en 1976, repoussé par le Parlement. Amélioré par le Parlement, il a abouti à la loi n° 79-44 du 18 janvier 1979. Ces textes sont passés du Code de l'Organisation judiciaire au Code du Travail, avec une partie législative et une partie réglementaire. Ils ont été déjà, à maintes reprises, perfectionnés, modifiés.

c) Aujourd'hui, c'est l'impartialité organique de la juridiction prud'homale qui est parfois mise en cause du fait du mode d'élection de ses membres ; l'appartenance d'une partie et d'un juge au même syndicat peut apparaître objectivement comme une cause de partialité au regard de l'article 6, de la Convention EDH, bien que l'article L. 1457-1,1°, C. trav., dispose que « le seul fait d'être affilié à une organisation syndicale ne constitue pas un intérêt personnel », cause de récusation au sens de ce texte [1]. La Cour de cassation considère que « le seul fait qu'un ou plusieurs membres de cette juridiction appartiennent à la même organisation syndicale que l'une des parties au procès n'est pas de nature à affecter l'équilibre d'intérêts inhérent au fonctionnement de la juridiction prud'homale ou à mettre en cause l'impartialité de ses membres ; le respect de l'exigence d'impartialité est assurée par la composition même de ces conseils (paritarisme), par la prohibition, d'ordre public, de tout mandat impératif, par la faculté de recourir à un juge départiteur extérieur aux membres élus et par la possibilité d'interjeter appel ou de former un pourvoi en cassation » [2]. C'est aussi la solution donnée, pour les juridictions suédoises du travail, par la Cour européenne des droits de l'homme [3]. Deux autres causes de partialité peuvent exister, mais elles relèvent d'autres ouvrages : la première tient au fait que, devant le conseil des prud'hommes les parties peuvent se faire représenter par d'autres qu'un avocat, notamment un salarié, le membre d'une organisation syndicale ; dès lors, il ne faudrait pas que ce représentant exerce aussi des fonctions comme conseiller prud'homal, ce que le Code du travail prohibe, mais en des termes limitées que la Cour de cassation étend en tenant compte des exigences de la Convention EDH [4]. La seconde cause tient au comportement personnel d'un conseiller ; la situation n'est pas ici différente de celle qui vaut pour tout juge [5].

1. S. Guinchard *et alii*, *Droit processuel. Droit commun et droit comparé du procès équitable*, *op. cit.*, n°s 360 et 397. S. Hennion-Moreau, « L'indépendance et l'impartialité des juridictions sociales », in *Mélanges J. Normand*, Litec, 2003, 219. M. Keller et T. Grumbach, « La prétendue partialité du conseil de prud'hommes », *D.* 2003. 979 ; « Sur l'impartialité de la juridiction prud'homale.... encore ? », *Dr. soc.* 2006-1, p. 52. A. Garèche, « Entre ombre et lumière : impartialité de la juridiction prud'homale », in *Mélanges J.-F. Burgelin*, Dalloz, 2008, p. 209.
2. Soc. 19 déc. 2003 (deux arrêts), *D.* 2004. 1688, note M. Keller ; *JCP* 11 févr. 2004, Actu. par P. Morvan, p. 269 ; *BICC* 1er mars 2004, avis M. Collomp ; *JCP* 2004. I. 177, n° 1, obs. I. Teyssié.
3. CEDH, 26 oct. 2002, *Kurt Kellermann AB c/ Suède.*
4. V. Précis Dalloz, *Procédure civile, préc.*, n° 1123.
5. V. Précis Dalloz, *Droit processuel, préc.*, n° 397 s.

§ 2. Institution et dissolution des conseils de prud'hommes

I. Institution des conseils de prud'hommes

468 L'institution des nouveaux conseils de prud'hommes est réglée par les articles L. 1422-1 à 3 et par les articles R. 1422-1 et s. du Code du travail.

469 ***La généralisation des conseils*** ◊ Suite à la réforme de la carte judiciaire intervenue en 2007-2008, il y a 210 conseils de prud'hommes et près de 15 000 conseillers. L'un des principaux intérêts de la réforme de 1979 a été de généraliser les conseils de prud'hommes et d'imposer qu'il en soit créé au moins un dans le ressort de chaque tribunal de grande instance. Si le conseil est unique, il a pour limites territoriales celles du tribunal de grande instance (art. L. 1422-1, al. 1er, C. trav.). Mais il peut y avoir plusieurs conseils dans le cadre géographique d'un tribunal de grande instance (al. 2). Le conseil, même s'il est unique pour le département, n'est pas nécessairement situé dans la même commune que le tribunal de grande instance.

La création, la suppression d'un conseil, la fixation ou le transfert de son siège sont actuellement opérés par un décret en Conseil d'État. Celui-ci est pris après consultation ou avis du conseil général et du conseil municipal intéressés, du ou des conseils de prud'hommes intéressés, du premier président de la cour d'appel, ainsi que des organisations professionnelles et syndicales les plus représentatives sur le plan national, des chambres de commerce et d'industrie, de métiers et d'agriculture (art. L. 1422-3 et R. 1422-1).

II. Suppression ou dissolution d'un conseil

470 ***Difficultés de fonctionnement*** ◊ **a)** La procédure suivie pour la création d'un conseil est également utilisée pour le supprimer (art. L. 1422-3, C. trav.), à condition que les consultations exigées aient été effectuées et qu'il reste au moins un conseil dans le ressort de chaque tribunal de grande instance.

Si un conseil se trouve placé dans des conditions telles que son fonctionnement normal est interrompu d'une manière grave et durable, le Gouvernement peut, par décret simple et motivé, rendu sur proposition du ministre de la Justice (sans consultation préalable), prendre une décision de *dissolution* (art. L. 1423-11, C. trav.). Des élections doivent alors avoir lieu dans les deux mois. En attendant l'installation d'un nouveau conseil, les litiges sont portés devant le conseil le plus proche du domicile du demandeur, dans le même ressort de cour d'appel, ou à défaut, devant le tribunal d'instance (art. L. 1423-11 C. trav.).

Lorsqu'un conseil ne peut se constituer ou ne peut fonctionner, le premier président de la cour d'appel, sur requête du procureur général, désigne un autre conseil de prud'hommes ou, à défaut, un tribunal d'instance, pour connaître des affaires en cours et des nouveaux litiges (art. L. 1423-8, C. trav.).

Dès que le conseil est à nouveau en état de fonctionner, le premier président constate ce fait et précise la date à partir de laquelle les affaires seront à nouveau portées devant le conseil ; la juridiction qui a assuré le remplacement reste saisie des affaires en cours (art. L. 1423-9, C. trav.).

b) Ce sont des règles analogues qui sont suivies lorsque c'est seulement la section d'un conseil qui ne peut se constituer ou qui ne peut fonctionner (art. R. 1423-3, C. trav.). Le premier président désigne la section correspondante d'un autre conseil de prud'hommes ou à défaut, un tribunal d'instance (art. R. 1423-3, C. trav.). En cas de difficultés seulement provisoires de fonctionnement pour une section, le premier président peut affecter temporairement (pour une durée de six mois, renouvelable une seule fois), après avis du président et du vice-président du conseil, et sous réserve de l'accord des intéressés, les conseillers d'une autre section pour connaître des litiges relevant de cette section (art. L. 1423-10, C. trav.).

§ 3. Le conseil supérieur de la prud'homie

471 ***Composition et rôle*** ◊ La loi du 6 mai 1982 a prévu la création d'un conseil supérieur de la prud'homie ; son principe en est aujourd'hui affirmé à l'article L. 1431-1, C. trav. Son organisation est fixée aux articles R. 1431-1, 1431-4 à 16, C. trav. Ce conseil est appelé à formuler des avis et des suggestions ; il est destiné aussi à effectuer des études sur l'organisation et le fonctionnement des conseils (art. R. 1431-1, C. trav.). C'est donc un organisme consultatif institué auprès du garde des Sceaux et du ministre du Travail.

Il comprend, outre son président (art. R. 1431-4, C. trav.) :

- cinq membres représentant l'État, deux représentants du ministre de la Justice, deux représentants du ministre chargé du Travail, un représentant du ministre de l'Agriculture ;
- neuf membres représentant les salariés, désignés sur proposition des organisations syndicales les plus représentatives au plan national ;
- neuf membres représentant les employeurs, désignés sur proposition des organisations représentant les diverses catégories d'entreprises.

Le secrétariat du conseil est assuré par les services du ministère du travail.

§ 4. Le recrutement des conseillers prud'hommes

472 ***Élection*** ◊ L'un des points les plus discutés fut celui de l'*élection*. Après de longs débats, on a écarté la désignation des candidats par les organisations professionnelles et syndicales les plus représentatives, ainsi que le projet d'accorder un droit de vote plural aux employeurs dans les grandes entreprises [1]. Le principe de l'élection a donc été conservé, ces élections se faisant désormais par section et non plus, comme aupara-

1. J. Poumarède, « Les tribulations d'un principe républicain : l'élection des juges », in *Justice et République(s)*, éd. L'Espace juridique, 1993, p. 91.

vant, par catégorie (art. L. 1441-31) [1] ce qui est de nature à compliquer singulièrement les conditions d'organisation du scrutin. D'où une réforme de simplification par l'ordonnance n° 2004-603 du 24 juin 2004. Les élections font l'objet des articles L. 1441-1 à L. 1441-40 et R. 1441-1 s., C. trav. Le mandat est de cinq ans, renouvelable (art. L. 1442-3, C. trav.).

473 ***Conditions pour être électeur*** ◊ Les conditions pour être électeur ont été allégées (art. L. 1441-1, C. trav.). Elles sont en principe communes aux salariés et aux employeurs.

Il suffit d'être âgé de *seize ans* accomplis, d'exercer une *activité professionnelle* (ce peut être un contrat d'apprentissage) [2].

Il n'est plus nécessaire, pour être électeur, d'être inscrit, comme naguère, sur une liste électorale politique ; de ce fait, les étrangers peuvent être électeurs.

Les personnes privées d'emploi, par suite de chômage, peuvent participer à l'élection.

Les conditions pour être électeur s'apprécient au 31 mars de l'année de l'élection générale.

474 ***Conditions pour être éligible*** ◊ Il faut sur ce point consulter l'article L. 1441-16, C. trav. qui énumère les conditions suivantes : avoir la nationalité française, être âgé de 25 ans, et être inscrit sur les listes électorales prud'homales, ou remplir les conditions requises pour y être inscrit [3]. Il faut naturellement ne pas avoir encouru de condamnations prévues aux articles L. 5 et L. 6 du Code électoral. Un étranger, même membre de l'Union européenne, ne peut être élu, car la Justice participe de la fonction régalienne de l'État. Ces conditions s'apprécient à la date du scrutin. Les litiges relatifs aux élections prud'homales relèvent du tribunal d'instance.

§ 5. Le statut des conseillers prud'hommes

475 ***Textes et plan*** ◊ Le statut des conseillers prud'hommes a été assez profondément remanié : articles L. 1442-1 à L. 1442-19, C. trav. Il tient compte de leur double qualité de juge et de personne exerçant une activité professionnelle. C'est pourquoi, les textes leur assurent, à la fois, une protection contre des licenciements abusifs, la possibilité d'une formation juridique, et le versement d'une vacation lorsqu'ils

1. R. Perrot, *Journées Soc. lég. comp.* 1990, t. 12, p. 175.
2. L'électorat avait été accordé aux femmes dès 1907, l'éligibilité en 1908. Alors qu'il fallait avoir 25 ans pour être électeur, 30 ans pour être élu, ces chiffres avaient été ramenés, en 1953, à 21 et 25. Actuellement, c'est à 16 ans que l'on peut participer aux élections professionnelles dans les entreprises. Il fallait auparavant avoir exercé une activité professionnelle pendant trois ans au moins.
3. Cela permet de faire appel à des candidats retraités. L'ordonnance de juin 2004 fait disparaître l'obligation, dans ce cas, d'avoir rempli ces conditions pendant trois ans au moins.

siègent. Nous examinerons successivement les aspects de leur statut de magistrats et ceux liés au maintien d'une activité professionnelle [1].

I. Statut de magistrat

476 ***Conseil constitutionnel*** ◊ Dans une décision du 28 décembre 2006 [2], le Conseil constitutionnel donne, pour la première fois, son opinion sur le statut des conseillers prud'homaux : certes, ils ne sont pas régis par le statut des magistrats de l'ordonnance du 22 décembre 1958, qui est le texte d'application de l'article 64 de la Constitution, puisqu'ils *« exercent leurs fonctions à temps partiel et pour une durée déterminée dans une juridiction spécialisée »* (cons. 21), mais, au sens de l'article 34, al. 4, de la Constitution (qui attribue compétence au législateur pour fixer les règles concernant... le statut des magistrats), ils sont des magistrats. Comp. *infra,* n° 795, avec la position de l'assemblée plénière du Conseil d'État, en 1962, qui précise que le statut des magistrats n'englobe pas les magistrats élus des juridictions d'exception.

A. Respect des obligations des magistrats professionnels

477 ***Installation. Prestation de serment*** ◊ Comme tous les magistrats, les conseillers prud'hommes prêtent serment à l'audience du tribunal de grande instance ou à celle du magistrat administrateur du tribunal d'instance (cette réception et ce serment ont lieu entre le 1er et le 8 janvier de l'année qui suit le renouvellement triennal) [3]. Ils sont tenus au secret des délibérations.

478 ***Obligations communes à tous les magistrats*** ◊ Les articles L. 1442-9 et R. 1442-23, C. trav. déclarent applicables les textes du Code civil (art. 4 et 5) et du Code pénal (art. 434-7-1) relatifs, respectivement, au déni de justice, à l'interdiction de rendre des arrêts de règlement, au crime de forfaiture. Dans l'exercice de leurs fonctions, les conseillers sont soumis aux mêmes incompatibilités que les magistrats des autres juridictions [4]. Ils peuvent être récusés pour les causes qui figurent dans l'article L. 1457-1 C. trav. qui distingue cinq cas (sur la récusation, v. *infra,* n° 810) [5].

En ce qui concerne leur responsabilité personnelle les règles des articles L. 141-3, COJ et 366-1 à 9 CPC, relatifs à la prise à partie, leur sont applicables. La prise à partie est portée devant la cour d'appel (art. D. 1442-24, C. trav.) et sa procédure est décrite dans le Code de procédure civile

1. M. T. Lanquetin, « Le conseiller prud'homme », *Rev. jur. des Barreaux,* févr.-juin 1999, Dalloz, p. 83.
2. Déc. n° 2006-545 DC, 28 déc. 2006, *LPA,* 2 avr. 2007, n° 66, p. 15, obs. Laetitia Janicot.
3. V. la formule du serment, art. R. 1442-14.
4. Cependant, la fonction de conseiller prud'homme est compatible avec la profession d'avocat (art. 115, D. 27 nov. 1991).
5. J.-L. Coffi, « L'influence de l'article 6, § 1 de la Convention EDH en matière de récusation prud'homale », *Dr. soc.* 2002, 168. Soc. 27 mars 2001, *JCP* E 2001. 1965.

(v. *infra*, n° 818). En revanche, la responsabilité de l'État pour dysfonctionnement de la justice prud'homale fondé sur la faute lourde ou le déni de justice peut être mise en œuvre du fait de l'activité de cette juridiction (art L. 141-1, v. *supra*, n° 227 s.).

B. Régime disciplinaire

479 ***Incident d'élection. Mandat impératif. Obstruction. Faute disciplinaire*** ◊ Le législateur a dû se préoccuper de certains incidents qui sont susceptibles de se produire lors des élections ou du fonctionnement des conseils.

a) L'article L. 1442-11, C. trav. interdit et sanctionne le mandat impératif qui serait donné à l'un des juges par ses électeurs. L'acceptation d'un tel mandat constitue un manquement grave aux devoirs du conseiller concerné.

Si le fait est reconnu lors des opérations électorales, l'élection est nulle de plein droit et le coupable devient inéligible [1]. Si le fait n'est établi que plus tard, il entraîne la déchéance du conseiller prud'homme suivant une procédure spéciale, celle de l'article L. 1442-13, C. trav. ; les peines sont fixées à l'article L. 1442-14, C. trav.

b) Les textes permettent de dénouer la situation lorsque les juges élus refusent de se laisser installer ou d'exercer leurs fonctions :

– Le refus de se laisser installer entraîne la démission d'office, déclarée par le tribunal de grande instance (art. L. 1442-17, C. trav.).

– C'est un régime analogue qui est mis en œuvre, mais avec une procédure un peu plus complexe, lorsqu'un conseiller, sans motif légitime, et après mise en demeure par le président du conseil, refuse de remplir son service (art. L. 1442-12 C. trav.).

– Si un conseiller manque gravement à ses devoirs, est appelé, par le président du conseil ou le procureur de la République devant la section ou la chambre pour s'expliquer sur les faits qui lui sont reprochés (art. L. 1442-13) ; les peines sont fixées à l'article L. 1442-14, C. trav.).

480 ***Peines disciplinaires*** ◊ Les peines éventuellement applicables sont énumérées par l'article L. 1442-14, C. trav. [2].

II. Droits liés au maintien d'une activité professionnelle

A. Protection spéciale des conseillers prud'hommes

481 ***Liberté de participer aux activités du conseil*** ◊ L'employeur dont un salarié est conseiller prud'homme était tenu naguère de lui accorder le temps nécessaire pour participer aux délibérations du conseil en ses diverses forma-

1. Dans le cas de déchéance, de déclaration de démission, l'intéressé est inéligible pendant cinq ans (art. L. 1441-21. Il peut être relevé de cette incapacité dans certaines conditions (art. L. 1442-17 et L. 1442-18, C. trav.).

2. Ce sont : la censure, la suspension pour une durée qui ne peut dépasser six mois, prononcée par arrêté du ministre de la Justice. La sanction la plus grave est la déchéance ; elle suppose la prise d'un décret.

tions. Les heures ainsi employées n'étaient pas rémunérées comme temps de travail, mais pouvaient être remplacées (art. L. 514-11, ancien, C. trav.). L'actuel article L. 1442-5 utilise une formule plus souple : l'employeur a l'obligation de laisser aux salariés « le temps nécessaire pour se rendre et participer aux activités prud'homales », mais renvoie au décret la détermination de ces activités.

Le salarié doit prévenir son employeur, mais n'est pas tenu d'obtenir chaque fois son autorisation. Pour les conseillers du collège salarié, les absences de l'entreprise justifiées par l'exercice de la fonction, n'entraînent aucune diminution de la rémunération, ni des avantages qui y sont attachés (art. L. 1442-7, al. 2, C. trav.). Le temps passé hors de l'entreprise est assimilé à une durée de travail effectif (congés payés, prestations sociales et familiales, avantages dus à l'ancienneté, art. L. 1442-6, C. trav.) [1].

482 ***Garanties en cas de licenciement*** ◊ La participation aux activités du conseil ne peut pas être une cause de rupture du contrat de travail de la part de l'employeur (art. L. 1442-19, al. 1er C. trav., qui ajoute qu'elle ne peut être une cause de sanction).

Le fait d'être membre d'un conseil de prud'hommes ne garantit évidemment pas le salarié contre un licenciement provoqué par son attitude ou par la situation de son entreprise. Mais ce licenciement, s'il a lieu, sera entouré de certaines garanties (art. L. 1442-19, al. 2, C. trav.). Le licenciement est soumis aux règles applicables aux délégués syndicaux de l'entreprise. Il relève donc de l'autorisation de l'inspecteur du travail. Un recours gracieux est possible devant le ministre du travail, ainsi qu'un recours contentieux devant le tribunal administratif [2]. Les anciens conseillers bénéficient de ce régime de protection pendant six mois après la cessation de leurs fonctions.

483 ***Protection pénale*** ◊ En cas d'atteinte à l'indépendance ou à l'exercice régulier des fonctions de conseiller prud'homme (tout comme à la libre désignation des candidats à l'élection des conseillers), une peine d'emprisonnement d'un an et/ou une amende de 3 750 euros sont encourues, art. L. 1443-3, C. trav. En outre, l'article L. 2437-1 sanctionne pénalement la rupture du contrat de travail d'un candidat ou d'un ancien conseiller, sans suivre la procédure administrative spéciale (un an d'emprisonnement et/ou amende de 3 750 euros).

B. Formation des conseillers prud'hommes

484 ***Formation*** ◊ Le législateur s'est préoccupé de faciliter l'exercice de leurs fonctions judiciaires par les conseillers prud'hommes, en favorisant leur formation. L'article L. 1442-1, C. trav. prévoit que des autorisations d'absence doivent être accordées aux conseillers, dans la limite de six semaines par mandat, pour

1. Un aménagement d'horaire doit être prévu, afin de garantir un temps suffisant de repos pour le salarié travaillant en service continu ou discontinu posté. Un décret spécial concerne les salariés travaillant en dehors de tout établissement ou qui dépendent de plusieurs employeurs.

2. Ce régime protège le conseiller salarié en exercice, mais il protège également celui qui a cessé ses fonctions depuis moins de six mois, ainsi que le salarié candidat à l'élection (pendant les trois mois qui suivent la publication de la candidature).

les besoins de leur formation sans dépasser, au cours d'une même année civile, l'équivalent de deux semaines.

Ces absences donnent lieu à rémunération par l'employeur, avec imputation sur sa participation obligatoire au financement de la formation professionnelle. Cette formation est assurée et financée par l'État (art. L. 1442-1, C. trav.), suivant certaines modalités.

485 ***Dépenses des conseils de prud'hommes*** ◊ Le local nécessaire à leur fonctionnement est fourni par le département où ils sont établis, mais si la commune a mis à disposition un local elle ne peut le reprendre sans demande expresse du département (art. L. 1423-14, C. trav.). Les dépenses de personnel et de fonctionnement sont à la charge de l'État (art. L. 1423-15, C. trav.).

486 ***Structure des conseils. Nomination du président et du vice-président*** ◊ Dans toutes les formations du conseil, on trouve un même nombre de conseillers employeurs et salariés. Une fois le conseil élu, il nomme, en assemblée générale, au scrutin secret, un *président* et un *vice-président*. Chacun est élu par l'élément auquel il appartient (employeurs ou salariés). L'élection est faite pour un an et l'intéressé est rééligible. Mais il doit y avoir, chaque année alternance ; une année le président est un employeur, l'année suivante il est un salarié.

Cette alternance se retrouve pour toutes les formations du conseil ; dans une section l'alternance peut être réalisée chaque mois, ou même d'une audience à l'autre.

487 ***Le conseil est divisé en cinq sections*** ◊ La structure actuelle des conseils est plus complexe qu'auparavant. Chaque conseil comporte en effet nécessairement cinq sections autonomes (encadrement, industrie, services commerciaux, agriculture, activités diverses, art. L. 1423-1 et partie réglementaire du code). Lorsque le ressort d'un tribunal de grande instance comprend plusieurs conseils de prud'hommes, il est constitué une *section agricole unique* pour l'ensemble du ressort de ce tribunal ; c'est un décret qui déterminera le rattachement de cette section à l'un des conseils (art. L. 1423-1). Chaque section doit avoir au moins trois conseillers prud'hommes employeurs, trois conseillers salariés (art. L. 1423-1). Elle a à sa tête un président et un vice-président, élus, par élément, pour un an et rééligibles ; le président est, par alternance un employeur pour un an, puis un salarié pour un an. Le nombre des conseillers d'une section peut être beaucoup plus élevé, mais la règle de la parité est toujours observée. Chaque section constitue une véritable juridiction autonome. De plus une section peut être divisée en chambres.

488 ***Création éventuelle de chambres*** ◊ Le Code du travail recodifié consacre indirectement le principe des chambres à l'article L. 1423-3 à propos de l'élection des présidents de section et « de chambre ». V. la partie réglementaire du code.

489 ***Formations du conseil pour examiner les litiges*** ◊ Les formations que prend le conseil de prud'hommes pour exercer son activité juridictionnelle sont de trois sortes : bureau de conciliation, bureau de jugement, référé.

a) Bureau de conciliation. Chaque section (et chaque chambre, s'il y en a plusieurs dans une section) comprend un *bureau de conciliation* (art. L. 1423-13 et art. R. 1454-7, C. trav.) [1]. Ce bureau est composé de deux membres, un employeur, un salarié, avec alternance de présidence, suivant le règlement intérieur. Il tient au moins une séance par semaine, séance non publique. Lorsque ce bureau prend des décisions juridictionnelles, la séance est *publique*. Sur sa compétence, v. *infra*, n° 504.

b) Bureau de jugement. Le bureau de jugement comprend, comme le bureau de conciliation, un nombre pair de membres, au moins quatre, deux employeurs et deux salariés, exigence qui s'explique par la préoccupation de maintenir l'égalité entre les deux catégories de juges (art. L. 1423-12 et R. 1454-19 à 25, C. trav.).

c) Référé. Chaque conseil de prud'hommes comprend une formation de référé (art. L. 1423-13 et art. R. 1455-1 à 4 C. trav.). Cette formation (art. L. 1423-13, C. trav.) se compose d'un conseiller prud'homme employeur et d'un conseiller salarié.

d) Le juge d'instance juge départiteur. S'il se produit un partage de voix, que ce soit au bureau de conciliation, au bureau de jugement ou en référé, la même formation est réunie à nouveau, sous la présidence d'un magistrat du tribunal d'instance (art. L. 1454-2 à L. 1454-4, C. trav.). La commission Guinchard (du nom de son président) propose qu'un (ou plusieurs si nécessité) juge départiteur des affaires prud'homales par ressort de TGI (proposition n° 15).

e) Appel. Avant la loi de 1905, l'appel des conseils de prud'hommes était porté devant le tribunal de commerce, et cette solution était critiquée. N'était-il pas anormal qu'une affaire, jugée en premier ressort par une juridiction mixte composée d'employeurs et de salariés, vînt en appel devant une juridiction exclusivement patronale ? Aussi avait-on, en 1905, substitué le tribunal civil au tribunal de commerce. C'est aujourd'hui la cour d'appel qui en connaît. L'appel sera instruit et jugé rapidement sans assistance obligatoire d'un avocat (art. R. 1461-2, al. 2, C. trav.). Le taux d'appel reste élevé, 61 % en 2005, contre 4,5 % pour les tribunaux d'instance, 11,9 % pour les tribunaux de commerce et 12,9 % pour les TGI.

f) Greffe. Jusqu'à une récente réforme, les conseils de prud'hommes ne disposaient que d'un simple secrétariat. Ils sont dotés actuellement d'un véritable greffe dont les membres bénéficient d'un statut comme ceux des juridictions de droit commun. Ce sont des fonctionnaires de l'État.

1. G. Chabot, « Remarques sur la vocation conciliatrice des juridictions prud'homales », *D.* 2002. 2140.

§ 6. Compétence des conseils de prud'hommes

490 ***Attributions et activité du conseil*** ◊ La justice du travail [1] ne se ramène pas aux seuls conseils de prud'hommes [2], mais ceux-ci ont été créés pour essayer de concilier et pour juger les litiges en matière de travail ; c'est là leur rôle fondamental ; avant de l'examiner, on indique qu'ils exercent certaines fonctions administratives et extra-juridictionnelles qui tendent d'ailleurs à se réduire (dépôt des règlements intérieurs des entreprises, formalité substantielle sans laquelle le règlement n'est pas opposable aux salariés). Ils sont parfois aussi sollicités officiellement de donner leur avis sur tel ou tel problème intéressant le droit du travail (art. L. 1411-5, C. trav.). Il semble que la trajectoire la plus efficace pour un justiciable, en terme de durée de la procédure devant cette juridiction, soit la voie de la conciliation [3].

491 ***Taux du ressort*** ◊ Depuis la loi n° 82-372 du 6 mai 1982, le taux de compétence en premier et dernier ressort du conseil de prud'hommes était dissocié de celui du tribunal d'instance et était révisable annuellement par décret. La loi n° 2004-1343 du 9 décembre 2004 a supprimé la référence à une révision annuelle (art. 58). Ce taux est aujourd'hui de 4 000 euros (art. D. 1462-3, C. trav.). L'article R. 1462-1-2° (la disposition remonte à une loi du 28 nov. 1955), pose que les sentences prud'homales sont sans appel en ce qui concerne les demandes de remise de certificat de travail, de bulletin de paye et de toutes pièces que l'employeur est tenu de délivrer, même sous astreinte, à moins que leur montant, cumulé avec celui des autres chefs de la demande, ne dépasse le taux de la compétence en dernier ressort Mais si la demande est de nature indéterminée, l'appel est possible.

492 ***Plan*** ◊ La compétence des conseils de prud'hommes porte essentiellement, depuis leur création, sur les différends qui naissent du *contrat individuel de travail* (I) ; mais dans certains secteurs cette compétence ne couvre pas tous les contrats individuels ; dans d'autres cas, elle va au-delà (II). Après avoir posé ces limites, on se demandera si la compétence prud'homale a ou non un caractère *exclusif* (III). On précisera ensuite la compétence des différentes formations du conseil (IV), puis la compétence territoriale de cette juridiction (V).

1. Sur la justice du travail. *Justices* 1997.8, présentation du thème par L. Cadiet et S. Guinchard et rapport introductif par G. Lyon-Caen. V. aussi, E. Serverin, « Les litiges du travail au temps du jugement prud'homal », *Revue nationale des barreaux,* janv.-juin 2002, n° 66/67, Dalloz, p. 65.

2. Par ex. La justice administrative du travail, V. X. Prétot, *Justices* 1997-8, p. 41. J. Normand, *Le contentieux social en droit judiciaire français*, Actes XIe Journées J. Dabin, Bruxelles, 1984, p. 31.

3. 6,6 mois si accord, 14,5 mois en cas de jugement favorable, chiffres de 2004, in *Le sort des demandes prud'homales en 2004*, Infostat, n° 87, avr. 2006, par B. Munoz-Perez et E. Serverin.

I. Compétence normale du conseil de prud'hommes : les litiges nés du contrat individuel de travail

493 ***Extension de la compétence prud'homale*** ◊ La compétence des conseils de prud'hommes a été singulièrement élargie, lors de la réforme générale de 1958. Aujourd'hui l'article L. 1411-1, C. trav., énonce dans son alinéa 1er : « *Les conseils de prud'hommes règlent par voie de conciliation les litiges qui peuvent s'élever à l'occasion de tout contrat de travail soumis aux dispositions du présent code entre les employeurs ou leurs représentants, et les salariés qu'ils emploient. Ils jugent les différends à l'égard desquels la conciliation n'a pas abouti* ». Ainsi, le conseil de prud'hommes est devenu la juridiction normale pour tout contrat individuel de travail quelle que soit la nature, industrielle, commerciale, agricole, familiale, libérale de la profession exercée par les parties à la convention et quel que soit le montant de la demande. Sa mission essentielle est donc de régler les litiges nés à l'occasion des *relations individuelles de travail* entre employeurs et salariés. Sa compétence suppose donc tout d'abord qu'il existe un *litige individuel né d'un contrat de travail.*

494 ***L'existence d'un litige individuel né d'un contrat de travail, condition de la compétence*** ◊ **a)** Si le principe posé par l'alinéa 1er de l'article L. 1411-1) est très précis, son application est parfois malaisée :

- *D'abord*, si la formule exclut, par principe, tout litige *collectif* de la compétence prud'homale (au profit dans ce cas du TGI), le litige conserve son caractère *individuel* si la demande a pour objet la reconnaissance d'un droit individuel tiré d'une convention collective ; c'est seulement si l'objet de la demande principale est la reconnaissance ou l'interprétation d'un droit collectif que le litige sera collectif [1].

- *Ensuite*, il n'est pas toujours facile de décider si, dans telle ou telle espèce, une personne se trouve bien dans une situation de subordination juridique plaçant le rapport de droit sous l'emprise du Code du travail.

Les clauses du contrat, l'affiliation à la sécurité sociale, la délivrance de bulletins de paie, d'un certificat de salaires, l'activité réelle de celui qui se prétend salarié seront autant d'éléments dont il sera tenu compte pour savoir si la relation juridique unissant deux personnes est un contrat individuel de travail ou une convention différente. Le problème s'est posé en particulier pour les dirigeants de sociétés de commerce (art. L. 225-22, L. 225-83 et L. 225-85, C. com., les solutions variant suivant la forme de sociétés), pour les personnes exerçant une profession libérale, médecins, avocats collaborateurs [2], religieux et membres du Clergé [3], pour les époux qui travaillent ensemble, pour les sta-

1. Soc. 6 mai 1998, *RGDP* 1998.471, note Y. Desdevises (litige collectif).
2. Paris, 23 févr. 1977, *D.* 1977.193, concl. Av. gén. Picca, note Jestaz ; 7 nov. 1977, *D.* 1977. 652, concl. Av. gén. Picca, note Jestaz ; Ph. Jestaz, « La robe prétexte du collaborateur d'avocat », *RTD civ.* 1977. 693. La loi du 30 juin 1977 (art. 5) déclarant que l'avocat ne peut être salarié ; solution abandonnée par la L. n° 90-1259 du 31 décembre 1990 (art. 6, mod. art. 7, L. 31 déc. 1971), le conseil de prud'hommes restant incompétent. V. *infra*, n° 499, f.
3. G. Dole, *Les ecclésiastiques et la sécurité sociale en droit comparé*, thèse Lyon, 1976, LGDJ, préf. J. Vincent ; *La protection sociale du clergé*, LGDJ, 1980, préf. J. Rivero.

giaires de la formation professionnelle [1], les sportifs [2], les travailleurs handicapés pour les litiges qui les opposent aux centres d'aide par le travail [3], les détenus travaillant dans les ateliers de maisons d'arrêt [4]. Le nouveau texte ne parle pas, ce n'était plus nécessaire, du contrat d'apprentissage.

b) La compétence du Conseil s'étend (art. L. 1411-1) à tous les litiges qui peuvent s'élever *« à l'occasion de tout contrat de travail »*, ce qui vise les obligations qui sont accessoires au contrat individuel ; mais encore faut-il que la prestation envisagée soit en relation directe avec la convention principale. La compétence cesse dès l'instant que le processus n'a pas un rapport direct avec le contrat de travail.

II. Extension et limitation de la compétence prud'homale

495 ***Distinction*** ◊ Si la compétence du conseil des prud'hommes est centrée de manière essentielle sur les différends nés du contrat individuel de travail, elle bénéficie dans certains cas d'une extension favorable à certaines catégories de personnes (A), alors que dans d'autres cas, elle est refoulée par une compétence concurrente (B).

A. Extension de la compétence prud'homale

496 ***Raisons*** ◊ La compétence du conseil est étendue à certaines catégories de personnes qui bénéficient d'une présomption. Il s'agit tantôt d'un meilleur aménagement, d'assimilations traditionnelles, tantôt d'un assouplissement de la procédure.

497 ***Extensions traditionnelles*** ◊ Les conseils connaissent des litiges *« nés entre salariés à l'occasion du travail »* ; il s'agit des cas où des salariés exécutent en commun un travail pour un même employeur et se trouvent en désaccord entre eux (art. L. 1411-3, C. trav.) ; cette règle est d'interprétation stricte et ne peut être étendue aux litiges entre employés, ni à ceux nés entre employeurs (v. *infra*, n° 499, d) [5]. La loi considère en outre que, en ce qui concerne la compétence prud'homale, il faut considérer certaines personnes comme bénéficiant d'un contrat individuel de travail. On peut citer :

1) Les VRP statutaires. Dans la mesure où sont respectées les présomptions figurant dans l'article L. 7311-3, C. trav., le VRP statutaire est considéré comme un salarié et les difficultés qui l'opposent à l'entreprise qui l'emploie relèvent des prud'hommes [6].

1. C. prud. Carpentras, 25 mars 1981, *JCP* 1981. II. 19643, note Bonneau.
2. Soc. 14 juin 1979, *D.* 1980.96, note Karaquillo.
3. Soc. 18 mars 1997, *D.* 1998.142, note Dagorne-Labbé.
4. Soc. 17 déc. 1996, *Gaz. Pal.* 22 sept. 1998, note S. Petit.
5. Soc. 7 déc. 1957, *Gaz. Pal.* 1958.1.140, *Dr. soc.* 1958.101 ; 15 févr. 1961, *Dr. soc.* 1961.361.
6. *Contra* : Aix, 15 oct. 1982, *D.* 1983.125, note Delebecque.

2) Les travailleurs à domicile. Le travailleur à domicile est considéré comme un salarié (art. L. 7412-1 et s., C. trav.), dans la mesure où il travaille seul avec son conjoint, ou avec ses enfants à charge, ou encore avec un auxiliaire (qu'il utilise de façon occasionnelle et intermittente).

3) Certains personnels des services publics. Les différends nés à l'occasion de l'activité des personnels du secteur public relèvent, en principe, des tribunaux administratifs : ainsi que les procès entre l'État, les départements, les communes, les établissements publics et les membres de leur personnel. Mais on admettait que les conseils des prud'hommes étaient compétents pour les litiges concernant les entreprises *nationalisées*. Des problèmes délicats se posaient pour le personnel de certains établissements publics, ceux qui ont un caractère industriel et commercial. Cette difficulté est en théorie réglée par le nouveau texte qui pose dans l'alinéa 7 de l'article L. 511-1 (futur L. 1411-2) que le conseil connaît des litiges concernant « les personnels des services publics lorsqu'ils sont employés dans les conditions du droit privé » [1].

498 ***Assouplissement de la procédure*** ◊ Il convient de mentionner deux règles qui seront en pratique très précieuses.

1) Mise en cause. Lorsqu'un organisme se substitue habituellement aux obligations légales de l'employeur, il peut être mis en cause au côté de celui-ci, en cas de litige entre l'employeur et les salariés (art. L. 1411-6, C. trav.). Cette disposition est très intéressante notamment dans le cas où les indemnités sont versées au salarié par une caisse de congés payés ; cette règle nouvelle facilitera le règlement de certaines indemnités.

2) Remboursement des indemnités de chômage. Le conseil est compétent également dans le cas d'un licenciement pour ordonner le remboursement par l'employeur fautif aux organismes concernés, des indemnités de chômage payées au travailleur licencié entre le jour du licenciement et le jour du jugement prononcé par le conseil dans la limite de 6 mois d'indemnité de chômage (art. L. 1235-4, C. trav.).

B. Limitation de la compétence prud'homale

499 ***Énumération*** ◊ Dans un certain nombre d'éventualités très précises, la compétence prud'homale est écartée ; on citera les plus importantes [2] :

a) Au profit du tribunal d'instance ou de la juridiction de proximité (selon la valeur de la demande) : article R. 221-13, 1° à 3°, COJ. Cela vise les contestations suivantes (v. *supra*, n° 425) :

1. Le contrat de travail à salaire différé.

2. Celles relatives aux frais de scolarité ou d'internat, lorsque la demande est formée par tout établissement d'enseignement public ou privé.

1. Soc. 14 nov. 1979, *Dr. ouvrier* 1980.298, note Y. Saint-Jours (TDF). - TI Paris, 19 sept. 1979, *Dr. ouvrier* 1980.295 (aéroport de Paris) ; T. confl. 11 oct. 1976, *JCP* CI.1979. II. 13063, note Saint-Jours ; Soc. 26 nov. 1980, *JCP* CI. 1981. I. 9632, obs. Teyssié, p. 129 (entreprises nationalisées) ; 29 nov. 1979, *JCP* 1980. II. 19346 (maîtres de l'enseignement privé sous contrat) ; T. confl. 19 avr. 1982, *JCP* 1983. II. 19959, note Y. Saint-Jours (CROUS).

2. Sur la compétence « prud'homale » du tribunal de commerce dans certaines hypothèses, v. *supra* n° 457, et I. Pétel-Teyssié, in *Le Code de commerce 1807-2007, Livre du bicentenaire*, p. 581 s., spéc. n° 21 s.

3. Le contrat des marins au cours des périodes d'embarquement (contrat d'engagement dit le texte). Les litiges nés dans ces conditions relèvent, en raison du Code du travail maritime, du tribunal d'instance. En dehors des périodes d'embarquement, le conseil des prud'hommes retrouve sa compétence. En revanche les difficultés opposant le capitaine du navire et son employeur, relèvent du tribunal de commerce, sans distinguer selon qu'il s'agit ou non d'une période d'embarquement.

b) Tous les litiges relevant de la sécurité sociale échappent à la juridiction prud'homale (sécurité sociale, accidents du travail, v. *infra*, n° 513).

c) Pour les journalistes, la compétence prud'homale est limitée en raison de l'existence d'un régime spécial comportant une commission arbitrale (art. L. 7112-4, C. trav.).

d) L'incompétence du conseil de prud'hommes en cas de conflit collectif. – Limite. Bien qu'il n'existe pas de disposition légale formelle sur ce point, la Cour de cassation a posé, depuis un arrêt du 4 janvier 1928, le principe que les conflits collectifs de travail échappaient à la compétence prud'homale. Cette règle a été maintenue d'une manière constante [1]. – Mais comme l'article L. 1411-3), C. trav. donne compétence au conseil de prud'hommes pour les litiges survenus entre salariés à l'occasion du contrat de travail (v. *supra*, n° 493), il est compétent pour connaître des conflits entre grévistes et salariés non grévistes [2]. Surtout, la jurisprudence a entendu largement la notion de différend individuel en y incluant les différends juridiques découlant à l'interprétation d'une convention collective ou à l'issue d'un mouvement de grève ou de lock-out, dès lors que la demande du salarié n'a pas pour but de faire juger sur le plan collectif le conflit qui s'était élevé entre l'employeur et les salariés. Le problème est d'autant plus complexe que l'évolution du droit du travail a conduit le législateur à organiser des procédures protectrices pour les représentants du personnel.

e) L'incompétence prud'homale dans les litiges relatifs à la participation. Ces litiges relèvent soit du tribunal d'instance, soit du tribunal de grande instance, selon le taux du ressort (art. L. 3326-1, al. 2, C. trav.) [3].

f) Litiges nés à l'occasion d'un contrat de travail d'un avocat. Si l'avocat peut aujourd'hui être le salarié d'un confrère, d'une association ou d'une société d'avocats, les litiges nés à cette occasion sont soumis au bâtonnier et, en appel, à la cour d'appel siégeant en chambre du conseil (L. 31 déc. 1971, art. 7, dernier alinéa ; D. 27 nov. 1991, art. 142 à 153).

g) Litiges entre employeurs et employés quant à l'attribution des droits afférents à des logiciels. Ils relèvent de la compétence exclusive du TGI (art. L. 113-9, al. 2, CPI).

1. Pour que le conflit présente un caractère individuel, il est nécessaire que l'on se trouve en présence de *réclamations individuelles* et que celles-ci aient pour but la satisfaction d'*intérêts privés* et non collectifs : Soc. 10 déc. 1984, *JCP* E 1985. I. 205, n° 2, obs. Teyssié . Mais le conseil de prud'hommes peut, à l'occasion d'un conflit individuel, interpréter une convention collective (Soc. 28 nov. 1984, *JCP* E 1985. I. 171, n° 1, obs. Teyssié), ou appliquer la clause d'une convention collective incorporée dans un contrat individuel (Paris, 5 juill. 1960, *D.* 1961.332).
2. Soc. 3 mars 1983, *D.* 1984. IR. 169, obs. J. Frossard.
3. Soc. 20 oct. 1977, *Dr. soc.* 1978.127, obs. Savatier.

III. Le caractère exclusif de la compétence prud'homale

500 ***La compétence du conseil a un caractère d'ordre public*** ◊ L'article L. 1411-4, al. 1er, C. trav., précise que « le(s) conseils de prud'homme(s) sont (est) seul(s) compétent(s) quel que soit le chiffre (le montant) de la demande, pour connaître des différends visés (mentionnés) au présent article (chapitre). Toute convention dérogatoire (contraire) est réputée non écrite » [1]. Il ressort de cette affirmation que la compétence du conseil des prud'hommes est d'ordre public, qu'elle ne peut être éludée par une clause du contrat de travail. Il s'agit d'une compétence exclusive au sens précis de ce qualificatif, ce qui conduit à écarter non seulement la prorogation légale de compétence du tribunal de grande instance, mais aussi la règle « le juge de l'action est juge de l'exception » [2]. En outre, la Cour de cassation estime que lorsqu'une convention collective prévoit la saisine d'organismes de conciliation, même à titre obligatoire, le plaideur peut toujours saisir directement le conseil de prud'hommes [3]. Elle peut en outre être relevée d'office par la juridiction du premier degré qui serait saisie à la place du conseil des prud'hommes (art. 92, al. 2, CPC) [4].

501 ***Contrat de travail et arbitrage*** ◊ Les parties ne peuvent, à l'avance, insérer dans leur contrat une clause compromissoire ni convenir de renoncer à la juridiction prud'homale, pour passer un compromis et désigner un arbitre pour les départager (art. L. 1411-4, C. trav., qui, tous deux, réputent non écrite toute convention contraire). En revanche, après l'expiration du contrat de travail, il semble que les parties puissent signer un compromis. L'article 2061, C. civ. déclare valable la clause compromissoire « *dans les contrats conclus à raison d'une activité professionnelle* », mais la généralité de la formule du Code du travail (« *toute convention dérogatoire (contraire) est réputée non écrite* ») entre dans la restriction de l'article 2061 (« sous réserve des dispositions législatives particulières »).

IV. Compétence des différentes formations du conseil de prud'hommes

A. Les sections

502 ***Répartition des affaires entre les sections du conseil*** ◊ On a vu que le conseil de prud'hommes était divisé en « sections autonomes » (v. *supra*, n° 487), d'où un problème de répartition de compétence entre elles.

1. Il existe cependant une commission arbitrale des journalistes, art. L. 7112-4, C. trav. : *Gaz. Pal.*, 7 nov. 1996, Doct.
2. Soc. 20 juill. 1983, *D.* 1984.230, note Serra ; *RTD civ.* 1984.556, obs. Normand. – *Contra* : Soc. 22 juill. 1975, *D.* 1975.216 et 20 juill. 1981, *RTD civ.* 1982.464, obs. Normand.
3. Soc. 26 nov. 1969, *Bull.* V, n° 638 ; 19 juill. 1988, *D.* 1989. somm. 278, obs. Julien.
4. Soc. 15 mai 1974 et 21 août 1977 précités.

Lorsque le conseil est divisé en sections, la section compétente est déterminée par le genre de travail, quelle que soit la nature de l'établissement. Chaque section constitue un tribunal distinct, ayant une compétence propre. Ce système n'a pas été supprimé, mais le législateur s'est efforcé d'éviter les incidents de compétence et leurs conséquences nuisibles au bon déroulement du procès (art. R. 1423-6 et 7). Chaque section a, comme auparavant, vocation à connaître des litiges opposant salariés et employeurs qui relèvent d'elle. Le plaideur n'assigne pas devant telle ou telle section ; il assigne devant le conseil et c'est le greffe qui opère la distribution entre les sections et s'il y a lieu entre les diverses chambres d'une section. Pour opérer cette répartition, le greffe doit s'inspirer de la disposition figurant dans l'article R. 1423-7, C. trav. : « les affaires sont réparties entre les sections du conseil des prud'hommes en fonction des règles prévues à l'article L. 1423-1 et régissant *l'appartenance des salariés* aux diverses sections ». Or, l'appartenance des salariés est déterminée non par l'activité principale de l'employeur, mais par *l'activité principale de l'entreprise*.

503 ***Règlement par le président des difficultés ou contestations relatives à la compétence d'une section*** ◊ Cette répartition des affaires entre les sections peut donner lieu à des contestations, à des difficultés. On s'est efforcé de les régler dans le cadre même du conseil [1]. L'article R. 1423-6 a posé que dans une telle éventualité et quel que soit le stade de la procédure, le dossier est transmis au président du conseil de prud'hommes. Celui-ci après avis du vice-président, renvoie l'affaire à la section qu'il désigne. Son ordonnance est insusceptible de recours. En dépit de ce texte, nous pensons que l'incompétence d'une section est d'*ordre public* pour les affaires relevant d'une autre section.

B. Le bureau de conciliation

504 ***Les pouvoirs accordés au bureau de conciliation*** ◊ Lors de la réforme de 1974, on avait reconnu au bureau de conciliation la possibilité d'ordonner un certain nombre de mesures, en dépit de toute exception de procédure et même si le défendeur ne se présentait pas. Ces mesures ont été maintenues (art. R. 1454-14). Ce sont, pour l'essentiel, des mesures urgentes ; il peut ordonner la délivrance de certificats de travail, de bulletin de paie (1°) ou, lorsque l'existence de l'obligation n'est pas sérieusement contestable, le versement de provisions sur les salaires et leurs accessoires, les indemnités de congés payés, de préavis et de licenciement dans la limite de 3 mois de salaires (2°), des mesures d'instruction (3°), des mesures nécessaires à la conservation des preuves ou des objets litigieux (4°).

C. Le référé paritaire

505 ***Évolution*** ◊ Il était demandé depuis longtemps qu'une procédure de référé fût instituée dans le cadre de la juridiction prud'homale. Mais la réforme avait été réalisée par un décret du 12 septembre 1974 d'une manière si originale, qu'elle n'avait pas pu fonctionner. La question a

1. R. Le Roux-Cocheril, « Les problèmes posés par la division des conseils de prud'hommes en sections autonomes », *Dr. social*, mai 1980.

été reprise. C'est l'article L. 1423-1, al. 2, C. trav. qui précise que chaque conseil de prud'hommes comprend « *une formation commune de référé* » ; chaque conseil a nécessairement une telle formation et il n'y en a qu'une par conseil. Ce texte est complété par les articles R. 1455-1 à 8. On insistera sur deux points : la désignation du juge des référés, les limites de sa compétence.

506 ***Une seule formation de référé par conseil*** ◊ L'imagination des auteurs du décret du 12 septembre 1974 était fertile, mais les solutions préconisées étaient incompatibles avec le caractère paritaire du conseil qui ne doit pas être écarté. Après l'intervention du Conseil d'État, les textes ont reçu une autre rédaction par le décret du 23 novembre 1979 (art. R. 1455-1). Désormais, chaque conseil comprend une formation de référé. Celle-ci est commune à l'ensemble des sections, elle est composée d'un prud'homme salarié et d'un prud'homme employeur ; ainsi la formation reste paritaire. Les conseillers prud'hommes appelés à tenir les audiences de référé sont désignés chaque année par l'Assemblée générale du conseil ; leur nombre doit être suffisant pour assurer le service du référé, par roulement (art. R. 1455-2). Le règlement intérieur aménage, à ces audiences, l'alternance de la présidence, comme pour les autres formations du conseil (art. R. 1455-3) et fixe les jours et heures des audiences, au moins une par semaine (art. R. 1455-4).

507 ***Compétence dans le cadre de celle du conseil*** ◊ La compétence de la formation de référé est définie par les articles R. 1455-5 à R. 1455-7. Depuis la réforme de 1979, les parties ne disposent plus de la possibilité que leur offrait l'article R. 316-35 de saisir en référé le président du tribunal de grande instance. Désormais, le référé prud'homal est *exclusif* de tout autre [1], dans le cadre de la compétence du conseil de prud'hommes. Ces textes reproduisent les dispositions déjà inscrites dans le Code pour préciser la compétence en référé du tribunal d'instance (art. 848 et 849, CPC), et du président du tribunal de commerce (art. 872 et 873, CPC).

Cette compétence s'exerce d'abord, dans le cadre de la compétence du conseil, en cas d'urgence ; dans ce cas en effet, la formation de référé peut ordonner les mesures qui ne se heurtent à aucune contestation sérieuse ou que justifie l'existence d'un différend (art. R. 1455-5, C. trav.) ; elle peut aussi – et l'urgence est alors présumée – prescrire les mesures conservatoires ou de remise en état qui s'imposent pour prévenir un dommage imminent ou faire cesser un trouble manifestement illicite, même en présence d'une contestation sérieuse (art. R. 1455-6, C. trav.). Sans la condition d'urgence, elle peut accorder une provision au créancier lorsque l'obligation n'est pas sérieusement contestable ou ordonner l'exécution de l'obligation même s'il s'agit d'une obligation de faire (art. R. 1455-7).

508 ***Le conseil de prud'hommes statuant en la forme des référés*** ◊ Le législateur a même créé un *référé au fond*. Le premier résulte de la loi d'amnistie n° 81-736, 4 août 1981, art. 14-II, al. 4 [2]. Bien d'autres ont suivi.

1. TGI Nice, 10 mai 1982, *D.* 1983. IR. 158, obs. Julien.
2. Conseil de prud'hommes Le Mans, 29 mars 1982, *D.* 1983.97, note Morançais-Demester.

V. Compétence territoriale du conseil de prud'hommes

509 ***Conseil de prud'hommes*** ◊ Devant le conseil de prud'hommes, se trouve écartée la règle fondamentale *Actor sequitur forum rei*. En effet, le domicile de l'employeur ou du salarié peut être situé très loin du lieu de travail ; or la juridiction prud'homale est faite pour appliquer aux plaideurs les usages suivis localement dans la profession. C'est cette préoccupation qui a inspiré le législateur, notamment en 1958 et plus récemment dans le nouveau Code du travail. Celui-ci reprend, en les modifiant dans une certaine mesure, les dispositions relatives à la compétence territoriale (art. R. 1412-1 et 1412-2, C. trav.).

a) Aux termes de l'article R. 1412-1, alinéa 1 et 2, on doit distinguer selon que le salarié travaille ou non dans un établissement :

– Lorsque le travail est effectué dans un établissement, le conseil de prud'-hommes compétent est celui dans le ressort duquel est situé *l'établissement* (al. 1).

– Lorsque le travail a lieu en dehors de tout établissement, ou à domicile, la demande est portée devant le conseil du *domicile du salarié* (al. 2).

Mais il faut ajouter (art. R. 1412, al. 3) que le salarié garde en toutes circonstances, la faculté de saisir le conseil du lieu où l'*engagement a été contracté* ou celui du lieu où *l'employeur est établi.*

b) L'article R. 1412-4, reprend *l'interdiction des clauses attributives de compétence* contenue déjà dans l'article 48, CPC. Serait réputée non écrite toute clause qui dérogerait à ces dispositions. Ces règles de compétence territoriale sont donc d'ordre public.

SOUS-SECTION 3. Les juridictions de sécurité sociale

510 ***Existence d'un contentieux autonome de la Sécurité sociale et de la mutualité sociale agricole. Les grandes étapes : 1958-1985-2005*** ◊ L'organisation de la Sécurité sociale en 1945 avait conduit à mettre sur pied des juridictions spécialisées. Le législateur avait organisé d'une part des commissions de première instance et des commissions régionales d'appel, chargées des litiges ordinaires, d'autre part des commissions techniques. Ce régime a été modifié par une ordonnance n° 58-1275, du 22 décembre 1958 et par un décret de la même date, qui restent les textes fondateurs, bien que largement remaniés par les réformes intervenues, principalement en 1985 (loi n° 85-10, du 3 janvier 1985) et en 2005 (ordonnances du 8 juin et du 8 décembre validées par deux lois du 5 mars 2007). On se bornera, renvoyant aux ouvrages spécialisés, à esquisser les traits les plus remarquables de ces juridictions, en distinguant, avec le Code de sécurité sociale, entre le contentieux général (art. L. 142-1 à L. 142-9, plus les textes réglementaires correspondants) et le contentieux technique (art. L. 143-1 à

L. 143-9, plus les textes correspondants de la partie réglementaire). Des dispositions communes aux deux contentieux, que par ailleurs les réformes de 2005 ont souhaité rapprocher, figurent à l'article L. 144-1, CSS, sur la récusation des membres de ces juridictions.

I. Le contentieux général de la sécurité sociale

511 ***Les réformes de 1958, 1985 et 2005*** ◊ Ce contentieux a été complètement réorganisé par le décret du 22 décembre 1958, article 1 à 28, pris en application de l'ordonnance de la même date, qui lui a donné son organisation actuelle. La structure primitive a été allégée par la suppression des commissions régionales d'appel. N'avaient été maintenues que les commissions de première instance, avec un appel porté devant la chambre sociale de la cour d'appel. Vingt-sept ans plus tard, les commissions régionales d'appel ayant disparu, on a estimé qu'il convenait de modifier l'appellation de cette juridiction sociale et la loi n° 85-10 du 3 janvier 1985 a donc substitué à la « commission de première instance », le tribunal des affaires de sécurité sociale. Aux termes de l'actuel article L. 142-1, CSS, « *il est institué une organisation du contentieux général de la sécurité sociale* » (al. 1er), qui « *règle les différends auxquels donne lieu l'application des législations et réglementations de sécurité sociale et de mutualité sociale agricole, et qui ne relèvent pas, par leur nature, d'un autre contentieux* » (al. 2). Les réformes intervenues en 2005 devraient lui permettre de fonctionner de manière plus satisfaisante, notamment par rapport à la difficulté de recruter des assesseurs.

512 ***Le tribunal des affaires de sécurité sociale. Organisation et fonctionnement*** ◊ Au 1er janvier 2009, il y a 116 tribunaux des affaires de sécurité sociale, mais un projet vise à en supprimer 44 (ceux qui traitent moins de 550 affaires nouvelles par an) (trois de plus qu'en 1996). Le tribunal est présidé par un magistrat du siège du TGI dans le ressort duquel il a son siège, ou par un magistrat du siège honoraire désigné pour trois ans par ordonnance du premier président de la cour d'appel, après avis de l'assemblée des magistrats du siège (art. L. 142-4, CSS). Ce magistrat est entouré de deux assesseurs représentant l'un les salariés, l'autre les employeurs et les travailleurs indépendants (dans certaines éventualités énumérées le nombre des assesseurs est porté à quatre). Cette juridiction a donc un caractère *échevinal* et *paritaire ;* elle consacre l'adoption du régime de l'*échevinage* puisque la présidence appartient à un magistrat de métier. Cependant, à la différence des tribunaux de commerce ou des conseils de prud'hommes, les assesseurs ne sont pas élus. Ils sont *désignés*, pour 3 ans par ordonnance du premier président de la cour d'appel après avis du président du tribunal des affaires de sécurité sociale, sur une liste dressée dans le ressort du tribunal par les autorités compétentes de l'État, en matière de sécurité sociale ou de mutualité sociale agricole sur proposition des organisa-

tions patronales et ouvrières les plus représentatives (art. L. 142-5, CSS). Il est désigné des assesseurs suppléants. Les assesseurs appartiennent aux professions agricoles lorsque le litige intéresse un ressortissant de ces professions et aux professions non-agricoles dans le cas contraire. Les conditions de recrutement et d'exercice des fonctions sont désormais communes aux membres des juridictions de sécurité sociale du premier degré ; on les trouve donc exposées aux articles L. 144-1, CSS (recrutement) et L. 144-2 (exercice des fonctions et régime disciplinaire).

Les fonctions des assesseurs sont gratuites. Il peut seulement y avoir un remboursement des frais de déplacement et de séjour, outre une indemnité pour perte de salaire ou de gain (art. R. 142-8, CSS). Devant la difficulté à nommer des assesseurs, le législateur de 2005 a pris une mesure permettant au président de juger seul ! En effet, l'article L. 142-7, CSS dispose que « *dans le cas où le tribunal des affaires de sécurité sociale ne peut siéger avec la composition prévue à l'article L. 142-4, l'audience est reportée à une date ultérieure, sauf accord des parties pour que le président statue seul après avoir recueilli, le cas échéant, l'avis de l'assesseur présent. L'audience ne peut être reportée plus d'une fois. Dans le cas où, à la deuxième audience, le tribunal des affaires de sécurité sociale ne peut à nouveau siéger avec la composition prévue à l'article L. 142-4, le président statue seul après avoir recueilli, le cas échéant, l'avis de l'assesseur présent* ». C'est une manière habile de juger à juge unique.

Le ressort de ces tribunaux est fixé par arrêté ministériel. Il correspond soit à tout ou partie de la circonscription d'un organisme de Sécurité sociale ou de mutualité sociale agricole, soit aux circonscriptions de plusieurs de ces organismes. Un tribunal peut être divisé en sections entre lesquelles sont répartis les litiges. Chacune des sections est alors présidée par le président du tribunal de grande instance dans le ressort duquel elle est établie.

Ces tribunaux ne comprennent pas de représentant du ministère public (v. cependant *infra*, n° 822). Leur secrétariat est assuré par un agent de la direction régionale des affaires sanitaires et sociales. Leur secrétariat est assuré par un agent de la direction régionale des affaires sanitaires et sociales dans la circonscription de laquelle fonctionne ledit tribunal ou un agent retraité des directions régionales des affaires sanitaires et sociales (art. R. 142-15, CSS) ; l'article R. 142-16 fixe les conditions d'exercice de ses fonctions [1].

513 ***Compétence du Tribunal des affaires de sécurité sociale*** ◊ Aux termes de l'article L. 142-2, CSS, sa compétence recouvre en première instance « *les litiges relevant du contentieux général de la sécurité sociale* ». Ce contentieux comprend, d'une part, des conflits qui s'élèvent entre les organismes de sécurité sociale et les assujettis à la réglementation de la sécurité sociale (affiliation, paiement des cotisations, etc.) et, d'autre part, des contestations nées entre ces organismes et les bénéfi-

1. Toutefois, le secrétariat du tribunal des affaires de sécurité sociale est assuré, en ce qui concerne les contestations relatives aux décisions des organismes de mutualité sociale agricole, par un agent de l'État désigné en commun par le directeur régional des affaires sanitaires et sociales et par le chef du service régional de l'inspection du travail, de l'emploi et de la politique sociale agricoles.

ciaires de prestations. La jurisprudence hésite sur le caractère exclusif de cette compétence [1]. L'article L. 142-3, CSS énumère un certain nombre de contentieux exclus par leur nature de la compétence de cette juridiction. Le taux du dernier ressort était expressément aligné sur celui du tribunal d'instance jusqu'au décret n° 2005-460 du 13 mai 2005 ; mais ce décret désolidarise ce taux de celui du tribunal d'instance, pour fixer un taux indépendant mais (provisoirement ?) du même montant (4 000 euros) (art. R. 142-25, CSS, réd. décr. 13 mai 2005), c'est-à-dire 4 000 euros. Au-delà, le tribunal est compétent sans limitation de chiffre, mais à charge d'appel devant la cour d'appel. Il convient de signaler que le Code rural transfère aux tribunaux des affaires de sécurité sociale une compétence exclusive en matière d'accident du travail et de maladies professionnelles dans l'agriculture (compétence régie par les articles R. 142-32 à R. 142-40 du Code de la sécurité sociale).

Le tribunal compétent pour un procès déterminé est celui dans le ressort duquel se trouve le domicile du bénéficiaire ou de l'employeur intéressé, ou le siège de l'organisme défendeur, en cas de conflit entre organismes ayant leur siège dans le ressort de juridictions différentes (art. R. 142-12, CSS). Des règles complémentaires sont inscrites dans le même texte : ainsi, en cas d'accident du travail non mortel, la juridiction compétente est celle du lieu de l'accident ou de la résidence de l'assuré, au choix de ce dernier ; en cas d'accident mortel, c'est la juridiction du dernier domicile de l'assuré [2] ; en cas de conflit entre le bénéficiaire et son employeur, c'est la résidence du bénéficiaire qui sert de point de rattachement ; en cas de différend relatif à l'affiliation et aux cotisations, la juridiction est celle de l'établissement de l'employeur.

La cour d'appel statue sur les appels interjetés contre les décisions rendues en premier ressort seulement par le tribunal des affaires de sécurité sociale (art. L. 142-2, al. 2, CSS). Ses arrêts sont susceptibles d'un pourvoi en cassation (art. L. 144-4, CSS). Si la décision a été rendue en premier et dernier ressort, le pourvoi est aussi possible (art. L. 144-4, CSS).

II. Contentieux technique

514 ***Organisation de ce contentieux ?*** ◊ Le contentieux technique a fait l'objet d'un aménagement assez complexe ces dernières années, en plusieurs étapes, en raison de la nature des questions à régler, avec un réaménagement en 1994, une mise aux normes de la Convention européenne des droits de l'homme en 2002 (pour tenir compte de la jurisprudence de la Cour de cassation, qui avait jugé que la composition de la Cour nationale n'était pas conforme à la notion de tribunal indépendant et impartial au sens de l'article 6, § 1, de la Convention

1. Contre le caractère exclusif, Soc. 16 nov. 1961, *D.* 1962.161, note R. L. ; 12 juin 1980, *RTD civ.* 1981.205, obs. Normand. Pour : Soc. 20 juill. 1978, *JCP* 1978. IV. 302 ; *D.* 1978. IR. 499, obs. Julien ; *RTD civ.* 1979.188, obs. Normand.
2. Soc. 17 févr. 1961, *JCP* 1961. II. 12064, note R.L.

européenne des droits de l'homme [1]), une harmonisation avec le fonctionnement des tribunaux des affaires de sécurité sociale par l'ordonnance n° 2005-656, 8 juin 2005 [2] (validée par la loi n° 2007-308, 5 mars 2007), une réorganisation enfin avec l'ordonnance n° 2005-1528, 8 décembre 2005, validée par la loi n° 2007-290, 5 mars 2007. Ce dernier texte crée un article L. 143-1, CSS qui affirme *« qu'il est instituée une organisation du contentieux technique de la sécurité sociale »*. Cette organisation règle les contestations relatives à l'incapacité ou à l'invalidité, avec des juridictions de première instance et une juridiction (nationale) d'appel.

515 ***Organisation et compétence des tribunaux du contentieux de l'incapacité*** ◊ Dans le ressort de chaque direction régionale de sécurité sociale sont institués des tribunaux du contentieux de l'incapacité, juridictions à caractère échevinal (art. L. 143-2, CSS). Depuis la réforme de 2002 ces juridictions, qui statuent en premier ressort, comprennent trois membres : un président, magistrat honoraire de l'ordre administratif ou judiciaire (ou à défaut une personnalité qualifiée présentant des garanties d'indépendance et d'impartialité) [3] et deux assesseurs (et non plus quatre) représentant, l'un les travailleurs salariés, l'autre les employeurs ou travailleurs indépendants [4]. Les conditions de recrutement et d'exercice des fonctions sont désormais communes aux membres des juridictions de sécurité sociale du premier degré ; on les trouve donc exposées aux articles L. 144-1, CSS (recrutement) et L. 144-2 (exercice des fonctions et régime disciplinaire), l'article 143-2-1, CSS, qui contient des dispositions semblables, n'étant

1. Ass. plén., 22 déc. 2000, *Bull.* n° 12 ; *JCP* 2001, p. 351, note F. Taquet ; *D.* 2001. 2454, obs. X. Prétot.

2. C. Vandermaesen, « Une révolution judiciaire méconnue : la réforme des tribunaux du contentieux de l'incapacité », *Gaz. Pal.* Doct. 9 août 2005.

3. Si un magistrat honoraire ne peut être désigné en qualité de président, la présidence est assurée par une personnalité présentant des garanties d'indépendance et d'impartialité, et que sa compétence et son expérience dans les domaines juridiques qualifient pour l'exercice de ces fonctions (art. 143-2, CSS). Le président est désigné pour trois ans renouvelables par arrêté du garde des sceaux, ministre de la justice, sur une liste de quatre noms dressée par le premier président de la cour d'appel dans le ressort de laquelle le tribunal a son siège.

Un président suppléant est désigné concomitamment dans les mêmes formes et sous les mêmes conditions.

4. Les assesseurs appartiennent aux professions agricoles lorsque le litige intéresse un ressortissant de ces professions et aux professions non agricoles dans le cas contraire. Ils sont désignés pour une durée de trois ans par le premier président de la cour d'appel dans le ressort de laquelle le tribunal a son siège sur des listes dressées sur proposition des organisations professionnelles les plus représentatives intéressées, selon le cas, par le chef du service régional de l'inspection du travail, de l'emploi et de la politique sociale agricoles ou par le directeur régional des affaires sanitaires et sociales. Leurs fonctions peuvent être renouvelées suivant les mêmes formes. En l'absence de liste ou de proposition, le premier président de la cour d'appel peut renouveler les fonctions d'un ou plusieurs assesseurs pour une nouvelle durée de trois ans. Des assesseurs suppléants sont désignés concomitamment dans les mêmes formes (art. L. 143-2, CSS).

désormais plus applicable qu'aux seuls présidents qui ne seraient pas magistrats honoraires. En raison des difficultés à constituer ces juridictions, on retrouve à l'article L. 143-2-3, CSS, la disposition qui vaut pour le tribunal des affaires de sécurité sociale en cas de composition incomplète, afin de statuer à juge unique, nonobstant l'absence des assesseurs (art. L. 142-7, CSS, v. *supra*, n° 512).

Une indemnité est allouée aux membres du tribunal pour l'exercice de leurs fonctions. Chaque tribunal comporte plusieurs formations de jugement, semblablement constituées [1]. Le secrétaire est placé sous l'autorité exclusive du président de la juridiction (art. R. 143-5-3, CSS).

Ces juridictions, connaissent des litiges mentionnés « aux 1°, 2° et 3° de l'article L. 143-1 » (art. L. 143-2, CSS) [2], c'est-à-dire en matière d'invalidité (état et degré) ou d'incapacité de travail (état d'incapacité permanente et inaptitude au travail), ou relatifs aux décisions d'octroi de prestations sociales et d'orientation en établissement spécialisé prises par les COTOREP et les CDES. Leur compétence territoriale est fixée par l'article R. 143-7, CSS : compétence du lieu où demeure le requérant ; toutefois, si le requérant ne demeure pas en France, la juridiction compétente est celle dans le ressort de laquelle la caisse primaire de sécurité sociale ou la caisse de mutualité sociale agricole, dont relève ou dont relevait l'assuré ou la victime, a son siège. L'appel des décisions de ces tribunaux est porté devant la Cour nationale de l'incapacité et de la tarification de l'assurance des accidents du travail.

516 ***La Cour nationale de l'incapacité et de la tarification de l'assurance des accidents du travail*** ◊ Prévue formellement à l'article L. 331-1, COJ qui renvoie au Code de la sécurité sociale pour tout ce qui concerne son institution, sa compétence, son organisation et son fonctionnement, elle est composée d'un président, magistrat du siège de la cour d'appel dans le ressort de laquelle elle a son siège (Amiens, art. R. 143-16, CSS), de présidents de sections (art. L. 143-3, CSS) et d'assesseurs représentant les salariés d'une part, les employeurs ou travailleurs indépendants d'autre part (art. L. 143-5 et s., CSS) ; les assesseurs, nommés pour trois ans (art. L. 143-5, CSS), sont soumis à des conditions de recrutement fondées sur leur nationalité, leur âge et

1. La présidence d'une formation de jugement peut être assurée par un magistrat honoraire ou une personnalité qualifiée autre que le président du tribunal, désigné dans les mêmes formes. Le remplacement d'un président de formation de jugement peut être assuré, en cas d'empêchement, par le président du tribunal ou l'un quelconque des présidents de formation de jugement, désigné par ordonnance du président du tribunal (art. L. 143-2, CSS).

2. Art. L. 143-1, CSS, litiges relatifs : *1°) à l'état ou au degré d'invalidité, en cas d'accident ou de maladie non régie par le livre IV du présent Code et à l'état d'inaptitude au travail ; 2°) à l'état d'incapacité permanente de travail et notamment au taux de cette incapacité, en cas d'accident du travail ou de maladie professionnelle ; 3°) à l'état d'incapacité de travail pour l'application des dispositions du livre VII du Code rural autres que celles relevant soit du contentieux général de la sécurité sociale, soit des juridictions de droit commun en vertu des articles 1169, 1234-17 et 1234-25 du Code rural. Les dispositions des 1° à 3° du présent article ne sont pas applicables aux accidents du travail survenus et aux maladies professionnelles constatées dans l'exercice des professions agricoles dans les départements autres que ceux du Haut-Rhin, du Bas-Rhin et de la Moselle* ».

leur moralité, etc.. et ils prêtent serment (art. L. 143-7) ; ils appartiennent aux professions agricoles lorsque le litige intéresse un ressortissant de ces professions et aux professions non agricoles dans le cas contraire (art. L. 143-6) ; leur employeur doit leur laisser le temps libre nécessaire à l'exercice de leurs fonctions (art. L. 143-5) ils peuvent être récusés dans les conditions de l'article L. 143-8 ; une procédure disciplinaire est prévue en cas de manquement à leurs obligations (art. L. 143-9). Cette juridiction d'appel comporte des sections, composées d'un président et d'assesseurs désignés selon les mêmes règles. Son secrétaire général et les secrétaires généraux adjoints sont placés sous l'autorité exclusive de son président (art. R. 143-20, CSS).

Sa compétence est double : elle est juridiction d'appel des contentieux jugés en première instance par les tribunaux de l'incapacité (et visés aux 1° à 3° de l'article L. 143-1, CSS, v. *supra*, n° 515). Mais elle est aussi juge en premier et dernier ressort des litiges énumérés au 4° de ce même article : décisions des caisses régionales d'assurance-maladie et des caisses de mutualité sociale agricole concernant, en matière d'accident du travail agricole et non-agricole, la fixation du taux de cotisation, l'octroi de ristournes, l'imposition de cotisations supplémentaires et, pour les accidents régis par le livre IV du Code de la sécurité sociale, la détermination de la contribution prévue à l'article L. 437-1 du présent code.

Un pourvoi en cassation peut être formé contre les décisions rendues par la Cour nationale (art. L. 144-4, CSS).

SOUS-SECTION 4. **Les tribunaux paritaires des baux ruraux**

517 ***Spécificité*** ◊ Depuis un quart de siècle environ, les difficultés nées dans les rapports entre bailleurs et preneurs ont suscité l'élaboration d'une législation spéciale, abondante et touffue, sans cesse remaniée en fonction de la conjoncture économique. Ce droit nouveau a provoqué la naissance de règles particulières de compétence et de procédure. Un régime spécial existe pour les baux commerciaux, un autre pour les baux d'habitation ou à usage professionnel ; les fermiers et métayers ont eux aussi sollicité l'attention du législateur qui a créé de toutes pièces, pour eux, une juridiction nouvelle du type échevinage dont on donnera une description sommaire.

518 ***Textes*** ◊ La création de tribunaux paritaires des baux ruraux remonte à une ordonnance du 4 décembre 1944 [1] ; ses dispositions, modifiées à trois reprises, étaient devenues les articles 758 à 829 du Code rural : elles prévoyaient un tribunal paritaire cantonal, présidé par le juge de paix et un tribunal paritaire d'arrondissement, présidé par le président du tribunal civil et qui était juge d'appel. Les deux juridictions étaient

1. Elle-même issue d'une loi de Vichy du 4 septembre 1943.

composées d'une manière analogue. Puis, un décret n° 58-1293, du 22 décembre 1958, a abrogé les textes du Code rural et apporté des modifications sensibles à ce système qui avait suscité des critiques assez vives. Seule a été maintenue une juridiction particulière de première instance, le tribunal paritaire d'arrondissement disparaissant, l'appel devant être porté devant la cour d'appel (art. 23) [1]. Les textes ont ensuite été déplacés et modifiés par la loi n° 88-1202 du 30 décembre 1988, puis par la loi complémentaire n° 90-85 du 23 janvier 1990 relative à l'adaptation de l'exploitation agricole à son environnement économique et social. Ainsi, s'était trouvée modifiée la numérotation des articles du COJ qui étaient devenus les articles L. 441-1 à L. 444-1 de ce code, mais avec le souci politique du législateur contemporain d'instituer des codes « suiveurs », c'est désormais dans le Code rural que le lecteur trouvera les textes cités (art. L. 491-1 à L. 493-1 et R. 492-1 à 5).

519 ***Organisation et fonctionnement des tribunaux paritaires des baux ruraux*** ◊ Pour connaître du contentieux des baux ruraux, il existe, au siège de chaque tribunal d'instance, un tribunal paritaire des baux ruraux (art. L. 491-1, C. rur.). Il est présidé par le juge d'instance, assisté de quatre assesseurs (deux sont des bailleurs, deux sont des preneurs), répartis « s'il y a lieu » en deux sections ; l'une de ces sections est composée de bailleurs et de preneurs à ferme, l'autre de bailleurs et de preneurs à colonat partiaire [2], ce qui, dans ce cas, donne huit assesseurs ; c'est le ministre de la Justice qui détermine les tribunaux qui comportent deux sections (art. L. 492-1 et R. 492-1, C. rur.). Il y a donc échevinage.

La désignation des assesseurs (deux titulaires et deux suppléants par catégorie et s'il y a lieu par section) est faite par une élection (art. L. 492-2 et s., C. rur.), pour une durée de six ans (art. L. 492-4, al. 1er, C. rur.) ; s'il y a lieu, des listes distinctes sont établies pour les baux à ferme (l'une pour les bailleurs, l'autre pour les preneurs) et pour les colonats partiaires (l'une pour les bailleurs, l'autre pour les preneurs) (art. R. 492-4, C. rur.). Pour être électeur, il faut (art. L. 492-2, C. rur.) : avoir dix-huit ans, être Français ou ressortissant d'un État membre de l'Union européenne ou de l'Espace économique européen, jouir de ses droits civils, civiques et professionnels, être domicilié dans le ressort du tribunal paritaire, ou y résider ou y posséder, à titre de propriétaire, des biens immobiliers faisant l'objet d'un bail rural. On ne peut exercer son droit de vote que dans une seule commune. Pour être éligible, il faut remplir les conditions précédentes, avoir vingt-six ans au moins et posséder depuis cinq ans au moins la qualité de bailleur ou de preneur à ferme ou à colonat partiaire, en outre être Français et avoir fait une déclaration de candidature

1. P. Ourliac et M. De Juglart, « La réforme des tribunaux paritaires », *JCP* 1958. I. 1409 ; R. Savatier, « La réforme judiciaire et la compétence des tribunaux paritaires des baux ruraux », *D.* 1960. Chron. 127.

2. Une proposition de loi sur la simplification du droit, votée en première lecture par l'Assemblée nationale le 15 octobre 2008, remplace l'expression « colonat partiaire » par « métayage » et celle de « colon partiaire » par « métayer ».

(art. L. 492-2, dernier alinéa et art. R. 492-5, al. 1, C. rur.). Les noms des candidats sont affichés en mairie (art. R. 492-5, al. 2, C. rur.). Le vote a lieu au scrutin secret uninominal majoritaire à un tour dans le ressort de chaque tribunal ; le vote par correspondance est autorisé (art. L. 492-3, C. rur).

L'assesseur élu prête serment devant le juge d'instance (art. L. 492-4, al. 2, C. rur.). Les assesseurs peuvent être récusés dans les conditions prévues à l'article L. 492-5, C. rur.

Le tribunal paritaire siège par *sessions* et non de façon permanente. Pour remédier aux difficultés de fonctionnement de ces tribunaux, faute d'assesseurs, il a été prévu, comme pour les juridictions de sécurité sociale de premier degré, qu'au cas où le tribunal ne peut se réunir au complet par suite d'absence d'assesseurs, régulièrement convoqués ou de récusation, le président statue seul, après avoir pris l'avis des assesseurs présents ; même solution lorsque le tribunal ne peut provisoirement fonctionner par suite de décès ou de démission d'assesseurs (art. L. 492-6, C. rur.) Si un tribunal paritaire ne peut être constitué ou ne peut fonctionner pour une cause autre que celles qui viennent d'être évoquées, ou s'il est supprimé, ses attributions sont dévolues au juge d'instance, qui applique alors les règles propres aux tribunaux paritaires (art. L. 492-7, 492-8, C. rur.). Le greffe du tribunal d'instance remplit les fonctions de greffe de cette juridiction (art. R. 492-1, al. 3).

520 ***Compétence exclusive du tribunal paritaire des baux ruraux*** ◊

a) Dans l'ordonnance du 4 décembre 1944, la compétence des tribunaux paritaires des baux ruraux était fixée d'une façon très large. Il était dit que ces tribunaux avaient « *compétence générale et exclusive pour statuer sur toutes les contestations auxquelles peuvent donner lieu les baux de biens ruraux, même celles qui ressortissent actuellement à une autre juridiction* ». Cette compétence, impérative et *exclusive*, avait un caractère très général et d'ordre public qui paraissait à beaucoup excessif.

1) Le décret n° 58-1293, du 22 décembre 1958, aujourd'hui, intégré dans le Code rural (art. L. 491-1) adopte une formule plus réservée : le *tribunal paritaire « est seul compétent pour connaître des contestations entre bailleurs et preneurs de baux ruraux, relatives à l'application des titres Ier à VI et VIII du livre IV du Code rural »*. C'est donc en fonction des dispositions légales à mettre en œuvre que sera déterminée la nouvelle compétence des juridictions paritaires. Ce changement d'expression doit incliner la Cour suprême à ne plus réserver, comme naguère, à ces seuls tribunaux le soin de déterminer la qualification du bail. Sur ce point, la compétence peut appartenir soit au tribunal de grande instance, soit au tribunal paritaire dans la mesure où chaque juridiction a le pouvoir de vérifier sa propre compétence [1]. La formule légale, par sa référence au Code rural vise les difficultés entre bailleurs et preneurs relatives aux congés, au droit de reprise, au droit de préemption, à la demande de conversion, à la fixation du prix, à l'indemnité due au preneur sortant, aux saisies-gageries [2]. Il s'agit d'une compétence *exclusive*, mais *spéciale*. Le tribunal paritaire devrait pouvoir également faire application de certaines dispositions concernant le bail et figurant dans le Code civil.

1. Nîmes, 7 mai 1987, *D.* 1988.248, note Beignier.
2. Cass. Ch. réunies, 21 mai 1952, *D.* 1952.537, concl. pr. gén. Besson, note Savatier.

2) D'autres textes spéciaux renvoient à la compétence du tribunal paritaire des baux ruraux : ainsi, l'article L. 481-1, C. rur, prévoit cette compétence pour les contestations relatives aux contrats d'exploitation des terres pastorales, alors que ces contrats ne sont pas nécessairement des baux ruraux (cf. art. L. 481-1, C. rur.).

3) Le taux du ressort de ce tribunal est fixé à l'article R. 491-1, C. rur. Ce tribunal juge donc jusqu'à 4 000 euros en dernier ressort, et à charge d'appel au-delà (sans limitation de chiffre) ou lorsque la demande est indéterminée.

b) Lorsque le tribunal comporte deux sections (art. 881, al. 1er et 2, CPC), chacune constitue un tribunal autonome et ne peut connaître que des difficultés nées dans le cadre d'un bail à ferme ou d'un bail à métayage [1]. Toutefois, si une section ne peut être constituée ou ne peut fonctionner, l'affaire est portée devant l'autre. On peut en déduire que l'incompétence d'une section est seulement relative.

521 ***Compétence du président*** ◊ Les attributions du président ont été précisées par plusieurs textes du Code de procédure civile.

a) Le référé est prévu par les articles 893 à 896, CPC :

- Les articles 893 et 894 reproduisent les formules devenues classiques (urgence, absence de contestation, mesures conservatoires et remise en état, même en présence d'une contestation sérieuse [2], octroi d'une provision, exécution de l'obligation, même s'il s'agit d'une obligation de faire).
- L'article 895, reprenant le texte primitif, avait maintenu le pouvoir pour le président de « *statuer sur les difficultés d'exécution d'un jugement du tribunal paritaire* », jusqu'à ce que la loi n° 91-650, 9 juill. 1991 confie cette compétence au juge de l'exécution (art. L. 213-6, COJ, v. *supra*, nos 393 et s.), ce qui a conduit à l'abrogation de l'article 895.

b) Le président du tribunal paritaire a le pouvoir de rendre des ordonnances sur requête, dans les mêmes conditions que les présidents des autres juridictions, c'est-à-dire dans les cas spécifiés par la loi (art. 897, al. 1er, CPC) et, en cas d'urgence, dans les limites de compétence du tribunal, lorsque les circonstances exigent que les mesures ne soient pas prises contradictoirement (al. 2). V. *supra*, n° 390 pour le président du TGI. Il s'agit des requêtes de nature contentieuse visées à l'article 493 conduisant à une décision provisoire, avec respect *a posteriori* du principe du contradictoire (art. 17 et 496, CPC).

522 ***Compétence territoriale du tribunal paritaire des baux ruraux*** ◊ Pour tous les tribunaux statuant en matière de bail, la compétence du lieu de la demeure du défendeur est également abandonnée. Les lois modernes en matière de baux consacrent, pour des actions qui sont généralement considérées comme personnelles, la compétence du tribunal du lieu de *situation* de l'immeuble ; ainsi en est-il de l'article 880, CPC, pour les *baux ruraux*.

1. Civ. 8 nov. 1947, *D.* 1948.73 ; si le bail est partiellement à ferme, partiellement à métayage, l'une ou l'autre section est compétente ; Soc. 7 janv. 1949, *Rev. ferm.* 1949.409.
2. J. Normand, *RTD civ.* 1988.167.

SOUS-TITRE 2
Les juridictions répressives

523 *Les trois phases du procès pénal* ◊ La comparaison du procès civil et du procès pénal révèle, pour ce dernier, certaines originalités qui rejaillissent directement sur son déroulement. Si nous supposons qu'une infraction a été découverte, très schématiquement, le procès va se dérouler en trois phases : tout d'abord la *poursuite :* confiée au ministère public dont l'objectif est de mettre en œuvre et d'exercer l'action publique ; ensuite, *l'instruction* qui appartient aux juridictions d'instruction, dont la mission est de faire toute la lumière sur une affaire afin de décider si les personnes poursuivies doivent être renvoyées devant une juridiction de jugement ou si, au contraire, la procédure doit s'arrêter ; enfin, *le jugement* confié à des juridictions qui vont statuer sur le fond du procès, c'est-à-dire sur la culpabilité des délinquants et la peine à leur infliger [1].

Comme on peut le remarquer, il y a trois types d'organes dont chacun assure une fonction particulière, mais seuls les deux derniers ont un rôle juridictionnel et doivent être présentés à cette place.

Préalablement à cette description, il importe d'affirmer clairement le principe très important de la séparation des différentes fonctions judiciaires en matière pénale, à savoir poursuite, instruction et jugement [2]. Nous examinerons ensuite brièvement si d'autres principes généraux ne doivent pas être rappelés.

§ 1. Le principe de la séparation des fonctions judiciaires

Quelles que soient les critiques que l'on peut faire valoir à l'encontre d'un tel système, il trouve une justification évidente dans la mesure où il permet de réaliser une meilleure protection des libertés individuelles. C'est une transposition au plan judiciaire de la règle de la séparation des pouvoirs du droit public [3]. Il est depuis la loi du 15 juin 2000 très

1. On peut ajouter qu'il existe aujourd'hui une quatrième catégorie de juridictions, les tribunaux d'exécution des sanctions (v. *infra*, n°s 663 et s.).
2. Sur l'ensemble de cette question, v. G. Bergoignan-Esper, *La séparation des fonctions de justice répressive*, Paris 2/ PUF, préf. R. Vouin, Travaux et recherches de l'Université de droit et d'Économie et de Sciences sociales de Paris, 1973.
3. R. Merle et A. Vitu, *Traité de droit criminel*, t. II, n°s 390 et s. ; J. Pradel, *Procédure pénale*, n° 7 et s. ; P. Conte et P. Maistre du Chambon, *Procédure pénale*, n° 71 et s. ; S. Guinchard et J. Buisson, *Procédure pénale,* 4e éd., n°s 417 et s.

Juridictions répressives de l'ordre judiciaire

	Juridictions d'instruction	Juridictions de jugement	Juridictions de l'application des peines		Juridictions des mineurs			Juridictions militaires en temps de paix
Juridiction du droit					Chambre criminelle			
Juridictions du second degré	Chambre de l'Instruction	Chambre des appels correctionnels Cours d'assises d'appel	Chambre de l'application des peines	Juridiction nationale de la rétention de sûreté	Chambre spéciale de la Cour d'appel			
Juridictions du premier degré	Juges d'instruction Juge des libertés et de la détention	Cours d'assises Tribunaux correctionnels Tribunaux de police Juridictions de proximité	Juge de l'application des peines Tribunaux de l'application des peines	Juridictions régionales de la rétention de sûreté	Cours d'assises des mineurs Tribunaux des enfants Juges des enfants	Cour de Justice de la république	Tribunaux maritimes commerciaux	Cours d'assises spéciales de sept magistrats Tribunal aux armées (de Paris) en temps de guerre Tribunaux territoriaux des forces armées Tribunaux militaires aux armées hors du territoire
	Juridictions de droit commun			Juridictions d'exception				

précisément exprimé dans l'article préliminaire du Code de procédure pénale (I al. 2).

Le contrôle réciproque que chacun des pouvoirs peut exercer sur les autres n'est-il pas l'un des meilleurs gages d'une bonne justice ? Ce principe se présente sous trois aspects :

524 ***A) La séparation des autorités de poursuite et d'instruction*** ◊ La poursuite appartient au ministère public, l'instruction aux juridictions d'instruction. Ce principe, posé dans le Code d'instruction criminelle de 1808 [1], a été accentué dans le Code de procédure pénale, en assurant au juge d'instruction une indépendance renforcée par rapport au parquet. Il reste que la séparation des deux fonctions n'implique pas une absence totale de liaison entre les deux types d'attribution. Il faut alors veiller à ce que cette collaboration, voulue par les textes (art. 82, al. 2, CPP : communication du dossier d'instruction au ministère public), ne conduise pas indirectement à la primauté d'un organe sur l'autre [2]. On pense plus précisément à l'ascendant du parquet sur le juge d'instruction, magistrat isolé, souvent jeune et débutant aujourd'hui.

525 ***B) La séparation des autorités d'instruction et de jugement*** ◊ Ce deuxième aspect du principe séparatiste ne paraît pas s'imposer avec la même force et certains auteurs n'hésitent pas à le remettre en cause [3]. Il convient d'ailleurs d'en marquer le sens précis ; il implique qu'un magistrat qui a eu une véritable activité d'instruction ne puisse pas siéger dans la formation amenée à juger la personne contre laquelle il a instruit. Certes, une certaine imbrication des fonctions reste possible, voire dans certains cas la prééminence d'une fonction par rapport à l'autre. Malgré la valeur de quelques critiques tenant notamment à la très bonne connaissance qu'a le juge d'instruction et du dossier et du délinquant, il nous semble tout de même préférable que la juridiction de jugement soit totalement différente de la juridiction d'instruction car dans le domaine de la justice pénale, les garanties n'apparaissent jamais excessives.

N'y a-t-il pas certaines contradictions dans les arguments présentés par les auteurs hostiles à la séparation ? Peut-on tout à la fois prétendre que, par la détention provisoire, jusqu'alors décidée par lui, le juge d'instruction exerce une sorte de préjugement et en même temps affirmer que la présence du juge d'instruction dans la juridiction de juge-

1. A. Esmein, *Histoire de la procédure criminelle en France*, L. Larose et Forcel éd., 1882, p. 530.

2. V. J. Pradel, *Procédure pénale, op. cit.*, n°s 8 et s., R. Merle et A. Vitu, *op. cit.*, n° 393 ; *Contra*, B. Bouloc, *L'acte d'instruction*, LGDJ, 1965, n°s 538 et 557.

3. J. Pradel, *op. cit.*, n° 13 ; R. Merle et A. Vitu, *op. cit.*, n° 394. *Contra* et pour une étude très intéressante sur ce thème en général : M. L. Rassat, *Traité de procédure pénale*, n° 29 et s.

ment serait hautement souhaitable ? N'est-ce pas supprimer tout intérêt à distinguer les deux autorités et faire du juge d'instruction le seul véritable organe de décision ? Il reste que, formellement, plusieurs textes prévoient cette séparation même s'ils sont insuffisants (par ex., art. 49, al. 2, 137-1, 253 CPP) et que les exceptions qui concernent la juridiction des mineurs (le juge des enfants) s'expliquent par le caractère particulier des mesures éducatives [1]. Ajoutons que la Cour européenne des droits de l'homme en se fondant sur l'article 6-1 CESDH veille au respect de cette séparation des fonctions d'instruction et de jugement en exigeant un juge indépendant et impartial. Même si la Cour européenne des droits de l'homme et la Chambre criminelle de la Cour de cassation ont rendu, sur ce point, des décisions qui restent parfois assez floues on ne peut contester que la règle de l'impartialité contribue au renforcement de la règle de la séparation des fonctions judiciaires [2].

526 ***La séparation des autorités de poursuite et de jugement*** ◊ Rappelons que ce principe figure aujourd'hui en exergue du CPP. À vrai dire, cet aspect du principe séparatiste, qui a une double signification, pose beaucoup de problèmes. Il signifie d'abord qu'un membre du ministère public qui a personnellement participé à la poursuite du délinquant ne peut pas faire partie d'une formation de jugement appelée à statuer sur le cas de la personne poursuivie [3].

Il signifie ensuite que les juridictions de jugement ne peuvent pas exercer la poursuite puisqu'elle est réservée à un corps de magistrats spécialisés. Cette règle inconnue dans l'ancien droit [4], ne souffre que de rares exceptions (par exemple délits d'audience, art. 675 à 678, CPP).

§ 2. Les autres principes généraux

527 ***Non-spécialisation des juridictions répressives*** ◊ La règle de la séparation des fonctions, propre à la justice pénale, ayant été rappelée, on peut, quant aux autres principes généraux gouvernant la justice répres-

1. Sur le droit positif précis concernant cette question : v. M. L. Rassat, *op. cit.*, n° 32 et s. J. Pradel, *Procédure pénale*, n° 14 et s. P. Conte et P. Maistre du Chambon, *Procédure pénale*, n° 73 et s.
2. En ce sens : S. Guinchard et J. Buisson, *Procédure pénale*, n° 418 ; P. Conte et P. Maistre du Chambon, *Procédure pénale*, n° 75. Pour des opinions plus nuancées : M. L. Rassat, *op. cit.*, n° 35. J. Pradel, *Procédure pénale*, n° 16.
3. En ce sens : Crim. 29 oct. 1979, *Bull. crim.*, n° 296. V. sur ce problème en général J. Pradel, « La fonction de jugement est-elle compatible avec les autres fonctions de la justice répressive. Réflexions autour d'une jurisprudence récente », *D.* 1987, note sous Crim. 7 janv. et 6 nov. 1986, p. 237. Sur l'évolution de la jurisprudence sur cette question, v. S. Guinchard et J. Buisson, *Procédure pénale*, n° 418.
4. A. Laingui et A. Lebigre, *Histoire du droit pénal*, t. II (*La procédure criminelle*), Cujas, 1979, p. 90 ; A. Esmein, *op. cit.*, p. 140.

sive, renvoyer à ce qui a été dit du service public de la justice [1], tant en ce qui concerne l'indépendance des juridictions que leur composition. Nous soulignerons simplement, s'agissant du dernier point, le principe de *non-spécialisation* des juridictions répressives, qui résulte de l'unité des justices civile et pénale. Ce système signifie que les magistrats peuvent siéger aussi bien en matière civile qu'en matière répressive. Cette règle, bien qu'elle soit assez généralisée [2], n'est sans doute pas exempte de critiques. Si nous refusons de prendre en considération les arguments d'ordre économique, il est bien certain que le particularisme du droit criminel plaide en faveur d'une spécialisation. En effet les magistrats répressifs se prononcent non seulement sur l'existence d'une infraction, mais encore sur la condamnation d'un délinquant, et il faut qu'ils aient non seulement des connaissances pénales, mais encore des connaissances criminologiques [3]. Sans doute, le ministère de la Justice a-t-il conscience de ce problème puisque des stages sont organisés pour la formation de certains magistrats répressifs. Faut-il alors aller plus loin dans cette voie ? Il est certain qu'il faudrait d'abord obtenir la séparation, sinon des juridictions, du moins des fonctions de juge pénal et de juge civil. Une spécialisation initiale pourrait être complétée par une formation pratique au cours des premières années de fonction. Il reste évident qu'une telle réforme supposerait des moyens importants et le nombre encore très insuffisant des juges des enfants par exemple montre bien qu'il s'agit souvent du problème essentiel.

Il convient maintenant de présenter successivement les différentes juridictions répressives. Contrairement à une règle généralement suivie (y compris dans ce Précis), nous n'opposerons pas les juridictions de droit commun aux juridictions d'exception.

En raison du *particularisme* du procès pénal, nous allons présenter successivement les juridictions d'instruction et les juridictions de jugement. On constate d'ailleurs que l'on retrouve, d'une certaine manière, l'opposition, entre les juridictions de droit commun et d'exception, à l'intérieur de chacune des deux catégories de tribunaux (instruction-jugement). Nous serons néanmoins amenés à donner

1. V. *supra*, n°s 112 et s.

2. Cette règle connaît néanmoins quelques exceptions pratiques. Pour certaines fonctions, il y a une délégation au moins pour trois ans (Juge des enfants). Depuis la loi du 30 décembre 1987, le juge d'instruction étant nommé sans limitation de durée, on peut affirmer qu'il y a une certaine spécialisation de ce magistrat. Il en est de même pour le juge de l'application des peines (art. 709-1 CPP). Encore faut-il préciser qu'aux termes de l'article 28-3 de l'ord. du 22 déc. 1958 dans sa rédaction de la loi du 30 mai 2001, l'exercice d'une fonction déterminée (juge d'instruction, JAP, juge des enfants) dans un même tribunal est limité à dix ans. (v. *infra* n° 801) Ajoutons que dans les faits au moins (règle contraire prévue par l'art. R. 131-2, COJ) le roulement ne concerne pas les diverses chambres de la Cour suprême. V. M. L. Rassat, *Traité de procédure pénale*, n° 36 et s.

3. Sur ce point : G. Tarde, *La philosophie pénale*, réimp. Cujas, 1972, p. 449 et s. ; Verin, « Pour une réforme d'ensemble de la justice pénale », *RSC* 1971, p. 167 et s. ; « Pour une bibliographie générale », R. Merle et A. Vitu, *Traité de droit criminel*, t. II, n° 547.

quelques indications sur une troisième catégorie de juridictions, celles qui aujourd'hui traitent de l'exécution des sanctions.

Au préalable, dans un court chapitre préliminaire, nous allons donner quelques notions sur la compétence en matière pénale pour en souligner les *caractéristiques essentielles*.

Activité du Parquet en 2007

	2007	%	Évolution 2007/06 [%]
Procès-verbaux reçus	**5 273 909**	**100,0**	**-0,7**
dont auteur inconnu	3 082 620	58,5	-1,7
Affaires traitées	**4 903 537**		**-1**
Classement d'affairesnon poursuivables	**3 427 002**	**100,0**	**0**
- Infractions mal caractérisées, charges insuffisantes	449 496	13,1	+2,5
- Défaut d'élucidation	2 977 506	86,9	-0,4
Orientation des affaires poursuivables	**1 476 535**	**100,0**	**-3,3**
- Poursuites	684 734	46,4 (a)	-3,3
- devant le tribunal correctionnel	533 767		-3,3
selon une procédure de CRPC	49 712		-1,1
selon une procédure d'ordonnance pénale	129 914		
- devant le juge d'instruction	28 063		-8,2
- devant le juge des enfants	57 967		-0,5
- devant le tribunal de police	64 937		-5,1
- devant la juridiction de proximité	4 203		ns
- Compositions pénales	59 770	4,0 (b)	+17
- Procédures alternatives aux poursuites	490 434	33,2 (c)	+4,8
- Classements sans suite	241 597	16,4 (d)	-19,3
Taux de réponse pénale [a+b+c]	**77,9 %** [80,4 % en 2006]		

Source : SDSED. – *cadres du parquet, in* Les chiffres clés de la Justice, octobre 2008.

Activité des juges d'instruction en 2007

	2007	Évolution 2007/06 %]
Affaires nouvelles	**28 122**	**-8,6**
Crimes	7 605	-1,1
Délits	20 478	-11,2
Contraventions	4	-20
Recherche des causes de la mort et de la disparition suspecte	35	+2,9
Nombre de personnes mises en examen en 2005	**47 431**	**-5,8**
Nombre de témoins assistés en 2005	**5 306**	**-6**
Sans mise en examen	4 050	+0,2
Suivi d'une mise en examen	1 256	-21,6
Affaires terminées dans l'année	**28 976**	**-12,7**
Personnes mises en examen dans ces affaires selon le mode de clôture	**44 918**	**-8,6**
Renvoi devant la cour d'assises	3 143	-4,5
Renvoi devant le tribunal correctionnel	33949	-9,3
Renvoi devant le juge ou le tribunal pour enfants	3 064	-7,1
Non-lieu	3 426	-13
Dont irresponsabilité pénale	187	-4,6
Jonction, dessaisissement, incompétence, extinction de l'action publique, autres	1 336	+8,7
Durée moyenne de l'instruction [en mois]		Rappel 2006
Toutes affaires	**20,7**	**+20,2**
Crimes	23,1	23,6
Délits	20,4	19,8

Mesures de sûreté prises par le juge d'instruction ou le JLD

	2007	Évolution 2007/06 [%]
Contrôles judiciaires	**28 839**	**-5,5**
dont à l'occasion d'une mise en liberté	7 423	-9,2
- avec cautionnement	1 794	-8,2
- avec placement sous surveillance électronique	439	+38,1
- avec placement en centre éducatif fermé	103	+39,2
Détentions provisoires	**19 087**	**-5,5**
dont après débat contradictoire différé	734	+23,8
Maintien en liberté après débat contradictoire	**2 811**	**+4,3**
dont après débat contradictoire différé	436	+2,8

Source : SDSED. – *Répertoire de l'instruction, cadres du parquet, in* Les chiffres clés de la Justice, octobre 2008.

Activité judiciaire en matière pénale en 2007

		Évolution 2007/06 [%]
Par les juridictions pénales [hors amendes forfaitaires majorées]	**1 203 370**	**+5,8**
Cour de cassation	**8 468**	**-6,4**
Cours d'appel	**100 377**	**+11,9**
Chambre des appels correctionnels	48 047	-1,7
dont arrêts sur intérêts civils	*4 128*	*-4,6*
Chambre de l'application des peines	12 510	+14,2
Chambre de l'instruction	39 820	-2,5
Cours d'assises	**2 877**	**-3,1**
dont cours d'assises d'appel	*430*	*-5,1*
Tribunaux correctionnels	**577 196**	**+0,2**
Jugements sur l'action publique	**535 348**	**-0,2**
Jugements portant condamnation ou relaxe	*366 064*	*-4*
- Citation directe ou comparution volontaire	93 008	-2,2
- Convocation par procès-verbal du Procureur	17 667	+15,6

- Convocation par procès-verbal de l'OPJ	191 959	-7,5
- Comparution immédiate	45 404	+1,7
- Renvoi du juge d'instruction	17 903	-5,6
- Renvoi de la chambre de l'instruction	123	+38,2
Ordonnances pénales	*12 1485*	+2,4
Ordonnances d'homologation de CRPC	*47 799*	+32,3
Jugements sur intérêts civils	**41 848**	**+4,7**
Tribunaux de police	**75 889**	**-0,7**
Juridictions de proximité	**360 865**	**+17,2**
Juges et tribunaux pour enfants	**77 698**	**+3,1**
Amendes forfaitaires majorées	**11 461 540**	**+17,8**

Source : Les chiffres clés de la Justice, octobre 2008.

Peines prononcées en 2007

Nature de la peine principale	Nombre	Quantum moyen ferme
Toutes peines	**685 335**	
Réclusion criminelle	1 317	14,5 ans *
dont : à perpétuité	*21*	
Peine d'emprisonnement	333 012	
dont : avec partie ferme	*129 070*	*7,5 mois*
Peine d'amende	247 714	536 euros
Peine alternative	66 078	
dont : suspension de permis de conduire	*20 471*	
jour amende	*21 775*	
travail d'intérêt général	*15 776*	
Mesure et sanction éducatives	28 891	
Dispense de peine	8 323	

* hors réclusion criminelle à perpétuité

Source : SDSED, exploitation statistique du casier judiciaire national, Les chiffres clés de la Justice, octobre 2008.

CHAPITRE PRÉLIMINAIRE

ASPECTS PARTICULIERS DE LA COMPÉTENCE EN MATIÈRE PÉNALE

528 ***Définition*** ◊ Du fait qu'il existe de nombreuses juridictions dans une branche du droit déterminée, il importe de connaître quelle sera celle qui sera habilitée à juger une situation donnée. En matière pénale, il s'agit de savoir quel tribunal sera appelé à statuer pour une infraction précise. Ce sont les règles de la compétence qui permettent de répondre à une telle question. On a coutume de définir la compétence comme l'aptitude ou encore le pouvoir d'une juridiction d'instruire ou de juger un procès. Dans le cas où cette aptitude fait défaut, on dit que le tribunal est incompétent.

529 ***Le caractère d'ordre public des règles de compétence*** ◊ Par rapport aux règles applicables en matière civile, les règles de compétence répressive présentent une originalité essentielle : elles sont *toutes d'ordre public*, puisqu'elles sont instaurées dans le but d'assurer la meilleure administration de la justice possible. Il importe de déterminer les conséquences essentielles de ce caractère d'ordre public. Nous en retiendrons deux :

§ 1. **Le droit d'être jugé par son juge naturel** [1]

Ce principe comporte l'interdiction de modifier les règles de compétence, tant pour les parties que pour les juges. Mais la règle selon laquelle le juge de l'action est juge de l'exception, paraît également inspirée des mêmes raisons.

Il est assez fréquent qu'au cours d'un procès pénal se pose un problème qui relève normalement d'une autre juridiction, civile ou administrative par exemple. Ainsi en est-il pour l'appréciation de la légalité d'un texte administratif ou de l'existence d'un premier mariage pour savoir si un individu est bigame : si le juge pénal devait attendre qu'une autre juridiction se soit prononcée sur un point particulier, la marche du procès pénal en serait considérablement ralentie. Aussi, existe-t-il

1. Il existe cependant une exception légale, art. 466 CPP et une exception de fait très importante (la correctionnalisation judiciaire, v. *infra*, n° 542).

un principe en sens contraire, qui néanmoins connaît plusieurs exceptions.

530 ***Le principe*** ◊ Il est exprimé dans l'article 384 du CPP selon lequel le tribunal saisi de l'action publique est compétent pour statuer sur toutes *exceptions* proposées par le prévenu pour sa défense, à moins que la loi n'en dispose autrement ou que le prévenu n'excipe d'un droit réel immobilier. Cette règle n'est pas nouvelle puisqu'elle est appliquée par la jurisprudence depuis 1813, bien qu'elle n'ait été prévue alors par aucun texte [1]. Il n'est guère utile d'insister sur l'utilité d'un tel système pour une bonne administration de la justice. Pourtant, dans certains cas, l'exception a paru si importante que le législateur a prévu expressément qu'elle devait être soumise à son juge naturel. Il s'agit de l'exception *préjudicielle :* elle doit être interprétée restrictivement car elle constitue une dérogation à la règle générale [2].

531 ***Les dérogations : les exceptions préjudicielles*** ◊ Ces exceptions sont le plus souvent *civiles :* on signalera les problèmes de propriété immobilière, de nationalité ou de filiation. Elles peuvent aussi *être administratives* (règlement d'urbanisme) et même exceptionnellement *pénales* (dénonciation calomnieuse qui ne peut être sanctionnée qu'après que la fausseté du fait ait été vérifiée par une autre juridiction pénale). Dans tous ces cas, le juge pénal doit surseoir à statuer jusqu'à ce que la juridiction saisie de l'exception ait rendu sa décision. Précisons que certaines conditions sont imposées pour que le sursis soit obligatoire. Ainsi, *on évitera* que ces exceptions soient utilisées comme procédé dilatoire [3].

§ 2. **La possibilité très largement généralisée de vérifier la compétence dans une affaire déterminée**

L'incompétence peut d'abord être soulevée par les parties à tous les stades de la procédure, y compris devant la Cour de cassation [4]. L'incompétence doit ensuite être relevée d'office par toute juridiction qui,

1. Note du président Barris, secrète par respect de l'art. 5 du C. civ., interdisant les arrêts de règlement, qui précise la règle selon laquelle le juge de l'action doit juger l'exception.
2. La Cour de cassation le rappelle régulièrement. V. par ex. Crim., 4 déc. 1968, *Bull. crim.*, n° 327. Crim., 22 janv. 1997, *Bull. crim.*, n° 28.
3. Sur ces exceptions, v. R. Merle et A. Vitu, *Traité de droit criminel*, t. II, n°s 712 et s. ; J. Pradel, *Procédure pénale*, n°s 108 et s. ; B. Bouloc, *Procédure pénale*, n°s 561 et s. S. Guinchard et J. Buisson, *Procédure pénale*, n°s 1216 et s.
4. Crim. 1er déc. 1993, *Bull. crim.* n° 366 et pour une exception à cette règle : Crim., 3 févr. 1965, *Gaz. Pal.* 1965-I-291. (V. également en matière de terrorisme : art. 706-22 CPP).

ayant nécessairement, à titre liminaire, examiné sa compétence, constate que l'affaire dont elle est saisie relève d'un autre tribunal. Il existe cependant une exception très importante qui concerne la cour d'assises. Cette juridiction qui a plénitude de juridiction doit nécessairement juger l'infraction dont elle a été saisie par la décision de mise en accusation (art. 181 CPP) sauf s'il s'agit d'une infraction imputable à un mineur de 18 ans.

Ces indications données, nous allons examiner cette question en traitant successivement des principes généraux de la compétence répressive puis des dérogations exceptionnelles à ces règles.

I. Les principes généraux de la compétence répressive

532 ***Trois critères*** ◊ À la différence de la procédure civile, qui ne connaît que deux composantes des règles de compétence, la procédure pénale en retient trois. À côté de *la gravité et de la nature* des faits délictueux, ainsi que la *localisation géographique* de l'infraction, certaines *caractéristiques personnelles du délinquant* permettent également de déterminer la juridiction compétente pour juger une infraction. On sera donc amené à examiner successivement les règles de compétence personnelle (*ratione personae*) les règles de compétence matérielle (*ratione materiae*), les règles de compétence territoriale (*ratione loci*). La qualité du délinquant, la nature de l'infraction ou des considérations de lieu sont donc les trois critères permettant de déterminer la compétence d'une juridiction pénale.

Nous insisterons un peu plus longuement sur la première forme de compétence propre à la procédure pénale.

A. La compétence personnelle

« La loi doit être la même pour tous, soit qu'elle protège, soit qu'elle punisse ». Les termes de l'article 6 de la Déclaration des droits de l'homme ne sont-ils pas de nature à rendre très contestable le principe même d'une compétence personnelle ? On pourrait l'affirmer *a priori*, mais des principes propres au droit pénal paraissent néanmoins apporter de sérieux arguments en faveur d'une position différente.

Si les distinctions fondées sur l'idée d'avantager une catégorie de délinquants doivent être rejetées, on peut en revanche accepter celles qui sont justifiées par des impératifs pratiques, techniques ou politiques. Sans doute cette solution, qui conduit directement à l'existence de juridictions d'exception [1] n'est-elle pas absolument exempte de dangers, mais cela tient en réalité à la composition de la juridiction et non à son principe même.

1. Sur le sens de cette expression, v. *infra*, n° 623.

Dans notre système actuel, on relève trois sortes de juridictions dont l'existence est au moins en partie fondée sur des considérations personnelles : les juridictions pour mineurs, la Cour de justice de la République, les juridictions chargées de juger les militaires.

533 ***1) Les juridictions pour mineurs*** ◊ Le principe est, en ce domaine, que toute infraction (à l'exception des contraventions des quatre premières classes) [1] commise par un mineur de dix-huit ans doit être jugée par une juridiction spéciale. Les principes de responsabilité pénale très originaux prévus par l'ordonnance du 2 février 1945 justifient que l'on fasse appel à des juridictions d'exception composées de personnes spécialisées ou motivées par les problèmes de l'enfance délinquante. Ce particularisme de la justice répressive des mineurs qui se manifeste pratiquement pour toutes les infractions au premier degré de jugement (juge des enfants – tribunal pour enfants – cour d'assises des mineurs) connaît également un prolongement au second degré puisque c'est une chambre spéciale de la cour d'appel qui juge en appel des décisions rendues par le juge des enfants et le tribunal pour enfants.

Malgré le caractère général de cette compétence personnelle, elle comporte néanmoins quelques dérogations.

Outre les contraventions des quatre premières classes, les juridictions pour mineurs perdent exceptionnellement leur compétence au profit des juridictions militaires. En temps de paix le tribunal militaire aux armées de Paris pour les infractions commises hors du territoire de la République (art. L. 121-6 CJM) en temps de guerre les tribunaux territoriaux des forces armées (art. L. 122-2 CJM) peuvent être compétents notamment pour juger les mineurs militaires.

534 ***2) La Cour de justice de la République*** [2] ◊ La compétence personnelle de cette juridiction est assez limitée. Elle a été créée par la loi constitutionnelle n° 93-952 du 27 juillet 1993. Elle connaît des infractions, qualifiées crimes et délits, commises par les membres du gouvernement dans l'exercice de leurs fonctions (art. 68-1, al. 1 de la Constitution). Cette disposition n'est pas particulièrement précise mais on peut considérer que les règles appliquées pour la Haute Cour de justice, jusqu'alors compétente dans une telle hypothèse, sont

1. Les contraventions sont les infractions punies de peines de police (amende maximum de 3 000 euros). Elles sont réparties en cinq classes. La première classe correspond à l'infraction la moins grave (amende de 38 euros ; au plus). La cinquième classe correspond à l'infraction la plus grave (amende de 1 500 euros ; au plus, 3 000 euros ; en cas de récidive).

2. Jusqu'à la réforme constitutionnelle du 23 février 2007, la Haute Cour de justice était une juridiction à compétence personnelle puisqu'elle était compétente exclusivement pour juger le président de la République en cas de haute trahison. La Haute Cour qui la remplace n'est pas, à proprement parler, une véritable juridiction (v. *supra* n° 349 et s.). H. Le Gall, « La Cour de justice de la République », in *Justice et cassation*, revue des avocats aux Conseils, Dalloz, 2006, p. 145.

valables, notamment, sur la notion d'infraction commise « dans l'exercice des fonctions ». En revanche, nonobstant l'inconvénient du système, il est clair que la Cour n'est pas compétente pour juger les complices des ministres puisque cette extension de compétence, prévue naguère, pour la Haute Cour de justice n'a pas été reprise dans les textes [1] [2].

535 ***3) Les juridictions chargées de juger les militaires*** ◊ Alors qu'une réelle tradition historique conduisait à faire juger les militaires par des tribunaux spéciaux, une loi du 21 juillet 1982 a supprimé, en temps de paix, les tribunaux militaires et a donné compétence en cette matière aux juridictions de droit commun.

Cette suppression n'a cependant pas fait disparaître tout système de compétence personnelle pour les militaires qui ne relèvent pas encore vraiment des juridictions de droit commun. Tout d'abord parce qu'il subsiste certaines juridictions militaires : en temps de paix le tribunal aux armées pour les infractions commises à l'étranger lorsque des armées stationnent ou opèrent hors du territoire de la République (art. L. 1er CJM) ; en temps de guerre des tribunaux territoriaux aux armées (L. 112-1 CJM) reprennent une compétence générale.

Ensuite parce que sur le territoire de la République, en temps de paix, les militaires ne sont pas jugés par n'importe quel tribunal de droit commun mais par certaines juridictions spécialisées. Dans chaque ressort de cour d'appel un tribunal correctionnel et une cour d'assises, d'ailleurs sans jurés, sont seuls compétents en matière militaire (art. 698-6 CPP).

On doit remarquer que ces juridictions spécialisées ne sont pas seulement compétentes pour juger les infractions militaires mais également les infractions de droit commun commises pendant le service par les militaires (art. 697-1 CPP et L. 121-1 CJM) ce qui démontre le caractère personnel de la compétence [3] pour les personnes possédant le statut de militaire (L. 121-3 CJM). Bien que ces juridictions se voient attribuer compétence en fonction de la qualité du justiciable, on se trouve presque en marge de la compétence personnelle [4]. En effet, la qualité de militaire n'est pas toujours suffisante pour qu'une telle juridiction puisse être saisie. Le critère de la compétence personnelle cède, dans certains cas, devant celui de la compétence matérielle. Ainsi en est-il pour les juridictions spécialisées qui en temps de paix ne sont pas compétentes pour les infractions de droit commun commises par les militaires en dehors du service (art. 697-1 *a contrario* et 698-7, CPP).

1. V. en ce sens, Crim. ; 26 juin 1995, *Bull. crim.*, n° 235 ; Crim. 16 févr. 2000, *Bull. crim.*, n° 72. Sur cette question, J. Pradel, *Procédure pénale*, n° 74 ; *supra*, n° 351 et *infra*, n° 660.
2. J. Foyer : *Encyl. Dalloz, Droit pénal ;* v °Cour de justice de la République, 1999, n° 6.
3. Sur cette question B. Bouloc, *Procédure pénale*, n° 529.
4. V. R. Merle et A. Vitu, *Traité de droit criminel*, t. II, n° 688.

De telles exceptions révèlent bien que la compétence matérielle reste la règle essentielle dans le domaine répressif.

B. La compétence matérielle

En matière répressive, la compétence matérielle des juridictions est déterminée avant tout en fonction de la gravité ou de la nature des infractions. C'est le critère de la gravité qui est seul pris en considération lorsqu'il s'agit de répartir les infractions entre les juridictions de droit commun, alors que c'est en fonction de leur nature que les infractions sont réparties entre les juridictions d'exception.

Nous n'allons pas à cette place, déterminer la compétence de chaque juridiction mais nous contenter des principes essentiels pour chacune des catégories.

536 ***1) Compétence matérielle des juridictions de droit commun*** ◊ Il apparaît assez normal que l'organisation des juridictions pénales tienne compte de l'importance des faits à juger et notamment de la peine encourue. Il reste que deux systèmes sont possibles. On peut se fonder sur la *gravité théorique* des infractions telle qu'elle résulte de la peine prévue par la loi ou sur sa gravité réelle [1], c'est-à-dire sur la sanction que l'on pourrait appliquer au fait poursuivi en anticipant, en quelque sorte, sur la décision qui sera prise. Si cette dernière méthode n'est pas totalement ignorée, institutionnellement, dans le cadre de la justice des mineurs [2], pragmatiquement par la pratique de la correctionnalisation [3], le système français est pourtant organisé en fonction de la gravité théorique des infractions. En effet, en ce qui concerne les juridictions de droit commun, chacune est compétente pour une catégorie d'infractions.

537 ***2) La compétence matérielle des juridictions d'exception*** ◊ Celle-ci est fondée avant tout sur la nature des infractions : Cour de justice de la République (infractions réalisées dans l'exercice des fonctions) et juridictions spécialisées en matière militaire (infractions militaires). On doit cependant remarquer que la qualité du délinquant vient très fréquemment interférer dans la détermination de la compétence de ces juridictions (Cour de justice de la République – et surtout juridictions pour mineurs dont la compétence est exclusivement personnelle).

Le type de juridiction compétente ayant été déterminé, il reste à préciser, parmi toutes celles qui sont susceptibles de l'être, laquelle doit connaître concrètement de l'affaire.

1. Il est assez difficile de déterminer à l'avance la gravité réelle d'une infraction qui dépend de facteurs difficilement appréciables par l'autorité de poursuite.
2. V. *infra*, n° 628.
3. V. *infra*, n° 542.

C. La compétence territoriale

538 ***Le principe*** ◊ La détermination de la compétence territoriale implique que le ressort de chaque juridiction ait, au préalable, été fixé. Ce ressort est évidemment très différent selon la juridiction concernée.

Pour rattacher une affaire à la juridiction instituée dans un certain ressort, on retient en général une triple possibilité : le lieu de commission de l'infraction, la résidence d'une personne impliquée dans l'infraction, le lieu d'arrestation des personnes poursuivies. Cette règle n'est pas sans poser quelques problèmes. D'abord parce qu'il n'est pas toujours facile de localiser certaines infractions [1] ; ensuite parce que plusieurs tribunaux peuvent être saisis pour une même affaire.

À côté de ces dispositions générales, il faut signaler certaines règles exceptionnelles permettant à d'autres tribunaux d'être territorialement compétents. Ainsi, en est-il du tribunal du lieu de la détention, qui pour des raisons pratiques peut connaître des infractions commises par le détenu dans un autre lieu.

On citera également une loi du 10 juin 1983 qui en matière de contravention attribue compétence territoriale à d'autres tribunaux, que celui du lieu de commission de l'infraction. Ainsi, s'agissant de contraventions relatives au chargement ou à l'équipement des véhicules, le tribunal du siège de l'entreprise détentrice du véhicule peut être compétent (art. 522 CPP).

On précisera encore qu'en matière d'infractions de terrorisme, la loi du 9 septembre 1986 a établi le principe de la compétence concurrente des juridictions parisiennes (art. 706-17 CPP). Pour de telles affaires dont la complexité et les implications internationales sont fréquentes la juridiction de province normalement compétente peut se dessaisir au profit des magistrats parisiens [2]. Cette solution a été étendue à certaines affaires de pollution maritime pour les infractions commises, hors des espaces maritimes sous juridiction française, à bord d'un navire français (art. 706-108 CPP). Le tribunal de Paris dispose également d'une compétence exclusive en matière de corruption active d'agents publics étrangers (art. 706-1, al. 1er et 2e CPP).

On ajoutera enfin qu'il existe par ailleurs des juridictions de droit commun spécialisées dans certains domaines dont la compétence territoriale est étendue. Dans certains cas l'extension de compétence est facultative. Il y a tout d'abord des juridictions régionales couvrant le ressort d'une Cour d'appel. Cette solution a été adoptée pour les infractions en matière économique et financière.

L'objectif de cette dérogation de compétence est de soumettre ces affaires complexes à des magistrats spécialisés en créant parfois « des

1. Une infraction continue, comme la séquestration, peut en effet être localisée dans tous les lieux où une personne a été détenue.
2. R. Merle et A. Vitu, *Traité de droit criminel*, t. II, n°s 698 et s. ; J. Pradel, *Procédure pénale*, n°s 134 et s. S. Guinchard et J. Buisson, *Procédure pénale*, n° 173 et s.

pôles économiques et financiers ». Il y a ensuite des juridictions interrégionales couvrant plusieurs ressorts de Cours d'appel. Ce nouvel échelon de compétence a d'abord été créé par une loi du 4 mars 2002 pour les infractions d'une très grande complexité telle par exemple l'affaire du sang contaminé (art. 706-2 et 706-2-1 CPP). La loi du 9 mars 2004 (Perben II) a étendu cette solution à d'autres infractions : En premier lieu il s'agit de certaines affaires économiques et financières qui sont ou apparaîtraient d'une très grande complexité en raison du grand nombre d'auteurs de complices ou de victimes ou du ressort géographique sur lequel elles s'étendent (art. 704 al. 3 CPP). On notera que les affaires simplement complexes relèvent de la juridiction régionale. La distinction sera-t-elle toujours évidente ? Rien n'est moins sur. En deuxième lieu, l'extension concerne la criminalité organisée (art. 706-75 à 706-79-1 CPP).

La liste des infractions visées est fixée dans les articles 706-73 et 706-74 du CPP et la compétence de la juridiction interrégionale est réservée aux affaires qui sont ou apparaîtraient d'une très grande complexité.

En troisième lieu enfin l'extension concerne certaines affaires de pollution maritime (art. 706-107 al. 1 et 2 CPP). On précisera que dans toutes ces hypothèses les juridictions spécialisées ont une compétence concurrente à celle qui résulte des règles de droit commun de la compétence territoriale. La compétence de la juridiction spécialisée résulte d'un dessaisissement du juge d'instruction de droit commun au profit du juge spécialisé [1].

Précisons enfin que la reconnaissance de la responsabilité pénale des personnes morales dans le Code pénal (art. 121-2) a conduit à retenir le lieu du siège de la personne morale pour déterminer le tribunal territorialement compétent (art. 706-42 CPP) [2].

II. Dérogations aux règles de droit commun

Les différentes règles de droit commun que nous venons de signaler sont écartées dans un certain nombre d'hypothèses dont le but commun est d'assurer une meilleure administration de la justice. Ces dérogations conduisent à permettre à une juridiction de connaître d'une infraction qui devrait normalement être jugée par d'autres juges. On se bornera à énumérer les principaux cas qui concernent tout à la fois la compétence matérielle, personnelle et territoriale.

539 ***La prorogation légale de compétence*** ◊ Le législateur a, dans l'article 203 du Code de procédure pénale, énuméré plusieurs cas où le lien entre plusieurs

1. Sur cette question v. J. Pradel, *Procédure pénale*, n°s 124 et s., et plus globalement, v. *infra*, n° 598 et s.

2. Ces principes concernent les infractions commises en France. Pour les infractions réalisées à l'étranger des règles spécifiques sont prévues par l'article 693 CPP.

infractions est si étroit qu'elles doivent être soumises aux mêmes juges. C'est la *connexité* qui résulte de l'unité de temps, de lieu, de dessein ou encore d'une relation de cause à effet, une infraction ayant pour but d'en faciliter une autre. Cette notion de connexité a été interprétée assez extensivement par la jurisprudence. Elle a d'ailleurs admis que l'*indivisibilité* supposant un lien encore plus précis résultant soit de l'unité d'infraction, lorsqu'il y a plusieurs délinquants, soit de l'unité d'auteur lorsqu'il y a plusieurs infractions liées par un rapport particulièrement étroit, l'une étant par exemple le moyen de commettre l'autre (ex. : faux pour réaliser une escroquerie), entraîne obligatoirement les effets de la connexité seule prévue dans les textes.

L'effet essentiel de l'indivisibilité et de la connexité est d'entraîner la *jonction* des procédures au profit de l'une des juridictions selon des règles précises : on donne en principe la préférence à la juridiction de droit commun compétente pour connaître de l'infraction la plus grave [1].

540 ***L'abandon de la compétence territoriale de droit commun*** ◊ La juridiction, qui, par le jeu des règles de droit commun est territorialement compétente, est quelquefois abandonnée soit parce que l'on craint qu'elle ne soit pas la mieux placée pour rendre une décision en toute impartialité, soit parce que, pour des raisons techniques, un autre tribunal paraît mieux indiqué. La première hypothèse se rencontrait lorsqu'il s'agissait de juger certains délinquants en raison de leur qualité de fonctionnaires ou de magistrats. Ainsi, il était apparu de meilleure justice que les magistrats, préfets, officiers de police judiciaire soient jugés par une juridiction autre que celle dans le ressort de laquelle ils exerçaient leurs fonctions. C'est la chambre criminelle de la Cour de cassation qui déterminait cette juridiction. Ce système dit « du privilège de juridiction » s'étant révélé mauvais en raison de sa complexité et mal compris des citoyens qui y voyaient une protection injustifiée de certaines personnes a été supprimé par la loi du 4 janvier 1993 (art. 102).

La chambre criminelle reste compétente pour effectuer le renvoi d'un tribunal à un autre pour une meilleure administration de la justice, en cas de suspicion légitime ou de sûreté publique (art. 662 et s., CPP) [2]. On notera que dans le cadre d'une bonne administration de la justice et sur la base de l'article 665 CPP, tel qu'il a été réécrit par la loi du 4 janvier 1993, les personnes bénéficiant jusqu'alors d'un privilège de juridiction peuvent être renvoyées devant une autre juridiction que celle qui était normalement compétente, mais cette solution est purement facultative.

Ce sont des raisons techniques au contraire qui expliquent que certaines infractions soient renvoyées devant des tribunaux spécialisés [3].

1. V. sur ce point, R. Merle et A. Vitu, *Traité de droit criminel*, t. II, n°s 706 et s. ; M. Gobert, « La connexité dans la procédure pénale française », *JCP* 1961. I. 1607 ; J. Pradel, *Procédure pénale*, n°s 90 et s. S. Guinchard et J. Buisson, *Procédure pénale*, n°s 1169 et s.

2. Pour de nombreuses autres hypothèses de dérogation aux règles normales de compétence territoriale, V. par ex. : B. Bouloc, *Procédure pénale*, n°s 575 et s., J. Pradel, *Procédure pénale*, n°s 95 et s.

3. V. *supra* n° 539 et *infra* n° 596. R. Merle et A. Vitu, *Traité de droit criminel*, t. II, n° 703.

541 ***La plénitude de juridiction*** ◊ Cette règle, qui est propre à la cour d'assises permet à cette juridiction de juger toute infraction dont elle a été saisie, dérogeant ainsi aux règles de compétence matérielle, personnelle et territoriale [1].

542 ***La correctionnalisation judiciaire*** ◊ Cette technique judiciaire consiste à considérer comme un délit ce qui, en réalité, est un crime afin de donner compétence au tribunal correctionnel. L'importance pratique de cette mesure est incontestable, mais son illégalité ne l'est pas moins, puisque les règles de compétence, on l'a dit, sont d'ordre public [2]. On peut noter que la correctionnalisation légale de nombreux crimes réalisée récemment, notamment par le Code pénal, a mis un certain frein à cette pratique.

543 ***Plan*** ◊ Ces quelques principes de compétence permettent d'imaginer toute la diversité des juridictions ; nous allons maintenant présenter ces différentes juridictions en distinguant, conformément à la séparation des fonctions judiciaires en matière pénale, les juridictions d'instruction et de jugement. Les lois du 15 juin 2000 et du 9 mars 2004 ayant juridictionnalisé les décisions en matière d'exécution des sanctions il nous faudra également traiter de ces nouvelles juridictions que sont les juridictions d'exécution des sanctions [3]. Une autre distinction sera retenue dans chacune de ces catégories, celle qui oppose juridiction de droit commun et juridiction d'exception.

Ainsi que nous l'avons indiqué, c'est uniquement l'aspect technique de cette distinction qui nous intéresse, à savoir une compétence de principe pour les premières, une compétence exceptionnelle déterminée par un texte pour les secondes. Ces dernières juridictions ne jugent que les infractions ou les délinquants que le législateur leur défère [4].

1. V. *infra*, n° 592. P. Conte et P. Maistre du Chambon, *Procédure pénale*, n° 128.

2. On notera cependant que la loi du 9 mars 2004 a, d'une certaine manière, consacré cette pratique en interdisant aux parties de contester la compétence du tribunal correctionnel si elles ne l'ont pas fait lors du règlement de l'instruction et au tribunal correctionnel de se déclarer d'office incompétent (art. 186-3 et 469, al. 3 CPP) V. J. Pradel, *Procédure pénale*, n° 121). Il faut cependant préciser que le texte comporte *in fine* une exception lorsque le tribunal correctionnel est saisi d'un délit non-intentionnel et qu'il résulte des débats que les faits ont été commis de manière intentionnelle et peuvent alors entraîner une peine criminelle. Le tribunal peut renvoyer le ministère public à se pourvoir (Crim. 15 févr. 2006, *Bull. crim.* n° 56).

3. En ce sens, M. L. Rassat, *Traité de procédure pénale*, n° 69 ; S. Guinchard et J. Buisson, *Procédure pénale*, n° 148.

4. Nous indiquerons *infra*, n°s 623 et s. plus précisément pour les juridictions de jugement, les autres sens parfois donnés à cette expression « juridiction d'exception ».

CHAPITRE 1
LES JURIDICTIONS D'INSTRUCTION

544 ***Rôle*** ◊ La gravité des décisions prises par les tribunaux répressifs est quelquefois telle qu'il a paru nécessaire de soumettre certaines affaires à des juridictions dont le rôle est en quelque sorte de préparer le dossier.

Découvrir l'auteur de l'infraction, rechercher quelles sont les preuves qui permettent d'établir l'existence de cette infraction et décider si les charges relevées contre les personnes poursuivies sont suffisantes pour saisir une juridiction de jugement, tels sont les principaux objectifs de ce qui apparaît comme un avant-procès. Ne parle-t-on pas d'ailleurs d'instruction préparatoire ? Cette instruction, on dit encore information, en raison même de son but, n'est pourtant pas systématique. [1] Elle présente néanmoins un caractère obligatoire pour les crimes, en raison de la gravité particulière de l'infraction. Longtemps obligatoire pour les délits et les contraventions de 5e classe des mineurs, elle est aujourd'hui devenue facultative à l'image de la situation concernant les majeurs depuis que des procédures de jugement plus rapides ont été prévues (lois du 1er juill. 1996, du 9 sept. 2002 et du 5 mars 2007). Dans les autres cas, c'est la complexité de l'affaire qui conduira à la soumettre à une juridiction d'instruction qui peut être de droit commun ou d'exception [2].

SECTION 1. LES JURIDICTIONS D'INSTRUCTION DE DROIT COMMUN

Nous allons ici envisager les juridictions qui connaissent des affaires qui, seront, en principe, renvoyées à une juridiction de droit commun. Jusqu'à la loi du 15 juin 2000, la juridiction d'instruction par excellence était le juge d'instruction. Il faut aujourd'hui ajouter le juge des libertés et de la détention. Ces deux magistrats constituent les juridictions d'instruction du 1er degré (Sous-section 1). La chambre de l'ins-

1. L'instruction apparaît aujourd'hui plutôt exceptionnelle. Si l'on se réfère à l'activité des tribunaux correctionnels en 2007 la saisine de ce tribunal par renvoi du juge d'instruction représente moins de 3,4 % des affaires (17903/535348) V. Les chiffres clés de la Justice, octobre 2008.

2. Il n'y a pas à proprement parler de juridictions d'instruction d'exception. Il existe seulement certains organes d'instruction auprès de quelques juridictions d'exception.

truction (ex. : chambre d'accusation) est, quant à elle, la juridiction d'instruction du second degré (Sous-section 2).

SOUS-SECTION 1. Les juridictions d'instruction du premier degré

545 ***Évolution*** ◊ Depuis bien longtemps déjà, le système de l'instruction préparatoire, tel qu'il avait été conçu, par le Code d'instruction criminelle, faisait l'objet de nombreuses critiques, qui ont été à l'origine de plusieurs projets de réforme, dont l'objectif commun était de réduire les pouvoirs, jugés excessifs, du juge d'instruction. La contestation a été beaucoup plus importante au cours des dernières décennies et plusieurs réformes de cette matière ont été votées par le législateur. Le point commun de ces différents textes est que, pour l'essentiel, les dispositions concernant la restriction des pouvoirs du juge d'instruction ont été abrogées avant même d'avoir été appliquées. Ainsi, une loi du 10 décembre 1985 instituant une juridiction d'instruction collégiale, a été abrogée, avant même son entrée en vigueur. Ce texte abrogatif maintenait cependant une formation collégiale pour les mises en détention provisoire. Une nouvelle fois cette réforme a été anéantie par une loi du 6 juillet 1989. Ces hésitations montraient bien la difficulté d'une réforme de l'instruction préparatoire qui restait cependant à l'ordre du jour [1].

Pour autant les problèmes posés n'étant pas résolus, l'instruction apparaissait toujours comme une procédure en crise [2]. Pour certains, c'est la légitimité du juge d'instruction, qui était remise en cause. Ils souhaitaient, en effet, une réforme profonde de notre système procédural devant déboucher sur une solution à l'anglo-saxonne, où ne subsisteraient que deux organes de l'autorité judiciaire, le parquet qui serait chargé d'instruire avec le concours de la police judiciaire et les juges du siège chargés de prendre les décisions, se révélant attentatoires aux libertés individuelles [3]. La loi du 15 juin 2000 renforçant la présomption d'innocence et les droits des victimes, devait en définitive n'introduire qu'une réforme beaucoup plus limitée, du moins quant à la structure de l'instruction préparatoire. En effet, c'est seulement sur le point le plus sensible que les pouvoirs de juge d'instruction ont été réduits, celui de la mise en détention provisoire. Plutôt que de prévoir une formation collégiale pour décider de la mise en détention, le législateur a préféré confier cette mission à un autre magistrat, plus haut placé dans la hiérarchie que le juge d'instruction, portant le nom de juge des libertés et de la détention. Ce magistrat, dont les pouvoirs vont au-delà de la détention provisoire, constitue donc une juridiction complémentaire indispensable à celle du juge d'instruction.

Si le système mis en place ne réglait pas tous les problèmes il semblait avoir apporté quelques solutions en matière de détention provisoire. La très malheureuse affaire d'Outreau, qualifiée de « désastre judiciaire » par une commission

1. V. R. Merle et A. Vitu, *Traité de droit criminel*, t. II, n° 191. B. Bouloc, *Procédure pénale*, n° 459, note 2. J. Pradel, « De la réforme de l'instruction préparatoire », *D.* 1989. Chron. 1.
2. Sur les nombreux travaux relatifs à la réforme de l'instruction, V. B. Bouloc, *Procédure pénale*, n° 815-1 et la nombreuse bibliographie citée. J. Pradel, *Procédure pénale*, n° 650 et s. qui évoque la crise de l'instruction.
3. S. Guinchard et J. Buisson, *Procédure pénale*, n°s 1480 et s.

parlementaire, devait hélas démontrer le contraire. L'acquittement de nombreuses personnes accusées d'infractions sexuelles sur des enfants, après une très longue détention provisoire, et une instruction dont les débats d'assises ont fait apparaître les nombreux dysfonctionnements devait entraîner une mise en cause sans précédent de notre système d'instruction. Un groupe de travail sous la présidence du procureur général Jean-Olivier Viout, rapidement mis en place par le garde des Sceaux, devait conduire à un premier rapport proposant des réformes assez limitées. En revanche la commission d'enquête parlementaire de l'Assemblée nationale, après des travaux très largement médiatisés, présentait dans un rapport provisoire 80 propositions de réformes de la procédure pénale, plusieurs concernant évidemment l'instruction. Un projet de loi s'inspirant plus ou moins de ces travaux, présenté par l'ancien garde des Sceaux Pascal Clément, a abouti à la publication d'une loi n° 2007-91 du 5 mars 2007 sur l'équilibre de la procédure pénale qui réforme à nouveau le système de l'instruction.

La particularité de ce texte, du moins s'agissant de l'instruction, est qu'il propose une nouvelle fois d'instaurer une juridiction collégiale pour traiter de l'instruction au premier degré mais en reportant sa mise en place au 1er janvier 2010. Une réforme intermédiaire, applicable depuis le 1er mars 2008, a cependant été mise en place dont l'objet est de favoriser une instruction collective en créant des pôles de l'instruction. Alors que la totalité de la réforme instaurée par la loi du 5 mars 2007 sur l'équilibre de la procédure n'est pas encore totalement appliquée, un comité de réflexion sur la justice pénale a été mis en place. Il est présidé par l'avocat général Philippe Léger et a été installé le 14 octobre 2008 en envisageant qu'un rapport d'étape soit élaboré au début de l'année 2009. Ce rapport d'étape, déposé le 6 mars 2009, est actuellement en ligne sur le site du ministère de la justice. Ce rapport concerne la phase préparatoire du procès pénal et a pour ambition de présenter des propositions (7 au total) qui tendent à « stabiliser » durablement le droit. La première va dans le sens d'un souhait formulé par le président de la République dans un discours prononcé lors de la rentrée solennelle de la cour de cassation le 7 janvier 2009, à savoir la disparition du juge d'instruction, du moins dans sa fonction actuelle. Il est en effet proposé de transformer le juge d'instruction en juge de l'enquête et des libertés. Ce dernier serait désormais investi exclusivement de fonctions juridictionnelles. La mission d'enquête, dans un cadre unique, serait confiée au parquet, le procureur de la République étant le directeur de l'enquête. Cette proposition aboutirait donc à une transformation radicale de notre procédure pénale [1]. En l'état actuel de notre droit le principe de la distinction entre juge d'instruction et juge des libertés et de la détention étant maintenu, nous étudierons successivement ces deux juridictions.

1. H. Matsopoulou, « À propos du rapport d'étape du comité de réflexions sur la justice », *JCP G* 2009, actualités 156 ; J. Danet, B. Lavielle, « Juge d'instruction : Ni cet excès d'honneur, ni cette indignité », *Gaz. Pal.* 22/24 févr. 2009 ; J. Pradel, « Tous les péchés du juge d'instruction méritent-ils sa mise à mort ? », *D.* 2009. 438. F. Casorla et J. Pradel, « "Faut-il condamner le juge d'instruction ?" Eléments à charge et à décharge », *RPDP* 2009, p. 1.

§ 1. Le juge d'instruction

Pour étudier cette juridiction nous adopterons un plan très simple qui sera repris pour toutes les juridictions : les questions d'organisation puis celles qui concernent le fonctionnement.

I. Organisation

Dans le système actuel, le juge d'instruction est à lui seul une juridiction mais c'est d'abord un magistrat. Comment est-il désigné dans ces fonctions ? (A) Quel est ensuite le cadre (le ressort) dans lequel il peut accomplir sa mission (B). Telles sont les deux questions auxquelles il nous faut répondre. Dans un dernier point nous présenterons brièvement le système du collège de l'instruction qui, à compter du 1er janvier 2010, devrait transformer l'information en procédure collective (C).

546 ***A) Désignation*** ◊ Le juge d'instruction est un juge du tribunal de grande instance, c'est-à-dire un magistrat du siège inamovible et irrévocable. Il peut siéger au civil comme au pénal, sauf pour les affaires qu'il a instruites.

Il est nommé dans ces fonctions dans les formes prévues pour les magistrats du siège, c'est-à-dire par décret du président de la République. La révocation naguère expressément prévue par un décret pris dans les mêmes formes par l'al. 2 de l'article 50 CPP n'est désormais plus possible [1]. Il est un magistrat du siège. En cette qualité, il est inamovible et irrévocable. Mais, la loi organique du 25 juin 2001 limite à 10 ans l'exercice de ces fonctions dans un même tribunal (art. 28-3, ord. 22 déc. 1958).

À côté de cette procédure normale, il existe des modes exceptionnels de désignation prévus aux alinéas 3, 4 et 5 de l'article 50, CPP.

Le premier cas suppose l'encombrement d'un cabinet d'instruction. Un juge du tribunal peut temporairement être délégué par décret pour exercer cette fonction.

Le 2e cas intervient lorsque le premier président de la cour d'appel délègue un juge du tribunal. Il peut alors, par voie d'ordonnance, le charger de l'instruction.

Enfin le 3e cas, concerne l'empêchement, l'absence ou la maladie du juge d'instruction. L'assemblée générale du tribunal de grande instance peut désigner un juge pour le remplacer.

Il faut préciser que la création d'un collège de l'instruction n'entraînera aucun changement de cette procédure de désignation (art. 50 nouveau CPP).

1. V. J. Pradel, *Procédure pénale*, n° 32.

547 ***B) Ressort de la juridiction du juge d'instruction*** ◊ Actuellement il existe un juge d'instruction dans chaque tribunal de grande instance. Néanmoins, dans la plupart des tribunaux importants, il y en a plusieurs : 78 à Paris, 20 à Marseille, 17 à Lyon [1].

Dans ce cas, l'ensemble des affaires soumises à instruction doit être réparti entre les différents magistrats instructeurs. C'est le président du tribunal de grande instance qui se charge de la répartition (art. 83, CPP). Ce dernier peut également organiser des tours de garde pour les affaires survenant la nuit, les dimanches ou jours fériés (art. D. 30, CPP). D'une manière plus générale la loi du 6 juillet 1989 permet au président d'organiser un tableau de roulement pour répartir les affaires entre les juges, notamment en tenant compte de leur spécialisation.

Ce système simple vient d'être modifié par la loi du 5 mars 2007 qui crée dans certains tribunaux de grande instance des pôles de l'instruction dans lesquels sont regroupés tous les juges d'instruction du tribunal (art. 52-1 du nouveau CPP applicable à compter du 1er mars 2008). La liste des tribunaux dans lesquels existera un pôle de l'instruction, et leur compétence territoriale, a été déterminée par un décret du 16 janvier 2008 (art. D 15-4-4 CPP) [2]. Depuis la mise en place de cette réforme il y a, en quelque sorte, deux types de juridictions d'instruction du 1er degré.

Les tribunaux importants avec pôle de l'instruction dont le ressort peut s'étendre à plusieurs tribunaux de grande instance. L'activité au sein du pôle étant coordonnée par un ou plusieurs juges du pôle. Ces pôles d'instruction sont seuls compétents pour les informations criminelles et en cas de cosaisine (art. 52-1 al. 2 et 3).

Les tribunaux sans pôle, notamment ceux qui ne disposent que d'un seul juge d'instruction (66 sur 180) ne sont donc compétents que pour le ressort du seul tribunal et pour des affaires délictuelles n'ayant pas fait l'objet d'une cosaisine.

On précisera que c'est normalement le procureur de la République de la juridiction sans pôle qui est compétent pour ouvrir l'information devant le tribunal compétent au sein duquel se trouve le pôle de l'instruction. Le juge d'instruction d'une juridiction sans pôle peut aussi se dessaisir auprès du juge d'instruction compétent, désigné par le président du tribunal de grande instance dans lequel se trouve le pôle. (art. 118 dernier al. CPP). Afin, sans doute, que certaines juridictions ne soient pas asphyxiées on doit observer que le renvoi éventuel des affaires doit se faire devant les juridictions de jugement initialement compétentes (art. 50 II dernier al. nouveau CPP).

1. Les nombres sont évidemment susceptibles de varier au gré des créations de postes.
2. D. Karsenty, « Réflexion sur la mise en œuvre des pôles de l'instruction au regard des droits fondamentaux », *JCP* G. 2008. 1. 121. On notera que le décret du 16 janvier 2008 a été annulé par le Conseil d'Etat (arrêt du 19 févr. 2009, n° 33553) pour un vice de forme (non consultation du comité technique paritaire). Cette décision laissait cependant la possibilité au gouvernement de prendre un nouveau texte afin d'éviter des annulations d'instructions. Ce décret a été pris le 20 mars 2009 (n° 2009-313).

On a pu se demander si cette réforme ne pourrait pas conduire à la disparition du juge d'instruction dans certains tribunaux [1]. La création de collèges de l'instruction parait l'impliquer inexorablement.

548 ***C) Le collège de l'instruction*** ◊ C'est une réforme d'une toute autre ampleur que le législateur envisage à partir du 1er janvier 2010 puisqu'à partir de cette date toute instruction serait nécessairement assurée par une structure collégiale.

Aux termes de l'article 83 nouveau du CPP, pour chaque information, le président du tribunal devra désigner une formation collégiale de trois juges d'instruction dont un juge de premier grade qui exercera les fonctions de coordinateur. À cette fin un tableau de roulement pourra être établi.

L'alinéa 2 du texte précise que ce collège exerce les prérogatives du juge d'instruction. Il énumère ensuite les actes qui doivent nécessairement être pris de manière collégiale : mise en examen – octroi du statut de témoin assisté – placement sous contrôle judiciaire – saisine du juge des libertés et de la détention – mise en liberté d'office – ordonnance de règlement et de non-lieu. Pour tous les autres actes, ils peuvent être délégués à l'un des juges d'instruction composant le collège.

On peut comprendre les raisons qui conduisent à imposer la collégialité pour des décisions importantes de la procédure d'instruction à condition néanmoins que l'on estime que toutes les affaires soumises à l'instruction impliquent une telle procédure [2]. Par ailleurs n'y a-t-il pas quelque paradoxe à ce que la décision la plus grave, la détention provisoire, soit prise par un juge statuant seul ? Néanmoins comme on l'a déjà indiqué un projet de réforme de la procédure pénale qui envisage la suppression du juge d'instruction conduira sans doute à ce que pour la troisième fois, une loi prévoyant la collégialité, votée par le législateur, ne soit pas appliquée.

L'organisation de cette juridiction étant précisée il nous faut indiquer comment elle fonctionne.

II. Fonctionnement

Envisageant le juge d'instruction comme une juridiction, il importe de savoir comment cette juridiction peut être saisie, quelle est sa compétence et quel est son rôle. Nous distinguerons compétence et rôle dans la mesure où nous sommes en présence d'une juridiction qui n'est pas sans présenter certaines originalités.

1. C. Guéry, « La loi du 5 mars 2007 et l'instruction préparatoire », *AJ pénal* 2007. 105.
2. C. Guéry, préc.

A. Saisine du juge d'instruction

549 ***Principes essentiels*** ◊ À l'image de toute autre juridiction, le juge d'instruction ne peut pas se saisir d'office. Le pouvoir d'instruction sur une affaire déterminée lui est conféré par l'autorité de poursuite ou par la victime.

Deux actes, en effet, saisissent le juge d'instruction : le réquisitoire introductif d'instance (art. 80, al. 1, CPP) d'une part, la constitution de partie civile (art. 85, CPP) [1] d'autre part. Le premier émane du ministère public, le second de la victime.

À côté de ces procédés ordinaires, ce magistrat peut encore être saisi de deux manières différentes, soit par dessaisissement du juge des enfants (art. 8, al. 8, ord. 2 févr. 1945), soit par dessaisissement d'un autre juge d'instruction dans le cadre d'un règlement de juges (art. 658 et 659 CPP) ou pour donner compétence à une juridiction spécialisée.

Si la règle est l'unité de juge d'instruction il a toujours été possible, pour des affaires graves ou complexes, d'adjoindre, au magistrat chargé de l'information, un ou plusieurs juges d'instruction. Cette décision pouvait être prise d'office par le président du Tribunal de grande instance ou à la demande du juge premier nommé, qui comme chef d'équipe devrait coordonner l'information, ayant seul compétence pour saisir le juge des libertés et de la détention et pour rendre l'ordonnance de règlement.

Ce système a été modifié par la loi du 5 mars 2007, depuis le 1er mars 2008. Il faut désormais distinguer selon qu'il s'agit d'un tribunal avec pôle de l'instruction ou sans pôle. Dans le premier cas la cosaisine est possible dès l'ouverture de l'information par le président du TGI agissant d'office ou sur réquisition du ministère public (art 83-1 al 2 CPP). En cours d'instruction tout tribunal peut demander une cosaisine soit à la demande du juge d'instruction saisi, soit d'office, soit sur réquisition ou requête de l'une des parties, si le juge saisi donne son accord. Le président doit statuer dans le délai d'un mois. Dans tous les cas la désignation sera effectuée par le président du tribunal, pourvu d'un pole de l'instruction (art. 83-1 al. 3 CPP). Lorsque la cosaisine n'est pas décidée par le président du tribunal notamment en cas de refus du juge d'instruction désigné, elle peut l'être par le président de la chambre de l'instruction, d'office ou sur une réquisition de l'une des parties. Lorsqu'il s'agit d'un tribunal dépourvu de pôle de l'instruction c'est la chambre de l'instruction qui est compétente. Elle sera saisie par le président de la chambre de l'instruction. Si elle décide d'une cosaisine cette mesure entraînera dessaisissement du juge saisi. Les pouvoirs du juge coordonateur sont déterminés par l'art. 83-2 CPP [2].

On notera que les décisions de saisine sont des actes d'administration judiciaire non susceptibles de recours (art. 83-1 al. dernier CPP).

Lorsque le juge d'instruction est valablement saisi, il est tenu d'ouvrir une information. Cette obligation connaît néanmoins deux exceptions, soit lorsqu'il s'estime incompétent (art. 90 CPP) ; soit lorsque l'information lui paraît

1. La loi du 5 mars 2007 a complété l'art. 85 du CPP pour rendre les constitutions de partie civile plus difficiles.

2. V. S. Guinchard et J. Buisson, *Procédure pénale*, n° 1629 ; J. Pradel, *Procédure pénale*, n° 654.

totalement inutile. Dans ce dernier cas, il rendra une ordonnance de refus d'informer (art. 86, al. 5 CPP) [1].

Si l'information est ouverte, il reste à déterminer quelle est l'étendue de la saisine du juge d'instruction. On dit que le magistrat instructeur est saisi *in rem*. Cela signifie qu'il est saisi des faits tels qu'ils sont décrits dans l'acte qui l'investit, réquisitoire ou plainte. S'agissant d'autres infractions auxquelles il serait simplement fait allusion dans la plainte ou qui seraient découvertes au cours de l'instruction, il ne dispose d'aucun pouvoir, si ce n'est de les dénoncer au procureur de la République qui, par un réquisitoire dit supplétif, pourra lui donner compétence en ouvrant une information sur ces faits nouveaux, mais ce dernier est libre d'adopter toute autre solution.

S'agissant des personnes, jusqu'à la loi du 15 juin 2000, on estimait en général que le juge d'instruction devait mettre en examen la ou les personnes désignées dans le réquisitoire, mais il était également entièrement libre de mettre en examen tout individu pouvant avoir participé, soit comme auteur, soit comme complice, aux faits poursuivis. Depuis le 1er janvier 2001 la mise en examen ne peut concerner que les personnes à l'encontre desquelles il existe des indices graves et concordants rendant vraisemblable leur participation à la commission d'une infraction. Il faut que le juge d'instruction estime ne pas pouvoir recourir à la procédure de témoin assisté (art. 80-1 CPP).

Ayant déterminé comment le juge d'instruction peut être saisi il convient de préciser quelles sont les infractions dont il peut connaître : autrement dit, quelle est au sens strict, sa compétence.

B. Compétence

Nous distinguerons la compétence matérielle et la compétence territoriale de ce magistrat [2].

550 ***1) Compétence matérielle*** ◊ Les règles de la compétence matérielle sont, on l'a dit, déterminées en fonction de la nature de l'infraction, plus précisément de sa gravité théorique à partir de la peine encourue.

Selon ces principes et aux termes de l'article 79 du CPP, le juge d'instruction est compétent pour les trois catégories d'infractions crimes, délits et contraventions. Les règles sont cependant différentes selon la catégorie concernée. L'instruction préparatoire, obligatoire pour les crimes, est facultative pour les délits, alors qu'en matière de contravention, elle est exceptionnelle et décidée à la requête du ministère public (art. 44, CPP). Cette compétence générale peut évidemment céder lorsque l'instruction concernant certaines infractions est expressément soumise à une juridiction d'instruction d'exception.

551 ***2) Compétence territoriale*** ◊ Le juge d'instruction est rattaché à un tribunal de grande instance [3]. Il a donc naturellement compétence à l'intérieur du

1. La Cour de cassation se montre très vigilante et estime illégaux tous les refus d'informer qui ne sont pas fondés sur une impossibilité évidente de la poursuite. En ce sens, Crim., 5 juin 1971, *Bull. crim.*, p. 181. Crim. 9 déc.1997, *Procédures* 1998-99, obs J. Buisson. Crim., 11 janv, 2000, *Bull. crim.*, n° 7.

2. V. *supra*, n° 536 et s.

3. Une ordonnance du 8 juin 2006 précise que le juge d'instruction exerce ses fonctions au siège du tribunal de grande instance auquel il appartient (art. 49, al. 3 CPP).

ressort de ce tribunal. Conformément à la règle posée dans l'article 52 du CPP, il peut alors instruire les infractions commises dans son ressort, mais également celles commises hors du ressort, si l'un des auteurs présumés réside dans le secteur de compétence du juge, y a été arrêté ou y est détenu. Depuis le 1er mars 2008 dans les tribunaux comportant un pôle de l'instruction la compétence du juge d'instruction peut concerner le ressort de plusieurs tribunaux de grande instance (art. 52-1, al. 4 nouveau CPP).

Cette compétence de droit commun peut d'ailleurs être élargie dans un certain nombre de cas.

D'une manière générale, tout d'abord, le juge d'instruction peut, pour les nécessités de l'information, se rendre en tout autre point du territoire, à condition d'aviser le procureur de la République de son ressort et du lieu où il désire se rendre (art. 93, CPP, art. 69, CPP, en cas de flagrance). L'extension fondée sur des raisons pratiques (risque d'évasion notamment) permettant au juge d'instruction du lieu de détention d'un individu de connaître des infractions qui peuvent lui être ultérieurement imputées a été supprimée, le juge de la détention étant compétent de droit commun. Par ailleurs dans le domaine des infractions économiques et financières, depuis une loi du 6 août 1975 plusieurs fois modifiée (1994-1998-2000 et 2004) (art. 704 à 705-1 CPP), le juge d'instruction, lorsqu'il appartient à une juridiction désignée pour connaître de ces infractions peut, si l'affaire est ou apparaîtrait d'une grande complexité, informer pour des infractions commises en dehors de son ressort. Il exerce alors une compétence concurrente avec celle du juge d'instruction normalement compétent sur l'ensemble du ressort de la cour d'appel [1]. Cette solution a été également prévue pour l'instruction des infractions en matière sanitaire (art. 706-2 CPP). Deux tribunaux (Paris et Marseille) sont compétents en cette matière (Décret n° 2002-599 du 22 avril 2002 ; *JO* du 27 avril). Ces deux juridictions constituent donc les deux pôles de santé envisagés par le législateur (art. D 47-5 CPP). [2]. Il en est de même pour les juges d'instruction parisiens lorsqu'ils sont saisis pour des infractions de terrorisme, par ordonnance de dessaisissement d'un de leurs collègues de province (art. 706-17 CPP). Cette solution a été également étendue par une loi du 30 juin 2000 pour les infractions de corruption active des personnes relevant d'États étrangers autres que les États de l'Union européenne et d'organisations internationales publiques autres que les institutions des communautés européennes (art. 706-1 CPP), pour les infractions de pollution commises hors des espaces maritimes sous juridiction française à bord d'un navire français (art. 706-108 CPP) ainsi que pour les infractions relatives à la protection des investisseurs (délits d'initiés/art. 704-1 CPP).

La loi du 9 mars 2004 a largement développé cette extension de compétence en créant des juridictions spécialisées interrégionales, c'est-à-dire couvrant le ressort de plusieurs cours d'appel. Elle concerne les infractions en matière économique et financière (art. 704, dernier al.) et des infractions commises en bande organisée (art. 706-75 à 706-79, CPP) pour les infractions qui sont ou apparaîtraient d'une très grande complexité.

1. On notera que pour les infractions militaires le juge d'instruction désigné dans chaque juridiction spécialisée est également compétent sur l'ensemble du ressort de la cour d'appel.
2. V. S. Guinchard et J. Buisson, *Procédure pénale*, n° 184.

On observera que dans de telles hypothèses l'objectif est une véritable spécialisation des magistrats instructeurs. Il en est ainsi en matière de terrorisme ou quelques juges parisiens traitent exclusivement de ces questions. Il en va de même dans quelques grandes juridictions en matière économique et financière où ont été mis en place des pôles financiers. [1]

Ayant ainsi délimité le cadre d'activité du juge, il reste maintenant à examiner brièvement quel est son rôle.

C. Rôle du juge d'instruction [2]

La terminologie utilisée pour désigner ce magistrat indique, très clairement sa fonction dans le procès pénal. En premier lieu, il instruit c'est-à-dire qu'il est un enquêteur, qui, un peu à la manière d'un policier, va s'efforcer de rechercher les preuves établissant l'existence d'une infraction et la culpabilité de son auteur. Mais en second lieu, il est aussi un juge, constituant à lui seul une juridiction. Cette fonction juridictionnelle va s'exercer tout au long de l'information sous la forme d'ordonnances, qui conformément au principe du double degré de juridiction, pourront faire l'objet d'un appel devant la chambre de l'instruction. Il reste que la loi du 15 juin 2000 sur la présomption d'innocence en créant un juge des libertés et de la détention, si elle ne remet pas en cause globalement le système, entraîne une diminution importante des pouvoirs du juge d'instruction notamment s'agissant de ceux concernant la liberté des personnes.

1. L'enquêteur

552 Comme le précise expressément l'article 81 du CPP, l'objectif du juge d'instruction est de permettre la manifestation de la vérité ; informateur impartial, le juge à l'obligation d'instruire aussi bien à *charge* qu'à *décharge*, c'est-à-dire que ses investigations peuvent avoir pour but de démontrer que la personne poursuivie est innocente. La pratique est quelquefois différente aussi le législateur a-t-il expressément formulé cette règle dans l'article 81 al. 1er CPP *in fine*.

La mission essentielle du magistrat instructeur concerne évidemment la recherche des preuves de la ou des infractions(s) dont il a été saisi (circonstances dans lesquelles les faits se sont déroulés, participation des personnes) mais on ne saurait oublier que le juge d'instruction doit également se préoccuper de la personnalité des individus mis en

1. Sur cette question : S. Guinchard et J. Buisson, *Procédure pénale*, nos 175 et s. et n° 306.

2. Notre propos n'est pas ici de décrire la procédure d'instruction mais simplement d'exposer brièvement les attributions et les pouvoirs de ce magistrat. V. sur cette question R. Merle et A. Vitu, *Traité de droit criminel*, t. II, n° 409, J. Pradel, *Procédure pénale*, nos 645 et s. ; B. Bouloc, *Procédure pénale*, nos 461 et s., nos 643 et s. et bibliographie citée note 2 ; S. Guinchard et J. Buisson, *Procédure pénale*, n° 1619 et s., J. Pradel, *L'instruction préparatoire*, Cujas, 1990 ; P. Chambon, *Le juge d'instruction, Théorie et pratique de la procédure*, Dalloz, 4e éd., 1997 ; P. Chambon et C. Guéry, *Droit et pratique de l'instruction préparatoire juge d'instruction*, 6e éd. 2007.

examen. L'article 81, alinéas 6 et 8 CPP prévoit en effet un certain nombre d'examens et une enquête de personnalité dont l'importance est certaine, notamment pour la détermination de la sanction en cas de condamnation.

Pour accomplir cette tâche lourde et complexe, le magistrat instructeur s'est vu reconnaître des pouvoirs très importants concernant la recherche des preuves ; mais pour exécuter plus facilement cette mission, il dispose encore de certaines prérogatives qui portent au moins indirectement atteinte à la liberté des personnes.

553 ***a) Pouvoirs concernant la liberté des personnes*** ◊

• **Les mandats.** La première prérogative est celle de commandement. Elle s'exerce par l'intermédiaire de documents écrits appelés mandats. Le mandat est un ordre permettant notamment de contraindre un individu à se présenter devant le juge d'instruction. Le maintien du mis en examen à la disposition du magistrat pouvant être nécessaire, certains mandats permettent son incarcération.

On distingue cinq sortes de mandats. Le premier, le mandat de recherche, a été créé par la loi du 9 mars 2004. Il a pour objet de demander à la force publique de rechercher une personne soupçonnée d'avoir commis une infraction afin qu'elle soit placée en garde à vue (art. 122, al. 2 *in fine* CPP). Le deuxième, le mandat de *comparution* est une simple convocation solennelle sans véritable effet contraignant. Le troisième, est le mandat d'*amener* qui enjoint, à tout dépositaire de la force publique d'arrêter l'individu et de le conduire devant le magistrat instructeur [1]. Le quatrième, est le mandat de *dépôt*. Il suppose qu'un individu est déjà à la disposition du juge. Son objectif est alors d'ordonner au chef de l'établissement pénitentiaire de recevoir et de détenir la personne [2]. Le cinquième enfin, le mandat d'*arrêt*, combine les effets des deux précédents, une personne mise en examen étant en fuite, il sera possible de l'arrêter, puis de la détenir [3].

Depuis la loi du 15 juin 2000 le juge d'instruction ne peut plus délivrer les mandats de dépôt, la mise en détention relevant du seul juge des libertés et de la détention (art. 122, al. 1er CPP).

• **La détention provisoire.** Cette prérogative, c'est-à-dire celle de priver de liberté un individu pendant l'instruction, appartenait jusqu'alors au juge d'instruction. Même si cette privation de liberté avant jugement apparaît souvent comme une nécessité indispensable, elle n'en constitue pas moins une atteinte grave à la présomption d'innocence et ne devrait être qu'exceptionnellement décidée. Telle n'a jamais vraiment été la situation en droit français et, depuis

1. Selon le lieu de l'arrestation, certaines règles précises sont prévues car l'individu n'est pas en état de détention (v. art. 125 à 129, CPP). Le dépassement d'un délai très bref de vingt quatre heures pendant lequel un individu peut-être retenu dans une maison d'arrêt entraîne une remise en liberté immédiate. Dans le cas contraire cette détention sera considérée comme arbitraire (art. 126 CPP).

2. Ce mandat entraînant une détention n'est utilisable que pour des infractions assez graves c'est-à-dire celles qui sont passibles d'une peine criminelle ou d'une peine correctionnelle d'emprisonnement égale ou supérieure à trois ans (art. 143-1 CPP).

3. Sur les particularités de ce mandat, v. par ex. R. Merle et A. Vitu, *Traité de droit criminel*, t. II, nos 434 et s. ; J. Pradel, *Procédure pénale*, n° 651 et s.

plusieurs décennies, l'objectif permanent du législateur a été d'imaginer des solutions permettant de réduire le nombre des détentions [1].

Toute l'histoire récente de cette institution a donc tendu à la limiter au maximum [2]. La loi du 5 mars 2007 sur l'équilibre de la procédure pénale ne manque pas à cette tradition.

Le premier moyen utilisé pour restreindre les détentions fut d'organiser, selon un formalisme assez rigoureux, la procédure de mise en détention. L'idée de base d'un débat contradictoire, que devait organiser le juge d'instruction, a été maintenue pour la procédure qui se déroule aujourd'hui devant le juge des libertés et de la détention.

Le deuxième moyen envisagé pour limiter le nombre des détentions avant jugement a consisté à contraindre le juge d'instruction à obtenir l'aval d'autres magistrats, autrement dit, à imposer que la décision en ce domaine soit collégiale. Deux textes en ce sens furent votés, mais aussitôt abrogés, faute de pouvoir être appliqués, notamment en raison d'une insuffisance de moyens en personnels pour mettre en œuvre cette collégialité.

Dès lors, pour pallier les inconvénients pouvant résulter d'une mise en détention injustifiée par un magistrat instructeur, le législateur a mis en place un système de référé-liberté permettant de corriger dans un très bref délai une éventuelle erreur commise par un magistrat statuant seul. Cette procédure permet, en cas d'appel d'une ordonnance de placement en détention devant la chambre de l'instruction, au président de cette juridiction d'examiner l'appel dans un très bref délai, à savoir au plus tard le troisième jour ouvrable suivant le dépôt de la demande. S'il estime l'appel recevable, la personne est immédiatement remise en liberté (art. 187-1 CPP). Aux termes de l'article 187-2 CPP ajouté par la loi du 15 juin 2000, la personne qui forme le recours peut demander qu'il soit examiné directement par la chambre de l'instruction, qui doit statuer au plus tard le cinquième jour ouvrable suivant la demande [3].

Il reste que toutes ces solutions ne semblaient pas suffisantes pour assurer véritablement le principe de la présomption d'innocence, notamment en faisant de la détention provisoire une véritable exception dans un domaine, où la liberté du mis en examen doit être le principe. On notera cependant que, depuis la loi Perben I, lorsque le juge d'instruction décide de ne pas accéder à des réquisitions de mise en détention du procureur de la république, il doit statuer par ordonnance motivée (art. 137-4 CPP). En matière criminelle et pour les délits punis de 10 ans d'emprisonnement, le procureur de la République peut saisir directement le juge des libertés et de la détention et déférer sans délai devant lui, la personne mise en examen (art. 137-4, al. 2 CPP).

L'idée de base du nouveau système mis en place par la loi du 15 juin 2000 a été de retirer au juge d'instruction la décision de mise en détention et de la confier à un autre juge. Pour autant le juge d'instruction n'est pas écarté du processus, conduisant à l'incarcération d'une personne poursuivie, puisque le

1. M. L. Rassat, *Traité de procédure pénale*, n° 387 qui a comptabilisé 26 réformes successives de cette institution et donc 27 régimes différents depuis sa création.

2. Sur l'évolution de la détention provisoire : B. Bouloc, *Procédure pénale*, n° 715 et s. ; J. Pradel, *Procédure pénale*, n°s 733 et s. ; R. Merle et A. Vitu, *Traité de droit criminel*, t. II, n° 467 et s. ; M. L. Rassat, 17 et la suite *Mélanges A. Vitu*, p. 419. M. L. Rassat, *Traité de procédure pénale*, n° 387 ; Michaud, *RSC* 1996-516.

3. R. Merle et A. Vitu, *Traité de droit criminel*, t. II, n° 504 ; J. Pradel, *D.* 1993. Chron. 308 ; J. Pradel, *Procédure pénale*, n° 769.

législateur a souhaité que cette mesure, souvent lourde de conséquences, résulte de l'avis convergent de deux magistrats (système du double regard).

En effet, selon la procédure fonctionnant depuis le 1er janvier 2001, c'est le juge d'instruction et lui seul, qui peut prendre l'initiative de la mise en détention. Il devra alors saisir par une ordonnance motivée le juge des libertés et de la détention pour qu'il se prononce sur cette question. L'ordonnance est accompagnée du dossier avec les réquisitions du ministère public.

Bien entendu, cela implique que le magistrat instructeur ait vérifié que les conditions de fond permettant cette mesure sont réunies. Il en est ainsi des règles relatives à la durée de la peine encourue. La loi du 9 septembre 2002, revenant quelque peu sur la loi du 15 juin 2000 fixe en matière correctionnelle cette peine uniformément à trois ans (art. 143-1 CPP).

Quant aux cas permettant la mise en détention, l'article 144 CPP, dans sa rédaction issue de la loi du 15 juin 2000, retient trois séries de cas, qui sont fondées sur les nécessités de l'instruction, la protection de la personne mise en examen ou encore pour mettre fin à un trouble persistant et exceptionnel à l'ordre public. La loi du 5 mars 2007 prévoit néanmoins que cette justification n'est pas utilisable en matière correctionnelle et énonce désormais sept cas précis pouvant justifier une détention provisoire pour obliger le juge à mieux motiver sa décision (art. 144 nouveau) [1]. Encore faut-il préciser que le contrôle judiciaire doit être insuffisant et que la détention provisoire constitue l'unique moyen d'éviter l'une ou l'autre des hypothèses qui pourraient justifier l'incarcération.

Si le juge d'instruction ne peut pas décider de la mise en détention, en revanche c'est à lui que seront adressées les demandes de mise en liberté qu'il pourra librement accorder. En revanche, s'il refuse d'y faire droit, elles seront soumises au juge des libertés et de la détention (art. 148, al. 3 CPP). Il peut d'ailleurs ordonner cette remise en liberté d'office (art. 147 CPP) [2].

Le juge d'instruction a également gardé l'essentiel de ses pouvoirs s'agissant de la mesure restrictive de liberté constituée par le contrôle judiciaire.

• **Le contrôle judiciaire** (art. 138 à 143, CPP) a été instauré par la loi du 17 juillet 1970 avec comme objectif précis de réduire les cas de détention. La différence fondamentale avec la mesure précédente c'est que la personne mise en examen reste libre. Sa liberté est simplement restreinte par certaines obligations positives ou négatives infligées, par le juge, à la personne soumise à cette mesure. Si l'idée de base est de garantir le maintien de l'individu à la disposition de la justice, certaines obligations sont imposées à titre de mesure de sûreté, voir dans l'intérêt de la personne mise en examen elle-même. Mesure restrictive de liberté, le contrôle judiciaire doit être décidé par voie d'ordonnance et seulement pour les besoins de l'instruction (art. 137 CPP) lorsqu'une peine d'emprisonnement ou une peine plus grave est encourue. L'inobservation par l'intéressé de ses obligations peut néanmoins conduire le juge à consi-

1. Sur la réforme : M. Nord-Wagner, « La détention provisoire : un équilibre renforcé », *AJ pénal* 2007, dossier 113 ; J. Pradel, « Les suites législatives de l'affaire d'Outreau – A propos de la loi n° 2007-291 du 5 mars 2007 », *JCP* 2007. I. 138. ; H. Matsopoulou, « Les innovations dans la conduite de l'information judiciaire : une urgence pour 2010 », *Dr. pénal* 2007, étude 10.

2. V.A. Dorsner-Dolivet, « Les dispositions de la loi du 15 juin 2000 renforçant les garanties judiciaires en matière de détention provisoire », *Dr. pénal*, déc. 2000, chron. p. 4 ; J. Pradel, art. préc., *D.* 2001. 1039. G. Di Marino, « La détention provisoire et la loi du 15 juin 2000 », *RPDP* 2000-321.

dérer qu'il faut revenir à la détention alors même que la durée de l'emprisonnement encouru serait inférieure à celle exigée pour décider une détention provisoire. Il faudra évidemment qu'il saisisse le juge des libertés, seul compétent pour décider de la détention (art. 141-2 CPP). Ce dernier est également compétent pour ordonner un contrôle judiciaire et en fixer les modalités d'application (art. 138 et 145 al. 3 CPP). Cette atteinte à la liberté des individus a, on le voit, une finalité essentielle celle de faciliter la recherche des preuves [1].

554 ***b) Pouvoirs du juge concernant la recherche des preuves*** ◊ Là encore les pouvoirs du magistrat instructeur sont importants et divers.

Il y a tout d'abord des opérations que l'on peut qualifier de matérielles. Le juge d'instruction peut se rendre sur les lieux d'une infraction (*descente sur les lieux*) pour procéder à toute constatation qu'il jugera utile. Il doit être accompagné du greffier. Il a le droit de procéder à des *perquisitions* en tout lieu où pourrait se trouver un objet utile à la manifestation de la vérité. Bien entendu, cette mesure doit être entourée de toute une série de formalités destinées à garantir les droits des citoyens. Des règles spécifiques restrictives sont prévues pour les perquisitions effectuées dans le cabinet d'un avocat (art. 56-1 CPP). Si un objet utile a été découvert, une 3e opération, la *saisie*, permettra de le conserver sous main de justice (art. 97, CPP). Il peut aussi faire procéder à des écoutes téléphoniques. (art. 100 à 100-7 CPP).

Lorsqu'une question technique se pose au cours de l'information et qu'il apparaît que, seul un homme de l'art pourra apporter une réponse précise, le juge d'instruction peut ensuite recourir à l'*expertise* (art. 156 à 167 CPP). Le juge sans aliéner en rien son pouvoir d'appréciation, demandera alors à un (ou des) spécialistes(s) de donner un avis sur une question précise (expertise clinique, balistique, médicale, etc.). Cet avis sera formulé dans un rapport rendant compte de la mission confiée. On notera que, si l'initiative de ces actes appartient normalement au juge d'instruction, la personne mise en examen ou la partie civile peuvent, demander qu'il soit procédé à certaines mesures d'instruction (art. 81 et 82-1 du CPP). La loi du 15 juin 2000 a développé ces possibilités, par exemple en étendant le système aux demandes d'expertise ou en exigeant que l'acte soit effectué en présence de l'avocat. La loi du 5 mars 2007 a développé le caractère contradictoire de cette procédure (art. 161-1 nouveau CPP).

Enfin, le juge d'instruction a le pouvoir d'entendre certaines personnes. Il y a l'audition des témoins ; l'enquête au sens probatoire de ce terme (art. 101 à 113, CPP). Le juge peut procéder à l'audition de toute personne susceptible de l'aider dans sa recherche de la vérité. On notera qu'aux termes de l'article 116-1 CPP, en matière criminelle, un enregistrement audiovisuel des interrogatoires et confrontations des majeurs mis en examen sera organisé dans le cabinet du juge d'instruction à l'exception des affaires de criminalité organisée (art. 706-73 CPP). Le témoin, sauf exception, doit non seulement comparaître, mais encore prêter serment et déposer. Il peut être confronté à d'autres témoins mais aussi à la personne mise en examen. Cette dernière doit évidem-

1. Sur cette mesure : I. Souleau, « Neuf années de contrôle judiciaire », *RSC* 1980, p. 41. On notera que le législateur a tenu à rappeler (art. 137, CPP) que la liberté totale doit rester le principe. B. Bouloc, *Procédure pénale*, nos 708 et s. et la bibliographie citée. S. Guinchard et J. Buisson, *Procédure pénale*, nos 1841 et s.

ment être entendue, mais la garantie des droits de la défense conduit à imposer un formalisme beaucoup plus important. Le premier interrogatoire dit de première comparution, celui qui précède immédiatement la mise en examen est soigneusement réglementé (liberté de se taire, de choisir un conseil, etc.). Lors de cette première comparution le déroulement dépend du point de savoir si la personne est ou non assistée d'un avocat. Si l'avocat est présent, notamment à la suite d'une convocation par lettre recommandée (art. 80-2 CPP), le juge peut interroger la personne poursuivie, l'avocat pouvant présenter ses observations (art. 116 al. 3 CPP). Il est très important de noter que depuis la loi du 15 juin 2000 la mise en examen ne sera décidée que si le juge estime ne pas pouvoir recourir à la procédure de témoin assisté. La mise en examen implique qu'il existe, contre la personne, des indices graves ou concordants rendant vraisemblable sa participation à l'infraction. Dans tous les autres cas la personne mise en cause par un réquisitoire introductif ou supplétif, par une plainte de la victime ou par un témoin ne peut-être entendue que comme témoin assisté. Cette personne n'est plus un témoin puisqu'elle ne prête pas serment et elle bénéficie d'un certain nombre de droits (avocat, accès au dossier) mais elle n'est pas pour autant partie à la procédure (art. 113-1 à 113-8 CPP) [1].

Pour la plupart des opérations que nous venons de relater, le juge, s'il peut y procéder seul, dispose également de la faculté de déléguer ses pouvoirs à un autre juge ou à un officier de police judiciaire au moyen d'une *commission rogatoire*. Cette technique qui n'est d'ailleurs pas sans limite [2] permet au juge d'instruction de se décharger de certaines tâches matérielles fastidieuses. Le magistrat instructeur, en effet, n'est pas seulement un enquêteur c'est aussi un juge comme on va le voir maintenant.

2. Le juge

555 ***Le pouvoir juridictionnel du juge d'instruction*** ◊ Initialement le Code d'instruction criminelle n'avait pas voulu confier au magistrat instructeur lui-même le soin de régler les difficultés juridiques pouvant se présenter. Une juridiction collégiale, la chambre du conseil s'était vu confier cette mission. La pratique ayant révélé que cette chambre se contentait d'entériner les décisions du juge, elle fut supprimée par une loi du 17 juillet 1856.

Les pouvoirs juridictionnels étant confiés au juge d'instruction, ce dernier est devenu la juridiction d'instruction du 1er degré. L'exercice de ce pouvoir de décision est assuré par l'intermédiaire d'ordonnances prises après que le ministère public ait été sollicité de requérir. Ces ordonnances qui sont notifiées au parquet, mais également aux parties et à leurs conseils [3], peuvent être prises tout au long de l'information.

1. Sur cette procédure : J. Pradel, *Procédure pénale*, nos 707 et s. P. Conte et P. Maistre du Chambon, *Procédure pénale*, n° 349 et s. ; R. Merle et A. Vitu, *Traité de droit criminel*, t. II, n° 458 et s. ; S. Guinchard et J. Buisson, *Procédure pénale*, nos 1722 et s.

2. Outre des commissions rogatoires générales (art. 151, CPP) certains actes, tel le mandat ne peuvent être confiés à un tiers. De plus, l'interrogatoire de la personne mise en examen ne peut être réalisé que par un magistrat.

3. Nous éludons ici une question fort délicate concernant le caractère juridictionnel ou non des ordonnances du juge d'instruction. Notons simplement qu'au sens large, l'ordonnance s'entend de toute décision du juge manifestée par écrit. Dès lors, il est apparu que

– Lors de l'ouverture de l'instruction, on peut citer à titre d'exemple, l'ordonnance d'incompétence (le juge n'est pas territorialement compétent), l'ordonnance de refus d'informer (les faits à l'évidence ne constituent pas une infraction).

– Au cours de l'information : l'ordonnance par laquelle le juge refuse de procéder à un acte d'instruction demandé par une partie (expertise par exemple) ; l'ordonnance de mise sous contrôle judiciaire ; l'ordonnance de soit-communiqué par laquelle le juge transmet le dossier au parquet, etc. [1].

– À la clôture de l'instruction, c'est nécessairement par une ordonnance que le magistrat va prendre parti sur les suites qu'il convient de donner à l'affaire, c'est l'ordonnance de règlement (art. 175 et s., CPP). Il peut s'agir d'une ordonnance de non-lieu si le juge estime qu'il n'y a aucune infraction punissable, quelles qu'en soient les raisons : de droit (aucune qualification pénale ne peut être retenue), de fait (aucune charge suffisante n'a pu être relevée contre la personne mise en examen).

– Dans le cas contraire, le juge prendra une ordonnance de renvoi. Au sens strict, on parle d'ordonnance de renvoi lorsque le juge veut saisir le tribunal de police, le tribunal correctionnel ou encore le tribunal pour enfants, estimant qu'il s'agit d'une contravention, d'un délit ou dans le dernier cas d'une infraction commise par un mineur. Lorsque les faits dont a été saisi le juge paraissent constituer un crime, le renvoi direct devant la cour d'assises était impossible ; il y avait alors une ordonnance de transmission de pièces au procureur général qui saisissait la chambre d'accusation, juridiction d'instruction du second degré car tout crime devait faire l'objet d'une double instruction. La loi du 15 juin 2000 ayant instauré un appel contre les arrêts rendus par les cours d'assises, on a estimé que le double degré d'instruction n'était plus indispensable. Dès lors, le juge d'instruction peut lui-même rendre une ordonnance de mise en accusation devant la cour d'assises (art. 181 CPP). Cette solution s'applique pour le renvoi devant la cour d'assises des mineurs, lorsqu'on est en présence d'un crime commis par un mineur de seize à dix-huit ans (art. 9 al. 6 de l'ord. du 2 février 1945). On ajoutera cependant qu'en cas d'appel de cette ordonnance, la Chambre de l'instruction sera amenée à réexaminer le bien fondé de la qualification criminelle donnée aux faits. Mais, le juge d'instruction n'est plus le seul magistrat intervenant au premier degré de l'instruction.

toutes les ordonnances ne traduisent pas une fonction de juge mais parfois une simple fonction d'administration. Sur un plan pratique, il avait donc été décidé que seules les ordonnances juridictionnelles, c'est-à-dire celles qui impliquent que le juge a choisi entre plusieurs solutions doivent être notifiées aux parties. Sur ce point, v. J. Pradel, *Procédure pénale*, n°s 696 et s. En ce qui concerne la recevabilité de l'appel, la question était plus controversée et tout dépendait de la partie qui voulait exercer cette voie de recours. Cette question est aujourd'hui très sérieusement simplifiée puisque certains textes précisent expressément les ordonnances qui doivent être signifiées ainsi que celles qui sont susceptibles d'appel (art. 183-185-186 CPP).

1. On peut noter que quelques textes particuliers tendent à accorder certains pouvoirs de juridiction non directement reliés à l'information. Il s'agit du pouvoir de prononcer certaines mesures de sûreté. Fermeture d'établissement en cas de proxénétisme (art. 706-36 CPP) ou de trafic de stupéfiants (art. 706-33 CPP). Injonction thérapeutique (loi du 5 mars 2007) à un toxicomane (L. 3424-1 CSP). L'urgence conduit donc à attribuer au juge d'instruction certains pouvoirs qui ne sont pas directement imposés par l'information. V. sur ce point : B. Bouloc, *Procédure pénale*, n° 746.

§ 2. Le juge des libertés et de la détention [1]

La création de cette juridiction est une des innovations majeures de la loi du 15 juin 2000, dont nous envisagerons successivement l'organisation, puis les attributions.

I. Organisation

Si le juge des libertés constitue à lui seul une juridiction, c'est d'abord un magistrat, dont il convient d'indiquer le mode de désignation avant de préciser le ressort de sa juridiction.

A. Désignation

56 Le juge des libertés et de la détention est, aux termes de l'article 137-1 al. 2, un magistrat du siège ayant rang de président, de premier vice-président ou de vice-président. Le législateur, renonçant à instaurer une juridiction collégiale pour traiter le contentieux de la détention provisoire, a donc voulu que le juge unique chargé de cette question soit un magistrat d'expérience, dont le rang hiérarchique est supérieur à celui du juge d'instruction. Il est désigné dans cette fonction par le Président du tribunal de grande instance.

Aux termes de l'alinéa 2 de l'article 137-1 en cas d'empêchement simultané du juge des libertés du président et de tous les vice-présidents d'un tribunal de grande instance il est remplacé par le magistrat du siège le plus ancien dans le grade le plus élevé.

B. Ressort de la juridiction du juge des libertés

57 Le principe est évidemment celui de l'existence d'au moins un juge dans chaque tribunal de grande instance. Dès lors qu'il statue à l'issue d'un débat contradictoire, il doit être assisté d'un greffier.

On peut imaginer que, dans les juridictions importantes, plusieurs magistrats, doivent être désignés. Dès lors à l'image de ce qui se passe pour les juges d'instruction, c'est le président du tribunal de grande instance, qui se chargera de la répartition des affaires entre les différents magistrats chargés de cette fonction (art. 83 CPP).

Inversement, dans les petits tribunaux, qui ne comprennent que quelques juges du siège, l'application de ce nouveau système est susceptible d'être très difficile. Il faut en effet signaler qu'aux termes de l'alinéa 3 de l'article 137-1 CPP le juge des libertés ne peut, à peine de

1. C. Guéry, « Le nouveau juge des libertés et de la détention : premiers problèmes pratiques », *Gaz. Pal.* 2000, n° 252, et « Le juge des libertés et de la détention : un juge qui cherche à mériter son nom », *D.* 2004. Chron. 583 ; M. Huyette, « JLD, comparution immédiate et procès équitable », *D.* 2003. Chron. 1453 ; B. de Lamy, « Le juge des libertés et de la détention : un trompe l'œil », *Dr. pénal* 2007, Etudes 13.

nullité, participer au jugement des affaires pénales, dont il a connu. Cette incompatibilité est de nature à rendre la survie de certaines juridictions assez problématique. Pour régler certaines difficultés, une loi du 30 décembre 2000 a apporté quelques solutions ponctuelles. En effet, aux termes de l'article 137-1-1 CPP tel qu'il résulte d'une ordonnance du 8 juin 2006, il est possible d'organiser pour les petits tribunaux une mutualisation du juge des libertés et de la détention. Le texte permet en effet pour des périodes limitées (les fins de semaine, les congés annuels) que les fonctions soient assurées par le même vice-président pour trois juridictions au plus, pour une durée totale qui ne peut pas excéder quarante jours. Cette décision est prise par le président de la cour d'appel à la demande des présidents des juridictions concernées. La même solution peut être utilisée en cas de vacance d'emploi, lorsqu'aucun magistrat du tribunal n'est susceptible d'exercer ces fonctions. La durée ne pourra pas, une nouvelle fois, excéder quarante jours.

On ajoutera que la même loi du 30 décembre 2000 permet au juge des libertés, à l'image du magistrat instructeur de se transporter dans toute l'étendue du territoire national pour tenir un débat contradictoire concernant une personne susceptible d'être incarcérée.

II. Attributions

Le juge des libertés et de la détention a avant tout été créé pour décider de la détention provisoire pendant l'instruction, mais il a paru logique au législateur de lui conférer d'assez nombreuses attributions jusqu'alors exercées par d'autres magistrats, dès lors qu'il s'agit d'interventions dans des domaines, qui peuvent concerner les libertés individuelles des citoyens. Nous distinguerons ces deux types de compétence matérielle.

A. Les compétences en matière de détention provisoire

558 Dans ce domaine de compétence, il importe tout d'abord de préciser que c'est le juge d'instruction qui saisit le juge des libertés et de la détention par une ordonnance motivée (art. 137-1 al. 4 CPP). L'initiative n'est donc pas laissée au ministère public puisque le législateur a souhaité un double regard des juges avant de décider d'une privation de liberté ou encore d'une prolongation de la détention. Le dossier est transmis avec les réquisitions du ministère public. Cette ordonnance n'étant pas visée par l'article 186 CPP il semble qu'elle ne puisse pas faire l'objet d'un recours [1]. On notera néanmoins, qu'en matière criminelle et pour les délits punis de dix ans d'emprisonnement, le procureur de la République peut saisir directement le juge des libertés et de la détention

1. A. Dorsner-Dolivet, « Les dispositions de la loi du 15 juin 2000 renforçant les garanties judiciaires en matière de détention provisoire », *Dr. pénal*, déc. 2000, chron. p. 4.

en déférant la personne mise en examen si le juge d'instruction a décidé, par ordonnance motivée, de ne pas transmettre le dossier au juge des libertés alors que des réquisitions de placement en détention provisoire avaient été prises par le ministère public (art. 137-4, al. 2 CPP dans la rédaction de la loi du 9 mars 2004) [1]

Le juge des libertés et de la détention a donc une compétence exclusive pour décider du placement en détention ou de sa prolongation à l'expiration des délais prévus. Il pourra également décider de cette mesure en cas de violation des obligations découlant du contrôle judiciaire. On notera que lorsque le juge des libertés ne décide pas le placement en détention, il peut placer l'individu sous contrôle judiciaire (art. 138 CPP).

Le juge des libertés est donc aujourd'hui seul compétent pour délivrer un mandat de dépôt dans le cadre de l'instruction. S'agissant des remises en liberté, ce magistrat sera compétent pour en décider, si le juge d'instruction n'a pas accédé à une demande, qui lui a été présentée.

Les formalités concernant la décision de placement n'ont été qu'assez peu modifiées par la loi du 15 juin 2000. Le principe reste celui d'un débat contradictoire entre le ministère public et la défense devant le juge des libertés. Si le juge des libertés n'envisage pas de placer la personne en détention, il n'y aura aucun débat, même s'il décide d'un contrôle judiciaire.

Si la détention est envisagée, le juge en informe la personne mise en examen, qui est avisée qu'elle peut solliciter un délai pour préparer sa défense. Le débat a lieu et le juge statue en audience publique (art. 145, al. 6 réd. loi du 5 mars 2007) pour les majeurs. Néanmoins le ministère public ou le mis en examen peuvent s'opposer à cette publicité. La décision sera prise par le juge des libertés et de la détention, en audience de cabinet. Il faut noter que désormais la présence d'un avocat est obligatoire lors du débat contradictoire (art. 145 al. 5 CPP nouveau). Si un délai est accordé, une incarcération provisoire, de quatre jours ouvrables au maximum, est possible. La décision prendra la forme d'une ordonnance motivée du juge des libertés et de la détention [2]. Une telle incarcération peut aussi être ordonnée pour permettre au juge d'instruction de vérifier la situation personnelle du mis en examen et éviter la détention provisoire (art. 145, al. 9 nouveau CPP).

Les modifications les plus importantes, apportées par l'une des dernières en date des réformes de la détention provisoire, concernent la limitation de la durée de cette détention. L'idée de base, qui découle des règles de l'article 5-3 de la Convention européenne des droits de l'homme, est celle d'un délai raisonnable (art. 144-1 CPP). Mais au-delà, des délais chiffrés ont été expressément prévus tant en matière criminelle que correctionnelle. Ces délais butoirs, variables selon certains paramètres, ne peuvent excéder deux ans en matière correctionnelle et quatre ans en matière criminelle (art. 145-1 et 145-2 CPP).

On ajoutera qu'il existe des règles spécifiques pour les mineurs, les délais butoirs étant beaucoup plus courts (art. 11 ord. 2 févr. 1945) et qu'au-delà d'un délai d'un an pour les crimes et de huit mois pour les délits, les ordonnances de prolongation du juge des libertés doivent comporter des motivations spécifiques et indiquer le délai prévisible d'achèvement de la procédure

1. C. Guéry, « Une détention provisoire exceptionnelle ... mais souhaitable », *AJ pénal* 2004. 238 ; F. Froment, *Procédure pénale* n° 490.

2. V. J. Pradel, *Procédure pénale*, n°s 745 et s.

(art. 145-3 CPP) [1]. On notera néanmoins que la loi du 9 septembre 2002, dite loi Perben I, apparaît un peu en retrait par rapport à cette évolution en permettant à titre exceptionnel que ces délais butoirs soient augmentés (art. 145-1 al. 3 et 145-2 al. 3) et en instaurant une procédure de référé-détention permettant au procureur de la République de s'opposer à la mise en œuvre d'une ordonnance de mise en liberté rendue contrairement à ses réquisitions (art. 148-1-1 et 187-3 CPP). Le juge des libertés et de la détention est également compétent pour décider d'une détention provisoire dans le cadre d'une comparution immédiate (art. 396 CPP). Le juge des libertés et de la détention a donc pour l'essentiel supplanté le juge d'instruction en matière de détention provisoire, mais il s'est vu reconnaître beaucoup d'autres attributions.

B. Les autres attributions du juge des libertés et de la détention [2]

559 Dans un assez grand nombre de cas, il arrive que certaines atteintes doivent être portées aux libertés individuelles. Pour éviter toute mesure arbitraire, c'est un magistrat de l'ordre judiciaire qui est amené à autoriser ces dérogations aux règles générales. Jusqu'alors les textes prévoyaient qu'il s'agissait du président du tribunal de grande instance ou du juge délégué par lui. La loi du 15 juin 2000 lui a substitué dans la plupart des cas le juge des libertés et de la détention, désormais compétent.

Sans prétendre à une énumération exhaustive, on indiquera tout d'abord son rôle dans le cadre des enquêtes pour autoriser des perquisitions sans l'assentiment de la personne chez laquelle elles ont lieu, ou encore en dehors des heures prévues s'agissant des opérations concernant la criminalité et la délinquance organisées pour les infractions énumérées à l'art. 706-73 du CPP dans la rédaction de la loi du 9 mars 2004 qui englobe les infractions de terrorisme et de trafic de stupéfiants pour lesquelles cette dérogation était déjà prévue (art. 706-89 et 706-90 CPP). Il sera également compétent pour autoriser les visites domiciliaires en matière fiscale (art. L. 16 B II 2e al. du Code des procédures fiscales), en matière douanière (art. 64 du Code des douanes), ou encore dans le domaine des infractions en matière de prix ou de concurrence (art. 450-4 du Code de commerce). Le juge des libertés va également intervenir dans un domaine assez spécifique qui concerne les perquisitions effectuées dans un cabinet d'avocat. Aux termes de l'article 56-1 CPP, il sera compétent pour statuer sur les saisies opérées dans le cadre d'une telle perquisition, si une contestation intervient sur la possibilité de saisir un document. Le juge des libertés disposera de cinq jours pour décider à l'issue d'une procédure assez complexe, après avoir entendu le magistrat chargé de la perquisition, l'avocat au domicile duquel la perquisition avait lieu, le bâtonnier et éventuellement le procureur de la république, de la validité de la saisie.

Le juge des libertés et de la détention est également compétent pour accorder les prolongations exceptionnelles de la garde à vue concernant la délinquance et la criminalité organisées pour les infractions prévues à l'article 706-73 CPP. La prolongation décidée à la requête du ministère public est soit de deux fois

1. Pour l'ensemble de la question : J. Pradel, préc. ; R. Merle et A. Vitu, *Traité de droit criminel*, t. II, nos 481 et s. ; J. Leblois-Happe, « Le placement en détention provisoire », *AJ pénal* 2003, p. 9.
2. S. Guinchard et J. Buisson, *Procédure pénale*, n° 222.

24 heures, soit une seule prolongation de 48 heures (art. 706-88 CPP) et un délai supplémentaire de deux fois 24 heures en matière de terrorisme (art. 706-88, al. 7 CPP). Il est également compétent, s'agissant des mêmes infractions, pour autoriser des interceptions de correspondance émises par la voie des télécommunications dans le cadre d'une enquête préliminaire ou de flagrance (art. 706-95 CPP) ou encore pour prendre des mesures conservatoires sur les biens des personnes mises en examen (art. 706-33 CPP). Dans le même domaine, c'est-à-dire celui de la liberté d'aller et venir, le juge des libertés interviendra également pour autoriser certaines mesures de rétention des étrangers, ou pour leur maintien en zone d'attente au-delà d'un délai de 48 heures ou de 15 jours selon les cas (art. L. 551-1 et s. du Code de l'entrée et du séjour des étrangers). Il sera également compétent pour décider du maintien d'un malade en hôpital psychiatrique. On citera enfin une dernière compétence attribuée à ce juge par une ordonnance du 1er avril 2009 (*JO* 3 avril 2009, p. 5896) comme voie de recours exercée contre certaines visites et saisies administratives prévues par le Code des postes et des communications électroniques et celles réalisées dans le cadre de la régulation de l'énergie, pour autoriser ces visites ou saisies.

Mais la disposition la plus novatrice concernait le contrôle de la durée des enquêtes préliminaires ou de flagrance, lorsqu'une garde à vue a été décidée et qu'aucune poursuite n'a été engagée dans le délai de six mois. Cette procédure, prévue à l'article 77-2 CPP, qui avait mis en place un système accordant un droit au citoyen gardé à vue d'être impliqué dans un délai raisonnable [1] a été abrogée par la loi du 9 septembre 2002 dite loi Perben supprimant ainsi ce contrôle de l'autorité judiciaire sur la garde à vue mais qui portait atteinte au monopole du ministère public en cette matière. [2]. On notera que la loi du 9 mars 2004 a réintroduit un système un peu analogue uniquement pour les affaires très graves mais qui ne fait plus intervenir le juge des libertés et de la détention (art. 706-105 CPP) [3].

Après avoir examiné les instances de l'instruction du premier degré, il convient d'étudier la juridiction d'instruction du second degré qui, nous allons le voir, garde un rôle important.

SOUS-SECTION 2. La chambre de l'instruction

560 ***Évolution*** ◊ Jusqu'au 1er janvier 2001, cette juridiction s'appelait la chambre d'accusation [4]. Cette appellation trouvait son origine dans le jury d'accusation, créé par les lois révolutionnaires [5].

1. J. Buisson, « La garde à vue dans la loi du 15 juin 2000 », *RSC* 2001, p. 25.
2. M. Lemonde, « Le juge des libertés et de la détention, une réelle avancée ? », *RSC* 2001, p. 52. P. Conte et P. Maistre du Chambon, *Procédure pénale*, n° 84 ; R. Merle et A. Vitu, *Traité de droit criminel*, t. II, n° 381.
3. J. Pradel, *Procédure pénale*, n° 546.
4. Sur cette juridiction on peut notamment consulter, outre les ouvrages habituels, deux monographies importantes : P. Chambon, *La chambre d'accusation : théorie et pratique de la procédure*, Dalloz, 1978 ; W. Jeandidier, *La juridiction d'instruction du second degré*, thèse Nancy, 1975 et égal. F. L. Coste, *Encycl. Dalloz, Droit pénal*, v° Chambre de l'instruction, 2007 ; J. Pradel, « Le second degré de l'instruction pénale », *Justices*, 1996-4, p. 73. C. Arrighi, « De la chambre d'accusation à la chambre de l'instruction », *RPDP* 2001-123.
5. Sur ce point, v. A. Laingui et A. Lebigre, *Histoire du droit pénal*, t. II, p. 137.

Curieusement le Code d'instruction criminelle ne l'avait pas nommée et l'on parlait de chambre d'accusation, mais aussi de chambre des mises en accusation et, par abréviation, de chambre des mises.

La création d'un second degré de juridiction en matière criminelle a conduit le législateur à abandonner cette terminologie aux motifs, qu'elle n'exerce plus directement cette prérogative [1]. On a donc préféré la nommer chambre de l'instruction, mais sans que ces attributions soient sérieusement modifiées. On examinera successivement l'organisation de cette juridiction (§ 1), puis son fonctionnement (§ 2).

§ 1. Organisation

561 ***Composition*** ◊ La chambre de l'instruction est une section particulière de la cour d'appel composée de 3 magistrats. Le président est nommé, à l'image du juge d'instruction, par décret du président de la République, après avis du Conseil supérieur de la magistrature. Les deux assesseurs sont désignés par l'assemblée générale de la cour d'appel. Ces règles sont destinées à assurer la pleine indépendance de ces magistrats. On notera qu'en cas d'empêchement du président, il peut être remplacé par un autre président de chambre ou un conseiller, par ordonnance du Premier président. Contrairement à ce qui se passait sous l'empire du CIC, le président de cette juridiction y est entièrement affecté. Ce n'est qu'à titre exceptionnel, et sur la base d'un décret (art. 191, al. 5, CPP) qu'il pourrait assurer le service d'une autre chambre de la cour d'appel [2]. Il n'en va pas de même pour les conseillers assesseurs qui peuvent être amenés régulièrement à assurer un tel service [3].

Près de cette juridiction, les fonctions du ministère public sont assurées par le procureur général, ou un de ses substituts ou avocats généraux. Un greffier de la cour d'appel assure le service du greffe.

Afin, sans doute, d'éviter que cette juridiction ne remplisse incomplètement sa mission, il a été prévu par les textes (art. 193, CPP) qu'elle doit se réunir au moins une fois par semaine.

1. Pour une critique de ce changement R. Merle et A. Vitu, *Traité de droit criminel*, t. II, n° 382 ; W. Jeandidier, « Requiem pour la chambre d'accusation », *JCP* 2000. I. 270.

2. Il est précisé par l'art. 191 CPP que cette possibilité ne concerne que les cours d'appel comportant moins de trois chambres. L'article D. 43 CPP qui envisageait cette solution a été modifié par un décret du 3 mai 2007. Ce texte traite désormais de la fixation des audiences de la chambre de l'instruction.

3. Lorsque l'affaire concerne un mineur, l'un des deux conseillers est nécessairement le conseiller délégué à la protection de l'enfance.

§ 2. Fonctionnement de la Chambre de l'instruction

I. Les pouvoirs du président de la chambre de l'instruction

562 *Pouvoirs propres* ◊ Sur le plan juridictionnel, les décisions de la chambre de l'instruction sont toujours prises dans la forme collégiale mais il faut néanmoins noter que son président s'est vu confier certains pouvoirs propres qu'il peut éventuellement déléguer. Ainsi, il exerce une surveillance sur tous les cabinets d'instruction du ressort de la cour d'appel pour éviter tout retard dans les informations (art. 220 CPP). Il s'agit d'une sorte de tutelle générale permettant de s'assurer du bon fonctionnement de l'instruction (contrôle des commissions rogatoires par ex.). Les notices semestrielles prévues à l'article 221 l'aideront à réaliser ce contrôle.

Le président visite les maisons d'arrêt au moins une fois par trimestre (art. 222, CPP). Il peut également saisir la chambre de l'instruction pour qu'il soit statué sur le maintien en détention d'un mis en examen (art. 223, CPP). Dans le même domaine, le président de la Chambre de l'instruction peut décider, en cas d'appel d'une ordonnance de mise en détention provisoire, de mettre fin à la détention par ordonnance non motivée et insusceptible de recours. Il statue au plus tard dans les 3 jours (procédure dite du « référé-liberté », art. 187-1 du CPP). Depuis la loi du 9 mars 2004 il peut également décider d'une détention provisoire pour une durée maximale de 4 jours. Il peut décerner un mandat de recherche, d'amener ou d'arrêt (art. 201, al. 2 CPP). Il est également compétent pour décider de la recevabilité de l'appel contre une ordonnance rejetant une demande de mesure d'instruction ou d'expertise (art. 186-1 du CPP). Il existe d'autres hypothèses où le président de la Chambre de l'instruction est compétent pour accepter certaines requêtes des parties ou arbitrer un conflit (art. 186, dernier al., 173 al. 5, 114 al. 9 et 11 CPP) [1]. Ce magistrat assure ainsi une sorte de filtre pour lutter contre les appels dilatoires.

À côté de ces mesures qui sont plutôt de type administratif, le président de la Chambre de l'instruction dispose de certains pouvoirs pour accélérer la procédure criminelle. L'art. 221-1 du Code de procédure pénale, permet au président de la Chambre de l'instruction de saisir cette dernière de tout dossier pour lequel plus de quatre mois se sont écoulés sans qu'ait été réalisé un acte d'instruction nécessaire à la manifestation de la vérité. La Chambre de l'instruction pourra alors évoquer et se saisir de l'affaire ou renvoyer à un autre juge d'instruction. Aux termes de l'article 221-2 les parties peuvent aussi dans ce cas saisir la Chambre de l'instruction. C'est le président de cette juridiction qui décidera, par ordonnance motivée, s'il y a lieu d'accepter cette demande [2]. Depuis la loi du 15 juin 2000, le président de la Chambre de l'instruction dispose également de la possibilité de contrôler que la durée des instructions

1. J. Pradel, *Procédure pénale*, n°s 722 et s. ; P. Conte et P. Maistre du Chambon, *Procédure pénale*, n°s 442 et s.

2. L'art. 220 CPP oblige le Président de la chambre de l'instruction à transmettre aux chefs de cours et de tribunaux des observations écrites sur le fonctionnement des cabinets d'instruction.

ne dépasse pas un délai raisonnable. Il peut, si une instruction dépasse la durée initialement prévue par le magistrat instructeur, à la demande du mis en examen, du témoin assisté ou de la partie civile décider s'il doit laisser le juge d'instruction continuer son information ou si au contraire il doit saisir la Chambre de l'instruction (art. 175-1 al. 2 et 207-1 CPP). Lorsqu'une instruction dure plus de deux ans, le juge d'instruction doit par une ordonnance motivée justifier des raisons de la prolongation de l'information. Cette ordonnance est communiquée au président de la Chambre de l'instruction qui peut saisir la Chambre de l'instruction (art. 175-2 CPP). La loi du 5 mars 2007 (art. 12), en organisant un examen systématique et périodique, vient de lui octroyer un pouvoir très important dans le domaine du contrôle des détentions provisoires. Aux termes d'un nouvel article 221-3 CPP le président de la chambre de l'instruction, lorsqu'un délai de trois mois s'est écoulé depuis le placement en détention de la personne mise en examen et que la détention est toujours en cours sans que le processus de règlement ne soit entamé, peut d'office, à la demande du ministère public ou du mis en examen saisir la chambre de l'instruction pour qu'elle examine l'ensemble de la procédure. L'idée est bien sûr de contrôler la légalité et l'opportunité de la détention. Six mois après que la décision de la chambre soit devenue définitive, le président peut à nouveau saisir la chambre si la détention est toujours en cours [1].

Nonobstant les pouvoirs de son président, c'est évidemment la Chambre de l'instruction elle-même qui garde les attributions essentielles dans le domaine juridictionnel [2].

II. La chambre elle-même

Après avoir déterminé la compétence de la Chambre de l'instruction, il importera de dire quelques mots de la procédure devant cette juridiction en raison de son particularisme.

A. Compétence

Nous pouvons ici négliger la compétence territoriale puisque c'est évidemment celle de la cour d'appel [3], mais s'agissant de la compétence d'attribution, les choses sont beaucoup plus complexes. En effet, il n'est sans doute pas excessif d'affirmer que la Chambre de l'instruction est la juridiction « à tout faire » du droit pénal. Nous voulons dire par là qu'on lui attribue toutes les fonctions que l'on ne peut pas donner naturellement à une autre juridiction. Il reste que la Chambre de

1. J. Pradel, comm. préc., n° 11 ; H. Matsopoulou art. préc., n° 11.

2. Sur l'ensemble des pouvoirs du Président de la chambre de l'instruction, v. F. L. Coste, *Encycl. Dalloz, Droit pénal,* préc., n° 348 et s. ; C. Arrighi, « Les pouvoirs du président de la chambre d'accusation après la loi du 30 décembre 1996 », *RSC* 1998. 687. À titre d'exemple : Le président de la chambre de l'instruction peut, après refus d'un juge d'instruction, se prononcer sur l'accès du mis en examen ou de la partie civile aux copies de la procédure (art. 114 al. 8 et 11 CPP). V. également S. Guinchard et J. Buisson, *Procédure pénale,* n°s 2137 et s. ; J. Pradel, *Procédure pénale,* n°s 764 et s.

3. V. *supra,* n°s 408 et s.

l'instruction a une fonction essentielle que nous exposerons avant ses tâches secondaires.

563 ***1) Une fonction essentielle : juridiction d'instruction du second degré*** ◊ Ce rôle, elle l'exerçait naguère tout d'abord obligatoirement en matière de crime puisque préalablement à tout renvoi en cour d'assises, une seconde instruction devait être diligentée (art. 181, CPP ancien).

La chambre d'accusation procédait à un nouvel examen de l'affaire à l'issue duquel, si elle confirmait la décision du juge d'instruction, elle rendait un arrêt de mise en accusation qui saisissait la cour d'assises. L'individu devenait un accusé. Elle devait se prononcer dans un délai de 2 mois (art. 214, al. 2, CPP ancien).

La loi du 15 juin 2000 a, on le sait, organisé un appel des décisions des cours d'assises (art. 380-1 à 380-15 CPP). Dès lors, il est apparu au législateur que le double degré de l'instruction en matière criminelle ne s'imposait plus. Le juge d'instruction va donc lui-même rendre l'ordonnance de mise en accusation devant la cour d'assises. Le dossier est transmis avec l'ordonnance au procureur de la République qui l'enverra sans retard au greffe de la cour d'assises (art. 181 CPP).

Mais juridiction du second degré, la Chambre de l'instruction le reste en jugeant en appel toutes les ordonnances du juge d'instruction y compris l'ordonnance de mise en accusation concernant les crimes. Elle peut être saisie, selon les ordonnances, par l'une ou l'autre des parties au procès (ministère public, partie civile, personne mise en examen). Il est très important de noter qu'à l'occasion de l'exercice de cette voie de recours, la Chambre de l'instruction va pouvoir contrôler à la fois les pouvoirs de juridiction du juge d'instruction et ses pouvoirs d'instruction. Saisie d'un appel sur un point précis, la Chambre de l'instruction peut, sauf s'il s'agit d'une ordonnance concernant la détention provisoire, évoquer [1] l'affaire lorsqu'elle infirme la décision du juge d'instruction (art. 207, al. 2, CPP). Par cette méthode, la Chambre de l'instruction va exercer son pouvoir de révision, pouvoir considérable puisqu'elle peut non seulement compléter la procédure ou réparer les omissions ou erreurs (supplément d'information), mais encore étendre les poursuites à d'autres faits et d'autres personnes. Il faut ici indiquer les pouvoirs importants de la chambre lorsqu'elle est saisie dans le cadre du contrôle d'une détention provisoire par son président. Elle peut, non seulement, se prononcer sur la détention mais elle peut aussi convoquer et régler elle-même l'affaire, elle peut aussi procéder à une cosaisine de plusieurs juges d'instruction ou dessaisir le juge d'instruction en charge de l'affaire (art. 221-3 II nouveau CPP). Bien entendu, ce pouvoir de révision peut *a fortiori* être exercé lorsque la Chambre de l'instruction est saisie de la totalité de l'affaire (saisine du procureur général) pour redressement de qualification (art. 195, CPP), réouverture d'une instruction pour charges nouvelles à la suite d'un non-lieu (art. 196, CPP). Si l'on ajoute à ces différents pouvoirs le contrôle de la régularité des procédures d'instruction (art. 206, al. 1er, CPP), on aura compris pourquoi il est fréquemment indiqué que la Chambre de l'instruction a plénitude de juridiction en

1. L'évocation est la possibilité donnée à une juridiction d'appel saisie d'une irrégularité formelle et qui infirme la décision du premier juge de statuer elle-même directement sur le fond du litige. L'évocation peut être partielle. Seuls certains actes seront réalisés avant le renvoi du dossier au juge d'instruction (art. 207, al. 2 *in fine* CPP).

matière d'instruction puisqu'elle peut contrôler toutes les informations diligentées dans son ressort [1]. Mais elle dispose de bien d'autres attributions.

564 ***2) Fonctions secondaires*** ◊ Parmi ses nombreuses attributions on signalera en premier lieu son rôle de *juridiction disciplinaire*. Ce pouvoir concerne les différents fonctionnaires disposant de prérogatives de police judiciaire (art. 224, CPP). Cette procédure qui s'applique à tous les fonctionnaires civils et militaires est décrite dans les articles 224 et suivants du CPP. Si la sanction peut se borner à de simples observations elle peut aussi aller jusqu'à l'interdiction définitive d'exercer toute fonction de police judiciaire sur l'ensemble du territoire (art. 227, CPP) [2].

En deuxième lieu, citons le rôle essentiel qu'elle joue dans la procédure d'*extradition* (art. 696-13 et 696-14 CPP). Lorsqu'un État étranger réclame la livraison d'un délinquant, l'extradition n'est possible que si la Chambre de l'instruction émet un avis favorable [3] à moins que la personne n'ait déclaré accepter son extradition. Dans le cadre de cette procédure, elle se prononce également sur les demandes de mise en liberté de l'individu dont l'extradition est demandée (art. 696-19 CPP). La chambre de l'instruction est également compétente en matière d'extradition simplifiée applicable entre les États membres de l'Union européenne (art. 696-28 CPP) et pour l'exécution d'un mandat d'arrêt européen. Dans le cadre de cette procédure elle donne acte à la personne recherchée de son consentement à l'exécution si elle accepte d'être remise à l'état émetteur du document. Dans le cas contraire, elle statue sur l'exécution du mandat (art. 695-29 et s. CPP).

En troisième lieu, dans le domaine du droit pénal matériel, c'est-à-dire la partie du droit pénal qui concerne les incriminations et les sanctions, on relèvera, à titre d'exemple, sans prétendre être exhaustif, son rôle en matière de *réhabilitation* (art. 783, CPP). Lorsque la réhabilitation d'un condamné n'est pas de droit, c'est la Chambre de l'instruction qui est compétente pour l'accorder [4].

En matière d'*amnistie*, il est devenu habituel que les difficultés soulevées par l'application de telles lois soient soumises à cette juridiction [5].

En dernier lieu, enfin, nous signalerons quelques attributions dans le domaine procédural. La Chambre de l'instruction se voit d'abord confier le règlement de toutes les difficultés qui incomberaient normalement à la cour d'assises dès lors que cette dernière juridiction n'est pas permanente (rectification des arrêts de cour d'assises, difficultés d'exécution, art. 710, al. 2, CPP, rectification du casier judiciaire en cas de condamnation par une cour d'as-

1. Sur le rôle et les pouvoirs de la chambre de l'instruction : J. Pradel, *Procédure pénale*, n°s 772 et s. ; P. Conte et P. Maistre du Chambon, *Procédure pénale*, n°s 450 et s. ; R. Merle et A. Vitu, *Traité de droit criminel*, t. II, n° 569 et s.

2. V. *infra*, n° 918. Rôle du procureur général en matière disciplinaire s'agissant des habilitations de police judiciaire. a titre d'exemple : Crim. 26 févr. 1997, *D.* 1997. 297, note Pradel. Commenté *in* J. Pradel et A. Varinard, *Les Grands arrêts de la procédure pénale*, Dalloz, 6e éd., 2009, n° 5.

3. Sur cette procédure, v. H. Matsopoulou, chron. leg., *RPDP* 2004, p. 734 et s.

4. Sur la réhabilitation, v. R. Merle et A. Vitu, *Traité de droit criminel*, t. II, n°s 966 et s. ; J. Pradel, *Droit pénal général*, t. I, Cujas, 2006, n°s 780 et s.

5. V. par ex. art. 8, loi du 16 juill. 1974, de même que la loi du 4 août 1981 ou du 3 août 1995, art. 12 ; R. Merle et A. Vitu, *Traité de droit criminel*, t. II, n°s 959 et s. ; B. Bouloc, *Procédure pénale*, n° 473.

sises, art. 778, al. 2) contentieux de la période de sûreté lorsque cette mesure a été prononcée par une cour d'assises (art. 720-4 al. 1 CPP).

C'est ensuite la Chambre de l'instruction qui règle les conflits de juridictions en procédant aux règlements de juges dans tous les cas où elle peut être considérée comme la juridiction supérieure des juridictions en concurrence [1] (deux juges d'instruction, deux tribunaux correctionnels ou de police, art. 658, CPP). C'est enfin dans le domaine des frais de justice, les recours en matière d'ordonnance de taxe (art. R. 228-I, R. 229, R. 230 CPP).

Le rôle de la chambre de l'instruction est donc, on le voit, fort diversifié [2]. Il reste que sa compétence essentielle est l'instruction et que, sur ce point, il importe de dire quelques mots du particularisme de la procédure suivie.

B. Le particularisme de la procédure devant la chambre de l'instruction

565 ***Principes essentiels*** ◊ Du fait qu'elle était une juridiction d'instruction, le Code d'instruction criminelle avait organisé pour la Chambre d'accusation une procédure totalement inquisitoire c'est-à-dire secrète, écrite et non contradictoire. La caractéristique essentielle de cette procédure était donc qu'elle se déroulait en dehors de la présence des parties ou de leurs conseils qui pouvaient seuls présenter des mémoires écrits.

Aujourd'hui sans doute la procédure reste-t-elle en principe non publique, mais les autres caractères de la procédure inquisitoire sont sérieusement remis en question.

La procédure reste non publique puisque les débats se déroulent normalement en chambre du conseil [3] (art. 199, al. 1, CPP), l'arrêt lui-même étant rendu dans la même formation. Néanmoins une personne majeure mise en examen ou son conseil, dès l'ouverture des débats, peut demander que ceux-ci se déroulent en audience publique et que l'arrêt soit rendu de la même manière. La Chambre de l'instruction statue sur cette demande en Chambre du conseil. Cette publicité jusqu'à la loi du 15 juin 2000 impliquait la comparution personnelle de la personne mise en examen. Si cette solution est maintenue par la loi du 5 mars 2007 elle inverse cependant ce système en prévoyant le principe de la publicité des audiences sauf opposition des parties ou du ministère public dans deux hypothèses : le contentieux de la détention provisoire des majeurs (art. 199, al. 2 nouveau CPP) et lorsque la chambre de l'instruction est amenée à organiser un examen de l'ensemble de la procédure d'information au terme d'un délai de trois mois depuis le placement en détention provisoire sans que l'avis de la chambre de l'instruction n'ait été notifié. La décision est prise par le président de la chambre de l'instruction qui peut s'opposer à la publicité de même que le ministère public ou les parties ou leurs avocats (art. 221-3 nouveau CPP) [4].

En revanche, l'oralité et la contradiction sont depuis longtemps beaucoup mieux respectées. Les parties et leurs conseils sont nécessairement informés de

1. V. sur ce point, *infra*, n° 676. Dans tous les autres cas, c'est la chambre criminelle de la Cour de cassation qui est compétente (art. 659, CPP).
2. Sur les pouvoirs divers de la chambre de l'instruction, V. F. L. Coste, *Encycl. Dalloz, Droit pénal*, préc., n°s 6 s.
3. Sur cette formation des tribunaux, v. *supra*, n° 360.
4. Voir J. Buisson art. préc., no 4 et s. ; J. Pradel art. préc., n° 14.

la date d'audience. Les avocats peuvent prendre connaissance du dossier. Ils ont la possibilité de déposer des mémoires jusqu'au jour de l'audience et ils peuvent toujours présenter des observations sommaires le jour des débats s'ils en ont préalablement fait la demande au président de la Chambre de l'instruction. De plus, si la chambre l'estime opportun, elle peut ordonner la comparution personnelle des parties (art. 199 CPP) [1] qui est de droit en matière de détention provisoire sauf si la personne détenue a déjà comparu depuis moins de quatre mois (art. 199 al. 5 CPP). On notera qu'une loi du 2 février 1995 avait prévu la comparution personnelle en cas d'appel par la partie civile d'une ordonnance de non-lieu motivée par l'existence d'un trouble psychique chez l'agent. Dans ce cas, les débats et l'arrêt intervenaient en séance publique si la partie civile le demandait (art. 199-1 CPP). Ce texte a été abrogé par la loi du 25 février 2008 qui met en place une procédure d'irresponsabilité pénale pour cause de trouble mental. Lorsqu'un juge d'instruction estime qu'il y a des raisons plausibles d'appliquer l'article 122-1 du Code pénal il peut d'office ou à la demande d'une partie ou du procureur de la République transmettre le dossier au procureur général pour qu'il saisisse la chambre de l'instruction (art. 706-120 CPP). La comparution personnelle du mis en examen peut être décidée. Les débats se déroulent en audience publique. D'une manière générale les modifications apportées par la loi du 15 juin 2000 constituent incontestablement une réforme intéressante dans la mesure où les informations apportées par les parties peuvent permettre de corriger les erreurs commises lors de l'instruction assurée par le juge. Encore fallait-il que les progrès ainsi réalisés ne fussent pas hypothéqués par un ralentissement trop important de la procédure. Pour éviter cet inconvénient, le législateur a judicieusement imposé des délais assez stricts.

À l'issue de cette procédure, la Chambre de l'instruction rend évidemment sa décision. Dans certains cas, elle se borne à statuer sur le problème limité qui lui était soumis en confirmant ou en infirmant l'ordonnance qui lui était déférée. Elle rendra un arrêt de plus ample informé si elle décide qu'un supplément d'information est nécessaire. Enfin, le plus souvent, elle rendra un arrêt de clôture mettant fin à l'instruction. À l'image du juge d'instruction, elle a le choix entre le non-lieu si elle estime les charges insuffisantes et le renvoi devant une juridiction dans le cas contraire. Lorsque l'infraction retenue constitue un crime on parle, on l'a dit, d'arrêt de mise en accusation (art. 214, al. 1er, CPP).

Telles sont les règles essentielles concernant les juridictions de droit commun. Il reste à donner quelques indications sur les règles particulières de l'instruction devant certaines juridictions d'exception.

1. Sur cette procédure, v. R. Merle et A. Vitu, *Traité de droit criminel*, t. II, nos 591 et s. ; B. Bouloc, *Procédure pénale*, nos 808 et s. S. Guinchard et J. Buisson, *Procédure pénale*, no 2265 et s.

SECTION 2. INSTRUCTION ET JURIDICTIONS D'EXCEPTION

566 ***Particularités*** ◊ Comme nous l'avons précédemment indiqué, il serait un peu abusif de parler de juridiction d'instruction d'exception. Il reste néanmoins que l'instruction préparatoire connaît des règles assez particulières devant certaines juridictions d'exception et qu'elle échappe aux organes normalement compétents. Nous examinerons successivement cette question devant les trois types de juridiction où le problème se pose : juridictions pour mineurs - juridictions militaires - Cour de justice de la République.

§ 1. L'instruction devant les juridictions pour mineurs

567 ***Plan*** ◊ Le jugement des mineurs, nous allons le voir ultérieurement [1] a été confié à des juridictions spécialisées en raison du particularisme de la délinquance juvénile. Fallait-il étendre cette règle à l'instruction de ces affaires ?

Il importe préalablement de noter l'importance de cette question dans la mesure où l'instruction est obligatoire non seulement pour les crimes (cas du droit des majeurs) mais elle l'était encore pour les délits et les contraventions de 5ᵉ classe. Si l'instruction reste plus fréquente cette règle n'est plus respectée aujourd'hui puisqu'il existe des procédures permettant de renvoyer directement le mineur devant le juge des enfants (art. 5, al. 2 ; art. 8-2 et 14-2 ord. du 2 févr. 1945). Le but essentiel de l'instruction reste de mieux connaître la personnalité des mineurs délinquants. Si un magistrat spécialisé s'est vu reconnaître la possibilité d'instruire lui-même les affaires de mineurs, le juge d'instruction est également compétent ainsi que la chambre de l'instruction.

I. Le juge d'instruction et l'instruction des affaires de mineurs

568 ***Caractère obligatoire*** ◊ Tout tribunal de grande instance, dans lequel est situé un pôle de l'instruction, dans le ressort duquel siège un tribunal pour enfants doit comprendre un ou plusieurs juges d'instruction spécialisés. Ces magistrats sont désignés par le Premier président de la cour d'appel (art. D. 15-4-8 CPP résultant du décret du 20 février 2008).

Il convient simplement de préciser la compétence de ces magistrats.

a) Compétence d'attribution. Le juge d'instruction est seul compétent pour les crimes commis par les mineurs. En revanche, pour les délits comme pour les contraventions de 5ᵉ classe, on peut dire qu'il a une compétence concurrente avec le juge des enfants. Le procureur de la République dispose d'un libre choix lorsque seuls des mineurs sont en cause. Lorsque des majeurs sont coauteurs ou complices, le juge d'instruction reste seul compétent si aucune

1. V. *infra*, nᵒ 630.

disjonction entre majeurs et mineurs n'est effectuée (art. 7, al. 3, Ord. de 1945) [1].

b) Compétence territoriale. Elle est déterminée conformément à celle des juridictions pour enfants (art. 3, Ord. de 1945, mod. par la loi du 24 mai 1951). On retrouve la triple compétence mais légèrement élargie pour tenir compte de la situation particulière des mineurs [2].

II. Le juge des enfants et l'instruction des affaires de mineurs [3]

Il importe tout d'abord de préciser qui est le juge des enfants, puis sa compétence et ses pouvoirs en matière d'instruction.

569 ***A) Qui est le juge des enfants ?*** ◊ Le juge des enfants est une création de l'ordonnance du 2 février 1945. C'est un magistrat du tribunal de grande instance du siège du tribunal pour enfants (art. L. 252-1 COJ). L'idée du législateur a été de faire régler les affaires de mineurs par un magistrat hautement spécialisé. Ce magistrat est désigné dans ces fonctions en la forme prévue pour les magistrats du siège (rédaction de la loi du 30 décembre 1987). Il est choisi en raison de ses aptitudes et des intérêts qu'il porte aux questions de l'enfance. On peut remarquer à ce propos, qu'aujourd'hui ce magistrat est souvent un véritable spécialiste formé à l'École nationale de la magistrature dans le cadre de la formation initiale comme de la formation continue. Par ailleurs le centre de formation de la protection judiciaire de la jeunesse installé aujourd'hui à Roubaix (ancien centre de Vaucresson) organise très régulièrement des sessions de formation pour les juges des enfants. La loi du 25 juin 2001, revenant en partie sur l'idée qu'un magistrat pouvait faire carrière dans le droit des mineurs (v. ce Précis, 5e éd. 1999, n° 319), limite à 10 ans l'exercice des fonctions de juge des enfants *dans un même tribunal* (art. 28-3, ord. 22 décembre 1958).

570 ***B) Compétence*** ◊ **a) Compétence d'attribution :** le juge des enfants en tant que juridiction d'instruction voit sa compétence limitée aux seules contraventions de 5e classe et aux délits commis par les mineurs et cela en concurrence avec le juge d'instruction (art. 5, al. 2-20-1er, Ord. du 2 févr. 1945).

1. Le juge d'instruction dispose évidemment des pouvoirs qui sont les siens en droit commun. Tout au plus signalera-t-on qu'il existe des règles particulières dérogatoires, découlant justement de la minorité, qui peuvent l'obliger à prendre certaines décisions (aviser les parents, statuer sur la garde du mineur, faire désigner un avocat) ou qui restreignent certaines de ses prérogatives.
2. V. *infra*, n° 631.
3. La compétence du juge des enfants en matière d'instruction constitue une exception importante à la règle de la séparation des fonctions d'instruction et de jugement. Elle n'a cependant pas été déclarée contraire à l'article 6-1 de la Convention européenne des droits de l'homme (V. par ex. : Crim., 7 avr. 1993, *D.* 1993. 553, note Pradel). CEDH 24 août 1993, *Nortier c/ Pays Bas*, *D.* 1994. Somm. 37, obs. Becquerelle.

b) Compétence territoriale : le juge des enfants est compétent dans le ressort du tribunal pour enfants qui est assez souvent départemental [1] selon les principes habituels de la triple localisation légèrement modifiée [2].

571 ***C) Pouvoirs d'instruction du juge des enfants*** ◊ Le juge des enfants est saisi par le procureur de la République par simple voie de requête (art. 5, al. 2, ord. de 1945) [3]. Il dispose alors des pouvoirs habituels d'un magistrat instructeur pour rechercher les preuves de l'infraction et pour mieux connaître la personnalité des mineurs. Il peut, à ce propos, prendre les mandats nécessaires et prescrire un contrôle judiciaire selon les règles du droit commun (art. 8, al. 3 et art. 10-2 de l'ord. de 1945). La loi du 5 mars 2007 (art. 57) relative à la prévention de la délinquance a un peu élargi les conditions de ce contrôle. Néanmoins depuis la loi de 15 juin 2000, seul le juge des libertés et de la détention peut, selon des conditions particulièrement strictes, décider une détention provisoire et décerner un mandat de dépôt. Il sera saisi par le juge d'instruction ou le juge des enfants (art. 11 de l'ord. du 2 févr. 1945). On notera néanmoins que la loi du 9 septembre 2002 a réécrit certaines dispositions dans le sens d'une plus grande sévérité notamment en introduisant une détention provisoire des mineurs de 13 à 16 ans, soit en matière criminelle soit lorsque le mineur s'est soustrait aux obligations du contrôle judiciaire [4]. À la différence du juge d'instruction le juge des enfants peut agir par voie officieuse, c'est-à-dire en ne respectant pas les règles formelles du Code de procédure pénale, à l'exception cependant des dispositions concernant l'assistance d'un avocat (art. 10, al. 1, ord. de 1945) [5].

À l'issue de son information, plusieurs solutions s'offrent au juge des enfants. Il peut quelquefois se dessaisir du dossier en le confiant au juge d'instruction soit qu'il ait constaté son incompétence, soit qu'il estime que la gravité de l'affaire requiert une information classique.

Dans d'autres cas, à l'image de toutes les autres juridictions d'instruction, il peut renvoyer le mineur devant une juridiction de jugement : tribunal de police pour les contraventions des quatre premières classes ou devant le tribunal pour enfants. Il prend alors une ordonnance.

Enfin, dernière solution qui lui est propre, il peut décider de juger lui-même le mineur. Il rend alors un jugement de relaxe, d'admonestation ou de remise de l'enfant à ses parents, tuteur, gardien ou personne digne de confiance, sauf à observer que l'admonestation et la remise aux parents ne peuvent plus être prononcées si elles ont déjà été infligées pour une infraction identique moins d'un an avant la commission de la nouvelle infraction (art. 8 mod. de l'ord. du 2 févr. 1945). Il peut également, soit, après l'avoir déclaré coupable, le dispenser de toute autre mesure, si les conditions de la dispense de peine sont réunies, soit prononcer la mise sous protection judiciaire à titre principal pendant cinq ans au plus, soit placer le mineur dans un établissement visé aux articles 15 et 16 de l'ordonnance du 2 février 1945 selon la distinction établie

1. V. *infra*, n° 635.
2. V. *infra*, n° 636.
3. Il faut noter que le juge des enfants peut aussi être amené à ouvrir une instruction dans le cadre de la procédure de convocation du mineur par OPJ, aux fins de jugement (art. 5 al. dernier).
4. J. Pradel, *Procédure pénale*, n° 821.
5. Pour une critique de cette solution, M. L. Rassat, *Traité de procédure pénale*, n° 443-C.

par ces articles. Il peut également ordonner une mesure ou une activité d'aide ou de réparation dans les conditions prévues par l'article 12-1 (ord. du 2 févr. 1945). Les pouvoirs du juge des enfants décidant seul en chambre du conseil ont été supprimés par la loi Perben pour les mineurs de plus de 16 ans encourant une peine égale ou supérieure à sept ans d'emprisonnement (art. 8 al. dernier de l'ord. de 1945). On notera que la même loi a aussi pour objet de développer les procédures de jugement à délai rapproché, appelées depuis la loi du 5 mars 2007 sur la prévention de la délinquance : « présentation immédiate devant la juridiction pour mineurs », c'est-à-dire sans instruction (art. 14-2 nouveau de l'ord. de 1945). Jusqu'à la loi du 8 février 1995 le juge des enfants ne pouvait pas rendre une ordonnance de non lieu. Cette solution qui n'était pas sans inconvénient a été supprimée [1]. On ajoutera que la loi du 5 mars 2007 sur la prévention de la délinquance a introduit toute une série de modifications cherchant, semble-t-il, à mieux concilier prévention et répression. Ainsi une nouvelle mesure éducative d'activité de jour est-elle mise à la disposition du juge des enfants (art. 15, 6° nouveau de l'ord. de 1945) alors que quatre sanctions éducatives nouvelles pourront s'appliquer aux mineurs à partir de l'âge de 10 ans (art. 15-1, 7° à 10° nouveaux de l'ord. de 1945) : mesure de placement dans une institution ou un établissement public ou privé d'éducation habilité, l'exécution de travaux scolaires, l'avertissement solennel, ou le placement en internat dans un établissement scolaire [2].

III. Le rôle de la chambre de l'instruction

572 ***A) Composition*** ◊ Lorsque la Chambre de l'instruction connaît d'une affaire dans laquelle un mineur est impliqué, le conseiller délégué à la protection de l'enfance doit nécessairement siéger. Pour le reste, la composition est identique à celle siégeant pour les majeurs.

573 ***B) Compétence*** ◊ La Chambre de l'instruction est compétente dans les conditions du droit commun comme juge d'appel des ordonnances rendues par le juge d'instruction ou par le juge des enfants dans le cadre de l'information, l'article 24, alinéa 2 de l'ordonnance de 1945 renvoyant expressément aux articles 185 à 187 du CPP.

On remarque que le même texte permet un appel contre les mesures de garde provisoire concernant le mineur. Néanmoins, ce n'est pas la Chambre de l'instruction qui est compétente, mais la chambre spéciale des mineurs.

En ce qui concerne les crimes des mineurs depuis la loi du 15 juin 2000 le juge d'instruction selon l'âge du mineur, à savoir plus ou moins de seize ans, rendra soit une ordonnance de renvoi devant le tribunal pour enfants, soit une ordonnance de mise en accusation devant la cour d'assises des mineurs (art. 9-4e de l'ord. de 1945). La chambre de l'instruction ne sera donc saisie que dans le cas d'un appel de l'ordonnance de renvoi ou de mise en accusation rendue par le juge d'instruction dans les conditions du droit commun.

1. V. R. Merle et A. Vitu, *Traité de droit criminel*, t. II, n° 608.
2. Sur cette réforme v. Ph. Bonfils, « Les dispositions relatives au droit pénal des mineurs délinquants dans la loi prévention de la délinquance », *D.* 2007. Chron. 1027 ; Ph. Bonfils et A. Gouttenoire, *Droit des mineurs*, coll. « Précis », Dalloz, 2008, n° 1439.

§ 2. L'instruction devant les juridictions chargées des infractions militaires

574 Une loi du 21 juillet 1982 a supprimé les tribunaux permanents des forces armées, juridictions militaires spécifiques, compétentes pour juger en temps de paix les infractions militaires ou les infractions de droit commun commises par les militaires sur le territoire de la République. Cette suppression n'a cependant pas conduit à faire disparaître toute spécialisation dans le jugement des infractions liées à la vie militaire.

On notera tout d'abord que des juridictions militaires subsistent. En temps de paix, il s'agissait du tribunal militaire aux armées de Paris, tribunal militaire aux armées selon le nouveau Code de justice militaire (art. L. 1, 1 °CJM), pour les infractions commises par les militaires en dehors du territoire de la République. En temps de guerre, il s'agit des tribunaux territoriaux des forces armées qui sont établis par décret sur le territoire de la République et des tribunaux militaires aux armées établis en dehors de ce territoire. On ajoutera ensuite que les juridictions de droit commun, qui en temps de paix connaissent des infractions militaires, sont spécialisées et parfois composées de façon très originale, telle une cour d'assises sans jurés.

Dans les deux hypothèses s'agissant de l'instruction, on rencontre certaines règles spécifiques mais pour les juridictions militaires proprement dites, il existe des organes d'information particuliers.

En temps de paix et sur le territoire de la République, les crimes et délits en matière militaire relèvent du droit commun. L'instruction est donc assurée par un juge d'instruction du tribunal de grande instance compétent dans le ressort de chaque cour d'appel [1], désigné selon les règles habituelles. La chambre de l'instruction est également compétente dans les conditions du droit commun.

Une organisation spéciale de l'instruction en matière militaire ne concerne donc, en temps de paix que les seules infractions commises par les membres des forces armées hors du territoire de la République jugées par le tribunal aux armées (et en temps de guerre les infractions de la compétence des tribunaux territoriaux des forces armées et des tribunaux militaires aux armées).

En temps de paix comme en temps de guerre nous retrouvons deux organes, un ou plusieurs juges d'instruction (1) et une chambre de l'instruction (2).

575 ***1) Les juges d'instruction*** ◊ Jusqu'à l'entrée en vigueur du nouveau Code de justice militaire ces magistrats pouvaient tout aussi bien être des magistrats judiciaires détachés auprès du ministre des armées dans les conditions prévues

1. V. décr. du 23 déc. 1982, *JO* du 29 déc. fixant la liste et le ressort des juridictions compétentes.

par la loi n° 66-1037 du 29 décembre 1966 que des magistrats du corps des magistrats militaires (ancien art. 14, al. 2, CJM). L'affectation d'un de ces magistrats à l'instruction était décidée par le ministre chargé de la défense. Cette solution prévue pour le tribunal aux armées de Paris en temps de paix était déclarée applicable aux tribunaux territoriaux des forces armées (ancien art. 45, CJM) et aux tribunaux militaires aux armées (ancien art. 57, CJM) en temps de guerre.

On notera qu'aux termes de la loi du 29 déc. 1966 les magistrats judiciaires détachés tout en restant soumis à leur statut d'origine (art. 3 de la loi) étaient cependant assujettis aux obligations de la discipline des armées (art. 4 de la même loi). Si le texte prenait soin de préciser que cela ne pouvait pas nuire à l'indépendance, il n'en restait pas moins que cette solution révélait une certaine ambiguïté dans la position de ces magistrats. Avec l'entrée en vigueur du nouveau Code de justice militaire ce problème a disparu puisque l'article L. 111-10 CJM précise que, s'agissant du tribunal aux armées le mot magistrat désigne nécessairement des magistrats du corps judiciaire détachés auprès du ministre de la Défense. En temps de guerre l'article L. 112-22, al. 3 CJM précise que les fonctions de l'instruction sont assurées par des magistrats mobilisés en qualité d'assimilés spéciaux du service de justice militaire. Le texte concernant les tribunaux territoriaux des forces armées est applicable aux tribunaux militaires aux armées (art. L. 112-35 CJM).

576 ***2) La chambre de l'instruction*** [1] ◊ Cette juridiction spéciale créée sous l'empire de l'ancien Code de justice militaire a été maintenue pour les juridictions spéciales actuelles mais sa composition n'est pas toujours la même.

La chambre de l'instruction du tribunal aux armées est exclusivement composée de magistrats du corps judiciaire nommés pour chaque année civile dans les formes et conditions prévues pour la nomination des magistrats du siège (L. 111-8 et 9 CJM). Il y a trois magistrats, un président qui est un conseiller de cour d'appel et deux assesseurs. Un décret du 28 décembre 1999 décide que les attributions de la chambre de l'instruction du tribunal aux armées de Paris sont exercées par la chambre de l'instruction de la cour d'appel de Paris. Les fonctions du ministère public sont assurées par le procureur de la République près le tribunal aux armées.

La chambre de l'instruction des tribunaux territoriaux des forces armées qui sont automatiquement rétablis en temps de guerre (L. 112-1 CJM) est composée de trois membres, le président magistrat du siège de la cour d'appel dans le ressort duquel est installé le tribunal, un assesseur qui est également un magistrat judiciaire de la cour d'appel ou d'un tribunal de grande instance et un juge militaire, officier compétent pour siéger (L. 112-20 CJM). Les magistrats judiciaires sont nommés par ordonnance du 1er président de la cour d'appel, le juge militaire par l'autorité militaire exerçant les pouvoirs judiciaires (L. 112-21 CJM).

La chambre de l'instruction des tribunaux militaires aux armées est également composée de trois membres. Le président qui est un magistrat militaire

1. Une loi du 10 novembre 1999 avait substitué à l'appellation jusqu'alors retenue de chambre de contrôle de l'instruction (pour le temps de paix) celle de chambre d'accusation. On peut donc admettre que conformément à l'article 83 de la loi du 15 juin 2000 la terminologie de chambre de l'instruction doit être utilisée depuis le 1er janvier 2001. Cette solution a été confirmée par le nouveau code de justice militaire.

ou un magistrat du corps judiciaire mobilisé. Les deux assesseurs sont des militaires ayant grade d'officier supérieur. Les trois juges sont désignés par arrêté du ministre chargé de la défense. On notera qu'avec le nouveau Code de justice militaire le président sera nécessairement un magistrat du corps judiciaire mobilisé (art. 112-33, al. 2 CJM).

D'une manière générale, on peut dire que les chambres de l'instruction jouent le rôle de juridictions d'instruction du second degré habituellement assuré par la chambre de l'instruction du droit commun. [1]

§ 3. L'instruction devant la Cour de justice de la République [2]

577 ***Justification de cette nouvelle juridiction*** ◊ Si la nécessité d'une juridiction politique, pour juger les membres du pouvoir exécutif, n'apparaît guère contestable du moins si l'on s'en tient à notre histoire constitutionnelle, le fonctionnement de la Haute Cour de justice, juridiction récemment supprimée, était apparu très insatisfaisant pour traiter de quelques affaires récentes mettant en œuvre la responsabilité de certains ministres (« affaire du sang contaminé ») [3]. Dès lors, une réforme constitutionnelle a été entreprise. Elle a abouti à la création d'une nouvelle juridiction, la Cour de justice de la République, compétente pour juger les membres du gouvernement pour les crimes et délits commis dans l'exercice de leurs fonctions (art. 68-1 et 68-2 de la Constitution introduits par la loi constitutionnelle du 27 juill. 1993 et la loi organique n° 93-1292 du 23 nov. 1993). Nous nous limiterons à cette place à voir la procédure au terme de laquelle un ministre peut être traduit devant la formation de jugement de cette Cour.

1) Organisation de l'instruction. Le particularisme de cette juridiction est qu'elle comporte deux commissions : une commission des requêtes et une commission d'instruction :

1. Il importe de préciser que, s'agissant de la procédure elle-même, le principe de base est l'application du droit commun. Néanmoins la spécificité de la société militaire conduit à un certain particularisme de l'enquête (art. 698-1 à 698-8 CPP) qui tend à se développer en temps de guerre. La loi du 10 novembre 1999, portant réforme du Code de justice militaire, a eu pour objectif de supprimer l'essentiel du particularisme des solutions pour les infractions relevant de la compétence du tribunal aux armées de Paris. Néanmoins aux termes de l'article 66 de cette loi il est précisé que le Code de justice militaire devra faire l'objet d'une réforme avant le 31 décembre 2002. Dès lors les solutions applicables en temps de guerre restaient, jusqu'à cette date, celles antérieures à la loi nouvelle (V. sur cette loi A. Varinard, chron lég., *RPDP* 2000, p. 303, R. Merle et A. Vitu, *Traité de droit criminel*, t. II, n°s 618 et s.). Cette disposition vient enfin d'être prise par l'élaboration d'un nouveau Code de justice militaire mais dont l'entrée en vigueur avait été reportée au lendemain de la publication de la partie réglementaire de ce Code. Ce Code est entré en vigueur le 11 mai 2007 (Décret n° 2007-759 du 10 mai 2007).

2. B. Mathieu, Th. S. Renoux et A. Roux, *La Cour de justice de la République*, coll. « Que sais-je ? », PUF, 1995 ; J. Foyer, *Rép. pén.*, v° « Cour de justice de la République », n°s 22 s.

3. M. Kamto, « La responsabilité pénale des ministres, une compétence juridictionnelle controversée et une procédure contentieuse parachevée », *RD publ.* 1991. 1239 ; B. Bouloc, *Procédure pénale*, n° 514.

– La commission des requêtes est composée de sept magistrats titulaires et de sept magistrats suppléants désignés pour cinq ans par un collège propre à chaque Haute juridiction à laquelle ils appartiennent, à savoir : 3 magistrats de la Cour de cassation, 2 conseillers d'État et 2 conseillers-maîtres à la Cour des comptes. L'un des magistrats de la Cour de cassation assure la fonction de président. Cette commission apprécie, sans recours, si la plainte formulée contre un ministre doit faire l'objet d'une poursuite. Elle peut donc classer ou au contraire transmettre le dossier au procureur général de la Cour de cassation après avoir qualifié les faits. Ce dernier a la possibilité d'agir de sa propre initiative mais il faut qu'il obtienne un avis conforme de la commission. Il saisira ensuite la commission d'instruction par un réquisitoire contre personne dénommée. On observe ainsi que la constitution de partie civile n'est pas recevable devant la Cour de justice de la République.

– La commission d'instruction est composée de trois membres titulaires et de trois membres suppléants désignés pour trois ans parmi les magistrats hors hiérarchie de la Cour de cassation. L'un d'entre eux est choisi dans les mêmes formes comme président. Ces magistrats peuvent faire l'objet d'une récusation.

2) Particularisme de l'instruction. Jusqu'à la réunion de la commission, son président peut procéder à tous actes utiles à la manifestation de la vérité. Ultérieurement l'instruction est collégiale. La commission procède aux interrogatoires et auditions en respectant les règles de la procédure pénale notamment celles relatives aux droits de la défense. La commission est libre de la qualification mais ne peut instruire sur des faits nouveaux sans un réquisitoire du ministère public et un avis conforme de la commission des requêtes. La commission dispose de pouvoirs juridictionnels. Lorsqu'elle estime l'instruction terminée elle transmet le dossier au procureur général pour qu'il prenne ses réquisitions. Elle en donne avis aux membres du gouvernement mis en examen et à leurs avocats qui disposent de 20 jours pour demander à la commission de statuer sur d'éventuelles nullités [1]. Elle peut ensuite, comme toute autre juridiction d'instruction, soit déclarer qu'il n'y a pas lieu de suivre, soit renvoyer le ministre devant la formation de jugement. Il n'y a donc qu'un seul degré d'instruction. En revanche les arrêts de la commission d'instruction peuvent faire l'objet d'un pourvoi porté devant l'assemblée plénière de la Cour de cassation. Dans le cas d'une annulation, il y aura renvoi devant la même commission qui doit être composée autrement, c'est-à-dire avec les magistrats suppléants [2].

Quelles que soient les autorités qui ont diligenté l'instruction une décision de renvoi implique la saisine d'une juridiction de jugement pour que le délinquant soit jugé, le rôle de l'information se limitant à la mise en forme du dossier. Ce sont ces juridictions de jugement que nous allons maintenant examiner.

1. V. Ass. plén. 6 juin 2003 *BICC* août 2003, p. 17.
2. Sur la procédure, v. M. L. Rassat, *Traité de procédure pénale*, n° 444 ; R. Merle et A. Vitu, *Traité de droit criminel*, t. II, n° 611 et s. ; S. Guinchard et J. Buisson, *Procédure pénale*, n° 191 ; J. Pradel, *Procédure pénale*, no 834. On notera que la Cour de justice de la République a déjà été saisie de plusieurs affaires et a rendu notamment une décision dans l'affaire du sang contaminé pour laquelle un ancien premier ministre et deux anciens ministres avaient été poursuivis. CJR, 9 mars 1999, *D.* 1999. IR. 86.

CHAPITRE 2
LES JURIDICTIONS DE JUGEMENT

578 ***Distinction*** ◊ Les juridictions répressives, c'est-à-dire au sens technique de ce terme, l'ensemble des organes par lesquels l'État exerce sa fonction juridictionnelle en matière de répression des infractions, sont en France, réparties en deux grandes catégories : les juridictions de droit commun et les juridictions d'exception.

Selon le sens technique de cette distinction, les juridictions de droit commun sont compétences pour juger toutes les infractions et tous les délinquants, sauf lorsqu'un texte spécial soustrait expressément certaines infractions ou certains délinquants à leurs compétences. Les juridictions d'exception, en conséquence, ne peuvent donc juger que les seuls faits ou individus pour lesquels un texte formel leur attribue compétence, que ce soit en raison de la spécificité de l'infraction jugée ou en raison de la qualité du délinquant. Nous ne pouvons faire autrement que de suivre cette distinction classique pour présenter les juridictions pénales.

SECTION 1. LES JURIDICTIONS DE DROIT COMMUN

579 ***Classification*** ◊ Les principes généraux de l'organisation des juridictions répressives résultent pour la plupart de textes révolutionnaires (lois de Ventôse an VIII et an IX notamment). Sans doute des lois postérieures vinrent-elles altérer certains traits de leur organisation, mais l'on retrouve encore aujourd'hui les mêmes juridictions décrites dans le Code de l'organisation judiciaire qui résulte d'un décret du 16 mars 1978.

Le principe essentiel qui préside à cette organisation est une division des juridictions fondée sur la classification tripartite des infractions en contraventions, délits et crimes. À chaque catégorie correspond une juridiction : le tribunal de police pour la première (art. 521, CPP), le tribunal correctionnel pour la deuxième (art. 381, CPP), la cour d'assises pour la troisième (art. 231, CPP). La création des juridictions de proximité a néanmoins quelque peu modifié ce système simple puisque désormais ces tribunaux ont une compétence de principe pour les contraventions des quatre premières classes. On peut donc considérer que s'agissant des contraventions il y a, aujourd'hui, deux juridictions de droit commun (art. 521, al. 1 et 2, tel qu'il résulte de la loi du 25 janv. 2005).

Le principe de l'unité de la justice civile et de la justice pénale que l'on a précédemment évoqué [1] explique que certaines de ces juridictions statuent, dans une autre formation, en matière civile. Ainsi le tribunal de police n'est-il qu'une formation du tribunal d'instance. Mais ce principe s'étend également à la juridiction du second degré. La chambre des appels correctionnels est simplement une formation de la cour d'appel, spécialisée dans le domaine répressif [2]. Il nous suffira donc d'indiquer brièvement le particularisme des formations pénales renvoyant pour le reste à la description précédemment faite [3].

SOUS-SECTION 1. Les juridictions du premier degré

Nous traiterons ainsi successivement de la cour d'assises, du tribunal correctionnel, du tribunal de police et de la juridiction de proximité.

§ 1. La cour d'assises

580 ***Originalité*** ◊ Lorsque l'on évoque cette juridiction qui a compétence pour juger les crimes, un qualificatif revient sous la plume de tous les auteurs [4], c'est l'originalité. Originale, en effet, cette juridiction l'est à plus d'un titre. On cite sa localisation départementale, son caractère non permanent ; mais le point essentiel c'est qu'elle associe, pour juger les infractions les plus graves, de simples citoyens, les jurés, aux magistrats professionnels. Le particularisme de cette juridiction, apparaîtra en envisageant successivement son organisation et son fonctionnement.

I. Organisation

À ce propos, outre la traditionnelle question de la composition de la juridiction, on doit au préalable dire quelques mots concernant le ressort de la cour d'assises.

1. V. *supra*, n° 353.
2. La chambre criminelle est également une formation spécialisée de la Cour de cassation. Les principes gouvernant la juridiction du droit étant identiques pour tout le contentieux judiciaire, l'étude de la Cour suprême est faite globalement dans un sous-titre spécial (v. *infra*, n°s 677 et s.).
3. V. *supra*, n°s 355 et s.
4. V. par ex. : B. Bouloc, *Procédure pénale*, n° 487 ; J. Pradel, *Procédure pénale*, n° 48 ; R. Merle et A. Vitu, *Traité de droit criminel*, t. II, n°s 626 et s. ; M. L. Rassat, *Traité de procédure pénale*, n° 64 ; F. Chapar, *La Cour d'assises*, Dalloz, 4 éd., 1987 ; H. Angevin, *La pratique de la cour d'assises*, Litec, 4e éd., 2005.

A. Ressort

581 ***Juridiction départementale*** ◊ Aux termes de l'article 232 du CPP « il est tenu des assises à Paris et dans chaque département ». Ainsi, la cour d'assises se présente comme une juridiction départementale, que l'on désigne par le nom du département (la cour d'assises du Rhône par exemple). En ce qui concerne la localisation de la cour dans le département, il y a un principe et des exceptions : s'il y a une cour d'appel dans le département, c'est naturellement au siège de cette cour qu'est installée la cour d'assises. Dans le cas contraire, elle sera accueillie au chef-lieu du département. Cette double règle souffre pourtant d'un certain nombre d'exceptions énumérées par l'article R. 41 du CPP. Dans cinq départements à titre temporaire ou définitif, la cour d'assises siège dans une autre ville que le chef-lieu. Par exemple St-Omer pour le Pas-de-Calais ou Draguignan pour le Var à titre temporaire.

Deux dispositions complémentaires doivent être signalées. Tout d'abord l'article 233 du CPP qui aboutit en pratique à multiplier les cours d'assises en permettant à une cour d'appel de créer des sections d'assises si les besoins l'exigent. En fait, seule la Cour de Paris a usé de cette faculté en créant deux sections. L'article 235 du CPP peut ensuite être mentionné. Là encore, la cour d'appel, sur réquisition du procureur général, peut décider qu'à titre exceptionnel une session d'assises se tiendra en un autre lieu que celui dans lequel elles se tiennent habituellement.

Telles sont les principales règles concernant la localisation des assises, dont la composition très particulière est souvent l'explication.

B. Composition

582 ***Principe*** ◊ On notera d'abord, à titre liminaire, que le ministère public est représenté par un membre du parquet de la cour d'appel (avocat général en principe) si cette juridiction siège à la cour d'appel, par un membre du parquet du TGI (procureur de la République ou substitut) si la cour d'assises siège dans la ville où est installé ce tribunal. Néanmoins, aux termes de l'article 241 du CPP, alinéa 2, le procureur général peut déléguer un autre membre du ministère public.

S'agissant du greffe, la même distinction est applicable (greffe de la cour ou du tribunal selon les cas).

Mais c'est dans la composition hétérogène de la formation de jugement que réside, nous l'avons dit, l'originalité essentielle de cette juridiction, puisqu'à la cour proprement dite, il faut ajouter le jury.

583 ***Exceptions*** ◊ Cette composition originale a cependant été abandonnée dans quatre hypothèses pour le jugement de certaines infractions : les crimes de droit commun commis par les militaires lorsqu'il y a un risque de divulgation d'un secret de la défense nationale (art. 698-7

CPP), les crimes militaires (art. 697-1 CPP), les crimes terroristes (art. 706-25 CPP) et ceux relatifs au trafic de stupéfiants (art. 706-27 CPP).

Une véritable cour d'assises spéciale a donc été mise en place qui présente la particularité de ne pas comprendre de jurés. Elle est composée de sept magistrats professionnels, un président et six assesseurs (art. 698-6 CPP). Les raisons qui président à la création de cette sorte de juridiction d'exception sont assez diverses. Alors que dans le premier cas elle s'appuie sur une certaine méfiance à l'égard des jurés, juges occasionnels, que l'on soupçonne de ne pas pouvoir garder le secret sur des problèmes concernant la défense nationale, dans le second cas il s'agit au contraire de protéger ces mêmes jurés contre les représailles éventuelles des personnes qu'ils auraient à juger. S'agissant des crimes relatifs au trafic de drogue, cette formation a été prévue par le nouveau Code pénal, au motif de la complexité de ce type d'infraction (art. 706-27 CPP) mais sans doute également pour protéger les jurés citoyens.

Il importe de préciser que l'instauration d'un appel des décisions de cour d'assises a conduit à modifier la composition de ces juridictions spéciales lorsqu'elles statueront en appel, le nombre des assesseurs passant de 6 à 8 (art. 698-6 CPP).

Il reste évidemment à se demander s'il est encore possible de parler de cour d'assises pour un tribunal qui ne pourra appliquer qu'imparfaitement les règles prévues pour cette juridiction (minorité de faveur par exemple) [1].

1. La cour « proprement dite »

584 ***Les magistrats*** ◊ Cette terminologie assez curieuse est utilisée dans les articles 240 et 243 du CPP Selon le second texte, cette cour est composée du président et de deux assesseurs.

– Le président est désigné par le premier président de la cour d'appel, pour chacune des sessions parmi les présidents de chambre ou plus fréquemment les conseillers. Le premier président peut exercer lui-même cette fonction « chaque fois qu'il le juge convenable » (art. 247, CPP). En cas d'empêchement, il faut distinguer selon qu'il intervient avant ou pendant la session. Dans le premier cas, on procède à une autre désignation, dans le second c'est l'assesseur ayant rang le plus élevé qui devient président alors même qu'il s'agirait d'un magistrat du tribunal [2].

– Les assesseurs en effet peuvent être choisis aussi bien parmi les magistrats de la cour d'appel que parmi ceux du tribunal de grande instance où siègent les assises.

1. En ce sens M. L. Rassat, *Traité de procédure pénale*, n°s 76 et s. Sur cette formation particulière de la cour d'assises, v. *infra*, n°s 645 et s.
2. Crim., 7 déc. 1977, *Bull. crim.*, n° 388.

Lorsque de longs débats sont prévus, des assesseurs supplémentaires peuvent être désignés dans les mêmes conditions pour faire face à la défection d'un assesseur titulaire. Ils assistent aux audiences mais non aux délibérations, dès lors qu'aucun empêchement ne survient. La procédure de remplacement (art. 251, CPP) distingue là encore selon que l'empêchement survient avant ou après ouverture de la session, ordonnance du premier président dans le premier cas et du président de la cour d'assises, fût-il lui-même un suppléant [1] dans le second [2].

Il faut par ailleurs rappeler une règle très importante prévue à l'article 253 du CPP. Elle concerne les incompatibilités de juger pour tous ceux qui, pour une affaire déterminée, ont fait un acte de poursuite ou d'instruction, ont participé à la décision de mise en accusation ou plus généralement à une décision sur le fond relative à la culpabilité de l'accusé. Cette solution n'est qu'une application du principe de la séparation des différentes autorités judiciaires [3]. On veut, dans ce cas précis, que celui qui va devoir juger n'ait aucun *a priori* quant à la culpabilité de l'accusé, à l'image de ce que l'on recherche chez les jurés.

2. Le jury

Cette institution a été introduite dans notre droit par la loi des 16-26 septembre 1791. Si, selon certains historiens [4], on peut trouver des précédents dans le droit du Moyen-Âge, il est bien évident qu'elle apparaît comme une transposition du droit anglais. Initialement, au jury de jugement était joint un jury d'accusation. Si ce dernier n'a pas été conservé, en revanche le premier a toujours été maintenu malgré les nombreuses réformes de la cour d'assises et encore très récemment par celle du 15 juin 2000. Est-ce à dire pour autant que ce système de juridiction populaire soit admis sans réserve ? En réalité, il n'en est rien, à tel point que depuis son instauration, il fait l'objet de critiques ; adversaires et partisans s'opposant en controverses permanentes. Il n'est pas certain que l'appel, récemment instauré, des décisions d'assises, mette fin à toutes les interrogations et toutes les critiques. Avant de nous interroger sur les avantages et les inconvénients du jury crimi-

1. Crim., 23 janv. 1974, *Bull. crim.*, n°s 8 et 35 par ex.

2. On remarque, sur ces différents points, une assez nombreuse jurisprudence vraisemblablement motivée par une recherche systématique des vices de forme en matière criminelle. V. par ex : Crim., 5 mars 1997, *Bull. crim.*, n° 86. Crim. 7 janv. 1998, *Bull. crim.*, n° 5.

3. V. *supra*, n°s 524 et s. V. à titre d'ex.. Crim. 16 déc. 1982, *Bull. crim.*, n° 296. Crim. 17 juin 1987, *Bull. crim.*, n° 255 ; 8 avr. 1992, *Bull. crim.* n° 192. Crim. 6 oct. 1999, *Bull. crim.*, n° 211. Crim. 11 oct. 2000, *Bull. crim.* n° 294 et la jurisprudence citée *in* B. Bouloc, *Procédure pénale*, n° 489, note 5. Cette règle est également garantie par l'article 6-1 de la Convention européenne des droits de l'homme sous l'angle du droit à un tribunal impartial : Crim, 10 janv. 1996, *Bull. crim.*, n° 9. V. P. Conte et P. Maistre du Chambon, *Procédure pénale*, n° 75.

4. A. Laingui et A. Lebigre, *Histoire du droit pénal*, t. II, p. 40 ; B. Bouloc, *op. cit.*, n° 491.

nel, il importe d'envisager d'abord les conditions d'aptitude à la fonction de juré puis le mode de désignation de ces magistrats populaires.

585 ***a) L'aptitude à la fonction de juré*** ◊ Selon l'article 254 du CPP, le jury est composé de citoyens, condition qui n'apparaît guère restrictive mais le texte ajoute « désignés conformément aux articles suivants ». Notre droit en imposant certaines conditions s'est en effet orienté vers une conception qui fait que le juré ne se borne pas à exercer une sorte de droit civique mais bien à accomplir une véritable fonction judiciaire [1]. Cette option du législateur réserve la fonction de juré aux seuls citoyens présentant des garanties suffisantes d'aptitude, de moralité et d'indépendance :

• **L'aptitude.** On peut en premier lieu la qualifier d'intellectuelle bien que les conditions soient peu exigeantes. Il y a d'abord une question d'âge. Depuis une loi du 23 décembre 1972, il suffit d'être âgé de 23 ans (30 ans au préalable). Il faut ensuite savoir lire et écrire en français. Enfin, il ne faut pas que l'individu soit sous sauvegarde de justice, en tutelle, en curatelle ou encore placé dans un établissement d'aliénés. Cette énumération qui englobe toutes les hypothèses où les facultés mentales d'un individu sont présumées altérées, montre bien que l'idée du législateur est d'exclure tous ceux qui n'auraient pas une capacité intellectuelle suffisante pour suivre un débat judiciaire.

En second lieu, il y a une sorte d'aptitude sociale, ce que d'autres auteurs [2] nomment une certaine insertion dans la société. Le juré doit être français.

Il devait, jusqu'à une modification législative, être domicilié dans le ressort de la cour d'assises. Cette nécessité a été supprimée par la loi du 2 février 1981 qui a abrogé l'alinéa 2 de l'article 260 du CPP

Néanmoins, ce même texte a modifié l'article 258 du CPP en permettant aux personnes qui n'ont pas leur résidence principale dans le département d'être dispensées des fonctions de juré. La jouissance des droits politiques civiques et de famille imposée par ailleurs (art. 255, CPP), outre cette aptitude du juré à vivre en société, traduit déjà une exigence de moralité.

• **La moralité du juré.** Elle est assurée par une série d'incapacités énumérées dans l'article 256 du CPP.

Jusqu'à la loi du 16 décembre 1992, portant publication du nouveau Code pénal étaient d'abord visés les individus condamnés à une peine criminelle ou à une peine d'emprisonnement d'au moins un mois pour crime ou délit. Si la condamnation pour les mêmes infractions était inférieure à un mois ou au moins égale à 500 F d'amende, l'incapacité n'existait que pendant 5 ans [3]. Avec la nouvelle règle seule la peine complémentaire d'interdiction des droits civiques civils et de famille prévue par l'article 131-26 du Code pénal pouvait écarter un condamné d'un jury. Cette solution, extrême mais discutable, ne pouvait être mise en échec qu'au seul niveau de la récusation par le ministère public. La loi du 15 juin 2000 est revenue à une solution plus logique en excluant toute personne dont le bulletin n° 1 du casier judiciaire mentionne une condamnation pour crime ou une condamnation pour délit à une peine égale ou supérieure à 6 mois d'emprisonnement (art. 256 al. 1er CPP). Le texte vise ensuite les individus en état d'accusation ou de contumace ainsi que ceux qui sont sous mandat de dépôt ou d'arrêt. Sans doute cela est-il contraire à la

1. Sur cette question, V. R. Merle et A. Vitu, *Traité de droit criminel*, t. II, nos 660 et s.
2. J. Pradel, *Procédure pénale*, n° 52.
3. V. sur ce point : M. L. Rassat, *Traité de procédure pénale*, n° 66.

présomption d'innocence pour certains de ces individus, mais on concevrait mal, sur un plan sociologique, une solution contraire. Le législateur vise enfin les fonctionnaires révoqués, les faillis non réhabilités, les officiers ministériels destitués et ceux qui se sont vu expressément interdire la fonction de juré ; toutes personnes, pour lesquelles il peut y avoir un doute quant à leur moralité. La loi du 9 mars 2004 a ajouté les personnes condamnées en vertu de l'article 288 du CPP c'est-à-dire ceux qui n'ont pas déféré à une précédente convocation comme juré ou se sont retirés avant l'expiration des fonctions.

• **L'indépendance.** C'est la troisième qualité du juré. Elle est permise par des conditions de compatibilité. La liberté de décision des jurés est ainsi assurée par une double série d'incompatibilités. Les premières, absolues en ce sens qu'elles interdisent de siéger dans tout jury, sont prévues par l'article 257 du CPP Elles concernent les titulaires de fonctions publiques (membres du Gouvernement, du Parlement, les magistrats professionnels ou non), certains hauts représentants de l'exécutif (membres du corps préfectoral, directeurs des ministères), les fonctionnaires de police et de l'administration pénitentiaire ainsi que les militaires de la gendarmerie en activité de service (art. 257, 4°) [1]. Sans doute plusieurs raisons motivent-elles ces différentes exclusions : esprit présumé trop répressif, connaissances juridiques pouvant peser sur les autres jurés, etc. En fait, il y a une idée plus générale, celle d'éviter que siègent dans des jurys, des personnes pouvant, en raison de leur profession, faire preuve d'apriorisme dans leur décision.

Les secondes incompatibilités, relatives en ce qu'elles ne concernent qu'une affaire déterminée, sont fondées sur les mêmes motifs : éviter une insuffisance de liberté d'esprit du juré. Deux types d'exclusions sont prévus. Tout d'abord lors de l'ouverture de la session des assises, il est précisé dans l'article 289 du CPP que la cour doit faire rayer de la liste les jurés qui se révéleraient être conjoints, parents ou alliés jusqu'au degré d'oncle ou de neveu d'un membre de la Cour ou d'un juré inscrit avant lui sur la liste. C'est ensuite l'article 291 du CPP qui prévoit l'exclusion provisoire au début de chaque affaire des jurés présentant les mêmes liens de parenté ou d'alliance que précédemment avec un accusé ou son conseil, ainsi que ceux qui interviennent dans l'affaire en tant que témoin, interprète, dénonciateur, expert, plaignant, partie civile ou qui auraient accompli un acte de police judiciaire ou d'instruction. On peut noter qu'en ce qui concerne ces dernières incompatibilités, la jurisprudence n'hésite pas à les étendre à des cas non prévus par des textes dès lors qu'on peut légitimement craindre que le juré aura déjà une opinion sur l'affaire et que son indépendance ne sera pas totale [2].

Il reste à se demander quelles sont les sanctions possibles lorsque l'une ou l'autre de ces nombreuses conditions n'est pas respectée ? Bien que le CPP, contrairement au CIC, ne comprenne aucune disposition expresse en ce sens,

1. Il est à remarquer que ces incompatibilités sont de droit étroit. Elles ne peuvent donc pas être étendues à d'autres personnes que celles expressément citées. Assez nombreuse jurisprudence. Ex. : Peuvent siéger : les garde-champêtres, Crim., 26 mai 1965, *Bull.* n° 145 ; un adjudant de sapeurs pompiers, Crim., 19 déc. 1968, *Bull.* n° 333. La loi du 23 déc. 1972 a d'ailleurs réduit la liste des incompatibilités concernant d'autres fonctionnaires. V. J. Pradel et A. Varinard, *Les grands arrêts de la procédure pénale,* Dalloz, 6e éd., 2009, n° 2.

2. À titre d'exemple : un juré qui aurait déposé comme témoin à l'instruction, Crim., 1er mars 1923, *Bull.*, n° 9. En revanche, il a été admis qu'il n'y a pas d'incompatibilité si un juré est beau frère de la victime, Crim., 22 avr. 1948, *D.* 1948.326.

la chambre criminelle de la Cour de cassation a initialement estimé que ces dispositions devaient être respectées à peine de nullité, ce qui conduisait à une annulation du verdict [1], mais aujourd'hui la question est nécessairement traitée comme un incident contentieux réglé par la Cour avant le début des débats. Connaissant maintenant les qualités que doit posséder un juré, il nous faut déterminer comment il est désigné.

586 ***b) La désignation des jurés*** ◊ Le jury qui statue dans chaque affaire est composé de neuf membres lorsque la Cour d'assises statue en 1er ressort et de 12 jurés lorsqu'elle statue en appel (art. 296 al. 1er CPP) [2]. Comment ces citoyens qui doivent être l'émanation de la souveraineté populaire vont-ils être choisis ?

Pour parvenir à une liste de jugement, plusieurs opérations préalables sont nécessaires. Elles conduisent en trois opérations successives d'une liste annuelle préparatoire à la liste de session en passant par la liste départementale définitive.

• **La liste annuelle préparatoire.** C'est l'élaboration de la première de ces listes qui a fait l'objet d'une réforme profonde par une loi du 28 juillet 1978, qui est entrée en application le 1er janvier 1980. Jusqu'alors, l'établissement de cette liste initiale était assuré par des commissions siégeant auprès de chaque tribunal d'instance, qui opéraient un choix pratiquement discrétionnaire [3], l'auto-désignation par demande à la commission n'étant pas rare alors que le tirage au sort sur les listes électorales était assez exceptionnel. Une seconde commission siégeant auprès de chaque cour d'assises élaborait la liste définitive en rayant certains noms avec possibilité d'en rajouter d'autres. Cette procédure, malgré les tirages au sort ultérieurs, avait conduit à une composition des jurys qui était loin d'être une représentation fidèle de la population dont ils étaient issus [4].

Aujourd'hui la procédure se déroule de la façon suivante [5]. La liste qui doit comprendre un juré pour 1 300 habitants en province avec un minimum de

1. En ce sens : Crim., 3 févr. 1965, *Bull.*, n° 33. L'art. 802 du CPP tel qu'il résulte de la loi du 11 juill. 1975 n'apparaissait pas de nature à modifier cette jurisprudence puisque la chambre criminelle estime qu'il ne concerne pas l'organisation des juridictions répressives. Cette jurisprudence a cependant perdu son intérêt depuis qu'une loi du 30 déc. 1985 (art. 305-1 nouveau CPP) a décidé que les nullités concernant les actes antérieurs à la constitution du jury doivent être soulevées devant la cour d'assises dès après la constitution du jury. L'incident est alors réglé selon les conditions prévues à l'art. 316 CPP (V. sur ce point R. Merle et A. Vitu, *Traité de droit criminel*, t. II, n° 666-740 et Crim., 8 oct 1986, *Bull. crim.* n° 276 ; *D.* 1986. 605, note Angevin pour un juré de moins de 23 ans, Crim. 19 déc. 1999, *Bull. crim.*, n° 287).

2. Initialement et jusqu'en 1941, le nombre des jurés était fixé à 12. La loi du 25 nov. 1941 l'avait ramené à 6. Une ordonnance du 20 avril 1945 l'ayant portée à 7, c'est le CPP (art. 296) qui le fixa à 9.

3. Sur cette procédure, v. une recherche effectuée par la section de sciences criminelles de l'Institut d'études judiciaires de Lyon sur la désignation des jurés dans le département du Rhône. Également, C. Barberger, « Le choix des jurés », *Ann. internationales de criminologie*, 1977, n° 1, p. 63 et s.

4. D'autres recherches ont été effectuées dans les départements de l'Ain, de la Loire et des Bouches-du-Rhône. Pour une recherche plus récente, v. M.-J. Saunier, *Le jury criminel : l'exemple de la cour d'assises du Nord*, thèse Lille, 1986.

5. Sur cette loi, J.-M. Aussel, *JCP* 1978. I. 2919 ; A. Decocq, *RSC* 1979.127.

200 [1], 1 800 jurés à Paris, est élaborée par tirage au sort sur les listes électorales des mairies. Pour cela, le préfet, par arrêté, répartit le nombre des jurés selon l'importance de la population des communes. Le maire, en public, tire au sort un nombre de noms triple de celui prévu. Ne sont pas retenus pour constituer cette liste préparatoire les personnes qui n'auront pas atteint l'âge de 23 ans au cours de l'année civile qui suit (art. 261 CPP). Cette liste est communiquée au greffe de la juridiction, siège de la cour d'assises.

Il est à noter que dès cet instant, le maire a une double obligation. Il doit d'abord avertir les personnes qui ont été tirées au sort afin de recueillir certaines informations (leur profession par exemple) et de leur permettre de demander une dispense dans les conditions prévues par les textes (art. 258, CPP, par ex.).

Il doit ensuite informer le greffe du siège de la cour d'assises de toutes les causes d'inaptitude légale qui pourraient concerner les jurés désignés. Il a ensuite la possibilité d'ajouter des observations sur les personnes qui, pour des motifs graves, ne paraissent pas en mesure d'exercer les fonctions de juré. Le fera-t-il ? On peut en douter pour des raisons électorales.

• **La préparation de la liste annuelle définitive.** C'est la deuxième opération conduisant à la désignation des jurés. Elle est réalisée par une commission qui siège au chef-lieu de la cour d'assises ou du tribunal de grande instance selon les cas. Elle est présidée par le chef de la juridiction siège de la Cour d'assises. Elle comprend en outre : trois magistrats du siège, le procureur général ou le procureur de la République ainsi que le bâtonnier de l'ordre des avocats et cinq conseillers généraux (conseillers pour Paris). Cette commission a une double mission. Dans un premier temps, elle doit statuer sur l'exclusion de la liste initiale de toutes les personnes inaptes selon la loi (art. 258-1), ou qui ont exercé les fonctions de juré dans le département depuis moins de cinq ans [2], de celles qui lui ont été signalées comme ne paraissant pas pouvoir exercer les fonctions de juré [3] et de celles qui ont demandé à être omises (personnes de plus de 70 ans ou ne résidant pas dans le département) ou parce qu'elles ont allégué un motif grave reconnu valable (maladie - infirmité par ex.). Toutes les décisions sont prises à la majorité des membres de la commission.

Dans un deuxième temps, la commission établit par tirage au sort parmi les noms restant, la liste départementale ainsi qu'une liste de suppléants résidant dans la ville où siège la cour d'assises (de 50 à 700 jurés selon les départements) [4].

• **La liste de session.** La troisième et dernière opération conduisant au jury de jugement est la constitution de la liste de session trente jours au moins avant l'ouverture des assises. Elle comprend 40 titulaires et 12 suppléants.

1. La loi du 9 mars 2004 a modifié l'alinéa 2 de l'article 260 CPP pour préciser que le nombre de jurés, tel qu'il résulte des règles fixées par l'alinéa 1er du texte, peut être modifié par un simple arrêté du ministre de la Justice. L'art. A 36-12 CPP fournit un tableau de 3 cours d'assises pour lesquelles le nombre de jurés est plus élevé (Paris :2300, Bouches du Rhône : 2000, Eure : 500...).

2. La loi du 28 juill. 1978 a voulu, par cette mesure, éviter la professionnalisation des jurés que l'on avait quelquefois observée précédemment (v. les recherches préc.).

3. La loi du 23 déc. 1980 a ajouté, à ce propos, un dernier alinéa à l'article 258-1 précisant qu'une objection morale d'ordre laïc ou religieux ne constitue pas un motif pouvant justifier l'exclusion.

4. Le nombre des jurés suppléants est désormais fixé par un simple arrêté du ministre de la Justice, Art. A 36-13 du CPP (Arrêté du 12 mars 2004).

C'est le premier président de la cour d'appel ou le président du TGI, selon le lieu où siège la cour d'assises, qui effectue le tirage au sort en audience publique. Une nouvelle fois, on élimine de cette liste toutes les personnes inaptes, décédées ou qui ont déjà siégé depuis moins de cinq ans. Il en est de même des personnes déjà désignées dans l'année (art. 266 al. 3, CPP). Elles sont immédiatement remplacées. Chacun des individus que le hasard a désigné est prévenu officiellement à la diligence du greffier de la Cour d'assises 15 jours au moins avant l'ouverture de la session par courrier. Le juré convoqué doit accuser réception de sa convocation. Dans le cas contraire il peut être recherché par les services de police ou de gendarmerie sur réquisition du greffier (art. 267 dans la rédaction de la loi du 9 mars 2004). La convocation rappelle l'obligation pour tout citoyen requis de se présenter sous peine de sanctions à l'ouverture de la session des assises (art. 267, CPP). C'est ce jour seulement qu'est arrêtée définitivement la liste de session après un appel des jurés inscrits sur la liste. La Cour procède aux derniers retranchements des personnes inaptes ou décédées et dans le cas où le nombre des jurés serait inférieur à 23 ou à 26 si la cour d'assises doit statuer en appel, elle complète par des suppléants pris dans l'ordre de leur inscription (art. 289-1, CPP). Dans ce dernier cas, la liste doit alors être communiquée à l'accusé (art. 292, CPP) puisque c'est parmi les noms de cette liste que seront tirés les neuf ou douze jurés dans chacune des affaires [1].

Pour composer la liste de jugement, le président appelle chacun des jurés, une carte pour chaque nom étant déposée dans l'urne. On procède alors au tirage au sort des jurés de jugement et d'un ou plusieurs jurés supplémentaires qui assistent aux débats. Cette désignation prévue jusqu'alors seulement lorsque l'affaire devait être longue est aujourd'hui obligatoire (art. 296, al. 2).

Il faut ici rappeler le droit de récusation non motivé dont disposent à la fois le ministère public et l'accusé ou son conseil (art. 298, CPP). Cette prérogative permet ainsi de rejeter neuf personnes (4 pour le ministère public, 5 pour l'accusé lorsque la cour statue en premier ressort, 5 pour le ministère public et 6 pour l'accusé lorsque la cour statue en appel [2]), sans avoir à fournir la moindre justification. C'est après cette dernière des formalités que le jury est définitivement constitué, acquis à la défense selon la formule utilisée.

Comme on peut le remarquer, le caractère essentiel d'une telle juridiction n'est pas la simplicité, peut-être est-ce là une des raisons des critiques qui lui sont adressées.

587 ***c) Le problème du jury : pour ou contre le maintien d'une juridiction populaire*** [3] ◊ Il peut paraître assez paradoxal qu'une juridiction qui a

1. Les lois du 10 juin 1983 et du 1er févr. 1994 ont modifié l'art. 282, al. 2 du CPP qui dispose maintenant que cette liste doit contenir des indications permettant d'identifier les jurés à l'exception cependant de leur domicile ou résidence.

2. Sur le mécanisme des récusations en cas de pluralité d'accusés, v. F. Chapar, *La Cour d'assises*, coll. « Manuels », Dalloz, 4 éd., 1987. V. également A. Vitu, « La récusation en matière pénale », in *Mélanges J. Vincent*, Dalloz, 1981, p. 427 ; R. Merle et A. Vitu, *Traité de droit criminel*, t. II, n° 670.

3. V. par ex. : G. Blanc, « La souveraineté populaire en question » (À propos de la réforme de la cour d'assises), *JCP* 1996. II. 3952 ; F. Lombard, « Les citoyens-juges, la réforme de la cour d'assises où les limites de la souveraineté populaire », *RSC* 1996-773. Sur le Droit comparé : J. Pradel, *Droit pénal comparé*, 3e éd., nos 157 et s. W. Roumier, *L'avenir du jury criminel*, préf. A. Decocq, LGDJ 2003. *Quelle participation des citoyens au*

bientôt deux siècles d'existence puisse encore susciter la controverse. En fait, toutes les critiques qui se sont succédé n'ont pas la même actualité, certaines étant tributaires du fonctionnement même de la cour d'assises ; or, nous l'avons dit, les réformes ont été nombreuses, mais il reste que cette juridiction appelée à sanctionner les actes qui troublent le plus gravement la société, provoque par sa nature la polémique en fonction des verdicts rendus, parfois mal compris de l'opinion publique. Les adversaires du jury invoquent plusieurs critiques à son encontre parmi lesquelles l'inégalité des décisions est la plus souvent avancée. Deux crimes identiques conduisant fréquemment à des peines très différentes, comment expliquer cette justice qui paraît dépendre du hasard des tirages au sort ? Il est bien certain que les caractéristiques socio-professionnelles d'un jury ne sont pas sans conséquence selon le type d'infraction. De plus, on peut admettre que les jurés sont beaucoup plus influençables que des magistrats professionnels. Les comptes rendus de presse, le réquisitoire du ministère public, la plaidoirie habile d'un avocat sont autant d'éléments qui peuvent être déterminants dans l'esprit d'un juré.

L'incompétence découlant de l'ignorance est un autre grief souvent formulé. L'incompétence juridique et technique est une évidence, mais il faut admettre que cette critique avait beaucoup plus de poids lorsque les jurés délibéraient seuls. Aujourd'hui, la décision est prise avec les magistrats qui peuvent éviter au moins sur un plan juridique, cette difficulté. Il reste bien sûr la compétence dans les secteurs techniques, mais sur ce point, pourquoi les magistrats seraient-ils plus aptes à saisir les problèmes scientifiques indispensables pour régler la plupart des procès pénaux ?

Cette interrogation pourrait déjà être utilisée par les défenseurs du jury qui invoquent plutôt son indépendance et son rôle essentiel pour l'évolution de la loi pénale. Le système actuel de désignation des jurés est de nature à renforcer le premier argument, le hasard étant aujourd'hui l'élément déterminant de la désignation des jurés [1]. En tout état de cause, on peut penser qu'une personne qui exerce occasionnellement une fonction qu'elle juge grave, le fait avec beaucoup de scrupules, ce qui rejaillit sur l'ensemble du procès dès l'instruction.

Mais l'argument essentiel réside dans l'influence du jury comme facteur d'évolution de la loi pénale. Le jury traduit dans les verdicts avec la conscience populaire du moment. Il évite, dans les affaires les plus graves un divorce total entre la loi et le sentiment de l'époque. Combien de réformes législatives ont-elles été préparées par des verdicts *a priori* surprenants ? Cette prise directe de l'opinion publique n'est pourtant pas sans contrepartie ; ainsi l'insécurité ambiante a très certainement motivé les condamnations à mort intervenues dans les dernières années précédant la suppression de cette peine en France.

Chacun des arguments utilisés paraît donc avoir son négatif, ce qui montre bien que la controverse n'est pas sur le point de s'éteindre. Toutes les réformes récentes ont tendu à atténuer les inconvénients excessifs du jury populaire. Parmi les modifications fréquemment suggérées, on cite l'obligation qui serait faite à la cour d'assises de motiver ses décisions [2]. Il est certain qu'une telle

jugement des crimes ?, Travaux de l'Institut de sciences criminelles de Poitiers, vol. 18, Cujas, 1997.

1. Sur les critiques de l'ancien système, v. Enquête sur le jury criminel du Rhône, *op. cit.*

2. Contrairement aux autres juridictions, la cour d'assises ne motive pas ses décisions. Sur ce point, R. Merle et A. Vitu, *Traité de droit criminel*, t. II, n° 804 ; B. Bouloc, *Procédure pénale*, n° 491 ; J. Pradel, *Procédure pénale*, n° 54 ; S. Guinchard et J. Buisson, *Procédure*

obligation serait de nature à réduire le nombre des verdicts curieux dont la justification échappe à peu près totalement. En réalité, on peut se demander si une telle réforme qui allongerait singulièrement les délibérations n'est pas contraire à l'esprit même du système du jury. Ne serait-ce pas donner à la cour un rôle beaucoup trop important, les arguments juridiques pouvant paralyser la liberté d'action des jurés. Le jury, comme tout autre système de jugement, a ses avantages et ses inconvénients qu'on ne peut totalement éliminer. Il paraît en tout cas bien difficile d'envisager sa suppression dès lors qu'il est ancré dans les mœurs françaises. De plus, il nous semble qu'un pays qui conservait la peine de mort dans son arsenal répressif pouvait difficilement faire l'économie de cette institution. Une décision aussi grave, quand on l'estimait nécessaire, pouvait trouver une certaine légitimité lorsqu'elle était prononcée par un jury de citoyens. Sans doute, les magistrats professionnels étaient-ils très heureux de partager la responsabilité d'une décision aussi lourde de conséquences. L'abrogation de la peine de mort par la loi du 9 octobre 1981 était-elle de nature à avoir une incidence sur l'existence d'un jury ? Il était bien difficile de l'affirmer, mais il était non moins certain qu'un argument pour son maintien disparaissait. Ce partage des responsabilités entre la cour et le jury est aujourd'hui assez généralisé [1].

588 ***Les réformes de la Cour d'assises non retenues*** ◊ Les critiques de plus en plus nombreuses concernant la Cour d'assises et plus particulièrement l'absence d'un double degré de juridiction, ce qui était contraire à la Convention européenne des droits de l'homme pourtant applicable dans notre droit, a conduit le gouvernement à déposer devant le Parlement à l'automne 1995 un premier projet de réforme. Le principe de cette réforme était de confier le jugement des crimes, en premier ressort, à un tribunal criminel départemental composé de trois magistrats professionnels et de deux assesseurs non professionnels. Ce tribunal aurait rendu des décisions motivées dont l'appel aurait été interjeté devant une Cour d'assises, composée d'une manière assez semblable à celle existant actuellement et siégeant au siège de la cour d'appel. Le tribunal criminel départemental devenait une juridiction permanente composée d'un président, juge d'un tribunal de grande instance, et de deux juges appartenant au même type de juridictions. Les deux juges non professionnels étaient dits « citoyens-assesseurs ». Il ne s'agissait donc pas, à proprement parler, de jurés, ce qui conduisait à rejeter la désignation par tirage au sort.

Ce premier projet ayant été retiré, un nouveau texte modifiant beaucoup plus globalement la procédure d'assises avait été soumis à la discussion du Parlement. Un tribunal d'assises aurait été institué dans chaque département remplaçant les actuelles cours d'assises. Il était composé du tribunal proprement dit (un président et deux assesseurs) et d'un jury de cinq personnes. D'une manière générale, et sous réserve d'un certain nombre de modifications, ce tribunal suivait une procédure assez comparable à celle de l'actuelle cour

pénale, n° 196 c, pour une critique vigoureuse de cette absence de motivation avec la bibliographie citée. J.Y. Birman, J.M. Florand, J. Reynaud, « Pour une motivation des arrêts de la Cour d'assises », *LPA* 7 mars 2005, p. 7. V. égal. un arrêt récent de la CEDH du 13 janv. 2009, *Tacquet c/Belgique* (commenté par Roumier, *Dr. pénal* 2009, Focus 12) qui semble condamner l'absence de motivation des décisions de cours d'assises, notamment lorsque le nombre des questions est très réduit.

1. Sur le droit comparé, J. Pradel, *Droit pénal comparé*, n°s 157 et s.

d'assises. Une innovation importante devait cependant être signalée, à savoir la motivation de la décision que les parlementaires avaient préféré désigner sous l'expression « mise en forme des raisons des jugements en matière criminelle ». Ce travail aurait été réalisé par le président ou un assesseur. Il était rendu nécessaire par la possibilité de faire appel des décisions de cette juridiction. En effet le principe du double degré de juridiction était donc, selon ce projet, instauré en matière criminelle. L'appel était prévu auprès de la Cour d'assises qui aurait siégé auprès de chaque Cour d'appel. Elle était composée à l'image de la cour d'assises actuelle, son président étant un président de chambre ou un conseiller de cour d'appel désigné par le premier président. Cette réforme entraînait évidemment une modification des juridictions criminelles spécialisées, à savoir les cours d'assises des mineurs et les cours d'assises sans jurés statuant en matière militaire ou pour les infractions de terrorisme et de trafic de stupéfiants. C'est ainsi qu'étaient créés, un tribunal d'assises pour les mineurs et pour les autres cas une juridiction de cinq magistrats professionnels statuant en premier ressort, l'actuelle composition étant conservée pour statuer en appel.

La création d'un double degré de juridiction, au stade de la procédure de jugement, entraînait évidemment des conséquences au stade de l'instruction où la double information ne s'imposait plus. Dès lors, l'accusé était directement renvoyé devant le tribunal d'assises par le juge d'instruction aux termes d'une ordonnance de mise en accusation qui devait être motivée et exposait la qualification légale des faits.

Alors que cette réforme avait été jugée prioritaire, elle tardait à se réaliser. La dissolution de l'Assemblée en 1997 et l'avènement d'une nouvelle majorité politique expliquent qu'il ait fallu attendre un nouveau projet de loi déposé en 1999, qui deviendra la loi du 15 juin 2000.

589 ***La loi du 15 juin 2000 – Le principe d'un appel circulaire*** ◊ Le gouvernement, voulant absolument que soit introduit dans notre système le réexamen des verdicts d'assises, décida de proposer une réforme simple n'entraînant que des modifications limitées de notre organisation juridictionnelle. La formule introduite dans notre droit est assez proche de celle imaginée par le droit intermédiaire, c'est-à-dire l'appel circulaire que l'on a également appelé appel tournant [1]. Le principe est très simple. L'appel d'une décision d'assises sera jugé par une autre cour d'assises désignée par la chambre criminelle de la Cour de cassation (art. 380-1 CPP). Il n'est donc pas possible de considérer que l'appel est porté devant une juridiction hiérarchiquement supérieure puisque la seule différence avec la cour d'assises statuant en premier ressort est qu'elle comporte trois jurés supplémentaires. Peut-on alors considérer que cette solution est conforme à la Convention européenne des droits de l'homme (art. 2-1 du Protocole n° 7), qui impose un nouvel examen de la déclaration de culpabilité ou de la condamnation par une juridiction supérieure [2]. Pour éviter un allongement excessif de la durée de la procédure, le législa-

1. R. Merle et A. Vitu, *Traité de droit criminel*, t. II, n° 631.

2. Sur cette question : S. Guinchard et J. Buisson, *Procédure pénale*, n° 196 b. Selon ces auteurs la conformité existe certainement dans la mesure où la situation antérieure n'avait pas été déclarée contraire à la convention (*Krombach c/ France* 13 févr. 2001). Ils s'interrogent par ailleurs sur la nature du recours qui ne peut être considéré comme un appel au sens traditionnel, mais ressemble plutôt à une forme d'opposition. J. Pradel, « L'appel

teur a été amené à supprimer le double degré obligatoire de l'instruction pour les crimes [1].

Dorénavant, le juge d'instruction peut décider lui-même de la mise en accusation. Cette solution n'est peut-être pas de nature à régler tous les problèmes puisque l'appel de l'ordonnance du juge d'instruction par l'accusé reste possible. En revanche, la motivation des décisions, qui dans ce système n'apparaît pas totalement indispensable, n'a pas été retenue par le Parlement. L'appel des décisions de cour d'assises n'étant applicable que depuis le 1er janvier 2001, il faut évidemment attendre pour juger définitivement de cette réforme, mais on constate que même si la doctrine a été en général assez critique [2], ce deuxième procès criminel paraît parfois bien utile (v. pour un exemple intéressant la très médiatique affaire d'Outreau). On peut par ailleurs observer que le pourcentage des appels est moins élevé qu'on aurait pu l'imaginer et comparable à celui des appels correctionnels à savoir de l'ordre de 20 % [3].

II. Fonctionnement

Il n'est évidemment pas question de développer ici la procédure de jugement devant la cour d'assises, mais simplement d'indiquer quelques principes essentiels concernant cette juridiction originale. Nous nous intéresserons successivement à la tenue des audiences, au problème de la collaboration de la cour et du jury, enfin nous terminerons en examinant la compétence de cette juridiction.

590 ***A) La tenue des audiences*** ◊ La Cour d'assises, nous l'avons dit, est une juridiction non permanente. L'appel à de simples citoyens est l'explication essentielle de ce caractère particulier beaucoup plus que le faible nombre des affaires, quelquefois allégué. En effet, sans la technique de la correctionalisation [4], la plupart des cours d'assises devraient devenir permanentes.

La Cour siège donc en sessions (les assises) à raison d'une par trimestre. La durée de la session est variable. Chacune est fixée de manière à ce que l'on épuise les affaires inscrites au rôle. Pour éviter que les jurés ne soient trop longtemps indisponibles pour leurs obligations professionnelles, l'article 236 du CPP permet de tenir des sessions supplémentaires. Cette solution, qui est systématique à Paris, est décidée par le premier président de la cour d'appel (art. 236, CPP, sur proposition du procureur général). Dans la pratique, la durée d'une session, sauf exception, n'excède pas 15 jours, ce qui rend cette collaboration à la fonction judiciaire à peu près supportable. Le rôle de chaque

contre les arrêts d'assises : un apport heureux de la loi du 15 juin 2000 », *D.* 2001. Chron. 1964.

1. V. *supra*, n° 555.

2. R. Merle et A. Vitu, *Traité de droit criminel*, t. II, n° 631 ; P. Conte et P. Maistre du Chambon, *Procédure pénale*, n° 101 ; H. Angevin, « Mort d'un dogme ; à propos de l'instauration par la loi du 15 juin 2000, d'un second degré de jugement en matière criminelle », *JCP* 2000. I. 260 ; H. Termime, « L'appel des arrêts d'assises », *RSC* 2001. 83 ; S. Guinchard et J. Buisson, *Procédure pénale*, n° 195 b. F. Fourment, *Procédure pénale*, Paradigme, n° 635.

3. V. *Le Monde* du 12 août 2005. ; Cour d'assises d'appel – Quelques éléments statistiques, Infostat justice n° 100 mars 2008.

4. V. *supra*, n° 542.

session est arrêté par le président de la cour d'Assises ou le président de la cour d'appel à la demande du procureur général (art. 238 CPP réd. loi du 5 mars 2007). Encore nous faut-il déterminer quel est le rôle exact joué par les jurés dans le procès.

591 ***B) Le rôle respectif de la cour et du jury*** ◊ Pendant la procédure d'audience, le problème ne se pose guère, le rôle des jurés étant des plus limité. En effet, bien que, selon la loi, les jurés doivent être placés à côté de la cour, il ne leur est demandé que d'être attentifs et de ne point manifester prématurément leur opinion (art. 311, al. 2, CPP). Néanmoins, ils peuvent, avec l'autorisation du président, poser des questions aux accusés ou aux témoins (art. 311, al. 1, CPP).

Au cours de l'audience, c'est donc à la cour proprement dite que revient l'essentiel des pouvoirs. Nous noterons néanmoins une particularité très importante concernant le président des assises. En effet, il est le seul président d'une juridiction de droit commun à disposer d'un pouvoir discrétionnaire (art. 310, CPP) pendant la durée des débats. Cette prérogative permet au président d'ordonner tout acte ayant pour but de faciliter la preuve et d'aider à la manifestation de la vérité. Il peut ainsi aller à l'encontre d'une décision prise par la cour et n'est limité dans ses initiatives que par les principes fondamentaux de la procédure et des droits essentiels de la défense [1].

C'est donc postérieurement à la clôture des débats que se pose le problème de la collaboration entre la cour et le jury, lors de la délibération. L'histoire de ces rapports est assez complexe et a évolué de la séparation complète des deux parties de la cour d'assises à une collaboration étroite. Initialement, le CIC établissait une séparation absolue entre le jury qui jugeait les faits et la cour, le droit. Le jury décidant seul de la culpabilité des accusés, la cour déterminait quant à elle la qualification et la peine à appliquer en tenant compte de la décision du jury sur les circonstances aggravantes ou atténuantes (depuis 1832). Ce système intéressant en apparence, se révéla plein d'inconvénients, le jury ne maîtrisant pas la peine préférait nier une culpabilité évidente d'où des acquittements scandaleux.

Une loi du 5 mars 1932 réalisa une première réforme en instaurant une collaboration limitée de la cour et du jury. Le jury, après avoir délibéré seul sur les faits, se joignait à la cour pour déterminer la peine. Cette loi qui constituait un progrès certain laissait sans doute aux jurés une importance excessive [2].

Le système actuel a été instauré par une loi du 25 novembre 1941 qui associe le jury et la cour pour qu'ils délibèrent ensemble sur la totalité des questions de droit et de fait, à l'exception de l'action civile [3]. Cette solution, dite de l'échevinage, qui existe dans plusieurs droits étrangers (Italie, Allemagne, par

1. Sur cette question, v. R. Merle et A. Vitu, *Traité de droit criminel*, t. II, n°s 741 et s. ; F. Chapar, *op. cit.*, p. 114 ; J. Pradel, *Procédure pénale*, n° 896 ; P. Le Quinquis, « Le président de la cour d'assises, la justice pénale », in *Justices*, 1998, n° 10, p. 99. H. Angevin, *La pratique de la Cour d'assises*, *op. cit.*, n°s 86 et s., à titre d'exemple : Crim. 20 août 1997, *Bull. crim.*, n° 288 ; *D.* 1998 somm. 177, obs. J. Pradel.
2. Sur cet aspect historique, v. par ex. B. Bouloc, *Procédure pénale*, n° 495.
3. C'est la cour qui décide donc seule de la suite à donner à l'action en indemnisation exercée par la victime.

ex.) n'est peut-être pas sans inconvénient dans la mesure où l'on peut craindre une influence excessive des magistrats dans les décisions de la cour d'assises [1].

Pour éviter cette difficulté, le CPP en 1959 a non seulement augmenté le nombre des jurés mais il a décidé que toute décision défavorable à l'accusé ne peut être acquise qu'à la majorité de huit voix sur douze lorsque la Cour d'assises statue en premier ressort et de dix voix sur quinze lorsqu'elle statue comme juridiction d'appel (art. 359 CPP) (on parle de minorité de faveur), (art. 359 CPP). Il faut à ce propos rappeler que les jurés doivent délibérer sur des questions préalablement élaborées par le président des assises et dont il est donné lecture à la fin des débats (art. 348 à 352, CPP). Toute décision concernant la culpabilité de l'accusé implique donc l'adhésion de la majorité des jurés (5/9 ou 7/12). S'agissant des décisions sur la peine, la majorité simple suffit. Néanmoins, depuis la mise en application de l'actuel Code pénal le maximum de la peine ne peut être prononcé qu'à la majorité de huit voix sur douze ou de dix voix sur quinze si la Cour d'assises statue en appel (art. 362 CPP).

Comme nous venons de le voir, le système de décision de la cour d'assises présente de nombreuses originalités. Cette originalité va-t-elle se manifester au niveau de la compétence ?

592 ***C) Compétence de la cour d'assises*** ◊ Là encore, le caractère particulier de cette juridiction rejaillit sur les règles de la compétence tant matérielle que territoriale.

1) Compétence matérielle. La cour d'assises est normalement compétente pour juger les crimes qui lui sont renvoyés par la chambre de l'instruction. Néanmoins, certains crimes lui échappent, ceux qui sont jugés par les juridictions d'exception (cour d'assises des mineurs, Cour de justice de la République). Sa compétence concerne donc les crimes de droit commun commis par les majeurs, même si dans certains cas elle statue dans une formation spécifique c'est-à-dire sans jurés (v. *supra*, n° 583).

En réalité, cette compétence est assez considérablement élargie [2] par le principe de la plénitude de juridiction énoncé à l'article 231 du CPP Selon cette règle, la cour d'assises ne peut se déclarer incompétente pour juger un individu renvoyé devant elle par la décision de mise en accusation. Cela implique qu'elle soit compétente soit pour juger des infractions qualifiées, délits ou contraventions, non seulement lorsqu'elles sont connexes ou indivisibles avec les crimes ou lorsqu'il s'agit d'infractions d'audience, mais encore lorsqu'il y a eu une erreur de qualification de la part de la juridiction de renvoi (juge d'instruction ou chambre de l'instruction) ; soit pour juger des crimes relevant d'une juridic-

1. Les statistiques démontrent que la collaboration totale a eu un effet stabilisateur sur les décisions de la cour d'assises, le nombre des acquittements ayant assez largement diminué. V. R. Merle et A. Vitu, *Traité de droit criminel*, t. II, n° 751.

2. La technique de la correctionnalisation judiciaire conduit dans la pratique à réserver à la cour d'assises seulement les crimes les plus graves, en qualifiant inexactement les moins graves. Cette solution, bien qu'illégale, est fréquemment utilisée dans la pratique judiciaire. Donnant satisfaction aux différentes parties, elle n'est qu'exceptionnellement soumise à la censure de la Cour de cassation, qui, néanmoins, lorsqu'elle est saisie, ne manque pas de casser de telles décisions. Crim., 3 janv. 1970, *Bull.*, n° 4, v. *supra*, n° 542. La correctionnalisation légale de nombreux crimes réalisée par le nouveau Code pénal est de nature à diminuer le nombre des correctionnalisations judiciaires. On rappellera que la loi du 9 mars 2004, d'une certaine manière, consacre cette pratique (V. *supra* n° 542).

tion d'exception [1]. Cette solution se justifie sur un plan pratique par le fait que la procédure d'assises donne à l'individu poursuivi toutes les garanties qu'il peut espérer et sur un plan juridique par le fait que la décision de mise en accusation est attributive de compétence [2].

Cette règle permet également de justifier le principe selon lequel en matière d'action civile, la cour d'assises peut accorder des dommages et intérêts, même si l'accusé est acquitté ou exempté de peine (art. 372, CPP).

Il importe de rappeler que la Cour d'assises, depuis la loi du 15 juin 2000, est également compétente pour juger en appel des infractions qu'une autre Cour d'assises a jugé en premier ressort (art. 380-1 et s. CPP).

2) Compétence territoriale. Il faut distinguer la compétence territoriale normale et l'hypothèse d'extension de la compétence conduisant à la notion d'une cour d'assises spécialisée.

Compétence normale : c'est la règle de la triple compétence qui s'applique à la cour d'assises : lieu de commission du crime, lieu de la résidence de l'accusé, lieu de l'arrestation lorsqu'il se situe dans le ressort de la cour qui est, rappelons-le, départemental. On notera que la Cour d'assises a compétence pour juger les personnes renvoyées devant elle par la décision de mise en accusation qui est en quelque sorte attributive de compétence (art. 231 CPP).

Là encore, le principe de la plénitude de juridiction va permettre d'étendre cette compétence à des infractions qui auraient été localisées dans un autre département.

On peut ajouter que la procédure de renvoi [3] utilisée notamment pour garantir l'indépendance de la justice a beaucoup plus l'occasion d'être utilisée pour les crimes qui entraînent en général un trouble social important, que pour les délits par exemple. Les délits, infractions de gravité moyenne, sont de la compétence du tribunal correctionnel.

593 ***Cour d'assises spécialisée*** ◊ Aux termes de l'art. 706-75 du CPP la compétence d'une Cour d'assises peut être étendue au ressort d'une ou plusieurs cours d'appel pour le jugement des crimes prévus par l'article 706-73 (à l'exception du terrorisme) et par l'article 706-74 du CPP.

Il s'agit des infractions commises en bande organisée lorsque l'affaire est ou apparaîtrait d'une grande complexité. La compétence est alors concurrente à celle qui résulterait de l'application des règles de droit commun. Un décret fixe la liste et le ressort de ces cours d'assises (art. 706-75, al. 3). La liste des cours d'assises au nombre de 8 est fixée par l'article D. 47-8 CPP (ex. Cour d'assises de Lyon : compétence étendue au ressort des cours d'appel de Chambéry, Grenoble, Lyon et Riom).

1. Cette compétence cède néanmoins lorsqu'il s'agit d'une infraction commise par un mineur. La règle selon laquelle les mineurs échappent aux juridictions ordinaires est fondamentale. Crim., 19 mars 1973, *Bull.*, n° 128. Sur cette question : V. S. Guinchard et J. Buisson, *Procédure pénale*, n° 161, qui estiment que l'incompétence absolue de la Cour d'assises doit être étendue aux infractions relevant de la Cour de justice de la République. Admettre le contraire, ce serait accepter, pour respecter la plénitude de juridiction de la Cour d'assises, une violation d'une règle constitutionnelle.

2. V. R. Merle et A. Vitu, *Traité de droit criminel*, t. II, n° 705.

3. V. *supra*, n° 540.

Aux termes de l'article 706-75-1 alinéa 2 du CPP, les magistrats constituant la Cour proprement dite de ces cours d'assises, sont désignés par le premier président de la Cour d'appel. L'objectif est évidemment de nommer à ces postes des magistrats expérimentés.

§ 2. Le tribunal correctionnel

Le TGI statuant en matière civile et en matière pénale, le tribunal correctionnel n'est donc qu'une formation de la juridiction de droit commun du 1er degré [1]. Il existe actuellement 181 tribunaux correctionnels [2]. Il suffira donc d'indiquer les quelques particularismes qui peuvent concerner cette formation répressive tant d'organisation que de fonctionnement.

I. Organisation

Dans la plupart des tribunaux de grande instance (77), il n'y a qu'une seule chambre qui statue tantôt au civil, tantôt au pénal. Dans les tribunaux plus importants, le tribunal est divisé en chambres dont une ou plusieurs peuvent être correctionnelles (à Paris, il y a 15 chambres et 20 formations à Lyon 6 et à Marseille 5). Le tribunal peut aussi siéger à juge unique.

594 ***Composition collégiale*** ◊ Le tribunal correctionnel, ou chacune des chambres, est normalement composé de trois magistrats, un président ou vice-président ou un juge ancien qui assure la présidence et deux juges (art. 398, CPP, al. 1er) [3]. Dans certains petits tribunaux, où l'effectif est particulièrement réduit, il est quelquefois difficile de former le tribunal. Certains aménagements ont été envisagés. Ainsi le premier président de la cour d'appel a-t-il la possibilité, en cas de besoin, de déléguer pour deux mois des magistrats venant d'un autre tribunal du ressort. Le procureur général dispose d'ailleurs de la même latitude pour les magistrats du ministère public. Lorsqu'une défaillance se produit lors d'une audience, le président peut compléter le tribunal en faisant appel à l'avocat le plus ancien présent à la barre, appartenant au barreau du siège [4]. Cette situation devrait devenir tout à fait exceptionnelle. En effet une loi du 26 janvier 2005 reprise par une ordonnance du 8 juin 2006 permet aujourd'hui au président du tribunal de

1. V. *supra*, nos 357 et s.
2. La réforme de la carte judiciaire va entraîner la suppression de 23 tribunaux de grande instance (Décret n° 2008-145 du 15 févr. 2008).
3. Lorsqu'un débat assez long est prévu, il est possible d'adjoindre un ou plusieurs magistrats supplémentaires qui assistant à toutes les instances, peuvent, en cas de défaillance d'un magistrat du tribunal, le remplacer, ce qui évitera de reprendre tout le procès (art. 398, al. 2, CPP).
4. V. *supra*, n° 359. Crim., 5 févr. 1970, *Bull.*, n° 54, *RSC* 1970.884, obs. J. Robert.

grande instance d'établir par ordonnance non-susceptible de recours, au début de chaque année judiciaire, la liste des juges de proximité du ressort susceptibles de siéger comme assesseurs au sein de la formation collégiale du tribunal correctionnel (art. 398, al. 5 CPP). Cette ordonnance peut être modifiée en cours d'année. Par ailleurs le texte précise que la formation collégiale ne peut pas comprendre plus d'un juge de proximité.

Le siège du ministère public est tenu par le procureur de la République ou l'un de ses substituts. Enfin, un greffier du TGI complète la formation du tribunal correctionnel (art. 398-3, CPP).

Le nombre et le jour des audiences correctionnelles sont fixés par décision conjointe du président du tribunal de grande instance et du procureur de la République après avis de l'assemblée générale du tribunal et peuvent être modifiés en cours d'année (art. 399 CPP, rédaction loi du 9 mars 2004).

II. Fonctionnement

Nous nous interrogerons sur deux problèmes, les formations particulières du tribunal tout d'abord, la compétence ensuite.

A. Les formations spéciales

595 ***1) Le juge unique*** ◊ On sait que depuis longtemps la formation collégiale n'est plus la seule compétente pour juger en matière civile, certains juges uniques ayant compétence de droit dans plusieurs domaines. L'accroissement considérable du nombre des infractions devait inévitablement conduire à envisager cette solution en matière pénale. C'est ce que devait décider une loi du 23 décembre 1972 en autorisant le tribunal correctionnel à statuer à juge unique pour certaines infractions précisément énumérées. Il est important de remarquer que cette solution n'était pas obligatoire. En effet, le président pouvait décider de ne pas soumettre une affaire au juge unique, ce dernier pouvant également renoncer à sa compétence, la formation collégiale étant par ailleurs obligatoire lorsque le prévenu était en détention provisoire.

Cette réforme semblait donner satisfaction [1]. Le gouvernement déposa un projet de loi tendant à généraliser le système du juge unique à l'exception des délits de presse. Le texte voté non sans de sérieuses résistances de certains parlementaires, devait être déclaré non conforme à la Constitution par le Conseil constitutionnel dans une décision du 23 juillet 1975 [2]. Aux termes de cette décision, ce système était contraire au principe de l'égalité de tous les citoyens devant la loi pénale, puisque le président du tribunal choisissait discrétionnairement la formation de jugement de la juridiction, collégiale ou unitaire. Cette solution, au demeurant logique, posait cependant un problème

1. Une diminution assez nette des procédures en instance avait été observée et par ailleurs le nombre des appels n'apparaissait pas plus élevé que pour les affaires jugées en audience ordinaire.

2. Cons. const., 25 juill. 1975, *D.* 1977. 627, note Hamon et Levasseur ; *JCP* 1975. II. 18200, note Franck.

certain puisque la loi de 1972, qui ne pouvait plus être soumise à la censure du juge constitutionnel, demeurait applicable. La solution, juridiquement incontestable conduisait donc à appliquer un texte dont on connaissait l'inconstitutionnalité.

La loi du 8 février 1995 devait mettre fin à cette situation en décidant du principe du juge unique pour le jugement de toute une série d'infractions. Cette mesure qui s'explique, avant tout, par la volonté de désencombrer les tribunaux correctionnels n'encourt plus la censure du Conseil constitutionnel puisque la procédure du juge unique étant obligatoire il n'y a plus rupture d'égalité entre les citoyens. L'article 398 alinéa 3 du CPP précise que le tribunal statue à juge unique pour toutes les infractions prévues à l'article 398-1 du même code [1].

La liste des infractions est assez impressionnante et l'on peut considérer que plus de 50 % des affaires correctionnelles sont aujourd'hui traitées par un juge unique. On y trouve les délits relatifs aux chèques et aux cartes de paiement ; les délits prévus par le Code de la route ainsi que ceux qui sont commis à l'occasion de la conduite d'un véhicule (art. 222-19, 222-20, 223-1 et 434-10 C. pén.), les délits en matière de coordination des transports, la plupart des violences y compris celles qui sont assorties d'une circonstance aggravante, les menaces, l'exhibitionnisme, l'abandon de famille, le vol ordinaire, la filouterie, le détournement de gage, les destructions ou dégradations, le recel, l'outrage, l'usage de stupéfiants, les délits prévus par le Code rural en matière de pêche, chasse, protection de la faune et de la flore, et les délits prévus en matière de pêche maritime. La loi du 9 septembre 2002 dite loi Perben I, a rajouté globalement tous les délits pour lesquels une peine d'emprisonnement n'est pas prévue, à l'exception des délits de presse. (V. liste exhaustive, art. 398-1 CPP). La loi du 9 mars 2004 (Perben II) ainsi que celle du 12 décembre 2005 (art. 18) ont encore augmenté de quelques infractions cette liste, déjà longue.

La compétence du juge unique pour ces infractions, cesse cependant lorsque le prévenu est en état de détention provisoire au moment de l'audience ou lorsqu'il est poursuivi selon la procédure de la comparution immédiate. Il en va de même lorsque les délits prévus à l'article 398-1 sont connexes à des délits non prévus. Par ailleurs aux termes de l'article 398-2, al. 3 CPP, le juge unique peut, si la complexité des faits le justifie, d'office ou à la demande des parties ou du ministère public, renvoyer l'affaire devant la formation collégiale. En revanche l'incompétence liée à l'état de récidive, lorsque la peine encourue était de cinq ans, a été supprimée par la loi du 12 décembre 2005. Néanmoins ce même texte a apporté une limite générale au pouvoir du tribunal siégeant à juge unique qui ne peut pas prononcer un emprisonnement ferme d'une durée supérieure à cinq ans (art. 398 dernier alinéa).

On notera enfin que l'article 398-2 CPP a envisagé le cas d'un changement de qualification. Lorsque le juge unique constate un tel problème il renvoie devant la juridiction collégiale. En revanche, lorsqu'il s'agit de cette formation collégiale, elle peut, soit renvoyer devant le juge unique, soit décider que le président de cette formation statuera seul. Lorsque l'erreur de qualification apparaît lors des débats, la formation collégiale irrégulièrement saisie peut prononcer la peine alors que le juge unique doit renvoyer le ministère public à se pourvoir (art. 464, al. 4 et 469, al. 3 CPP).

1. F. Le Gunehec, *JCP* 1995. I. 3864.

Au plan pratique les magistrats siégeant comme juge unique sont désignés par le président du tribunal de grande instance selon les modalités fixées pour la répartition des juges entre les diverses chambres. Ces mesures, qui sont de simple administration, sont insusceptibles de recours (art. 398, al. 4 CPP) [1].

596 ***2) Les formations spécialisées*** ◊ L'idée de soumettre certaines infractions à des juridictions spécialisées a pris naissance avec la loi du 6 août 1975 pour les affaires économiques et financières. Ce système s'est largement développé avec la loi du 9 mars 2004, notamment pour la criminalité organisée. Il s'agit de faire juger les affaires complexes par des juridictions auxquelles on aura donné les moyens nécessaires [2].

Dans ces hypothèses la compétence de la juridiction spécialisée est facultative ; Il existe cependant un cas où cette compétence est obligatoire [3].

597 ***a) La formation spécialisée en matière militaire : une compétence obligatoire*** ◊ La loi du 21 juillet 1982 décidant de la suppression des tribunaux permanents des forces armées précise que les infractions militaires relèvent désormais de la compétence des juridictions de droit commun. Néanmoins il résulte de ce même texte (art. 697, CPP) que ces infractions sont soumises à des juridictions spécialisées. Ces juridictions sont également compétentes pour juger en temps de paix les délits contre les intérêts fondamentaux de la Nation (art. 411-1 à 411-11 et 413-1 à 413-12 C. pén.).

En effet, dans le ressort de chaque cour d'appel, un tribunal de grande instance est désigné pour l'instruction et s'il s'agit de délits le jugement des infractions mentionnées à l'article 697-1 du CPP c'est-à-dire les infractions en matière militaire.

Un décret du 23 décembre 1982 a fixé la liste et le ressort des juridictions spécialisées en cette matière.

Il s'agit à quelques rares exceptions près du tribunal de grande instance et de la Cour d'assises de la ville où est installée la Cour d'appel.

Les magistrats sont affectés à cette formation après avis de l'assemblée générale des magistrats du siège (art. 697, al. 2 CPP). On peut considérer que par cette mesure de centralisation du contentieux, le législateur a entendu assurer une véritable spécialisation des magistrats chargés du droit pénal militaire [4]

598 ***b) Les formations spécialisées à compétence concurrente*** ◊ C'est le caractère complexe de certaines affaires qui a conduit le législateur à estimer qu'il était préférable qu'elles soient soumises à certaines juridictions dont les membres pourraient, en raison de leur spécialisation, traiter plus efficacement de ces dossiers. Pour quelques infractions, il est apparu judicieux de confier à un seul tribunal, en l'occurrence celui de Paris la possibilité de centraliser la totalité du contentieux. Cette solution concerne tout d'abord les actes de terrorisme, depuis une loi du 9 septembre 1986, tels qu'ils sont énumérés aux

1. V. sur ces points J. Pradel, *Procédure pénale*, n° 46 ; B. Bouloc, *Procédure pénale*, n° 482.
2. V. F. Zocchetto auteur du rapport rédigé par la commission sénatoriale des lois n° 441-24/9/2003, p. 176.
3. J. Pradel, *Procédure pénale*, n° 123.
4. La compétence de cette formation particulière sera examinée avec l'ensemble des juridictions spécialisées en matière militaire.

articles 421-1 à 421-5 du Code pénal. Elle a été étendue à d'autres catégories d'infractions pour des raisons parfois un peu différentes. Il s'agit d'une part de la corruption active d'agents publics étrangers (art. 435-3 et 435-4 C. pén.) et de certaines affaires de pollution maritime lorsqu'elles sont commises par un navire français hors des espaces maritimes sous juridiction française (art. 706-108 CPP). Il s'agit d'autre part des infractions relatives à la protection des investisseurs (délit d'initié) prévues par les articles L. 465-1 et L. 465-2 du Code Monétaire et financier (art. 704-1 CPP).

En dehors de cette compétence territoriale nationale des juridictions spécialisées existent dans quatre domaines : le domaine économique et financier, le domaine sanitaire, le domaine de la pollution maritime et le domaine de la criminalité organisée.

599 ***Les formations spécialisées en matière économique et financière*** ◊

Dès 1975 certaines infractions relevant de ce que l'on appelle la délinquance « en col blanc » apparaissaient d'une telle complexité que le législateur a estimé qu'une spécialisation des magistrats devenait nécessaire. Plutôt que de créer une juridiction d'exception il a été décidé de laisser les tribunaux correctionnels seuls compétents mais en constituant dans certaines de ces juridictions, une chambre spécialisée. Les infractions susceptibles d'être portées devant cette formation sont énumérées par l'article 704 CPP. La liste de ces infractions a été allongée plusieurs fois 1994-1998-2000 et en dernier lieu modifiée par la loi du 9 mars 2004.

Le texte vise expressément de nombreuses infractions prévues dans le Code pénal mais aussi les infractions relevant de nombreux codes techniques (Code de la construction et de l'habitation, Code monétaire et financier, Code des douanes, Code de l'urbanisme, etc.). Cette liste comprend aujourd'hui douze rubriques auxquelles il faut ajouter les infractions connexes à ces délits.

Toutes ces affaires ne relèvent néanmoins d'une juridiction spécialisée qu'à certaines conditions. Il faut qu'il s'agisse d'affaires qui sont ou apparaissent d'une grande complexité. Il faut ensuite que la juridiction spécialisée soit saisie par le procureur normalement compétent ce qui implique le dessaisissement du juge d'instruction par une ordonnance prise au profit du juge d'instruction du pôle financier compétent (art. 705-1 CPP). Cette ordonnance peut être déférée à la chambre de l'instruction dans les 5 jours de sa notification. Le procureur de la République peut également saisir directement cette juridiction si le juge d'instruction n'a pas rendu son ordonnance dans le délai prévu. La chambre de l'instruction désignera alors le juge d'instruction chargé de poursuivre l'information (art. 705 CPP). Comme on peut le constater, les juridictions spécialisées ont donc une compétence simplement concurrente à celle des juridictions normales (art. 705, al. 1er, CPP).

La loi du 9 mars 2004 a ajouté un alinéa à l'article 704 CPP pour créer des juridictions interrégionales dans le domaine économique et financier. Selon cette disposition certains tribunaux de grande instance peuvent avoir une compétence étendue au ressort de plusieurs cours d'appel pour l'enquête [1] la poursuite, l'instruction et le jugement des infractions en matière économique et financière lorsque l'affaire est ou apparaîtrait d'une *très* grande complexité

1. On notera que c'est la loi du 9 mars 2004 qui a officiellement étendu à l'enquête le champ de compétence des juridictions spécialisées.

résultant notamment du grand nombre d'auteurs, de complices ou de victimes ou du ressort géographique sur lequel elles s'étendent.

On peut s'interroger sur le fonctionnement d'un tel système qui pour la même infraction comporte trois échelons de compétence [1].

La liste et le ressort des tribunaux spécialisés qui comprennent une section du parquet et des formations d'instruction et de jugement spécialisés pour connaître de ces infractions sont fixés par décret. L'article D 47-2 CPP énumère 35 TGI spécialisés alors que l'art. 47-3 du même code désigne huit juridictions interrégionales.

Les magistrats affectés dans ces pôles spécialisés sont désignés selon des règles prévues par le CPP. Aux termes des deux derniers alinéas de l'article 704 de ce code, leur désignation relève du premier président de la Cour d'appel ou du procureur général selon qu'il s'agit des magistrats du siège ou du parquet. Les juges d'instruction et les juges des formations de jugement sont désignés par le premier président après avis du président du tribunal de grande instance dont la compétence est étendue. Il désigne également les conseillers de Cour d'appel pour la juridiction dont la compétence est étendue à plusieurs cours d'appel. Le procureur général désigne après avis du procureur de la République, les magistrats du parquet chargés de la poursuite des crimes et délits soumis aux juridictions spécialisées. Il désigne également certains magistrats du parquet général chargés des affaires relevant des formations spécialisées [2].

On ajoutera qu'aux termes d'un article 706-1-1 CPP, le procureur général de la Cour d'appel où se trouve une juridiction à compétence interrégionale coordonne, mais en concertation avec les autres procureurs généraux du ressort interrégional, la conduite de l'action publique pour l'application de ces textes.

Une loi du 2 juillet 1998 modifiée par la loi du 9 mars 2004 a créé les assistants spécialisés. Ces techniciens exercent leurs fonctions auprès des tribunaux de grande instance compétents pour les infractions économiques et financières. Il s'agit de fonctionnaires de catégorie A ou B ou de personnes titulaires d'un diplôme sanctionnant une formation d'une durée au moins égale à quatre années après le baccalauréat qui remplissent les conditions d'accès à la fonction publique et justifient d'une expérience professionnelle de quatre années (art. 706 CPP). La loi du 9 mars 2004 a précisément déterminé les tâches qui peuvent leur être confiées par les magistrats : assistance du juge d'instruction, des magistrats du ministère public ou des officiers de police judiciaire, réalisation de documents de synthèse ou d'analyse. Ils peuvent également assister le ministère public devant la juridiction d'appel. Le statut des assistants spécialisés est précisé dans les articles R. 50 bis et s., et D. 47-4 du CPP [3].

600 ***Les formations spécialisées en matière sanitaire*** ◊ La complexité et sans doute, une importante médiatisation de certaines affaires récentes dans le domaine de la santé ont conduit le législateur à donner compétence à quelques

1. J. Pradel, *Procédure pénale*, n° 130 ; J.L. Warsmann, Rapport au nom de la commission des lois de l'assemblée nationale, n° 851-I, p. 136.

2. Les règles de désignation s'appliquent pour toutes les formations spécialisées, non seulement pour la délinquance économique et financière mais également en matière de santé publique ou de criminalité organisée.

3. V. *infra*, n° 878.

juridictions pour traiter de l'enquête, de la poursuite, de l'instruction et s'il s'agit de délits du jugement de certaines affaires visées à l'article 706-2 CPP. Il s'agit des affaires relatives à un produit de santé ou à un produit destiné à l'alimentation de l'homme ou de l'animal ou à un produit ou à une substance auxquels l'homme est durablement exposé et qui sont réglementés en raison de leurs effets ou de leur dangerosité (l'amiante à laquelle le législateur a certainement songé) qui sont ou apparaîtraient d'une grande complexité.

Le texte vise précisément les atteintes à la personne humaine au sens du livre II du titre II du Code pénal, les infractions prévues par le Code de la santé publique, le Code rural, le Code de la consommation, le Code de l'environnement et le Code du travail. Un décret du 22 avril 2002 a désigné deux tribunaux (Paris et Marseille) [1] qui ont une compétence concurrente avec les juridictions territorialement compétentes (art. D. 47-5 CPP).

Lorsqu'un juge d'instruction d'un tribunal non spécialisé est saisi d'une telle affaire, le procureur de la République près le tribunal de grande instance peut requérir le juge d'instruction de se dessaisir au profit du tribunal à compétence étendue selon les modalités prévues aux articles 705-1 et 705-2 CPP [2].

Aux termes de l'art. 706-2 II CPP, des fonctions d'assistant spécialisé pourront être exercées par des fonctionnaires de catégorie A ou B relevant des ministères de la santé, de la recherche ou de l'agriculture ou les personnes titulaires d'un diplôme national sanctionnant une formation d'une durée au moins égale à quatre années d'études supérieures après le baccalauréat, remplissant les conditions d'accès à la fonction publique et justifiant d'une expérience professionnelle minimale de quatre années (art. D. 47-6 CPP) [3].

601 ***Les formations spécialisées en matière de pollution maritime*** ◊ Certaines affaires graves de pollution maritime ont conduit le législateur le 9 mars 2004 à mettre en place une procédure spéciale applicable en matière de pollution maritime par rejets de navires.

Aux termes de l'article 706-107 CPP les infractions de pollution des eaux marines et des voies ouvertes à la navigation maritime réprimées par la sous-section 2 de la section I du chapitre VIII du Titre 1er du Livre II du Code de l'environnement commises dans les eaux territoriales, les eaux intérieures et les voies navigables de même que celles qui sont commises dans la zone économique exclusive ou dans la zone de protection écologique sont soumises à un tribunal de grande instance dont la compétence est étendue à une ou plusieurs cours d'appel.

Ces juridictions sont désignées par décret. Un décret du 2 juin 2008 a déterminé 6 tribunaux spécialisés : Le Havre, Brest, Marseille, Fort de France, St Denis de la Réunion et Saint-Pierre-et-Miquelon.

Ces juridictions ont une compétence concurrente à celle qui résulterait de l'application des règles de droit commun. Les articles 706-110 et 706-111 CPP organisent un système de dessaisissement par le procureur de la République à l'image des procédures utilisées pour les autres formations spécialisées [4].

On ajoutera que par une sorte de système en cascade le procureur de la République du tribunal spécialisé pour une affaire qui est ou apparaîtrait d'une

1. V. *supra*, n° 599.
2. Paris (compétent pour 25 cours d'appel), Marseille pour 7 cours d'appel.
3. V. *infra*, n° 878.
4. V. *supra* n° 599.

grande complexité, peut requérir le juge d'instruction de se dessaisir au profit du tribunal de grande instance de Paris (art. 706-107, al. 3).

602 ***Les formations spécialisées en matière de criminalité organisée*** ◊ L'une des innovations les plus importantes, mais aussi la plus contestée de la loi du 9 mars 2004, est incontestablement celle qui a conduit à soumettre la criminalité organisée à des règles particulières de répression. L'une des raisons tient au caractère assez vague de cette expression.

À cet effet un titre XXV a été ajouté au Livre IV du Code de procédure pénale avec un chapitre 1er consacré à la compétence des juridictions répressives (art. 706-75 à 706-79-1 CPP).

La question la plus délicate était évidemment de définir cette notion. Le législateur a utilisé la méthode de l'énumération pour les infractions relevant de la criminalité organisée. Une liste de seize groupes d'infractions graves est tout d'abord énoncée par l'art. 706-73 du CPP, l'art. 706-74 se bornant à viser les autres infractions commises en bande organisée et l'association de malfaiteurs. La définition de la circonstance aggravante de bande organisée est donnée à l'article 132-71 C. pén. Au-delà, il faut noter qu'il s'agit en principe d'infractions graves et surtout commises à plusieurs, car la dangerosité résulte d'abord de la pluralité de participants mais aussi du caractère structuré du groupe qui agit de concert pour commettre des faits graves [1].

Pour traiter de ces infractions l'article 706-75 prévoit qu'un tribunal de grande instance (également une cour d'assises) pourront voir leur compétence étendue au ressort d'une ou plusieurs cours d'appel pour l'enquête la poursuite, l'instruction et le jugement des affaires qui sont ou apparaîtraient d'une grande complexité [2].

La liste et le ressort des juridictions spécialisées en cette matière qui comprennent une section du parquet et des formations d'instruction et de jugement sont fixés par un décret du 16 septembre 2004 (art. D 47-13 CPP.). Le système d'attribution de compétence prévu par les articles 706-76 CPP à 706-78 CPP est comparable à celui qui est prévu pour les autres juridictions spécialisées [3]. Les juridictions spécialisées ont une compétence concurrente. Elles peuvent être saisies par dessaisissement d'un juge d'instruction d'un autre tribunal sur requête du ministère public.

On notera que les assistants spécialisés prévus par l'article 706 CPP peuvent participer à ces procédures sur demande des magistrats tant du siège que du ministère public appartenant aux formations spécialisées (art. 706-79 CPP). Le procureur général de la cour spécialisée anime et coordonne, avec les autres procureurs généraux, la politique d'action publique en ce domaine (art. 706-79-1 CPP).

1. Sur cette question, v. B. de Lamy, « La loi du 9 mars 2004 portant adaptation de la justice aux évolutions de la criminalité. La lutte contre le crime organisé », *D.* 2004. Chron. 1190. E. Verges, « La notion de criminalité organisée après la loi du 9 mars 2004 », *AJ Pénal* 2004. 184. J. Pradel, *Procédure pénale,* n° 132 et Vers un « aggiornamento » des réponses de la procédure pénale à la criminalité, *JCP* 2004. 134, n° 34. H. Matsopoulou, chron. lég., *Rev. pén.et dr. pén.* 2004-740.

2. Pour une application, Crim. 2 févr. 2005, *D.* 2005. IR. 737.

3. V. *supra* n° 599.

B. Compétence

603 ***1) La compétence d'attribution*** ◊ On sait que le tribunal est compétent pour tous les délits (art. 381, CPP) [1]. Néanmoins, il peut exceptionnellement être compétent pour des contraventions. On peut citer les contraventions connexes à un délit ou encore celles qui sont expressément renvoyées devant lui (par ex. contributions indirectes, art. 624 et 1867, CGI). En revanche, il y a de nombreux délits qui échappent aux tribunaux correctionnels : ceux qui sont jugés par les tribunaux d'exception, comme les juridictions pour mineurs par exemple.

604 ***Compétence civile*** ◊ Le tribunal correctionnel à l'image de toutes les autres juridictions répressives est évidemment compétent pour se prononcer sur l'action civile exercée par la victime. Pour accorder des dommages-intérêts encore faut-il que le fait dont il est saisi constitue un délit (art. 464, CPP). Un alinéa 3 ajouté à ce texte par la loi du 15 juin 2000 permet au tribunal de renvoyer d'office l'affaire à une audience ultérieure pour que la victime puisse faire valoir ses droits en apportant les justificatifs de ses demandes. La nouvelle audience fixée est donc purement civile. Le tribunal est composé du seul président siégeant à juge unique (art. 464, al. 3 *in fine* réd. loi du 9 mars 2004).

Préalablement une loi du 8 juillet 1983 renforçant la protection des victimes avait étendu la compétence des tribunaux correctionnels en cas de relaxe. Aux termes de l'article 470-1 du CPP cette juridiction peut, en cas de poursuites exercées pour une infraction non intentionnelle au sens des 2e, 3e et 4e alinéas de l'article 121-3 C. pén., demeurer compétente en cas de relaxe pour accorder une indemnisation en application des règles du droit civil (art. 1384, 1385, 1386 du C. civ., par ex. et même l'art. 1383 du Code civil depuis la loi du 10 juillet 2000), le dogme de l'unité des fautes civile et pénale ayant été abandonné (art. 4-1 CPP). Pour que cette solution soit retenue, il faut que la demande soit formée par la partie civile ou son assureur avant la clôture des débats [2].

605 ***2) La compétence territoriale*** ◊ Les principes de droit commun, à savoir la règle de la quadruple compétence, s'appliquent au tribunal correctionnel (lieu du délit, résidence du prévenu lieu d'arrestation ou de détention). Cette règle peut évidemment conduire à des compétences concurrentes qui, en cas de défaut d'accord amiable, seront

1. Le délit est une infraction passible de l'emprisonnement ou de plus de 3 750 euros d'amende. On notera que le tribunal correctionnel n'est plus aujourd'hui obligé d'utiliser l'une ou l'autre de ces peines. Il existe d'autres peines prévues par l'art. 131-3 du C. pén.

2. Sur l'application de ce texte, v. par ex. J. Pradel et A. Varinard, *Les grands arrêts du droit pénal général*, Dalloz, 7e éd., 2009, n° 40 ; J. Pradel, « Un nouveau stade dans la protection de la victime d'une infraction », *D.* 1983. Chron. 241, et *Proc. pén.*, n° 1003.

réglées selon la procédure de règlement de juges (art. 657 et s., CPP) [1]. Rappelons qu'il existe certaines règles dérogatoires exceptionnelles résultant de la spécialisation de certains tribunaux. Cette règle concerne les infractions économiques et financières, certaines infractions en matière sanitaire, les délits militaires ou ceux portant atteinte aux intérêts fondamentaux de la Nation, et depuis la loi du 9 mars 2004 les infractions en matière de criminalité organisée [2]. Il faut également ajouter une règle dérogatoire concernant les infractions de terrorisme prévue par la loi du 9 septembre 1986. Aux termes de ce texte, les infractions visées à l'article 706-16 CPP, peuvent être jugées par les juridictions de Paris (art. 706-17, CPP), le juge normalement compétent étant dessaisi à la requête du ministère public [3]. Cette solution a été étendue à d'autres hypothèses, par exemple aux infractions de corruption d'agents publics relevant de certains états ou organisations étrangers à l'Europe ou aux institutions européennes (art. 435-1 à 435-10 C. pén. et 706-1 CPP) [4]. En fait, il n'y a aucune règle vraiment spécifique aux tribunaux correctionnels en ce domaine. Il n'en est pas tout à fait de même pour le tribunal de police.

§ 3. Le tribunal de police et la juridiction de proximité

606 ***Rôle*** ◊ Ces juridictions, nous le savons, sont chargées de juger les contraventions, c'est-à-dire les infractions les moins graves. La première, le tribunal de police, se situe au bas de la hiérarchie judiciaire. Conformément au principe général de l'unité de la justice civile et pénale, gouvernant les juridictions de droit commun, le tribunal de police n'est pas autre chose que le tribunal d'instance siégeant en matière répressive. Cela nous dispensera de longs développements puisque cette juridiction a déjà été étudiée [5]. La seconde, la juridiction de proximité, créée afin de faciliter l'accès à la justice, est composée de juges non-professionnels. Les deux juridictions ont dans le domaine pénal, un rôle complémentaire en matière de jugement des contraventions. Ayant également une compétence en matière civile, ces tribunaux ont déjà été présentés avec les juridictions civiles (v. *supra* 436 et s.). Pour chacune de ces juridictions nous nous contenterons donc

1. V. *infra*, n°s 675 et s.
2. V. *supra*, n° 602.
3. S. Guinchard et J.Buisson, *Procédure pénale*, n° 1188 ; J. Pradel, *Procédure pénale*, n°s 126 et s.
4. V. *supra*, n° 345-1. Pour d'autres règles particulières de compétence territoriale, v. R. Merle et A. Vitu, *Traité de droit criminel*, t. II, n°s 702 et s.). À titre d'exemple la compétence du siège social pour les personnes morales responsables d'infractions (art. 706-42 CPP).
5. V. *supra*, n°s 415 et s.

de présenter quelques dispositions originales relevant du domaine répressif.

I. Le tribunal de police

Naguère seul compétent pour les contraventions il reste d'une certaine manière le juge de droit commun de ces infractions. Nous envisagerons d'abord les règles régissant son organisation puis quelques principes essentiels de fonctionnement.

A. Organisation

607 ***Ressort*** ◊ Nous savons qu'il est identique à celui du tribunal d'instance, c'est-à-dire l'arrondissement. Il y a actuellement 475 tribunaux de police [1]. Cependant, aux termes de l'article L. 623-2 du COJ maintenu, il est possible d'instituer par décret des tribunaux d'instance, ayant compétence exclusive en matière pénale. Il existe aujourd'hui trois de ces tribunaux à Paris, Lyon et Marseille, qui disposent d'un personnel propre.

608 ***Composition*** ◊ Lorsque le tribunal comprend plusieurs juges, celui qui assure la répartition du service entre les magistrats peut désigner l'un d'entre eux pour s'occuper des affaires pénales du ressort.

Par ailleurs, sur autorisation du premier président de la cour d'appel, le juge de police peut tenir des audiences, dites audiences foraines, dans des communes du ressort autres que le siège du tribunal. Il faut noter qu'une circulaire du 23 février 1959 recommande de ne pas utiliser cette procédure pour les contraventions de 5e classe ou pour celles qui ont fait l'objet d'une instruction. En réalité, cette possibilité n'est qu'assez rarement utilisée. La limitation de compétence des tribunaux de police aux contraventions de 5e classe devrait conduire à la suppression de cette délocalisation.

609 ***Le ministère public*** ◊ Un problème se pose concernant l'exercice des fonctions du ministère public devant cette juridiction. En l'absence de magistrat attaché à ce tribunal c'est le procureur de la République du TGI qui assure cette mission, lorsqu'il s'agit des contraventions de 5e classe. Pour les autres contraventions, le procureur peut se déplacer s'il l'estime nécessaire, mais c'est habituellement le commissaire de police du siège du tribunal qui exerce cette fonction (art. 45, al. 1, CPP). Les articles 46 à 48, CPP comprennent plusieurs règles complémentaires relatives à cette question. D'abord, s'il y a plusieurs commis-

1. La réforme de la carte judiciaire va entrainer la suppression de 178 tribunaux d'instance mais aussi la création de 7 nouveaux tribunaux. Il subsistera donc au 1er janvier 2010 302 tribunaux (Décret n° 2008-145 du 15 févr. 2008).

saires dans le ressort du tribunal de police, c'est le procureur général qui désigne celui qui remplira les fonctions du ministère public (art. 47, CPP). Ensuite, dans le cas contraire, autrement dit en l'absence de commissaire dans le ressort, le procureur général choisit un commissaire ou un commandant ou capitaine de police en résidence dans le ressort du TGI (art. 48, CPP). Enfin, l'article 46 du CPP envisage le cas de l'empêchement du commissaire normalement compétent. Dans ce cas, le procureur général peut désigner un remplaçant qui est en résidence dans le ressort du TGI (al. 1er du texte). À titre exceptionnel et pour la tenue d'une audience, le juge d'instruction peut appeler le maire ou un adjoint en cas de nécessité absolue pour tenir le rôle du ministère public (al. 2 du texte). On peut encore ajouter que, pour les infractions forestières, un fonctionnaire des eaux et forêts est compétent pour être au siège du ministère public (art. 45, CPP, al. 2). Depuis la loi du 25 janvier 2005 le tribunal de police n'étant plus compétent qu'exceptionnellement pour les contraventions des quatre premières classes ce système de remplacement ne devrait plus guère fonctionner devant cette juridiction. En revanche il s'appliquera pour les juridictions de proximité. En effet aux termes de l'article 523-1 du CPP les fonctions du ministère public devant cette juridiction sont exercées « conformément aux dispositions des articles 45 à 48 du présent code ».

B. Fonctionnement

Comme nous l'avons déjà dit, il ne s'agit pas de traiter de la procédure devant chacune des juridictions décrites, mais d'indiquer les particularismes éventuels. Pour le tribunal de police, nous retiendrons uniquement la procédure simplifiée de jugement des contraventions parce qu'elle constitue un exemple de répression de type administratif et comme à l'habitude, les règles particulières de compétence.

610 ***La procédure simplifiée devant le tribunal de police*** [1] ◊ La procédure devant le tribunal de police obéit évidemment aux grands principes de l'oralité, de la publicité et de la contradiction. Mais dans la pratique, le procès devant cette juridiction est souvent très rapide. La comparution du prévenu n'est d'ailleurs pas indispensable lorsqu'une amende seule est encourue (art. 544 al. 2, CPP), le jugement sera néanmoins contradictoire.

Mais à côté de cette procédure ordinaire, le législateur a organisé en 1973 (loi du 3 janv.) une procédure simplifiée dite de l'ordonnance pénale.

Cette procédure est applicable à toutes les contraventions même de 5e classe (art. 524, al. 1, CPP), sauf pour les mineurs. De plus, elle est toujours facultative, tant pour le ministère public que pour le juge de police, qui peut refuser. Si cette procédure est suivie, elle est particulièrement simple : elle est écrite et non contradictoire, il s'agit en fait de remplir les blancs d'un document pré-

1. Cette procédure peut également être utilisée devant la juridiction de proximité (art. 525, al. 1er CPP).

imprimé, notamment en indiquant la peine. Depuis le 23 juin 1999 le juge peut aussi prononcer une ou plusieurs des peines complémentaires encourues (art. 525, al. 2 CPP). Néanmoins, les intérêts des différentes parties en cause sont protégés. Le parquet, tout d'abord, peut faire opposition dans un délai de 10 jours. À défaut, l'ordonnance est notifiée au prévenu par lettre recommandée avec accusé de réception (procédure non formaliste). Celui-ci a la possibilité de s'acquitter de l'amende dans un délai de 30 jours, ce qui éteint l'action publique. S'il garde le silence, pendant le même délai, son inaction équivaudra à une acceptation. S'il veut récuser cette sanction, il lui suffira de faire opposition ; l'affaire sera alors rejugée selon la procédure ordinaire. En fait il semble que cette dernière attitude soit peu fréquente, ce qui indique que cette procédure est assez bien acceptée.

La victime, enfin, est protégée puisqu'elle peut obtenir un débat contradictoire, soit qu'elle agisse avant que le délai offert au prévenu ne soit expiré, ce qui oblige à revenir à la procédure ordinaire, soit qu'elle agisse après, ce qui conduit le tribunal à statuer uniquement sur l'action civile, sans être lié par le contenu de l'ordonnance pénale. En fait, cette dernière solution, sans doute souhaitable, n'est possible qu'en ignorant certains principes fondamentaux de la procédure pénale, telle l'autorité de la chose jugée, au criminel sur le civil. On peut remarquer que cette procédure qui n'est pas encore administrative mais qui n'est plus tout à fait judiciaire [1] ne peut s'expliquer que par le fait que les contraventions dont la compétence revient au tribunal de police sont relativement peu graves. On doit pourtant noter que la procédure de l'ordonnance pénale a été récemment étendue par le législateur à certains délits (art. 495 CPP). Cette extension, même si elle apparaît plus restrictive dans son application, change un peu la nature de cette procédure.

611 ***La compétence*** ◊ **1) Compétence matérielle.** Le tribunal de police était initialement compétent pour toutes les contraventions.

Néanmoins, un certain nombre de contraventions ont toujours échappé à la juridiction du tribunal de police.

Il y a d'abord les contraventions de 5e classe [2], commises par les mineurs de 18 ans, qui sont jugées par les juridictions pour mineurs (art. 1er, Ord. du 2 févr. 1945).

Il y a ensuite les contraventions qui seront jugées par une autre juridiction exceptionnellement compétente, soit qu'elles aient été portées par erreur devant une juridiction non compétente (art. 466, CPP), soit qu'il s'agisse d'une contravention connexe à un crime ou un délit (art. 382, al. 4, CPP).

Mais depuis la loi du 26 janvier 2005 cette compétence est limitée aux seules contraventions de 5e classe (art. 521, al. 1er CPP), les contraventions des quatre premières classes relevant de la compétence des juridictions de proximité (art. 521, al. 2 CPP). Aux termes de l'alinéa 3 du même texte un décret en conseil d'État pourra préciser les contraventions des quatre premières classes qui resteraient de la compétence du tribunal de police.

1. Avec le système de l'amende forfaitaire (art. 529 à 530-2, CPP) on rencontre une procédure qui est encore plus administrative. Sur ces procédures, v. R. Merle et A. Vitu, *Traité de droit criminel*, t. II, nos 789 et s. ; J. Pradel, *Procédure pénale*, nos 614 et s. ; B. Bouloc, *Procédure pénale*, nos 833 et s.

2. Les contraventions sont organisées en cinq classes. La première classe correspondant aux infractions les moins graves, la cinquième aux infractions les plus graves.

Un décret du 25 mars 2005 (*JO* du 30 mars 2005) a inséré un article R. 41-11 dans le Code de procédure pénale aux termes duquel les diffamations et injures non publiques simples (contraventions de 1re classe) ou présentant un caractère raciste ou discriminatoire (contraventions de 4e classe) relèvent du tribunal de police.

La juridiction de police demeure également compétente, en cas de poursuite concomitante, pour une contravention relevant de la juridiction de proximité si elle est connexe avec une contravention de 5e classe. En revanche si le tribunal de police est saisi d'une contravention relevant du juge de proximité, il renvoie l'infraction devant ce tribunal après s'être déclaré incompétent, le cas échéant à une séance se tenant le même jour (art. 522-2 CPP).

2) Compétence territoriale. En matière de contravention le législateur avait rejeté le système de la triple compétence puisque le seul tribunal compétent territorialement était celui dans le ressort duquel la contravention avait été commise. Cette solution qui n'était pas sans inconvénient, a été modifiée par la loi du 10 juillet 1983 (art. 522 nouveau, CPP). Aux termes de ce texte est compétent d'une manière générale le tribunal de police du lieu de commission ou de constatation de l'infraction ou encore celui de la résidence du prévenu. Cette dernière solution devrait permettre dans certains cas d'éviter d'assez longs déplacements au prévenu qui désire présenter sa défense. L'alinéa 2 de l'article 522 ajoute par ailleurs une règle de compétence spéciale pour les contraventions aux règles relatives au chargement ou à l'équipement d'un véhicule, aux conditions de travail dans les transports routiers, à la coordination des transports. Dans ces hypothèses le tribunal de police du siège de l'entreprise détentrice du véhicule est également compétent [1].

II. La juridiction de proximité [2]

Cette juridiction créée par la loi d'orientation et de programmation pour la justice du 9 septembre 2002 apparaît dans sa compétence pénale comme une juridiction complémentaire du tribunal de police auquel elle est liée tant sur le plan de son organisation, de sa compétence que de la procédure suivie. Nous nous limiterons à quelques précisions relatives au domaine pénal de ce tribunal original [3].

A. Organisation

612 Cette juridiction qui siège à juge unique (art. L. 232-1 et 232-2 COJ) comprend nécessairement un représentant du ministère public lorsqu'elle siège en matière pénale. Aux termes de l'article 523-1 CPP, les fonctions du ministère public sont exercées par un officier du ministère public, conformément aux dispositions des articles 45 à 48 du Code de procédure pénale.

1. Sur cette question v. par ex., B. Bouloc, *Procédure pénale*, n° 542.
2. F. Ruel, « La juridiction de proximité touchée mais pas encore coulée », *JCP* 2005, Actu. n° 111 ; S. Guinchard et J. Buisson, *Procédure pénale*, n° 152 et s. ; T. Patazkin, « Les nouveaux intervenants de la justice pénale : juges de proximité et délégués du procureur », *Dr. pénal* 2007, Etudes 17.
3. V. *supra*, n° 437.

B. Compétence

613 Le juge de proximité a, dans le domaine pénal, une double compétence.

Il est en premier lieu compétent pour juger les contraventions de police des quatre premières classes commises par les majeurs (art. 521, al. 2 CPP) et les mêmes contraventions des quatre premières classes commises pas les mineurs (art. 21 dernier al. ord. du 2 février 1945). Cette compétence de principe peut néanmoins être limitée par un décret en conseil d'État attribuant expressément compétence au tribunal de police pour certaines contraventions des quatre premières classes (art. 521, al. 3 CPP) (en ce sens, décret du 25 mars 2005). Si la juridiction de proximité constate que la qualification dont elle est saisie relève du tribunal de police elle doit se déclarer incompétente et renvoyer l'affaire devant cette juridiction (art. 522-2 CPP).

Il est en second lieu compétent pour valider les mesures de composition pénale prévues aux articles 41-2 et 41-3 du CPP. Il pourra assurer cette mission par délégation expresse donnée par le président du tribunal de grande instance (art. 41-2 dernier al. CPP). Dans le cas contraire, il sera compétent pour valider les compositions pénales concernant les contraventions des quatre premières classes, celles de 5ᵉ classe étant alors réservées au juge du tribunal de police (art. 41-3 dernier al. CPP). On voit alors qu'il peut disposer des mêmes pouvoirs que ce dernier.

Sur le plan territorial la compétence de la juridiction de proximité est celle prévue pour les tribunaux de police par l'article 522 CPP y compris ceux qui sont spécialisés en matière pénale (art. 522-1 CPP).

On observera que la procédure suivie pour le jugement des contraventions est, s'agissant des majeurs, celle qui est applicable, devant le tribunal de police (art. 521 à 549 du CPP) et s'agissant des mineurs, celle qui est prévue à l'article 21 de l'ord. du 2 février 1945.

Comme on le sait la juridiction de proximité ne se met que très progressivement en place (recrutement des juges sur cinq ans). En attendant l'article L. 232-2 du COJ précise que le juge d'instance exerce de plein droit les fonctions de juge de proximité lorsqu'aucun juge n'a été affecté au sein de la juridiction de proximité. [1]

Après l'étude de ces quatre juridictions essentielles, nous devons maintenant donner quelques brèves indications sur les juridictions de droit commun statuant à la suite d'un recours contre une décision des juridictions de 1ᵉʳ degré.

SOUS-SECTION 2. Les juridictions répressives du second degré

614 ***Limitation de l'appel*** ◊ L'appel, en matière pénale, n'est pas généralisé pour toutes les juridictions. Dans le domaine des infractions de droit commun il y avait tout d'abord les décisions de la cour d'assises. Au motif qu'elles émanent d'une juridiction populaire elles échappaient jusqu'alors à tout examen d'une juridiction supérieure. La loi du 15 juin 2000 a mis fin à cette exception, au principe général du double

1. S. Guinchard et J. Buisson, *Procédure pénale*, n° 154.

degré de juridiction. Pour autant ce n'est pas devant une juridiction vraiment supérieure que l'appel sera porté mais devant une autre cour d'assises. Les juridictions d'exception ensuite, en raison même du particularisme qui préside à leur composition, rendaient, pour la plupart, des décisions en dernier ressort. C'était le cas des arrêts de la Cour de sûreté de l'État et des jugements des tribunaux permanents des forces armées, juridictions aujourd'hui supprimées. En réalité, parmi les tribunaux d'exception, seules les décisions de certaines juridictions pour mineurs étaient susceptibles d'appel.

Aujourd'hui il y a une tendance à la généralisation du double degré de juridiction. Ainsi la loi n° 2007-289 du 5 mars 2007 portant modification du Code de justice militaire organise-t-elle un appel des jugements rendus en temps de guerre par les juridictions militaires (art. L. 251-23 du CJM) l'appel étant déjà prévu pour les décisions rendues en temps de paix aussi bien par les juridictions spécialisées que par le tribunal aux armées.

Le principe ici comme en matière civile est qu'il n'existe qu'une seule juridiction pour connaître de l'ensemble des appels en matière répressive. Il s'agit de la chambre des appels correctionnels qui n'est d'ailleurs qu'une formation spécialisée de la cour d'appel, juridiction du second degré de droit commun [1]. Bien qu'il ne s'agisse pas à proprement parler d'une véritable juridiction d'exception, nous aurons ensuite à dire quelques mots de la chambre spéciale compétente pour l'appel des décisions répressives rendues contre des mineurs. Nous terminerons en disant quelques mots de la Cour d'assises d'appel.

§ 1. La chambre des appels correctionnels

615 ***A) Composition*** ◊ Formation de la cour d'appel, elle est composée selon les règles du droit commun, de trois magistrats, d'un président et de deux conseillers (art. 510, CPP). Comme toute autre chambre, elle peut être présidée par le premier président. Dans les cours qui ne comprennent qu'une seule chambre, elle siège alternativement au civil et au pénal. Le ministère public est représenté par un avocat général ou un substitut général. La cour est enfin complétée par un greffier.

La loi du 9 mars 2004 a introduit le juge unique au niveau des juridictions du second degré. En effet aux termes de l'article 547, al. 3 CPP, la cour composée du seul président siège à juge unique pour statuer sur l'appel des jugements de police.

616 ***B) Compétence*** ◊ Cette juridiction est compétente pour se prononcer sur les affaires jugées au premier degré par les tribunaux correctionnels et de police de son ressort. Pour les jugements de police, le droit d'appel est limité à certaines décisions. Il faut en effet une contravention d'une certaine gravité. Selon l'ar-

1. Sur cette juridiction, v. *supra*, n°s 394 et s.

ticle 546 du CPP, l'appel est possible lorsque l'amende encourue est celle des contraventions de 5e classe ou lorsque la peine prononcée est supérieure à l'amende prévue pour les contraventions de 2e classe. L'appel est également possible quand le tribunal prononce une suspension du permis de conduire ou lorsqu'il a été alloué des dommages-intérêts. Pour les infractions poursuivies à la requête de l'administration des eaux et forêts l'appel est toujours possible. Les décisions rendues par le juge de proximité en matière pénale, lorsqu'elles concernent les majeurs, peuvent également faire l'objet d'un appel, exactement dans les mêmes conditions.

Les jugements correctionnels, qu'ils soient de relaxe ou de condamnation, contradictoires ou par défaut, sont toujours susceptibles d'appel. Aux termes de l'article 380-5 CPP, l'appel formé par une partie contre le seul jugement rendu sur l'action civile par une cour d'assises, en l'absence d'un appel sur l'action publique, relève également de cette juridiction.

Si le rôle de la chambre des appels correctionnels est celui d'une juridiction du second degré [1], nous noterons pourtant une règle propre au domaine pénal et qui *concerne* l'effet de l'appel.

Si la voie de recours est exercée par le seul prévenu, la cour d'appel voit son pouvoir diminué puisqu'elle ne peut en aucun cas aggraver la situation de l'appelant en élevant la peine ou en augmentant les dommages-intérêts. Le principe est dit « prohibition de la *reformatio in pejus* » [2]. Si la partie civile fait seule appel, le montant de l'indemnisation ne peut pas être réduit.

Depuis la loi du 15 juin 2000 la chambre des appels correctionnels était également compétente pour examiner en appel certaines décisions du juge de l'application des peines. Désormais, depuis la loi du 9 mars 2004, la compétence en matière d'exécution des peines est exercée par une chambre de l'application des peines (art. 712-13 CPP) [3].

§ 2. La chambre spéciale chargée des appels concernant les mineurs

617 ***A) Composition*** ◊ C'est une formation de la cour d'appel dont l'originalité unique est qu'elle doit obligatoirement comprendre le conseiller délégué à la protection de l'enfance. Ce magistrat, qui est un conseiller de la cour désigné dans cette fonction pour trois ans par le garde des Sceaux, préside cette formation ou y exerce les fonctions de rapporteur [4]. En cas d'empêchement momentané, le premier président désigne un remplaçant (art. L. 223-2, COJ). Il faut une chambre spé-

1. V. *supra*, n° 406.
2. V. J. Pradel, *Procédure pénale*, n° 963 et s. ; R. Merle et A. Vitu, *Traité de droit criminel*, t. II, n° 838.
3. V. *infra*, n° 668.
4. On notera qu'un décret du 4 février 2008 (art. R. 223-1 COJ) confie à ce magistrat une nouvelle mission, celle d'établir, au moins une fois par an, un rapport sur le fonctionnement des tribunaux pour enfants du ressort de la cour d'appel. Le rapport est transmis au premier président de la cour d'appel et aux présidents des tribunaux de grande instance dans lesquels il existe un tribunal pour enfants. Ph. Bonfils et A. Gouttenaoire, *Droit des mineurs*, coll. « Précis », Dalloz, 2008, n° 663 et s.

ciale lorsqu'il y a plusieurs chambres [1] ou une audience spéciale lorsqu'il n'y a qu'une chambre. L'idée du législateur est d'exiger que les mineurs soient devant la juridiction du second degré soumis à une formation particulière, mais il n'y a aucun assesseur non-magistrat. Un membre du parquet de la cour d'appel est désigné pour s'occuper spécialement des affaires de mineurs [2].

618 *B) Compétence* ◊ Sur le plan pénal, cette formation de la cour connaît en appel des décisions prises par le tribunal de police, le juge des enfants ou le tribunal des enfants concernant les mineurs ou encore par le juge de proximité lorsqu'il est compétent pour les contraventions des quatre premières classes (art. 21 de l'Ord. du 2 février 1945, dernier alinéa). Elle peut également connaître en appel des décisions de placement provisoire prises par le juge des enfants ou le juge d'instruction pendant l'instruction (art. 24, al. 2, Ord. du 2 févr. 1945). Cette chambre est également compétente pour l'appel des décisions du juge des enfants et du tribunal pour enfants lorsqu'ils exercent, pour les mineurs les fonctions normalement dévolues au juge de l'application des peines ou au tribunal de l'application des peines (art. 20-9, ordonnance du 2 février 1945). Dans certains cas la chambre est complétée par le responsable d'une association de réinsertion et le responsable d'une association d'aide aux victimes membres de la chambre de l'application des peines de la cour d'appel (art. D. 49-45 et 49-46 CPP).

Sur le plan civil, elle est compétente, en appel, pour statuer sur les décisions prises par le juge des enfants dans le cadre de l'assistance éducative [3].

On peut noter que s'agissant de mineurs, les règles de publicité restreinte s'appliquent, à l'image de ce qui se passe devant les autres juridictions pour enfants [4].

Cette juridiction, si elle n'est pas à proprement parler une juridiction d'exception, est néanmoins compétente uniquement pour les mineurs.

§ 3. La Cour d'assises d'appel

Si le législateur français a finalement accepté le principe du double degré de juridiction en matière criminelle, c'est un système assez original qui a été mis en place. Nous dirons quelques mots de cette juridiction, puis nous insisterons sur le particularisme du mécanisme mis en place.

1. Il a été jugé que la chambre des appels correctionnels n'est pas compétente, même si le conseiller délégué y siégeait spécialement, Crim., 25 oct. 1977, *Bull.*, n° 319.
2. Sa présence n'est cependant pas obligatoire, Crim., 15 janv. 1970, *D.* 1970. 287.
3. Sur ce point, V. B. Bouloc, *Pénologie*, Dalloz, 3e éd., 2005, nos 525 s.
4. V. pour le tribunal pour enfants, v. *infra*, n° 637.

A. Composition

619 Le principe d'un appel circulaire ayant été adopté, la cour d'assises d'appel est donc *a priori* une juridiction identique à celle qui a statué en premier ressort. [1] Néanmoins, pour que les exigences de la Convention européenne des droits de l'homme soient au moins formellement respectées, il a été décidé d'augmenter le nombre des jurés, qui est de douze au lieu de neuf. On peut évidemment s'interroger pour savoir si cette modification fait de cette formation une juridiction supérieure [2] à celle du premier degré, mais elle est différente. Pour autant, on garde un jury populaire et les règles qui en découlent. Ainsi en est-il de la majorité qualifiée pour les décisions défavorables à l'accusé, qui est fixée à dix voix, ce qui implique que la majorité des jurés s'est prononcée en ce sens (art. 358 CPP). On notera que le nombre de jurés récusables devant la juridiction d'appel a été augmenté d'une unité pour le ministère public comme pour l'accusé (art. 298 CPP).

Aux termes de l'article 380-1, al. 3 à 5 (réd. loi du 9 mars 2004) la cour d'assises d'appel statue sans juré lorsque l'appel, qu'il émane de l'accusé ou du ministère public, ne concerne qu'un délit connexe à un crime jugé par la Cour d'assises de 1er degré.

B. Particularisme de l'appel criminel [3]

620 ***Mécanisme de l'appel*** ◊ La juridiction d'appel n'étant pas déterminée *a priori*, le législateur a dû mettre en place un système de désignation par une autorité judiciaire. C'est la chambre criminelle de la Cour de cassation, qui s'est vu confier cette mission.

Lorsqu'un appel a été enregistré, le ministère public l'adresse sans délai au greffe de la chambre criminelle avec le dossier. Cette juridiction dispose alors d'un délai d'un mois pour désigner la juridiction d'appel après avoir recueilli toutes les observations, celles du ministère public et des parties ou de leurs avocats.

La chambre criminelle procède comme en cas de renvoi après cassation.

Pour les décisions émanant des cours d'assises d'outre-mer (département ou territoire), la Cour de cassation peut désigner la même cour d'assises, mais autrement composée (art. 380-14 CPP). La loi du 30 décembre 2000 a également ajouté un alinéa à l'article 698-6 du CPP pour préciser qu'en cas d'appel d'une décision de cour d'assises, qui a statué sans jurés, la Cour de cassation peut renvoyer devant la même cour d'assises autrement composée.

Si la chambre criminelle estime que l'arrêt n'est pas susceptible d'appel ou que les délais n'ont pas été respectés, elle dit qu'il n'y a pas lieu à désignation d'une autre cour d'assises (art. 380-15 CPP).

1. Pour cette raison, certains auteurs utilisent l'expression : cour d'assises de second ressort, S. Guinchard et J. Buisson, *Procédure pénale*, n° 167.
2. P. Conte et P. Maistre du Chambon, *Procédure pénale*, n° 625.
3. Sur cette procédure : R. Merle et A. Vitu, *Traité de droit criminel*, t. II, n°s 760 et s. ; P. Conte et P. Maistre du Chambon, *Procédure pénale*, n°s 625 et s. ; v. également H. Temime, « L'appel des arrêts d'assises », *RSC* 2001, p. 83 ; S. Guinchard et J. Buisson, *Procédure pénale*, n° 196 b.

621 ***Conditions de l'appel*** ◊ L'appel est ouvert à l'accusé, au ministère public, mais également au civilement responsable et à la partie civile uniquement quant aux intérêts civils (art. 382 CPP). Initialement l'appel ne pouvait concerner que les seules décisions de condamnation. Cette solution a été abandonnée depuis la loi du 4 mars 2002. Aux termes de l'alinéa dernier de l'article 380-2 CPP le procureur général peut faire appel des arrêts d'acquittement.

L'appel doit être interjeté dans un délai de dix jours à compter du prononcé de l'arrêt par une déclaration au greffe de la cour d'assises, qui a rendu la décision, mais si l'appelant est détenu, il peut faire appel par déclaration auprès du chef de l'établissement pénitentiaire (art. 380-13 al. 1er CPP). Des appels incidents peuvent être effectués. Un délai supplémentaire de cinq jours est accordé. Une règle spécifique importante doit cependant être signalée. En cas de désistement de son appel par l'accusé, qui peut se produire jusqu'à l'interrogatoire réalisé par le président de la cour d'assises, il y a caducité des appels incidents de toutes les autres parties. L'accusé est donc seul maître du jeu dans cette hypothèse (art. 380-11 CPP) [1].

622 ***Effets de l'appel*** ◊ L'appel criminel est sur ce point très particulier puisque, contrairement aux règles habituelles de cette voie de recours, il n'a pas pour objectif d'infirmer ou de confirmer la décision du premier degré, mais de procéder à un réexamen complet de l'affaire en suivant, sauf exception, toutes les règles prévues pour la procédure d'assises. Il y a bien un nouveau procès, même si le président donne lecture des questions posées en premier ressort, des réponses apportées et de la condamnation prononcée (art. 327 CPP).

L'appel a un effet suspensif s'agissant de l'arrêt sur l'action publique, mais si la personne a été condamnée à une peine privative de liberté, le mandat de dépôt continue de produire ses effets. L'effet suspensif est également étendu à l'arrêt sur l'action civile, sauf s'il a été décidé de l'exécution provisoire en application de l'article 374 CPP, solution qui peut cependant être mise en échec par le premier président de la cour d'appel statuant en référé.

Conformément aux solutions habituelles, il est rappelé par l'article 380-3 CPP que le principe de la « *reformatio in pejus* » interdit l'aggravation du sort de l'accusé sur son seul appel. Il en va de même, lorsque la cour d'assises d'appel statue sur l'action civile. Le sort de l'accusé, du civilement responsable ou de la partie civile, ne peut pas être aggravé sur leur seul appel (art. 380-6 al. 1er CPP).

On ajoutera enfin que la cour d'assises d'appel n'est pas compétente pour statuer sur l'action civile, s'il n'y a pas d'appel interjeté sur la décision concernant l'action publique. Dans une telle hypothèse, l'affaire sera portée devant la chambre des appels correctionnels, juridiction d'appel de droit commun (art. 380-5 CPP).

Que penser de cette nouvelle procédure [2]. Il est sans doute trop tôt pour se prononcer, mais on peut estimer qu'un individu sévèrement condamné a toutes les raisons pour solliciter un nouvel examen de son affaire.

La cour d'assises d'appel, nous venons de le voir, n'est pas vraiment une juridiction d'exception. Nous allons maintenant envisager quels sont les tribu-

1. Sur cette procédure, v. B. Bouloc, *Procédure pénale*, n° 936-1 et s.
2. J. Danet, « Le procès d'assises après la réforme. Regards sur les pratiques », *RSC* 2003. 289 ; W. Roumier, « Pour en finir avec une réforme inachevée : à propos de l'appel des décisions en matière criminelle », *Dr. pénal* 2003, chron. n° 28. V. *supra* n° 589.

naux, qui entrent dans la catégorie des juridictions d'exception avec toutes leurs caractéristiques.

SECTION 2. LES JURIDICTIONS D'EXCEPTION

623 ***Définition*** ◊ On a déjà précisé que la juridiction d'exception était celle qui, par opposition à la juridiction de droit commun, pouvait connaître uniquement des infractions ou juger seulement les délinquants qu'une loi lui défère expressément. Cette définition technique permet évidemment d'englober des juridictions fort diverses et notamment certains tribunaux particulièrement expéditifs créés dans des périodes de guerre ou de troubles par des gouvernements pour lesquels la légalité n'avait pas une très grande signification (par exemple les tribunaux exceptionnels créés en 1944). Comment alors comparer de telles « juridictions » avec une juridiction pour mineurs dont le particularisme tend à la protection de ce type de délinquants ?

624 ***Rappel historique*** ◊ L'histoire nous révèle que les juridictions d'exception sont de toutes les époques. L'ancien droit en vit fleurir de très nombreuses (cour des aides - cour des monnaies - grands jours) et la Révolution qui les supprima en rétablit d'autres (Cour de justice spéciale - tribunaux spéciaux, etc.). Aux XIXe et XXe siècles ce sont des juridictions un peu différentes, comme les juridictions militaires ou les juridictions pour mineurs qui apparaissent. L'époque contemporaine avec la Seconde Guerre mondiale et la guerre d'Algérie allait pourtant entraîner l'apparition de nombreuses juridictions répressives aux caractéristiques très différentes de celles de droit commun et dont la durée d'activité n'excéda jamais les événements qui avaient été à l'origine de leur création. À titre d'exemple nous pourrions citer les onze juridictions d'exception créées par le régime de Vichy [1] dont les sinistres sections spéciales des tribunaux militaires réprimant l'activité anti-collaborationniste.

Le gouvernement provisoire après la libération voulant sanctionner les faits de collaboration avec l'ennemi, créa les cours de justice et les chambres civiques qui disparurent très rapidement après 1945. Plus près de nous enfin, la cinquième République devait pendant la guerre d'Algérie créer successivement le Haut tribunal militaire, le tribunal militaire, les cours martiales, le tribunal de l'Ordre public, puis la Cour militaire de justice. Toutes ces juridictions allaient disparaître avec l'indépendance de l'Algérie, mais une loi du 15 janvier 1963 allait instituer une juridiction permanente chargée de juger les infractions contre la sûreté de l'État : la Cour de sûreté de l'État qui fut supprimée en 1981.

625 ***Les différentes catégories de juridictions d'exception*** ◊ Ce survol historique nous montre qu'il existe à l'évidence différentes catégories de

1. V. par exemple R. Merle et A. Vitu, *Traité de droit criminel*, t. II, n° 646. Sur cette période, R. Aron, *Histoire de Vichy*, Fayard, 1954.

juridictions d'exception. Faustin-Hélie distinguait [1] les juridictions spéciales, politiques et extraordinaires :

– **Les juridictions spéciales** sont celles dont la création est motivée par des raisons techniques. La nature de certaines infractions ou la personnalité des délinquants les réalisant justifient parfois qu'une juridiction particulière soit appelée à les connaître. Les juridictions pour mineurs ou les juridictions en matière militaire relèvent certainement de cette idée et entrent dans cette première catégorie.

– **Les juridictions politiques** sont celles qui ont pour mission de juger les principaux responsables de l'État. L'idée essentielle qui conduit à la création de ce type de juridiction est la crainte que les juridictions de droit commun éprouvent quelque difficulté à punir des hommes qui ont détenu d'importants pouvoirs. On peut noter que la composition de ces juridictions est souvent politique, ce qui est le cas de la Cour de justice de la République. La Haute Cour qui a remplacé la Haute Cour de justice ne peut plus être considérée comme une véritable juridiction.

– **Les juridictions extraordinaires**, celles que l'on pourrait appeler les « mauvaises juridictions d'exception » sont toutes celles qui naissent en périodes troublées et dont la caractéristique la plus importante est sans doute que les règles qui les gouvernent s'éloignent très nettement du droit commun. Le plus souvent elles sont expéditives et négligent presque totalement les garanties de la défense en s'affranchissant même parfois de principes essentiels comme celui de la légalité des délits et des peines ou celui de l'existence de voies de recours.

626 ***Les juridictions d'exception en droit positif*** [2] ◊ Le droit positif français connaît plusieurs tribunaux répressifs d'exception que l'on peut incontestablement classer dans la catégorie des juridictions spéciales : les juridictions pour mineurs et les tribunaux maritimes commerciaux et une juridiction politique : la Cour de justice de la République si l'on considère que la Haute cour de justice n'est plus vraiment une juridiction. Certaines juridictions spécialisées, créées dans le domaine de l'exécution des sanctions n'ont eu qu'une existence éphémère. En effet, la loi du 9 mars 2004 a supprimé les juridictions compétentes en matière de libération conditionnelle dont le contentieux relève aujourd'hui des juridictions de droit commun en cette matière [3].

1. Faustin-Helie, *Traité d'instruction criminelle*, t. I, n° 2397, distinction reprise par R. Merle et A. Vitu, *Traité de droit criminel*, t. II, n° 647.

2. V. sur cette question : W. Jeandidier, « Les juridictions pénales d'exception dans la France contemporaine », *JCP* 1985. I. 3173 ; Cl. Garcin, *La notion de juridiction d'exception en droit pénal français*, thèse Lyon, 1987 ; M. L. Rassat, *Traité de procédure pénale*, n° 71. V. égal. : S. Guinchard et J. Buisson, *Procédure pénale*, n° 170 et 197 qui préfèrent parler de juridictions spécialisées en englobant les formations spécifiques de certaines juridictions de droit commun.

3. V. *infra*, n°s 663 et s.

627 *Plan* ◊ Les juridictions pour mineurs, les juridictions en matière militaire et les tribunaux maritimes commerciaux sont les trois juridictions spéciales que nous devrons envisager [1]. S'agissant des juridictions politiques la Cour de justice de la République, sera seule étudiée [2].

§ 1. Les juridictions des mineurs délinquants

628 *Le droit pénal des mineurs* ◊ Le droit applicable aux mineurs délinquants s'était assez lentement détaché du droit pénal commun, mais la loi du 9 septembre 2002 paraît remettre un peu en cause cette évolution. S'agissant des problèmes de fond [3], tout d'abord, on peut considérer que les règles jusqu'alors en vigueur avaient d'une certaine manière conduit à exclure le mineur de la sphère pénale. L'idée d'une irresponsabilité pénale du mineur de dix-huit ans n'était pas fondée sur l'absence d'imputabilité, mais sur le caractère le plus souvent inopportun du prononcé d'une peine contre des enfants. La possibilité d'appliquer des mesures éducatives en apportait la preuve évidente. Il faut par ailleurs préciser que l'interdiction de prononcer une peine n'est d'ailleurs absolue que pour les mineurs de treize ans. Pour les autres mineurs (entre 13 et 18 ans), les tribunaux gardent la possibilité de prononcer une peine, lorsque « les circonstances et la personnalité du mineur paraîtraient l'exiger ». La peine encourue reste néanmoins inférieure à celle des majeurs. En effet, l'excuse de minorité sous l'ancien Code pénal – une cause de diminution de peine aujourd'hui –, conduit d'une manière générale à faire encourir aux mineurs une sanction inférieure de moitié à celle du majeur. La peine d'amende est limitée à 7 500 euro et certaines peines, de même que la période de sûreté, sont inapplicables. On notera que s'agissant des mineurs de plus de seize ans, la juridiction peut, par décision spécialement motivée, décider d'appliquer la peine qui serait encourue par un majeur. L'article 20-2 de l'ordonnance du 2 février 1945 a été modifié par la loi du 5 mars 2007 sur la prévention de la délinquance. Désormais les juridictions pour mineurs peuvent rejeter la diminution de peine en cas d'atteinte volontaire à la vie ou à l'intégrité physique ou psychique de la personne commise en état de récidive légale. Aucune motivation spéciale n'est alors nécessaire. Une extension de cette dérogation a été prévue par une loi n° 2007-1198 du 10 août 2007 qui, pour les mineurs multirécidivistes de plus de 16 ans, pose le principe de l'exclusion de l'atténuation de peine sauf décision contraire de la juridiction pour mineurs par décision spécialement motivée. Par ailleurs la même

1. Il faut noter que les tribunaux administratifs ont une compétence pénale très limitée pour juger les contraventions de grande voirie en matière de police des canaux, fleuves et rivages de la mer (Décret-loi, 28 déc. 1926, v. *infra*, n° 736).
2. Pour la Haute Cour, v. *supra*, n° 349.
3. Sur ce point, v. R. Merle et A. Vitu, *Traité de droit criminel*, t. I, n°s 630 et s. ; J. Pradel, *Droit pénal général*, n°s 466 et s. ; B. Bouloc, *Droit pénal général*, n°s 452 et s.

loi a déclaré applicable à tous les mineurs de plus de 13 ans le système des peines-plancher [1].

Le caractère très spécifique de la délinquance juvénile, la protection de l'enfant, expliquent l'originalité de ce système de répression.

La loi du 9 septembre 2002 n'abandonne nullement cette orientation, mais les problèmes posés par l'évolution de la délinquance des mineurs ont conduit le législateur, sans vraiment changer les solutions, à modifier quelque peu l'approche de la responsabilité pénale des mineurs [2]. D'une part, la nouvelle rédaction de l'article 122-8 du Code pénal rappelle d'abord le principe de la responsabilité des mineurs capables de discernement. D'autre part, si rien n'est changé, quant aux cas dans lesquels une peine proprement dite peut être prononcée, on doit néanmoins préciser qu'aux termes d'un nouvel article 15-1, introduit dans l'ordonnance du 2 février 1945, des sanctions éducatives qui sont présentées comme de nouvelles sanctions pourront être prononcées contre les mineurs âgés d'au moins dix ans, si une prévention d'infraction est établie à leur encontre. Ces sanctions, catégorie intermédiaire entre la peine et la mesure éducative, sont inscrites au casier judiciaire. Outre la confiscation, il s'agit d'interdictions ou d'obligations imposées aux mineurs, dont le non-respect pourra entraîner le placement en établissement spécialisé. La loi du 5 mars 2007 relative à la prévention de la délinquance vient d'ailleurs d'augmenter leur nombre en le portant à dix.

Nonobstant cette réforme, le droit pénal des mineurs reste très spécifique [3]. Les mêmes raisons ont conduit à adopter pour les mineurs délinquants un régime procédural différent de celui du droit commun. Là encore, sous la pression des faits, des lois récentes, la loi Perben I en particulier, reviennent un peu sur le particularisme absolu du régime applicable aux mineurs.

629 ***L'évolution de la spécialisation des juridictions pour mineurs*** ◊ C'est avec une loi du 22 juillet 1912 que, pour la première fois, un tribunal spécial, le tribunal pour enfants et adolescents a été chargé de juger certains mineurs délinquants. Deux types d'infractions relevaient de cette juridiction : les délits des mineurs de 13 à 18 ans et les crimes des mineurs de 13 à 16 ans à moins

1. Sur cette loi : J.-H. Robert : « Le plancher et le thérapeute : commentaire de la loi du 10 aout 2007 renforcant la lutte contre la récidive des majeurs et des mineurs », *Dr. pénal* 2007, Etudes n° 20.

2. V. J.-P. Rosenczveig, « La loi d'orientation et de programmation sur la justice. Une promesse tenue ? Pas évident », *D.* 2002. 2339 ; C. Lazerges, « Fallait-il modifier l'ordonnance du 2 février 1945 », *RSC* 2003. 174 ; J. Castaignède, « La loi du 9 septembre 2002 : un nouveau regard porté sur le droit pénal des mineurs », *D.* 2003. 779, et « La responsabilité pénale du mineur : évolution ou révolution », *RD publ.* 2004. 273 ; Y. Mayaud, *Droit pénal général*, PUF, 2e éd., 2007, n° 412.

3. Il faut préciser que le Conseil constitutionnel dans sa décision du 29 août 2002 (*JO* 10 sept. 2002, p. 14953 ; *Gaz. Pal.* 4-5 sept. 2002, note J. E. Schoettl) a considéré que l'autonomie du droit pénal des mineurs est un principe fondamental reconnu par les lois de la République.

que, dans chacune des deux hypothèses, il n'y ait des co-inculpés ou co-accusés majeurs. Comme on peut le remarquer, la spécialisation n'était encore que très partielle alors qu'elle paraissait s'imposer de plus en plus. Le régime de Vichy avait tenté de réaliser cette réforme mais la loi du 27 juillet 1942 n'entra jamais en vigueur, les décrets d'application n'ayant pas été pris.

C'est donc par l'ordonnance du 22 février 1945 que le législateur devait réaliser une spécialisation plus complète des juridictions de jugement des mineurs délinquants. Avec le juge des enfants et le tribunal des enfants composé notamment de magistrats non professionnels, la délinquance juvénile échappe presque totalement aux juges de droit commun. La loi du 24 mai 1951 créant la cour d'assises des mineurs devait parachever cette évolution. Désormais, seules les contraventions des quatre premières classes sont soumises à un tribunal relevant du droit commun : la juridiction de proximité (art. 21 dernier al. de l'Ord. du 2 févr. 1949).

Avant d'examiner ces différentes juridictions d'exception, il importe de remarquer que le droit français, contrairement à d'autres législations étrangères (pays scandinaves notamment) n'a pas voulu soustraire les mineurs délinquants aux juridictions répressives en les confiant à des organismes administratifs composés de spécialistes et de personnes s'intéressant à l'enfance. Il nous semble que le système français reste préférable dans la mesure où, tout en maintenant un système judiciaire garant des libertés individuelles par le principe de la contradiction, il permet de bénéficier néanmoins de l'avantage indiscutable de la spécialisation [1].

Certaines imperfections du système ayant été constatées, plusieurs commissions ont été mises en place pour préparer un projet de réforme du droit pénal des mineurs ; la Commission Costa [2] et la Commission Martaguet ainsi nommées du nom de leur président respectif.

Aux termes des travaux de la seconde, un système judiciarisé était conservé. Le juge des enfants, devenant juge de la jeunesse, voyait ses attributions s'élargir. Le tribunal de la jeunesse, remplaçant le tribunal pour enfants aurait eu une compétence étendue aux crimes. [3]

En réalité, l'aggravation et l'augmentation actuelle de la délinquance des mineurs ont conduit le législateur à proposer certaines réformes partielles du droit pénal des mineurs inspirées par une toute autre philosophie, beaucoup plus répressive. Il en a été ainsi avec la loi du 1er juillet 1996 dont l'objectif était de permettre une décision pénale plus rapide contre les délinquants mineurs lorsque l'infraction n'est pas contestée et que le mineur est déjà « connu ». Cette disposition n'ayant pas été beaucoup appliquée, la loi du 9 septembre 2002 a introduit dans l'ordonnance du 2 février 1945 deux procédures nouvelles. La première dite de jugement à délai rapproché (aujourd'hui de présentation immédiate devant la juridiction pour mineurs) s'inspire de la comparution immédiate, mais avec des règles assez différentes. Elle concerne les mineurs multirécidivistes de seize à dix-huit ans pour des affaires n'impliquant aucune investigation et dans le cas où le mineur a fait l'objet récemment

1. R. Merle et A. Vitu, *Traité de droit criminel*, t. II, n° 635.
2. V. pour les propositions de cette commission, *RSC* 1979.768.
3. V. Rapport Martaguet distribué par la Chancellerie le 3 septembre 1982. P. Martaguet, *Le nouveau droit pénal des mineurs*, rapp. fait au 6e congrès de l'Association française de droit pénal, Montpellier, nov. 1983. W. Jeandidier, art. préc., n° 15. V. pour un avant projet plus récent sur « La justice des mineurs » en matière pénale et sur l'étendue des droits qui leur sont accordés ». A. Ravelet, *LPA*, n° 87 ; B. Bouloc, *Pénologie*, 3e éd., n° 454.

d'une enquête de personnalité. La comparution devant le tribunal pour enfants est notifiée par le procureur de la République dans un délai de dix jours à un mois. La procédure est possible à des conditions plus restrictives pour les mineurs de treize à seize ans (art. 14-2 nouveau de l'ord. du 2 février 1945). La seconde procédure, dite de comparution à délai rapproché, reprend la procédure mise en place précédemment et permet au procureur de la République de requérir la comparution d'un mineur devant la chambre du conseil ou devant le tribunal pour enfants dans un délai de un à trois mois. L'objet est évidemment d'accélérer la procédure pour des affaires simples concernant des mineurs déjà connus des services judiciaires (art. 8-2 ord. du 2 février 1945). La loi du 5 mars 2007, une nouvelle fois, introduit dans l'ordonnance du 2 février 1945 toute une série de modifications procédurales dont l'objectif semble être clairement de durcir la réponse pénale face à une délinquance juvénile qui s'aggrave. Pour autant les principes d'autonomie du droit pénal des mineurs ne sont pas remis en cause puisque le Conseil constitutionnel a validé ces nouvelles dispositions [1]. Sans entrer dans les détails on notera que ces mesures tendent à rapprocher les solutions applicables aux mineurs de celles retenues pour les majeurs. Ainsi en est-il par exemple de l'introduction de la mesure de composition pénale jusqu'alors expressément exclue pour les mineurs (art. 7-2 nouveau de l'ord. de 1945). Cinq mesures spécifiques peuvent être proposées aux mineurs. On signalera par ailleurs que le domaine d'application de la mesure de contrôle judiciaire est étendu pour les mineurs de treize à seize ans (art. 10-2 mod. de l'ord. du 2 févr. 1945). C'est enfin la procédure de jugement à délai rapproché qui est modifiée sur plusieurs points. D'abord dans sa dénomination puisqu'elle devient la procédure de présentation immédiate devant la juridiction pour mineurs, ensuite dans son domaine d'application, le seuil des peines permettant de l'utiliser étant abaissée. De plus le délai de comparution peut être diminué mais il faut que le mineur et son avocat y consentent expressément. Incontestablement l'objet de ces nouvelles règles est d'assurer un réel équilibre entre prévention et répression dans la ligne des réformes précédentes sans que la véritable spécificité du droit pénal des mineurs ne soit sérieusement remise en cause [2].

La remise en cause des principes de l'ordonnance de 1945 reste donc limitée. Certains voudraient aller plus loin. Une telle solution serait-elle conforme à la Convention internationale sur les droits de l'enfant ratifiée par la France ? En tout état de cause il apparaît que les nombreuses réformes partielles du droit des mineurs (31 réformes depuis 1945) inspirées par des philosophies parfois différentes ont fait de l'ordonnance du 2 février 1945 un texte complexe peu lisible dont la cohérence d'ensemble peut échapper aux meilleurs spécialistes. C'est dans ce contexte que la Garde des Sceaux a mis en place une commission dont la mission était, au-delà d'une réécriture du texte, de proposer une véritable réforme du droit pénal des mineurs. La lettre de mission adressée au président de cette commission assignait au groupe de travail plusieurs axes de réflexion : assurer une meilleure lisibilité des dispositions applicables aux mineurs ; revoir la procédure et le régime pénal applicables aux mineurs. La commission composée de parlementaires et de spécialistes du droit des

1. Conseil constitutionnel déc. du 3 mars 2007, *JO* du 7 mars 2007, considérants 16, 17, 22.

2. V. Ph. Bonfils, « Les dispositions relatives au droit pénal des mineurs délinquants dans la loi prévention de la délinquance », *D.* 2007. Chron. 1027.

mineurs (magistrats, policier, universitaires, gendarme, avocats, éducateurs, pédo-psychiatre) installée le 15 avril a rendu son rapport le 3 décembre 2008. Le document dit rapport Varinard (du nom du président de la commission) propose le remplacement de l'ordonnance du 2 février 1945 par un code dédié à la justice pénale des mineurs qui reprendrait l'ensemble des dispositions applicables aux mineurs délinquants. Il n'est évidemment pas possible de présenter ici les propositions formulées par la commission. On signalera simplement qu'un projet de loi s'inspirant du rapport [1] a été rédigé par les services de la chancellerie. Présenté par la garde des Sceaux le 16 mars 2009 il semble reprendre la plupart des préconisations formulées par la commission [2]. Nous allons maintenant examiner les trois juridictions spécialisées déjà citées.

I. Le juge des enfants

630 ***Renvoi et compétence*** ◊ L'une des particularités les plus originales concernant cette juridiction est que, contrairement à la règle de la séparation de l'instruction et du jugement, ce magistrat est pour certaines infractions non seulement juge d'instruction, mais encore juridiction de jugement. C'est la raison pour laquelle nous avons déjà examiné qui était ce juge et comment il était désigné [3]. Il nous reste donc simplement à déterminer quelle est la compétence de cette juridiction.

631 ***A) Compétence territoriale*** ◊ Notons tout d'abord que, sur le plan territorial, la compétence du juge des enfants est identique à celle du tribunal pour enfants. En effet, le juge des enfants exerce ses fonctions auprès d'un tribunal pour enfants qui, on va le voir [4], a un ressort territorial déterminé par décret (art. L. 522-1, COJ).

632 ***B) Compétence matérielle*** ◊ Sur le plan de cette compétence, le système est assez particulier puisque dans un cadre légal précis, c'est le juge des enfants lui-même qui la détermine. Ce cadre est fixé par l'article L. 252-5 du COJ qui vise les contraventions de 5e classe et les délits des mineurs de 18 ans. Dans cette limite, le magistrat décide, ce qui est une dérogation remarquable à la règle de la séparation de l'instruction et du jugement, s'il doit juger le mineur en chambre du conseil ou s'il doit le renvoyer devant le tribunal pour enfants (art. 8, al. 10, Ord. de 1945). La loi Perben I exclut néanmoins cette solution

1. *Entre modifications raisonnables et innovations fondamentales. 70 propositions pour adapter la justice pénale des mineurs*, Doc. fr., 2009 V. égal. A. Varinard, « Réforme de l'ordonnance de 1945 sur le droit des mineurs : les vraies propositions », *RPDP* 2008-737(*in limine*) ; *AJ pénal* 2009, Dossier « Réforme de l'ordonnance de 1945 : le rapport Varinard » par Ph. Bonfils, A. Gouttenoire J. Morel-Faury, I. Berro Lefèvre ; « Pour une justice pénale des mineurs adaptée à l'évolution de la délinquance », interview croisée P. Pédron et A. Varinard, *Dr. pénal* déc. 2008.
2. V. Discours de la ministre en ligne sur le site du ministère de la Justice.
3. V. *supra*, n°s 569 et s.
4. V. *infra*, n° 636.

pour les mineurs de seize ans révolus, si la peine encourue est égale ou supérieure à sept ans. Ainsi ce n'est pas la gravité de l'infraction qui permet de déterminer le partage de compétence entre le juge des enfants et le tribunal des enfants mais plus exactement la gravité de la sanction que l'on envisage de prononcer. Il faut néanmoins préciser que depuis une loi du 31 décembre 1996 il existe des modalités particulières de saisine en cas de délit lorsque les faits ne nécessitent pas d'investigation particulière. Le mineur est alors convoqué devant le juge des enfants par un OPJ (art. 5, al. 3, ord. 2 février 1945). Le procureur de la République peut aussi requérir du juge des enfants qu'il ordonne la comparution devant la chambre du conseil ou devant le tribunal pour enfants dans un délai compris entre un et trois mois. (art. 8-2 ord. 2 février 1945, réd. loi du 9 septembre 2002. Le juge des enfants peut aussi dans ce cadre décerner tout mandat utile à l'exception du mandat de dépôt et prescrire un contrôle judiciaire) [1].

Lorsque le juge des enfants se déclare compétent, ses pouvoirs sont assez limités puisqu'il ne peut prononcer contre le mineur que des mesures d'assistance ou de surveillance [2]. On notera néanmoins que, depuis une loi du 8 février 1995, ses pouvoirs ont été étendus puisqu'il peut également décider d'une mesure de placement en internat (art. 8, al. 10-6e) ou prononcer la mise sous protection judiciaire du mineur (art. 8, al. 10-5e). Il statuera alors par jugement. La loi du 5 mars 2007 lui permet également d'ordonner une mesure d'activité de jour (7° de l'article 8 de l'ord. du 2 févr. 1945) définie dans l'article 16 ter du même texte. En revanche les mesures d'admonestation ou de remise aux parents ne peuvent pas être prononcées seules si le mineur a déjà commis une infraction identique selon les règles de la récidive, moins d'un an avant la commission de la nouvelle infraction (art. 8, dernier al.).

On remarque cependant que les contraventions des quatre premières classes échappent à cette juridiction parce que, en raison de la modicité des peines encourues, ces infractions, n'impliquent pas l'intervention d'un juge spécialisé.

On doit préciser également que le juge des enfants n'épuise pas sa compétence avec la prise de décision initiale. En effet, il dispose d'un pouvoir de révision des mesures prononcées, puisqu'il s'agit de mesures de sûreté prises en fonction d'un état dangereux. Il est donc logique qu'elles puissent être modifiées [3].

D'une manière générale, le juge des enfants ne peut réviser que les mesures qu'il a lui-même ordonnées, à moins qu'il ne veuille rempla-

1. V. B. Bouloc, *Pénologie*, 3e éd., n° 472 ; G. Giudicelli, *RSC* 1997-29.
2. Remise de l'enfant à sa famille ou à une tierce personne avec régime de la liberté surveillée éventuellement.
3. Sur cette question, v. B. Bouloc, *Pénologie*, 3e éd., n°s 515 et s.

cer la mesure initialement prise par le tribunal pour enfants par une mesure qu'il aurait pu prendre directement [1] (art. 28, Ord. de 1945) [2].

633 *C) Attributions extra-pénales du juge des enfants* ◊ La compétence du juge des enfants ne s'exerce pas seulement dans le domaine pénal. Nous distinguerons ses attributions en matière civile et ses attributions administratives.

1) Attributions en matière civile. Aux termes de l'article L. 252-2 du COJ, le juge des enfants est compétent en matière d'*assistance éducative* telle qu'elle est organisée par les articles 375 et s. du Code civil [3]. Il s'agit de mesures qui peuvent être prises au profit des mineurs en danger, c'est-à-dire ceux dont la santé, la sécurité ou la moralité sont compromises. La formule assez vague vise des hypothèses très diverses, tout à la fois lorsque le danger est inhérent à la personnalité du mineur, et lorsqu'il provient d'événements qui lui sont totalement extérieurs. Dans ce cadre le juge des enfants dispose pratiquement des mêmes mesures que dans le domaine pénal à l'exception cependant des peines. Cette notion a d'ailleurs été élargie par la loi du 5 mars 2007 réformant la protection de l'enfance en ajoutant les hypothèses de mise en péril des conditions de développement physique, affectif, intellectuel et social de l'enfant ce qui permet d'intervenir lorsque le mineur est dans une situation difficile sur le plan psychologique (par ex enfants dont les parents sont membres d'une secte). Le système français de protection de l'enfance se caractérise par son dualisme puisqu'il est à la fois administratif et judiciaire. La loi du 5 mars 2007 a notamment pour objectif de limiter la judiciarisation en renforçant la caractère subsidiaire de l'intervention du juge des enfants par rapport à la compétence de principe du conseil général. La notion d'informations préoccupantes qui justifie une intervention se substitue à celle de mauvais traitements. Les informations sont recueillies par les services du conseil général qui doivent mettre en place des observatoires de la protection de l'enfance.

L'intervention du juge des enfants ne se produira que dans les hypothèses où l'action des services de l'aide sociale à l'enfance sera impossible ou inefficace ou lorsqu'elle se sera heurtée à l'opposition des représentants légaux de l'enfant. Dans ces cas le procureur de la République sera informé par le président du conseil général. Il pourra alors saisir le juge des enfants qui pourrait décliner sa compétence si il juge l'action du conseil général suffisante. Le loi du 5 mars 2007 vise donc a assurer une meilleure coordination entre les deux types de protection de l'enfance (art. L 221-4 du Code de l'action sociale et des familles). On précisera que l'action du juge des enfants doit être articulée

1. Dans le cadre de la protection judiciaire organisée par la loi du 18 juillet 1975 et qui est une mesure d'assistance jusqu'alors décidée par le tribunal pour enfants ou la cour d'assises des mineurs à l'encontre d'un mineur délinquant, le juge des enfants dispose d'un pouvoir de révision plus important (art. 16 *bis*, Ord. de 1945 ; décr. 22 nov. 1976). Sur cette mesure, B. Bouloc, *Pénologie*, 3e éd., nos 519 et s.

2. En 2007, les juges des enfants ont été saisis du cas de 96744 enfants en danger moral et du cas de 81081 mineurs délinquants dont 3153 de moins de 13 ans. 6159 mineurs ont fait l'objet d'un emprisonnement ferme (statistiques extraites des *Chiffres-clés de la Justice*, 2008).

3. V. sur cette question : Ph. Bonfils et A. Gouttenoire, *Droit des mineurs*, n° 663 et s. ; A. Gouttenoire, « La loi du 5 mars 2007 réformant la protection de l'enfance : à la recherche de nouveaux équilibres », *D.* 2007. 1090

avec celle du juge aux affaires familiales les deux magistrats ayant, sur certains points, des compétences concurrentes [1]. On ajoutera que dans le cadre d'une aide à la gestion du budget familial, lorsque les prestations familiales ne sont pas utilisées pour les besoins de l'enfant, le juge des enfants peut désigner, pour une période de deux ans maximum, un délégué aux prestations familiales (art. 375-9-1 C. civ. tel qu'il résulte de la loi n° 2007-293 du 5 mars 2007 réformant la protection de l'enfance). Cette mesure insérée dans le Code civil au titre des mesures d'assistance éducative sera retenue lorsque la mesure administrative « d'accompagnement » en économie sociale et familiale (art/L 222-3 C. de l'action sociale et des familles) s'avérera insuffisante.

Enfin, ce magistrat exerce les fonctions dévolues au juge de l'application des peines par le Code pénal et le Code de procédure pénale pour les condamnations prononcées par une juridiction spécialisée pour mineurs. Cette compétence s'exercera jusqu'à ce que le condamné ait atteint l'âge de 21 ans. Cependant si le mineur a atteint 18 ans au moment du jugement la compétence du juge des enfants implique une décision spéciale de la juridiction. Le juge des enfants peut se dessaisir lorsque le mineur atteint l'âge de 18 ans en raison de la personnalité du mineur ou de la durée de la peine prononcée (art. 20-9).

À ces attributions judiciaires dans le domaine civil, il faut ajouter les attributions administratives.

2) Attributions administratives. Le juge des enfants assurait dans son ressort la direction des services concernant les mineurs (service des délégués permanents à la liberté surveillée). Même si les délégués à la liberté surveillée sont toujours mentionnés dans l'article 25 de l'ordonnance du 2 février 1945, ces prédécesseurs des éducateurs ont aujourd'hui disparu et par voie de conséquence ce service qui était rattaché au tribunal pour enfants. Actuellement ce sont les agents des services de la protection judiciaire de la jeunesse qui assurent les missions éducatives en matière de liberté surveillée. Le juge des enfants n'a aucune autorité directe sur ces personnes. En revanche il exerce un rôle de surveillance et de contrôle sur tous les établissements publics ou privés qui accueillent des mineurs. Il donne un avis sur l'habilitation des établissements ou organismes privés de protection judiciaire de la jeunesse.

Ainsi, il apparaît très nettement que les attributions du juge des enfants ne se limitent pas aux seuls problèmes posés par les mineurs délinquants, mais qu'il dispose de nombreuses prérogatives complémentaires pour intervenir dès lors qu'un mineur doit être assisté et protégé. C'est d'ailleurs un peu à ce titre qu'il assurera également la présidence de la deuxième juridiction pour mineurs : le tribunal pour enfants.

II. Le tribunal pour enfants

Distinguons, comme à l'habitude, l'organisation et le fonctionnement.

1. La double compétence du juge des enfants en matière civile et pénale, un temps menacée par des projets de réforme, sera sans doute maintenue. Elle a été préconisée par le rapport Varinard (proposition n° 14) et est reprise dans le projet de loi de la Chancellerie Rapport Doc. Française 2009.

A. Organisation

634 ***1) Composition*** ◊ Le tribunal pour enfants est composé de trois magistrats. Son président est le juge des enfants [1]. Quant aux deux assesseurs, il s'agit de magistrats non professionnels. Ils sont choisis parmi les personnes âgées de plus de 30 ans, de nationalité française, qui se sont signalées par l'intérêt qu'elles portent aux questions de l'enfance et par leurs compétences (art. L 251-3 à L 251-6 COJ).

L'idée du législateur est donc, tout en préservant l'avantage de la collégialité, de ne faire juger les mineurs que par des personnes spécialisées en ce domaine.

Concrètement, ces assesseurs sont désignés pour quatre ans par arrêté du ministre de la Justice (le renouvellement se fait par moitié). Ils sont choisis sur une liste de candidats établie par le premier président de la cour d'appel. Il est possible de se porter candidat à cette fonction (art. L 251-4 COJ).

Chaque tribunal comprend en principe deux assesseurs titulaires et quatre suppléants, mais dans les juridictions composées d'au moins cinq magistrats, l'effectif des assesseurs est de deux titulaires et deux suppléants par juge. Les fonctions d'assesseurs sont indemnisées en fonction de la participation effective aux audiences [2]. On notera que dans le cas où ils ne déférent pas à plusieurs convocations successives, ces assesseurs peuvent être déclarés démissionnaires d'office par délibération de la première chambre de la cour d'appel. Dans les mêmes formes, ils peuvent être déchus en cas de faute grave entachant l'honneur ou la probité (art. L 251-6 COJ).

Il existe une relative spécialisation du ministère public. Dans chaque tribunal comportant un pôle de l'instruction, le procureur général doit désigner un ou plusieurs magistrats du parquet plus particulièrement chargé(s) des affaires de mineurs (art. R. 15-4-8 CPP). Le greffier du tribunal des enfants appartient au greffe du tribunal de grande instance. On ajoutera que, s'agissant de l'organisation des audiences, un nouvel article 13-1 de l'ordonnance du 2 février 1945, inséré par la loi du 5 mars 2007, précise que les audiences du tribunal pour enfants sont organisées selon les règles de l'article 399 CPP c'est-à-dire par décision conjointe du président du tribunal et du procureur de la République.

1. Aux termes de l'art. R. 522-2-2 (D. 2008-107 du 4 févr. 2008), COJ, les fonctions du président du tribunal pour enfants et même celles de vice-président peuvent dans certains cas être confiées à des vice-présidents du TGI exerçant les fonctions du juge des enfants. Cette solution initialement adoptée pour le Tribunal de Paris a été étendue (décr. du 2 août 1983) aux tribunaux de Nanterre, Bobigny Créteil, Lille, Lyon, Marseille et pour les vice-présidents de Paris. On notera qu'en cas de pluralité de juges des enfants, l'un d'entre eux est désigné comme juge coordonnateur (art. R. 522-2-1 réd. décret du 4 févr. 2008).

2. Une journée de traitement d'un juge du TGI pour chaque audience à laquelle il participe.

635 *2) Ressort* ◊ C'est par voie réglementaire que sont fixés le siège et le ressort des tribunaux pour enfants (art. R. 522-1, COJ). Il existe au moins un tribunal par département [1] ; il est installé au chef-lieu et dans certains cas recouvre la circonscription d'un ou plusieurs autres tribunaux. Ainsi, le tribunal pour enfants de Saint-Étienne est également compétent pour le ressort des tribunaux de Montbrison et Roanne. D'autres départements plus peuplés comprennent plusieurs tribunaux pour enfants (cinq dans le département du Nord). Un décret n° 2002-576 du 23 octobre 2002 a créé quinze nouveaux tribunaux pour enfants, dans quinze départements relevant de treize cours d'appel. Il existe aujourd'hui 155 tribunaux pour enfants (V. Tableaux III COJ). [2]

B. Fonctionnement

636 *1) La compétence* ◊

a) Compétence territoriale. Elle est, d'une manière générale conforme aux règles traditionnelles de la triple localisation, à savoir le lieu de l'infraction, le lieu de la résidence et le lieu de l'arrestation [3]. On notera qu'en ce qui concerne le tribunal de la résidence, il peut s'agir de celle des parents ou du tuteur. De plus, le tribunal du lieu de placement du mineur est également compétent. Pour la révision des mesures de rééducation, la compétence appartient normalement au magistrat qui s'est initialement prononcé. Néanmoins, si le mineur se trouve assez éloigné, une délégation de compétence peut être donnée au juge du lieu de placement. Il en va de même lorsqu'il y a lieu de prendre d'urgence des mesures provisoires, le tribunal du lieu où le mineur se trouvera en fait placé ou arrêté sera compétent (art. 31, Ord. de 1945).

b) Compétence d'attribution. Elle est déterminée par les articles 9, alinéa 2 et 20-1 de l'ordonnance du 2 février 1945. On sait que cette compétence est identique à celle du juge des enfants ; il peut donc juger les délits ou contraventions de 5e classe commis par les mineurs de 18 ans mais il faut y ajouter les crimes des mineurs de 16 ans (art. 9, al. 2-4). Il est à remarquer que la compétence du tribunal pour enfants ne s'étend pas aux complices ou co-auteurs majeurs qui restent justiciables des tribunaux de droit commun, ce qui n'est pas sans soulever de sérieuses difficultés en raison des contradictions éventuelles de décisions.

La compétence personnelle du tribunal pour enfants ne cède que très exceptionnellement au profit des juridictions militaires : en temps de paix au profit du tribunal aux armées de Paris lorsque le mineur est membre des forces armées (L 121-6 CJM), en temps de guerre au profit des tribunaux territoriaux des forces armées (L. 122-2 CJM) pour juger les mineurs militaires.

Quant aux décisions qu'il peut prendre, le tribunal pour enfants n'est pas, à la différence du juge des enfants, limité dans ses possibilités. Il peut évidemment se contenter de prononcer une des mesures d'éducation ou d'assistance énumérées dans les articles 15 et 16 de l'ordonnance du 2 février 1945. Préci-

1. Selon l'article L. 251-2 COJ, il faut obligatoirement un tribunal dans le ressort de chaque cour d'appel.
2. La réforme de la carte judiciaire va entraîner la suppression de cinq tribunaux pour enfants à compter du 1er janvier 2011 (D. n° 2008-235 du 6 mars 2008).
3. Selon le texte : « lieu où le mineur a été trouvé » (art. 3 ord. du 2 févr. 1945).

sons que ces mesures sont distinctes selon que le mineur est âgé de plus ou moins de 13 ans. Le tribunal peut également prononcer à titre principal la mise sous protection judiciaire pour une durée n'excédant pas cinq ans (art. 16 *bis* Ord. 1945). On notera que depuis une loi du 4 janvier 1993, insérant un article 12-1 dans l'ordonnance du 2 février 1945, le tribunal peut proposer au mineur une mesure d'aide ou de réparation à l'égard de la victime ou dans l'intérêt de la collectivité. Cette mesure peut aussi être proposée avant l'engagement des poursuites ou pendant l'instruction [1]. La loi Perben I a également introduit la possibilité pour le tribunal des enfants de prononcer de nouvelles mesures, appelées sanctions éducatives, si une prévention d'infraction est établie pour les mineurs de dix ans révolus (art. 15-1 de l'ord. du 2 février 1945).

Mais, lorsque le mineur est âgé de plus de 13 ans le tribunal peut aussi prononcer une véritable peine si les circonstances et la personnalité du mineur l'exigent (art. 2, Ord. 2 févr. 1945). Il reste cependant que par le jeu d'un système de diminution de la peine qui doit toujours être accordée, pour les enfants de 13 à 16 ans, le mineur encourt quelle que soit l'infraction, une peine inférieure à celle du majeur [2]. Depuis une loi du 1er juillet 1996 le tribunal des enfants peut également utiliser les procédures de dispense et d'ajournement des sanctions (art. 20-7 ord. 2 févr. 1945). Ce particularisme ne concerne pas seulement le droit matériel. Il s'étend aussi au droit formel.

637 ***2) Particularisme de la procédure*** ◊ L'audience devant le tribunal pour enfants suit dans les grandes lignes les règles des juridictions de droit commun. Néanmoins, la volonté de protéger le mineur contre une publicité excessive qui pourrait nuire à sa réinsertion a conduit le législateur à édicter certaines règles particulières. Ainsi, l'audition des parents, prévue par l'article 13, alinéa 1 de l'ordonnance du 2 février 1945, a été déclarée indispensable par la Cour de cassation [3] La loi du 9 septembre 2002 sanctionne d'ailleurs d'une amende civile de 3 750 euro les parents qui ne déféreront pas aux convocations des magistrats dans ces hypothèses (art. 10-1 nouveau de l'ord. du 2 février 1945).

Mais la règle spécifique la plus importante concerne la réduction de la publicité des débats. Un nombre très restreint de personnes a la possibilité d'assister à l'audience (témoins, proches parents, membres du barreau, et la victime depuis la loi Perben I) (art. 14, al. 2, Ord. de 1945). De plus, toute publicité, par voie de presse, des débats ou de la décision est pratiquement interdite.

On note également que chaque affaire est jugée séparément en l'absence de tous autres prévenus et que le président du tribunal peut dispenser le mineur de comparaître si son intérêt l'exige (art. 13, al. 2, Ord. de 1945). Ainsi, il apparaît bien que le souci dominant du législateur a été d'éviter que le procès puisse influencer négativement le reclassement du mineur [4].

1. V. *infra* n° 949.
2. Sur le système de la diminution de peine, v. par ex. R. Merle et A. Vitu, *Traité de droit criminel*, t. I, n° 766 ; J. Pradel, *Droit pénal général*, n° 470, B. Bouloc, *Pénologie*, 3e éd., n° 496. Ph. Bonfils et A. Gouttenoire, Droit des mineurs Dalloz 2008 n° 1258
3. Crim. 23 févr. 1974, *Bull. crim.* n° 37. Crim. 16 juin 1976, *Bull.*, n° 218. Crim. 27 janv. 1988, *Bull. crim.* n° 42.
4. La Cour de cassation applique très strictement ces règles. Crim., 3 déc. 1970, *Bull.*, n° 324. Sur cette question v. en général B. Bouloc, *Pénologie*, 3e éd., n° 492. P. Conte et P. Maistre du Chambon, *Procédure pénale*, n° 571. V. égal. Crim. 24 sept. 2002, *Bull. crim.*, n° 175 qui rappelle que « l'interdiction est générale et absolue ».

On ajoutera encore une précision concernant la décision prise par le tribunal parce qu'elle relève des mêmes préoccupations. Toutes ces décisions peuvent en effet être déclarées exécutoires par provision, c'est-à-dire malgré l'exercice d'une voie de recours (art. 22, al. 1er, Ord. de 1945). De plus, lorsque le tribunal s'est borné à prendre une mesure d'assistance ou d'éducation, elle n'est jamais définitive, puisqu'elle peut toujours être révisée en fonction de l'état dangereux du mineur (art. 27, Ord. de 1945). Ce particularisme est sans doute un peu moins accentué pour la troisième et dernière juridiction spécifique, c'est-à-dire la cour d'assises des mineurs [1].

III. La cour d'assises des mineurs [2]

638 ***Origine*** ◊ Pour juger les crimes des mineurs de 16 à 18 ans, le législateur de 1945 avait prévu une cour d'assises composée d'une manière exceptionnelle. Elle était en effet formée du tribunal pour enfants du siège de la cour d'assises et de sept jurés tirés au sort sur la liste de session. Cette juridiction ne pouvant en aucun cas juger des majeurs, des contradictions de verdicts entre la cour d'assises de droit commun et la cour exceptionnellement composée pour les mineurs étaient possibles, c'est la raison pour laquelle la loi du 4 mai 1951 est venue instituer une cour d'assises des mineurs.

A. Organisation

639 ***Composition*** ◊ C'est une juridiction qui ne diffère que très peu de la cour d'assises des majeurs.

Tout d'abord, on observe que son ressort est identique à celui de la cour d'assises ordinaire. Elle siège au même lieu et les sessions se déroulent aux mêmes époques immédiatement à la fin des assises ordinaires.

S'agissant ensuite de sa composition, elle comprend également deux éléments : la cour et le jury. Le jury est formé de neuf jurés tirés au sort sur la liste de la cour d'assises des majeurs lorsque la cour d'assises statue en premier ressort et de 12 jurés lorsqu'elle statue en appel [3]. Il ne présente donc aucune originalité. En revanche, la composition de la cour est un peu différente. Son président peut être le conseiller délégué à la protection de l'enfance mais, dans la pratique, il s'agit du président de la cour d'assises des majeurs. Les deux assesseurs doivent être choisis parmi les juges des enfants du ressort de la cour d'appel (art. 20, al. 2, Ord. de 1945). Le texte précise toutefois « sauf impossibilité ».

1. R. Merle et A. Vitu, *Traité de droit criminel*, t. II, n° 795.
2. Sur ce sujet, v. Mme Lazerges-Rothe, *La cour d'assises des mineurs*, Étude sociologique et juridique, LGDJ, 1969.
3. Aux termes de l'article 24 al. 3 de l'ordonnance du 2 févr. 1945 l'appel des décisions criminelles concerne évidement la cour d'assises des mineurs.

Le ministère public est représenté par un magistrat du parquet spécialement chargé des affaires de mineurs. Ces deux modifications ont pour but de faire intervenir des magistrats spécialisés dans la composition de cette juridiction. Le greffier est celui de la cour d'assises des majeurs.

B. Fonctionnement

640 ***1) Compétence*** ◊ La compétence territoriale est déterminée exactement comme celle du tribunal pour enfants [1] (art. 3, ord. du 2 févr. 1945). Mais la cour d'assises des mineurs se voit également appliquer les règles de la cour d'assises des majeurs, comme par exemple le principe de la plénitude de juridiction ou celui du renvoi susceptible de mettre en échec le système de la compétence territoriale [2].

La compétence d'attribution de la cour d'assises des mineurs est relativement étroite puisqu'elle est limitée aux crimes commis par les mineurs de 16 à 18 ans avec les mêmes exceptions que pour les tribunaux pour enfants, à savoir les crimes de certains mineurs militaires [3].

La cour d'assises des mineurs est également compétente pour juger les majeurs co-auteurs ou complices de crimes commis par les mineurs. La composition des deux juridictions d'assises étant assez proche, la disjonction des affaires ne s'impose plus. Aux termes de l'article 9, alinéa 3 de l'ordonnance de 1945, le juge d'instruction, ou la chambre de l'instruction, peut librement, soit renvoyer tous les accusés majeurs et mineurs devant la cour d'assises des mineurs, soit disjoindre et renvoyer les majeurs devant la juridiction de droit commun [4].

641 ***2) Particularisme de la procédure*** ◊ D'une manière assez générale, c'est la procédure des assises qui est suivie (art. 20, al. 7), et il suffit de renvoyer à ce que nous avons déjà précisé à propos de la cour d'assises des majeurs. Les différences essentielles concernent la publicité des débats et de la décision. En effet, la publicité restreinte applicable devant le tribunal pour enfants l'est également, sous des réserves minimes, à la cour d'assises des mineurs (art. 20, al. 8 qui renvoie expressément à l'art. 14). La Cour de cassation a dû préciser où débutent et où s'arrêtent les débats devant cette juridiction. Il est admis aujourd'hui qu'ils commencent avec la lecture de l'arrêt de renvoi et se terminent avec la déclaration du président sur ce point [5].

La lecture des questions aux jurés est donc publique. À ce propos, il faut noter également une originalité par rapport à la cour d'assises des majeurs. En effet, le principe selon lequel une peine ne sera prononcée contre le mineur que si les circonstances ou la personnalité du mineur l'exigent demeure même pour un mineur de plus de 16 ans ayant commis un crime. Il faudra donc que le président sous peine de nullité de la procédure pose la question supplémen-

1. V. *supra*, n° 636.
2. V. *supra*, n°s 540-541.
3. V. *supra*, n° 636.
4. Cependant, s'il y a un mineur de 16 ans, il doit être renvoyé devant le tribunal pour enfants ; Crim., 17 sept. 1997, *D.* 1997. IR. 233.
5. V. sur ce point R. Merle et A. Vitu, *Traité de droit criminel*, t. II, n° 791 ; Crim., 22 avr. 1977, *Bull.*, n° 128.

taire suivante : y a-t-il lieu d'appliquer à l'accusé une condamnation pénale ? Dans l'hypothèse où une réponse positive serait donnée à cette première question, le président doit en faire poser une autre relative à la diminution de peine liée à la minorité : y a-t-il lieu d'exclure l'accusé du bénéfice de la diminution de peine prévue à l'article 20-2 de l'ordonnance du 2 février 1945 ? Il faut en effet rappeler que la diminution de peine peut ne pas être retenue pour les mineurs âgés de plus de 16 ans (art. 2, al. 3, de l'ord. de 1945 mod. par la loi du 5 mars 2007 et du 10 août 2007). Dans ce cas, le mineur encourt la peine applicable aux majeurs. La loi Perben précise, qu'en l'absence de peine, seules certaines mesures de garde ou de placement ou de sanctions éducatives peuvent être prononcées (art. 20 al. dernier ord. 2 septembre 2002).

Toute l'organisation des juridictions pour mineurs semble destinée à les protéger. Il n'en est pas exactement de même pour les juridictions spécialisées en matière militaire que nous allons examiner maintenant.

§ 2. Les juridictions en matière militaire

642 ***Évolution*** ◊ Pratiquement de tout temps (il en était ainsi dans les armées romaines) et en tous lieux [1], les infractions commises par les militaires ont été soumises à des juridictions spéciales, en général composées de militaires appartenant au même corps que le délinquant poursuivi. Jusqu'à la promulgation du CJM du 8 juillet 1965 il existait ainsi d'assez nombreuses juridictions militaires et des procédures souvent différentes, ce qui n'était pas sans entraîner de multiples problèmes. Une certaine unification devait être réalisée par ce dernier texte qui, en temps de paix, ne laissait subsister que deux juridictions, les tribunaux permanents des forces armées sur le territoire français et les tribunaux militaires aux armées lorsque des troupes stationnaient à l'étranger. On remarquera que toute l'évolution en matière de justice militaire a tendu à un certain rapprochement avec les règles applicables aux juridictions de droit commun [2]. « Le caractère exceptionnel » de ces juridictions devait cependant être à l'origine de leur disparition partielle.

On se contentera d'observer que la volonté politique de supprimer tous les tribunaux d'exception, n'a pas pu, dans notre domaine, être totalement suivie d'effet.

D'une part il subsiste un certain nombre de juridictions militaires, notamment en temps de guerre, d'autre part lorsque les infractions militaires sont soumises à des juridictions de droit commun, non seulement on remarque qu'elles sont spécialisées, mais encore que plusieurs règles exceptionnelles y sont applicables.

Pour simplifier notre présentation des juridictions spécialisées en matière militaire, nous distinguerons le temps de paix et le temps de guerre.

1. Pour les USA, V. le film *Des hommes d'honneur*, 1992, de Rob Reiner.

2. V. Coucoureux, *Rép. pén.*, n°s 1 et s., sur l'histoire de ces juridictions, au mot « Justice militaire ». V. thèse Garcin préc. V. égal. la loi du 10 nov. 1999 (*JO* du 11 nov. 1999 p. 16799) ; ordonnance n° 2006-637 du 1er juin 2006 qui est entré en vigueur au lendemain de la publication au Journal officiel de la partie réglementaire de ce nouveau Code à savoir le 11 mai 2007 (Décret n° 2007-759 du 10 mai 2007) ; enfin, en dernier lieu, la loi n° 2007-289 du 5 mars 2007 qui apporte quelques modifications à cette ordonnance que, par ailleurs, elle ratifie.

I. La justice militaire en temps de paix

Il convient de distinguer selon que les infractions relevant du CJM ont été commises sur le territoire de la République ou en dehors de ce territoire. Dans le premier cas, elles seront soumises à des juridictions de droit commun spécialisées, dans le deuxième cas à des juridictions militaires.

A. Les juridictions de droit commun spécialisées en matière militaire

1. Le tribunal de grande instance

Nous avons vu précédemment l'organisation de cette juridiction qui fonctionne comme une chambre spécialisée du tribunal correctionnel. Il reste à préciser sa compétence et à dire quelques mots de la procédure suivie.

643 ***a) Compétence*** ◊ Il faut ici distinguer les trois types de compétences possibles.

• **Matérielle.** Selon l'article 697-1 du CPP, les juridictions spécialisées connaissent des infractions militaires (s'agissant du tribunal correctionnel, il faut entendre les délits) prévues par le livre III du CJM (art. L. 321-1 à L. 324-14 du nouveau CJM).

Ce livre comprend quatre chapitres : le premier concerne les infractions tendant à soustraire leur auteur à l'obligation militaire (insoumission, désertion). Le deuxième est relatif aux infractions contre l'honneur et le devoir. Le troisième concerne les infractions contre la discipline et le quatrième est consacré aux infractions aux consignes. Il est à remarquer que certaines de ces infractions peuvent être commises par des civils (art. L. 322-5 nouveau CJM). Dans ce cas, le tribunal spécial est compétent selon l'article 697-1, alinéa 2 du CPP qui vise « toutes personnes majeures auteurs ou complices ». Seuls les mineurs sont donc exclus même s'ils sont militaires. Il faut y ajouter certaines infractions portant atteinte aux intérêts fondamentaux de la Nation, plus particulièrement celles qui sont réprimées par les articles 411-1 à 411-11 et 413-1 à 413-12 du C. pén. ainsi que les infractions connexes, lorsqu'il s'agit de délits (art. 702 du CPP).

Mais cette formation spécialisée est également compétente pour juger les infractions de droit commun commises par les militaires pendant l'exécution du service ce qui implique une compétence personnelle.

• **Personnelle.** Les textes visant les infractions des militaires, il importait de définir quels sont ceux qui disposent de ce statut. L'article 697-1 du CPP renvoie aux articles L. 121-3 à L. 121-5 nouveau CJM. Ces articles énumèrent précisément tous ceux qui directement ou indirectement font partie des forces armées. Ainsi, ces dispositions englobent par exemple, les personnes qui figurent sur le rôle d'équipage d'un bâtiment de guerre ou les prisonniers de guerre.

On notera qu'il existe une dérogation expresse à cette règle générale. Elle concerne les militaires de la gendarmerie pour les infractions de droit commun commises dans l'exercice de leurs fonctions de police judiciaire ou administrative à l'exception cependant des infractions commises dans le service du maintien de l'ordre (art. 697-1, al. 3, CPP).

Cette exception qui figurait dans l'ancien Code de justice militaire pour les tribunaux permanents des forces armées a été curieusement maintenue.

• **Territoriale.** Elle est déterminée par l'article 697-3 du CPP qui renvoie aux règles de droit commun de la quadruple compétence à savoir le lieu de commission de l'infraction, le lieu de résidence d'une personne soupçonnée, le lieu de l'arrestation et depuis la loi du 9 mars 2004 le lieu de la détention. Ce texte ajoute, à titre subsidiaire en quelque sorte, les juridictions du lieu de l'affectation ou du débarquement.

644 ***b) Particularisme de la procédure*** ◊ L'article 698 du CPP pose à titre de principe général que les juridictions spécialisées doivent appliquer les règles ordinaires du Code de procédure pénale ; ajoutant cependant immédiatement « sous réserve des articles 698-1 à 698-5 » de ce code. Quelle que soit la volonté du législateur, le particularisme des infractions jugées ainsi que la structure de la société militaire ont imposé certaines règles spécifiques dérogatoires du droit commun.

L'originalité se manifeste tout d'abord au plan de la poursuite par l'intervention nécessaire de l'autorité militaire. En effet, dans l'hypothèse où cette autorité n'a pas elle-même dénoncé l'infraction au ministère public, le procureur de la République, sauf le cas de crime ou délit flagrant, doit demander l'avis du ministère chargé de la défense ou de l'autorité militaire habilitée [1].

Cette formalité sauf urgence est imposée à peine de nullité (art. 698-1, CPP).

La seconde originalité concernant jusqu'alors l'action civile exercée devant ce tribunal a été supprimée. En effet depuis le 1er janvier 2002, la constitution de partie civile de la victime déclenche l'action publique dans les conditions du droit commun (art. 698-2 CPP). La troisième originalité est relative aux investigations que les policiers, le ministère public ou le juge d'instruction doivent mener dans les établissements militaires. Pour différentes raisons, que l'on peut facilement imaginer, comme le secret militaire par exemple, les autorités policières ou judiciaires doivent adresser aux autorités militaires des réquisitions pour obtenir l'entrée dans ces établissements. Sans doute, cette autorisation doit-elle être accordée mais cette mesure montre bien qu'un retour pur et simple au droit commun est très difficile (v. *supra*, n° 577).

On peut d'ailleurs ajouter, pour terminer, que l'article 698-5 du CPP énumère une assez longue liste d'articles du CJM qui demeurent applicables : compétence - prescription - séquestre et confiscation des biens-récidive, etc. (art. 698-5, CPP). Cette liste a cependant été restreinte par la loi du 10 nov. 1999 dont l'objectif a été de réduire au maximum les spécificités de la justice militaire [2].

1. L'habilitation résulte d'un arrêté ministériel du 29 nov. 1982 qui donne la liste des militaires qualifiées pour donner cet avis (commandants de régions militaires par exemple). V. A. De Andrade, « Une particularité de la procédure applicable aux militaires, l'avis du ministère de la défense », *RSC* 2002-71.
2. A. Varinard, *RPDP* 2000, p. 303.

On notera enfin que les juridictions spécialisées se sont vu accorder la possibilité d'appliquer les peines spécifiquement militaires comme la perte du grade ou la destitution (art. 698-8, CPP).

2. La cour d'assises spécialisée

645 ***a) Organisation*** ◊ Cette juridiction dont le ressort est celui d'une cour d'appel a une composition dont les ressemblances avec une cour d'assises traditionnelle sont plus que limitées et à vrai dire ne réside quasiment que dans l'appellation et le fait qu'elle soit compétente en matière criminelle.

Il s'agit en effet d'une cour d'assises qui siège sans jury, c'est-à-dire sans l'élément essentiel de ce type de juridiction. Elle est composée d'un président et de 6 assesseurs désignés selon les formes habituelles par le premier président de la cour d'appel. Lorsque cette juridiction siège en appel elle comporte huit assesseurs. Autrement dit, on se trouve en présence d'une juridiction d'exception au sens traditionnel de ce terme. Composée de 7 ou de 9, selon le cas, magistrats professionnels elle n'a aucun rapport avec la juridiction populaire que constitue la cour d'assises « ordinaire ».

646 ***b) Compétence*** ◊ On peut sur ce point renvoyer aux règles applicables devant les tribunaux spécialisés avec une seule réserve concernant les crimes de droit commun commis par les militaires. En effet, selon l'article 698-7 du CPP ces infractions ne doivent être jugées par la cour d'assises spéciale que s'il existe un risque de divulgation d'un secret de la défense nationale. C'est la chambre de l'instruction qui constatera dans son arrêt de renvoi si, ce risque existant, la formation spéciale de la cour d'assises doit être saisie.

La compétence d'une cour spécialisée a été élargie aux infractions de terrorisme, visées aux articles 706-16 et 706-25 CPP. La composition particulière de la cour d'assises ne concerne évidemment pas seulement la juridiction parisienne concurremment compétente, mais toute cour d'assises des majeurs appelée à juger des actes de terrorisme [1]. Bien évidemment la modification de la composition de cette juridiction, lorsqu'elle statue en appel, est applicable (art. 706-25 CPP). C'est le juge d'instruction ou la chambre de l'instruction prononçant la mise en accusation qui devra constater que les faits entrent dans le champ d'application. de l'article 706-16 CPP (art. 706-25 al. 2 du CPP).

647 ***c) Procédure*** ◊ Là encore, il convient de renvoyer aux règles particulières concernant le tribunal. Le principe est l'application du droit commun de la procédure pénale sous réserve, s'agissant de la cour d'assises, de toutes les dispositions concernant le jury (art. 698-6, CPP). On notera simplement une règle défavorable à l'accusé puisque les décisions sont prises à la majorité

1. On peut rappeler que depuis l'actuel Code pénal une Cour d'assises sans juré est également compétente pour juger les crimes en matière de trafic de stupéfiants définis aux art. 222-34 à 222-39 C. pén.(art. 706-27 CPP). V. Sur cette question : S. Guinchard et J. Buisson, *Procédure pénale*, n° 173.

simple alors que la cour d'assises ordinaire connaît la règle de la minorité de faveur.

Pour le reste, les dispositions dérogatoires concernant la poursuite des délits s'appliquent pour les crimes.

B. Les juridictions militaires

648 La suppression des juridictions militaires en temps de paix ne concerne que les infractions commises sur le territoire de la République. En revanche, lorsque des armées stationnent ou opèrent hors du territoire de la République, des juridictions militaires pouvaient être instituées pour sanctionner les infractions commises par les membres de ces forces armées. Ces juridictions étaient appelées tribunaux aux armées. À défaut d'organisation d'une telle juridiction, un tribunal des forces armées siégeant à Paris avait été prévu. Depuis une loi du 10 novembre 1999, reprise aujourd'hui par l'art. L 1 al. 2 du CJM, les infractions commises par les militaires hors du territoire de la République, en temps de paix, sont de la compétence d'un tribunal aux armées unique dont le siège est fixé par décret.

649 ***Le tribunal aux armées (de Paris)*** [1] ◊

1) Organisation. Aux termes de l'article 1er du CJM (art. L. 1 nouveau CJM), en temps de paix, les infractions commises hors du territoire de la République sont jugées par une juridiction unique, le tribunal aux armées dont le siège est actuellement Paris. On notera immédiatement que l'appel des décisions est prévu devant la juridiction d'appel de droit commun en l'occurrence la cour d'appel dont le siège est actuellement Paris. L'établissement de cette juridiction est prévu à l'article L. 111-1 nouveau CJM. L'article L. 111-2 CJM renvoie à un décret pour fixer le nombre des chambres de jugement. Ce décret, intervenu le 28 décembre 1999, fixe ce nombre à deux (art. 1er). On précisera, qu'aux termes de l'article L. 111-2, al. 2, CJM le jugement des contraventions et des délits pourrait être confié à des chambres détachées du tribunal aux armées. Ces chambres instituées hors du territoire de la République, fonctionnant en cas de besoin à titre temporaire, seraient désignées par décret sur rapport conjoint du ministre de la justice et du ministre de la défense.

La création de ce tribunal a entraîné la disparition du tribunal des forces armées de Paris, juridiction provisoire destinée à assurer le respect d'accords internationaux donnant compétence à des tribunaux militaires. Les procédures en cours ont été transférées au nouveau tribunal. Le tribunal aux armées stationnant en Allemagne, provisoirement maintenu, est aujourd'hui supprimé.

2) Composition. La formation de jugement [2] est composée différemment selon les infractions : le président ou un magistrat qu'il délègue pour les contraventions, deux assesseurs pour les délits mais il peut aussi statuer à juge unique, article L. 111-3, al. 2 CJM, pour les crimes la formation de jugement

1. Selon l'article L. III-1 du nouveau Code de justice militaire la dénomination « de Paris » est supprimée, un décret devant fixer le siège du tribunal. Le décret intervenu le 10 août 2007 fixe le siège à Paris et indique que le tribunal sera dénommé Tribunal aux armées de Paris (art. R 111-1 du CJM).

2. Pour l'instruction, v. *supra*, nos 574 et s.

est celle de la cour d'assises spécialisée pour les militaires ; 1 président et 6 assesseurs si la cour statue en premier ressort, et 8 assesseurs si elle statue en appel. Lorsque la composition spéciale est écartée pour les crimes de droit commun lorsqu'il n'existe aucun risque de divulgation de secret de la défense nationale (art. L. 221-4 CJM), le tribunal composé du président et de deux assesseurs s'adjoint un jury composé selon les règles de droit commun en utilisant la liste de session de la cour d'assises de Paris. Il est précisé par l'article L. 221-2, al. 2 (rédaction de la loi du 5 mars 2007) que l'appel, lorsqu'il existe un risque de divulgation de secret de la défense nationale, doit être porté devant le tribunal aux armées autrement composé et non devant une cour d'assises. Ce choix est assuré par la chambre criminelle de la Cour de cassation qui, dans le cas contraire, désignera une cour d'assises compétente en matière militaire.

L'originalité essentielle par rapport aux juridictions militaires antérieures à la réforme de 1982 c'est que tous les juges de ce tribunal sont des magistrats judiciaires. Le président est un conseiller ou un président de chambre de cour d'appel. Les assesseurs sont des magistrats du siège du 1er ou du 2e grade de la hiérarchie judiciaire. Ils sont désignés selon les formes prévues pour la nomination des magistrats du siège c'est-à-dire selon le statut de la magistrature civile.

Un procureur de la République assume les fonctions du ministère public. Il s'agit d'un magistrat judiciaire détaché auprès du ministre des armées. Le tribunal est complété par un greffier et un huissier-appariteur qui sont des officiers ou des sous-officiers (art. L. 111-7 et L. 111-10 CJM).

3) Compétence. La compétence de cette juridiction est essentiellement personnelle puisqu'elle connaît de toutes les infractions commises par les membres des forces armées ou les personnes à la suite de l'armée en vertu d'une autorisation (art. L. 121-1 nouveau CJM).

Les membres des forces armées sont définis par les articles L. 121-3 à 121-5 CJM. De plus la compétence peut concerner des personnes civiles lorsqu'elles sont employées par les forces armées de même que les personnes à leur charge qui accompagnent le chef de famille, hors du territoire de la République (art. L. 121-2 CJM). On notera cependant l'incompétence concernant les mineurs lorsqu'ils ne sont pas militaires (art. L. 121-6 CJM). Sont également justiciables du tribunal aux armées de Paris les auteurs ou complices d'infractions contre les forces armées, les établissements ou le matériel (art. L. 121-7 CJM).

4) Particularisme de la procédure [1]. Il serait hors de propos de décrire ici la procédure applicable devant cette juridiction. Elle est organisée actuellement selon les règles édictées par la loi de 10 novembre 1999 reprise dans le nouveau Code de justice militaire. S'il demeure quelques règles particulières, il faut cependant noter que l'économie générale de ces textes conduit à un rapprochement très accentué avec la procédure pénale commune.

S'il subsiste quelques hypothèses ou l'avis des autorités militaires doit être recueilli, le principe général est aujourd'hui que les infractions sont jugées selon la procédure du Code de procédure pénale, sous réserve des dispositions des articles 698-1 à 698-9 du même code et celles très limitées édictées par le CJM. Ainsi à titre d'exemple on soulignera que l'appel d'une décision devient possible et que la victime peut mettre en mouvement l'action publique.

1. Pour cette procédure : v. *Rép. pén.*, mise à jour 2000-2 n° 554 ; A. Varinard, *RPDP* préc.

650 Comme on peut le constater, il existe en temps de paix une survivance de juridictions plus ou moins exceptionnelles chargées de juger les problèmes de droit pénal militaire, cette solution est encore beaucoup plus accentuée en période de guerre.

II. La justice militaire en temps de guerre

651 ***Maintien de tribunaux spécialisés*** ◊ La suppression des juridictions militaires n'a pas été étendue au temps de guerre. En ces temps d'exception, le monopole du judiciaire est abandonné et des juridictions militaires sont rétablies sur le territoire de la République. Bien entendu, lorsque des troupes stationnent hors du territoire de la République, des tribunaux sont également créés à la suite des armées (art. 699 CPP).

Avant de dire quelques mots de chacune de ces juridictions, il faut noter qu'aux termes de l'article 700 du CPP, en cas d'état de siège ou d'état d'urgence déclaré, un décret en conseil des ministres peut établir des tribunaux territoriaux des forces armées dans les conditions prévues par le CJM. La compétence de ces juridictions résulte tout à la fois des règles du CJM pour le temps de guerre et des dispositions particulières sur l'état d'urgence ou l'état de siège [1].

L'article 699-1 du CPP prévoit que les dispositions relatives à l'état de guerre peuvent être retenues lorsque le gouvernement décide l'application des mesures de mobilisation ou de mise en garde.

A. Les tribunaux des forces armées sur le territoire de la République

On distingue deux catégories de juridictions : les Tribunaux territoriaux des forces armées et le Haut Tribunal des forces armées.

652 ***1) Les tribunaux territoriaux des forces armées*** ◊

a) Organisation. Ils sont établis par décret en Conseil d'État pris sur le rapport du ministre chargé de la défense qui détermine leur ressort, le nombre des chambres dont ils sont composés et les autorités militaires qui exerceront les pouvoirs judiciaires.

Le ressort s'étend sur tout ou partie d'une ou plusieurs régions militaires. Ils prennent le nom de la localité où leur siège est fixé mais ils peuvent se réunir en tous lieux de leur ressort (art. L. 112-1 CJM).

b) Composition. Elle se rapproche de celle des anciens tribunaux permanents des forces armées. En effet, ils sont composés de 5 membres. Deux d'entre eux sont des magistrats du siège. Le président est un conseiller de l'une des cours d'appel dont le ressort coïncide en tout ou en partie avec celui du tribunal territorial. L'assesseur judiciaire est désigné par le premier président de la cour d'appel.

1. Ces notions graves sont définies par la Constitution pour l'état de siège (art. 36 de la Constitution du 4 oct. 1958) et par une loi du 3 avr. 1955, (mod. par Ord. du 15 avr. 1960, *D.* 1960. 158), pour l'état d'urgence.

Les trois autres juges sont des militaires (art. L. 112-5 CJM) désignés pour 6 mois par l'autorité militaire. Le principe hiérarchique doit être respecté. Il faut au moins deux officiers dont un officier supérieur et un juge du même grade que le prévenu mais ayant une ancienneté supérieure [1]. Pour la désignation exacte de ces juges en fonction de l'individu jugé : il existe des règles très précises contenues dans les articles L. 112-16 et s. CJM.

Le tribunal comprend également un commissaire du gouvernement (magistrat) un greffier et un huissier-appariteur.

c) Compétence. L'article L. 122-1 CJM renvoie expressément aux règles des tribunaux aux armées. La compétence est donc avant tout personnelle puisqu'il s'agit des infractions commises par les membres des forces armées et les personnes à la suite des armées.

La notion de membres des forces armées est précisée par les articles L. 121-3 à L. 121-5 CJM.

Ces tribunaux sont également compétents à l'encontre des nationaux ennemis et de ceux qui servent ces intérêts et qui ont commis des infractions contre les nationaux, les protégés français, les apatrides vivant sur le territoire ainsi que les biens de ces différentes personnes lorsque ces infractions ne sont pas justifiées par les lois et coutumes de la guerre.

Il existe cependant une compétence matérielle précise de ces juridictions. Elle concerne les infractions contre les intérêts fondamentaux de la Nation et les infractions connexes qui sont en temps de guerre jugées par les juridictions des forces armées (art. 701, CPP).

Quant à la compétence territoriale, elle est conforme aux principes habituels (art. L. 122-5 CJM) : lieu de l'infraction, de l'arrestation, de l'affectation, du débarquement, etc.

d) Procédure. On rappellera simplement que la procédure de jugement est assez directement inspirée de celle suivie en cour d'assises (système des questions), le président de la juridiction disposant d'un pouvoir discrétionnaire pour parvenir à la manifestation de la vérité (sur l'ensemble de la procédure art. L. 221-1 à L. 222-78 CJM) [2]. Il importe à ce propos d'indiquer que l'article 66 de la loi du 10 novembre 1999 précisait que le Code de justice militaire devait faire l'objet d'une réforme avant le 31 décembre 2002. Jusqu'à cette date, en temps de guerre, les solutions à appliquer résultaient des textes du Code de justice militaire dans leur rédaction antérieure à la loi du 10 novembre 1999. Un nouveau Code de justice militaire vient seulement d'être publié par une ordonnance du 1er juin 2006. Une loi du 5 mars 2007 a d'ailleurs apporté un certain nombre de modifications à la procédure suivie devant les juridictions. L'une des dispositions les plus importantes étant d'introduire une procédure d'appel (art. L. 222-73, al. 1er CJM). Le président avertit le condamné qu'il peut faire appel ou se pourvoir en cassation. La procédure est organisée par les articles L. 251-23 et s. nouveaux du Code de justice militaire.

1. Le grade est apprécié au jour des faits reprochés, mais en cas de promotion ultérieure, il est apprécié au jour de la première audience (art. L. 112-12, al. 3 CJM).

2. Sur cette question v. *Rép. pén.*, v° « Justice militaire », mise à jour 2000-2, n° 582 ; Pichereau, commentaire de la loi du 21 juill. 1982, in *Rev. gend. nationale*, janv. 1983.

653 *2) Le Haut tribunal des forces armées* ◊

a) Organisation. Cette juridiction d'exception unique en temps de guerre est compétente pour juger les maréchaux et amiraux de France, les officiers généraux ou assimilés et les membres du contrôle général des armées.

Son siège est à Paris, sauf circonstances exceptionnelles, mais il peut se réunir en tous lieux du territoire de la République (art. L. 112-3 CJM).

b) Composition. Il est composé de 5 membres. Le président est un magistrat du siège hors hiérarchie. L'assesseur également magistrat civil est choisi parmi les magistrats du siège de l'une des cours d'appel du ressort du Tribunal territorial des forces armées de Paris. Les trois juges militaires sont désignés en respectant le principe hiérarchique et l'ordre d'ancienneté. En cas d'impossibilité de trouver un nombre suffisant de militaires on puise dans la hiérarchie des grades et rangs suivant le rang d'ancienneté sans pouvoir descendre en dessous du grade du prévenu.

Cette juridiction est compétente dans les mêmes conditions que les tribunaux territoriaux des forces armées. Sa seule originalité est relative à la qualité des personnes qu'elle doit juger.

B. Les tribunaux des forces armées en dehors du territoire de la République

654 *Les tribunaux militaires aux armées* ◊

1) Organisation. Lorsqu'en temps de guerre des troupes stationnent ou opèrent en dehors du territoire de la République, des tribunaux militaires aux armées peuvent être établis. Un décret pris sur le rapport du ministre chargé de la Défense fixe le nombre, les quartiers généraux auprès desquels ils sont établis, leur ressort territorial, le nombre des chambres de jugement et les autorités militaires qui exercent les pouvoirs judiciaires. À défaut de création ce sont les tribunaux territoriaux qui sont compétents (art. L. 112-28 et 29 nouveaux CJM).

2) Composition. Le tribunal est composé de 5 membres, un président et 4 assesseurs juges militaires. Le président était jusqu'alors un magistrat militaire ou un magistrat judiciaire mobilisé ou un magistrat du corps des magistrats militaires versé dans les réserves et mobilisé. Aux termes de l'article L. 112-31 CJM le président est un magistrat du corps judiciaire, mobilisé en qualité d'assimilé spécial du service de la justice militaire.

Les militaires sont choisis parmi les soldats blessés au feu ou appartenant aux troupes combattantes.

Les principes de désignation concernant les tribunaux territoriaux sont applicables : article L. 112-32 CJM renvoyant aux articles L. 112-12 à L. 112-17 du même code.

On retrouve évidemment un commissaire du Gouvernement, un greffier et un huissier-appariteur.

Les officiers défenseurs assimilés spéciaux du service de la justice militaire assurent la défense des justiciables des tribunaux militaires aux armées. Les officiers défenseurs sont recrutés, soit sur demande agréée par le ministre chargé des armées, soit au titre d'une affectation dans la disponibilité ou la réserve du service militaire, parmi les avocats inscrits à un barreau ayant accompli le service militaire actif.

Après constatation de leur aptitude au service de la justice militaire, ils sont admis dans le cadre des officiers défenseurs assimilés spéciaux par arrêté du ministre chargé des armées (Décr. n° 94-38 du 7 janv. 1994 ; art. L. 112-36 CJM qui renvoie cependant à l'art. L. 112-26 qui prévoit que la défense peut être également assurée par un avocat).

3) Compétence [1]. Il suffit ici de se reporter aux règles indiquées à propos des tribunaux territoriaux des forces armées puisqu'elles sont identiques (art. L. 122-1 CJM).

655 ***Les tribunaux prévôtaux*** ◊ Ces juridictions peuvent fonctionner en temps de paix comme en temps de guerre en dehors du territoire de la République lorsque des armées y stationnent. Néanmoins l'unicité du tribunal aux armées de Paris devait naturellement conduire à la disparition de ces juridictions pour le temps de paix. Cette solution résulte clairement des articles 479 et 482 du CJM qui visaient les tribunaux militaires aux armées et le temps de guerre ; même si l'article 1er du CJM pouvait laisser subsister une ambiguïté [2] de même que, l'article 480, al. 1er qui visait toujours les tribunaux aux armées qui avaient été supprimés. Le nouveau Code de justice militaire règle cette question dans l'article L. 421-1 qui ne prévoit la création de ces juridictions que si des tribunaux militaires aux armées sont établis ce qui implique le temps de guerre. Ils sont institués dans les zones de stationnement ou d'opération des troupes. La création de ces tribunaux est décidée par le ministre de la Défense.

Leur compétence est limitée aux contraventions des quatre premières classes commises par les personnes justiciables des tribunaux militaires aux armées (art. L. 421-2 nouveau CJM). Ces tribunaux sont également compétents pour certaines infractions disciplinaires commises par des non-militaires.

Le tribunal était composé jusqu'alors du prévôt (officier de gendarmerie) qui jugeait seul assisté d'un militaire de la gendarmerie qui jouait le rôle de greffier. Avec le nouveau Code de justice militaire le tribunal est clairement judiciarisé puisque le tribunal sera composé d'un magistrat mobilisé en qualité d'assimilé spécial du service de justice militaire et d'un greffier appartenant au tribunal militaire des armées. La procédure devant cette juridiction est décrite par les articles L. 421-1 à L. 424-3 CJM. L'action civile est recevable devant ces juridictions (art. L. 421-3 CJM).

Comme on peut le constater il est assez difficile d'affirmer péremptoirement la disparition des juridictions militaires. Celles qui subsistent sont nombreuses et les juridictions du droit commun qui les ont remplacées en temps de paix demeurent, d'une certaine manière, des juridictions d'exception spécialisées, connaissant de nombreuses règles dérogatoires au droit commun.

Il subsiste que pour toutes ces juridictions, quelle que soit l'époque, les décisions restent soumises au contrôle de la chambre criminelle de la Cour de cassation (art. L. 1 CJM).

1. On peut négliger les règles de procédure qui sont assez comparables à celles applicables devant les tribunaux territoriaux des forces armées.

2. Pour une opinion différente : P. Conte et P. Maistre du Chambon, *Procédure pénale*, n° 109 ; S. Guinchard et J. Buisson, *Procédure pénale*, n° 194-d. Sur cette juridiction : v. B. Charron, « Le tribunal prévôtal juridiction disciplinaire ou véritable tribunal de police aux armées », *RSC* 1976. 399.

§ 3. Les tribunaux maritimes commerciaux [1]

656 ***Juridictions répressives*** ◊ Ces tribunaux, contrairement à leur appellation, sont des juridictions répressives. Leur création remonte à 1852, mais ils avaient été supprimés par le Code disciplinaire de la marine marchande de 1926. Les infractions spécifiquement maritimes (crimes ou délits) étaient alors renvoyées devant les tribunaux de droit commun. Cette solution ne s'est pas hélas, révélée très convaincante, la gravité des infractions maritimes n'étant pas toujours appréciée correctement par des magistrats non spécialisés. C'est la raison pour laquelle ces tribunaux ont été rétablis par un décret-loi du 20 juillet 1939, leur compétence ayant été limitée aux seules affaires strictement maritimes. On trouve les dispositions qui les concernent dans le Code disciplinaire et pénal de la marine marchande et plusieurs décrets (Décr. 26 nov. 1956, 24 août 1963, 22 janv. 1965) [2].

Envisageons successivement l'organisation, puis le fonctionnement de ces juridictions.

I. Organisation

657 ***Composition*** ◊ Les tribunaux maritimes sont installés dans les chefs lieux de quartier de l'inscription maritime de France métropolitaine désignés par décret. On les rencontre dans la plupart des ports importants : Dunkerque, Boulogne, Le Havre, Marseille, etc. (14 au total).

La composition de ces tribunaux a été modifiée par l'article 45 de la loi n° 93-1013 du 24 août 1993. La juridiction est présidée par un magistrat du siège du tribunal de grande instance dans le ressort duquel elle se trouve.

Le tribunal est complété par quatre juges qui sont des professionnels de la navigation maritime. Le premier est un administrateur des affaires maritimes qui n'a pas participé à la poursuite ou à l'instruction de l'affaire en cause, le deuxième est un agent des affaires maritimes choisi en fonction de ses compétences dans le domaine de la sécurité des navires ou de la sauvegarde des vies humaines parmi les corps d'officiers des affaires maritimes ou de fonctionnaires de catégorie A de cette administration, le troisième est un capitaine au long cours ou un capitaine de 1re classe de moins de 60 ans, le quatrième juge est choisi en fonction de la qualité du prévenu. Il peut s'agir selon les cas d'un marin actif diplômé, d'un maître ou d'une personne d'un grade équivalent à celui de maître si le prévenu est un marin. Lorsque le prévenu n'est pas un marin c'est un agent des affaires maritimes qui est choisi en fonction de ses compétences.

1. V. R. Rodière, *Droit maritime*, Dalloz, 9e éd., 1982, n° 227 ; J.-C. Laurent, « Le tribunal maritime commercial », *JCP* 1952. I. 1068 *bis* ; G. Ripert, *Droit maritime*, éd. Rousseau, 4e éd., t. I, 1950, n° 474.

2. C. Touret, *Encycl. Dalloz, Droit pénal*, V° Marine marchande n°s 744 s. R. Alliot, « Réflexions à propos des TMC », *in Annuaire de droit maritime et aérospatial*, 1993, *Études en hommage au Prof. P. Mateesco-Matte*, Univ. Nantes, 269-292.

Les fonctions du ministère public et de l'instruction sont assurées par un commissaire rapporteur appartenant au corps des officiers de marine, celles de greffier par un contrôleur des affaires maritimes.

II. Fonctionnement

658 ***Compétence*** ◊ Les tribunaux maritimes sont compétents pour toute une série d'infractions énumérées par l'article 36 *bis* de la loi de 1926. Il s'agit de délits ou contraventions donc d'infractions pénales et non de fautes disciplinaires. On relève à titre d'exemple : les abandons de navire -l'usurpation de l'exercice de commandement - les infractions concernant la police de la navigation - (refus d'assistance en cas d'abordage) [1]. On remarque que dans la plupart des cas, ce sont des marins qui relèvent de cette juridiction. Néanmoins, certains textes visent simplement les personnes embarquées, ce qui montre que la compétence personnelle n'est pas limitée aux gens de mer à condition, cependant, qu'il ne s'agisse pas de mineurs.

659 ***Procédure*** ◊ La procédure devant cette juridiction est décrite avec minutie dans le décret du 26 novembre 1956. Elle est publique. L'action civile ne peut pas être exercée devant cette juridiction. le président est investi d'un pouvoir discrétionnaire. On remarque d'ailleurs que par certains aspects, le déroulement de la procédure se rapproche de celui de la cour d'assises (système de questions posées aux juges par exemple). La décision peut faire l'objet d'un recours devant la Cour de cassation.

Cette juridiction originale n'est pas sans poser quelques problèmes tenant principalement au caractère très étroit de sa compétence et conduisant parfois à s'interroger sur l'autorité de la chose jugée par ce tribunal.

§ 4. La Cour de justice de la République [2]

Nous avons préalablement (v. *supra*, n° 577) expliqué les raisons ayant conduit, au terme d'une réforme constitutionnelle, à la création de cette juridiction d'exception afin de juger les ministres pour les infractions commises dans l'exercice de leurs fonctions [3]. Ayant examiné les règles qui permettent à une affaire de parvenir devant cette juridiction, il nous reste à examiner l'organisation de la structure de jugement et son fonctionnement.

I. Organisation

660 ***Composition*** ◊ Aux termes de l'article 68-2 de la Constitution, la Cour se compose de quinze magistrats, douze parlementaires élus en leur sein et en nombre égal par l'Assemblée nationale et par le Sénat après chaque renouvellement général ou partiel de ces assemblées et trois

1. Sur un conflit de compétence avec le tribunal correctionnel, v. TGI Sables-d'Olonne, 7 déc. 1995, *D.* 1996. 473, note M. Morin.
2. J. Foyer, *Encycl. Dalloz* Droit pénal, Cour de justice de la République, 1999.
3. Sur l'affaire du sang contaminé, v. D. Soulez-Larivière, *Pouvoirs*, janv. 2000, p. 91.

magistrats du siège de la Cour de cassation dont l'un préside la Cour. Ainsi cette juridiction reste d'essence parlementaire.

Les juges parlementaires sont élus au scrutin majoritaire à la majorité absolue des suffrages exprimés. Les juges professionnels sont élus par le collège des magistrats du siège hors hiérarchie de la Cour de cassation pour une durée de trois ans. Le président de la cour est élu par le même collège dans les mêmes conditions. Lorsqu'un juge titulaire est récusé, ou se trouve dans la situation de ne pouvoir siéger il est remplacé par un juge suppléant.

Le greffier en chef de la Cour de cassation est investi de plein droit des fonctions de greffier de la Cour de justice de la République. Les services du greffe sont ceux de la Cour de cassation.

Le ministère public est assuré par le procureur général près la Cour de cassation, assisté du premier avocat général et de deux avocats généraux désignés par le procureur général.

II. Fonctionnement [1]

661 ***Compétence*** ◊ Aux termes de l'article 68-1 de la Constitution, la Cour de justice est compétente pour juger les membres du gouvernement (premier ministre, ministres et secrétaires d'État) pour les actes accomplis dans l'exercice de leurs fonctions [2]. Encore faut-il que ces actes soient qualifiés crimes ou délits, la Cour de justice étant liée par le principe de la légalité des délits et des peines.

662 ***Procédure*** [3] ◊ Lorsque la formation de jugement de la Cour de justice est saisie par un renvoi de la Commission d'instruction, elle va procéder selon les règles applicables aux jugements en matière correctionnelle. La date des débats est fixée par le président de la juridiction. Les droits de la défense sont mieux assurés que pour d'autres juridictions, le prévenu recevant copie de toutes les pièces de la procédure.

La procédure du délibéré est proche de celle d'une Cour d'assises puisque l'on vote à bulletin secret et à la majorité absolue pour chaque chef d'accusa-

1. J. Pradel, « La procédure de jugement appliquée à la Cour de justice », *D.* 1996. Chron. 1.

2. La compétence doit être strictement entendue. Elle ne saurait être étendue à des actes commis par un ministre dans le cadre de mandats électifs locaux (maire par ex.) : Crim., 26 juin 1995, *Bull. crim.*, n° 235, ni pour des actes concernant la vie privée d'un ministre : Crim., 6 févr. 1997, *Bull. crim.* ; n° 48, *JCP* 1997. II. 22823, note Pralus. Aucune prorogation de compétence pour des complices ou coauteurs, non membres du gouvernement, n'ayant été prévue, ces derniers relèvent des juridictions de droit commun : Crim., 26 juin 1995, préc. En revanche, la cour est compétente pour des propos diffamatoires tenus lors d'une conférence de presse, Ass. plén., 23 déc. 1999. *Bull. crim.*, n° 312. V. également sur la responsabilité résultant de l'inaction d'un ministre : Affaire du sang contaminé O. Beaud. La CJR est-elle vraiment compétente pour juger les ministres dans l'affaire du sang contaminé. *D.* 1999. Chron. 75 et plus généralement S. Guinchard et J. Buisson, *Procédure pénale*, n° 191 et 1322 V. égal. l'abondante bibliographie citée sur cette question.

3. J. Pradel, « La procédure de jugement applicable devant la Cour de justice de la République », *D.* 1996. Chron. 1.

tion, puis on délibère ensuite dans les mêmes conditions sur la peine. Il a néanmoins été admis que la décision doit être motivée.

Un pourvoi en cassation, nécessaire pour des raisons constitutionnelles, a été organisé. Il peut être exercé par le ministre concerné ou par le ministère public. L'assemblée plénière de la Cour de cassation, compétente en la matière, dispose de trois mois pour se prononcer. En cas de cassation l'affaire est renvoyée devant la Cour de justice de la République qui doit être autrement composée, ce qui dans certains cas pourra poser des problèmes aigus de composition de cette juridiction [1].

Mais nous l'avons dit, aujourd'hui la phase procédurale en droit pénal ne s'arrête plus avec le prononcé de la sanction. Il convient donc de présenter brièvement les juridictions qui traitent de cette question.

1. Sur toutes ces questions, v. : B. Mathieu, Th. S. Renoux et A. Roux, *La Cour de justice de la République*, coll. « Que sais-je ? », PUF, 1995 (préc. p. 102 et s.) ; « La Cour de justice de la République, premier bilan », *Courrier de la chancellerie*, mars 1995 ; *La Cour de justice de la République et après ?*, coll. « Les cahiers constitutionnels de Paris I », Doc. fr., 2000.

CHAPITRE 3

LES JURIDICTIONS DE L'APPLICATION DES PEINES [1]

663 ***Le problème de principe*** ◊ La question de la judiciarisation des sanctions n'est certes pas récente puisque depuis bien longtemps déjà, depuis le Code de procédure pénale en fait, un magistrat spécialisé était chargé de suivre l'exécution des peines. Si ces magistrats ont joué, à compter de cette date, un rôle essentiel, il reste que le juge, jusqu'à la loi du 15 juin 2000, ne semblait pas disposer d'un véritable pouvoir de juridiction. En effet, aux termes de l'article 733-1 ancien du CPP, les mesures qu'il prenait étaient, dans leur ensemble, qualifiées « d'administration judiciaire ». On ne pouvait donc pas parler de décisions juridictionnelles, dès lors qu'aucun débat n'était organisé et que, surtout, le condamné ne disposait d'aucune voie de recours.

Cette question était pourtant très fréquemment évoquée et l'on ne compte plus les rapports et études réalisés sur ce sujet, qui préconisaient une véritable juridictionnalisation de l'exécution des peines, un projet de loi organisant un tribunal de l'exécution des peines ayant d'ailleurs été déposé en 1983. Sans doute quelques lois particulières avaient-elles donné un véritable pouvoir juridictionnel au juge de l'application des peines, mais on restait dans le domaine de l'exception (V. par exemple la mesure de suivi socio-judiciaire et la mesure de placement sous surveillance électronique).

C'est donc la loi du 15 juin 2000, dont l'intitulé n'évoque pourtant nullement cette question, qui devait, à la suite d'amendements parlementaires, introduire une véritable juridictionnalisation qui, même incomplète, conduisait déjà à une profonde transformation du système jusqu'alors en vigueur [2]. Avec la loi du 9 mars 2004, née également d'amendements parlementaires et d'une même ampleur que la pre-

1. Sur ce point P. Remillieux, *Rep. dr. pén. et de proc. pén.*, Dalloz, *Cahiers de l'actualité* 2001-2, p. 922, M. E. Cartier, « La judiciarisation de l'exécution des peines », *RSC* 2001-97.

2. M. E. Cartier, art. préc. et bibl. citée, note 2 ; M. Herzog-Evans, « La loi présomption d'innocence et l'exécution des peines : des avancées sur fond d'aberration », *LPA*, 24-25 août 2000 ; C. Trabut et M. Herzog-Evans, « La loi présomption d'innocence et l'exécution des peines », *D.* 2000, n° 29 ; P. Poncela, « Le chantier du droit de l'exécution des peines est ouvert... », *RSC* 2000. 887 ; F. Le Gunehec, « Les deux étapes de la juridictionnalisation de l'application des peines », *JCP* Actu. 24 janv. 2001 ; S. Guinchard et J. Buisson, *Procédure pénale*, n°s 386 et s. ; M. Herzog-Evans, *Droit de l'exécution des peines*, coll. « Dalloz Action », Dalloz, 3e éd., 2007, notamment n°s 312-00 et s.

mière intervention législative, la juridictionnalisation de l'exécution des peines est en quelque sorte parachevée. En effet ce que l'on peut considérer comme la dernière phase du procès pénal relève désormais de l'autorité judiciaire. Toutes les mesures de faveur prises pour l'application des peines, par le juge de l'application des peines notamment ont un caractère juridictionnel puisqu'elles pourront faire l'objet d'une voie de recours [1].

Notre propos n'est évidemment pas de traiter de cette question, mais simplement de présenter les différentes juridictions, qui, désormais, sont chargées de l'aménagement de l'exécution des sanctions. La loi du 15 juin 2000 avait été amenée à mettre en place des juridictions spéciales pour traiter des problèmes de libération conditionnelle à la fois au plan régional et au plan national. Ces juridictions auront été très éphémères puisqu'elles ont été supprimées par la loi Perben II, l'ensemble du contentieux de l'application des peines était désormais confié à des juridictions de droit commun tant au niveau du premier degré (Section 1) qu'au niveau de l'appel (Section 2). Cette situation n'a cependant pas perduré puisque la loi du 25 février 2008 sur les criminels dangereux, créant la très controversée rétention de sûreté, a confié la décision de prononcer cette mesure à une juridiction spéciale, la juridiction régionale de la rétention de sûreté. L'appel de cette décision étant soumise à une juridiction nationale de la rétention de sûreté. Ces juridictions qui permettent, en quelque sorte, de prolonger la peine seront étudiées dans une troisième section.

SECTION 1. LES JURIDICTIONS DU PREMIER DEGRÉ

La loi du 9 mars 2004 a réorganisé le Titre Ier du livre cinquième du Code de procédure pénale en créant un chapitre II consacré aux juridictions de l'application des peines qui sont le juge de l'application des peines (§ 1) et le tribunal de l'application des peines (§ 2).

§ 1. Le juge de l'application des peines [2]

664 ***A) Statut*** ◊ Le juge de l'application des peines est un magistrat du siège du tribunal de grande instance désigné pour exercer cette fonction par décret du président de la République, après avis du Conseil

1. L'article 707, al. 1er du Code de procédure pénale, texte qui pose les principes généraux de l'exécution des peines, précise que l'exécution des peines est réalisée sur décision ou sous le contrôle des autorités judiciaires (en ce sens P. Couvrat, *Dr. pénal* 2004, Études n° 8).

2. M. Herzog-Evans, « Le juge de l'application des peines juridiction du premier degré », *RSC* 1999. 289 ; B. Bouloc, *Pénologie*, 3e éd., n° 134 et s. ; G. Du Mesnil Du Buisson, *Rép. pén.* ; M. Herzog-Evans, *Droit de l'exécution des peines*, *op. cit.*, nos 22-00 et s.

supérieur de la magistrature (art. 712-1 CPP). Jusqu'à la loi du 25 juin 2001, il était nommé sans limitation de durée, ce qui lui donnait la stabilité et l'indépendance indispensables à ses fonctions. Aujourd'hui un même magistrat ne peut exercer cette fonction plus de 10 ans dans un même tribunal (art. 28-3, ord. 22 déc. 1958, réd. art. 5, L. 25 juin 2001).

En cas d'empêchement temporaire, le tribunal de grande instance peut désigner un autre magistrat pour le remplacer (art. 712-1, al. 2 CPP).

Il existe un ou plusieurs juges de l'application des peines auprès de chaque tribunal de grande instance, qui ont compétence pour les établissements pénitentiaires, qui se trouvent dans le ressort du TGI ainsi que pour les condamnés en milieu libre, qui résident dans ce ressort [1]. La répartition du travail entre les juges se fait par accord mutuel. Le JAP est assisté d'un greffier et doté, pour le fonctionnement de son cabinet d'un secrétariat-greffe. Les fonctions de secrétaire et de greffier sont assurées par un greffier du tribunal de grande instance (art. D. 49 CPP). Dans le cas où le nombre des juges et le nombre des dossiers le justifient un secrétariat commun de l'application des peines peut être créé. Il comprend des agents administratifs et un greffier distinct de celui des cabinets des juges (art. D. 49-1 CPP).

665 ***B) Attributions*** ◊ Aux termes de l'article 712-1 du Code de procédure pénale le juge de l'application des peines est l'une des juridictions (la seconde étant le tribunal de l'application des peines) chargée, dans les conditions prévues par la loi, de fixer les principales modalités de l'exécution des peines privatives de liberté ou de certaines peines restrictives en orientant et en contrôlant les conditions de leur application. L'article D. 49-27 du CPP, tel qu'il résulte d'un décret du 13 décembre 2004 relatif à l'application des peines, qui fixe les prérogatives du juge de l'application des peines reprend cette formule dans son alinéa 1er. L'alinéa 3 précise que plus généralement le JAP détermine pour chaque condamné les modalités du traitement pénitentiaire mais dans le respect des attributions, propres au directeur régional des établissements pénitentiaires et aux chefs des établissements pénitentiaires, relatives à l'organisation et au fonctionnement de ces établissements. Il est assisté pour cette mission par une commission d'application des peines qu'il préside (art. 712-5 CPP) et pour le cas particulier des peines restrictives de liberté par le service pénitentiaire d'insertion et de probation. Dans ce cadre il mandatera les travailleurs sociaux qui pourront contrôler le respect des obligations imposées aux condamnés. C'est le juge de l'application des peines qui détermine les orientations générales relatives à l'exécution des mesures confiées à ce service en concertation avec les autres magistrats mandants (art. D. 576 CPP).

1. L'art. 712-10 du CPP confirme ce système de compétence territoriale. Si le condamné est incarcéré le JAP compétent est celui dans le ressort duquel est situé l'établissement pénitentiaire. Si le condamné est libre, il s'agit du JAP de la résidence habituelle et à défaut de la résidence en France, celui dans le ressort duquel se trouve la juridiction qui a statué en première instance. Les alinéas 2 et 3 du texte posent deux règles complémentaires notamment en cas de placement sous surveillance électronique.

Dans le cadre de ses attributions, il peut procéder ou faire procéder sur l'ensemble du territoire national à tous examens, enquêtes, auditions, expertises, réquisitions ou autres mesures utiles. Ces enquêtes peuvent, le cas échéant, porter sur les conséquences d'une mesure d'individualisation au regard de la situation de la victime notamment dans le cas prévu par l'art. 720 CPP.

Lorsqu'une mesure relève de sa compétence le JAP dispose de tout pouvoir pour l'accorder, la modifier, l'ajourner, la retirer ou la révoquer par ordonnance. Il peut agir d'office, sur la demande du condamné ou sur réquisition du procureur de la République (art. 712-4 CPP). Certaines de ces mesures, qui constituent des aménagements des peines privatives de liberté, avaient fait l'objet d'une véritable juridictionnalisation de la décision par une loi du 15 juin 2000 [1]. La loi du 9 mars 2004 généralise cette solution en distinguant cependant deux hypothèses.

Certaines décisions sont en effet prises par ordonnance motivée du JAP après avis, sauf urgence de la commission d'application des peines mais sans débat (réduction de peines, autorisation de sortie sous escorte et permission de sortir art. 712-5).

Pour les autres mesures le JAP statuera par ordonnance motivée à l'issue d'un débat contradictoire tenu en chambre du conseil au cours duquel seront entendues les réquisitions du ministère public, les observations du condamné et, le cas échéant, celles de son avocat. Cette procédure est applicable en matière de placement à l'extérieur, de semi-liberté, de fractionnement et de suspension de peines, de placement sous surveillance électronique, de libération conditionnelle ou encore en matière de surveillance judiciaire (art. 723-34 CPP). Un représentant de l'administration pénitentiaire devra donner un avis. Le débat contradictoire est également organisé, sauf si la loi en dispose autrement pour les décisions concernant le suivi socio-judiciaire, l'interdiction de séjour, le travail d'intérêt général, l'emprisonnement assorti d'une mise à l'épreuve ou d'un travail d'intérêt général ou encore de l'ajournement du prononcé de la peine avec mise à l'épreuve (art. 712-6 CPP). On notera qu'en cas de consensus le débat contradictoire peut être supprimé (art. 712-6, al. CPP). La décision du JAP est une véritable décision juridictionnelle prise à l'issue d'une procédure conforme aux exigences d'un procès équitable. Elle peut d'ailleurs être contestée par la voie de l'appel aujourd'hui porté, dans tous les cas, devant la chambre de l'application des peines de la cour d'appel [2] ou devant son président. Il est ouvert au condamné, au procureur de la République et au procureur général (art. 712-11, 712-12 et 712-13 CPP).

En principe les décisions étant exécutoires par provision, l'appel n'est pas suspensif. Un pourvoi en cassation peut également être intenté contre les arrêts de la cour d'appel rendus en cette matière (art. 712-15 CPP). Il s'agit d'un incontestable progrès puisque la loi du 19 juin 2000 ne prévoyait pas une telle solution.

Mais le juge de l'application des peines s'est également vu donner les moyens d'assurer l'exécution effective de ses décisions. Il peut en effet délivrer un mandat d'amener contre un condamné placé sous son contrôle qui ne respecte pas les obligations qui lui sont imposées. Il peut également décerner un mandat d'arrêt si le condamné est en fuite à l'étranger (art. 712-17 CPP).

1. Sur ce texte A. Varinard, *RPDP* 2001, n° 2.
2. V. *infra*, n° 668.

Il peut encore ordonner la suspension de certaines mesures lorsque le condamné viole les obligations qui lui incombent en matière de semi-liberté, de placement à l'extérieur ou de placement sous surveillance électronique. La décision est prise après avis du procureur de la République. Elle entraîne incarcération du condamné, mais un débat contradictoire devra être tenu dans les quinze jours (art. 712-18 CPP). L'inobservation des obligations imposées à un condamné faisant l'objet d'une mesure restrictive de liberté (sursis avec mise à l'épreuve ou avec travail d'intérêt général, suivi socio-judiciaire, suspension et fractionnement de peine, libération conditionnelle) peut également permettre au JAP de prendre une mesure d'incarcération provisoire par ordonnance prise après avis du procureur de la République (art. 712-19 CPP). Cette violation des obligations pendant la durée d'exécution d'une des mesures, peut entraîner la révocation ou le retrait de cette mesure après la date d'expiration de celle-ci si le JAP a été saisi ou s'est saisi au plus tard dans le délai d'un mois après cette date (art. 712-20 CPP). Le juge de l'application des peines dispose également de pouvoirs dans le cadre des mesures d'aménagement concernant les condamnés en fin de peine (art. 723-20 à 723-27 CPP) [1]. Ces mesures sont proposées par le directeur du service pénitentiaire d'insertion et de probation (SPIP) mais c'est le JAP qui, après avis du procureur de la République, décidera de l'homologation ou du refus d'homologation de cette proposition. Le JAP se prononce par ordonnance motivée susceptible de recours. Il peut également décider de substituer à la mesure d'aménagement proposée une autre mesure prévue à l'article 723-20 du CPP. En cas de silence pendant une durée de trois semaines, le directeur du SPIP peut ramener à exécution la mesure d'aménagement (art. 722-24 et plus globalement art. D. 147-19 à D. 147-25 CPP). Le juge de l'application des peines est aujourd'hui seul compétent pour ordonner une contrainte judiciaire (ancienne contrainte par corps) c'est-à-dire l'emprisonnement d'une personne en cas d'inexécution volontaire d'une condamnation à une amende (art. 749 CPP, réd. loi 9 mars 2004). Il dispose enfin d'un important pouvoir de conversion des peines prononcées notamment pour les peines d'emprisonnement de six mois au plus, en travail d'intérêt général ou en jours-amende (art. 132-57 C. pén.) ou encore de transformation d'un travail d'intérêt général en jours-amende (art. 747-1-1 CPP). Il intervient également pour accorder le bénéfice de certaines autorisations dans le cadre de la rétention de sûreté (art. R 53-8-69 et s. CPP).

Comme on peut le constater le juge de l'application des peines dispose désormais de pouvoirs assez considérables en matière d'exécution des sanctions. Juge à part entière il est la véritable cheville ouvrière du système [2], le juge de droit commun, même si sa compétence est partagée avec une chambre du tribunal correctionnel.

On peut d'ailleurs ajouter que le JAP dispose également d'autres compétences assez diverses et que l'on pourrait ranger dans la catégorie des attributions administratives. Elles n'ont pas à être développées ici d'autant qu'elles

1. Ph. Garreau, « Les SPIP et le volet d'application des peines de la loi du 9 mars 2004 », *AJ pénal* 2004, p. 397-401.

2. H. Matsopoulou, « Chronique législative » à la *Revue pénitentiaire et de droit pénal* 2004-984 ; P. Couvrat, « Les dispositions relatives à l'application des peines de la loi Perben II », *Dr. pén.* 2004, Études n° 8 ; J. P. Céré, « La consécration de la juridictionnalisation du droit de l'application des peines par la loi du 9 mars 2004 », *RPDP* 2004-433 ; M. Giacopelli, « Réforme du droit de l'application des peines », *D.* 2004. Chron. 2589 ; M. Janas, *AJ pénal* 2005, p. 96 et 347.

sont souvent exercées en collaboration avec d'autres autorités. On citera à titre d'exemple son rôle de conseil pour certaines décisions relevant de l'administration pénitentiaire, et plus généralement de contrôle de l'institution pénitentiaire (visite des établissements pénitentiaires et des foyers d'hébergement, par ex.) [1].

§ 2. Le tribunal de l'application des peines [2]

Ces tribunaux sont prévus par les articles 712-1 et 712-3 du CPP. Nous envisagerons l'organisation de ces juridictions (A), puis leur compétence (B).

666 ***A) Organisation*** ◊ **1) Ressort.** Dans le ressort de chaque cour d'appel est institué un ou plusieurs tribunaux de l'application des peines dont la compétence correspond à un ou plusieurs tribunaux de grande instance du ressort. La liste et le ressort de chacun d'entre eux ont été fixés par un décret du 13 décembre 2004 modifié par un décret du 6 mars 2008 pour tenir compte de la nouvelle carte judiciaire (art. D. 49-2 CPP). Pour de nombreuses cours d'appel le siège du tribunal est celui du tribunal de la cour d'appel avec certaines exceptions prévues par l'art. D. 49-3 (par ex. pour la cour de Chambéry, le tribunal compétent pour toute la cour d'appel est Albertville). Sept cours d'appel (Aix-en-Provence, Bastia, Douai, Paris, Reims, Rennes et Riom) disposent de plusieurs tribunaux dont le ressort est précisé par le texte (Paris 6 tribunaux, Aix-en-Provence 3 tribunaux).

2) Composition. Le tribunal est composé d'un président et de deux assesseurs désignés par le premier président de la cour d'appel parmi les juges de l'application des peines du ressort de la cour (art. 712-3, al. 2). La désignation se fait par ordonnance après avis de l'assemblée générale des magistrats du siège et des présidents des tribunaux de grande instance concernés (art. D. 49-4, al. 1er CPP). Des règles spécifiques sont prévues par l'alinéa 3 pour les départements et territoires d'outre mer. Il est spécifié que l'un, au moins des membres (seulement) doit être juge de l'application des peines pour les DOM. Pour les autres collectivités (Nouvelle-Calédonie, Polynésie française et les collectivités de Mayotte et Saint-Pierre-et-Miquelon) le tribunal peut être composé d'un seul membre, juge de l'application des peines.

Il est par ailleurs précisé par l'article D. 49-5 CPP que lorsque le tribunal examine une affaire déterminée, il doit obligatoirement comprendre un JAP de la juridiction dans le ressort de laquelle le condamné est écroué ou domicilié.

Les fonctions du ministère public de ce tribunal sont assurées par le procureur de la République du tribunal de grande instance dans le ressort duquel siège le tribunal. Selon l'art. 712-3 dernier al. c'est celui du TGI dans le ressort duquel se tient le débat contradictoire. Il peut donc aussi s'agir de celui dans le ressort duquel est situé l'établissement pénitentiaire où peut se dérouler le débat.

1. Sur ce point, B. Bouloc, *Pénologie*, 3e éd., n° 133 et s. ; G. Du Mesnil du Buisson, *Rép. pén.*, v° « Juge de l'application des peines » ; F. Desportes et F. Le Gunehec, *Droit pénal général*, nos 1040-1 et s. ; M. Herzog-Evans, *Droit de l'exécution des peines*, *op. cit.*, nos 22-00 et s. Sur ce texte : A. Varinard, *RPDP*, 2001, n° 2 ; S. Guinchard et J. Buisson, *Procédure pénale*, n° 390.
2. B. Bouloc, *Pénologie*, 3e éd., n° 177 et s.

Le tribunal est doté d'un greffe. Les fonctions de secrétaire greffier sont remplies par un ou plusieurs greffiers des tribunaux de grande instance du ressort de la cour d'appel où siège le tribunal (art. D. 49-6 CPP).

667 ***B) Compétence*** ◊ **La compétence matérielle** de cette juridiction est relativement étroite. Elle est précisée par l'article 712-7 du CPP. Elle concerne simplement trois mesures : le relèvement de la période de sûreté, la libération conditionnelle et la suspension de peine. Encore faut-il préciser que s'agissant des deux dernières mesures, il ne s'agit que des cas pour lesquels le juge de l'application des peines n'est pas compétent à savoir dans les deux hypothèses pour les peines prononcées supérieures à dix ans ou lorsque la durée de détention restant à subir, quelle que soit la peine initialement prononcée, est supérieure à 3 ans (art. 720-1-1 et 732 CPP).

Le tribunal est saisi, à la demande du condamné, sur réquisitions du procureur de la République ou à l'initiative du juge de l'application des peines dont relève le condamné. Il dispose évidemment des mêmes pouvoirs que le JAP. Il statue par jugement motivé, rendu après avis du représentant de l'administration pénitentiaire à l'issue d'un débat contradictoire qui peut avoir lieu, soit dans un tribunal de grande instance du ressort de la cour d'appel, soit dans un établissement pénitentiaire de ce même ressort si le condamné est détenu.

Le tribunal peut, dans l'exercice de ses attributions procéder ou faire procéder, à l'image de ce que peut faire le juge de l'application des peines, à tous examens, auditions, enquêtes, expertises, réquisitions ou autres mesures utiles sur l'ensemble du territoire national (art. 712-16 CPP), mais il importe d'observer que c'est le JAP seul qui intervient dans le cas d'inobservation, par le condamné, des obligations qui lui ont été imposées [1].

La compétence territoriale du tribunal de l'application des peines est déterminée selon les règles de droit commun. Aux termes de l'article 712-10 *in fine*, il s'agit du tribunal dans le ressort duquel le condamné réside habituellement, est écroué ou exécute sa peine.

SECTION 2. LA JURIDICTION D'APPEL : LA CHAMBRE DE L'APPLICATION DES PEINES

La juridiction nationale de la libération conditionnelle ayant été supprimée à compter du 1er janvier 2005, par l'article 162 XIV de la loi du 9 mars 2004, tous les recours contre les décisions des juridictions de l'application des peines du 1er degré sont aujourd'hui portés devant la chambre d'application des peines de la cour d'appel, à l'exception cependant des mesures de rétention de sûreté dont nous examinerons successivement l'organisation § 1 et la compétence § 2.

1. V. *supra*, n° 665.

§ 1. Organisation

668 ***Composition*** ◊ La chambre de l'application des peines est composée de trois magistrats, un président et deux conseillers (art. 712-13 CPP). Ces magistrats sont désignés par le premier président de la cour d'appel par ordonnance après avis de l'assemblée générale des magistrats du siège de cette juridiction. Le président, et l'un ou plusieurs des assesseurs sont choisis parmi les conseillers chargés de l'application des peines désignés conformément à l'article R. 57-1 CPP.

Lorsqu'elle statue en appel des décisions du tribunal de l'application des peines la chambre est complétée par un responsable d'une association de réinsertion des condamnés et d'un responsable d'une association d'aide aux victimes. Dans ce cas la compétence d'une cour d'appel peut être étendue au ressort de plusieurs cours d'appel par décret. L'article D. 49-10 CPP, tel qu'il résulte d'un décret du 13 décembre 2004, prévoit cette solution pour quatre juridictions (Bourges, Dijon, Nancy, Versailles). Ces assesseurs supplémentaires sont désignés par le premier président de la cour d'appel après avis de l'assemblée générale des magistrats du siège pour une durée de trois ans. Deux suppléants sont désignés dans les mêmes formes pour une même durée (art. D. 49-9 CPP).

Le ministère public et le greffe et cette juridiction sont ceux de la cour d'appel.

§ 2. Compétence

Il faut distinguer la compétence du président de cette juridiction (A) et celle de la chambre elle-même (B).

669 ***A) Le président*** ◊ Aux termes de l'article 712-12 du CPP l'appel sera examiné par le seul président pour les ordonnances du JAP prises dans le cadre des articles 712-5 et 712-8 du CPP c'est-à-dire pour les décisions prises par ordonnance motivée sans débat [1]. Ces ordonnances peuvent être attaquées par la voie de l'appel par le condamné, le procureur de la République ou le procureur général dans les 24 heures de leur notification (art. 712-11-1er CPP). Le président statue par ordonnance motivée au vu des observations écrites du ministère public et du condamné ou de son avocat. Seul l'appel du ministère public est suspensif. Il devra être examiné dans les deux mois faute de quoi il sera non avenu.

Le président est également compétent pour juger en appel des ordonnances du JAP prises pour homologation des mesures proposées par le directeur du SPIP dans le cadre de l'aménagement des fins de peine (art. 723-22 et D. 147-23 CPP).

670 ***B) La chambre elle-même*** ◊ Elle est compétente pour traiter de l'appel des décisions prises par jugement rendu après un débat contradictoire dans le cadre

1. Les ordonnances rendues en matière de réduction de peines, de permission de sortir et d'autorisation de sortie sans escorte ne peuvent faire l'objet d'un appel que depuis le 1er janvier 2006.

des articles 712-6 et 712-7 du CPP. Il s'agit donc de certaines décisions du JAP et de toutes les décisions du tribunal de l'application des peines. L'appel doit être interjeté dans un délai de 10 jours. Il ne sera suspensif que s'il est exercé par le ministère public dans les 24 heures de la notification. On observera que la cour entend les réquisitions du ministère public et les observations de l'avocat du condamné. En revanche le condamné ne sera entendu que si la chambre le décide. Cette audition pourra être réalisée par un membre de la juridiction dans l'établissement pénitentiaire. S'il en fait la demande, l'avocat de la partie civile peut assister au débat contradictoire et être entendu lorsque la cour statue en appel d'une décision du tribunal de l'application des peines (art. 712-13, al. 4 CPP).

Pour éviter les appels trop systématiques la juridiction, lorsqu'elle confirme un jugement ayant refusé une mesure d'aménagement, peut fixer un délai pendant lequel une nouvelle demande sera irrecevable. Ce délai ne peut excéder 3 ans ou le tiers de la détention restant à subir (art. 712-13, al. 3 CPP).

Ajoutons enfin qu'un pourvoi en cassation non suspensif peut être exercé, dans les cinq jours de leur notification, pour toutes les décisions de la chambre qu'elles soient rendues par le président ou la chambre elle-même (art. 712-15 CPP).

SECTION 3. LES JURIDICTIONS DE LA RÉTENTION DE SÛRETÉ

670-1 *Généralités* ◊ La volonté de lutter efficacement contre la récidive des délinquants les plus dangereux apparaît comme une préoccupation récurrente du législateur contemporain. Néanmoins l'idée que certaines mesures peuvent s'imposer, au-delà de l'exécution proprement dite de la peine, pour ceux dont la probabilité de récidive est la plus grande, est déjà très ancienne. En effet, dès 1885, avait été créée pour les multirécidivistes, la peine de la relégation. Pour les délinquants considérés comme incorrigibles cette mesure de défense sociale prenait le relais de la peine à la fin de son exécution. Elle était obligatoire et perpétuelle. Le caractère automatique et inhumain de cette sanction devait conduire à son remplacement par la tutelle pénale en 1971. Cette mesure, assez peu appliquée fut supprimée en 1981.

La médiatisation d'un certain nombre d'infractions graves, le plus souvent en matière sexuelle, commises par des délinquants récidivistes, souvent peu de temps après l'expiration de leur peine, devait conduire l'actuel gouvernement à proposer l'instauration une nouvelle mesure de sûreté. Son objet est de maintenir une privation de liberté, pour des personnes condamnées pour des faits graves, à la fin de l'exécution de leur peine si elles présentent une dangerosité caractérisée par une probabilité élevée de récidive parce qu'elles souffrent d'un trouble grave de la personnalité.

Cette mesure a été créée par une loi du 25 février 2008 instaurant, après d'autres systèmes juridiques, (Allemagne, Pays-Bas par ex.) une rétention de sûreté. L'idée est avant tout de soigner la personne en l'excluant provisoirement de la société et en la plaçant dans un centre médical judiciaire de sûreté afin d'éviter qu'il ne commette de nouvelles infractions.

Cette mesure, qualifiée de peine après la peine, a fait l'objet de violentes critiques tant des pénalistes que des défenseurs des droits de l'homme [1]. Sans entrer dans cette polémique, on peut plutôt voir dans la rétention une mesure de précaution sociale lorsque le risque de récidive est très élevé [2]. Pour éviter une atteinte excessive aux droits des individus le législateur a imposé des conditions très strictes et mis en place une procédure très précise, confiant, notamment, la décision de prononcer cette mesure de sûreté à des juridictions spécialisées [3].

§ 1. Les juridictions régionales de la rétention de sûreté

Nous traiterons successivement de leur organisation (I) puis de leur compétence (II).

I. Organisation

670-2 ***A) Ressort*** ◊ Aux termes de l'article 706-53- 2 al. 3 du CPP, la liste et le ressort des cours d'appel dans lesquelles siègent ces juridictions, sont fixés par arrêté du garde des sceaux. Cet arrêté, pris le 3 novembre 2008, fixe le nombre, la localisation et la compétence territoriale des juridictions régionales de la rétention de sûreté (art. A 37-10 CPP). Actuellement au nombre de huit dont l'une outre-mer (Fort de France), elles ont un ressort qui s'étend sur plusieurs cours d'appel [4].

La juridiction de Paris, au-delà de sa compétence métropolitaine, est également compétente pour le ressort des cours d'appel de Saint-Denis de la Réunion, Nouméa et Papeete et des tribunaux supérieurs d'appel de Mamoudzou et Saint-Pierre-et-Miquelon.

670-3 ***B) Composition*** ◊ La juridiction est composée de trois magistrats de la Cour d'appel, un président de chambre et deux conseillers du siège

1. V. par ex. *AJ pénal* 2008,p. 161 et 209, Dossier « La nouvelle rétention de sûreté. Eléments d'analyse. Quelles perspectives ? ».

2. On observera cependant que le Conseil constitutionnel a décidé que cette mesure n'est pas applicable à des personnes condamnées pour des faits commis antérieurement à la publication de la loi, en application de la règle de la non rétroactivité de la loi pénale plus sévère. V. sur cette question : B. Mathieu, « La non rétroactivité en matière de rétention de sûreté : exigence constitutionnelle ou conventionnelle. A propos de la décision n° 208-562 », *JCP G* 2008, Actu. 166 ; Ch. Lazerges, « La rétention de sûreté : le malaise du Conseil constitutionnel », *RSC* 2008-731.

3. Sur cette question : J. Pradel, *Procédure pénale*, n° 747 et s.

4. Le siège des juridictions est fixé à Bordeaux, Lille, Lyon, Aix-en-Provence, Nancy, Paris, Rennes et Fort de France.

de la juridiction. Ils sont désignés pour trois ans par le premier président de cette cour après avis de l'assemblée générale des magistrats du siège. Trois magistrats suppléants sont désignés dans les mêmes conditions. Le Président de la chambre d'application des peines de même que le Président de la Commission pluridisciplinaire des mesures de sûreté ne peuvent être désignés comme président de la juridiction de la rétention de sûreté (art. R. 53-8-40 CPP).

Le ministère public de la juridiction est assuré par le parquet général de la cour d'appel. Le greffe est celui de la cour d'appel.

II. Compétence

Il s'agit évidemment de dire quelques mots des attributions de cette juridiction avant de préciser quels sont les pouvoirs particuliers de son président.

670-4 ***A) Attributions de la juridiction*** ◊ Comme son nom l'indique c'est cette juridiction, et elle seulement, qui peut décider d'une rétention de sûreté pour les personnes qui présentent à la fin de l'exécution de leur peine une particulière dangerosité, caractérisée par une probabilité très élevée de récidive parce quelles souffrent d'un trouble grave de la personnalité. Cette mesure ne peut s'appliquer qu'aux personnes condamnées à une réclusion criminelle égale ou supérieure à 15 ans pour des faits particulièrement graves énumérés par l'article 706-53-13 CPP (assassinat - tortures - viol - etc.). Encore faut-il que la cour d'assises ait expressément prévu, dans l'arrêt de condamnation, la possibilité d'un réexamen de la décision pour l'application d'une éventuelle rétention de sûreté.

Par ailleurs une rétention de sûreté ne peut être décidée que dans la mesure ou la commission pluridisciplinaire des mesures de sûreté [1] a, par avis motivé, estimé qu'une telle solution était indispensable ce qui implique qu'elle a considéré que les obligations résultant d'un suivi socio-judiciaire ou d'une surveillance judiciaire étaient insuffisantes pour prévenir la commission de certains crimes et que la rétention est

1. La commission pluridisciplinaire des mesures de sûreté a été créée par la loi du 12 décembre 2005 sur la récidive afin de donner un avis sur le placement sous surveillance électronique mobile d'un condamné (art. 763-10 CPP). La composition et le fonctionnement de cette commission ont été précisés par un décret du 1er août 2007 (art R. 61-7 à R 61-11 CPP). Le nombre, la localisation et la compétence de ces commissions ont été fixés par un arrêté du 3 novembre 2008 (art. A 37-10 CPP). Il y a actuellement huit commissions : Bordeaux, Lille, Lyon, Marseille, Nancy, Paris, Rennes, Fort de France.

Ces commissions sont composées de 7 membres : — un président de Chambre de cour d'appel désigné par le premier président de la cour d'appel siège de la commission, désigné pour 5 ans, qui assure la présidence de la commission ; — Le Préfet de région du siège de la commission ou son représentant ; — le directeur interrégional des services pénitentiaires dans le ressort de la cour d'appel ou siège la commission ou son représentant ; — un expert psychiatre ; — un expert psychologue ; — un représentant d'une association d'aide aux victimes ; — un avocat membre du conseil de l'ordre.

l'unique moyen de prévenir la commission dont la probabilité est très élevée, de ces infractions (art. 706-53-14 1er et 2e CPP). La juridiction régionale sera alors saisie par le procureur général sur proposition de la commission (art. 706-55-15 al. 2 et R 58-8-53 CPP).

La décision de rétention est prise pour une durée d'un an. Elle peut être renouvelée pour la même durée dans les mêmes conditions. Il peut être mis fin à la mesure à la demande de la personne retenue ou d'office si la juridiction estime que les conditions de son maintien ne sont plus remplies (art. 706-58-18 CPP).

La juridiction de la rétention de sûreté dispose également de la possibilité de prononcer une surveillance de sûreté en cas de non renouvellement ou d'interruption de la rétention de sûreté ce qui permettra d'appliquer des obligations identiques à celles de la surveillance judiciaire (art. 706-53-19).

Cette surveillance de sûreté peut également être décidée à la suite d'une surveillance judiciaire ou d'un suivi socio-judiciaire pour les seules personnes pour lesquelles une rétention du sûreté est encourue (art. 723-37, 763-8, R. 58-8-44 et s. CPP).

Ajoutons que la juridiction est également compétente pour statuer en appel sur les décisions prises par le président de la juridiction lorsqu'il s'est prononcé pour décider de certaines modifications des obligations de la surveillance de sûreté (art. R. 53-8-48 CPP dernier alinéa) sur recours du procureur général près la cour d'appel ou de la personne concernée.

On notera que la juridiction statue à l'issue d'un débat contradictoire public, si le condamné le sollicite, au cours duquel seront entendus le procureur général, la personne concernée et son avocat. La décision spécialement motivée sera notifiée selon des procédures différentes selon que la personne est détenue, retenue ou libre.

Les différentes décisions peuvent faire l'objet d'un recours, devant la juridiction nationale de la rétention de sûreté, dans les dix jours de leurs notifications. Ce recours n'est pas suspensif (art. 706-53-15 et R 53-8-40 CPP).

670-5 ***B) Attributions du président de la juridiction*** ◊ Le Président dispose tout d'abord de la possibilité d'ordonner en urgence le placement provisoire d'une personne placée sous surveillance de sûreté dans un centre socio-médico-judiciaire de sûreté. Le placement doit être confirmé dans les trois mois par la juridiction sinon il est mis fin d'office à la rétention (art. 706-53-19 al. 3CPP). Il peut également décider de la modification des obligations imposées à la personne surveillée. Il peut encore compléter la liste des obligations ou en supprimer, par ordonnance motivée. Il peut enfin suspendre provisoirement les obligations (art. R. 53-8-48 CPP).

Le Président peut faire procéder sur l'ensemble du territoire aux examens, auditions, enquêtes, expertises, réquisitions et vérifications utiles à l'exercice des attributions de la chambre (art. R. 58-8-40 al. dernier). Il dispose également de la possibilité de délivrer un ordre de recherche contre une personne retenue qui se soustrait à cette mesure ou qui ne réintègre pas le centre à l'issue d'une permission de sortie (art. R. 53-8-74 CPP).

Le Président de la juridiction dispose enfin de la possibilité de visiter les centres socio-médico judiciaires de sûreté de son ressort et de se faire communiquer le registre de rétention ainsi que les dossiers des personnes retenues.

§ 2. La juridiction nationale de la rétention de sûreté

670-6 ***A) Composition*** ◊ La juridiction est composée de trois conseillers à la Cour de Cassation désignés pour une durée de trois ans par le premier président de la cour de cassation après avis de l'Assemblée générale des magistrats du siège. Trois magistrats suppléants sont désignés selon les mêmes modalités et pour la même durée (art. 700-53-15 et R 53-8-42 CPP). Même si les textes sont muets sur ce point, on peut supposer que l'un des trois magistrats titulaires sera désigné comme président.

Le Ministère public près de cette juridiction est assuré par le parquet général de la cour de cassation. Le greffe est celui de la cour de cassation.

670-7 ***B) Attributions*** ◊ La juridiction nationale est une juridiction d'appel qui peut être saisie aussi bien par le ministère public que par la personne concernée par les mesures. Elle est compétente pour statuer sur toutes les décisions des juridictions régionales décidant d'un placement sous surveillance de sûreté ou du renouvellement de cette mesure. Elle statue évidemment sur les mesures concernant la rétention de sûreté qu'il s'agisse d'un placement, d'un renouvellement ou encore d'une décision refusant ou acceptant de mettre fin à la rétention (art. 706-53-17 et 706-53-18 CPP).

La juridiction nationale statue après un débat contradictoire ou sont entendus le ministère public et l'avocat de la personne. La décision, nécessairement motivée, est susceptible d'un pourvoi en cassation examiné par la chambre criminelle. Ce recours, formé dans les cinq jours de la notification de la décision, n'est pas suspensif (art R 53-8-43 CPP).

On peut observer que le législateur a multiplié les garanties en organisant de nombreux recours et en imposant une motivation rigoureuse de la décision de rétention de sûreté. Un tel système s'imposait sans doute pour que cette mesure, qui a suscité une très importante polémique, puisse être acceptée par le conseil constitutionnel.

CHAPITRE 4

LE RÈGLEMENT DES INCIDENTS DE COMPÉTENCE EN MATIÈRE PÉNALE

671 ***Caractère d'ordre public des règles de compétence*** ◊ Il faut immédiatement rappeler un principe très important, à savoir, qu'en matière pénale toutes les règles de compétence sont d'ordre public. Chaque violation d'une de ces règles entraîne donc la nullité tant de la procédure que de la décision qui pourrait être rendue. Pour éviter une telle sanction, toute juridiction pénale a donc le devoir de vérifier sa compétence avant de statuer. Mais il peut arriver que deux juridictions pénales entrent en conflit à propos de leur compétence. Il advient en effet que l'examen de compétence auquel se sont livrés deux tribunaux différents les conduise soit à revendiquer l'un et l'autre leur compétence (conflit positif), soit, ce qui est plus rare, à nier tous les deux cette compétence (conflit négatif). Après avoir examiné le principe de l'examen de compétence (Section 1), nous examinerons comment se règlent les conflits de compétence (Section 2).

SECTION 1. LE PRINCIPE DE L'EXAMEN DE COMPÉTENCE PAR LES JURIDICTIONS RÉPRESSIVES

Toute juridiction pénale saisie d'une infraction a donc le droit et même le devoir de vérifier si elle est compétente pour en connaître [1]. Dans la plupart des cas, elle le fera à la demande d'une partie (prévenu ou partie civile), soulevant l'incompétence du tribunal, mais elle peut aussi d'office estimer qu'elle ne statuera pas dans une affaire qui excède manifestement sa compétence. Dans les deux cas, le tribunal prend une décision d'incompétence.

Cette règle concerne les juridictions d'instruction comme les juridictions de jugement.

672 ***Juridictions d'instruction*** ◊ Aux termes de l'article 90 du CPP, il est avéré que le juge d'instruction doit vérifier s'il est territorialement compétent. Malgré la rédaction assez restrictive de ce texte, il a été admis que le magistrat instructeur pouvait examiner aussi bien sa compétence matérielle que territo-

1. P. Conte et P. Maistre du Chambon, *Procédure pénale*, n° 113 ; S. Guinchard et J. Buisson, *Procédure pénale*, n°s 1154 et s.

riale et alors même qu'il aurait été saisi par un réquisitoire du ministère public. L'ordonnance d'incompétence, étant une décision juridictionnelle, peut faire l'objet d'un recours devant la chambre de l'instruction.

673 ***Juridictions de jugement*** ◊ Le principe joue de manière identique et une juridiction qui s'estime incompétente rend une décision en ce sens. La Cour de cassation quant à elle doit, systématiquement, examiner la compétence de la juridiction contre la décision de laquelle un pourvoi a été formé au pénal.

Il faut cependant remarquer qu'il existe un certain nombre d'exceptions à cette règle [1]. La première concerne la cour d'assises qui, nous l'avons dit [2], a plénitude de juridiction. La décision de mise en accusation qui la saisit lui attribue compétence et elle doit se prononcer sur toutes les infractions reprochées à l'accusé. La seconde prévue par l'article 466 du CPP oblige le tribunal correctionnel, saisie d'une contravention, à la juger. La loi du 9 mars 2004 a également prévu une exception en matière criminelle dans le cas d'une correctionnalisation judiciaire. Le tribunal correctionnel ne peut pas, d'office ou à la demande des parties, se déclarer incompétent lorsqu'il est saisi par renvoi d'une juridiction d'instruction (art. 469, al. 3 CPP) dès lors que la partie civile et le mis en examen pouvaient interjeter appel de l'ordonnance de renvoi en police correctionnelle (art. 186-3 CPP).

Rappelons que les décisions d'incompétence qui mettent fin à la procédure sont immédiatement susceptibles de voies de recours, alors, qu'en principe, la décision d'une juridiction qui se reconnaît compétente ne peut être attaquée devant une juridiction supérieure qu'avec la décision statuant sur le fond du droit [3].

SECTION 2. LE RÈGLEMENT DES CONFLITS DE COMPÉTENCE

674 ***Notion*** ◊ Deux types de conflits peuvent se produire selon que les deux juridictions qui s'opposent à propos d'une affaire appartiennent ou non au même ordre juridictionnel. Dans le cas où les juridictions relèvent des deux ordres de juridiction (ordre administratif et ordre judiciaire) on parle, en principe [4], de conflit d'attribution. Lorsqu'elles appartiennent au même ordre (ici il s'agira de deux juridictions pénales) on parle de conflit de juridictions.

Les conflits d'attribution ayant été examinés globalement dans un développement précédent, nous n'étudierons ici que les conflits de juridictions.

Il est assez aisé d'imaginer les hypothèses dans lesquelles peuvent se rencontrer des conflits. Le conflit positif se produira assez fréquemment en matière de compétence territoriale dès lors qu'on le sait, plusieurs juridictions sont concurremment compétentes. Ainsi deux tribunaux correctionnels peuvent

1. On doit aussi signaler qu'une cour d'appel saisie par le seul recours du prévenu ne peut pas se déclarer incompétente si elle estime que l'infraction soumise est un crime et non un délit. Cette mesure dite de l'interdiction de la *reformatio in pejus* a été édictée dans l'intérêt des prévenus.

2. V. *supra*, n° 542.

3. V. R. Merle et A. Vitu, *Traité de droit criminel*, t. II, n°s 857 et s.

4. Certains auteurs préfèrent parler de conflits d'ordre juridictionnel, R. Merle et A. Vitu, *Traité de droit criminel*, t. II, n° 721.

revendiquer le même dossier : celui dans le ressort duquel l'infraction a été commise, et celui dans le ressort duquel le délinquant a été arrêté.

Le conflit négatif, plus rare, peut se produire lorsqu'un dossier est rejeté par deux juridictions, chaque juridiction renvoyant à l'autre. Il peut en être ainsi entre une juridiction de droit commun et une juridiction d'exception pour une affaire dont la compétence est mal déterminée.

Dans ces deux situations il existe une procédure qui permet de trancher le conflit, c'est le règlement de juges [1] (art. 657 et s., CPP). Cette procédure, nous allons en déterminer les conditions d'application, puis le régime.

675 ***1) Les conditions d'application du règlement de juges*** ◊ Le règlement de juges a pour objectif de décider laquelle des deux juridictions saisies d'un même procès a compétence exclusive pour en connaître.

Cette procédure ne peut s'appliquer que si trois conditions sont réunies. Il faut tout d'abord que le conflit soit en quelque sorte matérialisé par deux décisions juridictionnelles : ainsi, une ordonnance de dessaisissement d'un juge d'instruction et une ordonnance d'incompétence du second juge d'instruction au profit duquel le premier s'est dessaisi.

Il faut ensuite qu'il s'agisse de décisions concernant la compétence uniquement et non l'irrégularité d'une saisine.

Il faut enfin que les décisions soient définitives sinon il suffirait d'exercer les voies de recours normales.

Ces conditions montrent simplement qu'il doit y avoir une véritable « impasse » en ce qui concerne la compétence [2].

676 ***2) Le régime du règlement de juges*** ◊ L'idée générale en la matière est que le conflit doit être tranché par la juridiction supérieure commune aux juridictions en présence.

La chambre criminelle de la Cour de cassation a une compétence de principe sauf dans quelques cas précisés dans l'article 658 du CPP : il s'agit des conflits entre deux juges d'instruction, deux tribunaux de police ou deux juridictions de proximité ou deux tribunaux correctionnels du ressort d'une même cour d'appel qui sont réglés par la chambre de l'instruction. Tous les autres conflits relèvent donc de la Cour de cassation [3] (art. 659, CPP).

Quant à la procédure proprement dite, elle est entamée par une requête adressée à la juridiction compétente. Elle peut émaner d'une des parties mais le plus souvent c'est le ministère public qui agit. La chambre criminelle a également la possibilité de se saisir d'office et de régler par avance un conflit de compétence (art. 659, CPP).

1. G. Bonnet, « Le règlement de juges dans la jurisprudence moderne de la chambre criminelle », *JCP* 1970. I. 2319 ; R. Merle et A. Vitu, *Traité de droit criminel*, t. II, n° 722. S. Guinchard et J. Buisson, *Procédure pénale*, n° 1193 et s.

2. Pour éviter d'utiliser cette procédure l'article 657 CPP (réd. L. du 30 déc. 1985), permet au ministère public lorsque le conflit survient entre deux juges d'instruction, de demander à l'un des juges de se dessaisir au profit de l'autre, Crim., 6 févr. 1996, *Bull. crim.*, n° 62.

3. Cette solution doit être appliquée strictement. Ainsi un conflit entre le tribunal de police et le tribunal correctionnel ou entre le tribunal correctionnel et le tribunal des enfants du ressort d'une même cour d'appel doit être soumis à la Cour de cassation.

Quant aux solutions, elles ne sont pas précisément déterminées par le Code de procédure pénale. En cas de conflit positif, la juridiction désigne quelle est celle des deux juridictions qui connaîtra du dossier. Elle se détermine en fonction d'une bonne administration de la justice.

En cas de conflit négatif, si l'affaire paraît assez claire, elle est renvoyée devant une troisième juridiction qui statuera. Dans le cas contraire, le dossier est renvoyé devant une chambre de l'instruction qui aura à se prononcer après une information complémentaire.

Telles sont les principales règles du règlement de juges. Comme on peut le constater, elles sont assez complexes et ralentissent sérieusement le cours de la justice. Aussi, concrètement, le conflit positif est-il fréquemment réglé par la pratique du dessaisissement amiable de l'une des juridictions au profit de l'autre. Il est rare que des juridictions dont on connaît les charges tiennent à tout prix à régler un dossier. Cette procédure est d'ailleurs régulièrement prévue pour les conflits entre juges d'instruction mais elle est assez généralisée.

SOUS-TITRE 3
La Cour de cassation

677 ***Place*** ◊ La Cour de cassation est la plus haute des juridictions de l'ordre judiciaire. En effet, c'est devant elle que sont portés tous les pourvois formés contre les décisions émanant des tribunaux *civils* ou des tribunaux *pénaux*. À ce niveau supérieur se manifeste, une nouvelle fois, le principe de l'unité des juridictions de l'ordre judiciaire.

Après avoir présenté la Cour de cassation dans ses origines et son rôle (Section 1), on exposera ensuite son organisation (Section 2) et le mécanisme du pourvoi en cassation (Section 3).

SECTION 1. PRÉSENTATION GÉNÉRALE

§ 1. Origines de la Cour de cassation

678 ***Du conseil des parties au Tribunal de cassation*** ◊ Les origines de la Cour de cassation sont simples à rappeler. Elle dérive de l'ancien Conseil des parties qui, sous l'ancien régime, formait l'une des sections du Conseil du Roi, qui examinait les recours formés contre les arrêts des Parlements. Cela explique que soient restés en vigueur jusqu'à une date très récente des textes comme l'ordonnance du 28 juin 1738 [1]. Après avoir disparu pendant la Révolution, ce Conseil renaît sous la forme du *Tribunal de cassation* (L. 27 nov., art. 1er et 1er déc. 1790) [2]. Mais ce dernier, il ne faut pas l'oublier, était établi auprès du Corps législatif, tout comme le Conseil d'État était établi auprès de l'exécutif. La mission de ce tribunal était limitée à l'annulation des jugements qui contiendraient « *une contravention expresse au texte de la loi* » (art. 3) ; le tribunal de Cassation était donc un auxiliaire du Corps législatif, à tel point que, chaque année, huit de ses membres devaient venir à la barre de ce Corps rendre compte des cassations prononcées et des textes législatifs violés (art. 8). Il faut rapprocher ces dispositions de celles de l'article 21, al. 2 de la loi des 27 novembre et 1er décembre 1790 qui obligeait le Tribunal de cassation à saisir le Corps législatif de toute question d'interprétation de la loi, lorsque, dans une même affaire, ayant procédé à deux cassations, le troisième tribunal saisi sur renvoi de la deuxième cassation statuerait encore dans le sens des deux premières juridictions du fond ; il n'appartenait pas au Tribunal de cassation

1. *Rép. pr. civ.*, 2e éd., v° « cassation (Cour de) », par J. et L. Boré. Y. Chartier, *La Cour de cassation*, coll. « Connaissance du droit », Dalloz, 2e éd., 2001.

2. E. Chenon, *Origines, conditions et effets de la cassation*, L. Larose et Forcel éd., Paris, 1881 ; J.-L. Halperin, *Le tribunal de cassation* (1790-1799), thèse Paris, 1985, LGDJ, 1987 ; *Le tribunal et la Cour de cassation : 1790-1990* (Litec) (à l'occasion du bicentenaire de la Cour de cassation, publié in *Livre du bicentenaire*, Doc. fr. 1991).

de trancher, mais au Corps législatif. Avec l'interdiction des arrêts de règlement (art. 10 et 12, L. 16-24 août 1790, qui deviendront l'article 5, C. civ.), l'abaissement du Tribunal de cassation était complet. Les temps ont bien changé ! Et c'est la loi du 1er avril 1837 qui supprima le référé législatif ; le rattachement de la Cour suprême au pouvoir législatif fut lui aussi supprimé.

§ 2. Rôle de la Cour de cassation

I. Rôle juridictionnel

679 ***Rôle traditionnel et fonctions juridictionnelles particulières*** ◊ **a)** Le rôle traditionnel de la Cour de cassation est bien connu [1] : il consiste à réaliser, sans que le précédent ait, en principe, valeur contraignante, l'unification dans l'interprétation des règles *de droit*. En outre, comme son nom l'indique, elle est juge de *cassation* [2]. Le nouvel article L. 411-2, COJ, précise bien son rôle : elle « *statue sur les pourvois en cassation formés contre les arrêts et jugements rendus en dernier ressort par les juridictions de l'ordre judiciaire* » (al. 1er). Et elle « *ne connaît pas du fond des affaires, sauf dispositions législatives contraires* » (al. 2).

1) *Juge de droit*, la Cour de cassation n'a pas à s'occuper des éléments de *fait* du procès ; elle ne les apprécie pas, mais elle les accepte tels qu'ils résultent des considérants ou des attendus des décisions qui lui sont déférées. Elle ne fait porter son examen critique que sur les questions de *droit ;* elle a pour mission de rechercher si, à ces éléments de fait qu'elle ne contrôle pas, il a été fait une bonne et saine application de la loi, s'il y a eu violation de la loi, dans un sens large. Si elle estime qu'il y a eu violation de la loi, elle casse ; mais, comme elle ne peut pas substituer sa décision à celle des premiers juges, elle renvoie en principe devant une autre juridiction du même ordre, de même nature, de même degré (v. *infra*, nos 701 et s.).

Si elle considère que la loi a été bien appliquée, elle rejette le pourvoi.

C'est cette mission spéciale qui fait de la Cour suprême une juridiction tout à fait exceptionnelle. Elle ne constitue pas un troisième degré de juridiction, puisqu'elle ne connaît pas des procès comme en connaissent les juridictions inférieures et qu'elle se maintient dans la sphère des questions de droit (v. toutefois, *infra*, n° 684). Elle sert de régulateur aux autres juridictions et assure une certaine fixité de la jurisprudence [3]. Son rôle est de faire prévaloir l'interprétation souveraine de la loi. Selon le Conseil constitutionnel, elle « seule »

1. M. Billiau, « Quel rôle pour la Cour de cassation au XXe siècle ? », in *Mélanges J. Normand,* Litec, 2003, p. 31.

2. J. Foyer, « La fonction juridictionnelle de la Cour de cassation », in *Les cours judiciaires suprêmes dans le monde arabe*, Bruylant, 2001, p. 43. F. Zenati, « La nature de la Cour de cassation », *BICC* 15 avr. 2003. P. Gothot, « Origène et le procureur ou la nature de la Cour de cassation », in *Mélanges M. Gobert,* Economica, 2004, p. 139.

3. G. Canivet, *La Cour de cassation et l'interprétation uniforme du droit,* conférence Beyrouth, 21 déc. 2001, Publications de l'Université Saint-Joseph, CEDROMA, Bruylant, 2004, p. 333.

« a pour mission de juger les pourvois contre les décisions rendues en dernier ressort par les juridictions judiciaires » [1].

On comprend aisément l'utilité, la nécessité même de posséder, dans un système juridique donné, un organe judiciaire destiné, sinon à aplanir les nuances, du moins à surmonter les contradictions de la jurisprudence [2]. Il est moins facile d'imaginer la technique à l'aide de laquelle on réglera les conflits susceptibles de s'élever entre la juridiction suprême et les juridictions qui lui sont inférieures dans la hiérarchie judiciaire. Ce n'est pas à la première tentative, on le constatera en étudiant la procédure du pourvoi en cassation, que le droit français a trouvé le point d'équilibre (v. *infra*, n° 701). Depuis la loi du 1er avril 1837, toutes les fois qu'une décision de cassation est rendue par l'assemblée plénière (v. *infra*, n° 702 (4), et 703 (4), la juridiction de renvoi est tenue de se conformer à elle, pour les points de droit qu'elle a tranchés (nouvel article L. 431-4, al. 2, COJ).

2) *Juge de cassation,* il convient de signaler sans attendre que le rôle de la Cour est plus large en matière pénale qu'en matière civile :

- En effet, en matière pénale, la Cour de cassation peut être saisie, non seulement d'un pourvoi en *cassation*, mais aussi d'un pourvoi en *révision*.

- En revanche, en matière civile, seul un pourvoi en *cassation* peut être, en principe, porté devant la Cour de cassation. Dans ce domaine, le recours en révision qui a succédé à la requête civile, dans le Code de procédure civile, obéit à des règles particulières. Il est porté normalement devant une juridiction du fond. Il ne faut cependant pas exclure que désormais, un tel recours puisse être porté devant la Cour de cassation, dans les éventualités où elle statue sans renvoi, c'est-à-dire sans renvoyer l'affaire devant une juridiction du fond (v. *infra*, n° 702).

b) Par ailleurs, la Cour se voit confier des missions juridictionnelles spécifiques par le Code de l'organisation judiciaire. Ainsi, elle connaît des recours formés contre la décision refusant la prise à partie (art. R. 411-2, COJ qui renvoie à l'article 366-5, CPC), des actions en responsabilité civile dirigée contre un avocat aux Conseils (art. R. 411-3, COJ), des recours formés contre les décisions prises en matière disciplinaire contre ces mêmes avocats (art. R. 411-4, COJ) et contre les décisions prises par les autorités chargés de l'établissement des listes d'experts (art. R. 411-5, COJ).

II. Rôle non juridictionnel

680 ***Saisine pour avis de la Cour de cassation en matière civile*** ◊ La loi n° 91-491 du 15 mai 1991 a permis aux juridictions de l'ordre judi-

1. Déc. n° 77-99L, 20 juill. 1977, *RJC*, II, p. 77 ; *D.* 1978. 701, note Léo Hamon ; *RD publ.* 1979, 1663.

2. Travaux Assoc. H. Capitant, *Les réactions de la doctrine à la création du droit par les juges*, t. XXXI, 1980 ; *Le rôle de la pratique dans la formation du droit*, t. XXXIV, Économica, 1983 ; *L'image doctrinale de la Cour de cassation*, colloque, 10-11 déc. 1993, Doc. fr. 1994. Th. Le Bars, « Positivisme, dogmatisme, réalisme et dérive de la Cour de cassation », *Mélanges Héron*, LGDJ, 2009, 297.

ciaire et à elles seulement [1], de saisir la Cour de cassation, en matière civile pour connaître son avis sur une question de droit nouvelle présentant une difficulté sérieuse et se posant dans de nombreux litiges et à condition qu'elle commande l'issue du procès (art. L. 441-1 à L. 441-4, COJ) [2]. La procédure existait déjà pour l'ordre administratif, au profit du Conseil d'État (L. n° 87-1127, 31 déc. 1987, art. 12) et la loi de 1991 en a repris le mécanisme (v. *infra*, n° 724-II, b), inspiré du référé législatif du droit intermédiaire [3] et du pourvoi dans l'intérêt de la loi, mais à titre préventif. Par certains aspects, cette procédure s'apparente à celle des questions préjudicielles... mais facultatives ; elle est la manifestation d'un besoin de dialogue entre les juges [4]. Dix ans après, la loi du 25 juin 2001 lui a apporté quelques retouches et l'a étendue à la matière pénale (v. *infra*, n° 681).

La Cour doit se prononcer dans les 3 mois de sa saisine au sein d'une formation spéciale intermédiaire entre l'Assemblée plénière et la chambre mixte (sur laquelle, v. *infra*, n° 697), le ministère public entendu. Si la demande d'avis, formulée par un jugement non susceptible de recours, suspend l'instance au fond (sauf mesures d'urgence ou conservatoires), l'avis rendu, qui doit être communiqué aux parties à l'instance, ne s'impose pas aux juges du fond, afin de ne pas heurter l'article 5 du Code civil qui prohibe les arrêts de règlement. Les articles 1031-1 à 1031-7, CPC, en fixent les modalités pratiques [5], avec cette précision que la saisine pour avis ne fait pas obstacle à ce que le juge ordonne des mesures d'urgence ou conservatoires nécessaires (art. 1031-1, CPC, al. ajouté par D. n° 2008-522, 2 juin 2008). Dans ses décisions la Cour de cassation a été amenée à préciser qu'il n'y avait pas lieu à avis si l'une de ses chambres devait statuer prochainement sur la question posée ou si celle-ci relevait de la procédure de la question préjudicielle de l'article 234 du traité CE (ex-177) [6] ou interrogeait la Cour de cassation sur la compatibilité d'une norme nationale avec une norme de la Convention européenne des droits de

1. « Les bureaux d'aide juridictionnelle ne sont pas des juridictions », Cass. 9 juill. 1993, *D.* 1994.137, note Laroche de Roussane.

2. Cass. avis, 23 avr. 2007, *BICC* 1er juill. 2007, rapport Mme Labrousse et obs. M. Fréchède.

3. Sur celui-ci, C. Block et J. Hilaire, « Interpréter la loi, les limites d'un grand débat révolutionnaire », in *Mélanges J.-Th. de Smidt*, 1988, Amsterdam, p. 29 ; B. Oppetit, « La résurgence du rescrit », *D.* 1991.105.

4. Sur le dialogue comme principe directeur du procès, v. S. Guinchard *et alii*, *Droit processuel. Droit commun et droit comparé du procès équitable*, *op. cit.* nos 546 et s.

5. *Commentaires* : A.-M. Morgan De Rivery-Guillaud, *JCP* 1992. I. 3576 ; A. Cœuret, *RTD civ.* 1991. 615 ; F. Zenati, *D.* 1992. Chron. 247.

Bilan : P. Chauvin, *BICC* 15 déc. 1993, p. 7 et « Rapport de la Cour de cassation », 1993, Doc. fr. 1994, p. 53 ; A.-M. Morgan De Rivery-Guillaud, *BICC* 15 déc. 1993, p. 12 ; G. Wiederkehr, *Justices* 1995.1.258 ; J. Normand, *Annales de Droit*, Louvain, 1998 - 2, 125 ; J. Buffet, « La saisine pour avis de la Cour de cassation », *BICC*, 15 juin 2000 ; C. Pelletier, « Quinze après : l'efficacité des avis de la Cour de cassation », in *Mélanges Ph. Jestaz*, Dalloz, 2006, p. 429.

V. aussi *L'inflation des avis en droit*, Colloque Montpellier, 7 juin 1996, Économica, 1998 ; H. M. Darnanville, « La saisine pour avis du Conseil d'État et de la Cour de cassation », *AJDA* 2001. 416 ; N. Molfessis, « Les avis spontanés de la Cour de cassation », *D.* 2007. 37.

6. Cass. 9 oct. 1992 (1re et 5e esp.), *D.* 1993. Somm. 188, obs. Julien, 196, note Gavalda.

l'homme [1]. Dans tous les cas, et bien que les textes ne le prévoient pas un rapporteur a été désigné. Si le juge qui sollicite l'avis n'a pas avisé le Parquet (et les parties), la Cour de cassation a d'abord jugé que la demande était irrecevable [2], avant de revenir sur cette solution [3], ce qui l'a conduit à préconiser une modification de l'article 1031-1, CPC dans son rapport annuel [4] ; finalement, le décret n° 2005-460 du 13 mai 2005 tranche en faveur de l'irrecevabilité et la Cour s'incline [5]. Lorsque la Cour a rendu un avis et que l'une de ses chambres n'est pas d'accord avec le contenu de celui-ci, rien n'a été prévu ; il serait sage de saisir l'Assemblée plénière dans ce cas. De 1992 à juin 2000, la Cour a été saisie 139 fois [6] ; en 2007, elle a été saisie de huit demandes en matière civile et a rendu dix-sept avis, toutes matières confondues ; il semblerait que la procédure ne rencontre pas le succès escompté [7].

681 ***Saisine pour avis en matière pénale*** ◊ La loi du 25 juin 2001 a étendu la saisine pour avis aux juridictions pénales (art. 706-64 à 706-70, CPP) [8]. La procédure, calquée sur celle applicable à la matière civile (par renvoi à l'article L. 151-1, COJ) est exclue pour les juridictions d'instruction et les cours d'assises et, quelle que soit la juridiction, dès lors que, dans l'affaire concernée, une personne est placée en détention provisoire ou sous contrôle judiciaire (art. 706-64). Là encore, l'avis des parties et du parquet est sollicité et doit être transmis à la Cour de cassation (art. 706-65). Mais le juge qui envisageait de demander son avis à la Cour de cassation peut se raviser au vu de ces avis et ne pas poser sa question (art. 65, al. 2). La Cour de cassation doit répondre dans les trois mois, la formation compétente est fixée à l'article L. 151-2, al. 3, COJ [9].

1. A. Bugada, « La formation pour avis de la Cour de cassation, "juge des lois" ? », *Dr. et proc.* 2004-3, p. 137.
2. Cass. décision d'irrecevabilité du 29 avr. 1993, *JCP* 1993. IV. 1572 ; 29 nov. 1993, *Bull.* n° 14 ; 27 juin 1994, *Bull.* n° 17 ; 8 mars 1996, *Bull.* n° 2.
3. Cass. avis du 1er déc. 2003.
4. Rapport pour 2003, Doc. fr. 2004, p. 18.
5. Avis du 24 nov. 2008, *BICC*, 15 mars 2009, rapport Grignon Dumoulin et obs. Lautru.
6. De nombreux avis ont été rendus en matière de voies d'exécution, suite à la réforme du 9 juillet 1991 : M. Douchy, « Les avis de la Cour de cassation en matière de procédures civiles d'exécution », *Justices*, 1997-8, 51.
7. V. les réflexions de R. Libchaber, *RTD civ.* 2003. 157.
8. F. Desportes, « La procédure d'avis en matière pénale », *BICC* 15 juin 2002.
9. En 2007, quatre demandes d'avis pour la matière pénale.

SECTION 2. ORGANISATION ET COMPÉTENCES

§ 1. Les réformes successives de la Cour de cassation

682 ***Évolution*** ◊ Pendant une très longue période, la Cour de cassation a possédé une structure stable, et si la procédure suivie devant elle était relativement longue, elle pouvait faire face, avec un effectif relativement réduit, à ce que l'on attendait de son intervention. Mais, depuis le milieu des années 1960, la prolifération législative a multiplié à la fois l'incertitude juridique et le nombre des pourvois. On a été ainsi amené à reprendre à plusieurs reprises l'organisation interne de la cour et la technique procédurale du pourvoi d'abord en matière civile, puis dans tous les domaines.

On peut distinguer à cet égard trois périodes : au cours de la première, on a espéré régler le problème grâce à l'augmentation du nombre des chambres (1947-1967). Au cours de la deuxième, il a fallu recourir à des moyens plus efficaces (1967-1991), qui n'ont plus eu d'impact à la fin des années 1990 ; d'où une réforme supplémentaire en 2001, complétée par la mesure, prise en 2004, de représentation obligatoire devant la Cour, y compris en matière de droit du travail. Ces mesures ont été suivies d'effets.

683 ***La période allant de 1947 à 1967*** ◊ La structure de la Cour de cassation et la technique du pourvoi n'ont pas été modifiées pendant une très longue période. Le tribunal de cassation de 1790 comportait un bureau des requêtes et une section de cassation ; sous le Directoire apparaît une division plus stable : une section des requêtes, une section civile. Avec la loi du 2 brumaire an IV et le *sénatus consulte* du 28 floréal an XII, se dessine une organisation qui demeurera inchangée jusqu'en 1938. La Cour de cassation comporte alors une chambre *civile*, une chambre des *requêtes*, une chambre *criminelle*. Mais, alors que les pourvois ont été, dès l'origine, portés directement devant la *chambre criminelle*, afin de favoriser une décision relativement rapide, une technique un peu plus complexe avait été adoptée en matière civile et elle a été maintenue jusqu'à une date récente. Les pourvois civils avaient en effet été soumis à un filtrage, grâce à l'institution d'une chambre civile dite des *requêtes*. Si la chambre des requêtes et la chambre civile avaient, dans certains domaines, une compétence propre et exclusive, l'instance se déroulait le plus souvent d'une manière plus compliquée. Un pourvoi ne pouvait être porté devant la chambre civile s'il n'avait fait l'objet, au préalable, d'un examen favorable par la chambre des requêtes. Ce système permettait, tout en opérant un filtrage, de maintenir dans la mesure du possible l'unité d'interprétation ; si certaines divergences pouvaient s'élever entre chambre des requêtes et chambre civile, l'existence d'une chambre civile unique les limitait singulièrement [1].

1. Pour les pourvois de la compétence exclusive de chacune des trois chambres, les conflits devaient être également rares, puisque ces chambres avaient des compétences en principe parallèles et non concurrentes. Il n'en va plus de même depuis 1947. Mais on a espéré pallier les inconvénients du nouveau régime en instituant une *assemblée plénière*, devenue en 1967, *une chambre mixte*. V. Civ. 1re, 20 mai 1969, *D.* 1969. 429, conclusions

Devant l'encombrement croissant du rôle de la Cour de cassation, on s'efforça, en 1938, d'améliorer le système tout en demeurant dans la tradition. Le décret-loi du 17 juin 1938 avait, dans ce dessein, créé une nouvelle chambre dite chambre *sociale* qui jouait un double rôle : elle connaissait seule de certains pourvois ; pour d'autres, elle jouait le rôle d'une seconde chambre des requêtes. Cette transformation de la structure de la Cour suprême ne permit pas cependant, comme on l'espérait, d'accélérer suffisamment la marche des pourvois. Aussi une réforme plus radicale fut-elle opérée par une loi du 22 juillet 1947 modifiant l'organisation et la procédure de la Cour de cassation [1]. On a renoncé alors à alourdir la procédure du pourvoi par l'intervention d'une chambre chargée de se prononcer sur l'admission ou le rejet de la requête (chambre des requêtes ou chambre sociale). Le régime nouveau supprime la chambre des requêtes ainsi que la chambre sociale et créé *trois chambres civiles* à compétence parallèle. Pour éviter les oppositions de jurisprudence entre les chambres, on a prévu l'intervention d'une formation alors appelée *Assemblée plénière civile.* Mais l'accumulation des pourvois avait imposé d'ajouter encore une *quatrième chambre civile* à la Cour de cassation et de diminuer le nombre des magistrats nécessaires pour juger (lois du 21 juill. 1952 et du 4 août 1956). Ce sont les mêmes motifs qui ont conduit le législateur, en 1967 [2], à créer une *cinquième chambre civile* (art. 1er de la loi du 3 juill. 1967) et à modifier les formations dans lesquelles la Cour pouvait ou devait siéger. Ces réformes n'avaient d'ailleurs porté atteinte en aucune manière au rôle traditionnel de la Cour de cassation, tel qu'il a été défini ; elles n'avaient transformé que la technique procédurale du pourvoi ; c'est par contrecoup, en quelque sorte, qu'avaient été modifiées la composition et l'organisation de la Cour.

684 ***La période allant de 1967 à 1999*** ◊ Pendant une assez courte période, on a eu l'impression que la Cour de cassation, grâce à cette nouvelle structure, allait pouvoir faire face à l'engorgement progressif de son rôle qui entraînait des retards considérables. Certes, la création, par une loi organique du 20 février 1967 de *conseillers référendaires* avait permis d'alléger, dans une certaine mesure la tâche des conseillers. Ces conseillers référendaires avaient pour mission de rapporter les affaires de la chambre à laquelle ils étaient affectés et d'y siéger, mais seulement avec *voix consultative.* Mais ce palliatif s'est rapidement révélé insuffisant. C'est ce qui a conduit le législateur à envisager d'autres mesures plus énergiques qui ont pris place dans des lois successives portant les dates du 12 juillet 1978, 3 janvier 1979, 2 février 1981 et du 6 août 1981, la dernière en relation avec le désir de mettre en œuvre une nouvelle politique judiciaire, notamment en matière pénale. On a ainsi eu recours à trois techniques d'esprit assez différent, mais qui devraient concourir, par leur complémentarité, à raccourcir le délai des procédures et à éviter des circuits inutiles.

Lindon, note Colombet, *RTD civ.* 1969.544, obs. Nerson, 607, obs. Hébraud (élaboration d'une règle prétorienne par la Cour de cassation en dehors de toute demande d'un plaideur).

1. E. Faye, *La Cour de cassation*, rééd. 1970 ; P. Hébraud, *D.* 1947. Chron. 125 ; J.-L. Ropers, *JCP* 1947. I. 664 ; M.-G. *Gaz. Pal.*, 31 mai-3 juin 1947 ; J.-L. Ropers, « La loi du 2 juillet 1952 créant une chambre civile à la Cour de cassation », *JCP* 1952. I.1054.

2. Loi n° 67-523 du 3 juill. 1967 ; Décr. du 22 déc. 1967 : Y. Lobin, « Les réformes de la Cour de cassation », in *Études A.. Audinet*, 1968, p. 159 ; A. Toulemon, *Gaz. Pal.*, 1967.2 ; *D.* 19.

- La première a consisté (L. 12 juill. 1978, *in* art. L. 431-3, al. 1, COJ) à donner *voix délibérative* aux conseillers référendaires dans le jugement des affaires qu'ils sont chargés de rapporter. De plus, un ou deux conseillers référendaires, pris par ordre d'ancienneté, peuvent, avec voix délibérative, être appelés à compléter la chambre à laquelle ils appartiennent, lorsque le nombre exigé de 5 conseillers n'est pas atteint (art. R. 431-7, COJ) [1]. Dans le même ordre d'idée, un décret du 20 février 1984 a créé les auditeurs de justice pour soulager les conseillers des tâches administratives.

- La deuxième qui a été instituée après certains tâtonnements (v. *infra*, n° 689) est inspirée par l'idée que, dans certains cas, le pourvoi ne justifie pas de longs débats devant une chambre complète de la cour. Pour cette raison, chacune des chambres de la Cour de cassation comprenait, jusqu'en 1997, outre sa formation normale, une *formation restreinte* composée de trois magistrats, au lieu de cinq. Cette formation constitue la formation de principe depuis la loi n° 97-395 du 23 avril 1997.

- Une troisième voie avait été ouverte discrètement par la loi de 1967 en faveur de l'assemblée plénière, mais celle-ci n'y avait jamais eu recours. Elle a été élargie et généralisée par la loi du 3 janvier 1979. D'ordinaire la Cour de cassation ne juge pas elle-même l'affaire qui lui est soumise : elle rejette le pourvoi ou, si elle l'admet, elle renvoie devant une juridiction du fond. Or la loi de 1967 a prévu la possibilité d'une *cassation sans renvoi* (aujourd'hui, art. L. 411-3, al. 1er, COJ). Cette solution est logique dans le cas où la cassation n'implique pas qu'il soit à nouveau statué sur le procès [2]. Mais l'alinéa 2 ajoute que la Cour « *peut aussi, en cassant sans renvoi, mettre fin au litige lorsque les faits, tels qu'ils ont été souverainement constatés et appréciés par les juges du fond, lui permettent d'appliquer la règle de droit appropriée* ». Dans de telles éventualités, dont on peut penser qu'elles seront rares, une chambre ordinaire, une chambre mixte ou l'assemblée plénière se comporteront comme une sorte de troisième degré de juridiction. C'est certainement cette règle qui est la plus révolutionnaire dans les réformes récentes. Mais, il n'est pas certain que cette invitation soit favorablement accueillie par les magistrats de la Cour de cassation. La chambre criminelle applique parfois cette solution en substituant elle-même une nouvelle peine pour permettre l'application d'une loi plus douce [3].

Ajoutons que l'art. 1009-1 CPC, a posé une règle susceptible de freiner l'afflux de certains pourvois. Il s'agit du cas où la décision attaquée condamne le demandeur au pourvoi à une exécution forcée, non suspendue par le pourvoi. Le défendeur au pourvoi peut, si l'exécution n'a pas encore été réalisée, demander au premier président de la Cour de cassation ou à son délégué de retirer l'affaire du rôle. Un refus peut lui être opposé mais uniquement lorsque l'exécution serait de nature à entraîner des conséquences manifestement excessives.

1. *Commentaires* : P. Hébraud, *D.* 1979. Chron. 205 ; R. Lindon, *JCP* 1981. I. 2967 ; M. Jeantin, in *Mélanges P. Hébraud*, PU Toulouse, 1981, p. 465.

2. Ainsi le pourvoi étant fondé sur une contrariété de jugements, la Cour annule le second jugement ; le premier développe alors tous ses effets. Ou bien la Cour casse partiellement une décision en retranchant la disposition illégale qu'elle contenait. La cassation par retranchement se fait sans renvoi.

3. V. par ex. Crim. 9 mars 1994, *Bull. crim.* n° 94 et J. Pradel et A. Varinard, *Les Grands arrêts du droit pénal général*, Dalloz, 6e éd., 2009 n° 13.

Répartition du contentieux civil et pénal en 2008

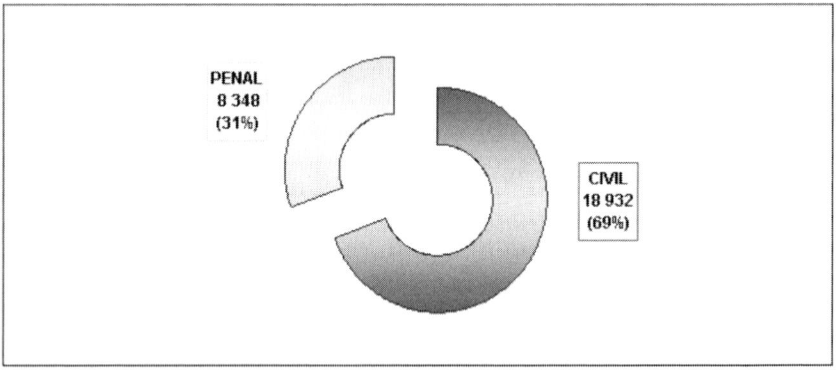

Source : Rapport de la Cour de cassation pour 2008, Doc. fr., 2009.

Évolution du stock général – année 2008

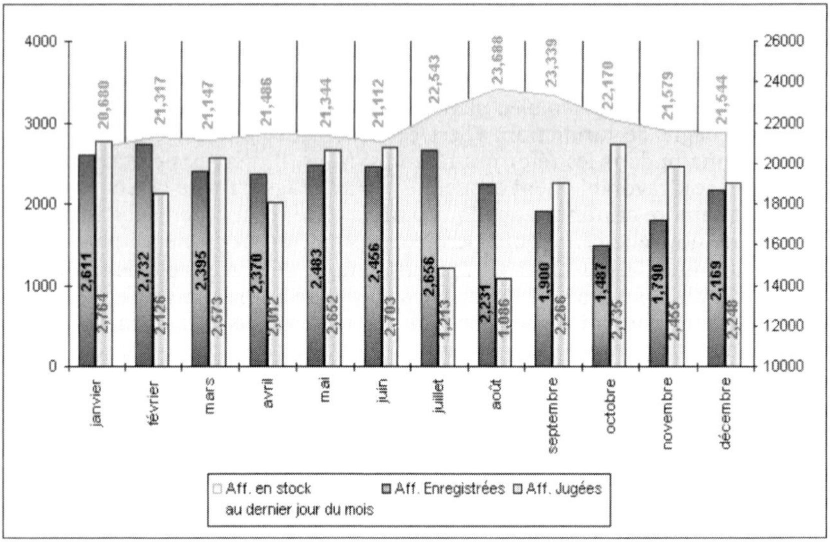

Source : Rapport de la Cour de cassation pour 2008, Doc. fr., 2009.

Évolution du stock des affaires civiles en 2008

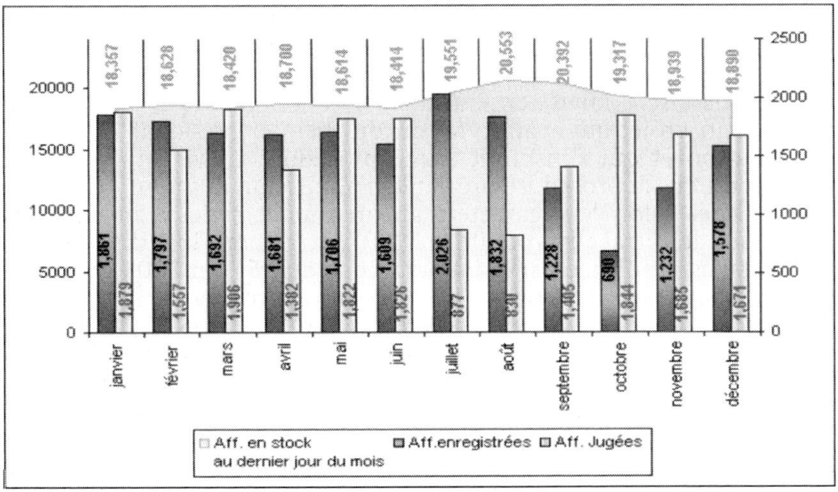

Source : Rapport de la Cour de cassation pour 2008, Doc. fr., 2009.

Évolution du stock des affaires pénales en 2008

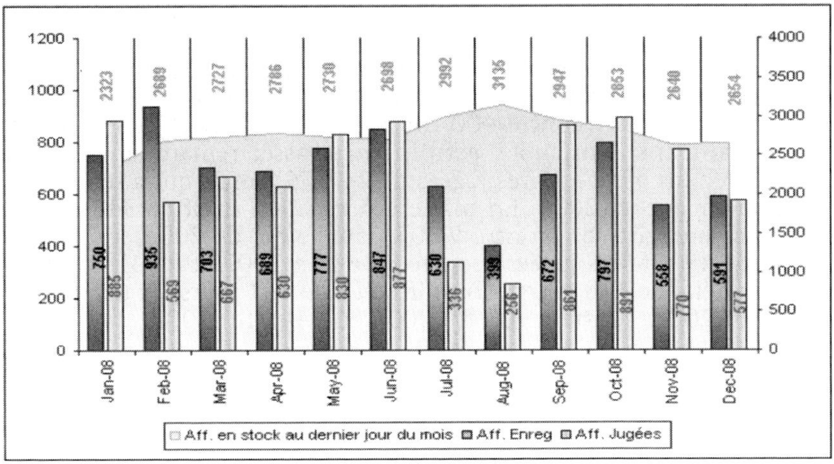

Source : Rapport de la Cour de cassation pour 2008, Doc. fr., 2009.

685 ***La réforme du 25 juin 2001. L'inversion de tendance*** ◊ Il faut être réaliste, les réformes de 1967 à 1999, utiles en leur temps, n'avaient apporté qu'un soulagement temporaire à l'encombrement de la Cour de cassation. Le problème était d'ailleurs plus structurel que conjoncturel et les points de vue, souvent opposés, émis ici ou là [1] traduisaient un réel malaise. Malaise accentué par le rejet, en 1994, par le Parlement, d'un projet qui avait la faveur du Premier président de la Cour de cassation et qui s'inspirait d'une procédure en vigueur devant le Conseil d'État, la procédure préalable d'admission des pourvois ; ceux-ci sont triés selon leur caractère apparemment sérieux ou non [2]. La procédure de filtrage introduite en 1997, largement insuffisante dans ses effets, est réformée par la loi organique du 25 juin 2001 modifiant le statut des magistrats (art. 27), pour se rapprocher de la procédure en vigueur devant le Conseil d'État (*in* art. L. 131-6, COJ, v. *infra*, n° 689, b, sur la procédure et ses effets sur le contentieux) [3]. Avec une baisse du nombre des pourvois qui se confirme, une procédure de non-admission qui marche à « plein rendement » (encore 21 % de non-admission pour les affaires civiles traitées en 2007, contre 30 % en 2002), la Cour parvient enfin à réguler ses flux à partir de 2003, malgré une nouvelle dégradation à partir de 2005 ; en effet, si en matière civile et en 2008, elle a reçu 18 932 affaires nouvelles (soit 102 de moins qu'en 2006, mais 700 de plus qu'en 2007, contre 22 869 au pic de 2001) ; elle n'a rendu que 18 684 décisions contre 22 461 en 2006 et 20 354 en 2007, soit une baisse significative et constante de son « rendement » depuis deux ans (moins 20 % entre 2006 et 2008) ; dès lors, le stock d'affaires non jugées qui était de 18 334 fin 2007 est repassé à 18 890 fin 2008 (contre 20 256 fin 2006 et 35 595 en 2001), l'objectif LOLF étant de 22 500. Quant à la durée de jugement d'une affaire civile enregistrée, elle était de 445 jours au 31 décembre 2008 (contre 400 fin 2007), pour un objectif LOLF de 480 jours. Dans l'ensemble, performances assez remarquables depuis 2005 (avec un pic d'affaires jugées de 24 776), mais qui a tendance à se dégrader depuis 2007. En matière pénale, en 2008, 8 348 affaires nouvelles enregistrées (contre 9 205 pour le pic de 2006 et 7 963 en 2007) 8 149 affaires jugées (contre 8 468 en 2007 et 9 047 en 2007) pour un délai de 118 jours (objectif LOLF de 131 jours) et un stock de 2 654 fin 2008, contre 2 903 fin 2006 et 2 445 fin 2007.

1. P. Drai, « Pour la Cour de cassation », *JCP* 1989. I. 3374 ; et, en réponse, A. Bénabent, « Pour la Cour de cassation aussi mais autrement », *D.* 1989. Chron. 222 ; A. Tunc, « La Cour de cassation en crise », *Arch. phil. dr.* 1985.3.30.
2. J. Bel, « La plume d'oie », *D.* 1995. chron. 59 ; « Pour une critique du projet », J. Héron, *Justices*, 1995. 2. 268.
3. Commentaires : A. Perdriau, *JCP*. 2001, Actu., p. 1657 ; M. Cottin, *D.* 2002. 748.

§ 2. Organisation actuelle et fonctionnement

I. Organisation et composition de la Cour

686 ***Unicité de la Cour de cassation. Son siège*** ◊ Depuis sa création en 1790, la Cour de cassation présente une double particularité. Elle a un caractère *unique* pour toute la France (art. L. 411-1, COJ : « *il y a, pour toute la République, une Cour de cassation* »). Elle est sédentaire et est installée à Paris (art. R. 411-1, COJ) [1]

687 ***Effectifs, organisation et fonctionnement de la Cour.*** ◊ La Cour se compose du premier président, des six présidents de chambre, des 88 conseillers et des 65 conseillers référendaires, des auditeurs, du procureur général, des premiers avocats généraux (dont un affecté à chaque chambre), des 22 avocats généraux, des avocats généraux référendaires, des directeurs de greffe et des greffiers de chambre (art. R. 421-1, COJ et décret n° 2002-349, 8 mars 2002 pour la fixation des effectifs). L'article L. 421-8, COJ, prévoit en outre que des avocats généraux de la cour d'appel de Paris peuvent être délégués à la Cour de cassation pour y exercer les fonctions du ministère public. Un secrétariat général est assuré par deux magistrats de la cour (art. 4 du décret du 8 mars 2002).

a) La Cour comprend six chambres : *cinq chambres civiles et une chambre criminelle* (art. L. 421-1 et R. 421-3, COJ). Chaque chambre se compose d'un président de chambre qui est aussi président de section, de conseillers (qui peuvent, le cas échéant, être présidents de section), de conseillers référendaires, d'un premier avocat général, d'un ou plusieurs avocats généraux, d'un ou plusieurs avocats généraux référendaires, d'un greffier de chambre (art. R. 421-4, COJ). Mais chaque chambre comprend une ou plusieurs sections et peut donc siéger soit en section, soit en plénière de chambre (art. R. 421-3, COJ). Si chaque chambre a à sa tête un président, elle peut aussi être présidée par le premier président ; à défaut, elle est présidée par le président de section dont le rang est le plus élevé et à défaut par le plus ancien des conseillers (art. R. 431-1, COJ). Chaque section a un président ; mais elle peut aussi être présidée par le président de la chambre à laquelle elle appartient, le premier président et, à défaut, par le conseiller le plus ancien (art. R. 431-1, al. 2, COJ). Dans chaque section, le doyen est le plus ancien des conseillers (art. R. 421-5, al. 1er, COJ) ; dans chaque chambre, le doyen est le plus ancien des doyens de section (al. 2) ; le plus ancien des doyens de chambre porte le titre de doyen de la cour de cassation (al. 3).

b) Les magistrats du siège :

1) *Le Premier président* [2] *n'a aucun pouvoir juridictionnel propre* (sous réserve de la radiation du rôle de l'article 1009-1, v. *supra*, n° 684 *in fine* et des recours qui peuvent être exercés devant lui contre les décisions du bureau d'aide juridictionnelle, art. R. 411-7, COJ, qui renvoie à l'article 3 de la loi n° 91-647, 10 juill. 1991). Mais il est le chef de la juridiction la plus prestigieuse et, à ce titre, exerce des fonctions administratives importantes, notamment décide du

1. 5, quai de l'Horloge, Paris 1er.

2. P. Truche, « *La première présidence de la Cour de cassation* », in *Mélanges P. Drai*, Dalloz, 1999.

renvoi en Chambre mixte ou en Assemblée plénière, formations qu'il préside, en principe, de même que la formation spéciale pour avis. Chaque année, dans la première quinzaine de décembre, c'est lui qui affecte des magistrats à chaque chambre (art. L. 121-3 et R. 431-3, COJ). Avec le procureur général, il peut attirer l'attention du ministre de la justice sur les constatations faites par la Cour à l'occasion de l'examen des pourvois et lui faire part des améliorations souhaitables (art. R. 431-10, COJ) ; généralement, ces observations sont présentées dans le rapport annuel de la Cour (v. *infra*, n° 700).

À l'extérieur de la Cour, il préside le Conseil supérieur de la magistrature, dans sa formation compétente à l'égard des magistrats du siège.

2) *Les présidents de chambre* déterminent le nombre de sections de leur chambre et les règles de répartition des affaires entre elles ; en outre, ce sont eux qui affectent chaque affaire aux sections compétentes (en fonction des règles qu'ils ont fixées) et, le cas échéant, décident de son examen en formation plénière de chambre (art. R. 431-2, al. 2, COJ). Ils animent les débats et font partie de droit des assemblées plénières.

3) *Les conseillers* sont des magistrats de carrière confirmés, qui accèdent aux fonctions les plus élevées. Mais depuis la loi organique n° 92-189 du 25 février 1992 (*in* art. 40-1 à 40-7, ord. n° 58-1270, 22 déc. 1958) il est possible de recruter des conseillers en service extraordinaire qui, à la différence des conseillers d'État du même nom, exercent une fonction juridictionnelle ; nommés pour 8 ans [1], ils viendront renforcer de leur expérience professionnelle antérieure (25 ans au moins), les magistrats de carrière.

4) *Les conseillers référendaires* ont vu progressivement croître leurs attributions de 1967 à 1978, sous l'influence de l'engorgement de la Cour (v. *supra*, n° 684).

5) *Les auditeurs* exercent des « attributions administratives auprès de la Cour » (COJ, art. R. 421-7), notamment au service de documentation. Au nombre de 18, ils sont venus remplacer les conseillers référendaires, au fur et à mesure que ceux-ci accédaient à d'autres tâches. En outre, le texte leur permet d'assister aux audiences et de participer aux travaux d'aide à la décision tels que définis par le Premier président. La formule est assez souple pour permettre toutes les évolutions, si besoin était.

c) Le Parquet de la Cour de cassation est placé sous l'autorité du procureur général, deuxième plus haut magistrat de France, assisté des premiers avocats généraux et d'avocats généraux [2]. Il existe aussi la possibilité de recruter des avocats généraux en service extraordinaire, comme pour les conseillers (L. 25 févr. 1992). Les fonctions du ministère public sont confiées en priorité au procureur général, mais les premiers avocats généraux, les avocats généraux et les avocats généraux référendaires y participent sous sa direction (art. R. 432-1, COJ). À ce titre, c'est le procureur général qui répartit les premiers avocats généraux, les avocats généraux et les avocats généraux référendaires entre les chambres et les différents services du parquet ; il peut modifier à tout moment cette répartition et exercer lui-même les fonctions qu'il a déléguées (art. R. 432-2, COJ).

1. Au lieu de cinq avant la loi organique n° 2007-287, 5 mars 2007.
2. J.-F. Burgelin, « Un anticonformiste nécessaire : l'avocat général à la Cour de cassation », in *Mélanges R. Martin*, Bruylant/LGDJ, 2004, p. 3.

1) *Le procureur général « porte la parole aux audiences des chambres mixtes et de l'assemblée plénière, ainsi que dans les assemblées générales de la cour ; il peut la porter aux audiences des chambres et devant la formation prévue à l'article L. 441-2* (il s'agit de l'audience sur demande d'avis) » (art. L. 432-1, COJ). Il est remplacé, en cas d'empêchement, par un premier avocat général qu'il aura lui-même désigné ou, à défaut, par le plus ancien des avocats généraux (art. L. 432-2, COJ). Il préside la formation du Conseil supérieur de la magistrature pour les membres du Parquet (v. *infra*, n° 824).

2) *Les premiers avocats généraux et les avocats généraux* portent la parole, au nom du procureur général, devant les chambres auxquelles ils sont affectés, mais le procureur général peut les désigner pour porter la parole devant les autres formations de la cour (art. L. 432-3, COJ) ; les avocats généraux référendaires sont aussi autorisés à porter la parole du PG dans leurs chambres (aj. L. n° 2009-526, 12 mai 2009). Dans les affaires les plus importantes, les conclusions du premier avocat général, de l'avocat général ou de l'avocat général référendaire sont communiquées au procureur général qui, s'il n'approuve pas les conclusions et que leur auteur persiste, il délègue un autre magistrat du parquet général ou porte lui-même la parole à l'audience. En cas d'empêchement de longue durée d'un avocat général, le premier président et le procureur général peuvent déléguer un conseiller dans les fonctions d'avocat général, par une décision conjointe (art. L. 432-4, COJ).

d) Le greffe comprend plus de 200 personnes sous l'autorité du directeur de greffe (art. R. 434-1, COJ).

e) Comme toute autre juridiction, la Cour de cassation recrute des assistants de justice (v. *infra*, n° 878, a).

II. Formations juridictionnelles de la Cour de cassation

À côté des chambres (A) il existe des commissions juridictionnelles (B).

A. Les formations en chambres

688 ***Diversité*** ◊ Les formations que peut prendre la Cour de cassation sont assez nombreuses et variées.

Les arrêts peuvent être rendus soit par l'une des six chambres (en section ou en plénière de chambre, art. R. 421-3, al. 3, COJ), soit par une chambre mixte, soit par l'assemblée plénière de la cour (art. L. 421-3, COJ).

689 ***Compétence et audience dans l'une des six chambres : formation à trois ou cinq conseillers*** ◊ **a)** Traditionnellement, chaque chambre de la cour a reçu une compétence particulière [1], mais il revient au premier président

1. Les première, deuxième et troisième chambres civiles connaissent du contentieux civil proprement dit, la quatrième est la chambre commerciale et la cinquième la chambre sociale (sur cette dernière, v. P. Sargos, « L'organisation et le fonctionnement de la chambre sociale : la mission normative au péril de l'effet de masse », *Dr. social*, janv. 2006, 48. Le lecteur en trouvera la liste complète sur le site Internet de la Cour de cassation : www.courdecassation.fr

de fixer les attributions de chacune par ordonnance et après avis du procureur général (art. R. 431-2, al. 1er, COJ). La chambre criminelle a toujours été la seule chambre de la cour chargée d'examiner les pourvois en matière pénale. On conçoit sans peine que si cette solution facilite l'unité de jurisprudence, elle provoque une surcharge extraordinaire de cette formation. Aussi est-elle renforcée en personnel, afin de pouvoir examiner les pourvois sans retard excessif ; sont portés devant elle les pourvois en cassation et les pourvois en révision.

b) L'article L. 431-1, al. 1er, COJ proclame d'entrée que « les affaires soumises à une chambre civile sont examinées par une formation de trois magistrats... ») ; c'est dire que le principe est désormais celui d'un jugement à trois juges et on est loin des formations à sept, puis cinq juges d'autrefois. Pour autant, le texte ajoute immédiatement que « cette formation statue lorsque la solution s'impose » et que « dans le cas contraire, elle renvoie l'examen du pourvoi à l'audience de la chambre » (art. L. 431-1, COJ). En d'autres termes, lorsque la solution du pourvoi ne s'impose pas, la formation à cinq s'impose, ce que rappelle l'article R. 431-5, COJ, qui énonce « qu'à l'audience de la chambre, au moins cinq de ses membres ayant voix délibérative sont présents ». Toutefois, le premier président ou le président de la chambre concernée, d'office, ou à la demande du procureur général ou de l'une des parties, peut renvoyer directement une affaire à l'audience de la chambre par décision non motivée (al. 3).

La Cour de cassation connaît aussi une procédure de non-admission des pourvois, examinée par une formation de trois magistrats et autrefois contenue dans le Code de l'organisation judiciaire (ancien art. L. 131-6, al. 2) mais non reprise dans les textes issus de la nouvelle codification de 2006 et 2008 ; la raison en est que l'on trouve désormais dans le Code de procédure civile, un article 1014 (réd. D. n° 2008-522, 2 juin 2008) qui prévoit qu'après le dépôt des mémoires, une formation restreinte déclare non admis les pourvois irrecevables ou non fondés sur un moyen sérieux de cassation. L'effet de cette technique de filtrage des pourvois pour moyen non sérieux, instaurée à partir du 1er janvier 2002, a été radical sur l'encombrement de la Cour (v. *supra*, n° 685). Une formation spécialisée dans la non-admission et composée de trois magistrats a été créée dans chaque chambre [1].

c) *En matière criminelle*, l'article L. 431-2, COJ, issu de l'ordonnance du 8 mars 2006 se contente de renvoyer au Code de procédure pénale pour la détermination des règles de non-admission des pourvois en matière pénale. Outre l'article 567-1 de ce code qui permet au président de la chambre criminelle de rejeter, par une ordonnance de non admission, les pourvois exercés contre des décisions non susceptibles de recours, l'article 567-1-1 CPP organise une procédure de non admission des pourvois irrecevables ou non fondés sur un moyen sérieux de cassation. Si la solution paraît s'imposer le Premier président ou le président de la chambre criminelle peut décider de faire juger le pourvoi par une chambre à trois magistrats (formation qui reste donc une exception). On observera que cette formation peut décider du renvoi devant l'audience de la chambre, à la demande de l'une des parties ou de l'un des magistrats de la chambre, renvoi de droit dans le deuxième cas.

1. Bilan : sur un semestre, G. Canivet, *D.* 2002. 2195 ; sur un an, A. Perdriau, *JCP* 2002. I. 181. V. aussi G. Canivet, *BICC* 15 mars et 1er mai 2003.

690 ***Renvoi en chambre mixte*** ◊ **a) Raison d'être.** La disparition de la chambre des requêtes en 1947 avait incité à créer un rouage intermédiaire entre une chambre isolée de la Cour de cassation et les chambres réunies : ce fut l'Assemblée plénière civile qui devait éviter, dans la mesure du possible des oppositions de jurisprudence entre les chambres de la cour.

Dans le désir d'alléger le système, on a, en 1967, substitué aux chambres réunies l'assemblée plénière, et à l'Assemblée plénière civile de 1947, un mécanisme plus souple, celui de la chambre mixte.

b) Composition et procédure. Lorsqu'il y a lieu de recourir à une chambre mixte, elle comprend des magistrats appartenant à trois chambres au moins de la cour (art. L. 421-4, al. 1er et R. 431-11, al. 2, COJ) ; elle est présidée par le Premier président, ou, en cas d'empêchement, par le plus ancien des présidents de chambre (al. 2). Elle comprend en outre, les présidents et doyens des chambres qui la composent, ainsi que deux conseillers de chacune de ces chambres (al. 3). Elle peut ainsi avoir de treize à vingt-cinq membres. V. aussi art. R. 431-11, al. 1er et R. 431-13, COJ, sur la désignation, en début d'année, des magistrats appelés à siéger en chambre mixte. En cas de renvoi en chambre mixte un membre de cette chambre est chargé du rapport par le premier président (art. R. 431-13, COJ).

c) Domaine. Les hypothèses dans lesquelles cette procédure est employée sont de deux sortes. La saisine d'une chambre mixte est tantôt facultative, tantôt obligatoire (art. L. 131-2, COJ) :

1) Renvoi facultatif. Lorsqu'une affaire, portée devant l'une des chambres civiles ou devant la chambre criminelle pose une question relevant normalement des *attributions de plusieurs chambres*, ou lorsque sa solution a reçu ou est susceptible de recevoir devant les chambres des *solutions divergentes*, le renvoi devant une chambre mixte peut être ordonné (art. L. 431-5, COJ). Il l'est, avant l'ouverture des débats par le premier président (agissant d'office ou sur proposition du président de la chambre normalement compétente), après l'ouverture des débats, par un arrêt non motivé de la chambre qui a été saisie (art. L. 431-7, COJ, al. 1er).

2) Le renvoi est de droit, la *saisine* est alors *obligatoire* lorsque se produit devant la chambre compétente un *partage égal de voix* (art. L. 431-5, COJ, dernière phrase) ; ou lorsque le procureur général le demandait avant l'ouverture des débats (art. L. 431-7, al. 2, COJ).

691 ***L'Assemblée plénière*** ◊ **a) Domaine.** La loi de 1967 avait donné à l'Assemblée plénière le rôle exercé, depuis la loi du 1er avril 1837, par les chambres réunies. Mais, la loi du 3 janvier 1979 a élargi son rôle. La saisine de cette formation est tantôt obligatoire, tantôt facultative.

– Elle est *obligatoire* (c'est le maintien de la solution traditionnelle lorsque « après cassation d'un premier arrêt ou jugement, la décision rendue par la juridiction de renvoi est attaquée par les *mêmes moyens* ») (art. L. 431-6, dernière phrase).

– La saisine est *facultative* lorsque l'affaire pose une question de principe, notamment s'il existe des *solutions divergentes* soit entre des juges du fond, soit *entre les juges du fond et la Cour de cassation* (art. L. 431-6, première phrase). On veut, dans ces éventualités, prévenir un conflit qui rendrait obligatoire la saisine de l'assemblée plénière.

Les modes de saisine de l'assemblée plénière sont les mêmes que ceux de la chambre mixte.

b) Composition. L'Assemblée plénière est présidée, elle aussi, par le premier président ou, en cas d'empêchement, par le plus ancien des présidents de chambres (art. L. 421-5, al. 1er). Elle comprend en outre les présidents et doyens des six chambres ainsi que d'un conseiller de chaque chambre (al. 2). On remarquera qu'elle ne comprend que 19 membres, alors que la tenue des Chambres réunies qu'elle a remplacée imposait naguère la présence de trente-cinq magistrats. V. aussi les articles R. 431-12 à 14, COJ pour les modalités de désignation des conseillers et du rapporteur.

692 ***Dispositions communes aux chambres mixtes et à l'assemblée plénière*** ◊ **a) Fonctionnement.** Une chambre mixte ou l'assemblée plénière ne peuvent siéger valablement que si sont présents tous les membres qui doivent les composer. Mais une procédure de remplacement est prévue (art. L. 431-8, COJ) et réglementée (art. R. 431-13 COJ). Le procureur général porte la parole aux audiences des chambres mixtes et de l'Assemblée plénière (art. L. 432-1, al. 1er, COJ). Il est éventuellement suppléé par un premier avocat général ou par un avocat général désigné par le procureur général (art. L. 432-2, COJ).

b) Pouvoirs de la Cour. L'assemblée plénière comme la chambre mixte se prononce sur le pourvoi même si les conditions de sa saisine n'étaient pas réunies (art. L. 431-9, COJ). Il convient d'ajouter que chacune des chambres, la chambre mixte et l'assemblée plénière peuvent, dans certains cas, casser sans renvoyer et même statuer au fond « lorsque les faits, tels qu'ils ont été souverainement constatés et appréciés par les juges du fond, lui permettent d'appliquer la règle de droit appropriée » (art. L. 411-3, al. 1 et 2, COJ).

B. Les commissions juridictionnelles de la Cour

693 ***Nombres*** ◊ Il a été institué plusieurs commissions ou juridictions qui prennent des décisions juridictionnelles, dont deux ont déjà été étudiées : la Commission de révision des condamnations pénales (v. *supra*, n° 233) et la juridiction nationale de la rétention de sûreté (v. *supra* n° 670-1 et s.). Trois autres feront l'objet de développements.

694 ***La Commission nationale des détentions, juridiction d'appel*** ◊ Cette nouvelle commission résulte des dispositions combinées de la loi du 15 juin 2000 et du 30 décembre 2000. Placée auprès de la Cour de cassation (art. L. 451-1, COJ), elle est composée du premier Président de la Cour de cassation ou de son représentant qui la préside, et de deux magistrats du siège de la cour, ayant le grade de président de chambre, de conseiller ou de conseiller référendaire, désignés par le bureau de la cour. Trois magistrats suppléants sont également désignés dans les mêmes conditions. Le bureau peut décider que la commission comportera plusieurs formations. Le parquet général de la Cour de cassation assure les fonctions du ministère public.

Cette commission est compétente pour statuer en appel sur les décisions prises par le premier président de la cour d'appel en matière de réparation des détentions injustifiées (art. 149 CPP). Il peut s'agir tout aussi bien de la réparation du préjudice résultant d'une détention provisoire injustifiée, que du préjudice subi par une personne condamnée, puis reconnue innocente à la suite d'une procédure de révision (v. *supra* n° 233) (art. 626 CPP) [1].

Les débats ont lieu en audience publique, sauf opposition du requérant, conformément aux exigences posées par la Cour européenne des droits de l'homme [2]. Ce dernier peut être entendu personnellement ou par l'intermédiaire de son avocat. La procédure, devant la commission, est précisément décrite dans les articles R. 40-4 à R. 40-22.

La commission statue souverainement et ses décisions ne peuvent faire l'objet d'aucun recours de quelque nature que ce soit. On peut considérer que notre système est aujourd'hui conforme aux exigences de la Cour européenne des droits de l'homme relatives au procès équitable [3].

695 ***La Commission juridictionnelle de suspension ou de retrait d'habilitation des officiers de police judiciaire. Composition et compétence*** ◊ La loi n° 75-431 du 26 mai 1975 a institué une commission spéciale formée de trois magistrats du siège de la cour de cassation ayant rang de président de chambre ou de conseiller et de trois suppléants (art. 16-2, CPP). Cette commission est chargée de statuer sur les recours formés par les officiers de police judiciaire ayant fait l'objet d'une décision de suspension ou de retrait d'habilitation (art. 16-3, CPP).

696 ***La Commission de réexamen des décisions pénales intervenues en violation de la Convention européenne des droits de l'homme*** ◊ Jusqu'à la loi du 15 juin 2000, le constat, par la Cour européenne des droits de l'homme, qu'une condamnation pénale avait été prononcée en méconnaissance de la Convention ou de ses protocoles additionnels, n'avait que des effets assez limités, se traduisant dans l'attribution d'une satisfaction équitable à la personne condamnée (v. *supra* n° 75).

En effet, la chambre criminelle de la Cour de cassation affirmait régulièrement que les décisions rendues n'avaient aucune incidence directe en droit interne [4]. Cette solution juridiquement fondée paraissait néanmoins assez discutable et plaçait la France, pays des droits de l'homme, dans une situation délicate puisqu'elle était l'une des seules nations européennes, ne disposant pas d'un dispositif visant à effacer les conséquences de la violation de la convention à l'égard de ceux qui en ont été les victimes directes [5].

Le mécanisme du recours a été introduit dans la loi du 15 juin 2000 par des amendements parlementaires, qui constituent aujourd'hui les articles 626-1 à

1. D. Karsenty, *BICC* 1er mai 2003.
2. CEDH, 24 nov. 1997, arrêts *Szücs et Werner c/ Autriche, Bull. du greffier,* 24-28 nov. 1997.
3. V. *supra* n° 233, le tableau des indemnisations.
4. F. Desportes et F. Le Gunehec, *Droit pénal général,* n° 270. À titre d'exemple, Crim. 4 mai 1994, *Bull. crim.* n° 166 ; *Dr. pén.* 1994, n° 173.
5. V. F. Massias « Le réexamen des décisions définitives intervenues en violation des droits de l'homme », *RSC* 2000. 123, qui décrit les différentes incitations européennes pour que la France organise un dispositif de réexamen des décisions.

626-7 du CPP dans le livre consacré aux voies de recours extraordinaires. Le réexamen ne sera cependant pas automatique puisqu'il faut que la violation constatée de la convention, par sa nature et sa gravité, entraîne des conséquences dommageables, auxquelles la satisfaction équitable, allouée sur le fondement de l'article 41 de la convention, ne pourrait mettre un terme (art. 626-1, CPP) [1]. Le réexamen peut être sollicité par le ministre de la justice, le procureur général près la Cour de cassation et le condamné ou son représentant légal en cas d'incapacité, ses ayants droit en cas de décès, dans un délai d'un an à compter de la décision de la cour.

Ce réexamen sera effectué par une commission *ad hoc* de la Cour de cassation, qui n'a reçu aucun nom particulier. Elle est composée de sept magistrats de la Cour de cassation [2], désignés par l'assemblée générale de cette juridiction. Il y a un représentant de chaque chambre civile et deux représentants de la chambre criminelle, l'un d'entre eux assurant la présidence de la commission. Le ministère public est assuré par le parquet général de la Cour de cassation.

La procédure se déroule en audience publique, le ministère public, le requérant et son avocat pouvant présenter des observations écrites et orales. La décision prise n'est pas susceptible de recours.

La commission peut tout d'abord suspendre l'exécution de la condamnation (art. 626-5, CPP). Dans le cas contraire, si la personne exécute une peine privative de liberté, elle sera considérée comme subissant une détention provisoire jusqu'à la décision de la Cour de cassation ou de la juridiction du fond (art. 626-5 al. 2, CPP).

Si elle accepte la demande, elle dispose de deux solutions. Dans la mesure où elle considère que le réexamen du pourvoi est de nature à remédier à la violation constatée par la CEDH, elle renvoie l'affaire devant la Cour de cassation, qui statue en assemblée plénière. Dans le cas contraire, elle renvoie l'affaire devant une juridiction de même ordre et de même degré que celle qui a rendu la décision litigieuse afin qu'il soit procédé à un nouvel examen (art. 626-4, CPP).

Dans l'hypothèse où le condamné serait reconnu innocent, il pourra obtenir réparation intégrale de son préjudice, l'article 626 du CPP étant applicable (art. 626-7, CPP) [3].

Cette procédure, dont on a dit qu'elle constituait une atteinte à l'autorité de la chose jugée, devrait sans doute conduire les tribunaux, la Cour de cassation en particulier, à mieux intégrer les dispositions de la Conv. EDH [4].

1. Pour une critique de cette solution, M. L. Rassat, *Traité de procédure pénale*, n° 513.
2. Et sept suppléants, art. 626-3, CPP, L. 4 mars 2002.
3. Sur cette nouvelle procédure F. Massias art. préc. ; S. Guinchard et J. Buisson, *Procédure pénale*, n°s 1473-15 et s. J. Pradel, *Procédure pénale*, n° 1020 et s. D. Commaret, *RSC* 2002. 348.
4. Les décisions sont publiées au *Bulletin*. V. pour une analyse C. Barberot, *Dr. Pén.* 2002, chron. 8 et 16, F. Doroy, *Dr. Pén.* 2003, chron. 18.

Commission de réexamen (activité)
(article 626-1 et suivants du Code de procédure pénale)

Années	Requêtes			Décisions						
	Reste à juger	*Reçues*	*Total*	*Irrecev.*	*Désist.*	*A.d.d.*	*Rejet*	Saisine	Total	Reste à juger
2000		4	4					1	1	3
2001	3	11	14	4			3	1	8	6
2002	6	2	8	2			1	5	8	0
2003	0	6	6			1			1	5
2004	5	4	9	2			2	3	7	2
2005	2	6	8	1			–	5	6	1
2006	2	4	6	1			1	3	5	–
2007	1	8	9	2				3	5	4
2008	4	2	6	2				4	6	0
Total		47		14		1	7	26	47	

Source : Rapport de la Cour de cassation pour 2008, Doc. fr., 2009.

III. Les formations non juridictionnelles

A. La formation en saisine pour avis

697 ***Formation spéciale*** ◊ Même si les avis rendus par la Cour ne lient aucune juridiction (v. *supra*, n° 680), il est nécessaire, pour asseoir leur autorité, qu'ils soient rendus par une formation autre qu'une simple chambre. Cette formation spéciale comprend, en matière civile, le premier président, les six présidents de chambre et deux conseillers désignés par les chambres intéressées par la question (et non pas par toutes) (COJ, art. R. 441-1, al. 1er). En matière pénale, outre le premier président et le président de la chambre criminelle, elle comprend un président de chambre désigné par le premier président, quatre conseillers de la chambre criminelle et deux conseillers désignés par le premier président et appartenant à une autre chambre (al. 2). Cette formation ne pouvant siéger que si tous ses membres sont présents (al. 3), une procédure de remplacement des conseillers absents ou empêchés, ainsi que du président de la chambre criminelle a été prévue (al. 1 et 2, *in fine*).

B. Les formations administratives

698 ***Les assemblées générales de la Cour de cassation*** ◊ Prévues aux articles R. 435-1 à 3, COJ, les assemblées générales sont présidées par le premier président et, en cas d'absence ou d'empêchement, par le président de chambre qui

a le rang le plus élevé. Dans le cas où la cour de cassation est consultée par le ministre de la justice sur des projets de loi ou des questions d'intérêt public, le premier président doit convoquer une assemblée générale dont il détermine la formation (siège, parquet ou les deux), selon l'objet de la consultation, après avis du procureur général et de la commission permanente (art. R. 452-2, COJ).

699 *Le Bureau de la Cour de cassation* ◊ **a) Composition.** Le bureau de la cour est constitué par le premier président, les présidents de chambre, le procureur général et le premier avocat général dont le rang est le plus élevé, deux premiers avocats généraux désignés par le procureur général, assistés du directeur du greffe de la cour (art. R. 421-2, COJ).

b) Rôle. Organe de réflexion à la disposition du Premier président, le bureau règle par délibération « les matières dans lesquelles compétence lui est donnée par les lois et les règlements » (art. R. 421-2, dernier alinéa, COJ). Par exemple, il fixe le nombre des audiences de la Cour (R. 431-4, COJ). Il dresse la liste nationale des experts judiciaires (art. 18, D. n° 2004-1463, 23 déc. 2004). Il désigne les magistrats du siège qui composent la commission d'instruction de la Haute Cour de justice, la Commission nationale de réparation des détentions, la commission d'examen des recours en matière de discipline des OPJ ; il dépouille le scrutin de l'élection des membres de la commission nationale de discipline des juges consulaires et règle les difficultés liées à ce scrutin ; il émet un avis sur la désignation des membres de la Cour qui composent la Commission nationale des comptes de campagne et des financements politiques et du bureau d'aide juridictionnelle (art. R. 411-7, COJ).

700 *Le service de documentation et d'études et la bibliothèque* ◊ **a) Organisation du SDE.** Un service de documentation et d'études est placé sous l'autorité du premier président (art. R. 433-1 à 4, COJ) [1]. Le fonctionnement de ce service est assuré, sous la direction d'un conseiller ayant rang de président de chambre désigné par le premier président après avis du procureur général, par deux auditeurs du premier grade et six du second (D. n° 2002-349, 8 mars 2002). Les conseillers référendaires affectés à ne chambre peuvent également participer aux travaux de ce service.

b) Missions du SDE. Ce service rassemble les éléments d'information utiles aux travaux de la Cour et procède aux recherches nécessaires. V. les articles R. 433-2 à 4, COJ pour la description de ses missions. Un site Internet a été créé. Depuis un décret du 12 mai 2006 (art. R. 421-10, COJ), les prestations fournies par la Cour de cassation peuvent donner lieu à rémunération pour services rendus.

c) Le rapport de la Cour de cassation. L'article R. 431-9, COJ, prévoit que, chaque année, un rapport est présenté au Président de la République et au garde des Sceaux, la marche des procédures et leurs délais d'exécution.

Ce document permet d'exposer l'activité de la cour, de mettre en relief les décisions les plus importantes, de faire apparaître les points sur lesquels une intervention législative ou réglementaire paraît nécessaire (v. *supra,* n° 687, b, sur les pouvoirs du premier président et du procureur général en ce domaine).

1. Sur ce service, J. Leonnet, *Bulletin de la rentrée solennelle de la Cour de cassation,* 12 janv. 1996, Doc. fr. 1996.

Ce rapport, préparé avec beaucoup de soins, est un document remarquable dont il faut souhaiter que la diffusion puisse être plus largement effectuée.

d) La bibliothèque est dirigée par un conservateur, sous le contrôle du premier président (art. R. 421-9, COJ).

SECTION 3. LE MÉCANISME DU POURVOI EN CASSATION

701 ***Technique de cassation et fonction de la Cour*** ◊ La Cour de cassation a pour mission, on le rappelle, de favoriser l'unité de la jurisprudence des tribunaux de l'ordre judiciaire. En même temps, il faut éviter que l'autorité de ses décisions pèse d'un poids trop lourd sur les juridictions d'appel et de premier degré et qu'elle empêche par là même la jurisprudence de rester une source vivante et jaillissante de Droit [1]. C'est par tâtonnements successifs que l'on est parvenu au système actuel qui remonte à la loi du 1er avril 1837 [2].

Si les structures internes de la cour se sont diversifiées, la manière de régler le conflit qui peut opposer la Cour de cassation et les juridictions du fond, n'a pas été sensiblement modifiée [3]. Si l'on néglige volontairement certains cas de figures on peut dire qu'il existe deux schémas différents, selon que la saisine de l'assemblée plénière se produit après un second pourvoi (schéma A) ou après un premier et unique pourvoi (schéma B).

702 ***A) Schéma classique du déroulement d'un pourvoi en cassation*** ◊ Le pourvoi suppose qu'une *juridiction du premier ou du second degré* a rendu une décision en dernier ressort.

1) Le pourvoi (premier pourvoi et souvent unique pourvoi) est porté, en fonction de la nature de l'affaire devant la chambre criminelle ou devant une chambre civile, cette chambre siégeant en formation normale ou en formation restreinte.

Après examen du pourvoi, cette chambre peut adopter l'une des positions suivantes [4] :

1. Th. Le Bars, « Positivisme, dogmatisme, réalisme et dérive de la Cour de cassation », in *Mélanges J. Héron*, LGDJ, 2009, p. 297.

2. Primitivement (1790-1807) c'était le législateur qui arbitrait le conflit entre la Cour de cassation et les juridictions du fond, puis ce fut l'Empereur en Conseil d'État (1807 jusqu'à la fin de la Restauration).Depuis 1828 l'arbitrage se fait de façon judiciaire. Mais alors qu'en 1828, après deux cassations et deux renvois, la troisième juridiction saisie gardait la faculté de se prononcer contrairement à la Cour de cassation, depuis la loi de 1837, elle est tenue de s'incliner et de se soumettre à l'interprétation en droit de la Cour de cassation.

3. C. Bougle, « Au cœur des traditions mystérieuses de la Cour de cassation », *D.* 2006. 1991.

4. D. Tricot, « L'élaboration d'un arrêt de la Cour de cassation », *JCP* 2004. I. 108 (texte modifié du même article aux *Mélanges A. Ponsard*, Litec, 2003).

– elle peut *rejeter* le pourvoi *ou casser sans renvoi* (art. L. 411-3, COJ) (en particulier en cas de perte de fondement juridique ou de pourvoi pour contrariétés de jugement, le jugement le plus récent disparaissant alors par annulation). L'affaire est alors terminée. Tout nouveau pourvoi est, en effet, irrecevable (art. 621, CPC) ;

– elle peut *casser* la décision entreprise et *renvoyer* devant une juridiction qui doit être du même ordre (judiciaire) du même degré (premier ou second degré), de même nature (tribunal de droit commun ou d'exception) (art. L. 431-4, COJ). Ainsi, selon les cas, on renverra devant une cour d'assises, une cour d'appel, un tribunal de commerce [1]. L'arrêt de cassation aura pour effet de remettre les parties dans l'état où elles étaient avant la décision cassée. La cassation peut naturellement être soit *totale*, portant sur l'intégralité de la décision attaquée, soit *partielle* et ne porter que sur un ou plusieurs chefs de cette décision.

2) Pouvoirs de la juridiction de renvoi. La juridiction de renvoi peut se ranger à l'avis de la Cour de cassation. L'affaire est alors terminée [2].

Mais elle peut ne pas s'incliner, si elle partage l'opinion de la juridiction saisie la première et qui vient d'être cassée. L'affaire peut alors, sur un second pourvoi, être à nouveau portée devant la Cour de cassation.

3) Possibilité d'un second pourvoi : saisine obligatoire de l'assemblée plénière. On suppose naturellement que le second pourvoi est fondé sur le *même moyen de droit* que le premier. Il y a donc deux juridictions du fond qui ont adopté une interprétation d'une question de droit, différente de celle de la chambre de la Cour de cassation qui avait été saisie et qui avait cassé. Il importe de mettre fin à cette divergence. On y parvient grâce à l'intervention, alors obligatoire, de l'assemblée plénière.

Cette formation peut, à son tour, *rejeter* le pourvoi ou *casser sans renvoi* (v. *supra*, a).

Si elle *casse avec renvoi*, elle renvoie de nouveau (second renvoi) devant une troisième juridiction du même ordre, de même degré, de même nature que les deux premières.

4) Sur renvoi de l'assemblée plénière, la juridiction saisie est tenue de s'incliner. La cassation remet une nouvelle fois les parties dans l'état où elles étaient avant le premier pourvoi.

1. Il est permis à la cour de renvoyer devant la même juridiction autrement composée. Cette solution s'imposait, par exemple, pour la Cour de sûreté qui était une juridiction unique ; elle continue à s'imposer en cas de cassation d'une décision de la Cour nationale de l'incapacité et de la tarification de l'assurance des accidents du travail, pour la même raison (v. *supra*, n° 514).

2. Afin d'éviter un allongement injustifié du procès civil, le nouveau Code de procédure civile oblige les parties à saisir la juridiction de renvoi dans les 4 mois de la notification de l'arrêt, sous peine d'irrecevabilité (art. 1034, CPC). L'affaire n'est plus automatiquement renvoyée à l'audience solennelle de la cour ; c'est le premier président qui en décide, d'office ou à la demande des parties, si la nature de l'affaire ou sa complexité le justifie (art. R. 312-9, al. 2, COJ).

Mais la juridiction de renvoi est *obligée*, sur la *question de droit* débattue, de juger dans le sens indiqué par l'arrêt de l'assemblée plénière. Ainsi, le dernier mot revient à la Cour de cassation qui peut imposer le respect de l'interprétation qu'elle a adoptée dans une formation qui exprime l'opinion de représentants de toutes ses chambres.

On ajoutera seulement deux remarques :

– En ce qui concerne l'affaire en cause, un nouveau pourvoi sur le même moyen est irrecevable. Mais, il n'est pas interdit de former un pourvoi fondé sur un *autre moyen de droit* qui n'avait pas encore été discuté.

– Si la juridiction de renvoi est liée par la décision de l'Assemblée plénière, elle recouvre sa pleine liberté d'interprétation, lorsque la même question lui est posée dans le cadre d'une autre affaire. Cette liberté reste d'ailleurs un peu théorique, en raison de l'autorité morale de la décision de l'Assemblée plénière.

703 ***B) Schéma plus complexe avec saisine d'une chambre mixte, suivie d'une Assemblée plénière*** [1] ◊ Dans ce schéma, la complexité provient de ce que le circuit normal va être perturbé par la décision, au niveau de la Cour de cassation, de saisir une chambre mixte, laquelle pourra éventuellement saisir l'Assemblée plénière.

1) Conditions de départ normales. Dans cette hypothèse, les conditions du pourvoi sont les mêmes que celles qui ont été rappelées (v. *supra*, n° 679) et le recours a été porté devant l'une des chambres, celle qui est compétente, qui a statué en formation normale ou restreinte (v. *supra*, n° 689). Cette chambre peut *rejeter* le pourvoi, ou *casser* sans renvoi (si le moyen de pourvoi s'y prête), v. *supra*, n° A, 1), l'affaire est terminée. Elle peut aussi *casser* en *renvoyant*. Nous sommes ramenés alors au schéma A. Mais, une autre solution est possible : le renvoi devant une chambre mixte.

2) Décision de renvoi devant une chambre mixte. La chambre mixte saisie (sur laquelle, v. *supra*, n° 690) peut à son tour, et selon les circonstances *rejeter* le pourvoi, *casser* sans renvoi, *casser en renvoyant*. Une nouvelle fois, nous sommes ramené au schéma A.

Mais la chambre mixte dont la saisine, on le sait, est parfois obligatoire, parfois facultative, peut estimer que l'affaire est assez délicate pour justifier une décision de l'assemblée plénière qui mettra fin, provisoirement, à toutes divergences d'interprétation.

Elle décide alors de saisir l'assemblée plénière.

3) Saisine de l'assemblée plénière. Sur cette saisine, l'assemblée plénière (sur laquelle, v. *supra*, n°s 691) pourra, soit rejeter, soit casser sans renvoi, soit casser en renvoyant.

1. Dans cet exposé en raccourci, on parle de renvoi, de saisine ; on a délibérément renoncé à exposer dans le détail, la procédure de la Cour de cassation et le mode de saisine de chaque chambre. Ce qui importe avant tout, c'est de faire comprendre comment la Cour de cassation parvient à imposer, et dans quelles limites, son interprétation du Droit. Le pourvoi peut aussi se dérouler suivant un autre schéma, qui, s'il est plus affiné au niveau de la Cour de cassation, a le mérite incontestable, d'éviter un circuit d'actions entre la première juridiction dont la décision est attaquée et celle qui devra se soumettre à l'arrêt de l'assemblée plénière.

4) **Saisine de la juridiction de renvoi.** La juridiction de renvoi devra alors s'incliner devant la décision de la Cour de cassation : on est ramené au schéma A.

Ainsi, grâce à la saisine successive de la chambre mixte et de l'assemblée plénière, il n'y a qu'un seul pourvoi et qu'un seul renvoi, ce qui devrait constituer un gain de temps considérable.

Mécanisme normal du pourvoi en cassation
Schéma A

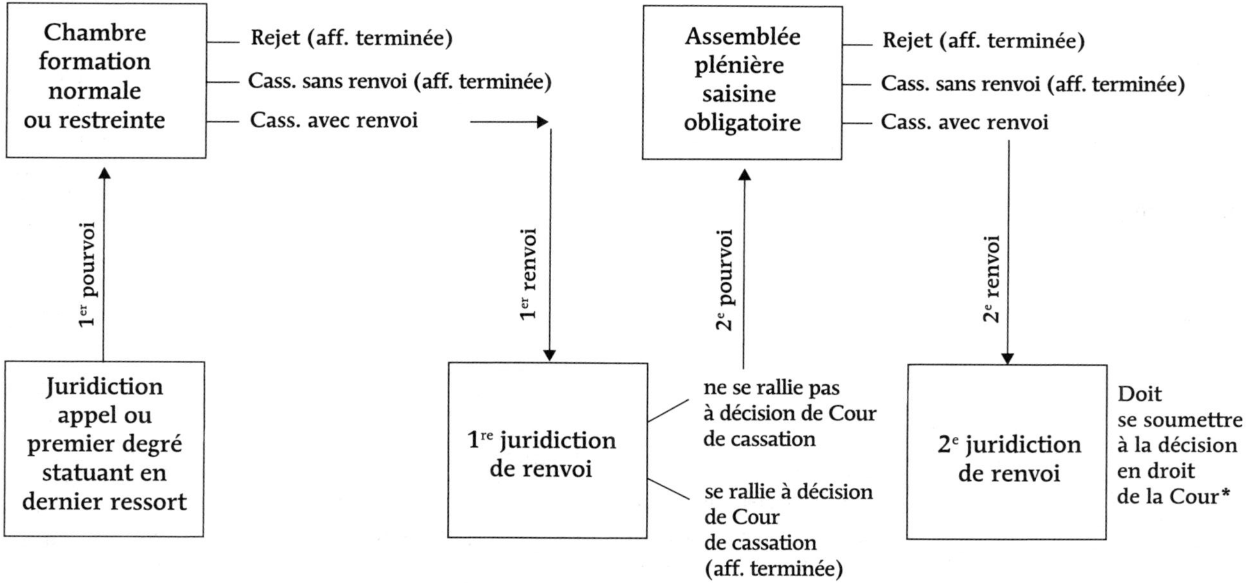

Le renvoi se fait à une juridiction du même ordre (judiciaire), du même degré (1er ou 2e degré), de même nature (droit commun ou d'exception).

* Un autre pourvoi serait alors possible, mais à condition qu'il soit fondé sur un motif différent. Il suit alors la voie normale.

Mécanisme complexe du pourvoi en cassation
Schéma B

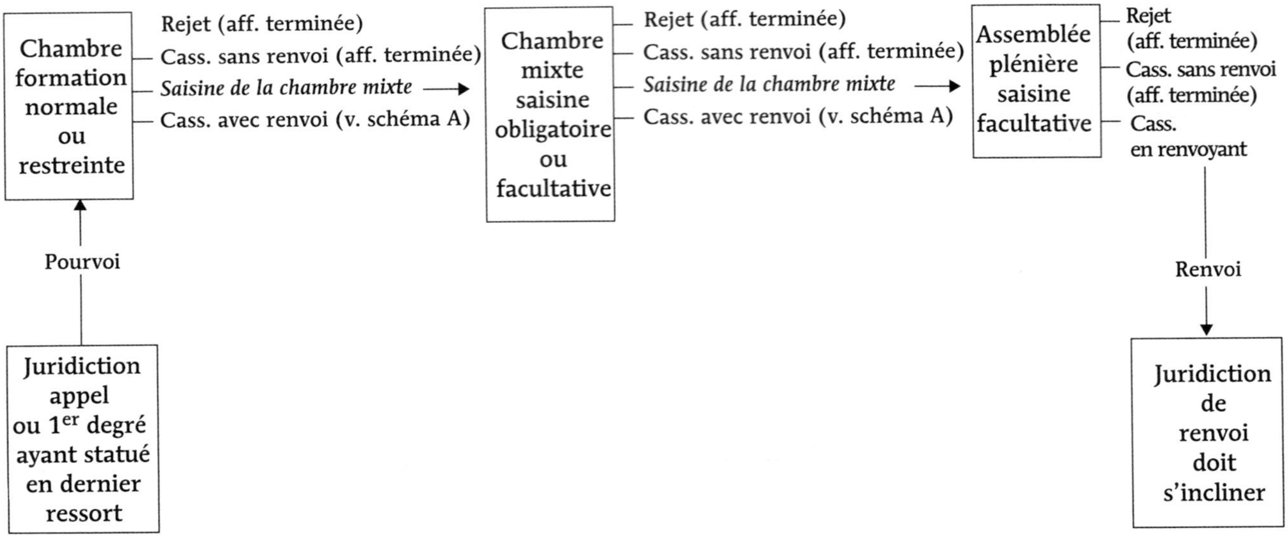

*Saisine chambre mixte :

obligatoire : – partage de voix dans une chambre
– le procureur général le requiert

facultative : – divergences entre chambres de la Cour
– divergences entre la Cour et juridictions du fond

TITRE 4

LES JURIDICTIONS DE L'ORDRE ADMINISTRATIF [1]

704 ***Évolution historique*** ◊ On a souligné précédemment (v. *supra* n° 80) qu'appliquant radicalement le principe de séparation des pouvoirs, et pour garantir son œuvre de transformation de la société contre les juges soupçonnés *a priori* de vouloir renouer avec l'opposition au gouvernement qu'avaient menée les Parlements de l'Ancien régime, le législateur révolutionnaire avait soustrait aux tribunaux judiciaires la connaissance des actes de l'Administration, par une loi des 16-24 août 1790, confirmée par un décret du 16 fructidor An III.

Les recours formés par les administrés contre les actes de l'Administration, pour en demander une réparation ou l'annulation, devaient être portés devant l'Administration elle-même, qui était ainsi juge et partie.

1. V. la bibliographie générale en fin de l'introduction générale. – M. A. Latournerie, « Réflexions sur l'évolution de la jurisprudence administrative française », *RFDA*, 2000. 912. Sur la pertinence du maintien de la dualité des ordres de juridictions, v. D. Truchet, « Fusionner les juridictions administrative et judiciaire ? », in *Études offertes à J.-M. Auby*, Dalloz, 1992, p. 335. Collectif, *La justice administrative en Europe*, PUF, 2007. En 2004, un organisme privé de réflexion (Institut Montaigne) a préconisé la suppression de la juridiction administrative (document à télécharger sur le site : www.institutmontaigne.org) ; cette proposition a suscité l'opposition du président du Conseil constitutionnel (v. *AJDA* 2004. 1956). On peut observer que pareille réforme se heurterait d'ailleurs, au plan législatif, à la jurisprudence du Conseil constitutionnel selon laquelle la dualité des ordres juridictionnels a valeur constitutionnelle en tant que principe fondamental reconnu par les lois de la République (v. *supra*, n° 83). G. Marcou, « Caractères généraux et évolution de la juridiction en Europe occidentale », *RFDA* 2006-1, p. 84. M. Jorat, « Supprimer la justice administrative...Deux siècles de débats », *RFDA* 2008. 456.

Le premier élément d'une juridiction administrative apparut avec la création, par une loi du 28 pluviôse an VIII, des Conseils de préfecture [1]. Ceux-ci, ancêtres des actuels tribunaux administratifs, étaient seulement juges d'attribution d'un certain nombre de litiges ; leur personnel n'était pas séparé de l'Administration active et leur indépendance était faible vis-à-vis de celle-ci. Surtout, la Constitution du 22 frimaire an VIII créait une institution, le Conseil d'État, dont le développement progressif devait consacrer l'apparition d'une véritable juridiction administrative. À l'origine, il n'était pourtant que le conseiller du Premier Consul en matière juridique. Lorsque celui-ci était saisi du recours d'un administré demandant une indemnité ou l'annulation d'un acte administratif illégal, le Conseil d'État lui soumettait une proposition de décision qui, en raison de la compétence de ses membres, était systématiquement suivie par le chef de l'État qui, juridiquement, était l'auteur de la décision rendue : l'Administration se jugeait elle-même (théorie de la *justice retenue*).

La transformation du Conseil d'État en une véritable juridiction rendant des arrêts devait intervenir dès la fin des régimes autoritaires de la Restauration et du Second Empire, avec la grande loi du 24 mai 1872, qui a marqué le passage à un système de *justice déléguée* (sous-entendu : à des tribunaux). Cependant, les conséquences de cette réforme législative ne devaient être tirées dans toute leur ampleur par le Conseil d'État qu'à partir de l'arrêt *Cadot*, du 13 décembre 1889 [2]. À partir de cette date, la juridiction administrative dans sa conception moderne était effectivement en place. Il ne restait plus au législateur qu'à renforcer son indépendance et son efficacité, au prix de réformes d'ailleurs importantes, notamment en matière de répartition des compétences.

Ce bref rappel historique montre que la juridiction administrative ne s'est que lentement dégagée de l'Administration active, avec laquelle elle s'est longtemps confondue organiquement [3]. Paradoxalement, cette origine a fortement contribué à assurer son autorité vis-à-vis de l'Administration. Historiquement, celle-ci a eu le sentiment – juridiquement fondé – qu'en se pliant aux décisions de son juge elle obéissait à elle-même. Elle a certainement accepté d'organes issus d'elle-même des décisions qu'elle aurait malaisément acceptées des tribunaux judiciaires. De son côté, la juridiction administrative, bien qu'héritière

1. Collectif, *Les conseils de préfecture (an VIII-1953)*, Faculté de droit de Poitiers/LGDJ, T. 14, 2006.

2. *S.*, 1892. III.17, note Hauriou ; 1891. III.41, concl. Jagerschmidt. V. *supra*, n° 80.

3. Il subsiste quelques traces de l'histoire du Conseil d'État dans son statut actuel — au moins dans le cadre de ses fonctions non juridictionnelles. La plus caractéristique est la possibilité pour le Premier ministre de venir présider l'Assemblée générale du Conseil d'État, qui n'a qu'un rôle consultatif. Ce lointain rappel de la présidence du Conseil d'État par le chef du gouvernement lors de sa création en 1872 n'a d'ailleurs plus qu'une signification protocolaire et n'est que rarement mis en œuvre ; M. Raffarin est venu présider l'assemblée générale le 10 mars 2005. V. aussi l'art. L. 123-15 CJA.

d'une situation de droit créée originairement pour garantir l'Administration contre les obstacles qu'aurait pu lui opposer un juge, a mis à profit cette autorité morale pour devenir un élément puissant de protection des administrés, notamment en dégageant avec hardiesse, de manière prétorienne, des principes généraux du droit protecteurs des droits et libertés individuels et en ayant une conception extensive de sa compétence [1].

En outre, alors que les juges judiciaires sont essentiellement cantonnés dans leurs fonctions de magistrats et sont ainsi à l'écart de la vie des affaires – ce qui a conduit par exemple à faire de praticiens des juges commerciaux – les juges administratifs, surtout au Conseil d'État et à la Cour des comptes, sont ou ont été associés au fonctionnement de l'Administration. Un certain nombre en est d'ailleurs issu ; ils connaissent ainsi ses exigences et leurs frontières, ils savent jusqu'où peut aller leur contrôle sans susciter un mouvement de rejet qui condamnerait leur jurisprudence à n'avoir qu'une portée de principe [2]. Un brassage constant s'est établi entre le Conseil d'État et la Cour des comptes d'une part, les cabinets ministériels et la Haute Administration d'autre part. Les deux premiers sont depuis longtemps à la fois des juridictions supérieures – avec le poids des tâches que cette qualité entraîne – et des « grands corps » de l'État, au sens du droit administratif, auxquels le Gouvernement demande fréquemment de fournir des collaborateurs de haut rang pour l'État et pour les grandes entreprises publiques – ce qui ne va pas sans réduire le nombre des magistrats effectivement disponibles [3]. Cette fonction de « vivier » de recrutement pour des postes de la haute Administration, ou des cabinets ministériels, contribue puissamment à la qualification de « grands corps » de l'État attachée au Conseil d'État et à la Cour des comptes. Le développement de la « théorie des apparences » par la jurisprudence

1. Cf. concl. M. Fournier sur l'arrêt CE 13 janv. 1961, *Magnier*, *RD publ.* 1962, p. 159 : « là où pénètre le droit administratif, le contrôle de la juridiction administrative doit l'y suivre ».

2. Cf. concl. A. Henry sur CE 2 mars 1962, *Rubin de Servens*, *RD publ.* 1962, p. 314 : « Si vous voulez garder à votre contrôle une certaine efficacité, il faut savoir le conserver en deçà de limites que la tradition et la raison ont toujours assignées à votre jurisprudence et que nous vous proposons, une fois de plus, d'entériner ». Cette « sagesse » du Conseil d'État ne l'empêche cependant pas de rendre, quand l'état du droit l'y conduit, des décisions chargées d'un important potentiel politique ; v. l'affaire *Canal*, CE, Ass., 19 oct. 1962, *AJDA* 1962. 612, note de Laubadère, qui a déclenché le processus de réforme du Conseil d'État par les décrets du 30 juill. 1963 ; v. R. Drago, « La réforme du Conseil d'État », *AJDA* 1963. 524. V. aussi l'affaire *Nicolo*, CE, Ass., 20 oct. 1989, à propos de laquelle le Conseil d'État a admis la supériorité du droit du traité de CEE sur la loi française postérieure, *RTD eur.* 1989, p. 771, avec les conclusions P. Frydman et la note G. Isaac ; *AJDA* 1989. 802, et la chronique de jurisprudence d'E. Honorat et E. Baptiste, p. 756.

3. En outre, lors de la création des Chambres régionales des Comptes et des Cours administratives d'appel, la présidence en a été confiée à des conseillers de la Cour des Comptes pour les unes et du Conseil d'État pour les autres.

de la Cour européenne des droits de l'homme, pour préserver à l'égard des justiciables l'impression d'impartialité que doit objectivement donner une juridiction, dont aucun membre ne doit pouvoir être suspecté d'être un juge « sous influence » montre aujourd'hui les conséquences que peut avoir la nomination hors du Conseil d'État de l'un de ses membres [1].

705 ***Originalité des juridictions administratives : la dualité fonctionnelle*** ◊ La plupart des juridictions administratives qui vont être présentées n'ont pas seulement une activité juridictionnelle. À des degrés divers elles sont investies, en plus de leur fonction normale de juger des litiges, de fonctions non juridictionnelles dont le contenu est varié [2] ; l'appellation d'« attributions administratives », souvent employée, rend mal compte de la diversité de ces fonctions. On constatera qu'il peut s'agir, par exemple, d'avis que le Gouvernement doit demander sur les projets de lois ou de décrets (Conseil d'État), ou qu'un préfet peut demander à un Tribunal administratif pour l'éclairer sur un point de droit. Il peut s'agir aussi de l'association (étroite) d'une juridiction à la procédure préfectorale de redressements de budgets locaux qui ne respecteraient pas certaines exigences légales (Chambre régionales des comptes). Il peut s'agir également, et ce rôle revêt une grande ampleur, d'une fonction de contrôle de la bonne gestion budgétaire de l'État et des collectivités territoriales, qui fait de la Cour des comptes et des Chambres régionales des comptes les auditeurs externes institutionnels de ces personnes publiques ; cette fonction d'audit de gestion relègue aujourd'hui au second plan, nettement, leur fonction proprement juridictionnelle. Pour l'opinion publique, le rapport public annuel de la Cour des comptes fait plus pour sa notoriété que le jugement des comptes des comptables publics « patents » ou « de fait ».

Longtemps, cette dualité de compétences a été présentée comme un bel exemple de « fertilisation croisée » et s'est en tout cas exercée sans soulever de problèmes particuliers. Mais cette situation a pris fin dans la décennie 1990-2000, du fait de l'intervention de la Cour européenne des droits de l'homme, quand les avocats des justiciables ont pris conscience de l'ampleur des possibilités qu'ouvrait l'interprétation par la Cour de l'exigence de « procès équitable » posée par l'article 6-1 de la Convention européenne des droits de l'homme, qui a conduit à une large remise en cause de l'état de droit existant. En effet la jonction des deux séries de compétences, juridictionnelles et non juridic-

1. V. l'arrêt CEDH, 9 nov. 2006, *Sacilor-Lormines c/ France* ; dans cet arrêt, la Cour a jugé qu'un arrêt du Conseil d'État auquel avait pris part un conseiller nommé très peu de temps après auprès du ministère en cause violait les exigences du procès équitable.

2. L'importance de ce rôle n'est pas liée à la place qu'elles occupent dans la hiérarchie des tribunaux, comme le montrera l'étude des Chambres régionales des comptes.

tionnelles, se traduisait par la possibilité pour les mêmes magistrats, si l'on prend l'exemple des juridictions financières (Cour des comptes, Chambres régionales des comptes), de prendre position sur la même question d'abord dans le cadre de l'audit de la gestion avec l'émission de critiques circonstanciées contre une personne identifiable, puis dans le cadre de leurs compétences juridictionnelles pour sanctionner les faits ainsi dénoncés, situation incompatible avec l'exigence d'un « tribunal impartial » [1].

La Cour européenne des droits de l'homme, quand elle a été saisie, a largement considéré qu'une telle situation ne permettait pas de voir dans la juridiction de jugement un tribunal impartial au sens de l'article 6-1 de la Convention [2] ; cette jurisprudence a eu un rôle d'aiguillon pour le Conseil d'État, qui a examiné avec une vigilance accrue si la composition de la formation de jugement respectait bien les règles du procès équitable même dans les cas où le justiciable n'invoquait pas les exigences de l'article 6-1. La prise en compte de ces exigences a d'ailleurs posé parfois des problèmes pratiques difficiles à résoudre [3].

La mise en conformité – ou au moins en compatibilité – des règles d'organisation et de fonctionnement des juridictions à double compétence avec les exigences du procès équitable est délicate, notamment parce qu'il est parfois difficile de dégager d'une jurisprudence faite de cas d'espèce la vision du système d'ensemble qu'il faudrait établir [4], et aussi pour des raisons matérielles puisque seul un effectif suffisamment important de magistrats dans chaque juridiction peut permettre d'éviter que les mêmes juges aient à connaître d'une même affaire en deux qualités, administrative puis juridictionnelle [5].

1. Une telle situation peut parfois se retrouver même si chacune des fonctions est exercées par une juridiction distincte, lorsque le personnel de l'une est composé pour partie de membres de l'autre, comme c'est le cas pour la Cour de discipline budgétaire et financière, composée majoritairement de membres de la Cour des comptes (qui auront par exemple dénoncé dans le rapport public annuel des faits commis par les personnes ensuite poursuivies devant la CDBF). V. *infra*, n° 761.

2. Indépendamment des conséquences qu'elle tirait de cette confusion des rôles, la Cour européenne a aussi jugé que certaines règles de procédure (comme la participation du commissaire du Gouvernement au délibéré) violaient également l'article 6-1 de la Convention ; v. *supra*, n°s 73 et s.

3. V. par ex., pour la Cour de discipline budgétaire et financière, CE 4 févr. 2005, « Procureur général près la Cour des comptes, ministère public près la Cour de discipline budgétaire et financière », *AJDA* 2005. 1070, concl. M. Guyomar. Pour le Conseil d'État, v. CE 16 juin 2004, *Marc-Antoine, Mme Lacau, AJDA* 2004. 1782.

4. Notamment, les arrêts *Procola* (Cour europ., 28 sept. 1995) et *Kleyn* (*ibid.*, 6 mai 2003) ne permettent pas de déterminer avec certitude si la Cour condamne le dualisme fonctionnel dans son principe, ou la participation successive (en nombre excessif ?) des mêmes magistrats aux deux sortes d'activités dans une même affaire. V. F. Rolin, « Encore une minute, M. le bourreau... », note sous Kleyn, *AJDA* 2003. 1490. Cependant, la compatibilité du dualisme fonctionnel du Conseil d'État avec les exigences de la jurisprudence de la Cour européenne a fait l'objet de développements détaillés dans l'arrêt Sacilor-Lormines c/ France, CEDH 9 nov. 2006, req. n° 65411/50.

5. Sur ces problèmes, voir aussi, pour le cas de la Cour des comptes : CE, Ass., 23 févr. 2000, *Sté Labor Métal, AJDA* 2000. 404, chron. M. Guyomar et P. Collin ; *RFFP* 2000 p. 207, note G. Orsoni ; *Rev. Trésor* 2000 p. 683 avec la note M. Lascombe et X. Vanden-

706 ***Réforme de la juridiction administrative*** ◊ Aussi importante qu'ait été la problématique qu'on vient d'évoquer, elle n'était cependant qu'un des aspects des difficultés auxquelles était confrontée la juridiction administrative, qui pouvait se trouver en butte à la jurisprudence de la Cour européenne des droits de l'homme sur d'autres plans que celui de la double compétence (par exemple à propos du rôle du commissaire du Gouvernement), et qui avait par ailleurs à faire face à des problèmes purement internes, tels que la régulation de l'activité consultative ou des flux contentieux. C'est pourquoi, après une phase de réflexion en 2007, s'est ouverte en 2008 une période de mutation, marquée par des réformes significatives, fondées sur les objectifs d'efficacité et de responsabilité, affectant à la fois les attributions consultatives et juridictionnelles, dont l'achèvement devrait nécessiter l'adoption d'une pluralité de textes législatifs et réglementaires [1].

707 ***Plan*** ◊ Il serait difficilement possible de présenter l'organisation de la juridiction administrative, comme on le fait pour l'ordre judiciaire, en combinant les deux distinctions classiques des juridictions de première instance, d'appel et de cassation d'une part, des juridictions de droit commun et d'attribution d'autre part, sans occulter un certain nombre de spécificités de l'ordre juridictionnel administratif.

Il apparaît plus commode, pour permettre de mieux saisir l'articulation des relations et des compétences des divers juges administratifs, de partir du constat que l'ordre administratif représente une pyramide ayant à son sommet le Conseil d'État, auquel sont subordonnées par les voies de recours des juridictions qui sont, les unes des juges de droit commun, les autres des juges d'attribution spécialisés.

Cette présentation de la justice administrative, qui aboutit à faire de celle-ci un système centré sur le Conseil d'État s'explique par des raisons historiques, et par des raisons juridiques qui tendront peut-être à s'atténuer désormais au fil du temps :

– historiquement, l'apparition d'une véritable juridiction administrative, de même que celle d'un droit administratif spécifique pour les

driessche et les conclusions ; CE, Sect., 17 oct. 2003, *Dugoin, AJDA* 2003. 2031, chron. F. Donnat et D. Casas.

Pour la Cour de discipline budgétaire et financière v. CE, Ass. 4 juill. 2003, *Dubreuil, AJDA* 2003. 1596, Chron. F. Donnat et D. Casas, *RFDA* 2003 p. 713, concl. M. Guyomar ; Cour disc. budg. et fin., 15 juin 2004, *Gestion du Centre hospitalier spécialisé de Villejuif, AJDA* 2004. 1602, note A. Maucour-Isabelle, et l'arrêt consécutif du Conseil d'État, du 4 févr. 2005, *Procureur général près la Cour des comptes, AJDA* 2005. 1070, avec les concl. M. Guyomar.

1. V. par ex. J.-M. Sauvé, « Réformer la justice administrative », *AJDA* 2008. 1 ; B. Stirn, « Il y a une adhésion collective aux réformes en cours dans la juridiction administrative » (entretien avec M.-C. de Monteclerc), *AJDA* 2008. 4 ; P. Gonod, « Le Conseil d'Etat à la croisée des chemins » (à propos du décret n° 2008-225 du 6 mars 2008), *AJDA* 2008. 630 ; F. Moderne et P. Delvolvé, « La réforme du Conseil d'Etat », *RFDA* 2008. 213, (à propos du même texte). Voir aussi le décret n° 2009-14 du 7 janvier 2009 relatif au « rapporteur public » (ex commissaire du gouvernement) et au déroulement de l'audience.

personnes publiques, ont été liées à l'évolution du Conseil d'État et de sa jurisprudence ;

- juridiquement, le Conseil d'État a très longtemps réuni en lui les qualités de juge d'appel et de juge de cassation pour l'ensemble du contentieux administratif général, ainsi que la majeure partie des compétences de juge de premier ressort de celui-ci. Cette concentration de compétences, et surtout l'accroissement très important du contentieux depuis la fin de la Seconde Guerre mondiale, ont abouti à un engorgement du Conseil d'État qui ne lui permettait plus de statuer dans des délais acceptables pour les justiciables. Aussi les grandes réformes qu'a connues la juridiction administrative depuis 1953 ont-elles procédé de la volonté de réduire progressivement le nombre d'affaires à juger par le Conseil d'État, tout en conservant son rôle de *centre régulateur* du fonctionnement de la juridiction administrative, marqué par exemple au plan administratif par le fait que les présidents des tribunaux administratifs et des Cours administratives d'appel se concertent périodiquement avec lui et qu'il assure une mission d'inspection générale de ces juridictions, et au plan contentieux par le fait que, si le jeu de règles contradictoires de droit (par exemple si le droit international tient en échec des textes nationaux) empêche une juridiction de juger sans qu'il soit clairement désigné quelle autre juridiction pourra le faire, cette juridiction devra « transmettre l'affaire au Conseil d'État afin que celui-ci, dans le cadre de ses pouvoirs généraux de régulation de l'ordre juridique administratif, donne à cette transmission les suites qui conviennent » [1].

Ce mouvement d'allégement du rôle du Conseil d'État a été engagé en 1953, avec la dévolution aux tribunaux administratifs existants (sous une autre dénomination jusqu'alors) de la qualité de juges de droit commun de premier degré en matière administrative ; il s'est poursuivi en 1987 avec la création des Cours administratives d'appel auxquelles a été transféré l'appel de plusieurs catégories de jugement des tribunaux administratifs [2], puis de la plupart en 1992.

Ainsi, la compétence de ces juridictions apparaît dans une large mesure - voire totalement - comme représentant autant de prélèvements opérés sur celle du Conseil d'État, sans que ce dernier n'ait été dessaisi totalement d'aucune de ses compétences originaires.

Cette concentration de plusieurs niveaux de compétences juridictionnelles au sein d'une même juridiction se retrouve dans le cadre de

1. CE 4 févr. 2005, *Procureur général près la Cour des comptes, AJDA* 2005. 1070 ; concl. M. Guyomar.

2. V. M. Pinault, « Perspectives ouvertes par la loi du 31 déc. 1987 portant réforme du contentieux administratif », *EDCE* 1988, p. 215. M. Combarnous, « La réforme du contentieux administratif : du décret du 30 septembre 1953 à la loi du 31 décembre 1987 », *RJDA*, 1995, n° spécial, p. 175.

la juridiction financière avec la Cour des comptes ; elle ne permet pas de façon commode de présenter l'ordre de juridictions administratif comme on le fait pour l'ordre judiciaire, puisqu'il faudrait faire éclater l'exposé de certaines grandes juridictions (Conseil d'État, Cour des comptes) entre plusieurs développements : première instance, appel, voire cassation, alors que la réalité de leur unité transparaît dans le fait qu'il n'y a pas de spécialisation correspondante à l'intérieur de leurs corps de magistrats, et qu'il n'existe pas de formations spécifiques pour l'exercice de ces différentes fonctions (par exemple, au Conseil d'État l'assemblée du contentieux peut juger aussi bien des affaires de première instance, d'appel que de cassation).

Aussi l'exposé des juridictions administratives sera-t-il conduit, pour ne pas morceler la présentation des plus importantes, en étudiant successivement le Conseil d'État, puis les juridictions qui lui sont subordonnées et qui sont les unes des juges de droit commun et les autres des juges spécialisés.

708 ***Informations statistiques*** ◊ Pour mesurer la forte augmentation du contentieux administratif sur une longue période, on peut retenir que le nombre d'affaires portées devant les tribunaux administratifs était d'environ 20 000 au début des années 1970, et qu'il atteignait les 175 000 en 2007 (cependant dans un contexte de relative stabilité depuis quelques années).

Activité contentieuse des juridictions administratives en 2007

	Conseil d'État	Cours administratives d'appel	Tribunaux administratifs *
Affaires enregistrées	11 745	26 908	175 165
En 2006	*11 578*	*21 602*	*172 557*
Affaires réglées	12 462	26 473	182 645
En 2006	*12 625*	*26 414*	*173 907*
En instance à la fin 2007	9 072	28 495	220 616
Au 31/12/2006	*9 789*	*27 959*	*228 265*

* Y compris les TOM.

Activité des juridictions administratives d'appel en 2007

Cours	Affaires enregistrées	Affaires réglées	Affaires en instance au 31/12/2007
Bordeaux	2 705	3 199	3 813
Douai	2 023	1 818	1 459
Lyon	2 984	3 420	4 355
Marseille	5 121	3 967	7 362
Nancy	1 836	2 174	1 808
Nantes	3 792	3 814	1 773
Paris	5 136	5 210	4 754
Versailles	3 311	2 871	3 171
Toutes cours administratives d'appel	**26 908**	**26 473**	**28 495**

Tribunaux administratifs
Affaires enregistrées, affaires traitées et affaires en instance par juridiction Données nettes et évolution 2007/2006

Juridictions	Total	Évolution 2007/2006	Total	Évolution 2007/2006	Total	Évolution 2007/2006
Amiens	3 207	- 1,93 %	3 372	- 3,96 %	3 549	- 4,60 %
Bastia	1 461	- 6,59 %	1 576	+ 17,70 %	928	- 11,53 %
Besançon	1 869	- 1,16 %	2 341	+ 17,23 %	1 461	- 24,30 %
Bordeaux	5 662	+ 6,59 %	5 077	+ 10,49 %	7 464	+ 8,33 %
Caen	2 749	+ 15,99 %	2 768	+ 10,99 %	1 833	- 0,92 %
Cergy-Pontoise	13 953	- 1,73 %	11 719	+ 4,22 %	21 705	+ 10,87 %
Châlons en Champagne	2 584	+ 8,75 %	2 775	+ 2,63 %	3 186	- 5,80 %
Clermont-Ferrand	2 158	+ 1,22 %	2 448	+ 8,13 %	1 484	- 16,63 %
Dijon	2 831	- 8,05 %	3 011	- 3,59 %	2 394	- 7,92 %
Grenoble	6 036	+ 2,90 %	6 171	+ 7,75 %	9 887	- 0,98 %
Lille	8 219	+ 11,57 %	7 774	- 4,30 %	6 479	+ 8,65 %
Limoges	1 489	- 7,17 %	1 720	+ 13,98 %	1 690	- 12,07 %
Lyon	8 248	+ 3,72 %	8 647	- 1,37 %	7 422	- 4,82 %
Marseille	8 270	- 9,68 %	11 082	- 2,51 %	7 899	- 25,62 %
Melun	9 535	+ 11,05 %	9 071	+ 23,62 %	10 623	+ 3,74 %
Montpellier	5 378	- 23,93 %	7 335	- 14,14 %	6 349	- 25,40 %
Nancy	2 203	- 0,72 %	2 332	+ 18,44 %	1 739	- 6,61 %
Nantes	6 972	+ 1,40 %	7 574	+ 33,25 %	9 077	- 3,32 %
Nice	6 935	+ 1,48 %	8 205	+ 17,11 %	11 296	- 10,04 %
Nîmes	3 763	-	4 048	-	3 205	-

Orléans	4 601	- 4,42 %	4 709	+ 16,62 %	5 152	- 2,03 %
Paris	19 914	+ 2,57 %	20 843	- 3,96 %	30 396	- 3,13 %
Pau	2 465	+ 8,73 %	2 512	- 4,63 %	3 139	- 1,81 %
Poitiers	2 840	- 9,12 %	3 063	+ 4,79 %	2 215	- 10,32 %
Rennes	5 357	+ 4,98 %	5 579	+ 6,51 %	6 920	- 6,83 %
Rouen	3 359	- 1,26 %	4 125	+ 16,89 %	4 493	- 14,47 %
Strasbourg	5 888	- 2,19 %	5 787	+ 3,17 %	6 199	+ 1,01 %
Toulouse	5 067	+ 2,84 %	4 404	- 4,74 %	7 482	+ 9,63 %
Versailles	12 330	- 2,72 %	10308	+ 10,97 %	14 581	+ 16,14 %
Total métropole	**165343**	**+ 2,07 %**	**170376**	**+ 6,90 %**	**200247**	**- 2,61 %**
Basse-Terre	1 251	+ 4,69 %	1 192	- 14 ?61 %	2 509	+ 2,45 %
Cayenne	551	+ 22,72 %	612	+ 0,33 %	567	- 10,43 %
Fort de France	721	- 0,14 %	797	+ 14,84 %	1 013	- 6,89 %
Mata-Utu	14	- 75,44 %	71	+ 688,89 %	10	- 85,07 %
Nouvelle-Calédonie	312	- 23,53 %	319	- 21, 81 %	177	- 3,80 %
Papeete	442	- 11,60 %	497	- 7,45 %	225	- 19,64 %
Saint-Denis de la Réunion et Mamoudzou	1 356	- 5,83 %	1 120	- 14,18 %	1 875	+ 14,54 %
Saint-Pierre-et-Miquelon	24	+ 9,09 %	27	+ 440,00 %	53	+ 65,63 %
Total Outre-mer	**4 671**	**- 2,55 %**	**4 635**	**+ 7,61 %**	**6 429**	**+ 0,93 %**

Source : Conseil d'État, Rapport public 2008.

CHAPITRE 1
LE CONSEIL D'ÉTAT [1]

Site Internet : www.conseil-etat.fr

SECTION 1. ORGANISATION

709 ***Juridiction et administration : leur interpénétration*** ◊ Le statut du Conseil d'État résulte principalement de l'ordonnance n° 45-1708 du 31 juillet 1945, du décret n° 63-766 du 30 juillet 1963 et de la loi n° 87-1127 du 31 décembre 1987. Il est aujourd'hui contenu dans le Code de justice administrative, qui lui consacre le Livre premier de sa partie législative et de sa partie réglementaire. Il est la juridiction suprême de l'ordre administratif, ce qui lui confère des « pouvoirs généraux de régulation » de cet ordre de juridictions lui permettant de résoudre des problèmes de droit processuel dont la solution n'est pas clairement donnée dans les textes [2], mais ce qui n'est pas sans soulever certaines difficultés dans des cas particuliers [3].

Son organisation se caractérise par *l'interpénétration de l'administration et de la juridiction* au sein d'une même institution. Cette interpénétration, favorisée par les circonstances dans lesquelles est apparu le Conseil d'État, qui ne s'est que progressivement dégagé de l'Administration active, est à la fois :

1. V. Colloque du deuxième centenaire du Conseil d'État, La Revue administrative, n° spécial du 1er janv. 2000. J. Massot, T. Girardot, *Le Conseil d'État* , Doc. fr., 1999. J. Massot (dir.), *Le Conseil d'État de l'An VIII à nos jours* , Adam Biro, 1999. J.-P. Negrin, *Le Conseil d'État et la vie politique en France depuis 1958* , PUF, 1968. Une présentation plus détaillée de l'institution amènerait à souligner que le Conseil d'État joue un rôle important dans la gestion des Cours administratives d'appel et des Tribunaux administratifs (gestion des magistrats, des crédits), et qu'il est investi d'une mission permanente d'inspection des juridictions administratives (sur la pratique de cette fonction, v. son rapport public annuel). B. Seiller, « Conseil d'État », *in* D. Chagnollaud et G. Drago (dir.), *Dictionnaire des droits fondamentaux*, Dalloz, 2006 ; *Pouvoirs,* « Le Conseil d'Etat », n° 123, nov. 2007.
2. V. *supra*, n° 707.
3. Par exemple, si dans une affaire le requérant prétend que le Conseil d'État ne serait pas un « tribunal impartial », il ne peut néanmoins former une demande de renvoi pour cause de suspicion légitime, une telle demande ne pouvant être adressée qu'à la juridiction immédiatement supérieure à celle qui est contestée : CE 16 juin 2004, *M. Marc-Antoine, Mme Lacau, AJDA* 2004. 1782. Cette lacune du droit interne ne pourrait pourtant exonérer la France, le cas échéant, de respecter sur ce point la Convention européenne des droits de l'homme.

• **Organique** : une partie des maîtres des requêtes et des conseillers (qui forment avec les auditeurs le personnel de carrière du Conseil d'État) peut être choisie par le Gouvernement parmi les hauts fonctionnaires, ou d'autres personnalités. En outre, des conseillers en service extraordinaire sont nommés temporairement, recrutés « parmi les personnalités qualifiées dans les différents domaines de l'activité nationale » [1].

• **Fonctionnelle** : les membres du Conseil d'État peuvent participer à des activités administratives [2], et notamment être chargés de fonctions dans des cabinets ministériels (Titre 4, décr. n° 63-766, 30 juill. 1963). Au sein même du Conseil, si la réforme de juillet 1963 avait accentué le brassage de ses membres en prévoyant systématiquement, au moins en début de carrière, leur participation aux formations administratives et contentieuses dont la dualité est l'un des traits originaux du Conseil d'État [3], le décret du 6 mars 2008, tenant compte de la jurisprudence précitée de la Cour européenne, limite la double appartenance aux sections administratives et à celle du contentieux.

Néanmoins, reflet de ce dualisme fonctionnel, l'organisation du Conseil d'État est structurée en sept sections, dont six sont des formations non contentieuses ; son activité juridictionnelle est en effet concentrée sur une seule section, celle du contentieux.

§ 1. Formations non contentieuses

I. Rôle général

710 ***Le Conseil d'État, coauteur des lois et décrets et conseiller juridique du Gouvernement*** ◊ On a souligné plus haut (v. *supra* n° 338), à propos du Conseil constitutionnel, la large implication de celui-ci dans le processus de confection des lois qui permettait de voir en lui un coauteur de celles-ci, en observant que le Conseil d'État jouait de son côté un rôle important. Ce rôle se situe en amont de l'intervention du Parlement, mais il se manifeste aussi bien en matière réglementaire que législative ; son importance est souvent occultée par le fait que, se manifestant sous la forme d'avis, cette intervention apparaît diluée

1. Ces conseillers ne peuvent pas être affectés à la Section du contentieux (art. L. 121-4 CJA).

2. Cette participation prévue aux art. 137-1 et s. CJA est importante, et diminue d'autant le nombre des membres du Conseil d'État contribuant à l'exercice de ses tâches. En 2007, par exemple, sur un effectif global de 332 personnes, 133 membres du Conseil d'État étaient en service à l'extérieur.

3. Une autre originalité du Conseil d'État est d'être présidé par son vice-président (art. L. 121-1 CJA), nommé en Conseil des ministres et choisi parmi ses membres. Survivance de son histoire, la présidence de son Assemblée générale (qui est une formation sans compétence juridictionnelle) peut être assurée par le Premier ministre, ou par le ministre de la Justice (Garde des sceaux). V. P. Gonod, « L'article 121-1 du Code de justice administrative, d'une singularité à l'autre », *AJDA* 2004. 1321. V. *supra*, n° 704.

dans ce qui est fréquemment appelé, en termes globalisants, la fonction consultative du Conseil d'État. En réalité deux formes de consultation du Conseil par le Gouvernement sont à distinguer :

- *le Conseil d'État consultant juridique ;* le Premier ministre, ou un ministre, peut, s'il le juge utile, saisir le Conseil d'une demande d'avis en vue de l'éclairer sur une difficulté juridique apparue dans le cadre de l'action de l'Administration [1]. Le Conseil peut, de son côté, appeler l'attention du Gouvernement sur des réformes qui lui sembleraient opportunes [2]. Ce genre d'avis correspond à une fonction de conseil juridique.

- *le Conseil d'État, coauteur des lois et décrets* ; même si cette seconde catégorie de consultations du Conseil se manifeste également sous la forme d'avis, elle correspond à une autre nature d'activité, soumise à un régime juridique particulier. Ici, selon la formule du Code de justice administrative, « Le Conseil d'État participe à la confection des lois et ordonnances » (art. L. 112-1) et, peut-on ajouter, de nombreux décrets.

Son intervention en matière de lois et d'ordonnances est exigée par la Constitution dans ses articles 38 (ordonnances) et 39 (projets de lois). Elle revêt la forme d'avis sur les différents aspects du projet de texte qui lui est soumis par le Gouvernement avant que celui-ci n'arrête la rédaction qui sera soumise au Parlement ; le Conseil peut également proposer les modifications du texte qui lui paraissent nécessaires. Les observations émises par le Conseil n'ont qu'une valeur consultative pour le Gouvernement ; mais celui-ci a l'obligation de saisir pour avis le Conseil ; pour assurer l'effectivité de cette obligation, le Conseil constitutionnel considère que le projet de texte qui est soumis au Parlement, même s'il peut évidemment s'écarter largement de l'avis du Conseil, ne peut contenir par rapport à la rédaction soumise à celui-ci des modifications si substantielles que l'on puisse considérer que le texte présenté aux Assemblées est différent de celui sur lequel le Conseil a donné son avis [3]. L'intervention obligatoire du Conseil pour

1. CJCA, art. L. 112-2. Pour la Polynésie, v. art. L. 225-3.

2. CJA, art. 112-3. Ces propositions de réformes sont généralement inspirées au Conseil d'État par le jugement des affaires contentieuses relevant de son activité juridictionnelle, qui peut lui suggérer l'opportunité de modifier certains textes.

3. Un exemple caractéristique est donné par la décision du Conseil constitutionnel n° 2003-468 DC, du 3 avr. 2003, *AJDA* 2003. 948, note 6 Drago et note M.-T. Viel, *ibid.* p. 1625. Pour réformer le mode d'élection des conseillers régionaux, le gouvernement avait préparé un projet de loi, soumis au Conseil d'État, exigeant pour se présenter au second tour un nombre de voix obtenu au premier tour de 10 % des suffrages exprimés. Mais le texte soumis au Parlement exigeait un seuil de 10 % des électeurs *inscrits*, chiffre très largement supérieur au précédent, et risquant politiquement d'éliminer beaucoup de petites listes. Le Conseil constitutionnel a invalidé cette disposition de la loi en considérant que le Gouvernement avait ainsi « modifié la question posée au Conseil d'État ». Les différences d'interprétation doctrinale de cette décision tiennent, plus qu'à des divergences de fond, à la portée à donner au terme de « coauteur » (de la loi).

avis fait ainsi partie substantiellement du processus de confection de la loi.

En matière réglementaire, le Conseil examine les projets de décrets pour avis dans deux conditions différentes [1]. Beaucoup d'entre eux n'exigent pas un examen pour avis par le Conseil ; évidemment le Gouvernement a toujours la faculté de lui demander un avis, on est alors dans l'hypothèse précédente où le Conseil est un simple conseiller juridique des Pouvoirs publics. Mais certains projets de décrets doivent obligatoirement être soumis à l'avis du Conseil d'État ; les cas sont déterminés par les textes ; à titre d'exemple, il en est ainsi pour les décrets modifiant des textes de forme législative votés par le Parlement avant 1958 dans une matière aujourd'hui réglementaire (Constitution, art. 37). Lorsque l'avis du Conseil est obligatoirement requis, et comme dans le cas des projets de loi, le Gouvernement ne peut adopter le décret dans une rédaction telle que la rédaction devrait être considérée comme ne correspondant ni à celle présentée au Conseil, ni à celle modifiée pour avis par celui-ci. Dans ce cas, le Conseil d'État saisi d'un recours en annulation dans le cadre de ses activités juridictionnelles annule le décret pour incompétence de son auteur, ce qui justifie la formule de l'un de ses membres, selon lequel « le Conseil d'État est coauteur des décisions réglementaires qui lui sont présentées » [2].

On signalera enfin que la révision constitutionnelle du 23 juillet 2008 a quelque peu infléchi la fonction consultative du Conseil. En effet, l'article 39 dernier alinéa dispose désormais que « Dans les conditions prévues par la loi, le président d'une assemblée peut soumettre pour avis au Conseil d'État, avant son examen en commission, une proposition de loi déposée par l'un des membres de cette assemblée, sauf si ce dernier s'y oppose ». Le Conseil pourrait ainsi devenir également le conseiller du Parlement [3].

II. Sections administratives

En fonction de leurs attributions, on peut les diviser en deux catégories : [4]

1. Cette distinction apparaît clairement à l'article L. 112-1 CJA, 2e al.
2. M. Long, « Le Conseil d'État et la fonction consultative : de la consultation à la décision », *RFDA* sept. oct. 1992 p. 789. V. par exemple CE, Ass., 9 juin 1978, *SCI Boulevard Arago, Lebon* p. 237 ;CE 21 juill. 1989, *Association des médecins pour le respect de la vie, Lebon*, p. 163. F. Rollin, T. Dal Farra, Y. Gaudemet, B. Stirn, *Les grands avis du Conseil d'État*, Dalloz, 2e éd., 2002.
3. V. P. Gonod, « Le Conseil d'Etat, conseil du Parlement », *RFDA* 2008. 871.
4. CJA, art. R 123-2 et s. La loi n° 2009-689 du 15 juin 2009 modifie à cet effet l'ordonnance du 17 novembre 1958 relative au fonctionnement des assemblées parlementaires et complète le Code de justice administrative notamment l'article L. 112-1.

711 ***Sections administratives consultatives*** En raison de la diversité des questions qui lui sont soumises, le rôle consultatif [1] du Conseil d'État appelait dans son exercice une spécialisation que consacrait l'existence de quatre sections administratives : intérieur, finances, travaux publics, section sociale. Le décret du 6 mars 2008 crée une cinquième section, dénommée « de l'administration », compétente en matière de fonction publique, de relations entre l'administration et ses usagers, de procédure administrative non contentieuse, de défense nationale, de propriétés et de contrats publics.

Un arrêté du Premier ministre et du garde des Sceaux fixe le champ de la compétence de chacune des sections. Leur personnel ne leur est propre qu'en partie, en raison de la double affectation, aux sections administratives et à celle du contentieux, de certains membres du Conseil.

Si la question l'exige, deux ou plusieurs sections peuvent être associées à l'examen du dossier [2], ou l'Assemblée générale peut être saisie [3]. À l'inverse, depuis 2008 et pour les affaires moins importantes, les sections ne se réunissent plus en formation plénière, mais en « formation ordinaire » de sept membres. En cas d'urgence, les projets de loi ou d'ordonnance peuvent être soumis à la Commission permanente (CJA, art. R 123-24).

En 2007, 1 267 avis ont été rendus par le Conseil d'État (contre environ 1 400 en 2006 et 3 300 en 1993).

712 ***Section du rapport et des études*** [4] ◊ Cette formation est issue de l'érection en section de la commission du même nom qui existait, avec un rôle plus modeste, antérieurement au décret 85-90 du 24 janvier 1985. Outre la préparation des études dont elle peut être chargée par le Premier ministre ou par le vice-président du Conseil d'État, elle a pour mission d'élaborer le rapport annuel du Conseil d'État qui, outre un bilan de son activité pour l'année écoulée lui permet d'appeler l'attention des Pouvoirs Publics sur les réformes législatives, réglementaires ou administratives qui paraissent opportunes au vu des litiges dont il a été saisi, et sur les difficultés d'exécution des décisions juridictionnelles rendues par le Conseil d'État et par les autres juridictions administratives. Cette section est également compétente pour (tenter de) régler les difficultés d'exécution des jugements et arrêts rendus par les juridictions administratives [5].

1. Dans les deux séries d'hypothèses exposées au n° 433-1.
2. V. G. Braibant, « Le rôle du Conseil d'État dans l'élaboration du droit », in *Mélanges R. Chapus*, Montchrestien, p. 91 ; M. Long, « Le Conseil d'État et la fonction consultative », *RFDA*, 1992. 789 ; *Conseil d'État, Rapport public*, 1994, p. 439, « Le renouveau de la fonction consultative du Conseil d'État sous la Ve République ». Un large éventail d'avis est reproduit dans le rapport public annuel du Conseil d'État.
3. CJA, art. R 123-1.
4. CJA, art. R 123-5.
5. Y compris par le Conseil d'État ; v. CJA, art. R 931-1 s.

713 ***Assemblée générale et commission permanente*** ◊ Les textes les plus importants comme les projets de lois, d'ordonnances, de décrets de l'article 37 de la Constitution ne sont en principe pas examinés pour avis par les sections, mais en assemblée générale [1]. Cependant, le décret du 6 mars 2008, dont les dispositions accentuent une tendance résultant d'un décret du 21 décembre 2004, prévoit que le vice-président du Conseil peut ne pas soumettre à l'assemblée certains textes tels que projets de loi ou d'ordonnance « ne soulevant pas de difficulté », ou ayant pour objet la transposition d'une directive communautaire [2].

L'assemblée, qui réunit elle aussi des membres des formations administratives et contentieuses, peut siéger en deux formations. L'assemblée générale plénière, qui comprend notamment tous les conseillers d'État, peut approcher théoriquement la centaine de personnes [3]. Quant à l'assemblée générale ordinaire, qui représente la formation normale, son effectif est d'environ trente-cinq membres [4].

Vestige de la présidence du Conseil d'État par le chef du gouvernement lors de sa création en 1872, le Premier ministre peut présider l'assemblée générale – il le fait rarement, et à titre protocolaire (comme indiqué *supra*, M. Raffarin a, par exemple, présidé l'Assemblée générale le 10 mars 2005).

En cas d'urgence, l'examen des projets de lois ou d'ordonnances peut être exceptionnellement porté devant une commission permanente, qui est en mesure de siéger à très bref délai [5].

NB : Devant les deux séries de formations administratives qui viennent d'être exposées, le point de vue de l'Administration peut être présenté par de hauts fonctionnaires désignés sous le nom de « commissaires du Gouvernement » (CJA, art. 123-24) qu'il ne faut surtout pas confondre avec leurs homonymes des formations contentieuses, d'ailleurs devenus « rapporteurs publics » en vertu du décret du 7 janvier 2009, dont le statut et le rôle sont radicalement différents.

§ 2. Formations contentieuses

714 ***Diversité*** ◊ On constatera plus loin l'ampleur de la fonction juridictionnelle du Conseil d'État ; cette juridiction unique est à la fois juge de première instance, juge d'appel et juge de cassation (v. l'article 111-1 CJA). Le Conseil ne peut faire face à ses compétences que par sa démultiplication en une douzaine de formations juridictionnelles – dites : formations contentieuses – et même largement plus si l'on tient compte des associations qui peuvent être réalisées entre elles.

1. En fait, un premier examen a lieu en sections.
2. V. R 123-20 CJA.
3. Environ 80 en pratique.
4. CJA, art. R 123-14.
5. CJA, art. R 123-21 et s.

Cependant, on ne constate pas de divergences sensibles de jurisprudence en son sein, grâce à la fois à une circulation rapide de l'information jurisprudentielle entre ces formations, aux contacts personnels organisés entre leurs membres, et à la possibilité largement utilisée ouverte aux formations élémentaires de porter les affaires les plus délicates à un niveau supérieur de jugement.

NB : Auprès des formations contentieuses du Conseil d'État, et auprès des tribunaux administratifs et des Cours administratives d'appel, il existe des « rapporteurs publics », dénommés jusqu'au décret du 7 janvier 2009, précité, « commissaires du Gouvernement ». Ils jouent un rôle essentiel dans le fonctionnement de ces juridictions mais ils ne doivent pas être assimilés aux membres du parquet auprès des juridictions judiciaires, qui forment un corps hiérarchisé pouvant être chargé de défendre (au moins par écrit) le point de vue des pouvoirs publics sur l'affaire à juger, si ceux-ci le leur demandent.

On est en présence ici d'une institution originale. Les « rapporteurs publics » ne forment pas un corps hiérarchiquement rattaché à un ministre, ce sont des membres de la juridiction qui exercent temporairement la fonction. Surtout, celle-ci consiste à présenter en toute indépendance la solution que leur paraît, au regard du droit, appeler l'affaire qui va être jugée. Ainsi, un peu paradoxalement, l'État qui ne dispose pas d'un parquet auprès de ces juridictions administratives ne peut se faire représenter auprès d'elles par un commissaire du Gouvernement.

Ce changement de dénomination, complété par quelques aménagements procéduraux, est de nature à faire cesser tout doute, de la part des justiciables, sur l'indépendance des rapporteurs publics et des juridictions auxquelles ils appartiennent.

V. *infra*, n° 872 et s., l'affaire *Gervaise*.

715 ***Section du contentieux*** [1] ◊ Conformément au décret n° 63-766 du 30 juillet 1963 qui a posé, au moins en principe, la règle de la double affectation, la majeure partie de son personnel est commune avec les sections administratives. Cependant, les conseillers en service extraordinaire n'y siègent pas. Par ailleurs, pour tenir compte de la jurisprudence de la Cour européenne des droits de l'homme, le décret du 6 mars 2008 établit qu'un membre du Conseil d'État ne peut pas siéger au contentieux sur une affaire dont il a eu à connaître dans une section administrative (ce qui correspond à la pratique antérieure) et donne au requérant le droit de vérifier le respect de cette règle, en demandant communication de la liste des personnes ayant participé à la délibération administrative.

À côté des membres du Conseil d'État exerçant des fonctions de juge administratif la loi du 9 septembre 2002 a institué des assistants de justice, destinés à les aider dans leurs travaux préparatoires (art. L. 122-2, R 122-30 et s. CJA).

1. B. Genevois, « Sur la hiérarchie des décisions du Conseil d'État statuant au contentieux », in *Mélanges R. Chapus*, Montchrestien, 1992, p. 245.

Il convient de souligner que les termes de Section du contentieux présentent une certaine ambiguïté, dans la mesure où ils s'appliquent à deux entités distinctes :

1) L'ensemble des membres du Conseil d'État affectés au jugement des affaires contentieuses (en général, comme on vient de le voir, ils partagent une partie de leur service avec les formations administratives). Dans ce sens, la Section du contentieux est l'une des divisions du Conseil d'État, avec les six sections administratives. Elle est *divisée en dix sous-sections*, qui ont un double rôle :

- chaque sous-section constitue un organe d'instruction des affaires pour les différentes formations de jugement ;
- mais elle représente aussi la formation ordinaire de jugement du Conseil d'État, pour les affaires qui n'appellent pas un renvoi devant la section, ou devant l'assemblée du contentieux. Jusqu'en 1980, les organes de jugement étaient constitués par la réunion de deux ou de trois sous-sections (formation dite en sous-sections réunies). Actuellement, si cette organisation est maintenue, une autre lui est ajoutée, chacune des dix sous-sections pouvant désormais siéger seule en formation de jugement, en vue d'accélérer le jugement des affaires.

En 2007, sur un total d'un peu moins de 10 000 affaires jugées (sans compter les séries), environ 1 500 l'ont été en sous-sections réunies, et environ 3 600 par une sous-section jugeant seule. Plus de 4 300 affaires ont été réglées par une ordonnance du Président de la Section du contentieux ou des présidents des sous-sections.

2) Une formation particulière de jugement, plus solennelle que les sous-sections, mais moins que l'assemblée du contentieux que l'on présentera ci-après ; ainsi entendue, elle comprend le président de la Section du contentieux (au sens 1 ci-dessus), ses trois présidents-adjoints, les présidents des dix sous-sections et le rapporteur de l'affaire [1]. La Section du contentieux n'est pas une formation habituelle de jugement, mais « une formation de renvoi » à laquelle les affaires sont transmises si elles présentent une importance particulière, ou si elles soulèvent une difficulté de principe.

En 2007, la Section du contentieux a jugé 27 affaires (contre 41 l'année précédente).

716 ***Assemblée du contentieux*** [2] ◊ Elle représente la formation de jugement la plus solennelle du Conseil d'État. Elle ne doit pas être confondue, évidemment, avec l'Assemblée générale du Conseil d'État qui est une formation administrative. L'Assemblée du contentieux, présidée par le vice-président du Conseil d'État, comprend les présidents des six sections administratives et de la Section du contentieux, les trois présidents adjoints de cette dernière, le président de la sous-section ayant

1. CJA, art. R 122-18. La Section comprend donc 15 membres, et siège valablement à 9.
2. CJA, art. R 122-20. L'Assemblée comprend donc 17 membres, et siège valablement à 9.

instruit l'affaire, les quatre présidents de sous-sections les plus anciens et le rapporteur. Réunie environ toutes les six semaines, on lui renvoie seulement les affaires présentant pour des raisons juridiques, ou autres, une importance toute particulière ; la loi du 7 juillet 1977 (art. 25) lui attribue par ailleurs le contentieux de l'élection des représentants français au Parlement européen. Hors ce cas, elle est, comme la Section du contentieux, une formation de renvoi et non une formation ordinaire de jugement.

En 2007, elle a jugé 8 affaires (contre 15 en 2006).

717 ***Le président de la Section du contentieux*** ◊ Outre les attributions administratives [1] qu'il détient en tant que chef de cette section (comme la répartition des membres de celle-ci entre les sous-sections, ou la répartition des affaires entre elles), il est investi de compétences juridictionnelles importantes.

En vertu de l'article L. 122-1 CJA, il peut, par ordonnance, régler les affaires dont la nature ne justifie pas l'intervention d'une formation collégiale.

Il dispose également de nombreuses compétences spécifiques. Notamment :

– il joue un rôle pour régler les difficultés de compétence entre les tribunaux administratifs, les Cours administratives d'appel, le Conseil d'État et les autres juridictions administratives afin que, quelle que soit l'erreur du justiciable, son dossier soit aiguillé vers le juge compétent par une procédure interne au système juridictionnel administratif (art. R. 351-1 à R. 351-9 CJA). Toutefois, cette attribution a considérablement diminué en nombre d'affaires traitées, avec la réforme introduite par le décret du 19 avril 2002 — incorporé dans les articles cités — qui, pour accélérer le règlement des problèmes de compétence entre les juridictions administratives, permet aux présidents des tribunaux administratifs et des cours administratives d'appel de transmettre directement les dossiers dont leur juridiction a été selon eux saisie à tort à la juridiction qu'ils estiment compétente rendant ainsi exceptionnelle l'intervention du Conseil d'État. Alors qu'en 2001 cette activité avait représenté environ 2 500 affaires, elle n'a plus correspondu en 2003 qu'à 311 ; en 2007, il n'y a plus eu que 174 saisines (v. *supra* n° 208).

1. Certaines de ces attributions sont sans rapport avec le fonctionnement interne du Conseil d'État. Par exemple, depuis la loi du 9 juillet 2004 modifiant la loi du 30 septembre 1986, sur la liberté de communication, le président de la Section du contentieux peut, sur la demande du président de la Commission de l'audiovisuel, enjoindre à un opérateur satellitaire relevant de la France d'arrêter de transmettre les émissions d'une chaîne de télévision n'ayant pas respecté ses obligations. Ce pouvoir a été mis en œuvre pour la première fois en décembre 2004 (affaire de la *chaîne Al-Manar*, diffusée sur Eutelsat).

– il est le juge du référé administratif [1] quand cette procédure est engagée devant le Conseil d'État (art. L. 511-2 CJA) ; une catégorie de référé particulière existe en matière de communication audiovisuelle, au profit du Président de la CNCL [2], puis de celui du CSA (art. L. 553-1 CJA, loi du 9 juillet 2004).

– il peut exercer les pouvoirs dévolus au Conseil d'État en matière de condamnation de l'Administration au paiement d'astreintes (art. 911-5 CJA) en vue d'assurer l'exécution d'une décision rendue par une juridiction administrative [3] contre une personne morale de droit public ou un organisme de droit privé chargé de la gestion d'un service public.

En 2007, le président de la section a rendu plus de 1 200 ordonnances ; de leur côté, les présidents de sous-sections en ont rendu plus de 3 100.

SECTION 2. COMPÉTENCE JURIDICTIONNELLE

Pour le juriste qui aborde l'organisation juridictionnelle française par l'exposé des tribunaux appartenant à l'ordre judiciaire, le Conseil d'État représente une juridiction atypique, qui tranche radicalement avec la spécialisation qui caractérise les juridictions judiciaires.

Il cumule en effet les fonctions de juge de premier degré, de juge d'appel et de juge de cassation [4].

On ne reviendra pas ici sur le rôle fondamental que joue le Conseil d'État dans l'aiguillage vers la juridiction administrative compétente des demandes adressées à un juge administratif, territorialement ou matériellement incompétent ; on a vu précédemment que ce rôle de « plaque tournante » au sein de l'ordre juridictionnel administratif est joué par le Président de la Section du Contentieux, après que les juges

1. Les pouvoirs du juge des référés en contentieux administratif sont restés très longtemps des plus limités. Une large réforme des procédures d'urgence a été réalisée par la loi n° 2000-597 du 30 juin 2000 relative au référé devant les juridictions administratives. V. R. Vandermeeren, « La réforme des procédures d'urgence devant le juge administratif », *AJDA* 2000. 706. E. Mignon, « La réforme des procédures de référé devant les juridictions administratives : la fin de la "grande misère" pour le juge administratif ? », *Courrier juridique des Finances et de l'Industrie*, sept.-oct. 2000, Étude.

2. V. un ex. avec CE, Sect., 20 janv. 1989, *CNCL c/ Soc. La Cinq*, *AJDA* 1989. 85, chron. de jur. M. Azibert et M. De Boisdeffre.

3. Il peut s'agir d'ailleurs de juridictions administratives spécialisées, si la condition posée par l'article L. 911-5 CJA est remplie ; v., par ex., CE 28 avr. 2004, *Foyer-Logement résidence Maurice Villatte, AJDA* 2004. 1540, note J.-P. Markus.

4. La mission d'un juge de cassation étant d'assurer l'unité d'interprétation et d'application du droit dans le cadre national, chaque ordre de juridictions (judiciaire ou administratif) ne peut comporter qu'un seul juge de cassation. En 2003, le pourcentage d'affaires dont le Conseil d'État a été saisi a représenté (en pourcentage du nombre total d'affaires introduites dans l'année) 20 % pour le premier ressort, 26 % pour l'appel-contre 45 % en 1993- et 42 % pour la cassation (dont plus de 22 % de pourvois contre les arrêts des Cours administratives d'appel).

saisis incompétemment ont transmis les dossiers au Conseil d'État [1]. Ce rôle de régulateur des compétences des juridictions administratives va au-delà même des hypothèses prévues par les textes [2].

§ 1. Le Conseil d'État, juge de premier degré

Dans tous les cas où le Conseil d'État est juge de premier degré, il y a nécessairement dérogation au principe du double degré de juridiction, puisqu'il représente la juridiction administrative la plus élevée. Il connaît ainsi en premier et dernier ressort des affaires directement portées devant lui.

718 ***Historique*** ◊ L'arrêt *Cadot* (CE, 13 déc. 1889, D. 1891. III. 41, concl. Jagerschmidt) avait consacré la compétence de juge de droit commun du contentieux administratif du Conseil d'État, en tirant toutes ses conséquences de la loi du 24 mai 1872. Cette situation, dans laquelle une seule juridiction était le juge de droit commun de l'ensemble du contentieux né du fonctionnement des services publics, a conduit à l'engorgement du Conseil d'État lorsque les recours se sont multipliés à la suite du développement des interventions de la puissance publique. Malgré le palliatif technique représenté par la ramification de la Section du contentieux en sous-sections, le retard croissant pris par le jugement des affaires appelait une réforme profonde, souhaitée d'ailleurs par le Conseil d'État lui-même : il apparaissait opportun de faire des juridictions administratives les plus nombreuses – les Conseils de préfecture – les juges de droit commun. Cette réforme fondamentale a été réalisée par le décret n° 53-934 du 30 septembre 1953 portant réforme du contentieux administratif, qui a fait des tribunaux administratifs – nouvelle dénomination des anciens Conseils de préfecture [3] – les juridictions administratives de droit commun, le Conseil d'État ne demeurant plus, en première instance, que juge d'attribution.

719 ***Le Conseil d'État, juge d'attribution*** ◊ Malgré la réforme de 1953, le Conseil d'État a conservé des titres de compétence étendus en premier

1. Sous réserve, depuis 2002, du renvoi direct (sans intervention du Conseil d'État) prévu à l'article 351-3 CJA. En revanche, s'il s'agit d'un problème de compétence entre les deux ordres judiciaire et administratif, la difficulté est réglée sous la forme d'un renvoi préventif au tribunal des conflits, qui détermine l'ordre de juridiction compétent sans intervention, ici non plus, du justiciable, *lorsqu'un juge de l'un des deux ordres a déjà décliné sa compétence*, et non dès la première saisine d'un juge comme ici. V. *supra*, n° 345 (avec le cas spécial du Conseil d'État et de la Cour de cassation).

2. V. CE 4 févr. 2005, *Procureur général près la Cour des comptes*, *AJDA* 2005. 1070, concl. M. Guyomar.

3. Cette réforme n'a pu éviter le retour d'un engorgement du Conseil d'État. La loi du 31 déc. 1987 créant des cours d'appel administratives a visé à désencombrer le Conseil d'État dans une autre de ses fonctions, celle de juge d'appel.

ressort, soit en raison de l'importance attachée à certaines affaires, soit pour éviter des risques de contrariétés de décision, soit par la force des choses.

Sans présenter l'ensemble de ces hypothèses de compétence de premier ressort - de l'ordre d'une trentaine - on peut retenir ici les plus générales [1] :

- recours pour excès de pouvoir formés contre les décrets, réglementaires ou individuels ; en revanche, le recours en indemnité (recours de pleine juridiction) fondé sur le préjudice causé au requérant par l'intervention d'un décret ne relève pas du Conseil d'État [2] ;

- recours pour excès de pouvoir dirigés contre les actes réglementaires des ministres, et contre leurs actes administratifs pris obligatoirement après avis du Conseil d'État ;

- depuis 2005, actions en responsabilité dirigées contre l'État pour durée excessive de la procédure devant la juridiction administrative [3] ;

- litiges relatifs à la situation individuelle des fonctionnaires nommés par décret du président de la République en vertu de l'article 13, alinéa 3, de la Constitution et des articles 1 et 2 de l'ordonnance organique n° 58-1136 du 28 novembre 1958 ; c'est le cas, par exemple, des membres du Conseil d'État et de la Cour des comptes, des magistrats judiciaires, des officiers généraux, des professeurs d'Université ;

- recours dirigés contre les actes administratifs unilatéraux, réglementaires ou individuels, dont le champ d'application excède le ressort territorial d'un seul tribunal administratif [4] ;

- recours en annulation dirigés contre les décisions administratives des organismes collégiaux à compétence nationale ;

- recours en interprétation, ou en appréciation de légalité, relatifs aux actes dont le contentieux relève directement du Conseil d'État ;

- prorogation de juridiction en cas de connexité : si, à l'occasion d'une affaire relevant de la compétence du Conseil d'État, le requérant dépose des conclusions relatives à un acte connexe mais qui relèverait normalement de la compétence d'un tribunal administratif, le Conseil d'État est compétent pour connaître de l'ensemble des demandes. Par exemple, une candidate aux fonctions de chef-programmeur est écartée d'une liste d'aptitude et attaque ce refus d'inscription (compétence, normalement, d'un tribunal administratif) mais, simultanément, elle

1. V. les art. L. 311-2 et s. et R. 311-1 CJA.

2. Ainsi, la mise en cause d'un même texte réglementaire peut conduire à engager des recours relevant du Conseil d'État, si l'on en demande l'annulation, et des tribunaux administratifs, si l'on demande l'indemnisation du préjudice causé par cette illégalité. V., par ex., les affaires dites « du prix des tabacs », CE, Ass., 28 févr. 1992, concl. M. Laroque, *AJDA* 1992. 210 et 329 (Chronique de jurisprudence, par MM. C. Maugüe et B. Schwartz).

3. Le demandeur, déjà victime d'une procédure de durée excessive, n'est donc pas exposé aux risques d'allongement supplémentaires qui pourraient naître d'un appel et d'un recours en cassation.

4. V. par ex. CE 23 févr. 2009, *Sté Merck Génériques* (*a contrario*).

demande l'annulation de l'arrêté ministériel ayant fixé les modalités d'organisation de l'examen auquel elle s'était présentée : le Conseil d'État, compétent à ce dernier titre (la portée de l'arrêté excédant la compétence territoriale d'un seul tribunal administratif) s'est reconnu compétent pour statuer sur les deux demandes [1] ;

- recours contre les élections au conseil régional (art. L. 361 C. élect.) ;
- recours contre l'élection des représentants français au Parlement européen [2] ;
- litige né hors d'une zone territoriale relevant des tribunaux administratifs [3] ;
- recours contre les « lois du pays » votées par l'Assemblée de la Polynésie française ; bien que de nature réglementaire, ces « lois du pays », prévues à l'article 140 de la loi organique 2004-192 du 27 février 2004, sont soumises à un « contrôle juridictionnel spécifique », pour tenir compte du statut de large autonomie conféré à la Polynésie [4] (v. LO, art. 176 et 177). Les autres actes réglementaires continuent de relever du tribunal administratif de Papeete. On soulignera que les « lois du pays » de la Nouvelle-Calédonie ne relèvent pas de la juridiction administrative, mais du Conseil constitutionnel (v. *supra*, n° 330-4).

720 ***Remarque*** ◊ Dans certains cas, le justiciable peut hésiter entre la compétence du Conseil d'État et celle d'une autre juridiction administrative (tribunal administratif, cour régionale des pensions, par ex.). En cas d'erreur, la juridiction se déclarait incompétente (d'ailleurs sans désigner celle qui, selon elle, était compétente) et, de longs mois parfois après son premier recours, le justiciable devait engager une nouvelle procédure devant un autre juge administratif. Sa seule sauvegarde était représentée par le principe, de jurisprudence constante, selon lequel un recours porté devant une juridiction incompétente conserve le délai normal du recours contentieux à introduire devant le juge compétent.

1. CE 12 mai 1976, *Delle Tanguy, Lebon*, p. 243 ; comp. CE 13 juill. 1961, *Laboratoires Biosedra, Lebon*, p. 484.
2. V. CE, Ass., arrêts du 22 oct. 1979, *AJDA* 1980. 39 et s. ; 20 oct. 1989, *Nicolo, AJDA* 1989. 788. Cette affaire, banale en soi et d'ailleurs conclue par un rejet, a permis au Conseil d'État de procéder à un revirement fondamental de sa jurisprudence sur les relations du droit communautaire et de la loi nationale postérieure, mais qui, résultant d'une rédaction elliptique, demande pour le non-spécialiste à être éclairé par la note de D. Simon et les observations de E. Honorat et E. Baptiste.
3. Par ex. en haute mer : CE, Sect., 4 déc. 1970, *Min. de la Déf. nat. c/ Starr, RD publ.* p. 1219, note Waline.
4. L'attribution de compétence faite en premier ressort au Conseil d'État s'explique largement par les tensions ayant existé avant le vote de la loi organique entre le tribunal administratif de Papeete et les autorités locales polynésiennes, qui reprochaient au tribunal de ne pas tenir compte dans ses jugements des spécificités juridiques à reconnaître, selon elles, à la Polynésie française ; on observera à ce sujet qu'aucun texte ne permettait à cette juridiction, avant la loi de 2004, d'appliquer à cette collectivité d'outre-mer un régime spécifique de contrôle de la légalité de ses actes.

Depuis un décret du 22 févr. 1972, un système d'« aiguillage » interne à la justice administrative a été mis en place, modernisé en 2002 (v. *supra*, n° 208).

§ 2. Le Conseil d'État, juge d'appel

721 ***Une compétence partagée et exceptionnelle*** ◊ Avant même la réforme de 1987, le Conseil d'État n'était pas le seul juge d'appel de l'ordre juridictionnel administratif. Mais la situation était très différente de ce qu'elle est aujourd'hui. Le Conseil d'État était, si l'on peut employer cette expression, le juge d'appel administratif de droit commun, en entendant par là que, sauf pour quelques contentieux spécialisés, il était le seul juge d'appel – et notamment celui des litiges jugés par les tribunaux administratifs. La création des Cours administratives d'appel a renouvelé la configuration de l'appel administratif [1].

Cependant, celui-ci continue de se distinguer sensiblement du système d'appel de l'ordre judiciaire :

• si l'on exclut ces contentieux spécialisés, le nombre des juridictions administratives d'appel (le Conseil d'État et les huit Cours) est très inférieur à celui des Cours d'appel judiciaires (une trentaine pour la métropole). Mais le nombre des appels introduits est très différent : en 1998, il a été – en chiffres arrondis – de moins de 20 000 pour les premières et de plus de 200 000 pour les secondes [2] ;

• la distribution des affaires entre les juridictions d'appel repose sur des critères différents dans les deux ordres :

– dans l'ordre judiciaire, le critère est territorial ; la compétence matérielle des Cours d'appel étant identique, chacune est compétente à l'égard des juridictions de première instance de son ressort géographique – à de rares exceptions près, comme pour le contentieux technique de la Sécurité sociale : v. *supra* n° 514.

– dans l'ordre administratif, si la création de huit Cours administratives d'appel pose désormais un problème identique de compétence territoriale, il est à souligner que *l'existence de plusieurs catégories de juges d'appel* confère un rôle déterminant au critère tiré de la nature des affaires. Depuis l'intervention de la loi du 31 décembre 1987, celle-ci est prise en compte à deux égards :

722 ***Pour quelques contentieux particuliers*** ◊ Il existe une hiérarchie de juridictions représentée par des juridictions de premier degré réparties sur l'ensemble du territoire, avec une juridiction d'appel centrale compétente pour l'ensemble des appels relevant du type de contentieux dont elle relève [3]. Ces contentieux spécialisés dotés d'une juridiction

1. V. les art. L. 321-1 et L. 321-2 CJA.
2. L'élargissement de la compétence d'appel des Cours administratives d'appel a diminué mécaniquement le nombre des appels devant le Conseil d'État.
3. En matière de pensions militaires d'invalidité, il existe des cours régionales d'appel.

propre d'appel – d'ailleurs subordonnée au Conseil d'État par la voie de cassation – sont peu nombreux. On peut citer [1] :

– Le contrôle juridictionnel des comptes des comptables locaux par les chambres régionales des comptes (v. n° 752). Celles-ci sont juges de premier ressort, et leurs jugements dits définitifs sont susceptibles d'appel devant la Cour des comptes.

– Le contentieux disciplinaire des enseignants publics. Les enseignants publics des trois ordres d'enseignement (primaire, secondaire, supérieur), relèvent, en matière disciplinaire, de juridictions composées de leurs pairs en vue de garantir leur indépendance professionnelle. Les sanctions qu'elles prononcent peuvent faire l'objet d'un appel devant une juridiction commune : le Conseil supérieur de l'Éducation.

– Le contentieux disciplinaire des ordres professionnels. Un certain nombre de professions libérales ont été organisées en ordres, chargés de les représenter et d'en assurer la discipline. Outre les avocats, il s'agit par exemple, depuis la période corporatiste du régime de Vichy, des pharmaciens, des médecins, dentistes et sages-femmes, des experts-comptables, des architectes. Les conseils régionaux de ces ordres sont investis d'un pouvoir disciplinaire qu'ils exercent en tant que juridictions, dont les décisions sont susceptibles d'appel devant le Conseil supérieur de l'ordre considéré.

En matière d'admission à l'aide sociale, les décisions des commissions départementales sont susceptibles d'appel – selon l'expression même des textes [2] – devant la commission centrale.

723 ***Pour la généralité du contentieux administratif*** ◊ La loi du 31 décembre 1987 avait, pour des raisons pratiques [3], mis en place un système original partageant la compétence d'appel entre le Conseil d'État d'une part, les Cours administratives d'appel d'autre part en fonction de l'objet ou de la nature de la requête de première instance, qui a subsisté jusqu'en 1995.

Actuellement, la compétence d'appel du Conseil d'État est une compétence d'attribution, l'article 1er de la loi du 31 décembre 1987 attribuant compétence aux Cours administratives d'appel qu'elle crée pour statuer sur les appels formés contre les jugements des tribunaux

1. En laissant à part certaines hypothèses très particulières, par ex. : en matière de recouvrement de l'impôt, il existe une procédure dite de référé fiscal devant un membre du tribunal administratif, dont les ordonnances sont susceptibles d'appel devant le tribunal administratif lui-même. L'appel des ordonnances ne peut donc pas être porté devant le Conseil d'État, qui ne peut être saisi que d'un recours en cassation contre la décision rendue en appel par le tribunal administratif ; CE 22 déc. 1971, *Droit fiscal*, 1972, nos 1-2, comm. 32.

2. Encore que la nature juridictionnelle des décisions des commissions départementales soit doctrinalement controversée. V. J. Sibileau, « Nature et étendue des pouvoirs des commissions d'admission à l'aide sociale », *Revue de l'aide sociale*, 1958, p. 8.

3. V. M. Franc, « Commentaires sur une réforme », *AJDA* 1988. 79.

administratifs, sauf quelques exceptions. Cette réforme n'avait d'ailleurs été mise en œuvre que par étapes, et elle n'est complètement entrée en vigueur qu'à partir du 1er octobre 1995 [1]. Depuis cette date, les principaux jugements des tribunaux administratifs qui relèvent en appel du Conseil d'État – et non des cours administratives d'appel – sont ceux portant sur les recours en appréciation de légalité [2], et sur les litiges relatifs aux élections municipales et cantonales [3]. Le contentieux des arrêtés préfectoraux de reconduite à la frontière des étrangers en situation irrégulière, primitivement dévolu au Conseil d'État, relève de la compétence normale des Cours administratives d'appel depuis 2005.

§ 3. Le Conseil d'État, juge de cassation [4]

724 ***Particularisme de la cassation administrative*** [5] ◊ Traditionnellement, la cassation administrative a présenté vis-à-vis de la cassation judiciaire une spécificité de fond, à laquelle la loi du 31 décembre 1987 a ajouté un particularisme procédural [6].

I.– Jusqu'à la fin du XIXe siècle, les recours en cassation contre les décisions juridictionnelles et les recours pour excès de pouvoir contre les actes administratifs ont été très mal distingués. Il en est resté comme survivance – heureuse pour les justiciables – que, alors que la Cour de cassation ne s'estime pas compétente sans texte, le Conseil d'État a considéré avant même l'intervention de l'ordonnance du 31 juillet 1945 fondant explicitement son rôle de juge de cassation, que le recours en cassation pouvait être porté devant lui, même sans texte.

Il considère même que, tout comme le recours pour excès de pouvoir est une garantie des administrés ouverte, sauf manifestation de volonté

1. V. le décret n° 92-245 du 17 mars 1992, et son commentaire par D. Chabanol, *AJDA* 1992. 341 et s.

2. Il s'agit en pratique des éventuelles questions préjudicielles de légalité posées par les juges civils (art. R. 321-1 CJA).

3. On a vu plus haut que le contentieux des élections régionales relève du Conseil d'État comme juge de première instance (art. R. 321-1 CJA). La raison de ce particularisme est le gain de temps obtenu en faisant l'économie d'un appel devant une Cour administrative d'appel, dont l'arrêt pourrait faire ensuite l'objet d'un pourvoi en cassation devant le Conseil d'État.

4. J. Massot et *alii*, *Le Conseil d'État, juge de cassation*, Berger-Levrault, 2001 (5e éd.).

5. J. Massot, « La cassation », *AJDA* 1995, n° spéc., p. 200 ; T. Célerier, « La cassation administrative », *LPA*, 20 janv. 1992, p. 14. Pour une comparaison avec la cassation judiciaire, V. A. Damien et J. Boré, « Le contrôle du juge de cassation en matière administrative et en matière civile », *RFDA*, 1990, p. 91. V. aussi J. Charret et S. Deliancourt, « L'autorité de chose jugée s'attachant aux décisions rendues par le Conseil d'Etat en sa qualité de juge de cassation », *AJDA* 2008. 568.

6. On peut ajouter que la dispense de ministère d'avocat, fréquente devant les tribunaux administratifs, plus parcimonieuse devant les Cours administratives (et devant le Conseil d'État statuant comme juge d'appel ou de premier degré) n'existe pratiquement pas en matière de cassation : v. décret n° 53-934 du 30 sept. 1953, art. 11.

contraire du législateur, contre tout acte administratif [1], le recours en cassation est ouvert contre toute décision d'une juridiction administrative statuant en dernier ressort, sauf expression claire d'une volonté contraire par le législateur [2].

Ainsi est assurée la rectitude d'application du droit administratif à l'intérieur de l'ordre administratif, toutes les juridictions qui le composent relevant d'une juridiction unique, le Conseil d'État, soit par la voie de l'appel, soit par la voie de la cassation [3] : art. L. 331-1 CJA. Ce rôle de juge de cassation a été amplifié par la suppression de l'appel contre une série de jugements rendus par les tribunaux administratifs (v. art. R. 811-1 CJA, modifié par le décret n° 2003-543, du 24 juin 2003).

L'étendue du contrôle exercé par le Conseil d'État n'est pas identique à celle du contrôle effectué par la Cour de cassation. De la confusion originaire du recours pour excès de pouvoir et du recours en cassation a subsisté le principe que le Conseil d'État peut vérifier (sans pouvoir se livrer à une nouvelle instruction) la matérialité des faits [4]. Mais, en retrait par rapport à la Cour de cassation, il n'accepte de contrôler que la qualification juridique des faits [5], mais non les appréciations des faits [6] auxquelles se sont livrés les juges du fond [7].

Il convient de formuler deux remarques :

L'étendue du contrôle exercé varie avec la juridiction dont la décision est déférée au Conseil d'État, pour des raisons pratiques. Lorsqu'il s'agit de juridictions anciennes, aux connaissances juridiques solidement établies, composées de magistrats professionnels (comme la Cour des comptes), les investigations auxquelles se livre le Conseil d'État sont relativement peu approfondies [8]. En revanche, on constate – dans l'intérêt des justiciables – une emprise sensiblement plus étendue sur le contenu des décisions des juridictions professionnelles, composées de juges d'occasion qui, étant les pairs des praticiens dont ils apprécient les actes, sont également leurs concurrents.

1. CE 17 févr. 1950, *Mme Lamotte, RD publ.* 1951, p. 479, concl. Delvolvé, note Waline.

2. Que ne reconnaît qu'exceptionnellement le Conseil d'État ; v. CE 8 juin 1951, *Dreyfus-Schmidt*, S. 1951. III.74, concl. Delvolvé, *JCP* 1952. II. 6810, note Vedel ; CE 24 avr. 1923, *Soc. la Cérésité*, p. 365 ; 7 févr. 1947, *d'Aillières, RD publ.* 1947, p. 68, concl. Odent, note Waline.

3. Longtemps, le contentieux des pensions militaires et des victimes de guerre a relevé d'une commission spéciale de cassation des pensions de guerre. L'exception était pourtant plus apparente que réelle, cette juridiction étant composée en partie de membres du Conseil d'État et étant présidée par le président de la Section du contentieux. Les dossiers délicats pouvaient d'ailleurs être renvoyés devant le Conseil d'État. Cette juridiction a été supprimée à compter du 1er avril 2002, date à laquelle sa compétence a été attribuée au Conseil d'État.

4. CE 5 août 1924, *Farman, Lebon*, p. 829.

5. CE 12 juill. 1955, *Grunberg, Lebon*, p. 407.

6. La distinction entre l'« appréciation souveraine » des faits par les juges du fond et la « qualification des faits » que contrôle le juge de cassation est parfois malaisée. V. par ex. CE 11 oct. 1991, *Dr. fiscal* n° 49, 1991, Com. 2389.

7. CE 2 févr. 1945, *Moineau*, v. *GAJA*, 17e éd., 2009, n° 56.

8. V. A. Barjot, « Le recours en cassation devant le Conseil d'État », *EDCE*, 1951, p. 64 ; J.-M. Auby et R. Drago, *Traité de contentieux administratif*, t. II, n° 1399.

Alors qu'en droit privé l'on met en relief le rôle d'unification jurisprudentielle que joue la cassation, en assurant l'unité d'interprétation du droit par les nombreuses juridictions qui ont à l'appliquer, cet élément est longtemps demeuré peu apparent en matière administrative, les juridictions à l'égard desquelles le Conseil d'État était juge de cassation étant uniques à l'intérieur de leur contentieux. C'était paradoxalement en tant que juge d'appel que le Conseil d'État assurait l'unité de la jurisprudence administrative d'un nombre relativement élevé de juridictions, principalement représentées par les tribunaux administratifs [1]. La réforme de 1987 a sensiblement modifié cette situation ; alors que jusqu'ici la fonction de juge de cassation du Conseil d'État s'était exercée dans l'ombre de son rôle de juge d'appel, la création de Cours administratives d'appel et l'extension de leur compétence ont conféré à la fonction de juge de cassation du Conseil d'État, pour assurer l'unité de la jurisprudence de ces Cours ainsi que la régulation de son évolution, un nouveau développement.

II. – Proceduralement, la loi du 31 décembre 1987 a introduit trois innovations qui singularisent l'exercice de la fonction de juge de cassation du Conseil d'État :

– la première a pour but de prévenir le risque d'engorgement de celui-ci par le dépôt de pourvois peu sérieux, voire irrecevables, par des justiciables ne voyant en eux que des moyens dilatoires, ou animés d'un esprit de contestation systématique. À cet effet, un mécanisme de filtrage des pourvois a été mis en place [2]. S'il apparaît que l'admission du pourvoi peut être refusée, le président de la sous-section attributaire du dossier peut en provoquer le refus par une décision (juridictionnelle) prononcée par celle-ci. Si cette procédure n'a pas été engagée, ou si le refus d'admission n'a pas été décidé, il est procédé à l'instruction des pourvois en cassation dans les conditions ordinaires.

– le souci d'accélérer le cours de la justice administrative explique deux autres innovations procédurales introduites par la loi du 31 décembre 1987 :

Le rôle normal d'un juge de cassation, qui n'a pas à connaître du fond du litige mais seulement de la rectitude des règles de procédure suivies par les juridictions chargées de trancher celui-ci et du respect par elles des règles de droit qu'elles doivent appliquer, consiste en cas de cassation de l'arrêt qui lui est déféré à renvoyer devant une juridic-

1. Cette mission unificatrice ne s'exerce pas seulement sous la forme juridictionnelle. L'ordonnance du 31 juillet 1945 a confié au Conseil d'État une tâche permanente d'inspection des juridictions administratives qu'il a conçue également comme ayant un aspect pédagogique ; à ce titre, des réunions biennales des présidents des tribunaux administratifs ont été organisées, qui permettent de faire le point sur les difficultés rencontrées par ceux-ci, et de leur présenter les tendances jurisprudentielles de la Haute juridiction.

2. Entre 1988 et 1997 a fonctionné un mécanisme de filtrage sous la forme d'une Commission d'admission pouvant, par une décision juridictionnelle, refuser l'admission des pourvois irrecevables ou fondés sur aucun moyen sérieux. Selon une statistique effectuée par le Conseil d'État dans cette période, les pourvois en cassation étaient écartés (et donc non instruits et jugés) par cette Commission dans la proportion des trois cinquièmes (cf. J. Massot et *alii*, *Le Conseil d'État, juge de cassation*, Berger-Levrault, 1993). V. aujourd'hui les art. R. 822-1 et s. CJA.

tion de même niveau que celle ayant rendu cet arrêt, pour qu'elle juge l'affaire à nouveau [1]. Ce renvoi ne fait que retarder encore le moment où le litige sera définitivement tranché. Aussi, faisant prévaloir l'intérêt des justiciables sur la rigueur des principes théoriques, des réformes amorcées en 1967 ont permis à la Cour de cassation de casser en mettant fin elle-même au litige en rendant une décision sur le fond [2]. S'inspirant de cette réforme, la loi du 31 décembre 1987 (art. 11) permet au Conseil d'État soit de prononcer le renvoi devant la même juridiction ou devant une juridiction de même nature [3], soit de « régler l'affaire au fond si l'intérêt d'une bonne administration de la justice le justifie [4] » (art. L. 821-2 CJA).

Le même souci de parvenir plus rapidement à une décision de justice définitive explique une autre innovation apportée par la loi du 31 décembre 1987, et qui s'interprète par référence à la fonction et à l'autorité jurisprudentielle de juge de cassation du Conseil d'État. L'inspiration de ce mécanisme procédural est de permettre aux premiers juges (de première instance comme d'appel) de connaître *par avance*, en présence d'une question de droit difficile et nouvelle, quelle est à son égard la position du juge de cassation – sans aboutir par là à reconstituer sous une forme détournée les anciens « arrêts de règlements ». Ces considérations sont à la source du mécanisme parfois dénommé : « avis contentieux » [5], (art. L. 113-1 et s. CJA). Selon cette disposition, « Avant de statuer sur une requête soulevant une question de droit nouvelle, présentant une difficulté sérieuse et se posant dans de nombreux litiges, le tribunal administratif ou la Cour administrative d'appel peut (...) transmettre le dossier de l'affaire au Conseil d'État, qui examine dans un délai de trois mois la question soulevée ». Cet avis ne lie pas juridiquement le juge qui l'a demandé, ni le Conseil d'État s'il était ultérieurement saisi de l'affaire comme juge de cassa-

1. Il peut y avoir cassation sans renvoi quand l'arrêt de cassation fait qu'il ne reste plus rien à juger ; v. S. Guinchard, F. Ferrand et C. Chainais, *Procédure civile*, n° 1860.

2. V. S. Guinchard, F. Ferrand et C. Chainais, *op. cit.*, n° 1570.

3. Dans l'un et l'autre cas, si l'affaire donne lieu à un deuxième pourvoi en cassation le Conseil d'État statue définitivement. Si le renvoi est fait devant la même juridiction, celle-ci doit – sauf impossibilité absolue, tenant par exemple à sa composition – statuer dans une autre formation que celle ayant rendu la première décision. On peut observer que, pour la Cour européenne des droits de l'homme, le fait que la juridiction serait constituée de la même manière ne serait pas en soi une violation du devoir d'impartialité posé par l'article 6-1 de la Convention européenne des droits de l'homme : aff. *Ringeisen*, 16 juill. 1971 ; aff. *Diennet c/ France*, 26 sept. 1995 (trois des sept juges auraient siégé en première instance). Comparer, en matière pénale, avec l'aff. *Oberschlick c/ Autriche*, 23 mai 1991.

4. V. un exemple dans CE, Sect., 29 juill. 1994, *Département de l'Indre*, *AJDA* 1994. 750 et « Chronique de jurisprudence », par L. Touvet et J.-P. Stahl, p. 691. La Cour européenne des droits de l'homme a jugé que le fait que le Conseil d'État casse un arrêt puis règle lui-même l'affaire au fond sans avoir rouvert les débats ne constitue pas une violation de l'article 6-1 Conv. EDH (affaire *APBP - France*, 21 mars 2002).

5. V. H-M. Darnanville, « La saisine pour avis du Conseil d'État et de la Cour de cassation », *AJDA* 2001. 416.

tion (ou d'appel). Mais l'avis étant rendu par les formations contentieuses du Conseil, la probabilité de voir celui-ci statuer plus tard différemment est extrêmement faible, et les cas où l'avis ne sera pas suivi ne peuvent qu'être rarissimes, sauf circonstances particulières. [1]. L'importance pratique de ces avis est marquée par la possibilité donnée au Conseil d'État de les faire publier au Journal Officiel, et au Recueil Lebon [2].

On peut rapprocher de ces « avis contentieux » de l'article L. 113-1 CJA, comme s'inspirant du même souci de connaître dès le stade du jugement en première instance la position qui serait celle du Conseil d'État, les « avis contentieux » que *doivent* demander dans des cas déterminés le Tribunal administratif de Nouvelle-Calédonie (art. L. 224-3 et L. 224-5 CJA) et le Tribunal administratif de Polynésie française (art. L. 225-2).

La portée de ces avis, sans être en rien celle des anciens arrêts de règlement aujourd'hui prohibés, est ainsi considérable. Il est à souligner que les juges judiciaires bénéficient d'une possibilité analogue de s'adresser à la Cour de cassation [3] depuis la loi n° 91-491 du 15 mai 1991 (v. *supra*, n° 680).

1. V. l'arrêt du Conseil d'État du 24 févr. 2006, *M. et Mme Levenez*, *AJDA* 2006. 1272, note St. Hennette-Vauchez. Dans cette affaire le CE statuant comme juge de cassation a adopté une position inverse de celle qu'il avait lui-même adoptée dans un avis de décembre 2002, Mais dans cette affaire, la Cour européenne des droits de l'homme avait entre temps statué dans un sens différent de celui de l'avis et le Conseil d'État a choisi de suivre sa jurisprudence.

2. V. D. Labetoulle, « Les premières applications de l'art. 12 de la loi du 31 déc. 1987 », *RFDA* 1989. 894 ; B. Martin-Laprade, article cité, spéc. p. 89 et s. En 2003, le Conseil d'État a été saisi de 14 demandes d'avis. V. Y. Gaudemet et T. Dal Farra, « Les avis contentieux du Conseil d'État et de la Cour de cassation », *Le courrier juridique des finances*, oct. 1995, p. 1.

V. par ex. l'avis du 16 février 2009 sur la responsabilité de l'État du fait de la déportation de personnes victimes de persécutions antisémites durant la seconde guerre mondiale (*JO* du 10 mars 2009, 4440).

3. Pour une présentation des divergences de conception en matière d'avis contentieux existant entre le Conseil d'État et la Cour de cassation, V. Y. Gaudemet et Y. Dal Farra, « Les avis contentieux du Conseil d'État et de la Cour de cassation », *op. cit.* D. Pouyaud, « Les avis du Conseil d'État et de la Cour de cassation », in *Mouvement du droit public, Mélanges en l'honneur de Franck Moderne*, p. 327, Dalloz, 2004 ; J. Gourdou, L'avis du Conseil d'État sur une question de droit, *ibid.*, p. 189.

CHAPITRE 2
LES JURIDICTIONS SUBORDONNÉES AU CONSEIL D'ÉTAT

Certaines sont des juridictions de droit commun, les plus nombreuses sont des juridictions spécialisées.

SOUS-CHAPITRE 1
Les juridictions de droit commun

725 Elles se divisent, depuis la loi du 31 décembre 1987, en juridictions de première instance et en juridictions d'appel [1], mais il convient de souligner que les magistrats des Cours administratives d'appel et des Tribunaux administratifs forment un corps commun (v. *infra*, n° 866), dont le Conseil supérieur des Tribunaux administratifs et des Cours administratives d'appel, créé par la même loi, a pour mission de garantir l'indépendance (v. *supra*, n° 122 et *infra*, 871).

En outre, à l'image de la situation existant dans les juridictions judiciaires, ces magistrats bénéficient de la collaboration d'assistants de justice, qui apportent leur concours aux travaux préparatoires des jugements (art. L. 227-1, R. 227-1 et s. CJA).

SECTION 1. LES JURIDICTIONS DE PREMIÈRE INSTANCE : LES TRIBUNAUX ADMINISTRATIFS

726 ***Unification tardive de la juridiction de première instance*** ◊ Dans chaque ancienne colonie devenue en 1946 territoire d'Outre-mer, la justice administrative était représentée par des conseils du contentieux administratif, dont l'organisation remontait à des ordonnances royales

1. Ph. Chiaverini et D. Mardesson, *Tribunaux administratifs et Cours administratives d'appel*, LGDJ, 1996.

de la Restauration, qui ne sont devenus des juridictions qu'en 1881 et qui ont été longtemps composés essentiellement de membres de l'Administration auxquels étaient adjoints deux juges judiciaires. L'accession à l'indépendance de la plupart des grands TOM, l'absence d'une population suffisante dans certains autres, la politique législative de mise en place des juridictions modernes que sont les tribunaux administratifs ont amené une disparition progressive des conseils du contentieux administratif [1], dont un seul a longtemps survécu, celui des îles Wallis et Futuna. La loi d'orientation et de programmation pour la justice du 9 septembre 2002 avait autorisé (art. 68) le Gouvernement à le supprimer. Cette suppression est intervenue en 2003 ; une ordonnance n° 2003-923 du 26 septembre 2003 a fait disparaître ce dernier vestige de l'ancienne organisation de la justice administrative d'Outre-Mer et a créé le Tribunal administratif de Mata-Utu, installé à Wallis. Les Tribunaux administratifs hors métropole ont, pour des raisons matérielles (et budgétaires), une composition particulière ; notamment, ils peuvent comprendre des magistrats de l'ordre judiciaire (CJA, art. L. 223-1, L. 224-1, L. 225-1). Certains disposent de compétences particulières, qui ne seront pas exposées dans ce qui suit.

727 ***Historique*** ◊ Comme on l'a vu plus haut (v. *supra* n° 704), Bonaparte avait créé par la loi du 28 pluviôse an VIII des juridictions administratives, sous la forme des Conseils de préfecture, installés dans chaque département. Il s'agissait de juges d'attribution, d'ailleurs dépourvus d'indépendance à l'égard de l'Administration en raison de leur composition ; la généralité de ce que l'on appellerait aujourd'hui le contentieux administratif relevait du Premier Consul, éclairé par la création le 22 frimaire an VIII du Conseil d'État – qui n'était alors en ce domaine qu'un donneur d'avis. Des décrets-lois des 6 et 26 septembre 1926 avaient réorganisé l'institution en réduisant le nombre de ces conseils à vingt-deux dans la métropole, en en faisant des conseils interdépartementaux de préfecture, en améliorant leur qualité juridictionnelle, en les dotant d'un personnel propre séparé du corps des préfectures, et en marquant le début d'une sensible augmentation de leurs attributions. Devant l'encombrement croissant de son prétoire par le nombre toujours plus élevé des recours [2], le Conseil d'État avait lui-

1. Les lois n°s 84-820 et 84-821 du 6 octobre 1984 avaient créé des tribunaux administratifs en Nouvelle-Calédonie et en Polynésie française ; la loi du 4 janvier 1993 avait prévu la création d'un tribunal administratif à Mayotte, devenue effective avec le décret n° 94-441 du 1er juin 1994 créant le tribunal administratif de Mamoudzou. V. O. Gohin, « La juridiction administrative d'Outre-Mer », in *Mélanges R. Chapus*, p. 279, Montchrestien, 1992. Pour une présentation de l'ancien conseil du contentieux administratif de Wallis et Futuna, on pourra se reporter à la 7e édition de ce Précis, nos 458 et s.

2. Dans les années 1950-1953, le Conseil d'État jugeait annuellement environ 1 500 affaires de moins qu'il n'en recevait. À la veille de la réforme de 1953, le nombre des dossiers en instance était de 25 000 (alors que le Conseil jugeait environ 4 000 affaires par an). V. *EDCE*, 1953, « Introduction », par le président R. Cassin, p. 16. Le délai de jugement des affaires était alors de cinq à six ans (un an à un an et demi en 2006).

même suggéré de conférer aux Conseils de préfecture la qualité de juges de droit commun du contentieux administratif. La réforme, entamée par le Parlement qui tardait à l'adopter, a été réalisée par le décret n° 53-934 du 30 septembre 1953, pris en vertu de la loi d'habilitation du 11 juillet 1953, qui pour marquer l'originalité nouvelle de ces juridictions et mieux souligner leur indépendance [1] acquise depuis longtemps par rapport au préfet, a changé leur dénomination et les a appelées : tribunaux administratifs. Ce nouveau nom n'est pas pleinement satisfaisant ; sans doute souligne-t-il qu'il s'agit d'un véritable tribunal, ce que ne marquait pas l'ancienne appellation ; mais les termes choisis sont ambigus dans la langue courante : alors que l'expression « tribunaux judiciaires » est synonyme de juridictions judiciaires, les termes de « tribunaux administratifs » peuvent désigner soit une catégorie déterminée de juridictions administratives, soit les juridictions administratives dans leur ensemble, ce qui est fâcheux.

Les dispositions relatives à l'organisation, au fonctionnement et aux attributions des tribunaux administratifs, naguère réunies dans un « Code des tribunaux administratifs et des Cours administratives d'appel » (cité : CTA) sont aujourd'hui incluses, depuis 2000, dans le Code de justice administrative (cité : CJA) qui comprend également les dispositions relatives au Conseil d'État [2].

§ 1. Organisation

728 ***Règles générales*** ◊ Leur organisation est beaucoup plus simple que celle du Conseil d'État. En effet, si les tribunaux administratifs possèdent quelques fonctions administratives, ils ne siègent pas en formation spécialisée pour les exercer. Il existe trente tribunaux administratifs en métropole, et onze Outre-mer [3].

729 ***Le président*** ◊ Il assure une double fonction, administrative et juridictionnelle.

1. Beaucoup mieux ressentie par les administrations que par le public : v. *Le colloque des tribunaux administratifs, vingt ans après la réforme de 1953*, Faculté de Droit de Grenoble, 1975. Pour un bilan synthétique des principaux aspects actuels des TA, v. les actes du colloque national du 30ᵉ anniversaire des tribunaux administratifs, Grenoble, 1984 ; publications CNRS et, à l'occasion de leur quarantième anniversaire, les Actes du colloque de Grenoble de 1994 : G. Gardavaud et H. Oberdorff (dir.), *Le juge administratif à l'aube du XXIᵉ siècle*, Presses universitaires de Grenoble, 1995. Le cinquantième anniversaire de leur mise en place a donné lieu en 2004 à une série de colloques. V. notamment celui de Paris, 15 oct. 2004, organisé par le Syndicat de la justice administrative sur le thème : L'avenir des tribunaux administratifs, *Rev. administrative*, 2003 (3 numéros) et le dossier : Les tribunaux administratifs : états des lieux et perspectives, *AJDA* 2004. 625 s.

2. Pour une édition annotée de ce texte, v. D. Chabanol, *Code de justice administrative*, 3ᵉ éd., 2007, éd. du Moniteur, Paris.

3. V. leurs sièges et leurs ressorts à l'article R. 221-3 CJA (selon la version issue du décret n° 2008-819 du 21 août 2008 qui, entre autres dispositions, crée le Tribunal administratif de Toulon).

Ses fonctions administratives sont étendues. Notamment, en tant que chef de la juridiction qu'il préside, il en dirige les services, il affecte les membres du tribunal aux fonctions et aux formations dans lesquelles ils doivent siéger, il rend compte annuellement au président du Conseil supérieur des tribunaux administratifs et des Cours administratives d'appel du fonctionnement de sa juridiction, et il formule un avis sur l'avancement des conseillers de sa juridiction.

Ses attributions contentieuses sont également importantes ; certaines peuvent être déléguées à un conseiller. Notamment, il est compétent en matière :

- de dispense d'instruction d'une affaire, s'il apparaît au vu de la requête introductive que la solution est certaine en l'état du dossier ;
- de référé [1] et de constat d'urgence (sauf s'il s'agit de la procédure particulière du référé fiscal dont le juge est un conseiller, et non le président : art. L. 279 Livre proc. fisc., v. *supra*, n° 722 en note) ;
- de règlement de questions de compétence pouvant surgir entre différentes juridictions administratives à l'occasion d'un litige ; s'il estime que son tribunal a été saisi à tort, le président de cette juridiction transmet le dossier à la juridiction administrative qu'il estime être compétente ou, en cas de difficulté particulière, au président de la Section du contentieux du Conseil d'État qui règle lui-même la question de compétence (art. R. 351-2 et R. 351-3 CJA).
- de déroulement de la procédure devant le tribunal administratif, pour prendre un certain nombre de mesures, comme la fixation de la séance où l'affaire viendra en jugement (« l'inscription au rôle ») ou l'ordonnance éventuelle de clôture de l'instruction ;
- d'affaires simples énumérées à l'article R. 222-1 CJA ; notamment, il peut rejeter les demandes de sursis à exécution d'une décision administrative (l'octroi du sursis relevant du tribunal administratif en formation collégiale).

Il est le juge unique visé à l'article R. 222-13 (v. *infra*, n° 731) ; il peut toutefois désigner un autre magistrat pour siéger à sa place.

730 ***Les chambres*** ◊ Elles représentent la formation normale de jugement. En vertu du décret du 21 août 2008, tous les tribunaux administratifs métropolitains et celui de Saint-Denis comprennent au moins deux chambres, ce qui leur permet entre autres d'éviter que de mêmes membres de la juridiction ne siègent successivement, à propos d'une affaire, à titre consultatif puis à titre juridictionnel, ce qui transgresse-

1. V. art. L. 511-1 et s., L. 551-1 et 2, R. 521-1, R. 531-1, R. 532-1 CJA. Comme il a été souligné plus haut (n° 440), une large réforme des procédures d'urgence (jusque-là embryonnaires) a été réalisée par la loi n° 2000-597 du 30 juin 2000 relative au référé devant la juridiction administrative. V. R. Vandermeeren, « La réforme des procédures d'urgence devant le juge administratif », *AJDA* 2000. 706. E. Mignon, « La réforme des procédures de référé devant les juridictions administratives : la fin de la "grande misère" pour le juge administratif ? », *Courrier juridique des finances et de l'industrie*, sept.-oct. 2000, Étude.

rait le principe de l'impartialité du tribunal, élément fondamental de l'exigence du procès équitable [1] (v. *supra*, n° 74). Les affaires les plus délicates peuvent être soumises à la formation plénière du tribunal, ou à une formation spéciale (v. art. 222-20 CJA). Prenant parti sur la solution juridique à donner à l'affaire en cause, le rapporteur public [2] ne participe pas au délibéré. La formation de jugement peut, en cas d'insuffisance numérique momentanée, être complétée par un magistrat d'un autre tribunal administratif, ou par un avocat inscrit au barreau du siège du tribunal, pris dans l'ordre du tableau [3].

Le Tribunal administratif de Paris, le plus chargé, possède une organisation particulière (ses dix-sept chambres sont regroupées en sections).

731 ***Le juge unique*** [4] ◊ La loi du 8 février 1995 a apporté une exception au principe du jugement en formation collégiale (chambres) en instituant un système de juge unique [5] pour une série d'affaires énumérées (V. art. R. 222-13 CJA). Dans cette liste très disparate on peut citer, à titre d'exemples, les litiges relatifs aux pensions, aux impôts locaux autres que la taxe professionnelle, à la redevance audiovisuelle, ainsi que les actions en responsabilité contre une collectivité publique lorsque le montant de l'indemnité demandée est inférieur à un chiffre fixé par décret en Conseil d'État [6] et - sauf des exceptions — les litiges relatifs à la situation individuelle des agents de l'État et des autres personnes publiques. À tout moment de la procédure le juge unique, qui est le président ou un magistrat qu'il désigne, peut décider que l'affaire sera jugée en formation collégiale.

La création du juge unique s'explique essentiellement, pour le gouvernement et le Parlement, par l'opinion qu'il s'agit là soit d'affaires où la jurisprudence est déjà bien établie, soit du prononcé d'indemnités de faible importance. Mais le gain de temps attendu de la réforme est assez limité, les chambres délibérant déjà rapidement sur la plupart de ces litiges avant la réforme qui les a dessaisies.

732 ***Particularités des tribunaux administratifs outre-mer*** [7] ◊ L'éloignement de ces tribunaux par rapport à la métropole, ainsi que le nombre

1. Dans les autres tribunaux, ce principe est respecté selon des modalités particulières.
2. Ex-commissaire du Gouvernement.
3. Disposition pratiquement inappliquée.
4. M. Ronciére, « Le juge unique dans la juridiction administrative : de l'exception à la généralisation », *LPA*, 26 juill. 1995, p. 18. Dans le cadre de l'article R. 222-1 CJA, le président statue également comme juge unique. M.-A. Cohendet, « Vers une généralisation du juge unique ? », *AJDA* 2006. 1465.
5. Celui-ci statue néanmoins après audition du commissaire du gouvernement, qui présente des conclusions comme il le ferait devant une Chambre. V. un commentaire par D. Chabanol, « Un printemps procédural pour la juridiction administrative », *AJDA* 1995. 390 : « Un juge unique pour traiter plus simplement certaines affaires... ».
6. V. art. R. 222-14 CJA (montant maximal depuis 2007 : 10 000 euros).
7. V. Oraison, « Les particularismes des tribunaux administratifs des départements d'outre-mer », *Rec. Penant*, 1975, p. 460 ; E.-P. Luce, « Un tribunal administratif d'outre-

plus réduit des recours, expliquent que leur régime ne soit pas identique à celui des tribunaux de la France continentale. L'évolution législative a d'ailleurs tendu à rapprocher leur composition de celle des tribunaux administratifs métropolitains [1], mais en tenant compte de considérations pratiques liées à leur dispersion géographique et à leur faible activité. C'est ainsi que ces tribunaux peuvent compter parmi leurs membres un magistrat de l'ordre judiciaire affecté dans leur ressort, et qu'ils peuvent avoir une composition commune par région géographique (par ex. pour la Guyane, les Antilles et Saint-Pierre-et-Miquelon) [2]. On notera que le siège des tribunaux de Saint-Barthélémy et de Saint-Martin se trouve à Basse-Terre (Guadeloupe).

Pour faciliter leur fonctionnement malgré la dispersion de leurs membres, et leur permettre de respecter les délais brefs de jugement prévus dans certains cas, une ordonnance du 8 juin 2005 leur a permis de tenir des vidéos audiences [3]

§ 2. Compétence

I. Compétence matérielle

733 ***A) Attributions administratives*** ◊ Comme le Conseil d'État, mais à un degré beaucoup moindre, les tribunaux administratifs possèdent une compétence en matière d'administration [4]. Notamment, les préfets de leur ressort territorial ont la faculté - dont ils usent généralement peu - de les consulter sur des questions juridiques ; un projet d'extension de cette compétence aux collectivités territoriales, critiqué pour des raisons pratiques, est demeuré en l'état (2003).

734 ***B) Attributions juridictionnelles*** ◊ Depuis la réforme apportée par le décret du 30 septembre 1953 qui a ôté cette qualité au Conseil d'État, les tribunaux administratifs sont les *juges de droit commun en premier ressort du contentieux administratif* [5]. Ainsi, dès lors qu'un texte ne

mer : Saint-Denis-de-la-Réunion », *AJDA* 1981. 171. Une ordonnance du 8 juin 2005 permet à leurs membres, souvent dispersés géographiquement, de tenir des « vidéo-audiences » (art. L. 781-1 CJA), à l'instar du système inauguré en 1998 pour des juridictions judiciaires (art. L. 952-7 COJ) ; v. Rapport au président de la République, *JO* 9 juin 2005, p. 10091.

1. Avant le décret n° 80-438 du 17 juin 1980, l'un de leurs membres était un fonctionnaire ayant rang de chef de service. V. aussi CE, Sect., 4 févr. 1994, *Vernon*, *Lebon*, p. 46.

2. V. art. L. 223-1 s., L. 224-1 s., L. 225-1 et R. 223-1 et s. CJA.

3. Les premières ont été tenues en janvier 2006 au tribunal administratif de Mata-Hutu (en liaison avec des magistrats du TA de Nouméa), et à celui de Mamoudzou (en liaison avec des magistrats de St Denis de la Réunion). V. CJA., art. L. 781-1.

4. V. C. Courtine, « Les attributions administratives et consultatives des tribunaux administratifs », *EDCE*, 1965-1966, p. 299. V. art. L. 212-2, R. 212-1 et s. CJA.

5. Art. L. 211-1 CJA. Les tribunaux administratifs connaissent en première instance des quatre cinquièmes environ du contentieux administratif.

confère pas compétence dans une matière à une autre juridiction administrative, le litige relève des tribunaux administratifs [1] : art. L. 211-1 CJA.

Pratiquement, cela signifie que les tribunaux administratifs connaissent en première instance des affaires qui ne relèvent ni des juridictions administratives spécialisées [2], ni du Conseil d'État statuant comme juge de premier (et dernier) degré (v. *supra*) [3].

Quelques particularités méritent d'être signalées :

- depuis 1986, les tribunaux administratifs peuvent exercer, dans le cadre de leur compétence juridictionnelle, une mission de conciliation [4] ;

- exceptionnellement, le tribunal administratif peut être juge d'appel ; cette situation suppose que la compétence de premier ressort appartienne à une autre juridiction administrative dont l'appel des décisions ne relèverait pas du Conseil d'État ; c'est le cas pour le juge du référé fiscal, en vertu de l'article L. 279, Livre des procédures fiscales [5].

Tout contribuable d'une commune peut demander au tribunal administratif le droit d'exercer, à ses frais et risques, les actions en demande et en défense appartenant à la commune et que celle-ci persisterait à s'abstenir d'exercer. En cas de refus, il peut se pourvoir devant le Conseil d'État [6].

Les jugements rendus par les tribunaux administratifs sont normalement susceptibles d'appel [7], en principe dans un délai de deux mois à

1. Certains d'entre eux possèdent en outre des attributions particulières : TA des départements d'outre-mer, TA de Strasbourg, pour des raisons historiques.

2. Une liste de juridictions spécialisées figure dans les statistiques des rapports publics annuels du Conseil d'État. V., par ex., le rapport 2008, p. 221. V. n° 743.

3. L'allégement de la charge du Conseil d'État comme juge de premier degré apparaît dans le nombre comparé des affaires introduites en 2007 auprès des tribunaux administratifs : plus de 170 000 (sans compter les recours « en séries ») et auprès du Conseil d'État : un peu plus de 9 600.

4. V. CE, Ass., 23 juin 1989, *Vériter*, *AJDA* 1989. 424, obs. E. Honorat et E. Baptiste ; M. Levy, « La conciliation par le tribunal administratif et le rôle du juge dans l'instruction des litiges », *AJDA* 1987. 499. V. art. L. 211-4 CJA. V. L. Benoit, « Les modalités d'exercice de la mission de conciliation confiée aux juges administratifs », note sous CAA Marseille, 28 déc. 2000, *AJDA* 2001. 302.

5. La décision rendue en appel par le TA est susceptible d'un recours en cassation devant le Conseil d'État.

6. Avant le décret n° 92-180 du 26 février 1992 ce pourvoi était jugé en la forme administrative par le Conseil d'État, ce qui en faisait l'un des derniers cas de justice retenue ; V. Conseil d'État, rapport public, 1992, p. 73.

7. Sauf évidemment en matière de référé fiscal, puisqu'ils statuent eux-mêmes comme juge d'appel : v. *supra*. En outre, en matière de déclaration de candidatures aux élections à l'Assemblée nationale et au Sénat, pour le contentieux desquelles les tribunaux administratifs sont compétents (art. L. 159 et 303, C. élect. ; v. aussi art. L. 292), la décision rendue par le tribunal ne peut être contestée que devant le Conseil constitutionnel et si celui-ci est saisi d'un recours contre l'élection elle-même (il ne peut s'agir d'un recours limité à la décision). Pour le Conseil d'État, rien ne s'oppose à ce qu'une juridiction dont le jugement a été annulé statue de nouveau sur l'affaire dans une formation où siègent les mêmes magistrats : CE, Sect., 11 févr. 2005, *commune de Neudo, AJDA* 2005. 660, chron.

compter de leur notification. L'appel est porté devant les Cours administratives d'appel, sauf pour les quelques catégories de litiges réservées à la compétence d'appel du Conseil d'État : recours en appréciation de légalité et litiges relatifs aux élections municipales et cantonales, appels contre les arrêtés préfectoraux de reconduite à la frontière [1].

Cependant il est à souligner qu'un décret du 24 juin 2003, adopté pour alléger la charge des Cours administratives d'appel, a prévu que pour certaines catégories de litiges considérés comme de moindre importance le tribunal statue en premier et dernier ressort ; l'appel disparaissant, ces jugements peuvent seulement faire l'objet d'un pourvoi en cassation, limité évidemment aux moyens pouvant être invoqués dans le cadre de celui-ci (v. *supra*, n°s 149 et s.). Les cas de suppression de l'appel correspondent, à peu près, aux cas dans lesquels le tribunal administratif statue à juge unique (v. art. R. 811-1 CJA, modifié par le décret n° 2008-1227 du 27 novembre 2008 en matière de contentieux du droit au logement).

II. Compétence territoriale

735 ***A) Considérations dominantes*** ◊ Le contentieux administratif n'a pas transposé directement le principe, traditionnel en procédure civile, selon lequel la demande en justice doit être portée devant la juridiction du domicile du défendeur - ce qui eût correspondu au siège de l'autorité administrative défenderesse. Deux raisons principales expliquent cette situation :

- un motif de théorie contentieuse administrative, le contentieux administratif se présentant traditionnellement (surtout en matière de recours pour excès de pouvoir) comme un procès fait à un acte administratif et non à une personne administrative ;
- un motif d'opportunité surtout, résultant de la structure administrative : l'Administration française étant encore fortement centralisée, un grand nombre d'autorités administratives de l'État ont leur siège à Paris ; retenir le siège de l'autorité en cause dans le litige aurait conduit souvent à attribuer compétence au tribunal administratif de Paris, et à substituer ainsi à l'encombrement du Conseil d'État celui de cette juridiction. Pour prévenir ce risque, le Code de justice administrative (art. R. 312-1 et s.) pose des règles de compétence territoriale inspirées du souci de répartir au mieux entre l'ensemble de ces juridictions la masse du contentieux administratif.

L'attribution de compétence territoriale qu'il opère peut être ainsi schématisée :

Une série de dispositions posent des règles de compétence spécifiques aux matières qu'elles concernent, inspirées par le souci d'aiguiller les demandes vers l'ensemble des tribunaux administratifs ; ces attributions particulières de

gén. jur. Cl. Landais et F. Lenica. Dans les années 2000 le taux d'appel contre leurs jugements était de l'ordre de 15 % (*Lettre de la justice administrative*, n° 1-2003).

1. Il existe quelques hypothèses particulières ; par exemple, les jugements rendus à la requête des préfets sur la validité des déclarations de candidature aux élections au Sénat peuvent être contestés devant le Conseil constitutionnel : Code élect., art. L. 303. V., par ex.,une décision de celui-ci (annulant un jugement du TA de Versailles) n° 77-825 DC du 23 nov. 1977.

compétence territoriale ne pouvant couvrir toutes les hypothèses, il a fallu poser un principe général (art. R. 312-1) qui, juridiquement, représente le droit commun mais qui, en raison même de ce caractère, ne s'applique qu'à défaut d'application possible des autres règles d'attribution de compétence [1] – ce qui est opportun, car il conduit souvent à conférer compétence au tribunal administratif de Paris.

Pour éviter que les demandeurs puissent faire échec à ces règles de compétence reposant sur un souci de bonne administration de la justice, l'article R. 312-2 du même code dispose que ces règles sont d'ordre public et qu'elles ne peuvent faire l'objet de dérogations, même par voie d'élection de domicile ou d'accords entre les parties [2].

Il convient d'observer, avant d'exposer rapidement le dispositif de répartition territoriale des litiges entre les tribunaux administratifs, qu'une erreur éventuellement commise par un demandeur quant au tribunal compétent serait sans incidence sur ses droits, l'article R. 351-3 *ibid.*, instituant un système de redistribution des dossiers interne aux juridictions administratives [3] ; le président du tribunal saisi à tort transmet le dossier au tribunal compétent (v. *supra* n° 208).

736 ***B) Règles de compétences spécifiques*** ◊ Les articles R. 312-6 et s. CJA, précisent le tribunal administratif compétent pour des litiges assez nombreux et variés. Parmi les principales hypothèses on peut citer ;

– **Lieu d'exécution du contrat :** le contentieux des marchés, contrats ou concessions relève du tribunal dans le ressort duquel ils sont exécutés. Si ce lieu n'est pas précisé, ou si le contrat s'exécute dans le ressort de plusieurs tribunaux, on retient le tribunal du lieu où l'autorité publique contractante l'a signé.

– **Lieu de situation d'un bien, ou du fait générateur d'un dommage :** les litiges relatifs aux décisions administratives portant sur des biens (telles qu'expropriations, réquisitions, remembrement, octroi ou refus de permis de construire) relèvent du tribunal dans le ressort duquel ces biens sont situés.

De même, en matière de responsabilité extra-contractuelle [4], la compétence appartient au tribunal du lieu où le dommage a été causé (par ex. dommage provoqué par l'exécution de travaux publics) ; dans le cas particulier où le préjudice est causé par une décision susceptible de faire l'objet d'un recours en annulation devant un tribunal administratif, c'est ce dernier qui est compétent pour connaître de l'action en responsabilité – ce qui renvoie à d'autres cas d'attribution de compétence. Si ces deux titres de compétence territoriale ne peuvent s'appliquer au litige, celui-ci est dévolu, de manière résiduelle, au tribunal du lieu de résidence du *demandeur* [5].

– **Lieu de situation d'organismes, ou de collectivités publiques :** les litiges relatifs à la désignation, par nomination ou par élection, des membres des

1. CE 9 nov. 1955, *Chauveau*, *AJDA* 1956. II.1, concl. A. Bernard.
2. Sauf en matière de marchés, contrats ou concessions, v. *infra*, n° 736.
3. En outre, la jurisprudence administrative considère que les délais de recours juridictionnels sont conservés par l'exercice d'une action devant une juridiction incompétente ; CE 25 mai 1928, *Reynaud*, *D.* 1928. III.55, note Appleton ; 23 juin 1958, *Lebon*, p. 975 ; 24 janv. 1958, *Meallet*, *Lebon*, p. 43. Aujourd'hui, art. R. 351-7 CJA.
4. C'est-à-dire dont la cause n'est pas la violation d'un contrat ou d'un quasi-contrat.
5. Art. R. 312-14 ; l'interprétation de cette disposition a varié, v. CE 26 oct. 1962, *Consorts Olivier*, *Lebon*, p. 569 et *Rev. serv. pub.*, 1963, p. 759, note Waline.

assemblées, corps ou organismes administratifs ou professionnels relevant du contentieux administratif sont jugés par le tribunal dans le ressort duquel ils ont leur siège. Il en va de même selon l'article R. 312-15, lorsque ne trouvent pas à s'appliquer les articles R. 312-6 à 312-14, pour les litiges relatifs à l'organisation et au fonctionnement des collectivités territoriales et des organismes publics ou privés relevant du contentieux administratif (c'est le cas, notamment, pour les litiges concernant les divers contrôles dont ils peuvent être l'objet).

– **Lieu d'exercice d'activités professionnelles :** le contentieux administratif des législations et réglementations régissant les activités professionnelles, libérales, agricoles, commerciales et industrielles relève, lorsque sont en cause des décisions individuelles [1], du tribunal dans le ressort duquel se trouve l'entreprise.

– **Lieu d'affectation des agents publics :** les litiges d'ordre *individuel* y compris ceux concernant les questions pécuniaires, relèvent du tribunal dans le ressort duquel est affecté l'agent que la décision attaquée concerne. En revanche, si celle-ci présente un caractère collectif (comme un tableau d'avancement, ou un procès-verbal de jury de concours) et concerne les agents, ou des emplois, relevant de plusieurs tribunaux administratifs, l'affaire relève du tribunal dans le ressort duquel a son siège l'auteur de la décision.

– **Lieu de résidence du requérant :** ce critère [2], qui privilégie le demandeur, est retenu dans plusieurs hypothèses, pour des raisons d'opportunité ; notamment, il contribue à désencombrer le tribunal administratif de Paris ; au-delà, il rejoint en fait, en dépassant les apparences procédurales, la règle privatiste du domicile du défendeur. En vertu du privilège du préalable, l'Administration peut en effet, dans de nombreuses matières, se décerner à elle-même un titre exécutoire en cas de litige avec un particulier, sans avoir pour cela à intenter une action contre celui-ci, qui aurait eu la position de défendeur dans l'instance. On constate que le requérant qui attaque alors la décision de l'Administration, s'il est bien *procéduralement* le demandeur, est en réalité *quant au fond* le défendeur, puisque ce n'est pas lui qui fait valoir une prétention contre l'Administration [3].

Le lieu de résidence du requérant est retenu dans quelques hypothèses, soit à titre principal (mesures de police prises contre des personnes, litiges relatifs à la reconnaissance d'une qualité [4] ou aux diverses dérogations), soit à titre subsidiaire (v. l'art. R. 312-14 CJA, en matière de responsabilité extra-contractuelle).

Ce n'est que dans la mesure où aucune des règles de compétence spécifiques ne trouve à s'appliquer que joue, à titre résiduel, la règle de compétence générale.

737 ***C) Règle de compétence de droit commun : siège de l'auteur de l'acte*** ◊ Elle est posée par l'article R. 312-1 CJA. Comme toute règle de droit commun, elle ne joue qu'en l'absence de règles particulières. Celles-ci, on vient de le voir, sont particulièrement développées, car le

1. Si elles sont réglementaires et ne s'appliquent que dans le ressort d'un tribunal administratif, celui-ci demeure compétent : art. R. 312-10 CJA, 2nd al.
2. Que l'on peut rapprocher du précédent, les agents publics devant souvent résider au lieu de leurs fonctions.
3. Il se limite en effet à demander l'annulation de la prétention que l'Administration fait valoir contre lui.
4. Par exemple, qualité d'ancien combattant ou de résident privilégié.

principe général de compétence territoriale aboutit fréquemment en matière de litiges concernant l'État à attribuer compétence au Tribunal administratif de Paris dès lors que l'autorité qui a pris la décision contestée est une autorité gouvernementale ou ministérielle.

Aux termes de l'article précité, lorsque ne s'applique pas une autre disposition, le tribunal administratif territorialement compétent est celui dans le ressort duquel a légalement son siège l'autorité qui, soit en vertu de son pouvoir propre, soit par délégation, a pris la décision attaquée ou signé le contrat litigieux [1].

SECTION 2. LES COURS ADMINISTRATIVES D'APPEL

738 ***Origine de leur création*** ◊ Instituées par la loi n° 87-1127 du 31 décembre 1987, les Cours administratives d'appel représentent la réforme majeure la plus récente apportée à la juridiction administrative [2]. Elle avait été précédée de deux tentatives avortées, l'une de 1981 visant à renforcer les moyens en personnel du Conseil d'État, pour lui permettre de faire face à l'accroissement du contentieux, sous la forme de la création de « référendaires » adjoints aux membres du conseil (comme il en existe à la Cour de justice des Communautés européennes), l'autre de 1985 tendant à créer auprès de la Section du contentieux trois « chambres adjointes » composées de conseillers des tribunaux administratifs et de membres du Conseil d'État (et, transitoirement, de fonctionnaires et de magistrats judiciaires), chargées de contentieux spécialisés comme le contentieux fiscal et celui des fonctionnaires [3]. Le trait commun de ces projets était de chercher au sein même du Conseil d'État la solution au problème de son engorgement.

Leur échec a conduit à repenser les principes mêmes de la réforme à apporter, en rompant avec la tradition et en créant, pour connaître des *appels des Tribunaux administratifs*, des Cours administratives d'appel interrégionales qui déchargeraient le Conseil d'État de la majeure partie de son rôle d'appel. Cependant, diverses raisons [4] ont fait que la

1. L'existence d'un recours préalable à celui introduit devant le tribunal administratif ne modifie pas l'attribution de compétence, qui reste déterminée par la considération de l'auteur de la mesure originaire contestée.

2. V. les deux numéros consacrés à la création des Cours administratives d'appel par l'*AJDA* n° 2 de 1988, et par la *RFDA*, n° 2 de 1988 ; M. Gentot et H. Oberdorff, *Les Cours administratives d'appel*, coll. « Que sais-je ? », PUF, 1991, (n° 2566) ; H. Isaia, *Les Cours administratives d'appel, approche critique*, Économica, 1993. Ph. Chiaverini et D. Mardesson, *Tribunaux administratifs et Cours administratives d'appel*, LGDJ, 1996.

Vingt ans après leur création, l'*AJDA* a consacré un dossier spécial aux Cours administratives d'appel en 2008 (n° 23). Voir M. Long, « La création des Cours administratives d'appel », p. 1240 ; J.-M. Sauvé, « Les Cours administratives d'appel, vingt ans après : un succès incontestable », p. 1248 ; R. Vandermeeren, « La compétence des Cours administratives d'appel : variables et constantes », p. 1252 ; D. Chabanol, « Les Cours administratives d'appel et le Conseil d'Etat », p. 1258.

3. V. M. Franc, « Commentaires sur une réforme », *AJDA* 1988. 79.

4. V. la référence de la note précédente.

réforme n'a été que partielle et progressive : la compétence des Cours administratives d'appel créées par la loi du 31 décembre 1987 n'a atteint l'étendue inscrite dans ce texte que par étapes, qui se sont échelonnées jusqu'au 1er octobre 1995 ; depuis cette date elle a atteint toute l'ampleur qui avait été prévue par le législateur, et elle l'a même dépassée, puisqu'entre-temps la loi n° 95-125 du 8 février 1995 avait étendu (art. 75) le champ de compétence fixé par l'article 1er de la loi de 1987. Néanmoins, l'appel de certains jugements rendus par les tribunaux administratifs est encore considéré par le législateur comme devant demeurer l'apanage du Conseil d'État (v. *supra*, nos 721 s.).

739 ***Organisation*** ◊ Les Cours administratives d'appel sont au nombre de huit (Bordeaux, Douai, Lyon, Marseille, Nancy, Nantes, Paris, Versailles). Les tribunaux administratifs relevant du ressort de chacune sont énumérés à l'article R. 221-7 CJA.

Les magistrats appartiennent au corps unique des tribunaux administratifs et des Cours administratives d'appel ; pour assurer aux magistrats des Cours une expérience professionnelle suffisante, l'article L. 222-5 CJA exigeait pour leur affectation dans une Cour l'existence d'au moins quatre ans de fonctions juridictionnelles dans un tribunal administratif [1]. Cette disposition a été abrogée par la loi du 9 septembre 2002 (art. 53).

Afin de renforcer le prestige de la Cour et l'autorité de son président, celui-ci doit être, à l'image de ce qui avait été prévu pour les chambres régionales des comptes dont le président doit être conseiller maître ou conseiller référendaire de la Cour des comptes, un conseiller d'État en service ordinaire [2].

Le président détient, outre sa fonction de présidence de la juridiction, des compétences juridictionnelles propres, notamment en matière de référé et de procédures d'urgence (R. 521-1 et s. CJA) ainsi que pour prendre par ordonnances des décisions n'appelant pas, en raison de leur simplicité, la tenue d'une audience [3].

740 ***Compétence*** ◊ Les Cours administratives d'appel sont compétentes pour statuer sur les appels formés contre la plupart des jugements rendus par les Tribunaux administratifs [4] statuant en premier ressort –

1. Alors qu'un élève de l'ENA peut à sa sortie de celle-ci entrer directement au Conseil d'État ou à la Cour des comptes.

2. Comme pour les chambres régionales des comptes, ceci n'interdit pas l'accès à la présidence de magistrats issus ici du corps des tribunaux administratifs et des Cours administratives d'appel : ils sont alors nommés préalablement conseillers d'État. V ; art. L. 222-3 CJA.

3. V. art. R. 222-1 CJA. Il peut en outre être amené à assister la Section du rapport et des études du Conseil d'État pour faciliter l'exécution des décisions rendues contre l'administration.

4. La loi du 31 déc. 1987 leur attribue également l'appel des jugements rendus par les commissions du contentieux de l'indemnisation – art. 62 de la loi n° 70-632 du 15 juillet 1970 – des Français dépossédés de biens situés dans un territoire antérieurement placé

certains continuant de relever de la compétence d'appel du Conseil d'État [1]. On a vu plus haut (v. nº 734) que depuis 2003 l'appel contre une série de jugements des tribunaux administratifs a été supprimé.

La rédaction de l'article L. 321-1 CJA fait de ces Cours les juges d'appel de droit commun des jugements des Tribunaux administratifs ; seuls continuent d'être portés devant le Conseil d'État les appels contre les jugements des tribunaux administratifs relatifs aux :

– **litiges relatifs aux élections municipales et cantonales (Conseils généraux)**. L'explication de cette réserve de compétence au profit du Conseil d'État est pragmatique, et tient au besoin de rapidité dans une matière où les élus locaux ont besoin – de même que les électeurs – d'être rapidement fixés sur la validité de leur élection (et de l'élection de l'équipe municipale et du maire, ou du président du Conseil général) pour pouvoir gérer convenablement la collectivité territoriale. Dans ce but, l'appel sur ces litiges « monte » directement au Conseil d'État [2] – ce qui évite d'avoir éventuellement à franchir successivement un appel devant une Cour administrative d'appel puis un pourvoi en cassation devant le Conseil d'État ;

– **recours en appréciation de légalité ou en interprétation d'un acte administratif**. La dévolution au Conseil d'État des appels sur ces recours s'explique par le même souci de rapidité. Ce contentieux – de peu d'ampleur – correspond aux questions préjudicielles posées à un tribunal administratif par un plaideur à l'occasion d'un litige se déroulant devant un juge judiciaire ; si celui-ci doute de la légalité de cet acte dans un cas où lui-même n'est pas compétent pour apprécier cette légalité [3], il sursoit à statuer pour que la partie intéressée saisisse le tribunal administratif si celui-ci est compétent [4] en vue de faire déclarer si l'acte est légal ou non, le juge judiciaire pouvant ensuite appliquer l'acte administratif au litige s'il est légal. Pour que le recours en appréciation de légalité soit recevable, il faut que la solution du litige qui est porté devant le juge judiciaire soit subordonnée à la validité de l'acte administratif en cause. Ce recours se présentant comme un incident de procédure dans un litige porté devant un juge judiciaire, il est compréhensible que le législateur ait été soucieux de ne pas risquer de ralentir encore le règlement de celui-ci, en exposant les plaideurs à une instance devant une Cour administrative d'appel dont l'arrêt aurait pu ensuite faire l'objet d'un pourvoi en cassation devant le Conseil d'État. On peut d'ailleurs s'interroger sur la raison pour laquelle, par identité

sous la souveraineté, le protectorat ou la tutelle de la France. Elles ont une compétence consultative (cf. R. 242 et s. CJA), très peu utilisée.

1. V. art. L. 321-2 CJA.

2. On sait que le contentieux des élections régionales et à l'Assemblée de Corse relève directement du Conseil d'État en premier (et dernier) ressort ; art. L. 311-3, 2ᵉ, CJA.

3. V. l'exposé de ces cas in Ch. Debbasch et J.-C. Ricci, *Contentieux administratif*, préc.

4. Les recours en appréciation de légalité, ou en interprétation, d'un acte administratif sont portés devant la juridiction (tribunal administratif ou Conseil d'État) qui serait compétente pour connaître du recours en annulation de cet acte.

de motifs, les appels des recours directs (et non sur renvoi judiciaire) en *interprétation* d'un acte administratif - qui *mutatis mutandis* correspondent à une situation analogue - n'ont pas été attribués également au Conseil d'État ;

La montée en puissance de l'intervention des Cours administratives en matière d'appel des jugements des tribunaux administratifs, achevée depuis le 1er octobre 1995, a très largement désencombré le prétoire du Conseil d'État. Déjà en 1993 - alors que leur compétence était moins étendue qu'elle ne l'est actuellement - les Cours administratives d'appel avaient été saisies de plus de 7 500 dossiers et le Conseil d'État (pris comme juge d'appel) de 4 650. En 2003, les chiffres correspondants étaient de l'ordre, respectivement, de 16 000 et de 2 560 [1].

En 2007, les cours administratives d'appel ont été saisies de près de 27 000 dossiers.

SOUS-CHAPITRE 2
Les juridictions spécialisées

741 ***Multiplicité*** ◊ Il n'est pas possible, dans le cadre de cet ouvrage, de présenter toutes les juridictions administratives spécialisées. Celles-ci sont d'autant plus nombreuses qu'il est parfois difficile de distinguer activité juridictionnelle et activité administrative, qui sont parfois confiées dans certains domaines à un même organe, qui agit tantôt comme organe administratif et tantôt comme organe juridictionnel. En 1973, la Commission du rapport du Conseil d'État avait recensé plusieurs dizaines de juridictions administratives différentes. Pour la plupart, ces organismes juridictionnels ne sont pas composés de juges professionnels ; pour améliorer les garanties des justiciables, les textes institutifs introduisent parfois dans leur effectif un ou plusieurs juges, qui en exercent alors la présidence ; malgré ces améliorations éventuelles, il est permis de déplorer ce foisonnement de juridictions spécialisées, source de complications pour les justiciables et qui conduit à ériger en juges des personnes - agents publics, ou membres de la profession lorsqu'il s'agit de juridictions corporatives - que rien n'a préparées généralement à exercer cette fonction et dont la composition pose parfois problème au regard des exigences de la règle du « procès équita-

1. Jusqu'à fin 2004 les appels formés contre les jugements des tribunaux administratifs statuant en matière de reconduite des étrangers à la frontière étaient de la compétence du Conseil d'État, pour ne pas surcharger la Cour administrative d'appel de Paris, qui aurait eu à connaître, par sa compétence territoriale, de trop nombreux dossiers. La création de la CAA de Versailles a permis d'intégrer ces appels dans le droit commun (compétence des CAA) ; en même temps, il a été prévu de renforcer les effectifs de magistrats des CAA de Marseille et de Paris, principalement affectées par la réforme.

ble », leur impartialité n'apparaissant pas toujours assurée – au moins au regard de leurs justiciables [1] (v. n° 74).

Aussi la véritable sauvegarde de leurs justiciables réside-t-elle dans l'existence de voies de recours : puisqu'il s'agit de juridictions administratives, toutes relèvent du Conseil d'État, les unes par la voie de l'appel, les autres par le recours en cassation.

SECTION 1. JURIDICTIONS D'ATTRIBUTION SUBORDONNÉES AU CONSEIL D'ÉTAT PAR LA VOIE DE L'APPEL

742 ***Importance restreinte de ces juridictions*** ◊ Instituées pour connaître de contentieux très particuliers, elles font figure aujourd'hui de curiosités juridiques. On peut citer :

– **Le Conseil des prises.** Toutes les prises maritimes, c'est-à-dire les navires capturés en temps de guerre, doivent être soumises à une juridiction composée pour partie de membres du Conseil d'État : le Conseil des prises, qui en examine la validité. Ses décisions sont rendues à charge d'appel, et celui-ci est réglé dans des conditions qui en font la dernière survivance de la justice retenue [2] : l'appel est porté devant une section administrative du Conseil d'État, qui se borne à préparer un projet de décret à signer par le président de la République, dont la décision a valeur d'acte juridictionnel [3].

– **Les juridictions arbitrales.** L'arbitrage est un mode exceptionnel de règlement des litiges impliquant une collectivité publique [4]. Lorsqu'il est possible, la décision arbitrale relève en appel du Conseil d'État [5].

1. A titre d'exemple des difficultés soulevées par les conflits d'intérêt – allégués ou réels – pouvant exister entre le justiciable et ses juges devant les juridictions ordinales, v. CEDH, 20 mai 1998, *Gautrin c/France, Rec. Cour* 1998 III p. 1030 ; pour des illustrations des problèmes que pose devant nombre de juridictions spécialisées le respect du principe du procès équitable, v. T. interrég. tarif. san. et soc., Paris, 13 déc. 2002, *AJDA* 2003. 906, concl. M. Libes ; CE, Ass., 6 déc. 2001, gén. jur. fr. Domat et D. Casas ; CE 13 janv. 2003, *M. Bournigal, ibid.* 2003, p. 1012, note M. Ghebali-Bailly.

2. Sur cette notion, V. *supra*, n°s 90 et 704.

3. En conséquence, ce décret en Conseil d'État ne peut être attaqué par un recours pour excès de pouvoir devant le Conseil d'État : CE 14 mars 1924, *Soc. de navigation à vapeur du Lloyd de Trieste, DP* 1924. III. 60 ; v. l'article G. Jeze, *RD publ.* 1924. 224.

4. V. art. L. 311-6 CJA. B. Pacteau, « L'arbitrage en droit administratif », *Juris-Cl. Proc. civ.*, fasc. 1048. Une extension est à l'étude : un rapport a été demandé à un groupe de travail présidé par M. Labetoulle, ancien Président de la Section du contentieux du Conseil d'État, v. *AJDA*. 2007. 772. V. aussi S. Lemaire, C. Jarrosson et L. Richer, « Pour un projet viable de réforme de l'arbitrage en droit administratif », *AJDA* 2008. 617 ; P. Terneyre et C. Verot, « Le projet de réforme de l'arbitrage des litiges intéressant les personnes publiques est tout à fait viable », *AJDA* 2008. 905.

5. V. un ex. dans Ass., 4 janv. 1957, *Lamborot, AJDA* 1957. 108, concl. Chardeau.

SECTION 2. JURIDICTIONS D'ATTRIBUTION SUBORDONNÉES AU CONSEIL D'ÉTAT PAR LA VOIE DE LA CASSATION

§ 1. Généralités

743 ***Diversité de ces juridictions*** ◊ Ces juridictions d'attribution sont beaucoup plus nombreuses que celles qui relèvent du Conseil d'État par la voie de l'appel. Un recensement effectué en 1973 en dénombrait plus d'une trentaine, mais ce nombre a été largement augmenté par la création en 1982 des chambres régionales des comptes. Beaucoup de ces juridictions ne sont pas composées de juges professionnels ; aussi, le Conseil d'État considère que le contrôle du respect par elles des règles de fond et de procédure (notamment au regard des exigences du « procès équitable ») appelle de sa part une vigilance particulière (v. n° 724). On ajoutera que leur rattachement au Conseil d'État - en tant que juridictions administratives - permet au justiciable, quand elles ne sont pas dotées d'un pouvoir d'injonction, de demander au Conseil le prononcé d'astreintes contre l'Administration si leurs décisions ne sont pas exécutées [1].

Pour suggérer une idée de leur diversité, on citera à titre d'exemples [2] :

- Le *Tribunal interrégional de la tarification sanitaire et sociale* et la *Cour nationale de la tarification sanitaire et sociale*, juridictions compétentes respectivement en première instance et en appel en cette matière (art. L. 351-1 et s. et L. 351-4 et s., Code de l'action sociale et des familles) [3].

- *La commission centrale d'aide sociale*, qui juge en appel des décisions prises en matière d'admission à l'aide sociale par les commissions départementales [4].

- La *Cour nationale du droit d'asile*, organisme qui connaît des recours contre les décisions de non-admission au statut des réfugiés prises par le directeur de l'Office de protection des réfugiés et apatrides [5].

1. CE 28 avr. 2004, *Foyer-Logement résidence Maurice Villatte, AJDA* 2004. 1541, note J.-P. Markus.

2. Pour un recensement déjà ancien, v. J. Theis, « Essai de recensement des juridictions relevant du Conseil d'État par la voie du recours en cassation », *EDCE*, 1952, p. 79. Une loi du 17 janvier 2002 a supprimé la commission spéciale de cassation des pensions de guerre, « adjointe temporairement au Conseil d'État » ; les décisions des commissions régionales des pensions d'invalidité relèvent désormais en cassation du Conseil d'État.

3. Conformément aux recommandations contenues dans le rapport du Conseil d'État de 2003, une ordonnance du 1er septembre 2005 a renforcé les garanties d'impartialité de leurs membres ; v. *AJDA* 2005. 1654.

4. V. J. Sibileau, « Nature et étendue des pouvoirs des commissions d'admissions à l'aide sociale », *Rev. aide sociale*, 1958, p. 8, et concl. Rougevin-Baville sur CE 23 avr. 1971, *AJDA* 1971. 369.

5. La loi n° 2007-1631 du 20 novembre 2007 a en effet ainsi rebaptisé la Commission de recours des réfugiés, qui a rendu plus de 27 000 décisions en 2007. V. A. Heilbronner,

– Le *Conseil supérieur de l'Éducation*, lorsqu'il siège comme organe de recours en matière disciplinaire.

– Le *Conseil supérieur de la Magistrature* statuant en matière disciplinaire.

– Les *organismes supérieurs des Ordres professionnels existants*, lorsqu'ils statuent en matière disciplinaire (par exemple : Ordres des médecins, des architectes, des pharmaciens), dits : juridictions ordinales. Pour améliorer leur « impartialité objective » au regard des exigences de la Cour européenne des droits de l'homme, il était prévu que la présidence des chambres disciplinaires des conseils régionaux ou interrégionaux existant pour plusieurs professions médicales ou paramédicales organisées en Ordres [1] serait assurée par un magistrat administratif dès 2006 – date qui n'a pu être respectée faute des moyens budgétaires nécessaires.

– La *commission spéciale de la taxe d'apprentissage* (art. 227 CGI).

Parmi la cinquantaine de juridictions spécialisées soumises au contrôle de cassation du Conseil d'État, certaines présentent une particulière importance dans le fonctionnement des institutions administratives françaises, qui justifie une présentation d'ensemble.

Il s'agit des juridictions financières ; si la France ne connaît pas à la différence d'autres États comme l'Allemagne de juridictions fiscales, elle comporte un ensemble de juridictions compétentes en matière de finances publiques :

– la *Cour des comptes*, dont il faut rapprocher les Chambres régionales des comptes créées par la loi d'extension de la décentralisation du 2 mars 1982 et qui relèvent d'elle par la voie de l'appel ;

– la *Cour de discipline budgétaire et financière*, instituée en 1948 pour sanctionner pécuniairement des infractions caractérisées aux règles financières essentielles des services publics.

L'essentiel des dispositions législatives applicables à ces juridictions a fait l'objet, entre décembre 1994 et avril 2002, d'une série de lois [2] et de décrets [3] qui ont établi un Code des juridictions financières (CJF).

« La Commission de recours des réfugiés », *EDCE*, 1978-1979, p. 109. La nouvelle cour a été rattachée, du point de vue de sa gestion administrative et budgétaire, au Conseil d'Etat à compter du 1er janvier 2009 (alors que la tutelle administrative et financière de l'OFPRA sur l'ancienne instance posait d'évidents problèmes d' « apparence » v. *supra*, n° 74).

1. Médecins, pharmaciens, chirurgiens-dentistes, sages-femmes, masseurs-kinésithérapeutes, pédicures-podologues – auxquels il faut ajouter les infirmiers, dotés d'un Ordre en 2007. Au cas où le droit communautaire trouverait à s'appliquer, on pourrait se demander si l'introduction d'un juge administratif comme président suffirait à « valider » la composition de ces juridictions au regard des exigences posées par la Cour de justice des Communautés dans l'arrêt *Wilson*, C- 506-04, du 19 sept. 2006.

2. Loi n° 94-1040 du 2 décembre 1994, loi organique n° 94-1132 du 27 décembre 1994, loi n° 95-851 du 24 juill. 1995, loi n° 2001-1248 du 21 décembre 2001, commentaire J.-B. Mattret, *RFFP*, 2002, n° 77, p. 251.

3. Décrets nos 2000-337 et 338 du 14 avr. 2000, décret n° 2002-1201 du 27 septembre 2002.

Les juridictions financières paraissent actuellement engagées dans une phase de mutation [1]. En effet, suite à l'appel lancé en novembre 2007 par le président Sarkozy tendant à ce que la Cour des comptes devienne « un grand organisme d'audit et d'évaluation des politiques publiques », le premier président Séguin a présenté début 2008 certaines orientations de réforme, et notamment la réorganisation de l'ensemble formé par la Cour et les Chambres régionales des comptes en une institution unique disposant de quelques implantations en province. Ces propositions ont été soumises à une assez longue concertation, non sans susciter les réticences des associations professionnelles concernées, et pourraient déboucher courant 2009 sur l'adoption d'un projet de loi réformant profondément les juridictions financières.

§ 2. **La Cour des comptes** [2]

Site Internet : www.ccomptes.fr

1. Dont la loi du 28 octobre 2008, complétée par ses décrets d'application, ne semble qu'une première étape. V. M. Lascombe et X. Vandendriessche, « Réforme des juridictions financières : acte 1 », *AJDA* 2008. 2273 ; M. C. de Montecler, « Vers une juridiction financière unifiée ? », *AJDA* 2009. 72.

2. V. C. Descheemaeker, *La Cour des comptes*, Doc. fr., 3e éd., 2005 ; J. Magnet, *La Cour des comptes, les institutions associées et les Chambres régionales des comptes*, Berger-Levrault, 4e éd., 1997 ; J. Raynaud, J.-Y. Bertucci, *Les juridictions financières*, coll. « Que sais-je ? », PUF, 2003. La jurisprudence de la Cour est synthétisée dans F. Fabre, A. Froment-Meurice, N. Groper, J.-Y. Bertucci, *Les grands arrêts de la jurisprudence financière*, Dalloz, 5e éd., 2007. V. aussi J. Magnet et E. Hemar, « Défense, illustration et amendement de la juridiction des comptes », *RFFP*, no 41, 1993, p. 30 ; R. Pellet, *La Cour des Comptes*, La Découverte, 1998. Collectif, *La Cour des Comptes, les institutions associées et les Chambres régionales des comptes*, Berger-Levrault, 2001. « La Cour des Comptes et le Parlement », *RFFP* no 59, 1997. V. aussi : Collectif, *Le juge administratif, juge financier*, Dalloz-Sirey, 2001 ; « Le Conseil d'État, juge financier », *RFFP* no 70, 2000.

Les questions concernant les juridictions financières induites par la réforme de la gestion publique (2001) ont été largement abordées lors du colloque organisé à Paris les 5 et 6 avril 2005 (Actes publiés à la *RFFP*, oct. 2005). V. aussi le dossier consacré par l'*AJDA* no 13/2005. Pour une comparaison avec les pratiques d'autres États européens, v. St. Flizot, « La responsabilité financière des gestionnaires publics en Europe », *AJDA* 2005. 708, et à la *RFPP* les no 36 (1991) « Les institutions de contrôle des comptes publics à l'étranger » et 101 (2008) « Les Cours des comptes en action ».

La jurisprudence de la Cour des Comptes et des Chambres régionales des Comptes fait l'objet de Chroniques périodiques (M. Lascombe, X. Vandendriessche) à la *Revue française de Finances publiques* et à la *Revue du Trésor* – outre sa publication par la Cour des Comptes. J.-Y. Bertucci, « Les juridictions financières et l'article 6-1 de la Convention européenne des droits de l'homme », *RFFP* févr. 2004, p. 99. P. Amselek, « Les juridictions des comptes et l'article 6-1 de la Convention européenne des droits de l'homme : une figure bien contestable de l'exception française », in *Mélanges G. Cohen-Jonathan*, Bruylant, Bruxelles, p. 31.

I. Organisation

744 La Cour des comptes, créée en 1807 mais héritière des chambres des comptes de l'Ancien régime, est composée [1] d'un premier président, de présidents de chambres, de conseillers maîtres [2] et de conseillers référendaires recrutés les uns et les autres pour partie en dehors de la Cour en vue d'assurer une meilleure connaissance des conditions de fonctionnement des services publics dont elle a à connaître, et d'auditeurs recrutés par la voie de l'École nationale d'administration.

Ces magistrats bénéficient de la collaboration de deux catégories de personnels, dépourvus de fonctions juridictionnelles :

• des rapporteurs extérieurs, qui sont des magistrats ou des fonctionnaires détachés temporairement auprès de la Cour et qui participent surtout à l'instruction des dossiers dans le cadre des attributions non juridictionnelles de celle-ci (art. R 112-14 CJF) ;

• des assistants de la Cour des Comptes, fonctionnaires détachés temporairement auprès de la Cour et qui collaborent aux contrôles et enquêtes relevant de la compétence des chambres auxquelles ils sont affectés ; choisis en raison de leur expertise professionnelle, ils apportent à la Cour une collaboration appréciée (art. R 112-25 et R 124-1 et s. CJF).

Il existe auprès de la Cour un parquet [3] ; le ministère public est représenté par un procureur général, choisi librement par le gouvernement, assisté d'avocats généraux. Sauf les membres du parquet [4], les membres de la Cour ont la qualité de magistrats inamovibles (CJF, art. L. 120-1).

Sur un plan statutaire, la Cour est indépendante à l'égard tant du Parlement que du Gouvernement. Cette indépendance, liée à son statut de juridiction, a été affirmée explicitement par le Conseil constitutionnel dans sa décision 2001-448 DC du 25 juillet 2001 ; elle est renforcée par la qualité de magistrats de ses membres, et symbolisée à partir de 2006 par la suppression du rattachement de ses crédits au Ministère des Finances, et leur rattachement à une « mission budgétaire » spécifique intitulée Conseil et contrôle de l'État, comprenant trois « programmes » : les juridictions financières, les juridictions adminis-

1. CJF, art. L. 112-1.

2. Il existe des conseillers maîtres en service extraordinaire, nommés pour cinq ans non renouvelables, choisis en pratique parmi les hauts fonctionnaires spécialisés.

3. Pour une comparaison du système français avec celui des autres États européens, V. *Les Parquets près les Cours des comptes : bilan et perspectives dans l'Europe de demain*, Colloque Cour des comptes, juin 1992. V. le contenu de ses attributions sous les articles R. 112-8 s. CJF.

4. Les avocats généraux sont choisis parmi les conseillers référendaires, qui sont membres de la Cour ; il peut être mis fin à leurs fonctions d'avocat général, mais l'inamovibilité continue de leur bénéficier en tant que conseillers référendaires. Le procureur général, qui n'est pas membre de la Cour stricto sensu (comp. Art. L. 112-1 et L. 112-2 CJF) ne bénéficie d'aucune inamovibilité légale – mais cette inamovibilité existe fortement dans les faits.

tratives (Conseil d'État, TA et CAA) et le Conseil économique et social [1]. Chacun de ces programmes est rattaché au Premier ministre, ce qui a fait disparaître — au plan des principes — l'ancienne dépendance budgétaire de la Cour des comptes à l'égard du ministère des finances qu'elle a pour mission de contrôler.

La Cour des comptes, qui a son siège rue Cambon à Paris, peut siéger — outre une formation en audience solennelle, à caractère essentiellement protocolaire — en chambre du conseil [2], ou toutes chambres réunies, ou en formation interchambre, ou en chambres au nombre de sept (qui sont la formation ordinaire de fonctionnement) spécialisées chacune dans le contrôle d'un bloc d'activités de l'État et des organismes distincts participants à ces activités, correspondant en pratique à des Ministères ou à des groupes de ministères, ou encore en sections constituées au sein des chambres (v. art. 112-15 et s., CJF, tels que modifiés par le décret n° 2008-1397 du 19 décembre 2008).

Un Conseil supérieur de la Cour des comptes [3], composé du premier président, du procureur général, de trois personnalités désignées par les présidents de la République, de l'Assemblée nationale et du Sénat, des quatre magistrats les plus anciens et de neuf autres magistrats élus, remplit une fonction consultative sur toutes les questions relatives à la compétence, à l'organisation et au fonctionnement de la Cour, au statut des magistrats et aux aspects déontologiques de leurs fonctions, et donne également des avis sur l'avancement des magistrats de la Cour et sur certaines propositions de nomination concernant des magistrats des chambres régionales des comptes.

II. Attributions

A. Évolution

745 ***Évolution contemporaine*** ◊ La Cour des comptes a été créée afin de vérifier, par l'examen des comptes rendus par les comptables publics, le respect par ceux-ci des règles budgétaires et autres s'imposant à eux dans l'exécution des budgets de l'État et des collectivités territoriales, en vue de rendre des arrêts déclarant que ces agents sont, ou non, quittes de leur gestion (attributions juridictionnelles).

Depuis les années 1935, mais surtout après la Seconde Guerre mondiale, ses activités ont été considérablement étendues. Les contrôles - ici de nature non juridictionnelle - ont été développés par le législateur

1. Devenu en 2008 Conseil économique, social et environnemental (révision constitutionnelle du 23 juill.).

2. Elle délibère notamment sur les projets de rapports publics ; V. sa composition et ses compétences, CJF, art. R 112-17.

3. Créé par la loi n° 2006-769 du 1er juill. 2006 (CJF, art. L.112-8).

pour s'assurer de la régularité et de la qualité de la gestion d'un nombre important d'organismes, éventuellement de nature privée, tels que les entreprises publiques et les caisses de sécurité sociale. [1]. L'évolution contemporaine des contrôles non juridictionnels institués à la charge de la Cour des comptes et des chambres régionales des comptes créées en 1982 procède de la double préoccupation actuelle, fortement manifestée par l'opinion publique, d'optimiser l'usage fait de recettes publiques ressenties comme particulièrement lourdes en s'assurant de leur meilleur usage possible [2] (examen de la qualité de la gestion pratiquée par l'État et les collectivités territoriales, souvent dénommé aujourd'hui contrôle de la performance publique), ainsi que d'assurer une meilleure transparence des opérations du secteur public, parapublic, voire privé (associations), en vue notamment de prévenir la réitération d'un certain nombre d'« affaires » qui ont émaillé la décennie 1990, notamment dans le secteur des collectivités territoriales [3]. L'influence des pratiques du *General Accountability Office* américain [4], et surtout la véritable « refondation » de la gestion budgétaire de l'État que représente la loi organique relative aux lois de finances du 1er août 2001 (LOLF) confortent puissamment ce rôle d'évaluation de la performance de la dépense publique que joue la Cour des Comptes.

Il convient de rappeler ici [5] que la Cour des comptes (comme les Chambres régionales des comptes) est caractérisée par sa dualité fonctionnelle, d'ailleurs beaucoup plus accusée que celle du Conseil d'État par la diversité et le volume de son contenu non juridictionnel.

Juridiction, la Cour exerce évidemment une fonction juridictionnelle, au demeurant singulière puisque le principe est qu'elle juge les comptes des comptables publics, mais non ceux-ci, dont elle ne peut apprécier le comportement. Cependant, ses fonctions non juridictionnelles ont pris au fil du temps une ampleur telle qu'elles représentent aujourd'hui, en volume, l'essentiel des activités de la Cour.

Celle-ci n'est d'ailleurs pas structurée, comme le Conseil d'État, en formations contentieuses et non contentieuses, auxquelles seraient affectés, fût-ce en partie, certains de ses magistrats, qui participent

1. En fait, en raison du nombre des caisses primaires de sécurité sociale, l'essentiel du contrôle est assuré au plan local par des comités départementaux des comptes des organismes de sécurité sociale (CODEC), présidés par le trésorier-payeur général (Décr. du 8 août 1986).

2. Principe « Value for money » des Anglo-saxons.

3. Cette dualité de rôles, administratifs et juridictionnels, pose des problèmes procéduraux quand la Cour des Comptes exerce ses fonctions juridictionnelles, notamment quant au respect du principe d'impartialité des juges. V. l'arrêt de principe *Labor Metal*, CE, Ass., 23 févr. 2000, p. 404, chron. P. Collin. V. aussi la Chronique D. Guyomar et P. Collin, *AJDA* 2001. 453, et la note M. Lascombe et X. Vandendriessche sur CE, Ass., 6 avr. 2000, *SA Entreprise Razel Frères et Le Leuch*, *RFDA*, 2001, n° 6, spéc. p. 1309. Sur le problème du respect du contradictoire dans la procédure, v. la chronique D. Guyomar et P. Collin, *AJDA* 2002. 127 (à propos de l'arrêt d'Assemblée du Conseil d'État du 14 décembre 2001, *Sté Réflexions, Médiations, Ripostes*).

4. Dénomination du *General Accounting Office* depuis juillet 2004.

5. V. *supra* n° 705.

dans leur ensemble à ses activités de contrôle et d'audit, et de jugement. Une même affaire peut ainsi donner lieu à une prise de position critique dans un rapport administratif, puis à un examen juridictionnel aboutissant à une condamnation (dans un sens très général) au paiement d'une somme d'argent. Un exemple typique est celui de l'irrégularité comptable dénommée gestion de fait ; si l'irrégularité est plus grave, elle peut donner lieu à des poursuites devant la Cour de discipline budgétaire et financière (v. *infra* n° 760), dont la moitié des membres est composée de membres de la Cour des comptes. Il était prévisible que les règles du « procès équitable » édictées par la Convention européenne des droits de l'homme, et extensivement interprétées par la Cour européenne des droits de l'homme (v. *supra* n° 74), seraient un jour opposées à un tel système, malgré son ancrage historique, en invoquant notamment le défaut d' « impartialité objective » du tribunal, dans la mesure où la décision du juge pouvait paraître au justiciable déjà préjugée par la position critique qu'il avait prise en amont, au stade de ses activités de contrôle. Il en est résulté dans les dernières années plusieurs arrêts de la Cour européenne des droits de l'homme, et plusieurs séries de réformes, et notamment la loi n° 2008-1091 du 28 octobre 2008 [1].

B. Attributions juridictionnelles

La Cour des comptes est, en matière de finances publiques, à la fois une juridiction de premier ressort et une juridiction d'appel.

746 ***La Cour des comptes, juge des comptes de premier ressort*** ◊ Il résulte de l'article L. 111-1 CJF que la Cour est juge de droit commun des comptes des comptables publics ; cette qualité juridique ne doit pas occulter le fait que les chambres régionales des comptes (v. *infra*, n° 752), juges d'attribution des comptes des collectivités territoriales, sont saisies d'un nombre de comptes beaucoup plus important. Dans cette fonction, la Cour des comptes est chargée essentiellement de rechercher d'office – c'est-à-dire en l'absence de tout litige – si les comptes annuellement rendus par les comptables publics de l'État

1. Bien que les questions de procédure n'entrent pas dans le champ de cet ouvrage, on signalera qu'avant les réformes de 2001 et 2006 la procédure devant la Cour des comptes a exposé la France au désaveu de la Cour de Strasbourg. V., à propos de l'arrêt Martinie de celle-ci, l'analyse de M. Lascombe et de X. Vandendriessche, *Rev. Trésor* 2004, p. 368. En matière de jugement des gestions de fait, v. CE 20 avr. 2005 ; des mêmes auteurs, chron. *Rev.Trésor* janv. 2006, 31, et note *AJDA* 2005. 1732.

La loi du 28 octobre 2008 vise à simplifier et abréger les procédures juridictionnelles ; à mieux distinguer les fonctions d'instruction, de poursuite et de jugement des comptables ; à améliorer la publicité des débats et le respect du principe du contradictoire ; à modifier le quantum et le régime des amendes qui peuvent être infligées, notamment pour production tardive de documents. Elle est complétée par les décrets n° 2008-1397 et 1398 du 19 décembre 2008. V. M. Lascombe et X. Vandendriessche, « Réforme des juridictions financières : acte 1 », préc., *AJDA* 2008. 2273.

comportent seulement les dépenses qui devaient être payées (dans leur montant et leur substance) et, inversement, toutes les recettes qu'ils devaient percevoir. Elle connaît de même de tous les cas de gestion de fait concernant l'État, le comptable de fait étant assujetti aux mêmes obligations protectrices des finances publiques que le comptable en titre [1]. Pratiquement, elle est amenée à rendre des décisions de décharge [2], ou de débet [3] s'ils ont payé des dépenses irrégulières ou s'ils n'ont pas encaissé toutes les recettes qu'ils devaient percevoir. Dans le second cas (débet), le comptable doit combler la différence de ses propres deniers.

Il convient de souligner qu'à aucun moment la Cour ne s'interroge sur le comportement du comptable, et partant sur la part de responsabilité qui lui incombe dans le débet constaté à sa charge [4]. Ainsi que le rappelle l'arrêt d'assemblée du Conseil d'État du 23 juin 1989 (*Ministre des finances c/Veque et autres*, *AJDA* 1989, p. 482, obs. E. Honorat et E. Baptiste, p. 437), « La Cour des comptes, qui est compétente (...) pour juger les comptes des comptables publics, ne peut légalement fonder les décisions qu'elle rend dans l'exercice de sa fonction juridictionnelle que sur les éléments matériels des comptes soumis à son contrôle, à l'exclusion notamment de toute appréciation du comportement personnel des comptables intéressés ». Le principe est que l'appréciation de la responsabilité personnelle du comptable dans le paiement irrégulier de dépenses, ou dans l'absence de recouvrement de créances fiscales ou autres, relève en effet du ministre des Finances, dont la décision peut faire l'objet de la part du comptable

1. Le comptable de fait est toute personne qui s'ingère sans titre dans le maniement de fonds publics ; sur la gestion de fait, v. J. Magnet, *Les gestions de fait*, 2e éd., LGDJ. ; C. Descheemaeker, « La responsabilité des ordonnateurs devant les juridictions financières » *in La Comptabilité publique*, Colloque de Bercy des 25 et 26 nov. 1993, Imprimerie nationale, 1995, p. 313. V. la série d'articles dans le n° 66 de juin 1999 de la *Revue française de finances publiques*, consacré à la gestion de fait.

2. Dits de « *quitus* » si le comptable cesse définitivement ses fonctions.

3. Les arrêts rendus par la Cour des comptes à l'égard des comptables publics ne sont pas opposables aux tiers, et ne pourraient ainsi servir de fondement juridique pour en exiger des remboursements ; v. Ass., 16 oct. 1970, *AJDA* 1970. 629, note Montmerle, p. 612, obs. Labetoulle et Cabanes.

4. Cette situation est traditionnellement traduite par la formule classique selon laquelle « la cour juge les comptes et non les comptables », qu'il ne faut pas prendre à la lettre : c'est bien le comptable qui sera déclaré éventuellement en débet et qui devra verser à l'État la somme correspondante ; la formule signifie seulement que la cour n'a à examiner que le contenu du compte, et non le comportement (fautif ou non) du comptable. V. J. Magnet, « Que juge le juge des comptes ? », *RFFP*, 1989, p. 115. Cette formule ne doit d'ailleurs pas être appliquée de façon trop radicale, le juge des comptes pouvant être conduit par la simple application des textes à rechercher si le comptable public a bien fait preuve, ou non, des diligences auxquelles il était juridiquement tenu. Voir un exemple caractéristique, en matière de recouvrement de recettes, dans l'arrêt du Conseil d'État (statuant comme juge de cassation) du 27 oct. 2000, *Mme Desvigne*, *Revue du Trésor*, mars-avril 2001,p. 207, avec la note J. Saison.

d'un recours de pleine juridiction devant la juridiction administrative. [1]

Il est à souligner qu'une brèche importante dans cette règle, souvent critiquée par la doctrine, a été ouverte par la loi de finances rectificative pour 2006 [2], en cas de force majeure. Désormais, lorsque le ministre compétent ou le juge des comptes « constate l'existence de circonstances constitutives de la force majeure, il ne met pas en jeu la responsabilité personnelle et pécuniaire du comptable public ». [3] Il peut sembler curieux que le soin de contrôler les comptes des comptables ait été confié à une juridiction, au surplus composée de juges inamovibles. La raison est de pure opportunité : les comptables publics, qui doivent vérifier la régularité budgétaire des dépenses qu'ils ont à payer, sont soumis à une responsabilité pécuniaire particulièrement lourde. Pour qu'ils puissent exercer leurs fonctions en toute indépendance, on a conféré le soin de contrôler leur gestion à des magistrats inamovibles - partant, à l'abri de toute pression.

Les décisions [4] rendues par la Cour des comptes sont susceptibles (outre un recours en révision devant la Cour elle-même) d'un recours en cassation devant le Conseil d'État [5].

Ce contrôle - obligatoire - des comptes des comptables publics dits « principaux » [6] a été considérablement allégé par la dévolution en 1982 du contrôle des comptables des collectivités locales aux chambres régionales des comptes. Aujourd'hui, les attributions juridictionnelles de la Cour, en pratique limitées essentiellement au budget de l'État et de ses principaux établissements publics, n'occupent plus qu'une place de second rang dans ses activités [7] mais elles conservent une place pri-

1. Sur ce système complexe v. P. Weil, « La règle de la double juridiction en matière de responsabilité des comptables publics », *Rev. sc. fin.*, 1950, p. 574.

2. Modifiant l'article 60-V de la loi du 23 févr. 1963.

3. La portée de cette réforme peut être appréciée à la lecture de l'arrêt - rendu sous l'ancien état du droit - du Conseil d'État du 10 janvier 2007, *Mme Ramon comptable de la commune d'Estivelles, AJDA* 2007.377, note C. Mattei.

4. La loi du 28 octobre 2008 a simplifié la procédure et supprimé la règle du double arrêt (arrêt provisoire et arrêt définitif) ; par ailleurs, le magistrat chargé de l'instruction et le représentant du ministère public n'assistent pas au délibéré secret des juges ; enfin, lorsque le ministère public ne relève aucune charge à l'encontre du comptable, le président de la formation de jugement statue par simple ordonnance.

5. De tels recours sont peu fréquents ; v. p. ex. CE, Ass., 23 juin 1989, *Min. de l'Écon. c/ Veque et autres*, préc. CE 27 oct. 2000, *Desvignes, DA*, mars 2001 p. 23, note H.-M. Crucis. Depuis 2000 l'invocation de la règle du procès équitable a alimenté une contestation plus étoffée des arrêts de la Cour des comptes, fondée sur des motifs procéduraux et non de fond du droit. V. par ex. CE, Ass., 23 févr. 2000, *Labor Métal*, préc. ; 30 décembre 2003, *Beausoleil et autre, AJDA* 2004. 1301, note F. Rolin. Il peut s'agir d'un pourvoi dans l'intérêt de la loi, comme le montre l'arrêt précité du Conseil d'État du 10 janvier 2007.

6. On entend par là les comptables publics rendant leurs comptes directement à une juridiction financière. Le très grand nombre des comptables publics de l'État a conduit à faire centraliser leurs opérations dans les écritures des trésoriers-payeurs généraux, qui produisent chacun dans leur département un seul compte de gestion à la Cour des comptes.

7. V. C. Descheemaeker, *préc.*. En 1989 déjà, le jugement des comptes ne représentait que 30 % de l'activité de la Cour (rapport Manet sur le projet de loi de finances pour 1991, Sénat, n° 85 de 1990, p. 26 à 28).

vilégiée dans les travaux de la doctrine, en raison de la diversité et de la subtilité (parfois excessive) des questions juridiques auxquelles elles donnent naissance.

747 ***La Cour des comptes, juge d'appel*** ◊ Les *jugements*[1] rendus par les Chambres régionales des comptes peuvent être frappés d'appel devant la Cour des comptes dans les deux mois de leur notification ; l'arrêt d'appel rendu par la Cour peut être déféré au Conseil d'État par la voie du recours en cassation.

Contrairement à la jurisprudence suivie jusque-là par la Cour des comptes, le Conseil d'État a jugé que celle-ci ne pouvait, en cas d'appel, aggraver le sort de l'appelant sur son *seul appel*[2].

C. Attributions non juridictionnelles

748 ***Situation actuelle*** ◊ C'est par elles que l'activité de la Cour se rapproche de celle des institutions non juridictionnelles de contrôle des finances publiques qui existent notamment aux États-Unis (*General Accountability Office*[3] : GAO), en Grande-Bretagne (National Audit Office : NAO) ou dans les communautés européennes avec la *Court of Auditors* (art. 246 et s., CE) dénommée Cour des comptes dans la version française, alors qu'il s'agit en fait, et au mieux, car elle n'est pas une institution juridictionnelle, d'une Cour d'Audit.

Encore que les textes continuent de se référer sobrement à un contrôle « du bon emploi des crédits, fonds et valeurs gérés par les services de l'État (...) », la pratique - qui les avait d'ailleurs devancés en ce qui concerne l'État - fait apparaître qu'il s'agit d'un véritable audit de la gestion, au contenu très large et qui se rapproche beaucoup du « *performance audit* » (audit opérationnel) pratiqué au GAO selon des normes bien définies (« *Government Auditing Standards* »).

Le développement de cette fonction d'audit est une caractéristique marquante de la période actuelle, et s'appuie sur deux textes majeurs. D'abord, succédant à l'ordonnance organique n° 59-2 du 2 janvier 1959, qui tendait essentiellement à limiter les pouvoirs budgétaires du Parlement, la loi organique n° 2001-692 du 1er août 2001 (LOLF) fonde législativement une « nouvelle logique de gestion publique »[4].

1. En revanche, les propositions, avis ou décisions rendus en matière de contrôle budgétaire, qui ne sont pas des actes juridictionnels, sont insusceptibles d'appel ; V. J.-M. Auby, « Le contentieux des actes des chambres régionales des comptes », *RD publ.* n° 5, 1984, p. 1125 ; R. Ludwig, « La recevabilité des pourvois devant diverses juridictions contre les interventions des chambres régionales des comptes », *Rev. Trésor* 1984, p. 548. Il en est de même,des observations sur la gestion formulées par les chambres régionales des comptes.
2. CE, Sect., *Gouaze, Nucci, Oltra*, 6 janv. 1995.
3. Le *General Accounting Office* a pris le nom de *General Accountability Office* depuis le 7 juillet 2004, par l'effet du *GAO Human Capital Reform Act* de 2004. V. S. Albert-Szafranski, « Le *General Accounting Office* de la troisième génération », *RFFP*, 1995, p. 171 « Le GAO : douze ans d'existence », *ibid.* 1997, p. 143.
4. *RFFP*, nov. 2001, éditorial.

Ensuite, la révision constitutionnelle du 23 juillet 2008, tendant à la modernisation des institutions de la V° République, reformule dans un nouvel article [1] les missions dévolues à la Cour des comptes.

Il convient de préciser que cette activité d'audit n'aboutit formellement qu'à des rapports - quelle qu'en soit la dénomination - présentant des observations et, le cas échéant, des recommandations concernant des améliorations à apporter. Cependant des observations peuvent conduire, par l'intermédiaire du ministère public près la Cour des comptes ou près les chambres régionales, à la saisine de la Cour de discipline budgétaire et financière ou, si certains faits relevés tombent sous le coup d'une qualification pénale, à la saisine des tribunaux répressifs. Par là est assurée une possibilité de sanction à une activité qui, par elle-même, n'en comporte pas.

749 ***Mission d'assistance du Parlement et du gouvernement*** ◊ Jusqu'en 2008, la Cour des comptes exerçait en vertu des articles 47 et 47-1 de la constitution une fonction d'assistance du Parlement et du Gouvernement dans le contrôle de l'exécution des lois de finances et dans celui de l'application des lois de financement de la sécurité sociale. Le Comité Balladur et le constituant ont souhaité valoriser et étoffer le rôle de la Cour en lui consacrant un article spécifique (art. 47-2). Désormais, la Cour assiste d'abord le Parlement dans le contrôle de l'action du Gouvernement ; ensuite, son action dans le domaine des lois de finances et de financement de la sécurité sociale est confirmée mais complétée par une mission d'évaluation des politiques publiques ; enfin, la Cour contribue à l'information des citoyens [2].

Il est certes trop tôt pour apprécier les conséquences de ce nouveau dispositif constitutionnel, mais il est clair qu'il amplifie, et en tout cas légitime *a posteriori*, l'orientation manifestée par la loi organique de 2001. Il n'est pas possible de présenter ici ce texte [3] qui a rénové lors de son application totale (1er janvier 2005) la gestion budgétaire et comptable de l'État, dont on ne retiendra que les principales conséquences sur les missions non juridictionnelles de la Cour.

L'article 58 de la loi développe, de façon non exhaustive, le contenu de la mission d'assistance au Parlement dévolu à la Cour. Outre la confirmation législative de certaines pratiques existantes, et l'énonciation de rapports supplémentaires à remettre au Parlement, il introduit - à l'image des pratiques commerciales, dont il s'inspire, et comme le font déjà des États étrangers - une « certification de la régularité, de la

1. Art. 47-2.

2. L'art.47-2 ajoute que les comptes des administrations publiques sont réguliers et sincères, et qu'ils donnent une image fidèle du résultat de leur gestion, de leur patrimoine et de leur situation financière.

3. V. M. Bouvier, « La loi organique du 1er août 2001 relative aux lois de finances », *AJDA* 2001. 876 ; n° 76 de la *RFFP*, nov. 2001, dédié au sujet ; L. Tallineau, « La loi organique du 1er août 2001 relative aux lois de finances », *RFDA*, 2001, n° 6, p. 1205 ; J.-P. Camby (dir.), *La réforme du budget de l'État*, LGDJ, 2e éd., 2004.

sincérité et de la fidélité des comptes de l'État ». Cette certification [1] est annexée au projet de loi de règlement [2], qui est déposé devant le Parlement appuyé d'un rapport de la Cour.

Cette réforme a nécessité celle de la comptabilité de l'État, prévue du reste par la loi organique. Par ailleurs et surtout, les crédits budgétaires devant être ouverts par « missions » englobant un ensemble de « programmes » dont chacun comportera des « objectifs » précis « (...) ainsi que des résultats attendus et faisant l'objet d'une évaluation » (art. 7), la Cour est conduite à s'engager encore plus avant dans l'évaluation de la performance de la dépense publique, dans la ligne sans doute des pratiques du *General Accountability Office* américain en matière de « performance audit » [3].

La mission d'audit de la Cour est complétée notamment par un rapport public annuel, largement médiatisé, ainsi que, depuis 1991, par des rapports thématiques en cours d'année (CJF, art., 136-1et s.), et par des enquêtes réalisées à la demande des commissions des finances des deux assemblées.

750 *Contrôle des administrations, entreprises publiques et organismes divers* ◊

- La Cour des comptes exerce sur les Administrations de l'État un double contrôle, de régularité et d'efficacité (dit : contrôle sur les ordonnateurs). Dans cette mission qui mobilise une partie importante de ses moyens, elle vérifie que les textes régissant ces services sont correctement appliqués, et elle s'assure surtout « du bon emploi des crédits, fonds et valeurs » gérés par l'État et les autres personnes de droit public relevant de son contrôle (art. L. 111-3 CJF), qui en fait un organisme d'évaluation des politiques publiques. Dans cette fonction de contrôle de la gestion publique elle ne peut discuter l'opportunité des décisions de principe traduisant la politique menée par le service en cause, mais elle relève par exemple que le coût du service rendu est

1. Qui remplace la déclaration de conformité (comptable) entre les comptes des comptables publics de l'État et les comptes des ministres – ces derniers étant d'ailleurs, en fait, établis par l'Administration des Finances.elle-même... Cet emprunt au droit comptable commercial a été permis par une réforme profonde de la comptabilité générale de l'État. Le cas échéant cette certification peut être donnée avec des réserves, voire être refusée. La première certification (donnée en mai 2007) a concerné le budget 2006 ; elle a été assortie de 13 réserves substantielles. Son texte comporte de larges indications méthodologiques ; il est disponible sur le site Internet de la Cour.

2. La loi de règlement du budget d'une année a pour but de permettre au Parlement de s'assurer que celui-ci a été exécuté régulièrement. V. *RFFP*, 1997, n° 57, « La Cour des comptes et le Parlement ».

3. V. S. Albert-Szafranski, « Le *General Accounting Office* américain de la troisième génération », *RFFP*, 1995, n° 52, p. 171 ; rappr., même auteur, « Le *National Audit Office* : douze ans d'existence », *ibidem* 1997, n° 57, p. 143. Sir John Bourne, « La reddition des comptes au Parlement du Royaume-Uni », *ibid.*, 1991, n° 36, p. 71 ; D. Drach, « Le *General Accounting Office* des États-Unis », *ibid.*, p. 95. D. Lamarque, « Le GAO », *Rev. Trésor*, nov. 2006, p. 773.

excessif par rapport à son utilité réelle, et qu'un autre aménagement aurait été moins coûteux. Les observations qu'elle formule donnent lieu à des remarques ponctuelles adressées aux responsables dans des formes plus ou moins solennelles selon la gravité des erreurs (lettre du président d'une chambre, note du Parquet, référé du Premier président de la Cour), ainsi qu'à une synthèse, diffusée dans le public, sous la forme du rapport public annuel au président de la République dont la presse rend largement compte [1]. En outre, depuis 1991, la Cour des comptes publie en cours d'année des rapports sectoriels sur des thèmes qu'elle sélectionne en raison de leur importance et de leur actualité. Elle est ainsi devenue le « grand cabinet d'audit du secteur public » [2].

- Elle contrôle les comptes et l'efficacité de la gestion des entreprises publiques. En fait, en raison de leur nombre, elle n'exerce un contrôle régulier que sur celles dont l'État détient la moitié du capital. Pour chacune, elle adresse un rapport d'examen à ses dirigeants, aux autorités de tutelle ainsi qu'aux commissions des finances de l'Assemblée nationale et du Sénat. Avant 1976 cette tâche était attribuée à un organisme distinct, la Commission de vérification des comptes des entreprises publiques qui était en fait, largement, une simple émanation de la Cour des comptes, à laquelle ses attributions furent dévolues lors de sa suppression.

- Elle contrôle également la gestion, ainsi que les comptes, des organismes de sécurité sociale (au sens large), bien qu'ils soient des entités de droit privé.

- Elle peut contrôler les organismes de droit privé bénéficiaires de concours financiers de l'État (subventions, taxes parafiscales), mais en raison de leur nombre elle ne le fait que de façon ponctuelle, lorsque le fonctionnement de l'un d'eux a appelé son attention pour des raisons particulières.

- Elle peut également, depuis une loi du 7 août 1991 codifiée sous l'article L. 111-8 CJF, vérifier la conformité des dépenses engagées par

1. En 1989, ces contrôles administratifs ont représenté environ 31 % de l'activité de la Cour (v. rapport de M. Manet, préc., p. 26 à 28). Ce contrôle de la bonne gestion des crédits ouverts par le Parlement revêt une importance essentielle du fait que les Commissions des finances de l'Assemblée Nationale et du Sénat, pourtant dotées d'un arsenal de moyens d'investigation aussi étendu que celui de la Cour, n'exercent en raison du fait majoritaire qu'un contrôle très limité — sous tous les Gouvernements — pour ne pas alimenter l'opposition en critiques ; la Mission d'évaluation et de contrôle (MEC), créée en 1999 (D. Hochedez, « La mission d'évaluation et de contrôle (MEC) », *RFFP*, décembre 1999, p. 261, a été très loin, au fil des années, de répondre aux espoirs mis en elle. Pour une amélioration du suivi des préconisations de la Cour, v. le rapport de la Commission des Finances de l'Assemblée nationale du 10 mai 2005, *AJDA* 2005. 1031.

2. Discours d'audience solennelle du 7 janvier 1992 de M. le Premier président Arpaillange, *JO*, 21 mars 1992, spéc. p. 3997. Le rapport annuel de la Cour reproduit également un certain nombre d'observations émanant des chambres régionales des comptes. Sur le contenu, la méthodologie, et les suites de l'audit de la gestion, et sa comparaison avec celui du secteur des entreprises, v. D. Bordet, « Audit et contrôle de la gestion des juridictions financières françaises », thèse Lyon 3, 2006, deux vol.

les organismes faisant appel à la générosité publique aux objectifs poursuivis par ceux-ci [1].

Dans l'exercice de ses contrôles, la Cour des comptes est dotée de pouvoirs d'investigation particulièrement étendus, pénalement sanctionnés. [2]

Lorsque, dans l'exercice de ses activités non juridictionnelles, la Cour des comptes découvre des faits pénalement réprimés, elle peut les déférer au juge pénal [3]. Si elle découvre des faits relevant de la Cour de discipline budgétaire et financière, elle saisit cette dernière.

Au total on constate que, s'agissant de l'État, la Cour des comptes est en mesure d'exercer un contrôle global de ses finances : elle certifie sa comptabilité et juge les comptes de ses comptables publics, et elle examine de façon critique la qualité de sa gestion.

751 ***La Cour des comptes devant la modernisation budgétaire et comptable*** [4] ◊ La modernisation du système budgétaire et comptable de l'État engagée depuis les années 2000 est appelée à retentir profondément sur l'exercice de leurs missions par la Cour des comptes et par la Cour de discipline budgétaire et financière (pour celle-ci, v. nos 760 s.). On sait que cette réforme est caractérisée notamment, en matière budgétaire, par le passage d'un « budget de moyens » — les crédits budgétaires étant alloués par le Parlement aux administrations par nature de dépenses : personnel, matériel — à un système de « budget de programmes » avec des crédits alloués en fonction d'objectifs à atteindre (cette globalisation accordant beaucoup plus de souplesse d'action à leurs gestionnaires) et, en matière comptable, par une nouvelle comptabilité générale de l'État fondée sur le droit comptable commun : comptabilisation des opérations selon le système dit de « l'exercice » (« *accrual basis of accounting* » des Anglo-saxons) avec constitution de provisions et d'amortissements, intégration comptable du patrimoine de l'État, obligation pour les comptables publics de veiller à la sincérité des enregistrements comptables auxquels ils procèdent.

En matière juridictionnelle, le contrôle des comptes des comptables ne sera pas affecté dans son principe ; dans un État de droit, la recherche

1. V. à titre d'exemple, le rapport de la Cour des comptes mettant en cause la gestion de l'Association pour la recherche sur le cancer (ARC), *Le Monde,* 3 et 4 janv. 1996. La loi de 1991 a d'ailleurs été une « loi de circonstance » (selon une déclaration du Premier président de la Cour) qui avait été prise en vue de permettre un contrôle de la Cour sur cette association, une décision du Tribunal administratif de Paris ayant dénié à l'Inspection générale des affaires sociales (IGAS) le droit d'enquêter sur sa gestion. V. J.-L Pissaloux, « Le contrôle des associations par le juge des comptes », *LPA*, 12 juin 1996, p. 35.

2. CJF, art. L. 140-1 s.

3. En 1994, 53 dossiers ont été transmis au juge pénal, contre 31 en 1993 et 18 en 1992.

4. P. Lelong, *La Cour des comptes en 2005 : tradition et modernité* ; Colloque de la Cour des comptes, Paris, 5-6 avr. 2005, *passion, RFFP*, oct. 2005. En mars 2005 l'Institut Montaigne (qui est un centre de réflexion privé) a préconisé la création, à côté de la Cour, d'un « Contrôleur général des finances publiques ». Sur cette suggestion, et la réponse d'un membre de la Cour (M. J.-P. Bonin), v. le journal *Les Échos*, 30 mars 2005.

de la performance de la dépense publique ne peut atténuer – encore moins évacuer – l'exigence de la régularité des opérations. Mais des évolutions se dessinent déjà dans son exercice. Le confinement de la Cour des comptes dans ce qu'il est convenu d'appeler le « jugement » des comptes des comptables publics, qui correspond à la vérification de l'exactitude de la régularité juridique de leurs opérations de recettes et de dépenses en s'appuyant sur les pièces justificatives de celles-ci, et au contrôle de la tenue exacte de leur comptabilité, est de plus en plus critiqué. D'une part il apparaît singulier, au XXIe siècle, qu'une haute juridiction comme la Cour ne dispose pas, pour des raisons historiques et pour ne pas porter ombrage au ministère des finances en entamant des prérogatives qui s'inspirent de la théorie jadis connue sous le nom du « ministre-juge » (v. *supra* n° 704), du pouvoir d'apprécier elle-même l'imputabilité au comptable des dysfonctionnements constatés, cette responsabilité étant aujourd'hui déterminée postérieurement par le ministre des finances sous le contrôle du Conseil d'État, au terme d'une procédure complexe dont la justification échappe à l'observateur étranger. En fait, le contrôle juridictionnel des comptes, s'il a le mérite de pouvoir sanctionner certains agissements irréguliers (mais non forcément délictueux) de personnes autres que les comptables (procédure-lourde-de la « gestion de fait »), est devenu au fil du temps un travail de simple révision comptable, et de moins en moins de vérification des opérations sous-jacentes du comptable : en raison du volume actuel des liasses de pièces justificatives lié au nombre d'opérations effectuées, moins de 1 % de ces pièces sont effectivement vérifiées. On peut comprendre que, à l'intérieur de la Cour, cette nature de tâches attire, par la spécialisation qu'elle suppose, de moins en moins de vocations chez de jeunes magistrats issus de l'Ena et dont beaucoup s'éloigneront de la Cour après quelques années.

Les attributions non juridictionnelles de la Cour appellent de leur côté une réflexion renouvelée en raison de la budgétisation des dépenses par objectifs, structurés en missions et en programmes, avec détermination d'indicateurs de performance destinés à apprécier leur réalisation. Conceptuellement, la nouvelle tâche de la Cour d'apprécier la performance de la dépense publique, et ainsi l'efficacité de ceux qui la gèrent, s'insère sans difficulté dans son rôle déjà ancien du contrôle du « bon emploi des crédits, fonds et valeurs » prévu à l'article L. 111-3 CJF. Cependant ce rôle modernisé suppose la disposition d'un personnel suffisamment nombreux (à la Cour, et pas seulement dans ses effectifs budgétaires), spécialisé et stable, conditions encore insuffisamment remplies. Cet examen d'importance essentielle, puisque la budgétisation par objectifs est au cœur de la réforme des finances de l'État, pose le problème de l'articulation entre la Cour des comptes et la Cour de discipline budgétaire et financière. Cette dernière juridiction (v. *infra* n°s 760 et s.) a pour fonction essentielle de sanctionner par des amendes *sui generis* des irrégularités caractérisées commises par certains ordonnateurs de dépenses publiques. Ces agents publics sont généralement déférés à la Cour de discipline à la suite de constatations opérées par la Cour dans le cadre de son examen de la gestion des Administrations. Le problème est actuellement de déterminer quelles suites devront être données au constat par la Cour des comptes de l'inefficacité éventuelle des gestionnaires de crédits (au demeurant à définir : les responsables de programme ? un niveau inférieur ?). Le manque, même caractérisé, d'efficacité dans la réalisation des objectifs fixés ne peut guère relever de l'intervention de la Cour de discipline, conçue pour sanctionner de tout autres comportements. Une « responsabilité managériale » est à définir, avec le système qui en assurerait la sanction. De même débouche actuellement sur un vide juridique, dans un autre domaine, la fonction nouvelle conférée à la Cour des comptes de certifier les comptes de l'État ; le droit public s'est inspiré des pratiques du droit des sociétés ; mais à moins d'assimiler audacieusement le Parlement à l'assemblée générale des actionnaires d'une société anonyme on voit mal, à l'heure actuelle, à quelles conséquences concrètes autres que politiques pourrait conduire une certification avec réserves — et même un refus de certification —, les ministres n'étant pas justiciables de la Cour de discipline budgétaire et financière.

L'activité juridictionnelle de la Cour des comptes (2002-2008)

	2002	2003	2004	2005	2006	2007	2008
Arrêts	378	377	373	321	280	347	390
Arrêts d'appel	52	39	40	33	31	56	42
Amendes	5	2	3	3	1	0	1
Gestion de fait	24	22	14	10	14	14	16
Arrêts de débet	34	20	34	38	33	45	39

Source : Cour des comptes, rapport public annuel, 2009.

§ 3. Les Chambres régionales et territoriales des comptes [1]

Site Internet : www.ccomptes.fr

1. V. *RFFP*, 1993, n° 43, numéro dédié au sujet, et *RFFP*, févr. 2004, numéro intitulé « Le contrôle externe des chambres régionales des comptes : actualité et perspectives ». Pour un exposé comparatif, v. *Les institutions régionales de contrôle externe des finances publiques - une étude comparative*, Eurorai, Valencia, 1997.

I. Origines

752 ***Évolution*** ◊ En raison de leur nombre, les comptes des collectivités locales ont toujours été considérés comme un fardeau trop lourd pour la Cour des comptes, déjà surchargée par l'examen des comptes de l'État. Dès la Restauration, ils avaient été confiés, en dessous d'un certain montant, aux conseils de Préfecture statuant à charge d'appel devant la Cour des comptes. L'accroissement du contentieux administratif relevant de ces Conseils avait conduit à les décharger en 1935 de cette compétence au profit d'un autre système, original, faisant des trésoriers-payeurs généraux (ainsi que des receveurs des finances plus tard) des auxiliaires de la Cour. Le plus grand nombre des comptes des collectivités territoriales et de leurs établissements publics (environ 80 000 à la veille de la réforme de 1982) faisaient l'objet d'une vérification par ces fonctionnaires financiers, qui pouvaient eux-mêmes prendre des décisions administratives (et non des jugements, évidemment) de décharge du comptable si le compte était régulier (système dit de l'apurement administratif des comptes). À la veille de la réforme de 1982, la Cour des comptes ne jugeait les comptes que d'environ 2 500 grandes communes. Ce n'était que dans les cas où des irrégularités nécessitaient de déclarer le comptable en débet que ces agents administratifs transmettaient le compte à la Cour, seule compétente pour rendre un arrêt de débet constatant la situation débitrice du comptable. Ce système de contrôle administratif était loin d'être satisfaisant ; des fonctionnaires exerçant latéralement une fonction de quasi-juges des comptes sont dans une situation délicate quand il s'agit de dépasser un rôle de vérification de pure régularité formelle, et par exemple de pousser leurs investigations pour découvrir d'éventuelles gestions de fait de la part d'élus locaux, dont certains peuvent être des personnalités politiques locales ou nationales. Encore moins auraient-ils pu prétendre apprécier la gestion des crédits budgétaires par les élus locaux.

Surtout, la logique de la large extension de la décentralisation opérée par la loi du 2 mars 1982 relative aux droits et libertés des communes, des départements et des régions appelait un contrepoids sous la forme d'un mécanisme de contrôle, par un organe indépendant, du respect des règles budgétaires et comptables, et de l'observation de principes minimaux de bonne gestion des moyens budgétaires. Pour rapprocher ce contrôle des collectivités sur lesquelles il devait porter, et en garantir l'indépendance en le confiant à un corps de magistrats, cette loi a créé les Chambres régionales des comptes [1]. Cependant, les élus des petites

1. V. J. Raynaud, *Les chambres régionales des comptes*, coll. « Que sais-je ? », PUF, (n° 2178) ; *Les contrôles des chambres régionales et territoriales des comptes*, éd. Sorman, 2005. Actes de la VIe rencontre Université-Cour des comptes « Chambres régionales des comptes », Université de droit, d'économie et des sciences d'Aix-Marseille, nov. 1985, Économica, 1985. *Les chambres régionales des comptes*, Actes du colloque d'Angers du CFPC de 1984, Doc. fr., 1985. Collectif, « Les chambres régionales des comptes, dix ans après », *Journaux officiels*, 1992 ; D. Douai, « Les chambres régionales des comptes, guide du justi-

communes ayant difficilement supporté un examen du « bon emploi des crédits » auquel le régime antérieur ne les avait pas préparés, une loi du 5 janvier 1988 « d'amélioration de la décentralisation » est revenue pour partie à l'état de droit antérieur à la loi de 1982 Le problème essentiel était celui de la définition du contenu de l'examen de la gestion. Finalement, cette définition a fait l'objet d'une rédaction de compromis entre les tendances en présence par une loi du 21 décembre 2001 [1] (CJF, art. L. 211-8, 2e alinéa).

La loi précitée du 28 octobre 2008 (ainsi que les décrets subséquents du 19 décembre) affecte la composition des Chambres et la procédure à suivre devant elles, avec les mêmes objectifs de clarification et de simplification que ceux assignés à la réforme de la Cour des comptes.

II. Organisation

753 Il existe, évidemment, une Chambre régionale des comptes par région, soit vingt-deux en métropole et quatre outre-mer [2] (Guyane, Guadeloupe, Martinique, Réunion). En outre, il existe six Chambres territoriales des comptes (Mayotte, Nouvelle-Calédonie, Polynésie, Saint-Barthélémy, Saint-Martin, Saint-Pierre-et-Miquelon) [3].

Leurs membres ont, comme ceux de la Cour des comptes, la qualité de magistrats inamovibles. Chaque Chambre régionale comporte un président [4] et des conseillers ; on y trouve également un ou plusieurs représentants du ministère public (ex commissaires du gouvernement), qui exercent les fonctions dévolues au ministère public par le Code des juridictions financières (v. art. R. 212-15 et s. CJF), et qui sont les correspondants du procureur général près la Cour des comptes.

Chaque Chambre peut être divisée en sections, qui sont comme les chambres des Tribunaux administratifs des formations de jugement, ce qui en accroît les capacités de travail.

La loi de fusion des professions d'avocat et de conseil juridique du 31 décembre 1990 reconnaît aux avocats le droit de représenter les parties devant les chambres, dont les audiences de prononcé d'amendes pour gestion de fait ou pour retard dans la production des

ciable et du contrôle », *Agorel*, 1995 ; E. Douat, « La Chambre régionale des comptes : de la loi du 2 mars 1982 à celle du 29 janvier 1993, de la décentralisation à la lutte contre la corruption », *JCP* G 1993. I. 3716. A. Pichon et G. Orsoni (dir.), *Les chambres régionales des comptes*, LGDJ, 2004.

1. Ph. Limouzin-Lamothe, « La réforme des chambres régionales des comptes : amélioration ou amputation ? », *AJDA* 1988. 427.

2. Les chambres régionales de la Guyane, de la Guadeloupe et de la Martinique ont le même personnel.

3. La CRT de Mayotte a le même personnel que la CRC de la Réunion ; il en va de même pour Saint-Pierre et Miquelon avec l'Ile de France, et pour Saint-Barthélémy et Saint-Martin avec la Guadeloupe (art. 252-13 CJF).

4. Le président doit être conseiller maître ou conseiller référendaire à la Cour des comptes ; au besoin, le magistrat est nommé à ce grade avant d'être nommé président.

comptes sont d'ailleurs publiques depuis 1995 [1], pour satisfaire aux exigences de l'article 6-1 de la Convention européenne des droits de l'homme.

L'article L 212-16 crée un Conseil supérieur des Chambres régionales des comptes, composé de quinze membres, et chargé de fonctions consultatives, tant d'ordre général que relatives à la carrière des magistrats.

III. Attributions

754 ***Deux sortes d'attributions : juridictionnelles et administratives*** ◊ Comme à la Cour des Comptes, des problèmes procéduraux sont d'ailleurs apparus, en raison du développement du principe d'impartialité nécessaire du juge, à la suite de la participation des mêmes magistrats à des contrôles de nature administrative puis à des formations de jugement chargées de sanctionner les irrégularités que les premiers avaient révélées - en pratique des « gestion de fait » [2].

A. Attributions juridictionnelles

755 ***Contrôle des comptes des collectivités territoriales et des établissements publics*** [3] ◊ Ainsi qu'on l'a précédemment relevé, la loi de décentralisation du 2 mars 1982 avait dévolu compétence aux chambres régionales des comptes pour juger, dans leur ressort, « l'ensemble des comptes des comptables publics des collectivités territoriales et de leurs établissements publics, des établissements publics régionaux [4] ainsi que les comptes des personnes qu'elles ont déclarées comptable de fait » (art. 87). La loi du 5 janvier 1988 ayant rétabli un apurement administratif pour les comptes des petites communes, deux situations doivent être distinguées :

1) Le principe : la généralité de la compétence de la Chambre régionale.

1. Décr. n° 95-945 du 23 août 1995, art. 43 (renvoi aux art. 438-439, NCPC). V. C. Descheemaeker, « Une innovation dans les chambres régionales des comptes : l'introduction de l'audience publique dans certaines procédures juridictionnelles », *Dr. adm.*, août-sept. 1995, fasc. 1210. Une publicité analogue de certaines audiences a été instituée à la Cour des comptes par le décret 96-334 du 18 avr. 1996.

2. V. CE, Ass., 6 avr. 2001, *SA Entreprise Razel Frères et M. Le Leuch*, *AJDA* 2001. 456 et chron. R. Guyomar et P. Collin, p. 453. G. Miller et Chr. Michaut, « Les Chambres régionales des comptes : "procès équitable ou réquisitoire" », *LPA*, 18 mai, 2001, p. 4 ; Ph. Saint-Marc, « Les Chambres régionales des comptes "en procès" », *Gaz. Pal.*, 2-3 juill. 1999, p. 10. V. *supra*, n° 705. Sur la gestion de fait v. J. Magnet, *Les gestions de fait*, LGDJ, 2e éd., 2001, et l'ensemble du numéro 66 de la *RFFP*, 1999, consacré à une présentation critique de l'institution.

3. M. Bazex et M.-P. Lucas De Leyssac, « Le contrôle judiciaire des comptes de la ville », *Justices*, 1995.2.151.

4. On sait qu'en 1982 les régions n'étaient pas encore des collectivités territoriales.

Juridiquement, la loi du 5 janvier 1988 n'ampute pas la compétence de la Chambre, qui demeure seul *juge* dans son ressort, de l'ensemble des comptes des comptables publics des collectivités territoriales, de leurs établissements publics, et des personnes qu'elle continue d'avoir seule compétence pour déclarer comptables de fait [1]. Outre cette compétence qui s'exerce d'office, chaque Chambre régionale peut décider de vérifier les comptes des organismes bénéficiant des subventions des collectivités territoriales dépassant un certain montant, ou dans lesquels ces collectivités ont un pouvoir prépondérant de décision (art. L. 211-4 CJF).

2) L'atténuation : le retour à l'apurement administratif pour les petites communes.

La réforme concerne les communes (et leurs groupements) de moins de 3 500 habitants dont les recettes ordinaires du précédent exercice ont été inférieures à 750 000 euros [2] (art. L. 211-2 CJF).

Les comptes de ces collectivités ne sont pas transmis à la Chambre régionale, mais au receveur des finances ou au trésorier-payeur général (dans l'arrondissement chef-lieu du département). L'un et l'autre procèdent à la vérification de la régularité du paiement des dépenses et du bon encaissement des créances locales qui y sont inscrites, étant observé que si des erreurs ou irrégularités sont découvertes, la mise en débet du comptable doit être prononcée par la Chambre régionale. Cependant, celle-ci demeure *juge* du compte, et elle peut évoquer – c'est-à-dire demander à juger – des comptes relevant de la procédure d'apurement administratif, ce qui ne peut en pratique correspondre qu'à des hypothèses peu fréquentes ; dans la très grande majorité des cas, la décision administrative d'apurement [3] emporte ainsi décharge définitive pour le comptable. Les arrêtés (administratifs) de décharge et de quitus du receveur des finances ou du trésorier-payeur général peuvent faire l'objet de recours en réformation devant la Chambre régionale du ressort.

Les jugements rendus par les chambres régionales [4] peuvent faire l'objet d'un appel devant la Cour des comptes dans les deux mois de leur notification. Cet appel n'est pas suspensif d'exécution, sauf si la Cour le décide. Ils sont également susceptibles d'un recours en révision dans des cas énumérés ; cette voie de rétractation ramène l'affaire devant la Chambre régionale qui a statué. Les arrêts d'appel rendus par la Cour des comptes peuvent faire l'objet d'un recours en cassation devant le Conseil d'État.

1. C'est-à-dire qui se sont ingérées sans titre dans le maniement des fonds publics.
2. Loi du 21 décembre 2001, art. 37 ; la loi de 1988 avait retenu comme plafonds 2 000 habitants et 2 millions de francs (environ 305 000 euros).
3. Ainsi que le souligne J. Magnet, *Lexique de droit budgétaire et comptabilité publique*, PUF, « L'apurement d'un compte est parfois pris à tort comme synonyme de sa vérification, alors qu'il n'est que l'acte final de cette vérification ».
4. Comme pour la Cour des comptes, la loi du 28 octobre 2008 a supprimé pour les Chambres régionales et territoriales la règle dite du double arrêt.

B. Attributions non juridictionnelles

756 Leur domaine est étendu [1], et excède celui des attributions non juridictionnelles de la Cour des comptes. L'utilisation vigoureuse qui en a été faite par les chambres régionales, en révélant un nombre important d'« affaires » survenues dans la gestion de collectivités territoriales et qui ont connu une forte diffusion dans les médias, a contribué à ancrer la nouvelle institution dans le tissu local et à la faire reconnaître par l'opinion publique, tout en suscitant parfois l'irritation d'un certain nombre d'élus locaux, surtout communaux.

1. Contrôle budgétaire [2]

757 ***Contenu*** ◊ Cette attribution, qui n'a pas d'équivalent parmi les compétences de la Cour des comptes, a représenté une innovation qui doit être soulignée : aucune autre juridiction n'avait été associée aussi intimement à l'exercice d'une mission de l'Administration active. La suppression des derniers vestiges de la tutelle préfectorale sur les budgets locaux par la loi de décentralisation du 2 mars 1982 ne devait pas, dans l'esprit des concepteurs de la réforme, ouvrir la voie au désordre financier, le déficit des budgets locaux étant fatalement comblé plus ou moins directement par l'État, et aujourd'hui l'endettement des collectivités territoriales faisant partie de la dette publique au sens du traité de Maastricht, c'est-à-dire au regard des obligations de la France vis-à-vis du Pacte de croissance et de stabilité européen.

En outre, l'extension de l'autonomie locale ne pouvait permettre aux régions, départements et communes (et à leurs établissements publics) de se dérober au paiement de leurs dépenses légalement obligatoires, ou de ne pas adopter leur budget dans les délais légaux.

Aussi, dans ces hypothèses, un contrôle budgétaire est exercé par le Préfet, qui peut prendre des mesures orthopédiques et modifier lui-même les décisions budgétaires de ces collectivités. Mais, pour démarquer procéduralement ce contrôle de la tutelle dont la loi de 1982 proclamait la suppression, le nouveau système donne à ce contrôle la caution d'impartialité que représente l'intervention obligatoire d'une juridiction ; en cas de budget non voté en équilibre réel [3], ou exécuté en déficit d'un montant variant suivant la taille de la collectivité [4], ou d'un budget ne comportant pas les crédits suffisants pour payer les dépenses obligatoires [5], la Chambre régionale des comptes est saisie. Une phase de concertation s'ouvre alors, au cours de laquelle la

1. V. *Démocratie locale et chambres régionales des comptes*, Actes du colloque au Conseil économique et social, 1997, les éditions du journal officiel, 1997.
2. V. art. L. 232-1 et s., CJF, qui réglementent minutieusement ces procédures afin de garantir les libertés locales.
3. Art. L. 1612-5, C. gén. coll. terr.
4. Art. 1612-14, C. gén. coll. terr.
5. Art. L 1612-15, C. gén. coll. terr.

Chambre propose à la commune les mesures de redressement nécessaires. De même, si le budget n'est pas voté à temps [1], elle propose au Préfet les dépenses et les recettes à adopter.

Dans tous les cas, les décisions à prendre sont arrêtées par ce représentant de l'État, qui peut d'ailleurs s'écarter des propositions de la Chambre, mais il n'use de cette possibilité qu'avec beaucoup de modération dans la pratique.

2. De l'examen de la gestion des collectivités territoriales à l'audit du secteur local [2]

758 ***Évolution*** ◊ Les Chambres régionales avaient reçu de la loi du 2 mars 1982 une compétence de contrôle de la gestion financière des communes, départements et régions qui était calquée, jusque dans les formules employées, sur celle conférée à la Cour des comptes sur les services de l'État. Comme celle-ci, elles avaient pour mission de vérifier « sur pièces et sur place *la régularité* des recettes et des dépenses », mais aussi de s'assurer « du *bon emploi* des crédits, fonds et valeurs ». Un tel rôle n'avait jamais été dévolu aux trésoriers-payeurs généraux.

Dans les premières années de la réforme décentralisatrice de 1982 un certain nombre d'autorités locales, désormais libérées de la tutelle *a priori* du préfet, avaient usé de leur liberté nouvelle en pratiquant des gestions quelque peu laxistes, ou en engageant des politiques de constructions immobilières coûteuses pour installer leurs services. Exerçant leurs compétences, les Chambres régionales furent conduites à émettre des observations critiques [3] sur ces pratiques, dont les médias – et les oppositions locales – firent largement état, et qui furent d'autant plus mal ressenties par leurs destinataires. Une réaction intervint avec la loi du 5 janvier 1988 dont l'article 23 (alinéa II et VII) a substitué à la formule du « *bon emploi* » des crédits celle d'« *emploi régulier* des crédits, fonds et valeurs » (CJF, art. L. 211-3). Cette modification aurait pu limiter sensiblement les possibilités d'appréciation des gestions locales par les chambres régionales – en fait, l'interprétation généralement acceptée de la nouvelle formulation du texte était qu'il ne pourrait servir de fondement pour une intrusion des chambres régionales dans l'appréciation de l'opportunité des mesures adoptées par les collectivités territoriales (opportunité qui n'a jamais relevé, d'ailleurs, de leur appréciation).

1. Art. L. 1612-2, C. gén. coll. terr.
2. D. Bordet, *Audit et contrôle de la gestion des juridictions financières françaises*, thèse Lyon III, 2 volumes, 2006 . M. Rigou, *Les chambres régionales des comptes .Examen de la gestion dans le secteur public local*, Litec, 2002.
3. Sous la forme de lettres d'observations adressées à l'exécutif local, devenues en 2001 des rapports d'observations (Art. L. 241-11 CJF). Ces observations sont largement diffusées sur le site Internet des chambres régionales, commun avec celui de la Cour des comptes : www.ccomptes.fr. Pour éviter leur exploitation en période d'élections locales, l'article L. 241-11 CJF interdit leur diffusion trois mois avant ces élections.

Surtout, l'alinéa IV du même article a conforté la possibilité pour les Chambres régionales de jouer un rôle d'audit des gestions locales – à l'image de celui que joue la Cour des comptes pour les services de l'État – en disposant que la Chambre régionale « *examine la gestion* des collectivités territoriales » (CJF, art. L. 211-8) [1]. Il restait à préciser le contenu de cet examen de la gestion, notamment pour qu'il ne dérive pas vers un contrôle de l'opportunité des décisions locales – contrôle exclu d'ailleurs aussi bien par l'État que par les collectivités territoriales ; cette définition a été apportée par la loi du 21 décembre 2001 (v. *infra*, n° 759).

À l'origine, des observateurs particulièrement qualifiés avaient douté de la capacité effective des chambres régionales d'exercer un tel examen de la gestion [2]. Dans les faits, elles ont su faire admettre dans sa plénitude l'exercice de leur compétence, notamment en s'attachant à mettre au jour les irrégularités de gestion les plus sensibles à l'opinion publique, comme des pratiques de corruption. Leur compétence a d'ailleurs été étendue. Depuis l'origine, et comme la Cour des comptes, les Chambres régionales sont compétentes pour vérifier (et non, évidemment, pour « juger ») les comptes de tous organismes, de droit privé ou public, bénéficiant d'un minimum de concours financiers des collectivités locales, ou dans lesquels celles-ci disposent sous diverses formes d'un pouvoir prépondérant de décision. Cette compétence leur permet de contrôler notamment certaines associations de la loi de 1901 [3] qui ne sont en réalité que des prolongements de la municipalité et à travers lesquelles des fonds publics, transférés suivant des procédures diverses, sont gérés en dehors des garanties réglementaires et à des fins parfois discutables. De même, le préfet peut leur demander un avis s'il estime qu'une délibération d'une société d'économie locale est de nature à augmenter gravement la charge financière, ou le risque de garantie d'un emprunt, d'une des collectivités territoriales actionnaires (art. L. 235-1 CJF).

1. V. sur ces points l'art. préc. (*supra*, n° 752) de Ph. Limouzin-Lamothe. Simultanément, l'article 23 venait interdire toute possibilité pour les tiers de connaître les observations adressées au maire (et à l'exécutif des autres collectivités territoriales) ; les membres des assemblées locales, même de la tendance du maire en place, se voyaient ainsi privés de l'accès à une source essentielle d'informations objectives sur la gestion financière de leur collectivité. Cette clandestinité des observations formulées par les chambres régionales a été supprimée par la loi du 15 janvier 1990 (art. 14 et 16), qui dispose même que « les observations définitives formulées par la chambre régionale des comptes sur la gestion d'une collectivité territoriale (...) sont communiquées par l'exécutif de la collectivité à son assemblée délibérante, dès sa plus proche réunion ». Elles sont d'ailleurs jointes à la convocation adressée à chaque membre (art. L. 241-11). Ces observations, comme les avis rendus en matière de contrôle budgétaire, ne sont pas des actes faisant grief et sont insusceptibles de recours : TA Marseille, 1er mars 1995, *SEMIC et Commune de la Ciotat c/ CRC de Provence*, *AJDA* 1995. 583. Les deux dispositions de la loi du 5 janvier 1988 rappelées dans le texte figurent aujourd'hui respectivement aux articles L. 211-3 et L. 211-8 CJF.

2. V. F. Fabre, « Réflexions sur l'institution de chambres régionales des comptes. Études de finances publiques », in *Mélanges P.-M. Gaudemet*, Économica, 1984, spéc. p. 532 et s.

3. V. J.-L Pissaloux, « Le contrôle des associations par le juge des comptes », *LPA*, 12 juin 1996, p. 35.

En outre, aux termes de l'article L. 234-1 CJF, le préfet peut demander à la Chambre régionale d'examiner les conventions relatives aux marchés ou à des délégations de service public [1]. Ces avis correspondent à des hypothèses légalement déterminées. Mais, on constate au-delà, le souhait récurrent de certains élus locaux, de création d'une fonction consultative générale qui serait dévolue aux chambres régionales (à l'image de la fonction consultative des juridictions administratives), et qui en ferait un organisme de conseil pour répondre à leurs questions. Malgré son intérêt allégué pour les collectivités territoriales, sa réalisation se heurterait à certaines difficultés [2] qui l'ont fait écarter jusqu'ici.

Cette espèce d'audit de gestion des collectivités territoriales [3] et des autres organismes de droit public ou de droit privé relevant de la compétence des chambres régionales peut intervenir à l'initiative de ces dernières (parfois provoquée par des demandes de tiers intéressés, qui signalent à la juridiction des faits qui leur paraissent irréguliers), ou à celle du préfet (art. L. 211-8 CJF). Depuis les années 1990 cette fonction d'audit financier et de gestion assurée par les Chambres régionales a connu un développement important, en liaison avec la découverte d'affaires de financement illégal de partis politiques, de détournements de fonds, de gestion aventureuse ou de surendettement survenues dans certaines collectivités locales. Après les élections, de nouvelles municipalités demandent parfois aux Chambres régionales d'effectuer des audits pour faire le point de la situation des finances de la commune [4].

Cette fonction d'examen de la gestion des collectivités locales - et d'une série d'autres personnes morales de droit public ou privé énumérées à l'article L. 211-8 CJF - présente aujourd'hui un intérêt d'autant plus grand que le contrôle de légalité institué sur ces collectivités par les textes est encore loin de s'exercer dans les faits avec l'ampleur et l'effectivité requises. Dans ces conditions, l'examen des gestions locales a représenté un contrôle efficace sur certaines gestions aventureuses qu'il appréhende - comme le contrôle budgétaire exposé plus haut - à travers leurs conséquences financières [5].

1. V. J.-Y. Bertucci et A. Doyelle, « L'examen des conventions relatives aux marchés ou à des délégations de service public », *AJDA* 1995. 200.

2. V., au Colloque de Lyon du 20e anniversaire des chambres, les interventions de M. Mercier, Président du Conseil général du Rhône, et de M. Pichon, Président de la CRC de la Région PACA, *RFFP* 2004, respectiv. p. 73 et 87.

3. V. G. Montagnier, « L'audit de gestion à la Cour des Comptes européenne et auprès des juridictions financières françaises », *LPA,* 17 sept. 1997, p. 15.

4. Les Chambres régionales représentent une institution d'audit indépendante et gratuite. Mais leurs moyens en personnel limités et l'obligation d'assurer prioritairement leurs fonctions obligatoires font que les missions d'audit municipal sont surtout assurées par des cabinets privés de consultants. V.J.-Y. Bertucci et A. Doyelle, « Les demandes motivées d'examen de la gestion », *AJDA* 1996. 995.

5. Sur le contrôle du juge administratif sur les attributions non juridictionnelles des Chambres régionales des comptes, V. D. Lamarque, « Le juge administratif face aux attributions non contentieuses du juge des comptes », *AJDA* 1998. 955. S'agissant spécialement des observations formulées dans le cadre de l'examen de gestion, le Tribunal administratif

L'expansion de la décentralisation, qui conduit l'État à attribuer de nombreuses compétences aux diverses collectivités territoriales, ainsi que la pratique des subventions d'État (sous des noms divers) à celles-ci, aboutit à l'exercice conjoint de nombre d'actions publiques par plusieurs niveaux d'opérateurs (État et collectivités territoriales). Pour éviter que toute vue d'ensemble ne disparaisse, la pratique a vu se développer des examens coordonnés de certaines actions publiques par la Cour et par les chambres régionales, chacune intervenant dans le cadre de ses attributions (v. D. Lamarque et G. Miller, « Les enquêtes communes des juridictions financières », *AJDA* 2005, p. 766), auxquelles une ordonnance du 6 juin 2005 a donné un fondement légal (v. art. L. 111-9-1 CJF) [1].

759 ***Problèmes politiques de l'examen de la gestion*** ◊ L'examen de la gestion introduit en matière locale par la réforme de 1982 a suscité dès l'origine un certain nombre de critiques de la part d'élus locaux, sur le thème de l'ingérence dans la liberté d'action des communes que constituerait cet examen, présenté par eux comme allant parfois jusqu'à remettre en cause l'opportunité même des décisions locales. Ces tensions ont plusieurs causes, certaines étant prévisibles.

Jusqu'à la réforme de 1982, la quasi-totalité des communes (les 9/10e) relevant d'un simple apurement administratif de leurs comptes n'avaient aucune expérience antérieure d'un tel examen.

Par ailleurs, les élus acceptent difficilement qu'une décision ayant franchi l'épreuve du contrôle de légalité puisse sembler être remise en cause postérieurement sous ses aspects financiers, même si, objectivement, légalité et qualité de la gestion sont distinctes – et si le contrôle de légalité est encore très insuffisamment assuré dans les préfectures pour des raisons tenant à l'insuffisance des moyens.

Certains élus ont affirmé que ce contrôle débordait de ses limites normales et s'étendait en fait, parfois, jusqu'à l'appréciation de l'opportunité des mesures adoptées – alors que celle-ci relève juridiquement des organes élus.

De fait, l'exercice de cette nouvelle fonction a pu prêter à l'origine à quelques réserves, la prudence et la patience nécessaires à l'insertion

de Marseille a jugé que celles-ci ne sont pas des actes faisant grief susceptibles de recours contentieux : *Sté SEMICA et commune de La Ciotat*, 1er mars 1995, *RFDA*, 1996, n° 1, concl. Ferulla. Cependant, le Conseil d'État a été amené à préciser qu'un refus de demande de rectification de ces observations opposé par la chambre régionale peut faire l'objet d'un recours devant le tribunal administratif, les pouvoirs de celui-ci étant d'ailleurs limités au contrôle des erreurs de procédure, de fait ou de droit ayant pu affecter la portée de ce pouvoir de rectification — mais en aucun cas le contenu même de l'appréciation portée par la Chambre régionale. V. avis CE, Sect., 15 juill. 2004, *Chabert, AJDA* 2004. 1705, chron. gén. jur. Cl. Landais et F. Lenica.

1. V. le rapport au président de la République annexé à ce texte (*JO* du 7 juin 2005, p. 10000). Plus généralement, v. G. Miller et A. Leyat, « Les chambres régionales et territoriales des comptes et les rapports publics de la Cour des comptes », *AJDA* 2008. 522.

progressive de la nouvelle institution ayant fait défaut, parfois, aux auteurs de certaines observations. On ne peut non plus exclure que, issus de la Cour des comptes, des présidents de Chambre régionale n'aient peut-être pas, dans les débuts de l'institution, suffisamment tenu compte des conditions politiques très différentes d'exercice de l'examen de la gestion selon qu'il s'agit de l'État ou des communes. La distance entre les hommes politiques nationaux et leurs électeurs, la confidentialité de fait des rapports de la Cour, peu connus en dehors de quelques articles de presse, font que les critiques même circonstanciées de la Cour n'ont que peu de retentissement sur la carrière politique de leurs destinataires. En revanche, au plan communal, les observations de gestion sont diffusées auprès du conseil municipal, elles sont communicables aux tiers (art. R 241-17 CJF), et dans le territoire restreint de la commune elles contribuent largement à alimenter l'opposition locale - et ainsi à irriter les élus. [1]

La réaction de ces derniers a emprunté deux voies. L'une a consisté à élargir le champ de l'apurement administratif des comptes [2], qui fait en pratique échapper les communes à l'intervention des Chambres régionales. L'autre a été la reformulation législative, dans un sens voulu plus restrictif, du contenu possible des investigations des Chambres au titre de l'examen de gestion. Cependant, l'article L. 211-8 CJF continuait de prévoir que la Chambre régionale « examine la gestion » des collectivités territoriales, sans définir le contenu du terme « gestion » - étant observé que la doctrine - logique - des Chambres en excluait l'appréciation de l'opportunité des décisions prises. Allant plus loin, la loi du 21 décembre 2001 (art. 36, modifiant l'article 211-8 CJF) a voulu définir restrictivement l'examen de la gestion en précisant que celui-ci porte « sur la régularité des actes de gestion, sur l'économie des moyens mis en œuvre et sur l'évaluation des résultats par rapport aux objectifs fixés par l'assemblée délibérante », et en ajoutant que « L'opportunité de ces objectifs ne peut faire l'objet d'observations ».

Il devait appartenir à la pratique de déterminer la portée de ces dispositions voulues neutralisantes [3]. Elle a montré, en fait, qu'elles n'ont pas substantiellement changé la portée d'un examen de la gestion qui

1. Ce qui explique l'interdiction de leur diffusion en période d'élections locales : art. L. 241-11 CJF.

2. Cf. les lois du 5 janvier 1988 et du 21 décembre 2001, *supra*, n° 755.

3. V. J.-P. Amoudry, les apports de la loi du 21décembre 2001 à l'exercice des contrôles des chambres régionales des comptes, *RFFP* 2004, p. 79. 169 L'incertitude réside surtout dans le sens à donner à l'expression : « l'économie des moyens ». D. Lamarque et G. Miller (La loi du 21 décembre 2001 relative aux chambres régionales des comptes et à la Cour des comptes et ses textes d'application : missions, compétences, procédures, *AJDA* 2002. 740) considèrent que la loi n'innove en rien, en interprétant la formule « économie des moyens mis en œuvre » au sens « d'organisation des éléments d'un ensemble » (comme l'on parle de l'économie d'un texte, ajouterions-nous).

s'est déjà largement inséré dans le vécu ordinaire de l'administration des collectivités territoriales.

Activités des Chambres régionales et territoriales des comptes

	2004	2005	2006	2007	2008
Personnels de contrôle	686	682	668	673	667
dont magistrats	*342*	*340*	*331*	*324*	*331*
Personnels administratifs	474	472	463	439	455
Activité juridictionnelle					
Gestions de fait	48	63	78	55	51
Condamnations à amende	44	79	107	101	66
Jugements comptes comptables	25 122	16 215	11 790	9 701	9 330
dont débets	*253*	*388*	*213*	*294*	*274*
Activité non juridictionnelle					
Avis rendus en matière de contrôle budgétaire	862	986	825	648	660
Observations définitives	686	717	713	706	683
dont collectivités territoriales	*256*	*303*	*291*	*298*	*274*
établissements publics	*340*	*328*	*323*	*318*	*318*
SEM, assoc. et autres organismes	*90*	*86*	*99*	*81*	*91*

Source : Rapport 2009 de la Cour des comptes.

§ 4. La Cour de discipline budgétaire et financière [1]

Site Internet : www.ccomptes.fr

1. V. J. Fabre, « La Cour de discipline budgétaire et financière », *Rev. adm.*, 1970, p. 429 ; J. C. Maitrot, « Jouvence pour une inconnue : La Cour de discipline budgétaire et financière », *AJDA* 1971. 507 ; J. Magnet, « Cour de discipline budgétaire et financière », *in Dictionnaire encyclopédique de Finances publiques*, t. 1, Économica, 1991. M. Descheemaeker, « La responsabilité des ordonnateurs devant les juridictions financières », *La Comptabilité Publique, op. préc.*, p. 317. Le Conseil d'État et la Cour de Discipline budgétaire et financière, *RFFP*, 2000, n° 70, p. 71. St. Thebault, L'impérieuse réforme de la Cour de Discipline budgétaire et financière, *ibid.*, 2002, n° 78, p. 171. Revue française de finances publiques, Nov. 2005, n° 92, Finances publiques et responsabilité, :l'autre réforme. La loi n° 95-581du 24 juillet 1995 a abrogé la loi (modifiée) du 25 septembre 1948 ; l'ensemble des dispositions relatives à la Cour de discipline budgétaire et financière est incorporé dans le Code des juridictions financières, art. L. 311-1 s. et R 311-1 s.

760 ***1) Rôle*** ◊ Dans le système administratif français, en dehors de quelques exceptions parmi lesquelles figurent essentiellement les comptables publics, les agents de l'État et des collectivités bénéficient d'une très large irresponsabilité pour les fautes de service qu'ils peuvent commettre dans l'exercice de leurs fonctions [1]. Afin de mieux assurer le respect des règles de droit budgétaire et financier qui s'imposent à ceux de ces agents ayant pouvoir de gérer des crédits budgétaires (« ordonnateurs »), une loi du 25 septembre 1948 [2] a créé une juridiction spéciale, la Cour de discipline budgétaire et financière [3] (ci-après CDBF) chargée de prononcer des sanctions pécuniaires en cas d'infraction à ces règles juridiques, par des arrêts susceptibles d'un recours en cassation devant le Conseil d'État. Malgré l'intitulé de la loi de 1948 - loi « tendant à sanctionner les *fautes de gestion* commises à l'égard de l'État et de diverses collectivités » — il a fallu attendre 1995 pour que, à l'occasion de la mise à jour de la gestion calamiteuse d'une banque publique (v. *infra*) la compétence de la CDBF soit étendue, de façon limitée quant aux justiciables, aux aspects les plus manifestes de la mauvaise gestion publique.

761 ***2) Organisation*** ◊ La Cour, qui n'a pas de personnel et de locaux propres, siège à la Cour des comptes, qui assure son secrétariat et son greffe. Son activité jusqu'ici très limitée - 164 arrêts rendus entre sa création et fin 2008 - n'en justifiait d'ailleurs pas l'existence. Elle se présente dans sa composition comme une émanation à parts égales de la Cour des comptes et du Conseil d'État, tout en formant, selon le Conseil constitutionnel, un ordre de juridiction à elle seule [4].

Le nombre de ses membres (issus du Conseil d'État et de la Cour des comptes) a été augmenté en 2005 pour une double raison. La modestie de leur nombre - six - était un frein potentiel à l'accroissement de ses activités. Surtout, il était apparu au début des années 2000 que les règles du procès équitable, appliquées par le Conseil d'État (en tant que juge de cassation des arrêts de la CDBF) dans la ligne de la jurisprudence de la Cour européenne des droits de l'homme, pouvaient conduire certaines affaires portées devant la CDBF à des impasses procédurales empêchant la Cour de statuer. Par exemple, des magistrats de la Cour des comptes membres de la CDBF pouvaient, dans le cadre

1. Principe rappelé en droit administratif par l'arrêt *Laruelle*, CE 28 juill. 1951, *D.* 1951. 620, note Nguyen (v. égal. *GAJA*, 17e éd., 2009, n° 67) : « Les fonctionnaires et agents des collectivités publiques ne sont pas pécuniairement responsables envers lesdites collectivités des conséquences de leurs fautes de service ». L'arrêt ajoute que cette irresponsabilité disparaît en cas de « fautes personnelles, détachables de l'exercice de leurs fonctions ».

2. Cette loi a été abrogée par la loi n° 95-851 du 24 juillet 1995, qui en a incorporé les dispositions dans un livre III (nouveau) du Code des juridictions financières (partie législative).

3. Ce second qualificatif a été ajouté par la loi de finances rectificative du 31 juillet 1963.

4. Décision du Conseil constitutionnel n° 2005-198 L. du 3 mars 2005.

de l'adoption du rapport annuel de la Cour des comptes, avoir connu d'une affaire déférée devant la CDBF et pris parti sur elle [1]. Pour respecter la règle de l'impartialité des juridictions, ils devaient alors se déporter. Mais la règle du quorum minimum de magistrats composant la formation de jugement - quatre - pouvait alors ne plus pouvoir être respectée, faute d'un nombre suffisant de magistrats disponibles de la Cour des comptes n'ayant pas connu du dossier pour assurer l'égalité du nombre de membres du Conseil d'État et de la Cour des comptes. [2] Après une clarification demandée au Conseil constitutionnel sur la nature législative ou réglementaire des dispositions à modifier [3], la composition de la CDBF a été modifiée par le décret n° 2005-677 du 17 juin 2005, qui augmente le nombre de ses membres.

Actuellement, la Cour est composée - outre du Premier président de la Cour des Comptes, qui la préside, et du Président de la section des finances du Conseil d'État, qui en est le vice-président - de dix membres titulaires et de six membres suppléants, les uns et les autres choisis pour moitié parmi les conseillers d'État et les conseillers maîtres à la Cour des comptes. Les fonctions du ministère public sont remplies par le procureur général près la Cour des comptes, assisté d'un avocat général. Corrélativement à l'accroissement du nombre de ses membres, la Cour a été divisée en deux sections, qui sont les formations normales de jugement, la formation plénière de la Cour représentant seulement une formation de renvoi, pour des affaires posant par exemple des questions de principe. Chacune de ces sections comporte, outre son président, six membres issus paritairement du Conseil d'État et de la Cour des comptes ; pour réunir le quorum exigé de quatre membres, elle peut se compléter en faisant appel à des membres de l'autre section, et à défaut à des membres suppléants.

762 ***3) Attributions*** ◊ *Les justiciables* de la Cour ne sont pas seulement les ordonnateurs publics ; ils correspondent pratiquement à toute personne participant à l'exécution du budget de l'État, des collectivités locales et des établissements publics, ainsi qu'à tout administrateur ou agent des organismes ou entreprises soumis au contrôle de la Cour des comptes ou des chambres régionales des comptes [4] - à deux réserves

1. V. un exemple caractéristique dans l'arrêt *Dubreuil*, CE, Ass., 4 juill. 2003, *AJDA* 2003. 1596, chron. F. Donnat et D. Casas.

2. Dans l'impossibilité de juger valablement il ne restait plus alors à la CDBF, pour sortir de cette aporie procédurale, qu'à renvoyer l'affaire devant le Conseil d'État, saisi en tant que régulateur suprême de l'ordre juridictionnel administratif. V. CDBF, 29 juin 2004, p. 1602, note A. Maucour-Isabelle, et l'arrêt du Conseil d'État, *Procureur général près la Cour des comptes, ministère public près la CDBF*, *AJDA* 2005. 1070, concl. M. Guyomar. V. *supra*, n° 705, note.

3. Décision n° 2005-198 L. du 3 mars 2005. Dans cette décision, le Conseil mentionne explicitement l'exigence législative de mixité de la CDBF (membres issus du Conseil d'État et de la Cour des comptes), mais non de parité - à la différence du commentaire donné par le site Internet du Conseil constitutionnel.

4. V. CJF, art. L. 312-1.

essentielles près. En effet, les ministres et les exécutifs locaux (maires, par exemple) ne sont pas, sauf dans les cas précisés ci-après, soumis à la juridiction de la Cour, et partant à ses sanctions [1]. En outre, si l'auteur de l'irrégularité peut exciper d'un ordre écrit donné par ces autorités, sa responsabilité disparaît.

Les infractions que peut sanctionner la Cour correspondent aujourd'hui à deux séries d'hypothèses :

a) des irrégularités juridiques. Il s'agit là du domaine originaire de compétence de la Cour, tel qu'il se présentait jusqu'à la réforme de 1995, correspondant à la transgression de règles budgétaires ou de comptabilité publique. En pratique (et bien que certaines d'entre elles puissent être commises par des comptables publics) ces infractions correspondent principalement à des irrégularités pouvant être commises par les ordonnateurs dans l'exercice de leurs fonctions, telles que l'engagement de dépenses sans crédits suffisants, ou en violation d'autres règles budgétaires (comme l'imputation irrégulière de dépenses sur des crédits ouverts à d'autres fins), ou la délivrance (réalisée ou simplement tentée) d'un avantage injustifié à autrui entraînant un préjudice pour l'État ou l'organisme intéressé.

Par ailleurs, en vue d'améliorer l'exécution des décisions de justice, toute personne mentionnée plus haut, mais aussi dans ce cas (art. L. 312-2 CJF) les maires et les présidents des conseils généraux et régionaux, ou leurs délégués, sont justiciables de la Cour en cas d'inexécution dans les 2 mois légaux d'un jugement ayant condamné au paiement d'une somme d'argent l'État, une collectivité territoriale ou un établissement public. Il en va de même si les mêmes personnes ont, par leurs agissements, entraîné la condamnation de ces entités de droit public à une astreinte à raison de l'inexécution totale ou partielle, ou de l'exécution tardive, d'une décision de justice [2].

b) Certaines fautes graves de gestion. Il pouvait apparaître surprenant que l'on pût poursuivre devant la Cour un agent public ayant, par exemple, fait installer dans une école un baraquement préfabriqué avant la réception des crédits correspondants pour permettre d'assurer

1. L'immunité des maires et des exécutifs des autres collectivités territoriales ne couvre que les actes accomplis dans l'exercice de ces fonctions ou de fonctions qui, en vertu des textes, en seraient l'accessoire obligé. Ce ne serait pas le cas, par exemple, pour la présidence d'un comité des fêtes local (le maire n'en étant pas réglementairement le président obligé).

2. Sur ces points, V. *infra* : L'exécution des décisions de justice ; V. C. Descheemaeker, « La CDBF face aux fautes de gestion », *Rev. Trésor* n° 6, 1994 ; J. Boudine, « La responsabilité directe des élus locaux devant la Cour de discipline budgétaire et financière », *LPA*, 13 août 1993, p. 7. Les élus locaux sont également responsables devant la Cour, à l'occasion d'un ordre de réquisition de paiement adressé au comptable public ou si elles ont procuré (ou tenté de procurer) à un tiers un avantage injustifié entraînant un préjudice pour la collectivité locale (art. 312-2 CJF). V. Ph. Saunier, « La faute de gestion dans la jurisprudence de la cour de discipline budgétaire et financière », *RFDA*, 1992, 1055 ; N. Degoffe, « L'extension de la faute de gestion », *AJDA* 1996, 206 (commentaire de l'art. 21, L. n° 95-1251).

la rentrée scolaire dans des conditions acceptables, alors que le dirigeant d'un organisme public important aurait pu dans le même temps le conduire impunément au bord de la ruine par une gestion aventureuse, pourvu qu'il respectât les textes en vigueur.

Cependant on a observé précédemment que, malgré l'intitulé de la loi fondatrice de la Cour, qui la présentait comme « tendant à sanctionner les fautes de gestion », aucune de ses dispositions ne mentionnait les fautes de gestion (fût-ce sous une rédaction équivalente) parmi les irrégularités passibles de cette juridiction. Pourtant, la Cour peut en connaître à deux titres :

Depuis longtemps, la Cour a interprété extensivement les articles R 313-16 CJF, visant le cas où un avantage injustifié, pécuniaire ou en nature, aurait été procuré à autrui par un justiciable de la Cour, et surtout R 313-4 sanctionnant les infractions aux *règles* relatives à l'exécution des dépenses ou des recettes, ou à la gestion des biens, des personnes publiques et organismes entrant dans le champ des compétences de la Cour des comptes. Une jurisprudence audacieuse de la CDBF considère que ces règles peuvent être également de droit commercial, pour les entreprises relevant de la Cour des comptes, et qu'il ne s'agit pas nécessairement de normes écrites mais, pour ces entreprises, qu'il peut s'agir aussi de principes de gestion communément admis, comme le devoir général de prudence dans la gestion des affaires, ou le devoir général de protection des intérêts de l'organisme que l'on dirige [1]. Encore faut-il, dans de tels cas, pour que la Cour relève une faute de gestion, qu'il y ait violation d'une « règle », si largement entendu que soit ce mot.

L'article R 313-7-1 CJF, introduit en 1995 [2] à la suite de l'affaire de la gestion calamiteuse du groupe du Crédit lyonnais, très médiatisée, a entendu créer une incrimination autonome de faute de gestion. La violation d'une « règle » au sens précédent n'a plus à être démontrée - même si en fait elle pourrait assez souvent être relevée. Cette disposition a un champ d'application particulier, dans la mesure où ce texte rend en pratique passibles d'une amende les dirigeants d'*entreprises publiques* ayant causé un *préjudice grave* à celles-ci par des agissements manifestement incompatibles avec ses intérêts, par des carences graves dans les contrôles qui leur incombaient ou par des négligences ou omissions répétées dans leur rôle de direction [3]. L'insistance mise sur

1. V. par ex. les arrêts de la Cour du 28 septembre et du 4 décembre 2002, *Rev. Trésor* 2004, p. 46 s., note M. Lascombe et X. Vandendriessche). Une application typique de cette jurisprudence est donnée par l'arrêt de la CDBF du 24 févr. 2006, dans l'affaire très médiatisée de la société Altus Finance, *AJDA* 2006. 1249, chron. N. Groper et Chr. Michaut. Le montant des amendes prononcées, 59 000 et 100 000 euros, est lui atypique. Le CE a rejeté les recours en cassation le 16 janvier 2008, aff. *Haberer* et *Hénin*.

2. Loi n° 95-1251 du 28 novembre 1995. Sur l'extension de la faute de gestion, v. M. Degoffe, *AJDA* 1996. 206.

3. Une loi prévoyant « une sanction ayant le caractère d'une punition » ne pouvant être rétroactive, le désastre financier du groupe Crédit lyonnais ne pouvait, en tout état de cause, être jugé sur le fondement de l'article R 313-7-1 CJF ; c'est pourquoi la Cour, dans

la gravité du préjudice et des fautes de gestion punissables vise à permettre de ne pas inhiber les initiatives des dirigeants des entreprises publiques tout en responsabilisant leur gestion. On constate que, par cette rédaction, le législateur a manifestement voulu supprimer ici la relation - qui était nécessaire, dans l'article R 313-4 CJF - entre le comportement en cause et la violation d'une « règle ».

763 **4) *Sanctions et procédure d'infliction*** ◊

• **Les sanctions** pouvant être prononcées par la Cour sont des amendes de nature juridique *sui generis* [1], cumulables de la sorte avec une sanction disciplinaire et avec une répression pénale. Pour l'exemplarité, les arrêts de condamnation peuvent être publiés au Journal officiel [2]. La loi du 24 juillet 1995 prévoit que la Cour présente chaque année au président de la République un rapport, annexé au rapport public de la Cour des comptes.

• **La procédure,** à caractère contradictoire [3], s'inspire des règles de la procédure pénale : le justiciable est mis directement en cause, il peut produire des témoins, se faire assister d'un avocat [4].

La Cour peut être saisie par les présidents des assemblées, les membres du Gouvernement, la Cour des comptes et par les Chambres

l'arrêt *Société Altus Finance*, a sanctionné les dirigeants mis en cause sur le fondement de son interprétation traditionnelle de l'article R 313-4 CJF (et R 313-6) — ce qui montre que les deux dispositions sont dans une assez large mesure substituables l'une à l'autre.

1. Position réaffirmée par la Cour de discipline budgétaire et financière dans l'affaire *Guisset*, 12 avril 1995 : (les amendes) « n'interviennent pas dans le cadre d'une contestation sur des droits ou obligations de caractère civil ni dans celui d'une accusation en matière pénale », mais condamnée par le Conseil d'État qui dans l'arrêt *Lorenzi* (Sect., 30 oct. 1998, *AJDA* 1999. 1047) a jugé que le prononcé de ces amendes doit être qualifié d'accusations « en matière pénale » au sens de la Convention européenne des droits de l'homme - qualification retenue également par la Cour européenne des droits de l'homme dans l'affaire *Guisset c/ France*, 26 septembre 2000 (v. point 59). Leur caractère spécifique les fait échapper aux lois d'amnistie, de jurisprudence constante ; p. ex., CDBF, 24 févr. 2006, *AJDA* 2006. 1259. Le CJF, art. L. 313-14, les assimile aux amendes pour gestion de fait - elles-mêmes de nature spécifique.

2. V. par ex. CDBF, 28 avr. 1987, *JO*, 1987, p. 13234 (association bénéficiant de fonds publics) ; 17 nov. 1987, *JO*, 1988, p. 754 (université) ; 2 déc. 1987, *JO*, 1988, p. 7549 (hôpital public) ; 22 nov. 1989, *JO*, 1990, p. 7171 (Sociétés nationalisées) ; 19 déc. 2008, *JO*, 2009, 748 (Crous de Corse). Dans sa seconde partie l'ouvrage précité *Les grands arrêts de la jurisprudence financière* reproduit et commente un certain nombre d'arrêts de la Cour.

3. Mais longtemps non public (art. L. 314-15 CJF, abrogé par le décret n° 2005-677 du 17 juin 2005.), ce qui opposait la Cour de discipline et la Cour européenne des droits de l'homme ; v. *supra*, n° 285. Par un arrêt de section du 30 oct. 1998, *N. Lorenzi*, le Conseil d'État a jugé que l'art. L. 314-15 préc. violait la Convention, et a cassé l'arrêt de la Cour de discipline condamnant N. Lorenzi à une amende de 1 000 F ; *AJDA* 1998. 1047 ; *RFFP*, juin 1999, p. 189, note C. Pierucci.

L'actuel article R 314-2 CJF prévoit explicitement la publicité des audiences.

4. Telle qu'elle a fonctionné jusqu'en 2006 la procédure devant la CDBF s'est révélée lourde et lente, motivant la condamnation de la France pour durée excessive du procès aussi bien de la part de la Cour européenne des droits de l'homme (arrêt du 26 septembre 2000, affaire *Guisset c/ France*), que du Conseil d'État (arrêt du 22 janv. 2007, affaire *Forzy*, *AJDA* 2007. 1036, concl. R. Keller).

régionales des comptes. En outre, son procureur général peut la saisir de sa propre initiative. Les arrêts de la Cour peuvent faire l'objet d'un recours en cassation devant le Conseil d'État [1], qui peut être exercé par l'intéressé ou par le procureur général, ou d'un recours en révision devant la Cour elle-même en cas de faits nouveaux ou de découverte de documents de nature à établir l'absence de responsabilité de l'intéressé.

Malgré les possibilités multiples de saisine, la Cour de discipline n'a guère été saisie que par la Cour des comptes. Encore ne l'a-t-elle été qu'avec beaucoup de parcimonie, l'opportunité d'engager une procédure appelant un examen poussé des raisons qui ont conduit l'agent à transgresser les règles de la comptabilité publique [2].

L'échec relatif de l'institution ne s'explique pas par des causes de technique juridique. Il correspond au fait que l'idée d'un engagement de la responsabilité de « décideurs » administratifs, dont on attend plus des réalisations que le respect strict de règles budgétaires ressenties comme autant de freins à l'action, est encore largement étrangère au système administratif français [3].

La mise en œuvre de la loi organique du 1er août 2001 a renforcé le besoin d'une nouvelle réforme de la Cour de discipline [4].

Un premier pas a été fait avec le décret précité du 17 juin 2005 augmentant le nombre de ses membres. La principale réforme reste cependant à accomplir ; elle dépasse le cadre de l'institution. La LOLF du 1er août 2001 a mis en place pour l'État une nouvelle gestion publique fondée sur une plus grande liberté des gestionnaires de crédits en vue d'améliorer la performance publique, à charge pour eux de rendre compte annuellement de la réalisation des objectifs qui leur sont assignés dans les documents budgétaires. Ils auront de la sorte à justifier non seulement de la régularité de leur gestion, mais de sa qualité. Ainsi apparaît le besoin de définir une nouvelle « responsabilité managériale », qui doit à la fois laisser aux ordonnateurs de l'État une latitude d'action suffisante et donc un droit à l'erreur sous peine de devenir paralysante, et permettre de sanctionner des dérives et des laxismes éventuels. De même, on voit mal le manque d'efficacité d'un

1. En 2008, le Conseil d'Etat a ainsi rendu trois décisions sur recours en cassation contre des arrêts de la CDBF. L'année précédente, il n'en avait rendu aucune, mais avait été amené à condamner l'État (CE 22 janv. 2007, *Forzy*, *AJDA* 2007. 697, note Biscaïno, et 1036, concl. Keller) pour dépassement du délai raisonnable par la CDBF dans une affaire classée.

2. V. sur ces points les réflexions de M. Devaux, ancien directeur du budget, *La comptabilité publique*, t. I, spéc. p. 80, et les indications données par M. Doueil, procureur général près la Cour des comptes, audience solennelle du 6 janv. 1981, *JO*, 1981, spéc. p. 2208.

3. Ainsi qu'en a témoigné, lors de la discussion de la loi de décentralisation du 2 mars 1982, l'échec final de la tentative de compenser la suppression de la tutelle financière sur les collectivités locales par l'extension à l'égard de leurs dirigeants de la compétence de la Cour de discipline en cas d'irrégularités caractérisées. V. également la question écrite de M. J.-C. Gaudin, reproduite avec la réponse ministérielle à *La Revue du Trésor* janv. 1991, p. 64.

4. V. sur cette question S. Thébault, « L'impérieuse réforme de la Cour de discipline budgétaire et financière », *RFFP* juin 2002, p. 171, préc., et *supra* n° 751.

gestionnaire le conduire devant la CDBF. Le contenu de cette responsabilité managériale a commencé de donner lieu à des réflexions [1] ; un point au moins semble certain : la faute de gestion de la deuxième génération ne pourra pas être définie en quelque sorte « à l'économie » à partir d'une interprétation indéfiniment extensive de l'article 313-4 CJF. La nouveauté du problème posé par l'application de la LOLF appelle une réflexion renouvelée sur le sujet.

Cour de discipline budgétaire et financière

	2006	**2007**	**2008**	**Total depuis 1948**
Déférés enregistrés	16	12	16	492
Taux de classement	72 %	60 %	70 %	
Arrêts rendus par la Cour ...	6	3	5	164
Affaires en stock	27	30	35	

Source : Rapport annuel, 2009.

1. Sur ces questions, v. *RFFP* n° 92/2005, Finances publiques et responsabilité : l'autre réforme.

TROISIÈME PARTIE

LES GENS DE JUSTICE

764 ***Acteurs et gens de justice*** ◊ Parler des acteurs du débat processuel, c'est évoquer, avant tout, les *plaideurs* qui déclenchent le mécanisme procédural, comme agents actifs ou qui en subissent le choc, comme agents passifs [1]. À cet égard, les *tiers* eux-mêmes, sont susceptibles de devenir acteurs dans la mesure où ils interviennent spontanément dans le procès, sont mis en cause malgré eux, ou sont sollicités de fournir un témoignage, de produire une pièce. Mais il est une autre manière d'envisager les acteurs du débat en justice, en s'attachant aux divers *agents* qui animent les mécanismes au service des justiciables publics et privés, ou qui facilitent, grâce à leur intervention, le bon fonctionnement des institutions de la justice [2]. Ce sont les gens de justice.

765 ***Plan*** ◊ C'est dans cette perspective que seront présentés, dans cette Partie du Précis, les divers *acteurs* du débat en justice. On précisera d'abord avec quel personnel sont composées les diverses juridictions qui viennent d'être décrites, quelles sont les conditions de recrutement et de nomination des *juges*, leurs garanties statutaires les rendant indépendants, les mettant à l'abri des pressions qui pourraient s'exercer sur eux. On opposera (Titre 1) les *magistrats professionnels (le corps judiciaire) et autres juges de l'ordre judiciaire* dont les statuts sont intégrés à l'ordonnance de 1958, aux *fonctionnaires des juridictions*

1. Sur la distinction des acteurs et des organes de la procédure, v. H. Croze, in *Mélanges R. Perrot*, Dalloz, 1996, p. 49.
2. Sur la nécessité du recours aux juristes, D. Soulez-Lariviere, « Vers une société de nouveaux clercs », in *Mélanges P. Bellet*, Dalloz, 1991, p.483.

administratives. On rappelle que les statuts des juges consulaires (tribunaux de commerce), des conseillers prud'homaux, des membres des tribunaux paritaires des baux ruraux et des tribunaux des affaires de sécurité sociale, des assesseurs des tribunaux pour enfants, des jurés d'assises, ont été précisés avec l'organisation de ces juridictions ; seul sera envisagé ici le régime de leur responsabilité civile professionnelle (v. *infra*, n° 818). En revanche, les magistrats à titre temporaire et les juges de proximité relèvent de certains articles de l'ordonnance de 1958, sans pour autant appartenir au corps judiciaire. Un autre développement sera consacré à ce que l'on peut appeler d'une expression générale, les *auxiliaires de justice*. On regroupera un certain nombre d'agents fonctionnaires, membres des professions libérales, officiers ministériels qui n'ont pas pour mission de juger, mais qui facilitent l'exercice de la justice, soit par l'aide qu'ils apportent aux juges, soit par le concours qu'ils prêtent aux plaideurs. Leur étude fera l'objet d'un titre spécial (Titre 2).

TITRE 1

LES JUGES JUDICIAIRES DE L'ORDONNANCE DE 1958 ET LES JUGES ADMINISTRATIFS

766 ***Distinction*** ◊ Le fonctionnement des tribunaux nécessite que l'on fasse appel à un personnel important et spécialisé [1]. Mais, une distinction doit être immédiatement présentée :

• **Les personnels composant les juridictions de l'ordre judiciaire** (tout au moins pour les juridictions de droit commun) ont traditionnellement occupé dans l'État une place à part. Ils relèvent actuellement de l'autorité judiciaire et s'ils ont bien la qualité d'agents de l'État, ils sont avant tout des *magistrats*, investis, en tant que tels, d'un statut qui n'est pas tout à fait celui du fonctionnaire : c'est le statut de l'ordonnance n° 58-1270 du 22 décembre 1958 (dite « ordonnance statutaire »). Ils forment un corps, autonome par rapport à la fonction publique (v. *infra*, n° 795). L'instauration de juges occasionnels dans les juridictions de l'ordre judiciaire, depuis les années 1990, ne remet pas en cause ce statut, mais introduit une nouvelle catégorie de juges qui n'appartiennent pas au corps judiciaire, tout en relevant de certains articles de l'ordonnance du 22 décembre 1958 et en exerçant temporairement des fonctions juridictionnelles dans des tribunaux eux-mêmes permanents. Nous dirons donc quelques mots de leur recrutement et de leur statut (conseillers et avocats généraux en service

1. Th. S. Renoux et A. Roux, *L'Administration de la justice en France*, coll. « Que sais-je ? », PUF, (n° 2186).

extraordinaire à la Cour de cassation, magistrats à titre temporaire, juges de proximité). C'est pour cette raison, que si l'article L. 121-1, COJ, affirme que « les fonctions de jugement sont exercées par des magistrats appartenant au corps judiciaire », il réserve des « dispositions particulières », dont on trouve un écho dans l'article L. 421-6, COJ, propre à la Cour de cassation qui dispose que ce texte n'est pas applicable devant la Cour de cassation (en raison, précisément, des conseillers et avocats généraux en service extraordinaire). Même règle dans l'article L. 122-1, al. 1er, COJ, à propos du Parquet, dont les membres, pour la Cour de cassation, les cours d'appel et les TGI, sont des magistrats appartenant au corps judiciaire et dont les règles de nomination sont fixées par le statut de la magistrature ; mais, devant les autres juridictions, le ministère public est exercé soit par des magistrats du corps judiciaire, soit par des personnes habilitées dans les conditions prévues par les textes organisant ces juridictions (al. 2) ; avec cette précision, qu'en toutes matières, le ministère public est exercé par le procureur de la République devant toutes les juridictions du premier degré du ressort du TGI, et par le procureur général devant toutes les juridictions du second degré et les cours d'assises instituées dans le ressort de la cour d'appel (art. L. 122-2 et L. 122-3, COJ).

• **Les juges des juridictions administratives** sont, eux aussi, spécialisés dans les tâches juridictionnelles, mais ne bénéficient pas, sauf exception, d'un statut analogue à celui des magistrats, bien que la loi du 31 décembre 1987 ait transféré au ministère de la Justice la gestion des juridictions administratives (V. *infra*, n° 871).

Nous sommes ainsi conduits à consacrer des développements différents aux agents investis, en France, de la fonction de juger les procès.

Après avoir décrit (Sous-titre 1) la situation des magistrats et juges de l'ordre judiciaire qu'ils appartiennent ou non au corps judiciaire, on examinera (Sous-titre 2) celle des fonctionnaires qui exercent leurs fonctions dans les juridictions de l'ordre administratif.

767 ***Terminologie. Juges et magistrats*** [1] ◊ Deux remarques s'imposent :

– *d'une part*, on préfère utiliser le mot magistrat [2] pour désigner l'ensemble des membres **professionnels** (au sens d'embrasser une carrière professionnelle) des juridictions de l'ordre judiciaire car cela recouvre tant les magistrats du siège (les juges proprement dits) que ceux du Parquet, alors que ces derniers ne jugent pas, ne disent pas le droit ; en outre, ce mot de « magistrat » permet d'opposer, à l'intérieur de l'ensemble des juridictions de l'ordre judiciaire (de droit commun et d'exception), ceux qui y exercent des fonctions permanentes, au titre d'une carrière professionnelle, et ceux qui viennent aider le service

1. G. Wiederkehr, « Qu'est-ce qu'un juge ? », in *Mélanges R. Perrot*, Dalloz, 1996, p. 575.
2. Sur le sens historique du mot, v. G. Canivet et J. Betoulle, v° « Magistrat », *Rép. pr. civ.*, n° 1.

public de la justice à fonctionner en complétant ou en composant les juridictions sans y faire carrière ; pour cette dernière catégorie, qui sont des « juges », il faut distinguer entre ceux dont le statut est intégré à l'ordonnance du 22 décembre 1958, sans pour autant appartenir au corps judiciaire (par ex. les juges de proximité, v. *infra*, n° 768) et ceux qui relèvent d'autres textes (juges consulaires ou prud'homaux par ex.) ;

– *d'autre part*, la tradition conserve le mot juge pour l'ordre administratif, sauf pour les juridictions financières, car le seul corps unique qui existe est celui des tribunaux administratifs et des cours administratives d'appel (v. cependant, *infra* n° 871).

SOUS-TITRE 1

Le statut des magistrats professionnels et des autres juges de l'ordre judiciaire relevant de l'ordonnance du 22 décembre 1958

768 ***Spécificité*** ◊ Les magistrats et autres juges des juridictions de l'ordre judiciaire, dont les statuts sont intégrés à l'ordonnance de 1958 sont eux-mêmes divisés en deux catégories :

- d'un côté, les magistrats professionnels qui appartiennent au corps judiciaire soumis à un régime juridique particulier dans l'État [1] ; l'article 1er de l'ordonnance de 1958 définit strictement le corps judiciaire comme celui qui comprend les juges du siège, les membres du Parquet, qu'ils soient en poste dans les juridictions ou à l'administration centrale et les auditeurs de justice [2] ; c'est en quelque sorte le noyau dur des juges de l'ordonnance de 1958 ; leur statut est avant tout destiné à maintenir l'indépendance de l'autorité judiciaire dont le président de la République est le garant (v. *supra* n° 113) ; d'ailleurs, le Conseil constitutionnel, dans sa décision du 20 février 2003 rendue à propos des juges de proximité [3], a bien précisé que *« le statut des magistrats »* dont parle l'article 64, al. 3 de la Constitution ne concerne que les magistrats de carrière de l'ordre judiciaire (consid. 3) ; et il va en tirer des conséquences quant au statut des juges de proximité ;
- de l'autre, les juges qui, tout en relevant de certains articles de l'ordonnance de 1958, n'appartiennent pas au corps judiciaire et sont apparus depuis les années 1990 : conseillers ou avocats généraux en service extraordinaire à la Cour de cassation de la loi organique n° 92-189 du 25 février 1992 (art. 40-1 à 40-7, ord. 1958, nommés pour cinq ans non renouvelables), universitaires ou membres des corps recrutés par la voie de l'Ena détachés dans les fonctions de juge des premier et second grades (art. 41 à 41-9, ord. 1958, loi 25 févr. 1992), magistrats à titre temporaire de la loi organique n° 95-64 du 19 janvier 1995 (art. 41-10 à 41-16, ord. 1958, nommés pour sept ans non renouvelables) [4], juges de proximité de la loi organique n° 2003-153 du 26 février 2003

1. Sur le rôle de ce corps dans l'État, v. J. Foyer, « Le corps judiciaire et la loi », *Justices*, 1996.3.87.
2. Sur cette notion, G. Drago, « Le corps judiciaire, essai de définition à partir de la jurisprudence du Conseil constitutionnel », in *Mélanges A. Decocq*, Litec, 2004.
3. N° 2003-466.
4. La même loi instaurait les conseillers en service extraordinaire dans les cours d'appel pour 5 ans, durée ensuite portée à 10 ans par la loi du 24 février 1998, mais ce type de recrutement ne valait que jusqu'au 31 déc. 1999 et leur statut n'a pas été intégré dans l'ordonnance de 1958.

(art. 12-1 et 41-17 à 41-24, ord. 1958, nommés pour sept ans non renouvelables). Précisément, pour les juges de proximité, le Conseil constitutionnel a pris soin de préciser [1] que si une loi organique était nécessaire pour en réglementer le statut, les droits et obligations, du fait qu'ils exerçaient une partie des attributions des magistrats de carrière (consid. 5), « *pour autant, l'insertion des conditions de désignation et des règles statutaires régissant les juges de proximité dans l'ordonnance du 22 décembre 1958 n'a ni pour objet ni pour effet d'intégrer les juges de proximité dans le corps judiciaire régi par le statut des magistrats pris en application de l'article 64 de la Constitution* » (consid. 7).

Les autres juges (conseillers prud'homaux, juges consulaires par exemple) ne relèvent pas de cette ordonnance de 1958 et leur statut a été étudié avec l'organisation des juridictions qu'ils composent.

Tous les juges, qu'ils soient magistrats professionnels ou juges occasionnels dépendent d'un ministère unique, le ministère de la Justice, dont il n'est pas sans intérêt de rappeler l'organisation générale.

769 ***Le ministère de la Justice et des libertés*** ◊ Le ministère de la Justice et des libertés [2] (appelé souvent la Chancellerie) est installé à Paris, 13, place Vendôme. Il a à sa tête le ministre de la Justice et des libertés qui, par tradition, porte le titre de Garde des sceaux [3]. Celui-ci est parfois assisté par un secrétaire d'État ou par un ministre délégué [4].

a) *Se trouve* rattachée directement au cabinet du Garde des sceaux, l'Inspection générale des services judiciaires.

b) *L'administration centrale du ministère de la justice comprend :* « outre le bureau du cabinet et le porte-parole du ministre », le secrétariat général et cinq directions (D. n° 2008-689, 9 juill. 2008, art. 1er) ; en réalité, il faut compléter cette liste par quatre services, trois autres organismes et préciser que le ministère gère quatre écoles :

– Le *Secrétariat général,* créé en août 2005, dans le cadre de la réforme de l'État, assiste le ministre, en liaison avec les directeurs, pour des missions énumérées à l'article 2 du décret : il est chargé, notamment, de la politique de modernisation, de déconcentration et d'organisation territoriale du ministère ; il propose la stratégie de réforme du ministère et assure le suivi des actions décidées ; à ce titre il représente le ministre dans les instances interministérielles compétentes ; il anime et coordonne la politique de l'informatique et des technologies de l'information et de la communication ; il définit les principes de gestion des ressources humaines et s'assure de leur application et met en œuvre la politique de l'encadrement supérieur ; il participe à la détermination des objectifs, relevant des missions dont il a la charge, assignés aux directeurs et aux chefs de services directement rattachés au ministre, etc. Ce secrétariat général comprend : la direction de l'administration générale et de l'équipement, le service de l'accès au droit et à la justice et de la politique de la ville, celui des affaires européennes et internationales, celui de l'informa-

1. Décision n° 2003-466 DC, 20 févr. 2003 : *LPA,* 13 mars 2003, note Schoettl ; *Cahiers Cons. const.* 2003-14, p. 25 et 32.

2. Intitulé officiel depuis le gouvernement formé le 23 juin 2009.

3. R. Drago, « Le problème de l'existence d'un ministère de la justice en France », in *Mélanges Drai,* Dalloz, 1999. N. Picardi, « Le Ministère de la Justice et les autres modèles d'administration de la justice en Europe », *RGDP* 1999, 415.

4. Secrétaire d'État aux prisons dans le gouvernement du 23 juin 2009.

tique et de la communication, celui du secrétariat général (décret préc. 25 juillet 1964, art. 1er-2, réd. D. n° 2006-492, 28 avr. 2006).

– *La Direction des services judiciaires* « règle l'organisation et le fonctionnement du service public judiciaire » (art. 3) ; à ce titre, elle s'occupe principalement du personnel : magistrats, fonctionnaires et agents des services judiciaires. Elle est en liaison directe avec l'École nationale de la magistrature.

– La *Direction des affaires civiles et du Sceau* comprend « outre le cabinet du directeur et le pôle d'évaluation de la justice », une sous-direction du droit civil, une sous-direction du droit économique et une sous-direction des professions judiciaires et juridiques, ainsi qu'un bureau de droit public et un pôle d'évaluation de la justice civile (arrêté du 9 juillet 2008, art. 1).- ; les missions de cette Direction sont fixées à l'article 4 du décret précité du 9 juillet 2008, mais chaque composante fait l'objet de développements plus importants dans l'arrêté du même jour.

– La *Direction des affaires criminelles et des grâces* est visée à l'article 5 du décret précité (sous-direction du droit pénal général et international ; sous-direction des affaires économiques et financières et de lutte contre la criminalité organisée, sous-direction des affaires pénales générales et des grâces [arrêté du 15 janv. 1996]).

– La *Direction de l'administration pénitentiaire* est visée à l'article 6 (exécution des peines, réinsertion sociale, École nationale de l'administration pénitentiaire).

– *Direction de la protection judiciaire de la jeunesse* (art. 7 du décret de 2008, anciennement Direction de l'éducation surveillée), avec le contrôle des écoles et centres de formation initiale et continue.

– *L'article 8 du décret* complète cette liste par *l'inspecteur général des services judiciaires.*

c) *Les quatre services* sont ceux des affaires européennes et internationales [1], de l'information et de la communication, de l'accès au droit et à la justice et de la politique de la ville [2] et, enfin, le service central de prévention de la corruption.

d) *Pour les Écoles et les autres organismes,* v. *infra*, le tableau de l'organisation du Ministère de la Justice.

770 ***Vers un ministère du droit ? La concurrence du ministère des Finances*** ◊ Il a parfois été question de transformer le ministère de la Justice en ministère du Droit qui serait chargé de contrôler la production juridique des autres ministères [3].

a) *En réalité,* non seulement le ministère de la Justice ne contrôle pas cette production, quelque peu anarchique, mais il est de plus en plus marginalisé par le ministère des Finances, qui intervient dans l'élaboration de presque tous les textes.

1. Réorganisé par arrêté du 11 mars 2002, *JO* 13 mars, p. 4574, en sous-direction de la négociation et sous-direction de l'expertise et des relations internationales.

2. Créé par décret n° 2002-222, 20 févr. 2002 et arrêté du même jour, *JO* 21 févr. 2002, p. 3361 et 3363 ; trois bureaux le composent : aide juridictionnelle, accès au droit et politique de la ville, aide aux victimes et politique associative. Ce service est en liaison directe avec les Maisons de justice et du droit.

3. E. Matutano, « Le domaine réservé du ministère de la Justice dans la préparation des lois et des règlements », *RFDA* 2005-4, 721.

b) Surtout, ce ministère a créé par décret n° 98-975 du 2 novembre 1998 [1], une « Direction des Affaires juridiques » [2] ; envisagée comme « un pôle d'expertise juridique de haut niveau, à vocation ministérielle et interministérielle », elle regroupe trois structures qui existaient déjà : le service juridique de l'agence judiciaire du Trésor, le secrétariat général de la commission centrale des marchés et les bureaux du contentieux et du contentieux juridique qui relevaient de la direction générale et de l'administration et des finances du secrétariat d'État à l'industrie.

1) Cette direction comprend quatre sous-directions :

– *La sous-direction de la commande publique*, à laquelle sont rattachées la commission spécialisée des marchés et la mission interministérielle d'enquête sur les marchés publics et les conventions de service public.

– *La sous-direction du droit privé*, elle-même divisée en un bureau du droit civil, un bureau du droit pénal et un bureau des accidents et de la réparation civile.

– *La sous-direction du droit public et international*, elle-même divisée en un bureau du droit public général, un bureau du droit européen et un bureau du droit international.

– *La sous-direction du droit économique et de la valorisation*, comprenant le bureau de la coordination de l'évaluation et de l'adaptation du droit économique et financier, le bureau du droit financier et industriel, le bureau de la valorisation et de l'information.

2) Le directeur des affaires juridiques est aussi agent judiciaire du Trésor et secrétaire général de la commission centrale des marchés (art. 1er du décr. 2 nov. 1998).

3) Outre les fonctions qui découlent pour elle de celles qui sont conférées à son directeur par l'article 1er du décret, la Direction des affaires juridiques « exerce une fonction de conseil, d'expertise et d'assistance auprès des directions du ministre de l'économie, des finances et de l'industrie ou à la demande des autres administrations de l'État et de ses établissements publics. Elle coordonne, à la demande du ministère, l'élaboration des textes législatifs et réglementaires. Elle assiste les directions dans l'élaboration des études précédant ces textes. Elle propose au ministre chargé de l'économie, des finances et de l'industrie, des réformes de la législation ou de la réglementation. Elle analyse et élabore la réglementation relative à la commande publique ».

771 ***Effectif des magistrats professionnels et des autres juges*** ◊ On comptait en 2005 (derniers chiffres officiels) [3] 8 907 emplois budgétaires de magistrats professionnels, tous ordres confondus, dont 1 125 pour l'ordre administratif (Conseil d'État, cours administratives d'appel et tribunaux administratifs, en augmentation de 21 sur 2004), 7 526 magistrats professionnels de l'ordre judiciaire dans les services judiciaires (en augmentation de 92 sur 2004) et 256 en service à l'administration centrale et dans les services extérieurs (soit + 15 sur 2004), ce qui correspond à un juge judiciaire professionnel

1. *JO* 3 nov. 1998, avec deux arrêtés du même jour portant organisation de la direction et des sous-directions.
2. 207, rue de Bercy, 75572 Paris Cedex 12.
3. *Source* : Annuaire statistique de Justice 2007, sur le site Internet du Ministère ; les Chiffres clefs de la Justice ne donnent plus ce type d'information et, curieusement, l'annuaire 2007 ne donne pas les chiffres de 2006 !

pour 7 078 habitants (si l'on compte 63 millions d'habitants en France, contre un pour 8 078 en 2003) contre un pour 3 700 habitants en Allemagne (21 000 magistrats). Mais il faut ajouter à ces chiffres qui ne concernent que les magistrats professionnels, environ 21 000 juges non-professionnels (dans les Conseils de prud'hommes, les tribunaux de commerce, les tribunaux des affaires de sécurité sociale et les tribunaux paritaires des baux ruraux), les jurés d'assises et les assesseurs des tribunaux pour enfants, plus les 582 juges de proximité, soit environ 25 000 juges non-professionnels ; le ratio de l'ensemble des juges, tous ordres confondus, professionnels ou non, est donc d'un pour 1 823 habitants, soit un taux d'encadrement deux fois plus important qu'en Allemagne ! En Grande-Bretagne, à population équivalente à celle de la France, on trouve cent magistrats professionnels (83 fois moins qu'en France) pour 25 000 non-professionnels (autant qu'en France).

772 ***Plan*** ◊ L'ensemble des magistrats professionnels, membres du corps judiciaire, qu'ils appartiennent au siège, au parquet ou qu'ils exercent leurs fonctions au ministère de la Justice (la Chancellerie) (art. 1er de l'ordonnance de 1958), sont soumis à un certain statut dont on décrira les grandes lignes. On dira aussi quelques mots des juges occasionnels, notamment des nouveaux juges de proximité, en distinguant les règles de *recrutement* et de *nomination* (Chapitre 1) de celles du statut dans l'exercice des fonctions (Chapitre 2).

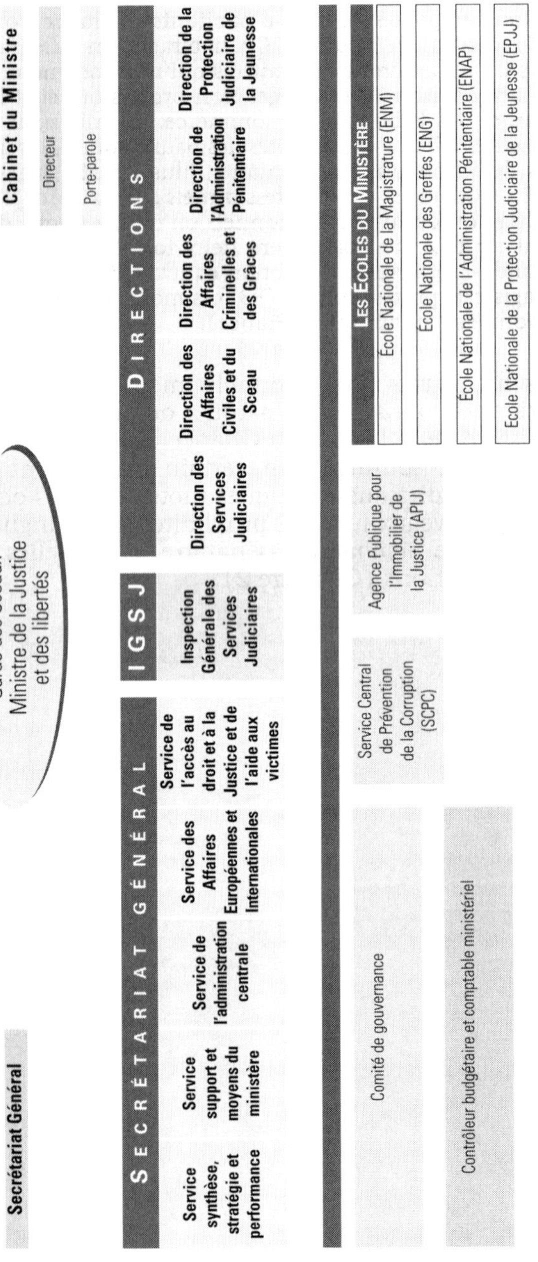

d'après l'organigramme du ministère de la Justice, disponible sur le site www.justice.gouv.fr (mai 2009).

CHAPITRE 1

LE RECRUTEMENT ET LA NOMINATION DES MAGISTRATS PROFESSIONNELS ET DES AUTRES JUGES DE L'ORDONNANCE DE 1958

773 ***Problématique du recrutement des juges. Renvoi*** ◊ Sur la problématique du recrutement des juges et les diverses solutions possibles, v. *supra*, n°s 108 et s., où sont exposés tous les aspects théoriques de la question. Il ne sera question ici que de la réglementation actuelle [1].

774 ***Évolution. Le régime de 1810. L'examen d'entrée en 1908*** ◊ Dans notre ancien droit [2], les offices de judicature étaient devenus vénaux et héréditaires. La suppression de cet état de choses fut votée dans la nuit du 4 août 1789, et la Constituante avait établi pour le recrutement des magistrats le système de l'élection. Ce régime a duré jusqu'au Consulat, qui chargea le pouvoir exécutif de la nomination des membres des tribunaux de district, l'élection étant maintenue pour les juges de paix ; le système de nomination par le pouvoir central, avec des modalités variables suivant les époques, n'a plus été abandonné depuis le premier Empire. Jusqu'au début du XXe siècle, les règles de nomination des magistrats étaient contenues dans les articles 64 et 65 de la loi organique du 20 avril 1810. Pour être membre d'un tribunal civil, d'une cour d'appel ou de la Cour de cassation., il suffisait de remplir trois *conditions :* une condition d'âge, variable suivant la juridiction et la fonction ; une condition de formation juridique, qui se résumait dans l'exigence du diplôme de licence en droit, et une condition d'expérience professionnelle, consistant en un stage de deux ans au barreau d'une cour d'appel.

Ces conditions se révélèrent insuffisantes ; elles ne donnaient pas les garanties jugées nécessaires pour améliorer le recrutement de la magistrature. Il fut cependant difficile de faire admettre l'idée d'un examen d'entrée. C'est seulement par un décret du 13 février 1908 qu'un examen fut organisé qui, en dépit de son nom, apparut bien vite comme un véritable concours. Pour être admis à s'y présenter il fallait, dans le dernier état de la législation, remplir les conditions d'âge et de diplôme, accomplir un stage d'un an à un barreau (donc avoir

1. Sur une comparaison avec l'Italie, v. S. Contarini, « L'accès à la magistrature en Italie : recrutement, formation », *Rev. jur. des Barreaux*, févr.-juin 1999, Dalloz, p. 17.
2. V. G. Canivet et J. Betoulle, v° « Magistrat », *Rép. pr. civ.*, n° 13.

passé avec succès, depuis 1941, l'examen d'aptitude à la profession d'avocat), justifier enfin d'un stage d'un an au ministère de la justice ou dans un parquet, ou de deux ans dans une étude d'avoué. L'accès de la magistrature avait été ouvert aux femmes depuis 1946 [1] (v. *infra* n° 782, a, sur le phénomène de féminisation croissante des recrutements des magistrats). Il faut ajouter qu'un certain nombre de personnes pouvaient être nommées sans passer le concours, et qu'en raison des remaniements successifs de l'organisation des tribunaux civils de première instance, on avait fait souvent appel d'une façon excessive à ce recrutement latéral. L'avantage de ce régime était qu'il donnait une formation commune aux futurs avocats et aux futurs magistrats. Mais la préparation du concours d'entrée était organisée d'une manière très variable suivant les tribunaux. Le temps de préparation était trop long. On constatait un affaiblissement inquiétant du nombre des candidats au concours, en même temps que s'accroissait le nombre des candidates.

775 ***Plan et champ de l'étude*** ◊ On n'étudiera ici que le recrutement (Section 1) et la nomination (Section 2) des magistrats *professionnels* et des autres juges de l'ordonnance de 1958, en renvoyant à l'étude de l'organisation judiciaire qui a été présentée (*supra* 2ᵉ partie), pour les modes de recrutement des juges non professionnels des juridictions à compétence d'attribution (juges consulaires, conseillers prud'hommes, membres des tribunaux paritaires des baux ruraux et des tribunaux des affaires de sécurité sociale, assesseurs des tribunaux pour enfants, jurés d'assises), dont le statut n'est pas intégré à l'ordonnance de 1958.

SECTION 1. LE RECRUTEMENT

776 ***Diversification accélérée des modes de recrutement*** ◊ Alors que l'ordonnance n° 58-1270 du 22 décembre 1958, d'application générale à tous les magistrats, qu'ils soient du siège ou du Parquet, privilégiait l'accès par une école (appelée alors Centre national d'études judiciaires), les réformes des lois du 25 février 1992, du 19 janvier 1995, du 24 février 1998, du 25 juin 2001, du 26 février 2003 et n° 2007-287 du 5 mars 2007 (toutes incorporées au texte de l'ordonnance de 1958) ont diversifié les modes de recrutement et accru la part des recrutements extérieurs au monde étudiant. Le « paysage » professionnel de la magistrature judiciaire a donc été profondément bouleversé dans la décennie 1992-2003, tant dans les modalités de recrutement que dans le statut (cf. Chapitre suivant) avec en plus une loi constitutionnelle n° 93-952 du 27 juillet 1993, ce qui prouve, pour le moins, que tout n'allait pas pour le mieux dans le meilleur des mondes... de

1. L. Saint-Laurens, « L'avènement des Françaises à la magistrature », in *Mélanges J. Magnol*, Sirey, 1948 ; CE 13 janv. 1956, *JCP* 1956. II. 9110, note Sauvageot, avec intervention considérée comme recevable de l'association des femmes des carrières juridiques. V. *Rép. pr. civ.*, 2ᵉ éd., *v°* « Magistrature ». Le droit de vote fut reconnu aux femmes pour les élections aux tribunaux de commerce, par une loi du 23 janv. 1898.

la Justice ! Le recrutement par concours étudiant ne constitue plus le mode exclusif et tend même à voir son rôle s'estomper en pourcentage du total des recrutés chaque année. Pour autant, il faut respecter les exigences européennes et constitutionnelles.

777 ***Exigences européennes et constitutionnelles*** ◊ **a)** Le recrutement des magistrats doit garantir leur indépendance par rapport à tous les pouvoirs et leur impartialité dans l'exercice de leurs fonctions. Par rapport aux autres pouvoirs organisés pour la Constitution, mais aussi par rapport aux pouvoirs des techniciens des médias etc. et par rapport à eux-mêmes (sur tous ces aspects, v. *supra*, n°s 124 à 126, n° 129 et n° 187).

b) L*e Conseil de l'Europe* s'en préoccupe aussi puisqu'il a élaboré une « Charte européenne sur le statut des juges » en juillet 1998. Son article 2-1 énonce que « la sélection et le recrutement sont mis dans la perspective de juger les candidats sur leur capacité à apprécier librement et de façon impartiale les situations judiciaires qui leur seront soumises et à y faire application du droit dans le respect de la dignité des personnes ». Quant à son article 2-2, il ajoute que « le statut prévoit les conditions dans lesquelles est garantie, par des exigences liées aux diplômes obtenus ou à une expérience antérieure, l'aptitude à l'exercice spécifique des fonctions judiciaires ». C'est en ce sens que s'oriente déjà le Conseil constitutionnel dans ses décisions les plus récentes concernant les recrutements latéraux et notamment, les recrutements à titre temporaire (v. *infra*, nos 789 et 791).

778 ***Plan*** ◊ Si l'on veut synthétiser les modes de recrutement de la magistrature judiciaire on opposera, en termes militaires (un peu comme Napoléon avait calqué l'organisation judiciaire sur celle de l'armée) [1] les permanents (§ 1) aux supplétifs (§ 2). L'équilibre entre ces deux modes de recrutement repose sur la priorité donnée au premier (v. *infra*, n° 791 sur la doctrine du Conseil constitutionnel en la matière). On examinera le recrutement des juges de proximité dans le cadre des supplétifs.

§ 1. Le recrutement de magistrats permanents

779 ***Deux voies de recrutement*** ◊ Le recrutement des magistrats de carrière est prévu de deux façons par l'ordonnance précitée de 1958 : soit par

1. J. Foyer, « Un pouvoir refusé », in *Pouvoirs*, 16, 1981, p. 17 et s., spéc. 22... « Le corps judiciaire, *dans le système napoléonien*, a l'aspect d'un corps militaire. À la base de la pyramide, les tribunaux de première instance sont composés de présidents, de procureurs, de juges et de substituts qui correspondent à ce que sont dans l'armée les officiers subalternes. Dans les cours d'appel, présidents et avocats généraux, conseillers et substituts du procureur général sont les homologues des officiers supérieurs. Les chefs de cours d'appel et les magistrats de la Cour de cassation sont les officiers généraux de cette armée de juges ». V. *infra*, n° 828.

la voie de l'École nationale de la magistrature et le statut d'auditeurs de justice (I), soit par intégration directe dans le corps (II).

I. Le recrutement comme auditeur de justice à l'École nationale de la magistrature (ENM)

780 ***Auditeur de justice : modes de recrutement diversifiés, classement de sortie unique*** ◊ C'est la voie normale de recrutement par concours ou sur titre (A) voie qui confère à l'intéressé recruté la qualité d'auditeur à l'École avant de pouvoir devenir magistrat (B), ce qui laisse à la chancellerie la possibilité (assez théorique) de ne pas intégrer les personnes recrutées dans la magistrature, à l'issue de leur auditorat.

À cet égard, il convient de souligner que les auditeurs de justice, à l'issue de leur scolarité, sont classés par un jury qui doit les juger aptes à exercer les fonctions judiciaires ; le jury doit assortir sa déclaration d'aptitude, pour chaque auditeur, d'une recommandation et, depuis la loi organique du 5 mars 2007, le cas échéant, de réserves sur les fonctions pouvant être exercées par cet auditeur (art. 21, ord. 1958). Cette recommandation et ces réserves, ainsi que les observations éventuelles de cet auditeur, sont versées au dossier du magistrat lors de sa nomination à son premier poste (art. 21, réd. LO 5 mars 2005) ; ces deux nouveautés sont directement inspirées des dysfonctionnements de la justice dans l'affaire d'Outreau (v. *supra*, n° 95).

A. Admission des auditeurs sur concours ou sur titres

1. Conditions communes à tous les recrutements d'auditeurs de justice (art. 16, ord. 22 déc. 1958)

781 ***Conditions communes aux recrutements sur concours et sur titres*** ◊ Aux termes de l'article 16 de l'ordonnance de 1958, les candidats à l'auditorat doivent être de nationalité française, jouir de leurs droits civiques et être de bonne moralité, se trouver en situation régulière au regard du service national (existant), être aptes physiquement et être indemnes ou guéris de toute affection donnant droit à un congé de longue durée [1].

1. Pour l'anecdote, on rappellera que la loi organique n° 60-87 du 26 janv. 1960 (*JO* 28 janv.) modifiant l'ordonnance n° 58-1270 du 22 décembre 1958 avait prévu un quota de 10 % des postes offerts au concours pour les Français musulmans et abaissé la condition de diplôme à une première année de droit, ceci afin de faciliter leur intégration. Le Conseil constitutionnel avait laissé passer cette disposition (décision n° 60-6 DC, 15 janv. 1960) se contentant d'un examen formel du texte, sans se référer au principe d'égalité et aux discriminations positives.

2. Conditions particulières aux recrutements par l'un des trois concours (classiques) de l'article 17

782 ***Conditions particulières de connaissances et d'âge*** ◊ S'agissant du recrutement par concours, les conditions de connaissances et d'âge dépendent du type de concours (étudiants, fonctionnaires divers) ; mais tous ont en commun d'avoir été réformés par décret et arrêtés du 31 décembre 2008 pour tenir compte de l'affaire d'Outreau (v. *supra*, n° 95) et, en conséquence, accentuer l'importance des matières juridiques (notamment de procédures civile et pénale) par rapport aux épreuves dites de culture générale ; l'avis d'un psychologue sur le candidat sera porté à la connaissance des membres du jury.

a) *Un premier concours* (art. 17-1°, ord. 1958) est réservé aux candidats âgés de moins de 27 ans au 1er janvier de l'année du concours et titulaires d'un diplôme sanctionnant une formation d'une durée de quatre années au moins après le baccalauréat, que ce diplôme soit français ou reconnu par l'État ou délivré par un État membre de l'Union européenne et considéré comme équivalent par le ministre de la Justice après avis d'une commission ; le diplôme d'un IEP est aussi admis, ainsi que la qualité d'ancien élève d'une École normale supérieure. On remarquera qu'aucune formation juridique préalable n'est requise, ce qui est pour le moins surprenant pour le recrutement de professionnels du droit et est aujourd'hui remis en cause par le Conseil constitutionnel (v. *infra*, n° 787). La féminisation est croissante (v. *infra*, les tableaux statistiques) [1] et spectaculaire si l'on songe que l'accès à la magistrature était interdit aux femmes jusqu'en 1946 (v. *supra*, n° 774). Des classes préparatoires intégrées ont été mises en place en 2008, pour favoriser les candidats issus de milieu défavorisés (D. n° 2008-483, 22 mai 2008 et arrêté du même jour).

b) *Le deuxième concours* (art. 17, 2°, ord. 1958) est réservé aux fonctionnaires, militaires et autres agents de l'État, collectivités territoriales et établissements publics qui justifient, au 1er janvier de l'année du concours, de 4 ans de service en ces qualités. Le texte précise que le concours est « de même niveau » que le précédent. Un cycle préparatoire à ce concours est organisé aux IEJ de Paris 2 (candidats juristes) et Grenoble (candidats non-juristes), en liaison avec l'ENM.

c) *Le troisième concours*, (art. 17-3°) créé par la loi organique de 1992, en vigueur pour la première fois en 1996, est un peu particulier et appelle plus de réserves : il est en effet réservé aux personnes qui, pendant huit ans, ont exercé une ou plusieurs activités professionnelles, un ou plusieurs mandats électifs d'une collectivité territoriale ou des fonctions juridictionnelles à titre non professionnel. Là encore le concours doit être « de même niveau » et un cycle préparatoire est organisé.

1. Sur la féminisation du corps, A. Boigeol, in *Droit et Société*, LGDJ, n° 25, 1993, p. 489 ; G. Morange, « La femme dans la fonction publique », *D.* 1955. Chron., p. 125 ; Ch. Debbasch, « La femme et la fonction publique », *D.* 1961. Chron. 139. V. *infra*, tableau, n° 782 ; M.-Cl. Calot, « Les femmes et la magistrature », *Rev. jur. Ile-de-France*, 1997, n° 44/45, Dalloz, p. 39.

Statistiques des candidats admis comme auditeurs de justice à l'ENM au cours des vingt dernières années par concours*

Année	1er concours (étudiant)				Admis		
	Nombre de postes 1	Inscrits	Autorisés à se présenter	Présents aux épreuves	H	F	T
1989	150	1 670	1 639	1 078	54	81	135
1990	150	1 550	1 519	931	58	92	150
1991	150	1 600	1 554	997	51	88	139
1992	120	1 728	1 700	1 155	37	83	120
1993	80	1 922	1 803	1 297	25	62	87
1994	90	2 475	2 344	1 607	32	66	98
1995	120	2 748	2 641	1 921	41	85	126
1996	110	3 270	3 108	2 227	41	80	121
1997	110	3 693	3 548	2 513	39	85	124
1998	141	4 130	3 948	2 458	40	116	156
1999	141	3 655	3 509	2 303	59	103	162
2000	145	3 181	3 068	2 101	43	121	164
2001	192	3 110	3 015	2 106	45	145	190
2002	192	3 048	2 987	2 153	38	182	220
2003	192	2 888	2 822	2 082	46	182	228
2004	192	2 927	2 866	2 121	58	165	223
2005	192	2 482	2 436	1 803	46	178	224
2006	161	2 409	2 369	1 819	34	152	186
2007	123	2126	2085	1512	23	116	139
2008	80	1904	1877	1361	16	72	88

1. Le nombre de postes initialement offerts peut être inférieur aux postes pourvus par le jeu de transfert de postes des 2e et 3e concours au 1er, en fin de session.
**Source* : École nationale de la magistrature.

Commentaire du tableau « étudiants » :

1) Variation considérable des postes pourvus avec un « pic » à 198 en 1983 et une chute à 87 en 1993 ; d'où une inégalité injuste entre les générations. Remontée à 228 en 2003 et 223 en 2004 et nouvelle chute en 2006 (186). En 2009, 80 postes seulement sont offerts au concours étudiant.

2) Remontée du nombre des présents aux épreuves à partir de 1992 et surtout de 1994. Mais diminution continue de 1997 à 2006.

3) Féminisation croissante : 48 % en 1980, 81 % en 2002, 81,7 % en 2006. V. *supra* n° 782, a.

4) Succès important des candidats de l'IEJ de Paris 2 : en 2007, cet IEJ a présenté 17,20 % des candidats, (contre 10,50 % en 1993 et 17, 26 en 2006) et a eu 29,5 % des reçus, soit 41 admis sur 169 (contre 13,79 % en 1993, 30 % en 2000 et 40,86 % en 2006). L'année 2008 aura été moins féconde : l'IEJ de Paris 2 a présenté 16,50 % des candidats et a eu 25 % des reçus, soit 22 sur 88 (avec 73 admissibles, soit 30 % des admissibles de toute la France).

5) Sur les 223 candidats admis en 2004, 74 n'avaient pas la moyenne de 10 sur 20, à l'issue des épreuves.

2e concours (fonctionnaires et assimilés)							
Année	Nombre de postes offerts	Inscrits	Autorisé à se présenter	Présents aux épreuves	Admis		
					H	F	T
1989	40	260	250	145	21	14	35
1990	40	254	248	120	26	13	39
1991	40	240	227	137	14	15	29
1992	30	195	184	115	19	11	30
1993	20	145	136	92	11	2	13
1994	20	143	133	89	10	2	12
1995	25	143	129	91	12	7	19
1996	27	168	152	94	9	8	17
1997	27	183	173	106	7	8	15
1998	34	231	214	118	14	5	19
1999	34	196	186	118	8	10	18
2000	35	193	179	97	8	9	17
2001	45	259	241	123	10	8	18
2002	45	178	162	89	5	7	12
2003	45	140	126	70	11	4	15
2004	45	109	103	67	7	11	18
2005	45	105	91	62	8	11	19
2006	38	123	108	71	7	11	18
2007	29	148	133	77	2	12	14
2008	19	149	140	78	3	9	12

Commentaire du 2e concours

Déclin constant du nombre d'inscrits et de présents aux épreuves (sauf en 1998) et du nombre de reçus. Importante augmentation du nombre de candidats en 2006, malgré la chute du nombre de postes mis au concours. Le niveau assez faible oblige le jury à transférer des postes au premier concours.

3e concours						
Année	Nombre de postes offerts	Inscrits	Présents aux épreuves	Admis		
				H	F	T
1996	8	72	34	2	5	7
1997	8	76	35	3	3	6
1998	10	99	51	7	3	10
1999	10	112	35	1	4	5
2000	10	117	47	3	5	8
2001	13	180	57	2	4	6
2002	13	86	40	2	3	5
2003	13	101	38	3	4	7
2004	13	65	27	2	4	6
2005	13	60	26	0	7	7
2006	11	72	42	4	2	6
2007	8	89	44	3	4	7
2008	6	62	38	3	2	5

3. Conditions propres aux deux nouveaux concours de l'article 21-1 de l'article 21-1

783 ***Lois organiques du 25 juin 2001 et du 5 mars 2007*** ◊ La loi du 25 juin 2001 (n° 2001-539) pérennise les recrutements latéraux par concours ouverts à d'autres candidats que des étudiants (et sur lesquels v. *infra* n° 787 et s.), mais, cette fois, sans intégration directe dans le corps des magistrats, avec passage obligatoire par une « scolarité » à l'ENM, en tant qu'auditeur de justice. La loi du 5 mars 2007 renforce leur formation.

a) La loi de juin 2001 permettait de recruter, par ce type de concours, 125 magistrats du second grade en 2002 et autant en 2003, leur rythme étant ensuite pour le concours du second grade, le cinquième du *total* des recrutements intervenus au second grade au cours de l'année civile précédente et, pour le concours du premier grade, du dixième des avancements réalisés à ce grade l'année précédente (art. 21-1, al. 7, ord. 1958).

Le Conseil constitutionnel, dans sa décision du 19 juin 2001 [1], en reprenant une formule de sa décision du 19 février 1998 sur les concours exceptionnels (v. *infra*, n° 787) souligne que si « *aucune règle ni aucun principe de valeur constitutionnelle ne s'oppose à la création, par le législateur organique, de nouveaux modes de recrutement des magistrats de l'ordre judiciaire* », pour autant, « *les règles qu'il fixe à cet effet doivent, notamment en posant des exigences précises quant à la capacité des intéressés conformes aux conditions découlant de l'article 6 de la Déclaration des droits de l'homme et du citoyen de 1789, contribuer à assurer le respect tant du principe d'égalité devant la justice que l'indépendance dans l'exercice de leurs fonctions, des magistrats ainsi recrutés* » (consid. 41). Et le Conseil énumère quatre critères : le nombre total de postes offerts à chacun de ces concours ne peut excéder une proportion déterminée par la loi organique elle-même du nombre de recrutements intervenus au même grade au cours de l'année précédente ; cette proportion doit rester limitée ; une formation à l'ENM doit être imposée aux candidats reçus, avec notamment des stages en juridiction ; la nomination aux emplois (par le président de la République) doit intervenir après examen du dossier par le CSM. En outre, parce que « *ni les diplômes obtenus... ni l'exercice professionnel antérieur des intéressés ne font présumer, dans tous les cas, la qualification juridique nécessaire à l'exercice des fonctions de magistrat de l'ordre judiciaire* », le Conseil constitutionnel émet des réserves d'interprétation : le jury pourra ne pas pourvoir tous les postes et « *les mesures réglementaires d'application de la loi devront prévoir des épreuves de concours de nature à permettre de vérifier les connaissances juridiques des intéressés* » ; enfin, mais l'exigence ne vaut que pour les magistrats qui seront recrutés au premier grade (conseillers de cours d'appel), « *le pouvoir réglementaire devra veiller à ce que soient strictement appréciées, outre la compétence juridique des intéressés, leur aptitude à juger, afin de garantir, au second et dernier degré de juridiction, la qualité des décisions rendue, l'égalité devant la justice et le bon fonctionnement du service public de la justice* ». Ce sont les réserves qui avaient été émises pour les concours exceptionnels de 1998 et 1999 (v. *infra*, n° 787) mais on ne voit pas pourquoi ces exigences n'ont pas été reprises pour le concours du second grade. Par ricochet, il faudrait s'intéresser aux conditions

1. Décision 2001-445 DC : *RFD const.* 2001-48, 724, obs. T. Renoux.

actuelles du recrutement par la voie du premier concours (dit « étudiant ») de candidats non seulement non titulaires d'un diplôme juridique (la maîtrise *en droit* n'est pas exigée), mais encore subissant des épreuves dont les coefficients des épreuves juridiques ne sont pas majoritaires (égalité à l'écrit entre les coefficients des deux épreuves juridiques avec ceux des épreuves de culture générale et de note de synthèse) ; sur ce dernier point, la réforme de 2008, applicable à partir des concours de 2009, améliore nettement la situation existante (v. *supra*, n° 782).

Cette loi appelle deux observations :

- *d'une part*, elle tend (si l'on y ajoute les intégrations directes sur titres et les supplétifs) à opérer un recrutement par l'auditorat à l'ENM qui serait pour moitié concours étudiants ; pour moitié non-étudiants. C'est ce que nous avions préconisé dès 1996 dans ce Précis (v. *supra* n° 124 b et c).

- *d'autre part*, ces concours complémentaires, par leurs conditions d'âge (minimum et non pas maximum) permettront, non seulement de recruter des juristes d'expérience, mais d'attirer à la magistrature d'anciens étudiants des années 1993-1994 qui ne s'étaient vu offrir que 80 postes, pour peu qu'ils soient restés juristes !

b) Deux concours sont prévus :

- *l'un pour accéder aux fonctions du second grade*, avec comme conditions d'être âgés d'*au moins* 35 ans et de justifier d'au moins dix ans d'activité professionnelle dans le domaine juridique, administratif, économique ou social, les qualifiant particulièrement pour exercer des fonctions judiciaires.

- *l'autre pour accéder aux fonctions du premier grade* : les candidats devront être âgés de cinquante ans au moins au 1er janvier de l'année d'ouverture du concours et justifier d'au moins quinze ans d'activité professionnelle dans le domaine juridique, administratif, économique ou social, les qualifiant particulièrement pour exercer des fonctions judiciaires.

c) La loi organique n° 2007-287 du 5 mars 2007 n'a pas modifié les pourcentages d'admission réservés à ces concours, mais elle a renforcé la formation des candidats admis à la suivre, sans doute pour tenir compte des dysfonctionnements de la justice dans l'affaire d'Outreau (v. *supra*, n° 95). Dans les deux cas en effet, les candidats admis reçoivent une formation rémunérée à l'ENM, à l'issue de laquelle ils sont intégrés dans le corps. Désormais, ils suivront une formation probatoire organisée par l'école, comportant un stage en juridiction dans les mêmes conditions que les auditeurs de l'article 17 (ceux des trois premiers concours), l'article 21-1, ord. 1958, renvoyant à l'article 19). Le bilan de la formation probatoire est établi, pour chaque auditeur, par le directeur de l'ENM et adressé au jury de classement, lequel doit, après entretien avec l'auditeur, se prononcer sur son aptitude à exercer les fonctions judiciaires (art. 21-1, nouveaux al. 8 et 9, réd. L. 5 mars 2007) ; enfin, même après leur nomination dans un emploi, ces candidats, pourtant déclarés aptes par le jury de sortie, doivent suivre une « formation complémentaire jusqu'à leur nomination aux emplois pour lesquels ils ont été recrutés » (art. 21-1, al. 8 devenant 10 par la loi du 5 mars 2007).

4. Conditions particulières au recrutement sur titres (art. 18-1, ord. 1958)

784 ***Hypothèses*** ◊ Ces conditions sont précisées à l'article 18-1 de l'ordonnance du 22 décembre 1958 ; peuvent être nommées directement auditeur de justice :

– les personnes maîtres en droit « que quatre années d'activité dans le domaine juridique économique ou social qualifient pour l'exercice des fonctions judiciaires » ;

– ou encore, celles qui, docteurs en droit, possèdent en outre un autre diplôme d'études supérieures que celui requis pour le doctorat ;

– ou enfin, les personnes ayant exercé des fonctions d'enseignement *ou* de recherche en droit dans un établissement public d'enseignement supérieur pendant trois ans après l'obtention de la maîtrise en droit et possédant un diplôme d'études supérieures dans une discipline juridique. Mais le nombre des auditeurs nommés par cette voie qui était limité au 1/5e du nombre des auditeurs issus des (trois concours) de l'article 17 et figurant dans la promotion à laquelle ils sont rattachés, a été porté au tiers par la loi organique no 2007-287 du 5 mars 2007 nouveauté directement inspiré des dysfonctionnements de la justice dans l'affaire d'Outreau (v. *supra*, no 95).

Tableau statistique du recrutement des auditeurs de justice sur titres (art. 18-1, ord. 22 déc. 1958)

Année	Candidats	Admis		
		H	F	Total
1989	57	2	4	6
1990	49	0	2	2
1991	46	4	4	8
1992	26	1	3	4
1993	56	4	3	7
1994	74	3	4	7
1995	54	3	1	4
1996	93	5	3	8
1997	75	4	6	10
1998	89	5	7	12
1999	126	8	14	22
2000	138	9	19	28
2001	169	18	15	33
2002	229	17	14	31
2003	232	20	12	32
2004	247	7	22	29
2005	206	18	20	38
2006	222	12	27	41
2007	209	20	21	41
2008	267	22	25	47
2009	NC	13	18	31

Source : École nationale de la magistrature.

Commentaire : forte augmentation des candidats (dix fois plus en 2002 qu'en 1992), augmentation des admis (près de 20 fois plus en 2005 qu'en 1990).

B. Statut des auditeurs de justice

785 ***Formation des auditeurs de justice*** ◊ Les conditions de formation des *auditeurs de justice* sont fixées par règlement d'administration publique du 4 mai 1972, à plusieurs reprises modifié. Cette formation qui s'étendait sur vingt-quatre mois a été portée récemment à *trente et un mois* [1]. Et la loi organique n° 2007-287 du 5 mars 2007 les oblige à accomplir un stage d'une durée minimale de six mois auprès d'un barreau ou comme collaborateur d'un avocat inscrit au barreau (art. 19, ord. 1958) ; nouveauté directement inspirée des dysfonctionnements de la justice dans l'affaire d'Outreau (v. *supra*, n° 95).

Cet allongement se justifie par les mutations profondes qui se produisent dans notre pays, en Europe et dans le monde. Des connaissances plus diversifiées sont exigées du magistrat, dans des domaines aussi variés que ceux de la famille, du patrimoine, du monde des affaires de la publicité, des moyens de communication, du traitement et de la réinsertion des marginaux et délinquants. Si une formation humaniste et classique n'est pas à dédaigner, il est indispensable de la compléter par des approches, au moins sommaires, de psychologie, de sociologie, de biologie, de comptabilité et de gestion. Il est important de favoriser des rencontres avec les différents auxiliaires de justice, les rouages administratifs, financiers, industriels et commerciaux.

C'est dans cet esprit que la durée de la formation a été l'objet de certaines améliorations, une partie de la scolarité se déroulant à l'École de Bordeaux et à Paris. Sur le classement de sortie, v. *supra*, n° 780.

786 ***Situation juridique des auditeurs de justice*** ◊ Les auditeurs sont assimilés à des magistrats, en ce qui concerne les incompatibilités et l'interdiction du recours à la grève. Ils prêtent serment. Ils reçoivent un traitement, la fonction comportant un seul échelon. Ils doivent prendre l'engagement, lors du concours, d'accomplir au moins dix années de fonctions en qualité de magistrat (décr. 7 janv. art. 32).

L'article 19 nouveau précise que si les auditeurs de justice ne peuvent pas recevoir délégation de signature, ils participent d'une manière plus effective que naguère à l'activité juridictionnelle des tribunaux auprès desquels ils accomplissent leur stage. Ils peuvent notamment : assister le juge d'instruction dans les actes d'information, les magistrats du ministère public dans l'exercice de l'action publique ; siéger en surnombre et participer, avec voix consultative, aux délibérations des juridictions civiles et correctionnelles, présenter oralement devant ces juridictions des réquisitions et des conclusions, enfin assister aux délibérés des cours d'assises, mais sans avoir alors voix consultative.

1. A. Potocki, « La formation des magistrats, plaidoyer, pour une ouverture », in *Mélanges P. Bellet*, 1991.459.

II. Les recrutements latéraux par intégration directe dans le corps

787 ***Exigences constitutionnelles – Renvoi*** ◊ Pour importants que soient ces recrutements latéraux si l'on veut réellement ouvrir le corps, l'aérer, à l'instar des recrutements de supplétifs (sur lesquels, v. *infra* n° 791), il convient de veiller à leur conformité avec les exigences d'indépendance des magistrats et de qualité de la Justice qui sera rendue sous leur autorité. C'est à l'occasion d'une disposition temporaire mais conduisant à des recrutements permanents par *concours* que le Conseil constitutionnel a précisé sa doctrine, v. *infra*, n° 787. À côté d'un recrutement *sur titre* mais selon une disposition permanente, le législateur contemporain avait autorisé, à titre temporaire (en 1998 et 1999) le recrutement de magistrats permanents mais, cette fois, sur concours [1].

788 ***Intérêt et extension contemporaine de ces recrutements complémentaires*** ◊ Les textes récents avaient conservé et accentué la possibilité d'un recrutement latéral, permettant de faire entrer dans la magistrature directement certaines personnes ayant exercé pendant un délai variable une activité administrative, juridique ou universitaire. Prévue dès 1960, cette possibilité avait été élargie par la loi du 25 février 1992 (art. 22 à 25-3 et 40, ord. 1958). Bien que le nombre des intégrés ait été en chute constante depuis 1991, la loi du 5 mars 2007 augmente, quantitativement, cette double possibilité d'intégration : pour l'intégration au second grade de la hiérarchie judiciaire, les nominations à ce titre ne peuvent dépasser, au cours d'une même année civile, le quart (au lieu du cinquième) de la totalité des *recrutements* intervenus à ce grade l'année civile précédente (art. 25, ord. 1958) ; pour l'intégration au premier grade, les nominations à ce titre ne peuvent dépasser, au cours d'une même année civile, le dixième (au lieu du quinzième) des *promotions* intervenues au cours de l'année civile précédente (art. 25-1). Il faut y voir un effet des dysfonctionnements de la justice dans l'affaire d'Outreau (v. *supra*, n° 95).

789 ***Conditions du recrutement direct sur titres*** ◊ Ne peuvent en bénéficier que les personnes limitativement énumérées par ces textes, avocats, avoués, greffiers en chefs, professeurs de droit [2] etc. L'exercice des fonctions de juge de proximité pourrait servir de passerelle vers une

1. V. les éditions antérieures de ce Précis.
2. Sur l'intégration des professeurs de droit à la Cour de cassation, v. in *Mélanges Ponsard*, Litec, 2003 : G. Canivet, « Des professeurs-juges aux juges-professeurs », p. 143 ; J. L. Halpérin, « Les professeurs de droit entrés à la Cour de cassation jusqu'à la seconde guerre mondiale », p. 195 ; H. Richard, « Une lettre de Charles Braun au sujet de la nomination de Rau à la Cour de cassation », p. 251.

intégration directe (v. *infra*, n° 792, a, 5). L'accès au corps sera modulé selon la nature et la durée des activités antérieures.

790 ***Procédure d'intégration sur titre*** ◊ La procédure d'intégration est assez stricte [1] et c'est sans doute elle qui explique la chute des intégrés sur titre. La commission de sélection (qui est la commission d'avancement des magistrats, art. 25-2, ord. 1958, qui vise la commission « de l'article 34 ») doit donner un avis conforme et le directeur de l'ENM, ainsi que le président des jurys de concours d'accès à l'école assistent aux délibérations de la commission, avec voix consultative ; c'est cette commission qui fixe le niveau d'intégration dans le corps et tient compte des années professionnelles d'activité du candidat antérieurement à son intégration. Surtout, une formation est désormais imposée. Là encore, comme pour les auditeurs issus des trois concours de l'article 17 et pour ceux issus des deux concours de l'article 21-1, la loi du 5 mars 2007 renforce les exigences de la formation. Les candidats à l'intégration directe, s'ils sont admis par la commission, suivent une formation dite probatoire, organisée par l'ENM et comportant un stage en juridiction, effectué selon les modalités imposées à tous les auditeurs de justice (art. 25-3, al. 1er, ord. 1958, qui renvoie à l'art. 19) ; ce n'est qu'à titre exceptionnel que la commission peut dispenser un candidat de cette formation, au vu de son expérience professionnelle. Antérieurement à la loi de 2007, il revenait à la commission de décider de soumettre le candidat à un stage probatoire en juridiction ; désormais, ce n'est plus un simple stage, mais une véritable formation comprenant un stage, et elle est obligatoire. À la suite de cette formation, le directeur de l'ENM établit un bilan de cette formation, qu'il adresse, pour chaque candidat au jury de l'article 21, c'est-à-dire au jury de classement des auditeurs de justice (al. 3) ; ce jury s'entretient avec le candidat et se prononce sur son aptitude à exercer des fonctions judiciaires ; il transmet son avis à la commission (al. 4) ; celle-ci doit désormais motiver toute décision défavorable à l'intégration d'un candidat admis à la formation probatoire (al. 4, seconde phrase).

1. V. par ex., CE 27 oct. 2004, *Gaz. Pal.* 25 déc. 2004, concl. Matthias Guyomar.

Intégration directe à titre définitif (1er ou 2e grade) sur titres
(articles 22 et 23)

	Avis favorable à un stage probatoire*	Admission définitive après stage probatoire *	Intégration directe admis sans stage*
2001	40/205	25/29	
2002	35/237	27/35	
2003	30/298	19/22	
2004	19/245	31/40	
2005	23/155	27/31	
2006	23/141	24/28	
2007	21/113	18/20	3
2008	14/90	8/11	0

* = nombre d'admis sur nombre de candidats

Source : École nationale de la magistrature.

§ 2. **Le recrutement de juges supplétifs**

791 ***Exigences constitutionnelles communes à tous les recrutements de juges supplétifs*** ◊ Il ne s'agit plus cette fois d'intégrer dans le corps judiciaire des personnes qualifiées qui envisagent de commencer une nouvelle carrière dans la magistrature, mais de permettre à certaines personnes d'exercer *temporairement* les fonctions de juge professionnel, pour une durée limitée. Si ce recrutement a l'avantage d'aérer le corps des magistrats professionnels, il doit être utilisé avec prudence, l'élément momentanément affecté à des tâches juridictionnelles pouvant ne pas rester totalement indépendant de son milieu d'origine. Le Conseil constitutionnel a maintes fois considéré, pour les différentes catégories de juges supplétifs, que « *les fonctions de magistrat de l'ordre judiciaire doivent en principe être exercées par des personnes qui entendent consacrer leur vie professionnelle à la carrière judiciaire* », mais que « *la Constitution ne fait pas obstacle à ce que, pour une part limitée, ces fonctions puissent être exercées à titre temporaire par des personnes qui n'entendent pas pour autant embrasser la carrière judiciaire* » et « *à condition que des garanties appropriées permettent de satisfaire au principe d'indépendance qui est indissociable de l'exercice de fonctions judiciaires, ainsi qu'aux exigences de capacité qui découlent de l'article 6 de la Déclaration de 1789* » [1]. En outre, lorsque la création des juridictions de proximité a

1. Décisions n° 92-305 DC, 21 févr. 1992 (à propos des conseillers et avocats généraux en service extraordinaire à la Cour de cassation de la loi du 25 févr. 1992) et 94-355 DC, 10 janv. 1995 à propos des magistrats à titre temporaire et des conseillers en service extraordinaire dans les cours d'appel de la loi du 19 janv. 1995). *RFD const.* 1995, 377, note Car ; *Justices*, 1996-3, 331, obs. G. Drago ; *D.* 1997. Somm. 128, obs. Renoux ; D. Guihal,

été votée par le Parlement, sans que le statut des juges les composant soit fixé dans la loi, le Conseil a admis cette méthode, mais avec la réserve que « *les juridictions de proximité ne pourront être mises en place qu'une fois promulguée une loi fixant les conditions de désignation et le statut de leurs membres ; cette loi devra comporter des garanties appropriées permettant de satisfaire au principe d'indépendance, indissociable de l'exercice de fonctions juridictionnelles et aux exigences de capacité qui découlent de l'article 6 de la Déclaration de 1789* » [1].

792 ***La multiplication des voies parallèles d'exercice temporaire des fonctions de juge*** ◊ Plusieurs voies d'accès ont été ouvertes par les lois n° 92-189 du 25 février 1992, n° 95-64 du 19 janvier 1995 et n° 2003-153 du 26 février 2003, les unes ayant une vocation permanente, les autres une durée provisoire, la terminologie étant parfois ambiguë [2].

a) Les dispositions permanentes (mais l'exercice de la fonction reste temporaire) sont au nombre de cinq :

1) *Il y a d'abord le détachement judiciaire* (ord. 1958, art. 41 à 41-9, L.O. 25 févr. 1992) qui permet à certains fonctionnaires (professeurs, membres des corps recrutés par l'Ena etc.) d'être détachés dans les fonctions de juges des premier et second grades (TGI et cours d'appel) pour 5 ans non renouvelables [3]. Échec total. Malgré cela, la loi organique du 5 mars 2007 exige que la décision défavorable au détachement rendu par la commission soit motivée (art. 41-2, ord. 1958). Il est vrai qu'elle élargit cette possibilité aux fonctionnaires de l'État, territoriaux et hospitaliers et aux fonctionnaires des assemblées parlementaires appartenant à des corps et cadres d'emplois de même niveau de recrutement (art. 41, al. 2, aj. L.O. 5 mars 2007).

2) *Il y a ensuite les conseillers et avocats généraux en service extraordinaire à la Cour de cassation* (ord. 1958, art. 40-1 à 40-7, L.O. 25 févr. 1992) recrutés pour 5 ans, non renouvelables [4]. Peuvent être candidates toutes personnes « que leur compétence et leur activité qualifient particulièrement pour l'exercice de fonctions judiciaires ». La formule est large... L'ancienneté professionnelle requise est de 25 ans. La loi du 25 juin 2001 en limite le nombre au dixième de l'effectif de chacune des deux catégories.

3) *Il y a encore, les « magistrats exerçant à titre temporaire »* (ord. 1958, art. 41-10 à 41-16, L.O. 19 janv. 1995 et L.O. 5 mars 2007) dont le nom ne doit pas induire en erreur [5]. Les dispositions qui les réglementent ont une vocation permanente ; ce qui est temporaire c'est, pour chaque personne ainsi recrutée, l'exercice des fonctions comme juge d'instance ou assesseurs des TGI (7 ans). Le critère est « la compétence et l'expérience qui qualifient particuliè-

RFD const. 1995, 795. Décision n° 2003-466 DC du 20 févr. 2003, à propos des juges de proximité (consid. 4) ; *LPA*, 13 mars 2003, p. 7, note J. E. Schoettl.

1. Décision n° 2002-461 DC, 29 août 2002 (consid. 15), *LPA*, 5 sept. 2002, note E. Schoettl ; *Cahiers Conseil const.*, 2002-13, p. 12.

2. Sur ces recrutements, J. Héron, *Justices*, 1995.2.272.

3. Ord. 1958, art. 41 à 41-9, réd. L. n° 92-189, 25 févr. 1992.

4. Ord. 1958, art. 40-2, réd. L. 25 févr. 1992.

5. Ord. 1958, art. 41-10 à 41-16, réd. L. n° 95-64, 19 janv. 1995 ; art. 41-12, réd. L. org. n° 98-105, 24 févr. 1998, art. 8 ; décrets d'application, n°s 97-4 et 5, 7 janv. 1997, ajoutant les articles 35-1 à 35-6 au Décr. n° 93-21 du 7 janv. 1993 et modifiés par Décr. n° 98-243 du 2 avr. 1998, art. 11 et 12.

rement ces personnes pour exercer ces fonctions ». La grande originalité c'est que ces magistrats peuvent exercer une activité professionnelle *concomitamment à leurs fonctions judiciaires* (art. 41-14). C'est une sorte de temps partiel pour aider les tribunaux de base surchargés, mais le durcissement du système en 1998 (décr. n° 98-243, 2 avr. 1998, *in* décr. n° 93-21, 7 janv. 1993), par la durée de leur formation qui leur est imposée et ses conditions de déroulement, a découragé nombre de bonnes volontés et cette réforme est un échec ; la loi organique du 5 mars 2007 qui renforce la formation devrait accentuer cette tendance. Désormais en effet, c'est la commission d'avancement de l'article 34 qui arrête la liste des candidats admis (art. 41-12, ord. 1958, al. 1er), mais cette nomination ne peut intervenir qu'après qu'ils aient suivi la même formation probatoire que celle qui est imposée aux auditeurs de justice recrutés par l'un des deux concours de l'article 21-1 (art. 41-12, al. 2, qui y renvoie expressément, v. *supra*, n° 783, c) et largement inspirée de celle que la même loi impose aux candidats à une intégration directe sur titre, puisque le nouvel article 41-12, al. 3, ord. 1958 renvoie purement et simplement aux alinéas 2 et 3 de l'article 25-3 (v. *supra*, n° 790) ; de même, à l'issue de cette formation probatoire, le directeur de l'ENM établit un bilan de celle-ci et le transmet, pour chaque candidat, à la commission d'avancement valant ici commission de nomination ; la nomination n'intervient que sur avis conforme de la commission et toute décision défavorable doit être motivée (al. 5)

4) La possibilité de maintenir en activité les magistrats des cours d'appel et des tribunaux de grande instance ayant atteint la limite d'âge [1], d'abord prorogée jusqu'au 31 décembre 2002 [2], a été pérennisée par la loi n° 2003-153 du 26 février 2003 (art. 4).

5) Enfin, cette même loi organique du 26 février 2003, intégrée dans l'ordonnance statutaire de 1958 et relative aux juges de proximité qui composent les juridictions du même nom (sur lesquelles, v. *supra*, nos 436 et s.), organise un recrutement de portée permanente mais pour un exercice des fonctions limité à 7 ans pour chaque juge de proximité, parmi (art. 41-17, ord. 1958) :

- les anciens magistrats de l'ordre judiciaire et de l'ordre administratif ;
- les personnes âgées de 35 ans au moins que leur compétence et leur expérience qualifient pour exercer ces fonctions, mais à condition, soit d'être titulaire du diplôme qui est exigé des candidats au concours de recrutement étudiant (l'art. 41-17 renvoie à l'art. 16 de l'ordonnance, v. *supra*, n° 782, a), soit d'être membre ou ancien membre d'une profession libérale juridique ou judiciaire soumise à un statut législatif ou réglementaire ou dont le titre est protégé. Cette catégorie de candidats doit en outre justifier de quatre années au moins d'exercice professionnel dans le domaine juridique ;
- les personnes justifiant de 25 ans au moins d'activité dans des fonctions impliquant des responsabilités de direction ou d'encadrement dans le domaine juridique ; le Conseil constitutionnel dans sa décision du 20 févr. 2003 a censuré le bout de phrase qui permettait de recruter des personnes ayant la même durée d'expérience, mais dans le domaine administratif, économique ou social (consid. 13 à 15) ;
- les conciliateurs de justice ayant exercé leurs fonctions pendant au moins cinq ans, ce qui risque d'assécher le vivier de ces fonctions gratuites, alors que celles de juge de proximité sont rémunérées.

1. L.O., n° 88-23, 7 janv. 1988.
2. L. n° 99-583 du 12 juill. 1999 (Cons. const., 8 juill. 1999, 99-418 DC).

Ce vivier [1] appelle deux observations : la première, c'est que les personnes ne remplissant pas directement les conditions exigées pour être juge de proximité pourront trouver dans la qualité de conciliateur de justice pendant cinq ans (dont les conditions d'accès à la fonction sont plus souples, même si une coloration juridique est aujourd'hui exigée), une passerelle vers la fonction de juge. La seconde, c'est que symétriquement, des personnes souhaitant intégrer définitivement la magistrature pourront d'abord demander à être juges de proximité pour « muscler » leur dossier soumis à la commission d'intégration ; on pense notamment aux avocats ; la fonction de juge de proximité servirait ainsi de sas vers une intégration directe, ce qui n'est pas en soi critiquable (mieux vaut recruter des personnes qu'on a côtoyées pendant sept ans que des inconnus).

Nommés pour 7 ans, dans les formes prévues pour les magistrats du siège (art. 41-19), c'est donc le Conseil supérieur de la magistrature qui les choisira [2] ; la loi organique du 5 mars 2007 durcit leur condition de recrutement, par le biais de la formation ; en effet, avant de donner son avis, le CSM « soumet » l'intéressé à une formation probatoire [3] et ce n'est « qu'à titre exceptionnel et au vu de l'expérience professionnelle de l'intéressé » qu'il pourra l'en dispenser, alors que la formule antérieure était beaucoup plus souple (art. 41-19, al. 3 et 4) ; dans les deux cas, formation probatoire ou pas, un stage en juridiction leur est imposé, toute la formation étant organisée par l'ENM [4], dont le directeur transmettra au CSM un rapport sur le bilan de la formation probatoire pour que le CSM puisse statuer en connaissance de cause [5]. Le Conseil constitutionnel a insisté sur cette exigence de formation et le rôle décisif du CSM en considérant, dans sa décision précitée du 20 février 2003 que *« si les connaissances juridiques constituent une condition nécessaire à l'exercice de fonctions judiciaires, ni les diplômes juridiques obtenus par les candidats désignés à l'article 41-17, ni leur exercice professionnel antérieur ne suffisent à présumer, dans tous les cas, qu'ils détiennent ou sont aptes à acquérir les qualités indispensables au règlement des contentieux relevant des juridictions de proximité et qu'il appartiendra, en conséquence, à la formation compétente du CSM, avant de rendre son avis, de s'assurer que les candidats dont la nomination est envisagée sont aptes à exercer les fonctions de juge de proximité et, le cas échéant, de les soumettre à la formation*

1. Au 1er janvier 2007, 42 % étaient titulaires du bac + 4 ans d'études et 4 ans d'expérience juridique, 36 % étaient issus de professions libérales juridiques, 7 % avaient plus de 25 ans d'expérience juridique, 4 % étaient des conciliateurs de justice.

2. Sur le contentieux suscité par ce choix, CE 24 févr. 2006, 5 arrêts, *D.* 2006. 950 ; *LPA*, 18 mai 200-, n° 99, p. 14, concl. Yann Aguila ; 6 nov. 2006, *D.* 2006. 2877 (appréciation de l'expérience professionnelle requise).

3. Les candidats soumis à cette formation probatoire suivent la formation à l'ENM de 12 jours et effectuent en outre un stage en juridiction de 25 ou 35 jours de présence effective, selon le choix du CSM, sur une période de 6 mois, au lieu de 24 jours sur une période de 12 semaines (décr. 7 janv. 1993, art. 35-11, al. 1er, réd. décr. 4 janv. 2007)

4. Sur celle-ci, Décr. n° 2003-438, 15 mai 2003, *in* art. 35-9 à 35-13.

5. Le décret n° 2007-17 du 4 janvier 2007 allonge la période de formation à l'ENM (12 jours, au lieu de 5), et celle du stage en juridiction (25 jours au lieu de 16, sur une période de six mois au lieu de deux, avec une possibilité de réduction en fonction de l'expérience professionnelle du candidat) ; le directeur de l'ENM peut suspendre la formation pour motifs graves et légitimes ; la durée du stage peut être réduite par le CSM, mais « à titre exceptionnel » (art. 35-9 et 10, al. 1er, décr. 7 janv. 1993). Une formation continue, obligatoire les trois premières années d'exercice des fonctions, est instaurée (5 jours par an, art. 35-13, décr. 7 janv. 1993, réd. décr. 4 janv. 2007).

probatoire prévue par l'article 47-19 ; qu'en outre, le CSP pourra disposer, pour chaque nomination, non seulement du dossier du candidat proposé par le ministre de la justice mais aussi des dossiers des autres candidats et que dans le cas où le stage probatoire n'aura pas permis de démontrer la capacité du candidat, il reviendra au CSM d'émettre un avis négatif à sa nomination, même si cet avis a pour effet de ne pas pourvoir un poste offert au recrutement » (consid. 12). Il faut voir dans cette dernière recommandation l'avertissement que la considération d'un besoin fort de recrutement de juge de proximité ne l'emporte pas sur la qualité des candidats.

b) Les dispositions à vocation temporaires ne sont pas intégrées dans l'ordonnance statutaire de 1958. La loi n° 95-64, 19 janv. 1995 (art. 3 à 5), a permis de recruter, *jusqu'au 31 décembre 1999*, des conseillers en service extraordinaire dans les cours d'appel, à hauteur, initialement de trente puis de cinquante au maximum (réd. LO n° 98-105, 24 févr. 1998, art. 6-I-2°). Chacun, recruté parmi les personnes « que leur compétence et leur activité qualifient particulièrement pour l'exercice de fonctions judiciaires » n'exercera ses fonctions que pendant dix ans (réd. LO n° 98-105, 24 févr. 1998, art. 6-II, qui porte de 5 à 10 ans cette durée), non renouvelables. Il faut être âgé de 50 à 60 ans, et justifier de 15 ans d'ancienneté (décr. d'application n° 96-214 du 19 mars 1996, art. 5, mod. Décr. n° 98-243 du 2 avr. 1998, art. 9 et 10).

À l'occasion du vote de la loi modificative du 24 février 1998, le Conseil constitutionnel [1] a fait application de sa jurisprudence dite de l'effet *« cliquet »* [2], pour juger que ni l'allongement de la durée des fonctions (de 5 à 10 ans), ni l'accroissement du nombre de ces recrutements temporaires (de 30 à 50 pour les conseillers de Cours d'appel), ne remettent en cause ni le caractère exceptionnel de l'exercice des fonctions judiciaires par des personnes *« n'ayant pas consacré leur vie professionnelle à la carrière judiciaire »*, ni la part de ces personnes dont *« le membre restera limité »*. En revanche, les dispositions réglementaires doivent permettre que ces magistrats satisfassent au principe d'indépendance aux exigences qui découlent de l'article 6 de la Déclaration des droits de l'homme et du citoyen.

Détachement judiciaire
(article 41-1)

Année	Candidats	Admis
2002	6	5
2003	5	2
2004	4	2
2005	7	3
2006	12	9
2007	9	7
2008	2	1

Source : École nationale de la magistrature.

1. Décision n° 98-396 DC, 19 févr. 1998, v. n° 787.
2. En modifiant une loi, le Parlement doit améliorer la satisfaction des principes constitutionnels et ne pas provoquer une régression de leur protection.

Conseillers, avocats généraux,
Cour de cassation en service extraordinaire (article 40-1)

Année	Candidats	Admis total
2002	11	3
2003	5	2
2004	1	0
2005	4	4
2006	2	0
2007	NC	NC
2008	0	0

Source : École nationale de la magistrature.

Magistrat à titre temporaire
(article 41-10)

Année	Candidats	Admis
2002	3	0
2003	6	3
2004	2	0
2005	2	2
2006	0	0
2007	4	0
2008	2	1

Source : École nationale de la magistrature.

792-1 ***Proposition de la commission Guinchard sur la réorganisation des contentieux et la déjudiciarisation*** ◊ Cette commission a proposé, dans l'esprit d'assurer le parallélisme des situations avec les magistrats qui sont aujourd'hui (en grand nombre) professeurs associés dans la Facultés de droit, que les professeurs et maîtres de conférences en droit, aient la possibilité d'être nommés magistrats associés, en cumul d'emploi avec leurs fonctions d'enseignants chercheurs [1].

SECTION 2. LA NOMINATION

793 ***Nomination par le chef de l'État. Principe et exception*** ◊ *Traditionnellement*, les nouveaux magistrats sont nommés par le chef de l'État ; cette prérogative n'a pas été enlevée au président de la République par les Constitutions de 1946 et de 1958. Simplement, la loi organique n° 94-101 du 26 février 1994 (*in* art. 26, ord. 1958) impose désormais que la liste des propositions d'affectation des auditeurs de justice, suivant leur rang de classement à l'examen de sortie, soit soumise à la section compétente du Conseil supérieur de

1. *L'ambition raisonnée d'une justice apaisée*, Doc. fr., 2008, proposition n° 23.

la magistrature, afin qu'elle puisse, si besoin était, donner un avis défavorable à certaines affectations. Ce mode de nomination a été retenu par la loi organique du 26 février 2003 s'agissant des juges de proximité (art. 41-18, ord. 1958). Et la loi organique du 5 mars 2007 ajoute que le souhait exprimé par un auditeur de justice en fonction de son rang de classement, sur la liste des postes offerts, ne peut porter sur des fonctions pour lesquelles le jury de sortie a émis des réserves à son encontre (art. 26, al. 2 ; ord. 1958).

794 ***Serment. Installation*** ◊ Une fois nommé, le magistrat prête serment devant la cour d'appel (devant la Cour de cassation pour ceux qui y sont nommés directement) ; la formule du serment est contenue dans l'article 6 de l'ordonnance n° 58-1270, du 22 décembre 1958 [1]. Les juges de proximité sont soumis à la même disposition (art. 41-18, al. 5, ord. 1958).

Après le serment, on procède à l'installation du nouveau magistrat en audience solennelle de la juridiction à laquelle il est nommé ou rattaché (art. 7 de la même ordonnance mod. par LO du 29 oct. 1980). Les juges de proximité sont installés après leur stage en juridiction et leur formation (art. 41-19, art. 1958 et art. 35-9, al. 1er, Décr. 7 janv. 1993).

1. « Je jure de bien et fidèlement remplir mes fonctions, de garder religieusement le secret des délibérations et de me conduire en tout comme un digne et loyal magistrat ». Sur le serment, B. Beignier, *L'honneur et le droit*, LGDJ, 1995, préf. J. Foyer, p. 495 s.

CHAPITRE 2

LE STATUT JURIDIQUE DES MAGISTRATS PROFESSIONNELS ET DES AUTRES JUGES DE L'ORDONNANCE DE 1958

795 ***Le statut des magistrats professionnels et celui des fonctionnaires***
◊ Pour que les tribunaux statuent avec l'impartialité désirable, il ne suffit pas que les règles de recrutement garantissent la compétence des juges ; il faut encore que ceux-ci bénéficient, au cours de leur carrière, d'un statut leur permettant de préserver leur indépendance, de résister aux pressions qui s'exerceraient sur eux ; il est indispensable aussi que le magistrat ne soit pas pris entre son intérêt personnel et les devoirs de sa charge. Le magistrat, tout en exerçant une fonction publique, doit bénéficier, dans l'intérêt même des justiciables, d'une position, à certains égards, privilégiée [1].

C'est cette difficile conciliation qui a retardé l'extension aux magistrats du statut général des fonctionnaires adopté par la loi du 19 octobre 1946. Seuls avaient été déclarés applicables aux magistrats, par une loi du 20 mars 1951, les articles relatifs aux conditions générales de recrutement, aux congés, aux détachements, à la mise en disponibilité.

Il existait cependant une série de règles qui, par leur combinaison, formaient, dans leur ensemble, un véritable statut, plaçant le magistrat dans une position juridique particulière. La règle de l'inamovibilité, les dispositions sur l'avancement et la discipline conféraient à ce statut des traits originaux.

Il était souhaitable de refondre ces éléments un peu disparates et dispersés et de rapprocher, dans la mesure du possible, la situation du magistrat de celle du fonctionnaire ordinaire. Ce fut l'objet des textes de 1958.

Auparavant, il importe de bien préciser que les magistrats sont hors champ du statut général de la fonction publique ; ils bénéficient d'un statut autonome et non pas d'un statut particulier (qui vient compléter et préciser le statut général) ou spécial (qui vient, par des dispositions législatives spéciales, déroger au statut général). Cette autonomie est affirmée aux articles 1er et 2 de la loi n° 83-634 du 13 juillet 1983 et aux mêmes articles de la loi n° 84-16 du 11 janvier 1984. Pour autant, cette autonomie n'interdit pas d'appliquer aux magistrats certaines dispositions du statut général, par renvoi du statut autonome au statut général (par ex. art. 68, ord. 22 déc. 1958 qui renvoie au statut

1. Les règles qui seront décrites ici sont celles qui s'appliquent aux magistrats professionnels, bien que certaines soient communes à tous les juges (obligation de juger sous peine de déni de justice, respect du secret des délibérations, abstention, récusation, etc.). – CE (Ass. plén.), 2 févr. 1962, *Gaz. Pal.*, 5 sept. 1962, *RTD civ.* 1962.698, obs. Hébraud, précise que le statut des magistrats n'englobe pas les magistrats élus des juridictions d'exception. Comp. *supra,* n° 476 avec la décision du Conseil constitutionnel en 2006 à propos de la qualité de magistrat des conseillers prud'homaux.

général pour les positions en activité, en détachement, en disponibilité etc.), ni les principes généraux du droit de la fonction publique.

796 ***Textes applicables aux magistrats professionnels*** ◊

a) *Le texte de base* est bien sûr la Constitution de 1958 et ses articles 64 et 65, ce dernier ayant été modifié par les lois constitutionnelle du 27 juill. 1993 et du 23 juillet 2008 pour réformer le Conseil supérieur de la magistrature [1] (v. *supra*, n° 108).

b) L'autre texte de base du statut des magistrats est l'ordonnance 58-1270 du 22 déc. 1958, maintes fois modifiées et en dernier lieu, par la loi organique du 5 mars 2007 (n° 2007-287).

c) Il faut y ajouter :

- d'une part, les textes d'application de l'ordonnance de 1958 ;

- d'autre part, les textes relatifs au Conseil supérieur de la magistrature : art. 65 de la Constitution précité, loi organique n° 94-100 du 5 févr. 1994 [2] et décret n° 94-199 du 9 mars 1994 ;

- enfin, des textes « périphériques », tels que la loi n° 95-9 du 6 janvier 1995 [3], loi de programmation de la Justice, mais qui révèle, au-delà des chiffres, des orientations substantielles dans les principes mêmes de fonctionnement des juridictions (rendement, division et rationalisation des tâches etc.). Ou encore la loi 95-125 du 8 févr. 1995 avec ses dispositions assouplissant le dispositif de délégation des magistrats [4].

797 ***Le statut des juges de proximité*** ◊ Bien que n'étant pas des juges de carrière, le Conseil d'État avait souhaité, dans l'avis qu'il avait donné sur le projet qui allait devenir la loi du 9 septembre 2002, qu'ils soient intégrés dans le corps judiciaire, sans doute en raison de leurs attributions en matière pénale et qu'ils apparaissent, de par leur compétence, comme des démembrements des juridictions d'instance ; on concevrait mal que des attributions traditionnelles de ces juges leurs soient enlevées pour les confier à des juges n'offrant aucune garantie. En réalité, ces juges ne font pas partie du corps judiciaire proprement dit (v. *supra*, n° 765), tout en relevant de dispositions intégrées dans l'ordonnance statutaire de 1958 par la loi organique du 26 février 2003 :

- Ils sont placés sous l'autorité du juge d'instance qui organise leur activité et les services de la juridiction ; c'est ce juge qui fixe par une ordonnance annuelle la répartition des juges de proximité dans les différents services de la juridiction (art. 41-18, ord. 1958) et atteste de la réalité du service fait ouvrant droit à vacation (Arr. 4 janv. 2007) [5].

- Leur activité est exercée à temps partiel et ils sont payés à la vacation (art. 47-21, ord. 1958 et art. 35-14, Décr. 93-21, 7 janv. 1993 ; Arr. 4 janvier

1. *Commentaire* ; Nguyen Van Tuong, *JCP* 1993. I. 3703 ; C. Bigaut et J.-P. Lay, *D.* 1993. Chron. 275 ; L. Cadiet, *JCP* 1993. I. 3723, n° 1 ; Picard, *JCP* 1994. I. 3736, n° 4.

2. Nguyen Van Tuong, *JCP* 2 mars 1994, Actu.

3. Ch. Jamin, *RTD civ.* 1995.445.

4. J.-P. Ménabé, *D.* 1995. 41 ; L. Cadiet, *JCP* 1995. I. 3846, n° 5 ; A. Cœuret, *RTD civ.* 1995. 445.

5. *JO* 6 janv. 2007

2007 [1] qui abroge celui du 15 mai 2003). Par dérogation au statut des magistrats de carrière, et par nature consubstantielle à leur instauration, ils peuvent exercer une activité professionnelle concomitamment à leurs fonctions judiciaires, sous réserve que cette activité ne soit pas de nature à porter atteinte à la dignité de la fonction et à leur indépendance ; les membres des professions libérales juridiques et judiciaires soumis à un statut et leurs salariés (dont on rappelle qu'elles devraient constituer un vivier de recrutement de ces juges), ne peuvent exercer des fonctions de juge de proximité dans le ressort du TGI où ils ont leur domicile professionnel ; ils ne peuvent effectuer aucun acte de leur profession dans le ressort de la juridiction de proximité à laquelle ils sont affectés (art. 41-22, ord. 1958). Aucun agent public ne peut exercer concomitamment ces fonctions sauf les professeurs et maîtres de conférences des universités (art. 47-22, ord. 1958).

- Ils ne peuvent connaître de litiges présentant un lien avec leur activité professionnelle ou lorsqu'ils entretiennent ou ont entretenu des relations professionnelles avec l'une des parties (art. 41-22, ord. 1958). Ils ne peuvent faire état de leur qualité de juge de proximité dans les documents relatifs à l'exercice de leur activité professionnelle, non seulement pendant la durée de leurs fonctions, mais aussi postérieurement à la cessation de celles-ci (art. 41-22, dernier al., ord. 1958).

- Ils ne peuvent être ni membres du CSM, ni de la commission d'avancement, ni participer à la désignation des membres de ces instances ; ils ne bénéficient d'aucun avancement de grade (ils sont d'ailleurs rémunérés à la vacation, cf. art. 41-21) ; en revanche, ils ne peuvent être mutés sans leur consentement et l'obligation de résidence au siège de la juridiction ne leur est pas applicable (art. 13, ord. 1958, écarté par art. 47-20).

- Ils restent en fonction jusqu'à 75 ans, par dérogation à la limite d'âge applicable aux magistrats professionnels (art. 76, ord ; 1958, déclaré inapplicable par art. 47-20) ; mais la durée maximale d'exercice des fonctions est de 7 ans. Ils sont évalués dans les conditions applicables aux magistrats, mais un entretien est prévu avec le juge d'instance de la juridiction où ils sont affectés (art. 12-1, ord. 1958). Il ne peut être mis fin à leurs fonctions qu'à leur demande ou pour faute disciplinaire (art. 41-24, ord. 1958). En effet, les juges de proximité sont soumis au pouvoir d'avertissement et au pouvoir disciplinaire tels qu'ils sont réglementés au chapitre 7 de l'ordonnance statutaire, mais trois sanctions seulement peuvent être prononcées : l'avertissement, la réprimande et la fin des fonctions (art. 47-23, ord. 1958). Pendant un an après la cessation de leurs fonctions, ils doivent s'abstenir de toute prise de position publique en relation avec ces fonctions.

Nous envisageons successivement les règles communes aux magistrats du siège (Section 1), puis celles plus spécifiques aux membres du Parquet (Section 2).

1. Décret et arrêté améliore la rémunération des juges de proximité : 200 vacations maximum par an contre 132 et revalorisation par une modification du calcul des indemnités (en taux unitaires).

SECTION 1. RÈGLES COMMUNES AUX MAGISTRATS DU SIÈGE

SOUS-SECTION 1. La carrière du magistrat

798 ***Plan*** ◊ Le statut des magistrats, tout au moins pour ceux du siège, est dominé par le grand principe de l'inamovibilité. On l'exposera (§ 1), avant de préciser comment, dans le cadre de la hiérarchie du corps, est aménagé l'avancement (§ 2).

§ 1. L'inamovibilité des magistrats

799 ***L'inamovibilité. Origine et raison d'être de la règle. Renvoi*** ◊ Une fois nommés, les magistrats sont inamovibles, ce qui revient à dire qu'ils ne peuvent être destitués, suspendus ou déplacés que dans des conditions prévues par la loi. Ils ne sont pas à la discrétion du pouvoir exécutif. Tel est le sens du mot *inamovibilité*, pour la problématique de laquelle nous renvoyons à ce qui a été dit *supra*, n° 111.

800 ***Magistrats protégés*** ◊ Jusqu'à la Constitution de 1946, l'inamovibilité ne s'étendait pas à tous les magistrats ; elle ne protégeait ni les juges de paix, ni les magistrats d'outre-mer, ni les membres du ministère public. Depuis 1946, et la solution a été maintenue en 1958, *tous les magistrats du siège*, sans distinction, bénéficient de l'inamovibilité. Seuls, ne sont pas inamovibles les magistrats du ministère public, pour des raisons que l'on indiquera dans la Section 2.

801 ***Portée de la règle*** ◊ L'ordonnance du 22 décembre a précisé la portée de la règle par la formule suivante : « En conséquence, le magistrat du siège ne peut recevoir sans son consentement, une affectation nouvelle, même en avancement ».

a) Ainsi, le magistrat est protégé contre les révocations, les déplacements ou les suspensions arbitraires qui pourraient constituer des moyens de pression sur lui.

b) L'inamovibilité ne va pas cependant jusqu'à investir le magistrat sa vie durant, de ses fonctions. Celui-ci peut être mis à la retraite, réformé pour invalidité ; il peut être l'objet de mesures disciplinaires.

Ainsi que l'avait fait remarquer P. Hébraud [1], la règle de l'inamovibilité a perdu avec le temps une partie de sa force. Elle a surtout valeur de symbole.

1. P. Hébraud, *Les garanties d'indépendance des juges*, Travaux de l'Institut de droit comparé de Paris, 1959 ; *Justice*, 1957. I, « L'autorité judiciaire », *D.* 1959. Chron., p. 81 ; obs. *RTD civ.* 1961.367 ; A. Holleaux, « L'administration des magistrats et leur indépendance », *RF sc. pol.*, 1963.44 ; R. Savatier, « Le juge dans la Cité française », *D.* 1967. Chron. 195. V. cependant Cons. const. 26 janv. 1967, *JCP* 1967. II. 15041, *Rev. trim.* 1967.442, obs. Hébraud (v. *infra*, n° 1) cf. CE 15 oct. 1965, *Gaz. Pal.* 29 juin 1966 ; CE 11 févr. 1966 ; *Act. jur.*, 1966.430, obs. V. S. ; *RTD civ.* 1967.444, obs. Hébraud, Cons. const. 9 juill. 1970, *Grandes décisions*, n° 15 (Dalloz, 11ᵉ éd., 2001) ; Cons. const. 24 oct. 1980, *AJDA* 1981. 139, note L. Hamon. Sur la consécration de l'inamovibilité par le

En fait, elle n'assurerait, à elle seule, au magistrat qu'une garantie trompeuse et insuffisante si n'avaient été aménagées des règles protectrices, notamment en ce qui concerne l'avancement et la discipline. Mais il est incontestable que la situation du magistrat se rapproche de plus en plus actuellement de celle du fonctionnaire.

c) La règle n'est pas incompatible avec des exigences de mobilité, dès lors que celles-ci sont prédéterminées et les mêmes pour tous. La limitation d'exercice de certaines fonctions dans un temps prédéterminé ne constitue pas une atteinte à l'inamovibilité des magistrats. C'est ce que nous avions souhaité dans ce Précis depuis 1996 (v. *supra* n° 126) et que la loi du 25 juin 2001 concrétise, par exemple en limitant à sept ans l'exercice des fonctions de président de TGI ou de procureur de la République dans un même tribunal (art. 28-2 et 38-2, ord. 22 déc. 1958), de premier président ou de procureur général d'une même Cour d'appel (art. 37), ou encore, à dix ans dans le même TGI les fonctions de juge d'instruction, de juge des enfants, de JAP ou de juge d'instance (art. 28-3) ; la même disposition s'appliquait aux fonctions de JAF, mais la loi organique n° 2003-153 du 26 février 2003 supprime (art. 4) cette limite en ce qui les concerne. Une limite de dix ans est fixée, mais pour d'autres raisons, à l'exercice des fonctions de conseiller référendaire ou d'avocat général référendaire à la Cour de cassation (art. 28, dernier al., ord. 1958) ; des dispositions particulières sont prévues pour réaffecter ces référendaires (art. 28-1).

d) La règle de l'inamovibilité doit aussi s'accommoder des exigences du service public, en tout cas de celles liées à sa continuité :

- Il faut parfois remplacer un juge malade ou en congé maternité etc. Une loi organique du 29 octobre 1980 (*in* art. 3-1, ord. 1958) avait donc organisé le remplacement temporaire de ces juges par des collègues, « *juges-volants* » ou « *placés* ». Les lois organiques du 19 janvier 1995 et du 25 juin 2001 ont progressivement élargi le système en permettant ces remplacements pour 8 mois et non plus 4 (loi de 2001) et pour 3 séries d'hypothèses qui font passer les « juges placés » de remplacements ponctuels (maladie, maternité, adoption, stages de formation, congés annuels, art. 3-1, al. 1er) à des remplacements structurels pour emploi vacant (al. 2), voire « *pour renforcer l'effectif d'une juridiction afin d'assurer le traitement du contentieux dans un délai raisonnable* » (al. 3) ; en clair les juges placés sont devenus des pompiers volants ou, pour ceux qui préfèrent une terminologie tirée de l'Éducation nationale des « TZR », c'est-à-dire des titulaires en zones de remplacement ! Les alinéas suivants du texte fixent la procédure à suivre, les garanties accordées aux juges placés et limitent à 6 ans l'exercice de telles fonctions (al. 10).

- Il y a aussi les délégations de magistrats sur un autre poste que le leur (art. L. 121-4 et R. 121-3, COJ). La loi n° 95-125 du 8 février 1995 porte cette possibilité de une à cinq par an et son maximum de deux à trois mois (et même à six mois pour un juge de l'expropriation, al. 3). À la discrétion des chefs de cour d'appel, cette possibilité ainsi étendue porte en elle le risque d'une déstabilisation des magistrats concernés. Il faudra la manier avec prudence.

Conseil constitutionnel v. T. Renoux, *Le Conseil constitutionnel et l'autorité judiciaire*, Économica, 1984, p. 113 et s.

§ 2. La hiérarchie des magistrats. Les conditions d'avancement

802 ***Hiérarchie*** ◊ Les règles sur la hiérarchie ont été à maintes reprises modifiées, car l'enjeu n'est pas neutre en termes d'indépendance de la justice. Comme un auteur l'a pertinemment fait remarquer, « *trop hiérarchisée, la structure du corps judiciaire présente le risque de conduire le magistrat à une culture de soumission, située dans une perspective d'avancement ; trop ouverte, elle présente le danger tout aussi pernicieux de décourager toute velléité d'implication dans les exigences d'un métier désormais en relation directe avec les réalités économiques et sociales* » [1]. On a tendu à réduire et simplifier les échelons. L'ordonnance n° 58-1270 du 22 décembre 1958 (art. 2 et s.) ne conserve plus que deux *grades*, mais accroît la liste des magistrats hors hiérarchie.

La répartition des magistrats du siège et du parquet dans ces cadres est donnée par un décret n° 58-1277, du 22 décembre 1958 (art. 1 à 3), modifié à plusieurs reprises, et se présente sous la forme des trois grades, avec de bas en haut : le deuxième grade, le premier et la « *hors hiérarchie* ». À l'intérieur des deux premiers grades on distinguait des groupes, mais la loi du 15 juin 2001 les supprime (art. 1er de la loi et art. 2, ord. 22 déc. 1958) conformément au vœu de simplification que nous avions émis dès 1996 (v. *supra* n° 125).

On ne peut séparer trop nettement le grade et la fonction dans la mesure où l'exercice de certaines fonctions dépend du fait d'appartenir à un certain degré de la hiérarchie. La commission Darrois (avril 2009) préconise d'offrir une formation adéquate aux professionnels qui exercent ou qui envisagent d'exercer des fonctions de chef de juridiction ou de Parquet (même suggestion pour les bâtonniers).

803 ***Problématique de l'avancement*** ◊ Les magistrats sont recrutés jeunes (avant 30 ans) et ils doivent accomplir une carrière (pendant près de 40 ans) marquée de promotions, d'avancements. Comment assurer leur indépendance par rapport à ceux qui les nomment et assurent leurs promotions ? C'est un problème délicat qui se rattache, nous l'avons vu à la question plus large de l'inamovibilité (v. *supra* n° 117).

804 ***Combinaison de l'ancienneté et du choix. Tableau d'avancement. Listes d'aptitude et de sélection*** ◊ Jusqu'au début du XXe siècle, aucun effort n'avait été tenté pour limiter l'action du favoritisme dans la magistrature et donner à ses membres des garanties d'avancement régulier. Pour la première fois, le décret du 18 août 1906 a imposé au ministre de la Justice la confection d'un tableau d'avancement. Le système a été perfectionné par un décret du 21 juillet 1927. Le régime de l'avancement est actuellement contenu dans l'ordonnance 58-1270, du 22 décembre 1958 et le décret 93-21 du 7 janvier 1993. Il varie selon qu'il s'agit d'avancer du second au premier grade ou de l'accès aux postes hors hiérarchie, sachant que la loi du 25 juin 2001 a opéré un nouveau « pyramidage » du corps qui devrait, selon le CSM, faire passer les magistrats du second grade (le moins élevé) de 65 % à 30 % du corps, les

1. T. Renoux, obs. ss. Décision 19 juin 2001, *RFD const.* 2001-48, 731-732.

magistrats du premier grade de 28 % à 62 % et ceux hors hiérarchie de 5 à 10 % [1] :

a) *Les magistrats des second et premier grades :* 1) Ils ne peuvent avancer que s'ils sont inscrits (au choix donc) sur un tableau d'avancement. Mais cette inscription suppose remplie une condition préalable d'ancienneté, variable selon la promotion possible (art. 13, D. 7 janv. 1993). Pour que le choix ne soit pas arbitraire, c'est une commission d'avancement composée de vingt magistrats (dont seize élus par leurs pairs et quatre ès qualités des fonctions qu'ils occupent) qui dresse le tableau (ord. 1958, art. 35). Pour l'établir, la commission prend connaissance du dossier individuel du magistrat et notamment de l'évaluation, par sa hiérarchie (décr. 7 janv. 1993, art. 19), de son activité professionnelle, évaluation qui a remplacé la « notation ». La procédure d'évaluation est contradictoire (ord. 1958, art. 12-1 ; D. 7 janv. 1993, art. 18 à 21) [2]. Le tableau est ensuite [3] adressé à chaque magistrat retenu et, dans un souci de *transparence*, affiché dans chaque juridiction ; les magistrats qui n'y figurent pas peuvent ainsi demander leur inscription (D. 7 janv. 1993, art. 24).

2) *Les listes d'aptitude et de sélection* répondent à un autre objectif que le tableau d'avancement, permettre de sélectionner des magistrats aptes à exercer certaines fonctions, indépendamment de leur grade ; il peut arriver en effet, qu'une personne mérite de passer au grade supérieur, mais pas d'exercer certaines fonctions. D'où les listes d'aptitude pour l'exercice de certaines fonctions (président etc.). Ces propositions de nomination sont communiquées au CSM et aux chefs de la Cour de cassation et des cours d'appel, pour diffusion.

3) *Les promus* de grade ou de fonction sont nommés par décret du président de la République, sur proposition du garde des Sceaux et après avis *conforme* du CSM pour les magistrats du siège (art. 65 de la Constitution) et même sur proposition du CSM pour les fonctions de président de TGI (Constitution, art. 65, al. 5 ; ord. 1958, art. 28).

b) *Les magistrats hors hiérarchie* sont nommés sans intervention de la commission d'avancement mais, soit sur avis conforme du CSM (qui lie donc le gouvernement), soit *sur proposition* du CSM pour les postes de conseiller à la Cour de cassation, premier président de cour d'appel, président de TGI classé hors hiérarchie (Constitution, art. 65) [4].

805 ***Les nouvelles conditions de mobilité (lois du 25 juin 2001 et du 5 mars 2007)*** ◊ Reprenant plusieurs des suggestions que nous avions émises dans les précédentes éditions de ce *Précis* (v. *supra* n° 126), la loi organique du 25 juin 2001 pose toute une série d'exigences de mobilité pour pouvoir bénéficier d'une promotion :

1. Rapport du CSM pour 2001, Doc. fr., 2002, p. 5.
2. Elle donne lieu à un contentieux, CE 4 févr. 2005, *D.* 2005. 2717, note J.-P. Jean et H. Pauliat ; *AJDA* 2005. 1519, note P. Blanchet (qui statue aussi sur la question, différente, de la prime « modulable », dont le Conseil d'État estime qu'elle ne porte pas atteinte à l'indépendance des juges ; sur cette question, v. aussi CE 8 juill. 2005, *Annonces de la Seine*, qui retient l'erreur d'appréciation d'un premier président pour fixer le taux de la prime d'un magistrat). CE 28 déc. 2005, trois arrêts, *Gaz. Pal.* 9 mars 2006, concl. M. Guyomar.
3. D'où le nom de *« transparence »* donné à ce tableau, même si son élaboration est opaque.
4. A. Bancaud, *La Haute magistrature judiciaire entre politique et sacerdoce, ou le culte des vertus moyennes*, LGDJ, 1993.

- Nul magistrat ne peut être promu au premier grade dans la juridiction où il est affecté depuis plus de cinq années, à l'exception de la Cour de cassation (art. 2, al. 2, ord. 22 déc. 1958).

- Nul ne peut être nommé dans un emploi de président de TGI ou de procureur de la République dans la juridiction où il est affecté (art. 2, dernier alinéa, ord. 22 déc. 1958). Une exception est prévue au profit du magistrat qui remplit l'une de ces fonctions lorsque l'emploi correspondant est élevé au niveau hiérarchique supérieur.

- Nul magistrat ne peut être nommé à un emploi hors hiérarchie, « s'il n'a exercé deux fonctions lorsqu'il était au premier grade et satisfait à l'obligation de mobilité de l'article 76-4 » (cette dernière exigence a été ajoutée par la loi organique du 5 mars 2007). Si ces fonctions présentent un caractère juridictionnel, elles doivent avoir été exercées dans deux juridictions différentes (art. 39, al. 2, ord. 22 déc. 1958). Quant à l'obligation de mobilité définie au nouvel article 76-4, elle consiste, après au moins quatre années de services effectifs dans le corps judiciaire, à accomplir une période dite de mobilité statutaire, d'un an renouvelable une fois, au cours de laquelle ils ne peuvent exercer de fonctions d'ordre juridictionnel (al. 1) ; elle peut être accomplie auprès d'une administration française, d'une entreprise publique ou privée, d'une personne morale de droit privé assurant des missions d'intérêt général, d'une institution ou d'un service de l'Union européenne, d'un organisme qui lui est rattaché, d'une organisation internationale ou d'une administration étrangère ; la demande est soumise à l'avis du CSM (v. *infra*, n° 807, e) ; en sont dispensés les magistrats qui, avant leur entrée en fonction, avaient accompli sept ans au moins d'activité professionnelle (art. 76-5, ord. 1958). Sont exemptés de ces deux conditions les conseillers référendaires et les avocats généraux référendaires à la Cour de cassation.

- Nul magistrat ne peut être nommé à un emploi hors hiérarchie à la Cour de cassation s'il n'est ou n'a été magistrat hors hiérarchie ou si, après avoir exercé les fonctions de conseiller référendaire ou d'avocat général référendaire à la Cour de cassation, il n'occupe un autre emploi du premier grade (art. 39, al. 3). Néanmoins, et pour favoriser les conseillers référendaires et les avocats généraux référendaires, la loi organique du 5 mars leur réserve un emploi vacant sur quatre s'ils sont au premier grade et ont exercé leurs fonctions de référendaires pendant au moins huit ans (art. 39, al. 4, ord. 1958) ; au cas ces postes ne pourraient ainsi être pourvus, faute de candidats, ils le seraient par les magistrats qui remplissent les conditions que nous venons de donner (al. 5).

- On y ajoutera les dispositions sur la durée maximale d'exercice de certaines fonctions (v. *supra* n° 801, c).

- À l'inverse, la loi du 25 juin 2001 supprime la possibilité pour les magistrats de bénéficier des dispositions de la loi du 30 décembre 1921 (loi *Roustan*) qui permettent aux fonctionnaires mariés de rejoindre leur conjoint en poste dans un autre département (art. 29, ord. 22 déc. 1958) : le Conseil constitutionnel a validé cette disposition, tout en relevant que la loi préservait « *le droit de magistrats à voir tenir compte de leur situation de famille, dans toute la mesure compatible avec le bon fonctionnement du service et les particularités de l'organisation judiciaire* » [1].

1. Décision 2001-445 DC, 19 juin 2001, consid. 19.

La commission Darrois (avril 2009) préconise de modifier la loi du 5 mars 2007 pour porter la durée de la mobilité à deux ans renouvelables et pour permettre son accomplissement en cabinet d'avocats.

SOUS-SECTION 2. Les obligations des magistrats

806 ***Interdictions*** ◊ Les magistrats sont astreints à certains devoirs, rigoureusement sanctionnés, tenant à leur qualité de fonctionnaire (obligation de résidence, sauf dérogation individuelle et provisoire, art. 13 de l'ordonnance, interdiction de s'absenter sans congé régulier) et à leur mission ; c'est ainsi que, sous peine de *déni de justice* (art. 5, C. civ., art. 366-9, CPC) [1], ils sont obligés de statuer, même en cas de silence de la loi, et qu'ils doivent soigneusement s'abstenir de violer le *secret des délibérations* [2].

De nouvelles prescriptions ont pris place dans l'ordonnance n° 58-1270, du 22 décembre 1958. L'article 10 interdit aux juges toute délibération politique, toute manifestation d'hostilité au principe ou à la forme du Gouvernement de la République ; il déclare également illicite toute action concertée de nature à arrêter ou entraver le fonctionnement des juridictions ; les magistrats n'ont pas le droit de faire grève [3].

L'article 43, alinéa 1 de l'ordonnance n° 58-1270 du 22 décembre 1958 pose que « tout manquement par un magistrat aux devoirs de son état, à l'honneur, à la délicatesse ou à la dignité, constitue une faute disciplinaire » [4].

Les magistrats sont en outre tenus à un devoir de réserve [5]. Sur leur déontologie, v. *supra*, n° 187, en ajoutant que le Conseil supérieur de

1. Civ. 3e, 16 avr. 1970, *D.* 1970. 474, note M. Contamine-Raynaud ; *RTD civ.* 1970. 607, obs. Hébraud.

2. V. par ex. Soc., 15 janv. 1964, *JCP* A 1964. IV, n° 4444, obs., J. A. ; cf. CE 15 oct. 1965, *JCP* 1966. II. 14487 ; Nancy, 16 mai 1968, *D.* 1968.519 ; Crim. 25 janv. 1968, *D.* 1968.153, rapp. cons. Costa, *JCP* 1968. II. 15425, note R. L. ; Nancy, 16 mai 1968, *D.* 1968.529, *RTD civ.* 1968.752, obs. Hébraud.

3. R. Tunc, La grève et la justice, *Rev. adm.*, 1951, p. 530 ; J.-L. Quermonne, « Le droit public prétorien de la grève », *D.* 1959. Chron., p. 13.

4. Sur l'honneur des magistrats, B. Beignier, *L'honneur et le droit*, LGDJ, 1995, préf. J. Foyer, p. 418, texte et note 2.

5. V. sur l'obligation de réserve à laquelle est tenu le magistrat, Cons. sup. magist., 24 mars 1966, *RTD civ.* 1966.364, obs. Hébraud ; *RTD civ.* 1966.578, lettre de M. J. Foyer, ministre de la Justice suivie de la réponse signée P. H. et P. R., CE 1er déc. 1972, *D.* 1973.190, note J. Robert, concl. Grevisse, *RD publ.* 1973. 516, *AJDA* 1973.37 sur l'obligation de réserve du syndicat de la magistrature, Billy, « L'obligation de réserve. Le pouvoir judiciaire », mars et mai 1972 ; *Justice* 1972, sept. et nov. 1972 (5e congrès), *Justice* 1973, janv. et févr. F. Dreyfus, « Syndicalisme et devoirs de réserve dans la magistrature », *Gaz. Pal.*, 11-12 avr. 1973, Ch. Brechon-Moulene, « Obligation de réserve et liberté syndicale », *Act. jur. dr. adm.*, 1973.339. *Justice* 1973, mai 1973, CE 31 janv. 1975 (*Expertier*), 31 janv. 1975 (*Volff*) *RD publ.* 1975. 821 et 822 ; *JCP* 1975. II. 18099, note P. Albertini, note J. Robert ; *RD publ.* 1975. 811. CE 14 mars 1975 (*Rousseau*), *RD publ.* 1975, p. 837, concl. D. Dondoux ; *RD publ.* 1975. 823 ; CE, Ass., 16 janv. 1976 (*Dujardin*), *AJDA* févr. 1976. 75, chron. Boyon et Nauwelaers, CE 5 mai 1982 (*Bidalou*), *D.* 1984.103, note F. Hamon. V. Avis Commission disciplinaire du parquet du 10 juill. 1978 (*Gaz. Pal.* 1978. 1. 156).

la magistrature doit élaborer et rendre public chaque année un recueil des obligations déontologiques des magistrats (L.O. 5 févr. 1994, art. 20, réd. L.O. 5 mars 2007).

807 ***Incompatibilités et pantouflage*** ◊ Sur ce point, l'ordonnance reprend les solutions anciennes (art. 8 à 10).

a) La fonction de magistrat est incompatible avec l'exercice de toute fonction publique, de toute autre profession civile, commerciale ou salariée (art. 8) : un juge ne peut être ni préfet, ni avocat, ni officier ministériel, ni commerçant, ni salarié [1]. Si un ancien magistrat devient avocat, avoué, notaire etc. il ne peut exercer cette profession dans le ressort d'une juridiction où il a exercé ces fonctions depuis moins de cinq ans, disposition non applicable aux magistrats de la Cour de cassation (Ord. 1958, art. 9-1). Ces dispositions trouvent une exception, on l'a vu, pour les magistrats « exerçant à titre temporaire » (v. *supra*, n° 792).

b) *Les incompatibilités avec un mandat politique* sont explicitées à l'article 9 de l'ordonnance de 1958.

c) En revanche les magistrats peuvent enseigner sur autorisation de leur chef de cour et se livrer à des travaux scientifiques, littéraires ou artistiques, sans aucune restriction (ord. 1958, art. 8).

d) Depuis la loi du 25 juin 2001, ils ne peuvent plus être arbitres (art. 8, al. 2, ord. 22 déc. 1958), ce qui nous paraît judicieux, tant il est vrai qu'un magistrat doit consacrer tout son temps d'activité professionnelle au profit de celui qui le paye pour cela, c'est-à-dire l'État [2].

e) Dans le prolongement de ces dispositions, on dira un mot du « pantouflage », c'est-à-dire du système qui consiste pour un magistrat à se mettre en détachement ou en disponibilité pour exercer une activité libérale ou lucrative salariée ou non, dans une entreprise ou un organisme privé ; est assimilée à une entreprise privée toute entreprise publique exerçant son activité dans un secteur concurrentiel et conformément aux règles du droit privé ; désormais, le Conseil supérieur de la magistrature doit émettre un avis sur cette demande, y compris lorsque ce détachement ou cette mise en disponibilité intervient dans le cadre de la mobilité statutaire exigée pour accéder aux emplois hors hiérarchie (art. 20-1, ord. 1958, réd. L.O. 5 mars 2007) ; et cet avis devra porter aussi sur la compatibilité des fonctions envisagées avec les fonctions que le magistrat a occupées au cours de trois dernières années (art. 72, al. ord. 1958, réd. L.O. 5 mars 2007).

808 ***Incapacités*** ◊ Des dispositions, situées dans le Code civil frappent les juges de certaines incapacités ; ainsi, ils ne peuvent consulter et plaider [3] ; ils ne

1. Ces incompatibilités ne s'appliquent pas aux magistrats élus des tribunaux d'exception. Un juge peut être désigné comme expert : Soc., 2 juill. 1954, *Droit social*, 1954. 622 ; *RTD civ.* 1955. 157, obs. Hébraud ; il peut également accepter certaines charges d'enseignement et se livrer à des travaux scientifiques, littéraires et artistiques (art. 8).

2. T. Clay, « Arbitre, magistrat ou juge consulaire, il faut choisir », *Dr. et patr.*, mai 2002, p. 93. Et déjà, du même auteur, *L'arbitre*, coll. « Bibliothèque de thèses », Dalloz, 2001, préf. Ph. Fouchard.

3. Cette interdiction était contenue dans l'article 86 de l'ancien Code de procédure civile ; bien que celui-ci ait été abrogé par le décret du 20 juillet 1972, cette interdiction doit être considérée comme maintenue.

peuvent se rendre cessionnaires de droits litigieux pour lesquels leur tribunal est compétent (art. 1597, C. civ.).

Par ailleurs, un magistrat ne peut pas appartenir au même tribunal ou à la même cour que son conjoint, son parent ou allié, jusqu'au troisième degré inclus (donc oncle ou neveu) et cela, en quelque qualité que ce soit (art. L. 111-10, COJ) ; au sens de ce texte, la personne qui est liée au juge par un pacte de solidarité civile est assimilée au conjoint (art. L. 111-11, COJ) ; cette règle est destinée à éviter que l'affection née de la parenté ne restreigne la complète indépendance des intéressés. Une dispense peut être accordée par décret, sauf si la juridiction ne comprend qu'une seule chambre ou encore si l'un des conjoints, parents ou alliés est le chef du siège ou du parquet de cette juridiction (al. 2). Naturellement, même en cas de dispense, les conjoints, parents et alliés ne peuvent siéger dans une même cause (al. 3).

Enfin, un juge ne peut siéger dans une affaire lorsque l'un des avocats ou avoués représentant l'une des parties au procès est son parent ou allié jusqu'au degré d'oncle ou de neveu, ceci à peine de nullité de la décision intervenue [1] (art. R. 111-4, COJ).

Il se peut cependant que ce réseau de précautions légales ne suffise pas à rassurer les scrupules ou les craintes d'un plaideur. Celui-ci pourra, dans certaines conditions, demander que tel magistrat s'abstienne de statuer ou même que l'affaire soit renvoyée devant une autre juridiction ; dans le premier cas, on parle de récusation (v. *infra*, n° 810), dans le second, de renvoi (v. *infra*, n° 811).

809 ***Magistrat dont l'état de santé ne lui permet plus d'exercer ses fonctions*** ◊ La loi organique du 5 mars 2007 essaye de régler la question délicate d'un magistrat se trouvant dans un état de santé difficile. Le Garde des sceaux, lorsque cet état de santé « apparaît incompatible avec l'exercice de ses fonctions » saisit le comité médical national en vue de l'octroi d'un congé maladie, mais, dans l'attente de cet avis, il peut suspendre l'intéressé, après avis conforme de la formation compétente du CSM (art. 69, ord. 1958). Une procédure contradictoire devant le CSM est prévue (al. 2 et 3). La décision de suspension n'est pas rendue publique (al. 4) et le magistrat perçoit sa rémunération (al. 5) ; la suspension cesse de plein droit si le comité médical ne s'est pas prononcé dans les six mois (al. 6). Ce comité sera organisé par décret (al. 7).

810 ***L'obligation d'être impartial : abstention et récusation*** ◊ Toutes les dispositions qui suivent, abstention spontanée du juge, récusation et renvoi pour cause de suspicion légitime, garantissent l'impartialité du juge, ainsi que l'exprime l'article L. 111-5, COJ [2].

a) L'abstention spontanée

Lorsqu'un magistrat suppose qu'il se trouve dans un des cas de récusation prévus par la loi, ou estime en conscience qu'il doit s'abstenir il se fait remplacer par un autre juge (art. 339, CPC et art. L. 111-7, COJ). Si plusieurs magis-

1. Cette dernière interdiction ne s'étend pas aux représentants du ministère public, Civ., 17 juill. 1945, *D.* 1946. Somm. 2.

2. Fiche méthodologique de la Cour de cassation sur l'impartialité du juge, *BICC*, 1er avr. 2008.

trats déclarent s'abstenir, si bien que la juridiction ne peut plus siéger régulièrement, on procède comme dans le cas de renvoi pour suspicion légitime (art. 340, CPC v. *infra*, n° 811).

b) La récusation provoquée

La *récusation* est une procédure par laquelle une partie, sans s'opposer à ce que la juridiction reste saisie, demande qu'un ou plusieurs juges soient écartés et remplacés par d'autres, s'il y a lieu, parce qu'ils sont suspects de partialité envers l'un des plaideurs [1]. Elle est inutile si le magistrat s'abstient spontanément.

1) En matière civile. À la différence de la récusation, qui est pratiquée à l'égard des membres du jury criminel et qui est une récusation péremptoire, efficace sans qu'il soit besoin de la motiver, la récusation dont il s'agit ici doit toujours être *motivée*. En principe, et jusqu'à un arrêt du 28 avril 1998, pour former la demande en récusation, il fallait être placé dans un des cas déterminés par la loi et que l'on trouve à l'article 341, CPC et à l'article L. 111-6, COJ, rédigé dans les mêmes termes. L'article 341, CPC, précise que la récusation d'un juge ne peut être demandée que « pour les causes déterminées par la loi » et énumère huit cas de récusation pour la connaissance desquels on renvoie à la lecture de ce texte qui est plus simple que celui qu'il a remplacé et dont les termes sont parfois moins forcés « amitié ou inimitié... notoire entre le juge et l'une des parties » [2] a remplacé « inimitié capitale... agressions, injures, menaces... ». Pour toutes ces causes, chaque fois que le texte vise le « conjoint du juge », la disposition vaut pour « la personne liée au juge par un pacte civil de solidarité » (art. L. 111-11, COJ). Mais avec cet arrêt de la première Chambre civile de la Cour de cassation du 28 avril 1998, il faut considérer désormais que ces huit cas de récusation « n'épuisent pas l'exigence d'impartialité requise de toute juridiction » [3] et que le domaine de la récusation est illimité [4], ce qui ne signifie nullement que l'on puisse invoquer n'importe quelle cause de partialité [5], ni présenter une demande générale à l'encontre d'un magistrat pur toutes les affaires à venir devant lui [6] ; il faut en effet tenir compte de l'article 6, § 1, de la Convention européenne des droits de l'homme qui n'énumère aucun cas de partialité, ce qui laisse une large marge d'appréciation aux juges du fond et permet de demander l'annulation du jugement même après la clôture des débats, sous réserve de ce qui sera dit du moment pour invoquer la cause de partialité.

On peut récuser le ministère public, s'il est partie jointe (art. 341, CPC, *in fine*) [7] ; on ne le peut pas s'il est partie principale ; le greffier ne peut jamais être récusé. Mais on ne peut pas récuser l'ensemble des magistrats de l'ordre

1. N. Fricero, « L'impartialité des juges à travers la jurisprudence de la Cour de cassation sur la récusation », in *Mélanges J. Boré*, Dalloz, 2006, 181.

2. Sur ces expressions, L. Cadiet, « Petit glossaire de l'amitié », in *Mélanges P. Couvrat*, PUF, 2001, p. 3, spéc. p. 18.

3. Civ. 1re, 28 avr. 1998, *Bull.* I, n° 155 ; *Gaz. Pal.* 15 déc. 1998, note Flécheux *RTD civ.* 1998, 744, obs. Perrot.

4. Civ. 2e, 27 mai 2004, *D.* 2004. 1863 et 2005, p. 332, obs. Fricero et Julien.

5. Civ. 24 juin 2004, *D.* 2004. 2083 et 2005, 332, obs. Fricero et Julien (l'appartenance du président du TGI au syndicat de la magistrature n'est pas en soi une preuve de partialité envers le Front national).

6. Civ. 2e, 8 sept. 2005, *D.* 2483 ; *RTD civ.* 2005. 822, obs. Perrot.

7. Douai, 24 oct. 2007, *D.* 2008. 13.

judiciaire [1]. Quant aux arbitres, on ne peut les récuser que si la cause de la récusation s'est produite après leur nomination. Les mêmes causes de récusation sont applicables aux experts par renvoi de l'article 234, CPC à l'article 341 ; la Cour de cassation leur applique la même jurisprudence sur l'article 6 de la Conv. EDH, l'article 341 n'épuisant pas nécessairement l'exigence d'impartialité requise de tout expert [2].

La procédure est réglée par les articles 341 à 355, CPC et n'est pas soumise aux exigences du procès équitable posées à l'article 6, § 1er de la Convention EDH (publicité des débats, pas nécessité d'appeler les parties), car elle ne porte pas sur une accusation en matière pénale et ne conduit pas le juge à statuer sur la détermination d'un droit ou d'une obligation de caractère civil [3] :

C'est elle qui est suivie devant toutes les juridictions de l'ordre civil sauf s'il existe un texte particulier (art. 341, al. 2, CPC) ; ainsi, l'article R. 1457-1, Code du travail, renvoie aux articles 341 et s., CPC ; la récusation d'un magistrat à la Cour de cassation est portée devant une chambre autre que celle à laquelle l'affaire a été distribuée ; cette chambre est désignée par le premier président (art. 1027, CPC). Le plaideur qui veut récuser un juge doit le faire sous peine d'irrecevabilité, dès qu'il a connaissance de la cause de récusation, et au plus tard avant la clôture des débats (art. 342) [4]. La Cour de cassation étend cette solution au cas où la partie agit sur le fondement de la violation de l'article 6, § 1 de la Convention EDH (pour obtenir l'annulation du jugement) : le moyen tiré de cette violation est inopérant s'il n'a pas été invoqué, en connaissance de la cause d'impartialité, devant les juges du fond avant la clôture des débats ; elle y voit une renonciation non équivoque à se prévaloir de la violation de l'article 6, § 1 [5], sans pour autant définir la notion de « caractère non équivoque ». C'est la partie elle-même ou son mandataire muni d'un pouvoir spécial qui doit soulever ce moyen, mais devant la Cour de cassation il faudra présenter la demande par un avocat aux Conseils (art. 343, avec une rédaction maladroite). Elle le fera soit par écrit au greffe ou au secrétariat du tribunal (selon le cas), soit verbalement par une déclaration dont le greffier ou le secrétaire gardera la trace dans un procès-verbal (art. 344), remettant dans les deux cas un récépissé au plaideur ; devant la Cour de cassation, la demande doit être faite par un avocat aux conseils (art. 343, CPC). Sous peine d'irrecevabilité, cette demande sera motivée et accompagnée des pièces susceptibles de la justifier. Copie de cette demande sera alors communiquée au juge qui est visé ; celui-ci devra s'abstenir jusqu'à règlement du problème qui le

1. Civ. 2e, 13 nov. 2008, *D.* 2009. 765, obs. J. M. Sommer et Cl. Nicolétis.

2. Civ. 2e, 5 déc. 2002, *Annonces de la Seine,* 13 févr. 2003, p. 13, note S. Petit. 6 mai 2004, *D.* 2005. 336, obs. Fricero et Julien.

3. CEDH, 11 déc. 2003, *Schreiber et Boeth c/ France.* Civ. 2e, 8 juill. 2004, *BICC* 15 nov. 2004 ; 14 oct. 2004, *D.* 2005. 332, obs. Fricero et Julien.

4. Civ. 2e, 5 déc. 1978, 3 mai 1979, *D.* 1979. IR. 480, obs. Julien. Civ. 2e, 16 juill. 1987, *JCP* 1987. IV. 343 ; *Gaz. Pal.* 1988. somm. arr. 37, obs. Guinchard et Moussa ; *D.* 1988. Somm. 129, obs. Julien. Toulouse, 9 mars et 25 oct. 2001, *D.* 2002. 359, note Beignier.

5. Ass. plén., 24 nov. 2000, arrêt *Comet, Bull.* n° 10 ; *Gaz. Pal.* 13 janv. 2001, concl. Lafortune ; *Procédures,* janv. 2001, n° 3, obs. Perrot ; *RTD civ.* 2001, obs. Normand et 204, obs. Perrot ; *D.* 2001. 1067, obs. N. Fricero ; Dr. et proc. 2001, 109, obs. D. Jacotot ; chron. Beignier et Bléry, *D.* 2001. 2472. Et déjà, Civ. 2e, 6 mai 1999, *Bull.* n° 77 et 78 ; *RTD civ.* 1999, 685, obs. Normand et 704, obs. Perrot. Jurisprudence suivie par toutes les chambres : Civ. 1re, 6 nov. 2001, *JCP* 2001. IV. 3020 ; Civ. 2e, 15 févr. 2001, *D.* 2001. 981 ; Com. 5 févr. 2002, *Procédures,* 2002, n° 72.

concerne [1] ; mais les actes effectués par lui avant qu'il ait eu connaissance de cette demande demeurent valables (art. 354). Le juge intéressé dispose d'un délai de huit jours pour s'opposer à la récusation ou pour y acquiescer ; dans ce dernier cas, il est aussitôt remplacé (art. 347 et 348) [2]. Si le magistrat ne répond pas dans le délai ou s'oppose à la récusation, le greffier ou le secrétaire transmet le dossier à la cour d'appel qui statue sans délai. Depuis un arrêt du 10 juin 1998, le requérant devait être appelé à l'audience à laquelle sa demande serait examinée [3], mais la deuxième chambre civile est revenue sur cette exigence à l'automne 2002. La décision est portée à la connaissance du juge et des parties ; il est éventuellement procédé au remplacement du magistrat (art. 352) [4]. Mais le juge récusé n'est pas partie à l'instance de récusation, ce qui lui interdit d'exercer un pourvoi en cassation contre la décision le récusant [5]. En cas de rejet, l'auteur de la récusation peut être condamné à une amende civile d'un maximum de 3 000 euros, ainsi qu'à des dommages et intérêts envers le juge qu'il a voulu écarter (art. 353, CPC).

2) En matière pénale. La récusation est réglementée aux articles 668 à 674-1 CPP, ce dernier texte renvoyant « pour le surplus » aux dispositions du Code de procédure civile. Les causes de récusation sont assez proches de celles applicables en matière civile (art. 668, CPP).

811 ***L'obligation d'être impartial (suite) : le renvoi d'un tribunal à un autre*** ◊ Le renvoi suppose que le tribunal saisi est compétent, mais que des circonstances particulières s'opposent à ce qu'il connaisse de l'affaire. Ces circonstances peuvent être les suivantes :

a) En matière civile

On enseignait qu'il y avait quatre cas de renvois : (art. 56 de la Constitution de l'an VIII), suspicion légitime (art. 79, L. 27 vent. An VIII) sûreté publique ; insuffisance du nombre de juges et d'avoués, parents et alliés (art. 389, ancien C. pr. civ., abrogé par la loi du 5 juill. 1972). Aujourd'hui, l'article L. 111-8, al. 1er, COJ dispose que *« le renvoi à une autre juridiction de même nature et de même degré peut être ordonné pour cause de suspicion légitime, de sûreté publique, ou s'il existe des causes de récusation contre plusieurs juges ».*

1. Un autre magistrat peut être désigné, même d'office, pour procéder aux mesures urgentes (art. 346).Si le plaideur veut récuser plusieurs magistrats, il doit le faire par un seul acte (sauf si la révélation des causes de récusation a un caractère successif, art. 355). On utilise alors la procédure du renvoi (art. 355, al. 2 ; v. *infra*, n° 811). Civ. 1re, 10 mai 1989, *JCP* 1990. II. 21469, note Cadiet. Civ. 2e, 21 juin 1989, *JCP* 1990. II. 21469, obs. Cadiet.

2. Civ. 2e, 3 oct. 1984, *Gaz. Pal.* 1985, Pan. 28, obs. Guinchard ; *JCP* 1985. II. 20402, note Bizière ; *D.* 1985. IR. 514, obs. Julien (compétence du président du TGI et non pas du premier président pour remplacer un juge d'instance). Pour la récusation d'un magistrat de la Cour de cassation. V. art. 1027 nouv. C. (examen par la formation à laquelle l'affaire a été distribuée). Sur la publicité des débats *pour l'affirmative,* Civ. 2e, 20 nov. 1991, *D.* 1992. IR. 11 ; *contra,* Civ. 1re, 5 nov. 1991, *D.* 1992. IR. 37.

3. Civ. 2e, 10 juin 1998, *D.* 1998. IR. 179.

4. Quand la récusation vise un assesseur d'une juridiction échevinale, c'est le président de cette juridiction qui est saisi et qui statue, sans appel (art. 349) ; Civ. 1re, 17 juill. 1979, *D.* 1979. IR. 519. Mais un conseil de prud'hommes n'étant pas une juridiction échevinale, la demande de récusation doit être jugée par la cour d'appel, Civ. 2e, 23 avr. 1986, *Gaz. Pal.* 1986, Pan. 158.

5. Soc. 19 déc. 2003, *D.* 2005. 332, obs. Fricero et Julien.

Les règles de procédure à suivre en cas de renvoi ont été précisées par les articles 356 à 366 nouveau Code procédure civile.

1) Renvoi pour cause de suspicion légitime. On suit en principe les règles déjà décrites pour la récusation d'un juge (art. 356). L'instance n'est pas suspendue devant la juridiction près de laquelle la demande est présentée. Une décision de suspension peut cependant être prise par le magistrat saisi de la demande (art. 361). Dès qu'une demande de renvoi est formulée, le greffier ou le secrétaire de la juridiction la communique au président [1]. Trois éventualités doivent alors être distinguées :

a) Le président estime la demande fondée. Il peut alors, selon le cas, confier l'affaire à une autre formation de sa juridiction (art. 358, al. 1).

b) Le président considère qu'il convient de renvoyer à une autre juridiction de même nature (un tribunal de commerce, un tribunal de grande instance) (art. 358, al. 1 et 2) ; il transmet le dossier au président de la juridiction immédiatement supérieure. Celui-ci par une décision non susceptible de recours désigne la juridiction de renvoi, la décision s'impose à cette dernière juridiction et aux parties (art. 358, al. 3 et 4).

c) Le président estime que le renvoi n'est pas fondé. Il transmet alors l'affaire au président de la juridiction immédiatement supérieure, en indiquant les raisons de son refus.

Cette juridiction statue alors en chambre du conseil dans le délai d'un mois ; le ministère public doit être entendu, mais il n'est pas imposé d'appeler les parties [2].

Si cette juridiction estime le renvoi justifié, elle renvoie l'affaire soit à une autre formation de la juridiction qui a été saisie, soit à une autre juridiction de même nature que celle-ci. Dans cette éventualité, comme dans la précédente la décision s'impose aux parties et à la juridiction de renvoi. Elle n'est susceptible d'aucun recours (art. 360).

Si la demande du plaideur est rejetée, il s'expose à une amende et peut se voir infliger également une condamnation à des dommages-intérêts (l'art. 363 renvoie à l'art. 353).

En l'absence de texte organisant cette procédure (en Polynésie française), le renvoi à une autre juridiction de même nature et de même degré doit être ordonné par la juridiction immédiatement supérieure à celle saisie du litige [3].

2) Renvoi pour cause de récusation contre plusieurs juges. On suit dans ce cas la procédure déjà décrite ; mais il faut attendre que chacun des magistrats visés ait répondu ou ait laissé expirer le délai qui lui est imparti pour cela (art. 364). Mais on ne peut pas diriger une telle demande contre toutes les juridictions du ressort 'une cour d'appel [4].

3) Renvoi pour cause de sûreté publique. Dans cette éventualité, c'est devant la Cour de cassation que la demande de renvoi doit être portée, sur réquisition de son procureur général. La cour, conformément aux articles 360 et 362, désigne une autre formation de la juridiction initialement saisie ou une autre juridiction de la même nature que cette dernière (art. 366).

1. Seul le président est compétent, à l'exception de la Cour elle-même, Civ. 2e, 28 févr. 1996, *D.* 1996. Somm. 352, obs. Julien ; *JCP* 1996. I. 3938, n° 19, obs. Cadiet.

2. Crim. 20 sept. 1989, *JCP* 1990. IV. 6. Solution qui ne semble plus conforme au respect du contradictoire et aux exigences d'un procès équitable, telles que définies par la convention européenne des droits de l'homme dans l'article 6, § 1.

3. Civ. 2e, 21 sept. 2000, pourvoi n° 98-22 604.

4. Civ. 2e, 11 déc. 2008, *D.* 2009. 765, obs. J. M. Sommer et Cl. Nicolétis.

b) En matière pénale
Aux termes de l'article L. 111-8, al. 2, COJ, le renvoi d'un tribunal à un autre peut être ordonné selon les dispositions des articles 667 à 667-1, CPP. Ce renvoi ne peut être ordonné que par la Chambre criminelle de la Cour de cassation (art. 662, CPP).

SOUS-SECTION 3. Responsabilités disciplinaire et personnelle

§ 1. Responsabilité disciplinaire

812 ***De la loi du 30 août 1883 à la loi constitutionnelle du 27 juillet 1993*** ◊ L'inamovibilité, avons-nous dit, a pour but d'assurer l'indépendance des magistrats et de garantir une bonne justice aux justiciables. Toutefois, elle ne doit pas aboutir à perpétuer l'indignité des magistrats. S'il existe des magistrats indignes, il faut qu'on puisse les écarter ou sanctionner leur attitude.

L'inamovibilité ne confère aux magistrats que le droit d'échapper à l'arbitraire du pouvoir exécutif, le droit de n'être atteint de certaines peines que dans certaines conditions. Ce sont ces peines et ces conditions que nous allons examiner [1].

Autrefois, le régime disciplinaire des magistrats était assuré par les cours d'appel, les tribunaux, la Cour de cassation et le garde des Sceaux.

Le système avait été remanié profondément par la loi du 30 août 1883 ; les attributions disciplinaires les plus importants étaient concentrées entre les mains de la Cour de cassation, réunie en assemblée générale qualifiée de Conseil supérieur de la magistrature. C'est ce dernier qui, aujourd'hui, est devenu l'instance disciplinaire des magistrats [2], qu'ils soient du siège ou du Parquet, dans des conditions un peu différentes pour les uns et pour les autres, mais avec des conditions communes (pour les membres du Parquet, v. *infra*, 835), la loi constitutionnelle du 27 juillet 1993 ayant modifié profondément les règles applicables quant à l'instance compétente [3].

813 ***La loi organique du 5 mars 2007 et la loi constitutionnelle du 23 juillet 2008*** ◊ À la suite de l'affaire d'Outreau (v. *supra*, n° 95), il a été beaucoup question d'une refonte de la responsabilité disciplinaire des magistrats.

a) La loi organique n° 2007-287 du 5 mars 2007 apporte quelques changements, quant à l'éventail des sanctions et le cumul des peines (v. *infra*, n° 814, b), la possibilité accrue de saisir le CSM (v. *infra*, n° 815 : par l'obligation faite au ministre de la justice de transmettre aux chefs de cour et aux magistrats

1. G. Canivet et J. Joly-Hurard, *La discipline des juges*, Litec, 2007.
2. On trouve donc dans le rapport annuel du CSM (Doc. fr.) un bilan d'activité en matière disciplinaire.
3. A. Crenier et M. Vaudano, « La responsabilité disciplinaire des magistrats de l'ordre judiciaire : comparaison entre la France et l'Italie », *RID comp.* 2000, 261. J. Van Compernolle et M. Storme, « La discipline des magistrats », XXIe colloque du Centre interuniversitaire de droit judiciaire, Louvain, Luwer éd., 2001. J.M. Tuffery, *la discipline des juges : les Mercuriales de Daguesseau,* LGDJ, coll. « Dr. et soc. », t. 15, 2007.

concernés les décisions condamnant l'État et par l'obligation faite au Gouvernement de présenter chaque année, au Parlement, avant le 30 juin, un rapport sur les actions engagées contre l'État du fait du fonctionnement défectueux du service de la justice, sur les décisions de condamnation et sur les suites réservées à ces décisions). On voit poindre le lien entre la condamnation de l'État, l'articulation des deux responsabilités, à fin d'indemnisation et à fin de moralisation des comportements professionnels des juges, articulation sur laquelle nous insistons depuis tant d'années (v. *supra*, n° 239). Mais l'essentiel des dispositions novatrices de la loi a été censuré par le Conseil constitutionnel dans sa décision du 1er mars 2007 [1] (saisine du CSM aux fins de poursuite disciplinaire pour « violation grave et délibérée par un magistrat d'une ou plusieurs règles de procédure constituant une garantie essentielle des droits des parties, commise dans le cadre d'une instance close par une décision de justice devenue définitive », mais sans constat préalable de la faute par une autorité judiciaire ; saisine du Conseil par tout citoyen mécontent d'un juge, via le Médiateur de la République). En réalité, le Conseil constitutionnel a confondu actes préparatoires à la décision du juge (que visait la formule « violation grave et délibérée d'une ou plusieurs règles de procédure ») et cœur de la décision elle-même ; à supposer qu'un juge ne puisse être responsable, disciplinairement parlant, de son activité proprement juridictionnelle, c'est-à-dire de la décision par laquelle il dit le droit, au nom de sa liberté de jugement [2], on voit mal en quoi les actes préparatoires, par hypothèse non juridictionnels échapperaient à tout contrôle disciplinaire, sauf à laisser entendre que dès lors qu'on est juge on peut tout faire (ou ne rien faire), sans encourir de sanctions (sur ce point, v. *supra*, n° 239, b, deuxième observation) ! Il revient à l'organe disciplinaire de constater les fautes dans l'activité non juridictionnelle du juge et la rédaction (censurée) de la loi du 5 mars 2007 n'impliquait pas une remise en cause de l'activité juridictionnelle du juge, donc le constat préalable, par une juridiction supérieure, de cette faute. Le 1er mars 2007, le Conseil constitutionnel s'est voilé la face : si le juge disciplinaire ne saurait être le juge d'appel de décisions juridictionnelles définitives, il est, de par la loi, le juge naturel de l'activité de tous ceux qui relèvent de son emprise, dans l'accomplissement quotidien de leurs actes, de leurs faits et gestes. On attend donc avec intérêt la future loi organique annoncée par la loi constitutionnelle du 23 juillet 2008 (v. *infra*, ce numéro, b). Une autre proposition a été faite, pour sortir du dilemme « inviolabilité de l'acte juridictionnel » et « sanction disciplinaire » : que la justice rende compte à la société civile, régulièrement, en mettant à sa

1. Déc. n° 2007-551 DC, 1er mars 2007, *JCP* 2007. II. 10044, note J. E. Schoettl ; *D.* 2007. 1401, D. Ludet et A. Martinel ; *LPA*, 29 oct. 2007, n° 216, p. 17, obs. L. Janicot ; *AJDA* 2007. 2273, note O. Dord.

2. Décision du CSM, 8 févr. 1981 : « en vertu du principe fondamental qui garantit l'indépendance des magistrats du siège, leurs décisions juridictionnelles ne peuvent être critiquées, dans les motifs et dans le dispositif qu'elles comportent, que par le seul exercice des voies de recours prévues par la loi ; ... la juridiction disciplinaire ne saurait en connaître ; toutefois... un tel principe trouve sa limite lorsqu'il résulte de l'autorité même de la chose définitivement jugée qu'un juge a, de façon grossière et systématique, outrepassé sa compétence ou méconnu le cadre de sa saisine, de sorte qu'il n'a accompli, malgré les apparences, qu'un acte étranger à toute activité juridictionnelle ». C'est sur le fondement de cette décision, que la Chancellerie s'est efforcée de cerner ce qui, dans l'activité du juge chargé de l'instruction de l'affaire d'Outreau, relevait du juridictionnel, donc hors des poursuites disciplinaires et ce qui relevait du non juridictionnel, donc susceptible de poursuites de ce type (v. *infra*, n° 814).

disposition, en dehors de toute crise, les éléments lui permettant d'exercer un contrôle [1] ; sans doute, mais *quid* des comportements individuels fautifs ? La même loi du 5 mars 2007 confie au CSM le soin de rédiger un recueil des obligations déontologiques des magistrats, manière (intelligente) de ne plus envisager cette question que sous l'angle disciplinaire [2].

b) La loi constitutionnelle n° 2008-72 du 23 juillet 2008, modifie l'article 65 de la Constitution et permet aux justiciables (dans les conditions qui seront fixées par une loi organique [3]) de saisir directement le Conseil supérieur de la magistrature pour se plaindre d'un juge ou de dysfonctionnements lors de sa procédure. V. *infra*, n° 815.

814 ***Les fautes et les sanctions disciplinaires*** ◊ Elles sont contenues dans les articles 43 à 48 de l'ordonnance n° 58-1270 du 22 décembre 1958, pour la faute et les sanctions :

a) La faute disciplinaire ne s'entend pas en droit positif, de l'erreur du juge, en fait ou en droit, mais de « tout manquement par un magistrat aux devoirs de son état, à l'honneur [4], à la délicatesse ou à la dignité » (art. 43). L'erreur relève, dans l'immédiat, du jeu des voies de recours (sauf faute personnelle, v. *infra*, n°s 816 et s.), la faute de discipline de tout ce qui, au-delà des manquements aux obligations professionnelles du juge, pourrait ternir l'honorabilité de la fonction, notamment par les comportements du magistrat dans sa vie personnelle, non professionnelle, y compris certains aspects de sa vie privée ; sur ce dernier aspect, le critère c'est le lien entre ces comportements (privés) et l'image que donnera de lui le magistrat dans l'exercice de sa fonction de juge. Quant aux manquements d'ordre professionnel, en l'état de la jurisprudence du CSM (v. *supra*, n° 813, a, en note), ils ne sauraient concerner l'activité juridictionnelle du juge, toute la difficulté consistant alors à cerner ce qui, dans son activité professionnelle (notamment pour les juges d'instruction), relève du juridictionnel et ce qui n'en relève pas ; les actes d'administration judiciaire, les actes d'investigation, les auditions et interrogatoires, les constatations et expertises sont hors du champ juridictionnel, alors que les décisions qui tranchent une difficulté sont de nature juridictionnelle. Il reste que si, comme nous le souhaitons (v. *supra* n° 230, b et 239), la responsabilité de l'État peut être un jour engagée, comme en Belgique, pour faute dans l'activité juridictionnelle du juge, on pourrait considérer, sans modifier les textes existants, que l'incompétence, en droit ou en fait, d'un juge, entre dans les manquements aux devoirs de son état, celui de juge (v. *supra*, n° 239). Pour aider les juges à construire un *corpus* de règles déontologiques, la loi organique n° 2007-287 du 5 mars 2007 impose au Conseil supérieur de la magistrature d'élaborer et de rendre public un recueil des obligations déontologiques des magistrats (cf. art. 20, L. O. n° 94-100, 5 févr. 1994 ; *supra*, n° 188) ; des analyses avaient déjà été publiées à partir des rapports d'activité du CSM [5].

1. A. Garapon et D. Salas, *Les nouvelles sorcières de Salem - Leçons d'Outreau*, Le Seuil, 2006, p. 146 s.
2. D. Charvet, « Les magistrats français et la déontologie : une problématique à clarifier », *D.* 2008. 1634.
3. Projet déposé au Sénat le 10 juin 2009.
4. Sur l'honneur du magistrat suite à une loi d'amnistie, v. D. N. Commaret, *D.* 1996. Chron. 197.
5. V. *BICC* 15 oct. 2005, en annexe au rapport de J. Betoulle sur les pouvoirs disciplinaires des premiers présidents des cours d'appel.

b) Les sanctions disciplinaires sont énumérées à l'article 45 ; ce sont, depuis la loi organique du 5 mars 2007 qui a élargi la liste : 1° la réprimande avec inscription au dossier ; 2° le déplacement d'office ; 3° le retrait de certaines fonctions ; 3° bis l'interdiction d'être nommé ou désigné dans des fonctions de juge unique pendant une durée minimum de cinq ans (aj. LO, 5 mars 2007) 4° l'abaissement d'échelon ; 4° *bis (*ajouté par la loi organique du 25 juin 2001) l'exclusion temporaire de fonctions pour une durée maximum d'un an, avec privation totale ou potentielle du traitement ; 5° la rétrogradation ; 6° la mise à la retraite d'office ou l'admission à cesser ses fonctions lorsque le magistrat n'a pas droit à une pension de retraite ; 7° la révocation avec ou sans suspension des droits à pension. Pas de cumul des peines : si un magistrat est poursuivi en même temps pour plusieurs faits, il ne peut être prononcé contre lui que l'une des sanctions prévues (art. 46, al. 1er, ord. 1958) et une faute disciplinaire ne peut donner lieu qu'à une seule de ces peines, avec la réserve que les peines énumérées aux 3°, 3° bis, 4°, 4° bis et 5° de l'article 45 peuvent être assorties du déplacement d'office (al. 2) ; et la loi du 5 mars 2007 ajoute que la mise à la retraite d'office entraîne l'interdiction de se prévaloir de l'honorariat des fonctions (al. 2, seconde phrase).

Un simple avertissement peut être donné, en dehors de toute poursuite disciplinaire, par l'inspecteur général des services judiciaires, les premiers présidents, les procureurs généraux ainsi que par les directeurs de l'administration centrale (art. 44).

815 ***Procédure disciplinaire spécifique aux magistrats du siège*** ◊ **a) Instance compétente : le CSM.** Aux termes de l'article 48 de l'ordonnance précitée de 1958, « le pouvoir disciplinaire est exercé à l'égard des magistrats du siège, par le Conseil supérieur de la magistrature ») [1]. Mais c'est la Constitution elle-même qui précise, en son article 65, que le CSM siège en formation disciplinaire sous la présidence du Premier président de la Cour de cassation.

b) Autorité de saisine. Il est saisi par le garde des Sceaux (art. 50-1 ord. 22 déc. 1958) mais aussi, depuis la loi du 25 juin 2001, par la dénonciation des faits motivant les poursuites disciplinaires que lui adressent les premiers présidents de cour d'appel ou les présidents de tribunal supérieur d'appel (art. 50-2, ord. 22 déc. 1958) [2]. La loi constitutionnelle n° 2008-72 du 23 juillet 2008, modifie l'article 65 de la Constitution et permet aux justiciables (dans les conditions qui seront fixées par une loi organique) de saisir directement le Conseil supérieur de la magistrature pour se plaindre d'un juge ou de dysfonctionnements lors de sa procédure. En outre, la loi organique du 5 mars 2007 impose au Garde des sceaux de communiquer aux chefs de cour d'appel intéressés, ainsi qu'aux magistrats concernés, toute décision définitive d'une juridiction nationale ou internationale condamnant l'État pour fonctionnement défectueux du service de la justice ; sans équivoque, le texte ajoute que « *des poursuites disciplinaires peuvent être engagées par le ministre et les chefs de cour d'appel* » (art. 48-1, ord. 1958). Pour mémoire, les condamnations de la France, par la Cour EDH, à payer une satisfaction équitable à certains contribuables, ont coûté huit millions d'euros au budget français entre 2002 et 2004.

c) Procédure. Elle est décrite aux articles 51 à 58 de l'ordonnance de 1958. Il statue comme une véritable juridiction et rend un jugement motivé ayant

1. *Juger les juges. Du Moyen-Âge au CSM*, Colloque Ass. fr. hist. Justice, *Doc. fr.* 2000.
2. Commentaire : K. Favro, *LPA*, 20 déc. 2001.

autorité de chose jugée, que le garde des Sceaux *doit* exécuter. Sa procédure doit respecter les garanties d'un procès équitable au sens de l'article 6, § 1 de la Convention européenne des droits de l'homme [1] et, depuis la loi du 25 juin 2001, l'audience du conseil de discipline est publique. Toutefois, si la protection de l'ordre public ou de la vie privée l'exigent, ou s'il existe des circonstances spéciales de nature à porter atteinte aux intérêts de la justice, l'accès de la salle d'audience peut être interdit au public pendant la totalité ou une partie de l'audience, au besoin d'office, par le conseil de discipline. (art. 57 al. 1er). Le conseil de discipline délibère à huis clos (al. 2). La décision, qui doit être motivée, est rendue publiquement (al. 3).

d) Recours. Si, aux termes de l'article 57 cette décision « n'est susceptible d'aucun recours », le Conseil d'État s'est auto-déclaré « juge de cassation des sanctions disciplinaires prononcées par le CSM » [2], considérant celui-ci comme une juridiction administrative ; il s'estime même juge de l'existence des faits et de leur qualification [3].

§ 2. Responsabilité pour faute personnelle

816 ***Problématique. Renvoi*** ◊ La responsabilité d'un magistrat, du fait de son activité professionnelle, dépend pour une large part, de la liberté et de l'indépendance qu'on souhaite lui reconnaître dans l'exercice de ses fonctions. Si on le soumet à une pression trop forte des justiciables, il deviendra timoré ; d'un autre côté, peut-on se satisfaire d'un système d'irresponsabilité, alors que notre société évolue rapidement vers la mise en cause judiciaire de plus en plus fréquente parce qu'aisée, de tous ceux qui exercent des responsabilités professionnelles ou politiques ? Nous avons indiqué comment la question se posait et comment le système français opérait une distinction entre la responsabilité de l'État pour fonctionnement défectueux du service public de la justice et la responsabilité personnelle des magistrats pour faute (v. *supra*, nos 226 et s.). Il convient d'étudier, ici le régime de cette responsabilité personnelle, en distinguant entre celle des magistrats professionnels et celle de l'ancienne procédure de prise à partie pour les autres.

817 ***La responsabilité pour faute personnelle des magistrats professionnels*** ◊ Le système que la loi du 5 juillet 1972 annonçait et auquel renvoie l'article L. 142-1, al. 2, COJ, a été introduit dans l'article 11-1 de l'ordonnance du 22 décembre 1958, par la loi organique du 18 janvier 1979, à vrai dire peu disert [4] :

a) Le texte précise d'emblée que la responsabilité des magistrats du corps judiciaire (les juges de proximité n'en font donc pas partie) [5] ne peut être

1. J.-Y. Mc Kee, « Le CSM, siégeant comme Conseil de discipline des magistrats du siège et l'article 6 Conv. EDH », in *Mélanges P. Drai*, Dalloz, 1999. A. Bories, « L'impartialité du CSM statuant comme conseil de discipline des magistrats du siège », *RD publ.* 2004. 939.

2. CE 12 juill. 1969, *Lebon*, 388 ; 5 mai 1982, *D.* 1984.103, note F. Hamon. J. Bonnet, « Le Conseil d'État et le CSM », *RD publ.* 2004. 987.

3. CE 14 mars 1975, *JCP* 1976. II. 18423, note Nérac. D. Dokhan, « Le Conseil d'État, garant de la déontologie des magistrats de l'ordre judiciaire », *RFDA* 2002-4, 768.

4. V. S. Guinchard, « Les responsabilités du fait du fonctionnement défectueux du service public de la Justice », *Rép. pr. civ.*, 2007.

5. Sur cette notion, G. Drago, *in Mélanges A. Decocq*, Litec, 2004.

engagée « que de leurs fautes personnelles ». Aucune disposition du statut ne précise ce qu'il faut entendre par faute personnelle, par opposition à la simple faute de service et tous les magistrats attaqués sur ce point se sont défendus en arguant de faute du service [1]. Il faut appliquer ici, depuis l'arrêt *Giry* de la deuxième chambre civile [2], les critères de responsabilité dégagés par le Conseil d'État, à savoir que, par faute personnelle, on entend la faute intentionnelle, la seule qui ouvrira éventuellement l'action récursoire de l'État contre le juge ; lorsque la faute « personnelle » n'est pas caractérisée par l'intention de nuire, on revient au régime de responsabilité de l'État pour fonctionnement défectueux du service de la Justice fondé sur une faute lourde ou un déni de justice, (art. L. 141-1, COJ, v. *supra*, n° 226 et s.). La faute personnelle doit bien sûr se rattacher au fonctionnement du service de la justice.

b) *Mais le justiciable ne peut agir directement contre le magistrat*, qui est ainsi à l'abri des tentatives d'intimidation ou de déstabilisation ; il doit agir contre l'État, garant de l'activité de ses juges [3]. Sur une critique de ce système « d'immunité », v. *supra* n° 238.

c) Enfin, l'État actionné par la victime de la faute personnelle du magistrat, pourra exercer une action récursoire contre ce dernier, l'action devant être portée devant la première chambre civile de la Cour de cassation (art. 11-1, al. 2 et 3 de l'ordonnance statutaire, repris à l'article L. 411-4, COJ). Nous n'en avons trouvé aucun exemple.

818 ***Le maintien de l'ancien système de la prise à partie pour les juges n'appartenant pas au corps judiciaire*** ◊ Aux termes de l'article L. 142-1, al. 3, COJ, la responsabilité personnelle des juges qui n'appartiennent pas au corps judiciaire (juges des juridictions d'attribution et juges de proximité) [4] est régie « par des lois spéciales ou, à défaut, par la prise à partie » [5].

a) Cette procédure était une procédure spéciale par laquelle on s'était efforcé de concilier la protection du juge et celle des plaideurs. On pouvait la définir comme une voie de recours extraordinaire qui supposait qu'un magistrat ou toute une juridiction ait commis une violation de ses devoirs professionnels et qui donnait aux plaideurs le droit de demander à ce magistrat ou à cette juridiction la réparation du préjudice causé par cette violation. Elle avait été réglementée par l'ancien Code de procédure dans ses articles 505 à 516. Ce préjudice était réparé soit par une condamnation à des dommages-intérêts, soit, dans certains cas, par l'infirmation d'une décision rendue par ce magistrat ou cette juridiction. On voit que la prise à partie se différenciait des autres voies de recours, en ce qu'elle était moins dirigée contre les jugements que contre les juges. La prise à partie n'aboutissait pas, en effet, nécessairement à l'infirmation d'un jugement, et la meilleure preuve c'est qu'elle était accordée dans des cas où il n'y avait pas eu de jugement rendu par le magistrat ou la juridiction concussionnaire, par exemple dans le cas de déni de justice

1. V. la jurisprudence citée par G. Pluyette et P. Chauvin, *J.-Cl. proc. civ., fasc.* 74, n°s 159 s.

2. Civ. 2e, 23 nov. 1956, *D.* 1957. 34 concl. Lemoine, *JCP* 1956. II. 9681, note Esmein ; *RD publ.* 1958. 298, note Waline ; *AJDA* 1957. II. 91, chron. Fournier et Braibant.

3. Sur les plaintes des justiciables et les suites disciplinaires, v. travaux de la Conférence des Premiers présidents, 29 mars 2000, *BICC* 15 juill. 2000.

4. Civ. 1re, 5 mai 1981, *Bull.* I, n° 149 ; 5 mai 1988, *D.* 1983. IR. 156, obs. Julien ; 19 nov. 1985, *D.* 1986. IR. 228, obs. Julien.

5. H. Michel et L. Willernez, *La justice au risque des profanes*, PUF, 2008.

(art. 505-4°). On peut dire que, normalement, la prise à partie ne donnait lieu qu'à l'attribution de dommages-intérêts, mais que, dans certains cas, il fallait pour indemniser complètement les parties, lui donner comme résultat l'infirmation d'un jugement. Cette procédure avait été enserrée par les rédacteurs de l'ancien Code de procédure dans un cadre si étroit qu'elle était inusitée en fait ; elle n'était pas ouverte assez largement ; sa mise en œuvre était compliquée (à dessein d'ailleurs), pour décourager les plaideurs. Deux réformes successives et d'esprit différent sont intervenues. On a essayé dans une première phase d'ouvrir plus largement la prise à partie, en laissant le magistrat personnellement responsable ; on a ensuite introduit un système qui se rapproche du régime normal de responsabilité pour le fonctionnement des services publics. Ainsi, la loi du 7 février 1933, relative aux garanties de la liberté individuelle, s'était montrée plus favorable aux intérêts des justiciables. La prise à partie était possible non seulement, comme naguère, en cas de *dol, fraude* et *concussion*, mais encore en cas de *faute lourde professionnelle.* Cette adjonction avait été faite à l'article 505 ancien Code de procédure, qui énumérait les autres cas dans lesquels ce recours était ouvert. La prise à partie pouvait être formée contre tout juge d'un tribunal de droit commun ou d'exception, contre une chambre d'un tribunal ou contre un tribunal tout entier [1]. Étant une action en réparation, elle était recevable contre les héritiers d'un magistrat prédécédé. L'État était civilement responsable des condamnations en dommages-intérêts qui seraient prononcées, sauf son recours contre les magistrats poursuivis (art. 505, al. 6). La procédure, tout en restant formaliste avait été simplifiée ; elle avait été débarrassée notamment des amendes qui menaçaient un plaideur à tort vindicatif ; celui-ci n'était plus exposé qu'à une condamnation à des dommages-intérêts.

b) Aujourd'hui, la prise à partie est contenue à la fois dans le Code de procédure civile et dans le Code de l'organisation judiciaire. Le décret n° 2006-1805 du 23 décembre 2006 a introduit dans le [nouveau] Code de procédure civile (art. 366-1 à 366-9) les dispositions réglementaires qui figuraient dans l'ancien code et qui décrivent la procédure à suivre : articles 366-1 à 366-8 pour les dispositions communes à tous les cas de prise à partie et 366-9 pour le cas particulier du déni de justice. Quant au cas de prise à partie, de nature législative, ils ont été transposés dans l'article L. 141-3, COJ par la loi n° 2007-1787 du 20 décembre 2007 ; ces cas restent le dol, la concussion ou la faute lourde [2], commis soit dans le cours de l'instruction, soit lors des jugements, ainsi que le déni de justice.

1. Riom, 3 mars 1938, *D.* 1938. 2. 93, note Leloir ; S. 1938. 2. 225, note Courteaud. Req. 1er juill. 1941, *DH* 1941. 371. Civ., sect. com., 20 juin 1949, *D.* 1949. 587. Civ. 1re, 13 oct. 1953, *Bull. civ.*, 1953. I, n° 272, p. 224 ; Grenoble, 31 mai 1967, *D.* 1968.12, note J. Vincent, *RTD civ.* 1968.193, obs. Hébraud ; Civ. 1re, 17 oct. 1978, *JCP* 1978. IV. 350. V. Civ. 1re, 16 oct. 1968, *D.* 1969. Somm. 44 ; Limoges, 10 mars 1969, *D.* 1969. Somm. 124, *JCP* 1969. II. 16078, note J. R. (sur la prise à partie) ; Civ. 1re, 10 déc. 1969, *D.* 1971. 226, *JCP* 1970. II. 16239, *RTD civ.* 1970.408, obs. Hébraud (cassant l'arrêt de Grenoble du 31 mai 1967) ; Civ. 1re, 27 mai 1970 (2 arrêts), *JCP* 1970. IV. 191 (refus d'autorisation du recours), Civ. 1re, 20 févr. 1973, *D.* 1973. Somm. 95, Civ. 1re, 12 juill. 1976 (2 arrêts) *JCP* 1976. IV. 300.

2. La Cour de cassation définit la faute lourde professionnelle de l'ancien article 505 comme « une faute personnelle d'une extrême gravité ou témoignant d'une intention malicieuse », mais le défaut de convocation de la débitrice mise en état de règlement judiciaire ne peut constituer une faute professionnelle lourde, Civ. 1re, 17 juill. 1996, *JCP* 1996. IV. 2171.

Les juges non professionnels sont ainsi mieux protégés que les juges professionnels contre des actions abusives de justiciables mécontents, la procédure de prise à partie n'étant presque plus utilisée [1].

SOUS-SECTION 4. Protection des magistrats

819 ***Protection des personnes et des fonctions*** ◊ Les magistrats sont *protégés* dans l'exercice de leurs fonctions par les textes du Code pénal et par des lois spéciales. L'article 11 de l'ordonnance statutaire ajoute qu'ils sont protégés contre les menaces, attaques de quelque nature que ce soit [2], dont ils peuvent être l'objet, l'État devant réparer le préjudice direct qui en résulterait dans tous les cas non prévus par la législation des pensions. Au pénal, les articles 434-24 et 434-25 du Code pénal édictent des peines à l'encontre de quiconque aura par des actes, des paroles ou des écrits, cherché à jeter un discrédit sur un acte ou une décision juridictionnelle, dans des conditions de nature à porter atteinte à l'autorité de la justice ou à son indépendance [3]. Parfois, la protection pénale provient des circonstances aggravantes de comportements qui sont par ailleurs punis, quelle que soit la victime (par ex., art. 222-8, 222-10, 222-12, 222-13 et 222-15, C. pén. ; ou encore art. 322-3, C. pén.). Il est en outre interdit de publier, avant le prononcé d'un jugement, des commentaires susceptibles d'exercer des pressions sur la décision des juges.

La Cour européenne des droits de l'homme veille à cette protection en sanctionnant des propos déshonorants envers un juge, quitte à écorner la liberté d'expression [4].

SECTION 2. RÈGLES SPÉCIFIQUES AUX MAGISTRATS DU MINISTÈRE PUBLIC [5]

820 ***Origine lointaine*** ◊ La question des origines du ministère public a suscité quelques controverses. Certains auteurs ont, en effet, recherché, dans l'Antiquité romaine notamment, un précédent à cette institution. Si une telle thèse n'a pas prévalu, on a pu admettre cependant que plusieurs institutions pou-

1. V. cependant Versailles, 27 juill. 1989, *JCP* 1990. II. 21450, note Estoup, et Civ., 1re ch., 10 mai 1995, *X... c/Union pour le crédit à l'industrie nationale et autres* (juge consulaire qui « avait eu recours à une procédure grossièrement inadéquate »). Civ. 1re, 17 juill. 1996, préc.
2. Une procédure de prise à partie peut constituer une attaque au sens de ce texte, CE 28 mai 2003, *D.* 2004. 245, note S. Petit.
3. Sur ces textes v. B. Beignier *L'honneur et le droit*, LGDJ, 1995, p. 310 à 320, préf. J. Foyer.
4. CEDH, 6 mai 2003, *Perna c/ Italie* et 27 mai 2003, *Skaka c/ Pologne, JCP* 2004. I. 147, n° 4, obs. B. de Lamy. 24 nov. 2005, *JCP* 2006. II. 10076, note E. Derieux.
5. R. Martin, « *Faut-il supprimer le Ministère public (devant les juridictions civiles et administratives) ?* », *RTD civ.* 1998. 873. Ch. Lazerges (dir.), *Figures du Parquet*, PUF, 2006.

vaient apparaître comme exerçant certaines fonctions du ministère public actuel. Néanmoins, selon la doctrine la plus classique, c'est dans l'ancien droit à partir du XIVe siècle [1], qu'il faut rechercher l'origine du ministère public tel que nous le connaissons. Le roi ou le seigneur qui n'ont aucun fonctionnaire chargé de façon exclusive de leurs intérêts vont choisir parmi les procureurs ou les avocats certaines personnes habituellement chargées de s'occuper de leurs affaires. Inévitablement ces représentants devaient se transformer en des sortes de fonctionnaires ce qui apparaît bien comme la véritable origine du ministère public. Cependant, c'est seulement à partir d'une certaine époque, le XIVe siècle pour le procureur général [2], qu'ils vont se consacrer uniquement à la représentation ou à la plaidoirie pour le roi. Très vite les représentants du roi (les gens du roi) vont s'employer à une tâche connexe qui est de défendre les intérêts généraux de l'État dont le roi est l'incarnation. Cette mission tendant à être de plus en plus importante, les gens du roi exercent un véritable ministère de service public. Il reste pourtant qu'à la fin de l'ancien droit le concours du ministère public n'est pas indispensable, les juges ayant le droit de mettre eux-mêmes en mouvement une action pénale [3].

L'emplacement des gens du roi, dans la salle d'audience, dans une enceinte dénommée *Parquet* entre le siège (où étaient les juges) et le barreau (où étaient les avocats) a, semble-t-il, donné son autre nom au ministère public.

821 ***Évolution*** ◊ Le législateur de la Constituante devait se montrer particulièrement réticent à l'égard d'une institution liée de façon aussi étroite à la notion de pouvoir royal et envisagea de la supprimer purement et simplement. En réalité, on s'est contenté de la transformer en organe purement judiciaire. On a, en effet, estimé que l'institution pouvait contribuer à la bonne administration de la justice en exerçant un contrôle du pouvoir exécutif sur la procédure et les juridictions [4]. Les fonctions du ministère public étaient pourtant sérieusement limitées en matière pénale puisqu'ils n'étaient point accusateurs publics [5] et qu'il était créé un accusateur public. On remarque pourtant que le ministère public fut pour un temps, seule période de notre histoire récente, rendu inamovible [6].

C'est la Constitution de l'An VIII et la loi du 7 pluviôse An IX qui allaient véritablement jeter les bases du ministère public tel que nous le connaissons aujourd'hui en créant auprès de chaque tribunal des commissaires du gouvernement, ou des substituts [7]. Le CIC ne devait pas changer fondamentalement le système ainsi mis en place. Le ministère public est d'abord un organe judiciaire avec un rôle essentiel dans le domaine répressif : mais il faut cependant noter que son activité s'est toujours étendue au-delà pour s'exercer dans le

1. J.-M. Carbasse (dir.), *Histoire du Parquet*, PUF, 2000, spéc. p. 7.
2. Procureur général ou avocat général est une formule abrégée de l'expression « procureur généralement chargé des affaires du roi ».
3. M. L. Rassat, *Le Ministère public entre son passé et son avenir*, thèse, coll. « Biliothèque de science criminelle », T. 5, LGDJ, 1967, p. 37.
4. L. 16-24 août 1790, t. VIII, a. 1 : « *Les officiers du ministère public sont* agents du pouvoir exécutif *auprès des tribunaux. Leurs fonctions consistent à faire observer, dans les jugements à rendre, les lois qui intéressent l'ordre général, et à faire exécuter les jugements rendus. Ils porteront le titre de commissaires du roi* ».
5. Titre VIII, art. 4.
6. La Constitution de l'An III revint rapidement sur l'inamovibilité.
7. M. L. Rassat, thèse préc.

domaine administratif. Il a notamment une mission en matière d'administration de la justice. Il est en quelque sorte l'agent local du ministre de la justice et il intervient ainsi dans de multiples domaines.

La réforme judiciaire du 22 décembre 1958 n'a pas modifié sensiblement l'organisation du parquet ; on a pourtant essayé de donner aux magistrats du ministère public des garanties plus importantes mais compatibles avec le particularisme de leurs fonctions [1]. Plusieurs textes postérieurs (loi du 10 juillet 1970, décr. du 20 juillet et du 28 août 1972, loi constitutionnelle du 27 juillet 1993 et loi organique du 5 février 1994) ont précisé les fonctions du ministère public. Il importe cependant avant d'indiquer ses attributions, de déterminer comment il est organisé, quel est son statut, autrement dit, de le décrire comme élément institutionnel de l'ordre judiciaire.

C'est dans l'exercice contemporain des fonctions que les procureurs s'éloignent des juges du siège, les premiers devenant des « *préfets de justice* » (notamment par leur rôle dans la mise en place des contrats de sécurité, la politique de la ville), les seconds des « *juges-arbitres* » [2]. V. *supra* n° 129, b-3.

Le ministère public intéresse les instances européennes du Conseil de l'Europe, notamment pour assurer son indépendance ; une Recommandation a été prise pour fixer les principes directeurs applicables à tous les ministères publics d'Europe [3].

SOUS-SECTION 1. **Organisation institutionnelle du ministère public**

Les membres du ministère public sont des *magistrats* et des *fonctionnaires*, telles sont leurs caractéristiques essentielles. Sans doute cette double qualification ne permet-elle pas de déterminer tout le particularisme de la situation de ce corps. Elle facilite pourtant la compréhension d'un certain nombre de règles concernant le statut et les caractères du ministère public. Il importe néanmoins de rappeler brièvement la composition de cet organe [4].

§ 1. **Composition du ministère public**

Si le ministère public, en matière civile, n'est représenté organiquement qu'auprès des seules juridictions de droit commun (Cour de cas-

1. V. S. Guinchard et J. Buisson, *Procédure pénale*, n°s 351 et 355, M. L. Rassat, *Traité de procédure pénale*, n° 160. G. Accomando, « L'indépendance du Parquet, un débat dépassé : opportunité/légalité et dépendance/indépendance vis-à-vis de l'exécutif », *Gaz. Pal. 14 août 1997 ;* « Vers un nouveau ministère public », *Justices* 1997-7, 87 s. Colloque ENM mai 1995, Le Parquet dans la République, vers un nouveau ministère public ? » *Publications ENM*, 1996-1.

2. H. Dalle, Juges et procureurs : une évolution divergente, *Justices*, 1999-1, nouvelle série, p. 55. – V. aussi B. Brunet, « L'office du juge entre les choix de politique pénale et les politiques publiques », *Gaz. Pal.* 22 mai 2001, Doct. J. Pradel, « Le ministère public : brèves remarques sur son évolution depuis 1959 », *RPDP*, 2000-25 ; « Le ministère public, autorité omnipotente ou colosse aux pieds d'argile, observations sur quelques législations européennes », *RPDP* 2001, p. 464.

3. Commentaire : F. Falletti, *RPDP* 2001, 490 ; M. Robert, *RSC* 2002. 47.

4. Nous avons déjà indiqué quels sont les divers représentants du ministère public auprès de chaque juridiction ce qui nous permettra d'être plus bref.

sation, cour d'appel, tribunal de grande instance), il apparaît au contraire comme un principe fondamental de la procédure répressive qu'un représentant du ministère public soit présent auprès de chaque juridiction pénale, qu'elle soit de droit commun ou d'exception. Le ministère public étant partie principale dans chaque procès pénal, aucun tribunal répressif ne peut valablement siéger hors la présence d'un représentant du parquet [1]. Néanmoins, le principe de l'unité des juridictions pénales et civiles conduit à ce que le ministère public soit commun aux deux types de justice. Il importe donc de distinguer les juridictions où le ministère public est commun à toutes les différentes juridictions de l'ordre judiciaire (I) et les cas où il est propre aux juridictions pénales (II).

I. Le ministère public commun à toutes les juridictions judiciaires

822 ***A) Le parquet du TGI. – La question des juridictions d'exception*** ◊

a) *Devant le TGI,* le parquet se compose du procureur de la République assisté d'un ou plusieurs procureurs de la République adjoints, de vice-procureurs et d'un ou plusieurs substituts (art. R. 212-15, COJ). Le procureur de la République assure la direction du parquet et répartit les substituts entre les chambres et services du parquet (art. R. 212-12, COJ). Il en est le chef mais reste pourtant sous la dépendance du procureur général près la cour d'appel. Au sein de chaque TGI dans le ressort duquel il y a un tribunal pour enfants, le procureur général désigne un ou plusieurs magistrats du parquet spécialement chargés des affaires concernant les mineurs (art. R. 212-13, COJ).

Ce parquet assure la représentation du ministère public auprès du juge d'instruction et du tribunal correctionnel et éventuellement des formations civiles du tribunal. Il délègue également quelques-uns de ses représentants auprès de certaines juridictions d'exception (v. *infra*, b).

Depuis la loi du 25 juin 2001, un procureur de la République ne peut exercer plus de 7 ans ses fonctions au sein du même TGI (art. 28-2 et 38-2, ord. 22 déc. 1958). Si le TGI est du premier grade, le procureur doit être un substitut du procureur général de la Cour du ressort (art. 28-2). Si le TGI est hors hiérarchie, le procureur doit avoir rang d'avocat général à la Cour d'appel (art. 38-2).

b) Comme on a pu le constater, aucune des juridictions civiles d'exception, y compris le tribunal d'instance, n'a de ministère public. On a souvent allégué pour justifier cette absence le fait que la présence permanente d'un représentant du pouvoir exécutif serait de nature à ôter à ces juridictions d'exception l'essentiel de leur originalité. Il reste que la présence du ministère public est parfois souhaitable et que certains correctifs ont dû être apportés. Ainsi, aux termes de l'article

1. Sur cette terminologie C. Laplate, *Le pouvoir judiciaire*, juin 1956 ; il existe une controverse sur ce point.

L. 122-2, COJ, le procureur de la République peut en toutes matières exercer le ministère public devant toutes les juridictions du premier degré établies dans son ressort. De fait, toutes les fois qu'il le jugera utile le procureur pourra siéger dans l'une ou l'autre de ces juridictions (au tribunal de commerce par ex.) [1].

823 ***B) Le parquet de la cour d'appel*** ◊ Il est composé du procureur général assisté d'avocats généraux et de substituts généraux. Les articles R. 312-14 à 18, COJ précisent les attributions des différents membres du parquet. Le procureur général est le chef du parquet de la cour. Il répartit les substituts entre les chambres et les divers services du parquet (art. R. 312-14, COJ) ; il dirige les services administratifs mais on peut aussi affirmer qu'il est, au moins indirectement, le chef du ministère public dans tout le ressort de la cour d'appel. Non seulement il dispose d'un pouvoir de contrôle, mais l'article 37 du CPP précise expressément qu'il a autorité sur tous les officiers du ministère public du ressort de la cour d'appel. Les avocats généraux et les substituts généraux sont chargés de porter la parole au nom du procureur général aux audiences de la cour d'appel [2]. Dans la pratique cependant cette mission revient plutôt aux premiers cités, les seconds assurant le service administratif du parquet. En effet, s'il n'y a pas une hiérarchie entre ces deux catégories de magistrats, il existe une liste de rang qui est établie dans chaque cour d'appel (art. R. 312-18, COJ).

Dans le domaine pénal, ce parquet assure la représentation du ministère public devant la chambre de l'instruction et devant la chambre des appels correctionnels (v. *supra*, n°s 561 et 615). On retrouve la même disposition que pour les juridictions du premier degré : aux termes de l'article L. 122-3, COJ, le procureur général peut, en toutes matières, exercer le ministère public devant toutes les juridictions du second degré et les cours d'assises établies dans son ressort. De même, au sein de chaque cour d'appel, le procureur général désigne un ou plusieurs magistrats du parquet général chargés spécialement des affaires concernant les mineurs (art. R. 312-15, COJ).

Depuis la loi du 25 juin 2001, le procureur général ne peut exercer ses fonctions plus de 7 ans dans la même Cour d'appel (art. 38-1, ord. 22 déc. 1958). Mais, alors que le premier président d'une cour d'appel doit être un magistrat hors hiérarchie du siège à la Cour de cassation, aucune disposition symétrique n'a été prise par la loi du 25 juin 2001 pour les procureurs généraux ; il y a là une atteinte indirecte au principe constitutionnel de l'unité du corps judiciaire. De même, seuls les premiers présidents peuvent solliciter, six mois avant l'expiration de leurs fonctions, une nomination en qualité d'inspecteur général adjoint des services judiciaires ; les procureurs généraux ne bénéficient pas de cette possibilité.

1. L'intervention du ministère public devant cette juridiction est devenue assez fréquente en raison des dispositions législatives récentes sur les entreprises en difficultés.
2. Sur ces relations et le Parquet général, v. colloque du Centre de droit de la concurrence Yves Serra, Perpignan, 20 juin 2008, *Gaz. Pal.* 20 déc. 2008.

824 ***C) Le parquet de la Cour de cassation*** ◊ Il comprend un procureur général, des premiers avocats généraux et un certain nombre d'avocats généraux et avocats généraux référendaires (v. *supra*, n° 687). Ces derniers sont évidemment chargés de prendre la parole dans les audiences ; certains d'entre eux sont plus particulièrement affectés à la chambre criminelle. On doit noter que le procureur général près la Cour de cassation n'exerce plus aucune autorité sur les procureurs généraux des cours d'appel, qui relèvent directement du garde des Sceaux [1].

II. Le ministère public propre aux juridictions pénales

825 Comme nous l'avons indiqué, la présence du ministère public est indispensable devant ces juridictions. On rencontre alors deux hypothèses :

– Dans la plupart des cas le ministère public près des juridictions d'exception est assuré par des représentants du parquet des juridictions de droit commun. Ainsi le procureur général près la Cour de cassation assure-t-il les fonctions du ministère public auprès de la Cour de justice de la République, assisté par un premier avocat général et deux avocats généraux qu'il désigne (LO n° 93-1252, 23 nov. 1993, art. 8, réd. LO n° 2007-287, 5 mars 2007). Le parquet de la cour d'appel assure le service de la cour d'assises lorsque cette dernière siège dans la même ville que la cour d'appel. Enfin le procureur de la République ou ses substituts tiennent le siège de l'accusation auprès du tribunal de police (ou de la juridiction de proximité) pour certaines infractions (contraventions de 5ᵉ classe) et de la cour d'assises lorsqu'elle siège dans une ville où il n'y a pas de cour d'appel. De plus, auprès des juridictions pour mineurs, un ou plusieurs substituts sont spécialement chargés des affaires de mineurs [2].

– Dans d'autres hypothèses, plus rares il est vrai, il existe un parquet autonome auprès de la juridiction d'exception. Il en était ainsi pour les juridictions militaires (tribunaux permanents des forces armées et tribunaux militaires aux armées). Dans ce cas le commissaire du Gouvernement ou ses substituts étaient des magistrats militaires, c'est-à-dire le plus souvent des magistrats judiciaires détachés auprès des tribunaux militaires.

Cette solution est encore aujourd'hui applicable pour le tribunal aux armées de Paris pour les infractions commises hors le territoire de la République. Un procureur de la République qui est un magistrat détaché auprès du ministre des armées assure les fonctions du minis-

1. O. L. Lawson-Body, *Le ministère public devant la Cour de cassation*, thèse (dacty.) St Étienne, 1999.
2. Sur tous ces cas, v. *supra*, nᵒˢ 582, 608, 634, 674.

tère public. Une solution identique est applicable pour les juridictions militaires établies en temps de guerre (art. L. 111-12 et L. 112-22 CJM). Pour les tribunaux maritimes commerciaux c'est un officier de marine qui assure cette fonction.

Ayant rappelé les règles de composition du ministère public auprès des différentes juridictions, il importe maintenant de déterminer quels sont ses principaux caractères.

§ 2. Les caractères du ministère public

Si l'on envisage le ministère public globalement en tant que corps, on se plaît à souligner trois caractères : l'indépendance, la hiérarchie, l'indivisibilité.

I. L'indépendance [1]

826 ***Indépendance à l'égard des tribunaux*** ◊ Cette indépendance se manifeste tout d'abord par rapport aux cours et tribunaux. Le principe de la séparation des autorités de poursuite, d'instruction et de jugement a déjà été présenté [2]. Il importe ici d'en tirer les conséquences pour le ministère public. L'indépendance, c'est la possibilité d'agir librement dans le cadre par exemple de l'exercice de l'action publique. Dans les faits, cette indépendance est largement tempérée par le principe hiérarchique (v. *infra,* n° 828 et s.). Les juges pénaux ne peuvent d'ailleurs pas se saisir eux-mêmes [3], ils doivent attendre la décision du parquet.

Les magistrats du siège n'ont aucune possibilité d'adresser un blâme ou une injonction aux magistrats du ministère public. On remarque pourtant que le juge en matière civile peut toujours décider la communication d'un dossier au ministère public même dans les affaires non communicables, ce qui obligera le parquet à intervenir (art. 427, CPC, *infra,* n° 840).

827 ***Indépendance à l'égard des justiciables*** ◊ L'indépendance se manifeste aussi à l'égard des justiciables. Si la victime peut déclencher l'action publique, elle ne peut pas obliger le ministère public à soutenir

1. J.-P. Plantard, « L'indépendance des magistrats du Parquet, la situation en France », *Rev. jur. des Barreaux,* févr.-juin 1999, Dalloz, p. 67 (et, en Italie, p. 73, par M. Laudi). V. égal. : S. Guinchard et J. Buisson, *Procédure pénale,* n° 351 le problème du statut ambigu des membres du parquet en droit constitutionnel. Pour le droit comparé v. J. Pradel, *Droit pénal comparé,* Dalloz, 3e éd., 2008, n° 142 et s. ; Ch. Lazerges (dir.), Figure du parquet, coll. « Les voies du droit », PUF, 2006 ; F. L. Coste, « L'éthique du Ministère public », *AJ pénal* 2007. 425.

2. V. *supra,* nos 523 et s.

3. L'auto-saisine du juge d'instruction entraîne la nullité de la procédure, Crim. 6 févr. 1996, *D.* 1996.198, note Pradel ; *Procédures,* mars 1996, n° 94, obs. Buisson. On observera cependant que le juge d'instruction étant saisi *in rem,* il peut toujours étendre les poursuites à toute personne, même non visée par le Parquet.

l'accusation. Inversement, le désistement de la partie civile ne peut empêcher le parquet de demander une condamnation et éventuellement d'exercer une voie de recours.

L'irrécusabilité est une autre manifestation de l'indépendance. Alors qu'un juge du siège peut être récusé aussi bien en matière civile qu'en matière pénale (art. L. 111-1, COJ ; 668, CPP ; 341, CPC) le ministère public ne peut se voir appliquer cette mesure (art. 669, al. 2, CPP). L'explication est très simple, le représentant du parquet est une partie au procès, on ne peut récuser un adversaire. De même une requête en suspicion légitime n'est pas possible [1]. On peut en revanche le récuser s'il est seulement partie jointe.

Cette indépendance des magistrats du parquet explique qu'ils ne soient pas soumis à l'obligation d'impartialité imposée au tribunal par l'article 6 § 1 de la Convention européenne des droits de l'homme puisqu'ils ne sont pas des juges [2].

II. La subordination hiérarchique

828 ***Principe*** ◊ Le principe de la hiérarchie apparaît comme le trait fondamental de l'organisation du ministère public. Tous les membres du ministère public dépendent du Gouvernement, plus précisément sont placés sous l'autorité du garde des Sceaux, ministre de la Justice (art. 5, ord. du 22 déc. 1958) (sur les évolutions récentes et les controverses sur ce lien, v. *supra*, n° 126).

En matière pénale, la loi du 9 mars 2004 a, en quelque sorte, officialisé cette conception. On trouve désormais dans le Code de procédure pénale un chapitre 1er *bis* consacré aux attributions du garde des Sceaux (art. 30) et un autre au ministère public (art. 31 et s.).

829 ***Les pouvoirs du garde des Sceaux pour conduire la politique d'action publique*** ◊ **a)** Aux termes de l'article 30, CPP, le rôle du ministère de la justice est précisément indiqué : « le ministre de la justice conduit la politique d'action publique déterminée par le gouvernement et veille à la cohérence de son application sur le territoire de la République » (al. 1er). Ce texte est en parfaite conformité avec l'article 20 de la Constitution selon lequel « le gouvernement détermine et conduit la politique de la Nation ». On notera que c'est notamment par référence à ce texte que le Conseil constitutionnel [3] a validé cette nouvelle disposition estimant qu'elle ne méconnaît aucunement le principe de la

1. Crim. 27 févr. 1993, *Bull. crim.* n° 49.

2. Pour une critique de cette solution S. Guinchard et J. Buisson, *Procédure pénale*, nos 419 et 421. À titre d'exemple de l'application de cette règle : Crim. 6 janv. 1998, *Bull. crim.* n° 1, *D.* 1999-296, note Yildrim ; *Procédures* : avr. 1998 n° 96 obs. Buisson.

3. Cons. const., déc. n° 2004, DC 2 mars 2004, *JO* du 10 mars 2004, p. 4645. J. E. Schœttl, « Les attributions du ministre de la justice en matière d'action publique », *D.* 2004. 1387. J.-P. Jean, « Le ministère public entre modèle jacobin et modèle européen », *RSC* 2005, p. 670.

séparation des pouvoirs et le principe selon lequel l'autorité judiciaire comprend à la fois des magistrats du siège et ceux du parquet. Mais la Cour européenne des droits de l'homme considère au contraire, que les membres du parquet ne peuvent faire partie de l'autorité judiciaire, en raison de ce lien hiérarchique (v. *supra*, n° , 119).

b) Dans ce cadre il est alors normal que le ministre adresse aux magistrats du ministère public des instructions générales (al. 2 de l'art. 30) sous la forme de circulaires qui ont pour objectif et pour mérite d'assurer une harmonisation nationale des politiques de prévention et de répression au plan local, solution qui permet de respecter l'égalité entre les citoyens. Le législateur consacre ainsi une pratique déjà très ancienne mais qui paraît aujourd'hui indispensable pour que les parquets mènent une action coordonnée et efficace contre des formes nouvelles ou inquiétantes de la criminalité (violence routière, travail illégal, infractions racistes, par ex.) [1].

c) Le troisième alinéa de l'article 30 reprend les dispositions de l'article 36 sur les instructions individuelles du garde des Sceaux qui fait l'objet de plus de controverses. Selon ce texte, non modifié, le ministère peut dénoncer au procureur général les infractions dont il a connaissance et lui enjoindre par instructions écrites, versées au dossier de la procédure, d'engager des poursuites ou de saisir la juridiction compétente des réquisitions que le ministre juge opportunes. On notera qu'il s'agit d'ordres de poursuivre et non pas d'ordres de ne pas poursuivre c'est-à-dire de bloquer une poursuite. Cette solution paraît donc nécessaire pour éviter des inégalités de traitement et assurer la cohérence de la politique d'action publique. Pour autant ne serait-il pas judicieux de « dépolitiser la justice » en supprimant tout pouvoir du ministre dans les actions individuelles et en imaginant un système d'un parquet véritablement indépendant du pouvoir exécutif [2] ?

830 ***Les pouvoirs des procureurs généraux en matière pénale*** ◊ **a)** Si les membres du ministère public sont hiérarchisés, il faut néanmoins remarquer que le procureur général près la Cour de cassation n'a, aujourd'hui, aucune autorité sur les magistrats des autres parquets. Il n'y a donc pas, dans notre système une véritable structure pyramidale du ministère public.

b) En revanche, la loi du 9 mars 2004 a réaffirmé clairement le rôle hiérarchique des procureurs généraux dans le ressort de leur cour d'appel en remodelant les articles 35 et 36 du CPP :

– Aux termes de l'article 35 le procureur général veille à l'application de la loi pénale dans toute l'étendue du ressort de la Cour d'appel et au bon fonctionnement des parquets de son ressort. Il anime et coor-

1. V. Rapport de la commission de réflexions sur la justice (Commission Truche), Doc. fr., 1997.
2. J. Pradel, *Procédure pénale*, n° 157 ; H. Matsopoulou, *RPDP* 2004-948 ; F. Fourment, *Procédure pénale*, n°s 303 et s.

donne l'action des procureurs de la République et la conduite de la politique d'action publique par les parquets de son ressort. Il est donc une sorte d'intermédiaire obligé entre ministre et procureurs de la République pour animer la politique pénale du gouvernement. Cette mission est, en quelque sorte concrétisée par l'obligation des procureurs de la République d'adresser au procureur général un rapport annuel sur l'activité et la gestion de leur parquet et l'application de la loi (art. 35, al. 3). Le procureur peut aussi, de sa propre initiative ou sur demande, adresser des rapports particuliers au procureur général.

– Par ailleurs aux termes de l'article 37 les procureurs généraux près les cours d'appel exercent leur autorité sur tous les magistrats du ministère public de leur ressort, donc y compris sur les procureurs de la République. Ces derniers ont néanmoins autorité sur les membres de leur parquet et sur les officiers du ministère public du tribunal de police (art. 44 CPP). Ainsi, il apparaît bien que le procureur général dispose des fonctions essentielles ; tous les autres membres du parquet, pouvant être considérés comme exerçant leurs attributions en vertu d'une sorte de délégation du procureur général. Par transposition de l'alinéa 3 de l'article 30 du CPP, l'article 36 permet au procureur général, qu'il ait reçu un ordre ou non, « enjoindre à un procureur de la République, par instructions écrites versées au dossier, d'engager ou de faire engager des poursuites ou de saisir la juridiction compétente de réquisitions écrites qu'il juge opportunes ». D'une manière générale on peut considérer que le principe de subordination hiérarchique conduit tout membre du ministère public à informer son supérieur de ce qui lui paraît important. Cette subordination hiérarchique implique donc l'obéissance, et la désobéissance peut faire l'objet de sanctions disciplinaires [1] pouvant aller jusqu'à la révocation, aujourd'hui après avis de la formation compétente du CSM.

Ce système, très militaire d'inspiration, a été calqué sur l'organisation très hiérarchisée des officiers généraux.

831 ***Limites au principe de la subordination hiérarchique*** ◊ Deux limites sont traditionnellement indiquées : la première résulte du pouvoir propre des chefs de parquet, la seconde d'un principe exprimé par l'adage selon lequel « la plume est serve, mais la parole est libre » :

a) Le pouvoir propre des chefs de cour trouve son fondement dans l'article 41 du CPP. Cette expression signifie tout d'abord que le chef du parquet peut en matière pénale poursuivre l'exercice de l'action publique sans l'ordre, voire contre l'ordre de ses supérieurs, et cette action reste pleinement valable ; la juridiction étant normalement saisie. Le seul recours est la sanction disciplinaire, alors qu'à l'intérieur d'un parquet le substitut ne peut pas désobéir aux ordres du procureur.

1. R. Merle et A. Vitu, *Traité de droit criminel*, t. II, n° 225. J. Pradel, *Procédure pénale*, n° 160. En sens contraire, M. L. Rassat, *Traité de procédure pénale*, n° 157.

Le pouvoir propre des parquets découle de l'impossibilité pour le supérieur hiérarchique de se substituer au chef de parquet lorsqu'il ne se plie pas aux ordres reçus.

Il faut bien noter que les conflits entre représentants du ministère public sont extrêmement rares et dans la majorité des cas, lorsque l'on parle de pouvoir propre, c'est simplement pour indiquer que la subordination hiérarchique n'implique pas que le procureur de la République prenne systématiquement les ordres de la Chancellerie ou du parquet général.

b) La liberté de parole du ministère public est une deuxième limite à la subordination hiérarchique [1]. Les magistrats du ministère public ne sont tenus à l'obéissance que dans leurs conclusions écrites. En revanche, ils ont la possibilité, oralement, à l'audience de développer des arguments différents selon leurs convictions personnelles pouvant aller jusqu'à soutenir le rejet de leurs conclusions écrites. Le principe selon lequel « la plume est serve mais la parole est libre » a toujours été jalousement défendu par les membres du parquet. Il est aujourd'hui expressément consacré par deux textes : l'article 5 *in fine* de l'ordonnance n° 58-1270 du 22 décembre 1958 portant statut de la magistrature (à l'audience leur parole est libre) et l'article 33, CPP « Il développe librement les observations orales qu'il croit convenables au bien de la justice » [2]. Encore une fois, il ne faut pas voir ce principe uniquement sous l'angle du conflit mais bien plutôt comme une manifestation très nette de la double qualité des membres du ministère public : magistrat et fonctionnaire. Ceux-ci peuvent ainsi s'adapter aux nécessités de la répression telles qu'elles peuvent se manifester au cours des débats.

III. L'indivisibilité

832 ***Interchangeabilité des membres d'un même parquet*** ◊ Ce principe signifie que, s'agissant d'un même parquet, chaque membre du ministère public le représente dans son ensemble. L'acte accompli par l'un des magistrats l'est au nom du parquet tout entier. La conséquence la plus importante est que les membres du ministère public peuvent valablement se remplacer au cours d'une même affaire, par exemple au cours des audiences successives. Les différents actes de la procédure peuvent ainsi être réalisés par différents substituts [3]. V. l'article L. 122-4, COJ : « tout magistrat d'un parquet ou d'un parquet général peut

1. J.L. Nadal, « La liberté de parole du ministère public », colloque sur la Parquet général, Centre de droit de la concurrence Yves Serra, Perpignan, 20 juin 2008, *Gaz. Pal.* 20 déc. 2008.

2. V. par ex. Crim., 30 janv. 1976, *Bull.*, n° 345. V. égal, P. Lemoine, « La liberté de parole des magistrats du ministère public. À propos d'un arrêt de la cour de cassation du 12 août 2002 », *Dr. pénal* 2008, études n° 7.

3. V. Crim. 5 mai 1997, *Bull. crim.* n° 168 (acte mentionnant le procureur de la République et signé par un substitut.

exercer les fonctions du ministère public au sein de ce parquet ». Il en va tout autrement pour les magistrats du siège, un tribunal devant être composé des mêmes magistrats pendant toute la durée d'un procès. L'indivisibilité du ministère public ne peut pourtant pas se retourner contre lui. Ainsi, le procureur de la République peut interjeter appel d'un jugement rendu conformément aux réquisitions d'un substitut, c'est là une manifestation de la subordination hiérarchique. Ces caractéristiques concernant le ministère public ne peuvent pas ne pas rejaillir sur son statut.

§ 3. Le statut des magistrats du ministère public

833 ***Statut commun avec celui des magistrats du siège*** ◊ Particularisme Les magistrats du parquet font partie, comme les juges du siège, du corps judiciaire, mais parce qu'ils sont des agents du pouvoir exécutif, ils ne jouissent pas des mêmes prérogatives que ces derniers. En effet il n'est pas nécessaire d'assurer leur indépendance de la même façon et leur statut fait l'objet de règles très particulières par rapport au statut général de la magistrature.

L'unité de régime se manifeste pourtant sur un certain nombre de points : le recrutement – les incompatibilités – certaines obligations comme l'obligation de réserve – les règles de l'avancement, celles notamment qui concernent le rôle de la commission d'avancement et, depuis la loi du 30 mai 2001, les exigences de mobilité – les règles de la responsabilité ; le ministère public n'étant pas une partie ordinaire, il est irresponsable même s'il succombe. Il ne peut voir sa responsabilité mise en jeu que dans les conditions du droit commun concernant l'ensemble des magistrats, (v. *supra*, nos 816 et s.).

Les particularités du statut des magistrats du parquet ne se rencontrent que sur deux points essentiels : leur nomination – leur régime disciplinaire.

834 ***1) Nomination. Avancement*** ◊ La nomination des magistrats du parquet n'était pas soumise pour avis au Conseil supérieur de la magistrature ni à sa proposition pour les plus hauts postes, jusqu'à la réforme constitutionnelle du 27 juillet 1993 ; celle-ci avait donné au CSM le pouvoir de donner un avis (simple) sur les nominations des membres du Parquet des premier et second grade, mais cette compétence lui était refusée pour ceux hors hiérarchie ; depuis la loi constitutionnelle du 23 juillet 2008, l'avis a été généralisé à tous les membres du Parquet (y compris les Procureurs généraux), mais il reste un avis simple, qui ne lie pas le Gouvernement.

835 ***2) Régime disciplinaire*** ◊ La caractéristique essentielle du statut des magistrats du parquet est que, contrairement aux magistrats du siège,

ils ne sont pas inamovibles. Cette règle entraîne pour conséquence naturelle l'absence de garantie de carrière. C'est d'ailleurs cette solution qui a prévalu jusqu'à ces dernières années. Agents du pouvoir exécutif, amovibles donc révocables sans avoir à justifier d'aucun motif, le garde des Sceaux pouvait donc prendre à leur égard toute mesure qui lui paraissait souhaitable.

Un tel système pouvait évidemment conduire à l'arbitraire, aussi plusieurs textes eurent-ils pour objet d'organiser une protection des magistrats du parquet en imposant au ministre de prendre l'avis d'une commission avant toute sanction disciplinaire grave, mais un texte postérieur ne rendit cette commission obligatoire qu'en cas de révocation. Le système a de nouveau été modifié par la loi constitutionnelle n° 93-952 du 27 juillet 1993 dont la traduction législative dans l'ordonnance du 22 décembre 1958 a été apportée par la loi organique n° 94-100 du 5 février 1994. La loi constitutionnelle du 23 juillet 2008 ne modifie pas le système sur ce point.

a) *Concernant la notion de faute et de sanctions disciplinaires*, ce sont les dispositions communes à tous les magistrats qui s'appliquent (v. *supra*, n° 814).

b) *En revanche, l'autorité compétente est différente* : c'est le garde des Sceaux et non pas le CSM qui constitue l'autorité compétente pour sanctionner un membre du Parquet ; simplement l'article 65 de la Constitution de 1958 impose au garde des Sceaux de solliciter l'avis de la formation compétente du CSM (même règle dans l'art. 59, ord. 1958). On remarquera que le CSM n'est pas, en l'espèce et à la différence de ce qui concerne les magistrats du siège, une « juridiction ». Le pouvoir d'apprécier le comportement du magistrat et de décider la sanction à appliquer appartient au seul garde des Sceaux. En droit public, les compétences s'exercent, et ne se délèguent pas - même de façon détournée. Serait ainsi nulle, la sanction prise par ce ministre qui se serait publiquement engagé par avance à se conformer à l'avis du CSM. Si le ministre n'est pas lié, et ne peut s'engager à être lié, par l'avis du CSM, son pouvoir discrétionnaire n'est pas pour autant total :

- *d'une part*, parce que l'article 66 de l'ordonnance de 1958 exige que, lorsque le ministre souhaite prendre une sanction plus grave que celle proposée par le CSM, il soumette sa proposition à celui-ci pour un nouvel avis. Cette « navette » renforce l'autorité morale du CSM et on voit mal, dans le contexte actuel de notre état de droit, un ministre de la Justice être plus sévère que le CSM ! C'est plutôt l'inverse qui s'est produit dans certains cas ;
- *d'autre part*, parce que la décision du ministre peut faire l'objet d'un recours pour excès de pouvoir devant le Conseil d'État ; juge du premier ressort et non pas de cassation, il pourra examiner les faits pour identifier un éventuel détournement de pouvoir.

c) *La procédure* disciplinaire est contenue dans les articles 59 à 66 de l'ordonnance de 1958 (présidence du CSM par le procureur général près la Cour de cassation). La loi du 25 juin 2001 a apporté deux modifications importantes [1] :

- *d'une part*, le garde des Sceaux n'a plus le monopole de la saisine du CSM ; en effet, le procureur général de la Cour de cassation peut aussi être saisi par

1. Commentaire : K. Favro, *LPA*, 20 déc. 2001.

les procureurs généraux des cours d'appel et les procureurs de la République (art. 63, al. 2) ;

– *d'autre part,* l'audience est publique sauf les exceptions classiques (art. 65) valables pour les magistrats du siège (v. *supra* n° 815).

SOUS-SECTION 2. Les attributions du ministère public

836 ***Variété des attributions*** ◊ Lorsqu'on envisage les fonctions des magistrats du parquet, on pense à leurs attributions dans le domaine judiciaire, plus particulièrement à leur rôle dans le procès pénal. On ne saurait cependant oublier que le ministère public joue également un rôle dans le procès civil et qu'il a par ailleurs de nombreuses attributions extrajudiciaires. En effet le rôle du ministère public en dehors de tout procès est considérable. Agent du pouvoir exécutif, il ne l'est pas seulement auprès des tribunaux mais encore d'une manière assez générale pour veiller à l'observation des lois et décrets. Il se voit confier une tâche d'administration qui, dans un premier temps, n'était pas étrangère à la marche de la justice, mais qui aujourd'hui déborde largement ce cadre ainsi qu'une série de missions d'intérêt général dépendant du ministère de la justice dont il est une sorte de représentant local. La variété des tâches du ministère public rend toute définition d'ensemble à peu près impossible et on se contentera donc de les indiquer successivement en distinguant les attributions judiciaires et les attributions extrajudiciaires tout en insistant plus particulièrement sur les premières [1].

§ 1. Les attributions judiciaires

Par attributions judiciaires, nous entendons toutes celles qui se rattachent de près ou de loin à une action judiciaire, donc à un acte de juridiction gracieuse ou contentieuse, ce qui peut englober certaines attributions à caractère administratif principalement dans le domaine pénal où le ministère public joue un véritable rôle d'avoué [2], notamment en signifiant les décisions aux parties intéressées. Si le rôle du ministère public est important en matière civile, son activité fondamentale s'exerce dans le procès pénal, ce qui nous conduit à distinguer les deux types de fonctions.

1. J. P. Dintilhac, « Rôle et attribution du procureur de la république – Histoire et évolutions », *RSC* 2002. 35.

2. En ce sens : J. A. Roux, *Cours de droit criminel français*, L. Ténin éd., 2e éd., 1927, t. 2, p. 45 ; M. L. Rassat, thèse préc., n° 49.

I. Le rôle du ministère public dans le procès civil. Distinction de la voie d'action et de la voie de réquisition

En matière civile, le ministère public peut exercer ses attributions de deux manières différentes selon qu'il intervient comme *partie principale* à l'égal d'un autre plaideur ou comme *partie jointe* en s'immisçant dans un procès qui a été engagé en dehors de lui. Dans le premier cas, il intervient par voie d'action, dans le second par voie de réquisition. Lorsque le ministère public intervient comme partie principale, il peut avoir la position de demandeur ou de défendeur s'il a été assigné. Le plus souvent le ministère public agit comme représentant de certaines personnes morales que la loi lui impose de défendre.

Lorsqu'il intervient comme partie jointe, il n'a pas la qualité de plaideur, il n'est l'adversaire ni du demandeur ni du défendeur et il se contentera de présenter au tribunal son opinion. Il agit comme une sorte de jurisconsulte officiel ou de commissaire du gouvernement devant les juridictions administratives, en requérant dans son intervention que les juges veuillent bien se conformer à son avis, mais il est évident que le tribunal reste libre de sa décision.

A. Intérêts de la distinction entre la voie d'action et la voie de réquisition

Les intérêts pratiques de la distinction sont assez nombreux et résultent du fait que lorsque le ministère public est partie principale, il est un plaideur devant assumer les conséquences de cette qualité, ce qui n'est pas le cas lorsqu'il est partie jointe.

837 ***1) Conduite et déroulement du procès*** ◊ Lorsque le ministère public est partie principale, il est entièrement libre pour exprimer ses prétentions. Il peut déposer toutes les conclusions qu'il désire exactement comme un autre plaideur. Partie jointe, il n'a pas la possibilité de modifier les conclusions des parties qui ont déterminé l'étendue de leur litige. Il pourrait néanmoins proposer des éléments nouveaux non encore invoqués [1].

Au cours des débats, le ministère public partie principale prend la parole comme un plaideur, le premier lorsqu'il est demandeur, le second s'il est défendeur. Partie jointe, il prend la parole en dernier après que les avocats des plaideurs ont présenté leurs explications. Sauf réouverture exceptionnelle des débats, les parties ne peuvent rien dire après les réquisitions du ministère public [2] (art. 443, al. 7, CPC).

1. En ce sens : Paris, 23 juin 1955, 792, note Rouast, *JCP* 1956. II. 9064, note S. ; *RTD civ.* 1956.173, obs. Hébraud.
2. Nullité d'ordre public en cas de violation de la règle, Civ. 2e, 14 nov. 1975, *JCP* 1976. II. 18511, note Martin et Van den Caput ; R. Bernardini, *RTD civ.* 1977.187, obs. Perrot.

838 ***2) Dépens*** ◊ Le ministère public partie jointe n'est pas personnellement intéressé aux débats. En conséquence, il ne peut pas être concerné par les dépens qui sont supportés par la partie qui succombe (art. 696, CPC).

Lorsque le ministère public est partie principale, la logique voudrait qu'il soit soumis à la règle selon laquelle celui qui perd son procès supporte les dépens. Il n'en est rien. En effet si le ministère public triomphe, son adversaire paie les dépens, alors que s'il perd, il ne supporte que les frais qu'il a lui-même engagés, les autres restant à la charge du gagnant [1]. Cette solution très contestable paraît dénuée de fondement.

839 ***3) Les voies de recours*** ◊ Le ministère public partie principale peut évidemment exercer toutes les voies de recours possibles contre les décisions qui lui font grief. En revanche, simple partie jointe, il ne peut pas exercer une voie de recours comme l'appel, même si le jugement a été rendu contrairement à ses réquisitions. La jurisprudence admet toutefois un appel du ministère public partie jointe dans le cas où il avait la faculté, qu'il n'a pas exercée, d'être partie principale en première instance, ce qu'il devient en appel [2].

Telles sont les deux possibilités d'intervention du ministère public dans le procès civil. Son mode d'intervention normal étant la voie de la réquisition, c'est cette voie que nous allons d'abord exposer.

B. La voie de réquisition : le ministère public partie jointe

Il importe d'observer à titre liminaire que le ministère public peut intervenir dans toute affaire où il juge son intervention utile. Il y a alors communication du dossier. Quels sont les différents cas de communication, quel est le régime de la communication ?

840 ***Les différents cas de communication du dossier*** ◊ À côté des cas où le ministère public décide spontanément d'intervenir, il y a deux hypothèses où il y est obligé.

a) En cas d'intervention spontanée, on dit que la communication est facultative. Le ministère public demande le dossier pour formuler son opinion dans des réquisitions. Cette possibilité est affirmée dans l'article 426 du CPC et plusieurs circulaires de la Chancellerie sont venues rappeler aux magistrats du parquet qu'il était souhaitable que cette intervention fût la plus fréquente possible.

b) L'intervention obligatoire se produit dans deux cas bien distincts :

– Il y a tout d'abord le cas où une juridiction demande expressément au ministère public de prendre des conclusions. Cette communication prévue par l'article 427 du CPC est dite judiciaire.

– Il y a ensuite les cas où c'est la loi elle-même qui impose cette intervention. Les affaires où l'intervention du ministère public est obligatoire sont dites

1. Cass. req., 2 juin 1930, S. 1930.1.312.

2. Il faut ici réserver le cas du pourvoi dans l'intérêt de la loi exercé par le procureur général près la Cour de cassation (*supra*, n° 141, note). V. Com. 20 janv. 1998, *Bull. civ.* IV n° 33.

communicables [1]. D'une manière générale, on peut dire qu'une affaire est communicable lorsque l'ordre public est intéressé et qu'il paraît important que le ministère public garant de l'intérêt général fasse connaître son point de vue. Pour qu'une affaire soit communicable, il faut qu'un texte le prévoit. Aujourd'hui c'est l'article 425 du CPC qui énumère ces affaires : les affaires relatives à la filiation, l'organisation de la tutelle des mineurs ou des majeurs, les procédures de sauvegarde, de redressement judiciaire et de liquidation judiciaire, de faillite personnelle ou relatives à la responsabilité pécuniaire des dirigeants sociaux. On peut considérer que la présence du ministère public dans de telles procédures est tout particulièrement souhaitable, non seulement en raison des intérêts en jeu, mais encore parce que les dossiers révèlent assez fréquemment des infractions pénales.

La liste de l'article 425 du CPC n'est d'ailleurs pas exhaustive puisque ce texte prend soin d'ajouter que le dossier doit être communiqué au ministère public dans tous les cas où « la loi dispose qu'il doit faire connaître son avis ».

Il faut enfin rappeler que devant la Cour de cassation, le ministère public intervient dans toutes les affaires en prenant des conclusions. Il agit alors à l'image de ce qui se passe devant les juridictions administratives où intervient systématiquement un commissaire du gouvernement.

841 ***Le régime juridique de la communication*** ◊ **a) Procédure.** Elle est aujourd'hui prévue dans les articles 428 et suivants, CPC. La communication est faite à la diligence du juge, dans un délai permettant de ne pas retarder le jugement. Le ministère public doit être avisé de la date de l'audience, mais il n'est pas tenu d'y assister sauf dans les cas prévus par la loi. Dans le cas d'une intervention spontanée, il peut se contenter d'adresser des réquisitions écrites. Lorsqu'il est présent, il prend la parole le dernier.

b) Sanction de l'inobservation de la communication. L'article 454, CPC, précise que mention de la communication doit être portée dans la minute du jugement. À défaut, la décision est frappée de nullité. Pourtant, la Cour de cassation se montre d'une façon générale relativement bienveillante, admettant assez facilement une présomption de régularité.

842 ***Faut-il maintenir la communication des affaires au ministère public en matière civile ?*** ◊ On a pu se demander si la communication présentait une utilité certaine dès lors qu'assez fréquemment les conclusions du procureur de la République apparaissaient de pure forme, celui-ci se contentant de déclarer oralement qu'il s'en remettait à la sagesse du tribunal. La seule véritable originalité des affaires communicables semblait résider dans l'impossibilité de soumettre de tels litiges à un arbitrage puisque le ministère public n'existe pas auprès des arbitres. Il semble pourtant quelquefois utile que la société puisse faire valoir des arguments que les parties ont volontairement ou involontairement omis. Le législateur du Code de procédure civile paraît avoir voulu redonner une certaine vigueur à cette mesure et la jurisprudence elle-même s'oriente dans le même sens [2].

1. G. Sutton, « La communication au ministère public », *Gaz. Pal.*, 1973 ; *D.* 1973. 342.

2. Ch. mixte, 21 juill. 1978, *Gaz. Pal.*, 1978.2.578, *Rev. trim.*, 1979.192, obs. Perrot qui tranche dans le sens de la rigueur un différend entre la 1re et la 2e chambre civiles. Com., 5 nov. 1981, *Bull. civ.* IV, n° 383.

C. La voie d'action : le ministère public partie principale

Nous l'avons dit, la voie d'action est exceptionnelle. Il ne faut pas oublier en effet, que le ministère public est en quelque sorte un agent du pouvoir exécutif et il n'est pas *a priori* normal qu'il puisse intervenir systématiquement dans des litiges entre particuliers en engageant une procédure à laquelle ils étaient opposés au seul motif que l'ordre public est en cause. Pour traiter de cette question, il importe de distinguer les cas où le législateur a prévu expressément l'action du ministère public et les cas où aucun texte n'édicte une telle action.

843 *Les cas légaux d'action* ◊ **a) Action obligatoire.** Elle est prévue à l'article 421, CPC. Il s'agit en fait, des cas où il doit représenter une personne morale de droit public, État ou département, dans une procédure se déroulant devant un tribunal civil. Ainsi, le Préfet peut-il charger le ministère public d'agir devant le tribunal de grande instance ou la cour d'appel en matière domaniale ou en matière de conflit d'attribution.

b) Action facultative. Le ministère public peut, dans toute une série d'hypothèses précisées par le législateur, agir librement, spontanément, de son propre chef sans qu'on puisse l'en empêcher, ni d'ailleurs l'y contraindre. L'examen de ces cas, dont nous allons donner quelques exemples, révèle qu'on les rencontre tant en matière gracieuse qu'en matière contentieuse :

- Nous signalerons son intervention possible en matière d'opposition à mariage (art. 175-1 et 175-2, C. civ.) ou de nullité de mariage (art. 184, C. civ.), d'autorité parentale pour faire prononcer la déchéance ou le retrait de cette autorité parentale (art. 378-1, al. 3, C. civ.), d'assistance éducative (art. 375, C. civ.), de divorce sur requête conjointe (art. 292, C. civ.), de nationalité, de nullité de brevet, etc.
- On en rencontre de nombreuses illustrations dans le droit des entreprises en difficultés, la loi de sauvegarde des entreprises n° 2005-845 du 26 juillet 2005 ayant repris les mêmes principes que la loi n° 85-98 du 25 janvier 1985. Un rôle très important dévolu au ministère public a été conservé notamment dans le déclenchement de ces procédures (art. L. 653-2, C. com.) mais aussi pendant toute leur durée (art. L. 621-3, C. com.), pour exercer des voies de recours dont il est parfois seul à disposer (art. L. 661-6 et L. 661-8 C. com.), ou pour faire mettre en œuvre certaines sanctions personnelles ou pécuniaires (art. L. 653-6 C. com.) [1]. S'agissant de ces dispositions on peut se demander si les droits importants et nombreux accordés au ministère public ne vont pas bien au-delà du rôle habituellement dévolu au parquet, celui de gardien de

1. Ce droit d'action du ministère public n'a pas conduit à supprimer la procédure de communication prévue par l'article 425, CPC Le texte prévoit en effet que la communication est obligatoire pour certains dossiers, notamment pour les procédures collectives concernant les personnes morales (v. *supra*, n° 840). Les deux types de dispositions doivent donc être combinés. Le ministère public dispose d'un droit d'action, donc d'initiative lorsqu'il l'estime nécessaire pour déclencher les procédures collectives ou y intervenir quelle que soit l'importance de l'entreprise dès lors qu'il a obtenu les informations nécessaires. À défaut, il doit être informé de toutes les procédures qui paraissent les plus importantes pour pouvoir donner son point de vue, le cas est d'ailleurs prévu par l'article L. 661-8 C. com. (Sur cette question v. G. Soinne, « L'intervention du ministère public dans les procédures collectives de redressement et de liquidation », *DS* 1983. Chron. p. 11).

l'ordre public. Ne devient-il pas un instrument de la politique économique et sociale du gouvernement ?

– Enfin, le Parquet est aussi commissaire de la loi communautaire lorsqu'il doit faire respecter la législation européenne en matière de publicité et de concurrence dans la passation des contrats et marchés de fournitures et de travaux (lorsqu'ils relèvent du droit privé), au besoin en demandant au Président du TGI de prendre des mesures provisoires [1].

844 ***L'action du ministère public en dehors des cas légaux*** ◊ Faut-il conclure qu'à défaut de texte le ministère public ne peut pas agir alors même que l'ordre public est apparemment en cause ?

Cette question a suscité une très importante controverse dans la mesure où le texte de référence, l'article 46 de la loi du 20 avril 1810 était particulièrement ambigu. Aujourd'hui l'article 423, CPC édicte que le ministère public peut agir pour la défense de l'ordre public à l'occasion des faits qui portent atteinte à celui-ci [2].

Au terme de cette évolution on observe que le pouvoir d'action du ministère public est devenu aussi ouvert que son pouvoir d'intervention. L'ordre public, notion hélas bien inconsistante, étant dans les deux cas le seul élément à prendre en considération. On peut sans doute s'interroger et peut-être regretter une telle évolution donnant au ministère public dans le procès civil des pouvoirs presque aussi importants que ceux qu'il possède dans le procès pénal.

II. Le rôle du ministère public dans le procès pénal

Toute infraction à la loi pénale fait naître au profit de l'État un droit de punir. D'une manière générale, ce droit de punir donne naissance à une action : l'action publique [3] qui est exercée par le ministère public, (art. 31, CPP). Le rôle du ministère public apparaît donc fondamental dans le procès pénal. Il ne peut être que partie principale et intervient toujours comme un demandeur qui requiert l'application de la loi. Le tribunal répressif ne peut pas, sauf dans le cas particulier des infractions d'audience, se saisir d'office pour sanctionner un délinquant. Il faut donc qu'il le soit par une autorité distincte, l'autorité de poursuite, qui va mettre en mouvement l'action publique. Si à ce stade le ministère public joue le rôle essentiel, il partage cependant son pouvoir notamment avec la victime, alors que l'exercice de l'action publique proprement dit est une attribution exclusive du parquet. Il importe donc de distinguer ces deux attributions et de traiter brièvement dans un troisième point de son rôle plus administratif de signification et de transmission des décisions en matière pénale.

1. S. Guinchard, F. Ferrand et C. Chainais, *Procédure civile*, n° 159.
2. Par ex., en matière d'état des personnes et de gestion pour autrui, Paris, 26 févr. 2009, *Gaz. Pal.* 4 avr. 2009, conclusions Fr. Rouchereau.
3. Sur cette question V. par ex. J. Pradel, *Procédure pénale*, n°s 215 et s. S. Guinchard et J. Buisson, *Procédure pénale*, n°s 1005 et s.

A. Le rôle du ministère public en matière de déclenchement de l'action publique

Un procès pénal, s'il est souvent précédé par la phase de l'enquête [1], ne débute véritablement que par la poursuite, c'est-à-dire la démarche concrète permettant aux autorités qualifiées de saisir une juridiction pénale. Notons ici que le ministère public partage le pouvoir de poursuite avec la partie lésée (la victime) qui dispose de la possibilité de mettre en mouvement l'action publique en portant son action en réparation (action civile) devant les tribunaux répressifs. Par ailleurs, les fonctionnaires de certaines administrations publiques exercent dans certains cas et pour certaines infractions les prérogatives reconnues au parquet [2]. Il reste, on l'a dit, que le ministère public joue le rôle essentiel puisqu'il est par vocation l'accusateur. Quels sont donc ses pouvoirs en ce domaine ?

845 ***1) Les différentes conceptions possibles en matière de poursuite*** ◊ D'une manière générale tant par le canal des particuliers que par celui de la police judiciaire, le procureur de la République est informé des différentes infractions qui sont commises, puisqu'il centralise tous les renseignements [3].

Face à une infraction donnée, le procureur de la République d'un tribunal déterminé doit d'abord vérifier sa compétence territoriale et matérielle. S'il s'estime incompétent, il transmet le dossier à un collègue d'un autre tribunal (incompétence territoriale) ou à une autre autorité (infraction militaire : le dossier est transmis à la juridiction spécialisée compétente désignée dans le ressort de chaque cour d'appel).

S'il s'estime compétent, il doit vérifier le bien-fondé apparent de l'action publique (existence d'une infraction punissable) et la recevabilité de cette action (réunion des conditions de fond et de forme de l'action publique).

Si une réponse positive est apportée à tous ces préalables, la question se pose de savoir si le ministère public doit nécessairement poursuivre. Il existe deux réponses possibles à cette question, donc deux systèmes : la légalité des poursuites et l'opportunité des poursuites. Selon la première conception le ministère public a l'obligation de poursuivre toutes les infractions dont il est saisi ; selon la seconde, il est libre de poursuivre ou non en fonction de l'appréciation qu'il fait de chaque affaire. Il détermine s'il apparaît opportun ou non de poursuivre.

La question du choix de l'un ou de l'autre de ces systèmes a fait l'objet de nombreuses discussions en doctrine [4] car il est évident que chacun comporte des avantages et des inconvénients. Si le régime de la légalité apparaît trop

1. V. *infra*, nos 930 et s.
2. V. sur cette question : R. Merle et A. Vitu, *Traité de droit criminel*, t. II, n° 34 ; B. Bouloc, *Procédure pénale*, nos 182 et s.
3. Un décret du 4 juillet 2001 a créé un système de traitement des infractions constatées.
4. V. par ex. M. Rolland, « Le ministère public en droit français », *JCP* 1956. I. 1281 ; R. Merle et A. Vitu, *Traité de droit criminel*, t. II, nos 327 et s. Pour le droit comparé : J. Pradel, *Droit pénal comparé*, 3e éd., nos 142 et s.

rigide et de nature à encombrer les juridictions de dossiers qui, dans l'intérêt général, auraient dû être classés, le régime de l'opportunité laisse la porte ouverte à l'arbitraire et à la protection éventuelle de certains coupables.

846 ***2) Le droit positif français : l'opportunité des poursuites*** [1] ◊ Si le législateur révolutionnaire avait adopté la légalité des poursuites, principe encore applicable en droit allemand (art. 152, al. 2, C. pén. allemand) le CPP dans son article 40 pose clairement le principe de l'opportunité « le procureur de la République reçoit les plaintes et les dénonciations et apprécie la suite à leur donner conformément aux dispositions de l'art. 40-1 ». Il résulte de ce texte introduit par la loi du 9 mars 2004 que, pour chaque affaire dont il est saisi, le ministère public a le choix entre la mise en mouvement de l'action publique la mise en œuvre d'une procédure alternative aux poursuites ou le classement sans suite [2]. Le législateur de 2004, tout en maintenant le principe de l'opportunité, indique clairement que cette situation devrait être exceptionnelle « lorsque les circonstances particulières liées à la commission des faits le justifient ». Il importe que le ministère public apporte une réponse aux plaintes et dénonciations. Le représentant du ministère public a d'ailleurs l'obligation d'informer le plaignant, les victimes lorsqu'elles sont identifiées et les autorités visées à l'article 40 du CPP, des poursuites ou des mesures alternatives décidées à la suite de leur plainte ou signalement (art. 40-2, al. 1er CPP). Si au contraire il classe sans suite, alors que l'auteur de l'infraction est identifié, il devra non seulement aviser les mêmes personnes de sa décision mais indiquer les raisons juridiques ou d'opportunité qui la justifient. On notera que depuis le 1er janvier 2008 tout classement sans suite doit être justifié. De plus toute personne ayant dénoncé des faits au procureur de la République peut contester auprès du procureur général le classement sans suite qui s'en est suivi. Le procureur général peut alors, soit enjoindre au procureur de la République d'engager des poursuites, soit informer l'intéressé du caractère infondé de son recours (art. 40-3 CPP). Lorsqu'il y a classement sans suite, le dossier est archivé au parquet, ce qui ne signifie pas un règlement définitif. Il s'agit en effet d'une mesure administrative et le dossier peut toujours être rouvert, dès lors qu'il n'y a pas prescription. Il faut savoir que le nombre des classements sans suite était jusqu'alors assez considérable (30 à 70 % des affaires selon une recherche) [3]. Le développement de ce que l'on nommait souvent des classements sans suite conditionnels, depuis longtemps imaginés par les parquets et légalisés et en quelque sorte codifiés par une loi de 1999 a conduit à diminuer le nombre des classements sans suite « sec » [4]. Aujourd'hui ce que le législateur nomme globalement les procédures alternatives aux poursuites regroupent les classe-

1. M. Bernard-Requin, « L'opportunité des poursuites », *Rev. jur. des Barreaux* ; févr.-juin 1999, Dalloz, 121. M. L. Rassat, *Traité de procédure pénale*, nos 282 et s.
2. A. Vitu, « Le classement sans suite », *RSC* 1947. 505 et s.
3. A. Davidovitch et R. Boudon, « Les mécanismes sociaux des abandons de poursuites », *L'année sociologique*, 1964, p. 111 et s. Plus récemment : V. une recherche du ministère de la justice : « Le parquet et l'opportunité des poursuites », *Questions pénales* 1994-VII. 4. D'une manière générale, le pourcentage des classements sans suite concernait, selon la plupart des estimations plus de 80 % des affaires. V. J. Pradel, *Procédure pénale*, nos 577 et s. C. Raysseguier, « Taux de classement sans suite des parquets, mythes et réalité », *Dr. pénal* 1998 ; Chr. 8.
4. Selon l'annuaire statistique de la Justice 2003 les classements sans suite, lorsque l'auteur est connu, ne représentent que 31,8 % des cas.

ments sans suite proprement dits, la médiation pénale et la composition pénale [1].

Sur un plan pratique il faut signaler qu'il existe aujourd'hui dans de nombreux tribunaux un système de traitement direct (en temps réel) de toutes les affaires peu graves. Selon ce système la transmission par courrier des OPJ vers le procureur de la République a été remplacée par une information téléphonique du parquet par l'OPJ qui conduira le substitut de permanence à déterminer, immédiatement, le mode de traitement choisi en fonction des caractéristiques de l'affaire et des personnes poursuivies (poursuite de l'enquête, présentation au parquet, médiation, etc.). La décision est notifiée de la même manière à l'OPJ, à l'auteur des faits et à la victime. Ce système tend à se généraliser [2].

847 ***Classements sans suite conditionnels*** ◊ Aux termes de l'article 41-1 CPP, si le procureur de la République estime que la mesure envisagée est de nature à assurer l'indemnisation de la victime, de mettre fin au trouble résultant de l'infraction ou de contribuer au reclassement de l'auteur des faits, il peut préalablement à sa décision sur l'action publique directement ou par l'intermédiaire d'un officier de police judiciaire, d'un délégué ou d'un médiateur du procureur de la République proposer une solution alternative à la poursuite.

Il peut s'agir tout d'abord d'un simple rappel à l'auteur des faits des obligations résultant de la loi (1er) ou d'une obligation plus précise conduisant à demander à l'auteur des faits à régulariser sa situation au regard de la loi ou des règlements (3e). Il peut ensuite s'agir d'orienter l'auteur des faits vers une structure sanitaire, sociale ou professionnelle. L'objectif de la mesure pourra alors consister en l'accomplissement par l'auteur des faits, à ses frais, d'un stage de citoyenneté ou de sensibilisation à la sécurité routière, de responsabilité parentale ou de sensibilisation aux dangers de l'usage de stupéfiants (2e). Enfin, il peut s'agir de demander à l'auteur des faits de réparer le dommage résultant de ceux-ci (4e) [3].

Cette décision du parquet n'a évidemment aucune autorité et le représentant du ministère public peut à tout moment décider de poursuivre. Il n'y est cependant nullement contraint, même en cas d'échec de la mesure proposée. Néanmoins, aux termes d'un dernier alinéa ajouté à l'article 41-1 par la loi du 9 mars 2004, si la non exécution découle du comportement de l'auteur des faits le procureur de la République met en œuvre une composition pénale ou engage des poursuites. On doit d'ailleurs noter que la prescription de l'action publique est suspendue pendant cette procédure (art. 41 dernier al.) [4]. Le procureur peut aussi proposer une médiation pénale. La loi du 5 mars 2007 relative à la prévention de la délinquance a réintroduit un article 7-1 dans

1. G. Saas, « De la composition pénale au plaider coupable : le pouvoir de sanction du procureur », *RSC* 2004. 822 ; J.-C. Saint-Pau, « Le ministère public concurrence-t-il le juge du siège ? », *Dr. pénal* 2007, Études n° 14.

2. Sur cette question, v. J. Pradel, *Procédure pénale*, no 602 ; B. Bastard et Ch. Mouhanna, *Une justice dans l'urgence : le traitement en temps réel des affaires pénales*, coll. « Droit et justice », PUF, 2007.

3. Un 6e, ajouté au texte, concernant les infractions commises dans le cadre d'un couple, contre le partenaire ou les enfants, consiste dans l'éloignement du domicile ou de la résidence (loi du 4 avr. 2006).

4. M. E. Cartier, « Les modes alternatifs de règlement des conflits en matière pénale », *RGDP* 1998-1. C. Raysseguier, art. précité.

l'ordonnance du 2 février 1945 pour étendre aux mineurs le système des classements sans suite conditionnels. Le texte prévoit la convocation des représentants légaux du mineur (al. 1er) qui doivent donner leur accord pour certaines mesures (2e à 5e de l'art. 41-1 CPP) le législateur a ajouté l'accomplissement d'un stage de formation civique qui peut, le cas échéant, être mis à la charge des représentants légaux par le procureur de la République. Est également prévue la consultation d'un psychologue ou d'un psychiatre.

848 ***La médiation pénale*** [1] ◊ Par cette mesure il s'agissait initialement pour le ministère public, de tenir compte d'un arrangement intervenu entre le délinquant et la victime pour décider de ne pas poursuivre. Cette procédure a d'abord été pratiquée par quelques tribunaux pour de petits délits. Aujourd'hui elle a été légalisée, tant pour les majeurs que pour les mineurs (v. *infra*, n° 949).

Si cette pratique tend à se développer il faut noter que la procédure de la composition pénale, véritable mécanisme de transaction proposé par le ministère public, est de nature à se substituer dans de nombreux cas à la médiation.

849 ***La composition pénale*** ◊ L'impossibilité pratique d'apporter une réponse de la société à toute une partie de la petite délinquance a conduit le législateur à imaginer un système, permettant au ministère public de proposer à certains délinquants une véritable alternative à la poursuite pénale.

En dehors de solutions très spécifiques, telle l'injonction thérapeutique permettant de ne pas poursuivre les toxicomanes, acceptant de se soumettre à une cure de désintoxication (v. art. 3423-1 CSP modifiant ce système de l'injonction thérapeutique), la loi du 2 février 1995 avait organisé une procédure, dite d'injonction pénale, permettant au procureur de la République d'offrir à l'auteur de certains faits la possibilité de ne pas exercer de poursuites, s'il acceptait de s'acquitter d'une certaine somme d'argent au trésor public. Cette disposition fut déclarée inconstitutionnelle au motif essentiel qu'une autorité de poursuite était amenée à prononcer une condamnation, alors que cette prérogative n'appartient qu'au juge, dans le cadre d'un procès équitable [2].

Pour autant, l'introduction d'un tel mécanisme dans notre droit restait totalement indispensable. Elle fut réalisée par une loi du 23 juin 1999, dont l'objectif est de renforcer l'efficacité de la justice pénale, qui créé la composition pénale, procédure proche de l'injonction, mais qui intègre les objections du conseil constitutionnel.

Le domaine de l'application de cette mesure d'abord limitée à certains délits a aujourd'hui été étendu par la loi du 9 mars 2004 à la personne physique qui reconnaît avoir commis un ou plusieurs délits passibles d'une peine d'amende ou d'un emprisonnement d'une durée égale ou inférieure à 5 ans. La mesure s'applique également aux contraventions connexes aux délits ou non (art. 41-

1. Sur cette procédure : G. Blanc, « La médiation pénale », *JCP* 1994. I.3760 ; J. Pradel, *Procédure pénale*, n° 584 ; B. Bouloc, *Procédure pénale*, n° 595 et la bibl. citée. S. Voisin, « La médiation pénale est-elle juste ? », *LPA* 2002, n° 170, *Pokora AJ pénal* 2003-58.
2. Déc. 95-350 DC 2 févr. 1995 ; *D.* 1995 chron. Pradel, p. 171 et chron. Wolff, p. 201.

3 al. 1er CPP). Cette mesure est cependant expressément exclue pour certaines infractions (délits politiques, délits de presse et délits d'homicides involontaires). Elle l'était également pour les mineurs de dix-huit ans mais cette solution a été abandonnée par la loi du 5 mars 2007 qui introduit un article 7-2 dans l'ordonnance du 2 février 1945 étendant la procédure de la composition aux mineurs âgés d'au moins treize ans si elle apparaît adaptée à la personnalité de l'intéressé. La proposition de composition doit être faite aux représentants légaux du mineur qui doivent l'accepter. Cet accord, comme celui du mineur, doit être recueilli en présence d'un avocat. La validation sera donnée par le juge des enfants qui peut d'office ou à leur demande entendre le mineur et ses représentants légaux. La décision leur sera ensuite notifiée, et le cas échéant également à la victime. S'agissant des mesures, à celles prévues pour les majeurs, le législateur en a ajouté cinq autres : stage de formation civique, suivi d'une scolarité ou d'une formation professionnelle, respect d'une décision antérieurement prononcée de placement dans une institution ou un établissement d'éducation ou de formation professionnelle habilité, consultation d'un psychologue ou d'un psychiatre, exécution d'une mesure d'activité de jour. Il est enfin prévu que la durée d'une mesure ne peut pas excéder un an.

Cette composition pénale peut prendre plusieurs formes (quatorze mesures possibles sont prévues). La plus importante est évidemment le versement d'une amende de composition qui est fixée en fonction de la gravité des faits et des ressources et des charges de la personne. Elle ne peut pas excéder le montant maximum de l'amende encourue. Parmi les autres solutions offertes au ministère public, on citera le dessaisissement au profit de l'État de la chose qui a servi ou qui était destinée à commettre l'infraction ; la remise au greffe du tribunal de grande instance du permis de conduire ou du permis de chasser pour quatre mois au plus ; l'exécution au profit de la collectivité d'un travail, d'une durée maximale de 60 heures dans un délai qui ne peut pas être supérieur à six mois, stage ou formation, dans un organisme sanitaire, social ou professionnel, de trois mois au plus ; l'interdiction d'émettre des chèques ou d'utiliser une carte de paiement ; l'interdiction de paraître dans certains lieux ; l'interdiction de rencontrer les auteurs ou les victimes de l'infraction l'interdiction de quitter le territoire ; l'obligation d'accomplir un stage de citoyenneté. Les durées des mesures sont inférieures pour les contraventions et certaines d'entre elles ne sont pas applicables notamment pour les contraventions des quatre premières classes (art. 41-3 CPP). On ajoutera que, lorsque la victime est identifiée, le procureur doit proposer la réparation du dommage dans un délai qui ne peut être supérieur à six mois (art. 41-2 al. 2 CPP).

La procédure de composition commence par une proposition du parquet à l'auteur des faits. Elle peut émaner du procureur lui-même, mais plus fréquemment, elle sera faite par un officier de police judiciaire ou par l'intermédiaire d'un délégué ou médiateur du procureur de République (art. R 15-33-38 CPP) [1]. La proposition est faite à une personne physique, qui reconnaît les faits. Elle implique que l'action publique n'a pas été mise en mouvement par la partie civile.

La proposition est écrite. Il faut évidemment que cette proposition soit acceptée. Pour éviter une décision irréfléchie, le législateur a prévu toute une série de garanties pour la personne impliquée et, notamment, l'intervention

1. Sur ces auxiliaires du procureur V. décret n° 2001-71 du 29 janv. 2001 (art R. 15-33-30 et s. CPP).

possible d'un avocat et la rédaction d'un procès-verbal. Les articles R. 15-33-39 et s. du Code de procédure pénale indiquent de manière précise les modalités pratiques d'application de cette mesure. Pour les mineurs l'intervention d'un avocat est obligatoire (art. 7-2, al. 4 ord. du 2 févr. 1945).

Si la proposition est acceptée, encore faudra-t-il qu'elle soit validée par un juge (président du TGI ou du TI ou juge de proximité ou juge des enfants), qui pourra entendre l'auteur des faits et la victime, le cas échéant en présence de leurs avocats. Pour les mineurs leur audition est de droit de même que celle de leurs représentants légaux. Les pouvoirs du juge sont limités puisqu'il ne peut que valider ou rejeter la proposition du ministère public, par une ordonnance insusceptible de recours. Cette procédure est lourde et supprime une partie de l'intérêt de cette mesure, mais elle a été rendue nécessaire par le conseil constitutionnel.

L'exécution de la composition entraînera l'extinction de l'action publique, mais en sauvegardant les droits de la victime (art. 41-2 al. 22 CPP) qui pourra délivrer une citation directe devant le tribunal correctionnel.

Dans le cas contraire, c'est-à-dire si le délinquant ne s'exécute pas, le procureur de la République aux termes de la loi du 9 mars 2004 met en mouvement l'action publique, sauf élément nouveau. Les actes tendant à la mise en œuvre de la composition pénale sont interruptifs de la prescription.

Cette nouvelle mesure constitue incontestablement une troisième voie entre le classement sans suite et la poursuite, qui permet de traiter une bonne partie de la petite délinquance. Sans doute le formalisme du recours au juge alourdit-il la procédure [1] mais cette solution s'imposait constitutionnellement. Elle paraît particulièrement bienvenue lorsque la mesure concerne des mineurs.

Si aucune procédure alternative n'est proposée le ministère public déclenchera la poursuite.

850 ***La décision de poursuite*** ◊ Lorsque le ministère public décide de poursuivre, il dispose de différents moyens selon qu'une information est obligatoire ou lui paraît nécessaire. Il procède alors suivant les cas par un réquisitoire introductif d'instance ou une citation directe. Il peut également user d'un procédé moins formaliste (l'avertissement) ou de la comparution immédiate, qui permet une procédure plus rapide [2]. Il

1. Sur cette procédure : S. Guinchard et J. Buisson, *Procédure pénale*, n°s 1369 et s. ; J. Pradel, *Procédure pénale*, n°s 587 et s. ; B. Bouloc, *Procédure pénale*, n° 596 ; P. Conte et P. Maistre du Chambon, *Procédure pénale*, n° 312 et, à titre d'exemple, J. Leblois-Happe, « De la transaction pénale à la composition pénale », *JCP* 2000. I. 198 ; J. Pradel *D.* 1999. Chron. 379 ; J. Danet et S. Grunvald, « Brèves remarques tirées d'une première évaluation de la composition pénale », *AJ pénal* 2004. 196 ; J.-D. Regnault, « La composition pénale : l'exemple du tribunal de Cambrai », *AJ pénal* 2003. 55.

2. Sur ces procédures plus rapides (convocation par procès-verbal et comparution immédiate), V. par ex : B. Bouloc, *Procédure pénale*, n°s 638 s. S. Guinchard et J. Buisson, *Procédure pénale*, n°s 1312 et s. Il importe de remarquer que des lois récentes ont également mis en place des procédures destinées à accélérer le jugement des mineurs. Outre la convocation par OPJ aux fins de jugement devant le juge des enfants (art. 5 et 8-1 de l'ord. du 2 févr. 1945), la loi du 9 septembre 2002 avait organisé deux procédures. Le jugement à délai rapproché, proche de la comparution immédiate des majeurs, concerne les mineurs déjà connus des autorités judiciaires traduits devant le tribunal pour enfants dans un délai compris entre dix jours et un mois (art. 14-2 de l'ord. du 2 févr. 1945). La comparution à délai rapproché permet au procureur de la République de requérir le juge des enfants pour faire comparaître un mineur, quel que soit son âge, dans un délai de un à trois mois

existe par ailleurs des procédures simplifiées. Certaines, sans audience, concernent pour l'essentiel les contraventions : procédure de l'amende forfaitaire ou de l'ordonnance pénale. On notera que cette dernière a pourtant été étendue, à certains délits (art. 495 à 495-6 CPP). Une autre introduite par la loi Perben II du 9 mars 2004 (art. 495-7 à 495-16 CPP) comporte une audience. Il s'agit de la comparution sur reconnaissance préalable de culpabilité souvent nommée procédure du « plaider coupable » [1]. Cette procédure largement inspirée des systèmes anglo-saxons est applicable, sauf exception prévue par le texte, à tous les délits punis d'un emprisonnement d'une durée inférieure ou égale à 5 ans. Elle n'est pas applicable aux mineurs. La procédure peut être décidée d'office ou à la demande de l'intéressé lorsque ce dernier a reconnu les faits qui lui sont reprochés. Le procureur de la République va alors proposer une peine au délinquant dont les maxima sont déterminés par le législateur (art. 495-8 CPP). La personne poursuivie peut refuser ou accepter la proposition. Lorsqu'elle accepte, la proposition est soumise à l'homologation du président du tribunal correctionnel qui sera saisi par le représentant du ministère public.

L'audience est publique. Le juge entend la personne et son avocat. Il statue par ordonnance susceptible d'appel et qui entraîne les effets d'un jugement de condamnation. Cette procédure, qui a fait l'objet de très vives polémiques, a été rapidement adoptée par la plupart des tribunaux et semble-t-il bien acceptée par les justiciables [2].

851 ***3) Les limites à la règle de l'opportunité des poursuites*** ◊ Comme on l'a fait remarquer, pour éviter l'arbitraire total du parquet certaines limites doivent être apportées au principe d'opportunité [3].

Il importe tout d'abord de préciser que le principe n'existe que lors de la décision initiale du ministère public. Au contraire lorsque l'action publique est déclenchée, le procureur de la République ne peut plus abandonner les poursuites et dessaisir la juridiction. L'affaire doit aller jusqu'à son terme ce qui n'empêche pas le ministère public de requérir une relaxe s'il l'estime nécessaire, mais le tribunal reste parfaitement

devant le tribunal pour enfants ou devant la chambre du conseil (art. 8-2 ord. du 2 févr. 1945). La loi du 5 mars 2007 a modifié la terminologie de l'une de ces procédures, sans doute pour la rapprocher de celle des majeurs. Le jugement à délai rapproché est devenu « la présentation immédiate devant la juridictions pour mineurs ». Par ailleurs son domaine est élargi et la procédure peut s'appliquer devant le juge des enfants (v. Ph. Bonfils, « Les dispositions relatives au droit pénal des mineurs délinquants dans la loi prévention de la délinquance », *D.* 2007. Chron. 1027).

1. Sur cette procédure : J. Pradel, « Défense du plaidoyer de culpabilité », *JCP* 2004. 58 ; G. Ayache, « Des dangers du "plaider coupable" », *D.* 2004. 356 ; commentaire de la loi du 9 mars 2004, B. De Lamy, *D.* 2004. Chron. 1910 et s. ; J. P. Céré et P. Remillieux, « De la composition pénale à la comparution sur reconnaissance de culpabilité le plaider coupable à la française », *AJ pénal* 2003-45 ; F. Molins, *Rép. pén.*

2. V. J. Pradel, *Procédure pénale*, no 883 ; C. Viennot, « Célérité et justice pénale : l'exemple de la comparution immédiate », *Arch. pol. crim.*, n° 29, p 117.

3. V. *supra*, n° 846.

libre. Il faut se souvenir que le ministère public n'est pas l'adversaire systématique de la personne poursuivie et que son rôle est de requérir l'application de la loi. Cependant au plan même du déclenchement de la poursuite, les magistrats du ministère public ne sont pas toujours libres, ils rencontrent des obligations d'agir et des interdictions d'agir.

a) Les obligations d'agir. Il suffit de rappeler deux règles. Tout d'abord le principe de la subordination hiérarchique qui fait que le procureur de la République recevant un ordre de poursuite doit l'exécuter sous peine de sanctions disciplinaires [1].

Ensuite les pouvoirs de la victime en matière de déclenchement des poursuites : la partie lésée se constituant partie civile devant le juge d'instruction, ou citant directement le prévenu devant le tribunal, oblige le ministère public à poursuivre [2]. On notera que dans le but de réduire le nombre des constitutions de partie civile, la loi du 5 mars 2007, sur l'équilibre de la procédure pénale a ajouté un nouvel alinéa à l'article 85 CPP aux termes duquel la recevabilité de la constitution de partie civile et donc le déclenchement de l'action publique peut être différée de trois mois sauf s'il s'agit d'un crime, d'un délit de presse ou d'un délit électoral.

b) Les interdictions d'agir [3]. Dans certains cas, le ministère public va se trouver devant un obstacle qui doit être levé avant qu'il ne puisse agir. On se bornera à citer ces principaux obstacles.

Il y a tout d'abord les hypothèses où le déclenchement des poursuites doit être précédé d'une formalité. Il peut s'agir d'une plainte de la victime ou de l'administration. En règle générale, la plainte n'est nullement nécessaire. Elle ne l'est qu'à titre exceptionnel lorsque pour des raisons diverses on considère que seule la victime doit décider de l'opportunité de poursuivre (en matière de diffamation par exemple). Il peut s'agir d'une autorisation. Ainsi un parlementaire qui bénéficiait de l'inviolabilité parlementaire ne pouvait être poursuivi au cours des sessions parlementaires qu'après l'autorisation de l'assemblée dont il relevait. Cette mesure a été supprimée depuis la révision constitutionnelle du 31 juillet 1995 instaurant la session unique. Aujourd'hui seule l'arrestation implique l'autorisation du bureau de l'Assemblée. Il peut encore s'agir d'une mise en demeure. Ainsi, la poursuite de certaines infractions en matière d'hygiène et de sécurité du travail implique-t-elle au préalable que le chef d'entreprise ait été mis en demeure de se conformer à la loi (v. L. 4721-4 et R. 231-12 C. trav.) Il peut s'agir enfin de l'avis d'une autorité. Ainsi en matière de délit d'utilisation d'informations privilégiées sur la marche d'une société, l'avis de l'auto-

1. V. *supra*, n° 828.
2. Sur cette question, V. par. ex. P. Conte et P. Maistre du Chambon, *Procédure pénale*, n°s 317 et s. J. Pradel, *Procédure pénale*, no 619.
3. V. R. Merle et A. Vitu, *Traité de droit criminel*, t. II, n°s 335 et s. ; J. Pradel, *Procédure pénale*, n°s 591 et s.

rité des marchés financiers (art. L. 466-1 C. mon. et fin.) est-il nécessaire.

Nous noterons ensuite les rares cas où le déclenchement de l'action publique est subordonné au jugement d'une question par une autre juridiction. On parle alors de question préjudicielle.

Lorsque l'action publique a été mise en mouvement par l'un des moyens prévus par la loi, les pouvoirs du ministère public ne s'arrêtent pas, puisque c'est lui et lui seul qui exerce l'action publique.

B. L'exercice de l'action publique par le ministère public

Exercer l'action publique, c'est au sens précis de cette expression, accomplir tous les actes qui postérieurement à l'acte initial de poursuite permettent de conduire le procès jusqu'à son terme. C'est ainsi que l'action du ministère public va se retrouver lors de l'instruction ou du jugement et dans l'exercice des voies de recours.

852 ***1) L'instruction*** ◊ L'ouverture de l'instruction résulte d'un réquisitoire introductif d'instance qui permet au juge d'instruction d'informer sur tous les faits qui y sont mentionnés. En cas de découverte de nouveaux faits, le juge d'instruction ne pourra agir avant que le procureur de la République ait pris un réquisitoire supplétif.

Tout au long de l'instruction, le représentant du ministère public dispose de certaines prérogatives. S'il ne dirige pas l'instruction, il a néanmoins le droit de requérir tous les actes d'instruction qui lui paraissent utiles à la manifestation de la vérité (art. 82, al. 1, CPP). Lorsque le juge ne suit pas les réquisitions du ministère public il doit rendre une ordonnance motivée dans les cinq jours (art. 82, al. 3, CPP). À défaut il peut, dans les dix jours, saisir directement la chambre de l'instruction (art. 82, al. 4 CPP). Il a d'une manière générale le droit d'être tenu informé de la marche de l'instruction. Ayant la possibilité de participer aux actes de l'information, il doit être avisé de leurs dates (perquisition ou interrogatoire, art. 119, al. 2, CPP). Il peut également poser des questions (art. 120 CPP) et prendre communication du dossier à tout moment.

Il doit nécessairement donner son avis en prenant des réquisitions chaque fois que le juge d'instruction ou le juge des libertés et de la détention décident de faire un acte important. Cet avis concerne entre autres cas, le lancement d'un mandat d'arrêt, les ordonnances de détention provisoire, le renouvellement de cette détention ou, au contraire, la mise en liberté, la mainlevée du contrôle judiciaire etc. – On notera que cet avis qui ne lie pas le juge est cependant obligatoire. D'ailleurs, lorsqu'une ordonnance est rendue contrairement à ses réquisitions, il doit en être tenu informé le jour même (art. 183, CPP). En matière de détention provisoire il participe au débat contradictoire et depuis la loi du 9 septembre 2002 il peut s'opposer à une remise en liberté, décidée contrairement à ses réquisitions, en exerçant un référé-détention devant le premier président de la cour d'appel (art. 148-1-1 CPP).

À la fin de l'instruction, le juge transmet le dossier au parquet par une ordonnance de « soit-communiqué » qui va obliger le représentant du ministère public à prendre un réquisitoire définitif par lequel il indique quelle suite, à son avis, doit être donnée à l'affaire. L'article 175 CPP impose au ministère public le respect de certains délais notamment lorsque certains mis en examen sont en détention provisoire. Si une information se termine par un non-lieu, seul le procureur de la République peut décider de la réouverture de l'information (art. 190, CPP).

853 ***2) La procédure de jugement*** ◊ Le ministère public est nécessairement présent à l'audience de toute affaire pénale [1]. Durant la phase dite de l'instruction définitive, au cours de laquelle on cherche à administrer la preuve de l'infraction, il a la possibilité de poser des questions au prévenu ou aux témoins. Cette phase achevée, lors de « la discussion par les parties » (art. 458 et s., CPP), le ministère public va prononcer son réquisitoire, l'accompagnant éventuellement de réquisitions écrites. Le représentant du parquet prend la parole après la partie civile. Il a la possibilité de répliquer à la défense mais c'est toujours le prévenu ou son conseil qui prennent la parole en dernier.

854 ***3) L'exercice des voies de recours*** ◊ Le ministère public, on l'a dit, est une véritable partie au procès pénal, il en résulte très naturellement qu'il a la possibilité d'exercer les voies de recours contre les décisions pénales. Il peut tout d'abord les exercer lors de la phase d'instruction. À l'encontre des ordonnances juridictionnelles du juge d'instruction ou du juge des libertés et de la détention, même si elles sont conformes à ses réquisitions, le procureur de la République peut faire appel. Le même droit appartient au procureur général qui dispose d'un délai plus long (10 jours contre cinq jours) pour exercer son recours. Le procureur général peut également exercer un pourvoi en cassation contre la plupart des décisions de la chambre de l'instruction [2] (art. 567 CPP).

Il peut ensuite exercer des voies de recours contre les décisions des juridictions de jugement. L'appel est possible là encore de la part du procureur de la République contre les décisions correctionnelles et certaines décisions contraventionnelles. Il l'est également aujourd'hui en matière criminelle sauf pour les arrêts d'acquittement. Le procureur général dispose d'un droit d'appel généralisé en matière correctionnelle et en matière contraventionnelle pour les mêmes cas que les parties au procès (art. 546 CPP tel qu'il résulte de la loi du 23 juin 1999). Il a également, depuis la loi du 4 mars 2002, la possibilité de faire appel des arrêts d'acquittement (art. 380-2 al. dernier CPP). Le pourvoi en cassation peut être exercé contre toutes les décisions statuant sur l'action publique à l'exception des arrêts d'acquittement des cours d'assises. Il faut également ajouter les pourvois en cassation dans l'intérêt de la loi, exercés par le procureur général près la Cour de cassation qui peuvent concerner les arrêts d'acquittement (art. 572 CPP).

Telles sont les principales attributions du ministère public concernant l'action publique proprement dite, mais il existe d'autres attributions touchant le domaine judiciaire qu'il importe de signaler.

1. V. néanmoins l'art. 459-9 *in fine* du CPP qui précise que la présence du parquet n'est pas obligatoire à l'audience d'homologation dans le cadre de la procédure de reconnaissance préalable de culpabilité. Sur la controverse née de cette disposition, v. J. Pradel, *Procédure pénale*, n° 879.

2. Les pourvois contre les arrêts distincts des jugements sur le fond ne sont possibles qu'en même temps que les pourvois concernant la décision (art. 570-571, CPP).

III. Les attributions administratives du ministère public liées à la marche de la justice

855 ***Exécution des décisions de justice*** ◊ On classera tout d'abord sous cette rubrique le rôle du parquet en matière d'exécution des décisions de justice prévu en matière pénale aux articles 32 et 707-1 du CPP. Il existe dans les juridictions importantes un substitut chargé de l'exécution des sanctions. Le procureur de la République fait exécuter les décisions des tribunaux correctionnels et de police ainsi que celles des cours d'assises lorsque les assises ont leur siège dans le ressort du tribunal. Le parquet général poursuit l'exécution des décisions des autres cours d'assises et de la chambre des appels correctionnels. Le procureur de la République établit un rapport annuel sur l'état et les délais d'exécution des peines qui doit être rendu public (art. 709-2 CPP). On peut ajouter, dans ce cadre, le pouvoir des parquets en matière de restitution des objets placés sous main de justice, lorsqu'aucune décision n'a été prise par la juridiction. Le procureur de la République ou le procureur général est seul compétent pour décider d'office ou sur requête de leur restitution (41-4 CPP) [1]. On peut ajouter que le ministère public a globalement la charge d'assurer l'exécution des décisions prises par les juridictions pénales, quelles qu'elles soient (juridictions d'instruction et de jugement, peines et mesures de sûreté [2]). S'agissant de la contrainte judiciaire (ancienne contrainte par corps) elle relève aujourd'hui du juge de l'application des peines sur réquisition du procureur de la République.

En matière civile, la loi n° 91-650 du 9 juillet 1991 contient un article 11 qui dispose que « le procureur de la République veille à l'exécution des jugements et autres titres exécutoires ». Il peut enjoindre à tous les huissiers de son ressort de prêter leur ministère et il poursuit d'office l'exécution des décisions de justice dans les cas spécifiés par la loi (art. 12). On notera que dans l'exercice de ses fonctions le procureur de la République peut directement requérir la force publique (art. 42 CPP).

856 ***Transmission et notification des procédures*** ◊ Il y a ensuite ce que l'on a parfois appelé le rôle d'avoué du ministère public. C'est ainsi qu'il est chargé de la transmission des pièces d'une juridiction à une autre. On citera par exemple la transmission du dossier de la juridiction d'instruction aux juridictions de jugement ou du juge d'instruction à la chambre de l'instruction. Il assure également la signification de certaines décisions aux parties, telles les ordonnances prises par le juge d'instruction. Lorsque la procédure se déroule devant la chambre de l'instruction, c'est le parquet général qui avertit les parties de la date de l'audience (art. 197, CPP). De la même manière, le procureur général porte à la connaissance des intéressés les arrêts qui peuvent faire l'objet d'un pourvoi en cassation (art. 217, CPP). On signalera également ses attributions dans le domaine du mandat d'arrêt européen. La décision autorisant l'exécution d'un tel mandat est notifiée à l'État d'émission par les soins du procureur général (art. 695-97 CPP).

1. Sur les difficultés relatives à cette solution, S. Guinchard, J. Buisson, *Procédure pénale*, n° 2315.
2. F. Molins, « Ministère public », *Rép. pén.*, n° 87.

Comme on a pu le faire observer [1] cette activité, si elle est exercée à l'occasion d'une activité judiciaire reste administrative et elle doit être assurée alors même que le procès ne concerne plus que l'action civile. Mais le ministère public a beaucoup d'autres attributions qui n'ont rien à voir avec le domaine judiciaire.

§ 2. Les attributions extrajudiciaires du ministère public

857 Il serait sans doute bien difficile de fournir simplement une liste de ces attributions tant leur nombre est important. Les fonctions du ministère public agissant comme un véritable fonctionnaire du gouvernement, représentant local du garde des Sceaux, sont de plus en plus nombreuses et nous allons nous contenter d'en évoquer quelques-unes pour montrer leur diversité. Le plus souvent il s'agit d'une mission de surveillance et de contrôle, quelquefois d'un pouvoir de direction et même de décision. Dans d'autres cas, le représentant du parquet se contente d'instruire certains dossiers pour d'autres autorités ou simplement de servir de boîte aux lettres en matière de signification. Il faut enfin rappeler son rôle de protection de certaines personnes incapables, absentes ou faibles [2]. Avant de préciser quelques-unes de ces activités il importe d'insister sur le rôle moderne du parquet [3] dans la mise en place d'une véritable politique pénale au plan local, déclinaison d'une politique nationale mise en œuvre par le garde des sceaux. Il convient d'ajouter que ce rôle a été consacré expressément par le législateur le 9 mars 2004 dans l'article 30 du CPP aux termes duquel « le ministre de la justice conduit la politique d'action publique déterminée par le gouvernement. Il veille à la cohérence de son application sur le territoire de la République ». Pour ce faire le ministre adresse aux magistrats du ministère public des instructions générales d'action publique.

Le procureur général anime et coordonne dans la limite du ressort de la cour d'appel cette politique d'action publique pour les différents parquets (art. 35, al. 2 CPP) de son ressort. L'article 7 de la loi du 7 mars 2007, prévention de la délinquance, a introduit une modification de l'article 35 qui traite du rôle du procureur général pour préciser que le rôle de coordination de l'activité des procureurs de la République concerne « tant, la prévention que la répression des infractions à la loi pénale » (al. 2 modifié). La création de nombreuses juridictions spécialisées dont la compétence s'étend parfois au ressort de plusieurs cours d'appel a conduit à donner au procureur général près la cour d'appel, dans le ressort de laquelle se trouve une juridiction, ayant cette compétence interrégionale, le pouvoir d'animer et de coordonner la politique d'action publique dans le domaine particulier de la criminalité visée par le texte (V. art. 706-1-1 – 706-79-1 CPP). Pour réaliser ces missions dans le ressort

1. M. L. Rassat, thèse préc., n° 49.

2. Pour un relevé exhaustif des attributions du ministère public, v. F. Goyet, *Le ministère public en matière civile et en matière répressive et l'exercice de l'action publique*, Sirey, 1926, 3e éd., mise à jour par M. Rousselet et M. Patin, 1953. Cet ouvrage n'est hélas pas à jour sur tous les points. F. Molins, préc. nos 87 et s.

3. En ce sens, S. Guinchard et J. Buisson, *Procédure pénale*, n° 305. F. Molins, *Rép. pén.*, nos 50 et s. J.-P. Dintilhac, « Rôle et attributions du procureur de la République », *RSC* 2002. 35.

de chaque tribunal le représentant du parquet, le procureur de la République notamment, est un acteur important des politiques publiques, politique de la ville en particulier avec les élus locaux et d'autres représentants de l'État (Préfets, Recteurs). Il intervient notamment dans la mise en place des plans départementaux de sécurité permettant de définir des priorités pour lutter contre la délinquance en fonction des problèmes spécifiques du département. Ce rôle essentiel du procureur de la République est confirmé par l'introduction dans le Code de procédure pénale d'un article 39-1 qui dispose que dans le cadre des attributions que le texte énumère (alternative aux poursuites, mise en mouvement de l'action publique, direction de la police judiciaire, contrôle d'identité, exécution des peines) le procureur de la République veille à la prévention des infractions. Dès lors il anime, dans son ressort de compétence, conformément aux orientations nationales (précisées par le procureur général), la politique de prévention dans sa composante judiciaire. Il est très clairement désigné comme la cheville ouvrière de cette politique de prévention. Au plan d'une ville les contrats locaux de sécurité répondent à des objectifs identiques [1].

Ainsi il est possible de considérer que le parquet devient une sorte de service public aux multiples attributions [2].

858 ***1) Rôle de surveillance ou de contrôle*** ◊ Dans le domaine civil, nous signalerons par exemple le rôle du ministère public en matière d'état civil. Chaque exemplaire des registres de l'état civil déposé au greffe du TGI, doit être vérifié par le procureur de la République. Il doit relever les contraventions qui ont pu être commises par les officiers d'état civil et requérir contre eux la condamnation aux amendes. Il dispose d'ailleurs du pouvoir de faire rectifier d'office, les erreurs ou omissions purement matérielles et il peut agir de son propre chef pour présenter une requête en rectification judiciaire des erreurs les plus importantes.

Parmi les autres domaines où le ministère public exerce une mission de contrôle, nous noterons la nationalité, et surtout la surveillance des auxiliaires de justice. Cette attribution s'exerce principalement sur les officiers ministériels par l'intermédiaire du président de la chambre de discipline concernée. Il a également un droit de regard sur les greffes et peut vérifier la tenue des minutes des jugements. Dans le domaine pénal, nous citerons son rôle de surveillance des prisons.

Les prisons sont en effet surveillées par les magistrats du parquet qui contrôlent notamment l'acte d'écrou (la mesure d'emprisonnement) et doivent visiter les établissements pénitentiaires. Une fois par trimestre pour le procureur de la République, une fois par an pour le procureur général (art. D. 178 CPP).

La loi sur les voies d'exécution mobilière dispose que le Parquet « veille à l'exécution des jugements et des autres titres exécutoires » (L. 9 juill. 1991, art. 11). Il intervient aussi dans la recherche des informations (art. 39).

1. Un décret n° 2002-999 du 17 juill. 2002, *JO* 18 juill. 2002 réorganise les différentes institutions chargées d'élaborer cette politique ; au plan local : conseils locaux de sécurité et de prévention de la délinquance ; au plan départemental : conseil départemental de prévention et conférence départementale de sécurité. V. J.-F. Seuvic : Chronique lég., *RSC* 2002. 850.

2. En ce sens, S. Guinchard et J. Buisson, *Procédure pénale, op. cit.*

859 ***2) Rôle de direction et de décision*** ◊ C'est en matière de police judiciaire que s'exerce principalement ce pouvoir. Comme on le verra plus tard [1] le ministère public ne se borne pas à surveiller la police judiciaire par l'intermédiaire du procureur général, mais il en dirige vraiment l'activité grâce au procureur de la République (art. 12, CPP) qui peut adresser des ordres aux officiers de police judiciaire. Ce rôle est particulièrement important dans le cadre de la garde à vue. La loi du 5 mars 2007 destinée à renforcer l'équilibre de la procédure pénale (art. 13) complète l'alinéa 3 de l'article 41 CPP pour exiger du procureur de la République la rédaction d'un rapport, sur les mesures de garde à vue de son ressort ainsi que sur l'état des locaux de garde à vue, adressé au procureur général et au garde des Sceaux. Ce dernier rendra compte annuellement des informations recueillies dans un rapport global, rendu public.

Dans le domaine du droit civil, le ministère public est quelquefois appelé à décider lui-même. Ainsi peut-il de sa propre autorité accorder des dispenses d'âge ou de publication des bans en matière de mariage (art. 145 et 169, C. civ.).

860 ***3) Rôle en matière d'instruction de dossiers*** ◊ Dans le cadre de cette attribution, nous pouvons signaler l'instruction des dossiers de candidature aux différents offices ministériels (huissiers-notaires, etc.). Il instruit également les requêtes en changement de nom. Dans un tout autre domaine, il jouait un rôle du même ordre pour les dossiers de demande d'aide juridictionnelle sur lesquels il devait d'ailleurs donner un avis. Depuis la loi du 10 juillet 1991, relative à l'aide juridique, le parquet exerce plutôt un contrôle général qui lui permet éventuellement de faire appel de la décision prise par un bureau d'aide juridictionnelle devant le chef de la juridiction dont dépend le bureau (art. 23). Dans le domaine pénal il instruit les dossiers de recours en grâce ou de réhabilitation.

861 ***4) Rôle en matière de notification judiciaire*** [2] ◊ Dans ce cas le ministère public sert de boîte aux lettres. En effet, lorsqu'une personne réside dans un territoire d'outre-mer [3] comme on ne peut pas lui signifier les actes de la procédure, on signifie donc l'acte au parquet du tribunal auprès duquel la demande en justice est formée. Le parquet ne se contente d'ailleurs pas de recevoir la signification il doit entreprendre des recherches pour retrouver l'individu. Il informera ensuite l'huissier des résultats de ces démarches [4].

862 ***5) Rôle de protection de certaines personnes*** ◊ Cette mission très générale concerne les incapables mineurs ou majeurs. Le ministère public l'exerce principalement par le contrôle qu'il assure sur l'activité des représentants légaux de ces incapables (tuteur par ex. ; art. 388-2 et art. 416 C. civ. tels qu'ils résultent de la loi n° 2007-308 du 5 mars 2007 portant réforme de la protection juridique des majeurs). Il peut par exemple solliciter l'ouverture de certaines mesures de protection telle la protection judiciaire (art. 434 C. civ.) ou

1. V. *infra*, n° 917.
2. M. L. Rassat, thèse préc., n° 49.
3. S. Guinchard, F. Ferrand et C. Chainais, *Procédure civile*, n°s 777 s.
4. Jadis cette solution s'appliquait pour tout destinataire d'un acte qui n'avait ni domicile, ni résidence, ni lieu de travail connus (art. 659, ACPC).

encore faire désigner un curateur *ad hoc* ou un tuteur *ad hoc* (art. 455 C. civ.). On notera enfin que dans le cas particulier d'une poursuite pénale exercée contre un majeur protégé, le procureur de la République (ou le juge d'instruction) doit aviser le curateur ou le tuteur (art. 706-113 CPP).

Cette énumération assez longue est bien loin d'être exhaustive. Elle montre simplement que les tâches du ministère public sont multiples et diverses. On peut alors se demander s'il est opportun de faire assurer par une même personne, un magistrat, toutes ces attributions administratives. Peut-être faudrait-il, comme certains l'ont suggéré, que ces fonctions soient confiées à un fonctionnaire assurant la représentation du gouvernement auprès des tribunaux [1].

1. Sur cette conception, M. L. Rassat, *op. cit.*, n°s 347 et s.

SOUS-TITRE 2

Les juges administratifs (notions sommaires)

863 *Généralités* ◊ Le corps de règles applicable aux membres des juridictions administratives, qu'elles soient de droit commun (Conseil d'État, cours administratives d'appel, tribunaux administratifs) ou financières (Cour des comptes, chambres régionales des comptes) est, dans les textes, très différent de celui applicable aux magistrats judiciaires, qui vient d'être décrit.

Ces derniers forment, à l'intérieur de la fonction publique de l'État, un ensemble d'agents publics régi par des règles propres. Leur statut est déconnecté de celui des autres fonctionnaires ; cette situation résulte aussi bien de l'article 64 de la Constitution, selon lequel « Une loi organique porte statut des magistrats » [1], que de la loi du 13 juillet 1983 portant statut général de la fonction publique, dont l'article 2 dispose qu'il ne s'applique pas aux magistrats de l'ordre judiciaire.

Dans l'ordre juridictionnel administratif le régime juridique des juges est sensiblement différent. Le système des juridictions administratives s'est développé beaucoup plus tardivement que celui des juridictions judiciaires, les seules qu'avait laissé subsister la Révolution. Historiquement (v. *supra* n° 704) la justice administrative était « l'Administration qui se juge », dans la mesure où les membres du Conseil d'État et des conseils de préfecture créés en l'An VIII n'étaient pas véritablement distincts de l'Administration active. S'ils ont acquis progressivement par la suite leur autonomie et leur indépendance de fonctionnement, il est resté de cette période l'idée, encore vivace aujourd'hui, que les membres des juridictions administratives ne sont pas des juges identiques aux juges judiciaires. La qualité de magistrats a été conférée expressément à certains [2], sans toutefois les identifier aux juges judiciaires dont ils ne partagent pas le statut de 1958. Quant aux membres des cours administratives d'appel et des tribunaux administratifs, ce n'est que du bout de la plume que le législateur leur a concédé qu'ils exercent « des fonctions de magistrats » — sans leur en donner explicitement la qualité.

Cependant, un mouvement stimulé et amplifié par la jurisprudence de la Cour européenne des droits de l'homme relative à la nécessaire indépendance des juges, requise pour reconnaître l'impartialité du tribunal dans la théorie du « procès équitable », a conduit le Parlement

1. Ordonnance organique du 22 décembre 1958, *supra*, n° 768 s.
2. Juridictions financières.

et le Gouvernement à accroître les garanties d'indépendance accordées aux juges administratifs. À cet égard le droit européen a œuvré comme un facteur de convergence du statut juridique des juges des deux ordres.

L'objet différent des contentieux dont les uns et les autres ont à connaître laisse pourtant subsister des spécificités d'organisation qui marquent l'originalité de chacun des deux systèmes. Par exemple, la distinction que l'on a soulignée fondamentale dans l'ordre judiciaire entre magistrats du siège et magistrats du Parquet est inconnue auprès des juridictions administratives de droit commun, alors qu'on la retrouve, avec un contenu atténué, auprès des juridictions financières.

Pour donner une vue concrète des points de convergence et de divergence entre les deux ordres, on présentera sommairement ci - après le statut des juges administratifs du siège, avant de s'interroger sur la question du ministère public.

CHAPITRE 1
LES JUGES DU SIÈGE

864 ***Plan*** ◊ La loi n° 83-634 du 13 juillet 1983 relative au statut général des fonctionnaires exclut de son champ d'application les « magistrats de l'ordre judiciaire » (art. 2). Le particularisme du régime applicable à cette catégorie de fonctionnaires est marqué, formellement, par la présence dans la Constitution de 1958 d'un titre VIII consacré à « l'autorité judiciaire », et par l'existence d'un corps de règles protectrices de l'indépendance des membres de celle-ci, représenté par l'ordonnance n° 58-1270 du 22 décembre 1958, portant loi organique sur le statut des magistrats.

La situation des juges administratifs était traditionnellement différente, et aujourd'hui encore, ils relèvent du statut général précité. Mais alors que les textes applicables naguère au Conseil d'État et aux Tribunaux administratifs ne comportaient pas de règles profondément originales par rapport aux autres corps de fonctionnaires - seule la Cour des comptes faisant exception par la qualification de magistrats inamovibles donnée à ses membres [1] - la situation a connu au cours de la décennie 1980 une évolution qui a conforté l'indépendance des membres des juridictions administratives [2]. Préalablement à la présentation rapide des membres des principales juridictions administratives décrites précédemment, une remarque importante s'impose. Alors que du juge d'instance au conseiller à la Cour de cassation les juges judiciaires forment, comme on l'a vu, un corps unique, les membres des juridictions administratives se répartissent en quatre corps. Les juridictions non financières comprennent le corps des membres du Conseil d'État, et le corps unique des Tribunaux administratifs et des cours administratives d'appel (art. L. 231-2 CJA). Les juridictions financières comprennent le corps des magistrats de la Cour des comptes, et le corps des magistrats des Chambres régionales des comptes (art. L. 220-1 et 2 CJF). Cette situation, si elle s'explique par des raisons - en partie seulement - historiques, peut apparaître singulière dans la mesure où tous ces magistrats (pour employer un terme synthétique) sont en principe issus les uns et les autres de l'ENA, exercent des fonctions

1. Art. 2 de la loi n° 67-483 du 22 juin 1967 relative à la Cour des comptes.
2. Le Conseil d'État est resté en dehors de l'évolution législative, mais son indépendance était déjà, en fait, suffisante pour que cette situation ne lui ait pas été dommageable. V. Th. S. Renoux et A. Roux, *L'Administration de la justice en France*, coll. « Que sais-je ? », PUF, (n° 2186) ; B. Stirn, « Tribunaux administratifs et cours administratives d'appel : un nouveau visage », *AJDA* 1995, n° spécial, p. 183 ; D. Chabanol, *Le juge administratif*, LGDJ, 1993.

similaires et peuvent - même si c'est en pratique en nombre limité - bénéficier de « passerelles » leur permettant de passer d'une juridiction à une autre, le plus souvent dans la même nature de juridictions. Ceci explique qu'un rapport de 2003 sur la réforme de l'État [1] ait avancé la proposition d'une fusion de ces corps deux à deux à l'intérieur de chacun de ces deux ensembles ; si la réforme - qui risque de se heurter à de fortes résistances - était un jour engagée [2] et conduite jusqu'à son terme, il n'y aurait plus qu'un corps unique pour les juridictions financières et qu'un corps unique pour les juridictions proprement administratives (Conseil d'État, TA, CAA).

On se limitera ici à présenter rapidement le recrutement (§ 1) et le statut (§ 2) des juges administratifs [3].

§ 1. Le recrutement des juges administratifs

Il se caractérise par deux traits : l'absence d'une formation juridictionnelle comparable à celle dispensée pour l'ordre judiciaire par l'École nationale de la magistrature ; l'importance du recrutement latéral.

I. Recrutement normal

865 ***Recrutement initial par l'École nationale d'administration (ENA)*** [4]

◊ Le principe général est que les magistrats des juridictions administratives et financières sont recrutés par la voie de l'ENA. Il n'existe d'ailleurs pas de formation spécifique pour les futurs juges administratifs, qui suivent avec les futurs membres de l'Administration active les mêmes études à l'École nationale d'administration [5]. Le système de

1. Rapport au ministre de la Fonction publique, de la réforme de l'État et de l'aménagement du territoire - *Moderniser l'État : l'encadrement supérieur* (dit : « Rapport Thibault de Silguy ») -, Doc. fr., 2003, p. 50-51.

2. En fait, on a surtout constaté jusqu'ici, au fil des réformes, un rapprochement *transversal* des situations des membres du Conseil d'État et des magistrats de la Cour des comptes d'une part (v. par ex. la loi n° 2006-769 du 1er juill. 2006 qui rapproche la situation des membres de la Cour des comptes de celle des membres du Conseil d'État), et d'autre part, sous l'influence des syndicats, un rapprochement des avantages de carrière et financiers du corps des membres des tribunaux administratifs et des cours administratives d'appel de celui des magistrats des chambres régionales des comptes.

3. Les juges administratifs sont beaucoup moins nombreux que les juges judiciaires. En 2005, les effectifs budgétaires étaient de 7 526 magistrats judiciaires, contre 1 125 magistrats administratifs au Conseil d'État, dans les Cours administratives d'appel et dans les tribunaux administratifs (*source* : Annuaire statistique 2007 du ministère de la justice : www.justice.gouv.fr).

4. V. les art. L. 233-1 et s., R 233-1 et s. CJA. Pour la compétence (législative, réglementaire) pour fixer les règles de recrutement, v. *supra*, n° 21.

5. On peut ainsi, après être entré à l'ENA avec un diplôme non juridique et en disposant « seulement » de la formation juridique dispensée à l'Institut d'études politiques (préparation du concours) et à l'ENA, être directement nommé à la sortie membre d'une Cour administrative d'appel ou du Conseil d'État. L'idée de la création d'une École nationale de recrutement est très différent de celui des juges judiciaires : l'élève admis à l'ENA et désirant faire une carrière de juge administratif n'a, juridiquement, qu'un espoir d'y parvenir : le choix de la carrière à l'issue de la scolarité dépend en effet du rang de classement final, qui permet d'opter pour les différents emplois proposés aux élèves de l'école, et du prestige et de la rémunération inégaux attachés à ces fonctions. Le Conseil d'État et la Cour des comptes sont très recherchés, aussi les grades de début de ces deux juridictions - auditeur - sont, en droit et en fait, pourvus exclusivement par la voie de l'ENA [1]. Pour les autres juridictions le recrutement par la voie de l'ENA ne permettrait pas de faire face aux besoins, aussi est-il complété en s'ouvrant à des fonctionnaires déjà en service (système dit « tour extérieur »).

Les conseillers du corps unique des Cours administratives d'appel et des Tribunaux administratifs sont recrutés pour les deux tiers parmi les anciens élèves de l'ENA [2] ; leur corps comporte trois grades : conseiller - premier conseiller - président. Les conseillers des Chambres régionales des comptes sont recrutés pour les deux tiers parmi les anciens élèves de l'ENA [3] ; leur corps comporte trois grades : conseiller - premier conseiller - président de section.

En fait, ces principes sont souvent écartés pour faire face à la pénurie récurrente de magistrats - surtout pour les juridictions administratives - qui conduit à procéder à des recrutements parfois nombreux dérogeant à ces règles, dits recrutements complémentaires. Le principe du recrutement par l'ENA est ainsi devenu de moins en moins une réalité, et de plus en plus une sorte de référence, de curseur permettant de situer ces corps de magistrats dans la hiérarchie de la fonction publique.

866 ***Unité du corps des juges des tribunaux administratifs et des cours administratives d'appel*** ◊ Les membres de ces deux catégories de juri-

la magistrature administrative - comme il existe une ENM pour les juges judiciaires - est défendue par certains.

1. Il n'y a que quelques postes à pourvoir.

2. L'autre tiers est ouvert à certains fonctionnaires civils ou militaires de l'État, ou à certains fonctionnaires des collectivités territoriales ou de la fonction publique hospitalière, ou à des magistrats judiciaires : art. L. 233-3 CJA (loi n° 2007-148 du 2 févr. 2007). Au fil des réformes on constate que le principe du recrutement initial par l'ENA - qui dans la fonction publique est de fait la justification d'un certain niveau de rémunération du corps - subit des atteintes croissantes.

3. L'autre tiers est ouvert à certains agents titulaires de l'État ou des collectivités territoriales de catégorie A, ou à des magistrats judiciaires : art. L. 221-3 et 4, CJF. Leurs titres sont examinés par une Commission majoritairement composée de membres de la Cour des comptes et des Chambres régionales des comptes. La carrière des magistrats des Chambres régionales a été rapprochée de celle du corps des membres des Cours administratives d'appel et des Tribunaux administratifs par la loi du 21 décembre 2001, qui a réduit le nombre des grades de quatre à trois.

dictions forment un corps unique [1], recruté à la base pour les deux tiers parmi les anciens élèves de l'ENA (v. ci-dessus) [2]. Les règles régissant leur carrière ont été renouvelées par le décret n° 97-859 du 18 septembre 1997 « portant statut particulier des membres des tribunaux administratifs et des cours administratives d'appel ». Ce texte harmonise leur carrière avec celle des magistrats judiciaires, en réduisant le nombre des grades, passé de sept à trois [3].

II. Recrutement latéral

867 ### *A) Recrutement « au tour extérieur »* [4] ◊

1) Conseil d'État et Cour des comptes

Au Conseil d'État, les *maîtres des requêtes* sont recrutés pour les trois quarts parmi les auditeurs de première classe, l'autre quart étant pourvu au tour extérieur, au choix du Gouvernement, les seules conditions étant d'être âgé de trente ans au moins et de justifier de dix années de services publics. Les *conseillers d'État* sont recrutés parmi les maîtres des requêtes pour les deux tiers, l'autre tiers étant pourvu au tour extérieur – la seule condition s'imposant au gouvernement étant un âge minimum de quarante-cinq ans [5].

À la Cour des comptes, on trouve un système proche. Les auditeurs et les magistrats des chambres régionales des comptes fournissent les trois quarts des *conseillers référendaires*, l'autre quart étant recruté au tour extérieur au choix du Gouvernement, qui peut nommer toute per-

1. Loi n° 86-14 du 6 janvier 1986 fixant les règles garantissant l'indépendance des membres des tribunaux administratifs et des cours administratives d'appel. Actuellement art. L. 231-2 CJA.

2. La nomination est faite sur proposition du Conseil supérieur des tribunaux administratifs et cours administratives d'appel, institution chargée d'assurer l'indépendance du corps unique et majoritairement composée de représentants des juridictions administratives. Art. L. 233-4 CJA.

3. Le même texte améliore également les fins de carrière des premiers conseillers et des présidents en leur permettant d'atteindre des indices terminaux de traitement comparables aux corps d'inspection et de contrôle des ministères.

4. Pour le recrutement au tour extérieur au grade de début de la hiérarchie, v. *supra*, n° 865.

5. Ces chiffres « ont été fixés en 1910 et 1923. Aucun Gouvernement n'a accepté d'aller plus loin dans la professionnalisation du corps » (J. Massot et J. Marimbert, *Le Conseil d'État*, préc., p. 29). En 1988, 67 % des membres du Conseil d'État effectivement en fonctions dans ses formations contentieuses provenaient de l'auditorat (J. Massot et J. Marimbert, préc., p. 30). Pour assurer une osmose entre le Conseil d'État et les tribunaux administratifs et Cours administratives d'appel, quelques postes de conseillers d'État et de maîtres des requêtes sont réservés à des membres des tribunaux administratifs et des Cours administratives d'appel : art. L. 133-3 et L. 133-4, R 133-3 s. CJA. Jusqu'à la loi du 21 décembre 2001 il n'existait pas de système correspondant de « passerelle » entre les Chambres régionales des comptes et la Cour des comptes (en dehors du fait que les présidents des chambres régionales doivent être conseillers maîtres ou conseiller référendaires de la Cour des comptes). Désormais, chaque année un premier conseiller de Chambre régionale au moins est nommé conseiller référendaire à la Cour des comptes, et une nomination de conseiller maître sur dix-huit est réservée à un président de section de Chambre régionale.

sonne âgée au moins de trente-cinq ans et justifiant de dix années soit de services publics, soit de services dans un organisme relevant du contrôle de la Cour des comptes [1]. Quant aux *conseillers-maîtres*, les deux tiers sont choisis parmi les conseillers référendaires, l'autre tiers étant pourvu par le Gouvernement, qui peut nommer de hauts fonctionnaires, âgés au moins de quarante ans, et ayant accompli quinze ans de services publics [2].

2) Autres juridictions

- *Chambres régionales des comptes.* Pour deux conseillers issus de l'ENA une nomination est prononcée au profit de fonctionnaires de l'État, des collectivités territoriales ou des hôpitaux publics ayant au moins dix ans d'ancienneté (art. L. 221-4 CJF), ou de magistrats judiciaires

- *Tribunaux administratifs et Cours administratives d'appel.* De même, à la base du corps, un tiers des conseillers est recruté parmi certains fonctionnaires (cf. ci-dessus) ayant au moins dix ans d'ancienneté, ou parmi des magistrats judiciaires.

- En outre, un huitième des premiers conseillers est recruté de manière analogue, avec une exigence de huit ans au moins d'ancienneté (art. L. 233-4 CJA) [3].

- Par ailleurs, des magistrats judiciaires et certains fonctionnaires peuvent être détachés aussi bien dans les Chambres régionales que dans les Cours administratives d'appel et les Tribunaux administratifs, et y être ultérieurement intégrés [4].

868 ***B) Recrutements complémentaires*** ◊ Outre le tour extérieur proprement dit, système permanent de recrutement latéral des juridictions administratives, il existe une autre forme de recrutement latéral qui ne doit pas être confondue avec lui et que l'on qualifie souvent de « recrutement complémentaire ». Pour pallier le déficit du recrutement « statutaire », soit au moment de la création de nouvelles juridictions, soit en raison de la pénurie de candidats, il est organisé parfois des recrutements complémentaires en principe limités dans le temps ; par exemple, un recrutement exceptionnel de magistrats de Tribunal administratif avait été autorisé de 1980 à 2004 [5]. Mais sous la pression des

1. Le système des nominations, relativement complexe, est réglé par l'article L. 122-5 CJF.
2. Pour les « passerelles » permettant d'accéder au Conseil d'État depuis le corps des CA et CAA, et d'accéder à la Cour des comptes depuis les Chambres régionales des comptes, v. respectiv. les art. L. 133-8 CJA et L. 122-5 CJF.
3. Mais un champ de recrutement moins large, qui comprend par ex. les magistrats de l'ordre judiciaire, les professeurs et maîtres de conférences d'Université, ou les administrateurs territoriaux.
4. Pour ces dernières juridictions, v. l'art. L. 233-5, modifié par la loi n° 2009-826 du 12 mai 2009.
5. La date limite de décembre 1990 a été prorogée jusqu'à décembre 1995 par la loi du 31 décembre 1987, puis jusqu'en 2004 par l'article 18 de la loi du 18 décembre 1998.

besoins ces dispositifs exceptionnels sont reconduits. Par exemple, la loi de programmation et d'orientation pour la justice du 9 septembre 2002 a autorisé jusqu'au 31 décembre 2007 le recrutement complémentaire de conseillers de Cour administrative d'appel et de Tribunal administratif. Cette possibilité a été prolongée jusqu'en 2015 [1]. Il s'agit d'un recrutement massif, puisqu'il pourra atteindre trois fois le nombre de postes offerts au recrutement normal et au tour extérieur (art. L. 233-6 et R 233-8 CJA). De même, pour les Chambres régionales des comptes, la loi du 21 décembre 2001 (art. 31) permet un recrutement complémentaire analogue jusqu'au 31 décembre 2010 [2], pouvant atteindre la moitié des postes annuellement offerts au recrutement statutaire.

869 ***C) Significations et conséquences du recrutement latéral*** ◊ Sous la forme du tour extérieur classique, il contribue à assurer la liaison entre la juridiction administrative et l'Administration active, en permettant à la première d'être informée des conditions réelles de fonctionnement de la seconde, ce qui permet au juge d'adapter son contrôle juridictionnel aux possibilités et aux contraintes des services publics. Cette volonté de ne pas laisser la juridiction administrative se couper de la connaissance de l'Administration qu'elle doit juger se marque de façon particulièrement nette au Conseil d'État. Comme on l'a vu (v. *supra* n° 709), la réforme de 1963 a accru le brassage entre les sections administratives et la Section du contentieux, en prévoyant la double appartenance de membres de celle-ci aux premières [3].

Mais il a tendance à devenir un expédient commode pour procéder exceptionnellement à un recrutement important et rapide, par exemple lors de la création de nouvelles juridictions (ex., en 1983, lors de la mise en place des chambres régionales des comptes, dont les premiers conseillers furent recrutés essentiellement par voie d'un concours spécial ; il en a été de même pour pourvoir environ un tiers des postes lors de la création des cours administratives d'appel). Il peut également servir à pallier une insuffisance momentanée de candidatures – tous les postes offerts dans les tribunaux administratifs aux diplômés de l'ENA ne sont pas pourvus chaque année – voire à remédier à une pyramide des âges quelque peu déséquilibrée de certains corps [4]. Dans les tribunaux administratifs et les cours administratives d'appel, il a

1. Loi n° 2007-148 du 2 févr. 2007, art. 37.

2. Prolongation du délai originaire (2004) par l'article 125 de la loi de finances pour 2005 (loi n° 2004-1484 du 30 déc. 2004, *JO*, du 31 déc. 2004, p. 22459).

3. L'organisation des autres juridictions administratives ne permet pas une semblable osmose, mais l'obligation générale de mobilité instituée par le décret du 30 juin 1972 pour les fonctionnaires des corps recrutés par l'ENA aboutit à un résultat analogue.

4. Cette pyramide est actuellement assez équilibrée ; entre 2006 et 2016, environ 25 % des membres du Conseil d'État et 30 % des membres des cours administratives d'appel et des tribunaux administratifs partiront à la retraite : Lettre de la justice administrative, n° 13/2006.

seul permis de faire face à la nécessaire croissance de leurs effectifs en magistrats, passés de 180 en 1968 à 369 en 1987, puis à 605 en 1995, et qui atteignait 834 en 2002 [1]. Mais, outre le risque malgré les précautions prises lors des recrutements [2] d'une altération de la qualité de certaines juridictions en cas de trop forte irruption de juges peu préparés à la complexité du contentieux par leurs fonctions antérieures [3], les recrutements latéraux peuvent aboutir à faire du principe selon lequel la juridiction administrative est recrutée par l'École Nationale d'Administration une simple fiction – risque particulièrement apparent pour les juridictions administratives avec la loi précitée du 9 septembre 2002 [4].

§ 2. **Statut**

870 ***Qualification juridique des juges administratifs*** ◊ Le problème est ici de savoir si les juges administratifs sont des magistrats [5]. En réalité, ce terme n'a pas un contenu unique ; sa portée diffère suivant les textes qui l'emploient.

C'est ainsi que la Cour de cassation avait considéré que le terme de « magistrat » figurant dans la loi abrogée du 26 juin 1941 relative à l'exercice de la profession d'avocat s'appliquait aux conseillers des tribunaux administratifs (Civ., 25 avr. 1958, D. 1958. 430, note Gabolde). En revanche, le Conseil d'État a jugé que les mots de « magistrats » figurant aux articles 34 et 64 de la Constitution de 1958 ne désignent que les magistrats de l'ordre judiciaire (Ass., 2 févr. 1962, *Beausse, AJDA*, 1962, p. 189). Par ailleurs, on a observé précédemment que l'ordonnance n° 58-1270 du 22 décembre 1958 portant loi organique sur le statut des magistrats ne s'applique qu'aux juges judiciaires. Ceux-ci sont placés, au sein de la fonction publique civile de l'État, dans une situation particulière. L'article 2 de la loi n° 83-634 du 13 juillet 1983 portant droits et obligations des fonctionnaires (texte souvent désigné sous le nom de « statut général de la fonction publi-

1. *Source* : Annuaire statistique de la justice 2004.
2. Avis sur la qualité des candidatures, courte formation en interne.
3. Un commencement de solution à ce problème du contrôle du recrutement extérieur par voie de nominations gouvernementales directes a été apporté par la loi n° 94-530 du 28 juin 1994, qui prévoit (art. 2) un *avis* donné par des autorités particulièrement qualifiées, dont le sens doit être publié au *Journal officiel* en même temps que l'acte de nomination, pour les nominations à certains postes élevés de la hiérarchie juridictionnelle (ou administrative).
4. V. sur cette question les deux points de vue divergents exprimés par les représentants de deux syndicats de ce corps, B. Even, *AJDA* 2002. 1312, et S. Saint Germain, *ibidem*, p. 1466.
5. V. S. Caudal, *Un statut de fonctionnaires ou de magistrats ?* Colloque du SJA du 50e anniversaire des Tribunaux administratifs, *Rev. adm.* 2004, n° 344, p. 184. Concl. R. Schwartz sous CE 5 nov. 2003, *Syndicat de la juridiction administrative, Mme Balbin*, *AJDA* 2004. 827. R. Le Goff, « Les membres du corps des tribunaux administratifs et des cours administratives d'appel sont-ils des magistrats ? », *AJDA* 2003. 1145.

que ») dispose, en son article 2, qu'il ne s'applique pas aux magistrats de l'ordre judiciaire – qui relèvent, on vient de le rappeler, de l'ordonnance du 22 décembre 1958. En vertu de l'article 64 de la Constitution, leur statut relève de la loi organique (et d'ailleurs les modifications apportées à l'ordonnance « organique » de 1958 l'ont été par des textes de cette nature), qui ne s'impose d'ailleurs que pour les magistrats judiciaires (Cons. const., décision n° 94-355 du 10 janvier 1995).

Les membres des juridictions financières (Cour des comptes, Chambres régionales des comptes) ont la qualité de magistrats (mais non de magistrats judiciaires de l'article 64 de la Constitution) par qualification législative (art. L. 120-1 et L. 212-7, CJF). Les dispositions statutaires les concernant relèvent ainsi de la loi ordinaire (art. 34 de la Constitution). Les règles statutaires de la fonction publique de l'État leur sont applicables dans la mesure où elles ne sont pas contraires à leurs statuts propres. [1]

La situation des membres du corps unique des tribunaux administratifs et des Cours administratives d'appel est déterminée en des termes qui semblent, au premier abord, inutilement compliqués. L'explication de ce qui apparaît comme de véritables contorsions rédactionnelles est d'ordre historico-politique et correspond à un compromis entre la survivance du courant de pensée ancien, qui refuse de qualifier les membres des juridictions administratives de magistrats (v. ci-après la formule de Michel Debré), et la nécessité unanimement reconnue aujourd'hui d'assurer leur indépendance.

Une conception traditionnelle dénie aux juges administratifs la qualité de magistrats ; elle est héritée de l'histoire de la juridiction administrative, selon laquelle « le juge administratif est l'Administration qui se juge ». Dans cette représentation, le juge administratif est un fonctionnaire auquel on a concédé un particularisme statutaire pour assurer son indépendance dans l'exercice de ses fonctions juridictionnelles, mais qui ne saurait être assimilé à un juge judiciaire ; cette conception a conservé sa force à la période contemporaine [2]. Un arrêt du Conseil d'État du 3 mai 2006 réaffirme que si les membres du corps des tribunaux administratifs et des cours administratives d'appel « exercent dans ces juridictions des fonctions de magistrats » ils sont régis par les dispositions statutaires de la fonction publique de l'État pour leurs dispositions non incompatibles avec le Code de justice administrative [3].

1. CJF, art. L. 120-1 (Cour des comptes), L. 220-1 (Chambres régionales).

2. En témoigne la phrase souvent citée de M. Debré lors des travaux préparatoires de la Constitution de 1958 : « La magistrature administrative n'existe pas, il y a seulement des fonctionnaires administratifs qui occupent des fonctions de juge ». M. Michel Debré était membre du Conseil d'État. Phrase citée in *Grandes décisions,* 15e éd., 2009, n° 21, § 7.

3. *AJDA* 2006, n° 43, note E . Aubin.

Concrètement, les textes fondamentaux applicables à la matière prennent soin de ne pas qualifier les membres de ces juridictions de magistrats, les désignant seulement comme « les membres du corps des tribunaux administratifs et des cours administratives d'appel » (cf. le CJA), mais énoncent explicitement qu'ils « exercent leurs fonctions de magistrats dans une juridiction administrative » (art. L. 231-3 CJA) et en tirent les conséquences essentielles pour assurer leur indépendance (v. *infra* n° 871).

Législativement, la situation est ainsi réglée dans les textes : les dispositions de principe du statut général des fonctionnaires s'appliquent aux juges des TA et des CAA (art. L. 231-1 CJA), sous réserve des dispositions particulières des articles L. 231-2 et suivants. De son côté, l'article 9 de la loi du 11 janvier 1984 portant dispositions statutaires relatives à la fonction publique de l'État dispose que « la loi fixe les règles garantissant l'indépendance des membres des tribunaux administratifs » (on sait que les CAA ont été créées en 1987) ; cette loi est celle du 6 janvier 1986, fixant les règles garantissant l'indépendance du corps (aujourd'hui) des TA et des CAA, dont les dispositions sont reprises sous les articles L. 231-3 et suivants CJA.

871 ***Situation juridique des juges administratifs*** ◊ *L'inamovibilité* – au sens où ce terme est employé pour les juges judiciaires (v. *supra*, n° 799) – n'est pas reconnue aux juges administratifs de manière générale [1].

Les membres de la Cour des comptes [2] « ont la qualité de magistrats. Ils sont et demeurent inamovibles » (art. L. 120-1, CJF).

Il en est de même pour les membres des chambres régionales des comptes (art. L. 212-8 et L. 212-11, *ibid.*).

La situation des membres du Conseil d'État, des Cours administratives d'appel et des Tribunaux administratifs est différente. Comme on vient de le voir, ils ne sont pas qualifiés de magistrats par les textes. Cependant, la tendance est aujourd'hui – sans prétendre que les juges administratifs seraient des magistrats au sens de l'article 64 de la Constitution – à les assimiler *fonctionnellement* à des magistrats pour renforcer leur indépendance.

S'agissant du corps unique des Tribunaux administratifs et Cours administratives d'appel, cette volonté d'assimilation se marque dans les textes, malgré des détours de rédaction qui s'expliquent on vient de le voir par le poids d'une tradition avec laquelle il apparaît encore aujourd'hui difficile de rompre [3]. L'article 1er de la loi du 6 janvier 1986 (v. aujourd'hui art. L. 231-3 CJA) garantissant l'indépendance des

1. Au sujet de l'inamovibilité, v. aussi n° 84.
2. La loi du 22 juin 1967 ne range pas le procureur général (art. 3) parmi « les membres de la Cour des comptes (art. 2) ».
3. Lors de la discussion de la loi du 31 décembre 1987, le gouvernement a encore refusé devant le Sénat (séance du 10 nov. 1986), le terme de « magistrats ».

membres des Tribunaux administratifs et des Cours administratives d'appel [1] dispose en effet que « les *membres* du corps » de ces juridictions ne peuvent recevoir sans leur consentement une affectation nouvelle, même en avancement (ce qui caractérise l'inamovibilité) « lorsqu'ils *exercent leurs fonctions de magistrats* dans une juridiction administrative ». Le rapprochement avec la situation des conseillers des Chambres régionales des comptes est manifeste ; il était voulu [2].

D'autres réformes ont donné plus de substance encore à l'indépendance des magistrats des Tribunaux et des Cours administratives d'appel.

En matière de gestion de ce corps, tout d'abord, il était fâcheux pour le jugement que l'opinion publique portait sur ces magistrats qu'ils fussent placés sous la responsabilité du ministre de l'Intérieur. La loi du 31 décembre 1987 a décidé le transfert de la gestion de ce corps au Conseil d'État – lui-même rattaché au ministre de la Justice. Ce transfert est devenu effectif au 1er janvier 1990, et désormais le garde des Sceaux assume la responsabilité de l'organisation et du fonctionnement des deux ordres de juridictions, administratif et judiciaire.

Surtout, la carrière et la discipline des magistrats des Tribunaux administratifs et Cours administratives d'appel dépendent de propositions qui sont faites par le Conseil supérieur des Tribunaux administratifs et Cours administratives d'appel créé par la loi du 6 janvier 1986 [3], organisme indépendant présidé par le vice-président du Conseil d'État et composé d'une majorité de membres du corps unique et du Conseil d'État (v. ci-dessous). L'inspiration en a été puisée dans le Conseil supérieur des Chambres régionales des comptes qu'avait institué la loi n° 82-595 du 10 juillet 1982 (art. 18 et s.) afin d'assurer l'indépendance de leurs magistrats [4].

À la Cour des comptes il existait depuis 2001 [5] une simple commission consultative donnant des avis sur les mesures individuelles

1. Ces derniers mots ont évidemment été ajoutés ultérieurement. Le statut particulier du corps unique est fixé par le décret n° 88-938 du 28 septembre 1988 ; cf. aujourd'hui la rédaction de l'art. L. 231-3 CJA : « Lorsqu'ils exercent leurs fonctions de magistrats dans une juridiction administrative, les membres du corps des tribunaux administratifs et des cours administratives d'appel ne peuvent recevoir, sans leur consentement, une affectation nouvelle, même en amendement », et de l'art. R. 231-1 CJA, « Les *membres du corps* des tribunaux administratifs et des Cours administratives d'appel exercent leurs *fonctions de magistrats* au sein de ces juridictions ».

2. V. L. Richer, « Des droits du juge à ceux du justiciable », *AJDA* 1986. 278 ; v. aussi M. Tourdias, « La loi du 6 janvier 1986 », *ibid.*, p. 275. V. aussi la rédaction de l'article 1er du décret n° 98-742 (ci-dessous). On peut relever également que la nouvelle hiérarchie des grades introduite en 1997 (v. *supra* n° 866), distinguant des « conseillers » et des « premiers conseillers », appelant un terme générique pour désigner dans certaines dispositions les uns et les autres, c'est celui de « magistrats » qui a été retenu. V. le décret n° 98-742 du 24 août 1998 procédant aux adaptations terminologiques dans l'ex Code des Tribunaux administratifs et des Cours administratives d'appel.

3. V. art. L. 232-1 et s., R. 232-1 et s. CJA.

4. V. CJF, art. L. 212-16, L. 223-1.

5. Loi n° 2001-1248, du 21 décembre 2001, article 3.

concernant la situation, la discipline et l'avancement de ses magistrats. La loi n° 2006-769 du 1er juillet 2006 l'a remplacée par un conseil supérieur de la Cour des comptes, à la composition élargie et plus diversifiée ; en matière de discipline, les sanctions ne peuvent être prononcées que sur sa proposition [1]

En définitive, c'est paradoxalement la plus haute juridiction administrative - le Conseil d'État - dont l'indépendance est juridiquement le moins bien assurée. Aucun texte ne prévoit l'inamovibilité de ses membres ; et l'on pourrait citer un exemple, aux débuts de la Ve République, où l'un de ses membres avait été révoqué - d'ailleurs pour des propos critiques qui lui avaient été reprochés dans les fonctions de Secrétaire général de l'Administration en Algérie dans lesquelles il avait été détaché [2].

Cependant, ce constat doit être nuancé quant à sa portée par deux observations. Au plan juridique, l'indépendance des juridictions administratives - et donc du Conseil d'État - « est garantie ainsi que le caractère spécifique de leurs fonctions » au titre des « principes fondamentaux reconnus par les lois de la République » par la jurisprudence du Conseil constitutionnel [3].

Au plan politique, une mesure gouvernementale portant atteinte à l'indépendance d'un membre du Conseil d'État soulèverait certainement une émotion telle dans la presse et dans l'opinion qu'on pourrait difficilement l'envisager aujourd'hui - ce qui n'ôte pas pour autant son utilité à la consécration législative de cette indépendance.

- *L'avancement* pourrait être pour le Gouvernement un moyen de faire pression sur les juges, en l'accélérant ou en le retardant.

À la Cour des comptes, bien que l'avancement se fasse théoriquement au choix, on peut constater qu'il intervient en général à l'ancienneté pour les auditeurs et les conseillers référendaires. Il est soumis à l'avis du Conseil supérieur de la Cour des comptes.

Au Conseil d'État, la pratique a établi depuis longtemps, au-delà des textes, un semblable avancement à l'ancienneté, qui représente par son automaticité une garantie d'indépendance.

Pour les Chambres régionales des comptes, la loi n° 82-595 du 10 juillet 1982 avait innové en instituant, pour ces juridictions qui venaient d'être créées par la loi de décentralisation du 2 mars 1982, un Conseil supérieur des Chambres régionales des comptes (art. 18), présidé par le Premier président de la Cour des comptes et comportant une forte majorité de magistrats de la Cour et des Chambres.

1. V. CJF, art. L. 112-8, L. 123-3.
2. Affaire *Jacomet*. V. le décret du 12 novembre 1960, l'article de G. Morange, « Les principes généraux du droit de la Ve République », *RD publ.* 1960, p. 1191, et J. Massot et J. Marimbert, *Le Conseil d'État*, préc., p. 27. On peut remarquer que la commission consultative du Conseil d'État a vu son statut et ses attributions demeurer inchangés depuis 1963 ; v. CJA, art. L. 132-1.
3. Décision 119 DC du 22 juill. 1980, v. *Grandes décisions*, 15e éd., 2009, n° 21.

Ce Conseil supérieur établit le tableau d'avancement de grade des membres du corps [1], ainsi que la liste d'aptitude de ces membres aux fonctions de Président de Chambre régionale - ce qui correspond à un pouvoir de proposition. Statuant comme juridiction soumise au pourvoi en cassation devant le Conseil d'État, il exerce sur eux le pouvoir disciplinaire : art. L. 212-16 et L. 223-1 CJF.

Sur ce modèle a été réformé le système d'avancement des membres des Tribunaux administratifs, étendu au corps unique après la création des Cours administratives d'appel. La loi du 6 janvier 1986 garantissant l'indépendance de leurs membres a créé (art. 13) un Conseil supérieur des tribunaux administratifs et des Cours administratives d'appel, présidé par le Vice-président du Conseil d'État et présentant des caractères analogues au précédent [2]. Le tableau d'avancement des juges administratifs est dressé sur sa proposition ; c'est également sur sa proposition que sont nommés les présidents de Tribunal administratif [3], ainsi que les commissaires du Gouvernement (choisis parmi les conseillers). Cependant, à la différence du Conseil supérieur des Chambres régionales des comptes, il n'a pas en matière de discipline un pouvoir de décision ; ce n'est pas véritablement un conseil de discipline, il n'a qu'un pouvoir de proposition de sanction, celle-ci étant prononcée par décret de l'autorité ayant le pouvoir de nomination (président de la République) : art. L. 236-1 CJA.

- *Pour le reste* et notamment pour leurs obligations diverses, le principe est que les juges administratifs sont soumis au statut général des fonctionnaires, comme le précisent les articles L. 131-1 (Conseil d'État) et L. 231-1 (Tribunaux administratifs, Cours administratives d'appel) du Code de justice administrative [4]. Il en est de même pour les magistrats des Chambres régionales des comptes (art. L. 220-1 CJF).

1. V. le décret du 1er sept. 2004 relatif à l'évaluation, la notation et l'avancement des membres du corps des chambres régionales des comptes, modifiant plusieurs articles du Code des juridictions financières *JO* 8 sept., p. 15799.
2. Aujourd'hui art. L. 232-1 s. CJA.
3. Sauf celui du Tribunal administratif de Paris. Pour les modalités d'évaluation et de notation du corps des TA et des CAA, v. arrêté du 1er juin 2004, pris en application du décret du 29 avril 2002 ; résumé in *AJDA* 2004. 1218.
4. Comme l'a rappelé le Conseil d'État dans son arrêt du 3 mai 2006 (*supra*, n° 870). Ce qui n'altère pas leur indépendance réelle : v. les observations de Th. S. Renoux et A. Roux, *L'Administration de la justice en France*, *op. cit.*, p. 48 et s.

CHAPITRE 2

LA QUESTION DU MINISTÈRE PUBLIC [1]

872 ***Généralités*** ◊ La question du ministère public se présente, dans l'ordre juridictionnel administratif, dans des termes très différents de ceux qui ont été présentés pour les juridictions judiciaires. On a vu précédemment, dans l'exposé du ministère public auprès de celles-ci (n°s 516 et s.), que ce terme désigne un corps de magistrats présentant deux caractères principaux : l'organisation des tribunaux judiciaires repose sur une nette séparation entre les magistrats du siège et ceux du ministère public [2], ces derniers formant par ailleurs un corps hiérarchisé d'agents publics chargés de veiller à l'application des lois, qui représente l'État et le Gouvernement, celui-ci pouvant d'ailleurs en matière pénale orienter l'action du Parquet par des instructions écrites du ministre de la Justice, dans le cadre du pouvoir du Gouvernement de déterminer et de conduire la politique de la Nation (art. 20 Const.), ainsi que l'a rappelé le Conseil constitutionnel dans la décision n° 2004-492 du 2 mars 2004.

La situation des juridictions administratives est sensiblement différente. On doit d'ailleurs distinguer les juridictions financières et les juridictions administratives de droit commun (Conseil d'État, cours administratives d'appel et tribunaux administratifs).

873 ***Juridictions financières*** ◊ *Auprès de la Cour des comptes et de la Cour de discipline budgétaire et financière* (les deux ayant d'ailleurs un Parquet commun : art. L. 311-4 CJF), il existe, on l'a vu, un ministère public, dont les membres ne bénéficient pas en tant que tels de l'inamovibilité des magistrats du siège. Le procureur général près de la Cour des comptes et le procureur général près la Cour de discipline budgétaire et financière ne font pas partie des magistrats composant ces deux juridictions. [3]

Leurs attributions, énumérées par les textes (art. R. 112-8, R. 212-19 et s. CJF) concernent essentiellement l'application des textes et le bon fonctionnement de la juridiction, ainsi que la communication entre celle-ci et les Pouvoirs publics. Le procureur général près la Cour

1. R. Martin, « Faut-il supprimer le Ministère public (devant les juridictions civiles et administratives) ? », *RTD civ.* 1998. 873. F. Lambert, « Faut-il maintenir le commissaire du gouvernement ? », *AJDA* 2007, n° 15, p. 778.
2. Particulièrement marquée auprès des juridictions répressives ; v. *supra*, n° 523 et s.
3. V. respectivement les articles L. 112-1 et L. 112-2 CJF, et L. 311-2 et L. 311-4 CJF.

des comptes « surveille l'exécution des travaux de la cour » [1] ; il présente des conclusions écrites sur les affaires à juger qui lui sont communiquées. [2] Ce n'est guère qu'en matière de gestion de fait que l'action du ministère public pourrait être déclenchée à l'initiative d'un membre du Gouvernement.

Auprès des Chambres régionales des comptes il existe des « représentants du ministère public » [3], mais qui sont des membres du corps des Chambres régionales qui exercent les fonctions du ministère public.

En tant que tels ils ne sont pas, juridiquement, inamovibles *dans cette fonction*, qui pourrait leur être retirée - ce qui ne s'est jamais produit. Ils sont les correspondants dans leur juridiction du procureur général près la Cour des comptes, ils veillent à la production des comptes à la Chambre et lui défèrent les gestions de fait dont ils ont connaissance par eux-mêmes ou par des communications qui leur sont faites. Ils présentent des conclusions écrites sur les affaires à juger qui leur sont communiquées [4]. Ils peuvent se pourvoir en appel ou en révision cotre les jugements définitifs de la chambre [5].

Pour tenir compte de la jurisprudence de la Cour européenne des droits de l'homme en matière d'impartialité des juridictions - jurisprudence *Kress,* exposée plus bas - *devant l'ensemble des juridictions financières le ministère public n'assiste pas au délibéré de la formation de jugement.*

874 ***Juridictions administratives de droit commun*** [6] ◊ La situation est ici radicalement différente : il n'existe pas auprès d'elles de ministère public. Selon la formule de M. Genevois [7], « Il n'y a pas, dans les juridictions administratives, la césure que l'on observe à la Cour des comptes entre un parquet et un siège ».

Il n'en reste pas moins que les commissaires du Gouvernement posaient problème, notamment au regard de la Convention européenne des droits de l'homme, tant du point de vue de leur rôle dans la procédure que par leur dénomination elle-même.

Les commissaires du Gouvernement [8] auprès des formations contentieuses du Conseil d'État et auprès des Cours administratives d'appel

1. CJF, art. L. 112-1.
2. Enumérées à l'article R. 112-8 CJF.
3. Depuis la loi n° 2008-1091 du 28 oct. 2008, qui a supprimé l'appellation « commissaires du gouvernement » (CJF, art. L. 212-10).
4. CJF, art. R.212-20
5. Art. L. 243-2 et L. 243-1, *ibid.* Le procureur général près la Cour des comptes peut lui-même former appel contre les jugements définitifs des Chambres régionales des comptes (art. L. 243-1).
6. Conseil d'État, Cours administratives d'appel, tribunaux administratifs.
7. Alors président de la Section du contentieux du Conseil d'État. *AJDA* 2006. 900. V. aussi « Le commissaire du Gouvernement devant le Conseil d'Etat statuant au contentieux ou la stratégie de la persuasion », *RFDA* 2000. 1207.
8. V. R. Guillien, « Les commissaires du Gouvernement près les juridictions administratives », *RD publ.* 1955, p. 181 ; N. Rainaud, *Le commissaire du Gouvernement près le Conseil*

et des tribunaux administratifs ne formaient pourtant en rien une sorte de Parquet distinct des magistrats du siège ; ils étaient des membres de la formation de jugement, temporairement chargés par le vice-président du Conseil d'État [1] — ce qui assurait leur indépendance — de proposer à leurs collègues, en toute indépendance, la solution juridique que leur paraissait appeler le litige soumis à la juridiction, sous la forme de la présentation de « conclusions ». Ils ne représentaient donc en aucune manière le Gouvernement, qui ne pouvait leur donner la moindre instruction. Leur indépendance complète vis-à-vis du Gouvernement, déjà soulignée par le Conseil d'État lui-même dans son arrêt *Gervaise* [2], avait d'ailleurs été consacrée législativement par l'article 18 de la loi n° 84-14 du 6 janvier 1986, selon lequel le commissaire du Gouvernement exposait « en toute indépendance à la formation de jugement ses conclusions sur les circonstances de fait et les règles de droit applicables » [3]. Cette absence totale de relation entre le commissaire du Gouvernement et le Gouvernement se marquait aussi dans le fait que, si ce dernier désirait présenter des observations sur une affaire en jugement, le ministre intéressé ne pouvait même pas demander au commissaire du Gouvernement d'être son porte-parole, mais il devait recourir à un avocat, à la manière d'un simple particulier. Au contraire, l'appartenance du commissaire du Gouvernement à la formation de jugement ressortait du fait qu'il n'avait pas qualité pour former un recours contre un jugement du tribunal administratif rendu contrairement à ses conclusions.

Néanmoins sa présence au délibéré - où il ne votait d'ailleurs pas - posait problème au regard du principe d'impartialité objective affirmé par la Cour européenne des droits de l'homme, car on pouvait redouter qu'il n'influence le vote de ses collègues, hors la présence des parties ; la Cour européenne des droits de l'homme a, pour cette raison, condamné la France, le 7 juin 2001 [4]. Pour tenir compte de l'arrêt

d'État, LGDJ, 1996 ; J. H. Stahl, « Le commissaire du gouvernement », *Justice et cassation*, revue des avocats aux Conseils, Dalloz, 2007, p. 170. Pour un cas ancien de pression sur l'un d'eux au XIXe siècle, v., V. Wright, « Le Conseil d'État et l'affaire de la confiscation des biens d'Orléans en 1852 », *EDCE* 1968, p. 231. On peut ajouter que, malgré leur nom, les avocats généraux près la Cour de justice des Communautés européennes, créés à l'image des commissaires du gouvernement, sont dans l'ensemble dans la même situation (V. ord. dans l'aff. C-17/98, *Emesa Sugar*, 4 févr. 2000, R. I-675).

1. CJF, art. R 122-5.

2. CE 10 juill. 1957, *Lebon*, p. 466.

3. Principes repris à l'art. L. 7 CJA : « Un membre de la juridiction chargé des fonctions de commissaire du gouvernement, expose publiquement, et en toute indépendance, son opinion sur les questions que présentent à juger les requêtes et sur les solutions qu'elles appellent ». V. une description détaillée de la mission du commissaire du gouvernement dans l'arrêt du Conseil d'État du 29 juillet 1998, *Mme Esclatine, AJDA* 1999. 69, note F. Rolin. Cette présentation n'a guère influencé la Cour européenne des droits de l'homme : v. affaire *Kress*, ci-après.

4. CEDH 7 juin 2001, *Kress c/ France*. Sur l'ensemble du problème : v. S. Guinchard *et alii, Droit processuel. Droit commun et droit comparé du procès équitable*, n° 386, b. A propos de l'affaire *Kress*, v. J. Flauss, « La double lecture de l'arrêt *Kress c/ France* », *LPA*, 3 oct. 2001, p. 13 ; D. Chabanol, Théorie de l'apparence ou apparence de théorie ? Humeurs

Kress, un décret du 19 décembre 2005 avait disposé que le commissaire du Gouvernement assistait au délibéré mais sans y prendre part, en demeurant muet. Cependant la Cour européenne de Strasbourg – dans un arrêt *Martinie c/France* [1] — avait ultérieurement condamné, sur le fondement de sa « théorie des apparences », la simple présence au délibéré du commissaire du Gouvernement auprès du Conseil d'État qui pouvait faire douter le justiciable de l'impartialité de la formation de jugement puisque le commissaire du Gouvernement avait émis une opinion avant le délibéré [2]. Tirant les conséquences de cet arrêt, le décret n° 2006-964 du 1er août 2006 met en place une dualité de régimes.

Devant les tribunaux administratifs et les cours administratives d'appel, le délibéré a lieu hors de la présence du commissaire du gouvernement [3].

Devant le Conseil d'État, le commissaire assiste (sans participer) au délibéré, sauf demande contraire d'une partie – qui n'a pas à être motivée [4]. La justification alléguée de cette présence, silencieuse, serait le rôle essentiel des commissaires du Gouvernement dans l'orientation de la jurisprudence administrative, qui suppose une connaissance intime des diverses positions défendues lors du délibéré, ainsi que du raisonnement ayant finalement conduit à l'arrêt. Or, la concision poussée – l' « *imperatoria brevitas* » – et l' « économie des moyens » qui caractérisent la rédaction des arrêts du Conseil d'État permettraient souvent mal d'y accéder à partir de leur seule lecture. La garantie d'une partie éventuellement peu au fait du rôle véritable du commissaire du Gouvernement consiste cependant, pour tenir compte de la jurisprudence *Martinie*, à pouvoir l'écarter du délibéré – ce qui devrait être peu fréquent, la plupart des procédures devant le Conseil

autour de l'arrêt *Kress*, *AJDA* 2002. 9. La Cour a confirmé sa jurisprudence *Kress* dans l'arrêt *Mme et Mlle Théraube c/ France*, *Rev. dr. fisc.*, 2003, n° 5, p. 211. Sur les conséquences possibles de cette jurisprudence sur l'exercice des fonctions du commissaire du Gouvernement, v. A. Bonnet, « La nouvelle partition (à écrire) du commissaire du gouvernement », *AJDA* 2003. 323. V. aussi « Le commissaire du gouvernement et les exigences du procès équitable », *RFDA*, 2001, n° 5, « Réconfortant et déconcertant », par B. Genevois, p. 991 ; « Juridiquement fragile et stratégiquement correct », par J.-L. Autin et F. Sudre, p. 1000.

1. Grande Chambre, 12 avr. 2006, *AJDA* 2006. 986, note F. Rolin.

2. Bien que, pour assurer le respect du principe du contradictoire, les parties puissent ensuite faire parvenir à la formation de jugement une réponse appelée note en délibéré. V. P. Chiaverini, « Conclusions et notes en délibéré : encore un effort ! », *AJDA* 2007-29, p. 1553.

On peut noter au passage que le commissaire du Gouvernement présentait assez souvent des conclusions favorables à la thèse des requérants...

3. CJA, art. R 732-2.

4. CJA, art. R 733-3. Cette solution paraît compatible avec la jurisprudence de la Cour européenne de justice qui, dans son arrêt *Bulut c/ Autriche* du 22 févr. 1996, a jugé que si la loi ouvrait une faculté de récusation contre un magistrat et qu'une partie ne l'avait pas mise en œuvre, elle ne pouvait plus invoquer une violation de la règle de l'impartialité devant elle.

d'État nécessitant le ministère d'un avocat au Conseil d'État, parfaitement au courant du rôle du commissaire du Gouvernement [1].

Sur le second point, il est clair que la controverse sur le statut et le rôle du commissaire du Gouvernement avait été accentuée par l'ambiguïté d'une dénomination qui ne s'expliquait que par l'histoire, et qui pouvait donner le sentiment au plaideur non spécialiste du contentieux administratif que cet acteur du procès était auprès de la juridiction le représentant du Gouvernement, porteur d'une pensée officielle [2]. C'est pourquoi, à partir des années 2000 et sous les coups de boutoir de la Cour de Strasbourg, l'institution du commissaire du Gouvernement donna également lieu à une réflexion sur une réforme sémantique visant à lui donner une dénomination reflétant plus fidèlement sa fonction véritable [3]. Afin de préparer une éventuelle réforme, le Premier ministre saisit le Conseil constitutionnel à propos de la compétence à mettre en œuvre et, dans sa décision n° 2006- 208 L, du 30 novembre 2006, celui-ci estima que l'appellation de commissaire du Gouvernement ne relevait pas du domaine de la loi [4].

En définitive, le commissaire du Gouvernement est devenu « rapporteur public » du fait du décret n° 2009-14 du 7 janvier 2009 [5], qui prévoit également que lorsque le jugement d'une affaire doit intervenir après le prononcé des conclusions, les parties sont informées, avant l'audience, du sens de ces conclusions et peuvent présenter à leur suite de brèves observations orales [6].

Les réformes apportées par les deux décrets précités sont assurément bienvenues. Ainsi, au prix de quelques retouches, la spécificité historique de la procédure devant la juridiction administrative aura pu être préservée, et l'impartialité de cette juridiction ne devrait plus pouvoir, sur ces points, être suspectée par les justiciables, ni remise en cause par la Cour européenne des droits de l'homme.

1. A propos de l'impartialité du commissaire du Gouvernement, v. CE 7 août 2008, Aguilar, *AJDA* 2008. 2181.

2. Erreur d'autant plus excusable que, devant les sections administratives du même Conseil d'État, le point de vue des ministères est défendu par de hauts fonctionnaires désignés à cette fin et appelés eux aussi commissaires du gouvernement (CJA, art. R 123-24).

3. V. F. Lichère, « Du « commissaire du gouvernement » à l'« assistant public » ? », *AJDA* 2003. 2337.

4. V. la note de J.-E. . Schoetl, « Le commissaire du gouvernement est mort ! Vive le... ? », *AJDA* 2006. 2398.

5. CJA, art. L.7 et 522-1 notamment. V. B. Pacteau, « Du commissaire au rapporteur, suite...et à suivre », *RFDA* 2009. 67.

6. CJA, art. R. 711-3 et 712-1 ; art. R. 732-1 et 733-1. Certaines de ces dispositions sont établies à titre expérimental, dans des conditions précisées par un arrêté du 27 janvier 2009. Pour une analyse globale, v. P. Idoux, « Vers un redéploiement de la contradiction en droit administratif français », *AJDA* 2009. 637.

TITRE 2

LES AUXILIAIRES DE LA JUSTICE

875 ***Notion et classement*** ◊ On peut ranger sous l'appellation d'*auxiliaires de la justice* des hommes de loi, des professionnels du droit, dont les activités sont à la fois nombreuses et variées [1] (v. aussi, « Les professions du droit, hors la justice », v. *supra*, n°s 252 et s.).

a) En droit européen, l'auxiliaire de justice se voit reconnaître un rôle éminent dans la mesure où la Cour européenne des droits de l'homme les considère comme « *des garants de l'état de droit* » [2] et les assimile, tout au moins pour certains d'entre eux (en l'espèce les huissiers de justice) à « *des organes publics de l'État* » [3] dont l'activité est susceptible d'engager la responsabilité de celui-ci (v. *supra* n° 230, a, 4).

b) Classement. Certains de ces auxiliaires font partie intégrante des juridictions et aident les magistrats et les juges à remplir leur mission ; il s'agit spécialement du personnel des greffes ; d'autres jouent un rôle très important dans l'information du juge pénal et la recherche des preuves ; il s'agit des fonctionnaires de la police judiciaire et des experts. On peut citer aussi l'action de caractère préventif que mènent, de façon bénévole, les conciliateurs ; les séquestres, administrateurs

1. J.-L. Halpérin (dir.), *Les professions judiciaires et juridiques dans l'histoire contemporaine, modes d'organisation dans divers pays européens*, Recherche du Centre lyonnais d'histoire du droit et de l'IEJ de Lyon 3, 1992.
2. CEDH, 18 nov. 1999, décision d'irrecevabilité, *Döring c/ Allemagne*. – S. Guinchard, « Le rôle des auxiliaires de justice dans un État de droit », rapport de synthèse au colloque organisé par la Maison vietnamo-française du droit, Hô Chi Minh Ville, 15-18 nov. 1999, publié en cédérom.
3. CEDH, 11 janv. 2001, *Platakou c/ Grèce* (§ 39).

judiciaires, mandataires judiciaires au redressement et à la liquidation des entreprises sont aussi des auxiliaires du juge.

Il existe aussi une seconde catégorie d'auxiliaires de justice dont l'activité consiste à organiser les différentes phases du procès, à conseiller les plaideurs, à développer leurs prétentions, à citer en justice les parties, à poursuivre l'exécution forcée des jugements. Ils apparaissent plus spécialement comme des *auxiliaires des parties.*

L'idée d'un code des professions juridiques et judiciaires avait été lancée à la chancellerie en 1996-1997 [1], mais n'a pas abouti.

876 ***Plan*** ◊ Cette opposition reste un peu artificielle et peu rigoureuse. Elle peut être prise en défaut sur plusieurs points.

C'est ainsi que le conseil en propriété industrielle peut être tantôt un expert, tantôt un auxiliaire des plaideurs (v. *infra*, n° 954), que l'administrateur judiciaire, organe essentiel de la procédure de redressement judiciaire, peut avoir une activité de consultation dans le domaine relevant de sa qualification (v. *infra*, n°s 970 et s.).

Nous l'emploierons cependant, car elle possède le mérite de la clarté et fournit un cadre commode pour classer des activités disparates, mais complémentaires et préciser le rôle spécifique de tous ces personnages dans le procès.

La commission Darrois (avril 2009) préconise d'autoriser les coopérations interprofessionnelles ponctuelles pour des clients communs à plusieurs professionnels du droit, avec le consentement des clients, en vertu d'un accord écrit déposé auprès de ces organismes professionnels et comportant la répartition de la rémunération ; d'autoriser la création de structures interprofessionnelles entre professionnels du droit ou entre professionnels du droit et du chiffre, qui auraient des participations dans les sociétés d'exercice dédiées à une de ces professions et qui en assureraient la gestion ; d'assouplir le régime des passerelles d'une profession à l'autre ; de créer, en remplacement du Conseil national du droit, un Haut conseil des professions du droit, doté de la personnalité morale et participant à la définition et à la mise en œuvre de certaines des règles applicables en matière d'interprofessionnalité et chargés de la gestion d'un fonds d'aide à l'accès au droit et à la justice.

Nous consacrerons un Sous-titre 1 aux *auxiliaires du juge* et un Sous-titre 2 aux *auxiliaires des parties.*

1. Mission confiée à M. J. M. Varaut par le garde des Sceaux dont les conclusions ont été remises et publiées à la Documentation française en 1998. L'auteur du rapport souhaitait favoriser la responsabilité disciplinaire devant les instances professionnelles plutôt que la responsabilité devant les tribunaux et préconisait la création d'un « *Observatoire économique des professions juridiques et judiciaires* », d'un « *Haut Conseil aux Professions judiciaires et juridiques* », et une « *École des Hautes études pratiques du droit* » Aucune suite à ce jour. Sur ce rapport, v. la position des juristes d'entreprise, Dalloz, 12 mars 1998, V° Actualité et *LPA* 7 janv. 1998, O. Dufour, *LPA*, 8 déc. 1997 (suivi d'un entretien avec Me Varaut).

Effectifs des auxiliaires de justice au 31 décembre 2007

Administrateurs judiciaires	116
Associations dans le secteur pénal(aide aux victimes, enquêtes sociales rapides, enquêtes de personnalité, contrôles judiciaires socio-éducatif et médiations pénales...)	422
Avocats	48 461
Avocats au Conseil d'État et à la Cour de cassation	93
Avoués près les cours d'appel	430
Commissaires – priseurs judiciaires	413
Conciliateurs de justice	1 794
Greffiers de tribunal de commerce	245
Huissiers de justice	3 273
Mandataires liquidateurs	308
Notaires	8 714

Source : Les chiffres clés de la Justice, octobre 2008.

SOUS-TITRE 1

Les auxiliaires du juge

877 ***La multiplication des auxiliaires du juge*** ◊ À côté des personnels permanents et titulaires du Ministère de la Justice (greffiers, Chapitre 1) ou d'un autre Ministère (personnels de la police judiciaire, Chapitre 2), toute une série de personnages apparaissent dans le monde contemporain de la justice, plus au moins bénévoles, plus au moins permanents : les conciliateurs et médiateurs (Chapitre 3) ; les techniciens et experts (Chapitre 4) et, depuis peu, les assistants de justice (v. *infra* n° 878), les assistants spécialisés, notamment en matière financière, qui vont aider les juges d'instruction et les procureurs, les délégués et médiateurs du procureur dans les maisons de justice (v. *infra* n°s 949 et s.). C'est un paysage nouveau qui se dessine : beaucoup de « supplétifs » autour de magistrats professionnels. C'est cette évolution que la commission dite Guinchard (du nom de son président) prend en compte en proposant de faire du juge le véritable animateur d'une équipe au sein de sa juridiction [1].

878 ***Assistants de justice, assistants spécialisés et agents de justice*** ◊ Ces trois catégories de personnel, apparues à la fin des années 1990 ne doivent pas être confondues, certains étant des fonctionnaires, d'autres des vacataires à titre précaire.

a) Les assistants et agents de justice.

1) *La loi n° 85-125 du 8 février 1995 a créé la fonction d'assistant de justice* (art. 20), sorte d'auxiliaire du juge, mais qui ne constitue pas réellement une profession, puisque les assistants de justice ne peuvent être nommés que pour 2 ans renouvelables deux fois (au lieu d'une initialement, art. 20, al. 2), parmi les titulaires d'un diplôme sanctionnant une formation juridique de 4 ans après le baccalauréat, au moins et que « *leur compétence qualifie particulièrement pour exercer ces fonctions* ». Depuis la loi n° 2001-539 du 25 juin 2001, ils peuvent être installés auprès de toutes les juridictions d'instance, de grande instance, des cours d'appel et de la Cour de cassation (art. 20, al. 1) et même, depuis le décret n° 2008-1159, 10 nov. 2008, auprès de l'ENM. Décret d'application n° 96-513, 7 juin 1996 et arrêté du même jour sur la rémunération.

La loi, pas plus que le décret, ne définît leurs tâches avec précision, puisqu'il est simplement dit « *qu'ils apportent leurs concours aux travaux préparatoires réalisés pour l'exercice de leurs attributions par les magistrats* » (art. 1er du décret de 1996). Cela peut aller des recherches documentaires à la rédaction d'un projet de jugement ! D'où l'obligation qui leur est faite de prêter serment (s'il est placé en juridiction bien sûr ; formule *in* art. 7, décret) et de respecter le secret professionnel (art. 20, al. 2, loi). Il faut les rapprocher, pour mieux les

1. *L'ambition raisonnée d'une justice apaisée,* Doc. fr. 2008, p. 153 et s.

distinguer et prévoir l'évolution de leur statut des « *attachés de justice* » qui avaient été créés par le décret n° 59-84 du 7 janvier 1959 ; ces derniers constituaient un véritable corps semi-administratif, avec possibilité d'accès à la magistrature après 15 ans d'exercice des fonctions ; leurs missions étaient définies avec plus de précision : exercer sous le contrôle des chefs de juridiction *« toutes attributions non juridictionnelles impliquant soit un travail de gestion, soit un travail de rédaction à caractère juridique, soit un travail de recherche jurisprudentielle ou doctrinale »*.

Les assistants de justice ont une situation précaire (rémunération au SMIC mais sur 10 mois seulement) ; ils n'ont, en principe, aucune vocation à devenir un corps autonome, avec intégration à terme dans la magistrature, sauf à ce qu'ils remplissent les conditions d'accès aux concours dits « complémentaires » de la loi organique du 25 juin 2001 (v. *supra* n° 783). En outre, la qualité d'assistant de justice peut constituer un « plus » dans un dossier d'admission sur titre d'un candidat docteur en droit ou ayant exercé des fonctions d'enseignement (v. *supra* n° 784). Si, de fait, les assistants de justice sont essentiellement des étudiants en droit, doctorants ou docteurs, en attente d'une intégration dans l'enseignement supérieur, les textes n'interdisent pas de recruter des membres de professions libérales juridiques ou judiciaires ou des personnes employées à leur service qui, avec l'accord du chef de cour (ou du directeur de l'ENM, selon le cas), pourront cumuler leur activité professionnelle avec celle d'assistant de justice.

À terme, si un corps était créé, avec un véritable statut et un recrutement massif [1], c'est à un véritable bouleversement qu'on assisterait dans la manière de travailler des magistrats et, à plus long terme, dans la relation de ce corps avec celui des assistants de justice ; le magistrat travaillerait en équipe et non plus en artisan, mais la revendication des assistants de justice serait alors, sans doute, d'intégrer, à terme, le corps des magistrats. On peut les rapprocher des « *law clerks* » qui entourent, à raison de quatre par juge, les membres de la Cour suprême des États-Unis d'Amérique et dont un auteur averti nous dit qu'ils participent à l'amélioration du travail de ces juges, notamment par le temps qu'ils permettent aux juges de dégager pour rédiger les arrêts et leurs opinions dissidentes [2].

2) La loi n° 2002-1138 du 9 septembre 2002 a étendu aux juridictions administratives (y compris la Cour des comptes et les Chambres régionales des comptes) la possibilité de recruter des assistants de justice (art. L. 122-2 pour le Conseil d'État et R. 227-1 pour les juridictions du fond) avec la même obligation de respecter le secret professionnel et la même durée de fonctions (six ans au maximum). Décret d'application n° 2002-1472 du 20 décembre 2002.

b) Les assistants spécialisés ont été créés par la loi n° 98-546 du 2 juillet 1998 (art. 91, *in* art. 706, CPP). Ils sont chargés d'assister, dans le déroulement de la procédure, les magistrats sous la direction desquels ils sont placés sans pouvoir procéder par eux-mêmes à aucun acte ; ils ont accès aux dossiers des procédures pour l'exercice des tâches qui leurs sont confiées et donc tenus au secret professionnel. Ce sont des fonctionnaires de catégorie A ou B, ou des personnes titulaires d'un diplôme sanctionnant une formation économique,

1. Ce que revendiquent certains, *Revue de l'APM*, « le jeu justice » n° 20, janv.-févr. 2001 ; *Annonces de la Seine*, 5 mars 2001, spéc. p. 9.

2. E. Zoller, « La pratique de l'opinion dissidente aux États-Unis », in *Mélanges P. Avril*, Montchrestien, 2001, 609 s., spéc. p. 614.

financière, juridique ou sociale d'une durée au moins égale à 4 ans d'études postérieurement au baccalauréat, qui remplissent les conditions d'accès à la fonction publique et qui justifient d'au moins 4 ans d'expérience professionnelle. En clair, il s'agit de placer auprès des magistrats, essentiellement des juges d'instruction et des pôles économiques et financiers, des personnes compétentes pour les aider dans les dossiers à haute technicité économique et financière, grâce au concours permanent de collaborateurs issus de corps spécialisés (inspecteurs des impôts, des douanes, etc.). Décret d'application n° 99-75 du 5 février 1999.

c) Enfin, la loi n° 99-515 du 23 juin 1999 crée (art. 29, dans les « Dispositions diverses »...) les agents de justice, contractuels de droit public âgés de 18 à 26 ans, recrutés pour 5 ans au maximum pour « *développer des activités répondant à des besoins non satisfaits auprès des magistrats et fonctionnaires du ministère de la justice* ». Décret d'application n° 99-916, 27 oct. 1999.

879 ***Plan*** ◊ Parmi les personnes qui facilitent la tâche du juge, sur le plan, civil, pénal et administratif, nous retiendrons cinq catégories ; à chacune sera consacré un chapitre :

Chapitre 1 : Le personnel des greffes.
Chapitre 2 : Le personnel de la police judiciaire.
Chapitre 3 : Les conciliateurs et médiateurs.
Chapitre 4 : Les techniciens et experts.
Chapitre 5 : Les administrateurs et mandataires judiciaires.

CHAPITRE 1

LE PERSONNEL DES GREFFES DES JURIDICTIONS

880 ***Plan*** ◊ Le fonctionnement d'une juridiction ne suppose pas seulement la réunion d'un certain nombre de magistrats ou de juges. Il y a des activités qui doivent être confiées à un personnel spécialisé. Celui-ci est chargé en particulier d'assister le juge dans l'exercice de ses fonctions, de dactylographier (de moins en moins avec l'informatisation croissante des magistrats qui saisissent eux-mêmes leurs décisions, le plus souvent en tout cas) et de conserver les minutes des ordonnances, jugements et arrêts, d'en délivrer copie exécutoire ou copie certifiée conforme (selon les expressions du nouveau Code de procédure civile), d'exécuter aussi des travaux de recherche, de classement, de correspondance, de statistiques. Des tâches juridiques ont même été dévolues aux greffiers en chef de certains tribunaux (v. *infra*, n° 889). Ce personnel est très important dans les tribunaux de l'ordre judiciaire, en raison du grand nombre des juridictions de cet ordre. Il existe également dans les juridictions administratives. Le personnel des greffes des tribunaux judiciaires fera l'objet d'une Section 1. Une Section 2 sera consacrée au personnel de greffe des juridictions administratives.

SECTION 1. LE PERSONNEL DES GREFFES DES JURIDICTIONS DE L'ORDRE JUDICIAIRE

881 ***Évolution*** ◊ L'augmentation du volume du contentieux civil et pénal, la concentration des juridictions devaient attirer l'attention sur les membres des personnels qui sont à la disposition du magistrat pour l'aider dans sa tâche. Dans ce personnel de caractère assez hétérogène, les greffiers occupaient autrefois une place exceptionnelle et originale. Leurs fonctions remontaient très haut dans le passé et étaient même, à l'origine, confondues avec celles des notaires. Ils jouissaient, jusqu'au 1er janvier 1967 (date d'application de la loi n° 65-1002 du 30 novembre 1965), d'un statut spécial, hybride, qui a maintenant disparu devant les tribunaux de droit commun, les tribunaux d'instance, les juridictions de proximité et les conseils de prud'hommes, ainsi que devant la Cour de cassation. Mais, cette évolution qui tend à la fonctionnarisation croissante d'un personnel important, tout en maintenant une certaine souplesse dans l'application du nouveau régime, a dépassé les problèmes des greffes et a tendu à englober l'ensemble des personnels n'ayant pas la qualité de magistrat et employés dans les greffes et dans les parquets. Ces mesures ont

donné lieu, depuis 1965 à une inflation de textes dont nous nous efforcerons de dégager seulement les lignes générales Ces transformations se justifient à une époque où les greffes jouent un rôle de plus en plus important dans la publication de certaines opérations juridiques et où le caractère formel de la procédure s'atténuant, l'action du juge et du greffier prend une importance accrue dans le déroulement de la procédure de l'instance. Leur documentation permet d'avoir une meilleure connaissance du contentieux : nature des procès, durée de l'instance, résultats. La réussite de la réforme de la procédure civile des années 1970 a dépendu, dans une large mesure, de l'importance, de l'organisation technique des secrétariats des juridictions, de la qualité du personnel en fonction [1].

§ 1. Greffe, greffier, secrétariat et secrétaire

882 ***Évolution de la terminologie*** ◊ La terminologie a longtemps été fluctuante et hésitante par défaut d'harmonisation des textes dans l'ensemble des codes [2], mais elle semble se stabiliser avec des textes de 2004, 2006 et 2008. Désormais, on doit parler de greffes (et de greffiers) et non plus de « secrétariat-greffe » (ni de secrétaires-greffiers) pour la Cour de cassation, les cours d'appel, les TGI, les tribunaux d'instance (y compris ceux à compétence exclusive en matière pénale), les juridictions de proximité, les conseils de prud'hommes (art. L. 123-1, COJ), les tribunaux paritaires des baux ruraux (art. R. 492-1, C. rur.), les juridictions de l'expropriation (art. R. 13-10, C. expr. pour le juge de l'expropriation et R. 13-11, C. expr. pour la cour d'appel siégeant en la matière, v. *supra*, n° 383) et les tribunaux de commerce (art. L. 721-1, C. com.). On observera que l'article L. 123-2, COJ renvoie à l'article L. 261-1 du même code (qui ventile les dispositions applicables aux juridictions dont la réglementation ne se trouve plus dans ce code) pour connaître les dispositions particulières applicables « au greffe des autres juridictions » ; le mot utilisé anticipe peut-être sur une harmonisation totale du vocabulaire (voir un peu plus loin dans ce paragraphe). Il reste que, dans l'immédiat, on doit parler encore parler de secrétariat et de secrétaire de la juridiction pour les juridictions de sécurité sociale (cf. art. R. 142-15 CSS : pour les tribunaux des affaires de sécurité sociale, *supra*, n° 512 ; art. R. 143-5-3 CSS : pour les tribunaux de l'incapacité, *supra*, n° 515 ; R. 143-20 CSS : qui parle de « secrétaire général » et de « secrétaires généraux adjoints » pour la Cour nationale de l'incapacité, *supra*, n° 516).

1. R. Bossis, *La question de la professionnalisation du corps des greffiers*, thèse (dacty.) Versailles-Saint-Quentin-en-Yvelines, 2004, compte rendu par l'auteur *in Les Annonces de la Seine*, 28 oct. 2004, p. 12.
2. V. la 8ème édition de ce précis, n° 559.

§ 2. Le statut et les attributions des greffiers du Code de l'organisation judiciaire

883 ***Délimitation de l'étude et plan*** ◊ Compte tenu de ce qui précède, nous n'étudierons ici que le statut des greffiers du Code de l'organisation judiciaire, qu'ils accomplissent leurs missions au sein des juridictions de droit commun (Cour de cassation, cours d'appel et TGI), ou au sein des juridictions d'attribution (tribunaux d'instance, juridictions de proximité, juges de l'expropriation, conseils de prud'hommes, tribunaux paritaires des baux ruraux) : ce sont des fonctionnaires de l'État (art. L. 123-1, COJ) quel que soit le lieu d'exercice de leurs fonctions. En revanche, les greffiers des tribunaux de commerce étant des officiers ministériels, leur statut sera étudié avec celui des autres officiers ministériels (v. *infra*, n° 1087 s.). Quant aux fonctionnaires qui assurent le secrétariat des tribunaux des affaires de sécurité sociale (agent de la direction régionale des affaires sanitaires et sociales), leur statut est celui de leur corps d'origine, même s'ils sont placés sous l'autorité du président de la juridiction.

884 ***Greffe du siège et du Parquet*** ◊ Le greffe d'une juridiction assure le fonctionnement, à la fois des services administratifs du siège et celui des services du Parquet (art. R. 123-1, al. 1er, COJ). Néanmoins, dans les juridictions les plus importantes et qui ont été désignées par arrêté du Garde des sceaux, on trouve un « secrétariat de Parquet » autonome (al. 2).

I. Le statut du personnel des greffes

885 ***Plan et textes*** ◊ Les règles relatives au personnel des greffes sont contenues essentiellement dans les articles R. 123-1 à 124-2, COJ, sans préjudice de dispositions propres à chaque juridiction. Ces textes contiennent les dispositions réglementaires gouvernant le statut des directeurs de greffe, des greffiers en chef et des greffiers des cours et tribunaux. Il convient de faire des distinctions. Deux décrets du 30 avril 1992 portent statut des greffiers en chef (n° 92-413) et greffiers (n° 92-414) des services judiciaires auxquels nous renvoyons le lecteur.

886 ***A) Personnels possédant la qualité de fonctionnaire*** ◊ La qualité de fonctionnaire appartient ou peut appartenir à trois catégories de membres du personnel des greffes.

1) Les greffiers en chef. Ceux-ci sont répartis entre trois grades, le recrutement étant opéré soit par concours, soit au choix [1]. Le candidat doit normale-

1. Il existe deux concours le second étant réservé à certains fonctionnaires et agents. Le recrutement au choix s'exerce, dans certaines proportions, parmi les greffiers, les auditeurs de justice non retenus comme magistrats à la sortie de l'ENM, les candidats inscrits sur la liste complémentaire d'aptitude aux fonctions d'auditeur de justice, enfin les candidats déclarés admissibles au concours de l'ENM. En 1974 a été créée à Dijon *l'École nationale d'application des secrétariats-greffes*. Elle prépare les candidats aux fonctions de greffiers en

ment subir un stage d'une année renouvelable une seule fois avant sa titularisation. Les directeurs de greffe sont obligatoirement des greffiers en chef. Le directeur de greffe peut donner délégation à un greffier en chef de la même juridiction (art. R. 123-7, al. 1er, COJ) ; il peut aussi désigner, sous sa responsabilité, un ou plusieurs agents du greffe pour exercer partie des fonctions qui lui sont attribuées en matière administratives et visées aux articles R. 123-4 et 5, COJ, sur lesquelles v. *infra*, n° 891 et 893 (al. 2). Lorsqu'il est absent ou empêché, il est remplacé par un greffier en chef adjoint (art. R. 123-8, COJ).

2) Les greffiers des cours et tribunaux. Ce personnel comprend lui aussi trois grades.

Des dispositions analogues à celles concernant les greffiers en chef sont instituées pour le recrutement (concours et choix), le stage, l'avancement.

Les membres des groupes *a)* et *b) font partie de la juridiction* auprès de laquelle ils exercent (art. R. 123-2, COJ). Ils sont inscrits sur la liste de rang après les magistrats du parquet (art. R. 123-12, COJ). Ils prêtent serment et sont l'objet d'une installation à une audience de la juridiction à laquelle ils sont affectés. Ils portent à l'audience le costume prévu par les règlements [1]. Sauf bénéfice d'une dispense accordée par le ministre, ces fonctionnaires subissent les mêmes incompatibilités que les magistrats (v. *supra*, n° 807).

3) Corps des commis, sténodactylographes, agents de bureau. Les membres de ces personnels possèdent la qualité de fonctionnaire et sont intégrés dans les structures nouvelles.

887 ***B) Personnels n'ayant pas la qualité de fonctionnaire*** ◊ Les textes précisent dans quelles conditions certains membres du personnel peuvent être recrutés en qualité d'agent contractuel ou même en qualité de simple auxiliaire (art. R. 123-14, COJ).

II. Les attributions du personnel des greffes

888 ***Fonctions des membres du personnel*** ◊ Il est certain que les textes accordent aux greffes un rôle de plus en plus important dans le déroulement de l'instance. Beaucoup de formalités s'accomplissent au greffe. Les agents du greffe exercent une activité de plus en plus grande, en dehors de la participation aux audiences et de la conservation des décisions. *Le greffe devient un rouage essentiel de la nouvelle procédure.* On verra que la commission Guinchard prend en compte cette évolution (v. *infra*, n° 893). La Cour européenne des droits de l'homme considère que « le greffier devant les juridictions de l'ordre judiciaire est un auxiliaire de justice garant de la procédure et participant à la bonne administration de la justice » [2].

chef et de greffiers (sessions à l'École, stages dans les juridictions). Elle est devenue *l'École nationale des greffes* par arrêté du 7 décembre 1999.

1. Soc., 20 juill. 1978, Com., 13 nov. 1978 ; Civ. 2e, 30 nov. 1978, *D.* 1979. IR 293, obs. Julien.

2. CEDH, 26 juill. 2007, *X c/ Rép. Tchèque*, § 35.

889 ***Appartenance au tribunal. – Rôle administratif du directeur de greffe*** ◊ Le rôle de chacun a été mieux défini qu'auparavant par des décrets qui se retrouvent dans le Code de procédure civile et le Code de l'organisation judiciaire. Règles de portée générale (art. 726 à 729, CPC) et d'autres de portée plus précise (art. 821 à 826 pour les TGI, art. 966 à 972 pour la cour d'appel). V. art. R. 123-3 à R. 19, COJ.

a) Le directeur de greffe (qui est nécessairement un greffier en chef) *est responsable du fonctionnement général des services du greffe* (siège et parquet), sous l'autorité et le contrôle hiérarchique des chefs de juridiction. Mais ceux-ci ne peuvent pas, cependant, se substituer à lui, dans l'exercice de ses fonctions (art. R. 123-3, al. 4).

À ce titre, il « définit et met en œuvre les mesures d'application des directives générales qui lui sont données par les chefs de juridiction » et il les tient informés de ses diligences (al. 5). Toujours sous le contrôle des chefs de juridiction, il exprime les besoins nécessaires au fonctionnement de la juridiction, alloue les moyens octroyés à la juridiction et participe à l'exécution de la dépense et à son suivi ; il assure la gestion du personnel du greffe et l'organisation générale de celui-ci (art. R. 123-4, COJ). Il fait établir les statistiques révélant l'activité de la juridiction, au cours de chaque exercice judiciaire : art. R. 212-16 (TGI), 222-9 (TI), 312-9 (cour d'appel) et 434-2, COJ. Il ne faut pas oublier que le greffe est le cadre dans lequel s'exécutent un certain nombre d'opérations financières ; ainsi sont payés les frais de justice à la charge de l'État, sont reçues les sommes consignées (partie civile), les provisions en matière d'expertise, les salaires objets d'une saisie-arrêt ; ce ne sont là que des exemples. Un régime de *régie de recettes* et de *régie de dépenses* est donc organisé ; ces régies sont tenues par un fonctionnaire du secrétariat-greffe autre que le greffier en chef (v. art. R. 123-20 à 25, COJ).

Le directeur de greffe participe à toutes les assemblées générales de la juridiction à laquelle il appartient. Il en rédige les procès-verbaux de séances.

b) Les greffiers en chef adjoints assistent le directeur du greffe pour ces tâches visées à l'article R. 123-4, ainsi que celles visées à l'article R. 123-5, COJ (sur lesquelles, v. *infra*, n° 891) ; ils peuvent aussi diriger plusieurs services du greffe ou contrôler tout ou partie de l'activité du personnel (art. 123-9, COJ).

c) Les chefs de service de greffe sont placés à la tête d'un ou plusieurs services ; ils assistent le directeur de greffe en l'absence du greffier en chef adjoint (art. R. 123-10, COJ).

d) Les greffiers sont chargés de coordonner l'exécution des diverses tâches confiées à tout ou partie du personnel du greffe (art. R. 123-11, COJ).

890 ***Rôle judiciaire du greffier en chef : assistance des magistrats*** ◊ Le directeur de greffe, assiste aux audiences solennelles, aux audiences des chambres lorsque le service de la juridiction l'exige et aux assemblées générales ; lui-même, mais aussi les greffiers en chef adjoints, les greffiers de chambre, les chefs de services de greffe et les greffiers assistent les magistrats à l'audience et dans les cas prévus par un texte (art. R. 123-13, COJ). Il atteste ainsi la régularité formelle de ce qui s'est passé devant le collège de juges ou devant le magistrat unique, lorsqu'il est compétent. Sa présence *authentifie*, en outre, les actes du juge ; il en est le *témoin* et il en garantit la *régularité*.

Mais, *en procédure civile*, il ne faut pas prendre trop à la lettre cette affirmation. Le juge de la mise en état n'est pas toujours assisté de son greffier, notamment lorsqu'il exerce ses fonctions en dehors d'une audience spéciale, ainsi, lorsqu'il assiste à une opération d'expertise. Selon l'article 165, CPC, « le juge peut, pour procéder à une mesure d'instruction ou assister à son exécution, *se déplacer sans être assisté par le secrétaire de la juridiction* ». Il conviendra que cette démarche figure au dossier. De nombreuses mesures peuvent ne revêtir que « la forme d'une *simple mention au dossier ou au registre d'audience* » (art. 151, art. 170, CPC). L'esprit de la procédure nouvelle, non seulement devant les tribunaux d'exception, mais même devant les tribunaux de droit commun, tend à renforcer le rôle joué par les greffiers ; ainsi, depuis 1958, c'est le greffier qui adresse les notifications aux témoins dans la procédure d'enquête civile (art. 228, CPC).

En revanche, en *procédure pénale*, la présence du greffier constitue une garantie pour l'inculpé et il n'existe pas de texte analogue à l'article 165, CPC [1].

891 ***Archivage et conservation de documents. Tenue de répertoires et de registres*** ◊ **a)** Le directeur de greffe tient les documents et registres prévus par les textes, notamment le registre des délibérations de la juridiction (art. R. 123-5, al. 1er, COJ) ; il est dépositaire des minutes et archives de la juridiction ; il délivre les expéditions et copies, a la garde des scellés, des sommes et pièces déposées au greffe (al. 2) ; enfin, seul le directeur de greffe peut établir et délivrer des reproductions de toute pièce conservée dans les services de la juridiction (al. 3). Il tient aussi la comptabilité administrative des opérations de recettes et de dépenses (art. R. 123-6, COJ).

b) Dans chaque greffe il doit être tenu un certain nombre de documents. Par exemple, en matière civile :

1) Le répertoire général. Ainsi, dans chaque greffe existe un *répertoire général*. On y enregistre obligatoirement toutes les affaires enrôlées, ainsi que les événements les plus importants qui se produisent au cours de son déroulement (art. 726, al. 1, CPC). On trouve dans ce répertoire général qui a remplacé le registre du rôle, la date de la saisine du tribunal, le numéro d'inscription de l'affaire, le nom des parties, la nature du litige, la nature et la date des décisions rendues, la chambre à laquelle le dossier a été remis, lorsque la juridiction en compte plusieurs (art. 726, al. 2, CPC).

2) Le dossier de chaque affaire. Chaque affaire entrante provoque, en outre, l'ouverture d'un dossier. Cette pratique, instituée déjà en 1935, devant le tribunal civil, a été étendue à toutes les juridictions civiles de droit commun et d'exception (art. 727, CPC). Ce dossier contient un certain nombre de précisions : ainsi il fournit des renseignements sur les parties, sur les personnes qui les représentent, sur leurs prétentions. On y introduit les actes, notes, documents relatifs à l'affaire, les décisions rendues. En cas de recours, ce dossier est communiqué à la juridiction supérieure (cour d'appel, Cour de cassation).

3) Le registre d'audience. Enfin, dans chaque chambre d'un tribunal, existe un registre d'audience (art. 728, CPC), appelé naguère plumitif. Il contient un certain nombre de mentions : date de l'audience, nom des juges et du secré-

1. Angers, 26 nov. 1981, *D.* 1982.484, note Pradel : la présence du greffier est une exigence d'ordre public. V. par ex., art. 92 CPP et art. 396, al. 1, CPP, sur la comparution immédiate.

taire, nom des parties, des personnes qui les représentent ou les assistent, nature de l'affaire.

Ce registre est signé par le *président* de la chambre et par le *greffier* après chaque audience.

4) *Le registre de déclaration des « pactes civils de solidarité » (PACS) du ressort.* Les partenaires d'un tel pacte doivent enregistrer leur contrat au greffe du tribunal d'instance dans le ressort duquel ils fixent leur résidence commune (art. 515-3, C. civ.). C'est un simple enregistrement, le greffier devant toutefois s'assurer des conditions de validité du PACS et de l'absence de PACS préalable non dissous (décret n° 99-1089, 21 déc. 1999, art. 1er). Le greffier notifie l'inscription du PACS au greffier du tribunal d'instance du lieu de naissance de chacun des partenaires (art. 2) [1].

892 ***Attributions para-judiciaires*** ◊ **a)** Le Code de procédure civile a investi également les greffiers des juridictions d'un nouveau pouvoir, celui de vérifier les frais et dépens civils avant une éventuelle ordonnance de taxe.

b) C'est au greffe du tribunal de grande instance que sont reçues certaines *déclarations* telles que : renonciations à successions, acceptations des successions à concurrence de l'actif net (anciennement sous bénéfice d'inventaire), déclarations de surenchère. Le greffe est le centre de certaines procédures telles que celle de l'ordre. La loi n° 95-125 du 8 février 1995 a transféré aux greffiers en chef de certaines juridictions, des attributions jusqu'à lors confiées à des magistrats, par exemple, pour les greffiers des tribunaux d'instance, délivrance des certificats de nationalité (art. 31, C. civ.), contrôle des comptes de tutelle (art. 511, C. civ.) etc. Ce mouvement s'est accru par des textes postérieurs et a touché d'autres juridictions, par exemple avec la loi n° 2002-305 du 4 mars 2002 qui confie au greffier en chef du TGI (et non plus au JAF) le soin de recevoir les déclarations conjointes de changement de nom de l'enfant dans les cas prévus aux articles 334-2 et 334-5, C. civ. La commission Guinchard a aussi présenté quelques propositions en ce sens [2].

893 ***Les propositions de la commission Guinchard*** ◊ Elles s'orientent dans deux directions.

a) La commission Guinchard (du nom de son président) a d'abord proposé de créer un guichet universel de greffe (le GUG), pour permettre aux justiciables et aux auxiliaires de justice d'introduire une instance judiciaire ou d'obtenir des informations concernant une procédure depuis n'importe quel site judiciaire du ressort de la cour d'appel. Cela suppose une certaine mutualisation des greffes d'un ressort, tout en préservant l'autonomie de chacun et sans créer un service de centralisation et de répartition des compétences. Chaque guichet assurerait les missions déjà assurées aux guichets uniques de greffe : information de qualité : renseignements pratiques et information de la per-

1. H. Croze, *Procédures* 2000, chron. 2 et 3.
2. *L'ambition raisonnée d'une justice apaisée,* Doc. fr. 2008, propositions n° 32 et 43.

sonne qui vient au guichet, sur ses droits ; orientation du justiciable, en liaison avec les juridictions et aussi avec les conciliateurs de justice et les services de médiation ; des permanences seraient assurées dans ces guichets par ces conciliateurs et médiateurs ; orientation vers d'autres lieux si nécessaire (consultations juridiques données par les avocats, points d'accès au droit, associations tournées vers les personnes en grandes difficultés, etc.). Chaque guichet universel pourrait également : recevoir les demandes faites aux juridictions : les guichets universels constituent, pour les justiciables, un point d'entrée de proximité dans le système judiciaire : saisine de l'une quelconque des juridictions du ressort (cour d'appel au moins dans un premier temps) lorsque la procédure est sans représentation obligatoire ; enregistrement de cette demande, directement dans la « chaîne métier » de la juridiction compétente (cela suppose une harmonie avec les autres dispositifs de saisine des juridictions par voie électronique) ; délivrer une information précise sur le déroulement d'une procédure concernant le justiciable ; recevoir et enregistrer un appel, même lorsque le guichet n'est pas situé dans les mêmes locaux que la cour d'appel [1].

b) La commission a ensuite proposé de faire évaluer les fonctions des greffiers en chef vers des fonctions de « greffier juridictionnel », à l'instar des Rechtspfleger allemand ou autrichien, leur permettant, dans certaines limites fixées par la loi et avec des garanties d'indépendance, d'exercer certaines missions juridictionnelles (par ex. l'examen de la requête en injonction de payer) [2].

894 à 896 Réservés

SECTION 2. LE PERSONNEL DES GREFFES DES JURIDICTIONS ADMINISTRATIVES

On ne présentera ici, sommairement, que les greffes du Conseil d'État, des Cours administratives d'appel et des tribunaux administratifs.

Ils ont en commun d'avoir comme personnel des fonctionnaires, et de fonctionner dans des conditions peu coûteuses pour les justiciables.

§ 1. Conseil d'État

897 ***Rôle actif du greffe*** ◊ Au Conseil d'État, la fonction du greffe est assurée par un service appelé secrétariat du contentieux, d'ailleurs démultiplié au niveau de chacune des sous-sections que comporte la Section du contentieux (v. *supra*, n° 715). À sa tête se trouve le secrétaire du contentieux, agent appartenant aux services propres du Conseil d'État.

1. *L'ambition raisonnée d'une justice apaisée,* Doc. fr. 2008, proposition n° 24.
2. *Ibid.*, proposition n° 21.

Le greffe du Conseil d'État est chargé de recevoir les recours et, de manière générale, toutes les productions des parties. Au lieu de les déposer matériellement au greffe, il est possible de les adresser au président de la Section du contentieux [1].

Pour faciliter l'accès des justiciables à la justice, il est permis aux requérants de déposer les requêtes en matière d'élections à la préfecture ou à la sous-préfecture de leur domicile. La date de dépôt de la requête au Conseil d'État est alors celle du dépôt originaire, et non celle de l'arrivée au Conseil d'État.

Les communications de pièces durant l'instruction, longtemps réalisées par lettre recommandée avec accusé de réception, sont faites – pour des raisons d'économie – au moyen de lettre remise contre signature, ou par tout autre moyen permettant d'attester la date de réception, depuis la réforme opérée par le décret n° 2005-1586 du 19 décembre 2005 (art. 10) [2].

Une fois l'arrêt rendu, il est généralement notifié par le secrétaire du contentieux aux parties intéressées par lettre recommandée avec avis de réception. Il convient d'observer que dans les affaires non dispensées de ministère d'avocat au Conseil d'État, l'arrêt ne peut pas être exécuté contre une partie avant d'avoir été signifié à son avocat.

§ 2. Cours administratives d'appel et tribunaux administratifs

898 Au siège de chaque juridiction fonctionne un greffe, dirigé par un greffier en chef assisté généralement d'un ou plusieurs greffiers et d'agents de greffe. Depuis 2007, tous les greffiers et greffiers en chef sont choisis parmi les personnels du ministère de l'Intérieur et de l'Outre-mer [3].

En première instance, la requête doit être déposée ou adressée au greffe du Tribunal administratif, sauf texte ouvrant une autre possibilité, ce qui est le cas pour les élections municipales (v. article R. 119 C. élect.).

Les communications de pièces se font dans les mêmes conditions qu'auprès du Conseil d'État, de même que la notification des décisions.

En appel, les recours doivent être déposés ou adressés au greffe de la Cour administrative d'appel, mais ils peuvent parfois être déposés à la préfecture (ou à la sous-préfecture) du domicile du contribuable (v. R. 772-3 CJA en cas de réclamation fiscale).

1. Art. 47, Ord. du 31 juill. 1945. Conseil d'État, 1 place du Palais Royal, 75001, Paris 01 SP.
2. Art. R 611-3 CJA.
3. Art. R. 226-1, CJA (décret n° 2007-1309 du 4 sept. 2007).

CHAPITRE 2

LES PERSONNELS DE POLICE JUDICIAIRE

899 ***Place dans le procès pénal*** ◊ Si le procès pénal à proprement parler comprend trois phases (poursuite - instruction - jugement), il est souvent précédé d'une période au cours de laquelle certaines personnes ont eu pour mission de rechercher et de constater les infractions qui vont être jugées.

Cette mission de recherche et de constatation des infractions ainsi que d'identification de leurs auteurs, est confiée à certains fonctionnaires qui sont de véritables auxiliaires du pouvoir judiciaire placés sous le contrôle du ministère public et dont l'ensemble constitue ce que l'on nomme la police judiciaire [1].

900 ***Distinction de la police judiciaire et de la police administrative*** ◊ Dans son sens le plus large, le mot police désigne l'ensemble des règles qui permettent l'organisation rationnelle de l'ordre public dans une société ; mais dans un sens plus restreint, assurer la police, c'est simplement permettre par différentes mesures, la tranquillité, la sécurité et la salubrité publiques, cette mission étant assurée par un ensemble de fonctionnaires : la police.

Or d'une manière générale, l'inobservation des mesures de police, qu'il s'agisse de prescriptions légales ou réglementaires constitue une infraction pénale (crime, délit ou contravention). On comprend alors pourquoi la police se dédouble naturellement en sous-ensembles aux fonctions distinctes : la police *administrative* et la police *judiciaire* qui chacune contribue au même objet.

La police administrative placée sous le contrôle de l'autorité administrative a un rôle de prévention des infractions. Sa mission est de maintenir l'ordre public et de le rétablir lorsqu'il est troublé. Elle réalise cette mission par les injonctions qu'elle peut adresser aux citoyens, par les différentes actions ou interventions de surveillance qu'elle mène y compris par des systèmes de vidéosurveillance sur la voie publique, par

1. Il faut noter que l'expression « police judiciaire » comporte plusieurs sens différents. Le même mot désigne en effet les actes de recherche et de constatation des infractions et les fonctionnaires qui effectuent ces actes. En outre, dans un sens beaucoup plus restreint la police judiciaire (la PJ) correspond à un service précis de la police nationale plus particulièrement chargé de la lutte contre la grande criminalité. V. par ex. B. Bouloc, *Procédure pénale*, n°s 378 et s. ; J. Pradel, *Procédure pénale*, n°s 171 et s. ; S. Guinchard et J. Buisson, *Procédure pénale*, n°s 238 et s. ; A. Decocq, J. Montreuil, J. Buisson, *Le droit de la police*, Litec, 2e éd., 1998, n°s 153 s.

l'aide qu'elle apporte aux individus en difficulté et on peut ajouter par sa simple présence dissuasive (système de l'îlotage, la peur du gendarme).

La police judiciaire, au contraire, entre en jeu lorsque l'action de la police administrative n'a pas été efficace, autrement dit lorsqu'une infraction a été commise. Sa fonction est alors plutôt répressive : puisque par son action (constats, investigations, saisies, etc.), elle va s'efforcer d'éclairer le ministère public sur les infractions commises et ainsi de le mettre en mesure d'exercer les poursuites qu'il jugera utile. La police judiciaire peut agir d'office ou à la demande des autorités judiciaires, mais dans tous les cas elle intervient comme un *organe auxiliaire de la justice.*

901 ***Le caractère relatif de la distinction, police administrative, police judiciaire*** ◊ S'il apparaît assez simple de distinguer les deux types de police lorsqu'on s'en tient au but de leur action, la distinction est infiniment plus délicate à d'autres points de vue tant les liens qui les unissent sont quelquefois étroits. Ainsi la technique d'exécution des deux missions est souvent identique. Une vérification d'identité peut être réalisée dans le cadre de l'une ou de l'autre des deux polices. La difficulté de distinguer est d'autant plus grande que ce sont souvent les mêmes personnes qui cumulent la double qualité pour des raisons d'efficacité et de simplicité [1]. Le gendarme qui assure la circulation sur la route encombrée des vacances (police administrative) sera tout naturellement compétent pour constater les infractions à la police de la circulation ce qui est une mission de police judiciaire.

Dans la plupart des cas, il est sans grand intérêt de savoir en quelle qualité le fonctionnaire agissait ; mais cette question devient essentielle quand un dommage a été causé lors de l'action de police et que la responsabilité des services de police doit être mise en jeu.

Sans entrer dans le détail de cette question complexe, on peut noter que seuls les tribunaux judiciaires et non les tribunaux administratifs peuvent connaître des problèmes liés au fonctionnement des services judiciaires [2]. Lorsqu'un acte dommageable a été accompli par un agent possédant la double qualité, on admet qu'il agit dans le cadre d'une opération de police judiciaire si son objectif est la recherche ou l'arrestation de l'auteur d'une infraction commise ou dont l'existence est présumée. Dans les autres cas on est dans le domaine de la police

1. V. A. Decocq, J. Montreuil, J. Buisson, *Droit de la police, op. cit.* n°s 139 s. qui développent l'idée de « force publique » regroupant l'ensemble des personnes assurant le maintien de l'ordre public (police et gendarmerie).

2. En ce sens, une abondante jurisprudence notamment du Tribunal des conflits. Par ex. : 15 janv. 1968, *Tayeb, D.* 1968.417, concl. av. gén. Schmelck, 29 oct. 1990 *Melle Morvara et alii, D.* 1991. IR. 16, mais aussi de la Cour de cassation : V. par ex. Civ. 10 juin 1986, *JCP* 1986. II. 20683 ; 7 mars 1986, *Bull. civ.*, n° 1, Crim., 12 mai 1992, *Bull. crim.*, n° 185 ; R. Merle et A. Vitu, *Traité de droit criminel*, t. II, n°s 916 et s. P. Conte et P. Maistre du Chambon, *Procédure pénale*, n°. 265.

administrative [1]. C'est donc le critère finaliste qui permet de distinguer les opérations de police administrative et les opérations de police judiciaire.

On se bornera ici à donner quelques indications sur la police judiciaire, délaissant les problèmes de police administrative. S'il importe d'abord de déterminer quelles sont les différentes personnes qui peuvent être considérées comme des auxiliaires du juge pénal, il faudra ensuite dire quelques mots de leurs attributions.

SECTION 1. LES TITULAIRES DE FONCTIONS DE POLICE JUDICIAIRE

On l'a déjà relevé, la police judiciaire est une affaire de spécialistes, aussi comprend-elle d'abord des fonctionnaires qui exercent au moins à titre principal des fonctions de police judiciaire.

On dira ensuite quelques mots des autres autorités auxquelles sont confiées occasionnellement des missions de police judiciaire dans certaines conditions bien précises.

§ 1. Les fonctionnaires normalement habilités à effectuer des missions de police judiciaire

902 ***Généralités*** ◊ On sait que la police judiciaire ne constitue pas un corps spécifiquement affecté à cette mission. Ses membres sont issus principalement de la police nationale et de la gendarmerie, mais aussi de nombreuses autres autorités administratives. Il importe donc de donner quelques indications sur ces membres potentiels qui constituent la base organique de la police judiciaire avant de préciser quelle est l'organisation fonctionnelle de cette police.

I. La base organique de la police judiciaire

On distinguera trois composantes : la police nationale, la gendarmerie et les autres agents et fonctionnaires de police judiciaire.

A. La police nationale

903 ***Évolution*** ◊ Pendant très longtemps en France, la police a été une affaire municipale, on peut dire que toute l'évolution en ce domaine a tendu à la centralisation des différents services et à l'étatisation des polices municipales. Une loi du 9 juillet 1966 a en quelque sorte parachevé cette évolution en fondant tous les services de la police française (notamment la sûreté nationale et la préfecture de police) au sein d'une même organisation, la police nationale.

1. Sur un exemple d'application. CE 27 avr. 1979. *DS* 1980. p. 60. note Couzinet.

La police nationale [1] qui dépend du ministère de l'Intérieur est depuis 1969 placée sous l'autorité du directeur général de la police nationale.

D'une façon assez schématique, on distingue les services centraux et les services extérieurs.

904 ***1) Les services centraux*** [2] ◊ À côté d'une direction administrative, la direction de l'administration de la police nationale qui gère l'ensemble des moyens de la police nationale et de l'inspection générale des services, autrement dit la police des polices, on relève cinq grandes directions dites actives ou opérationnelles et deux services de même type : Il existe également une direction de la formation.

• **Les directions**

– La *direction centrale de la sécurité publique* (ex. : polices urbaines). En liaison avec les directions départementales de la sécurité publique et avec les circonscriptions de la sécurité publique réparties sur le territoire, son rôle est de veiller au maintien de l'ordre public et de lutter contre la petite et la moyenne délinquance. Elle a également des missions en matière de police judiciaire et de renseignement.

– La *direction centrale du renseignement intérieur* : un décret du 27 juin 2008 a créé cette nouvelle direction qui regroupe les anciennes directions de la surveillance du territoire et des renseignements généraux.

L'objet de cette restructuration est d'assurer une plus grande efficacité à la recherche du renseignement dans la lutte contre le terrorisme national ou international ou l'espionnage notamment industriel. Ce recentrage ne semble pas totalement remettre en cause la mission classique des services de renseignements généraux dans le domaine du renseignement politique, économique ou social pour l'information du gouvernement.

En effet aux termes de l'article 1er (d) du décret n° 2008-69 du 27 janvier 2009 relatif aux missions et organisations de cette nouvelle direction, elle participe également à la surveillance des individus, groupes, organisations et à l'analyse des phénomènes de société susceptibles, par leur caractère radical, leur inspiration ou leurs modes d'action, de porter atteinte à la sécurité nationale. Néanmoins cette mission est aujourd'hui partagée avec la Direction de la sécurité publique qui, aux termes de l'article 12 al. 4 du décret du 2 octobre 1985 modifié par le décret n° 2008-612 du 27 juin 2008, est désormais chargée, sur l'ensemble du territoire national à l'exception de Paris, « de le recherche, de la centralisation et de l'analyse des renseignements destinés à informer le gouvernement et les représentants de

1. Sur l'organisation de la police nationale, *Revue de la police*, 1979, p. 8 et s., art. non signé. A. Decocq, J. Montreuil, J. Buisson, *Le droit de la police*, *op. cit.*, nos 197 s. B. Bouloc, H. Matsopoulou, *Droit pénal et procédure pénale*, Sirey, 16e éd., 2006, nos 478 et s.

2. V. B. Bouloc, H. Matsopoulou, *Droit pénal et procédure pénale*, *op. cit.*, nos 477 et s. S. Guinchard et J. Buisson, *Procédure pénale*, n° 311 et s., organigramme p. 249.

l'État dans les collectivités territoriales de la République, dans les domaines institutionnel économique et social ainsi que dans tous les domaines susceptibles d'intéresser l'ordre public, notamment les phénomènes de violence. Elle concourt à ce titre à l'exercice des missions de renseignement et d'information confiées aux forces de sûreté intérieure. Pour cette mission certains fonctionnaires de l'ancienne direction des R.G. ont été affectés à cette nouvelle direction.

En revanche la surveillance des établissements de jeux et des champs de courses est transférée à la direction de la police judiciaire (art. 13 du décret du 27 juin 2008) [1].

– La *direction centrale de la police judiciaire* :

Elle s'occupe plus particulièrement de la lutte contre la grande criminalité (trafic de stupéfiants – fausse monnaie – etc.) (art. D. 4 CPP).

Cette direction comprend d'assez nombreux offices centraux spécialisés, sur les douze existants actuellement, dans la lutte contre des formes particulières de criminalité. Ils sont énumérés à l'article D. 8-1 du CPP. Certains sont assez anciens : Office central pour la répression du faux-monayage (1°) ; pour la répression du trafic illicite de stupéfiants (2°) ; pour la répression de la traite des êtres humains (3°). D'autres sont de création plus récente. Un décret du 6 mai 2006 les a réorganisés : Office central de lutte contre le trafic des biens culturels (4°) ; pour la répression de la grande délinquance (5°) ; de lutte contre la criminalité liée aux technologies de l'information et de la communication (7°) ; pour la répression de la violence aux personnes (10°) ; de lutte contre le crime organisé (12°). Aux huit offices rattachés à cette direction il faut en ajouter trois autres rattachés à la sous-direction de la police judiciaire de la direction générale de la gendarmerie nationale : Office centrale de lutte contre les atteintes à l'environnement et à la santé publique (8°) ; lutte contre la délinquance itinérante (9°) ; lutte contre le travail illégal (11°) ; et un office rattaché à la direction centrale de la police aux frontières : l'Office central pour la répression de l'immigration irrégulière et de l'emploi des étrangers sans titre (6°).

C'est la police judiciaire qui représente l'antenne française de l'OIPC (Interpol). Dans ce domaine international, elle est chargée de l'application des accords de Schengen et de la mise en place de l'unité nationale de l'office européen de police plus connu sous le nom d'Europol.

– La *direction centrale de la police aux frontières* (DCPF) s'occupe du contrôle de l'entrée et du séjour des étrangers. Elle comprend un office central (D. 8-1, 6 °CPP). Elle a également une mission de police judiciaire dans les ports et aéroports.

– *La direction centrale des compagnies républicaines de sécurité* (CRS) : elle est composée d'unités mobiles qui sont chargées de maintenir ou

1. V. décret n° 2008-609 du 27 juin 2008 relatif aux missions et à l'organisation de la direction centrale des renseignements intérieurs. V.égal. Cl. Journès, « La police française en proie à la réforme », *RSC* 2008. 963.

de rétablir l'ordre. Il existe 61 compagnies réparties en 9 groupements régionaux [1].

- **Les services actifs**

- Le *service de coopération technique international de police.*
- Le *service de protection des hautes personnalités* [2].

905 *2) Les services extérieurs* ◊ Ce sont les services implantés au niveau régional, départemental ou local. Leur organisation est particulièrement complexe. Elle varie selon les activités. Les services de sécurité publique sont organisés au niveau local. Ils comprennent des circonscriptions placées sous l'autorité d'un commissaire de police qui a sous ses ordres tous les fonctionnaires qu'ils soient en civil ou en tenue. Plusieurs décrets du 9 mai 1995 ont organisé la police en trois corps : le corps de conception et de direction (les commissaires) ; le corps de commandement et d'encadrement (les officiers de police anciens inspecteurs, officiers et commandants qui deviennent lieutenant de police, capitaine de police et commandant de police) ; le corps de maîtrise et d'application (anciens gradés, gardiens de la paix et enquêteurs, qui deviennent gardien de la paix, brigadier de police et brigadier major de police). Une loi n° 96-647 du 22 juillet 1996 est venue postérieurement modifier les articles 16 et 20 du Code de procédure pénale relatifs aux officiers de police judiciaire et aux agents de police judiciaire pour les mettre en harmonie avec la nouvelle organisation des corps de la police nationale [3].

Dans les grandes villes il existe des commissariats de circonscription de sécurité publique qui regroupent éventuellement les commissariats répartis dans les quartiers. Les circonscriptions sont regroupées au niveau départemental sous l'autorité d'un directeur départemental (commissaire ou contrôleur général). Dans un certain nombre de départements fortement urbanisés ou très peuplés est apparue la nécessité de mettre en place un préfet délégué pour la police, aujourd'hui préfet délégué pour la sécurité et la défense. Ce préfet adjoint que l'on rencontre à Lyon, Lille, Marseille, Toulouse, Bordeaux, etc. dirige et coordonne les services de police des départements dont relèvent ces villes.

Les services de la DCPF se regroupent au niveau interrégional (zones de défense) départemental et parfois local.

Les autres services enfin sont directement rattachés aux services centraux. Il en est ainsi des services régionaux de police judiciaire (SRPJ). Il y a 19 services régionaux dirigés par un commissaire divisionnaire ou un contrôleur général. Les services d'enquête comprennent deux

1. Direction créée par un décret du 3 oct. 2003, *JO* du 6 oct. 2003 p. 17087.
2. Pour une organisation précise de la police, v. A. Decocq, J. Montreuil et J. Buisson, *Le droit de la police*, Litec, 2ᵉ éd., 1998, p. 97 et s.
3. Sur cette question : A. Decocq, J. Montreuil, J. Buisson, *Le droit de la police, op. cit.*, n°s 302.

sections : une section criminelle et une section économique et financière. Les services régionaux de police judiciaire confrontés à des problèmes particuliers de violence créent des brigades régionales d'enquêtes et de coordination (BREC). Les laboratoires de police scientifique qui sont au nombre de 5 (Paris, Lyon, Marseille, Toulouse, Lille) relèvent également de la direction de la police judiciaire. (Service central des laboratoires de police scientifique).

Les services territoriaux de la Direction centrale du renseignement intérieur sont placés sous la seule autorité du Directeur central, même si les chefs de services territoriaux rendent également compte au représentant de l'État territorialement compétent. Selon l'article 4 du décret d'organisation, des services à compétence zonale ou inter départementale, peuvent être créés. La plupart des missions de cette direction relève du secret défense. Tout agent public est tenu de garder le secret sur les activités et l'organisation de la DCRI [1].

La police parisienne, malgré la réforme de 1969, a conservé une organisation assez particulière. Sans doute la préfecture de police ne dispose-t-elle plus d'une administration autonome, le personnel est celui de la police nationale, mais sa structure n'a guère été modifiée. Elle a, à sa tête, le Préfet de police de Paris.

On y retrouve des directions et des services déconcentrés. Les directions comprennent outre certains services administratifs, plusieurs directions actives : la célèbre police judiciaire du quai des Orfèvres, les renseignements généraux, l'inspection générale des services (IGS), la direction de l'ordre public et de la circulation chargée du maintien de l'ordre, la direction de la police urbaine de proximité [2].

Les services déconcentrés sont constitués par des commissariats de quartier et par des commissariats d'arrondissement. La police judiciaire comprend six divisions et la division de l'ordre public et de la sécurité est subdivisée en six districts assurant les missions du maintien de l'ordre.

À Paris il existe une compagnie de gardiens de la paix par arrondissement et par district.

Le maintien d'une structure assez particulière pour la région parisienne s'explique sans doute par l'histoire [3] mais aussi par l'abondance des affaires qui doivent être traitées (près de 20 % des affaires traitées par la PJ [4]).

1. On notera cependant que le site Wikipedia (http//fr.wikipedia.org/wiki/Direction centrale du renseignement intérieur) donne des renseignements précis sur la structuration de cette nouvelle direction.

2. Sur l'ancienne organisation de la préfecture de police, v. Ch. Parra et J. Montreuil, *Traité de procédure pénale policière*, Paris, Quillet, 1972, p. 74 et s.

3. Son origine remonte à l'ancien Régime.

4. Sur l'organisation actuelle : A. Decocq, J. Montreuil, J. Buisson, *Le droit de la police*, *op. cit.*, n°s 257. S. Guinchard et J. Buisson, *Procédure pénale*, n° 248. B. Bouloc, *Procédure pénale*, n° 372 et s.

B. La gendarmerie nationale

906 ***Corps militaire*** ◊ Son origine est ancienne puisqu'elle remonte au XIIIe siècle (la maréchaussée). C'est un corps militaire qui est évidemment rattaché au ministère de la Défense. Le texte de base concernant son organisation est un décret du 20 mai 1903, plusieurs fois modifié dont une dernière fois par un décret du 24 mars 2005.

907 ***1) Structure*** ◊ Si l'on néglige certaines formations spéciales comme la garde républicaine (troupe chargée notamment des services d'honneur à Paris), la gendarmerie de l'air ou la gendarmerie maritime, on trouve deux subdivisions d'arme : la gendarmerie départementale et la gendarmerie mobile.

- **La gendarmerie départementale**

La cellule de base est la brigade. En principe une par canton, mais il y a des exceptions (plusieurs par canton ou une brigade pour plusieurs cantons). Elles peuvent être organisées en communautés de brigades (art. 6 du décret du 24 mars 2005) Chaque arrondissement comprend une compagnie. Chaque département un groupement. Au-delà, la gendarmerie est organisée en régions avec un commandant directement subordonné au directeur général de la gendarmerie nationale. Il faut préciser que le commandant de région situé au siège de la zone de défense dispose d'attributions particulières et prend l'appellation de « commandant la région de gendarmerie, commandant la gendarmerie pour la zone de défense » (art. 7 du décret) [1].

- **La gendarmerie mobile (ex. garde mobile)**

Ses unités n'ont aucune circonscription territoriale fixe mais il existe au niveau de chaque région économique un groupement de gendarmerie mobile qui comprend les différentes formations de gendarmerie mobile de son ressort. L'unité de base de cette formation est l'escadron (135 hommes) commandé par un capitaine.

Ajoutons qu'à l'échelon central il existe une direction générale de la gendarmerie qui coiffe l'ensemble des formations de la gendarmerie (v. art. 4 du décret du 24 mars 2005 énumérant les formations de la gendarmerie nationale).

908 ***2) Attributions*** [2] ◊ La gendarmerie mobile a essentiellement un rôle de maintien de l'ordre alors que la gendarmerie départementale a des missions variées.

Outre les attributions de police militaire, la gendarmerie a une importante mission de police administrative en liaison avec les autorités administratives (préfet notamment). Elle assure une mission de

1. Sur l'organisation de la gendarmerie, V. A. Decocq, J. Montreuil, J. Buisson, *Le droit de la police, op. cit.*, n° 267 avec l'organigramme p. 155 ; *La gendarmerie en bref*, éd. Min. déf., 1997. S. Guinchard et J. Buisson, *Procédure pénale*, n° 250 et s., et organigramme p. 251.

2. V. par ex. Cathelineau, « La gendarmerie », *D.* 1964. Chron. 109 et s. B. Bouloc, *Procédure pénale*, n°s 375 et s.

surveillance principalement dans les campagnes ou petites villes et son rôle dans le domaine de la circulation routière est essentiel.

Les attributions de police judiciaire ne sont pas moins importantes. En effet, la gendarmerie est implantée sur tout le territoire national et peut ainsi assurer de nombreuses missions. Il existe pour remplir cette fonction des brigades de recherches souvent spécialisées. Les articles R 15-22 à R 15-26 énumèrent les différentes unités au sein desquelles s'exercent les fonctions de police judiciaire. Un décret du 10 juin 2004 a refondu ces textes.

Il y a donc une multiplicité de services qui peuvent intervenir dans le domaine judiciaire ce qui a parfois conduit à des dysfonctionnements. Un décret de 25 janvier 1996 a prévu certaines règles pour assurer une véritable coopération entre les services (art. D. 2-1 à D 5 CPP) [1]. Plus récemment la loi n° 2002-1062 du 6 août 2002, d'orientation et de programmation pour la sécurité intérieure dans son annexe 1 sur les orientations de la politique de sécurité intérieure pose un certain nombre de principes permettant d'améliorer la mission de sécurité intérieure de l'État et notamment l'efficacité de la police judiciaire. Ainsi le ministre en charge de la sécurité intérieure a-t-il, sous sa direction opérationnelle, non seulement les forces de police, mais encore celles de la gendarmerie même si ces dernières forces gardent un statut militaire et restent rattachées au ministère de la défense. Ce rattachement devrait prochainement être modifié puisque le Sénat a voté après déclaration d'urgence, en première lecture, un projet de loi relatif à la gendarmerie nationale qui modifie plusieurs articles du code de la défense. Aux termes d'un article L. 3225-1 nouveau de ce code « la gendarmerie nationale est placée sous l'autorité du ministre de l'intérieur, responsable de son organisation, de sa gestion, de sa mise en condition d'emploi et de l'infrastructure militaire qui lui est nécessaire ».

En revanche pour les missions militaires « la gendarmerie nationale est placée sous l'autorité du ministre de la défense ». Ce texte lorsqu'il sera voté confortera un rapprochement qui dans les faits a déjà été réalisé [2].

Par ailleurs l'accent est mis sur des formes d'actions permettant d'associer tous les services de l'État concernés notamment au plan local avec la création des GIR (groupements d'intervention régionaux) destinés à lutter contre les trafics illicites et l'économie souterraine. L'idée est d'associer aux services de police et de gendarmerie des fonctionnaires d'autres administrations (douanes, services fiscaux, service de la concurrence et de la répression des fraudes, ainsi que des directions du travail et de l'emploi) pour établir la réalité de certaines infractions,

1. V. M. L. Rassat, *Traité de procédure pénale*, n° 149.
2. Sénat, Projet de loi n° 1336 voté le 17 décembre 2008 et mis en distribution le 9 janvier 2009.

parfois difficiles à prouver. Ces GIR ont été mis en place par une circulaire interministérielle du 29 mai 2002 (crim. P.J. n° 02-700-H8) [1].

C. Les autres agents et fonctionnaires de police judiciaire

909 *Diversité* ◊ Nous utilisons cette terminologie pour désigner les autres personnes chargées de mission de police judiciaire qui forment une catégorie particulièrement hétérogène.

On y trouve tout d'abord les maires des communes et leurs adjoints ; ils sont compétents dans le ressort de leur commune.

On y trouve ensuite les gardes champêtres [2] nommés par les maires ainsi que les gardes particuliers assermentés [3]. Ces derniers nommés par des particuliers ou des groupements interviennent principalement en matière de pêche et de chasse. Ils peuvent constater par procès-verbaux les infractions portant atteinte aux biens qu'ils ont reçu mission de protéger. La loi n° 2005-157 du 23 février 2005 a ajouté dans le Code de procédure pénale un article 29-1 qui précise les conditions d'agrément de ces gardes et indique les personnes qui ne peuvent pas exercer cette mission, notamment ceux qui ne remplissent pas les conditions de moralité, d'honorabilité ou d'aptitudes requises. Les agents techniques des eaux et forêts ingénieurs, chefs de district sont également compétents pour constater les infractions portant atteinte aux propriétés rurales et forestières (art. 22, CPP) [4].

On trouve encore les fonctionnaires et agents de toute une série d'administrations auxquelles des lois spéciales attribuent certaines fonctions de police judiciaire. On citera les agents des douanes – contributions indirectes – enregistrement – inspecteurs du travail – agents des chemins de fer, des postes et télécommunications, des ponts et chaussées, de la SNCF, de la RATP, de la direction générale de la concurrence et de la consommation et de la répression des fraudes, de l'office national des forêts, etc. Les personnels placés dans cette catégorie connue naguère sous le nom « d'agents spéciaux adjoints » mentionnée à l'article 28, CPP exercent leurs pouvoirs dans les limites prévues par chaque texte spécial. On peut trouver bon nombre de ces textes, sous ce même article du Code de procédure pénale. L'art. 28-1

1. F.-F. Lissouck, « Le statut juridique des groupes d'intervention régionaux (GIR) : entre État de droit et logique sécuritaire », *RSC* 2004. 267. J.-P. Jean, « Les groupes d'interventions régionaux GIR, un objet juridique désormais mieux identifié », *RSC* 2005. 59 ; S. Désiré, « Des groupes d'interventions régionaux efficaces et légaux », *AJ pénal* 2004. 363.

2. Les gardes champêtres et gardes particuliers sont soumis à certaines conditions de recrutement notamment un agrément du préfet ou sous-préfet et ils doivent prêter serment devant le TGI ou le TI.

3. V. A. Chavanne, J. Montreuil, P. Truche, Barnini, « Les gardes particuliers », *Rev. de la police nationale*, mai 1972, p. 19.

4. Pour une liste précise de ces fonctionnaires, V. le décret n° 97-1163 du 17 décembre 1997 modifiant l'art. R. 341-2 du Code forestier.

CPP ajouté par une loi de 23 juin 1999 vise les agents des douanes de catégories A et B compétents pour constater certaines infractions. La compétence qui s'exerce sur l'ensemble du territoire national a été étendue par la loi du 9 mars 2004 (infractions en matière de douanes ; contributions indirectes, escroquerie à la TVA, contrefaçon etc.). Aux termes d'un décret n° 2002-1415 du 5 décembre 2002 les agents des douanes participant aux opérations de police judiciaire, doivent être rattachés au service national des douanes judiciaires.

910 ***Les agents de police municipale*** ◊ Initialement, une police municipale ne pouvait exister que dans les villes de moins de 10 000 habitants, mais depuis une loi du 13 juillet 1987 (anc. art. L. 131-15 du Code des communes, actuel art. L. 2212-2 CGCT) il en va différemment. Il est en effet prévu que « le bon ordre, la sûreté, la sécurité et la salubrité publiques » peuvent être placés sous la surveillance d'agents de la police municipale. Une loi n° 99-291 du 15 avril 1999, dont l'élaboration a suscité beaucoup de polémiques, est venue préciser le statut des polices municipales. Ce texte a pour objet de déterminer les missions de ces polices municipales et d'organiser une certaine coordination avec les polices nationales. Des conventions doivent ainsi être signées entre les maires et le Préfet. Une commission consultative des polices municipales est créée auprès du ministre de l'Intérieur. La vérification de l'organisation et du fonctionnement d'une police municipale peut être demandée, notamment par le représentant de l'État. Le nouveau texte précise les conditions de nomination des agents. S'ils demeurent nommés par le maire ils doivent être agréés par le procureur de la République et le Préfet, puis assermentés. Cet agrément peut être suspendu ou retiré. Le port d'armes, s'il n'est pas interdit, apparaît assez exceptionnel, il est décidé nominativement par le représentant de l'État si la nature des interventions et les circonstances le justifient. (Sur ce point V. décr. 24 mars 2000) [1].

Par ailleurs toute précaution doit être prise pour éviter une confusion des policiers municipaux avec les agents de la police nationale (carte professionnelle, tenue, signalisation des véhicules, etc.). Un code de déontologie des polices municipales a été établi par un décret du 1er août 2003 [2]. Si le rôle de ces agents est avant tout de police administrative ils ont quelques attributions de police judiciaire pour constater les contraventions aux arrêtés de police des maires et certaines contraventions au Code de la route (V. art. 21-2 CPP).

On peut ajouter qu'une loi du 27 février 2002 permet à plusieurs communes, appartenant à un même établissement public de coopération de faire recruter des policiers municipaux qui pourront exercer

1. V. B. Bouloc, *Procédure pénale*, nos 367 et s. ; S. Guinchard et J. Buisson, *Procédure pénale*, nos 259 et s. et 327 ; E. Aubin, « Les évolutions récentes de la fonction d'agent des polices nationales », *AJDA* 2004. 1163.
2. V. A. Varinard, *RPDP* 2004-507.

leur mission sur l'ensemble du territoire des communes concernées (art. L. 2212-5 al. 4 CGCT).

Telles sont les différentes personnes qui organiquement peuvent être classées parmi celles exerçant une mission de police judiciaire. Bien qu'on l'ait dit, la police judiciaire [1] ne constitue pas un corps ; elle fait l'objet d'une organisation fonctionnelle que nous allons maintenant décrire en raison des attributions reconnues à ceux qui exercent de telles missions.

II. L'organisation fonctionnelle de la police judiciaire

Toute l'activité de la police judiciaire est orientée vers la recherche des infractions et l'identification de leurs auteurs. Pour réaliser cette mission tous les membres de la police judiciaire ne disposent pas des mêmes pouvoirs ; aussi le législateur a-t-il été conduit à élaborer une véritable hiérarchie des différentes catégories de personnes chargées de la police judiciaire. Au-delà de la diversité des fonctions, l'unité se retrouve au plan du contrôle exercé sur les membres de la police judiciaire dès lors qu'ils agissent en qualité de véritables auxiliaires de la justice pénale.

911 ***A) Les différentes catégories de membres de la police judiciaire*** ◊ Aux termes de l'article 15 du CPP, le personnel de la police judiciaire comprend trois catégories :

- Les officiers de police judiciaire.
- Les agents de police judiciaire et les agents de police judiciaire adjoints.
- Les fonctionnaires et agents auxquels sont attribuées par la loi certaines fonctions de police judiciaire.

Il importe donc d'envisager successivement ces trois catégories.

912 ***1) Les officiers de police judiciaire (OPJ)*** ◊ **a) Énumération.** L'article 16 du CPP classe dans cette catégorie :

1. On ajoutera que la loi du 15 novembre 2001, relative à la sécurité quotidienne, prévoit la possibilité pour les agents de surveillance de Paris de constater par procès verbal certaines contraventions (art. L. 2512-6-1 CGCT). Par ailleurs sur la participation des agents du secteur privé de la sécurité prévue par cette même loi V. B. Bouloc, H. Matsopoulou, *Droit pénal et procédure pénale*, n°s 508 et s. A. Varinard, *RPDP* 2002 p. 636 et s. On notera que la loi du 23 janvier 2006 relative à la lutte contre le terrorisme permet à des personnes morales, pour protéger des bâtiments ou des installations susceptibles d'être exposés à des actes de terrorisme, de recourir à des moyens de vidéosurveillance, technique qui est une sorte de prolongement de la surveillance de certains lieux par des agents privés d'entreprise de surveillance, de gardiennage, de convoyage de fonds ou de protection de personnes. Par ailleurs, on ajoutera que la loi du 5 mars 2007, relative à la prévention de la délinquance, modifie plusieurs articles de la loi du 12 juillet 1983 (déjà de nombreuses fois amendée) pour durcir les conditions d'accès à la profession d'employé dans une entreprise de surveillance et de gardiennage, de transports de fonds et de protection physique des personnes (moralité, aptitudes), en créant notamment une carte professionnelle (art. 6 et 6-1 nouveaux).

– les maires et les adjoints dont la compétence est limitée à leur commune ;

– certains membres de la gendarmerie : officiers, gradés, gendarmes comptant 3 ans de service désignés par arrêté interministériel (justice et défense) après avis d'une commission (art. R. 1 à R. 7 et A. 1 à A. 12, CPP) ;

– Certains fonctionnaires de la police nationale : inspecteurs généraux, sous-directeurs de police active, contrôleurs généraux, commissaires de police, et les officiers de police (art. 16, 3 °CPP, réd. loi du 23 janvier 2006).

– Les fonctionnaires du corps d'encadrement et d'application comptant au moins trois ans d'ancienneté, et ayant satisfait aux épreuves d'un examen technique (art. R. 10 CPP réd. décr. du 31 oct. 2006). Ces fonctionnaires sont nominativement désignés par arrêté interministériel (justice et intérieur) après avis d'une commission (art. R. 8 à R. 12 et A. 13 à A. 25, CPP). Il est à noter que la qualité d'officier de police judiciaire est suspendue lorsque les fonctionnaires désignés participent à des opérations de maintien de l'ordre (art. 16, al. 7, CPP, L. 18 nov. 1985).

– Les directeurs ou sous-directeurs de la police judiciaire, le directeur ou le sous-directeur de la gendarmerie (art. 16, al. 4, CPP) [1].

b) Habilitation. Les personnes que nous venons d'énumérer, si nous exceptons les maires et les adjoints, ainsi que les très hauts fonctionnaires visés à l'article 16, alinéa 4 du CPP, n'ont pas automatiquement la capacité d'exercer les fonctions d'OPJ. En effet, il faut que ces fonctionnaires soient affectés à des missions de police judiciaire et habilités par le procureur général près la cour d'appel (art. 16 et R. 13 à R. 15-6, CPP) [2]. Cette habilitation manifeste clairement la dépendance des OPJ par rapport à l'autorité judiciaire. Nous verrons d'ailleurs que cette habilitation peut être retirée [3].

913 ***2) Les agents de police judiciaire*** ◊ L'article 20 du CPP énumère les agents de police judiciaire proprement dits, l'article 21, les agents de police judiciaire adjoints.

a) Les agents de police judiciaire proprement dits (APJ). L'article 20 du Code de procédure pénale, tel qu'il résulte d'une loi du 22 juillet 1996 (n° 96-647), classe dans cette catégorie ; les gendarmes non OPJ ; les fonctionnaires titulaires du corps d'encadrement et d'application de la police nationale non OPJ (art. 20, 2 °CPP mod. par la

1. V. égal. Pour certains fonctionnaires de police n'ayant qualité d'OPJ que pour constater les infractions au Code de la route et les atteintes involontaires à l'intégrité physique (art. L. 130-1 et s. du C. de la route).

2. Les règles relatives à la demande l'habilitation ont été modifiées par un décret du 10 juin 2004 et par un décret du 28 mars 2008. Les art. R 14-1 al. 2 et s. envisagent le cas du demandeur qui a fait l'objet de sanctions disciplinaires dans un précédent emploi, pour lequel il avait été habilité.

3. V. *infra*, n° 918.

loi du 23 janvier 2006) sous réserve des dispositions restrictives concernant certains gardiens de la paix, prévues aux 4e et 5e de l'article 20 du CPP. Ces restrictions concernent les gardiens de la paix issus de l'ancien corps des gradés et gardiens de la police nationale nommés avant le 31 décembre 1985 et ceux issus de l'ancien corps des enquêteurs de police nommés avant le 1er mars 1979 ; Les premiers, outre une ancienneté minimale de deux ans, doivent avoir satisfait à un examen technique, ou détenir les qualifications professionnelles permettant l'accès au grade supérieur. Pour les seconds, ils peuvent également acquérir la qualité d'APJ s'ils remplissent certaines conditions d'aptitude [1]. Ils ne peuvent effectivement exercer les attributions de police judiciaire que s'ils sont affectés à un emploi comportant cet exercice (art. 20, al. 5)

Les fonctionnaires de la police nationale et les militaires de la gendarmerie à la retraite peuvent bénéficier de cette qualité lorsqu'ils sont appelés au titre de la réserve civile de la police ou de la réserve opérationnelle de la gendarmerie s'ils avaient durant leur activité, la qualité d'officier ou d'agent de police judiciaire (art. 20-1 et R. 15-17-1 CPP).

Les pouvoirs de ces agents sont évidemment moins importants que ceux des OPJ. Ils ne peuvent pas agir par délégation du juge d'instruction, ni décider d'une garde à vue par exemple. Leur domaine d'action essentiel se situe en matière d'enquête préliminaire et d'une manière générale pour seconder les OPJ dans l'exercice de leurs fonctions (art. 20, al. 6 et s.) [2].

b) Les agents de police judiciaire adjoints (APJA) (art. 21 CPP). Ce sont les autres fonctionnaires de la police nationale non OPJ ou APJ c'est-à-dire ceux qui ne remplissent pas les conditions prévues par l'article 20 du Code de procédure pénale ainsi que les agents de police municipale [3]. Une loi du 28 octobre 1997 a ajouté les volontaires servant en qualité de militaire dans la gendarmerie. Une autre loi du 15 novembre 2001, les adjoints de sécurité et les agents de surveillance de Paris et enfin une loi du 18 avril 2006 les militaires servant au titre de la réserve opérationnelle de la gendarmerie ne remplissant pas les conditions pour être agent de police judiciaire (art. 21, 1° *quinquies*).

On ajoutera qu'aux termes du III de l'article 74 de la loi du 5 mars 2007 relative à la prévention de la délinquance qui ajoute un 3° à

1. Il importe de rappeler que 3 décrets nos 95-655, 656 et 657 du 9 mai 1995 fixent le statut particulier des corps de la police nationale modifiant notamment l'appellation des divers fonctionnaires. s'agissant du corps de maîtrise et d'application, ils se répartissent en trois grades : gardien de la paix, brigadier de police, brigadier major.

2. V. *infra*, n° 936.

3. La loi n° 99-291 du 15 avril 1999 relative aux polices municipales, créant un article 21-2 du CPP, est venue contraindre ces agents de police judiciaire à rendre compte immédiatement à un OPJ de tous crimes, délits aux contraventions dont ils ont eu connaissance. Ils doivent adresser leurs PV et rapports simultanément au maire et au procureur de la République. Ils peuvent relever l'identité des personnes verbalisées mais ils ne peuvent pas procéder à une vérification d'identité en cas de refus de la personne contrôlée (art. 78-6 CPP).

l'article 21 CPP les gardes champêtres lorsqu'ils agissent dans le cadre de certaines attributions à savoir la constatation des infractions prévues par le Livre VI du Code pénal (art. L. 2213-18 du CGCT, dernier alinéa ajouté par la loi du 5 mars 2007) ont la qualité d'agents de police judiciaire adjoints.

Ces fonctionnaires ont des attributions très réduites qui se limitent à la rédaction de procès-verbaux ne valant que comme simples renseignements. Ils peuvent recueillir les éventuelles observations du contrevenant (art. 21 dernier al. CPP). Leur rôle est de seconder les autres membres de la police judiciaire en les informant des infractions qu'ils ont pu constater.

914 ***3) Les fonctionnaires et agents chargés de certaines fonctions de police judiciaire*** ◊ Cette catégorie très hétérogène est prévue dans la dernière section (quatre) du chapitre consacré à la police judiciaire. Comme nous l'avons précédemment indiqué, on y trouve les ingénieurs chefs de district - agents techniques des eaux et forêts et gardes champêtres (art. 22 CPP) [1] dont les pouvoirs de police judiciaire sont déterminés par les articles 23 à 27 du CPP, les gardes particuliers mentionnés à l'article 29 du CPP et les fonctionnaires de certaines administrations pour lesquels chaque loi spéciale détermine la compétence (art. 28 CPP). Il n'est pas possible d'indiquer précisément les pouvoirs de ces personnes. Tout au plus indiquera-t-on que s'agissant de la constatation des infractions, chacun a une compétence d'attribution très précise [2].

915 ***Fonctionnaires des douanes*** ◊ La loi du 23 juin 1999 modifiée par la loi du 9 mars 2004 a créé un article 28-1 accordant des pouvoirs de police judiciaire assez importants à des fonctionnaires de catégorie A et B de l'administration de douanes. Les agents, spécialement désignés par arrêté, pourront effectuer des enquêtes judiciaires sur réquisition du procureur de la République ou sur commission rogatoire du juge d'instruction. Ils sont compétents pour les infractions énumérées et peuvent intervenir avec d'autres officiers de police judiciaire pour quelques graves infractions précisément désignées. Ces agents des douanes ne sont pas classés dans la catégorie des OPJ de l'article 16 CPP. Néanmoins ils sont habilités par le procureur général, soumis au contrôle de la chambre de l'instruction et peuvent être sanctionnés et donc avoir leur habilitation suspendue ou retirée [3].

1. Lorsqu'ils n'agissent pas comme agents de police judiciaire adjoints (art. 21, 3 °CPP).
2. Pour une énumération de ces administrations, v. J. Pradel, *Procédure pénale*, n° 189.
3. S. Guinchard et J. Buisson, *Procédure pénale*, n° 283 ; M. L. Rassat, *Traité de procédure pénale*, n° 138-d ; B. Bouloc, *Procédure pénale*, n° 390.

916 ***B) Le contrôle de la police judiciaire*** ◊ Les différentes personnes chargées de mission de police judiciaire sont soumises à la surveillance de plusieurs autorités judiciaires et elles peuvent être éventuellement sanctionnées.

917 ***1) Le pouvoir de contrôle*** ◊ Comme on l'a très justement écrit [1] « la police judiciaire est dirigée par le procureur de la République, surveillée par le procureur général, contrôlée par la chambre d'accusation aujourd'hui chambre de l'instruction ».

1) La direction du procureur de la République (art. 12 CPP) se manifeste notamment par un certain nombre de prérogatives qui lui permettent d'exercer une surveillance constante sur les enquêtes de police. La police judiciaire doit tenir le ministère public constamment informé des diligences opérées, notamment en transmettant les plaintes, dénonciations et procès-verbaux (art. 19 CPP). De plus, le procureur de la République peut requérir lui-même des enquêtes préliminaires, autoriser certains actes (prolongation de garde à vue par exemple) et en matière d'infraction flagrante prendre lui-même la direction de l'enquête. On notera que la loi du 4 janvier 1993 a renforcé le pouvoir du procureur de la République en matière de garde à vue en prévoyant un contrôle général (art. 41, al. 3 CPP). La loi du 15 juin 2000 a organisé la visite des locaux de garde à vue. C'est donc une surveillance et une direction de tous les instants qui sont assurées par le parquet.

2) La surveillance du parquet général sur la police judiciaire est prévue à l'article 13 du CPP. Elle prend sa dimension *maxima* pour les officiers de police judiciaire qui, on l'a dit, doivent être habilités par le procureur général à exercer cette mission et qui peuvent voir cette habilitation suspendue ou retirée par le même magistrat. On précisera que les fonctionnaires concernés disposent de certains recours (art. 16-1, 16-2, 16-3 du CPP) [2]. La loi du 4 janvier 1993 a renforcé le pouvoir du procureur général en édictant que la notation de l'OPJ habilité par le procureur général est prise en compte pour toute décision d'avancement (art. 19-1 CPP). Pour les agents de police judiciaire adjoints, gardes champêtres, gardes particuliers et fonctionnaires des administrations autres que ceux des eaux et forêts, le procureur général n'exerce pas lui-même le pouvoir disciplinaire. Il se contente de signaler les fautes aux administrations qui seules peuvent agir.

3) Le contrôle de la chambre de l'instruction (art. 13 CPP) constitue la forme la plus énergique de la surveillance des autorités judiciaires. Initialement il s'exerçait uniquement sur les fonctionnaires civils et militaires, officiers et agents de police judiciaire pris en cette qualité ainsi que sur les fonctionnaires des eaux et forêts (art. 224

1. B. Bouloc, H. Matsopoulou, *Droit pénal et procédure pénale,* n° 584.
2. V. M. L. Rassat, *Traité de procédure pénale,* n° 142.

CPP). La loi du 4 janvier 1993 a étendu ce contrôle à toutes les autres personnes exerçant des fonctions de police judiciaire. (art. 230 CPP).

Comme on peut le constater, ces différentes mesures tendent à placer la police judiciaire directement sous l'autorité des services judiciaires qui pourront prendre les sanctions qui s'imposent.

918 *2) Les sanctions* ◊ Trois types de sanctions sont possibles : pénales, civiles, disciplinaires.

a) Pénales. Les membres de la police judiciaire comme les autres citoyens sont responsables pénalement lorsqu'ils commettent des infractions dans l'exercice de leurs fonctions. Il existait cependant quelques règles particulières. Ainsi, selon les articles 679 et s. du CPP, les officiers de police judiciaire bénéficiaient de règles dérogatoires au droit commun de la compétence notamment territoriale (art. 687, CPP aujourd'hui abrogé) [1]. Ce privilège de juridiction a été supprimé mais le renvoi devant un autre tribunal peut être ordonné par la Chambre criminelle dans l'intérêt d'une bonne administration de la justice (art. 665, al. 2 du CPP). Néanmoins pour éviter des manœuvres dilatoires, de la part des prévenus, la loi n° 95-125 du 8 février 1995 a réintroduit dans le Code de procédure pénale un article 6-1 prévoyant une sorte d'exception préjudicielle à la mise en mouvement d'une action publique à l'encontre d'un agent public poursuivi pour crime ou délit commis dans le cadre d'une poursuite judiciaire et qui impliquerait la violation d'une disposition de procédure pénale. Dans ce cas toute poursuite est impossible avant que l'illégalité de l'acte n'ait été constatée par une décision définitive de la juridiction répressive saisie. Cette solution concerne aujourd'hui toutes les personnes intervenant dans le cadre de la procédure (OPJ ou APJ) [2].

b) Civiles. On a déjà relevé que c'est à propos de la responsabilité civile que se pose le problème de la distinction entre la police judiciaire et la police administrative [3]. Lorsqu'il s'agit de police judiciaire, seuls les tribunaux judiciaires peuvent être compétents. Jusqu'à la loi du 18 janvier 1979 réorganisant le régime de responsabilité des magistrats, la victime, lorsqu'elle voulait agir devant une juridiction civile, devait utiliser la procédure de la prise à partie lorsqu'il s'agissait de mettre en cause un officier de police judiciaire [4]. Pour les autres membres de la police judiciaire, les juridictions civiles statuaient selon

1. Sur ce point v. R. Merle et A. Vitu, *Traité de droit criminel*, t. II, n°s 908 et s. ; A. Vitu, « La mise en œuvre de la responsabilité pénale des magistrats et des membres de la police judiciaire en droit français », in *Mélanges J. Constant*, 1971, p. 373 et s.

2. V. en ce sens, A. Decocq, J. Montreuil, J. Buisson, *Le droit de la police*, *op. cit.*, n°s 1502 s. *contra*, B. Bouloc, *Procédure pénale*, n° 445. V. par ex. : Crim. 16 oct. 2001, *Bull. crim.*, n° 207.

3. V. *supra*, n° 900.

4. Lorsqu'il y avait corrélativement une responsabilité pénale, la victime pouvait toujours exercer son action civile devant une juridiction répressive.

les formes du droit commun. La loi de 1979 [1] qui supprime la procédure de prise à partie n'a pas mentionné les officiers de police judiciaire. Il faut donc en conclure que les règles de droit commun sont aujourd'hui applicables. Ainsi, comme par le passé, la responsabilité personnelle de ces fonctionnaires ne peut être engagée qu'en cas de faute personnelle. On doit ajouter que l'État peut être tenu civilement responsable des fautes commises par les membres de la police judiciaire selon les règles du droit commun [2]. Une action contre l'État sur la base de l'article L. 141-1 du COJ en cas d'agissements irréguliers pour mauvais fonctionnement du service serait également possible.

c) **Disciplinaires.** La responsabilité disciplinaire des membres de la police judiciaire est mise en œuvre de façon différente selon la catégorie à laquelle ils appartiennent [3].

D'une manière générale, lorsqu'il s'agit de fonctionnaires ils peuvent toujours être sanctionnés par leurs supérieurs hiérarchiques selon les règles propres à leurs corps mais pour certains d'entre eux, des sanctions complémentaires peuvent être prononcées par le procureur général ou la chambre de l'instruction. C'est une responsabilité quasi disciplinaire. D'autres auteurs parlent de responsabilité judiciaire [4].

Le procureur général peut d'abord à titre disciplinaire suspendre ou retirer l'habilitation qu'il doit nécessairement accorder à chaque officier de police judiciaire. On peut observer qu'il existe une procédure de recours pour l'OPJ sanctionné. Après avoir demandé au procureur général de rapporter sa décision, il peut en cas de réponse négative saisir une commission de la Cour de cassation qui se prononcera sur ce recours par décision non motivée (art. 16-1 à 16-3, CPP) [5]. On ajoutera que le procureur général peut aussi se borner à adresser une observation à l'OPJ, dont les supérieurs seront informés.

La chambre de l'instruction exerce, nous l'avons dit, un contrôle sur toutes les personnes ayant des fonctions de police judiciaire. La chambre de l'instruction est normalement saisie par le procureur général mais elle peut l'être par son président ou se saisir elle-même à l'occasion de l'examen d'une procédure (art. 225, CPP) [6]. Devant la

1. Sur cette loi, v. *supra*, n° 818, R. Merle et A. Vitu, *Traité de droit criminel*, t. II, n°s 916 et s.

2. Sur cette question J.-M. Auby, « La responsabilité de l'État en matière de justice judiciaire », *AJDA* janv. 1973, p. 4 et s. ; R. Merle et A. Vitu, *Traité de droit criminel*, t. II, n°s 790 et s. ; G. Vedel et P. Delvolvé, *Droit administratif*, p. 446 s. R. Chapus, *Droit administratif général*, t. I, Montchrestien, 15e éd., 2001, no 949 et s. et 1479. Civ. 1re 9 mars 1999, *D.* 2000. 398, note H. Matsopoulou ; Civ. 1re 25 janv. 2005, *Bull. civ.*, n° 92 ; *D.* 2006. Pan. 618, obs. J. Pradel.

3. V. sur ce point : A. Decocq, J. Montreuil, J. Buisson, *Le droit de la police*, *op. cit.*, n°s 1519.

4. J. Pradel, *Procédure pénale*, n° 193.

5. V. *supra*, n° 695.

6. Sur le caractère régulier de cette procédure par rapport à l'article 6, § 1 de la Conv. EDH, Crim., 26 févr. 1997, *Bull. crim.*, n° 78 ; *D.* 1997-297, note Pradel ; *JCP* 1997. II. 22865, note Matsopoulou. J. Pradel et A. Varinard, *Les Grands arrêts de la procédure pénale*, n° 5.

chambre va se dérouler une procédure contradictoire après qu'une enquête ait été diligentée. Il existe un éventail de sanctions allant de l'observation jusqu'à l'interdiction définitive d'exercer des fonctions de police judiciaire soit dans le ressort de la cour d'appel soit sur tout le territoire. Notons que ces sanctions ne font pas obstacle aux sanctions disciplinaires prises par les supérieurs hiérarchiques et à d'éventuelles sanctions pénales en cas d'infractions. La chambre de l'instruction transmet d'ailleurs le dossier au procureur général dans une telle hypothèse (art. 229, CPP) [1].

Les fonctionnaires dont nous venons de traiter ont sans doute d'autres attributions mais ils ont souvent une activité importante de police judiciaire. Tel n'est pas le cas des personnes dont nous allons maintenant parler.

§ 2. Les autorités investies de certains pouvoirs de police judiciaire

Certaines attributions de police judiciaire sont confiées à des magistrats, d'autres l'étaient à des autorités administratives, les préfets.

I. Les magistrats investis de pouvoirs de police judiciaire

Le Code d'instruction criminelle classait dans la catégorie des officiers de police judiciaire le procureur de la République et le juge d'instruction. Cette solution n'était pas sans poser quelques problèmes puisque le juge d'instruction magistrat du siège était alors placé sous la surveillance du procureur général. Le Code de procédure pénale a supprimé le problème en ne les faisant plus figurer dans la liste des officiers de police judiciaire sans faire disparaître pour autant, du moins pour certains d'entre eux, leurs attributions en cette matière.

919 ***A) Le procureur de la République et ses substituts*** ◊ Ces magistrats ont conservé toutes les attributions des officiers de police judiciaire mais sans avoir à subir les sujétions qui s'attachent à cette fonction (art. 41, al. 3, CPP). Ils interviennent non seulement en matière d'infraction flagrante (art. 68, CPP) mais d'une manière générale pour exécuter tous les actes nécessaires à la recherche et à la poursuite des infractions notamment en dirigeant l'activité des officiers et agents de police judiciaire du ressort du tribunal auprès duquel ils sont installés.

1. On ajoutera qu'aux termes d'un article 15-2 CPP, ajouté par la loi du 15 juin 2000, les enquêtes administratives relatives au comportement d'un OPJ ou APJ dans l'exercice d'une mission de police judiciaire associent, l'inspection générale des services judiciaires, aux services compétents. Elles peuvent être décidées par le ministre de la justice et sont alors dirigées par un magistrat.

920 ***B) Le juge d'instruction*** ◊ Ses pouvoirs de police judiciaire s'exerçaient principalement en cas d'enquêtes pour crimes ou délits flagrants (art. 72, al. 2, CPP). Ce texte a été abrogé par la loi du 24 juin 1999. Il n'était pas normal que le juge d'instruction accomplisse des actes dans le cadre d'une enquête [1]. En revanche, si le procureur de la République est sur les lieux il peut requérir l'ouverture d'une instruction permettant au juge d'agir normalement (art. 72 dernier al. CPP). Dans le cadre de l'information il a la possibilité de déléguer ses pouvoirs aux officiers de police judiciaire en délivrant des commissions rogatoires (art. 151 et s., CPP). Il peut par ailleurs recevoir les plaintes et requérir la force publique dans l'exercice de ses fonctions.

II. Les pouvoirs de police judiciaire des préfets [2]

921 ***A) Évolution*** ◊ Est-il opportun qu'un fonctionnaire de l'exécutif comme le préfet se voie confier des attributions de police judiciaire ? Le CIC dans son article 10 avait répondu positivement à cette question en accordant au préfet de très larges pouvoirs de police judiciaire, sans en faire un officier de police judiciaire. Il échappait ainsi à tout contrôle judiciaire ce qui pouvait évidemment conduire à des abus. Critiqué par la doctrine l'article 10 fut abrogé par une loi du 7 février 1933. Les événements politiques de 1934 allaient conduire à la résurrection du texte mais en limitant les attributions de police judiciaire des préfets aux seules infractions contre la sûreté de l'État et en assortissant ces pouvoirs de plusieurs restrictions.

Ce texte fut repris par la suite dans l'article 30 du CPP. Cette disposition qui n'était plus utilisée depuis 1968, et dont la constitutionnalité était discutable (V. différentes décisions du Conseil constitutionnel de 1983 et 1985), a été supprimée par la loi du 4 janvier 1993 (art. 148).

922 ***B) Droit positif*** [3] ◊ L'abrogation de l'article 30 du CPP n'a cependant pas fait disparaître entièrement les prérogatives des préfets en matière de police judiciaire. En effet, un décret-loi du 1er juillet 1939, maintenu en vigueur, permet au représentant de l'État de procéder ou de faire procéder par des officiers de police judiciaire à « tous les actes nécessaires à l'effet de constater les crimes, délits ou contraventions et d'en livrer les auteurs aux tribunaux chargés de les punir ».

Les pouvoirs du Préfet connaissent néanmoins une triple limite. En premier lieu, ils ne peuvent être exercés qu'en cas de guerre ou de tension extérieure déclarée par décret en conseil des ministres.

1. M. L. Rassat, *Traité de procédure pénale*, p. 145.
2. V. P. Lautecaze, *Les pouvoirs de police judiciaire du préfet*, thèse, Bordeaux, 1938.
3. V. B. Bouloc, *Procédure pénale*, nos 450 et s., Circulaire du ministre de la Justice du 31 décembre 1992, *JCP* 1993. III. 65892.

En deuxième lieu, il faut noter que les pouvoirs du Préfet ne sont que temporaires. Il a la possibilité de prendre l'initiative de l'action et de décider de mesures conservatoires pour la sauvegarde de l'intérêt général. Pour cette raison dans les trois jours, il transmettra au magistrat compétent tous les éléments qu'il a réunis et remettra les personnes appréhendées.

En troisième lieu, on ajoutera que tout officier de police judiciaire requis par un Préfet doit aviser aussitôt le ministère public de ses diligences.

On ajoutera enfin que le Préfet peut bien entendu engager sa responsabilité personnelle.

923 ***Politique de sécurité*** ◊ Une loi n° 95-73 du 21 janvier 1995 dite d'orientation et de programmation relative à la sécurité publique, affirme que la sécurité est un droit fondamental et l'une des conditions de l'exercice des libertés individuelles et collectives et attribue au représentant de l'État un rôle essentiel en ce domaine. Ce texte précise en effet que, sous réserve des dispositions relatives à la police judiciaire, le Préfet ou le Préfet de police à Paris anime et coordonne la prévention de la délinquance et de l'insécurité. Il fixe les missions et veille à la coordination des actions en matière de sécurité publique des différents services et forces dont dispose l'État. Les responsables locaux de ces services doivent lui rendre compte. Ainsi, en dehors de l'action en matière de police judiciaire, le Préfet joue un rôle important pour prévenir la délinquance [1].

Cette longue énumération nous a montré que les personnes investies de missions de police judiciaire sont assez nombreuses. Il nous faut examiner maintenant quelles sont leurs attributions qui, au demeurant, sont particulièrement importantes.

SECTION 2. LES ATTRIBUTIONS DE LA POLICE JUDICIAIRE

Les attributions de la police judiciaire sont principalement définies dans l'article 14 du CPP. Il importe tout d'abord de préciser quelles sont les différentes missions qui sont confiées à la police judiciaire, autrement dit quelle est la compétence des membres de la police judiciaire. L'examen des attributions de la police judiciaire fait alors apparaître une activité essentielle, celle qui consiste à éclairer le ministère public sur les décisions qu'il doit prendre en matière de poursuite. Cette activité policière essentielle, ce que l'on a parfois

1. V. égal. sur ce point la loi n° 2002-1094 du 29 août 2002 d'orientation et de programmation de sécurité intérieure, précisément l'annexe 1 confirmant le rôle central du préfet dans la politique de sécurité (V. *infra* n° 858). V. égal. loi n° 2003-339 du 18 mars 2003, sur la sécurité intérieure (*JO* 19 mars 2003, p. 4761, art. 2 et 3).

appelé le « stade policier » du procès, c'est l'enquête, acte de police judiciaire de base sur lequel il convient de donner quelques indications.

§ 1. Les missions de la police judiciaire

Comme nous l'avons dit, déterminer les missions de la PJ c'est, sous une autre forme, préciser la compétence d'attribution des membres de la police judiciaire. Nous donnerons ensuite quelques éléments quant à leur compétence territoriale.

I. Compétence d'attribution de la police judiciaire

Globalement, la mission de la police judiciaire est de rechercher les infractions, de les constater, d'en rassembler les preuves et d'identifier leurs auteurs avant de les présenter au ministère public. Si cette activité s'exerce normalement avant toute poursuite, elle peut aussi s'exercer dans *le cadre d'une instruction*. On doit rappeler [1] que l'étendue de la compétence d'attribution des membres de la police judiciaire est assez différente selon la place qu'ils occupent dans la hiérarchie. En fait, seuls les OPJ disposent de tous les pouvoirs et notre propos les concernera essentiellement, les agents de police judiciaire étant leurs collaborateurs et les autres titulaires de fonctions de police judiciaire voyant leurs attributions précisément définies dans les textes spéciaux qui les investissent.

A. L'action de la PJ en dehors de toute information

924 ***Distinction*** ◊ Pour réaliser les objectifs qui lui sont confiés par l'article 14 du CPP, si nous délaissons ici les actes de police judiciaire réalisés au cours des enquêtes que nous analyserons à titre principal, l'activité de la police judiciaire se résume en deux opérations essentielles, la réception et la transmission des plaintes et dénonciations, la constatation des infractions par procès-verbaux [2].

925 ***1) Réception et transmission des plaintes et dénonciations*** ◊ Cette mission de la police judiciaire est précisée dans l'article 17 du CPP. La plainte, au sens précis de ce terme, est un acte par lequel la victime d'une infraction porte ce fait à la connaissance des autorités. Pour faciliter l'action des victimes la loi du 15 juin 2000 a ajouté au CPP un article 15-3 qui précise que la police judiciaire est tenue de recevoir les plaintes et les transmettre au service de police territorialement compétent. La loi du 9 mars 2004 ajoute que tout dépôt de plainte fait l'objet d'un procès-verbal et donne lieu à délivrance d'un récépissé à la victime et d'une copie du PV en cas de demande (art. 15-3 al. 2

1. V. *supra*, n°s 912 et s.
2. Il existe d'autres attributions accessoires de la police judiciaire, notamment en matière d'exécution des sentences pénales.

CPP). Lorsqu'elle est accompagnée d'une demande d'indemnisation, elle porte le nom de constitution de partie civile. La dénonciation, au contraire, émane d'un tiers qui n'a pas eu à souffrir de l'infraction. Elle peut être le fait d'un fonctionnaire pour lequel c'est d'ailleurs une obligation si l'infraction est constatée dans l'exercice de sa fonction (art. 40, al. 2, CPP) ou d'un particulier. Il existe certaines obligations de dénonciation sous peine de sanctions pénales qui manifestent une forme de devoir de solidarité sociale (art. 434-1, 434-2, 434-3 C. pén.). Les abus de dénonciation peuvent en revanche entraîner la condamnation pénale de leur auteur (dénonciation calomnieuse ou outrage à magistrat).

La dénonciation par l'auteur de l'infraction lui-même peut dans certains cas entraîner à son profit une exemption de peine (ex. : celui qui dénonce une association de malfaiteurs à laquelle il appartient, art. 450-2 C. pén.).

Toutes les informations sur les infractions commises, ainsi recueillies, doivent être transmises au procureur de la République (art. 19 CPP) [1].

926 ***2) Constatation des infractions par procès-verbaux*** ◊ Il résulte de toute une série de textes du CPP que pratiquement toutes les personnes investies de fonctions de police judiciaire, à l'exception des agents de police judiciaire adjoints (art. 21, CPP) peuvent constater les infractions par procès-verbaux. Pour ces derniers, ils peuvent simplement rédiger des rapports en se conformant aux ordres de leurs supérieurs [2]. La constatation des contraventions obéit souvent à des règles assez particulières. Ainsi, le nombre des personnes qui peuvent les constater est plus important, notamment pour les infractions en matière de Code de la route (V. art. R 130-1 à R 130-10 du C. de la route).

On ajoutera que de nombreuses lois spéciales précisent comment les infractions qu'elles prévoient, devront être constatées, par quels agents, et quelle force probante sera attachée aux procès-verbaux ainsi rédigés.

Les procès-verbaux, actes écrits malgré la terminologie utilisée, ne servent pas seulement à la constatation des infractions, mais encore à prendre acte des dénonciations ou plaintes orales et à rendre compte des opérations effectuées au cours des enquêtes. Les formalités de rédaction diffèrent parfois avec la nature des infractions constatées mais d'une manière assez générale, les procès-verbaux doivent être rédigés dans un certain délai après les faits constatés et surtout trans-

1. L'article 48-1 CPP, tel qu'il résulte de la loi du 9 mars 2004, prévoit la mise en place d'un bureau d'ordre national automatisé des procédures judiciaires pour centraliser toutes les informations nominatives relatives aux plaintes et dénonciations reçues par les procureurs de la République ou les juges d'instruction.

2. Les APJA peuvent cependant constater certaines contraventions au Code de la route (art. 21 al. 9 CPP).

mis au ministère public, également dans un délai assez bref. Sur le plan probatoire le procès-verbal de constatation d'un crime ou d'un délit, sauf disposition contraire, ne vaut que comme simple renseignement. En revanche, en principe, les procès-verbaux en matière de contravention, par exemple, valent jusqu'à preuve contraire. Il en est ainsi, même pour les rapports des APJA (art. 537, al. 2 CPP). Ils ne peuvent donc être écartés que sur la base de preuves écrites ou testimoniales contraires. D'autres, exceptionnellement, font foi jusqu'à inscription de faux, autrement dit, ils ne peuvent être contestés qu'en démontrant que leur rédacteur est un faussaire. Ce caractère appartient par exemple aux procès-verbaux rédigés en matière de douanes [1].

B. L'action de la police judiciaire délégataire du juge d'instruction

927 ***Principes essentiels*** ◊ Lorsqu'une information est ouverte, le juge d'instruction n'a pas toujours la possibilité matérielle de réaliser tous les actes de l'instruction. Il peut alors demander à un officier de police judiciaire d'agir par délégation. Il va ainsi donner commission rogatoire pour effectuer certaines opérations : constatations, saisies, perquisitions, auditions de témoins.

Il est important de noter que, dans ce cadre, l'OPJ accomplit des actes d'instruction et non de police. Il dispose donc des mêmes pouvoirs que le juge et doit respecter les formalités auxquelles ce dernier est soumis. Il reste néanmoins que certains actes ne peuvent pas être réalisés par un OPJ [interroger la personne mise en examen, décerner un mandat, ou effectuer certaines perquisitions dans des locaux professionnels (art. 56-1 et 56-2 CPP)]. Les OPJ ne peuvent pas procéder aux interrogatoires et aux confrontations des personnes mises en examen. Pour ce qui concerne la partie civile ou un témoin assisté, ils ne peuvent procéder à leurs auditions qu'à la demande de ces personnes (art. 152 al. 2 CPP). Ajoutons enfin que le délégataire qui est un véritable mandataire doit régulièrement rendre compte à son mandant [2].

Ces différentes attributions étant indiquées, il reste à déterminer dans quel cadre le fonctionnaire de police judiciaire peut les réaliser.

II. Compétence territoriale de la police judiciaire

928 ***Le principe*** ◊ En la matière, le principe est que les membres de la police judiciaire ne sont compétents qu'à l'intérieur de la circonscription où ils exercent leurs fonctions habituelles (art. 18, al. 1er CPP). Les maires et adjoints ne sont compétents que sur le territoire de leur commune.

1. Sur l'ensemble de cette question, V. A. Decocq, J. Montreuil, J. Buisson, *Le droit de la police, op. cit.*, nos 1413 s.
2. Sur cette question en général ; J. Pradel, *Procédure pénale*, nos 681 s. M. L. Rassat, *Traité de procédure pénale*, nos 380 et s.

Pour les fonctionnaires de police ou de gendarmerie, l'étendue de la circonscription est très variable [1].

L'article 15-1 du CPP, précise qu'un décret en Conseil d'État détermine les catégories de services ou unités dans lesquels les OPJ exercent leurs fonctions habituelles. La loi du 18 mars 2003 a ajouté une précision pour indiquer que la compétence territoriale de ces services peut concerner l'ensemble du territoire national, une ou plusieurs zones de défense ou l'ensemble d'un département (art. 15-1 *in fine*). Les règles applicables en matière de compétence territoriale sont inscrites dans les articles R. 15-18 à R. 15-33 tels qu'ils résultent des décrets du 25 août 2003, 10 juin 2004 et plus récemment du 27 juin 2008. Ces dispositions précisent les fonctionnaires ayant compétence sur l'ensemble du territoire (R. 15-18 et R. 15-22), ceux qui ont des compétences régionales dans le ressort d'une ou plusieurs zones de défense (R. 15-19, R. 15-23 CPP) et ceux qui ont compétence sur un département, une collectivité d'outre-mer ou la Nouvelle-Calédonie (art. R. 15-20, R. 15-24) [2].

929 ***Les exceptions*** ◊ Ce principe général connaît néanmoins certaines exceptions permettant à un membre de la police judiciaire de sortir de sa circonscription (art. 18, al. 2 à 5, CPP).

En cas de crime ou délit flagrant les OPJ peuvent se transporter dans les TGI limitrophes du ou des tribunaux auxquels ils sont rattachés pour poursuivre leurs investigations. Les tribunaux de grande instance situés dans un même département sont considérés comme un seul et même ressort de même que les ressorts de Paris Bobigny Nanterre et Créteil.

Il arrive même que les pouvoirs des officiers de PJ soient étendus à tout le territoire national. Le juge d'instruction par commission rogatoire expresse ou le procureur de la République, par réquisitions peuvent demander de procéder aux opérations demandées sur tout le territoire. On rappellera que certains fonctionnaires de la police judiciaire affectés à des offices centraux (stupéfiants par ex.) sont normalement compétents sur toute l'étendue du territoire national. L'article 18 dernier alinéa, précise les pouvoirs des OPJ exerçant leur mission dans des véhicules affectés au transport collectif des voyageurs (V. la loi du 18 mars 2003, art. 8). Un décret du 28 décembre 2005 précise les extensions de compétence des officiers et agents de police judiciaire en matière de transports collectifs de voyageurs (art. R. 15-30 CPP). Ils peuvent opérer sur toute la zone de défense de leur service d'affectation. Les OPJ peuvent également procéder à des auditions sur

1. Lorsqu'une circonscription est divisée en arrondissements, les OPJ peuvent valablement agir sur tout le territoire de la circonscription, même lorsqu'ils sont affectés à un arrondissement.

2. V. B. Bouloc, *Procédure pénale*, n° 393, R. Merle et A. Vitu, *Traité de droit criminel*, t. II, n°s 255 et s.

le territoire d'un État étranger. Outre l'accord des autorités de cet état ils ne pourront agir que sur commission rogatoire expresse du juge d'instruction ou réquisitions du procureur de la République (art. 18 al. 5 réd. loi du 9 mars 2004).

La plupart des opérations qui exigent que le fonctionnaire sorte de la circonscription d'habilitation sont réalisées au cours des enquêtes, mission essentielle de la police judiciaire dont on va dire quelques mots.

§ 2. Les actes de police judiciaire : les enquêtes

930 ***Distinction*** ◊ Le CPP a réglementé dans les articles 53 à 78 deux formes d'enquêtes : l'enquête sur infraction flagrante et l'enquête préliminaire. L'idée qui préside à une telle distinction est de donner des pouvoirs beaucoup plus importants aux membres de la police judiciaire, lorsqu'ils agissent dans le cadre de la flagrance. En effet, il convient dans ce cas d'agir vite pour recueillir les preuves quelquefois encore évidentes de l'infraction. Nous allons envisager successivement les actes de la police dans ces deux types d'enquête.

I. L'enquête sur infraction flagrante

Avant d'indiquer quelles sont les opérations que peuvent réaliser les policiers dans le cadre d'une enquête de flagrance, il faut d'abord préciser le domaine de cette enquête en déterminant ce qu'est la flagrance.

931 ***A) La notion de flagrance*** [1] ◊ C'est l'article 53 du CPP qui précise ce qu'est une infraction flagrante. Évidemment, c'est d'abord l'infraction qui se commet actuellement ou qui vient de se commettre, c'est-à-dire lorsque les effets sont encore très visibles ou la personne soupçonnée toujours présente sur les lieux. On y ajoute ce que certains appellent [2] la flagrance par présomption, c'est-à-dire lorsque l'individu soupçonné est poursuivi par la clameur publique ou porteur d'objets, traces ou indices rendant vraisemblable sa participation à l'infraction. La flagrance par assimilation c'est-à-dire lorsqu'une infraction avait été commise à l'intérieur d'une maison et qu'il était demandé de la constater (art. 53, al. 2, CPP) par le légitime occupant a été supprimée par la loi du 23 juin 1999. En revanche le législateur a prévu trois hypothèses nouvelles ou la situation implique une action rapide et efficace. Il s'agit en premier lieu du cas d'une enquête pour mort suspecte

1. Sur cette question : P. Conte, « Un aspect de l'apparence vraisemblable au stade policier de la procédure pénale », *RSC* 1985.471 ; M. L. Rassat, *Traité de procédure pénale*, n°s 331 et s. ; A. Decocq, J. Montreuil, J. Buisson, *Le droit de la police*, *op. cit.*, n° 604, plus particulièrement sur le rôle que peuvent jouer les appareils de captation de l'image et du son (la vidéo surveillance par ex.) pour établir la flagrance.
2. J. Pradel, *Procédure pénale*, n°s 564 s.

à laquelle la loi Perben II a ajouté le cas d'une personne grièvement blessée lorsque les blessures sont suspectes (l'art. 74 al. 1 et 5 CPP). La seconde hypothèse concerne la disparition d'un mineur ou d'un majeur protégé ou encore celle d'un majeur présentant un caractère inquiétant ou suspect (art. 74-1 CPP). Le troisième cas a pour objet de rechercher et de découvrir une personne faisant l'objet d'un mandat d'arrêt délivré par une juridiction d'instruction ou de jugement ou condamné à une peine privative de liberté sans sursis au moins égale à un an (art. 74-2 CPP).

Pour que les actes de l'enquête de flagrance puissent être effectués, encore faut-il qu'il s'agisse d'une infraction assez grave, c'est-à-dire aujourd'hui, un crime ou un délit puni de l'emprisonnement (art. 67, CPP).

Aux termes de l'alinéa 2 de l'article 53 l'enquête peut se poursuivre sans discontinuer pendant une durée de 8 jours. Néanmoins la loi du 9 mars 2004 a introduit une souplesse dans ce système en permettant au procureur de la République de décider d'une prolongation de 8 jours pour les crimes et les délits passibles d'une peine égale ou supérieure à 5 ans d'emprisonnement (art. 53 al. 3 CPP) [1].

932 *B) Les actes de l'enquête de flagrance (art. 54 à 66 CPP)* ◊ Il importe de noter que les pouvoirs dont dispose la police judiciaire en cas de flagrance s'exercent de façon coercitive. Cette enquête évoque en effet, par quelques aspects l'instruction, et les personnes qui sont soumises à certaines mesures ne peuvent s'y soustraire. Bien entendu, de nombreuses formalités doivent être respectées. Ainsi, pour la plupart, les actes ne peuvent être diligentés que par un OPJ et nous savons que le procureur de la République peut directement intervenir dans l'enquête.

933 *1) Les actes initiaux* ◊ Lorsqu'un OPJ est informé d'une manière ou d'une autre d'une infraction flagrante, il doit aussitôt en informer le procureur de la République. Il doit ensuite se transporter immédiatement sur les lieux de l'infraction pour en préserver toutes les preuves. Il relèvera tout indice qui pourrait disparaître. Toute modification de l'état des lieux est interdite et constitue une infraction pénale. Il peut mettre des objets sous main de justice et faire défense à toute personne de s'éloigner. Il peut également procéder aux contrôles et vérifications d'identité des personnes présentes selon les règles du droit commun (art. 78-1 à 78-5 CPP). Comme on peut le constater, il s'agit avant tout d'actes provisionnels destinés à faciliter les opérations ultérieures et éventuellement le déroulement de l'instruction.

1. S. Guinchard, J. Buisson, *Procédure pénale*, n° 668, qui évoquent des situations faussement assimilées à la flagrance.

934 *2) Les actes concernant les biens* ◊ Au-delà des opérations initiales, la police va véritablement commencer l'enquête en entreprenant des investigations pour découvrir des preuves non apparentes. Elle pourra tout d'abord procéder ou faire procéder sous son contrôle à des opérations de prélèvements nécessaires à des examens techniques sur les personnes contre lesquelles il existe des raisons plausibles de soupçonner qu'elles ont commis l'infraction de même que procéder ou faire procéder à des relevés signalétiques ou prises d'empreintes (art. 55-1 CPP). Le refus de prélèvement est une infraction. Elle pourra également procéder à des perquisitions ou saisies. Ces opérations peuvent être imposées contre la volonté de ceux qui les subissent mais en respectant certaines formalités destinées à garantir les libertés individuelles. Ainsi les perquisitions ne peuvent être faites qu'entre 6 heures et 21 heures [1] en présence de la personne chez qui on perquisitionne ou de deux témoins. Certaines perquisitions (celles effectuées dans le cabinet d'un avocat [art. 56-1 CPP] ou dans les locaux d'une entreprise de presse ou de communication audiovisuelle [art. 56-2 CPP] ou encore d'un médecin, notaire [art. 56-3] CPP sont obligatoirement menées par un magistrat). Les objets saisis sont inventoriés dans des procès-verbaux et placés sous scellés (art. 56, al. 4, CPP). On notera que des règles spécifiques ont été prévues pour la saisie et la conservation des données informatiques (art. 57-1 CPP). La loi du 15 juin 2000, modifiée par la loi du 12 décembre 2005, a mis en place un système très complexe pour les perquisitions chez un avocat, le bâtonnier pouvant notamment s'opposer à la saisie d'un document. C'est le juge des libertés et de la détention qui tranchera ce différend. Ces mesures s'appliquent également pour les perquisitions effectuées dans les locaux de l'ordre des avocats, les attributions du juge des libertés étant confiées dans ce cas au président du tribunal de grande instance (art. 56-1, dernier alinéa CPP).

L'OPJ peut également ordonner une expertise et pour cela requérir un expert pour certaines constatations ou examens techniques ou scientifiques (ex. : médecin en cas de découverte d'un cadavre). Il peut également requérir un ouvrier comme par exemple un serrurier qui ne peut refuser de collaborer sous peine de sanctions pénales (art. 60 CPP). Il peut également requérir de toute personne, tout établissement public ou privé, toute administration, susceptible de détenir des documents intéressant l'enquête y compris ceux issus d'un système informatique ou d'un traitement de données nominatives, de remettre les documents en leur possession (art. 60-1 CPP).

1. Il existe certaines exceptions visant la recherche de quelques infractions comme le trafic de stupéfiants. (art. 706-28 CPP). La loi du 9 mars 2004 a étendu le domaine de ces exceptions aux infractions réalisées dans le cadre d'une criminalité organisée mais il faudra une autorisation du juge des libertés et de la détention (art. 706-89 à 706-94 CPP).

935 ***3) Les actes concernant les personnes*** ◊ Parmi les actes les plus importants de l'enquête, il y a tout d'abord l'audition des témoins et des suspects. Les OPJ comme les agents de police judiciaire peuvent en effet entendre toute personne susceptible de fournir des renseignements sur les faits (art. 62, CPP). Les personnes convoquées sont tenues de comparaître, elles peuvent y être contraintes par la force publique, mais elles ne prêtent pas serment. Elles signent le procès-verbal d'audition après relecture. Aux termes du dernier alinéa de l'article 62 CPP les personnes contre lesquelles n'existe aucune raison plausible de soupçonner qu'elles ont commis une infraction ne peuvent être retenues que le temps strictement nécessaire à leur audition.

On doit ensuite citer la garde à vue. Cette mesure qui permet à la police de garder une personne à sa disposition pendant une certaine durée facilite l'enquête. Mais elle porte une atteinte assez grave à la liberté des personnes, aussi est-elle très précisément réglementée. Elle ne peut être ordonnée que par un OPJ et en droit commun sa durée n'excède pas 24 heures. Il est possible de la prolonger de 24 heures mais il faut alors une autorisation écrite d'un magistrat du ministère public. Il existe un régime dérogatoire où le délai peut être exceptionnellement allongé. Il s'agit des infractions relevant de la criminalité organisée (art. 706-73 CPP). Dans ce cas la garde à vue peut faire l'objet de deux prolongations supplémentaires de 24 heures par le juge des libertés et de la détention, la première nécessairement après présentation de l'intéressé devant ce juge. Si la durée prévisible des investigations le justifie une seule prolongation de 48 heures peut être décidée par le juge des libertés. On ajoutera qu'en matière de terrorisme le délai peut être porté à 6 jours. Ce délai peut concerner les mineurs de 16 à 18 ans (art. 706-88 CPP et art. 4 *in fine* de l'ord. du 2 févr. 1945). Néanmoins la garde à vue des mineurs est soumise habituellement à des règles beaucoup plus restrictives [1].

Si les garanties concernant l'individu gardé à vue avaient déjà été sérieusement assurées, la loi du 15 juin 2000 relative à la présomption d'innocence est encore beaucoup plus protectrice. Le principe même de la garde à vue est limité, puisqu'elle ne peut être décidée que pour des personnes à l'encontre desquels il existe une ou plusieurs raisons plausibles de soupçonner qu'elles ont commis ou tenté de commettre une infraction (art. 63 al. 1er CPP).

D'une manière générale, la garde à vue est entourée d'un assez grand formalisme. Le procureur de la République est immédiatement avisé de tout placement en garde à vue.

La personne placée dans cette situation est informée sans délai de ses droits, de la nature de l'infraction, sur laquelle porte l'enquête, et des dispositions relatives à la durée de cette mesure. On notera que

1. V. R. Merle et A. Vitu, *Traité de droit criminel*, t. II, n° 299-2e ; B. Bouloc, H. Matsopoulou, *Droit pénal et procédure pénale*, n° 558 ; Ph. Bonfils, A. Gouttenoire, *Droit des mineurs*, Dalloz, 2008, n° 1379 et s.

l'information selon laquelle il était possible de faire des déclarations, de répondre aux questions posées ou de se taire a été supprimée. Mention de cet avis est porté au procès-verbal émargé par la personne gardée à vue. Cette dernière peut faire prévenir par téléphone et sans délai la personne avec laquelle elle vit habituellement, un parent, un frère, une sœur ou un employeur, de sa situation. Si l'OPJ ne veut pas faire droit à la demande, pour les nécessités de l'enquête, il en réfère au procureur de la République, qui décidera s'il y a lieu d'accéder à cette demande.

Une deuxième garantie résulte de la possibilité d'un examen médical, qui est de droit, sur demande de la personne. En cas de prolongation, un deuxième examen est possible. Il peut aussi être sollicité par l'OPJ, le procureur de la République ou un membre de la famille. Le certificat médical doit indiquer l'aptitude de l'individu au maintien de la garde à vue.

Une troisième garantie concerne l'intervention d'un avocat. Aujourd'hui, c'est-à-dire depuis le 1er janvier 2001, l'entretien est possible dès le début de la garde à vue. En cas de prolongation, un nouvel entretien est possible dès le début de la prolongation. Pour certaines infractions graves relevant de la criminalité organisée l'alinéa dernier de l'art. 63-4, dans sa rédaction de la loi du 9 mars 2004, prévoit que l'entretien avec l'avocat ne peut intervenir qu'après un délai de 48 heures pour l'enlèvement et la séquestration en bande organisée (art. 706-73 4e CPP) le proxénétisme (6e du même texte) le vol commis en bande organisée (7e) l'extorsion (8e) l'association de malfaiteurs (15e) et de 72 heures pour trafic de stupéfiants (art. 706-73-3e CPP) et terrorisme (11e du même texte). Dans ce cas, le procureur de la République doit être immédiatement averti de la qualification des faits retenus par les enquêteurs.

Si le gardé à vue n'a pas d'avocat, il sera demandé au bâtonnier qu'il en soit commis un d'office. Cet avocat sera informé de la nature et de la date présumée de l'infraction sur laquelle porte l'enquête. L'entretien ne peut pas durer plus de trente minutes. L'avocat, qui n'a pas accès au dossier, pourra présenter des observations écrites.

La dernière garantie résulte de la tenue d'un procès-verbal d'audition, qui doit obligatoirement mentionner la durée des interrogatoires, des périodes de repos, les heures auxquelles la personne a pu s'alimenter, ainsi que les dates et heures précises du début et de la fin de la garde à vue. Il est émargé par la personne gardée à vue (art. 64 CPP). Si, au cours de la garde à vue, une fouille corporelle interne doit être réalisée, elle est effectuée par un médecin requis à cet effet (art. 63-5 CPP). Si l'on ajoute que la garde à vue est placée sous le contrôle permanent du procureur de la République, la possibilité d'abus, souvent alléguée, apparaît aujourd'hui bien difficile [1].

1. R. Merle et A. Vitu, *Traité de droit criminel*, t. II, nos 298 ; B. Bouloc, *Procédure pénale*, nos 419 et s. ; J. Pradel, *Procédure pénale*, nos 533 et s. ; A. Decocq, J. Montreuil, J. Buisson,

Qu'il y ait garde à vue ou non, une autre mesure concernant les personnes peut être prise par les membres de la police judiciaire : c'est l'arrestation. Tout auteur d'une infraction flagrante peut être arrêté et conduit devant le procureur de la République. C'est d'ailleurs un pouvoir qui est attribué par l'article 73 du CPP à un simple particulier.

Il faut préciser que dans le but de lutter contre la criminalité organisée concernant certaines infractions précisément énumérées (art. 706-73 et 706-74 CPP) le législateur permet à la police judiciaire de mettre en place des systèmes de surveillance des personnes contre lesquelles il existe des raisons plausibles de les soupçonner d'avoir commis certaines infractions (art. 706-80 CPP). Elle peut également procéder à des opérations d'infiltration consistant à surveiller certains suspects en se faisant passer auprès d'eux pour un coauteur, complice ou receleur (sur l'organisation de ce système : art. 706-81 à 706-87 CPP). On peut noter que la loi du 5 mars 2007 relative à la prévention de la délinquance a ajouté dans le Code de procédure pénale deux articles permettant à la police judiciaire de réaliser des opérations d'infiltration dans les réseaux électroniques pour participer aux échanges sous un pseudonyme et aussi entrer en contact avec d'éventuels auteurs d'infractions (traite des êtres humains, proxénétisme, prostitution de mineurs et provocation de mineurs : art. 706-35-1 et 706-47-3 CPP) afin d'établir leur culpabilité. La même loi a également rétabli l'article 706-32 du CPP organisant les opérations d'infiltration dans le domaine de l'acquisition, de l'offre ou de la cession de produits stupéfiants (222-37 et 222-39 C. pén.). Les opérations de surveillance peuvent aussi être réalisées par la sonorisation ou la fixation d'images de certains lieux ou véhicules (art. 706-96 et s. CPP). Toutes ces opérations sont réalisées sous le contrôle des magistrats (procureur de la République, juge d'instruction ou juge des libertés et de la détention) [1].

Comme on peut le constater, la police judiciaire dispose de prérogatives importantes en cas d'infractions flagrantes graves. Cependant, l'intervention du procureur de la République dont nous avons parlée [2] peut dessaisir les membres de la police judiciaire.

Le procureur de la République qui se transporte sur les lieux peut lui-même accomplir les actes de la police judiciaire.

Le procureur de la République pourra utiliser une procédure de poursuite rapide en choisissant l'un des trois procédés mis à sa disposition : la convocation par procès-verbal, la comparution immédiate devant le tribunal ou la présentation de l'individu devant le juge des libertés et

Le droit de la police, *op. cit.*, n°s 732 et s. ; J. Larguier et P. Conte, *Procédure pénale*, coll. « Mémentos », Dalloz, 21e éd., 2006, p. 58 et s. ; M. L. Rassat, *Traité de procédure pénale*, n°s 343 et s. ; J. Buisson, « La garde à vue dans la loi du 19 juin 2000 », *RSC* 2001. 25. ; S. Guinchard et J. Buisson, *Procédure pénale*, n°s 718 et s. ; V. Bück, « Vers un contrôle plus étendu de la garde à vue », *RSC* 2001. 325.

1. V. par ex. J. Pradel, *Procédure pénale*, n°s 419 et s. ; S. Guinchard et J. Buisson, *Procédure pénale*, n°s 602 614 et s.

2. V. *supra*, n°s 919 et 922.

de la détention statuant en chambre du conseil pour qu'il décide d'une détention provisoire si le tribunal ne peut pas se réunir immédiatement (art. 393 à 397-6, CPP) [1]. Le procureur de la République peut aussi décider d'utiliser la procédure de comparution sur reconnaissance préalable de culpabilité pour les délits passibles d'une peine d'emprisonnement d'une durée inférieure ou égale à 5 ans (art. 499-7 et s. CPP). On ajoutera que le procureur pourrait aussi décider de mettre en œuvre une procédure alternative aux poursuites ou une composition pénale en application des articles 41-1 et 41-2 du CPP (art. 40-1, 2 °CPP).

L'arrivée éventuelle d'un juge d'instruction (ce qui est rare) ne dessaisit plus la police et le procureur. Dans ce cas, assez souvent le procureur prendra un réquisitoire, ce qui conduira à passer d'une procédure d'enquête à une procédure d'instruction.

Mais la police judiciaire peut aussi intervenir en dehors d'une infraction flagrante dans sa mission générale de recherche des infractions ; c'est le domaine de l'enquête préliminaire.

II. L'enquête préliminaire [2]

936 ***Principes essentiels*** ◊ L'utilité d'une telle enquête qui tend à procurer au ministère public des éléments d'information quant aux suites à donner à une affaire apparaît évidente. Si elle peut être diligentée à la demande du parquet, elle peut aussi être entreprise spontanément et elle n'est pas sans danger pour les libertés individuelles, les citoyens se trouvant privés de certaines garanties déployées au cours d'une information officielle. La légalité de cette enquête [3], connue sous le nom d'enquête officieuse, a été contestée, le CIC ne l'ayant pas envisagée. Le CPP l'a légalisée et organisée dans les articles 14, 38, 75 et s. en la confiant aux seules OPJ et aux agents de police judiciaire qui peuvent agir d'office ou sur instructions du parquet.

La loi du 15 juin 2000 a introduit quelques règles supplémentaires pour mieux encadrer cette forme d'enquête. Aux termes de l'article 75-1 CPP, lorsqu'elle est ordonnée par le procureur de la République il doit fixer le délai dans lequel elle doit être effectuée. Ce délai pourrait cependant être prolongé. Si elle est menée d'office les OPJ doivent rendre compte de son état d'avancement lorsqu'elle est commencée depuis plus de 6 mois. L'OPJ qui mène une enquête concernant un crime ou un délit doit saisir le procureur dès qu'une personne contre laquelle il existe des indices faisant présumer qu'elle a commis l'infraction est identifiée (art. 75-2 CPP).

1. Sur cette question, : J. Pradel, *Procédure pénale*, n°s 604 et s.
2. V. par ex. J. Buisson, *Rép. pén.*, *v*° « Enquête préliminaire » ; S. Guinchard et Buisson, *Procédure pénale*, n° 866 et s.
3. M. Blondet, « La légalité de l'enquête officieuse », *JCP* 1955. I. 1233.

Les actes effectués au cours de l'enquête préliminaire ne diffèrent guère de ceux qui sont diligentés au cours de l'enquête de flagrance. Ils concernent tout aussi bien les personnes que les biens [1].

On citera les constatations matérielles faites à la suite d'un transport sur les lieux, les perquisitions, visites domiciliaires, saisies, les auditions de témoins et la garde à vue. Les organisations de recueils de données informatiques (art. 57-1 CPP) de prélèvements externes (art. 55-1 CPP) les réquisitions de remise de documents y compris les données informatiques (art. 60-1 CPP) permises dans le cadre d'une enquête de flagrance peuvent également être réalisées au cours d'une enquête préliminaire par le procureur de la République ou par un OPJ autorisé par lui (art. 76-2, 76-3, 77-1-1 CPP). La seule originalité en ce domaine est que les autorités chargées de l'enquête n'ont aucun pouvoir coercitif pour imposer ces différentes mesures aux personnes qui y sont soumises. Ainsi, une perquisition ne peut être effectuée qu'avec l'assentiment de la personne chez qui on perquisitionne, agrément qui doit faire l'objet d'une déclaration écrite de l'intéressé. Néanmoins si les nécessités de l'enquête l'exigent le juge des libertés et de la détention peut décider que les opérations prévues à l'article 76 (perquisitions, saisies) seront effectuées sans l'assentiment des intéressés. Il faut que l'enquête concerne un délit passible d'un emprisonnement égal ou supérieur à 5 ans (art. 76 al. dernier). De plus les personnes convoquées dans le cadre d'une telle enquête ont l'obligation de comparaître (art. 78 CPP). Si elles ne défèrent pas, le procureur de la République ou l'OPJ sur autorisation du procureur peut les y contraindre par la force publique. Il est à noter que les enquêteurs doivent avertir la victime de son droit d'obtenir réparation du préjudice subi (art. 75 al. 3 CPP). Cette information a été élargie par la loi du 9 septembre 2002 (loi Perben I).

En pratique, la différence entre les deux types d'enquête est moins grande qu'on pourrait le supposer, car bien peu d'individus refuseront à un policier l'autorisation de procéder à la mesure envisagée. De plus, la garde à vue n'implique pas un tel accord de la personne et cette mesure naturellement crainte, suffira souvent à emporter l'adhésion d'un individu refusant un acte de police judiciaire. Néanmoins, depuis la loi du 4 janvier 1993, le recours à cette mesure est limité, puisqu'il ne concerne que la personne à l'encontre de laquelle il existe une ou plusieurs raisons plausibles de soupçonner qu'elle a commis, ou tenté de commettre une infraction. La prolongation ne peut être accordée par le procureur de la République qu'après présentation préalable devant ce magistrat (art. 77 CPP). Le pouvoir d'arrestation, dans le

1. V. Sur les pouvoirs préventifs de fouille accordés à la police judiciaire dans les aéroports et les ports maritimes pour lutter contre le terrorisme, introduits par une loi du 15 novembre 2001, S. Guinchard et J. Buisson, *Procédure pénale*, n° 763 et s., et plus globalement sur les mesures contre le terrorisme prévues par cette loi : A. Varinard, *RPDP* 2002 p. 636 et s.

cadre d'une enquête préliminaire, s'il est assez évident à la suite d'une garde à vue, paraissait beaucoup plus difficile à exercer si l'individu avait omis de déférer à une convocation. Néanmoins depuis la loi Perben II un mandat de recherche est possible si l'enquête porte sur un délit passible de 3 ans d'emprisonnement au moins (art. 77-4 CPP). La Cour de cassation avait eu l'occasion de préciser que cette impossibilité ne pouvait pas être tournée par le biais d'une vérification d'identité [1].

Cette procédure a fait l'objet de nombreux textes législatifs en 1981, 1983, 1986 et le régime actuel résulte d'une loi du 10 août 1993 [2] modifiée en 1997, 2003 et 2006 ; Le texte autorise les contrôles d'identité lorsqu'un indice laisse supposer un lien entre l'intéressé et une infraction pénale. Il autorise également les opérations « coups de poing » sur réquisition du procureur de la République pour contrôler l'identité de « toute personne » dans des lieux et pour un temps déterminé (art. 78-2 al. 3 CPP). Le contrôle d'identité est également prévu pour prévenir une atteinte à l'ordre public, notamment à la sécurité des personnes et des biens, quel que soit le comportement de l'individu. Par ailleurs, en vertu de la Convention d'application des accords de Schengen (mise en vigueur par un décret du 21 mars 1995) un contrôle peut être effectué pour vérifier le respect des obligations, de port et de présentation des titres et documents prévus par la loi dans certaines zones : proximité des frontières, ports, aéroports, gares routières et ferroviaires (art. 78-2 al. 4 CPP). Le contrôle a également pour objet de permettre aux étrangers de prouver le caractère licite de leur présence sur le territoire (art. L. 611 du Code de l'entrée et du séjour des étrangers et du droit d'asile). Encore faut-il, selon la Cour de cassation, que dans un tel cas, des circonstances extérieures laissent supposer que la personne contrôlée est étrangère [3]. Il faut dans ce domaine ajouter les contrôles qui peuvent être effectués dans les locaux à usage professionnel afin de contrôler l'identité des personnes occupées pour traquer le « travail au noir ». Ces contrôles sont effectués sur réquisition du ministère public qui précise les infractions recherchées (art. 78-2-1 CPP).

La personne peut établir son identité par tout document comportant une photographie. Dans le cas contraire, ou en cas de refus, il peut être procédé à une vérification d'identité. L'individu est conduit dans un local de police et présenté à un OPJ. La rétention ne peut pas excéder 4 heures (8 heures à Mayotte cependant) et pas plus que le temps exigé pour établir l'identité de l'individu. La procédure est soumise à

1. Crim., 5 janv. 1973, aff. *Friedel*, *D.* 1973.541, note Roujou de Boubée.

2. J. Pradel, « Les recherches d'identité et la poursuite des délits flagrants depuis la loi du 10 nov. 1983 », *D.* 1984. Chron. 75 ; B. Bouloc, *Procédure pénale*, n°s 407 et s.

3. V. par ex. : Crim. 17 mai 1995, *Bull. crim.*, n° 177 et plus globalement sur cette question délicate A. Decocq, J. Montreuil, J. Buisson, *Le droit de la police*, *op. cit.*, n°s 1125 s. F. Fourment, *Procédure pénale*, n° 343 et s.

de nombreuses formalités destinées à garantir la liberté individuelle. L'individu peut avertir sa famille. Il peut être contraint si son refus persiste, d'accepter la prise d'empreintes digitales ou de photographies. Les règles prescrites par l'article 78-3 CPP le sont à peine de nullité [1]. On doit encore préciser que certains agents de police judiciaire adjoints de même que les agents de police municipale peuvent procéder à des relevés d'identité des contrevenants qu'ils peuvent verbaliser (contraventions au Code de la route par exemple). En cas de refus ces agents ont la faculté de saisir l'OPJ compétent qui peut ordonner de lui présenter sur-le-champ le contrevenant qui, à défaut de cet ordre, ne peut être retenu (art. 78-6 CPP). L'article 74 de la loi relative à la prévention de la délinquance étend ce système pour les agents de surveillance des transports en commun par chemins de fer (art. 23, II nouveau de la loi du 15 juillet 1845).

Cette rétention momentanée peut évidemment être prolongée par une garde à vue, voire par une arrestation en cas d'infraction flagrante. L'enquête préliminaire a pris actuellement une assez grande importance dans les faits. Le contrôle renforcé, aujourd'hui exercé par le procureur de la République sur la police judiciaire, garantit la régularité d'une telle procédure.

1. V. la loi n° 2003-339 du 18 mars 2003, sur la sécurité intérieure qui augmente les pouvoirs de la police judiciaire agissant en matière d'enquête préliminaire dans certaines circonstances (art. 11 et s.). Il s'agit particulièrement de la visite des véhicules circulant ou arrêtés sur la voie publique, aux fins de recherche de certaines infractions graves (terrorisme par ex.) (art. 78-2-2 CPP) ou encore lorsqu'il existe, une ou plusieurs raisons plausibles de soupçonner que le conducteur a commis une infraction (art. 78-2-3 CPP) ou encore pour prévenir une atteinte grave à la sécurité des personnes et des biens (art. 78-2-4 CPP). Dans ce dernier cas il faudra l'accord du conducteur ou l'autorisation du procureur de la République. Sur cette question V. par ex. B. Bouloc, H. Matsopoulou, *Droit pénal et procédure pénale,* n° 538 et s.)

CHAPITRE 3
CONCILIATEURS ET MÉDIATEURS, AUXILIAIRES DU JUGE

937 ***Justice informelle*** ◊ Nous avons déjà indiqué (v. *supra*, n°s 37 et s.) qu'il existait des modes non juridictionnels de solution des conflits, à travers la conciliation et la médiation notamment. Au-delà de la place de ces modes de règlement des conflits à côté d'un service public de la justice, il reste à décrire concrètement leur mise en œuvre à travers l'éclosion considérable de personnages ou de commissions dont la création traduit au moins le profond besoin de nos concitoyens d'une justice plus souple, moins technique, plus proche d'eux, plus accessible, bref, plus informelle. On redécouvre ainsi les vertus d'un règlement pacifique des litiges corrélatif à une « déjudiciarisation » des rapports sociaux (on parle même de « *Justice douce* ») ; en tuant un peu rapidement le juge de paix on a créé un vide que ces institutions nouvelles s'efforcent tout simplement de combler. En quelque sorte le juge de paix est mort, vive le conciliateur !

Nous distinguerons les conciliateurs para-judiciaires des médiateurs, tout en étant conscients de la relativité de la distinction.

§ 1. Les conciliateurs para-judiciaires

938 ***Classification*** ◊ Comme nous l'avons déjà signalé (v. *supra*, n° 44) il y a une *conciliation proprement judiciaire* parce qu'elle est l'œuvre du juge lui-même (en matière civile, art. 21 et 127 à 131, CPC) ; à l'opposé on trouve des hypothèses de *conciliation extra-judiciaire*, totalement indépendantes du juge (v. *supra*, n°s 45 s.). Entre les deux et avec toute l'imprécision qui caractérise cette matière, on trouve des hypothèses, de plus en plus nombreuses, de *conciliation para-judiciaire :* confiées à un tiers, elles entretiennent avec la Justice, donc avec le juge, des liens de plus en plus étroits selon les textes en cause, certains conciliateurs pouvant même avoir des missions variables selon le cadre juridique sous lequel elles prennent place (v. *infra*. n° 939 – pour les conciliateurs de justice). Le plus simple est encore de les présenter par domaine d'activité, *ratione materiae* [1].

1. Pour une synthèse, J. Joly-Hurard, *Conciliation et médiation judiciaires*, thèse (dacty.) Paris 2, sept. 2002, PUAM, 2003, préf. S. Guinchard.

I. Les conciliateurs de justice du décret du 20 mars 1978

939 ***Historique. Textes. Missions. Activité et statistiques*** ◊ En raison du vide judiciaire provoqué par la transformation du juge de paix en juge d'instance, une expérience a été lancée en avril 1977 dans 4 départements (Alpes-Maritimes, Gironde, Haute-Marne, Loire-Atlantique). Dans le dessein de prévenir les petits litiges, on a demandé à des personnes dévouées (anciens magistrats, anciens membres d'une profession judiciaire ou juridique, anciens gendarmes, enseignants à la retraite) d'exercer la fonction de conciliateur dans un cadre cantonal ou inter cantonal, de diffuser certaines informations, de donner des conseils, de trouver des terrains d'entente, des arrangements, dans les affaires simples.

Un décret n° 78-381 du 20 mars 1978 a généralisé à toute la France l'expérience tentée en 1977 [1]. L'institution a été mise en sommeil entre 1981 et 1986, puis réactivée en février 1987 [2] et actualisée par des décrets postérieurs ; ces conciliateurs sont plus fortement qu'auparavant rattachés à l'institution judiciaire. Leur nouvelle dénomination traduit cette évolution : conciliateurs *de justice* [3]. La loi organique du 26 février 2003 sur le statut des juges de proximité permet aux conciliateurs de justice de devenir, pour sept ans, juge de proximité, s'ils ont exercé pendant au moins cinq ans ces fonctions de conciliation et sont agréés par le Conseil supérieur de la magistrature. Il y a là une passerelle qui peut, dans un premier temps « assécher » le vivier des conciliateurs, mais qui peut aussi, à terme, susciter des vocations nouvelles dans la perspective de devenir un jour juge de proximité (v. *supra*, n° 436, sur l'utilisation de cette passerelle).

Il y avait 1 794 conciliateurs de justice en activité au 1er janvier 2008, répartis inégalement sur le territoire : en moyenne trois conciliateurs pour 100 000 habitants, avec une fourchette de 2 à 5 ; ils ont fait l'objet de 127 389 saisines en 2007, dont 70 399 ont abouti à un accord de conciliation (soit un taux moyen de 55,3 %, mais avec une fourchette de 43 à 70 %) ; 83 % des saisines sont le fait direct des justiciables, 7 % en provenance des juges d'instance (et le taux de conciliation est plus faible dans ce cas). Ce sont le plus souvent des hommes (86 %), âgés (80 % ont plus de 60 ans et 35 % plus de 70 ans) donc en retraite à hauteur de 86 % ; 41 % sont issus de la fonction publique et 34 % de l'encadrement du monde de l'entreprise [4].

La mission première du conciliateur est de faciliter, en dehors de toute procédure judiciaire, le règlement amiable des différends portant sur des droits

1. *Sur ces textes*, v. Ph. Jestaz, *RTD civ.* 1978.754 ; B. Faucher, *Gaz. Pal.* 16 déc. 1978 ; Ph. Bonnet, *JCP* 1979. I. 2949 ; *Rép. pr. civ.*, v° « Conciliateur ».
2. P. Decheix, « Le nouveau départ des conciliateurs », *LPA*, 17 juin 1988 ; F. Ruellan, « Le conciliateur civil entre utopie et réalités », *JCP* 1990. I. 3431.
3. Commentaires : Ch. Jamin, *RTD civ.* 1997, 238 ; J.-L. Vivier, *LPA*, 28 févr. 1997 ; C. Jarrosson, *RGDP* 1998, 167. V. aussi *Gaz. Pal.* 6 oct. 1998, n° spécial.
4. Source, Ch. Poutet, *Infostat*, nov. 2004.

dont les intéressés ont la libre disposition (art. 1er du décr.) ; ainsi ne peut-il pas s'agir d'une question d'état ou de capacité des personnes. En outre, depuis le décret n° 96-1091 du 13 décembre 1996 il peut mener des tentatives de conciliation prescrites par la loi, en liaison avec un juge (v. *infra*, n° 941).

Le rapport dit Guinchard, sur la réorganisation des contentieux, L'ambition raisonnée d'une justice apaisée, propose de consolider l'institution des conciliateurs de justice au sein de l'organisation judiciaire [1].

940 ***Conditions de nomination des conciliateurs de justice*** ◊ Pour pouvoir être nommé conciliateur de justice, il faut jouir de ses droits civils et politiques et n'être investi d'aucun mandat électif dans le ressort de la Cour d'appel (art. 2 al. 1).

Ne peuvent être investies de cette fonction, les personnes qui exercent des activités judiciaires, sont officiers publics ou ministériels ou participent au fonctionnement du service de la justice (art. 2, al. 2) [2]. Depuis les décrets de 1993 et 1996, elles doivent en outre justifier d'une expérience d'au moins 3 ans dans le domaine juridique. Le décret du 13 décembre 1996 a supprimé la catégorie particulière des conciliateurs chargés exclusivement du règlement des litiges de la consommation, entre consommateurs et professionnels. Le conciliateur est nommé par ordonnance du premier président de la cour d'appel, sur proposition du juge d'instance, après avis du procureur général. Le Conseil départemental d'aide juridique est informé des nominations (art. 3 al. 1). On voit ainsi que la dépendance avec le juge d'instance est plus marquée qu'autrefois. Nommé, la première fois pour un an, il peut être reconduit dans ses fonctions pour une période renouvelable de deux ans (art. 3, al. 1er) [3]. Le conciliateur de justice dont l'activité reste bénévole, mais peut donner lieu à remboursement de frais [4], prête serment devant la cour d'appel (art. 8, al. 2). Il peut être mis aux fonctions du conciliateur de justice avant l'expiration de leur terme, sur ordonnance motivée, du Premier président, après avis du procureur général et du juge d'instance, l'intéressé étant entendu (art. 3, al. 2).

941 ***Les deux catégories de missions des conciliateurs de justice*** ◊ Depuis le décret du 13 déc. 1996, les conciliateurs de justice du décret du 20 mars 1978 se voient confier la possibilité d'intervenir dans deux types de conciliation, en dehors de toute procédure judiciaire (a) ou en liaison, en préalable en tout cas à une procédure judiciaire (b).

a) Exercice de la mission de conciliation en dehors de toute procédure judiciaire (art. 1er al. 1 du décret de 1978). C'est la mission tradi-

1. Doc. fr., 2008, p. 157-160, proposition n° 48.
2. La fonction n'est cependant pas incompatible avec la fonction de suppléant de juge d'instance (art. 2, al. 3). V. Circ. 27 févr. 1987, *Bull. off. min. just.*, n° 30, p. 24, Circ. 27 févr. 1988, *Bull. off.* n° 25, p. 39.
3. V. art. 3, al. 3 et 4, sur l'honorariat. Le conciliateur peut porter un insigne dans l'exercice de ses fonctions et dans les cérémonies publiques (v. *JO*, 21 mai 1981).
4. Le décret n° 2006-687 du 12 juin 2006, modifie l'article 1er du décret statutaire et dispose qu'ils « bénéficient d'une indemnité forfaitaire destinée à couvrir les menues dépenses de secrétariat, de téléphone, de documentation et d'affranchissement qu'ils exposent dans l'exercice de leurs fonctions ». Arrêté du 12 juin, *JO* 13 juin, p. 8962 : 232 euros par an, que le premier président de la cour d'appel peut porter à 458 sur présentation de justificatifs..

tionnelle du conciliateur depuis 1978. Il n'y a pas vraiment de procédure spéciale devant le conciliateur de justice ; le décret du 20 mars 1978 en fixe les règles (art. 5 à 9).

Il est saisi, sans aucune forme, par toute personne physique ou morale. Il peut l'être aussi directement par l'autorité judiciaire qui lui demande d'intervenir dans telle ou telle circonstance [1]. Le conciliateur de justice invite, éventuellement, les intéressés à se rendre devant lui et ceux-ci peuvent se faire accompagner par une personne de leur choix (art. 6). Il peut se rendre sur les lieux (art. 7, al. 1er) et, si les parties y consentent, entendre toute personne dont l'audition paraîtrait utile (art. 7, al. 2). Il est naturellement tenu à l'obligation de garder le secret sur tout ce qu'il a appris (art. 8) [2]. Dans le cas où le conciliateur de justice amènerait les parties à se concilier même partiellement, il peut être établi un constat de l'accord, signé par les particuliers et par le conciliateur ; ce constat est obligatoire si la conciliation a pour effet la renonciation à un droit (art. 9 al. 1). Chacun des intéressés en reçoit un exemplaire. Un autre exemplaire est conservé par le conciliateur de justice ; il est déposé par lui au greffe du tribunal d'instance qui aura été désigné par l'ordonnance le nommant (art. 9, al. 2). Les parties peuvent alors obtenir de ce juge d'instance qu'il donne force exécutoire à l'acte d'accord s'ils en ont préalablement exprimé la volonté dans un acte (art. 9, al. 3) ; le juge accomplit alors un acte judiciaire non juridictionnel, au même titre que dans l'article 1441-4 CPC lorsqu'il confère la force exécutoire à une transaction sous seing privé [3] en. Il ne semble pas que la loi n° 2002-1138 du 9 septembre 2002 ait transféré cette compétence au juge de proximité, la disposition de l'article L. 313-2, al. 3, COJ, qui lui reconnaît compétence pour donner force exécutoire à la demande d'homologation d'un constat d'accord formée par les parties à l'issue d'une tentative de conciliation ayant limité cette compétence au cas où la tentative a été menée en application des dispositions de l'article 21 de la loi n° 95-128 du 8 février 1995, c'est-à-dire lorsqu'elle a été ordonnée par un juge, ce qui nous conduit au second aspect des missions qui peuvent être confiées aux conciliateurs de justice [4].

b) Exercice de la mission de conciliation « dans les conditions et selon la procédure des articles 831 à 835, CPC » (art. 1er al. 2 du décret du 20 mars 1978). Depuis la loi précitée du 8 février 1995 (art. 21) et les décrets des 22 juillet et 13 décembre 1996, le conciliateur de justice peut aussi intervenir pour procéder aux tentatives préalables de conciliation prescrites par la loi, à l'exception toutefois des tentatives de conciliation en matière de divorce et de séparation de

1. La saisine du conciliateur n'interrompt pas, ni ne suspend, comme une citation en justice, la prescription, non plus qu'un délai de déchéance ou de recours (art. 5). Mais l'article 2238, C. civ. (réd. L. 17 juin 2008) dispose que la prescription est suspendue à compter du jour où, après la survenance d'un litige, les parties conviennent de recourir à la médiation ou à la conciliation.

2. Cl. Ph. Barrière, « L'obligation de secret entre les juges d'instance et les conciliateurs de justice », *Gaz. Pal.* 22 août 2002, Doctr.

3. S. Guinchard, F. Ferrand et C. Chainais, *Procédure civile,* n° 245, a. Comp. *infra,* n° 947, b-2, pour l'acte de médiation.

4. La commission Guinchard propose la transmission au tribunal par le conciliateur de justice, en cas d'échec d'une tentative de conciliation extrajudiciaire, de la requête conjointe des parties aux fins de jugement et la création d'une passerelle entre la tentative préalable de conciliation et la saisine du tribunal aux fins de jugement (proposition n° 48).

corps ; selon les termes mêmes de l'article 21 de la loi de 1995 (combiné avec l'article 1er, al. 2, du décret du 20 mars 1978), cette mission suppose qu'un juge lui ait demandé de la mener pour son compte ; et, depuis la loi du 9 septembre 2002, qui ajoute un alinéa à l'article 21 de la loi de 1995 (art. 8), si le juge qui souhaite une tentative de conciliation des parties, n'obtient pas leur accord, il peut *« leur enjoindre de rencontrer une personne qu'il désigne à cet effet »* et qui sera un conciliateur de justice ; la conciliation s'éloigne ainsi de l'esprit qui prévalait à l'origine pour contenir un grain de contrainte (morale) (comp. *infra*, n° 947, b-3, en matière de médiation familiale) [1].

1) La procédure est alors différente de celle qui est réglementée par le décret du 20 mars 1978 pour les missions « spontanées » du conciliateur et que nous venons d'exposer ; on la trouve aux articles 831 à 835 du CPC, auquel l'article 1er, al. 2 du décret de 1978 renvoie expressément ; s'agissant plus particulièrement du constat d'accord et de sa force exécutoire, les dispositions de l'article 9, al. 1 à 3, du décret du 20 mars 1978 (sur l'établissement, la transmission du constat d'accord au greffe du tribunal d'instance et sa force exécutoire qui ne peut être demandée au juge d'instance que si les parties en ont exprimé la volonté dans l'acte lui-même) sont expressément exclues du champ de la mission que le conciliateur exécute sur ordre d'un juge (article 9, al. 4) ; on appliquera donc les dispositions des articles 832-7 et 832-8, CPC : le conciliateur informera le juge de l'issue de sa mission et, en cas de réussite, même partielle, établira un constat d'accord signé par les parties (art. 832-7, al. 1 et 2, alors que dans le cas d'une mission non judiciaire, le conciliateur signe le constat d'accord avec les parties, sans qu'il soit précisé que c'est lui qui le rédige [2]) ; la demande d'homologation du constat d'accord est formée par les parties (art. 832-8, mais il n'est pas exigé - autre différence avec la mission non judiciaire - qu'elle soit prévue dans l'accord lui-même) et sera transmise au juge (et non pas au greffe du tribunal d'instance) par le conciliateur).

2) Le renvoi par l'article 1er, al. 2 du décret de 1978 aux *« conditions et procédure »* des articles 831 à 835 CPC, peut-il s'interpréter comme permettant à *tout* juge, et non pas seulement au juge d'instance, de nommer un conciliateur de justice du décret du 20 mars 1978, comme conciliateur ? La réponse doit être affirmative pour plusieurs raisons : d'abord parce que la loi du 8 février 1995, texte de base en la matière, ne distingue pas selon les juges et utilise une expression très générique « le juge » ; ensuite, s'ils avaient entendu limiter cette possibilité aux seuls juges d'instance, ni le législateur, dans l'article 21 dans la loi de 1995, ni le pouvoir réglementaire dans l'article 1er, al. 2, du décret de 1978 (dans sa version issue du décret du 13 déc. 1996), n'auraient exclu expressément du champ de la mission judiciaire confiée au conciliateur de justice « les tentatives de conciliation en matière de divorce et de séparation de corps », puisqu'elles ne relèvent pas de la compétence du juge d'instance mais du juge aux affaires familiales, juge du TGI. N'est-ce pas, *a contrario*, parce que les autres tentatives de conciliation du TGI peuvent être déléguées aux conciliateurs de justice ? Enfin, pour clore le débat, on observera que la loi n° 2002-1138 du 9 septembre 2002 reconnaît expressément au juge

1. J. Joly-Hurard, « Le nouveau pouvoir d'injonction du juge en matière de conciliation judiciaire », *D.* 2003. 928.
2. Mais rien ne le lui interdit non plus !

de proximité la possibilité de chercher à concilier les parties, au besoin en faisant appel à une personne remplissant les conditions fixées par décret (art. L. 331-3, COJ), en fait un conciliateur de justice [l'article 21 de la loi du 8 février 1995 utilisait la même expression et les décrets des 22 juillet et 13 décembre 1996 ont désigné les conciliateurs de justice pour procéder à ces tentatives de conciliation]. Dans ce cas, c'est le juge de proximité lui-même qui donnera force exécutoire au constat d'accord, sur demande d'homologation formée par les parties (art. L. 313-2, al. 2, COJ). On soulignera que cette compétence pour homologuer un tel constat doit entrer dans les conditions de la compétence normale du juge de proximité quant à la valeur du litige et quant à la nature de l'affaire (actions personnelles ou mobilières) (v. *supra*, n° 438), ce qui, nous semble-t-il, exclut la possibilité pour ce juge d'homologuer des accords issus d'une tentative de conciliation ordonnée par un autre juge, puisqu'il sortirait de son champ de compétence.

Lorsqu'il est saisi par une autorité judiciaire, le conciliateur de justice lui rend compte de ses diligences et du résultat de sa mission.

c) Dispositions communes aux deux types de missions. Une fois par an, le conciliateur de justice présente un rapport d'activité au Premier président et au procureur général, ainsi qu'au juge d'instance auquel il est rattaché (art. 9 *bis*).

942 ***Le conciliateur de justice, véritable auxiliaire du juge*** ◊ Il est évident que le conciliateur de justice n'est pas un juge. Mais, on peut le considérer comme un auxiliaire de justice, comme un auxiliaire du juge, puisqu'il reçoit la mission de prévenir une intervention judiciaire, qu'il peut être saisi par l'autorité judiciaire, qu'il est rattaché à un tribunal d'instance, qu'il présente une fois par an un rapport d'activité au Premier président et au procureur général de la cour d'appel et que le prolongement de son activité peut être la force exécutoire donnée par le juge à l'accord obtenu. Le décret du 13 décembre 1996 a renforcé ce caractère par son attachement plus étroit, organique et fonctionnel, au juge d'instance et par la possibilité de lui confier des tentatives préalables de conciliation. Leur nouveau nom symbolise ce rapprochement et cet attachement. La loi du 9 septembre 2002 en fait aussi un auxiliaire du juge de proximité ; dans cet esprit, v. aussi *supra*, n° 939, *in fine*, la passerelle vers les fonctions de juge de proximité. La commission Guinchard accentue ce rapprochement par sa proposition de passerelle avec la juridiction en cas d'échec de la tentative de conciliation (v. *supra*, n° 941, a, en note) et par l'autre proposition, qu'en cas de saisine d'un tribunal d'instance non précédée d'une tentative de conciliation, soit consacrée la pratique de la « double convocation » : renvoi des parties devant un conciliateur, dès saisine de la juridiction, sans recueil formel de leur accord, tout en leur donnant une date d'audience, soit aux fins d'homologation de leur accord, soit aux fins de jugement (aucune conséquence ne pourrait être tirée par le juge d'un défaut de passage devant le conciliateur).

II. Conciliation des litiges nés des activités physiques et sportives

943 ***Conciliation obligatoire préalablement à tout recours contentieux*** ◊ La loi n° 92-652 du 13 juillet 1992 organise un système de saisine obligatoire de conciliation en matière sportive, en exigeant que le Comité national olympique et sportif français (le CNOSF) soit saisi avant les tribunaux éventuellement compétents, pour tenter de résoudre les conflits internes au mouvement sportif [1].

Ce préliminaire obligatoire se prolonge par des mesures qui rapprochent cette procédure de la médiation venue de l'arbitrage : le conciliateur désigné par le CNOSF formule une recommandation qui est présumée être acceptée par les parties, si aucune d'entre elles ne la dénonce au juge dans le mois de sa notification.

III. Les commissions de surendettement

944 ***Commissions départementales d'examen des situations des personnes surendettées*** ◊ La loi n° 89-1010 du 31 décembre 1989 s'est efforcée de régler à l'amiable les situations de surendettement des particuliers et des familles. Il est constitué, dans chaque département, une ou plusieurs commissions d'examen des situations de surendettement des particuliers [2]. Une loi n° 95-125 du 8 février 1995 a complètement réorganisé ce système [3], dont les lois postérieures, qui ont lui apporté quelques retouches, n'ont pas changé son économie générale.

Chaque commission a pour fonction de traiter la situation de surendettement des personnes physiques « caractérisée par l'impossibilité manifeste pour le débiteur de bonne foi de faire face à l'ensemble de ses dettes non professionnelles exigibles et à échoir, ainsi qu'à l'engagement qu'il a donné de cautionner ou d'acquitter solidairement la dette d'un entrepreneur individuel ou d'une société dès lors qu'il n'a pas été, en droit ou en fait, dirigeant de celle-ci » (art. L. 331-2, C. consom., qui renvoie à l'article L. 330-1 du même code), dans le but « de concilier ces parties en vue de l'élaboration d'un plan conventionnel de redressement approuvé par le débiteur et ses principaux créanciers » (art. L. 331-6, al. 1er). Le lien avec la Justice se concrétise, à travers le juge de l'exécution, de plusieurs façons : le JEX connaît des recours dirigés contre les décisions rendues par la commission en matière de recevabilité et d'orientation du dossier (art. L. 331-3, C. consom., dernier alinéa), des difficultés de vérification de la validité des titres de créance et du montant des sommes réclamées, soit par recours du débiteur, soit par saisine directe par la commission (art. L. 331-4) et des contestations des mesures recommandées par la commission (art.

1. *Revue juridique et économique du sport*, Lamy éd., n° spécial, juin 1994 ; *Droit du sport*, coll. « Thèmes et commentaires », Dalloz, 1994 ; F. Alaphilippe, *D.* 1996. Chron. 87.
2. *Commentaires* : P.-L. Chatain, *D.* 1990. 43 ; A. Cœuret, *RTD civ.* 1990.320 ; A. Kornmann, *JCP* N 1990. 123 ; Lagriffoul et Maguin, *Gaz. Pal.* 1990, Doct. 324 ; Lechany, *ibid.* Doct. 318 ; G. Paisant, *JCP* 1990. I. 3457. Colloque de Damas, 5-8 oct. 1996, A. Elvinger, « Les MARC en matière d'endettement », *RID comp.* 1997. 359.
3. *Commentaires* : E. Brocard, *D.* 1995. 70 ; G. Paisant, *JCP* 1995. I. 3844.

L. 332-2) ; en outre, si l'instruction de la demande du surendetté « fait apparaître que le débiteur est dans la situation irrémédiablement compromise définie au troisième alinéa de l'article L. 330-1, la commission... saisit le JEX aux fins d'ouverture d'une procédure de rétablissement personnel » (art. L. 331-3, avant-dernier al., C. consom. ; même solution dans le cas de difficultés en cours d'exécution d'un plan conventionnel ou de recommandations, art. L. 331-7-2, C. consom.). D'autre part, c'est le JEX qui donne force exécutoire à ces mesures, si elles ne sont pas contestées (art. L. 332-1). Enfin, la commission peut lui demander, en cours de procédure devant elle, de suspendre les poursuites d'exécution diligentées contre le débiteur et portant sur les dettes autres qu'alimentaires (art. L. 331-5, al. 1) ; cette dernière compétence cesse, en matière de saisie immobilière, dès que le commandement aux fins de cette saisie est publié ; c'est alors le juge de cette saisie (juge du TGI) qui est seul compétent (art. L. 331-5, al. 1). Pour autant, ces commissions ne sont pas des juridictions, mais des organes administratifs [1].

IV. Les entreprises et professionnels en difficultés

945 ***La conciliation dans la loi de sauvegarde des entreprises*** ◊ La loi n° 2005-845 du 26 juillet 2005 sur la sauvegarde des entreprises en difficultés transforme en procédure de conciliation, la procédure amiable qui avait été introduite dans notre droit par la loi du 1er mars 1984 et le décret du 1er mars 1985 pour permettre de prendre des mesures préventives lorsqu'une entreprise se trouve en difficultés. Sans entrer dans le détail d'une réglementation qui relève d'ouvrages spécialisés, on signalera simplement que toute personne qui exerce une activité commerciale ou artisanale et qui éprouve une difficulté juridique, économique ou financière, avérée ou prévisible et qui ne se trouve pas en état de cessation des paiements depuis plus de 45 jours, peut demander au président du tribunal de commerce l'ouverture d'une procédure de conciliation (L. 611-4, C. com.). Si le président fait droit à la demande, il désigne un conciliateur pour un maximum de quatre mois, prorogeable un mois (art. L. 611-6, C. com.). La mission de ce conciliateur est de favoriser la conclusion entre le débiteur et ses principaux créanciers et contractants habituels, un accord amiable destiné à mettre fin aux difficultés de l'entreprise (art. L. 611-7, C. com.). En cas d'accord et sur requête conjointe des parties, le président du tribunal constate cet accord et lui donne force exécutoire (art. L. 611-8, C. com.). Cette procédure est aussi applicable aux personnes morales de droit privé et aux personnes physiques exerçant une activité professionnelle indépendante, y compris une profession libérale soumise à un statut législatif ou réglementaire (par ex ; un avocat) ou dont le titre est protégé, auquel cas le président du TGI est compétent (art. L. 611-5, al. 1er, C. com.). En revanche, cette procédure n'est pas applicable aux agriculteurs qui bénéficient de la procédure amiable prévue aux articles L. 351-1 à 7 du Code rural (L. 611-5, al. 2,

1. Civ. 1re, 13 déc. 2005, *Bull.* I, n° 492 ; *D.* 2006. 2532, chron. F. Ferrière.

C. com.), le président du TGI étant alors compétent pour nommer un conciliateur (art. L. 351-4, C. rur.).

§ 2. La médiation

Il ne sera question ici que des hypothèses où le médiateur est l'auxiliaire du juge. Pour celles où il est indépendant, v. *supra*, n°s 47 et s.

946 ***En droit public*** ◊ L'article L. 211-4 CJA confère une mission de conciliation au Tribunal administratif [1].

Cette possibilité connaît peu d'applications pratiques ; la charge de travail de ces juridictions ne les pousse guère à développer ce rôle, qui ne serait fructueux que dans des affaires simples qui ne prennent que peu de temps. Le Tribunal peut d'ailleurs, par une décision insusceptible de recours, refuser la demande de conciliation qui lui est adressée : CE, Ass., 23 juin 1989, *Vériter*, *Lebon*, p. 146, concl. Lévis.

Dans un domaine proche de la conciliation, ici préalable à une instance, on peut relever que l'article 13 de la loi du 31 décembre 1987 prévoit que des décrets mettront en place - pour prévenir le contentieux - des procédures préalables de recours administratif ou de conciliation dans certaines matières. En matière de recours administratifs l'expérience du contentieux de l'assiette de l'impôt, où environ 90 % des réclamations préalables des contribuables sont réglées au niveau de l'Administration fiscale, montre l'intérêt de cette voie pour la diminution de l'encombrement des juridictions. De même, l'instauration d'un recours administratif en matière de litiges relatifs à la situation individuelle des militaires a donné des résultats intéressants [2].

À la demande du Premier ministre, le Conseil d'État a réalisé en 2008 une étude sur les recours administratifs préalables obligatoires (RAPO). Présidé par O. Schrameck, le groupe de travail a dressé un état des lieux avant de proposer l'introduction de telles procédures dans de nouveaux domaines (invalidations de permis de conduire pour perte de tous les points par leur détenteur ; fonction publique civile ; certains types de décisions en matière de droit des étrangers) [3].

947 ***En droit privé*** ◊ **a)** *Nouveau mode de règlement des litiges*, la médiation a connu ses premiers balbutiements en droit privé à partir d'expériences spontanées de certains tribunaux mais encouragées par la chancellerie,

1. Dont est dépourvu le Conseil d'État même statuant comme juge de première instance : CE 22 mars 1995, *Dadillon*, *Lebon*, p. 138.
2. Décret n° 2001-407 du 7 mai 2001, pris sur le fondement de la loi n° 2000-957 du 30 juin 2000. V. J.-L. Pissaloux, « Une expérience réussie : le recours administratif préalable des militaires », *AJDA* 2005. 1042.
3. *Les recours administratifs préalables obligatoires*, Doc. fr., nov. 2008.

notamment en matière familiale [1]. Ces tentatives ont fait l'objet d'une enquête menée par la direction de l'administration et de l'équipement, division de la statistique. Il est intéressant de remarquer que ces interventions qui se produisaient, le plus souvent devant une juridiction du premier degré, concernaient non seulement des affaires civiles (autorité parentale, divorce, contribution aux charges du mariage, difficultés entre propriétaires et locataires) mais aussi devant une juridiction pénale (mineur impliqué, comme acteur ou comme victime) [2]. La médiation était souvent l'œuvre du magistrat lui-même ; elle pouvait aussi être confiée à une association ou à un service.

b) Ces expériences ont été cristallisées et encadrées par la loi n° 95-125 du 8 février 1995 et le décret n° 96-652 du 22 juillet 1996 intégré dans le Code de procédure civile [3]. C'est l'article 21 de la loi du 8 février 1995, article commun à la conciliation et à la médiation, qui autorise tout juge judiciaire civil à désigner un tiers pour procéder à une conciliation ou à une médiation.

1) *Avec les textes nouveaux, la distinction entre conciliation et médiation* qui posait problème (v. *supra*, n° 47) semble se faire autour de l'idée que la première peut être menée par le juge (art. 21 et 127 à 131 CPC) [4] ou par un tiers (art. 21 et 23 à 25 de la loi du 8 févr. 1995) mais est gratuite, alors que la seconde est nécessairement l'œuvre d'un tiers et est payante (art. 21, al. 2, de la loi du 8 févr. 1995, et 131-6 et 131-13, CPC). De plus, troisième différence, le tiers-conciliateur ne peut pas être choisi librement par le juge, alors que les conditions de choix d'un médiateur sont beaucoup plus souples ; la loi du 8 févr. 1995 avait prévu, en disposition commune (art. 21, al. 1), que le tiers-conciliateur et le tiers-médiateur devaient l'un et l'autre, remplir des conditions qui seraient fixées par décret. Mais le décret du 22 juillet 1996 a introduit une différence entre les deux :

- le conciliateur ne peut être choisi par le juge (art. 1er du décret du 22 juill. 1996) que parmi les conciliateurs de justice du décret du 20 mars 1978 et parmi eux seulement. Certes, cette exigence est insérée dans les dispositions relatives aux juges d'instances (articles 831 et s., CPC), mais c'est par référence à elles que les conciliateurs de justice sont investis, dans l'article 1er, al. 2 du décret du 20 mars 1978 de la possibilité d'effectuer des missions judiciaires de conciliation au profit de tout juge (v. *supra*, n° 941, b).
- En revanche, pour les médiateurs, le même décret d'application du 22 juillet 1996 ne fait nullement référence à l'exigence d'une qualité préalable de

1. TGI Paris, 16 nov. 1988, *Gaz. Pal.* 1989.790, note Fourgoux ; 2 oct. 1989, *JCP* 1990. II. 21518, note Beauchard ; T. enfants Toulouse, 13 sept. 1988 et 2 févr. 1989, *D.* 1990.395, note T. Garé. V. aussi note Lienhard au *D.* 1989.411 ; TGI Argentan, 25 juin 1988 ; L. Topor, *La médiation familiale*, coll. « Que sais-je ? », PUF, 1992 (n° 2663) ; V. Larribeau-Terneyre, « Faut-il réglementer la médiation familiale ? », *JCP* 1993. I. 3649.

2. Publication du Ministère de la Justice, juill. 1989. La médiation conciliation. L'étude porte sur l'analyse de 460 questionnaires (*Figaro*, 25 avr. 1989).

3. Commentaires de la loi du 8 févr. 1995 : C. Jarrosson, *Rev. arb.* 1995, 219 ; P. Kayser, *Justices*, 299 6-3, 203. *Commentaire du décret* : R. Martin, *JCP* 1996. I. 3977 ; M. Olivier, *Gaz. Pal.* 19 oct. 1996 ; R. Perrot, *Procédures*, nov. 1996, chron. n° 9 ; J.-L. Vivier, *LPA*, 25 nov. 1996 ; G. Pluyette, *Rev. int.* 1997, 505 (avec le décret du 13 déc. 1996).

4. Art. 21 NCPC : « *Il entre dans la mission du juge de concilier les parties* ». Les articles 127 à 131 en développent les modalités.

conciliateur de justice ; la désignation est libre, sous réserve de ce qui va être précisé maintenant.

2) Le médiateur (art. 131-1 à 131-15, CPC) est choisi librement par le juge, après avoir recueilli l'accord des parties « afin d'entendre celles-ci et de confronter leurs points de vue pour leur permettre de trouver une solution au conflit qui les oppose. » (art. 131-1 CPC). Le médiateur peut être une personne physique ou une association (art. 131-4), auquel cas son représentant légal soumet à l'agrément du juge le nom de la ou des personnes physiques qui assureront, au sein de celle-ci et en son nom, l'exécution de la mesure (al. 2). Des conditions de moralité, de compétence, de formation et d'expérience et d'indépendance sont fixées à l'article 131-5, CPC.

La médiation peut porter sur tout ou partie d'un litige et elle ne dessaisit pas le juge (art. 131-2). D'une durée initiale de 3 mois, elle peut être renouvelée une fois, pour une même durée, à la demande du médiateur (art. 131-3).

Ainsi qu'il vient d'être dit, la mission du médiateur est payante [1], ce qui la distingue de celle du conciliateur de justice qui est gratuite (principe dans l'article 21 al. 2, de la loi du 8 février 1995). Les articles 131-6 et 131-13 CPC en fixent les modalités : consignation d'une provision à valoir sur la rémunération finale, à la charge de la partie que le juge désigne ; la désignation du médiateur est caduque faute de consignation (art. 131-6 al. 2 et 3 CPC). Ces dispositions n'ont pas été jugées d'ordre public et les parties peuvent convenir de rémunérer le médiateur directement [2]. La charge définitive des frais de la médiation est déterminée librement par les parties (elle est incluse, en quelque sorte, dans la mission du médiateur) et, à défaut, à parts égales, sauf décision du juge pour tenir compte de l'équité en fonction de la situation économique des parties (art. 22 de la loi de 1995). Si l'une des parties bénéficie de l'aide juridictionnelle, les frais mis à sa charge sont payés par l'État. La rémunération est indépendante de la circonstance que les parties sont parvenues ou non à un accord [3]. Le médiateur ne bénéficie d'aucun pouvoir d'instruction (art. 131-8). Le juge peut mettre fin à sa mission à tout moment, sur demande de l'une des parties ou du médiateur lui-même (art. 131-10, al. 1er) ; le juge peut y mettre fin d'office si le bon déroulement de la médiation lui apparaît compromis (al. 2). Dans tous ces cas, l'affaire doit être *« rappelée à une audience »* pour entendre les parties (al. 3) et si, à cette audience, le juge met fin à la mission du médiateur, il peut poursuivre l'instance (al. 4).

En fin de mission, le médiateur doit informer le juge, par écrit, qu'il y a accord ou pas et, le jour fixé, l'affaire revient devant le juge (art. 131-11). S'il y a accord, le juge, à la demande des parties, « homologue » l'accord et le texte nous dit, par erreur, que l'homologation relève de la matière gracieuse (art. 131-12) ; en réalité, il s'agit d'un acte judiciaire non-juridictionnel, comme dans le cas de l'article 9 du décret du 20 mars 1978 (v. *supra*, n° 941, a) ou de l'article 1441-4, CPC lorsque le juge confère la force exécutoire, respectivement, à un accord de conciliation ou à une transaction sous seing privé [4]. Enfin, ni les constatations du médiateur, ni les déclarations qu'il recueille ne peuvent être produites ou invoquées dans la suite de la procédure sans

1. Selon les difficultés de l'affaire de 3 000 à 50 000 exceptionnellement beaucoup plus.
2. Paris, 2 juill. et 18 sept. 1997, *RGDP* 1998, 169, note Jarrosson.
3. Civ. 2e, 22 mars 2007, *Bull.* II, n° 73 ; *D.* 2007. 2340.
4. S. Guinchard, F. Ferrand et C. Chainais, *Procédure civile,* n° 245, a.

l'accord des parties, ni, en tout état de cause, dans le cadre d'une autre instance (art. 131-14) [1].

3) La loi n° 2002-305 du 4 mars 2002 introduit dans l'article 373-2-10, C. civ., un mécanisme de médiation contraignant en matière d'exercice de l'autorité parentale : le JAF, après avoir tenté de concilier les parties (al. 1), peut proposer aux parents une mesure de médiation familiale (al. 2) et même leur enjoindre de rencontrer un médiateur familial qui les informera sur l'objet et le déroulement de cette mesure (al. 3). On rejoint par là la tendance contemporaine à faire de la conciliation et de la médiation des instruments de contrainte morale sur les parties (rappr. *supra*, n° 941, b). La médiation familiale a du mal à démarrer [2], alors qu'un décret la consacre en portant création du diplôme d'État de « médiateur familial » [3].

948 ***En droit pénal. Les maisons de justice et du droit*** ◊ À l'initiative de certains Parquets, des expériences de médiation entre la victime d'une infraction pénale et l'auteur de celle-ci avaient été menées, avec un certain succès, sous l'autorité des magistrats et notamment du Parquet (qui reste maître des poursuites) et avec la collaboration du Barreau concerné (à Créteil, à Lyon depuis le début de l'année 1991) [4]. Ces expériences audacieuses puisqu'elles participent de l'idée que la réparation consentie « librement » par l'auteur de l'infraction et avec l'acceptation de la victime vaut réparation pénale, renouaient en fait, mais à une plus grande échelle et avec une institutionnalisation poussée, avec la pratique de l'admonestation du « galopin » par le commissaire de police du quartier ou le gendarme du canton ! L'ambition avouée était d'aller bien au-delà de cette réminiscence et d'éviter à des délinquants primaires de connaître la justice par ses tribunaux et ses condamnations à l'emprisonnement. À ce titre, ces expériences devaient être strictement encadrées par le Parquet [5]. *Juridiquement*, il s'agissait d'un arrangement à l'amiable, sans force exécutoire mais provoqué par le Parquet, puisque c'est lui qui décidait du passage en médiation. *Sociologiquement*, cette initiative répondait au besoin de sortir de l'enceinte des Palais de justice et de se rapprocher des lieux de délinquance, en tout cas d'habitation, puisque ces maisons, comme leur nom l'indique, étaient implantées dans des immeubles d'habitation.

1. Sur l'expérience de la médiation judiciaire à Paris, G. Pluyette, *Annonces de G. Seine*, 19 janv. 1998 ; *Mélanges Drai*, 1999.

2. Rép. min. n° 39121, *JO* Ass. Nat., Q, 27 juill. 2004, p. 5857 : en 2001, les JAF n'avaient ordonné une telle médiation que dans 0,8 % des affaires. Sur un bilan de la médiation familiale et les lieux d'exercice du droit de visite dans le secteur associatif en 2003, *Infostat Justice*, août 2005, n° 84.

3. Décr. n° 2003-1166, 2 déc. 2003 et Arrêté du 12 févr. 2004.

4. *Pour un bilan* : Cl. Etevenin, *Gaz. Pal.*, 2 févr. 1993 ; A. Penneau, *D.* 1992. 19 ; Cl. Lazerges, « Typologie des procédures de médiation pénale », in *Mélanges A. Colomer*, Litec, 1993, p. 217 ; A. Wyvekens, « Le traitement de la délinquance dans les maisons de justice », *Justices*, 1995.2.93.

5. *Les maisons de justice et du droit - Courrier de la chancellerie*, mars 1995 et Colloque de Damas, 5-8 oct. 1996, M. Chiavario, « Les MARC en droit pénal », *RID comp.* 1997, 427.

Une loi n° 98-1163 du 18 décembre 1998 a institutionnalisé ce système. En effet, aux termes de l'article L. 7-12-1-1 COJ (disposition maintenue), de telles maisons peuvent être créées dans le ressort des tribunaux de grande instance. Elles seront alors placées sous l'autorité des deux chefs de la juridiction (et non plus du seul procureur). L'objectif précisé dans le texte (al. 2) est de favoriser l'accès au droit en assurant « *une présence judiciaire de proximité.* » Elles « *concourent à la prévention de la délinquance et à l'aide aux victimes* ». L'alinéa 3 du texte établit le lien avec la médiation pénale en précisant que les actions tendant à la résolution amiable des litiges et les mesures alternatives de traitement pénal « pourront y prendre place ». En revanche, il n'est pas prévu ni souhaitable que des actes juridictionnels soient accomplis dans ces enceintes qui perdent leur caractère exclusivement pénal, pour englober le civil (v. *supra*, n° 42).

La création d'une maison de justice et du droit est le fruit d'un consensus local. En effet, aux termes d'un décret du 29 octobre 2001, elle est subordonnée à la signature d'une convention entre le Préfet, le Président du TGI, le procureur de la République, le Maire, le Bâtonnier de l'ordre des avocats [1] et les associations œuvrant dans le domaine de la prévention de la délinquance. Cette convention est soumise à l'avis de certaines personnes et communiquée au ministre de la justice qui doit en approuver les termes. Les missions et les règles de fonctionnement sont précisées dans la convention. La création sera concrétisée par arrêté de ce ministre.

Les maisons de justice et du droit sont placées sous l'autorité des chefs de juridiction mais leur fonctionnement journalier est assuré par un magistrat qui représente ces chefs de juridictions. Ce dernier assure la coordination des actions et veille au bon emploi des moyens attribués. La bonne marche administrative des maisons est assurée par le greffier en chef du TGI qui affecte à cette tâche un greffier effectuant la préparation et le suivi des procédures alternatives aux poursuites. Les orientations générales sont déterminées par un conseil composé des signataires de la convention et du greffier en chef. Le conseil est présidé par les chefs de juridiction.

Les maisons de justice sont créées pour une durée de trois ans renouvelable par tacite reconduction sauf dénonciation par un partenaire. Les maisons existant avant ce texte ont pu, dans la limite de trois ans, poursuivre leur activité sur la base de leurs conventions constitutives. À l'issue de ce délai toutes les maisons de la justice et du droit ont donc intégrées dans l'institution judiciaire. La liste a été établie par un arrêté du garde des Sceaux annexé au Code de l'organisation judiciaire. (art. R. 7-12-1 à R. 7-12-10 COJ) [2] Cet arrêté a été pris le 29 octobre

1. L'accord du Bâtonnier est nécessaire, CE 6 avr. 2006, *Ordre des avocats de Dijon*, req. n° 279445, *Gaz. Pal.* 6 mai 2006.

2. V. A. Varinard, *RPDP* 2002-646 ; D. Peyrat, « Les maisons de justice et du droit », *Gaz. Pal.* 5 mars 2002, Doct.

2002 (*JO* du 9 novembre 2002). Il crée par ailleurs douze nouvelles maisons de justice et du droit [1].

949 ***La médiation pénale*** ◊ **a) Pour les majeurs.** La loi du 4 janvier 1993 avait officialisé la procédure pratiquée dans les maisons de justice. Cette mesure prévue à l'article 41-1-5e CPP permet au procureur de recourir à la médiation avec l'accord des parties, s'il lui apparaît qu'une telle mesure est susceptible d'assurer la réparation du dommage causé à la victime, de mettre fin au trouble résultant de l'infraction ou de contribuer au reclassement de l'auteur de l'infraction. Cette mesure implique donc l'accord de toutes les parties. La médiation est une mesure préalable à la décision du procureur de la République sur l'action publique. En cas d'inexécution, aux termes du dernier alinéa de l'article 41-1 dans la rédaction du 9 mars 2004, le procureur met en œuvre une composition pénale ou engage des poursuites. La victime pourra exercer l'action civile. Elle disposera d'une mesure simplifiée d'exécution, celle de l'injonction de payer si l'auteur des faits s'était engagé à verser des dommages et intérêts dans le procès-verbal de conciliation (v. *supra* n° 848).

b) La médiation pénale concerne également les mineurs. Elle peut être mise en œuvre au niveau de la poursuite mais aussi de l'instruction ou du jugement. L'obligation proposée n'est pas nécessairement une réparation, il peut aussi s'agir d'une mesure d'aide à la victime ou dans l'intérêt de la collectivité (art. 12-1 de l'ord. du 2 février 1945). Il s'agit donc dans ce cas d'une mesure éducative d'intérêt général, qui doit être acceptée par la victime. L'accord du mineur et de la personne titulaire de l'autorité parentale, lorsque la mesure est proposée avant l'engagement des poursuites, est constaté par un procès-verbal [2].

c) Il faut par ailleurs rappeler qu'une loi du 23 juin 1999 a instauré un système, qui s'apparente à une sorte de transaction, intitulé la composition pénale. Cette procédure inspirée du « *plea bargaining* » du droit américain [3] permet à des individus, reconnaissant avoir commis une infraction, d'échapper à toute poursuite, notamment s'ils acceptent de payer une somme d'argent, d'effectuer un travail au profit d'une collectivité ou beaucoup plus globalement de respecter l'une des treize obligations ou interdictions énumérées par l'article 41-2 C. pén., et depuis une réforme récente, s'agissant des mineurs, des cinq mesures supplémentaires prévues par l'article 7-2 nouveau de l'ordon-

1. Selon les Chiffres clés de la Justice 2008, il existait au 31 décembre 2007, 122 maisons de justice et du droit (120 au 4 déc. 2006 [intervention du garde des Sceaux pour présenter le projet de budget du ministère de la Justice pour 2007]). Sur leur activité en 2003, *Infostat Justice*, n° 81, avr. 2005.

2. Sur cette procédure : V. J. Pradel, *Procédure pénale*, n° 584 et la bibl. citée, V. *supra*, n° 847 ; E. Dreyer, « La médiation pénale, objet juridique non identifié », *JCP* 2008, n° 14-1-131 p. 19.

3. Sur ce système V. A. Guinchard, *Mémoire de DEA de Sciences Criminelles*, Lyon 3, 1994/1995 et article, *RSC* 1997. 611.

nance du 2 février 1945, tel qu'il résulte de la loi du 5 mars 2007. Encore faudra-t-il que cette proposition soit validée par un juge du siège [1]. La loi du 9 mars 2004 a, pour sa part, instauré la procédure de comparution sur reconnaissance préalable de culpabilité dite parfois du plaider coupable [2]

950 ***Les auxiliaires des procédures alternatives. Les délégués et médiateurs du procureur*** ◊ Si le procureur de la République est l'organe essentiel de ces procédures, elles impliquent toutes la collaboration de personnes qui vont, concrètement, intervenir pour mettre en œuvre et suivre l'exécution des obligations mises à la charge des personnes ayant accepté la procédure alternative. Dans le cadre de la médiation, ce tiers est naturellement le médiateur. Dans le cadre des classements sans suite conditionnels, les procureurs de la République avaient pris l'habitude de désigner des délégués du procureur de la République.

a) *Initialement* un grand pragmatisme présidait à la désignation de ces collaborateurs de la justice pénale, mais très vite la nécessité s'est imposée de leur donner un véritable statut. S'agissant des médiateurs, un premier statut a été mis en place par un décret du 10 avril 1996 (art. D. 15-1 à D. 15-8 du CPP). La multiplication des procédures impliquant l'intervention d'un assez grand nombre de personnes a conduit le législateur à proposer un statut, s'appliquant à l'ensemble des tiers intermédiaires de l'une ou l'autre des procédures alternatives.

b) C'est un décret n° 2001-71 du 29 janvier 2001, légèrement modifié par un décret du 3 mai 2002, puis par un décret du 27 septembre 2004, qui élabore un statut des délégués et des médiateurs du procureur de la République (art. R. 15-33-30 à R. 15-33-37 du CPP).

Il peut s'agir de personnes physiques ou de personnes morales (association d'aide aux victimes par exemple) [3], qui doivent être habilitées selon un formalisme précis par le procureur de la République ou le procureur général selon le ressort dans lequel le médiateur ou le délégué veut être habilité. L'habilitation est donnée pour l'une ou l'autre des fonctions d'abord pour une période probatoire d'un an, puis, à l'issue de ce laps de temps, pour une durée de cinq ans renouvelable. Les délégués du procureur ne peuvent intervenir que pour les classements sans suite conditionnels et pour les compositions pénales. Les médiateurs sont compétents dans le domaine de la médiation mais ils peuvent aussi se voir confier les missions habituellement attribuées aux délégués.

Les médiateurs et délégués doivent satisfaire à certaines conditions. En premier lieu, ils ne doivent pas exercer d'activité judiciaire à titre

1. J. Pradel, « Une consécration du *plea bargaining* à la française : la composition-pénale », *D.* 1999. Chron. 379. V. *supra* n° 849.
2. V. *supra*, n° 850.
3. Selon les statistiques 2008 extraites des chiffres-clés de la justice 2006 on dénombre 422 associations intervenant dans le secteur pénal.

professionnel ou être investis d'un mandat électif. En deuxième lieu, il y a une condition de moralité puisqu'ils ne doivent pas avoir fait l'objet d'une condamnation, incapacité ou déchéance figurant au *Bulletin* n° 2 du casier judiciaire. En troisième lieu enfin, ils doivent présenter des garanties de compétence, d'indépendance et d'impartialité. Ils ne doivent pas être âgés de plus de 75 ans. Lorsqu'une procédure concerne un mineur, elle ne peut être confiée qu'à un intermédiaire habilité à cet effet parce qu'il s'est signalé par l'intérêt qu'il porte aux questions de l'enfance.

Les délégués ou médiateurs prêtent serment devant le tribunal de grande instance ou la cour d'appel selon leur habilitation (art. R. 15-33-36 CPP). Les délégués et médiateurs sont astreints au secret professionnel. L'habilitation peut être retirée en suivant la même procédure. Un retrait provisoire pouvant intervenir en cas d'urgence, sur décision du procureur de la République ou du procureur général selon le type d'habilitation en cause sans procéder aux consultations prévues à l'article R. 15-33-35 CPP.

Il reste à préciser que les fonctions de délégué ou de médiateur sont indemnisées (art. R 92-3e CPP) selon un barème fixé à l'article R 121-2 CPP [1]. Ils doivent réaliser un rapport d'activité annuel (art. R. 15-33-36 CPP).

1. Sur les médiateurs : V. Berg, *Rép. pén.*, v° « Médiation pénale », nos 63 et s. et la bibl. citée S. Guinchard et J. Buisson, *Procédure pénale*, nos 1360 et 1511. V. égal. Actualité *JCP* 2001, p. 352. P. Mbanzoulou, *La médiation pénale*, L'Harmattan, 2003.

CHAPITRE 4

LES TECHNICIENS, LES EXPERTS, L'*AMICUS CURIAE*

951 ***Les hommes de l'art et le juge*** ◊ Parmi les auxiliaires du juge, il convient de faire une place à part aux personnes qui lui permettent d'obtenir, sur des éléments de fait du procès, un avis qualifié. Il est certain que, dans un nombre chaque jour plus grand de litiges, le magistrat n'est pas en mesure d'appréhender correctement et complètement les faits, sans l'aide d'un spécialiste, d'un homme de l'art :

- En droit *pénal*, il faudra souvent l'avis d'un médecin légiste, d'un psychiatre, d'un spécialiste de la balistique ou des analyses (sang, empreintes), d'un expert-comptable pour des délits financiers.
- En droit *privé hors contentieux pénal*, l'accident de la circulation, l'explosion d'une machine, des malfaçons en matière de construction, un taux d'invalidité, la contrefaçon d'un brevet ou d'une marque, supposent qu'un spécialiste se rende sur les lieux, examine les personnes ou les choses, procède à des analyses chimiques, à des opérations de résistance des matériaux, etc.
- En droit *administratif*, les conditions d'un accident, d'un dommage provoqué par des travaux publics, nécessiteront aussi l'avis d'un spécialiste.

L'évolution des sciences et des techniques dans tous les domaines de la vie économique et sociale et même familiale (enquête sociale) invite, contraint même, souvent, le juge à s'entourer d'un avis demandé à un ou plusieurs hommes de l'art (médecin, architecte, ingénieur, géomètre-expert, spécialiste en œuvre d'art, assistant social, éducateur spécialisé, etc..). Pour la désignation de ces personnes, des règles particulières de procédure existent : elles visent à la désignation d'un expert, d'un *technicien*, suivant la terminologie employée par le nouveau Code de procédure civile (art. 232 et s., CPC) [1].

On peut même penser qu'il y a parfois abus de l'expertise, à notre époque, le juge ayant trop souvent tendance à s'en remettre à l'avis d'un spécialiste.

Pourtant, c'est un principe fondamental du droit processuel que le magistrat n'a pas le droit de *déléguer* sa fonction de « dire le droit » (la *jurisdictio*) et de se décharger sur un expert du soin de juger. Les articles 232 et 238 du Code de procédure civile énoncent que l'expert doit éclairer le juge « sur une question de fait... il ne doit jamais porter

1. S. Guinchard, F. Ferrand et C. Chainais, *Procédure civile*, n°s 1285 et s.

d'appréciation d'ordre juridique ». C'est la raison pour laquelle, en procédure civile, le de procédure civile, ne l'autorise plus, comme naguère, à concilier les parties (art. 240, CPC).

952 ***Plan*** ◊ On a toujours éprouvé des difficultés à préciser quelles étaient les personnes à qui l'on pouvait confier une mission d'expert ; cette question a été réglée récemment pour les juridictions de l'ordre judiciaire (Section 1), alors qu'un grand libéralisme subsiste encore devant les juridictions administratives (Section 2). On consacrera une brève Section préliminaire à *l'amicus curiae,* institution née de la pratique judiciaire et non codifiée.

SECTION PRÉLIMINAIRE. L'*AMICUS CURIAE*

953 ***Création prétorienne*** ◊ À l'initiative de magistrats audacieux et à l'instar d'une pratique en usage devant la Cour européenne des droits de l'homme, une haute juridiction parisienne a estimé que, dans sa recherche des éléments d'information et de conviction (v. art. 179, CPC), une Cour était libre d'organiser cette recherche suivant la démarche qu'elle souhaite et qu'à ce titre elle pouvait prier une personnalité de venir à l'audience en qualité « d'ami de la Cour » [1]. Cet *amicus curiae* n'est pas un témoin, ni un expert et il n'est pas soumis aux règles relatives à la récusation ; sa justification en serait la nécessité de garantir un procès équitable au sens européen du terme, c'est-à-dire de l'article 6-1 de la Convention européenne de sauvegarde de droits de l'homme et des libertés fondamentales [2]. Cette initiative a été consacrée par la Cour de cassation qui l'a elle-même expérimentée dans l'affaire dite des mères de substitution [3]. Cette pratique semble avoir beaucoup perdu de son attrait et a subi de vives critiques [4], avec cependant un renouveau au niveau de la Cour de cassation [5].

1. Woog et Laurin, *Rép. pr. civ.* ; D. Mazeaud, in *L'expertise*, XXe colloque des IEJ, Dalloz, 1995, p. 123.
2. Paris, 21 juin et 6 juill. 1988, *Gaz. Pal.* 1988.699, note X. Laurin ; *RTD civ.* 1989.138, obs. Perrot ; *D.* 1989.341, note Laurin. – V. aussi J.-C. Woog, *JCP* 1989. I. 3413, n° 2.
3. Ass. plén. 31 mai 1991, Y. Laurin, *Gaz. Pal.* 15 juin 1991, Doct. ; *RTD civ.* 1992, chron. Gobert, 498 à 504.
4. M. Gobert, *RTD civ.* 1996. 283.
5. G. Canivet, « L'*amicus curiae* en France et aux USA », *Rev. jur. com.* 2005-2, p. 99. – R. Encinas de Munagorri, « L'ouverture de la Cour de cassation aux *amicus curiae* », obs. ss. Cass. Ass. plén. 23 nov 2004 (quatre arrêts), *RTD civ.* 2005, p. 89.

SECTION 1. L'EXPERT DEVANT LES TRIBUNAUX DE L'ORDRE JUDICIAIRE

Après avoir indiqué quel est le statut de l'expert (§ 1), on donnera des précisions succinctes sur l'expertise en matière civile (§ 2), puis en matière pénale (§ 3).

§ 1. Le statut de l'expert

954 ***L'absence de profession d'expert*** ◊ Il est bon de noter d'emblée que l'activité d'expert ne constitue pas, en elle-même, une profession libérale distincte ; cela découle du fait que l'expert est choisi en raison de l'exercice par lui d'une activité professionnelle le rendant apte à exécuter la mission que le juge veut lui confier. Si la fonction d'expert est réglementée dans certaines branches, le principe en la matière reste celui qu'il n'y a pas de profession d'expert et d'une relative liberté du tribunal dans le choix d'un expert. Le juge peut commettre toute personne de son choix, s'il a la conviction qu'elle possède une compétence réelle pour le problème posé. Mais l'usage s'était institué d'établir auprès des juridictions civiles et pénales, des listes d'experts ; le fait, pour un professionnel de figurer sur une telle liste, le recommandait au choix des plaideurs et des magistrats ; cependant, depuis plusieurs années, on souhaitait que l'établissement de ces listes fût à la fois généralisé et mieux contrôlé. Tel fut l'objectif visé par la loi n° 71-498 du 29 juin 1971, toujours en vigueur, mais modifiée par la loi n° 2004-130 du 11 février 2004 (art. 46 à 52) [1]. Ces deux lois ont essayé, sans entraver la liberté des juges, de donner aux justiciables de plus grandes garanties. Le décret d'application de la loi de 1971 (n° 74-1184 du 31 décembre 1974) [2] est aujourd'hui abrogé et remplacé par le décret n° 2004-1463 du 23 décembre 2004 [3] qui conserve l'unité des listes en matière civile et en matière pénale (art. 1er), unité que consacrait déjà le décret de 1974 (art. 1er) et que la loi du 11 février 2004 a introduit dans la loi du 29 juin 1971 (art. 2). Les objectifs de la réforme de 2004 (loi et décret) sont :

– de ne pas favoriser l'éclosion de professionnels de l'expertise, d'où une nouvelle procédure d'inscription et la consécration d'un principe de précarité par le contrôle des compétences expertales au moment du renouvellement de l'inscription ;

1. Commentaires : M. Olivier, *Gaz. Pal.* 15 juin 2004. P. Maire, *ibid.* Ch. Curtil, *LPA*, 13 sept. 2004. V. V. Perruchot-Triboulet, *D.* 2005. 3045.

2. T. Moussa (dir.), *Droit de l'expertise*, coll. « Dalloz-Action », Dalloz, 2008. D. Garreau, « L'expert judiciaire et le service public de la justice », *D.* 1988. Chron. 97 ; J.-J. Daigre, « La responsabilité civile de l'expert judiciaire », *Rev. huis.* 1986.487.

3. Commentaires : M. Olivier, *Gaz. Pal.* 11 janv. 2005 ; Ch. Curtil, *Gaz. Pal.*, 17 févr. 2005.

– de rénover, en le renforçant, le régime disciplinaire, avec l'apparition dans la loi, pour la première fois, des sanctions disciplinaires, ce qui devrait les légitimer ;

– d'aligner le régime de prescription de l'action en responsabilité civile de l'expert sur celle des avocats, dix ans à compter de la fin de sa mission (art. 6-3, L. 1971, art. 52).

a) L'inscription et la réinscription. Pour l'essentiel, il est établi (art. 2, L. 1971), « pour l'information des juges » une double liste d'experts judiciaires : « une liste nationale des experts judiciaires dressée par le bureau de la Cour de cassation » et « une liste des experts judiciaires dressée par chaque cour d'appel ». Pour les listes des cours d'appel, il est institué un régime probatoire de deux ans pour la première inscription, inscription initiale qui est mentionnée « dans une rubrique particulière » ; à l'issue de cette période probatoire, l'expert peut être réinscrit, s'il en présente la demande, pour une durée de cinq années, après avis motivé d'une commission paritaire (magistrats et experts) ; à cette fin, il est procédé à l'évaluation de « l'expérience de l'intéressé et de la connaissance qu'il a acquise des principes directeurs du procès et des règles de procédure applicables aux mesures d'instruction confiées à un technicien ». Pour la liste nationale de la Cour de cassation, le régime probatoire n'est pas institué, mais nul ne peut y être inscrit s'il ne justifie de son inscription sur une liste de cour d'appel pendant au moins trois ans (qui s'ajoutent à la durée probatoire de deux ans, soit une exigence totale de cinq ans en cour d'appel) ; la durée de l'inscription est portée à sept ans ; la réinscription, pour la même durée, est soumise à l'examen d'une nouvelle candidature. Pour les deux catégories de listes, le refus de réinscription doit être motivé. Il est espéré du nouveau système un meilleur contrôle des cours d'appel sur le recrutement des experts. On remarquera au passage que la loi de 1971, version 2004, consacre le titre « d'experts judiciaires » dans son article 2 et que les cours d'appel servent de filtre à la Cour de cassation.

On renvoie au texte de la loi et du décret pour les conditions de compétence, d'honorabilité, la procédure d'inscription, les mesures de retrait et de radiation (sur lesquelles v. *infra*, *c*), le recours porté devant la Cour de cassation contre une décision d'inscription, de réinscription ou de refus [1].

b) Les obligations de l'expert. Les experts inscrits sur la liste prêtent serment (décret 2004, art. 22) devant la cour d'appel d'apporter leur concours à la justice, d'accomplir leur mission, de faire leur rapport et de donner leur avis en leur honneur et conscience. Les personnes morales prêtent serment par un représentant désigné à cet effet. En cas d'empêchement, le premier président de la cour d'appel peut autoriser l'expert à prêter serment par écrit (al. 3).

Chaque année avant le 1er mars l'expert doit établir un rapport de son activité qu'il transmet aux chefs de la cour concernée ; ce rapport précise le nombre de rapports déposés au cours de l'année précédente et, pour chacune des expertises en cours, la date de la décision qui l'a commis, la désignation de la juridiction qui a rendu cette décision, le délai imparti pour le dépôt du rapport ; il doit aussi préciser les formations suivies dans l'année écoulée et les organismes les ayant dispensées. Ces rapports seront communiqués aux commissions statuant sur la demande de réinscription.

1. La Cour de cassation a rendu 12 arrêts le 21 sept. 2006, sur cette question d'inscription ou de réinscription, sur la loi de 2004, confirmant des solutions antérieures et apportant des précisions nouvelles, *Dr. et proc.*, 2007-1, 29, obs. V. Norguin.

c) Régime disciplinaire. « Toute contravention aux lois et règlements relatifs à sa profession ou à sa mission d'expert, tout manquement à la probité ou à l'honneur, même se rapportant à des faits étrangers aux missions qui lui ont été confiées, expose l'expert qui en serait l'auteur à des poursuites disciplinaires » (art. 6-2, al. 1er, L. 1971). Le contrôle des experts est exercé, selon le cas, par le premier président et le procureur général de la cour d'appel ou par le premier président et le procureur général de la Cour de cassation. Les plaintes sont centralisées vers eux et, après enquête, engagent les poursuites devant la commission d'inscription statuant en formation disciplinaire (v. art. 24 à 32 du décret n° 2004-1463 du 23 décembre 2004). Les sanctions disciplinaires sont désormais prévues par la loi de 1971 et ont été élargies par la loi de 2004 : avertissement, radiation temporaire pour un maximum de trois ans et radiation définitive (art. 6-2, L. 1971). Elles sont prononcées par la commission d'inscription (art. 6-2, al. 7, L. 1971). Ces peines disciplinaires ne se confondent pas avec la mesure de retrait de la liste des experts qui est prononcée, selon le cas, par le premier président de la cour d'appel ou de la Cour de cassation, soit à la demande de l'expert, soit si le retrait « est rendu nécessaire par des circonstances telles que l'éloignement prolongé, la maladie ou des infirmités graves et permanentes » (art. 5-I, L. 1971). Quant à la radiation de l'expert, elle peut être prononcée soit comme peine disciplinaire, soit en cas d'incapacité légale (art. 5-II, L. 1971).

§ 2. Le technicien et l'expert en procédure civile

955 ***Le Code de procédure civile*** ◊ L'abus et les lenteurs des expertises, en matière civile, ont provoqué une réaction dont les textes du nouveau Code de procédure portent le témoignage. Ce code règle avec beaucoup de précisions le rôle, les missions de celui que l'on appelle le technicien, ses pouvoirs, ses modes de rémunération [1]. Il suffit d'indiquer ici que le recours à une véritable expertise devrait être plus rare que naguère.

956 ***Mission du technicien*** ◊ Les textes du nouveau code prévoient que trois sortes d'interventions peuvent être demandées à un homme de l'art, dont les deux premières n'exigent pas un gros travail, si bien que la mission du technicien devrait pouvoir être accomplie dans un délai bref et à des conditions financières modiques. On dira quelques mots rapides de chacune, en remarquant au préalable que la loi n° 2004-130 du 11 février 2004 étend le rôle des experts inscrits aux constatations et consultations, de telle sorte que l'expert inscrit sur une liste d'experts établie par les juridictions bénéficie désormais d'une sorte de préférence, mais sans monopole, pour les trois missions pouvant être confiées à un technicien.

a) Les constatations. Dans les cas très simples, le technicien se bornera à opérer une simple constatation dont il rapportera au tribunal le résultat par

1. S. Guinchard, F. Ferrand et C. Chainais, *Procédure civile*, nos 1275 et s.

écrit, à moins qu'on ne l'autorise à faire une déclaration verbale (art. 249, 251, 253, CPC).

b) La consultation. La mission de consultation suppose un examen déjà plus approfondi de la situation litigieuse, mais sans exiger de véritables investigations. Le technicien exposera verbalement son avis, à moins que le juge qui l'a désigné ne lui ait demandé de faire connaître par écrit son opinion (art. 257, 260, CPC).

c) L'expertise. Le terme d'expertise est désormais réservé, en matière civile, aux éventualités dans lesquelles une simple constatation, même une consultation se révéleraient insuffisantes (art. 263, CPC). Il faut que l'on soit dans une situation où le technicien ne peut remplir sa mission sans recourir à des *investigations complexes* (mesures, analyses, essais de matériaux, par exemple). Dans ce cas, la procédure est aménagée par le nouveau code avec beaucoup de détails et de précisions.

Le travail de l'expert est alors consigné dans un rapport qui est déposé au greffe, notifié aux parties et discuté à l'audience par les parties et par leurs conseils. La décision ordonnant l'expertise est d'une importance telle, que, bien qu'elle soit contenue dans un jugement avant dire droit, un appel avant le jugement sur le fond est possible, s'il a été autorisé par le premier président de la cour d'appel, pour de justes motifs (art. 272, CPC).

§ 3. L'expertise en matière pénale [1]

957 ***Importance particulière*** ◊ Dans le domaine pénal, l'expertise joue un rôle assez considérable dans la mesure où le juge (le juge d'instruction notamment) a besoin d'être éclairé sur des points techniques dans sa recherche de la preuve d'une infraction. Si cette expertise pénale emprunte certaines caractéristiques à l'expertise civile, il n'en reste pas moins vrai que la garantie des droits de la défense peut conduire à des règles particulières que nous essaierons de préciser brièvement. Mais le juge doit aussi pouvoir être informé sur la personnalité du délinquant, sur sa situation familiale, matérielle, sociale. Pour cela, il a la possibilité (quelquefois l'obligation) de faire procéder à une enquête sociale ce qui a donné naissance à un auxiliaire du juge pénal que l'on appelle l'enquêteur social. La jurisprudence, on le verra, ne le considère pas comme un expert, mais il nous semble qu'il est parfaitement possible de l'assimiler à ce que l'on nomme en matière civile l'expert constatant.

Aussi, après avoir parlé de l'expert au sens strict, on traitera de l'enquêteur social.

I. L'expert pénal au sens strict

On distinguera les règles particulières concernant la désignation de l'expert et celles concernant son rôle.

1. J.-F. Renucci, « L'expertise pénale et la Convention européenne des droits de l'homme », *JCP* 2000. I. 1227.

A. La désignation de l'expert pénal

958 ***1) Qui désigne ?*** ◊ Le pouvoir de désigner un expert appartient en principe au juge [1] : juge d'instruction, chambre de l'instruction, juge chargé d'un supplément d'information, juridiction de jugement [2]. On notera pourtant que les officiers de police judiciaire et le ministère public disposent de cette possibilité dans le domaine des enquêtes de flagrance [3] (art. 60 CPP) et de l'enquête préliminaire, art. 77-1 CPP).

Les parties peuvent solliciter la désignation d'un expert en précisant éventuellement les questions qu'ils voudraient voir poser à l'expert mais le juge reste libre. Encore devra-t-il rendre une ordonnance motivée au plus tard dans le délai d'un mois à compter de la réception de la demande (art. 156, al. 2 réd. loi du 4 janv. 1993). À défaut, la partie peut saisir directement le président de la chambre de l'instruction (art. 81, al. 10 CPP). Si l'expertise contradictoire n'est pas connue dans notre droit, on remarque que ce principe est un peu tourné lorsque les avocats font citer des experts comme témoins pour discuter le rapport d'expertise officiel. On ajoutera que sans rendre l'expertise totalement contradictoire, la loi du 5 mars 2007 sur l'équilibre de la procédure pénale (art. 18) permet aux parties d'intervenir dans le processus de désignation de l'expert. Aux termes de l'article 161-1 nouveau CPP, toute décision ordonnant une expertise est notifiée aux avocats des parties qui disposent de dix jours pour modifier ou compléter les questions à poser aux experts ou encore demander d'adjoindre un expert à celui ou ceux qui ont été désignés. Le juge d'instruction peut refuser par ordonnance motivée qui peut être contestée devant le président de la chambre de l'instruction. Elle statuera par décision motivée non-susceptible de recours [4].

959 ***2) Qui désigne-t-on ?*** ◊ Le juge doit choisir l'expert sur une des listes officielles dressées par les juridictions (art. 157, al. 1, CPP) [5] liste nationale dressée par la Cour de cassation ou listes dressées par les cours d'appel. À titre exceptionnel, il peut désigner une autre personne par décision motivée, afin d'expliquer les raisons qui le conduisent à cette solution. L'expert est alors librement choisi, mais il doit prêter serment (art. 160 CPP).

1. Sur les autres systèmes possibles, R. Merle et A. Vitu, *Traité de droit criminel*, t. II, n° 203 ; M. L. Rassat, *Traité de procédure pénale*, n° 265.
2. Pour la cour d'assises en cours d'audience, c'est le président qui peut désigner un expert en vertu de son pouvoir discrétionnaire.
3. Sur la distinction de l'expertise avec certains examens ou constats techniques, V. J. Pradel, *Procédure pénale*, n° 480.
4. Sur cette question, v. J. Pradel, « Les suites législatives de l'affaire d'Outreau. À propos de la loi n° 2007-291 du 5 mars 2007 », *JCP*. I. 138.
5. V. *supra*, n° 954. Un décret n° 2004-1463 du 23 déc. 2004, *JO* 2004 réorganise les conditions d'inscription sur la liste nationale et les listes des cours d'appel, inscription désormais limitée dans le temps, les poursuites disciplinaires et la radiation.

960 ***3) Combien d'experts désigne-t-on ?*** ◊ Si le Code de procédure pénale fixait initialement à deux au minimum, le nombre des experts, une ordonnance du 4 juin 1960 avait établi une distinction selon que l'expertise portait ou non sur le fond de l'affaire. Deux experts étaient désignés dans le premier cas, un seul dans le second. Des circonstances exceptionnelles pouvaient cependant conduire à la désignation d'un seul expert lorsque l'expertise concernait le fond de l'affaire. Le juge devait aviser les parties et procéder par décision motivée.

Mais la distinction des cas où l'expertise porte sur le fond et les autres n'est pas toujours aisée. Ainsi en matière d'expertise sur la responsabilité pénale, la jurisprudence qui, dans un premier temps, estimait qu'elle ne touchait pas au fond de l'affaire, exigeait deux experts [1].

Cette solution était discutable car l'expertise n'est relative au fond de l'affaire que lorsqu'elle concerne la recherche des preuves ou la prévention, ce qui n'est pas le cas en l'espèce. Une loi du 30 décembre 1985 a modifié ce système en prévoyant la désignation d'un seul expert, quelle que soit la question en cause. Toutefois le juge est autorisé, si les circonstances l'exigent à en désigner plusieurs. On était donc revenu au système de l'expertise non contradictoire qui est à nouveau remis en cause par l'article 161-1 CPP. On notera cependant que si la partie a sollicité la désignation de plusieurs experts, le juge qui refuse d'accéder à cette demande doit rendre une ordonnance motivée qui est susceptible d'appel (art. 167, al. 4, CPP et 186-1, CPP) [2]. Faute de réponse dans le délai d'un mois la partie peut saisir directement la chambre de l'instruction (art. 167, al. 4 *in fine*). La dualité d'experts est également prévue en cas de contre-expertise sollicitée par une partie civile à la suite d'une expertise pouvant conduire à une décision d'irresponsabilité pénale fondée sur l'alinéa 1er de l'article 122-1 du Code pénal en raison d'un trouble psychique ou neuro-psychique de la personne mise en examen (art. 167-1 CPP) [3].

L'expert étant désigné, quel va être son rôle dans le procès pénal ?

B. Le rôle de l'expert en matière pénale [4]

961 ***L'avis de l'expert*** ◊ En matière pénale, comme en matière civile, l'expert est un technicien qui est chargé de donner un avis au juge sur un point précis.

L'expert désigné doit accepter sa mission sous peine de sanctions disciplinaires, (radiation de la liste s'il refuse sans motif) et quelque-

1. V. R. Merle et A. Vitu, *Traité de droit criminel*, t. II, n° 206 et la jurisprudence citée. J. Pradel et A. Varinard, *Les Grands arrêts de la procédure pénale*, n° 21.
2. M. L. Rassat, *Traité de procédure pénale*, n° 267.
3. La procédure pouvant conduire à une décision d'irresponsabilité pénale pour trouble mental a été prévue par une loi du 25 février 2008 (art. 706-119 et s. CPP) et par un décret du 16 avril 2008 (art. D 47-27 et s. CPP).
4. Sur la notion d'expertise par rapport à un appel ponctuel à un homme de l'art : V. Crim., 19 janv. 2000, *Bull. crim.*, p. 33 ; M. L. Rassat, *Traité de procédure pénale*, p. 267.

fois pénales (refus en cas de désignation à la suite d'une infraction flagrante) (art. R. 642-1, C. pén.). L'expert désigné par le juge ne peut pas être récusé.

Pour accomplir la mission qui lui a été confiée, mission nécessairement précise (art. 158, CPP), l'expert va se livrer à des opérations évidemment très différentes selon son domaine de compétence et il ne peut être question de les envisager ici. Nous pouvons cependant indiquer les limites qui concernent toutes les expertises en matière pénale et dont l'objectif est la protection des droits de la défense. On peut les préciser en distinguant les pouvoirs et les devoirs de l'expert.

962 ***Les pouvoirs*** [1] ◊ Pour réaliser sa mission, si l'expert peut entendre toute personne pour recueillir des renseignements, l'article 164, alinéa 1er du CPP précise néanmoins qu'il ne peut s'agir ni de la personne mise en examen ni du témoin assisté ou de la partie civile. Cette règle ne vaut pas pour l'expert psychiatre ou psychologue (art. 164, al. 3, CPP). Néanmoins il est parfois nécessaire pour l'accomplissement de la mission de l'expert d'entendre le mis en examen, le témoin assisté ou la partie civile. L'alinéa 2 de l'article 164 CPP, réécrit par la loi du 9 mars 2004, précise les conditions d'une telle audition. Afin de simplifier la procédure il est désormais possible pour l'expert, avec l'autorisation du juge et si ils y consentent d'entendre le mis en examen, la partie civile ou le témoin assisté. Les déclarations sont recueillies en présence de l'avocat, dûment convoqué par l'expert, sauf renonciation écrite de l'intéressé à l'assistance du conseil qui sera annexée au rapport.

Les déclarations peuvent également être recueillies lors d'un interrogatoire par le juge en présence de l'expert. Cette méthode pratiquée depuis longtemps est ainsi officialisée (art. 164, al. 2 CPP).

On notera que dans le cadre de sa mission, l'expert peut procéder à l'ouverture de scellés et en confectionner de nouveaux (art. 163, al. 2 CPP).

L'expert peut solliciter du juge la désignation d'autres personnes pour l'éclairer sur un point technique qui échappe à sa spécialité (art. 162, CPP). Une expertise accessoire se greffe ainsi sur une expertisc principale [2].

963 ***Les devoirs*** ◊ Il ne faut pas perdre de vue que l'expert est un auxiliaire du juge ; il doit donc agir en liaison avec lui. Ainsi doit-il accepter les modifications de sa mission et effectuer telle ou telle recherche demandée par le juge à la requête d'une partie au procès.

Le juge exerce un contrôle sur la durée de l'expertise. Il fixe un délai pour l'accomplissement de la mission. L'expert doit en effet remettre

1. J. Pradel, *Procédure pénale*, n° 486.
2. R. Merle et A. Vitu, *Traité de droit criminel*, t. II, n° 208.

un rapport écrit et signé avec indication des personnes qui l'ont assisté pour l'exécution de la mission (art. 166, al. 1 CPP) qui contient la description des opérations qu'il a entreprises et les conclusions auxquelles il est parvenu. Lorsque le délai est supérieur à un an le juge d'instruction peut demander la remise d'un rapport d'étape qui sera notifié aux parties. Elles pourront adresser à l'expert et au juge leurs observations en vue du rapport définitif (art. 161-2 nouveau, CPP).

Lorsque l'expertise a été demandée au cours d'une instruction, le rapport est communiqué aux parties afin qu'elles fassent connaître leurs observations qui peuvent conduire le juge à solliciter un complément d'expertise ou une contre-expertise. Les conclusions des expertises qui le concernent peuvent également être communiquées au témoin assisté (art. 167 dernier alinéa CPP, réd. loi du 9 mars 2004). Une copie du rapport est remise aux avocats des parties à leur demande. Les parties ayant eu connaissance de l'expertise peuvent demander un complément ou une contre-expertise dans les formes prévues par l'art. 81, al. 10 CPP. Le rejet de cette demande ne peut se faire que par ordonnance motivée dans le délai d'un mois (art. 167, al. 4 CPP). Lorsque les conclusions de l'expertise peuvent conduire à une décision d'irresponsabilité pénale sur la base de l'article 122-1 du Code pénal (personne atteinte d'un trouble psychique ayant aboli son discernement) elles doivent être notifiées à la partie civile dans les formes de l'article 167 alinéa 1er du CPP, le cas échéant en présence de l'expert dont la présence est obligatoire, en matière criminelle, si la partie civile le demande. La partie civile peut alors demander une contre-expertise qui est de droit. Elle sera réalisée par deux experts (art. 167-1 CPP). La loi du 5 mars 2007 a introduit la possibilité d'exiger de l'expert un rapport provisoire qui pourra être demandé par le juge d'instruction mais aussi par les parties. Elles pourront le solliciter lorsqu'elles sont informées de la décision ordonnant une expertise (art. 161-1 CPP). Ce rapport provisoire pourrait donc devenir assez systématique puisqu'il est obligatoire dans ce cas, de même d'ailleurs que lorsque le ministère public le requiert. Si le rapport provisoire suscite des observations elles sont adressées au juge et à l'expert dans le délai requis. Au vu des observations l'expert dépose son rapport définitif. Cette nouvelle disposition renforce le caractère contradictoire de l'expertise.

Il faut ajouter qu'en matière pénale, dans la plupart des cas, l'expert vient réaffirmer à l'audience les conclusions écrites afin de respecter le principe de l'oralité (art. 168, CPP) [1]. L'expert n'est cependant pas un témoin (il peut consulter ses notes). Des questions peuvent lui être posées par le président mais aussi directement par le ministère public ou les parties (art. 168, al. 2). En est-il de même de l'enquêteur social ?

1. V. R. Merle et A. Vitu, *Traité de droit criminel*, t. II, n° 211 ; M. L. Rassat, *Traité de procédure pénale*, n° 273.

II. L'enquêteur social

964 ***Exigences nouvelles*** ◊ Le droit pénal moderne pour lequel la sanction est loin d'être l'objectif essentiel a conduit de plus en plus fréquemment le juge à éprouver le besoin de mieux connaître la personnalité du délinquant. Cette nécessité a pris, pour lui, la forme d'une obligation dans certaines affaires. Il s'agit du dossier de personnalité exigé par l'article 81, alinéas 6 et 7 du CPP. Si ce dossier comporte des examens psychiatriques et médico-psychologiques qui s'apparentent à l'expertise, il comporte également une enquête sur la personnalité et le milieu du délinquant qui est confiée à des personnes qu'on appelle les enquêteurs spécialisés.

Cette enquête tendant à être étendue à d'autres hypothèses, il importe de déterminer quelles sont les personnes qui sont chargées de cette mission et quels sont exactement les cas dans lesquels elle est effectuée.

965 ***A) Les personnes assurant la mission d'enquêteur social*** ◊ Il n'existe pas de profession spécifique, mais cette mission va être confiée à des personnes qui par leurs fonctions habituelles paraissent compétentes pour réaliser un tel travail. Rien évidemment, n'interdit au juge d'instruction de procéder lui-même à cette enquête mais il préférera recourir à un auxiliaire. Il peut tout d'abord demander à un OPJ de faire une telle enquête (art. 81, al. 5, CPP) ou la confier à une personne habilitée dans les conditions déterminées par décret en Conseil d'État (art. R. 15-34 à R. 15-40, CPP). Il peut également charger le service pénitentiaire d'insertion et de probation ou le service compétent de la protection judiciaire de la jeunesse de réaliser de telles enquêtes (art. 81 al. 7 CPP) [1].

Cette habilitation était jusqu'alors accordée par le ministre de la justice. Elle est aujourd'hui décidée par l'assemblée générale des magistrats du siège et du parquet ou la commission restreinte, lorsque sa constitution est obligatoire, à la majorité de ses membres.

Elle peut être accordée à une personne physique ou morale qui, selon qu'elle veut exercer ses attributions dans le ressort du tribunal de grande instance, ou dans le ressort de la cour d'appel, adressera sa demande au doyen des juges d'instruction dans le premier cas, au président de la chambre de l'instruction dans le second. Selon un décret du 3 mai 2002 la personne morale doit fournir la liste des personnes physiques qui exerceront ces missions. Elle passe avec le procureur général et le premier président de la cour d'appel dans le ressort de laquelle est situé son siège, une convention déterminant ses conditions d'interventions (art. R. 15-37, al. 3, réd. décret du 9 janvier 2004). En cas d'urgence, ces personnes peuvent accorder une habilitation provi-

1. V. Ph. Bonfils et A. Gouttenoire, *Droit des mineurs*, Dalloz, 2008, n° 1351 et s.

soire (art. R. 15-38, CPP). L'habilitation peut être retirée de façon provisoire ou définitive en utilisant la même procédure. Cette décentralisation du pouvoir d'habilitation est heureuse car elle est de nature à simplifier cette procédure administrative.

Il faut ajouter que les habilitations antérieurement accordées sont restées valables. On a retrouvé après cette nouvelle procédure le même type de personnes (assistantes sociales, éducateurs, etc.) avec sans doute une certaine spécialisation selon les personnes sur lesquelles on devra réaliser l'enquête, mineurs ou majeurs par exemple. On désigne habituellement ces personnes par l'expression de « travailleurs sociaux ».

966 ***B) Le domaine de l'enquête sociale*** ◊ L'enquête était, au départ, exclusivement prévue par l'article 81, alinéa 6 du CPP. Elle présente un caractère obligatoire en matière de crime, elle est facultative pour les délits du moins lorsqu'il s'agit de délinquants majeurs. En effet l'article 8, alinéa 4 de l'Ordonnance du 2 février 1945 prévoit que le juge des enfants « ordonnera une enquête sociale » mais par ordonnance ce magistrat peut cependant décider que cette enquête ne sera pas effectuée.

On notera qu'en ce qui concerne les majeurs, la chambre criminelle en violant assez ouvertement le texte même de l'article 81 a décidé que l'enquête reste facultative en matière criminelle [1].

Cette solution a été vivement critiquée par la doctrine [2] car elle réduit considérablement la portée de l'article 81, alinéa 6 du CPP.

On observe cependant que le domaine de ce type d'enquête a été ultérieurement étendu. C'est tout d'abord la loi du 2 février 1981 (sécurité et liberté) qui a donné au procureur de la République le droit de faire procéder à de telles enquêtes par les personnes habilitées dans les conditions prévues par l'article 81 du CPP. Cette disposition constitue aujourd'hui l'article 41, alinéa 6 du CPP. Lorsque la poursuite concerne un majeur âgé de moins de 21 ans au moment des faits et que la peine encourue n'excède pas cinq ans d'emprisonnement, une telle enquête est obligatoire avant tout placement en détention provisoire. On notera encore qu'une enquête rapide de même nature est prévue dans le cadre de la procédure de comparution immédiate ou de reconnaissance préalable de culpabilité. Elle peut être décidée par le juge des libertés et de la détention (art. 396, al. 2, CPP) avant de prendre une mesure de détention provisoire [3] sur la base de l'article 41,

1. Par ex., Crim. 5 avr. 1960, *Bull. crim.*, n° 210. Crim. 1er déc. 1960, *D.* 1961.385, note MRMP ; J. Pradel et A. Varinard, *Les Grands arrêts de la procédure pénale*, n° 20.

2. V. par ex., G. Levasseur, « De la minimisation du dossier de personnalité à la généralisation du pouvoir discrétionnaire », *RSC* 1961. 83 ; J. Pradel, *Procédure pénale*, n° 493 ; B. Bouloc, *Procédure pénale*, n° 661.

3. J. Bernat De Celis, « L'expérience des enquêtes rapides au tribunal de Paris », *RSC* 1980-957.

alinéa 6 du CPP. L'article D. 17 du CPP énumère un certain nombre de circonstances où la réalisation d'une telle enquête paraît importante s'agissant de la commission d'un simple délit. Une telle enquête est également obligatoire avant que le procureur de la République ne puisse requérir une interdiction du territoire si un étranger déclare se trouver dans une des situations prévues aux articles 131-30-1 et 131-30-2 du Code pénal (art. 41, al. 7 CPP).

La loi du 15 juin 2000 a ajouté un article 81-1 dans le Code de procédure pénale permettant au juge d'instruction, d'office ou à la requête des parties, de faire procéder à tout acte ayant pour but de recueillir des éléments sur la personnalité de la victime.

On peut ajouter qu'une telle enquête sociale est aussi quelquefois exigée en matière civile. Nous citerons l'article 287-2 du Code civil qui prévoit cette mesure en matière de divorce avant que le juge ne statue sur la garde des enfants [1].

L'enquête sociale est également prévue en matière d'assistance éducative (art. 375 et s., C. civ.).

Si l'enquête peut légèrement varier selon les domaines où elle est requise, on peut dire que, d'une manière générale, l'enquête sociale a pour but de fournir des éléments d'appréciation au juge sur le mode de vie présent et passé de la personne sur qui on enquête, sur son milieu et sur sa personnalité. Une chose est certaine, les renseignements doivent être présentés sous une forme objective sans tirer de conclusions sur l'affaire en cours (art. D. 16, CPP).

Lorsque l'enquêteur de personnalité vient à l'audience, il prête le serment du témoin [2]. Il nous semble pourtant, comme nous l'avons déjà noté que sa mission s'apparente beaucoup plus à ce que, dans le domaine civil, on appelle l'expert constatant [3].

SECTION 2. **L'EXPERTISE EN PROCÉDURE ADMINISTRATIVE**

967 ***Rôle*** ◊ En procédure administrative, le juge peut charger un ou plusieurs experts de l'éclairer sur des *questions de fait* [4].

L'expert est choisi librement par la juridiction. Les règles suivies en procédure civile et en procédure pénale, qu'il s'agisse de la désignation

1. S. Guinchard, F. Ferrand et C. Chainais, *Procédure civile*, n° 1275, en note.
2. Crim., 22 mars 1974, *Bull.*, n° 194. ; 17 janv. 1990, *Bull.* n° 31.
3. V. *supra*, n°s 954 et s.
4. J.-P. Pastorel, *L'expertise dans le contentieux administratif*, LGDJ, 1994. Pour un exemple de dévoiement de l'expertise, le juge demandant clairement à l'expert non de l'éclairer sur des faits mais de leur donner une qualification juridique (ce qui relève de l'office du juge), v. CAA Paris, 30 juin 2003, *Ministre de l'Agriculture et autres, AJDA* 2003. 2054.
Le juge peut également demander à l'expert de remplir une mission d'expertise et de conciliation (CE, Sect., 11 févr. 2005, *OGEC du Sacré-Cœur*).

de l'expert ou de la forme des expertises, ne sont pas applicables devant les juges administratifs [1].

Devant les tribunaux administratifs, l'expertise est réglementée par les articles R 621-1 et s., CJA. Elle peut également être demandée au juge des référés, sous le nom de constat d'urgence (art. R 531-1 *ibid.*) ou de référé - expertise (art. R 532-1s. *ibid.*).

1. CE 31 oct. 1947, *Cie des Tranways électriques de Lille et de sa banlieue*, *Lebon*, p. 399.

CHAPITRE 5
LES ADMINISTRATEURS ET MANDATAIRES JUDICIAIRES

968 ***Des difficultés financières des entreprises à celles des particuliers*** ◊ Lorsqu'une entreprise connaît des difficultés financières, il est traditionnel de faire désigner en justice des auxiliaires dont on connaît aujourd'hui deux catégories, celle des administrateurs judiciaires et celle des mandataires judiciaires ; nous en dirons quelques mots dans une première section. Mais le droit contemporain tend à traiter les difficultés financières des particuliers de manière similaire à celles des entreprises ; et ainsi sont apparus dans notre paysage juridique les mandataires judiciaires de la procédure dite de rétablissement personnel (Section 2), puis des mandataires judiciaires de protection des majeurs (Section 3).

SECTION 1. LES ADMINISTRATEURS ET MANDATAIRES JUDICIAIRES

969 ***De 1806 à 1967. Syndics et administrateurs judiciaires*** ◊ Il est fréquent que le tribunal désigne une personne pour garder un objet litigieux ou pour conserver des biens en dehors de tout litige ; parfois aussi il s'agit d'administrer et de liquider les biens d'un commerçant « *en faillite* ». Nos anciens codes faisaient allusion à ces auxiliaires de la justice à l'occasion des faillites, des successions vacantes ou des saisies (v. par ex. : art. 1961, C. civ.) ; mais, pendant longtemps, il n'y eut pas de texte aménageant des garanties de recrutement, soumettant l'activité de ces agents à un contrôle. Auprès des grands tribunaux, la coutume avait suppléé aux déficiences de la loi ; les syndics, liquidateurs ou administrateurs s'étaient groupés en compagnies sous le contrôle des tribunaux. Cette lacune avait été en partie comblée par un décret-loi du 20 mai 1955. Celui-ci avait aménagé pour la première fois le statut des syndics et administrateurs judiciaires, en matière commerciale. Depuis cette réglementation, les fonctions de syndic et d'administrateur judiciaire ne pouvaient être confiées par un tribunal de commerce ou par un tribunal de grande instance qu'à trois catégories de personnes :

– La première était représentée par des *syndics et administrateurs judiciaires*, exerçant cette profession d'une façon exclusive et inscrits, sur la proposition du tribunal, sur une liste dressée par la cour d'appel au début de chaque année judiciaire. Leur statut était contenu dans les décrets du 20 mai 1955 et du 29 mai 1959. Il se rapprochait considérablement de celui des officiers ministériels et des agréés.

– Mais d'autres personnes pouvaient exercer, à titre accessoire, ces fonctions : les avocats, les huissiers de justice, les commissaires priseurs, certains greffiers. Ils devaient pour cela être inscrits sur la liste spéciale. Cependant, si la cour d'appel estimait que le nombre des administrateurs et syndics exerçant cette fonction à titre de profession exclusive était suffisant pour la circonscription, elle pouvait omettre ces officiers ministériels et ces auxiliaires de la justice sur la liste.

– Enfin, on avait prévu le cas où il n'y aurait eu aucun syndic et administrateur de profession dans la circonscription. Le tribunal pouvait alors confier ces fonctions, soit à une personne figurant sur la section d'une liste d'une autre circonscription, soit à des officiers ministériels, à des greffiers.

970 ***1967-1985 – 2005-2006 : les réformes des procédures collectives et des professions qui les accompagnent*** ◊ Après la loi n° 67-563 du 13 juillet 1967 qui avait transformé et dépoussiéré le vieux droit des faillites, avec les procédures de règlement judiciaire et de liquidation des biens, on s'est vite rendu compte que la réforma n'était plus adaptée aux problèmes financiers, économiques et sociaux qui se posent aux entreprises. Certes, une loi n° 81-927 du 1er février 1982 avait donné au procureur de la République le droit de saisir le tribunal et de déclencher une procédure et ce texte avait prévu l'éventualité de la nomination d'un administrateur provisoire, lorsque le comportement du débiteur ou des dirigeants de l'entreprise le rendait nécessaire. Mais c'est la loi n° 85-98 du 25 janvier 1985 qui avait bouleversé, à nouveau, ce droit en pleine mutation. Intitulée : *loi relative au redressement et à la liquidation judiciaires des entreprises*, elle avait été complétée par une autre loi, du même jour (n° 85-99) qui refondait les règles qui régissaient auparavant la profession de syndic et d'administrateur judiciaire. Ainsi étaient créés les *administrateurs judiciaires*, les *mandataires-liquidateurs* et les *experts en diagnostic d'entreprise*. Ces textes distinguaient soigneusement deux catégories de professionnels auxquels étaient confiées des missions distinctes et complémentaires dans le déroulement des procédures collectives des entreprises en difficultés. Ces professionnels, dont la dénomination va fluctuer au fil des réformes, sont à l'origine directe des administrateurs et mandataires d'aujourd'hui. Des missions distinctes leur étaient confiées : dans la procédure de *redressement judiciaire*, deux mandataires de justice étaient désignés, un administrateur judiciaire et un représentant des créanciers, le *mandataire-liquidateur* ; dans la procédure de *liquidation judiciaire*, un *mandataire judiciaire au redressement et à la liquidation des entreprises* était désigné ; c'est lui qui, le plus souvent, avait été le représentant des créanciers dans la première phase de la procédure. Par la suite, une loi du 31 décembre 1990 avait transformé les mandataires-liquidateurs en mandataires judiciaires à la liquidation des entreprises et une autre n° 2003-7 du 3 janvier 2003 en mandataires judiciaires au redressement et à la liquidation judiciaires des entreprises. Si la loi n° 2005-845 du 26 juillet 2005 sur « la sauvegarde des entreprises » (intégrée dans le Code de commerce) simplifie la dénomination de la seconde catégorie de ces professionnels, elle ne modifie pas substantiellement la nature de leurs fonctions. À preuve la définition qu'en donne le Code de commerce :

– l'*administrateur judiciaire* est un mandataire, personne physique ou morale, chargé, par décision judiciaire, d'*administrer* les biens d'autrui ou d'exercer des fonctions d'*assistance* ou de *surveillance* dans la gestion de ces biens (art. L. 811-1, C. com.). Faute de missions certains ont été conduits à démissionner ; ils étaient 116 au 1er janvier 2008. La commission Darrois (avril 2009) préconise le maintien de cette profession et d'encourager son association avec d'autres professionnels (avocats et experts-comptables) dans des structures interprofessionnelles.

– le *mandataire judiciaire* est le mandataire, personne physique ou morale, chargé par décision de justice de *représenter* les créanciers et de procéder à la *liquidation* d'une entreprise (art. L. 812-1, C. com.). Ils étaient 308 au 1er janvier 2008. La commission Darrois (avril 2009) préconise d'encourager cette profession à exercer dans des structures interprofessionnelles communes avec les huissiers de justice et les commissaires-priseurs judiciaires.

971 ***La réglementation actuelle*** ◊ On se bornera à indiquer brièvement les caractères propres et les structures de ces nouvelles professions. Les textes sont entièrement contenus dans le Code de commerce : art. L. 811-1 à L. 811-16 pour les administrateurs judiciaires ; art. L. 812-1 à L. 812-10 pour les mandataires judiciaires ; art. L. 814-1 à L. 814-11 pour des dispositions communes ; on ajoutera à ces articles les textes réglementaires correspondants à chaque profession, issus du décret n° 2005-1389 du 23 décembre 2005 et que le décret du 25 mars 2007 intègre dans le Code de commerce en tenant compte, bien évidemment, des textes postérieurs (art. R. 811-1 à R. 811-59 pour les premiers cités et R. 812-1 à R. 912-23, pour les seconds). Au-delà de la terminologie, les textes de 2003, 2005 et 2006 n'apportent que des aménagements mineurs quant au statut de leurs membres ; surtout, il n'ouvre pas largement la profession, comme certains l'espéraient, à d'autres que les professionnels du secteur ; l'ouverture redoutée des mandataires à d'autres professions n'aura pas lieu. En effet, ce n'est qu'à titre exceptionnel que, par exception au monopole conféré aux personnes inscrites sur les listes établies par les Commissions nationales, le tribunal pourra, par décision spécialement motivée et après avis du procureur de la République, désigner une personne physique justifiant d'une expérience ou d'une qualification particulière au regard de la nature de l'affaire et remplissant les conditions d'inscription sur la liste (art. L. 811-2, al. 2, pour les administrateurs et art. L. 812-2-6, al. 2, pour les mandataires judiciaires). Voir aussi, pour les seuls administrateurs judiciaires, l'article L. 812-2, al. 1er, qui tient compte des règles spéciales qui existent pour la gestion des biens des mineurs et des incapables majeurs et de la possibilité pour des membres des professions juridiques et judiciaires de recevoir, de manière occasionnelle, des missions analogues.

972 ***1) Conditions d'exercice de la profession communes aux administrateurs et aux mandataires judiciaires*** ◊ Ces deux auxiliaires des parties doivent remplir certaines conditions qui leur sont communes et qui leur permettent d'être inscrits sur une liste nationale ou régionale (v. *infra*, n° 973). Pour pouvoir demander son inscription sur l'une de ces listes, l'intéressé doit :

– avoir la *nationalité française* ou être ressortissant d'un État membre de la Communauté européenne ou d'un État partie à l'Espace économique européen (art. L. 811-5 et L. 812-3, C. com.) ;
– présenter des conditions de *moralité* suffisantes ;
– avoir subi avec succès un *examen d'aptitude* après l'accomplissement d'un *stage* professionnel ;
– le stage professionnel suppose la possession de certains *titres* ou *diplômes* qui sont précisés dans la partie réglementaire [1] ;
– ne pas exercer toute autre profession déclarée incompatible avec celle d'administrateur judiciaire (à l'exception de celle d'avocat, art. L. 811-10, C. com.) ou de mandataire judiciaire (art. L. 812-8, C. com., sans aucune exception au profit des avocats).

973 ***2) L'obligation, pour l'exercice de la profession, d'être inscrit sur une liste officielle*** ◊ Cette obligation est imposée tant à l'administrateur judiciaire qu'au mandataire judiciaire. Mais, la diversité de leur rôle se traduit par l'existence de listes distinctes.

a) L'*administrateur judiciaire* a reçu vocation à exercer ses fonctions sur l'*ensemble du territoire* (art. L. 811-9, C. com.). Aussi, est-il inscrit sur une liste nationale, (celle-ci étant divisée en sections dont chacune correspond au ressort d'une cour d'appel). Cette liste est dressée par une *commission nationale*. Nul ne peut faire état du titre d'administrateur judiciaire, en dehors de la mission qui lui est confiée, s'il n'est inscrit sur la liste ; des peines sont prévues en cas d'infraction caractérisée ou même d'usage d'une dénomination présentant une ressemblance de nature à engendrer, dans l'esprit du public, une confusion (art. L. 811-16, C. com.).

b) Le *mandataire judiciaire* est inscrit sur une liste établie, depuis la loi du 3 janvier 2003, par une *commission nationale*, elle-même divisée en sections correspondant au ressort de chaque cour d'appel (art. L. 812-2-1, C. com.). Il peut porter le titre de « mandataire judiciaire au redressement et à la liquidation des entreprises ». Toute usurpation de titre expose à des poursuites pénales (art. L. 812-10, C. com.).

c) Les deux commissions nationales et Commission régionale ont reçu des compétences analogues et possèdent, dans leur domaine propre, des pouvoirs similaires. La commission procède à l'inscription des candidats, éventuellement à leur retrait de la liste. Elle est investie du pouvoir disciplinaire.

Un recours est possible contre les décisions de ces commissions. Il est porté devant la Cour d'appel de Paris (art. L. 814-1, C. com.).

974 ***3) Le Conseil national des administrateurs et mandataires judiciaires*** ◊ La loi n° 90-1259 du 31 décembre 1990 sur les professions judiciaires et juridiques avait rétabli un texte (l'article 33 de la loi du 25 janvier 1985) qui avait été annulé par le Conseil constitutionnel, mais en lui donnant un contenu entièrement nouveau. La loi du 3 janvier 2003 maintient cette institution (aujourd'hui art. L. 814-2,

1. Peuvent être dispensés de stage certaines personnes ayant acquis une expérience et une compétence jugées suffisantes, même si elles ne possèdent pas de diplôme. Peuvent être dispensées de l'examen d'aptitude ou de certaines de ses épreuves, de tout ou partie du stage, les personnes ayant exercé pendant une certaine durée certaines professions.

C. com.). Il a donc été créé un *Conseil national des administrateurs judiciaires* et des *mandataires judiciaires* qui est chargé d'assurer la défense des intérêts collectifs de ces professions, d'organiser la formation professionnelle et de contrôler les études. Les conditions d'élection et de fonctionnement de ce Conseil sont réglées par les dispositions réglementaires. Les deux professions y sont représentées à égalité. La commission Darrois (avril 2009) préconise que cet organisme puisse se constituer partie civile dans les affaires pénales mettant en cause les membres de ces professions et qu'un avocat, un magistrat ou un expert-comptable intègre les équipes chargées de leur contrôle.

975 ***4) Conditions d'exercice de la profession*** ◊

a) Mode d'exercice

– La profession d'administrateur judiciaire et celle de mandataire judiciaire peuvent être exercées d'une manière personnelle et individuelle ou l'être dans le cadre d'une société civile (art. L. 811-7 et L. 812-5, C. com.). En effet, dès 1986, ces auxiliaires de justice ont eu la faculté de créer des *sociétés civiles professionnelles* (L. n° 66-879 du 29 nov. 1966) [1]. Mais, la loi du 31 décembre 1990 autorise un choix beaucoup plus large (art. 48 et 52, dont le contenu est identique). Il offre aux intéressés la possibilité d'exercer leurs professions sous l'une des formes de société d'*exercice libéral* (v. *infra*, n°s 984 et s.).

– Ces professionnels peuvent aussi être membres d'un *Groupement d'intérêt économique* (GIE) ou d'un *Groupement européen d'intérêt économique* (GEIE).

– Ils peuvent enfin être les associés d'une *société en participation* (art. 22 et 23 de la loi n° 90-1258 du 31 décembre 1990 relative à l'exercice sous forme de sociétés des professions libérales soumises à un statut législatif ou réglementaire dont le titre est protégé).

Les mandataires de justice intervenant dans les procédures collectives n'étant pas des citoyens chargés d'un service public, ils ne peuvent prétendre à la protection de la loi sur la presse du 29 juillet 1881 en matière de diffamation (art. 31) [2].

b) Cessation de fonctions – Honorariat

En cas de cessation de fonctions, les dossiers suivis par l'administrateur judiciaire ou par le mandataire judiciaire au redressement et à la liquidation des entreprises sont répartis entre les professionnels inscrits sur la même liste (nationale ou régionale). Il peut cependant être demandé à l'administrateur judiciaire ou au mandataire judiciaire au redressement et à la liquidation des entreprises, sauf le cas dans lequel celui-ci aurait été révoqué, de mener jusqu'à leur terme certaines affaires (art. L. 811-8 et L. 812-6, C. com.).

1. Décret d'application, n° 86-1176, 5 nov. 1986.
2. Cass. Ch. mixte, 4 nov. 2002 (trois arrêts), *LPA*, 16 sept. 2003, note G. Gil.

L'honorariat peut être conféré au professionnel qui se retire.

La rémunération de ces professionnels est prévue par les articles de la partie réglementaire.

c) Garanties

Pour les deux professions, est créée une *caisse de garantie* unique. Elle est dotée de la personnalité morale et elle est gérée par les cotisants. L'adhésion à cette caisse, qui est alimentée par les cotisations de ses membres, est obligatoire pour tous les membres inscrits sur les listes nationales (art. L. 814-3, al. 2, C. com.). Cette caisse indemnisera les créanciers, chaque fois que l'un des membres de ces deux professions ne pourra pas représenter les fonds qui lui auront été confiés. Il suffira que ce créancier justifie l'exigibilité de sa créance et de la non-représentation des fonds. Le bénéfice de discussion ne peut lui être opposé (art. L. 814-3, al. 6, C. com.). Mais, la caisse est tenue de souscrire une assurance, afin de se garantir contre les risques découlant des obligations qui lui sont imposées par la loi (art. 814-3, al. 7, C. com.).

En outre, chaque professionnel est tenu de souscrire, par l'intermédiaire de la caisse, une assurance garantissant sa responsabilité civile professionnelle en raison des négligences et des fautes qu'il pourrait commettre dans l'exécution des mandats qui lui sont confiés ou de celles de leurs préposés (art. L. 814-4, C. com.).

976 ***5) Surveillance – Discipline*** ◊ Dans ces domaines, les règles sont semblables pour les deux professions, l'article L. 812-9, C. com. renvoyant aux articles L. 811-11 à L. 811-15, C. com.

a) Contrôle, surveillance et inspection

1) Les administrateurs judiciaires et les mandataires judiciaires sont placés sous la surveillance du ministère public (art. L. 811-11, C. com.) et sont soumis à des inspections qui seront confiées à l'autorité publique (les modalités en sont précisées dans la partie réglementaire. En outre, la périodicité du contrôle de chaque étude est passée de 4 à 2 ans, avec possibilité de contrôles occasionnels. L'ensemble est nettement renforcé, en raison des scandales survenus dans les années 1995 à 1997.

2) Obligation de déclarer les sommes ou opérations soupçonnées d'être d'origine illicite. La loi n° 2004-130 du 11 février 2004 a étendu aux administrateurs judiciaires et aux mandataires judiciaires (et à d'autres professions judiciaires, v. art. L. 562-1, § 12 et 13, C. mon. et fin., *infra*, n° 1070 pour les avocats et n° 1086 pour les officiers ministériels auxiliaires de justice) le dispositif de lutte contre le blanchiment d'argent sale, en particulier l'obligation de soupçonner certaines personnes ou certaines opérations et de déclarer ce soupçon au service compétent (TRACFIN) [1] mais avec des aménagements procéduraux

1. « Traitement du renseignement et action contre les circuits financiers clandestins » (trafic de drogue, financement du terrorisme), créé en 1990, rattaché au ministère des finances.

pour tenir compte du secret professionnel auquel ces professionnels du droit sont astreints. L'étude de ce dispositif (art. L. 562-2-1, C. mon. et fin.) sera menée à propos des avocats (v. *infra.*, n° 1070).

3) Le retrait de la liste d'un professionnel n'empêche pas une éventuelle poursuite disciplinaire.

b) Discipline

Si une action disciplinaire paraît nécessaire, elle est portée devant la commission nationale qui a établi la liste sur laquelle l'intéressé a été inscrit. Le rôle du ministère public est tenu par le commissaire du Gouvernement. Les peines disciplinaires sont les suivantes : avertissement, blâme, interdiction temporaire (ne dépassant pas un an), radiation. Un recours est ouvert en cas de prononcé d'une sanction ; il est porté devant la cour d'appel de Paris (art. L. 814-1, C. com.) et a un effet suspensif.

En cas de poursuite disciplinaire ou pénale, l'intéressé peut aussi être *suspendu* provisoirement de l'exercice de ses fonctions. Dans les cas d'urgence, cette suspension peut même être prononcée avant le déclenchement de la poursuite (art. L. 814-2, C. com.). Mais la loi n° 2004-130 du 11 février 2004 (art. 69) retire désormais cette compétence aux commissions nationales pour la confier au tribunal de grande instance du lieu où le professionnel est établi, car il s'agit davantage d'une mesure de sûreté que d'une sanction disciplinaire. C'est déjà le régime suivi pour les officiers publics et ministériels (ord. n° 45-1418, 28 juin 1945, art. 32, *infra*, n° 1085).

SECTION 2. LES MANDATAIRES JUDICIAIRES AU RÉTABLISSEMENT PERSONNEL DES PARTICULIERS

977 ***La procédure de rétablissement personnel dans le cadre du traitement du surendettement des particuliers*** ◊ La loi n° 2003-710 du 1er août 2003 a réformé la procédure de surendettement des particuliers en créant la procédure de rétablissement personnel qui vise à effacer le passif d'un particulier (réglementée aux articles L. 332-5 à 12, C. consom.) « *lorsque le débiteur se trouve dans une situation irrémédiablement compromise caractérisée par l'impossibilité manifeste de mettre en œuvre des mesures de traitement* » de sa situation (C. consom., art. L. 330-1, al. 3). Dans cette hypothèse, le juge de l'exécution, seul compétent pour connaître de cette procédure, peut désigner « un mandataire » (art. L. 332-6, al. 3, C. consom.) dont les missions sont décrites à l'article L. 332-7, C. consom. (publication du jugement d'ouverture de la procédure, établissement d'un bilan de la situation économique et sociale du débiteur, vérification des créances et évaluation des éléments d'actif et de passif ; puis, pendant la phase de liquidation, en qualité cette fois de liquidateur, exercice des droits et actions

du débiteur sur son patrimoine, tels que la vente des biens et la répartition du produit des actifs entre les créanciers). Véritable pivot de la procédure, ce mandataire judiciaire a vu son statut précisé par le décret n° 2004-180 du 24 février 2004, intégré au Code de la consommation : c'est le procureur de la République qui établit la liste de ces mandataires ; peuvent demander à y être inscrits, les mandataires judiciaires au redressement et à la liquidation des entreprises, les huissiers de justice (à l'exception de ceux ayant antérieurement procédé à des poursuites à l'encontre du débiteur), les associations tutélaires, familiales ou de consommateurs et les membres de ces associations (art. R. 332-13-1, C. consom.). La rémunération du mandataire, fixée par un arrêté du 29 mars 2004, est prélevée sur le produit de la vente de l'actif au titre du privilège des frais de justice ; en cas d'insuffisance de l'actif, le juge fixe le montant d'une contribution à la charge du débiteur et ses modalités de versement ; à défaut d'actif et de ressources suffisantes, le trésor public se substitue au débiteur [1].

SECTION 3. **LES MANDATAIRES JUDICIAIRES A LA PROTECTION DES INCAPABLES MAJEURS**

978 ***Loi n° 2007-308 du 5 mars 2007 sur la protection des incapables majeurs*** ◊ Cette loi procède à une importante refonte du droit de la protection des incapables majeurs qui, depuis janvier 1968 n'avait pas subi de réforme substantielle. En quarante ans, les conditions de vie des personnes frappées du malheur de la vie ont changé, mais d'autres difficultés sont apparues, sans que la personne soit, au sens propre, frappée d'incapacité. Ce mandataire d'un type nouveau peut se définir comme l'intervenant extérieur à la famille qui exercera à titre habituel les mesures de protection des majeurs que le juge des tutelles lui confie au titre du mandat général auquel il peut être recouru dans le cadre de la sauvegarde de justice, de la curatelle, de la tutelle ou de la (nouvelle) mesure d'accompagnement judiciaire. Il s'agit bien d'une nouvelle profession qui est créée, avec la fusion en une profession unique de l'ensemble des opérateurs existants au moment de l'élaboration de la loi : salariés des associations familiales, gérants de tutelle, délégués à la tutelle aux prestations sociales, gérants d'établissements de santé ou à vocation sociale ou médico-sociale (centres d'aide par le travail, hébergements collectifs spécialisés...). Nul ne pourra exercer s'il n'est pas inscrit sur une liste départementale établie par le préfet, après avis du procureur de la République ; une liste nationale des mandataires radiés sera établie, ce qui prouve bien que la loi a voulu assainir le secteur et mettre fin à certains abus. Les mandataires devront satisfaire à des

1. V. Vigneau, *Dr. et procédures,* 2004-4, p. 189.

conditions de moralité, de formation, d'expérience professionnelle. Sous certaines conditions, dans les établissements hébergeant des personnes adultes handicapées ou des personnes âgées, ce pourra être un service de cet établissement. Les textes législatifs sont contenus dans le Code de l'action sociale et des familles (art. L. 471-1 et s. et D. 471-1 et s.).

SOUS-TITRE 2

Les auxiliaires des parties

979 ***Définition*** ◊ On a déjà essayé (v. *supra*, n° 875) de donner une définition des auxiliaires de la justice. L'expression « auxiliaire de la justice » est assez générale et englobe des professions qui sont assez proches les unes des autres. Nous avons cependant rangé dans une catégorie à part (v. *supra*, n°s 880 et s.) les fonctionnaires qui assistent les juges du siège et du parquet, même s'ils peuvent apparaître, dans une certaine mesure, comme des auxiliaires de la justice. À vrai dire, ce sont *principalement* des auxiliaires des magistrats. Les professionnels dont nous allons analyser ici le rôle et décrire la fonction sont de simples particuliers qui se mettent au service des plaideurs, en coopérant au service de la justice.

980 ***Classification antérieure à la loi du 31 décembre 1971*** ◊ Jusqu'à l'importante réforme du 31 décembre 1971, on répartissait ces auxiliaires de la justice en trois catégories, en distinguant soigneusement :

- *les avocats* chargés traditionnellement de l'assistance des plaideurs, de la plaidoirie (la profession était largement ouverte) ;
- *les officiers ministériels* qui étaient en nombre limité, achetaient une charge et bénéficiaient d'un véritable monopole (avoués près le tribunal de grande instance, avoués près la cour d'appel, huissiers de justice, greffiers, avocats au Conseil d'État et à la Cour de cassation) ;
- *les professionnels* qui sans être ni avocats, ni officiers ministériels, jouaient un rôle soit devant tous les tribunaux indistinctement (séquestres), soit plus spécialement devant les tribunaux d'exception (agréés, administrateurs judiciaires, syndics, arbitres-rapporteurs).

Ces classements traditionnels ont correspondu pendant très longtemps à une certaine conception du procès, de son déroulement, de sa direction, de la combinaison du caractère à la fois écrit et oral des débats judiciaires. Bref, à notre histoire et à notre culture.

981 ***Les facteurs d'évolution ayant conduit à la loi du 31 décembre 1971*** ◊ Cependant le problème d'une *évolution nécessaire* s'imposait à de nombreux esprits, même si les solutions envisagées étaient assez éloignées les unes des autres ; on en rappellera rapidement les facteurs.

§ 1. Les transformations des professions traditionnelles

Les facteurs de cette évolution, de nature assez variée, pouvaient être regroupés autour de trois idées principales.

I. La tendance au rapprochement des activités de l'avocat et de l'avoué

On se demandait tout d'abord si l'époque de la profession libérale exercée par un homme seul, aidé seulement par un ou plusieurs secrétaires (avocat), par un ou plusieurs clercs (avoué, huissier de justice) n'était pas, dans une certaine mesure, dépassée. Certains souhaitaient des formes d'*association* compatibles avec la liberté qu'exigent la défense du client et la responsabilité assumée. Ces idées avaient fait leur chemin puisque, depuis 1954 (v. *infra*, n° 1034), le règlement intérieur de chaque barreau pouvait autoriser l'association entre avocats. L'institution de *sociétés civiles professionnelles*, bientôt *interprofessionnelles* avait permis de réunir plusieurs études de notaires, d'avoués, de greffiers, d'agréés, de commissaires priseurs, de greffiers du commerce, des cabinets d'avocats. Mais, ne convenait-il pas d'aller plus loin, de ne considérer la société civile interprofessionnelle que comme une *technique de transition* et d'envisager la constitution d'une *profession juridique unifiée* dont certains traits avaient ainsi déjà été esquissés ? N'accordait-on pas une place excessive à la *spécialisation des fonctions :* avocat, avoué de grande instance et d'appel, notaire, huissier de justice, agréé, commissaire-priseur, etc. Or, la dualité des fonctions de l'avocat et de l'avoué se comprenait moins qu'il y a une trentaine d'années, car l'avocat représentait déjà son client devant de nombreuses juridictions d'exception et maniait des fonds, tandis que, devant ces mêmes juridictions l'avoué pouvait plaider. Par ailleurs la vénalité des offices apparaissait de plus en plus comme une survivance du passé et un courant tendait, comme dans plusieurs pays, à la faire disparaître par étapes.

II. Le caractère excessif de la distinction du judiciaire et du juridique

Un déplacement s'était également opéré dans les carrières du droit. On opposait volontiers naguère le secteur « judiciaire » (avocat, avoué) et le secteur « juridique » représenté par les notaires. Mais l'évolution du droit des sociétés, du droit social, du droit fiscal, sans même parler de tous les problèmes d'urbanisation et de construction, favorisait le développement de professions ouvertes à tous, sans condition de nationalité ni de diplôme, celles de conseil juridique ou fiscal, d'agent ou d'expert immobilier. Fait plus grave : le notariat mis à part, la profession juridique était traditionnellement orientée, à peu près exclusivement, vers les situations *contentieuses*. Ainsi, l'avocat ne pouvait-il appartenir au conseil d'administration d'une société de commerce ou d'une société de construction ; sa présence à l'assemblée des copropriétaires était discutée. Aussi souhaitait-on [1] que les hommes de loi appartenant aux professions

1. J. Rivero, « Sous-équipement juridique de la France », *D.* 1967. chron. 241.

traditionnelles coopèrent davantage à l'étude préalable et à la préparation des actes juridiques, notamment dans le monde des affaires, qu'ils soient des conseils permanents pour rédiger un acte de société, un contrat important, sans que le client soit obligé de consulter deux, trois spécialistes, quand ce n'est pas davantage.

Le phénomène bien connu d'urbanisation avait sans doute gonflé le volume du contentieux, mais même si l'on s'orientait vers un assouplissement de la procédure du divorce, vers la généralisation du constat amiable en cas d'accident de la circulation, vers une résorption du contentieux assez artificiel des loyers, on pouvait penser que l'activité proprement juridique (conseils, consultations, négociation de contrats, création, fonctionnement, gestion de sociétés) allait être appelée à prendre une place grandissante au détriment du secteur judiciaire. Il paraissait donc souhaitable que les avocats, les avoués, les agréés ne se laissent plus cantonner dans le droit contentieux et retrouvent la place qui aurait dû rester la leur dans le domaine du conseil et de la rédaction des actes. Or ces secteurs avaient été peu à peu occupés par des professionnels très actifs et compétents, non emprisonnés par des règles professionnelles strictes, comme celles qui régissaient le barreau ou les officiers ministériels. Ces spécialistes du droit des sociétés ou du droit fiscal avaient d'ailleurs senti le besoin de garantir la compétence et l'honorabilité des membres de leur profession en s'inspirant des règles de déontologie des professions traditionnelles [1].

III. Les conséquences du Traité de Rome de 1957

La mise en place des dispositions du Traité de Rome devait, en outre, conduire à hâter l'évolution, dans la mesure où les professions d'auxiliaires de la justice restaient soumises en France à des statuts rigoureux, tandis que l'ouverture d'un cabinet de conseil juridique restait jusqu'ici absolument libre. Le développement du Marché commun rendait plus spécialement encore cette réforme de nos professions traditionnelles, nécessaire afin de réaliser une certaine harmonie entre les structures judiciaires et juridiques des pays de la Communauté.

Le moment semblait venu de constituer une nouvelle famille de juristes de droit privé, ayant une forte connaissance du droit administratif et du droit fiscal et apte à résoudre tous les problèmes juridiques et accessoirement judiciaires qui se posent pour un particulier, une copropriété, une entreprise, une société et de provoquer la fusion des professions existantes, ou du plus grand nombre d'entre elles, au profit d'une *profession unique*, à la fois *judiciaire et juridique*, à l'exemple de ce qui se faisait déjà dans certains pays comme les États-Unis.

§ 2. Fusion large ou fusion étroite

Mais, si les données du problème étaient relativement faciles à poser, il était moins simple de proposer une solution recueillant l'adhésion de tous. On pouvait en effet, hésiter entre deux voies.

1. Une loi du 24 mai 1951 avait déjà interdit l'usage de certains titres aux agents d'affaires et conseils juridiques.

La première était celle d'une fusion de très grande portée qui eût englobé les conseils juridiques. Mais l'ampleur des problèmes à résoudre, l'attachement à certaines situations acquises, la crainte de l'inconnu, conduisaient certains à envisager une opération réalisée par étapes. Au cours de la première, seuls seraient regroupés dans une profession unique les avocats, les avoués de grande instance et les agréés. La dimension géographique des cours d'appel incitait en effet au maintien des avoués d'appel, la postulation exigeant la présence effective et permanente de l'auxiliaire de justice auprès de la juridiction compétente.

C'est en fonction de ces perspectives que, dès 1960, on avait envisagé d'opérer une fusion d'abord des professions d'avoués et d'avocats auxquels on joignait les agréés, la question restant ouverte d'une réforme de plus grande envergure qui engloberait un certain nombre de conseils juridiques.

§ 3. Les étapes de la réforme

La réalisation du projet a certainement été favorisée par la réforme des juridictions intervenues en 1958 qui, réduisant le nombre des tribunaux de grande instance substitués aux tribunaux civils, avait entraîné la disparition d'un certain nombre de charges d'avoués. Après de nombreuses péripéties un avant-projet de loi fut publié en mai 1971. Sa discussion est venue devant le Parlement à la fin de l'année 1971.

982 ***La loi n° 71-1130 du 31 décembre 1971*** ◊ En dépit des polémiques passionnées que la préparation du texte et son adoption avaient suscitées, après l'hésitation éprouvée jusqu'au dernier moment sur la question de savoir s'il convenait de réglementer ou non la profession de conseil juridique dans un texte unique avec les avocats, les avoués et les agréés, la loi du 31 décembre 1971 a été votée par le Parlement sous le titre de « *Loi portant réforme de certaines professions judiciaires et juridiques* ».

Déclarée applicable à la date de la rentrée judiciaire du 16 septembre 1972, elle a réalisé la *fusion* des professions d'avocat, d'avoué près le tribunal de grande instance, d'agréé près le tribunal de commerce, et réglementé les conditions auxquelles est subordonné l'exercice d'une profession avec le titre de conseil juridique [1]. Mais la loi, comme le projet qui l'a précédée, a poursuivi des fins plus ambitieuses et s'est efforcée de favoriser une protection générale des usagers du droit qui dépasse, en quelque sorte, la réforme judiciaire proprement dite (v. sur ce point, v. *supra*, n°s 252 et s.).

983 ***Nécessité d'une nouvelle réforme*** ◊ L'article 78 de la loi précitée du 31 décembre 1971 prévoyait d'instituer, auprès du garde des Sceaux, une commission chargée de lui proposer les modalités de fusion de la nouvelle profession d'avocat avec celle de conseil juridique qui était restée en dehors de la fusion avoué, avocat et agréé. Mais ce qu'il n'avait pas été possible de réaliser dès 1972, ne le fut pas davantage dans les années qui suivirent et, suite aux

1. Y. Lobin, *D.* 1972. Chron. 35 ; Cl. Giverdon, *D.* 1972. Chron. 103 ; Buthiau, *JCP* 1972. I. 2500.

divergences entre les professionnels concernés, la commission créée le 30 mai 1973 fut dissoute le 22 juin 1977.

Plus de dix ans après, une nouvelle commission fut mise en place, présidée par un avocat, ancien député, M. Dominique Saint-Pierre. Les choses avaient beaucoup bougé entre-temps et par la volonté de rapprochement de certains professionnels des deux professions et par l'effet, non plus du seul Traité de Rome, mais de l'Acte unique européen de 1985 et l'ouverture d'un grand marché européen le 1er janvier 1993. Le souci de faire face à la concurrence européenne et internationale activa les esprits et de nombreux rapports furent élaborés suite à la réunion de commissions diverses, plus ou moins officielles. Le gouvernement prit alors la décision de rédiger deux projets de loi, l'un portant réforme des professions judiciaires et juridiques, l'autre concernant l'exercice sous forme de sociétés des professions libérales soumises à un statut législatif ou réglementaire ou dont le titre est protégé. Le premier de ces textes fut soumis à l'Assemblée Nationale en juin 1990 et... rejeté le 20 de ce mois, suite à des critiques manifestant des intérêts opposés mais dont l'addition eut pour effet de fortifier une majorité parlementaire de refus du texte en l'état. Dès le lendemain du vote négatif de l'Assemblée Nationale, ceux-là mêmes qui avaient critiqué le projet regrettèrent son rejet en première lecture. Le gouvernement se sentit autorisé à saisir le Sénat et, au terme du processus parlementaire, ce furent deux lois qui furent promulguées le 31 décembre 1990.

984 ***Les lois n° 90-1258 et 90-1259 du 31 décembre 1990*** ◊ La première citée concerne les sociétés d'exercice libéral, la seconde la fusion des professions d'avocat et de conseil juridique, mais aussi la réglementation de la consultation en matière juridique et de la rédaction d'actes sous seing privé ainsi que diverses professions juridiques autres que celles d'avocat.

a) *Pour l'ensemble de ces textes*, l'objectif du gouvernement, clairement affiché en exposé des motifs était triple :

- d'une part, permettre aux professionnels du droit de faire face à la concurrence née de l'ouverture des frontières en 1993 ;
- d'autre part, remédier à l'éparpillement excessif des professions pour articuler ces professions autour de deux grands pôles, une nouvelle profession d'avocat et les notaires ;
- enfin, réserver la consultation et la rédaction d'actes en matière juridique à des personnes qualifiées, offrant garantie de compétence, d'assurance de leur responsabilité professionnelle et de représentation des fonds reçus dans l'exercice de ces activités.

b) *La loi sur l'exercice en société des professions libérales* a un objectif qui dépasse le cadre des professions juridiques, puisqu'il s'agit de donner à l'ensemble de ces professions libérales des structures juridiques leur permettant d'adapter, ce qu'il faut bien appeler leur entreprise, aux conditions de concurrence et de rationalité économique du monde contemporain.

c) *Quant à la loi sur la réforme des professions judiciaires et juridiques* elle concerne, conformément à l'objectif affiché : la fusion des professions d'avocat et de conseil juridique au 1er janvier 1992, la réglementation de l'exercice du droit et d'autres professions juridiques.

985 ***Évolution postérieure. Vers la grande profession du droit ?*** ◊ Depuis la fusion des professions d'avocat et de conseil juridique, un vide

semble s'être créé dans le domaine du conseil aux entreprises, d'où les conflits avec la profession d'expert-comptable (v. *supra* n° 259) et les problèmes posés à terme par l'article 60 de la loi de 1971 (*ibid.*). En outre, l'ouverture à l'Europe, celle de l'Union européenne et celle de l'Espace économique européen, ne se fait pas sans heurts ni combats. Sous la pression des avocats (en tout cas du Conseil national des Barreaux), il a beaucoup été question de la grande profession du droit qui unifierait toutes les professions judiciaires et même absorberait les notaires au sein d'une profession unique d'avocat. Si la disparition des avoués d'appel est programmée au 1er janvier 2011, la fusion avec les autres professions ne semblent pas acquise, au moins pour ce qui concerne l'absorption des notaires. Une commission réunie à l'instigation du président de la République en juillet 2008 et présidée par Maître Darrois a rendu son rapport le 8 avril 2009 : il est plus question d'inter-professionnalité que de fusion. Le maintien de la profession notariale est préconisée ; ses propositions seront indiquées chemin faisant pour chaque profession concernée [1].

986 ***Plan et renvois*** ◊ Compte tenu de ce qui précède, nous n'étudierons ici que les auxiliaires des parties en les classant en avocats, et officiers ministériels (Chapitres 1 et 2). Nous rappelons au lecteur que les dispositions de la loi n° 90-1259 concernant la réglementation de l'exercice du droit ont déjà été étudiées (v. *supra*, nos 252 et s.).

Les professions aujourd'hui disparues ne sont plus mentionnées (v. ce Précis, 3e éd., nos 772 et s.).

987 ***Les sociétés de professions libérales*** ◊ Nous mentionnerons seulement ici, en renvoyant aux ouvrages spécialisés, que l'exercice d'une profession libérale peut ne pas être individuel. Toute une palette de modes d'exercice est désormais offerte, palette variable selon la profession considérée : exercice individuel ou en qualité de salarié, de collaborateur non salarié, d'associé d'une société civile professionnelle, de membre d'une association [2], d'un groupement d'intérêt économique ou d'un groupement européen d'intérêt économique. Il s'y ajoute désormais avec la loi n° 90-1258 du 31 décembre 1990, la société d'exercice libéral (la SEL) à forme commerciale (nature d'une société de capital, mais avec un caractère de société d'exercice d'une activité libérale réglementée) [3] et la société en participation d'exercice libéral [4].

1. Rapport sur le site du ministère de la justice et publié à la Documentation française, 2009.

2. J.-J. Daigre, « Les associations d'avocats : associations ou sociétés, personnes morales ou groupements de fait », *JCP* E 1997. I. 671.

3. On distingue la SELARL (SEL à responsabilité limitée), la SELAFA (SEL à forme anonyme), la SELCA (SEL en commandite par actions), la SELAS (SEL par actions simplifiées).

4. M. Jeantin, *JCP* 1991. I. 3504 ; sur ces sociétés d'exercice libéral (SEL), v. chron. Claude Champaud, *RTD com. et dr. écon.* 1990, p. 390 à 413 (sur le projet) 1991, p. 52 à 71 sur la loi nouvelle. Sur la SA, Y. Reinhard, *RTD com.* 1991. 229 ; M. Harichaux, *Juris-*

La loi n° 95-515 du 23 juin 1999 permet d'adapter la forme de l'entreprise unipersonnelle. La loi MURCEF n° 2001-1168 du 11 décembre 2001 crée les sociétés de participations financières de professions libérales (les SPLF), sur le modèle de la société d'exercice libéral, mais destinées à prendre des participations dans des sociétés d'exercice libéral, soit pour structurer des groupes de SEL (par concentration ou scission), soit pour transmettre des entreprises libérales. La loi n° 2004-130 du 11 février 2004 (art. 72) facilite et étend l'utilisation des SPLF, en leur permettant, d'une part, d'autres activités que la seule prise de participations, en direction des filiales, d'autre part, des prises de participation dans des groupements de droit étranger. Des décrets d'application ont été pris pour chacune des professions concernées.

988 ***Sociétés de recouvrement amiable de créances pour le compte d'autrui*** ◊ Un décret n° 96-1112 du 18 déc. 1996 [1] réglemente l'activité des personnes qui procèdent à de tels recouvrements, d'une manière habituelle ou occasionnelle, même à titre accessoire, sauf si elles y procèdent dans le cadre d'un autre statut professionnel ou d'une profession réglementée. Le lien avec la Justice se manifeste par l'obligation qui leur est faite de déclarer l'exercice de leur activité auprès du procureur de la République du TGI du ressort, en attestant avoir souscrit une assurance garantissant leur responsabilité civile professionnelle et avoir ouvert un compte bancaire exclusivement affecté à la réception des fonds encaissés pour le compte des créanciers. Dans leurs relations avec les créanciers, ces personnes doivent élaborer une convention écrite comportant les mentions énumérées à l'article 3 sans qu'aucune sanction ne soit prévue. Dans leurs relations avec les débiteurs, le décret énonce simplement les mentions que doit comporter la lettre qui *doit* être adressée à ceux-ci avant toute tentative de recouvrement. Le reste sera affaire de déontologie.

cl. soc. fasc. 192-1 ; B. Saintourens, *Rev. soc.* 1991.707. T. Bouclier, *L'exercice en groupe des professions juridiques*, Litec, 2001.

1. Commentaires, R. Martin, *Rép. pr. civ.*, v° « Recouvrement amiable » ; H. Croze et T. Moussa, *JCP* 29 janv. 1997, Actualités ; D. Desurvire, *Justices*, 97, 808.

CHAPITRE 1

LES AVOCATS [1]

989 ***Quelques chiffres*** ◊ Au 1er janvier 2008, on comptait 48 461 avocats, répartis en 181 barreaux, dont 40,3 % à Paris (environ 20 000 avocats) [2]. Les barreaux de province sont beaucoup moins importants : environ 2 000 avocats dans le ressort de la Cour de Lyon, 17 501 à Nanterre et près de 1 500 à Marseille [3]. À l'étranger, New York compte près de 60 000 avocats, Londres 20 000, Montréal 7 338, Munich 6 700, Francfort 5 838, Cologne 4 227, Düsseldorf 4 087 et Tokyo 5 000. L'ensemble de l'Allemagne représente 86 000 avocats soit 1 000 avocats pour 1 million d'habitants contre 660 en France. À l'inverse le Japon n'a que 17 268 avocats pour 120 millions d'habitants.

990 ***De fusion en fusion. Plan*** ◊ Avant une première fusion entreprise par la loi n° 71-1271 du 31 décembre 1971, les professions d'avocat, d'avoué de grande instance et d'agréé étaient nettement distinguées, même si l'on observait des tendances à un certain rapprochement. Puis cette loi du 31 décembre 1971 avait fusionné ces trois professions en laissant les conseils juridiques en dehors de la nouvelle profession d'avocat, tout en réglementant et protégeant le titre de conseil juridique. Enfin, une loi n° 90-1259 du 31 décembre 1990, déjà présentée dans son contexte historique et législatif (v. *supra*, n° 984) a réalisé une seconde fusion entre les avocats et les conseils juridiques issus de la loi de 1971 pour créer une nouvelle *nouvelle* profession d'avocat. Il importe donc de dire quelques mots de ces mouvements législatifs, pour conserver la mémoire de l'organisation de ces professions juri-

1. ***Ouvrages :*** B. Beignier, B. Blanchard et J. Villaceque (dir.), *Droit et déontologie de la profession d'avocat*, Gazette du Palais /LGDJ, 2e éd., 2007. D. Berra et M.L. Demeester, *Rép. civ.*, v° « Avocat », mars 2006. A. Damien et H. Ader, *Règles de la déontologie d'avocat*, 12e éd., Dalloz, 2008. S. Guinchard, *Comment devenir avocat*, LGDJ, 6e éd., 2008. L. Karpic ; *Les avocats, entre l'État, le public et le marché, XIIIe-XXe siècles*, PUF, Gallimard, 1995 ; « Avocats, renouveau et crise », *Revues justices*, 1999-1, 67. L. Maliére (dir.) *L'avocat en France*, édition de la Gazette du Palais, 2004, préf. D. Perben. R. Martin, *Déontologie de l'avocat*, Litec, 10e éd., 2008. P. Waschmann, « L'image de la profession d'avocat dans la jurisprudence de la Cour européenne de droit de l'homme », in *Mélanges Pettiti*, Bruylant, 1998, p. 761. J.- Cl. Woog, M.-C. Sari, S. Woog et Cl. Goudineau, *Pratique professionnelle de l'avocat*, Litec, 4e éd., 2001.

2. Sur l'importance du barreau de Paris, v. F. Labarthe, *Gaz. Pal.* 11 mai 1996.

3. V. Lettre de l'Observatoire du CNB, 21 janv. 2009. *Infostat*, févr. 2004, n° 72 par C. Moreau.

diques et judiciaires et pour présenter l'esprit et les grandes lignes de la loi précitée du 31 décembre 1990 (Section 1) [1].

On présentera ensuite l'organisation de la profession (Section 2), les conditions d'entrée dans la profession (Section 3), ses modes d'exercice (Section 4), enfin les droits et devoirs de l'avocat dans le cadre de la vie judiciaire et juridique (Section 5).

SECTION 1. DE L'AVOCAT D'ANCIEN RÉGIME À L'AVOCAT CONTEMPORAIN

991 ***Historique. Plan*** ◊ En deux décennies (déc. 1971/déc. 1990) et par d'ultimes lois de fin d'année à chaque fois, la profession d'avocat aura connu de profonds bouleversements, encore que la dernière réforme soit moins novatrice qu'on pouvait l'espérer (ou le craindre pour certains !). Nous présenterons successivement l'organisation des professions concernées par la première fusion de 1971, puis les grands traits de cette loi de 1971, avant de terminer par la loi du 31 décembre 1990.

§ 1. Présentation des professions concernées par la fusion de 1971

992 ***L'organisation traditionnelle du barreau. Le rôle de l'avocat*** ◊ La profession d'avocat n'est pas née avec l'Antiquité grecque et romaine ; la première mention des avocats figure dans un capitulaire de Charlemagne de 802 et rien ne rattache le barreau classique au barreau antique ou au barreau des VIe au VIIIe siècles : en effet, les Grecs connaissaient l'art de la plaidoirie, mais pas les avocats spécialisés (les justiciables lisaient à l'audience les discours rédigés par des *logographes*) ; les Romains connaissaient l'art de la plaidoirie et la fonction d'avocat (qui ne connaît pas Cicéron ?), mais pas une profession réglementée. Néanmoins, au Bas Empire, Justin 1er rassemble les avocats en collège et lui donne le nom « d'ordre des avocats ». Il faut attendre 1327 et la création du tableau des avocats par Philippe le Valois pour que naisse la profession. Les Ordres d'avocats qui existaient sous l'ancien Régime furent supprimés par la loi des 16-24 août 1790. On abandonna l'assistance des parties à des défenseurs officieux auxquels on ne demandait qu'un certificat de civisme.

Sous le Consulat, la loi du 22 ventôse an XII rétablit les Écoles de droit et le titre d'avocat pour lequel on exigea le titre de licencié en droit. Mais, en raison de l'opposition de Napoléon, il fallut attendre le décret du 14 décembre 1810

1. ***Bibliographie historique :*** Société internationale d'histoire de la profession d'avocat, 13, rue des Fleurs, 31000 Toulouse [Tél. : 05.61.53.06.99]. B. Sur, *Histoire des avocats en France des origines à nos jours*, Dalloz, 1997. J.-L. Thireau, « Le monde des avocats dans la France d'Ancien Régime », *Droits* 2004-40, p. 3. *Époque contemporaine :* Avocats et notaires en Europe J.-L. Halpérin (dir.), « Les professions judiciaires et juridiques dans l'histoire contemporaine », *Droit et société*, vol. 19, LGDJ, 1996. L. Israël, *Robes noires et années sombres*, Fayard, 2007. Y. Ozanam, « L'épuration professionnelle au Barreau de Paris (1944-1945) », *Gaz. Pal.* 14 mars 2002, Doctr.

pour voir réapparaître les Ordres d'avocats, avec leurs conseils de discipline et leurs bâtonniers. Les Ordres étaient d'ailleurs placés sous la surveillance étroite de la magistrature ; les membres du conseil étaient nommés par le procureur général sur une liste dressée par l'Ordre. C'est seulement l'ordonnance du 27 août 1830 qui assura aux barreaux l'indépendance complète [1].

La réglementation de la profession d'avocat a été souvent remaniée depuis cette époque, notamment en 1920 et 1941. Les *avocats* constitués en *ordres* indépendants, rattachés au barreau d'une cour d'appel ou d'un tribunal de grande instance, avaient devant les juridictions de droit commun, et, à condition que les parties n'aient pas voulu se défendre elles-mêmes, le monopole de *l'assistance*, de la *plaidoirie*. Des lois récentes les avaient autorisés à représenter devant les tribunaux d'exception, à manier les fonds, à s'associer ou à créer des sociétés civiles professionnelles. Ils n'étaient *pas soumis à la territorialité.*

993 ***Les avoués près les tribunaux de grande instance. Leurs fonctions*** ◊ Les *avoués* près le tribunal de grande instance étaient des officiers ministériels qui faisaient profession de représenter les parties devant les tribunaux de grande instance. Ils étaient chargés de *postuler* (accomplir tous les actes nécessaires à la procédure) et de *conclure* (faire connaître officiellement aux magistrats les prétentions des parties dans un acte qui porte justement le nom de conclusions). Ils recevaient du client un *mandat* de caractère général, leur permettant de représenter d'une manière assez particulière (v. *infra*, n° 1093).

994 ***Les agréés près les tribunaux de commerce*** ◊ Traditionnellement, l'agréé était un simple particulier qui avait obtenu du tribunal de commerce un agrément lui permettant de défendre devant lui les intérêts des plaideurs ; il cumulait le rôle de l'avoué et de l'avocat dont le ministère n'est pas nécessaire devant cette juridiction.

Ces agréés ne jouissaient pas d'un monopole ; mais l'agrément qu'ils avaient reçu du tribunal les recommandait aux choix des plaideurs ; leur cabinet était revendu avec l'assentiment du tribunal. Ils se trouvaient ainsi placés dans une situation de fait, réglée par la coutume et par l'usage et présentant des analogies avec celle des officiers ministériels. Une loi du 8 décembre 1941 remplacée par une ordonnance du 2 novembre 1945 et son décret d'application avaient consacré ces pratiques en donnant un statut aux agréés. L'agréé était défini comme étant le *mandataire inscrit sur la liste dressée par le tribunal de commerce*, et admis à représenter les plaideurs devant le tribunal de commerce. Il pouvait à la fois *assister*, comme l'avocat, et *représenter*, comme l'avoué, mais uniquement devant le tribunal de commerce dont il avait reçu l'agrément [2]. Il était ainsi soumis lui aussi à la *territorialité.*

1. J. Savage, « Le barreau de la République, 1871-1904 », in *Justice et République(s)*, L'espace juridique 1993, p. 43. « La consultation des planches de Daumier n'est guère réjouissante pour le justiciable : l'avocat ne serait préoccupé que par ses intérêts financiers », *Le Charivari*, 29 avr. 1845 (planche n° 8), 13 oct. 1845 (n° 14), 8 janv. 1846 (n° 16) ; 5 janv. et 27 avr. 1948 (nos 34 et 35).

2. L'exercice de la profession supposait la possession de la capacité en droit ou de la licence, selon le règlement de la compagnie à laquelle appartenait l'agréé, outre l'accomplissement d'un stage ; la profession était ouverte aux femmes depuis 1948. Les conditions d'accès étaient très proches de celles exigées pour être officier ministériel. C'est ainsi qu'il existait certaines incompatibilités entre la fonction d'agréé et l'exercice de certaines professions.

§ 2. La première nouvelle profession d'avocat issue de la loi du 31 décembre 1971

995 ***Textes*** ◊ La loi n° 71-1130 du 31 décembre 1971 avait réalisé la *fusion* de trois professions qui jusqu'ici avaient une histoire propre, des structures originales, des fonctions distinctes dans le procès. L'article 1er de la loi était ainsi rédigé : « *La nouvelle profession d'avocat est substituée aux professions d'avocat près les cours et tribunaux, d'avoué* près les tribunaux de grande instance et *d'agréé* près les tribunaux de commerce, qui exercent individuellement ou dans le cadre d'une société civile professionnelle ». Les modalités d'application étaient contenues dans une série de textes dont la mise en vigueur a été fixée au 16 septembre 1972 et dont le plus important est le décret n° 72-468 du 9 juin 1972 modifié à plusieurs reprises.

996 ***Composition de la nouvelle profession de 1971*** ◊ Les membres des trois professions que nous avons énumérées ont fait automatiquement partie de la nouvelle profession d'avocat, à moins qu'ils n'y aient renoncé. Ils ont été inscrits au tableau du barreau de leur choix, à la date de leur première prestation de serment dans l'une ou l'autre des professions regroupées (art. 1er, al. 1 de la loi). Les membres de la nouvelle profession ont naturellement exercé, avec le titre d'avocat l'ensemble des fonctions qui étaient autrefois dévolues à chacune des trois professions.

§ 3. La seconde nouvelle profession d'avocat issue de la loi du 31 décembre 1990

997 ***Le contexte. Renvois*** ◊ Nous avons déjà retracé les facteurs d'évolution de la profession d'avocat postérieurement à 1971, les raisons qui ont conduit le gouvernement à déposer un projet de loi de fusion des professions d'avocat et de conseil juridique, les vicissitudes de la discussion parlementaire et l'aboutissement final du 31 décembre 1990, avec le vote de deux lois, dont nous avons aussi présenté les objectifs et les grands traits (v. *supra*, nos 984 et s.). On se contentera donc ici de décrire l'esprit de la loi n° 90-1259 du 31 décembre 1990 dans ses dispositions relatives aux nouveaux avocats, les autres dispositions étant étudiées soit avec la réglementation de l'exercice du droit (v. *supra*, nos 252 et s.), soit avec chaque profession concernée (notaire, etc.) et à leur place. Enfin, l'autre loi du 31 décembre 1990, celle qui porte le numéro 1258 a été étudiée dans le chapitre précédent celui-ci (sociétés d'exercice libéral). Nous présenterons successivement les grandes orientations de la loi de 1990 (I) et les caractères de la seconde nouvelle profession d'avocat (II).

I. Les grandes orientations de la loi n° 90-1259 du 31 décembre 1990 [1] et du décret n° 91-1197 du 27 novembre 1991

998 ***Fusion – absorption*** ◊ Contrairement à l'esprit qui avait dominé les premières réflexions sur une fusion des professions d'avocat et de conseil juridique et avait inspiré les premiers travaux, il faut bien reconnaître que la loi n° 90-1259 du 31 décembre 1990 consacre davantage la mort d'une profession, celle de conseil juridique et la renaissance d'une autre, celle d'avocat, qu'une fusion à égalité entre celles-ci, pour aller créer ensemble une troisième profession qui aurait emprunté aux deux autres son titre et ses règles fondamentales. Que l'on en juge :

a) *En la forme* législative, la loi du 31 décembre 1990 n'a pas d'existence propre, en ce sens qu'elle n'apparaîtra jamais comme la loi fondamentale de la nouvelle profession d'avocat, sa constitution. En effet, elle est destinée à s'incorporer dans l'ancienne loi du 31 décembre 1971, loi qui loin d'être abrogée, est vivifiée par cet apport dans ses dispositions relatives à l'avocat de 1971. Il est très significatif de relever que c'est l'ancienne profession d'avocat qui constitue la profession de référence pour la nouvelle, sauf dispositions modificatrices apportées par la loi de 1990.

b) *À mi-chemin de la forme et du fond*, le titre retenu pour la nouvelle profession, au 1er janvier 1992, est celui... d'avocat et non pas celui d'avocat-conseil juridique, envisagé à l'origine des premiers projets. La disparition du titre de conseil juridique constitue tout un symbole.

c) *Enfin et sur le fond cette fois*, la nouvelle profession est entièrement organisée dans son accès et dans ses modes d'exercice, à quelques réserves près, sur le modèle de l'ancienne profession d'avocat (formation professionnelle, fonction d'assistance et de représentation en justice, déontologie, régime disciplinaire). Cette observation doit être nuancée car sur quelques (rares) points d'organisation de la nouvelle profession le législateur a instillé des règles issues de l'ancienne profession de conseil juridique, soit dans la loi n° 1259 avec le salariat et l'ébauche d'une représentation nationale (conseil national des barreaux) soit dans la loi n° 1258 avec les sociétés de capitaux ; ou encore en matière de formation.

999 ***L'avenir. Fusion (annoncée) avec les conseils en propriété industrielle et les avoués d'appel*** ◊ Les problèmes qui se posent aux Barreaux français sont tout à la fois de relever le défi de la mondialisation, mais surtout celui, qui n'en est qu'une variante, de la concurrence

1. Commentaires : A. Damien, *Gaz. Pal.* 12 févr. 1991 ; *Les règles de la profession d'avocat*, Dalloz, 9e éd., 2000 ; A. Bénabent, *JCP* 1991. I. 3499 ; X. Avril, *Gaz. Pal.* 30 avr. 1991, Doct. V. aussi la bibliographie citée en note, *supra*, n° 989.

avec les autres avocats européens ; de gérer, avec toutes les professions judiciaires et les universitaires, la place du droit romano-germanique dans cette mondialisation, notamment par rapport aux rapports annuels de la Banque mondiale, *Doing business* ; de maintenir la possibilité pour les plus démunis (et cela vise les classes moyennes) d'accéder au droit et à un juge dans des conditions d'égalité des armes avec l'adversaire (par ex., le problème de la TVA non récupérable par les particuliers) ; de ne pas apparaître comme des sanctuaires d'activités illégales, tout en préservant le sanctuaire de la confiance absolue avec les clients (problème de la réponse à donner quant à la directive européenne sur le blanchiment d'argent) ; d'étendre ou non le périmètre du droit aux juristes d'entreprise [1] ; de maintenir une qualité de prestations, etc. [2] La fusion de la profession avec celle de conseil en propriété industrielle est contenue dans une proposition de loi en cours de discussion au Parlement au printemps 2009. La fusion avec la profession d'avoués à la cour d'appel [3] est contenue dans un projet de loi du 3 juin 2009 pour le 1er janvier 2011. La commission Darrois (avril 2009) reprend l'idée de la fusion des avoués, des CPI et des avocats et préconise le développement accru de l'inter-professionnalité dans des structures communes avec d'autres professions, mais rejette l'idée de la fusion avec la profession notariale.

II. Les caractères de la nouvelle profession d'avocat

1000 ***Conciliation de caractères contradictoires. Le marché du droit*** ◊ Les caractères de la nouvelle profession d'avocat à compter du 1er janvier 1992 résultent de la conciliation successive, d'abord en 1971, puis en 1990, des caractères des anciennes professions dont elle est issue :

- Ainsi, au 16 septembre 1972, il a fallu tenir compte du fait que les activités de l'avoué de grande instance et de l'agréé étaient enfermées dans une stricte *territorialité*, alors que l'avocat, bien que rattaché au barreau d'une cour d'appel ou d'un tribunal de grande instance, exerçait *librement* sa profession sur l'ensemble du territoire.
- De même au 1er janvier 1992, il a fallu concilier l'indépendance de l'avocat avec le salariat ou l'exercice de l'activité au sein d'une société d'exercice libéral.

Quoi qu'il en soit de ces évolutions, l'avocat reste un *auxiliaire de justice* (A), exerçant une profession *libérale* et *indépendante* (B). Mais il

1. Un groupe de travail a été réuni à la Chancellerie en 2005 pour réfléchir aux évolutions concernant ce rapprochement ; le rapport a été remis au Garde des Sceaux le 27 janvier 2007, après consultation des professionnels concernés (sur le site du ministère de la Justice), V. « Rapprochement entre les professions d'avocat et de juriste d'entreprise, Réflexions et propositions », *JCP* 2006, Actu. — Aperçu rapide, 55, p. 243.

2. R. Martin, « Le devenir de la profession d'avocat », *JCP* 2005. I. 178.

3. P. Maynial, « Principes de justice et suppression de la profession près la cour d'appel », in *Mélanges J.-F. Burgelin*,,Dalloz, 2008, p. 267.

entre aujourd'hui dans le jeu de la concurrence sur le marché du droit, v. *infra*, n° 1005 [1].

A. L'avocat est un auxiliaire de justice

1001 ***Principe*** ◊ L'avocat possédait cette qualité avant la réforme de 1971. Elle a été maintenue en 1971 et en 1990. L'article 3, alinéa 1er de la loi le précise expressément [2]. Sur le serment, v. *infra*, n° 1032.

1002 ***Titre*** ◊ On sait déjà que la loi n'a pas retenu le titre initialement avancé d'avocat-conseil juridique, pour des raisons tenant à la notoriété internationale de cette appellation et à la directive européenne sur la libre prestation de services en France par les *avocats* des autres États membres de la CEE. C'est sans doute une erreur, car les avocats ont perdu, dans le public, l'image de conseil qu'avaient su acquérir les conseils juridiques et que la fusion leur apportait en 1990. Curieusement, le Conseil d'État semble faire revivre cette distinction dans un arrêt sur les appels d'offres dans les marchés publics (v. *infra*, n° 1006).

a) *Seules ont droit au titre d'avocat* les personnes inscrites au tableau ou sur la liste du stage d'un barreau français (décr., art. 154).

b) Les avocats *doivent* faire suivre leur titre d'avocat de la mention de ce barreau, ainsi que, le cas échéant, de celui du barreau étranger auquel ils appartiennent (*ibid.*).

c) Ceux qui exercent en association, groupement ou société *peuvent* faire précéder ou suivre leur nom de celui de cette association ou société ou de ce groupement (L. 1971, art. 67).

d) Chaque avocat *peut* aussi mentionner ses titres universitaires, ses distinctions professionnelles, la profession juridique réglementée précédemment exercée, un titre dont le port est réglementé à l'étranger et permet l'exercice en France des fonctions d'avocat, une ou plusieurs spécialisations (L. 1971, art. 1er, al. 4).

e) *Protection du titre* Tout usage d'un titre pouvant prêter à confusion avec celui d'avocat est sanctionné pénalement (L. 1971, art. 74).

1003 ***Spécialisation*** ◊ Les deux anciennes professions n'étaient pas régies par les mêmes contraintes : alors que les conseils juridiques avaient la possibilité de mentionner une spécialisation en droit des sociétés, droit fiscal ou droit social, les avocats avaient introduit l'idée d'une activité dominante, sans réel contrôle des ordres. La loi du 31 décembre 1990 retient la notion de spécialisation qui sera acquise par une pratique professionnelle continue d'au moins deux ans, sanctionnée par un contrôle de connaissances et attestée par un certificat délivré par un

1. J. B. Racine, « Droit et concurrence dans le secteur de la profession d'avocat », in *Mélanges G. Farjat*, éd. Frison Roche. 1999 p. 225 ; Y. Dezalay, *Marchand de droit*, Fayard, 1992, compte rendu in *RIDE*, 1992, 468, par Farjat.
2. R. Martin, « L'avocat, auxiliaire de Justice », in *Mélanges P. Julien*, Edilaix, 2004, 268.

centre régional de formation professionnelle (L. 1971, art. 12-1). La liste de ces mentions est fixée par un arrêté, sur proposition du Conseil national des barreaux (A. 8 juin 1993). Ce système plus souple facilite la révision de la liste. La pratique professionnelle nécessaire peut être acquise en France ou à l'étranger en des qualités diverses : cela va de la qualité d'avocat associé à celle d'universitaire en passant par les services juridiques d'entreprise, etc. Les conditions de durée normale de travail, de rémunération, de continuité, sont posées par le décret. La demande est présentée au Conseil de l'ordre (art. 87 du décret).

L'examen de contrôle des connaissances est organisé par les CRFPA devant le jury du CAPA, selon des modalités fixées par arrêté du garde des Sceaux. Enfin en sont dispensés tous ceux qui, énumérés à l'article 92, justifient d'une spécialisation certaine à des titres divers (universitaires ayant enseigné pendant au moins 4 ans cette discipline ; titulaire d'un doctorat dont la thèse a porté sur la spécialisation revendiquée, etc.). Le système semble avoir atteint ses limites, avec une chute des mentions : 12 633 en 2006, soit moins 4 % en dix ans (et moins 16 % en droit fiscal).

1004 ***Missions de justice*** ◊ Alors que l'Assemblée nationale souhaitait autoriser l'avocat à recevoir des *mandats* et des missions, le garde des Sceaux, redoutant une atteinte à l'indépendance de cette profession, a limité cette possibilité aux seules *missions* confiées par la justice. Devant rester exceptionnelles (bien que cette restriction évoquée au cours des travaux préparatoires ne figure pas dans le texte) ces missions excluent la possibilité d'être inscrit sur une liste d'expert (L. 1971, art. 6 *bis*), mais pas celle d'être expert à titre subsidiaire [1]. V. *infra*, n° 1007, c.

B. L'avocat exerce une profession libérale et indépendante

1005 ***Principe. Le fonds libéral*** ◊ Ce caractère libéral et indépendant est affirmé par la loi de 1971 (art. 1er-I, al. 3) et repris au décret du 12 juillet 2005 sur la déontologie (art. 2). Ce caractère est désormais conciliable avec l'exercice salarié de la profession d'avocat (v. *infra*, Section 4) ; il s'agira alors de l'indépendance *intellectuelle* de l'avocat salarié. Le cabinet d'avocat est aujourd'hui celui d'une entreprise libérale, indépendamment du mode d'exercice (sur lequel, v. *infra*, n° 1034 et s.), avec, certes, une dimension éthique (cf. le serment, v. *infra*, n° 1032) et une fonction sociale évidente (notamment en matière pénale ou de droit de la famille), mais aussi avec une démarche qui doit tenir compte des réalités économiques, du marché du droit et une organisation de type « entrepreunariale » [2]. Le Conseil national des barreaux accompagne cette vision, lorsqu'il adopte une résolution en

1. Rép. min. 7 déc. 1992, *JCP* 1993. V. 17.
2. V. D. Berra et M.L. Demeester, étude précitée au *Rép. civ.*, n° 8.

faveur de la validation des contrats permettant à un praticien de conférer l'utilité de son fonds libéral à un confrère [1].

1006 ***Contenu de l'activité de l'avocat. Double activité de conseil et de représentation en justice*** ◊ L'article 4 de la loi de 1971 permet à l'avocat d'assister et de représenter les parties, de postuler et plaider devant les juridictions et les organismes juridictionnels ou disciplinaires de quelque nature que ce soit, civils, pénaux et administratifs, sous réserve du secteur réservé aux avoués d'appel et aux avocats au Conseil d'État et à la Cour de cassation [2]. Il exerce la même fonction d'assistance et de représentation devant les administrations publiques (L. 1971, art. 6, al. 1er). Il peut aussi donner des consultations juridiques et rédiger des actes juridiques pour autrui. Sur l'ensemble de ces activités, v. aussi *infra*, n° 1052 et s.

Cette distinction d'une double activité de conseil et de représentation en justice est reprise par le Conseil d'État dans un arrêt du 9 avril 1999, pour imposer au pouvoir réglementaire de respecter le secret des relations de l'avocat avec son client et l'indépendance de celui-ci, dans la transposition de la directive européenne sur la passation des marchés publics, en procédant aux adaptations nécessaires à l'activité de représentation en justice [3]. Derrière l'apparente victoire de la consécration de ces deux principes, se cache en réalité le recul du droit, puisque ces deux principes ne s'imposent pas au pouvoir réglementaire, avec la même force pour l'activité de conseil. De fait, le Conseil d'État a jugé que le Code des marchés publics qui soumet l'avocat à des obligations liées à la mise en concurrence pour les marchés de services de prestations juridiques des collectivités publiques, ne viole pas les principes déontologiques de la profession d'avocat, notamment le principe d'indépendance et le secret professionnel [4]. Comp. *infra*, n° 1068 pour la protection du secret par l'art. 66-5, L. 31 déc. 1971.

1007 ***Les incompatibilités légales*** ◊ L'avocat exerçant une profession libérale et indépendante, il est normal qu'un certain nombre d'activités soient incompatibles avec la profession. La loi du 31 décembre 1971 avait posé (art. 7, al. 2) que « *sont incompatibles avec l'exercice de cette profession toutes les activités de nature à porter atteinte à l'indépendance de l'avocat et au caractère libéral de la profession* ». Ce texte n'a pas été repris par la loi de 1990 qui a transféré à l'article 1er de la loi de 1971 le principe d'une profession libérale et indépendante, mais il faisait double emploi avec l'affirmation du principe d'indépendance. Il reste qu'il est nécessaire de dresser une liste des incompatibilités ; c'est l'ob-

1. Résolution du 12 mars 2005. Commentaire : F. Vialla, *D.* 2005. 1500.

2. L'alinéa 2 de l'article 4 de la loi réserve certaines dispositions légales ou réglementaires sur l'assistance et la représentation, ainsi l'intervention des syndicats devant les conseils de prud'hommes.

3. CE 9 avr. 1999, req. n° 19 61 77, *Mme Toubal-Fisher.*

4. CE 9 juill. 2007, *Syndicat EGF-BTP*, *JCP* 2007. I. 206, n° 7, obs. D. Levy. CE 6 mars 2009 (droit de faire état de marchés, de services juridiques, antérieurement conclus oar lui avec une personne physique, lorsqu'il répond à un appel d'offres).

jet du décret d'application du 27 novembre 1991. La commission Darrois (avril 2009) préconise de réviser cette liste, notamment pour que les avocats puissent être investis de missions dans l'entreprise et le monde des affaires, exercer la profession d'expert-comptable et en employer dans leurs cabinets. Elle préconise aussi de créer un statut d'avocat en entreprise permettant au juriste d'entreprise d'être inscrit sur un tableau spécifique du barreau, avec les droits et obligations de l'avocat, sauf le droit de plaider et de développer une clientèle personelle.

a) *On notera que la loi de 1990* a assoupli le principe d'incompatibilité : d'une part, l'article 6 de la loi de 1971 autorise le Conseil de l'ordre à accorder une dispense à la durée de 7 ans en deçà de laquelle un avocat ne peut être membre d'un conseil de surveillance d'une société commerciale ou administrateur de société (art. D. 112 à D. 114) ; d'autre part, un avocat peut désormais être inscrit sur la liste des administrateurs judiciaires (art. L. 811-10, C. com., qui réserve expressément cette compatibilité, v. *supra*, n° 970). En revanche, il ne peut être mandataire judiciaire (art. L. 812-8, C. com.).

b) La profession d'avocat est incompatible (art. D. 111) avec :

• toute activité de caractère commercial exercée directement ou par personne interposée ;

• les fonctions d'associé dans une société en nom collectif, d'associé commandité dans les sociétés en commandite simple et par actions, de gérant dans une SARL, de président du Conseil d'administration, de membre du directoire ou de directeur général d'une société anonyme, de gérant de société civile à moins que celles-ci n'aient, sous le contrôle du Conseil de l'ordre, pour objet la gestion d'intérêts familiaux ou professionnels.

c) Elle est aussi incompatible avec toute autre profession, sous réserve de dispositions législatives ou réglementaires (art. D. 115, al. 1er). Cette disposition générale devrait mettre un terme à certains errements jurisprudentiels antérieurs [1] et clarifier la situation [2].

d) La profession est cependant compatible avec des fonctions d'enseignement, de juge suppléant près les tribunaux d'instance, d'assesseur près les tribunaux pour enfants, de membre des tribunaux paritaires de baux ruraux et des tribunaux des affaires de sécurité sociale, de membre d'un conseil de prud'-hommes, d'arbitre, de médiateur, de conciliateur ou de séquestre (art. D. 115, al. 2), de juge de proximité (L. 9 sept. 2002). L'activité de fiducie est désormais permise aux avocats (L. n° 2008-776, 4 août 2008 et ordonnance n° 2009-112, 30 janv. 2009 qui étend aux avocats la qualité de fiduciaire).

e) L'avocat peut aussi être chargé d'une mission temporaire même rétribuée par l'État, de sa profession à condition de ne faire aucun acte de sa profession, directement ou indirectement, pendant la durée de sa mission, sauf autorisation du Conseil de l'ordre (art. D. 116). V. le décret pour l'exercice d'un mandat électif (art. 117 à 121). Sur les missions que la Justice peut confier à un avocat v. *supra* n° 1004.

1. Ainsi Civ. 1re, 27 févr. 1985, *Gaz. Pal.* 1985.577, note Damien et obs. (crit.) Guinchard et Moussa, à propos du cumul avec la profession de médecin.
2. CE 28 juin 2004, *AJDA* 2004. 2334, concl. M. Guyomar, incompatibilité avec la profession de chirurgien-dentiste.

f) Pendant les 5 ans qui suivent la cessation de ses fonctions, un avocat ancien fonctionnaire ne peut agir contre une administration dépendant du département ministériel auquel il a apporté son concours (D. 122).

SECTION 2. L'ORGANISATION COLLECTIVE DE LA PROFESSION D'AVOCAT

1008 ***Institutions professionnelles : de l'indépendance éclatée à la représentation centralisée*** ◊ Pour comprendre dans quelles conditions ont été modifiées par des textes récents les conditions d'entrée dans la profession d'avocat et de son exercice, il est important de donner un certain nombre de précisions sur l'évolution de l'organisation de la profession.

a) *Traditionnellement*, les barreaux étaient organisés soit auprès d'une cour d'appel (dans les villes qui en possédaient une), soit auprès d'un tribunal civil (devenu tribunal de grande instance). Chaque barreau était indépendant et il n'existait pas, comme pour les officiers publics ou ministériels (v. *infra*, n° 1084) d'organisation à l'échelon départemental, régional et national. Cette indépendance des barreaux qui a subsisté présente, d'ailleurs, des inconvénients car la concertation entre les pouvoirs publics et la profession est rendue plus difficile.

b) *Les réformes* de 1971, 1990 et 2004 n'ont pas porté directement atteinte à ce trait caractéristique des barreaux en France de s'administrer librement, mais, indirectement, elles ont considérablement réduit l'indépendance séculaire des Ordres. Ainsi, la loi de 1971 a donné une importance notable à un organisme possédant un caractère régional et doté d'attributions considérables en ce qui concerne la formation. Il s'agit des *Centres régionaux de formation professionnelle* (CRFP). La loi de 1990 a conforté ce centre dans son rôle et créé en outre un *Conseil national des barreaux*, qui est chargé de représenter la profession d'avocat notamment auprès des pouvoirs publics. Surtout, la loi n° 2004-130 du 11 février 2004 renforce considérablement le rôle du Conseil national des barreaux en matière de formation et de déontologie, puisqu'il peut désormais édicter des décisions à caractère normatif et imposer sa volonté aux Ordres locaux dans ces deux domaines essentiels (v. par ex., *infra*, n° 1010 pour l'articulation avec les pouvoirs des conseils de l'Ordre, n° 1013 à 1015 pour la formation, n° 1017 et 1018 pour son pouvoir d'unifier par voie de dispositions générales les règles et usages de la profession d'avocat).

Nous consacrerons un premier développement à l'organisation traditionnelle des barreaux en Ordres (§ 1) avant d'exposer les caractéristiques et le rôle des Centres régionaux de formation professionnelle (§ 2) et du Conseil national des barreaux (§ 3).

§ 1. L'organisation traditionnelle et corporative des barreaux

1009 ***Le barreau est normalement établi auprès d'un tribunal de grande instance*** ◊ Avant la réforme de 1971-1972, on distinguait les barreaux établis auprès d'une cour d'appel et ceux établis auprès d'un tribunal de grande instance.

Certains membres du barreau ont sans doute regretté qu'il n'y ait plus « d'avocat à la cour », expression d'une qualité plus marquante aux yeux du public que celle d'avocat tout court ! Mais l'avocat nouveau, se substituant à l'ancien avoué près le tribunal de grande instance qui était enfermé, pour son monopole, dans le même ressort territorial, il était logique que le point de rattachement d'un barreau fût le tribunal de grande instance (art. 15 de la loi). Un barreau comprend donc tous les avocats établis auprès d'un tribunal de grande instance. Il se compose des avocats inscrits au tableau [1].

La commission Darrois (avril 2009) préconise la création de conseils de barreaux de la cour d'appel, dont les présidents seront membres du collège ordinal du CNB.

1010 ***L'organisation des Ordres d'avocats. Le Conseil de l'Ordre*** ◊ Les avocats attachés à un même barreau constituent un Ordre [2]. Il n'existe pas une organisation corporative unique pour toute la France (sous réserve de ce qui sera dit du nouveau Conseil national des barreaux). Chaque barreau forme un corps autonome, indépendant, possédant ses organes de représentation et d'administration, élaborant son règlement intérieur, gérant son patrimoine.

L'Ordre rassemble obligatoirement tous les avocats d'une même juridiction. Il est doté de la personnalité morale (art. 21, al. 1 de la loi du 31 déc. 1971). Cela lui permet de recevoir des dons et legs, d'organiser des œuvres de bienfaisance, de créer des caisses de retraites professionnelles.

Il est administré par un *Conseil de l'Ordre* élu par l'assemblée générale qui comprend tous les avocats inscrits au tableau et les avocats honoraires (art. 15, al. 2 et 3, L. 71-1130 du 31 déc. 1971). Ce conseil a des attributions à la fois administratives et disciplinaires [3] que la loi de 1971 rassemble dans la formule de l'article 17, alinéa 1er : « *sans préjudice des dispositions de l'article 21-1* [relatives aux missions du Conseil national des Barreaux], *il a pour attribution de traiter toutes questions intéressant l'exercice de la profession et de veiller à l'observa-*

1. Si chaque tribunal de grande instance est normalement doté d'un barreau les avocats établis auprès de plusieurs tribunaux de grande instance peuvent, à la suite d'une décision prise à la majorité des voix de chaque barreau, se grouper pour former un unique barreau, à condition qu'ils soient situés dans le ressort de la même cour d'appel (L. 1971, art. 15, al. 1 *in fine*) ; dans les barreaux où le nombre des avocats inscrits au tableau est inférieur à huit et s'ils n'ont pas usé de cette faculté de se regrouper, les fonctions du Conseil de l'ordre sont remplies par le tribunal de grande instance (L. 1971, al. 16).

2. Hommage du Chancelier d'Aguesseau à l'Ordre des avocats : « il est libre parce qu'il ne porte point le joug de l'ambition, ni de la fortune, parce qu'il rend égaux tous ceux qui en sont membres, parce que la gloire qu'on y acquiert est le prix du vrai mérite et qu'on y devient l'arbitre et le conseil des grands eux-mêmes », cité par J.-F. Burgelin, *Gaz. Pal.* 17 févr. 2004, p. 14, Discours d'installation comme PG à Paris.

3. J.-M. Auby, « Le pouvoir réglementaire des ordres professionnels », *JCP* 1973. I. 245 ; Buffelan, « Études de déontologie comparée des professions organisées en Ordre », *JCP* 1962. I. 1695. Un ordre d'avocats ne peut adhérer à un syndicat professionnel, Montpellier, 25 juin 1979, *D.* 1980.179, note Verdier.

tion des devoirs des avocats ainsi qu'à la protection de leurs droits. Il a pour tâches notamment... ».

Bien que ces compétences soient déjà très étendues par la seule énumération des exemples donnés par l'article 17, ce texte ajoute une formule qui élargit encore la compétence du Conseil de l'ordre : « traiter toute question intéressant l'exercice de la profession, la défense des droits des avocats et la stricte observation de leurs devoirs » (art. 17, al. 5°, qui reprend, en fait, la formule de l'al. 1er, étant observé que celle-ci est désormais restreinte par la réserve de la compétence du CNB).

Malgré cette étendue considérable de la compétence du Conseil de l'Ordre, il peut arriver qu'il délibère hors du champ de ses attributions : la délibération sera soumise à la cour d'appel pour annulation, par réquisition du procureur général (L. 71-1130, art. 19, al. 1er) ; de même toute délibération ou décision de nature à léser les intérêts professionnels d'un avocat, peut être déférée à la Cour par l'intéressé (L. 71-1130, art. 19, al. 2) ; en outre, les décisions relatives à l'inscription et à l'omission (ou au refus) du tableau, ainsi que celles concernant l'autorisation d'ouverture (ou la fermeture) de bureaux secondaires peuvent être déférées à la Cour par le procureur général ou par l'intéressé (L. 71-1130, art. 20). On soulignera que le pourvoi en cassation est revenu au droit commun et n'est plus suspensif (décr., art. 13 à 16).

1011 ***Le bâtonnier*** ◊ Il préside le Conseil de l'Ordre et est élu pour deux ans dans les mêmes conditions que le Conseil de l'Ordre lui-même (L. 71-1130, art. 15, al. 2, dernière phrase) [1]. C'est lui qui légalement représente le barreau dans tous les actes de la vie civile (L. 71-1130, art. 21, al. 2) [2], mais il peut déléguer à un ou plusieurs membres du conseil, une partie de ses pouvoirs pour un temps limité (décr., art. 7). Il prévient ou concilie les différends d'ordre professionnel entre les membres du barreau et instruit toute réclamation formée par les tiers, notamment en matière d'honoraires par le client d'un avocat (v. *infra*, n° 1061). Il est juridiction du premier degré comme arbitre pour les litiges nés à l'occasion du contrat de travail d'un avocat salarié, de la convention de rupture, de l'homologation ou du refus d'homologation de cette convention (L. 71-1130, art. 7 dernier al., réd. L. n° 2008-516, 25 juin 2008 v. *infra*, n° 1043), ainsi que ceux nés à l'occasion d'un contrat de collaboration libérale (même texte, aj. L. n° 2009-526, 12 mai 2009, v. *infra*, n° 1036) ; il connaît aussi, à ce titre « tout différend entre avocats à l'occasion de leur exercice professionnel, en l'absence de conciliation » (L. art. 21, réd. L. n° 2009-526, 12 mai 2009) [3]. Lorsqu'il statue sur les contestations d'honoraire, le bâtonnier

1. R. Merle, « Le bâtonnier de l'ordre des avocats, une forme de présidence originale », in *Mélanges P. Hébraud*, 1981, p. 557.

2. Le bâtonnier ne peut ester en justice sans une autorisation du Conseil de l'Ordre, Lyon, 11 oct. 1983, *D.* 1985. IR. 108, obs. Brunois.

3. Ajout qui permet qui permet de contrer Civ. 1re, 22 nov. 2006, *Bull.* I, n° 421 ; *D.* 2006. 2079, note E. Rosenfeld ; *D.* 2006. Pan. 268, obs. B. Blanchard. Et Civ. 1re, 22 nov. 2005, *Bull.* I, n° 422 ; *D.* 2005. 3032 ; *LPA*, 2006, n° 133, p. 22, concl. J. Sainte-Rose (pas d'extension, dans un règlement intérieur d'un Ordre « à toute difficulté entre avocats relativement ou à l'encontre d'une structure »). Sur les deux arrêts, T. Clay, *D.* 2006. 28 ;

n'est pas une juridiction, ni un tribunal au sens européen, alors que pour les litiges soumis à son arbitrage, il « doit être qualifié de tribunal au sens de l'article 6 de la Convention EDH » [1].

Un dauphin (encore appelé « bâtonnier désigné ») est élu à mi-mandat du bâtonnier. La commission Darrois (avril 2009) préconise l'institution d'un vice-bâtonnier dans les barreaux importants et d'offrir une formation adéquate aux avocats qui exercent ou qui envisagent d'exercer la fonction de bâtonnier.

1012 ***Protection du mot Ordre*** ◊ Afin d'éviter toute confusion avec les Conseils de l'Ordre des barreaux, la loi de 1990 introduit la protection de ce mot en interdisant son utilisation dans la dénomination d'un groupement professionnel constitué sous quelque forme que ce soit ; la sanction est pénale (L. 1971, art. 73 qui renvoie à la sanction de l'art. 72 pour l'exercice illégal de la profession d'avocat).

§ 2. **Un outil pour la formation : les centres régionaux de formation professionnelle (CRFPA)**

1013 ***Des CFPA dispersés aux CRFPA regroupés*** ◊ La loi de 1971 avait créé des centres de formation professionnelle auprès de chaque cour d'appel (ancien art. 14) et la loi de 1990 n'avait pas modifié fondamentalement l'organisation et le rôle de ces centres qui étaient devenus « régionaux », mais restaient dans le cadre du ressort de chaque cour d'appel (ancien art. 14, al. 1er), avec des possibilités de regroupement ou d'éclatement en sections locales. La loi n° 2004-130 du 11 février 2004 [2] change radicalement d'optique en supprimant la référence à l'instauration d'un centre par ressort de cour d'appel ; désormais (L. 1971, art. 13-1, al. 1), c'est le ministre de la Justice qui arrête, sur proposition du CNB, le siège et le ressort de chaque centre régional de formation professionnelle ; l'arrêté du 6 décembre 2004 retient 15 centres seulement [3]. Il reste possible de procéder à des regroupements, sans qu'il soit besoin d'obtenir l'accord des centres concernés qui ne seront que consultés sur leur sort par le CNB (al. 2) ; à l'inverse, un centre régional pourra créer une section locale « dans les villes pourvues d'unités de formation et de recherche juridique », l'initiative viendra des centres qui devront obtenir l'avis conforme du CNB (al. 3).

Le Centre de Paris a décidé de s'appeler EFB (École de formation).

J.-Y. Garaud et Ch. de Taffin, *Rev. arb.* 2006-4, 983. Jurisprudence confirmée par Civ. 1re, 7 juin 2006, *Bull.* I, n° 283 ; *D.* 2006. 1769 ; et T. Clay préc.

1. CE 2 oct. 2006, arrêt *Krikorian*, *Gaz. Pal.* 14 oct. 2006 ; *AJDA* 2007. 645, note A.-L. Debono. V. aussi cet arrêt *infra*, n° 1043.

2. Commentaires : R. Martin, *JCP* 2004, Actu., 123, p. 373. *Gaz. Pal.* 8 juill. 2004.

3. Bastia, Bordeaux, Fort-de-France, Lille, Marseille, Montpellier, Paris, Pointe-à-Pitre, Poitiers, Rennes, Sainte-Clotilde [pour Saint-Denis-de-la-Réunion] Strasbourg, Toulouse, Versailles, Villeurbanne [pour Chambéry/Grenoble/Lyon].

1014 ***Statut. Organisation. Fonctionnement. Financement*** ◊ **a)** *Actuellement*, les CRFPA constituent des établissements d'utilité publique dotés de la personnalité morale dont le fonctionnement est assuré par la profession d'avocat, avec le concours de magistrats et des universités et, le cas échéant, de toute autre personne ou organisme qualifiés (L. 1971, art. 13, al. 2) ; ils sont administrés et gérés par un Conseil d'administration qui adopte le budget, le bilan et le compte de résultats des opérations de l'année précédente (al. 3). Décret du 27 nov. 1991 (art. 42 et s.).

Les décisions des CRFPA sont soumises au contrôle de la cour d'appel par recours de tout intéressé (art. 14, L. 1971).

Le financement en est assuré (art. 14-1, L. 1971) : par une « contribution » de la profession d'avocat, une « contribution » de l'État, conformément aux dispositions de la loi n° 71-575 du 16 juillet 1971 et, « le cas échéant, par des droits d'inscription » payés par les élèves. Le projet de loi de 2003 ne remet pas en cause cette articulation et y ajoute la possibilité de recourir aux fonds liés à la formation par contrat d'apprentissage, contrats qu'elle autorise par ailleurs (v. *infra*, n° 1025). C'est le CNB qui fixe la contribution de la profession dans un plafond de 11 millions d'euros pour 2002, qui ne peut augmenter chaque année de plus de 10 % (art. 14-1, al. 3) ; c'est lui encore qui détermine la contribution de chaque ordre en proportion du nombre d'avocats inscrits au tableau et qui, le cas échéant, émet un titre exécutoire contre un ordre récalcitrant (art. 14-1, al. 5). Toutes ces contributions sont perçues par le CNB et réparties entre les Centres. Le décret n° 2002-324 du 6 mars 2002 (pris en application de l'article 153 de la loi de finances pour 2002 du 28 décembre 2001) précise les modalités de fixation, par le CNB, de la participation des ordres d'avocats au financement des CRFPA, les conditions de la déductibilité des dépenses engagées par les Ordres au profit du CRFPA de leur ressort et le montant maximum des droits d'inscription exigibles des personnes ayant réussi l'examen d'entrée dans un tel Centre.

b) *Que deviendront demain les CRFPA ?* La commission Darrois (avril 2009) préconise en effet de créer des écoles de professionnels du droit assurant, à l'issue des études universitaires, la formation commune aux principaux métiers du droit et constituant, avec une scolarité de 12 mois, un passage obligé entre les universités et les stages professionnels organisés par les écoles d'application.

1015 ***Missions de formation et de contrôle des connaissances*** ◊ Le CRFPA est chargé de sept missions (art. 13, al. 4 et s.), *« dans le respect des missions et prérogatives du CNB »*, formule ajoutée par la loi de 2004 pour mieux souligner le rôle premier du CNB en la matière :

– Organiser la préparation au certificat d'aptitude à la profession d'avocat.

– Statuer sur les demandes de dispense d'une partie de la formation professionnelle en fonction des diplômes universitaires obtenus par les intéressés (dispense prévue à l'article 53, 11°, réd. 1990).

– Assurer la formation générale de base des avocats et, le cas échéant, en liaison avec les universités, les organismes d'enseignement ou de formation professionnelle publics ou privés ou les juridictions, leur formation complémentaire (décr. 27 nov. 1991, art. 56 à 61).

– Passer les conventions prévues par le Code du travail en matière d'apprentissage.

– Contrôler les conditions de déroulement des stages effectués par les personnes admises à la formation ; il ne s'agit plus de l'ancien stage de deux ans qui était imposé après le CAPA, mais *des* stages (au pluriel) accomplis dans le cadre de la formation théorique et pratique dispensée dans les centres pendant les 18 mois qui précèdent l'obtention du CAPA.

– Assurer la formation continue des avocats (v. aussi décr. 27 nov. 1991, art. 85).

– Organiser le contrôle des connaissances prévue par l'article 12-1 de la loi de 1971 pour qu'un avocat puisse prétendre à la reconnaissance d'une spécialisation et délivrer le certificat attestant de cette spécialisation (v. aussi les art. 86 à 92, décr. 27 nov. 1991).

§ 3. Un organisme national de représentation et de décision : le Conseil national des barreaux

1016 ***Vicissitudes de l'institution d'une représentation nationale des barreaux*** ◊ L'un des points durs de la fusion des anciennes professions d'avocat et de conseil juridique tenait à la tradition d'indépendance des barreaux qui se concilie mal avec la création d'une sorte d'ordre national et, à l'inverse, à l'existence d'une représentation nationale des conseils juridiques par la commission nationale des conseils juridiques. Comment pouvait-on satisfaire le souci d'indépendance, d'autonomie des avocats, tout en préservant les acquis de la profession de conseil juridique, acquis qui pouvait être très utile dans une perspective communautaire exigeant des relations entre les barreaux français et leurs homologues européens ? L'expression de ces tendances contradictoires fut parfaitement illustrée au cours des travaux parlementaires par la position des deux chambres : alors que l'Assemblée nationale était hostile à toute idée d'une institution nationale de la nouvelle profession d'avocat, lui préférant un centre national pour la seule formation professionnelle, le Sénat retenait le principe de la création d'une telle institution nationale en s'inspirant largement de l'exemple notarial ! Finalement, une commission mixte paritaire parvint à un accord sur la base d'un conseil national *des* barreaux (et non pas *du* Barreau). La loi du 11 février 2004 accroît considérablement le rôle du CNB. La loi n° 2009-526, 12 mai 2009 prévoit, pour assurer une meilleure coordination de l'action des instances d'avocats, que le bâtonnier de Paris et le président de la conférence des bâtonniers (France sans Paris) sont de plein droit vice-présidents du CNB (L. 1971, art. 21-2).

1017 ***Missions. Le pouvoir normatif du CNB*** ◊ Le Conseil national des barreaux, établissement d'utilité publique doté de la personnalité morale, est chargé de *représenter* la profession d'avocat, *notamment* (mot ajouté par la loi de 2004) auprès des pouvoirs publics.

a) Pour mettre fin à des difficultés nées de l'absence de toute mention, dans la loi de 1971, d'un pouvoir normatif du CNB [1], le nouvel article 21-1 énonce que le CNB « unifie par voie de dispositions générales les règles et usages de la profession d'avocat » (al. 1er) et non plus seulement *veille* à l'harmonisation de ces règles et usages (v. *infra*, n° 1018).

b) En outre, le CNB est chargé de définir les principes d'organisation de la formation et *d'en harmoniser* les programmes (al. 2). Il coordonne et contrôle les actions de formation des CRFPA, et *détermine* les conditions générales d'obtention des mentions de spécialisation (al. 2) ; il exerce en matière de financement les attributions qui lui sont dévolues par l'article 14-1 (sur lequel v. *supra*, n° 1014, art. 21-1, al. 2). Pour ce qui concerne plus particulièrement la formation professionnelle, il siégera avec des magistrats et des universitaires (art. 39, décr. 27 nov. 1991). C'est ainsi qu'il est chargé de donner son avis sur le programme et les modalités de l'examen d'entrée dans les centres (décret, art. 51, al. 1), sur la liste des diplômes permettant d'être dispensé de cet examen (art. 54, décr. 27 nov. 1991) ; il aura à arrêter les dispositions relatives au programme et aux modalités des enseignements et formation pour que les centres puissent fixer ceux-ci en conformité avec ces dispositions (art. 57, décr. 27 nov. 1991) et à fixer les principes permettant à ces derniers de dispenser certains élèves de certains enseignements, en raison de leur formation (art. 57, al. 3, décr. 27 nov. 1991).

c) Enfin, le CNB est chargé d'établir la liste des personnes susceptibles de bénéficier de la directive européenne n° 89-48 du Conseil des communautés du 21 décembre 1988 relative à la reconnaissance mutuelle des diplômes (examen de l'article 99 du décret de 1991), ainsi que la liste des candidats admis à subir les épreuves de l'examen de contrôle des connaissances prévues à l'article 11 de la loi de 1971 et à l'article 100 du décret de 1991 pour les avocats étrangers (L. 1971, art. 21-1, al. 3) ; sur ces examens des articles 99 et 100 du décret de 1991 (v. *infra*, n° 1020).

L'énumération de ces missions montre que le CNB joue désormais un rôle primordial à la tête de la nouvelle profession puisqu'il a les clefs du pouvoir avec notamment la répartition du financement de la formation professionnelle, la représentation de la profession auprès des pouvoirs publics et la possibilité de « légiférer » en matière de règles et d'usages de la profession.

1018 ***Du RIH au RIU et au RIN (Règlement intérieur national)*** ◊ Sur le fondement de son tout nouveau pouvoir normatif accordé par la loi du 11 février 2004, le CNB avait adopté un Règlement intérieur unifié (RIU) des barreaux de France, qui annulait et remplaçait le Règlement intérieur harmonisé (RIH) ; le Conseil d'État en avait rapidement annulé l'article 16 relatif aux conditions de participation des avocats à des réseaux pluridisciplinaires, au motif que le CNB avait mis en

1. Ce qui avait conduit le Tribunal des conflits à censurer toute velléité de ce type, suivi en cela par le Conseil d'État (respectivement 18 juill. 2001 et 27 juill. 2001, *D.* 2001. 2358 ; *JCP* 2001. II,. 10586, note R. Martin ; *Procédures*, 2001, n° 195, obs. Croze) et par la Cour de cassation (Civ. 1re, 21 janv. 2003, *Gaz. Pal.* 25 janv. 2003 ; *JCP* 2003. II. 10030, note R. Martin, *D.* 2003. 855, note B. Blanchard), après une première résistance (Civ. 1re, 13 mars 2001, *JCP* 2001. II. 10538, note R. Martin).

cause la liberté d'exercice de la profession d'avocat (v. *infra*, n° 1034) ; puis d'autres Barreaux l'ayant contesté sur l'obligation qui leur était faite de l'intégrer dans leur propre règlement intérieur, les cours d'appel étaient divisées sur la solution à apporter à cette question ; au final, le CNB a pris une nouvelle décision à caractère normatif n° 2004-003, portant adoption du Règlement Intérieur National (RIN), notifiée aux Ordres le 25 novembre 2005 [1]. Il est applicable à tous les avocats sans transposition dans les règlements intérieurs des barreaux. Sur le fond, il s'agit d'une mise en conformité des règles et usages de la profession avec les pratiques, les évolutions technologiques, les modifications de l'environnement économique et la jurisprudence concernant la profession d'avocat. Bien que le Gouvernement soit compétent en matière de déontologie, par voie de décret, le RIN contient des dispositions de déontologie. C'en est bien fini des Ordres qui élaboraient leurs propres règles ! Au-dessus d'eux, on trouve non seulement la loi et le décret, mais aussi les décisions normatives du CNB et, au-dessus des lois, les directives et règlements européens. V. aussi la décision du CNB du 12 juillet 2007, en matière de RIN.

SECTION 3. L'ENTRÉE DANS LA PROFESSION D'AVOCAT [2]

1019 ***Évolution*** ◊ Les conditions requises pour être avocat se sont modifiées singulièrement depuis quelques années. Les exigences de la loi se sont multipliées. Pendant longtemps avait régné un certain libéralisme atténué en fait par les fortes traditions des barreaux. L'accroissement du volume des affaires, l'augmentation constante du nombre des avocats dans les grands barreaux avaient conduit le législateur à être plus sévère. Cette évolution s'est marquée sur trois plans bien distincts : on s'est montré tout d'abord plus strict pour les *conditions d'aptitude et de capacité ;* on a exigé en outre un *exercice effectif* de la profession, enfin on a renforcé la liste des *activités incompatibles* avec la profession d'avocat (v. *supra*, n° 1007). Une innovation importante avait été introduite en 1941, l'exigence, pour pouvoir entrer dans la profession, de posséder un Certificat d'aptitude à la profession d'avocat (CAPA), délivré par les Facultés de droit, puis par les Centres et Instituts d'études judiciaires. En dépit des réformes dont il avait été l'objet, ce Certificat ne permettait pas de donner aux candidats une réelle formation pratique, concrète et d'apprécier leurs aptitudes effectives à l'exercice de la profession. Un régime nouveau avait été institué par le décret n° 80-234 du 2 avril 1980. Il conservait le CAPA, mais il le déplaçait dans le temps (après une formation dans un Centre professionnel de formation) et dans l'espace (délivré non plus par l'Université, mais par la profession). Depuis cette réforme, les étudiants désireux d'entrer dans la profession doivent passer d'abord, à l'Université, un examen d'entrée dans un Centre de formation professionnelle d'avocats puis, après une formation théorique et pratique

1. Commentaire : R. Martin, *JCP* 2006, Actu. – Aperçu rapide, n° 18, p. 67.
2. S. Guinchard, *Comment devenir avocat ?*, LGDJ, 6e éd., 2008.

dans un tel centre, le CAPA. La loi n° 90-1259 du 31 décembre 1990 avait conservé ce système (art. 11 et 12 de la loi du 31 déc. 1971), mais la loi n° 2004-130 du 11 février 2004, tout en gardant la structure binaire de l'examen d'accès des universités et du CAPA confié aux centres de formation, réorganise fondamentalement cette formation en l'allongeant de douze à dix-huit mois, et en décidant que l'obtention du CAPA ouvre désormais le plein exercice de la profession sans stage, avec inscription directe au tableau, après prestation de serment. C'est pourquoi, nous examinerons successivement, les conditions préalables d'accès (§ 1), puis l'entrée effective dans la profession (§ 2).

§ 1. Les conditions préalables d'accès à la profession

I. Condition de nationalité

1020 ***Être Français : principe et dispenses*** ◊ Pour accéder à la profession d'avocat il faut, en principe, (art. 11-1er, Loi 1971) être Français ou, à défaut, bénéficier des dispositions particulières prévues par l'article 11 :

a) C'est ainsi que la nationalité française n'est pas exigée pour ceux qui ont la qualité d'apatride ou de réfugié, qualité reconnue par l'Office français de protection des réfugiés et apatrides.

b) De même peuvent accéder à la profession d'avocat, au même titre que les Français, les ressortissants d'un État membre de l'Union européenne ou d'un autre État partie à l'accord sur l'Espace économique européen [1] ou, depuis le 1er juin 2002, de la Confédération suisse (accord du 21 juin 1999 entre cet État et la CE sur la libre circulation des personnes) ; leur nationalité n'est pas un obstacle à leur établissement en France. Deux ou trois régimes, selon le cas, sont applicables à ces ressortissants :

1) Ils peuvent, comme tout Français et s'ils en remplissent les conditions de diplômes passer l'examen « normal », réservé aux étudiants (v. *infra*, nos 1023 et s.).

2) Ils peuvent aussi, s'ils sont déjà avocats dans l'UE ou dans un autre État partie à l'accord sur l'EEE ou en Suisse et ont acquis cette qualité dans l'un de ces États, passer l'examen spécial de l'art. 99 du décret du 27 nov. 1991, qui avait été pris en application de la directive n° 89/48/CEE du 21 décembre 1988 et qui a été modifié par celui n° 2009-199, 18 février 2009, pour tenir compte de la nouvelle directive n° 2005/36/CE du Parlement et du Conseil, du 7 sept. 2005, qui abroge la directive de 1988. Cet examen est d'ailleurs accessible aux juristes qui ne sont pas encore inscrits à un barreau européen mais, qui ont les diplômes requis et la formation professionnelle exigée pour être avocat dans un État de l'Union ou de l'Espace économique européen ou en Suisse (v. *infra* n° 1028). Mais avec le régime qui va être décrit dans un instant, cet examen de l'article 99 ne sera vraiment utile qu'aux ressortissants de ces États qui souhaitent être intégrés de suite à la profession d'avocat en France, sans

1. Loi n° 93-1420, 31 déc. 1993, art. 6. L'Espace économique européen comprend les 27 États de l'Union européenne, l'Islande, le Lichtenstein et la Norvège.

attendre les trois ans d'exercice en France sous leur titre professionnel d'origine.

3) L'exercice à titre permanent sous le titre d'origine. Avec la transposition de la directive européenne n° 98-5 du 16 févr. 1998 par la loi n° 2004-130 du 11 février 2004 [1] et son décret d'application n° 2004-1123 du 14 octobre 2004 [2], les ressortissants des 27 États de l'Union européenne, des autres États parties à l'accord sur l'EEE (par l'effet du décret n° 2009-199 du 18 février 2009) et de la Confédération Helvétique peuvent s'installer en France sans avoir à passer un quelconque examen. Pour l'essentiel, le principe est posé à l'article 83 de la loi de 1971 que tout ressortissant de ces États) peut exercer en France la profession d'avocat à titre permanent sous son titre professionnel d'origine, à l'exclusion de tout autre, si ce titre figure sur une liste fixée par décret (cf. D. 1991, art. 201, réd. D. n° 2009-199, 18 févr. 2009) ; mais il n'a pas à passer d'examen, l'idée étant que les États concernés s'accordent confiance réciproque dans l'acquisition du titre d'avocat ; en conséquence, aucun contrôle n'est exercé par l'État d'accueil sur les modalités de cette acquisition ; il se borne à vérifier que le candidat détient effectivement le titre d'avocat dans un État partie à ce système (c'est-à-dire un Ordre d'avocats) ; selon la CJCE, le barreau d'accueil n'a pas le droit d'exiger des connaissances dans la langue du pays [3]. Cet avocat est alors soumis aux dispositions françaises de la loi du 31 décembre 1971 applicables à tous les avocats et aux dispositions particulières de la loi du 11 février 2004 intégrées à la loi de 1971 et complétées par le décret du 14 octobre 2004 : il est inscrit (de droit) sur une liste spéciale du tableau de l'ordre de son choix (art. 84, loi et 93-1, décret) ; il joint à sa demande d'inscription une attestation d'inscription de l'État dans lequel il a acquis le titre sous lequel il entend exercer (art. 101, dernier alinéa, décret) ; il prête alors le serment des avocats français (art. 93-1, décret) ; il fait partie du barreau auprès duquel il est inscrit avec le bénéfice des droits électoraux et participe à l'élection des membres du CNB (art. 84, al. 2, loi) ; il doit mentionner sur ses documents le titre professionnel d'origine dont il fait usage et uniquement dans la langue officielle de l'État où il a été acquis (art. 85, al. 1er, loi) ; la mention du titre d'origine doit être suivie de l'indication du barreau d'origine et du barreau français (art. 85, al. 2, loi) ; il doit s'assurer, l'assurance pouvant être prise dans son État d'origine (art. 86, loi) ; il peut exercer individuellement, comme collaborateur, salarié ou membre d'un groupement français ou ayant son siège dans son État d'origine (art. 87, loi), auquel cas des conditions spéciales sont exigées du groupement quant à la détention des droits de vote et du capital et quant à la direction (art. 87, loi) et des précautions sont prises quant à la connaissance, par le barreau français, des statuts du groupement, de son organisation et son fonctionnement (art. 100-1, décret) ; il exercera le droit français, le droit de l'État d'origine, le droit communautaire, etc., comme un avocat français, la loi de 2004 ne posant aucune restriction ; enfin, en cas de poursuite disciplinaire engagée contre lui, le bâtonnier doit en informer l'autorité compétente de l'État d'origine (art. 88, loi et art. 203-1, décret).

1. C. Nourissat, « De l'exercice permanent en France de l'Abokatu, du Barrister, du Rechtsanwalt... », *Procédures*, avr. 2004, chron. 6.
2. R. Martin, *JCP* 2004, Actu., 615, p. 2179.
3. CJCE 19 sept. 2006, aff. C-506/04, *Graham J. Wilson c/Ordre avocats du Luxembourg*, *JCP* 2006. II. 10200, note J. Cl. Zarka ; *Procédures*, nov. 2006, *Repère* n° 10, p. 1, par C. Nourissat.

Après trois ans d'activité effective et régulière en France, et en droit français, l'avocat établi en France peut demander son intégration complète à un Barreau français pour un exercice plein et entier de la profession d'avocat, selon des modalités fixées par la loi du 11 février 2004 intégrées dans la loi de 1971, c'est-à-dire sans passer d'examen (art. 89, al. 1er) ; si l'intéressé, tout en justifiant de trois ans d'exercice effectif et régulier sur le territoire national, ne peut justifier que d'une durée moindre en droit français, le Conseil de l'ordre devra « apprécier le caractère régulier et effectif de l'activité exercée ainsi que la capacité de l'intéressé à poursuivre celle-ci » (art. 89, al. 2, loi). L'intégration est quasiment de droit, avec le contrôle des conditions de moralité et des incompatibilités éventuelles (art. 90, al. 2, loi) ; l'avocat est inscrit après avoir prêté serment (art. 90, al. 2, loi) et peut faire suivre son titre d'avocat de son titre professionnel d'origine (al. 3) ; l'avocat ainsi intégré ne peut participer, même à titre occasionnel, à l'exercice de fonctions juridictionnelles (art. 91, loi). En deçà de ce délai de trois ans, l'avocat européen peut toujours passer l'examen de l'article 99 du décret (sur lequel v. *infra* n° 1028).

c) Pour les ressortissants des États n'appartenant pas à l'Union ou à cet Espace économique européen ou à la Suisse, la nationalité étrangère n'est pas un obstacle à l'accession à la profession d'avocat en France, mais cet accès n'est possible que sous réserve de réciprocité, c'est-à-dire si l'État dont le candidat est le ressortissant accorde aux Français la faculté d'exercer, sous les mêmes conditions cette activité professionnelle (L. 1971, art. 11-1er) ; le système retenu par le législateur (de 1990) a le mérite de la souplesse et du pragmatisme puisqu'il est indépendant de toute convention internationale ; la réciprocité *de fait* l'emporte sur la réciprocité *juridique*.

1) Mais dans la plupart des cas, la question de l'existence de la réciprocité ne se pose même pas ; en effet, en raison des accords du GATS signés par 150 États (sur 180) au 11 janvier 2007, les ressortissants de ces États bénéficient de plein droit de la réciprocité, qui ne laisse donc place à aucune interprétation. Le CNB leur permet donc de passer l'examen de l'art. 100 du décret du 27 nov. 1991 (sur lequel, v. *infra* n° 1028).

2) Qui apprécie la réciprocité dans le cas où elle doit l'être ?

Deux cas doivent être distingués :

- Si l'étranger est déjà avocat dans son pays (ou dans un autre), il peut passer l'examen spécial de l'article 100 du décret du 27 nov. 1991, la réciprocité est alors appréciée par le Conseil national des Barreaux.

- Si l'étranger n'est pas encore avocat dans son pays, il peut suivre le cursus normal des étudiants français (examen des IEJ ; Centre de formation et CAPA), la condition de nationalité n'étant pas exigée à ce stade. Mais lorsqu'il voudra s'inscrire à un ordre, ce dernier devra apprécier la réciprocité de fait. D'où des risques de divergences entre les Barreaux, même si les cours d'appel, donc la Cour de cassation, exercent un contrôle, par la possibilité ouverte aux procureurs généraux de leur déférer les délibérations d'inscription ou de refus d'inscription. En réalité, ce risque est mineur, en raison des accords du GATS et de la politique suivie par le CNB.

1021 ***Liberté de prestation de services occasionnelle des avocats européens*** ◊ L'avocat ressortissant de l'un des 26 autres États de l'Union européenne ou de la Suisse pourra exercer, en France, une activité professionnelle *occasionnelle* sans pouvoir empiéter cependant sur les domaines réservés exclusivement aux officiers publics et ministériels (D. 1991, art. 202 et s., qui transcrivent la directive n° 77/249/CEE, 22 mars 1977 et accord avec la Suisse du 21 juin 1999, applicable au 1er juin 2002). Le décret n° 2004-1123 du 14 octobre 2004 réécrit ces articles en tenant compte de leur application aux ressortissants suisses. Pour l'application de ces dispositions (comme d'ailleurs pour celles relative à l'exercice à titre permanent sous le titre d'origine), sont considérés comme avocats, les ressortissants des États membres de la CE ou de la Suisse qui exercent leurs activités professionnelles dans l'un de ces États membres ou en Suisse sous l'un des titres énumérés à l'article 201 et auquel on renvoie. Les articles 202, 202-1 et 202-2 reprennent pour l'essentiel les dispositions des anciens articles 202 et 203 [1].

II. Condition de capacité

1022 ***Absence de sanctions pénales, disciplinaires ou commerciales*** ◊ Pour être avocat, il faut :

- N'avoir pas été l'auteur de faits ayant donné lieu à condamnation pénale pour des agissements contraires à l'honneur, à la probité ou aux bonnes mœurs. V. *infra*, n° 1031 pour l'examen de la moralité, probité, etc. par le conseil de l'Ordre au moment de la demande d'inscription à l'Ordre.
- N'avoir pas été l'auteur de faits de même nature ayant donné lieu à une sanction disciplinaire ou administrative de destitution, radiation, révocation, de retrait d'agrément ou d'autorisation.
- N'avoir pas été frappé de la « faillite personnelle ou d'une autre sanction en application du titre VI de la loi n° 85-98 du 25 janvier 1985 relative au redressement et à la liquidation judiciaires des entreprises » (anciens art. L. 625-1 à L. 625-10, C. com.) ou des textes qui ont précédé cette loi (L. 1971, art. 11-6°). Il faut actualiser ce texte en y ajoutant les sanctions existantes dans le droit des entreprises en difficultés, issu de la loi de sauvegarde des entreprises du 26 juillet 2005, et intégrées au Code de commerce (art. L. 653-1 à L. 654-20).

III. Condition d'aptitude

A. Régime normal d'accès

1023 ***Condition de diplôme*** ◊ Pour prétendre être avocat, tout candidat doit réussir un véritable parcours initiatique qui commence par une condition de diplôme. Il faut en effet, être titulaire d'une maîtrise en droit ou d'un titre ou diplôme reconnu comme équivalent par arrêté

1. P.Y. Monjal, « La profession d'avocat en France et le droit communautaire des services », *Gaz. Pal.* 17 janv. 2008, Doctr.

conjoint du garde des Sceaux et du ministre chargé des Universités (L. 1971, art. 11, 2e). La liste en a été fixée, en dernier lieu, par un arrêté du 21 mars 2007 [1], en y réintégrant certaines filières de Sciences Po. Paris, alors qu'elles en étaient exclues (avec d'autres) par l'arrêté du 5 novembre 1998. La commission Darrois (avril 2009) préconise qu'une plus grande place soit faite aux matières non juridiques dans la formation donnée à l'université ; dans quel but ? dans quelle proportion ?

1024 ***L'examen des IEJ*** ◊ Les Universités qui le souhaitent [2] organisent, avec leur IEJ ou directement, un examen dont les modalités ont été fixées par un arrêté du 11 septembre 2003 qui durcit le régime antérieur [3]. Les recours exercés contre les délibérations du jury relèvent de la compétence des juridictions administratives, car si la cour d'appel est compétente pour connaître de tout ce qui concerne la formation professionnelle des avocats, en tant que « juge naturel » de la profession (art. 14, loi 1971), l'examen d'entrée ne fait pas partie de cette formation professionnelle (cf. art. 12, loi 1971), se situant en amont de celle-ci ; et le « juge naturel » des universités reste le juge administratif [4].

1025 ***Dix-huit mois dans un CRFPA et le CAPA*** ◊ Les candidats qui ont réussi l'examen des IEJ entrent dans un CRFPA pour dix-huit mois de formation théorique et pratique [5] à l'issue duquel ils passent un examen, le Certificat d'aptitude à la profession d'avocats (le CAPA) (art. 12, L. 1971) ; il faudra concilier une entrée tous les ans avec une scolarité de 18 mois... La formation peut être donnée dans le cadre d'un contrat d'apprentissage et elle constitue une activité d'insertion au titre du RMI [6]. Le stage de deux ans a été purement et simplement supprimé par la loi du 11 février 2004. Il revient au CNB de définir les principes d'organisation de cette formation, par notification de ces décisions aux CRFPA et au Garde des sceaux ; la formation se divise en trois périodes de six mois chacune (une dite « commune » dispensée au centre et portant sur le statut et la déontologie professionnels, la rédaction des actes juridiques, la plaidoirie, le débat oral, les procédures, la gestion du cabinet et une langue étrangère ; une de réalisation

1. *JO* 8 avr. 2007, p. 6609.
2. Le décret (art. 51 al. 2) prévoit qu'elles sont « désignées » par le « recteur d'académie » (réd. D. 97-7790, 24 déc. 1997 qui enlève cette compétence au Ministre), après avis du garde des Sceaux. On conçoit mal qu'une Université puisse y être contrainte.
3. S. Guinchard, *Comment devenir avocat ?*, LGDJ, 6e éd., 2008.
4. T. confl., 18 déc. 2006, *H. c/ Université Paris I, Gaz. Pal.* 30 janv. 2007.
5. S. Guinchard et J.-M. Mousseron, « La formation des futurs avocats, une exigence, une passion », *JCP* 1992. I. 3571.
6. CE 30 juin 2006, n° 281 315, *AJDA* 2006. 2137, note F. Tourette.

du projet pédagogique de l'élève avocat ; l'autre de stage). Pour le régime de l'examen du CAPA, arrêté du 7 déc. 2005 [1].

La personne en formation est astreinte au secret professionnel pour tout ce qu'elle a à connaître au cours de celle-ci et des stages en juridiction, auprès de professionnels et organismes divers ; elle prête un « petit » serment dont le texte est donné à l'article 12-2, L. 1971.

B. Les régimes dérogatoires

1026 ***Sans l'examen des IEJ mais avec la formation théorique et pratique de 18 mois et le CAPA : régime des docteurs en droit*** ◊ Dans le régime de la loi du 31 décembre 1990 ils pouvaient passer directement le CAPA, sans être obligés de suivre l'année de formation au Centre (art. 12-1, al. 2, loi 1971), ce qui présentait l'inconvénient d'être mal préparés à cet examen. La loi du 11 février 2004 leur impose cette formation en énonçant, dans le nouvel article 12-1 de la loi du 31 décembre 1971, qu'ils ont accès directement à la formation théorique et pratique de l'article 12. Après l'obtention du CAPA, ils suivent la voie normale [2].

1027 ***Sans CAPA : régime des professionnels de l'art. 98*** ◊ Un certain nombre de professionnels du droit, énumérés à l'article 98 bénéficient d'une dispense du CAPA [3]. On renvoie au Code annoté de procédure civile pour la jurisprudence qui s'est progressivement formée sur les conditions d'application de ce régime dérogatoire. Alors que la Cour de cassation refusait le bénéfice de ces dispenses aux salariés des cabinets d'avocats et que la profession était divisée sur son opportunité, le décret n° 2005-1381 du 4 novembre 2005 modifie l'article 98 pour permettre à ces salariés, ainsi qu'à ceux d'un avoué, d'un avocat aux Conseils, justifiant de huit ans au moins de pratique professionnelle en cette qualité, postérieurement [4] à l'obtention du titre ou diplôme permettant d'être avocat, de devenir avocat de plein droit [5] ; ainsi les élèves des filières « juridiques » de Sciences Po. Paris n'auront pas besoin de passer l'examen des IEJ, donc de faire valider leurs connaissances en droit...

1028 ***Sans CAPA, mais avec un examen spécial : juristes européens et avocats étrangers*** ◊ Ainsi que nous l'avons déjà indiqué, à propos de la condition de nationalité (v. *supra* n° 1020), les juristes européens

1. *JO* 15 déc. 2005, p. 19 290.
2. Paris, 12 juill. 1978, *D.* 1979.191, note Brunois.
3. Le choix opéré à l'article 98 ne constitue pas une atteinte illégale au principe d'égalité, CE 5 mars 2003, *D.* 2003. 1006.
4. Condition impérative : CE 25 juill. 2007, *JCP* 2007. I. 206, n° 1, obs. S. Bortoluzzi.
5. Mode d'accès jugé conforme au principe d'égalité, CE 25 juill. 2007, n° 288720, *Syndicat des avocats de France.*

(Union européenne, Espace économique européen et Suisse) bénéficient d'un régime aménagé d'examen, qui est une contraction de l'examen des IEJ et du CAPA et qui est passé exclusivement devant le Centre de Paris ou de Versailles (art. 99 du décret du 27 novembre 1991 [1] et arrêté du 7 janv. 1993). Le cas de la Suisse mérite une explication : en effet, si le décret n° 2009-199 du 18 février 2009 abroge l'article 99-1 du décret de 1991 qui étendait aux ressortissants suisses le bénéfice de l'examen de l'article 99, on ne peut pas en déduire pour autant que ces ressortissants ne peuvent le passer ; en effet, depuis l'accord du 21 juin 1999 avec l'Union européenne (entré en vigueur le 1er juin 2002), les avocats des États signataires bénéficient, sur le territoire des autres, des directives relatives à la libre prestation occasionnelle (n° 77/249/CEE, 22 mars 1977, *supra,* n° 1021), à la reconnaissance mutuelle des diplômes (n° 89/48/CEE, 21 déc. 1988, ce numéro) et au libre établissement à titre permanent sous le titre d'origine (n° 98/5/CE, 16 févr. 1998, *supra,* n° 1020, b-3) ; certes, la Suisse n'a pas ratifié la nouvelle directive du 7 septembre 2005 qui abroge celle du 21 décembre 1988, mais cette dernière directive demeure annexée à l'Accord du 21 juin 1999 sur la libre circulation des personnes ; et cet Accord ayant une autorité supra-législative (art. 55 de la Constitution), on peut considérer que les ressortissants suisses pourront continuer de passer l'examen de l'article 99 ; il aurait été préférable de le dire clairement !

Les avocats étrangers, hors UE, hors EEE et hors Suisse bénéficient eux aussi d'un examen contracté (art. 100, décret [2] et arrêté du 7 janv. 1993), selon des modalités légèrement différentes (v. *supra,* n° 1020) et désormais passé exclusivement devant le Centre de formation de Paris ou de Versailles [3].

1029 ***Sans CAPA, ni examen spécial : accès direct des juristes de haute qualification*** ◊ L'article 97 du décret permet à certaines personnes d'accéder directement au tableau, sans examen : membres et anciens membres du Conseil d'État, des cours administratives d'appel et des tribunaux administratifs, de la Cour des comptes et des chambres régionales des comptes ; magistrats et anciens magistrats de l'ordre judiciaire ; professeurs d'université chargés d'un enseignement juridique, avocats aux conseils ; avoués ; anciens avocats et anciens conseils juridiques.

1030 ***Sans CAPA, ni examen spécial (suite) : avocats de l'Union européenne ou d'un autre État partie à l'accord sur l'EEE ou de la***

1. L'article 99 et l'intitulé de sa section ont été harmonisés pour ce qui concerne l'EEE par le décret n° 2005-626 du 30 mai 2005.
2. Même remarque que pour l'article 99 : décret d'harmonisation du 30 mai 2005.
3. S. Guinchard, *Comment devenir avocat,* LGDJ, 6e éd., 2008.

Suisse ayant exercé en France pendant trois ans sous leur titre professionnel d'origine ◊ Dès lors qu'un avocat ressortissant de l'un de ces États aura exercé la profession d'avocat en France, pendant trois ans, sous son titre professionnel d'origine et dans les conditions fixées par la loi du 11 février 2004, il pourra demander, selon certaines modalités, son intégration pleine et entière à un barreau français (v. *supra*, n° 1020).

§ 2. Entrée effective dans la profession

1031 ***Le dossier de candidature et son examen par l'Ordre*** ◊ L'entrée effective dans la profession est naturellement précédée d'une demande d'admission adressée au Conseil de l'Ordre, ce qui lui permettra de vérifier si les conditions objectives d'entrée sont réunies et de procéder à une enquête de moralité, susceptible de fonder un refus d'inscription. En effet, selon la Cour de cassation, des réhabilitations automatiques successives, après une condamnation pénale pour vol avec armes, ne permettent pas d'écarter le pouvoir du conseil de l'Ordre de refuser d'inscrire le demandeur pour inaptitude au respect sans faille des valeurs d'honneur, de probité et de désintéressement [1]. Mieux, l'absence de condamnation pénale n'entraîne pas, de plein droit, inscription à un barreau ; il appartient au conseil de l'Ordre, sous le contrôle de la cour d'appel, « de veiller au maintien des principes de probité, de désintéressement, de modération et de confraternité sur lesquels repose la profession d'avocat » [2].

1032 ***Prestation de serment*** ◊ À supposer que soient réunies les conditions de nationalité, de capacité et d'aptitude, l'entrée dans la profession consiste essentiellement dans la prestation de serment et dans l'inscription à un ordre d'avocat, à un barreau. Ces deux formalités sont depuis 1920 inséparables et l'on ne peut plus porter le titre d'avocat si l'on n'exerce pas effectivement la profession et si l'on n'est pas inscrit à un barreau (Loi 1971, art. 15 et 1er ; D. art. 154). Le serment professionnel a une origine très ancienne. Depuis 1870, il a perdu tout caractère politique. Sa formule figure dans l'article 3 de la loi du 31 décembre 1971 : « *Je jure, comme avocat, d'exercer mes fonctions avec dignité, conscience, indépendance, probité et humanité* ». Le décret du 12 juillet 2005 sur la déontologie reprend la formule du serment en

1. Civ. 1re, 21 mars 2006, *Gaz. Pal.* 2006, pan. 1949 qui casse Nîmes, 21 sept. 2004, qui avait infirmé le refus d'inscription du conseil de l'ordre de Nîmes, *Gaz. Pal.* 2004, 3248, et commentaire Delran, *ibid.* Doctr. 3008. Dans la même affaire, après tentative de l'intéressé de s'inscrire à un autre barreau, nouveau refus de l'Ordre, cette fois confirmé par Nîmes, 6 févr. 2007, *Gaz. Pal.* 31 mars 2007. Comp. Bordeaux, 3 juin 2003, *D.* 2004. 2825, qui juge qu'un avocat, déjà inscrit, n'est pas nécessairement indigne parce qu'il joue de la musique dans la rue.
2. Civ. 1re, 5 déc. 2006, *Gaz. Pal.* 4 janv. 2007.

édictant que les concepts qui le composent constituent des obligations pour l'avocat (art. 3, al. 1er). La Cour EDH considère, qu'en raison de la liberté de religion prévue à l'article 9 de la Convention, l'avocat ne peut être contraint de révéler ses convictions religieuses à l'occasion de sa prestation de serment [1].

1033 ***L'inscription au tableau*** ◊ C'est seulement après la prestation de serment que se produit l'inscription du nouvel avocat au tableau. Le tableau a été créé en 1327 par ordonnance de Philippe de Valois. Mais depuis la loi du 11 février 2004, il n'y a plus lieu de distinguer entre l'inscription au tableau et l'inscription sur la liste du stage.

a) Avec cette loi, peuvent être inscrits directement au tableau tous les titulaires du CAPA. L'inscription a lieu selon le rang d'ancienneté (art. 96). La procédure d'inscription est organisée aux articles 101 et s. du décret. Mais les avocats ressortissants des États membres de la CE, des autres États parties à l'accord sur l'EEE ou de la Confédération suisse, ayant acquis leur qualité d'avocat dans l'un de ces États ou parties autre que la France ou dans la Confédération suisse et souhaitant exercer en France leur activité sous leur titre professionnel d'origine sont inscrits sur une liste spéciale (art. 93-1, décret).

b) *L'inscription au tableau d'un ordre d'avocats* confère à un avocat la plénitude des prérogatives attachées à sa qualité [2]. Il cesse d'être inscrit lorsqu'il prend sa retraite. Il peut alors bénéficier de l'honorariat après 20 ans au moins d'exercice de la profession.

c) *L'omission d'un avocat* du tableau est prévue dans des termes similaires au décret du 9 juin 1972. L'omission est une décision prise *obligatoirement* par le Conseil de l'ordre lorsque l'avocat se trouve dans un cas d'exception ou d'incompatibilité, ou ne satisfait pas aux exigences légales d'assurance et de garantie financière (art. 104). Cette omission qui est prononcée par le Conseil de l'ordre soit d'office, soit à la demande du procureur général ou de l'intéressé (art. 106) peut être prononcée *facultativement* pour les causes énumérées à l'article 105. Cette omission peut être suivie de réinscription au tableau. L'omission peut donner lieu à un recours.

1. CEDH 21 févr. 2008, *Alexandridis c/ Grèce, Procédures,* avr. 2008, n° 107, obs. N. Fricero.

2. Civ. 1re, 24 févr. 1981, *D.* 1982.625, note Brunois. La date d'inscription au tableau est celle de la prestation de serment.

SECTION 4. LES MODES D'EXERCICE DE LA PROFESSION

§ 1. Les différents modes d'exercice

1034 ***Élargissement des modes d'exercice. Le problème de l'appartenance à un réseau interdisciplinaire*** ◊ Jusqu'aux deux lois du 31 décembre 1990, l'avocat pouvait exercer sa profession à titre individuel, en association, en société civile professionnelle, en qualité de membre d'un groupement d'intérêt économique national ou européen. Afin de tenir compte d'une part, des spécificités de l'ancienne profession de conseil juridique et, d'autre part, des contraintes du « marché du droit », économiques et européennes, le législateur de 1990 a introduit deux innovations quant au mode d'exercice de la profession : le salariat et les sociétés d'exercice libéral ou en participation (sur lesquelles v. *supra*, n°s 987) (L. 1971, art. 7, al. 1er). La commission Darrois (avril 2009) préconise d'inciter les avocats à exercer en commun par une amélioration du fonctionnement des SEL (*infra*, n° 1039), une modernisation des sociétés de personnes et le développement du financement de ces structures. Elle préconise aussi de favoriser le développement des cabinets français à l'étranger par l'instauration de mesures fiscales et juridiques incitatives. V. aussi *supra*, n° 1007 sur la suggestion de créer un statut d'avocat en entreprise.

Le règlement intérieur harmonisé du CNB interdisait, dans son article 16-5, l'appartenance d'un avocat à un réseau interdisciplinaire comprenant des professionnels non soumis à des règles comparables à celles imposées aux avocats ; cette disposition a été contestée par certains avocats et la Cour de cassation, tenant compte de la jurisprudence sur l'absence de pouvoir normatif du CNB (v. *supra*, n° 1017) leur a donné raison, mais sur le fond il faut noter que la Cour de justice des communautés européennes a validé une telle interdiction pour les Pays-Bas, à propos des avocats alliés à des experts-comptables [1]. La loi n° 2004-130 du 11 février 2004 oblige les avocats, les associations d'avocats ou les sociétés d'avocats qui sont affiliés à un réseau pluridisciplinaire, national ou international, de mentionner leur appartenance à ce réseau (art. 67, L. 1971). Le nouveau règlement intérieur unifié des Barreaux (v. *supra*, n° 1018) a repris, dans son article 16, la disposition limitant et fixant les conditions de participation des avocats à des réseaux pluridisciplinaires (avec des cabinets d'audit et d'expertise comptable, en interdisant à un avocat et à un commissaire aux comptes d'avoir un même client) ; le Conseil d'État y a vu une limitation non justifiée à la liberté d'exercice de la profession d'avocat, limitation qui ne peut trouver un fondement dans l'article 67 de la loi de 1971, pas plus que dans les décrets d'application de cette loi et qui ne se borne

1. CJCE 19 févr. 2002, aff. C-221/99, *Wouters*, *JCP* 2002. I. 136, n° 13, obs. R. Martin ; *Europe*, avr. 2002, n° 140, obs. L. Idot ; *Contrats-conc.consom.* avr. 2002, n° 64, obs. S. Poillot-Peruzzeto. V. aussi L. Idot, *Europe*, mai 2002, chron. 6. ; *Gaz. Pal.* 25 juin 2002, chron. M. Bazeix et G. Flécheux.

pas à tirer les conséquences nécessaires des dispositions de l'article L. 822-11, C. com. [1]. Le nouveau Règlement intérieur national reprend la rédaction de cet article 16, sauf pour l'alinéa qui posait problème ; désormais, il est ainsi rédigé : « *lorsqu'un avocat est affilié à un réseau national ou international (...) qui n'a pas pour activité exclusive la prestation de conseil, il doit s'assurer avant d'exécuter une prestation pour le compte d'une personne dont les comptes sont également contrôlés ou certifiés par un autre membre du réseau en qualité de commissaires aux comptes, ou dans une qualité similaire, de ce que ce dernier est informé de son intervention pour lui permettre de se conformer aux dispositions de l'article L. 822-11, C. com. et de ses textes d'application. Il en est de même pour la fourniture de prestation de service à une personne contrôlée ou qui contrôle, au sens des I et II de l'article L. 233-3 dont les comptes sont certifiés par ledit commissaire aux comptes* ».

1035 ***Exercice interbarreaux*** ◊ L'article 8 de la loi du 31 décembre 1971 autorise désormais l'exercice de la profession en groupement, société ou association constitué entre avocats appartenant à des barreaux différents, qu'ils soient eux-mêmes personnes physiques, groupements, sociétés ou associations d'avocats. Mais l'association ou la société ne pourra postuler auprès de chaque tribunal que par le ministère d'un avocat inscrit au barreau établi près ce tribunal (al. 2).

1036 ***Le contrat de collaboration*** ◊ Il est réglementé pour partie par la loi du 31 décembre 1971, art. 7, et pour une autre par le décret qui reprend la plupart des dispositions du décret du 9 juin 1972, mais pas toutes, et en ajoute d'autres (art. D. 129 à D. 135). La loi de 1971 se contente de dire que ce contrat doit être établi par écrit et préciser les modalités de la rémunération (art. 7, al. 2), qu'il doit indiquer également les conditions dans lesquelles l'avocat collaborateur pourra satisfaire aux besoins de sa clientèle personnelle (al. 3) et ne pas comporter de stipulation limitant la liberté d'établissement ultérieur du collaborateur (al. 5), sans référence aux pratiques de concurrence déloyale [2]. Ce sont les parties qui fixent les conditions de leur collaboration mais dans le cadre du règlement intérieur du barreau : durée, périodes d'activité ou de congé, modalités de la rétrocession d'honoraires, clientèle personnelle, cessation de la collaboration (décret, art. 129). Une procédure de transmission du contrat au Conseil de l'Ordre est prévue à l'art. 133 du décret, le procureur général peut en demander la communication (art. 134) et exercer un recours (art. 184). La responsabilité civile des actes accomplis par le collaborateur pour le compte d'un avocat est

1. CE 17 nov. 2004, *JCP* 2004. II. 10 188, concl. Yann Aguila ; *ibid.*, R. Martin, 2004, *Actualité*, 675, p. 2347 ; *D.* 2005. 11 ; *AJDA* 2005. 319, note J. M. Pontier ; *D.* 2005. 673, chron. A. Bernard. Sur la suspension de l'article 16,en référé, CE 22 juin 2004, *JCP* 2004, Actu., 439, par R. Martin ; *D.* 2004. 2740, note B. Blanchard.

2. Ce texte (al. 5) ne permet pas à un ordre d'inclure dans son règlement intérieur des dispositions instituant au profit du patron ou de l'employeur, un droit de contrôle préalable sur le choix des clients de son ancien collaborateur (ou salarié), Civ. 1re, 14 oct. 1997, *JCP* 1998. II. 10 011, note. R. Martin.

supportée par ce dernier (décret, art. 131). Aussi est-il normal que celui-ci révèle outre sa qualité, le nom de l'avocat pour le compte de qui il agit, comme collaborateur (art. 132, décret). La commission Darrois (avril 2009) préconise d'améliorer le statut des collaborateurs non-salariés. Les litiges nés à l'occasion d'un contrat de colloboration libérale sont soumis à l'arbitrage du bâtonnier (art. 7, dernier al., réd. L. n° 2009-526, 12 mai 2009).

1037 ***L'association*** ◊ Une association d'avocats peut comprendre des avocats personnes physiques et des personnes morales exerçant la profession d'avocat (D. art. 124, al. 1er, réd. décr. n° 2007-932, 15 mai 2007 [1]). Le contrat d'association doit, lui aussi, être rédigé par écrit (décret, art. 125, al. 1er) et communiqué aux bâtonniers concernés qui saisissent leur conseil de l'Ordre, lequel peut mettre en demeure les associés de modifier la convention pour la mettre en conformité avec les règles applicables à la profession (art. 125, al. 2 à 4, réd. décr. n° 2007-932 du 15 mai 2007) ; le procureur général peut en demander communication (décr. art. 127) . Chacun des membres de l'association est tenu des actes accomplis par l'un d'entre eux, au nom de l'association, à proportion de ses droits dans l'association et répond, en outre, sur l'ensemble de son patrimoine, des actes professionnels qu'il accomplit à l'égard de ses clients (décr. art. 124, al. 2 et 3) ; mais le contrat d'association peut prévoir, sur décision unanime des associés, que la mise en cause de la responsabilité professionnelle de l'un de ses membres n'engagera pas celle des autres associés ; pour être opposable aux tiers, cette clause doit avoir fait l'objet des formalités prévues aux articles 124-1 à 126 (décr. art. 124, al. 5). La dénomination de l'association est immédiatement précédée ou suivie de la mention « association d'avocats » Les avocats membres de l'association ne peuvent pas être le conseil, le représentant ou le défenseur de plus d'un client dans une même affaire s'il y a conflit entre les intérêts de leurs clients, ou risque sérieux de conflit (décret, art. 155, al. 4).

1038 ***La société civile professionnelle d'avocats*** ◊ La loi n° 1258 du 31 décembre 1990 met en harmonie la loi du 29 novembre 1966 sur les sociétés civiles professionnelles avec les nouvelles dispositions du droit commun des sociétés, c'est-à-dire avec la loi n° 78-9 du 4 janvier 1978 qui avait modifié le Code civil. La loi du 31 décembre 1971 (version 1990) a repris l'affirmation que la société civile professionnelle était permise entre avocats (art. 7, al. 1er) y compris entre avocats appartenant à des barreaux différents (art. 8). La réglementation des sociétés civiles professionnelles d'avocat a donné lieu à un important décret n° 92-680 du 20 juillet 1992.

1. Sur le décret du 15 mai 2007, J. J. Caussain, *JCP* 2007. I. 177.

1039 ***Sociétés d'exercice libéral et société en participation*** ◊ Ces sociétés ont vocation à jouer pour l'ensemble des professions juridiques et même au delà pour toutes les professions libérales soumises à un statut législatif ou réglementaire ou dont le titre est protégé (v. *supra*, n° 987). Pour les avocats il s'agissait de préserver l'indépendance de cette profession par rapport aux capitaux extérieurs, capitaux que l'Assemblée nationale voulait prohiber, alors que le gouvernement admettait leur principe tout en renvoyant à un décret pris en concertation avec les organisations professionnelles les modalités de cet apport externe. En définitive, les capitaux purement extérieurs sont prohibés pour les professions juridiques et judiciaires (L. n° 90-1258, 31 déc. 1990, art. 6, al. 3), mais une personne appartenant à l'une de ces professions peut détenir, à titre minoritaire, des parts d'une société d'une autre de ces professions (par ex. un notaire pourra entrer dans le capital d'une société d'avocats et inversement, v. *supra*, n°s 984 et s.). Décret d'application n° 93-492 du 25 mars 1993. La commission Darrois (avril 2009) préconise d'inciter les avocats à exercer en commun par une amélioration du fonctionnement des SEL ; d'autoriser la création de structures interprofessionnelles entre professionnels du droit ou entre professionnels du droit et du chiffre, qui auraient des participations dans les sociétés d'exercice dédiées à une de ces professions et qui en assureraient la gestion.

1040 ***Salariat*** ◊ C'est bien sûr la principale nouveauté de la réforme puisque ce mode d'exercice était prohibé pour la profession d'avocat, au nom de l'exercice libéral de celle-ci, exercice incompatible avec un quelconque lien de subordination. Le problème était que les conseils juridiques connaissaient le salariat pour plus de la moitié d'entre eux ; il était donc exclu d'envisager une fusion sans retenir cette possibilité. Une fois l'idée admise, encore fallait-il la gérer, c'est-à-dire reconnaître par des dispositions particulières de la loi et du décret d'application le caractère spécifique de ce contrat de travail pour un avocat. Ces dispositions concernent tant le contrat lui-même (A) que l'exercice de la profession comme salarié (B) et le contentieux (C) [1].

1041 ***A) Le contrat de travail de l'avocat salarié*** ◊ Il doit être rédigé par écrit et préciser les modalités de la rémunération (L. 1971, art. 7, al. 2). Il ne doit pas comporter de dispositions limitant la liberté d'établissement ultérieure du salarié (art. 5). La loi prévoit en outre une transmission du contrat de travail au Conseil de l'ordre, afin que celui-ci puisse, dans des conditions fixées par le décret, mettre en demeure les avocats de modifier les contrats dont les stipulations seraient contraires aux dispositions de l'article 7 (L. 1971, art. 17-10° dernier alinéa). Le Conseil de l'ordre a un mois pour faire connaître ses

1. V. Renaux-Personnic, *L'avocat-salarié : entre indépendance et subordination*, thèse Aix 3 nov. 1997, PUAM, 1998, préf. D. Berra. D. Berra, « L'avocat salarié a-t-il un avenir ? », in *Mélanges Jacques Foyer*, Économica, 2007, 71.

observations et demandes de rectification ; le procureur général peut demander communication du contrat de travail (art. 140). Un recours est possible devant la cour d'appel dans les conditions normales des recours contre les décisions et délibérations des Conseils de l'ordre.

1042 ***B) Exercice de la profession d'avocat salarié*** ◊ **1) Étendue de la subordination.** Bien évidemment, l'avocat salarié est subordonné à son confrère, employeur, mais la loi précise que, dans l'exercice de ses missions, « il bénéficie de l'indépendance que comporte son serment et n'est soumis à un lien de subordination à l'égard de son employeur que pour la détermination de ses conditions de travail » (art. 7, al. 4). En outre, comme dans le cas du contrat de collaboration, le contrat de travail ne peut porter atteinte aux règles déontologiques de la profession d'avocat et notamment au respect des obligations en matière d'aide judiciaire (aide juridique au 1er janv. 1992) et de commission d'office, et à la faculté pour l'avocat salarié de demander à être déchargé d'une mission qu'il estime contraire à sa conscience ou susceptible de porter atteinte à son indépendance (art. 7, al. 6) ; le Conseil de l'Ordre exerce son contrôle notamment sur les clauses du contrat de travail qui porteraient atteinte à ces règles (décret, art. 139, al. 2).

2) Modalités d'exercice. Les conditions de travail sont convenues par les parties. L'avocat salarié doit préciser outre son propre nom celui de l'avocat pour le compte duquel il agit (décret, art. 136). Cette disposition est d'autant plus importante qu'à la différence de l'avocat qui travaille sous l'empire d'un contrat de collaboration, l'avocat salarié ne peut avoir de clientèle personnelle (L. 1971, art. 7, al. 4). Sur l'alinéa 5, v. *supra* n° 1036 à propos du contrat de collaboration, texte et note. Enfin, l'avocat employeur est civilement responsable des actes professionnels accomplis pour son compte par son ou ses salariés (décret, art. 138).

1043 ***C) Le contentieux né du contrat de travail*** ◊ Les litiges nés à l'occasion d'un contrat de travail, de la convention de rupture, de son homologation ou de son refus (art. 7, loi 1971, aj. L. n° 2008-596 du 25 juin 2008 qui tient compte de la nouvelle procédure de rupture conventionnelle du contrat de travail, art. L. 1234-11, C. trav.) sont soumis *à l'arbitrage* du bâtonnier [1], à charge d'appel devant la Cour (L. 1971, art. 7 dernier alinéa). La compétence du conseil de prud'hommes est donc exclue. Le décret réglemente longuement la saisine de cette juridiction du bâtonnier et les règles de l'instance (art. 142 à 153) mais toute référence à l'arbitrage du CPC a disparu ; pour autant, le Conseil d'État voit dans l'exercice de cette fonction une activité juridictionnelle et qualifie cet arbitrage de juridiction, de tribunal au sens de la Convention européenne (v. *supra*, n° 1011).

§ 2. Les garanties professionnelles

1044 ***Maintien des garanties traditionnelles*** ◊ La loi du 31 décembre 1971 ne déroge pas aux règles du droit commun en ce qui concerne la res-

1. Sur cet arbitrage, G. Flecheux, *Rev. arb.* 1990.103 ; B. Moreau, *ibid.* 1993.361 ; A. Damien, in *Mélanges R. Perrot*, Dalloz, 1996, p. 63. Par ex., Bâtonnier de Rouen, 4 août 1992, *Gaz. Pal.* 8 avr. 1993, note Damien ; *JCP* 1993. II. 22137, note R. Martin.

ponsabilité civile des avocats (art. 26), son exercice et la compétence des juridictions. Mais elle pose deux exigences qui se justifient par le rôle nouveau que va jouer l'avocat (représentation – maniement de fonds). Elle a donc prévu la nécessité d'une assurance responsabilité civile et d'une garantie affectée au remboursement des fonds, effets ou valeurs reçus (art. 27).

I. La responsabilité civile professionnelle et son assurance

1045 ***Responsabilité civile*** ◊ Quant aux règles de procédure applicables aux instances en responsabilité civile contre les avocats, il faut faire jouer les règles ordinaires (L. 1971, art. 26). L'action d'une responsabilité mise en cause à l'occasion d'une mission d'assistance ou de représentation en justice se prescrit par dix ans à compter de la fin de cette mission (C. civ., art. 2277-1) [1].

1046 ***Assurances*** ◊ **a)** Tout avocat doit être couvert, contre les conséquences pécuniaires de sa responsabilité civile professionnelle (négligence, fautes commises dans l'exercice des fonctions) par une assurance. Celle-ci peut être souscrite par l'avocat individuellement ou par le barreau, ou concurremment par l'avocat et par le barreau (L. 1971, art. 27, al. 1er et décret art. 205, al. 1er) ; l'adhésion obligatoire des membres d'un barreau au contrat collectif d'assurance de responsabilité civile professionnelle exclut l'assurance individuelle des intéressés et la pratique incriminée n'est pas prohibée [2].

La responsabilité civile de l'avocat associé ou collaborateur ou salarié est garantie par l'assurance de la société ou de l'avocat au profit duquel s'exerce la collaboration ou le travail salarié (décret, art. 206, al. 1er). Le collaborateur doit cependant souscrire une assurance personnelle dans la mesure où il exerce personnellement la profession pour son compte personnel, pendant une partie de son temps (al. 2).

b) Les responsabilités inhérentes à des fonctions de membre d'un conseil de surveillance d'une société commerciale ou d'administrateur de société, ainsi que celles liées à l'accomplissement d'une mission confiées par la justice, sont supportées exclusivement par les avocats qui les exercent, et sont couvertes individuellement ou collectivement par des assurances spéciales relevant du droit commun du Code des assurances (L. 1971, art. 27, al. 4).

II. Assurance pour compte et garantie financière

1047 ***Solution alternative*** ◊ L'avocat recevant, à l'occasion de l'exercice de son ministère, des fonds, des valeurs ou des effets, il a paru normal de protéger les clients qui recourent à ses services. Le décret a sur ce point prévu deux régimes possibles :

a) Le barreau contracte auprès d'une entreprise d'assurance une assurance « au profit de qui il appartiendra » (L. 1971, art. 27, al. 23 ; décret, art. 207).

1. Civ. 1re, 5 mai 2004, *D.* 2005. 334, obs. Fricero et Julien.
2. Conseil de la concurrence, 16 janv. 2003, n° 03-D-03, *D.* 2003. 600 ; *Annonces de la Seine,* 27 févr. 2003 ; *JCP* 2003. II. 10051, note R. Martin.

Cette assurance s'appliquera dans le cas d'insolvabilité de l'avocat membre du barreau qui a souscrit la police, sur les seules justifications (décret, art. 208) :

- que la créance soit certaine, liquide et exigible ;
- que l'insolvabilité de l'avocat résulte d'une sommation de payer ou de restituer suivie d'un refus ou demeurée sans effet pendant un mois à dater de la signification.

b) Si le barreau n'a pas usé de la formule précédente, l'avocat doit justifier de l'existence d'une garantie en matière de fonds (décret, art. 210). Celle-ci ne peut résulter que d'un engagement de caution pris par une banque ou un établissement de crédit ou une entreprise d'assurance habilités à donner caution (décret, art. 211, al. 1). La caution doit être écrite et répondre à certaines exigences indiquées à l'article 211, al. 2 du décret (montant, conditions, etc.).

III. Règlements pécuniaires et comptabilité

1048 ***Maintien de la réglementation*** ◊ Le décret reprend les articles 28 à 48 du décret du 25 août 1972 sur les règlements pécuniaires des avocats (CARPA notamment) et leur comptabilité [1] (art. 229 à 241 et 244) en y ajoutant deux articles (art. 242 et 243) pour tenir compte de l'existence des bureaux secondaires.

1049 ***Relation avec le client*** ◊ Le décret exige que l'avocat remette à son client un compte détaillé, avant tout règlement définitif ; ce compte doit faire ressortir distinctement les frais et déboursés d'un côté, les émoluments tarifés et les honoraires de l'autre (art. 246, al. 1). Il doit aussi mentionner les sommes reçues à titre de provision (al. 2). Ce compte doit en outre être remis dès que le client le demande, ainsi que le bâtonnier, le président du TGI ou le premier président de la cour d'appel saisis d'une contestation d'honoraires ou de taxes (al. 3).

SECTION 5. LES DROITS ET DEVOIRS DE L'AVOCAT

1050 ***Transformation de la profession d'avocat*** ◊ Le double caractère oral et écrit de la procédure française conférait traditionnellement à l'avocat un rôle essentiel dans le droit du procès [2]. Ses fonctions qui se distinguaient nettement, à l'origine, de celles de l'avoué, s'en étaient cependant rapprochées, car devant certaines juridictions d'exception, l'avocat, non seulement assistait son client, mais le représentait comme mandataire. La réalisation des deux fusions (en 1972 et en 1992), tout en ouvrant plus largement qu'auparavant le *secteur juridique* à l'avocat, transforme son rôle *judiciaire*, puisqu'il tient dans le

1. En ce qui concerne les pouvoirs de contrôle du conseil de l'ordre pour la vérification de la comptabilité, v. Civ. 1re, 20 oct. 1981, *Gaz. Pal.*, 1982.1.104, Paris, 24 mars 1982, *Gaz. Pal.*, 1982.1.457, note A.D.

2. J. Pouyanne, « L'obligation de compétence juridique de l'avocat exerçant dans le domaine judiciaire », *RRJ-Droit prospectif*, 2003-2, vol. I, p. 865.

procès le double rôle assumé traditionnellement par l'avocat ancien et par l'avoué et qu'il aura, peut-être, été le conseil de son client en matière juridique en dehors de tout contentieux [1].

1051 ***« Règles de la profession » et « règles de déontologie » de la profession*** ◊ La jurisprudence administrative [2] et judiciaire [3] ayant estimé que « la fixation des règles de déontologie revêtant un caractère impératif pour l'ensemble de la profession d'avocat, elle relève de la compétence du Gouvernement agissant par voie de décret en Conseil d'État », ce que certains ont pu regretter [4]. Ce décret a été publié le 12 juillet 2005 (n° 2005-790) [5].

Alors qu'on attendait un véritable code de déontologie, le travail de la Chancellerie est plus modeste, reprenant, sur bien des points, en vingt et un articles, les dispositions du décret statutaire de la profession (27 novembre 1991), allant même jusqu'à abroger huit de ses articles pour les transférer dans celui de 2005 ; d'autres articles reprennent mot pour mot des articles de la loi statutaire de 1971 [6]. Enfin, on trouve dans le nouveau Règlement intérieur national du CNB, des dispositions déontologiques, celles-là mêmes du décret de 2005 ! On arrive donc à une situation assez paradoxale que la profession d'avocat dispose de « règles de la profession » dans le décret de 1991 et de « règles déontologiques » autonomes dans celui de 2005 et dans le RIN ; en quoi ces règles sont-elles différentes ? On peut observer, avec un auteur particulièrement qualifié [7], que les règles abrogées et transférées étaient intitulées « règles professionnelles », ce qui pourrait laisser entendre que la Chancellerie a retenu une conception étroite des règles déontologiques, celles qui concernent « l'intérieur » de la profession, sans effet sur les tiers ; mais cette interprétation est démentie par le contenu de nombreux articles qui intéressent les clients (cf. art. 6 à 15) et même de certains des articles 16 à 19, qui intéressent la partie adverse. À vrai dire la confusion au niveau des concepts est totale et il faudra désormais s'habituer à piocher dans trois textes ! Nous retiendrons une conception extensive, sans s'arrêter à ces nuances terminologiques, et intégrerons les règles des deux décrets dans les développements qui suivent, signalant simplement ici que des « principes essentiels de la profession d'avocat » forment le titre premier du décret de 2005, en cinq articles dont : l'article 1er qui énonce que « les principes essentiels de la profession guident le comportement de l'avocat en toutes circonstances » ; l'article 2 qui rappelle le caractère libéral et indépendant de la profession, ajoutant par rapport à la formule législative « quel que soit son mode d'exercice » ; l'article 3 qui fait des formules du serment une règle d'exercice des fonctions (al. 1er), avec, en outre, le respect « des

1. J.-L. Charrier, « Le statut de l'avocat et la CEDH », in *Mélanges R. Martin*, Bruylant/LGDJ, 2004, p. 227.
2. CE 27 juill. 2001, *D.* 2002. 365, note B. Blanchard.
3. Civ. 1re, 21 janv. 2003, *D.* 2003. Chron. Blanchard, p. 773.
4. B. Vatier et D. Paquet, *Gaz. Pal.* Libres propos à propos du décret du 12 juillet 2005.
5. Et déclaré conforme à la légalité, CE 15 nov. 2006, *JCP* 2007. II. 10001, note R. Martin ; *ibid.* 2007, I, 151, n° 2, obs. D. Lévy ; *RTD civ.* 2007, 67, obs. Rafaël Encinas de Munagorri.
6. *Commentaire :* R. Martin, *JCP* 2005, Actu. - Libr. prop., n° 330, p. 1375, n° 502, p. 1729.
7. R. Martin, *JCP* 2005, Actu. - Libr. prop., n° 502, p. 1729.

principes d'honneur, de loyauté, de désintéressement, de confraternité, de délicatesse, de modération et de courtoisie » (al. 2) et l'exigence que l'avocat fasse preuve, à l'égard de ses clients, « de compétence, de dévouement, de diligence et de prudence » (al. 3). Les deux autres articles de ce titre premier seront vus avec les dispositions similaires du décret statutaire. La hiérarchie des normes est donc la loi qui pose les principes, le décret qui fixe les règles de déontologie et le RIN qui traduit l'exercice du pouvoir réglementaire subsidiaire du CNB pour unifier les règles et usages de la profession, c'est-à-dire la mise en application pratique des principes ; les règlements intérieurs des Ordres lui sont subordonnés.

§ 1. Les droits et prérogatives de l'avocat

I. Fonctions

Que les fonctions soient judiciaires (A) ou extra-judiciaires (B), on rappellera ici qu'elles ont en commun les trois sens du mot « avocat » en sanscrit : dans un premier sens c'est l'écoute du client (avec le respect de la confession de celui-ci) ; dans un deuxième sens, c'est la défense de la parole reçue et portée (sous réserve du secret professionnel) ; dans un dernier sens, c'est la fonction de consolation [1].

A. Fonctions extra-judiciaires

1052 *Le juridique* ◊ Avec la deuxième fusion, avocat et conseil juridique, la nouvelle profession d'avocat se voit officiellement investie du juridique, même si elle partage avec d'autres ce monopole du droit (v. *supra*, n°s 252 et s.) [2] ; d'ailleurs l'article 1er, I, al. 2 de la loi de 1971 énonce opportunément, dans sa rédaction de 1990, que « les membres de la nouvelle profession exercent l'ensemble des fonctions antérieurement dévolues aux professions d'avocats et de conseils juridiques ». La profession revendique la possibilité de rédiger des actes « sous signature juridique » qui, sans se confondre avec les actes authentiques (pas de force exécutoire), s'en rapprocheraient en donnant aux parties à l'acte la sécurité d'un professionnel du droit (même force probante) [3] ; on peut voir dans le nouvel article 477 du Code civil, issu de la loi n° 2007-308 du 5 mars 2007, un acte de ce type, s'agissant du mandat de protection future qu'une personne doit donner à un tiers pour le cas où son état de santé le nécessiterait.

Le contenu de cette activité ayant déjà été mentionné (v. *supra*, n°s 1006 et s.) nous nous contenterons de rappeler ici que la loi du

1. Propos de Monseigneur Lustiger lors d'une messe à Saint Yves, rapportés par le Bâtonnier B. Vatier aux journées de l'École cathédrale organisés en 2007 sur la parole.
2. Le champ de compétence de l'avocat-conseil, *JCP* 1996. E, Cahiers dr. entr. n° 2.
3. La commission Darrois (v. *supra*, n° 985) préconise ce type d'acte dans son rapport remis au président de la République le 8 avril 2009.

31 décembre 1990 a assoupli le principe d'incompatibilité avec certaines fonctions (membre d'un conseil de surveillance en deçà de la durée de 7 ans) ou professions (administrateur judiciaire), alors que le décret le rend à l'inverse moins ambigu lorsqu'il déclare cette profession incompatible avec l'exercice de toute autre, sauf disposition contraire (art. 115). Par ailleurs, la loi de 1971 consacre, dans sa rédaction initiale maintenue (art. 6, al. 1er) le droit d'assister et de représenter autrui devant les administrations publiques. C'est précisément cette fonction d'assistance et de représentation qui caractérise la mission judiciaire de l'avocat.

B. Fonctions judiciaires

1053 ***Double rôle de l'avocat*** ◊ Dans le cadre de ses activités judiciaires (et si l'on excepte les missions de justice qui peuvent lui être confiées, v. *supra*, n° 1004), l'avocat joue un double rôle : il *représente* et il *assiste*. La loi indique que les avocats revêtent le costume de leur profession dans l'exercice de leurs fonctions judiciaires (L. 1971, art. 3, al. 2). La règle, immémoriale, que l'avocat qui plaide devant une juridiction extérieure au ressort de son barreau, se présente au président de la juridiction et au représentant du ministère public tenant l'audience, au bâtonnier et à l'avocat plaidant de la partie adverse, autrefois inscrite à l'article 158 du décret statutaire de 1991, a été abrogée par le décret du 12 juillet 2005, mais reprise dans le Règlement intérieur national du CNB.

1054 ***L'avocat représente son client*** ◊ En vertu de l'article 4 de la loi, l'avocat *représente* les parties et cela sans être obligé de faire la preuve qu'il a reçu procuration, qu'il s'agisse des tribunaux [1] ou de l'administration [2]. En cette qualité, il exerce les fonctions naguère assurées par les avoués près le tribunal de grande instance et par l'agréé :

– Il a le monopole de la représentation devant le tribunal de grande instance (art. 5, al. 2 de la L.). Il est alors soumis à *territorialité* ce qui était auparavant le cas pour l'avoué et pour l'agréé. Il ne peut pas représenter un plaideur devant d'autres juridictions que le tribunal de grande instance, ou que les tribunaux de grande instance situés dans le ressort de la même cour d'appel, lorsqu'il y a eu un regroupement des barreaux.

– Il peut représenter aussi les parties devant tous les tribunaux d'exception (tribunal d'instance, juridiction de proximité, tribunal de commerce, conseils de prud'hommes, tribunaux des affaires de sécurité sociale, tribunaux paritaires de baux ruraux) et même les chambres régionales des comptes (art.

1. De même devant les TA et CAA, avis du CE 29 nov. 1991, *JO* 13 déc. 1991.
2. CE 5 juin 2002, *Procédures*, oct. 2002, n° 197, obs. J. L. Pierre ; *Gaz. Pal.* 4 sept. 2002, concl. Bachelier.

L. 241-12, C. des juridictions financières), mais sans avoir un monopole [1] ; lui seul cependant peut exercer ces missions à titre habituel [2].

– Devant les cours administratives d'appel le ministère d'avocat est obligatoire en cause d'appel, sauf rares exceptions (art. R. 811-17, CJA, réd. décr. 2003-543, 24 juin 2003).

Ainsi, l'avocat *postule* [3] (accomplit les actes de procédure) et *conclut* (présente les prétentions de son client dans un acte appelé *conclusions*). Pour cette activité il est rémunéré à la taxe comme l'étaient les avoués officiers ministériels [4]. La commission Darrois (avril 2009) préconise de s'orienter vers la suppression du monopole territorial des avocats à l'horizon du 31 décembre 2014.

1055 ***L'avocat assiste son client*** ◊ **a)** L'avocat a conservé ce qui était la raison même de sa fonction avant la réforme. Il *assiste* les parties, les *conseille, plaide* pour elles. C'est même un droit qui a été constitutionnalisé [5], qui est imprescriptible et doit s'appliquer pendant la garde à vue. Sur ce plan, son monopole n'a guère changé. Devant les tribunaux de droit commun, l'avocat a le monopole de la plaidoirie. Le plaideur peut plaider lui-même sa cause (art. 8, CPC), mais le président du tribunal peut lui retirer la parole si la passion l'aveugle, ou si l'inexpérience l'empêche d'exposer sa cause avec décence et clarté [6]. Il s'agit là du rôle essentiel et traditionnel de l'avocat. Il assume la *défense* des parties en *plaidant*, c'est-à-dire en développant oralement à la barre du tribunal leur argumentation [7]. Il jouit de ce droit devant toutes les juridictions civiles, criminelles, administratives et disciplinaires [8] ; il peut user de cette faculté devant toutes les juridictions du territoire, sans être tenu de se cantonner dans les limites étroites de son barreau (L. 1971, art. 5, al. 1er). Lorsqu'il plaide devant une juridiction extérieure au ressort de son barreau il a l'obligation de se présenter au

1. Les avocats n'ont pas le monopole de la représentation devant les arbitres. Sur la dispense du ministère d'avocat, D. Amson, *La protection des libertés économiques et sociales*, Montchrestien, 1999.

2. Civ. 1re, 21 janv. 2003, *D.* 2003. 600 (à propos des sociétés de recouvrement).

3. Un avocat ne peut pas postuler pour lui-même, TGI Paris, 11 juill. 1984, *D.* 1985. IR 110, obs. Brunois.

4. L'encadrement des tarifs de l'activité de postulation n'est pas contraire au principe de la liberté de prix, CE 23 nov. 2005, *JCP* 2006. II. 10038, concl. Y. Aguila. Comp. *infra*, n° 1060, c, pour les honoraires eux-mêmes.

5. Décision 11 août 1993, Cons. const.

6. Civ. 1re, 9 avr. 1975, *D.* 1975. Somm. 72 (sur le droit du président de ne pas autoriser un plaideur à plaider).

7. B. Frydriman (dir.), *La plaidoirie*, Bruylant, 1998. Sur l'évolution des plaidoiries et du rôle de l'avocat : « Entretien avec Mme Ezratty », *JCP* 1996. I. 3894 ; J.-D. Bredin, « Le juge et l'avocat », in *Mélanges P. Drai*, Dalloz, 2000.

8. Ce texte ne fait d'exception que pour le Tribunal des conflits, le Conseil d'État, la Cour de cassation, la Cour des comptes et le Conseil des prises ; la loi du 27 mai 1950 (art. 34) autorise les avocats à assister et représenter les parties en matière disciplinaire devant la commission de contrôle des banques, v. art. 15, L. 2 déc. 1945.

président et au magistrat du parquet tenant l'audience, au bâtonnier et au confrère plaidant pour la partie adverse (décret, art. 158).

Dans le *procès pénal*, l'avocat est le *défenseur :* Il intervient tout au long du procès dès la garde à vue et la phase de l'instruction et sa présence peut être imposée contre la volonté de l'individu (art. 274, CPP devant la cour d'assises).

b) Dans l'exercice de sa mission d'*assistance*, laquelle est la seule exercée en matière civile devant la cour d'appel, l'avocat n'est pas un mandataire, comme on serait volontiers disposé à le croire. Il n'y a pas alors de mandat entre l'avocat et le client. L'avocat ne représente pas le client ; c'est l'avoué devant la cour d'appel qui exerce cette fonction. Il en résulte que l'avocat ne devient pas alors responsable de ses actes, ni comptable de sa gestion envers son client ; cela serait contraire aux règles de la profession.

De ce qu'il n'est pas mandataire dans certains cas, il s'ensuit encore que ses déclarations à la barre ne lient pas en principe le client et que l'avoué à la Cour peut les désavouer. Bien souvent, ce dernier ne pourra pas le faire, parce qu'il aura assisté à la plaidoirie à côté de l'avocat et que, par son silence, il aura ratifié implicitement les dires de celui-ci. C'est seulement par cette ratification que le client se trouvera lié.

c) Cette mission d'assistance se prolonge dans la notion d'obligation de conseil du client. Ainsi, l'avocat doit s'acquitter de cette obligation de manière complète et objective et déconseiller à son client l'exercice d'une voie de recours vouée à l'échec ou abusive [1].

1056 ***Autres fonctions judiciaires*** ◊ L'avocat peut être amené à compléter un tribunal (art. L. 212-2, COJ, pour les TGI et L. 312-3, COJ pour les cours d'appel), mais si le décret de 1991 ne reprend pas la disposition de l'article 126-4 du décret du 9 juin 1972 qui interdisait à un avocat étranger de compléter une juridiction, la loi du 11 février 2004 précise toutefois, conformément à l'article 45, traité CE, que l'avocat européen ressortissant d'un État membre autre que la France et qui exerce en France sous son titre d'origine, ne peut exercer de fonctions juridictionnelles, même à titre occasionnel (v. *supra*, n° 1020).

II. Protection de l'avocat

1057 ***Protection pénale de son monopole*** ◊ La loi de 1971 sanctionne deux types d'agissements susceptibles de porter atteinte au monopole des avocats :

1. Civ. 1re, 23 nov. 2004, *JCP* 2005. II. 10058, note T. Lamarche ; *D.* 2005. 2857, note J. Moret-Bailly (il ne peut être condamné pour n'avoir pas dit à son client que l'exercice d'une voie de recours, vouée à l'échec, lui aurait permis de bénéficier, en matière de divorce, de l'effet suspensif du pourvoi en cassation, donc de la pension alimentaire fixée par l'ordonnance de non-conciliation, pendant toute la durée de l'instance en cassation).

- *D'une part*, l'article 72 punit d'une amende de 540 à 4 500 euros et, en cas de récidive, d'une amende de 2 700 à 9 000 euros et d'un emprisonnement de six jours à 6 mois ou de l'une de ces deux peines seulement quiconque aura, n'étant pas régulièrement inscrit au barreau, exercé une ou plusieurs des activités réservées aux avocats dans les conditions visées à l'article 4 (assistance et représentation en justice) sous réserve des conventions internationales.

- *D'autre part*, l'article 74 punit des peines de l'article 433-14, alinéa 1er, C. pénal (emprisonnement de 12 mois *et* amende de 15 000 euros, pour port illégal de costume, d'uniforme ou de décoration) quiconque aura fait usage, sans remplir les conditions pour le porter, d'un titre tendant à créer, dans l'esprit du public une confusion avec le titre et la profession d'avocat. Mêmes peines pour l'usage du titre de conseil juridique ou d'un titre équivalent.

1058 ***Protection de sa liberté*** ◊ L'avocat bénéficie d'une immunité judiciaire pour les écrits produits et les paroles prononcées devant toute juridiction, sauf si les outrages sont étrangers à la cause (art. 41, L. 29 juill. 1881). La chambre criminelle de la Cour de cassation a une acceptation assez large de la cause [1], mais dans certaines limites [2]. En revanche, pour la Cour européenne des droits de l'homme, si la liberté d'expression et le droit de critique de l'avocat au cours des procédures judiciaires sont protégés par l'article 10 de la Convention [3], cette protection n'est pas illimitée et certains intérêts, tels que l'autorité du pouvoir judiciaire, sont assez importants pour justifier des restrictions à ce droit, à titre exceptionnel toutefois [4] ; et la protection est plus faible si les propos outrageants ont été tenus hors l'enceinte de la salle d'audience [5]. V. aussi, *infra*, n° 1067 pour les obligations de l'avocat envers les magistrats.

Sur la protection des correspondances de l'avocat, notamment en cas de perquisitions, v. *infra*, n° 1068.

III. Prérogatives de l'avocat

1059 ***Énumération*** ◊ Pour pouvoir remplir en toute liberté, en toute indépendance et avec le prestige nécessaire, sa mission, l'avocat jouit de quelques prérogatives :

1. Crim. 3 juill. 2008, *JCP* 2008. I. 184, obs. D. Lévy (conclusions dont la teneur n'excédait pas les nécessités des droits de la défense). Rappr. TGI Saint-Pierre de la Réunion, 3 oct. 2008, *JCP* 2009. I, n° 13, obs. F. G'sell (grande liberté au cours d'une plaidoirie).

2. Crim. 28 mars 2008, *JCP* 2008. I. 184, obs. D. Lévy (propos tenus hors l'audience et jugés *ad hominem*). 11 oct. 2005, *Bull. crim.* n° 255 ; *D.* 2006. 1272, note B. Beignier ; *JCP* 2006. I. 190, n° 4, obs. B. Beignier ; *Dr. pén.* 2006, n° 5, obs. Véron (écrits outrageants étrangers à la cause). V. aussi, Paris, 8 déc. 1971, *D.* 1973. 370, note Brunois (limites de l'immunité, révélation d'une condamnation amnistiée). Civ. 1re, 11 juill. 1972, *D.* 1974.129, note Brunois. Aix-en-Provence, 14 juin 1982, *D.* 1984. IR. 119, obs. Brunois.

3. CEDH 28 oct. 2003, *Steur c. Pays-Bas, Europe,* 2004, n° 5, obs. I. Kitsou-Milonas.

4. CEDH 21 mars 2002, *Nikula c/ Finlande*. 28 oct. 2003, *Steur c/ Pays-Bas*. 15 déc. 2005, *Kyprianou c/ Grèce*, *JCP* 2006. I. 190, n° 5, obs. B. Beignier. Rappr. TGI Saint-Pierre de la Réunion, 3 oct. 2008, *D.* 2009, 68, note Y. Avril.

5. CEDH 24 janv. 2008, *Coutant c/ France, RSC* 2008/4, p. 706, obs. J.P. Marguénaud (communiqué de presse).

– Il peut refuser de plaider une affaire, de recevoir un dossier, sauf lorsqu'il est désigné d'office par le bâtonnier [1] ; même dans ce cas, il lui est permis d'invoquer un motif légitime d'excuse qui doit cependant être accepté par l'autorité qui a procédé à la désignation ou à la commission (L. 1971, art. 9 et décret, art. 159).

– Il plaide en robe, debout et, s'il le veut, couvert. Il ne se découvre que pour lire les conclusions, parce qu'alors il remplace l'ancien avoué et que celui-ci n'avait pas le droit de parler couvert.

IV. Honoraires

1060 ***Fixation*** ◊ **a) Principe de la liberté contractuelle.** Alors que les frais de postulation sont tarifés, (v. *supra* n° 1054), les missions de consultation, d'assistance, de conseil, de rédaction d'actes sous seing privé et de plaidoirie donnent lieu à des honoraires fixés en accord avec le client (L. 1971, art. 10, al. 1er) [2]. À l'origine du mot, on trouve l'idée que l'argent rend honneur au talent du membre d'une profession libérale, médecin, avocat, etc. Aujourd'hui, il est préférable, pour l'avocat, de compter sur le contrat, l'engagement formel du client, que sur son sens de la reconnaissance du service rendu ! [3]

Le décret du 12 juillet 2005 reprend, dans son article 10, une partie de l'article 10 de la loi de 1971 sur les critères de fixation des honoraires : usages, situation de fortune du client, difficulté de l'affaire, frais exposés par l'avocat, sa notoriété, les diligences effectuées ; il rappelle que des honoraires *prorata temporis* sont dus lorsque le client lui retire le dossier avant sa conclusion (al. 1er). L'avocat doit informer son client, dès sa saisine puis de manière régulière, des modalités de détermination des honoraires et de l'évolution prévisible de leur montant ; ces informations peuvent figurer dans une convention d'honoraires (al. 2). Si des honoraires forfaitaires sont autorisés (al. 3), en revanche, ils ne peuvent prendre la forme d'apports d'affaires (al. 5). L'article 11 admet le principe de la provision et en détermine les modalités. L'article 12 précise les règles de tenue de la comptabilité des honoraires. Le décret ne dit rien en revanche, de l'honoraire complémentaire qui reste donc régi entièrement par la loi de 1971.

b) L'honoraire complémentaire. À l'occasion du vote de la loi n° 91-647 du 10 juillet 1991 sur l'aide juridique, l'article 10 de la loi de 1971 a été modifié pour retenir la notion d'honoraire complémentaire. Le nouvel alinéa 2 donne cinq critères de fixation des honoraires de l'avocat selon les usages, à défaut de convention entre l'avocat et son client : la situation de fortune du client, la difficulté de l'affaire, les frais exposés par l'avocat, sa notoriété et ses diligences. Et l'alinéa 3 interdit « toute fixation d'honoraires qui ne le serait *qu'en* fonction du

1. Civ., 21 mai 1959, *D.* 1959.489.

2. R. Martin, *JCP* 1992. I. 3620. J. L. Laurent-Sctthalin, Rapport C. cass. 1995, Doc. fr. 1996, p. 147.

3. J. L. Firon, « La place croissante du droit des contrats dans la fixation des honoraires de l'avocat », *Gaz. Pal.* 8 déc. 2005, Doctr.

résultat judiciaire » ; en revanche, et il faut y voir la consécration d'une certaine jurisprudence, est licite la convention d'honoraire *complémentaire* en fonction du résultat obtenu ou du service rendu, au-delà de la rémunération des prestations effectuées [1].

c) Les barèmes indicatifs. La jurisprudence judiciaire française prohibe les barèmes indicatifs établis par les Barreaux au motif qu'ils constituent une action concertée ayant pour objet et effet de fausser le jeu de la concurrence [2].

La Cour de justice des Communautés européennes estime d'abord que les articles 5 et 81 du Traité CE ne s'opposent pas à ce qu'un État (et non pas un Ordre) adopte une mesure législative ou réglementaire qui approuve, sur la base d'un projet établi par un Conseil national de l'Ordre, un tarif (obligatoire) fixant les honoraires des membres de la profession si l'État garde le contrôle de ce mode fixation [3] ; en procédant ainsi, l'État conserve à la réglementation des honoraires son caractère étatique (car le barreau ne donne qu'un avis), ce qui lui permet d'échapper à l'emprise du droit de la concurrence. Ensuite, sur interrogation de juges italiens, elle confirme que cette modalité de fixation est conforme au droit communautaire, mais que la libre prestation de services est susceptible d'être entravée par l'obligation de respecter des tarifs minimaux, en ce qu'elle empêche les avocats étrangers de pratiquer des honoraires inférieurs et de livrer ainsi une concurrence efficace ; pour autant, elle rappelle qu'une telle entrave peut être justifiée par des exigences impérieuses d'intérêt général, qu'en l'espèce elle se refuse à rechercher, renvoyant au juge national le soin de se prononcer sur ce point et de pratiquer des tests de nécessité et de proportionnalité, tout en lui donnant quelques indications [4]. C'est cette jurisprudence qui a fortement inspiré la commission Guinchard (du nom de son président) qui propose, dans la cadre du maintien de l'intervention du juge dans le divorce par consentement mutuel, que dans le respect de la directive services du 12 décembre 2006, on évolue soit vers une régulation des honoraires des avocats, avec la mise en place des conditions d'une véritable concurrence entre eux (publication de barèmes indicatifs et obligation de remettre une proposition de convention d'honoraires avant toute intervention de l'avocat), soit, à défaut, vers un tarif maximum fixé par l'État [5].

Comp. *supra*, n° 1054, pour les tarifs de postulation.

1. B. Boccara, *Gaz. Pal.* 1991, Doct. 639 ; 1992, 520 ; 7 août 1997. L'octroi d'un complément d'honoraires requiert l'existence d'un convention *préalable* entre l'avocat et son client, Civ. 1re, 3 mars, 1998, 2 arrêts, *Gaz. Pal* 11 juill. 1998, note A. Damien ; *JCP* 1998. II. 10 116, note Jeny Sainte Rose. Et les horaires peuvent être révisées par le juge même initialement convenus, s'ils apparaissent exagérés au regard du service rendu, Civ. 1re, 3 mars 1998, arrêt Crédino, *Gaz., Pal.* 17 sept. 1998, Doct. B. Boccara ; *JCP*. 1998. II. 10 115 note Jeny Sainte Rose, solution confirmée par Civ. 1re, 7 juill. 1998, *D.* 1998. IR. 111.

2. Paris, 9 déc. 1997, *JCP* 1998. II. 10078, note R. Martin ; 10 nov. 1998, *D.* 1999. IR. 1.

3. CJCE 19 févr. 2002, aff. C-35/99, *Manuele Arduino et alii, Contrats conc. consom.*, mai 2002, n° 80, obs. S. Poillot-Perruzzeto ; *Gaz. Pal.* 25 juin 2002, chron. M. Bazeix et G. Flécheux ; *Europe*, mai 2002, chron. 6, L. Idot.

4. CJCE, *Cipolla, Macrino et Capodarte*, affaires jointes C-94/04 et 202/04, *Europe*, févr. 2007, *Focus* n° 8, p. 2, par L. Idot et commentaire n° 71, p. 26, obs. L. Idot ; *JCP* 2007, Actu. -Libr. prop., n° 64, p. 3, par R. Martin ; *AJDA* 2007. 301, chron. E. Broussy, F. Donnat et Ch. Lambert ; *JCP* 2007. I. 151, n° 4, obs. D. Lévy.

5. *L'ambition raisonnée d'une justice apaisée,* Doc. fr., 2008, proposition n° 25.

1061 ***Contestations sur les honoraires*** ◊ L'avocat s'engage à assister son client, celui-ci s'engage à verser des *honoraires*.

a) Pendant longtemps il est vrai il n'a pas été permis à l'avocat de réclamer en justice le paiement de ses honoraires, sauf si le Conseil de l'ordre levait l'interdiction. Cette prohibition traditionnelle s'était atténuée au cours de ces dernières années et avait même disparu du règlement de certains barreaux. Une loi du 31 décembre 1957 avait consacré cette évolution et aménagé les modalités du recouvrement judiciaire des honoraires. Si le bâtonnier dont l'intervention était obligatoire, ne conciliait pas les parties, le tribunal de grande instance du lieu où l'avocat exerçait, statuait en chambre du conseil [1].

b) Ce régime a été remplacé par les articles 174 à 179 du décret de 1991 [2], textes qui simplifient la procédure, afin d'éviter la multiplicité des recours :

la contestation est portée par le client ou l'avocat lui-même devant le bâtonnier, procédure exclusive. Après avoir recueilli les observations de l'avocat et de la partie (obligatoirement et non plus s'il le juge utile, mais il peut désigner à cet effet un rapporteur), le bâtonnier statue dans les 3 mois. Si le bâtonnier n'a pas statué dans le délai de 3 mois éventuellement prorogé, l'avocat ou la partie saisit directement le premier président de la cour d'appel (décret, art. 176, al. 2). La décision du bâtonnier est elle-même susceptible de recours dans les mêmes conditions (décret, art. 176, al. 1) [3]. Cette procédure ne peut pas être utilisée pour apprécier les conséquences d'un éventuel manquement de l'avocat à son devoir d'information [4].

Devant le premier président les parties sont convoquées et entendues contradictoirement ; le premier président peut, à tout moment renvoyer l'affaire à la Cour qui procède dans les mêmes formes (décret, art. 177) ; l'article 178 du décret dispose qu'en l'absence de recours devant le premier président, la décision du bâtonnier peut être rendue exécutoire par ordonnance du président du TGI, à la requête de l'avocat ou de son client.

V. Domicile professionnel et bureaux secondaires

1062 ***Principe de la liberté de déplacement*** ◊ La loi du 31 décembre 1990 rompt avec un principe classique, au demeurant largement atténué ces dernières années, à savoir celui que l'avocat doit exercer ses fonctions soit au cabinet, soit au palais de justice ; en effet, l'article 3 de cette loi introduit dans la loi du 31 décembre 1971 un article 3 *bis* qui énonce que « l'avocat peut librement se déplacer pour exercer ses fonctions ». La rédaction du nouvel article 3 *bis* implique nécessairement que le principe est celui de la liberté de déplacement *pour* exercer les fonctions

1. Sur cette évolution, v. références citées dans le Précis (1re éd. 1982).
2. Ces articles ont été validés par le Conseil d'État, 2 oct. 2006, *Krikorian, Gaz. Pal.* 14 juin 2006 ; *AJDA* 2007. 645, note Anne-Laure Debono.
3. J. Beauchard, « Réflexions sur la nature du pouvoir du bâtonnier en matière de contestations d'honoraires », in *Mélanges R. Martin*, Bruylant/LGDJ, 2004, p. 217.
4. Civ. 2e, 8 sept. 2005, *D.* 2006. Pan. 271, obs. B. Blanchard.

d'avocat, donc de se déplacer chez un client pour sa fonction de conseil par exemple.

1063 ***Obligation de résidence*** ◊ Malgré l'assouplissement apporté quant à la liberté de déplacement de l'avocat, l'obligation demeure pour l'avocat de fixer son domicile professionnel dans le ressort du tribunal de grande instance auprès duquel il est établi (décret, art. 165). Deux exceptions toutefois : l'une pour la région parisienne par l'effet de l'autorisation de la multipostulation (L. 1971, art. 1er-III) ; l'autre pour tous les avocats (à l'exception de ceux de la région parisienne) par la possibilité aujourd'hui reconnue d'ouvrir des bureaux secondaires (L. 1971, art. 8-1 et 8-2).

1064 ***Les bureaux secondaires*** ◊ Pour l'essentiel l'avocat qui veut ouvrir un (ou plusieurs) bureau secondaire dans le ressort de son barreau doit simplement le *déclarer* au Conseil de l'ordre de ce barreau (art. 8-1, al. 1).

En revanche, s'il veut ouvrir ce bureau secondaire dans le ressort d'un barreau différent, il doit obtenir l'*autorisation* du Conseil de l'ordre de ce barreau qui statue dans les 3 mois de la demande ; à défaut l'autorisation est réputée accordée (art. 8-1, al. 2), auquel cas il appartient à l'avocat de porter lui-même à la connaissance de son bâtonnier l'information d'ouverture du bureau secondaire (décret, art. 168) ; le bâtonnier informera le procureur général « compétent » (c'est-à-dire celui de son propre ressort) et le bâtonnier concerné par l'ouverture du bureau secondaire (*ibid.*) ; il revient à l'avocat d'informer lui-même le procureur général du ressort du bureau secondaire, afin que ce magistrat puisse saisir la cour d'appel dans les conditions de l'article 16 (*ibid.*). Le Conseil de l'Ordre ne peut refuser l'ouverture que « pour des motifs tirés des conditions d'exercice de la profession dans le bureau secondaire » (L. 1971, art. 8-1, al. 3) (de même pour un retrait d'autorisation). Dans l'hypothèse d'une autorisation expresse, c'est le Conseil de l'Ordre du bureau secondaire qui avertit le bâtonnier du barreau d'origine, lequel avertit le procureur général (décret, art. 167).

Toutes les décisions du Conseil de l'Ordre du barreau où est souhaité le bureau secondaire sont soumises aux règles de forme valables en matière de procédure d'inscription au grand tableau (décret, art. 166 qui renvoie aux articles 102, al. 2, 3, 5, 6 et 103).

L'avocat qui dispose d'un bureau secondaire doit y exercer une activité professionnelle effective sous peine de fermeture sur décision du barreau concerné (L. 1971, art. 8-1 dernier alinéa).

VI. Suppléance et administration provisoire

1065 ***Avocat empêché d'exercer ses fonctions*** ◊ Un avocat temporairement empêché d'exercer ses fonctions par cas de force majeure est remplacé provisoirement par un ou plusieurs confrères de son barreau qu'il désigne, en avisant le bâtonnier de son choix (décret, art. 170).

Si l'avocat ainsi empêché est dans l'impossibilité d'exercer son choix, ou s'il ne l'exerce pas, la suppléance est organisée par le bâtonnier ; elle ne peut durer plus d'un an, renouvelable pour un an, par le bâtonnier (décret, art. 171, al. 1 et 2). Le suppléant assure la gestion du cabinet et accomplit tous les actes professionnels du suppléé (al. 3). Le nom du suppléant est communiqué au procureur général ; la suppléance prend fin par décision du bâtonnier, soit d'office, soit à la requête du suppléé, du suppléant ou du procureur général (décret, art. 172, al. 2).

1066 ***Administration provisoire*** ◊ Le décret réglemente une administration provisoire qui n'existait pas autrefois : en cas de décès, de suspension provisoire (exécutoire), d'interdiction temporaire ou de radiation, le bâtonnier désigne un ou plusieurs administrateurs qui le remplace(nt) dans ses fonctions. Cette administration provisoire peut d'ailleurs succéder à une suppléance qui serait arrivée à son terme d'un an renouvelable une fois (décret, art. 173, al. 1). Le bâtonnier informe le procureur général de cette désignation (al. 3). L'administrateur perçoit à son profit les rémunérations relatives aux actes qu'il a accomplis et paie les charges de fonctionnement du cabinet (al. 2).

L'administration provisoire cesse de plein droit dès la fin de la suspension provisoire ou de l'interdiction temporaire ; dans les autres cas, c'est le bâtonnier qui y met fin (al. 4).

§ 2. **Obligations et sanctions des devoirs de l'avocat**

I. Obligations

1067 ***À l'égard des magistrats et des confrères*** ◊ **a)** L'avocat s'exposerait à des sanctions disciplinaires s'il venait à manquer à la déférence et au respect qu'il doit aux magistrats. V. *supra*, n° 1058, la protection de l'avocat dans ses écrits et paroles à l'audience.

b) Il lui faut aussi observer scrupuleusement les usages du barreau et faire preuve, dans ses relations avec ses confrères, de cette courtoisie qui est l'un des honneurs du barreau.

Le décret du 12 juillet 2005 sur la déontologie a complété cette règle dans son titre 3 tout entier consacré aux « devoirs envers la partie adverse et envers les confrères ». Cela concerne, pêle-mêle, le respect des règles du procès équitable et des droits de la défense, le principe du contradictoire, l'obligation de se comporter loyalement (art. 16, al. 1er) ; la communication mutuelle et complète des moyens de fait, des éléments de preuve et des moyens de droit, spontanément et en temps utile, par les moyens prévus par les règles de procédure (al. 2). L'article 17 réglemente les conditions dans lesquelles l'avocat peut rechercher un accord amiable avec la partie adverse. Une négociation ne peut être menée qu'en présence du client ou avec son accord (art. 18). L'article 19 règle la question de la succession d'un confrère par un autre.

c) La loi n° 82-506 du 15 juin 1982 a modifié les règles applicables en cas de faute commise à l'*audience* [1] : *lorsqu'un avocat, au cours d'une audience, a commis un manquement aux obligations découlant de son serment*, la juridiction peut saisir de l'incident le procureur général, en demandant qu'une poursuite disciplinaire soit engagée devant le Conseil de l'ordre auquel appartient cet avocat. Le procureur général peut, à son tour, saisir ce Conseil qui a l'obligation de statuer dans un délai de 15 jours à partir de sa saisine. S'il n'a pas statué dans ce délai, le Conseil est réputé avoir rejeté la demande. Le procureur général peut alors interjeter l'appel. La cour d'appel a l'obligation, avant de prononcer une sanction disciplinaire, d'inviter le bâtonnier ou son représentant à formuler ses observations (art. 25, L. 1971). Ce régime est également applicable (art. 26-1) en cas de manquement aux règles découlant des dispositions sur la procédure.

1068 ***À l'égard des clients*** ◊ Le décret du 12 juillet 2005 sur la déontologie commence par rappeler que « la profession concourt à l'accès à la justice et au droit » (art. 6, al. 1er), puis il décline des obligations individuelles de l'avocat envers son client. Plusieurs obligations sont mises à sa charge, autrefois par le décret statutaire de 1991, aujourd'hui par celui de 2005 sur la déontologie, qui a abrogé les articles 155 à 161 pour les reprendre à son compte :

a) L'avocat doit justifier d'un mandat écrit, sauf lorsque l'existence en est présumée par la loi ou le règlement (art. 8, al. 1er, décr. 2005) ; l'avocat doit s'assurer, au préalable, de la licéité de l'opération envisagée par le mandat ; il doit respecter strictement les termes du mandat et demander une extension de ses pouvoirs si les circonstances l'exigent (al. 2) ; il ne peut pas transiger au nom du mandant et pour son compte, ni l'engager irrévocablement par une proposition ou une offre de contracter sans y avoir été autorisé spécialement et par écrit (al. 3) ; de même, il ne peut disposer de fonds, effets ou valeurs, ou aliéner les biens du mandant que si le mandat le stipule expressément ou, à défaut, après y avoir été autorisé spécialement et par écrit par le mandant (al. 4).

b) L'article 8 du décret de 2005 consacre de longues dispositions à la rédaction d'un acte juridique.

c) L'avocat doit toujours conduire à son terme l'affaire dont il s'est chargé : s'il souhaite s'en décharger, il doit prévenir son client « en temps utile » pour que celui-ci puisse pourvoir à la défense de ses intérêts (ex-art. 156, al. 1er, D. 1991 ; art. 13, D. 2005). Lorsqu'une affaire est terminée ou qu'il en est déchargé, il doit restituer sans délai les

1. V. A. Damien, « La répression des délits d'audience commis par les avocats après la loi du 15 juin 1982 », *Gaz. Pal.*, 1982 ; *D.* 514 ; Comm. A. Brunois, *ALD* 1983. 7 ; R. Martin, *Déontologie de l'avocat*, Litec, 10e éd., 2008.

pièces dont il est dépositaire (ex-art. 157, al. 1er, D. 1991 ; art. 14, D. 2005).

d) L'avocat doit déférer aux désignations et commissions d'office, sauf motif légitime d'excuse ou d'empêchement admis par l'autorité qui a procédé à la désignation ou à la commission (art. 6, al. 2). S'il a donné une consultation juridique gratuite dans le cadre de l'article 57 de la loi du 10 juillet 1991 sur l'aide juridique (par ex., en mairie, en maison de justice et du droit), il peut, à l'issue de celle-ci, accepter de prendre en charge les intérêts de la personne qu'il reçoit ou qui en fait la demande (art. 6, al. 3).

e) L'avocat ne peut être ni le conseil, ni le représentant ou le défendeur de plus d'un client dans une même affaire, s'il y a conflit entre les intérêts de ses clients ou, sauf accord des parties, s'il existe un risque sérieux d'un tel conflit (ex-art. 155, al. 1er, D. 1991 ; art. 7, al. 1er, D. 2005). En outre il doit, sauf accord écrit des parties, s'abstenir de s'occuper des affaires de tous les clients concernés en cas de conflit d'intérêt ou lorsque le secret professionnel risque d'être violé ou lorsque son indépendance risque de ne plus être entière (al. 2). Enfin, il ne peut accepter l'affaire d'un nouveau client si le secret des informations données par un ancien client risque d'être violé ou lorsque la connaissance par l'avocat des affaires de l'ancien client favoriserait le nouveau de façon injustifiée (al. 3). Ces dispositions s'appliquent aux avocats exerçant en groupe (al. 4) [1].

f) Enfin, l'avocat est tenu au *secret professionnel* (décret 1991, art. 160) [2]. V. aussi, *supra*, n° 1006 pour soumissionner à des appels d'offres.

1) Respect du secret par l'avocat lui-même. Le décret de déontologie du 12 juillet 2005 insiste sur cette obligation de ne commettre aucune divulgation contrevenant au secret professionnel, sauf les strictes exigences de sa propre défense devant toute juridiction et des cas de déclaration ou de révélation autorisées par la loi (art. 4) ; le même décret de 2005 rappelle qu'en matière pénale, il n'y a pas de secret entre l'avocat et son client, quant aux renseignements extraits du dossier d'enquête et d'instruction, en précisant toutefois que c'est pour « les besoins de la défense » ; il ne doit pas non plus publier les documents,

1. Civ. 1re, 30 juin 1981, *D.* 1982.165, note Brunois (ne pas plaider *contre* un client qui l'avait consulté dans la même affaire).

2. B. Bouloc, « Le secret professionnel de l'avocat », in *Mélanges R. Gassin*, PUAM, 2007, p. 121. A. Damien, « La déontologie de l'avocat hors du prétoire », in *Mélanges P. Hébraud*, 1981. E. Pinnica, « Justice et secret », *Justice et cassation*, revue des avocats aux Conseils, Dalloz, 2007, p. 183. Colmar, 8 juill. 1974, *D.* 1975.450, note Brunois, *Gaz. Pal.*, 1975.5.530, note A. Damien (limite au secret professionnel quand un avocat plaide contre un ancien client). Riom, 24 avr. 1975, *D.* 1976.707, note Brunois ; Crim., 18 oct. 1977, *D.* 1978.94, note Brunois ; 253. Versailles, 28 oct. 1982, *Gaz. Pal.* 1983. Jur. 313, note A.D. (écoutes téléphoniques) ; inopposabilité du secret professionnel au service des Douanes, TGI Paris, 15 janv. 1982, *Gaz. Pal.*, 1982. Jur. 143, note A. D. Couland, *Gaz. Pal.* 22 janv. 1998, Doct ; R. Martin, *JCP* 1998. I. 108 (sur le secret des correspondances entre avocats).

pièces, lettres intéressant une enquête ou une information en cours ; pour la transmission au client des copies des pièces et actes du dossier de la procédure l'article renvoie à l'article 114, CPP (art. 5).

2) Mais la question est surtout celle du respect par les tiers des éléments qui constituent l'activité de l'avocat et dont ils auraient connaissance, soit par correspondance avec lui, soit par perquisitions judiciaires :

– Dans le premier cas, le secret a été redéfini par la loi du 11 février 2004 pour mettre fin à une controverse qui était née sur le secret des correspondances entre avocats ; désormais, « *en toutes matières que ce soit dans le domaine du conseil ou dans celui de la défense,* les consultations adressées par un avocat à son client ou destinées à celui-ci, les correspondances échangées entre le client et son avocat, entre l'avocat et ses confrères, *à l'exception pour ces dernières de celles portant la mention officielle* [aj. L. 11 févr. 2004], les notes d'entretien et, plus généralement toutes les pièces du dossier sont couvertes par le secret professionnel » (art. 66-5, L. 1971) [1]. Et le Conseil d'État a reconnu que le caractère absolu du secret professionnel de l'avocat s'oppose à ce que des collectivités territoriales communiquent les consultations juridiques qui leur sont adressées par leurs avocats [2]. Déjà, en 1982, la Cour de Justice des Communautés européennes reconnaissait avec solennité que « la confidentialité répond en effet à l'exigence, dont l'importance est reconnue dans l'ensemble des États membres, que tout justiciable doit avoir la possibilité de s'adresser en toute liberté à son avocat, dont la profession même comporte la tâche de donner de façon indépendante les avis juridiques à tous ceux qui en ont besoin », mais que le secret ne couvre que l'activité de l'avocat indépendant, qui n'est pas lié par un rapport d'emploi avec son client (problème des juristes d'entreprise qui portent le titre d'avocat) [3].

– Dans le second cas, celui des perquisitions dans les cabinets d'avocats et de saisies de documents s'y trouvant, alors que la Cour EDH considère que ces perquisitions et saisies ne peuvent être admises dans une société démocratique que si elles poursuivent un but légitime et si la mesure est proportionnée à ces objectifs [4], la chambre criminelle limitait le secret « *aux droits de la défense* » [5]. En ajoutant le pluriel à l'expression « *en toute matière* » et en précisant qu'elle

1. Commentaire : B. Van De Moortel, *Gaz. Pal.* 2 mars 2004. Jurisprudence antérieure à la loi de 2004 (contestée par les avocats) : Civ. 1re, 4 févr. 2003. *D.* 2003. 601 ; *JCP* 2003. II. 10035, concl. Jerry Sainte Rose ; *Gaz. Pal.*, 15 avr. 2003, note Ch. Raoult ; 7 déc. 2004, *Gaz. Pal.* 4 janv. 2005, concl. Jerry Sainte-Rose, ce secret ne comporte aucune exception et toutes les correspondances échangées entre avocats sont couvertes par lui. V. aussi, B. Pons, Correspondances à finalité transactionnelle entre avocats et secret professionnel, *LPA,* 26 févr. 2003.

2. CE 27 mai 2005, deux arrêts, *Annonces de la Seine,* 8 sept. 2005, p. 7.

3. CJCE 26 juin 1982, *AM & S Europe, Gaz. Pal.* 1982, 328, note J.G. Moore. TPICE 17 sept. 2007, aff. *Akzo Nobel et alii, JCP* 2007. I. 206, n° 5, obs. D. Lévy (les communications entre avocats exerçant en entreprise ne sont pas couvertes par la confidentialité).

4. CEDH, 16 déc. 1992, *Gaz. Pal.* 24 juin 1993, Doct. G. Junosza-Zdrojewski (le cabinet est assimilé au domicile, au sens de l'article 8 de la Convention). 25 févr. 2003, *Roemen et Schmitt c/Luxembourg, D.* 2003. 2271, obs. N. Fricero ; *JCP* 2003. I. 160, n° 13, obs. Sudre.

5. Crim. 30 sept. 1991, *D.* 1992. 323, note (cit.), Gavalda ; *JCP* 1992. II. 21858, note (crit.) R. Martin ; 7 mars 1994, *JCP* 1994. II. 22251, note (crit.) R. Martin. Sur une amorce de revirement, Crim. 6 févr. 1997, *Gaz. Pal.* 18 mars 1997, note Damien. V. Varaut et L. Rivet, *Gaz. Pal.* 12 août 1997.

recouvre *et* le conseil *et* la défense, la loi du 7 avril 1997 a voulu briser cette jurisprudence. Désormais, la saisie n'est autorisée dans un cabinet d'avocat qu'à titre exceptionnel, à la condition que les documents saisis soient de nature à établir la preuve de la participation de l'avocat à une infraction [1] ou constituent eux-mêmes le corps du délit ; la perquisition ne peut pas avoir pour objet de rechercher les éléments d'incrimination de l'un des clients de l'avocat [2]. La chambre criminelle semble évoluer vers une conception plus extensive des droits de la défense, en appliquant ce principe à la saisie de lettres se rapportant à une procédure étrangère à celle dont avait à connaître la chambre de l'instruction [3]. L'ordonnance n° 2009-233 du 26 février 2009 soumet les visites domiciliaires de l'Autorité des marchés financiers dans les cabinets d'avocats ou à leur domicile, au droit commun des perquisitions dans ces cabinets et améliore les droits de la défense. De même, l'ordonnance n° 2009-375, 1er avril 2009 réforme les voies de recours contre certaines visites et saisies administratives.

On peut se demander si la volonté du législateur de 1997 de ne pas distinguer entre les activités de conseil et de représentation en justice, n'est pas remise en question par cette limitation du secret « aux seuls droits de la défense », ce qui rejoint, mot pour mot, la position du Conseil d'État quant à la réglementation des modes de passation des marchés publics pour les prestations de service (v. *supra*, n° 1006). Pour les perquisitions dans le cadre des enquêtes de flagrance, la loi n° 2005-1549 du 12 décembre 2005 réécrit l'article 56-1, CPP : désormais, ces perquisitions (de même que celles effectuées dans les locaux des ordres et des caisses de règlement pécuniaire des avocats) ne peuvent être effectuées que par un magistrat, en présence du bâtonnier (ou de son délégué), à la suite d'une décision écrite et motivée de ce magistrat, qui indique la nature de l'infraction sur laquelle portent les investigations, les raisons justifiant la perquisition et l'objet de celle-ci. Un ensemble de règles procédurales est prévu par la loi nouvelle. De ces perquisitions on rapprochera la jurisprudence qui interdit de verser au dossier de l'instruction, la transcription d'une conversation téléphonique entre le père de prévenus et son avocat, qui se trouve être aussi le leur [4].

1069 ***Publicité et démarchage*** ◊ Le décret du 12 juillet 2005 sur la déontologie a rédigé la définition de la publicité de l'avocat dans un sens plus libéral que le décret statutaire de 1991. Elle est en effet permise « si elle procure une information au public et si sa mise en œuvre respecte les principes essentiels de la profession » (art. 15, al. 1er, D. 2005) (discrétion, ne pas porter atteinte à la dignité de la profession). La publicité inclut la diffusion d'informations sur la nature des prestations de service proposées, dès lors qu'elle est exclusive de démarchage (art. 15, al. 2, D. 2005).

1. Crim. 27 janv. 2001, *Bull.* n° 163. 1er mars 2006, *Bull.* n° 60.
2. CEDH 24 juill. 2008, *André et alii c. France, JCP* 2008. I. 184, n° 4, obs. D. Lévy ; *Dr. et proc.*, 2008/5, *Cahier dr. intern.* n° 5, obs. N. Fricero.
3. Crim. 13 déc. 2006, *Bull.* n° 313 ; *JCP* 2007. I. 151, n° 3, obs. D. Lévy.
4. Crim. 18 janv. 2006, *Bull.* n° 22 ; *Gaz. Pal.* 22 mars 2006.

Si le démarchage reste interdit [1], l'interdiction de « tout acte de sollicitation » que l'on trouvait dans l'ex-article 161 du décret de 1991, ne se retrouve pas ainsi dans le décret de 2005 : c'est par le biais de la notion « d'offre de service personnalisée adressée à un client potentiel », offre interdite à l'avocat, qu'elle réapparaît dans l'alinéa 3 de l'article 15 du décret de 2005. Ni le décret de 1991, ni celui de 2005 n'ont repris l'article 91 du décret du 9 juin 1972 qui réglementait l'apposition de la plaque professionnelle de l'avocat. En revanche, l'information du public quant aux modalités d'exercice de la profession par les membres d'un barreau est fixée par le règlement intérieur du Conseil de l'Ordre (art. 162, D. 1991).

1070 ***Lutte contre le blanchiment d'agent sale*** ◊ La loi n° 2004-130 du 11 février 2004 étend à de nouvelles professions, notamment judiciaires, (administrateurs et mandataires judiciaires *supra*, n° 976 ; officiers ministériels auxiliaires de justice, *infra*, n° 1086 ; liste *in* art. L. 562-1, § 12 et 13, C. mon. et fin.) le dispositif de lutte contre le blanchiment d'argent sale issu de la directive du 4 décembre 2001 (la deuxième sur la question), en particulier l'obligation de soupçonner certaines personnes ou certaines opérations et de déclarer ce soupçon au service compétent (TRACFIN) mais avec des aménagements procéduraux pour tenir compte du secret professionnel auquel ces professionnels du droit sont astreints [2]. Ce dispositif est contenu à l'article L. 562-2-1, C. mon. et fin et dans les dispositions réglementaires correspondantes du même code. Un décret n° 2006-737 du 26 juin 2006 [3] avait achevé la transposition définitive, aux avocats, du dispositif de prévention du blanchiment, mais certaines de ses dispositions ont été annulées par le Conseil d'État, car elles ne respectaient pas les principes posés par la directive du 4 décembre 2001, notamment en imposant une relation directe entre les avocats et la cellule TRACFIN [4] et en se bornant de rappeler les dérogations propres aux activités juridictionnelles, sans mentionner celles correspondant aux consultations [5]. Sur ce dernier point, le Conseil d'État reconduit la décision de la Cour de justice des communautés européennes qui avait considéré que la directive respectait le droit à un procès équitable, dans la mesure où elle excluait de son champ d'application les informations reçues ou obte-

1. TGI Paris, 6 déc. 2005, *JCP* 2006. II. 10019, note R. Martin.
2. H. Robert, « Le délit de blanchiment d'argent – L'obligation de déclaration de soupçon », *LPA* 17 juill. 2008, n° 143, p. 11.
3. *Commentaires :* C. Cutajar, *D.* 2006. 2104. Jérôme Lasserre Capdeville, *AJ pénal*, nov. 2006. 434.
4. Le CNB, dans une décision normative du 12 juillet 2007, a défini les procédures internes destinées à mettre en œuvre les obligations de lutte contre le blanchiment (JO, 9 août 2007).
5. CE 10 avr. 2008, *D.* 2008. 2322, note Ch. Cutajar ; *JCP* 2008, v. *Aperçu rapide*, n° 260 et I, 184, n° 3, obs. D. Lévy ; *Gaz. Pal.* 12 avr. 2008.

nues à l'occasion des activités juridictionnelles de l'avocat [1]. C'est dans ces circonstances d'annulation, qu'est intervenue l'ordonnance n° 2009-104 du 30 janvier 2009 qui transpose une troisième directive n° 2005/60/CE, du Parlement européen et du Conseil du 26 octobre 2005 et réécrit les articles concernés du Code monétaire et financier. Pour l'essentiel, aucune obligation de vigilance, ni de déclaration ne pèsera sur l'avocat dans le cadre de son activité juridictionnelle ou de conseil, sauf si la consultation donnée l'est aux fins de blanchiment ou s'il ignore que son client l'a consulté à cette fin ; en revanche, la déclaration de soupçon est étendue à la fraude fiscale et aux infractions punies d'une peine d'emprisonnement supérieure à un an ou qui pourraient participer au financement d'activités terroristes ; les déclarations seront faites exclusivement auprès du bâtonnier et non pas directement à TRACFIN [2].

II. Sanctions des obligations de l'avocat

1071 ***Diversité*** ◊ Les manquements à ces devoirs très stricts sont susceptibles de donner lieu à des sanctions d'ordre disciplinaire ou même d'ordre pénal dans les cas graves, et à une condamnation à des dommages-intérêts envers le client [3]. La loi du 11 février 2004 adapte la procédure disciplinaire aux exigences européennes du procès équitable. Décret d'application n° 2005-531 du 24 mai 2005, intégré au décret statutaire de 1991 [4]. La commission Darrois (avril 2009) préconise de renforcer la discipline des avocats.

1072 ***La procédure disciplinaire*** ◊ Avec la loi du 11 février 2004 la discipline corporative n'est plus assurée directement par le Conseil de l'ordre dont relève l'avocat poursuivi, mais par un Conseil de discipline institué auprès de chaque cour d'appel et composé de représentants des conseils de l'ordre du ressort, désignés annuellement au prorata du nombre des avocats inscrits ; c'est ce Conseil qui constitue désormais la juridiction chargée de réprimer la violation par les membres du barreau de leurs obligations (art. 22 à 24, L. 1971 et art. 180 à 199, D. 1991), chaque conseil de l'ordre ne faisant que « concourir » à la discipline (l'article 17-2°, L. 1971 a été modifié en ce sens par la loi de 2004 et a supprimé le verbe « exercer ») et conservant le pouvoir de

1. CJCE 26 juin 2007, aff. C-305-05, *Gaz. Pal.* 7 juill. 2007, Doctr. par B. Vatier ; *JCP* 2007. II. 10 137, note O. Cachard et I. 206, n° 6, obs. D. Lévy ; *Europe,* 2007, n° 201, obs. D. Simon.

2. *Commentaires : JCP* 2009, v. *Aperçus rapides,* n° 70, obs. Ch. Cutajar et I, 120, n° 4, obs. D. Lévy ; *D.* 2009. 821, Ch. Cutajar.

3. Y. Avril, *Responsabilité des avocats : civile, disciplinaire, pénale,* Dalloz, 2e éd., 2008. Sur une condamnation à dix millions de francs de dommages-intérêts, Paris, 16 avr. 1996, *Gaz. Pal.* 29 avr. 1997, Doct. P. Michaud.

4. *Commentaires :* R. Martin, *JCP* 2005, Actu. – Aperçu rapide, n° 305, p. 1047 et *ibid.,* n° 343, p. 1159 ; *Procédures,* juill. 2005, Études, n° 9, p. 8.

prononcer une mesure de suspension provisoire pendant la durée des poursuites (v. *infra*, ce numéro, *in fine*) [1]. Le but de cette réforme (assurer une meilleure impartialité de cette justice qui reste « familiale » en éloignant l'avocat poursuivi de la proximité de ses juges) explique la dérogation établie au profit du Barreau de Paris, dont l'importance numérique garantit à elle seule cette forme d'impartialité ; ce Barreau conserve sa juridiction disciplinaire. La loi a réglementé d'une manière assez précise les règles de cette action disciplinaire [2], la procédure à suivre, les voies de recours ouvertes à l'intéressé [3]. Le décret améliore nettement les garanties offertes à l'avocat poursuivi (art. 192 et 194 par ex.). On renvoie à ses articles 187 à 197, pour l'enquête déontologique, l'instance disciplinaire, le jugement et les voies de recours. Pendant les poursuites pénales ou disciplinaires, l'avocat peut être *suspendu* provisoirement par son Conseil de l'ordre (L. 1971, art. 24 ; art. 198 et 199, D. 1991) ; la loi de 2004 en a précisé les conditions : puisqu'il ne s'agit pas d'une peine disciplinaire, mais d'une mesure de sûreté, elle ne peut excéder quatre mois (renouvelable) et la décision est susceptible d'un recours devant la cour d'appel.

Un avocat appartenant à un pays de la Communauté européenne peut être, en France, l'objet de poursuites disciplinaires (art. 203-1, D. 1991). La commission Darrois (avril 2009) préconise de renforcer le rôle du plaignant dans la procédure disciplinaire.

1073 ***Peines disciplinaires*** ◊ Les peines encourues sont (art. 184, D. 1991) : 1° l'avertissement ; 2° le blâme ; 3° l'interdiction temporaire [4], laquelle ne peut excéder trois années ; 4° la radiation du tableau des avocats (cette radiation a un caractère définitif) ; le retrait de l'honorariat. L'interdiction de faire partie pendant dix ans du Conseil de l'Ordre peut venir compléter les trois premières sanctions.

1. P. Bardi, « La régionalisation de la discipline des avocats après la loi "professions" du 11 février 2004 », *Gaz. Pal.* 8 juill. 2004, Doctr.

2. L. Cremieu, *La nature juridique de l'action disciplinaire dans la profession d'avocat*, D. 1949. Chron. 29 ; la démission n'empêche pas les poursuites disciplinaires ; Civ. 1re, 15 mai 1985, *D.* 1985. IR. 106, obs. Brunois ; un acquittement au pénal ne les interdit pas non plus, Civ. 1re, 21 avr. 1969, *D.* 1969. Somm. 99 ; Civ. 1re, 15 oct. 1975, *Gaz. Pal.*, 1976. I, somm. 68 ; v. note préc. R. Perrot et J.-B. Sialelli, *JCP* 1977. II. 18667 ; Civ. 1re, 15 nov. 1977, *D.* 1978. IR. 210 ; 29 mars 1978, *JCP* 1978. IV. 174 ; 17 juill. 1979, 3 mai 1979, *D.* 1979. IR. 474, obs. Julien ; Civ. 1re, 4 déc. 1979, *D.* 1981.328, note Brunois ; 12 avr. 1983, *Gaz. Pal.*, 1983. Jur. 436, note Damien, *D.* 1984. IR. 116, obs. Brunois ; 15 mai 1984, *JCP* 1984. IV. 234.

3. Le Conseil de l'ordre n'est pas une partie dans l'instance disciplinaire : Civ. 1re, 1er févr. 1983 ; 1er mars 1983 ; Orléans, 29 juin 1983, *D.* 1984. IR, obs. Brunois.

4. Caen, 9 févr. 1982, *D.* 1983.43, note Y. Avril.

§ 3. Un droit et une obligation : la formation continue

1074 *Compétence des CRFPA* ◊ La loi du 11 février 2004 rend obligatoire la formation continue des avocats inscrits au tableau de l'ordre (art. 14-2, L. 1971). Le CNB détermine les modalités selon lesquelles elle s'accomplit. Aux termes de l'article 13, al. 4, 6° de la loi de 1971, les CRFPA doivent assurer la formation continue des avocats, au titre de la loi du 16 juillet 1971. La commission Darrois (avril 2009) préconise de renforcer les obligations de formation continue.

Le décret n° 2004-1386 du 21 décembre 2004 précise davantage le contenu de cette nouvelle obligation (art. 85 et 85-1, D. 1991) : vingt heures par ou quarante sur deux ans, par participation à des actions de formation dispensées par le CRFPA, par les universités ou des avocats ou à des colloques, conférences ou par un enseignement à l'université ou dans un CRFPA ou par la publication de travaux. L'avocat doit déclarer chaque année, à son conseil de l'Ordre, la manière dont il a satisfait à cette obligation, mais aucune sanction propre n'est prévue ; on entre donc dans le domaine du disciplinaire en cas de violation de cette obligation [1]. Deux régimes particuliers sont prévus, l'un pour les nouveaux avocats (pendant les deux premières années d'exercice, ce qui correspond à la durée de l'ancien stage, ils doivent consacrer dix heures à la déontologie), l'autre pour les avocats spécialistes qui devront consacrer un quart du temps de leur formation continue à leur spécialité, après cinq ans d'exercice de cette spécialité. Par décision normative du 11 février 2005, modifiée le 16 mai 2008 [2], le CNB a adopté les modalités d'application de cette obligation ; le CNB n'a pas souhaité que les Conseils de l'Ordre ou les avocats eux-mêmes soient libres de leur choix en la matière, afin de s'assurer du sérieux des formations dispensées ; à ce titre, il institue une obligation de communication préalable des programmes des formations dispensées par des avocats ou d'autres établissements, à l'exception des universités (sur lesquelles pèse, sans doute, une présomption de sérieux) ; il définit le contenu du dossier qui devra être présenté [3].

1. Bordeaux, 14 oct. 2008, *JCP* 2008. I. 120, n° 12, obs. S. Bortoluzzi.
2. *JO* du 30 juill. 2008. V. S. bortoluzzi, *JCP* 2008. I. 184, n° 13.
3. V. G. Bestaux, *Les Annonces de la Seine,* 10 mars 2005, p. 9.

CHAPITRE 2

LES OFFICIERS MINISTÉRIELS AUXILIAIRES DE LA JUSTICE CIVILE

1075 ***Plan*** ◊ Tous les officiers ministériels n'exercent pas la profession d'auxiliaire de la justice civile.

Seuls sont dans ce cas les avoués près les cours d'appel, les greffiers des tribunaux de commerce, les huissiers de justice, les avocats à la Cour de cassation et au Conseil d'État, les commissaires-priseurs judiciaires et, dans une mesure moindre, les notaires. Ils sont *officiers ministériels*, ce qui veut dire que, titulaires de leur office qui leur est confié à vie par l'État et pour lequel ils ont le droit de présenter un successeur, ils ont le monopole d'une profession dont ils ne peuvent, par conséquent, refuser l'exercice à ceux qui le leur demandent ; certains, comme l'huissier, le greffier ou le notaire sont également *officiers publics*, c'est-à-dire qu'ils ont le pouvoir d'authentifier des actes.

On va, dans une première Section, présenter un aperçu des *règles communes* à tous les officiers ministériels et, dans une seconde Section, on fera l'*étude particulière de chacun des officiers ministériels* auxiliaires de la justice civile, en n'accordant qu'une importance minime aux greffiers des tribunaux de commerce dont la situation a été transformée par une réforme récente (v. *supra*, n°s 877 et s.) [1].

On soulignera que ces statuts sont aujourd'hui très contestés dans l'Europe des 27 par certains de nos partenaires, notamment de tradition de *common law* ; la directive service du 12 décembre 2006 n'en est que la traduction concrète, en attendant l'issue de procédures introduites devant la CJCE et qui concerne les notaires (v. *infra*, n° 1081). À travers ses propositions concernant le maintien des statuts de notaires, de greffiers des tribunaux de commerce, de commissaires-priseurs judiciaires et d'avocats aux Conseils, la commission Darrois (avril 2009) conforte le statut des officiers ministériels.

1. *Rép. pr. civ.*, 2e éd., v° « Office public ou ministériel ».

SECTION 1. RÈGLES COMMUNES À TOUS LES OFFICIERS MINISTÉRIELS

§ 1. Création, cession et suppression des offices – Contrôle de l'État

1076 ***Les offices ministériels et la Révolution*** ◊ Le législateur révolutionnaire, après avoir aboli la vénalité des offices de judicature, fut très naturellement conduit à abolir celle des offices ministériels qui existaient sous l'ancien Régime et qui consistait pour le Roi à vendre ces charges, qui étaient qualifiées d'immeubles et intégrées au patrimoine de leurs titulaires, transmissibles aux héritiers. Ce fut l'œuvre de quatre lois qui se répartissent entre les années 1789 et 1793. En fait, la situation des officiers ministériels resta à peu près la même ; si le titre était mis hors du commerce par la suppression de la vénalité de l'office, la clientèle, elle, y restait, puisque l'ancien titulaire, ou ses héritiers, demeurait en possession des minutes, des dossiers et répertoires qui permettaient de la conserver et qu'il ne cédait que moyennant finances à son successeur. Celui-ci, d'ailleurs, n'était agréé par la chambre de discipline qu'à la condition d'avoir acquis ces minutes, dossiers et répertoires, et la Chancellerie était bien forcée de le nommer, puisqu'il ne pouvait avoir de compétiteur.

1077 ***La loi du 28 avril 1816 et la cession des offices*** ◊ C'est la loi de finances du 28 avril 1816, dans son article 91 (toujours en vigueur), qui a créé, en droit français la distinction du titre et du droit de présentation. C'est la transformation d'une situation de fait en situation de droit : d'après ce texte, le *titre* est mis, implicitement tout au moins, hors du commerce, ce qui consacre la réforme révolutionnaire. Seul, l'État confère le titre, mais en règle générale, il ne le confère qu'à la personne présentée par l'ancien titulaire de l'office, qui naturellement n'exerce ce droit de présentation qu'au profit de celui qui lui donne un prix représentant la valeur de cet office. La valeur du droit de présentation se confond donc avec le prix de la charge. Dans le langage ordinaire on dit vendre sa charge et non pas vendre son droit de présentation.

La différence entre le système actuel de *patrimonialité* et celui de l'Ancien régime de la *vénalité*, c'est qu'aujourd'hui l'État ne perçoit pas le prix de cession, alors que le Roi l'encaissait. Ce *droit de présentation* est un droit de propriété *mobilière*, vénal et transmissible [1]. Mais il est facile de comprendre, d'une part, que la cession de ce droit doit être soumise à un certain contrôle de la part des pouvoirs publics ; d'autre

1. Sur sa nature, v. note Beguet, sous Civ., 28 mai 1946, S. 1947.1.9.

part, que des conséquences particulières peuvent découler de l'indissolubilité existant entre le *titre*, qui est hors du commerce et le *droit de présentation* qui, lui, est dans le commerce. La nécessité du contrôle de l'État influe sur les conditions de la cession, et l'indissolubilité du titre et du droit de présentation, sur les effets de cette cession. Nous allons le reconnaître en étudiant ses *conditions* et ses *effets*.

a) Conditions de la cession

Depuis une loi du 25 juin 1841 (art. 6), qui a ordonné l'enregistrement des cessions, celles-ci doivent être constatées par écrit authentique ou privé. Les conditions de fond sont abandonnées à la volonté des parties. Toutefois, en ce qui concerne le prix, il y a des restrictions. La Chancellerie exerce un contrôle sur le prix de la cession pour éviter que le successeur, en payant trop cher, ne soit tenté de grossir les frais de ses clients ou de se livrer à des opérations étrangères à l'exercice de ses fonctions [1].

b) Effets de la cession

1) En principe, ce sont les effets d'une vente ordinaire.

– Du côté du *vendeur*, la vente de l'office ministériel l'oblige à la livraison et à la garantie : à la *livraison*, qui consistera à donner sa démission et à user de son droit de présentation envers l'acquéreur ; à la *garantie* à raison des troubles qui peuvent émaner, notamment, du vendeur. Supposons que le vendeur achète une autre charge dans la même localité et fasse à l'acquéreur de son ancienne charge une concurrence déloyale ; il peut être dans ce cas actionné en garantie [2]. Il y aura aussi une garantie pour les vices. Supposons que le nouvel acquéreur découvre que son prédécesseur a commis un acte malhonnête, susceptible de jeter sur l'étude un discrédit qui doit éloigner la clientèle. Il agira en diminution de prix contre le vendeur. Mais, dans tous ces cas, l'action en garantie ne peut jamais être qu'une action en *dommages-intérêts*. Elle ne peut jamais aboutir à la résiliation du contrat de cession à raison de l'indissolubilité du titre et du droit de présentation. Il y a eu collation du titre et investiture du nouveau titulaire par l'État. Cette collation est définitive.

– Du côté de l'*acquéreur*, la cession produit également les effets d'une vente mobilière, en ce sens qu'il est obligé de payer son prix et ne peut demander une révision judiciaire du prix [3]. S'il ne le paye pas, le vendeur peut le poursuivre et user envers lui du privilège du vendeur non payé et de toutes voies d'exécution [4] ; mais, tandis que, dans une vente ordinaire, il peut y avoir résolution pour défaut de paiement du prix, cette action est impossible dans les cessions d'offices ministériels, toujours à raison de l'indissolubilité du titre et du droit de présentation.

La vente était jusqu'à une date récente le seul contrat à titre onéreux auquel se prêtaient les offices ministériels ; il ne pouvait y avoir à leur sujet ni contrat

1. La valeur de l'office est donc appréciée par la Chancellerie à laquelle on communique le traité de cession ainsi qu'un état des revenus de l'office pendant les cinq dernières années ; elle impose, le cas échéant, une réduction. Afin de déjouer les manœuvres des parties qui auraient pu, à l'aide d'une contre-lettre, majorer le chiffre inscrit dans l'acte apparent, une loi du 27 février 1912 (art. 2) a frappé d'une nullité radicale, d'ordre public, toute contre-lettre ; elle a en outre prononcé la peine de la destitution contre le nouveau titulaire de la charge. – Com., 8 mai 1979, *JCP* 1979. II. 19192, note A. S.
2. Civ., 18 avr. 1944, *DA*, 1944.87.
3. Civ. 1re, 7 déc. 2004, *Gaz. Pal.* 17 févr. 2005, avis Jerry Sainte-Rose.
4. Montpellier, 24 mai 1973, *JCP* 1975. IV. 6510, obs. J. A.

de louage, ni mise en société, sauf en ce qui concerne les agents de change. Mais l'évolution à laquelle il a déjà été fait allusion (v. *supra*, nos 984 et s.), a modifié les conceptions traditionnelles.

2) La loi du 29 novembre 1966 permet la constitution de sociétés civiles professionnelles entre personnes physiques exerçant une même profession libérale, « notamment entre officiers publics et ministériels ». Ainsi une société pourra éventuellement être titulaire d'un office ; les successeurs présentés à l'agrément de la chancellerie pourront être alors « des personnes physiques ou des sociétés professionnelles » (art. 91, L. 28 avr. 1816, mod. par L. 29 nov. 1966).

3) En revanche, l'office ministériel peut sans restrictions faire l'objet d'un acte à titre gratuit. Il peut être donné ou légué. On applique à ces donations ou à ces legs toutes les règles particulières aux actes à titre gratuit. Toutefois, ici encore va se manifester l'indissolubilité du titre et de la finance. Ainsi, tandis que les donations ordinaires sont révocables pour survenance d'enfant, ingratitude ou inexécution des charges, cette révocation ne peut pas se produire pour les offices ministériels ; on obligera, dans tous ces cas qui devraient être des cas de révocation, le successeur à payer à l'ancien titulaire une somme égale à la valeur de l'office, mais il demeurera titulaire de cet office.

1078 ***Le contrôle de l'État*** ◊ Le caractère officiel des fonctions des officiers ministériels impose à l'État de veiller avec soin sur les conditions de leur recrutement, d'exercer une surveillance sur leurs agissements. Ce contrôle se marque à divers points de vue, par exemple, il ne peut être rémunéré que suivant un tarif officiel, la taxe, ou encore, dans la création et la suppression des offices. Ou encore, par le pouvoir de surveillance confié au procureur général de la cour d'appel (D. n° 2009-452, 22 avr. 2009, qui substitue le PG au procureur de la République).

1079 ***Création et suppression des offices*** ◊ La création et la suppression des offices dépendent de l'État [1]. C'est lui qui dispose de la fonction [2].

1. Sur l'absence de contrôle en ce qui concerne cette décision administrative, v. Bourges, 24 mars 1947, *D.* 1947.274 ; CE 9 nov. 1945, *D.* 1946.116.

2. Lorsqu'un office nouveau est créé, son titulaire indemnise par une somme (que fixe la Chancellerie) les officiers antérieurement installés et dont la situation financière va être désormais un peu diminuée (perte de clients). À l'inverse, lorsque des avoués, par exemple, obtiennent de la Chancellerie la suppression d'une étude, ils versent une somme au titulaire dont l'office disparaît ou à ses héritiers. V. sur les obligations pécuniaires de l'officier ministériel démissionnaire dans le cas où sa charge est supprimée, CE 12 févr. 1965, *JCP* 1965. II. 14122, note H. G., *D.* 1966.128, concl. Dutheillet de Lamothe, *RTD civ.* 1965.405, obs. Hébraud. V. aussi Civ. 1re, 26 avr. 1966, *JCP* 1966. II. 14715, note J. A. sur les conséquences du rachat collectif d'une charge et les obligations qu'il impose aux officiers ministériels qui subsistent. V. sur le cas de démissions ou suppressions d'officier ministériel, CE 23 avr. 1969, *JCP* A 1969. IV. 5507 et 14 mai 1969, *JCP* A 1969. IV. 5533, obs. J. A., *RTD civ.* 1969.611, obs. Hévraud. Une situation un peu particulière se produit en cas de destitution de l'officier. Celui-ci perd à la fois son titre et son droit de présentation. Cependant, on ne veut pas lui imposer, à lui ou à sa famille, la perte de la valeur pécuniaire de la charge ; aussi oblige-t-on le nouveau titulaire, nommé sans présentation préalable, à payer à l'officier destitué ou à ses ayants droit une indemnité. Mais cette indemnité ne peut pas être considérée comme un prix de vente de la charge. Il en résulte que, si le titulaire destitué n'avait pas payé encore sa charge en tout ou en partie, le précédent ven-

Depuis un décret du 30 décembre 1953, modifié par décr. n° 88-814 du 12 juillet 1988, la nomination est faite par arrêté du garde des Sceaux.

§ 2. Les transformations récentes du statut des officiers publics et ministériels

Les officiers publics et ministériels sont pour les particuliers et spécialement, quand ils ont affaire à la justice, des auxiliaires précieux. Ils ont, dans l'ensemble, conservé, dans notre système juridique, leurs fonctions traditionnelles et leur spécificité. Mais ils ont été englobés à deux reprises par les réformes de l'organisation judiciaire de 1958 et également par les textes très importants publiés à la fin de l'année 1990.

1080 ***Les offices ministériels et la réforme judiciaire de décembre 1958*** ◊ La réorganisation des tribunaux par l'ordonnance n° 58-1273, du 22 décembre 1958, ne pouvait manquer d'exercer des répercussions sur le sort de la condition de nombreux officiers ministériels. Ce sont surtout les greffiers et les avoués qui ont été touchés par la suppression de certains tribunaux. Des mesures d'adaptation s'imposaient. Elles ont été prises par un décret n° 58-1282, du 22 décembre 1958, relatif aux divers auxiliaires de la justice.

1081 ***Les réformes réalisées à la fin de l'année 1990 – Vers d'autres bouleversements ?*** ◊ Les importantes réformes entreprises à la fin de l'année 1990 ont introduit un certain nombre de modifications dans les règles applicables aux officiers publics et ministériels. Il convient de citer d'abord le décret n° 90-1210 du 21 décembre 1990 qui concerne les conditions auxquelles est subordonnée la nomination, dans *certains* offices français, d'un ressortissant d'un État membre de la Communauté européenne et dont on trouve l'équivalent, pour les avocats aux conseils, dans le décret n° 91-1125 du 28 octobre 1991 (v. *infra*, n° 1082, 5). Il faut citer aussi la loi n° 90-1258 du 31 décembre 1990 relative à l'exercice sous forme de sociétés des professions libérales, et la loi n° 90-1259 du 31 décembre 1990 relative à la fusion des professions d'avocat et de conseil juridique, qui contient certaines dispositions applicables aux notaires et aux greffiers des tribunaux de commerce.

Les années qui viennent verront certainement se modifier les conditions d'exercice de certaines de ces professions, le statut d'officier ministériel, mal compris dans les pays de *common law* et contesté par eux, y compris par des actions pendantes devant le CJCE, subit les coups de boutoir répétés de l'Europe libérale des services, donc la directive service du 12 décembre 2006 n'est que le préliminaire à de plus grands bouleversements en terme d'accès à ces professions. Le dépôt des rapports Attali (commission pour la libération de la croissance française) en janvier 2008 et Darrois en avril 2009, conduisent à

deur ne pourrait pas exercer sur cette indemnité le privilège du vendeur. Celui-ci ne peut, en effet, porter que sur un véritable prix.

penser que certaines de ces professions seront vraisemblablement absorbées par d'autres.

§ 3. Conditions générales de capacité et d'aptitude communes à tous les officiers publics et ministériels

1082 *De la France libérée à l'Europe libérale* ◊ Les conditions que nous énumérons sont celles que l'on trouve mentionnées notamment dans les ordonnances statutaires du 2 novembre 1945, relatives au statut des avoués, des huissiers de justice, des commissaires-priseurs judiciaires, des notaires [1] et dans l'ordonnance statutaire n° 45-1418 du 28 juin 1945 qui visait les notaires et « certains officiers ministériels ». Tout en se rattachant étroitement aux textes antérieurs, elles en coordonnent les exigences. On peut considérer qu'elles tendent à établir un statut de droit commun. Celui-ci a été profondément modifié par un décret n° 90-1210 du 21 décembre 1990 qui concerne (avec des nuances quant à l'exigence de la nationalité française), les avoués, les commissaires-priseurs judiciaires, les notaires, les huissiers de justice, les greffiers des tribunaux de commerce et qui se prolonge dans le décret n° 91-1125 du 28 octobre 1991 pour les avocats aux conseils (*infra*, 5).

Pour chacune de ces professions, un texte spécial indique dans quelles conditions, à partir de l'année 1991, les ressortissants d'un État membre de la Communauté européenne pourront demander à devenir officier ministériel en France. Le même texte étant, à quelques mots près, reproduit six fois, nous en donnerons ici les grandes lignes, en renvoyant à ce développement, lorsque nous reprendrons une à une les diverses activités professionnelles exercées par un officier public ou ministériel. Il est probable que les très prochaines années nous apporteront des bouleversements importants (v. *supra*, n° 1081).

1) Condition de nationalité

Traditionnellement, il était exigé de toute personne demandant à être nommée dans un office ministériel, qu'elle possède la *nationalité française*, à titre originaire ou par naturalisation, cet accès étant ouvert aux femmes depuis la loi du 20 mars 1948.

– Cette condition a été maintenue pour les officiers ministériels qui sont aussi officiers publics en occupant des fonctions dans lesquelles ils exercent des attributions relevant directement de la souveraineté de l'État et bénéficient en quelque sorte *« d'une délégation de service public »* : tel est le cas pour *l'huissier de justice*, qui, au nom de l'État, procède à des poursuites et à des exécutions forcées contre des particuliers. Il en va de même pour les *notaires* établissant et délivrant des actes susceptibles d'exécution forcée, ainsi que pour les *greffiers*

1. Ces textes ont été à plusieurs reprises modifiés.

des tribunaux de commerce qui remettent aux plaideurs des jugements munis de la formule exécutoire.

- En revanche, la fonction *d'avoué à la cour*, celles de *commissaire-priseur judiciaire* et *d'avocat aux conseils* peuvent être confiées, non seulement à des candidats possédant la nationalité française, mais aussi à des ressortissants d'un État membre de la Communauté européenne ou d'un autre État partie à l'Espace économique européen, à condition qu'ils possèdent, dans le cadre de cette Communauté, certains titres et une certaine expérience professionnelle précisés, pour les deux premières professions citées, par le décret n° 90-1210 du 21 décembre 1990, relatif aux conditions d'accès à certains offices publics et ministériels, et pour la dernière par le décret n° 91-1125 du 28 octobre 1991. Ce décret est entré en vigueur le 1er janvier 1991.

Nous consacrerons un développement spécial à ce régime nouveau qui s'applique aussi aux ressortissants français ayant acquis leurs diplômes et leur formation hors de France mais en CEE ou dans une autre partie à l'Espace économique européen (v. *infra* V).

2) Condition de moralité

Il est exigé que le candidat n'ait subi aucune condamnation pour des faits contraires à la probité ou aux bonnes mœurs, qu'il n'ait été ni déclaré en faillite, ni l'objet d'un redressement judiciaire ou d'une liquidation judiciaire, qu'il ne soit ni ancien officier ministériel, ni avocat rayé du barreau, ni fonctionnaire révoqué par mesure disciplinaire pour fraude contraire à la probité et aux bonnes mœurs.

3) Garanties de compétence professionnelle

Ces garanties sont de trois ordres [1] :

- La possession d'un *diplôme universitaire.*
- L'accomplissement d'un *stage professionnel* d'une certaine durée.
- La réussite a un *examen professionnel* depuis un délai qui ne dépasse pas, normalement, trois ans.

4) Admission par le tribunal (ou par la Cour)

Être admis par le tribunal de grande instance ou par la Cour. Dans le mois de sa nomination par arrêté du garde des Sceaux, l'officier prête serment (V. décr. n° 88-814 du 12 juill. 1988).

5) Régime spécial concernant les Français ayant reçu une formation dans le cadre de la CE ou de l'EEE et aux ressortissants d'un État membre de la CE ou de l'EEE

a) Le champ d'application de ce nouveau régime n'est pas tout à fait uniforme pour l'ensemble des offices ministériels. Du fait que la nationalité française continue d'être exigée pour l'accès aux offices publics de greffiers des tribunaux de commerce, d'huissiers de justice et de notaires (v. *supra*, I) ces règles s'appliquent :

- *d'une part* aux Français ayant acquis leur formation professionnelle dans un État de la CE ou dans un autre État partie à l'espace économique européen et souhaitant accéder à l'une de ces trois professions, ainsi qu'aux ressortissants de la CE ou de l'EEE ayant acquis cette même formation dans un État de

1. Il est prévu depuis longtemps, pour chacune des professions des dispenses de diplômes, de stage ou d'examen professionnel, en fonction de la formation antérieure de candidats et des professions qu'il a exercées avant de formuler sa demande. Elles sont variables d'une profession à une autre et sont énoncées dans le texte concernant les conditions propres à chaque catégorie d'officier ministériel.

la CE ou de l'EEE autre que la France et qui, *ayant été naturalisés français*, souhaiteraient ensuite accéder à l'une de ces trois professions (en validant en quelque sorte leurs acquis de formation) [1] ;

- d'autre part, et cette fois pour l'accès aux professions d'avoué, de commissaire-priseur judiciaire et d'avocat aux conseils, aussi bien aux ressortissants français qu'aux ressortissants d'un État de la CE ou dans un autre État partie à l'EEE, sans qu'il soit exigé de ces derniers une naturalisation [2] ;

b) En quoi consiste ce régime de validation des acquis ? Le ressortissant concerné doit d'abord avoir suivi avec succès un cycle d'études de trois ans au moins dans un établissement d'enseignement universitaire ou supérieur et avoir reçu, en outre, la formation professionnelle requise. Deux éventualités sont alors envisagées :

- L'intéressé doit justifier des *diplômes, certificats* ou *titres* permettant l'exercice de la profession dans un État membre de la Communauté ou dans un autre État partie à l'EEE [3].
- Le candidat doit justifier aussi d'un exercice à plein-temps de la profession pendant deux ans, au moins, au cours des dix ans qui précèdent, dans un État membre qui ne réglemente pas l'accès ou l'exercice de la profession.

Mais, l'intéressé doit subir dans deux éventualités un examen d'aptitude dont le programme et les modalités sont fixés par le garde des Sceaux [4]. La liste des candidats à cet examen est arrêtée par le garde des Sceaux, après avis du bureau de la chambre nationale de la profession [5].

§ 4. L'exercice de la profession dans le cadre d'une société

1083 ***Évolution. Textes*** ◊ Pendant très longtemps, l'exercice de la profession d'officier public ou ministériel était assuré par son seul titulaire, celui-ci étant aidé par des clercs ayant reçu une certaine formation juridique et par des secrétaires dactylographes. Il a fallu attendre la loi n° 66-879 du 29 novembre 1966 pour que soit autorisée la création de

1. Pour *les greffiers des tribunaux de commerce*, v. C. com., (réd. D. 25 mars 2007), art. R. 742-1 (être Français) et R. 742-4 (validation de la formation) ; pour les huissiers de justice, v. D. n° 770, 14 août 1975, art. 1er et 5-2 ; pour les notaires, v. D. n° 609, 5 juill. 1973, art. 3-1° et 7-1.

2. Pour *les avoués*, v. D. n° 45-0118, 19 déc. 1945, art. 4-1 ; pour les commissaires-priseurs judiciaires, v. D. n° 73-541, 19 juin 1973, art. 6 (réd. D. 2001-651, 19 juill. 2001) ; pour les avocats aux conseils, D. n° 91-1125, 28 oct. 1991, art. 1er.

3. Titres délivrés : soit par l'autorité compétente de cet État et sanctionnant une formation acquise de façon prépondérante dans la Communauté ; soit par un pays tiers. Mais, il faut alors une attestation de l'autorité compétente de l'État membre qui a reconnu les titres, certifiant que l'intéressé possède une expérience professionnelle de trois ans au moins dans cet État.

4. La première éventualité est celle où la formation a porté sur des matières substantiellement différentes de celles qui figurent aux programmes des diplômes et de l'examen professionnel de la profession, en France. La seconde est celle où plusieurs des activités professionnelles dont l'exercice est subordonnée à la possession de ces diplômes et de cet examen ne sont pas réglementées, ou le sont de façon différentes dans l'État d'origine ou de provenance du candidat.

5. V. *Rev. crit. DIP* 1991.198.

sociétés civiles professionnelles entre personnes physiques exerçant une profession libérale, ce qui fut le cas, à la fois pour les avocats (v. *supra*, n° 1038) et pour les *officiers publics et ministériels*. Certaines dispositions de la loi ont été modifiées par les articles 24 à 31 de la loi n° 90-1258 du 31 décembre 1990, relative à l'exercice, sous forme de société des professions libérales soumises à un statut législatif ou réglementaire ou dont le titre est protégé. L'article 22 de la même loi permet aussi la création d'une *société en participation* des *professions libérales* soumises à un statut législatif ou réglementaire ou dont le titre est protégé ce qui est le cas pour les officiers publics ou ministériels ; cette société est alors soumise aux articles 1871 à 1872-1 du Code civil. L'alinéa 2 de l'article 22 va encore plus loin. En effet, à partir du 1er janvier 1992 et après la sortie des décrets d'application, ce texte permet la création d'une société en participation entre *personnes physiques* exerçant *plusieurs des professions libérales* appartenant à la même famille juridique. V. *supra*, n° 987.

§ 5. **L'organisation corporative**

1084 ***Organisation de la profession*** ◊ Suivant une ancienne tradition encouragée par les pouvoirs publics, les officiers sont groupés en corporations ou communautés comprenant une chambre de discipline. L'importance de ces organisations s'est accrue depuis quelques années, et les textes ont été à plusieurs reprises remaniés.

a) Le régime nouveau se caractérise par trois traits

– La corporation, dont la formation est obligatoire, comporte une structure hiérarchisée ; au-dessus des chambres locales, on a placé des chambres régionales et une chambre nationale ; ces divers organismes sont des établissements d'utilité publique ; leurs membres sont désignés par l'élection.

– Toutes les chambres corporatives sont appelées à régler, dans le cadre de la loi, les conditions du travail dans les études. Pour remplir ces attributions elles siègent en comité mixte en se complétant par un nombre de clercs ou d'employés égal à celui des officiers ministériels formant leur bureau.

– Les officiers ministériels conservent la faculté de constituer des associations libres sous le régime de la loi de 1901, à condition que leur objet ne porte pas atteinte aux attributions légales des diverses chambres.

b) Indiquons brièvement quelles sont *les attributions* les plus importantes des chambres :

– La chambre *locale* établit un règlement soumis à l'approbation du garde des Sceaux. Elle a pour mission de surveiller ses membres, de concilier les différends surgissant entre eux, ou entre eux et des tiers ; elle délivre des certificats de moralité à ceux qui sollicitent leur admission, vérifie la tenue de la comptabilité dans les études. Elle exerce des fonctions disciplinaires et possède des attributions budgétaires.

– La chambre *régionale* exerce des fonctions de conciliation entre les officiers ne dépendant pas de la même chambre locale. C'est elle que l'on consulte pour la création et la suppression des offices. Elle organise le fonctionnement des cours professionnels et désigne les officiers chargés de faire partie de la commission d'examen. Elle s'occupe des institutions et œuvres sociales intéressant le personnel des études. Pour les avoués à la cour d'appel, il existe seulement des chambres régionales et une chambre nationale. V. *infra*, n° 1094.

– Quant à la chambre *nationale*, elle représente la corporation auprès des pouvoirs publics, aplanit les différends surgissant entre chambres régionales ou entre officiers dépendant de chambres régionales différentes. Elle a des attributions importantes au point de vue social. Elle est appelée enfin à jouer un rôle consultatif auprès du garde des Sceaux.

§ 6. **Régime disciplinaire et lutte contre le blanchiment d'argent sale**

1085 ***Régime disciplinaire*** ◊ Le régime disciplinaire auquel sont soumis les officiers ministériels, aggravé par les lois du 14 octobre 1941 et du 24 février 1942, a été l'objet d'une refonte complète. Tous les textes anciens ont été abrogés et remplacés par une ordonnance du 28 juin 1945 relative à la discipline des notaires et de certains officiers ministériels (il s'agit des avoués d'appel, des huissiers de justice, des commissaires-priseurs judiciaires). L'ordonnance (plusieurs fois modifiée), énumère les peines encourues, précise leur régime et leurs conséquences, désigne les autorités chargées de les prononcer et fixe les règles de procédure à suivre.

a) *Les sanctions :* les moins rigoureuses sont prononcées par la chambre de discipline dont relève directement l'officier. Ce sont (art. 3) : 1° le *rappel à l'ordre ;* 2° la *censure simple ;* 3° la *censure devant la chambre assemblée.* Il existe des peines plus graves : 4° la *défense de récidiver ;* 5° l'*interdiction temporaire ;* 6° la *destitution.* Mais elles ne peuvent être prononcées que par le tribunal de grande instance dans le ressort duquel l'officier exerce ses fonctions. Les peines 1° à 4° peuvent être accompagnées d'une peine complémentaire ; l'*inéligibilité temporaire,* qui ne peut excéder dix ans, aux chambres professionnelles (art. 4, al. 1 de l'ordonnance).

La suspension et la destitution entraînent à titre accessoire l'*inéligibilité définitive* aux organismes professionnels. La destitution prive l'officier destitué de l'inscription sur les listes électorales pour l'exercice des droits civiques (art. 4, al. 2 de l'ordonnance, modifié par la loi du 25 juin 1973).

b) Reprenant des dispositions inscrites dans une loi abrogée du 14 octobre 1941, l'ordonnance (art. 32 à 35) prescrit que le tribunal de grande instance ou le juge des référés peut, à la requête du procureur de la République, *interdire temporairement* l'exercice de ses fonctions à l'officier qui serait l'objet d'une poursuite pénale ou disciplinaire. Un administrateur provisoire est désigné. Pendant la durée de cette suspension, l'officier ne peut pas participer à l'activité des organismes professionnels.

c) Les détails de la procédure devant la chambre de discipline et devant le tribunal sont précisés par le décret du 28 décembre 1973. Ainsi, le tribunal statue en chambre du conseil (pour les voies de recours, v. art. 35 à 38, appel devant la cour d'appel). Des poursuites disciplinaires peuvent être prises contre les organismes professionnels (V. art. 42 à 44 de l'ordonnance du 28 juin

1945). Des règles spéciales concernant le cas où l'officier ministériel poursuivi fait partie d'une société civile professionnelle (v. par ex. art. 120 à 125 du décret n° 69-1057 du 20 nov. 1959 concernant les avoués).

1086 ***Lutte contre le blanchiment d'argent sale*** ◊ La loi n° 2004-130 du 11 février 2004 étend aux officiers ministériels auxiliaires de justice (ainsi qu'aux avocats, aux administrateurs et mandataires judiciaires, liste *in* art. L. 562-1, § 12 et 13, C. mon. et fin.) le dispositif de lutte contre le blanchiment d'argent sale, en particulier l'obligation de soupçonner certaines personnes ou certaines opérations et de déclarer ce soupçon au service compétent (TRACFIN) mais avec des aménagements procéduraux pour tenir compte du secret professionnel auquel ces professionnels du droit sont astreints. L'étude de ce dispositif, revu par une ordonnance du 30 janvier 2009 (art. L. 562-2-1, C. mon. et fin.) a été menée à propos des avocats (v. *supra*, n° 1070). Sont donc concernés, les avocats aux conseils, les avoués, les commissaires-priseurs judiciaires (ainsi que les sociétés de ventes volontaires de meubles aux enchères publiques), les huissiers de justice [1], les notaires.

SECTION 2. LES DIFFÉRENTS OFFICIERS MINISTÉRIELS

Après ce rappel de notions générales, nous pouvons essayer de fixer les traits particuliers des différents officiers ministériels dont l'intervention peut se révéler nécessaire au cours d'une instance. Nous le ferons en six paragraphes.

§ 1. Les greffiers des tribunaux de commerce

1087 ***L'organisation traditionnelle des greffes des juridictions civiles et leur transformation*** ◊ Jusqu'à la réforme judiciaire de 1965, les greffes étaient tenus par des greffiers titulaires de charge à la Cour de cassation, à la cour d'appel, au TGI, au tribunal de commerce et au tribunal d'instance.

La loi n° 65-1002 du 30 novembre 1965 et ses décrets d'application ont provoqué une transformation profonde, bien que réalisée par étapes, de la situation antérieure. L'institution de secrétariats-greffes à la Cour de cassation, dans les cours d'appel, dans les tribunaux de grande instance et d'instance, à la tête desquels doit normalement être placé un fonctionnaire, a fait disparaître à peu près complètement le greffier officier ministériel. Mais la loi du 1965 n'a pas inclus dans son domaine d'application les greffes des *tribunaux de*

1. R. Dujardin, « La profession d'huissier de justice à statut libéral : une garantie contre la corruption et le blanchiment d'argent », in *La contribution des institutions dans l'aménagement de l'espace de liberté*, de sécurité et de justice, colloque de l'Union inter. des huissiers de justice, Reims, 3 et 4 nov. 2005, EJT éd., coll. Passerelle, 2006, p. 99.

commerce qui restent donc des officiers ministériels (et publics) [1] dont le statut est régi non plus par le Code de l'organisation judiciaire, mais, depuis l'ordonnance du 8 juin 2006 par les articles L. 741-1 et s. du Code de commerce pour les dispositions de nature législative et, depuis le décret n° 2007-421 du 25 mars 2007, par les articles R. 741 et s. pour les textes de nature réglementaire, ainsi que par quelques textes particuliers, pour la plupart très récents. Des aménagements ponctuels ont été apportés par le décret n° 2008-786 du 18 août 2008. Une proposition de loi en cours de discussion au Parlement astreint les greffiers des tribunaux de commerce à une obligation de formation continue. La commission Darrois (avril 2009) préconise le maintien de leur statut.

a) Les conditions générales d'accès à la profession sont celles déjà indiquées pour tous les officiers ministériels (v. *supra*, nos 1076 et s.), auxquelles il faut ajouter celles propres à cette profession (art. L. 742-1 C. com. ; art. R. 742-1 et s., C. com.). Par exemple, conditions de nationalité française, de stage d'un an (art. 5), de réussite à un examen d'aptitude (art. 9 et 10). En ce qui concerne les Français ayant reçu une formation dans un État membre de la Communauté européenne ou dans un autre État partie à l'espace économique européen, v. *supra*, n° 1082, 5.

Une même personne peut être nommée à la tête du greffe de plusieurs tribunaux de commerce, à condition que leur siège soit situé dans le ressort de la même cour d'appel.

b) Le régime disciplinaire auquel sont soumis les greffiers des tribunaux de commerce est contenu dans les articles L. 743-2 à L. 743-11, et R. 743-5 à R. 743-28, C. com. La loi du 11 février 2004 d'une part, avait élargi l'échelle des peines disciplinaires (avec le rappel à l'ordre, l'avertissement, le blâme, l'interdiction temporaire d'exercer et la destitution ou le retrait de l'honorariat) (art. L. 743-3, C. com.) et, d'autre part, ouvert une option de compétence (art. L. 743-4) : l'action disciplinaire pourra être exercée par le président du Conseil national des greffes des tribunaux de commerce ou par le procureur général, devant cet organisme, auquel cas, seules des sanctions morales pourront être prononcées (rappel à l'ordre, avertissement et blâme, art. L. 743-5, C. com.) et un recours sera possible devant la cour d'appel de Paris (art. L. 743-4, C. com.) ; elle pourra également être exercée devant le TGI dans le ressort duquel le tribunal de commerce a son siège, uniquement sur l'initiative du parquet ; le TGI pourra prononcer en outre, les sanctions professionnelles (interdiction temporaire, destitution, retrait de l'honorariat) ; les deux organes peuvent prononcer l'inéligibilité temporaire au Conseil national des greffes des tribunaux de commerce (art. L. 743-3, dernier alinéa) ; le choix de compétence se fera donc en fonction de la gravité des faits qui commande l'échelle des peines, mais la saisine, par le procureur, du TGI, dessaisit le Conseil national. L'action se prescrit par dix ans (art. L. 743-4, al. 2, C. com.).

1. À ce titre, ils ne constituent pas un service des tribunaux de commerce, CE 30 avr. 1993, *JCP* 1993. IV. 1597.

c) **Le tarif** des greffiers des tribunaux de commerce est fixé par les articles R. 743-140 et s., C. com. (réd. D. n° 2007-812, 10 mai 2007) et une annexe à ces textes.

1088 ***Modes d'exercice des fonctions de greffier*** ◊ Le greffier du tribunal de commerce peut, naturellement exercer ses fonctions à titre individuel. Il le peut aussi sous la forme d'une société civile professionnelle, de sociétés d'exercice libéral ; il peut aussi être membre d'un GIE ou d'un GIE européen ou associé d'une société en participation (art. L. 743-12, C. com., qui en fixe le principe).

On renvoie aux précisions données lors de l'étude des greffes autres que ceux des tribunaux de commerce (v. *supra*, n°s 888 et s.), en ce qui concerne les fonctions dévolues au greffier et à ses collaborateurs. On rappelle que le greffier du tribunal de commerce tient le registre du commerce et assure la publicité des ventes et nantissements de fonds de commerce, celle des opérations de leasing, ainsi que celle des protêts. Leur tarif est fixé aux articles R. 743-140 à R. 743-157, C. com.

1089 ***Le Conseil national des greffiers des tribunaux de commerce*** ◊ L'article 62 de la loi n° 90-1259 du 31 décembre 1990 avait ajouté au COJ un article L. 821-4 : la profession de greffiers de tribunal de commerce est désormais représentée auprès des pouvoirs publics par un *Conseil national des tribunaux de commerce*. Cet organisme est doté de la personnalité morale ; il est chargé d'assurer la défense des intérêts collectifs de la profession. Ces dispositions ont été reprises par le décret précité du 25 mars 2007 pour les intégrer aux articles R. 741-10 à R. 741-23, C. com. Rappelons que la loi du 11 février 2004 a créé au sein de ce Conseil national une formation disciplinaire (v. *supra*, n° 1087, b).

§ 2. Les avoués près les cours d'appel

1090 ***Définition. Intervention obligatoire en appel. Une mort programmée*** ◊ On appelle avoués les officiers ministériels qui font profession de représenter les parties devant les cours d'appel. Ils sont chargés de postuler (c'est-à-dire de faire tous les actes nécessaires à la procédure) et de conclure (c'est-à-dire faire connaître les prétentions des clients) et ils représentent leur client devant la cour d'appel, sous réserve des cas dans lesquels leur ministère n'est pas obligatoire [1]. Avant la réforme de la loi du 31 décembre 1971, il existait aussi des avoués qui avaient le monopole de la représentation (postulation et conclusions) devant le tribunal de grande instance. Seuls ont été épargnés les avoués près

1. R. Tudela, « Avoué près la Cour d'appel. Profession d'hier ou d'aujourd'hui ? », *Gaz. Pal.* 22 mars 1997, Doct.

les cours d'appel [1] pour des raisons qui ont été bien souvent rappelées au cours de ces dernières années : complexité des litiges qui s'accroît généralement devant la juridiction du second degré par le jeu d'appels provoqués, d'interventions. On dit volontiers que l'appel est une *« voie d'achèvement »*. En outre chaque avoué d'appel exerce un monopole de la représentation dans le cadre territorial de la cour à laquelle il est attaché. Or, si l'on peut penser que l'avocat peut, dans le cadre du ressort d'un tribunal de grande instance, postuler et conclure sans difficultés particulières, cette activité n'est guère concevable en appel, en raison de l'étendue géographique du ressort territorial des diverses cours d'appel, surtout depuis que la procédure de mise en état a été étendue (le 16 sept. 1972) à toutes les cours d'appel (décr. n° 72-788 du 28 août 1972). La Chancellerie avait estimé que les avoués sont hors du champ d'application de la directive service, mais le 10 juin 2008, en écho au rapport Attali déposé en janvier 2008, la Ministre de la justice annonçait que les avoués seraient absorbés par les avocats au 1er janvier 2010. La commission Darrois (avril 2009) confirme cette fusion avoués/avocats et un projet de loi du 3 juin 2009 en détermine les modalités au 1er janvier 2011.

1091 ***Conditions d'aptitude*** ◊ Le statut des avoués est contenu dans une ordonnance du 2 novembre 1945 et dans un décret d'application n° 45-0118 du 19 décembre 1945 (mod. à diverses reprises). Pour être avoué, il faut, en plus des conditions énumérées précédemment (v. *supra*, nos 1082 et s.), être titulaire d'une maîtrise en droit ou d'un master 1 de droit ou d'un titre ou diplôme admis en équivalent (art. 1er, D. 19 déc. 1945) et avoir accompli un stage d'une durée de deux ans dont un an au moins, à temps complet, auprès d'un avoué [2] ; avoir passé avec succès, depuis moins de dix ans, l'examen d'aptitude professionnelle aux fonctions d'avoué (V. art. 31 déc. 1990), sous réserve des dispenses prévues aux articles 4-2 (anciens avoués ayant cessé d'exercer leurs fonctions depuis moins de dix ans), 4-3 (magistrats et anciens magistrats, universitaires, anciens avocats et avocats aux conseils) et 4-4 (anciens notaires, huissiers de justice, commissaires-priseurs judiciaires, etc.) [3]. Pour les conditions applicables aux ressortissants d'un État membre de la Communauté européenne ou d'un autre État partie à l'espace économique européen (v. *supra*, n° 1082, 5), v. les articles 4-1 et 4-5 du décret de 1945 et l'arrêté d'application du 23 décembre 2006 (organisation de l'examen) [4].

1. Bien que de nouvelles charges aient été admises pour la Cour d'appel de Versailles (Décr. n° 77-139, 11 févr. 1977 et n° 77-1401, 22 déc. 1977) la question du maintien des avoués d'appel est toujours restée posée ; à l'occasion de la fusion des professions d'avocat et de conseil juridique, ils ont bien failli disparaître, pour échapper finalement à la fusion.
2. La profession d'avoué est incompatible avec toute autre profession judiciaire et commerciale.
3. Pour les personnes dispensées de l'examen d'aptitude professionnelle, en application des articles 4-3 et 4-4, une épreuve orale portant sur la gestion d'une étude leur est imposée, Arrêté du 23 déc. 2006, *JO* 30 déc. 2006, p. 20 085, texte n° 66.
4. *JO* 30 déc. 2006, p. 20 084, texte n° 65.

1092 ***Les formes d'exercice en société autorisées pour les avoués*** ◊ **a)** Un décret n° 69-1057 du 20 novembre 1969 a étendu aux avoués le régime de la loi du 29 novembre 1966 concernant les sociétés civiles professionnelles. Il peut exister :

1) des « sociétés titulaires d'un office d'avoué » (art. 2 à 89). Chaque associé prend le titre d'avoué associé (il ne peut faire partie que d'une seule société) et doit mentionner dans tous ses actes professionnels la raison sociale de la société. Les membres d'une société ne peuvent ni consulter, ni représenter, ni assister des personnes ayant des intérêts opposés (art. 47). Une assurance civile professionnelle est prévue (art. 54) ;

2) des *« sociétés d'avoués »* (art. 90 à 134), dans lesquelles chaque avoué exerce ses fonctions dans l'office dont il est personnellement titulaire, sans que la société soit elle-même titulaire d'un office. Chaque avoué exerce alors son activité en indiquant sa qualité d'avoué associé et la raison sociale de la société, dont il fait partie (art. 166).

b) La loi n° 90-1258 du 31 décembre 1990 a autorisé d'autres formes de sociétés de professions libérales soumises à un statut législatif ou réglementaire ou dont le titre est protégé (v. *supra*, n° 987).

c) Les articles 22 et 23 de cette loi du 31 décembre 1990 autorisent le recours à la société en participation qui est même possible entre des professionnels exerçant des professions libérales distinctes à caractère judiciaire ou juridique.

1093 ***Fonctions de l'avoué à la cour. Relations avec ses clients*** ◊ On le rappelle, les avoués postulent et concluent pour les plaideurs devant la cour d'appel (v. *supra*, n° 1090). Ils peuvent compléter la juridiction auprès de laquelle ils exercent lorsqu'elle n'est pas en nombre suffisant au moment de l'ouverture de l'audience et qu'il n'y a pas d'avocat présent dans la salle pouvant la compléter. Ils peuvent plaider à titre exceptionnel dans deux circonstances spéciales : quand il y a grève d'avocats [1] ; quand il s'agit des incidents de procédure de nature à être jugés sans procédure.

Les avoués ne peuvent exercer leur profession que dans le ressort de la cour à laquelle ils sont attachés. Toutefois, une loi du 23 février 1971 permet de compléter, dans certaines cours d'appel, le nombre des avoués nécessaire à la représentation de toutes les parties ayant un intérêt distinct : on fait appel, avec l'autorisation du premier président de la cour, à des avoués de cours d'appel limitrophes [2].

Il faut tenir compte de ce que le ministère de l'avoué n'est pas exigé pour toutes les affaires portées devant la cour d'appel. Les parties peuvent alors se défendre elles-mêmes et se faire représenter par une des personnes habilitées à le faire devant la juridiction du premier degré ; elles peuvent naturellement s'adresser à un avoué (art. 931, CPC).

Ils peuvent aussi représenter les parties devant les TA et CAA [3].

1. J. Charpentier, « Les avocats et le droit de grève », *Gaz. Pal.*, 9-11 sept. 1970.
2. R. Beringuier, « Ministère obligatoire des avoués, cumul et respect des droits de la défense », *JCP* 1954. I. 1189 ; Civ., 10 janv. 1961, *D.* 1961.189, note Lenoan.
3. Avis du CE 29 nov. 1991, *JO* 13 déc. 1991.

Quel est le lien juridique qui unit l'avoué et son client ? [1]. C'est un *mandat* général constitué en vue de procès, mais qui présente quelques particularités. Il obéit aux règles contenues dans les articles 411 à 420 CPC. L'action exercée par l'avoué en remboursement de ses frais se prescrit par deux ans, à partir du jugement, sans qu'il y ait lieu de distinguer selon qu'elle est exercée par l'avoué à l'encontre de son mandant ou à l'encontre de l'adversaire de son client condamné aux dépens [2].

1094 ***Organisation corporative*** ◊ Les avoués d'appel sont groupés dans une « *chambre de la compagnie des avoués* » siégeant auprès de chaque cour d'appel (v. *supra*, n° 1084). En outre, il est institué une « chambre nationale des avoués près les cours d'appel » auprès du ministre de la Justice (D. 19 déc. 1945, art. 1er). Ce sont des établissements d'utilité publique. Les articles 2 à 4 du décret du 19 décembre 1945, modifiés en dernier lieu par le décret du 23 décembre 2006 définissent les missions et le rôle de la chambre nationale. L'expression chambre de discipline disparaît.

§ 3. Les avocats au Conseil d'État et à la Cour de cassation

1095 ***Fonctions et organisation. Une profession confortée*** ◊ Auprès du Conseil d'État et de la Cour de cassation fonctionnent des officiers ministériels appelés parfois avocats aux Conseils, qui jouent à la fois le rôle d'avocats (ils plaident si nécessaire) et d'avoués (ils postulent et concluent) et qui ont comme ancêtres immédiats les anciens avocats au Conseil du Roi [3]. Leur titre primitif était « Ordre des avocats aux Conseils et Collège des avocats à la Cour de cassation ». En 1817, on les a réunis sous le titre d'avocats au Conseil d'État et à la Cour de cassation.

a) Ils constituent un Ordre, à la tête duquel se trouve placé un président. L'ordonnance du 10 septembre 1817, plusieurs fois modifiée, notamment par un important décret n° 91-1125 du 28 octobre 1991 lequel reprend l'ensemble des conditions d'accès, d'aptitude, d'entrée en fonctions, de formation, d'examen et de nomination et par le décret n° 2002-76 du 11 janvier 2002 (procédure disciplinaire, élection du Président de l'Ordre par l'assemblée générale, juridiction compétente pour connaître des actions en responsabilité civile professionnelle, v. *infra*, ce numéro sur ce dernier point). Ces officiers ministériels

1. Ce qui est dit du mandat de l'avoué d'appel doit être étendu à l'avocat qui postule et conclut. « Journées nationales des avouées de 1990 », *Le mandat de l'avoué.*

2. Ass. plén., 12 janv. 2007, *Gaz. Pal.* 15 févr. 2007, note Alain Clavier ; *BICC* 15 mars 2007, rapport Gillet et avis R. de Gouttes ; *JCP* 2007. II. 10 075, note J.-J. Taisne ; *Dr. et Proc.* 2007-3, 160, obs. N. Fricero. *LPA* 23 mai 2007, n° 103, p. 15, note Y. Dagorne-Labbé.

3. Pascale Gonod (dir.), *Les avocats au Conseil d'État et à la Cour de cassation,* Dalloz, coll. « Thèmes et commentaires », 2001.

peuvent constituer des sociétés professionnelles (v. *supra*, n°s 987 et 1083, v. aussi le décret n° 78-380 du 15 mars 1978).

b) La procédure auprès du Conseil d'État et de la Cour de cassation est très spécifique à ces deux hautes juridictions, spécificité reconnue pour justifier le rôle de ces avocats, par la Cour européenne des droits de l'homme [1]. La mission spécifique des Hautes juridictions auprès desquelles ils interviennent explique que si l'avocat aux conseils a le libre choix des moyens qu'il fait valoir dans l'intérêt de ses clients [2], il est en droit de refuser de soutenir un pourvoi qu'il estime dénué de chances de succès, mais l'assistance d'un avocat aux conseils est un droit, au besoin il est désigné d'office par la compagnie [3]. Les avocats au Conseil d'État et à la Cour de cassation ont, en outre, le droit, comme tout avocat, de plaider devant toutes les juridictions de droit commun, mais ils ne l'exercent pas [4]. Ils peuvent aussi représenter les parties devant les TA et les CAA [5]. La présence de ces auxiliaires de justice, juristes avertis, nous paraît devoir être maintenue et même étendue aux cas de procédure sans représentation obligatoire, ce qui est chose faite avec le décret n° 2004-1420 du 23 décembre 2004 intégré au Code de procédure civile. Ce n'est pas l'orientation prise par le rapport Attali déposé en janvier 2008 et qui propose leur absorption par la profession d'avocats. Tout au contraire, la commission Darrois (avril 2009) préconise le maintien de leur monopole de représentation aux Conseils, mais suggère d'en augmenter le nombre tant qu'ils seront moins de 180 (le texte de 1817 autorisait un maximum de 60 charges et 3 avocats par charge) et de renforcer la collaboration entre eux et les avocats à la cour, par des contrats de collaboration ponctuelle ou organique ou des structures interprofessionnelles. Le décret n° 2009-452, 22 avr. 2009 autorise le ministre de la justice à créer de nouveaux offices « pour des motifs tenant à la bonne administration de la justice, au vu notamment de l'évolution des contentieux » devant les deux hautes juridictions (art. 3, ord. 1817).

c) Pour être avocat au Conseil d'État et à la Cour de cassation, il faut être français ou ressortissant d'un État membre de la CEE ou d'un autre État partie à l'espace économique européen [6] (v. *supra*, n° 1082, 5), être titulaire d'une maîtrise en droit (ou d'un diplôme équivalent) [7], avoir été inscrit pendant un an au moins au stage ou au tableau d'un ordre d'avocats (sans être nécessairement titulaire du CAPA, D. 20 déc. 1999) et avoir subi avec succès l'examen d'aptitude propre à cette profession (art. 1er, D. 28 oct. 1991) après trois ans de formation (D. 20 déc. 1999). La procédure disciplinaire des avocats aux Conseils a été profondément modifiée par le décret n° 2002-76 du 11 janv. 2002. Ce même texte reprend, dans l'ordonnance de 1817 (art. 13) les solu-

1. CEDH, 8 févr. 2000, *Voisine c/ France, D.* 2000. 651, note J. Thierry et somm. com. 186, obs. N. Fricero ; *RTDH* 2001, 825, note Marguénaud. 26 juill. 2002, *Meftah c/ France, AJDA* 2002. 1279, obs. Flauss.

2. Ass. plén., 14 mai 1971, *D.* 1972. Somm. 1. 27 oct. 1972 ; *D.* 1973. Somm. 37.

3. Cass. ass. plén. 30 juin 1995, *D.* 1995. 513, concl. Jéol, note R. Drago ; *JCP* 1995. II. 22478, note Perdriau.

4. Paris, 19 avr. 1983, *D.* 1983. IR. 394, obs. Julien ; les avocats aux conseils ne peuvent être assignés pour des frais relatifs à leur charge que devant les juridictions auprès desquelles ils exercent leurs fonctions.

5. Avis du CE 29 nov. 1991, *JO* 13 déc. 1991.

6. Décr. 28 oct. 1991, art. 1er, réd. décr. no 2005-626, 30 mai 2005.

7. Arrêté du 2 août 2000 (*JO*, 11 août 2000) qui fixe le programme et les modalités de l'examen d'aptitude à cette profession.

tions récemment dégagées par la Cour de cassation en matière de responsabilité civile professionnelle et dont nous allons dire quelques mots.

d) L'action en responsabilité civile d'un client contre un avocat aux conseils a toujours été portée, du fait d'une longue tradition judiciaire s'appuyant sur l'article 13 de l'ordonnance de 1817, devant le Conseil de l'Ordre, l'avis de ce dernier étant ensuite transmis pour « homologation » à la Cour de cassation ou au Conseil d'État selon le cas. Le TGI de Paris avait remis en cause ce système, considérant que l'absence de pouvoir juridictionnel de la Cour de cassation dans cette hypothèse constituait un obstacle au droit d'accès effectif à un juge ; il l'avait donc écarté pour non-conformité à l'article 6 de la Convention européenne des droits de l'homme [1] ; Mais ce raisonnement avait été infirmé par la Cour de Paris [2] et la Cour de cassation avait validé cette procédure au regard de l'article 6 de la Convention européenne des droits de l'homme [3]. Le décret du 11 janvier 2002 énonce que l'action est portée devant le Conseil d'État ou la Cour de cassation, selon le cas [4], après avis du conseil de l'Ordre (art. 13, ord. 1817) ; il fait ainsi disparaître la notion « d'homologation », pour consacrer un pouvoir de pleine juridiction [5].

§ 4. Les huissiers de justice

1096 ***Fonctions et conditions d'aptitude*** ◊ **a)** Les huissiers de justice [6] sont les officiers ministériels chargés :

1°) Des *significations* des actes judiciaires et extrajudiciaires [7].

2°) De l'*exécution forcée* des actes publics (jugements et autres actes exécutoires [8]). En raison de leur monopole, les actes d'exécution forcée

1. TGI Paris, 3 mars 1999, *D.* 1999, 13e cahier, « Flash ».
2. Paris, 1re ch. A. 2 juin 1999, *JCP* 1999. II. 10134, note R. Martin.
3. Avis du 25 sept. 2000, *D.* 2000. IR. 261, *BICC* 1er déc. 2000, p. 3, obs. Roehrich ; *RCA* 2000, chron. 3, obs. H. Groutel (« l'article 13 confère au CE et à la Cour de cassation un pouvoir de pleine juridiction) ».
4. Compétence du Conseil d'État pour les fonctions exercées devant le Conseil d'État ou le Tribunal des conflits ; Cour ce cassation pour les autres cas.
5. Pour un exemple (rare) de fautes engageant la responsabilité d'un avocat aux Conseils, v. CE 2 oct. 2006, n° 270 103, *JCP* 2006, Actu., n° 487, p. 1931, obs. M. Ch. Rouault. 12 mars 2007, req. 290 888, *Gaz. Pal.* 26 avr. 2007 et 24 mai 2007, concl. Y. Aguila. Absence de responsabilité *in* Ass. plén. 13 avr. 2007 (trois arrêts), pourvois n° 06-13.318, 06-19.533 et 06-19.613, *JCP* 9 mai 2007, Actu., n° 211 ; *Procédures* juin 2007, Focus n° 22 par H. Slim ; *D.* 2007.1433 et 1434.
6. Le qualificatif d'« *huissier de justice* » a été donné aux huissiers par le décret du 20 mai 1955. S. Guinchard, « Quel huissier de justice européen pour demain ? », colloque de l'Union inter. des huissiers de justice, Zagreb, 29 mars 2007. *Les professionnels de la signification et de l'exécution en Europe,* EJT éd., 2006, préf. S. Guinchard. T. Guinot, *L'huissier de justice : normes et valeur*, EJT, 2007.
7. Sur l'utilisation des nouvelles technologies par les huissiers de justice, S. Cabrillac, *LPA,* 4 avr. 2006, n° 67, p. 8.
8. Il convient de souligner que si la loi n° 91-650 du 9 juill. 1991 réserve en principe le monopole de l'exécution forcée et des mesures conservatoires aux huissiers (art. 18 al. 1er), son article 81 réserve la possibilité de déterminer les personnes habilitées à procéder à celle-ci, au même titre que les huissiers : pour le fisc, v. art. L. 258 LPF.

étant de leur compétence exclusive, sont nuls les procès-verbaux de saisie signifiés par un clerc assermenté [1].

3°) Du *service intérieur* des tribunaux. Lorsqu'ils sont chargés du service intérieur des tribunaux, ils portent un nom spécial, celui d'huissiers audienciers [2]. Sous l'ancien Régime, les fonctions actuelles des huissiers étaient réparties entre deux catégories d'auxiliaires de la justice, les huissiers et les sergents. Les huissiers étaient seulement chargés du service intérieur des tribunaux, les sergents des significations et de l'exécution des actes publics. Ces fonctions ont été confondues par le législateur révolutionnaire et toutes attribuées aux huissiers seuls. Il en est resté dans l'imagerie populaire, une connotation négative de cette profession, comme en témoignent les planches de Daumier [3].

4°) *Dans des cas exceptionnels*, l'huissier de justice peut assister et représenter les parties, ainsi en matière d'injonction de payer. Il est alors dispensé, comme l'avocat ou l'avoué, de présenter une procuration ou une justification de sa mission (art. 416, al. 3, CPC) [4].

5°) L'article 1er de l'ordonnance du 2 novembre 1945 consacre, dans sa rédaction du 20 mai 1955, la pratique des *constats* [5]. L'huissier peut être chargé par le juge ou par un particulier de procéder à « des constatations purement matérielles, exclusives de tout avis sur les conséquences de fait ou de droit qui peuvent en résulter ». Ces constatations n'auront que la valeur de simples renseignements.

6°) Reprenant certaines des propositions de la commission Guinchard, une proposition de loi en cours de discussion au Parlement étend les attributions des huissiers aux mesures conservatoires après l'ouverture d'une succession (apposition et levée des scellés).

b) Le *statut* des huissiers est actuellement contenu dans une ordonnance du 2 novembre 1945 et dans un décret d'application du 29 février 1956 [6].

1. Com. 17 déc. 2003, *D.* 2004, 1491, obs. Julien (saisie d'un navire). Civ. 2e, 28 juin 2006, *D.* 2006, 2055, obs. Julien ; *Dr. et proc.* 2006-6, 360, obs. A. Leborgne (saisie-attribution). Mais la remise en mairie, par le clerc de l'étude, de l'acte qui n'a pu être signifié à une société tiers saisie, est valable, Civ. 2ème, 4 oct. 2007, *D.* 2008, 1169, obs. A. Leborgne.

2. Les huissiers audienciers, c'est-à-dire ceux qui font le service des tribunaux, sont choisis pour un an, avec possibilité de réélection, par les compagnies judiciaires auprès desquelles ils doivent exercer leurs fonctions (art. 27 et 28, D. 29 févr. 1956, mod.). Comme ces fonctions sont absorbantes et ne permettent pas à l'huissier audiencier de se déplacer pour les significations et les exécutions, on réserve aux huissiers audienciers la signification des actes d'avocat à avocat, qui ne les oblige pas à sortir de la ville où siège le tribunal ou la cour.

3. *Le Charivari*, 23 mars 1845 (planche n° 2) ; 17 avr. 1845 (planche n° 5).

4. Civ. 2e, 5 nov. 1975, *D.* 1976. IR. 34.

5. Le constat dit *« d'audience »*, *JCP* 1959. I. 1514 ; T. civ. Nantes, 13 juill. 1955, *Gaz. Pal.*, 1955.2.146, *RTD civ.* 1956.178, obs. Hébraud ; Besançon, 22 nov. 1955, *JCP* 1956. II. 9118 ; Paris, 13 mai 1957, *D.* 1957.572, *JCP* 1957. II. 10209 ; T. civ. Seine, 22 oct. 1958, *D.* 1959.147, note Giverdon, *RTD civ.* 1959.372, obs. Raynaud ; Paris, 18 nov. 1977, *D.* 1978. IR. 155, obs. Julien.

6. Les fonctions d'huissier sont incompatibles avec toute activité commerciale, avec toute mission confiée par la justice, notamment celle d'expert (art. 1, Ord. 2 nov. 1945) ;

Un décret n° 69-1274 du 31 décembre 1969 adapte à la profession le régime des sociétés civiles professionnelles, dans des conditions analogues à celles retenues pour les avoués (cf. *supra*, n° 1092). Ils peuvent aussi recourir aux nouvelles formes de sociétés autorisées pour les membres des professions libérales par la loi n° 90-1258 du 31 décembre 1990 (v. *supra*, n° 987). Décret d'application n° 92-1448 du 31 déc. 1992. Leur tarif est fixé par décret [1]. Une proposition de loi en cours de discussion au Parlement leur impose une obligation de formation continue.

c) *La compétence territoriale* des huissiers de justice est fixée par les articles 5 et suivants du décret du 29 février 1956.

Jusqu'au 31 décembre 2008, les actes et exploits étaient en principe faits concurremment par les huissiers de justice dans le *ressort du tribunal d'instance de leur résidence* (art. 5) ; mais cette compétence pouvait être *étendue* par décret à plusieurs tribunaux d'instance dépendant du même TGI (art. 6) et des assouplissements étaient prévus, « en cas de difficultés exceptionnelles de communication » (art. 8), lorsqu'il n'y a pas d'huissier dans le ressort du tribunal d'instance ou qu'il n'y en a qu'un. Les significations à parquet, pour les personnes sans résidence connue, étaient réservées aux huissiers résidant au siège du tribunal de grande instance (art. 7).

Depuis le 1er janvier 2009, les actes et exploits sont faits, concurremment, par les huissiers de justice dans le ressort du *tribunal de grande instance de leur résidence* (art. 5) ; cette disposition vise, de fait, à introduire une plus grande concurrence entre les huissiers de justice, dont on espère, sans doute, un gain pour le service rendu aux usagers de la justice. En conséquence, les dispositions des articles 7 et 8 sont abrogées à cette date, n'ayant plus de raison d'être. En revanche, une extension de compétence reste possible au profit d'huissiers de justice d'autres tribunaux de grande instance dépendant territorialement de la même cour d'appel (art. 6) : soit parce qu'il n'existe qu'un seul huissier de justice dans le ressort d'un TGI, auquel cas il appartient au premier président de la cour d'appel, si l'intérêt des parties l'exige, d'autoriser un huissier de justice établi dans le ressort d'un tribunal voisin à faire les actes prévus à l'article 1er, al. 1er et 2 de l'ordonnance du 2 novembre 1945 ; soit parce qu'il n'y a pas d'huissier de justice dans le ressort d'un TGI, auquel cas les actes sont faits par les huissiers de justice établis dans les ressorts des TGI limitrophes (toujours sous la condition de la dépendance de la même cour d'appel).

Civ. 1re, 21 oct. 1968, *D.* 1969.81. Ils peuvent cependant exercer certaines activités accessoires (v. art. 20, D. 29 févr. 1956 ; TGI Rouen, 6 juin 1967, *D.* 1967. Somm. 99. Nancy, 11 mars 2008, *Dr. et proc.* 2008/5, p. 273, obs. O. Salati, pour les ventes volontaires de meubles aux enchères publiques, complémentaires de leur activité principale (administrateur d'immeubles, agents d'assurances), Rép. min. Justice, n° 5509, 25 sept. 2007, *JOAN*, Q, 30 oct. 2007, p. 6747 ; *Procédures*, déc. 2007, *Alertes*, p. 3).

1. D. n° 96-1080, 12 déc. 1996, entièrement révisé par D. n° 2007-774, 10 mai 2007. Sur ce tarif, v. B. Menut, *Tarifs des huissiers de justice*, EJT, 4e éd., 2009, préf. S. Guinchard.

d) L'ordonnance du 2 nov. 1945 (art. 2) prescrit que les actes des huissiers (à l'exception des actes en matière pénale et des actes d'avocat à avocat) doivent être faits en double original.

e) *Pour être huissier*, il faut en plus des conditions examinées plus haut, mais sans que soit exigée une condition d'âge être titulaire de la maîtrise en droit ou d'un diplôme équivalent [1], avoir accompli dans une étude d'huissier, un stage de deux ans. La nationalité française est exigée (v. *supra*, n° 1082, 1 et 5, pour l'adaptation européenne).

f) *Les huissiers de justice sont groupés en corporation ;* dans chaque département est instituée une chambre départementale avec chambre de discipline. Au-dessus de ces organismes existent des chambres régionales ; enfin une chambre nationale complète l'édifice [2] (Ord. 2 nov. 1945). V. *supra*, n° 1084. Le décret n° 76-861 du 7 septembre 1976 autorise la création de chambres interdépartementales et interrégionales (art. 40-1, D. n° 56-222 du 29 févr. 1956).

g) *Les huissiers sont protégés*, comme tous les officiers ministériels, dans l'exercice de leurs fonctions, par l'article 433-5 du Code pénal. Il est utile de le rappeler spécialement pour eux, car c'est à leur sujet que ce texte est le plus fréquemment appliqué. Ils ne sont considérés dans l'exercice de leurs fonctions que lorsqu'ils font le service du tribunal ou lorsqu'ils sont entrés au domicile d'un particulier pour une signification ou une exécution [3]. La Cour EDH reconnaît qu'ils « œuvrent dans l'intérêt d'une bonne administration de la justice » et qu'à ce titre, l'État leur doit protection, car ils constituent « un élément essentiel de l'état de droit » [4].

L'huissier peut encourir une responsabilité civile dans l'exercice de ses fonctions [5].

§ 5. Les commissaires-priseurs judiciaires

1097 ***Rôle et fonctions des commissaires-priseurs judiciaires*** ◊ Le commissaire-priseur judiciaire est, lui aussi, un officier ministériel.

a) Son statut, contenu pour partie dans une ordonnance du 26 juin 1816 est aussi régi par l'ordonnance n° 45-2593 du 2 novembre 1945. Il faut ajouter le décret n° 45-0120 du 19 décembre 1945 pour la réglementation des chambres de discipline et la chambre nationale, celui

1. Depuis le décret n° 94-299, 12 avr. 1994 ; Arr. 27 sept. 1995 sur les équivalences.

2. Malgré les compétences reconnues à la Chambre nationale, les syndicats peuvent participer aux discussions sur les conditions d'exercice de la profession, CE 16 déc. 2005, *RFDA* 2006-1, 41, concl. J. H. Stahl ; *RTD civ.* 2006-3, 606, obs. Théry.

3. Angers, (ch. corr.) 19 févr. 1970, *D.* 1970.571 (protection des clercs assermentés).

4. CEDH 22 juin 2004, *Pini c/ Roumanie*, *Dr. et proc.* 2005-5, cahier de droit et proc. internationales, p. 12, obs. N. Fricero.

5. Civ. 1re, 4 févr. 1976, *D.* 1976. Somm. 23 ; Civ. 1re, 22 nov. 1988, *D.* 1988. IR 293 ; 16 janv. 2007, n° 06-10.120. Fusil, « L'irrégularité des actes de procédure et la responsabilité des huissiers de justice », *Rev. huis.* 1988.925.

n° 69-763 du 24 juillet 1969 autorisant la constitution de sociétés civiles professionnelles et les textes permettant le recours à d'autres formes de sociétés, notamment le décret n° 92-1449 du 30 déc. 1992 sur les sociétés d'exercice libéral et les sociétés en participation (V. *supra*, n° 987). À la suite de la loi n° 2000-642 du 10 juillet 2000 qui bouleverse complètement l'organisation de cette profession, trois décrets du 19 juillet 2001 ont réglementé l'activité des ventes volontaires de meubles aux enchères publiques (n° 2001-650), fixé les conditions d'accès à la profession en modifiant le décret de base n° 73-541du 19 juin 1973 (n° 2001-651) et déterminé les modalités de l'indemnisation des commissaires-priseurs du fait du préjudice subi par la suppression du monopole (n° 2001-652) [1]. Une proposition de loi en cours de discussion au Parlement les soumet à une obligation de formation continue.

b) La fonction du commissaire-priseur a longtemps consisté à procéder à l'estimation et à la *vente publique aux enchères des meubles et effets mobiliers corporels* [2]. Il intervenait, en particulier en cas de saisie de meubles suivie d'une vente forcée. Mais avec la loi n° 2000-642 du 10 juillet 2000 [3] (intégrée dans le Code de commerce, art. L. 321-1 à L. 321-38) cette situation a changé. Désormais :

– Les ventes volontaires de meubles sont organisées et réalisées par des sociétés de forme commerciale agréées à cet effet par un *« Conseil de ventes volontaires » et désormais « sociétés de vente volontaires de meubles aux enchères publiques » ;* les huissiers de justice [4] et les notaires conservent, à titre accessoire, cette compétence ; le Conseil national des ventes a proposé d'appeler « commissaire-priseur habilité » la personne qui, au sein de ces sociétés de ventes volontaires est habilitée à pouvoir diriger de telles ventes, à désigner les adjudicataires, à déclarer qu'un bien n'est pas adjugé et à dresser le procès-verbal de la vente.

– Les ventes *judiciaires* sont réalisées par des commissaires-priseurs qui prennent le qualificatif de judiciaire, mais qui pourront continuer à procéder à des ventes volontaires au sein des sociétés précitées.

1. Commentaire de la loi : J. C. Houlet et O. de Baecque, *D.* 2001. 141 ; J. Rochfeld, *RTD civ.* 2000. 913.

2. Civ. 1re, 23 mars 1982, IR 326 (le commissaire-priseur est mandataire du vendeur) ; R. Maurice, *Le commissaire-priseur et les ventes publiques de meubles*, thèse Lyon 1970 ; « Les sociétés professionnelles de commissaires-priseurs », *JCP* 1970. I. 2334. On comptait 450 commissaires-priseurs judiciaires au 1er janvier 2002.

3. Commentaires : J. C. Houlet et O. de Baecque, *D. op. cit.*, et J. Rochfeld, *RTD civ. op. cit.*

4. En conséquence, les huissiers de justice peuvent librement procéder à des ventes volontaires, sans que la condition qu'il n'y ait point de commissaires-priseurs judiciaires établis ne leur soit ici opposable, Civ. 1re, 29 nov. 2005, *D.* 2006. 1658, note Laurence Mauger-Vielpeau ; *Dr. et proc.* 2006-4, 210, obs. E. Putman (la condition ne vaut que pour les ventes judiciaires, lesquelles s'entendent des ventes prescrites par la loi ou par une décision de justice.

– Des dispositions communes sont prévues : interdiction de clauses élusives ou restrictives de responsabilité ; prescription par 10 ans des actions en responsabilité.

c) Le commissaire-priseur judiciaire ne peut se livrer à aucun commerce, soit en son nom, soit pour le compte d'autrui. Il ne peut servir d'intermédiaire pour des ventes amiables, ni directement, ni indirectement (art. 1er, al. 2, Ord. 2 nov. 1945). Le décret n° 2005-1411 du 9 novembre 2005 permet à un même commissaire-priseur judiciaire d'être titulaire de deux offices situés dans le ressort d'une même chambre de discipline (art. 1er-1, ord. 26 juin 1816, al. 2).

1098 ***Conditions d'accès à la profession. Organisation de celle-ci*** ◊ Le décret n° 73-541 du 19 juin 1973 précise les conditions d'accès à la profession ; la plupart sont celles exigées de tout candidat à un office ministériel. Les ressortissants d'un État membre de la Communauté européenne ou d'un État partie à l'EEE peuvent demander à être nommés commissaire-priseur judiciaire (art. 6, D. 19 juin 1973, v. *supra*, n° 1082, 1 et 5). Le candidat doit être titulaire d'un diplôme juridique et d'un diplôme d'histoire de l'art., l'un devant être du niveau licence, l'autre de fin du premier cycle. Il existe des équivalences (arrêté du 9 août 2001). On ne peut pas se présenter plus de trois fois à l'examen d'aptitude (art. 4 du décr. 73-541 du 19 juin 1973).

Les commissaires-priseurs judiciaires sont groupés en chambres de discipline qui couvrent le ressort de plusieurs cours d'appel (il y en a neuf). Une chambre nationale comprend des délégués des différentes compagnies [1].

§ 6. **Les notaires**

1099 ***Textes. Statut conforté*** ◊ Les notaires sont des *officiers publics* titulaires d'un *office ministériel*. Ils sont chargés de donner le caractère d'authenticité aux actes que les parties déposent chez eux. L'acte est, le plus souvent, dressé en *minute :* le notaire conserve la minute et délivre aux parties une *grosse* contenant la formule exécutoire ou des *expéditions*, simples copies de l'original. La profession de notaire est très ancienne. Elle a été l'objet de très nombreux textes : loi du 25 ventôse an XI, ordonnance n° 45-2590 du 2 novembre 1945 et décret d'application du 19 décembre 1945, modifié à plus de dix reprises [2]. Elle est aujourd'hui très attaquée, dans son principe même, tant par la Commission européenne (action pendante devant la CJCE, car elle estime que les notaires ne sauraient se prévaloir de l'autorité publique pour échapper

1. Sur le rôle de la chambre régionale et de la chambre nationale, v. Paris, 1er juin 1983, *D.* 1983. IR. 502.

2. J.-L. Halpérin (dir.), « Avocats et notaires en Europe », *Droit et société*, LGDJ, vol. 19. Jean Hilaire, « Les notaires et la naissance du droit français », *Droits* 2004-40, p. 129.

au principe de libre concurrence [1]), qu'en interne, par le rapport Attali sur la croissance française (janvier 2008), le Conseil national des Barreaux (qui mène le combat de la « grande profession du droit », sorte de quête éternelle du Graal, fuite en avant disent certains et que la commission Darrois ne retient pas) ; au final, c'est la marché des notaires d'un côté (2 milliards d'euros en 2007 pour 8 714 notaires) et celui des avocats de l'autre (même somme, mais pour 48 461 avocats) qui est en balance. La rapport Darrois préconise le maintien du statut actuel « à raison de l'utilité de l'acte authentique » (on remarquera la formule « à raison » et non pas « en raison », qui suggère que c'est l'activité des actes authentiques qui est seule préservée). Par ailleurs, le rapport demande aussi d'encourager l'ouverture de la profession en permettant à tout diplômé notaire de demander la création d'un office notarial dans la mesure où il se propose d'exercer dans une structure interprofessionnelle ; de permettre la remise partielle des émoluments du notaire lorsqu'un avocat a contribué à la préparation de l'acte authentique.

1100 ***Conditions exigées pour être notaire*** ◊ **a)** Pour devenir notaire, il faut remplir plusieurs conditions (D. 5 juill. 1973, art. 3).

1) être français (v. *supra*, n° 1082, 1 et 5) ;

2) ne pas avoir été l'auteur de faits contraires à l'honneur, à la probité et aux bonnes mœurs (réd. décr. n° 2005-311 du 25 mars 2005) ;

3) n'avoir pas été mis à la retraite d'office, destitué, radié, révoqué, ou s'être vu retirer un agrément ou une autorisation pour le même type d'agissements ;

4) n'avoir pas été frappé de faillite personnelle ou d'une autre sanction analogue ;

5) être titulaire d'une *maîtrise en droit* (master 1 de droit) ou de l'un des diplômes reconnus équivalents pour l'exercice de la fonction de notaire (arrêté conjoint du ministre de la Justice et du ministre des Universités, du 24 juin 1991) ;

6) être titulaire du diplôme d'aptitude aux fonctions de notaire et du certificat de fin de stage ou du diplôme supérieur du notariat. Sont dispensées de cette dernière condition, sous réserve d'une certaine durée de pratique professionnelle dans un office de notaire et, le cas échéant, d'un contrôle de connaissances techniques, les personnes énumérées à l'article 4 (anciens professeurs des Facultés de droit, etc.).

D'autres dispenses des conditions prévues aux 5) et 6) sont données par l'article 7 au bénéfice de personnes qui sont déjà dans le notariat. Les écoles

1. Action dirigée contre la France, mais aussi, l'Allemagne, l'Autriche, la Belgique, la Grèce, le Luxembourg et les Pays-Bas. « *Les tâches dont les notaires sont chargés par le droit français présentent un degré de participation tellement faible à l'exercice de l'autorité publique qu'elles ne sauraient tomber dans le champ d'application de l'article 45 du traité CE et justifier pareille entrave à la liberté d'établissement ; en effet, ces tâches ne confèrent pas aux notaires de réels pouvoirs de contrainte et les fonctions et statuts respectifs du juge et du notaire seraient bien distincts* ». D'où la remise en cause de la question de la nationalité exigée pour être notaire.

de notariat se sont transformées en Institut des métiers du notariat, avec des compétences élargies [1] et la gestion des « BTS notariat » [2].

Surtout, le décret n° 89-399 du 20 juin 1989 a profondément modifié le paysage d'accès aux fonctions de notaire en créant, à côté de la voie universitaire qui subsiste (diplôme supérieur de notariat délivré par les universités, après l'obtention d'un Master 2 de droit notarial, v. D. 5 juill. 1973, art. 41 à 43), une voie professionnelle qui repose sur une formation dispensée dans un centre de formation professionnelle de notaires, après examen d'entrée (D. 5 juill. 1973, art. 10 à 27) et obtention, à la sortie, du diplôme d'aptitude aux fonctions de notaire (art. 38 à 32). Quelle que soit la voie choisie, l'étudiant doit effectuer un stage : soit après son Master 2 et en préparant le diplôme supérieur de notariat, soit après le diplôme d'aptitude aux fonctions de notaire (art. 33 à 40) ; il est alors notaire stagiaire pour 2 ans ; un certificat de fin de stage est délivré par le centre s'il a satisfait aux obligations du stage (art. 40). Il porte alors le titre de notaire assistant s'il exerce une activité dans un office notarial (art. 40, dernier al.). On aura remarqué que la voie professionnelle est calquée sur celle des avocats.

b) La nomination est faite dans un office vacant ou dans un office créé, par arrêté du ministre de la Justice.

c) Le notaire exerce ses fonctions (art. 8, D. du 26 nov. 1971) dans le ressort de la cour d'appel où est établi son office. Il peut aussi instrumenter dans le ressort des tribunaux de grande instance limitrophes à celui dans lequel est établi son office.

Le notaire est astreint à résidence dans le lieu qui lui est assigné dans l'arrêté de nomination. Une proposition de loi en cours de discussion au Parlement lui impose une obligation de formation continue.

1101 ***Exercice de la profession*** ◊ La profession peut être exercée de manière individuelle.

Elle peut l'être aussi dans le cadre d'une société civile professionnelle (L. n° 66-879 du 29 nov. 1966, D. n° 67-868 du 2 oct. 1967). La société peut être titulaire d'un office notarial ; elle peut aussi regrouper plusieurs notaires. Mais d'autres formes de sociétés sont possibles (art. 1 *bis* et 1 *ter*, ord. 2 nov. 1954, v. *supra*, n°s 987).

Le notaire peut aussi exercer sa profession en qualité de salarié d'une personne morale ou physique titulaire d'un office [3]. Il peut être membre d'un groupement d'intérêt économique (GIE) ou d'un groupement européen d'intérêt économique (GEIE). Il peut aussi être associé d'une société en participation (art. 22 de la loi n° 90-1258 du 31 déc. 1990 sur l'exercice de sociétés de certaines professions libérales). Décret d'application n° 93-78 du 13 janvier 1993.

Une personne morale titulaire d'un office ne peut employer un nombre de notaires salariés supérieur à celui des notaires associés qui y exercent la profession.

1. D. n° 2007-1232, 20 août 2007, *JO* 22 août.
2. Créé par arrêté du 17 avr. 2007, *JO* 10 mai.
3. D. Gilles, *JCP* N 1993, n° 21.

1102 ***Les fonctions du notaire*** ◊ **a)** Les fonctions du notaire sont très anciennes et elles ont conservé toute leur importance, en dépit de l'évolution de notre société qui accorde une importance de plus en plus grande au droit des affaires. Le notaire remplit auprès de sa clientèle le rôle d'un conseil et cela autant sur le plan des personnes (droit de la famille) que sur celui de la gestion du patrimoine (régime matrimonial, testaments) et sur celui des investissements dans le commerce et l'industrie. Sa fonction traditionnelle consiste dans la réception des actes et des contrats auxquels les particuliers veulent que soit donnée l'authenticité. Son intervention est donc due, le plus souvent, à une démarche des parties qui désirent que leurs engagements soient constatés, non par un acte sous seing privé, mais par un acte authentique, dont la conservation sera assurée et qui fera foi de ses énonciations jusqu'à inscription de faux.

Il est aussi des éventualités où le ministère du notaire est rendu obligatoire par la loi : on peut citer comme exemple la constitution d'un bien de famille, le contrat de mariage, l'état liquidatif du régime matrimonial dans le cadre d'une demande conjointe de divorce, lorsque la liquidation porte sur des biens soumis à publicité foncière (art. 29, D. n° 75-5, déc. 1975).

Le notaire, étant officier public bénéficiant d'un monopole, doit d'ailleurs, sauf dans des cas exceptionnels, prêter son ministère aux particuliers, toutes les fois qu'ils le lui demandent.

La présence du notaire à un acte constitue pour les parties une sérieuse garantie ; il contrôle l'identité et la capacité des signataires, empêche l'adoption de clauses illicites, donne des conseils, réunit (ainsi pour une vente d'immeuble) les renseignements qui doivent figurer dans l'acte.

b) Il conservera ensuite dans ses minutes l'original de l'acte signé en sa présence et qu'il a lui-même signé [1]. Les actes reçus et conservés en minute sont délivrés à ceux qui les ont signés et à leurs ayants cause (acheteur, héritier) sous deux formes :

- Grosse exécutoire qui a pris dans les textes récents le titre de *copie exécutoire*. Cette copie exécutoire fait foi de sa date et des énonciations que le notaire a été en mesure de vérifier lui-même, jusqu'à inscription de faux. Si l'on veut soutenir qu'un faux a été commis, il faudra engager une procédure spéciale, car foi est due au titre. De plus et cela concerne directement l'expression judiciaire des droits, l'acte notarié constitue, comme un jugement, un *titre exécutoire* permettant de mettre en œuvre les voies d'exécution forcée en matière mobilière et immobilière.
- Simple expédition ou copie qui ne comportera pas la formule exécutoire ; le Code de procédure civile l'appelle *copie certifiée conforme*.

1. Le notaire peut conserver aussi les actes sous seing privé qui seraient déposés au rang de ses minutes. Un acte de dépôt est alors dressé.

c) Dans l'exercice de ses fonctions de conseil, d'officier rédacteur d'un acte, le notaire peut engager sa responsabilité civile. Celle-ci est appréciée avec sévérité par la jurisprudence civile et la loi n° 2004-130 du 11 février 2004 impose que désormais cette responsabilité soit couverte, non plus par la tontine d'une bourse commune (caisses de garantie), mais par un contrat d'assurance souscrit par le Conseil supérieur du notariat, les conseils régionaux restant libres de souscrire des garanties complémentaires (art. 6-1, ord. 2 nov. 1945). 771.

1103 ***Organisation de la profession. Régime disciplinaire*** ◊ L'organisation de la profession de notaire est actuellement réglementée par l'ordonnance n° 45-2590 du 2 novembre 1945 et par un décret du 19 novembre 1945, textes maintes fois modifiés, par le décret n° 74-942 du 26 novembre 1971, le décret n° 73-809 du 5 juillet 1973, le décret n° 74-737 du 12 août 1974 sur l'inspection des études.

Il existe, dans chaque département une chambre départementale des notaires (5 à 21 membres, en fonction du nombre des notaires) qui siège en comité mixte avec des représentants du personnel des études.

Dans le cadre de la cour d'appel, fonctionne un conseil régional qui siège, lui aussi, en comité mixte.

Enfin, un conseil supérieur du notariat est composé de délégués élus par les conseils régionaux ; il possède également un comité mixte.

Le régime disciplinaire applicable aux notaires est semblable à celui institué pour les officiers publics et ministériels. Mais la loi n° 2004-130 du 11 février 2004 transfère la compétence disciplinaire de l'échelon départemental à l'échelon régional, pour éviter les effets pervers d'une trop grande proximité et pour résoudre la question des chambres départementales composées en nombre insuffisant d'études de notaires pour assurer un procès disciplinaire équitable. En outre, comme les greffiers des tribunaux de commerce, les notaires sont soumis à une dualité de justice disciplinaire : TGI ou chambre régionale de discipline, la répartition de compétence se faisant en fonction de la gravité des faits, puisque la chambre ne peut prononcer que des sanctions morales, le TGI pouvant prononcer l'interdiction temporaire et la destitution.

INDEX ALPHABÉTIQUE

(Les chiffres renvoient aux numéros des paragraphes)

B

C

E

F

G

H

I

J

L

M

N

S

T

U

V

TABLE DES MATIÈRES

Photocomposition Nord Compo
Villeneuve-d'Ascq

708450 + 708593 (I)-(3) OSB-T 50g NC (JoE)

Achevé d'imprimer en août 2009
dans les ateliers de Normandie Roto Impression s.a.s.
61250 Lonrai
N° d'impression : 092514
Dépôt légal : août 2009

Imprimé en France